a Learner's Dictionary of English

a Learner's Dictionary of English

Aliberto Caforio

PRÍRODA

Siedme vydanie

Software: Carlo Caforio
Recenzent: Univ. prof. Jozef Olexa

Roku 2006 vydalo Vydavateľstvo Príroda, s. r. o.,
Koceľova 17, 821 08 Bratislava 2
Tel./fax: 02/55 42 51 60
e-mail: priroda@priroda.sk
Vytlačila Svornosť, a. s., Bratislava

Printed in Slovakia

www.priroda.sk

ISBN 80-07-01311-3

Predslov

Veľký malý Anglický slovník je už veľký, veľmi rád predstavujem verejnosti jeho rozšírené vydanie.

Vtedy som uviedol, že to je míľnik v slovenskej lexikografii; teraz dodávam, že v tejto podobe je to jednoducho „klasika“.

A Learner's Dictionary of English splní potreby a požiadavky i toho najnáročnejšieho študenta a odborníka.

Univ. prof. Jozef Olexa

Bratislava august 1997

ROZDEĽOVANIE NA SLABIKY

ac.know.ledge.ment [ək'nolidžmənt] *podst* (i **ack-nowledgment**)

FONETICKÝ PREPIS

cal.i.bre [kælibə] *podst* (am **caliber**) **1.** *(tech, prn)*

AMERICKÝ PRAVOPIS

aes.thet.ic [i:sθetik] *príd ob attr* (am i **es-**) **1.** este
cheque [ček] *podst* (am **check**) **1.** *(fin)* šek
af.ter.wards [a:ftəwədz] *prísl* (am i **afterward**) **1.**
ad.vis.er [əd'vaizə] *podst* (i ob am **advisor**) **1.** po
to an.a.lyse [ænə'laiz] (am **analyze**) **1.** analyzo
an.a.logue [ænəlog] *podst* (am **analog**) **1.** analo
arse [a:s] *podst* (am **ass**) **1.** *(vulg: zadok,)* riť
arm.our [a:mə] *podst jč* (am **armor**) **1.** *(hist)* br

FEMINÍNUM

ad.ven.tur.er [əd'venčərə] *podst* (ž **adventuress**)
co.med.i.an [kə'mi:djən] *podst* (ž **comedienne**)

VARIANTY

tel.e.vi.sion ['teli,vižən] *podst* (i **telly** sk **TV**) **1.** te
age group [eidžgru:p] *podst* (i **age bracket**) **1.** ve
air.strip [eəstrip] *podst* (i **landing-field**) **1.** štarto
am.pli.fi.er [æmplifaiə] *podst* (i ifm **amp**) **1.** *(sig*
an.y.bod.y ['eni,bodi/enibədi] (i **anyone**) **1.** niek

AMERICKÉ VARIANTY

aer.o.plane [eərəplein] *podst* (i **plane**, am **airplane**)
an.y.where [eniweə] *prísl* (am i **anyplace**) **1.** nie
aer.i.al [eəriəl] (am **antenna**) I. *podst* **1.** anténa;

SLOVNÝ DRUH

au.tumn [o:təm] *podst* (am **fall**) **1.** jeseň; **2.** *(prn)*

BOTANICKÉ NÁZVOSLOVIE

au.ber.gine [əubəži:n] *podst* (i ob am **eggplant**) **1.** *(bot: Solanum melogena, i plod)* baklažán, ľuľok [baklažánový]

SKRATKY

Au.gust [o:gəst] *podst* (sk **Aug**) **1.** *(mesiac)* august;
bat.tal.i.on [bə'tæljən] *podst* (sk **Bn**) **1.** *(voj)* prá

SYMBOLY	**al.u.mi.ni.um** [ˌælju'minjəm] *podst* (am **aluminum**, symb **Al**) **1.** alumínium, hliník **cal.ci.um** [kælsiəm] *podst jč* (symb **Ca**) **1.** *(chem)* **hy.dro.gen** [haidrədžən] *podst* (symb **H**) **1.** *(chem)*
NEPRAVIDELNÉ SLOVESÁ	**to beat** [bi:t] (mč **beat**,mp **beaten**) I. *prech* **1.** biť, **to spin** [spin] **[-nn-]** (mč **spun**/ **span** mp **spun**) I.
ZDVOJOVANIE PÍSMEN	**to al.lot** [ə'lot] **[-tt-]** (**st [to sb/ st]**) **1.** určiť , sta **to beg** [beg] **[-gg-]** **1.** žobrať, panáčkovať;
NEPRAVIDELNÉ TVORENIE PLURÁLU	**ab.bey** [æbi] *podst* (mn **-eys**) **1.** opátstvo; **2.** **a.cad.e.my** [ə'kædəmi] *podst* (mn **-ies**) **1.** akadé **car.go** [ka:gəu] *podst* (mn **-oes**, am **-os**) **1.** *(lode,* **cloth** [kloθ] *podst* (mn **cloth**) **1.** *(materiál)* látka, t **syn.the.sis** [sinθisis] *podst* (mn **syntheses**) **1.** **states.man** [steitsmən] *podst* (mn **-men**, ž **stateswoman** mn **-women**) **1.** štátnik, politik, po **syl.la.bus** [siləbəs] *podst* (mn **syllabuses**/ **syllabi**)
NEPRAVIDELNÉ STUPŇOVANIE	**bad** [bæd] *príd* **[worse, worst]** **1.** zlý, nedobrý; **2.** **bare** [beə] *príd* **[-r, -st]** **1.** nahý, obnažený; **2.** *(ste*
SYNONYMÁ OPOZITÁ	**al.le.giance** [ə'li:džəns] *podst fml* (**~ to sb/ st**) **1.** vernosť, lojálnosť, poslušnosť, oddanosť, loajalita. *Syn:* fidelity, loyalty, fealty, homage. *Opoz:* faithlessness, disaffection **psy.cho.sis** [sai'kəusis] *podst* (mn **psychoses**) **1.** psychóza. *Syn* ⇨ **insanity** **brave** [breiv] *príd* **{-r,-st}** **1.** odvážny , statočný, udatný. *Syn:* courageous, bold, audacious, valiant, intrepid, plucky. *Opoz:* craven, cowardly

REKCIA

to a.dorn [ə'do:n] **(~ st/ sb/ oneself); (~ with st) 1.** zdobiť,
to link [liŋk] **(~ A to/ with B); (~ A and B together) 1.** spojiť, spojovať, združiť

PRÍKLADY

a.mong [ə'maŋ(st)] (i **amongst**) **1.** *(vyj: miesto uprostred viacerých)* medzi: **dedinka medzi stromami/ horami** *a village among trees/ mountains;* uprostred; **2.** *(: výskyt v spoločenstve, distribúciu)* medzi: **žiť medzi cudzími ľuďmi** *to live among foreign people;* **medzi poslednými** *among the last;*

VYSVETLIVKY

al.though [o:l'ðəu] (i am ifm **altho**) **1.** *(uv: prípustkovú vetu)* hoci, aj keď, i keď, **hoci nemal čas, predsa len prišiel** *although he was busy, he came all the same;* *(navzdor)* napriek, bár[s]; **2.** *(: odporovaciu vetu)* ale, **bárs nie je mladšia, je ešte stále pekná** *although she is not young, she is still pretty;* **povedal, že sú manželia, ale som istý, že nie sú** *they said they were married, although I am sure they are not;*

HOVOROVÝ SLOVENSKÝ EKVIVALENT

al.to.ge.ther [ˌo:ltə'geðə] *prísl* **1.** dohromady, dovedna, *(hov)* dokopy, vcelku; **2.** celkom, úplne; **3.** v podstate

SLOVENSKÉ HESLO MÁ HOVOROVÝ VÝZNAM

basa *ž* **1.** double-bass, bass; **2.** *(hov: väzenie)* cooler, jail

HOVOROVÝ ANGLICKÝ EKVIVALENT

aktuálny *príd* **1.** *(časový)* current, timely; **2.** *(naliehavý)* urgent; **3.** *(módny)* trendy, *(ifm)* hot

ANGLICKÉ HESLO MÁ HOVOROVÝ VÝZNAM

ace [eis] **I.** *podst* **1.** *(v kartách, tenise)* eso, túz, skrytý tromf; **2.** *(na kocke)* jednotka; **3.** *(ifm)* drobnosť;

SKRATKY A ZNAČKY

A

adj	°adjective/ príd
adm(in)	administratívny
am	americký
anat	anatómia
angl	anglický
anglik	anglikánsky
antrop	antropologický
ap	a podobne
arch	°archaic/ zast
archeol	archeológia
archit	architektúra
astrol	astrologický
astron	astronomický
atď	a tak ďalej
attr	attributívny
aus	austrálsky
aut	automobilový

B

ban	banícky
bank	bankovníctvo
bás	básnický
bezpr	bezpredmetový
bibl	biblický
bibliog	bibliografický
bio(l)	biologický
bot	botanika
br(it)	britský
bud	budúci čas
býv	bývalý

C

cirk	cirkevný
cit	citoslovce
cuk	cukrársky
cukr	cukrovarníctvo

Č

čast	častica
čes	český
čech	čechizmus
čísl	číslovka
číslov	číslovkový
čs	československý

D

def	defektívum
der	°derogatory/ pej
det	detský
dial	dialekt
dipl	diplomatický
div	divadelný, divadlo
distr	distributívne sloveso
d(o)k	slo dokonavého vidu
dop	dopravný
dram	dramatický
drev	drevárstvo
druh	druhový
dtd	°dated/ trocha zast
duš	duševný

E

eko(n)	ekonomický
ele	elektrický
	elektrotechnický
est	estetický
euf	eufemický
eur	európsky
ev	evanjelický
expr	expresívny

F

fam	familiárny
farm	farmakológia
feud	feudalizmus
film	filmový
filoz	filozofický
fin	finančný
fml	°formal/ formálny
fon	fonetický
fot	fotografický
fr	francúzsky
fraz	frazeologizmus
fyz	fyziká(lny)
fyziol	fyziologický

G

garb	garbiarsky

gen	genetika
geod	geodetický
geogr	geogragický
geol	geologický
geom	geometrický
graf	grafický
gram	gramatický
gum	gumárstvo
H	
hanl	hanlivo
hist	historický
hov	hovorový
hrom	hromadné podst meno
hrub	hrubý
hud	hudobný
hut	hutnícky
hypok	hypokoristikum
CH	
che(m)	chemický
I	
ifm	°informal/ hov
inf	informatika
ind	indický
iron	ironický
J	
j(edn)č	jednotné číslo
jfyz	jadrová fyzika
joc	°jocular/ žart
K	
kart	kartový
kat	katolícky
ker	keramický
knih	knihovnícky
kniž	knižný
kozm	kozmonautika
kozmet	kozmetický
kož	kožiarstvo
krajč	krajčírsky
kresť	kresťanský
kt	ktorý
kuch	kuchársky
kyb	kybernetika
L	
lat	latinský
leg	°legal/ práv
lej	lejárstvo
lek	lekársky
les	lesnícky
let	letecký
lieh	liehový
ling(v)	lingvistický
lit	literárny
lod	lodiarstvo
log	logický
ľud	ľudový
M	
m	mužský rod
mal	maliarsky
mat	matematický
mech	mechanický
met	meteorologický
metr	metrický
mč	minulý čas
min	mineralógia
v min	v minulosti
mn	množné číslo
mot	motorový
mp	minulé príčastie
muž	mužský
mytol	mytologický
N	
náb	náboženstvo
nám	námorníctvo
nap(r)	napríklad
naznač	naznačuje
n/dk	dok i nedok
nd(o)k	nedokonavý vid
nem	nemecký
neodb	neodborný
neos	neosobné slo(veso)
nepr	neprechodné (slo)
neprek	neprekladá sa
nesk(l)	nesklonný
nespis	nespisovný

nespr nesprávne
neurč neurčitý
neživ neživotný tvar
niekt niektorý
niž hov nižšie hovorový
nl náš letopočet
nur °nursery/ det
NZ novozélandský

O
obch obchodný
obuv obuvnícky
ob obyčajne
odb odborný
odkaz odkazovací
opoz opozitum
opak opakovací
opt optický
opyt opytovací
os oneself
os(o) osoba
osob osobný
otáz otázka
ozn(ač) označuje
oznam oznamovací

P
p pád
pap papierníctvo
pass °passive/ trpný
ped pedagogický
pej pejoratívny
pl °plural/ mn
pod podobný
podm podmieňovací spôsob
podraď podraďovací
podst podstatné meno
poet °poetical/ bás
pol(it) politický
poľn poľnohospodársky
poľov poľovnícky
polyg polygrafický
pom pomocné slo
pomn pomnožné podst meno
poš(t) poštový
pot potravinový
použ používaný
pôd pôdohospodárstvo
práv právny
pred °predicative
predl predložka
prech prechodné (slo)
prek prekladá sa
prn prenesene
príč príčastie
príd prídavné meno
priraď priraďovací
prís prísudok
prísl príslovka
príslov príslovkový
pr(ít) prítomný čas
privl privlastňovací
psych psychologický
psychoanalitický

R
r rok
rad radový
rád rádiotechnika
rádiotelekomunikácie
rar °rare/ zried
rhet °rhetorical/ knižný
roz rozhlasový
rozk rozkazovací spôsob
rozlič rozličný
rozp rozprávkový
ryb rybársky

S
s stredný rod
sb somebody
scot °Scottish/ škótsky
SK Slovensko
sklár sklársky
skr skratka
sl °slang/ slg
slg slangový
slo sloveso
slov slovenský
soc socialistický
sociol sociologický
soch sochársky

spis spisovný
spoj spojka
spôs spôsob
správ správny
st stupeň
star starší
stav stavebný
str strojárstvo
subšt subštandardný
súvzť súvzťažný
sv svätý

Š
šach šachový
ško(l) školský
špo(rt) športový
štud študentský

T
tech technický
technológia
tel telovýchovný
tlf telefonický
t(ele)v televízny
tex(t) textilný
tkáč tkáčstvo
tp trpné príčastie
typ typografický

U
účt účtovníctvo
UK °United Kindom
ukaz ukazovací
umel umelecký
urč určitý
úr úradný
USA USA

V
vedľ vedľajší
ver verejný
vet veterinársky
v min v minulosti
v záp v záporných vetách
vod vodohospodársky
voj vojenský
vše všeobecný
vých východný
vyj vyjadruje
vymedz vymedzovací
výtv výtvarný
význ významový
vzťaž vzťažný
vulg vulgárny

Z
záhr záhradnícky
zákl základný
zám zámeno
záp záporný, záporná veta
zast zastaraný
zastaráv zastarávajúci
zdrav zdravotnícky
zdr(ob) zdrobnenina
zlom zlomkový
zn značka
zool zoológia
zr(ied) zriedkavo
zvel augmentatívum
zvol zvolací
zvrat zvratný, zvratné slo

Ž
ž podst ženského rodu
žart žartovný
žel železničný
žen ženský
živ životné podst meno

/ alebo
! so zmenou konštrukcie
* fráza, príslovie
° angl vysvetlivka týka sa angl ekvivalentu
⇨ pozri

A

a I. *podst s nesk* **1.** *(hláska a písmeno)* a: **veľké a** *capital a*; **2.** *(hud)* A, **II.** *spoj* **3.** *(vyj: zlučovací vzťah)* and: **brat a sestra** *brother and sister*, **tak a tak** *so and so; (pri sčitovaní)* and: **dva a dva sú štyri** *two and two makes four; (ako súčasť zmiešaných čísel)* and: **3 a 1/4** *three and a quarter*, **4**. *(vo výr:a čo [aj])* even; **5.** *(: odporovací vzťah)* but, and: **chcel to urobiť a nemohol** *He wanted to do it,but/ and he couldn't*, **6.** *(: dôsledkový vzťah vo výr:a tak)* so : **nechala ho frajerka a je z neho kopa nešťastia** *his girlfriend left him, so he is awfully unhappy*; *(a preto)* therefore, consequently, **7**. *(:vysvetľovací vzťah: a to)* namely; **III.** *časť* **8**. *(uvádza zvol/opyt vetu)* so, well, **9**. *(no a?)* so what?, **IV.** *cit* **10.** *(: prekvapenie)* ha, hullo, oh; **11.** *(: bolesť)* ouch

abeceda *ž* **1.** *(súbor písmen, systém značiek)* alphabet; **2.** *(hov: základné vedomosti)* the ABC's; **3.** *(systém značiek: Morseova)* code, **4.** *(podľa abecedy)* in alphabetical order

abecedný *príd* **1.** alphabetical, alphabetic, *(poriadok)* alphabetical order, *(znak)* letter

abnormalita *ž* **1.** abnormality, abnormalness

abnormálny *príd* **1.** abnormal, freakish, unnatural, bizarre

abonent *m* **1.** subscriber, user, participant

absencia *ž* **1.** *(neprítomnosť)* absence, nonappearance; **2.** *(absentizmus)* absenteeism; **3.** *(kniž: nedostatok)* lack

absolútny *príd* **1.** *(úplný, nepodmienený, dokonalý: moc, lieh, i fyz, inf)* absolute; **2.** *(nepodmienený)* unlimited, unrestricted; **3.** *(úplný)* total, *(dokonalý)* perfect, *(mat)* binary

absolvovať *dk* **1.** to finish, to complete; **2.** to perform; **3.** *(vysokú školu)* to graduate

absorbovať *n/dk* **1.** to absorb, to imbibe, to incept, to take in, *(fyz)* to occlude

abstinent *m* **1.** abstainer, teetotaller, non drinker

abstrahovať *n/dk* **1.** to abstract, to deduce, to derive

abstraktný *príd* **1.** *(pojem, i lit, mal)* abstract, universal, academic, pure, transcendental

aby I. *spoj* **1.** *(uvádza vetu: účelovú)* in order to: **urobil všetko, aby dosiahol svoj cieľ.** *He did everything he could in order to reach his goal*; so that [+ would/may/might]: **vypol rádio, aby sa mohol sústrediť** *He switched off the radio, so that he might [be able to] concentrate*; *(fml)* in order that, with the purpose of: **išiel k nej, len aby sa jej vyhrážal** *he went to her house,with the only purpose of threatening her*, **2.** *(: i prívlastkovú)* to: **napísal im, aby prišli** *he wrote them to come*; **3.** *(: spôsobovú)* so as to, *(tak,aby...)* in such a way as, **4.** *(: predmetovú prek s neurč)* to: **žiadal ju, aby cestovala s ním** *he asked her to travel with him*; **dovoľte, aby som...** *allow me to remind you*; that; **5.** *(: príčinnú,v záp pri vyjadrení obavy)* lest [+ should]: **bojí sa, aby nespadol** *he is afraid lest he should fall*; **utiekol, aby ho nechytili** *he ran away lest he should be caught*; **6**. *(:dôsledkovú v záp:prek s príd)* not so [ ] as to: **nie som hlupák, aby som tomu veril** *I am not so stupid as to believe that*; **nie som zbabelec, aby som utekal** *I am not so coward as to run*; **7**. *(: doplnkovú po záp:prek s neurč)* to: **ešte som nepočul, aby prosil** *I havent' yet heard him to beg*; **II.** *časť* **8**. *(uv: želacie vety:nech)* that, *(:želanie)* I wish: **už aby ten dážď prestal!** *I wish the rain would stop!*; *(: i zakľatia)* may: **aby ho čert vzal!** *the devil may take him!*; *(v záp)* mind you don't: **aby si sa nepošmykol!** *mind you don't slip!*; take care that, see that, make sure that: **aby ťa dakto nevidel!** *take care that no one sees you !/ see that you are not observed !/ make sure no one sees you!*; *(: rozkazovacie vety)* should: **o ôsmej aby ste tu boli!** *at 8 you should be here!*; **aby sa to už viac nestalo!**, *(v záp,i v spojení s:nie)* don't [you]: **nie aby ste rozbili okno!** *don't break the window!*;

9. *(v spojení s:len)* if [only] [+ would/could]: **len aby prišiel domov!** *if only he would come back home!*; **10.** *(*aby som povedal pravdu)* to tell the truth

adaptácia *ž* **1.** *(prispôsobenie)* adaptation, *(eko)* adjustment; **2.** *(prestavba)* reconstruction, remodelling, *(eko)* conversion

adaptovať *n/dk* **1.** *(prispôsobiť)* to adapt, *(text)* to edit, to emendate, to doctor; **2.** *(prestavať)* to reconstruct, to remodel

adept *m* **1.** neophite, novice, adherent, follower

adjektívum *s* **1.** *(gram)* adjective

administratíva *ž* **1.** *(riadenie, i orgány)* administration, admin; **2.** *(riadenie: podniku)* management, paperwork

administratívny *príd* **1.** administrative, administration, *(pracovník)* clerical, *(úradník)* civil servant

adresa *ž* **1.** *(i prejav, i inf)* address, direction, *(odb)* location

adresár *m* **1.** mailing list, directory, address book, court-guide

adresát *m* **1.** addressee; **2.** consignee, recipient, *(poš: poukážky)* payee

adresovať *n/dk* **1.** to adress, to mail, to send

advokát *m* **1.** advocate, lawyer, attorney-at-law, counselor, solicitor

agát *m* **1.** *(bot: Robinia)* rose acacia, yellow locust, black locust, *(trnovník)* false acacia

agent *m* **1.** agent, representative, salesman, emissary

agentúra *ž* **1.** agency, agents, bureau, *(tlačová)* press agency

agitátor *m* **1.** agitator; **2.** propagandist, solicitor, *(volebný)* electioneer

agresívny *príd* **1.** aggressive, bellicose, belligerent, corrosive

agronóm *m* **1.** agronomist, agriculturist

ak I. *spoj* **1.** *(uv podmienkovú vetu)* if: **ak sa nebudeš učiť, prepadneš** *if you don't study you will fail*; in case [+ should]: **ak nepríde, pôjdeme sami** *in case he shouldn't come,we'll go alone*; **2.** *(vo význame:keď)* if; **3.** *(len ak)* only if, *(iba ak,ak len:po záp)* unless: **necestuj, ak len nechceš riskovať** *don't leave,unless you want to take chances;*, **4.** *(uv nepravú vzťažnú vetu: kým)* as, considering that, **5.** *(*ak sa smiem opýtať)* if I may ask, *(*ak sa dobre pamätám)* if I remember right, *(*ak mám byť úprimný)* to be honest, to tell the truth, **II.** *časť* **6.** (vyj približnosť:*najviac ak)* at most: **nebolo ich veľa, ak traja** *they were not many,three at most*;

akademický *príd* **1.** *(i abstraktný: debata)* academic; **2.** *(abstraktný, teoretický: otázka)* theoretical

akcent *m* **1.** *(gram, polyg)* accent, diacritical mark, quantity mark, tone

akcia *ž* **1.** *(i fyz, voj, inf)* action; **2.** *(nápis v obchode)* sale; **3.** ob mn: **akcie** *(fin: účastiny)* stock, share[s], security

akcionár *m* **1.** *(eko)* shareholder, stockholder, investor, shareholder

akciový *príd* **1.** stock, share, capital, *(spoločnosť)* joint-stock, incorporated

akčný *príd* **1.** *(výbor, skupina, maľba)* action, operational, *(kyb)* actuating, *(rádius)* flying range

aklimatizácia *ž* **1.** acclimatization, acclimatement, conditioning, *(am)* acclimation

akosť *ž* **1.** quality, class, brand, *(drahého kovu)* fineness, *(hut: surového železa)* grade, $ condition

akostný *príd* **1.** *(eko)* qualitative, quality, first-quality, first-rate, choice

akreditív *m* **1.** *(eko)* letter/ bill of credit, note, credentials

akt *m* **1.** act, operation; **2.** document, official act

aktivita *ž* **1.** *(inf, eko)* activity, activism, *(ifyz)* intensity of radioactivity, active service

aktívny *príd* **1.** active, activated, alive, live, *(chem)* atomic

aktivovať *n/dk* **1.** to activate, to draw into activity, to trigger, *(inf)* to click on

aktovka *ž* **1.** brief case, briefbag, attaché case, dispatch case, satchel

aktualizácia *ž* **1.** *(inf)* updating, upgrading, upgrade, update

aktualizovať *n/dk* **1.** *(inf)* to upgrade, to up-

date, to actuate, to bring up-to-date, to post
aktuálny *príd* **1.** *(časový)* current, timely; **2.** *(nahlehavý)* urgent; **3.** *(módny)* trendy, *(ifm)* hot
akumulácia *ž* **1.** accumulation, storage, *(chem)* absorbing
akumulátor *m* **1.** accumulator, *(ele)* battery, *(ele)* secondary cell
akustický *príd* **1.** *(všeobecne)* acoustical, *(týkajúci sa zvukových vĺn)* acoustic, sound, phonic
akvarel *m* **1.** *(vytv)* watercolour, aquarelle, *(čiernobiely/ nevýrazný)* wash drawing
akvárium *s* 1 aquarium, *(guľovité)* fish-globe, *(malé guľovité)* [gold-]fish bowl, *(morské)* oceanarium, *(pre delfíny)* dolphinarium
akvizícia *ž* **1.** acquisition, gain; **2.** solicitation, canvassing, canvass
album *m* **1.** album, scrapbook, volume, *(s voľnými listami)* guard-book
alebo *spoj* **1.** or, alternatively, otherwise; **2.** *(alebo... alebo)* either...or
aleja *ž* **1.** alley, walk, garden lane; **2.** *(v meste)* avenue
aleluja *cit* **1.** Allelujah
aliancia *ž* **1.** alliance
alkohol *m* **1.** alcohol, spirit, liquor, *(sl)* [joy-]juice
alkoholický *príd* **1.** alcoholic, spirit, liquor, intoxicant
almanach *m* **1.** *(ročenka)* almanac, annual, yearbook
almužna *ž* **1.** alms, pittance, charity, handout, dole
alt *m* **1.** alto, counter-tenor, *(ženský)* contralto
alternatíva *ž* **1.** alternative, *(i eko)* option, course
amatér *m* **1.** amateur, *(ifm)* ham, dabbler, dabster, dilettante
amatérsky *príd* **1.** amateurish, amateur, dilettante, spare-time
ambícia *ž* **1.** ambition
ambulancia *ž* **1.** *(súkromná)* surgery; **2.** *(v nemocnici)* outpatient department, dispensary; **2.** *(pojazdná)* mobile hospital; **3.** *(vozidlo)* ambulance
amen *cit* **1.** amen
americký *príd* **1.** American, Yankee, Yank, *(vojak)* GI
amfiteáter *m* **1.** amphitheatre, *(archit)* theatre, *(prírodný)* cirque, circ[us]
amnestia *ž* **1.** amnesty, act of grace, act of oblivion, pardon, general pardon
amnestovať *dk* **1.** to amnesty
amortizácia *ž* **1.** amortization, *(dlhu)* redemption, extinction, extinguishment
amortizovať *n/dk* **1.** to amortize, *(dlh)* to redeem, to pay off, to extinguish
amputovať *n/dk* **1.** to amputate
analýza *ž* **1.** analysis
analyzovať *ndk* **1.** to analyze
ananás *m* **1.** *(bot: Ananas)* pineapple, ananas
anarchia *ž* **1.** anarchy, anarchism
anatómia *ž* **1.** anatomy
anatomický *príd* **1.** anatomic, anatomical
anekdota *ž* **1.** anecdote, story; **2.** *(vtip)* joke
angažmán *m/s nesk* **1.** *(zmluva)* engagement, contract; **2.** *(zamestnanie)* position, work
angažovať *n/dk* **1.** to engage, to hire; **2.** to involve
Anglicko *s* **1.** England
anglický *príd* **1.** English
Angličan *m* **1.** Englishman, *(typický)* John Bull, *(sl)* limey, *(der)* pockpudding
Angličanka *ž* **1.** Englishwoman
angličtina *ž* **1.** English, the English language, *(spisovná)* King's/ Queen's English, *(londýnska)* cockney
anglikán *m* **1.** Anglican
Anglosas *m* **1.** Anglo-Saxon
ani I. *spoj* **1.** *(v záp: ani... ani)* neither...nor; **2.** *(vyj prirovnávací vzťah: ako)* as...as, **II.** *čast* **3.** *(v záp: zdôrazňuje)* even, *(ani trochu/ atď)* not a; **4.** *(*ani za svet)* not for worlds
anjel *m* **1.** angel; **2.** *(prn)* cherub, darling
anketa *ž* **1.** [public] inquiry; **2.** [opinion] poll; **3.** *(literárna)* symposium, **4.** *(tlačivo)* questionnaire

áno *časť* **1.** yes, *(ifm)* yeah, yep, *(arch)* aye
anonymný *príd* **1.** anonymous, innominate, undisclosed, *(lit)* ghostly
Antarktída *ž* **1.** the Antarctic
anténa *ž* **1.** aerial, antenna, *(parabolická)* parabola, *(ifm)* dish
antika *ž* **1.** antiquity, ancient times; **2.** antique period; **3.** antique
antikvariát *m* **1.** second-hand bookshop
antropológia *ž* **1.** anthropology
anuita *ž* **1.** annuity
anulovať *n/dk* **1.** to annul, to cancel
aparát *m* **1.** *(prístroj)* apparatus, equipment, device; **2.** *(i orgán)* machine, setup; **3.** *(fotografický)* camera
apatia *ž* **1.** apathy, lethargy, listlessness, torpor
apel *m* **1.** appeal, plea
aplikácia *ž* **1.** *(i lek)* application, use; **2.** *(krajč)* appliqué, *(čipková)* guipure, insertion
apostrof *m* **1.** apostrophe
apoštol *m* **1.** *(i cirk)* apostle; **2.** *(prn)* proselytizer, do-gooder
apríl *m* **1.** April; **2.** *(prvý)* April Fool's day, All Fool's day; **3.** *(zvolanie)* April Fool
aprobácia *ž* **1.** *(schválenie)* approval, *(fml)* approbation; **2.** *(právo vyučovať)* teaching qualification
Arab *m* **1.** Arab
arabský *príd* **1.** Arabian, Arabic, Arab
aranžér *m* **1.** arranger, adapter, decorator; **2.** *(výkladných skríň)* [window] dresser
arbitráž *ž* **1.** arbitration, arbitrage
arcibiskup *m* **1.** arcibishop, primate, Metropolitan
areál *m* **1.** complex, area, precinct, range, campus; **2.** *(bot, zool)* habitat
argument *m* **1.** argument, reasoning, reason
archa *ž* **1.** *(bibl)* Ark
archanjel *m* **1.** archangel
archeológia *ž* **1.** archeology
architekt *m* **1.** architect, *(tech)* planner, *(bytový)* interior designer, *(divadelný)* set designer
architektúra *ž* **1.** architecture, architectonics
archív *m* **1.** *(zbierka, miestnosť)* archives, *(miestnosť)* record room/ office; **2.** *(zbierka)* file[s], records
archivár *m* **1.** archivist, file keeper, file clerk, *(mestský)* town clerk, *(školský)* registrar
aristokracia *ž* **1.** aristocracy, nobility
aritmetika *ž* **1.** arithmetic
Arktída *ž* **1.** the Arctic
armáda *ž* **1.** army, service
armatúra *ž* **1.** fixtures, reinforcement braces, armature
aróma *ž* **1.** aroma, fragnance, odour, *(vína)* bouquet
aromatický *príd* **1.** aromatic, flavoury, zesty, odorous
arzenál *m* **1.** arsenal, armoury, *(skladište i výzbroj)* ordnance, *(použiteľných prostriedkov)* deploy
asanácia *ž* **1.** recovery, sanitation, decontamination, *(štvrte)* clearance, *(centra mesta)* city betterment
asfalt *m* **1.** asphalt, [asphaltic] bitumen, tar, pitch, *(gum)* mineral rubber
asfaltovať *n/dk* **1.** to asphalt, to bituminize
asi *časť* **1.** *(snáď)* perhaps, maybe, most likely, I suppose; **2.** *(približne)* nearly, about, some, *(o hodinách)* [-]ish
asimilácia *ž* **1.** assimilation, *(kultúrna)* acculturation, digestion
asistent *m* **1.** assistant, junior clerk, adjunct, *(ško: odborný)* reader
asistovať *ndk* **1.** to assist, to attend, *(pri pôrode)* to midwife
asociácia *ž* **1.** association, consortium, fellowship, comity, pool
aspik *m* **1.** aspic, jelly
aspoň *časť* **1.** at least
astma *ž* **1.** asthma
astrológia *ž* **1.** astrology
astronóm *m* **1.** astronomer
astronómia *ž* **1.** astronomy
astronomický *príd* **1.** astronomic, galactic, uranic, celestial
ašpirant *m* **1.** *(čakateľ)* candidate, *(fml)* aspirant; **2.** *(škol)* post-graduate, *(v min)*

post-graduate reading for a CSc degree
ašpirovať *ndk* **1.** to aspire
ateizmus *m* **1.** atheism, godlessness
ateliér *m* **1.** studio, atelier, artist's workshop, *(fotografický)* gallery, *(filmový)* floor
atentát *m* **1.** attempt to assassinate sb, attempt on sb's life
atlas *m* **1.** atlas; **2.** *(text)* satin, sateen
atlét *m* **1.** athlete, *(sl)* jockstrapper
atletický *príd* **1.** athletic
atletika *ž* **1.** athletics, *(ľahká)* track and field events
atmosféra *ž* **1.** atmosphere, air; **2.** *(prn: nálada)* ambience, feeling
atóm *m* **1.** atom
atómový *príd* **1.** atomic
atraktívny *príd* **1.** attractive, glamorous, winning, magnetic
atrament *m* **1.** ink
audiencia *ž* **1.** audience, hearing
august *m* **1.** *(mesiac)* August; **2.** *(pajác)* circus clown
aukcia *ž* **1.** *(eko)* auction, auction-sale
aula *ž* **1.** hall, auditorium, *(i školský)* assembly hall/ room, court
Austrália *ž* **1.** Australia
autentický *príd* **1.** authentic, authentical, genuine, veritable
auto *s* **1.** car, auto
autobus *m* **1.** bus
automapa *ž* **1.** automobile map, route map, road map, *(am)* highway map
automat *m* **1.** robot vending machine; **2.** coin-operated machine; **3.** automat, **4.** automatic rifle, **5.** automatic cut-out, **6.** automatic machine, **7.** automatic lathe
automatický *príd* **1.** automatic
automatizácia *ž* **1.** automatization; **2.** automation
automobil *m* **1.** automobile, motor car
autonómia *ž* **1.** autonomy
autonómny *príd* **1.** autonomous
autor *m* **1.** author
autorita *ž* **1.** authority
autorizovaný *príd* **1.** authorized, *(eko)* certified, *(eko)* chartered, *(eko)* accredited
autorka *ž* **1.** woman author
autorský *príd* **1.** *author, *authors; **2.** authorial
avízo *s* **1.** advice, intelligence, notification, arrival notice, notice, information
avizovať *n/dk* **1.** to notify, to inform, to apprise, *(by letter)* to advise
avšak *spoj* **1.** but
azda *čast* **1.** perhaps, maybe
ázijský *príd* **1.** Asian
až I. *spoj* **1**. *(uv časovú vetu:kým)* till, *(ob fml,i na začiatku vety)* until: **počkaj** *(ju)*,**až príde domov** *wait till/until she comes home*; **2.** by the time: **až pôjdeme domov, bude určite pršať** *by the time we get home it'll be raining*; **3**. *(:keď)* when: **až sa vrátime, dokončíme to** *when we come back we'll finish it*:, **4**. *(hov:uv podmienkovú vetu)* if: **až chceš, ostaň** *stay,if you want*; **5**. *(uv účinkovú vetu)* so much that: **chlapec tak dlho behal, až prechladol** *the boy ran so much that he caught a cold*; *(prek s podst)* to the point of: **je žiarlivý, až je to smiešne** *he is jealous to the point of ridicule*; **II.** *čast* **6**. *(vyj časovú hranicu:až do)* [up] until: **až do vojny** *[up] until the war*; till, **až teraz** *but now*; **až doposiaľ** *up to now/ so far/ as yet/ thus far*, **až do odvolania** *until recall*; **až do ďalšieho príkazu** *till further order*, **až do bližšieho oznámenia** *till further notice*; **7**. *(vyj miestnu hranicu:až k)* as far as: **až k mestu** *as far as the town*; **až do Bratislavy** *all the way to Bratislava*; *(až po/na/pred)* up/down to: **až na dno** *down to the bottom*; **až po kolená** *up to [o's] knees*; all the way from/to, **8**. *(vyj približnosť)* or: **dvaja až traja** *two or three*; **9**. *(stupňuje význam výrazu)* even, almost: **bolo teplo, až horúco** *it was warm almost/even hot*; **až príliš** *only too/ almost too*; **10**. *(v spojení s číslovkami)* from... to: **číslá 8 až 15** *from number 8 to 15*; through: **strany 11 až 18** *page 11 through 18*; as many as: **prichádzalo až dvadsať ľudí** *there came as many as twenty people*; **11**. *(iba)* only: **až otec** *only dad*; not be-

fore: **až zajtra** *only/not before tomorrow*; **vráti sa až v pondelok** *he will not be here before Monday/ he will not come until Monday*; **12.** *(ako súčasť výrazov s príd:až strach/hrôza)* awfully: **je bezočivý, až strach** *he is awfully naughty*; *(:s podst)* loads of: **bolo tam [ ],až hrôza** *there where loads of [ ]*; **III.** ***predl*** **13.** *(hov:okrem)* **14.** except, **až na Tomaša** *except Thomas*; but [for]: **všetci až na jedného** *all but one*; save, saving, excepting, bar, bating; **15.** *(až na to,že)* excepting for

B

ba I. ***čast*** **1.** yes; **2.** indeed, really; **II.** ***spoj*** **3.** and, and more than that

bába *ž* **1.** *(bábika)* doll; **2.** *(dieťatko)* baby, infant

baba *ž* **1.** *(hov)* old woman; **2.** *(pôrodná)* midwife; **3.** *(zbabelec)* coward, **4.** *(sl: dievča)* bird, *(am)* chick, **5.** *(koláč)* baba, cake

babica *ž* **1.** midwife

babička *ž* **1.** *(stará mať)* grandmother; **2.** *(stará žena)* old woman

bábika *ž* **1.** doll, puppet, figurehead

bábka *ž* **1.** doll, puppet; **2.** *(div)* marionette

babka *ž* **1.** *(ľud)* old woman; **2.** *(hypok: stará mať)* granny, grandma; **3.** *(pôrodná)* midwife, **4.** *(nákovka)* anvil stake, **5.** *(uhorský peniaz)* heller, *(peniaz malej hodnoty)* farthing

bábkový *príd* **1.** puppet; **2.** marionette

babrák *m* **1.** bungler, botcher

babrať *ndk* **1.** to bungle; **2.** *(špiniť)* to soil; **3.** *(dotýkať sa)* to touch, **4.** *(s kým)* to monkey

babrať sa *ndk* **1.** *(špiniť sa)* to dirty os; **2.** *(piplať sa)* to potter; **3.** *(v čom)* to dabble

bacil *m* **1.** bacillus, germ

bača *m* **1.** [head] shepherd, flockmaster

bádanie *s* **1.** study, research

bádať *ndk* **1.** to study, to inquire, to research, to do research

badať *ndk* **1.** to observe, to notice

bádateľ *m* **1.** researcher, explorer, investigator, scholar, student

bagateľ *m* **1.** trifle, *(fr)* bagatelle

bagatelizovať *ndk* **1.** to belittle, to undervalue

bager *m* **1.** dredge, excavator, steam shovel

bahenný *príd* **1.** marshy, boggy, muddy

bahnica *ž* **1.** ewe

bahnistý *príd* **1.** swampy, marshy, quaggy, oozy, turbid

bahno *s* **1.** ooze, sludge, marsh, swamp; **2.** *(blato i prn)* mud

bahor *m* **1.** felly

bachratý *príd* **1.** potbellied, paunchy

báj *ž* **1.** myth, legend, saga

báječný *príd* **1.** fabulous; **2.** wonderful

bájka *ž* **1.** fable, fairy tale; **2.** *(prn)* tale, fiction, story

bájkár *m* **1.** fabulist, writer of fables, fiction writer

bakalár *m* **1.** bachelor

baktéria *ž* **1.** bacterium

bál *m* **1.** scheming; **2.** ball, plotting, machination

bal *m* **1.** bale, roll, pack

balada *ž* **1.** ballad

balamutiť *ndk* **1.** to bamboozle, to fool; **2.** *(tárať)* to prate, to twaddle

balansovať *ndk* **1.** to balance, to poise

balenie *s* **1.** packing, wrapping

baliaci *príd* **1.** vrapping

balič *m* **1.** packer, wrapper

balík *m* **1.** parcel, *(am)* package, *(veľký)* bale, *(bankoviek)* roll

baliť *ndk* **1.** to pack, to wrap, to enfold, to envelop

balkón *m* **1.** balcony; **2.** *(v divadle, kine)* [dress] circle

balón *m* **1.** balloon

balvan *m* **1.** boulder, rock, heavy piece, block

balzam *m* **1.** balsam, balm

balzamovať *ndk* **1.** to embalm

baňa *ž* **1.** mine, pit, *(uhoľná)* coal-mine/pit, colliery, *(na zlato)* diggings, *(i prn)* gold-mine

banán *m* **1.** banana

banda *ž* **1.** gang, band, pack, mob, horde
bandita *m* **1.** bandit, outlaw, brigand, gunman, robber, highwayman
banícky *príd* **1.** mining, miner[s]
baníctvo *s* **1.** mining; **2.** *(hrom: baníci)* miners
baník *m* **1.** miner, pitman, *(br)* collier
banka *ž* **1.** bank; **2.** *(nádobka)* flask, cupping glass
bankár *m* **1.** banker
banket *m* **1.** *(hostina)* banquet
bankovka *ž* **1.** banknote, *(am)* bill, note, *(am)* greenback, scrip
bankovníctvo *s* **1.** banking
bankový *príd* **1.** bank, banking
bankrot *m* **1.** bankruptcy, crash, downfall, ruin, failure
bar *m* **1.** *(pult)* bar; **2.** *(nočný)* night club; **3.** *(denný)* cafeteria, café, **4.** *(mliečny)* snack-bar, **5.** *(fyz: jednotka tlaku)* bar
baran *m* **1.** ram; **2.** *(tech)* pile driver; **3.** *(prn)* dumbbell, **4.** *(hist)* battering ram, **5.** *(astron, astrol)* Aries
baranica *ž* **1.** lambskin cap
baranina *ž* **1.** mutton
barbarský *príd* **1.** barbarian, barbaric
bariéra *ž* **1.** *(inf, eko)* barrier, hill, hump
barikáda *ž* **1.** barricade
bárka *ž* **1.** boat, barge, launch, file boat
barla *ž* **1.** crutch
barok *m* **1.** baroque
barometer *m* **1.** barometer
barón *m* **1.** *(i prn)* baron
basa *ž* **1.** double-bass, bass; **2.** *(hov: väzenie)* cooler, jail
báseň *ž* **1.** poem
basista *m* **1.** *(spevák)* bass singer; **2.** *(hudobník)* bass player, contrabassist
básnický *príd* **1.** poetic, poetical
básnik *m* **1.** poet, minstrel, songster
básniť *ndk* **1.** to compose poetry; **2.** *(hov)* to fantasize, to dream
basta *cit* **1.** that'll do, enough, that's that, that's enough
bašta *ž* **1.** bastion, bulwark; **2.** *(prn)* pillar; **3.** *(šach zast)* castle
báť sa *ndk* **1.** to fear, be afraid of, *(o koho)* to fear for
batéria *ž* **1.** battery
baterka *ž* **1.** [pocket] torch, *(am)* flashlight; **2.** battery
batoh *m* **1.** bundle, haversack, holdall, *(vojenský)* kitbag; **2.** *(prn)* burden
batožina *ž hromad* **1.** baggage, luggage
baviť *ndk* **1.** to amuse, to entertain, to attract
baviť sa *ndk* **1.** to amuse os, to play, to enjoy os, to have a good time
bavlna *ž* **1.** cotton
bavlnárstvo *s* **1.** cotton growing; **2.** cotton industry; **3.** cotton trade
bavlnený *príd* **1.** cotton
bavlník *m* **1.** cotton plant
báza *ž* **1.** *(inf)* base, *(eko)* basis, *(stereofónna)* stero-base, *(akustického dipólu)* critical distance
baza *ž* **1.** black elder
bázeň *ž* **1.** awe, fear
bazén *m* **1.** reservoir; **2.** *(kúpalisko)* swimming pool
bažant *m* **1.** pheasant
bažiť *ndk* **1.** to crave, to hanker, to long, to yearn
bdieť *ndk* **1.** to stay awake, to stay up; **2.** *(nad kým)* to watch, to keep an eye on, to look after, to vigil
beda I. *vet prísl* **1.** *(vyj hrozbu)* woe, **II.** *cit* **2.** *(vyj zúfalstvo ap)* alas
bedákanie *s* **1.** lamentation, bewailing, lament, wail, whine
bedákať *ndk* **1.** to lament, to cry, to wail
bedársky *príd* **1.** wretch, poor, penurious
bedrovník *m* **1.** saxifrage
beh *m* **1.** *(činnosť, šport)* run, running; **2.** *(pohyb)* movement, motion; **3.** *(chod)* gait, pace, **4.** *(priebeh)* course, march, flow, **5.** *(zast: cyklus)* series
behať *ndk* **1.** to run, to run around, *(rýchlo)* to flit, to dart, *(hov: o dieťati)* to walk
behúň *m* **1.** *(bežec)* runner, racer; **2.** *(kôň)* trotter, race horse; **3.** *(tech)* runner, rotor, *(na pravítku)* slide, **4.** *(koberec)* runner rug, **5.** *(vrchný mlynský kameň)* upper millstone, **6.** *(hist)* herald

beletria *ž* **1.** belles-lettres, fiction
Belgicko *s* **1.** Belgium
Belgičan *m* **1.** Belgian
belieť sa *ndk* **1.** to appear white, to be white
beľmo *s* **1.** the white of the eye, walleye, cataract, leucoma
beloch *m* **1.** white [man], pale-face?
benzín *m* **1.** petrol, *(am)* gas[oline], *(sl)* juice, *(čistiaci)* benzine
berla *ž* **1.** *(kráľovská)* sceptre; **2.** *(biskupská)* staff, crosier, crook
beseda *ž* **1.** *(rozhovor)* conversation, talk, chat; **2.** *(organizované stretnutie)* symposium, *(fml)* debate; **3.** *(zast: zábava)* entertainment, **4.** *(zast: organizácia)* club, society, **5.** *(tanec)* Beseda [round dance]
besedovať *ndk* **1.** to talk, to chat
besiedka *ž* **1.** *(v záhrade)* arbour, summerhouse, bower; **2.** *(večierok)* social [evening]
besnenie *s* **1.** rage, raging, storming, fury
besnieť *ndk* **1.** to rage, to storm, to go mad, to rave
besný *príd* **1.** rabid, mad, hydrophobic; **2.** *(zúrivý)* raging, furious
betlehem *m* **1.** Christmas crib, Nativity scene, Christmas pageant, The Crib
betón *m* **1.** concrete
bez I. ***predl*** **1.** *(vyj:chýbanie)* without [st]: **bez rukávov** *without sleeves*; without [+ing]: **odišiel bez slova** *he left without saying a word*; **bez klopania** *without knocking*; with no: **išiel von bez kabáta** *he went out without a coat/with no coat on*; minus: **vrátil sa z frontu bez jednej nohy** *he returned from the front minus one leg*; **2.** *(:neprítomnosť)* free from/of: **bez strachu/ bolesti atď** *free from fear/pain etc*; devoid of: **bez dlhov** *devoid of debt/ without debts/ free of debt/ in the clear/ free of debts*; wanting: **priateľstvo je nemožné bez vzájomnej dôvery** *wanting mutual trust friendship is impossible*; out of: **bez práce** *out of work*; *(suma,cena)* exclusive of: **bez DPH** *exclusive of VAT*; *(hud)* senza, *(lat)* sine, *(arch)* sans; **3.** *(odpočítavanie)* minus: **desať bez dvoch je osem** *10 minus 2 is 8*; **4.** [-]less: **hore bez** *topless*; non[-]: **bez prestávky** *non stop/ round the clock*; no[-]: **bez tromfov** *no trump[s]*; [-]free: **bez cla** *duty-free*; **bez porúch** *trouble-free*; un[-]: **bez filtra** *untipped*; in[-], zero[-], **5**. *(*bez seba)* beside oneself, *(*bez platenia)* for free, *(bez niekoho)* n sb's absence, *(*bez záruky)* for what is worth, *(*bez všetkého)* without problems/ceremonies, *(v replike: -!)* no problem!, sure!, *(bez ladu a skladu)* pell-mell, **II.** ***spoj*** **6**. *(bez toho, aby/že)* without so much as: **odišiel bez toho, aby pozdravil** *he went away without as much as saying good-bye*
bezbolestný *príd* **1.** painless
bezbranný *príd* **1.** unarmed, defenseless
bezcenný *príd* **1.** worthless, valueless, good-for-nothing, chaffy
bezcieľny *príd* **1.** aimless, purposeless, pointless, futile
bezcitný *príd* **1.** unfeeling, callous, heartless, soulless, merciless
bezdetný *príd* **1.** childless
bezdomovec *m* **1.** homeless person; 2 displaced person, stateless person
bezdôvodný *príd* **1.** groundless, unfounded, gratuitous, wanton
bezfarebný *príd* **1.** colourless, expressionles, dull, toneless
bezhlavý *príd* **1.** headless, acephalous; **2.** thoughtless, rash, precipitate
bezcharakterný *príd* **1.** characterless, lacking personality; **2.** *(bezzásadový)* unprincipled, unscrupulous
bezchybný *príd* **1.** faultless, flawless, impeccable, correct, clean
bezmocný *príd* **1.** impotent, powerless, helpless
bezmotorový *príd* **1.** engineless, motorless
beznádejný *príd* **1.** hopeless, desperate, forlorn, abject, gone
bezočivosť *ž* **1.** effrontery, impudence, brass, cheek, nerve, lip
bezohľadný *príd* **1.** inconsiderate, reckless, thoughtless, impudent, unspairing, tactless
bezpečnosť *ž* **1.** safety; **2.** security

bezpečnostný *príd* **1.** safety, security, precautionary
bezpečný *príd* **1.** safe, secure, sure
bezplatný *príd* **1.** free, gratuitous, payless, unpaid
bezpodmienečný *príd* **1.** unconditional, absolute, complete
bezpochyby *časť* **1.** undoubtedly, certainly, surely, no doubt
bezprávie *s* **1.** injustice, wrong, lawlessness, violence
bezpredmetný *príd* **1.** irrelevant, immaterial, groundless
bezpríkladný *príd* **1.** unexampled, unparalleled, unprecedented, *(fml)* nonpareil
bezprostredný *príd* **1.** *(blízky)* immediate; **2.** *(priamy)* direct, first-hand; **3.** *(úprimný)* sincere
bezradný *príd* **1.** helpless, perplexed, nonplussed; **2.** embarassed
bezstarostný *príd* **1.** carefree, with no problems, without cares, without a care in the world
beztrestný *príd* **1.** unpunished; **2.** unpunishable
bezúhonný *príd* **1.** spotless, blameless, unblemished, immaculate, taintless
bezvedomie *s* **1.** unconsciousness, coma
bezvetrie *s* **1.** absence of wind[s], calm weather, zero wind
bezvládie *s* **1.** anarchy
bezvládny *príd* **1.** impotent, powerless, weak, feeble
bezvýhradný *príd* **1.** unreserved, unconditional, unqualified
bezvýznamný *príd* **1.** insignificant, unimportant, negligible, inconsiderable, inconsequential, trifling
bežať *ndk* **1.** to run, to race, to gallop, to pace, to hurry, *(o čase)* to go
bežec *m* **1.** *(i tech)* runner, racer, sprinter; **2.** *(na pravítku)* slide, *(na písacom stroji)* carriage
bežný *príd* **1.** *(prebiehajúci)* current, running, everyday, *(obyčajný)* ordinary, common, *(zvyčajný)* usual, normal, familiar, conventional, habitual, *(všeobecný)* prevalent, general
bianko *príd* **1.** blank, in blank
biblia *ž* **1.** Bible, the Holy Scripture
biblický *príd* **1.** Biblical
bibliografia *ž* **1.** bibliography
bicykel *m* **1.** bicycle, *(ifm)* bike
bicyklista *m* **1.** bicyclist, cyclist
bič *m* **1.** whip, horsewhip, scourge
bičovať *ndk* **1.** to whip, to lash, to scourge, to flog
bidlo *s* **1.** *(tyč)* bar, pole, rod, stick; **2.** *(na krosnách)* reed; **3.** *(žŕdka)* perch, roost
bieda *ž* **1.** poverty, misery, *(nedostatok)* need, indigence, privation, penury, hardship, want
biedny *príd* **1.** poor, miserable, wretched, poverty-stricken, indigent, destitute
bielidlo *s* **1.** bleaching agent, bleach, bleaching-powder, whitewash
bieliť *ndk* **1.** to whiten; **2.** *(vápnom)* to whitewash; **3.** *(chemicky)* to bleach, **4.** *(lúpať)* to peel, to husk
bielizeň *ž* **1.** linen, laundry, *(spodná)* underwear, underclothes, bedding
bielkovina *ž* **1.** protein, albumen
bielok *m* **1.** *(vajca)* albumen, glair, white of egg, endosperm
biely *príd* **1.** white; **2.** light; **3.** blank, **4.** natural
biftek *m* **1.** grilled beef fillet, beefsteak, steak
bilancia *ž* **1.** balance-sheet, review, balance
biliard *m* **1.** *(hra)* billiards, *(am)* pool; **2.** *(stôl)* billiard-table
biológ *m* **1.** biologist
biológia *ž* **1.** biology
birmovať *ndk* **1.** to confirm
biskup *m* **1.** bishop, pontiff
biť *ndk* **1.** *(udierať, víťaziť, o srdci, o hodinách)* to beat, *(narážať o)* to hit, *(palicou ap)* to flog, *(i o hodinách)* to strike, to trash, *(deti)* to spank, *(útočiť)* to attack, to assail, *(o srdci)* to throb, *(o hrome)* to thunder, to rumble
biť sa *ndk* **1.** *(zápasiť)* to fight, to struggle, to battle, *(päsťami)* to exchange blows, to scuffle; **2.** *(nehodiť sa)* to clash

bitka *ž* **1.** fight, fighting, *(ruvačka)* scuffle, brawl, fray; **2.** *(voj)* battle; **3.** *(výprask)* beating, whacking, hiding

bitúnok *m* **1.** slaughterhouse, shambles, stockyard, abbattoir

bižutéria *ž* **1.** *(fr)* bijouterie, artificial jewelry

bľabotať *ndk* **1.** to blab, to babble; **2.** *(pej)* to prattle, to prate

bľačať *ndk* **1.** *(ovce, kozy)* to bleat, *(ovce)* to baa; **2.** *(teľatá, kravy)* to moo; **3.** *(prn: plakať)* to howl

blaho *s* **1.** well-being, *(šťastie)* happiness, *(blaženosť)* bliss; **2.** *(prospech)* welfare, prosperity

blahobyt *m* **1.** welfare, abundance, prosperity, affluence

blahodarný *príd* **1.** beneficial, *(zdravý)* salutary, healthy, wholesome

blahoprajný *príd* **1.** *(gratulačný)* congratulatory, complimentary; **2.** *(láskavý)* benevolent, genial

blahorečiť *ndk* **1.** to bless, to praise, to thank; **2.** *(cirk)* to beatify

blahoželanie *s* **1.** congratulation, wishing well?, well-wishing

blahoželať *ndk* **1.** to congratulate, to felicitate, to give/ express one' best wishes, to wish sb well

blamáž *ž* **1.** shame, embarrassment, *(verejná)* disgrace, scandal

blamovať *n/dk* **1.** to dishonour, to shame, to ridicule

blana *ž* **1.** *(anat)* membrane; **2.** *(zool)* web; **3.** film, **4.** *(tech)* stencil

blanitý *príd* **1.** membraneous; **2.** webbed

blanketa *ž* **1.** form, *(am)* blank

blatník *m* **1.** mudguard, wing, *(am)* fender

blato *s* **1.** mud; **2.** *(prm)* dirt, morass, mire

blázinec *m* **1.** lunatic asylum, madhouse, bedlam

blázniť *ndk* **1.** *(zavádzať)* to seduce

blázniť sa *ndk* **1.** *(o duševne chorých)* to grow insane, *(i fml)* to go mad/ crazy; **2.** *(správať sa nerozumne)* to act like a fool; **3.** *(za kým)* to be mad/ crazy about, to be infatuated with

bláznivý *príd* **1.** *(hov: duševne chorý)* insane, crazy, *(br ifm)* potty, *(ifm)* daft; **2.** *(prudký)* wild, frenzied, crazed; **3.** *(pochabý)* foolish, mad

blázon *m* **1.** *(duševne chorý)* lunatic, madman; **2.** *(nerozumný)* idiot, nitwit; **3.** *(hist: dvorný)* fool, [court] jester

blaženosť *ž* **1.** bliss, beatitude, glory, heaven, paradise

blažiť *ndk* **1.** to make happy, to fill with joy, to regale

blčať *ndk* **1.** to blaze, to flame, to flare; **2.** *(prn)* to burn, to glow

blednúť *ndk* **1.** to grow pale, to blanch; **2.** *(prn)* to fade

bledý *príd* **1.** pale, wan, pallid, white; **2.** *(slabý)* faint, weak, poor

blesk *m* **1.** lightning; **2.** *(žiara)* glare, glitter, brilliance, sparkle; **3.** *(fot)* flash

bleskový *príd* **1.** lightning; **2.** *(rýchly)* swift, quick, express, *(voj)* blitz; **3.** *(fot)* flash

bleskurýchly *príd* **1.** as quick as lightning, swift

blcha *ž* **1.** *(obyčajná)* flea

blikať *ndk* **1.** to flicker, to blink, to shimmer

blízko I. ***predl*** **1.** near, close to, beside, by, **II.** ***prísl*** **2.** near, nearby, at hand, in the proximity, **III.** ***čast*** **3.** nearly, **IV.** ***podst s*** ž **4.** near

blízkosť *ž* **1.** closeness, nearness, vicinity, neighborhood; **2.** intimacy

blízky *príd* **1.** near, close, nearby; **2.** intimate

blizna *ž* **1.** stigma

blíženec *m* **1.** twin

blížiť *ndk* **1.** to hurt, to offend

blížiť sa *ndk* **1.** *(priestorovo)* to get near, to approach, *(i časovo)* to draw near; **2.** *(časovo)* to impend, to overhang; **3.** *(k)* to be near/ not far from

bližší *príd* **1.** closer, nearer; **2.** *(podrobnejší)* further, more detailed

blok *m* **1.** *(zoskupenie)* block; **2.** *(polit)* bloc; **3.** *(kus hmoty)* lump, *(hut)* ingot, pig, **4.** *(poznámkový)* paper pad, *(pokladničný)* bill, *(am)* check, **5.** *(štartový)* starting-block

blokáda *ž* **1.** blockade; **2.** *(šport)* tackle

blokovať *n/dk* **1.** to block; **2.** *(polit, ekon)* to blockade; **3.** *(šport)* to tackle, **4.** *(fin: mzdy, ceny ap)* to freeze, **5.** *(obch)* to register
blondínka *ž* **1.** blonde
blud *m* **1.** *(omyl)* error, fallacy; **2.** *(cirk)* heresy, **3.** *(lek)* delirium
bludár *m* **1.** *(tulák)* vagabond, rover; **2.** *(cirk)* heretic
bludička *ž* **1.** jack-o'-lantern, will-o'-the-wisp, *(lat)* ignis fatuus
bludisko *s* **1.** maze, labyrinth
blúdiť *ndk* **1.** *(chodiť po nesprávnej ceste)* to stray; **2.** *(mýliť sa)* to err; **3.** *(túlať sa)* to wander, to roam, to rove, **4.** *(o veciach)* to go astray
bludný *príd* **1.** *(nesprávny)* false, wrong; **2.** *(túlavý)* errant, vagrant; **3.** *(majúci nepravidelnú dráhu)* stray, erratic
blúza *ž* **1.** *(ženská)* blouse; **2.** *(mužská)* tunic, jumper, smock
blúzka *ž* **1.** blouse, shirt
blúzniť *ndk* **1.** *(v horúčke)* to rave, to be delirious, to hallucinate; **2.** *(rojčiť)* to daydream, to fantasize
blýskať sa *ndk* **1.** *(o bleskoch)* to lighten; **2.** *(ligotať sa)* to glitter, to gleam; **3.** *(prn hov)* to flaunt, to show off
blyšťať sa *ndk* **1.** to glisten, to glitter, to shine
bobok *m* **1.** ob mn: **bobky** droppings, fecal pellets
bobuľa *ž* **1.** berry
bocian *m* **1.** stork
bočiť *ndk* **1.** to shun, to avoid, to shy; **2.** *(odbočovať)* to turn
bočný *príd* **1.** lateral, side, flank, flanking, siding, sideways
bod *m* **1.** *(geom, mat, chem, tech, špo, voj)* point, dot, spot, item; **2.** *(hov: bodka)* period, full stop
bodka *ž* **1.** full point, full stop, *(inf)* dot, *(inf)* period, *(eko)* spot
bodkočiarka *ž* **1.** semicolon
bodkovaný *príd* **1.** dotted, punctuated, spotty, *(látka)* polka dot
bodliak *m* **1.** thistle
bodnúť *dk* **1.** to pierce, to prick, *(koňa)* to spur; **2.** *(o hmyze)* to sting
bodnutie *s* **1.** *(nožom)* stab, *(špendlíkom)* prick, prod, *(hmyzu)* sting
bodovať *ndk* **1.** to judge by points, to evaluate by points; **2.** *(šport sl: získavať body)* to score
boh *m* **1.** god
boháč *m* **1.** rich man, plutocrat, nabob, Croesus
bohatnúť *ndk* **1.** to grow rich, to thrive
bohatstvo *s* **1.** wealth, riches, fortune, opulence; **2.** *(hojnosť)* abudance
bohatý *príd* **1.** rich, wealthy, moneyed; **2.** *(hojný)* copious, plenteous, abundant
bohém *m* **1.** bohemian, beatnik
bohorovný *príd* **1.** godlike, arrogant
bohoslovie *s* **1.** theology, divinity
bohoslužba *ž* **1.** divine service, religious service, worship, office
bohovať *ndk* **1.** to curse, to cuss, to swear
bohužiaľ *čast* **1.** alas
bohvie *prísl* **1.** God knows, Heaven knows
bohyňa *ž* **1.** goddess
bochník *m* **1.** loaf
boj *m* **1.** struggle, fight, battle, strife
bojazlivý *príd* **1.** timid, fearful, faint-hearted, timorous, pusillanimous
bojisko *s* **1.** battle-field, battle site, battleground, front, theater of operation
bojko *m* **1.** milksop, coward, dastard, mouse
bojkot *m* **1.** boycott
bojovať *ndk* **1.** to fight, to struggle, to oppose, to combat, to battle, to wrestle
bojovník *m* **1.** fighter, combatant, warrior, champion
bojovný *príd* **1.** combactive, bellicose, pugnacious, figthing
bojový *príd* **1.** martial, fight, battle, combat, war
bok *m* **1.** *(drev)* edge, *(kož)* belly, *(ban: chodby)* post, *(pot)* haunch, *(ban)* face, side
bokom *prísl* **1.** *(obďaleč)* aside, alongside, *(prn)* aloof, apart; **2.** *(šikmo)* askance, sideways, sidelong; **3.** *(nabok)* edgewise
boľavý *príd* **1.** sore, painful, aching, sensitive, raw, thorny

bolesť *ž* **1.** pain, ache, *(ostrá)* pang, *(prn)* sorrow
bolestivý *príd* **1.** painful, aching, poignant, *(veľmi)* agonizing
bolestný *príd* **1.** painful, dolorous; **2.** *(prn)* sorrowful, grievous
bolieť *ndk* **1.** to ache, to hurt; **2.** *(prn)* to grieve
bomba *ž* **1.** *(voj)* bomb; **2.** *(nádoba na plyn)* cylinder, pressure bottle
bombardér *m* **1.** bomber
bombardovací *príd* **1.** bombing
bombardovanie *s* **1.** bombing, bombardment, blitz
bombardovať *ndk* **1.** to bomb, to shell, to bombard, to strafe; **2.** *(prn)* to shower
borievka *ž* **1.** juniper; **2.** *(plod)* juniper berry
boriť *ndk* **1.** to destroy, to demolish, to pull/ tear down
boriť sa *ndk* **1.** *(rúcať sa)* to collapse, to fall/ break down; **2.** *(zabárať sa)* to sink; **3.** *(predierať sa)* to wade, **4.** *(bojovať)* to struggle
borovica *ž* **1.** pine
Bosna *ž* **1.** Bosnia
boso *prísl* **1.** barefoot
bosorka *ž* **1.** witch, sorceress, virago; **2.** *(prn)* hag, termagant, hellcat
bosý *príd* **1.** barefoot, barefooted, discalced, minor
botanický *príd* **1.** botanical
box *m* **1.** *(šport)* boxing; **2.** *(oddelené miesto)* box, compartment, stall; **3.** *(druh kože)* box-calf, savate
boxer *m* **1.** boxer, pugilist
bozk *m* **1.** kiss
bože *cit* **1.** gosh, dear me
božský *príd* **1.** divine, godlike, heavenly, celestial
brada *ž* **1.** *(časť tváre)* chin; **2.** *(chlpy)* beard
bradatý *príd* **1.** bearded
bradavica *ž* **1.** wart
bradavka *ž* **1.** wart; **2.** *(prsná)* nipple, *(zvierat)* teat; **3.** *(chuťová)* papilla
brána *ž* **1.** gate; **2.** *(vchod do domu)* door; **3.** *(šport)* goal
brániť *ndk* **1.** *(chrániť)* to defend, to protect; **2.** *(nedovoľovať)* to prevent, to prohibit; **3.** *(prekážať)* to hinder, to hamper
brániť sa *ndk* **1.** *(chrániť sa, i šport)* to defend os, to protect os; **2.** *(odporovať)* to resist, to oppose
bránka *ž* **1.** small gate; **2.** *(šport)* goal, wicket; **3.** *(anat)* porta
brankár *m* **1.** goal-keeper, *(hov)* goalie, wicket-keeper, catcher
branný *príd* **1.** military, armed, defence, war, draft
brať *ndk* **1.** to take, to take away, *(pri jedle)* to have; **2.** *(dostávať)* to get; **3.** *(hov: o noži ap)* to cut, **4.** *(hov: o rybách)* to bite, **5.** *(kupovať)* to buy, **6.** *(hov: prejavovať záujem)* to take to
brat *m* **1.** brother
brať sa *ndk* **1.** *(odchádzať)* to go, to leave; **2.** *(chystať sa)* to get ready to do something; **3.** *(hov: prichádzať)* to come from, **4.** *(uzatvárať sobáš)* to get married
bratanec *m* **1.** cousin; **2.** *(zast: bratov syn)* nephew
bratislavský *príd* **1.** Bratislava
bratský *príd* **1.** brotherly, fraternal
brav *m* **1.** *(kanec)* hog; **2.** *(kŕmna ošípaná)* porker
bravčovina *ž* **1.** pork, pork meat, porcine
brázda *ž* **1.** furrow, rut; **2.** *(za loďou)* wake; **3.** *(na čele)* wrinkle
brázdiť *ndk* **1.** to furrow, to make furrows
Brazília *ž* **1.** Brazil
brblať *ndk* **1.** to mutter, to mumble, to splutter; **2.** *(šomrať)* to grumble
brečtan *m* **1.** ivy
breh *m* **1.** *(rieky)* bank, *(mora)* shore, coast, *(rieky, mora)* front; **2.** *(kopec)* hill, *(úboč)* slope
brechať *ndk* **1.** *(i prn)* to bark, to bay
brechot *m* **1.** bark, bay, yap
bremeno *s* **1.** *(i tech prn)* burden, load, pack, weight, *(práv)* onus, freight
brest *m* **1.** elm, English elm
breza *ž* **1.** birch
bridiť sa *ndk* **1.** to nauseate, to disgust, to meake sb sick, [!] to abhor

bridlica *ž* **1.** slate, schist, shale
brieždenie *s* **1.** dawn, dawning, day-break, cock-crowing, peep
brieždiť sa *ndk* **1.** to dawn
brigáda *ž* **1.** *(voj)* brigade; **2.** *(skupina)* work brigade; **3.** *(min: dobrovoľná práca)* unpaid work, **4.** *(dočasný pracovný pomer)* part-time job, temporary/ odd job
brigádnik *m* **1.** temporary worker, part-time worker
Británia *ž* **1.** Britain
britký *príd* **1.** sharp, trenchant, poignant, vigorous
britský *príd* **1.** British, Britannic
britva *ž* **1.** razor
brko *s* **1.** *(vtákov)* quill[-feather], pinion, float; **2.** *(na písanie)* quill[-pen], calamus
brloh *m* **1.** *(ležisko zvierat)* den, lair; **2.** *(neupravené lôžko)* unmade bed; **3.** *(neupravený príbytok)* messy place, slum, pigsty
brnenie *s* **1.** *(pancier)* armour; **2.** *(zbroj)* [suit of] armour, [coat of] mail, cuirass
brnkať *ndk* **1.** *(na strunových nástrojoch)* to twang, *(slabo)* to strum, *(na klavíri)* to thump; **2.** *(udierať na niečo)* to strike lightly; **3.** *(rýchlo poletovať/ sa pohybovať)* to flit, *(o hmyze)* to buzz, **4.** *(spôsobovať/ vydávať štrngot)* to ting, to clink, to tinkle
brod *m* **1.** ford; **2.** len mn **brody** *(prn bás)* bath
brodiť sa *ndk* **1.** *(vo vode, v snehu ap)* to wade; **2.** *(namáhavo kráčať)* to plod; **3.** *(prn)* to bathe
brojiť *ndk* **1.** to oppose, to oppugn, to resist, to agitate against, to revolt
brok *m* **1.** pellet, grain of shot; **2.** mn: **broky** shot
brokovnica *ž* **1.** shotgun
bronz *m* **1.** bronze
bronzový *príd* **1.** bronze
broskyňa *ž* **1.** *(plod)* peach; **2.** *(strom)* peach tree
brošňa *ž* **1.** brooch
brožúra *ž* **1.** brochure, pamphlet, booklet
bruchatý *príd* **1.** *(o človeku)* pot-bellied, paunchy; **2.** *(o veciach)* bellied, bulging
brucho *s* **1.** *(časť trupu, vnútrajšok veci)* belly, *(ifm)* tummy, *(odb)* abdomen, *(prn)* bulge; **2.** *(spodná časť lode)* bilge
brús *m* **1.** grindstone, whetstone, sharpener
brusič *m* **1.** grinder, polisher, *(drahokamov)* cutter
brúsiť *ndk* **1.** to whet, to hone; **2.** *(opracúvať)* to cut; **3.** *(prn)* to refine, *(i prn)* to polish, **4.** *(túlať sa)* to roam, *(i fml)* to gallivant about
brusnica *ž* **1.** cowberry, mountain cranberry
bruško *s* **1.** *(zdrob. ifml)* tummy, belly; **2.** *(časť prsta)* ball
brutto *príd/prísl nesk* **1.** gross
brva *ž* **1.** *(chĺpok mihalnice)* eyelash, *(biol)* cilia; **2.** *(kniž: obrva)* eyebrow
brvno *s* **1.** *(i šport)* beam
bryndza *ž* **1.** sheep cheese
brzda *ž* **1.** brake; **2.** *(prn)* drag
brzdiť *ndk* **1.** to brake, to apply brakes; **2.** *(prn)* to hamper, to check, to retard, to clog
bubeník *m* **1.** drummer; **2.** *(v min)* town crier
bubienok *m* **1.** *(zdrob)* small drum; **2.** *(anat)* ear-drum, *(odb)* tympanum; **3.** *(revolvera)* cylinder
bublať *ndk* **1.** *(žblnkotať)* to babble, to murmur, to gurgle; **2.** *(o vriacej vode)* to bubble, *(o tekutinách)* to effervesce
bublina *ž* **1.** *(i prn)* bubble
bubnovať *ndk* **1.** *(udierať na bubon)* to beat the drum, *(i prn)* to drum, to tattoo, *(prn)* to pelt
bubon *m* **1.** drum
bučať *ndk* **1.** to moo, to bellow, to low
buď *spoj* **1.** either, or
búda *ž* **1.** *(jednoduchý domček)* shed, huut, *(am)* cabin; **2.** *(úkryt pre psa)* kennel; **3.** *(pej: starý dom, chatrč)* shack
budík *m* **1.** alarm clock
budiť *ndk* **1.** to wake [up], *(i prn)* to awaken; **2.** *(prn: vzbudzovať)* to rouse, to stimulate, to raise; **3.** *(fyz, el)* to excite
budova *ž* **1.** building, edifice, construction
budovať *ndk* **1.** to build, to erect, to construct
budovateľ *m* **1.** builder

budúci I. *príd* **1.** future, coming, next, **II.** *podst* m **2.** fiancé
budúcnosť *ž* **1.** [the] future, futurity, *(po smrti)* hereafter
bufet *m* **1.** cafeteria, snack bar, *(staničný)* buffet, *(kredenc)* sideboard, dresser
buchnát *m* **1.** blow, punch
buchnúť *dk* **1.** to bang, to slam, to pound, to pop, to knock, to srike; **2.** *(štud sl)* to fail
bujarý *príd* **1.** vigorous, exuberant, sprightly, boisterous
bujnieť *ndk* **1.** *(bujne rásť)* to grow fast, to overgrow, to ramble; **2.** *(šíriť sa)* to spread fast
bujný *príd* **1.** *(bohato narastený)* luxuriant, lush, rank; **2.** *(plný sily, neviazaný)* exhuberant, lusty, rampant, lively, unrestrained, wanton
buk *m* **1.** beech
bukvica *ž* **1.** beechnut, mast
bunda *ž* **1.** sports jacket, leather jacket, *(vetrovka)* wind-cheater, pelisse
buničina *ž* **1.** cellulose
buničitý *príd* **1.** cellular
bunka *ž* **1.** *(biol)* cell; **2.** *(stav)* flat, suite
bunker *m* **1.** *(úkryt, zásobník)* bunker, *(pevnôstka)* pillbox
burácať *ndk* **1.** *(zúriť)* to rage, to storm; **2.** *(hrmieť)* to thunder; **3.** to roar
burič *m* **1.** rebel, mutineer, rioter, troublemaker
burina *ž* **1.** weed
búriť *ndk* **1.** *(o živloch)* to rage, to storm; **2.** *(poburovať)* to stir sb up, to incite; **3.** *(vyrušovať)* to disturb
búriť sa *ndk* **1.** to rise, to rebel; **2.** *(o pocitoch)* to stir; **3.** *(vzdúvať sa)* to surge
búrka *ž* **1.** *(i prn)* storm, tempest; **2.** *(zvada)* tiff; **3.** mn: **búrky** disorders
búrlivý *príd* **1.** *(sprevádzaný búrkami, i prn)* stormy, turbulent, tempestuous; **2.** *(rozbúrený)* rough, roaring, *(i prn)* boisterous; **3.** *(prn: burácajúci)* thundering, violent, **4.** *(prudko (sa) prejavujúci)* wild
burza *ž* **1.** [stock] exchange, stock market, ciborium, bursa
buržoázia *ž* **1.** bourgeoisie
buržoázny *príd* **1.** burgeois, middle-class
busta *ž* **1.** bust
bútľavý *príd* **1.** hollow, rotted
bydlisko *s* **1.** [place of] residence, domicile, abode, habition
býk *m* **1.** bull; **2.** *(astron, astrol)* Taurus
byľ *ž* **1.** *(obilia, trávy)* blade, *(trávy)* leaf [of grass]; **2.** *(steblo)* stalk; **3.** *(prn hov)* grain, bit
bylina *ž* **1.** herb, plant
bylinožravec *m* **1.** herbivore
byrokracia *ž* **1.** bureaucracy, red-tapism
bystrina *ž* **1.** torrent, mountain stream, rapid
bystrozraký *príd* **1.** *(majúci bystrý zrak)* sharp-sighted, hawk-eyed; **2.** *(predvídavý)* sharp, perspicacious
bystrý *príd* **1.** *(rýchly)* swift, quick, fleet; **2.** *(ostrý)* sharp, keen, acute; **3.** *(majúci dobrý postreh)* smart, bright
byť *dk/nedk* **1.** to be; **2.** *(existovať)* to exist; **3.** *(konať sa)* to take place, **4.** *(zájsť niekam)* to go, **5.** *(byť umiestnený niekde)* to be situated, **6.** *(pochádzať)* to come, **7.** *(znamenať)* to mean, **8.** len: budeš *(hov: chcieť)* to have
byt *m* **1.** flat, housing, apartment, quarters
bytie *s* **1.** being, existence, essence, entity
bytosť *ž* **1.** being, essence; **2.** *(živý tvor)* creature
bytový *príd* **1.** housting
bývalý *príd* **1.** former, one-time, ex, past, sometime, old
bývanie *s* **1.** residence, habition
bývať *ndk* **1.** to live
byvol *m* **1.** buffalo
bzučať *ndk* **1.** to buzz, to hum, to drone, to zoom, to burr
bzukot *m* **1.** buzz, hum

C

cár *m* **1.** tsar, czar
cárovná *ž* **1.** *(hist: vládkyňa i žena cára)* tsarina, csarina; **2.** *(cárova dcéra)* tsarevna,

csarevna

cársky *príd* **1.** tsarist, imperial

cedidlo *s* **1.** filter, strainer, colander, *(tech)* sieve, screen

cediť *ndk* **1.** to filter, to strain; **2.** *(zbavovať tekutiny)* to drain

ceduľa *ž* **1.** *(oznam)* bill, placard; **2.** *(hov)* ticket, tag, label; **3.** *(zast: bankovka)* bank note

cech *m* **1.** *(hist)* guild, craft; **2.** *(hov)* fraternity, association, society; **3.** *(v hostinci)* bill

cela *ž* **1.** *(kláštorná, väzenská)* cell, ward

celkom *prísl* **1.** *(úplne)* entirely; **1.** fully, wholly, totally; **2.** *(dosť)* quite; **3.** *(celkovo)* overall

celkový *príd* **1.** *(všeobecný)* general; **2.** *(úhrnný)* total, overall; **3.** *(úplný)* complete, **4.** *(odb)* gross

celodenný *príd* **1.** *(trvajúci celý deň)* all-day, daylong; **2.** *(určený na celý deň)* whole day's; **3.** *(za celý deň)* daily

celok *m* **1.** whole, unit, aggregate; **2.** *(spoločenstvo)* community, *(pracovný)* team

celoročný *príd* **1.** *(trvajúci celý rok)* yearlong, whole year's; **2.** *(na/ za celý rok)* yearly

celosvetový *príd* **1.** universal, worldwide

celoštátny *príd* **1.** nationwide, statewide, countrywide, national, *(am)* coast-to-coast

celoživotný *príd* **1.** lifelong, whole-life, life, of a lifetime

celulóza *ž* **1.** cellulose; **2.** cellulin, pulp, rayon

celý *príd* **1.** all, entire, *(i mat)* whole, *(neporušený)* unbroken, intact; **2.** *(odb: plný)* full; **3.** *(označuje časový úsek)* solid, **4.** *(ozajstný)* full-grown, *(o dievčati)* full-blown, **5.** *(s príd)* quite, utterly

cement *m* **1.** cement, metallic cement

cementáreň *ž* **1.** cement plant, cement works

cena *ž* **1.** *(hodnota tovaru)* price; **2.** *(hodnota)* value, worth; **3.** *(hodnotnosť)* quality, merit, **4.** *(prn: význam)* significance, importance, **5.** *(odmena)* prize, award, **6.** *(šport: súťaž)* prix

cencúľ *m* **1.** icicle

ceniť *ndk* **1.** *(určovať cenu)* to price; **2.** *(hodnotiť)* to estimate, to esteem, to value, to appreciate

ceniť si *ndk* **1.** to appreciate, to honour, to prize, to think highly of oneself, to esteem

cenník *m* **1.** price list, price current, list of prices, schedule of charges, schedule of prices

cenný *príd* **1.** precious, valuable, costly, worth; **2.** *(pošt)* insured; **3.** *(ekon: papier)* security

cenovka *ž* **1.** [price] tag, ticket, price label, price card

cenový *príd* **1.** price, pricing, trading, rate, cash, cost

cent *m* **1.** hundredweight, quintal, *(prn)* ton; **2.** *(minca)* cent

centimeter *m* **1.** centimetre, *(am)* centimeter; **2.** *(krajč)* tape measure

centrála *ž* **1.** *(telefónna)* switchboard, telephone exchange; **2.** *(ústredie)* central office, head-office; **3.** *(hov: elektrická ap)* station

centralizácia *ž* **1.** centralization

centrálny *príd* **1.** *(hlavný, stredný)* central; **2.** *(stredný)* middle, midmost; **3.** *(ústredný)* fundamental, pivotal, **4.** *(tech)* centralized, centre, radial, *(fot)* diaphragm

centrifúga *ž* **1.** centrifuge, separator, *(pot)* whizzer

centrovať *n/dk* **1.** *(tech)* to centre, to centralize; **2.** *(šport)* to middle, *(am)* to play center

centrum *s* **1.** centre, *(mesta)* downtown; **2.** *(prn)* nucleus, resort

cenzor *m* **1.** censor

cenzúra *ž* **1.** *(i hist)* censorship

cep *m* **1.** flail; **2.** *(hist: zbraň)* mace

ceremónia *ž* **1.** ceremony, formality, circumstance, state; **2.** pomn *(hov: okolky)* fuss

ceremoniál *m* **1.** ceremonial, office

ceremoniár *m* **1.** master of ceremonies, marshal, toast-master

certifikát *m* **1.** certificate, official receipt

ceruza *ž* **1.** pencil, lead pencil

ceruzka *ž* **1.** pencil

cesnak *m* **1.** garlic
cesta *ž* **1.** *(objekt)* road, thoroughfare, highway, carriageway, *(poľná)* lane; **2.** *(dej, spoj, spôsob)* way, *(spôsob)* channel; **3.** *(dráha)* route, course, **4.** *(cestovanie)* trip, journey, travel, *(po mori)* voyage, *(dlhšia)* tour, **5.** *(anat: dýchacia)* tract, *(žlčová)* duct
cestár *m* **1.** roadman, road mender
cesto *s* **1.** dough, pastry; **2.** *(hov: múčne jedlo)* pasta; **3.** *(čo sa podobá na cesto)* paste
cestopis *m* **1.** travelogue
cestovanie *s* **1.** travelling, travel, journeying, touring, way, peregrination
cestovať *ndk* **1.** to travel, to journey, *(robiť dlhšie cesty)* to tour, *(často)* to commute
cestovateľ *m* **1.** traveller, voyager, roadster, roadman, explorer
cestovina *ž* **1.** pasta; **2.** mn: **cestoviny** pasta foods
cestovné *s* **1.** *(poplatok)* fare; **2.** *(náhrada za výdavky)* travelling expenses, travelling allowance; **3.** *(peniaze na cestu)* viaticum
cestovný *príd* **1.** travelling, travel, touring, scheduled, tourist, *(let)* operating
cestujúci *m* **1.** traveller, passenger, *(pocestný)* passer-by. *(obchodný)* travelling agent/ salesman
cez *predl* **1.** *(vyj: prenikanie priestorom)* through: **cez dvere** *through the door*; *(pomedzi)* among, between, by: **prišli sme cez polia** *we came by the fields*; **2.** *(: smer z jednej strany na druhú)* across: **ísť cez cestu** *to go across the road*; *(ponad niečo)* over: **most cez rieku** *bridge over the river*; **hodiť cez palubu** *to throw overboard*; **cez horu** *over the mountain*; **beh prekážky** *hurdle-race/the hurdles*; **len cez moju mŕtvolu!** *over my dead body!*; **3.** *(: prostredníctvom)* by means of, through: **cez dobrého priateľa** *through a good friend*; via: **letieť do Londýna cez Amsterdam** *to fly to London via Amsterdam*; **4.** *(:časový úsek,počas)* during, **cez obed** *during lunch/noon*; pending, *(celý úsek)* throughout: **cez prázdniny** *during/throughout the holidays*; over: **cez Vianoce** *over Christmas*; **zostal u nás cez nedeľu** *he stayed with us over Sunday*; *(po)* past: **boli sme hore cez polnoc** *we stayed up till past midnight*; after: **pracovať cez čas** *to work after hours*;
cezpoľný *príd* **1.** commuting, non-resident; **2.** *(šport)* cross-country
cibuľa *ž* **1.** *(bot: kuchynská)* onion, *(bot: zimná)* Welsh onion; **2.** *(podzemná časť rastlín)* bulb; **3.** *(hov: kupola)* cupola, **4.** pomn *(hov žart: veľké vreckové hodiny)* turnip
cibuľovitý *príd* **1.** onion-shaped, bulbous, oniony
cicať *ndk* **1.** to suck; **2.** *(prn)* to exploit, to sponge on, to soak
cicavec *m* **1.** mammal
cicina *ž vulg* **1.** *(m pohl orgán)* cock, prick, dick; **2.** *(ž pohl orgán)* cunt, pussy; **3.** *(nadávka)* prick, asshole, cunt [and a half], fuck[er]
cieľ *m* **1.** *(miesto)* destination, point of destination; **2.** *(terč, i prn)* target; **3.** *(prn: účel)* goal, aim, mark, objective, intent, purpose. **4.** *(šport)* finish, finishing line, tape, winning post
cieľavedomý *príd* **1.** aim-conscious, purposeful, resolute; **2.** *(účelný)* purposive, intentional
cieliť *ndk* **1.** *(mieriť na cieľ)* to aim, to sight; **2.** *(smerovať)* to head; **3.** *(prn: narážať)* to hint to allude
cieľový *príd* **1.** destination, target, aim, object, purpose; **2.** *(účelový)* purposive, purposeful; **3.** *(šport)* finishing, winning
cieva *ž* **1.** *(anat)* vessel; **2.** *(bot)* duct; **2.** *(tech)* reel, spool, coil
ciferník *m* **1.** dial, face
cigán *m* **1.** *(i Cigán)* gypsy, Gypsy, tzigane; **2.** *(hov: pej)* lier
cigániť *ndk* **1.** to lie, to tell lies
cigara *ž* **1.** cigar, cigarillo
cigareta *ž* **1.** cigarette, *(sl)* fag
cigória *ž* **1.** chicory
cimbal *m* **1.** cymbal
cimburie *s* **1.** battlement
cín *m* **1.** tin
cintorín *m* **1.** *(mestský)* cemetery, graveyard,

(v kostole) churchyard, *(am: chudobných)* potter' field

cirkev *ž* **1.** church, denomination; **2.** *(obec)* parish

cirkevný *príd* **1.** church, ecclesiastical, religious, parochial, spiritual

cirkulácia *ž* **1.** circulation, currency, *(ekon)* overturn

cirkulárka *ž* **1.** circular saw, buzz saw

cirkus *m* **1.** circus; **2.** *(hov: zmätok)* shindy, bedlam

cisár *m* **1.** emperor, Caesar, Kaiser

cisárovná *ž* **1.** empress

cisársky *príd* **1.** imperial

cisárstvo *s* **1.** *(hodnota)* imperial dignity/ rank/ title; **2.** *(ríša)* empire

cisterna *ž* **1.** cistern, tank, storage tank

cit *m* **1.** feeling, emotion; **2.** *(citovosť)* sentiment, heart; **3.** *(porozumenie)* understanding, **4.** *(schopnosť tela pociťovať zmysel)* sense

citeľný *príd* **1.** *(nepríjemne pociťovaný)* painful, smart; **2.** *(značný)* considerable; **3.** *(badateľný)* perceptible, sensible, notable

cítiť *ndk* **1.** *(pociťovať, tušiť)* to feel, to have a feeling of; **2.** *(uvedomovať si)* to sense; **3.** *(o vôni, pachoch)* to smell, *(chuťovo)* to taste, **4.** *(v neurčitku)* to smell of, to taste of, **5.** *(v neurčitku: zapáchať)* to stink

cítiť sa *ndk* **1.** to feel

citlivka *ž* **1.** mimosa, shame plant; **2.** *(prn: precitlivená osoba)* cry-baby

citlivosť *ž* **1.** sensitivity, sensitiveness, delicacy, *(tech)* responsiveness

citlivý *príd* **1.** *(schopný reagovať)* sensitive, responsive, *(tech)* receptive, *(fot)* sensitized, *(nedotklivý)* susceptible, *(uplatňovaný s citom)* feeling, tender, *(bolestivý)* painful

citoslovce *s* **1.** interjection

citovať *n/dk* **1.** to quote, to cite, to excerpt, to instance, to name; **2.** *(zast: pred súd)* to summon

citový *príd* **1.** emotional; **2.** *(citlivý)* sentimental, sensitive, soulful

citrón *m* **1.** lemon

citronáda *ž* **1.** lemonade, lemon-squash

civieť *ndk* **1.** *(zízať)* to gaze; **2.** *(chradnúť)* to languish, to peek, to pine

civilista *m* **1.** civilian, citizen; **2.** *(práv)* civil lawyer, expert in civil law

civilizácia *ž* **1.** civilization

civilný *príd* **1.** civil, civic, civilian; **2.** plain

clo *s* **1.** customs-duty, customs charges, customs, toll, duty

clona *ž* **1.** screen, curtain, blanket; **2.** *(fot)* diaphragm, *(opt)* aperture; **3.** *(tech)* membrane, occulter, *(inf)* shield

cloniť *ndk* **1.** to shade, to screen, to shield, *(svetlo)* to dim; **2.** *(fot)* to diaphragm; **3.** *(tech)* to collimate

cmar *m* **1.** buttermilk

cmúľať *ndk* **1.** to suck, to suck away at; **2.** *(hov: fajku)* to suck on, *(hov: cigaru)* to chew on, *(hov)* to nibble on

cnieť sa *ndk* **1.** to feel blue, to feel lonesome, *(za/ po)* to miss, *(za domovom)* to be homesick

cnosť *ž* **1.** virtue, quality, goodness

colnica *ž* **1.** *(budova)* customhouse; **2.** *(úrad)* customs authority

colník *m* **1.** customs official, customs inspector, customs officer

colný *príd* **1.** customs, custom-house, custom, bonded, dutiable

ctený *príd* **1.** honourable, esteemed, respected, valueed, honoured

ctihodný *príd* **1.** honourable, respectable, reputable, *(oslovenie duchovného)* reverend; **2.** *(často žart)* venerable

ctiť *ndk* **1.** to honour, to esteem, to revere; **2.** *(robiť česť)* to redound to sb's honour/ credit, to do sb honour

ctiteľ *m* **1.** admirer, adorer, devotee, worshipper, reverer

cudzí *príd* **1.** *(inonárodný)* foreign, alien, import, *(neznámy)* strange, *(patriaci inému)* another's, not one's own, *(nesúrodý)* extraneous, *(nepríbuzný)* unrelated, *(nie vlastný)* ficitious, assumed, *(chladný)* indifferent

cudzina *ž* **1.** foreign countries, foreign country, *(do/ v)* abroad, *(z)* from abroad; **2.** foreign land

cudzinec *m* **1.** *(cudzozemec)* foreigner, alien; **2.** *(neznámy človek)* stranger
cudzojazyčný *príd* **1.** foreign-language
cudzokrajný *príd* **1.** foreign, *(ovocie)* exotic, outlandish
cudzoložník *m* **1.** adulterer
cudzopasník *m* **1.** *(i prn)* parasite; **2.** *(prn pej)* sponger
cukor *m* **1.** sugar
cukornička *ž* **1.** sugar-bowl, sugar-basin
cukrár *m* **1.** pastry-cook, confectioner
cukráreň *ž* **1.** confectioner's [shop], confectionery, cake shop
cukrík *m* **1.** candy, sweet, sweetmeat, bonbon
cukrovar *m* **1.** sugar refinery, sugar mill, *(tech)* sugar factory, *(repný)* beet mill, *(tech)* straight house
cukrovka *ž* **1.** *(hov)* sugar beet; **2.** *(lek)* diabetes
cukrový *príd* **1.** sugar, saccharic, saccharine, *(i prn)* sugary; **2.** *(prn)* sweet, *(farba)* pink
cúvať *ndk* **1.** *(ísť dozadu)* to move/ to fall/ to draw/ to step back, *(ustupovať)* to withdraw, *(voj)* to retreat; **2.** *(motorovým vozidlom)* to reverse, to drive in reverse
cval *m* **1.** gallop, jog, scamper
cválať *ndk* **1.** *(o koňovi, jazdcovi, i prn)* to gallop; **2.** *(prn: o čase)* to fly; **3.** *(o deťoch)* to romp
cverna *ž* **1.** thread, sewing-cotton
cvičebný *príd* **1.** training, gymnastics, *(v škole)* phisical education, *(úbor)* track suit, PE outfit/ things
cvičenec *m* **1.** gymnast, athlete, sportsman, trainee
cvičenie *s* **1.** *(cviky, i v cvičebnici)* exercise[s]; **2.** *(i zvierat)* training, *(hud)* practice, *(i voj)* drill; **3.** *(voj)* manoeuvers, **4.** *(telocvik)* gymnastics, **5.** *(na vysokej škole)* practical class[es]
cvičiť *ndk* **1.** *(robiť cviky)* to exercise, to do physical exercise, *(i zvieratá)* to train, *(i voj)* to drill; **2.** *(na hudobnom nástroji)* to practice; **3.** *(učiť)* to instruct
cvičný *príd* **1.** training, practice, practising, trainer, drill
cvik *m* **1.** *(cvičenie, zručnosť)* practice, training, *(zručnosť)* skill; **2.** ob mn: **cviky** *(pohyb pri cvičení)* exercise; **3.** *(klin)* wedge, *(na šatách)* gusset
cvikla *ž* **1.** red beet
cvrček *m* **1.** *(zool)* cricket; **2.** *(o deťoch)* [tiny] tot; **3.** *(žart: o nízkych ľuďoch)* shorty, squirt
cyklista *m* **1.** bicyclist, bicycle messenger, *(hov)* wheeler
cyklistický *príd* **1.** cyclistic, cycling, cycle, bycicle
cyklistika *ž* **1.** cycling, bicycle racing
cyklus *m* **1.** cycle, course, round, *(inf)* loop
cylinder *m* **1.** *(petrolejovej lampy)* chimney; **2.** *(klobúk)* top-hat, opera-hat, *(hov)* topper; **3.** *(tech)* drum

Č

čadič *m* **1.** *(geol)* basalt, whinstone, *(petr)* traprock
čadiť *ndk* **1.** to smoke, to fume
čaj *m* **1.** tea, *(o piatej)* tea party
čajka *ž* **1.** [sea] gull, *(čiernohlavá)* black-headed gull, *(striebristá)* herring gull, wagel, river boat
čajník *m* **1.** teapot; **2.** tea kettle
čajovňa *ž* **1.** tearoom
čajovník *m* **1.** tea plant
čakan *m* **1.** *(na kopanie zeminy)* pick, mattock, *(banícky)* hack; **2.** *(horolezecký)* ice-axe, *(požiarnícky)* axe
čakanka *ž* **1.** *(obyčajná)* chicory
čakáreň *ž* **1.** waiting room, anteroom
čakať *ndk* **1.** *(bezpr)* to wait; **2.** *(koho, čo)* to wait for; **3.** *(očakávať)* to expect, *(predpokladať)* to anticipate, *(dúfať)* to trust, **4.** *(byť pred niekým)* to lay before, to await, **5.** *(neminúť)* to be in store for, **6.** *(otáľať)* to delay, *(odkladať)* to postpone
čakateľ *m* **1.** *(uchádzač)* candidate, applicant, expectant, *(prijatý na skúšku)* proba-

tioner; **2.** *(na prijatie do nejakej spoločnosti)* person on a waiting list

čalamáda *ž* **1.** chowchow, [mixed] pickles, mixed salad, medley

čalúnený *príd* **1.** *(nábytok)* upholstered, stuffed, *(stena)* tapestried, *(dvere)* padded

čalúniť *ndk* **1.** *(nábytok)* to upholster; **2.** *(stenu)* to drape, to hang with tapestry, to hang with paper

čalúnnický *príd* **1.** upholsterer's, upholstery, upholstering, tapestry

čalúnnik *m* **1.** upholsterer, paper hanger

čap *m* **1.** *(drevený do suda)* spigot, *(korkový)* bung; **2.** *(pri spájaní)* tenon, *(kovový)* bolt; **3.** *(pánt)* hinge, *(závesu)* pintle, **4.** *(tech)* male, pin, *(osi)* stub, *(hriadela)* journal, *(hut)* trunnion

čapovať *ndk* **1.** *(nalievať)* to tap; **2.** *(hov: predávať)* to serve/ sell liquors; **3.** *(tech)* to tenon, to mortise

čaptať *ndk* **1.** *(ťarbavo chodiť)* to slouch along, to plod; **2.** *(nemotorne chodiť)* to shamble, to waddle; **3.** *(zakášať)* to straddle

čarbať *ndk* **1.** to scribble, to scrawl

čariť *ndk* **1.** *(robiť čary)* to cast spells; **2.** *(privolávať čarami ap)* to evoke; **3.** *(zaoberať sa mágiou)* to practise witchcraft, **4.** *(predvádzať kúzla)* to perform conjuring triks, *(prn)* to work wonders

čaro *s* **1.** charm, magic, enchantment, *(príťažlivosť)* attraction, appeal, *(pôvab)* glamour

čarodejnica *ž* **1.** witch, sorceress, charmer; **2.** *(prn)* enchantress

čarodejník *m* **1.** magician, sorcerer, *(kúzelník, i prn)* wizard, *(šaman)* medicine-man

čarodejný *príd* **1.** magical, enchanting, magic, *(prn)* bewitching, charming

čarovať *n/dk* to charm, to bewitch

čarovný *príd* **1.** charming, enchanting, bewitching, magic, fascinating, glamorous

čas *m* **1.** *(i šport)* time; **2.** *(časové obdobie)* period, *(ročný, vhodné obdobie)* season, term; **3.** *(počasie)* weather, days, age, **4.** *(gram)* tense, **5.** mn: **časy** times

časom *prísl* **1.** *(z času na čas)* from time to time, now and then, *(niekedy)* sometimes, at times; **2.** *(v priebehu času)* in/ with time, in due course

časomerač *m* **1.** *(pri pretekoch)* timekeeper, timer, *(pri určovaní noriem)* time clerk, shop time-taker

časopis *m* **1.** magazine, review, periodical, journal, *(týždenník)* weekly, *(obrázkový)* illustrated, pictorial

časovanie *s* **1.** *(voj)* timing, fuse setting, *(tech)* ignition; **2.** *(gram)* conjugation

časový *príd* **1.** *(k času)* time, timing, *(mzda)* hour, *(usporiadanie)* chronological, *(mat)* timelike, well-timed; **2.** *(aktuálny)* topical, up-to-date; **3.** *(gram)* temporal

časť *ž* **1.** part, portion, share, fraction, segment, tranche, section, area, zone, lot, *(mesta)* district, *(dlhu)* instalment, branch, *(rakety)* stage, *(bio)* element, *(tech)* array

častica *ž* **1.** *(i fyz, gram)* particle, fraction, *(tech)* corpuscle, electron

často *prísl* **1.** often, frequently, oftentimes, repeatedly; **2.** *(niekedy)* sometimes

častý *príd* **1.** frequent, habitual, repeated, rife

čaša *ž* **1.** *(poet)* chalice, goblet, [drinking] cup, glass

čašníčka *ž* **1.** waitress, barmaid, cupbearer

čašník *m* **1.** waiter, barman

čata *ž* **1.** gang, team, crew; **2.** *(voj)* platoon, squad

čečina *ž* **1.** pine twigs, branches of conifers, browse

čeľaď *ž* **1.** *(zast)* hired man, help, *(pl)* servants; **2.** *(bot, zool, ling)* family

čeliť *ndk* **1.** *(odolávať)* to resist, to withstand; **2.** *(vzdorovať)* to oppose, *(nepriateľovi)* to face, to breast, *(nebezbečenstvu)* to brave, *(ekon: konkurencii)* to meet

čelný *príd* **1.** *(predný)* frontal, front, forward, face, facing, head, front-end, fore, *(idúci v čele)* leading, *(hlavný)* principal, *(tech)* central, *(popredný)* foremost, *(čelový)* forehead

čelo *s* **1.** *(časť hlavy)* forehead, brow; **2.** *(predná strana)* front, face; **3.** *(predná časť)* head, **4.** *(tech)* butt [end], front face, *(no-*

ža) top face, *(lode)* bow, **5.** *(hud)* cello

čeľusť *ž* **1.** *(anat, zool)* jaw, *(zool, i joc: anat)* chap, *(horná)* upper jaw, *(odb)* maxilla, *(dolná)* mandible, jowl, *(odb)* submaxilla; **2.** *(odb: na brzde)* shoe; **3.** *(tech: upínacie zariadenie)* grip, *(zveráka, skľučovadla, upínadla)* bite, [clamping] jaw

čepeľ *ž* **1.** blade, *(pluhu)* share, *(tech)* flat; **2.** *(bot)* lamina

čepiec *m* **1.** *(ženský, detský, i zool)* bonnet, *(ženský)* caul; **2.** *(zool: časť žalúdka)* reticulum; **3.** *(tech)* collar, *(stav: komína)* jack

čerešňa *ž* **1.** *(plod)* cherry, sweet cherry; **2.** *(strom)* cherry tree, *(tech)* gean

čerešňovica *ž* **1.** cherry brandy

čeriť *ndk* **1.** *(jemne vlniť)* to ripple; **2.** *(chem)* to clarify, to clear, *(cuk)* to defecate

černica *ž* **1.** *(bot: Ostružina černicová)* blackberry

černoch *m* **1.** Negro, black, *(v USA)* African American, *(pej)* nigger, coon

černokňažník *m* **1.** necromancer, sorcerer, magician

čerpadlo *s* **1.** *(stroj)* pump, pumping device; **2.** *(výdajný stojan)* petrol/ [am]gas pump; **3.** *(stanica)* filling station, petrol/ [am]gas station

čerpať *ndk* **1.** *(nádobou)* to scoop, *(vodu z člna)* to bail, *(nasávať)* to pump, *(elektrónky)* to evacuate; **2.** *(prn: získať)* to utilize, to draw

čerstvý *príd* **1.** *(vše)* fresh, new, recent, clean, raw, unused, *(met)* moderate, *(chlieb)* new-baked, *(vajce)* new-laid, *(krok)* brisk, *(noviny)* today's

čert *m* **1.** *(náb)* the devil, *(ob cit)* deuce; **2.** *(o človeku)* devil; **3.** *(o dieťati)* little devil

čertovina *ž* **1.** devilry, prank, practical joke, [monkey] trick

červ *m* **1.** *(zool)* worm, *(larva hmyzu)* maggot, grub; **2.** *(anat)* vermiform appendix

červenať sa *ndk* **1.** to blush, to rouge; **2.** to redden

červenieť *ndk* **1.** to turn/ to become red, to redden

červenkastý *príd* **1.** reddish, ruddy, delicately red

červený *príd* **1.** red, *(pleť)* ruddy; **2.** *(polit)* socialist, soviet

červivý *príd* **1.** wormy, worm-eaten, wormed, maggoty

česať *ndk* **1.** to comb; **2.** *(kone)* to currycomb; **3.** *(tex)* to hackle, *(tkáč)* to raise, *(tex: hodváb)* to dress, to tease, to card, **4.** *(trhať)* to tear, **5.** *(mlátiť)* to beat, **6.** *(prn: kritizovať)* to tear apart

český *príd* **1.** Czech, Bohemian

česť *ž* **1.** honour, integrity; **2.** *(sláva)* glory; **3.** *(výraz úcty)* respect, esteem, credit, **4.** *(hov: panenská)* virginity

čestný *príd* **1.** *(statočný)* honest, gentleman's, upright; **2.** *(zasluhujúci si)* honourable, respectable; **3.** *(určený na poctu, udelený ako pocta)* honorary, of honour, **4.** *(bezplatne)* complimentary

či I. *čast* **1.** *(veta predmetová)* whether, či.. či whether or; **2.** *(nepriama otázka)* if, **II.** *spoj* **3.** *(alebo)* or, **III.** *zám* **4.** whose

čiapka *ž* **1.** *(so štítkom)* cap, *(bez štítku)* beret, *(kúpacia)* bathing/ swimming-cap, *(kožušinová)* hat, *(na uši)* balaklava helmet; **2.** *(na pive)* head; **3.** hood

čiara *ž* **1.** line, *(krátka)* stroke, dash, streak, score, mark

čiarka *ž* **1.** *(krátka čiara)* short line, *(i Morseovej abecedy)* dash; **2.** *(interpunkčné znamienko)* comma, *(desatinná)* point; **3.** *(dĺžeň)* length mark, diacritic

čiastka *ž* **1.** *(časť z celku)* part; **2.** *(podiel)* portion, *(z dedičstva)* share of inheritance, *(z majetku)* parcel; **3.** *(hov: peňazí)* instalment, sum, amount

čiastkový *príd* **1.** partial, intermediate, fractional, secondary, local, *(voľba)* by-election

čiastočne *prísl* **1.** partly, partially, in part, part

čiastočný *príd* **1.** partial, part, incomplete, fractional, intermediate, part-way

čiernobiely *príd* **1.** black-and-white, *(odb)* monochrome

čierny *príd* **1.** *(i prn)* black; **2.** *(tmavý)* dark; **3.** *(o ľuďoch)* negro, coloured, **4.** *(prn: zlý)* bad, *(nešťastný)* unhappy, *(chmúrny)* pessimistic, dark, *(smutný)* sad, **5.** *(pokútny)* black[-market], under-the-counter, *(tajný)* clandestine

číhať *ndk* **1.** to lie in wait, to watch for, *(skryto)* to lurk, to be in the watch; **2.** *(prn)* to impend, to threaten

čím I. *spoj* **1.** the more, **II.** *čast* **2.** as ... as possible; **1.** whereby, whereat, wherewith

čin *m* **1.** *(skutok)* act, *(fml)* deed, *(mimoriadny)* feat, exploit; **2.** *(konanie)* action

činiť *ndk* **1.** to do, to act; **2.** *(kniž: rovnať sa)* to be, *(pri počítaní)* to make; **3.** *(kož)* to tan

činiteľ *m* **1.** *(i mat, fyziol, psych)* factor, *(i lingv)* agent, *(tech)* coefficient; **2.** *(verejný)* [public] official, officer, *(politický)* representative

činka *ž* **1.** dumb-bell

činnosť *ž* **1.** activity, action, operation, work, function, performance, *(ekon)* business, employment, occupation, *(tech: chod)* functioning, working, motion

činný *príd* **1.** *(i gram, voj, geol, práv, ele)* active, acting, energetic, busy, action, alive; **2.** *(v činnosti)* functioning, operating, operational, working, operative

činohra *ž* **1.** *(hra)* drama, play; **2.** *(divadlo)* theatre, playhouse; **3.** *(súbor)* [drama] ensemble, dramatic company

činorodý *príd* **1.** active, creative, enterprising

čínsky *príd* **1.** Chinese, China, Indian

čínština *ž* **1.** Chinese

činžiak *m* **1.** block of flats, *(br)* tenement house, *(am)* apartment house

čipka *ž* **1.** lace

číry *príd* **1.** *(čistý)* pure, *(jasný)* clear, limpid, *(pravý)* genuine, *(priezračný)* transparent; **2.** *(ozajstný)* mere, sheer; **3.** *(úplný)* utter, outright

číselník *m* **1.** *(na hodinách ap)* dial, *(prístroja)* indicator; **2.** *(na telefónnom aparáte)* dial plate, register

číselný *príd* **1.** numerical, digital, digit, number, figure; **2.** *(početný)* numerous

číslica *ž* **1.** figure, numeral, cipher, number, digit

číslicový *príd* **1.** numeric, numerical, number, *(inf, kyb)* digital

číslo *s* **1.** *(mat, gram, i časopisu, programu)* number, *(mat)* numeral, *(číslica)* figure; **2.** *(číselné označenie)* count, value, index, *(poštové)* code; **3.** *(novín ap)* copy, *(časopisu ap)* issue, **4.** *(programu)* item, **5.** *(veľkosť častí oblečenia a obuvi)* size, **6.** *(skratka)* no., **7.** *(hov/ vul: súlož)* fuck, screw

číslovať *ndk* **1.** to number, to numerate, to figure

číslovka *ž* **1.** numeral

čistenie *s* **1.** cleaning [up], mopping-up, scouring, *(od niečoho)* purification, *(zubov)* brushing, *(ovocia)* picking, *(škrabanie)* scraping; **2.** *(tech)* refinement

čistiaci *príd* **1.** cleaning, cleansing, purifying, scouring, clearing, purging

čistiareň *ž* **1.** *(podnik)* [dry-]cleaning shop, [dry-]cleaners; **2.** *(dielňa)* cleaning room/ department, finishing department, purifying room, refinery

čistina *ž* **1.** glade, clearing

čistiť *ndk* **1.** to clean, *(topánky)* to shine, *(zuby)* to brush, *(lúpať)* to peel, *(hrach)* to husk, *(ovocie, bobule)* to pick, to dress, *(pšenicu)* to cleanse; **2.** *(odb)* to scour, to purge, to refine, to burnish, to clear

čistka *ž* **1.** purge

čistokrvný *príd* **1.** purebred, thoroughbred, real, genuine, full-blooded, pure

čistopis *m* **1.** clean copy, fair copy, *(tech)* engrossment

čistota *ž* **1.** cleanness, neatness, fineness, cleanliness, *(vína, piva)* brilliancy, *(i počestnosť)* purity; **2.** *(počestnosť)* chastity, integrity

čistotný *príd* **1.** cleanly, *(chorobne)* hygiene-minded, *(poriadny)* tidy, *(o zvieratách)* clean, *(o psoch, deťoch)* house-trained, *(am)* housebroken

čistý *príd* **1.** clean, neat, clear; **2.** *(čestný)* innocent, candid, *(číry)* sheer, *(pravý)* pure; **3.** *(počestný)* chaste, **4.** *(hov: sám)* pure and simple

čítanie *s* **1.** *(dej)* reading, lecture, *(i inf)* read, *(korektúr)* proofreading, *(počítanie)* counting; **2.** *(kniha ap)* reading material, *(ifm)* read; **3.** *(div)* rehearsal

čítanka *ž* **1.** reader, reading book, textbook

čitáreň *ž* **1.** reading room

čítať *ndk* **1.** to read; **2.** *(hov: rátať)* to count

čitateľ *m* **1.** reader, teller, numerator, groundling

čitateľný *príd* **1.** legible, readable, fair

čiže I. *spoj* **1.** or, that is, in other words, or else, alias, **II.** *časť* **2.** *(hov)* what, how

čižma *ž* **1.** boot, jack-boot, top-boot, high boot

čkať *ndk* **1.** to hiccup

čkať sa *ndk* **1.** to hiccough

článkovaný *príd* **1.** *(skladajúci sa z článkov)* segmented, *(zool)* jointed, *(fon, tech)* articulated

článok *m* **1.** *(zool)* joint, *(prsta)* knuckle joint; **2.** *(ohnivo)* link, *(súčasť celku)* segment, section; **3.** *(oddiel textu v novinách ap, výrobok)* article, *(kratší písaný útvar)* paper, contribution, *(výrobok)* commodity, food item, **4.** *(cirk: viery)* thesis, **5.** *(fyz, chem: akumulátorový)* cell, *(batérie)* element, **6.** *(tech)* dowel

čľapnúť *dk* **1.** *(spadnúť do vody s čľapotom)* to plop, to splash, to blob; **2.** *(o tekutine)* to spatter; **3.** *(naliať)* to pour, **4.** *(prudko udrieť)* to bang

člen *m* **1.** *(i mat)* member; **2.** *(mat)* term; **3.** *(lingv)* article, *(vetný)* clause, **4.** *(odb)* unit, component, element

členok *m* **1.** ankle, *(koňa)* hock

členstvo *s* **1.** membership; **2.** fellow-ship; **3.** *(hromad)* members

čln *m* **1.** boat, *(nafukovací, gumový)* [inflatable] dinghy, *(žart: starý)* tub; **2.** *(na lodi)* pinnace, *(záchranný)* lifeboat, *(malý)* skiff, *(motorový)* launch

člnkovať sa *ndk* **1.** to boat, to canoe

človek *m* **1.** man, human being, fellow; **2.** *(vo funkcii neurčitého podmetu)* one, you, people

čmeliak *m* **1.** bumble bee, humble bee

čmudiť *ndk* **1.** to smoke, to reek, to fume

čo I. *zám* **1.** *(vyj: otázku)* what: **čo si povedal?** *what did you say?*; **čo ťa trápi/čo je ti?** *what ails you?/what's the matter with you?*; **čo mieniš robiť?** *what do you intend to do?*; **čo nového?** *what's new?*; *(: údiv)* whatever: **čo sa stalo** *(s tým...)* *whatever happened to ...*; *(*čo [je] to za)* what kind of, *(*čo ešte?)* what else?, *(*čo keby/keď)* what if, *(*no a čo?)* so what?, *(*čo [ty] nato [povieš]?)* what do you think of it?, *(*a čo ty?)* what about you?; **2.** *(vo význame:koľko)* how much: **čo to stojí?** *how much [does it cost]?*; *(:mnoho)* so much: **čo som sa napísal článkov!** *I have written so many articles!*; *(:ako mnoho)* so many: **čo šiat má v skrini!** *he/she has so many clothes in the wardrobe!*; **3.** *(namiesto: prosím)* what?, *(am)* come again!, eh?, **4.** *(:prečo)* why: **čo nedozeráš na deti?** *why don't you look after [your/the] children?*; **čo sa smeješ?** *what is so funny?*; **čo kričíš?** *there's no need to yell!*; **II.** *zám* **5.** *(uv predmetovú/podmetovú vetu)* what: **podľa toho, čo** *according to what ...*; everything, anything: **rob si, čo chceš** *do what/anything you want*; **6.** *(vzťažné:ob neprek)* which, that: **dom, čo stojí pri rieke** *the house [that/which is] by the river*; **7.** *(uv nepravú vzťaž vetu)* which: **nesplnil úlohu, čo nás prekvapilo** *he didn't fulfill his task,which surprised us*; **III.** *spoj* **8.** *(uv vetu:prípustkovú: čo i/aj)* even [if/when], even though: **pôjdeme tam, čo aj po tme** *we'll go there even in the dark*; no matter if/how; **9.** *(: časovú)* since [when]: **už je rok,čo zomrel** *it's a year,since he died*; **tri roky minuli, čo som ho videl naposledy** *three years passed,since when I last saw him*; **sú to roky, čo som ťa naposledy videl!** *I haven't seen you for ages* |; time, *(len čo)* as soon as: **len čo prídem, dáme sa do roboty** *as soon as I come,we'll get down to work*; *(zatiaľ čo)* as long as, *(:i odporovaciu)* while: **zatiaľ čo si spal** *while you were sleeping*; *(:odporovaciu)* whereas: **my sa usilujeme, zatiaľ čo vy odpočívate** *we work hard,while/whereas you take it easy*; **10.** *(vo význame: ako/ ani čo)* as, *(toľ-*

ko čo: ako) as much as; **11** *(: spôsobovú:ako/ ani čo by)* as if; **12.** *(:účelovú:aby)* so that, *(:účinkovú:že)* that, *(: príčinnú)* as, *(: zreteľovú)* as far as: **čo ja viem, ešte neprišli** *as far as I know,the haven't yet arrived*; **čo sa mňa týka** *as far as I am concerned*; **IV.** ***časť*** **13.** *(v opyt/ zvol vetách)* what; **14.** *(pobáda na súhlas:však)* eh, *(am)* huh; **15.** *(čo len)* at least; **16.** *(vyj opakovanie:deň čo deň)* after; **17.** *(s 3 st neprek)*, **robiť čo najlepšie** *to do o's best*;

čokoláda *ž* **1.** chocolate

čokoládový *príd* **1.** chocolate

čokoľvek *zám* **1.** whatever, anything, regardless of what

čosi I. ***zám*** **1.** *(niečo)* something, **II.** ***čísl*** **2.** *(hov: trochu)* a little, somewhat; **3.** *(veľa)* a lot

čoskoro *prísl* **1.** soon, shortly, in a short time

čpavok *m* **1.** ammonia, ammoniac

črep *m* **1.** *(kus rozbitej veci)* fragment, *(z hliny ap)* crock, potsherd, *(i zo skla)* shard, *(zo skla)* splinter; **2.** *(prn)* wreck: **3.** *(kvetináč)* flowerpot

črepina *ž* **1.** fragment, *(z granátu)* shrapnel, *(z hliny ap)* crock, potsherd, *(zo skla)* splinter

črepník *m* **1.** flowerpot, pot

črevný *príd* **1.** intestinal, enteric, *(tech)* casing

črevo *s* **1.** intestine, *(pl)* bowels, guts

črieda *ž* **1.** *(oviec, kôz, detí)* flock, *(dobytka)* herd; **2.** *(ktorú niekam ženú)* drove

črta *ž* **1.** *(čiara)* stroke, line, dash; **2.** *(charakteristická vlastnosť)* characteristic, trait; **3.** ob mn: **črty** features, lineament, **4.** *(menší lit útvar)* sketch

črtať *ndk* **1.** to sketch, *(po papieri)* to draw lines

čučoriedka *ž* **1.** *(bot obyčajná: Vaccinium myrtillus)* bilberry, *(bot barinná: Vaccinium uliginosum)* bog whortleberry; **2.** len mn: **čučoriedky** berries

čudák *m* **1.** eccentric, queer fellow, oddity, oddball, character, weirdo

čudný *príd* **1.** strange, queer, unusual, odd, curious, quaint, peculiar, eccentric

čudovať sa *ndk* **1.** to wonder, to marvel at, to be suprised, to admire

čuch *m* **1.** [the sense of] smell, nose, *(odb)* olfaction; **2.** *(zvierat)* scent

čuchať *ndk* **1.** *(cítiť)* to smell; **2.** *(privoniavať)* to scent, to sniff; **2.** to nose; **2.** to rub; **2.** *(privoniavať)* to glue-sniff

čulý *príd* **1.** brisk, sprigthly, active, nimble, slippy, alive

čupieť *ndk* **1.** to squat, to crouch, to cower, to huddle up, to hunch

D, Ď

dačo I. ***zám*** **1.** *(čosi, neurčitá vec)* something; **2.** *(hocičo)* anything, **II.** ***čísl*** *(trocha)* some, a little; **3.** *(hodne)* a lot, **III.** ***prísl*** **4.** *(v spojení)* somewhat, **5.** *(v spojení s príd)* a little

dajako *zám* **1.** somehow, *(arch)* aught, *(neurčitá odpoveď: tak dajako)* sort of, *(v otázke a podmienke)* anywise?

dajaký *zám* **1.** *(nejaký)* a, any; **2.** *(akýsi)* a [certain]; **3.** *(hov)* sort of, kind of, some, **4.** *(s podst mn)* a few

ďakovať *ndk* **1.** *(i odmietnutie, i iron)* to thank; **2.** *(komu za čo)* to thank, to reply with thanks, *(byť vďačný)* to be grateful, *(výčitka)* to owe it to

dakto *zám* **1.** *(hocikto)* anyone, anybody; **2.** *(ktosi)* someone, somebody

ďalej I. ***prísl*** **1.** *(vo/ do väčšej vzdialenosti)* farther; **2.** *(do rozvitejšieho štádia)* further; **3.** *(časovo)* next, then, subsequently, **4.** *(v spojení so slovesom)* on, forth, **5.** *(odpoveď na zaklopanie)* come in, **6.** *(pokračuj)* go on, **7.** go ahead, continue, **8.** *(v knihe)* below, **9.** *(atď)* etc, **II.** ***časť*** **10.** what's more, furthermore, besides [that], moreover

ďaleko I. ***prísl*** **1.** far, [far] away; **2.** *(oveľa)* by far, considerably, much, **II.** ***podst s*** distance

ďalekohľad *m* **1.** glass, *(astron)* telescope, *(pre obidve oči)* glasses, binoculars, *(poľný)* field glass[es], *(divadelný)* opera glasses

ďalekopis *m* **1.** teleprinter, teletypewriter,

(správa) teleprint, teletype

ďalekosiahly *príd* **1.** far-reaching, far-going, long-term; **2.** significant, important

ďalekozraký *príd* **1.** hypermetropic, farsighted, long-sighted, far-seeing, far eyed

ďaleký *príd* **1.** *(priestorovo i časovo)* far, distant, *(veľmi)* faraway, *(prn)* wide; **2.** *(šport)* long; **3.** *(o príbuzenskom vzťahu)* distant[ly related], **4.** *(prn ďalekosiahly)* long-range

ďalší *príd* **1.** *(vzdialenejší)* farther, far; **2.** *(nasledujúci)* further, following, ulterior; **3.** *(v poradí)* next, subsequent, **4.** *(nový)* new, fresh, another, *(navyše)* additional, **5.** *(ostatný, zostávajúci)* [the] others, the rest, **6.** *(o príbuzenskom vzťahu)* distant[ly related]

dáma *ž* **1.** *(i oslovenie)* lady, dame, *(hist)* gentlewoman; **2.** *(hra)* draughts, *(am)* checkers; **3.** *(kart, šach)* queen

daň *ž* **1.** tax, duty, imposition, levy, due, *(osobná)* poll-tax; **2.** *(hist, i prn)* tribute; **3.** *(prn)* toll

daňovník *m* **1.** taxpayer

daňový *príd* **1.** tax, income, taxable, fiscal; **2.** revenue

Dánsko *s* **1.** Denmark

dánsky *príd* **1.** Danish, *(mäkký syr)* Danish blue, *(ľahký nábytok)* Danish modern

daný *príd* **1.** *(súčasný, momentálny)* present, existing; **2.** *(určený)* certain, definite, specific; **3.** *(mat, geom)* given

dar *m* **1.** *(vec daná/ získaná bez protihodnoty)* present, *(i prn)* gift, donation, *(reklamný)* giveaway, *(z neba)* godsend; **2.** *(prn, od prírody)* talent, endowment

darca *m* **1.** donor, giver, contributor

darček *m* **1.** [small] gift, token, souvenir, *(vianočný)* Christmas box/ present

darebák *m* **1.** *(zlý človek)* rascal, rogue, scoundrel, *(o dieťati)* scamp, scallywag; **2.** *(lenivý človek)* good-for-nothing, lazybones, loafer, idler

dariť sa *ndk* **1.** *(úspešne pokračovať)* to go on/ off well, *(mať úspech)* to turn out well, to come out/ off/ through, to be successful; **2.** *(o rastlinách)* to flourish; **3.** neos *(hov: vodiť sa)* to get on

darovanie *s* **1.** donating, giving, donation, presentation, *(práv)* devise

darovať *dk* **1.** to donate, to give as a present, *(oficiálne)* to grant; **2.** *(ob v záp: odpustiť)* to forgive, to pardon; **3.** *(venovať)* to offer, to dedicate

ďasno *s* **1.** gum, teeth ridge, *(fon)* alveolar ridge

dať *dk* **1.** *(vše)* to give; **2.** *(do daru)* to donate, *(poskytnúť)* to offer; **3.** *(postúpiť)* to transmit, **4.** *(odovzdať do rúk)* to hand [in], **5.** *(umiestniť niečo niekam)* to put, *(tekutinu)* to pour, **6.** *(hov: dohromady)* to put together, **7.** *(zlúčiť)* to combine, **8.** *(prideliť)* to appoint, **9.** *(spôsobiť)* to cause; **10.** *(aplikovať)* to apply; **11.** *(vytýčiť)* to indicate; **12.** *(priniesť)* to yield; **13.** *(uverejniť)* to publish; **14.** *(pridať)* to add; **15.** *(do obehu)* to issue; **16.** *(uložiť)* to assign; **17.** *(koho kam)* to send; **18.** *(dovoliť)* to let, to permit, to allow; **19.** *(i nechať, rozkázať)* to make; **20.** *(hov: predať)* to sell; **21.** *(hov: zaplatiť)* to pay; **22.** *(hov: udrieť)* to smack; **23.** *(vyžiadať si)* to take up; **24.** *(šport hovor)* to score; **25.** *(so zvratným zám)* to have, to get; **26.** *(so zvratným zám: nechať, dovoliť)* to be possible; **27.** *(ustať, na miesto, dohromady atď)* to set

dať sa *ndk* **1.** *(dok pustiť sa)* to set [os to/ about], to get [down], to take to, *(začať)* to take up, to undertake; **2.** *(nedok neos)* to be possible; **3.** *(prekladá sa zvratným slovesom)* can/ could be

dať si *ndk* **1.** *(objednať si)* to have, to help os; **2.** *(zjesť)* to eat; **3.** *(hov: zahrať si)* to play, **4.** *(prekladá sa podľa kontextu)* to take, to make

ďateľ *m* **1.** *(zool: veľký)* [pied] woodpecker, *(zool: Dendrocopus minor)* barred woodpecker, *(zool: Picus viridis)* green woodpecker/ peak, *(am, zool: Colaptes auratus)* [northern/ common] flicker

ďatelina *ž* **1.** *(bot: Trifolium)* clover, shamrock, *(bot plazivá: Trifolium trepens)* white clover, *(bot lúčna: Trifolium pratense)* purple clover

datľa *ž* **1.** date

datľovník *m* **1.** *(bot: Phoenix dactilifera)* date-palm, palm tree

datovať *n/dk* **1.** *(opatriť dátumom, časovo zaradiť)* to date, *(nesprávne)* to misdate

dátum *m* **1.** date

dav *m* **1.** *(masa)* crowd, throng, multitude, mass; **2.** *(nižšie vrstvy)* rabble, mob; **3.** *(veľké množstvo)* bunch, flock, drove

dáviť *ndk* **1.** *(vracať)* to vomit, to throw up, to be sick; **2.** *(tlačiť)* to press, to oppress; **3.** *(dusiť)* to choke

dávka *ž* **1.** *(množstvo, i prn)* amount, *(prn)* share, *(lieku, žiarenia)* dose; **2.** *(prídel)* ration; **3.** *(porcia stravy)* helping, *(denná)* feed, **4.** *(daň)* tax, **5.** *(nemocenská, sociálna)* benefit, **6.** *(voj: zo samopalu)* burst [of fire], **7.** *(inf)* batch

dávkovač *m* **1.** *(prístroj)* dosimeter, proportioning device, dispenser; **2.** *(človek)* doser, proportioner

dávkovať *ndk* **1.** *(stravu, krmivo)* to ration, to measure out; **2.** *(lek)* to dose, to measure into doses

dávno I. *prísl* **1.** *(pred dlhým časom)* long ago, a long time ago, in days gone by, *(pradávno)* ages ago; **2.** *(dlhý čas)* [for] a long time, **II.** *podst s (kniž: minulosť)* **3.** the old times

dávny *príd* **1.** *(starý)* old; **2.** *(pretrvávajúci)* standing; **3.** *(dlhoročný)* [of] long-standing, **4.** *(pradávny)* ancient

dážď *m* **1.** *(i prn)* rain, *(drobný)* drizzle, sprinkle, *(prehánka)* shower, *(hustý)* heavy rain, *(prudký)* downpour, *(zrážka)* rainfall, *(prn)* flood

daždivý *príd* **1.** rainy, pluvious, wet, weeping

dáždnik *m* **1.** umbrella, *(ifm)* brolly, *(kopulovitý)* bubbletop, *(s krátkym držadlom)* dumpy, *(kombinovaný so slnečníkom)* en-tout-cas, *(veľký)* gamp, *(rar)* gingham

dážďovka *ž* **1.** *(zool: zemná)* earthworm, rainworm, *(zool: Lombricus rubellus)* red worm; **2.** *(hov)* rainwater

dažďový *príd* **1.** rain, rainy, rain; **2.** rainy, pluvial

dbať *ndk* **1.** *(starať sa)* to mind, to care, to look after; **2.** *(brať ohľad)* to pay heed, to mark, to respect

dcéra *ž* **1.** *(vlastná)* daughter, girl, *(krstná)* goddaughter, *(nevlastná)* stepdaughter

debata *ž* **1.** debate, discussion, dispute, *(prudká)* cut-and-thurst, *(fr: literárna)* causerie

debatovať *ndk* **1.** to debate, to discuss, to dispute, to hold, to reason

debna *ž* **1.** case, box, *(papierová)* carton, *(na potraviny ap)* crate, *(na odpadky)* bin, *(veľká, i voj)* chest, *(muničná)* caisson

debnár *m* **1.** cooper, hooper, barrel-maker

debnička *ž* **1.** crate, case, box, canister

dedič *m* **1.** heir, successor, *(prn)* representative, *(práv)* [in]heritor, *(zákonný)* heir-at-law, *(substitučný)* reversioner, *(trónu)* heir apparent, *(presumptívny)* heir presumptive

dedička *ž* **1.** heiress, inheritress, [in]heritrix, heritrix

dedičný *príd* **1.** *(i biol)* hereditary, *(choroba)* familial, *(dedičný)* [in]heritable, descendible, *(zdedený)* inherited, *(právo)* [right of] inheritance, *(prn)* heritage, ancestral; **2.** *(cirk)* original

dedičský *príd* **1.** heir, hereditary, inheritor's, *(daň)* inheritance

dedičstvo *s* **1.** *(dedenie, i majetok)* inheritance; **2.** *(zdedený majetok)* estate, *(rodový)* patrimony, *(kus rodového majetku)* heirloom, *(podľa testamentu, i prn)* legacy; **3.** *(prn)* heritage

dedina *ž* **1.** village, [small] town; **2.** *(opak k mestu)* country[side]

dedinčan *m* **1.** countryman, villager, *(i pej)* rustic; **2.** *(pej)* hick

dedinský *príd* **1.** village, villagey, rustic, villagelike, rural

dedko *m* **1.** *(hypok)* grandpa[pa], grandpa, grand-dad, grandpappy, grandpop, grandfather; **2.** *(starec)* old man

dedo *m* **1.** grandfather, *(ifm)* grandpa; **2.** *(Mráz)* Santa Claus; **3.** *(starec)* old man, **4.** len mn: **dedovia** *(predkovia)* forefathers

dedukcia *ž* **1.** deduction, illation

dedukovať *n/dk* **1.** to deduce, to infer, to gather, to evolve, to reason

defekt *m* **1.** *(chyba)* defect, *(porucha)* dama-

ge; **2.** *(na pneumatike)* puncture, flat tire
deficit *m* **1.** *(účt)* deficit; **2.** *(nedostatok)* shortage, deficiency
defilovať *ndk* **1.** to march [past/ by], to parade, *(po jednom)* to defile, to file [past]
definícia *ž* **1.** definition
definitívny *príd* **1.** *(konečný)* definitive, final, conclusive, decisive; **2.** *(trvalý)* permanent
definovať *n/dk* **1.** to define, to pin down, *(vopred)* to predefine, *(chybne)* to misdefine
deformácia *ž* **1.** *(fyz, i prn)* deformation, distortion, warping, *(znetvorenie)* disfigurement, *(tela)* malformation, deformity, *(prn)* corruption; **2.** *(tech: inf)* buckling, *(fyz: tlakom)* stress
deformovaný *príd* **1.** deformed, malformed, mis-shapen, unshaped
degenerovať *n/dk* **1.** *(i biol)* to degenerate, *(prn)* to deteriorate, to dwindle, to rot
degradácia *ž* **1.** *(i pozbavenie funkcie)* degradation, *(prn)* deterioration, abjection, descent
degradovať *n/dk* **1.** *(i zbaviť funkcie)* to degrade, to debase, to declass, to downgrade, to demote, to relegate
decht *m* **1.** tar, *(kamenouhoľný)* coal tar, *(plynárenský)* gas-tar, *(skalný, zemný)* maltha, *(drevený)* wood tar
dej *m* **1.** *(čo sa deje)* action, event[s], occurence, *(lit)* story, *(zápletka)* plot; **2.** *(chem: proces)* process; **3.** len mn: **deje** *(zast)* history
dejepis *m* **1.** history; **2.** history book
dejepisec *m* **1.** historian, historiographer
dejisko *s* **1.** scene, stage, theatre, *(film)* location
dejstvo *s* **1.** act; **2.** activity, action
deka *ž* **1.** *(hov: dekagram)* decagram; **2.** *(ozdobná na prikrytie postele)* bedcover, *(prikrývka)* blanket, *(na prikrytie nábytku)* cover
dekan *m* **1.** *(fakulty)* dean, *(kolégia)* provost; **2.** *(cirk)* [rural] dean
deklamácia *ž* **1.** *(prednes)* recitation, recital; **2.** *(pej: krasorečnenie)* declamation, elocution
deklinácia *ž* **1.** *(fyz)* declination, *(magnetická)* magnetic declination, *(južná)* southing; **2.** *(lingv)* declension
dekorácia *ž* **1.** decoration; **2.** *(ozdoba)* ornament, trim[ming]; **3.** *(div)* scene[s]
dekoračný *príd* **1.** decorative, ornamental, fancy, garnishing
dekoratér *m* **1.** decorator, interior decorator, *(am)* draper, *(umelecký)* ornamentalist, *(výkladov)* shopfitter
dekoratívny *príd* **1.** decorative, ornamental, art, *(stavebne)* architectural
dekorovať *n/dk* **1.** *(ozdobovať, i odovzdávať medaily ap)* to decorate; **2.** *(ozdobovať)* to adorn, to garnish, trim, to embellish
dekrét *m* **1.** *(nariadenie)* rescript, order, decree, *(vládny)* ministerial order, *(hist)* edict; **2.** *(admin: listina)* letter of appointment
delegácia *ž* **1.** delegation, *(tech)* deputation; **2.** delegates, mission
delegát *m* **1.** delegate, deputy, commissary, missioner, envoy; **2.** representative
delenec *m* **1.** dividend
delenie *s* **1.** *(i mat)* division, separation, partition, *(ekon, inf)* split, *(ekon)* sharing, *(inf)* divide; **2.** *(triedenie)* classification
delfín *m* **1.** *(zool: obyčajný)* dolphin, sea pig, *(zool: skákavý)* bottlenose; **2.** *(astron)* Dolphin
deliť *ndk* **1.** *(i mat)* to divide, to split, to break up, to share; **2.** *(čo od čoho)* to separate, to sever; **3.** *(triediť)* to classify, **4.** *(rozdať)* to distribute, to apportion
deliť sa *ndk* **1.** *(rozdeliť si)* to share, to go shares, *(napoly)* to go halves/ fifty-fifty; **2.** *(členiť sa)* to divide, to be divided; **3.** *(zast: byť rozdielny)* to differ from
deliteľ *m* **1.** divisor, factor, *(spoločný)* common divisor, *(najväčší)* the greatest common divisor
deliteľný *príd* **1.** *(i mat)* divisible, dividable, severable, slicable
delo *s* **1.** gun, piece [of ordnance], *(letecké, i hist)* cannon; **2.** *(hist)* culverin
delostrelec *m* **1.** artilleryman, gunner, artil-

lerist, *(hist)* cannoneer

demižón *m* **1.** demijohn, carboy; **2.** flask

demokratický *príd* **1.** democratic[al], *(strana)* democratic

demolovať *n/dk* **1.** to demolish, to pull down, to take down, to wreck

demonštrácia *ž* **1.** *(i výklad)* demonstration, manifestation, *(hov)* demo; **2.** *(názorný výklad)* show[ing]

demonštrovať *n/dk* **1.** to demonstrate, to take part in a demonstration, *(pred podnikom)* to picket; **2.** *(predvádzať)* to show, *(správnosť, pravdivosť)* to prove

demontovať *n/dk* **1.** to demount, to disassemble, to dismantle, to take down, to dismount, to remove

deň *m* **1.** day, daylight, daytime; **2.** len mn: **dni** *(časový úsek, roky, vek)* time, age

denne *prísl* **1.** *(každý deň)* daily, every day, on a daily basis; **2.** *(za deň)* a day, per diem; **3.** *(zo dňa na deň)* day by day

denník *m* **1.** *(zápisník, i odb)* diary; **2.** *(admin, ekon)* journal, ledger, *(účtovný)* daybook, *(cestovný)* itinerary, *(lodný)* log-bock; **3.** *(noviny)* daily [newspaper]

denný *príd* **1.** *(nie nočný)* day, daylight; **2.** *(na jeden deň)* daily, day's; **3.** *(voj)* of the day, **4.** *(každodenný)* everyday, daily, *(lek, i bežný)* quotidian, **5.** *(bežný)* ordinary, work-a-day

depeša *ž* **1.** message, dispatch, *(rádiová)* aero-gram, wire, *(zo zahraničia)* advice

deponovať *n/dk* **1.** to deposit, to make a deposit, to place, *(na súde)* to bail

deportovať *n/dk* **1.** to deport, to transport, to expel, to lag

depresia *ž* **1.** *(i lek, ekon, geol)* depression, dejection, despondency, *(ifm)* mope, blues, doldrums, *(ekon)* slump; **2.** *(geol)* basin

deprimovaný *príd* **1.** depressed, dispirited, downcast, dejected, low-spirited, down in the mouth

deprimovať *n/dk* **1.** to depress, to dispirit, to deject, to sadden, to discourage

deravý *príd* **1.** *(majúci dieru)* holed, holey, *(topánka)* worn-out, *(nádoba)* leaky, *(zub)* decayed, *(groš)* brass farthing

desať *čísl* **1.** ten, *(náb: prikázaní)* The Ten Commandments

desaťnásobný *čísl* **1.** tenfold, decuple, tentime

desatoro *čísl* **1.** *(počet)* ten; **2.** *(náb, bibl)* The Ten Commandments

desiata *ž* **1.** *(hodina)* ten o'clock; **2.** *(jedenie)* ten o'clock snack, *(v UK)* elevenses, elevns

desiatka *ž* **1.** *(mat)* ten; **2.** *(10 kusov)* group of ten, *(rokov)* decade; **3.** obyč mn: **desiatky** *(väčší počet)* hundreds

despota *m* **1.** despot, oppressor, satrap, tyrant

destilovať *ndk* **1.** to distil, *(frakčne)* to fraction[ate], *(v krivuli)* to retort; **2.** to rectify

dešifrovať *dk* **1.** to decipher, to uncipher, to unscramble, to decode, to break, to translate

detail *m* **1.** *(podrobnosť)* detail, *(obch)* retail, *(film, fot)* close-up; **2.** *(jednotlivosť)* particular, respect

detektív *m* **1.** detective, investigator, *(ifm)* sleuth[hound], *(v civilu)* fly cop

detektívka *ž* **1.** *(hra, film, próza)* thriller, detective novel[/ story/ film], *(ifm)* whodu[n]nit; **2.** [female] detective

detektívny *príd* **1.** detective, crime, mystery, criminous, *(literatúra)* crime fiction

detinský *príd* **1.** *(detský)* childlike, *(i pej)* childish, infantile, puerile, *(naivný)* naive

detský *príd* **1.** child['s], *(láska)* puppy; **2.** *(určený pre deti)* children's, for children, baby; **3.** *(detinský)* childly, childlike, *(naivný)* naive, *(i pej)* childish, puerile, *(kočík)* perambulator, *(vozíček)* go-cart

deväť *čísl* **1.** nine

deväťdesiatina *ž čísl* **1.** ninetieth

deväťdesiaty *čísl* **1.** ninetieth

devätnásty *čísl* **1.** nineteenth

deviaty *čísl* **1.** ninth

devíza *ž* **1.** exchange, currency, foreign exchange, medium of exchange

devízový *príd* **1.** *(eko)* foreign, exchange, currency, foreign currency

dezercia *ž* **1.** desertion, escape; **2.** defection

dezert *m* **1.** *(ovocie, zákusok)* dessert, *(zákusok)* sweet [course], afters, pudding

dezertovať *n/dk* **1.** to desert, to defect, to fall away

dezinfekcia *ž* **1.** disinfection, *(dymom)* fumigation

dezinfekčný *príd* **1.** disinfecting, disinfectant, germicide, antiseptic

dezinfikovať *n/dk* **1.** to disinfect, to sanitize, *(dymom)* to fumigate

diabol *m* **1.** *(náb)* devil, deuce; **2.** *(prn)* fiend, evil

diagnóza *ž* **1.** diagnosis

diagram *m* **1.** diagram, graph, figure, chart, table

dialekt *m* **1.** dialect, vernacular, jargon

diaľka *ž* **1.** distance

diaľkový *príd* **1.** *(i šport)* distance, distant, far, *(šport, dopr, mot, telef)* long-distance, *(dopr: am)* long-haul, *(tech, inf, ele)* remote, tele, *(ele, tlf)* trunk, *(škol)* external, part-time, *(v UK)* extramural

diaľnica *ž* **1.** motorway, *(am)* expressway, freeway, turnpike

dialóg *m* **1.** dialogue

diamant *m* **1.** *(min)* diamond, *(i polyg)* brilliant, gem, *(nečistý)* bo[a]rt, *(sl)* sparkler, *(tech)* [glass-]cutter

diamantový *príd* **1.** diamond, adamantine, brilliant, boart

dianie *s* **1.** activity, action, events, *(sl)* swim

diapozitív *m* **1.** diapositive, [film]slide, slide, transparency

diať sa *ndk* **1.** to happen, to take place, to occur, to pass

diel *m* **1.** *(i tech)* part, piece, *(o knihách)* volume, *(veľký)* tome; **2.** *(podiel)* portion, share, *(ifm)* whack; **3.** *(okna)* ligth

dielňa *ž* **1.** workshop, shop, workroom, *(zámočnícka)* smithy, *(automobilová)* garage, *(opravárska)* repair shop

dielo *s* **1.** *(práca, výtvor, i tech)* work, *(tvorenie)* creation, *(činnosť)* activity, *(hov)* business; **2.** *(výsledok práce)* product, *(i umelecké)* production, *(umelecké)* work of art, *(remeselnícke)* handiwork, *(hud)* opus, *(včelie)* honeycomb, *(tech)* make, *(vodné)* waterwork, *(banské)* yield

diera *ž* **1.** *(i nora, i prn)* hole, leak, *(v pneumatike)* puncture, *(otvor)* opening, *(medzera)* gap, *(dutina)* hollow, *(v zube)* cavity, *(v zemi)* pit, *(na ceste)* pot-hole; **2.** *(nora: líšky ap)* burrow, *(vlka)* den; **3.** *(prn: o miestnosti)* dump, *(zapadákov)* God-forsaken place/ town

dierka *ž* **1.** *(zdrob)* [little/ small] hole, *(otvor, nora, i prn)* hole, eye, *(kľučová)* keyhole, *(pre gombíky)* buttonhole, *(v pneumatike)* puncture, *(v nádobe)* leak, *(nosná)* nostril

dierkovať *ndk* **1.** to punch, to hole, to perforate; **2.** to pink

diéta *ž* **1.** diet, *(celková)* dietary, regimen, *(hladová)* fasting cure

dieťa *s* **1.** child, *(malé)* baby, infant, *(nevlastné)* stepchild, *(krstné)* godchild

dieťatko *s* **1.** [small] child, baby, kidlet, *(moje!)* moppet!, chickabiddy

diétny *príd* **1.** dietetic[al], dietary, *(keks)* digestive, *(suchár)* digestif

dievča *s* **1.** *(i milá)* girl, *(od 13 rokov)* teenager, *(ifm)* filly, [bit of] skirt, *(br)* popsy; **2.** *(milá)* girlfriend, baby, sweetheart; **3.** *(pomocnica v domácnosti)* maid

dievčatko *s* **1.** girl, baby girl, little girl; **2.** missy

dievčenský *príd* **1.** girl's, girlish, maidenly, *(meno)* maiden

dievčina *ž* **1.** teen-age girl, missy, bobbysoxer, lass, lassie, school miss

diferencia *ž* **1.** *(i mat)* difference, gap, excess, margin; **2.** *(hov)* variance

difúzia *ž* **1.** *(i fyz, chem, ele)* diffusion, *(tech)* scatter

diktát *m* **1.** *(škol, i polit)* dictation; **2.** *(polit)* dictate, diktat, *(prn)* order

diktovať *ndk* **1.** *(škol i polit)* to dictate, *(prn)* to order, to prescribe

diplom *m* **1.** diploma, certificate; **2.** *(univerzitný)* [university] degree, *(inžiniersky)* Bachelor of Science [B.Sc.], *(čestný)* honorary degree

diplomatický *príd* **1.** *(i prn)* diplomatic, *(prn)* politic, tactful, *(kufrík)* attaché case

diplomovaný *príd* **1.** professional, *(ošetro-*

teľka) registered, trained, qualified; **2.** *(majúci diplom)* graduate

dirigent *m* **1.** *(hud)* conduktor; **2.** *(zas)* manager, director; **3.** *(prn)* leader

dirigovať *ndk* **1.** *(hud)* to conduct; **2.** *(riadiť)* to manage, to run; **3.** *(usmerňovať)* to direct

disciplína *ž* **1.** *(i odbor)* discipline, *(stranícka)* party spirit; **2.** *(odbor)* branch, *(vedecká)* science, *(športová)* event

disciplinovaný *príd* **1.** disciplined, orderly, disciplinary?

disk *m* **1.** *(šport)* discus, *(tech)* disc, *(inf, tech)* disk, *(inf)* diskette

diskrétnosť *ž* **1.** discreetness, discretion, *(inf)* confidentiality; **2.** *(mat, fyz)* discontinuity

diskrétny *príd* **1.** *(i nenápadný)* discreet, reserved, unintrusive; **2.** *(nenápadný)* unobtrusive, *(šaty)* unostentatious, *(hudba)* quiet; **3.** *(mat, inf)* discrete, *(mat)* discontinuous, *(tech)* intermittent

diskriminácia *ž* **1.** discrimination, *(rasová)* colour-bar, *(podľa pohlavia)* sexism, *(rasová)* Jim-crowism, *(triedna)* class-distinction

diskusia *ž* **1.** argument, discussion, talking, dispute, debate, brainstorming

diskutovať *ndk* **1.** to discuss, to argue, to controvert, to talk

diskvalifikovať *n/dk* **1.** to disqualify; **2.** to incapacitate, to dishabilitate, to ground

disponovať *ndk* **1.** to have at one's disposal, to have available, *(fml)* to dispose; **2.** *(obch)* to dispatch, to route

dispozícia *ž* **1.** *(možnosť použiť, i príkaz)* disposal; **2.** obyč mn: **schopnosti** *(i príkaz)* predisposition, propensity, talent; **3.** *(pokyn)* instruction, *(krok)* arrangement, *(opatrenie)* measure, *(príkaz)* order, **4.** *(odb: plán)* layout, plan

distribúcia *ž* **1.** distribution, distributing, distributing trade, distributive trade, circulation

distribučný *príd* **1.** distributive, distribution, distributing, distributional, marketing, wholesale

div I. ***podst*** m **1.** *(čudo)* wonder, marvel, *(zázrak)* miracle, prodigy, portent; **2.** *(prekvapenie)* surprise, **II.** ***vetná prísl*** **3.** *(ob nie div: skoro)* no wander, **III.** ***časť*** **4.** *(skoro)* almost, nearly

divadelný *príd* **1.** theatrical, dramatic[al], theatre, [the] theatre, show

divadlo *s* **1.** *(inštitúcia, budova)* theatre, *(prn)* stage, *(budova)* playhouse; **2.** *(predstavenie)* [theatrical] performance, play, *(prn)* act; **3.** *(umenie)* dramatic art, **4.** *(prn)* spectacle, show

divák *m* **1.** spectator, onlooker, viewer, beholder; **2.** *(v divadle)* looker-on, playgoer, *(filmový)* filmgoer, *(televízny)* [tele]viewer

dívať sa *ndk* **1.** *(pozerať)* to look, to watch; **2.** *(brať do úvahy, všímať si)* to consider, to regard, to observe, to view

diviak *m* **1.** *(zool: Sus scrofa)* wild boar

dividenda *ž* **1.** dividend, *(ifm)* divvy, *(dočasná)* interim [dividend]

diviť sa *ndk* **1.** to wonder, to marvel, to be surprised

divízia *ž* **1.** division

divný *príd* **1.** strange, unusual, odd, whimsical, quaint, weird, bizarre, peculiar

divočina *ž* **1.** *(divá príroda)* wilderness, wild; **2.** *(mäso)* venison

divoch *m* **1.** *(necivilizovaný človek)* savage; **2.** *(divý človek)* brute, brat, rowdy, **6.** Tartar

divý *príd* **1.** *(vše)* wild; **2.** *(necivilizovaný)* savage; **3.** *(nespútaný)* reckless, *(zúrivý)* ferocious, *(prudký)* frenzied, *(bujný)* rampant, *(nápadný)* garish, *(vášnivý)* passionate, vehement, *(štrajk)* wildcat

dlaha *ž* **1.** splint, lath, brace

dlaň *ž* **1.** palm, hollow, *(plná)* palmful, *(anat)* thenar?

dláto *s* **1.** chisel, *(duté)* gouge, cutter, *(rytecké)* graver

dlažba *ž* **1.** pavement, paving, *(z kamenných dlaždíc)* flagging, *(fr)* pavé

dlaždica *ž* **1.** paving stone, floor stone, road brick, *(kamenná)* slabstone

dláždiť *ndk* **1.** *(i prn)* to pave, *(plochými kameňmi)* to flagstone, *(malými kameňmi)* to pitch, *(dlaždicami)* to tile, *(lomovými dlaž-*

dicami) to quarry

dlážka *ž* **1.** floor, flooring, decking, *(dlaždicová)* flagging, *(parketová)* parquetry, *(ringu)* deck

dlh *m* **1.** debt, tick, *(ekon)* debit, obligation; **2.** *(zadĺženosť)* indebtedness, liabilities, debts

dlho *prísl* **1.** long, [a] long time, for some time, for a long time; **2.** *(predtým)* long ago/ before, **3.** late

dlhodobý *príd* **1.** *(i ekon)* long-term, *(i met)* long-range, long-run, long-lived, long-dated, of long standing, permanent, *(zmenka)* long

dlhopis *m* **1.** note, bond, debenture [bond], *(súkromný)* IOU, *(krátkodobý)* short, *(štátny)* Government security

dlhotrvajúci *príd* **1.** long-lasting, long-running, of long duration, [long-]standing, prolonged, long[a]eval

dlhovať *ndk* **1.** to owe

dlhý *príd* **1.** *(časovo, priestorovo, i fon, hud, tech)* long, *(časovo)* long-lasting, *(trocha)* longish, *(rozvláčny)* lengthy, long-drawn, prolonged; **2.** *(i polyg)* tall, *(veľký)* voluminous, *(nohy)* spindly, *(nudný)* wearisome, *(tona)* gross

dĺžka *ž* **1.** *(časová, priestorová, i mat, fon, ele)* length, *(časová, priestorová, i života)* span; **2.** *(časová)* duration, *(lingv: slabiky)* quantity; **3.** *(priestorová, i inf)* size, *(astron, geod)* longitude, *(i nám, let)* range

dlžník *m* **1.** debtor, creditor, borrower, *(zmenkový)* drawee, *(práv)* obligor, *(hypotečný)* mortgagor

dlžný *príd* **1.** debt, delinquent, unpaid, due, payable, *(karta)* debit, *(suma)* outstanding

dnes *prísl* **1.** *(i prn)* today, this day, *(večer)* tonight; **2.** *(v terajších časoch)* nowadays, these days

dnešný *príd* **1.** today's, of this day, present-day, of this date, of today; **2.** *(súčasný)* contemporary, present, modern, current; **3.** *(prn)* inexperienced

dnešok *m* **1.** today, this day, present time, the present; **2.** nowadays

dno *s* **1.** *(i jazera ap)* bottom, *(predmetu)* base, *(rieky, mora)* bed; **2.** *(tech)* sole, ground, *(pece, i mora)* floor, *(hut)* heat, *(tlakovej nádoby)* head

dnu *prísl* **1.** *(dovnútra)* inside, inwards; **2.** *(vnútri)* indoors, in

do *predl* **1.** *(vyj:smerovanie)* to: **odprevadiť niekoho do mesta** *to take sb to town*; **ísť do školy** *to go to school*; [-]ward[s], **vlak do Prahy** *the train to Prague*; for: **odišiel do Prahy** *he left for Prague*; into: **oblok do dvora** *window into the yard*; **2.** *(:smerovanie dovnútra)* into: **daj to do chladničky** *put it into the fridge*; in: **dať/ položiť niečo do vrecka** *to put st in o's pocket*; **3.** *(: účel)* for: **lístok do divadla** *a ticket for the theatre*; as: **dať niekomu niečo do daru** *to give sb st as a gift*; *(:cieľ nejakej činnosti)* to: **posielať do školy** *to send to school*; on: **vstúpiť do štrajku** *to go on strike*; into: **dať do výroby** *to put into production*; *(prek s neurč)* to [ ]: **brať niekoho do tanca** *to take sb to dance*; **3.** *(:časovú hranicu)* to: **od júna do septembra** *from June to September*; till, [up] until: **až do odvolania** *until further notice*; **do rána/piatej** *till/until morning/five*; *(ob am)* through: **od pondelka do piatka** *Monday through Friday*;into: **pracovať neskoro do noci** *to work far into the night*; *(:termín)* by, for: **do pondelka to bude hotové** *it'll be ready by Monday*; **urobím to do zajtra** *I'll do it for/ by/ until tomorrow*; within: **do štyroch mesiacov** *within 4 months*; **do roka sa ožení** *He'll get married within a year*; before: **prechádzať sa do obeda** *to take a walk before lunch*; up to: **do dnešného dňa** *up to now*; pending: **do nových volieb** *pending new elections*; *(raz do)* a; **4.** *(: miestnu, číselnú hranicu)* [up] to, *(: miestnu hranicu)* [up/down] to: **do pása** *up/down to the belt*; [-]high, [-]deep: **do kolena** *up/down to o's knees/knee-high/knee-deep*; as far as: **odprevadil ju až do záhrady** *he escorted her as far as the garden*; **5.** *(:približný počet:v spojení s čísel výraz)* about, around: **do dvadsať** *about/around twenty*; **ťahá do šesťdesiatky**

he is pushing sixty; **6**. *(:mieru,stupeň činnosti)* to: **vypiť do poslednej kvapky** *to drink to the last drop*; **do najvyššej miery** *to a maximum degree/ to the fullest measure*; **do istej miery** *to a certain degree*; to the point of: **do zbláznenia** *to the point of going crazy*; **7**. *(zreteľ:čo do)* with reference to, as far as [ ] is concerned: **čo do kvality** *as far as quality is concerned*; as to: **čo do veľkosti** *as to size*; **8**. *(väzbu:pri slovesách)* to: **pustiť sa/ dať sa do práce** *to get down to work*; **vstúpiť do platnosti** *come into force*; **preložiť do angličtiny** *to translate into English*; **9**. *(je/ide mi do)* I feel like +ing: **ide mi do plaču** *I feel like crying*; **nie je mi do spevu** *I don't feel like singing*; **10**. *(do:autobusu,vlaku atď)* aboard, *(do prízemia)* downstair, *(do kopca)* uphill, *(do vnútrozemia)* inland, *(do celého sveta)* worldwide, *(do cudziny)* abroad, *(do centra)* downtown, *(do vzduchu)* aloft

doba *ž* **1**. *(čas, časový úsek)* time, *(časový úsek)* space [of time], spell, patch, *(ročná)* season, *(lehota)* term, *(i geol)* period, *(pracovná, otváracia ap)* hours; **2**. *(historické obdobie)* era, epoch, *(i geologická)* age

ďobať *ndk* **1**. *(o vtákoch)* to peck, to pick; **2**. *(prstom, palicou ap)* to poke, to stick, *(prstom)* to jab, *(palicou)* to prod

dobehnúť *dk* **1**. *(pribehnúť)* to run, to arrive on the run, *(tech)* to run out, to run down; **2**. *(dostihnúť)* to reach, *(vlak ap)* to catch; **3**. *(dohoniť)* to catch up, *(niekoho)* to catch up with, **4**. *(hov: oklamať)* to fool, to trick

doberať si *n/dk* **1**. to chaff, to make a joke about, to rail, to banter

dobierka *ž* **1**. collect on delivery, cash on delivery, COD

dobrák *m* **1**. good soul, bawcock, good Joe; **2**. do-gooder, egg; **3**. brick, **4**. good, **5**. fellow

dobre I. *prísl* **1**. well, *(hov)* good, *(primerane)* well enough; **2**. vetná prísl good; **2**. *(správne)* right, properly; **3**. *(ľahko)* easyly, easy, **4**. so zap thoroughly, completely, **II.** *časť* **5**. *(súhlas)* ok, all right, very well, roger, **6**. *(takmer áno)* almost, nearly

dobro *s* **1**. good, good thing, *(blahobyt)* well-being, welfare; **2**. *(účt)* credit

dobročinnosť *ž* **1**. charity, benevolence, beneficence, benefaction; **2**. good; **3**. well-doing

dobročinný *príd* **1**. charitable, benevolent; **2**. charity

dobrodruh *m* **1**. adventurer, racketeer, swindler; **2**. turer; **3**. fortune, **4**. gold-digger, **5**. soldier of fortune

dobrodružný *príd* **1**. adventurous; **2**. *(smelý)* daring, daredevil, reckless; **3**. *(milujúci dobrodružstvo)* adventuresome, **4**. *(pochybný)* risky, hazardous, chancy, **5**. *(opisujúci dobrodružstvá)* adventure

dobrodružstvo *s* **1**. *(i politické)* adventure, escapade; **2**. *(ľúbostné)* love affair

dobropis *m* **1**. *(pripísanie k dobru)* credit, credit entry, credit memo; **2**. *(správa o zaúčtovaní v prospech)* advice of credit, credit advice, credit memorandum

dobrosrdečný *príd* **1**. genial, goodnatured, goodhearted, kind-hearted, nature

dobrota *ž* **1**. goodness, goodheartedness, *(láskavosť)* kindness; **2**. *(lahôdka)* delicacy, dainty, tidbit, *(pl)* goodies

dobrovoľník *m* **1**. volunteer

dobrovoľný *príd* **1**. voluntary, [of one's] free-will, volunteer, *(nepovinný)* optional, facultative

dobrý *príd* **1**. *(statočný, opravdivý, schopný, kvalitný)* good, *(milý, slušný)* nice, *(slušný)* decent, *(láskavý)* kind, *(milý)* sweet, *(vhodný)* proper, suitable, *(priaznivý)* favourable, *(osožný)* profitable, *(užitočný)* useful, agreeable, *(príjemný)* pleasant, *(schopný)* capable, considerable, *(výhodný)* advantageous, profitable, *(spoľahlivý)* reliable, *(kvalitný)* fine, *(blízky)* close

dobyť *dk* **1**. *(ovládnuť, i voj)* to conquer, to take, to seize; **2**. *(získať)* to attain, to gain, to obtain; **3**. *(tech)* to extract, *(ban)* to yield

dobytok *m* **1**. cattle livestock, stock, ox, livestock, cattle; **2**. beast

dobývať *ndk* **1**. *(dolovať)* to extract, to exploit, to quarry, to mine; **2**. *(získavať)* to obtain, to acquire, to earn, *(i voj)* to conquer, *(voj)* to capture

docent *m* **1.** [senior] lecturer, reader, *(am)* docent, associate professor

dočasný *príd* **1.** temporary, provisional, short-lived, ephemeral, makeshift, perishable

dočítať *dk* **1.** *(skončiť, prestať)* to finish reading; **2.** *(skončiť)* to read st to the end

dočkať *dk* **1.** to wait [for], to wait until; **2.** *(s čím)* to pospone; **3.** *(mierne vyhrážanie: len dočkaj!)* [just] you wait!!

dočkať sa *dk* **1.** to wait [for], to wait until; **2.** *(dožiť sa)* to live to see; **3.** *(v záp: nemôžem sa dočkať)* I can't wait

dodací *príd* **1.** delivery, shipping, dispatch, delivered

dodať *dk* **1.** *(pridať, znásobiť)* to add, to bring; **2.** *(dať, poskytnúť)* to give, to provide, to hand over; **3.** *(dopraviť)* to deliver, to supply, to consign, **4.** *(hov: doraziť, zničiť)* to destroy

dodatočný *príd* **1.** supplementary, additional, further, subsequent, extra, added

dodatok *m* **1.** addition, *(príloha)* appendage, *(doplnok)* complement, accessory, *(k zákonu)* amendment, *(ku knihe)* appendix, addendum, *(i časopisu)* supplement, *(k listine)* annex, *(k listu)* postscript, *(k testamentu)* codicil, *(k dohode)* clause, rider

dodávateľ *m* **1.** supplier, purveyor, deliverer, *(potravín)* caterer; **2.** contractor

dodávka *ž* **1.** *(doprava)* delivery; **2.** *(zásielka, zásobovanie)* supply, *(zásielka)* order, consignment, shipment; **3.** *(hov: auto)* van

dodnes *prísl* **1.** to this day

dodržanie *s* **1.** keeping, compliance, observance, adherence

dodržať *dk* **1.** *(splniť)* to keep, to fulfill; **2.** *(zachovať)* to observe, to stick to, to meet; **3.** *(riadiť sa)* to abide by, to comply with

dodržiavanie *s* **1.** observance, keeping, compliance, adherence

dogma *ž* **1.** *(i cirk)* dogma; **2.** *(prn)* tenet, doctrine

dogmatický *príd* **1.** *(pridržiavajúci sa dogiem)* dogmatic, dogmatical; **2.** *(kategorický)* categoric[al], peremptory, opinionated

dohad *m* **1.** guess, supposition, conjecture, *(fml)* hypothesis, *(hov)* theory, *(dohady)* guesswork

dohadovať sa *ndk* **1.** to quarrel, to squabble, to dicker, to haggle

dohľad *m* **1.** range/ field of vision, view, sight; **2.** *(kontrola)* inspection, supervision, control, check, surveillance; **3.** *(starosť o niekoho)* care

dohliadnuť *dk* **1.** *(dovidieť)* to see [as far as], *(o oku)* to reach; **2.** *(dozrieť)* to look after, to superintend, to oversee, to watch over

dohoda *ž* **1.** *(dohodnutie)* agreement, accord, understanding, arrangement; **2.** *(zmluva)* contract, pact, covenant, treaty, entente, stipulation, *(dočasná)* interim, *(záväzná)* obligation, *(tajná)* conspiracy, collusion

dohodiť *dk* **1.** *(hodením dosiahnuť)* to throw [as far as]; **2.** *(pridať)* to add; **3.** *(hov: sprostredkovať)* to get, to find, *(fml)* to procure, **4.** *(pri ženbe)* to arrange a match

dohodnúť *dk* **1.** *(dohovoriť z hľadiska jedného)* to arrange, to fix, to concert, *(vopred)* to prearrange, *(výsledok)* to frame, *(jednaním)* to negotiate, *(definitívne)* to clench

dohodnúť sa *dk* **1.** to agree, to come to an agreement with something, to come to terms, *(tech)* to reach an agreement, *(tech)* to come to an explanation

dohodnutý *príd* **1.** agreed, concerted, understood, given

dohoniť *dk* **1.** to catch up with, to catch; **2.** *(nahradiť)* to make up for, to reach, to compensate

dohorieť *dk* **1.** *(celkom vyhorieť)* to burn thoroughly, to burn down, to die away; **2.** *(prestať horieť)* to cease burning; **3.** *(o fajčive)* to burn out

dohovor *m* **1.** verbal/ oral agreement, accommodation, arrangement, convention

dohovoriť *dk* **1.** *(dokončiť reč)* to finish [speaking]; **2.** *(dohodnúť)* to arrange, to agree, *(zmluvu)* to conclude

dohovoriť sa *dk* **1.** *(dohodnúť sa)* to reach an agreement/ an understanding, to agree; **2.** *(dorozumieť sa)* to communicate, to express os, to make os understood

dohra *ž* **1.** *(hud)* finale, *(div)* epilogue, postlude; **2.** *(prn: následky)* sequel

dohromady *prísl* **1.** together; **2.** *(celkove)* in all, altogether, overall, *(fr)* tout ensemble

dochádzať *ndk* **1.** *(približovať sa)* to approach, to draw near; **2.** *(dostávať sa, byť pravidelne doručovaný)* to arrive, to be delivered, to come [in]; **3.** *(pravidelne chodiť, cestovať)* to go, to frequent, *(na prednášky)* to attend, *(vlakom ap)* to commute, **4.** *(k čomu)* to reach, **5.** *(míňať sa)* to run short/ low, to decrease, to wane, **6.** *(hov: dozrievať)* to mature, **7.** *(neos: nastávať)* to occur, **8.** *(neos: mať na čo)* to have

dochádzka *ž* **1.** *(i škol)* attendance, *(školská)* school attendance

dochovať *dk* **1.** *(vychovať)* to educate, *(i o dobytku)* to rear; **2.** *(o dobytku)* to breed, to feed, to keep

dojatý *príd* **1.** impressed, moved, touched; **2.** affected

dojča *s* **1.** infant, suckling, nurseling, baby

dojčenský *príd* **1.** baby, infant, *(úmrtnosť)* infantile, suckling['s]

dojčiť *ndk* **1.** to nurse, to suck, to suckle; **2.** to wet-nurse

dojebať *dk vulg* **1.** *(ukončiť súloženie)* to blow o's top, to finish fucking; **2.** *(pokaziť)* to fuck [st up], to screw st up

dojebať sa *dk vulg* **1.** *(pokaziť sa)* to get fucked up, to get screwed up; **2.** *(ublížiť si)* to get hurt; **3.** *(opiť sa)* to get pissed, to get stoned

dojem *m* **1.** impression, feeling, sensation, effect, *(všeobecný)* sense, *(celkový)* [tout] ensemble

dojesť *dk* **1.** to eat up, to finish eating, to finish off, to finish up

dojička *ž* **1.** milker, milkmaid, dairymaid

dojímavý *príd* **1.** touching, moving, stirring, pathetic, soul-stirring

dojiť *ndk* **1.** *(i prn)* to milk; **2.** *(dávať mlieko)* to give milk

dojka *ž* **1.** *(o žene)* wet nurse, *(v Indii)* amah, dai; **2.** *(o zvieratách)* milch cow, milker

dojnica *ž* **1.** *(krava, koza, ovca)* dairy cattle, *(krava)* milch cow, milker

dok *m* **1.** dock, *(plávajúci)* floating dock, *(suchý)* dry-dock, *(mokrý)* wet dock, *(plávajúci)* floating dock

dokaličiť *dk* **1.** to cripple, to mutilate, to maim, to invalid, to maul, to disfigure, to disable; **2.** *(zničiť)* to break

dokázať *dk* **1.** *(podať dôkaz)* to prove, to demostrate, to document, to furnish/ give evidence; **2.** *(dosiahnuť)* to accomplish, to achieve; **3.** *(byť schopný)* to be able, **[!]** can/ could

dokázateľný *príd* **1.** provable, demonstrable

dokazovať *ndk* **1.** to prove, to establish by evidevce, to demonstrate, to evidence, to substantiate, to show [forth]; **2.** *(byť dôkazom)* to prove

doklad *m* **1.** *(listina)* document, paper, voucher, *(potvrdenie)* certificate; **2.** *(dôkaz)* proof, evidence, documentary proof/ material; **3.** *(citát)* citation, quotation, passage, *(príklad)* example

dokonale *prísl* **1.** perfectly; **2.** *(úplne)* totally, fully, thoroughly, absolutely

dokonalosť *ž* **1.** perfection, perfectness, fullness, flawelessness, excellency, finish

dokonalý *príd* **1.** *(bezchybný)* perfect, flawless, unexceptionable; **2.** *(ideálny)* ideal; **3.** *(úplný)* thorough, absolute, complete, out-and-out, accomplished

dokonca *časť* **1.** even, yet, *(aj ten)* very, *(ba)* yea, nay

dokončenie *s* **1.** *(skončenie)* end, conclusion, final instalment; **2.** *(dovŕšenie)* finishing, completion, termination, *(tech)* finish

dokončený *príd* **1.** complete, round

dokončiť *dk* **1.** to end, to complete, to finish, to terminate, to wrap up, to conclude, to accomplish

dokopy *prísl* **1.** *(hov: spolu)* together; **2.** *(hov: celkove)* in all, altogether

doktor *m* **1.** *(titul, i lekár)* doctor; **2.** *(hov: le-*

kár) physician, *(coll)* medico, *(vojenský)* medic, *(ifm)* medical man, *(sl)* pill pedlar

doktorát *m* **1.** *(titul)* doctorate, doctor's degree, *(i hodnosť)* doctorship; **2.** *(hodnosť)* doctorhood

doktorka *ž* **1.** [female] doctor; **2.** *(hov: lekárka)* doctress, doctoress

dokument *m* **1.** document, paper, deed, act; **2.** *(prn)* proof

dokumentácia *ž* **1.** documentation, evidence, documents research, furnishing documents, copies

dokumentárny *príd* **1.** documentary, documental

dokurviť *dk vulg* **1.** *(pokaziť)* to fuck st up, to screw st up, to ball st up

dolár *m* **1.** dollar, *(sl)* buck, bone, case, berry, iron man

doľava *prísl* **1.** to the left, leftward, leftwards, left, *(her, rar)* sinister

doliehať *ndk* **1.** *(naliehať)* to insist, to urge, to press; **2.** *(nepriaznivo postihovať)* to oppress, to beset; **3.** *(o zvuku)* to penetrate, to reach, **4.** *(byť v tesnom dotyku)* to fit closely/ tightly

doliezť *dk* **1.** *(lezením prísť niekam, i pomaly prísť)* to crawl, *(lezením prísť niekam)* to reach/ to come crawling; **2.** *(skončiť lezenie)* to finish crawling; **3.** *(hov: pomaly/ neskoro prísť)* to creep

dolina *ž* **1.** valley, dale, hollow, vale

dolný *príd* **1.** lower, low, nether, foot, *(v dome)* downstairs, *(najnižší)* bottom, rockbottom

dolovať *ndk* **1.** to mine, to dig, to work; **2.** *(prn)* to search, to rummage

doložiť *dk* **1.** *(dodať)* to add; **2.** *(dokumentovať)* to document, to support, to adduce, to justify, *(príkladmi)* to illustrate, to note

doložka *ž* **1.** *(práv, ekon)* clause, addition, addendum, rider; **2.** *(doklad)* permit, warranty

dolu I. *prísl* **1.** *(zhora nadol, i prn: k hodnote)* down, *(zhora nadol)* downwards; **2.** *(na miesto položené nižšie)* beneath, below, *(v dome)* downstairs, *(kopcom)* downhill, *(na juhu)* south; **2.** *(dolu s)* down with, **II.** *predl* **4.** *(smer zhora nadol)* down

dom *m* **1.** house, *(budova)* building, *(rodinný)* detached house, *(byt)* flat, *(prn)* brick; **2.** *(domov)* home, household; **3.** *(panovnícky al šľachtický rod)* dynasty, family, **4.** *(inštitúcia)* centre, hall, **5.** *(obchod)* shop, *(obchodný)* [department] store

dóm *m* **1.** cathedral, minster, *(arch)* dome; **2.** *(geol)* double-plunging anticline

doma *prísl* **1.** *(i šport, i vo vlasti)* at home, home[-], house[-], in, indoors; **2.** *(vo vlasti)* in one's own country/ home

domáca *ž* **1.** housewife, hostess, lady of the house; **2.** *(majiteľka domu/ bytu)* landlady, house-keeper

domáci *príd* **1.** domestic, home, house, indoor, domiciliary, household, home-made, local, domesticated

domácnosť *ž* **1.** *(rodina)* household, family, *(domov)* home, *(život)* ménage

domáhať sa *ndk* **1.** *(s úsilím sa dožadovať)* to strive for, to solicit, to claim; **2.** *(zr: pokúšať sa niekam dostať)* to try to get, to force one's way

domček *m* **1.** little house, *(víkendový)* weekend house, chalet, bungalow, cottage, *(z kariet)* house, *(strážny)* box

doména *ž* **1.** domain, sphere, region, branch, field, realm

domino *s* **1.** *(hra)* domino[e]s, muggins; **2.** *(maškarný úbor)* domino

dominovať *ndk* **1.** to dominate, to domineer, to command, to preside

domnienka *ž* **1.** supposition, conjecture, assumption, *(názor)* opinion, *(hypotéza)* hypothesis

domnievať sa *ndk* **1.** to presume, to suppose, to conjecture, to imagine, *(myslieť)* to think, *(predpokladať)* to expect

domorodec *m* **1.** native, indigene, aboriginal, *(necivilizovaný)* savage, *(ob pl: austrálsky)* Aborigines

domorodý *príd* **1.** native, indigenous, aboriginal

domov *m* **1.** *(i vlasť, inštitúcia)* home; **2.** *(vlasť)* homeland, [native] country, *(mesto)* hometown; **3.** *(inštitúcia)* institution, house, **4.** *(internát)* hall of residence, student's hostel, *(am)* dorm[itory]

domovina *ž* **1.** homeland, native land, home

domovník *m* **1.** caretaker, doorkeeper, housekeeper, *(ob školník)* janitor, concierge

domový *príd* **1.** home, house; **2.** domestic, household; **3.** resident, domiciliary, **4.** door-to-door

donášač *m* **1.** *(denunciant)* informer, nark, *(ifm)* sneak[er], *(sl)* grass; **2.** *(kto niečo pravidelne donáša)* carrier, deliverer, *(mlieka)* milkman

donášať *ndk* **1.** *(prinášať)* to bring, to carry, *(zisk)* to yield, *(správy)* to report; **2.** *(nosiť do zodratia)* to wear out; **3.** *(pravidelne dodávať)* to deliver, **4.** *(nosiť plod)* to bear, **5.** *(zapríčiňovať nejaký stav)* to drive, **6.** *(pripravovať)* to deprive, to rob, **7.** *(pej: udávať)* to inform, *(sl)* to grass, to sneak

donútiť *dk* **1.** to force, to compel, to oblige, to coerce

doobeda *prísl* **1.** before noon, in the morning, ante meridiem /a.m./

dookola *prísl* **1.** all around, round about, around, about

dopad *m* **1.** impact, *(fyz)* incidence, *(hov: vplyv)* impingement; **2.** *(šport)* landing

dopadať *ndk* **1.** to fall, to impact, to hit, to strike; **2.** *(prn: doliehať)* to oppress; **3.** *(končiť sa)* to end [up] in, to turn out, to result in, **4.** *(na zem)* to land

dopadnúť *dk* **1.** to fall, to have an impact; **2.** *(skončiť)* to turn out, to end [up] in, to result in; **3.** *(na zem)* to land

dopiče *cit vulg* **1.** *(zahrešenie)* fuck it!

dopisovateľ *m* **1.** correspondent, reporter, *(zahraničný)* foreign correspondent

dopiť *dk* **1.** *(úplne vypiť)* to drink up, to drink all, to finish up; **2.** *(prestať piť)* to cease drinking

doplatok *m* **1.** supplementary/ additional payment, extra/ supplementary charge, excess, surcharge, *(pri vyúčtovaní)* balance [due], *(honoráru)* supplementary fee, *(mzdy)* back pay, *(za nadčasové hodiny)* overtime

doplnenie *s* **1.** replenishment, completion, supplememtation, *(zásob)* renewal, *(ucelenie)* integration

doplniť *dk* **1.** *(pridaním urobiť plným)* to replenish, *(zásoby)* to renew, *(kyb, inf: inštrukciu)* to update; **2.** *(pridať niečo doplna)* to fill [up, to top [up, *(sumu)* to make up; **3.** *(uceliť)* to integrate, *(skompletizovať)* to complete, to fill in

doplnkový *príd* **1.** *(i geom, fyz)* complementary, complemental, additional, optional, extra, accessory, auxiliary, supplementary

doplnok *m* **1.** *(i gram)* complement, supplement, addition, *(módny)* accessory, *(zákona)* amendment, rider, *(knihy)* appendix, addendum

doplňovací *príd* **1.** supplementary, additional, amendment, ' expletive

dopodrobna *prísl* **1.** in detail, minutely

dopoludnia *prísl* **1.** before noon, ante meridiem /a.m./

dopoludnie *s* **1.** morning, *(nám, arch)* forenoon

doporučiť *dk* **1.** to recommend, to advise, *(cirk)* to present; **2.** *(pošt)* to register

dopracovať *dk* **1.** to finish working, to finish one's work; **2.** *(prestať pracovať)* to cease working; **3.** *(zomrieť)* to die

doprava *ž* **1.** *(preprava osôb a nákladov)* tranport, *(am)* transportation; **2.** *(dovoz)* shipping, forwarding, conveyance, *(vodná)* navigation, freightage, haulage, trucking; **3.** *(premávka)* traffic

dopravca *m* **1.** shipping agent, carrier, forwarder, freighter, transporter, *(lodný)* voyageur, shipper

dopraviť *dk* **1.** to transport, to convey, to forward, to ship, to haul, to railroad; **2.** *(k niekomu)* to deliver

dopravné *príd* **1.** freight, carriage, freightage, shipping charges

dopravník *m* **1.** conveyer, conveyor, *(pásový)* belt conveyor, *(šnekový)* worm-conveyer

dopravný *príd* **1.** transport, shipping, forwarding, hauling, trucking, transporter, shipper, communication, road, highway, delivery, traffic

dopredaj *m* **1.** clearance sale, *(vo výklade)* bargains, clearance

dopredu *prísl* **1.** forward[s], forth, ahead, onward[s]; **2.** *(skôr)* before, beforehand, in advance

dopriať *dk* **1.** *(nezávidieť)* not to grudge; **2.** *(dovoliť užiť)* to let sb have, to provide, *(fml)* to afford

dopustiť *dk* **1.** to allow, to let, to permit; **2.** *(modálny výraz: nedopustiť)* to forbid; **3.** *(používa sa v záp)* to stand, **4.** *(o nadprirodzených silách)* to send

dopustiť sa *dk* **1.** to commit, to perpetrate, *(chýb)* to fault, *(vraždy)* to murder, *(znásilnenia)* to rape

dopyt *m* **1.** *(obch)* demand, consumption; **2.** *(otázka)* inquiry, request, *(písomný)* application

dorásť *dk* **1.** *(znovu narásť)* to grow; **2.** *(dospieť)* to mature, to grow up; **3.** *(po určitú hranicu)* to be as tall as, *(prn: na)* to be mature for

dorast *m* **1.** young people, the new generation [of]; **2.** *(mladí pracovníci istého odboru)* apprentices, *(i šport)* juniors

dorastenec *m* **1.** teen-age gymnast, junior gymnast; **2.** juniors

doraziť *dk* **1.** *(zabiť)* to kill, *(i prn)* to do in, *(zver)* to finish off; **2.** *(prn: zničiť)* to destroy, *(otriasť)* to shake; **3.** *(dostať sa)* to reach, to get to, **4.** *(úplne prirazit)* to drive/ to push home, *(kladivom)* to hammer home

dorozumenie *s* **1.** *(dohoda)* agreement; **2.** *(zhoda)* understanding, *(tajné)* collusion

dorozumieť sa *dk* **1.** to reach an understanding with; **2.** *(s cudzincom ap)* to communicate with, to make os understood

doručiť *dk* **1.** to deliver, to transmit, to forward

doručovateľ *m* **1.** deliverer, *(zásielok)* carrier, deliveryman, postman, *(v podniku)* mail clerk; **2.** *(súdny)* process-server

dosadiť *dk* **1.** *(bezpr)* to plant; **2.** *(priesadu ap)* to bed out; **3.** *(dodatočne)* to plant additionally, **4.** *(mat)* to substitute, **5.** *(ustanoviť)* to appoint, to appoint, *(na trón)* to enthrone

dosah *m* **1.** reach, *(ruky)* grasp, range, scope, radius, compass, extent, sphere, significance; **2.** *(význam)* purport, import

dosiahnuť *dk* **1.** *(dočiahnuť, i prn)* to reach; **2.** *(nejakú hranicu)* to gain, to get to, to touch, to make it to, *(i prn)* to win; **3.** *(prn: získať úsilím)* to achieve, to accomplish, to attain

dosiahnutie *s* **1.** attainment, gaining, obtainment, achievement

dosiaľ *zám* **1.** yet, up to now, until now, up to this time

doska *ž* **1.** *(z dreva)* board, plank, *(stola)* [table] top, *(z kovu, i fot)* plate, *(z kameňa: stola, pultu)* slab; **2.** *(gramofónová)* record; **3.** *(panel)* panel, **4.** *(na knihe)* binder, [hard] cover, **5.** *(pamätná)* tablet, plaque, **6.** *(inf)* card

doslov *m* **1.** *(záverečný text knihy)* epilogue; **2.** *(záverečné slovo autora/ vydavateľa)* postface, *(záverečné slovo vydavateľa)* afterword

doslova *prísl* **1.** *(doslovne)* literally; **2.** *(naozaj)* really, *(lat)* literatim, letter by letter

doslovný *príd* **1.** literal, *(zápis, preklad)* verbatim, word-for-word, close

dospelosť *ž* **1.** maturity, adulthood, *(skúška)* A-level, *(fin)* matureness

dospelý *príd* **1.** adult, of age, mature, grown-up, *(veľký)* full-grown, full-fledged, *(žena)* full-blown

dospieť *dk* **1.** *(dôjsť)* to come, to arrive, to get; **2.** *(dosiahnuť zrelosť)* to grow up, to mature, to adolesce

dosť *prísl* **1.** *(v dostatočnej miere)* enough, *(nepríjemne)* rather, *(príjemne)* pretty, fairly; **2.** *(pomerne)* comparatively; **3.** *(hodne)* quite

dostačujúci *príd* **1.** sufficient, satisfactory, satisfying, *(dôvod)* cause

dostať *dk* **1.** *(vše)* to get; **2.** *(prijať)* to receive, *(dar ap)* to be given; **3.** *(získať)* to obtain, **4.** *(chytiť, i o chorobách)* to catch, **5.** *(umiestniť)* to place, to put, **6.** *(na ťažko prístupné miesto)* to squeeze in/ through, **7.** *(mať možnosť kúpiť)* to find, **8.** *(oklamať)* to have, **9.** *(v spojení s niektorými podst: chuť ap)* to become, to feel, to be feeling; **10.** *(priviesť)* to drive, to bring; **11.** *(hov: pripraviť niekoho o niečo)* to deprive; **12.** *(nadobudnúť istú farbu)* to take; **13.** *(byť potrestaný)* to catch it

dostať sa *dk* **1.** *(pohybom sa premiestniť)* to get, to come, to arrive at; **2.** *(prísť až po niečo, dosiahnuť niečo)* to reach, to gain; **3.** *(ocitnúť sa)* to find os, **4.** *(dostať možnosť)* to have a chance to, to end [up], **5.** *(pripadnúť)* to go, to fall on, **6.** *(neos dostať bitku, pokarhanie)* to catch it

dostatočne *prísl* **1.** sufficiently, enough, passing; **2.** satisfactorly, abundantly

dostatočný *príd* **1.** sufficient, enough, acceptable, *(škol)* passing, fair; **2.** satisfactory

dostatok *m* **1.** *(dostačujúce množstvo)* enough, *(fml)* sufficiency, sufficient quantity; **2.** *(blahobyt)* abundance, affluence, plenty

dostaviť sa *dk* **1.** *(admin/ fml)* to present os, *(na súd)* to appear in; **2.** *(kniž: prísť)* to appear, to come, *(ifml)* to show [up]; **3.** *(kniž nastať)* to come about, to ensue, **4.** *(o chorobách)* to break out

dostihnúť *dk* **1.** *(dohnať)* to catch up with; **2.** *(dosiahnuť)* to reach, to gain, to get to; **3.** *(pristihnúť pri čine)* to catch, to surprise

dostihy *m pomn* **1.** horse-race[s], race-meeting, the turf, *(prekážkové)* hurdle-race, steeplechase

dostrel *m* **1.** [firing] range, shot, *(z pušky)* rifle range, rifle-shot, *(i dela)* gun-shot

dostupný *príd* **1.** accessible, attainable, approachable, available, get-at-able

dosvedčiť *dk* **1.** to attest, to testify, to affirm, to certify; **2.** to assent; **3.** *(súhlasiť)* to assent

dosýta *prísl* **1.** to satiety, in abundance, to one's fill, to one's heart's content

dotácia *ž* **1.** grant, subsidy, appropriation, fund

dotazník *m* **1.** questionnaire, question-form, inquiry form, *(o zdravotnom stave)* medical

doterajší *príd* **1.** *(bývalý)* previous, up to now, up to the present; **2.** *(pretrvávajúci)* existing, *(platný)* in force till now

doteraz *prísl* **1.** up to now, up to the this time, until now

dotiaľ *zám* **1.** *(predtým)* until then, up to then, up to that moment; **2.** *(tak dlho)* as long as [that], up to that time; **3.** *(v miestnom význame)* as far as that

dotieravý *príd* **1.** annoying, bothersome, pushing, intrusive, pesky

dotknúť sa *dk* **1.** to touch, *(rukou)* to feel; **2.** *(v reči)* to mention, to touch on, to refer; **3.** *(uraziť)* to offend

dotknutý *príd* **1.** *(i citove)* touched; **2.** *(citove)* affected, stricken, pained, injured, aggrieved

dotovať *n/dk* **1.** to subsidize, to endow, to allocate, to finance

dotyčný *príd* **1.** aforesaid, referred to, aforementioned, in question

dotyk *m* **1.** *(dotknutie)* touch; **2.** *(i tech)* contact, junction; **3.** *(geom)* tangency

dotýkať sa *ndk* **1.** to touch, to feel; **2.** *(prn v rozhovore)* to mention, to touch upon, to refer; **3.** *(city)* to hurt, **4.** *(hraničiť)* to border, to abut, **5.** *(tech)* to flank, to meet, **6.** *(geom)* to osculate

doučiť *dk* **1.** *(skončiť učenie)* to finish teaching; **2.** *(prestať učiť)* to cease teching; **3.** *(dodatočne naučiť)* to give supplementary lesson/ classes, *(malú skupinu)* to tutor, *(súkromne)* to give tuition

doučiť sa *dk* **1.** *(skončit učenie)* to finish studying; **2.** *(doplniť si vedomosti)* to run through one's lesson, *(u súkromného učiteľa)* to take tuition; **3.** *(prestať sa učiť: na učňovskej škole)* to finish one's training/ apprenticeship

dovážať *ndk* **1.** *(privážať niekam)* to transport, to carry, to haul; **2.** *(importovať)* to import

doviesť *dk* **1.** *(niekam)* to take, *(sem, so sebou, k čomu)* to bring; **2.** *(k čomu)* to lead; **3.** *(do nejakého stavu)* to drive, **4.** *(zapríčiniť)* to cause, to bring about

doviezť *dk* **1.** *(dopraviť)* to transport; **2.** *(priviezť niekam)* to take, *(koho)* to drive; **3.** *(importovať)* to import

dovnútra *predl* **1.** in, inside, *(i nám)* inward, inwards, *(do cieľa, lode)* home

dovolenie *s* **1.** *(povolenie)* permission, permit, leave, *(súhlas)* consent, compliance, agreement

dovolenka *ž* **1.** leave, *(voj)* furlough, *(univerzitného profesora)* sabbatic[al leave], *(an: voľno)* holiday[s], *(am)* vacation, *(materská)* maternity leave, *(zdravotná)* sick leave

dovoliť *dk* **1.** *(umožniť, dať dovolenie)* to permit, *(dať dovolenie)* to allow, to let, *(fml)* to grant

dovoliť si *dk* **1.** *(odvážiť sa, opovážiť sa)* to dare, to be so bold as; **2.** *(voči komu)* to take the liberty [of], *(fml: zdvorilé požiadanie)* to beg [to], *(byť drzý)* to be cheeky; **3.** *(dopriať si)* to afford, to allow oneself

dovoz *m* **1.** *(privezenie)* conveyance, transport, supply; **2.** *(dopravenie niečoho na nejaké miesto)* delivery; **3.** *(import)* import, import trade

dovozca *m* **1.** importer, import[ing] merchant, hauler, shipper

dovozný *príd* **1.** import, haulage, carriage, entrance

dovŕšiť *dk* **1.** to complete, to finish, to accomplish, to crown, *(fml, práv)* to consunnate, *(i o veku)* to reach, *(o veku)* to turn

dovtedy *prísl* **1.** *(predtým)* before that [time], up to that time, till/ up to then, by that time; **2.** *(tak dlho)* as long [as], as much [as]

dovtípiť sa *dk* **1.** to conjecture, to guess, to find out, to discover, to understand, to realize, to divine

dozadu *prísl* **1.** *(nazad)* backwards, rearwards, back; **2.** *(na miesto vzadu)* to the back, to the rear

doznieť *dk* **1.** to die/ to fade out, to fade away; **2.** *(prn: prestať)* to cease; **3.** *(doľahnúť až)* to reach, to resound

dozor *m* **1.** surveillance, supervision, control, inspection, superintendence; **2.** *(v škole: pri skúškach)* invigilation

dozorca *m* **1.** overseer, superintendent, inspector, *(väzenský)* warden, supervisor

dozrieť *dk* **1.** *(úplne sa vyvinúť: o plodoch)* to ripen, to become ripe, *(i prn)* to mature; **2.** *(dať pozor)* to oversee, to look after; **3.** *(zrakom dosiahnuť: o oku)* to reach

dozrievanie *s* **1.** ripening, maturation, *(i prn)* maturing; **2.** *(prn)* adolescence

dozvedieť sa *dk* **1.** to learn, to find out, to gather

dôchodca *m* **1.** annuitant, annuity holder, *(starobný, invalidný atď)* pensioner, *(starobný)* old age pensioner

dôchodkový *príd* **1.** income, revenue; **2.** *(penzijný)* pension, annuity

dôchodok *m* **1.** *(príjem)* income, *(štátny)* [inland] revenue, rent, annuity; **2.** *(penzia)* pension, benefit, allowance

dôjsť *dk* **1.** *(doraziť)* to come, to arrive; **2.** *(po určitú hranicu)* to reach; **3.** *(priblížiť sa)* to come close, **4.** *(prn zájsť)* to go, **5.** *(dosiahnuť niečo)* to come by, to attain, **6.** *(neos stať sa, nastať)* to come about, to take place, **7.** *(o pošte ap)* to come in, **8.** *(minúť sa)* to run out, **[!]** to run out of, **9.** *(neos: dostačovať, vystačiť)* to be enough; **10.** *(hov o ovocí: dozrieť)* to ripen; **11.** *(hov o jedle: dovariť sa)* to be ready

dôkaz *m* **1.** proof; **2.** *(práv)* evidence, exhibit; **3.** *(mat)* demonstration, **4.** *(svedectvo)* testimony, *(prejav)* expression, vestige

dôkladne *prísl* **1.** *(podrobne)* thoroughly, exhaustively, *(hlboko)* profoundly, closely, *(starostlivo)* carefully

dôkladný *príd* **1.** *(podrobný)* thorough, particular, circumstantial, meticulous; **2.** *(hlboký)* profound, radical; **3.** *(starostlivý)* careful

dôležitosť *ž* **1.** importance, value, significance, relevancy

dôležitý *príd* **1.** important, serious, weighty, *(veľmi)* crucial, key, essential, capital

dômyselný *príd* **1.** *(o človeku)* wise, sagacious, *(i o veciach)* ingenious

dôraz *m* **1.** *(prízvuk)* emphasis, *(i lingv)* stress, accent; **2.** *(rozhodnosť)* energy

dôrazný *príd* **1.** emphatic, *(lingv)* stressed, accented, emphasized; **2.** *(energetický)* energetic, vigorous

dôsledný *príd* **1.** consistent; **2.** *(dôkladný)* exhaustive, thoroughgoing; **3.** *(v sebe)* self-consistent

dôsledok *m* **1.** *(i log)* consequence, corollary, sequel, implication; **2.** *(následok)* aftermath, issue, result, outcome

dôstojník *m* **1.** [commissioned] officer, *(veliaci)* commandant, *(hrom)* staff, brass, *(z povolania)* career officer, *(konajúci službu)* warrant, *(veliaci kadetom)* underofficer

dôstojnosť *ž* **1.** dignity, stateliness, elevation, rank, grandeur

dôstojný *príd* **1.** dignified, *(vznešený)* stately, portly, grand, *(úctyhodný)* respectable, *(primeraný)* adequate, *(vhodný)* deserving, worthy; **2.** *(cirk: oslovenie)* reverend

dôvera *ž* **1.** trust, confidence, reliance, faith

dôverčivý *príd* **1.** credulous, trusting, guileless, jaunty, gullible

dôverník *m* **1.** *(blízka osoba)* confident, confidant; **2.** *(poverenec)* agent, *(zmocnenec)* representative, *(odborársky)* shop steward

dôverný *príd* **1.** *(blízky, tajný)* confidential, *(blízky)* familiar, close, *(intímny)* intimate, téte-a-téte, *(neoficiálny)* off-the-record, classified, *(tajný)* secret; **2.** *(pečiatka na spisoch)* confidential

dôverovať *ndk* **1.** to trust, to believe [in], to confide [in], to have confidence in, to credit

dôveryhodný *príd* **1.** trustworthy, reliable, responsible, safe, faithful; **2.** *(o veciach)* confidential

dôvod *m* **1.** *(príčina)* reason, ground[s], cause, foundation, motive, basis

dôvtip *m* **1.** *(bystrosť mysle)* keenness, adroitness, ingenuity, shrewdness, sagacity, quickness, wit

dôvtipný *príd* **1.** keen, adroit, ingenious, quick-witted

dožadovať sa *ndk* **1.** to demand, to claim, to solicit, to crave [for], to beseech, to desiderate

dožičiť *dk* **1.** to wish, not to begrudge, to favour

dožiť *dk* **1.** *(bezpr)* to cease living, to die; **2.** *(čo, do čoho)* to live, *(čo)* to experience

dožiť sa *dk* **1.** to live to see, to live; **2.** to experience, to attain; **3.** to reach

doživotný *príd* **1.** life, perpetual, lifelong, until death, for life

dráha *ž* **1.** *(druh dopravy)* way, *(cesta)* road[way], *(i inf)* path, *(tech)* trajectory, *(smer pohybu, i šport)* course, *(železnica)* railway, *(am)* railroad, *(trať)* line, *(i šport)* track, *(astron)* orbit; **2.** *(prn)* career

drahocenný *príd* **1.** precious, priceless, rich; **2.** valuable

drahokam *m* **1.** [precious] stone, stone, gem, jewel, precious mineral

drahý *príd* **1.** *(opak: lacný)* dear, costly, expensive; **2.** *(vzácny)* valuable, precious; **3.** *(v oslovení)* dear[est]

drak *m* **1.** *(rozprávková bytosť)* dragon; **2.** *(detská hračka)* kite; **3.** *(meteor)* kite balloon, **4.** *(lietadla)* air-frame, **5.** *(astron)* The Dragon, **6.** *(zool: lietajúci)* flying dragon

dráma *ž* **1.** *(lit druh, hra)* drama, *(hra)* play; **2.** *(dramatické umenie)* dramaturgy; **3.** *(prn)* tragedy

dramatický *príd* **1.** *(i prn)* dramatic, *(divadelný)* theatrical, *(herecký)* histrionic, *(prn)* tragic

dramatik *m* **1.** dramatist, play-wright, playwriter, dramaturgist, dramaturge

dramatizovať *ndk* **1.** to dramatize, to stage, to theatricalize

dramaturg *m* **1.** *(poradca v divadle)* dramaturg[e], literary editor, literary manager, literary adviser; **2.** *(zast: dramatik)* dramatist

drať *ndk* **1.** *(používaním opotrebúvať)* to wear [out]; **2.** *(zdierať kožu zo zvieraťa)* to flay, to skin; **3.** *(prn: okrádať)* to rip off, *(vykorisťovať)* to soak, to fleece, **4.** *(expr biť)* to beat

dravec *m* **1.** *(dravé zviera)* predator, *(vták)* bird of prey; **2.** *(prn)* vulture, shark, cormorant

dravý *príd* **1.** predatory, rapacious, ravenous; **2.** *(prudký)* rash, impetuous; **3.** *(priebojný)* vigorous, aggressive

dražba *ž* **1.** auction, public sale, *(verejná)*

outcry, *(eko)* vendue

dráždiť *ndk* **1.** *(rozrušovať, i prn)* to excite, *(lek: nervy ap)* to stimulate, *(pokožku, i prn)* to irritate, *(provokovať)* to provoke; **2.** *(znepokojovať)* to tease, *(hnevať)* to annoy; **3.** *(podnecovať)* to incite, **4.** *(nutkať)* to urge

dráždivý *príd* **1.** *(spôsobujúci dráždenie aj prn)* excitant, stimulating, irritating, inciting, *(i pohlavne)* provoking, *(pohlavne)* voluptuous, *(ifm der)* kinky; **2.** *(ktorý sa ľahko podráždi)* excitable, sensitive

drbačka *ž vulg* **1.** *(súlož)* fuck, screw; **2.** *(súložnica)* good fuck, easy lay, fucker, *(br)* tart; **3.** *(pipľavá práca)* fuck-up

drbať *ndk vulg* **1.** *(súložiť)* to fuck, to screw

dreň *ž* **1.** *(bot, i prn)* pith, *(bot)* flesh, *(bot, i zubu)* pulp, *(kostná)* marrow; **2.** *(prn)* core

drenáž *ž* **1.** *(tech: sústava kanálov)* drainage, drains; **2.** *(dej: lek)* draining, drainage

drep *m* **1.** knee-bend, crouch, squat, *(urobiť)* to knee-bend

drevák *m* **1.** ob mn: **dreváky** clog, sabot, *(i hist)* patten

drevený *príd* **1.** *(zhotovený z dreva)* wood, wooden; **2.** *(meravý)* numb, stiff; **3.** *(nešikovný)* clumsy

drevina *ž* **1.** woody plant, woody vegetation, woody plants, *(les)* tree species

drevo *s* **1.** *(materiál)* wood, *(kus)* log; **2.** *(hromad: stavebné)* timber, lumber; **3.** *(hromad: ako palivo)* firewood, **4.** *(prn)* stuff, **5.** *(prn: nadávka)* fumbling fool

drevoobrábací *príd* **1.** woodworking

drevorubač *m* **1.** woodcutter, lumberjack, *(označujúci stromy)* spotter, *(aust)* bushwhacker

driek *m* **1.** *(trup)* trunk, body, torso; **2.** *(tech)* shank, stem, shaft; **3.** *(stredná časť predmetov)* middle, **4.** *(krajč)* waist

driemať *ndk* **1.** *(ľahko spať)* to doze, *(i krátko)* to snooze, *(začínať spať)* to doze off, *(napoly spať)* to drowse, *(čiastočne spať)* to nap; **2.** *(skrývať sa)* to lurk

drieť *ndk* **1.** *(odierať)* to rub; **2.** *(expr namáhavo pracovať)* to toil, to slave, to slog

drieť sa *ndk* **1.** *(odierať sa)* to rub; **2.** *(namáhavo pracovať)* to drudge, to slave; **3.** *(škol slang)* to cram, to swot

drina *ž* **1.** drudgery, toil, grind, slavery

drobné *pomn* **1.** petty cash, [small] change, small coins, *(strieborné)* silver

drobnosť *ž* **1.** smallness, pettiness; **2.** *(malá vec)* trifle, trinket, **3.** *(detail)* detail, **4.** *(drobnička)* small news item, *(v rozhlase ap)* news flash; **5.** mn: **drobnosti** sundries

drobný *príd* **1.** *(kto má malé rozmery)* small, tiny, little, minute, small-size, *(výroba)* small-scale, *(postavou)* short, midget, *(dážď)* fine, *(predaj)* retail; **2.** *(nevýznačný)* trifling, petty, trivial, *(ľud)* common

droga *ž* **1.** drug, *(mäkká)* soft drug, *(tvrdá)* hard drug, *(sl)* dope, *(povzbudzujúci)* up[per]

drogéria *ž* **1.** *(ang: spojená s lekárňou)* chemist's, *(am)* drugstore, *(v Uk)* Boot's

drotár *m* **1.** tinker

drozd *m* **1.** *(zool: červenkavý)* song thrush, *(lit)* throstle, *(zool: čierny)* blackbird, *(bás)* merle, *(zool: severoamerický _)* wood thrush, *(zool: americký - rodu Myadestes)* solitaire

drôt *m* **1.** wire, *(prn hov: telefón)* line, *(čistiaci)* picker, *(ele)* conductor

droždie *s* **1.** yeast, *(pivné)* barm, *(i cesta)* leaven

drsný *príd* **1.** *(drapľavý)* rough, ragged, coarse, shaggy, *(hrubý)* harsh, *(hlas)* raucous, *(podnebie)* inclement, *(prn: surový)* raw

druh *m* **1.** sort, kind; **2.** *(kategória)* class, quality, grade; **3.** *(odroda)* variety, **4.** *(biol)* species, *(mat, geol)* genus, *(o zvieratách)* breed, **5.** *(lit)* genre, **6.** *(kamarát)* mate, *(v práci)* confrére, buddy, **7.** *(nezosobášený muž)* common-law husband, *(životný)* helpmate, live-in lover, **8.** *(kniž: priateľ)* friend, **9.** *(výrobku)* make, brand; **10.** *(prn)* mould, stamp

druhoradý *príd* **1.** second-rate, second class, inferior, minor, secondary

druhotný *príd* **1.** secondary, second-rate, lateral, by-, accessory

druhý *čísl* **1.** second; **2.** *(iný)* another, other; **3.** *(nasledujúci)* next, following, **4.** *(opač-*

ný) opposite, **5.** junior

družba *m/ž* **1.** m *(ženíchov druh)* groomsman, *(prvý)* best man; **2.** *(mládenec sprevádzajúci mladuchu)* page; **3.** ž *(priateľstvo)* friendship

družica *ž* **1.** *(deva na svadbe)* bridesmaid, *(:nesúci vlečku)* trainbearer, *(am: prvá)* maid of honour, *(i hist)* paranymph; **2.** *(zr bás: priateľka)* companion; **3.** *(astron)* satellite

družina *ž* **1.** *(sprievod)* retinue, train, suite, *(i spoločnosť)* cortége; **2.** *(spoločnosť)* party, group, company, *(svadobná)* procession, *(poľovnícka)* shoot, *(školská)* childcare

družka *ž* **1.** *(spoločníčka)* friend, [female] companion, *(pri práci)* mate, *(i priateľka)* partner; **2.** *(kniž: priateľka)* girlfriend; **3.** *(nezosobášená žena)* common-law wife, live-in lover, *(životná)* helpmate

družstevník *m* **1.** *(člen družstva)* member of a co[-]operative/ collective, *(hist: člen JRD)* co[-]operative farmer, co[-]op worker, co[-]operator, *(tech)* co[-]op

družstevný *príd* **1.** co[-]operative, collective, communal, *(predajňa)* co-op, co-operativ shop

družstvo *s* **1.** *(dobrovoľná organizácia)* association, corporation, cooperative, *(hist: roľnícke)* cooperative farm; **2.** *(organizovaná jednotka)* squad, group; **3.** *(šport)* team, side

drviť *ndk* **1.** *(tlakom ap drobiť, i prn)* to crush; **2.** *(prn: ničiť)* to smash, *(rudu)* to spall; **3.** *(o zimnici, zime)* to make sb shiver, **4.** *(hov: mastiť)* to play, **5.** *(škol slang)* to cram

drzosť *ž* **1.** insolence, cheek, impertinence, impudence

drzý *príd* **1.** insolent, impudent, *(ifm)* cheeky, impertinent, brassy, fresh, brazen-faced, lippy, perky, sassy

držadlo *s* **1.** handle, *(na nástroje)* pad, [hand] grip, *(sekery)* helve, *(kladiva)* shaft, *(nôža)* haft, *(v autobuse)* strap, *(meča)* hilt, *(píky)* pikestaff, *(odb.)* nib, *(panvice)* panhandle, *(okrúhle)* pommel, *(pádla)* round, *(visuté)* hanger

držanie *s* **1.** holding, *(i voj)* hold; **2.** *(prechovávanie)* detention; **3.** *(udržiavanie)* keeping, *(tech)* maintenance, **4.** *(i voj)* occupation, *(pozemku ap)* occupancy, possession, **5.** *(dochovávanie)* breeding, **6.** *(zachovávanie)* observance, **7.** *(uschovávanie)* storing, **8.** *(správanie)* behavior, **9.** *(tela)* posture, deportment

držať *ndk* **1.** *(v ruke ap, podopierať, i voj, šport)* to hold; **2.** *(mať)* to have, to be in possession of, to retain; **3.** *(prechovávať, zdržiavať))* to delay, to detain, to keep up, **4.** *(udržiavať, do/ za/ uschovávať, zdržiavať)* to keep, **5.** *(dochovávať)* to breed, **6.** *(podopierať)* to support, to sustain, **7.** *(zachovávať)* to observe, **8.** *(uschovávať)* to store, **9.** *(o niečom natretom ap)* to stand, *(o niečom prilepenom ap)* to attach; **10.** *(považovať)* to consider; **11.** *(s kým: podporovať)* to be on sb's side, *(spolu)* to stick/ to hold together; **12.** *(na: starať sa)* to care for, to have a liking/ thing/ soft spot for; **13.** *(stráž)* to mount; **14.** *(diétu)* to be on

držať sa *ndk* **1.** *(rukami zvierať niečo)* to hold [st tight], *(rukami byť prichytený)* to hold on [to]; **2.** *(navzájom)* to embrace, *(za ruky)* to hold hands, *(pod pazuchy)* to walk arm in arm; **3.** *(za čo)* to hold one's [ ], **4.** *(bezpr: zotrvávať)* to last, to stand upright, to be preserved, to keep [os] well, **5.** *(nevzďaľovať sa, neodchyľovať sa)* to keep [to], to stick [to], **6.** *(prn: zachovávať)* to observe, to abide by, **7.** *(byť, ostávať)* to remain, **8.** *(hov: spoliehať sa)* to rely, to depend on, **9.** *(bezpr: počínať si)* to act, *(správať sa)* to behave, *(mať statočnosť, odvahu)* to be brave; **10.** *(bezpr: nachádzať sa)* to be found; **11.** *(neopúšťať)* to stay with, to cling to, *(o myšlienkach)* to haunt

držiak *m* **1.** holder, grip, stay, socket, support

držiteľ *m* **1.** *(kto má niečo)* holder, keeper, *(bytu)* occupant, *(pozemku)* occupier, *(vlastník)* owner; **2.** *(šport)* holder

dub *m* **1.** *(bot: letný)* [common/ English] oak, robur, *(bot: zimný)* [durmast/ sessile] oak

dúfať *ndk* **1.** *(mať nádej)* to hope, *(bezpr)* to be hopeful, *(nádejať sa)* to wish, *(mať vieru)* to have faith; **2.** *(veriť)* to believe

dúha *ž* **1.** rainbow, *(biela)* mistbow, *(bás)* bow; **2.** *(časť suda)* stave, *(hist)* clapboard

dúhovka *ž* **1.** iris

duch *m* **1.** *(bytosť, zmysel, nálada, i filoz)* spirit; **2.** *(bytosť)* spectre, spook, *(i náb)* ghost; **3.** *(myseľ)* mind, **4.** *(zmysel)* sense, *(duchovná sféra)* psyche, **4.** *(založenie, nálada)* character, *(statočnosť)* heart, **5.** *(nadanie)* talent, **6.** *(osobnosť, génius)* soul, personality, **7.** *(mytol)* genie. geist, **8.** *(tv: násobný obraz v televízii)* ghost image

duchaplný *príd* **1.** brilliant, witty, bright, sharp, intelligent, lambent

duchaprítomný *príd* **1.** *(pohotový)* prompt, quick-witted, alert, resourceful; **2.** *(bystrý)* adroit, sharp

duchovenstvo *s* **1.** *(klérus)* the clergy, *(kňazstvo)* priesthood, sacerdocy, pastorate, *(hist)* spirituality

duchovný I. ***príd*** **1.** *(súvisiaci so psychikou)* spiritual; **2.** *(súvisiaci s myslením)* intellectual; **3.** *(cirkevný)* ecclesiastical, church, *(týkajúci sa duchovenstva)* clerical, *(náboženský)* religious, sacred, **4.** *(otec: oslovenie kňaza)* reverend [father], II. ***podst m*** **5.** priest, *(anglikánsky)* clergyman

dumať *ndk* **1.** *(bezpr)* to muse; **2.** *(nad čím: rozmýšľať)* to meditate, *(uvažovať)* to ponder, *(premýšľať)* to reflect

ďumbier *m* **1.** *(bot pravý: Zingiber officinale)* ginger

dunieť *ndk* **1.** to boom, to rumble, to roar, to thunder; **2.** *(obyč o dutých veciach)* to resound, to echo

dupať *ndk* **1.** *(bezpr: našľapovať)* to bang, *(podpätkami)* to clatter in/ across/ down atď, *(nohami)* to stamp one's foot; **2.** *(čo)* to pound; **3.** *(šliapať)* to trample

dupot *m* **1.** pounding, stamping, trampling, thumping, clamping

dusík *m* **1.** nitrogen, *(arch)* azote

dusíkatý *príd* **1.** nitrogenous, nitric, nitrogen, *(obs)* azotic

dusiť *ndk* **1.** *(neumožňovať dýchať, škrtiť)* to choke, *(škrtiť)* to throttle, *(i prn)* to suffocate; **2.** *(hasiť)* to stifle; **3.** *(potláčať)* to crush, *(zvuk)* to muffle, to dampen, *(prn)* to deaden, **4.** *(prn: premáhať)* to suppress, to hold back, **5.** *(o jedle: mäso)* to stew, *(na pare: ryby ap)* to steam

dusiť sa *ndk* **1.** *(zadúšať sa)* to suffocate, to be stifled, *(i čím)* to choke; **2.** *(tlačiť sa)* to cram; **3.** *(napchávať sa)* to stuff os [with], to gorge [os on], **4.** *(o jedle)* to stew

dusný *príd* **1.** *(dusiaci)* suffocating, stifling, *(sparný)* sultry, *(vlhký)* muggy, *(i počasie)* close, *(horúci)* sweltering, *(nevetraný)* stuffy, fusty; **2.** *(prn tiesnivý)* oppressive

duša *ž* **1.** *(nehmotná podstata, náb, človek, i prn)* soul; **2.** *(vnútorný svet človeka. i tech)* heart, spirit, psyche; **3.** *(človek)* man, **4.** *(zas)* inhabitant, **5.** *(prn: hlavná osoba)* life [and soul], *(podniku)* anchor man, **6.** *(tech: vnútorná časť)* core, *(lana)* centre strand, **7.** *(v pneumatike)* inner tube, *(lopty)* bladder, **8.** *(na sláčikových nástrojoch)* soundpost

duševný *príd* **1.** spiritual, psychical, intellectual, mental, cultural, moral

dúšok *m* **1.** draught, *(am)* draft, *(malý)* sip, *(veľký)* pull, *(alkoholu)* tot, *(rýchly)* swig, *(glg)* gulp, swallow

dutina *ž* **1.** *(i anat)* cavity, hollow, groove, concave, pit, cavern, *(odb)* lacuna, socket, bubble, chamber

dutý *príd* **1.** *(nevyplnený, i strom, zvuk)* hollow; **2.** *(konkávny)* concave; **3.** *(tupý)* tubby, dull, **4.** *(tech)* tubular, **5.** *(vtáčia kosť)* pneumatic

dužina *ž* **1.** *(plodov i rastlín)* flesh, *(plodov)* meat, pulp, *(rastlín)* marrow

dva *čísl* **1.** two, *(obs)* twain

dvadsať *čísl* **1.** twenty, score

dvadsatina *ž čísl* **1.** [one] twentieth, twentieth

dvadsiaty *čísl* **1.** twentieth

dvakrát *čísl nesk* **1.** twice, two times

dvanásť *čísl* **1.** twelve, gross

dvanásty *čísl* **1.** twelfth, dozenth

dvere *ž pomn* **1.** door, *(domové)* gate, *(stanu)* fly; **2.** *(dverný otvor)* doorway; **3.** *(zad-*

né) backdoor, *(sklené)* French window

dvíhať *ndk* **1.** *(dopravovať vyššie, i pohár)* to raise, to elevate, *(i telefón)* to lift, *(lanom, i plachtu)* to hoist, *(kotvy)* to weigh, to erect, *(heverom)* to jack up, *(žeriavom)* to crane; **2.** *(brať niečo spadnuté)* to pick up; **3.** *(zvyšovať)* to boost, **4.** *(zlepšovať)* to improve

dvíhať sa *ndk* **1.** *(i prn)* to rise, to heave; **3.** *(vstávať, i prn)* to stand, **4.** *(týčiť sa)* to tower, **5.** *(rozmáhať sa)* to grow [strong], *(vietor)* to start to blow

dvojbodka *ž* **1.** colon

dvojča *s* **1.** twin; **2.** *(v min)* macle

dvoje *čísl nesk* **1.** two, pair, two kinds of, *(rovnaké polovice)* two halves

dvojhra *ž* **1.** *(hud)* duet; **2.** *(šport)* doubles, *(v golfe)* twosome

dvojica *ž* **1.** *(manželská, i tech)* couple, two, *(zvierat)* brace, *(i tech, šport)* pair

dvojitý *čísl* **1.** double, twofold, twosome, *(ekon)* two-tier, dual, *(biol)* bivalent, *(kyb)* binary; **2.** *(tech)* duplex, compound, twin, two-way

dvojjazyčný *príd* **1.** bilingual

dvojka *ž* **1.** *(číslica)* two; **2.** *(hov: predmet označený číslom 2)* room/ bus [etc] no.2; **3.** *(rýchlosť)* second gear, **4.** *(hov: o izbe pre dvoch)* double room, two-party room, **5.** *(škol)* B [mark], **6.** *(hov: dvojica)* double, twosome, **7.** *(kart)* two-spot, **8.** *(o puške)* double-barrelled, **9.** *(pár)* pair, *(veslárska disciplína)* [coxed/ coxless] pair; **10.** *(vozňová trieda, kategória)* second class

dvojmo *prísl* **1.** *(dvojnásobne)* double; **2.** by two, in pairs; **3.** *(v dvoch exemplároch)* in duplicate

dvojnásobný *čísl* **1.** *(znásobený 2 razy)* double, twofold; **2.** *(opakovaný 2 razy)* two-time; **3.** *(tech)* duplex, twin

dvojník *m* **1.** double, counterpart, *(lat)* alter ego, *(ifm)* [dead] ringer, *(vonkajškom)* look-alike

dvojradový *príd* **1.** double-row, two-row, twin; 2-column, tandem; 2-ranked, double-rank; **2.** *(krajč)* double-breasted

dvojstranný *príd* **1.** bilateral, two-sided, double-end[ed], bipartite, two-way

dvojzmyselný *príd* **1.** ambiguous, equivocal, double meaning, *(neslušný)* improper

dvor *m* **1.** *(priestranstvo pri dome ap)* [court]yard, *(školský)* schoolyard, *(pri budove)* court, *(pre hydinu)* farmyard; **2.** *(hist: sídlo panovníka, kruh panovníka)* court; **3.** *(hist: panovník a jeho kruh)* courtiers, **4.** *(práv: súdny)* Court, **5.** *(v min: hospodárstvo)* farm, **6.** *(úkaz okolo mesiaca)* aureole

dvorec *m* **1.** *(menší dvor)* small yard, *(pri dome)* courtyard, *(pre hydinu)* farmyard; **2.** *(šport)* court

dvoriť *ndk* **1.** to court, to pay/ to make court to, to woo, to pay corteous attention to, to make love

dych *m* **1.** breath, respiration, wind

dýchací *príd* **1.** breathing; **2.** respiratory

dýchanie *s* **1.** breathing, breath, respiration

dýchať *ndk* **1.** to breathe, *(fml)* to respire, *(ťažko)* to gasp, *(vdychovať)* to inhale, to draw, *(vydychovať)* to exhale, *(si)* to blow; **2.** *(žiť)* to live; **3.** *(prejavovať sa navonok)* to smack [of], *(pôsobiť niečím)* to breath, **4.** *(sálať)* to radiate

dychčať *ndk* **1.** to pant, to gasp, to puff

dychtiť *ndk* **1.** to long, to yearn, to crave, to hanker

dychtivý *príd* **1.** eager, keen, anxious, impatient, longing, agog

dýka *ž* **1.** dagger, bodkin, *(malá)* poniard, *(dlhá)* dirk, *(hist)* skain

dym *m* **1.** smoke, fume, reek, vapour

dymiť *ndk* **1.** to smoke, to reek, to fume

dyňa *ž* **1.** *(bot: červená)* watermelon; **2.** *(bot: žltá)* [musk/ honeydew/ cantaloup] melon; **3.** *(prn hov pej: o hlave)* gourd

dynamický *príd* **1.** *(i fyz, ele)* dynamic, dynamical, motional, *(i prn)* high voltage, *(tech)* high-powered

dynamit *m* **1.** dynamite, gelatin powder, giant-powder

dynamo *s* **1.** dynamo, *(mot)* generator, direct-current generator, electromagnetic generator

dynastia *ž* **1.** dynasty, house

džavot *m* **1.** *(o deťoch, vtákoch, ženách)* chatter, *(o deťoch, ženách)* prattle, *(o ženách)* prate, *(o deťoch)* babble

džbán *m* **1.** pitcher, jug, ewer, *(veľký)* joram, *(kameninový)* greybeard, *(veľký kameninový na vodu)* gumlah, *(hlinený)* gurrah

džber *m* **1.** bucket, pail, *(na uhlie)* scuttle, *(drevený/ kovový)* kit

džem *m* **1.** jam, *(pomarančový)* marmalade, conserve, preserve, confection

E

eben *m* **1.** ebony, *(červený)* granadilla, *(červený)* grenadilla

edícia *ž* **1.** *(vydanie diela)* edition, editing; **2.** *(rad diel rovnakej povahy)* book series, publishing, library, set

efekt *m* **1.** *(výsledok, umelý prostriedok)* effect, *(výsledok)* outcome; **2.** *(vonkajší dojem)* impression, show, affectation, resonance, *(celkový)* ensemble

efektívnosť *ž* **1.** efficacy, efficiency, *(eko)* effectiveness, *(inf, eko)* yield

efektívny *príd* **1.** *(účinný)* effective, expeditious, valid; **2.** *(skutočný)* actual, real

efektný *príd* **1.** *(účinný, pôsobivý)* effective, forceful, catching; **2.** *(okázalý)* showy, spectacular, claptrap, tatty

egoista *m* **1.** egoist, egotist, *(chorobný)* egomaniac

egoistický *príd* **1.** egoistic, selfish, egoistical, egocentric, self-centred

egoizmus *m* **1.** egoism, selfishness, self-conceit, *(chorobný)* egomania

egreš *m* **1.** *(bot obyčajný: Grossularia uva-crispa)* [European] gooseberry, goosegog, *(hŕstka)* ribes; **2.** *(jedna bobuľa)* berry

Egypt *m* **1.** Egypt

ekológia *ž* **1.** ecology, environmentalism, bionomics

ekonóm *m* **1.** [certified/ chartered] accountant, *(správca)* manager; **2.** *(učiteľ)* teacher of economics; **2.** *(odborník v ekonómii)* economist

ekonómia *ž* **1.** *(veda)* economics; **2.** *(ekonomika, hospodárnosť)* economy

ekonomický *príd* **1.** economic, economical; **2.** business, commercial; **3.** economy, **4.** economics, **5.** time-saving

ekonomika *ž* **1.** economy; **2.** economics, *(inštitucionálna)* institutional economics

ekvivalent *m* **1.** equivalent, counterpart

ekzém *m* **1.** eczema, tetter, serpigo, salt rheum

elaborát *m* **1.** detailed memorandum, draft, paper

elán *m* **1.** élan, ardour, spirit, zeal, *(sl)* pep

elastický *príd* **1.** elastic, resilient, flexible, *(pohyb)* supple, *(tech)* tensile

elegán *m* **1.** man of fashion, beau, swell, dandy, fop

elegancia *ž* **1.** elegance, smartness, stylishness, grace

elegantný *príd* **1.** elegant, smart, natty, fashionable, spruce, flashy, genteel, swell, rakish

elektráreň *ž* **1.** power plant, electric power generating station, electricity works, *(ele)* generating plant, *(ele)* central generating station, *(tech)* electric central station

elektrický *príd* **1.** electric[al]; **2.** power, current, electricity; **3.** electrostatic, **4.** electronic, **5.** electrically operated, plug-in

električka *ž* **1.** tramway, trolley car, *(am)* street car, *(ele, am)* street railway, *(ele)* tramway motor-coach

elektrifikácia *ž* **1.** electrification, electrization

elektrifikovať *n/dk* **1.** to electrify, to electrize

elektrikár *m* **1.** *(odb pracovník)* electrician, wireman, wirer, spark, *(slang)* juicer; **2.** *(hov: inžinier)* B.Sc.[electrotechnical]

elektrina *ž* **1.** electricity, power

elektrizovať *n/dk* **1.** to electrify; **2.** to cure with electricity; **3.** to galvanize

elektróda *ž* **1.** electrode, rod, *(hrotová tranzistora)* cat's-whisker, *(zberacia)* collector, *(zinková v tvare havranej nohy)* crowfoot, *(rozkladová)* mosaic

elektroinžinier *m* **1.** electrical engineer

elektromagnetický *príd* **1.** electromagnetic, *(tech)* electromagnetical

elektromer *m* **1.** electric [supply] meter, supply meter, electric meter, watt-hour meter, *(ele)* electricity meter, telemeter

elektromontér *m* **1.** electrician, electrical fitter

elektronický *príd* **1.** electronical, electronic, thermionic

elektronika *ž* **1.** electronics, thermionic

elektrónka *ž* **1.** valve, tube, vacuum-tube lamp, *(am)* radio tube, high-vacuum valve, thermoionic valve, electronic tube

elektrotechnik *m* **1.** electrotechnician, electrical engineer; **2.** electrician

element *m* **1.** *(prvok, prírodná sila, hist, filoz, i prn)* element; **2.** *(prn)* member; **3.** *(prn pej)* specimen

elementárny *príd* **1.** *(základný)* elementary, primary, fundamental, simple; **2.** *(začiatočný)* beginning, beginner's; **3.** *(fyz: dipól)* doublet

eliminovať *n/dk* **1.** *(i prn)* to eliminate, to winnow; **2.** *(prn)* to knock down/ over, to check off

elipsa *ž* **1.** *(geom)* ellipse; **2.** *(lingv, poet)* ellipsis

elita *ž* **1.** *(vynikajúci jednotlivci)* élite, cream, top people, pick, hoi polloi, choice, illuminati

elixír *m* **1.** elixir, potion, *(života)* tincture

email *m* **1.** *(zubná sklovina, glazúra)* enamel; **2.** *(glazúra)* enamel [paint], glaze

emancipácia *ž* **1.** emancipation

embargo *s* **1.** embargo, economic sanctions

embryo *s* **1.** embryo, germ

emigrácia *ž* **1.** emigration; **2.** *(nútený pobyt)* exile; **3.** *(hrom: emigranti)* emigrants, *(politická)* emigrés, exiles

emigrant *m* **1.** emigrant; **2.** emigré, fugitive, *(politický)* [political] exile, refugee

emisia *ž* **1.** *(vydanie: bankoviek ap)* issue, *(známok)* edition; **2.** *(fyz)* emission, radiation

emisný *príd* **1.** *(fyz, ele)* emissive, *(prúd)* emission, broadcast, *(eko)* issue

emócia *ž* **1.** emotion

emocionálny *príd* **1.** emotional, emotive, affective, soulful

encyklopédia *ž* **1.** encyclopaedia, cyclopedia, reference book, thesaurus

energetický *príd* **1.** energetic, energic, energy, power

energetika *ž* **1.** energetics; **2.** power energineering

energia *ž* **1.** *(sila schopná vykonávať prácu)* energy, power; **2.** *(prn)* spirit, vigour, grit, pep, verve, stamina, sinew

energický *príd* **1.** energetic, dynamic, vigorous, live, forceful, go-ahead, gritty, peppy, up-and-coming, *(hráč, človek)* pile-driver

entuziazmus *m* **1.** enthusiasm, zeal

epicentrum *s* **1.** *(i prn)* epicentre, *(geol)* epicenter, *(jfyz)* explosion centre, *(rar)* epicentrum

epický *príd* **1.** epic, epical, hero, scenic, narrative

epidémia *ž* **1.** epidemic, *(prn)* plague

epik *m* **1.** epic poet

epika *ž* **1.** epic, epic poetry/ literature, narrative genre

epilóg *m* **1.** *(lit)* epilogue, *(hud, lit)* postlude, *(prn)* sequel, tag

epištola *ž* **1.** *(cirk: list apoštolov)* Epistle; **2.** *(cirk: čítanie z listu)* selection from an Epistle; **3.** *(lit)* epistle, letter

epizóda *ž* **1.** *(príbeh, i seriálu)* episode; **2.** *(lit)* page, passage, *(v románe, dráme)* underplot, underaction, *(seriálu)* instalment

epocha *ž* **1.** epoch, period, *(i geol)* era; **2.** *(sociologická)* stage

epos *m* **1.** epos, epic, epic poem

éra *ž* **1.** era, epoch, period, stage, time

erb *m* **1.** coat of arms, blazon, crest; **2.** heraldry, *(i prn)* escutcheon

erotický *príd* **1.** *(vše)* erotic; **2.** sexed, sexy, *(sadisticko)* sadoerotic; **3.** sex, pornographic, *(sen)* wet, *(román ap)* spicy, *(film ap)* blue

esej *ž* **1.** essay, paper, *(krátky)* essayette

eso *s* **1.** *(kart, šport i prn)* ace; **2.** *(hov: vynikajúci jednotlivec)* trump, *(osoba, vec)* nonesuch, *(osoba)* big-timer, *(i dievča)* hot stuff, *(dievča)* stunner, *(vec)* masterpiece, *(i osoba)* crackerjack

estetický *príd* **1.** aesthetic, aesthetical, tasteful

ešte I. *prísl* **1.** *(vyj trvanie deja)* still; **2.** *(v zápornej vete)* yet; **3.** *(navyše)* more, in addition, some more, one more, *(časovo)* longer, *(raz)* once more, again, II. *čast* **4.** *(dokonca, i s komparatívom)* even, **5.** *(ani nie tak dávno, len)* only, **6.** *(ten istý!)* same!, very

etapa *ž* **1.** *(časť)* period, *(fáza)* phase, *(cesty)* leg, *(letu)* jump, *(krátka)* hop, *(šport)* lap

etika *ž* **1.** ethics, moral, morality, morale, *(povinnosti)* deontology

etiketa *ž* **1.** *(nálepka)* label, ticket; **2.** *(súhrn pravidiel správania)* etiquette, ceremony

Európa *ž* **1.** Europe

európsky *príd* **1.** European, continental, old-world

evakuovať *n/dk* **1.** to evacuate, to vacate

evanjelický *príd* **1.** Evangelic, Evangelical

evanjelium *s* **1.** Gospel, evangel

evidencia *ž* **1.** *(záznamy)* records; **2.** *(usporiadané)* dossier, file; **3.** *(mzdová)* [pay]roll, **4.** *(evidovanie)* registration, *(účtová)* accounting, **5.** *(vedenie)* recordkeeping, **6.** *(prehľad)* survey

exekúcia *ž* **1.** *(práv)* distraint, distrainment, distress, foreclosure; **2.** *(hist: poprava)* execution

exemplár *m* **1.** sample, copy, specimen, *(knihy ap)* exemplar, *(výstavný)* bouncer, *(vynikajúci)* top

existencia *ž* **1.** *(bytie)* existence, being; **2.** *(živobytie)* living, livelihood, *(postavenie)* standing; **3.** *(pej: osoba)* creature, entity, soul

existenčný *príd* **1.** existential, existence, livelihod, living, *(minimum)* subsistence

existovať *ndk* **1.** to exist, to be in existence, *(na trhu)* to come, *(od)* to date

exotický *príd* **1.** exotic, outlandish, costume, ethnic, ethnical

expedícia *ž* **1.** *(výprava)* expedition; **2.** *(expedovanie: pošty, novín)* distribution, *(obch)* dispatch[ing], mailing, *(tovaru)* forwarding, shipping; **3.** *(miestnosť, z ktorej sa expeduje)* shipping room, mail room, **4.** *(oddelenie, z ktorého sa expeduje)* shipping department, mailing department, parcels department

expedovať *n/dk* **1.** to ship, to send, to mail, to dispatch

experiment *m* **1.** experiment, experimentation, trial, tentative

experimentálny *príd* **1.** experimental, tentative, laboratory, testing

experimentovať *ndk* **1.** to experiment, to experimentalize, to try

expert *m* **1.** expert, connoisseur, *(am)* maven, *(sl)* back-room boy, *(dial)* dabster

expertíza *ž* **1.** expertise, appraisal, expert's report, *(am)* advisory

explodovať *n/dk* **1.** to explode, to blow up, to burst, to go off

explózia *ž* **1.** explosion, blast, burst, *(prn)* spurt; **2.** *(fon)* plosion

export *m* **1.** *(inf, eko)* export, *(činnosť i tovar)* exportation

expozícia *ž* **1.** *(výstava)* exhibition, show; **2.** *(exponáty)* exibit[s]; **3.** *(i fot)* exposure, **4.** *(ifyz)* irradiancy, **5.** *(lit, hud)* exposition

expres I. *prísl* na poštových zásielkach: exprés express, *(am)* special delivery; **2.** [by] express [delivery]; **3.** *(hov)* fast, quick, II. *podst* m **4.** *(dopr)* fast train, express [train], **5.** *(hov: list)* express letter, III. *príd* **6.** *(hov)* express

exteriér *m* **1.** *(i film)* exterior, face, the outside; **2.** *(film)* shots on location, *(am: v okolí štúdia)* lot

externý *príd* **1.** external, secondary, unattached, nonresident, outside, outcollege

extra I. *príd* **1.** extra, special, *(ifm)* spanking, *(sl)* hotcha, II. *prísl* **2.** separately

extrakt *m* **1.** *(chem)* extract, extractive, solvent extract, extraction, [!] essence, infusion, tincture

extrém *m* **1.** extreme, extremity, *(mat)* extremum, *(pej)* ultraism, *(hov)* end

extrémny *príd* **1.** extreme, excessive, ultra, exceeding

F

fabrika *ž* **1.** factory, plant, mill

fabula *ž* **1.** *(lit: dejová osnova diela)* plot, story, tale

facka *ž* **1.** slap, smack, *(ifm)* clip, *(ľahká)* cuff

fádny *príd* **1.** *(nudný)* dull, boring, tedious; **2.** *(nevýrazný, málo výrazný)* inexpressive, insipid, lacklustre, *(i farba)* waterish, washy

fagot *m* **1.** bassoon

fajčenie *s* **1.** smoking, smoke

fajčenie *s vulg* **1.** blow-job, [cock-]suck; **2.** *(a súlož)* fuck and suck

fajčiar *m* **1.** smoker, *(tuhý, silný)* heavy smoker, *(drogy)* eater, *(marihuany)* muggler, *(ópia)* gowster, *(hov)* smoking car[riage]

fajčiarsky *príd* **1.** smoker's, *(vagón)* smoker, smoke-carriage, *(kupé)* smoking-compartment

fajčiť *ndk* **1.** to smoke, to whiff, *(tabak)* to take, *(sl: drogu)* to blow

fajka *ž* **1.** [tobacco] pipe, *(mieru)* calumet, *(množstvo)* pipeful; **2.** *(hov: značka)* tick, *(am)* check [mark]

fakľa *ž* **1.** torch, *(signálna)* flare, *(z handier namočených v oleji)* mussal, *(smolná)* link, *(slávnostná)* flambeau, *(i žel: návestná)* fusee, *(prn bás)* brand

fakt I. ***podst*** m **1.** fact, deed, event, datum, matter of fact, II. ***časť*** **2.** *(hov: naozaj)* really, sure

faktor *m* **1.** *(i mat, biol)* factor, *(činiteľ)* agent, *(rozhodujúci)* determinant, force; **2.** *(zast)* foreman, *(v tlačiarni)* clicker

faktúra *ž* **1.** *(obch: účet)* [commercial] invoice, bill; **2.** *(štruktúra)* facture

fakulta *ž* **1.** faculty, department, school, *(univerzita)* shop, *(samostatná)* campus

fakultatívny *príd* **1.** facultative, optional, voluntary, elective

falošný *príd* **1.** *(neúprimný. falšovaný, nepravý, umelý)* false, *(neúprimný)* insincere, false-hearted, *(pokrytecký)* hypocritical; **2.** *(podvodnícky)* dishonest, deceitful, tricky; **3.** *(nesprávny, nepravdivý)* wrong, untrue, misleading, **4.** *(falšovaný)* counterfeit, phoney, spurious, pseudo, fake, **5.** *(umelý)* artificial, **6.** *(hud: disharmonický, nečistý)* off-tone, off-key

falšovať *n/dk* **1.** to forge, to counterfeit, to falsify, to fake, *(sl)* to cook; **2.** *(prekrúcať)* to distort; **3.** *(potraviny ap)* to sophisticate, to adulterate, to hocus

fanatický *príd* **1.** fanatic, fanatical, ardent, ultra

fanatik *m* **1.** fanatic, enthusiast, *(do práce)* workaholic, *(slepý)* bigot, *(ifm)* bug

fanfára *ž* **1.** fanfare, flourish, *(trúbková)* trumpet call, tucket

fantastický *príd* **1.** fantastic, visionary, faerie, transcendental, mythical; **2.** *(skvelý)* fab[ulous], sensational, smashing, *(am)* terrific, rip-roaring

fantázia *ž* **1.** *(predstavivosť, i výmysel)* fancy, *(predstavivosť)* imagination, *(fml)* reverie; **2.** *(výmysel, i predstavivosť)* fantasy, *(výmysel)* moonshine; **3.** *(hud)* fantasia, extravaganza

fara *ž* **1.** *(budova)* parish house, vicarage, rectory, *(katolícka)* presbytery; **2.** *(farnosť)* parish

farár *m* **1.** *(kňaz na čele farnosti: anglikánsky)* parson, vicar, *(am)* pastor, *(katolícky)* parish priest; **2.** *(hov: kňaz)* clergyman, *(protestanstký)* minister, *(katolícky)* priest

fárať *ndk* **1.** to work [in a mine/ pit], to go down [the pit]; **2.** *(hov: ísť)* to go, to hurry

farba *ž* **1.** colour, *(biol)* pigment, *(svetla)* chromaticity; **2.** *(natieračská)* paint, *(farbivo)* dye, *(polyg)* [printer's] ink, *(kozmetická)* rouge; **3.** *(kart)* suit, **4.** *(zafarbenie tónov)* timbre, **5.** *(prn)* complexion, countenance, *(v tvári)* colouring

farbiar *m* **1.** dyer; **2.** dyemaker, inker, stainer, *(tex: tkanín)* wincer

farbiareň *ž* **1.** dyery, dye house, dyeing room

farbiť *ndk* **1.** to colour, to dye, to paint, to tinge, to tinct, to stain, *(film)* to colourize

farbivo *s* **1.** colourant, colour[ing] agent, dyeware, dyestuff, paint, ink, colouring, *(biol)* pigment

farboslepý *príd* **1.** color-blind, *(čiastočne)* dichromatic, *(na červenú)* red-blind, *(na zelenú)* green-blind

farebný *príd* **1.** *(týkajúci sa farby)* colour, chromatic; **2.** *(nie bezfarebný)* coloured, colourful, tinted, stained; **3.** *(pestrý)* polychrome, *(ifm)* coloury, **4.** *(živý)* vivid, varied

farma *ž* **1.** farm, homestead, *(am)* ranch, grange

farmácia *ž* **1.** pharmacy, pharmaceutics

farmár *m* **1.** farmer, squatter, *(v kolóniách)* settler, *(hist)* yeoman

fas *m vulg* **1.** *(m pohl orgán)* cock, prick, dick; **2.** *(nadávka)* prick, *(am)* asshole

fasáda *ž* **1.** faćade, front, face, *(archit)* frontlet

fascikel *m* **1.** *(obal)* file-holder, *(na listy)* box folder, *(zväzok spisov)* bundle of papers, dossier

fašírka *ž* **1.** meatball, *(pečená)* meat patty, *(fašírované mäso)* mincemeat

fašírovať *ndk* **1.** to mince, to hash

fašista *m* **1.** Fascist, *(taliansky)* Fascista, Blackshirt, *(britský)* Mosleyite

fašizmus *m* **1.** Fascism, *(taliansky)* Fascismo

favorit *m* **1.** *(i šport)* favourite, minion, *(šport)* seed, leader

fáza *ž* **1.** *(i astron, chem, ele, biol)* phase, period, stage, *(inf)* beat

fazóna *ž* **1.** cut, style; **2.** *(vonkajší vzhľad)* form; **3.** *(na kabáte ap)* flap

fazuľa *ž* **1.** *(bot obyčajná: Phaseolus vulgaris)* [kidney/ haricot/ butter] bean, runner bean, snapbean, gram; **2.** *(zelená)* French bean

február *m* **1.** February

federácia *ž* **1.** federation, confederacy, federacy, union

federálny *príd* **1.** federal, *(am)* interstate, national

fejtón *m* **1.** feuilleton, sketch, short story/ article

fenikel *m* **1.** *(bot obyčajný: Foeniculum vulgare, i korenie)* fennel

fenomén *m* **1.** phenomenon, prodigy, wonder

festival *m* **1.** *(kultúrna prehliadka, i slávnosť)* festival, *(škótsky, írsky)* feis, *(waleský)* eisteddfod; **2.** *(slávnosť)* festivity, *(zjazd)* meeting, *(am)* stampede

feudalizmus *m* **1.** feudalism, feudality

fialka *ž* **1.** *(bot)* viola, wild pansy, *(bot: voňavá)* sweet violet; **2.** *(kvietok)* flower

fialový *príd* **1.** violet, *(jasno)* lilac, violaceous, violescent, purple

fiasko *s* **1.** fiasco, unsuccess, failure, flop, cropper, fizzle

figa *ž* **1.** fig, *(bot)* syconium; **2.** *(celkom nič)* nothing; **3.** *(prejav záporu)* my foot

figliar *m* **1.** joker, leg-puller; **2.** prankster, [little] monkey; **3.** trickster, [wise] guy, shyster

figúra *ž* **1.** *(vše)* figure; **2.** *(napodobenina, i prn)* dummy, *(i prn)* puppet; **3.** *(postava)* posture, *(telesná)* physique, **4.** *(prn, lit)* character, *(div)* type, **5.** *(v šachu)* piece, **6.** *(kart)* court card, **7.** *(štýl, lingv)* figure of speech, **8.** *(schéma)* evolution, *(v krasokorčuľovaní)* pattern, *(tanečná)* flourish

figurína *ž* **1.** figurine, *(vo výklade)* mannequin, manikin, dummy, *(vosková)* ceroplastics

figúrka *ž* **1.** *(zdrob)* small figure, statuette; **2.** *(prn pej: o človeku)* puppet, figurehead, front; **3.** *(šach)* piece, chessman

figurovať *ndk* **1.** *(mať funkciu niekoho)* to act, to represent; **2.** *(vyskytovať sa)* to figure, to be included, to appear, to be present

filatelista *m* **1.** philatelist, stamp collector

filharmónia *ž* **1.** *(symfonický orchester, ifm)* philarmonic, Philharmonic Orchestra; **2.** *(spolok hudobníkov)* Philharmonic Society

filiálka *ž* **1.** *(odbočka)* branch [office/ house], agency, subsidiary; **2.** *(cirk: fília)* branch parish

film *m* **1.** *(dielo, i pás)* film, *(dielo)* [moving/ motion] picture, *(am)* movie, *(am sl)* flickers; **2.** *(druh umenia)* the cinema, *(am)* the movies; **3.** *(pás, i prn)* celluloid

filmár *m* **1.** movie-maker, film-maker, film-producer; **2.** camera man, filmer

filmovať *ndk* **1.** *(zachytávať na film)* to film; **2.** *(nakrúcať film)* to shoot, to take; **3.** *(spracúvať v podobe filmu)* to make a film/ picture of, to screen, **4.** *(hrať vo filme)* to appear, *(hlavnú úlohu)* to star, **5.** *(predstierať)* to put on an act, to play-act

filmový *príd* **1.** film, filmic, filmy, movie, screen, cinema

filológia *ž* **1.** philology, *(klasická)* classic, humanity

filozof *m* **1.** philosopher; **2.** *(študent)* philosophy student

filozofický *príd* **1.** philosophic, philosophical

filter *m* **1.** filter, *(cigarety)* filtertip, *(čistič)* cleaner, purifier, strainer, *(olejový)* cartridge, *(plynovej masky)* canister

finále *s nesk* **1.** *(hud, i prn)* finale, *(div)* drop-scene; **2.** *(šport)* final[s]

financie *ž pomn* **1.** finances, fund[s], means, *(stav)* financial situation; **2.** *(hov, žart)* money, *(ifm)* dough

finančník *m* **1.** *(kto sa zaoberá finančníctvom)* financier, financialist; **2.** *(peňažný kapitalista)* capitalist, magnate, tycoon, *(bankový)* gnome

finančný *príd* **1.** financial, financing, finance; **2.** cash, monetary, money, business; **3.** fiscal, [inland] revenue

fingovať *n/dk* **1.** to feign, to sham, to simulate; **2.** *(falšovať)* to falsify, to fake

finiš *m* **1.** finish; **2.** final spurt, sprint, run-in

firemný *príd* **1.** firm, business, *(razítko)* common, *(garáž)* tie, *(štít)* signboard

firma *ž* **1.** firm, business, concern, company, enterprise; **2.** *(názov)* trade name; **3.** *(hovor vývesná tabuľa)* shop sign, *(am)* store sign

fixácia *ž* **1.** fixation

fixný *príd* **1.** fixed, firm, *(trvalý)* permanent; **2.** *(utkvelý)* obsessive, besetting

fixovať *n/dk* **1.** to fix, to set, *(upevňovať)* to strengthen; **2.** len nedok *(uprene hľadieť)* to gaze; **3.** *(lek: končatinu ap)* to immobilize, **4.** *(psych)* to fixate

fľak *m* **1.** *(škvrna, i na srsti zvieraťa)* spot, *(škvrna)* stain, smear, smudge, splash; **2.** *(záplata, kúsok zeme)* patch; **3.** *(na fľaku)* on the spot

flám *m* **1.** spree, binge, whoopee, jamboree, wing-ding, *(s alkoholom)* booze

fľaša *ž* **1.** bottle, flask, jar; **2.** *(tech)* cylinder, flagon, gourd

fľaška *ž* **1.** bottle

fľaškový *príd* **1.** bottle; **2.** bottled

fľaštička *ž* **1.** small bottle, *(sl)* baby, *(atramentu)* ink-bottle, *(na pochutiny)* cruet; **2.** *(na liek)* vial

flauta *ž* **1.** flute, recorder, transverse flute, *(nosová)* nose flute, *(bambusová)* shakuhachi, *(Čarovná)* the magic flute

flautista *m* **1.** flutist, flautist, flute player, *(rar)* fluter

flegmatický *príd* **1.** phlegmatic, apathetic, self-possessed, cool, placid

flóra *ž* **1.** *(i lek)* flora, botany, plantage, *(pôvodná)* aborigines

flotila *ž* **1.** fleet, *(menších lodí)* flotilla, *(vojenská)* navy, *(obchodná)* merchant fleet/ navy

fólia *ž* **1.** leaf, thin metal sheet; **2.** *(tech)* foil, *(polyg)* sheet

folklór *m* **1.** folklore

fond *m* **1.** fund, trust, asset, endowment, *(prístupný)* resource; **2.** *(zásoby)* supply, stock

fonetický *príd* **1.** phonetic, phonic, *(transkripcia)* pronunciation, *(pravopis)* phoneticism

fonetika *ž* **1.** phonetics

fontána *ž* **1.** fountain, fount, waterworks

forma *ž* **1.** *(tvar, spôsob, formálnosť, kondícia)* form, *(tvar)* shape, garb; **2.** *(hov: kondícia)* condition; **3.** *(formálnosť)* formality, **4.** *(nástroj)* mould, *(štandardizovaná)* frame, **5.** *(tech)* pattern, *(i polyg)* die, matrix, *(inf)* template

formácia *ž* **1.** formation, order, set, *(letová)* flight formation, echelon

formalita *ž* **1.** formality, form, technicality, ceremony, solemnity; **2.** *(formalizmus)* red tape

formálny *príd* **1.** *(i filoz, lingv)* formal, *(vyjadrený symbolmi)* symbolic; **2.** official, procedural, technical; **3.** *(odmerane zdvorilý)* ceremonious, **4.** *(vyhovujúci iba forme)* nominal, **5.** *(práv)* court, solemn, **6.** *(inf)* dummy

formát *m* **1.** format, size, form, pattern, *(inf)* layout; **2.** *(prn: význam)* level, calibre

formovanie *s* **1.** formation, forming, moulding, shaping

formovať *ndk* **1.** to mould, to form, to shape, to model

formula *ž* **1.** *(i mat, chem, šport)* formula, form, *(zvyčajná)* usage, *(úvodná)* caption, *(magická)* conjuration, *(zdvorilostná)* honorific

formulár *m* **1.** form, blank, printed form, *(žiadosť)* application, *(objednávky)* order form

fotel *m* **1.** easy chair, armchair

fotka *ž* **1.** photo, photograph, snapshot, *(ifm)* pic, snap

fotograf *m* **1.** photographer, cameraman

fotografia *ž* **1.** *(snímka)* photograph, photo, pic[ture], [snap-]shot; **2.** *(druh umenia)* photography

fotografický *príd* **1.** photographic, photograph, camera, printing

fotografovať *ndk* **1.** to photograph, to photo, to take, to snapshot

fragment *m* **1.** fragment, fraction, piece, snatch

frajer *m* **1.** boy friend, lover; **2.** *(trocha pej: fičúr/der)* dandy, *(der)* fop; **3.** *(sukničkár)* womanizer

frak *m* **1.** tailcoat, dress coat, swallow-tailed coat, tails, *(sl)* monkey suit

frakcia *ž* **1.** *(polit)* wing, *(odštepujúca)* cave, splinter [group]; **2.** *(chem)* fraction, distillation product

Francúz *m* **1.** Frenchman, *(joc)* parleyvoo, *(joc, poet)* Gaul, *(der)* frog, *(rar)* Frencher

francúzsky I. ***príd*** **1.** French, *(joc, poet)* Gaulish, II. ***prísl*** **2.** in French

francúzština *ž* **1.** French, the French [language], parleyvoo, *(hist)* Romance

franko I. ***príd*** **1.** prepaid, *(i prísl)* post-paid, post-free, II. ***prísl*** **2.** free of charge, all charges paid, ex, free on/ at

fraška *ž* **1.** *(lit, i prn)* farce, comic opera, extravaganza, *(i prn)* knockbout; **2.** *(prn: komédia, ponižujúce konanie)* mockery, buffoonery

fráza *ž* **1.** *(ustálený slovný zvrat, i hud)* phrase, saying, idiom; **2.** *(melodický a rytmický útvar)* period; **3.** ob mn: **frázy** *(pej)* mannerism, cliché, commonplace, **4.** *(lingv, inf)* clause

frazeológia *ž* **1.** phraseology

frekvencia *ž* **1.** *(výskyt, i fyz, inf)* frequency, occurrence; **2.** *(premávka)* traffic, *(ľudí)* crowd; **3.** *(prevádzka)* shift

frekventovaný *príd* **1.** crowded, [much-]frequented, busy, popular

freska *ž* **1.** fresco, mural, *(na suchom podklade)* secco

fréza *ž* **1.** miller, milling cutter, metal-cutting machine, *(pôdna)* rotary cultivator, *(i snehová)* rotary plough, *(prerezávacia)* slitting saw, *(odvaľovacia)* hob

frflať *ndk* **1.** to grumble, to grouse, to grunt; **2.** *(bublať pri varení)* to bubble

fŕkať *ndk* **1.** *(striekať)* to squirt, to spurt; **2.** *(šplie-chať)* to splash, to sputter, to spatter; **2.** to fly; **3.** *(kropiť)* to sprinkle, **4.** *(o koňoch)* to snort

front *m* **1.** *(i voj, polit, meteor)* front; **2.** *(hov: priečelie)* facade; **3.** *(hov: rad ľudí)* queue, line

fučať *ndk* **1.** *(fúkať)* to blow; **2.** *(hlasno dýchať)* to wheeze, to snort, to puff, to snuffle, to sniff; **3.** *(o vlaku ap)* to whistle, to toot

fujavica *ž* **1.** *(snehová)* snowstorm, blizzard, snowdrift, *(ifm)* snorter

fúkací *príd* **1.** blowing, *(hudobný nástroj)* wind, *(harmonika)* mouth organ, *(tech)* blast

fúkať *ndk* **1.** *(i o vetre)* to blow, *(na)* to blow on, *(na sviečku)* to blow out; **2.** *(fúkaním rozťahovať)* to blow up, to inflate; **3.** *(odb)* to wind, to winnow

fungovať *ndk* **1.** *(byť v chode)* to work, to function, to run; **2.** *(byť vo funkcii)* to act, to officiate, to serve

funkcia *ž* **1.** *(činnosť, hodnosť, i fyziol)* function; **2.** *(činnosť)* action, work; **3.** *(hodnosť)* capacity, rank, **4.** *(úrad)* office, **5.** *(úkol)* role, task

funkcionár *m* **1.** functionary, officeholder, official, officer

funkčný *príd* **1.** *(i lek, archit, lingv, fyziol)* functional, function, operating, operational, functionary, *(lek)* dynamic[al], functor

fúra *ž* **1.** *(obsah)* wagonload; **2.** *(prn)* heaps, loads; **3.** *(zried: voz)* wa[g]gon
fúrik *m* **1.** wheel-barrow, hand-cart
fušer *m* **1.** bungler, botcher, underworker, *(lekár)* horse-doctor
fušovať *ndk* **1.** to bungle, to botch; **2.** *(kaziť)* to spoil; **3.** *(do čoho)* to potter, to tinker
futbal *m* **1.** *(hra i lopta)* football, *(hra)* [association] football, *(expr am)* soccer; **2.** *(hov: lopta)* ball
futbalista *m* **1.** footballer, football player, *(am)* soccer player, *(slang)* booter
futbalový *príd* **1.** football, *(am)* soccer
fúz *m* **1.** mn: **fúzy** *(človeka)* moustache, *(joc: veľké)* mustachio; **2.** *(zvieraťa)* whisker, bristle; **3.** *(hov: rastlín)* barbel
fúzatý *príd* **1.** *(o zvierati)* hirsute, *(i o človeku)* whiskered; **2.** *(o človeku)* moustached; **3.** *(o rybách)* barbelled, **4.** *(o rastlinách)* awned
fyzický *príd* **1.** physical, bodily, corporeal, material, somatic
fyzik *m* **1.** physicist
fyzika *ž* **1.** physics
fyzikálny *príd* **1.** physical, *(terapeut)* physiotherapist, *(liečba)* physiotherapy
fyziológia *ž* **1.** physiology, *(rastlín)* vegetable physiology

G

gágať *ndk* **1.** *(o husiach)* to gaggle, to cackle, to honk, *(hus)* to clang, to gabble
gajdoš *m* **1.** bagpiper, piper
galantný *príd* **1.** gallant, chivalrous, courteous, sparkish
galéria *ž* **1.** *(budova, chodba, i div)* gallery, *(budova)* [art/ picture] gallery; **2.** *(zbierka)* art collection, *(am)* art museum; **3.** *(stĺpová chodba)* arcade, colonnade, *(v kostole)* organ-loft, alure, **4.** *(v divadle)* the gods
galoša *ž* **1.** galosh, overboot, golosh, gum, tip
gangster *m* **1.** gangster, racketeer, bandit, thug, gunman, *(sl)* toughie
garancia *ž* **1.** guarantee, warranty, surety, security
garáž *ž* **1.** garage, car-shed, pound
garbiar *m* **1.** tanner, leather dresser, currier, percher, skinner
garbiareň *ž* **1.** tannery, leather work
garderóba *ž* **1.** *(šatník, šatstvo)* wardrobe, garderobe, *(šatstvo)* clothes, wearing apparel
garsónka *ž* **1.** bedsitter, *(väčšia)* bachelor's flat, flatlet, garconniére
gašparko *m* **1.** *(postava v bábkovom divadle)* Punch, sketch, silly billy; **2.** *(prn: šašo)* clown
gaštan *m* **1.** *(bot: jedlý)* chestnut-tree; **2.** *(semeno)* chestnut; **3.** *(drevo)* chestnut-wood, **4.** *(kôň)* chestnut-coloured horse
gauč *m* **1.** couch, settee, divan, *(rozkladací)* divan bed, *(am)* davenport
gavalier *m* **1.** *(rytier)* chevalier, knight; **2.** *(dvorný muž)* gallant, beau
gáza *ž* **1.** gauze, gossamer, tarlatan, mull
gazda *m* **1.** *(roľník)* farmer, husbandman; **2.** *(správca)* overseer, boss, farm foreman, manager; **3.** *(domu)* master of the house, head of the family/ household, **4.** *(majiteľ)* owner
gazdiná *ž* **1.** *(gazdova žena)* farmer's wife; **2.** *(vo svojej domácnosti)* housewife, mistress of the house; **3.** *(v cudzej domácnosti)* housekeeper, lady help, *(v škole, vo väzení)* matron
gazdovať *ndk* **1.** to farm; **2.** to be a farmer; **3.** to keep/ to run a house, **4.** to administer an estate
gazdovstvo *s* **1.** *(majetok gazdu)* farm, estate, *(v USA)* grange; **2.** *(gazdovanie)* farming, husbandry; **3.** management
gejzír *m* **1.** geyser, spout, gusher; **2.** *(prn: množstvo)* whirl
generácia *ž* **1.** *(i biol)* generation, descent, remove, *(tech)* production
generál *m* **1.** *(voj)* general, general officer, superior general, brigadier, general-in-chief, major-general
generalizovať *n/dk* **1.** to generalize
generálka *ž* **1.** *(oprava)* general overhaul, *(tech)* through overhaul; **2.** *(mapa)* intermediate-scale map, *(tech)* general chart; **3.** *(div: skúška)* dress rehearsal, *(hov)* general's wife
generálny *príd* **1.** general, generalized, mana-

ging, *(guvernér)* governor-general
generátor *m* **1.** generator, *(striedavý)* alternator, *(plynový)* producer, *(tech)* source
genetický *príd* **1.** genetic, genetical, genic, *(inžinierstvo)* genetic engineering
geniálny *príd* **1.** brilliant, genius
genitív *m* **1.** genitive [case]
génius *m* **1.** genius, man of genius, prodigy, mind
geodézia *ž* **1.** geodesy, surveying
geológia *ž* **1.** geology, *(dynamická)* geodynamics
geologický *príd* **1.** geologic, geological, prospecting
geometria *ž* **1.** geometry
geometrický *príd* **1.** geometric, geometrical, formal, spatial
gestikulovať *ndk* **1.** to gesticulate, to gesture, to mine
gesto *s* **1.** gesture, motion, sign
geto *s* **1.** ghetto, *(židovské)* Jewry
git *m* **1.** putty, lute
gitara *ž* **1.** guitar
glazúra *ž* **1.** glaze, enamel, veneer, *(lesklá)* gloss; **2.** *(kuch)* glacé, icing
glej *m* **1.** glue, *(tech)* adhesive, *(tech)* glei, fish-glue, gum
glóbus *m* **1.** globe, sphere
glosa *ž* **1.** gloss, postil
glukóza *ž* **1.** glucose, [refined] starch sugar, grape-sugar
glycerín *m* **1.** glycerin, glycerine, glycerol
gobelín *m* **1.** tapestry, arras, *(francúzsky)* Gobelin tapestry
gól *m* **1.** goal, score
gotický *príd* **1.** black
gotika *ž* **1.** gothic style
graf *m* **1.** graph, diagram, chart, *(inf)* tree
grafický *príd* **1.** graphic[s], *(papier)* graph, printing, *(á úprava)* make-up, *(á úprava)* lay-out
grafik *m* **1.** graphic artist, *(polyg)* typographic designer, *(výtvarník úžitkovej grafiky)* commercial artist, lay-out man
grafika *ž* **1.** *(umenie)* graphics, graphic art[s], designing, *(knižná)* typography
gram *m* **1.** gram[me]
gramatika *ž* **1.** grammar
gramofón *m* **1.** record player, gramophone, hi-fi, *(v min, hist)* phonograph, *(hist)* talking machine
gramorádio *s* **1.** radio-gramophone, *(skriňové)* radio console
granát *m* **1.** *(voj)* grenade, *(ručný)* hand-grenade, *(delostrelecký)* [bomb]shell; **2.** *(min)* garnet, *(český)* pyrope
grapefruit *m* **1.** grapefruit, *(am)* pomelo, pummelo
gratulácia *ž* **1.** congratulation, *(ifm)* congrats, congratters
gratulant *m* **1.** congratulator, congratulant, well-wisher
gravitácia *ž* **1.** gravitation, gravity
Grécko *s* **1.** Greece
grécky *príd* **1.** Greek, Hellenic, Hellenian, *(archit)* Grecian, *(oheň)* wildfire
gréčtina *ž* **1.** Greek, Hellenic
Grék *m* **1.** Greek
gril *m* **1.** gridiron, roaster; **1.** *(reštaurácia)* grill-room, rotisserie
grimasa *ž* **1.** grimace, face, mouth, mouthing
grobian *m* **1.** boor, bounder, lout, rowdy, *(sl)* mucker
gróf *m* **1.** *(anglický)* earl; **2.** *(cudzí)* count
grófka *ž* **1.** countess, *(v oslovení)* ladyship
grófstvo *s* **1.** earldom, countship; **2.** *(územie)* county, shire
Grónsko *s* **1.** Greenland
groteska *ž* **1.** grotesque, *(filmová)* cartoon, slapstick
grupa *ž* **1.** *(mat, geol)* group, *(kyb)* batch, assembly, class, family
guľa *ž* **1.** *(geom)* sphere; **2.** *(predmet, tvar)* ball, *(i zemská)* globe; **3.** *(náboj)* bullet, *(delová)* cannonball, **4.** *(šport)* shot, **5.** mn: **gule** *(kart)* diamonds, **6.** *(vulg)* ball[ock]s, knackers
guláš *m* **1.** goulash, *(írsky)* Irish stew
gúľať sa *ndk* **1.** to roll
guľatý *príd* **1.** round, spherical, rotund, pear-shaped, *(prn)* fat
guľka *ž* **1.** [little] ball, pellet, marble, globule, bulb, *(náboj)* bullet

guľomet *m* **1.** machine-gun, *(ľahký)* machine rifle, sub-machine-gun, *(gangstra)* chopper, volleygun

guľovitý *príd* **1.** spherical, spheric, spheroidal, globular, balloon

guľôčka *ž* **1.** globule, bead, ball, sphere, marble, nodule

guma *ž* **1.** *(pružná hmota)* rubber; **2.** *(prostriedok na zotieranie)* eraser; **3.** *(žuvacia)* chewing gum, **4.** *(text)* elastic, **5.** *(lepidlo: arabská)* gum arabic, **6.** *(hov: pneumatika)* tyre

gunár *m* **1.** gander

guvernér *m* **1.** *(správca územia)* governor, *(britského domínia)* governor-general, *(americkej kolónie)* proprietary, *(hist)* president, *(v hist tituloch)* warden

gýč *m* **1.** kitsch, trumpery, trash, *(sentimentálny)* slush, tear-jerker

gymnastika *ž* **1.** gymnastics, callisthenics, *(ifm)* gym

gymnázium *s* **1.** *(v UK)* grammar school, junior college, *(v pevnine)* gymnasium,

H

habať *ndk* **1.** *(nachytro brať)* to grab, *(i chamtivo zhromažďovať)* to amass, *(i konfiškovať)* to seize; **2.** *(nasilu brať)* to snatch; **3.** *(konfiškovať)* to confiscate, to sequestrate

háčik *m* **1.** *(zdrob)* little hook, *(hov: na háčkovanie)* crochet hook/ needle, *(na ryby)* [fish-]hook, *(hov: na dverách)* hook bolt; **2.** *(hov: značka)* tick, check mark, *(nad písmenom)* diacritic mark; **3.** *(prn hov: problém)* snag, **4.** *(bot)* hamulus, **5.** *(tech)* bridle

had *m* **1.** *(i prn pej)* snake, *(dtd: veľký, i prn)* serpent, *(jedovatý)* asp, *(malý)* adder, mn **hady**. *(zool: Ophidia)* ophidians, *(i prn)* reptile; **2.** *(niečo podobné)* spiral, coil; **3.** *(astron: **Had**)* the Serpent

hádam *časť* **1.** *(možno)* maybe, *(vari)* perhaps, I suppose, *(asi)* about

hádanka *ž* **1.** riddle, puzzle, engima, brainteaser; **2.** *(záhada)* mystery

hádať *ndk* **1.** *(robiť dohady)* to guess, to suppose, *(fml)* to surmise; **2.** *(veštiť)* to divine, *(z ruky)* to read sb's palm, *(budúcnosť)* to foretell, to prophecy; **3.** *(odhadovať, najmä vek)* to guess, to think

hádať sa *ndk* **1.** *(viesť spor o čo)* to quarrel, to argue, to wrangle, *(pre maličkosti)* to squabble, *(hlučne)* to jangle; **2.** *(nadávať si)* to curse

hadí *príd* **1.** snake, snakelike, serpentine, *(prn)* evil

hadica *ž* **1.** hose, *(požiarna)* fire-hose, *(tech)* flexible tubing, pipe

hádka *ž* **1.** quarrel, wrangle, argument, row, altercation, *(malá)* spat, tiff, bicker

hádzaná *ž* **1.** handball

hájiť *ndk* **1.** *(brániť)* to defend, *(chrániť)* to protect, to ward; **2.** *(konať službu hájnika)* to guard; **3.** *(obhajovať, udržovať)* to uphold, to maintain, *(zastávať sa)* to advocate, **4.** *(poľov: zver)* to preserve

hák *m* **1.** *(železný)* hook, *(na mäso)* meat-hook; **2.** *(nám: člnový)* boathook, *(na dlhej palici, i rybársky)* gaff, *(závesný)* grappling iron/ hook; **3.** *(na zavesenie, i drevený)* peg, **4.** *(hist: drevený pluh)* wooden plough, **5.** *(šport: úder)* hook, **6.** *(hov: halier, br)* penny, *(spodný)* uppercut, **7.** *(tech)* arrester hook, *(ele: izolátora)* swan-neck spindle

hala *ž* **1.** *(obytná predsieň)* entrance-room, hall[way], *(i dvorana)* vestibule; **2.** *(dvorana)* hall, *(hotelová)* lobby, *(hotelová, v divadle ap)* foyer; **3.** *(v závode: montážna)* [assembly] room, bay, **4.** *(šport)* palace, stadium

halier *m* **1.** *(slovenský/ český)* haler, *(pl)* haleru; **2.** *(peniaz, peniaze vôbec)* money, *(br)* penny, *(am)* cent

haló **I.** ***cit*** **1.** *(pri telefonovaní)* hullo, hello; **2.** *(vyj upozornenie)* hey, yoo-hoo, **II.** ***podst s nesk*** **3.** *(hov: rozruch)* shindy

hanba **I.** ***podst ž*** **1.** *(potupa, pohanenie, i pocit)* shame, *(pohanenie)* disgrace, dishonour, *(verejná)* opprobrium, infamy, *(*hanba ti !)* shame on you!; **2.** genitals, **II.** ***vet prísl*** **3.** it's a shame, what a shame, **III.** ***cit*** boo

hanbiť sa *ndk* **1.** *(za)* to be ashamed of/ for, to feel ashamed for; **2.** *(byť hanblivý)* to be bashful

hanblivý *príd* **1.** shy, bashful, *(i v rozpakoch)* abashed, *(ob o žene)* demure, *(i pej)* coy

handra *ž* **1.** rag, shred, *(útržok)* shred, tatter, *(cár)* tatter, *(na utieranie)* duster, *(na umývanie, čistenie)* washcloth, dishcloth; **2.** pomn: **handry**. *(zodrané šaty)* rags

hanebný *príd* **1.** *(potupný)* shameful, infamous, disgraceful, ingominious, *(podlý)* degrading, foul, mean, base

haniť *ndk* **1.** *(zdôrazňovať chyby)* to blame, to disparage, to find fault with; **2.** *(urážať)* to insult, to vituperate

hánka *ž* **1.** *(kĺb na prste)* knuckle

hanlivý *príd* **1.** offensive, abusive, insulting, disparaging, *(i lingv)* derogative, *(výraz)* pejorative

harfa *ž* **1.** *(hud: strunový nástroj)* harp, *(trojuholníková)* trigon; **2.** *(nadávka zlej starej žene)* harpy; **3.** *(žel)* gridiron [sidings]

haring *m* **1.** herring, pilchard, sprat; **2.** *(o ľuďoch)* sardine

harmanček *m* **1.** *(bot: Chamaemelum nobile)* c[h]amomile; **2.** *(odvar)* camomile tea

harmónia *ž* **1.** *(súlad, súzvuk, náuka, i prn)* harmony, *(súlad, zhoda)* accord, concert, concord, consonance, unison

harmonický *príd* **1.** *(hud, mat, fyz)* harmonic; **2.** *(k harmónii)* harmonious, consonant, *(hud)* concordant; **3.** *(fyz)* frequency

harmonika *ž* **1.** *(ústna)* harmonica, mouth-organ; **2.** *(ťahacia)* accordion

harmonogram *m* **1.** [working] schedule, [flow]chart, *(časový)* time programme, timetable

hárok *m* **1.** *(list papiera)* sheet, paper, *(dvojitý)* folio; **2.** *(listina so zoznamom)* roll; **3.** *(polyg: tlačový)* [standard] printing-sheet, *(krycí)* drawsheet

hasiaci *príd* **1.** [fire-]extinguishing, quenching, extinctive, *(prístroj)* fire-extinguisher

hasič *m* **1.** fireman, *(lesných požiarov)* firefighter

hasiť *ndk* **1.** *(dusiť)* to extinguish, to put out; **2.** *(vápno)* to slake; **3.** *(zmierňovať)* to quench, **4.** *(biť)* to beat

havária *ž* **1.** *(dopravná nehoda)* crash, accident, *(viac áut odrazu)* pile-up; **2.** *(nám)* average; **3.** *(lietadiel)* prang, **4.** *(tech)* failure, *(motora)* breakdown, *(inf)* emergency

havarovať *dk* **1.** to crash, to have an accident, *(hov)* to crack up, *(pri pristátí)* to crash-land, to wreck

háveď *ž* **1.** mob, rabble, scum; **2.** *(i o zvieratách, najmä o hmyze)* vermin

havran *m* **1.** *(zool: Corvus)* crow, *(zool: Corvus corax)* raven, *(zool: Corvus frugilegus)* rook, *(mladý)* rooklet

hazardér *m* **1.** gambler, plunger, *(rar)* hazarder; **2.** *(o šoférovi)* reckles driver

hazardný *príd* **1.** *(hra)* hazard, *(čin)* risky, hazardous, *(i hráč)* daring, *(jazda)* reckless, *(hra, stávka)* gamble, *(hráč)* gambler; **2.** prodigal

hebký *príd* **1.** *(jemný)* tender; **2.** *(mäkký, poddajný)* soft, smooth, *(ako hodváb)* flossy

hej I. *cit* **1.** *(vyj upozornenie, zvolanie)* hey, hallo[a], *(*hej, vy tam!)* hey there!; **2.** *(povzbudenie)* come on; **3.** *(udáva rytmus: hej-rup)* one - two, **4.** *(hov namiesto prísl: dobre)* well, good, *(hov namiesto príd: dobrý)* fine, **II.** *časť* **5.** *(vyj súhlas, prisvedčenie)* that's right, sure, **6.** *(pri otázke/ rozkaze výzva adresátovi)* eh, *(am)* huh, o.k.

helikoptéra *ž* **1.** helicopter, *(ifm)* chopper, *(am)* copter, whirlybird

helma *ž* **1.** helmet, head-piece, crest, *(ind)* topi

hemžiť sa *ndk* **1.** *(pohybovať sa, byť plný niečoho)* to swarm with, to be alive with, to bustle, to team with, to crawl with; **2.** *(byť plný niečoho pohybujúceho sa)* to teem, to be swarming/ teeming/ alive [with], to pullulate

herec *m* **1.** actor, *(fml: divadelný)* [stage] player, *(filmový)* film actor, *(hviezda)* star, *(komik)* comedian, *(v ľudovej pantomíme)* mummer, [im]personator

herecký *príd* **1.** actor['s], acting, dramatic, dramaturgical, theatrical

herňa *ž* **1.** *(budova na hranie)* gambling house, *(miestnosť na hranie)* gambling room, *(biliardu)* poolroom; **2.** *(miestnosť určená na hranie detí)* playroom

heslo *s* **1.** *(voj, inf, bank)* password, countersign, *(bank: vo vkladnej knižke)* codeword; **2.** *(politické, reklamné)* slogan, *(politické)* watchword, *(prázdne)* catchphrase; **3.** *(v slovníku)* headword, lemma, *(i v zozname)* entry, *(v znaku)* motto

hever *m* **1.** *(hov: nástroj na dvíhanie bremien)* [screw] jack, jack; **2.** *(nádoba na ťahanie vína zo suda)* syphon

híkať *ndk* **1.** to scream; **2.** *(o somárovi)* to bray, to hee-haw

história *ž* **1.** *(dejiny)* history; **2.** *(hov: príbeh, príhoda, udalosť)* story, tale, event

historický *príd* **1.** *(k história)* historical, *(materializmus)* historical materialism; **2.** *(i dôležitý pre vývin dejín)* historic, *(gram: prézens)* historic present; **3.** *(starodávny)* ancient, *(starý)* aged

historik *m* **1.** *(dejepisec)* historian, historiographer; **2.** *(škol hov: profesor histórie)* teacher of history

historka *ž* **1.** story, tale, fable, anecdote

hlad *m* **1.** *(pocit)* hunger, *(chorobný)* bulimia [nervosa], *(všeobecný nedostatok potravín, bieda)* starvation; **2.** *(prn: po čom)* avidity, thirst

hľadanie *s* **1.** search, hunt; **2.** *(tech)* prospecting, tracking, *(chýb)* shooting

hľadaný *príd* **1.** *(vyhľadávaný, vzácny)* wanted, in demand, *(sl)* hot

hľadať *ndk* **1.** to look for, to search, *(usilovne)* to hunt, to seek, to chase, to pursue, *(rukou/ nohou)* to feel, *(inf)* to track, *(chyby)* to shoot, *(ele)* to scan; **2.** *(oznam: hľadá sa)* wanted

hladidlo *s* **1.** *(na hladenie bielizne)* press iron, mangle; **2.** *(tech)* trowel, *(hut)* slicker, *(murárske)* float, *(stav)* screed

hľadieť *ndk* **1.** to look, *(uprene)* to gaze, to stare, *(i prn)* to view; **2.** *(hodnotiť, posudzovať)* to consider, to regard, **3.** *(dbať, starať sa)* to take into consideration, to care, **4.** *(s inf a spoj)* to try, **5.** *(hlaď, aby)* take care

hladina *ž* **1.** *(povrch tekutiny)* surface; **2.** *(výška: vody, zvuku, cenová, mzdová atď)* level, *(vody)* water line, *(zvuku)* sound level, *(najnižšia mzdová)* floor

hľadisko *s* **1.** viewpoint, standpoint, point of view, perspective; **2.** *(diváci)* auditorium

hladiť *ndk* **1.** *(pohládzať)* to caress, to stroke; **2.** *(opracúvať drsný povrch)* to smooth, to polish, to finish, to burnish; **3.** *(bielizeň, šaty ap)* to press, to calender

hladkať *ndk* **1.** *(jemne prechodiť rukou po niečom)* to caress, to stroke, to fondle, to pat

hladký *príd* **1.** smooth, polished, refined, refined, *(dosiahnutý bez námahy)* easy, *(bez srsti)* glabrous, *(anat: svalstvo)* non-striated

hladovať *ndk* **1.** to starve, to be famished

hlas *m* **1.** *(ľudský)* voice; **2.** *(zvuk)* sound; **3.** *(mienka, názor)* opinion, **4.** *(hud: hudobný part)* part, **5.** *(volebný)* vote

hlásateľ *m* **1.** *(zvestovateľ, šíriteľ)* preacher, advocate, prophet; **2.** *(v rozhlase, televízii ap)* announcer, *(v rozhlase)* radio broadcaster, *(televízny)* telecaster, *(správ)* newsreader

hlásenie *s* **1.** *(v úrade, službe, i voj)* report; **2.** *(oznámenie)* announcement, notification, notice, *(letu)* flight call

hlásiť *ndk* **1.** *(podávať písomnú/ ústnu správu)* to report, *(písomnú)* to notify, to register, *(ústnu)* to declare, *(kart)* to bid, *(signálom)* to signalize; **2.** *(oznamovať)* to announce; **3.** *(byť hlásateľom)* to be an announcer/ a newsreader

hlásiť sa *ndk* **1.** *(u niekoho, niekde)* to report at/ to, to present os; **2.** *(na vyučovaní)* to raise [/ hold up] one's hand; **3.** *(telefonicky)* to call, **4.** *(prihlasovať sa niekam/ za niečo)* to register at/ as, **5.** *(o čo)* to ask, *(uchádzať sa)* to apply for, **6.** *(prejavovať sa)* to show, **7.** *(ku čomu)* to join, **8.** *(za koho)* to profess os

hlasitosť *ž* **1.** loudness, volume, speech volume, sound volume

hláska *ž* **1.** *(fon)* phone, speech sound; **2.** *(voj: veža)* watch-tower, air guard, *(hliadka)* air sentinel

hláskovať *ndk* **1.** to spell, to phonate

hlasno *prísl* **1.** loudly, *(pred)* aloud, *(s: smiať, spievať, hovoriť)* loud, *(hovoriť)* in a loud voice

hlasovací *príd* **1.** voting; **2.** voting, ballot, vote, voting, poll

hlasovať *ndk* **1.** to vote, to ballot, to poll

hlava *ž* **1.** *(časť tela, rozum, vedúca osobnosť, vec)* head; **2.** *(rozum, úsudok)* brain, mind; **3.** *(vedúca osobnosť)* leader, *(podniku)* principal, executive, leader, **4.** *(kniž: kapitola)* chapter, **5.** *(vec podobajúca sa hlave: motora atď)* head, *(vršok)* top, crown, *(noža)* block, *(mačacia)* cobblestone, *(kolesa)* hub, *(záznamová)* recording head

hlavica *ž* **1.** *(tech)* head, boss, hub, scolex, casing, *(harpúny)* fluke, *(voj: balistickej strely)* nose-cone, *(rakety)* warhead; **2.** *(archit)* capital, chapiter; **3.** *(anat)* capitulum

hlavička *ž* **1.** *(zdrob)* small head, tiny head; **2.** *(horná al guľatá časť niečoho)* head; **3.** *(na tlačivách)* heading, *(listu)* letterhead, **4.** *(titul článku)* headline, **5.** *(šport hov)* header

hlávka *ž* **1.** *(zbrob expr)* small head; **2.** *(guľatá časť: šalátu, cesnaku)* head, *(kapusty)* loaf; **3.** *(bot: kvetov)* capitulum

hlavne I. ***prísl*** **1.** mainly, chiefly, especially, primarily, **II.** ***vetná prísl*** **2.** most of all

hlavný *príd* **1.** *(základný, prvoradý)* main, chief, principal, general, master, leading, central, major, *(ako súčasť termínov - vedúci)* head[-], -in-chief, *(inf)* host, *(bod)* tangent point

hlbina *ž* **1.** depth, *(mora)* depths, *(bás)* the deep, *(i prn)* gulf

hĺbka *ž* **1.** *(rozmer dolu/ dovnútra, i prn: citu, farby)* depth; **2.** *(priestor, hlbina: pl)* depths; **3.** *(prn: myšlienok)* profundity, *(intenzita: farby, citu)* intensity, core, essence, **4.** *(z hĺbky srdca)* from the bottom of o's heart

hlboko *prísl* **1.** deeply, profoundly, greatly, *(o zvukoch)* low

hlboký *príd* **1.** deep, profound, extensive, intensive, thorough, *(lek)* deep-seated; **2.** *(o zvukoch)* low, *(tón)* low pitch, *(i hlas)* bass

hliadka *ž* **1.** *(osoba)* guard, watchman, *(požiarna)* fire-warden, *(voj)* sentry; **2.** *(skupina, patrola, i voj)* patrol, *(policajná)* squad; **3.** *(stráž, prieskum)* watch

hlodať *ndk* **1.** *(i prn)* to gnaw, to erode; **2.** *(prn)* to torment, to torture

hlt *m* **1.** *(jedla i tekutiny)* gulp, swallow, *(tekutiny)* draught, *(alkoholu)* swig, *(ifm)* gargle, shot, nip

hlúb *m* **1.** *(kapustný, kelu, karfiolu)* stalk; **2.** *(prn: o hlúpom človeku)* nitwit

hlučný *príd* **1.** loud, noisy, boisterous, roaring, blatant, *(ifm)* knock-about, rip-roaring

hlucháň *m* **1.** *(zool: Tetraonidae)* grouse, *(zool obyčajný: Tetrao urogallus)* capercaillie

hluchý *príd* **1.** *(nepočujúci, i prn)* deaf, *(prn: ľahostajný)* careless, *(tichý)* quiet; **2.** *(prn: jalový)* barren, empty; **3.** *(prn: nefungujúci)* dead

hluk *m* **1.** din, racket, nuisance, noise, clamour, hurly-burly, shindy

hlupák *m* **1.** fool, *(sprosták)* simpleton, *(dtd)* dunce, *(i nadávka)* ass, *(br ifm)* [ni]twit, *(am ifm)* jerk

hlúposť *ž* **1.** *(sprostosť)* stupidity, foolishness, idiocy; **2.** *(malichernosť)* trifle; **3.** *(hlúposti!)* rubbish!, nonsense

hlúpy *príd* **1.** *(sprostý)* stupid, foolish, silly, thick, thick-witted, trivial; **2.** *(nepríjemný, negatívne hodnotený)* silly; **3.** *(hov: neomastený)* not buttered

hľuza *ž* **1.** *(bot)* tuber, bulb; **2.** *(hrčka)* bump, lump, *(lek: absces)* abscess

hmat *m* **1.** touch, feel, grab, grasp

hmatať *ndk* **1.** *(ohmatávať, vnímať, cítiť hmatom)* to feel, to touch; **2.** *(hľadať niečo hmatom potme)* to grope, to fumble [about]

hmla *ž* **1.** fog, mist, haze, *(hustá)* Scotch mist, *(nepreniknuteľná)* pea soup, *(bás)* brume, *(voj: umelá)* blanket; **2.** *(prn)* uncertainity, vagueness

hmlistý *príd* **1.** foggy, misty, nebulous, *(lit)* brumous, *(i prn)* hazy; **2.** vague

hmota *ž* **1.** *(i filoz)* matter, stuff, *(podstata)* substance, *(fyz)* mass, *(biol: bunková)* protoplasm, *(anat: šedá mozgová)* grey matter, *(tech)* material, *(umelá)* plastic

hmotnosť *ž* **1.** *(k hmota)* materiality, tangibility; **2.** *(fyz)* weight, mass

hmotný *príd* **1.** material, tangible, physical, concrete; **2.** *(ekon)* financial, property, pecuniary

hmyz *m* **1.** *(zool)* insect, bug, vermin, *(plazivý)* creeper, *(hov)* creepy-crawly, *(škodlivý)* insect pest

hnací *príd* **1.** driving, propulsive, motive, *(lod)* propelling, *(mot)* live

hnať *ndk* **1.** *(vyháňať, poháňať)* to drive, *(tech)* to propel; **2.** *(pobádať, nútiť)* to urge, to rush; **3.** *(prenasledovať)* to chase, **4.** *(o rastlinách)* to grow, to sprout, **5.** *(preč)* to drive [away, **6.** *(hov: uháňať)* to speed, *(ifm)* to rip

hnať sa *ndk* **1.** *(rútiť sa)* to rush, to hurry, to tear [along], to speed, to dash, to belt, to career; **2.** *(za kým)* to run/ to chase after; **3.** *(za niečím)* to hunt, **4.** *(do čoho)* to plunge into

hneď I. ***prísl*** **1.** *(teraz, okamžite)* at once, immediately, right away, this/ that very moment; **2.** *(zakrátko)* soon; **3.** *(o chvíľu)* in a minute, any time, **4.** *(označuje miestnu blízkosť)* right, **5.** *(odrazu)* all at once, suddenly, **II.** ***spoj*** **6.** *(v spojení: hneď ako/ hneď čo)* as soon as, **7.** *(v spojení: hneď... hneď..)* now, **8.** *(v spojení: čo... hneď)* even if, **III.** ***časť*** **9.** *(dokonca)* even

hnedý *príd* **1.** brown, marroon, *(o koži)* tanned, *(i kôň)* chestnut; **2.** *(o farbe koňa)* bay

hnev *m* **1.** anger, wrath, ire, irritation

hnevať *ndk* **1.** *(zlostiť)* to make sb angry, *(veľmi)* to enrage, *(dráždiť)* to irritate, to annoy, *(ifm)* to aggravate

hnevať sa *ndk* **1.** to be angry at; **2.** to feud with, to have a grudge against, to be on bad terms with

hniezdo *s* **1.** *(i prn, pej, voj)* nest, *(skalné)* aery; **2.** *(prn: ľudské obydlie)* home, shelter; **3.** *(prn: ohnisko)* hotbed, **4.** *(pej: brloh)* den, hole, **5.** *(prn: zoskupenie)* cluster, *(voj: guľometné)* pill-box

hniloba *ž* **1.** *(proces)* rot[ting], *(odb)* putrefaction, *(lek)* sepsis; **2.** *(stav)* rottenness, putridity, *(tech)* putrefactive spoilage; **3.** *(prn)* corruption

hnilý *príd* **1.** rotten; **2.** *(hov pej)* decadent, depraved, perverted

hnisať *ndk* **1.** *(tvoriť i vylučovať hnis)* to suppurate, to maturate, *(vylučovať hnis)* to discharge, *(tvoriť hnis)* to fester

hniť *ndk* **1.** to rot, to decompose, to decay, to putrefy, to become putrid, *(prn)* to become corrupt; **2.** *(expr: zaháľať)* to idle, to loaf

hnoj *m* **1.** dung, manure, muck; **2.** *(hovor: hnojisko)* dunghill; **3.** *(hovor: hnis)* matter

hnojiť *ndk* **1.** to manure, to dung, *(umelými hnojivami)* to fertilize, *(pôdu)* to dress

hnus *m* **1.** *(pocit odporu)* disgust, loathing, revulsion, nausea, abomination, horror; **2.** *(hovor. expr.)* filth

hnusiť sa *ndk* **1.** [!] to disgust sb, [!] to sicken sb, [!] to nauseate, [!] to make sb sick

hnuteľnosť *ž* **1.** movable

hnuteľný *príd* **1.** movable

hnutie *s* **1.** move, motion; **2.** movement; **3.** moving, emotion

hoci I. ***spoj*** **1.** *(i keď)* [al]though, *(am ifm)* altho, though, even though, even if, while, **II.** ***časť*** **2.** *(čo aj)* even

hocičo I. ***(zám)*** **1.** anything, what ever, any old thing, **II.** ***spojkový výraz*** **2.** whatever, whichever

hocijaký *príd* **1.** s podst *(vyj ľubovoľnosť pri výbere: akýkoľvek)* any, *(i pred)* whatever, *(pred)* of any kind; **2.** *(každý)* every, *(všetok: s pl)* all; **3.** *(s odtienkom podceňovania: obyčajný)* just any, **4.** s príd *(hoci)* no matter how

hocikde *zám* **1.** anywhere, in any place, wherever

hocikedy *zám* **1.** at any time; **2.** *(vo funkcii spojkový výraz)* whenever

hocikto *zám* **1.** *(vyj ľubovoľnosť pri výbere: hocikto)* anyone, anybody, *(vo vedľ vete)* whoever; **2.** *(s odtienkom podceňovania)* just anyone

hociktorý *zám* **1.** *(jeden z viacerých)* any, whichever, *(jeden z dvoch)* either

hod *m* **1.** throw, sling, hurl, pitch, toss, put; **2.** *(krátko: hodina)* h[our]

hodina *ž* **1.** *(časová jednotka)* hour; **2.** *(jednotka činnosti, najmä vyučovania)* lesson, *(v škole)* period, class, *(na univerzite)* lecture; **3.** *(časový úsek)* time, **4.** *(policajná)* curfew

hodinky *ž pomn* **1.** watch, timepiace; **2.** canonical hours

hodiny *ž pomn* **1.** clock, *(pieskové)* sandglass, *(slnečné)* sundial; **2.** *(počítač)* meter, *(pichacie)* time-clock

hodiť *dk* **1.** *(i šport)* to throw, to toss, to cast, to fling, to hurl, to fling, *(ifm)* to chuck; **2.** *(zvaliť)* to knock down; **3.** *(vložiť)* to insert, *(do schránky)* to post, **4.** *(vyhodiť von)* to throw away/ out, **5.** *(šport)* to shoot, **6.** *(ekon: na trh)* to dump, **7.** *(potriasť časťou tela: plecom)* to shrug, **8.** *(na seba)* to put [ ] on, to slip in, **9.** *(v dopr prostriedkoch)* to jolt

hodiť sa I. *dok* **1.** to throw oneself, to leap, to jump, **II.** *n/ dok* **2.** *(byť súci na niečo)* to fit, to be fit/ suitable for; **3.** *(svedčať, byť v súlade)* to match, to go with, to become, to go together

hodnosť *ž* **1.** position, standing, capacity, *(funkcia)* office, *(i vojenská)* grade, *(vojenská)* rank, *(akademická)* degree, *(fml)* dignity, *(titul)* title

hodnota *ž* **1.** *(i mat, fyz, ekon)* value, worth; **2.** *(cena)* price; **3.** *(význam, dôležitosť)* importance, significance

hodnotenie *s* **1.** evaluation, appreciation, rating

hodnotiť *ndk* **1.** to evaluate, to assess, to apraise, to rate

hodnotný *príd* **1.** valuable; **2.** high-grade; **3.** qualitative, **4.** of high quality

hodváb *m* **1.** silk, *(umelý)* rayon; **2.** *(hodvábna niť)* silk thread

hodvábny *príd* **1.** silk, silken; **2.** *(podobný hodvábu)* silky, *(prn)* velvet[y]

hody *m pomn* **1.** *(sviatok vysvätenia chrámu a hostina)* annual church/ parish festival; **2.** *(hostina, hodovanie)* feast[ing], regale, kermess

hojdačka *ž* **1.** swing, seesaw, flip-flop, *(am)* teeter[-totter], thank-you-ma'am

hojdať *ndk* **1.** *(kolísať)* to swing, to rock, to wobble, to dangle, to seesaw; **2.** *(v dopravných prostriedkoch)* to sway

hojdať sa *ndk* **1.** *(kolísať sa)* to swing, to rock, to roll, to wobble, to seesaw; **2.** *(kývať sa z boka na bok)* to sway

hojnosť *ž* **1.** *(nadbytok)* abundance, plenty, great quantity, profusion; **2.** *(blahobyt)* prosperity

hojný *príd* **1.** abundant, plentiful, ample, copious, sumptuous, lavish, affluent, *(bohatý)* rich, rife

hokej *m* **1.** hockey, *(pozemný)* field hockey, *(ľadový)* [ice] hockey

Holanďan *m* **1.** Dutchman, Hollander, Batavian, mynheer

holandský *príd* **1.** dutch

holeň *ž* **1.** *(časť zvieracej nohy)* shin[-bone], shank; **2.** *(ľud: sára čižmy)* boot top/ leg, *(vysokej topánky)* leg portion

holiť sa *ndk* **1.** to shave

holohlavý *príd* **1.** bareheaded, hatless; **2.** *(plešivý)* bald-headed

holubica *ž* **1.** *(i prn)* dove, [female] pigeon

holubník *m* **1.** dovecot[e], pigeon house/ loft, columbary, *(priehradka na papiere/ listy)* cubby-hole

holý *príd* **1.** *(nahý, nezakrytý)* naked, nude, *(i ele)* bare; **2.** *(lysý)* bald, hairless, *(nezarastený)* grassless, treeless; **3.** *(prázdny)* blank, bleak, **4.** *(číry)* mere, pure, simple, **5.** *(hov: neomastený)* butterless

hon *m* **1.** *(poľn)* field, strip [of land]; **2.** *(zastar: dĺžková miera 125 krokov)* length measure [about 137 feet]

honenie *s vulg* **1** wank, jerk-off, yank-off, ball-scratch

honorár *m* **1.** honorarium, professional, doctor's fee

hora *ž* **1.** *(les)* wood, forest; **2.** *(vrch, i prn)* mountain, *(v názvoch)* mount; **3.** *(prn: veľké množstvo, kopa)* heap[s], pile

horčica *ž* **1.** *(bot: Sinapis, i kuch)* mustard, *(bot poľná: Sinapis arvensis)* charlock, runch, *(bot čierna: Brassica nigra)* black mustard

hore *predl* **1.** *(označuje miesto)* above, high up, up there, overhead, *(v texte)* afore, *(v dome)* upstairs; **2.** *(označuje smer pohybu)* up, upward[s], uphill, to the top, upstream

horieť *ndk* **1.** to burn, to be ablaze/ on fire; **2.** *(prn: byť zachvátený silným citom)* to burn with, *(túžbou)* to have a burning desire for; **3.** *(byť červený, o tvári, ušiach)* to blush, *(o ušiach ap)* to burn, **4.** *(žiariť, i o očiach)* to shine, to glow, **5.** *(hov: blamovať sa, mať neúspech)* to make an ass/ a fool of os, **6.** *(horí!)* fire!

horizont *m* **1.** *(i prn)* horizon; **2.** *(okruh znalostí)* bounds of knowledge, ken, outlook, backdrop

horký *príd* **1.** *(i prn)* bitter; **2.** *(prn: trpký)* painful, harsh, cruel

horlivý *príd* **1.** zealous, passionate, enthusiastic, loyal, ardent, eager

horný *príd* **1.** top, upper; **2.** overhead; **3.** northen

horolezec *m* **1.** alpinist, mountaineer, [mountain] climber, *(skúsený)* cliffsman

horší *príd* **1.** worse; **2.** inferior

horúci *príd* **1.** *(veľmi teplý)* hot, burning, scalding, boiling, tropical, scorching; **2.** *(o počasí, podnebí)* torrid; **3.** *(prn: vrúcny)* ardent, fervid, passionate

horúčava *ž* **1.** heat, heat wave; **2.** *(pocit horúčosti)* glow, fever

horúčka *ž* **1.** *(i prn)* fever, temperature, *(odb)* pyrexia; **2.** *(prn)* craze, spree, zeal

hospodár *m* **1.** *(roľník)* farmer, husbandman; **2.** *(správca)* administrator, steward, manager; **3.** *(národný)* economist, **4.** housekeeper

hospodárenie *s* **1.** *(spracovanie majetku)* management, *(poľnohospodárske)* farming, *(pestovanie plodín)* cultivation, *(v domácnosti)* housekeeping; **2.** *(šetrenie)* economization, thrifty/ efficient management

hospodáriť *ndk* **1.** *(spravovať majetok)* to administer, to manage, to run; **2.** *(roľníčiť)* to farm; **3.** *(viesť dom)* to keep a house, to be a farmer, to run the house, **4.** *(s čím)* to economize, to save up, to manage thriftly

hospodárny *príd* **1.** economical, thrifty, time-saving, labor-saving

hospodársky **I.** *príd* **1.** economic, economical, commercial, trade, business, **II.** *prísl* **2.** economically; **3.** agriculturally

hospodárstvo *s* **1.** farm; **2.** estate; **3.** management, **4.** economy

hosť *m* **1.** guest; **2.** visitor; **3.** customer

hostia *ž* **1.** the Host, wafer, altar-bread

hostinec *m* **1.** pub[lic house], café; **1.** *(pri ceste)* roadhouse; **2.** *(v min)* inn, *(dedinský)* tavern

hostiť *ndk* **1.** to treat, to host, to play host, to entertain, to regale; **2.** *(na pobyt)* to accomodate, to have as a guest

hostiteľ *m* **1.** host

hotel *m* **1.** hotel

hotovosť *ž* **1.** cash, ready money; **2.** readiness preparedness

hotový *príd* **1.** *(dokončený, vykonaný)* ready, completed, finished, *(na použitie)* ready-made; **2.** *(pripravený)* prepared, *(ochotný)* willing; **3.** *(hovor: skutočný, ozajstný)* real, downright, genuine, sheer, outright

hovädzina *ž* **1.** *(mäso)* beef; **2.** *(koža)* kip, cowhide, oxhide; **3.** *(pej)* stupidity, *(sl)* bull[shit]

hovor *m* **1.** speech; **2.** talk, conversation; **3.** call

hovoriť *ndk* **1.** *(vyjadrovať slovami, ovládať jazyk)* to speak; **2.** *(vyslovovať svoju mienku, vravieť)* to say, *(svedčiť)* to tell; **3.** *(s niekým)* to talk, to converse, **4.** *(hov: menovať niekoho, niečo nejako)* to name, to call

hovorňa *ž* **1.** *(v kláštore)* parlour, *(v internáte ap)* visitor's room, *(hercov za kulisami)* geeenroom, *(v kláštore)* locutory, *(zast)* speak house; **2.** *(pošt)* telephone booth/ box

hra *ž* **1.** *(divadelná, detská)* play; **2.** *(športová, hazardná ap)* game, *(hazardná)* gamble; **3.** *(umelecký výkon)* performance, *(hercov)* acting, *(na hudobných nástrojoch)* playing, Scrabble

hrabať *ndk* **1.** to rake; **2.** *(prn pej: peniaze)* to rake in, to hoard; **3.** *(o zvieratách)* to paw, to scratch, *(i prehrabávať sa)* to root, to rootle, **4.** *(expr: prehŕňať, prehrabávať sa)* to rummage

hrabať sa *ndk* **1.** *(prehŕňať sa v niečom)* to rummage, to seek, to search, *(prn)* to delve in[to], to dwell on; **2.** *(nemotorne vystupovať: von z)* to scramble out of, *(na)* to climb on; **3.** *(prn: pchať sa)* to force one's way, to press forward

hrací *príd* **1.** playing; **2.** playing-card, *(stôl)* card, *(známka)* chip, *(plocha)* field; **3.** *(hodiny, skrinka)* musical

hráč *m* **1.** *(i hudobník)* player, *(hazardný)* gambler, *(profesionálny)* blackleg, *(o peniaze)* gamester; **2.** *(hudobník)* musician

hračka *ž* **1.** toy, plaything, bauble, bauble, knick-knack; **2.** *(maličkosť)* trifle, small matter, child's play; **3.** *(ľahko uskutočniteľná vec)* easy thing/ task, pushover, a piece of cake, *(v záp)* picnic

hrad *m* **1.** *(opevnené sídlo)* fortress, stronghold, *(pri meste)* citadel, *(zámok)* castle, chateau

hradiť *ndk* **1.** *(zahradzovať)* to fortify, to fence, *(ele: blokovať)* to block; **2.** *(uhrádzať)* to compensate, *(náklady)* to repay, to reimburse, *(škody)* to settle, to reimburse, *(záväzky)* to meet, *(výdavky)* to defray

hrádza *ž* **1.** dike, embankment, *(am)* levee, *(na rieke)* dam, weir, wharf, *(prístavná)* jetty, pier; **2.** *(prn: prekážka)* obstacle; **3.** *(anat)* perineum

hrach *m* **1.** *(plody i jedlo)* peas, *(zast)* pease, *(bot)* runcivals; **2.** *(bot siaty: Pisum sativum)* pea

hrana *ž* **1.** edge, *(ostrá)* angle, rib, *(tech)* corner, *(sklár, polyg)* bevel, *(tech)* shoe, *(tech)* tip, *(tech)* cant, *(tech)* line, *(tech)* nose, *(tech)* return, *(tech)* side

hranatý *príd* **1.** edged, angular, angled, *(postava)* square-built; **2.** *(neuhladený)* rugged, clumsy, gross, crude

hranica *ž* **1.** ob mn: **hranice** frontier, border; **2.** *(krajný stupeň niečoho)* limit, *(časová)* term, deadline; **3.** *(čiara oddeľujúca od seba)* boundary, line, bound[s], **4.** *(vatra)* balefire, *(pohrebná)* pyre

hraničiť *ndk* **1.** to border, to abut on, to adjoin; **2.** to have a common border

hraničný *príd* **1.** frontier, border; **2.** marginal, limit, borderline, treshold

hranol *m* **1.** *(geom)* prism; **2.** *(hov: vec majúca tvar hranola)* block, square, *(drev)* cuboid

hranolček *m* **1.** block, balk; **2.** len mn: **hranol[če]ky** *(kuch: opekané)* chips, *(am)* French fries

hranostaj *m* **1.** *(zool: Mustela erminea)* stoat; **2.** *(v zime, i kožušina)* ermine

hrať *ndk* **1.** *(i hud)* to play, *(hazardné)* to gamble; **2.** *(pôsobiť ako herec)* to perform, to act, *(vo filme)* to star, to do; **3.** *(uvádzať)* to be/ to put on, to show, **4.** *(živo sa pohybovať, pociťovať nepokoj)* to stir, **5.** *(jagať sa, blyšťať sa)* to sparkle

hrať sa *ndk* **1.** to play, to amuse oneself; **2.** *(zahrávať sa s)* to toy with, to trifle with, to play around with; **3.** *(predstierať)* to play-act, **4.** *(babrať sa)* to potter

hŕba *ž* **1.** *(hromada)* pile, heap, crowd; **2.** *(hovor: veľké množstvo)* a lot of, loads of, flock

hrbatý *príd* **1.** *(s hrbom)* humpbacked, hunchbacked; **2.** *(zhrbený)* arched, bent, crooked; **3.** *(expr: hrboľatý)* rugged, hilly

hrča *ž* **1.** *(opuchlina na tele)* lump, bump, swelling; **2.** *(uzlina v dreve)* knot, *(drev)* nob, knar, stub; **3.** *(hrbolček, vyvýšenina)* protuberance, **4.** *(niečo skrútené do gule)* ball, **5.** *(hŕba: o ovciach)* flock, **6.** *(zool: sumec)* sheatfish

hrdinka *ž* **1.** heroine

hrdlo *s* **1.** *(vchod do hltana a hrtana)* throat; **2.** *(niečo podobné hrdlu)* neck, nozzle; **3.** *(hovor: predná časť krku)* neck, **4.** *(tech: rúry, tvarovky)* bend, hub, orifice, *(skl)* mouth, outlet

hrdý *príd* **1.** *(pyšný)* proud, haughty, conceited; **2.** *(hovor: veľkolepý)* splendid, magnificent

hrdza *ž* **1.** rust; **2.** *(choroba rastlín)* mildew, ergot

hrdzavieť *ndk* **1.** to rust, to gather rust, to grow rusty, *(tech)* to corrode

hrdzavý *príd* **1.** *(i farba)* rusty; **2.** *(hrdzavej farby)* rust-coloured, foxy, *(ovocie)* russet, rusted

hrebeň *m* **1.** *(na česanie vlasov)* comb; **2.** *(tex)* card, gill; **3.** *(kohúta)* cockscomb, *(vtákov)* crown, tuft, **4.** *(vĺn, vtákov, horský)* crest, *(horský)* ridge

hrešiť *ndk* **1.** *(náb: páchať hriechy)* to sin, to transgress, *(i prn)* to err; **2.** *(karhať)* to reprove, to scold, to chide, to vituperate; **3.** *(nadávať)* to swear, to curse, to revile

hriadeľ *m* **1.** shaft, *(zalomený)* crank shaft, *(dutý)* quill, *(hodinárstvo)* staff, *(tech)* rod; **2.** *(súčasť pluhu)* ploughbeam

hriadka *ž* **1.** *(zeleninová)* patch, patch; **2.** *(kvetinová)* [flower] bed, parterre

hrianka *ž* **1.** *(krajec)* a slice of toast, a round of toast, *(hrianky)* toasted bread, toast

hriať *ndk* **1.** *(vydávať teplo)* to give warmth/ heat, to warm [ ] up; **2.** *(zohrievať)* to warm [ ] up, to heat [ ] up; **3.** *(prn: tešiť)* to cheer up

hríb *m* **1.** *(bot smrekový: Boletus edulis)* boletus, cep; **2.** *(hov: jedlá huba vôbec)* mushroom; **3.** *(jfyz: atómový)* mushroom cloud

hriech *m* **1.** *(náb i prn)* sin; **2.** *(poklesok)* error, fault, trespass, offence; **3.** *(hov: nepríjemnosti)* unpleasantness, quarrel

hriva *ž* **1.** mane, crest; **2.** *(prn: bujné vlasy)* shock

hrmieť *ndk* **1.** to thunder, to clap, to roll, to rumble, to growl, *(i prn)* to roar; **2.** *(prn)* to boom

hrnček *m* **1.** *(zdrob)* [small] pot; **2.** *(zdrob: hlinený)* pipkin; **3.** *(na pitie)* cup, *(veľký)* mug

hrniec *m* **1.** *(nádoba, i jej obsah)* pan, pot, casserole, skillet, saucepan, steamer, *(na varenie vody)* kettle, *(tlakový)* pressure cooker; **2.** *(hlinený)* crock; **3.** *(jej obsah)* potful

hrob *m* **1.** grave, tomb, *(rhet, arch)* sepulchre; **2.** *(Boží)* the Holy Sepulchre

hroch *m* **1.** *(zool: Hippopotamus)* hippopotamus, *(ifm)* hippo, river-horse, sea cow

hrom *m* **1.** thunder; **2.** *(hovor: blesk)* thunderbolt, lightening; **3.** *(*ba hroma! :vyj silný zápor/ hnev)* Hell!

hromada *ž* **1.** heap, pile, stack, mass; **2.** a great deal, a lot, *(ľudí)* crowd, mountain

hromadiť *ndk* **1.** to accumulate, to amass, to store, to stock; **2.** to pile, to heap up; **3.** to stock-pile

hromadiť sa *ndk* **1.** to accumulate, to collect, to pile up, to gather

hromadný *príd* **1.** *(i lingv)* collective, mass, wholesale, bulk, block, cumulative

hrot *m* **1.** point, tip, peak, *(tech: dotykový)* feeler, stylus, prick, *(žel)* toe, *(inf)* needle, prong, nib, *(anat)* apex

hrozba *ž* **1.** *(vyhrážka, i blízkosť niečoho nebezpečného)* threat [to do st,of st]; **2.** *(ob pl práv: vyhrážka)* menaces

hroziť *ndk* **1.** to threaten, to menace, *(čím)* to make a threatening gesture with o's, *(prstom)* to wag[gle] o's finger at, *(päsťou)* to shake o's fist; **2.** *(o niečím hroznym)* to impend, to overhang, to hang [about/ on], to loom

hroziť sa *ndk* **1.** *(čím)* to threaten, to menace; **2.** *(ľakať sa, desiť sa)* to fear, to abhor, to shrink at

hrozno *s* **1.** grapes

hrozný *príd* **1.** horrible, terrible, atrocious, tremenedous, appalling, hideous, shocking, awful; **2.** *(expr: veľký)* awful, enormous, terrific

hrôza **I.** ***podst*** *ž* **1.** horror, awe, dread, *(na tvári)* consternation, dismay; **2.** *(utrpenie, nešťastie)* atrocity; **3.** *(veľké množstvo)* an awful lot of, loads of, lots of, **II.** ***prísl*** *(hov: až hrôza)* **4.** awfully

hrtan *m* **1.** *(anat)* larynx; **2.** *(hovor: hrdlo)* throat, throttle, weasand, *(koňa, zool, nár)* thropple

hrúbka *ž* **1.** thickness

hrubý *príd* **1.** *(i pri udaní miery)* thick, *(silný)* strong, *(i hlas)* harsh, *(drsný)* coarse, *(i približný, nie opracovaný)* rough, *(nespracovaný)* raw, *(i prn)* unrefined, *(nevychovaný)* rude, *(i ekon)* gross, *(predbežný)* draft, *(podradný)* secondary, *(veľký)* large

hruď *ž* **1.** chest, *(ob ženská)* bosom, *(rhet, i kuch)* breast, *(anat, zool)* thorax, *(zool)*

corslet; **2.** *(kuch)* brisket
hruda *ž* **1.** *(kus zeminy)* clod, earth; **2.** *(kus niečoho podobného)* lump, piece, hunk, chunk, chump, *(masla)* roll
hruška *ž* **1.** *(bot obyčajná: Pirus communis)* pear tree; **2.** *(plod)* pear; **3.** *(niečo majúce tvar hrušky)* pommel, knob, horn, *(ele)* bulb
hrýzť *ndk* **1.** *(i o hmyze, i od nervozity)* to bite, *(zatínať zuby, i prn)* to gnaw, *(jemne)* to nibble [on], *(hlučne)* to chomp, to munch, *(ob o zvieratách)* to champ, *(žuvať)* to chew; **2.** *(prn: znepokojovať)* to torment
huba *ž* **1.** *(bot: Fungi)* mushroom, fungus; **2.** *(zool: porifera, i špongia)* sponge, *(na umývanie, utieranie)* wiper, [blackboard] eraser; **3.** *(hovor. pejor.)* mouth, **4.** *(hovor: papuľa zvierat)* snout, **5.** *(pren. pejor.)* chatterbox
hučať *ndk* **1.** *(vodopád ap)* to roar, *(stroje ap)* to rattle, *(vietor)* to howl, *(voda)* to ripple; **2.** *(robiť hukot)* to make noise, *(hory)* to wail; **3.** *(neos: v hlave, v ušiach)* to buzz, *(v ušiach)* to ring, **4.** *(o monotónnom zvuku)* to drone, **5.** *(hov: nahovárať)* to talk sb into st
hudba *ž* **1.** *(i prn)* music; **2.** *(kapela)* band, orchestra
hudobný *príd* **1.** musical, music, tuneful, *(skriňa)* juke-box; **2.** *(melodický)* melodic
húf *m* **1.** crowd, mass, flock, throng
húkať *ndk* **1.** *(i o sove)* to hoot, to honk, to toot; **2.** *(o sove)* to tu-whit; **3.** *(expr: hlasno kričať)* to scream, to yell, to shout
humanizmus *m* **1.** humanism
humánny *príd* **1.** humane, humanitarian, Christian; **2.** *(týkajúci sa človeka)* human
humno *s* **1.** *(stodola)* barn; **2.** *(priestor za domom so stodolou)* threshing floor, malt[ing-]floor, backyard; **3.** ob mn: **humná** *(pole, záhrada za stodolou)* fields
humor *m* **1.** humour, wit; **2.** *(zmysel pre humor)* a sense of humour
huňatý *príd* **1.** shaggy, bushy, hirsute; **2.** fleecy, woolly
hundrať *ndk* **1.** *(nezrozumiteľne hovoriť)* to mumble, to mutter, to gibber; **2.** *(reptať, šomrať)* to grumble, to grunt
hurá **I.** *cit* **1.** hurrah, hurray, hooray, *(ifm)* yippee, **II.** *príd* neskl **2.** *(napochytre zle urobený)* slapdash
hus *ž* **1.** *(zool: domáca)* goose, *(samec)* gander, *(zool: Coerulescens)* snow goose; **2.** *(prn pej)* silly goose
husle *ž pomn* **1.** violin, *(dtd, ifm)* fiddle; **2.** *(hrať druhé husle)* to play second fiddle, to take a back seat
hustnúť *ndk* **1.** to thicken, to get thicker, to grow dense, *(krv)* to coagulate
hustota *ž* **1.** density, thickness, intensity, denseness, richness, *(tkaniny)* closeness, consistence
hustý *príd* **1.** dense, *(drevo)* close-grained, *(lek)* grumous, *(olej)* heavy
húževnatý *príd* **1.** *(o ľuďoch)* tenacious, assiduous, dogged, obstinate, gritty; **2.** *(o prejavoch ľudského konania)* arduous, relentless; **3.** *(odb: o materiáloch)* tough
hviezda *ž* **1.** *(i prn)* star; **2.** *(prn)* celebrity, headliner, topliner; **3.** *(lysinka)* blaze
hviezdica *ž* **1.** *(čo sa podobá hviezde)* star; **2.** *(bot: prostredná)* chickweed, *(bot: Stellaria holostea)* starwort; **3.** ob mn: **hviezdice** *(zool: ostronožce)* starfish, five-finger
hýbať *ndk* **1.** to move, to budge, to stir, to agitate, to shake, to disturb
hýbať sa *ndk* **1.** to move, to stir; **2.** to leave
hybný *príd* **1.** moving, motive; **2.** movable; **3.** motor
hydina *ž* **1.** poultry, fowl[s]
hygiena *ž* **1.** *(čistotnosť i odbor)* hygiene; **2.** *(odbor)* hygienics; **3.** *(sústava opatrení)* sanitation
hygienický *príd* **1.** hygienic, hygienical, sanitarian, sanitary
hymna *ž* **1.** hymn, anthem
hynúť *ndk* **1.** to perish, to die; **2.** *(zanikať)* to decay, to decline, *(slabnúť)* to weaken
hypotéka *ž* **1.** mortgage, encumbrance, bond, cumbrance
hysterický *príd* **1.** hysterical, hysteric, *(záchvat)* hysterical fit, hysterics

CH

chabý *príd* **1.** *(slabý, nevládny)* weak, feeble, flaccid, languid, *(malátny)* sickly, emaciated; **2.** *(malý, nedostačujúci)* small, poor, *(ekon: trh)* easy, *(argument ap)* halting

chalan *m* **1.** youngster, lad, stripling; **2.** *(pej)* hobbledehoy; **3.** *(hov: priateľ)* boyfriend, **4.** len mn: **chalani** boys

chalupa *ž* **1.** *(jednoduchý dedinský dom)* cottage, *(malá)* hut; **2.** *(rekreačná)* holiday home

chamtivý *príd* **1.** greedy, covetous, *(hrabivý)* rapacious, *(ifm)* grabby

chaos *m* **1.** *(mytol, i zmätok)* chaos; **2.** *(zmätok)* bedlam, mess, babel

chápadlo *s* **1.** tentacle; **2.** *(tech)* grip[per], clutch, grab

chápať *ndk* **1.** *(rozumieť, mať porozumenie)* to understand, *(rozumieť: fml)* to comprehend, to grasp, *(rýchlo)* to be quick-witted, *(sl)* to dig

chápavý *príd* **1.** *(vnímavý, dôvtipný)* quick-witted, perspicacious, comprehensive, intelligent, receptive, sharp, understanding

charakter *m* **1.** *(povaha[pevná], súhrn znakov vecí, i div postava)* character, *(povaha, súhrn znakov veci)* nature, *(povaha)* temperament, stamp; **2.** *(ráz)* characteristic, feature, [-]ness

charakteristický *príd* **1.** charakteristic, typical

charakterizovať *n/dk* **1.** to characterize, to mark, to stamp, to distinguish, to label, to describe, to define

chata *ž* **1.** *(letné sídlo)* cottage, lodge, chalet, *(menšia)* hut, *(drevená)* shanty, cabin; **2.** *(turistický hotel)* hostel

chatrč *ž* **1.** hovel, shack, cabin, *(rozpadnutá)* shake-up

chatrný *príd* **1.** *(chudobný, biedny)* miserable, wretched, *(dom)* dilapidated, *(opotrebovaný)* worn-out, *(i slabý)* decrepit; **2.** *(slabý)* weak[ly], *(cintľavý)* frail, sickly, feeble

chcieť *ndk* **1.** *(vyj vôľu)* to want, to be willing; **2.** *(vyj úmysel)* to intend, to mean, to be going to; **3.** *(vyj chuť)* to feel like, **4.** *(želať si)* to desire, to care, *(fml)* to will, **5.** *(žičiť)* to wish, **6.** *(žiadať)* to request, to ask, **7.** *(v spojení so zámenom: ako)* to please

chémia *ž* **1.** chemistry, *(súdna)* legal chemistry

chemický *príd* **1.** chemical

chirurg *m* **1.** surgeon, *(sl)* sawbones, *(operujúci mozog)* nutcrackers

chlad *m* **1.** cold, coldness; **2.** *(mierny)* cool, coolness; **3.** *(veľmi)* chill, **4.** *(prn: ľahostajnosť, odmeranosť)* coldness, reserve

chladený *príd* **1.** *(i tech)* cooled, chilled, refrigerated, *(plynom)* gas-cooled

chladiareň *ž* **1.** coldstorage room, cooling/ chilling room, cold storage facilities, *(budova)* cooling/ refrigerating plant, cold-storage plant; **2.** cooler

chladič *m* **1.** *(tech)* cooler, refrigerator, chiller; **2.** *(v aute)* radiator

chladiť *ndk* **1.** *(nechávať vychladnúť)* to cool, to chill, to refrigerate; **3.** *(prn: tíšiť)* to soothe, to cool down

chladnička *ž* **1.** refrigerator, *(ifm)* fridge, *(am)* cooler, ice-box

chladnokrvný *príd* **1.** *(nepodliehajúci citom, i biol)* cold-blooded, *(chladný)* cold, *(triezvy)* cool-headed, sober-minded, *(flegmatický)* phlegmatic, imperturbable, *(rozvážny)* self-possessed

chladný *príd* **1.** *(studený)* cold, *(mierny)* cool, *(veľmi)* chilly, *(i prn)* frigid; **2.** *(prn: rozvážny, triezvy)* sober-minded; **3.** *(ľahostajný, nevšímavý)* idifferent, cold, careless

chládok *m* **1.** cool spot/ place, cool, *(tieň)* shade; **2.** *(hov žart)* cooler

chlap *m* **1.** *(muž)* chap, fellow, guy; **2.** *(ako kladné hodnotenie)* he-man, *(príťažlivý, mocný)* hunk, macho

chlapčenský *príd* **1.** boy's, boyish, puerile

chlapec *m* **1.** boy, lad, laddie; **2.** *(mladík)* youngster, teenager; **3.** *(oslovenie kamarátov)* bud, buddy, **4.** *(milý)* [boy-]friend

chlapík *m* **1.** chap, fellow, guy, bloke, *(br sl)* geezer

chlapský *príd* **1.** male, virile, manly, macho;

2. *(smelý)* brave, vigorous, daring, *(reč)* straightforward

chlieb *m* **1.** bread; **2.** *(bochník)* loaf, cob; **3.** *(živobytie)* bread [and butter], livelihood, living

chlopňa *ž* **1.** lappet, *(na kabáte ap)* lapel, revers, *(na otvore vrecka)* flap; **2.** *(anat, bot)* valve

chlp *m* **1.** hair; **2.** *(bot)* trichome; **3.** *(expr: chumáč)* tuft, *(trávy)* wisp, *(hrsť)* handful, **4.** *(hov: (ani) o chlp)* jot, **5.** a hair['s breadth], **6.** *(na chlp: presne)* to a hair, *(celkom)* to a T

chlpatý *príd* **1.** *(vlasatý, srstnatý)* hairy, haired; **2.** *(s pochlpenými dlhými vlasmi, srsťou)* shaggy, hirsute, bushy; **3.** *(o tkaninách)* fluffy, woolly, **4.** *(bot)* downy, comose

chmúriť sa *ndk* **1.** *(o oblohe)* to become cloudy/ overcast, *(i o človeku)* to lour; **2.** *(o človeku)* to knit one's brow, to frown, to scowl

chmúrny *príd* **1.** overcast, cloudy; **2.** *(prn)* gloomy, sad, murky, dreary, sullen, morose, sombre

chobot *m* **1.** trunk, proboscis; **2.** *(voj: lafetový)* tail; **3.** *(geogr)* bay, cove

chod *m* **1.** *(chôdza: človeka, i koňa)* gait, *(koňa)* pace; **2.** *(beh, fungovanie: motora)* run[ning], activity, *(prevádzka: stroja)* operation; **3.** *(priebeh: myšlienok)* train, **4.** *(i jedlo v rade jedál)* course, dish

chodba *ž* **1.** coridor, passage, aisle, runway, *(úzka)* manway; **2.** *(pod zemou)* tunnel; **3.** *(ban)* drift, *(hlavná)* heading, *(dopravná)* gangway

chodec *m* **1.** pedestrian, walker, goer, footpassanger, footslogger, leg-stretcher

chodidlo *s* **1.** *(časť nohy i pančuchy)* sole, *(časť nohy)* foot, *(anat)* tarsus

chodiť *ndk* **1.** *(kráčať)* to walk, *(pomaly, bezstarostne)* to stroll, *(pomaly, nervózne)* to pace, *(bez cieľa)* to saunter, *(pešo)* to go/ make o's way by foot, *(po špičkách)* to tiptoe, to walk about/ around, *(dlhými krokmi)* to straddle, *(štvornožky)* to walk/ to crawl on all fours; **2.** *(v spojení: bývať v nejakom stave)* to be, to look; **3.** *(byť oblečený, obutý)* to go, *(v čom)* to wear, **4.** *(pravidelne navštevovať)* to go, *(ku komu, za kým)* to visit, *(na prednášky, do školy ap)* to attend, *(i do krčmy)* to frequent, to haunt, *(do kurzu)* to take [ ] lessons, *(dopravným prostriedkom)* to travel, **5.** *(s kým)* to see, to date, to go out with, **6.** *(fungovať, i o dopravných prostriedkoch)* to run, **7.** *(obchádzať za určitým cieľom)* to run around, **8.** *(dochádzať poštou)* to come in, to be delivered, **9.** *(byť zdravý)* to be up

chodník *m* **1.** footway, footpath, walk, *(poľný)* lane; **2.** *(po okrajoch ulice)* pavement, *(am)* sidewalk

chochol *m* **1.** *(chumáč ľudských vlasov)* [fore]lock, *(i u vtákov)* tuft; **2.** *(chumáč vtáčieho peria i ozdoba)* crest, plume, aigrette, panache; **3.** *(ozdoba z peria/ srsti ap)* feather, **4.** *(anat)* trochanter; **5.** *(ženský)* bun

chomút *m* **1.** collar, hame; **2.** *(prn: bremeno, povinnosť)* yoke, burden

chopiť sa *dk* **1.** *(chytiť)* to seize, to take hold of, *(i využiť)* to grab; **2.** *(zmocniť sa, využiť vo svoj prospech)* to grasp, to take advantage of; **3.** *(začať niečo, pustiť sa do niečoho)* to take up, to embrace, to start

chór *m* **1.** *(miesto v kostole)* chancel, organloft, choir loft, gallery, sacrarium, *(i zbor)* choir; **2.** *(zbor a zborová pieseň)* chorus

choroba *ž* **1.** *(i duševná)* illness, *(horská, letecká, morská)* sickness; **2.** blight; **3.** evil habit

chorobný *príd* **1.** *(týkajúci sa choroby)* pathologic[al], *(i nezdravý)* deseased; **2.** *(nezdravý)* ill, *(am)* sick, disordered, *(často)* sickly; **3.** *(i nenormálny)* morbid

choromyseľný **I.** ***príd*** **1.** insane, mentally ill, mad; **II.** ***podst m*** **2.** lunatic

chorý *príd* **1.** ill, diseased; **2.** the sick; **3.** insane, mentally ill, delirious

chovať *ndk* **1.** *(zvieratá)* to breed; **2.** *(živiť, vydržiavať)* to raise, to rear, to bring up; **3.** *(kŕmiť)* to feed, **4.** *(kniž: prechovávať)* to cherish, to nurse, to nourish

chôdza *ž* **1.** *(chodenie, i spôsob)* walk; **2.** *(spôsob chodenia)* gait, pace; **3.** *(šport)* walk, walking race

chradnúť *ndk* **1.** to ail, to peak, to pine away, *(i prn)* to languish, *(i o rastlinách)* to wither

chrám *m* **1.** *(i prn)* temple, *(v UK)* minster, *(dóm)* cathedral, *(židovský, i prn)* tabernacle, *(kostol)* church

chrániť *ndk* **1.** *(zachovávať niečo neporušené)* to protect, *(prírodu)* to preserve, to keep; **2.** *(brániť, hájiť)* to defend

chrániť sa *ndk* **1.** *(zakrývať sa niečím pred niečím)* to protect os from/ against, to take precautions against, to guard os; **2.** *(vystríhať sa)* to beware of, to keep away from; **3.** *(vyhýbať sa)* to avoid, to shun

chrápať *ndk* **1.** to snore, to snotter, *(obs)* to snort; **2.** *(tvrdo spať)* to sleep heavily

chrbát *m* **1.** *(zadná časť tela)* back, *(anat)* dorsum, *(prn)* shoulder, *(zool)* croup; **2.** *(zadná/ horná/ opačná strana)* reverse, *(knihy)* spine, backbone, *(let: krídla)* upper surface, **3.** *(geogr)* ridge, **4.** *(kuch)* chine

chrbtica *ž* **1.** *(anat)* spinal/ vertebral column, backbone, spine; **2.** *(stav)* girder, *(lode)* keel[son]; **3.** *(kuch)* chine, loin

chrbtový *príd* **1.** spinal, spine, tergal, dorsal

chrípka *ž* **1.** influenza, *(ifm)* flu

chrliť *ndk* **1.** *(zvnútra)* to pour forth/ out, to eject, to belch, to emit, to erupt, *(lávu)* to extravasate, *(i geol)* to eruct[ate], to spit up/ out, *(lek)* to expectorate; **2.** *(iron: produkovať vo veľkom množ)* to churn out

chromý *príd* **1.** *(človek, i noha)* lame, halting; **2.** *(končatina)* game, crippled

chronický *príd* **1.** *(lek, i prn)* chronic, chronical; **2.** *(prn)* inveterate, confirmed

chrup *m* **1.** set of teeth, teeth structure; **2.** crunch, denture

chrúst *m* **1.** *(zool: obyčajný)* cockchafer, May-bug, May beetle; **2.** *(pren. expr.)* runt, weed

chtivý *príd* **1.** *(dychtivý)* eager [for], desirous [of], keen [on], wishful, *(chamtivý)* greedy, grasping, covetous; **2.** *(náruživý, chlípny)* passionate, lustful, sensual

chudák *m* **1.** poor fellow/ devil/ thing/ sod, pauper, wretch, beggar

chudnúť *ndk* **1.** to lose weight, to get slimmer, to slim, *(úmyselne)* to be on a diet

chudoba *ž* **1.** *(nemajetnosť)* poverty, indigence, destitution, indigency, poorness; **2.** *(chudobní ľudia)* poor people

chudobný *príd* **1.** poor, needy, indigent, poverty-stricken; **2.** *(prn)* meagre, weak

chudý *príd* **1.** thin, *(a dlhý)* lanky, *(veľmi)* skinny, *(a slabý)* emaciated, *(diéta)* meagre, *(mäso ap)* lean, *(kaloricky)* low, *(pôda, ruda)* hungry, *(neproduktívny)* dry

chuj *m vulg* **1.** *(m pohl orgán)* cock, prick, dick; **2.** *(nadávka)* prick, fuck[er]; **3.** *(hlupák)* asshole

chujovina *ž vulg* **1.** *(hlúposť)* [bull]shit

chúlostivý *príd* **1.** *(málo odolný)* delicate, *(tech)* damageable, touchy; **2.** *(precitlivený)* sensitive

chumáč *m* **1.** wisp, tuft, bunch, wad, flake, lump, lock, *(tex)* shag, clot

chuť *ž* **1.** *(vlastnosť látok i zmysel)* taste, *(chuť a vôňa)* flavour, *(prn)* liking; **2.** *(vlastnosť látok i zmysel)* sapor, smack; **3.** *(zmysel)* gustation, palate, **4.** *(prn: ochota niečo robiť)* appetency, gusto, fancy, zest, relish, *(sl)* yen, **5.** *(mať chuť)* to feel like

chutiť *ndk* **1.** *(pôsobiť príjemne na chuťové orgány)* to be tasty, **[!]** *(i páčiť sa)* to like; **2.** *(mať chuť)* to feel like, to have an appetite [for]; **3.** *(mať urč. príchuť)* to smack of, **4.** *(páčiť sa)* to be to one's liking, **5.** *(chuťou)* do you like it?

chutný *príd* **1.** *(príjemnej chuti, i prn)* tasty, tasteful, palatable, dainty, savoury, appetizing, *(i prn)* toothsome, delicious; **2.** *(prn: príjemný)* attractive, cute

chvála *ž* **1.** praise; **2.** vaunt, boast, thank

chváliť *ndk* **1.** to praise, to laud, to boost, to extol, to be conteded with

chvieť sa *ndk* **1.** to shake, to wiggle, to flicker, to quiver, to shiver; **2.** *(fyz)* to vibrate, to oscillate

chvíľa *ž* **1.** while, *(časový bod)* minute; **2.** time; **3.** weatler

chyba *ž* **1.** *(omyl)* mistake, error, *(veľká)* blunder, *(menšia)* inaccuracy, *(inf, eko)* trouble; **2.** *(nedostatok, kaz)* shortcoming, deficiency, flaw; **3.** *(lek: úchylka od norm. stavu)* defect

chýbať *ndk* **1.** *(nebyť niekde)* to be missing, not to be there, to be lacking, [!] to lack, [!] to be minus, *(byť neprítomný)* to be absent, to stay/ to be away; **2.** *(byť v nedostatočnom množstve)* to be short, to run/ to fall short; **3.** *(pociťovať neprítomnosť niekoho)* to miss

chybný *príd* **1.** *(nesprávny)* wrong, mistaken, incorrect, erroneous, fallacious; **2.** *(majúci chybu, nedostatok)* faulty, defective, imperfect, deficient, *(poškodený)* damaged; **3.** *(hovor: s telesným nedostatkom)* invalid

chystať sa *ndk* **1.** *(pripravovať sa)* to prepare, to get ready; **2.** *(prísť: hodlať)* to intend, to plan; **3.** neos *(na dážď)* it looks like rain

chytať *ndk* **1.** *(brať do rúk, uloviť, zatknúť, dostihnúť)* to catch; **2.** *(zatknúť)* to capture; **3.** *(chopiť)* to get hold of, to sieze, **4.** *(zovrieť v ruke)* to clasp, to grasp, to grab, **5.** *(šport: v bránke)* to be the goalkeeper, **6.** *(bezpr: o farbách, náteroch ap.)* to take, **7.** *(dotýkať sa, ohmatávať)* to touch, to feel, **8.** *(stanicu)* to pick up, **9.** *(prach)* to gather; **10.** *(nechytaj ma!)* don't touch me!!

chytľavý *príd* **1.** *(horľavý)* [in]flammable; **2.** *(o chorobách)* infectious, *(i prn)* contagious, catching

chytrý *príd* **1.** *(rýchly)* quick; **2.** *(dôvtipný)* smart, bright, brainy, ingenious, clever, bright, quick-witted, sharp-witted, shrewd

I

i I. ***podst s nesk*** **1.** *(hláska a písmeno)* i; **2.** *(I: rím číslica* **1***)* **I**; **3.** *(mat: značka)* i, **II.** ***spoj*** **4.** *(zlučovacia)* and, **5.** *(stupňovacia v spoj: ba/ ale i)* also, too, as well, **6.** *(dôsledková)* so, therefore,
7. *(v spájacích výrazoch: i keď/ keby/ tak)* even, *(i... i)* both...and, as well as, **III.** ***časť*** **8.** *(zdôrazňovacia)* also,
likewise, **IV.** ***cit*** **9.** *(vyj prekvapenie)* why, oh

iba I. ***spoj*** **1.** *(len)* only; **2.** *(uv časovú vetu : iba.[čo]...už)* just...when, as soon as, *(iba keď [us])* only when, **II.** ***časť*** **3.** *(len)* only

idea *ž* **1.** idea, image, thought, notion

ideál *m* **1.** ideal, paragon, pattern, eidolom, *(hov)* dreamboat

ideálny *príd* **1.** ideal; **2.** altruistic, perfect, model

identifikácia *ž* **1.** identification, identifying, *(ifm)* ident

idiot *m* **1.** idiot, *(hlupák)* moron, *(hovor)* imbecile, fool

idol *m* **1.** *(druh fetiša)* idol, idolum, god, *(prn)* icon

ignorovať *n/dk* **1.** to ignore; **2.** to disdain; **3.** to ostracize

ihla *ž* **1.** *(na šitie)* [sewing]needle; **2.** *(predmet podobný ihle)* pin, *(podpätok)* stilleto, *(injekčná)* hypodermic needle, *(gramofónová)* stylus, *(str: orysovacia)* awl, *(tech)* tracer, *(polyg)* etching needle; **3.** *(zool: morská)* pipefish

ihlan *m* **1.** pyramid, minor pyramid; **2.** pinnacle

ihlica *ž* **1.** *(predmet podobný veľkej ihle)* pin, *(do kravaty)* tiepin, *(do vlasov)* hairpin, *(do klobúkov)* hatpin; **2.** *(na pletenie)* knitting needle; **3.** *(anat: kosť predkolenia)* tibia, **4.** ob mn: **ihličie** *(borovice)* pine needles, **5.** *(bot: tŕnistá)* rest-harrov, **6.** *(zool: morská)* needlefish

ihneď *prísl* **1.** immediately, at once

ihrisko *s* **1.** *(detské)* play area, playground, *(trávnaté)* common, *(tenisové)* court, *(golfové)* course, [golfing] green; **2.** *(veľké športové)* [playing] field/ ground, *(futbalové/ hokejové)* [football] ground/ pitch

íl *m* **1.** *(geol)* loam, marl, *(i ker)* till; **2.** *(odb)* [potter's] clay

ilegalita *ž* **1.** illegality; **2.** illegal activity; **3.** the underground, fifth columm

ilegálny *príd* **1.** illegal, unlawful, illicit, underground

ilustrácia *ž* **1.** illustration, figure; **2.** *(prn)* example, sample

ilustrovať *n/dk* **1.** to illustrate; **2.** *(uviesť ako príklad)* to exemplify, to elucidate, to instance

ilúzia *ž* **1.** illusion

imitácia *ž* **1.** imitation, copy, *(hlasu, chôdze ap)* take-off, *(sfalšovanie)* counterfeit, fake, postiche, *(i voj)* simulation

imponovať *ndk* **1.** to impress, to command, to appeal

import *m* **1.** import; **2.** imports, imported merchandise

importovať *n/dk* **1.** to import

impregnovať *n/dk* **1.** to impregnate, to saturate, to soak, *(proti vode)* to waterproof, to impermeabilize

improvizácia *ž* **1.** improvisation, extemporization, extempore, *(hud)* ad-lib, *(ifm)* jam [session]

improvizovať *n/dk* **1.** to improvise, to extemporize, to knock up, *(hud)* to ad-lib

impulz *m* **1.** *(biol, psychol, ele, inf)* impulse, *(psychol)* impetus, urge, *(inf)* pulse, counting, *(tech)* excitation

ináč I. *zám* **1.** *(iným spôsobom)* otherwise, **II.** *spoj* **2.** *(vysvetľovacia)* else, otherwise, **III.** *časť* **3.** however

inak *prísl* **1.** otherwise, *(odlišne)* differently, in another way, in some other

inde *prísl* **1.** elsewhere, somewhere else, out, *(bás)* otherwhere, *(bás)* otherwheres

index *m* **1.** *(ukazovateľ pomeru, i mat. ekon, inf)* index; **2.** *(škol)* school record; **3.** *(mat)* index/ serial number, *(geod)* reading, *(inf)* suffix, *(kyb)* label, **4.** *(register)* register, **5.** *(hist: zoznam kníh, zakázaných cenzúrou)* the Index [Librorum prohibitorum], *(prn)* blacklist

India *ž* **1.** India, *(poet)* Ind, *(Východná)* East Indies, *(Západná)* West Indies, *(zadná)* Indo-China

Indián *m* **1.** Indian, *(severoamerický)* Red Indian, American Indian, redskin

indigo *s* **1.** *(farbivo)* indigo, Indian blue, perse; **2.** *(hov: kopírovací papier)* carbon paper

individuálny *príd* **1.** individual, personal, particular, peculiar, singular, personalized

indukovať *n/dk* **1.** to induce

infekcia *ž* **1.** infection

infekčný *príd* **1.** infectious, contagious, transmissible, *(lek)* zymotic

infikovať *n/dk* **1.** *(lek)* to infect, to contaminate, to transmit, to attaint

inflácia *ž* **1.** inflation

informácia *ž* **1.** *(údaj)* [piece of] information, *(zkr)* info, datum, *(sl)* gen, *(správa)* tidings, *(i inf)* report, *(inf)* input; **2.** *(informácie)* information desk/ bureau

informačný *príd* **1.** information, informational, informative, fact-finding, commercial

informátor *m* **1.** informant

informovať *n/dk* **1.** to inform, to make a report, to brief, to post [up], to enlighten, to instruct, to notify, to tip

informovať sa *n/dk* **1.** to ask for information, to inquire, to seek information, to make inquiries

iniciatíva *ž* **1.** initiative

iniciatívny *príd* **1.** initiative; **2.** enterprising; **3.** displaying initiative

injekcia *ž* **1.** shot, injection, hypodermic; **2.** *(prn)* boost, brace

inkaso *s* **1.** collection

inkasovať *n/dk* **1.** *(fin)* to cash [in], to collect, to recover, to call in; **2.** *(hov: expr.)* to get

inokedy *prísl* **1.** at some other time, another time, *(nabudúce)* next time

inscenácia *ž* **1.** *(div)* staging, *(úprava)* setting, production

insolventný *príd* **1.** insolvent

inšpektor *m* **1.** inspector, overseer

inštalácia *ž* **1.** *(uvedenie do funkcie i tech)* installation, instal[l]ment; **2.** *(tech)* erection, plumbing, fitting, mount[ing]; **3.** *(zostavenie, usporiadanie)* arrangement

inštalatér *m* **1.** plumber, *(plynovodu)* gas-fitter, *(elektrikár)* electrical fitter, fitter, gasfitter

inštalovať *n/dk* **1.** *(i tech)* to install, to erect, to mount, to rig, to fit; **2.** *(slávnostne uviesť do funkcie)* to swear in

inštinkt *m* **1.** instinct

inštitúcia *ž* **1.** institution

inštitút *m* **1.** institution; **2.** institute; **3.** seminary, academy

inštruktáž *ž* **1.** instructing; **2.** instruction; **3.**

briefing conferenced, **4.** course of instruction

inštruktor *m* **1.** instructor, coach, trainer; **2.** *(domáci učiteľ)* tutor, preceptor

inštruovať *n/dk* **1.** to instruct

intelektuál *m* **1.** intellectual

inteligencia *ž* **1.** intelligence, wit, *(pracovná sila)* brain power, *(coll)* grey matter; **2.** *(hromad)* intelligentsia

inteligentný *príd* **1.** intelligent, educated

intenzita *ž* **1.** intensity, *(prúdu, horenia)* rate, *(absorpcie)* strength, *(dopravy)* volume, *(inf)* density

internacionálny *príd* **1.** international

internát *m* **1.** *(br)* hall of residence, *(am)* university dormitory, *(ifm)* dorm

interný *príd* **1.** *(i lek)* internal, inside, *(štúdium)* intramural, full-time, [in-]house, boarding

interpunkcia *ž* **1.** punctuation; **2.** *(interpunkčné znamienka)* punctuation marks

interval *m* **1.** interval

intervencia *ž* **1.** intervention

interview *s nesk/m nesk* **1.** interview

invalid *m* **1.** invalid; **2.** disabled soldier or veteran

invázia *ž* **1.** invasion, inbreak, incursion

inventúra *ž* **1.** inventory, stock in

investícia *ž* **1.** investment; **2.** plant assents

investovať *n/dk* **1.** to invest

inzerát *m* **1.** advertisement

inzerovať *n/dk* **1.** to advertise

inžinier *m* **1.** engineer

irónia *ž* **1.** irony; **2.** *(*irónia osudu)* the irony of fate

ironický *príd* **1.** ironic, ironical, tongue-in-cheek, wry

iskra *ž* **1.** spark

ísť *ndk* **1.** *(kráčať)* to walk; **2.** *(pohybovať sa)* to go, *(dopravným prostriedkom)* to travel, *(pešo)* to go on foot, *(autom, na bicykli, na koni)* to ride, *(autom)* to drive, *(odchádzať)* to leave, *(prichádzať)* to come; **3.** ***ndk i dk*** *(vybrať sa)* to set out for, **4.** *(siahať)* to reach, **5.** *(vychádzať z niečoho)* to pour/ to gush/ to leak out, **6.** ***ndk i dk*** *(vstúpiť)* to join, **7.** *(hov: chystať sa)* to intend, to plan, **8.** len v 3 os*(blížiť sa)* to get/ to draw near, *(dážď)* to look like, *(búrka)* to brew, **9.** ob v 3 os *(: pristáť)* to go together/ with, to become; **10.** len v 3 os *(smerovať)* to lead, to look on; **11.** *(o trvaní cesty)* to take; **12.** len nedok *(ubiehať: čas)* to go by

iste *prísl* **1.** certainly, undoubtedly, sure, all right; **2.** perhaps

istota *ž* **1.** *(nepochybná pravda)* certainty, sureness; **2.** *(sebavedomie)* self-assurance, *(sebadôvera)* self-confidence; **3.** *(spoľahlivosť, bezpečnosť, i fin)* security, **4.** *(fin, ekon)* financial security, *(záruka)* guarantee, *(záloha)* deposit, *(prá)* bail

istý *príd* **1.** *(nepochybný)* sure, doubtless, positive; **2.** *(zaručený)* guaranteed; **3.** *(pravdivý)* true, real, **4.** *(pevný)* firm, solid, **5.** *(spoľahlivý)* reliable, **6.** *(bezpečný)* safe, secure, **7.** *(nejaký)* some, **8.** *(i s významom zámena)* a certain, **9.** *(ten istý)* the same

izba *ž* **1.** room

izolácia *ž* **1.** *(osamotenosť, i lek)* isolation, seclusion; **2.** *(tech)* insulation, insulating/ insulatory property, insulating material, insulant

izolovaný *príd* **1.** isolated, secluded; **2.** *(ele)* insulated, covered

izolovať *n/dk* **1.** *(i lek)* to isolate, to segregate, to separate; **2.** *(lek)* to quaranteen; **3.** *(tech)* to insulate

J

jablčník *m* **1.** apple pie, apple tart, apple cake, apple crumble

jablko *s* **1.** apple; **2.** patella, kneecap

jačať *ndk* **1.** *(kričať)* to scream, to yell, *(prenikavo)* to shrill; **2.** *(vydávať prenikavý zvuk: sirény)* to howl, to screech; **3.** to squeal

jačmeň *m* **1.** barley; **2.** sty

jadro *s* **1.** seed; **2.** kernel; **3.** stone, **4.** pith, **5.** essence, **6.** testicle

jahňa *s* **1.** lamb, lambkin, yeanling; **2.** *(prn)* sheep

jahoda *ž* **1.** *(bot: Fragaria vesca)* strawberry; **2.** berries
jamka *ž* **1.** small hole; **2.** alveolus; **3.** pit, **4.** fossette
jantár *m* **1.** amber, succinite, *(geol)* lynx, fossil resin
január *m* **1.** January
Japonec *m* **1.** Japanese, *(ifm pej)* Jap
Japonsko *s* **1.** Japan
japonský *príd* **1.** Japanese
jar *ž* **1.** spring, springtime
jarmo *s* **1.** yoke; **2.** enslavement, subjagation
jarmok *m* **1.** annual fair, market
jarný *príd* **1.** vernal, spring; **2.** fig young, fresh
jarok *m* **1.** brook; **2.** trench, ditch, moat
jas *m* **1.** luster; **2.** gleam; **3.** exultation
jasať *ndk* **1.** to exult, to jubilate, to rejoice, to cheer, to maffick
jaskyňa *ž* **1.** cave, *(veľká)* cavern; **2.** grotto
jasle *ž pomn* **1.** manger, crib; **2.** creche; **3.** kindergarten
jasne *prísl* **1.** brightly; **2.** pleasantly, cheerfully; **3.** clearly
jasný *príd* **1.** bright; **2.** clear; **3.** fair, **4.** pleasant, **5.** pastel
jasot *m* **1.** exultation, jubilation, rejoicing, *(hlasný)* cheering
jastrab *m* **1.** hawk, *(americký)* goshawk
jašterica *ž* **1.** sand lizard
jav *m* **1.** phenomenon
javisko *s* **1.** stage, theatre; **2.** show
javiť *ndk* **1.** to manifest, to show, to express, to evince
javiť sa *ndk* **1.** to appear; **2.** to seem; **3.** to be evident
javor *m* **1.** maple, *(drevo)* maple wood
jazda *ž* **1.** cavalry; **2.** horsemen; **3.** riding, **4.** ride, **5.** drive
jazdec *m* **1.** cavalryman; **2.** mounted messenger; **3.** rider, **4.** horseman
jazdecký *príd* **1.** equestrin, cavalry
jazdiť *ndk* **1.** *(na koni, bicykli)* to ride, to go, to exercise; **2.** to drive motor
jazero *s* **1.** lake
jazva *ž* **1.** scar, *(med)* cicatrice
jazvečík *m* **1.** basset [hound], dachshund, badger dog, *(ifm)* sausage dog
jazyk *m* **1.** tongue, language
jazykoveda *ž* **1.** linguistics, glottology
jazykový *príd* **1.** tongue; **2.** lingual, glossal; **3.** linguistinc
jebačka *ž vulg* **1.** *(súlož)* fuck, screw; **2.** *(radodajná žena)* good fuck, fucker, easy lay; **3.** *(pipľavá práca)* fuck-up
jebák *m vulg* **1.** *(akné)* acne; **2.** *(hlupák)* asshole
jebať *dk vulg* **1.** *(súložiť)* to fuck, to screw, to pork, to shag; **2.** *(kašľať na koho)* to treat like shit
jebať sa *dk vulg* **1.** *(jeb sa!)* fuck off, *(br)* up yours!
jed *m* **1.** poison; **2.** anger, wrath
jedáleň *ž* **1.** dining room; **2.** dining hall; **3.** mess, **4.** dining room furniture
jedálny *príd* **1.** dining, eating; **2.** *(jedálny lístok)* bill of fares, menu
jeden *čísl* **1.** single
jedenásť *čísl* **1.** eleven
jedenástka *ž* **1.** eleven, *(pokutový kop)* penalty, *(futbalové mužstvo)* football eleven
jedenie *s* **1.** eating; **2.** food
jedináčik *m* **1.** only child; **2.** *(prn)* one and only thing
jedinečný *príd* **1.** unique
jediný *čísl* **1.** only, sole, single
jedlo *s* **1.** food, dish, fare
jedlý *príd* **1.** eatable, edible
jednak **I.** *spoj* **1.** *(jednak... jednak)* either...or, **II.** *čast* **2.** *(predsa)* nevertheless, likewise, equally, yet and yet
jednaký *čísl* **1.** equal, identical, same
jednoduchý *príd* **1.** simple; **2.** *(ľahký)* easy; **3.** *(základný)* elementary, **4.** *(i chem)* ordinary, **5.** *(účt)* single-entry, **6.** *(tech)* simplex
jednofarebný *príd* **1.** one-coloured, monochromatic, unicolour
jednohlasný *príd* **1.** one-voice, unanimous; **2.** unisonal
jednomyseľný *príd* **1.** unanimous, single-minded
jednoslabičný *príd* **1.** monosyllabic, one-syllable
jednosmerný *príd* **1.** one-way, equidirectio-

nal; **2.** *(ele)* DC, direct
jednostranný *príd* **1.** one-sided, unilateral, single-sided; **2.** biased
jednota *ž* **1.** unanimity
jednotka *ž* **1.** one, score
jednotlivec *m* **1.** individual, ind. unit or member
jednotlivý *príd* **1.** individual, single; **2.** certain, some
jednotný *príd* **1.** compact; **2.** uniform; **3.** singular, **4.** one-package
jednotvárny *príd* **1.** uniform, monotonous, dull, common
jednoznačný *príd* **1.** clear, of one meaning
jedovatý *príd* **1.** poisonous, toxic; **2.** angry, cantankerous, irate
jej *zám* **1.** of her, hers; **2.** to her; **3.** her
jemne *prísl* **1.** delicately, gently; **2.** softly; **3.** finely; 4. weakly
jemnosť *ž* **1.** fineness, delicatreness, tenderness, gentleness, subtlety, elegance, refinement
jemný *príd* **1.** *(kt je z malých čiastočiek:piesok, prach; kvalitný:cigarety)* fine; **2.** *(citlivý)* delicate, sensitive, *(jemnocitný)* gentle, *(spôsoby, muž)* refined, *(taktný)* tactful,, *(narážka)* subtle,*(až príliš: spôsoby)* suave; **3.** *(mäkký na hmat: látka, ruky)* soft, *(pleť)* smooth; **4.** *(príjemne/ lahodne pôsobiaci na zmysly: vôňa, farba, hlas)* pleasant, *(hlas)* silken, *(farba, tóny,víno)* mellow, *(chuť)* dainty; **5.** *(rozoznávajúci podrobnosti: váhy, mechanika)* precision **6.** *(sotva badateľný: hlas, chvenie)* feeble, faint, slight, tenuous, *(ľahký: vetrík)* gentle, *(vetrík, zaklopanie)* light, (tenký: plech) thin, *(vrásky)* subtle
jeseň *ž* **1.** autumn, *(am)* fall
jesť *ndk* **1.** to eat, to have lunch
ježibaba *ž* **1.** witch, hag; **2.** termagant, virago
Ježiš *m* **1.** Jesus
Ježiško *m* **1.** Christchild, *(kto nosí darčeky)* Santa Claus, *(kto nosí darčeky)* Father Christmas, *(vianočné darčeky)* Christmas presents
ježiť sa *ndk* **1.** to bristle with, to bristle
jogurt *m* **1.** yog[h]urt, lactic milk
jubileum *s* **1.** jubilee, *(osobné)* anniversary
juh *m* **1.** south
juhovýchod *m* **1.** southeast
juhozápad *m* **1.** southwest
júl *m* **1.** July
jún *m* **1.** June
južný *príd* **1.** south, southern; **2.** tropical

K

k *predl* **1.** *(tomu)* to, of, on
kabaret *m* **1.** *(zábavný program, i kaviareň)* cabaret, revue, music hall; **2.** *(kaviareň)* café chantant, café with a floor show
kabát *m* **1.** *(zvrchník)* overcoat, topcoat, *(dámsky voľný)* dust[er]-coat, *(nepremokavý)* raincoat, *(kožušinový)* furcoat, *(i sako)* coat; **2.** *(sako)* jacket; **3.** *(vojenský)* greatcoat, **4.** *(pracovný)* frock, *(pyžamový)* top, *(chirurga)* gown, **5.** *(tech)* cover, *(kotla)* shell, **6.** *(prn)* veil, screen, cover
kábel *m* **1.** cable
kabelka *ž* **1.** handbag, *(malá)* purse, case
kabína *ž* **1.** *(búdka)* booth, box, *(v nákladnom aute)* cab, *(výťahu, lanovky)* car, *(na kúpalisku)* bathing hut, *(na lodi)* cabin, stateroom, *(lietadla)* cockpit, *(izolovaná)* cell, *(v kine)* operator's room
kabinet *m* **1.** *(polit)* cabinet; **2.** *(izbička)* room, study room, workroom, *(škol)* office, *(fyzikálny ap)* laboratory, *(menší vedecký ústav)* institute; **3.** *(menšia izbička v byte)* closet
kaďa *ž* **1.** vat, tub, tun
kade *zám* **1.** *(ktorou cestou)* which way; **2.** *(po ktorých miestach)* wherever, anywhere, thereat
kaderníctvo *s* **1.** hairdresser's, *(luxusnejšie)* hairdresser's salon, hairdressing; **2.** beauty salon, beauty shop
kaderník *m* **1.** *(dámsky, pánsky)* hairdresser, *(umelecký)* hairstylist, *(fr)* coiffeur, friseur, *(pánsky)* barber
kadiaľ *zám* **1.** which way, wherever
kadidlo *s* **1.** *(kadidelnica)* incense, frankicense, olibanum
kajať sa *ndk* **1.** *(cirk: vyznávať sa)* to repent;

2. *(robiť pokánie)* to do penance, to expiate, to atone

kajúci *príd* **1.** *(ľutujúci)* remorseful, repentant, contrite; **2.** *(svedčiaci o kajaní sa)* penitent

kajuta *ž* **1.** cabin

kakao *s* **1.** cocoa

kaktus *m* **1.** cactus

kal *m* **1.** *(usadenina v rieke ap)* ooze, silt; **2.** *(špina)* soil, dregs; **3.** *(usadenina roztoku)* sediment, *(vínny)* wine lees, **4.** *(odpad pri výrobe)* slag

kalendár *m* **1.** calendar; **2.** almanac

kaleráb *m* **1.** *(bot: Brassica oleracea gongylodes)* kohlrabi, turnip cabbage

kaliber *m* **1.** gauge, bore

kalkulácia *ž* **1.** calculation, statement, *(predbežná)* estimate, *(hov)* pro-forma invoice, *(cien)* pricing; **2.** ob mn: **kalkulácie** *(hov)* plans

kalkulačka *ž* **1.** calculator, calculating machine, adding machine

kalkulovať *ndk* **1.** to calculate, to compute, to count, to estimate; **2.** *(prn hov)* to take into acount

kalný *príd* **1.** slimy, muddy, turbid; **2.** dim, obscure; **3.** murky

kalória *ž* **1.** calorie

kaluž *ž* **1.** pool, *(ob dažďová)* puddle, *(na ceste)* water hole, *(psia)* mess

kam *zám* **1.** where, to what place, *(rhet, dtd)* whither, wherever

kamarát *m* **1.** *(priateľ)* friend, *(milý)* boy friend; **2.** *(druh i v oslovení)* comrade, mate, chum, pal, buddy; **3.** *(v oslovení)* my friend, *(us sl)* man, brother

kameň *m* **1.** stone, *(am)* rock, *(brúsiarsky)* grindstone, *(mlynský)* millstone; **2.** *(min: o drahých kameňoch)* [precious] stone, *(i v hodinkách)* jewel, *(v hodinkách)* ruby; **3.** len mn: **kamene** *(lek)* calculus, *(žlčový)* gallstone, **4.** *(usadenina)* deposit, *(zubný)* tartar, *(vodný, na hrnci)* fur

kamera *ž* **1.** *(opt: tmavá komora)* opt prístroja camera [obscura]; **2.** *(filmová)* cine camera, movie camera, *(televízna)* tele[vision]camera

kampaň *ž* **1.** campaign drive

kanál *m* **1.** *(priekopa, i geog, anat, astron)* canal, ditch, *(plavebný)* pass; **2.** *(potrubie)* conduit, *(odpadový)* drain, sewer, *(káblový)* trunking, *(ban)* vent, *(geol)* funnel; **3.** *(tech)* airduct, **4.** *(geogr, tel, inf, tlf)* channel, *(rozhlasových al. televíznych vĺn)* airway, *(informácií)* pipeline, **5.** *(anat)* duct

kanalizácia *ž* **1.** *(sústava kanálov)* sew[er]age, sewer system, *(domová)* plumbing, *(i dej)* drainage; **2.** *(dej)* canalization

kancelária *ž* **1.** office, bureau, agency, shop, agents, *(cestovná)* travel agency

kandidát *m* **1.** candidate, *(menovaný)* appointee, nominee, *(vybraný)* choice, *(prepadnutý)* failure, *(žiadateľ)* applicant

kandidátka *ž* **1.** candidate, nominee; **2.** *(listina)* list of candidates, electoral list/ roll

kandidatúra *ž* **1.** candidacy, candidature, nomination, remainder, . *(hovor: hodnosť kandidáta vied)* title of C.Sc.

kandidovať *ndk* **1.** to run for, to stand for, to be a candidate; **2.** *(koho)* to nominate, to put up sb as a candidate

kanonický *príd* **1.** canonical, canon

kanva *ž* **1.** can, container, *(na vodu)* jug, *(na polievanie)* watering-can; **2.** *(krhla)* ewer, pot

kapacita *ž* **1.** *(veľkosť, objemnosť, i fyz, tech, ele)* capacity, size, *(objem)* volume, *(skratka)* cy; **2.** *(tech: maximálna výkonnosť)* potential, capability, *(ele)* capacitance, *(lodí)* burden, *(ekon: výrobná)* output, resources; **3.** *(prn hov: o odborníkovi)* authority, *(coll)* hotshot

kapela *ž* **1.** band, *(dychová)* brass band, *(džezová)* jazz-band

kapitál *m* **1.** *(ekon)* capital, funds, assets, *(prostriedky)* resources, *(našetrený)* savings, *(majetok)* possessions

kapitalizmus *m* **1.** capitalism

kapitálový *príd* **1.** capital, stock, equity, surplus

kapitán *m* **1.** *(i voj)* captain, [ship]master; **2.** ship's master; **3.** *(i šport)* skipper, commander

kapitola *ž* **1.** chapter

kapitulácia *ž* **1.** capitulation, surrender
kapitulovať *n/dk* **1.** to capitulate
kaplnka *ž* **1.** *(samostatná časť chrámu)* chapel; **2.** oratory
kapor *m* **1.** *(zool: Cyprinus)* carp
kapusta *ž* **1.** cabbage
karamel *m* **1.** *(pálený cukor)* caramel, burnt sugar, hard-boiled bonbon; **2.** *(cukrársky výrobok)* sweets
karanténa *ž* **1.** quarantine
karfiol *m* **1.** *(bot: Brassica oleracea botrytis)* cauliflower
karhať *ndk* **1.** *(dieťa, žiaka)* to scold, to chide, *(napomínať)* to admonish, *(fml)* to rebuke
kariéra *ž* **1.** career
karta *ž* **1.** ob mn: **karty** cards; **2.** *(pohľadnica)* [picture] postcard, *(am)* picture card; **3.** *(kus papiera na zápisy)* card, **4.** *(kartotéka)* file, **5.** *(cest: cestovný lístok)* ticket, **6.** *(zastar: list. v knihe)* page
kaša *ž* **1.** *(kuch: ovsená)* porridge, gruel, *(am: kukuričná)* [maize] mush, *(zemiaková)* mashed potatoes, *(krupicová)* semolina [pudding], *(pre deti)* pap; **2.** *(hmota podobná kaši)* pulp, paste, *(snehová)* slush, *(blatová)* sludge, *(kuch: ovocná)* purée, *(tech: cementová)* slurry; **3.** *(prn)* fix, plight, predicament, hot water
kašeľ *m* **1.** cough
kaštieľ *m* **1.** manor house, *(tech)* mansion house, castle
katalóg *m* **1.** catalog[ue], *(i inf)* directory, [check-]list, index, repertory, register; **2.** len mn: **katalógy** *(v knižnici)* catalogue room
katastrofa *ž* **1.** *(nešťastie, i lit)* catastrophe, disaster, *(prírodná)* cataclysm, calamity
katedrála *ž* **1.** cathedral, *(staroveká)* minster
kategória *ž* **1.** *(skupina, trieda, i filoz, mat, gram, špor)* category, division, rating, *(i inf)* rank, *(trieda)* class, classification, denomination
katolík *m* **1.** Catholic, *(rímsky)* Roman Catholic, *(latinského obradu)* Romanist
káva *ž* **1.** *(semená, i nápoj)* coffee, *(biela)* milk and coffee, *(čierna)* black coffee
kaviár *m* **1.** caviar
kaviareň *ž* **1.** café, coffee-house, tearoom, *(honosná)* coffee-palace
kávový *príd* **1.** coffee, caffeic
kaz *m* **1.** flaw, defect, imperfection, blemish, stain, *(tech)* taint, *(zubný)* [dental] caries
kázať *ndk* **1.** *(rozkázať)* to order, *(arch, fml)* to bid; **2.** *(náb: hlásať)* to preach, *(v kostole)* to sermon[ize]
kazateľ *m* **1.** preacher, gospeler, sermonizer, *(ob der)* pulpit[e]er, *(am ifm)* preach
kázeň *ž* **1.** *(v kostole, i prn)* sermon, homily, *(ifm)* preach; **2.** *(prn: karhajúca reč)* lecture
kazeta *ž* **1.** *(škatuľka)* case, *(na šperky)* casket, coffer, *(na cigarety)* cigarette-case; **2.** *(tech)* cartridge, *(magnetofónová)* [musi]cassette, magazine; **3.** *(archit)* lacunar
kaziť *ndk* **1.** *(ničiť, i zdravie, meno)* to ruin, *(poškodzovať)* to damage; **2.** *(mariť, narúšať)* to thwart, *(nervy, plány)* to upset, *(náladu, radosť, i rozmaznávať)* to spoil, *(rozmaznávať)* to mollycoddle; **3.** *(mravne)* to corrupt, to deprave, to pervert, to debase
kaziť sa *ndk* **1.** to deteriorate, to decay, to break [down], *(o jedle)* to addle, to spoil, *(i prn)* to rot, *(br)* to go off
každodenný *príd* **1.** daily, everyday, diurnal, quotidian, day-to-day, working-day; **2.** *(bežný)* common, down-to-earth, humdrum
každý **I.** ***zám*** *(adj)* **1.** every; **2.** *(jednotlivo)* each; **3.** *(akýkoľvek, hociktorý)* any, **II.** ***podst*** m *(pron)* **4.** everybody, everyone, **5.** *(jednotlivo)* each one, **6.** *(hociktorý)* anybody, anyone
kde **I.** **1.** where, wherever, **II.** ***časť*** *(vyj zápor v replike: ale kde[že])* not in the least, not on your life, certainly not, not at all, no way
kdekoľvek *zám* **1.** *(hocikde, hocikam)* anywhere, *(hov)* anyplace; **2.** *(všade, kde, všade-kam)* wherever, wheresoever
keby *spoj/časť* **I.** ***spoj*** **1.***(uv podmienkovú ve-*

tu) if, if, in case; **2.** *(i keby/aj keby/keby aj)* even if, *(ani keby)* not even if; **3.***(čo keby)* suppose, *(a čo keby)* how about [+ing], *(keby nebolo)* had it not been , but [that], *(ako keby)* as though, **II.** *časť* **3.***(uv želaciu vetu)* if only, if only

kečup *m* **1.** ketchup

keď *spoj/časť* **I.** *spoj* **1.** *(uv vetu:časovú)* when, whenever: **keď je doma, odpočíva** *when he is at home he relaxes*; ***keď na to príde** *when it comes to that*; ***keď prišlo na lámanie chleba** *when it came to the crunch*; on [+ing]: **keď som prišiel domov** *on reaching home*; *(potom)* after, *(:nepravú časovú:zatiaľ čo)* while, whereas; **2.** *(:podmienkovú)* if, **keď ma budeš vyrušovať, pôjdeš preč** *if you will disturb me,I' ll send you away*; **3.***(podmetovú s význ podmienky)* if: **bude lepšie, keď odíde** *it would be better if he went away*; *(aj keď,i keď,keď i)* even if, although, *(keď niečo)* in case of, *(keď nie)* if not,without; **4.** *(:prirovnávaciu:ako keby)* as if, *(príčinnú:keďže)* as, since, **II.** *časť* **5.***(uv želaciu vetu)* if only; ***keď si pomyslíte, že ...** *to think that ...*; ***keď už, tak už** *in for a penny, in for a pound*

kedykoľvek *zám* **1.** *(hocikedy)* at any time; **2.** *(vždy, keď)* whenever, everywhen, whe-n'er, whensoever, when

kedysi *zám* **1.** once, at one time, formerly, once upon a time

kefka *ž* **1.** *(i ele)* brush, *(zubná)* toothbrush, *(na nechty)* nail-brush

keks *m* **1.** biscuit, *(am)* cookie

ker *m* **1.** bush, shrub

keramický *príd* **1.** *(ele)* ceramic, *(str)* vitrified

keramika *ž* **1.** ceramics, pottery; **2.** *(tovar)* earthenware

kikiríkať *ndk* **1.** *(o kohútovi)* to crow, to cock-a-doodle-do, to sing; **2.** *(prn hov pej)* to bellow

kilogram *m* **1.** kilogram, kilogramme, kilo, *(skr)* kg

kilometer *m* **1.** kilometer

kilometrový *príd* **1.** kilometric, kilometrical, kilometre, kilometer-long

kino *s* **1.** cinema, the movies, drive-in; **2.** *(hov: film)* film, *(am)* flick

kiosk *m* **1.** kiosk, *(s knihami)* stall, booth, *(s novinami)* news-stand; **2.** newstand

kivi *m nesk/s nesk* **1.** *(zool: Apteryx)* kiwi; **2.** *(bot: Actinidia chiniensis)* kiwi [fruit], Chinese gooseberry

klad *m* **1.** plus; **2.** positive; **3.** positive side, **4.** good s, **5.** thesis, **6.** asset

klada *ž* **1.** *(brvno)* beam, bar, trunk; **2.** *(hist: mučidlá)* stocks

kladenie *s* **1.** laying, setting, placing, *(nite)* interlacing, *(tech)* feed

kladivo *s* **1.** *(i šport)* hammer, *(väčšie)* beetle, *(ban: zbíjacie)* pick, puncher

kladka *ž* **1.** pulley, sheave, block; **2.** trochlea; **3.** footstock, clog

kladný *príd* **1.** positive; **2.** favorable

klam *m* **1.** *(zdanie)* illusion, *(mylná predstava)* delusion, *(klamanie)* deception, deceit, *(pretvárka)* dissimulation, humbuggery, *(podvod)* fraud, swindie, cheat, trickery

klamanie *s* **1.** deception, deceiving, deceit; **2.** *(nevera)* infidelity

klamár *m* **1.** *(kto klame)* liar, *(i podvodník)* fraud, deceiver; **2.** *(podvodník)* swindler, *(v hre)* cheat

klamať *ndk* **1.** *(hovoriť nepravdu)* to lie, to tell lies; **2.** *(byť neverný)* to be uinfaithful; **3.** *(zavádzať)* to deceive, to delude, to beguile, *(podvádzať)* to cheat, to swindle, to fool, to take in, *(coll)* to do

klamlivý *príd* **1.** *(vyvolávajúci nesprávnu predstavu)* deceptive, fallacious, specious; **2.** *(založený na klame)* fictitious, trickish, false

klamstvo *s* **1.** fraud, deception, falsehood

klapka *ž* **1.** *(uzáver)* flap, flap/ leaf valve, damper, *(škrtiaca)* throttle, *(voj)* leaf; **2.** *(na hud. nástrojoch)* valve; **3.** *(telef: gombík)* switch, *(pri telefonovaní do centrály)* extension[-line], **4.** *(chránidlá: na uši)* earflap, *(na oči)* [eye] patch, *(konská)* blinker, lunette, **5.** *(film)* clapper-board, slapstick

klas *m* **1.** *(pšeničný, kukuričný)* ear, *(poet: pšeničný)* spike; **2.** *(kukuričný)* cob; **3.**

(bot) spica
klasický *príd* **1.** classic, *(i fyz)* classical; **2.** *(hov: typický)* typical; **3.** *(sl: skvelý)* perfect
klasifikovať *n/dk* **1.** to classify, to class, to group, to digest, *(i lingv, bot, zool)* to taxonomize, to evaluate; **2.** *(škol: známkovať)* to assign marks
klásť *ndk* **1.** to lay, to deposit, to place, to set, to rest; **2.** *(si za)* to rate, to think, to consider; **3.** *(šport: na lopatky)* to shoulder
kláštor *m* **1.** cloister, *(ženský)* convent; **2.** *(mužský)* monastery, *(mníšsky)* friary, *(mníšok)* nunnery
klát *m* **1.** *(kus kmeňa stromu)* stump, log, chump, billet, *(na sekanie mäsa)* chopping-board, *(na kálanie dreva)* chopping-block; **2.** *(hist: na popravu stínaním)* block; **3.** *(úľ)* [bee-]hive
klauzula *ž* **1.** clause, proviso
klávesnica *ž* **1.** keyboard
klavír *m* **1.** piano
kĺb *m* **1.** *(anat, tech)* joint, articulation; **2.** *(tech)* hinge, *(kardanový)* cardan joint, *(guľový)* ball-and-socket joint; **3.** *(anat: prsta)* finger-joint
klbko *s* **1.** clew, ball, *(prn)* snarl, ravel; **2.** *(prn: skupina)* group
klebeta *ž* **1.** gossip
klebetiť *ndk* **1.** *(robiť klebety)* to gossip, to slander; **2.** *(hovor. žart.)* to chat, to tittle-tattle, to talk
klebetnica *ž* **1.** *(ohováračka)* gossip[er], gossip monger; **2.** *(hov: tárajka)* prattler, tabby
klebetný *príd* **1.** *(žena)* gossipy, talebearing, slanderous
klenba *ž* **1.** *(stav)* vault[ing], *(i anat, i prn)* arch, arched crown, *(archit)* camera, groin, *(stav, archit)* intrados, *(geol)* upfold, *(pece)* roof; **2.** *(anat: lebečná)* fornix [cerebri]; **3.** *(prn)* canopy
klenot *m* **1.** *(šperk)* jewel, *(i prn)* gem
klenotník *m* **1.** jeweller
klenutý *príd* **1.** *(archit)* vaulted; **2.** *(i v tvare oblúka)* arched, gibbose, testudinate
klepať *ndk* **1.** *(udierať, klopať, i o motore)* to knock?, *(jemne)* to tap, *(a rýchlo)* to rap; **2.** *(vyklepávať: mäso, karosériu)* to beat [out]; **3.** *(vydávať klepavý zvuk)* to clack, [!] *(zubami)* to chatter, *(o motore)* to pink?, **4.** *(prášiť)* to beat, **5.** *(hovor: písať na stroji)* to type
klepot *m* **1.** knock, click, clack, chatter, clatter
klesanie *s* **1.** *(padanie)* fall[ing]; **2.** *(znižovanie/ zmenšovanie sa)* diminution, drop, decrease, droop[ing], subsidence
klesať *ndk* **1.** *(padať dolu)* to fall; **2.** *(znižovať sa)* to diminish, to drop, to decrease, to lower, to decline, to recede, to subside, to droop
kliať *ndk* **1.** to curse, to damn, to imprecate, *(coll)* to cuss; **2.** *(preklínať)* to swear
kliatba *ž* **1.** *(prekliatie)* curse, imprecation, *(coll)* cuss, oath, *(preklínanie)* cursing; **2.** *(i zlý osud)* malediction; **3.** *(cirk)* anathema
klient *m* **1.** client, customer
klientela *ž* **1.** clientele, clients
kliešť *m* **1.** tick, *(prn)* limpet, *(prn)* leech
kliešte *ž pomn* **1.** pincers, *(tvarovacie)* pliers, *(kombinované)* combination pliers, *(štípacie)* nippers, *(bočné)* wire-cutter[s], *(sklárske)* pucellas; **2.** *(kuch)* tongs; **3.** *(lek: pôrodnícke)* forceps, *(lek: zubárske)* dental forceps
klietka *ž* **1.** cage, *(vtáčia)* birdcage, *(pre hydinu)* coop; **2.** crate
klíma *ž* **1.** *(podnebie)* climate, weather, *(bás)* clime; **2.** *(pren. kniž.)* atmosphere
klimatický *príd* **1.** climatic, climate
klimatizácia *ž* **1.** *(ele)* air conditioning, climatization, air-condition, *(dreva)* second seasoning
klin *m* **1.** *(nástroj na rozopínanie)* wedge, *(na kolese, pod sud)* chock, *(pozdĺžny)* taper key, *(polyg, nám: podperný, i pod sud)* quoin, *(poľn)* spike-tooth, *(stav)* shim, *(ban)* jack; **2.** *(vec podobná klinu)* [tree]nail, *(chleba)* slice, *(látky)* gusset, *(v páse, i zeme)* gore, *(geogr)* reentrant, *(útvar)* wedge formation, *(hák)* hanger
klinček *m* **1.** *(zdrob)* small nail, tack; **2.** *(bot: Dianthus)* carnation, pink, *(bot: bradatý)*

London pride; **3.** ob mn: **klinčeky** *(korenie)* clove

klinec *m* **1.** nail, stud, spike, slug, [tin]tack, *(drevený)* peg; **2.** *(bot: Dianthus)* carnation, pink

klinika *ž* **1.** clinic

klinový *príd* **1.** wedgelike, wedge-shaped, cuneiform; **2.** wedge, *(str: drážka)* keyway, *(stav: tehla)* voussoir, *(mat)* dihedral, *(anat)* sphenoid

klobása *ž* **1.** sausage

klobúk *m* **1.** hat, *(plstený)* felt hat, trilby; **2.** *(vec podobná klobúku)* head, hood, crown, top, *(cukru)* [sugar-]loaf, *(hríba)* cap, pileus

klokot *m* **1.** *(vody)* bubbling, murmur, gurgle; **2.** *(spev slávika)* jug-jug, warble

klokotať *ndk* **1.** *(o vode)* to bubble, to gurgle, to murmur, to burble, to simmer; **2.** *(poet: trilkovať)* to warble, *(o slávičom speve)* to jug; **3.** *(pren. bás.)* to stream

klopať *ndk* **1.** *(klepať)* to knock [on/ at], *(jemne)* to tap, *(a rýchlo)* to rap; **2.** *(o srdci)* to beat, to throb, to pulsate

klopiť *ndk* **1.** *(operadlo)* to tilt, *(hlavu)* to bend, *(zrak)* to lower, *(oči)* to cast down; **2.** *(dávať sklon)* to slant; **3.** *(upozornenie na debnách: neklopiť)* this side up

klub *m* **1.** *(združenie)* club, consortium, union, centre; **2.** *(miestnosť)* club-house, clubrooms

kľúč *m* **1.** *(i hud, prn)* key, *(patentný)* Yale [key]; **2.** *(hud)* clef; **3.** *(tech)* wrench, spanner, *(inf)* switch, **4.** *(prn)* code

kľučka *ž* **1.** handle, *(na dverách)* door handle, *(ob okrúhly)* door[-]knob; **2.** *(na strojoch a mechanizmoch)* [small] crank; **3.** *(kľučkový pohyb)* loop, convolution, twirl, **4.** ob mn: **kľučky** *(úskok)* expedient, ruse, trick, *(slovný)* quibble, **5.** *(i šport)* dodge

kľúčový *príd* **1.** *(týkajúci sa kľúča, i prn)* key; **2.** *(prn: významný, základný)* pivotal, essential, crucial

kľud *m* **1.** rest

kľuka *ž* **1.** crank, *(na dverách)* handle

klusať *ndk* **1.** *(bežať klusom)* to jog, *(voj)* to double time, to double-quick; **2.** *(o koňoch, i prn)* to trot; **3.** *(prn: utekať)* to run

klzačka *ž* **1.** slide, chute, glide, slipway, . *(hovor: dej)* sliding

klzať sa *ndk* **1.** *(hovor: nechtiac sa šmýkať)* to skid, to slip; **2.** *(na klzačke)* to slide; **3.** *(prn: hladko sa pohybovať)* to glide, *(loď)* to skim

klzavý *príd* **1.** *(klzký)* slippery; **2.** *(o pohybe)* sliding; **3.** *(fon)* gliding, **4.** *(admin, ekon slang)* sliding-scale, *(clo)* countervailing, *(priemer, úhrn)* moving, **5.** *(let)* glide, free [flight]

klzisko *s* **1.** skating rink, *(umelé)* skating rink, skating ground

klzký *príd* **1.** slippery, *(neslušný)* indecent, *(neslušný)* lascivous; **2.** obscene

kmásať *ndk* **1.** *(prudko mykať)* to jerk, to hitch, to shake; **2.** *(trhať, stŕhať)* to tear [off/ up/ out of], to rend, *(si vlasy)* to tear o's hair out

kmeň *m* **1.** *(časť stromu)* trunk, stem; **2.** *(hist: spoločenstvo príbuzných)* tribe, stock, clan; **3.** *(biol)* phylum, **4.** *(gram)* stem, theme

kmeňový *príd* **1.** tribal, stock, racial; **2.** *(základný)* fundamental, basic, principal, skeleton, *(pôvodný)* original, *(ekon: akcia)* ordinary; **3.** *(hláska)* thematic

kmitočet *m* **1.** frequency

kmotor *m* **1.** godfather, sponsor; **2.** *(prn fam)* master

kmotra *ž* **1.** *(krstná matka)* godmother, sponsor; **2.** cummer, *(zast)* goody-goody

kňaz *m* **1.** *(katolícky)* priest, *(evanjelický)* clergyman, *(hov)* minister, pastor

knedľa *ž* **1.** *(guľka z cesta)* dumpling, dough-boy

kniha *ž* **1.** book, title, *(časť diela)* volume, *(titul)* publication, tome; **2.** *(odb)* register, *(ekon)* ledger, journal, *(lodná)* log; **3.** *(zool: časť žalúdka)* manyplies, omasum, psalterium

kníhkupectvo *s* **1.** bookselling, selling of books; **2.** *(obchod)* bookshop, bookstore

knihovník *m* **1.** librarian

kníhtlač *ž* **1.** book print[ing], typography

knísať sa *ndk* **1.** *(kývať sa, kolísať sa)* to

swing, to sway, to oscillate; **2.** *(ísť knísavým krokom)* to wobble; **3.** *(byť labilný, neistý)* to stagger

knižka *ž* **1.** small book, *(hov)* book, *(menšieho formátu)* booklet, *(doklad)* card, *(vkladná)* deposit book, *(šeková)* chequebook

knižnica *ž* **1.** *(inštitúcia, budova, zbierka, miestnosť)* library, *(verejná)* public library, *(zbierka)* collection of books; **2.** *(časť nábytku)* bookcase, bookshelf; **3.** *(edičný rad)* edition, book series

koalícia *ž* **1.** coalition

koberec *m* **1.** *(i stav, voj)* carpet, *(malý)* rug; **2.** *(stav: na vozovke)* covering, roadbed, supercrust

kocka *ž* **1.** *(geom)* cube, *(geom, kry)* hexahedron; **2.** *(vec podobná kocke/ hranolu)* block, *(cukru)* lump, *(mozaiková)* tessera, *(mydla)* bar, cake; **3.** *(polievková)* stock cube, **4.** *(hracia pomôcka)* die, **5.** *(odb: materiál na dlažbu)* paving stone, **6.** *(hovor: vzor na látke)* check, square, **7.** *(látka)* chequered/ checked cloth, **8.** *(sl: bifľoš)* swot, **9.** *(v kocke)* in a nutshell

kockovaný *príd* **1.** checked, *(vzor)* chequered, checkered

kockový *príd* **1.** cubic, cubical, cube, *(stav)* block, *(min)* regular, tessellar, *(vzor)* tessellated, chequered

kocúr *m* **1.** tom-cat, *(hov)* tommy; **2.** *(prn: starý)* womanizer

kočík *m* **1.** *(detský)* perambulator; **2.** baby carriage, gocart; **3.** toy carriage

kočovať *ndk* **1.** *(viesť potulný život)* to wander, to nomadize; **2.** *(meniť miesto pôsobenia)* to itinerate, *(kočujúci)* itinerant

kódex *m* **1.** codex

kodifikovať *n/dk* **1.** to codify

kofeín *m* **1.** *(v káve)* caffeine, *(v čaji)* theine

kohút *m* **1.** *(samec kúr)* cock, *(am)* rooster, chanticleer; **2.** *(na komíne)* weathercock; **3.** *(záletný muž)* womanizer, *(vypínavý muž)* cocky man, **4.** *(hovor: detský účes)* quiff

kohútik *m* **1.** *(mladý kohút)* cockerel, *(malý kohút)* bantam, *(zdrob)* [small] cock; **2.** *(uzáver)* [stop]cock, tap, *(am)* faucet; **3.** *(spúšť)* trigger

kochať sa *ndk* **1.** to [take] delight in, to enjoy, to revel; **2.** to indulge, to cherish

kojiť *ndk* **1.** *(kniž: utišovať)* to soothe, to console; **2.** *(kniž: ukájať hlad, smäd ap.)* to quench; **3.** *(subšt: dojčiť)* to suckle, *(obs)* to give suck

kokaín *m* **1.** cocaine, *(hov)* coke, *(slang)* snow

koketa *ž* **1.** flirt, coquette, vamp, *(ifm)* fizgig

kokot *m vulg* **1.** *(m pohl orgán)* cock, prick, pecker, dick; **2.** *(nadávka)* prick, fuck[er], wanker, asshole; **3.** *(prejav záporu: vôbec nie)* not on your ass!, *(: nič)* shit!

kokotina *ž vulg* **1.** *(hlúposť)* bullshit

kokotsky *prísl vulg* **1.** *(veľmi)* fucking

koláč *m* **1.** *(múčnik)* cake, *(ovocný)* pie; **2.** *(anat. plodový)* placenta, tart, pasty

koláčik *m* **1.** *(zdr)* cake, *(moravský)* tartlet, *(okrúle pečivo)* brioche, *(br)* scone, *(am)* nut, *(z lístkového cesta)* snap

koľaj *ž* **1.** *(stopa kolesa)* rut; **2.** *(žel)* [railway] track, rail, *(vedľajšia)* side-track

koleda *ž* **1.** *(pieseň)* Christmas carol; **2.** *(koledovanie)* carol-singing; **3.** *(cirk: trojkráľový obrad)* blessing of homes [on Epiphany], **4.** *(darček za spievanie kolied)* present [given to carollers]

kolega *m* **1.** colleague, fellow worker; **2.** mate, pal, buddy

kolegiálny *príd* **1.** collegial; **2.** collegiate, college; **3.** *(priateľský)* friendly, comradely

kolégium *s* **1.** *(rada)* council, board, staff; **2.** *(univerzitná inštitúcia)* college, dormitory

kolekcia *ž* **1.** collection

kolektív *m* **1.** collective

koleno *s* **1.** *(anat)* knee; **2.** *(ohyb rieky, cesty ap)* bend, elbow; **3.** *(tech: ohyb potrubia)* elbow bend, crank[ing], *(str: dvojité)* U-bend, *(rúry)* knee-joint, **4.** *(kuch)* knucklebone, hock, **5.** *(pokolenie)* remove, generation, degree

koleso *s* **1.** *(i hist)* wheel, *(ozubené)* cogwheel, *(hnacie)* driving-wheel, *(lod: lopatkové)* paddle wheel, *(mlynské)* millwheel;

2. *(niečo podobné kolesu)* circle, ring, *(drôtu)* coil, reel

koliba *ž* **1.** shieling, shealing, shed; **2.** *(druh reštaurácie)* typical Slovak restaurant

kolidovať *ndk* **1.** to clash, to collide; **2.** *(časovo)* to overlap, to concur

kolík *m* **1.** peg, pin, stick, *(spojovací)* dowel [pin], stake, *(do zeme)* picket, *(poľn: vysadzovací)* dibble, *(šport: štafetový)* baton, *(na bielizeň)* [clothes] peg

kolika *ž* **1.** colic, *(ifm)* the gripes

kolísať *ndk* **1.** to rock, to swing; **2.** *(váhať)* to vacillate, to waver; **3.** *(byť nestály, meniť sa)* to fluctuate, to vary, to seesaw

kolísať sa *ndk* **1.** to rock; **2.** to swing, to sway; **3.** to vary, to seesaw, **4.** to waver

kolísavý *príd* **1.** *(knísavý)* wobbly, *(postup)* halting, *(i váhavý)* wavering, vacillating, *(i menlivý)* unsteady; **2.** *(menlivý, nestály)* fluctuating, unstable, erratic, unstaid, variable, irresolute; **3.** *(váhavý)* uncertain, *(postupujúci s prestávkami)* intermittent, hesitant

kolíska *ž* **1.** *(i prn)* cradle; **2.** *(prn: miesto vzniku niečoho)* birthplace; **3.** *(tech)* swing beam, *(žel)* truck bolster, *(voj: dela)* slide

kolízia *ž* **1.** clash, contrast, conflict, *(i dopravná)* collision, *(dopravná, i inf)* crash, *(časová)* concurrence, overlap[ping]

koľko *m nesk* **1.** how much, how many; **2.** *(vo zvolacích vetách)* so much, so many; **3.** *(časová)* how long, **4.** *(miery)* as much, **5.** *(hocikoľko)* no matter how much

kolkovať *ndk* **1.** to stamp, to put a revenue stamp on

koľký *zám* **1.** *(v poradí)* which [of the number]; **2.** *(aký veľký, v zvolacích vetách)* what a; **3.** *(vyjadruje mieru)* how much, *(aký čas)* how long, **4.** len mn: **koľkí** *(viacerí)* how many

kolmica *ž* **1.** perpendicular

kolmý *príd* **1.** *(geom)* perpendicular, normal, orthogonal; **2.** *(zvislý)* vertical, upright, plumb, erect

kolo *s* **1.** *(kruh)* ring, circle; **2.** *(druh ľudového tanca)* ring dance; **3.** *(okruh bežeckej dráhy)* lap, **4.** *(časť podujatia)* heat, bout, *(v boxe)* round

kolobeh *m* **1.** *(i fin)* circulation, run, course, *(obeh)* cycle, flow, *(striedanie)* rotation

kolok *m* **1.** bowling pin, skittle; **2.** Indian club; **3.** zingel

kolóna *ž* **1.** column; **2.** convoy

kolonáda *ž* **1.** colonnade, portico, gallery, porch

kolónia *ž* **1.** *(i vysťahovalci, i zool, i biol)* colony, settlement, *(hist)* plantation; **2.** *(vysťahovalci)* community; **3.** *(štvrť mesta)* district, quarter, *(cigánska, i zool)* rookery

koloniálny *príd* **1.** colonial; **2.** groceries

kolonizácia *ž* **1.** colonization, settlement, *(hist)* plantation

kolorit *m* **1.** *(um)* colouring, *(i ráz)* hue; **2.** *(kniž: ráz)* colour, *(miestny)* local colour

kolotoč *m* **1.** merry-go-round, roundabout, *(am)* carousel, *(br)* fair, *(hov)* ride

kolovať *ndk* **1.** *(z rúk do rúk)* to pass [ ] round; **2.** *(byť v obehu)* to circulate, to float, to run; **3.** *(prn: šíriť sa: o chýroch ap.)* to go about/ [a]round

kolportér *m* **1.** colporteur, distributor

kombajn *m* **1.** combine harvester, *(na uhlie)* cutter loader, combine

kombinácia *ž* **1.** *(i mat)* combination, conjuction, pool, combine, mix, *(šport)* combined competition

kombinéza *ž* **1.** overall, *(pracovná)* boilersuit, *(obliekaná na odev)* coveralls

kombinovaný *príd* **1.** *(i šport)* combined, compound, composite, mixed, combination

kombinovať *ndk* **1.** to combine; **2.** *(premýšľať)* to ponder, to speculate; **3.** *(dosahovať súhru)* to amalgamate

komédia *ž* **1.** comedy, *(fraška)* farce, *(pretvárka)* pretence, musical

komediant *m* **1.** *(hov pej: kto sa pretvaruje)* play-actor, hypocrite, poseur; **2.** *(hov pej: šašo)* fool, silly billy; **3.** *(zast: kočujúci herec/ artista)* itinerant actor/ performer

komentár *m* **1.** commentary

komentátor *m* **1.** *(i tv, roz)* commentator, *(tv, roz)* broadcaster, *(novinový)* analyst; 2 expositor

komentovať *n/dk* **1.** to comment, to annotate, to note, to remark; **2.** *(i v rozhlase, televízii)* to commentate, *(v rozhlase, televízii)* to act as a commentator

komerčný *príd* **1.** commercial

kométa *ž* **1.** comet

komfort *m* **1.** comfort, convenience

komický *príd* **1.** comical, funny, *(smiešny)* ridiculous

komik *m* **1.** *(herec)* comedian, comic actor, entertainer, humourist; **2.** *(prn)* funster, comic

komín *m* **1.** chimney, *(vysoký, i lode, lokomotívy)* stack, *(lode, lokomotívy)* funnel, *(lode, i vše)* smokestack, *(nad strechou)* chimney-top, *(vetrací)* flue; **2.** *(žľab v skalnej stene)* couloir

kominár *m* **1.** [chimney] sweep

komisár *m* **1.** *(poverený úlohou)* commissary, officer, *(zástupca)* agent, *(poisťovací)* settling agent, *(bankový)* examiner; **2.** *(v niektorých krajinách: policajný)* commissary, *(v Londýne)* commissioner; **3.** *(voj sl: chlieb)* rooty, **4.** *(hist v ZSSR: ľudový)* commissar

komisia *ž* **1.** factorage, **2.** sale or return, (*do komisie)* on return

komisionár *m* **1.** factor, commission merchant/ agent

komisný *príd* **1.** *(pej: hrubý, strohý)* rude, curt, *(úradný)* Jack-in-office, bureaucratic; **2.** *(erárny)* public, state-supplied

komora *ž* **1.** *(miestnosť)* boxroom, [cubby-]hole, *(coll)* junk-room, *(na odkladanie potravín)* larder, pantry; **2.** *(tech)* furnace, *(tmavá)* camera obscura, *(spaľovacia)* cell, *(i spaľovacia, nábojová, plynová)* chamber; **3.** *(parlamentu)* House, *(dolná)* House of Commons/ Lower House, *(horná)* House of Lords/ Upper House, *(i organizácia, i anat)* chamber, **4.** *(organizácia)* association, federation, board, **5.** *(hist: pokladnica)* Chamber, *(kráľovská)* Exchequer, **6.** *(skromná izba)* cubicle, small room

komorný *príd* **1.** chamber; **2.** *(aku)* standard musical pitch, standard tuning frequency

komparatívny *príd* **1.** comparative

kompenzácia *ž* **1.** *(i ekon, tech, lek)* compensation, *(náhrada)* redress, reparation, *(i ekon)* offset, set-off, *(ekon)* payment by balance

kompenzačný *príd* **1.** compensational, compensatory, reimbursement, *(i tech)* compensating, compensation; **2.** *(tech)* neutralizing, *(ele)* balancing

kompenzovať *n/dk* **1.** to compensate, to counterbalance, to offset, to make up for, to counterpoise, to neutralize

kompetencia *ž* **1.** scope, field, power, jurisdiction

kompetentný *príd* **1.** authorized, entitled, responsible

komplet **I.** ***podst m*** **1.** *(súprava)* set, outfit, *(pánsky)* suit, *(dámsky)* costume, ensemble, **II.** ***príd*** neskl **2.** complete, **II.** ***prísl*** **4.** completely

kompletný *príd* **1.** complet

komplex *m* **1.** *(i archit, psych, inf)* complex, whole, group, package, *(budov a pozemkov)* premises, *(archit: obytných budov)* housing estate

komplikácia *ž* **1.** complication

komplikovaný *príd* **1.** complicated, *(lek)* compound, complex

komplikovať *ndk* **1.** to complicate

komponovať *ndk* **1.** *(hud)* to compose, to compile; **2.** to complete

kompót *m* **1.** compote, stewed fruit

kompozícia *ž* **1.** *(spôsob výstavby, i dielo)* composition; **2.** *(dielo)* artistic work, *(ob hud)* opus; **3.** *(lingv: skladanie slov)* compounding, **4.** *(škol zast)* essay, **5.** *(tech: zliatina)* babbitt

kompromis *m* **1.** compromise, accommodation, submission, trade-off, middle course, give and take

kompromitovať *n/dk* **1.** to compromise, to expose

komunálny *príd* **1.** communal

komunikácia *ž* **1.** *(dorozumievanie sa, i cestný spoj)* communication, interaction; **2.** *(cestný spoj)* road, way; **3.** ob mn: **komunikácie** communication[s]

komunikovať *n/dk* **1.** to commune; **2.** to

communicate, to notify, to announce

komunizmus *m* **1.** Communism, *(pol)* Bolshevism

koňak *m* **1.** *(francúzsky)* cognac, *(taliansky)* brandy, *(vaječný)* eggnog, egg-flip, *(sl)* tape

konanie *s* **1.** *(činnosť človeka)* activity, doing; **2.** *(čin)* act[ion], operation, performance, execution; **3.** *(práv:)* proceedings, trial

konár *m* **1.** branch, bough, limb

konať *ndk* **1.** *(vykonávať nejakú činnosť)* to act; **2.** *(robiť)* to do, to make, to take; **3.** *(vykonávať)* to accomplish, to hold, to fulfil, *(i uskutočňovať)* to execute, to carry out, **4.** *(uskutočňovať)* to perform

konať sa *ndk* **1.** to be held, to be under way, to take place; **2.** to be in process of being done

koncentrácia *ž* **1.** *(sústredenie, i tech)* concentration; **2.** *(odb: najmä tekutín)* strength, *(tech)* enrichment, compression, decoction, evaporation

koncentračný *príd* **1.** concentration, *(tábor)* concentration camp

koncentrovaný *príd* **1.** concentrated, concentrate, tabloid, exalted

koncepcia *ž* **1.** *(i biol)* conception; **2.** *(poňatie)* concept, approach, design, understanding

koncept *m* **1.** draft, sketch; **2.** rough, draft

koncern *m* **1.** concern

koncert *m* **1.** concert; **2.** *(skladba)* concerto

koncertovať *ndk* **1.** to perform, to give]concerts

koncesia *ž* **1.** concession, licence, charter, franchise right, *(v súkromnom podnikaní)* trading licence

koncesionár *m* **1.** concessionaire; **2.** licensee

koncipovať *ndk* **1.** *(zostavovať)* to formulate, to make out, to prepare, to lay out, to draw up, to draft; **2.** *(chápať, navrhovať)* to conceive, to design

koncovka *ž* **1.** *(gram)* desinence, *(pádová)* [case-]ending, *(prípona)* suffix; **2.** *(šach)* end-game, *(šport sl)* scoring; **3.** *(tech)* terminal, *(ele: kábla)* sealing end, tailpiece, *(inf)* terminator

koncový *príd* **1.** end, terminal

končatina *ž* **1.** limb, *(anat)* extremity

končiť *ndk* **1.** *(robiť koniec)* to end, to bring [ ] to an end, to [bring to a] close, to conclude, to wind up, to terminate, to wrap up; **2.** *(dokončovať)* to complete, to finish

končiť sa *ndk* **1**. to end, to come/ to draw to an end, *(i gram)* to terminate, *(gram)* to end with, *(časovo)* to be over/ out, to expire; **2.** *(hovor: dochádzať)* to run short/ out

kondenzácia *ž* **1.** condensation, condensing, devaporation

kondenzátor *m* **1.** condenser, *(ele)* capacitor

kondenzovať *n/dk* **1.** to condense, to condensate, to devaporate, to capsule

kondícia *ž* **1.** condition, state; **2.** emloyment, service, situation; **3.** private lessons, instruction

konečník *m* **1.** *(anat)* rectum

konečnosť *ž* **1.** finality, definitiveness, ultimateness, determinateness

konečný *príd* **1.** final, ultimate, end, terminal, conclusive, *(rozhodný)* decisive, *(termín)* expiry, closing, *(suma)* total, *(br: zastávka, stanica)* terminus; **2.** *(opak: nekonečný, i mat, fyz)* finite; **3.** *(definitívny)* definitive

konfekcia *ž* **1.** *(výroba)* ready-made clothing; **2.** *(hrom: odevy)* ready-made clothes, off-the-peg clothes, ready-to-wear articles, reach-me-down; **3.** *(hov: predajňa)* clothes shop, *(am)* clothing store

konfekčný *príd* **1.** ready-made, reach-me-down, ready-to-wear, made-up

konferencia *ž* **1.** *(i tlačová, mierová atď)* conference, *(politikov)* convention, *(odborníkov)* consultation, *(vedecká)* colloquium; **2.** *(porada)* meeting, *(ministrov ap)* session, *(škol: klasifikačná)* assignment of marks

konferenciér *m* **1.** announcer, *(estrádny)* Master Ceremonies, compére, muster of ceremonies

konferovať *ndk* **1.** to confer with; **2.** to em-

cee, to act as emcee, to announce
konfident *m* **1.** confidant; **2.** police spy, police agent; **3.** stoolie
konfirmácia *ž* **1.** confirmation
konfiškácia *ž* **1.** *(vyvlastnenie)* confiscation, forfeit[ure]; **2.** *(zhabanie)* sequestration, *(i novín ap)* seizure, impounding
konfiškovať *n/dk* **1.** *(vyvlastňovať, vyvlastniť)* to confiscate; **2.** *(zhabať)* to sequester, *(i časopis ap)* to seize, to take away
konflikt *m* **1.** conflict, clash
konfrontácia *ž* **1.** *(porovnanie, i práv)* confrontation, *(porovnanie)* collation, *(prn)* face-off
konfrontovať *n/dk* **1.** *(porovnávať, porovnať, i práv)* to confront, to collate, to review
koniar *m* **1.** *(kto sa stará o kone)* groom, horseherd, ostler; **2.** *(povozník)* cartman, horse driver; **3.** *(obchodník s koňmi)* horse dealer
koníček *m* **1.** *(zdrob)* small horse, young horse; **2.** *(prn: záľuba)* hobby; **3.** *(tech)* slur cock, escapement, **4.** *(zool: morský)* seahorse
koniec *m* **1.** end, conclusion, completion, termination, finish
konjugácia *ž* **1.** *(gram i biol)* conjugation; **2.** *(biol)* zygosis
konkrétny *príd* **1.** concrete, specific, particular
konkurencia *ž* **1.** *(ekon)* competition; **2.** *(súperenie)* rivalry; **3.** *(hov: konkurent)* competitor, rival, **4.** *(práv)* concurrence
konkurenčný *príd* **1.** competition, competitors'; **2.** *(konkurujúci)* competing, rival; **3.** *(konkurencieschopný)* competitive
konkurent *m* **1.** *(ekon)* competitor, *(zast)* concurent; **2.** *(súper)* rival
konkurovať *ndk* **1.** *(robiť konkurenciu)* to compete, to meet competition; **2.** *(súperiť)* to rival, to vie
konkurz *m* **1.** *(súbeh)* competition, contest, *(obch)* competition of tenders; **2.** *(obchodný úpadok)* failure, bankruptcy, liquidation
konský *príd* **1.** horse, horse's, equine, horsey, horselike, *(ťahaný koňmi)* horse-drawn, *(fyz: sila)* horse-power
konštitúcia *ž* **1.** *(konštrukcia)* constitution, *(telesná)* physique; **2.** *(zloženie)* composition, make-up; **3.** *(riadenie štátu)* constitutional monarchy, **4.** *(zast: ústava)* constitution
konštitučný *príd* **1.** *(i polit)* constitutional
konštrukcia *ž* **1.** *(dej)* construction, erection, building; **2.** *(kostra)* structure, framework, skeleton, [-]work; **3.** *(telesná sústava)* build, physique, constitution, **4.** *(lingv)* construction, word order, **5.** *(stavba umeleckého diela)* composition
konštruktér *m* **1.** designer; **2.** builder
konštruktívny *príd* **1.** constructive
konštruovať *ndk* **1.** *(zostrojovať, zostrojiť)* to construct, to build up, to engineer, to design; **2.** len nedok *(prn: utvárať v mysli)* to concoct, to contrive
kontakt *m* **1.** *(i ele)* contact, contiguity, touch, connection, *(inf)* junction; **2.** *(ele: posuvný)* slider
kontext *m* **1.** context
kontinent *m* **1.** continent, mainland; **2.** *(európska pevnina)* the Continent
kontingent *m* **1.** *(i voj)* contingent, quota, allocation, share
kontinuita *ž* **1.** continuity, *(filoz)* continuum
konto *s* **1.** account
kontra *spoj* **1.** double, *(v súdnom spore)* versus, *(hud)* contra, against
kontrabas *m* **1.** *(nástroj)* double-bass, contrabass, . *(o hlase, druhý bas v mužskom zbore)* bass
kontrast *m* **1.** contrast, setup
kontrastný *príd* **1.** contrastive, contrasting
kontrastovať *ndk* **1.** to contrast; **2.** to stand out
kontrola *ž* **1.** *(previerka, revízia, dozor, i tech)* control, *(dozor)* surveillance, *(i inf)* monitoring, supervision, *(previerka)* examination, inspection, *(škol)* marking, *(prítomných)* roll-calling, *(ekon: účtov)* audit, *(i tech, inf)* check[ing], *(dôkladný: ob lek)* check-up, *(tech)* overhaul, *(uplatňovanie vplyvu)* mastery, command; **2.** *(hov: kontrolný orgán)* inspector[s]
kontrolný *príd* **1.** supervisory,

inspection[al], control[ling], check[ing], examination, identification, preventive, *(ekon)* auditing

kontrolór *m* **1.** controller, checker; **2.** comptroller, supervisor, examiner

kontrolovať *ndk* **1.** to control, to check, to inspect, to examine, to supervise, to superintend, to monitor, *(ekon)* to audit

konvencia *ž* **1.** *(zvyčajnosť, i dohoda)* convention, *(zvyčajnosť)* usage, custom; **2.** *(dohoda)* agreement

konvenčný *príd* **1.** *(i značky, zbrane)* conventional, traditional, convenience, courtesy

konvertor *m* **1.** *(ele)* converter, *(astron)* image converter, *(na měď)* selector

konverzácia *ž* **1.** *(i cvičenie)* conversation, *(ľahká)(liter)* causerie, talk

konverzia *ž* **1.** *(inf, eko)* conversion, translation, transformation, promotion

konverzovať *ndk* **1.** to converse, to talk

konzerva *ž* **1.** *(tech)* tin, food can, tin can; **2.** canned goods

konzervatívny *príd* **1.** conservative

konzílium *s* **1.** consultation, *(lekárske)* medical consultation

konzorcium *s* **1.** syndicate, consortium

konzul *m* **1.** consul

konzulárny *príd* **1.** consular

konzultovať *ndk* **1.** *(radiť sa, rokovať)* to confer [with], to consult, *(s lekárom)* to see; **2.** *(škol: poskytovať konzultácie)* to give tutorials

konzum *m* **1.** *(spotreba)* consumption; **2.** *(hov zast)* cooperative society or store, cooperativ shop/ store, co-op

konzument *m* **1.** consumer

konzumovať *n/dk* **1.** *(spotrebúvať)* to consume; **2.** *(požívať)* to take, to eat, to drink

kooperácia *ž* **1.** cooperation

kooperovať *ndk* **1.** to cooperate

koordinácia *ž* **1.** coordination

koordinovať *n/dk* **1.** to coordinate

kop *m* **1.** kick, *(rohový)* corner kick, *(pokutový)* penalty kick, *(voľný)* free kick

kopa *ž* **1.** *(hromada, hŕba)* heap, pile, mass; **2.** *(sena)* hay-stack, rick; **3.** *(prn: veľké množstvo)* heaps, loads, bags, oodles, lots, **4.** len mn: **kopy** *(meteor: druh oblakov)* cumulus, wool-pack clouds, **5.** *(staršia miera 60 kusov)* threescore

kopáč *m* **1.** digger, navvy, grubber; **2.** *(nástroj)* pick mattock, pronghoe

kopačka *ž* **1.** [female] digger; **2.** *(hov: kopanie)* digging; **3.** ob mn: **kopačky** *(šport)* football boots, **4.** *(pot)* raking machine

kopanica *ž* **1.** *(skupina domov na samote)* settlement; **2.** *(horská roľa)* mountain field, *(am)* back country; **3.** *(vyklčovaný pozemok)* cutover area, cleared/ disforested woodland

kopať *ndk* **1.** to dig; **2.** *(spracúvať zem)* to hack; **3.** *(hlbit: studňu)* to sink, *(zákopy)* to trench, **4.** *(dobývať zo zeme)* to mine, **5.** *(hovor: vykopávať)* to dig out, **6.** *(udierať nohou, i šport, i o puške)* to kick, *(šport: loptu)* to shoot, *(šport: súpera)* to hack [up/ over], **7.** *(hovor: o puške)* to recoil, **8.** *(hov: kaziť)* to screw [ ] up

kopcovitý *príd* **1.** hilly, hummocky; **2.** *(hov:)* heaped, *(am)* heaping

kopec *m* **1.** hill, *(menší)* hillock, knoll, hummock, *(okrúhly)* mound, hump; **2.** *(prn)* heap

kópia *ž* **1.** copy, duplicate; **2.** *(fot)* print, prepísaná transcript, *(polyg)* apograph, *(tech)* carbon copy

kopírovací *príd* **1.** *(fréza)* copying, duplicating, *(papier)* tracing, *(lampa, skrinka)* printing, *(sústruh)* repetition

kopírovanie *s* **1.** copying, duplicating, replication, tracing, printing

kopírovať *ndk* **1.** to copy, to reproduce, to trace, to duplicate, to reproduce; **2.** *(prn)* to imitate

kopiť *ndk* **1.** *(hádzať na kopu, robiť kopu)* to pile up, to heap up, to lay up, to cumulate, to gather; **2.** *(hromadiť)* to [ac]cumulate

kopulácia *ž* **1.** *(biol: pohlavné spojenie jedincov)* copulation; **2.** *(záhr)* splice grafting, splicing

kopyto *s* **1.** hoof, ungual; **2.** *(drevená forma)* last, block, shoe-tree

korán *m* **1.** Koran

korčuľa *ž* **1.** skate, *(kolieskovd)* roller skate, *(pre krasokorčuliarsky šport)* figure skate
kordón *m* **1.** cordon; **2.** *(stav)* ledge[ment]
korektor *m* **1.** *(tlačiarenský)* [proof]reader; **2.** *(tech)* compensator, corrector/ equalizing network, *(ele)* [tone] equalizer, *(let)* overriding monitor
korektúra *ž* **1.** *(oprava chýb v rukopise)* proof correction, [proof]reading, proofing; **2.** *(obťah)* proof[-sheet], proof-slip; **3.** *(oprava, úprava)* correction, emendation
koreň *m* **1.** *(bot, lingv, mat, tech, i anat: zuba, vlasu)* root, *(lingv)* radical; **2.** *(anat: vlasu, zuba, jazyka atď)* root, base; **3.** *(prn)* radix, roots, essence, heart, **4.** *(tech)* heel
korenie *s* **1.** spice, *(čierne)* pepper; **2.** *(koreniny)* seasoning, spices, condiment, *(na liečivé čaje)* aromatics
korenistý *príd* **1.** *(i prn)* spicy, peppery
koreniť *ndk* **1.** *(i prn)* to spice, to season, to aromatize, to zest, to flavour, to pepper
korešpondencia *ž* **1.** *(styk, súhrn listov)* correspondence, *(súhrn listov)* mail, post; **2.** *(súbor listov nejakej osoby)* collected letters
korešpondent *m* **1.** *(spravodajca)* correspondent; **2.** *(kto vybavuje korešpondenciu)* correspondence clerk, letter-writer, *(člen SAV)* corresponding member
korešpondovať *ndk* **1.** to corespond; **1.** to correspond
korisť *ž* **1.** booty loot spoils prize prey
koriť sa *ndk* **1.** to adore, to worship, to slaver, to truckle
kormidlo *s* **1.** helm, rudder
kormidlovať *ndk* **1.** to steer
korok *m* **1.** cork
korporácia *ž* **1.** corporation, society association
korporatívny *príd* **1.** *(hromadný)* collective; **2.** *(pol,práv)* corporate, corporative, *(štát)* corporate State
korpulentný *príd* **1.** corpulent, portly, stout, *(hanl)* puffy
korumpovať *ndk* **1.** to corrupt, to bribe
koruna *ž* **1.** *(symbol moci, ozdoba, časť stromu, mena)* crown, *(ozdoba)* coronet; **2.** *(hist: kráľovstvo)* kingdom, *(kráľ, kráľovná)* the Crown; **3.** *(bot: kvetu)* corolla, **4.** *(hud)* fermata, **5.** *(prn)* crowning
korunný *príd* **1.** crown, coronal, coronate, royal
korunovať *n/dk* **1.** *(i prn)* to crown; **2.** *(prn)* to top
korupcia *ž* **1.** corruption, bribery, graft
koryto *s* **1.** *(i riečisko)* trough, *(na obáranie brava)* manger, *(na pranie)* wash-tub; **2.** *(riečisko)* course, channel, [river] bed, flume, *(geol)* washout
kosba *ž* **1.** mowing
kosť *ž* **1.** *(i rýb)* bone; **2.** *(sl: pekná žena)* bimbo, a bit of alright, hot stuff
kostnatieť *ndk* **1.** *(i prn)* to ossify
kostnatý *príd* **1.** *(chudý)* bony, scraggy, rawboned, scrawny; **2.** *(so silnými kosťami)* square; **3.** *(i majúci veľa kostí)* bony
kostný *príd* **1.** osseous, *(dreň)* marrow, *(čern)* animal, *(i vyrobený z kostí)* bone, *(múčka)* bone meal/ scraps
kostol *m* **1.** church, *(veľký)* minster, *(v Škótsku)* kirk; **2.** *(hovor: obrady)* mass
kostra *ž* **1.** *(anat, i osnova, i odb)* skeleton; **2.** *(odb)* framework, carcass, cage, *(dočasná)* scaffolding, *(ele)* body; **3.** *(osnova)* sketch, scheme, outline
kostrbatý *príd* **1.** rough, rugged, uneven, shaggy, matted, tangled; **2.** *(expr)* unrefined
kostrč *ž* **1.** coccyx, tail bone, rump, *(vtáčia)* saddle
kostrnka *ž* **1.** *(tvrdá časť osi na pere)* rachis, shatf [of the feather]; **2.** *(bot: tvrdý zvyšok rastlinnej osi)* scape; **3.** len mn: **kostrnky** *(hov prn: chlpy)* stubble
kostým *m* **1.** *(odev)* suit, *(divadelný)* costume, *(maškarný)* fancy-dress, dress
košeľa *ž* **1.** shirt tunic, smock chemise
košík *m* **1.** basket; **1.** basket hamper, basket, hamper, pollen basket, muzzle
kóta *ž* **1.** *(geom)* dimension [line]; **2.** *(nadmorská výška)* elevation; **3.** *(i v mape)* altitude, *(v teréne)* benchmark
koterec *m* **1.** pen, *(zajačí)* hutch, *(pre sliepky)* coop, *(pre ovce)* [sheep]fold, cote; **2.**

(prn) shack

kotiť sa *ndk* **1.** *(ob o ovciach)* to yean, *(o psoch)* to pup, to lamb, *(o mačkách)* to kitten

kotkodákať *ndk* **1.** to cackle, to clack, to squawk

kotláreň *ž* **1.** *(dielňa)* boiler shop/ room; **2.** *(továreň)* boilerworks

kotlina *ž* **1.** *(geog)* hollow, depression, *(ob pri kopci)* coombe, *(horská)* bay, *(rieky)* basin, *(geol)* graben, trough

kotol *m* **1.** *(na varenie)* [cooking-]pot, *(na varenie vody)* kettle, *(veľký)* cauldron; **2.** *(tech)* boiler; **3.** mn: **kotly** *(hud)* kettledrum, **4.** *(priehlbina)* kettle, *(ľadovcový)* cirque, **5.** *(voj: spôsob obkolesenia nepriateľa)* pincer movement

kotrmelec *m* **1.** somersault, tumble, *(tel)* handspring, *(hov)* right about face, *(hov)* right about turn

kotúč *m* **1.** disk, ring, circle, disc, *(brúsny)* grindstone; **2.** *(zvitok)* coil, reel; **3.** *(chumeľ, oblak)* ringlet, puff, cloud, whirl, trochus trochal

kotúčový *príd* **1.** disklike, *(brúska, spojka atď)* disk, round, circular, rolling, ring, *(fréza)* side-and-face

kotúľať *ndk* **1.** to roll, to bowl, *(slová v ústach)* to drawl, *(v hlave)* to chew

kotva *ž* **1.** anchor, *(jednoramenná)* one-armed anchor, *(hlbinná)* drag[ue], *(malá)* kedge, *(štvorramenná)* grapnel; **2.** *(vec podobná kotve: súčasť hodiniek)* anchor, *(ele)* armature, *(magnetu)* keeper

kotviť *ndk* **1.** to anchor, to moor, to be on berth/ moored, to lie/ to be at anchor

kov *m* **1.** metal

kovanie *s* **1.** *(dej)* forging, smithing, hammering; **2.** *(kovaná súčiastka)* ironwork, iron fitting, hardware, *(ozdoba)* metal trimmning metal

kovať *ndk* **1.** to hammer, to forge, to smith, to beat; **2.** *(hovor: koňa)* to shoe; **3.** *(zastar: zdobiť)* to plate

koza *ž* **1.** *(zool domáca: Capra hircus)* [she-]goat; **2.** *(stojan, podstavec)* trestle, *(na pílenie dreva)* [saw-]buck, *(stav: murárska)* horse; **3.** *(šport)* buck, **4.** *(nadávka)* silly goose, **5.** ob mn: **kozy** *(hov br: prsník)* boobs, *(am)* tits

kozí *príd* **1.** goat['s]; **2.** goatlike; **3.** goatish

kozin(k)a *ž* **1.** *(mäso)* goat meat; **2.** *(nespracovaná koža)* goat skin, *(s vlnou)* pelt; **3.** *(opracovaná kozia koža)* kid[skin], **4.** *(zápach)* goat smell

kozmetický *príd* **1.** *(i prn: povrchný)* cosmetic, *(maska)* face pack, *(operácia tváre)* face-lifting

kozmický *príd* **1.** cosmic

kozorožec *m* **1.** *(zool: alpský)* [Alpine] ibex, rock goat; **2.** (Kozorožec *(astron, astrol)* Capricorn

kozub *m* **1.** fireplace, hearth, fireside

kôl *m* **1.** picket, pile, stake, pole

kôň *m* **1.** *(zool domáci: Equus caballus)* horse, *(ťažný)* shaft-horse, carthorse, *(jazdecký)* mount; **2.** *(vykastrovaný)* gelding; **3.** *(šport)* [vaulting-]horse, **4.** *(hov: na pílenie dreva a pod.)* saw-horse, **5.** *(šach. hovor.)* knight, **6.** *(hov: konská sila)* horsepower

kôstka *ž* **1.** *(ovocná)* stone, pit

kôš *m* **1.** *(i tech, šport: bkb)* basket, hamper, *(na odpadky)* waste bin, *(po bokoch zvieraťa)* pannier, *(na bielizeň)* clothes-basket, *(na ovocie)* fruit basket, *(na papier)* waste[paper]-basket; **2.** *(jeho obsah)* basketful; **3.** *(tech: ventilu, atď)* kettle, **4.** *(anat: hrudný)* rib cage, **5.** *(prn)* refusal

kožný *príd* **1.** skin, cuticular, epidermal; **2.** hides

kožuch *m* **1.** *(kožušinový kabát)* fur[coat], *(kožušinou podšitý kabát)* fur-lined coat, *(slovenský)* sheepskin; **2.** *(hovor: zvieracia koža)* coat, jacket, *(ovčí)* pelt

kožušina *ž* **1.** fur; **2.** *(surová koža)* pelt, skin, jacket

kožušníctvo **1.** furrier's, furrier's workshop, *(výrob. odvetvie)* furrier's trade, furriery, trade in furs

krab *m* **1.** *(zool pavúkovitý: Maja squinado)* spider crab, *(zool: Lithodidae)* king crab, thornback, *(zool: Limulus polyphemus)* horseshoe crab

krabica *ž* **1.** box

kráčať *ndk* **1.** to step, to go, to walk, to march, to keep pace

krádež *ž* **1.** theft, larceny, shoplifting, plagiarism, red-handed, piracy

kradnúť *ndk* **1.** to steal, to be stealing

krach *m* **1.** bankruptcy, bankrupt, *(prn)* failure,

kraj *m* **1.** *(okraj)* edge, border, rim, margin, *(hranica)* limit, *(nádoby, klobúka)* brim; **2.** *(územie, krajina)* region, country; **3.** *(admin)* province, area, *(v UK, USA)* county, **4.** *(v reči vysťahovalcov v Amerike)* homeland, **5.** *(prn)* brink

krajan *m* **1.** *(z toho istého štátu)* [fellow-]countryman, compatriot, landsman, national; **2.** *(z toho istého mesta)* home boy

krájať *ndk* **1.** to cut, *(na plátky)* to slice, *(na kocky)* to dice, *(porcovať mäso)* to carve, *(nadrobno)* to chop

krajčír *m* **1.** tailor, couturier, *(dámsky)* dressmaker

krajec *m* **1.** slice, cut, *(hrianka)* round [of toast], *(s maslom)* butty, *(hrubý)* slab

krajina *ž* **1.** country, land, state, region

krajnica *ž* **1.** verge, *(spevnená)* hard shoulder, *(am)* shoulder [of a road], slab

krajný *príd* **1.** *(kto je na kraji)* side, *(vonkajší)* outer, outside, *(na konci)* end, *(hraničný)* terminal; **2.** *(extrémny)* extreme, radical, *(úplný)* absolute, outermost

krajší *príd* **1.** more beautiful, prettier

krákoriť *ndk* **1.** *(o sliepkach)* to cackle, to croak, *(sl)* to lip; **2.** *(expr: o ľuďoch, veľa hovorí)* to prattle

kráľ *m* **1.** king

králik *m* **1.** *(zool: domáci)* rabbit, *(kožušina)* con[e]y, *(severoamerický)* cottontail; **2.** *(hov: zajac)* hare; **3.** *(zool: zlatohlavý)* goldcrest, **4.** *(bot Leucanthemum vulgare)* marguerite, **5.** *(margaréta)* daisy, **6.** *(prn: pokusný)* guineapig, **7.** *(zdrob iron)* kinglet

kraľovať *ndk* **1.** *(o kráľovi, i prn)* to reign, to rule, to monarch; **2.** *(prn)* to govern

kráľovná *ž* **1.** *(i šach, prn)* queen; **2.** *(včelia)* queen bee

kráľovský *príd* **1.** royal, regal, kingly, kinglike, *(i prn)* princely, *(prn)* excellent, munificent

kráľovstvo *s* **1.** kingdom, *(i prn)* realm, kingship, kingcraft

krám *m* **1.** *(jarmočný)* stall, *(malý obchod)* small shop; **2.** ob mn: **krámy** *(haraburdy)* junk, thrash, rubbish; **3.** len mn *(hov: menštruácia)* the period, *(ifm)* the curse

krása *ž* **1.** beauty, *(prázdna)* prettiness, *(telesná)* good-looks, *(zmyslová)* loveliness

kráska *ž* **1.** beauty, belle, peach, rosebud

krásny *príd* **1.** beautiful, rare, fine; **2.** *(hovor: hodnotný, kvalitný)* excellent; **3.** *(hovor: veľký)* huge

krášliť *ndk* **1.** *(robiť pekným)* to beautify, to embellish; **2.** *(ozdobovať)* to decorate, to adorn; **3.** to colour, to paint

krát *spoj* **1.** *(mat)* times, by; **2.** *(zast: násobilka)* multiplication table

kráter *m* **1.** crater

krátiť *ndk* **1.** to shorten, to abbreviate, to while away, to reduce

krátiť sa *ndk* **1.** to get short, to become shorter, to draw in, *(i den)* to dwindle down

krátkodobý *príd* **1.** *(krátky, krátkotrvajúci)* of short duration, short, brief, short-lived; **2.** *(poskytovaný na krátky čas)* short-term, short-dated, for a short term, shortrate

krátkozraký *príd* **1.** *(i prn)* short-sighted, nearsighted, myopic, *(prn)* purblind

krátky *príd* **1.** *(i lingv)* short, *(trvajúci krátko)* brief, transient, *(stručný)* concise, curt

krava *ž* **1.** cow, *(dojná)* milch cow, *(jalová)* heifer, *(posvätná)* sacred cow

kravata *ž* **1.** tie, *(am)* necktie, *(široká)* cravat

krb *m* **1.** fireplace, *(tech)* heart, fireside

kŕč *m* **1.** cramp, spasm, *(prudký)* crick, *(ob pl)* convulsion[s]

krčiť *ndk* **1.** to crumple, *(i nos)* to wrinkle; **2.** *(mraštiť: čelo)* to knit, *(plecami)* to shrug, *(nos)* to turn up; **3.** *(ohýbať)* to bend

krčma *ž* **1.** *(v min: br)* tavern, inn, *(am)* saloon; **2.** *(br)* pub[lic house], *(am)* [juice-] joint, *(sl)* speakeasy

krčný *príd* **1.** *(nerv, stavec, tepna)* cervical, *(žila)* jugular, throath, *(mandle)* pharynge-

al, *(i tech)* neck
kŕčovitý *príd* **1.** *(i prn)* spasmodic, spastic, convulsive, fitful, cramped, paroxysmal; **2.** *(prn)* constrained, *(úsmev)* sardonic
kredit *m* **1.** credit
krédo *s* **1.** creed, faith; **2.** *(i cirk)* credo
krehkosť *ž* **1.** *(materiálu)* fragility, britleness, breakableness, *(cesta)* shortness, friability, *(pečiva)* crispness, chrunchiness; **2.** *(prn: slabosť)* frailty, feebleness
krehký *príd* **1.** fragile, brittle, breakable, *(drobivý)* friable, *(cesto)* short, *(pečivo)* crisp, *(chrumkavý)* crunchy, delicate; **2.** *(prn: slabý)* frail, feeble
krém *m* **1.** cream, *(holiaci)* shaving cream, *(cukrársky)* custard, *(na topánky)* shoe polish; **2.** cream dye; **3.** creme
krematórium *s* **1.** crematorium
kresať *ndk* **1.** *(opracúvať po dĺžke)* to hew; **2.** *(vykresať)* to hew out, to carve out, *(sochu)* to sculpt; **3.** *(prn: vychovávať)* to shape out, **4.** *(zast: vyvolávať iskry)* to spark
kresba *ž* **1.** drawing, sketch, *(na stene)* graffiti
kreslenie *s* **1.** drawing, sketching, designing, drafting
kreslič *m* **1.** draughtsman, designer, *(am)* draftsman, drawer, plotter
kresliť *ndk* **1.** to draw, to design, to plot, *(i prn)* to trace; **2.** *(prn)* to sketch
kreslo *s* **1.** chair; **2.** armchair, loge; **3.** box, position, post, office
kresťan *m* **1.** Christian, gentile, Galilean
kresťanstvo *s* **1.** Christianity, Christendom, cross, *(reprezentované križiakmi)* red cross; **2.** *(hromad)* christians
krhla *ž* **1.** can, pot; **2.** *(polievacia)* watering can
kričať *ndk* **1.** to shout [out], to yell [out], to cry, *(prenikavo, i o deťoch)* to scream, *(i prudko)* to shriek, *(o dave)* to vociferate; **2.** *(krikom napomínať, hrešiť)* to raise o's voice; **3.** *(byť nápadným)* to be gawdy/ tawdry/ flashy, **4.** *(až kričí: prek s príd)* extreme, **5.** *(z celého hrdla)* to shout at the top of o's voice
krídlo *s* **1.** *(i domu, dverí, polit, šport, voj, prn)* wing; **2.** *(budovy)* arm, *(archit)* allette; **3.** *(časť dverí, obloka)* leaf, **4.** *(voj)* flank, **5.** *(fraku)* tail, *(obrazu)* volet, *(mlyna, ventilátora)* sail, **6.** *(hud: klavír)* grand piano, *(krátke)* baby grand [piano], **7.** *(šport)* wing, *(hráč)* winger, **8.** *(anat)* ala, **9.** *(tech)* vane, *(geol)* limb
kriesenie *s* **1.** reviving, resuscitation; **2.** *(prn)* awakening
kriesiť *ndk* **1.** *(preberať z bezvedomia)* to revive, to bring sb round/ [am]around; **2.** *(privádzať k životu)* to resuscitate, to resurrect; **3.** *(prn: prebúdzať)* to awaken
krik *m* **1.** cry, yell, scream, *(ob detí)* shrill
krikľavý *príd* **1.** *(ostrý, prenikavý)* strident, shrill, screaming; **2.** *(hlasný)* loud, *(fml)* obstreperous; **3.** *(nápadný)* tawdry, gaudy
kriminál *m* **1.** prison, jail, gaol
kriminalista *m* **1.** criminalist, authority on criminal law
kriminalita *ž* **1.** criminality
Kristus *m* **1.** Jesus Christ, Christ
krištáľ *m* **1.** crystal
kritérium *s* **1.** criterion
kritický *príd* **1.** critical; **1.** critical
kritik *m* **1.** critic, reviewer
kritika *ž* **1.** criticism, critique, review
kritizovať *ndk* **1.** to criticize
krívať *ndk* **1** to limp, to halt, to hobble
krivda *ž* **1.** wrong, injustice; **2.** injury, tort
krivdiť *ndk* **1.** *(páchať krivdu)* to do wrong, *(ubližovať)* to hurt
krivka *ž* **1.** curve
krivý *príd* **1.** *(nerovný)* crooked, twisted, distorted, wry, warped, *(šikmý)* oblique; **2.** *(chromý)* lame; **3.** *(falošný)* false
kríza *ž* **1.** crisis, shakeout
kríž *m* **1.** cross, *(kresť.)* crucifix, sacrum, crosstree
kríženec *m* **1.** *(zviera, rastlina)* cross, crossbreed, crossbred, hybrid, *(zviera)* half-bred, *(pes)* mongrel; **2.** *(človek ob der)* half-breed, *(der)* bastard
kríženie *s* **1.** *(bot)* crossbreeding, crossing, *(i biol)* hybridization; **2.** *(lingv)* contamination; **3.** *(tech)* traversing, intersection, interference

krížiť *ndk* **1.** to cross; **2.** to fold; **3.** to thwart, **4.** to cross up, **5.** to cross

krížiť sa *ndk* **1.** *(križovať sa)* to cross, to intersect; **2.** *(byť v rozpore)* to clash, *(vlny)* to interfere, to collide; **3.** *(miešať sa)* to hybridize, *(práva, nároky)* to concur, *(lingv)* to become contaminated

krížom *prísl* **1.** crosswise, crossway[s], transversely, thwart, across

križovať *ndk* **1.** to cross, to traverse, to cut; **2.** *(žehnať)* to make the sign of the cross; **3.** *(popravovať, i prn)* to crucify, **4.** *(prn)* to persecute

križovať sa *ndk* **1.** to cross, to intersect, *(i žel)* to meet, *(žel)* to interlace, *(prn)* to clash; **2.** *(žehnať sa)* to cross os, to bless os

križovatka *ž* **1.** *(i ulíc, i prn)* crossroads, *(cestná)* road junction, *(am)* road intersection; **2.** *(železničná)* railway junction, *(ciest)* level-crossing; **3.** *(tech)* cross-over

krížovka *ž* **1.** crossword [puzzle], *(lúštiť)* to do a crossword

krížový *príd* **1.** cross, *(i paľba)* cross-, *(i pôdorys)* cruciform; **2.** *(anat: kosť)* sacrum; **3.** *(tech)* compound, two-way, universal, double, **4.** *(náb: cesta)* the Way of the Cross

krk *m* **1.** *(anat, i tech)* neck, *(hrdlo)* throat, *(prn, i tech)* shoulder, *(prn)* life

krkolomný *príd* **1.** breakneck, risky, precipitous, daredevil[ish], hellbent

krkvať *ndk* **1.** to crimp, to crease, to crinkle; **2.** *(do klbka)* to crumple

kŕmiť *ndk* **1.** to feed, to nourish, *(dobytok)* to fodder, *(násilne)* to force-feed, to fatten

krmivo *s* **1.** fodder, forage, [-]feed, *(zelené)* green-stuff

kŕmny *príd* **1.** nutritive; **2.** *(určený na kŕmenie)* fodder, feed[ing]; **3.** *(určený na výkrm)* [for] fattening, *(zviera)* fattener, *(ošípaná)* porker

kroj *m* **1.** costume, *(národný)* national costume, *(ľudový)* folk costume; **2.** cut, shape

krok *m* **1.** step; **2.** stride, pace, gait, walk

krokodíl *m* **1.** *(zool: Crocodilus)* crocodile; **2.** *(*krokodílie slzy)* crocodile tears

krokom *prísl* **1.** at a walking pace, at a foot's pace, slow

kronika *ž* **1.** *(i hist, i prn)* chronicle, *(hist, i prn)* commentary, *(hist)* annals; **2.** *(i kniha záznamov)* record, *(kniha)* memorial; **3.** *(v časopise ap)* news, report[ing]

krotiť *ndk* **1.** *(i prn)* to tame, to break in, *(hady)* to charm; **2.** *(tíšiť, mierniť, upokojovať)* to restrain, to contain, to repress, to leash

krotiť sa *ndk* **1.** to restrain os, to control os, to moderate os

krotký *príd* **1.** *(skrotený, i prn)* tame, *(i prn)* domestic, *(o domácich zvieratách)* house-trained; **2.** *(mierny)* gentle, mild, *(nesmelý)* unheroic, *(prn)* innocuous

krov *m* **1.** [roof] truss, frame, *(drevený)* carpentry; **2.** *(prn)* roof

krovka *ž* **1.** ob mn: **krovky** elytron, *(pl)* elytra; **2.** *(vtákov)* covert [feather], tectrix, *(pl)* tectrices

krst *m* **1.** baptism, christening

krstiť *ndk* **1.** *(cirk)* to baptize, to christen; **2.** *(hov iron)* to dilute, *(alkohol)* to cut, *(víno)* to water down; **3.** *(karhať)* to rebuke

krstný *príd* **1.** *(otec)* godfather, *(á mama)* godmother, *(meno)* Christian name, baptismal

kruh *m* **1.** *(geom, i prn)* circle; **2.** *(útvar podobný kruhu, koleso)* disk, round, *(i chem)* ring, *(astron)* halo, crown, *(i ele, inf)* circuit, *(tech)* roundel, *(i hrnčiarsky)* wheel; **3.** ob mn: **kruhy** *(prn: skupina ľudí)* sphere

kruhový *príd* **1.** circular, round, circle, *(i inf)* ring, cyclic[al], rotary, tubular

krútiť *ndk* **1.** *(otáčať, točiť)* to turn, *(chvostom)* to wag, *(bokmi)* to waggle, *(palcami)* to twiddle, *(hlavou)* to shake; **2.** *(vrtieť)* to spin, *(skrúcať)* to twist, *(násilím)* to wrest; **3.** *(fúzy, vlasy)* to curl, **4.** *(šúľať)* to roll, **5.** *(drevo, látku)* to cast

krútiť sa *ndk* **1.** to turn, to revolve, *(rýchlo)* to spin, to whirl, *(vykrúcať sa)* to wriggle, to writhe; **2.** *(prn: tancovať)* to dance, *(pracovať)* to work, to be busy, to bustle about/around; **3.** *(ohýbať sa, prehýbať sa)* to bend, *(hadovito)* to wind, *(o vlasoch)* to curl, *(šúveriť sa)* to warp

krútňava *ž* **1.** *(vír, i prn)* vortex, *(riečna)*

whirlpool, eddy, *(vzdušná)* whirlwind; **2.** *(prn)* whirl

krutosť *ž* **1.** cruelty, atrocity, ferocity, brutality

krutý *príd* **1.** *(nemilosrdný)* cruel, atrocious, merciless, ironhearted, brutal, inhuman, tyrannical, ferocious, ruthless; **2.** *(silný, veľký)* sharp, tough, drastic, extreme, terrific

krúžiť *ndk* **1.** to circle, to rotate, to revolve, to spin, to whirl, to wheel, to hover; **2.** *(šport)* to twist

krúžok *m* **1.** *(zdrob)* circlet, ringlet; **2.** *(tech)* ring, collar, disk, washer, *(piestne)* piston ring, *(na kľúče)* key-ring; **3.** *(skupina)* group

krv *ž* **1.** blood; **2.** *(pokrvné príbuzenstvo)* kin, race, family

krvavý *príd* **1.** *(zaliaty krvou, pri kt sa prelieva krv)* bloody, *(zaliaty/ znečistený krvou: obväz)* blood-stained; **2.** *(obsahujúci krv)* bleeding; **3.** *(k/ ako krv: kúpeľ, pomaranč, škvrna)* blood[-], **4.** *(pri kt sa prelieva krv: bitka)* sanguinary, **5.** *(krvavočervený: slnko, obloha)* blood-red

krvinka *ž* **1.** *(biol)* blood corpuscle, blood cell, *(arch)* globule, *(biela)* leukocyte, *(červená)* red corpuscule

krvný *príd* **1.** blood, *(tlak)* blood presure, *(pomsta)* vendetta; **2.** blooded

krycí *príd* **1.** covering, cover, sheltering, screening

krypta *ž* **1.** *(i kostolná)* crypt, hypogeum, *(hrobka)* vault, *(kostolná)* undercroft, church basement

kryštál *m* **1.** *(chem, min)* crystal, *(ele, inf)* quartz

kryt *m* **1.** *(ochranné zariadenie)* cover[ing], envelope, case, housing, protection, *(i inf)* shield, cowl, hood, roofing, *(biol)* integument; **2.** *(miesto pre úkryt)* shelter; **3.** *(šport)* guard

kryť *ndk* **1.** *(vše)* to cover; **2.** *(chrániť)* to protect, to shield, *(schovávať)* to hide, *(zločinca)* to harbour, *(zabezpečovať)* to secure; **3.** *(hradiť)* to reimburse, to compensate

kryť sa *ndk* **1.** to cover; **2.** *(chrániť sa)* to take cover/ shelter, to tally with, to coincide with, to tally, to jibe with, to be in line with, to overlap

krytina *ž* **1.** covering, tiling, *(strešná)* roofing, thatch, *(podlahová)* carpeting

krytý *príd* **1.** covered, roofed, *(plaváreň ap)* indoor, hidden, concealed, *(ele)* [en]closed, protected

kto *zám* **1.** who; **2.** someone, one; **3.** one who, he who

ktokoľvek *zám* **1.** whoever, whoe'er, whosoever, anyone who

ktorý *zám* **1.** *(vo význame: aký?)* what; **2.** *(pri voľbe)* which [of], which one; **3.** *(uvádza vzťaž podmetovú vetu: osoba)* who, *(uvádza vzťaž predmetovú vetu: osoba)* whom, *(predmetovú/ podmetovú vetu: vec)* which, *(predmetovú/ podmetovú vetu: vec/ osoba)* that, *(ten... kto)* he who, **4.** *(niektorý, voľaktorý)* some

ktorýkoľvek *zám* **1.** whichever, whoever, anyone who

ktorýsi *zám* **1.** some, a certain

ktosi *zám* **1.** somebody, someone

ktovie I. ***vetná prísl*** **1.** *(nevie sa)* who knows, **II.** *časť* **2.** *(ktovie kto/ ktorý/ kde/ kade/ odkiaľ atď)* I don't know

kubík *m* **1.** cubic meter; **2.** cubic centimeter

kufor *m* **1.** suitcase, [travelling] bag, holdall, portmanteau; **2.** *(drevený)* chest; **3.** *(hov: priestor na batožinu v aute)* [luggage] boot

kuchyňa *ž* **1.** kitchen; **2.** *(spôsob prípravy jedál)* cuisine; **3.** food, good cooking, good meals

kujný *príd* **1.** forgeable, malleable

kukať *ndk* **1.** *(hov: pozerať)* to look, to peer; **2.** *(prn: vykúkať, o veciach)* to show; **3.** *(o kukučke)* to cuckoo

kukla *ž* **1.** *(biol)* pupa, *(motýľa)* chrysalis; **2.** *(druh kapucne: vetrovky)* hood; **3.** *(ochrana hlavy)* mask, *(šermiarska)* face-guard, helmet

kukurica *ž* **1.** maize, *(am)* corn, *(varená)* corn on cob, *(pražená: pukance)* popcorn

kulisa *ž* **1.** *(div: bočná)* coulisse, side scene, wing, *(zvuková)* background music, *(prn)* scene[s], *(pozadie)* background; **2.** *(tech)* cullis

kult *m* **1.** cult, worship, *(osobnosti)* personality cult

kultivácia *ž* **1.** *(poľnohosp.)* tillage, growth, reclamation; **2.** *(i biol)* cultivation

kultivovať *ndk* **1.** to cultivate, *(cibriť)* to refine; **2.** *(poľn)* to reclaim, *(pôdu)* to work

kultúra *ž* **1.** culture, cultivation, refinement; **2.** *(rastliny)* cultures

kultúrny *príd* **1.** cultural, culture; **2.** cultured, civilized

kúpa *ž* **1.** purchase, buy

kúpací *príd* **1.** bathing, *(tech)* bath

kúpalisko *s* **1.** swimming pool, *(i prírodné)* lido, bathing resort; **2.** *(prírodné)* beach

kúpať sa *ndk* **1.** to take a bath, to have a bath, *(plávať)* to bathe, to swim; **2.** to bask

kupec *m* **1.** *(kupujúci)* buyer, purchaser, shopper; **2.** *(v min: obchodník)* merchant, monger, trader

kúpeľ *m* **1.** *(kúpanie, i kúpele)* bath; **2.** mudbath, *(parný)* Turkish bath; **3.** *(tekutina na kúpanie)* wash

kúpele *m pomn* **1.** spa, health resort, *(s liečivými prameňmi)* watering place

kúpiť *dk* **1.** to buy, to purchase, to get, *(pravidelne)* to patronize, to shop; **2.** *(hov: koho)* to buy sb off, to bribe

kupón *m* **1.** *(i fin)* coupon, [coupon] voucher, *(kontrolný ústrižok)* counterfoil, tally, stub, *(lístok)* slip, ticket, *(fin)* dividend-warrant, payment coupon

kúra *ž* **1.** cure, treatment

kurátor *m* **1.** curator, custodian, keeper, *(maloletých)* guardian, *(správca)* trustee, *(cirk)* churchwarden

kurevník *m vulg* **1.** *(záletník)* womanizer

kúria *ž* **1.** *(pápežská)* The Curia

kúriť *ndk* **1.** to heat, *(podkurovať)* to make fire, to stoke; **2.** to smoke

kurva I. ***podst*** **1.** *(prostitútka)* whore, *(br)* tart, **II.** ***cit*** **2.** *(zahrešenie)* fuck it!, shit!, **III.** ***príd/ prísl nesk*** **3.** *(veľmi)* fucking, **IV.** ***prísl*** **4.** *(čo kurva... ?)* what the fuck...?, **V.** ***časť*** **5.** *(v replike: áno!,a nie?)* you can bet your ass!

kurz *m* **1.** *(fin)* exchange rate; **2.** course

kurzíva *ž* **1.** *(polyg)* italics

kus *m* **1.** *(časť celku)* piece, part, portion, *(cukru)* lump, *(látky)* length, *(zeme)* patch, plot; **2.** *(veľká časť niečoho)* hunk, chunk; **3.** *(malé množstvo niečoho)* morsel, bit, shred, **4.** *(samostatná jednotka)* unit, item, article, **5.** *(o dobytku)* head, animal

kúsok *m* **1.** [small/ little] piece, bit, shred, *(papiera)* slip, particle, chip, tot, speck, morsel

kút *m* **1.** *(uhol)* corner; **2.** *(prn)* nook, *(zeme)* part, place, *(malebný)* beauty spot, *(zapadnutý)* recess; **3.** *(hovor: prístrešie)* haven

kútik *m* **1.** *(zdrob)* small corner; **2.** *(prn)* nook, cubby-hole, room; **3.** *(očný, ústny)* corner, **4.** *(rubrika v novinách)* column

kužeľ *m* **1.** *(geom, i prn: svetelný)* cone; **2.** *(predmet)* taper, *(praslice)* top [of distaff], *(nábojnice)* shoulder, *(šport)* [Indian] club, *(geol)* talus

kváder *m* **1.** *(geom. mat.)* [rectangular/ right] parallepiped; **2.** *(stav)* block[stone], square-hewn stone, ashlar

kvadratický *príd* **1.** quadratic

kvalifikácia *ž* **1.** qualification, evaluation

kvalifikovať *n/dk* **1.** to qualify, to certify; **2.** *(posudzovať)* to evaluate, to rank

kvalita *ž* **1.** quality, advantage, merit, virtue

kvalitatívny *príd* **1.** qualitative

kvantita *ž* **1.** quantity

kvantitatívny *príd* **1.** quantitative

kvapeľ *m* **1.** *(vápencový útvar)* dripstone, *(stalaktit)* stalactite, *(stalagmit)* stalagmite; **2.** *(ľadový útvar)* icicle

kvapka *ž* **1.** *(tekutiny)* drop; **2.** *(malé množstvo vôbec)* bit, taste, trace, speck, whit

kvartál *m* **1.** quarter; **2.** quarter day

kvas *m* **1.** *(kuch)* sour dough, leaven; **2.** *(i prn)* ferment; **3.** *(prn pej)* good-for-nothing, **4.** *(ruský nápoj)* kvas[s]

kvasenie *s* **1.** *(chemický pochod)* fermenting process, *(i prn)* fermentation, *(odb)* zymosis; **2.** *(spôsob kozervovania zeleniny)* pickling

kvasiť *ndk* **1.** *(i prn)* to ferment, to yeast, to leaven; **2.** *(konzervovať)* to pickle; **3.** *(prn: o myšlienkach, citoch)* to seethe

kvet *m* **1.** *(vše, i prn)* bloom, *(collect)* inflorescence; **2.** *(časť rastliny kt dozrieva na plod)* blossom; **3.** *(kvetina)* flower, **4.** *(hrom: sušené liečivé)* herbs, **5.** *(prn: vrchol)* prime, florescence, **6.** *(arzénový)* white arsenic, *(zinkový)* zinc flowers

kvetnatý *príd* **1.** flowery, luxuriant, blossomy, *(i prn)* florid; **2.** *(o rečových prejavoch)* rotund, colorific, ornate, figurative, figured

kvinta *ž* **1.** *(hud)* fifth, quint; **2.** *(škol. zastar.)* fifth year/ form at a secondary school

kvitnúť *ndk* **1.** to bloom, to blossom, to flower, to be in flower, to prosper, to thrive; **2.** *(prn)* to flourish

kvitovať *n/dk* **1.** *(admin ob am: potvrdiť príjem)* to receipt, to acknowledge the receipt of; **2.** *(vziať na vedomie)* to take cognizance of, to recognize, to acknowledge, *(prijať)* to accept, to approve

kvóta *ž* **1.** quota; **1.** quota; **2.** immigration quota; **2.** immigration quota

kvôli *predl* **1.** comu komu ake of, for

kýchať *ndk* **1.** to sneeze

kým *spoj* **1.** *(uv časovú vetu: počas)* while: **kým sme mladí** *while we are young*; as long as: **kým študuje, treba mu pomáhať** *we must help him as long as he is at school*; **2.** *(v záp:[dotiaľ/ dovtedy] kým)* until, till: **budem klopať, kým neotvoria** I' *ll keep on knocking till/until someone opens the door*, **budeme tu dotiaľ, kým neprídu** *we' ll stay here till/ until they come*; **3.** *(uv nepravú časovú vetu: zatiaľ čo)* whereas, while: **niektori hostia už spali, kým druhí...** *some guests were asleep,while/ whereas the others...*,

kýpeť *m* **1.** stump, stub, snag, truncheon

kypieť *ndk* **1.** *(vyvierať z nádoby následkom varu)* to boil over, to overflow, to spill over, *(následkom šumenia)* to effervesce; **3.** *(prn: búriť sa)* to stir, to bustle, **4.** *(oplývať: veselosťou, hnevom, nenávisťou)* to burst with, *(zdravím)* to be in the pink, *(hnevom)* to seethe [with rage], *(zlosťou)* to simmer

kypriť *ndk* **1.** *(zem)* to loosen, to plough, to hoe

kyprý *príd* **1.** *(zem)* loose, *(ľahký)* light, *(jemný)* soft, *(ľahký a mäkký: koláč)* spongy, *(sypký)* friable, puffy; **2.** *(prn: bucľatý)* chubby, *(o žene)* zaftig

kyselina *ž* **1.** *(chem)* acid

kysličník *m* **1.** oxide, protoxide, peroxide

kyslý *príd* **1.** sour, tart, *(i chem)* acid, *(i prn)* harsh, vinegary, *(prn)* wry, *(nevľúdny)* morose, sullen

kysnúť *ndk* **1.** to sour, *(ob mlieko)* to turn/ to go/ to become sour, *(víno)* to vinegar; **2.** *(o ceste: stávať sa kysnutým)* to rise; **3.** *(prn hov)* to rot

kytica *ž* **1.** bouquet, nosegay, bunch of flowers, posy

kývať *ndk* **1.** *(uvádzať do pohybu)* to swing, to oscillate, to sway, to rock, *(chvostom)* to wag; **2.** *(pohybovať)* to shake, to beckon, to nod, *(mávať)* to wave

kývať sa *ndk* **1.** *(z boka na bok)* to swing, to oscillate, to sway, to rock, *(zhora nadol)* to seesaw, *(let: pozdĺžne)* to pitch, *(loď)* to roll

kývnuť *dk* **1.** *(hlavou)* to nod, *(hlavou, rukou)* to beckon, *(rukou)* to wave, *(prstom)* to lift

L

labilita *ž* **1.** *(i psych, fyziol)* lability; **2.** instability, unstableness, unsteadiness, frailty, disequilibrium, shakiness

labilný *príd* **1.** *(psych, fyziol)* labile; **2.** *(fyz)* unstable; **3.** unsteady, wavering, shaky, *(ifm)* groggy

laboratórium *s* **1.** laboratory, lab, *(tech)* test laboratory, test room

labuť *ž* **1.** *(zool: Cygnus)* swan, *(samica)* pen, *(mladá)* cygnet

labužník *m* **1.** gourmet, gourmand, gastronomer, connoisseur

labyrint *m* **1.** *(i anat)* labyrinth, maze, meander, *(prn)* rabbit-waren

lacný *príd* **1.** *(opak: drahý)* cheap, inexpensive, low-cost, low-priced, *(výpredajový)* bargain-priced, *(kniha)* paperback; **2.** *(nekvalitný)* cheap-jack, claptrap, down-market, twopenny, *(ifm)* tacky, *(an)* tinpot[ty], *(am)* two-bit, *(film ap)* B, *(veľmi)* dirt cheap; **3.** *(prn hov)* easy, **4.** coarse

lačný *príd* **1.** *(hladný)* hungry, *(trochu)* peckish, *(o žalúdku)* empty; **2.** *(prn hovor: dychtivý)* greedy, *(pohľad ap)* covetous

ľad *m* **1.** ice; **2.** *(hov: klzisko)* skating-rink; **3.** *(hovor ľadovec)* hail, **4.** *(prn)* cold

ladiť *ndk* **1.** *(hud i tech)* to tune, *(hud)* to tone; **2.** *(tech)* to syntonize; **3.** *(dávať do súladu)* to harmonize, to co-ordinate, **4.** *(časovo)* to synchronize, **5.** *(byť v súlade)* to concord

ladnosť *ž* **1.** harmony, gracefulness, elegance, finesse

ladný *príd* **1.** *(tvar i zvuky)* harmonious, *(tvar ap)* graceful, *(pohyb)* lissom, *(i postava)* lithe, *(postava i celok)* well-turned, *(celok)* eurhythmic

ľadovatieť *ndk* **1.** to freeze, to turn into ice, to congeal, to become icy

ľadovec *m* **1.** *(geol: v horách)* glacier; **2.** *(v mori)* iceberg; **3.** *(krupobitie)* hail

ľadový *príd* **1.** *(z ľadu)* ice; **2.** *(geog, geol)* glacial, **4.** *(veľmi studený)* icy; **3.** *(zool: medveď)* polar bear, ice-cold, chilly, *(i prn)* freezing

ľahko *prísl* **1.** easily, lightly, handily, readily

ľahkosť *ž* **1.** lightness, easiness, facility, ease, fickleness

ľahký *príd* **1.** *(malej váhy, jednoduchý, o odeve, jedle)* light; **2.** *(nie ťažký)* easy, simple, ligthweigth; **3.** *(nenáročný)* frivolous, **4.** *(svižný)* buoyant, **5.** *(pokojný, tichý)* peaceful, **6.** *(slabý)* faint, gentle, *(mierny)* mild, *(i bezvýznamný)* small, **7.** *(bezvýznamný)* minor, **8.** *(žena)* free and easy, of easy virtue

ľahnúť *dk* **1.** *(uložiť sa do vodorovnej polohy)* to lie down, *(ísť odpočívať/ spať)* to go to bed; **2.** *(hov: o chorom)* to be taken ill, to take to one's bed; **3.** *(o obilí)* to get lodged, **4.** *(klesnúť)* to fall [down], **5.** *(povel pre psa: ľahni!)* down!

ľahnúť si *dk* **1.** to lie down; **2.** *(hov: pre chorobu, únavu ap)* to take to one's bed

lahodiť *ndk* **1.** *(spôsobovať príjemný pocit)* to appeal [to], *(byť príjemný)* to be agreeable, to be pleasant, *(prn)* to tickle

lahodnosť *ž* **1.** deliciousness, gentleness, amenity, *(jedla)* savouriness, *(spevu ap)* melodiousness

ľahostajný *príd* **1.** *(neprejavujúci záujem, nehodný pozornosti)* indifferent [to]; **2.** *(neprejavujúci záujem)* uninterested, *(i pohľad)* casual, *(apatický: človek)* apathetic, *(nepozorný)* careless

lahôdka *ž* **1.** *(maškrta)* delicatessen, dainty [morsel], titbit; *(prn hov)* tasty dish; **2.** mn: **lahôdky** *(obchod)* delicatessen

ľahtikár *m* **1.** *(ľahkomyseľný človek)* butterfly, *(bezstarostný nezodpovedný človek)* slaphappy person, *(bezstarostný človek)* easy-going person

laický *príd* **1.** *(neodborný i cirk)* lay, *(neodborný)* amateur; **2.** *(cirk)* secular, laic

laik *m* **1.** *(neodborník)* layman, unadept; **2.** *(cirk)* laic

lajno *s* **1.** *(dobytčí výkal)* dung, muck, scat, excrement, dropping[s]; **2.** *(prn hrub)* [bull-]shit

lak *m* **1.** *(tech, i na vlasy)* lacquer, *(i br: na nechty)* varnish, *(i na autá, i am: na nechty)* polish, *(na nechty)* enamel

ľak *m* **1.** scare, fright

lákavý *príd* **1.** *(vábiaci: úsmev)* alluring, *(i zaujímavý: ponuka, príležitosť, tovar)* enticing, *(príťažlivý, zaujímavý)* attractive, *(zaujímavý: príležitosť)* interesting, *(príležitosť)* tempting

laket *m* **1.** *(anat, i časť rukáva)* elbow; **2.** *(hist: stará dĺžková miera)* cubit, ell

lakomec *m* **1.** miser, skinflint, *(ifm)* cheeseparer, penny pincher

lakomý *príd* **1.** mean, tight-fisted, *(veľmi)* miserly, *(ifm)* stingy

lakovač *m* **1.** lacquerer, varnisher, painter, Japanner; **2.** *(prn)* embellisher

lakovať *ndk* **1.** to varnish, to lacquer, to lacker; **2.** *(prn: skrášľovať)* to embellish; **3.** *(prn hovor klamať)* to deceive

ľalia *ž* **1.** *(bot: Lilium)* lily, *(bot cibuľkonosná: Lilium bulbiferum)* orange lily, *(bot biela: Lilium candidum)* madonna lily, *(bot zlatohlavá: Lilium Martagon)* martagon, turk's cap

lalok *m* **1.** *(anat, bot)* lobe; **2.** *(sliepky ap)* wattle, *(i dobytka)* dewlap, *(i dobytka, i človeka)* jowl; **3.** *(pod bradou)* double chin

lámač *m* **1.** *(kameňa)* [stone]breaker, crusher, quarryman; **2.** *(polyg: sadzby)* make-up man

lámanie *s* **1.** breaking, crushing; **2.** *(dobývanie)* quarrying; **3.** *(polyg)* make-up, **4.** *(mučenie)* torture, **5.** *(hov: o reume)* rheumatic pain, **6.** *(fyz)* refraction, **7.** *(prekonávanie: noriem)* breaking, **5.** *(zberanie plodín)* picking-up

lámať *ndk* **1.** to break, to crush; **2.** *(dobývať)* to quarry; **3.** *(fyz: svetlo)* to refract, **4.** *(polyg)* to make up, **5.** *(hovor prekonávať)* to break, **6.** *(neos bolieť)* to ache, **7.** *(zberať plodiny)* to pick up, **8.** *(stredoveký spôsob mučenia)* to torture, **9.** *(o nedostatočnom ovládaní reči)* to smatter; **10.** *(si: hlavu)* to cudgel o's brain

lámavý *príd* **1.** breaking, brittle, frangible, *(bolesť)* excruciating; **2.** *(fyz)* refractive

lamentácia *ž* **1.** ob mn: **lamentácie** *(lamentovanie)* lamentation, grumbling, *(ponosa)* grievance, *(nariekanie)* complaint

lamentovať *ndk* **1.** to lament, *(fml, joc)* to bewail, to grumble, *(nariekať)* to complain

lampa *ž* **1.** lamp, light, *(stolná)* reading-lamp, *(nástenná)* bracket-lamp, *(s ohybným ramenom)* gooseneck-lamp; **2.** *(elekrónka)* valve, *(am)* tube

lampáš *m* **1.** lantern, lamp, *(vrecková)* [pocket] torch, *(pouličná)* gas-lamp

laň *ž* **1.** *(zool: Cervus)* doe; **2.** *(zool: Cervus elaphus)* hind

ľan *m* **1.** *(bot: priadny/ úžitkový, i tkanina)* flax, *(bot: žltý)* golden flax, *(bot: trváci)* perennial flax; **2.** *(tkanina)* linen

lano *s* **1.** *(konopné ap)* rope, *(silné, i oceľové)* cable, *(nám)* [-]line, hawser

lanovka *ž* **1.** *(koľajová, i visutá)* cableway, *(koľajová s protiváhou)* funicular; **2.** *(visutá)* teleferic, telpher[age]; **3.** *(ozubená)* rack railway, **4.** *(so sedačkami)* chair-lift, ski-lift

lanský *príd* **1.** last year's

lapač *m* **1.** *(človek i prístroj)* catcher, trap[per], *(popola)* cinder catcher, *(prachu)* dust-collector, *(iskier)* spark arrester

lapačka *ž* **1.** *(chytanie)* catching; **2.** *(poľovačka)* hunting; **3.** *(hist)* press, **4.** *(šport: hov: rukavica)* catchglove, **5.** *(detská hra)* tag

lapák *m* **1.** *(prístroj)* catcher; **2.** *(poľov klepec)* trap, snare; **3.** *(sl: väzenie)* clink, can, *(brit)* nick, chok[e]y, *(am)* pok[e]y

lasica *ž* **1.** *(zool: obyčajná)* weasel

láska *ž* **1.** *(cit, pomer, záľuba i predmet lásky)* love, *(náklonnosť)* [deep] affection; **2.** *(milostný pomer)* romance; **3.** *(dočasná)* crush, **4.** *(záľuba)* fondness, **5.** *(k blížnemu)* fellow feeling, love of o's neighbour, *(k vlasti)* patriotism, *(na prvý pohľad)* love at first sigth, **6.** *(hov: predmet lásky)* flame

láskať sa *ndk* **1.** *(s kým)* to fondle, *(s milenkou ap)* to hug and kiss, *(ifm)* to pet, *(ob pri tanci)* to smooch

láskavec *m* **1.** *(bot: Amaranthus)* amaranth, *(bot: chvostnatý)* love-lies-bleeding, tassel flower, velvet flower, *(bot: metlinatý)* purple/ red amaranthus

láskavosť *ž* **1.** *(vľúdnosť, i skutok)* kindness, *(vľúdnosť)* kindliness, sweetness, obligingness, *(dobrota)* goodness, fondness, attention; **2.** *(skutok)* favour

láskavý *príd* **1.** *(oplývajúci láskou)* loving, affectionate, fond, tender; **2.** *(milý)* kindly, sweet, kind, warm-hearted, nice, friendly, gracious

lastovička *ž* **1.** *(zool: obyčajná)* swallow, *(zool: Sterna hirundo)* sea swallow, tern

lastovičník *m* **1.** *(bot: väčší)* [great] celandine, swallowwort

lata *ž* **1.** *(plota)* slat, pale, *(na dverách)* batten; **2.** *(odb: na meranie)* staff, *(ďalekomerná)* stadia

látať *ndk* **1.** to patch, to mend, to darn; **2.** *(biť)* to flog

latinčina *ž* **1.** *(klasická)* Latin, the Latin language, *(neklasická)* Low Latin, Roman, *(prn)* Humanity

latinský *príd* **1.** Latin

látka *ž* **1.** *(hmota, materiál, i chem, biol)* substance, material, matter; **2.** *(tkanina)* fabric, cloth; **3.** *(škol: učebná, i téma)* subject matter, programme [of study], **4.** *(slovesný materiál)* subject

látkový *príd* **1.** substance; **2.** cloth, *(bábika)* rag; **3.** thematic, **4.** *(biol: premena)* metabolism

láva *ž* **1.** lava

ľavák *m* **1.** left-hander, left-handed person, *(šport)* left-armer, *(sl: boxe)* southpaw

lavica *ž* **1.** *(i šport)* bench, *(záhradná)* seat, *(kostolná)* pew, *(svedecká)* stand, *(i porotcová)* box, *(obžalovaných)* dock, *(školská)* desk, *(dlhá)* form, *(cez potok)* footbridge, *(v člne)* thwart

ľavica *ž* **1.** *(strana)* left, left side; **2.** *(ruka)* left hand; **3.** *(polit)* the left, left wing

ľavičiar *m* **1.** leftist, left-winger; **2.** *(pej)* left-winger extremist, extreme left-winger

lavička *ž* **1.** [small] bench, *(v parku)* park bench, *(záhradná)* garden seat, *(čalúnená)* banquette, *(tech)* berm, *(i ele)* bridge, *(nám)* gangboard

lavína *ž* **1.** *(snehová)* avalanche, snowslide; **2.** *(kamenná)* landslide, mountain-slide; **3.** *(i prn)* volley

lavírovať *ndk* **1.** *(o plavidle, i prn)* to tack, *(nám sl)* to board; **2.** *(kľučkovať)* to dodge, *(šport)* to dribble, *(iprn)* to manoeuvre; **3.** *(brit: kresbu)* to render

lávka *ž* **1.** [small] bench, *(lodná)* gangway, *(ban)* bench; **2.** *(cez potok)* footbridge

lavór *m* **1.** wash-basin, wash-bowl

ľavý *príd* **1.** left, left-hand, *(nám)* port; **2.** *(polit)* leftist, *(i šport)* left-wing; **3.** *(hov: ležiaci na rube)* reverse, **4.** *(prn: nešikovný)* left-handed, butterfingered

lazár *m* **1.** *(zmrzačený človek)* cripple; **2.** *(chorý človek)* lazar; **3.** *(úbožiak)* wretch, *(žobrák)* Lazarus

lazúrový *príd* **1.** azure

lebečný *príd* **1.** cranial, cephalic, coronal

lebka *ž* **1.** skull, *(odb)* cranium; **2.** *(prn: hlava)* head, gourd, pate

lebo I. *spoj (pretože)* **1.** because, for; **2.** *(keďže)* as, since; **3.** *(ináč)* otherwise, else, **II.** *časť* **4.** *(totiž)* namely, **5.** *(veď)* indeed

ledabolo *prísl* **1.** *(nedbanlivo: pracovať, robiť niečo)* negligently, *(a povrchne)* slovenly, *(a rýchlo)* slapdash, carelessly

ledva I. *časť* **1.** *(horko-ťažko)* hardly, with difficulty; **2.** *(len-len že)* barely, narrowly, **II.** *spoj* **3.** *(uv časovú vetu)* as soon as, no sooner...then, just...when

legalizácia *ž* **1.** *(overenie)* authentication, attestation, validation; **2.** *(faktického stavu ap)* legalization

legalizovať *n/dk* **1.** *(úradne overiť)* to certify, to attest, to authenticate; **2.** *(uzákoniť)* to legalize, to legitimate

legenda *ž* **1.** *(i na mape)* legend, *(prn)* tale; **2.** *(na mape, diagrame ap)* key, *(krížovky)* clues

legendárny *príd* **1.** *(opradený legendami, i slávny)* legendary, *(opradený legendami)* mythical; **2.** unhistoric; **3.** *(prn: slávny)* famous

légia *ž* **1.** *(hist)* legion

legislatíva *ž* **1.** *(tvorba predpisov)* legislation, law making; **2.** *(moc, orgán)* legislature, legislative

legitimácia *ž* **1.** *(doklad, ktorým sa preukazuje totožnosť)* card, *(oprávnenie)* permit, pass, *(členská)* membership card, *(občianska)* identity card

legitimita *ž* **1.** *(zákonnosť)* lawfulness, legitimacy, legality, conformity to law

lehota *ž* **1.** term, [period of] time, space; **2.** *(termín)* deadline, time-limit, time allowance, *(skúšobná)* trial period, *(dodacia)* time of delivery

lejak *m* **1.** *(prudký hustý dážď)* downpour, *(met)* heavy shower, *(krátky)* flurry, *(ifm)* drencher

lekár *m* **1.** doctor, *(bez špecializácie)* general practitioner [GP], physician, [-]ist

lekáreň *ž* **1** pharmacy, *(br)* [dispensing] chemist's, *(am)* drugstore, *(v nemocnici)* dispensary

lekárnička *ž* **1.** *(príručný súhrn liekov)* first-aid kit, *(schránka na ne)* first-aid box, medicine chest; **2.** *(odborníčka)* [woman] pharmacist

lekárnik *m* **1.** pharmacist, *(br)* dispensing chemist, *(am)* druggist, *(arch)* apothecary

lekársky 1. *príd* medical, medicine, medicinal, doctor's, clinical, **II.** *prísl* medically

lekárstvo *s* **1.** medicine, medical science, *(obs)* physic

lekcia *ž* **1.** *(úloha, hodina i prn)* lesson; **2.** *(učebná hodina)* class, *(prednáška)* lecture; **3.** *(prn)* reprimand

lekno *s* **1.** nenuphar, *(bot: biele)* [white] water lily, *(bot: žlté)* yellow water lily, *(am: Nupha advena)* spatterdock

lektor *m* **1.** *(na vysokej škole)* lector; **2.** *(kto číta a posudzuje dielo)* rewiever; **3.** *(vo vydavateľstve)* reader, **4.** *(stály prednášateľ)* lecturer

lekvár *m* **1.** *(ovocná masa s cukrom)* jam, *(pomarančový)* marmalade, *(fml)* preserve

lem *m* **1.** *(obruba)* border, edge, *(okrúhly)* rim; **2.** *(na tkanine)* selvage, *(i šiat)* hem, *(šiat)* edging, *(sukní)* flounce; **3.** *(odb)* piping

lemovať *ndk* **1.** *(obrubovať)* to edge, to border, *(i krajč)* to fringe; **2.** *(krajč)* to hem, to trim, *(tech)* to flange, *(str)* to curl

len I. *čast* **1.** *(obmedzuje počet, množstvo)* only, merely, *(predicative)* alone; **2.** *(vyčleňuje jeden prípad al skupinu p)* only, just; **3.** *(vyj podceňovanie: s podst)* just, **4.** *(jedine)* exclusively

leniť sa *ndk* **1.** **[!]** *(neos)* not to [feel] like +ing, **[!]** to dislike, **[!]** to be too lazy to

lenivý *príd* **1.** lazy, indolent, idle, sluggish, otiose; **2.** *(lek)* torpid

leňoch *m* **1.** lazy-bones, loafer, idler, good-for-nothing; **2.** *(zool: trojprstý)* sloth

lepenka *ž* **1.** cardboard, *(vrstevná)* pasteboard, *(na výrobu krabíc)* boxboard, *(polyg: na knižné dosky)* cover board; **2.** *(druh krytiny: asfaltová)* tar board

lepidlo *s* **1.** glue, gum, paste, *(i tech)* adhesive, *(tech)* binding agent

lepiť *ndk* **1.** *(nalepovať)* to stick, *(plagáty)* to post; **2.** *(zlepovať)* to paste; **3.** *(tech)* to size

lepra *ž* **1.** leprosy

lepší *príd* **1.** better, *(rodina)* good family, *(polovička)* o's better half, *(šaty)* Sunday best

lepšiť *ndk* **1.** to improve, to better, to make st better

leptať *ndk* **1.** to corrode, to erode, *(ume)* to etch, *(lek)* to cauterize

les *m* **1.** wood[s], *(i prn)* forest; **2.** *(prn: neprehľadné množstvo)* multitude, host

lesk *m* **1.** *(zlata, diamantov)* glitter, sparkle, *(jemný, hladkej hladiny i vlasov)* gloss, *(i hodvábu)* sheen, *(i perál)* lustre, *(i topánok)* shine, *(vysoký)* glare; **2.** *(prn)* splendour

lesklý *príd* **1.** glittering, glistening, glimmering, lustrous, glossy

lesknúť sa *ndk* **1.** to glitter, to sparkle, to glisten, to shimmer, to shine; **2.** *(byť ošúchaný)* to be shiny

lesnatý *príd* **1.** wooded, woody, forested, silvan

lesný *príd* **1.** forest, forestal, woods, forestry

lesť *ž* **1.** ruse, *(fml)* stratagem, *(prá)* malice, *(bomba)* booby-trap bomb

lešenie *s* **1.** *(stav)* scaffolding, *(zavesené)* travelling cradle, *(z dielcov, i nám)* staging, *(nám: závesné)* flake, *(na stavbu lode v lodenici)* staging, *(vrtné)* sheerlegs, *(na stoh)* rick stand

leštič *m* **1.** *(robotník)* polisher, *(kovu)* burnisher, *(nábytku)* French polisher, *(topánok)* shoeshiner; **2.** *(stroj: na fotografie)* glazing machine

leštidlo *s* **1.** *(prostriedok)* polish, polishing material, *(knihárske)* agate; **2.** *(nástroj)* polishing iron

leštiť *ndk* **1.** *(čistením atď dodávať lesk: parkety, topánky)* to shine, *(náterom dodávať lesk)* to glaze, *(leštidlom dodávať hladkosť a lesk: auto)* to polish, *(hladením dodávať hladkosť: mramor)* to levigate, *(hladením dodávať hladkosť a lesk: med)* to burnish

let *m* **1.** *(vznášanie sa vo vzduchu)* flying, *(i prn)* flight; **2.** *(cestovanie, cesta lietadla)* flight, ardor; **2.** elan; **3.** *(prn)* soaring

leták *m* **1.** *(propagačné tlačivo)* leaflet, *(reklamný)* flier, folder, *(ilustrovaný)* brochure, *(menšia kniha)* pamphlet

letecký *príd* **1.** air[-], *(týkajúci sa letcov a letov)* flight, *(robený lietadlami)* aerial, *(do-*

pravovaný lietadlom) air-borne

letectvo *s* **1.** *(teória a prax lietania)* aviation; **2.** *(letecké útvary, jednotky)* air fleet, *(vojenské)* Air Force, *(civilné)* civil aviation

letenka *ž* **1.** air ticket, flight ticket, airplane ticket, passenger ticket

letieť *ndk* **1.** *(vták, šíp, lietadlo, lietadlom i prn)* to fly, *(lietadlo)* to navigate; **2.** *(rýchlo sa pohybovať)* to speed, to tear, *(i loď)* to rip; **3.** *(ponáhľať sa)* to rush, **4.** *(hov: byť vyhodený)* to be thrown out, *(zo zamestnania)* to be fired, **5.** *(hnať sa za niekým, za niečím)* to run after, **6.** *(o správach)* to fly around

letisko *s* **1.** airport, aerodrome, airdrome; **2.** *(štartovacia a pristávacia plocha)* airfield, landing area, *(núdzové)* airstrip

letmý *príd* **1.** *(i tech, šport)* flying, passing, fugitive, fleeting, hurried, cursory; **2.** *(šport: štart)* running, *(tech)* free

letný *príd* **1.** summer, summery, holiday, *(i astron)* [a]estival, *(čas)* daylight saving; **2.** *(hov o tekutine: vlažný)* lukewarm

leto *s* **1.** summer, *(babie)* Indian summer

letohrádok *m* **1.** *(besiedka v záhrade)* summerhouse, *(šľachtický v parku ap)* pavilion; **2.** *(letné sídlo)* villa, *(veľký)* country house

letopočet *m* **1.** era, *(kresťanský, náš)* Anno Domini, *(pred naším)* Before Christ, *(skratka: pred n. l.)* B.C.; **2.** *(kniž: údaj o roku)* year

letovisko *s* **1.** summer resort; **2.** cottage, country villa

lev *m* **1.** *(zool: púštny)* lion; **2.** *(zool: morský)* sea-lion, otary

levanduľa *ž* **1.** *(bot: klasnatá)* [spike] lavender, aspic

levíča *s* **1.** *(mláďa leva)* lionet, lion cub; **2.** *(šport: mladý športovec)* junior

ležadlo *s* **1.** couch, *(skladacie)* deck chair, lawn chair, recliner [chair]; **2.** *(žel)* couchette

ležať *ndk* **1.** to lie; **2.** *(byť položený, nachádzať sa)* to lie, to be situaded; **3.** *(odpočívať, spať)* to lie down, *(dlho)* to lie in, **4.** *(pre chorobu)* to be down with, *(byť pripútaný na lôžko)* to be confined to bed, **5.** *(rozprestierať sa)* to lie, **6.** *(prn: o zodpovednosti, starostiach)* to lay [heavy] on, **7.** *(povel psovi: lež!)* sit!

ležatý *príd* **1.** *(i tech)* horizontal, prone, lying, recumbent, *(golier)* turn-down, *(polyg: písmo)* italics

ležérny *príd* **1.** *(uvoľnený)* [free and] easy, easy-going, nonchalant, *(nenútený)* unconstrained, *(obliekanie)* casual, *(nedbanlivý)* loose

ležiak *m* **1.** *(pivo)* lager; **2.** *(hov: o tovare)* [uns]old stock; **3.** *(o knihách, ktoré sa nepredávajú)* slow seller, *(na odpredaj)* remainder

liaheň *ž* **1.** *(na hydinu)* incubator, hatchery; **2.** *(na ryby)* fish-hatchery; **3.** *(prn: semenisko)* hotbed

liahnuť sa *ndk* **1.** *(o hydine, hmyze)* to hatch out; **2.** *(o rybách)* to be spawned; **3.** *(o iných zvieratách)* to be littered, **4.** *(prn expr)* to come into being

liať *ndk* **1.** to pour; **2.** *(zhotovovať odlievaním)* to cast, to found; **3.** *(prn)* to infuse, **4.** *(neos: silno pršať)* to pour

libela *ž* **1.** level, *(liehová)* spirit level, water-level

liberálny *príd* **1.** *(polit, i zmierlivý)* liberal, progressive; **2.** *(zmierlivý)* broad-minded, open-minded, large-minded

libra *ž* **1.** *(jednotka anglickej meny)* pound, *(šterlingov)* pound sterlig, *(skratka)* L; **2.** *(jednotka hmotnosti)* pound, *(skratka)* lb

líce *s* **1.** *(časť tváre)* cheek; **2.** *(vonkajšia strana, i tkaniny)* face, facing side, front

licencia *ž* **1.** *(i živnosť, i lit)* licence, permit; **2.** *(zast: povolenie na živnosť)* trade licence, trading licence; **3.** *(básnická)* poetic licence

licitácia *ž* **1.** auction, public sale

lícny *príd* **1** cheek, zygomatic, malar, face, facial

líčidlo *s* **1.** make-up, *(kozmetické)* cosmetic, *(div)* greasepaint; **2.** *(bot: americké)* poke[weed]

liečba *ž* **1.** treatment, [-]therapy, *(úspešná)* cure

liečebňa *ž* **1.** *(liečebný ústav)* nursing home,

(na dlhšiu dobu) sanatorium, *(nemocnica)* infirmary, treatment center

liečiť *ndk* **1.** *(zbavovať choroby, i odstraňovať chorobu)* to cure sb/ st, *(zbavovať choroby)* to heal sb, *(rehabilitáciou)* to rehabilitate; **2.** *(chorobu)* to treat st

liečivo I. ***podst*** s **1.** *(preparát)* pharmaceutical/ medical product, *(: používaný ako liek)* remedy, *(liek)* medicinal, *(ob ústne)* medicine, **II.** ***prísl*** **2.** medicinally

liečivý *príd* **1.** curative, sanative, medicinal, *(účinok)* therapeutic, *(rastlina)* officinal

lieh *m* **1.** alcohol, spirit

lieska *ž* **1.** *(bot: obyčajná)* hazel[nut], *(bot: najväčšia)* filbert, *(bot)* filbert; **2.** *(hov: podložka)* tray, wattle

lieskovec *m* **1.** hazelnut; **2.** *(lieskovica)* stick

lietadlo *s* **1.** aeroplane, *(am)* airplane, plane, *(i helikoptéra)* aircraft, *(dopravné)* airliner

lietať *ndk* **1.** *(i prn)* to fly, *(rýchlo smerom hore, i prn)* to soar, *(rýchlo smerom dole)* to swoop, *(let)* to aviate; **2.** *(prn: rýchle sa pohybovať)* to tear, **3.** *(za)* to run after

lievik *m* **1.** funnel; **2.** *(tech)* filler, mouth, cone, feeder, horn

liezť *ndk* **1.** *(plaziť sa, ísť plazivým pohybom)* to creep, *(o vozidlách: i vliecť sa)* to crawl; **2.** *(vliecť sa)* to trudge, to drag along; **3.** *(škriabať sa, šplhať sa)* to climb, **4.** *(vnikať)* to get [into/ to], **5.** *(vystrkovať sa)* to come out, **6.** *(tlačiť sa)* to cram, **7.** *(hov: za kým)* to dog, **8.** *(o vlasoch, srsti)* to fall out

liga *ž* **1.** league, association, *(i šport)* conference; **2.** *(futbalová)* division, *(prvá)* division one

ligot *m* **1.** *(zlata, hviezd, šperkov)* glitter, *(hviezd, šperkov)* sparkle, *(hviezd, mesiaca, mora)* shimmer, *(mesiaca, mora)* gleam

lichotiť *ndk* **1.** *(pochlebovať, zaliečať sa)* to flatter, to wheedle, to adulate, *(líškať sa)* to toady; **2.** [!] *(páčiť sa, lahodiť)* to be flattered, to like

lichotivý *príd* **1.** *(lichotiaci, i lahodiaci)* flattering; **2.** *(lichotiaci: človek)* fawning, *(slová)* sugary, *(br ifm)* smarmy

likér *m* **1.** liqueur, cordial

likvidácia *ž* **1.** *(likvidovanie, zrušenie)* liquidation, elimination, abolition, *(i podniku)* winding-up, *(urovnanie, i sporu)* adjustment, *(i dlhu)* settling, *(šeku)* clearance

likvidátor *m* **1.** *(i ekon)* liquidator; **2.** *(ekon)* assessor, [certification] teller, *(i škôd)* adjuster; **3.** *(polit sl)* head-hunter

likvidovať *n/dk* **1.** to liquidate, to eliminate, to dispose [of], *(zničiť)* to waste, *(človeka)* to put away, *(ekon)* to wind up, *(dlh)* to sink, *(vyrovnať)* to settle

lilavý *príd* **1.** lilac, mauve, pinkish-violet

limba *ž* **1.** *(bot: Pinus cembra)* Swiss [stone] pine, arolla [pine], *(bot: sibírska)* [dwarf] Siberian pine

limit *m* **1.** *(dolná/ horná hranica)* limit, line, bound, *(horná)* ceiling

limonáda *ž* **1.** *(malinovka)* soft drink; **2.** *(z ovocnej šťavy)* fruit juice; **3.** *(citrónová)* lemonade, **4.** *(prn pej: o knihe, filme)* slush

limuzína *ž* **1** limousine, *(ifm)* limo; **2.** saloon car, sedan

linajka *ž* **1.** [horizontal] line, *(v písanke)* rule

lineárny *príd* **1.** *(i mat, fyz, geol, prn)* linear, lineal; **2.** *(prn)* straight[-forward], line

línia *ž* **1.** *(čiara, rad príbuzných, smer, i voj, geol)* line; **2.** *(rad príbuzných)* lineage; **3.** *(smer)* policy, **4.** *(voj)* position, **5.** *(črta tváre)* lineament, **6.** *(módna)* fashion, **7.** *(hov: štíhlosť)* figure, **8.** *(geol: zlomu)* rift

linka *ž* **1.** *(čiara, trať, spoj)* line; **2.** *(trať, spoj)* route, *(letecká)* flight, *(telefónna)* [telephone] line, *(sériová)* party line

lipa *ž* **1.** *(bot: Tilia)* lime [tree], linden [tree], *(bot: veľkolistá)* [large-leaved] lime tree, *(bot: malolistá)* [little] linden, *(bot: americká)* American lime/ linden, *(drevo)* basswood

lipnúť *ndk* **1.** *(lepiť sa)* to stick [to/ on]; **2.** *(byť pripútaný, vinúť sa)* to cling [to], *(k sebe)* to stick together, *(pridŕžať sa dačoho)* to stick to st, *(pridŕžať sa dakoho)* to stick by; **3.** *(túžiť za)* to be attached to

lisovať *ndk* **1.** to press, *(nohami)* to tread, to compress, *(plechy)* to stamp, *(polyg: hárky)* to smash, *(polyg)* to nip

lisovňa *ž* **1.** stamping shop, moulding plant, press shop, pressing shop, press plant, *(polyg)* pressroom

list *m* **1.** *(časť rastliny)* leaf; **2.** *(papiera)* sheet, note, slip; **3.** *(v knihe al zošite)* page, **4.** *(písomná správa)* letter, *(ifm)* line, **5.** *(úradná listina)* certificate, *(doklad)* paper, *(živnostenský)* licence, *(obch: dodací, uzávierkový, avízo atď)* note, *(objednávací)* order, **6.** *(tenký a široký kus niečoho)* foil, *(polyg)* folio, *(tech)* lamination, *(vrtule)* blade

listina *ž* **1.** *(admin)* document, certificate, paper, *(práv)* deed; **2.** *(zoznam: kandidátska)* list, *(záznam)* record

lístok *m* **1.** *(zdrob)* leaflet; **2.** *(úradný doklad: i cestovný)* ticket, *(am: cestovný)* transportation, *(kontrolný)* check, *(stravný)* voucher, *(povolávací)* permit, *(korešpondenčný)* postcard, *(jedálny)* menu; **3.** *(papierik na písanie)* note, **4.** *(v kartotéke ap)* card, **5.** *(potvrdenka)* receipt, **6.** *(pri prídelovom systéme)* unit, **7.** *(tenký kúsok kovu)* foil

listový *príd* **1.** leaflike, *(i archit)* foliated, *(i tech)* leaf; **2.** *(tech)* sheet; **3.** *(papier)* letter, *(styk)* epistolary

lišaj *m* **1.** *(ekzém)* eczema, *(herpes)* herpes, *(rar)* tetter; **2.** *(zool: borový)* hawk moth, *(am)* sphinx [moth]

lišajník *m* **1.** *(bot: Lichenes)* lichen, *(bot: Musci)* moss, *(bot: Umbilicaria)* rock tripe, *(can)* tripe-de-roche, *(bot: bradatý)* fruticose lichen, *(bot: sobí)* reindeer lichen/ moss, *(bot: islandský)* Iceland lichen/ moss, *(bot: farbiarsky)* Angola weed

lišiak *m* **1.** dog-fox; **2.** *(o prefíkanom človeku)* fox, slyboots, *(sl)* file

líšiť sa *ndk* **1.** to differ, to vary, to be differentiate, to contrast

líška *ž* **1.** *(zool: Vulpes vulpes, kožušina, i prn)* fox; **2.** *(kožušina)* fox fur; **3.** *(prn: o prefíkanom človeku)* slyboots

litánie *ž pomn* **1.** *(modlitby, i prn)* litany; **2.** *(cirk: pobožnosť)* the Litany; **3.** *(prn: karhanie)* jeremiad, [list of] complaints

liter *m* **1.** *(objemová miera i množstvo)* litre; **2.** *(hov: litrová nádoba)* one-liter can

litera *ž* **1.** letter; **2.** *(typ)* type

literatúra *ž* **1.** *(písomníctvo i zoznam diel)* literature, *(písomníctvo)* letters; **2.** *(zoznam diel o určitej otázke: i použitá)* bibliography, *(použitá)* references

litografia *ž* **1.** *(kameňotlač)* lithography; **2.** *(odtlačok)* lithograph, lithoprint, *(rar: farebná)* polyautography; **3.** *(oddelenie v tlačiarni)* lithoworks

loď *ž* **1.** ship, *(ifm)* boat, *(fml, veľká)* vessel, *(pomocná)* craft, *(plachtová)* sailer, *(parník)* steamship, *(tanková)* tanker

lodiar *m* **1.** shipbuilder, shipwright; **2.** *(robotník)* shipyard worker; **3.** *(majiteľ lodí)* shipowner

lodivod *m* **1.** *(sprievodca lodí, i prístavný)* pilot

lodník *m* **1.** seaman, sailor, *(nekvalifikovaný)* [deck] hand, *(na člne)* boat[s]man, *(riečneho člna)* water-man, bargeman, *(ifm)* seadog

lodný *príd* **1.** naval, ship, marine, ship's, nautical, sea

loďstvo *s* **1.** *(súhrn lodí štátu)* marine; **2.** *(flotila)* fleet, *(obchodné)* merchant navy, merchant fleet, *(vojnové)* navy

logať *ndk* **1.** to quaff, to swig, to guzzle, to gulp

logický *príd* **1.** *(i filoz)* logical; **2.** coherent, consequent, consistent, reasonable

logika *ž* **1.** logic, reasoning, *(arch)* logics, reason

loj *m* **1.** *(hovädzí, baraní atď)* suet; **2.** tallow

lojalita *ž* **1.** loyalty, allegiance, faithfulness, devotedness

lojálny *príd* **1.** loyal, faithful, dependable, devoted, staunch

lokaj *m* **1.** *(i prn)* lackey, flunk[e]y, *(vojensky uniformovaný)* chasseur, *(i prn)* servant; **2.** *(pej prn)* toady

lokál *m* **1.** *(pivničný)* pub[lic house], *(br ifm)* local [pub], *(am ifm)* joint, *(am: i zábavný)* saloon, *(nočný)* nigth club; **2.** *(gram)* locative

lokalita *ž* **1.** place, *(osada)* locality, location; **2.** *(odb: nálezisko)* habitat

lokalizovať *n/dk* **1.** *(určovať miesto)* to locate, to situate; **2.** *(obmedzovať na určité miesto)* to localize

lokálny *príd* **1.** local, regional, home, spot, sectional, vernacular

lokomotíva *ž* **1.** engine, locomotive [engine], *(malá posunovacia)* pug, *(slang)* hog, *(poháňaná naftovým motorom)* diesel, *(kondenzátorová)* dummy

lom *m* **1.** *(trhlina)* break[age], *(zlomenie)* fracture, *(tech)* fissure; **2.** *(náhla zmena smeru)* deviation, *(fyz: svetlá)* diffraction; **3.** *(kameňolom)* quarry, stone pit, **4.** *(lomoz)* noise, racket

lomcovať *ndk* **1.** to shake, to agitate, to knock; **2.** *(o duševných dejoch)* to possess, **[!]** *(horúčka)* to tremble, **[!]** to shiver, **[!]** *(zlosť)* to be rattled

lomený *príd* **1.** broken, divided, diagonal, *(mat)* fractional, *(fyz: lúč)* refracted, *(tech)* coupé

lomiť *ndk* **1.** *(lámať: kameň)* to break, **2.** *(zmeniť zmer)* to deflect. to refract; **3.** *(mat: deliť)* to divide; **4.** *(bolieť)* to ache

lomoz *m* **1.** noise, din, hubhub, racket, hurly-burly

lomoziť *ndk* **1.** *(vydávať lomoz)* to [make a] racket, to make noise, to [make] din, *(vozy)* to rattle; **2.** *(spôsobovať lomoz)* to clatter

lono *s* **1.** *(pri sedení)* lap; **2.** *(prn)* bosom; **3.** *(pohlavné orgány: vonkajšie a vnútorné)* genitals, *(vonkajšie)* pubis, *(vnútorné, i prn)* womb

lopár *m* **1.** *(na krájanie)* chopping-board, *(na miesenie)* pastry-board, *(rekvizita harlekýna)* slapstick

lopata *ž* **1.** *(na naberanie zeme ap)* shovel, spade; **2.** *(vec podobná: kolesa)* paddle, *(rýpadla)* bucket, scoop

lopatka *ž* **1.** *(zdrob)* small shovel, spade, *(vesla)* blade, *(kuch)* slice, *(na smeti)* dustpan, *(lodného kolesa)* paddle[board], *(tech)* bucket; **2.** *(anat)* shoulder blade

lopota *ž* **1.** drudgery, toil, sweat, grind, moil, plod

lopta *ž* **1.** ball, *(futbalová)* football, handball

loptoš *m* **1.** rascal, villain, hoodlum, loiterer

lopúch *m* **1.** *(bot: väčší)* [great] burdock, bur

lós *m* **1.** *(žreb)* lottery ticket, lot; **2.** *(kn: osud)* fate

los *m* **1.** *(zool: obyčajný)* elk

losos *m* **1.** *(zool: obyčajný)* salmon, *(zool: strieborný)* sockeye [salmon], *(samec)* redfish, *(mladý)* smolt, *(jednoročný)* brandling, *(mladší ako jeden rok)* bluecap, *(malý)* pink

losovať *ndk* **1.** to cast lots, to draw lots, to decided by lot, to lot, to toss

lotéria *ž* **1.** lottery, raffle, numbers pool

lotor *m* **1.** *(zločinec)* rascal, rogue, felon, scoundrel, villain; **2.** *(lapaj)* scamp, scallywag

lotos *m* **1.** *(bot: Nelumbo)* lotus, lotos

lov *m* **1.** hunt, hunting, *(hydiny)* fowling, *(rýb)* fishing, *(prn)* chase; **2.** *(úlovok)* catch, shoot

lovec *m* **1.** hunter, huntsman, chaser, trapper

lovecký *príd* **1.** hunting, shooting, venatic, sporting

lovisko *s* **1.** hunting ground, range, *(hist)* purlieu, *(rýb)* fishing ground

loviť *ndk* **1.** to hunt, *(do pasce)* to trap, to shoot, *(puškou)* to gun, *(ryby)* to fish, *(na udicu)* to angle; **2.** *(hľadať)* to chase, *(chytať)* to catch

lovný *príd* **1.** game, fair, *(oblasť)* hunting, warrantable

loziť *ndk* **1.** to crawl, to creep; **2.** *(motať sa)* to roam, to loaf; **3.** *(vláčiť sa: za)* to chase [after]

lož *ž* **1.** lie, story, *(nehorázna)* rouser; **2.** falsehood; **3.** *(dobre mienená)* white lie

lóža *ž* **1.** lodge; **1.** *(divadelná)* box, *(novinárska)* press box, *(na prízemí)* baignoire; **2.** *(organizačná jednotka)* lodge

ložisko *s* **1.** *(geol)* bed, deposit, stratum, *(naftové)* pool, *(uhlia)* coal-bed, *(vrstevné)* run; **2.** *(tech)* bearing, socket, fulcrum, support; **3.** *(lek)* focus

lôžko *s* **1.** *(posteľ, i tech)* bed, *(poľné)* camp bed, *(na lodi)* bunk, *(i vo vlaku)* berth, *(skladacie)* couchette; **2.** *(tech)* frame, bearing; **3.** *(anat)* placenta

ľstivý *príd* **1.** cunning, sneaky, deceitful, wily, guileful, sly, feline, subtle

ľúbezný *príd* **1.** glamorous, charming, lovely, lovable, comely

ľúbiť *ndk* **1.** *(milovať, mať záľubu v)* to love, *(mať zaľubu v)* to be fond of, *(mať rád)* to like

ľubovoľný *príd* **1.** *(podľa vôle)* arbitrary, discretionary, optional, ad-lib[itum]; **2.** *(akýkoľvek)* any

ľubovôľa *ž* **1.** pleasure, option, arbitrariness

ľúby *príd* **1.** *(ob v oslovení)* dear, darling; **2.** *(kniž: príjemný)* dulcet, pleasant, lovely

lucerna *ž* **1.** *(bot: sativa)* lucern[e], *(bot: kosákovitá)* sickle medick; **2.** lamp, lantern

lúč *m* **1.** *(i prn)* ray, *(zväzok, svetelný)* beam; **2.** *(bot: dreňový)* pith ray; **3.** *(geom: premietací)* projector, **4.** *(text)* reed, **5.** *(prn)* gleam, flash

lúčavka *ž* **1.** nitric acid, aqua fortis

lúčina *ž* **1.** meadow, grassland, meadowland; **2.** link; **3.** splinters

lúčiť sa *ndk* **1.** *(i bezpr)* to part, to take [o's] leave, to say goodbye

ľud *m* **1.** people, nation; **2.** *(prn: množstvo ľudí)* mass, crowd, **3.** *(hist)* followers of slovak People's Party

ľudia *m mn* **1.** *(mn k človek)* men; **2.** *(vo funkcii všeob podmetu)* people; **3.** *(v oslovení)* folks, **4.** *(prn)* man

ľudnatý *príd* **1.** populous, densely populated, multitudinous

ľudomil *m* **1.** philanthropist, humanist, humanitarian, people's friend

ľudoop *m* **1.** anthropoid [ape], apeman, man-ape, simian, ape, yahoo

ľudový *príd* **1.** *(týkajúci sa ľudu)* popular, people's; **2.** *(vlastný ľudu, pochádzajúci z ľudu)* folk, *(ifm)* folks[e]y, hom[e]y, traditional, *(reč)* vernacular

ľudský *príd* **1.** *(patriaci človeku)* human, fleshly, humanistic; **2.** *(humánny)* humane, humanitarian, *(ifm)* Christian

ľudstvo *s* **1.** mankind, humanity, humankind, man; **2.** *(dav)* multitude, mass[es]

lúh *m* **1.** lye, lixivium, *(bieliaci)* buck, *(vápenný)* lime; **2.** washing

luhár *m* **1.** liar, fabricator, fibber, fibster

luhať *ndk* **1.** to lie, to tell lies, to falsify, to fib

lúhovať *ndk* **1.** to leach, to lixiviate, to lime, to lye

luk *m* **1.** bow, *(dlhý)* longbow

lúka *ž* **1.** meadow, mead, meadowland, bent

lukostreľba *ž* **1.** archery

lukostrelec *m* **1.** archer, bowman

ľuľok *m* **1.** *(čierny)* black nigthshade, poisonberry; **2.** *(bot: baklažánový)* aubergine, egg plant

lump *m* **1.** *(darebák)* rascal, rogue, scoundrel, *(ničomník)* bum, scamp, *(lotor)* crook, *(pijan)* drunkard

lumpovať *ndk* **1.** to carouse, to revel, to riot, to rogue

luna *ž* **1.** moon, *(poet)* Phoebe

lup I. ***podst*** m **1.** heist, rapine, *(fml, voj)* pillage, *(voj)* plunder; **2.** *(korisť)* loot, booty, **II.** ***cit*** **3.** *(vyj zvuk pri dopadnutí)* thud, plonk, **4.** *(nap zvuk úderu)* bang

lúpať *ndk* **1.** *(šupu)* to peel, *(i kôru)* to rind, *(kôru)* to bark, *(stiahnutím)* to strip, *(škrupinu)* to shell, *(obilie)* to husk, *(hrach)* to pod; **2.** *(bolieť)* to ache, *(bodať)* to twinge, *(pichať)* to have a stabbing pain

lúpať sa *ndk* **1.** to come off, to peel [off], to scale [off], to flake, to shell [off]

lupeň *m* **1.** *(bot)* petal; **2.** *(tenká vrstva)* leaf, lamina

lúpež *ž* **1.** robbery, *(s prepadnutím)* mugging, *(so zbraňami)* hold-up, *(sl)* stick-up, *(v dome)* burglary

lúpežník *m* **1.** bandit, robber, *(pocestný)* highwayman, *(námorný)* pirate

lúpežný *príd* **1.** marauding, thievish, predatory, burglarious

lupič *m* **1.** robber, bandit, mugger, thug, *(sl)* heister, *(bytový)* burglar, housebreaker

lupienkový *príd* **1.** lamellar, lamellated, laminated

lupina *ž* **1.** *(bot: biela)* [white] lupin, wolf bean; **2.** ob mn **lupiny** dandruff

lúpiť *ndk* **1.** to rob, to heist, *(v byte)* to burglarize, *(voj)* to plunder, to pillage, *(na mori)* to pirate

lúskať *ndk* **1.** *(odstraňovať škrupinu)* to shell, to excorticate; **2.** *(obal zo strukovín)* to unhusk, *(hrach)* to pod; **3.** *(prstami)* to snap

luster *m* **1.** chandelier, candelabrum, *(i pl)* candelabra, *(krištáľový)* lustre

lúštiť *ndk* **1.** *(odstraňovať obal zo strukovín)* to husk, to hull, *(semená)* to mill, *(hrach)* to pod, *(škrupinu)* to [un]shell; **2.** *(riešiť)* to solve, *(krížovku)* to do, *(hádanky)* to guess; **3.** *(ťažko čítať)* to decipher

luterán *m* **1.** Lutheran, confessionist

lutna *ž* **1.** lute, *(v renesancii)* cittern, cithern, cithren, citole, *(rar)* cither

ľútosť *ž* **1.** *(súcit)* compassion, pity, *(sústrasť)* condolence; **2.** *(žiaľ)* sorrow, grief, chagrin; **3.** *(pokánie)* contrition, regret

ľútostivý *príd* **1.** *(súcitný)* compassionate, piteous; **2.** *(žalostný)* sorrowful, rueful, regretful

ľúty *príd* **1.** *(zúrivý)* fierce, furious; **2.** *(krutý)* cruel, merciless; **3.** *(súrny)* urgent

lux *m* **1.** *(fyz)* lux, meter-candela, candle metre; **2.** *(hov)* hoover, vacuum cleaner, vacuum sweeper

luxus *m* **1.** luxury, luxe, *(bibl)* fleshpots, splurge

luxusný *príd* **1.** luxurious, luxury, de luxe, plushy, *(prn)* high

luza *ž* **1.** riff-raff, mob, rabble, vermin, canaille

lýceum *s* **1.** *(v starovekých Aténach)* Lyceum; **2.** *(druh strednej školy)* lyceum, *(vo Francúzsku)* lycée, *(v UK)* grammar school

lyko *s* **1.** *(vláknitá časť stromu)* phloem; **2.** *(materiál)* bast, *(lipové)* bass, *(ľanové, konopné)* harl

lykovec *m* **1.** *(bot: Daphne)* daphne, *(bot: vavrínový)* spurge laurel, *(bot: jedovatý)* mezereon, February daphne

lykožrút *m* **1.** *(zool: Ips typographus)* spruce bark beetle, typographer [bark] beetle, wood engraver

lymfa *ž* **1.** lymph

lymfatický *príd* **1.** lymphatic

lýra *ž* **1.** lyre, *(trojúholníková)* trigon; **2.** *(tech)* plate, *(str)* gear quadrant, *(v potrubí)* U-bend

lyrický *príd* **1.** lyric, lyrical

lyrika *ž* **1.** lyric poetry, the lyric

lysina *ž* **1.** *(škvrna)* blaze, *(biela)* white spot, *(ker: chyba glazúry)* blotch; **2.** *(plešina)* bald spot, *(prn: v hore)* clearing

lysý *príd* **1.** *(plešivý)* bald, hairless, *(biol)* glabrous; **2.** *(prn: holý)* bare, naked

lýtko *s* **1.** calf, *(tex: pančuchy)* leg [of the stocking], shank, boot

lyža *ž* **1.** ski

lyžiar *m* **1.** skier

lyžica *ž* **1.** spoon, *(kávová)* teaspoon, *(plná)* spoonful, *(na obúvanie)* shoehorn; **2.** *(tech)* dipper, *(murárska)* trowel

lyžička *ž* **1.** *(zdrob)* [small] spoon, *(kávová)* teaspoon, coffee spoon; **2.** *(plná)* spoonful

lyžovačka *ž* **1.** skiing

lyžovať sa *ndk* **1.** to ski

lživý *príd* **1.** false, untruthful, lying, mendacious, sham, untrue, *(ifm)* pseudo

M

macať *ndk* **1.** *(ohmatávať)* to feel, to finger, to touch; **2.** *(bezpr)* to grope, *(hľadať ohmatávaním)* to fumble [for], *(rukou)* to reach [for]

maco *m* **1.** *(hypokor: medveď)* bear, *(v rozprávkach)* Bruin; **2.** *(prn: o tučnom chlapcovi)* pig[gy]; **3.** *(detská hračka)* teddy bear

macocha *ž* **1.** *(i prn)* stepmother, *(obs)* mother-in-law

mača *s* **1.** kitten; **2.** *(prn: o dobrej prítulnej žene)* sex kitten, peach, *(br)* bimbo, [dolly] bird, *(am)* fox; **3.** *(prn: o dieťati)* chick

máčať *ndk* **1.** *(ponárať do tekutiny)* to dip, to steep; **2.** *(navlhčovať)* to wet, to water; **3.** *(nejaký čas)* to soak, to drench, *(macerovať)* to macerate, *(ľan)* to ret

mačka *ž* **1.** *(zool: Felis catus)* cat, *(ifm)* puss; **2.** *(o falošných ľuďoch najmä o ženách)* cat; **3.** *(hov: o prítulných ženách)* sex kitten, *(am)* fox, *(br)* [dolly] bird, **4.** *(tech: žeriavový vozík)* trolley, travelling crab, **5.** *(šport: železné háky)* grappling iron

Maďarsko *s* **1.** Hungary

madona *ž* **1.** *(obraz, socha)* Madonna; **2.**

(prn: o cnostnej a krásnej žene) virgin

mág *m* **1.** *(hist: mudrc)* magus, wise man, mage; **2.** *(kniž: čarodejník)* magician

magazín *m* **1.** *(obchodný dom v cudzích štátoch)* [department] store; **2.** *(časopis)* magazine, periodical; **3.** *(zast: sklad)* depot

mágia *ž* **1.** *(tajomná moc, i čarodejníctvo, kúzelníctvo)* magic, *(čarodejníctvo, kúzelníctvo)* wizardy, *(i čierna)* witchcraft, *(čierna)* black magic

magister *m* **1.** *(akademická hodnosť prvého stupňa)* Bachelor of Arts [B.A.], *(osoba)* graduate; **2.** *(farmácie: star titul lekárnikov)* Medicine Doctor [M.D.], *(obs: osoba)* medicine

magnát *m* **1.** *(boháč)* magnate, tycoon; **2.** *(hist: vo Francúzsku)* Seigneur, *(v Anglicku)* lord, *(v Španielsku)* grandee

magnet *m* **1.** magnet

magnetický *príd* **1.** magnetic

magnetizmus *m* **1.** *(i prn)* magnetism

magnetizovať *ndk* **1.** *(i prn)* to magnetize

magnetofón *m* **1.** *(na pásku)* tape recorder, *(kazetový)* cassette-recorder, hi-fi deck, *(drôtový)* wire recorder

magnézium *s* **1.** magnesium, *(fot)* flash powder

machliť *ndk* **1.** *(zle maľovať)* to daub; **2.** *(rozmazane písať)* to scribble, to scrawl

máj *m* **1.** *(mesiac)* May; **2.** *(ovenčený strom)* maypole

maják *m* **1.** *(svetelný: v mori/ na pobreží)* lighthouse, *(: i na orientáciu lietadiel)* beacon, *(stožiar)* pylon, *(rádiový)* [radio]locator

majáles *m* **1.** *(májová zábava v prírode, v UK* **1.** *mája)* May [day] festivities, May games; **2.** *(školský)* school party, social [evening]

majer *m* **1.** *(veľké hospodárstvo)* farm, *(am)* grange; **2.** *(obytné budovy)* farmstead, homestead

majestát *m* **1.** *(arch: veličenstvo)* Majesty; **2.** *(hist: listina panovníka)* charter; **3.** *(prn: vznešenosť)* nobleness, *(i impozantnosť)* majesty, *(impozantnosť)* imposingness

majetok *m* **1.** property, belongings, fortune, holding

majiteľ *m* **1.** owner, proprietor, possessor, *(držiteľ)* holder, bearer, *(obchodu, podniku)* keeper, principal

majonéza *ž* **1.** mayonnaise, salad cream, *(am ifm)* mayo

major *m* **1.** *(br, am: armády, am: i letectva)* major [maj], *(br: letectva)* squadron leader [Sqn Ldr]

majorán *m* **1.** *(bot: Maiorana)* marjoram

majster *m* **1.** *(vyučený remeselník, i oslovenie, i prn)* master; **2.** *(vedúci dielne)* foreman, workmaster; **3.** *(vynikajúci umelec)* [old] master, *(i hud)* maestro, *(hud)* virtuoso, **4.** *(hov: dobrý odborník, učiteľ)* master [of], *(prn)* artist, **5.** *(šport)* champion, **6.** *(zvuku)* sound engineer

majstrovský *príd* **1.** *(hodný majstra)* masterly, masterful, *(týkajúci sa majstra)* master['s], *(šport)* champion

majstrovstvo *s* **1.** *(majstrovský výkon)* masterliness, *(i schopnosť)* mastery, *(schopnosť)* mastership, *(umelecké)* artistry, craftsmanship; **2.** pomn **majstrovstvá**. *(šport)* championship

mak *m* **1.** *(bot: Papaver)* poppy, corn poppy; **2.** *(semeno)* poppy seed

makaróny *m mn* **1.** *(pl)* macaroni

maketa *ž* **1.** *(model: lietadla, tanku, lode ap)* mock-up, *(zmenšený)* [scale] model, *(vo výklade)* dummy; **2.** *(prvý model sochy)* maquette

makovica *ž* **1.** *(plod maku)* poppy-head; **2.** *(guľovitá ozdoba)* pommel, *(tech)* hip-knob, *(veže)* cupola; **3.** *(prn: hlava)* belfry

makulatúra *ž* **1.** *(znehodnotený papier)* spoiled sheets; **2.** *(odpadový papier)* waste paper; **3.** *(polyg)* spoilage, *(v tlačiarni)* spoiled print waste

malária *ž* **1.** malaria, vernal fever, marsh fever

malátny *príd* **1.** *(telesne slabý, vysilený: ruka, telo)* nerveless, *(i hlas, výkon)* faint, feeble; **2.** *(i duševne)* languorous

maľba *ž* **1.** *(len j: činnosť)* painting; **2.** *(obraz)* picture; **3.** *(náter steny)* paint, *(na emaile)* enamel, *(na dreve)* panel, *(nástenná)* mural

maliar *m* **1.** *(umelec, i remeselník)* painter, *(umelec)* artist, *(lit)* limner; **2.** *(remeselník)* decorator, *(izieb)* interior decorator, *(div)* scene designer

maliarstvo *s* **1.** painting

malíček *m* **1.** *(na ruke)* little finger, pinkie; **2.** *(na nohe)* little toe, small finger

máličko *prísl* **1.** *(trochu)* a little [bit], modicum, driblet; **2.** *(veľmi málo)* very little

malicherný *príd* **1.** *(opak: veľkorysý)* mean, narrow-minded, small-minded, illiberal; **2.** *(bezvýznamný)* insignificant, petty, trivial, paltry

malina *ž* **1.** *(plod)* raspberry; **2.** *(bobuľka)* berry; **3.** *(bot: Rubus idaens)* raspberry

malinovka *ž* **1.** *(malinová šťava)* raspberry juice; **2.** *(ovocná šťava)* fruit juice

málo I. *prísl* **1.** *(opak: mnoho)* little, not much; **2.** *(trocha, v malej miere)* a little [bit], a bit; **3.** *(v spoj s príd menami)* [only] slightly, inadequately, not much, under-, poorly, **4.** *(málokedy)* seldom, hardly ever, **5.** *(hov: krátky čas)* shortly, **II.** *čísl* **6.** *(nízky počet)* little, few, not many, **III.** *podst s* **7.** *(malé množstvo)* [a/ the] little, a small amount

máločo *zám* **1.** very little, hardly anything

málokde *prísl* **1.** hardly anywhere, scarcely anywhere

málokedy *prísl* **1.** rarely, very seldom, scarcely, hardly ever

málokto *zám* **1.** very few people, hardly anybody

máloktorý *zám* **1.** very few, hardly any

maloobchod *m* **1.** retail, retail business/ trade; **2.** retail shop

malosť *ž* **1.** *(vlastnosť niečoho malého)* smallness, littleness, *(postavy)* small size, puniness, *(odevu)* skimpiness, *(tenkosť)* slenderness, *(bezvýznamnosť)* insignificance, *(prn: úbohosť)* misery, paltriness

maľovať *ndk* **1.** to paint, *(temperovou farbou)* to distemper; **2.** *(natierať)* to decorate; **3.** *(ozdobovať farbami)* to colour, **4.** *(líca, pery)* to rouge, *(pery)* to lipstick, **5.** *(prn kniž: živo podávať)* to depict, to represent, to image

málovravný *príd* **1.** taciturn, tight-lipped, close-tongued, gruff, inarticulate, incommunicable, reticent

malta *ž* **1.** mortar, *(sadrová)* plaster, *(štukatérska)* putty, *(vápenná)* tabby

malý *príd* **1.** small, little, insufficient, slight, petty, minor

mama *ž* **1.** mother, *(br ifm)* mummy, *(am)* mommy; **2.** *(manželka: am)* mam[m]a

mámiť *ndk* **1.** *(zavádzať, balamutiť)* to deceive, to cheat, to swindle; **2.** *(lákať)* to wheedle; **3.** *(omamovať)* to delude

mámivý *príd* **1.** *(omamujúci)* deceptive, illusory, deluding; **2.** *(zvodný, lákavý)* alluring, tempting

mamľas *m* **1.** *(hlupák)* nitwit, fathead, blockhead; **2.** *(neskúsený mladík)* greenhorn

mamut *m* **1.** *(i prn)* mammoth; **2.** *(tech: čerpadlo)* submersible pump; **3.** *(prn pej)* hulk

manažér *m* **1.** manager

mandarín *m* **1.** *(hist)* mandarin

mandarínka *ž* **1.** *(bot: Citrus reticulata, i plod)* mandarin [orange], tangerine, satsuma, China orange

mandát *m* **1.** *(hist, polit: poslanecký, i poručnícky)* mandate; **2.** *(poručníctvo veľmoci nad územím)* commission

mandľa *ž* **1.** *(bot: obyčajná)* almond tree, *(plod)* almond, *(pražená)* burnt almond; **2.** ob mn: **mandle**. *(anat)* tonsil

manekýnka *ž* **1.** model, *(i figurína)* mannequin; **2.** *(figurína, panák)* manikin, dummy

manéver *m* **1.** *(účelný postup, i voj)* manoeuver, movement; **2.** *(prn)* move, wile, gimmick; **3.** pomn: **manévre**. *(voj)* manoeuvers

manévrovať *ndk* **1.** *(i prn)* to manoeuver, to operate; **2.** *(prn: chytrácky)* to jockey [for], *(šport: s loptou)* to dribble

manéž *ž* **1.** *(jazdiareň)* manége, riding ground; **2.** *(v cirkuse)* ring; **3.** *(prn)* circus

mangeľ *m* **1.** *(stroj na hladenie tkaniny)* mangle, calender, *(tech)* mangling machine, calendering apparatus

manifestácia *ž* **1.** *(verejné zhromaždenie, i prejavenie sa)* manifestation, *(zhromažde-*

nie) rally, demonstration, *(slávnostné)* celebration, *(s prehliadkou)* parade

manifestovať *n/dk* **1.** to demonstrate, to rally, to celebrate, *(rar)* to manifest

manikúra *ž* **1.** manicure; **2.** *(puzdro)* manicure set

manipulácia *ž* **1.** manipulation, handling, procedure, operation, *(podvodná)* wheeling-dealing, jugglery

manko *s* **1.** *(účt)* deficit, *(váhové)* short weight, underweight, *(v dodávke)* short delivery, *(prn)* shortcoming

manufaktúra *ž* **1.** manufacture, production

manžel *m* **1.** husband, man, spouse, consort; **2.** len mn: **manželia** man and wife

manželka *ž* **1.** wife, spouse, consort, *(br ifm)* missus, *(am)* mam[m]a

manželský *príd* **1.** matrimonial, marital, marriage, conjugal, *(dieťa)* legitimate

manželstvo *s* **1.** *(spojenie muža a ženy)* marriage, matrimony, wedlock, union, married state

manžeta *ž* **1.** *(obruba rukáva)* cuff, *(preložená)* French cuff; **2.** *(vyhnutá obruba na konci nohavíc)* turn-up; **3.** *(predĺžená zápästka na rukaviciach)* wrist, **4.** *(ochranný rukáv na predlaktie)* oversleeve, **5.** *(tech)* collar, *(tesniaca)* U-/ hydraulic leather, gasket

mapa *ž* **1.** map, chart, *(cestná)* road map; **2.** *(obal na spisy)* folder, file; **3.** *(hov: fľak)* spot

mapovať *ndk* **1.** to map, to chart

marec *m* **1.** March

margaréta *ž* **1.** *(bot: Leucanthemum vulgare)* marguerite, ox-eye daisy, *(bot: Bellis perennis)* [common] daisy

margarín *m* **1.** margarine, *(ifm)* marge, artificial butter

marhuľa *ž* **1.** *(bot: obyčajná)* apricot, *(plod)* apricot

mariť *ndk* **1.** *(kaziť)* to spoil, to frustrate, *(hatiť)* to impede, to thwart, to hamper; **2.** *(neužitočne strácať)* to waste, *(čas)* to squander

mariť sa *ndk* **1.** *(neos: zdať sa)* to seem, to look like

markantný *príd* **1.** *(zjavný)* striking, sharp, notable; **2.** *(výrazný)* characteristic, expressive

márnica *ž* **1.** morgue, *(ob v nemocnici)* mortuary, charnel house, lich-gate-house

márniť *ndk* **1.** *(čas, peniaze)* to waste, *(čas)* to dally, *(peniaze)* to squander; **2.** *(ničiť)* to ruin, to spoil, *(zabíjať)* to kill

márnosť *ž* **1.** len j *(zbytočnosť, bezúčelnosť)* vanity, uselessness, fruitlessness, pointlessness, inefficiency; **2.** ob mn **márnosti**. *(daromnice)* trifle

márnotratný *príd* **1.** *(človek)* spendthrift, *(fml)* profligate, *(i bibl)* prodigal, *(veľmi)* squanderous, wasteful, *(život)* extravagant

márny *príd* **1.** *(zbytočný, bezvýsledný)* useless, vain, futile, pointless; **2.** *(prázdny)* empty, idle; **3.** *(bezcenný)* worthless, petty, trivial, **4.** *(zried: márnivý)* conceited

maršal *m* **1.** *(voj)* Marshal, *(poľný)* Field Marshal; **2.** *(hist: dvorský úradník)* [Earl] Marshal

masa *ž* **1.** *(i tech)* mass, *(ľudí)* multitude, crowd; **2.** *(hmota)* lump, paste, dough, *(kašovitá)* pulp; **3.** *(hromadenie)* huddle, body, **4.** ob mn **masy**. *(ľud)* collectivity

masakra *ž* **1.** massacre, carnage, slaughter, butchery

masáž *ž* **1.** massage

masér *m* **1.** masseur, massager

masív *m* **1.** *(geog, geol)* massif, *(geol)* block, *(geol)* solid mass

maska *ž* **1.** *(i kostým, osoba, výtv, tech, inf, prn)* mask; **2.** *(maskovaná osoba)* masquerader; **3.** *(kozmetická)* face-pack, **4.** *(ochranná)* screen, *(šport)* fraceguard, *(na chladič auta)* grill[e], **5.** *(prn)* disguise

maskovať *ndk* **1.** *(i prn)* to mask, to disguise, *(i voj)* to camouflage, *(div)* to make up, to cover up, to cloak

maskulínum *s* **1.** *(rod, podst meno muž rodu)* masculine

maslo *s* **1.** butter, *(mliekárenské)* dairy butter, *(rozpustené)* drawn butter; **2.** *(kakaové)* cacao butter

masť *ž* **1.** *(tuk)* fat, *(bravčová)* lard; **2.** *(farm: krém)* unguent, ointment, lotion, *(na pery)* lip-salve

mastičkár *m* **1.** quack, medicaster, empiric; **2.** *(pej: o lekárovi)* horse-doctor

mastiť *ndk* **1.** *(natierať tukom)* to grease, *(maslom)* to butter, *(olejom)* to oil, *(krémom)* to cream, *(mastivom)* to lubricate; **2.** *(hov: špiniť)* to stain; **3.** *(hov: biť)* to lick, **4.** *(prn hov: podplácať)* to palm, to grease sb's palb

mastnota *ž* **1.** greae, fat, smear, smeariness

mastný *príd* **1.** *(obsahujúci masť, tučný; opak: chudý)* fat, *(jedlo, i chem: kyselina)* fatty, *(i zem)* rich; **2.** *(pokrytý mastnotou)* greasy, *(papier)* oil, *(zamastený)* smeary; **3.** *(vypasený, tučný)* pinguid, **4.** *(hov: vysoký)* high, **5.** *(hov: výnosný, bohatý)* lucrative, **6.** *(škol sl: ťažký)* hard, **7.** *(hov: hrubý, neslušný)* dirty

mašinéria *ž* **1.** *(zložité strojové. zariadenie)* machinery, mechanism, enginery; **2.** *(pej)* apparatus

maškara *ž* **1.** *(osoba)* mask[er]; **2.** *(maškarný oblek)* fancy dress; **3.** *(škaredý človek)* fright, **4.** *(zast: odev)* rags

maškaráda *ž* **1.** *(maškarný bál)* masquerade, *(prn: neúprimné konanie)* mummery

maškrtiť *ndk* **1.** to eat [cakes,dainties etc]

mašľa *ž* **1.** *(stuha)* ribbon, *(do vlasov)* hairband, *(v min)* topknot; **2.** *(spôsob viazania)* bow[-knot]; **3.** *(zast: kravata)* [neck]tie

maštaľ *ž* **1.** *(pre rožný statok)* stall, *(am)* barn, *(pre kravy)* cow-shed, *(pre kone)* stable, *(prn)* pigsty

mať I. *dok* **1.** *(vlastniť, držať, obsahovať)* to have, to own, to possess, *(v ruke)* to hold, to wear; **2.** *(držať, prechovávať niekde)* to keep; **3.** *(dostávať, poberať niečo)* to get, **4.** *(pokladať)* to consider, **5.** *(kniž: nabádať, navádzať)* to exhort, **II.** vo funkcii modálneho slovesa **6.** to have, *(vyjadruje nevyhnutnosť)* must, *(v otázkach)* shall, *(so zámenami)* to have got, *(vyj dej, kt. sa temer uskutočnil)* could have, **III. 7.** *(ako formálne sloveso vyj: vek)* to be, **[!]** *(pri spočítavaní)* to make, *(v 1 os mn: máme)* it is, **IV. 8.** *(ako súčasť slovných spojení)* to stand, *(hlad, smäd atď)* to be, *(vieru)* to trust, *(v sebe)* to carry, *(chuť)* to feel like, *(za následok)* to issue, *(námietky)* to object, *(v úcte)* to respect, *(v úmysle)* to mean, *(službu)* to attend, *(trvalé bydlisko)* to reside, *(nenávisť)* to hate, *(nádej)* to hope; **9.** *(*tu máš!)* here you are!

mat *m* **1.** *(šach)* [check]mate

mať sa *ndk* **1.** *(žiť istým spôsobom)* to be, to get on; **2.** *(*ako sa máš/ máte?)* how are you?, *(maj/ majte sa dobre: pozdrav pri lúčení)* take care [of yourself]!; **3.** *(cítiť sa zdravotne)* to feel, **4.** *(púšťať sa do niečoho: k)* to get down to, to feel like, **5.** *(získavať priazeň niekoho)* to make up to, **6.** *(správať sa istým spôsobom)* to behave [ ]

mátať *ndk* **1.** *(strašiť)* to haunt; **2.** *(hov: motať sa, tmoliť sa)* to roam

matematický *príd* **1.** mathematic[al], numerical, *(poistné)* actuarial

matematika *ž* **1.** mathematics, *(ifm)* maths, *(am)* math

materiál *m* **1.** material, substance, stuff; **2.** *(látka)* fabric

materializmus *m* **1.** *(filoz, i hov)* materialism

materinský *príd* **1.** *(súvisiaci s matkou: láska)* maternal, *(jazyk)* mother; **2.** *(pripomínajúci matku)* motherly, motherlike; **3.** *(znamienko)* birthmark

maternica *ž* **1.** *(anat)* womb, uterus

materský *príd* **1.** maternal, *(i biol, geol)* mother, motherly, parent[al], *(dovolenka, príspevok))* maternity, *(i les)* breeding, *(geol: hornina)* bedrock, *(loď)* aircraft carrier, *(znamienko)* birthmark, *(škola)* nursery

matica *ž* **1.** *(skrutky)* nut, *(krídlová)* wing nut; **2.** *(mat, kyb, fyz, inf, str)* matrix, *(pl)* matrices, *(inf)* array, table

matka *ž* **1.** *(i prn)* mother, *(stará)* grandmother, *(slobodná)* single parent; **2.** *(včelia)* queen; **3.** *(hov: maternica)* uterus, **4.** *(matica)* nut

matný *príd* **1.** *(bez lesku)* opaque, mat, dull, lusterless, dim; **2.** *(nejasný)* obscure, vague, faint

matrika *ž* **1.** *(úrad)* registry office, *(am)* city clerk's office; **2.** *(kniha)* register [book],

(cirkevný) vestry book
maximálny *príd* **1.** maximal, maximum, ultimate, utmost, *(i inf)* top, maxi
maz *m* **1.** *(polotuhá mazľavá hmota)* smear, *(tech)* grease; **2.** *(biol: ušný)* cerumen, *(kĺbový)* synovia, *(mihalnicový)* [eye-]rheum; **3.** *(lepidlo)* glue
mazať *dk* **1.** *(natierať, mastiť)* to grease, *(stroj)* to lubricate; **2.** *(špiniť)* to soil, to smear; **3.** *(utekať)* to run, *(ponáhľať sa)* tu hurry [up], **4.** *(vymazávať)* to wipe off, *(inf)* to delete, **5.** *(sl: karty)* to play, **6.** *(zast: bieliť)* to whitewash
mazľavý *príd* **1.** *(i pečivo)* gooey, *(pečivo)* soggy, *(pôda)* sodden, *(mydlo)* soft, *(tech)* viscous, smudgy
maznať *ndk* **1.** to spoil, to pamper; **2.** to pet, to hug and kiss
maznať sa *ndk* **1.** *(láskať sa)* to fondle, *(so psíkom, i (ifm) sexuálne)* to pet, *(sexuálne)* to smooch, *(br ifm)* to snog; **2.** *(venovať priveľa času niekomu)* to baby, to pamper; **3.** *(bezpr: maznavo hovoriť)* to mince
mäkčeň *m* **1.** palatalization mark, diacritic
mäkký *príd* **1.** *(opak: tvrdý, i tech, anat)* soft, *(poddajný)* tender, *(človek, i tech)* mild, *(benevolentný)* lenient, *(ovocie)* pulpy, *(vajíčko)* soft-boiled, *(ohybný)* flexible, *(jemný)* gentle; **2.** *(fon)* palatal[ized]
mäkkýš *m* **1.** *(zoo: Mollusca)* mollusc, molluscan, malacoderm, *(s jednou lastúrou)* univalve; **2.** *(prn pej)* jellyfish
mäsiar *m* **1.** butcher
mäsiarstvo *s* **1.** *(remeslo)* butcher's trade, butcher's business; **2.** *(hov: predajňa)* butcher's [shop]
mäsitý *príd* **1.** *(z mäsa)* meat; **2.** *(obsahujúci mäso, tučný)* meaty, fleshy, *(o zvieratách)* well-meated; **3.** *(dužnatý)* pulpous
mäso *s* **1.** *(i potrava, dužina)* flesh; **2.** *(potrava, i (am) dužina)* meat, *(baranie)* mutton, *(hydinové)* fowl, *(teľacie)* veal, *(bravčové)* pork, *(mleté)* mince; **3.** *(hov: dužina plodov)* pulp
mäsový *príd* **1.** *(z mäsa)* meat, beefy; **2.** *(červený ako mäso)* flesh-[coloured]
mäsožravec *m* **1.** carnivore, meat-eater, flesh-eater
mažiar *m* **1.** *(kuch, i voj: delo)* mortar
mdloba *ž* **1.** *(slabosť)* faintness, weakness, weariness, languor; **2.** ob mn **mdloby**. *(strata vedomia)* swoon
mdlý *príd* **1.** *(malátny)* sickly, *(chabý)* weary, languid, droopy, *(slabý)* weak, faint, feeble; **2.** *(nevýrazný)* dull, dim, mat
meander *m* **1.** *(výtvar: ornament)* fret; **2.** *(geol: riečna zákruta)* meander, loop, *(opustený)* mortlake
meč *m* **1.** sword, *(jednosečný)* backsword, *(šabľa)* sabre
mečať *ndk* **1.** to bleat, to baa
mečík *m* **1.** small sword; **2.** *(bot: Gladiolus)* corn-flag, gladiolus, sword lily
meď *ž* **1.** copper
med *m* **1.** honey
medaila *ž* **1.** medal, *(pamätná)* commemorative coin, plaque
medailón *m* **1.** *(prívesok na hrdlo ozdobený figúrkou)* locket, *(šperk)* pendant, *(i archit)* medallion; **2.** *(lit: lit. portrét)* profile; **3.** *(kuch)* médaillon
medenka *ž* **1.** *(zelenkavý povlak)* verdigris, aerugo, patina, copper rust
medovina *ž* **1.** *(nápoj)* mead, *(hist)* metheglin; **2.** *(šťava rastlín)* nectar, *(lit)* honey dew
medovník *m* **1.** honey cake, gingerbread, pumpernickel
medový *príd* **1.** *(k med)* honey, *(obsahujúci med)* honeyed, mellifluent; **2.** *(zaliečavý, úlisný)* mellifluous, silken, fruity; **3.** *(o farbe)* honey[-coloured]
medveď *m* **1.** *(zool: hnedý)* [brown] bear, *(zool: biely/ ľadový)* polar bear; **2.** *(hov: o nemotornom, tučnom čl)* bear, lubber
medza *ž* **1.** *(neobrobený pás zeme)* baulk; **2.** *(mat, fyz, tech, inf)* limit, *(horná)* ceiling, upper/ top limit, *(tech: pevnosti)* ultimate/ breaking strength, *(fyz: pružnosti)* elastic limit, limit of elasticity
medzera *ž* **1.** *(voľný priestor)* blank, void, gap, vacuum, lacuna, vacancy, *(úzky)* rift, interstice, *(anat, geol)* hiatus, *(medzi riadkami)* interlinear space, *(medzi písmenami)* letter space, *(medzi zubami)* embrasu-

re, *(vo vedomostiach)* blind spot

medzi *predl* **1.** *(vyj: miesto uprostred dvoch/ viacerých)* between: **medzi riekou a domom** *between the river and the house,* **Slovensko sa nachádza medzi Poľskom, Rakúskom, Maďarskom a Českom** *Slovakia lies between Poland, Austria and Hungary,* ***čítať medzi riadkami** *to read between the lines,* ***medzi nami je koniec** *all is over between us,* ***medzi dvoma ohňami** *between the devil and the deep blue sea*; in: **pchať prsty medzi dvere** *to put o's fingers in the door;* *(idm)* betwixt and between; **2.** *(: vzajomný vzťah)* between: **družba medzi Bratislavou a Prahou** *co-operation between Bratislava and Prague,* **priateľstvo medzi ľuďmi** *friendship/ love between people*; **medzi sebou** *between them*; **3.** *(miesto uprostred viacerých)* among: **dedinka medzi stromami/ horami** *a village among trees/ mountains*; **4.** *(: výskyt v spoločenstve, distribúciu)* among: **žiť medzi cudzími ľudmi** *to live among foreign people,* **politici sa stále medzi sebou hádajú** *politicians are always arguing among themselves,* **medzi poslednými** *among the last*; amongst, amid, amidst, in the midst of: **medzi priateľmi** *ammidst / among friends*; *** medzi rečou** *between words/ among other things*; *(*medzi iným)* among other things, *(*medzi štyrmi očami)* téte á téte, *(*medzi nami)* confidentially, in strict confidence, between you and me/ourselves, entre nous, **5.** *(:časové hranice)* between: **medzi piatou a šiestou** between five and six, **medzi 5. a 8. májom** between May 5 and 8; **medzi dvoma vojanmi** *between two wars*; **6.** *(zaradenie deja do obdobia)* during: **medzi jedlom** *during the meal,* **medzi rokom** *during the year*; while [+ing]: **medzi učením** *while studying*; **7.** *(: číselné hranice)* between: **medzi 20 až 50 korunami** *between 20 and 50 crowns*; **8.***(: zaradenie do nejakej skupiny)* under: **železo patrí medzi kovy** *iron is listed under metals*

medzinárodný *príd* **1.** international, multinational, universal, foreign

medziposchodie *s* **1.** *(mezanín)* mezzanine, entresol, *(manzardové)* half storey; **2.** *(ban)* blind level, *(v rudnej bani)* stope-drift

medzník *m* **1.** *(kameň, stĺp)* boundary stone, *(hist)* hoarstone; **2.** *(prn)* landmark, turning point, milestone

megafón *m* **1.** megaphone, bullhorn, loudhhailer, hailer, *(hist nám)* speaking trumpet

mechanický *príd* **1.** *(i fyz, mat, tech, psych, prn)* mechanical, *(fyz, i strojový)* mechanic; **2.** *(prn)* soulless, perfunctory, *(i tech)* automatic; **3.** *(tech)* power, *(pomocou stroja)* machine[-made], **4.** *(filoz)* mechanicist

mechanik *m* **1.** mechanic, mechanician, technician, *(strojník)* machinist, *(lodí)* engineer

mechanika *ž* **1.** *(fyz: náuka o zákonoch pohybu)* mechanics; **2.** *(mechanizmus: hodín, hračiek)* mechanism, *(klavíra)* action; **3.** *(zamestnanie strojníka)* mechanic's job, **4.** *(automatickosť)* mechanicality

mechanizmus *m* **1.** mechanism, machinery, works, *(hodiniek)* movement

mechúr *m* **1.** *(anat)* bladder, vescica; **2.** *(na tabak)* pouch, *(prn: vzdušný)* poke, bubble

melanchólia *ž* **1.** *(duševná choroba)* melancholia; **2.** *(zádumčivosť)* melancholy, depression, the dumps, the blues

melódia *ž* **1.** *(hud, lit)* melody, *(reči)* word-music, *(bás)* lay; **2.** *(hud)* tune

melodický *príd* **1.** melodic; **2.** melodious, musical

melón *m* **1.** *(bot: Cucumis melo)* [musk/ honeydew/ canteloup] melon; **2.** *(Citrullus lanatus)* watermelon

membrána *ž* **1.** *(tech: reproduktora ap)* diapragm, tympanum, vellum, wafer

memorandum *s* **1.** *(pamätný spis)* memorandum, memorial

mena *ž* **1.** currency, standard, foreign currency, foreign exchange

menejcennosť *ž* **1.** inferiority

menejcenný *príd* **1.** inferior, second-rate, third-rate, low-rate

meniť *ndk* **1.** to change; **2.** to replace

meniť sa *ndk* **1.** to change, to vary, to be

in process of change, *(k lepšiemu/ atď)* to change for [the better/ atď]; **2.** to rotate

meno *s* **1.** *(pomenovanie osoby, zvieraťa, firmy)* name, *(firmy)* style; **2.** *(gram: podstatné)* noun, *(prídavné)* adjective; **3.** *(hov: meniny)* name day, **4.** *(povesť)* reputation

menovať *ndk* **1.** *(nazvať)* to name; **2.** *(hov: nazývať)* to call; **3.** *(admin sl: vymenúvať, vyratúvať)* to appoint, to nominate

menovať sa *dk* **1.** *(kniž: o človeku)* to go by the name of; **2.** *(i o veci)* to be called

menovec *m* **1.** namesake, homonym

menší *príd* **1.** minor, lesser, smaler, less

menšina *ž* **1.** minority; **2.** *(etnická skupina)* minority group

menštruácia *ž* **1.** menstruation, *(ifm)* the period, *(med)* catamenia

mentalita *ž* **1.** mentality, way of thinking, attitude o f mind

merací *príd* **1.** measuring, metering, measurement, gauge

merač *m* **1.** *(merací prístroj)* [-]meter, manometer, metering apparatus, gauge; **2.** *(kto meria)* measurer, *(geod: pôdy)* surveyor

meradlo *s* **1.** *(tech: prístroj)* measuring instrument, measuring device, gauge, measure; **2.** *(kritérium)* criterion, canon

meranie *s* **1.** measuring, measurement; **2.** *(geod)* surveying, *(v teréne)* fieldwork, ground survey

merať *ndk* **1.** *(zisťovať veľkosť, mieru)* to measure, to take measurements, *(krokmi)* to pace out/ off, *(prn)* to size up, *(meracím pásmom)* to tape, *(kalibrom)* to gauge; **2.** *(brať mieru niekomu)* to [take sb's] measure; **3.** *(mať nejaké rozmery)* to measure, **4.** *(premeriavať pohľadom)* to look sb up and down, *(pozorne si prezerať)* to give sb/ st the once-over

meravieť *ndk* **1.** *(stávať sa stuhnutým, meravým)* to grow numb, to grow stiff, to harden; **2.** *(prn)* to stagnate

meravý *príd* **1.** rigid, hard, torpid, numb, intent, silent

merný *príd* **1.** measuring, measure, mensural, *(lod: míľa)* measured; **2.** *(odb: špecifický)* specific

mesačný *príd* **1.** monthly, mensual, month's; **2.** *(starý jeden mesiac)* month-old; **3.** *(raz do mesiaca)* per month, **4.** moon, lunar, *(obloha, noc)* moonlit

mesiac *m* **1.** *(nebeské teleso, i družica)* moon; **2.** *(astron: družica)* satellite; **3.** *(časová jednotka, akcia)* month

mesto *s* **1.** town, *(veľké)* city, *(hlavné)* capital, *(fml: obec)* municipality, *(v Škótsku)* burgh; **2.** *(hov: občania mesta)* town

mestský *príd* **1.** *(pochádzajúci/ patriaci mestu, i nie vidiecky)* urban; **2.** *(i týkajúci sa mesta, i správy: úrad, radnica)* town, city; **3.** *(týkajúci sa správy)* municipal, *(v Londýne: polícia)* Metropolitan Police

meškať *ndk* **1.** *(prichádzať neskoro, oneskoriť sa)* to be late; **2.** *(zaostávať)* to be in arrears, *(hodiny)* to be slow; **3.** *(robiť neskoro)* to delay, **4.** *(i bezpr: otáľať, odkladať)* to waste time, to dally

mešťan *m* **1.** *(i hist)* burgess; **2.** *(obyvateľ mesta)* townsman, city dweller, townee, citizen, oppidan, towny

méta *ž* **1.** *(kniž: cieľ)* goal; **2.** *(zast: hranica)* border

metať *ndk* **1.** *(hádzať: kamene, piesok, sneh, i prn: urážky)* to throw, *(: silou, hnevom)* to fling, *(prudko: kamene, i prn: urážky)* to hurl, *(i prn: pohľady)* to cast

meteorológia *ž* **1.** meteorology

meteorologický *príd* **1.** meteorological, weather

meter *m* **1.** *(dĺžková miera)* metre; **2.** *(meradlo)* yardstick, *(pásmo)* [measuring] tape, *(krajčírsky)* tape measure; **3.** *(hov: metrický cent)* quintal

metla *ž* **1.** broom, *(prútená)* besom; **2.** *(prn)* scourge

metóda *ž* **1.** method, modus operandi, system, technique, *(i inf)* procedure, . *(tech)* process

metodický *príd* **1.** methodical, methodic, orderly, formal

metrák *m* **1.** *(100 kg)* a hundred kilograms;100 kilos; **2.** *(i 100 libier)* quintal, *(prn: ťažká váha)* ton

metropola *ž* **1.** *(hlavné/ veľké mesto, materská krajina)* metropolis, *(rar)* metropolitan; **2.** *(materská krajina v pomere ku kolónii)* mothercountry,

miasť *ndk* **1.** *(mýliť, pliesť)* to mystify, to muddle, to puzzle, *(hlavu niekomu)* to turn sb's head; **2.** *(privádzať do rozpakov)* to abash

miazga *ž* **1.** *(bot)* sap; **2.** *(anat)* lymph

miecha *ž* **1.** *(anat)* spinal cord, myelencephalon, medulla

mieniť *ndk* **1.** *(ako modálne sloveso: mať v úmysle)* to intend, to have in mind, to be going to; **2.** *(kniž: domnievať sa, myslieť si)* to opine, to suppose; **3.** *(zried: myslieť na)* to think of, **4.** *(mať na mysli)* to mean

mienka *ž* **1.** opinion, view, thought, judgement, persuasion, say

mier *m* **1.** peace, peacetime; **2.** *(mierová zmluva)* peace treaty; **3.** *(v dome, v duši ap)* peacefulness, quiet

miera *ž* **1.** *(jednotka merania, rozmery)* measure, *(jednotka merania)* standard, *(mierka)* size stick, *(veľkosť)* size; **2.** *(rozmery)* measurement[s], *(stupeň)* degree, level; **3.** *(ekon: pomer)* rate, **4.** *(zast: dutá miera)* 14. 2 gallons, **5.** *(zast: plošná miera)* 0.45 acre

mieriť *ndk* **1.** *(i bezpr: zameriavať zbraň, cieliť)* to aim, *(i prstom)* to point; **2.** *(mať na mysli)* to aim st at sb, to drive at, *(o kritike ap)* to be directed, **3.** *(narážať)* to hint, to allude; **4.** *(smerovať)* to head for, to make for

mierka *ž* **1.** *(menšie meradlo)* [small] measure; **2.** *(rozmer)* scale, *(mapy)* graphic scale; **3.** *(tech)* gauge, *(na drôt)* wire gauge

mierne *prísl* **1.** *(trocha)* slightly; **2.** *(s mierou)* moderately; **3.** *(nie strmo)* gently, **4.** *(nie prísne)* mildly, *(pokročilý študent)* intermediate student

mierniť *ndk* **1.** *(zmierňovať, oslabovať)* to mitigate, to attenuate, *(prn)* to soft pedal, *(hnev)* to restrain, *(bolesť)* to ease; **2.** *(tíšiť, uspokojovať)* to soothe, to calm down

mierniť sa *ndk* **1.** *(zmierňovať sa, slabnúť)* to [become] moderate, to abate, to calm down; **2.** *(ovládať sa)* to restrain os, to control os; **3.** *(zachovávať striedmosť)* to be moderate

miernosť *ž* **1.** *(nie prísnosť)* mildness, blandness, lenity; **2.** *(správna miera, striedmosť)* temperance, moderation; **3.** *(pokojnosť, zmierlivosť)* peacefulnes, placidity, gentleness, meekness

mierny *príd* **1.** *(strednej miery)* moderate, medium; **2.** *(nie silný)* ligth, *(i geog)* temperate; **3.** *(nie strmý)* gentle, **4.** *(nie ostrý)* soft, **5.** *(nie prísny)* mild, *(i počasie)* clement, **6.** *(pokojný, zmierlivý)* peaceful, meek, **7.** *(striedmy)* moderate, reasonable

mierový *príd* **1.** *(k mier: zmluva, hnutie, časy)* peace, peace-time; **2.** *(k miera)* measure, mensural

mierumilovný *príd* 1 peace-loving, peaceable, peaceful, *(fml)* pacific

miesiť *ndk* **1.** to mix, to blend, to mingle, *(cesto)* to knead, *(ker)* to pug

miesiť sa *ndk* **1.** *(miešať sa)* to mingle; **2.** *(tlačiť sa, tiesniť sa)* to throng; **3.** *(vrtieť sa)* to fidget, **4.** *(brodiť sa)* to wade

miestenka *ž* **1.** *(na vlak)* seat reservation, reserved-seat ticket

miestnosť *ž* **1.** *(izba)* room, *(kancelária)* office, *(spoločenská)* hall, quarters, *(stredisko)* center

miestny *príd* **1.** local, spot, particular, territorial, vicinal, *(dialekt)* vernacular, *(tech, hut)* selective, *(lek)* regional

miesto *s* **1.** *(priestor, plocha, osada, funkcia, úrad)* place, *(priestor)* room, location, *(malé)* point, spot, *(plocha)* area, *(pozemok)* plot, *(schôdzky)* venue, *(činu, udalosti)* scene, *(udalosti)* site, *(cieľ)* destination, *(postavenie)* station, *(mat)* digit, *(osada)* locality, *(sedadlo)* seat, *(zamest-*

nanie) post, *(i umiestnenie)* position
miešanec *m* **1.** *(biol)* hybrid, cross-breed; **2.** *(o ľuďoch)* half-blood, *(i pej)* half-breed, *(pej)* bastard; **3.** *(zviera)* half-bred, *(pes)* mongrel
miešanie *s* **1.** mixing, blending, *(lyžicou)* stirring, *(rás)* crosbreeding, *(kariet)* shuffling
miešať *ndk* **1.** *(krúživo pohybovať)* to stir, *(murárskou lyžicou)* to trowel; **2.** *(spájať rozličné látky)* to mix [up], to [inter]mingle; **3.** *(odb)* to mill, *(cesto)* to knead, *(farby, liehoviny)* to blend, *(maltu)* to temper, *(hlinu)* to blunge, **4.** *(hov: zaťahovať)* to involve, *(v zápornom imperatíve)* to get mixed up in, **5.** *(karty)* to shuffle, to riffle
miešať sa *ndk* **1.** *(spájať sa, zlievať sa)* to mix, to mingle, to amalgamate, to blend; **2.** *(pliesť sa)* to meddle, to interfere, to tamper [with]
migréna *ž* **1.** migraine, splitting headache, megrim, hemicrania
mihalnica *ž* **1.** *(anat: očné viečko)* eyelid; **2.** ob mn: **mihalnice.** *(obrvy)* eyelash
mihať *ndk* **1.** to wink, to blink
mihať sa *ndk* **1.** *(rýchlo sa pohybovať)* to flit, to dash; **2.** *(blikať, trblietať sa)* to twinkle, *(hviezda)* to shimmer, *(i plameň)* to flicker
mikrób *m* **1.** microbe, germ
mikrofón *m* **1.** microphone, *(ifm)* mike, *(telefónny)* mouthpiece, *(malý)* lavalier
mikrometer *m* **1.** *(prístroj)* micrometer; **2.** *(dĺžková miera)* micron
mikroskop *m* **1.** microscope
mikroskopický *príd* **1.** microscopic
milá *príd* **1.** girlfriend, love, *(dtd)* sweetheart, lover, *(arch)* beloved
míľa *ž* **1.** *(anglická: cca 1, 6 Km)* mile, *(námorná: cca 1, 8 Km)* nautical/ sea mile
miláčik *m* **1.** *(o žene)* darling, love, honey, *(am)* tootsie, sweetheart
milenec *m* **1.** lover, boyfriend, paramour, *(tajný)* leman, *(arch)* swain, *(slang)* lair
míľnik *m* **1.** milepost, *(i prn)* milestone; **2.** *(prn)* landmark
milodar *m* **1.** *(peňažný dar)* charity, donation, offering; **2.** *(almužna)* alms
milosrdenstvo *s* **1.** *(súcit)* mercy, clemency, pity; **2.** *(skutok)* grace
milosť *ž* **1.** favour; **2.** compassion; **3.** pardon, **4.** clemency
milovať *ndk* **1.** *(i mať rád/ v obľube)* to love
milovník *m* **1.** lover, *(i športu)* fan, *(i lit)* [-]ist, *(i hudby)* [-]phile
milý I. ***príd*** **1.** *(drahý)* dear; **2.** *(prívetivý, láskavý)* kind, sweet; **3.** *(sympatický, pôvabný)* lovely, *(am)* cute, *(príjemný)* pleasant, nice, *(vítaný)* welcome, **4.** *(v oslovení)* my dear, *(i podst)* darling, **5.** *(náš)* our dear, **II.** ***podst*** m **6.** *(milenec)* lover, boyfriend
mimo *prísl* **1.** *(vyj vyňatie z miesta, času)* outside; **2.** *(vyj vyňatie z miesta)* away from, *(stavu)* beyond, past; **3.** *(zr: vedľa)* beside, *(pozdĺž, popri)* along, by, **4.** *(nespr: okrem)* apart from, except, **5.** *(šport: postavenie mimo hry)* off side
mimochodom I. ***časť*** **1.** *(naznačuje vloženie)* by the way, incidentally; **2.** *(a propos)* apropos, **II.** ***prísl*** **3.** *(letmo)* in passing, en passant, **4.** *(náhodou)* by chance
mimoriadne *prísl* **1.** extraordinarily, exceptionally, especially, *(veľmi)* extremely, exceedingly, *(ifm)* spanking
mimoriadny *príd* **1.** *(neobyčajný, výnimočný, nie pravidelný)* extraordinary, *(výnimočný)* exceptional, uncommon, remarkable, special, extra, *(núdzový, súrny)* emergency
mimóza *ž* **1.** *(bot: Mimosa pudica)* mimosa
mína *ž* **1.** mine, landmine, *(protitanková)* limpet mine, *(plávajúca)* floater
míňať *ndk* **1.** *(utrácať: peniaze i čas)* to spend, to consume, *(márniť)* to waste; **2.** *(prechádzať okolo)* to pass, *(i o čase)* to go by; **3.** *(o čase)* to flow, **4.** *(opúšťať)* to leave
míňať sa *ndk* **1.** *(ubúdať)* to be spent, to be consumed; **2.** *(prechádzať popri sebe)* to pass by, *(i o čase)* to go by; **3.** *(o čase)* to pass, to elapse
minca *ž* **1.** coin, [small] change
minerál *m* **1.** mineral

minimálny *príd* **1.** minimal, minimum, basic

minister *m* **1.** Minister, *(am)* Secretary [of State]

ministerský *príd* **1.** ministerial, *(am)* departmental

ministerstvo *s* **1.** Ministry, *(am)* Department, *(br: i vnútra)* Office, *(financií)* the Exchequer

minulosť *ž* **1.** *(dávne obdobie, i min život človeka)* past, yesterday, yesteryear, langsyne, yore; **2.** *(história)* history; **3.** *(niečia)* background

minulý *príd* **1.** *(dávny, i gram)* past, by[gone], gone-by; **2.** *(predchádzajúci, uplynulý)* last, *(mesiac)* ultimo; **3.** *(predchádzajúci)* previous

mínus I. ***spoj*** **1.** *(mat: bez)* minus, less, **II.** ***prísl*** **2.** *(mat)* minus, **III.** ***podst*** s neskl **3.** *(znak)* minus [sign], **4.** *(hov: nedostatok)* shortcoming

minúť *dk* **1.** *(spotrebovať: peniaze, čas)* to spend, *(i zásoby)* to consume, *(zásoby)* to clear, *(márniť)* to waste; **2.** *(prejsť popri niekom)* to pass, *(bez pozdravu)* to give sb the go-by, *(i o čase)* to go by; **3.** *(o čase)* to elapse, **4.** *(opustiť)* to dissapear, **5.** **[!]** *(o veku)* to turn, **6.** *(netrafiť, nechytiť)* to miss, **7.** **[!]** *(v záporových výrazoch)* to excape

minúta *ž* **1.** *(časová, uhlová miera, i prn)* minute, *(časová)* prime; **2.** *(prn)* second; **3.** *(na minútu: o chvíľku)* for a while, *(presne)* on the dot, *(o minútu: o chvíľku)* in a minute, *(v minúte)* in a jiffy

misa *ž* **1.** *(hlbšia)* bowl, *(polievková)* tureen; **2.** *(plytká, i tech)* tray, platter, *(tortová)* cake-plate, *(kuch)* dish, *(studená)* chaudfroid; **3.** *(nádoba podobná mise)* basin, *(záchoda)* lavatory, **4.** *(lek: pre ležiacich. chorých)* bedpan, **5.** *(plná)* dishful

misia *ž* **1.** *(úloha, i skupina osôb)* mission

miska *ž* **1.** [small] bowl, *(s vodou)* finger bowl, *(na kašu)* porringer, *(na mydlo)* soap dish, *(na holenie)* shaving basin, *(na ľad)* ice-tray; **2.** *(odb)* cup, *(váh)* scale

mišpuľa *ž* **1.** *(bot nemecká: Mespilus germanica)* medlar [tree], *(plod)* medlar; **2.** *(bot japonská: Eriobotrya japonica)* loquat [tree], Japanese medlar, *(plod)* loquat

mixér *podst* **I.** ***živ*** **1.** *(miešač nápojov)* bartender, mixer; **2.** *(kto robí mixáž)* [sound] mixer, **II.** ***neživ*** **3.** *(mixážny pult)* mixer, **4.** *(kuch: prístroj na mixovanie potravín)* [food] mixer, liquidizer

mizerný *príd* **1.** *(malý, slabý, zlý)* miserable, *(malý)* meagre, *(i o ľuďoch: slabý)* poor, lousy; **2.** *(zlý)* rotten, beastly, *(ifm)* bloody; **3.** *(naničhodný, podlý)* vile, mean, shabby, **4.** *(o veciach)* cheap, grotty, scruffy, seedy, crappy, **5.** *(obyčajný)* paltry

mizina *ž* **1.** *(iba vo fraz: prísť/ vyjsť na mizinu ap)* to go to ruin, to be ruined, *(: priviesť na mizinu ap)* to bring to [sb's] ruin, *(: byť na mizine)* to be destitute

mizivý *príd* **1.** *(nepatrný)* infinitesimal, very small, evanescent, *(nevýznamný)* insignificant, *(pej)* paltry

miznúť *ndk* **1.** *(stávať sa neviditeľným, i strácať sa)* to disappear; **2.** *(o veciach i ľuďoch: strácať sa)* to vanish, *(postupne)* to trickle away, *(i rád, tel)* to fade [away], *(o veciach)* to dissolve, *(bez stopy)* to vanish without trace; **3.** *(prestávať)* to vanish, to become extinct

mlaď *ž* **1.** *(bás: mládež)* youth, the young, young people; **2.** *(mladosť)* youth, young age

mláďa *s* **1.** *(ľudské, zvieracie)* young, youngling, youngster, *(ľudské)* teenager, *(zvieracie, i prn)* cub, *(líščie ap)* kit, *(vtáčie)* fledgeling; **2.** *(prn: o mladom, neskúsenom človeku)* sapling

mládenec *m* **1.** *(i oslovenie)* young man, *(mladík)* youth, youngster; **2.** *(starý)* confirmed bachelor, single [fellow]

mládež *ž* **1.** the young, young people, *(dospievajúca)* teenagers, junior set

mladík *m* **1.** youth, young man, youngster, adolescent, sapling, laddie

mladistvý *príd* **1.** youthful, adolescent, minor, *(od 13-19 rokov)* teen-age, *(práv: od 14 - 18 rokov)* juvenile

mladosť *ž* **1.** youth, juvenility, juvenescence, *(lit)* verdure, viridity, early life

mladý *príd* **1.** young, *(mladší ako 18 rokov)* minor, *(od 13-19)* teenage, adolescent, *(mladší)* junior, *(trocha)* youngish, *(mladistvý)* juvenile, *(prn)* green; **2.** *(o rastlinách, zelenine)* early, *(mesiac, zelenina)* new

mláka *ž* **1.** puddle, pool, water hole, *(žart)* herring-pond, poob

mľaskať *ndk* **1.** *(ústami: pri jedle, bozku ap)* to smack, *(jazykom)* to click, *(na koňa)* to tchick; **2.** *(o blate, ap)* to squelch

mlátiť *ndk* **1.** *(obilie)* to tresh, to flail; **2.** *(tĺcť, biť)* to beat, to bang, to strike, *(i do klavíra)* to thump; **3.** *(prn: papuľou, slamu)* to jaw-jaw

mlčanie *s* **1.** *(ticho)* silence, hush; **2.** *(zachovávanie tajomstva)* secrecy, *(ifm)* keeping mum

mlčanlivosť *ž* **1.** *(malovravnosť)* taciturnity, uncommunicativeness, silence; **2.** *(zachovanie tajomstva)* secrecy

mlčať *ndk* **1.** *(nehovoriť, i prn)* to be silent, *(nehovoriť)* to keep/ to remain silent, *(prn)* not to mention; **2.** *(*mlč, mlčte!: fml)* be/ keep silent [, please]!, *(mlčte!)* silence [, please]!, *(mlč!)* be quiet!, shut ut, *(ifm)* hold your tongue; **3.** *(zachovávať tajomstvo)* to keep o's mouth shut, *(ifm)* to keep mum, **4.** *(o tom mlč)* mum's the word

mliaždiť *ndk* **1.** *(drviť, rozpúšťať)* to crush, *(gniaviť)* to squash, *(hmyz)* to swat; **2.** *(prn: silno stískať)* to squeeze

mliečny *príd* **1.** *(obsahujúci mlieko, na mlieko, i zuby)* milk, *(k mlieko)* lactary, *(chem)* lactic, *(anat, zool, bot)* lactiferous, *(mliekárenský)* dairy; **2.** *(bot: javor)* plane maple, *(bar)* snack bar, *(koktail)* milk shake

mliekáreň *ž* **1.** *(predajňa, i podnik)* dairy, *(predajňa)* dairy shop, creamery; **2.** *(podnik)* dairy farm

mlieko *s* **1.** milk, *(tučné)* unskimmed milk, full-cream milk; **2.** *(tekutina podobná mlieku: bot)* milky juice, *(kaučukové)* latex, *(kokosové)* milk, *(tech: vápenné)* whitening

mlieť *ndk* **1.** *(drviť na prach)* to grind, to mill, to grist, to powder; **2.** *(na kašu)* to mash; **3.** *(hov: veľa rozprávať)* to prate, **4.** *(hov: rýchlo hovoriť)* to rattle

mlyn *m* **1.** mill, grist-mill, flouring mill, *(šľapací)* treadmill, *(drtič)* breaker

mlynár *m* **1.** miller, gristmiller

mlynček *m* **1.** *(ručný, elektrický prístroj)* mill, grinder, *(na mäso)* [meat-]mincer, *(tech)* grist-mill, shredder, crusher; **2.** *(hračka)* toy mill

mních *m* **1.** monk, c[o]enobite, conventual, monastic, votarist, palmer, *(RK)* friar

mníška *ž* **1.** nun, conventual. votaress, sister

mnoho **I.** *čísl* **1.** *(veľký počet: vody, ľudí, peňazí)* a lot of, *(ifm)* lots of, *(fml: s podst uncoun)* much, *(fml: s podst coun)* many; **2.** *(v záp: s podst uncoun)* not much, *(: s podst coun)* not many, **II.** *prísl* **3.** *(vyj veľkú mieru, veľký obsah)* a lot, very much, **4.** *(*čo je mnoho, to je mnoho)* enough is enough

mnohostranný *príd* **1.** *(majúci mnoho strán)* many-sided, many-faced, multifaceted, *(týkajúci sa mnohých strán, i geom)* multilateral, *(mnohonásobný)* multiple, *(všestranný)* versatile

mnohouholník *m* **1.** polygon

mnohoznačný *príd* **1.** ambiguous, equivocal, multivalent, vague, sibylline

množina *ž* **1.** *(i mat, inf)* set, aggregate, *(obsahujúci jediný prvok)* singleton, *(ifyz)* assembly, *(teória množín)* set theory

množiť *ndk* **1.** *(kniž: zväčšovať počet)* to increase, to multiply; **2.** *(poľnohosp)* to propagate, to proliferate

množiť sa *ndk* **1.** to increase, to multiply; **2.** *(biol, zool)* to reproduce; **3.** *(o zvieratách)* to breed

množstvo *s* **1.** *(kvantum)* quantity, amount; **2.** *(veľký počet)* great number, large number, plenty, a great deal, *(ľudí)* crowd, mass, multitude, *(hojnosť)* aboundance

mobilizovať *n/dk* **1.** *(i voj)* to mobilize, to call up, *(ifm)* to mob

mobilný *príd* **1.** mobile, fluid, easily realizable

moc *ž* **1.** *(sila, vláda)* power, *(sila)* force, might; **2.** *(vláda)* government, rule, sway; **3.** *(právomoc)* authority, *(právo)* right, *(vyššia)* Act of God, *(neobmedzená)* carte blanche, **4.** *(schopnosť)* capacity, **5.** *(voj)* forces, **6.** *(zast: telesná sila)* strength

mocnár *m* **1.** *(kto má moc)* potentate, giant; **2.** *(arch: monarcha)* monarch

mocnina *ž* **1.** *(mat)* power

mocnosť *ž* **1.** *(veľký štát)* power; **2.** *(nadprirodzená sila)* supernatural power; **3.** *(geol, ban: hrúbka)* thickness

mocný *príd* **1.** *(majúci veľkú moc)* powerful, mighty, potent; **2.** *(silný)* strong, vigorous, muscular, *(násilný)* violent; **3.** *(mohutný, statný)* massive, hefty, **4.** *(pevný)* solid, sturdy, hardy, *(látka)* hard-wearing, **5.** *(geol.)* thick

moč *m* **1.** *(biol)* urine, *(ifm, lek)* water, *(zool)* stale

močiar *m* **1.** marsh, swamp, fen, bog

močiť *ndk* **1.** *(máčať: bielizeň)* to soak, *(si nohy)* to wet, *(odb: ľan, konope)* to ret; **2.** *(vylučovať moč)* to urinate

móda *ž* **1.** *(spôsob obliekania, štýl úpravy)* fashion, style; **2.** *(dobová obľúbenosť)* vogue, *(prechodná)* fad, craze; **3.** mn: **módy**. *(hov: časopis)* fashion magazine

model *m* **1.** *(osoba, vec, vzor, schéma, i mat)* model; **2.** *(zmenšené detailné znázornenie)* miniature, *(v skutočnej veľkosti)* mock-up; **3.** *(vzor)* pattern, *(i šiat)* design, *(originálny výrobok)* exemplar, *(auta ap)* prototype, *(fyz, inf)* analogue, *(prn)* paragon, **4.** *(predloha pre umelca)* manikin, figure

modelár *m* **1.** *(konštruktér, projektant)* mode[l]ler, builder of models, model hobbyist; **2.** *(kto konštruuje malé modely lietadiel)* model-plane builder

modelka *ž* **1.** *(model, i manekýnka)* model; **2.** *(manekýnka)* mannequin

modelovať *ndk* **1.** to model, to shape, to make models, to mould

moderátor *m* **1.** živ **1.** *(v televízii, rozhlase)* compere, anchor[man], *(debaty)* moderator; **2.** neživ *(tech, i fyz)* moderator, *(fyz: látka)* slowing-down medium

moderný *príd* **1.** modern, contemporary, up-to-date, latest, new-fashioned, *(módny)* trendy, fashionable, *(sl)* with-it

modifikácia *ž* **1.** modification, alteration, change, qualification

modla *ž* **1.** idol, fetish, idolum

modliť sa *ndk* **1.** to pray

modlitba *ž* **1.** *(uctievanie, i ustálený text)* prayer, *(uctievanie: pred jedlom)* grace, benedicite, blessing, devotion; **2.** *(prn)* invocation

módny *príd* **1.** fashionable, stylish, trendy, fancy, modish, á la mode

modravý *príd* **1.** blu[e]ish, bluey, *(belasý)* azure

modrooký *príd* **1.** blue-eyed

modrý *príd* **1.** *(sýtomodrý)* [dark/ deep] blue, cyanic; **2.** *(svetlomodrý)* light blue, azure, sky blue

mohutný *príd* **1.** *(nezvyčajne veľký)* huge, monumental, *(obrovský)* enormous, massive, *(mocný)* mighty, *(vysoký a silný)* strapping

mohyla *ž* **1.** *(archeol)* barrow, tumulus, grave-mound, *(skaly)* cairn; **2.** *(bás: hrob)* grave

mok *m* **1.** *(kniž: nápoj, i lek)* liquor, *(nápoj)* beverage; **2.** *(lek)* humour, serosity

moknúť *ndk* **1.** *(byť vystavený dažďu)* to be exposed to rain, *(na ulici)* to be out in the rain, to grow wet; **2.** *(vlhnúť)* to grow moist; **3.** *(neos)* to rain, **4.** *(namokať)* to trickle

mokrý *príd* **1.** *(vlhký, daždivý)* wet, *(vlhký)* humid, damp, *(premočený)* soaked, sodden, soggy, running with, *(daždivý)* rainy

mol *m/s nesk* **1.** *(hud: stupnica, tónina)* minor

moment *m* **1.** *(chvíľa, i fyz)* moment, point, instant; **2.** *(okolnosť)* circumstance[s]; **3.** *(fyz)* momentum, *(krútiaci)* torque

momentálny *príd* **1.** *(vyskytujúci sa v danom momente)* of the moment; **2.** *(terajší)*

present, current, *(prechodný)* temporary
momentka *ž* **1.** *(fot)* snapshot
monopol *m* **1.** monopoly, *(dvoch inštitúcií)* duopoly, *(prn)* privilege
monotónny *príd* **1.** monotonous, monotone, *(hlas)* singsong, *(prn: život)* dull, drab, humdrum
montáž *ž* **1.** *(tech)* installation, assemblage, assembly, fitting; **2.** *(lit, fot, film)* montage, mounting, *(lit)* pastiche
montér *m* **1.** installer, fitter, rigger, assembler, mounter; **2.** *(hov: opravár)* serviceman
montovať *ndk* **1.** to install, to assemble, to mount, to fit up, to rig
mor *m* **1.** *(choroba)* plague; **2.** *(lek: ťažká infekč. choroba)* pestilence, epidemic; **3.** *(niektoré zvieracie epidémie)* pest, **4.** *(tech: činový)* tin disease
morálka *ž* **1.** *(náuka, i súhrn zásad)* morality, *(náuka)* moral philosophy, *(etika)* ethics; **2.** *(mravnosť)* morals; **3.** *(i svedomitosť)* morale
morálny *príd* **1.** *(týkajúci sa morálky, mravný, i duchovný)* moral, *(týkajúci sa morálky)* ethical, *(mravný)* virtuous, *(vyhovujúci morálke)* decent; **2.** *(duchovný)* spiritual
more *s* **1.** *(i prn)* sea, blue, water, *(poet)* brine, *(sl)* the briny, *(astron)* mare, *(breh)* seashore; **2.** *(prn)* flood, ocean
móres *m* **1.** *(dobré spôsoby)* [good] manners, courtesy; **2.** ob mn: **móresy**. *(správanie)* behaviour, manners
moriak *m* **1.** turkey-[cock], gobbler; **2.** *(prn: nadutý človek)* peacock
moridlo *s* **1.** *(odb: roztok na morenie)* mordant, *(kož)* bate, *(na kov)* pickle, *(text)* spirit; **2.** *(kuch: konzervovací prostriedok)* pickle
moriť *ndk* **1.** *(trápiť)* to torment, to torture, *(i prn)* to plague, *(prn: otázkami)* to grill; **2.** *(napúšťať moridlom)* to mordant, *(drevo)* to stain, *(hut)* to pickle
moriť sa *ndk* **1.** *(bezpr)* to torment os, *(s čím)* to struggle [with]; **2.** *(namáhať sa)* to drugdge, to slog, to toil
morský *príd* **1.** *(ryby, choroba)* sea[-], *(voda)* salt, marine, oceanic, maritime
moruša *ž* **1.** *(bot: biela)* white mullberry, *(bot: čierna)* black mullberry, sycamine; **2.** *(plod)* mullberry
most *m* **1.** bridge; **2.** *(anat)* pons; **3.** *(tel)* backbend
mostík *m* **1.** *(zdrob, i ele, lek)* [small] bridge, footbridge; **2.** *(šport)* springboard; **3.** *(el)* yoke, **4.** *(námor)* plank, gangway, **5.** *(lek: čiastočná protéza)* dental bridge
moták *m* **1.** *(tajná správa z väzenia)* kite, letter in code; **2.** *(text: navijak)* hank-winding frame, winch, reel
motať *ndk* **1.** *(navíjať)* to wind, to reel; **2.** *(pliesť)* to confuse; **3.** *(tárať)* to prattle, **4.** **[!]** *(neos)* to feel dizzy, to prate
motať sa *ndk* **1.** *(chodiť bez cieľa)* to roam, to rove; **2.** *(neisto sa pohybovať)* to stagger, to fluster, to shamble; **3.** *(prn: o hlave)* to spin, *(v hlave)* to whirl
motivovať *n/dk* **1.** *(dávať popud)* to motivate; **2.** *(odôvodňovať)* to give reason [for], to account [for], to explain
motocykel *m* **1.** motor cycle, *(br ifm)* motor bike, *(menší)* moped
motocyklista *m* **1.** motorcyclist; **2.** motorcycle messenger
motor *m* **1.** motor, engine; **2.** *(hov: motorové vozidlo)* [motor] car
motorický *príd* **1.** *(anat, fyziol)* motor, *(fyziol)* motorial, motory, *(tech)* motor, motor operated
motorista *m* **1.** motorist, driver
motorka *ž* **1.** *(motocykel)* motorcycle, *(ifm)* motorbike, mo-bike; **2.** *(motorový vlak)* rail car
motorový *príd* **1.** *(vzť. na výbušný motor)* motor, engine; **2.** *(poháňaný motorom)* motor-driven, power-driven
motovidlo *s* **1.** *(rám na navíjanie nití)* hand reef, *(tkáč)* swift, reel; **2.** *(žart: o nešikovnom človeku)* nincompoop
motúz *m* **1.** string, *(na balenie)* packthread, lasher, cord
motyka *ž* **1.** hoe, mattock, hack, pickaxe
motýľ *m* **1.** *(zool: Lepidoptera)* butterfly, *(nočný)* moth, *(odb)* lepidopteran, skip-

jack

mozaika *ž* **1.** mosaic, *(dlažba)* tessellated floor, inlay; **2.** *(bot: škvrnitosť listov)* tessellation

mozog *m* **1.** *(anat, zool, i prn)* brain, cerebrum, *(i prn)* grey matter; **2.** *(prn)* brains, head, mind, wit

mozoľ *m* **1.** *(ob na dlani)* callus, callosity, *(ob na nohe)* corn; **2.** mn **mozole**. *(ťažká práca)* labour, sweat

môcť *ndk* **1.** *(mať možnosť konať, vládať nč urobiť)* to be able, can/ could; **2.** *(smieť)* to be allowed, *(i vyj možnosť)* may/ might; **3.** *(*môžem?)* may I, shall I, **4.** *(hov: vyj. možnosť)* must, **5.** *(má význam: skoro, takmer)* nearly, **6.** *(vyj výzvu, mierny rozkaz, výčitku)* may/ might as well, **7.** *(v záp: byť zodpovedný)* can't/ couldn't help, *(nemôžem za to)* I am not to blame, **8.** *(*môže sa stať)* it is possible, **9.** *(môže byť!)* that's fine/ OK!, agreed, it can be done, fair enough, it's possible, *(môže byť?)* what do you think, do you want, do you agree

môj *zám* **1.** *(adj)* my; **2.** *(pron)* mine; **3.** *(manžel)* my husband, *(moja)* my wife, *(blízka rodina)* my family, **4.** *(*to je môj)* that's my cup of tea

možno I. *vetná prísl* **1.** it is possible, *(čo možno 3 st)* as...as possible, **II.** *časť* **2.** *(asi, azda)* perhaps, maybe, *(ifm)* mebby,*(možno, že)* possibly; **3.** *(pravdepodobne)* probably, **4.** *(možno áno)* most/ quite likely, *(možno áno, možno nie)* perhaps,perhaps not, maybe so,maybe no

možnosť *ž* **1.** *(možný prípad, príležitosť)* possibility, *(eventualita)* chance, *(pravdepodobnosť)* likelihood, outlook; **2.** *(príležitosť)* occasion; **3.** ob mn: **možnosti** *(schopnosť)* [cap]ability, potentiality

možný *príd* **1.** *(kt sa môže stať, i eventuálny)* possible, *(kt sa môže stať)* potential, *(pravdepodobný)* likely, *(uskutočniteľný)* feasible, *(ktorého jestvovanie sa dá predpokladať)* conceivable

môžbyť *prísl* **1.** *(vetná prísl)* it is possible; **2.** *(časť: hádam, azda)* maybe, perhaps

mračiť sa *ndk* **1.** *(oblačiť sa)* to become/ to grow cloudy, *(i o ľuďoch)* to lour; **2.** *(i bezpr: o ľuďoch, i o oblohe)* to gloom, *(tváriť sa nevľúdne)* to sulk, *(zazerať: na niekoho)* to scowl

mrak *m* **1.** *(oblak, z ktorého možno očakávať zrážky)* rain-cloud, *(oblak, z ktorého možno očakávať búrky)* storm-cloud, *(met)* nimbus; **2.** *(prn)* cloud, gloom; **3.** *(zr: súmrak)* dusk, **4.** *(dymu)* whiff

mrákava *ž* **1.** cloudbank, storm-clouds; **2.** *(prn)* gloom

mrákota *ž* **1.** ob mn: **mrákoty 1.** faint, swoon; **2.** *(bás: tma)* darkness, *(prn)* gloom

mraučať *ndk* **1.** *(o mačke)* to miaow; **2.** *(o ľuďoch)* to whine, to whimper

mrav *m* **1.** ob mn: **mravy** *(správanie)* manners, behaviour, conduct; **2.** *(zast: obyčaj)* habit, custom

mravec *m* **1.** *(zool: Formicoidea)* ant

mravenisko *s* **1.** anthill, ant-heap; **2.** *(prn)* hive, rabbit-waren

mravnosť *ž* **1.** *(morálka)* morality, morals; **2.** *(vlastnosť)* virtuousness, virtue

mráz *m* **1.** *(teplota, stav)* frost; **2.** *(zima)* cold; **3.** *(inovať, srieň)* [hoar-]frost, **4.** *(mrazivý pocit)* chill, *(od strachu)* shivers, *(od vzrušenia)* frisson

mrazený *príd* **1.** frozen, deep-frozen

mraziareň *ž* **1.** freezer, freezing plant

mraziť *ndk* **1.** *(zmrazovať)* to freeze, *(na konzervovanie)* to deep-freeze; **2.** *(chladiť)* to chill; **3.** *(neos)* to be freezing, to give [ ] the shivers

mrazivý *príd* **1.** *(veľmi chladný)* freezing, frosty, glacial, nipping, *(i prn)* chilly; **2.** *(nevľúdny)* morose, surly, cold, wintry; **3.** *(spôsobujúci triašku)* shivery

mraznička *ž* **1.** *(typ chladničky)* freezer, *(na konzervovanie)* deep-freezer, *(am)* Deep-freeze; **2.** *(mraziaci priestor v chladničke)* freezing chamber

mrcina *ž* **1.** *(zdochlina)* carrion, carcass; **2.** *(pej: o slabom zvierati)* scrawny animal, *(kôň)* hack

mrd *m vulg* **1.** *(súlož,bác)* bang; **2.** *(súlož)*

fuck, screw
mrdačka *ž vulg* **1.** *(súlož)* bang, fuck, screw; **2.** *(radodajná žena)* good fuck, easy lay
mreža *ž* **1.** *(kovová, drevená)* grid, grating, *(kovová na grilovanie, i ozdobná)* grill, *(ozdobná, ochranná)* grille
mrcha I. ***podst*** *ž* **1.** *(zdochlina)* carrion; **2.** *(pej: o chudom koňovi)* hack; **3.** *(pej: nadávka človeku)* nag, **II.** ***príd*** neskl **4.** *(mizerný)* wretched, miserable, lousy
mrieť *ndk* **1.** to die; **2.** *(prn: zmierať)* to be dying for; **3.** *(bás: slabnúť)* to die off
mriežka *ž* **1.** *(i ele, inf)* grid, *(i ele)* screen, *(i fyz)* lattice, grill[e], *(ochranná pred kozubom)* guard, *(na vinič)* trellis[-work]
mrkať *ndk* **1.** *(neos: stmievať sa)* to grow dark, *(poet)* to dusk; **2.** *(žmurkať)* to blink, to wink
mrkva *ž* **1.** *(bot: Daucus carota)* carrot
mrmlať *ndk* **1.** *(vydávať tlmené zvuky, i hrom, medveď)* to growl, *(i hrom)* to rumble; **2.** *(nezrozumiteľne/ ticho hovoriť)* to mumble, to mutter; **3.** *(prejavovať nespokojnosť)* to grumble, to grunt[le], to groan
mrož *m* **1.** *(zool: Odobenus)* walrus, seacow, sea horse, morse
mŕtvola *ž* **1.** corpse, dead body/ man, *(lek)* cadaver, *(slang)* cold meat
mŕtvy *príd* **1.***(kt nežije/ i nehybný/ neužitočný/ neplodný)* dead, *(kt nežije)* gone; **2.** *(prn: nehybný, nečinný)* inane, *(i bez ruchu: ulica)* lifeless, dull; **3.** *(prázdny, neplodný: pôda)* barren, *(ekon: kapitál)* uninvested
mrviť *ndk* **1.** *(drobiť)* to crumble, to crumb; **2.** *(mädliť)* to crumple; **3.** *(rýchle pohybovať)* to wiggle, to wag, **4.** *(lomcovať, triasť)* to shake, **5.** *(hovoriť)* to talk
mrviť sa *ndk* **1.** *(drobiť sa)* to crumble; **2.** *(vrtieť sa)* to fidget; **3.** *(hemžiť sa)* to swarm, **4.** *(prehrabávať sa)* to rummage
mrzieť *ndk* **1.** iba 3. oso *(vzbudovať pocit nepríjemnosti)* to bother, *(: i nespokojnosti)* to worry, *(: i zlosti)* to irritate, to annoy, **[!]** to be sorry; **2.** *(*mrzí ma to!)* I'm sorry, *(čo ťa mrzí?)* what ails you?
mrzký *príd* **1.** *(škaredý)* ugly, nasty, foul, unsightly; **2.** *(zlý)* base, mean, snide
mrznúť *ndk* **1.** to freeze; **2.** *(neos: o počasí)* to be freezing [cold]; **3.** *(trpieť zimou)* to be dying of cold, *(nos, ruky ap)* to be freezing, *(hynúť od mrazu)* to freeze to death
mrzutý *príd* **1.** *(zle naladený)* crabby, gruff, ill-humoured, in a bad mood, grumpish; **2.** *(prejavujúci zlú náladu, neprívetivý)* sour, surly, *(nevľúdny)* sullen, sulky; **3.** *(spôsobujúci nepríjemnosť)* annoying, irksome, painful, **4.** *(nepríjemný)* unpleasant
mučeníctvo *s* **1.** martyrdom
mučeník *m* **1.** *(i prn)* martyr; **2.** *(prn)* sufferer
múčnik *m* **1.** *(múčne jedlo)* pastry; **2.** *(zákusok)* cake, dessert
mudrc *m* **1.** sage, *(staroveký)* magus, *(filozof)* philoshoper, *(i iron)* wiseacre
múdrosť *ž* **1.** wisdom, *(hlboká)* sageness, *(rar)* sageship, *(rar)* sapience, . *(zub múdrosti)* wisdom tooth
múdry *príd* **1.** *(obdarený dobrým rozumom)* wise. judicious, sagacious, very intelligent; **2.** *(majúci vedomosti)* sapient
mucha *ž* **1.** *(zool: domová)* [house]fly; **2.** *(zool: Calliphora)* bluebottle; **3.** *(Glossina palpalis)* [tse-tse]fly, **4.** len mn: **muchy** **4.** *(vrtochy)* whims
mucholapka *ž* **1.** *(papier. lepkavý pás)* flypaper, fly-strip, catch- em-alive-o; **2.** *(bot: Dionaea muscipula)* [Venus] fly-trap
múka *ž* **1.** *(jemne pomleté zrná)* flour, [-]meal, *(prášková)* powder
mumák *m* **1.** *(hlúpy, neschopný človek)* nitwit, fathead, blockhead; **2.** *(mlčanlivý človek, am)* clam
múmia *ž* **1.** *(i prn, i záhr: napadnutý plod)* mummy
múr *m* **1.** *(i prn, i vo futbale)* wall, *(čelný)* headwall; **2.** pomn: **múry**. *(hradby: mestské)* wall[s], *(hradný)* bailey
murár *m* **1.** mason, brickmason, bricklayer, blocklayer
murovať *ndk* **1.** to lay bricks, to construct of brick/ tile, to build, *(stav)* to set
muška *ž* **1.** *(zdrob)* [tiny] fly; **2.** len mn:

mušky. *(zool: Chironimidae)* midges; **3.** *(zool: svätojánska)* firefly, *(zool: španielska)* cantharis, March brown, **4.** *(ryb: návnada)* artificial fly, **5.** *(na strelných. zbraniach)* [fore/ front]sight, *(prn: schopnosť mieriť)* aim, **6.** *(zast: upravený chlp fúzov pod)* imperial, **7.** *(zast: železa)* irons

muškát *m* **1.** *(bot: Pelargonium)* geranium; **2.** *(hov: voňavé korenie)* mace; **3.** *(druh hrozna)* muscat grape, **4.** *(hov: druh vína)* muscatel

mušľa *ž* **1.** *(ulita)* [sea]shell, *(zool: Strombidae, Melongenidae)* conch, *(zool: Pectinidae)* scallop; **2.** *(zool: Mytilus edulis)* mussel; **3.** *(anat: ušná)* conch[a], **4.** *(časť telefónu)* mouthpiece

mutácia *ž* **1.** *(i biol)* mutation, *(i polyg)* alteration, *(biol: prudká)* saltation; **2.** *(hlasu)* breaking

mútiť *ndk* **1.** *(kaliť)* to make turbid; **2.** *(miasť)* to disturb, to confuse, *(hlavu)* to bamboozle; **3.** *(znepokojovať)* to trouble, **4.** *(maslo)* to churn

mútny *príd* **1.** *(kalný)* turbid, muddy, roily, cloudy; **2.** *(prn: oči)* bleary

mutovať *ndk* **1.** *(o hlase dospievajúcich chlapcov)* to break; **2.** *(meniť, premieňať)* to altere, to change, *(i biol)* to mutate

múzeum *s* **1.** museum, repository

muzika *ž* **1.** *(hudba)* music; **2.** *(kapela)* band; **3.** *(tanečná zábava)* dance, **4.** *(žart: plač, krik)* crying

muzikant *m* **1.** [-]player, bandsman, musician

muž *m* **1.** *(dospelý človek, i manžel)* man, *(br ifm)* chap, *(am ifm)* guy, *(starý)* old man, *(mladý)* young man, *(slobobný)* bachelor, *(ženatý)* married man, *(ženatý s deťmi)* family man, *(hov: žabí)* frogman; **2.** *(manžel)* husband; **3.** *(vojak bez hodnosti)* private

mužský *príd* **1.** *(k: muž, i pohlavie)* male, men's, he[-]; **2.** *(k: typická vlastnosť muža)* virile, *(i gram: rod)* masculine; **3.** manlike

mužstvo *s* **1.** *(skupina, i šport)* team, *(šport)* side, *(skupina)* gang, squad, staff, *(posádka)* crew, *(lodné)* hands; **2.** *(voj: vojaci a poddôstojníci)* the ranks [and file]; **3.** *(súhrn vlastností muža)* manhood, **4.** *(dospelý vek muža)* maturity [age]

my *zám* **1.** *(i plurál majestátnosti/ skromnosti)* we, *(nás, nám)* us; **2.** *(sami)* [we] ourself; **3.** *(medzi nami)* among ourselves, between you and me/ I

mydliť *ndk* **1.** *(trieť mydlom)* to soap, *(s penou)* to lather; **2.** *(o mydle)* to lather; **3.** *(hlavu)* to tell [sb] off, to give sb a dressing down

mydlo *s* **1.** soap

mykať *ndk* **1.** *(prudko a krátko ťahať)* to jerk, *(za sukňu, rukáv ap)* to pluck [at], *(plecami)* to shrug o's shoulders, *(mimovoľne šklbať)* to twitch; **2.** *(text)* to card

mýliť *ndk* **1.** *(uvádzať do omylu)* to mislead, *(zavádzať)* to deceive, *(miasť)* to confuse; **2.** *(vyrušovať)* to disturb, to distract, to put sb off

mýliť sa *ndk* **1.** *(bezpr: nemať pravdu)* to be wrong, to be mistaken; **2.** *(bezpr: robiť chyby)* to make mistakes, *(v úsudku)* to misjudge

myseľ *ž* **1.** *(myslenie, myšlienky, pamäť, zmýšľanie)* mind, *(myslenie)* intellect; **2.** *(myšlienky)* minds; **3.** *(nálada)* frame of mind, mood, **4.** *(zmýšľanie)* opinion, **5.** *(*ani myseľ!)* not on your life!

myslenie *s* **1.** *(proces)* thinking, reasoning; **2.** *(zmýšľanie)* thought, mind

myslieť *ndk* **1.** *(uvažovať, zamýšľať, domnievať sa)* to think [about], *(v sebe)* to think to os, *(nahlas)* to think aloud; **2.** *(na: mať na pamäti)* to think of, to be thinking, *(na čo myslíš?)* what are you thinking?, *(stále, i zamýšľať)* to think about; **3.** *(zamýšľať)* to consider, *(chcieť)* to have sb/ st on o's mind, *(na niekoho)* to fancy, **4. myslieť (si)**. *(mať mienku)* to think, *(čo myslíš)* [what] do you think...?, *(čo si ty o tom myslíš)* what do you think/ make of it?, *(*myslím, že áno)* I think so, *(*myslím, že nie)* I don't think so, **5.** *(domnievať sa)* to suppose, **6.** *(mať na mysli)* to have in mind, to mean, **7.** *(*myslím to* *vážne)* I mean it, I mean business, **8.** *(kto by si to bol myslel!)* who'd have thought it?!

myš *ž* **1.** *(zool: Mus)* mouse

myšlienka *ž* **1.** thought; **2.** *(nápad)* idea, *(invencia)* invention, excogitation, **3.** *(idea, zásada)* notion, **4.** *(zámer, úmysel)* intention, **5.** *(námet)* theme

mýto *s* **1.** *(peňažný poplatok)* toll, pike; **2.** *(miesto)* toll-gate, [turn]pike; **3.** *(budova)* toll-house

mzda *ž* **1.** wage[s], salary, emolument, *(ob voj)* pay, *(čistá)* take-home pay

mzdový *príd* **1.** wage[s], salary, earnings

N

na *predl* **I. 1.***(vyj:smerovanie/miesto)* on: **sadnúť si na stoličku** *to sit down on a chair*, **zavesiť kabát na vešiak** *to put the coat on the hanger*; **2.***(: smerovanie na povrchu)* onto: **položiť knihy na policu** *to put the books onto the shelf*; *(: smer vôbec)* to: **cesta na Berlin** *the road to Berlin*, **na juh/ východ atď** *to the South/ East etc*; **3.** *(: časové určenie deja)* at: **na obed/ Vianoce** *at lunch/ Christmas*; *(deň)* on: **na Nový rok** *on New year's day*; *(: časový úsek)* in: **na jar/ jeseň atď** *in Spring/ Autumn etc*; for: **prísť na chvíľu** *to come for a short time*, **na trvalo** **for good*, **na celý život** for life,; **na obed** *for lunch*; *(budúcnosť)* to: **odložiť na nasledujúci týždeň** *to postpone to next/ the following week*; **4.** *(: spôsob deja: často neprek)* on: **kúpiť na dlh** *to buy on tick/ credit*; **vajce na mäkko/tvrdo** *soft-boiled/ hard-boiled eggs*; **5.** *(: mieru v priestore/ čase: často neprek)*: **vzdialený na desať metrov** *ten metres distant*; within: **na dostrel** *within firing range*; **na dosluch** *within hearing*; in: **na dohľad čoho** *in sight of st*; *(: mieru v čase)* for: **odísť na chvíľu** *to go away for a while*; **6.** *(: hraničnú mieru)* to: **rýchlosť stúpla na sto kilometrov** *speed rose to 100 km/h*, **je štvrť na deväť** *it's a quarter to nine*; **7.** *(: približnú mieru)* about, around: **snehu bolo na dva metre** *the snow was about two metres high*;**8.** *(: mieru presnosti)* to: **na sekundu** *to the second*; **9.** *(: účinok deja)* [in]to: **rozpadnúť sa na skupiny** *to break into groups*; **10.** *(pri vyjadrení hodnotenia)* to: **na jeho údiv** *to his wonder*, ***na šťastie** *fortunately*; **11.** *(: prostriedok nejakej činnosti)* with: **na vlastné oči/uši** *with o's own eyes/ears*; **12.** *(: príčinu, popud, pôvod)* of: **zomrieť na infarkt** *to die of a heart attack*; with: **ochorieť na chrípku** *to get down with flu*; **13.** *(: cieľ/ určenie/ zreteľ: často prek s príd)*: **nožnice na nechty** *nail-scissors*; **hrniec na mlieko** *milk jar*; for: **lístok na koncert** *ticket for the concert*; *(: cieľ)* to: **pozvať niekoho na obed** *to ask sb to dinner/lunch*; ***na zdravie!** *to your health!*; **14.** *(: zreteľ)* for: **na cudzinca hovorí dobre po anglicky** *for a foreigner he speaks English well*; in: **kríva na pravú nohu** *he is lame in his right leg*; **15.** *(v spojeniach: z ... na)* from...to; **16.** *(s opakovaným podst)* ... after ...; **II. 17.** *(: miesto deja)* on: **na strane 10** on page 10,; **kniha je na stole** the book is on the table, **na pravej strane** *on the right hand [side]*, **na rohu ulice** *on the corner*, ***na miesta!** on your marks!; in: **na Slovensku** *in Slovakia*, **na sklade** *in store*; **na ulici/ slnku/ svete** *in the street/ sun/ world*; at: **na autobusovej zastávke** *at the bus stop*, **prednáša na univerzite** *he lectures at the university*; **18.** *(: časové určenie deja)* at: **na konci/ začiatku** *at the end/ the beginning*; **19.** *(: účel, cieľ)* on: **na dovolenku** *on holidays*; **20.** *(: spôsob deja)* on: **ísť na bicykli** *to go on bicycle*, **predaj** on/ up for sale; **na úteku** *on the run*, **na skúšku/ ukážku** *on approval*, **vyhrať na body** to *win on points*; of, to,at: **zamieriť na cieľ** aim at a target, **na vlastné riziko** *at o's peril*; by: **na žiadosť/ rozkaz** *by request/ order*; **platený na deň** *paid by the day*; upon:

na jeho doručenie *upon his recommendation*; **na čestné slovo** *upon my word [of honour]*; per: **na hlavu/ osobu** *per head*; through: **prejsť na červenú** *to drive through a red light*; against, to ward: **šetriť si na starobu** *to save money towards/against o's old age*; ***na vaše zdravie!** *here s to you!*;***na prenajatie** *to let*; ***nestúpajte na trávu** *keep off the grass*; ***čo je na programe** *(v kine) what s on ?*; * **na čo?** (v replike) *what for?*; (v otázkach) ***na čo ...?** *what s the use of...?*; ***záleži na vás** *it lies with you/ it's up to you*; ***to je na mňa veľa/ na to nestačím** *it is above me*; **III.** *cit* **21.** *(: ponúkanie)* **tu máš/ máte** *here you are!*, *(pri bití)* take this!, *(sl)* try this for size!; **22.** i **ná** *(: rezignáciu)* oh, my!, *(na, zasa)* here we go again!

nábeh *m* **1.** *(sklon)* tendency [to], inclination, strain [of]; **2.** *(stav)* batter, *(múru)* slope; **3.** *(odb)* rise, *(let)* incidence, *(kyb)* build-up time, **4.** *(zr: útok)* assult

nabehnúť *dk* **1.** *(naraziť pri behu)* to run into, to bump into, *(na prekážku)* to trip over, *(i prn)* to run up against; **2.** *(nahrnúť sa, vniknúť)* to gather, *(vniknúť)* to appear; **3.** *(napuchnúť)* to swell

naberačka *ž* **1.** ladle, dipper, *(drevená)* piggin; **2.** scoop

nabiť *dk* **1.** *(naplniť)* to fill st [up], *(natlačiť, vtlačiť)* to pack [with], to cram [with], *(do hlavy)* to drub [into sb]; **2.** *(voj: zbraň)* to load; **3.** *(ele: akumulátor)* to charge, **4.** *(naraziť)* to strike, **5.** *(natĺcť)* to drive, **6.** *(zbiť)* to thrash, *(i prn)* to beat, **7.** *(prn: poraziť v hre)* to lick

nabodnúť *dk* **1.** *(napichnúť: kožu)* to prick, *(lek)* to puncture; **2.** *(kuch: mäso ap)* to spit, to broach, to skewer; **3.** to lance, **4.** **[!]** *(na vidličku)* to stick a fork into

náboj *m* **1.** *(voj)* cartridge, *(do dela)* shell; **2.** *(fyz, ele, i prn)* charge; **3.** *(str: časť kolesa)* hub, boss

náboženský *príd* **1.** religious, devotional, religion, sacred, confessional

náboženstvo *s* **1.** religion, confession, creed; **2.** *(predmet v škole)* religious knowledge [RK]

nabrať *dk* **1.** *(vziať)* to take [up/ on/ in/ off], to draw, *(pohybom zdola)* to pick up, *(naplniť)* to fill [up], *(naberačkou)* to ladle; **2.** *(získať)* to gain, to find, to get, *(na seba)* to put on weight; **3.** *(krajč)* to gather, *(do záhybu)* to pleat

nabudúce *prísl* **1.** *(v budúcnosti)* in future, for the future, *(inokedy)* some other time, next time

nábytok *m* **1.** *(hrom)* furniture, *(pl)* furnishings, fittings

nacvičiť *dk* **1.** to instruct, to teach, to drill

načas *prísl* **1.** *(v určenom/ vhodnom čase)* on time, in due time, *(presne)* on the dot, *(am)* on the button; **2.** *(na neurčitý čas)* for a certain time, *(na krátky čas)* for a short time

náčelník *m* **1.** head, leader, *(i voj, indiánskeho kmeňa)* chief, *(i kmeňa)* chieftain, *(stanice)* station master

načerpať *dk* **1.** to draw, to scoop

načo I. ***zám prísl*** **1.** *(vyj. cieľ, účel: so zám)* what's the use of, what [...] for, *(so sloves)* why; **2.** *(vyj. príčinu)* why, **II.** ***spoj výraz*** *(uvádza predmetové vety)* [the reason] why; **3.** *(vyj. časovú následnosť)* after which, following which, and [so], for this/ that reason

náčrt *m* **1.** *(nákres, kresba)* sketch; **2.** *(geod)* drawing, field note; **3.** *(opis)* layout, delineation, outline, *(kostra)* skeleton, *(prehľad)* draft

nad *predl* **I. 1.** *(vyj: smerovanie vyššie)* on: **zavesiť lampu nad posteľ** *to hang the lamp on the bed*;over: **skloniť sa nad spiace dieťa** to bend on/ over the sleeping child, **vyletieť nad vrchy** *to fly over the heights*; above: **slnko vyšlo nad obzor** *the sun rose above the horizon*, **hmla sa zdvihla nad zem** *the fog rose above the ground*; *(nad seba)* overhead: **hviezdy nad nami** *the stars overhead*; **2.** *(: vyššiu cenu/hodnotu)* above, better, over and above, superior to: **nad jej muža niet** *nothing is above her husband; no one* *is better/ superior to her husband*; **3.** *(pri porovnaní s 2 st)* than: **drahší nad zlato** *dearer than gold*; **4.** *(: mieru,presahovanie istej hranice)* over: **teplota nad 30° C** *temperature over 30° C*; beyond: **nad mieru/ sily/ očakávanie** *beyond measure/ power[s]/ [o's] expectations.* **žiť nad pomery** *to live beyond one's income*; above: **inflácia nad 10%** *inflation above 10%*, **udržať sa nad vodou** *to keep one's head above water*; **II. 5.** *(: miesto položené vyššie)* over: **lampa visí nad posteľou** *the lamp is hanging over the bed*; on: **zahrievať nad plameňom** *to heat st up on the flames/ fire*; above: **nad nulou** *above zero*; *(nad ránom)* toward morning, before/ at dawn, **6.***(ako súčasť väzby prek individuálne)* ***udržať sa nad vodou** *to keep the pot boiling*

nadájať *ndk* **1.** to nurse, to breastfeed; **2.** *(prn)* to offer drinks, *(pálenkou)* to give sb whisky galore

nadanie *s* **1.** talent, gift, endowment, dower

nadaný *príd* **1.** talented, gifted, endowed; **2.** brilliant, clever

nadávať *ndk* **1.** *(i bezpr)* to swear [at], *(komu)* to abuse, to insult, to call [sb] names

nadávka *ž* **1.** *(urážajúce pomenovanie)* insult, abuse, oath; **2.** *(hrubý výraz)* word of abuse, *(ifm)* name, swear-word

nadbytok *m* **1.** *(prebytok)* excess, surplus, exuberance, *(tovaru)* over-supply, *(hojnosť)* abundance, opulence, cut-and-come-again

nádej *ž* **1.** *(i prn: osoba/ vec)* hope, *(očakávanie)* expectation, *(vyhliadka)* outlook, *(pravdepodobnosť)* odds, chance

nádejný *príd* **1.** *(sľubný)* promising, towardly; **2.** *(budúci)* coming; **3.** *(dúfajúci)* hopeful

nádhera *ž* **1.** splendor, magnificence, gorgeousness, grandness; **2.** *(prepych)* pomp

nádherný *príd* **1.** magnificient, splendid, glorious, gorgeous, superb

nádcha *ž* **1.** cold, *(ifm)* runny nose, the snuffles, *(ľahká)* the sniffles

nadísť *dk* **1.** *(prísť)* to arrive, to come [about], to set in; **2.** *(nastať)* to happen; **3.** *(opanovať, zachvátiť)* to seize, **4.** *(star hov:)* to curry favour

nádoba *ž* **1.** vessel, container, pot, vase, bin, receptacle; **2.** *(s významom hromadnosti)* -ware

nadoblička *ž* **1.** *(anat)* suprarenal gland, paranephros

nadobudnúť *dk* **1.** to acquire, to obtain, to gain, to procure

nadol *prísl* **1.** down, downward[s], *(z kopca)* downhill, *(po rieke)* downstream, below

nádor *m* **1.** tumour, *(nezhubný/ zhubný)* benign/malignant tumour, *(zhubný, rakovinový)* carcinoma

nadovšetko I. ***prísl*** **1.** first [and foremost], *(*zdravie je nadovčetko)* health is first and foremost; **2.** *(veľmi, najväčšmi)* more than anything [else], *(matku miloval nadovšetko)* he loved his mother more than anything, **II.** ***časť*** **3.** *(predovšetkým, najmä)* above all [else], *(potrebuje nadovšetko pokoj)* he needs above all [else] to rest, **4.** *(najmä)* especially, chiefly

nadpis *m* **1.** *(knihy, článku, básne ap)* title, *(kapitoly, i inf)* heading, *(článku)* headline, *(fml)* rubric

nadplán *m* **1.** superplan, surplus plan, above-plan, quota

nadriadený I. ***príd*** **1.** *(i úrad, orgán)* superior, higher[-up], **II.** ***podst m*** **2.** *(ob pl)* superior, *(ifm)* boss

nadrobiť *dk* **1.** *(pomrviť)* to crumb[le]; **2.** *(hov: nakrájať nadrobno)* to cut up; **3.** *(predĺžiť)* to lengthen, **4.** *(dohnať zameškané)* to make up for

nádrž *ž* **1.** tank, container, *(cisterna)* cistern; **2.** *(priehrady)* reservoir, basin, impound

nadržaný *príd vulg* **1.** *(muž)* horny, hard-up, *(br)* randy; **2.** *(žena)* wide-up

nadšenie *s* **1.** enthusiasm, *(veľké, i pracovné)* passion, *(fml)* zeal, *(horlivosť)* fervour

nadviazať *dk* **1.** *(viazaním spojiť)* to tie [up/ in], to connect, to link up; **2.** *(začať)* to start, to initiate, *(známosť)* to establish relations with, to strike up an acquaintance; **3.** *(vziať niečo za východisko)* to link up, to revert

nádych *m* **1.** *(nadýchnutie)* breath; **2.** *(odtieň farby)* colour shade, tint, tinge, *(i prn)* hue; **3.** *(prn: odtienok)* shade, streak, touch

nafta *ž* **1.** *(spracovaná ropa)* naphta, *(motorová)* diesel [oil/fuel], *(br)* derv, *(i vykurovacia)* kerosene; **2.** *(surová ropa)* petroleum

nahadzovať *ndk* **1.** to heap up, to pile up; **2.** *(tech: omietku)* to set, *(remeň)* to slip over

nahlas *prísl* **1.** *(hlasno)* aloud; **2.** *(hlasito)* loudly, *(hovoriť)* in a loud voice

náhle I. ***prísl*** **1.** suddenly, abruptly, all at once, *(neočakávane)* unexpectedly, **II.** ***spoj*** **2.** *(kniž, hov: len čo)* as soon as

nahliadnuť *dk* **1.** *(kniž: pozrieť)* to look into, to examine, *(do slovníka)* to look up in; **2.** *(zast: uznať)* to avow, to admit

náhliť *ndk* **1.** *(súriť, pobádať, ponáhľať sa)* to hurry, to hasten; **2.** i **sa** *(ponáhľať sa)* to rush, *(ifm)* to hurry up

náhly *príd* **1.** *(čo sa rýchle stane)* sudden, *(neočakávaný)* unexpected, *(prekvapujúci)* shocking, *(a rýchly)* abrupt; **2.** *(rýchly)* rush, flash, lightning, *(zr: náhlivý)* hasty

nahnevaný *príd* **1.** angry, angered, *(veľmi)* irate, *(málo)* annoyed, *(br ifm)* cross [with sb]

nahnevať *dk* **1.** *(vyvolať hnev)* to make sb angry, to [fill sb with] anger, *(dráždiť)* to irritate, *(veľmi)* to enrage, to infuriate

náhoda *ž* **1.** chance, *(fml)* fortuity; **2.** *(nepredvídaná udalosť)* chance event; **3.** *(stretnutie udalostí)* coincidence, **4.** *(*čírou náhodou)* by sheer/pure chance, *(*šťastnou náhodou)* by a happy chance, *(*to je náhoda!)* what a coincidence

nahodiť *dk* **1.** to hurl, to throw, *(seno)* to pitch; **2.** *(hov: urobiť náčrt)* to sketch, *(myšlienku)* to jot down

náhodný *príd* **1.** chance, haphazard, *(i inf)* accidental, *(inf)* random, *(mat, sta)* stochastic

náhodou *prísl* **1.** *(prísl)* by chance, by mere chance, accidentally; **2.** *(mod slovo hov)* by [any] chance; **3.** *(ani náhodou)* no way, *(máš/ máte náhodou)* do you happen to

nahor *prísl* **1.** up, upward[s], uphill, above

náhrada *ž* **1.** compensation, *(škody)* [compensatory] damages, reparations, refund, *(i odmena)* recompense, *(výdavkov)* reimbursement; **2.** *(zámena)* substitution, *(vec)* make-shift, *(i osoba)* replacement, *(i inf)* backup

nahradiť *dk* **1.** *(vyrovnať, zaplatiť škodu)* to compensate, to refund, to indemnify, to reimburse; **2.** *(vystriedať, vymeniť)* to substitute, to replace, to subrogate, to supply

náhradník *m* **1.** *(i šport)* substitute, replacement, *(zástupca)* deputy, *(pracovník)* odd man; **2.** *(šport)* reserve

náhradný *príd* **1.** *(i šport)* substitute, *(súčiastky)* spare, *(i voj, šport)* reserve, subsidiary, supplementary, *(i inf)* standby

nahrať *dk* **1.** *(zahrať)* to record, *(na zvukový pás)* to tape; **2.** *(šport)* to pass; **3.** *(prn hov: prihrať)* to assist

nahrávanie *s* **1.** recording, reproducing; **2.** *(šport)* passing, assisting

nahrávka *ž* **1.** *(dej, i snímka)* recording, tape recording; **2.** *(zvuková snímka)* reproduction; **3.** *(šport)* passing

náhrdelník *m* **1.** necklace, chaplet, necklet, *(tesný)* choker

nahriať *dk* **1.** *(trochu zohriať)* to warm slightly, to take the chill off, to heat up slightly; **2.** *(tech: motor)* to warm up

náhrobný *príd* **1.** grave, tomb, sepulchral

náhrobok *m* **1.** tombstone, gravestone; **2.** burial mound, sepulchre

nahromadiť *dk* **1.** *(zniesť na hromadu)* to accumulate, to gather, to assemble, to amass; **2.** *(nakopiť, zhromaždiť)* to pile up, to heap up

nahrubo *prísl* **1.** *(na hrubé kusy)* in big pieces; **2.** *(hrubou vrstvou)* thickly, densly; **3.** *(tech: neúplne)* roughly, coarsely

náhubok *m* **1.** *(psa)* muzzle, *(koňa)* noseband; **2.** *(hud: náustok)* mouth-piece

nahustiť *dk* **1.** *(pneumatiku)* to inflate, *(pumpou)* to pump up; **2.** *(prn hov: vtĺcť)* to din into sb['s head]; **3.** *(hov: husto nastavať)* to condense, to concetrate

nahý *príd* **1.** naked, nude, in the raw, in the altogether, *(i prn: nezakrývaný)* bare; **2.** *(prn: pravda ap)* plain, simple

nach *m* **1.** *(kniž: purpur)* purple; **2.** *(bás: jasnočervená farba, na lícach ap)* bright crimson, blush; **3.** *(tkanina, oblek)* scarlet cloth/ robe

nachladnúť *dk* **1.** to catch a cold, *(ľahko)* to get a chill

náchylnosť *ž* **1.** *(sklon)* inclination, *(tendencie)* tendency, *(na choroby)* predisposition, *(na niečo neželateľné)* proneness, *(na niečo zlé)* proclivity; **2.** *(sympatie)* fondness, liking

nachytať *dk* **1.** *(naloviť, i o chorobe, i prichytiť)* to catch, *(i ryby)* to take; **2.** *(vody ap)* to collect; **3.** *(prichytiť: pri)* to nab, **4.** *(zlákať)* to take in, to have

naisto *časť* **1.** *(určite)* certainly, for sure, without fail; **2.** *(presne)* precisely; **3.** *(ako samostatná odpoveď)* to be sure, no doubt

najať *dk* **1.** *(i taxík, i vraha)* to hire, *(zjednať za plácu)* to engage, *(byt ap)* to rent, *(i pozemok)* to lease, *(pozemok)* to farm, *(loď, lietadlo)* to charter

nájazd *m* **1.** *(vtrhnutie do cudzieho územia)* incursion, *(náhly)* foray, *(i vpád)* descent, *(ozbrojený vpád)* raid, *(prn)* inroad[s]; **2.** *(šport: rozbehová časť)* run-on

najbližšie *prísl* **1.** *(nabudúce)* [the] next time; **2.** the nearest, the closest

najebaná *príd vulg* **1.** *(tehotná)* knocked-up

najesť sa *dk* **1.** *(zjesť potravu)* to eat, to take some food, to have one's meal; **2.** *(nasýtiť sa: fml)* to have one's fill

naježiť sa *ndk* **1.** *(o zvieratách)* to bristle up; **2.** *(o vtákoch)* to get one's quills up; **3.** *(o vlasoch)* to stand on end, **4.** *(prn)* to get ruffled

najmä *časť* **1.** *(hlavne)* primarily, chiefly, predominatingly; **2.** *(predovšetkým)* above all

nájom *m* **1.** rent, rental, renting, tenancy, letting, *(lodi, lietadla)* charter

nájomné *s* **1.** rent, *(celková suma)* rental, *(za byt ap)* house-rent, *(za pivnicu)* cellarage, *(platené obilím)* corn-rent, *(nominálne)* peppercorn

nájomník *m* **1.** *(domu ap)* renter, *(i pozemku)* lessee, *(bytu ap)* tenant, occupant, *(izby)* roomer, lodger

najprv *prísl* **1.** *(sprvu)* at first, initially, at the beginning, *(fml)* in the first instance; **2.** *(ob so spojením: by)* in the first place; **3.** *(najprv... potom: pred)* first, *(najprv si rozmysli, potom hovor)* think first,then speak

najskôr **I.** ***prísl*** **1.** *(najprv, predovšetkým)* first [of all], primarily, in the first place; **2.** *(čo najskôr)* as soon as possible, **II.** ***časť*** **3.** *(azda)* perhaps, **4.** *(pravdepodobne)* [most] likely

nájsť *dk* **1.** *(hľadaním objaviť)* to find, *(presne)* to spot, *(zastihnúť)* to catch, *(získať)* to get, *(mimovoľne)* to come across, to run into, *(stratenú vec)* to recover, *(smrť)* to meet o's death

najviac *prísl* **1.** *(3. st k mnoho)* most, the most; **2.** *(najčastejšie)* mostly; **3.** *(maximálne)* at most, at best

nákaza *ž* **1.** contagion, contamination, infection

nákazlivý *príd* **1.** infectious, infective, contagious, taking

náklad *m* **1.** *(naložené veci)* load, freight, *(tovar)* goods; **2.** ob mn: **náklady 2.** *(výdavky)* costs, expense[s]; **3.** *(počet výtlačkov: i knihy)* printing, *(i novín)* edition, *(novín)* circulation

nakladač *m* **1.** loader, *(ban)* coaler, *(do lodi)* stevedore, *(stroj)* loading machine; **2.** *(pot)* pickler

nakladať *ndk* **1.** to load; **2.** to put; **3.** to preserve, **4.** to pickle, **5.** to order, **6.** to support

nákladný *príd* **1.** freight, cargo, goods, *(čln)* barge, *(žel: vozeň)* wag[g]on, *(rušeň)* freight engine/ locomotive, *(vlak: br)* goods train, *(am)* freight train, *(kontajnerový)* freightliner, *(výťah)* service/ goods lift; **2.** *(drahý)* costly

naklásť *dk* **1.** *(položiť na seba)* to pile [st up], to stack [st into piles], to put [st on], *(i jedno vedľa druhého)* to stack [up st], *(vajíčka)* to lay, *(vatru)* to build; **2.** *(zbiť)* to beat

naklepať *dk* **1.** to beat, to sharpen, *(mäso)* to tenderize, *(rybu)* to crimp; **2.** *(hov: na stroji)* to type

náklonnosť *ž* **1.** *(dispozícia)* inclination, propensity, strain; **2.** *(priazeň)* favour

nakokot *príd vulg* **1.** *(zlý)* balled-up, screwed-up, fucked-up

nakoniec **I.** *prísl* **1.** *(napokon)* finally, eventually, in the end, **II.** *časť* **2.** *(konečne)* at last, at long last, after all

nakrátko *prísl* **1.** *(na krátky čas)* for a short time, shortly, *(i stručne)* briefly; **2.** *(stručne)* in brief; **3.** *(na malú dĺžku)* closely

nákres *m* **1.** drawing, layout, design; **2.** *(nárys)* sketch; **3.** *(kópia na pauzovací papier)* tracing

nakresliť *dk* **1.** to draw, to design, *(portrét, i prn)* to portray, *(prn)* to depict, *(tech)* to trace

nakŕmiť *dk* **1.** *(i dobytok)* to feed, *(dieťa lyžicou)* to spoonfeed, *(sl)* to grub

nakrúcať *ndk* **1.** to wind, to coil, to curl; **2.** *(odb: film ap.)* to shoot, to take; **3.** *(na zvukový pás ap)* to record

nákup *m* **1.** *(kupovanie)* buying, shopping, purchasing, *(chodiť na nákup)* to go shopping; **2.** *(hrom: kúpený tovar)* shopping; **3.** *(kúpená vec)* buy

nakúpiť *dk* **1.** to buy, to buy a quantity of; **2.** *(väčšie množstvo)* to buy up, *(vo veľkom)* to buy in bulk

nakysnúť *dk* **1.** *(o ceste)* to rise; **2.** *(trochu skysnúť)* to turn slightly sour; **3.** *(prn: stučnieť)* to grow fat, to put on [weight]

nálada *ž* **1.** *(duševný stav, i prn, i zlá nálada)* mood, humour, *(fml: i dobrá nálada)* cheer, *(i chuť)* frame of mind, *(i prn)* vein; **2.** *(zmýšľanie)* spirit; **3.** *(prn)* tone

naladiť *dk* **1.** *(hud. nástroj)* to tune; **2.** *(nastaviť prijímač)* to tune in, to syntonize; **3.** *(uspôsobiť)* to dispose [to], to bring sb into a [ ] mood

náladový *príd* **1.** *(kt mení nálady)* moody, temperamental, *(nestály)* fickle, *(rozmarný)* capricious, whimsical; **2.** *(pôsobiaci na city)* mood-provoking, evocative

naľakať sa *dk* **1.** to get scared, to get frightened, to take fright

nalakovať *dk* **1.** *(nábytok)* to lacquer, to veneer, *(i si nechty)* to varnish, *(auto)* to paint

naľavo *prísl* **1.** left, leftward, to the left, on the left

nalepiť *dk* **1.** to stick, to glue, to paste, to gum up

nálepka *ž* **1.** label, stick-on label, adhesive label, sticker, *(na tovare)* tag

nálet *m* **1.** *(let. útok)* air-raid, blitz, *(jednotlivého lietadla)* sortie, *(bombardovacích lietadiel)* run; **2.** *(odb: jemný povlak)* coating; **3.** *(les: roznášanie semien stromu)* natural regeneration, *(hmyzu)* insect invasion, *(rastinstvo)* bloom

naletieť *dk* **1.** *(naraziť)* to run into; **2.** *(dať sa oklamať)* to be taken [by], to fall into someone's trap; **3.** *(zr: vletieť)* to fly in[to]

nálev *m* **1.** *(odvar bylín)* infusion; **2.** *(tekutina na konzervovanie)* pickle, brine, spice, sauce, medium, souse

nález *m* **1.** *(nájdenie)* finding; **2.** *(nájdená vec)* find, *(poklad)* treasure-trove; **2.** *(objavenie)* discovery; **3.** *(zistenie)* finding[s], judgement, decision, report

náležitý *príd* **1.** *(vhodný)* proper, becoming, befitting, *(príslušný)* pertinent, appropriate; **2.** *(správny)* right, just

naliať *dk* **1.** *(i prn)* to pour, *(po kvapkách, i prn)* to instill, *(liatím naplniť)* to fill; **2.** *(prn)* to transfuse

naliehať *dk* **1.** to urge, to press, to rush, to insist [on]

naliehavý *príd* **1.** urgent, pressing, urging, cogent, acute

nalodiť *dk* **1.** to embark, *(náklad)* to load, to lade, to ship

nalomiť *dk* **1.** to crack, to break [slightly], to fracture, *(i prn)* to impair; **2.** *(prn)* to damage

námaha *ž* **1.** *(telesná, duševná)* effort, *(telesná)* labour, exertion, *(fml)* endeavour

namáhať *ndk* **1.** *(unavovať)* to tire, *(vyčerpávať)* to fatigue, *(napínať)* to strain, to exert, to tax, *(uvádzať do napätia, i tech)* to stress

namáhať sa *ndk* **1.** *(vynakladať fyz. námahu)* to strain os, to exert os; **2.** *(usilovať sa)* to strive, to make every effort, to do o's utmost, to go to the/ a lot of trouble; **3.** *(nenamáhaj(te) sa (s tým) !)* don't trouble [about it]!

namáhavý *príd* **1.** *(vyžadujúci veľa úsilia)* laborious, *(únavný)* tiresome, *(velmi)* gruelling, fatiguing, back-breacking, *(napínací)* straining, *(práca)* robust, *(úloha)* tall, *(ťažký)* hard, difficult, *(veľmi)* arduous

námestie *s* **1.** square, place, plaza, piazza, *(kruhové)* circus

námet *m* **1.** *(látka prejavu)* subject-matter, *(fml)* matter, *(téma)* theme, *(lit)* motif, *(film)* idea; **2.** *(návrh)* suggestion

namieriť *dk* **1.** *(zacieliť, i prn)* to aim, to take aim at, *(zbraň)* to level; **2.** *(pustiť sa nejakým smerom)* to head for, *(rovno do)* to make a beeline for; **3.** *(prn)* to direct

namiesto I. ***predl*** **1.** *(v zastúpení za koho)* instead of [sb/st], *(koho)* in sb's place, **II.** ***spoj*** **2.** *(namiesto toho, aby)* instead of +ing

namočiť *dk* **1.** *(namokriť)* to wet, *(úplne)* to drench; **2.** *(dať do vody na nejaký čas)* to soak; **3.** *(ponoriť do tekutiny)* to dip, **4.** *(prn hov)* to involve

namontovať *dk* **1.** *(urobiť montáž)* to mount, to install, to fit on, to assemble

námorníctvo *s* **1.** *(súhrn plavidiel)* marine, *(voj: a ich posádok)* navy, *(obchodné)* merchant marine/ navy; **2.** *(zr: povolanie námorníka)* seafaring

námorník *m* **1.** *(i voj)* sailor, seaman, *(nám)* hand, *(ifm, joc)* sailorman, *(sl)* matlo[w]

námorný *príd* **1.** *(týkajúci sa mora)* sea, marine, maritime; **2.** *(týkajuci sa plavby)* naval, navigation

namyslený *príd* **1.** *(nafúkaný)* conceited, *(ifm)* stuck-up, *(neprimerane sebavedomý)* cocksure, *(pyšný)* proud, *(pánovitý)* high and mighty

nanášať *ndk* **1.** *(navrstvovať)* to accumulate, to deposit; **2.** *(pokrývať vrstvou niečoho)* to coat, to apply, to lay on

nanič I. ***príd nesk*** **1.** *(i človek)* worthless, useless, *(am ifm)* shit-house, **II.** ***prísl*** **2.** *(je mi nanič: zle sa cítim)* I feel queer/like shit, *(: som znechutený [z toho])* I'm sick and tired [of]

nános *m* **1.** *(vrstva vzniknutá nanesením)* deposit, aggradation, *(pôdy)* accretion, *(riečny, morský)* sediment, *(riečny, rieky)* alluvium, *(geol)* drift

naopak I. ***prís;*** *(opačným spôsobom)* **1.** the wrong way, the other way round, vice versa, *(i opačným smerom)* contrariwise, *(opačným smerom)* obversely, *(i zadnou stranou dopredu)* backwards, *(zadnou stranou dopredu)* back to front, *(vnútornou stranou von)* inside out, *(hore nohami)* upside down, **II.** ***čast*** **2.** on the contrary

naozaj *čast* **1.** really, honestly, *(ob pred, i v replike)* indeed; **2.** *(v replike)* is that so ?, **to myslíš naozaj?** *are you serious?*; **mať sa naozaj dobre** *to have a real good time*; **naozaj krásny obraz** *truly beautiful picture*,

nápad *m* **1.** idea, thought, *(náhly)* brainwave, flash [of wit], *(vtipný)* wit; **2.** *(*ani nápad!)* not on your life!, no way, *(*to je nápad!)* what a good idea!

nápadník *m* **1.** admirer, wooer, *(na tróne)* pretender, *(dtd)* suitor, *(arch)* spark

napadnúť *dk* **1.** *(zaútočiť)* to attack, to assault, *(voj)* to charge; **2.** *(práv: podať námietku)* to impugn; **3.** *(hov: prísť na um)* to occur, **4.** to fall

nápadný *príd* **1.** striking, conspicuous, eye-catching, *(krikľavý)* showy, tawdry, garish, *(výstredný)* eccentric; **2.** *(zvláštny)* meaningful, marked

napáchnuť *dk* **1.** *(nadobudnúť vôňu/ zá-*

pach) to become permeated with, to become saturated with, to take the smell of; **2.** *(prn pej)* to become tainted with

napáliť *dk* **1.** *(nahnevať)* to anger, to vex; **2.** *(hov: dostať)* to have, to take in, *(pri kúpe)* to sell sb a pup; **3.** *(získať pálením)* to distil

napätie *s* **1.** *(námaha)* effort, *(fyz: tlak)* pressure, *(ele, tech: potenciálový rozdiel)* voltage; **2.** *(nevyjasnená situácia, i ele)* tension; **3.** *(napätá pozornosť)* tenseness, *(i tech)* stress, *(vzrušené očakávanie)* suspense

napchať *dk* **1.** *(pchaním povkladať)* to stuff, to cram, to ram dawn; **2.** *(pchaním naplniť)* to fill [ ] up with; **3.** to pack, to crowd, **4.** *(si žalúdok)* to gorge on, **5.** *(koho)* to ply sb with

napchať sa *dk* **1.** *(natlačiť sa)* to cram, to crowd; **2.** *(najesť sa)* to gorge os, to cram os

napiču *príd vulg* **1.** *(zlý)* screwed-up, fucked-up

nápis *m* **1.** inscription, *(motto)* device, *(na pomníku ap)* epigraph, *(náhrobný)* epitaph

napísať *dk* **1.** *(písaním vyjadriť, byť autorom, písomne oznámiť)* to write; **2.** *(byť autorom)* to author; **3.** *(zaznamenať)* to write down, **4.** *(písomne oznámiť: list)* to drop a line

náplasť *ž* **1.** *(obväz na prilepenie)* [sticking-]plaster, *(am)* band-aid; **2.** *(kašovitý prípravok)* poultice, *(horčicová)* mustard-plaster, *(prn: útecha)* balm

náplň *ž* **1.** *(hmota, látka, i kuch)* fill[ing], filler; **2.** *(tech)* cartridge, packing, *(pera)* re-fill, *(náboja)* charge, *(bonbónu)* centre; **3.** *(prn: zmysel, nehmotný obsah)* meaning, value, purport

naplnenie *s* **1.** filling, loading, load, repletion, **4.** *(prn kniž)* fulfilment

naplniť *dk* **1.** *(urobiť plným, i prn)* to fill, *(až po okraj)* to fill [ ] up, to top up, *(opätovne)* to refill; **2.** *(tech)* to charge; **3.** *(kuch)* to stuff, **4.** *(prn kniž: splniť)* to fulfil, *(dovŕšiť sa)* to culminate

napodobniť *dk* **1.** to imitate, to copy, *(pej)* to copycat, *(niekoho: rečou, správaním)* to take off, to mimic; **2.** *(vyrobiť napodobneninu)* to fake

nápoj *m* **1.** drink, beverage, *(osviežujúci)* refresher, *(šumivý)* fizz, *(alkoholický)* liquor, *(hist: lásky)* [love-]potion

napokon I. *prísl* **1.** *(nakoniec)* in the end, finally, eventually, *(i naposledy)* in conclusion; **2.** *(naposledy)* lastly, last, **II.** *čast.* *(vlastne)* anyway, after all

napoly *prísl* **1.** *(na dve časti)* in two, in half, in halves; **2.** *(z polovice, čiastočne)* half[-], quasi

napomenúť *dk* **1.** *(upozorniť, varovať)* to caution, to warn, *(i pokarhať)* to admonish; **2.** *(mierne pokarhať)* to reproach, *(deti)* to scold; **3.** *(pripomenúť)* to remind, **4.** *(kniž: nabádať)* to exhort

napomenutie *s* **1.** admonition, warning, lesson, *(pokarhanie)* reproach, *(prísne)* rebuke; **2.** reminder; **3.** *(nabádanie)* exhortation

nápor *m* **1.** *(tlak)* pressure, fury, [on]rush; **2.** *(útok)* attack, *(silný)* onslaught

naposledy I. *prísl* **1.** *(poslednýkrát)* last, last time, for the last time; **2.** *(nakoniec, napokon)* in the end, finally, toward the end, **II.** *čast* **3.** after all

náprava *ž* **1.** *(napravenie: i chyby)* correction, *(chyby)* rectification, *(i človeka)* reformation, *(i lek)* cure; **2.** *(aut, žel)* axle

napraviť *dk* **1.** *(zmeniť k lepšiemu)* to rectify, to put st right, to better; **2.** *(upraviť)* to straigthen, *(i nastaviť)* to adjust; **3.** *(hov: opraviť)* to repair, to fix, *(hodiny)* to set right, **4.** *(hov: nastaviť)* to set, **5.** *(lek)* to rehabilitate, to heal, **6.** *(odčiniť)* to right, **7.** *(usmerniť)* to direct, to guide, *(hlavu)* to straighten sb out

napravo *prísl* **1.** right, to the right; **2.** *(na pravej strane)* on the right, on the right hand/ side

napred I. *prísl* **1.** *(smerom dopredu)* forward[s], onward[s], ahead, to the front; **2.** *(skôr)* earlier; **3.** *(najprv)* first, *(predovšetkým)* first of all, **4.** *(vopred)* in advance, before[hand], **II.** *predl* **5.** *(zr)* before, in front of

napredovať *ndk* **1.** *(postupovať)* to advance, to move forward; **2.** *(robiť pokroky)* to progress, to make progress

naprieč I. *prísl* **1.** *(priečne)* transversely, *(krížom)* crosswise, *(nakrivo)* aslant, *(lode)* thwartship, *(zast)* [a]thwart, **II.** *predl* **2.***(smerovanie/umiestnenie križom cez)* across

napriek I. *predl* **1.** despite [st/+ing], in spite of st, **II.** *prísl* **2.** *(naprotiveň)* out od spite, as a spite; **3.** *(ako[by] napriek: ako naschvál)* deliberately, on purpose, **4.** *(proti vôli)* against sb's will, **5.** *(napriek tomu)* in spite of this, nevertheless, however, *(fml)* notwithstanding, **III.** *spoj* **6.** *(napriek tomu, že: hoci)* although, [even] though

napríklad *časť* **1.** for example, for instance, exempli gratia

naprostred I. *predl* **1.** *(v prostriedku, doprostriedku)* in the middle of, amid[st], **II.** *prísl* **2.** in the middle

naproti I. *prísl* **1.** *(na protiľahlej strane)* opposite, on the opposite side, across; **2.** *(v ústrety)* towards; **3.** *(hov: proti vôli)* to the contrary, **II.** *predl* **4.** *(proti)* in front of, facing, against, **5.** *(naproti komu)* compared with, **6.** *(naproti tomu)* notwithstanding that, **7.** *(zast: vyj pomer)* toward[s], **III.** *spoj* **8.** *(naproti tomu: ale)* nevertheless

náprsenka *ž* **1.** *(časť košele)* breast, *(škrobená)* shirt front, *(naberaná)* ruffle, *(ifm: nepravá)* dick[e]y; **2.** *(škvrna pod krkom zvierat)* shirt front

napustiť *dk* **1.** *(vpustiť)* to let in, to release, *(vodu)* to run, *(naplniť)* to fill; **2.** *(impregnovať)* to impregnate, to soak, *(tech)* to treat

narábať *ndk* **1.** *(používať pri činnosti)* to use, *(manipulovať)* to manipulate, to handle, *(zbraň, náradie)* to wield, *(prichádzať do styku)* to deal [with]

náradie *s hrom* **1.** *(pracovné nástroje)* tools, implements, utensils, equipment, *(tech)* instruments, *(inf)* tool kit; **2.** *(telocvičné)* gym apparatus, sports utensils; **3.** *(zast: zariadenie, nábytok)* furnishings

náramok *m* **1.** bracelet, bangle, wristlet, armlet

narásť *dk* **1.** *(i o vlasoch ap)* to grow; **2.** *(o dieťati: zväčšiť sa)* to grow taller; **3.** *(stať sa dospelým)* to grow up, **4.** *(pribudnúť)* to increase, *(úroky)* to accrue, **5.** *(nakysnúť)* to rise, **6.** *(prn: nadobudnúť vážnosť ap)* to grow on sb

naraz *prísl* **1.** *(zrazu)* all at once, suddenly, all of a sudden; **2.** *(súčasne, zároveň)* at the same time, all at once; **3.** *(na jeden raz)* at one stroke, in one go

náraz *m* **1.** *(prudký dotyk predmetov)* collision, shock, *(päsťou, zbraňou)* blow, *(i nohou)* strike, *(vozidiel)* crash, *(ele: prúdu)* rush, *(i inf)* surge; **2.** *(nápor)* impact, *(vetra)* gust; **3.** *(hud: spodný)* mordent

naraziť *dk* **1.** *(udrieť)* to collide with, to hit [st], *(hlavou, rukou ap)* to knock [ ] on/against st, *(autá)* to crash [into], *(i natrafiť)* to run into; **2.** *(natrafiť na)* to bump into; **3.** *(nastoknúť)* to fasten st on, **4.** *(nasadiť si)* to put on, **5.** *(otvoriť vrazením čapu)* to broach, **6.** *(prn: na prekážky, ťažkosti)* to stumble on, to run up against, **7.** *(usmerniť)* to direct, **8.** *(dotknúť sa v reči)* to touch upon, **9.** *(prn: urobiť narážku)* to allude

nárazník *m* **1.** *(na auto)* bumper, *(žel)* buffer, *(str)* bolster, *(ventilu)* guard

narážka *ž* **1.** allusion, hint, *(zlomyseľná)* insinuation, *(jemná)* innuendo, *(sarkastická)* taunt; **2.** *(tech)* stop

nárek *m* **1.** *(hlasný plač, i prn)* wail[ing], crying; **2.** *(bedákanie, lamentovanie)* lament[ation], *(arch, lit)* plaining

narezať *dk* **1.** to cut, *(na plátky)* to slice, *(na kúsky)* to chop [up], *(nasekať na drobno)* to trench, *(čiastočne prerezať)* to notch, to make a slight cut; **2.** *(zbiť niekoho)* to thrash, *(sl)* to sock

nariadenie *s* **1.** *(príkaz)* order, instruction; **2.** *(úradný rozkaz)* prescript, *(vládne, súdne)* decree, *(miestne, ministerské)* ordinance, *(br)* bye-law, *(predpis)* regulation, *(súdne)* writ

nariadiť *dk* **1.** *(rozkázať)* to order, to command, to dispose, to require; **2.** *(admin: vydať nariadenie)* to prescribe, to issue a decree, to rule

nariekať *ndk* **1.** *(hlasno plakať)* to wail, to cry; **2.** *(horekovať)* to moan; **3.** *(nad mŕtvym)* to cry over sb, to mourn, **4.** *(vydávať žalostné zvuky)* to ululate

narobiť *dk* **1.** *(veľa zhotoviť, urobiť)* to make [a lot of], to make [a quantity of]; **2.** *(spôsobiť, zapríčiniť)* to cause, to bring about

náročky *prísl* **1.** *(naschvál, úmyselne)* purposely, on purpose, *(úmyselne)* intentionally, wittingly; **2.** expressly

náročný *príd* **1.** *(majúci veľké nároky, i ťažký)* demanding, *(majúci veľké nároky)* exacting, *(i prieberčivý)* hard to please, *(prieberčivý)* choosey, fussy, fastidious, particular [about/ over]; **2.** *(ťažký)* hard

národ *m* **1.** nation, population; **2.** *(hov: ľudia)* people, folks; **3.** *(hov: skup. ľudí so spoloč. z)* company, society, *(prn)* race

narodenie *s* **1.** birth, nativity; **2.** *(hov: narodeniny)* birthday

narodeniny *ž pomn* **1.** birthday, *(fml, lit)* natal day

narodený *príd* **1.** born; **2.** *(matrika narodených)* register office, registry [office]

narodiť sa *dk* **1.** to be born; **2.** *(prn: vzniknúť)* to come into being, to originate

národný *príd* **1.** *(týk národa/ nositeľa št moci, vlastenecký)* national; **2.** *(týkajúci sa národa ako polit celku)* political; **3.** *(ob v min: podnik ap)* state-owned, **4.** *(ľudový)* popular, **5.** *(vlastenecký)* nationalist, **6.** *(týkajúci sa národa)* gentilic, **7.** *(hospodárstvo)* economy

nárok *m* **1.** *(právo)* right, title, entitlement; **2.** *(požiadavky)* claim, demand, pretension; **3.** *(práv)* action

nárokovať si *ndk* **1.** *(robiť si nároky)* to claim; **2.** *(požadovať)* to require, to demand, to pretend

narovnať *dk* **1.** *(niečo krivé)* to straighten, to set st straight, *(niečo pokrčené)* to untuck; **2.** *(zr: urovnať)* to adjust

narušiť *dk* **1.** *(trocha/ čiastočne porušiť: pokoj, ticho)* to disturb, *(fml)* to transgress, *(zákon)* to infringe, *(hranice)* to trespass; **2.** *(pokaziť)* to impair

náruživý *príd* **1.** *(vášnivý)* passionate, ardent, intense, intense, hot

narýchlo *prísl* **1.** *(rýchle)* quickly, slapdash, *(s náhlením)* hurriedly, *(pripravený)* offhand; **2.** *(neočakávane, odrazu)* all at once

násada *ž* **1.** *(žrď)* handle, helve, haft; **2.** *(podsadené vajcia)* eggs [for hatching]

nasadenie *s* **1.** mounting, *(tech)* loading, onset, *(hud)* attack

nasadiť *dk* **1.** *(dať na príslušné miesto)* to mount, *(si: klobúk, okuliare)* to put st on, *(tesne)* to fix; **2.** *(uložiť)* to set; **3.** *(zaradiť do činnosti)* to set up, *(do boja)* to engage, *(do útoku)* to charge, **4.** *(hov: začať)* to start, **5.** *(hud: tón)* to attack, **6.** *(dať niečo niekam)* o put, **7.** *(parohy)* to cuckold, **8.** *(zasadiť)* to plant

nasať *dk* **1.** *(saním načerpať)* to suck up, to draw in, to soak up; **2.** *(prn kniž)* to imbibe

násilný *príd* **1.** *(spôsobený násilím)* violent, brute, forceful, forcible, coercive; **2.** *(i nútený)* forced, *(nútený)* constrained; **3.** *(v štylizácii ap.)* far-fetched

nasilu *prísl* **1.** *(s použitím sily)* by force, coercively, forcibly; **2.** *(silou-mocou)* against o's will; **3.** *(i nútene)* forcedly

naskočiť *dk* **1.** *(skokom sa dostať)* to jump [on], to hop in; **2.** *(odrazu sa objaviť)* to show up, to appear; **3.** *(napadnúť)* to attack, **4.** *(tech i hov: o motore)* to start

náskok *m* **1.** *(predstih)* start, *(šport)* allowance, *(prn)* advantage, edge; **2.** *(šport: vyskočenie)* mount

naskytnúť sa *dk* **1.** *(ponúknuť sa)* to present os; **2.** *(objaviť sa)* to appear; **3.** *(vzniknúť)* to arise, to occur

následok *m* **1.** *(čo príčinne nasleduje)* consequence, issue, *(vedľajší, i mat)* corollary, *(nepriamy)* repercussion; **2.** *(účinok)* effect, *(výsledok)* outcome

nasledovať *ndk* **1.** *(kráčať za niekým, byť*

na rade, vyplývať) to follow, *(za sebou)* to follow each other; **2.** *(bezpr: byť na rade)* to be/ to come next, to come after; **3.** *(prn: ísť podľa príkladu niek)* to emulate, to imitate, **4.** *(kniž: vyplývať)* to ensue

nasledovne *prísl* **1.** as follows, *(takto)* thus, *(týmto spôsobom)* in the following manner

nasledujúci *príd* **1.** *(ďalší v poradí)* next, following, successive, *(za sebou)* contiguous, *(ako dôsledok)* ensuing; **2.** *(takýto)* following

násobenie *s* **1.** *(mat)* multiplication

násobilka *ž* **1.** multiplication table; **2.** *(prn hov: zákl. vedomosti)* the ABC

násobiť *ndk* **1.** to multiply; **2.** *(rozmnožovať, zväčšovať)* to increase

násobiteľ *m* **1.** *(mat)* multiplier

nasoliť *dk* **1.** *(posypať, zakonzervovať soľou)* to salt, *(soľou zakonzervovať)* to salt down, to brine, *(mäso)* to corn; **2.** *(zbiť niekoho)* to thrash; **3.** *(vymerať trest ap)* to inflict

naspamäť *prísl* **1.** *(vedieť, naučiť sa)* by heart, *(i recitovať)* by rote; **2.** *(recitovať, hrať, spievať ap)* from memory

naspäť *prísl* **1.** back, backward[s], rearward[s]; **2.** home, round

nastať *dk* **1.** *(začať byť)* to set in, *(prísť v čase)* to come [about], to take place, to occur, to arrive; **2.** *(vzniknúť)* to arise, *(ako dôsledok)* to ensue

nastavenie *s* **1.** setting, set up, adjustment, positioning, regulation, justification

nastaviť *dk* **1.** *(nadložiť)* to put [ ] in position, to place, *(ruku)* to put forward; **2.** *(pripraviť na)* to set [up], *(prístroj)* to adjust, to tune up, *(do správnej polohy)* to true, *(inf)* to justify, to instruct

nastoliť *dk* **1.** *(uviesť do funkcie)* to install, to establish; **2.** *(predložiť)* to introduce, to raise; **3.** *(hist: panovníka na trón)* to enthrone

nástraha *ž* **1.** *(pasca)* trap, snare, ambush; **2.** *(návnada)* bait

nástroj *m* **1.** *(i prn)* tool, implement, *(i hud, prn)* instrument, *(kuchynský)* utensil, appliance, *(prn)* vehicle, *(človek)* creature

nástup *m* **1.** *(začatie činnosti)* start, beginning, entry; **2.** *(príchod niečoho)* arrival, advent; **3.** *(nastupovanie)* boarding, *(nápis v autobuse ap)* entrance, **4.** *(zoradenie)* line-up, formation, **5.** *(voj)* muster, *(do služby)* joining, **6.** *(hud)* start

nástupište *s* **1.** platform, *(žel)* railway platform, *(br)* dock, *(prístavné)* quay; **2.** *(voj)* marshalling ground, *(základňa pre útok)* base of operations

nastúpiť *dk* **1.** *(do dopravného prostriedku)* to board, to get on, *(do auta)* to get in; **2.** *(zoradiť sa do nejakého útvaru)* to line up; **3.** *(voj)* to muster, *(službu)* to join, **4.** *(začať nejakú činnosť)* to begin, to set out, to start, *(do práce/ zamestnania)* to enter, to take up, **5.** *(prísť, nastať)* to come

násyp *m* **1.** *(vyvýšenina)* [earth] bank, *(i žel)* embankment, *(zeme)* earthwork[s], levee, dyke, *(pieskový)* bunker, *(voj)* rampart, [e]scarp, *(podstenie)* porch

nasýtený *príd* **1.** *(najedený)* full [up], *(i prn)* satiated, glutted, replete, *(fml)* sated; **2.** *(naplnený niečím)* full [with], **3.** *(fyz, chem)* saturated

nasýtiť *dk* **1.** *(nakŕmiť)* to satiate, *(fml)* to sate, *(i prn)* to glut, *(uspokojiť)* to satisfy; **2.** *(naplniť niečím)* to fill; **3.** *(fyz. chem)* to saturate

náš I. ***zám*** **1.** *(adj)* our; **2.** *(pron)* ours, **II.** mn: **naši** ***podst m*** **3.** *(rodina)* my parents, *(ifm am)* my folks

našinec *m* **1.** *(krajan)* fellow countryman, one of our people; **2.** *(človek ako ja, ľudia ako my)* one of ours, our man

naškrobiť *dk* **1.** to starch, to stiffen

naštartovať *dk* **1.** *(motor, i prn)* to start [up], *(kľukou)* to crank [up], to turn over

naštrbiť *dk* **1.** *(trocha vyštrbiť)* to chip, *(poškodiť, i prn)* to damage, to impair, *(vyrušiť)* to disturb

naštudovať *dk* **1.** *(naučiť sa)* to learn; **2.** *(škol: na skúšky)* to prepare [os for], to study; **3.** *(div: pripraviť na predvedenie)* to rehearse

naťahovať *dk* **1.** *(napínať)* to pull, to draw, to spread, to tension; **2.** *(pružinu v niečom)* to wind up; **3.** *(vystierať)* to stretch [out], **4.** *(obliekať si, navliekať)* to put on, **5.** *(ťahom predĺžiť)* to extend, to lengthen, *(i časovo)* to prolong, *(časovo)* to protract, **6.** *(doberať si)* to tease, to banter

náter *m* **1.** *(natieranie)* coating, painting, *(farba)* paint, *(vrstva)* coat[of paint], *(podkladový)* bottom, *(základný)* primer, *(lakový)* varnish, *(lesklý)* polish, *(i prn)* top dressing, *(voj: zastierací)* baffle paint, *(prn)* veneer

natiahnuť *dk* **1.** *(napnúť)* to pull; **2.** *(pružinu v niečom)* to wind up; **3.** *(vystrieť)* to stretch out, **4.** *(obliecť si, navliecť)* to put on, **5.** *(presiliť: sval)* to strain, **6.** *(ťahom predĺžiť)* to extend, **7.** *(dostať niekoho fígľom)* to cheat

natiahnuť sa *dk* **1.** *(napnúť sa)* to extend, *(i prn)* to prolong; **2.** *(roztiahnuť sa)* to dilate; **3.** *(vystrieť sa)* to stretch [out], *(ľahnúť si)* to lie down, **4.** *(načiahnuť sa)* to reach [out for], **5.** *(spadnúť)* to fall down

natierať *ndk* **1.** *(krémom ap.)* to cream, *(masťou)* to grease; **2.** *(farbou)* to paint, *(nabielo)* to whitewash; **3.** *(kuch: maslom)* to butter, *(syrom)* to spread

nátlak *m* **1.** *(nápor)* pressure, *(ifm)* squeeze, *(nútenie)* coercion, *(práv)* duress

nato I. ***prísl*** **1.** *(potom)* subsequently, afterwards, *(naďalej)* thereafter, *(hneď)* at this, *(fml)* thereupon, **II.** ***zám prísl*** **2.** *(preto)* for this/ that purpose, *(nato, aby)* in order to, *(v otázkach)* why, what for

natočiť *dk* **1.** *(nakrútiť, navinúť)* to wind, *(tex)* to coil, *(pomocou kľuky)* to crank, *(spustiť: motor)* to start, *(si: vlasy)* to curl; **2.** *(film)* to shoot, *(na zvukový pás)* to record; **3.** *(napustiť čapom)* to draw [off], *(naliať)* to pour, **4.** *(otočiť)* to turn [round/ over]

natrafiť *dk* **1.** *(naraziť)* to run into, to bump into, *(na koho)* to [chance to] meet; **2.** *(hov: prísť)* to come

naučiť *dk* **1.** to teach, to instruct; **2.** *(navyknúť niekoho na niečo)* to accustom

naučiť sa *dk* **1.** to learn; **2.** *(zvyknúť si)* to get/ to become accustomed

náuka *ž* **1.** *(veda)* science, *(vedná disciplína)* branch, discipline; **2.** *(súhrn názorov, i filoz)* doctrine, *(teória)* theory, *(učenie)* instruction

náušnica *ž* **1.** earring

nával *m* **1.** *(veľké množstvo ľudí)* crowd, throng, multitude; **2.** *(tlačenica)* scrum, crush, jam[-up]; **3.** *(množstvo)* a mass of, loads of, **4.** *(krvi)* rush, *(i prn: hnevu)* flush, *(prn: hnevu)* burst, *(citov)* surge, **5.** *(záchvat, kašľa ap)* fit, *(i smiechu)* attack

navariť *dk* **1.** to cook, to prepare; **2.** *(tech)* to weld on, to face

naveky *prísl* **1.** *(navždy)* for[ ]ever, evermore, everlastingly, for[ ]evermore; **2.** *(hov: stále)* always, forever, all the time

návestidlo *s* **1.** *(žel dopr)* railway signal, *(semafor)* semaphore, signaling device, signaling apparatus; **2.** *(let)* marker

naviesť *dk* **1.** *(zlákať)* to induce, *(nahovoriť)* to talk sb into, *(na niečo nenáležité)* to incite, to instigate, *(prá)* to [aid and] abet; **2.** *(kyb, let)* to guide, *(let)* to steer

navliecť *dk* **1.** *(natiahnuť, obliecť)* to put on, to slip on; **3.** *(nastoknúť)* to put, **4.** *(vopchať)* to insert, *(niť)* to thread, *(šnúrky)* to string, **5.** *(narafičiť)* to contrive, *(zariadiť)* to arrange

návod *m* **1.** *(poučenie)* instructions, *(pokyny)* directions, *(príručka)* service copy, working instruction, *(navedenie)* instigation, incitement, *(prá)* [aid and] abetting

navonok *prísl* **1.** *(zvonka)* on the outside, outwardly, *(i zdanlivo)* on the surface; **2.** *(zdanlivo)* seemingly, ostensibly

návrat *m* **1.** *(príchod/ odchod na pôvodné miesto, i inf)* return, come-back, *(domov)* homecoming; **2.** *(nastolenie niečoho predchádzajúceho)* restoration; **3.** *(inf)* backspace

návrh *m* **1.** *(plán predkladaný na schválenie)* proposal, *(i (am) zákona)* proposition, *(zákona)* bill, *(zmluvy)* draft, *(na* *schôdzi)* motion, *(voľné návrhy)* any other business; **2.** *(tech)* design, layout

navrhnúť *dk* **1.** to propose, to suggest, *(fml)* to propound, *(na schôdzi)* to move; **2.** to design, to project, to draw up

návšteva *ž* **1.** visit, *(i lekára)* call, *(veľmi krátka)* flying visit, *(fml, inšpekčná, dlhá, nepríjemná)* visitation; **2.** *(návštevnosť)* attendance, *(kina, divadla ap)* house; **3.** *(hosť)* guest, *(hostia)* guests, **4.** ob mn: **návštevy**. *(admin)* visiting hours

návštevník *m* **1.** *(kto je na návšteve)* visitor, *(kto je niekde ako hosť)* guest, *(divák)* spectator, *(pravidelný)* frequenter, *(zákazník)* customer, *(pravidelný)* patron

navštíviť *dk* **1.** to visit, to pay a visit, to call on, to come [a]round, *(ako turista)* to do, *(o nešťastí)* to afflict, to strike

návyk *m* **1.** *(zvyk)* habit, habitude, dependance

navždy *prísl* **1.** forever, forevermore, for good [and all]; **2.** *(raz [a] navždy)* once and for all

nazad *prísl* **1.** *(smerom dozadu)* backwards, rearwards; **2.** *(späť na pôvodné miesto)* back

nazbierať *dk* **1.** to gather, to pick up, to collect, to assemble

naznačiť *dk* **1.** *(ukázať)* to indicate, *(dať najavo náznakom)* to signify, *(urobiť náznak)* to make [a sign]; **2.** *(v reči nepriamo oznámiť)* to hint, to suggest; **3.** *(stručne načrtnúť)* to delineate, to outline

náznak *m* **1.** *(neurčité prejavenie niečoho)* indication, inkling, trace, *(budúcnosti)* presage, *(inf)* prompt; **2.** *(neurčité vyjadrenie)* hint, *(narážka)* insinuation; **3.** *(znamenie)* sign, *(príznak)* telltale sign, *(choroby)* sypmtom

názor *m* **1.** *(mienka)* opinion, view, concept, thinking, *(presvedčenie)* conviction, persuasion, position, *(náhľad)* attitude

názov *m* **1.** *(i firmy)* name, *(knihy)* title, *(označenie)* designation, denomination

nazrieť *dk* **1.** *(krátko pozrieť)* to take a look, to glance, to peep, *(do slovníka, knihy)* to look st up; **2.** *(hov: prísť na krátku návštevu)* to look sb up

nazvať *dk* **1.** *(dať meno/ názov: i syna)* to name sb/st, *(i pomenovanie: ulicu ap)* to give the name [of], *(dať názov: knihu)* to [en]title, *(fml: i titul)* to style

nealkoholický *príd* **1.** non-alcoholic, non-intoxicant, unintoxicating, soft

nebesá *s pomn* **1.** *(náb)* heaven, paradise, *(zvolanie)* [Good] Heavens; **2.** *(zast: nad posteľou)* baldaquin

nebeský *príd* **1.** *(astron)* celestial, firmamental; **2.** *(náb)* heavenly, paradisiac[al], *(i prn)* divine, heavenlike; **3.** *(prn: dokonalý, krásny)* sublime

nebezpečenstvo *s* **1.** danger, *(rhet, fml)* peril; **2.** *(hrozba)* threat; **3.** *(riziko)* risk

nebezpečný *príd* **1.** dangerous, *(fml)* perilous, *(pre: zdravie)* hazardous, *(fml)* parlous, *(riskantný)* touch-and-go

nebo *s* **1.** *(obloha)* sky, firmament, the heavens; **2.** *(náb: miesto blaženosti, sídlo Boha)* heaven, paradise; **3.** *(náb: Boh)* Heaven

necitlivý *príd* **1.** insensitive, non-sensitive, insensible, numb, *(prn)* unfeeling

nečakaný *príd* **1.** unexpected, unthought-of; **2.** unhoped-for, unlooked-for

nečas *m* **1.** *(zlé počasie)* bad/foul weather; **2.** *(*po nečase: neskoro)* late, *(: po istom čase)* after some time, *(: po dlhom čase)* after a long time

nečinný *príd* **1.** inactive, *(i stroj, inf)* idle, out-of-action, out-of-work, unoccupied

nečistota *ž* **1.** *(špina)* dirt, filth; **2.** ob mn: **nečistoty** impurities, *(tech)* feculence, dross; **3.** *(len j: vlastnosť)* dirtiness, uncleanliness

nečistý *príd* **1.** *(špinavý, znečistený)* unclean, dirty, filthy, *(zašpinený)* soiled, *(pleť)* spotty, *(vzduch)* fuggy; **2.** *(prn: nestatočný)* dishonest, *(svedomie)* bad, *(hriešny)* sinful; **3.** *(nejasný)* unclear, *(tón)* false, **4.** *(šport, ekon)* foul, **5.** *(odb)* impure, *(tech)* drossy, **6.** *(písať na nečisto)* to rough st out

nečitateľný *príd* **1.** illegible, unreadable, indecipherable, undecipherable, hieroglyphic

neďaleko *prísl* **1.** not far, in the vicinity, a short way off, *(blízko)* near

nedávno *prísl* **1.** not long ago, not long before, recently, lately

nedbanlivosť *ž* **1.** negligence, carelessness, neglect, inattention, slovenliness

nedeľa *ž* **1.** Sunday, Lord's-day, *(skr)* Sun, *(rar)* rest day

nedeľný *príd* **1.** Sunday, Dominical, *(oblek)* Sunday best, *(obed)* Sunday lunch

nedobytný *príd* **1.** *(hrad)* impregnable, inexpugnable, *(i prn)* unassailable; **2.** *(práv: dlh)* uncollectable

nedočkavý *príd* **1.** impatient, fretful, restless, *(ifm)* fretty, *(am ifm)* antsy

nedonosený *príd* **1.** *(i prn: plán)* premature, *(dieťa)* prematurely born

nedoplatok *m* **1.** *(pl)* arrears, *(am)* arrearages, *(daňové)* residual/delinquent taxes, *(na nájomnom)* rent arrears

nedorozumenie *s* **1.** *(chybné pochopenie)* misunderstanding, disagreement; **2.** *(spor)* difference, tiff

nedostatočný *príd* **1.** insufficient, *(i škol: prospech)* unsatisfactory, unsatisfying, inadequate, short, meagre, under-

nedostatok *m* **1.** *(nedostačujúce množstvo)* shortage, scarcity, *(i lek)* insufficiency, *(tovaru)* short/ scarce/ tight supply, *(času)* press, *(peňazí)* stringency; **2.** *(len j: bieda)* privation, *(i chýbanie)* need; **3.** *(chýbanie)* lack, want, *(času atď)* lack/ want of, **4.** ob mn: **nedostatky**. *(chyby)* fault, imperfection, *(plánu)* shortcoming

nedostupný *príd* **1.** inaccessible, unreacheable; **2.** *(nezrozumiteľný)* impenetrable; **3.** *(uzavretý, neprístupný)* unapproachable

nedôvera *ž* **1.** distrust, mistrust, lack of confidence; **2.** *(pol)* no-confidence

nedôverčivý *príd* **1.** *(nedôverujúci, nemajúci dôveru)* distrusting, distrustful, untrusting, *(majúci obavy)* doubtful; **2.** *(podozrievavý)* suspicious

nefajčiar *m* **1.** non-smoker

neformálny *príd* **1.** informal, officious, unceremonious, casual

negatív *m* **1.** negative

negatívny *príd* **1.** *(i mat. fyz, tech, fot, prn)* negative, *(mat, i prn)* minus, *(štočok)* reversed, *(let)* inverse

neha *ž* **1.** tenderness, affectionateness

nehlučný *príd* **1.** noiseless, soundless, inaudible, low, *(prn: človek)* mous[e]y

nehnuteľnosť *ž* **1.** realty, real estate, *(práv)* immovable property, *(fin)* fixed assets, *(pozemky)* landed property

nehnuteľný *príd* **1.** fixed, immovable, real-estate

nehoda *ž* **1.** accident, *(smola)* misfortune, *(i porucha)* mishap, *(porucha)* breakdown; **2.** *(automobilová)* crash, *(železničná, letecká)* disaster, *(kalamita)* calamity

nehodný *príd* **1.** *(nezasluhujúci si)* unworthy, undeserving; **2.** *(nedôstojný, neprimeraný)* worthless, improper; **3.** *(zlý)* base, ignoble, *(mravne chybný)* lewd

nehorázny *príd* **1.** *(veľký)* enormous, *(i neslýchaný)* awful; **2.** *(neslýchaný, nesmierny)* exhorbitant, exceeding, *(lož)* blatant, *(hlúposť)* arrant; **3.** *(neprístojný)* improper

nech I. ***časť*** **1.** *(vo vetách: želacích ap)* let, please, may, *(*nech žije!)* long live!, up with, *(*nech Boh chráni)* Heaven forbid, *(*nech sa páči!: ponúkanie)* there you are!, help yourself, *(*i odpoveď)* be my guest, *(*ako odpoveď)* please,do, after you; **2.** *(:rozkazovacích s odtieňom varovania)* shall/ should; **3.** *(vyj rezignovanosť: ale nech, nech je!)* so be it!, **II.** ***spoj*** **4.** *(uv vetu: účelovú)* so that, **5.** *(: podmienkovú)* if, **6.** *(:prípustkovú: *nech sa stane čokoľvek)* come what may, *(*nech je akokoľvek...)* no matter how...

nechápavý *príd* **1.** dull[-witted], uncomprehending, fat-witted, slow-witted, obtuse

nechať *dk* **1.** *(nezabrániť)* to let, *(dovoliť)* to allow; **2.** *(dať: čakať ap)* to keep; **3.** *(za/ po/ prenechať, odložiť, nevziať)* to leave, **4.** *(prestať niečo robiť)* to cease, to stop, *(necháš/ nechaj to!: prestaň)* stop it!, let go [of], *(nerob to)* don't do that, *(nedotýkaj sa)* don't touch, **5.** *(odložiť na iný čas)* to put off, *(uschovať)* to save, **6.** *(škol: nechať prepadnúť)* to fail, *(po škole)* to put sb in detention, **7.** *(zabudnúť)* to leave behind, **8.** *(odísť od niekoho, opustiť)* to walk out on, **9.** *(hov: dať si, určiť)* to have; **10.** *(prenechať)* to bequeath; **11.** *(na pokoji)* to leave sb alone

nechránený *príd* **1.** unprotected, undefended, unsheltered, unscreened, open

necht *m* **1.** nail, fingernail, toenail; **2.** *(zubami nechtami)* tooth and nail

nechtiac *prísl* **1.** *(proti svojej vôli, mimovoľne)* unwillingly, *(proti svojej vôli)* against one's will; **2.** *(mimovoľne)* involuntarily, unintentionally

nechuť *ž* **1.** *(antipatia)* dislike, aversion, *(odpor)* disgust, repulsion, *(do jedenia)* inappetence

nechutný *príd* **1.** *(majúci zlú chuť, i prn: odporný)* disgusting, *(o jedle: majúci zlú chuť)* unpalatable; **2.** *(bez chuti)* tasteless; **3.** *(odporný)* repulsive, revolting, **4.** *(neslušný)* obscene, **5.** *(nepekný)* unpleasant

neistota *ž* **1.** *(pochybnosť, nejasnosť)* uncertainty, indeterminateness, unsureness, *(i nerozhodnosť)* doubt, indecision; **2.** *(nerozhodnosť, váhavosť)* irresolution, *(i nestálosť)* vacillation; **3.** *(nestálosť)* instability, unstableness, **4.** *(v zabezpečení)* insecurity

neistý *príd* **1.** *(pochybný, nejasný)* uncertain, unsure, vague, undecided; **2.** *(nerozhodný, váhavý)* irresolute; **3.** *(nestály, rozháraný)* unsteady, **4.** *(nespoľahlivý)* unreliable

nejako *prísl* **1.** *(nejakým spôsobom, dajako)* somehow, in some way, some way or other

nejaký *zám* **1.** *(hocaký)* any, some, *(voľajaký)* a/ some sort of; **2.** *(bližšie neurčitý: s podst)* a certain, *(človek)* one, *(s príd)* somewhat, sort of; **3.** *(vyj. neurčitú, približnú mieru)* some, about, around

nejasný *príd* **1.** unclear, indistinct, hazy, misty, foggy, nebulous, vague, obscure

nekonečný *príd* **1.** *(priestorovo/ časovo/ inak neohraničený)* infinite; **2.** *(priestorovo neohraničený)* boundless, *(prn)* horizonless; **3.** *(časovo)* everlasting, *(fml)* sempiternal, *(i der)* interminable

nekultúrny *príd* **1.** uncultured, uncivilized, barbarian, unpolished

nekvalitný *príd* **1.** low-quality, second-rate, second-class, *(a lacný)* cheap and nasty, *(práca)* sloppy

nelegálny *príd* **1.** illegal, unlawful, illecit, clandestine, illegitimate

neľudskosť *ž* **1.** inhumanity, cruelty, brutality, barbarity, atrocity

neľudský *príd* **1.** inhuman, brutal, atrocious, cruel, barbarous

nemanželský *príd* **1.** *(obcovanie, dieťa)* illegitimate, *(obcovanie)* extramarital; **2.** *(dieťa)* born out of wedlock, natural, *(idm)* born on the wrong side of the blanket

nemčina *ž* **1.** German, the German language

Nemec *m* **1.** German

Nemecko *s* **1.** Germany

nemecký *príd* **1.** German

nemiestny *príd* **1.** improper, inappropriate, ill-suited, unsuitable, malapropos, unbecoming

nemluvňa *s* **1.** baby, infant, babe in arms, *(poet)* babe

nemocnica *ž* **1.** hospital

nemohúci *príd* **1.** *(bezmocný: hnev)* impotent, powerless, *(i slabý)* impuissant; **2.** *(slabý)* strengthless

nemohúcnosť *ž* **1.** impotence, powerlessness, helplessness; **2.** *(neschopnosť)* incapability

nemožný *príd* **1.** *(neuskutočniteľný)* impossible, unfeasible, impracticable; **2.** *(hov: nevyhovujúci)* unbearable, awful, preposterous

nemý *príd* **1.** dumb, mute, speechless, inarticulate; **2.** *(prn)* silent, tacit

nenahraditeľný *príd* **1.** unreplaceable, irreplaceable, irreparable, irremediable

nenápadný *príd* **1.** inconspicuous, unobtrusive, unostentatious, discreet; **2.** *(šaty, farba)* sober, *(farba)* subdued

nenávidieť *ndk* **1.** to hate, to detest, to abhor, to loathe

nenávisť *ž* **1.** hatred, hate, loathing, gall

nenávratný *príd* **1.** *(kt sa už nevráti)* that will never come back, never to come again, irrevocable, *(fin: zmenka)* unreturnable, *(obal)* disposable

nenútenosť *ž* **1.** uninhibitedness, unaffectedness, spontaneity, naturality, ease

neobsadený *príd* **1.** *(i miesto)* vacant, *(i stolička)* free, unoccupied, open, *(i tel)* disengaged, *(tel)* dropped

neobyčajný *príd* **1.** unusual, uncommon, *(mimoriadny)* extraordinary, *(vynikajúci)* exceptional, *(neobvyklý)* uncustomary

neochota *ž* **1.** *(nedostatok: vôle niečo robiť)* unwillingness, *(: a snahy)* reluctance, *(: nedostatok chuti)* disrelish, *(: nedostatok snahy)* lassitude; **2.** *(nedostatok ochoty poslúžiť niekomu)* disobligingness; **3.** *(nechuť)* aversion

neopatrnosť *ž* **1.** *(nedostatok opatrnosti)* imprudence, incautiousness, *(i pozornosti)* carelessness; **2.** *(nedostatok pozornosti)* heedlessness

neopatrný *príd* **1.** *(nemajúci dosť opatrnosti)* imprudent, incautious, *(i pozornosť)* careless; **2.** *(nemajúci dosť pozornosti)* heedless

neosobný *príd* **1.** *(i gram)* impersonal, non-personal, objective, noncommittal, dead pan, cold, special purpose

nepárny *príd* **1.** *(netvoriaci pár, i mat)* odd, *(strana)* right-hand; **2.** *(netvoriaci pár)* uneven, unpaired

nepatrný *príd* **1.** *(zanedbateľný)* negligible, minimal, marginal, fractional, trifling, minuscule, nominal; **2.** *(sotva badateľný)* imperceptible, indiscernible, infinitesimal

nepekný *príd* **1.** *(škaredý)* unpretty, unattractive, unseemly, ugly; **2.** *(zlý)* bad, wicked

neplnoletý *príd* **1.** minor, underage, not of age

neplodnosť *ž* **1.** *(neschopnosť plodiť)* infertility, sterility; **2.** *(neúrodnosť i prn)* unproductiveness, unfruitfulness, *(pôdy)* effeteness; **3.** *(prn: jalovosť, neužitočnosť)* futility

neplodný *príd* **1.** *(neschopný rodiť)* infecund, *(i prn)* sterile; **2.** *(neúrodný)* infertile, *(i prn)* unproductive, *(pôda)* barren; **3.** *(prn: planý, jalový)* futile

nepodarený *príd* **1.** unsuccessful, abortive, imperfect, bad, inept, wayward, *(dieťa)* problem

nepodarok *m* **1.** failure, abortion, *(človek)* degenerate; **2.** *(výrobok)* reject, faulty piece

nepohodlný *príd* **1.** uncomfortable, uneasy, *(ifm)* uncomfy, *(i nevhodný)* inconvenient; **2.** *(nevhodný, neželateľný)* undesirable, disagreeable, irksome

nepokoj *m* **1.** *(duševný stav)* unquietness, inquietude, uneasiness, unease, *(i rozruch)* unrest; **2.** ob mn: **nepokoje** *(rozruch)* ferment, turmoil, disorder; **3.** *(hov: súčiastka hodiniek)* balance[-wheel]

nepokojný *príd* **1.** *(svedčiaci o duševnom nepokoji, prej)* unquiet, unrestful, uneasy, restless, fretful, fidgety; **2.** *(veľmi pohyblivý)* skittish; **3.** *(búrlivý)* stormy

neporiadny *príd* **1.** *(nedbajúci na poriadok)* untidy, disordely, slovenly; **2.** *(svedčiaci o neporiadku)* messy, jumbled, helter-skelter, *(vlasy)* unkempt, *(i nedbanlivý)* sloppy; **3.** *(nedbanlivý)* careless, slipshod

neporiadok *m* **1.** disorder, mess, confusion, chaos, muddle, jumble; **2.** ob mn: **neporiadky** disorders, unrest

neposedný *príd* **1.** *(nepokojný)* restless, fretful, *(veľmi pohyblivý)* mercurial, flyabout

neposlušnosť *ž* **1.** disobedience, rebelliousness, insubordination, *(dieťaťa)* naughtiness

neposlušný *príd* **1.** disobedient, rebellious, undisciplined, insubordinate, *(dieťa)* naughty

nepotrebný *príd* **1.** *(zbytočný)* unnecessary, unneeded, superfluous; **2.** *(neužitočný)* useless

nepovolaný *príd* **1.** *(nepozvaný)* uninvited, uncalled-for; **2.** *(nežiadúci)* undesirable, wrong, unauthorized

nepozorný *príd* **1.** *(nesústredený)* inattentive, absent-minded, in a brown study, wool-gathering, *(i neopatrný)* thoughtless; **2.** *(neopatrný)* careless, negligent

neprajný *príd* **1.** *(nežičlivý)* malevolent, *(závistlivý)* grudging, envious, *(oko)* jaundiced; **2.** *(nepriaznivý)* adverse, hostile

nepravda *ž* **1.** *(lož)* lie, *(fml)* untruth, fib, falsehood

nepravidelný *príd* **1.** *(i gra)* irregular, unsystematic, *(nerovnomerne sa opakujúci)* desultory, occasional, odd, erratic, *(odchyľujúci sa)* anomalous, *(nerovnomerný)* unsteady, uneven

neprávo *s* **1.** injustice, inequity, wrong, iniquity

neprávom *prísl* **1.** unjustly, wrongfully, wrongly, unfairly

nepravý *príd* **1.** *(falošný)* unauthentic, ungenuine, *(nesprávny, nevhodný)* wrong, *(podobný)* dummy, artificial; **2.** *(odb)* imitation, *(mat)* improper, *(jfyz)* ghost, *(anat: rebro)* false

nepredajný *príd* **1.** *(nevhodný na predaj)* invendible, unsaleable; **2.** *(určený nie na predaj)* not for sale, unpurchaseable; **3.** *(nepodplatiteľný)* incorruptible, unbribable

neprehľadný *príd* **1.** *(neusporiadaný)* disarrayed, disorderly, disorganized, confused; **2.** *(obrovský)* immense

neprekonateľný *príd* **1.** *(nezvládnuteľný)* insuperable, insurmountable, *(rekord)* unbreakable; **2.** *(nezdolateľný)* invincible; **3.** *(nedosiahnuteľný)* unsurpassable, unmatchable

neprenosný *príd* **1.** *(kt nie je prenosný)* untransportable, *(kt nemožno preniesť na iného)* non-transferable, non-assignable, non-negotiable; **2.** *(nie chytľavý)* uninfectious

nepresný *príd* **1.** *(nezodpovedajúci požiadavkám presnosti)* imprecise; **2.** *(nie celkom správny: mapa, tvrdenie, i inf)* inaccurate, *(preklad)* loose; **3.** *(človek)* unpunctual, **4.** *(tech, str)* untrue, **5.** *(hodiny sú nepresné)* this watch doesnť keep good time

nepriamy *príd* **1.** *(i fin: daň, pol, lingv: pád, mat, inf, ele, biol)* indirect, mediate, *(ifm)* roundabout, *(fml)* obliquitous

nepriateľ *m* **1.** enemy, *(fml)* foe, *(protivník, odporca)* antagonist, *(i pol)* adversary

nepriateľský *príd* **1.** *(pochádzajúci od nepriateľa)* unfriendly, inimical, hostile, *(voj)* enemy, *(pochádzajúci od protivníka)* antagonistic, adverse, contrary

nepriateľstvo *s* **1.** enmity, hostility, unfriendliness, animosity

nepriaznivý *príd* **1.** *(nežičlivý)* unfavourable, *(nevýhodný)* disadvantageous, *(nepriateľský)* hostile, adverse, *(i počasie, vietor)* inclement, *(neblahý)* unpropitious; **2.** *(negatívny)* negative

nepríjemnosť *ž* **1.** *(vlastnosť čoho, čo je nepríjemné)* unpleasantness, disagreableness, troublesomeness; **2.** *(zlý pocit)* annoyance, bother; **3.** ob mn: **nepríjemnosti** trouble, inconvenience

neprístupný *príd* **1.** *(nedostupný, nedosiahnuteľný)* inaccessible, *(nedostupný)* unreachable, impervious; **2.** *(nedosiahnuteľný)* unattainable, *(i uzavretý)* unapproachable; **3.** *(uzavretý)* close, *(pre verejnosť)* private, *(mládeži)* X[-certificate]

neprítomnosť *ž* **1.** absence, default, vacancy, non apperance

neprítomný *príd* **1.** absent, away, missing; **2.** *(duchom)* absent-minded

neraz *čísl* **1.** *(mnohokrát)* many times, repeatedly, not once, more than once, *(často)* often

neresť *ž* **1.** *(charakterová chyba)* taint, *(i nemravnosť)* vice; **2.** *(nemravnosť)* depravity, profligacy, licentiousness

nerovný *príd* **1.** uneven, irregular, unequal, unbalanced, unlevel; **2.** *(krivý)* unstraight

nerozbitný *príd* **1.** unbreakable, infrangible, shatterproof, crashproof

nerozhodný *príd* **1.** indecisive, irresolute, undecided, hesitating, half-hearted, shilly-shally; **2.** *(šport)* drawn

nerozum *m* **1.** unwisdom, injudiciousness, unreasonableness, folly, imprudence; **2.** *(skutok)* rash act, silly thing

nerv *m* **1.** nerve; **2.** *(nervstvo. nervový systém)* nervous system

nervový *príd* **1.** nerve, neural, nerve-, neuro-

nervozita *ž* **1.** *(duševný nepokoj)* nervousness, agitation, *(ifm)* nerves, *(zbytočná)* fuss, *(i dráždivosť)* edginess

nervózny *príd* **1.** nervous, uptight, fidgety, tense, agitated

neskoro *prísl* **1.** *(po uplynutí náležitého času)* late, behindhand, *(v pokročilom stave)* late in; **2.** *(*skôr-neskôr, prv či neskôr)* sooner or later, *(*kto neskoro chodí, sám sebe škodí)* first come,first served, *(*nikdy nie je neskoro)* it's never too late

neskorý *príd* **1.** *(i lit, bot)* late, *(am)* tardy, *(vek)* old, *(bot)* serotine, serotinal, *(lek)* tardive, *(i oneskorený)* belated

neskôr *prísl* **1.** later, later on, subsequently, afterward[s], *(nabudúce)* by and by

neslušný *príd* **1.** *(porušujúci pravidlá slušnosti: chovania)* improper, *(nevychovaný: človek)* unmannered, *(nezdvorilý)* discourteous, *(neprístojný)* incorrect, *(porušujúci pravidlá mravopočestnosti: reči, šaty)* immodest, indecent, *(vtip)* obscene

nespokojnosť *ž* **1.** discontent, dissatisfaction, displeasure, discontentment; **2.** *(nepokoj)* restlessness

nespokojný *príd* **1.** *(nie spokojný)* discontented, discontent, dissatisfied; **2.** *(nepokojný)* restless, unrestful

nestály *príd* **1.** *(premenlivý)* inconstant, changeable, capricious, *(vrtkavý)* fickle, *(i počasie)* variable; **2.** *(netrvalý, nepevný)* discontinuous, intermittent

nesúhlas *m* **1.** *(prejav opačného názoru)* disagreement, dissention; **2.** *(odpor)* disapproval, negative; **3.** *(nesúhlad)* discordance, discrepance, divergence

nesúlad *m* **1.** disharmony, discordance, dissonance, *(i inf)* variance, *(farieb)* clash

nesvoj *príd* **1.** *(iný ako obvykle)* not himself/herself; **2.** *(nie vo zvyčajnom duš stave)* ill at ease; **3.** *(znepokojený)* disgruntled, *(neprirodzený: hlas)* constrained, *(správajúci sa čudne)* odd, **4.** *(nie vo zvyčajnom teles stave)* seedy, **5.** *(*cítiť sa nesvoj)* to feel queer

nešťastie *s* **1.** *(nepriaznivý stav, trápenie)* misfortune, *(tragická udalosť)* tragedy, *(nehoda)* accident, *(železničné, letecké ap.)* disaster, *(nepriaznivý stav)* adversity, ill fortune; **2.** *(na nešťastie)* unfortunately

nešťastný *príd* **1.** *(postihnutý nešťastím, úbohý: človek)* wretched, *(i biedny)* miserable; **2.** *(obsahujúci nešťastie)* unlucky, *(žalostný)* lamentable, unfortunate; **3.** *(zapríčiňujúci nešťastie)* distressful, *(zapríčiňujúci nehody)* calamitous, **4.** *(zúfalý)* desperate

neter *ž* **1.** niece

netopier *m* **1.** *(zool: Chiroptera)* bat, flittermouse, chiropteran, chiropterous, *(dial)* rattlemouse

netrpezlivý *príd* **1.** impatient, fretful, fidgety, restless

netvor *m* **1.** *(i prn pej: bezcitný človek)* monster; **2.** *(ohyzdný tvor)* monstruosity, freak, *(obluda)* ogre

netýkavka *ž* **1.** *(bot: nedotklivá)* [European] touch-me-not, *(bot: balzamína)* rose balsam, *(bot: žliazkatá)* Himalayan balsam; **2.** *(o žene)* senstitive girl

neúprosný *príd* **1.** *(neoblomný)* inflexible, inexorable, implacable; **2.** *(neľútostný)* merciless, relentless

neurčitok *m* **1.** *(gram)* infinitive

neurčitý *príd* **1.** *(i gram: člen)* indefinite, indeterminate, undefined, undecided, doubtful, vague, hazy, *(ifm)* fifty-fifty

neúroda *ž* **1.** bad harvest, poor harvest, crop failure

neúrodný *príd* **1.** infertile, unfruitful, sterile, *(pôda)* barren, effete

neúspech *m* **1.** unsuccess, failure, flop, abortion, fiasco

neústrojný *príd* **1.** *(i chem)* inorganic; **2.** *(neorganický)* unorganic

neuveriteľný *príd* **1.** unbelievable, *(i prn: veľký)* incredible, *(rozprávka)* tall, *(prn)* unthinkable

nevädza *ž* **1.** *(bot poľná: Centaureus cyanus)* cornflower, bluebottle

nevera *ž* **1.** *(porušenie vernosti)* infidelity; **2.** *(nedostatok viery)* unbelief, non-belief, incredulity

neveriaci *m príd* **1.** *(cirk)* unbelieving, faithless, non-believer; **2.** incredulous

neverný *príd* **1.** unfaithful, disloyal, untrue, perfidious

nevesta *ž* **1.** *(mladucha)* bride; **2.** *(snúbenica)* fiancée; **3.** *(synova manželka)* daughter in law, **4.** *(dievča súce na vydaj)* marriageble girl

nevhodný *príd* **1.** *(nevyhovujúci)* inappropriate, inconvenient, inadequate, inopportune; **2.** *(nemiestny)* malapropos, untimely

nevina *ž* **1.** innocence

nevinný *príd* **1.** *(bez viny)* innocent, not guilty; **2.** *(mravne čistý)* sinless, chaste; **3.** *(neškodný)* harmless, ingenuous

nevkus *m* **1.** bad taste, inelegance, gaudiness

nevkusný *príd* **1.** tasteless, lacking good taste, in bad taste, inelegant, gaudy; **2.** *(neslušný, nevhodný)* vulgar, common

nevlastný *príd* **1.** *(o rodičoch a deťoch)* step-, *(o deťoch)* uterine, *(o súrodencoch)* half-; **2.** *(geom: bod)* imaginary, *(i mat: integrál)* improper, *(gram)* derivative

nevôľa *ž* **1.** *(nechuť)* unwillingness, dislike, displeasure, *(odpor)* loathing, *(hnev)* anger; **2.** *(zlá nálada)* bad mood

nevšedný *príd* **1.** remarkable, extraordinary, *(talent)* exceptional, *(krása)* rare

nevyhnutnosť *ž* **1.** inevitability, ineluctability, indispensability, necessity; **2.** *(neodvratnosť)* irreversibleness

nevyhnutný *príd* **1.** inevitable, unavoidable, inescapable, ineluctable, imperative, necessary; **2.** *(neodvratný)* irreversible

nevýhoda *ž* **1.** disadvantage, handicap, drawback, discommodity

nevyliečiteľný *príd* **1.** *(i prn)* incurable, *(choroba)* cureless, immedicable; **2.** *(prn: nepolepšiteľný)* incorrigible

nezábudka *ž* **1.** *(bot močiarna: Myosotis palustris)* forget-me-not, myosotis, scorpion grass

nezamestnanosť *ž* **1.** unemployment, idleness, inoccupation, joblessness

nezamestnaný *príd* **1.** unemployed, jobless, out of work, idle

nezáujem *m* **1.** lack of interest, disinterest, unconcern, unconcernedness

nezávislý *príd* **1.** *(i mat, fyz, str, aut)* independent, autonomous, self-sustaining, unattached, freelance, *(pol)* maverick, *(inf)* stand alone

nezhoda *ž* **1.** *(nesúhlas, nesúlad)* discord, disagreement, discordance, discrepancy, difference; **2.** *(nedorozumenie, roztržka)* misunderstanding

nezmysel *m* **1.** *(nelogickosť)* nonsense, absurdity; **2.** *(hlúposť)* rubbish, tripe, fudge, ballyhoo, junk, *(sl)* baloney, jazz

neznámy **I.** ***príd*** **1,** *(neobjavený, nepoznaný, i vojak, i pošt)* unknown, *(neobjavený)* nameless; **2.** *(nepoznaný, málo známy)* unrenowned; **3.** *(prn: tajomný, záhadný)* mysterious, incognito, **II.** ***podst*** m **4.** stranger

neznášanlivosť *ž* **1.** intolerance, illiberality, impatience

neznášanlivý *príd* **1.** intolerant, illiberal, unconciliatory, incompatible

nezrelý *príd* **1.** *(o plodoch)* unripe; **2.** *(nedospelý)* immature; **3.** *(prn: nevyzretý)* premature, half-baked

nezrovnalosť *ž* **1.** *(nezhoda)* disagreement, discord; **2.** *(disproporcia, nesúlad)* discrepancy, difference, incongruity

nezúčastnený *príd* **1.** not participating, not attending, non-committed; **2.** *(prn: ľahostajný)* uninterested, impassive

nezvestný *príd* **1.** missing, unaccounted-for, legally dead

než *spoj* **1.** *(používa sa po: 2 st príd a prísl)* than: **lepší než ja** *better than me/(fml) than I*, **mladší než on** *younger than him/ (fml) than he*, *(mladší než +vek)* under: **mladšie deti než desaťročné** *children under ten years (of age)*; *(skôr ... než)* more ... than; *(nič než)* nothing but

2. *(: iný)* from: **je iný, než sme my** *he he is different from us*; 3. *(v spojení s: aby, keď, kým, ktorý, čo)* as 4. *(uvádza vedľ vetu časovú prv/skôr... než: neprek)* before: **skôr než príde** *before she comes*, **prv než prídeš, zavolaj!** *before coming, give me a ring!*

neživý *príd* 1. *(i prn)* lifeless, inanimate, *(i prn)* breathless, dead, dead-alive; 2. *(prn)* dull

nežnosť *ž* 1. tenderness, dearness, delicacy, tenderheartedness

nežný *príd* 1. *(útly: kvet, tvár)* delicate, *(jemný)* gentle, *(a plný citu)* tender, sweet; 2. *(plný citu)* affectionate, *(láskavý)* loving; 3. *(pohlavie)* fair

nič I. *zám* 1. *(nijaká vec)* nothing, *(v záp)* not... anything, *(ani jedna)* none; 2. *(nijaké množstvo)* nil, II. *podst s* 3. *(nula, bezvýznamná osoba)* nonentity, nobody, III. *čast* 4. *(zdôr zápor)* nohow, 5. *(vôbec)* not at all, 6. *(*pre mňa on je nič)* he is nothing to me, *(*to nič)* it doesn't matter, *(*do toho tebe/ vás nič)* thatš none of your business

ničí *zám* 1. nobody's, no one's

ničiť *ndk* 1. to destroy, to demolish, to annihilate, to smash, *(pustošiť)* to devastate, *(zabíjať)* to kill, *(kritikou)* to scathe, *(fyzicky)* to oppress, *(ifm)* to waste, *(nervy)* to unhinge

ničiteľ *m* 1. destroyer, destructor, annihilator, wrecker

nie *čast* 1. *(záp. odpoveď)* no, *(arch)* nay; 2. *(s tvarmi slovesa: byť)* not; 3. *(zastupuje záp. sloveso vo vete)* don't/ doesn't, not, 4. *(popiera platnosť člena: ale nie)* but not, *(nie div)* no wonder, *(veru nie)* absolutely not, * **nie na svojom mieste** *out of place*; **nie že** *not that*; **on nie** *not he*; **nie z mojej viny** *through no fault of mine*; **ešte nie** *not yet*; * **keby nie** *but for*, **ani nie** *never so much as*; **to snáď nie!** *question !*; **prečo nie?** *why not?*,

niečo *zám* 1. *(dačo, voľačo)* something, *(v záp/ v otázkach)* anything; 2. *(čokoľvek, hocičo)* anything; 3. *(malé množstvo, nie veľa)* some, a little [bit], 4. *(hov: má význam príslovky veľa)* a lot

niekam *prísl* 1. *(dakam)* somewhere, anywhere; 2. *(na neurč. miesto)* to some place

niekedy *prísl* 1. *(dakedy: v minulosti, v budúcnosti)* some[ ]time, *(v minulosti)* once; 2. *(zavše, občas)* sometimes, at times, occasionally, now and then

niekoľko *m/nesk* 1. some, several, a few, a number of, a certain number of

niekto *zám* 1. *(voľakto, i o významnej osobe)* someone, somebody; 2. *(v záp/ v otázkach)* anyone, anybody

niektorý *zám* 1. one; 2. **niektorí** some

niesť *ndk* 1. *(držať niečo a s tým sa pohybovať)* to carry; 2. *(unášať)* to transport; 3. *(prichádzať s niečím)* to bring, 4. *(podopierať)* to support, *(držať)* to hold [up], 5. *(dávať úžitok)* to yield, to produce, 6. *(vajcia)* to lay, 7. *(o zbraniach)* to have a range of, 8. *(znášať, mať na sebe)* to bear, *(hodnosť)* to wear

nijaký *zám* 1. no, no kind of, none

nikam *prísl* 1. nowhere, not to any place, *(v záp)* anywhere

nikde *prísl* 1. nowhere, at no place, *(v záp)* anywhere

nikdy *prísl* 1. never, at no time, *(ani raz)* not once, *(silnejšie)* not a single time, *(v záp)* ever, *(doposiaľ)* never before; 2. *(nikdy viac)* nevermore

nikto *zám* 1. nobody, no one, none, no man

niť *ž* 1. thread, yarn, *(br)* cotton, *(lek)* suture, *(bot)* filament; 2. *(prn)* tread[s]

nízky *príd* 1. *(kt má malú výšku, kt je v polohe dolu)* low, *(kt je v polohe dolu)* lower, *(pôda, mraky)* low-lying, *(kt má malú výšku)* small, *(i človek)* short; 2. *(zvuk)* low-pitched, *(hlas)* deep; 3. *(odb: voda)* minimum flow, *(šport: úder)* below the belt, 4. *(nečestný, podlý)* base, mean, 5. *(patriaci do spodnej spoloč vrstvy)* lowly, low-class, 6. ob 2 st: **nižší**. *(dôstojník)* non-commissioned officer, *(šľachta)* lesser nobility

nížina *ž* 1. lowland, low ground/country,

down-country, flat country

no I. *spoj* **1.** *(vyj: odporovací vzťah)* but, **je múdry, no skromný** *he is wise but modest*; **nielen/ nie iba ...,no i** *not only ... but also*; *(: mierny odporovací vzťah)* yet, still, **je múdry,no skromný** *he is wise yet modest*; and again; **II.** *časť* **3.** *(: súhlas ako samostaná vypoveď)* [to be] sure, of course: **si spokojný? - no!** *are you satisfied? - sure!/of course!/yep!*; *(ifm)* that's right, *(:zápor v spojení:no kdeže)* certainly not, of course not: **už ste skončili? no kdeže?** *have you finished? - certainly/ of course not!*; not in the least, not at all, **4.***(ako dôvetok pobáda na súhlas:no nie?)* eh, *(am)* huh, do/ does/ did/ will/ won't/ shall atď, **urobíme to, no nie?** *we' ll do it, won't we?*; **5.** *(uvádza:vetu, vypoveď, otázku)* well: **no poďme** *well, let's go,* **chceš? no, čo ja viem** do you want? - well..., I don't know,; **no čo je s vami?** *well, what's the matter with you?*; **6.***(: výpoveď: no/ no dobre/ no tak)* here: **no tak vidíš** *here, you see*; why; *(no a?)* so what?, **III.** *cit* **7.** *(vyj:priaznivé hodnotenie)* well [,well], **8.** *(:prekvapenie)*: **no, tu ho maš** *look: there/ here*, **9.** *(: údiv: no toto)* what do you know?, well,I never!; **10.** *(: uspokojovanie: no/ nono)* come[,come], there[,there]: **no, neplač!** *come,come,don't cry!*; **11.** *(:upozornenie, varovanie: no/ nono)* look; **12.** *(:odpor, nesúhlas: no/ nono)* tut[-tut], pish, pooh, tush, pshaw; **13.** *(:povzbudzovanie)* come on!

noc *ž* **1.** night; **2.** night-time; **3.** *(*dobrú noc!)* good night!, *(*Veľká noc)* Easter, *(*mať zlú noc)* to have a bad night

nocovať *ndk* **1.** to stay overnight, to spend the night, to sleep, to lodge

nočný *príd* **1.** *(týk noc: ticho;pôsobiaci, používaný v noci: lampa)* night; **2.** *(činný, pôsobiaci, prejavujúci sa v noci: hmyz)* nocturnal; **3.** *(trvajúci celú noc)* night-long, **4.** *(v nočnú dobu)* night-time

noha *ž* **1.** leg, *(sl: ob ženská)* gam, *(joc)* shank; **2.** *(chodidlo)* foot, *(konská)* hoof, *(lek: plochá)* flat foot

nohavice *ž pomn* **1.** trousers, *(am)* pants; **2.** *(krátke)* short trousers, *(na jazdenie)* breeches; **3.** *(dámske)* bloomers

nohavičky *ž pomn* **1.** *(zdrob)* shorts, knickerbocker; **2.** *(ženské)* panties, knickers, undies, *(plavkové)* briefs

nominálny *príd* **1.** *(ekon, gram)* nominal, *(ekon)* face, denominational, token

norma *ž* **1.** *(záväzné pravidlá, zásady)* norm, regulation, *(súbor)* rules, criterion, canon, *(i tech)* standard, *(i inf)* rate

normalizovať *n/dk* **1.** to normalize, to standardize

normálny *príd* **1.** normal, *(i tech)* regular, *(i signál, teplota, akosť)* standard, *(obyčajný)* ordinary

nos *m* **1.** *(anat, i tech)* nose, *(sl)* honker, *(joc, pej)* snout; **2.** *(tech: kladiva)* peen, *(lode, lietadla)* bow

nosič *m* **1.** živ *(batožiny)* porter, i neživ *(lek, fyz)* vehicle, *(lek, i tech, ele)* carrier; **2.** neživ *(tech)* support, *(batožiny)* holder, *(anat)* atlas

nosiť *ndk* **1.** *(držať na rukách/ chrbte a dopravovať)* to carry, *(ifm, zbraň)* to tote; **2.** *(donášať, prinášať)* to bring; **3.** *(dieťa niekam)* to take, **4.** *(mať na sebe)* to wear, **5.** *(plod)* to gestate

nositeľ *m* **1.** *(predstaviteľ, reprezentant)* representative; **2.** *(lek)* carrier, vehicle; **3.** *(i šport)* holder, *(ceny)* prize-winner

nosnosť *ž* **1.** *(schopnosť niesť váhu)* carrying capacity, maximum load, *(lod)* freightage, *(plná)* deadweight capacity; **2.** *(účinnosť)* potence, *(dosah)* range; **3.** *(poľn)* egg-laying capacity

nosorožec *m* **1.** *(zool: Rhinocerotidae)* rhinoceros, *(zool africký: Diceros bicornis)* black rhinoceros, *(zool: Ceratoterium simum)* white/square-lipped rhinoceros

notár *m* **1.** *(verejný, štátny)* notary [public], public notary; **2.** *(hist)* scrivener

notársky *príd* **1.** notary's, notarial, notarized, notary

nováčik *m* **1.** *(začiatočník)* novice, apprentice, trainee, beginner, *(neskúsený človek)* greenhorn; **2.** *(vojak)* recruit, *(ifm)* rookie

november *m* **1.** November
novina *ž* **1.** news, news item, tidings
novinár *m* **1.** journalist, newspapersman, pressman, reporter
novinársky *príd* **1.** journalistic, press, newspaper's, *(kačica)* canard, *(jazyk)* journalese
novinárstvo *s* **1.** journalism, publicism; **2.** *(hov: kiosk)* newsstand, bookstall
novinka *ž* **1.** [piece of] news, news item; **2.** *(nová vec)* novelty, *(literárne)* new books
noviny *ž pomn* **1.** newspaper, paper, *(denník)* daily; **2.** journal; **3.** *(prn)* journalism
novodobý *príd* **1.** *(moderný)* modern, *(pej)* new-fangled, *(súčasný)* contemporary, latter-day
novoročný *príd* **1.** New Year's
novorodenec *m* **1.** newborn child
novostavba *ž* **1.** new building, newly-built structure
nový *príd* **1.** *(nedávno vzniknutý, mladý, i ling, geog)* new, recent, novel, *(polyg: vydanie)* reprint; **2.** *(mladý)* young; **3.** *(čerstvý)* fresh, latest, **4.** *(novodobý, moderný)* modern
nožnice *ž pomn* **1.** scissors, clipper, shears
nôž *m* **1.** knife, *(stolový, príborový)* tableknife, *(tech, str)* tool, *(hoblíka)* cutting iron, *(str)* cutter
nuda *ž* **1.** boredom, ennui; **2.** *(nudná osoba/ vec)* bore, drag, *(vec)* yawn
nudiť *ndk* **1.** to bore, to weary
núdza *ž* **1.** *(bieda)* poverty, misery, indigence; **2.** *(čiastočný nedostatok)* want, lack, shortage; **3.** *(nevyhnutná potreba)* necessity, emergency
ňuch *m* **1.** [sense of] smell, scent, *(ifm)* nose
núkať *ndk* **1.** *(niekomu niečo aby si to vzal/ kúpil/ používal)* to offer; **2.** *(niekomu niečo aby si to kúpil)* to put st up for sale; **3.** *(pri dražbe)* to [make a] bid, **4.** *(povzbudzovať)* to invite, **5.** *(*nedajte sa núkať)* please, help yourself to [ ]
nula *ž* **1.** zero, nought, *(číslica)* cipher, *(šport)* nil, *(v tenise)* love; **2.** *(niekto bezvýznamný)* nullity, nothing
nútený *príd* **1.** forced, compulsory, compulsory, mandatory, obliged; **2.** *(neprirodzený, neúprimný)* affected, constrained
nútiť *ndk* **1.** *(násilne privádzať k činnosti)* to compel, to force, *(fml)* to coerce, *(o citoch)* to impel; **2.** *(naliehavo ponúkať)* to urge
nutný *príd* **1.** obligatory, *(potrebný)* essential, *(zlo)* necessary; **2.** *(nevyhnutný)* indispensable; **3.** *(naliehavý)* urgent

O

o I. ***podst s*** **1.** *(písmeno a hláska)* o, **II.** ***predl*** **2.** *(ozn dotyk s predmetom)* on, onto, to, against: **opierať sa o čo** *to lean against/ on st*; **3.** *(vyj: časový úsek, po kt nastáva dej)* in, within: **prísť o chvíľu** *to come/ to be back in a minute;* from now / then **o dva roky** *two years from now/ (fml) hence*; **4.** **[!]** *(pri určovaní hodín)* to, **5.** *(: rozdiel v miere: často neprek)*: **o rok starší** *one year older*;by: **o tretinu** *by a third*, **o 20 korún viac** *by 20 crowns more*; **6.** *(: účel,cieľ)* for: **prosiť o pomoc** *to ask/ to beg for help*, **hrať len tak o česť** *to play for love*, **ísť niekam o** *to go somewhere for;* **7.** *(: zreteľ)* of, **8.** *(: príčinu)* about: **trápiť sa o rodičov** to *have worries about o s parents*, for, *(ide o...)* ... is at stake, *(o čo ide?)* what is it all about; **9.** *(označ. predmet deja)* about, around, concerning, on:**kniha o téme/ starom hrade/ kvetoch** a *book concerning a subject/ about the old castle/ on flowers;* **III.** **10.** *(vyj: časový bod)* at: **o akom čase** *at what time?*, **začať o tretej** *to start at three*; **11.** *(: nástroj/ spôsob/ prostriedok)* with, on: **chodiť o barlách** *to go on crutches*; **12.** *(kniž: vyj množstvo)* with, **IV.** ***cit*** **13.** oh!
obal *m* **1.** *(papierový, zo staniolu ap)* wrapper, *(i anat, biol)* involucre, *(i knihy)* cover, *(tovaru)* pack[ag]ing, *(drevený ap, i puzdro)* casing, *(i puzdro)* case, *(prebal knihy)* [dust-]jacket, dust cover, *(i inf: na*

disketu) jacket, *(na spisy ap.)* file, *(hud: noty)* turn, *(na platňu)* sleeve; **2.** *(odb)* [in]tegument, *(bot: plodu, semena)* hull

obaliť *dk* **1.** to wrap [st up], to enwrap, to fold round; **2.** *(obklopiť)* to enclose, to envelop, to mantle; **3.** *(kuch: strúhankou)* to crumb

obálka *ž* **1.** *(na listy/ zásielky, i geom)* envelope, *(zásielky)* wrapper; **2.** *(graficky upravený obal knihy)* cover, *(prebal)* [dust-]jacket, *(návrh obálky/ na obálku)* cover design

obariť *dk* **1.** *(horúcou vodou, jedlom)* to scald, to singe, *(parou)* to steam, *(i prn: o mraze)* to burn

obávať sa *ndk* **1.** *(mať strach)* to fear, to dread, to be afraid; **2.** *(byť ustarostený)* to be anxious, to be apprehensive for

občan *m* **1.** citizen, *(v zahraničí)* national, *(v kráľovstve ap)* subject

občas *prísl* **1.** *(niekedy)* sometimes, occasionally, on occasions; **2.** *(z času na čas)* from time to time, *(pravidelne)* periodically; **3.** *(málokedy)* once in a while

občerstvenie *s* **1.** *(jedlo v menšom množstve, i prn)* refreshment, *(jedlo)* snack, lunch, *(nápoje)* drinks; **2.** *(nápis na podniku)* snack-bar, café, cafeteria; **3.** *(prn)* relief

občerstviť sa *dk* **1.** *(spánkom, sprchou ap.)* to freshen [os] up, to refresh os; **2.** *(jedlom)* to have a snack, *(nápojom)* to have a drink

občiansky *príd* **1.** *(práva, zákonník, sobáš, vojna)* civil, *(povinnosti)* civic; **2.** bourgeois, political

občianstvo *s* **1.** *(príslušnosť k štátu)* citizenship, *(i hrom)* citizenhood; **2.** *(hrom: občania)* citizenry, citizens

obdariť *dk* **1.** to present [sb with], to give, to gift, *(ob pass)* to endow

obdivovateľ *m* **1.** admirer, adorer, amateur

obdivuhodný *príd* **1.** *(vyvolávajúci obdiv)* admirable, wonderful, marvellous; **2.** *(pozoruhodný)* remarkable

obdĺžnik *m* **1.** *(geom)* rectangle; **2.** *(plocha v tvare obdĺžnika)* oblong

obdoba *ž* **1.** *(približná zhoda, podobnosť)* analogy, analogue, parallel, equivalent; **2.** *(obmena)* variation

obdobie *s* **1.** *(určitý čas)* period, term, session, *(i geologické)* era, *(i historické)* epoch, *(prn)* day, *(sezóna)* season

obec *ž* **1.** *(dedina)* village, town, *(i hist)* borough; **2.** *(územnosprávna jednotka, i obyvatelia)* municipality; **3.** *(hov: obyvatelia obce)* townspeople, **4.** *(hov: vedenie obce)* [town] council, **5.** *(trochu zast: skupina ľudí)* group, congregation

obecenstvo *s* **1.** *(poslucháči, diváci)* audience, public, *(diváci)* spectators, *(v divadle)* the theatre

obecný *príd* **1.** *(patriaci obci)* municipal, communal, town, council; **2.** *(verejný, slúžiaci všetkým)* public; **3.** *(zast: jednoduchý, obyčajný)* provincial, **4.** *(správne všeobecný)* general

obed *m* **1.** lunch, midday dinner/ meal, dinner, *(fml)* luncheon; **2.** *(poludnie)* lunchtime, midday, noon

obedovať *ndk* **1.** to dine, to lunch, to take dinner/ lunch

obeh *m* **1.** *(pohyb do kruhu, i fin)* circulation, *(okolo stredu)* rotation, *(astron)* revolution, *(pravidelný)* cycle, *(jednotlivý)* round; **2.** *(ekon, fin)* currency, turnover

obehnúť *dk* **1.** *(vykonať pohyb okolo niečoho)* to run around, to run rings around, *(astron)* to revolve; **2.** *(rýchlo obísť)* to dodge; **3.** *(hov: ponavštevovať)* to do/ to go/ to make the rounds of

obelieť *dk* **1.** to turn white, to whiten, to bleach; **2.** *(vlasy/ človek: ošedivieť)* to become hoary, to become grizzled/ grizzly

oberačka *ž* **1.** i mn: **oberačky**. *(oberanie plodov)* picking, *(hrozna)* vintage, grape harvest; **2.** *(čas, obdobie)* vintage time; **3.** *(žena)* [female] picker

obesiť *dk* **1.** to hang, to gibbet, to noose; **2.** *(hov: zavesiť)* to hang st [up] on/ above]

obesiť sa *dk* **1.** to hang os; **2.** *(hov: zavesiť sa)* to hang os [on], to cling [to]

obeť *ž* **1.** *(obrad, obeta, náb, i šach, prn)* sacrifice, *(korisť)* prey, *(obeta, i náb, prn)* victim, *(prn: nehody ap)* casualty; **2.** *(obrad)* immolation, *(i cirk)* offering, *(cirk)* offertory; **3.** *(zast: dobrovoľný príspevok)* oblation

obetovať *n/dk* **1.** *(dať niečo)* to offer, *(vzdať sa, i šach)* to sacrifice, to make a sacrifice, *(i život)* to render; **2.** *(venovať)* to devote

obežný *príd* **1.** *(fin, ekon)* circulating, floating, active, *(i tech)* revolving; **2.** *(tech: lopatka)* moving, *(koleso)* bucket; **3.** *(astron)* orbital, orbiting

obhajca *m* **1.** *(zástanca, i práv)* advocate, defender; **2.** *(práv)* defence lawyer, defence [counsel]

obhájiť *dk* **1.** *(i šport)* to defend, to advocate, to vindicate, *(i práv)* to plead

obhajoba *ž* **1.** *(i práv)* defense, *(obranná reč)* vindication, *(dizertácie)* discussion, *(i práv)* pleading, *(práv)* [law] plea; **2.** *(kniž: spis na obhajobu)* apology

obhospodarovať *ndk* **1.** *(obrábať, kultivovať zem ap.)* to cultivate, to till; **2.** *(hospodáriť s niečím, prideľovať niečo)* to administer, to control

obchádzka *ž* **1.** *(obchádzanie)* round[s]; **2.** *(okľuka)* diversion, detour, *(i žel)* deviation; **3.** *(cesta)* bypass

obchod *m* **1.** *(kúpa a predaj tovaru)* trade, *(i zahraničný)* commerce, *(i dohoda)* business; **2.** *(dohoda o predaji a kúpe)* deal, *(i výhodný)* bargain; **3.** *(fin, ekon)* operation, transaction, **4.** *(obchodná miestnosť)* shop, store, outlet, **5.** *(hov: podnik)* business

obchodník *m* **1.** businessman, trader, dealer, tradesman, *(majiteľ obchodu)* shopkeeper, *(dtd, i zahraničný, vo veľkom)* merchant, *(s vínom)* vintner, *(podomový)* pedlar; **2.** *(hov: prospechár)* profiteer

obchodný *príd* **1.** *(týk obchod: banka, atašé)* commercial, *(dohoda, banka, diskont, dopisy, podnik, loďstvo)* merchant, *(komora)* commerce; **2.** *(týk nákup a predaj: bariéry, predpisy, rabat)* trade, *(oblasť, partner)* trading; **3.** *(týk predaj: zástupca)* selling, **4.** *(týk nákup: stredisko, ulica)* shopping, **5.** *(značka)* trademark

obchodovať *ndk* **1.** to trade, to deal in st, to do business, to carry on a business/a trade

obidva *čísl* **1.** both, either, the two [of]

obieliť *dk* **1.** to whitewash, to paint white; **2.** *(olúpať kožu, šupku ap.)* to peel, to hull, to pare

obilie *s* **1.** *(súhrné označenie plodín: pšenica ap)* cereals, *(br)* corn; **2.** *(zrná obilnín)* grain, cereal, *(am)* corn

obilnina *ž* **1.** ob mn: **obilniny** cereal, grain

obilný *príd* **1.** *(z obilia)* cereal, grain, corn, corny

obísť *dk* **1.** to go around; **2.** *(urobiť obchôdzku)* to do the round; **3.** *(prejsť okľukou s cieľom vyhnúť sa)* to avoid, *(i prn)* to bypass, **4.** *(prejsť popri niekom)* to pass by, *(bez pozdravu)* to give sb the go-by, **5.** *(prn: nevšimnúť si)* to elude, *(fml)* to circumvent, **6.** *(hov: o duševných stavoch)* to seize, **7.** *(minúť, nezasiahnuť)* to miss, **8.** *(vyviaznuť nejako)* to come out, to get off, **9.** *(hov: stihnúť)* to make it

obiť *dk* **1.** *(pribíjaním pokryť)* to cover, *(plechom, železom ap.)* to iron, *(doskami ap.)* to board up; **2.** *(pozrážať)* to knock down/ off; **3.** *(otĺcť)* to damage

objasniť *dk* **1.** *(urobiť niečo jasnejším)* to clarify, *(vysvetliť)* to explain, *(fml, i rozlúštiť)* to elucidate; **2.** *(rozlúštiť: záhadu)* to clear up

objať *dk* **1.** to embrace, to hug, to enfold, to take upon

objav *m* **1.** discovery, revelation, find

objaviť *dk* **1.** *(odhaliť)* to discover, to detect, *(zistiť)* to ascertain; **2.** *(nájsť)* to find, *(náhodou)* to strike

objednať *dk* **1.** to order, to commission; **2.** *(predplatiť)* to subscribe; **3.** *(hov: zavolať na urč. čas)* to book, to hire, *(zákazníka)* to make an appointment

objednávka *ž* **1.** order, custom, commission, booking; **2.** *(tlačivo)* order form

objekt *m* **1.** *(predmet)* object; **2.** *(stavba)*

building, *(i pozemok)* premises; **3.** *(komplex zariadení)* establishment, **4.** *(gram)* direct object

objektívny *príd* **1.** objective, dispassionate, disinterested; **2.** *(nestranný, nezaujímavý)* impartial

objem *m* **1.** *(priestorový rozmer telesa, rozsah)* volume; **2.** *(rozsah, množstvo)* bulk, dimensions, *(ekon: výroby)* output; **3.** *(obsah)* capacity, *(inf)* capability, **4.** *(obvod)* circumference, *(i pása)* girt

objímka *ž* **1.** *(i žiarovky)* socket, *(i elektrónky)* holder, *(lana)* clamp[ing] ring, *(i objektívu)* mount

obklad *m* **1.** *(vlhká tkanina prikladaná na telo)* compress, *(liečivá hmota)* poultice; **2.** *(obloženie)* lining, *(drevom)* panelling, *(doskami)* boarding, *(keramický)* tiling

obkladať *ndk* **1.** to line, to face, *(drevom)* to panel, *(doskami)* to board, *(keramickými dlaždicami)* to tile; **2.** *(dávať obklady)* to poultice; **3.** *(kuch)* to garnish

obklopiť *dk* **1.** to surround, to encompass, *(ob pass)* to encircle; **2.** *(prn: zahaliť)* to enshroud, to envelop; **3.** *(prn: zahrnúť)* to shower with

obkľúčiť *dk* **1.** *(obstúpiť, obkolesiť)* to surround, to encompass, to begird, *(ob pass, i voj)* to [en]circle, *(voj: mesto)* to besiege, **4.** *(prn: zahaliť)* to envelop

oblak *m* **1.** *(met, i prn)* cloud; **2.** *(*mať hlavu v oblakoch)* to have o's head in the clouds

oblasť *ž* **1.** *(i ekon, met, mat, fyz)* area, region, *(i pol, prn, anat)* territory, *(z hľadiska hospodárskeho, pôdneho)* land, *(z hľadiska administratívneho)* district, *(v Anglicku)* shire, *(kraj: v UK, USA)* county, *(z hľadiska zemepisného, klimatického)* zone, *(pásmo)* belt; **2.** *(prn: sféra činnosti)* field, line; **3.** *(anat)* region

oblátka *ž* **1.** *(neplnená, i cirk)* wafer, *(neplnená)* waffle, gofer; **2.** *(cirk: hostia)* the Host

oblečenie *s* **1.** *(šaty)* dress, clothes, *(odev)* wear, apparel

oblek *m* **1.** *(odev)* dress, wear, *(fml)* attire; **2.** *(mužský odev)* suit

oblepiť *dk* **1.** to glue, to paste, to patch up, *(tapetami)* to wallpaper

obletovať *ndk* **1.** to fly around, *(orbitálne)* to orbit around; **2.** iba nedok *(uchádzať sa o)* to shower with attention, *(dvoriť)* to dance attendance on

obliať *dk* **1.** *(kávou ap)* to spill st on/ over, *(vodou)* to splash; **2.** *(kuch)* to souse; **3.** *(prn)* to circumfuse

obličaj *m* **1.** face, features, countenance, visage

oblička *ž* **1.** *(anat)* kidney

obličkový *príd* **1.** renal, kidney

obliecť *dk* **1.** *(si: navliecť na telo)* put [st] on, to dress [os]; **2.** *(koho)* to dress; **3.** *(starať sa o ošatenie)* to clothe, **4.** *(navliecť: vankúše)* to slip on a pillowcase, **5.** *(i prn)* to cover [up] with

obliecť sa *dk* **1.** to dress [os]; **2.** *(hov: ošatiť sa)* to clothe os; **3.** *(prn)* to cover os up

obliečka *ž* **1.** cover; **2.** *(na vankúše)* pillowcase, pillowslip

obligácia *ž* **1.** *(záväzok)* obligation; **2.** *(dlhopis)* promissory note, IOU, *(fin)* debenture, security, *(štátna)* government bond/ security

oblízať *dk* **1.** *(olízať)* to lick; **2.** *(zlízať)* to lick off

obloha *ž* **1.** sky, heaven, vault, *(i bás)* blue

oblok *m* **1.** *(okno)* window, casement

obľuba *ž* **1.** *(priazeň)* favour, popularity; **2.** *(záľuba)* love, *(radosť)* pleasure, *(obľúbenosť)* liking

oblúk *m* **1.** *(kruhovité zakrivenie, i geom)* bow, *(i ele, geom)* arc, *(ohyb)* curve; **2.** *(archit, stav)* arch, *(mostový)* span

oblúkový *príd* **1.** arched, arcuate, curvilinear, curved

oblý *príd* **1.** round, rounded, *(boky)* plump, *(líca)* chubby; **2.** *(polyg)* curved

obmedzenosť *ž* **1.** limitedness, restrictedness, *(i prn)* limitation; **2.** *(prn)* narrow-mindedness

obmedzený *príd* **1.** limited, restricted, bounded; **2.** *(prn)* narrow-minded, hidebound

obmedziť *dk* **1.** *(určiť menší rozsah platnosti ap)* to restrict, *(ohraničiť)* to limit, to circumscribe, to qualify; **2.** *(zúžiť)* to narrow down; **3.** *(zmenšiť, znížiť)* to curtail, to cut down/ back, to shorten

obmena *ž* **1.** *(malá zmena)* modification, alteration, change; **2.** *(zmenená podoba)* variation

obnažiť *dk* **1.** *(zbaviť odevu, odkryť)* to strip, *(zbaviť odevu)* to undress, *(i prn)* to lay bare, *(i meč, i prn)* to bare; **2.** *(odkryť)* to uncover, *(geol)* to exhume

obnova *ž* **1.** *(nové uskutočnenie)* renewal, innovation, renovation, *(nové vytvorenie)* remodelling, refitment, *(oživenie)* revival, *(inf)* retrieval, reclamation; **2.** *(uvedenie do pôvod. stavu, i prn)* restoration, reconstruction, regeneration, recovery; **3.** *(prn)* regenesis

obnovenie *s* **1.** renewing, innovation, reconstitution, renovation, renewal, *(inf)* regeneration

obnoviť *dk* **1.** *(znova zaviesť)* to renew, to recondition, to refit, to refurbish, *(vytvoriť)* to remodel, *(stavbu)* to renovate, *(i inf)* to restore, *(oživiť)* to revive

obočie *s* **1.** eyebrows

obohrať *dk* **1.** *(vyhrať niečo)* to win, *(niekoho o peniaze)* to skin; **2.** *(šport)* to sidestep; **3.** *(opotrebovať)* to wear out, *(pesnička, i prn)* to play out

obojok *m* **1.** collar; **2.** *(pás okolo krku)* neckband, *(priliehavý)* choker, *(lod)* shaffle

obojstranný *príd* **1.** *(týkajúci sa oboch strán)* bilateral, *(vzájomný)* reciprocal, mutual; **2.** *(ktorý sa koná/ je na oboch stranách)* two-way, *(i inf)* double-sided, double[-faced], *(ele)* bidirectional

oboznámiť *dk* **1.** to acquaint, to inform, to make sb acquainted, to familiarize

obracať *ndk* **1.** to turn over, to convert, *(polyg)* to tumble

obrad *m* **1.** ceremony; **2.** rite; **3.** service

obrana *ž* **1.** *(i šach, voj, šport)* defense, *(ochrana)* protection, *(voj)* security, *(i šport)* ward

obranca *m* **1.** defender; **2.** *(šport)* defense man, *(futbal)* full-[back], *(am futbal)* quarterback

obranný *príd* **1.** defensive, defense, protective

obrat *m* **1.** *(zmena smer, i náhla zmena)* turn, *(o 180°)* U-turn; **2.** *(zvrat)* inversion, *(i tel, prn)* turnabout, reversal, *(i prn)* about-face; **3.** *(prn, pol)* transformation, **4.** *(ekon)* turnover, **5.** *(šport)* counter, **6.** *(lingv zast: zvrat v reči)* cliché

obrať *dk* **1.** *(odstrániť z povrchu rastliny ap)* to pluck; **2.** *(pooberať, obrezať)* to pick; **3.** *(okradnúť)* to deprive [of], *(o peniaz)* to rob [of]

obrátiť *dk* **1.** *(dať istý smer, i prešiť)* to turn, *(dať na opačnú stranu)* to turn [around/ over/ about], *(otočením)* to twist; **2.** *(prešiť)* to reverse; **3.** *(otočiť späť)* to revert, *(auto)* to make a U-turn, **4.** *(priviesť k nejakej zmene)* to convert

obrátiť sa *dk* **1.** *(zmeniť polohu)* to turn [on/ over]; **2.** *(zmeniť smer)* to turn [round/ off], to change direction; **3.** *(dať sa opačným smerom)* to turn back/ round, **4.** *(zamieriť niekam)* to head, **5.** *(premeniť sa, zmeniť sa)* to turn to/ into, *(počasie)* to change, **6.** *(prísť s prosbou)* to turn to, to apply to

obrátka *ž* **1.** *(obrátenie, otočenie)* turn, *(okolo svojej osi)* rotation, circumvolution, *(i motora)* revolution, *(na plné obrátky: intenzívne)* in full swing, *(plnou rýchlosťou)* at full throttle

obratný *príd* **1.** *(zručný)* dext[e]rous, lighthanded, handy; **2.** *(pohybovo šikovný)* nimble; **3.** *(šikovný)* skillful, clever, adroit, **4.** *(i bystrý)* smart

obraz *m* **1.** *(plošný výtvor, predstava, dojem, i prn)* picture, *(plošný výtvor)* painting, *(v časopise ap)* illustration; **2.** *(odraz skutočnosti, dojem, i lit, fyz, inf)* image, *(polyg: písmena)* face of type; **3.** *(názor)* vision, **4.** *(lit: zovšeobecnený obraz)* representation, **5.** *(div)* scene

obrázkový *príd* **1.** pictorial, illustrated, pictographic, picture

obrázok *m* **1.** *(zdrob)* [small] picture, tableau, illustration; **2.** *(literárny útvar)* vignette, *(hud)* sketch

obrazovka *ž* **1.** *(televízna)* [television] screen, telescreen, *(tech)* kinescope; **2.** *(inf)* display; **3.** *(fyz: elektrónka)* cathode ray tube

obrazový *príd* **1.** pictorial, illustrated, *(i tech)* picture; **2.** *(tech)* image, video

obrezať *dk* **1.** *(odrezať)* to cut off; **2.** *(rezaním zbaviť)* to prune, to lop; **3.** *(urobiť obriezku)* to circumcise

obrnený *príd* **1.** *(i hist, geol, tech)* armoured, ironclad, armour-plated, *(hist)* panoplied

obrobiť *dk* **1.** *(upraviť na pestovanie plodín)* to till, *(i opracovať)* to work; **2.** *(opracovať)* to treat, to machine, to cut; **3.** *(hov: prehovoriť, získať na s)* to persuade

obrovský *príd* **1.** giant, *(úspech)* resounding, *(ceny)* exorbitant, *(nevedomosť)* monumental, *(väčšina)* swingeing

obruba *ž* **1.** *(tkaniny)* hem, *(látky)* fell, *(vyšívaná, kožušinová)* purfle; **2.** *(okraj)* border; **3.** *(rám)* frame, *(okuliarov)* rim, *(drahokamu)* setting, **4.** *(bot)* limb, **5.** *(tech)* flange, *(stav)* sheeting and bracing

obruč *ž* **1.** *(na sud)* hoop, *(na koleso, i žel)* tyre; **2.** *(basketbal, i prn)* ring; **3.** *(predmet kruhovitého tvaru)* binding, collar

obrúčka *ž* **1.** *(zdrob)* hoop; **2.** *(na kľúče)* ring; **3.** *(sobášny prsteň)* wedding-ring, **4.** *(zool: článok, segment)* segment

obrus *m* **1.** tablecloth

obrúsok *m* **1.** *(menší obrus)* small tablecloth; **2.** *(servítka)* [table-]napkin, *(ob papierový)* serviette

obrva *ž* **1.** *(obočie)* eyebrow; **2.** *(riasa, mihalnica)* eyelash

obrys *m* **1.** contour, outline, profile, *(tela)* silhouette, *(hôr, mesta)* sky line; **2.** ob mn: **obrysy 2.** *(náčrt)* sketch

obsadenie *s* **1.** *(bytu)* occupancy; **2.** *(voj)* occupation, seizure, seizing, blocking; **3.** *(div)* cast, staffing

obsadiť *dk* **1.** *(zaujať miesto, okupovať)* to occupy, *(niekomu miesto)* to take, *(voľné)* to fill, *(je obsadené: v hoteli, kaviarni ap)* full up, *(v divadle ap)* full house, *(linka)* engaged, *(am)* busy; **2.** *(poveriť vykonávaním nejakej práce)* to staff, *(div, film)* to cast; **3.** *(šport: dosiahnuť)* to take, **4.** *(osídliť)* to settle, **5.** *(okupovať)* to seize, **6.** *(rozostaviť sa niekde)* to block, **7.** *(vysadiť)* to plant

obsah *m* **1.** *(náplň)* contents; **2.** *(výskyt, vnútorný význam)* content, *(vnútorný význam)* significance, substance, sense; **3.** *(odb)* volume, **4.** *(zoznam kapitol ap v knihe)* table of contents, index

obsahovať *ndk* **1.** to contain, to hold, to include, to take in, to comprehend, to comprise

obsiahnuť *dk* **1.** *(rozpätými ramenami občiahnuť)* to encircle, *(objať)* to embrace, *(prstami)* to clasp, *(uchopiť)* to take in o's [ ]; **2.** *(pochopiť)* to comprehend; **3.** *(pojať rozumom)* to conceive, **4.** *(zast kniž: získať)* to obtain

obsluha *ž* **1.** *(obsluhovanie)* service, attendance, *(starostlivosť)* tending; **2.** *(tech)* handling, servicing, maintenance; **3.** *(personál)* service personnel, attendants, *(voj: dela)* squad

obslúžiť *dk* **1.** to wait on, to serve, to attend; **2.** to service

obstarať *dk* **1.** *(si: zadovážiť, získať)* to procure; **2.** *(zariadiť)* to provide, *(ifm)* to enveigle; **3.** *(kniž: postarať sa)* to take care of

obstáť *dk* **1.** *(vydržať stáť)* to stand [on/ up]; **2.** *(vydržať niekde/ pri niekom)* to remain, to stay, to hold on; **3.** *(zachovať sa, udržať si život)* to survive, to hold out, **4.** *(bez)* to go on [living], to live, **5.** *(osvedčiť sa)* to make it, to come off best, *(i pri skúške)* to go down/ through, *(v zápore: tvrdenie ap)* to wash, **6.** *(hov: pochodiť, obísť)* to get on/ along/ by

obťažovať *ndk* **1.** to encumber; **2.** to bother; **3.** to trouble, **4.** to make more difficult

obtiahnuť *dk* **1.** *(pokryť)* to cover, to overlay; **2.** *(ohraničiť čiarou)* to contour, *(uro-*

biť čiaru okolo) to mark off; **3.** *(polyg: urobiť odtlačok)* to proof, to prove, **4.** *(zvýšiť ostrosť: na brúske)* to hone, *(na remeni)* to strop, **5.** *(hov: oklamať)* to cheat sb [out] of, *(bezpr)* to have, **6.** *(hov: zbiť remeňom ap)* to flog, **7.** *(ženu)* to have

obuť *dk* **1.** *(natiahnuť na nohy)* to put on, *(čižmy)* to boot, *(natiahnuť na nohy, zaobuť ob pass)* to shoe; **2.** *(hov: koňa, auto ap)* to shoe, *(auto ap)* to tyre; **3.** *(zaobuť)* to equip sb with shoes

obuv *ž* **1.** footwear, footgear, boots and shoes, shoes

obuvník *m* **1.** *(kto vyrába/ opravuje topánky)* shoemaker; **2.** *(kto opravuje topánky)* shoe-mender, cobbler

obväz *m* **1.** bandage, enswathement, *(obklad)* compress, *(sadrový)* plaster

obviazať *dk* **1.** *(dookola ovinúť, i ranu)* to bind st up, *(a zaviazať)* to tie up/ around; **2.** *(opatriť obväzom)* to bandage, to enswathe, *(ošetriť ranu)* to dress

obviniť *dk* **1.** to accuse sb [of], *(fml, i práv)* to inculpate; **2.** *(práv)* to charge sb [with], to incriminate

obvod *m* **1.** *(čiara ohraničujúca polygónu, dĺžka)* perimeter, *(dĺžka polygónu, čiara oh okrúhlu plochu)* periphery, *(čiara ohr okrúhlu plochu)* compass, *(stromu, pásu)* girth, *(ob kružnica, i dĺžka)* circumference; **2.** *(geom, i fyz, ele, i admin)* circuit; **3.** *(okrajová časť)* periphery, *(mesta)* outskirts, **4.** *(administratívna jednotka)* district, *(i mesta)* ward, *(Londýna)* borough, *(volebný)* constituency

obvyklý *príd* **1.** *(obyčajne sa vyskytujúci, bežne používaný,)* usual, accustomed, *(obyčajne sa vyskytujúci)* habitual, *(zvyčajný)* customary; **2.** *(bežne používaný, bežný, obyčajný)* common, *(bežne používaný)* stock-in-trade; **3.** *(normálny)* normal

obyčaj *ž* **1.** *(tradícia)* custom, consuetude, rite; **2.** *(zvyk, návyk)* habit, practice, use, rut

obyčajne *prísl* **1.** usually, generally, commonly, as usual

obyčajný *príd* **1.** *(nemajúci vlastnosti, bot, i hov: zrejmý)* common, *(i ekon)* ordinary; **2.** *(normálny)* normal; **3.** *(pravidelne sa vysk, i obvyklý)* regular, **4.** *(obvyklý)* usual, **5.** *(bežný)* current, **6.** *(všedný)* everyday, run-of-the-mill, **7.** *(zvyčajný)* habitual, general, **8.** *(jednoduchý, prostý)* simple, plain, **9.** *(priemerný)* mediocre; **10.** *(hrubý)* low; **11.** *(hov: zrejmý)* cheap

obydlie *s* **1.** *(príbytok, fml)* dwelling, *(fml, rhet, joc)* abode, *(bývanie)* habitation, *(i bydlisko)* residence, *(dom)* house; **2.** *(prn: hniezdo)* nest

obývať *ndk* **1.** *(mať ako príbytok)* to occupy, *(ob pass)* to tenant, *(i územie)* to [in]habit; **2.** *(územie)* to populate, *(bývať)* to live in

obyvateľ *m* **1.** *(mesta, krajiny)* inhabitant [of/ in], resident, *(mesta)* citizen, *(domu)* tenant, occupant; **2.** *(i prn: niečo niekde sa nachádzajúce)* denizen

obyvateľstvo *s* **1.** population, inhabitants

obzerať sa *ndk* **1.** *(bezpr)* to look [around/ about]; **2.** *(pozrieť, preskúmať)* to look at/ over; **3.** *(hľadať)* to look for, **4.** *(na seba)* to look at os, **5.** *(navzájom)* to look at one another/ each other, **6.** *(venovať pozornosť, všímať si)* to pay heed to, *(i rešpektovať, brať do úvahy)* to consider, *(venovať starostlivosť, starať sa)* to mind, **7.** *(nedávať pozor)* to let o's mind wander

obzor *m* **1.** *(i prn: perspektíva)* horizon, *(mesta, hôr)* skyline; **2.** *(let: umelý)* gyro-/ artificial horizon; **3.** *(prn: dohľad)* sight, **4.** *(ban)* level, **5.** *(geol)* physical horizon, **6.** *(na obzory)* in the offing

obžaloba *ž* **1.** *(obvinenie, i práv)* accusation, [com]plaint, charge, incrimination, *(am)* impeachment, *(práv: úkon prokurátora)* prosecution

obžalovať *dk* **1.** *(obviniť pred súdom ap)* to accuse, to charge sb [with], to indict, to inculpate

obživa *ž* **1.** *(prostr. na živobytie)* livelihood, living, *(ifm, i potrava)* bread and butter; **2.** *(strava, potrava)* food, nourishment

oceán *m* **1.** ocean, high sea, *(severoatlantický)* herring-pond; **2.** *(prn)* Neptune

oceľ *ž* **1.** steel, *(nehrdzavejúca)* stainless steel, *(besemerovaná)* Bessemer steel; **2.** *(zbraň)* sword

oceľový *príd* **1.** *(z ocele, ako oceľ, i farba)* steel, *(z ocele)* steeled, *(i prn)* steely, *(farba)* steel-grey; **2.** *(prn)* iron

ocenenie *s* **1.** *(určenie hodnoty)* evaluation, appraisal, *(ob odborné, i prn)* valuation, assessment, *(cenu tovaru)* pricing; **2.** *(prn: ohodnotenie)* appreciation

oceniť *dk* **1.** *(určiť hodnotu)* to evaluate, to appraise, to assess, *(ob odborne)* to valuate, *(cenu tovaru)* to price; **2.** *(ohodnotiť)* to appreciate

ocitnúť sa *dk* **1.** to find oneself in, to land [up], to end [up]

ocot *m* **1.** vinegar

očakávať *dk* **1.** *(predpokladať, počítať)* to expect; **2.** *(čakať na príchod niekoho)* to look forward to; **3.** *(o veciach a javoch)* to be in store for

očistiť *dk* **1.** *(zbaviť nečistoty, i zuby, topánky)* to clean, *(i prn)* to clear, *(kefou)* to brush [up]; **2.** *(olúpať, oškrabať)* to peel; **3.** *(zbaviť viny, podozrenia)* to exculpate

očividný *príd* **1.** evident, patent, blatant, manifest, visible

očko *s* **1.** *(zdrob: orgán zraku)* [little/ small/ pretty] eye; **2.** *(krúžok, slučka)* loop, *(pri pletení)* mesh, *(na pančuche)* ladder, **4.** *(na prsteni)* gem, **5.** *(skrútená sardela v oleji)* rolled anchovy, **6.** *(bot: pupeň)* bud, *(na zemiakoch)* eye, **7.** *(kart hov: jedenadvadsať)* pontoon, **8.** *(zr: článok retiazky)* link

očkovací *príd* **1.** vaccinating, vaccine; **2.** *(záhr)* budding, grafting

očkovanie *s* **1.** *(lek, i tech)* inoculation, vaccination; **2.** *(záhr)* budding; **3.** *(tech: lej)* nucleation

očkovať *ndk* **1.** *(lek, i tech)* to inoculate; **2.** *(záhr)* to bud; **3.** *(hut: liatinu)* to treat

očnica *ž* **1.** *(anat)* orbit, eye socket; **2.** *(tech)* eyepiece, *(opt)* eye lens

očný *príd* **1.** optic, ocular, optical, eye, ophthalmic

od *predl* **1.** *(vyj: priestové/časové východisko)* from, **vlak od Bratislavy** *the train from Bratislava*, **pochádza od Trenčina** *he is from Trenčin*; **od prvej chvíle** *from the first moment*; *(: časový úsek: od ...do,od ... po)* from, **od začiatku do konca** *from the beginning to the end*; **od rána do večera** *from morning to/till night*; **od svitu do mrku** *from morning to night/ all day long*; **od Dunaja po Tatry** *from the Danube to the Tatras*; *(v spojení: na východ/juh ap)* of, **na východ od raja** *East of Eden*; **2.** *(: časové východisko deja: ob samostatné)* since, **od detstva** *since childhood*; **od 9. hod** *since nine [o' clock]*; **3.** *(vyj pôvod,príčinu deja)* from, **zdediť od rodičov** *to inherit from o's parents*; *(dôvod)* [because] of, **umrieť od hladu** *to die of hunger*; out of, **mokrý od dažďa** *wet with rain*; **od zlosti** *out of anger*; *(: pôvodcu,prostriedok)* by, **poštípaný od včiel** *stung by bees*; **polámaný od vetra** *broken by the wind*; **sonáta od Beethovena** *a sonata by Beethoven*; **vyžratý od vápna** *corroded by lime*; *(: prostriedok)* with, **zašpinený od blata/atramentu** *dirty with mud/ink*; *(hov: prostriedníka)* through, **od syna mi odkázal** *he informed me through his son*; *(: spôsob)* by, **od ruky** *by hand*; *(od oka)* roughly, *(od ruky)* out of the way, *(sám od seba)* [all] by oneself, **4.** *(hov: cieľ, účel)* for, **dobré od** *good for*, **kvapky od kašľa** *cough drops*; **5.** *(: určenie, príslušnosť)* to, **kľúč od auta** *the key to the car*; *(: príslušnosť)* of, from, **6.**(: *zreteľ)* of, **je to pekné od teba** *it's kind of you*; **7.***(pri komparatíve)* than, **bola staršia od neho** *she was older than him/he*; **fľaša od piva** *beer bottle*; **8.** *(s významom odlišovania)* [away] from, **je to od veci** *it is beside the point*; **odíď od stola** *get off the table*; **závisí od vás, ako sa rozhodnete** *it rests with you to decide*; **od tohto času** *since then*; **ruky preč!** *hands off!*; **dom stojí stranou od hlavnej cesty** *the house stands off the main road*; **od kedy?** *since when?*; **od tej doby** *ever since*; **od detstva** *from a child*; **čas**

od času *from time to time*; **od prírody** *by nature*; **od strachu** *for the fear of*; **južne od** *south of*,

odbaviť *dk* **1.** *(vykonať)* to carry out, to finish, *(si povinnosti)* to discharge o's duty; **2.** *(odbiť)* to snub; **3.** *(vybaviť niečo s niekým)* to deal with, to handle, to despatch, *(zákazníka)* to serve

odber *m* **1.** *(odoberanie)* taking; **2.** *(spotreba)* consumption; **3.** *(predplácanie)* subscription, **4.** *(tech)* take-off

odberateľ *m* **1.** *(plynu, elektriny ap.)* consumer, *(tovaru)* buyer, customer; **2.** *(novín, časopisov)* subscriber

odbiť *dk* **1.** *(o hodinách)* to strike, to ring; **2.** *(úderom odlomiť)* to knock off, to chip away; **3.** *(odraziť)* to throw back, **4.** *(odbaviť niekoho)* to snub, *(odmietnuť)* to turn sb down

odbor *m* **1.** *(oddelenie úradu, ústavu, i oblasť)* department [Dpt], *(veľký)* division [Div], *(menší)* section; **2.** *(disciplína)* discipline, *(odvetvie)* branch, *(oblasť)* field; **3.** *(odvetvie činnosti, disciplína)* line, profession

odborár *m* **1.** trade-unionist, unionist, union man

odborník *m* **1.** *(špecialista)* specialist, expert, connoisseur, *(technik)* technician; **2.** *(vedecky)* scholar

odborný *príd* **1.** *(súvisiaci s istým odborom činnosti)* specialized, technical, scientific, *(i vykonaný odborníkom)* professional; **2.** *(vykonaný odborníkom)* expert, scholarly, workmanlike

odborový *príd* **1.** trade-union, labour; **2.** departmental, divisional, sectional

odbyt *m* **1.** *(predaj hotových výrobkov)* sale, *(prvá fáza obratu tovaru)* merchandising; **2.** *(oddelenie)* sales [department]; **3.** *(možnosť odbytu, dopyt)* market, **4.** *(*ísť na odbyt, mať dobrý odbyt)* to sell well, to have a ready market

odcudzenie *s* **1.** theft, [mis]appropriation, *(euf)* abstraction; **2.** *(prn)* alienation, estrangement

odcudziť *dk* **1.** *(ukradnúť)* to steal, to [mis]appropriate, to embezzle; **2.** *(v citovom vzťahu)* to alienate, to estrange

oddelenie *s* **1.** *(vozňa vo vlaku: kupé)* compartment, *(oddelená časť priestoru)* partition; **2.** *(menšia organizačná jednotka)* section, *(v nemocniciach)* ward, *(v továrni)* shop, *(v obch. domoch,)* department, *(voj: operačné)* unit

oddeliť *dk* **1.** *(odlúčiť, rozdeliť)* to separate, to detach, to divide, *(sitom)* to sift, *(priečkou)* to partition [off], *(nožom)* to cut off, *(odňať)* to take apart/ away, *(osamostatnením)* to segregate, *(i inf)* to isolate, *(od seba)* to disarticulate

oddeliteľný *príd* **1.** *(i mat)* separable, detachable, dissociable

oddiel *m* **1.** *(organizačná skupina ľudí)* group, *(pracovný)* gang, *(voj)* squad, *(prepadový)* commando, *(eskorta)* guard; **2.** *(časť väčšieho celku)* section, segment, partition, **4.** *(zr: vozňa)* compartment

oddych *m* **1.** *(odpočinok, prerušenie nejakej činnosti)* rest, *(prerušenie práce/ nejakej činnosti)* break, *(: nejakej činnosti)* pause, *(: ob cvičenia)* breather; **2.** *(odpočinok)* repose; **3.** *(park kultúry a oddychu)* recreation centre

odev *m* **1.** *(oblečenie)* clothes, clothing, garments, dress, wearing apparel

odhad *m* **1.** *(približné určenie hodnoty)* estimate, *(veľkosti)* sizing[-up], *(odhadnutie)* guess, *(inf)* forecast, *(odborníka)* evaluation, appraisal, *(predbežný)* pre-estimate, *(do budúcnosti)* projection

odhadnúť *dk* **1.** *(približne určiť hodnotu)* to estimate, *(počet)* to calculate, *(veľkosť)* to size, to guess, to evaluate, *(predbežne)* to pre-estimate; **3.** *(ohodnotiť situáciu, sily ap.)* to assess, to judge

odhaliť *dk* **1.** *(obnažiť)* to uncover; **2.** *(slávnostne odovzdať)* to unveil; **3.** *(vypátrať)* to disclose, to reveal, **4.** *(objaviť, zistiť niečo)* to discover

odhlásiť *dk* **1.** *(zrušiť prihlášku)* to cancel, *(odvolať)* to countermand, *(na polícii)* to report sb's departure, *(inf)* to logoff; **2.** *(hov: vykonať hlásenie)* to signal

odhlasovať *ndk* **1.** *(hlasovaním rozhodnúť: ob pass)* to carry, to vote through, to pass; **2.** *(schváliť, vyjadriť súhlas)* to approve

odhodiť *dk* **1.** *(hodiť od seba)* to throw aside; **2.** *(zahodiť)* to throw away/ out/ off, *(ifm: i šaty)* to chuck away/ out, *(i kartu)* to discard; **3.** *(i prn: zapudiť, zavhrnúť)* to cast aside/ off

odhodlaný *príd* **1.** *(pevne rozhodnutý)* determined, *(i rozhodný)* resolute; **2.** *(rozhodný, rázny)* stout, stalwart

odhrnúť *dk* **1.** *(hrnutím dať nabok)* to pluck aside, *(odsunúť nabok)* to draw aside, *(záclonu)* to draw [back], *(lopatou)* to shovel aside

odchod *m* **1.** *(dop prostriedku/ dop prostriedkom, i prn)* departure, leaving, going, *(vzdialenie sa)* going away; **2.** *(zanechanie práce, funkcie)* retirement

odchýliť *dk* **1.** *(odkloniť)* to deflect, to deviate; **2.** *(trocha otvoriť)* to half-open, *(dvere, oblok)* to leave [ ] ajar

odchýlka *ž* **1.** *(malá odlišnosť)* deflection, *(odklon, i geod)* deviation, declination, aberration, *(i inf)* excursion, variation

odísť *dk* **1.** *(vzdialiť sa)* to go away/ out/ out of, to walk away/ off/ out, to get out, to be off, *(odíďte!)* get out [of here]!, *(i odcestovať)* to get off, *(rýchlo)* to make off; **2.** *(odcestovať dopravným prostriedkom)* to leave; **3.** *(o dopravných prostriedkoch)* to depart, to leave, *(loď)* to sail, *(autobus)* to drive off, **4.** *(opustiť niekoho)* to walk out on, *(od rodiny, i zo zamestnania)* to move out, **5.** *(prestať niekde pôsobiť/ pracovať)* to quit, *(zo školy)* to drop out, *(do dôchodku)* to retire

odkaz *m* **1.** *(správa odovzdaná obyč. ústne)* message, *(písomne)* memo[randum]; **2.** *(v knihe)* reference; **3.** *(kniž: dedičstvo)* heritage, **4.** *(práv: darovanie majetku)* legacy

odkázať *dk* **1.** *(poslať po niekom správu)* to leave a message, to send word; **2.** *(poradiť)* to refer sb to; **3.** *(darovať testamentom, i prn kniž)* to bequeathe

odkedy *prísl* **1.** *(od ktorého času)* since when, [for] how long; **2.** *(uvádza vzťažnú vetu: od toho času, čo)* since, ever since

odkiaľ *prísl* **1.** from where, where from, [from] whence

odklad *m* **1.** *(na určitý čas)* postponement, *(platby)* delay, *(i voj služby)* deferment, *(výkonu trestu: ob smrti)* reprieve; **2.** *(na neurčitú dobu)* suspension; **3.** *(*bez odkladu)* without delay

odklon *m* **1.** deflection, *(fyz: magnetickej ihly)* declination, *(i prn)* deviation, *(mot)* obliquity, *(let)* yaw[ing], *(geol)* kink, *(strely)* drift; **2.** *(prn)* declension, divagation

odkopnúť *dk* **1.** to kick aside; **2.** *(prn: odstrčiť)* to kick off/ away, to shove aside, to discard

odkryť *dk* **1.** *(sňať prikrývku, i voj)* to uncover; **2.** *(odhrnúť: záclonu)* to undraw, to draw [back]; **3.** *(objaviť, nájsť)* to discover, **4.** *(odhaliť)* to reveal, **5.** *(zbaviť ochrany, i voj)* to expose

odľahlý *príd* **1.** *(vzdialený, i v čase)* remote, *(ležiaci ďaleko)* distant, far-away, *(kút)* far-flung, at the back of beyond; **2.** *(ležiaci bokom)* outlying; **3.** *(kniž: nie aktuálny)* side, *(téma)* side issue

odlet *m* **1.** *(vtákov)* flight, flying-away; **2.** *(lietadla ap.)* take-off, departure

odletieť *dk* **1.** *(o vtákoch)* to fly away/ off, *(lietadlom)* to fly, *(o lietadle)* to take off; **2.** *(odskočiť)* to come away/ off, to soar away

odliatok *m* **1.** cast, casting, mould, pig

odlišný *príd* **1.** *(líšiaci sa od iných)* distinct, dissimilar, *(podstatne iný)* different, *(odchodný, ob od normy)* variant, *(rozlišný, i inf)* distinguished

odliv *m* **1.** ebb [tide], low tide, outgoing tide; **2.** *(prn: odlev)* outflow

odložiť *dk* **1.** *(položiť nabok)* to put aside; **2.** *(dať do úschovy)* to store; **3.** *(ušetriť)* to save, **4.** *(odsunúť na neskorší čas)* to postpone, to put off

odlúčenie *s* **1.** separation, removal, removal, isolation, segregation, weening

odlúčiť *dk* **1.** *(oddeliť od seba, i tech)* to separate [sb/ st from sb/ st], *(od koho)* to part [sb from sb], *(od čoho)* to detach [st from st], to remove; **2.** *(prestať dojčiť dieťa)* to wean; **3.** *(tech)* to trap

odmäk *m* **1.** thaw, soft weather

odmena *ž* **1.** reward, recompense, *(fml)* remuneration; **2.** *(cena)* award; **3.** *(za prácu)* wage, fee, **4.** *(vo forme prémií)* bonus, merit pay/ money

odmeniť *dk* **1.** to reward, to recompense, to remunerate, to pay

odmeraný *príd* **1.** *(pravidelný, rytmický)* regular, *(i chladný)* measured; **2.** *(kt neprejavuje cit)* restrained, *(chladný)* cold, *(strohý, prísny)* blunt

odmerať *dk* **1.** *(zistiť veľkosť, množstvo)* to measure, to take the measurment[s] of, *(pulz)* to take; **2.** *(zmerať a oddeliť)* to measure out

odmerka *ž* **1.** measuring glass/jug/cup/ /flask/beaker, graduated vessel/jar, *(tech)* measuring vat/bin, caliber gauge

odmietavý *príd* **1.** *(záporný, zamietavý)* negative, `unfavourable, unconsenting; **2.** *(odmeraný, chladný)* cold, unapproachable

odmietnuť *dk* **1.** *(neprijať i bezpr/ s neurč)* to refuse, *(zavrhnúť, zamietnuť)* to reject, to turn down, *(vylúčiť)* to rule out, *(práv)* to overrule, *(zdvorilo)* to decline, *(hrubo)* to repulse; **2.** *(odmietnuť dať)* to deny

odmocniť *dk* **1.** *(mat)* to square-root, to extract the root of, to find the root of; **2.** *(kniž)* to reduce

odniesť *dk* **1.** to take, *(niečo ťažké)* to carry off/ away; **2.** i **doniesť si**. *(doplatiť na)* to pay [the penalty/ a price] for, *(kožou atď)* to pay with [o's life atď], *(to si odnieseš!)* you'll smart/ be sorry for this!

odobrať *dk* **1.** *(vziať, odňať, i časť niečoho)* to take [st away from], *(vziať)* to take st off sb, *(nasilu, úradne)* to seize; **2.** *(zbaviť niečoho)* to deprive; **3.** *(vziať časť niečoho)* to take some/ a little, **4.** *(prevziať)* to take st up/ over, to withdraw, to collect, **5.** *(zast hov: za vojaka)* to enlist

odolať *dk* **1.** *(nepodľahnúť: i pokušeniu)* to resist sb/st, to offer resistance [to], *(fml: i útoku, záťaži)* to withstand, *(voj)* to hold the field

odolnosť *ž* **1.** *(pevnosť, vytrvalosť)* resistance, endurance, obdurability; **2.** *(proti rozličným vplyvom)* toughness, *(teplu)* refractoriness; **3.** *(lek: imunita)* immunity

odolný *príd* **1.** *(silný, zdravý)* resistant, odburable; **2.** *(vzdorujúci rozličným vplyvom)* -resisting, -worthy, -fast, -proof, *(teplu)* refractory, *(vode)* impervious, *(lek)* immune

odomknúť *dk* **1.** to unlock, to shoot back

odopnúť *dk* **1.** *(oddeliť niečo pripnuté)* to disconnect, *(i žel)* to uncouple; **2.** *(rozopnúť: kabát, golier ap)* to unbutton, *(hodinky, opasok)* to unfasten, *(gombíky)* to undo

odosielateľ *m* **1.** *(kto niečo odosiela: list, balík)* sender, *(: tovar)* shipper, forwarder, *(: peniaze)* remitter

odoslať *dk* **1.** to send [off/away/out], to transmit, *(tovar)* to ship, to dispatch, *(peniaze)* to remit, *(poštou)* to post

odovzdanie *s* **1.** handing-over, transmission, delivery, transfer, consignment

odovzdať *dk* **1.** *(osobne)* to hand in/ over, to turn in/ over, *(i cenu)* to consign, *(hlas)* to cast, *(prn: mladým)* to hand down; **2.** *(dať ako sprostredkovateľ)* to forward, to pass [on/ over], to hand on, to transmit, *(pozdrav, majetok)* to convey

odôvodniť *dk* **1.** *(podložiť dôvodmi)* to motivate, to give reason[s], *(i vysvetliť)* to justify; **2.** *(vysvetliť)* to sustain, to exemplify

odpad *m* **1.** *(neupotrebiteľné zvyšky pri výrobe)* waste, waste product, scrap, *(i prn)* refuse; **2.** *(prn: odpadky)* trash, rubbish; **3.** *(odtok pri výrobe)* effluent, **4.** *(odtokové zariadenie)* sewer[age], **5.** *(padanie)* falling-off

odpadky *m* **1.** *(: z jedál)* scraps, offal, ort, *(priemyselné)* scrap material; **2.** *(smeti)* rubbish, *(odpad)* waste, *(nádoba na odpadky)* dustbin

odpadlík *m* **1.** *(od viery, predsvedčenia)* apostate; **2.** *(od presvedčenia, od zásad)* renegade, *(pol)* dissident, defector

odpadnúť *dk* **1.** *(oddeliť sa a padnúť,*

omdlieť) to fall [down]; **2.** *(opustiť, zradiť niekoho)* to fall away, *(zrieknuť sa: idey ap, viery)* to apostatize; **3.** *(nekonať sa z nejakej príčiny)* to be [called] off, not to take place, **4.** *(prestať existovať, zaniknúť)* to be gone, **5.** *(omdlieť)* to pass out, *(prn: nestačiť)* to drop out?, **6.** *(zast: padnúť v boji)* to fall [in battle]

odpadový *príd* **1.** waste, exhaust, sewage, scrap, *(voda)* effluent

odpis *m* **1.** *(ekon)* remission, deduction, *(účt: amortizácia)* amortization; **2.** *(kópia)* copy

odpísať *dk* **1.** *(bezpr: písomne odpovedať)* to write back, *(komu)* to reply; **2.** *(prepísať)* to copy; **3.** *(prepísať strojom)* to type st out/ up, **4.** *(škol: úlohu ap)* to cheat, **5.** *(zapísať ako stratu)* to write off, **6.** *(prn)* to forget about

odplata *ž* **1.** *(odplatenie za dobré/ zlé)* requital; **2.** *(odmena)* recompense; **3.** *(trest)* retribution, **4.** *(odveta)* reprisal, **5.** *(pomsta)* revenge

odplatiť *dk* **1.** *(odmeniť)* to repay, to compensate; **2.** *(pomstiť sa)* to revenge os, to reciprocate

odpočinok *m* **1.** rest, relaxation; **2.** *(hov zast)* retirement

odpočítať *dk* **1.** *(odrátať)* to subtract, to deduct; **2.** *(spočítať)* to count [up], *(kus po kuse)* to count out; **3.** *(šport: boxera)* to count out

odpočívadlo *s* **1.** *(ležadlo)* divan; **2.** *(podesta)* landing, half-landing; **3.** *(na autostráde)* lay-by

odpojiť *dk* **1.** *(i žel)* to uncouple, to disconnect, to disengage, *(ele)* to switch off, *(i inf)* to unplug

odpor *m* **1.** *(činnosť, sila, i fyz, ele)* resistance, opposition; **2.** *(nechuť)* aversion, disgust, repulsion; **3.** *(ele: súčiastka)* resistor, **4.** *(hnutie odporu)* the Resistance

odporca *m* **1.** *(protivník)* opponent, antagonist, adversary, opposer; **2.** *(nepriateľ)* enemy; **3.** *(kto odporuje)* resister, **4.** *(protirečník)* gainsayer

odporný *príd* **1.** *(protivný)* repulsive; **2.** *(budiaci odpor)* repugnant, *(hnusný, nechutný)* disgusting, *(ifm)* creepy; **3.** *(veľmi mrzký)* execrable, **4.** *(ohavný)* beastly, abominable, *(zločin)* heinous

odporovať *ndk* **1.** *(klásť odpor)* to resist, to put up [ ] resistance, *(oponovať)* to oppose; **2.** *(protirečiť)* to gainsay; **3.** *(byť v rozpore)* to contradict, to be incompatible

odporučiť *dk* **1.** *(poradiť, i s neurč)* to advise, *(i navrhnúť)* to recommend, *(navrhnúť)* to advocate; **2.** *(zast: zveriť/ fml)* to commend [sb/ st to]

odpoveď *ž* **1.** answer, reply, response; **2.** *(škol)* oral test

odpovedať *dk* **1.** dok/ nedok *(i bezpr: dať odpoveď)* to reply, to answer; **2.** nedok *(škol)* to be called on

odpratať *dk* **1.** *(odnesením upratať)* to clear st off st, *(i zo stola)* to clear, *(odstrániť)* to remove, *(i prn)* to wipe out; **2.** *(prn: odstrániť)* to do away with, *(zabiť)* to slaughter

odpustiť *dk* **1.** to forgive, to pardon, to condone, to remit

odpútať *dk* **1.** *(odviazať)* to release, *(i pás)* to unfasten, *(psy)* to untether, *(čln)* to unmoor; **2.** *(odvrátiť)* to divert

odradiť *dk* **1.** *(odhovoriť)* to talk sb out of, *(i odvrátiť)* to dissuade sb from; **2.** *(odstrašiť)* to deter, *(ob pass)* to daunt; **3.** *(odpudiť)* to put sb off

odraz *m* **1.** *(lopty ap)* rebound, *(strely, kameňa ap)* ricochet, *(i fyz: svetla, zvuku)* reflection; **2.** *(obraz vzniknutý odrazením, i prn)* image; **3.** *(šport)* push-off, **4.** *(hud: nota)* grace[-note], **5.** *(prn: vpylv)* repercussion, **6.** shadow

odraziť *dk* **1.** *(nárazom dať opačný smer)* to throw back, *(i zahnať)* to drive back; **2.** *(nárazom odlomiť)* to knock off, *(odbiť)* to break [st] off; **3.** *(odvrátiť, zahnať)* to repel, **4.** *(od brehu)* to shove off, **5.** *(zmeniť smer)* to deviate, *(svetlo, zvuk)* to reflect, *(cesty)* to turn

odraziť sa *dk* **1.** *(dostať iný smer)* to rebound, to bounce, to ricochet; **2.** *(odrazom sa dostať do pohybu)* to shove off; **3.** *(od-*

deliť sa) to break away from, **4.** *(odzrkadliť sa)* to be reflected in, **5.** *(prn: prejaviť sa)* to affect, **6.** *(odbočiť)* to turn

odrazu *prísl* **1.** *(nečakane)* suddenly, all at once; **2.** *(zároveň, naraz)* at the sametime

odrezať *dk* **1.** *(i voj)* to cut off, to sever, *(nohu ap)* to amputate, *(konár)* to lop, *(papier)* to crop; **2.** *(kôru ap)* to peel [off]; **3.** *(prn)* isolate

odrezok *m* **1.** cutting, cut-off, clipping, segment, shred, *(i tech)* kerf

odroda *ž* **1.** variety, type, species, run

odsek *m* **1.** paragraph, *(ifm)* par[.], *(i práv)* section, *(polyg, inf: vytvorenie odseku)* indentation

odseknúť *dk* **1.** to cut off/ away, to sever, *(mäso s kosťou)* to chop off, *(konár)* to lop; **3.** *(krátko/ nezdvorilo/ nahnevane odpovedať)* to snap, *(nahnevane)* to snarl

odskočiť *dk* **1.** *(skokom uhnúť)* to jump, to spring; **2.** *(odtrhnúť sa)* to come off; **3.** *(odraziť sa)* to bounce, **4.** i **odskočiť si**. *(odbehnúť)* to pop over to, *(niekam/ na chvíľu)* to pop out, *(na návštevu)* to drop in [on], **5.** *(prn hov: ustúpiť, zrieknuť sa)* to back out of

odsťahovať sa *dk* **1.** *(presídliť: z/ do, k)* to move [from/ to], *(odísť)* to move out; **2.** *(odpratať sa)* to move off; **3.** *(o vtákoch)* to fly off

odstaviť *dk* **1.** *(odložiť)* to set aside, to put aside; **2.** *(zbaviť moci, postavenia ap.)* to remove; **3.** *(vyradiť z prevádzky)* to put out of operation, to cut off, **4.** *(prestať dojčiť)* to wean

odstránenie *s* **1.** removal, disposal, dismantlement, riddance, *(násilné)* liquidation, *(odstavenie)* ousting

odstrániť *dk* **1.** *(odpratať, i zbaviť postavenia)* to remove, *(dať nabok)* to set aside; **2.** *(zlikvidovať)* to eliminate; **3.** *(zbaviť postavenia, moci)* to oust

odstrel *m* **1.** *(poľov: strieľanie)* shooting, killing; **2.** *(odstreľovanie: kameňa ap)* blasting, blowing

odstrihnúť *dk* **1.** *(nožnicami oddeliť)* to snip off, to cut off, *(i veľkými nožnicami)* to clip [st off], *(veľkými nožnicami)* to shear st off/ away/ out; **2.** *(skrátiť)* to curtail

odstup *m* **1.** *(priestorová/ časová vzdialenosť, i prn)* distance, *(priestorová/ časová)* gap, interval, *(priestorová, i inf)* spacing; **2.** *(časová)* lag, lapse; **3.** *(prn: odmerané/ chladné správanie)* reserve

odstúpiť *dk* **1.** *(pohnúť sa dozadu)* to step back, to draw back, *(nabok)* to step aside, *(z cesty)* to get out of sb's way; **2.** *(neuskutočniť)* to desist from, *(od skúšky, zmluvy ap)* to withdraw from, *(fml: od kandidatúry, žaloby ap)* to withdraw; **3.** *(zriecť sa)* to renounce, *(i od žaloby)* to back down, *(prenechať)* to cede, **4.** *(vzdať sa funkcie)* to resign

odsúdiť *dk* **1.** *(na súde, i prn)* to condemn, to convict, *(na súde)* to sentence, *(v neprítomnosti)* to condemn sb in default; **2.** *(nepriaznivo hodnotiť)* to censure; **3.** *(prn)* to doom

odsunúť *dk* **1.** *(ťahaním dať na iné miesto)* to pull aside/ back, *(odtlačiť nabok)* to push aside; **2.** *(prepraviť na iné miesto)* to transfer, *(voj: obyvateľstvo)* to evacuate; **3.** *(oddialiť)* to postpone, to put off

odštartovať *dk* **1.** *(o motorových vozidlách, i šport)* to start, *(o lietadle)* to take off; **2.** *(hov: začať)* to begin, to set off

odťať *dk* **1.** to chop off, to hew off, *(prst ap)* to amputate

odtiaľ *prísl* **1.** from there, therefrom, *(fml, arch)* thence; **2.** *(z toho, od toho)* from this/ that

odtiecť *dk* **1.** *(tečením sa premiestniť)* to flow [down/ away], *(i krv ap)* to run [down/ away/ from]; **2.** *(zbaviť vody tečením)* to drain, *(o tekutine)* to run off

odtieň *m* **1.** *(jemné odstupňovanie, i prn: typ)* hue, *(i prn)* nuance; **2.** *(farby)* tone, *(i prn: náznak)* shade; **3.** *(i doplnkové sfarbenie)* touch, **4.** *(prn: typ, druh)* cast, **5.** *(prn: malá miera, náznak)* suggestion

odtlačiť *dk* **1.** *(uverejniť v tlači, vytlačiť)* to print, *(uverejniť v tlači)* to publish; **2.** *(predtlačiť vzor na vyšívanie)* to impress, to reproduce; **3.** *(tlačením odsunúť)* to push

odtlačok *m* **1.** *(stopa v niečom/ na niečom, i polyg)* impression, *(i geol: v hornine)* imprint, *(pečiatky)* stamp, mark, moulage; **2.** *(typ: osobitný)* offprint, *(kefový)* proof sheet

odtok *m* **1.** *(odtekanie)* outflow, efflux, *(odpadovej vody)* effluent; **2.** *(zariadenie/ miesto)* drainage, *(rieky, jazera)* offshoot

odtrhnúť *dk* **1.** *(trhnutím oddeliť)* to tear st off/ away from/ out of, *(list papiera)* to rip st off/ out of, *(i gombík)* to pull, *(burinu, kvetiny)* to pull up, *(vetvy, lupienky ap)* to pull [ ] off, *(ovocie, kvetiny)* to pick, *(neos: ruku ap)* to be [left] minus st; **2.** *(prn: oddeliť)* to separate; **3.** *(odtiahnuť)* to draw away/ back

odučiť *dk* **1.** *(odvyknúť)* to disaccustom, to wean from; **2.** *(hov: odbaviť vyučovanie)* to finish teaching; **3.** *(prestať dojčiť, odlúčiť)* to wean

odumieranie *s* **1.** dying[-away], withering[-away], passing

odumrieť *dk* **1.** *(vyhynúť)* to die [away], *(rastliny, i prn)* to wither [away]; **2.** *(prn: zaniknúť)* to die out; **3.** *(opustiť po smrti)* to leave [behind]

odvaha *ž* **1.** courage, daring, bravery, *(v boji)* gallantry, *(prn)* heart, *(ifm)* pluck

odvaliť *dk* **1.** *(odkotúľať)* to roll [away from]; **2.** *(odraziť)* to knock off; **3.** *(hov: odkrojiť, odrezať)* to cut off, to slice off

odvážiť *dk* **1.** *(zistiť váhu)* to weigh; **2.** *(vážením oddeliť)* to weigh out/ up

odvážiť sa *dk* **1.** *(dodať si odvahy)* to dare, *(riskovať)* to [run the] risk of, to venture; **2.** *(zistiť svoju váhu)* to weigh oneself

odvážny *príd* **1.** *(človek, skutok)* brave, daring, bold, courageous, *(človek)* stout-hearted

odvďačiť sa *dk* **1.** *(odmeniť sa: komu za čo)* to reward, to recompense, *(preukázať vďaku: čím)* to show o's gratitude [with], *(vyjadriť vďaku)* to express o's gratitude

odveta *ž* **1.** *(odplata)* retaliation, *(pomsta)* revenge; **2.** *(šport)* return match; **3.** *(kniž: odpoveď)* reply

odvetvie *s* **1.** branch, section, department, line

odviesť *dk* **1.** *(dopraviť niekam, človeka/ zviera)* to take, *(vodiť)* to lead, *(pešo)* to walk, *(autom)* to drive; **2.** *(získať pre seba)* to take sb/ st away from; **3.** *(odvrátiť: i pozornosť)* to divert, **4.** *(premiestniť)* to transfer, *(fyz: teplo)* to dissipate, **5.** *(odovzdať)* to hand over, **6.** *(vziať za vojaka)* to enlist

odvíjať *ndk* **1.** to unwind, to uncoil, to wind off; **2.** *(kniž: rozvíjať)* to unfold

odvliecť *dk* **1.** *(odniesť na pleciach)* to carry, *(vozom)* to take, *(vlečením)* to drag st, *(násilím odviesť)* to drag sb away/ from/ out of; **2.** *(odviezť)* to haul, *(násilím odviezť)* to deport

odvod *m* **1.** *(odvádzanie: o tekutinách/ plynoch)* conduction, *(paru do vzduchu)* eduction; **2.** *(odovzdávanie)* consignment, payment

odvodiť *dk* **1.** *(vyvodiť)* to deduce, to infer; **2.** *(i mat, lingv)* to derive

odvodniť *dk* **1.** to drain [off], to dewater, to dehydrate

odvodňovací *príd* **1.** drainage, dewatering, dehydrating

odvolanie *s* **1.** *(zrušenie schôdze atď)* cancellation, *(i koncertu, predstavenia)* calling off, *(rozkazu)* countermand; **2.** *(vyhlásenie za neplatné)* invalidation, *(zákona)* abrogation, *(zmluvy)* rescission, *(slov, sľubu, návrhu, obvinenia ap)* withdrawal; **3.** *(vyslanca)* recall, *(vojsk)* calling back, *(z funkcie)* removal, **4.** *(práv)* appeal

odvolať *dk* **1.** to recall; **2.** to abrogate; **3.** to cancel, **4.** to take back, **5.** to retract, **6.** to withdraw

odvoz *m* **1.** *(preprava)* haulage, hauling, transport, transfer; **2.** *(odpratanie)* collection

odvrátiť *dk* **1.** *(obrátiť iným smerom)* to turn [away from], *(bočným smerom)* to turn [aside, **4.** to fend off

odzátkovať *dk* **1.** *(zbaviť zátky: fľašu)* to uncork, to unplug, to unstop[per], to open

odzbrojiť *dk* **1.** *(zastaviť zbrojenie, odobrať zbraň, i p)* to disarm, to dismantle armaments; **2.** *(odobrať zbraň)* to unarm, to unsteel

odznak *m* **1.** *(na čiapke)* badge, *(na rukáve)* insignia, *(na klope kabáta ap)* lapel pin; **2.** *(symbol, znak)* sign, emblem

odznieť *dk* **1.** *(prestať znieť)* to die away/ off; **2.** *(skladba)* to be played, to resound, *(slovo)* to be pronounced

odznova *prísl* **1.** *(ešte raz)* again, *(rhet: i znova)* anew

oficiálny *príd* **1.** official, formal

ohavný *príd* **1.** *(budiaci hnus, hrozný, škaredý, podlý)* abominable; **2.** *(veľmi škaredý)* monstrous; **3.** *(budiaci hnus, odpor)* repulsive, disgusting, **4.** *(podlý, hanebný)* vile, execrable, **5.** *(strašný, hrozný)* horrible, hideous

oheň *m* **1.** *(i požiar, paľba, i prn)* fire; **2.** *(požiar)* blaze; **3.** light; **4.** *(vatra)* bonfire, **5.** *(bengálsky)* Bengal light, **6.** *(hov: šporák)* stove, **7.** *(prn: ťažká situácia)* hell

ohľad *m* **1.** *(rešpektovanie, hľadisko)* respect, *(fml: i zreteľ)* regard, *(pozornosť)* attention, *(i všímanie si)* concern, *(i zreteľ)* consideration, *(hľadisko)* aspect; **2.** *(zhovievavosť)* indulgence; **3.** *(s ohľadom)* in respect of, in consideration of, *(bez ohľadu na)* regardless of

ohľaduplný *príd* **1.** *(majúci ohľad)* regardful, *(i pozorný)* thoughtful, *(taktný)* considerate, *(majúci porozumenie)* understanding, *(láskavý)* nice

ohlas *m* **1.** *(reakcia)* response, reaction; **2.** *(súhlasná)* favour, approval; **3.** *(trochu zast: ozvena)* echo, **4.** *(voj: časť hesla)* countersign

ohlásiť *dk* **1.** *(oznámiť, i príchod)* to announce st/ sb, *(oznámiť)* to give notice of, to declare, *(písomne, úradne)* to report; **2.** *(oznámiť príchod)* to announce the visit of; **3.** *(zr: zavolať na)* to call [out to]

ohláška *ž* **1.** *(oznámenie, i žel)* announcement, notice; **2.** *(odb: formulár, hlásenie)* form, blank; **3.** mn: **ohlášky**. *(cirk: v kostole)* banns

ohluchnúť *dk* **1.** to become deaf, to go deaf

ohnisko *s* **1.** *(miesto kde horí oheň)* fireplace, *(kozuba, pece)* hearth, *(pece)* [combustion] chamber; **2.** *(veľký požiar)* conflagration; **3.** *(fyz, opt, geom, lek, zemetrasenia, i prn)* focus, *(zemetrasenie)* epicentrum, **4.** *(prn: stredisko)* center, *(zdroj)* seminary

ohniskový *príd* **1.** *(fyz, geom)* focal, *(vzdialenosť)* convergence, *(opt)* equivalent, *(geom: parameter)* latus rectum; **2.** fire

ohnivý *príd* **1.** *(žeravý, i prn)* incandescent, *(horiaci, horúci, i prn)* flaming, *(horiaci)* blazing, *(horúci, i silný)* hot; **2.** *(pochádzajúci z ohňa)* fire; **3.** *(červený, i prn)* fiery [red], **4.** *(prn: vášnivý)* passionate, fiery, *(silný: víno)* strong

ohnúť *dk* **1.** to bend, to deflect, to curve, to weigh down; **2.** *(prn: urobiť poddajným)* to flex

ohodnotiť *dk* **1.** *(stanoviť hodnotu, určiť cenu, oceniť: čo, koho)* to value; **2.** *(stanoviť hodnotu: čo)* to evaluate, to assess; **3.** *(i určiť cenu)* to price, **4.** *(oceniť)* to appreciate

oholiť *dk* **1.** to shave, *(si)* to shave [o's]; **2.** *(urobiť holým)* to shave st away/ off; **3.** *(dať si oholiť)* to have a shave, **4.** *(hov: bez britvy)* to clean out

oholiť sa *dk* **1.** to shave [os]

ohrada *ž* **1.** *(oplotenie)* fencing, *(plot: látková)* fence, *(brvnová)* paling, *(voj)* palisade, *(živá)* hedging, *(železná)* rail; **2.** *(ohradené miesto)* enclosure, *(pre dobytok)* pen

ohradiť *dk* **1.** *(ohraničiť plotom)* to fence [st in/up/off/about], *(: živým plotom)* to hedge [in/round], *(: stenou)* to wall [in], *(: hradbou)* to fortify

ohradiť sa *dk* **1.** *(protestovať)* to protest, to object, to take exception; **2.** *(zast)* to protect os

ohraničiť *dk* **1.** *(vymedziť hranice)* to delimit[ate], to demarcate, *(i obklopiť)* to bound; **2.** *(obklopiť)* to enclose; **3.** *(prn:*

určiť rozsah/ obsah) to determine, to delineate, **4.** *(prn: obmedziť)* to limit, to circumscribe

ohriať *dk* **1.** to heat [up], to warm up; **2.** *(prn: oživiť, potešiť)* to cheer up, to revive

ohrievač *m* **1.** heater, heating apparatus, heating appliance, *(elektrický)* electric heater, *(poduška ap.)* warmer, warming pad

ohromiť *dk* **1.** *(neočakávane/ silno prekvapiť: ob pass)* to thunderstruck, to astound, *(ifm)* to flabbergast; **2.** *(nemilo prekvapiť)* to dismay; **3.** *(diviť)* to amaze

ohromný *príd* **1.** *(obrovský)* enormous, huge, immense, *(ifm: veľký)* tremendous, awful; **2.** *(skvelý)* splendid, wonderful, formidable, *(am)* terrific, gorgeous

ohryzok *m* **1.** *(jablka ap)* core; **2.** *(hov: v krku)* Adam's apple

ohyb *m* **1.** *(ohnutie, zákruta, i tech)* bend, *(fyz: svetla)* bending; **2.** *(tech)* curvature, *(i geol)* flexure, *(geol)* [step]fold; **3.** *(zákruta)* curve, turn

ohybný *príd* **1.** *(dajúci sa ohýbať, i prn)* flexible, *(dajúci sa ohýbať)* bendable, *(väzba)* limp, pliable, *(i postava)* supple, *(pružný, i prn)* elastic; **2.** *(prn: poddajný)* yielding; **3.** *(gram: dajúci sa skloňovať/ časovať)* inflectable, *(skloňovať)* declinable

ochabnúť *dk* **1.** *(oslabnúť)* to weaken, to become weak, *(i prn)* to wilt; **2.** *(prn: stratiť na intenzite)* to fade, to attenuate, to slacken, *(i pamäť, zrak)* to fail

ochabnutý *príd* **1.** *(slabý)* weak, feeble, *(svalstvo, koža, telo)* flaccid, *(vyčerpaný)* fatigued, *(malátny)* emaciate, *(skleslý)* prostrate, *(i skleslý)* languorous; **2.** *(zmenšený)* slack, *(zhoršený)* lax

ochladiť *dk* **1.** *(urobiť chladnejším)* to cool [st down/ off], *(šampanské)* to chill; **2.** *(osviežiť)* to refresh; **3.** *(prn: zmierniť silu citu)* to cool sb down/ off

ochorieť *dk* **1.** *(bezpr)* to fall ill, to be taken ill; **2.** *(na čo)* to come down with, *(fml)* to become affected with

ochota *ž* **1.** *(dobrá vôľa vykonať)* willingness [to do st], *(dobrá vôľa)* goodwill, *(snaha/ dobrá vôľa vyhovieť)* obligingness, *(fml)* complaisance

ochotný *príd* **1.** *(úslužný)* obliging, serviceable, assiduous, obsequious; **2.** *(hotový urobiť niečo)* willing, ready

ochrana *ž* **1.** *(starostlivosť, chránenie, i prn, i tech)* protection, safeguard[ing]; **2.** *(chránenie, i voj)* defense; **3.** *(prn)* auspices, wing, **4.** *(opatrenie)* prevention, precaution, **5.** *(zariadenie na chránenie)* protective device/ apparatus, screen, *(proti aids ap)* condom

ochranca *m* **1.** protector, defender, preserver, tutelar[y]

ochrániť *dk* **1.** *(obrániť, uchovať, zavarovať pred)* to protect [from], *(poskytnúť ochranu)* to give/to afford protection, to shield; **2.** *(uschovať bez ujmy)* to preserve; **3.** *(zavarovať pred dačím zlým/ nebezpečným)* to save

ochromieť *dk* **1.** *(ochrnúť)* to become paralyzed, *(na nohu)* to become lame; **2.** *(prn: prestať fungovať)* to come/ to be at a standstill

ojedinelý *príd* **1.** *(jedinečný)* unique, *(nemajúci páru)* unequalled, *(výnimočný)* singular; **2.** *(osamotený)* isolate[d], solitary, sporadic[al]

okamih *m* **1.** moment, instant, second, *(ifm)* sec, mo; **2.** *(*za okamih)* in a minute/second/jiffy, *(*vrátim sa za okamih)* [I'll be] back in a minute, *(*v poslednom okamihu)* at the last moment

okenica *ž* **1.** [window] shutter, window blind; **2.** *(obločný rám)* window frame

okienko *s* **1.** *(zdrob)* [small/ little] window, *(vetracie)* vent window; **2.** *(priezor)* peephole; **3.** *(niečo podobné okienku: obálky, úradu)* window, *(úradu, pošty, banky)* counter, *(na predaj lístkov)* guichet, *(am)* wicket, *(v jedálni)* [serving-]hatch, *(fotoaparátu)* viewfinder, **4.** *(hov škol: voľný čas medzi prednáškami)* free period

okľuka *ž* **1.** *(obchádzka)* detour, *(nepriama cesta)* circuitous route/ way, roundabout/ indirect path; **2.** *(nepriamy spôsob)* circuitous way[s], roundabout way/ method

okno *s* **1.** *(i v aute)* window, *(strešné)* skylight, *(na boku lode)* port[hole], *(krídlové)* casement window, *(zvislo posuvné)* sash window; **2.** *(hov: voľný časový úsek, prázdne miesto)* blank

oko *s* **1.** *(anat, zool, pohľad, postreh, i sekery ap)* eye, *(zool)* ocellus; **2.** len mn **oči**. *(zrak)* eye[s]; **3.** *(niečo podobné oku: slučka)* snare, *(na sieti)* mesh, *(na polievke ap.)* ring [of fat], *(cyklónu)* vortex, *(ele: magické)* magic eye, *(polyg: litery)* [type]face, **4.** *(voľné/ prosté)* naked eye, *(umelé/ sklené)* glass eye

okolie *s* **1.** *(oblasť okolo nejakého strediska)* surroundings, area, *(okolo mesta)* environs, *(kraj)* region, *(budovy)* precincts, *(domu)* neighbourhood; **2.** *(prostredie)* environment; **3.** *(prn)* milieu

okolnosť *ž* **1.** ob mn: **okolnosti** circumstance, situation, condition, consideration, *(mimoriadne)* emergency; **2.** *(v takýchto okolnostiach)* under the circum -stances, *(za každých okolností)* in any case, *(podľa okolností)* as the case may be

okolo I. *predl* **1.** *(dookola)* around, round, about; **2.** *(pri, v blízkosti)* nearby, round about; **3.** *(povedľa, mimo)* past, by, **4.** *(pozdĺž)* alongside, **5.** *(v spojení s: pracovať, robiť ap)* with, **6.** *(približne, asi)* about, around, approximately, some, **II.** *prísl* **7.** *(dookola)* around, **8.** *(popri, mimo)* outside, past

okoreniť *dk* **1.** *(i prn)* to spice, to season, to flavour, *(prn)* to sauce

okovať *dk* **1.** *(obiť kovom)* to iron, *(na spevnenie)* to brace, *(na ozdobu)* to trim with metal; **2.** *(podkovať)* to tip with iron

okovy *ž pomn* **1.** irons, shackles, *(na nohách)* fetters; **2.** *(prn)* chains

okradnúť *dk* **1.** to rob, to relieve, to clean sb out, *(ifm)* to rip sb off; **2.** *(pripraviť)* to deprive

okraj *m* **1.** *(čiara, časť lemujúca niečo, i šiat)* border, *(i lesa, stola)* edge, *(cesty)* side, *(útesu, vrchu)* brink, *(vrch)* brim, *(chodníka)* curb, *(mesta)* outskirts, *(margo i polyg, inf)* margin, *(látky)* hem

okrajový *príd* **1.** *(i prn)* marginal, border, fringe, side-, *(mat)* boundary

okrem I. *predl* **1.** *(vynímajúc)* except [for], excepting, but for, save, with the exception of, *(pred podst)* apart from, *(po podst)* apart; **2.** *(okrem všetkého žartu)* joking apart/ aside; **3.** *(popri, vedľa)* besides, in addition to, beyond, **II.** *spoj* **4.** *(okrem toho, že)* exept fror the fact that

okres *m* **1.** *(administr. jednotka)* district, county, burgh, borough, shire, ward

okresný *príd* **1.** district, county, regional

okruh *m* **1.** *(priestor v podobe kruhu, i prn)* circle, *(dosah)* radius, *(i prn)* range; **2.** *(kruhová dráha, i mat, inf)* ring, *(kruhový obvod, i ele, šport)* circuit, *(šport: pretek)* tour; **3.** *(prn: sféra, oblasť)* sphere, field, *(skupina ľudí)* set

okrúhly *príd* **1.** *(majúci tvar kruhu)* round, circular, rounded, *(bot, zool)* orbiculate; **2.** *(tučný, majúci oblé tvary)* plump, chubby; **3.** *(zaokrúhlený)* rouded up/ down, approximate

okružný *príd* **1.** *(i ekon, tech, ele, anat)* circular, *(tvoriaci okruh)* gyral, *(cesta)* circuitous, round, *(jazda)* [sightseeing] tour, *(ele: vedenie)* ring

október *m* **1.** October; **2. Október**. *(hist)* October Revolution

okuliare *m pomn* **1.** glasses, spectacles, *(ifm)* specs, *(ochranné)* goggles

okúpať *dk* **1.** *(umyť ponorením: dieťa, koňa)* to bath, to give sb a bath; **2.** *(vymáčať v liečivom roztoku)* to bathe, to wash; **3.** *(dievčatá na Veľkonočný pondelok)* to splash

okúpať sa *dk* **1.** to take a bath, to have a bath, to tub

olej *m* **1.** *(i tech, i ifm: obraz)* oil, *(olivový)* olive oil, *(na opaľovanie)* sun-tan oil; **2.** *(hov: olejová farba)* oils, oil painting

olejomaľba *ž* **1.** *(spôsob maľby, i ifm: obraz)* oil painting; **2.** *(obraz)* oil

olemovať *dk* **1.** *(dať obrubu, lem ap)* to provide with a border, *(i prn)* to border, *(čipkami ap)* to trim; **2.** *(prn: utvoriť lem/ obrubu niečoho)* to edge, to fringe

oliva *ž* **1.** *(bot európska: Olea europaea)* olive tree, *(plod)* [edible] olive; **2.** *(bot európska lesná: Olea europaea sylvestris)* oleaster

olivový *príd* **1.** *(i o farbe)* olive, olive-wood; **2.** *(farba)* olive green, olive-coloured

olízať *dk* **1.** to lick

olovený *príd* **1.** lead, *(i farba, i prn: ťažký)* leaden, plumbeous, *(farba)* leady

olovo *s* **1.** lead

olovrant *m* **1.** afternoon snack, tea-time snack, [afternoon] tea

oltár *m* **1.** altar

olúpať *dk* **1.** *(odstrániť šupu: jablko, banán, pomaranč, zemiak)* to peel, *(: vrstvu, šupu: jablko)* to pare, *(: i kôru: citrón, pomaranč, melón)* to rind, *(: šupiny: fazule, hrach)* to husk, *(: škrupinu)* to [un]shell, *(: kôru)* to bark

olympiáda *ž* **1.** *(športové zápolenie)* Olympic Games, Olympics, *(i hist: štvorročné obdobie)* Olympiad; **2.** *(hist: hry)* Olympic games

olympijský *príd* **1.** Olympic

omáčka *ž* **1.** sauce, dressing, dip, *(tatárska)* tartar[e] sauce; **2.** *(prn: ťažká situácia)* trouble, *(byť v omáčke)* to be in the soup; **3.** *(nepodstatná časť hovorového prejavu)* spiel

omámiť *dk* **1.** *(zbaviť jasného vedomia)* to stupefy, to bemuse, *(ob pass)* to daze, *(i prn)* to stun; **2.** *(prn: očariť)* to seduce, *(krásou)* to dazzle, *(láskou)* to besot

omamný *príd* **1.** stupefying, narcotic; **2.** *(očarujúci)* stunning, dazzling

omdlieť *dk* **1.** to faint, to swoon, *(ifm)* to pass out

omeleta *ž* **1.** omelet[te], *(so zeleninou)* Spanish omelette

omeškať sa *dk* **1.** *(prísť neskoro)* to be late, to come late; **2.** *(nedodržať termín)* to delay, to default; **3.** *(zr: dlhšie zostať)* to overstay

omínať *ndk* **1.** *(tlačiť)* to pinch, to press; **2.** *(prn: trápiť)* to bother, to trouble

omnoho *prísl* **1.** *(v spojení s 2 st)* by far, greatly, much

omotať *dk* **1.** *(okrútiť: čo čím)* to wrap [st up/in st], to envelop [st in st], *(: okolo čoho)* to wrap [st around st], to bind st around, *(navinúť)* to wind round

omráčiť *dk* **1.** *(úderom zbaviť vedomia)* to knock sb out, to sand-bag; **2.** *(prn)* to flabbergast, to stun, to thunderstrike

omrznúť *dk* **1.** *(pokryť sa ľadom)* to be covered with ice, *(srieňom)* to be covered with frost; **2.** *(obmrznúť)* to freeze, *(byť poškodený mrazom)* to be damaged by frost

omša *ž* **1.** *(cirk: ob katolícka)* Mass, *(veľká, slávnostná, spievaná)* High Mass, *(anglikánska)* [divine] service; **2.** *(hud)* mass

omšový *príd* **1.** mass, *(kniha)* mass-book, missal

omyl *m* **1.** mistake, error, *(z nepozornosti)* inadvertence, slip, *(ťažký)* blunder; **2.** *(*to je omyl!: pri telefóne)* you have the wrong number!

omylom *prísl* **1.** by mistake, *(fml)* erroneously

on *zám* **1.** he

ona *zám* **1.** she

onak *prísl* **1.** otherwise, in another way; **2.** *(*tak či onak)* anyway, in any case

onedlho *prísl* **1.** before long, presently, by and by, soon, *(arch, poet)* erelong

onemieť *dk* **1.** *(stať sa nemým)* to become mute, *(i prn)* to become speechless; **2.** *(prn: zamĺknuť od vzrušenia)* to be doumfounded; **3.** *(stíchnuť)* to fall/ to become silent

onen *zám* **1.** *(ten, tamten)* that; **2.** *(iný, druhý)* [the] other, *(ten či onen)* [that] one or the other, any[one], *(to i ono)* any[thing], *(onen svet)* the other/ next world, *(za oných časov/ za onoho času: dávno)* in olden times, *(: kedysi)* sometime, once; **3.** *(odkazuje na niečo všeobecne známe)* the [well-known]

oneskorenie *s* **1.** delay, [time-]lag, *(fml)* retard, *(s... oneskorením)* [ ] late; **2.** *(inf)* hold-up, *(tech)* lagging, *(ele)* delay time, *(fyz)* hysteresis, *(metr)* response time, *(mot)* lapse

oneskoriť sa *dk* **1.** *(prísť neskoro)* to come/ to be late, *(zmeškať)* to delay; **2.** *(urobiť niečo neskoro)* to be behind; **3.** *(ostať pozadu)* to lag [behind], *(s platením)* to be behindhand with, *(o hodinách)* to lose

oni *zám* **1.** they

ono *zám* **1.** *(to, tamto)* it, the one; **2.** *(iné, druhé)* the other

oňuchať *dk* **1.** *(o zvieratách: ňuchaním zistiť)* to smell out, *(očuchať)* to sniff at, to nuzzle; **2.** *(prn: zistiť)* to smell

opačný *príd* **1.** *(protiľahlý, i smer, i fyz, ele, tech)* opposite, *(idúci oproti: pohyb)* backward; **2.** *(protichodný)* contrary, opposed, *(úplne)* antipodal, *(protikladný)* contradictory; **3.** *(odlišný)* different, *(i mat)* inverse, **4.** *(rubový, i idúci oproti)* reverse, **5.** *(bot)* resupinate, **6.** *(v opačnom prípade)* otherwise, failing this

opadnúť *dk* **1.** *(lístie)* to fall [down/ out], *(stromy ap)* to shed [o's] leaves; **2.** *(klesnúť)* to sink; **3.** *(hov: odvisnúť)* to droop, *(schudnúť)* to become skinny, **4.** *(prn)* to subside, to fall off

opak *m* **1.** *(rub)* reverse, reverse side of st; **2.** *(protiklad)* contrary, opposite, converse, antithesis, contraposition, negation

opakovanie *s* **1.** *(i škol)* repetition, [re]iteration, recurrence, *(i biol)* replication; **2.** *(div)* encore; **3.** *(hud: označenie v notách)* repeat [mark/ sign]

opakovať *ndk* **1.** *(i škol: triedu, i div, tel)* to repeat, *(spamäti)* to say over, *(i čin)* to reiterate, *(i pred predstavením)* to rehearse, *(po niekom)* to echo [back], *(ako papagáj)* to parrot, *(vracať)* to return; **2.** *(škol: skúšku)* to resit [for], *(učebnú látku)* to learn up; **3.** *(div)* to encore, **4.** *(žiadosť obecenstva: *opakovať!)* encore!

opáliť sa *dk* **1.** to get scorched, to get singed; **2.** *(na slnku)* to get [sun]tanned

opaľovanie *s* **1.** scorching, singeing, *(obuv)* burnishing; **2.** *(na slnku)* suntanning

opanovať *dk* **1.** *(získať moc, vládu)* to conquer, *(i prn)* to seize, *(obsadiť)* to occupy; **2.** *(prn: zavládnuť)* to grip

opantať *dk* **1.** *(opliesť, ovinúť)* to entwine, *(obkrútiť)* to encircle, *(omotať)* to enwrap, to wind around; **2.** *(zmocniť sa)* to win over

opar *m* **1.** *(jemná hmla)* mist, *(z horúčavy, dymu)* haze, *(para)* vapour, *(ľahký)* gauze; **2.** *(horúčava)* heat wave; **3.** *(lek: choroba i vírus)* herpes [simplex], *(mechúrik)* cold sore

opásať *dk* **1.** *(ovinúť nejakým pásom, i prn, i udrieť)* to belt, to fasten st with a belt, *(arch: meč ap)* to gird st on; **2.** *(obviazať, zviazať)* to [en]girdle, to begird; **3.** *(udrieť korbáčom)* to flog

opasok *m* **1.** *(i voj)* belt; **2.** *(zool: zhrubnutie u červov)* clitellum; **3.** *(*utiahnuť si opasok)* to tighten o's belt

opatera *ž* **1.** care, charge, tendance, *(chorých)* nursing

opatrenie *s* **1.** measure, step, provision, arrangement, *(preventívne)* precaution

opatriť *dk* **1.** *(postarať sa o niekoho, niečo)* to take care of, to look after, *(chorého)* to nurse; **2.** *(kniž: obstarať)* to provide [with]

opatrnosť *ž* **1.** *(pozornosť, aby sa nestalo niečo zlé)* caution, wariness, prudence, *(bedlivosť)* vigilance

opatrný *príd* **1.** *(pozorný, aby sa nestalo niečo zlé)* cautious, careful, wary, prudent, *(bedlivý)* vigilant, *(šofér, politik)* safe

opätok *m* **1.** heel

opätovný *príd* **1.** repeated, reiterated, follow-up, re[-]

opekať *ndk* **1.** to bake, to grill, *(i hov: o slnku)* to roast, *(na oleji)* to fry

opera *ž* **1.** *(hudobné dielo, i budova)* opera, *(komická)* comic opera; **2.** *(budova)* opera-house, *(londýnska)* Covent Garden

operácia *ž* **1.** *(i mat, lek, fin, voj)* operation, *(obch)* transaction, *(lek)* surgery, *(voj)* campaign

operačný *príd* **1.** *(analýza, kontrola)* operational, *(systém)* operative, *(čas, let: výška, i lek: sála)* operating; **2.** *(kyb, inf)* computing, *(pamäť)* working

operadlo *s* **1.** *(zadné)* back, backrest, *(vy-*

soké) dorsal; **2.** *(bočné)* arm

operatívny *príd* **1.** operative, operational, operating; **2.** *(lek)* chirurgically

operný *príd* **1.** *(ária, hudba)* operatic, *(spevák)* opera

operovať *ndk* **1.** *(i lek)* to operate; **2.** *(tech: manipulovať)* to manipulate

opica *ž* **1.** *(zool: Cebidae, Cercopithecide atď, i prn)* monkey; **2.** *(zool: Simiae, Anthtopoidea, i prn)* ape; **3.** *(prn pej)* parrot, *(nádavka žene)* cow, **4.** *(hov: stav opilosti/ ifm)* jag

opičiak *m* **1.** *(opičí samec)* male monkey, male ape; **2.** *(nadávka mužovi)* beast

opierať *ndk* **1.** to lean [st against], to prop [st against]; **2.** *(kniž)* to base [st on]

opierať sa *ndk* **1.** to be based on, *(tech)* to bear on

opilec *m* **1.** *(opitý človek)* drunk; **2.** *(pijan)* drunkard, bum, sot

opilstvo *s* **1.** *(pijanstvo)* alcoholism, *(i stav opilosti)* drunkenness; **2.** *(zast: stav opilosti)* intoxication

opis *m* **1.** *(podávanie správy)* description, exposition, account, *(stručný)* sketch; **2.** *(štýl: perifráza)* periphrasis

opísať *dk* **1.** to describe, to delineate, to represent, to depict, to portray; **2.** *(štýl)* to periphrase; **3.** *(oblúk ap)* to draw, *(mat, geom)* to generate, *(geom: kružnicu)* to circumscribe

opisný *príd* **1.** descriptive, narrative, roundabout, circumlocutory; **2.** *(štýl)* periphrastic

opiť sa *dk* **1.** to get drunk, *(ifm)* to get pissed, to get stoned; **2.** *(prn: opojiť sa)* to get inebriated

opitý *príd* **1.** drunk, *(fml)* ebrious, *(ifm)* pissed, stoned; **2.** *(prn: opojený)* inebriate

opláchnuť *dk* **1.** *(umyť obliatím vodou)* to rinse, *(ponorením do vody)* to wash, *(fľašu, pohár)* to wash out, *(prúdom vody)* to flush; **2.** *(hov: oklamať)* to clean sb out

oplatiť sa *dk* **1.** to be worthwhile, to be worth sb's while, to pay

oplývať *ndk* **1.** to abound in, to be rich in, to be rife with, to overflow with

opodstatnený *príd* **1.** well-founded, justified, *(pochybnosť)* reasonable, *(požiadavka)* legitimate

opojný *príd* **1.** intoxicating, intoxicant, *(víno, i prn)* heady; **2.** *(prn)* inebriating

opona *ž* **1.** curtain; **2.** *(železná)* iron curtain, *(prn pol)* the Iron Curtain

oponent *m* **1.** *(i v diskusiách, i posudzovateľ dizertácie)* opponent; **2.** *(posudzovateľ vedeckej dizertácie)* opposer; **3.** *(kto oponuje)* oppugner, *(rar)* oppugnant

oponovať *ndk* **1.** to oppose, to oppugn, to object

opora *ž* **1.** prop, *(i prn)* support, brace; **2.** *(prn: podpora)* pillar, mainstay

opovážiť sa *dk* **1.** to dare, to have the audacity to, to have the nerve to, to venture, to make bold

opozícia *ž* **1.** opposition, dissent, counteraction

oprášiť *dk* **1.** *(klepaním, prášením zbaviť prachu: čo)* to dust, *(niekoho)* to dust sb off/ down, *(poutierať)* to wipe; **2.** *(okiepať)* to shake st off

oprava *ž* **1.** *(odtránenie chýb, i úloh)* correction, *(tlačová)* corrigendum, *(korektúra)* proofreading, *(obnovenie niečoho poškodeného)* repair, *(obuvy, pančúch ap)* mending, *(budovy ap)* refit[ting], *(tech)* repair work, *(generálna)* overhaul

opraviť *dk* **1.** *(odstrániť chyby, i knihu, úlohu)* to correct, *(nedostatky)* to amend, *(text)* to emend; **2.** *(odstrániť poškodenie)* to repair, to fix, *(obnoviť)* to recondition, *(budovu)* to renovate; **3.** *(zr: zlepšiť)* to reform

oprávnenie *s* **1.** *(právo, právomoc)* title, *(právo)* right, *(právomoc)* legitimation, authority, faculty, *(kompetencia)* competency, capacity, *(povolenie)* authorization, *(vodičské, živnostenské)* licence; **2.** *(odôvodnenie, opodstatnenie)* grounds

oprávnený *príd* **1.** *(majúci právo)* rightful, righteous, legitimate; **2.** *(odôvodnený, opodstatnený)* authorized, competent, justified

opravný *príd* **1.** *(odstraňujúci chyby:*

činnosť) corrective, *(i inf: kód)* correcting, *(uhol, i inf: kláves)* correction; **2.** *(opravujúci: zváranie)* repair; **3.** *(opravná skúška)* resit

opravovňa *ž* **1.** [-]repair shop, *(dielňa)* workshop, service, *(auto)* garage

oprieť *dk* **1.** *(priložiť k niečomu pevnému)* to lean [against/ on], *(ruky, hlavu ap)* to rest, *(podoprieť)* to prop; **2.** *(kniž)* to base [on]

oproti I. *predl* **1.** *(v miestnom význame)* opposite [to], in front of; **2.** *(pri slovesách pohybu)* toward; **3.** *(v porovnaní)* as compared with, in comparison with, **II.** *prísl* **4.** *(v miestnom význame)* opposite, **5.** *(pri slovesách pohybu)* counter to

optický *príd* **1.** *(i jav, sklo, klam)* optical, sight, *(i pamäť)* visual, *(pyrometer)* absorption

optik *m* **1.** optician

optika *ž* **1.** optics; **2.** *(obchod)* optician's

optimista *m* **1.** optimist

opustený *príd* **1.** *(zanedbaný: o veci/ človeku, osamotený)* abandoned, *(i prázdny)* deserted; **2.** *(prázdny)* empty; **3.** *(osamotený)* lonely, **4.** *(zanedbaný: o človeku)* forlorn

opustiť *dk* **1.** *(odísť odniekiaľ, nechať)* to leave; **2.** *(nechať, zanechať)* to abandon

opýtať sa *dk* **1.** to ask, *(fml)* to inquire, to query

orať *ndk* **1.** *(obracať pôdu pluhom)* to plough, *(am)* to plow, *(spracúvať pôdu)* to till

ordinácia *ž* **1.** *(miestnosť, i zubná)* surgery; **2.** *(lek: ordinovanie)* medical examination; **3.** *(lek: predpísanie liekov, i cirk)* prescription, *(i cirk)* ordering, **4.** *(cirk: vysvätenie za kňaza, us)* ordination

orech *m* **1.** *(bot: kráľovský)* walnut [tree], *(bot: čierny)* black walnut, *(bot: popolavý)* white walnut; **2.** *(plod, drevo)* walnut; **3.** ob mn: **orechy** nut, *(lieskový)* hazelnut

orechový *príd* **1.** walnut

orgán *m* **1.** *(časť tela, výkonný úrad, noviny polit strany)* organ; **2.** *(výkonný úrad)* body; **3.** *(i uradník)* authority, **4.** *(noviny, časopis)* mouthpiece

organizačný *príd* **1.** organizing, organizational, organization, strategic

organizovaný *príd* **1.** organized

organizovať *ndk* **1.** *(i prácu, súťaž, štrajk)* to organize, *(večierok, exkurziu)* to arrange, *(br ifm)* to lay on, *(zriadovať)* to array, *(združovať)* to unionize

orgován *m* **1.** *(bot: Syringa)* lilac, syringa

orientácia *ž* **1.** *(určenie polohy, smeru, i prn)* orientation, bearings; **2.** *(prn)* guidance; **3.** *(tech)* alignment

orientačný *príd* **1.** orientational, orientation, indicative, informative, *(preteky)* orienteering

orientovaný *príd* **1.** *(usmernený, zameraný)* oriented, directed, *(tech)* aligned

orientovať *n/dk* **1.** to orient[ate], to direct, to gear, *(geod)* to set

orientovať sa *ndk* **1.** *(oboznámiť sa)* to orientate os, to find one's bearings in; **2.** *(zamerať sa)* to orient os toward; **3.** *(vyznať sa)* to be at home in, to find one's way in

oriešok *m* **1.** *(zdrob)* nutlet, [small] nut; **2.** *(lieskový)* hazelnut, *(búrsky)* peanut; **3.** *(prn: ťažký, tvrdý)* a hard/ tough nut [to crack]

originálny *príd* **1.** original, genuine, authentic, true

orlí *príd* **1.** eagle's, aquiline

orodovať *ndk* **1.** *(hov: prosiť za niekoho)* to intercede with sb for sb, *(prosiť za niečo)* to plead with sb for st

orol *m* **1.** *(zool: skalný)* [golden] eagle, *(zool: Haliaetus leucocephalus)* bald eagle; **2.** *(znak, i prn)* eagle, *(znak USA)* bald eagle; **3.** *(hlava alebo orol)* head or tail, **4.** **Orol**. *(astron)* The Eagle

os *ž* **1.** *(mat, geom, fyz, inf, str, astron, polit)* axis, *(súmernosti)* axis of symmetry, *(úsečiek/ vodorovná/ x)* axis of abscissas/ x-axis, *(ordinát/ y)* axis of ordinates/ y-axis; **2.** *(tyč)* axle, shaft; **3.** *(i prn)* fulcrum, *(prn)* hub, **4.** *(pera, u vtákov)* stem

osa *ž* **1.** *(zool: Vespula)* wasp

osada *ž* **1.** settlement, community, hamlet; **2.** *(zast: kolónia)* colony

osamelosť *ž* **1.** *(opustenosť, samota, osamotené miesto)* solitude, *(opustenosť)* solitariness, loneliness; **2.** *(odlúčenosť)* separateness; **3.** *(pustota)* desolation

osamelý *príd* **1.** *(oddelený od iných, pustý, opustený)* lonely, *(oddelený od iných, pustý)* solitary, *(oddelený od iných, izolovaný)* isolated; **2.** *(opustený, i pustý)* desolate, *(o človeku)* forlorn, *(ob i smutný)* lonesome; **3.** *(pustý, prázdny)* deserted, unfrequented

osamote *prísl* **1.** *(sám, sami)* alone, *(s kým)* in private; **2.** *(opustene)* in solitude, *(izolovane)* isolated

osamotený *príd* **1.** *(osamelý, izolovaný)* solitary, *(izolovaný)* isolated; **2.** *(sám, opustený)* lonely, *(ob i smutný)* lonesome, *(ponechaný sám na seba)* forlorn, *(dieťa)* orphaned

osedlať *dk* **1.** to saddle, to panel; **2.** *(prn: podmaniť)* to subdue, *(riadiť)* to guide

osem *čísl* **1.** eight

osemdesiatina *ž čísl* **1.** one eightieth, the eightieth part

osemdesiaty *čísl* **1.** eightieth, 80th

osidlo *s* **1.** *(poľov: slučka)* snare, *(pasca, i prn)* trap, *(na vtákov)* springe

osika *ž* **1.** *(bot: Populus tremula/ tremuloides)* aspen, trembling poplar, *(bot: Populus tremuloides)* quaking aspen

oslabiť *dk* **1.** *(ubrať síl)* to weaken, *(organizmus, koho)* to debilitate; **2.** *(urobiť slabším: napätie)* to reduce, *(aktivitu)* to depress

osladiť *dk* **1.** to sweeten, to sugar, to dulcify, to edulcorate

oslava *ž* **1.** *(oslavovanie, slávnosť)* celebration, *(oslavovanie)* rejoicing, junket[ing], *(i slávnosť)* party; **2.** *(slávnosť)* festivity, gala, *(jubilejná)* jubilee, *(ktorou sa pripomína výročie, pamiatku)* commemoration, **4.** *(kniž)* glorification

osláviť *dk* **1.** to celebrate, to rejoice, to junket, *(výročie, pamiatku niekoho/ niečoho)* to commemorate; **2.** *(kniž)* to glorify

oslepiť *dk* **1.** to blind, to purblind, to unsight; **2.** *(oslniť)* to dazzle

oslobodenie *s* **1.** liberation, affranchisement, emancipation, release, *(práv)* acquittal

oslobodiť *dk* **1.** *(i územie, mesto)* to liberate, to free, *(dať niekomu slobodu)* to set free, to set at liberty, *(vymaniť z poroby)* to disenthrall, *(práv)* to acquit

osloviť *dk* **1.** *(prihovoriť sa niekomu)* to address, *(obrátiť sa na niekoho rečou)* to turn to, *(neznámu osobu)* to accost; **2.** *(pomenovať menom, titulom)* to call; **3.** *(zr: poprosiť)* to ask

osmina *ž čísl* **1.** one eighth, the eighth part; **2.** *(hud)* quaver; **3.** *(hov: hracia karta)* eight

osnova *ž* **1.** *(text)* warp; **2.** *(hud)* staff; **3.** *(plán)* plan, *(návrh)* draft, *(práv: zákona)* [parliamentary] bill, *(škol: učebná)* programme

osoba *ž* **1.** *(i práv, gram)* person, individual, fellow, *(hrdina, postava)* character, *(osoby: v divadelnej hre)* dramatis personae; **2.** *(práv: fyzická)* natural person, *(právnická)* legal person

osobitný *príd* **1.** *(samostatný)* separate; **2.** *(zvláštny, odlišný od iných)* particular, *(svojský)* peculiar; **3.** *(presne určený, špeciálny)* special, **4.** *(mimoriadny)* extraordinary

osobne *prísl* **1.** *(priamo ako osoba)* personally, *(sám)* myself/ himself atď, *(prítomný)* in person, face-to-face; **2.** *(neobjektívne)* subjectively

osobnosť *ž* **1.** *(i psych)* personality, person, figure

osobný *príd* **1.** *(i gram)* personal, private, individual, particular, *(oddelenie)* personnel; **2.** *(o dopr. prostriedkoch)* passenger; **3.** *(subjektívny)* partial

osol *m* **1.** *(somár)* donkey, [jack]ass; **2.** *(nadávka)* ass, mutton-head

osoliť *dk* **1.** to salt, to season

ospravedlniť *dk* **1.** *(vysvetliť konanie)* to justify, to explain; **2.** *(v zdvorilostných zvratoch)* to excuse, *(ospravedlňte ma!)* will you excuse me?!

ospravedlniť sa *dk* **1.** to apologize, to excuse os, to present an excuse for; **2.** *(ospravedlním sa)* please excuse me/ my +ing

ostať *dk* **1.** *(zostať na nejakom mieste)* to stay, *(: i v určitom stave)* to remain; **2.** *(dostať sa do určitého stavu, i zvýšiť z)* to be left, *(dostať sa do určitého stavu)* to become; **3.** *(zostať pozadu)* to lag behind, **4.** *(ostať stáť)* to stop

ostatný *príd* **1.** len mn: **ostatní** the others, *(všetci ostatní)* all the others, *(všetky ostatné)* all others, the rest, the remainder; **2.** *(posledný)* the last, the final, *(v ostatnom čase)* lately, recentely; **3.** *(zostávajúci)* the remaining, **4.** *(v 3 st)* the meanest

ostatok *m* **1.** *(zvyšok)* the rest, *(fml)* the remainder, *(pl: večere ap)* leftovers, *(pl)* remnants; **2.** *(koniec)* end; **3.** mn: **ostatky**. *(pozostatky)* remains, *(cirk: relikvie)* relics

osteň *m* **1.** *(bot, zool: tŕňový/ pichľavý výrastok)* prickle, spicknel; **2.** *(zool: pera)* rachis, *(ježka ap)* quill; **3.** *(prn kniž)* prick, sting

ostrie *s* **1.** edge, cutting edge; **2.** *(prn)* sharpness; **3.** *(*na ostrie noža)* on the razor-edge

ostriež *m* **1.** *(zool riečny: Perca fluviatilis)* perch, bass

ostriť *ndk* **1.** to sharpen, to edge, to hone, to whet

ostroha *ž* **1.** *(na nohách vtákov, i na čižmách)* spur; **2.** *(bot: výrastok kališného lístka)* rostrum, *(bot, zool)* calcar; **3.** *(podperná časť lietadla)* tail skid, **4.** *(prn)* goad

ostrov *m* **1.** *(i prn)* island, *(v názve, i poet)* Isle; **2.** *(prn: národnostný, jazykový)* enclave

ostrúhať *dk* **1.** *(strúhaním opracovať: paličku ap)* to whittle, *(ceruzu)* to sharpen; **2.** *(strúhaním očistiť, oškrabať: mrkvu ap)* to scrape, *(strúhaním odstrániť: kôru ap)* to peel off

ostrý *príd* **1.** sharp; **2.** *(nabrúsený)* sharp-edged; **3.** *(bystrý, i o zmysloch)* keen, **4.** *(studený: vietor ap)* biting, **5.** *(tuhý)* heavy, **6.** *(prudký)* steep, **7.** *(silný, prudký)* strong, **8.** *(prísny)* severe, *(kritika)* virulent, **9.** *(energický)* energic; **10.** *(voj: bojový)* fierce

osud *m* **1.** *(nadosobná sila, budúcnosť)* fate, destiny; **2.** *(životné poslanie/ okolnosti)* lot, luck; **3.** *(*irónia osudu)* the irony of fate

osudný *príd* **1.** *(rozhodujúci, dôležitý, i tragický)* fatal, fateful, *(tragický)* tragic, deathly, funest

osušiť *dk* **1.** *(na slnku, teplom ap.)* to dry [st up]; **2.** *(uterákom, osuškou ap.)* to rub st dry, to rub down

osvedčenie *s* **1.** *(listina)* cerificate; **2.** *(vyjadrenie o niečom)* declaration, *(potvrdenie)* statement, *(úradné, písomné vyhlásenie/ potvrdenie)* certification

osvedčiť sa *dk* **1.** *(ukázať schopnosť)* to prove one's worth, to prove competent; **2.** *(ukázať sa dobrým: o veciach)* to prove os well/ best; **3.** *(trochu zast)* to declare

osvetlenie *s* **1.** lighting, illumination; **2.** *(objasnenie, vysvetlenie)* elucidation, illustration

osvetliť *dk* **1.** *(i prn)* to illumin[at]e, to shed light on, *(prudko)* to highlight, to light [up]; **2.** *(prn: objasniť, vysvetliť)* to elucidate

osvietiť *dk* **1.** to illumin[at]e, to shed light on; **2.** *(kniž: poučiť, vzdelať)* to enlighten

osvojiť si *dk* **1.** *(privlastniť si)* to appropriate; **2.** *(prn: prijať za svoje)* to adopt; **3.** *(naučiť sa)* to acquire, *(rýchlo)* to catch up, *(úplne)* to master

osýpky *ž pomn* **1.** measles

ošarpaný *príd* **1.** *(v zlom stave)* dilapidated, *(nedbalosťou)* desolate, *(nedbalosťou, používaním)* shabby, *(používaním)* worn-down, *(obnosený)* worn-out; **2.** *(otrhaný)* ragged

ošatiť *dk* **1.** to clothe, to dress, to fit out, *(fml)* to attire

ošemetný *príd* **1.** *(úskočný, háklivý)* tricky, *(úskočný)* wily, crafty; **2.** *(háklivý)* akward

ošetriť *dk* **1.** *(poskytnúť lekársku pomoc: koho/ čo)* to treat [sb/ st], *(chorobu)* to cure, *(ranu)* to dress; **2.** *(všestranne sa postarať)* to take care of, *(tech)* to service

ošetrovateľ *m* **1.** *(zdravotník)* nurse, male nurse, orderly, attendant, *(pri lôžku chorého)* watcher; **2.** *(opatrovník)* tender

ošetrovateľka *ž* **1.** *(zdravotná sestra)* nurse, [lay] sister, sister, watcher; **2.** *(opatrovníčka zvierat)* tender

ošípaná *ž* **1.** pig, hog, porker, *(arch, fml)* swine

ošklbať *dk* **1.** *(zbaviť peria)* to deplume, *(pri varení)* to pluck; **2.** *(zbaviť lístia)* to pick; **3.** *(okradnúť, obrať)* to skin

ošklivý *príd* **1.** *(na vzhľad nepekný)* bad-looking, unhandsome, unsightly; **2.** *(odporný)* repugnant, disgusting; **3.** *(neslušný, hrubý)* execrable

oškrabať *dk* **1.** *(škrabaním odstrániť)* to scrape, *(od šupín)* to scale, *(očistiť)* to scrub; **2.** *(škrabaním poraniť)* to scratch

oštep *m* **1.** *(šport)* javelin, *(hist: zbraň)* lance, spear, *(ľahký)* dart, . *(slang: ľahkoatletická disciplína)* jawelin throw[ing]

oštiepok *m* **1.** [naturally hardened] smoked sheep-cheese

ošúchaný *príd* **1.** *(opotrebovaný: odev, obuv ap)* worn[-out], *(i predmety, frázy)* well-worn, *(odev)* threadbare, *(i predmety)* seedy, tattered, *(predmety)* worn-down, *(i človek)* ragged; **2.** *(prn: otrepaný)* hackneyed, *(vtip)* stale, corny

ošúchať *dk* **1.** *(šúchaním otrieť: čo o čo)* to wipe st [on], *(šúchaním očistiť: čo)* to wipe st [clean], to scrub st clean; **2.** *(používaním opotrebovať: obuv, odev)* to wear out, *(predmety)* to wear [down/ away]; **3.** *(zr: vydrhnúť)* to scrub

otáčavý *príd* **1.** *(dvere)* revolving, *(os, kefka, kotva)* rotating, *(pohyb)* rotary, *(okno)* pivoted, *(stolička)* swivel[ling]

otáčka *ž* **1.** *(otočenie sa)* turn[ing]; **2.** *(tech)* revolution, *(ifm)* rev, *(motora)* evolution

otázka *ž* **1.** *(opýtanie sa, i záležitosť, i gram)* question, *(opýtanie sa)* inquiry, *(i inf)* query; **2.** *(záležitosť/ vec, ktorú treba riešiť)* issue, problem

otáznik *m* **1.** *(znak, i prn)* question mark, *(znak)* mark of interrogation, *(ob polyg)* query, *(v telegrame)* question stop, quark

otcovský *príd* **1.** *(týkajúci sa otca)* fatherly, parental, *(i patriaci otcovi)* paternal; **2.** *(milý)* fatherlike

otčim *m* **1.** stepfather

otec *m* **1.** *(i zakladateľ, cirk)* father; **2.** *(nevlastný)* stepfather, *(rodiny)* family man, *(krstný/ birmovný)* godfather; **3.** mn: **otcovia**. *(kniž: predkovia)* forefathers, **4.** *(cirk: o kňazoch)* pater

otehotnieť *dk* **1.** to become pregnant, *(fml)* to conceive, *(ifm)* to start a baby

oteliť sa *dk* **1.** to calve, to give birth to a calf, *(am)* to freshen

otočiť *dk* **1.** *(skrútiť okolo osi)* to turn [round/ around], to move round, to roll round, to twist, *(geom)* to rotate; **2.** *(ovinúť)* to wind, to wrap

otras *m* **1.** *(silné zachvenie sa)* quake, violent shaking, *(zeme)* earthquake, *(prudký)* jerk, jolt, *(lek: mozgu)* concussion, *(menší)* tremor, *(i duševný vzruch)* shock; **2.** *(prn: náhla zmena)* upheaval

otrava *ž* **1.** *(jed)* poison; **2.** *(otrávenie)* poisoning, intoxication; **3.** *(hov: čo spôsobuje nudu)* bore, *(čo spôsobuje rozčarovanie)* nuisance, *(to je otrava!)* what a nuisance/ bore!, **4.** *(nadávka: človek kt otravuje)* pest, *(ifm)* pain in the neck, *(nudný človek)* bore

otráviť *dk* **1.** *(usmrtiť jedom, i spôsobiť otravu)* to poison; **2.** *(spôsobiť otravu)* to intoxicate; **3.** *(pokaziť: žalúdok)* to upset, **4.** *(znepríjemniť)* to spoil, *(znechutiť, sprotiviť, unudiť: koho)* to make sb [sick and] tired of, *(unudiť)* to bore, **5.** *(hov: neotravuj!)* don't bother me!, *(am)* get off my ass

otravný *príd* **1.** poisonous, toxic; **2.** *(prn: spôsobujúci rozčarovanie)* bothersome, troublesome, *(ifm)* pestilential, blooming, *(spôsobujúci znechutenie, nudný)* sickening, boring

otriasť *dk* **1.** *(spôsobiť otras, i ohromiť, oslabiť)* to shake, *(prudko)* to jerk; **2.** *(trasením odstrániť)* to shake st off, *(zo stromu)* to shake st down from; **3.** *(oslabiť)* to impair, **4.** *(ohromiť)* to shock

otrocký *príd* **1.** *(i doslovný)* slavish, *(týkajúci sa otroka)* slave, captive, servile; **2.** *(úplný)* blind; **3.** *(doslovný)* literal

otroctvo *s* **1.** slavery, servitude, bondage, thrall; **2.** *(prn)* yoke

otrok *m* **1.** *(i prn)* slave, serf, thrall, captive

otrokár *m* **1.** *(hist)* slaver, *(vlastník)* slave owner, *(obchodník)* slave dealer; **2.** *(prn: tyran)* oppressor

otupiť *dk* **1.** *(poškodiť ostrie)* to blunt, *(i prn)* to dull; **2.** *(prn)* to dampen, *(lek)* to obtund, to hebetate

otužilý *príd* **1.** *(i bot)* hardy, hardened, tough, *(o rastlinách)* ironclad; **2.** *(zr: skúsený)* hard-bitten

otužiť *dk* **1.** to harden [off], to toughen, to strengthen, to inure

otvárací *príd* **1.** *(na otváranie, úvodný)* opening, *(kt sa dá otvárať)* openable; **2.** *(úvodný, prvý v poradí)* inaugural, initial

otvor *m* **1.** opening, *(i anat)* orifice, *(i fot, opt)* aperture, *(i nádoby)* mouth, *(úzky)* slit, *(i inf)* hole, *(tech)* bore, *(anat)* foramen, *(zool)* osculum

otvorenosť *ž* **1.** *(priamosť)* openness, forthrightness; **2.** *(úprimnosť)* sincerety; **3.** *(zjavnosť)* transparentness

otvorený *príd* **1.** *(neuzavretý, nevyriešený, voľný, priamy)* open, *(neuzavretý)* opened, *(list ap)* unsealed, *(dvere ap)* unshut, *(úplne)* wide-open, *(koč, voz)* open-top; **2.** *(nevyriešený)* unsolved; **3.** *(priamy)* outspoken, **4.** *(zjavný)* overt

otvoriť *dk* **1.** to open, to undo, to bare, to unseal, to unlock, to unfasten

oválny *príd* **1.** oval

ovca *ž* **1.** *(zool domáca: Ovis aries)* sheep, *(zool: Ovis canadensis)* bighorn, *(samica)* ewe; **2.** *(*čierna ovca)* the black sheep

overiť *dk* **1.** *(zhodnoverniť)* to authenticate, to attest, to certify, *(zmluvu)* to witness, *(u notára)* to notarize; **2.** *(zistiť pravdivosť)* to verify, to check [up]

ovešať *dk* **1.** *(obrazy)* to hang; **2.** *(ozdobiť)* to decorate, to trim

ovisnúť *dk* **1.** to hang [down], to droop, to drop, to slouch, to flag

ovládnuť *dk* **1.** to master, to possess; **2.** *(zmocniť sa)* to take possession of; **3.** *(potlačiť, premôcť city)* to repress, to overcome

ovocie *s* **1.** fruit, *(hrom)* fruitage, *(i zelenina)* fruits, *(po jedle)* dessert; **2.** *(prn: výsledky práce)* results, outcame

ovocný *príd* **1.** fruit, fruity

ovoňať *dk* **1.** to smell, to get a smell of

ovos *m* **1.** *(bot siaty: Avena sativa)* oat, *(bot hluchý: Avena fatua)* wild oat; **2.** *(zrno)* oats

ovplyvniť *dk* **1.** to influence, to affect, to induce, to bias

ovzdušie *s* **1.** *(i prn)* atmosphere, air, climate, tone

ozaj *čast* **1.** *(skutočne)* really, indeed, truly; **2.** *(apropo)* by the way

ozajstný *príd* **1.** *(skutočný)* real, true; **2.** *(pravý)* pure

ozdoba *ž* **1.** decoration, ornament, garnish, embellishment; **2.** drape

ozdobiť *dk* **1.** to adorn, to decorate, to trim, to ornament, *(jedlo)* to garnish, *(i ulicu)* to dress, *(ozdobnými švami)* to seam, *(výšivkou)* to embroider

oziabať *ndk* **1.** to feel chilly

označiť *dk* **1.** *(urobiť, dať značku)* to mark, to sign, *(zaškrtnutím)* to tick off, *(označkovať)* to stamp, *(dobytok)* to brand, *(i inf)* to record, to qualify; **2.** *(určiť)* to indicate; **3.** *(vyhlásiť)* to declare, *(nazvať)* to denominate

oznam *m* **1.** announcement, notice, report, word

oznámenie *s* **1.** announcement, communication, information, notification, notice

oznámiť *dk* **1.** *(dať niekomu správu)* to inform, *(ob nepríjemnú)* to break the news to, *(urobiť niečo známym)* to make known, *(dať vedieť)* to tell, *(komu)* to let sb know, *(verejne)* to announce, *(oficiálne)* to notify, *(v novinách)* to publish, *(, že)* to state, *(formálne, oficiálne)* to declare, *(i verejne)* to proclaim; **2.** *(udať)* to denounce

oznámkovať *dk* **1.** *(úlohu, žiaka)* to grade, to mark, to rate; **2.** *(nalepiť známku)* to stamp

oznamovací *príd* **1.** announcing, reporting, notice, advice; **2.** indicative

oznamovateľ *m* **1.** indicator, announcer, reporter, *(v novinách)* advertiser

ozón *m* **1.** ozone

ozvať sa *dk* **1.** *(vydať zvuk)* to sound, *(i vydať ozvenu)* to resound; **2.** *(odpovedať, prehovoriť)* to answer, *(reagovať)* to respond; **3.** *(dať o sebe vedieť)* to let sb know, *(telefonicky)* to give sb a ring, **4.** *(prebudiť sa, prejaviť sa)* to manifest os, **5.** *(protestovať)* to speak out

ozvena *ž* **1.** *(akustická)* echo, reverberation, *(aku)* doubling effect; **2.** *(ohlas)* response, *(účinok)* repercussion

oželieť *dk* **1.** *(zmieriť sa so stratou)* to resign os to [the loss of o's], *(so žiaľom)* to lose with regret; **2.** *(oľutovať)* to regret, to be sorry for

oženiť *dk* **1.** to marry

ožiariť *dk* **1.** *(svetlom, žiarou, i lek, prn)* to irradiate, *(svetlom)* to illuminate; **2.** *(lek)* to give radiation treatment to, to X-ray

ožiť *dk* **1.** *(prísť k životu: o človeku/ rastlinách)* to revive; **2.** *(obnoviť sa)* to arise, *(zobudiť sa)* to stir; **3.** *(prísť k sebe, životu)* to liven [up]

oživiť *dk* **1.** *(urobiť živým, i živším)* to animate, *(urobiť živým)* to vivify; **2.** *(prebudiť k životu, obnoviť)* to revive, *(obnoviť)* to regenerate, *(pôdu)* to renovate, *(prebudiť k životu)* to resuscitate; **3.** *(urobiť živším, aktívnym)* to enliven, to brisk up, *(čulejším)* to galvanize, to pep [up], to ginger [up]

P

paberky *m mn* **1.** gleanings; **2.** *(prn lit)* excerpts, quotes

pác I. *cit* **1.** *(naznačuje pád)* thud, thump, plump; **2.** *(naznačuje zvuk pri výstrele)* bang; **3.** *(naznačuje plieskavý zvuk pri údere)* smack, **II.** *podst ž* **4.** pickle, brine

pacient *m* **1.** patient, *(hospitalizovaný)* inpatient, inmate, *(ambulantný)* outpatient

packa *ž* **1.** *(det, ifm: rúčka, i zvieraťa)* pud, [little] hand; **2.** *(zvieraťa)* [little] paw; **3.** *(slabý úder)* smack

pačesy *m mn* **1.** *(odpadky pri česaní ľanu/ konope)* tow; **2.** *(hov: vlasy)* locks, hair, *(neupravené)* shock [of hair]

páčiť sa *ndk* **1.** to appeal to, [!] to like; **2.** *(zast: v modálnom význame: chcieť)* to want, *(želať si)* to wish, *(ako sa ti páči)* as you wish/ please; **3.** *(nech sa páči!: ponúkanie)* there you are!, please, *(vezmite si)* help yourself, *(i odpoveď)* be my guest, *(ako odpoveď)* please,do, *(pri dverách)* please/ do come in, after you, *(sadnite si!)* take a seat, *(fml)* please,be seated, *(ifm)* sit down

pád *m* **1.** *(spadnutie, zánik, i voj, prn)* fall, *(spadnutie)* tumble, *(fyz: voľný)* free fall; **2.** *(zánik)* downfall; **3.** *(voj: mesta)* capitulation, **4.** *(star: mravný poklesok)* decline, ruin, **5.** *(gram, i zast: prípad)* case

padák *m* **1.** parachute, *(ifm)* chute, *(let sl)* silk; **2.** *(hov: výpoveď)* sack

padanie *s* **1.** fall, falling, dropping; **2.** *(hynutie)* perishing

padať *ndk* **1.** *(klesať, hynúť, i o zrážkach)* to fall [down], *(klesať na zem)* to tumble [down]; **2.** *(o zrážkach: dážď)* to pour [down]; **3.** *(spúšťať sa)* to come/ to go down, **4.** *(vnikať,dopadať niekam)* to sift, *(dopadať: svetlo)* to beat down, **5.** *(kĺzať sa/ šmýkať sa)* to slide down, **6.** *(odev)* to hang, to fit, **7.** *(vypadávať: vlasy/ zuby ap)* to fall out, **8.** *(odpadávať)* to fall off, **9.** *(hynúť)* to succumb; **10.** *(zanikať: i teória)* to fall down; **11.** *(na koho: vzťahovať sa)* to refer; **12.** *(doliehať)* to fall, to insist; **13.** *(prn: tvrdé slová ap)* to fly; **14.** *(zmocňovať sa)* to set in

padnúť *dk* **1.** pozri **padať**; **2.** *(dostať sa, pripadnúť na určitý čas)* to fall; **3.** *(neuskutočniť sa)* to be cancelled/ called off, **4.** *(zapôsobiť: dobre)* to suit [sb fine], **5.** *(byť premožený, zahynúť)* to fall, **6.** *(náhle* *sa uskutočniť)* to go through, **7.** *(hov: pristáť)* to become, **8.** *(o hodinách: uplynúť)* to strike, *(padla desiata)* it's gone ten, *(hov: padla!)* let's call it a day!, that's that

pádny *príd* **1.** *(závažný)* weighty, serious; **2.** *(presvedčivý)* convincing, cogent, forcible, conclusive, *(dôkaz)* positive

paholok *m* **1.** *(sluha na gazdovstve)* farm hand, plough-boy, *(am)* cow-boy, *(pri statku)* groom; **2.** *(prn)* boor

paholský *príd* **1.** farm-hand, *(am)* cowboy; **2.** *(pej)* coarse, rude

pahorkatina *ž* **1.** *(kopcovitý kraj)* higlands, *(ob am)* uplands, *(v Škótsku)* the Highlands; **2.** *(nízke pohorie)* heights, *(lit)* wolds

pahorok *m* **1.** knoll, hillock, hummock, mound, *(vyvýšenina)* elevation

pahreba *ž* **1.** glowing embers, live coal

pach *m* **1.** *(čuchové vnemy; i puch)* smell, *(prenikavá voňa, i aróma)* aroma, *(typický: ob príjemný)* scent, *(ob nepríjemný)* twang, *(fml: ob nepríjemný)* odour, *(puch)* stink

páchať *ndk* **1.** to commit, to perpetrate, to do wrong/ evil

páchateľ *m* **1.** *(zločinu)* criminal, *(i práv)* culprit, *(práv)* tortfeasor, *(priestupku, zločinu)* perpetrator, wrongdoer

páchnuť *ndk* **1.** *(vydávať pach, i nepríjemný, i smrdieť)* to smell [of], *(fml: ob nepríjemný)* to odour [of]; **2.** *(mať príchuť/ pach niečoho)* to smack of; **3.** *(smrdieť)* to stink

pajác *m* **1.** *(šašo)* buffoon, Jack pudding, *(ob v cirkuse)* clown, *(panák/ bábka)* Punch; **2.** *(prn)* fool

páka *ž* **1.** *(tyč na dvíhanie, i fyz)* lever, *(zdvihák)* [lever] jack, *(na podväzovanie bremien)* rod, *(rýchlostná/ zaraďovacia)* gear lever

pakľúč *m* **1.** skeleton key, passkey; **2.** false key, picklock

pákový *príd* **1.** lever, leverage, *(str)* dolly, *(inf)* toggle

pakt *m* **1.** pact, covenant, *(vzťah i listina)* treaty, *(Severoatlantický)* NATO

paktovať *ndk* **1.** *(pej: spolupracovať)* to collude [with], to be in collusion [with], *(uzátvarať dohodu)* to enter into secret pact with; **2.** *(zapletať sa/ byť v spojení)* to associate [with]

palác *m* **1.** *(i kráľovský)* palace, *(veľká budova)* mansion, *(sídlo)* residence, [ ] Place; **2.** *(Justičný)* court-house

palacinka *ž* **1.** crépe, [very thin] pancake, *(s likérom)* crépe Suzette

paľba *ž* **1.** fire, *(krížová)* cross fire, *(bubnová)* drumfire, *(sústredená)* running fire, *(i prn)* barrage; **2.** *(prn)* battering

palcový *príd* **1.** *(príd k palec)* thumb; **2.** *(cólový)* inch, inch-wide; **3.** *(prn: písmená)* large-type, *(titulok)* splash

pálčivosť *ž* **1.** hotness, torridness; **2.** *(naliehavosť)* urgency, *(prn)* thorniness

pálčivý *príd* **1.** burning; **2.** *(naliehavý)* urgent, *(prn)* thorny, *(o bolesti)* agonizing

palec *m* **1.** *(na ruke)* thumb, *(na nohe)* big toe; **2.** *(tech)* cam; **3.** *(cól)* inch

pálenka *ž* **1.** *(liehový nápoj)* spirit, aqua-vitae, *(destilovaná z čerešní)* maraschino, *(zo sliviek)* slivovitz

pálený *príd* **1.** *(vápno, sadra, cukor)* burnt, *(tehla)* kiln, *(magnézium)* calcined, *(siena pálená)* burnt sienna

paleta *ž* **1.** *(maliarska)* pallette; **2.** *(i na uskladňovanie)* pallet; **3.** *(prn)* spectrum, range

palica *ž* **1.** *(kus dreva, i šport: hokej, pólo ap)* stick, *(vychádzková)* [walking-]stick; **2.** *(ako znak moci)* wand; **3.** *(prn: hlava)* pate, **4.** *(šport: lyžiarska)* pole

palicovať *ndk* **1.** to cudgel, to thrash, *(v škole)* to cane

palička *ž* **1.** *(zdrob)* [small] stick; **2.** *(čipkárska)* bobbin, *(dirigentská)* baton, *(bubenícka)* drumstick

páliť *ndk* **1.** *(veľmi hriať, spaľovať, štípať, i prn)* to burn, *(veľmi hriať)* to scorch, *(vydávať teplo)* to give heat; **2.** *(ničiť ohňom)* to set on fire; **3.** *(o mraze)* to nip, **4.** *(vypaľovať)* to bake, **5.** *(lieh ap)* to distill, **6.** *(strieľať)* to fire, **7.** *(utekať)* to run, **8.** *(prejavovať záujem)* to have a crush [on],

9. *(štípať: rana, slová ap)* to smart

palivo *s* **1.** fuel, fuelling, combustible, *(raketové)* propellant

palma *ž* **1.** *(bot: Palmae)* palm[-tree], *(bot datľová: Phoenix dactylifera)* date-palm, *(bot kokosová: Cocos nucifera)* coconut palm; **2.** *(konárik, list, i prn)* palm

paluba *ž* **1.** *(lode)* deck, *(povel: všetci na palubu!)* all hands on deck!, *(muž cez palubu!)* man overboard!, *(na palube: i lietadla)* on board

palubný *príd* **1.** *(nám)* deck, *(denník)* logbook; **2.** *(let)* flight, *(i kozm)* on-board, *(denník)* flight/ journey log[-book]

pamäť *ž* **1.** *(schopnosť, zásoba vmenov, spomienka)* memory, *(schopnosť, zásoba vmenov)* mind; **2.** *(kniž: spomienka)* remembrance, *(na pamäti čoho/ koho)* in memory of; **3.** mn: **pamäte** *(tech, inf)* memory, **4.** len mn: **pamäti** . *(memoáre)* memoirs, **5.** *(pokiaľ siaha ľudská pamäť)* [with]in living memory, *(po pamäti)* from memory

pamätať *ndk* **1.** i si/ sa *(mať v pamäti)* to remember, to recall, *(fml)* to recollect; **2.** i si *(mať na zreteli)* to think of, to provide; **3.** *(existovať súčasne s)* to go back to

pamätník *m* **1.** *(pomník)* monument, *(i inštitúcia)* memorial; **2.** *(kniha)* album; **3.** *(svedok)* [eye]witness

pamätný *príd* **1.** *(pamätihodný, významný)* memorable, *(historický)* classic, *(deň)* red-letter, *(medaila, minca, deň)* commemorative, *(kniha)* visitor's

pamiatka *ž* **1.** *(spomienka)* memory, *(na pamiatku)* in memory of, *(dať/ dostať)* as a memento/ keepsake; **2.** *(predmet: staviteľská)* monument, *(historická)* remains, relic[s], *(turistická)* landmark, showplace; **3.** souvenir, **4.** *(prn: jazva)* mark

pán *m* **1.** *(kto rozkazuje, vlastník: i domu/ psa, ap)* master, *(ifm: kto rozkazuje, chlebodarca)* boss; **2.** *(hist: vlastník zámku, i poet: manžel)* lord; **3.** *(označenie s uvedením priezviska)* Mr, *(p. [John] Brown)* Mr [John] Brown, *(oslovenie)* sir, *(ifm, sl, det: oslovenie)* mister, **4.** *(muž)* [gentle]man, **5. Pán** *(náb)* the Lord, **6.** *(zast: manžel)* spouse

panák *m* **1.** *(figúrka)* dummy, *(krajč)* mannikin, *(strašiak)* scarecrow; **2.** *(poľn: mandeľ)* shock; **3.** *(zast pej:)* dandy

pancier *m* **1.** *(hist: odev, i tech: lode, i zool)* armour, *(odev)* cuirass; **2.** *(tech)* armouring; **3.** *(zool, bot)* armature

pancierový *príd* **1.** armour[ed], armourclad, steel-plated, bulletproof

pančucha *ž* **1.** stocking, *(dtd: pančuchy a ponožky)* hose

panel *m* **1.** panel, *(ele)* [panel]board, *(stav)* prefabricated part/ panel, prefabricated wall

panenský *príd* **1.** virginal, maidenly, vestal, virgin

pani *ž* **1.** (hist: vládkyňa, i žena, i mn: *(oslovenie)* lady, *(panie a páni)* ladies and gentlemen; **2.** *(zamestnávateľka, i vo veľkom dome)* mistress, *(majiteľka krčmy, prenajímateľka)* landlady, *(domáca, domu)* housewife, **3.** *(hov: manželka/ ifm)* [the/ my/ your] missus, **4.** *(oslovenie: fml)* Madam, *(ifm, sl)* missus, *(škol: učiteľka)* Miss, **5.** *(v spojenie s priezviskami)* Mrs

panika *ž* **1.** panic, frigth, terror, stampede, *(ifm)* flap

panna *ž* **1.** virgin, *(stará)* old maid, *(Orleánska)* the Maid [of Orleans]; **2.** *(náb: panna Mária)* Virgin Mary, the [Blessed Holy] Virgin; **3.** *(astron, astrol)* Virgo, **4.** *(lesná, vodná)* nymph, **5.** *(zastar: oslovenie slečny)* miss, **6.** *(star: bábika)* doll

panovačný *príd* **1.** overbearing, domineering, authoritative, *(ifm)* bossy, *(i tón, hlas)* peremptory

panovať *ndk* **1.** to rule, to reign, *(i prn)* to dominate; **2.** *(prn)* to predominate

panovník *m* **1.** sovereign, monarch, ruler, *(poet)* sovran

panský *príd* **1.** *(týkajúci sa pánov)* Lord['s], *(dom)* manor[-house], *(snemovňa)* The House of Lords; **2.** *(nádherný)* lordly, *(na vyššej spoločenskej úrovni)* noble, *(na vyššej životnej úrovni)* high-class, exclusive

pánsky *príd* **1.** gentleman's, men's, *(obch)* gents', for men

panstvo *s* **1.** *(vláda, nadvláda, i prn)* dominion, *(vláda)* rule; **2.** *(i panská hodnosť)* lordship; **3.** *(hrom: šľachta)* the nobility, **4.** *(hist: feudálny, panský majetok)* manorial estate, *(zámok, i statok)* manor, *(statok)* estate

panteizmus *m* **1.** pantheism

panujúci *príd* **1.** ruling, prevailing, prevalent, dominating, rampant

panva *ž* **1.** *(nádoba na praženie)* fry[ing] pan; **2.** *(geol.)* basin, **3.** *(anat)* pelvis

panvica *ž* **1.** fry[ing-]pan, fry pan, *(am)* skillet, spider, fryer

panychída *ž* **1.** *(smútočné bohoslužby)* Requiem, requiem mass, mass of requiem, office for the dead; **2.** *(smútočná slávnosť)* funeral feast

papagáj *m* **1.** *(zool: psittaciformes)* parrot, *(malý)* parakeet, *(zool: Melopsittacus undulatus)* budgerigar, *(i meno)* Poll[y]

páper *m* **1.** *(páperie)* fluff, down, floss; **2.** *(prn: snehu, ovsený)* flake

páperie *s hrom* **1.** *(drobné perie)* down, fluff; **2.** *(prn)* flakes

pápež *m* **1.** pope, pontiff, pontifex, holy father

pápežský *príd* **1.** papal, pontifical, apostolic, papist

pápežstvo *s* **1.** *(hodnosť, vláda)* papacy, *(hodnosť)* popeship; **2.** papism, *(prn)* tiara

papier *m* **1.** paper, *(kancelársky)* foolscap paper, *(kopírovací)* carbon paper, *(hodvábny, tenký)* tissue, *(baliaci)* wrapping paper; **2.** mn: **papiere** *(doklady)* papers, *(preukaz)* idendity card; **3.** ob mn: **cenné papiere** security, *(akcia)* share, *(dhlopis)* bond

papiereň *ž* **1.** paper mill

papierik *m* **1.** *(zdrob)* piece of paper, note, *(chem: lakmusový)* litmus paper, *(cigaretový)* cigarette paper

papiernický *príd* **1.** stationery, *(obchod)* stationer's, paper, *(priemysel)* papermaking

papiernictvo *s* **1.** *(predajňa)* stationer's, paper store; **2.** *(priemysel)* paper industry

papierový *príd* **1.** *(vyrobený z papieru)* paper, *(podobný papieru)* papery; **2.** *(iba na papieri)* formal, *(nevratný: plienky)* disposable; **3.** *(prn pej: neživý, nie pevný)* cardboard, *(neživý)* lifeless

papila *ž* **1.** *(bot, anat)* papilla; **2.** *(bot)* papule, papula

paplón *m* **1.** *(prikrývka: plnená vatou, vlnou ap)* quilt, *(:plnená páperom)* duvet, eiderdown

papraď *ž* **1.** *(bot: Dryopteris)* fern, *(bot: Dryopteris filix-mas)* male fern, *(papradka: sami)* Lady-fern

paprať sa *ndk* **1.** *(babrať sa)* to potter, *(špiniť sa)* to dirty os; **2.** *(prehrabať sa)* to dig; **3.** *(zaoberať sa)* to concern os with

paprika *ž* **1.** *(bot: ročná, i plod)* pepper; **2.** *(plod)* [sweet] pepper, *(plod: Capsicum annum longum)* chi[l]li [pepper]; **3.** *(mletá: štipľavá)* hot cayenne, *(i bot)* paprika

papuča *ž* **1.** *(ľahká domáca obuv)* slipper; **2.** *(druh plstenej obuvi)* felt boot; **3.** *(prn pej: zbabelec)* coward, **4.** *(hov: na auto)* wheel clamp, **5.** *(byť pod papučou: o mužovi)* to be hen[-]pecked

papuľa *ž* **1.** *(zvierata, i joc: ústa)* muzzle, snout; **2.** *(prn pej: ústa/ sl)* yap, mouth; **3.** *(prn hovor: o človeku)* big mouth, **4.** *(drž papuľu!)* belt up!

pár I. ***podst m*** **1.** *(dve k sebe patriace osoby, zvieratá)* couple, *(i veci, i tanečný, i člen dvojice)* pair, *(záprah: volov, koní)* yoke; **2.** *(člen dvojice)* doublet, **II.** ***čísl*** **3.** *(hov: niekoľko)* a few, some

para *ž* **1.** *(voda v plynnom stave)* steam; **2.** *(hmlovitý výpar, stúpajúci opar)* vapour, *(výpar)* fume; **3.** *(opar)* haze

páračka *ž* **1.** *(žena)* woman who deplumes [geese ap] **2.** ob mn: **páračky** feather-stripping party

paráda *ž* **1.** *(ozdoba, súhrn)* fal-lal[s], *(i pekné šaty)* finery; **2.** *(v plnej paráde)* in full fig, *(nosiť na parádu)* to make a parade of; **3.** *(voj: slávnosť)* parade, **4.** *(hov: paráda)* that's fabulous

paradajka *ž* **1.** *(bot: Solanum lycopersicum, i plod)* tomato, *(bot)* tomato plant, *(am)* tomato vine

parádny *príd* **1.** *(sviatočný)* festive, *(slávnostný)* ceremonious, *(uniforma)* full-dress, *(pekný, ozdobný)* fancy, *(luxusný)* sumptuous, *(nápadný)* showy

parafovať *n/dk* **1.** to initial, to check, to sign, to endorse

paragraf *m* **1.** *(väčší odsek v zákonoch)* article, *(prn hov: predpisy)* regulations; **2.** *(polyg: značka „")* section mark, paragraph [mark/ sign]

parák *m* **1.** steam cooker, *(tex)* steaming box, *(kož)* mulling apparatus; **2.** *(v domácnosti)* steamer

paralelný *príd* **1.** *(i geom, ele, inf)* parallel; **2.** *(prebiehajúci)* collateral, *(ele)* multiple, *(zapojenie)* shuntinge, *(hud)* relative

parašutista *m* **1.** parachutist, *(voj)* paratrooper, *(ifm)* para, skydiver

párať *ndk* **1.** *(oddelovať: zošité)* to unpick, *(pletené, háčkované)* to undo; **2.** *(hov: rezať)* to slash; **3.** *(perie)* to deplume, **4.** *(prn bás: hladinu)* to plough

párať sa *ndk* **1.** to come apart at the seams, to get unstiched, to get unsewn, *(ifm)* to gape

parazit *m* **1.** *(i prn)* parasite, *(hrom)* vermin, varmint; **2.** *(prn pejor)* sponger, bleeder, cadger

parcela *ž* **1.** *(ohraničený pozemok)* parcel [of land], *(br: na obrábanie)* allotment, *(v USA)* homestead, *(stavebná)* building lot, *(kde sa stavia)* building site

parcelácia *ž* **1.** parcelling, allotment, division into lots, development

parcelovať *ndk* **1.** *(pozemok)* to parcel, to divide into lots, to allot, to develop

párenie *s* **1.** matching, pairing, *(zvierat)* mating, *(vulg)* ram

parenisko *s* **1.** *(záhon)* greenhouse, *(studené)* cold-frame, *(teplé)* hot[-]house; **2.** *(prn: semenište)* hotbed; **3.** *(jama)* sink hole

parfum *m* **1.** perfume, scent, essence

parfuméria *ž* **1.** perfumery, *(v obchodnom dome)* perfumery counter

páriť *ndk* **1.** to mate; **2.** to couple, to pair, to match

pariť sa *ndk* **1.** *(vydávať paru)* to steam, to emit steam, *(naparovať sa nad niečím)* to steam up, *(inhalovať nad vodou)* to inhale

páriť sa *ndk* **1.** *(o zvieratách, i prn)* to mate [with], to couple [with], to copulate [with]; **2.** *(kniž prn: družiť sa)* to associate [with]

parita *ž* **1.** *(rovnosť)* parity, equality, *(ekon)* par, par value

paritný *príd* **1.** *(i ekon, inf)* parity, equal, *(ekon: kurz, inkaso, zúčtovanie)* par; **2.** one for one

park *m* **1.** *(v prírode, v meste, súkromný)* park, *(v meste)* garden[s], *(s ihriskom)* recreation-ground, *(br)* common, *(súbor dopravných prostriedkov)* fleet, *(žel, i am: vozidiel)* rolling stock; **2.** *(park kultúry a oddychu, PKO)* Civic centre [with recreation ground]

parket *m* **1.** *(ob drevený)* parquet [floor], *(cementový)* slab; **2.** *(tanečný)* dance floor, *(zr: divadelný)* stalls, *(na burze)* pit

parkovací *príd* **1.** parking, *(plocha)* parking lot, car park, *(svetlo)* parking light

parkovanie *s* **1.** parking, *(zakázané)* no parking

parkovisko *s* **1.** parking [lot], [car] park, *(jednotlivé miesto)* place, *(pre taxíky, autobusy ap)* stand, *(pre taxíky)* [taxi-]rank, *(na diaľnici)* lay-by

parlament *m* **1.** *(inštitúcia, i budova)* [Houses of] Parliament, *(inštitúcia)* Parliament; **2.** *(budova)* House of Parliament; **3.** *(predseda)* [Mr/ Madam] Speaker

parlamentný *príd* **1.** parliamentary, parliament, *(am)* congressional, representational, representative

parník *m* **1.** steamer, steamship, steamboat, water-bus, *(otvorený)* launch

párny *príd* **1.** *(mat)* even; **2.** paired; **3.** *(polyg: stránka)* left-hand, verso

parný *príd* **1.** steam, steam-driven, steaming, *(i kúpeľ)* vapour

paroh *m* **1.** antler, tine, point, horn

parochňa *ž* **1.** wig, *(čiastočná)* toupee, *(a ozdobná)* postiche, *(slg)* head-falsie

párok *m* **1.** sausage, frankfurt[er], Vienna sausage; **2.** *(v rožku)* hot-dog

párový *príd* **1.** coupled, binary, twin, paired, in pairs

part *m* **1.** *(hud, div)* part, *(div)* lines, *(hud)* music, score

parta *ž* **1.** *(hov: skupina ľudí, i chuligánov)* gang, *(pracovná, i športovcov)* team, *(so spoločnými záujmami)* clique; **2.** *(zast: súčasť kroja)* headdress [with hanging ribbons]

partia *ž* **1.** *(časť)* part, section; **2.** *(oblasť, i anat)* area, region; **3.** *(parta: pri zábave)* party, *(pracovná)* gang, **4.** *(obch: množstvo tovaru)* lot, **5.** *(hra)* game, **6.** *(pri ženbe)* match

partiový *príd* **1.** *(majúci chybu z výroby)* reject, defective, *(pokazený v obchode)* shopworn, *(druhej triedy)* job-lot

partizán *m* **1.** *(hist: v Taliansku atď)* partisan, *(vo Francúzsku)* resistamt, member of the Resistance; **2.** guerilla

partizánčina *ž* **1.** *(partizánska činnosť: vo Francúzsku)* Resistence, *(v Taliansku, atď)* partisan activity; **2.** *(prn pej)* illegal activity, *(anarchia)* anarchy

partizánčiť *ndk* **1.** *(v Taliansku, atď)* to fight as a Partisan, *(vo Francúzsku)* to fight as a member of Resistance, to engage in partisan activity; **2.** *(prn pej)* to engage in illegal activities

partner *m* **1.** *(vše)* partner, *(ifm)* buddy, mate, *(v hre)* playfellow, *(milenec)* boy/ girl friend, *(am sl)* pardner, *(obchodný)* associate

pas *m* **1.** *(cestovný)* passport, *(zbrojný)* gun licence; **2.** *(zast: povolenie)* permit, *(voj)* safe-conduct

pás *m* **1.** *(užší pruh látky, plochy atď)* strip, *(materálu, látky)* band, *(látky)* stripe, *(kože)* strap; **2.** *(opasok: ob kože, i tech, geog, voj)* belt, *(látky: ozdobný)* sash; **3.** *(odb: zvukový)* track, *(bežiaci)* conveyor belt, *(nábojový)* cartridge belt/ strip, *(bezpečnostný)* safety/ seat belt, **4.** *(časť tela)* waist, middle

pasáž *ž* **1.** *(priechod, i v knihe, i hud)* passage, *(priechod)* passage-way, way through, *(veľká, s obchodmi)* arcade

pasažier *m* **1.** passenger, pick-up, *(čierny: v dopravnom prostriedku)* fare-dodger, *(na lodi, v lietadle)* stowaway

pasca *ž* **1.** *(i prn)* trap, snare, gin, springe; **2.** *(prn, i voj)* ambush

pasians *m* **1.** *(kart)* patience, solitaire, idiot's delight; **2.** *(kuch)* tea cake

pasienok *m* **1.** pasture, grazing ground, outfield, *(letný)* shealing

pásik *m* **1.** *(kože)* strap, *(tkaniny)* list, *(plochy)* strip, *(svetla)* streak; **2.** *(opasok)* belt; **3.** *(anat: driečik)* [narrow] waist

pasivita *ž* **1.** *(nečinnosť, i chem)* passivity, *(nečinnosť)* passiveness; **2.** *(trpný odpor)* passivism; **3.** *(fin: neschopnosť platiť)* insolvency, *(viac dlžôb ako pohľadávok)* indebtedness

pasívny *príd* **1.** *(i odpor, znalosť, gram, chem)* passive, *(nečinný, neaktívny)* inactive; **2.** *(fin, účt)* debit, liability, in the red

pasívum *s* **1.** *(gram)* passive [voice]; **2.** ob mn: **pasíva**. *(fin, účt)* liabilities, debit [side], *(aktíva a pasíva)* assets and liabilities

páska *ž* **1.** *(pruh materiálu, i šport: cieľová)* tape, *(lepiaca)* Sello/ adhesive tape, *(izolačná)* insulating tape, *(magnetofónová)* [magnetic] tape, *(tkaniny: i smútočná)* band

páskový *príd* **1.** tape, ribbon, band, strap

pásmo *s* **1.** *(i geog, voj)* zone, *(oblasť)* area; **2.** *(v rádiotechnike)* band; **3.** *(tech: meračské)* tape measure, **4.** *(súvislý rad: myšlienkové)* train

pásmový *príd* **1.** tape, band; **2.** zone, zonal; **3.** standard

pásomnica *ž* **1.** *(zool: Cestode)* tapeworm, cestode, taenia

pásový *príd* **1.** tape, *(i tech: píla)* band, *(i spojka)* belt; **2.** *(tech)* assembly-line; **1.** passport

pásť *ndk* **1.** *(dozerať na paši)* to graze, to [shep]herd, to [de]pasture, *(prn: oči)* to feast o's eyes; **2.** *(striehnuť, sliediť)* to seek, *(za dievčaťom)* to run after, *(bažiť sa)* to gloat over

pásť sa *ndk* **1.** to graze, to pasture; **2.** *(kochať sa)* to [take] delight in, *(pozorovať)* to feast [o's eyes on]

pasta *ž* **1.** *(sardelová, i zubná)* paste; **2.** *(na čistenie ap)* polish, wax, cream

pastier *m* **1.** *(kto pasie ovce, i cirk)* shepherd, *(dobytka)* herdsman, *(kráv)* cowherd, *(am)* cow[-]boy, *(svinský)* swineherd; **2.** *(cirk: duchovný)* pastor [of souls]

pastiersky *príd* **1.** *(i cirk, lit)* pastoral, shepherd's, *(i lit)* bucolic; **2.** *(cirk: pastiersky list)* pastoral; **3.** *(vyprážaný syr po pastiersky)* fried cheese and ham

pastorálny *príd* **1.** *(i cirk: teológia, lit, hud)* pastoral; **2.** *(lit)* bucolic, *(i hud)* idyllic, *(rar)* idyllian

pastva *ž* **1.** *(pastvina, potrava, i [rar] pasenie)* pasture, *(pastvina)* pasture-land; **2.** *(pasenie, potrava, pastvina)* pasturage; **3.** *(porast ako potrava)* herbage, **4.** *(prn: niečo príjemné)* treat, *(pre oči)* feast

pastvina *ž* **1.** pasture[-land], grassland, grazing-land, pasturage

paša *m/ž* **1.** *(pastvina)* pasture[-land]; **2.** *(pasenie, pastvina, potrava)* pasturage, *(pasenie sa)* grazing; **3.** *(porast ako potrava)* herbage, *(prn)* feast, **4.** *(titul)* pasha

pašeráctvo *s* **1.** smuggling, contraband trafficde, contraband trade, contraband

pašerák *m* **1.** smuggler, runner, bootlegger, contrabandist

pašovanie *s* **1.** smuggling, [-]running, bootlegging, illegal entry

pašovať *ndk* **1.** *(tovar cez hranice)* to smuggle, to run; **2.** *(tajne dopravovať)* to foist, *(ob alkohol)* to bootleg

paštéta *ž* **1.** *(z mletého mäsa/ rýb)* paté, *(z pečene)* [paté de] foie gras, *(hydinová)* squab pie; **2.** *(v ceste)* paté en croute

patent *m* **1.** *(na vynález)* [letters] patent; **2.** *(vynález)* invention; **3.** *(spôsob pletenia)* plain-one-purl-one, **4.** *(hovor: patentka)* press-stud, **5.** *(hist: kráľovská listina)* letters patent, *(edikt: vo Francúzsku)* edict

patentný *príd* **1.** patent, *(zámka)* Yale lock, *(gombík)* press-stud, *(špendlík)* safety pin

patentovaný *príd* **1.** patented, patent, copyright, licensed, *(meno)* proprietary

patentovať *n/dk* **1.** to patent

páter *m* **1.** *(kňaz ob reholný)* father, *(gvardian)* superior, guardian; **2.** *(kňaz)* priest

pátrací *príd* **1.** investigating, investigative, investigatory

pátranie *s* **1.** search, investigation, quest; **2.** scouting

pátrať *ndk* **1.** *(hľadať po kom/ čom)* to search [for], to hunt [for]; **2.** *(skúmať po čom)* to probe [into], to investigate

patriarchálny *príd* **1.** *(i cirk)* patriarchal, *(starodávny)* ancient, *(starecký)* senile, *(dôstojný)* dignified

patričný *príd* **1.** *(vhodný, primeraný)* proper, appropriate, decent; **2.** *(príslušný)* pertinent, corresponding, *(správny: na patričné miesto)* in o's proper place

patriť *ndk* **1.** *(byť vlastníctvom, i prislúchať na miesto)* to belong, *(byť vlastníctvom)* to [ap]pertain; **2.** *(prináležať)* to be due; **3.** *(byť súčasťou, členom)* to be part of, **4.** *(počítať sa medzi)* to rank [among], **5.** *(týkať sa)* to relate

patrón *m* **1.** *(podporovateľ)* patron, sponsor, tutelary; **2.** *(náboj)* cartridge; **3.** *(náb)* patron saint, **4.** *(hov: čudák)* weirdo

patróna *ž* **1.** pattern, stencil, *(tex)* design graph; **2.** *(nálož)* charge

patronát *m* **1.** patronage, sponsorship, auspices; **2.** *(zast cirk)* advowson

paušál *m* **1.** *(úhrnná suma)* lump sum, *(poplatok)* flat-rate contribution, flat rate, *(cena)* flat price

paušalizovať *n/dk* **1.** *(úhrnom vymeriavať)* to assess a lump sum, *(poplatky)* to assess a flat rate; **2.** *(zovšeobecniť)* to generalize, to make a sweeping generalization

paušálne *prísl* **1.** *(úhrnne)* in a lump sum, at a flat rate; **2.** in a general way, across[-]the[-]board

paušálny *príd* **1.** *(uhradzovaný z paušálu: suma)* lump, *(poplatok)* flat, *(úhrnný)* total, [all-]inclusive, blanket, *(všeobecný)* general; **2.** *(povrchne zovšeobecňujúci)* indiscriminate, *(tvrdenie)* sweeping

pauza *ž* **1.** *(prestávka, i div, lingv, ret)* pause, *(prerušenie trvajúce čas, prestávka)* break, interval, *(hud)* rest, *(v práci)* tea/ coffeee break

páv *m* **1.** *(zool: korunkatý, i prn)* [common/ Indian/ blue] peafowl, *(samec)* peacock, *(samica)* peahen; **2.** *(prn)* turkeycock

pavilón *m* **1.** *(nemocnice, výstavy, i letohrádok)* pavilion; **2.** *(letohrádok)* summerhouse, garden house, *(hudobný)* kiosk

pavučina *ž* **1.** spider['s] web, [cob]web; **2.** *(tex)* fleece

pavúk *m* **1.** *(zool: domáci, i prn)* spider, *(zool: križiak)* diadem spider

paznecht *m* **1.** hoof; **2.** *(pazúr)* claw, talon, pounce

pazucha *ž* **1.** armpit, *(anat)* axilla; **2.** *(hovor: časť odevu)* arm; **3.** *(bot)* axil, **4.** *(ísť/ držať sa pod pazuchu)* to walk arm in arm [with], *(chytiť/ vziať niekoho pod pazuchu)* to take sb's arm

pazúr *m* **1.** claw, talon, *(necht)* nail, *(ruka)* hand

pästiar *m* **1.** boxer

päť *čísl* **1.** five

päta *ž* **1.** *(nohy, na pančuche, topánke)* heel; **2.** *(odb: stĺpu)* pedestal; **3.** *(spodná časť)* foot, **4.** *(v pätách, za pätami)* close/ hard/ hot on sb's heels, *(Achillová)* Achilles heel

päťboj *m* **1.** pentathlon

päťdesiaty *čísl* **1.** fiftieth, *(výročie)* jubilee, quinquagenary, semi-centennial

pätina *ž čísl* fifth

päťka *ž* **1.** five, *(niečo označené číslom 5)* [ ] number five, *(pätica)* quintet, *(škol: známka)* fail [F]; **2.** *(zdrob: spodná časť)* foot, heel; **3.** *(zast: záklopa)* lapel

päťminútovka *ž* **1.** *(krátka schôdza)* brief/ 5-minute meeting, *(voj)* briefing, *(relácia ap)* 5-minute talk, *(pauza)* [5-minute] break

päťnásobný *čísl* **1.** fivefold, quinary, *(päťkrát väčší)* quintuple, *(päť ráz sa opakujúci)* five-time, quintuplicate

pätnásty *čísl* **1.** fifteenth

pätolizač *m* **1.** bootlicker, toady, yes-man, *(ifm)* arse kisser/ licker

pätorka *ž* **1.** five, quin, quintuplet; **2.** *(škol star: známka nedostatočná)* fail [F]; **3.** *(hovor: niečo označené číslom 5)* [ ] number five

pätoro *čísl nesk* **1.** five; **2.** *(päť druhov)* five kinds of

päťstovka *ž* **1.** *(bankovka)* 500 Sk banknote; **2.** *(niečo v počte päťsto jednotiek)* five hundred [ ], **3.** *(motocykel)* 500 cc motorcycle; **4.** *(šport)* 500-meter race

pažba *ž* **1.** [gun]stock, butt, handgrip, *(zast: drevený obklad múru)* boarding

pažerák *m* **1.** *(anat)* oesophagus, *(sopky)* mouth, *(priepasti)* jaw, *(priepasti)* orifice, *(nám: palubný)* hatch

pažiť *ž* **1.** *(trávnatý porast)* lawn, plot of grass; **2.** *(lúka)* meadow, grassland

pažravec *m* **1.** *(jedák)* glutton, *(pej)* pig; **2.** *(prn: lakomý človek)* grabber, vulture

pažravosť *ž* **1.** gluttony, voracity; **2.** *(prn: túžba po bohatstve)* greed, rapacity

pažravý *príd* **1.** greedy, piggish, rapacious, ravenous, voracious, hoggish, wolfish, gluttonus

pec *ž* **1.** *(na pečenie, i hist)* oven, *(na vyhrievanie)* stove, heater, *(kamenná)* rustic stove; **2.** *(tech)* furnace, kiln, *(na sušenie)* dry kiln

pecivál *m* **1.** *(kto sa doma povaľuje)* stay-at-home; **2.** *(leňoch)* lazybones, idler, lounger

pečať *ž* **1.** *(znak vtlačený do vosku)* seal, *(i odtlačený na list, listinu)* stamp, *(odtlačený na list, listinu)* impress, *(i hist: kráľovská)* signet

pečatiť *ndk* **1.** *(listiny)* to seal, to impress a seal on; **2.** *(plombovať)* to plumb, *(uzatvárať)* to seal up

pečatný *príd* **1.** seal, sealing, signet

pečeň *ž* **1.** *(anat)* liver

pečiatka *ž* **1.** *(nástroj i odtlačok)* stamp, *(nástroj i odtlačok)* rubber stamp; **2.** *(odtlačok)* mark, *(poštová)* postmark

pečiatkovať *ndk* **1.** to stamp, to rubber-stamp, to postmark

pečienka *ž* **1.** *(pečené mäso)* roast, rôti, *(br)* joint, *(cigánska)* barbecue

pečivo *s* **1.** *(výrobky z múky)* baking; **2.** *(slané)* buns and rolls; **3.** *(sladké)* pastry and biscuits, *(čajové)* tea-cakes

pedagóg *m* **1.** *(učiteľ)* teacher, schoolmaster, *(prísny)* pedagogue; **2.** *(odborník v pedagogike)* pedagogist

pedagogický *príd* **1.** pedagogic, educational, Teacher's, *(inštitút)* Teacher-training college

pedál *m* **1.** *(i na klavíri)* pedal, *(tech)* treadle, *(plynový)* accelerator, *(spojky)* clutch

pedantný *príd* **1.** *(puntičkársky)* punctilious, fussy; **2.** *(presný, presne vykonaný)* meticulous, precise

pedikúra *ž* **1.** pedicure, chiropody

peha *ž* **1.** freckle, freckling, fleck

pechota *ž* **1.** infantry, *(námorná)* the Royal Marines, the Royals, *(hist)* [men of] foot

pekáč *m* **1.** *(na pečenie mäsa)* baking tin/ pan, roasting tin/ tray, roaster; **2.** *(na pečivo)* [baking] sheet

pekár *m* **1.** baker; **2.** bakery owner

pekáreň *ž* **1.** *(výrobňa chleba, i predajňa)* bakery; **2.** *(predajňa chleba)* bake shop, baker's [shop]

pekárstvo *s* **1.** *(výrobňa chleba, i zamestnanie pekára)* bakery, *(zamestnanie pekára)* baking trade/ busiiness; **2.** *(predajňa chleba/ pečiva)* baker's [shop], bake shop

pekelný *príd* **1.** *(náb, i prn)* infernal, hell['s], *(oheň)* hellfire; **2.** *(hov prn: veľmi veľký/ ifm)* devilish, *(ifm)* a hell of, *(strašný)* fearful, *(hrozný)* awful

peklo *s* **1.** *(náb, i prn)* hell, *(hov euf)* heck, *(chaos)* hell to pay; **2.** *(prn: útrapy, nepríjemnosti)* trouble; **3.** *(do pekla s)* to hell with, *(choď do pekla)* go to hell

pekný *príd* **1.** *(primerane krásny)* pretty, *(príjemný na pohľad)* good-looking, comely, *(am)* cute, *(muž)* handsome, *(žena: dobre vyvinutá)* buxom, *(i dobrý)* nice, fair; **2.** *(dobrý, správny)* good; **3.** *(hovor: veľký)* big

peľ *m* **1.** *(bot)* pollen

pelech *m* **1.** *(zvierat)* den, lair, burrow; **2.** *(prn pej)* slum

pelendrek *m* **1.** *(cukrík)* liquorice [bar]; **2.** *(zast: obušok policajta)* baton, truncheon, stick

pelešiť sa *ndk* **1.** *(rozvaľovať sa)* to burrow; **2.** *(vulg)* to sleep [with], to doss down [with]

peľhať *ndk* **1.** *(maznať)* to pamper, to fondle, to feather bed; **2.** *(dobre chovať, vykrmovať)* to feed well, to fatten

peň *m* **1.** *(odrezaný zvyšok kmeňa)* [tree] stump, *(krátky)* snag; **2.** *(kmeň stromu)* trunk, bole

pena *ž* **1.** *(i na holenie, na ústach)* foam, *(mydlová)* lather, *(i na pive, na ústach)* froth, *(na pive)* head; **2.** *(kuch: ušľahaná z bielkov)* snow; **3.** *(min: morská)* meerschaum

penále *s nesk* **1.** [moncy] penalty; **1.** penalty, smart money, fine, punitive damages, forfeit

peňaženka *ž* **1.** *(taška, taštička)* pouch, *(plochá)* wallet, pocketbook, *(arch)* purse

peňažný *príd* **1.** financial, *(hospodárstvo, jednotka)* monetary, *(pokuta)* pecuniary, *(poukážka, ponuka, zásoba, renta)* money, cash

pendrek *m* **1.** *(policajtský obušok)* truncheon, baton, stick; **2.** *(zastar: cukrík)* liquorice [bar]

peniaz *m* **1.** *(minca)* coin, piece, *(bankovka)* banknote; **2.** *(zast: peňažná suma)* sum, *(pekný)* pretty penny

peniaze *m pomn* **1.** *(platidlo, prostriedky)* money, *(hotovosti)* cash, *(papierové)* [bank]note[s], *(kovové)* specie; **2.** *(sl)* dough, *(doláre)* green[backs], *(libry)* quid; **3.** *(peňažná suma)* sum [of money], **4.** *(prostriedky)* funds, means, *(platitlo)* legal tender

peniť sa *ndk* **1.** *(voda, more, i pivo)* to froth, *(i mydlo)* to foam, *(voda)* to effervesce, *(víno ap)* to sparkle

penivý *príd* **1.** *(penistý)* foamy, frothy, *(i vytvárajúci penu)* spumous; **2.** *(vytvárajúci penu: víno)* sparkling

penový *príd* **1.** foamed, foamy, froth, foam, spumescent, spumous

penzia *ž* **1.** *(stav)* retirement; **2.** *(dôchodok)* pension; **3.** *(poplatok za byt a stravu)* bed and board, *(plná)* full board, *(polo)* half board

penzijný *príd* **1.** pension[s], pensionary, pension insurance, pensionable

penzión *m* **1.** boarding house, lodging house, *(elegantný)* guest-house, *(vo Francúzsku)* pension

penzionovať *n/dk* **1.** *(dať do dôchodku)* to pension, to superannuate, to retire, *(predčasne)* to pension off

penzista *m* **1.** *(kto je vo výslužbe)* [old-age] pensioner, senor citizen, OAP

pera *ž* **1.** lip

percento *s* **1.** *(stá čiastka celku)* percent; **2.** *(pomer, čiastka)* percentage; **3.** *(pomer: úmrtnosti atď)* rate, **4.** *(čiastka)* commission, **5.** *(na sto percent)* a hundred percent, **6.** mn: **percentá** *(úroky)* interests

perfektný *príd* **1.** perfect, accomplished, consummate, tiptop

perfektum *s* **1.** *(gram)* present perfect

perforovať *n/dk* **1.** to perforate, *(polyg)* to punch, to drill, to pink

perie *s hrom* **1.** plumage, feathering, feathers

periféria *ž* **1.** *(okrajová oblasť)* periphery, borderland, *(i mesta)* outskirts, *(mesta)* suburb, purlieus

periférny *príd* **1.** *(i anat)* peripheral, fringe, suburban, *(anat, fyziol)* distal

perina *ž* **1.** duvet, continental quilt, eiderdown [quilt], *(prn: snehová)* blanket

perióda *ž* **1.** *(i menštruácia, geol, chem, gram, astron)* period, *(časový úsek)* time, *(počasia)* spell; **2.** *(pravidelne sa opakujúce obdobie: odb)* cycle, *(mat)* return period; **2.** *(menštruácia)* menstruation; **3.** *(gram)* sentence

periodický *príd* **1.** periodic, periodical, cyclical, recurrent

perla *ž* **1.** *(i umelá, prn: vzácna vec)* pearl, *(kultivovaná)* culture[d] pearl; **2.** *(prn: vzácna vec)* gem, *(bás: kvapka)* bead

perleť *ž* **1.** mother-of-pearl, nacre

perlička *ž* **1.** *(zdrob: drobná perla)* [small] pearl, seed pearl; **2.** *(umelá napodobenina, i prn: kvapka)* bead; **3.** *(zool: Numida meleagris)* guinea-fowl, **4.** *(prn)* plum

perliť sa *ndk* **1.** *(víno)* to sparkle, *(sódovka ap)* to bubble, *(voda)* to effervesce; **2.** *(prn: čelo ap)* to pearl

permanentný *príd* **1.** permanent, standing, full-time, *(lístok)* subscription, *(inf: pamäť)* fixed

perník *m* **1.** *(pečivo so zázvorom)* gingerbread, *(s medom)* honey cake

pero *s* **1.** *(vtáčie, i ozdoba)* feather; **2.** *(na písanie)* pen, *(plniace)* fountain pen, *(guličkové)* ball-point pen; **3.** *(i ozdoba)* plume, **4.** *(pružina: listová)* leafspring, **5.** *(v hodinách)* watch-spring, **6.** *(drev: závlačka)* tongue

perokresba *ž* **1.** line-drawing, pen[-and-ink] drawing, *(hov: obraz)* pen picture, line-work

perón *m* **1.** [railway] platform, platform

perovanie *s* **1.** *(tlmenie nárazov)* shock-absorption, *(pneumatické)* air spring suspension; **2.** *(i tech: zariadenie)* suspension, *(súhrn pier)* springing [system]

perový *príd* **1.** *(i šport)* feather, feather-duster, *(matrac)* feather bed; **2.** *(i žel)* spring; **3.** *(polyg: i kresba)* line

personál *m* **1.** personnel, staff, work-force, staff members, man power

personálny *príd* **1.** personal; **2.** personnel

perspektíva *ž* **1.** *(odb, i prn)* perspective, *(vzdušná)* aerial perspective; **2.** *(prn: pohľad, výhľad)* outlook, view

perspektívny *príd* **1.** *(týkajúci sa perspektívy)* perspective, *(zobrazenie)* scenographic; **2.** *(dlhodobý)* prospective, forward

Perzia *ž* **1.** *(hist)* Persia; **2.** Iran

pes *m* **1.** *(zool: domáci)* dog, *(ovčiarsky)* sheepdog, *(strážny)* watchdog, *(poľovný)* hound, *(besný)* mad dog, *(slepecký)* guide-dog; **2.** *(*hladný ako pes)* [as] hungry as a wolf

pesimista *m* **1.** pessimist, *(ifm)* worry-guts, worry-wart

pesnička *ž* **1.** song, tune; **2.** *(*stará pesnička)* the same old story

pestovanie *s* **1.** *(rastlín, plodín)* cultivation, [-]growing, [ ]farming; **2.** *(hovor: chovanie/ chov)* raising; **3.** *(prn: zaoberanie sa)* cultivation, **4.** *(starostlivosť o rozvoj)* fostering, **5.** *(ošetrovanie)* care

pestovaný *príd* **1.** cultivated, grown, raised, trimmed

pestovať *ndk* **1.** *(rastliny/ plodiny)* to cultivate, to grow; **2.** *(hov: chovať)* to breed; **3.** *(zaoberať sa niečím)* to cultivate, **4.** *(starať sa)* to care for, **5.** *(starostlivo ošetrovať)* to take care of

pestovateľ *m* **1.** grower, producer, [ ]farmer; **2.** breeder; **3.** buff, devotee

pestrofarebný *príd* **1.** multicolour, rainbow-tinted, *(s fľakmi, pásikovaný, bodkovaný atď)* mottled, *(z rôznych kúskov)* harlequin; **2.** *(prn)* varied

pestrosť *ž* **1.** colourfulness, variety of colors; **2.** *(prn: rozmanitosť)* variousness; **3.** gaiety

pestrý *príd* **1.** *(rôznofarebný)* manicoloured, rainbow, medley, harlequin; **2.** *(prn: rozmanitý)* varied, various, mixed; **3.** lively

pestún *m* **1.** child-minder, baby-sitter; **2.** *(práv, vychovávateľ)* tutor, fosterer

pestúnka *ž* **1.** dry-nurse, nursemaid, *(br)* nanny; **2.** *(práv)* fostress

peší I. ***podst m / príd*** **1.** pedestrain, podst m **2.** walker, **II.** ***príd*** **3.** walking, **4.** *(voj)* infantry

peši *prísl* **1.** on foot; **2.** *(ísť peši)* to go on foot, to foot it

pešiak *m* **1.** infantryman, foot-soldier, peon; **2.** pawn

petrolej *m* **1.** *(letecký, na kúrenie)* kerosene, paraffin oil

petržlen *m* **1.** *(bot kuchynský: Petroselinum crispus)* parsley

pevne *prísl* **1.** firmly, firm; **2.** *(silne)* strongly; **3.** *(rozhodne)* decidedly

pevnina *ž* **1.** *(pevná zem, súš)* firm land, dry land; **2.** *(kontinent)* continent, mainland

pevninový *príd* **1.** continental, land, inland, *(bot)* terrestrial, *(prah)* shelf

pevnosť *ž* **1.** firmness, hardness, solidity; **2.** *(neoblom)* fixedness, constancy, stableness; **3.** *(sila)* strength, **4.** *(charakteru)* grit, **5.** stronghold, **6.** *(fyz: v ťahu)* tensile strenght

pevný *príd* **1.** *(odolný, silný, stabilný, energický)* firm, *(odolný)* solid, *(a nepohyblivý)* rigid; **2.** *(stabilný, nepohyblivý, upevnený)* fixed, steadfast, stable; **3.** *(rozhodný)* resolute, **4.** *(silný)* strong

pchať *ndk* **1.** to stick, to poke, *(i kŕmiť)* to stuff; **2.** *(kŕmiť)* to gorge

pchať sa *ndk* **1.** *(tlačiť sa)* to crowd, to force one's way, to throng, to jam; **2.** *(kŕmiť sa)* to gorge os, to gormandize

piadimužík *m* **1.** *(rozprávková bytosť nepatrnej postavy)* fairy, gnome; **2.** *(trpaslík)* dwarf, pigmy

pianistka *ž* **1.** pianist

piatok *m* **1.** Friday, *(veľký)* Good Friday, *(čierny)* Black Friday

piaty *čísl* **1.** fifth; **2.** *(o piatej)* at five o'clock, *(za piate)* fifthly, *(kolóna)* fith column

piča *ž vulg* **1.** *(ž pohl orgán,i nadávka)* cunt, *(i pomenovanie ženy)* pussy, *(sl)* joy-box, fruitcake, bearded clam; **2.** *(pomenovanie ženy)* broad; **3.** *(nadávka)* prick, asshole

pičovina *ž vulg* **1.** *(hlúposť)* bullshit

piecť *ndk* **1.** *(i bezpr)* to cook; **2.** *(v rúre: chlieb, pečivo, koláče)* to bake; **3.** *(mäso, ryby ap: v rúre/ na ohni)* to roast, **4.** *(v oleji, tuku ap)* to [deep-]fry, **5.** *(hriať)* to scorch, **6.** *(strojiť)* to concoct

piecť sa *ndk* **1.** to be in the oven, *(o chlebe/ pečive)* to be baking, *(o mäse)* to be roasting; **2.** *(hov: byť vystavený páľave)* to roast

pierko *s* **1.** *(zdrob)* [small] feather, featherlet; **2.** *(hovor: ozdoba z pier/ kvetov)* plume, plumet

pieseň *ž* **1.** song, tune, air, *(skladba)* vocal,

(vianočná) carol

pieskovec *m* **1.** sandstone, *(mäkký)* holystone, *(jemnozrnný)* hone, *(hrubozrnný)* gristone

pieskovisko *s* **1.** moulding sand quarry

pieskový *príd* **1.** *(i farba)* sand, sandy, *(papier)* sandpaper, *(hodiny)* sandglass, *(farba)* sandiness

piesok *m* **1.** sand, *(viaty)* drift-sand, *(geol: tečúci/ pohyblivý)* quicksand, gravel

piest *m* **1.** *(tech)* piston, ram, plunger; **2.** *(nástroj na pranie)* dolly

piestik *m* **1.** *(zdrob)* [small] paddle; **2.** *(bot: samičie ústrojenstvo kvetu)* [simple/ compound] pistil, carpel, gynoecium

pieta *ž* **1.** *(úcta)* piety; **2.** *(socha, obraz)* Pietá, pietas, reverence

pigment *m* **1.** *(biol)* pigment; **2.** *(chem)* colourant, dry colour, agent

pichať *ndk* **1.** to prick, *(palicou ap)* to poke [about]; **2.** *(o hmyze, bolesti)* to sting, *(o bolesti)* to stab, **3.** *(dávať, pchať)* to stuff, **4.** *(znepokojovať/ podpichovať)* to pick [on], **5.** *(hov: injekciu)* to shoot [up], *(príchod)* to clock in

pichľavý *príd* **1.** *(majúci pichliače)* prickly, thorny, *(i prn)* pungent; **2.** *(spôsobujúci pocit pichnutia)* stabbing; **3.** *(prn: ostrý, prenikavý)* piercing, **4.** *(uštipačný)* stinging, *(dráždiaci)* caustic

pichliač *m* **1.** needle, spine, prickle, thistle, brier, quill, prick; **2.** *(bot: Cirsium)* thistle

pichnutie *s* **1.** prick[ing]; **2.** sting; **3.** pang, **4.** quip, prod, **5.** puncture

pijak *m* **1.** *(pijavý papier)* blotting paper, *(kotúč s ochranným obalom)* blotter; **2.** *(pijan)* boozer, *(vína)* wino

pijan *m* **1.** drunkard, *(veľký)* sot, tosspot, *(mierny)* tippler

pijatika *ž* **1.** *(pitie liehovín)* booze-up, tipple, spree, drinking-bout, *(ifm)* piss-up; **2.** *(liehový nápoj)* booze

pijavica *ž* **1.** leech; **1.** *(zool lekárska: Hirudo medicinalis)* [medicinal] leech, *(zool konská: Haempois sanguisuga)* horseleech; **2.** *(i prn pej)* bloodsucker

pikantný *príd* **1.** *(kuch, i prn)* piquant, spicy, hot; **2.** *(prn)* racy

pikírovať *ndk* **1.** *(záhr)* to plant out; **2.** *(krajč)* to stitch, to prick off, to prick out

piktogram *m* **1.** pictograph, pictogram, *(mat)* isotype, *(inf)* icon

píla *ž* **1.** *(nástroj)* saw, *(ručná)* handsaw, *(rámová))* frame-saw, *(pásová)* band-saw, *(okružná)* circular/ rotary saw; **2.** *(závod)* sawmill

pilier *m* **1.** *(stav)* column, pilaster, *(oporný)* buttress; **2.** *(i ban)* pillar, *(ban)* post

piliny *ž mn* **1.** sawdust, filings, shavings, swarf

píliť *ndk* **1.** to saw

pílka *ž* **1.** saw, *(ručná)* handsaw, *(na kov)* hacksaw, *(lupenková)* coping saw

pilník *m* **1.** file, *(polohrubý)* bastard file, *(hrubý)* float, *(žliabkovací)* riffler; **2.** *(na nechty)* nail-file

pilný *príd* **1.** *(usilovný)* industrious, dilligent, studious; **2.** *(neodkladný)* urgent

pilot *m* **1.** pilot; **2.** *(žel)* operator

pilovať *ndk* **1.** *(pilníkom)* to file, *(nechty)* to file o's [finger-]nails; **2.** *(prn)* to refine, to polish

pilulka *ž* **1.** *(lek: guľovitá)* pill, *(malá)* pilule, *(plochá)* tablet, *(antikoncepčná)* birth pill

pinzeta *ž* **1.** tweezers, pincette, *(veľká)* nippers, *(lekárska)* forceps

pipka *ž* **1.** *(dets: sliepočka)* poult; **2.** *(o peknom dievčati/ am)* chick, *(br)* [dolly-]bird; **3.** *(fam: oslovenie dievčaťa)* baby

piplať sa *ndk* **1.** *(vykonávať zdĺhavú prácu)* to dawdle, to trifle with, to putter; **2.** *(starať sa o niekoho)* to bother with

piroh *m* **1.** [cylindrical] doughnut; **2.** *(s mäsom)* fritter

písací *príd* **1.** writing, *(stroj)* typewriter, *(stôl)* davenport, secretaire

písanie *s* **1.** *(zaznamenávanie písmenami, tvorenie)* writing; **2.** *(tvorenie)* penning; **3.** *(na stroji)* typing, **4.** *(škol)* ortography

písanka *ž* **1.** *(školská)* exercise book, copybook, composition book

písaný *príd* **1.** written, typewritten, typed,

documental

pisár *m* **1.** *(na stroji)* typist; **2.** copy[ing] clerk, copyist; **3.** *(zast: nižší úradník)* underclerk, **4.** *(hist)* scribe

pisárka *ž* **1.** *(na stroji)* typist, dactylographer, audio typist; **2.** copyist, copying clerk

písať *ndk* **1.** *(zaznačovať písmom)* to write, *(na stroji)* to type; **2.** *(tvoriť, vyhotovovať písomne)* to pen, to set down in writing, *(umelecky, literárne)* to compose; **3.** *(informovať tlačou)* to report

pisateľ *m* **1.** writer

pískať *ndk* **1.** *(bezpr, i pesničku)* to whistle, *(na čo)* to blow; **2.** *(privolávať)* to whistle up, *(na dievča)* to wolf-whistle; **3.** *(koleso, vlak ap)* to scream

piskľavý *príd* **1.** *(o zvukoch/ hlase)* shrill, high-pitched, scrannel; **2.** *(pištiaci)* shrieking

písmeno *s* **1.** letter, character, *(malé)* minuscule, *(veľké)* capital, *(paličkové)* block letter; **2.** *(typ)* type

písmo *s* **1.** *(sústava grafických znakov)* characters, script; **2.** *(typ)* typeface; **3.** *(rukopis)* [hand]writing, **4.** *(cirk: Sväté)* The [Holy] Scripture[s], **5.** *(zast: úradná listina/)* document

písomne *prísl* **1.** in writing; **2.** by letter

písomný *príd* **1.** written, *(práca)* essay

piškóta *ž* **1.** Lady's finger, sponge finger

píšťala *ž* **1.** *(jednoduchý hud. nástroj, i organová)* pipe; **2.** *(detská, plechová)* [tin] whistle; **3.** *(na podávanie signálov: parná)* hooter, **4.** *(sklár)* blowpipe, **5.** *(anat)* tibia

píšťalka *ž* **1.** *(z dreva)* pipe, fife; **2.** *(detská, rozhodcovská, i signál)* whistle

pištoľ *ž* **1.** pistol, [hand-]gun; **2.** *(tech)* gun, *(striekací)* sprayer

piť *ndk* **1.** to drink, *(do dna, na ex)* to drink up, *(pomaly)* to sip, *(hltavo)* to quaff; **2.** *(alkoholické nápoje)* to libate; **3.** *(opíjať sa)* to booze, **4.** *(nasávať)* to absorb

pitný *príd* **1.** drinking, drinkable, potable, fresh, *(rar)* potatory

pitva *ž* **1.** autopsy, post-mortem, dissection

pitvať *ndk* **1.** to autopsy, to perform an autopsy/ a post-mortem; **2.** *(prn hov: vyberať vnútornosti)* to [dis]embowel, to eviscerate

pivnica *ž* **1.** cellar; **2.** *(na víno)* wine cellar, wine vault; **3.** *(hostinec)* pub[lic house]

pivo *s* **1.** beer, *(obch)* ale, *(slabé)* mild, *(a svetlé)* lager

pivónia *ž* **1.** *(bot: Peonia)* peony

pivovar *m* **1.** brewery, brew-house

pláca *ž* salary; **1.** wages, pay

plač *m* **1.** cry, weeping, weep, tears

plačlivý *príd* **1.** *(premiešaný s plačom)* tearful, teary, *(plačom podfarbený)* plaintive, *(náchylný k plaču)* sniveling, *(údolie)* vale of tears; **2.** *(prn: daždivý)* wet

plagát *m* **1.** poster, bill, placard, *(divadelný)* playbill

plagátovať *n/dk* **1.** to post, to placard, to advertise, to bill

plagátový *príd* **1.** hoard, bill, poster, placard, advertisement

plagiát *m* **1.** plagiarism, plagiary, *(obrazu)* forgery

plahočiť sa *ndk* **1.** to wade, to trudge, to slosh; **2.** to drudge, to toil; **3.** to slink, to plug

plachetnica *ž* **1.** sailboat, sailing vessel, *(loď)* sailing ship, *(malá)* sailing boat

plachta *ž* **1.** *(kus tkaniny, i posteľná)* sheet, *(ľanová)* canvas, *(ochranná, i prn)* shroud, *(senná)* rick cloth, *(ochranná, slnečná)* awning, *(nepremokavá)* tarpaulin; **2.** *(nám)* sail

plachtárstvo *s* **1.** *(bezmotorové lietanie)* gliding, soaring; **2.** *(jachtárstvo)* sailing, yachting

plachtiť *ndk* **1.** *(let)* to glide, to fly a glider, to soar, to drift, to volplane; **2.** *(na plachetnici)* to sail

plachtovina *ž* **1.** sailcloth, canvas [cloth], *(na malé plachty)* duck[ing], *(nepremokavá)* tarred canvas

plachý *príd* **1.** *(o človeku)* shy, timid, self-conscious; **2.** *(o zvieratách)* skittish

plakať *ndk* **1.** *(bezpr)* to weep, to cry, *(ako dieťa)* to whine; **2.** *(lamentovať)* to cry over, to lament

plákať *ndk* **1.** to rinse, to wash

plaketa *ž* **1.** plaque, *(malá)* plaquette, *(ozdobná)* plateau

plameň *m* **1.** *(svetelný jav, i prn, bás)* flame, *(prudký)* flash, *(v plameňoch)* ablaze; **2.** *(prn)* fire

plameniak *m* **1.** *(zool: červený)* flamingo

plamenný *príd* **1.** flame, *(jazyk)* tongue of flame; **2.** *(bot: iskerník plamenný)* [lesser] spearwort; **3.** *(kniž prn)* fiery, ardent

plameňomet *m* **1.** flame gun, flame thrower, flame projector, flammenwerfer

plamienok *m* **1.** *(zdrob)* small flame, *(večný)* pilot burner; **2.** *(bot: Clematis)* clematis, *(bot: plotný)* traveller's joy, *(i Clematis aristata)* old man's beard

plán *m* **1.** *(predstava budúcnosti, rozvrh činnosti)* plan, program; **2.** *(návrh, náčrt, nákres)* design, scheme, *(topografický, kótový ap)* map; **3.** *(rozvrh)* time-table

pláň *ž* **1.** plain, *(trávnatá)* grassland, *(náhorná)* tableland, *(i horná plocha)* plateau

planéta *ž* **1.** *(astron)* planet, *(vnútorná)* inferior planet, *(malá)* asteroid; **2.** *(astrol: ob Jupiter, Saturn)* fortune, *(vládnuca)* lord; **3.** *(zast: lístok s veštbou)* horoscope card

planétový *príd* **1.** planet, planetary, epicyclic, *(koleso)* planet wheel

planina *ž* **1.** plain, *(holá rovina)* moor[land], *(náhorná plošina)* high plain, tableland

planografia *ž* **1.** *(polyg)* blueprinting process, heliographic printing, ammonia process, diazoprocess

plánovač *m* **1.** planner, schemer, plotter, *(i inf)* scheduler

plánovanie *s* **1.** planning, projection, dispatching, *(tech)* design, *(časové)* scheduling

plánovať *ndk* **1.** to plan, to design; **2.** to intend

plantať sa *ndk* **1.** *(zavadzať)* to get in the way, *(motať sa)* to get entangled; **2.** *(o oblečení)* to swing; **3.** *(túlať sa)* to roam

plantáž *ž* **1.** plantation

plantážnik *m* **1.** planter, plantation owner, . *(hist)* settler

planúť *ndk* **1.** *(horieť plameňom, i hnevom: človek, oči)* to blaze, to flame, *(prudko a krátko)* to flare; **2.** *(prn: žiariť)* to glow

planý *príd* **1.** *(divý, neštepený)* wilding, unplanted; **2.** *(hov: zlý)* evil; **3.** *(hov: nekvalitný)* no-good, *(nevyhovujúci)* unavailing, *(prázdny: sľuby)* empty, *(jalový)* sterile, *(nanič)* no-use

plápolať *ndk* **1.** *(horieť plameňom, i hnevom: človek, oči)* to blaze, to flame, *(lampa, plameň)* to flicker; **2.** *(prn)* to glow

plást *m* **1.** honeycomb

plastický *príd* **1.** *(ľahko formovateľný, i chem, lek)* plastic; **2.** *(trojrozmerný)* relief, *(javiaci sa trojrozmerne)* three-dimensional; **3.** *(odb: ľahko formovateľný)* mouldable, **4.** *(lek)* tectonic, **5.** *(výstižný/názorný)* rounded

plastika *ž* **1.** len j *(plastičnosť)* plasticity; **2.** *(umenie)* the plastic [art]; **3.** *(trojrozmernosť)* three-dimensionality, **4.** *(hov: chirurgia)* plastic surgery, **5.** *(dielo)* model

plašiť *ndk* **1.** *(strašiť)* to scare, to frighten; **2.** *(odháňať)* to rouse, *(volaním)* to shoo

plašiť sa *ndk* **1.** to shy, to be skittish, to bolt; **2.** *(o ľuďoch)* to be scared [of]

plášť *m* **1.** *(dlhý kabát)* overcoat, *(jarný)* spring coat, *(voľný)* robe, *(dámsky voľný)* dust[er]-coat, *(bez rukávov)* mantle; **2.** *(nepremokavý)* mac[kintosh coat]; **3.** *(vojenský)* tunic, **4.** *(pracovný, ochranný)* frock, *(kúpací)* bath robe, *(lekársky)* gown, *(proti prachu)* [dust]coat, **5.** *(tech: obal)* cover, *(automobilový ap)* tyre, **6.** *(geom)* lateral surface, **7.** *(zool: u mäkkýšov)* mantle, **8.** *(hist: i kráľovský)* pall

plat *m* **1.** *(ob týždenný, pre robotníkov)* wages, *(za profesionálnu, kancelársku prácu)* salary, *(kňaza, učiteľa, úradníka: ob mesačný)* stipend, *(ob voj)* pay, *(čistý)* take-home pay

plátanie *s* **1.** *(látanie)* patching, patchwork; **2.** *(opravovanie)* mending, repairing

plátať *ndk* **1.** *(pokrývať diery záplatami)* to patch, to vamp; **2.** *(opravovať)* to mend, to repair

platba *ž* **1.** payment, *(v hotovosti)* cash payment, *(účtu)* settlement

platenie *s* **1.** payment, *(fml)* defrayment, *(vopred)* prepayment, *(účtu)* settlement, *(v naturáliách)* truck-system, *(na splátky)* hire-purchase

plátenný *príd* **1.** linen, cloth, canvas

platený *príd* **1.** paid, *(v hotovosti)* out-of-pocket, *(zle)* underpaid, *(štátom)* state-employed; **2.** *(najatý)* hired

platidlo *s* **1.** *(prostriedok na platenie)* instrument of payment, *(zákonné)* legal tender, currency, *(peniaze)* money, *(papierové)* banknotes

platina *ž* **1.** platinum, *(obs, hist)* platina

platinový *príd* **1.** platinum, *(chem)* platinic, *(min)* platiniferous; **2.** *(o farbe)* platinum[-blond]

platiť *ndk* **1.** *(dávať peniaze za)* to pay, *(účet)* to settle, *(*platím!)* [the] bill,please!, *(*koľko platím?)* what's the bill?; **2.** *(hradiť)* to reimburse; **3.** *(o peniazoch)* to be legal tender, **4.** *(o zákone)* to be in force, *(o nariadení)* to be applicable to, *(o lístku)* to be valid, *(platí!)* agreed!, **5.** *(mať váhu)* to be effective, **6.** *(byť uznávaný za)* to be considered, **7.** *(týkať sa)* to refer [to]

platňa *ž* **1.** *(kovová, i fotografická)* plate, *(mramorová)* slab, *(gramofónová)* record, *(sporáka)* ring

plátno *s* **1.** *(ľanové, konopné, maliarske)* canvas, *(bavlnené)* cloth, *(ľanové)* linen, *(hrubé)* duck[ing], *(ob knihárske hrubé)* buckram; **2.** *(premietacie)* [projecting] screen; **3.** *(hov: obraz)* painting

platnosť *ž* **1.** *(i práv)* validity, *(práv)* force, effect, *(konečná)* finality, *(práv: spätná/ spiatočná)* retroactivity; **2.** *(potvrdiť)* to validate, *(nadobudnúť)* to come into force, *(stratiť)* to lose validity, to expire, *(o peniazoch)* to be out of circulation; **3.** *(inf: bitu)* significance

platný *príd* **1.** *(i inf)* valid, *(právne)* lawful, effective, in force, *(i peniaze)* current; **2.** *(účinný, osožný)* useful; **3.** *(inf: číslica)* significant digit/ figures

platobný *príd* **1.** *(bilancia, dohoda)* payment[s], *(schopnosť)* solvency, *(neschopnosť)* insolvency, *(príkaz)* order of/ for payment, [bank] payment order

plátok *m* **1.** *(zdrob: chleba, šunky, mäsa, citróna, syra)* slice, *(papiera, staniolu ap)* strip, *(papiera)* slip, *(tech)* lamella, *(inf)* wafer; **2.** *(pej: tlač)* yellow/ gutter press

plávajúci *príd* **1.** floating, float, *(kotva)* drag, *(unášaný prúdom)* seaborne

plavák *m* **1.** *(na udržanie rovnakej výšky)* [water-level] float; **2.** *(plavebná značka)* buoy; **3.** *(pristávacie zariadenie hydroplánu)* pontoon, **4.** *(bledožltý/ bledohnedý kôň)* palomino

plaváreň *ž* **1.** swimming pool, swimming bath, *(krytá)* natatorium

plávať *ndk* **1.** *(o živočíchoch)* to swim; **2.** *(o lodi)* to sail, to navigate; **3.** *(o veciach, i prn)* to float, **4.** *(vznášať sa na vode)* to drift, **5.** *(byť zaliaty v tekutine)* to be swimming in, **6.** *(hov: nevedieť na skúške)* to dry up

plavba *ž* **1.** *(cestovanie loďou)* navigation, sailing, *(vnútrozemská)* inland navigation; **2.** *(doprava po vode)* waterage; **3.** *(cesta lode)* voyage, *(i voj)* cruise

plavčík *m* **1.** *(nám: učeň)* seaman apprentice, *(pomocník)* deck-boy, cabin-boy; **2.** *(dozorca na plavárni)* lifeguard, lifesaver

plavebný *príd* **1.** navigational, navigation, nautical, shipping

plavec *m* **1.** *(kto vie plávať)* swimmer; **2.** *(zast: námorník)* seafarer, mariner, navigator, sailor

plavidlo *s* **1.** vessel, watercraft, float, *(námorné)* sea craft, *(vojnové)* warcraft

plaviť *ndk* **1.** *(dopravovať po vodnom toku)* to float, to drive, to drift; **2.** *(tech: čistiť)* to wash

plaviť sa *ndk* **1.** *(cestovať plavidlom)* to navigate, to voyage, *(i o plavidle)* to cruise; **2.** *(plávať: o plavidle)* to sail

plavky *ž pomn* **1.** *(dámske: celé)* swimsuit,

bathing costume, *(: dvojdielne)* bikini, *(pánske)* [swimming/ bathing] trunks

plavovláska *ž* **1.** blonde

plavovlasý *príd* **1.** blond, fair-haired

plavý *príd* **1.** *(vlasy)* blond, fair, *(bledožltý)* pale-yellow, *(bledohnedý)* fawn

plaz *m* **1.** *(zool: Reptilia)* reptile, reptilian, saurian; **2.** *(na pluhu)* slade

plaziť sa *ndk* **1.** *(o plazoch, zvierati, človeku, i prn)* to crawl, *(i popínať sa, i o hmle, dyme ap)* to creep; **2.** *(o človeku: ako had)* to snake; **3.** *(popínať sa/ ťahať sa)* to climb, **4.** *(prn pej)* to fawn, to grovel

plazivý *príd* **1.** *(o zvierati, rastlinách, ekon, lek, prn)* creeping, *(o zvierati)* crawling; **2.** *(o rastlinách)* trailing, repent; **3.** *(bot: ďatelina plazová)* shamrock, **4.** pervasive, *(rýchlosť)* creepy, **5.** *(prn pej)* grovelling, reptile

plazma *ž* **1.** plasma, *(krvná)* blood plasma, serum

pláž *ž* **1.** *(morská, jazerná, riečna: i piesočnatá)* beach, *(piesočnatá)* sandy beach, *(morská)* seaside, *(kúpalisko)* bathing beach, [seaside] resort

plebejec *m* **1.** *(hist: v Ríme)* plebeian, pleb; **2.** *(prn)* commoner, proletarian

plebiscit *m* **1.** plebiscite

plece *s* **1.** *(časť tela, i odevu)* shoulder[s]; **2.** *(hodiť plecom)* to shrug o's shoulders

plecniak *m* **1.** rucksack, haversack, knapsack, *(i vojenský)* kitbag

plečka *ž* **1.** *(ručná)* spud, weeding hoe, *(am)* weeder; **2.** *(motorová)* weeding machine

pléd *m* **1.** plaid, tartan, *(pastiersky, cestovný)* maud

plech *m* **1.** *(kovový materiál)* lamination, sheeting, *(jedna doska)* sheet, *(biely, pocínovaný, cínový)* tin [plate], *(vlnitý)* corrugated iron; **2.** *(nádoba na pečenie: mäsa)* roasting tin/ tray

plecháč *m* **1.** *(hrniec)* pan, *(z bieleho plechu)* tin; **2.** *(konzervová plechovka)* tin [can], *(am)* can

plechovička *ž* **1.** *(zdrob)* canister, [small] tin, cannikin, canakin

plechovka *ž* **1.** *(br: konzervová)* tin [can], *(am)* can, *(nádoba)* canister, *(benzínová)* container, *(prázdna)* tin can

plechový *príd* **1.** tin, *(tech)* sheet, metal, *(hud: nástroje)* brass

plemenný *príd* **1.** *(chovaný na plemeno)* [kept for] breeding, *(samica)* brood-, *(kôň)* stud[-horse]; **2.** *(týkajúci sa plemena)* breed

plemeno *s* **1.** *(antrop)* race; **2.** *(zool)* breed, stock; **3.** *(zast: národ)* nation

plena *ž* **1.** *(hov: plienka)* nappy, *(am)* diaper; **2.** *(anat: blana)* integument, *(mozgová/ miechová: ob pl)* meninx, *(pl)* meninges, *(tvrdá)* dura mater, *(mäkká)* pia mater

plenárny *príd* **1.** plenary, *(schôdza)* general, *(zasadanie)* full; **2.** *(zhromaždenie)* plenum

plénum *s* **1.** plenum, general assembly, full assembly, the floor

ples *m* **1.** ball, dance, *(spoločenský)* cotill[i]on, *(maškarný)* costume ball; **2.** cheer

plesať *ndk* **1.** to exult, to jubilate, *(verejné, hromadné)* to maffick; **2.** *(ísť na ples)* to go to a ball

pleseň *ž* **1.** *(povlak: i na potraviny)* mould, *(na dreve, papieri, kože)* mildew, *(syra)* blue-mould; **2.** *(bot)* fungus; **3.** *(lek)* mycosis

plesk *cit* **1.** *(pri plieskaní)* smack, slap, *(pri búchaní)* bang, slam

plesnieť *ndk* **1.** to mould, to grow mouldy

plesnivec *m* **1.** *(bot alpínsky: Leontopodium alpinum)* edelweiss

plesnivieť *ndk* **1.** to mould; **2.** to mildew

plesnivý *príd* **1.** *(pokrytý plesňou: i potraviny, i prn)* mouldy, *(drevo, papier, koža ap)* mildewy; **2.** *(plesňový: syr)* blue cheese; **3.** *(prn: sivý)* hoar

plesňový *príd* **1.** *(syr)* blue-cheese; **2.** fungal, myco-, *(lek: nákaza)* fungal infection, *(choroba)* mycosis

plesnúť *dk* **1.** *(dverami)* to bang, *(bičom)* to crack; **2.** *(udrieť)* to slap, to smack; **3.** *(prudko hodiť)* to toss, to bang down, **4.**

(čľapnúť: do vody)) to plash

pleso *s* **1.** mountain pond

plešina *ž* **1.** *(ob na hlave)* bald spot, tonsure; **2.** *(v lese)* clearing

plešivieť *ndk* **1.** to grow bald, *(ifm)* to go bald

plešivý *príd* **1.** bald, bald-headed; **2.** *(bez porastu/ holý)* bare; **3.** *(ako koleno)* [as] bald as a coot

pleštiť *dk* **1.** to hurl, to dash; **2.** *(tresnúť)* to bang, to slam

pleť *ž* **1.** complexion

pletenec *m* **1.** *(vlasov, i slamy)* plait, *(vlasov)* tress, *(am)* braid, *(cibule ap)* rope; **2.** *(pečivo)* [bread] twist

pletený *príd* **1.** knitted, *(ručne)* hand-knit[ted], *(pečivo)* twisted, *(tovar)* knitwear, *(vesta)* cardigan

pletivo *s* **1.** *(výrobok zhotovený prepletaním)* network, *(z určitého materiálu)* [-]netting, *(sieťové)* screen[ing], *(prútené)* wickerwork, *(slamené)* plait, *(drôtené/ drôtové)* wirework; **2.** *(biol)* tissue

pletka *ž* **1.** *(maličkosť)* trifle; **2.** *(veselý čin)* prank; **3.** ob mn: **pletky**. *(intrigy)* intrigue, *(so ženou)* hanky-panky

pleva *ž* **1.** ob mn: **plevy**. *(odpadky, i bot)* chaff; **2.** *(bot: podporné olistenie kvetu)* bracts, glume; **3.** *(prn)* trash

pliaga *ž* **1.** plague, *(o hmyze ap)* nuisance; **2.** *(zberba)* riff-raff

plieniť *ndk* **1.** *(ničiť, pustošiť)* to lay waste, to ravage; **2.** *(drancovať)* to plunder, *(mesto)* to sack; **3.** *(kynožiť)* to exterminate

plienka *ž* **1.** nappy, *(dtd, fml)* napkins, *(am)* diaper, swaddling clothes

plieskať *ndk* **1.** *(spôsobovať vznik krátkych zvukov)* to bang, *(bičom)* to crack, *(bezpr: vlajka ap)* to flap; **2.** *(i udierať)* to slap, *(udierať)* to smack; **3.** *(hádzať)* to throw, **4.** *(špliechať)* to splash

pliesť *ndk* **1.** *(i bezpr: z vlny ap)* to knit, *(hladko)* to plain, *(obrátene)* to purl; **2.** *(z prútia ap, i vrkoč)* to plait; **3.** *(hov: miasť)* to muddle [ ] up, *(mýliť)* to mix [up], **4.** *(i bezpr: tárať)* to prattle, **5.** *(hov: miešať do niečoho)* to involve

pliesť sa *ndk* **1.** *(mýliť sa)* to get confused, *(robiť chyby)* to make mistakes; **2.** *(o myšlienkach)* to [be in a] whirl; **3.** *(spletať sa)* to interlace, *(starať sa do vecí)* to interfere [in], *(do reči)* to butt in, **4.** [!] *(motať sa: jazyk)* to mumble, **5.** *(neos. komu o čom: snívať)* to dream [of]

pliešok *m* **1.** [piece/ strip of] tin, lamina, *(žetón)* token, *(plátok chrániaci okraj topánok: špice)* plate

plieť *ndk* **1.** *(záhradu ap)* to weed, to clean; **2.** *(burinu)* to weed out

plnenie *s* **1.** *(nasýpanie)* filling; **2.** *(tech: i pece)* charging, *(inf)* fill; **3.** *(kuch, pot)* stuffing, **4.** *(splnenie)* fulfilling, meeting, compliance

plniaci *príd* **1.** filling, loading, *(samočinne)* self-feeding, *(pero)* fountain pen, *(stroj)* filler, *(zariadenie)* loader

plniť *ndk* **1.** *(i kuch)* to fill, to replenish; **2.** *(tech i pec)* to charge; **3.** *(i kuch, pot)* to stuff, **4.** *(splňať)* to fullfill, *(povinnosti)* to discharge, *(príkazy)* to execute, *(i normy)* to observe, *(sľub)* to keep

plnka *ž* **1.** *(i do koláčov)* filling, *(do bonbónu ap)* centre, *(do mäsa, do hydiny)* stuffing, *(mäsová/ zeleninová zmes)* forcemeat

plnohodnotný *príd* **1.** *(kvalitný)* [up to] standard, fullbodied, standard; **2.** *(fin)* full-value, full-valued, undepreciated; **3.** *(cenný, hodnotný)* valuable

plnokrvný *príd* **1.** *(o zvieratách/ čistokrvný)* thoroughbred; **2.** *(i o ľuďoch, i prn)* full-blood; **3.** *(prn kniž)* sanguineous, vigorous

plnoletosť *ž* **1.** full age, majority, being of age, lawful age, adulthood

plnomocenstvo *s* **1.** *(splnomocnenie)* full power[s], *(zastupovať v procese ap)* procuration, procuratory; **2.** *(listina)* letter of attorney, power of attorney

plnoprávny *príd* **1.** full, enjoying full rights, fully qualified, *(prn)* fully-fledged

plnosť *ž* **1.** fullness, *(i prn)* plenitude, *(postavy, tela)* roundness, *(zvuku)* sonorousness, *(prn: bohatosť)* richness

plnozvučný *príd* **1.** full-toned, full, *(hlas)* orotund; **2.** *(ľúbozvučný)* harmonious

plný *príd* **1.** *(naplnený, úplný, neobmedzený, celý)* full, *(mzda)* full wage[s], *(penzia)* full board; **2.** *(naplnený niečím, bohatý na niečo)* full of, crowded with, packed with; **3.** *(úplný, celý, nie dutý: čiara, hodina, múr)* solid, *(celý)* complete, entire, **4.** *(neobmedzený)* unconditional, total, one-hundred-percent, **5.** *(zaokrúhlený)* plump, **6.** *(zvučný: tón)* voluminous, *(hlas)* rotund, **7.** *(bot: o kvetoch)* full-blown, **8.** *(*mať plné zuby)* to be [sick and] tired of

plod *m* **1.** *(bot, i prn)* fruit, *(prvý)* firstling, *(lesný, bobuľovitý)* berry, *(záhradný)* garden-stuff, *(zeme)* produce; **2.** *(biol: zárodok v tele matky)* foetus; **3.** *(prn kniž: umelecký)* product

plodina *ž* **1.** *(úžitková rastlina)* [agricultural] plant, crop-plant; **2.** mn: **plodiny**. *(jej plody)* produce, crop, *(lesné)* berries

plodiť *ndk* **1.** *(vydávať plody, i biol, i prn)* to produce; **2.** *(biol)* to generate; **3.** *(prn: spôsobovať vznik)* to bring about, *(tvoriť)* to create

plodnosť *ž* **1.** *(schopnosť plodiť, úrodnosť, i prn)* fecundity, fertility, productiveness, fruitfulness; **2.** *(schopnosť ľudí)* prolificacy

plodný *príd* **1.** *(o pôde, rastlinách, ľuďoch, i prn)* fertile, fecund, fruitful; **2.** *(o ľuďoch, živočíchoch)* reproductive, *(o ľuďoch)* childbearing; **3.** *(prn: produktívny)* fructuous

plocha *ž* **1.** *(povrch)* surface, *(i geom)* area, plane, *(stavebná)* site, *(úžitková)* flooring, *(pozemku, záhrady)* acreage

plochosť *ž* **1.** flatness, *(i prn)* platitude, *(prn)* banality, superficiality

plochý *príd* **1.** *(rovný, i tech, inf, prn)* flat, level, *(tech)* rectilineal, *(anat: noha)* flatfoot

plomba *ž* **1.** *(kovová pečať)* leaden seal; **2.** *(lek)* filling, *(ifm)* plug

plombovať *ndk* **1.** *(dať kovovú pečať)* to seal with a leaden seal, *(rar)* to plumb; **2.** *(lek)* to fill, to plug

ploský *príd* **1.** flat

plošina *ž* **1.** *(geogr)* [low] plain, *(náhorná po stranách riečišťa)* table land, *(geol: abrázna)* marine/ rock bench; **2.** *(dopravného prostriedku, i tech)* platform, *(podesta)* landing, **3.** *(tech: pracovné miesto)* floor, **4.** *(nákladného vozidla)* board

plošinový *príd* **1.** platform, flat, open, dray

plošný *príd* **1.** *(týkajúci sa plochy: diagram, dotyk)* area, *(geol: erózia)* sheet, *(mat: integral; geod: element)* surface, *(jednotka)* superficial/ land measure, *(miera, obsah)* area; **2.** *(znázornený dvojrozmerne)* planispheric

ploštica *ž* **1.** *(zool posteľná: Cimex lectularius)* bedbug, *(lat)* cimex; **2.** *(mikrofón)* bug; **3.** *(prn)* pain in the neck

plot *m* **1.** *(ohrada)* fence, *(z dosák, latiek)* dead fence, *(z tyčí)* paling, *(murovaný)* enclosure wall; **2.** *(z kríkov)* hedge[row]

plôška *ž* **1.** *(arch)* facette, facet, face, plate, spot, *(let: vyvažovacia)* trimmer

plsť *ž* **1.** felt, felting, bat, wadding

plť *ž* **1.** raft

pľúca *s pomn* **1.** lungs

pluh *m* **1.** plow, *(am)* plow, *(na poťah)* drayplough, *(snehový)* snow plough

pľuhavstvo *s* **1.** *(niečo zlé)* plague, *(ifm: i potvora)* shit, *(pľuha, potvora)* beast; **2.** *(zlý skutok)* nasty trick

pľuhavý *príd* **1.** *(zlý, nepodarený)* nasty, beastly, *(i mizerný)* bloody; **2.** *(mizerný, nanič: počasie)* foul, *(robota)* lousy

pluk *m* **1.** regiment

plukovník *m* **1.** colonel

plus **I.** *spoj* **1.** *(mat: pri pripočítaní)* plus, and, **II.** *prísl* **2.** *(ozn kladnú veličinu)* plus, **III.** *podst* **3.** *(mat: znak)* plus [sign], **4.** *(klad)* pro, merit

pľušť *ž* **1.** *(daždivé, zlé počasie)* wet/ sleety weather; **2.** ob mn: **pľušte**. *(lejak: jarné)* squall[s], *(čľapkanica, pľušťový dážď)* sleet, *(snehové)* blizzard[s]

plutva *ž* **1.** *(ryby)* fin, pinna, *(i tuleňa ap)* flapper; **2.** *(tučniaka, mroža, tuleňa, i potápačská)* flipper; **3.** *(člna, lode)* centreboard

pľuzgier *m* **1.** *(koža podliata tekutinou)* blister, blain, *(hnisom)* pustule; **2.** *(tech: ker)* air hole

plyn *m* **1.** *(fyz, chem)* gas, *(lek: rajský)* laughing gas, *(lek: črevný)* flatus, *(slzotvorný)* tear gas; **2.** *(plynové palivo)* town gas; **3.** *(aut hov: pridať/ am)* to step on the gas

plynáreň *ž* **1.** gas plant, gas works, gas house; **2.** gas company

plynovod *m* **1.** gas line, gas fitting, gas conduit, gas main, gas system, by-pass

plynový *príd* **1.** gas[-], gaseous, gassy, gasiform; **2.** *(horák)* gas ring

plynulosť *ž* **1.** continuity, continuousness, fluidity; **2.** *(plynnosť)* fluency

plynulý *príd* **1.** *(bez prestávok)* continuous, uninterrupted, running, non-stop, *(hladko prebiehajúci)* smooth-flowing; **2.** *(plynný)* fluent

plynúť *ndk* **1.** *(c tekutine, i prn: čas, svetlo, slová)* to flow, *(o tekutine)* to run; **2.** *(o čase)* to pass, to go by, to lapse; **3.** *(hladko prebiehať)* to glide, **4.** *(kniž: vyplývať)* to stem [from], to issue

plyš *m* **1.** *(bavlnený, hodvábny)* plush, *(bavlnený)* pile, *(a nestrihaný)* terry, *(mohérový)* sealctte

plytčina *ž* **1.** *(i v rieke)* shallows, shelf, *(v mori)* shoal, *(piesková)* sandbank

plytký *príd* **1.** *(i tanier, i prn)* shallow, *(tekutina)* low; **2.** *(prn: povrchný)* superficial, *(reči)* trivial, *(človek)* narrow-minded

plytvať *ndk* **1.** to waste, to squander, *(na)* to lavish [st on sb/ st], *(peniazmi)* to burn, to prodigalize

pĺznuť *ndk* **1.** *(strácať srsť)* to moult, *(am)* to molt, *(pes, mačka)* to lose hair; **2.** *(vypadávať)* to fall out, *(vták)* to lose hair

pneumatika *ž* **1.** tyre, *(rezervná)* spare, *(bezdušová)* tubeless, *(protektorovaná)* remould, *(prepichnutá)* flat

pnúť sa *ndk* **1.** *(vypínať sa, čnieť)* to rise, to tower; **2.** *(ovíjať sa)* to wind around, to climb

po I. *(vyj: priestorovú /časovú/ číselnú hranicu)* to: **odprevadiť po školu** *to take sb to school*; *(vymedzuje rozsah i časovo: od... až po)* from...to: **od prvej po desiatu kapitolu** *from chapter 1 to 10*; **2.** *(: priestorovú hranicu)* as far as: **až po železničnú stanicu** *as far as the station*; **3.** *(: mieru)* [down/ up] to, **až po kolená** *up/ down to o's knees*; **4.**(*: časovú hranicu)* [up] until, till: **až po vojnu** *till/ up until the war*; **5.** *(: trvanie deja)* for: **po stáročia** *for centuries*; *(po celý deň/ rok: prek bezpredl konštrukciou)* **po celý deň** *all day [long]/ the whole day*; throughout: **po celý deň/ rok** *throughout the day/ year; (*po celý čas)* all the time; **6.** *(ozn opakovanie deja)* in a row, consecutively, running: **po tri razy** *three times running/ in a row*; *(*deň po dni)* day after day, day in,day out, **7.** *(: distributívnosť: pred)* each: **zaplatili nám po 10 korún** *they gave us 10 crowns each*; a: **po 20 Sk za kilo** *20 Sk a kilo*; at: **predávať po 30 korún za kus** *to sell at 30 crowns a piece*; **8.** *(v čísl výrazoch: po [ ] raz)* for, **po tretí raz** *for the third time*; *(po prvé/ druhé... atď)* in the first/ second/etc...place, *(po prvé)* to begin with, **9.** *(: cieľ: po slo pohybu)* for: **poslať po lekára** *to send for the doctor*; *(*isť/ skočiť po...)* (ifm) to go get; **10.** *(v prísl výrazoch: prek s prísl)*: the/in a [ ] way, **po priateľsky** *friendly/ in a friendly way*; [ ] style, *(neprek: hovoriť po anglicky)* to speak English, **II. 11.** *(vyj: smerovanie po dĺžke/ povrchu)* along: **isť po ceste** *to walk along the road*; [-]ways, *(: po povrchu)* over: **prsty behajú po klávesoch** *[ ] fingers run over the keyboard*; *(: rozlič smermi)* around, about, all over, **cestovať po Európe** *to travel around/ all over Europe*; **po dlážke** *all over the floor*; *(: priame smerovanie)* with:, **isť po prúde/ vetre** *to go with the stream/ wind*; toward: **obrátiť hlavu po hlase** *to turn o's head toward the voice*; **12.** *(: následnosť v čase)* after: **po obede/ práci/ vás** *after lunch/ work/ you*; *(po Kristovi)* After Christ/ Anno Domini [A.D.]; following; **13.** *(: opakovanie deja: prek s mn)* on: **robiť po nedeliach** *to work on Sundays*; **14.** *(:*

distribúciu/ postupnosť deja) after, *(: priestorovú distribúciu)*, *(: distribúciu)* piecemeal, seriatim, by means of, apiece, according to, **15.** *(: pôvod/ pôvodcu)* from: **zdediť po otcovi** *to inherit from o's father*, of:, **vdova po vojakovi** widow of a soldier; **16.** *(: prostredníka)* through, *(: prostriedok)* by; **17.** *(kniž: po [ ] stránke)* [-]wise; **18.** *(po mojom/ svojom)* my/ his way, *(po špičkách, rukách)* on tiptoe/ hands; **19.** *(: následný stav: byť/mať po)* to have finished/ to be through/ to be over with [o's], *(mám po obede)* I 've already had dinner, *(mám po skúškach)* I 've taken all my exams, *(*je po ňom)* he 's gone,

pobabrať *dk* **1.** *(zbabrať)* to mess [up], to botch[up], *(pokaziť)* to spoil; **2.** *(pošpiniť)* to soil; **3.** *(pochytať)* to touch, **4.** *(trocha jesť)* to pick [at st]

pobádať *ndk* **1.** *(podnecovať)* to incite, *(i poháňať)* to spur; **2.** *(poháňať)* to drive, *(koňa)* to rowel

pobalamutiť *dk* **1.** *(popliesť/ zmiasť)* to muddle, *(niekomu hlavu)* to muddle sb up, to confuse, *(peknými rečami)* to cajole

pobaliť *dk* **1.** *(zakrútiť do niečoho)* to wrap [st up/ in]; **2.** *(dať obal na niečo)* to wrap; **3.** *(urobiť balík)* to pack st, **4.** *(prichystať na cestu)* to pack up

pobaviť sa *dk* **1.** *(poihrať sa)* to play [for a while]; **2.** *(i bezpr)* to amuse os, to laugh, to have a good time

pobehať *dk* **1.** *(behať sem a tam)* to run around/ about, *(o deťoch)* to romp; **2.** *(rýchlou chôdzou prejsť, pochodiť)* to traverse, *(obísť rôzne miesta)* to do the round[s]

pobelavý *príd* **1.** *(o vlasoch)* fair, *(o pleti)* light-coloured, palish, *(o človeku)* blondish

poberať *ndk* **1.** *(pravidelne dostať)* to get, to receive, to collect, to take

poberať sa *ndk* **1.** *(zberať sa na cestu, chystať sa odísť)* to set out [for], *(i robiť)* to prepare os [for]; **2.** *(chystať sa niečo robiť)* to get ready for; **3.** *(ísť, uberať)* to walk

pobíjať *ndk* **1.** *(pokrývať pribíjaním krytiny)* to cover, *(plechom)* to sheet, *(doskami)* to board; **2.** *(obíjať obruče)* to hoop

pobiť *dk* **1.** *(rozbiť)* to break, *(porozbíjať všetko)* to shatter; **2.** *(pozabíjať)* to slay; **3** *(povtĺkať)* to pound, *(kladivom)* to hammer; **4.** *(pribiť krytinu)* to cover; **5.** *(obiť sud)* to hoop

pobláznIť *dk* **1.** *(i prn)* to make sb crazy, to turn sb's head, to dement, *(ob pass)* to craze

poblúdiť *dk* **1.** *(stratiť smer)* to stray, *(i prn)* to go astray; **2.** *(prn: zmýliť sa)* to err, to go/ to be wrong

pobočka *ž* **1.** *(filiálka)* branch, branch office, branch house, *(spoločnosť)* subsidiary

pobočný *príd* **1.** *(bočný)* side, lateral, *(i prn)* collateral; **2.** *(prn: filiálny)* branch; **3.** *(prn: druhoradý/ vedľajší)* secondary

pobodať *dk* **1.** *(ostrým predmetom)* to prick, to pierce, *(nožom)* to stab; **2.** *(rohami)* to gore

pobožnosť *ž* **1.** *(bohoslužba)* service, *(modlitby)* devotions; **2.** *(nábožnosť)* devoutness, religiousness

pobrať *dk* **1.** *(vziať)* to take [in/ up/ away], *(na voz)* to load, *(násilne)* to seize, *(na vojnu)* to conscript

pobrať sa *dk* **1.** *(vychystať sa odísť)* to set out [for], *(preč)* to leave, *(niečo robiť)* to set out [to]; **2.** *(hov: zosobášiť)* to get married

pobrázdiť *dk* **1.** *(urobiť brázdy, i prn: vrážky)* to furrow, *(cesty ap)* to rut; **2.** *(prn: čln)* to plough, to sail; **3.** *(pochodiť)* to traverse

pobrežie *s* **1.** *(časť na brehu mora, jazera)* [fore]shore, littoral; **2.** *(mora)* coast, seaside; **3.** *(geog: Slonoviny)* The Ivory Coast

pobrežný *príd* **1.** shore, littoral; **2.** coastal, coast; **3.** riverine, **4.** *(plavba)* coasting

pobrúsiť *dk* **1.** *(naostriť)* to sharpen, to whet; **2.** *(pochodiť)* to traverse, to travel

pobrušnica *ž* **1.** *(anat)* peritoneum

pobúchať *dk* **1.** to knock, to beat, *(kladivom)* to hammer, *(päsťou)* to pound

pobúriť *dk* **1.** *(rozrušiť)* to upset, to irritate, *(znepokojiť)* to trouble, *(vzbúriť)* to stir; **2.** *(popudiť)* to incite

pobyt *m* **1.** stay, *(krátky)* sojourn, *(i prechodný, trvalý)* residence, *(povolenie pobytu)* residence permit, *(miesto pobytu)* abode

pobývať *ndk* **1.** to stay, to sojourn, to reside, to dwell

pocit *m* **1.** *(zmyslový al citový zážitok, i tušenie)* feeling, *(zmyslový)* percept[ion], *(i citový)* sensation [of], *(i vedomie, tušenie)* sense [of], *(citový)* sentiment

pocítiť *dk* **1.** *(mať fyzické al psychické pocity)* to feel, to have a feeling of, *(fyzické)* to perceive; **2.** *(prežiť)* to experience

pocta *ž* **1.** homage, *(i voj: ob pl)* honours, *(fml)* obeisance; **2.** *(slávnostná)* red carpet, *(voj: na poctu zbraň!)* present arms!

poctiť *dk* **1.** *(preukázať úctu)* to honour, *(s medailou)* to decorate

poctivosť *ž* **1.** *(česť, statočnosť)* honesty, probity, *(i česť)* virtue; **2.** *(panenstvo)* virginity

poctivý *príd* **1.** *(čestný)* honest, honourable, virtuous, *(svedomitý)* conscientious, *(úprimný)* sincere; **2.** *(panenský)* virgin

počarbať *dk* **1.** *(pokryť neúhľadným písmom, kresbami)* to scrawl, to chalk, *(vyrytím)* to scratch, *(dvere, stenu)* to deface, *(i popísať nezmysly)* to scribble

počariť *dk* **1.** *(opriasť čarami)* to cast a spell on/ over, to hoodoo, *(i prn: podmaniť si)* to bewitch; **2.** *(podmaniť si)* to charm

počas *predl* **1.** during

počasie *s* **1.** weather

počať *dk* **1.** *(kniž: začať)* to begin; **2.** *(dieťa)* to conceive

počernetý *príd* **1.** blackened; **2.** *(ohorený)* charred, burnt; **3.** *(špinavý)* soiled

počerný *príd* **1.** *(tmavej pleti)* swarthy, dark[-complexioned], *(do čierna)* blackish; **2.** *(tmavý)* dark

počesť *ž* **1.** honour

počestný *príd* **1.** honourable, respectable, decent, honest

počet *m* **1.** *(množstvo vyjadrené číslom)* number, figure, *(množstvo)* amount, *(určitý, celkový)* quantity; **2.** *(mat: infinitezimálny)* [infinitesimal] calculus

početný *príd* **1.** *(počtom veľký)* numerous, populous, good-sized, plentiful, abundant, *(veľmi)* multitudinous; **2.** *(spôsobený al vyjadrený počtom)* numeric

počiatočný *príd* **1.** initial, opening, starting, beginning

počiatok *m* **1.** *(kniž: začiatok)* commencement, beginning; **2.** *(pôvod)* origin, *(príčina)* root

počínanie *s* **1.** conduct, behavior, doing, action, undertaking, procedure

počítací *príd* **1.** calculating, computing, *(stroj)* adding machine, calculator

počítač *m* **1.** computer, electronic brain, *(osobný)* home computer; **2.** *(počítadlo)* counter; **3.** *(človek)* teller

počítadlo *s* **1.** *(pomôcka pri učení počtov)* abacus; **2.** *(stroj na počítanie)* counter, meter; **3.** *(mat: logaritmický)* slide rule

počítanie *s* **1.** *(vykonavánie počtových úkonov)* calculating, reckoning, computation; **2.** *(rátanie)* counting

počítať *ndk* **1.** *(zisťovať počet, rátať)* to count; **2.** *(vykonávať počtové úkony)* to calculate, *(i škol: bezpr)* to do arithmetic; **3.** *(medzi)* to count in, **4.** *(brať do úvahy)* to take into account, **5.** *(spoliehať sa)* to count on, **6.** *(meniť, predpokladať)* to reckon, **7.** *(s každou...)* to spare, **8.** *(účtovať)* to charge, **9.** *(považovať)* to rate

počkať *dk* **1.** *(bezpr)* to wait; **2.** *(otáľať)* to hesitate; **3.** *(nesúriť)* to [give] respite, **4.** *(*počkaj!)* hold on!, *(i vyhrážka)* just wait, *(i prísľub)* wait

počtár *m* **1.** arithmetician, reckoner, counter, calculator

počuť *n/dk* **1.** *(zachytiť sluchom)* to hear; **2.** *(mať sluch: dobre)* to have a good hearing, *(zlé)* to be hard of hearing; **3.** *(dozvedieť sa, dostať správu)* to hear about, **4.** *(neos)* to ring, **5.** *(*počuj!)* listen!, *(výzva)* now,listen

počuteľný *príd* **1.** audible

počúvať *ndk* **1.** to listen [to], to lend o's/ to give ear; **2.** nedok *(poslúchať)* to listen [to]; **3.** *(dostávať správu)* to hear about/ of/ that, **4.** *(lek: chorého)* to auscultate, **5.** *(načúvať nebadane)* to listen in, **6.** *(pri telefóne: *počúvam!)* hullo!, **7.** *(zast: prednášky)* to attend, **8.** *(zast: reagovať)* to respond

pod *predl* **1.** *(ozn:smer, polohu niže)* under: **pod stolom** under the table, **pod cenou** *under the price*; below: **pod nulou/ priemerom** *below zero/ average*, **pod cenou** *below cost*; beneath: **je to pod moju dôstojnosť** *it is beneath me*; underneath, at the foot of; **2.** *(:podriadenosť, blízkosť)* under, sub: **pod cudzím menom** *under an assumed name*, **pod dojmom čoho** *under the impression of st*, **pod nátlakom** *under constraint*; **pod zámkom** **under lock and key*; **pod zámienkou** *under the pretext*; ***pod papučou** *henpecked*; **3.** *(pod podmienkou)* on condition, provided, providing, unless and until, so long as, *(fml)* subject to the confition, **4.** *(vyj čas)* toward

podací *príd* **1.** submitting, registration, *(list)* form, *(poš)* [post office] receipt

poďakovanie *s* **1.** thanking, thanks, thanksgiving; **2.** *(zastar: odstúpenie)* resignation

poďakovať *dk* **1.** to thank; **2.** *(sa: odmietnuť)* to refuse, to say „no,thanks"; **3.** *(zastar: odstúpiť)* to resign

podaktorý *zám* **1.** *(o ľuďoch)* some people; **2.** *(o veciach)* some

podanie *s* **1.** *(činnosť)* submission, *(žaloby, žiadosti ap)* filing, *(ruky)* shaking [hands/ sb's hand]; **2.** *(spôsob stvárnenia)* interpretation, rendering, *(hud)* execution, **3.** *(tradícia)* tradition, **4.** *(lek: aplikácia lieku)* administering, **5.** *(tenis, volejbal: dobré, krátke atď)* service, *(lopty)* serving

podarený *príd* **1.** *(pokus)* successful, *(majúci veľa dobrých vlastností)* excellent; **2.** *(hov: smiešny)* funny, amusing

podariť sa *dk* **1.** *(vydariť sa)* to succeed, *(skončiť sa úspešne)* to turn out well; **2.** [!] *(neos: mať s niečím úspech)* to manage to

podať *dk* **1.** *(vložiť do ruky)* to hand [over], *(priblížiť na dosah: ob povel)* to reach, *(ruku)* to shake [sb's hand]; **2.** *(ponúknuť, i prn: ústa)* to offer, *(šport: futbal ap)* to pass; **3.** *(odovzdať)* to hand in, *(úradu)* to submit, **4.** *(znázorniť)* to represent, **5.** *(ako súčasť spojení: návrh)* to move

podať sa *dk* **1.** *(posunúť sa)* to move [over], *(ďalej)* to give way; **2.** *(pobrať sa niekam)* to set out; **3.** *(zdediť podobu)* to take after

podateľňa *ž* **1.** *(oddelenie)* filing/ receiving department, office of application; **2.** *(banky)* desk, *(pošty)* post-office conter

podávací *príd* **1.** *(zariadenie)* feeding, *(zásobník)* feed, *(kotúč)* regulating, *(valec)* carrier roller

podávač *m* **1.** labourer; **2.** *(šport)* server; **3.** *(tech)* feeding machine, *(i inf)* feeder

podávanie *s* **1.** feeding, feed, conveyance

podbehnúť *dk* **1.** *(behom sa dostať)* to run [under]; **2.** *(pobehnúť)* to run [for a while]; **3.** *(o očiach/ lícach)* to become filled with, *(o lícach)* to blush

podbeľ *m* **1.** *(bot liečivý: Tussilago farfara)* coltsfoot

podbiť *dk* **1.** *(podraziť)* to sole, to tap; **2.** *(vpraviť podvaly)* to underprop

podbradník *m* **1.** *(ochrana šiat detí)* bib, *(koňa)* curb; **2.** *(voj: na prilbe)* chinstrap

podbradok *m* **1.** *(človeka)* double chin, gill; **2.** *(zvieraťa)* dewlap

podceniť *dk* **1.** to underestimate, to undervalue, to underrate, to disparage, to belittle

podceňovanie *s* **1.** underestimation, undervaluation, disesteem, disparagement, depreciation

podčiarknuť *dk* **1.** *(i prn)* to underline, to underscore, *(typ)* to italicize; **2.** *(prn)* to point out

poddajnosť *ž* **1.** *(materiálu, i prn)* malleability, plasticity, tractableness, *(i ohybnosť)* yieldingness; **2.** *(prn)* compliance

poddajný *príd* **1.** *(ľahko sa poddavajúci tlaku),* i prn) malleable, compressible, *(i prn)* plastic, *(mäkký)* soft, *(i ohybný)* yielding, *(tech: spojenie)* elastic; **2.** *(prn)* compliant, docile, meek

poddanský *príd* **1.** serfish, serf's, villein's, *(prn)* servile

poddanstvo *s* **1.** *(hist)* serfdom, *(i hrom)* serfage; **2.** *(hrom: poddaní)* serfs; **3.** *(podriadenosť, nesloboda)* bondage, servitude

poddaný I. podst m **1.** *(vo feudalizme)* villein; **2.** *(v monarchii)* vassal; **3.** (prn) slave, **II.** *príd* **4.** *(i prn)* serfish, **5.** *(prn: ponížený)* servile

poddať sa *dk* **1.** *(i bezpr: vzdať sa v boji)* to surrender, to give os up, to give in; **2.** *(podľahnúť: čomu)* to abandon os [to]; **3.** *(podriadiť sa/ podvoliť: komu, čomu)* to submit os [to], **4.** *(o veciach: povoliť)* to yield

poddôstojník *m* **1.** noncommissioned officer, noncom, *(skratka)* NCO, petty officer

podeliť *dk* **1.** to divide [st up], to divide into; **2.** *(rozdeliť medzi niekoľkých)* to distribute, to share st out [among/ between]

podeliť sa *dk* **1.** to share [st with]; **2.** *(rozdeliť sa)* to divide, to split, *(bezpr: na poli)* to go fifty-fifty

podfarbiť *dk* **1.** to give colour to, *(si mihalnice, oči)* to mascara; **2.** *(i prn: dodať nádych, odtieň)* to give a shade of, to tinge

podfuk *m* **1.** *(podvod)* deception, trick, cheat, *(ifm)* put-on, rip-off, *(klam)* make-believe

podhlavnica *ž* **1.** *(dlhá, tvrdá, cez posteľ, diván)* bolster, *(poduška)* pillow, *(vankúš)* cushion, *(mäkký na diván)* squab

podhodiť *dk* **1.** *(hodiť)* to toss, *(hodiť pod niečo)* to throw [under], *(poznámku ap)* to drop; **2.** *(vyhodiť do vzduchu)* to throw up; **3.** *(thrnúť: plecami)* to shrug, **4.** *(podstrčiť)* to substitute

podhubie *s* **1.** mycelium; **2.** *(prn)* hotbed, seminary

podchod *m* **1.** subway [crossing], subway, underpass, under-crossing

podchytávať *ndk* **1.** *(chytať)* to grip, to grasp, *(podopriet')* to support; **2.** *(pristihovať)* to catch

podchytiť *dk* **1.** *(chytiť, i zachytiť)* to grasp, *(vlečku)* to pick up, *(podoprieť)* to support; **2.** *(podporiť, usmerniť)* to assist; **3.** *(zachytiť sluchom)* to catch

podiel *m* **1.** *(časť celku)* share, portion, part; **3.** *(účasť na niečom)* participation; **2.** *(príspevok)* contribution, *(členský)* subscripion fee, **4.** *(mat: výsledok delenia)* quotient

podielať sa *ndk* **1.** to take part in, to participale in

podielnictvo *s* **1.** participation, sharing, co-partnership, contributory copartnership, contribution

podielnik *m* **1.** *(kto má účasť)* sharer, partaker, *(spolumajiteľ)* [co-]partner, *(akciovej spoločnosti)* shareholder

podielový *príd* **1.** *(ekon)* share, [in] common; **2.** *(gram: číslovka)* distributive

podieť sa *dk* **1.** *(stratiť sa/ zmiznúť)* to disappear; **2.** *(uchýliť sa nickam)* to take to, to resort to, *(od hanby)* to hide os

podísť *dk* **1.** *(pešo)* to step [to], to draw near, *(dopredu)* to draw forward; **2.** *(autom)* to drive

pódium *s* **1.** *(vyvýšené miesto)* platform, *(i škol)* dais, *(rečnícke, pre dirigenta)* rostrum, podium, *(pre kapelu)* bandstand, *(divadelné)* stage

podívať sa *dk* **1.** *(i bezpr: pozrieť sa)* to look, *(na)* to [take a] look at; **2.** *(pohľadať)* to look for; **3.** *(navštíviť)* to see, **4.** *(prezrieť)* to look over st, **5.** *(vyšetriť)* to examine, **6.** *(podívaj sa!: vyj prekvapenie)* just,look!, *(vyj upozornenie)* now,look

podivnosť *ž* **1.** strangeness, weirdness, queerness, oddness

podivný *príd* **1.** *(čudný)* strange, *(a nezvyčajný)* queer, *(a zvláštny)* odd, *(nezvyčajný, výnimočný)* out-of-the-way, *(vzbudzujúci údiv/ strach, neprirodzený)* weird

podivuhodný *príd* **1.** admirable, wonderful, *(nezvyčajný)* uncommon, excellent

podjazd *m* **1.** *(pre autá, peších, i žel)* underpass, *(pre autá, i žel)* underbridge, *(pre autá)* fly-under, *(br: pre peších, i žel)* subway, *(pre peších)* arch

podklad *m* **1.** *(spodná časť/ vrstva)* foundation[s], *(i stav)* underlayer, *(i geol)* basement, *(vozovky, i archit)* subbase; **2.** *(náter)* primer, ground [coat]; **3.** *(pozadie)* background, **4.** ob mn: **podklady**. *(východisko)* documentation, basic document[s], **5.** *(základ)* basis, **6.** *(odôvodnenie)* grounds, **7.** *(práv)* legal basis

podkladať *ndk* **1.** *(klásť pod niečo)* to put, to place, to underlay; **2.** *(robiť podklad obrazu)* to lay the groundwork; **3.** *(zdôvodňovať)* to document, to substantiate, **4.** *(tajne dávať)* to smuggle, **5.** *(bezpr: prikladať na oheň)* to stoke st [up]

podkopať *dk* **1.** *(kopať)* to dig [under/ down]; **2.** *(prn: narušiť, podlomiť)* to undermine, to sap, to undercut

podkosiť *dk* **1.** *(poľn: podseknúť)* to cut down; **2.** *(protihráča)* to trip up; **3.** *(prn: oslabiť)* to undermine, to debilitate

podkova *ž* **1.** *(na kopyte)* [horse]shoe; **2.** *(no obuvi)* plate, tip; **3.** *(prn: kruhy pod očami)* bag

podkožný *príd* **1.** *(nachádzajúci sa pod kožou)* subcutaneous, subdermal; **2.** *(dávaný pod kožu)* hypodermic, percutaneous

podkrovie *s* **1.** *(priestor, izba)* attic, loft, *(malé)* cock loft; **2.** *(izba, byt)* garret

podkúriť *dk* **1.** *(rozložiť oheň)* to light [a fire], to kindle [a fire], *(sporák)* to turn on; **2.** *(prn: spôsobiť nepríjemnosť)* to make it hot for

podľa *predl* **1.** *(v zhode/ súlade s: i zákona)* according to:: **podľa litery zákona** *according to the letter of the law*;, in compliance with, *(i zákona, predpisov, zvyku)* in accordance with: **podľa zákona/ odhadu** *in accordance with the law/ estimate*;, in conformity with, *(fml: paragrafu ap)* pursuant to, as to: **platiť dane podľa zárobku** *to be taxed as to o s earnings*; *(obch)* as per, *(módy)* following; **2.** *(vyjadruje zreteľ)* with regard to, in terms of, in relation to, *(počasia atď)* according to: **podľa mňa/ môjho názoru** in my opinion/ view, according to me, **podľa mojich vedomostí** *to my knowledge*; *(: predlohy/ plánu)* according to specifications/ the plan; *(:zásluh atď)* in proportion to; *(:okolností)* depending on [the circumstances], as the case may be, quantum suff[icit], *(: toho)* accordingly, *(:potreby)* as may be required, *(:mojej chuti)* to my taste, *(:všetkého: a)domnienka)* most likely, presumably, *(: b) na základe faktov)* on the face of it; by all appearances, *(: podmienok)* under the conditions (of the agreement; *(predpisov)* as prescribed, *(:zvyku)* as usual, *(:chuti)* ad libitum, *(: vôle)* at will; *(: vašej voľby)* at your choice; *(:vzoru)* on the lines of, *(:skutočnosti)* from life/ true to life, *(: perspektívy)* in perspective; *(:hodnoty)* ad valorem, *(:práva)* de jure, *(:skúsenosti)* a posteriori, *(:etikety)* comme il faut; *(..., podľa ktorých)*(fml) whereby; **podľa toho, ako budete mať čas** **at your leisure/ (fml) at your earliest convenience*; **3.** *(pomocou niečoho)* with; **4.** *(na základe niečoho)* by, after, on [the evidence of], from/ on the basis of, *(románu)* based on, **5.** *(vyjadruje pôvod)* from, by: **poznal ju podľa hlasu** *he recognized her by her voice*; **6.** *(zast: pozdĺž niečoho)* along[side], *(po boku)* at the side of, *(vedľa)* beside,

podlaha *ž* **1.** floor, flooring

podľahnúť *dk* **1.** *(byť premožený, poddať sa, i chorobe)* to succumb [to], *(byť premožený)* to be overcome, *(i poddať sa)* to yield [to], *(v zápase)* to be defeated; **2.** *(poddať sa)* to abandon os [to]; **3.** *(skaze)* to be deteriorated

podlepiť *dk* **1.** *(nalepiť na spodnú stranu)* to stick [under st], to glue [under st], to paste [under st], *(výkres ap)* to mount st on to

podlhovastý *príd* **1.** elongated, oblong, longish, *(i geom)* prolate

podliak *m* **1.** *(nesvedomitý človek)* scoundrel, *(i v nadávke)* rogue, *(i lit, div, film)* villain, *(ifm)* rat, *(bezcharakterný)* dastard

podliať *dk* **1.** *(naliať pod)* to pour [water] under; **2.** *(naliať)* to pour [ ] on, *(mäso tukom/ šťavou ap)* to baste

podliatina *ž* **1.** *(krvná)* bruise, *(lek)* contusion, ecchymosis; **2.** *(po bití)* weal

podliehajúci *príd* **1.** *(i clu)* liable [to], subject [to], *(zdanenie)* taxable, *(clu)* dutiable, *(skaze)* perishable

podliehať *ndk* **1.** pozri **podľahnúť**; **2.** *(byť podriadený)* to be subordinate; **3.** *(byť podrobený)* to be liable to, **4.** *(skaze)* to be perishable, *(tovar rýchlo podliehajúci skaze)* perishable goods

podlízavý *príd* **1.** *(lichotivý, líškavý)* fawning, *(a servilný)* toadyish, *(servilný)* servile, *(a na oko priateľský)* obsequious

podlizovať sa *ndk* **1.** to fawn, to toady, *(lichotiť)* to flatter

podlomiť *dk* **1.** *(trocha nalomiť)* to crack, to break [slightly]; **2.** *(o nohách)* to buckle; **3.** *(oslabiť/ narušiť)* to undermine, **4.** *(nohy niekomu)* to prostrate

podlosť *ž* **1.** baseness, nastiness, turpitude, dastardliness; **2.** *(čin)* nasty trick

podložie *s* **1.** *(i poľn, geol)* substratum, *(poľn)* subsoil, *(skalné)* bedrock; **2.** *(ban)* underwall, *(stav)* background, *(vozovky)* subbase

podložka *ž* **1.** base, support, *(pod pohár, fľašu)* coaster, *(pod tanier, pohár, hrniec ap)* [dish/ beer/ ...] mat, *(na písanie)* [desk] pad; **2.** *(tech)* washer, shim; **3.** *(záhr: rastlina, na ktorú sa naočkuje)* stock

podložný *príd* **1.** *(i geol)* base, *(sklíčko)* slide; **2.** *(geol)* subjacent, *(hornina, žila)* underset

podlubie *s* **1.** *(stĺpová chodba)* pillared arcade, *(klenuté)* archway, *(v dome)* loggia, *(v kláštore)* cloisters

podlý *príd* **1.** wicked, bad, mean; **2.** dastardly

podmaľovať *dk* **1.** *(namaľovať)* to groundcoat, *(si oči)* to mascara, *(si obočie)* to line; **2.** *(namaľovať podklad obrazu)* to lay the groundwork; **3.** *(dodať nádych, podfarbiť)* to colour

podmaniť *dk* **1.** *(násilím dostať pod svoju moc: i územie)* to subdue, to subjugate; **2.** *(prn: ovládnuť, zaujať)* to conquer, to charm, to captivate

podmastiť *dk* **1.** to grease, to lubricate; **2.** *(prn: podplatiť)* to bribe, to palm; **3.** *(spôsobiť nepríjemnosť)* to make it hot for

podmet *m* **1.** *(gram)* subject

podmienečný *príd* **1.** conditional, *(rozsudok)* suspended, *(prepustenie)* probation

podmienený *príd* **1.** conditional, dependent on [a condition], *(i reflex)* conditioned, contingent on/ upon

podmieniť *dk* **1.** *(urobiť závislým: ob pass)* to condition on/ upon, to make dependent on/ upon, to subordinate, to limit

podmienka *ž* **1.** condition, *(ob pl)* term, *(ob s predl: s)* [with the/ a] proviso, [with the] stipulation, *(v dohode, zmluve)* provision, *(zvláštna)* clause, *(nevyhnutný predpoklad)* prerequisite; **2.** mn: **podmienky**. *(okolnosti)* circumstances

podmorský *príd* **1.** undersea, submarine, underwater, *(zemetrasenie, laboratórium, vrch atď)* sea[-]

podmyť *dk* **1.** to wash under, to underwash, to wash away, to hollow out; **2.** *(prn)* to undermine

podnájom *m* **1.** *(nájom bytu/ časti bytu)* sublease; **2.** *(užívanie časti bytu)* lodging; **3.** *(časť bytu)* lodgings, *(br ifm)* digs, *(bývať v podnájme)* to live in lodgings/ digs

podnájomník *m* **1.** sublessee, undertenant, lodger, roomer

podnapitý *príd* **1.** *(ifm)* tipsy, slightly drunk, *(ifm)* fresh, drinky, *(ifm)* woozy

podnebie *s* **1.** *(klíma)* climate, clime; **2.** *(anat)* palate, *(mäkké)* soft palate; **3.** *(zast: baldaquin)* canopy

podnecovanie *s* **1.** instigation, incitement, initiation, abetment

podnecovateľ *m* **1.** instigator, inciter, fomenter, abettor

podnet *m* **1.** *(vonkajší impulz, i psych, fyziol)* stimulus [to/ for/ to do st], *(dať)* to provide sb with a stimulus to, *(pohnútka)* incentive, *(i vlastný)* impulse, *(ekon: dať)*

to give an impulse, *(vlastný impulz)* initiative, *(z vlastného)* on o's own initiative; **2.** *(psych, fyziol: podráždenie)* stimulation
podnetný *príd* **1.** stimulating, stimulative to/ of, incentive, inspiring, challenging
podnietiť *dk* **1.** *(vyvolať: čo)* to stimulate, to rouse, to stir up; **2.** *(popudiť: koho)* to incite; **3.** *(povzbudiť na)* to induce, to spur
podnik *m* **1.** *(závod)* business, *(štátny)* public/ state enterprise/ corporation, *(spoločný)* partnership, *(družstevný)* co-operative, *(firma)* firm, [business] company, *(priemyselný)* factory, *(obchodný)* trading company, shop; **2.** *(hov: konanie)* undertaking; **3.** *(hov: podujatie)* event, *(významný: zábavný, i športový)* gala, **4.** *(hov: reštaurácia)* club, *(nočný)* nightclub, *(zábavný)* [night] spot
podnikanie *s* **1.** entrepreneurship, entrepreneurism, trade, business, *(maloobchodné)* retailing
podnikať *ndk* **1.** *(ekon)* to undertake a business/ an enterprise, to run a business; **2.** *(konať: výlet, pokus, výpravu)* to make, to be a busisessman/ an entrepreneur
podnikateľ *m* **1.** entrepreneur, enterpriser, businessman, contractor, *(slobodný)* free enterpriser, *(stavebný)* building contractor
podnikateľský *príd* **1.** entrepreneurial, entrepreneur's, contractor's, enterprise, venture
podnikavosť *ž* **1.** *(schopnosť pre podnikanie)* entrepreneurship, entrepreneurism, entrepreneurial spirit, spirit of enterprise, venturesomeness
podnikavý *príd* **1.** *(majúci schopnosť podnikať)* entrepreneurial, businessmanlike, *(ambiciózny)* go-getting, *(riskantný)* venturesome
podnikový *príd* **1.** enterprise, corporational, factory, business, shop, firm['s], house
podnos *m* **1.** tray, tea-tray, service plate, server, *(ozdobný)* plateau
podnož *ž* **1.** *(stolček pod nohy)* footstool; **2.** *(archit)* pedestal; **3.** *(nožná páka)* pedal, *(bicykla)* treadle, **4.** *(záhr)* [under]stock
podnožka *ž* **1.** *(stolček)* footstool, footrest; **2.** *(podstavec)* pedestal; **3.** *(páka)* pedal
podoba *ž* **1.** *(tvar)* shape, *(i výzor)* aspect, guise, *(i stvárnenie)* form; **2.** *(stvárnenie)* version; **3.** *(výzor, vzhľad)* look, *(i podobnosť)* semblance, **4.** *(podobnosť)* likeness, resemblance
podobať sa *ndk* **1.** to look like, to resemble, to be alike, to be similar to, to parallel
podobizeň *ž* **1.** *(maľovaná)* portrait, *(fotografická)* photograph, photo
podobnosť *ž* **1.** likeness, resemblance, similarity, *(biol)* homoplasy
podobný *príd* **1.** similar, *(pred)* alike, resembling, looking like, [-]like; **2.** *(taký istý)* the same
podomový *príd* **1.** *(vykonávaný chodením z domu do domu)* house-to-house; **1.** *(vykonávaný chodením z domu do domu)* door-to-door; **2.** *(chodiaci z domu do domu)* itinerant, *(obchodník)* pedlar
podoprieť *dk* **1.** *(dať oporu, i prn)* to prop, to back up, to bolster up, to buttress; **2.** *(i prn kniž: podporiť/ zdôvodniť)* to support; **3.** *(zdôvodniť/ podložiť)* to corroborate
podošva *ž* **1.** *(chodidlo)* sole; **2.** *(podrážka)* [leather] sole, tread, outer sole
podotknúť *dk* **1.** *(poznamenať)* to remark, to note, to observe; **2.** *(pripomenúť)* to point out; **3.** *(spomenúť)* to mention
podozrenie *s* **1.** suspicion, suspecting
podozrievať *ndk* **1.** to suspect, to be suspicious
podozrievavý *príd* **1.** *(nedôverujúci)* distrustful, suspicious [about/ of]
podozrivý *príd* **1.** *(vzbudzujúci podozrenie)* suspicious, *(človek)* shady, *(i chovanie)* dubious, *(podnik, miesto)* equivocal; **2.** *(podozrievaný)* suspected, *(človek)* suspect
podpaľač *m* **1.** *(pôvodca požiaru, i prn)* incendiary, fire raiser, arsonist; **2.** *(nahuckávač)* instigator
podpáliť *dk* **1.** *(zapáliť)* to light [a fire]; **2.**

(založiť požiar) to set fire to; **3.** *(roznietiť)* to stir up

podpätok *m* **1.** heel, *(samostatný)* heelpiece, *(nízky/ vysoký)* low/ high heels, *(ihličkový)* spike/ stiletto heel

podpera *ž* **1.** *(drevená)* post, pole, prop, support, *(na prádlo)* clothespost/ pole/ prop, *(železná)* iron

podpis *m* **1.** signature, hand; **2.** *(podpísanie)* signing, *(dať na)* to submit st to sb for signing

podpísať *dk* **1.** to sign, to append one's signature, *(šek, i prn)* to endorse; **2.** *(prn: súhlasiť)* to subscribe to; **3.** *(napísať pod niečo)* to write [under st], **4.** *(napodobniť podpis niekoho)* to forge sb's signature

podpísať sa *dk* **1.** to sign, to sign one's name, to put one's name, to append one-'s signature, to attach one's signature, to put one's signature

podpisový *príd* **1.** signatural, signature[s], signing, *(akcia)* sign-in

podplácanie *s* **1.** bribery, corruption, subornation, *(ifin)* grafting

podplatiť *dk* **1.** to bribe, to corrupt, to buy off, to graft

podplukovník *m* **1.** lieutenant colonel

podpora *ž* **1.** *(podpera, opora, i peňažná pomoc)* support, *(podpera)* backing; **2.** *(pomoc, opora)* assistance; **3.** *(peňažná pomoc)* subsidy, *(nezamestnaným)* unemployment benefit, *(ifm)* dole, *(v invalidite, starobná)* pension

podporiť *dk* **1.** *(i finančne)* to support, to assist, to aid, *(morálne)* to back, to favour, *(finančne)* to subsidize

podporný *príd* **1.** supporting, sustaining, back-up, promotional, benefit, corroborative

podporovateľ *m* **1.** supporter, aider, promoter, advocate, patron

podpredseda *m* **1.** vice[-]president, vice-chairman, deputy chairman

podpriemerný *príd* **1.** below-average, underaverage, substandard, less-than-the-average

podprsenka *ž* **1.** brassiere, *(ifm)* bra

podradený *príd* **1.** *(majúci v poradí nižšie miesto)* subordinate [to/ by], subordinated; **2.** *(gram)* subordinate, hypotactic

podradnosť *ž* **1.** *(druhotriednosť)* secondariness; **2.** *(nekvalitnosť)* second-rateness, inferiority, trashiness, cheesiness

podradný *príd* **1.** *(druhoradý)* secondary, minor; **2.** *(menej kvalitný)* secon-rate, inferior, second-class

podraziť *dk* **1.** *(koho)* to knock sb down, *(niekomu nohy)* to trip sb up, *(prn)* to double-cross; **2.** *(probiť podrážku)* to [re-]sole

podráždenosť *ž* **1.** irritation, *(prn)* crossness, crabbedness

podráždený *príd* **1.** *(rozčúlený)* irritated, *(nahnevaný)* angry, cross; **2.** *(psych, fyziol)* stimulated

podráždiť *dk* **1.** *(rozčúliť)* to irritate, *(nahnevať)* to make sb angry; **2.** *(vzrušiť, vzbudiť)* to excite, *(i fyziol)* to stimulate, *(chuť)* to whet

podriadený I. ***príd*** **1.** subordinate, subjected, dependent, *(i voj)* subaltern, **II.** *podst* m **2.** subordinate, inferior, *(ob der)* underling

podrobiť *dk* **1.** *(podmaniť)* to subdue, to bring under o's control, *(i podriadiť)* to subject [to], *(podriadiť)* to subordinate; **2.** *(vykonať)* to submit [st/ sb to]

podrobiť sa *dk* **1.** *(poddať sa)* to submit [os] to, to yield to; **2.** *(podstúpiť niečo)* to submit [to], to undergo

podrobne *prísl* **1.** minutely, particularly, in detail, fully, at length

podrobnosť *ž* **1.** *(detailnosť)* minuteness; **2.** *(detail/ jednotlivosť)* detail, particular

podrobný *príd* **1.** detailed, minute, circumstantial, full

podryť *dk* **1.** to cut, to dig down; **2.** to undermine, *(zdravie)* to waste

podržať *dk* **1.** *(chvíľu držať)* to hold, to retain; **2.** *(zachovať)* to keep, to preserve

podsadiť *dk* **1.** *(podsypať)* to set; **2.** *(vysadiť)* to plant; **3.** *(zr: podložiť pod niečo)* to place under, to place close to

podskočiť *dk* **1.** to jump, to hop, to leap; **2.** *(hov: stúpnuť, zvýšiť sa)* to rise

podstata *ž* **1.** *(najdôležitejšia hmota)* essence, substance, spirit, *(jadro)* core, gist, *(hlavná časť)* main part, main point, *(základná)* basis, root; **2.** *(ekon: konkurzná)* estate; **3.** *(v podstate)* in principle, substantially

podstatný *príd* **1.** *(kt je podstatou)* essential, *(i významný)* substantial, *(základný)* basic, *(dôležitý)* considerable, vital, *(významný)* significant, *(to nie je podstatné)* that/ it 's irrelevant; **2.** *(gram: meno)* substantive

podstavec *m* **1.** *(spodná časť)* base[ment], mount[ing], *(podložka, opora)* support, *(stojan)* stand, *(otočný)* swivel, *(archit)* pedestal, *(fotografický)* tripod, *(maliarsky)* easel

podstrčiť *dk* **1.** *(podsunúť)* to push [st under], *(i nenápadne dať)* to slip; **2.** *(nenápadne dať)* to smuggle, to give/ to introduce secretly

podstrešie *s* **1.** *(miesto pod samou strechou)* attic, loft, garret; **2.** *(priestor pod prečnievajúcou strechou)* eaves

podstúpiť *dk* **1.** *(podrobiť sa niečomu)* to submit [to], to undergo; **2.** *(vytrpieť)* to suffer, to bear

podsvetie *s* **1.** *(mytol)* the Underworld, the Hades; **2.** *(prn: postredie živlov)* underworld, gangland

podsvetný *príd* **1.** *(mytol)* underground, Hadean, Tartarean, *(náb)* infernal

podšiť *dk* **1.** to line, to sew underneath, to reinforce

podšívka *ž* **1.** lining, underlay, liner, *(kožušinová)* furring

podtiahnuť *dk* **1.** to pull under, to draw; **2.** to underscore, to pull to

podtitul *m* **1.** *(druhý titul novín)* subhead[ing], *(menší)* deck, *(knihy)* sub[-]title, *(film, tel)* subtitle, caption

podujať sa *dk* **1.** to undertake, to engage in, to take upon

podujatie *s* **1.** *(akcia)* event; **2.** *(podnikanie)* enterprise, activity, undertaking, *(riskantný)* venture

poduška *ž* **1.** *(pri spaní)* pillow, *(na sedenie ap)* cushion; **2.** *(pečiatková)* ink-pad; **3.** *(anat)* pad, *(palca)* ball [of the thumb]

podvádzanie *s* **1.** deception, swindling, cheating, imposture

podvádzať *ndk* **1.** *(klamať)* to cheat, to swindle, to deceive, to trick; **2.** *(byť neverný)* to be unfaithful to, *(am)* to cheat on sb

podval *m* **1.** *(žel)* [railway] tie, sleeper, mud-sill, *(stav)* putlog

podväzok *m* **1.** suspender[s], *(am)* garter

podvečer **I.** *podst* m **1.** *(čas pred večerom)* twilight, dusk, **II.** *prísl* **2.** *(pred večerom)* at twilight time, toward evening

podvedomie *s* **1.** subconsciousness; **2.** *(psych)* the subconscious

podviazať *dk* **1.** *(i prn)* to tie [under/ up/ off], to bind; **2.** *(lek: cievu)* to ligate; **3.** *(prn)* to damp

podvod *m* **1.** *(oklamanie)* deception, cheat, swindle, *(práv)* fraud, *(daňový)* tax fraud, *(volebný)* election/ vote rigging

podvodník *m* **1.** cheat, fraud, swindler, trickster, con-man

podvodný *príd* **1.** fraudulent, deceitful, tricky, deceptive, fixed

podvojný *príd* **1.** *(dvojitý: i chem)* double, duplex, *(chem, hut)* binary, *(ekon: účtovníctvo)* double-entry bookkeeping/ accounting, *(linka)* party line

podvoliť sa *dk* **1.** *(podriadiť sa)* to submit to, to yield [to]; **2.** *(privoliť)* to consent [to], to put up with

podvozok *m* **1.** *(aut)* chassis; **2.** *(let)* undercarriage; **3.** *(žel)* bogie, *(dvojnápravový)* bogie with two wheelpairs

podvratný *príd* **1.** subversive, fifth-column

podvýživa *ž* **1.** malnutrition, subalimentation, malnourishment, underfeeding, undernutrition, undernourishment

podzemie *s* **1.** *(i prn: polit)* underground, *(pivnica)* cellar; **2.** *(prn)* clandestineness, *(ísť do)* to go underground

podzemný *príd* **1.** *(i prn: polit)* underground, subterranean; **2.** *(prn polit: ilegál-*

ny) clandestine

poézia *ž* **1.** *(umelecká tvorba, poetickosť, čaro)* poetry, *(umelecká tvorba)* poesy; **2.** *(poetickosť)* poeticality; **3.** *(veršovaná poézia)* verse

pofŕkať *dk* **1.** *(vodou)* to sprinkle, *(i voňavkou)* to spray; **2.** *(i pošpiniť)* to spatter, *(pošpiniť)* to blotch

pogumovať *dk* **1.** to gum; **2.** *(tech: pokryť gumou)* to rubber[ize], to rubber, to rubber coat, to waterproof

pohádať sa *dk* **1.** to have a quarrel/ an argument/ a row with

pohádzať *dk* **1.** *(nahádzať)* to throw; **2.** *(rozhádzať)* to scatter; **3.** *(hov: šaty)* to slip into [ ], *(jedlo)* to guzzle

pohan *m* **1.** pagan, heathen, gentile; **2.** *(hrešiť ako pohan)* to swear like a trooper

pohana *ž* **1.** shame, disgrace, discredit, ignominy

poháňať *ndk* **1.** *(hnať, i prn)* to drive, to propel; **2.** *(nútiť do činnosti)* to urge, *(i dobytok)* to goad, *(i kone)* to spur, *(kone)* to giddap

pohaniť *dk* **1.** *(spôsobiť pohanu)* to disgrace, *(i pohlavne)* to dishonour; **2.** *(znevažujúco sa vysloviť)* to disparage; **3.** *(ohovárať)* to defame

pohánka *ž* **1.** *(bot : Fagopirum esculentum)* buckwheat

pohár *m* **1.** glass, *(na vodu)* water glass, *(na víno)* wineglass, *(na pivo: s uškom)* beer mug/ glass, *(s nožičkou)* goblet, *(bez nožičky)* tumbler; **2.** *(na zaváranie)* [glass] jar; **3.** *(zmrzlinový)* sundae, **4.** *(šport)* cup, **5.** *(*chytiť sa pohára)* to hit the bottle

pohárik *m* **1.** [small] glass, *(na likér)* liqueur-glass, *(am: veľký)* snifter; **2.** *(anat)* taste-bud

pohľad *m* **1.** look, eye, *(sl)* dekko; **2.** *(krátky)* glance; **3.** *(zbežný)* cursory glance, **4.** *(letmý)* glimpse, *(kradmý)* peep, **5.** *(uprený)* gaze, *(a hrozivý/ chmúrny/ zamračený)* scowl, **6.** *(zamračený)* frown, **7.** *(prn: spätný)* hindsight, **8.** *(výhľad, i tech)* view, *(obraz)* vision, **9.** *(nadhľad)* perspective; **10.** *(na prvý pohľad)* at a glance, *(prvý dojem)* at first blush, *(hneď od začiatku)* at first sight, *(z vtáčej perspektívy)* bird's eye view

pohľadať *dk* **1.** to look for, to seek, to search for, *(v knihe, slovníku)* to look up

pohľadávka *ž* **1.** *(právny nárok)* claim, *(na nehmotné právo)* chose in action, *(nedobytná)* abandoned claim, *(peňažná)* [outstanding] debt, *(daňová)* tax lien, *(zmenková)* [bill] receivable

pohladiť *dk* **1.** to stroke, *(nežne)* to caress, *(po hlave)* to pat

pohľadnica *ž* **1.** *(s fotografiou krajiny)* [picture] postcard, photographic postcard, *(vianočná, narodeninová atď)* card

pohlavie *s* **1.** sex, gender; **2.** *(pohlavný orgán)* genital

pohlavný *príd* **1.** sexual, sex, genital, *(choroba)* venereal, *(orgány, ústroje)* genitalia, *(úd)* membrum virile

pohltiť *dk* **1.** *(absorbovať)* to absorb, *(zjesť, i prn)* to devour, to eat up, *(zhltnúť i prn)* to swallow [up/ down]

pohnúť *dk* **1.** *(urobiť pohyb, zmeniť polohu)* to move, *(urobiť pohyb)* to stir; **2.** *(zapôsobiť na niekoho, byť pohnútkou)* to drive; **3.** *(koho)* to urge, *(prinútiť)* to compel, **4.** *(čo)* to activate, **5.** *(pohni!)* come on!, get moving

pohnúť sa *dk* **1.** *(urobiť pohyb)* to move, to stir; **2.** *(dať sa do pohybu)* to get going; **3.** *(dostať sa do chodu)* to start, **4.** *(odísť)* to leave, **5.** *(pohni sa!)* get moving!

pohnutie *s* **1.** *(pohyb)* move, moving, stir[ring], emotion over; **2.** *(kniž: dojatie)* emotion

pohnútka *ž* **1.** motive, reason, ground, *(citová)* sentiment, drive

pohnutý *príd* **1.** *(dojatý)* moved, touched; **2.** *(nepokojný)* unsettled, troubled

pohoda *ž* **1.** *(pekné počasie)* fair/ good weather; **2.** *(spokojnosť)* peace[fulness], serenity, ease

pohodiť *dk* **1.** *(hodiť)* to throw, *(i hlavou)* to toss, *(i zrak)* to cast, *(plecom)* to shrug; **2.** *(odhodiť, zahodiť)* to throw away

pohodlie *s* **1.** comfort, ease, *(prn)* convenience

pohodlne *prísl* **1.** comfortably, eas[il]y, snug, conveniently

pohodlný *príd* **1.** *(poskytujúci pohodlie, voľný, ľahký)* comfortable, *(poskytujúci pohodlie)* cozy, snug, *(ifm)* comfy; **2.** *(kt netlačí, voľný: šaty)* loose-fitting; **3.** *(majúci rád pohodlie)* easygoing, indolent, **4.** *(ľahký)* easy

pohon *m* **1.** *(tech: hybná sila)* drive, *(raketový)* propulsion, *(motor)* motor element, [driving] gear; **2.** *(prenos energie)* traction, *(remeňový)* belting; **3.** *(poľovačka, i prn)* hunt, *(prenasledovanie, i zhon)* pursuit, **4.** *(prn hov: zhon)* to-do

pohonný *príd* **1.** *(používaný na pohon)* propellent, *(hmoty)* fuelling; **2.** *(hybný)* driving, propelling; **3.** *(látka)* propellant

pohorie *s* **1.** mountains, mountain range, mountain chain

pohorieť *dk* **1.** *(zhorieť)* to burn [out], *(dom)* to burn down; **2.** *(hov: blamovať sa)* to flop, to go phut

pohoršenie *s* **1.** scandal, disgraceful conduct, *(verejné)* public outrage

pohoršiť *dk* **1.** *(zhoršiť)* to worsen, *(známku)* to mark down; **2.** *(vzbudiť pohoršenie)* to scandalize, to outrage, *(rozhorčiť)* to offend

pohoršiť sa *dk* **1.** *(zhoršiť sa)* to worsen, to get/ to become worse; **2.** *(bezpr: rozčúliť sa)* to take offence at, *(nahnevať sa)* to get angry

pohostenie *s* **1.** treat, *(malé, skromné)* refreshment, *(skvelé, hojné)* regalement, *(rar)* entertainment

pohostinnosť *ž* **1.** hospitality

pohostinstvo *s* **1.** hospitality; **2.** catering trade, catering industry, entertainment

pohostiť *dk* **1.** *(poskytnúť niekomu niečo)* to treat sb to st; **2.** *(hostí)* to entertain, *(jedlom)* to dine, *(slávnostne)* to banquet

pohotovosť *ž* **1.** *(duchaprítomnosť)* promptness; **2.** *(pripravenosť)* readiness, alertness, *(vojenská, lekárska ap)* stand-by, *(v)* on stand-by; **3.** *(hov: rýchla záchranná služba)* emergency [team]

pohotovostný *príd* **1.** stand-by, emergency, safety, *(čata)* flying squadron

pohotový *príd* **1.** *(duchaprítomný/ rýchly)* prompt, ready, *(kniž: vždy)* ever-ready, *(šikovný)* adroit, resourceful; **2.** in working order, *(pomoc)* first, *(tovar)* spot

pohov *m* **1.** *(voj)* ease, *(povel: pohov!)* [stand] at ease!; **2.** *(prn: dať si pohov)* to take a break

pohovka *ž* **1.** couch, sofa, settee, divan

pohrabať *dk* **1.** *(zhrabať)* to rake; **2.** *(hrabaním upraviť)* to rake up; **3.** *(hrabaním rozryť)* to scratch, **4.** *(hrabať nohami)* to scratch about/ around

pohraničie *s* **1.** borderland, border area, border country, border district, frontier regions

pohrať sa *dk* **1.** to play; **2.** *(prn)* to dally, to monkey, to flirt

pohŕdanie *s* **1.** scorn, disdain, contempt, disparagement

pohŕdať *ndk* **1.** *(nevážiť si, odmietavo sa správať)* to scorn, *(odmietavo sa správať)* to disdain, *(nevážiť si)* to look down on, *(nevšímať si)* to slight

pohŕdavý *príd* **1.** scornful, disdainful, contemptuous, slighting

pohreb *m* **1.** *(pochovanie s obradmi)* funeral, obsequies; **2.** *(pochovanie)* burial, interment; **3.** *(hov: sprievod)* funeral procession

pohrebný *príd* **1.** funeral, *(i prn)* funereal, *(archeol)* funerary, burial, *(reč)* funeral oration, *(voz)* hearse

pohroma *ž* **1.** disaster, catastrophe, tragedy, *(prírodná)* calamity, cataclysm

pohrúžiť sa *dk* **1.** *(i prn)* to plunge [into], *(i prn)* to immerse os [in]; **2.** *(prn)* to become engrossed [in], to delve into

pohyb *m* **1.** *(činnosť, i zmena polohy tela)* motion, *(pohybovanie, zmena polohy predmetu/ tela)* movement, *(zmena polohy so zmenou miesta)* move, *(pomalý)* stir; **2.** *(pohybovanie, činnosť)* going, *(tech)* action, *(fyzický)* exercise, *(ekon: cien)* fluctuations, *(cenový)* movement [in], *(peňazí)* circulation, *(kapitálu)* flow; **3.**

(ruch) hustle, bustle, **4.** *(kniž: hnutie)* movement

pohyblivosť *ž* **1.** mobility, locomotion, movability, activity, agility

pohyblivý *príd* **1.** *(terč)* mobile, *(mena)* movable, *(schody, terč)* moving, *(človek)* active, *(tech)* knee-jointed

pohybovať *ndk* **1.** *(hýbať, meniť polohu)* to move

pohybovať sa *ndk* **1.** *(meniť miesto/ chodiť)* to move; **2.** *(zľahka)* to stir, **3.** *(v nejakej spoločnosti)* to mingle, **4.** *(kolísať v určitom rozpätí)* to fluctuate

pohybový *príd* **1.** *(i fyz)* dynamic, motional, moving, motion, movement, *(str: skrutka)* working

pohýnať *ndk* **1.** *(i dojímať)* to move, *(zľahka)* to stir; **2.** *(k čomu)* to force; **3.** *(uvádzať do pohybu)* to set in motion

pochabý *príd* **1.** *(bláznivý)* mad, crazy, *(nerozvážny)* reckless, *(výstredný)* cranky; **2.** *(prejavujúci záujem)* mad about; **3.** *(hov zastar: choromyseľný)* lunatic

pochádzať *ndk* **1.** *(z mesta, dediny, krajiny)* to come from, to be from; **2.** *(mať počiatok, vznik)* to have origin in; **3.** *(mať pôvod)* to ensue from, *(z rodiny)* to come of, *(i slovo)* to derive from, **4.** *(rukopis ap)* to date back, **5.** *(odkial pochádzaš?)* where are you from?

pochmúrnosť *ž* **1.** *(i prn)* gloom, murk, *(počasia, krajiny)* bleakness; **2.** *(prn)* sullenness

pochmúrny *príd* **1.** *(o počasí)* overcast, cloudy; **2.** *(temný, i prn))* gloomy, murky, sombre; **3.** *(prn)* worried

pochod *m* **1.** *(chôdza v rytme, skladba, i voj)* march, *(povel: pochodom - v chod!)* forward, march!; **2.** *(pravidelná dlhšia chôdza)* march[ing], *(voj: cvičný)* route march, *(turistický)* hike; **3.** *(sprievod)* procession, *(ob protestný)* march, *(slávnostný)* parade, **4.** *(odb: postup)* process

pochodeň *ž* **1.** *(i prn)* torch, cresset, taper, *(poet)* brand

pochodiť *dk* **1.** pozri **pochádzať**; **2.** *(precestovať)* to travel, *(pešo)* to walk around; **3.** *(ponavštevovať)* to visit, **4.** *(poprechádzať sa)* to stroll, **5.** *(prejsť)* to run [over], **6.** *(nejako obísť)* to come out, *(dobré)* to succeed, *(zlé)* to fail

pochodovať *ndk* **1.** to march, *(v útvare)* to troop, *(v rade)* to rank off, *(pri prehliadke)* to parade

pochop *m* **1.** *(predstava)* idea, concept, conception; **2.** *(zast: chápanie)* comprehension

pochopenie *s* **1.** *(porozumenie)* understanding, comprehension, grip, *(uznanlivosť)* consideration

pochopiť *dk* **1.** *(porozumieť, i komu)* to understand, *(porozumieť čomu)* to comprehend, *(úplne)* to grasp, *(rýchlo)* to catch on, *(prísť na zmysel)* to apprehend, *(am)* to figure out; **2.** *(porozumieť komu)* to sympathyze [with]

pochopiteľný *príd* **1.** understandable, comprehensible, graspable, apprehensible

pochovať *dk* **1.** *(uložiť do hrobu, stratiť smrťou, i prn)* to bury, *(uložiť do hrobu)* to inter, *(stratiť smrťou)* to lose; **2.** *(prn: vzdať sa čoho)* to forget; **3.** *(zasypať)* to overwhelm

pochúťka *ž* **1.** titbit, delicacy, dainty, *(prn)* dish

pochutnať si *dk* **1.** *(s chuťou zjesť)* to savour, *(i prn)* to relish, to treat os to, to indulge in

pochvala *ž* **1.** praise, approbation, *(verejná)* acclamation, *(písomná)* commendation

pochváliť *+k* **1.** to praise; **2.** to compliment, to express one's satisfaction with

pochvalný *príd* **1.** praising, praiseful, appreciating, favorable

pochybnosť *ž* **1.** *(neistota)* doubtfulness, dubiousness, uncertainty, *(pochyby)* doubt, *(niet)* [there is] no doubt], *(v pochybnosti)* in a quandary

pochybný *príd* **1.** *(neistý, problematický, i podozrivý)* dubious, *(neistý)* doubtful, doubtable, questionable, *(problematický)* problematical, *(fin: pohľadávky)* contro-

versial/ dubious debts; **3.** *(majúci zlú povesť)* equivocal, *(podozrivý)* shady
pochybovať *ndk* **1.** to doubt, to have doubts about, to question, to call in question
pochytať *dk* **1.** *(vziať, i za ruky)* to take, *(polapať, i šport)* to catch, *(polapať)* to apprehend; **2.** *(hov: naučiť sa)* to pick up
pochytiť *dk* **1.** *(náhle vziať)* to seize, to catch, *(i naučiť sa)* to grasp; **2.** *(naučiť sa)* to pick up, to copy
poistenec *m* **1.** insurant, policyholder, person insured, the insured, the beneficiary of na insurance
poistenie *s* **1.** *(i poistná zmluva)* insurance, assurance, *(nemocenské)* health insurance, *(zmluva)* insurance policy, *(dávka nemocenského)* insurance stamp; **2.** *(tech)* locking, immobilization
poistený *m* **1.** insured
poistiť *dk* **1.** to insure, to assure, to cover by insurance policy, to take out the insurance of; **2.** *(tech)* to lock, to protect against
poistiť sa *dk* **1.** to insure os, to take out an insurance policy, to [under]take a policy; **2.** to take precautions, to guard against
poistka *ž* **1.** *(poistná zmluva, listina, poistné, suma)* insurance; **2.** *(zmluva, listina)* insurance policy; **3.** *(hov: poistné)* [insurance] premium, **4.** *(tech)* safety mechanism, *(na zbrani)* safety [catch], *(zámky)* safety lock, *(ele: tavná)* fuse
poistné *s* **1.** *(poplatok platený poisťovni)* [insurance] premium, insurance money; **2.** *(suma vyplatená poisťovňou)* insurance
poistník *m* **1.** insurant, the insured, the assured, policyholder
poistný *príd* **1.** insurance, insurable, insured
poisťovateľ *m* **1.** insurer, assurer, insurance agent, insurance company
poisťovňa *ž* **1.** insurance company, assurance company, insurance office, insurance corporation
poisťovníctvo *s* **1.** insurance [system], system of insurance, insurance, insurance business
pojašiť sa *dk* **1.** to go crazy, *(zamilovať sa)* to be crazy about, *(i o zvieratách)* to take fright; **3.** *(o zvieratách)* to shy
pojať *dk* **1.** *(kapacitou)* to hold, *(stôl, miestnosť)* to dine, *(hala, dopravný prostriedok)* to seat; **2.** *(zahrnúť)* to include; **3.** *(zmocniť sa: ob pass)* to seize, **4.** *(kniž: chytiť)* to take, **5.** *(zast: vziať so sebou)* to take along, **6.** *(zast: za manželku)* to marry
pojazdný *príd* **1.** *(dielňa, knižnica)* mobile, movable, *(nakladač, lešenie)* portable, *(žeriav)* locomotive, *(dielňa, žeriav)* travelling
pojem *m* **1.** *(všeobecná predstava)* concept, *(predstava)* notion, conception [of], *(výraz)* term
pokánie *s* **1.** *(ľútosť nad previnením)* repentance; **2.** *(pokuta, i nab: trest za hriechy)* penance
pokapať *dk* **1.** *(potratiť sa)* to disappear, to vanish; **2.** *(podochnúť)* to die, to perish
pokazenie *s* **1.** corruption, spoiling, ruin[ation], impairment
pokazený *príd* **1.** *(poškodený)* broken [down], out of order, *(ifm)* bust; **2.** *(žalúdok)* upset, *(zuby)* decayed; **3.** *(o jedle)* bad, **4.** *(zničený)* ruined, **5.** *(mravne narušený)* corrupt
pokaziť *dk* **1.** *(mechanizmy)* to break; **2.** *(zdravie/ ľudské orgány)* to ruin, *(žalúdok)* to upset; **3.** *(zničiť)* to spoil, **4.** *(zmariť)* to taint, **5.** *(mravne narušiť)* to corrupt
pokaziť sa *dk* **1.** *(o mechanizmoch/ predmetoch)* to break [down]; **2.** *(o potravinách)* to go bad; **3.** *(zhoršiť sa)* to worsen, **4.** *(mravne)* to become corrupt; **2.** to spoil
pokiaľ I. ***zám*** **1.** *(vyjadruje hranicu v priestore)* as/ so far as, *(v otáz: ako ďaleko)* how far; **2.** *(vyjadruje hranicu v čase)* as long as, while, **II.** ***spoj*** **3.** *(pokiaľ ide o)* as/ so far as...is concerned, as regards, concerning, **4.** *(vyjadruje mieru)* forasmuch as, inasmuch as, in so far as, to the extent that, **5.** *(pokiaľ nie)* unless
poklad *m* **1.** *(drahocenné predmety, i prn)*

treasure, hoard; **2.** *(prn: hotový)* [real] prize, *(môj!: v oslovení)* my dear/ darling!; **3.** *(vzácnosť/ cennosť)* gem, **4.** *(zast: slovný)* thesaurus

pokladať *ndk* **1.** to regard, to consider, to deem, to take for, to rate

pokladnica *ž* **1.** *(pancierová schránka)* safe, *(miestnosť na uschovanie peňazí)* treasury, *(pokladničná hotovosť)* cash; **2.** *(miestnosť na vyplácanie peňazí)* cashier's office, *(miesto)* cashier's [counter/ desk], *(banková)* cash desk, *(divadelná)* ticket office, *(samoobsluhy)* check-out counter; **3.** *(registračná)* cash register, **4.** *(inštitúcia: štátna)* the Treasury, **5.** *(prn)* treasure

pokladničný *príd* **1.** cash, cash-desk, teller, treasury, *(hotovosť)* petty, *(blok)* ticket

pokladník *m* **1.** cashier, cash keeper, *(v banke)* teller, *(v divadle)* ticket clerk, *(úradník)* treasurer

poklep *m* **1.** tap, rap, knock; **2.** *(lek)* percussion

poklepať *dk* **1.** to tap, to rap, to knock; **3.** *(naklepať)* to beat; **2.** *(lek)* to percuss

pokles *m* **1.** *(i ekon, ele)* fall, *(i ekon, ele)* drop, *(i ekon: výroby)* decline; **2.** *(ekon: produktivity práce)* slump; **3.** *(lek, vet: orgánu, maternice)* prolapse, *(geol)* [ordinary/ normal/ gravity] fault, *(ban: stropu)* sag, **4.** *(náhly, prudký)* dive, *(pomalý)* ebb

poklesnúť *dk* **1.** to drop, to fall, to decline, to go down

poklesok *m* **1.** *(menšia chyba, previnenie, i mravné)* lapse, *(omyl, chyba)* slip, faux pas, *(i mravne)* peccadillo

poklona *ž* **1.** *(sklonenie hlavy ap)* bow, *(ohnutie v kolenách: ob o ženách)* curtsy, *(ob pri tanci)* reverence; **2.** *(kompliment)* compliment; **3.** *(cirk)* adoration, **4.** *(zast: moja/ úctivá)* my best regards/ respects

pokloniť sa *dk* **1.** *(i bezpr)* to bow, to make/ to take a bow, *(ob o ženách)* to [make a] curtsy; **2.** *(uctiť si pamiatku)* to pay reverence to; **3.** *(zast: pozdraviť sa)* to pay one's respects to

poklonkovať sa *ndk* **1.** *(robiť poklony)* to bow; **2.** *(pej: líškať sa)* to fawn, to dance attendance upon, to curry favour, to fetch and carry

poklop *m* **1.** cover, lid; **2.** tap, cover plate, knock

pokĺznuť sa *dk* **1.** to slip, to skid

pokmásať *dk* **1.** *(pomykať, prudko potiahnuť)* to jerk; **2.** *(potrhať)* to tear up, to pluck, to pull out

poknísať sa *dk* **1.** *(knísať)* to swing, *(pokývať sa)* to sway, to rock

pokoj *m* **1.** *(stav bez pohybu, odpočívanie, i fyz)* rest, *(odpočívanie)* repose, *(stav bez činnosti)* inaction, *(stav bez pohybu)* immobility, *(i/ a bez hluku)* still; **2.** *(stav bez rušenia, hluku, ruchu)* quiet[ness], calm[ness]; **3.** *(i stav bez vojny, i duševný)* peace, **4.** *(duševný)* serenity, **5.** *(*daj pokoj!: nedobiedzaj)* leave me alone!, *(am)* give me a break

pokojne *prísl* **1.** peacefully, calmly, tranquilly, easy, gently

pokojný *príd* **1.** *(nie búrlivý, tichý, i duševný)* peaceful, quiet, *(nie búrlivý, tichý)* still, *(nie búrlivý, i duševný)* calm, *(tichý)* silent, *(majúci normálny priebeh)* easy; **2.** *(duševný)* serene, *(pokojamilovný)* pacific

pokolenie *s* **1.** *(generácia)* generation, *(budúce)* posterity; **2.** *(rod)* race; **3.** *(*z pokolenia na pokolenie)* from father to son

pokonávanie *s* **1.** *(vyjednávanie)* negotiation, transaction, parley, conference, *(vybavovanie)* settlement; **2.** *(zast práv: pojednávanie)* hearing, proceedings

pokonávať *ndk* **1.** to transact, to discuss, to negotiate; **2.** to try

pokopať *dk* **1.** *(kopať)* to dig up, *(spracovať zem motykou ap)* to hoe, to till; **2.** *(hov: zbabrať)* to screw up

pokora *ž* **1.** humility, humbleness, lowliness, submissiveness

pokorenie *s* **1.** *(poníženie)* humiliation, degradation, mortification; **2.** *(star)* subjugation

pokoriť *dk* **1.** *(ponížiť/ potupiť)* to humiliate, to humble, to degrade, to mortify, to abase; **2.** *(podrobiť si)* to subdue, to conquer, to subjugate

pokoriť sa *dk* **1.** *(bezpr: podrobiť sa/ kapitulovať)* to submit, to yield, to give os up; **2.** *(bezpr: ponížiť sa)* to humble os; **3.** *(bezpr: pokloniť sa)* to bow

pokorný *príd* **1.** humble, meek, lowly, submissive

pokosiť *dk* **1.** to mow, to scythe, to cut down; **2.** *(prn)* to mow down

pokožka *ž* **1.** skin, *(biol, bot)* epidermis, cuticle; **2.** *(bot)* integument

pokračovací *príd* **1.** continuing, continuative, continued; **2.** *(zast: škola/ hist)* continuation school

pokračovanie *s* **1.** *(román, film ap)* sequel, *(časť románu ap)* installment; **2.** *(predĺženie)* continuation, *(na pokračovanie)* serial, *(nabudúce nasleduje)* to be continued

pokračovať *ndk* **1.** *(neprestať v činnosti, neprestávať)* to continue [with/ +ing/ to], *(neprestať v činnosti)* to keep on [+ing], to carry on [with/ +ing], *(ďalej hovoriť)* to go on, *(na určitej úrovni)* to keep up [the]; **2.** *(napredovať)* to proceed, *(robiť pokroky, narastať)* to progress; **3.** *(bezpr: rozprestierať sa ďalej)* to continue, *(rozprestierať sa)* to stretch, **4.** *(v ceste)* to move on, **5.** *(zast: konať)* to act, **6.** *(pokračuj!)* go on!

pokraj *m* **1.** *(miesto najviac vzdialené od stredu)* brink, verge, *(pohára ap)* brim; **2.** *(kraj)* edge; **3.** *(na pokraji)* on the verge/ brink of

pokrčiť *dk* **1.** *(urobiť záhyby: ob šaty)* to crease; **2.** *(stlačením, deformovať: ob papier)* to crumple; **3.** *(zvraštiť: šaty, čelo, nos)* to wrinkle, **4.** *(ohnúť: koleno)* to bend, *(plecom)* to shrug

pokrčiť sa *dk* **1.** to crease, to crumple; **3.** *(zvraštiť sa)* to wrinkle; **2.** *(ohnúť sa)* to bend

pokrievka *ž* **1.** lid, cover

pokrik *m* **1.** *(hluk, kričanie)* shout[s], *(poľovníkov)* hoicks, *(radostný)* whoop, *(bojový)* battlecry; **2.** *(prn: rozruch)* hue and cry, *(v novinách)* splash

pokrikovať *ndk* **1.** to shout, to cry, to holler; **2.** *(hrešiť niekoho)* to swear

pokrivený *príd* **1.** *(skrivený, i prn)* distorted, deformed, *(i prn)* warped; **2.** *(stiahnutý do grimasy)* wry; **3.** *(prn)* tortuous

pokriviť *dk* **1.** *(skriviť, i prn)* to distort, *(i prn)* to warp; **2.** *(stiahnuť do grimasy)* to crinkle; **3.** *(prn: pokaziť)* to corrupt

pokrivkávať *ndk* **1.** to limp, *(prn)* to hobble, to halt; **2.** *(expr: zaostávať)* to lag behind

pokročilý *príd* **1.** *(vyspelý)* full-fledged, *(na vyššom stupni vývinu)* advanced, *(mierne)* intermediate; **2.** *(o čase)* late in; **3.** *(v pokročilom veku)* well on in years, **4.** *(o štádiu)* far[-]gone

pokročiť *dk* **1.** *(podísť dopredu)* to advance, to step forward; **2.** *(urobiť pokrok/ podstúpiť)* to get on; **3.** *(o čase)* to be near the end, **4.** *(o chorobe)* to be in an advanced state

pokrok *m* **1.** *(vývin, i kultúrna úroveň)* progress, *(napredovanie)* advancement, *(zlepšenie)* improvement, *(rozvoj)* development, *(lepší vysledok)* advance

pokrokový *príd* **1.** *(progresívny)* progressive, progressist; **2.** *(používajúci najmodernejšie prostriedky)* advanced, up-to-date

pokropiť *dk* **1.** *(pofŕkať)* to sprinkle, to asperge, to spray; **2.** *(prn)* to shower

pokrovec *m* **1.** carpet, *(malý)* rug; **2.** *(prikrývka, deka)* blanket, **3.** *(prn: pokrývka)* cover

pokrstiť *dk* **1.** *(cirk, i pomenovať)* to baptize, *(cirk)* to christen; **2.** *(pomenovať)* to name; **3.** *(hov: zriediť)* to water down

pokrvnosť *ž* **1.** consanguinity, blood relationship, blood bond; **2.** *(zast: blízka rodina/ arch)* consanguineity

pokrvný *príd* **1.** consanguineous, consanguineal, blood-related, *(brat, príbuzný)* blood

pokryť *dk* **1.** *(dať/ rozložiť sa na povrch)* to cover st with, *(dať na povrch)* to lay [ ] on st, *(dom)* to roof, *(škridlami ap)* to tile; **2.** *(narásť na povrch, rozložiť sa)* to overgrow, *(úplne)* to overwhelm; **3.** *(prn: líca, tvár)* to suffuse, *(bozkami)* to smother

pokrytec *m* **1.** hypocrite, dissembler, make-believer, *(ifm)* sham

pokrývka *ž* **1.** *(i snehová, i geol)* mantle, *(i snehová)* blanket, shroud; **2.** *(pokrievka)* lid; **3.** *(prikrývka: na posteľ)* [bed]cover, *(na posteľ)* bedspread, *(hlavy)* headwear, **4.** *(anat, zool)* [in]tegument, *(semenná)* fascia

pokukávať *ndk* **1.** *(úchytkom/ nesmelo pozerať)* to peek, to peer; **2.** *(zaujímať sa o niekoho)* to look for, *(po dievčatách)* to notice

pokus *m* **1.** try, tentative, bid, *(i práv)* attempt, *(úsilie robiť)* effort; **2.** *(začiatočná práca)* essay; **3.** *(experiment)* experiment, **4.** *(*metóda pokusov a omylov)* trial-and-error method

pokúsiť sa *dk* **1.** to try, to make an attempt, to tackle, *(ifm)* to have a go

pokusníctvo *s* **1.** experimentation, experimenting, experimental work, test work, research

pokusný *príd* **1.** *(skúšobný, i založený na pokusoch)* experimental, *(skúšobný)* trial; **2.** *(slúžiaci na pokusy)* research; **3.** *(založený na pokusoch)* empiric[al], **4.** *(králik/ zajac)* guinea pig

pokúšať *ndk* **1.** *(uvádzať do pokušenia)* to tempt; **2.** *(zvádzať/ uvádzať do pokušenia)* to entice; **3.** *(nabádať/ nukať)* to urge, **4.** *(rušiť, znepokojovať, hnevať)* to harass, **5.** *(šťastie: riskovať)* to try o's luck

pokušenie *s* **1.** temptation

pokuta *ž* **1.** *(peňažný trest)* fine, mulct, *(trest)* penalty; **2.** *(zast: za hriech)* penance

pokutovať *n/dk* **1.** to fine, to mulct, *(i šport)* to penalize

pokým *spoj* **1.** *(uvádza vetu časovú: pokiaľ)* as/ so long as, *(až kým)* until, *(za ten čas, čo)* by the time, *(kt dej treba uskutočniť prv)* before; **2.** *(zast: uvádza odporovacie vety)* though

pokyn *m* **1.** *(posunok: hlavou, rukou, prstom)* beckon, *(rukou)* beck, *(hlavou)* nod, *(prn)* cue; **2.** ob mn: **pokyny**. *(smernice)* directive, directions, *(inštrukcie)* instructions

pokynúť *dk* **1.** to beckon, to give sign, *(hlavou)* to nod, *(rukou)* to beck

pokývať *dk* **1.** *(pohýbať, uviesť do pohybu)* to shake, *(hlavou: na znak nesúhlasu)* to shake o's head, *(na znak súhlasu, ako pokyn)* to nod, *(prstom, chvostom)* to wag; **2.** *(dať pokyn)* to beckon; **3.** *(na pozdrav)* to wave, **4.** *(uviesť do pohybu)* to rock

pol *čísl neskl* **1.** *(polovica meraného predmetu)* [a] half, half a[n]; **2.** *(v spojení s číslovkami)* and a half, *(s hodinami)* half past [-1], *(*pol dvanástej)* half past eleven

pól *m* **1.** pole, polarity, *(magnetický)* magnetic pole

poľahnutý *príd* **1.** *(poválaný: obilie ap)* beaten [down], lodged, flat[tened], *(i prn)* depressed; **2.** *(prepadnutý)* sunk

polapať *dk* **1.** *(pochytať)* to catch, to apprehend, to seize, *(rukami)* to grasp

polapiť *dk* **1.** *(chytiť, uloviť)* to catch, *(koho)* to apprehend, to seize; **2.** *(uchopiť)* to grasp

polarizačný *príd* **1.** *(rovina, mikroskop)* polarization, *(filter, hranol, prístroj)* polarizing, *(sklo)* polarized, *(filter)* polarscreen

polárka *ž* **1.** *(astron)* Polaris, the polestar, polar star, North Star

polárny *príd* **1.** *(geog, geom, fyz, chem)* polar, *(geog)* arctic, *(astron)* auroral, *(geog: kruh)* polar circle, *(astron: hviezda)* Polaris; **2.** *(zool: líška)* arctic fox, *(zool: medveď)* polar bear, *(am)* white bear; **3.** *(prn)* antithetical

poláskať *dk* **1.** *(prejaviť náklonnosť: hladkaním)* to fondle, *(milú)* to pet, *(dieťa)* to dandle, *(objímaním)* to cuddle [up]

poľaviť *dk* **1.** *(zmierniť sa, i prn)* to ease [up/ off], to subside, to abate, *(i prn)* to slack off; **2.** *(prn: vykonávať nie tak intenzívne)* to slacken, to relax

polčas *m* **1.** *(jfyz: rozpadu)* half-life [period]; **2.** *(šport)* half, half-time, period

pole *s* **1.** *(obrábaný pozemok, i fyz, lingv, voj, inf)* field, *(veľké)* plantation, *(pôda, ktorá sa obrába)* arable land, *(miesto dobývania)* mine, *(miesto kde sa niečo na-*

chádza: naftové) oilfield; **2.** *(chotár)* fields; **3.** *(ohraničená plocha)* enclosure, *(šachovnicové)* square, *(šport)* ground, **4.** *(fyz: magnetické)* magnetic field, *(inf)* array, **5.** *(prn: oblasť, činnosť, pôsobnosti)* field, area

polemika *ž* **1.** polemic, controversy, argument, disputation

poleno *s* **1.** log, *(hrubé)* billet, *(krátke, i prn)* chump; **2.** *(prn pej)* blockhead

polepiť *dk* **1.** to stick, to paste; **2.** *(hov: zlepiť)* to paste/ to put together; **3.** *(lepením pokryť)* to plaster

polepšiť *dk* **1.** *(zlepšiť)* to improve, to better, *(postavenie)* to better sb's position; **2.** *(napraviť)* to reform

polepšiť sa *dk* **1.** *(o človeku, stave)* to improve, *(o človeku)* to make progress, *(o stave)* to get better; **2.** *(napraviť sa)* to reform os

polepšovňa *ž* **1.** reform school, detention centre/ home, remand home, *(br)* borstal [institution], *(am)* reformatory

poletovať *ndk* **1.** *(lietať sem a tam)* to fly about/ to and fro; **2.** *(krúžiť)* to hover; **3.** *(pobehovať)* to run about, **4.** *(povievať)* to wave, **5.** *(prn: šíriť sa)* to spread, **6.** *(ozývať sa)* to fly

poleva *ž* **1.** *(kuch)* coating, *(cukrová)* icing, *(bielková)* royal icing; **2.** *(odb: na kovoch)* enamel, *(na hrnčiarskych výrobkoch, i kuch)* glaze

poliať *dk* **1.** *(naliať)* to pour st on st; **2.** *(zavlažiť)* to sprinkle; **3.** *(obliať)* to splash, **4.** *(prn: o červeni/ pote)* to suffuse

polica *ž* **1.** shelf, *(upevnená)* bracket, *(i batožinová)* rack, *(na knihy)* book-shelf/ rack

policajný *príd* **1.** police, *(zbor)* police[dom], *(stanica)* police station/ office, *(strážnik/ agent)* [police] officer, *(štát)* police State

policajt *m* **1.** policeman, [police] officer, *(br)* [police] constable, *(br ifm)* bobby, cop[per]

polícia *ž* **1.** police, police force, *(mestská: v Londýne)* metropolitan police, *(vojenská)* military police, *(sl)* the fuzz

polievať *ndk* **1.** to sprinkle, to water; **2.** to glaze

polievka *ž* **1.** soup, *(ob mäsová)* broth, *(silná mäsová)* consommé, *(slabá)* bouillon

polihovať *ndk* **1.** to keep to one's bed, to be confined to one's bed; **2.** to loll, to lie around; **3.** to be sick, to be idle, to be ailing

poliklinika *ž* **1.** polyclinic; **2.** health centre

politik *m* **1.** politician, *(ifm)* pol

politika *ž* **1.** politics; **2.** policy

polnoc *ž* **1.** midnight; **2.** *(zast: sever)* north

poľnohospodár *m* **1.** *(roľník)* farmer, peasant, husbandman, *(odborník)* agriculturist

poľnohospodársky *príd* **1.** agricultural, agrarian, rural, farming

poľnohospodárstvo *s* **1.** agriculture, husbandry, farming, field culture

poľný *príd* **1.** *(i geod, voj, let)* field, campestral, *(poľn)* agricultural, *(cesta)* cart[-]; **2.** *(bot: kvet)* wild, *(králik)* corn marigold; **3.** *(zool: hraboš)* fieldmouse, *(vrabec)* tree sparrow, **4.** *(voj)* army, *(uniforma)* battle, *(posteľ)* camp[-], *(maršál)* Field Marshal

pólo *s* **1.** *(na koňoch)* polo, polocrosse, *(vodné)* water polo

pologuľa *ž* **1.** hemisphere, *(zemská)* half-world

poloha *ž* **1.** *(pozícia, póza, miesto, i lingv, geom, geog)* position, *(póza)* posture; **2.** *(miesto, umiestnenie, i inf)* location, *(miesto)* site, *(umiestnenie v priestore)* situation, *(i geog)* bearing[s], exposure, *(do nadmorskej výšky, i let)* altitude; **3.** *(tech)* base, *(mŕtva)* dead point, *(hud: hlasu)* tessitura

polohový *príd* **1.** positional, position, positioning, *(svetlá)* navigation, *(geom: vektor)* radius, *(ele: vinutie)* layer

polom *m* **1.** *(zničený les)* storm-felled forest, *(účinkom vetra)* windfallen wood, *(snehu)* snowbreak

polomer *m* **1.** *(geom, mat, jfyz)* radius, *(geom)* semi-diameter, *(mat)* distance, *(aku)* range, *(aut: kľuky)* throw

polostrov *m* **1.** peninsula, *(úzky)* tongue,

chersonese
polotovar *m* **1.** semi-finished article/ product, semi-product; **2.** *(potraviny)* oven-ready food, convience food
poloúradný *príd* **1.** semi-official, officious, quasi-official, *(organizácia)* state-controlled, parastatal
poľovačka *ž* **1.** hunting, hunt, *(i na vtákov)* shooting, *(i prn)* chase
poľovať *ndk* **1.** *(i prn)* to hunt, *(i na vtákov)* to shoot, *(i bezpr)* to go hunting; **2.** *(i prn)* to chase
polovica *ž* **1.** [one/ a] half, half a/ an, *(roku)* half-year, *(bravčoviny, hovädziny)* side; **2.** *(stred)* middle, mid[-], *(roku)* midyear; **3.** *(v polovici)* around/ about the middle of, in middle [ ], *(do polovice)* in half, [up/ down] half [ ], until the middle of
polovičný *príd* **1.** half[-], semi[-], part-, *(neúplný, polovičný)* half-and-half, sort of, *(na polovičný úväzok)* part-time
poľovník *m* **1.** hunter, huntsman, sportsman, chasseur
položenie *s* **1.** *(situácia)* situation; **2.** *(uloženie)* laying, placing; **3.** *(zast: poloha)* position
položiť *dk* **1.** *(dať na miesto, i otázku)* to put, to place; **2.** *(odložiť)* to set/ to put aside, *(prestať držať)* to put down, *(slúchadlo)* to replace; **3.** *(urobiť podlahu, uložiť)* to lay [down], **4.** *(prn hov: zničiť)* to knock out, *(zviera)* to shoot down
položiť sa *dk* **1.** to lie down, *(na posteľ)* to take to one's bed, *(na bok)* to lie along/ over, *(loď)* to heel over; **2.** *(vzdať sa, rezignovať)* to resign
položka *ž* **1.** *(suma na istý cieľ)* amount, allowance, *(aktívna)* credit, *(pasívna)* debit; **2.** *(účt: záznam v účtovnej knihe)* [ledger] entry; **3.** *(rozpočtová, bilančná, i tech, inf, prn)* item, **4.** *(prn)* element
polročný *príd* **1.** half-year, semi-annual, six-month[ly], *(škol)* termly; **2.** *(majúci pol roka)* six-month-old
polrok *m* **1.** half year, six months, *(ob škol)* semester, term
Poľsko *s* **1.** Poland
poľský *príd* **1.** Polish, Polack, *(bás.)* Sarmatian
poľština *ž* **1.** Polish, the Polish language
poltopánka *ž* **1.** *(topánka po členky)* bootee, high-laced shoe
poludňajší *príd* **1.** midday, noon, lunch[-time]; **2.** *(zast: južný)* southern
poludnie *s* **1.** midday, noon
poludník *m* **1.** meridian
poľutovaniahodný *príd* **1.** *(i omyl)* deplorable, lamentable, pitiable; **2.** sorrowful
poľutovať *dk* **1.** to pity, to feel sorry for, to commiserate
polygrafický *príd* **1.** polygraphic, printing, graphical, graphic
polyp *m* **1.** *(zool, i lek)* polypus, *(zool: jednotlivý)* polypite; **2.** *(lek)* polyp
polytechnika *ž* **1.** polytechnic, institute/ school of technology, Polytec[h], *(sl)* poly
pomáčať *dk* **1.** *(navlhčiť)* to moisten, to wet; **2.** *(máčať)* to macerate, to steep
pomáhač *m* **1.** *(pomocník)* aider, henchman, sidekick; **2.** *(pej: prisluhovač)* lackey
pomáhať *ndk* **1.** to help, to aid; **2.** *(byť užitočný)* to lend/ to give a hand, to be helpful; **3.** *(poskytovať morálnu/ hmotnú pomoc)* to assist, **4.** *(účinkovať)* to work, to be a [good] remedy for
pomaly **I.** ***prísl*** **1.** *(nie rýchlo/ náhlivo)* slowly; **2.** *(mierne)* gently; **3.** *(lenivo)* leisurely, **4.** (postupne) gradually, **5.** *(hov: v replike)* not too/ so bad, **II.** ***cit*** **6.** (nie tak zhurta!) not so fast!, take it easy, **III.** ***čast*** **7.** *(skoro)* almost
pomalý *príd* **1.** slow, easy, slack; **2.** *(o človeku)* slow-moving, sluggish, *(mentálne)* dull; **3.** *(postupný)* gradual, **4.** *(človek)* slowcoach
pomaranč *m* **1.** orange, *(horký)* Seville orange, bitter orange, *(krvavý)* blood orange
pomarančový *príd* **1.** orange, *(o farbe)* orange[-coloured]; **2.** *(bot: citrónovník)* orange tree
pomastiť *dk* **1.** to grease, to lubricate, *(maslom)* to butter; **2.** *(hovor expr: pod-*

platiť) to bribe

pomazať *dk* **1.** *(natrieť)* to spread, to grease; **2.** *(zašpiniť)* to smudge, to smear; **3.** *(cirk: za kráľa ap)* to anoint

pomätený *príd* **1.** crazy, insane; **2.** delirious; **3.** moonstruck, **4.** bereft

pomenovanie *s* **1.** naming, denomination, *(meno)* name, *(slovo)* term, *(názov)* style

pomenovať *dk* **1.** to name, to denominate, to call, to term, *(prn)* to baptize

pomer *m* **1.** *(vzťah, postoj, i intímny)* relation, *(vzťah)* relationship, *(intímny, ľúbostný)* intimate/ sexual relation, *(postoj)* attitude, proportion; **2.** *(mat: proporcia)* ratio; **3.** mn **pomery** *(podmienky)* conditions

pomeriť sa *dk* **1.** to make up, to patch up o's differences, *(fml: ob pass)* to be reconciled, to reconciie o's differences

pomerne *prísl* **1.** comparatively, relatively, -ish, rather, fairly

pomerný *príd* **1.** *(relatívny)* relative, comparative, differential, *(odb)* specific; **2.** *(proporcionálny)* proportional

pomery *m pomn* **1.** *(podmienky)* conditions, *(eko)* terms, situation, *(okolnosti)* circumstances, circs

pomestiť sa *dk* **1.** to find room in, to go into, **[!]** to hold, **[!]** to take

pomiasť *dk* **1.** to addle; **2.** to touch

pomiešať *dk* **1.** *(spojiť, zlúčiť)* to mix, *(zliať)* to stir st into/ in; **2.** *(poprehadzovať)* to jumble, to mix up; **3.** *(trochu zamiešať)* to stir [st with st], **4.** *(kart)* to shuffle

pomiešať sa *dk* **1.** *(bezpr)* to get mixed up, *(ob pass)* to jumble; **2.** *(hov: zastarieť sa)* to meddle [in]; **3.** *(popliesť sa)* to get confused/ muggled, to be jumbled up

pominúť *dk* **1.** *(prejsť)* to pass; **2.** *(prestať jestvovať)* to pass on/ away, *(fml)* to cease to exist; **3.** *(bezpr: o duševných stavoch)* to pass off

pominúť sa *dk* **1.** *(prejsť)* to pass; **2.** *(hov: umrieť)* to pass away; **3.** *(o duševných stavoch)* to pass off, **4.** *(na rozume)* to become insane/ crazy

pomlčka *ž* **1.** *(odmlčanie)* pause, interruption; **2.** *(v písanom texte)* dash; **3.** *(hud)* rest

pomliaždiť *dk* **1.** to crush, *(zemiaky)* to mash; **2.** *(úderom poraniť)* to contuse, *(i ovocie)* to bruise

pomlieť *dk* **1.** to grind, *(mäso)* to mince

pomlka *ž* **1.** pause, break; **2.** *(hud)* rest, silence

pomník *m* **1.** monument, memorial, *(socha)* statue, equestrian statue, *(na hrobe)* headstone

pomoc *ž* **1.** *(pomáhanie)* help, *(morálna, finančná, i právna, v nešťastí)* aid, *(ob v nešťastí, biede)* relief, *(fml, i technická)* assistance, *(podpora)* support, *(peňažná)* subsidy, *(morálna)* comfort, *(posila)* rescue[r]; **2.** *(pomoc!)* help!, *(prvá)* first aid

pomocnica *ž* **1.** helper, *(v domácnosti)* home help, maid, domestic

pomocník *m* **1.** helper, assistant, helpmate; **2.** *(tovariš)* apprentice

pomocný *príd* **1.** helping, auxiliary, subsidiary, collateral, accessory, safety, utility

pomotaný *príd* **1.** *(zamotaný)* tangled, knotted; **2.** *(hov: popletený, i reč)* confused; **3.** *(hov: nesúvislý)* incoherent

pomotať *dk* **1.** *(zamotať)* to tangle; **2.** *(popliesť)* to mix up, to mess up, to ball up, to muddle; **3.** *(zmiasť)* to muddle up

pomôcka *ž* **1.** *(i učebná)* aid, instrument, appliance, facility

pomôcť *dk* **1.** *(i zapôsobiť, uľahčiť prácu)* to help, *(i byť užitočný, uľahčiť prácu)* to give/ to lend a hand, *(byť užitočný, uľahčiť prácu)* to be of help, *(poskytnúť morálnu/ hmotnú pomoc)* to aid, *(v nešťastí)* to soccour; **2.** *(zapôsobiť)* to work; **3.** *(hov: z/ od peňazí)* to relieve sb of

pomôcť si *dk* **1.** *(poskytnúť si navzájom pomoc)* to help each other/ one another; **2.** *(i bezbredm: poradiť si)* to manage, *(nevedieť)* to be helpless, *(nemôžem)* I can't help it; **3.** *(zbohatnúť)* to get rich, **4.** *(hov: zbaviť sa plodu)* to have an abortion

pomrviť *dk* **1.** *(rozdrobiť)* to crumble, to comminute; **2.** *(pomädliť)* to roll; **3.** *(pohýbať)* to move

pomsta *ž* **1.** revenge, vengeance, *(krvná)* feud, *(lit, rhet)* Nemesis

pomstiť *n/dk* **1.** to avenge

pomstiť sa *n/dk* **1.** to revenge os [on], to be revenged [on], to take vengeance/ revenge [on], to get back [at]

pomstivý *príd* **1.** revengeful, vindictive, vengeful, avenging

pomútený *príd* **1.** *(zakalený)* turbid, *(oči)* bleary, dim; **2.** *(hov: popletený)* confused

pomyje *ž pomn* **1.** *(zvyšky jedál)* slop[s], pot washings, swill, *(špinavá voda)* rinse waters

pomykať *dk* **1.** *(za rukáv ap)* to jerk, to jolt, *(niekoho, i thrnúť: hlavou)* to shake; **2.** *(trhnúť: plecami)* to shrug

pomykov *m* **1.** *(fml: bezradná/ trápna situácia)* predicament, *(ifm)* fix; **2.** *(bezradná: byť v pomykove)* to be in quandary, *(trápna)* to be in fix; **3.** *(rozpaky: priviesť do pomykova)* to disconcert, to embarass

pomýlený *príd* **1.** *(nesprávny)* mistaken, wrong; **2.** *(popletený)* confused, mixed-up

pomýliť *dk* **1.** to distract, to confuse, to delude, to mislead

pomýliť sa *dk* **1.** to be mistaken, *(pri rátaní, i prn)* to miscalculate, to misjudge, *(ifm)* to slip up

ponad *predl* **1.** above, over

ponáhľať sa *ndk* **1.** to [be in a] hurry, to hurry along/ away/ off/ out, to jump ahead, to hasten, to be fast, to run

ponaprávať *dk* **1.** *(napraviť)* to rectify; **2.** *(opraviť)* to repair, to mend; **3.** *(upraviť)* to adjust

ponaťahovať *dk* **1.** *(ponapínať)* to tighten; **2.** *(povystierať)* to stretch; **3.** *(obliecť)* to put on, **4.** *(prn: poprekárať)* to tease

poňatie *s* **1.** understanding; **2.** conception

ponatierať *dk* **1.** to spread, *(krémom)* to cream, *(maslom)* to butter, *(farbou)* to paint

ponaučenie *s* **1.** *(poučenie)* lesson, *(pokyny)* instruction[s], *(príučka)* moral, moral teching, practical lesson

ponavliekať *dk* **1.** to put on, to slip on, to stick on, *(do dierok)* to thread

pondelok *m* **1.** Monday

ponechať *dk* **1.** *(podržať v pôvodnom stave, pre/ zanechať)* to leave, *(podržať v pôvodnom stave)* to keep; **2.** *(prenechať)* to cede, *(komu čo)* to leave st to sb; **3.** *(zanechať)* to abandon

ponemčiť *dk* **1.** to Germanize, to Germanify, to Teutonize; **2.** to translate into German

ponevierať sa *ndk* **1.** *(bez práce)* to loaf, *(doma)* to loaf around, *(po uliciach)* to loiter; **2.** *(bez cieľa)* to roam

poničiť *dk* **1.** *(pokaziť)* to break, to damage; **2.** *(zničiť)* to destroy, to demolish

poniektorý *zám* **1.** some, certain

poník *m* **1.** *(anglický: kôň nižší ako 60 palcov)* pony, *(škótsky)* Galloway [nag/mare], *(španielsky)* jennet

poniklec *m* **1.** *(bot: Pulsatilla)* pulsatilla, *(bot: veľkokvetý)* pasque-flower, *(bot: slovanský/ slovenský)* eastern pasque-flower, *(bot: alpínsky)* Alpine anemone

poníženie *s* **1.** humility; **2.** humiliation

ponížený *príd* **1.** humble, humiliated, humbled; **2.** *(hist/ zast: váš ponížený sluha)* zour humble servant

ponížiť *dk* **1.** to lower; **2.** to debase; **3.** to humble, **4.** to humiliate, to degrate, **5.** to demote

ponížiť sa *dk* **1.** to demean os, to lower os, *(fml)* to abase os, to humble os

ponižujúci *príd* **1.** humiliating, demeaning, *(čin)* degrading

ponor *m* **1.** *(nám)* draught, *(čiara)* Plimsoll line/ mark; **2.** *(geol)* swallow-hole; **3.** *(ponorenie [sa] pod hladinu, i prn)* immersion, *(ponorenie)* submersion

ponoriť *dk* **1.** to immerse, *(na krátko, rýchlo)* to dunk, *(hlboko, i prn)* to plunge; **2.** *(prn: vsunúť dovnútra)* to bury

ponoriť sa *dk* **1.** *(bezpr: i ponorka)* to submerge, *(hlboko, i prn: zahaliť sa)* to sink, *(pri kúpaní, ob na hlavu, i ponorka)* to dive, *(rýchlo, ob padnúť, skočiť)* to plunge; **2.** *(prn: zahĺbiť sa)* to immerse os

ponorka *ž* **1.** submarine, U-boat, *(voj sla)* pig boat, *(nemecká)* Fritz

ponosiť *dk* **1.** to carry, to bring, to take, *(odev)* to wear

ponožka *ž* **1.** sock, *(členková)* anklet

ponuka *ž* **1.** *(i ekon)* offer, *(návrh)* proposal; **2.** *(ekon: tovaru)* supply, *(v dražbe)* bid, *(cenová)* quotation, *(inf)* menu; **3.** *(zákon ponuky a dopytu)* law of supply and demand

ponúkať *ndk* **1.** to offer, *(navhrnúť, i manželstvo)* to propose, *(všetkým)* to serve [round], *(v dražbe)* to bid, *(dať do predaja)* to put st up for sale

ponúkať sa *ndk* **1.** to offer os, to offer one's service[s], to volunteer; **2.** *(ponúkni sa!)* help yourself!, *(*ponúknite sa!)* help yourselves/ yourself!

ponukový *príd* **1.** offer, offering, bid, sales

ponurý *príd* **1.** *(tmavý)* dark, *(i prn)* gloomy, murky; **2.** *(chmúrny/ nevľúdny)* surly

poobrábať *dk* **1.** to cultivate, to till, to work; **2.** *(prehovoriť)* to persuade

poobracať *dk* **1.** to turn [st over/ around/ about], *(vrecká)* to turn out; **2.** *(prn: premôcť)* to overcome, *(otázkami)* to grill

poobšívať *dk* **1.** to mend, *(pančuchy)* to darn, *(záplatu)* to patch; **2.** *(zbiť)* to trash

poobzerať sa *dk* **1.** *(v zrkadle)* to look at os; **2.** *(preskúmať zrakom)* to look around/ about; **3.** *(za kým: obrátiť sa)* to turn around, **4.** *(hov: pohľadať)* to look for

poodhadzovať *dk* **1.** to throw, to discard, to throw away, *(sneh ap)* to shake off

poodrážať *dk* **1.** to break [st] off, to knock [st]off; **2.** *(zahnať)* to repel, *(útoky)* to ward off

poodskakovať *dk* **1.** to jump [aside/ off/ away]; **2.** *(odtrhnúť sa)* to snap off, to come off; **3.** *(prn: odhlásiť sa)* to withdraw from

poodstraňovať *dk* **1.** *(odpratať)* to clear st off st, to remove; **2.** *(zlikvidovať)* to liquidate; **3.** *(zbaviť sa niekoho)* to get rid of

popadnúť *dk* **1.** *(uchopiť)* to grab, to grasp, *(za krk)* to collar; **2.** *(ovládnuť)* to seize

popáliť *dk* **1.** *(spáliť)* to burn [up]; **2.** *(spôsobiť poranenie: ohňom)* to sear, to scorch, *(i mrazom)* to burn

popáliť sa *dk* **1.** to burn os, to get burned; **2.** *(prn)* to burn one's fingers, to get one's fingers burned

popierať *ndk* **1.** *(neuznávať, vyhlásiť za neexistujúce)* to deny, *(neuznávať)* to disclaim; **2.** *(vyhlasovať za neexistujúce)* to negate, *(vyhlasovať za neplatné)* to contest; **3.** *(vyhlasovať za nepravdivé)* to contradict

popichať *dk* **1.** to prick, *(o pŕhľave)* to sting, *(nožom)* to stab, *(vidlami)* to pitchfork

popíjať *ndk* **1.** *(pomaly piť)* to sip

popínavý *príd* **1.** climbing, twining, rambling, viny

popis *m* **1.** description, delineation, characterization, *(práce)* competence, *(vedecký)* -graphy; **2.** *(legenda)* legend; **3.** *(súpis)* inventory, *(obyvateľstva)* census

popísať *dk* **1.** *(napísať)* to write [down]; **2.** *(písaním zaplniť)* to fill; **3.** *(opísať)* to describe; **3.** *(urobiť súpis/ spísať)* to take stock/ inventory, **4.** *(tech: výkres)* to letter

popisný *príd* **1.** descriptive, narrative, description; **2.** inventory, *(číslo domu)* land-registry number

poplach *m* **1.** *(signál, i rozruch)* alarm, alert; **2.** *(rozruch/ panika)* stir; **3.** *(byť na)* to be on the alert, *(planý)* false alarm

poplašný *príd* **1.** alarming, alarm, warning

poplatník *m* **1.** taxpayer, ratepayer, contributor; **2.** *(histor)* tributary

poplatný *príd* **1.** *(povinný platiť dávky)* liable to duty, liable to tax; **2.** *(prn: podlžný)* subject to, *(povinný vykonať)* obligated; **2.** *(hist)* tributary

poplatok *m* **1.** *(suma určená na zaplatenie)* charge, rate, *(členský, za rádio, televíziu, zmeškanie)* fee, *(colný)* duty; **2.** *(histor)* tribute

popletený *príd* **1.** confused, muddled, mixed-up; **2.** complicated

popliesť *dk* **1.** *(uviesť do zmätku)* to confuse, *(koho)* to mix sb up, to muddle sb up, *(čo)* to mess st up; **2.** *(pletením vyrobiť)* to knit

popliesť sa *dk* **1.** to get confused, to become confused, to flounder; **2.** to confuse

popodpisovať *dk* **1.** to sign

popol *m* **1.** *(i cigaretový)* ash, *(drevný)* cinder, *(odb: cínový/ zinkový)* putty

popolček *m* **1.** fly ash, flake ashes, light ash, *(hut)* flue-dust

popolník *m* **1.** ashtray; **2.** *(v kachliach, sporáku)* ashpan, ash-hole, ash-pit

popoludňajší *príd* **1.** afternoon, postmeridial

popoludní *prísl* **1.** *(dnes)* in the afternoon, *(včera, zajtra, v nedeľu atď)* afternoon, *(s dátumami)* on the afternoon of; **2.** *(jedna atď)* post meridiem, *(skr)* p. m.

popoludnie *s* **1.** afternoon

Popoluška *ž* **1.** Cinderella

popozerať *dk* **1.** *(pozrieť, podívať sa na viac vecí/ osôb)* to look at, *(okolo seba)* to look around, *(dôkladne)* to look over st, *(, či)* to check

popraskať (sa) *dk* **1.** *(múr)* to crack, to develop cracks, *(pokožka, koža)* to chap, *(tech: náter, lak)* to alligator

poprášiť *dk* **1.** to sprinkle, *(i kuch)* to dust [st with/ st onto], *(múkou)* to meal, *(púdrom)* to powder

poprašok *m* **1.** *(i snehový)* sprinkling, sprinkle, *(i chem)* dust, dusting, *(poľn)* spray

poprašovač *m* **1.** *(poľn)* sprayer, *(les)* dusting apparatus, *(lek)* insufflator

popratať *dk* **1.** *(uschovať)* to put [away], *(skryť)* to hide, *(zmestiť)* to place, *(prn: zjesť)* to eat up

popratať sa *dk* **1.** *(zmestiť sa)* to find room in, to go in, to fit in; **2.** *(skryť sa)* to hyde

poprava *ž* **1.** execution, capital punishment, *(obesením)* hanging, *(na elektrickom kresle)* electrocution

popraviť *dk* **1.** to execute, to put to death; **2.** *(napraviť)* to adjust, to straighten; **3.** *(posteľ)* to make

popredie *s* **1.** *(predná časť, i prn)* foreground, *(scény)* proscenium; **2.** *(prn: významné miesto)* forefront, prominence

popredku *prísl* **1.** *(v miestnom význame)* ahead, in front, to the front; **2.** *(v časovom význame)* beforehand, in advance

popredný *príd* **1.** fore[most], fore, prominent, leading

poprekladať *dk* **1.** *(na iné miesto)* to move, to shift, to transpose; **2.** *(do iného jazyka)* to translate

popremieňať *dk* **1.** *(premeniť)* to move, to shift; **2.** *(rozmeniť)* to change; **3.** *(si)* to exchange

popreťahovať *dk* **1.** *(pretiahnuť)* to pull [over]; **2.** *(cez)* to pull through; **3.** *(kuch: slaninou)* to [inter]lard, **4.** *(si)* to stretch o's

popretínať *dk* **1.** to cut, to sever, to split; **2.** *(prn)* to traverse

poprevážať *dk* **1.** *(prevážať)* to haul, to transport, *(cez rieku)* to ferry; **2.** *(povoziť)* to drive, to ride

popŕhliť *dk* **1.** *(niekoho, i prn)* to nettle sb, *(nohu ap)* to nettle o's; **2. popŕliť sa** to get stung

popŕchať *ndk* **1.** to drizzle, *(br ifm: ob „continuous tense")* to be spitting

popri *predl* **1.** *(vyj: pohyb vedľa niekoho/ niečoho)* along, past: **bežal popri nás** *he rushed past/ along us*; **2.** *(: blízkosť)* alongside, beside, near, by: **cesta popri potoku** *the road alongside/ near/ by the stream; (popri sebe)* together **3.** *(v porovnaní s niekym/ niečím)* beside, as compared with: **popri ňom vyzerá chudý** *beside him he looks slim;* **4.** *(vyj existenciu okrem iných vecí)* besides, in addition to: **popri hudbe aj športuje** *besides being a musicist he is also a sportsman*; *(popri inom)* besides, at the same time; *(popri zamestnaní)* as a part-time job

poprieť *dk* **1.** *(neuznať, vyhlásiť za neexistujúce)* to deny, *(neuznať)* to disclaim; **2.**

(vyhlásiť za neexistujúce) to negate, *(vyhlásiť za neplatné)* to contest; **3.** *(vyhlásiť za nepravdivé)* to contradict

poprisychať *dk* **1.** *(prischnúť)* to [run] dry, to dry up, *(i o kravách)* to go dry; **2.** *(o kravách)* to dry

poprobovať *dk* **1.** to try, to give it a try; **2.** *(ochutnať)* to taste; **3.** *(vyskúšať)* to try on

poprosiť *dk* **1.** *(požiadať)* to beg, to request, *(i o tanec)* to ask; **2.** *(zast: pozvať)* to invite

poprsie *s* **1.** *(prsia, busta)* bust, *(prsia)* bosom

popruh *m* **1.** strap, belt, sling; **2.** *(na konskom postroji)* girth

popud *m* **1.** *(vonkajší, niekoho, i psychol, fyziol)* stimulus, incitement, incentive; **2.** *(vlastný)* impulse, initiative, *(silný)* impetus

popudiť *dk* **1.** *(rozčúliť)* to irritate, *(pohnevať)* to exasperate; **2.** *(poštvať)* to instigate; **3.** *(zr: dať popud)* to stimulate

popudlivý *príd* **1.** *(prchký)* irascible, choleric, *(ľahko)* peevish, huffy; **2.** *(poburujúci)* inflammatory, inciting

populácia *ž* **1.** population

popularita *ž* **1.** *(všeobecná známosť/ obľuba)* popularity, *(obľuba)* favour, *(móda)* vogue

popularizovať *ndk* **1.** to popularize, to vulgarize, to make the public familiar with, to put over, to generalize

populárny *príd* **1.** *(známy, obľúbený, prístupný)* popular, *(obľúbený)* hot, *(hudba, pieseň)* pop, *(prístupný)* educational

popustiť *dk* **1.** *(uvoľniť niečo tesné: i opasok, šaty)* to loosen, *(uzdu, lano,)* to slacken, *(šaty)* to let out/ down; **2.** *(poľaviť)* to ease [up on], to slow down/ up; **3.** *(upustiť od niečoho, povoliť)* to give ground, **4.** *(ustúpiť)* to yield, *(i povoliť tlaku)* to give in, **5.** *(prestať držať)* to let go [of], **6.** *(hov: zmierniť sa)* to subside, **7.** *(hov: prenechať)* to leave, **8.** *(hut: oceľ)* to temper

putovať *dk* **1.** to travel, to journey, to tour; **2.** *(dostať sa niekam)* to end up

pór *m* **1.** *(biol, i prn)* pore; **2.** *(bot: Allium porrum)* leek, scallion, *(bot: Allium fistulosum)* Welsh onion

porada *ž* **1.** *(konferencia, i tlačová)* conference, council, *(pracovná)* [business] meeting, *(rozhovor)* confabulation, *(pri ktorej niekto radí)* consultation

poradca *m* **1.** adviser, consultant, *(politický, vojenský)* counsellor, *(právny)* counsel; **2.** *(príručka)* guide

poradenský *príd* **1.** counselling, advisory, consultant, guidance

poradie *s* **1.** order, sequence, succession, line-up, array

poradiť *dk* **1.** *(poskytnúť radu)* to advice, to give a piece of advice, to counsel; **2.** *(odporučiť)* to recommend

poradiť sa *dk* **1.** *(vyžiadať si radu)* to seek sb's advise, to take counsel, to consultsb over st; **2.** *(vzájomne)* to confer

poradný *príd* **1.** *(slúžiaci na poskytovanie rád)* advisory, consulting, consultative; **2.** *(slúžiaci na konanie porád)* council

poradový *príd* **1.** order, ordinal, serial, *(číslo)* sequence

poranenie *s* **1.** wound, wounding, injury, hurt

poraniť *dk* **1.** *(spôsobiť ranu, i prn)* to wound, *(spôsobiť poškodenie, i prn)* to injure; **2.** *(prn)* to hurt, to harm

porast *m* **1.** *(rastlinstvo)* growth, vegetation, *(hojný, nový)* flush, *(vysoký)* copse, *(nízky)* scrub; **2.** *(hustý vlasový porast, ochlpenie)* bush

porásť *dk* **1.** *(trochu narásť)* to grow [a little]; **2.** *(vyrásť na povrchu)* to overgrow, *(narásť)* to grow all over, to become covered with

porátať sa *dk* **1.** *(vyúčtovať, vyrovnať sa)* to settle o's account; **2.** *(hov: zhostiť sa)* to acquit os; **3.** *(pomstiť sa)* to square/ to settle oš accounts with, to deal with

poraziť *dk* **1.** *(premôcť, zvíťaziť nad, i šport)* to defeat, to win [against], *(v boji)* to vanquish, to prevail [on], *(duševnou silou)* to outwit, *(i šport)* to beat, *(úplne)* to crush; **2.** to paralyze, *(neos: porazilo ho)* he died of a stroke

porážka *ž* **1.** *(prehra)* defeat; **2.** *(mŕtvica)* apoplexy, stroke [of apoplexy], *(srdcová)* heart attack

porcelán *m* **1.** *(hmota, i výrobky)* porcelain, *(hmota)* china clay, *(ker)* terra porcellanea; **2.** *(výrobky)* chinaware, *(kostný)* bone china

porcelánový *príd* **1.** porcellaneous, porcelain, porcellanic, chinaware, china, porcelainous

porcia *ž* **1.** portion, helping, serving, go, *(veľká)* chunk; **2.** *(dávka: lieku, drogy)* dose

porekadlo *s* **1.** saying, sentence, saw, byword

porezať *dk* **1.** *(spôsobiť reznú ranu)* to cut; **2.** *(nakrájať)* to cut up; **3.** *(napíliť)* to saw, **4.** *(zarezať)* to kill

porezať sa *dk* **1.** *(bezpr, čím)* to cut os, *(o čo)* to cut o's, *(hlboko)* to gash o's

poriadne *prísl* **1.** *(tak, ako treba)* properly, regularly; **2.** *(veľmi)* much, awfully

poriadny *príd* **1.** *(udržujúci veci v poriadku)* orderly; **2.** *(seriózny, slušný)* respectable, decent; **3.** *(hov: riadny)* proper, **4.** *(veľký)* considerable, handsome

poriadok *m* **1.** *(stav, usporiadanie, poradie, sled)* order, *(náležitý, pravidelný stav)* trim; **2.** *(súhrn predpisov/ konvencií)* regulations, procedure, *(i cestovný)* timetable; **3.** *(spoločenské zriadenie)* establishment, **4.** ob mn: **poriadky**. *(zvyklosti)* conventions, **5.** *(ako súčasť spojení: slov)* word order, *(v poriadku)* in [good] order/ kilter, *(v poriadku!: dohodnuté)* all right!, *(to je v poriadku!: prosím)* that's all right!, *(po poriadku)* in [due] order

poriečny *príd* **1.** riparian, riverine, riverside, *(loďstvo)* inland

porobiť *dk* **1.** *(urobiť)* to do, *(niečo zlé)* to get up to; **3.** *(počariť)* to bewitch, **4.** *(ujarmiť)* to enthrall

porodiť *dk* **1.** *(o žene, samici, i prn)* to give birth to, *(fml, dtd)* to bring forth, *(fml: o žene)* to be delivered of, to bear

porota *ž* **1.** *(i súťaže)* jury, *(súťaže)* panel

porotca *m* **1.** *(i súťaže)* juror, juryman, *(hlavný)* foreman

porovnanie *s* **1.** comparison, confrontation, *(inf)* matching; **2.** *(v porovnaní s)* in comparison with

porovnať *dk* **1.** to compare, to confront, to contrast, *(inf)* to match; **2.** to equate

porovnateľný *príd* **1.** comparable, commensurable

porovnávací *príd* **1.** *(i tech)* comparative, *(meranie, teorém)* comparison; **2.** *(tech: kaliber, ele: fáza)* reference, *(str: kaliber)* standard, *(inf)* communication

poroznášať *dk* **1.** to distribute, *(jedlo ap)* to serve [round], *(noviny ap)* to deliver; **2.** *(ohovoriť)* to denigrate

poroztriasať *dk* **1.** *(roztriasť)* to shake up, to shake loose; **2.** *(po zemi)* to strew; **3.** *(natriasaním upraviť)* to flutter

porozumenie *s* **1.** *(i dohoda)* understanding, comprehension, sympathy; **2.** *(dohoda)* agreement

porozumieť *dk* **1.** *(postihnúť zmysel)* to understand, to comprehend, to grasp; **2.** *(vedieť pochopiť: situáciu, správanie ap)* to make out

portrét *m* **1.** portrait, *(polovičný)* half-length; **2.** *(lit: opis osoby)* profile, *(syntetický)* identikit

portugalčina *ž* **1.** Portuguese, the Portuguese language, Brazilian, *(arch)* Portugal

Portugalec *m* **1.** Portuguese, *(sl der)* dago

portugalský *príd* **1.** Portuguese, *(žid)* Sephardi

porub *m* **1.** *(les)* felling, cutting; **2.** *(ban: pracovisko)* place, *(čelný)* forefield, *(uklonený)* slope, *(diagonálny)* rill, *(stenový)* wall

porúčať *ndk* **1.** to bid; **1.** to commend; **1.** *(zanechávať dedičstvo)* to bequeath, to order; **2.** to commend; **3.** to bequeath

poručenec *m* **1.** ward, foster son

poručík *m* **1.** lieutenant

poručiť *dk* **1.** *(zanechať dedičstvo)* to will, to bequeath; **2.** *(zveriť do ochrany)* to entrust; **3.** *(zast: rozkázať)* to order

poručnícky *príd* **1.** tutelary, guardian

poručníctvo *s* **1.** tutorship, tutorage, tutelage, guardianship; **2.** *(zast: kráľovské)* sovereignity; **2.** tutelage

poručník *m* **1.** guardian, tutor, trustee, legatee, curator

porucha *ž* **1.** *(porušenie normálneho stavu, i tech, lek)* failure, *(porušenie normálneho stavu)* perturbation, trouble, *(prevádzky)* shut-down; **2.** *(tech)* malfunction, *(met, rád)* disturbance, *(rád: atmosferické)* static, *(tech: poškodenie stroja, motora)* breakdown, **3.** *(lek)* disorder, -pathy

poruchovosť *ž* **1.** frequency of breakdown/ repair, break-down/ failure rate, *(inf)* fault liability, troublesomeness

poruchový *príd* **1.** breakdown, trouble, defective, faulty

poruke *prísl* **1.** iba v spojeniach *(mať: v blízkosti)* at hand, *(: k dispozícii)* at o's disposal; **2.** *(byť: k dispozícii)* available, *(o ľuďoch)* helpful; **3.** *(ísť poruke: pomáhať)* to be of help

porušenie *s* **1.** *(porucha)* perturbation, malfunction, *(mechanická)* breakdown; **2.** *(nedodržanie/ nerešpektovanie)* breaking; **3.** *(zast: skaza)* impairment

porušený *príd* **1.** *(poškodený)* damaged, broken, out-of-order, *(i zdravie)* impaired; **2.** *(nedodržaný, nerešpektovaný)* infringed

porušiť *dk* **1.** *(poškodiť)* to impair, to damage, to break, to upset, to unsettle; **2.** *(prestúpiť/ nedodržať)* to infringe, to contravene

porušovateľ *m* **1.** infringer, contravener, *(zákona)* law-breaker

posadiť *dk* **1.** *(usadiť)* to sit [sb down], *(fml ob pass)* to seat, *(i do pece,)* to put; **2.** *(k čomu)* to set; **3.** *(hov: nasadiť*si) to put st on, **4.** *(zast: dosadiť na trón)* to enthrone

posadiť sa *dk* **1.** to sit [os] [down], to take a seat, to be seated, *(fml)* to seat os

posádka *ž* **1.** *(hradná, mestná)* garrison, *(am)* post; **2.** *(personál, osádka, i lode)* crew, *(personál)* personnel, *(lietadla)* aircrew

posadnúť *dk* **1.** *(o čertovi: ovládnuť, i o citoch)* to possess, to bedevil; **2.** *(o citoch, náladách)* to obsess, to beset; **3.** to seat os

posadnutosť *ž* **1.** *(chorobná zaujatosť)* obsession, craze; **2.** *(zast: duševná choroba)* bedevilment, diabolism

posadnutý *príd* **1.** *(chorobne/ vášnivo zaujatý)* obsessed, -mad, -crazy; **2.** *(zast: duševne chorý)* possessed

posekať *dk* **1.** *(rozsekať)* to chop [up], to cut [up], to hash; **2.** *(ob o myšliach)* to gnaw

poschodie *s* **1.** floor, storey, *(am)* story, *(na)* upstairs; **2.** *(druhé)* second floor, *(am: prízemie sa počíta za prvé)* third floor

posiať *dk* **1.** *(zasiať: semeno)* to sow; **2.** *(čo čím: pole)* to seed [st with]; **3.** *(prn: husto pokryť/ obsypať)* to strew, *(hviezdami)* to spangle

posila *ž* **1.** *(pomoc, i posilnenie)* reinforcement, *(voj: doplňujúca straty)* replacement; **2.** *(posilnenie, zvýšenie duševných síl)* support, *(telesných síl)* strengthening

posilnenie *s* **1.** *(nápoje, pokrm)* refreshment, *(alkoholické)* pick-me-up; **2.** *(zdravia, i autority)* strengthening, invigoration

posilniť *dk* **1.** *(dodať sily, vzpružiť, upevniť)* to strengthen, to fortify, *(dodať sily)* to invigorate; **2.** *(vzpružiť)* to refresh, *(morálne)* to hearten; **3.** *(upevniť, i voj)* to reinforce

posilniť sa *dk* **1.** to strenghten os, to tone up, *(jedlom, nápojom, spánkom)* to refresh os; **2.** *(utužiť sa)* to fortify os

posilňovňa *ž* **1.** fitness centrum, *(ifm)* gym

poskákať *dk* **1.** *(skočiť, istý čas skákať)* to jump, to leap, *(na rovné nohy)* to skip, *(na jednej nohe)* to hop

poskladať *dk* **1.** *(zložiť z)* to unload; **2.** *(veci na hromadu)* to put together; **3.** *(látku, papier)* to fold, **4.** *(hov: pesničky, verše)* to compose, **5.** *(skúšky)* to pass

poskladať sa *dk* **1.** *(skrčiť sa)* to squat; **2.** *(spadnúť)* to trip; **3.** *(prispieť: na dar, zbierku)* to contribute, **4.** *(zložiť vrchné šatstvo)* to leave o's coat[s]

poskočiť *dk* **1.** *(vyskočiť)* to jump [with]; **2.** *(pobehnúť)* to run [to]; **3.** *(o ručičke)* to advance, **4.** *(prn hov: náhle stúpnuť v cene)* to soar

poskrúcať *dk* **1.** *(papier ap)* to roll, *(drôt)* to coil; **2.** *(pokrútiť: ražňom, zámkom)* to turn, *(tŕň)* to twist [off]

poskytnúť *dk* **1.** *(dať k dispozícii, preukázať)* to offer, *(dať k dispozícii)* to provide [with], to supply [with], *(informáciu)* to give, *(fml)* to concede, *(príležitosť)* to afford, to accord, *(úver, pôžičku)* to grant; **2.** *(v spojení: rozhovor)* to see

poskytnutie *s* **1.** offer, provision, grant, administration

poslanec *m* **1.** deputy, representative, *(br)* Member of Parliament [MP], *(am)* Member of Congress, *(am)* Congressman

poslanecký *príd* **1.** parliamentary, representative, deputy's, *(voľby)* general elections, *(imunita)* parliamentary immunity

poslanie *s* **1.** *(úloha)* mission, function, committal, commission

poslať *dk* **1.** to send, *(ďalej)* to transmit, to forward, to dispatch, *(peniaze)* to remit

posledne *prísl* **1.** *(predošle/ minule)* recently, lately; **2.** *(naposledy)* last, last time

posledný *príd* **1.** *(kt je na konci poradia)* last, *(záverečný)* final, *(úplne)* ultimate, extreme, *(termín)* deadline, *(chvíľa)* eleventh-hour, *(pomazanie)* last rites; **2.** *(časového poradia, najnovší)* latest, *(úplne)* last-minute

poslíček *m* **1.** *(v obchode, kancelárii)* errand-boy, *(v obchode)* delivery boy, *(v hoteli)* bell-boy, *(v uniforme)* page

poslovenčiť *dk* **1.** to Slovakize; **2.** *(zr: preložiť)* to translate into Slovak

posluch *m* **1.** *(hudby ap)* listening, hearing, *(odb)* audition, *(rozhlasu)* listening-in, *(tech)* reception, *(lek)* auscultation

poslucháč *m* **1.** listener, *(partner v rozhovore)* hearer; **2.** *(vysokoškolský študent)* university student, undergraduate

posluch※áreň *ž* **1.** *(na vysokých školách)* lecture room, *(veľká)* lecture-hall, [lecture] theatre; **2.** classroom

poslúchať *ndk* **1.** *(plniť rozkazy/ pokyny)* to obey [sb], *(počúvať)* to listen [to sb], *(byť poslušný: i bezpr)* to be obedient [to sb], *(o dieťati)* to do what one is told

poslušnosť *ž* **1.** obedience, submission, docility, tameness, willingness, dutifulness

poslušný *príd* **1.** obedient, submissive, docile, willing, *(i zviera)* tame

poslúžiť *dk* **1.** *(i bezpr: preukázať službu ob osobnú)* to oblige, to do a good turn to, *(chorému)* to tend; **2.** *(prispieť)* to be of benefit; **3.** *(poskytnúť)* to offer, *(ohňom, radou)* to give, *(*čím môžem poslúžiť?)* what can I do for you?, **4.** *(byť použitý)* to serve

posmech *m* **1.** *(znevažovanie vyjadrené: smiechom)* derision, *(: vtipom)* gibe, *(: pa ródiou)* mockery, *(fml)* railiery; **2.** *(*byť terčom posmechu)* to be a target/ an object of derision, *(*na posmech!)* ridiculous!

posmeliť *dk* **1.** *(dodať odvahy/ smelosti)* to give courage, to make bold[er], *(fml: ob pass)* to embolden; **2.** *(povzbudiť, podporiť)* to encourage

posmeškár *m* **1.** giber, jeerer, sneerer, mocker, scoffer, taunter

posmešný *príd* **1.** *(vyjadrujúci posmech)* derisive, mocking, *(a pohŕdavý)* sneering; **2.** *(uštipačný)* caustic

posmešok *m* **1.** ob mn: **posmešky** jeer, gibe, sneer, derision

posmievať sa *ndk* **1.** *(smiať sa, posmechom znižovať)* to mock, *(posmechom zľahčovať)* to deride; **2.** *(smiať sa, dávať najavo nesúhlas)* to jeer; **3.** *(uťahovať si z)* to tease, **4.** *(pohŕdavo, škodoradostne)* to sneer

posmrtný *príd* **1.** *(kt nastáva/ sa koná po smrti)* post[-]mortem, *(kt nastáva po smrti)* cadaveric; **2.** *(kt sa koná po smrti: vydanie)* posthumous, *(život)* after, *(maska)* death

posol *m* **1.** *(i voj)* messenger, *(polit)* emissary, envoy, *(doručujúci zásielky)* courier, *(voj)* orderly; **2.** *(prn, hist)* herald

posolstvo *s* **1.** *(správa, oznámenie, prejav)* message, *(správa)* dispatch; **2.** *(zast: delegácia)* delegation, deputation

pospolitý *príd* **1.** *(prostý)* simple, *(pochádzajúci z ľudu)* popular; **2.** *(všeobecný, verejný)* common, communal

postačiť *dk* **1.** *(byť dostačujúci)* to be enough, *(fml)* to suffice; **2.** *(byť vhodný, vyhovujúci)* to serve o's turn; **3.** *(vládať: s neurč)* to manage to

postačujúci *príd* **1.** sufficient, adequate, competent, comfortable, due, ample

posťahovať *dk* **1.** *(stiahnuť zhora nadol, z povrchu)* to pull down/ off; **2.** *(povyzliekať)* to take off; **3.** *(zajace)* to skin, **4.** *(nasadiť: čiapku ap)* to put on, **5.** *(spustiť: žalúzie)* to lower, **6.** *(poprevädzovať: balík)* to bind, **7.** *(zmierniť)* to turn down, **8.** *(sústrediť)* to concentrate, **9.** *(vylúčiť)* to eliminate; **10.** *(vziať späť)* to withdraw; **11.** *(pozrážať)* to deduct; **12.** *(pokrčiť)* to wrinkle

postarať sa *dk* **1.** *(zaopatriť niekoho/ niečo)* to take care of, *(niekoho)* to look after, to provide for, *(i o statok)* to tend; **2.** *(zabezpečiť, zariadiť niečo)* to see to/ that, to arrange, to provide with

postáť *dk* **1.** to stand, to stay, *(postoj!)* halt!, stop, *(am)* freeze

postava *ž* **1.** *(ľudské telo vzhľadom na línie)* figure, *(vzhľadom na vzrast)* stature, *(vzhľadom na proporcie)* presence, *(telo, stavba)* physique; **2.** *(osoba)* person; **3.** *(osobnosť: historická, i lit)* hero, **4.** *(: v literárnom ap diele)* character

postavenie *s* **1.** *(pozícia, hodnota, zamestnanie, stav)* position, *(pozícia)* place, *(tela)* posture; **2.** *(stav)* state, *(situácia, i zamestnanie)* situation; **3.** *(i v spoločnosti)* status, **4.** *(zamestnanie)* post, **5.** *(šport: mimo hry)* off side, *(vedúce)* lead

postaviť *dk* **1.** *(umiestniť)* to put, to place, to set; **2.** *(prikázať, určiť nejaké miesto)* to post; **3.** *(určiť niekomu úlohu)* to appoint, *(mimo zákona)* to outlaw, **4.** *(vybudovať)* to build, *(i prn, geom)* to construct, *(dom, budovu, pomník, plot, stan atď)* to put up, **5.** *(dať variť)* to prepare, *(na sporák/ plyn)* to put on [the stove/ ring/ gas], **6.** *(kart: vložiť do hry)* to play, **7.** *(prn kniž: určiť, vytýčiť, dať vzniknúť)* to set up, *(teóriu, hypotézu)* to formulate

postaviť sa *dk* **1.** *(prejsť do stojacej polohy)* to stand [up], to raise os, *(na nohy)* to get up [onto o's feet]; **2.** *(vzoprieť sa)* to oppose, *(proti)* to turn against; **3.** *(do pozoru)* to come to attention, *(do radu)* to get into line

posteľ *ž* **1.** bed, *(manželská)* double bed, *(normálna)* single bed, *(poľná, skladacia, detská, nemocničná)* cot, *(na lodi, poschodová)* bunk, *(na lodi, vo vlaku)* berth

postieľka *ž* **1.** *(zdrob)* small bed; **2.** *(detská)* crib, cot; **3.** *(anat)* placenta

postih *m* **1.** *(právo na náhradu)* [right of] recovery, *(ob zmenkový)* recourse, *(arch)* regress; **2.** *(trestná sankcia)* disciplinary action/ sanction

postihnúť *dk* **1.** *(nešťastie, škoda, choroba)* to afflict, to strike, *(ob pass)* to visit, *(choroba)* to affect, *(fml)* to smite, *(telesne)* to damage, *(ob pass)* to handicap; **2.** *(kniž: pochopiť)* to catch

postihnuteľný *príd* **1.** perceptible, perceivable, appreciable, *(trestom)* punishable

postihnutý *príd* **1.** stricken, hit, affected; **2.** *(telesne)* disabled, handicapped

postínať *dk* **1.** *(zoťať)* to chop off, to hew off, *(pílou)* to saw down; **2.** *(sťať)* to behead

postískať *dk* **1.** *(stisnúť)* to squeeze, *(postláčať)* to press, *(ruky)* to shake; **2.** *(vyobjímať)* to embrace

postiť sa *ndk* **1.** *(i náb)* to fast

postlať *dk* **1.** *(upraviť lôžko na spanie)* to make; **2.** *(pokryť vrstvou)* to [be]strew, *(stajňu)* to litter [down]

postoj *m* **1.** *(držanie tela pri státí)* posture, bearing, *(ob šport, i prn)* stance, *(póza)* pose, *(i prn)* attitude; **2.** *(prn: stanovisko, vzťah)* position

postrach *m* **1.** *(osoba, vec)* terror, bugbear, bugaboo, scarecrow

postranný *príd* **1.** *(bočný)* lateral, side[-],

(i tajný) by[-], *(vedľajší)* secondary; **2.** *(tajný)* deep-laid

postrapatiť *dk* **1.** to dishevel, to rumple, to ruffle, *(am ifm)* to muss [up]

postreh *m* **1.** *(schopnosť)* [sharp] eye, perceptiveness; **2.** *(pozorovanie)* observation, comment

postrehnúť *dk* **1.** to notice, *(fml)* to perceive, *(zrakom)* to catch sight of, *(pomedzi)* to spot

postrek *m* **1.** *(striekanie)* spray[ing], *(piv)* sparge; **2.** *(poľnohosp)* crop spraying, *(letecký)* cloud-drift, *(ochranný)* cocoon, *(zavlažovanie postrekom)* overhead irrigation

postrekovač *m* **1.** *(pôd)* sprayer, sprinkler, rainer, *(i polyg)* spraying apparatus

postrekovanie *s* **1.** spraying, spray, sprinkling, spattering, splashing, watering

postriekať *dk* **1.** *(striekaním navlhčiť)* to sprinkle, to sparge, *(i voňavkou)* to spray, *(malým prúdom)* to squirt; **2.** *(striekaním znečistiť)* to [be]spatter

postrk *m* **1.** *(žel: rušeň)* helper, pusher; **2.** *(úradne dopravanie)* forcible conveyance to o's own town, *(zo zahraničia)* forcible repatriation

postrkať *dk* **1.** to shove, to stick; **2.** *(prn hovor: investovať)* to invest

postroj *m* **1.** *(konský)* harness, [horse's] tackle; **2.** *(a sedlo)* saddlery

postskriptum *s* **1.** postscript, postscriptum, *(skr)* PS

postup *m* **1.** *(pohyb dopredu, pokrok, i geol, voj)* advance, *(pohyb dopredu)* [forward] march, *(pohyb)* movement; **2.** *(napredovanie, pokrok)* progress; **3.** *(priebeh)* progression, *(choroby)* course, **4.** *(ustálený spôsob práce)* proceeding, *(systém)* system, *(metóda)* method, *(tech, chem, výrobný)* process, *(i spôsob konania)* procedure, **5.** *(spôsob konania, postupovanie)* line, **6.** *(prechod do vyššej hodnosti, i šport)* promotion, *(platový, mzdový)* rise, *(am)* raise

postúpať *dk* **1.** to trample, *(niekomu po nohách)* to step on sb's foot

postúpenie *s* **1.** *(cesia: práva)* cession, *(práva, pohľadávky)* delivery, *(pohľadávky)* transfer; **2.** *(odoslanie inému orgánu)* transmission

postúpiť *dk* **1.** *(posunúť sa dopredu, podísť, i voj)* to advance, to move ahead/ forward/ on/ along/ up; **2.** *(pokročiť)* to progress, to make headway; **3.** *(dosiahnuť ďalší stupeň, i šport, voj)* to be promoted, **4.** *(prenechať/ odstúpiť)* to leave, to cede, **5.** *(odovzdať)* to transmit, to pass

postupiteľ *m* **1.** granter, transferor, optioner, assigner, assignor

postupne *prísl* **1.** gradually, progressively, piece-meal, step by step, by stages

postupnosť *ž* **1.** gradualness, graduality, progressiveness, sequentiality, consecutiveness

postupný *príd* **1.** gradual, graduated, progressive, piece-meal, *(redukcia)* phase-down

postupový *príd* **1.** progressive, progress, procedural, *(diagram)* flow

posúdenie *s* **1.** *(vytvorenie úsudku, zváženie)* judgement, *(zváženie)* consideration, *(i zhodnotenie)* valuation; **2.** *(zhodnotenie)* assessment; **3.** *(posudok)* review

posúdiť *dk* **1.** *(i bezpr: urobiť si úsudok, zhodnotiť)* to judge, *(prejaviť úsudok)* to give one's opinion of, *(zvážiť)* to consider, *(i zhodnotiť)* to evaluate; **2.** *(zhodnotiť)* to estimate; **3.** *(urobiť posudok)* to rewiev

posudok *m* **1.** *(odborníka)* expert opinion, *(znalecký)* expertise, assessment; **2.** *(literárneho diela)* review, critique; **3.** *(písomné hodnotenie niekoho)* reference[s], testimonial

posudzovanie *s* **1.** judgement, appraisal, evaluation, reviewing

posudzovateľ *m* **1.** critic, reviewer; **2.** judge, referee; **3.** censor

posun *m* **1.** *(posunovanie, i geol, inf)* shift, *(papiera)* advance, feed, *(časový)* prorogation, *(žel)* shunt

posunok *m* **1.** gesture, gesticulation, motion, sign

posunovací *príd* **1.** *(dvere, stena)* sliding; **2.** *(žel: rušeň)* shunting, assisting, *(návesť)* shunt

posunovač *m* **1.** shunter, barney, pusher; **2.** switchman

posunúť *dk* **1.** *(vykonať klzavý pohyb na povrchu)* to shift, to move [forward/ on/ back atď], *(potisnúť)* to push, *(dopredu)* to advance, *(hodiny)* to put forward; **2.** *(preložiť/ premiestniť)* to relocate, *(žel: vozne)* to switch; **3.** *(časove)* to postpone

posunúť sa *dk* **1.** to shift, to move [forward/ on/ over/ back atď]; **2.** *(časove)* to be postponed; **3.** *(posuň sa!)* move over/ up!, *(ifm)* push along

posunutie *s* **1.** *(i tech: rotora, ele: fázy)* shift, movement, *(i ele: prúdu)* displacement, *(i inf: vektor)* translation; **2.** *(časové)* postponement

posúriť *dk* **1.** *(požiadať niekoho, aby sa ponáhľal)* to hurry sb, *(urgovať)* to urge, *(aby niečo vykonal)* to rush [sb into], *(donútiť)* to force

posuv *m* **1.** *(rád, fyz, inf, kyb)* shift, *(fyz: červený)* red shift, *(str, inf)* feed, advance

posúvač *m* **1.** *(dymový, parný)* slide, damper, *(ele)* shifter, *(tech)* valve

posúvanie *s* **1.** movement, moving, shift[ing], skipping, slide

posuvný *príd* **1.** sliding, adjustable, movable, *(hriadeľ)* shifting

posvätiť *dk* **1.** *(cirk: kostol, vodu, za biskupa, i prn)* to consecrate, *(obraz, koláče atď)* to bless, *(za kňaza)* to ordain; **2.** *(prn)* to devote

posvätný *príd* **1.** *(cirk: kostol, voda, biskup)* consecrated, *(obraz, koláč atď)* blessed, *(voda, i prn)* holy, *(kolégium, i prn)* sacred; **2.** *(prn: kt je prejavom zbožňovania)* sacrosanct; **3.** *(vzbudujúci úctu)* venerable, **4.** *(naplnený pocitom úcty: ticho)* religious, **5.** *(zool: ibis)* sacred ibis

posviacka *ž* **1.** *(cirk: obrad svätenia)* consecration, blessing

posypať *dk* **1.** *(pokryť na povrchu)* to dust [st with/ st onto/ st over], to spread, *(na zem)* to strew, *(pieskom)* to sand; **2.** *(prn)* to spangle

posýpať *ndk* **1.** to dust

pošikovať *dk* **1.** *(priviesť)* to take, to take; **2.** *(sprostredkovať)* to arrange, to procure

pošklbať *dk* **1.** *(roztrhať)* to tear; **2.** *(vytrhať)* to pull out, to pluck, to root out; **3.** *(pomykať)* to jerk

poškodenie *s* **1.** damage, *(menšie)* impairment, deterioration, *(vážne)* harm, *(telesné)* injury, *(tovaru)* breakage

poškodený *príd* **1.** *(o veciach)* damaged, battered, cracked, *(v obchode)* shop-soiled; **2.** *(o ľuďoch)* injured

poškodiť *dk* **1.** to damage, *(inf)* to destroy, *(neprávom)* to aggrieve, *(vandalsky)* to mutilate, *(ťažko)* to mangle, *(haváriou)* to wreck

poškrabať *dk* **1.** *(i poškrabaním poškodiť)* to scratch, *(poškrabaním poškodiť)* to scrape, *(povrch)* to cut

poškrabať sa *dk* **1.** *(i poraniť sa)* to scratch os; **2.** *(za uchom/ si hlavu)* to scratch o's head

poškuľovať *ndk* **1.** *(ukradomky pozerať)* to squint; **2.** *(nenápadne pozerať)* to peep at, *(kútikom oka)* to look at[ ]out of the corner of o's eye; **3.** *(prejavovať záujem o nk)* to make eyes at sb

poškvrna *ž* **1.** *(špina, i prn)* stain, blemish, *(malá)* spot; **2.** *(prn)* taint, tarnish

pošliapať *dk* **1.** *(postúpať)* to trample, to tread; **2.** *(nanosiť špinu)* to soil, to dirty; **3.** *(prn: znevážiť/)* to dishonor

pošmúrnosť *ž* **1.** *(o počasí, i prn)* gloominess, dreariness; **2.** *(prn: deprimujúci vzhľad)* grimness; **3.** *(nevľúdnosť)* surliness

pošmúrny *príd* **1.** *(o počasí, i prn)* gloomy; **2.** *(tmavý)* dark; **3.** *(prn: chmúrny/ neveselý)* grim, **4.** *(nevľúdny)* morose

pošmyknúť sa *dk* **1.** *(pokĺznuť sa)* to slip, to skid; **2.** *(zošmyknúť sa)* to slide down

pošpiniť *dk* **1.** *(znečistiť)* to dirty, to soil, to stain, *(i prn)* to smudge; **2.** *(prn)* to blemish

pošta *ž* **1.** *(doprava)* post, *(inštitúcia: v UK)* the Post Office; **2.** *(budova)* post-office; **3.** *(súhrn poštových zásielok)* post, *(ob am)* mail

poštár *m* **1.** *(doručovateľ)* postman, mailman; **2.** *(hovor: zamestnanec pošty)* postal-service employe, *(hist)* postillion

poštípať *dk* **1.** *(o hmyze)* to sting; **2.** *(o hadovi, mraze)* to bite; **3.** *(zobákom)* to peck, **4.** *(prstami)* to pinch, **5.** *(o mraze)* to nip

poštovné *s* **1.** postage, postal charges, postage expenses, post-

poštový *príd* **1.** postal, mail, post[-], *(smerovacie číslo)* postcode, postal code, *(am)* zip code, *(poukážka)* postal order, money order, *(priečinok)* post-office box [PO box]

pošušky *prísl* **1.** quietly, in whispers, whisperingly; **2.** *(tajne)* underhand

pošva *ž* **1.** *(puzdro na ochranu čepele)* sheath, scabbard; **2.** *(bot, anat, zool)* theca; **3.** *(anat, zool: vagína)* vagina

pot *m* **1.** sweat, perspiration, *(studený)* cold sweat; **2.** *(prn: úsilie)* elbow grease

poťah *m* **1.** *(na nábytku/ sedadle)* cover; **2.** *(tech, let)* covering, *(let)* skin, *(polyg)* tympan

potápač *m* **1.** diver, *(bez obleku)* skin-diver, *(v obleku: na prácu)* frogman; **2.** *(zool: Mergus)* sawbill

potápať sa *ndk* **1.** to dive, *(ťažko)* to plunge, *(rýchlo)* to duck, *(loď)* to sink, *(ponorka)* to submerge

potencia *ž* **1.** *(i pohlavná)* potency, potence; **2.** *(pohlavná)* sexual potency

potenciál *m* **1.** potential, *(elektrický)* electric potential, *(elektr)* tension, *(vojenský)* armament

potenciálny *príd* **1.** potential, prospective, virtual, possible

potešenie *s* **1.** delight, joy, pleasure; **2.** *(mám to)* [it's] with great pleasure [that], *(je mi veľkou cťou a potešením)* I'm honoured and delighted to

potešiť *dk* **1.** *(poskytnúť útechu)* to cheer [sb up], *(v trápení)* to comfort; **2.** *(spôsobiť radosť)* to make sb happy, to gladden, *(veľmi)* to delight

potiahnuť *dk* **1.** *(za/ odtiahnuť, posunúť, i kohútik)* to pull; **2.** *(si: napraviť)* to pull up; **3.** *(premiestniť)* to move, **4.** *(vzduch)* to draw in, **5.** *(vypiť)* to [take a] drink [of], **6.** *(ukradnúť)* to pinch, **7.** *(obtiahnuť látkou, kožou)* to upholster, *(pokryť)* to cover; **8.** *(kuch: polevou)* to ice

potiaľ *zám* **1.** *(v miestnom/ časovom význame)* so far, thus far, that far; **2.** *(v časovom význame: zatiaľ)* up to now, *(dovtedy)* up to then; **3.** *(vyjadruje mieru)* to that extent, *(potiaľ, pokiaľ)* forasmuch as

potiaľto *zám* **1.** *(v miestnom význame)* this far, *(zr: v časovom význame)* up to now; **2.** *(vyjadruje mieru)* to this/ that extent

potisnúť *dk* **1.** *(potlačiť)* to push, to shove; **2.** *(stlačiť)* to depress, to press [down]

potiť sa *ndk* **1.** *(vylučovať pot)* to sweat; **2.** *(vlhnúť)* to transude, to ooze; **3.** *(prn: namáhať sa)* to sweat [over st]; *(krv)* to sweat blood

potkan *m* **1.** *(zool čierny: Rattus rattus, i prn)* rat; **2.** *(prn)* bastard, son of a bitch, louse, scab

potknúť sa *dk* **1.** *(bezpr)* to trip [up], *(o/ na)* to trip [over st], to stumble [on st]; **2.** *(urobiť chybu)* to slip; **3.** *(prn: stretnúť sa)* to bump into

potlačenie *s* **1.** *(prekonanie)* repression, constraint; **2.** *(zlikvidovanie)* repression, *(tech: ozveny)* cancellation

potlačený *príd* **1.** suppressed, attenuated, oppressed, repressed

potlačiť *dk* **1.** *(tlakom posunúť)* to push; **2.** *(stlačiť)* to press [down], **3.** *(znemožniť: pocit, cit, i zlikvidovať)* to repress, *(smiech, úsmev, plač, zívanie, i)* to stifle, *(smiech, hnev, slzy)* to restrain, *(hnev, úsmev)* to suppress, *(city: ob hnev)* to swallow, **4.** *(zlikvidovať)* to crush, to quell, to quash

potľapkať *dk* **1.** *(i dieťa, koňa, psa)* to pat, *(niekoho po pleci)* to give sb a pat on the back, to pat sb on the back

potĺcť *dk* **1.** *(rozbiť)* to break up; **2.** *(rozdrviť)* to crush; **3.** *(pozatĺkať)* to drive in, **4.** *(pohádzať)* to throw, **5.** *(obilie)* to lodge, **6.** *(pozabíjať)* to kill

potlesk *m* **1.** [round of] applause, [hand]clap, *(búrlivý)* tumultuous/ thunderous applause, *(pomalý: ironický)* slow handclap

potničky *ž* **1.** *(lek)* miliaria, prickly heat, heat rash

potočiť sa *dk* **1.** *(stratiť rovnováhu)* to stagger, to teeter; **2.** *(zatočiť sa/ zakrútiť sa)* to turn, to reel

potok *m* **1.** *(menší tok, i prn: prúd)* stream, rivulet, *(menší tok)* brook, *(am)* creek, *(horský)* gill

potom I. ***prísl*** **1.** *(zatým, neskôr)* then, later, afterwards, next, *(najprv... potom)* first...then, *(ani predtým, ani potom)* never, *(čo bude potom?)* what next?, **II.** ***časť*** **2.** *(teda)* so, then, in that case; **3.** *(a potom: okrem toho)* moreover, [and] besides, again, **4.** *(a potom: napokon)* then again, **III.** *spoj* **5.** *(ďalej)* and then, then [again], [and] also

potomok *m* **1.** descendant, offspring, scion, *(potomstvo)* progeniture

potomstvo *s* **1.** progeny, progeniture, offspring, *(ob u zvierat)* brood; **2.** *(členovia ďalších generácií)* posterity

potopa *ž* **1.** *(bibl)* the Flood, the Deluge; **2.** *(záplava, i dážď)* flood, *(záplava, povodeň)* inundation

potopiť *dk* **1.** *(ponorením do vody zničiť)* to sink, *(vlastnú loď)* to scuttle, *(utopiť)* to drown; **2.** *(zaplavením vodou zničiť)* to flood; **3.** *(ponoriť, i prn)* to immerge

potopiť sa *dk* **1.** *(utopiť sa: ľudia)* to drown, *(loď)* to sink; **2.** *(ponoriť sa)* to dive, *(i prn)* to immerse

potôčik *m* **1.** brooklet, streamlet, rillet, *(i prn)* rivulet; **2.** *(prn: prúd)* trickle

potrat *m* **1.** miscarriage, *(interupcia)* abortion, *(odb)* f[o]eticide

potratiť *dk* **1.** *(postupne stratiť)* to lose; **2.** *(stratiť plod)* to abort, to have/to suffer a miscarriage, to miscarry

potratiť sa *dk* **1.** to get/ to be lost, *(peniaze)* to be frittered [away]; **2.** *(roztratiť sa)* to lose each other, *(ovce)* to scatter

potrava *ž* **1.** food, *(i prn)* nourishment, nutriment, *(pl)* commestibles; **2.** *(pre dobytok)* fodder, feed; **3.** *(prn: duševná)* [mental] pabulum

potravina *ž* **1.** foodstuff, article of food, *(ob pl)* groceries, victuals, provisions; **2.** mn: **potraviny**. *(obchod)* grocer's [shop]

potravinársky *príd* **1.** food[-], *(priemysel)* food-processing industry, alimentary, *(tovar)* grocery

potravinový *príd* **1.** food[-], alimentary, nutritive, *(lístok)* food-card

potreba *ž* **1.** *(stav)* need, requirement, necessity, *(v prípade potreby)* in case of need; **2.** ob mn **potreby** *(konkrétna požiadavka)* needs, *(životné, existenčné)* the bare/ basic necessities of life; **3.** *(fyziologický úkon)* call [of nature], *(ísť na)* to relieve os, **4.** *(spotreba)* use, **5.** mn: **potreby**. *(predmety)* products, *(i domáce)* articles, *(elektrické)* [house] appliances, *(toaletné)* toiletries

potrebný *príd* **1.** necessary, needed, required, *(veľmi)* indispensable; **2.** *(patričný)* appropriate; **3.** *(zodpovedajúci)* suitable

potrebovať *ndk* **1.** *(o ľuďoch/ veciach)* to need, to be in need of, to require; **2.** *(ako modálne sloveso)* to have, *(iba v záp)* to need; **3.** *(*čo potrebuješ?)* what do you need?, *(: hľadáš niečo?)* are you looking for something?, what do you want?

potrepať *dk* **1.** *(pobúchať)* to pat; **2.** *(potriasť)* to shake; **3.** *(otrepať)* to scutch, **4.** *(expr: porozbíjať)* to shatter, **5.** *(napchať/ naházdať)* to throw, **6.** *(prn expr)* to gossip

potrestať *dk* **1.** to punish, *(pokutou)* to penalize, *(disciplinárne)* to discipline, *(ob pass)* to chasten, *(bitkou)* to chastise, to flog

potrhať *dk* **1.** to tear up, to break, to interrupt, to tug, to pull

potrhať sa *dk* **1.** *(roztrhať sa)* to be torn up/ apart, to crack up, to break up; **2.** *(rozplynúť sa)* to melt away, to dissolve; **3.** *(prn hov)* to exert oneself

potrhnúť *dk* **1.** *(trhnúť)* to pull; **2.** *(myknúť)* to jerk, *(plecom)* to shrug; **2.** to tug; **3.** *(pohnúť sa)* to get going

potriasť *dk* **1.** to shake, *(ruku)* to shake

sb's hand, *(si ruky)* to shake hands; **2.** *(tekutinu)* to skake st up; **3.** *(hov: o elektrickom prúde)* to shock

potrieť *dk* **1.** *(pokryť tenkou vrstvou)* to spread [st with/ st on], *(masťou, olejom ap)* to smear [st with,st on/ over], *(krémom, smotanou)* to cream; **3.** *(pošúchať)* to wipe

potrpieť si *ndk* **1.** nedok *(mať záľubu)* to have a thing about st, to be partial to, *(príliš)* to be fussy about, to be particular about/ over

potrtkať *dk vulg* **1.** *(pomilovať)* to screw, to fuck; **2.** *(pokaziť)* to screw st up, to fuck st up

potrubie *s* **1.** *(sústava rúr)* piping, pipes; **2.** *(rozvodné)* main, conduit

potrubný *príd* **1.** tube, tubular, *(sieť)* piping, *(pošta)* pneumatic

potrúsiť *dk* **1.** to spill, to scatter, to strew; **2.** *(ob o snehu)* to fall; **3.** *(pohovoriť)* to say

potucha *ž* **1.** *(iba v spojení: nemať ani potuchy)* not to have the faintest/vaguest idea, not to have the first idea; **2.** *(*nemám ani potuchy!)* I havent the faintest idea/ I haven't a clue!

potulka *ž* **1.** ob mn: **potulky** wanderings

potulný *príd* **1.** *(kočovný)* itinerant, *(rytier)* errant; **2.** *(túlavý)* rambling, wandering; **3.** *(tulácky)* vagabond

potulovať sa *ndk* **1.** *(chodiť bez cieľa)* to wander, to rove, to roam; **2.** *(viesť túlavý život)* to be a vagrant

potupa *ž* **1.** *(pohana)* discredit, *(zneuctenie)* dishonour, *(poníženie)* humiliation, *(urážka)* affront

potupiť *dk* **1.** *(zhanobiť)* to disgrace, to dishonour, to defame, to outrage, to vituperate

potupný *príd* **1.** *(hanebný)* ignominious, degrading, dishonourable, inglorious; **2.** *(potupujúci)* contemptuous, *(pohľad)* scornful

potuteľný *príd* **1.** *(potmehúdsky)* sly, *(šibalský)* roguish; **2.** *(škodoradostný)* mischievous; **3.** *(falošný, neúprimný)* sneaky

potvora *ž* **1.** *(netvor)* monster; **2.** *(šibal)* rascal; **3.** *(klamár/ ka)* liar, **4.** *(nadávka: žena/ vec)* bitch, *(vec: [], ta potvora)* that bloody [ ], *(muž)* bastard, **5.** *(na potvoru: na zlosť)* out of spite, *(naschvál)* on purpose, *(na posmech)* for a lark/ joke

potvorský *príd* **1.** *(nepríjemný, : počasie, práca, lámka atď)* bloody, *(práca, robota atď)* a-hell-of-a, awkward; **2.** *(šibalský)* roguish

potvrdenie *s* **1.** *(doklad)* certificate, document; **2.** *(dôkaz)* acknowledgement, *(potvrdenka)* receipt; **3.** *(dej)* corroboration, confirmation, **4.** certificate, **5.** endorsement, **6.** allegation

potvrdenka *ž* **1.** *(kvitancia)* receipt, release, discharge, acquittance, *(platobná)* voucher, *(i úverová)* slip, *(i burzová)* ticket

potvrdiť *dk* **1.** *(dosvedčiť pravdivosť, schváliť)* to confirm, *(dosvedčiť pravdivosť)* to corroborate; **2.** *(schváliť)* to ratify, to endorse, *(uznať za platné)* to declare valid; **3.** *(písomne osvedčiť)* to attest, *(prijem)* to receipt, *(úradne)* to certify

potvrdzovací *príd* **1.** confirmation, *(nám: vlajka)* answering, *(inf: bit)* acknowledgement, *(signál)* acknowledge

potýčka *ž* **1.** *(voj: menšia bitka, i prn)* skirmish, encounter; **2.** *(zrážka medzi ľudmi)* fight; **3.** *(prn: hádka)* quarrel, argument, squabble

potýkať sa *ndk* **1.** *(bojovať)* to skirmish, to fight; **2.** *(mať hádku)* to quarrel, to have a row/ tiff/ an argument

poučenie *s* **1.** *(pokyny na konanie)* instruction, *(vysvetlenie)* explanation, *(i vedomosti)* information; **2.** *(poznatky/ vedomosti)* knowledge; **3.** *(ponaučenie)* teaching[s], *(morálne)* precept, *(rada)* advice, **4.** *(príručka)* lesson

poučiť *dk* **1.** *(dať: vedomosti)* to teach, to enlighten, *(: poučenie, príučku, radu)* to make [ ] wise, *(o niečom)* to instruct, *(: radu)* to advice

poučka *ž* **1.** *(stručné zovšeobecnené vyjadrenie)* formula, *(pravidlo, i gramatická)* rule, principle; **2.** *(i zast mat: teoréma)* theorem

poučný *príd* **1.** instructive, informative; **2.** enlightening; **3.** didactic, instructional, **4.** doctrinal

poukaz *m* **1.** *(bankový príkaz na platenie, i doklad)* order [for payment/ collection]; **2.** *(príkaz: na platenie)* draft; **3.** *(doklad: na platenie)* cash [money] order, cash warrant, *(: výdavkový)* petty-cash voucher, **4.** *(doklad, lístok: na kúpu)* voucher, token, **5.** *(poukázanie na niečo)* remark

poukázanie *s* **1.** *(peňazí)* remittance, transfer, *(postredníctom banky)* banking remittance; **2.** *(na niečo)* remarking

poukázať *dk* **1.** *(upozorniť, zdôrazniť)* to point out, *(zdôrazniť)* to stress; **2.** *(peniaze)* to remit, *(poštou)* to send [ ] through a postal order; **3.** *(zast: ukázať)* to indicate

poukážka *ž* **1.** *(príkaz: práv, fin, i doklad, lístok)* order; **2.** *(lístok, doklad: akciová)* warrant, *(pokladničná, i štátna)* bill, *(banková, i [am] poštová)* money-order, *(poštová)* postal [money] order; **3.** *(lístok, doklad o kúpe)* voucher

poukladať *dk* **1.** to put, to place, to store; **2.** *(dať spať)* to lay

pouličný *príd* **1.** street; **2.** curb, gutter; **3.** vulgar, **4.** *(predavač)* hawker, *(ruch, doprava)* traffic

pousilovať sa *dk* **1.** to exert os, to make an effort, *(ifm)* to buckle down to, *(fml)* to endeavour

použiť *dk* **1.** *(i využiť)* to use, to employ, *(dopravný prostriedok)* to take; **2.** *(aplikovať)* to apply; **3.** *(uchýliť sa)* to resort to, **4.** *(využiť)* to take advantage of, **5.** *(použitá literatúra)* bibliography

použiteľnosť *ž* **1.** usability, utilizability, serviceability, *(v praxi)* applicability, practicableness

použiteľný *príd* **1.** usable, utilizable, *(fin: akcia)* callable; **2.** *(v praxi)* practical, applicable; **3.** *(všeobecne)* general-purpose, *(ihneď)* instant[-], *(znova)* reusable, *(iba raz)* disposable

použitie *s* **1.** use, usage, employment, utilization; **2.** *(aplikovanie)* application; **3.** *(návod na použitie)* directions/ instructions for use, *(na vonkajšie použitie)* for external use

použitý *príd* **1.** used, employed; **2.** second-hand; **3.** *(zast: aplikovaný)* applied, **4.** *(literatúra)* bibliography

používanie *s* **1.** utilization, use, exercise, run; **2.** *(aplikovanie)* application

používateľ *m* **1.** user, beneficiary, *(bytu)* occupant, *(slovníka)* consultant

povaha *ž* **1.** *(súhrn vlastností osobnosti, i ráz)* character, nature; **2.** *(súhrn vlastností)* disposition, spirit, stamp, mould; **2.** *(ráz)* essence

povala *ž* **1.** *(pôjd)* loft, attic, garret; **2.** *(strop)* ceiling, *(ban)* platform

povaľač *m* **1.** *(kto sa povaľuje: mestský)* loiterer, loafer, *(leňoch)* idler, *(kto sa vyhýba práci)* layabout

pováľať *dk* **1.** *(i stromy)* to knock down, *(vietor)* to blow down; **2.** *(zbúrať)* to demolish; **3.** *(obilie)* to lodge, **4.** *(vyváľať)* to roll

pováľať sa *dk* **1.** to tumble down, to topple; **2.** *(vyváľať sa)* to wallow, *(i váľať sa)* to roll about

povaľovať sa *dk* **1.** *(tráviť čas v nečinnosti: v)* to loiter, to hang about, *(ponevierať sa: po)* to roam, *(hlivieť, leňošiť)* to idle; **2.** *(o veciach: ležať bez poriadku)* to lie about, *(: bez úžitku)* to rot

povážlivý *príd* **1.** *(vzbudzujúci obavy)* alarming, *(vážny)* serious, grave, critical

považovať *ndk* **1.** to consider, to deem, to hold, to regard

povďačný *príd* **1.** grateful, thankful, appreciative

povedačka *ž* **1.** *(bájka)* fable; **2.** *(nezaručená správa)* tale; **3.** *(porekadlo)* saying, **4.** *(detská riekanka)* nursery rhyme

povedať *dk* **1.** *(vysloviť: ob v záp/ +, že/ bezpr[živ])* to say; **2.** *(rečou oznamovať, rozprávať: komu)* to tell; **3.** *(predniesť: báseň)* to recite, **4.** *(hov: pomenovať, nazvať)* to call, **5.** *(určiť, stanoviť)* to state, **6.** *(pre-*

zradiť, požalovať) to tell on, **7.** *(si: dohodnúť sa)* to agree, **8.** *(*ako sa to povie...?)* how do you say...?, *(povedať pravdu)* to speak/ to tell the truth, *(*aby som pravdu povedal, pravdu povediac)* to tell [you] the truth, *(*ak mám pravdu povedať)* to be honest/ sincere/ frank, *(*povedzme...)* let's say, *(*aby som tak povedal)* in a manner of speaking, *(*čo nepoviete!)* you don't say so!, *(*lepšie povedané)* to be more exact

povedľa I. ***predl*** **1.** *(v smere popri niekom/ niečom)* along; **2.** *(blízko pri niekom/ niečom)* alongside, beside, by, **II.** ***prísl*** **3.** *(v blízkosti)* near, nearby, **4.** *(mimo niekoho/ niečoho)* past

povedomie *s* **1.** *(uvedomenie)* awareness, *(fml)* cognizance; **2.** *(i zast: vedomie)* consciousness

povedomý *príd* **1.** *(známy)* known, familiar; **2.** *(zast: uvedomujúci si, uvedomelý)* conscious

povel *m* **1.** command, order, *(inf)* statement; **2.** word

povera *ž* **1.** superstition

poverčivý *príd* **1.** superstitious

poverenec *m* **1.** *(práv)* appointee; **2.** *(zástupca)* commissary, *(obchodný/ osobitný)* [commission-]agent; **3.** *(v UK: splonocnenec)* commissioner

poverenie *s* **1.** *(splnomocnenie, úloha, i voj, i doklad)* commission, *(splnomocnenie)* [delegated] authority, mandate, *(fin, ekon)* trust; **2.** *(úloha)* charge, *(am)* assignment; **3.** *(doklad)* warrant

poveriť *dk* **1.** to commission, to authorize, to accredit, to delegate, to entrust with

poverovací *príd* **1.** entrusting, commission, delegation

povesť *ž* **1.** *(príbeh historicky nepodložený)* legend; **2.** *(poviedka)* story, tale; **3.** *(chýr)* rumour, **4.** *(verejná mienka o niekom)* repute, *(dobrá)* renown

povestný *príd* **1.** famous, renowned, well-known, famed

poveternostný *príd* **1.** atmospheric, weather, climatic, meteorological

povetrie *s* **1.** *(vzduch)* air, atmosphere; **2.** *(zast: podnebie)* climate

poviedka *ž* **1.** story, tale, *(krátka)* short-story, *(lit)* narrative

povievať *ndk* **1.** *(vietor)* to blow, *(vánok)* to breathe; **2.** *(viať vo vetre)* to flutter, to flap

povíchrica *ž* **1.** windstorm, gale, *(búrka, i prn)* storm, *(snehová)* blizzard; **2.** *(prn)* tempest

povinnosť *ž* **1.** *(záväznosť/ i niečo, čo sa musí vykonať)* duty, obligation, *(fml: niečo, čo sa musí vykonať, úloha)* charge, *(úradná)* office, *(finančná, daňová)* liability, *(prijatá: záväzok)* commitment, *(nepríjemná, ťažká)* task, *(v domácnosti)* chore

povinný *príd* **1.** obligatory, compulsory, *(fml)* mandatory; **2.** *(o osobách)* obliged, due

poviť *dk* **1.** *(zaviniť)* to wrap up; **2.** *(plienkami)* to swaddle, *(povojníkom)* to swathe; **3.** *(kniž)* to give birth

povlak *m* **1.** *(poťah na nábytok)* cover, *(ochranný)* dust-sheet, *(na kreslo, pohovku)* antimacassar; **2.** *(obliečka: na vankúš)* pillowcase; **3.** *(odb: tenká vrstva)* coat[ing], skin, [surface] film, **4.** *(tech: amalgamový)* foil, *(kovový, elekrolitický)* plating, **5.** *(lek: na jazyku)* fur[ring]

povodeň *ž* **1.** *(záplava)* flood, inundation; **2.** *(prn)* shower, deluge

povodie *s* **1.** *(vodná oblasť rieky)* watershed; **2.** *(oblasť z ktorej rieka odvádza vody)* catchment [area/ basin], basin; **3.** *(kraj pozdĺž toku rieky)* river valley, riverside

povodiť *dk* **1.** *(koho kade)* to show sb round

povojnový *príd* **1.** postwar

povolanie *s* **1.** *(fml: odbor pracovnej činnosti, profesia)* occupation, business, *(slobodné, s vysokým vzdelaním)* profession, *(i zamestnanie)* walk of life, *(ob budúce)* career; **2.** *(z povolania: i choroba ap)* professional; **3.** *(zast: poslanie)* mission, **4.** *(zast: predvolanie)* summons

povolaný *príd* **1.** *(kompetentný)* competent, *(oprávnený)* authorized, *(i predurče-*

ný) qualified; **2.** *(predurčený)* cut out [for st/ to be]

povolať *dk* **1.** *(fml: zvolať)* to summon, *(členov výboru)* to convene; **2.** *(do vojenskej služby)* to call up; **3.** *(pred súd)* to summons, **4.** *(zast: pozvať)* to invite

povolenie *s* **1.** *(úradný úkon, listina: i stabevné)* permission, authorization; **2.** *(listina: i dovozné)* licence, *(pobytu, pracovné, colné, vyvozné)* permit, *(obchodnej spoločnosti)* charter; **2.** dispensation; **3.** *(zr: súhlas)* assent

povolený *príd* **1.** permitted, allowed, admissible, *(rýchlosť)* speed limit

povoliť *dk* **1.** to permit, to allow, to authorize, *(úver)* to grant; **2.** *(uvoľniť)* to loosen, *(i bezpr: uvoľniť sa)* to ease up; **3.** *(poddať sa tlaku)* to yield, **4.** *(ustúpiť)* to comply, **5.** *(bezpr: zmierniť sa)* to subside

povoľný *príd* **1.** *(fml: podrobujúci sa cudzej vôli)* complaisant, *(vyhovujúci cudzím žiadostiam)* amenable, *(poddajný)* yielding, *(ob pej)* [com]pliant

povoziť *dk* **1.** *(na aute)* to drive, *(na veslici)* to row; **2.** *(doviesť)* to haul, to transport

povozníctvo *s* **1.** haulage, transportation; **2.** *(podnik)* shipping company; **3.** *(zamestnanie)* carrier's trade/ business

povrávať *ndk* **1.** *(hovoriť)* to say, *(rozšíriť reči)* to gossip; **2.** *(pre seba)* to mumble; **3.** *(povráva sa)* rumour has it

povraz *m* **1.** *(hrubý)* rope, *(lodný)* hawser, *(silný)* cable, *(tenký)* cord

povrazec *m* **1.** *(konopný)* rope, cord, *(konopného lana)* strand; **2.** *(anat)* funicle

povrázok *m* **1.** *(zdrob)* [small] cord, whipcord, *(remienok)* leash; **2.** *(anat)* funicle

povrážať *dk* **1.** *(povtĺkať)* to drive, to pound in, *(kladivom)* to hammer; **2.** *(násilne vniknúť)* to sink into

povrch *m* **1.** *(i geom)* surface, outside; **2.** *(geom)* superficies, area; **3.** *(tech)* top

povrchný *príd* **1.** *(zbežný, neúplný, nedbalý, lajdácky)* superficial; **2.** *(zbežný)* cursory; **3.** *(neúplný)* slight, *(znalosť)* smattering, *(predstava)* vague, **4.** *(bez citu)* perfunctory, **5.** *(lajdácky)* slovenly, **6.** external

povrchový *príd* **1.** *(i fyz: napätie)* surface, *(rozpínanie, roztiahnutie)* superficial, *(vlna)* ground, *(jav, i fyz: trenie, teplota)* skin, *(lek: rez)* skin-deep

povstalec *m* **1.** *(účastník povstania)* insurrectionist, insurgent, riser; **2.** rebel

povstanie *s* **1.** uprising, insurrection, rebellion

povstať *dk* **1.** *(postaviť sa)* to [up]rise, to stand up, to get up; **2.** *(vzbúriť sa: proti)* to rise up [in arms against]; **3.** *(zast: vzniknúť)* to arise

povšimnúť si *dk* **1.** *(všimnúť si: koho, čo)* to notice, to note; **2.** *(venovať pozornosť)* to take heed; **3.** *(stojí to za povšimnutie)* it is worth noting

povydávať *dk* **1.** *(tlačou)* to print, to publish, to issue; **2.** *(pomíňať)* to spend

povyhadzovať *dk* **1.** to throw out/ away, to eject; **2.** *(z bytu)* to evict, *(na ulicu)* to turn sb out of house and home, *(i prepustiť)* to put sb out in/ on the street

povykladať *dk* **1.** *(vyložiť z: niečo uložené)* to put out, *(na pult)* to display; **2.** *(: naložené)* to unload; **3.** *(na)* to load, **4.** *(poobkladať)* to cover

povykrúcať *dk* **1.** *(vykrútiť)* to twist, to wring; **2.** *(žiarovku ap)* to screw [ ] in; **3.** *(v tanci)* to twirl

povynášať *dk* **1.** to take out, to bring out, to carry out; **2.** *(pokradnúť)* to rob

povýšenec *m* **1.** *(kto rýchlo nadobudol: moc)* upstart, *(: moc/ bohatsvo)* parvenu, *(: bohatsvo)* nouveau riche; **2.** *(kto sa správa povýšene)* highbrow

povýšenecký *príd* **1.** haughty, conceited, high and mighty, highbrow, snobby

povýšenie *s* **1.** *(v hodnosti, funkcii)* advancement, *(v hodnosti)* preferment, promotion; **2.** rise

povýšenosť *ž* **1.** haughitness, condescension, patronage, uppishness

povýšiť *dk* **1.** *(i voj)* to promote, to advance, *(i zvýšiť)* to raise, *(do šľachtického stavu)* to ennoble; **2.** *(pozdvihnúť)* to exalt; **3.** *(zvýšiť)* to increase

povyťahovať *dk* **1.** *(i zo zeme, zuby)* to pull out, to pluck, *(zuby)* to extract; **2.** *(povystierať)* to stretch

povzbudenie *s* **1.** *(podnietenie, vzpruženie)* stimulation, galvanization, ginger, *(i podpora)* cheer, *(podpora)* encouragement

povzbudiť *dk* **1.** *(podnietiť, vzpružiť, oživiť)* to stimulate, to galvanize, to ginger up, *(chuť)* to sharpen, *(oživiť)* to [re]animate, *(do nejakej činnosti)* to spur, *(podporiť)* to encourage, to cheer on

povzbudivý *príd* **1.** stimulating, encouraging, inspiring, invigorating

povzbudzujúci *príd* **1.** stimulating, stimulant, excitant, tonic; **2.** encouraging

povzdych *m* **1.** sigh, groan, *(lit)* ejaculation

povznášať *ndk* **1.** *(dostávať na vyšší stupeň)* to elevate; **2.** *(pozdvihovať)* to lift, *(náladu)* to boost up; **3.** *(kniž)* to raise

povznesenie *s* **1.** elevation, ennobling, advancement, improvement; **2.** *(citovo)* elation, **3.** uplift

povznesený *príd* **1.** *(i citovo vzrušený)* exalted, *(i povýšený)* elated, *(nálada)* high, *(i alkoholom)* elevated, *(slávnostný)* lofty; **2.** *(nevšímajúci, i povýšený)* superior; **3.** *(povýšený)* haughty

povzniesť *dk* **1.** *(zdvihnúť)* to raise, to lift; **2.** *(dostať na vyšší stupeň)* to elevate, to improve, *(zveľadiť)* to further; **3.** *(morálne, mravne)* to ennoble

povzniesť sa *dk* **1.** *(získať na dôležitosti, zdvihnúť sa)* to rise, *(získať na dôležitosti)* to advance; **2.** *(zlepšiť sa)* to improve [os]; **3.** *(nevšímať si)* to be superior

póza *ž* **1.** *(postoj, držanie tela)* posture, attitude, *(i divadelná, i strojenosť)* pose; **2.** *(strojenosť)* play-acting

pozabudnúť sa *dk* **1.** to let o's mind off, to let o's mind wander for a while, to lose sight of, *(neovládnuť sa)* to lose o's temper

pozadie *s* **1.** *(zadná časť, i prn)* backgroung, *(zadná časť)* rear, *(obrazu, i prn)* groundwork, *(prn)* setting

pozadu *prísl* **1.** *(vzadu)* behind; **2.** *(opak: dopredu)* in arrears, behindhand, *(práv)* ex post facto

pozajtra *prísl* **1.** the day after tomorrow

pozastaviť *dk* **1.** to stop, to hold up, *(i inf)* to intercept, *(polit)* to veto

pozbaviť *dk* **1.** to deprive, to strip, to rid, to relieve

pozbierať *dk* **1.** *(niečo porozsýpané, zo zeme, ovocie)* to pick up, *(i myšlienky)* to collect, *(niečo porozsýpané)* to gather; **2.** *(zhromaždiť)* to assemble; **3.** *(prn)* to muster

pozbierať sa *dk* **1.** *(vstať zo zeme)* to pick os up, to get up; **2.** *(zotaviť sa)* to recover; **3.** *(vzchopiť sa)* to pull os together, to recuperate

pozdĺž *prísl* **1.** *(po dĺžke: vonku)* along, alongside; **2.** *(vnútri)* lengthwise, longitudinally

pozdĺžny *príd* **1.** lengthwise, longitudinal, endways, endwise, fore and aft

pozdrav *m* **1.** *(prejav úcty ap: formulou, gestom)* greeting, *(formulou: ob odovzdaný)* respects, *(i odovzdaný, písaný)* regards; **2.** *(písaný na pohľadnici ap)* greetings, *(priateľský)* love; **3.** *(*s pozdravom: na pohľadnici)* greetings [from], (ifm) wish you were here, *(:na liste)* yours sincerely, *(ifm)* affectionately, [with] love, *(fml)* with my best regards, *(obch)* yours truly

pozdraviť *dk* **1.** to greet, to hail; **2.** to say hello; **3.** to extend one's regards, to salute, **4.** to acclaim, **5.** to respect, **6.** to remember, **7.** to touch

pozdvihnúť *dk* **1.** *(kniž: zdvihnúť)* to raise, to lift, to boost; **2.** *(dostať na vyššiu úroveň)* to elevate; **3.** *(podnietiť)* to incite

pozemkový *príd* **1.** *(právo, daň, renta)* land, *(šľachta)* landed, *(reforma)* agrarian, cadastral

pozemný *príd* **1.** *(doprava, mína, jednotka)* land[-], *(personál, stanica, služba)* ground, surface, *(hokej)* field, terrestrial

pozemok *m* **1.** [piece of] land, lot, plot, *(stavebný)* [building] site, *(oplotený, ohradený)* enclosure, *(obecný)* common

pozemský *príd* **1.** *(k zemi)* terrestrial,

earth[-], *(i prn: radosti, starosti)* earthly; **2.** *(prn: hmotný)* mundane, temporal, *(život, statky)* worldly, *(radosti)* carnal

pozemšťan *m* **1.** *(človek žijúci na zemi)* earth-man, earth dweller, terrestrial, earthling

pozerať *ndk* **1.** *(i bezpr: i sa)* to look, *(uprene)* to stare, *(i neprítomne)* to gaze; **2.** *(za: prejavovať záujem)* to look at; **3.** *(brať do úvahy, i hodnotiť)* to consider, **4.** *(posudzovať/ hodnotiť niekoho/ niečo)* to look at/ on sb with, **5.** *(smerovať)* to look [towards/ on/ onto], **6.** *(prejavovať sa navonok)* to show [os]

pozícia *ž* **1.** *(postavenie, tel, šport, šach, lingv)* position; **2.** *(poloha)* posture; **3.** *(voj)* line; **3.** *(postavenie)* standing, status

pozičný *príd* **1.** *(astronómia)* positional, *(uhol, maklér, hra, mikrometer)* position, postural, navigation, *(vojna)* trench

pozitívny *príd* **1.** *(kladný, istý, i mat, filoz, lek, fot)* positive, *(kladný)* plus, assertive, *(istý)* absolute, sure

pozlátiť *dk* **1.** to gild, to [gold] plate, to golden, to aurate

pozlátka *ž* **1.** *(fólia zo zlata)* gold foil; **2.** *(povlak, i prn)* gilding, *(náter)* gloss; **3.** *(lacná ozdoba)* tinsel, **4.** *(prn)* facade

pozmeniť *dk* **1.** to modify, to alter, to retouch, to amend

poznačiť *dk* **1.** to mark, *(dobytok)* to brand; **2.** *(zapísať si)* to jot down; **3.** *(zanechať stopu na niekom)* to [leave o's] sign on, to [leave a] scar

poznamenať *dk* **1.** *(že: podotknúť)* to remark, *(poukázať)* to point out; **2.** *(zapísať si)* to make a note, to note [ ] down; **3.** *(zanechať stopy)* to leave a mark/ sign/ scar

poznamenať si *dk* **1.** to make a note, to take a note, to put down, to jot down

poznámka *ž* **1.** *(i ústna)* remark, *(dodatočná)* tag, *(vtipná)* quirk, *(kritická)* thrust, *(ironická)* sneer; **2.** *(stručný zápis)* annotation; **3.** *(i vysvetlivka, i v knihe)* note, *(marginárna)* marginal [note], *(pod čiarou)* foot-note, **4.** mn: **poznámky**. *(písaný záznam)* notes, **5.** *(kratší príspevok písomný/ ústny)* comment

poznanie *s* **1.** *(získanie vedomostí, i filoz, psychol)* cognition, cognizance, acquaintance, awareness; **2.** *(i súhrn poznatkov)* knowledge

poznášať *dk* **1.** *(postupne na jedno miesto)* to gather; **2.** *(zhora dolu)* to carry down, to bring down, to take down

poznať I. ***nedok*** **1.** *(mať znalosť, vedomosť)* to know, *(zbežne)* to have a smattering of, *(dobre)* to [have a good] command; **2.** *(i byť známy s niekým)* to be aquainted with; **3.** *(ob v záp prek individuálne: žarty)* to admit, *(oddych, odpočinok)* to allow os, **4.** *(rozoznať)* to tell, to discern, **5.** *(neos : byť viditeľný)* to be evident, **II.** ***dok*** **6.** *(získať znalosti o niečom)* to find out; **7.** *(spoznať)* to recognize, **8.** *(zoznámiť sa s niekým)* to meet, **9.** *(zistiť, zbadať, uvedomiť si)* to realize; **10.** *(okúsiť/ zažiť)* to know; **11.** *(*poznať hodiny)* to know the time, *(*teší ma, že som vás spoznal!)* [it was] nice to meet you/ meeting you!

poznateľný *príd* **1.** cognizable, knowable, discernible, recognizable

poznatok *m* **1.** ob mn: **poznatky**. *(vedomosti)* knowledge, *(výsledky poznávacej činnosti)* findings, *(technické, praktické)* know-how, *(skúsenosti)* experience; **2.** jedn piece/ item of information

poznávací *príd* **1.** cognitional, *(psychológia)* cognitive; **2.** identification; **3.** *(štátna poznávacia značka ŠPZ: číslo)* registration number, *(: na vozidle)* number-plate

pozor I. ***podst*** m **1.** *(len v spojení: dať, dávať)* attention; **2.** *(dať/ venovať pozornosť)* to pay attention; **3.** *(byť opatrný/ obozretný)* to be careful, **4.** *(dohliadať)* to take care of, **5.** *(voj, šport: povel)* atten[-]tion, **6.** *(*dávaj na seba pozor!)* take care [of yourself]!, **II.** ***cit*** **7.** *(výzva na zvýšenie pozornosti)* attention, *(*prosíme, pozor!)* attention, please!, **8.** *(varovanie pred nebezpečenstvom)* look out, **9.** *(ako súčasť nápisov)* caution [:,!], *(: *pozor vysoké napätie)* danger, *(*pozor schod)* mind the step, *(*pozor zlý pes)* beware of the dog, *(na balíku: *pozor sklo!)* fragile!

pozorne *prísl* **1.** *(sústredene)* attentively, closely; **2.** *(opatrne)* carefully; **3.** *(zdvorilo)* politely

pozornosť *ž* **1.** *(sústredenie mysle, zvýšený záujem)* attention, *(sústredenie mysle)* heed; **2.** *(i úslužnosť)* attentiveness, *(zdvorilosť)* politeness, *(k ženám)* gallantry, *(ob pl)* attentions; **3.** *(darovaná vec: ob pl)* gift, **4.** *(venovať: niečomu)* to watch, *(byť stredobodom)* to be the focus of attention, **5.** *(zast: opatrnosť/ ostražitosť)* caution

pozorný *príd* **1.** *(sústredený: publikum, čitateľ)* attentive, *(pohľad)* intent; **2.** *(ostražitý)* vigilant, watchful; **3.** *(opatrný)* careful, **4.** *(úslužný)* thoughtful, mindful, **5.** *(zdvorilý)* courteous, *(k ženám)* gallant

pozorovací *príd* **1.** observational, observation, observing, *(ifyz)* viewing

pozorovanie *s* **1.** observation, examination, scrutinization

pozorovať *ndk* **1.** *(pozorne: sa dívať)* to watch, *(so záujmom, zvedavosťou:)* to eye, *(: dôkladne)* to scan; **2.** *(sledovať so zámerom poznať niečo)* to observe; **3.** *(bádať)* to notice, **4.** *(sledovať/ striehnuť)* to oversee, *(tajne)* to spy

pozorovateľ *m* **1.** observer, scrutator, watcher, lookout

pozorovateľňa *ž* **1.** *(voj: veža, vežovitá budova)* lookout tower, watchtower, *(budova)* observation post observation station/ pot, *(nám)* crow's-nest

pozorovateľný *príd* **1.** observable, noticeable, perceivable, perceptible

pozoruhodný *príd* **1.** noteworthy, worthy of attention; **2.** *(vynikajúci)* remarkable; **3.** *(neobyčajný)* singular

pozostalosť *ž* **1.** *(práv: veci, ktoré zostali po zomrelom)* estate, *(dedičstvo)* inheritance; **2.** *(práce nepublikované za života autora)* unpublished works, posthumous works

pozostalostný *príd* **1.** inheritance, estate, residuary, *(daň)* transfer tax

pozostalý I. ***príd*** **1.** *(vec)* remaining, *(rukopis)* unpublished, posthumous; **2.** *(osoba)* surviving; **3.** *(rodina)* surviving relatives/ kin, **II.** ***podst*** **4.** survivor

pozostatok *m* **1.** ob mn: **pozostatky**. *(i obeda)* remnant[s], *(pl: hradieb, obeda, i telesné)* remains; **2.** *(zvyšok)* residue; **3.** *(vec, i náb, i prn)* relic

pozostávať *ndk* **1.** *(vkladať sa)* to consist of, to comprise; **2.** *(spočívať)* to consist in; **3.** *(zast: ostávať)* to remain

pozrieť *dk* **1.** *(i sa: na koho/ čo)* to look at; **2.** *(navštíviť)* to call on; **3.** *(ob pozri!)* look!, *(odkaz v texte)* see

pozrieť sa *dk* **1.** *(i bezpr)* to look, *(na koho/ čo)* to look at sb/ st; **2.** *(overiť si pohľadom)* to take a look, *(či)* to check; **3.** *(za: pohľadať)* to look for, **4.** *(navštíviť)* to see, **5.** *(obrátiť pozornosť ob: pozri)* to look, **6.** *(prezrieť, zbežne prečítať)* to look st up, **7.** *(vyšetriť, posúdiť)* to examine, **8.** *(posúdiť)* to consider, **9.** *(pozri [sa]!: obracia pozornosť)* look

pozvanie *s* **1.** invitation

pozvánka *ž* **1.** invitation [card], card of invitation

pozvať *dk* **1.** *(i bezpr)* to invite, to ask, *(na obed/ večeru)* to invite/ to ask sb to/ for dinner, *(na kávu, čaj ap)* to treat sb to, *(na pohárik)* to buy sb a drink; **2.** *(zast: pomenovať)* to name

pôda *ž* **1.** *(zvetraný zemský povrch, prsť)* soil; **2.** *(pozemok)* [piece of] land; **3.** *(územie)* soil

pôdny *príd* **1.** soil, earth, subsurface

pôdorys *m* **1.** *(priemet na vodorovnú rovinu)* top view, plan view; **2.** *(grafický obraz)* ground plan, *(stav)* floor plan/ projection

pôdoznalectvo *s* **1.** pedology, soil science

pôsobenie *s* **1.** *(účinok)* effect, action, *(tech: sily)* application; **2.** *(vplývanie)* influence; **3.** *(účinkovanie)* engagement

pôsobisko *s* **1.** place [of work]; **2.** *(fyz: sily)* point of action, origin force, *(tech)* point of application

pôsobiť *ndk* **1.** *(zapríčiňovať)* to cause, *(prek s príd: radosť)* to make sb happy, *(prek individuálne: starosti)* to vex; **2.**

(vplývať) to influence; **3.** *(budiť istý dojem)* to engender, **4.** *(pracovať)* to work, **5.** *(mať účinnosť)* to officiate

pôsobivosť *ž* **1.** effectiveness, efficacy; **2.** forcefulness, potency; **3.** impressiveness, appeal

pôsobivý *príd* **1.** *(vzbudzujúci dojem)* impressive, catching; **2.** *(majúci účinok)* effective, telling, forceful

pôsobnosť *ž* **1.** *(činnosť, pôsobenie)* activity, operation; **2.** *(oblasť, kompetencia)* competence, field

pôst *m* **1.** fast; **2.** *(cirk)* Lent

pôvab *m* **1.** *(príťažlivosť)* attractiveness, appeal; **2.** *(čarovnosť)* charm; **3.** *(jemná krása)* grace, **4.** *(ob ženský)* glamour, *(sexuálny)* sex-appeal

pôvabný *príd* **1.** *(očarujúci)* charming, *(roztomilý)* lovely, *(príťažlivý, i sexuálne)* glamorous, *(sexuálne)* seductive

pôvod *m* **1.** *(začiatok, vznik)* origin, *(i rodová príslušnosť, i príčina)* root; **2.** *(prameň: rhet)* fount; **3.** *(príslušnosť: spoločenská, národná atď)* origins, *(: spoločenská, rodinná, národná)* birth, *(: spoločenská)* background, **4.** *(: rodová)* extraction, **5.** *(: rodinná)* family, **6.** *(zast: príčina vzniku)* cause

pôvodca *m* **1.** *(i lek)* promoter, *(bitky)* starter, *(plánu ap)* concoctor; **2.** *(gram: deja)* agent; **3.** *(zast: autor)* autor

pôvodný *príd* **1.** *(originálny prvotný, predchádzajúci)* original, *(nepreložený)* untranslated; **2.** *(prvotný)* initial; **3.** *(kt je od počiatku)* primitive, *(obyvateľ)* aboriginal, *(i geol)* autochthonous, **4.** *(predchádzajúci)* previous

požadovať *ndk* **1.** to request, to require, to demand, to claim

požehnanie *s* **1.** *(náb: dobro, božia priazeň)* blessedness, *(i znak)* benediction; **2.** *(znak kríža, časť bohoslužby, i prn)* blessing; **3.** *(angl cirk: odpoludňajšie boho služby)* matin[s], **4.** *(prn)* abundance

požehnaný *príd* **1.** *(priaznivý, blahodarný)* blessed; **2.** *(hojný, úrodný)* bountiful, *(kraj, i plodný)* fertile; **3.** *(plodný)* prolific, **4.** *(*v požehnanom stave)* in the family way

požehnať *dk* **1.** to bless, *(znamením kríža)* to cross, to sign; **2.** *(chlieb a víno)* to consecrate

požiadať *dk* **1.** to request, to demand, *(písomne)* to write in, to apply [for], *(o ruku)* to ask for a girl's hand

požiadavka *ž* **1.** *(nárok)* claim, demand; **2.** ob mn: **požiadavky**. *(potreba)* requirement[s], desideratum, *(naliehavá)* exigency

požiar *m* **1.** fire, conflagration, wildfire, *(lesný)* bushfire

požiarnický *príd* **1.** *(hadica)* fire, fire-fighting, fire-estinguishing, fire-brigade

požiarnik *m* **1.** fireman, fire-fighter

požiarny *príd* **1.** fire[-]

požičanie *s* **1.** lending; **2.** *(prenajatie)* letting, *(i auta)* rental; **3.** *(kníh z knižnice)* borrowing

požičať *dk* **1.** to lend, *(am, br: fml)* to loan; **2.** *(prenajať)* to rent, to let

požičiavateľ *m* **1.** lender, money-lender, pawnbroker, renter

pôžička *ž* **1.** *(odovzdanie vecí/ peňazí, i požičaná suma)* loan, *(odovzdanie vecí)* lending, *(: peňazí)* advancing, accommodation; **2.** *(požičaná suma)* money lent

pôžitkár *m* **1.** *(kto sa oddáva pôžitkom)* hedonist, voluptuary, *(milovník dobrého jedla)* epicure, *(fml pej)* sybarite

pôžitok *m* **1.** enjoyment, gratification, delectation; **2.** *(s pôžitkom)* with relish

práca *ž* **1.** *(pracovná činnosť, i dielo)* work, *(ob manuálna, ťažká)* labour, *(ručná)* hand[i]work, *(duševná)* intellectual/ mental/ brain work, *(kancelárska)* desk[work], *(vedľajšia)* outwork, *(monotónna, nudná)* donkeywork, *(a dlhá)* grind, *(a ťažká)* treadmill, *(namáhavá, ťažká)* toil, *(akordná, úkolová)* piecework, *(nútená)* forced labour; **2.** *(zamestnanie)* employment, job; **3.** *(písomné dielo: diplomová)* paper, *(i školská)* essay, *(literárna, divadelná)* piece, *(diplomová)* thesis, **4.** *(hov: činnosť)* action

práceneschopnosť *ž* **1.** inability to work, *(trvalá)* disability; **2.** *(hovor)* sick leave, *(mať)* to be on sick leave

práceschopnosť *ž* **1.** ability to work, work ability; **2.** employability, able-bodieness

práceschopný *príd* **1.** able to work, capable to work; **2.** of working age, employable

prací *príd* **1.** *(kt možno prať)* washable; **2.** *(určený na pranie)* washing, detergent, cleaning

pracka *ž* **1.** buckle, clasp, hasp, tache, fibula

pracovať *ndk* **1.** to work, *(ťažko, namáhavo)* to toil, to labour, *(usilovne)* to hustle, *(na čom)* to be working on; **2.** *(o strojoch)* to run; **3.** *(i o orgánoch tela)* to function, **4.** *(vykonávať zamestnanie)* to be employed, **4.** *(vyvíjať činnosť)* to be enganged

pracovisko *s* **1.** workplace, work location, job site, *(dielňa)* workshop

pracovitý *príd* **1.** industrious, hardworking, laborious, diligent, operose

pracovňa *ž* **1.** office, study, workroom, *(súkromná)* den

pracovníčka *ž* **1.** [female] worker, working girl, *(na farme)* land girl, farmerette

pracovník *m* **1.** worker, employee, *(manuálny)* labourer, blue collar, *(nemanuálny)* white collar, *(administratívny)* clerk, *(duševný)* professional, *(tvorivý)* creative

pracovný *príd* **1.** working, work, labour, duty, occupational; **2.** *(kabát)* smock

pracujúci I. ***príd*** **1.** working, *(žena)* workwoman, *(trieda)* working class, *(ľud)* workpeople, **II.** ***podst*** m **2.** worker

pradávny *príd* **1.** ancient, *(prehistorický)* primaeval, *(zvyky)* age-long, as old as the hills

pradedo *m* **1.** great grandfather; **2.** ancestor

pradeno *s* **1.** skein, hank, bundle; **2.** *(prn: o vlasoch)* tuft

pradiar *m* **1.** spinner, cotton-spinner

pradiareň *ž* **1.** spinning house, *(závod)* spinning mill, spinnery, spinner

prah *m* **1.** *(spodok dverí, i psych, prn)* threshold, *(stav)* ground sill; **2.** *(skalnatá prekážka v rieke)* rapid, *(geog)* shelf, *(psych)* limen; **3.** *(prn)* edge

Praha *ž* **1.** Prague

prach *m* **1.** dust; **2.** *(strelný)* [gun]powder; **3.** *(uholný)* dust coal, **4.** *(páperie)* lint, **5.** *(kniž: telesné ostatky)* ashes, **6.** mn: **prachy**. *(hov: peniaze)* dough

prachovka *ž* **1.** duster, *(handra)* dustcloth, *(perová)* feather-duster; **2.** *(fľaška)* powder flask

prachovnica *ž* **1.** *(nádoba na strelný prach)* powder horn, powder flask; **2.** *(banka)* wide-mouth bottle, *(retorta)* retort

prachový *príd* **1.** *(i uhlie)* dust, *(koks)* powdered; **2.** *(zrno)* powder; **3.** *(sneh)* fluffy, **4.** *(perie)* downey

prajný *príd* **1.** *(priaznivý)* favourable, kindly, benevolent; **2.** *(žičlivý)* well-wishing

prak *m* **1.** sling, slingshot, shanghai; **2.** *(voj, histor)* catapult, onager, springal

praktický *príd* **1.** *(týkajúci sa praxe, účelný, obratný)* practical, *(týkajúci sa praxe)* applied; **2.** *(účelný, dobre využiteľný)* useful, handy; **3.** *(obratný)* practical-minded, **4.** *(lekár)* general practitioner [GP]

prakticky I. ***prísl*** **1.** practically, technically, **II.** ***časť*** **2.** *(v skutočnosti)* actually, as a matter of fact

praktik *m* **1.** *(kto sa prakticky vyzná)* expert, practician, **4.** *(hov: praktický lekár)* general practitioner [GP], medical practitioner [MD]

praktika *ž* **1.** practice; **2.** mn: **praktiky**. *(pej)* sharp practices, tricks, stragems

praktikant *m* **1.** *(remeselník)* apprentice; **2.** *(úradník)* probationer; **3.** *(právnik)* articled clerk, *(lekár)* intern

praktikum *s* **1.** object lesson, practical [lesson], practical training, *(ob am)* clinic

prales *m* **1.** *(nedoktnutý les)* [the] wildwood, prim[a]eval forest, *(tropický)* jungle, virgin forest

prám *m* **1.** border, trimming, gimp, braid, lace, *(fr)* passementrie

prameň *m* **1.** *(žriedlo)* spring, *(minerálny)* well, *(liečivý)* spa, *(i rieky, i prn)* well-head; **2.** *(vyvieranie rieky, i prn)* source, *(i informácií, i prn)* fountain-head; **3.** *(dokument)* source material, **4.** *(tex: ľanu, konope)* strand, **5.** *(prn: zdroj)* origin, *(príčina)* root

prameniť *ndk* **1.** *(vyvierať, i rieka)* to rise, to well, to head; **2.** *(kniž: mať pôvod/ základ v niečom)* to spring from, to stem from

pramenný *príd* **1.** source, spring, mineral; **2.** reference

pramica *ž* **1.** *(jednoduchý, plochý čln)* lighter, pra[a]m, flat[boat], *(väčší)* scow

pranie *s* **1.** washing, [wet] cleaning, laundering; **2.** laundry, wash

pranier *m* **1.** *(hist)* pillory, whipping post

pranierovať *ndk* **1.** *(verejne karhať: ob pass)* to pillory sb/st, to expose to public ridicule, *(satirou)* to satirize, *(odsudzovať: koho)* to brand sb

praotec *m* **1.** *(zakladateľ rodu)* primogenitor; **2.** *(dávny predok)* ancestor, progenitor; **3.** *(prastarý otec)* great grandfrather

prápor *m* **1.** *(voj)* battalion; **2.** *(zast: zástava)* flag, ensign

práporčík *m* **1.** warrant officer

prarodičia *m mn* **1.** great-grandparents

prasa *s* **1.** *(malá, mladá ošípaná)* piglet, porkling, shoat, *(ceckové)* suckling; **2.** *(nadávka)* pig

prasačina *ž* **1.** *(hovor: bravčovina)* pork, roast pig, obscenity; **2.** *(neslušnosť)* obscenity

prasiatko *s* **1.** *(mladé, malé prasa)* shoat, *(ceckové)* suckling; **2.** *(i o špinavom dieťati)* piggy; **3.** *(odraz slnečných lúčov)* dancing fairy

prask *cit* **1.** *(napodobňuje zvuk: úder, náraz, výstrel)* bang, *(: výstrel)* bum, *(: náraz)* crash, *(: zlomenie)* crack, *(: úder)* zap, *(: pád)* plonk, thump, thud, *(vo vode)* splosh

prasklina *ž* **1.** *(i v stene)* crack, *(úzka, i v skale)* crevice, *(v zemi/ skale)* fissure; **2.** *(chyba materiálu)* flaw

prasknúť *dk* **1.** *(dostať trhlinu, vydať zvuk: bičom)* to crack; **2.** *(roztrhnúť sa: bublina, rúra ap)* to burst, *(struna ap)* to snap; **3.** *(vydať praskavý zvuk: oheň)* to crackle, *(dverami)* to bang, **4.** iba dok *(hodiť)* to throw, **5.** *(škol sl: prepadnúť)* to fail, **6.** *(spadnúť)* to fall [down], **7.** *(vyjsť najavo)* to become known, **8.** *(byť na prasknutie)* to be bursting, *(ide mi hlava prasknúť: od bolesti)* my head is splitting, **9.** *(zr: udrieť)* to hit

prasknutý *príd* **1.** *(puknutý)* cracked, chipped; **2.** *(roztrhnutý)* burst, blown [out/ up], *(pneumatika)* flat

praskot *m* **1.** *(ohňa)* crackle, crackling; **2.** *(biča, samopalov)* cracking, *(samopalov)* rattling

praslen *m* **1.** *(bot, i tex)* whorl, *(bot)* verticil, spike; **2.** *(tex)* wharve

praslica *ž* **1.** spindle; **2.** *(hist)* distaff side, spindle side, *(hist)* rock

prastarý *príd* **1.** *(veľmi starý)* ancient, *(otec, matka)* great grand[ ]; **2.** *(pradávny)* prehistoric, primaeval, *(časy)* time immemorial

prašina *ž* **1.** *(choroba zvierat)* mange, demodectic mange, *(ob oviec)* [sheep] scab; **2.** *(človeka)* scabies

prášiť *ndk* **1.** *(robiť prach)* to raise dust; **2.** *(čo)* to dust; **3.** *(strieľať)* to throw, **4.** *(bežať)* to run

prašivec *m* **1.** mang[e]y animal, scabby/ mangy sheep; **2.** scabious person

práškovať *ndk* **1.** *(odb: mlieť na prášok)* to pulverize; **2.** *(posýpať práškom)* to dust, to powder, *(poľn)* to manure

práškový *príd* **1.** *(metalurgia, horčík, izolant)* powder, *(polievka, vápno, mydlo)* powdered, *(kvasnice)* powdery, *(cukor)* castor

prašný *príd* **1.** *(plný prachu)* dusty, *(cesta)* dirt; **2.** *(taký ako prach)* powdery; **3.** *(i tech, met)* dust[-]

prášok *m* **1.** *(mydlový, do pečiva, zubný, na pranie)* powder, *(diamantový. sklenený, zlatý, tehlový)* dust; **2.** *(liek)* tablet, pill

prať *ndk* **1.** to wash, to launder, *(v koryte)* to tub, *(v práčke)* to machine-wash

pratať *ndk* **1.** *(odkladať)* to put away, to lay aside; **2.** *(vyháňať)* to drive out, to expel

pravda *ž* **1.** truth, *(holá)* plain truth, *(svätá)* gospel truth, bare facts, *(hovoriť)* to speak/ to tell the truth, *(pravdu povediac)* to tell [you] the truth; **2.** *(zast: právo)* right

pravdaže *čast* **1.** *(potvrdzuje výpoveď)* clearly, surely, *(i ako samostatná replika - isteže)* [to be] sure, of course; **2.** *(ako samostatná replika - isteže)* and how

pravdepodobnosť *ž* **1.** probability, likelihood, chance, the odds; **2.** *(s najväčšou pravdepodobnosťou)* most likely, in all likelihood

pravdepodobný *príd* **1.** probable, likely, presumable, odds-on

pravdivý *príd* **1.** true; **2.** *(zodpovedajúci pravde)* truthful, *(ob pred)* true; **2.** *(správny)* right, *(attr)* true; **3.** *(skutočný)* real, *(attr)* true

práve I. *prísl* **1.** *(v tejto/ tej chvíli)* just, *(v tejto chvíli)* just now, *(v tej chvíli)* just then; **2.** *(presne)* exactly, quite, precisely, **II.** *čast* **1.** *(zdôr nasledujúce slovo)* the very, right, just, *(veď práve)* just so, *(práve preto)* just because, *(práve naopak)* just the opposite/ the contrary; **2.** *(v záp: zmierňuje negatívnosť výpovede)* not quite, not really, not exactly

pravica *ž* **1.** *(pravá ruka)* right hand; **2.** *(pravá strana)* right [hand] side; **3.** *(polit: konzervatívna strana)* the Right, *(pravé krídlo)* right wing

pravičiar *m* **1.** rightist, right-winger, conservative, *(ifm)* righty

pravidelne *prísl* **1.** *(v rovnakých intervaloch, súmerne)* regularly, on a regular basis; **2.** *(rovnomerne)* uniformly; **3.** *(zvyčajne)* usually

pravidelný *príd* **1.** *(podľa pravidla, v intervaloch, i lingv)* regular; **2.** *(v časových intervaloch sa opakujúci)* recurrent, *(výpis)* periodic; **3.** *(v intervaloch: vzorkovanie)* interval, **4.** *(normálny)* routine, **5.** *(podľa pravidla)* set, fixed, *(geom)* equiangular, **6.** *(rovnomerný)* uniform, steady, **7.** *(súmern: tvár)* symmetric[al], **8.** *(návštevník)* patron

pravidlo *s* **1.** *(predpis, i lingv, hry atď)* rule, *(predpis)* norm, regulation; **2.** *(všeobecné)* canon; **3.** *(zásada)* principle, **4.** *(spoločenské)* convention, *(zvyk)* custom

pravítko *s* **1.** rule, guide, *(logaritmické)* slide rule, *(tech: vodiace)* gib, *(am: stav)* lute

právnický *príd* **1.** juridical, *(fakulta)* law, legal; **2.** *(osoba)* juridical person, body corporate

právnička *ž* **1.** lawyer

právnik *m* **1.** *(jurista)* jurist; **2.** *(znalec práva, študent)* jurisprudent; **3.** *(advokát)* pozri **advokát**

pravnučka *ž* **1.** great-granddaughter

pravnuk *m* **1.** great-grandson

právny *príd* **1.** legal, law, lawyer['s], juridical; **2.** *(zástupca)* solicitor

právo *s* **1.** *(nárok, oprávnenie)* right [to/ of], *(nárok, i vlastnícke právo)* title; **2.** *(súhrn noriem)* jurisprudence, *(i štúdium)* law, *(v UK: obyčajové, zvykové)* Common Law; **3.** *(autorské)* copyright, **4.** *(stanné)* martial law, *(azylu)* sanctuary, *(volebné, hlasovacie)* suffrage

právomoc *ž* **1.** *(oprávnenie)* authority, competence, *(moc rozhodovať)* powers; **2.** *(súdna)* cognizance, jurisdiction; **3.** *(prn)* say-so

pravopis *m* **1.** orthography, spelling, *(fonetický)* phoneticism, *(nesprávny)* misspelling

pravopisný *príd* **1.** orthographic[al], spelling

právoplatnosť *ž* **1.** legal force, validity, *(dokumentu)* effectuality, *(rar)* effectualness

právoplatný *príd* **1.** valid, operative, lawful, legal, *(dokument)* effectual

pravosť *ž* **1.** authenticity, genuineness, rightness, canonicity

pravouhlý *príd* **1.** rectangular, right-angled, *(trojuholník)* right, *(predmet)* quadrate

pravý *príd* **1.** *(op: ľavý, skutočný, vhodný, i polit, geom)* right, *(op: ľavý)* right-hand;

2. *(polit)* rightist; **3.** *(nefalšovaný)* authentic, *(i prírodný)* genuine, *(i skutočný, chem, i prn: láska, priateľ)* true, **4.** *(skutočný, ozajstný)* real, **5.** *(vhodný, i mat)* proper, **6.** *(prírodný: hodváb)* natural, **7.** *(geol: žila)* dyke, **8.** *(na pravé poludnie)* at noon, *(v pravú chvíľu)* at the right moment

prax *ž* **1.** *(aplikácia v skutočnosti, činnosť)* practice; **2.** *(skúsenosť, i odpracované roky)* [practical] experience; **3.** *(činnosť)* profession, **4.** *(zaúčanie sa)* apprenticeship, **5.** *(odpracované roky v nejakom odbore)* [length of] service record

prázdninovať *ndk* **1.** to spend a holiday, *(br)* to holiday, *(am)* to vacation

prázdninový *príd* **1.** holiday, hol, *(am)* vacation, vacational

prázdniny *ž pomn* **1.** holidays, *(letné)* summer holidays, *(i súdne)* vacation, *(am)* summer vacation

prázdno I. ***podst*** *s* **1.** *(prázdny priestor)* void, **II.** ***prísl*** **2.** *(tupo, bezducho)* emptily, blankly, **III.** ***vet prísl*** **3.** *(byť)* to be deserted

prázdnota *ž* **1.** *(prázdny priestor, i duševná)* emptiness, *(prázdny priestor)* vacuum, *(pustota, i prn)* barrenness; **2.** *(prn)* nothingness

prázdny *príd* **1.** empty, vacant, blank, *(inf)* null; **2.** free, clear; **3.** unoccupied; **4.** *(prn)* commonplace, hollow; **5.** *(človek)* empty-headed

praženica *ž* **1.** scrambled eggs

praženie *s* **1.** frying, *(kávy, orieškov)* roasting, *(studne, šachty)* well casing, *(hut: redukčne)* air/ roasting reduction

pražiť *ndk* **1.** *(opekať na rozpálenom tuku)* to fry; **2.** *(páliť nasucho: kávu, mandle ap)* to roast; **3.** *(tech)* to kiln, **4.** *(hov: prudko hriať)* to scorch

pražiť sa *ndk* **1.** to fry, to be roasting/ frying, to be scorched; **2.** *(na pláži)* to roast

pre *predl* **1.** *(vyj: príčinu)* for: **pre nedostatok peňazí** *for want of money*; due to, on account of, on: **neprišiel pre chorobu** *he didn`t come on an illness*; from, about, thanks to, because of, owing to: **pre sucho je úroda slabá** *owing to the drought crops are short*; **2.** *(: cieľ, účel, zreteľ)* for: **pre pánov** *for gentlemen/ for men*; for the sake of, *(:zreteľ)* in favour of, pro; **dôvody pre a proti** *pros and cons;* **3.** *(pre prípad)* in case, against, *(*pre každý prípad)* in any case, at any rate, *(*pre istotu)* to be on the safe side, *(*zmysel pre humor)* a sense of humour, *(*pre mňa, za mňa)* I don't care, it's all one [for me], it's the same, I couldn't care less

prebaliť *dk* **1.** *(znova baliť)* to rewrap, *(tovar)* to repack; **2.** *(dať čistú plienku)* to change

prebehlík *m* **1.** *(i polit)* defector, turncoat, *(ifm)* ratter, *(am sl: polit)* flopper

prebehnúť *dk* **1.** *(behom prejsť: čo)* to run past, *(okolo, cez, i uplynúť)* to pass, *(cez)* to cross [over]; **2.** *(istú vzdialenosť)* to run; **3.** *(zľahka prejsť rukou)* to slide, **4.** *(rýchlo pozrieť: očami)* to run o's eyes over, **5.** *(na stranu protivníka)* to defect [to], **6.** *(prn: minúť sa: mysľou, hlavou)* to flash, **7.** *(uplynúť)* to go by, **8.** *(uskutočniť sa)* to come off, **9.** *(rozšíriť sa)* to spread

prebenda *ž* **1.** *(cirk: dôchodok, i beneficium)* prebend, *(anglik)* rectory; **2.** *(beneficium)* benefice, *(obročie)* benefit

preberať *ndk* **1.** *(triediť)* to sort [out]; **2.** *(brať jedno po druhom)* to go through; **3.** *(prijímať)* to take over, **4.** *(brať na seba)* to take over/ up, **5.** *(dôkladne prerokúvať)* to review, *(v mysli)* to ruminate, **6.** *(osvojovať si)* to adopt, **7.** *(kriesiť)* to bring sb round/ [am]around, **8.** *(vymaňovať z nejakého stavu)* to emancipate, **9.** iba dok *(vyberať: v jedle)* to pick at; **10.** *(hrať)* to play

preberať sa *ndk* **1.** *(prichádzať k vedomiu: zo spánku, i prn)* to wake up; **2.** *(: z mdlôb, i prn)* to come round, *(: zo šoku)* to recover; **3.** *(prehrabúvať sa)* to rummage

prebiehať *ndk* **1.** *(behom prejsť)* to traverse, to run around/ about, to cover; **2.** *(nejaký čas)* to pass

prebierka *ž* **1.** *(preberanie)* sorting, sorting-out, selective, picking, selection

prebíjať *ndk* **1.** to punch, to pierce, to crack, to overload, to overcharge, to overtrump, to push

prebíjať sa *ndk* **1.** to break through; **2.** to forge ahead; **3.** to have a hard time, to shift for oneself, **4.** to rub to along, to rough it, to fight one's way through, **5.** to fight, **6.** to hustle, **7.** to shift

prebiť *dk* **1.** to break; **2.** to crack, to punch, to pierce; **3.** to overtrump, **4.** to brain

prebiť sa *dk* **1.** to forge ahead, to break through, to force one's way to, to fight one's way to/ through; **2.** to muddle to through, to penetrate

prebodnúť *dk* **1.** *(nožom)* to stab, *(ostrým predmetom)* to pierce, *(parohami)* to gore, *(kopijou)* to spear

preboha *cit* **1.** for God's sake, for Heaven's sake, Heavens, oh my, gorblimey, gramercy

prebudiť *dk* **1.** *(zo spánku)* to wake, *(z mdlôb)* to bring round; **2.** *(prn: prebrať)* to stir; **3.** *(podnietiť)* to stimulate

prebudiť sa *dk* **1.** *(zo spánku)* to wake up, *(z mdlôb)* to come round; **2.** *(prn)* to stir

prebudovať *dk* **1.** *(budovu)* to rebuild, to reconstruct, *(i prn)* to reshape, *(prn)* to reorganize

prebytočný *príd* **1.** *(zásoby)* surplus, excess, superfluous, *(fml: i pracovník)* supernumerary

prebytok *m* **1.** *(i tovaru, peňazí)* surplus, *(ob peňazí)* overage; **2.** *(finančný)* financing surplus; **3.** overflow

precediť *dk* **1.** to strain, to pass through a sieve, *(kávu)* to filter; **2.** *(cez zuby)* to mutter, to grind out

precenenie *s* **1.** overvaluation, overestimation, overrating, overestimate

preceniť *dk* **1.** *(privysoko oceniť)* to overestimate, to overvalue, to overrate; **2.** *(znova oceniť)* to re-price

precestovať *dk* **1.** *(prejsť na dopravnom prostriedku)* to travel, to tour; **2.** *(stráviť cestovaním istý čas)* to spend [ ] travel; **3.** *(minúť peniaze na cestovanie)* to spend [ ] on travelling

precitlivelý **1.** *(i lek)* hypersensitive, oversensitive, *(lek)* allergic, *(prn)* touchy

precitnúť *dk* **1.** *(zo spánku)* to wake up, *(z mdlôb)* to come round, *(z preľaknutia)* to recover; **2.** *(prn)* to stir

preclenie *s* **1.** *(vymeranie cla)* imposition of duty; **2.** *(colné odbavenie)* clearance, clearing; **3.** *(clo)* customs

precliť *dk* **1.** *(vybrať, vymerať clo)* to impose duty; **2.** *(colne odbaviť)* to get customs clearance for; **3.** *(tovar)* to clear [goods], *(zaplatiť clo)* to pay duty on

preč *prísl* **1.** *(vyj odlúčenie, vzdialenie sa)* away, off, out; **2.** *(vyj vzdialenie sa)* past, over, along; **3.** *(vyj rozkaz/ želanie odstrániť)* out of, **4.** *(so slovesom: byť)* gone

prečerpať *dk* **1.** to transfer, * to pump into, * to repump; **2.** *(vyčerpať nad mieru)* to overexhaust, *(šekom)* to overdraw

prečesať *dk* **1.** to comb, to comb out, *(tex)* to gig, *(tkáč)* to raise; **2.** *(prn: prehľadať)* to comb through

prečiarknuť *dk* **1.** *(čiarou/ čiarami preškrtnúť)* to cross out/ through, to line [through], to mark out, to delete

prečin *m* **1.** misdeed, misdemeanour, transgression, improper conduct, wrongdoing

prečítať *dk* **1.** *(prejsť zrakom čítajúc)* to read over/ through; **2.** *(zast: spočítať)* to count

prečkať *dk* **1.** *(vyčkať do konca)* to wait till the end of, to wait out; **2.** *(prežiť)* to outlive, to outlast, to survive

prečnievať *ndk* **1.** *(presahovať: na stranu)* to protrude, to jut out; **2.** *(; do výšky)* to overtop, to overhang, *(hlavou: i prn)* to be/ to stand head and shoulder above s

prečo **I.** ***zám*** **1.** *(z akého dôvodu, s akým cieľom)* why, *(z akého dôvodu)* for what reason; **2.** *(s akým cieľom)* what for; **II.** ***prísl*** *(uvádza predmetovú vetu)* why; **III.** ***podst s nesk*** **3.** the why

pred *predl* **1.** *(označuje: miesto)* before,ahead of, in front of: **pred nami** *before* *us/ahead of us/in front of us*; **pred školou** *in front of the school*, in advance of: **mysliteľ, ktorý je ďaleko pred svojou dobou** *a thinker well in advance of his time*; under: **pred vlastnými očami** *under o.'s (very) eyes*; *(vonku)* outside: **pred kinom** *outside the cinema*; **čakať pred dverami** *to wait outside the door*; *(*pred dverami)* hard at hand; near: **pred Parížom** *near Paris*; **2.** *(: čas)* before: **pred vojnou** *before the war*; **pred Kristom/ pred Kristovým narodením** *before Christ B.C.*;facing: **pred voľbami** *facing elections/ before elections*; preliminary to, ago: **pred dvoma dňami** *two days ago*; back of: **dve storočia pred najstaršími anglickými textami** *two centuries back of the oldest English texts*; prior to: **pred odchodom** *prior to (our/his etc) departure*; *(arch)* ere, fore, afore; *(pred časom)* untimely/ prematurely; *(pred chvíľou)* just now,; **3.** *(vyj: sprievodné okolnosti, príčinu)* in front of, **4.** *(ako súčasť prek individuálne: chrániť)* against, *(tajiť, utekať)* from, *(lat: nobis/ judice/ populo)* coram

predaj *m* **1.** sale, vend, trading, merchandising, offer [for sale], *(maloobchodný)* retail

predajňa *ž* **1.** *(obchod)* shop, *(am)* store, outlet, *(lístkov)* booking office; **2.** *(miestnosť)* salesroom, *(oddelenie)* sales department; **3.** *(závodný)* company store

predajnosť *ž* **1.** saleability, vendibility, negotiability; **2.** venality, corruptibility

predajný *príd* **1.** *(súvisiaci s predajom: cena)* selling, *(pult, čas)* shop; **2.** *(i slúžiaci na predávanie: miestnosť)* sale[s]; **3.** *(na predaj)* on/ for sale, *(kt sa dá predať)* saleable, *(kt sa dá kúpiť)* buyable, *(žena)* common, **4.** *(úplatný)* venal, corruptible

predák *m* **1.** *(vedúci pracovnej skupiny)* foreman, team leader, [gang-]boss, *(smeny)* shifter; **2.** *(odborový)* shop-steward; **3.** *(prn)* fugleman

predať *dk* **1.** to sell, to trade, to vend, *(lacno, pod cenou)* to undersell, *(na dražbe)* to auction

predavač *m* **1.** *(v obchode)* shop-assistant, salesman, *(am)* sales clerk; **2.** *(pouličný)* hawker

predavačka *ž* **1.** shop-assistant, saleswoman/ lady, shop-girl, sales-girl

predávkovať *dk* **1.** to overdose

predbehnúť *dk* **1.** *(behom sa dostať pred niekoho, i prn)* to outrun, *(i chôdzou, autom)* to overtake, to get ahead of; **2.** *(v behu, i prn)* to outstrip; **3.** *(časove predstihnúť)* to precede, **4.** *(prn: prekonať)* to outdo

predbežne *prísl* **1.** preliminarily, in advance; **2.** *(dočasne)* for the time being, temporarily

predbežný *príd* **1.** *(konaný ako príprava)* preliminary, preparatory, first; **2.** *(dočasný)* provisional, interim

predbiehanie *s* **1.** passing, *(dop)* overtaking; **2.** *(prn)* racing; **3.** *(tech)* advance

predčasne *prísl* **1.** ahead [of time], in advance; **2.** prematurely, untimeously

predčasný *príd* **1.** *(uzávery, pôrod, smrť)* premature, *(smrť)* untimely, untimeous, *(zima)* early; **2.** *(splnenie)* ahead [of time]

preddavok *m* **1.** *(suma vydaná pred záručnosťou)* advance, *(na mzdu)* prest, *(na honorár: ob právnika; i záloha)* retainer; **2.** *(záloha: pri objednaní, nákupe)* deposit, down payment

predebatovať *dk* **1.** to debate, to dispute, to thrash over; **2.** *(debatovaním stráviť čas)* to spend [ ] in debating

predel *m* **1.** *(hranica)* dividing line; **2.** *(geogr: vodný, i prn)* watershed, *(am)* divide, *(horský)* ridge

prederaviť *dk* **1.** *(urobiť dieru)* to perforate, to puncture, to make a hole in, to hole, *(: diery)* to riddle

predhovor *m* **1.** *(autora)* preface; **2.** *(iného)* foreword; **3.** *(i predslov)* introduction, proem

predchádzajúci *príd* **1.** *(predošlý)* previous, preceding, *(i súhlas)* prior, *(fml: potvrdenie)* foregoing; **2.** *(bývalý)* former

predchádzať *ndk* **1.** *(predbiehať pri chôdzi)* to overtake, to pass; **2.** *(predchodiť)* to forestall; **3.** *(zabraňovať)* to prevent, to preclude, **4.** ***iba nedok*** *(uskutočňovať sa skôr)* to precede

predchodca *m* **1.** *(kto mal tú istú funkciu)* predecessor; **2.** *(kto pripravuje)* precursor, forerunner, harbinger

predchodiť *ndk* **1.** *(robiť niečo skôr než niekto iný)* to precede, to steal a march [on sb]; **2.** *(star: pripadať/ vzdať sa)* to seem, to apperar

predimenzovaný *príd* **1.** overlarge, overextended, overexpanded, overapplied

predimenzovať *dk* **1.** to overextend, to overrate, *(tech)* to overexpand, *(personálne)* to overstaff, *(ekon)* to overapply

prediskutovať *dk* **1.** to discuss thoroughly, to talk up/ over, to trash out, *(problém)* to worry out

predjedlo *s* **1.** *(pred hlavným jedlom)* starter, appetizer, *(fr: i medzi jedlami)* hors d'oeuvre, *(fr: medzi jedlami)* entreé

predkloniť sa *dk* **1.** to bend forward, to lean forward, *(rýchlo)* to duck

predkupný *príd* **1.** pre-emptive, *(právo)* pre-emption, [first] option, first refusal

predlaktie *s* **1.** forearm, radio-ulna

predloha *ž* **1.** *(vzor)* model, pattern, *(pôvodné dielo slúžiace za vzor)* original, *(práv: zákona)* bill; **2.** *(polyg)* prototype; **3.** *(tech: transmisia)* gearing

predlohový *príd* **1.** master, sample; **2.** *(tech: hriadeľ)* back/ lay shaft, *(tex: cievka)* supply bobbin

predloženie *s* **1.** presentation, submission, *(návrhu zákona)* commitment, *(formálne)* introduction

predložiť *dk* **1.** *(položiť pred niekoho: na inkasovanie)* to present; **2.** *(návrh)* to bring forward; **3.** *(predostrieť: úradne)* to file, *(písomnú prácu)* to hand in, **4.** *(ponúknuť)* to offer, *(položiť pred niekoho)* to lay before, **5.** *(zast: navhrnúť)* to propose

predložka *ž* **1.** *(gram)* preposition; **2.** *(menší pokrovec)* rug, *(pred vaňou)* bath mat; **3.** *(polyg)* space

predĺženie *s* **1.** *(časové, priestorové)* extension, *(časové)* continuation, *(termínu)* delay, *(zmenky, zmluvy)* renewal; **2.** *(priestorové, i šiat)* lengthening

predĺžený *príd* **1.** *(i časové: obligácia)* extended, *(i rukáv)* lengthened, *(priestorové)* expanded, *(i geom)* prolate; **2.** *(šport: čas)* extra time

predĺžiť *dk* **1.** *(časové, i priestorové)* to extend, *(tón, slabiku)* to dwell, *(lehotu)* to enlarge

predlžovať sa *ndk* **1.** to elongate, to extend, to lengthen, to draw out

predmestie *s* **1.** outskirts, the suburbs, suburbia, purlieu

predmestský *príd* **1.** suburban, town-end, uptown

predmet *m* **1.** *(vec)* object, item, *(obchodu)* article; **2.** *(objekt)* subject-matter; **3.** *(škol)* subject, **4.** *(lingv)* object

predmetový *príd* **1.** *(gram)* objective, *(veta, i opt, inf)* object, *(sloveso)* transitive; **2.** *(knih: katalóg, register)* subject, *(register)* analytical, *(popis)* subject-word, *(tech)* anvil

predminulý *príd* **1.** *(post)* before last; **2.** *(gram: čas)* pluperfect

prednášať *ndk* **1.** *(hovoriť na verejnosti)* to speak; **2.** *(na vysokej škole)* to lecture; **3.** *(recitovať)* to recite, **4.** *(zast: ústne predkladať)* to present

prednášateľ *m* **1.** lecturer, speaker, talker

prednáška *ž* **1.** *(verejný prejav)* discourse, *(moralizujúci)* sermon, *(cirk)* homily, *(rozhlasová)* talk; **2.** *(na vysokej škole)* lecture, *(s použitím tabule)* chalk-talk, *(cyklus prednášok)* college

prednes *m* **1.** *(literárneho/ hudobného diela)* rendition, performance, delivery, *(literárneho diela)* recitation; **2.** *(hudobného diela)* execution

predniesť *dk* **1.** *(povedať na verejnosti)* to deliver; **2.** *(vysloviť: fml)* to present; **3.** *(zarecitovať)* to recite, **4.** *(na hudobnom nástroji)* to execute

prednosť *ž* **1.** *(nárok na popřednejšie miesto, i miesto)* priority [over sb/ st], *(nárok*

na poprednejšie miesto) precedence [over sb/ st], *(v jazde)* right of way; **2.** *(klad, dobrá vlastnosť)* virtue, merit
prednostne *prísl* **1.** preferentially
prednostný *príd* **1.** priority, preferential, *(ekon: pohľadávka)* preferred, *(ponuka)* preference; **2.** *(práv: právo)* precedence
predný *príd* **1.** *(umiestnený vpredu, i voj)* front, frontal, anterior, fore[-]; **2.** *(prn: popredný)* leading, *(dôležitý, významný)* paramount; **3.** *(sklo: auta)* windshield, *(svetlo)* headlight
predohra *ž* **1.** *(hud, i prn)* overture, prelude; **2.** *(prn)* opening, *(k vážnemu rozhovoru)* prolusion
predok *m* **1.** ancestor, forebear; **2.** *(predná časť)* front, *(i lode)* head; **3.** *(lode)* prow
predom *prísl* **1.** in advance, beforehand, forward
predoslať *dk* **1.** to start [off] by saying, to premise, to preface; **2.** *(vopred upozorniť)* to forewarn
predošlý *príd* **1.** *(predchádzajúci)* previous, antecendent, former, past; **2.** *(minulý)* last
predovšetkým *časť* **1.** *(ponajprv)* primarily, first[ly]; **2.** *(najmä)* above all, mainly
predpažiť *dk* **1.** to stretch arms forward, to front-arm
predpis *m* **1.** *(záväzné písomné nariadenie)* regulation[s]; **2.** *(i pravidlo konania)* rule, *(mravný)* precept; **3.** *(vymeranie)* rating, **4.** *(lekársky)* prescription, **5.** *(kuchársky)* recipe
predpísaný *príd* **1.** prescribed, regulation, mandatory, standard
predpísať *dk* **1.** *(prikázať, naordinovať, i termín, učivo)* to prescribe, *(prikázať)* to order, *(nariadiť)* to impose; **2.** *(napísať ako vzor)* to write up a model
predpisovať *ndk* **1.** to prescribe; **2.** to dictate; **3.** to order, **4.** to provide, **5.** to diet
predplatiť *dk* **1.** to subscribe, to take out a subscription, to prepay; **2.** to book in advance
predplatiteľ *m* **1.** subscriber
predplatné *s* **1.** subscription, subscription rate, subscrition fee
predplatný *príd* **1.** subscription, prepayment, *(lístok)* season ticket, subscription ticket
predpojatosť *ž* **1.** prejudice, blas; **2.** partiality; **3.** preconceived, **4.** bias, **5.** prepossession
predpojatý *príd* **1.** prejudiced, biased, partial, one-sided
predpoklad *m* **1.** *(domnienka)* assumption, expectation, anticipation; **2.** *(podmienka)* condition, prerequisite, requirement
predpokladaný *príd* **1.** *(hodnota, zamestnanosť)* expected, presumed, *(zaťaženie)* assumed, *(pokles)* probable, *(prúd)* prospective, *(inf: chyba)* eligible; **2.** antecedent
predpokladať *ndk* **1.** *(s istotou očakávať)* to assume, to presume, to expect, to trust; **2.** *(vyžadovať)* to require
predpoludním *prísl* **1.** before noon, before lunch, in the morning, this morning
predpona *ž* **1.** prefix, prefixture, preformative, affix, *(privatívna)* privative
predposledný *príd* **1.** last but one, next to the last, *(slabika)* penult[imate]; **2.** magpie
predpotopný *príd* **1.** *(i prn)* antediluvian, prehistoric, *(i prn pej)* troglodytic, *(sl)* square
predpoveď *ž* **1.** forecast, prevision, prediction, prognostication
predpovedať *n/dk* **1.** to predict, to forecast, to prognosticate, to foretell
predpredaj *m* **1.** advance sale, advance booking; **2.** *(miesto predaja)* booking office, ticket office
predrať sa *dk* **1.** to force one's way [through], to wedge os, to thrust through/ forward, *(cez dav)* to elbow o's way [through]
predražiť *dk* **1.** *(tovar)* to over-price, to overcharge, *(nájomné)* to overrent, *(v dražbe)* to outbid
predražovať *ndk* **1.** to overcharge, to profiteer; **2.** to surcharge; **3.** to overcharge

predsa I. *časť* **1.** *(uvádza vetu: veď, naozaj)* indeed, well,[then], why!; **2.** *(zdôrazňuje očakávané stanovisko: aj tak)* really, *(v záp)* not at all; **3.** *(: opačné stanovisko)* after all, **4.** *(: platnosť výpovede/ vetný člen)* just, **II.** *spoj* **5.** *(vyj odporovací vzťah)* nevertheless, yet, still, though, however

predsavzatie *s* **1.** resolution, *(fml)* resolve

predseda *m* **1.** president, chairman, chairperson, *(vlády)* prime minister, *(poroty)* foreman, *(triedy)* captain, *(synodu)* prolocutor

predsedať *ndk* **1.** to preside, to be in the chair, to sit in the chair, to take the chair, to chair

predsednícky *príd* **1.** *(týkajúci sa predsedu)* presidential, chair; **2.** *(týkajúci sa predsedníctva)* presidency, chairmanship

predsedníctvo *s* **1.** *(úrad, funkcia)* presidency, chairmanship; **2.** *(orgán)* board [of directors], administrative committee

predsieň *ž* **1.** *(bytu, domu)* [entrance-]hall, *(predizba)* antechamber, *(do verejnej miestnosti)* lobby, *(i anat: ucha, pošvová)* vestibule

predslov *m* **1.** *(ku knihe: ob autora, úvodné slovo)* preface, *(úvod)* introduction, *(krátky)* preamble, proem, *(ku knihe: ob vydavateľa/ iného)* foreword

predstava *ž* **1.** *(obraz v pamäti)* [mental] picture, visualization; **2.** *(poňatie/ názor)* concept[ion], notion; **3.** *(obraz utvorený fantáziou)* fantasy, **4.** representation

predstavenie *s* **1.** performance, show, presentation, *(filmové)* showing

predstavenstvo *s* **1.** *(výkonný a správny orgán)* directorate, board of directors, executive board, *(výbor)* committee, *(arch)* direction

predstavený *m* **1.** *(vedúci)* head, director, principal, *(ifm)* boss; **2.** *(kláštora)* the Father Superior

predstaviť *dk* **1.** *(zoznámiť)* to introduce; **2.** *(predviesť)* to present, *(znázorniť)* to represent

predstaviť sa *dk* **1.** *(uviesť svoje meno)* to introduce os [to]; **2.** *(prejaviť sa)* to show os; **3.** *(i predstúpiť)* to present os

predstaviť si *dk* **1.** *(urobiť si predstavu)* to imagine, to conceive, to visualize; **2.** *(v 2 os: prestav/ te si)* fancy that

predstaviteľ *m* **1.** representative, exponent; **2.** player, personator

predstaviteľný *príd* **1.** presentable; **2.** imaginable, conceivable, thinkable

predstieranie *s* **1.** simulation, pretence, make-believe, mock-up

predstieraný *príd* **1.** pretended, affected, make-believe, put-up

predstierať *ndk* **1.** to simulate, to pretend, to feign, to make-believe, to affect

predstih *m* **1.** *(prekročenie plánovaného stavu)* prematureness, *(v predstihu)* in advance; **2.** *(náskok)* advantage, start; **3.** *(tech: zapaľovania)* spark advance

predstihnúť *dk* **1.** *(predbehnúť)* to outrun, *(i prn: prevýšiť)* to outstrip; **2.** *(prevýšiť, prekonať)* to surpass; **3.** *(urobiť skôr ako iní/ predísť)* to precede, **4.** *(prn)* to outclass

predsudok *m* **1.** prejudice, preconception, bias, preconceived idea

predškolský *príd* **1.** *(vek, výchova)* preschool

predtlač *ž* **1.** *(text)* preprinted form; **2.** *(vzor na ručnú prácu)* pattern, pattern stencilling, pattern printing

predtucha *ž* **1.** *(tušenie)* feeling, *(dobrá, radostná)* anticipation, *(ob zlá)* premonition, *(fml: ob zlá)* presentiment, *(ifm)* hunch

predtým *prísl* **1.** *(pred istým časom)* before, *(skôr)* previously, formerly, *(kedysi)* once; **2.** *(dávno predtým)* long before

predurčenie *s* **1.** predetermination, predetermining, predestination, preordaining

predurčiť *dk* **1.** *(i náb)* to predestine, *(ob pass)* to preordain, *(osudom)* to fate, *(náb)* to predestinate

predvádzať *ndk* **1.** to demonstrate, to present, to perform; **2.** to interpret, to show, to xecute; **3.** to trot out, **4.** to put out, **5.** to put up, **6.** *(eko)* perform, **7.** to render

predvčerom *prísl* **1.** the day before yesterday

predvečer *m* **1.** *(i prn)* eve, *(i prn)* vigil; **2.** *(prn)* threshold; **3.** *(podvečer)* twilight

predvedenie *s* **1.** presentation, demonstration, exposition, performance

predvídanie *s* **1.** anticipation, foresight, forecasting, presentiment, prescience

predvídať *ndk* **1.** to foresee, to envisage, to anticipate, *(predpokladať)* to expect, *(s obavou)* to apprehend

predvlani *prísl* **1.** the year before last

predvolanie *s* **1.** call, calling; **2.** *(súdne)* summons, subpeona

predvolať *dk* **1.** to summon, to call forth; **2.** *(na súd)* to summons, to subpoena

predvoľba *ž* **1.** *(tech)* preselection, preset; **2.** *(smerové číslo)* dialling code, *(am)* area code

predvolebný *príd* **1.** *(reči, fígle)* pre-electoral, *(kampaň)* election; **2.** *(agitácia)* electioneering, *(schôdza)* convention

predzvesť *ž* **1.** *(znak toho, čo bude)* foreshadow, [fore]token, *(rhet)* harbinger, *(osudná)* omen; **2.** *(žel: návestidlo)* advance signal

prefíkanosť *ž* **1.** slyness cunning; **2.** policy

prefíkaný *príd* **1.** sly, cunning, wily, shrewd

prefrčať *dk* **1.** to flit by, to brush, to past, to dash through; **2.** to flash

preglejka *ž* **1.** plywood, glued board

prehádzať *dk* **1.** *(nahádzať jedno cez druhé)* to huddle, *(hádzaním premiestniť)* to toss over, *(uviesť do neporiadku)* to jumble, *(prekutať)* to ransack

preháňadlo *s* **1.** purgative, evacuant, *(mierne)* laxative, *(silné)* scour

preháňať sa *ndk* **1.** to chase; **2.** to chase one another; **3.** to play tag, **4.** to race, **5.** to scuttle, to scurry, to overwork, to overexert oneself, **6.** to scud

prehánka *ž* **1.** *(náhly, krátko trvajúci dážď)* shower [of rain], *(i snehová)* scud, *(a veterná)* scurry; **2.** *(snehová)* shower of snow

prehľad *m* **1.** *(zhrnutie informácií)* survey, *(i historický)* outline, review; **2.** *(správ)* roundup, *(pred televíznymi novinami)* [news] headlines; **3.** *(resumé)* digest, synopsis, **4.** *(znalosti)* knowledge of facts

prehľadať *dk* **1.** *(prekutať s cieľom nájsť: izbu, dom)* to search [thoroughly], *(i zásuvky)* to rummage, *(človeka)* to frisk; **2.** *(inf)* to browse; **3.** *(prn)* to hunt

prehľadávanie *s* **1.** rummage, searching, scanning; **2.** *(úradné)* search

prehľadný *príd* **1.** clear, synoptic, surveyable, easy to survey/ review; **2.** summary, distinct, clearly arranged, easily reviewed

prehlásiť *dk* **1.** to putshot; **2.** to shift as vowels; **3.** to predicate, **4.** to vote, **5.** to enunciate, **6.** to condemn, **7.** to vow

prehĺbiť *dk* **1.** *(urobiť hlbším, i prn)* to deepen, to make deeper; **2.** *(prn)* to plumb, to enhance

prehliadať *ndk* **1.** to search; **2.** to examine, to inspect, to look over, to check; **3.** to review, **4.** to look, **5.** to overlook, **6.** to pass by

prehliadka *ž* **1.** *(i technická, vojenská)* inspection, *(i lekárska, colná)* examination, *(lekárska)* medical, *(domová, bytová, batožiny)* search, *(vojenská, i loďstva)* review, *(mesta)* sightseeing tour; **2.** *(predvádzanie)* display, *(módna)* fashion parade

prehliadnuť *dk* **1.** *(dôkladne si pozrieť)* to inspect, to examine, **2.** *(nezbadať)* to overlook

prehliadnutie *s* **1.** examination, inspection, survey; **2.** oversight

prehltnúť *dk* **1.** to swallow, *(rýchlo)* to gulp, *(slzy)* to keep back, to wink back/ away

prehlušiť *dk* **1.** *(prekonať silnejším hlasom)* to outvoice, *(tónom)* to overtone, *(hlukom)* to outthunder; **2.** *(prn)* to stifle

prehnaný *príd* **1.** excessive, exaggerated, exorbitant, *(cena)* extortionate

prehnať *dk* **1.** *(zveličiť v reči/ počínaní)* to exaggerate, *(v počínaní)* to overdo; **2.** *(hnaním dopraviť zviera cez)* to drive through/ across; **3.** *(prinútiť k činnosti)* to urge sb on, **4.** **[!]** *(neos: spôsobiť hnačku)* to have a motion, **5.** iba nedok *(šikanovať)* to victimize

prehnúť *dk* **1.** to bend over, to fold down/ back/ over; **2.** *(zložiť na dvoje)* to bend in half, to double

prehnúť sa *dk* **1.** to sag, to arch, to flop over, to open up, to give to

prehodnotenie *s* **1.** re-evaluation, reappraisal, reassessment; **2.** over-valuation

prehodnotiť *dk* **1.** to re-evaluate, to reappraise, to reassess; **2.** to overvalue

prehovárať *ndk* **1.** to reason with, to prevail upon, to dissuade; **2.** to cajole; **3.** to persuade, **4.** to tempt

prehovoriť *dk* **1.** *(ozvať sa)* to speak [out], *(povedať niečo)* to say; **2.** *(porozprávať sa)* to [have a] chat; **3.** *(prihovoriť sa)* to address, **4.** *(presvedčiť)* to persuade, to talk sb into/ out of, **5.** *(mať prejav)* to make a speech

prehra *ž* **1.** *(neúspech v hre)* loss, *(i volebná)* defeat; **2.** *(prn)* failure, fiasco

prehrabať *dk* **1.** to dig up, to rake; **2.** to ransack; **3.** to rake through, **4.** to rake, **5.** to stir

prehradiť *dk* **1.** to partition, to divide, *(múrom)* to wall off, *(rieku)* to dam

prehrať *dk* **1.** to lose, *(v hazardných hrách)* to play away, to gamble off; **2.** *(zahrať)* to play over

prehrešiť sa *dk* **1.** to sin, to transgress, to offend; **2.** to offence; **3.** to offense

prehŕňať *ndk* **1.** to finger, to hadle; **2.** to turn; **3.** to leaf

prechádzka *ž* **1.** *(voľná chôdza)* walk, *(pomalá)* stroll, *(bez cieľa)* saunter, *(zdravotná)* leg-stretcher, *(a pravidelná)* constitutional

prechladnúť *dk* **1.** to catch a cold

prechmat *m* **1.** *(nedopatrenie)* slip, blunder, *(: ktoré niekoho poškodzuje)* misdemeanour, wrongdoing

prechod *m* **1.** *(pohyb cez niečo)* passage, *(i preprava)* transit; **2.** *(prechádzanie z jedného stavu)* transition, *(zmena)* change[-over]; **3.** *(preprava)* transport, **4.** *(medzistupeň)* interstage, **5.** *(lek: klimaktérium)* the menopause

prechodiť *dk* **1.** to pass; **2.** to walk, to cross; **3.** to spend in walking

prechodne *prísl* **1.** temporarily, transitively, interim, lock-up

prechodník *m* **1.** *(gram)* gerund

prechodný *príd* **1.** *(dočasný)* temporary, provisional; **2.** *(týkajúci sa obdobia prechodu)* transitional; **3.** *(i odpor)* intermediate, **4.** *(čas, rovnováha, i ele: reaktancia, prúd)* transient, **5.** climacteric

prechovávať *ndk* **1.** to receive; **2.** to shelter; **3.** to cherish, to entertain, **4.** to nourish, **5.** to bear, **6.** to entertrain, **7.** to nurture, **8.** to foster

prejav *m* **1.** *(vyjadrenie správaním, rečou)* expression, manifestation, *(správaním)* demonstration, *(rečou)* profession; **2.** *(stvárnenie)* performance; **3.** *(reč)* speech. **4.** *(sloboda prejavu)* freedom of speech

prejaviť *dk* **1.** *(dať najavo, preukázať)* to show, to manifest, to demonstrate; **2.** *(vyjadriť)* to express, to utter

prejavovať sa *ndk* **1.** progr of prejaviť sa, to prove; **2.** to peep; **3.** to wear, **4.** to find, **5.** to tell

prejazd *m* **1.** *(prejdenie jazdou)* transit, *(i jazdná dráha)* thoroughfare, *(dráha)* passage [through], *(zakázaný)* no thoroughfare; **2.** *(železničný)* level crossing, *(nechránený)* level crossing without gate

prejsť *dk* **1.** *(vykonať cestu pešo)* to pass [along/ by/ through/ on ...]; **2.** *(obísť, minúť)* to pass [by]; **3.** *(prekonať istú vzdialenosť)* to go, **4.** *(dostať sa/ preniknúť)* to pass trough, **5.** *(podrobiť sa niečomu)* to undergo, **6.** *(pominúť: i o stavoch, nálade, čase)* to pass, **7.** *(o čase)* to go by, **8.** *(prebehnúť)* to pass off, **9.** *(zmeniť pracovisko, školu)* to move; **10.** *(zraniť, zraziť/ zabiť vozidlom)* to run over; **11.** *(čím po čom)* to run; **12.** *(prezrieť/ prebrať)* to look over; **13.** *(prechodiť, pochodiť)* to traverse; **14.** *(byť prijatý, obstáť na skúškach)* to pass; **15.** *(začať niečo iné)* to switch [to]

prekaziť *dk* **1.** *(znemožniť, zabrániť)* to foil, to thwart, to baulk, *(fml)* to confound

prekážať *ndk* **1.** *(byť v ceste)* to be in the way of, *(zavadzať)* to obstruct, to inconvenience; **2.** *(brániť)* to hinder, *(ob pass)* to hamper

prekážka *ž* **1.** *(predmet, i prn, i šport)* obstacle, obstruction, *(i prn)* barrier, *(na ceste)* [road]block; **2.** *(prn)* impediment, drawback; **3.** *(šport)* hurdle

preklad *m* **1.** *(preloženie i text)* translation, *(preloženie)* rendering; **2.** *(text)* version; **3.** *(tech: inf)* interpretation, *(stav)* lintel

prekladací *príd* **1.** translating, translator; **2.** *(i žel)* transfer; **3.** reloading

prekladanie *s* **1.** translating; **2.** reloading, relocation, transferring, transfer, transloading, transshipment, transreloading

prekladateľ *m* **1.** translator

prekladisko *s* **1.** loading point; **2.** loading station, reloading station; **3.** harbour of transshipment

prekládka *ž* **1.** *(tovaru)* reloading, transloading, transfer, replacement, change over; **2.** *(nám)* transshipment

prekladový *príd* **1.** *(stav)* trabeated, lintel; **2.** *(slovník)* bilingual, *(inf: tabuľka)* translation

preklenúť *dk* **1.** *(klenbou, mostom)* to [over]span, *(klenbou)* to [over]arch, *(mostom)* to bridge over; **2.** *(kniž: prekonať)* to overcome

preklep *m* **1.** misprint, typo[graphical error], typing error; **2.** clerical error

preklepať *dk* **1.** to type up; **2.** to retype; **3.** to tap, to percuss

prekliať *dk* **1.** to [utter a] curse, to damn, to imprecate, *(lit)* to anathematize

prekonať *dk* **1.** *(zdolať, premôcť)* to overcome, to surmount; **2.** *(prevýšiť)* to surpass [sb/ st], to improve upon st, *(rekord)* to break; **3.** *(poraziť)* to beat, **4.** *(zažiť)* to outlive

prekonávať *ndk* **1.** to outbrave, to outclass, to outmatch, to pass

prekontrolovať *dk* **1.** *(skontrolovať)* to check up, *(dôkladne)* to countercheck, to double-check, *(účty)* to audiť

prekopať *dk* **1.** to dig up; **2.** to dig through; **3.** to till, **4.** to loosen, **5.** to spade, **6.** to tunnel

prekročiť *dk* **1.** *(prejsť cez niečo)* to cross; **2.** *(prestúpiť)* to trespass; **3.** *(presiahnuť: i dovolenú rýchlosť)* to exceed, **4.** *(prevýšiť)* to surpass

prekrúcať *ndk* **1.** to distort, to twist; **2.** to chicane; **3.** to contort, **4.** to misrepresent, **5.** to twist, **6.** to garble, **7.** to juggle, **8.** to prevaricate

prekrucovať *ndk* **1.** to mis-state; **2.** to pervert; **3.** to warp, **4.** to wrench, **5.** to wrest

prekrútený *príd* **1.** distorted; **2.** twisted; **3.** changed, **4.** turned, **5.** wry, **6.** perverse

prekrútiť *dk* **1.** *(pretočiť)* to screw up, *(oči)* to turn [over/ round/ up]; **2.** *(krútením poškodiť: skrutku)* to overturn; **3.** *(zmeniť zmysel)* to distort, **4.** *(znova nakrútiť filmové scény)* to re-shoot

prekryť *dk* **1.** to hide; **2.** to overlap, to conceal, to overfold

prekrývanie *s* **1.** super[im]position, overlapping, overlap, overlay

prekrývať *ndk* **1.** to superimpose, to superpose, *(inf)* to overlay, *(inf)* to overlap, *(ban)* to roof, to offset, to lap

prekrývať sa *ndk* **1.** *(schovávať sa)* to hide; **2.** *(zhodovať sa)* to overlap, to lap over; **3.** *(prn: stotožňovať sa)* to identify

prekúriť *dk* **1.** to overheat; **2.** to drive, to rush; **3.** to squander, **4.** to overdo

prekvapenie *s* **1.** *(neočakávaná vec/ udalosť)* surprise, *(udalosť)* turn-up; **2.** *(údiv)* astonishment, amazement

prekvapiť *dk* **1.** *(udiviť)* to surprise, to astonish, to amaze; **2.** *(neočakávane zastihnúť)* to take by surprise

prekvitať *ndk* **1.** to flourish; **2.** to bloom; **3.** to prosper, **4.** to thrive, **5.** to flower

prekypovať *ndk* **1.** *(vylievať sa z nádoby, i prn)* to overflow, *(pri vare)* to boil over; **2.** *(prn o citoch: prudko sa prejaviť)* to burst, *(čím)* to burst with

prelet *m* **1.** flight over; **2.** overflight; **3.** cross-country flight, **4.** flash, crossing, **5.** flit, **6.** flight, **7.** passage, **8.** fly

preletieť *dk* **1.** to fly across; **2.** to flash through, to cross; **3.** to glide, to pass, to elapse, **4.** to run

preletovať *ndk* **1.** to fly across; **2.** to whiz by; **3.** to spend the summer, **4.** to flit, **5.** to float, **6.** to dart, **7.** to rove

preliačina *ž* **1.** depression; **2.** hollow; **3.** inverted tapeworm, **4.** scolex, **5.** bladder, **6.** inverted sac, **7.** recess

prelietavý *príd* **1.** *(zool: vtáky)* migratory; **2.** *(nestály)* inconstant, fickle; **3.** *(kniž: krátky)* fleeting

prelietnuť *dk* **1.** *(vykonať let cez niečo)* to fly across, *(vykonať let nad niečím)* to fly over, *(rýchle preletieť)* to fly [past/ across]; **2.** *(mihnúť sa)* to flash

prelom *m* **1.** *(kniž: náhla zmena)* sudden change, *(zvrat)* turn-about; **2.** *(i voj: prerazenie obranného postavenia)* breakthrough; **3.** *(kniž: výrazné rozhraničenie)* turning point

prelomiť *dk* **1.** *(i prn)* to break, *(prudko)* to snap, *(ifm, i prn)* to bust; **2.** *(prn: premôcť)* to overcome; **3.** *(ľady)* to break the ice

preloženie *s* **1.** transfer, translation, shift, relocation

preložiť *dk* **1.** *(premiestniť)* to move; **2.** *(o ťažkých nákladoch)* to unload; **3.** *(položiť cez niečo)* to place st across st, **4.** *(zložiť)* to fold [down/ back/ over], **5.** *(určiť iné pôsobisko)* to transfer, **6.** *(presunúť na iný čas)* to postpone, **7.** *(uložiť medzi niečo, i polyg)* to interlay, **9.** *(do iného jazyka)* to translate

prelud *m* **1.** *(zmyslový klam, mylná predstava)* illusion, *(zmyslový klam)* vision, *(mylná predstava)* delusion, phantasm[a]

preľudnený *príd* **1.** *(krajina)* overpopulated, overpeopled, *(mesto, miesto)* overcrowded, congested

premáhať *ndk* **1.** to overcome, to overpower; **2.** to quell; **3.** to quench, **4.** to superior, **5.** to suppress, **6.** to tame, **7.** to tide over, **8.** to wear down, **9.** to prostrate

premárniť *dk* **1.** *(zbytočne utratiť/ stráviť čas, i prn)* to waste, *(hlúpo)* to fritter away, *(zbytočne utratiť)* to squander; **2.** *(zbytočne stráviť čas)* to dawdle, *(neužitočne:)* to idle away

premávať *ndk* **1.** *(jazdiť sem a tam)* to run, to operate, to transport; **2.** *(pravidelne)* to ply

premávka *ž* **1.** traffic, transport communication, *(mestská)* urban traffic; **2.** *(zast: doprava)* transport

premena *ž* **1.** change, alteration, modification; **2.** *(na niečo iné, i tech: fázy, vidu, energie)* conversion, shift-over; **3.** *(biol)* metamorphosis

premeniť *dk* **1.** to change, to alter, to turn, *(celkom)* to transform; **2.** *(zmeniť na niečo iné)* to convert; **3.** *(rozmeniť)* to change, *(am)* to break, **4.** to metamorphose

premeniť sa *dk* **1.** to change, to alter, to turn, to transform

premenlivosť *ž* **1.** variability

premenlivý *príd* **1.** *(i vietor)* variable, *(i počasie)* changeable, inconstant, changing, *(ekon)* liquid

premenná *ž* **1.** *(mat, inf, eko)* variable, variable quantity, varying quantity, *(nezávislá)* independent variable, argument

premenný *príd* **1.** *(veličina, náklady, i astron: hviezda)* variable, varying, metamorphic, metabolic, transmutative

premerať *dk* **1.** to measure; **2.** to re-measure; **3.** to estimate, **4.** to size up, **5.** to scan, **6.** to compare with, **7.** to gauge, **8.** to eye

premeškať *dk* **1.** *(prísť o niečo)* to miss, *(spôsobiť si stratu)* to throw away, *(: nevykonaním)* to pass up, *(: nevyužitím)* to let slip; **2.** *(nechať plynúť čas)* to let go by

premet *m* **1.** *(šport: so skokom)* vault, *(vo vzduchu)* flip, *(i v zemi)* somersault, *(s pomocou rúk)* handspring; **2.** *(let: looping)* loop[ing]

prémia *ž* **1.** ob mn: **prémie** *(doplnková mzda)* bonus, *(výkonnostná)* incentive pay; **2.** *(ekon: vývozná)* drawback; **3.** *(odmena)* reward, *(v súťaži)* prize, **4.** *(darček)* giveaway, **5.** *(zast: poistné)* premium

premieňať *ndk* **1.** to reduce; **2.** to resolve; **3.** to convert

premieňať sa *ndk* **1.** to change, to alterante; **2.** to resolve; **3.** to transform

premiér *m* **1.** Premier, Prime Minister, prime minister

premiestniť *dk* **1.** to remove, to displace, to transfer, to relocate

premiešať *dk* **1.** to mix; **2.** to shuffle; **3.** to mix up, **4.** to rouse

premietací *príd* **1.** projecting, projection, projector, screen

premietať *ndk* **1.** to show; **2.** to project, to reflect; **3.** to ponder, **4.** to screen to

premietnuť *dk* **1.** to project, to screen, *(v kine)* to put on, to release

premisa *ž* **1.** *(log)* premiss, premise, *(sylogizmu)* minor premise; **2.** *(prn)* assumption, *(filoz)* reason

premlčanie *s* **1.** *(strata práva)* forfeiture, *(i nároku)* lapse, *(žaloby)* limitation, *(stíhania)* negative prescription

premlčať *dk* **1.** *(mlčaním stráviť istý čas)* to pass [ ] in silence; **2.** *(práv)* to lapse, *(právo)* to forfeit, *(trestný čin)* to become subject to prescription

premlieť *dk* **1.** to grind; **2.** to grind thoroly, to grind anew; **3.** to over

premlieť sa *dk* **1.** to grind thoroughly; **2.** to be grounded; **3.** to stream by, **4.** to pass by, **5.** to take place, **6.** to occur

premoknúť *dk* **1.** *(veľmi zmoknúť)* to get/ to become drenched; **2.** *(nasiaknuť vlhkosťou)* to get wet; **3.** *(o tekutine/ vlhkosti)* to leak, to penetrate

premostenie *s* **1.** bridging, bridge, *(ele)* bypass, *(bočníkom)* shunting

premostiť *dk* **1.** to bridge, to pontoon, *(ele)* to by-pass, *(bočníkom)* to shunt

premôcť *dk* **1.** *(prekonať: prekážku, i fml: poraziť)* to overcome, *(poraziť)* to overpower, *(i opanovať: ob pass)* to overwhelm; **2.** *(prekonať)* to suppress, to repress; **3.** *(opanovať)* to seize

premrhať *dk* **1.** to waste, to squander, to dawdle, to eat up, to guzzle, to mis-spend

premrštený *príd* **1.** exorbitant, exaggerated; **2.** exacting; **3.** extravagant, **4.** exaction

premrznúť *dk* **1.** to get thoroughly cold; **2.** to chill

premyslený *príd* **1.** *(dôkladne uvážený: plán)* [well] thought-out, elaborate; **2.** *(vopred naplánovaný: útok, vražda)* premeditated; **3.** *(cieľavedomý: akcia)* resolute

premyslieť *dk* **1.** *(dôkladne rozvážiť)* to think [st] over; **2.** *(myslením stráviť)* to meditate; **3.** *(zr: rozhodnúť sa)* to make up o's mind

premýšľanie *s* **1.** deliberation, meditation; **2.** thinking, reflection; **3.** thought

premýšľať *ndk* **1.** *(zaoberať sa v myšlienkach)* to think, *(o)* to think of; **2.** *(nad: rozmýšľať)* to think over, to reflect [on/ upon]; **3.** *(i bez predm)* to meditate

prenáhlený *príd* **1.** rash, headlong, *(nerozvážny)* precipitate, *(predčasne uskutočnený)* premature

prenajať *dk* **1.** *(izbu, byt, dom, pozemok, závod)* to let [st out to sb], *(i auto)* to lease [st out to sb], *(izbu, byt, auto)* to rent [st out to sb], *(auto, čln)* to hire [st out to sb], *(loď, lietadlo)* to charter

prenajať si *dk* **1.** *(dom, auto)* to rent [st from sb], to lease, *(auto, čln, halu)* to hire, to take, *(advokáta)* to retain

prenajatý *príd* **1.** leased, hired, rented, chartered

prenajímateľ *m* **1.** lessor, renter, leaser, landlord, jobber

prenájom *m* **1.** *(prenechanie, i prevzatie)* let[ting], *(pôdy)* farm; **2.** *(vziať do)* to rent, *(dať do)* to let [out]

prenasledovanie *s* **1.***(i prn)* persecution; **2.** *(utekajúceho)* pursuit, chase, hunt; **3.** *(prn)* witch-hunt,

prenasledovať *ndk* **1.** *(snažiť sa chytiť)* to pursue; **2.** *(ustavične sledovať)* to tail, *(prn: obťažovať)* to harass, *(o myšlienkach)* to haunt; **3.** *(mocou vystupovať proti)* to persecute

prenášanie *s* **1.** *(tovaru)* conveyance, moving, transfer, *(informácií)* transmission

prenechať *dk* **1.** *(vzdať sa v niečí prospech)* to leave st to, to let sb have, to cede, *(zveriť)* to entrust st to

prenesenie *s* **1.** transfer, transmission, grant, assignment, *(právomoci)* delegation

prenesený *príd* **1.** transferred, transmitted; **2.** *(lingv)* figurative, metaphorical

preniesť *dk* **1.** *(nesením dopraviť cez)* to carry across/ over; **2.** *(i ekon: z účtu na účet)* to transfer, *(pri sčítaní)* to carry forward; **3.** *(nákazu)* to transmit, **4.** *(uplatniť/ zaviesť)* to put across, **5.** *(presunúť, previesť)* to shift

prenikanie *s* **1.** penetration, infiltration, impregnation, pervasion

prenikavý *príd* **1.** *(ostrý, i zrak, pohľad, zvuk)* penetrating; **2.** *(prn: vynikajúci, veľký)* sweeping; **3.** *(pohľad)* searching, **4.** *(zvuk, hlas, výkrik ap)* shrill, **5.** *(zr: bystrý)* subtle

preniknúť *dk* **1.** *(dostať sa cez, i zachvátiť, i na trh)* to penetrate, *(: cez prekážku)* to make one's way through; **2.** *(rozšíriť sa, i zachvátiť)* to pervade; **3.** *(zachvátiť, naplniť)* to impregnate

prenocovať *dk* **1.** to pass/ spend the night, to stay overnight; **2.** to accommodate or put up for, to the night; **3.** to roost

prenos *m* **1.** *(odb: energie, informácií, dát)* transmission, *(energie, i inf)* transfer, *(dát, údajov)* communication; **2.** *(účt: na nasledujúcu stranu)* carry-forward;**3.** *(v oznamovacích prostriedkoch)* broadcast, *(priamy)* live broadcast

prenosnosť *ž* **1.** transferability, *(inf)* portability, *(i lek)* transmissibility, *(lek)* infectivity

prenosný *príd* **1.** portable, mobile, transportable, *(lek)* infectious

prenosový *príd* **1.** *(systém)* transmission, *(funkcia, kanál)* transfer, *(zariadenie)* transmitting, *(režim)* communication

preobliecť sa *dk* **1.** to change; **2.** to change into; **3.** to redress, **4.** to dress

prepáčenie *s* **1.** forbearance, pardon, forgiveness; **2.** excuse; **3.** reverence, **4.** palliation, **5.** remission

prepáčiť *dk* **1.** to excuse, to forgive, *(fml)* to pardon; **2.** *(*prepáč/te!: samostatne)* [I'm] sorry!, *(i pri otázkach)* excuse me [!/,...?], *(:, že)* excuse my/ excuse me for, *(fml)* pardon my/ pardon me for

prepad *m* **1.** raidstalking attack; **2.** ambush, surprise attack, holdup; **3.** nappe, overfall, overflow, **4.** assault

prepadnúť *dk* **1.** *(padnúť cez niečo)* to fall; **2.** *(stratiť platnosť)* to expire; **3.** *(mať neúspech)* to flop, *(na skúške, i dať/ nechať niekoho)* to fail, **4.** *(zaútočiť, i voj)* to attack, **5.** *(náhle postihnúť, zachvátiť)* to sieze, **6.** *(podľahnúť)* to succumb, **7.** *(oddať sa)* to abandon os to

prepadnúť sa *dk* **1.** *(klesnúť)* to sink, to cave in, to delve, *(spadnúť)* to fall; **2.** *(stratiť sa, zmiznúť)* to get lost

prepadnutie *s* **1.** assault, invasion, aggression; **2.** *(práva, nároku)* lapse; **3.** failure

prepadnutý *príd* **1.** *(oči)* sunken, *(tvár)* hollow; **2.** *(vstupenka)* expired, *(práv)* lapsed; **3.** failed, **4.** [-]addict

prepadový *príd* **1.** *(voj: oddiel, komando)* shock troops, *(br)* commando; **2.** *(vod, tech)* overflow

prepásť *dk* **1.** *(stratiť)* to miss, *(nechať si ujsť)* to let slip, *(premárniť)* to waste, *(šancu)* to fumble

prepelica *ž* **1.** *(zool: Coturnix coturnix)* quail

prepchať *dk* **1.** to pass through, to reeve; **2.** to gorge; **3.** to load, **4.** to glut, **5.** to bulge, **6.** to overcrowd

prepichnúť *dk* **1.** to puncture, to pierce; **2.** to transfix; **3.** to stick to, **4.** to spit

prepichovať *ndk* **1.** to puncture, to pierce; **2.** to plant out, to prick off/ out; **3.** to pierce

prepínací *príd* **1.** *(zariaenie)* switching, *(valec)* reversing, switch, *(kontakt, ventil)* change, *(kontakt)* double-throw, *(vidlica)* throw-over

prepínač *m* **1.** switch, [reversing/ changing/ throw-over] switch, selector, *(polov)* reverser

prepínať *ndk* **1.** *(prepájať)* to switch, *(na rýchlosť)* to shift gear; **2.** *(zapínať inak)* to fasten; **3.** *(príliš namáhať)* to [over-]strain, **4.** *(i bezpr: preháňať)* to exaggerate

prepis *m* **1.** *(lingv: transliterácia do inej abecedy)* transliteration; **2.** *(pretvorenie, pretlmočenie)* version; **3.** *(práv: prevedenie majetku/ pozemku)* transfer, **4.** *(prepisovanie: rukou)* copying, **5.** *(zast: chyba pri prepisovaní)* slip of the pen

prepísať *dk* **1.** *(znovu napísať: rukou)* to copy, *(: na stroji)* to retype; **2.** *(napísať inou sústavou písma)* to transliterate; **3.** *(písaním zmeniť)* to overwrite, **4.** *(prepracovať)* to rewrite, **5.** *(práv: previesť majetok)* to transfer, **6.** *(transponovať, pretlmočiť)* to transpose

prepisovač *m* **1.** transcriber, copyist, copier, typist

prepisovanie *s* **1.** copying; **2.** dictation, transcription; **3.** transcribing

prepitné *s* **1.** tip, gratuity, gratification, backsheesh, *(fr)* pourboire

preplatok *m* **1.** overpayment, overpay, excess payment, *(daňový)* tax overpaid

preplávať *dk* **1.** to swim through, to swim across, to cross by swimming; **2.** to swim

prepletať sa *ndk* **1.** to interweave, to interlard; **2.** to twiddle; **3.** to wind, **4.** to intertwine

prepliesť *dk* **1.** to interweave, to intermix, to intermingle, to interlace; **2.** to tangle, to interlard, to ravel; **3.** to entwine

preplnený *príd* **1.** chock-full, replete, packed, *(sklad, knižnica)* overstocked, *(ľuďmi)* overcrowded

preplniť *dk* **1.** *(príliš naplniť)* to overfill, to cram, to overstock, *(ľuďmi)* to overcrowd; **2.** *(naplniť na najvyššiu mieru)* to fill to capacity

prepnúť *dk* **1.** *(inak zapnúť)* to switch [over], *(na rýchlosť)* to shift, *(pri vysielaní: prepínam!)* over!; **2.** *(prepojiť)* to connect; **3.** *(príliš napnúť)* to strain,**4.** *(pripnúť)* to clasp, **5.** *(prehnať)* to overdo

prepočet *m* **1.** *(výpočet)* calculation; **2.** *(na inú hodnotu)* rate, conversion; **3.** *(tech)* decoding

prepočítanie *s* **1.** [re-]count, check-up; **2.** detailed calculation; **3.** conversion

prepočítať *dk* **1.** *(znovu spočítať)* to re-count, to tally, to count, to check [up], to recast; **2.** *(odb: vypočítať)* to calculate, to recalculate; **3.** *(odb: previesť na inú hodnotu)* to convert

prepočítať sa *dk* **1.** to miscalculate; **2.** to overplay one's hand; **3.** to miscount, **4.** to market

prepojenie *s* **1.** interconnection, connection, *(ele)* switch-over, *(inf)* interface

prepojiť *dk* **1.** to connect, *(telefonicky)* to put through, *(prepnúť)* to switch over, *(inf)* to interface

prepona *ž* **1.** hypotenuse

prepožičať *dk* **1.** to lend, to confer, to bestow, to grant

prepracovanie *s* **1.** overwork, redraft, readjustment, revision

prepracovaný *príd* **1.** *(vydanie)* revised; **2.** *(dôkladne vypracovaný)* elaborated, **3.** *(o človeku)* overworked

prepracovať sa *dk* **1.** to overwork, to overexert oneself

preprava *ž* **1.** *(premiestnenie tovaru/ osôb)* transport, *(am)* transportation, *(nákladov)* carriage, *(automobilová)* haulage, *(námorná)* shipment, *(železničná)* railage, *(aut)* Motorail, *(letecká)* air-freight, *(poštou)* transmission

prepravca *m* **1.** carrier, transporter, shipper, hauler

prepraviť *dk* **1.** to transport, to convey, to transfer, to haul, to forward

prepravné *s* **1.** freightage, transport charges, haulage, carriage

prepravný *príd* **1.** transport, freight, shipping, forwarding

prepustenie *s* **1.** release, releasing, discharge, liberation; **2.** dismissal

prepustený *príd* **1.** released; **2.** discharged; **3.** dismissed, **4.** freed, **5.** probationer, **6.** ticket-of-leave, **7.** free, **8.** release

prepustiť *dk* **1.** *(pustiť na slobodu)* to release; **2.** *(pustiť z nemocnice, i uvoľniť)* to discharge; **3.** *(uvoľniť zo služby)* to dismiss, **4.** *(nechať prejsť)* to let through, **5.** *(ustúpiť, / prenechať)* to let sb have, **6.** *(dovoliť uverejniť)* to authorize the publication

prepúšťací *príd* **1.** release, discharge; **2.** *(tech: ventil)* by-pass, *(kanál)* transfer

prepúšťať *ndk* **1.** to let through; **2.** to leak; **3.**

to release, to dismiss, to discharge, **4.** to transmil, **5.** to dismish, **6.** tô send away, **7.** to leak

prepychový *príd* **1.** luxurious, sumptuous, de-luxe, fancy

prerábať *ndk* **1.** to remodel; **2.** to transform; **3.** to loose, **4.** to re-create

preradenie *s* **1.** *(do inej kategórie)* reclassification, *(na iné miesto)* reallocation; **2.** *(polyg)* transposition, *(mot)* shifting

preradiť *dk* **1.** *(zaradiť do inej kategórie)* to reclassify, *(na iné miesto)* to reallocate, *(zaradiť inak)* to rearrange, *(mot)* to shift, to change up/ down

prerásť *dk* **1.** to overgrow; **2.** to surpass; **3.** to grow thru, to grow over, **4.** to outgrow

prerážať *ndk* **1.** to punch, to pierce, to perforate; **2.** to dig; **3.** to penetrate **4.** to drive

prerezať *dk* **1.** to cut through; **2.** to cut in two, to cut across; **3.** to sever, to disrupt, to cut, **4.** to sever, **5.** to cut

préria *ž* **1.** prairie

prerieknuť sa *dk* **1.** *(prezradiť pravdu)* to give st away, *(neúmyselne)* to let st slip; **2.** *(zle vysloviť)* to slip up, *(na javisko)* to fluff [o's lines]

prerobiť *dk* **1.** *(podstatne upraviť)* to remake, *(inak/ lepšie urobiť)* to redo, *(dom)* to reconstruct, *(znova/ inak spracovať)* to redesign, *(článok)* to rewrite, *(prepracovať)* to revise; **2.** *(zmeniť)* to change; **3.** *(utrpieť stratu)* to lose

prerokovanie *s* **1.** discussion, adjustment, elaboration, settlement, negotiation

prerušenie *s* **1.** *(i dopravy, i prn)* interruption, *(spojenia)* disconnection, *(telefonického)* cut-off, *(dodávky prúdu)* shut-off, *(na istý čas)* suspension, *(i natrvalo: prevádzky)* shutdown, *(výroby, štúdia)* discontinuance; **2.** *(poškodenie)* trouble; **3.** *(skončenie, i prn: ticha)* breaking, *(fml, i diplomatických stykov, i prn)* severance, *(i rokovania, zasnúbenia)* breaking-off, **4.** *(geol)* hiatus

prerušiť *dk* **1.** to interrupt, *(spojenie)* to disconnect, *(telefonické)* to cut off, *(na istý čas)* to suspend, *(i natrvalo: prevádzku)* to shut down, *(výrobu, štúdiá)* to discontinue; **2.** *(poškodiť)* to disrupt; **3.** *(skončiť, i prethrhnúť)* to break, *(i diplomatické styky)* to break off, **4.** *(skočiť do reči niekomu)* to butt in

prerušovač *m* **1.** interrupter, circuit-breaker, contact-breaker, *(mot)* breaker, *(zapaľovania)* ignition timer

prerušovaný *príd* **1.** interrupted, discontinnous, *(tech)* non-continuous, *(prúd)* intermittent

presadenie *s* **1.** *(lej)* shifting, *(str)* setting-out, *(tex)* racking, *(pri montáži)* setover, *(pri koníkovi sústruhu)* offset

presadiť *dk* **1.** *(znovu zasadiť do inej zeme/ kvetníka)* to transplant; **2.** *(posadiť na iné miesto)* to transfer; **3.** *(uplatniť)* to assert, **4.** *(hov: pretlačiť)* to press

presadiť sa *dk* **1.** muddle through; **2.** to assert

presah *m* **1.** *(metr)* enjambement, *(lit: syntaktický/ rytmický)* overflow; **2.** *(tech)* overlap, *(str: v lícovaní)* interference, *(str)* negative allowance

presahovanie *s* **1.** leak; **2.** permeation, leakage; **3.** diffusion, **4.** infiltration, **5.** overlap

presedlať *dk* **1.** to change, to re-sadlle; **2.** to switch over; **3.** to switch sides, **4.** to go over

presiahnuť *dk* **1.** to exceed, to be in excess, to go beyond, to top, *(prekonať)* to surpass, *(prerásť)* to outgrow, *(prekročiť)* to infringe

presiaknuť *dk* **1.** to trickle through, to soak throughg, to seep; **2.** to ooze out, to penetrate, to filter; **3.** to infiltrate

presila *ž* **1.** superior force, s strength; **2.** preponderance

preskočiť *dk* **1.** *(skokom sa preniesť ponad)* to jump over; **2.** *(prn: vynechať)* to omit; **3.** *(predísť, obísť: koho)* to pass over, **4.** *(mihnúť sa)* to spark, **5.** *(hov: prejsť do iného tábora)* to defect to, **6.** *(o hlase)* to falter, **7.** *(čo ti/ vám preskočilo [koliesko]?)* have you gone out of your mind?

preskok *m* **1.** *(šport)* vault, *(cez koňa)* horse vault; **2.** *(i ele)* jump, *(ele: iskry)* spark-over

preskúmanie *s* **1.** examination, [thorough] study, scrutiny; **2.** research; **3.** inspection

preskúmať *dk* **1.** *(dôkladne prezrieť)* to study [thoroughly], to look over st, *(pohľadom)* to scrutinize; **2.** *(vedecky prebádať)* to engage in research; **3.** *(prešetriť)* to inspect, **4.** *(preveriť)* to verify

preskúšať *dk* **1.** *(i škol)* to test, to try over, *(i škol)* to examine, to check

presláviť sa *dk* **1.** to become famous, to earn fame, to rise to fame

presne *prísl* **1.** *(bezchybne, i o časovej určenosti)* precisely; **2.** *(správne)* correctly; **3.** *(dôkladne)* accurately, **4.** *(verne)* truly, **5.** *(so správnym zamierením)* sharply, **6.** *(výstižne, priliehavo)* appropriately, **7.** *(načas)* punctually, **8.** *(práve)* right, **9.** *(presne o/ je presne: posp)* sharp, *(presne o)* on the dot, *(presne tak)* quite so, *(presne tak!: súhlasná replika)* exactly!

presnosť *ž* **1.** *(bezchybnosť)* precision; **2.** *(správnosť)* correctness; **3.** *(dochvíľnosť)* punctuality, **4.** *(dôkladnosť)* meticulousness, **5.** *(vernosť)* fidelity, **6.** *(výstižnosť/ priliehavosť)* incisiveness, **7.** *(o streľách)* sharpness

presný *príd* **1.** *(bezchybne)* precise, exact; **2.** *(správny)* correct; **3.** *(dochvíľny)* punctual, **4.** *(dôkladný)* meticulous, **5.** *(verný)* faithful, **6.** *(výstižný/ priliehavý)* incisive, **7.** *(zasahujúci cieľ)* homethrust, **8.** *(tech: mechanika, meradlo)* precision

prespať *dk* **1.** to sleep through; **2.** to seduce, to get an unwed girl pregnant, (ifm) to knock up; **3.** to sleep, **4.** to oversleep, to be late for, **5.** to stay overnight, to spend the night, **6.** to hibernate

presťahovať *dk* **1.** to move, to transfer, to rehouse, to transplant, to transmigrate

presťahovať sa *dk* **1.** *(i zmeniť bydlisko)* to move, *(do iných miestností)* to transfer, to relocate, *(do inej krajiny)* to emigrate

prestať *dk* **1.** to cease, to quit, to give up, to stop; **2.** *(robiť, pracovať)* to leave off, *(fungovať)* to pack up, *(platiť)* to expire; **3.** *(prestaň/ te!)* stop it!, **4.** *(zaniknúť: búrka, bolesť)* to abate,

prestáť *dk.* **1.** *(stráviť státim)* to stand; **2.** *(prežiť)* to undergo

prestavať *dk* **1.** to 1 to reconstruct, to rebuild

prestaviť *dk* **1.** to switch, to change, to reverse; **2.** to rebuild, to transpose; **3.** to permute

prestávka *ž* **1.** *(i v reči)* pause, *(i školská)* break, *(v práci)* coffee/ tea/ lunch break, *(i fajčiarska)* smok[e-h]o, *(na ceste)* layover; **2.** *(v divadle)* interval; **3.** *(bez prestávky)* non-stop

prestieradlo *s* **1.** *(ozdobná prykrývka)* spread, *(obrus)* cover; **2.** *(prikrývka)* blanket

prestíž *ž* **1.** prestige, face

prestížny *príd* **1.** *(i reklama)* prestige, name, *(reklama)* institutional; **2.** prestigious

prestoj *m* **1.** *(i inf)* downtime, standing time, stoppage, dead time

prestreliť *dk* **1.** to shoot through; **2.** to riddle with shot; **3.** to overshoot, **4.** to blunder

prestrieť *dk* **1.** to spread, to cover; **2.** *(stôl)* to set, to lay

prestúpenie *s* **1.** transfer, *(do iného vlaku)* change; **2.** transgression, trespass

prestúpiť *dk* **1.** *(urobiť krok cez)* to step across/ over, *(i prn)* to pass; **3.** *(presadnúť)* to change, **4.** *(zmeniť miesto)* to move, **5.** *(porušiť)* to overstep, **6.** *(preniknúť)* to pervade

presun *m* **1.** transfer, movement; **2.** *(zmena)* change, *(prudká)* switch

presunúť *dk* **1.** *(premiestniť)* to move; **2.** *(preložiť)* na iné miesto) to transfer; **3.** *(prn)* to shift, **4.** *(odložiť v čase)* to postpone

presunutie *s* **1.** moving, dislocation, displacement, shift[ing]

presvedčenie *s* **1.** *(zmýšľanie)* conviction,

(pevný názor) [strong] belief, [deep] persuasion; **2.** *(viera)* creed

presvedčiť *dk* **1.** to convince, to persuade, to gain over, to bring over/ round

presvedčivý *príd* **1.** convincing, persuasive, forcible, compelling

presycovať *ndk* **1.** to cloy; **2.** to pall to; **3.** to satiate, **4.** to surfeit

presýtenosť *ž* **1.** supersaturation; **2.** glut, oversaturation; **3.** surfeit

presýtený *príd* **1.** *(i ekon: trh)* oversaturated, *(i chem: roztok)* supersaturated; **2.** *(prejedený)* overfed; **3.** *(prn)* sick

presýtiť *dk* **1.** to oversaturate, to surfeit; **2.** to overfeed; **3.** to cloy, **4.** to glut, **5.** to pall to

prešetriť *dk* **1.** to investigate, to check, to examine, to look into

prešibaný *príd* **1.** sly, crafty; **2.** artful; **3.** politic, **4.** snuff, **5.** slim, **6.** cunning, **7.** sharp

prešívať *ndk* **1.** to sew over, to see through; **2.** to quilt; **3.** to stitch

pretáčať *ndk* **1.** to decant; **2.** to turn, to reverse; **3.** to rewind

preťahovať sa *ndk* **1.** to overexert oneself, to overstrain; **2.** to be prolonged, to extend, to draw out; **3.** to draw out, **4.** to linger, **5.** to loll, **6.** to stretch

preťať *dk* **1.** to cut in two, to cut through; **2.** to bisect; **3.** to cut, **4.** to sever, **5.** to traverse

preťaženie *s* **1.** *(tech)* overload, overcharge, excess load; **2.** *(pracovné/ duševné)* overexertion

preťažiť *dk* **1.** to overload, to overburden, *(sieť)* to congest, *(stroj)* to force, *(motor)* to stall; **2.** to overexert

pretekár *m* **1.** *(v ľahkej atletike)* runner, *(vedúci)* front runner; **2.** *(v pretekoch na automobiloch ap)* racer, *(automobilový)* racing driver, *(vedúci)* leader

pretekať *ndk* **1.** *(byť pretekárom)* to compete, to contest, to contend, to run, to race; **2.** pozri **pretiecť**

pretiahnuť sa *dk* **1.** to strech; **2.** to extend; **3.** to be dragged out, to exert oneself, to be drawn out, **4.** to be prolonged

pretiahnutý *príd* **1.** drawn-out; **2.** elongated; **3.** stretched, **4.** extended, **5.** drawn, **6.** upholstered, covered

pretiecť *dk* **1.** to flow through; **2.** to overflow; **3.** to beat, to excel, to outdo, to outrun, **4.** to brim over, **5.** to slop

pretierať *ndk* **1.** to rub; **2.** to erase; **3.** to dab, **4.** to wipe

pretisnúť sa *dk* **1.** to force one's way; **2.** to push through, to elbow one's way; **3.** to squeeze

pretlačiť *dk* **1.** *(tlačením dostať: cez)* to push st through; **2.** *(kuch: prelisovať)* to pureé; **3.** *(hov: koho, čo)* to push forward, **4.** *(znova vytlačiť)* to reprint, *(známku)* to obliterate

pretlak *m* **1.** *(fyz)* overpressure, excess of pressure, *(pary v kotli)* boiler pressure, *(kuch: paradajkový)* sauce

preto *spoj* **1.** therefore, because of, hence, for all that, for that reason, accordingly, hereby, hereupon, so, then

pretože *spoj* **1.** because, *(na začiatku súvetia)* as, since, for

pretŕhať *ndk* **1.** to break off. to interrupt, to sever; **2.** to cut, to disconnect; **3.** to sort out, to cull, to thin, **4.** to break

pretrhnúť *dk* **1.** *(pôsobením sily rozdvojiť)* to break, *(papier)* to tear, *(prudko)* to snap, *(šport: cieľovú pásku)* to breast the tape; **2.** *(prn: prerušiť)* to interrupt

pretrhnúť sa *dk* **1.** to be interrupted; **2.** to burst; **3.** to overexert oneself, to overstrain, to be ruptured, to rupture oneself, **4.** to be ripped, **5.** to snap

pretriasať *ndk* **1.** to discuss, to debate, to sift; **2.** to shake up; **3.** to thresh out, **4.** to ventilate

pretrvať *dk* **1.** to survive, to last [through], to live, to outstay, to stand out, to outwear

pretvoriť *dk* **1.** *(i prn)* to transform, to reshape, to remodel, to refashion, to convert

preukaz *m* **1.** *(doklad)* card, *(občiansky, to-*

tožnosti) identity card, *(vodičský)* driving licence, *(technický)* vehicle registration document; **2.** *(osvedčenie)* certificate

preukázať *dk* **1.** *(prejaviť)* to show, to manifest; **2.** *(vykonať)* to do; **3.** *(zr: dokázať)* to prove

preukázať sa *dk* **1.** *(legitimovať sa)* to prove one's identity, to produce one's paper[s], to give proof of one's identity; **2.** *(ukázať sa)* to show one's worth, to prove o's worth

preukazný *príd* **1.** conclusive, decisive, cogent, evidential, evidentiary, *(materiál)* cumulative evidence; **2.** *(bank: lístok)* bank card

preukážka *ž* **1.** *(legitimácia)* card, *(železničná)* railway pass, *(robotnícka)* commutation ticket, *(režijná)* free pass

prevádzací *príd* **1.** *(týkajúci sa prevodu)* transfer, conveyance, assignment; **2.** *(sprav: vykonávací)* executive

prevádzanie *s* **1.** execution, enforcement, operation, running

prevádzka *ž* **1.** *(činnosť)* operation, *(i stroja)* working, *(i podniku, stroja)* running, *(i dopravná)* service; **2.** *(dielňa)* shop; **3.** *(mimo prevádzky)* out of order

prevádzkáreň *ž* **1.** *(dielňa)* shop, *(pracovisko)* place of business, workroom, *(luxusná)* saloon, *(špeciálna)* parlour

prevádzkový *príd* **1.** *(diagram, údaje)* operational, *(náklady, inštrukcie, doba)* operating, *(i kapitál, prostriedky, priestor)* working, *(náklady, i hodina)* running, *(ekon: aktíva)* current; **2.** *(mot: skúška)* trial

prevaha *ž* **1.** *(väčšia sila/ schopnosť)* superiority, *(prevládanie, prevyšovanie do kvantity)* predominance, *(fml)* preponderance, *(prevládanie)* supremacy, prepotency

prevariť *dk* **1.** to boil; **2.** to boil over; **3.** to boil throughly, **4.** to overboil

prevážanie *s* **1.** transportation, haulage, *(cez rieku ap)* ferrying, *(cez hranice)* smuggling

prevážať sa *ndk* **1.** to be hauled, to be ferried; **2.** to ride; **3.** to move, **4.** to sled, to sledge, **5.** to ferry

prevážiť *dk* **1.** *(znova odvážiť)* to re-weigh; **2.** *(navážiť viac)* to weigh more; **3.** *(vychýliť z rovnovážnej polohy)* to put out of balance, **4.** *(nakloniť)* to tilt, **5.** *(získať prevahu)* to prevail

prevažný *príd* **1.** preponderant, predominant, overwhelming

preventívny *príd* **1.** preventive, precautionary, pre-emptive, preventative; **2.** *(lek)* prophylactic

preveriť *dk* **1.** to check [up/ out/ on], to control, to test, *(i inf)* to verify

preveslovať *dk* **1.** to oar; **2.** to row across, to roar over; **3.** to row to the other side, **4.** to change sides, **5.** to change, to switch

previať *dk* **1.** to blow; **2.** to blow through; **3.** to blow over, **4.** to sift, **5.** to fan, to winnow, **6.** to be hit by a draft

previazať *dk* **1.** to re-wrap; **2.** to rebind; **3.** to bind over, **4.** to dress, **5.** to tie around, **6.** to fasten, **7.** to redress

previerka *ž* **1.** check[-up], control, verification, *(i škol)* examination

previesť *dk* **1.** *(vedením dostať)* to lead [through/ across/ to]; **2.** *(povodiť, ukázať)* to show sb round; **3.** *(usmerniť)* to channelize, **4.** *(zmeniť)* to convert, **5.** *(účt, bank: na nový účet)* to carry forward, **6.** *(bank: z účtu, i práv)* to transfer, **7.** *(mat)* to transpose, **8.** *(*previesť cez lavičku)* to take sb for a ride, **9.** *(sprav: vykonať)* to accomplish

previezť *dk* **1.** *(dopravným prostriedkom premiestniť)* to transport, to convey, *(autom)* to drive, *(cez rieku, jazero)* to ferry

previezť sa *dk* **1.** to ride; **2.** to be hauled, to take ride; **3.** to ferry

prevíjanie *s* **1.** *(tex)* winding, throwing, plying, spooling

previnenie *s* **1.** *(priestupok)* transgression, wrongdoing, *(prehrešok)* culpable act, *(ľahké)* misdemeanour, *(ťažké)* offence

previnilec *m* **1.** transgressor, *(vinník)* culprit, *(práv)* misdemeanant, *(mladistvý)* [juvenile] delinquent, *(netrestaný)* first offender, *(voj)* defaulter

previniť sa *dk* **1.** to transgress, to trespass, to do wrong, to commit an offence, to be guilty

previť *dk* **1.** to rewind; **2.** to re-wrap; **3.** to change, to wind again, to re-swaddle

prevládajúci *príd* **1.** prevailing, prevalent, predominant, leading

prevládať *ndk* **1.** to prevail, to predominate, to overpower, to dominate

prevliecť *dk* **1.** to drag through, to drag across; **2.** to pass through, to reave; **3.** to run through, to pull through, to draw through, **4.** to thread, **5.** to change

prevliecť sa *dk* **1.** to pass through; **2.** to hobble to, to run through; **3.** to drag oneself

prevod *m* **1.** *(práv, i účt: kapitálový, akcií)* transfer, *(práv)* assignment; **2.** *(účt: na nový účet, do ďalšieho obdobia)* carry-over; **3.** *(zmena)* transformation,**4.** *(mat)* transposition, **5.** *(fyz, tech)* transmission, **6.** *(tech)* transmission gear, **7.** transliteration

prevodca *m* **1.** *(práv)* assignor, assigner, transferor, conveyor, demiser; **2.** *(zmenky)* endorser

prevoditeľnosť *ž* **1.** *(meny)* convertibility, *(obeživa, akreditívu)* transferability, *(šeku, zmenky)* negotiability; **2.** *(práv)* assignability

prevoditeľný *príd* **1.** *(mena)* convertible, *(šek, akreditív)* transferable, *(šek, zmenka)* negotiable; **2.** *(práv: právny titul)* assignable

prevodník *m* **1.** *(inf)* converter, transducer, *(ele)* inverter, conversion equipment

prevodný *príd* **1.** *(ekon: listina, poplatok)* transfer, *(listina)* warranty; **2.** translation, *(tabuľka)* conversion

prevodovka *ž* **1.** speed box, gear box, chage gearbox

prevodový *príd* **1.** *(práv)* assignable, *(listina)* [deed of] cession; **2.** *(tech: hriadeľ)* transmission, *(olej)* gear[-], *(jednotka, impedancia)* transfer, *(číslo)* transference, *(pomer, vzťah)* gear ratio, *(motor)* geared, *(zámok)* drawback, *(rýchlosť)* output

prevoz *m* **1.** *(doprava)* transport, conveyance, haulage, freight

prevozný *príd* **1.** *(čln, pramica)* transfer, *(služba)* ferry[-]; **2.** *(pojazdný)* mobile, *(kuchyňa)* rolling

prevracať *ndk* **1.** to turn; **2.** to turn over; **3.** to overturn, **4.** to turn upside down, **5.** to invert, **6.** to tilt, **7.** to tip

prevracať sa *ndk* **1.** to turn, to be turning; **2.** to roll; **3.** to turn over

prevrat *m* **1.** *(rýchla zmena)* revolution; **2.** *(: v politickom systéme)* coup [d'état]; **3.** *(rozvrat, i revolučný,)* cataclysm

prevrátený *príd* **1.** *(obrátený)* turned, *(hore nohami)* upside-down, *(auto, loďka, i geol)* overturned; **2.** *(mat: hodnota)* reciprocal; **3.** *(prn: zvrátený)* preposterous

prevrátiť *dk* **1.** *(obrátiť: list, i prešiť: kabát, golier)* to turn, *(naruby, i prn)* to turn inside out, *(hore nohami)* to upturn, *(auto, čln)* to overturn; **2.** *(odb: hodnota, i prešiť)* to reverse; **3.** *(rýchlo vypiť)* to drain, **4.** *(prn: hore nohami)* to [turn st] topsyturvy

prevrátiť sa *dk* **1.** to turn, to overturn; **2.** *(loď ap)* to capsize; **3.** to turn over,to overbalance, to somersault **4.** to reverse

prevratný *príd* **1.** *(kt znamená prevrat)*revolutionary; **2.** *(kt spôsobujevýznamné zmeny)* radical, cataclysmal; **3.** *(kt spôsobuje ďalekosiahle zmeny)* epoch -making

prevrhnúť *dk* **1.** *(úderom dostať do ležiacej polohy)* to topple [over]; **2.** *(prevrátiť: auto, čln)* to overturn, *(čln, loď)* to capsize, *(loď)* to keel

prevŕtať *dk* **1.** to drill through, to pierce, to bore through, to perforate

prevýšiť *dk* **1.** *(prerásť)* to outgrow; **2.** *(prekročiť)* to exceed; **3.** *(prekonať)* to surpass, *(koho)* to outclass

prevzatie *s* **1.** take-over, taking over, acceptance, assumption, seizure

prevzatý *príd* **1.** taken over, accepted, ready-made; **2.** *(lingv: slovo)* loan[word], borrowing

prevziať *dk* **1.** *(priamo z rúk)* to take; **2.** *(prijať do vlastníctva, správy)* to take over; **3.** *(vziať na seba: starosť, zodpovednosť)* to take on, *(úlohu)*to take up, **4.** *(osvojiť si)* to adopt

prezencia *ž* **1.** *(prítomnosť, účasť)* presence; **2.** *(i hov: počet prítomných)* attendance; **3.** *(zisťovanie)* roll call, call-over

prezenčný *príd* **1.** attendance, active, *(listina)* attendance list, *(kniha)* roll book, *(služba)* military service

prezentácia *ž* **1.** *(fin: zmenky ap)* presentation, presenting; **2.** *(podanie návrhu)* proposal, *(hlásenie prítomnosti)* registration, *(prn: na verejnosti)* image-building

prezervatív *m* **1.** condom, glove, [rubber] sheath, contraceptive

prezident *m* **1.** *(republiky)* the President, *(nový)* president elect; **2.** *(predseda)* chairman, head

prezidentský *príd* **1.** presidential, the President's, president's

prezídium *s* **1.** *(hist)* Presidium, *(Najvyššieho Sovietu)* Presidium of the Supreme Soviet; **2.** the presidency, the board, the chair

prezieravosť *ž* **1.** foresight, far-sighted -ness, long-sightedness, *(am)* forehanded ness

prezieravý *príd* **1.** *(ktorý dopredu uváži)* foreseeing, far-seeing, prudent, provident, thoughtful

prezimovať *dk* **1.** to stay over winter, to winter, to pass the winter in, to spend the winter, to hibernate; **2.** to feed during winter, to keep during winter; **3.** to store for winter

prezliecť *dk* **1.** to change clothes, to put other clothes on; **2.** to change linen; **3.** to disguise

prezliecť sa *dk* **1.** to change one's clothes; **2.** to dress, to disguise oneself

prezradenie *s* **1.** disclosure, leak, giveaway; **2.** betrayal

prezradiť *dk* **1.** *(vyzradiť)* to disclose, to reveal, to give away; **2.** *(zradiť)* to betray

prezrieť *dk* **1.** *(si)(dôkladne pozrieť)* to look over st; **2.** *(vyšetriť)* to examine; **3.** *(skontrolovať)* to check [up], **4.** *(odhaliť)* to detect

prezývka *ž* **1.** nickname; **2.** alias; **3.** by-name

prežehnať *dk* **1.** to make a sign of the cross on, to bless; **2.** to kiss st goodbye, to cross

prežehnať sa *dk* **1.** to cross oneself, to bless oneself, to make the sign of the corss

prežierať *ndk* **1.** to swallow; **2.** to eat through, to be swallowing, to corrode

prežitie *s* **1.** survival

prežitok *m* **1.** *(zvyk)* survival, relic, *(pozostatok z minulosti)* hangover, anachronism

prežitý *príd* **1.** *(zastaraný)* antiquated, outmoded, *(nečasový)* outdated, *(už nepoužívaný)* obsolete

prežrať *dk* **1.** to squander; **2.** to corrode, to gnaw through, to eat through

prežrať sa *dk* **1.** to eat one's way; **2.** to struggle through, to eat one's way through; **3.** to overeat

prežúvavec *m* **1.** *(zool)* ruminant

pŕhľava *ž* **1.** *(bot: Urtica dioica)* [stinging-]nettle

pŕhliť *ndk* **1.** to nettle, to sting

prchavý *príd* **1.** volatile, vaporizable; **2.** evanescent; **3.** fleeting

prchký *príd* **1.** *(kt sa rýchlo nahnevá)* irascible, hot-tempered, *(popudlivý)* excitable, *(prudký)* snappish; **2.** *(kt neuvážene koná)* hot-headed

pri *predl* **1.** *(vyj:miesto blízko)* near: **domy pri ceste** *the houses near the road*; by: **stáť pri okne** *to stand by/near the window,* **deň pri mori** *day by the sea*; at: **pri dverách** *at/ near/ by the door,* **sedieť pri stole** *to sit at the table*; in the vicinity of: **pri Bratislave/ Prahe** *in the vicinity of Bratislava/ Prague*; *(vedľa)* beside, *(oproti)* in front of, *(pred)* before, *(veľmi blízko)* close to, next to: **sedela pri mne** *she was sitting beside/ near/ by/ before/ in front of me*; of: **bitka pri Waterloo** *the Battle of Waterloo*; *(pri sebe)* on, with: **máš pri sebe peniaze?** *do you have money on/ with you?*; **2.** *(:prítomnosť u príbuzného, služobnú spojitosť)* with: **niekto musí ostať pri deťoch** *someone must stay with the children*; **pomáhať niekomu pri** *to help sb with*; **bývať pri rodičoch** *to live with o's parents*; *(: služobnú spojitosť)* in: **pri vojsku** *in the armed forces/ in the army*; *(byť pri tom, keď)* to be present when; **3.** *(: časový úsek, účasť na činnosti)* during: **pri obede** *during lunch*; while [+ing]: **pri práci/ jedle/ čítaní** *while working/eating/reading*; in/ during the course of: **pri čítaní** *in the course of reading*; **4.**(*:časový bod)* at: **pri obede/ práci** *at lunch/ work*; on: **pri príležitosti** *on the occasion*; **pri príchode** *on arrival*; **5.** *(: sprievodné okolnosti deja)* by: **pri sviečke** *by candlelight*; under: **pri mesiačiku** *under the moon/ in the moonlight*; *(ob so slovesným podst)* on: **pri lúčení/ stretnutí/ počutí/ pohľade atď** *on parting/ meeting/ hearing/ looking etc*; in front of: **pri televízii** *in front of the television*; at: **pri každom kroku/ myšlienke** *at every step/ thought*; in: **pri autonehode** *in a car accident,* **pri pokoi** *in peace*; **6.** *(: zreteľ)* as to, as regards, as far as [ ] is concerned, in connection with, **7.** *(: podmienku, súdružnosť)* with: **pri správnom vedení** *with good management,* **byť pri niekom** *to be with sb*; *(:podporovanie)* by/ at [sb's side], *(: prípustku: pri všetkých)* with all, ***pri najlepšej vôli** *with the best will in the world*; **8.** *(v spojení: prek individuálne)*: **pri dobrom zdraví** *in good health,* **pri starom** *as before,* **pri pohári vína** *over a glass of wine,* **pri čine** *in the act/red-handed,* **pri nedostatku** *failing,* **pri živote** *alive,* **pri mne** *at my place/ near me/with me,* **pri najbližšej príležitosti** *at the earliest opportunity*;

priadza *ž* **1.** yarn, filature, thread, *(vlnená česaná)* worsted

priam I. *prísl* **1.** *(hneď, zaraz)* right away; **2.** *(v tú chvíľu)* just now; **3.** *(v tej chvíli)* just then, **II.** *spoj* **4.** *(čo aj/ hoci aj: čo priam)* even though, **III.** *časť* **5.** *(zdôrazňuje význam: priamo)* downright, **6.** *(práve)* just, **7.** *(v replike: akurát)* just so

priamka *ž* **1.** straight line, right line

priamkový *príd* **1.** linear, rectilinear, rectilineal, right-lined, line

priamo I. *prísl* **1.** *(rovno, bezprostredne, otvorene)* directly; **2.** *(rovno)* straight; **3.** *(bez prestupovania)* directly, **4.** *(bez zastávky)* non[-]stop, **5.** *(vzpriamene)* upright, **6.** *(bez sprostredkovania)* first-hand, **7.** *(bezprostredne)* right, **8.** *(úprimne, otvorene)* frankly, **9.** *(otvorene)* openly; **10.** *(tech)* direct[-], **II.** *časť* **11.** *(zdôrazňuje význam)* right; **12.** *(*vziať niekomu slová priamo z úst)* to take the words right out of sb's mouh

priamočiary *príd* **1.** *(i fyz)* rectilinear, straight-lined, *(i prn)* linear; **2.** *(prn: priamy)* direct

priamy *príd* **1.** *(rovný, bezprostredný, úprimný, i ekon)* direct; **2.** *(rovný, i geom: uhol, čiara, i ekon)* straight; **3.** *(vzpriamený)* erect, **4.** *(bez prestupovania, prepájania: vlak)* through, **5.** *(bez sprostredkovania)* first-hand;**6.** *(úprimný)* sincere; **7.** *(otvorený)* open; **8.** *(tech: regulátor)* self-operated

prianie *s* **1.** wish; **2.** longing; **3.** yearning, **4.** thinking

priasť *ndk* **1.** to spin; **2.** to purr

priať *ndk* **1.** *(želať)* to wish, *(*dobré ráno*

prajem!) good morning!; **2.** *(žičiť)* to favour, *(počasie)* to be favourable

priať si *ndk* **1.** to wish, to desire, to want; **2.** *(ako si prajete)* as you wish/ please, *(čo si prajete?)* what will you have?, *(prajete si... ?)* would you like to have ...?

priateľ *m* **1.** friend, *(oddaný)* trouper, *(dôverný)* intimate; **2.** *(priaznivec, milovník)* [-]lover; **3.** *(milenec)* boyfriend, **4.** *(*v núdzi poznáš priateľa)* a friend in need is a friend indeed

priateliť sa *ndk* **1.** to be friends, *(ifm)* to be pals/ chums

priateľský *príd* **1.** *(i šport: zápas)* friendly, amicable, cordial, companionable

priateľstvo *s* **1.** friendship, friendly relations, *(dôverné)* intimacy, *(fml: medzi národmi)* amity

priazeň *ž* **1.** favour, benevolence, *(podpora)* countenance, *(obch)* custom

priaznivec *m* **1.** well-wisher, patron, friend; **2.** supporter

priaznivý *príd* **1.** *(vyvovujúci: čas, vietor, podmienky)* favourable, advantageous, *(počasie)* kindly; **2.** *(vhodný: okamih)* opportune; **3.** *(kladný: odpoveď, výsledok)* positive, **4.** *(šťastný)* fortunate, **5.** *(prejavujúci priazeň)* benign

príbeh *m* **1.** *(čo sa stalo)* event, occurence, *(zo života)* episode, *(i povesť)* story; **2.** *(povesť)* tale, *(vymyslený)* yarn

priberať *ndk* **1.** to add, to take on; **2.** to take up, to assume; **3.** to pick up, **4.** to gain

priblíženie *s* **1.** approaching, approach, on-coming, accession

priblížiť *dk* **1.** to bring near[er], to bring closer, to draw near[er], to put near[er]

priblížiť sa *dk* **1.** to draw near[er], to draw close[r], to come close[r], to approach

približne *prísl* **1.** approximately, around, about, roughly

približný *príd* **1.** *(i mat: hodnota, derivácia, i fyz, geod)* approximate, approximative, rough, estimative

približovanie *s* **1.** approaching, advancing, getting near, *(fml)* approximation; **2.** *(les: dreva)* skidding

približovať sa *ndk* **1.** to converge; **2.** to draw; **3.** to draw on, **4.** to near, **5.** to near

príboj *m* **1.** *(morský)* surf, rush [of water]; **2.** *(prn: príval)* surge

príbor *m* **1.** *(hrom)* cutlery, *(a taniere)* tableware, *(jeden)* knife,fork and spoon, *(súprava)* set [of cutlery]

príborník *m* **1.** *(skriňa na príbor a iné riady)* sideboard, *(am)* buffet, *(br)* dresser, *(skriňa)* [kitchen] cupboard

pribrať *dk* **1.** to take on; **2.** to take in, to add; **3.** to gain

pribúdanie *s* **1.** increase, rise, growth, gain

pribudnúť *dk* **1.** *(zväčšiť sa do množstva)* to increase, *(i do rozmerov)* to grow, *(: do počtu)* to add up, *(pribraním na váhe)* to put on

príbuzenstvo *s* **1.** *(príbuznosť)* kinship, *(pokrvné)* consanguinity, *(z manželovej strany)* in-lawship; **2.** *(rodina)* relatives

príbuznosť *ž* **1.** *(príbuzenstvo)* kinship, relationship; **2.** *(i prn)* affinity, *(lingv)* cognation

príbuzný *príd* **1.** *(blízky: pokrvne)* related; **2.** *(blízky pôvodom, podobný)* germane, *(i lingv: jazyky, slová)* cognate

príbytok *m* **1.** dwelling, housing, residence, *(fml)* habitation

pricestovať *dk* **1.** to arrive, to come

pričapiť *dk* **1.** to slam; **2.** to close; **3.** to pull over, to press

príčastie *s* **1.** participle, *(prítomné)* present participle, *(minulé)* past participle

príčina *ž* **1.** cause, root; **2.** *(dôvod)* reason, ground, motive

pričinenie *s* **1.** *(úsilie)* effort, *(fml)* endeavor, *(snaživosť)* application; **2.** *(vlastným pričinením)* by the sweat of o's brow

príčinlivosť *ž* **1.** diligence, assiduity, industry, helpfulness, sedulousness

pričítať *dk* **1.** to attribute, to ascribe, to pin down to, to impute; **2.** *(zast: prirátať)* to add

pričleniť *dk* **1.** to associate, to affiliate, to incorporate, to annex

pridať *dk* **1.** *(dodať, i pri rozprávaní)* to add, *(cukor, soľ ap)* to put some more; **2.** *(zvýšiť: na mzde ap)* to raise, *(i rýchlosť)* to increase, *(do kroku)* to hurry up, *(pridaj!: poponáhľaj sa)* snap to it!; **3.** *(hov: zvýšiť úsilie)* to pull up o's socks

pridať sa *dk* **1.** to happen; **2.** to be handy; **3.** to join, **4.** to rejoin

pridávať *ndk* **1.** progr of pridať; **2.** to feed, to add; **3.** to increase, **4.** to subjoin, **5.** to lace

prídavný *príd* **1.** *(kt sa pridáva, i ekon, i inf: bit)* additional, *(i mat)* additive, *(i tech)* supplementary; **2.** *(tech: napätie, odpor, nádrž)* auxilliary, *(kov, materiál)* filler; **3.** *(lingv)* adjectival, *(meno)* adjective

prídavok *m* **1.** *(čo sa pridáva)* addition; **2.** *(k platu)* additional pay, benefit, *(i tech: na obrábanie, obrúsenie)* allowance, *(rodinné, na deti)* child allowance; **3.** *(k porcii jedla)* extra ration, **4.** *(tech)* spoilage, **5.** *(zast: k číslam programu)* encore

prídel *m* **1.** *(pridelené množstvo)* ration, contingent, allotment; **2.** *(dotácia)* allocation; **3.** *(pridelenie, ob vo vojne)* rationing, **4.** *(byť na)* to be rationed

pridelenec *m* **1.** attaché, *(obchodný)* commercial attaché, *(kultúrny)* cultural attaché, *(tlačový)* press officer

pridelenie *s* **1.** rationing, allotment, apportionment, allocation; **2.** assignment

prideliť *dk* **1.** *(dať do užívania ap, uložiť, zadeliť)* to assign, *(dať do užívania/ vlastníctva: byt, akcie)* to allocate; **2.** *(uložiť: úlohu)* to give; **3.** *(služobne zadeliť)* to put sb to +ing

prideľovať *ndk* **1.** to allocate; **2.** to assign; **3.** to allot, **4.** to ration

prídelový *príd* **1.** ration, rationing; **2.** allotment, allocation

pridružený *príd* **1.** *(pripojený)* associated, affiliated, *(i pomocný)* subsidiary, *(vedľajší)* accessory

pridružiť *dk* **1.** to associate, to affiliate, to join, to connect

pridržať *dk* **1.** *(podržať)* to hold; **2.** *(zdržať)* to hold up/ back, to delay, to detain

pridržiavač *m* **1.** holder, hold-down, pressure pad, *(str: nitov)* dolly

pridusiť *dk* **1.** to choke, to stall; **2.** to stifle, to throttle, to subdue

priebeh *m* **1.** *(i tech)* course, progress, process, *(i skúšky)* run; **2.** *(tech)* flow

prieberčivý *príd* **1.** *(i v jedle)* fastidious, *(der)* finicky, *(ifm)* choosy, *(ifm der)* picky

priebežný *príd* **1.** *(postupujúci bez prerušenia, i brzda)* continuous, *(hriadeľ, trať, konosament)* through, *(číslovanie)* consecutive, *(žel: koľaj)* main

priebojnosť *ž* **1.** penetration force; **2.** stamina, force of penetration, fighting spirit; **3.** energy, **4.** drive, **5.** self-assertion

priebojný *príd* **1.** *(bojujúci za nové myšlienky)* pioneering; **2.** *(rozhodný/ energický)* vigorous, determined; **3.** *(voj)* armour-piercing

priečelie *s* **1.** front, face, *(fml)* faćade, *(fml: katedrály ap; stav: šírka)* frontage

priečinok *m* **1.** drawer, till; **2.** box

priečiť sa *ndk* **1.** *(vzpierať sa: čomu)* to oppose, *(vôli)* to go counter to; **2.** *(vzbudzovať odpor, protiviť sa: komu)* to repugn; **3.** *(byť v rozpore)* to be contrary to, **4.** *(s kým, i bezpr)* to quarrel

priečka *ž* **1.** *(priečna latka)* crosspiece, *(okien)* transom; **2.** *(prehrádzajúca stena)* partition; **3.** *(geom)* transversal

priečny *príd* **1.** cross[-], *(geom, str)* transversal, *(i tech)* transverse; **2.** *(tech)* crosscut, *(stav, str, i let: vyváženie)* lateral; **3.** *(vzpurný)* spiteful

prieduška *ž* **1.** *(anat)* bronchus, bronchial tube, respiratory tract; **2.** *(zápal)* bronchitis

priedušnica *ž* **1.** *(anat)* trachea, windpipe

priehľadný *príd* **1.** transparent, translucent; **2.** white, clear

priehlbina *ž* **1.** cavity, excavation; **2.** pothole, chasm; **3.** hollow, **4.** dent
priehrada *ž* **1.** partition, protective screen, barrier, bulkhead, dam, rampart
priehradka *ž* **1.** partition, compartment, division, *(poštová)* window; **2.** *(i anat: nosová)* septum
priehrštie *s* **1.** handful, fistful
priehyb *m* bend, kink, deflection, sag, flexure, camber
priechod *m* **1.** passage, passageway, thoroughfare, transit, crossing, gallery, opening
priek *m* **1.** *(protiveň)* mischief; **2.** *(hádka)* quarrel, argument; **3.** *(*robiť niekomu prieky)* to spite sb
prieklep *m* **1.** carbon copy
priekopa *ž* **1.** ditch, gutter, trench, moat, ravine; **2.** dike; **3.** drain, **4.** trench
priekopník *m* **1.** pioneer, spearhead, initiator, trailblazer
priekupník *m* **1.** middleman, broker, jobber, *(s drogami)* runner
prieliv *m* **1.** *(ob pl)* straits, neck, kyle; **2.** *(Gibriltársky)* the Strais of Gibraltar
prielom *m* **1.** *(trhlina)* crack, *(i v múre)* crevice; **2.** *(prelomenie)* break-through, *(voj: v hradbe ap)* breach
priemer *m* **1.** *(priečny rozmer/ i geom)* diameter; **2.** *(stredná hodnota/ úroveň)* average, *(i mat)* mean; **3.** *(stredná úroveň)* medium, **4.** *(tech)* calibre
priemerný *príd* **1.** average; **2.** diametric; **3.** medium, **4.** mediocre
priemysel *m* **1.** industry, manufacturing, trade, *(filmový)* filmdom, *(potravinársky)* food-processing industry
priemyselný *príd* **1.** *(i škola)* industrial, manufacturing, *(výrobky)* manufactured, technical
prienik *m* **1.** *(i geom, mat)* intersection, *(i mat: množín)* product, *(log)* conjunction, *(preniknutie, i jfyz)* penetration, *(jfyz: vzájomný)* interpenetration
priepasť *ž* **1.** precipice; **2.** abyss, chasm; **3.** yawn, **4.** gulf
prieplav *m* **1.** channel, canal, waterway, *(námorný)* shipway
priepustka *ž* **1.** pass, permit, laissez-passer; **2.** *(voj)* furlough
priepustnosť *ž* **1.** permeability, perviousness, *(fyz)* throughput capacity, *(opt)* transmittance
priepustný *príd* **1.** permeable, pervious, transparent, leaky
prierez *m* **1.** cross section; **2.** transection, average; **3.** profile, **4.** section
priesada *ž* **1.** seedling
priesečnica *ž* **1.** *(geom: spoločná priamka dvoch rovín)* [line of] intersection
priesečník *m* **1.** *(geom)* point of intersection, intersect[ion], intersection point, node
prieskum *m* **1.** *(vedecké/ odborné preskúmanie)* research [work], study, *(podrobný)* run-down; **2.** *(anketa)* inquiry, *(i voj: terénu)* survey, *(verejnej mienky)* [public opinion] poll, *(trhu)* market[ing] research; **3.** *(voj)* reconnoissance
prieskumník *m* **1.** *(voj)* reconnoitrer, scout, guide.
priesmyk *m* **1.** *(priechod pohorím)* mountain pass, gha[u]t, *(úzky)* defile, neck
priestor *m* **1.** *(i geom, mat, filoz)* space, *(prázdny)* void, *(vzduchoprázdny)* vacuum; **2.** mn: **priestory** premises; **3.** *(tech: komora)* chamber, **4.** room
priestorový *príd* **1.** spatial, space, room, *(tvar)* three-dimensional
priestrannosť *ž* **1.** spaciousness, capaciousness, roominess, comprehensiveness
priestranný *príd* **1.** spacious, roomy, roomy, capacious
priestranstvo *s* **1.** *(voľné miesto)* [free] space, grounds, area, *(široké, veľké)* expanse
priestupný *príd* **1.** *(schopný prepúšťať)* permeable, pervious; **2.** *(rok)* leap, bissextile
priestupok *m* **1.** *(prestúpenie nariadenia/ predpisu)* infraction, infringement, *(i prn)* transgression, *(i proti zákonu)* offence; **2.** *(prn)* error

priesvitný *príd* **1.** transparent, translucent, *(papier, plátno)* tracing, *(i šaty, odev)* see-through; **2.** *(prn)* diaphanous

prieťah *m* **1.** delay, draft; **2.** air current; **3.** retardation

prietok *m* **1.** *(pretekanie)* flow, *(vody)* discharge, *(i fyz, ele: prúdu)* passage; **2.** *(fyz: množstvo za čas)* rate of flow

prietokový *príd* **1.** flow, forward, *(ohrievač)* flow-heater, instantaneous heater

prietrž *ž* **1.** cloudburst, *(mračien)* waterspout; **2.** *(lek)* hernia, rupture

prievan *m* **1.** [air] draught, *(am)* draft, air current

prievoz *m* **1.** *(miesto na rieke, i kompa)* ferry; **2.** *(kompa)* ferryboat, *(plť)* raft

priezor *m* **1.** slit, vision slit; **2.** lookout slit; **3.** peephole

priezračný *príd* **1.** transparent, translucent, *(i odev)* see-through; **2.** *(ľahko pochopiteľný: narážka)* broad; **3.** *(pren, expr: bledý)* diaphanous

priezvisko *s* **1.** surname, family name, second name, last name

prihadzovať *ndk* **1.** to bid; **2.** to cover; **3.** to add to, **4.** to bank

prihlásenie *s* **1.** registration, enrollment; **2.** *(tech, inf)* log[-]in, *(ele)* answering

prihlásiť *dk* **1.** *(zahlásiť: koho do)* to register, *(do súťaže)* to enter, *(úradne)* to file; **2.** *(ohlásiť: čo)* to report, *(patent)* to apply for; **3.** to register

prihlásiť sa *dk* **1.** *(u niekoho/ niekde)* to report [to]; **2.** *(prejaviť svoj záujem: i na miesto)* to apply for; **3.** *(: na niečom sa zúčastniť: na školu atď)* to enter, *(na skúšku/ štúdium/ vysokú školu)* to register [for], **4.** *(telefonicky)* to answer [a call], **5.** *(príslušnosť k nejakej národnej skupine)* to become a [ ] citizen

prihlasovací *príd* **1.** *(lístok)* registration, application, entry, filing

prihláška *ž* **1.** application, registration, check-in; **2.** *(tlačivo)* application blank/ form

prihliadnuť *dk* **1.** to consider; **2.** to allow for; **3.** to take into account, **4.** to watch

príhoda *ž* **1.** event, occurrence, incident, *(náhla)* emergency, *(veselá)* jocosity, *(lek: mozgová)* stroke, *(náhla srdcová)* heart attack

prihodiť *dk* **1.** to throw; **2.** to toss; **3.** to add to, **4.** to raise, **5.** to cover with, to bid

prihodiť sa *dk* **1.** to occur, to happen, to come about, to come to pass

príhodný *príd* **1.** timely, well-timed, *(čas)* propitious, *(vhodný)* suitable, *(chvíľa)* opportune

príhovor *m* **1.** appeal; **2.** address; **3.** intercession, **4.** addresses, **5.** pleading

prihovoriť sa *dk* **1.** to speak up for, to speak in favour of, to intercede for u koho za čo,za koho; **2.** to address, to accost, to appeal to; **3.** to put a word for a person, **4.** to speak

prihrávka *ž* **1.** *(šport)* pass, *(priečna)* cross[-pass], *(presná)* perfect pass, *(am: bočná)* lateral

prihrnúť *dk* **1.** to swarm in; **2.** to cover; **3.** to bank, **4.** to rake over, **5.** to rake to

prichádzajúci *príd* **1.** incoming, oncoming, coming, off-shore

príchod *m* **1.** *(i o dopravných prostriedkoch)* arrival, coming, oncoming, advent; **2.** *(miesto, kade sa prichádza peši)* access

prichodiť *ndk* **1.** to come, to arrive; **2.** to occur; **3.** to seem, **4.** it does not behoove, **5.** it behooves us to mention, **6.** it isn't proper, **7.** he had to flee, **8.** we should mention

prichytiť *dk* **1.** to seize, to catch, to ban, to apprehend; **2.** to nail; **3.** to trip, **4.** to nab

prichytiť sa *dk* **1.** to seize, to get hold of; **2.** to take root, to catch; **3.** to undertake, **4.** to attach, **5.** to set

prijať *dk* **1.** *(prevziať, i návrh, ponuku, sústrasť, vďaku)* to accept; **2.** *(vziať, i uchopiť, i na vedomie)* to take, *(do zamestnania)* to engage, *(i na školu)* to enrol[l]; **3.** *(akceptovať: i návrh)* to agree to, *(zákon)* to pass, *(návrh, rezolúciu)* to approve, **4.** *(na návštevu)* to receive, *(ako hosť)* to take sb in, **5.** *(privítať)* to welcome, **6.** *(pohltiť)* to take st in, **7.** *(nadobudnúť: nejaký výraz)* to assume

prijateľnosť *ž* **1.** acceptability, admissibility, *(ceny)* reasonableness, plausibility

prijateľný *príd* **1.** acceptable, feasible, passable, workable, *(cena)* reasonable; **2.** *(znesiteľný)* tolerable

prijatie *s* **1.** *(ponuky, i ekon: zmenky, úveru)* acceptance, admittance, *(i na školu)* admission, *(do zamestnania)* engagement, *(rezolúcie)* approval, *(delegácie, hostí)* reception

prijatý *príd* **1.** *(ponuka, i zmenka)* accepted, *(i pokuta)* received, *(list, doklad)* incoming, *(na školu)* admitted

príjem *m* **1.** *(prijatie, i tech: signálu)* reception, *(i inf)* acceptance; **2.** *(ekon: dôchodok)* income, *(zisk)* profit, *(štátny)* [state/ public/ inland] revenue, *(účt)* receipts; **3.** *(odb: informácií)* acquisition

príjemca *m* **1.** receiver, *(listu)* addressee, *(tovaru)* consignee, *(zmenky)* acceptor, *(peňazí, platby)* payee

príjemka *ž* **1.** receipt, receipt in full [settlement], receipt for the balance, discharge, *(lístok)* [receipt] voucher

príjemne *prísl* **1.** plesantly; **2.** cosily; **3.** pleasant

prijímací *príd* **1.** *(i tech, rád)* receiving, *(elekrónka)* receiver, *(i izba, koľaj)* reception, *(i skúška)* admission

prijímač *m* **1.** receiver, *(rozhlasový, televízny)* [radio/ TV] set, *(rozhlasový)* radio, *(televízny)* televisor

prijímanie *s* **1.** receiving; **2.** acceptance, receiving set; **3.** communion, **4.** admission as of students or, **5.** home

príjmový *príd* **1.** income, *(doklad)* receipt, *(skupina)* income group, *(účt: položka)* credit entry, *(položka: prn)* earner

príkaz *m* **1.** *(rozkaz, i lekára, i fin)* order; **2.** *(súdny, úradný, i fin)* warrant; **3.** *(fin, bank: platobný)* money order, *(klienta)* order for payment, **4.** *(inštrukcia, pokyny)* instruction[s]

prikázať *dk* **1.** to order, *(fml)* to command, to dispose, *(lekár)* to prescribe, *(súdne)* to injunct; **2.** *(kniž: prideliť)* to assign

príklad *m* **1.** *(vzor konania, i konkrétny prípad)* example, *(vzor)* model, *(typický)* pattern, *(konkrétny prípad)* instance; **2.** *(škol: úloha)* excercise

príkladný *príd* **1.** *(vzorný, odstrašujúci)* exemplary; **2.** *(vzorný)* model, pattern

prikloniť sa *dk* to join, to become attached to, to incline, to attach oneself

príklop *m* **1.** *(ochranný)* hood, cover, *(komínový)* cap, *(sklenený)* bell glass

príkon *m* **1.** input power, incoming power, power absorbed, power requirement, energy input, power demand, wattage

prikrádať sa *ndk* **1.** sa ku komu, to sneak up to, to creep up to, to steal toward, to stalk; **2.** to creep; **3.** to sneak, **4.** to stalk

prikrášliť *dk* **1.** *(urobiť niečo krajším)* to embellish, to beautify, to prettify, *(ozdobiť)* to adorn

príkrm *m* **1.** garnish; **2.** side dish, ration, extra dish; **3.** supplementary diet

príkro *prísl* **1.** steeply; **2.** severely; **3.** sharply, **4.** distastefully, **5.** sheer

prikročiť *dk* **1.** *(priblížiť sa krokmi)* to step up, *(chôdzou)* to walk up, *(priblížiť sa)* to draw near, *(pristúpiť)* to proceed [to]

príkrosť *ž* **1.** steepness, abruptness; **2.** severity, sharpness; **3.** excessive, sweetness

prikrývať *ndk* **1.** to cover up; **2.** to harbor; **3.** to carpet, **4.** to spread, **5.** to shelter, **6.** to cloak

prikrývka *ž* **1.** *(ob vlnená na posteľe, i prn)* blanket; **2.** *(ozdobná, i na nádobu)* cover, *(na posteľe)* [bed]spread; **3.** *(na nohy)* [lap] robe, **4.** *(na nádobu, hrniec)* lid, **5.** *(prn: zeme)* mantle

prikvačiť *dk* **1.** to seize; **2.** to press, to overtake, to be overtaken by; **3.** to pin on, to squeeze, **4.** to pin down

prikývnuť *dk* **1.** to nod, to agree

priľahlý *príd* **1.** adjacent, contiguous, adjoining, *(susedný)* neighbouring

prilákať *dk* **1.** to entice, to attract; **2.** to lure; **3.** to take, **4.** to allure, **5.** to invite

prilba *ž* **1.** helmet; **2.** crest; **3.** head-piece

prilepiť *dk* **1.** to stick, to glue, *(i inf)* to paste, **4.** to stick to

prílet *m* arrival

priletieť *dk* **1.** to arrive, to fly to, to come flying; **2.** *(o lietadle)* to come in; **3.** *(prn)* to rush

prílev *m* **1.** influx, inflow, flush, *(príliv)* [rising] tide

príležitosť *ž* **1.** opportunity [for/ of +ing], occasion [for st], *(náhodná)* chance, *(pracovná)* vacancy, *(vhodná)* convenience; **2.** *(pri)* on the occasion of

príležitostne *prísl* **1.** when opportunity presents itself; **2.** when it suits one; **3.** suitable to the occasion, **4.** occasionally

príležitostný *príd* **1.** *(pri príležitosti niečoho)* special, special-occasion, *(i šaty)* gala; **2.** *(náhodný)* chance, occasional; **3.** *(práca)* odd-jobbing

priliehať *ndk* **1.** to fit; **2.** to set; **3.** to lie next to, **4.** to bunch

priliehavý *príd* **1.** *(tesne priliehajúci)* close-fitting, tight-fitting, skin-tight; **2.** *(vhodný)* pertinent, poignant

prilipnúť *dk* **1.** to stick; **2.** to attach oneself to; **3.** to get stuck to, **4.** to glue, **5.** to bunch

príliš *prísl* **1.** too, excessively, over[-], unduly

prílišný *príd* **1.** excessive, immoderate, exacting, overdone

priľnavý *príd* **1.** adherent, clingy, sticky, tenacious

príloha *ž* **1.** *(k časopisu)* supplement, *(ku knihe)* appendix; **2.** *(admin)* enclosure; **3.** *(kuch)* garnish

priložený *príd* **1.** enclosed, attached; **2.** added; **3.** applied

priložiť *dk* **1.** *(položiť, dať)* to put, *(obväz, obklad)* to apply; **2.** *(pripojiť)* to enclose; **3.** *(pridať)* to add, **4.** *(na oheň)* to make up

príložník *m* **1.** T-square

primárny *príd* **1.** *(i ekon: vklady, výrobca)* primary, *(i inf)* prime, *(i lingv)* primitive, *(pôvodný, i jfyz)* original

prímas *m* **1.** *(titul arcibiskupov)* primate

primát *m* **1.** primacy, pre-eminence, supremacy; **2.** mn **primáty**. *(zool)* primates

primátor *m* **1.** mayor of a capital city, lord mayor; **2.** mayor

primerane *prísl* **1.** appropriately; **2.** accordingly, commensurately; **3.** commensurately with, properly

primeranosť *ž* **1.** adequacy, *(náležitosť)* appropriateness, *(ceny)* reasonableness, *(slova)* pertinence

primeraný *príd* **1.** *(hodiaci sa)* adequate, *(náležitý)* appropriate, *(príhodný)* suitable, commensurate, *(cena)* reasonable, *(podiel)* fair

prímerie *s* **1.** truce, armistice, *(krátke)* ceasefire

prímes *ž* **1.** admixture, addition, *(cudzia)* foreign substance, *(i fyz)* impurity

primitív *m* **1.** primitive man; **2.** primitive

primitívny *príd* **1.** primitive; **2.** rude

primknúť sa *dk* **1.** to press close to; **2.** to attach oneself to, to cling to, to cotton to

prímorie *s* **1.** seaboard, seacoast, coastal area, seashore

prímorský *príd* **1.** seaside, seashore, littoral, maritime

primrznúť *dk* **1.** to freeze; **2.** to freeze to, to freeze on; **3.** to become frozen

princ *m* **1.** prince, *(korunný)* crown prince, *(rozprávkový)* fairy prince, *(na bielom koni)* Prince Charming

princezná *ž* **1.** princess, *(korunná)* crown princess

princíp *m* **1.** *(zásada, zákon)* principle, *(zásada)* tenet, *(základný)* keystone, fundamental, *(fyz: zákon)* law; **2.** *(v princípe)* in principle

priniesť *dk* **1.** *(nesením dopraviť, prísť s darom/ správou)* to bring, *(ísť a priniesť)* to fetch; **2.** *(doniesť: i dieťa, úrodu)* to bring forth, *(ovocie, i úroky)* to yield, *(zisk)* to bring in; **3.** *(uverejniť)* to publish, **4.** *(pripraviť o niečo)* to deprive of

prínos *m* **1.** *(príspevok, i ekon)* contribution, addition; **2.** *(ekon)* acquisition, gain

prinútiť *dk* **1.** to force, to compel, to oblige, to coerce

priorita *ž* **1.** priority, precedence, precedency, antecedence

prioritný *príd* **1.** preferential, *(cenný papier)* senior, preferred, privilege[d]

priostrenie *s* **1.** aggravation

priostriť *dk* **1.** to make pointed, to point, to aggravate; **2.** to sharpen

prípad *m* **1.** *(i práv, lek)* case, *(udalosť)* event, incident, *(jednotlivý jav)* instance, *(núdzový, naliehavý, nevyhnutný)* emergency; **2.** *(práv: pre zástupcu)* brief; **3.** *(po prípade)* in case, as the case my be, *(v prípade)* in case of, *(v každom prípade)* in any case/ event

pripadať *ndk* **1.** to fall; **2.** to devolve upon; **3.** to belong to, **4.** to seem, **5.** to fall to the share of, to fall as a person's share co na koho, **6.** to be, **7.** to devolve, **8.** to strike, **9.** to redound

prípadne *čast* **1.** in case, *(respective)* or, *(podľa okolností)* as the case may be, *(ak treba)* if need be; **2.** *(azda)* maybe, possibly

pripadnúť *dk* **1.** *(dostať sa ako povinnosť, majetok ap)* to fall [to], *(fml: i právomoc)* to devolve upon, *(ako podiel)* to fall to one's lot, *(právomoc, majetok, zodpovednosť)* to devolute; **2.** *(pripadla mi () povinnosť)* it fell to me [to]; **3.** *(padnúť na nejaký deň ap)* to fall [on]

prípadný *príd* **1.** *(možný)* possible, *(eventuálny)* prospective, any, if any,

pripájať *ndk* **1.** to attach, to connect adjoin; **2.** to add to, to annex; **3.** to solder on, **4.** to hook, to couple, **5.** to add, **6.** to subjoin

pripažiť *dk* **1.** *(tel)* to close-arm

pripekať *ndk* **1.** to burn; **2.** to bake, to grill, to roast; **3.** to parch

pripevniť *dk* **1.** to fasten, to fix, to brace, to adjoin

pripiecť *dk* **1.** to burn; **2.** to toast; **3.** to brand, **4.** to burn on, **5.** to light

pripináčik *m* **1.** drawing pin, *(am)* [thumb-]tack, tack, thumb-nail, push-pin

pripínať *ndk* **1.** to pin, to attach, to fasten; **2.** to couple hook; **3.** to hitch

prípis *m* **1.** *(úradný list)* [official] letter, communication, missive; **2.** *(prípisok)* inscription

pripísanie *s* **1.** *(účt)* entry, write-up, *(na ťarchu)* charge; **2.** inscription

pripísať *dk* **1.** *(napísaním pridať)* to add; **2.** *(účt: zaznačiť peňažnú sumu)* to put down; **3.** to attribute; **3.** *(venovať)* to dedicate

pripiť *dk* **1.** to toast sb/ st, to drink a toast to sb/ st, *(pripiť niekomu na zdravie)* to drink sb's health

prípitok *m* **1.** toast, health, pledge, sentiment

príplatok *m* **1.** *(prídavok)* additional payment, *(k platu/ mzdám)* extra pay, *(na dieťa)* child benefit, *(prémia: výkonnostný)* incentive pay/ bonus; **2.** *(suma priplácaná)* supplement

prípliesť sa *dk* **1.** to get involved in; **2.** to be woven into; **3.** to come, to show up, to arrive, to sneak up, **4.** to join

pripnúť *dk* **1.** *(pripevniť)* to attach, *(špendlíkom)* to pin, *(sponkou)* to clasp, *(vagóny)* to couple

pripočítanie *s* **1.** addition, adding, imputation; **2.** attribution

pripočítať *dk* **1.** *(pridať)* to add, *(sumu)* to increment, *(prirážku)* to mark up, *(číslo)* to score up, *(čo k)* to include, *(fin, bank: ku vkladu, účtu)* to [ac]credit, *(ekon: hodnotu)* to impute; **2.** *(prn: pripísať)* to attribute, *(vinu)* to [put the]blame

pripojenie *s* **1.** *(priloženie)* enclosure; **2.** *(pričlenenie)* annexation; **3.** addition, **4.** *(tech, ele, inf)* connection

pripojený *príd* **1.** enclosed, attached; **2.** connected, on[-]line; **3.** annexed

pripojiť *dk* **1.** *(spojiť)* to connect, to link [to], *(ele)* to plug; **2.** *(priložiť)* to enclose; **3.** *(pričleniť)* to annex, **4.** *(dodať)* to add

pripojiť sa *dk* **1.** to join with, to attach oneself to; **2.** to couple to; **3.** to join, **4.** to incorporate, **5.** to rejoin

prípojka *ž* **1.** *(odbočka od hlavnej siete)* branch line, service connection, service line; **2.** *(tech)* connector

prípojný *príd* **1.** connecting, connection, connected, *(tlf)* exchange, *(šnúra)* extension, *(žel)* junction, *(trať)* feeder, *(vlak)* corresponding

pripomenúť *dk* **1.** *(oživiť v pamäti, upozorniť)* to remind, *(oživiť v pamäti)* to bring back to memory; **2.** *(vzbudiť predstavu niekoho/ niečoho)* to put sb in mind of sb/ st; **3.** *(si)* to recall; **4.** *(zmieniť sa, poznamenať)* to mention

pripomienka *ž* **1.** *(kritická poznámka)* observation, [critical] remark, suggestion, *(upozornenie)* admonition; **2.** *(zr: pripomenutie)* reminder; **3.** *(zr: vec pripomínajúca)* memento

prípona *ž* **1.** suffix, affix, postfix, *(pádová)* case-ending, *(inf)* extension

príprava *ž* **1.** *(i tech, voj)* preparation[s], preparative[s], setout; **2.** *(bez prípravy)* offhand; **3.** *(zhotovovanie niečoho)* preparing, **4.** *(krajč)* trimmings, **5.** *(škol: i domáca)* prep[aration]

pripravený *príd* **1.** *(i o žiakovi)* prepared, instructed, ready

pripraviť *dk* **1.** *(prichystať, i jedlo, žiaka; u/ spôsobiť)* to prepare, to make [st] ready; **2.** *(upraviť)* to make up; **3.** *(zapríčiniť)* to bring about, **4.** *(pomôcť pri učení)* to coach, **5.** *(zbaviť)* to deprive [of]

pripraviť sa *dk* **1.** to get ready, to prepare; **2.** to prepare oneself; **3.** to get, **4.** to forfeit

prípravný *príd* **1.** preparatory; **2.** prep; **3.** preliminary, **4.** preparative

prípravok *m* **1.** preparation

pripriеť *dk* **1.** to compel, to exert pressure on, to close, to force; **2.** to shut

pripustiť *dk* **1.** *(dovoliť: vstúpiť/ zučastniť sa, i uznať)* to admit; **2.** *(: vstúpiť)* to let [sb in]; **3.** *(uznať za možné)* to grant, **4.** *(dovoliť, strpieť)* to tolerate, **5.** *(pridať)* to add, **6.** *(pridať pri meraní)* to allow

prípustný *príd* **1.** permissible, admissible, allowable, acceptable

pripútať *dk* **1.** to tie, to bind; **2.** to draw, to fasten; **3.** to attract to oneself, to attract, **4.** to moor, **5.** to root

pripútať sa *dk* **1.** to cotton to

priradiť *dk* **1.** to co-ordinate

prirásť *dk* **1.** to grow on; **2.** to grow, to increase, to accrete, to accrue, to become attached to

prírastok *m* **1.** *(vzrastanie)* increase, *(i obyvateľstva)* growth, *(počtu, i tech)* increment, *(množstva)* augmentation; **2.** *(jednotlivec: kníh)* accession; **3.** *(i do rodiny)* addition, **4.** *(inf)* INC

prirážať *ndk* **1.** to add; **2.** to land, to put to, to slam, to strike

prirážka *ž* **1.** supplement, *(k cene)* extra charge, *(ekon: zisková)* [profit] margin, *(mzdová)* premium, *(daňová)* surtax, *(za obsluhu)* service charge

príroda *ž* **1.** nature; **2.** outdoors, air; **3.** natural scenery

prírodný *príd* **1.** natural, nature, naturalistic; **2.** *(opak: umelý)* pure; **3.** *(kuch)* au naturel

prírodoveda *ž* **1.** natural science

prirodzene *prísl* **1.** naturally; **2.** kindly; **3.** natural

prirodzenie *s* **1.** genitals, *(ob ženské)* pudenda, *(ifm)* privates, *(arch)* privities

prirodzený *príd* **1.** *(vše, i tech, hud, mat: číslo)* natural; **2.** *(prírodný)* nature; **3.** *(vrodený)* innate, **4.** *(nie umelý)* genuine, **5.** *(nestrojený)* spontaneous, **5.** normal, **6.** lifelike

prirovnanie *s* **1.** comparison, similitude, *(lit, rhet)* simile, *(bibl)* parable

prirovnať *dk* **1.** to compare, to liken

príručka *ž* **1.** hanbook, manual; **2.** guidebook; **3.** handbook, **4.** companion, **5.** guide, **6.** letter-writer

príručný *príd* **1.** *(určený na bežne používanie)* handy, *(knižnica)* reference, *(slov-

ník) compact; **2.** *(určený k prenášaniu v rukách: batožina)* hand[-]

prísada *ž* **1.** admixture, addition, ingredient, something added; **2.** seasoning, flux; **3.** condiment, **4.** flavouring, **5.** relish, **6.** zest

prísaha *ž* **1.** *(i práv)* oath, *(pod prísahou)* under/ on oath, *(pri sobáši)* vow[s], *(vojenská)* attestation, *(krivá)* perjury

prisahať *ndk* **1.** to swear allegiance to; **2.** to swear by to; **3.** to swear, **4.** to take an oath, **5.** to perjure, to vow

prísažný *príd* **1.** *(súvisiaci s prísahou)* oath; **2.** *(práv: zaviazaný prísahou)* sworn, under oath; **3.** *(hist)* councillor, alderman

prischnúť *dk* **1.** to dry; **2.** to dry on; **3.** to stick to, **4.** to attach oneself, **5.** to become attached to, **6.** to be flamed for, **7.** to take the rap for, **8.** to run dry, to go dry

príslovie *s* **1.** proverb, adage; **2.** byworld; **3.** saw, **4.** saying

príslovka *ž* **1.** adverb

prísľub *m* **1.** promise, assurance, word, seal

prisluhovač *m* **1.** *(kto slúži, i ideológii)* lackey, servant, sycophant; **2.** *(pätolízač)* toady

prislúchať *ndk* **1.** to belong to; **2.** to behoove, to become; **3.** to belong

príslušenstvo *s* **1.** *(súhrn vecí potrebných na používanie)* equipment, *(tech)* fittings; **2.** *(doplnky: auta ap)* accessories; **3.** *(bytu)* bathroom and lavatory, *(práv)* appurtenances

príslušník *m* **1.** *(organizácie, rodiny, strany)* member, *(organizácie)* adherent, *(obce, národa, štátu)* citizen, *(kráľovstva)* subject

príslušnosť *ž* **1.** adherence; **2.** jurisdiction; **3.** allegiance, competence, belonging, affilation, **4.** membership, **5.** nationality

príslušný *príd* **1.** *(náležitý, vhodný)* appropriate; **2.** *(týkajúci sa, súvisiaci)* pertinent; **3.** *(práv: kompetentný)* competent, **4.** *(zastar: majúci domovskú príslušnosť)* resident

prísne *prísl* **1.** strictly, severely, hardly, sternly

prísnosť *ž* **1.** strictness; **2.** severity; **3.** austerity, **4.** rigour

prísny *príd* **1.** *(i zmysel)* strict, severe, tough, rigid; **2.** oppressive; **3.** demanding; **4.** *(presný)* precise; **5.** *(vážny)* stern, **6.** *(strohý)* plain, **7.** *(prísny zákaz ...)* it's strictly prohibited

prisoliť *dk* **1.** to add salt to

príspevok *m* **1.** *(peňažná suma: z hľadiska dávajúceho)* contribution, *(členský)* fee; **2.** *(: z hľadiska prijímajúceho)* subsidy, *(na deti)* allowance; **3.** *(článok: do časopisu ap, i prn: diskusný)* contribution

prispieť *dk* **1.** *(poskytnúť pomoc)* to assist, to aid; **2.** *(: finančnú/ hmotnú)* to contribute [towards/ to]; **3.** *(dopomôcť k)* to contribute [to]

prispievať *ndk* **1.** to contribute to/ for, to concur; **2.** to contribute; **3.** to co-operate, **4.** to forward, **5.** to redound, **6.** to support

prispôsobenie *s* **1.** adaptation, adjustment, modification, accommodation

prispôsobiť *dk* **1.** to adapt, to adjust, to accommodate, to conform [to]

prispôsobiť sa *dk* **1.** to adapt os, to become adapted to, to conform, to acculturate

prispôsobivý *príd* **1.** adaptive; **2.** elastic; **3.** *(o povahe)* malleable, **4.** yielding

prísť *dk* **1.** *(i dopravným prostriedkom)* to come, *(dostať sa)* to get; **2.** *(i o dopravných prostriedkoch, poštou)* to arrive; **3.** *(dostať sa niekam poštou, i vlak)* to come in, **4.** *(objaviť sa)* to appear, **5.** *(o prírodných živloch: vietor)* to rise, **6.** *(priblížiť sa)* to be coming [up], **7.** *(ocitnúť sa v istej situácii)* to get, **8.** *(nadobudnúť: k)* to find, **9.** *(stratiť: i prácu, syna, život)* to lose; **10.** *(zistiť, nájsť))* to find [out]; **11.** *(dospieť: na niečo)* to get; **12.** *(o telesných/ duševných pocitoch)* to seize; **13.** **[!]** *(mať nejaký pocit)* to feel; **14.** *(ujsť sa)* to fall to one's lot; **15.** *(naskytnúť sa)* to come o's way; **16.** *(za: prislúchať)* to make; **17.** *(hov: lacno/ draho)* to cost; **18.** *(bolo treba)* should; **19.** *(dôjsť k čomu v čase)* to come [to]; **20.** *(vo funkcii: byť)* to be; **21.** *(ako súčasť spojení: do módy)* to come in

prisťahovalec *m* **1.** an immigrant

prisťahovať sa *dk* **1.** to immigrate; **2.** + to move in

pristáť *dk* **1.** *(vše: dosiahnuť pevnú zem)* to land, *(i balón)* to ground; **2.** *(plavidlo)* to moor; **3.** *(lietadlo, i kozmická loď)* to touch down, *(lietadlo)* to fly in, *(hov)* to sit down, *(núdzovo)* to force-land, *(bez podvozku)* to crash-land, *(o pilotovi)* to set down, *(kozmická loď: v mori)* to splash down

pristátie *s* **1.** landing, arrival, *(let)* touchdown, *(núdzové)* forced landing

prístav *m* **1.** port, harbour, docks, *(námorný)* seaport; **2.** *(i prn)* haven

pristávací *príd* **1.** landing, mooring, flight, *(zariadenie)* alighting, *(maják)* runway

prístavba *ž* **1.** annex, addition; **2.** extension; **3.** continuation

pristaviť *dk* **1.** to add; **2.** to set; **3.** to stop, to place, to present, **4.** to throw out

prístavný *príd* **1.** port, harbour, dock, quay

pristihnúť *dk* **1.** to catch, to seize, *(fml)* to aprehend

prístrešie *s* **1.** *(príbytok)* roof, lodgement, housing, shelter; **2.** *(prístrešok)* roofing

prístrešok *m* **1.** *(kryt v podobe strechy)* roofing, penthouse, lean-to/ sloping roof, *(látkový)* awning

pristrihnúť *dk* **1.** to cut, to trim, to crop, to poll; **2.** to snuff to

prístroj *m* **1.** *(i navigačný)* instrument, *(i destilačný)* apparatus, device, *(i domáci)* appliance, *(i telefónny, televízny)* set

prístup *m* **1.** *(príchod, možnosť dostať sa/ dosiahnuť)* access, *(príchod)* entrance; **2.** *(možnosť dostať sa k niekomu)* admittance; **3.** *(postoj)* approach

pristúpiť *dk* **1.** *(krokmi sa priblížiť: k čomu)* to step up [to]; **2.** *(do dopravného prostriedku)* to get on; **3.** *(pripojiť sa, stať sa novým členom)* to join, **4.** *(začať sa zaoberať)* to undertake, **5.** *(súhlasiť)* to consent [to], **6.** *(prišliapnuť)* to step on

prisúdiť *dk* **1.** to adjudge; **2.** to award, to adjudicate, to order; **3.** to refer, **4.** to knock down

prísudok *m* **1.** predicate

prísun *m* **1.** transport[ation]; **2.** movement **3.** feed; **4.** draw

prisunúť *dk* **1.** to move to, to bring up, to transport, to ship; **2.** to push next

prisvedčiť *dk* **1.** to assent, to nod consent, to approve, to accept, to attest to; **2.** to say

prisvojiť si *dk* **1.** to appropriate, to take possession of, to adopt, to usurp; **2.** to convert

prisypať *dk* **1.** to pour additionally; **2.** to bury, to add, to cover

príšera *ž* **1.** monster, specter, bogy; **2.** nightmare

príšerný *príd* **1.** monstrous, ghastly, terrible, damnaed; **2.** grisly; **3.** horrible, **4.** eerie, **5.** gruesome, **6.** weird

prišiť *dk* **1.** to sew on, to sew to, to tack; **2.** to button; **3.** to sew

priťahovať *ndk* **1.** to draw, to attract; **2.** to pull; **3.** to tighten, **4.** to appeal, **5.** to fix, **6.** to brace, **7.** to girth, **8.** to draw on, **9.** to screw

priťažiť *dk* **1.** to burden, to load; **2.** to aggravate, to make more difficult

príťažlivosť *ž* **1.** attraction; **2.** gravity; **3.** gravitation, **4.** attractive force/ power, **5.** appeal, **6.** glamour

príťažlivý *príd* **1.** attractive; **2.** catchy; **3.** nice, **4.** prepossessing, catching, engaging, inviting

pritlačiť *dk* **1.** to pin to down, to apply pressure to, to force; **2.** to glue, to press, to bear down on

prítok *m* **1.** supply, inflow, flux, feed; **2.** branch, tributary; **3.** confluent, **4.** feeder

pritom I. *prísl* **1.** *(zároveň, súčasne)* at the same time, and even, what's more, **II.** *spoj* **2.** *(a/ no pritom)* [and] yet, [and] nevertheless

prítomnosť *ž* **1.** *(súčasnosť)* the present; **2.** *(účasť, výskyt)* presence, . *(gram)* present tense

prítomný *príd* **1.** present; **2.** *(gram: čas)* present tense

pritúliť *dk* **1.** to caress, to embrace; **2.** to befriend; **3.** to shelter, to harbour, **4.** to cuddle, **5.** to snuggle

pritúliť sa *dk* **1.** to press to, to nestle; **2.** to snuggle, to find shelter

prítulný *príd* **1.** *(nežný)* snuggling, cuddly, cuddlesome, *(zviera)* friendly; **2.** *(útulný)* cozy

príučka *ž* **1.** *(ponaučenie v podobe trestu ap)* lesson; **2.** *(ponaučenie v podobe vyhrešenia)* warning; **3.** *(*dať niekomu príučku)* to teach sb a lesson

privábiť *dk* **1.** to entice, to attract; **2.** to invite; **3.** to lure

privaliť *dk* **1.** to roll to; **2.** to cover, to barricade; **3.** to force, **4.** to bury, **5.** to press

príves *m* appendage, trailer

prívesok *m* **1.** appendage; **2.** pendant, rider, trinket; **3.** tag, **4.** charm

prívetivý *príd* **1.** *(vľúdny, srdečný, priateľský)* amiable, genial, affable, towardly

priviesť *dk* **1.** *(dostať niekam: ako sprievodca, dozorca)* to take; **2.** *(: pomocou zariadení)* to convey; **3.** *(byť príčinou: do varu, na svet/ svetlo)* to bring, **4.** *(pohnúť, zapríčiniť niečo zlé)* to drive, **5.** *(pripraviť)* to deprive [of], **6.** *(ako súčasť spojení: do rozpakov)* to embarrass

priviezť *dk* to haul to, to bring to

privilégium *s* **1.** privilege; **2.** to charter; **3.** freedom, **4.** prerogative

privilegovaný *príd* **1.** *(i ekon: obligácia; inf: program)* privileged, *(ekon: emisia)* privilege, chartered, *(trieda, vrstva)* élite

privítať *dk* **1.** to welcome, to extend a welcome to; **2.** to greet; **3.** to hail to, to meet

privlastniť si *dk* **1.** to appropriate; **2.** to usurp; **3.** to attribute, **4.** ascribe, **5.** to grab

privlastňovací *príd* **1.** *(gram)* possessive; **1.** usurping

privliecť *dk* **1.** to drag to; **2.** to bring along; **3.** to contract, **4.** to bring in

privodiť *dk* **1.** to lead to, to lead in; **2.** to bring to; **3.** to bring about, to cause, **4.** to introduce, **5.** to contract, **6.** to catch, **7.** to incur

prívodný *príd* **1.** leading-in; **2.** feeding, lead-in; **3.** supplying, **4.** feed, **5.** intake

privolať *dk* to incur

privrieť *dk* **1.** to shut; **2.** to close; **3.** to force, **4.** to befall

prívrženec *m* **1.** adherent, *(stúpenec)* follower, *(verný)* acolyte, *(fml)* votary

prízemie *s* **1.** ground floor, lower story. *(am)* first floor; **2.** (div) orchestra, the pit; **3.** parterre; **4.** parquet.

prizemný *príd* **1.** ground; **2.** epigeal, surface; **3.** downstairs

príznačný *príd* **1.** characteristic, symptomatic; **2.** peculiar, typical of; **3.** like

príznak *m* **1.** sign, indication, *(lek)* symptom, *(sekundárny: lek, filoz, psych)* epiphenomenon; **2.** *(zast gram: téma)* theme

priznanie *s* **1.** admission, declaration, confession, acknbowledgment, grant, credit, concession

priznať *dk* **1.** *(vyhlásiť niečo za pravdivé)* to admit, to make an admission, to aknowledge; **2.** *(pririeknuť)* to grant, *(súdne)* to adjudicate

priznať sa *dk* **1.** to confess, to admit, to unburden os, to own up

prízrak *m* **1.** phantom, illusion; **2.** ghost; **3.** phantasm, **4.** wraith

prízvuk *m* **1.** accent; **2.** emphasis, stress

príživník *m* **1.** parasite, bleeder, *(ifm)* sponger, mooch[er], sponge

problém *m* **1.** *(nerozriešená otázka)* problem, question, *(ťažký, zložitý)* brain-teaser, *(kritický)* knot, *(ifm)* proposition; **2.** *(ťažkosť)* trouble

problematický *príd* **1.** problematic; **2.** questionable; **3.** objectionable, **4.** mare-'s-nest

procedúra *ž* **1.** procedure, proceedings, *(normálna, bežná)* routine, ceremony

proces *m* **1.** *(práv, i tech, fyz, chem atď)* process; **2.** *(súdny)* trial, [law]suit, case

procesia *ž* **1.** procession

prodekan *m* **1.** vice-dean, deputy dean, associate dean, subdean

producent *m* **1.** producer

produkcia *ž* **1.** *(výroba, i výsledky, tvorba, diela)* production; **2.** *(výsledky výrobnej činnosti)* products, *(celková)* output; **3.** *(tvorba)* facture

produkt *m* **1.** *(výrobok, i výsledok)* product, make; **2.** *(poľn)* produce; **3.** *(ekon: hrubý domáci [HDP])* gross domestic product [GDP], **4.** *(výsledok, i látka: fyz, chem, inf)* result

produktivita *ž* **1.** productivity, productiveness, efficiency

produktívny *príd* **1.** productive, producing; **2.** prolific, voluminous; **3.** creative

profesia *ž* **1.** profession

profesionál *m* **1.** professional; **2.** player

profesor *m* **1.** professor; **2.** high-school teacher, instructor

profil *m* **1.** *(tvár z boku, i zameranie, i tech)* profile, *(silueta)* silhouette; **2.** *(prn)* outline; **3.** *(odb)* section

program *m* **1.** *(rozvrh práce, sled čísel, i polit, div)* programme, *(rozvrh: práce, činnosti)* plan, *(: činnosti)* timetable; **2.** *(súhrn bodov: schôdze/ rokovania)* agenda; **3.** *(inf: sústava príkazov)* program, **4.** *(v nočnom podniku)* show, **5.** *(tlačené oznámenie: div)* [play-]bill, **6.** *(*je na programe: bude sa o tom rokovať)* it is on the agenda

programový *príd* **1.** program; **2.** policy; **3.** policy-making, **4.** programmatic

progresívny *príd* **1.** *(i mat, ekon, lek, lingv, tech)* progressive, accelerated, acceleration, accelerating, *(i inf)* advanced, *(i ekon)* progress

prohibícia *ž* **1.** *(zákaz výroby a predaja liehovín)* prohibition[ism], pussyfoot[ism]; **2.** *(v USA 1920-1933)* Prohibition

projekt *m* **1.** project, plan, scheme, design

projektant *m* **1.** designer, architect; **2.** projector, planner

projektor *m* **1.** *(filmový, i reflektor)* projector; **2.** *(tech: reflektor, svetlomet)* searchlight, *(i divadelný)* floodlight, *(divadelný)* spotlight, *(automobilový)* headlight

projektovanie *s* **1.** projection, design, planning, drafting, designing

prokurátor *m* **1.** prosecutor; **2.** procurator

promenáda *ž* **1.** promenade, walk: **2.** park; **3.** parade, **4.** walk, **5.** esplanade, **6.** mall

promócia *ž* **1.** graduation, conferring of a doctor's degree, commencement

promovať *n/dk* **1.** to promote to; **2.** to graduate; **3.** to confer a doctor's degree upon, to take a degree, **4.** to commence, **5.** to degree

promptný *príd* **1.** prompt, ready, expeditious, *(dodávka)* spot

propagácia *ž* **1.** *(rozširovanie, i lek)* propagation; **2.** *(polit: ob pej)* propaganda; **3.** *(obch)* publicity, advertising

propagačný *príd* **1.** advertising, promotional; **2.** propaganda, propagandistic

propaganda *ž* **1.** propaganda; **2.** publicity campaign; **3.** ballyhoo, **4.** boom, **5.** rumour-mongering

propagovať *ndk* **1.** to propagate, to spread; **2.** to advertise, to promote, to publicize

proporcionálny *príd* **1.** *(vyvážený, mat, fyz, i ekon: daň, sadzba)* proportional, *(náklady)* variable, *(zrušenie, umorovací fond)* pro rate; **2.** *(rovnomerný, i ekon: inflácia)* balanced

propozícia *ž* proposition, suggestion, offer, recommendation

prorektor *m* **1.** vice-rector, deputy rector, *(v Škótsku)* pro-rector, vice-chancellor

proroctvo *s* **1.** *(predpoveď budúcnosti)* prophecy, *(veštba)* divination, soothsaying, *(hist)* vaticination
prorok *m* **1.** prophet; **2.** seer; **3.** soothsayer, oracle
prorokovať *ndk* **1.** to prophesize, to predict, to divine, to soothsay
prosba *ž* **1.** petition, request; **2.** entreaty; **3.** application, **4.** instance, **5.** pleading, **6.** prayer, **7.** plea
prosebný *príd* **1.** entreating; **2.** suppliant, precatory, beseeching, supplicatory; **3.** pleading, **4.** supplicant
prosiť *ndk* **1.** *(zdvorilo, úctivo žiadať)* to beg, to pray; **2.** *(i o tanec)* to ask; **3.** *(prihovárať sa)* to intercede for, **4.** *(si)* to want
proso *s* **1.** millet
prospech *m* **1.** *(úžitok)* benefit, interest, convenience, *(zisk)* profit; **2.** *(v/ na prospech)* in favour [of]; **3.** *(škol)* result[s], **4.** *(zast: úspech)* success
prospekt *m* **1.** *(propagačný leták)* leaflet, *(rozdávaný zdarma)* hand-out; **2.** *(predbežný plán: spoločnosti, školy ap)* prospectus; **3.** *(pozadie obrazu)* background
prosperita *ž* **1.** prosperity; **2.** boom; **3.** boost, **4.** glory
prospešnosť *ž* **1.** advantage, benefit; **2.** expedience, profit; **3.** utility
prospešný *príd* **1.** profitable, advantageous; **2.** fruitful, beneficial; **3.** friendly, **4.** unseful, **5.** healthy, **6.** wholesome
prospieť *dk* **1.** to be useful, to be beneficial; **2.** to progress; **3.** to benefit
prospievať *ndk* **1.** to prosper, to thrive; **2.** to be beneficial; **3.** to thrive, **4.** to flourish, **5.** to profit
prostata *ž* **1.** prostate, prostate gland
prostné *s pomn* **1.** floor exercises, setting-up exercises, *(žien)* cal[l]isthenic exercises
prostred *predl* in the middle of
prostredie *s* **1.** *(i životné)* environment, *(fml: mestské)* environs, *(spoločenské, pracovné)* milieu, *(odb)* habitat
prostredníctvo *s* **1.** means, medium, mediation, intermediary
prostredník *m* **1.** go-between; **2.** middle finger, agent; **3.** peacemaker
prostredný *príd* **1.** middle; **2.** mean, intermediate; **3.** mediocre, **4.** medium, **5.** intermediary, **6.** median, **7.** moderate, **8.** medial, **9.** mid
prostriedok *m* **1.** *(prostredná časť)* centre; **2.** *(i časový bod)* middle; **3.** *(nástroj, pomôcka na uskutočnenie)* means, mn: **prostriedky**. *(finančné)* funds, *(dopravné, i prn)* vehicle, [means of] transport, **4.** *(pomôcka)* expedient, **5.** *(spôsob, postup)* ways and means
protekcia *ž* **1.** protection; **2.** pull; **3.** trade, drag, influence, favour, **4.** connection
protekcionárstvo *s* **1.** favouritism, wire pulling, *(fml)* nepotism
protektor *m* **1.** protector, patron, backer; **2.** sponsor; **3.** casing
protektorát *m* **1.** protectorate; **2.** patronage, auspices, sponsorship
protest *m* **1.** *(i práv, ekon: zmenkový)* protest, *(prejav nesúhlasu)* objection, *(ostrý)* outcry, *(fml)* remonstrance
protestant *m* **1.** Protestant
protestovať *n/dk* **1.** to protest, to object, to contest, *(fml)* to remonstrate
protéza *ž* **1.** prosthesis, replacement, *(končatina)* artificial limb, *(zuby)* denture[s]
proti *prísl* **1.** *(smerom k/ oproti niečomu)* against; **2.** *(opačným smerom)* against; **3.** *(v miestnom význame oproti)* opposite, **4.** *(vyjadruje účel/ cieľ)* for, **5.** *(v porovnaní s niečím)* compared with, **6.** *(v rozpore s niečím)* against, **7.** *(pred niečím/ pred začiatkom niečoho)* towards, **8.** contra
protichodný *príd* **1.** *(smerujúci opačne, i opačný)* contrary; **2.** *(opačný)* opposite; **3.** *(úplne)* antithetical, **4.** *(antagonistický)* antagonistic
protijed *m* **1.** antidote, antitoxin, detoxicant, *(lek, hist)* theriac
protiklad *m* **1.** antithesis, contradiction,

contrary, contrast, converse, extreme, foil, opposition, **2.** opposite

protiľahlý *príd* **1.** opposite, diametric; **2.** extreme

protilátka *ž* **1.** *(biol)* antibody, *(biochem)* antagonist

protilietadlový *príd* **1.** anti-aircaft; **2.** *(paľba)* fla[c]k, *(skr)* AA, ack-ack

protinávrh *m* **1.** counter-proposal, *(na schôdzi)* counter-motion, contrary motion, amendment

protinožec *m* **1.** antipodean, antipode

protiopatrenie *s* **1.** counter-measure, counter-move, sanction, retaliation, answer

protipožiarny *príd* **1.** anttifire; **2.** pyrostilpnite; **3.** fireblende, **4.** fire, **5.** fire-policy

protiprávny *príd* **1.** unjust, irregular, illegal, illicit, lawless, wrongful

protirečenie *s* **1.** contradiction

protirečivý *príd* **1.** contradictory, inconsistent

protismer *m* **1.** opposite direction

protismerný *príd* **1.** opposite, contrary, inverse; **2.** in opposite direction, of opposite direction; **3.** head

protištátny *príd* **1.** antistate, subversive, seditious

protiústavný *príd* anticonstitutional

protiútok *m* **1.** counterattack, reaction, recharge, sally, *(ifm)* fight-back

protiváha *ž* **1.** counterweight; **2.** counterpoise, counterbalance; **3.** offset, **4.** balance

protiveň *ž* **1.** *(nepríjemnosť, zlosť)* annoyance, *(trápenie)* trouble, *(o deťoch: neposlušnosť)* disobedience, *(na protiveň)* out of spite

protivník *m* **1.** opponent, antagonist; **2.** enemy, adversary, rival, foe; **3.** fighter

protizákonný *príd* **1.** unlawful, illegal

protokol *m* **1.** *(úradný zápis, i schôdze)* record, *(schôdze, zasadnutia)* minutes; **2.** *(kniha úradných zápisov)* register; **3.** *(medzinárodná zmluva, pravidlá styku)* protocol, **4.** *(hov: kancelária)* record office

protokolovať *n/dk* **1.** to put on record; **2.** to register, to record; **3.** to file to, to list

prototyp *m* **1.** prototype; **2.** model

proviant *m* **1.** general supplies, provisions; **2.** ration

provincia *ž* **1.** province; **2.** government

provízia *ž* **1.** *(peňažná odmena)* commission, *(podiel na zisku)* rake-off, *(percentový)* percentage, *(za sprostredkovanie)* brokerage [fees]

provizórium *s* **1.** provisional arrangement; **2.** makeshift, temporary arrangement

provizórny *príd* **1.** provisional, temporary; **2.** stopgap, makeshift

provokácia *ž* **1.** provocation, challenge

provokatér *m* **1.** provoker, provocateur

provokovať *ndk* **1.** to provoke; **2.** to challenge

próza *ž* **1.** prose

prozreteľnosť *ž* **1.** providence, provision; **2. Prozreteľnosť**. *(náb)* Providence

prplať sa *dk* **1.** to tinker; **2.** to patter, to bother with, to piddle

prplavý *príd* **1.** *(zdĺhavý)* lengthy, *(ifm)* fiddly, piddling

prsia *s pomn* **1.** breast, chest, bosom; **2.** breast stroke

prskať *ndk* **1.** to sparkle; **2.** to sputter, to crackle; **3.** to snort, **4.** to spit, **5.** to splutter

prskavka *ž* **1.** *(vianočná)* sparkler, sparkling firework

prsknúť *dk* **1.** to sparkle, to sputter; **2.** to snort; **3.** to splutter

prsník *m* **1.** nipple, teat; **2.** breast

prst *m* **1.** *(ruky, i kuch: rybie)* finger; **2.** *(nohy, i tech)* toe; **3.** *(tech)* bar

prsteň *m* **1.** ring; **2.** annulus; **3.** coil, **4.** keeper

prstenník *m* **1.** ring finger, annulary

pršať *ndk* **1.** to rain; **2.** to sprinkle, to be raining

prúd *m* **1.** *(pohybujúca sa: hmota, i voda, elektrina)* flow, *(: tekutina, i krv; plyn, i* *prn: ľudí, áut)* stream; **2.** *(rieky, morský, elektrický, i prn: života)* current; **3.** *(dopr)* lane, **4.** *(vozidiel, i voj)* column, **5.** *(prn: nepretržitý pohyb)* flux[ion], **6.** *(sled udalostí)* course, **7.** ob mn **prúdy** *(smer: literárne, politické)* currents

prudko *prísl* **1.** violently, strongly; **2.** quickly, slap-bang, slapdash, **3.** shortly, short, smack, sharp, sharply, hotly

prudkosť *ž* **1.** vehemence, rashness; **2.** edge; **3.** temper, violence, **4.** warmth

prudký *príd* **1.** *(veľmi rýchly a silný, i tok)* impetuous, *(rast, vzostup, i strmý)* precipitous, *(i inflácia)* rampant; **2.** *(náhly)* abrupt; **3.** *(silný)* violent, **4.** *(prchký, výbušný, vášnivý)* hot-tempered, **5.** *(cit)* flame

prúdový *príd* **1.** *(i výroba)* flow, stream, *(ele)* current, *(motor)* jet, *(lietadlo)* jet-propelled, *(polyg)* non-stop

pruh *m* **1.** strip, band; **2.** hernia, bar; **3.** glade

pruhovaný *príd* **1.** *(ob látka, šaty)* striped, *(i pes, mačka)* brindled, *(ob mačka)* tabby, *(zool)* vittate

prút *m* **1.** *(výhonok stromov/ kríkov)* twig, *(vŕbový)* wicker, *(brezový)* birch; **2.** *(tyč kovu)* bar; **3.** *(i drahých kovov)* ingot, **4.** *(súčasť udice)* fishing-rod, **5.** *(čarovný)* magic wand

prútený *príd* **1.** wattled; **2.** birch, wicker, wattle

prútie *s hrom* **1.** osier, wicker, wattle, twigs

pružina *ž* **1.** spring

pružnosť *ž* **1.** elasticity, resilience, flexibility; **2.** *(pohybov)* litheness

pružný *príd* **1.** *(elastický, i ekon: ponuka, i prn)* elastic; **2.** *(ohybný, i ekon: cena, čas, i prn)* flexible; **3.** *(o tele, chôdzi, pohyboch)* lithe, **4.** *(tech, inf: disk)* floppy

prv *prísl/spoj* **1.** efore, previously; **2.** sooner; **3.** at one time, **4.** beginning, **5.** before, **6.** ere, **7.** formerly, **8.** heretofore

prvenstvo *s* **1.** primacy, preeminence, first place; **2.** championship, first; **3.** precedence, **4.** lead

prvok *m* **1.** *(i chem, mat, inf)* element; **2.** *(súčiastka/ zložka)* constituent, *(i inf)* component, unit

prvopočiatočný *príd* **1.** primoprime, original, primary, primal, primordial; **2.** prime, inceptive

prvoradý *príd* **1.** first-rank, first-rate, primary, prime

prvotný *príd* **1.** *(primárny, i ekon: náklady, doklad)* primary; **2.** *(základný)* basic; **3.** *(pôvodný: zápis, doklad)* original, **4.** *(primitívny)* primitive

prvotriedny *príd* **1.** first-class, first-rate, *(vynikajúci)* excellent, *(ifm)* A1, *(slang)* bang-up; **2.** *(iron)* prize

prvý *čísl* **1.** first; **2.** *(v rade)* initial; **3.** *(v časovom význame, hlavný)* primary, **4.** *(stojaci na čele, hlavný)* head, **5.** *(najlepší, i hlavný)* prime, **6.** *(hlavný, i v rade)* premier, **7.** *(plavba, vystúpenie)* maiden, **8.** *(pomoc)* first aid

przniť *ndk* **1.** to pollute, to contaminate; **2.** to violate, to rape, to desecrate, to defile

psí *príd* **1.** canine, dog's; **2.** lousy, bad, beastly, canine

psovod *m* **1.** dog trainer; **2.** dog handler; **3.** huntsman, **4.** whip

pstruh *m* **1.** *(zool potočný: Salmo trutta fario)* salmon trout, *(zool duhový: Salmo iridens)* rainbow trout, *(lososový)* bull-trout, *(mladý)* orange fin, *(jazerný)* laker, *(jazerný)* ferox, *(jazerný)* bull-trout, *(cambricus)* sewin, *(morský)* smolt, *(morský)* finnoc

psychiater *m* **1.** psychiatrist, mental specialist, alienist, *(sl)* head doctor, *(joc)* trick cyclist, *(arch)* mad-doctor

psychiatria *ž* **1.** psychiatry

psychika *ž* **1.** the psychic

psychológ *m* **1.** psychologist, psychicist, *(arch)* psychist

psychológia *ž* **1.** psychology

pšenica *ž* **1.** wheat, corn

pštros *m* **1.** *(zool dvojprstý: Struthio camebus)* ostrich, camel bird

puberta *ž* **1.** puberty, pubescence

pubertálny *príd* **1.** pubertal, adolescent, pubescent, *(rar)* puberal

publicista *m* **1.** publicist, journalist, political writer/ journalist

publikácia *ž* **1.** *(tlačou vydané dielo)* publication, apperance, *(výtlačok)* copy, *(periodická)* serial; **2.** len j *(uverejnenie)* publishing

publikovať *n/dk* **1.** *(uverejňovať)* to publish, to issue; **2.** *(zastar: zverejňovať)* to publicize

publikum *s* **1.** *(obecenstvo)* the public, *(i televízne)* audience, *(i športové)* spectators, *(diváci)* viewers

puč *m* **1.** putsch, coup [d'état], uprising

pučať *ndk* **1.** *(o rastlinách, stromoch)* to bud, *(o rastlinách)* to shoot, to sprout: **2.** *(prn: vyrastať)* to grow up

pučiť sa *ndk* **1.** to burst; **2.** to be angry, to seethe with anger; **3.** to choke, **4.** to convulse

pud *m* **1.** *(neuvedomená vrodená sila)* instinct, *(sebezáchovy)* self-preservation; **2.** *(popud)* impulse; **3.** *(ruská jednotka váhy 16; 375 kg)* pood

púder *m* **1.** powder, *(kozmetický)* face powder, *(farm: detský)* talcum [powder], *(tech)* starch

puding *m* **1.** pudding, *(škrobový)* jelly, *(z vajec)* custard, *(sladký)* blancmange

puchnúť *ndk* **1.** *(o častiach tela, i prn)* to swell; **2.** *(nadúvať sa, rozpínať sa)* to surge, to bulge; **3.** *(hov: tučnieť)* to grow fat

puk I. ***podst*** m **1.** *(nerozvinutý kvet/ list)* bud; **2.** *(hovor: vriedok)* crease; **3.** *(šport: hokej)* puck, **II.** ***cit*** **4.** *(napod zvuk: pri streľbe)* bang, **5.** *(: pri údere)* crash, **6.** *(: pri prasknutí/ puknutí niečoho)* pop

pukanec *m* **1.** popcorn

puklina *ž* **1.** *(medzera, i prn)* rift, cleft, *(kde niečo prasklo)* burst, *(i v múre)* crack; **2.** *(tech)* slit

puknúť *dk* **1.** to crack, to burst; **2.** to snap; **3.** to split, **4.** to spring, to pop

pulóver *m* **1.** jersey, *(br)* jumper, pullover, *(teplý)* sweater

pult *m* **1.** *(v obchode)* counter, *(manipulačný)* desk; **2.** *(barový)* bar; **3.** *(odb: kontrolný, i inf)* console, **4.** *(stolec: na písanie)* writing desk, **5.** *(pod pultom)* under the counter

pulz *m* **1.** *(vlnenie cievnych stien)* pulse, *(i prn)* pulsation, *(srdce)* heartbeat, *(i prn)* beat

puma *ž* **1.** puma, Cougar

pumpa *ž* **1.** pump, service station, *(br)* petrol pump, *(am)* gasoline pump

pumpovať *ndk* **1.** *(čerpať tekutinu, vháňať vzduch)* to pump; **2.** *(vháňať vzduch)* to pump up, to inflate; **3.** *(hov: finančne využívať)* to scrounge

punc *m* **1.** *(značka na drahých kovoch, i prn)* hallmark, plate-mark, carat-mark; **2.** *(hovor, expr. výraz z náčrtu)* cachet

punktičkár *m* **1.** hairsplitter, pedant, fault-finder, pettifoger

púpava *ž* **1.** *(bot: Taraxacum)* dandelion. blowball, *(bot lekárska: Taraxacum officinale)* swine's snout

pupeň *m* **1.** blister, pimple; **2.** bud; **3.** eye

pupok *m* **1.** *(anat)* navel, *(ifm)* bellybutton, *(odb)* umbilicus; **2.** *(hovor expr. : veľké brucho)* paunch

puritán *m* **1.** *(hist)* Puritan; **2.** *(prn)* puritan, prude, rigorist

puritánsky *príd* **1.** Puritan; **2.** puritan, puritanical, prudish

pustatina *ž* **1.** wasteland, wilderness, *(púšť)* desert, *(v USA)* prairie

pustiť *dk* **1.** *(prestať držať)* to let go [of st/ sb]; **2.** *(nechať uniknúť)* to let st go, *(nechať padnúť)* to let st fall; **3.** *(dovoliť vstup)* to let sb/ st in, **4.** *(dovoliť ísť)* to let sb go, **5.** *(prepustiť)* to [set sb] free, **6.** *(vyhnať: listy)* to put forth, **7.** *(rozšíriť)* to spread, **8.** *(uviesť do chodu/ činnosti: motor)* to start, **9.** *(vypustiť tekutinu/ vodu)* to run

pustiť sa *dk* **1.** to set out, to start, to engage in, to embark upon, to enter into

pustovník *m* **1.** hermit, anchorite, recluse, *(rar)* solitaire, *(mohamedánsky)* santon, *(prn)* seclusionist, *(prn pej)* troglodyte

pustý *príd* **1.** *(neobývaný, opustený)* abandoned, *(neobývaný, i ostrov)* desert, *(opustený)* desolate; **2.** *(prázdny/ bez života)* waste; **3.** *(prázdny: bezobsažný)* empty, **4.** *(prázdny: smutný)* drear[y], **5.** *(surový: vražda)* crude

puška *ž* **1.** rifle, gun, *(poľovnícka)* shotgun, *(dvojhlavňová)* double-barrel

púšť *ž* **1.** *(krajina v horúcich pásmach)* desert; **2.** *(spustošený kraj)* waste, wilderness; **3.** *(kniž: niečo neplodné, mŕtve)* aridity

púť *ž* **1.** *(náb)* pilgrimage; **2.** *(kniž: cesta)* voyage, way, path

pútač *m* **1.** *(nápis, predmet)* eye-catcher, *(neónový)* neon sign

pútať *ndk* **1.** *(kniž: priťahovať/ upútavať)* to attract, *(pozornosť)* to draw, *(úplne)* to grip; **2.** *(kniž: spájať)* to bind; **3.** *(odb: viazať)* to fix

pútavý *príd* **1.** *(vzbudzujúci záujem)* interest-holding, *(veľmi)* intriguing, *(zaujímavý)* interesing, *(príťažlivý)* captivating

pútec *m* **1.** parting, *(am)* part

pútko *s* **1.** *(zdrob)* fetter; **2.** *(na udržanie opasku)* loop, *(na zavesenie odevu)* hanger; **3.** *(tech: trubky)* clamp

pútnik *m* **1.** *(náb: putujúci)* pilgrim, peregrinator; **2.** *(kniž: pocestný)* wayfarer, rover

puto *s* **1.** ob mn **putá** **1.** *(na ruky, na nohy)* shackles, *(na ruky)* manacles, *(na nohy)* fetters; **2.** *(prn)* bond

putovanie *s* **1.** pilgrimage; **2.** wandering, peregrination; **3.** rove, **4.** wayfaring

putovať *ndk* **1.** to travel; **2.** to circulate, to wander; **3.** to be on a pilgrimage, to make pilgrimage, **4.** to tramp, **5.** to migrate, **6.** to rove

putovný *príd* **1.** mobile; **2.** traveling, itinerant, moving; **3.** ambulant, **4.** touring, **5.** circulating, **6.** roving

puzdro *s* **1.** *(i na okuliare, husle, cigarety)* case, *(i anat)* sheath; **2.** *(tech)* housing; **3.** *(anat)* bursa

pýcha *ž* **1.** *(povýšenosť)* pride, *(namyslenosť)* conceit, *(márnomyselnosť)* vanity, *(sebavedomie, hrdosť)* boast

pykať *ndk* **1.** *(trpieť za)* to suffer [for], to smart, *(robiť pokánie)* to do penance, *(fml)* to atone

pýr *m* **1.** *(bot: Agropyron)* wheat-grass, *(bot: Elytrigia)* couch[-grass], *(bot: Elytrigia repens)* quitch[-grass]; **2.** *(kniž: červeň na tvári)* blush[ing]

pyramída *ž* **1.** *(geom, i prn)* pyramid; **2.** *(prn)* stack, pile, column

pýriť sa *ndk* **1.** to blush

pysk *m* **1.** *(predná časť papule)* snout; **2.** *(hov: ľudské ústa)* mouth, **3.** *(čížiem)* tip, **4.** *(anat: ohanbia)* labium

pyskatý *príd* **1.** labiate; **2.** largemouthed; **3.** lippy, saucy, **4.** mouthy

pyskovať *ndk* **1.** to rant, to mouth; **2.** to talk back, to sauce

pýšiť sa *ndk* **1.** *(bezpredm: byť pyšný)* to be proud, *(chváliť sa)* to boast of, *(byť na niečo pyšný)* to preen on, to pride os on

pyšný *príd* **1.** *(namyslený)* conceited, haughty; **2.** *(hrdý)* proud; **3.** *(kniž: nádherný)* superb

pyštek *m* **1.** *(zdrob)* lip; **2.** *(bozk)* kiss; **3.** *(pečivo)* teacake, *(z bielkov)* meringue; **4.** *(žliabok)* spout, **5.** (bot) large-flowered snapdragon

pýtať *ndk* **1.** *(požadovať niečo od niekoho)* to ask [sb for st/ st of sb], *(fml: čo)* to request [st from/ of sb], *(fml)* to require; **2.** *(o cene)* to ask [st for st]; **3.** *(žiadať, i zast: žobrať)* to beg

pýtať sa *ndk* **1.** *(klásť otázku)* to ask, *(fml)* to inquire; **2.** *(zaujímať sa)* to ask [sb about st]; **3.** *(ako sa niekto má)* to inquire [after sb], **4.** *(žiadať o dovolenie)* to ask permission [to]

pytliačiť *ndk* **1.** to poach, *(oslnením zvierat prudko)* to jack[light]

pytliak *m* **1.** poacher, *(nočný)* jacklighter

pyžama *ž* **1.** pyjamas, slumberwear, *(dámska) night-dress, (detská) sleeping suit*

R

rabat *m* **1.** *(zľava na cene: stálym odberateľom)* trade discount, dealer's rebate; **2.** *(zľava)* price discount, discount, reduction in price[s]

rabín *m* **1.** rabbi, *(rar)* rabbin

rabovať *ndk* **1.** to rob, to pillage, to plunder, to loot

racionalizácia *ž* **1.** rationalization, development engineering

racionalizovať *n/dk* **1.** to rationalize

racionálny *príd* **1.** *(rozumný)* rational, reasonable; **2.** intellectual; **3.** purposive

rad *m* **1.** *(za sebou/ vedľa seba: i v kine, ulíc)* row, *(: domov, perál; i zástup; i šport, voj)* line; **2.** *(za sebou: zástup čakajúcich)* queue; **3.** *(i mat: aritmetický, geometrický)* series, **4.** ob mn: **rady**. *(skupina)* ranks, **5.** *(poradie)* turn, **6.** *(sled)* succession, **7.** *(mnoho, neurčitý počet)* string, **8.** *(pás obilia na jeden záber kosy)* swath, **9.** *(vyznamenanie)* Order; **10.** *(prvý/ posledný)* front/ back row

rád I. ***prísl*** **1.** *(s radosťou)* gladly, with pleasure, *(s ochotou)* willingly; **2.** *(obyčajne)* usually; **3.** *(chcieť: rád by)* [ ] would like, **4.** *(tešiť sa: byť rád)* glad, happy, *(to som rád!)* I'm glad to hear that!, **5.** *(ľúbiť: mať rád)* to love, *(mať v obľube)* to like, **II.** ***spoj*** **6.** *(radšej ako/ než/ ale)* It's better, I'd rather, **III.** ***časť*** **7.** *(v replike vyj súhlas)* all right, **8.** *(vyj želanie: keby radšej)* if [you/ she...] only would, **IV.** ***podst*** m **9.** *(rehola, i mat, geom, chem)* order

rada *ž* **1.** *(ponaučenie)* [a piece of] advice, suggestion, tip; **2.** *(výbor)* council, committee

radar *m* **1.** radar

radca *m* **1.** *(poradca)* adviser, *(ob am)* advisor, counsellor; **2.** *(hodnosť: vyslanecký)* counsellor

radič *m* **1.** allotter, digit distributor switch, control unit, traffic distributor, sequence switch, assignment switch

radikálny *príd* **1.** radical, drastic, extreme, ultra[-]

rádio *s* **1.** radio, wireless [set], receiver, set

radiť *ndk* **1.** to advise; **2.** *(odporúčať)* to recommend; **3.** *(zoraďovať)* to arrange, *(aut: rýchlosť)* to shift [gears], **4.** *(kniž: zaraďovať)* to class

radiť sa *ndk* **1.** *(žiadať o radu)* to consult [sb], to take counsel; **2.** *(vymieňať si názory)* to consult [with sb], to confer [with]

radnica *ž* **1.** city hall, town hall, guildhall, *(londýnska)* the Mansion House

radosť *ž* **1.** *(stav vyvolaný niečím príjemným)* pleasure, gladness, *(veľká)* delight; **2.** *(pocit prejavujúci sa: veselosťou)* joy, *(dobrou náladou)* cheer

radostný *príd* **1.** *(pôsobiaci, prejavujúci radosť)* joyful, cheerful, *(fml)* joyous, *(pôsobiaci, prejavujúci radosť)* gratifying; **2.** *(prejavujúci radosť)* glad[some], *(veselý)* gay

radovať sa *ndk* **1.** *(i bezpr)* to be happy, *(mať radosť z)* to be delighted at st/ with, *(dtd, fml)* to rejoice at/ in/ over st, *(oddávať sa radosti)* to exult

radový *príd* **1.** ordinal; **2.** series, serial; **3.** regular, **4.** religious, **5.** file, **6.** private, **7.** line, **8.** nun

rafinéria *ž* **1.** refinery, refining plant

rafinovaný *príd* **1.** *(prejemnelý, i tech)* refined, *(vyumelkovaný)* sophisticated; **2.** *(prefíkaný)* artful; **3.** *(pej: vypočítavý)* calculating, **4.** *(tech)* purified

rafinovať *n/dk* **1.** to refine, to purify, *(kov)* to try out, *(dvakrát)* to double-refine

ragú *s nesk* **1.** ragout, *(baranie)* haricot, *(zajačie)* salmi, *(hovädzie)* hotpot

rachitída *ž* **1.** *(lek)* rickets, rachitis

rachot *m* **1.** *(rachotanie: kolies, tankov, guľometov)* rattle, *(motorov)* roar, *(hromu)* clap, *(i bubnov)* rolling, *(i výstrelov)* peal, *(guľometov)* chatter, *(silný zvuk)* din

rachotiť *dk* **1.** to rattle, to bang, to chatter, to grumble

raj *m* **1.** paradise, heaven; **2.** *(na zemi)* Eden; **3.** *(prn: daňový)* haven

rajčina *ž* **1.** *(bot: Solanum lycopersicum)* tomato plant, *(am)* tomato vine, *(plod)* tomato

rajnica *ž* **1.** skillet, saucepan, *(kastról)* casserole, *(panvica)* frying pan

rajón *m* **1.** *(časť územia, priestoru)* area, *(časť územia)* region, *(admin, i am: i policajný)* district, *(miesto pôsobnosti)* circuit, *(strážnika, poštára ap)* walk; **2.** *(tech)* rayon

rak *m* **1.** *(s klepetami; zool: Brachyura)* crab; **2.** *(i bez klepiet: Astacidea)* crayfish; **3.** *(bez klepiet; zool: Homerus: homár)* lobster, crawfish, **4.** **Rak** *(astron, astrol)* Cancer

raketa *ž* **1.** *(v pyrotechnike)* [sky-]rocket; **2.** *(konštrukcia na lietanie, i voj: strela)* rocket, *(konštrukcia na lietanie)* spacecraft, *(voj: reaktívna strela)* jet bomb; **3.** *(šport)* racket

raketoplán *m* **1.** [space] shuttle, space ferry, spaceplane, boost glider

rakovina *ž* **1.** cancer, carcinoma, *(stromov)* canker

Rakúsko *s* **1.** Austria

rakúsky *príd* **1.** Austrian

Rakúšan *m* **1.** Austrian

rakva *ž* **1.** coffin, casket, *(cínová)* shell, *(sl)* cold-meat box

rám *m* **1.** *(obrazu, dverí, bicykla, i tech, inf, prn)* frame, *(i dverí, tech)* casing, *(na okuliaroch)* rim, *(na novinách)* newspaper-holder; **2.** *(tech)* mount

rámcový *príd* **1.** general, frame, outline, *(zákon)* skeleton

rámec *m* **1.** *(čo obrubuje)* border[s], limit[s], *(čo obklopuje)* compass; **2.** *(súhrn vecí, javov)* framework, *(dejový)* setting; **3.** *(v rámci niečoho)* within the ambit of, *(zákona, predpisov)* as provided by

rameno *s* **1.** *(anat, bočná časť, i fyz: sily, i tech)* arm; **2.** *(anat: časť od lakťa po plece)* upper arm; **3.** *(bočná časť, i rieka, stromu)* branch, beam, **4.** *(tech: žeriavu)* jib; **5.** blade, **6.** leg, **7.** agency, **8.** beam

ramienko *s* **1.** *(zdrob)* [small] frame; **2.** *(vešiak)* [coat] hanger, *(stužka na odeve)* shoulder strap; **3.** *(tech)* arm, **4.** *(kuch)* shoulder

rampa *ž* **1.** *(nakladacia)* ramp, *(nájazd)* ascent, *(odpaľovacia)* launch[ing] pad; **2.** ob mn : **rampy**. *(žel)* crossing gate; **3.** *(div: časť javiska pred oponou)* apron

rana *ž* **1.** wound, *(povrchová)* flesh wound, *(tržná)* laceration, *(rezná)* slash, *(bodná)* stab

raňajkovať *ndk* **1.** to have breakfest, to breakfast

raňajky *ž pomn* **1.** breakfast, *(i obed)* brunch

rande *s nesk* **1.** *(ifm)* date, *(fr)* rendezvous

raniť *dk* **1.** to wound, to injure, *(i prn)* to hurt; **2.** *(prn: city)* to offend; **3.** to hack, **4.** to harrow

ráno *m* **1.** morning; **2.** in the morning; **3.** on the morning, **4.** daylight

ranostaj *m* **1.** early riser, *(prn)* early bird; **2.** *(bot: Coronilla varia)* crown vetch

rapavý *príd* **1.** *(pokrytý rapinami ob po kiahňach)* pockmarked, *(pokrytý rapinami i prn)* pocked, *(ifm o človeka: majúci rapiny)* spotty; **2.** *(prn: drsný)* rough

rapkáč *m* **1.** *(i detská hračka)* rattle, *(drevené zariadenie)* clapper, clacker; **2.** *(str)* ratchet stop

rapsódia *ž* **1.** *(hud)* rhapsody

rasa *ž* **1.** race, *(prn: rod)* line; **2.** *(plemeno)* breed

rasca *ž* **1.** *(bot lúčna: Carum carvi)* caraway; **2.** *(korenina)* caraway [seed]

rasový *príd* **1.** racial, race, *(priehrada)* colour bar, *(segregácia)* Jim-crowism

rast *m* **1.** growth, development, increase, rise

rásť *ndk* **1.** *(vyvíjať sa, i nechať si rásť, rodiť sa)* to grow, *(zväčšovať sa, i prn)* to grow/ to become/ to get bigger; **2.** *(prn: pribúdať do počtu, objemu atď)* to expand, to rise; **3.** *(dospievať)* to grow up,

4. *(o rastlinách)* to vegetate

rastlina *ž* **1.** plant, *(schopná kvitnúť)* flowerer, **2.** denizen, **3.** vine

rastlinný *príd* **1.** plant, herbal; **2.** vegetable; **3.** margarine

rastlinstvo *s* **1.** flora, plant kingdom; **2.** vegetation, plants

rastúci *príd* **1.** growing, increasing, ascending, ascendant, accumulative, crescent

rašelinisko *s* **1.** peatbog, sphagnum bog; **2.** peatery, turbary

rátať *ndk* **1.** *(zisťovať počet)* to count; **2.** *(vykonávať počtové úkony)* to calculate; **3.** *(zaraďovať niekam)* to count in, **4.** *(brať do úvahy)* to reckon with, **5.** *(spoliehať)* to count on, **6.** *(účtovať)* to charge, **7.** *(predpokladať)* to reckon, **8.** *(o veku)* to guess, **9.** *(zast: pokladať)* to consider

ratifikovať *n/dk* **1.** to ratify, to countersign, to validate, to homologate

ratolesť *ž* **1.** twig, sprig; **2.** *(olivová: symbol mieru)* olive branch; **3.** *(prn: potomok)* offspring

raz I. ***podst*** m **1.** *(vyj opakovanie:)* time, *(jeden raz)* once, one time; **2.** *(pri počítaní)* one, **II.** ***prísl*** **3.** *(v rozprávkach: kedysi)* once upon a time, **III.** ***čast*** **4.** *(konečne: už raz!)* at last!, for once, once and for all, **5.** *(naozaj)* really, **6.** *(v záp: vôbec)* not at all

ráz *m* **1.** character; **2.** *(fon: hrtanová spoluhláska)* glottal stop; **3.** *(mech: náraz)* collision, **4.** *(fyz, ele, rád, hud: ráznejšie)* beat; **5.** phonet glottal

rázcestie *s* **1.** *(miesto, kde sa rozchádzajú cesty)* road fork, *(dvoch ciest)* bifurcation; **2.** *(hov: križovatka, i prn)* crossroads, *(byť na)* to stand at the/ a crossroads

razenie *s* **1.** stamping; **2.** caliber; **3.** cutting, **4.** bore, **5.** coinage, mintage, **6.** year struck

razia *ž* **1.** [police] roundup, police raid, *(sl)* bust, descent

razidlo *s* **1.** punch, stamp; **2.** die; **3.** swage

raziť *ndk* **1.** *(odznaky)* to stamp; **2.** *(rozširovať)* to spread; **3.** *(ban: prekopávať)* to run, *(prn: niekomu cestu)* to pave the way for, **4.** *(hov: cím)* to smack of

rázny *príd* **1.** *(energický)* vigorous, energetic; **2.** *(rozhodný)* determined, resolute

rázovitý *príd* **1.** characteristic, typical, *(zvláštny)* peculiar, true to type

rázporok *m* **1.** *(opatrený gombíkmi)* fly; **2.** *(otvor na odeve)* slash, slit, rent

raž *ž* **1.** *(bot: Secala cereale)* rye

raždie *s hrom* **1.** *(suché vetvy)* dead/ dry twigs, brushwood, chatwood, faggots; **2.** twigs

ražeň *m* **1.** *(nástroj)* [roasting-]jack; **2.** *(zariadenie na pečenie na ohni)* gridiron; **3.** *(zaostrená žrď)* spit, skewer

ražný *príd* **1.** rye

reagovať *n/dk* **1.** *(i fyz, chem, fyziol, psychol)* to react, to respond, *(i písomne)* to reply, *(i ústne)* to answer

reakcia *ž* **1.** *(i fyz, chem, fyziol, psychol, polit)* reaction, *(i psychol)* response, *(chem: výmenná)* metathesis; **2.** *(tech)* jet propulsion

reakčný *príd* **1.** reactional, reactive; **2.** polit reactionary; **3.** reaction, **4.** torque

reaktor *m* **1.** reactor, *(jfyz: jadrový)* pile, chain reactor, *(sigma)* sigma pile

realita *ž* **1.** *(skutočnosť)* reality; **2.** *(zast: nehnuteľný majetok)* real estate, immovable/ real property, *(pozemková)* landed property, *(leg)* realty

realizácia *ž* **1.** *(uskutočnenie, speňaženie, i fon)* realization, *(uskutočnenie)* realizing; **2.** *(vykonávanie)* execution, *(i prá, inf)* implementation, *(plánu)* fruition; **3.** *(speňaženie)* conversion into cash, *(zisku)* profit taking

realizovať *n/dk* **1.** *(uskutočniť, speňažiť)* to realize, *(uskutočniť)* to actualize; **2.** *(vykonať)* to execute; **3.** *(speňažiť)* to convert into cash/ money

reálny *príd* **1.** *(skutočný)* real, *(vecný)* objective; **2.** *(zmyslami vnímateľný)* concrete; **3.** *(zodpovedajúci skutočnosti)* realistic

rebarbora *ž* **1.** *(bot: Rheum undulatum)* rhubarb, *(am)* pie plant
rebrík *m* **1.** ladder, stepladder, *(požiarny)* scaling ladder, *(záchranný)* fire escape; **3.** haircut mistakes
rebrina *ž* **1.** *(bočnica vozu)* side, cart-ladder; **2.** *(náradie: švédska)* wall bars; **3.** *(v maštali)* [feeding] rack
rebro *s* **1.** *(anat, i tech, prn)* rib; **2.** *(kuch)* chop; **3.** *(arch: klenby)* nerve, **4.** *(tech)* w[h]eal, *(stav: výstužné)* reinforcing rib
rébus *m* **1.** rebus; **2.** *(prn: záhada)* riddle, puzzle, mystery
recenzent *m* **1.** reviewer, critic; **2.** *(kníh)* book reviewer, *(vydavateľstva)* [publisher's] reader
recenzia *ž* **1.** *(v novinách ap)* review, critique, write-up, *(knihy)* bookreview
recenzovať *ndk* **1.** to review, to [write a] critique, to write up, to criticize
recepcia *ž* **1.** *(prijatie hostí, i hotelová kancelária)* reception; **2.** *(v hoteli)* reception desk, reception room, lobby
recept *m* **1.** *(lek)* prescription; **2.** *(kuch)* recipe; **3.** *(tech)* formula, **4.** *(prn: rada)* tip
recesia *ž* **1.** *(kniž: ústup)* recession; **2.** *(hov: samopaš, žart)* prank, lark, *(z recesie)* for a lark
recidíva *ž* **1.** *(návrat, i lek: choroby)* relapse, *(návrat)* return; **2.** *(lek)* recurrence; **3.** *(práv: trestného činu)* recidivism
recitácia *ž* **1.** recitation, reading, declamation, recital
recitovať *ndk* **1.** to recite, *(s rytmickým dôrazom)* to scan, *(teatrálne)* to declaim; **2.** to repeat
reč *ž* **1.** *(schopnosť, činnosť, spôsob hovorenia,prejav,i gram)* speech; **2.** *(spôsob vyjadrovania,prejav,i gram)* oration; **3.** *(i jazyk,i neslovný prostriedok)* language, **4.** *(hovor)* talk[ing], **5.** *(prejav: privítacia)* address, **6.** *(nepodložená správa)* rumour, **7.** *(*stratiť reč)* to dry up
rečnícky *príd* **1.** oratorical, rhetorical, declamatory, elocutionary
rečník *m* **1.** speaker, talker, orator, declaimer, **2.** tub thumper
rečniť *ndk* **1.** *(mať prejav)* to speak, *(teatrálne)* to declaim, *(ifm)* to speechify; **2.** *(veľa hovoriť)* to prate
rečový *príd* **1.** speech[-], language, lingual, vocal
redakcia *ž* **1.** *(činnosť)* editing, redaction; **2.** *(redaktori)* editorial staff; **3.** *(pracovisko)* editorial office, *(v novinách)* newsroom, **4.** *(filol: úprava)* version
redaktor *m* **1.** editor, *(vedúci/ hlavný/ zodpovedný)* editor-in-chief, *(technický)* lay-out man, *(výtvarný)* art-editor
redigovať *ndk* **1.** to edit, to redact, to prepare, *(novinársku správu)* to copy-edit
reďkovka *ž* **1.** *(bot siata: Raphanus sativus)* radish, *(bot ohnicová: Raphanus raphanistrum)* ravanello, *(bot: Raphanus caudatus)* rat-tailed radish
rednúť *ndk* **1.** to grow thin[ner], to thin, to grow sparse
redukcia *ž* **1.** reduction, diminution, *(postupná)* phase-down, *(chem: odkysličovanie)* desoxidation
redukčný *príd* **1.** reduction, reducing, *(lek: diéta)* slimming, *(chem)* deoxidizing
redukovať *n/dk* **1.** to reduce, to scale down, to diminish, *(chem)* to deoxidate
referát *m* **1.** *(analitická správa)* account, *(písomný, vedecký, odborný)* [scientific] paper/ report, *(i hodnotiaci)* report; **2.** *(správa)* information; **3.** *(oddelenie)* department, **4.** *(úsek činnosti)* competence
referencia *ž* **1.** ob mn: **referencie.** references, ref, character, testimonial
referent *m* **1.** *(kto referuje, i v novinách)* reporter, *(na schôdzi)* speaker; **2.** *(v úrade: pracovník kt má na starosti)* employee in charge; **3.** *(v novinách)* correspondent
referovať *ndk* **1.** to report, *(podrobne)* to detail, to write up, *(v novinách)* to cover
reflektor *m* **1.** *(i voj)* searchlight, *(divadelný)* spotlight; **2.** *(i fyz, opt, astron)* reflector, *(opt, astron: ďalekohľad)* reflecting telescope, *(na vozidle)* headlight
reflex *m* **1.** *(odraz svetla)* reflection, refle-

xion; **2.** *(fyziol)* reflex, *(podmienený)* conditioned reflex, *(patelárny)* knee jerk

reforma *ž* **1.** reform, reformation, regeneration, revision

refrén *m* **1.** *(básne, piesne)* refrain, chorus, repetend, *(piesne, i hud)* ritornel[lo]

refundácia *ž* **1.** reimbursement, refunding, refund[ment], refund, repayment

refundovať *n/dk* **1.** to reimburse, to refund, to repay, to recover, *(čiastočne)* to rebate

regál *m* **1.** *(polica)* shelf, *(stojan s policami)* rack, stand, *(knižný)* [book-]rack, *(skriňa)* bookcase; **2.** *(hist: právo)* sovereign right

regenerácia *ž* **1.** *(i biol, chem, tech)* regeneration, *(poľn)* reclamation, recuperation, revivification

regeneračný *príd* **1.** regenerative; **2.** feedback, regeneration; **3.** circuit

register *m* **1.** list, roaster, roll, docket, record; **2.** file; **3.** table of contents, register, **4.** thumb index, index, **5.** organ stop, **6.** business directory, business guide

registrátor *m* **1.** recorder, registrar; **2.** register, recording instrument

registratúra *ž* **1.** registry, registrar's office; **2.** file room; **3.** file cabinet

registrovať *n/dk* **1.** to register, to record, to file, to check in

regres *m* **1.** regress, recourse; **2.** counter claim, cross action

regrút *m* **1.** recruit, conscript, *(ifm)* rookie

regulácia *ž* **1.** regulation, adjustment, control[ling], correction; **2.** *(rieky)* river control

regulačný *príd* **1.** regulation; **2.** adjusting; **3.** river-control, **4.** regulating, **5.** variable-speed

regulátor *m* **1.** governor; **2.** regulator; **3.** control, **4.** controleer, **5.** moderator

regulovanie *s* **1.** regulating; **2.** control; **3.** canalization, **4.** river improvement

regulovať *ndk* **1.** to regulate, to govern; **2.** to canalize, to control

rehabilitovať *n/dk* **1.** to rehabilitate; **2.** to reinstate; **3.** to exculpate, **4.** to retrieve, **5.** to whitewash

rehoľa *ž* **1.** order, Rule, monastic society, fraternity

rehoľník *m* **1.** monk, friar, religioner, votarist

reklama *ž* **1.** *(odporúčanie na kúpu)* advertising, *(i prn)* publicity; **2.** *(postriedok: plagát)* placard, *(firemná, neónová, svetelná)* sign, *(v novinách ap)* ad[vertisement], *(v rozhlase/ televízii)* commercial; **3.** *(prn)* réclame

reklamácia *ž* **1.** *(sťažnosť)* complaint, *(námietka)* objection, *(protest)* protest; **2.** claim

reklamný *príd* **1.** advertising, publicity, promotive, [sales-]promoting/ boosting; **2.** *(plagát)* poster, show bill

reklamovať *ndk* **1.** nedok *(protestovať)* to complain, to protest; **2.** dok *(vysloviť protest)* to make a complaint, *(písomne)* to file/ to lodge a complaint against, **3.** to claim

rekomando **I.** ***prísl*** **1.** *(doporučene)* registered, by registered mail, **II.** ***podst s*** **2.** *(doporučený list)* registered letter, registered mail

rekonštruovať *n/dk* **1.** *(prebudovať, prestavať)* to reconstruct; **2.** *(uviesť to pôvodnej podoby)* to restore; **3.** *(i prn)* to reconstitute, *(prn)* to retrace

rekonvalescencia *ž* **1.** convalescence, recovery

rekord *m* **1.** *(i šport)* record, *(držiteľ)* record-holder, *(svetový/ olympijský)* world/ Olympic record, *(prekonať)* to beat/ to break the record

rekreácia *ž* **1.** *(rekreovanie sa)* recreation, *(odpočinok)* rest, *(spojené so zábavou)* leisure; **2.** *(pobyt)* holiday[-making]

rekreačný *príd* **1.** recreational, recreation, rest, recreative

rekreant *m* **1.** recreationist; **2.** holidaymaker

rektor *m* **1.** rector, *(čestný titul)* chancellor, *(aktívny)* vice chancellor, president;

2. *(zast: na stredných školách)* principal

rektorát *m* **1.** rectorate, rectorship; **2.** *(úradovňa)* rector's office, chancellor's office

rekviem *s nesk* **1.** *(omša za mŕtveho)* Requiem, The Office od the Dead; **2.** *(hud: skladba, i cirk: arch)* requiem, dirge

rekvizita *ž* **1.** ob mn: **rekvizity**. *(div)* props, properties; **2.** *(pomocný predmet, i športový)* accessory, appurtenance

relácia *ž* **1.** report; **2.** relationship; **3.** scale

relatívny *príd* **1.** *(i mat: číslo, gram, fyz, inf, tech)* relative, comparative, *(inf)* incremental, nominal; **3.** comparative

relé *s nesk* **1.** *(ele)* [power] relay, contactor, relay point, *(časové)* timer

reliéf *m* **1.** *(sochárske dielo, i geol)* relief, embossment, *(nízky)* low relief, *(vysoký)* high relief

relikvia *ž* **1.** len mn: **relikvie** *(cirk)* relic[s]; **2.** *(pamiatka)* relic

remeň *m* **1.** *(dlhý pás: i hnací, do nohavíc)* belt, strap, girth, *(na psov)* leash; **2.** *(zast: vypracovaná koža)* leather

remeselnícky *príd* **1.** trade, craft; **2.** artisan's, profession; **3.** from standpoint of trade or proffesion

remeselník *m* **1.** [handi]craftsman, craftsman, artisan, tradesman, workman

remeselný *príd* **1.** professional, craftsman-like; **2.** trade; **3.** hand-made, **4.** mechanical, **5.** workman-like, technical

remeslo *s* **1.** [handi]craft, craft, artisan's trade, *(i prn)* skill

remitenda *ž* **1.** return copies, return goods, unsold material, returns

remíza *ž* **1.** *(šport)* draw, tie; **2.** *(vozovňa: električiek)* tram-depot, *(na lokomotívy)* engine/ running shed; **3.** *(les: chránený hájik)* spinn[e]y

remizovať *n/dk* **1.** to draw, to tie, to play a draw

renesancia *ž* **1.** *(lit)* Renaissance; **2.** *(prn)* renaissance, revival, rebirth

renomé *s nesk* **1.** renown, prestige, reputation, *(fml)* repute

renomovaný *príd* **1.** renowned, prestigious, reputable, *(fml)* of repute

renovácia *ž* **1.** restoration; **2.** renewal; **3.** remodeeling, **4.** renovation, **5.** repair

renta *ž* **1.** pension; **2.** annuity; **3.** revenue, income, annual income; **2.** rente

rentabilita *ž* **1.** *(ekon)* rentability, profitableness, lucrativeness, earning capacity

rentabilný *príd* **1.** lucrative, profitable, remunerative, paying

rentovať sa *n/dk* **1.** *(prinášať zisk)* to yield profit, to be profitable, *(i prn)* to pay [off/dividends]

repa *ž* **1.** *(bot: Beta vulgaris)* beet[root], *(bot: kŕmna)* mangel[-wurzel], mangold[-wurzel], *(bot: cukrová)* sugar beet

reparácia *ž* **1.** repair; **2.** reparation, war indemnity; **3.** for war damages

reparát *m* **1.** re-sit, re-examination, repeat examination, make-up exam

repertoár *m* **1.** *(div, hud)* repertoire, repertory, *(div)* stock of plays, book

repete I. ***podst s*** **1.** *(opakovaná dávka jedla)* second helping, second portion, *(ifm)* seconds, **II.** ***prísl*** *(ešte raz)* once more, *(hud)* encore

repka *ž* **1.** *(bot olejka: Brassica napus)* colza, coleseed, oil-seed rape; **2.** *(zdrob)* beetroot

reportáž *ž* **1.** reportage

reportér *m* **1.** reporter, pressman, newsman, *(športový)* sportscaster

represálie *ž pomn* **1.** reprisal[s], retaliation

represia *ž* **1.** *(potlačenie)* repression, *(i vzbury)* suppression; **2.** *(odveta)* retaliation

reprezentácia *ž* **1.** representation, state display, appearance; **2.** agency; **3.** dignity, **4.** presentability, **5.** state

reprezentačný *príd* **1.** representative; **2.** impressive; **3.** showy, **4.** formal, ceremonial, **5.** grand, **6.** exquisite, **7.** special, **8.** state, **9.** choice

repríza *ž* **1.** *(v rozhlase, televízii)* repeat, *(filmová v televízii)* rerun, *(i hry, hudobnej* *skladby)* repetition, *(hry)* replay

reprodukcia *ž* **1.** reproduction; **2.** exposition; **3.** narration, **4.** performing, **5.** copy, print, **6.** repetition

reprodukčný *príd* **1.** reproduction; **2.** reproductive; **3.** duplicating, **4.** performing

reprodukovať *n/dk* **1.** to reproduce; **2.** to duplicate; **3.** to narrate, **4.** to propagate, **5.** to copy, to print, **6.** to rehearse

republika *ž* **1.** republic, commonwealth, *(banánová)* banana republic, *(mestská)* city-republic

republikán *m* **1.** *(polit, i hist)* republican, *(v USA)* Republican; **2.** *(hist)* parliamentarian

reputácia *ž* **1.** reputation; **2.** character; **3.** note, **4.** odour, **5.** repute, **6.** name

respektíve *čast* **1.** *(uvádza variantný výraz: alebo)* or, *(prípadne)* as the case may be, in case; **2.** *(uvádza opravný výraz: vlastne)* more precisely, exactly, *(totiž)* that is

resumé *s nesk* **1.** résumé, summary, compendium, precis

rešpekt *m* **1.** respect, esteem, honour, deference

rešpektovať *ndk* **1.** to respect, to be respectful of; **2.** to be disrespectful of

reštaurácia *ž* **1.** restaurant, eatery, *(záhradná)* garden, *(lacná)* eating-house, *(malá)* cafeteria; **2.** *(polit)* restoration

reštaurovať *n/dk* **1.** to restore, to renovate, to remodel, to renew

reštitúcia *ž* **1.** restitution

reštrikcia *ž* **1.** restriction, limitation; **2.** curtailment; **3.** cutback, **4.** reduction in force, **5.** run-down

reťaz *ž* **1.** *(i prn)* chain, *(kĺbová)* block chain; **2.** *(prn: puto)* tie; **3.** *(prn: sled)* string

reťazový *príd* **1.** catenate, chainlike; **2.** ring, chain

retiazka *ž* **1.** small chain, watch-chain; **2.** fob

retušovať *n/dk* **1.** *(urobiť menšiu úpravu)* to touch up; **2.** *(fotografiu)* to retouch

reuma *ž* **1.** *(svalová, kĺbová)* rheumatism, rheumatics, *(ifm)* rheumatiz, *(kĺbová: lámka)* arthritis

reumatický *príd* **1.** rheumatic

reumatizmus *m* **1.** rheumatism, rheumatics, *(ifm)* rheumatiz, *(kĺbový)* arthritis

rev *m* **1.** *(šeliem, i prn)* roar, *(krik)* yell; **2.** *(prn: hluk)* din, blare, clamour

revanš *m* **1.** *(odplata)* return, requittal, reciprocation; **2.** *(šport)* revenge; **3.** *(na revanš)* in revenge

revanšovať sa *n/dk* **1.** *(odmeniť sa)* to repay, *(fml)* to reciprocate, *(za službu/ láskavosť)* to return a kindness, to return a favor

revať *ndk* **1.** to roar, to howl, to bawl, to bellow, to rave, to blub

reverenda *ž* **1.** cassock, soutane

reverz *m* **1.** *(písomné vyhlásenie)* declaration, *(práv: o uznaní niečoho)* waiver; **2.** *(zadná strana mince/ medaily)* reverse [side], *(mince)* tail

reverzný *príd* **1.** reverse, revision, reviewing, *(str)* reversing, *(ele)* reversible

revidovať *n/dk* **1.** *(ekon: účty)* to audit, *(i doklady)* to inspect; **2.** *(upraviť)* to revise, *(rukopis, rozhodnutie)* to review

revír *m* **1.** *(oblasť vymedzená pre určitú činnosť)* reserve, *(lesný, rybolovný ap)* preserve, *(poľovný)* hunting ground, *(uhoľný)* coalfield; **2.** *(prn)* stamping ground

revízia *ž* **1.** *(kontrola)* inspection, *(účtov)* audit[ing]; **2.** *(preverovanie)* revision, *(polyg: odťahy)* final proof

revízny *príd* **1.** audit; **2.** inspection; **3.** checking, check point, **4.** review board, control board

revízor *m* **1.** inspector, *(účtov)* auditor, *(lístkov)* ticket-inspector/ collector, *(sl)* jumper, snapper

revolúcia *ž* **1.** *(i prn)* revolution, *(polit)* overturn, *(i prn)* upheaval, *(priemyselná)* industrial revolution

revolver *m* **1.** *(i tech)* revolver, *(pištoľ)* pistol, [hand-]gun; **2.** *(tech)* rotary turret

revue *ž nesk* **1.** variety show, revue; **2.** review; **3.** magazine

rez *m* **1.** *(zarezanie, i lek, geom)* section; **2.** *(zárez)* cut; **3.** *(prierez: priečny)* profile, **4.** *(polyg: písma)* typeface, **5.** ob mn: **rezy**. *(i kuch)* slice

rezačka *ž* **1.** *(na plátky/ rezky)* slicer, *(salámy)* rocker machine; **2.** cutter, *(na papier)* shredder

rezák *m* **1.** ob mn: **rezáky**. *(anat: predný zub)* incisor [tooth], incisive tooth, *(zool: koňa, i tech)* nipper; **2.** *(tech)* cutter

rezať *ndk* **1.** *(ostrým nástrojom rozdeľovať na časti)* to cut, *(: na plátky)* to slice; **2.** *(záhr: suché konáre)* to lop; **3.** *(tech: i plech, sklo)* to shear, **4.** *(pretínať: o lodi)* to cleave [through], **5.** *(hov: operovať)* to operate, **6.** *(zarezávať sa: ob o obuvi)* to pinch, **7.** *(rezať do živého)* to cut to the quick

rezbár *m* **1.** carver, *(do dreva)* wood-carver

rezbárstvo *s* **1.** carving, sculpture, *(do dreva)* wood-carving, woodcraft

rezeň *m* **1.** *(odrezaný kúsok mäsa)* cut, *(tenký, i slaniny)* slice, *(hrubý)* cutlet, *(na grilovanie: ob hovädzí)* steak

rezerva *ž* **1.** *(zásoba, ob pl; voj: pl)* reserves, *(potravín)* provisions; **2.** *(záloha: šport)* reserve; **3.** *(hov: náhradné koleso)* spare wheel, **4.** *(opatrnosť)* reservation

rezervácia *ž* **1.** reservation; **2.** reserve; **3.** booking, **4.** preserve

rezervný *príd* **1.** reserve; **2.** spare

rezervoár *m* **1.** *(nádrž)* [storage] tank, cistern, *(vodný)* water tank, *(prírodný)* reservoir

rezervovanosť *ž* **1.** reserve; **2.** reservedness, reticence, restraint

rezervovaný *príd* **1.** reserved; **2.** distant, reserve, restrained, tepid

rezervovať *n/dk* **1.** *(vyhradiť, odložiť)* to reserve, *(vyhradiť: v hoteli, vo vlaku ap)* to book; **2.** *(odložiť)* to set aside/ apart, to save

rezidencia *ž* **1.** *(sídlo vlády/ hlavy štátu, sídelné mesto)* seat, *(sídlo)* residence; **2.** *(biskupská)* bishop's house, *(v UK: premiéra)* 10 Downing Street

rezíduum *s* **1.** *(i chem)* residue, residuum, *(i fyz: magnetické)* residual

rezký *príd* **1.** *(čulý, pohyblivý)* lively, *(čulý)* sprightly, *(rýchly)* brisk, *(energetický)* go-ahead, *(čerstvý)* fresh

rezolútny *príd* **1.** resolute, determined, *(rozhodný)* executive, *(energetický)* energetic, *(a silný)* sturdy

rezonancia *ž* **1.** *(odraz zvuku, aku, i fyz)* resonance; **2.** *(ozvena)* reverberation, reverberance; **3.** *(dobrá počuteľnosť)* sonorousness

rezonovať *ndk* **1.** *(aku, i prn)* to resonate; **2.** *(prn: ozývať sa)* to resound; **3.** *(vzbudzovať záujem)* to arouse [public] interest

rezort *m* **1.** *(oblasť pôsobnosti centrálneho orgánu)* government department, *(am)* department; **2.** *(odbor, oblasť)* competence, province

réžia *ž* **1.** *(ekon)* overhead[s], overhead expenses/ costs/ charges; **2.** *(hry, filmu: ob v divadle/ televízii)* production; **3.** *(hist: štátna správa, monopol)* government/ public monopoly

režim *m* **1.** *(polit, lek, tech)* regime; **2.** *(i lek)* regimen; **3.** *(poriadok)* schedule, **4.** *(inf)* mode

režírovať *ndk* **1.** *(film)* to direct, *(hru)* to produce, *(divadelnú hru)* to stage-manage, to stage

režisér *m* **1.** *(filmu)* director, *(v televízii, divadle)* producer, *(v divadle)* stage manager, *(divadelný)* stage director, *(prn)* showman

riad *m* **1.** *(súbor nádob: na varenie a podávanie)* kitchenware, *(: na varenie)* [pots and] pans, *(: na podávanie jedál)* tableware, *(pri umývaní)* washing-up; **2.** *(nástroje)* utensils

riadenie *s* **1.** *(tech, inf)* control, *(na diaľku)* remote-controlling, *(let, mot)* steering, *(tech)* manipulation, *(i inf, ekon: spravovanie)* management, *(ekon)* administration

riadiaci *príd* **1.** direction, directional, operative, operating, regulating, managerial

riadiť *ndk* **1.** *(spravovať)* to administer, *(i podnik)* to conduct, to manage, to run; **2.** *(usmerňovať v pohybe: stroj, i žeriav)* to operate, *(i loď, litadlo)* to steer, *(auto)* to drive; **3.** *(upratovať)* to clean

riadiť sa *ndk* to conduct oneself, to dress oneself, to tidy oneself, to be guided by

riaditeľ *m* **1.** *(inštitúcii, ústavy, divadla)* director, *(spoločnosti)* managing director, *(podniku, banky, hotela, závodu)* manager, *(inštitúcie, klubu)* president, *(školy)* headmaster

riaditeľka *ž* **1.** manageress, directress, *(školy)* headmistress, schoolmistress

riaditeľstvo *s* **1.** *(správa, i hodnosť)* management; **2.** *(správa)* directorate; **3.** *(miestnosti)* head office, *(budova)* headquarters

riadkovanie *s* **1.** spacing, *(adm)* line-spacing, leading, line feed, *(tel)* linear scanning

riadkovať *ndk* **1.** to space, to make line spaces, to drill; **2.** *(poľn)* to windrow

riadny *príd* **1.** *(normálny: i schôdzka, dovolenka, člen)* ordinary, *(i vojsko, profesor)* regular, normal; **2.** *(náležitý)* proper, *(poriadny)* orderly; **3.** *(značný)* huge, *(silný)* strong

riadok *m* **1.** *(rad písmen, i polyg, inf)* line, *(honorár za riadok)* linage; **2.** *(veci usporiadané do línie, i inf)* row, *(poľn)* windrow; **3.** *(pár riadkov: krátky list)* line

riasa *ž* **1.** *(záhyb)* fold, *(anat)* crease; **2.** ob mn: **riasy** *(mihalnica)* eyelash, cilium; **3.** *(bot: Algae)* seaweed

riasiť *ndk* **1.** to fold, to drape, to gather, *(tex)* to ruffle

ríbezľa *ž* **1.** ob mn: **ríbezle** *(bot: Ribes)* currant[-bush], *(bot červená: Ribes rubrum)* red/nordic currant, *(bot čierna: Ribes nigrum)* black currant, *(bot alpínska: Ribes alpinum)* alpine currant; **2.** *(plod)* currant

riečica *ž* **1.** *(sito s väčšími okami, na obile, piesok)* riddle, cribble, screen, sieve

riedidlo *s* **1.** diluent, diluter, thinning agent, [paint] thinner

riediť *ndk* **1.** *(robiť riedkym, pridaním tekutiny)* to dilute, *(víno ap)* to weaken, *(am: farbu, alkohol ap)* to cut; **2.** *(robiť väčšie medzery)* to space

riedko *prísl* **1.** sparsely, thinly

riedky *príd* **1.** *(o tekutých)* diluted, *(konzistencia, i prn)* weak, *(pej)* watered-down; **2.** *(nie hustý: i vlasy, brada)* sparse, *(hmla)* thin

rieka *ž* **1.** river, stream

riekanka *ž* **1.** *(jednoduchá básnička bez zmyslu)* nonsense verse, *(komická päťveršová)* limerick; **2.** *(detská)* nursery rhyme, *(am)* Mother Goose rhyme

riešenie *s* **1.** *(i mat: rovnice ap)* solution, *(problému)* working out, *(sporu)* settlement; **2.** *(úprava)* layout, *(výtvarné)* design

riešiť *ndk* **1.** to solve, *(problém)* to fix, to work out, *(spory)* to settle

rihať *ndk* **1.** to belch, to burp

richtár *m* **1.** village mayor, *(hist: kráľovský)* sheriff, bailiff, burgess

rikša *m* **1.** *(dvojkolesový vozík)* rickshaw, [jin]rickisha; **2.** *(trojkolesový)* pedicab

rímsa *ž* **1.** *(archit: vodorovný pás)* moulding, *(korunová)* cornice, *(podokenná)* windowsill, *(kozuba, nad krbom)* mantel[piece]

rímskokatolícky *príd* **1.** Roman-Catholic, Roman-Catholically

rímsky *príd* **1.** Roman

rinčať *ndk* **1.** to clatter, to clank, to rattle, to tinkle

riskantný *príd* **1.** risky, hazardous, jeopardous, venturesome, *(ifm)* chancy

riskovať *n/dk* **1.** nedok/ dok to risk, to jeopardize, to hazard, to take chances; **2.** dok to run a risk

ríša *ž* **1.** *(impérium)* empire; **2.** *(prn: celok)* realm, *(i rastlinná, živočíšna)* kingdom; **3.** *(oblasť)* world

rituál *m* **1.** *(cirk: kniha)* ritual, Service book; **2.** *(obrad)* ceremony, Service

rítus *m* **1.** rite, office, Service, ritual

rival *m* **1.** *(protivník)* adversary, opponent,

(konkurent) rival, competitor
rivalita *ž* **1.** rivalry, antagonism, *(vnútorná)* in-fighting, *(ob obchodná)* competition
riviéra *ž* **1.** *(pobrežie)* beach; **2. Riviera** *(medzi Janovom a Marseille)* riviera, Riviera
riziko *s* **1.** risk, hazard, chance, jeopardy
rizikový *príd* **1.** danger, hazard, dangerous, hazardous
rizoto *s* **1.** *(kuch)* risotto
róba *ž* **1.** *(večerná)* evening dress, *(plesová)* gala dress, *(sobášna)* wedding-dress
robiť *ndk* **1.** *(konať istú činnosť)* to do; **2.** *(pracovať)* to work; **3.** *(byť zamestnaný)* to be employed, **4.** *(vyrábať)* to produce, **5.** *(pripravovať, variť, vypracúvať)* to prepare, *(variť)* to cook, **6.** *(skúšky)* to take, **7.** *(spôsobovať)* to cause, **8.** *(*dovedna to robí...)* it makes ... altogether
robot *m* **1.** robot, automaton
robota *ž* **1.** *(telesná práca, zamestnanie, výrobok)* work, *(telesná práca)* labour; **2.** *(hov: zamestnanie)* job; **3.** *(hist: panská)* corvée, **4.** *(*mám robotu)* I'm busy, *(pustiť sa do roboty)* to get down to work
robotnícky *príd* **1.** *labour; **2.** labourer's; **3.** labour's, **4.** working-class
robotníctvo *s* **1.** workers, laborers, toilers; **2.** labor, the laboring class
robotník *m* **1.** worker, labourer, workman, wage-earner
robustný *príd* **1.** *(majúci veľké telesné rozmery: človek, postava)* burly, *(človek)* heavily-built, *(a mocný, silný)* sturdy, *(silný a zdravý)* robust; **2.** *(veľký)* massive; **3.** *(kniž: živelný, nespútaný)* untamed
ročenka *ž* **1.** year-book, annual, almanac, Debrett, Zadkiel
ročne *prísl* **1.** yearly, annually
ročník *m* **1.** *(ľudia narodení v tom istom roku, i voj)* year, *(voj: odvodný)* draft; **2.** *(škol stupeň)* form, *(am)* grade; **3.** *(súbor čísel časopisu)* volume, *(vína, koňaku ap)* vintage
ročný *príd* **1.** *(na/ za jeden rok, ročne sa opakujúci)* annual, yearly, *(za jeden rok)* year's; **2.** *(trvajúci jeden rok)* year-long; **3.** *(majúci jeden rok)* year-old, **4.** *(obdobie)* season
rod *m* **1.** *(rad potomkov)* line[age], *(dynastia)* House; **2.** *(rodina v širšom zmysle)* blood, *(i základná spoločenská jednotka)* clan; **3.** *(pôvod: spoločenský, podľa miesta/ kraja)* origin, **4.** *(bot, zool, mat)* genus, **5.** *(gram)* gender, **6.** *(prn)* kind
rodák *m* **1.** native; **2.** *(krajan)* countryman, compatriot
rodený *príd* **1.** born
rodič *m* **1.** parent
rodičovský *príd* **1.** parental
rodičovstvo *s* **1.** parenthood, parentship, parentage
rodina *ž* **1.** *(rodičia a deti, i deti/ dieťa, i kyb)* family; **2.** *(príbuzenstvo, príbuzní)* kin[ship], *(príbuzenský zväzok)* relationship, *(príbuzní)* relative[s]; **3.** *(zast: rod)* lineage
rodinkárstvo *s* **1.** *(uplatňovanie rodinných vzťahov)* nepotism, *(protekcia)* favouritism
rodinný *príd* **1.** family, household, familiar, domestic, family-type, *(dom)* [semi-]detached house
rodisko *s* **1.** birthplace, native town, hometown
rodiť *ndk* **1.** *(prinášať na svet, o žene, i zvieratách)* to give birth to, *(ob o zvieratách/ rastlinách/ živej pôde)* to produce, *(fml, i o rastlinách)* to bear; **2.** *(prinášať plody: o rastlinách/ živej pôde)* to yield; **3.** *(kniž: tvoriť)* to breed
rodný *príd* **1.** *(súvisiaci s narodením)* natal; **2.** *(prislúchajúci podľa narodenia)* native, *(mesto, kraj, zem)* home; **3.** *(pokrvný: brat, sestra)* [brother/ sister] german[e], **4.** *(označujúci rodovú príslušnosť: list)* birth
rodokmeň *m* **1.** *(súpis, genealógia)* genealogy, *(súpis predkov)* genelogical chart/ table, *(vo forme stromu)* genealogical/ family tree, *(rad predkov)* ancestry; **2.** *(i preukaz o pôvode zvierat)* pedigree
roh *m* **1.** *(zool, i trúba, i prn)* horn, *(prn:*

opuchlina) lump; **2.** *(trúba)* bugle, *(hud: anglický)* English horn; **3.** *(končitá časť telesa, kút, i šport)* corner, *(pozahýnanej knihy)* ear, *(nárožie: budovy, stola ap)* angle

roháč *m* **1.** *(rohaté zviera, jeleň)* stag, *(srnec)* roe-buck; **1.** *(zool: Lucanus cervus)* stag beetle

rohovina *ž* **1.** horn, *(jelenia)* buckhorn, *(umelá)* horny substance, *(biol)* keratin

rohovka *ž* **1.** *(anat)* cornea

roj *m* **1.** *(i prn)* swarm; **2.** *(skupina ľudí, vecí: ob pl)* swarms, *(spomienok)* stream, *(meteorický, i prn: otázok)* shower

rojčenie *s* **1.** *(snívanie)* reverie, [day-]dreaming, *(túžobné premýšľanie)* pipedreaming, *(premýšľanie)* fantasizing

rojčiť *ndk* **1.** *(túžobne premýšľať, robiť si ilúzie)* to fantasize, to indulge in fancies, *(snívať)* to [day-]dream, to be in a reverie

rojiť sa *ndk* **1.** *(vyletovať, i prn)* to swarm, *(včely)* to hive off; **2.** *(hmýriť sa)* to teem; **3.** *(prn)* to whirl

rojko *m* **1.** dreamer, visionary, star-gazer, brooder

rok *m* **1.** year, *(priestupný)* leap year, *(svetelný)* light year, *(Pána)* anno domini, *(školský)* school year; **2.** mn: **roky**. *(obdobie, časy)* days, time, age, *(medzi 13 a 19)* teens, *(šťastný Nový rok)* Happy New Year

roklina *ž* **1.** *(hlboká, úzka prepadlina)* chasm, *(priepasť)* ravine, *(s lesom/ riekou)* gill, *(ob s riekou)* gulch

rokovací *príd* deliberating, conferring, deliberative, negotiating

rokovanie *s* **1.** *(oficiálne rozhovory, i obchodné)* negotiation, *(oficiálne rozhovory, i diplomatické)* talks; **2.** *(výmena názorov, porada)* discussion; **3.** *(obchodné)* dealings, business-proceedings, **4.** *(zast nespr: na súde)* proceedings

rokovať *ndk* **1.** *(oficiálne, i obch)* to negotiate, to talk; **2.** *(diskutovať)* to discuss, to confer

rola *ž* **1.** *(úloha herca, i prn)* role, part, *(hlavná)* lead, *(malá)* underpart

roľa *ž* **1.** field, acre, arable land, plot [of land]

roláda *ž* **1.** *(mäsité jedlo, múčnik)* roulade; **2.** *(múčnik)* roll

roleta *ž* **1.** *(okenná, na dverách obchodu ap)* roll-up shutter, *(okenná)* roller-blind, roller-curtain; **2.** *(vysúvacia strieška)* roll-top

roľník *m* **1.** *(malý podnikateľ v poľn)* working farmer, *(sedliak)* rustic, *(kto obrába pole)* tiller, *(v min)* peasant

rolovať *ndk* **1.** to taxi; **2.** to roll, to calendar, to mangle

román *m* **1.** novel, *(krátky, ľahký)* story, *(i dobrodružstvo)* romance, *(detektívny)* thriller; **2.** *(hov: ľúbostné dobrodružstvo)* [love] affair/ story

romanca *ž* **1.** *(lit: španielská, i hud)* romance

romantik *m* **1.** *(lit)* Romanticist, Romantic; **2.** *(romantický človek)* romantic, *(rojko)* dreamer

romantika *ž* **1.** *(romantizmus, romantickosť)* romanticism; **2.** *(romantický ráz, dobrodružnosť)* romance; **3.** *(rojčivosť)* sentimentalism, **4.** *(dobrodružtvo)* adventure

romantizmus *m* **1.** *(lit)* Romanticism; **2.** *(prn)* romanticism, *(romantika)* romance, *(romantický ráz)* romantic[al]ness

roniť *ndk* **1.** *(slzy)* to shed; **2.** *(vypúšťať po kvapkách)* to drip, *(slabým prúdom)* to trickle, *(o rastlinách: mlieko)* to gum

ropa *ž* **1.** [crude] oil, crude petroleum, rock oil, raw naphtha

ropovod *m* **1.** oilduct, [crude] oil pipeline

ropucha *ž* **1.** *(zool: Bufo bufo)* toad, *(i prn pej: odporný človek)* paddock; **2.** *(prn pej: tlstá, škaredá žena)* cow, *(: namyslený človek)* peacock

rosa *ž* **1.** dew, condensation; **2.** *(za rosy)* at sunrise

rošáda *ž* **1.** castling

rošt *m* **1.** *(nástroj na pečenie mäsa)* gridiron, *(otočný)* jack; **2.** *(mreže na ktorých* *je uložené drevo ap)* [fire/ furnace] grate; **3.** *(stav: nosníkový)* grid of beams

roštenka *ž* **1.** [beef]steak; **2.** *(druh mäsa)* [sir]loin

rota *ž* **1.** *(voj)* company; **2.** *(zast prn: banda)* gang

rotácia *ž* **1.** *(pohyb okolo osi, i geom, fyz, opt, prn)* rotation, circumvolution, turn, *(rýchla)* twirl; **2.** *(poľn: plodín)* crop rotation

rotmajster *m* **1.** staff sergeant [S/Sgt am SSG], *(br)* colour sergeant [C/Sgt], *(ifm)* sarge

rotunda *ž* **1.** *(stavba)* rotunda

rovesník *m* **1.** *(kto je s niekým rovnakého veku: ob pl)* people of o's own age; **2.** *(kto patrí do rovnakej generácie)* contemporary, coeval; **3.** *(prn: kamarát)* pal

rovina *ž* **1.** *(územie bez kopcov)* plain, *(rovná zem)* flat ground; **2.** *(geom, fyz, ele, opt, inf)* plane, *(výška, úroveň)* level

rovnako I. ***prísl*** **1.** *(tak isto, zhodne)* in the same way, equally, *(fml: i post)* likewise, *(rovnako... ako/ s)* just as...as, *(post)* exactly alike; **2.** *(vždy tak isto, bez zmeny)* [all] the same, same as ever, same as before, **II.** ***časť*** **3.** *(a predsa)* anyway, anyhow, *(pri tom všetkom)* nevertheless

rovnaký *príd* **1.** *(taký istý)* equal, identical, exactly like, *(i nemenný, nezmenený)* same; **2.** *(nezmenený)* unvaried; **3.** equi[-], iso[-]

rovnať *ndk* **1.** *(upravovať povrch, robiť rovným: zem ap)* to level; **2.** *(vyrovnávať: chrbát, drôt, stuhu)* to straighten; **3.** *(upravovať: sukňu, vlasy)* to adjust, **4.** *(ukladať)* to stow

rovnať sa *ndk* **1.** *(byť rovný, rovnocenný"komu v čom)* to be equal [to sb in st]; **2.** *(prirovnávať sa: s kým)* to compare os with; **3.** *(byť totožný: čomu)* to correspond, *(i mat)* to equal, *(mat: pri spočítavaní)* to make, **4.** *(zast: zhodovať sa)* to harmonize

rovnica *ž* **1.** *(mat)* equation, *(identická)* identity; **2.** *(chem)* formula; **3.** *(fyz)* law

rovník *m* **1.** *(geog)* equator, the line, *(magnetický)* magnetic equator, *(nebeský)* equinoctial circle/ line

rovno I. ***prísl*** **1.** *(bez ohnutia, priamo, bez okľúk, úprimne)* straight; **2.** *(bezprostredne, bez okľúk/ zastavenia)* directly; **3.** *(priamo hore, vzpriamene)* upright, **4.** *(vodorovne)* level, **5.** *(práve, presne)* right, *(naraziť)* slap, *(padnúť)* plump, **6.** *(otvorene, úprimne)* straightforwardly, openly, **7.** *(bez meškania)* right away, **II.** ***časť*** **8.** *(priam)* just

rovnobežka *ž* **1.** *(geom)* parallel [line]; **2.** *(geog: zemská)* parallel [of latitude]; **3.** *(voj)* parallel [trench]

rovnobežník *m* **1.** parallelogram

rovnocenný *príd* **1.** *(majúci rovnakú hodnotu)* equal, of equal value to, *(ekvivalent)* equivalent, tantamount to

rovnodennosť *ž* **1.** equinox, *(jarná)* spring equinox, *(jesenná)* autumn equinox

rovnomerný *príd* **1.** *(majúci: rovnakú rýchlosť/ intenzitu atď)* uniform, *(pravidelný)* regular, *(harmonický)* balanced, well-proportioned, *(: vždy rovnakú intenzitu/ rýchlosť)* steady; **2.** *(odb)* linear

rovnoprávnosť *ž* **1.** eguality, *(fr)* égalité, equality of rights

rovnosť *ž* **1.** equality; **2.** parity; **3.** erectness, evenness

rovnostársky *príd* **1.** *(so sklonom k nivelizácii)* levelling

rovnostranný *príd* **1.** equilateral, equal-sided

rovnošata *ž* **1.** uniform

rovnováha *ž* **1.** *(i medzi dvoma stránkami, fyz, eko, prn)* balance, *(i síl, momentov, trhu, cien, firiem)* equilibrium; **2.** *(stav vyrovnania, vyváženosti)* equilibration; **3.** *(stav vyrovnania medzi dvoma stránkami)* counterbalance, *(ekon: bilančná)* breakeven, **4.** *(poloha telesa, i prn)* poise, **5.** *(prn: duševná)* aplomb

rovný *príd* **1.** *(majúci priamy smer, i vlasy)* straight; **2.** *(vzpriamený)* upright; **3.** *(plochý)* level, **4.** *(hov: úprimný)* straightforward, **5.** *(nie zvlnený)* smooth, **6.** *(rovno-*

merný, pravidelný) regular, **7.** *(rovnaký, rovnoprávny)* equal, **8.** *(celý, úplný: o počte)* exact

rozbaliť *dk* **1.** to unroll, to unwrap, to unpack

rozbeh *m* **1.** *(začiatok behu ako príprava)* [starting] run, *(šport: pri skoku/ hode)* run-up; **2.** *(tech: lietadla)* [take-off/ ground/ staring] run; **3.** *(šport: vylučovacie preteky)* heat, **4.** *(kniž: začiatočné štádium)* onset

rozbehnúť sa *dk* **1.** *(pustiť sa do behu)* to start running, *(pred skokom ap)* to take a run, *(o dopravných prodstriedkoch)* to pull away/ out; **2.** *(rozpŕchnuť sa)* to scatter; **3.** *(začať sa)* to start

rozbíjať *ndk* **1.** to break, to break up, to destroy, to smash, to wreck, to break open

rozbiť sa *dk* **1.** to smash, to break, to wreck; **2.** to become wrecked

rozbor *m* **1.** *(i chem, mat, fyz, lit, gram, ekon)* analysis, *(chem: látky, vody)* test, *(kvantitatívny)* assay, *(fyz: spektrálny)* spectrum analysis; **2.** *(lit)* study

rozbroj *m* **1.** *(roztržka)* strife, rift, *(i psychický)* conflict, *(hádka)* quarrel

rozbuška *ž* **1.** detonating/ blasting cap, *(náboja)* [percussion] cap, *(bomby, míny)* fuse, detonator

rozčarovaný *príd* **1.** *(zbavený ilúzií)* disillusioned, disenchanted, *(sklamaný)* disappointed

rozčesať *dk* **1.** *(česaním rozpustiť)* to comb [thoroughly]; **2.** *(česaním rozdeliť)* to comb apart

rozčlenenie *s* **1.** development, echelonment; **2.** dismemberment, division

rozčleniť *dk* **1.** to develop; **2.** to detail; **3.** to dismember, **4.** to analyze

rozčúliť *dk* **1.** *(rozhnevať)* to make sb angry, *(pobúriť)* to madden, *(vyviesť z rovnováhy)* to upset, *(ifm)* to aggravate

rozčúliť sa *dk* **1.** to get angry, to lose o's temper, to fire up, *(veľmi)* to go berserk

rozdať *dk* **1.** *(dať viacerím)* to distribute, *(ako dar)* to give away/ out; **2.** *(rozdeliť: karty)* to deal, *(polievku ap)* to dish out

rozdelenie *s* **1.** distribution, division; **2.** partition; **3.** separation

rozdeliť *dk* **1.** *(na dve/ viaceré čiastky)* to divide [st up into st]; **2.** *(podeliť)* to divide [st out/ up between/ among sb]; **3.** *(oddeliť, odlúčiť)* to separate, **4.** *(rozložiť)* to distribute, **5.** *(roztriediť)* to sort out

rozdeľovník *m* **1.** *(admin: zoznam mien na prideľovanie)* distribution list, distribution card index; **2.** *(na posielanie)* mailing list

rozdiel *m* **1.** *(diferencia, rozpor, i časový, mat, ele)* difference, *(i znaky odlišujúce javy/ osoby: ob pl)* distinction, *(odlišnosť, nezhoda)* divergence, *(i ekon)* variance; **2.** *(nezhoda)* contrast; **3.** *(mat: výsledok pri odčítaní)* remainder, **4.** *(na rozdiel od)* unlike, *(bez rozdielu)* without distinction[s]/ exception[s]

rozdielnosť *ž* **1.** diversity, variety, difference, disparity

rozdielny *príd* **1.** different, distinct, disparate, dissimilar, unlike

rozdrobiť *dk* **1.** to crumble, to break up, to splinter, to fragment; **2.** to crush

rozdrobiť sa *dk* **1.** to disintegrate, to crumble, to fragmentize; **2.** to be crushed

rozhádzať *dk* **1.** *(hodiť na rozličné miesta, uviesť do neporiadku)* to throw about, *(i papiere)* to scatter; **2.** *(hodiť na rozličné miesta: hnoj)* to spread; **3.** *(uviesť do neporiadku)* to disarray, **4.** *(premárniť)* to squander, **5.** *(rozbiť)* to break, **6.** *(rozčúliť)* to upset

rozhadzovať *ndk* **1.** to spread, to scatter, to throw about; **2.** to waste; **3.** to ted

rozheganý *príd* **1.** shaky, shaken loose, *(voz)* ramshackle, *(ifm)* rickety

rozhľad *m* **1.** *(výhľad)* view, *(z vyvýšeného miesta)* panorama, *(i prn)* prospect; **2.** *(okruh znalostí/ vedomostí, obzor)* horizon

rozhľadňa *ž* **1.** look[-]out [tower], observation tower, prospect tower

rozhlas *m* **1.** *(komplex zariadení/ prístro-*

jov) radio; **2.** *(vysielanie)* broadcast[ing]; **3.** *(inštitúcia)* the radio, broadcasting [corporation]

rozhodca *m* **1.** *(šport)* referee, *(ifm)* ref, *(hokej, baseball, tenis, badminton)* umpire, *(čiarový)* linesman; **2.** *(súdny)* arbitrator

rozhodne *prísl* **1.** decidedly; **2.** decisively; **3.** certainly, **4.** categorically, **5.** by all means

rozhodnúť *dk* **1.** to decide, *(fml)* to resolve, *(ukončiť spor)* to settle; **2.** *(súdne)* to adjudge; **3.** *(zavážiť, zapôsobiť)* to be decisive

rozhodnúť sa *dk* **1.** to make up one's mind, to come to a decision, to decide, to make a resolution

rozhodnutie *s* **1.** *(konečný výsledok, i úmysel)* decision, *(konečný výsledok)* conclusion, *(fml)* resolution, *(súdne)* ruling

rozhodný *príd* **1.** *(rozhodujúci, energický)* decisive, *(rozhodujúci, dôležitý))* critical; **2.** *(energický)* resolute; **3.** *(kategorický)* categorical

rozhodovať *ndk* **1.** to decide, to determinate; **2.** to referee, to umpire; **3.** to dispose of

rozhodujúci *príd* **1.** decisive, deciding, momentous, critical; **2.** *(činiteľ)* determinant, *(zápas)* play-off

rozhorčiť *dk* **1.** *(vzbudiť pocit trpkosti)* to embitter, *(nahnevať)* to fill sb with rage, to outrage, *(pobúriť)* to exacerbate

rozhorčiť sa *dk* **1.** to become embittered

rozhovor *m* **1.** conversation, talk, chat, interview, *(telefonický)* call

rozhranie *s* **1.** dividing line, border line, boundary; **2.** crossroads; **3.** turn

rozhrešenie *s* **1.** absolution, shrift

rozchádzať sa *ndk* **1.** to part [company] with, to go o s separate ways; **2.** to differ with, to diverge

rozchod *m* **1.** *(na všetky strany)* dispersal; **2.** *(lúčenie)* parting, *(rozídenie sa)* separation, *(prerušenie stykov)* break[ing]-up; **3.** *(tech: kolies)* tread

rozchýriť *dk* **1.** to spread, to circulate, to give forth, to set about

rozísť sa *dk* **1.** *(na rozličné strany: ľudia, i mraky)* to disperse; **2.** *(rozlúčiť sa)* to part company with, *(i manželia)* to separate; **3.** *(prerušiť styky: priatelia, milenci)* to break up, **4.** *(rozptýliť sa)* to scatter, **5.** *(odlíšiť sa)* to diverge

rozjasniť sa *dk* **1.** *(stať sa jasným, svetlým)* to clear up, *(i pochopiteľným)* to become clear, *(i veselým: o tvári)* to lighten; **2.** *(stať sa veselým)* to cheer up

rozjímať *ndk* **1.** *(meditovať, uvažovať)* to meditate, *(sústredne sa zamýšľať)* to contemplate, to muse

rozkaz *m* **1.** *(i voj)* order, command, *(i platobný)* mandate, *(povolávací)* draft notice, *(súdny)* writ, *(: zadržať, zatknúť, prehľadať)* warrant, *(voj: Rozkaz!)* yes Sir!

rozkázať *dk* **1.** to order, to command, *(fml)* to bid

rozkazovací *príd* **1.** *(i gram)* imperative, commanding, *(spôsob)* imperative mood

rozkazovačný *príd* **1.** *(kt rád rozkazuje)* authoritative, *(panovačný)* overbearing, domineering, *(ifm)* bossy, *(tón, hlas)* commanding

rozklad *m* **1.** *(rozpad: i biol, chem, fyz: svetla)* decomposition, *(chem: podvojný)* metathesis, *(: zapríčinený hnitím)* putrefaction; **2.** *(rozloženie na jednotlivé časti)* dissociation, *(fyz: prvkov)* disintegration, *(mat: čísla)* factorisation; **3.** *(prn: zánik)* decay

rozkladací *príd* **1.** folding, collapsible, fold-out, concertina

rozkladanie *s* **1.** explanation; **2.** extension; **3.** disintegration, decomposition

rozkladať *ndk* **1.** to explain; **2.** to space apart; **3.** to spread, **4.** to extend, **5.** to analyze

rozkladať sa *ndk* **1.** to extend; **2.** to spread; **3.** to decompose, **4.** to break down, **5.** to break up, **6.** to spread out, **7.** to exist

rozkladný *príd* **1.** *(spôsobujúci rozklad)* disintegrative, dissociative, *(prn)* corruptive, *(deštruktívny)* destructive; **2.** *(chem)* decomposition

rozkol *m* **1.** *(porušenie jednoty; fml, polit: v strane)* rupture, division, *(: spôsobenéý rozdielmi v názoroch)* dissension, *(rozdvojenie)* scission, *(cirk)* schism

rozkoš *ž* **1.** *(veľmi príjemný pocit)* delight, *(vrcholný)* rapture; **2.** *(prudké citové vzplanutie)* passion, *(s telesným pôžitkom)* pleasure

rozkročiť sa *dk* **1.** to spread o's legs

rozkročmo *prísl* **1.** *(s rozkročenými nohami)* astride, in straddling position

rozkrok *m* **1.** *(časť tela, i na nohaviciach)* crotch, crutch, *(časť tela)* fork, *(obs)* share; **2.** *(tel: rozkročenie)* straddle

rozkvet *m* **1.** *(rozkvitnutie: kvetu)* bloom, *(: stromu)* blossom; **2.** *(i prn: rozvoj)* flowering, *(hospodársky)* spurt; **3.** *(prn: plné rozvinutie telesných síl)* prime, *(pôvabu)* full bloom

rozkvitnúť *dk* **1.** to [burst into] bloom, to [burst into] blossom; **2.** *(i prn)* to bloom [out], *(prn)* to flourish

rozladený *príd* **1.** *(hud nástroj, prijímač)* untuned, *(hud nástroj)* off-key, out of tune; **2.** *(kt stratil dobrú náladu)* disgruntled, out of humor

rozľahlý *príd* **1.** *(rozpriestierajúci sa doširoka)* extensive, *(priestranný)* vast, *(majúci veľké rozmery)* large, *(široký)* wide

rozliať *dk* **1.** *(vyliať)* to spill; **2.** *(ponalievať)* to pour; **3.** *(roztaviť)* to cast

rozliať sa *dk* **1.** to spill over; **2.** *(rieka)* to overflow its banks, to burst its banks; **3.** *(roztopiť sa)* to melt

rozličný *príd* **1.** *(rôzneho druhu)* diverse, various, *(všelijaký)* sundry; **2.** *(odlišujúci sa rozličnými vlastnosťami)* diversified, *(mnohotvárny)* manifold; **3.** *(podstatne iný, odlišný)* different

rozlíšiť *dk* **1.** to distinguish, to differentiate, to discern, *(tech)* to resolve

rozlíšiteľný *príd* **1.** distinguishable, differentiable, discriminable

rozloha *ž* **1.** *(priestrannosť)* expansion, *(rozsah)* extent, *(plošná veľkosť)* area, *(pozemku)* acreage

rozloženie *s* **1.** disposition; **2.** arrangement; **3.** disassembly, **4.** expansion, **5.** decomposition, **6.** dissolution

rozložený *príd* **1.** spread; **2.** outspread; **3.** displayed, **4.** explained, **5.** decomposed, **6.** encamped, **7.** expanded

rozložiť *dk* **1.** *(na rozličné miesta, rozprestrieť)* to spread out, *(i vedľa seba)* to arrange; **2.** *(niečo zložené roztiahnuť)* to unfold; **3.** *(rozdeliť na čiastky, i chem)* to dissociate, *(tech, str)* to dismantle, **4.** *(spôsobiť rozklad, i chem)* to decompose, *(mat: číslo)* to factorize, **5.** *(hud: akord)* to break, **6.** *(pripraviť: stan, stánok)* to put up, **7.** *(rozpovedať)* to explain

rozlúčiť sa *dk* **1.** *(odobrať sa od niekoho)* to take leave of, to part [company]; **2.** *(dať niekomu zbohom)* to say good-bye, *(fml, dtd)* to bid farewell

rozlúčka *ž* **1.** *(lúčenie, odobranie)* parting, farewell, *(posledná, večná)* the last farewell, *(mládenecká)* stag party

rozluka *ž* **1.** separation; **2.** disjunction; **3.** divorce, dissolution

rozlúštiť *dk* **1.** *(problém, hádanku)* to solve, *(hádanku)(prn)* to undo, *(kryptogram)* to decrypt, *(kód)* to decode, *(problém)* to think up/ out, *(prn)* to unravel, *(prn)* to unweave

rozmach *m* **1.** *(prudký rozvoj, i prudký pohyb)* spurt, *(vzrast)* expansion, *(hospodársky)* boom; **2.** *(prudký pohyb: celým telom)* dash, *(tel: švih)* swing

rozmanitosť *ž* **1.** variety, diversity, miscellany, heterogeneousness

rozmanitý *príd* **1.** *(odlišujúci sa rozličnými vlastnosťami)* diversified, varied; **2.** *(rôzneho druhu)* diverse, various, *(všelijaký)* sundry; **3.** *(mnohotvárny)* manifold

rozmar *m* **1.** *(vrtoch)* whim, caprice, whim-wham, vagary

rozmarín *m* **1.** *(bot lekársky: Rosmarinus officinalis)* rosemary

rozmarný *príd* **1.** *(vrtošivý)* whimsical, capricious, *(veľmi)* wayward, *(chvíľkový)* vagarious, *(móda)* skittish

rozmazaný *príd* **1.** *(nejasný: videnie, obrysy)* blurred, clouded, *(fotografia, zvuk)* fuzzy; **2.** *(prn: nevýrazný)* flat

rozmaznať *dk* **1.** to spoil, to pamper, to coddle, to cocker [up]

rozmer *m* **1.** *(dimenzia, veľkosť, i geom, mat)* dimension; **2.** *(miera)* measurement; **3.** *(veľkosť)* size, *(prn: rozsah, stupeň)* scale, **4.** *(metrum)* metre, **5.** *(zr: miera plochy)* area

rozmnožiť *dk* **1.** *(zväčšiť počet/ rozsah/ veľkosť)* to increase; **2.** *(i biol, bot)* to reproduce; **3.** *(znásobiť)* to multiply, **4.** *(urobiť viac exemplárov)* to duplicate, *(na rozmnožovacom stroji)* to mimeograph

rozmnožovací *príd* **1.** *(stroj)* duplicating, *(i biol: orgány, pud)* reproduction, *(pud)* procreation; **2.** *(stroj)* mimeograph

rozmnožovanie *s* **1.** reproduction, duplication, mimeographing; **2.** propagation

rozmotať *dk* **1.** to disentangle, *(i prn)* to unravel; **2.** *(prn: vyriešiť)* to resolve, to sort out

rozmraziť *dk* **1.** *(zbaviť zmrazenia: mäso, zeleninu ap)* to unfreeze, to de-freeze, to thaw off, *(i chladničku)* to defrost, *(zbaviť ľadu: potrubie)* to de-ice

rozmrazovač *m* **1.** defroster, defrosting equipment, de-icing equipment

rozmyslieť si *dk* **1.** *(v mysli dôkladne rozobrať)* to think st overthrough, *(uvážiť)* to consider; **2.** *(zmeniť svoj úmysel)* to change one's mind, to think better of

rozmýšľať *ndk* **1.** *(v mysli rozobrať: o čom)* to think about st, *(z rozlič strán v mysli preberať: i so vzťaž vetou)* to ponder on/over st, *(fml: hútať, i bezpr)* to meditate, *(uvažovať)* to consider

roznášač *m* **1.** *(kto niečo roznáša)* deliverer, delivery man/ boy, *(mlieka)* milkman; **2.** *(lek: bacilov)* carrier

roznášanie *s* **1.** distibution, delivery, spread, spreading

rozobrať *dk* **1.** *(rozdeliť na časti: stroje, zariadenie)* to disassemble; **2.** *(urobiť rozbor, i lit, gram)* to analyze; **3.** *(knihy, vstupenky, náklad)* to sell out, *(rozobrané)* out of stock, **4.** si *(podeliť si)* to share

rozohnať *dk* **1.** *(rozprášiť: dav; rozptýliť: mraky)* to disperse; **2.** *(rozptýliť: hmla, i prn)* to dissipate; **3.** *(i prn: pochybnosti, myšlienky, city)* to dispel, **4.** *(uviesť do pohybu)* to set in motion

rozohnať sa *dk* **1.** to swing st at sb/st, *(ifm)* to swipe at, to attack; **2.** *(pustiť sa do prudkého pohybu)* to rush

rozochvieť *dk* **1.** *(uviesť do chvenia, vibrácie, i prn)* to make st vibrate, *(struna)* to pluck; **2.** *(prn: citovo vzrušiť)* to excite, to agitate

rozopnúť *dk* **1.** *(uvoľniť niečo zapnuté)* to unfasten, *(kabát, košeľu, šaty s gombíkmi)* to unbutton, *(nohavice ap so zipsom)* to unzip; **2.** *(uvoľniť zapínadlo: gombík, sponku, zips)* to undo; **3.** *(roztiahnuť)* to spread

rozostaviť *dk* **1.** to space, to arrange, to scatter, to spread, to part, to set out up

rozoznať *dk* **1.** *(poznať rozdielnosť)* to distinguish, *(od seba)* to tell apart; **2.** *(pozorovaním zistiť)* to discern, *(ob z diaľky)* to descry

rozoznateľný *príd* **1.** discernible, recognizable, distinguishable, perceptible

rozpačitý *príd* **1.** *(prejavujúci rozpaky/ neistotu)* disconcerted, *(hanblivý, nie vo svojej koži)* embarrassed, *(: nerozhodnosť)* hesitating, *(: neistotu)* confused, *(: bezradný)* helpless

rozpad *m* **1.** *(rozpadnutie, i prn)* fall, *(rodiny)* falling apart; **2.** *(rozloženie na časti, i fyz, prn)* disintegration, *(fyz: atómu, biol: jadra)* fission, *(lek: tkaniva)* decomposition; **3.** *(*rozpad Rímskej ríše)* the fall of the Roman Empire

rozpadávať sa *ndk* to disintegrate, to break up, to fall apart, to tocrumble

rozpadnúť sa *dk* to disintegrate, to decompose, to fall to pieces, to crumble, to collapse, to fall apart

rozpaky *m pomn* **1.** *(bezradnosť/ pochybnosť o tom, čo robiť)* disconcertment, *(z bezradnosti, z hanblivosti)* embarrassment, *(neistota)* hesitation, *(zmätok)* confusion; **2.** *(*priviesť do rozpakov)* to embarass

rozparcelovať *dk* **1.** to divide, to subdivide, to break up, to develop

rozpätie *s* **1.** *(vzdialenosť medzi hranicami, i časové)* span, interval; **2.** *(vzdialenosť medzi hranicami)* range, *(žel: koľajníc)* gauge, *(i ekon)* spread[ing]; **3.** *(časové)* period

rozpínať sa *ndk* **1.** to expand, to stretch, to extend; **2.** to bluster, to swagger, to brag

rozpínavý *príd* **1.** *(schopný rozširovať svoj objem)* expansible, *(betón, cement)* expanding, *(sila)* expansive; **2.** *(prn: dobyvačný)* expansionist

rozpis *m* **1.** specification, work assigment, distribution, break-down; **2.** list, schedule

rozpísať *dk* **1.** to copy; **2.** to write out; **3.** to allot, **4.** to break down, **5.** to break in

rozpočet *m* **1.** *(odhadnutie finančných nákladov, i štátny)* budget, *(štátny)* [state/ national] budget, *(v podobe zákona)* money Bill; **2.** *(obch: predbežný)* estimate; **3.** *(prn: plán)* plan

rozpočítať *dk* **1.** *(urobiť kalkuláciu)* to calculate, *(am)* to figure out; **2.** *(urobiť rozpočet)* to draw up/ to prepare a budget; **3.** *(rozvhrnúť)* to distribute, *(polyg)* to cast

rozpojiť *dk* **1.** to disconnect, to interrupt; **2.** to sever, to dissociate, to separate, to uncouple; **3.** to open

rozpoliť *dk* **1.** *(lámaním)* to split [in two], *(na dve rovnaké polovice)* to halve, *(sekerou, mečom ap)* to cleave, *(rezaním)* to sever

rozpoloženie *s* **1.** *(duševný stav)* humour, dispositon, *(mysle)* frame of mind, *(citová nálada)* mood

rozpoltený *príd* **1.** split, halved, divided, *(psych)* ambivalent

rozpomenúť sa *dk* **1.** *(fml: ob na niečo z minulosti)* to recollect, *(spomenúť si)* to remember, *(rozpamätať sa· ob so vzťaž vetou)* to recall

rozpor *m* **1.** ob mn: **rozpory**. *(protirečenie)* contradiction; **2.** *(nezhoda)* conflict, discrepancy, *(rozpor medzi)* discrepancy/ conflict between, **4.** *(*v rozpore s)* in contradiction to, in conflict with

rozpracovať *dk* **1.** *(začať a nedokončiť)* to leave st half done, to leave st unfinished/ undone; **2.** *(podrobne rozviesť)* to elaborate, to lay out

rozprášiť *dk* **1.** *(rozptýliť po jemných čiastkach)* to atomize, *(tekutinu)* to vaporize, *(premeniť na prach)* to pulverize; **2.** *(rozohnať)* to disperse

rozprašovač *m* **1.** *(ob voňavky)* atomizer, *(vody, dezinfekčnej látky)* sprayer, *(i sypkých hmôt)* pulverizator, *(sypkých hmôt)* duster

rozprava *ž* **1.** *(diskusia)* discussion, *(parlamentná)* debate, *(vedecká)* report; **2.** *(písomná: štúdia)* essay

rozprávač *m* **1.** narrator, teller, taleteller, *(fr)* diseur

rozprávať *ndk* **1.** *(používať ľudskú reč)* to talk, *(po francúzsky/ ... atď)* to talk French/ ..., *(vyprávať: hlúposti)* to talk nonsense; **2.** *(vyprávať, svedčiť: o čom)* to tell [of], *(vyjadrovať svoje zážitky)* to relate, *(rozprávky)* to narrate; **3.** *(úprimne, ticho, pomaly atď)* to speak, *(cudzí jazyk: po francúzsky)* to [be able to] speak French/ ..., *(vyprávať: o)* to speak [about]

rozprávka *ž* **1.** fairy tale, fairy story, *(ľudová)* folk tale; **2.** *(zr: historka)* tale

rozprestrieť *dk* **1.** *(koberec, obrus; vystrieť: ruky, krídla)* to spread [out]; **2.** *(niečo zložené: šatku, obrus)* to unfold, *(niečo zvinuté: koberec)* to unroll, *(na/ po stole)* to lay out

rozpŕchnuť sa *dk* **1.** to disperse, to disband, to scatter, to run in different directions

rozptyl *m* **1.** *(fyz: tepla, svetla)* dispersion, *(: vĺn, svetla, impulzu)* diffusion, *(: energie, i ele)* dissipation, *(: elektrónov, jfyz: mesónov)* scattering

rozptýlenie *s* **1.** *(kratochvíľa)* diversion, distraction, *(pobavenie)* entertainment; **2.** *(odb)* dispersion

rozptýlený *príd* **1.** dispersed, scattered, diffused; **2.** diverted, loose

rozptýliť *dk* **1.** *(dav, hmlu, i fyz: svetlo)* to disperse, *(i fyz: vlny, svetlo)* to diffuse; **2.** *(i prn: zahnať: pochybnosti, obavy ap)* to dispel; **3.** *(spôsobiť nesústredenosť)* to distract, **4.** *(rozveseliť)* to entertain

rozpučiť *dk* **1.** *(zemiaky)* to mash, to crush, to squash, *(muchu)* to swat

rozpustenie *s* **1.** dissolution; **2.** adjournment; **3.** dismissal, **4.** solution

rozpustiť sa *dk* **1.** *(stať sa tekutým: sneh)* to thaw, *(i maslo, zmrzlina)* to melt, *(zmrzlina)* to soften; **2.** *(rozplynúť sa v kvapaline)* to dissolve

rozpustný *príd* **1.** *(látka)* soluble, *(rar)* dissoluble, *(vo vode)* water-soluble, *(chem: soli)* deliquescent

rozpúšťací *príd* **1.** solvent, dissolving, melting, diluting

rozpúšťadlo *s* **1.** solvent, diluent

rozpútať *dk* **1.** to unleash, to release, to unfetter, to let lose, to unchain

rozrásť sa *dk* **1.** *(rastom sa rozšíriť)* to grow [in diverse directions], *(rozvetviť: strom)* to branch out, *(burina)* to proliferate; **2.** *(zväčšiť sa: podnik)* to expand, *(i výroba)* to grow

rozruch *m* **1.** *(všeobecné vzrušenie, znepokojenie)* commotion, *(vzrušenie)* animation, *(zbytočný, ob okolo niečoho)* fuss, *(znepokojenie: i fyz: atómov)* perturbation, disturbance; **2.** *(prn: vnútorný)* tumult

rozrušenie *s* **1.** disturbance, agitation; **2.** disorganization, derangement; **3.** emotional disturbance

rozrušený *príd* **1.** upset, agitated, emotionally disturbed, *(veľmi)* distraught; **2.** *(poškodený)* damaged

rozrušiť *dk* **1.** *(vyviesť z duševnej rovnováhy)* to upset, *(citovo)* to distress, *(znepokojiť)* to trouble; **2.** *(porušiť, pokaziť: i väzbu)* to break up, *(horninu)* to erode

rozsah *m* **1.** *(veľkosť, miera, objem, i mat, inf: pamäte)* size, *(počet, množstvo)* amount, *(objem, i ekon: výroby)* volume, *(miera: škody, trhu)* measure, *(veľkosť)* dimension, *(i rozpätie)* extent, *(rozpätie, i časové)* span; **2.** *(veľkosť plochy)* area; **3.** *(v plnom/ celom rozsahu)* in its entirety

rozsiahly *príd* **1.** *(zaberajúci: veľkú plochu/ priestor)* extensive, *(: plochu)* vast, *(: priestor)* spacious, *(veľký na šírku a dĺžku)* ample, *(majúci veľké rozmery)* voluminous, *(ďaleko siahajúci)* far-reaching; **2.** *(veľký rozsahom)* comprehensive

rozsúdiť *dk* **1.** *(rozhodnúť ako sudca)* to adjudge, *(vyniesť rozsudok)* to pass judgement, to rule; **2.** *(hov: rozhodnúť)* to decide

rozsudok *m* **1.** *(rozhodnutie súdu)* judgement, sentence, *(poroty)* verdict; **2.** *(rozhodnutie)* decision

rozsvietiť *dk* **1.** *(zapáliť svetlo, lampu)* to switch on, *(petrolejovú lampu)* to light, *(v)* to make light; **2.** *(osvetliť)* to illuminate

rozsypať *dk* **1.** *(zámerne)* to scatter, to sprinkle; **2.** *(nechtiac)* to spill; **3.** *(vysypať)* to pour

rozšírenie *s* **1.** extension; **2.** expansion; **3.** spread, **4.** dissemination, **5.** circulation, **6.** propagation, **7.** dilatation

rozšírený *príd* **1.** widened; **2.** spread; **3.** extensive, **4.** enlarged, **5.** expanded, **6.** widely distributed as plants/ ani, **7.** extanded

rozšíriť *dk* **1.** *(zväčšiť šírku, i prn: si vedomosti)* to widen, *(i prn: si obzor)* to broaden [out]; **2.** *(zväčšiť objem, rozsah)* to enlarge, *(i počet: výrobu)* to increase; **3.** *(rozložiť, rozniesť, rozchýriť)* to spread, *(rozniesť, rozchýriť)* to propagate

rozširovať *ndk* **1.** to expand; **2.** to propagate; **3.** to spread, **4.** to distribute, **5.** to increase the circulation of, **6.** to promulgate

rozškatuľkovať *dk* **1.** *(roztriediť)* to categorize, to regiment, to pigeonhole, to reclassify

rozštiepiť *dk* **1.** *(rozdeliť napoly/ na časti, rozdvojiť, i fyz)* to split; **2.** *(rozťať: poleno)* to chop, *(fml)* to cleave; **3.** *(rozdeliť)* to split st [up], **4.** *(rozdvojiť)* to dissociate, **5.** *(fyz: atóm)* to fission

roztiahnuť *dk* **1.** to prolong; **2.** to extend, to spread, to stretch, to distend, to dilate; **3.** to open

roztiahnutý *príd* **1.** extended, stretched, expanded, distended

roztĺcť *dk* **1.** *(tlčením rozdrviť)* to crush, *(na prášok)* to pulverize; **2.** *(rozbiť)* to break, to smash

roztočiť *dk* **1.** *(rozkrútiť: vrtuľu)* to set st spinning, to make st turn, *(uviesť do pohybu, i prn)* to set st in motion, *(kľukou)* to crank up; **2.** *(prn: výrobu)* to speed up; **3.** *(rozvinúť: cievku)* to uncoil

roztok *m* **1.** solution, dilution, *(lek: fyziologický)* [physiological] saline, *(chem: tlmiaci)* buffer

roztopiť *dk* **1.** *(rozpustiť, roztaviť)* to melt, *(rozpustiť, sneh, potraviny)* to thaw [out]; **2.** *(nechať rozplynúť)* to dissolve; **3.** *(roztaviť)* to smelt

roztopiť sa *dk* **1.** *(stať sa tekutým)* to melt, to thaw, to liquefy; **2.** *(rozplynúť sa v kvapaline)* to dissolve

roztrhať *dk* **1.** *(trhaním rozdeliť na viac kusov)* to tear st up, to shred; **2.** *(trhaním poškodiť)* to tear apart; **3.** *(poraniť)* to rip open, **4.** *(byť na roztrhanie: vec/ tovar)* to be in great demand

roztrhnúť *dk* to tear up, to tear apart, to rend, to rip, to sunder, to break

roztrhnúť sa *dk* **1.** *(rozdeliť sa)* to break, *(prudko: struna ap)* to snap; **2.** *(trhnutím sa poškodiť)* to snag, to get torn; **3.** *(rozísť sa)* to separate, **4.** *(kniž/ fml: narušiť sa)* to rupture

roztriediť *dk* **1.** to sort out, to route; **2.** to arrange, to divide into classes; **3.** to classify

roztrpčený *príd* **1.** embittered, exacerbated, sore

roztržitý *príd* **1.** absent-minded, distrait, *(stále)* head-in-air, *(ifm)* scatterbrain

roztržka *ž* **1.** split, break, quarrel, *(fml)* rupture

rozum *m* **1.** *(schopnosť myslieť)* mind, intellect, *(uvažovať)* reason, *(prn)* wits; **2.** ob mn: **rozumy**. *(mienka)* idea; **3.** *(zdravý)* common/ good/ horse sense

rozumieť *ndk* **1.** *(chápať, mať pochopenie pre)* to understand, *(chápať význam)* to grasp, *(v záp: zachytiť jednotlivé slovo)* to catch, *(fml: ob v záp)* to comprehend; **2.** *(vyznať sa)* to have a smattering of; **3.** *(*rozumiem!: v replike)* I see!, *(*čo pod tým rozumieš?)* what do you make of it?

rozumieť si *ndk* **1.** i zast: **~ sa** to understand each/other, to understand one another, to get on with; **2.** **~ sa** *(vyznať sa)* to be; **3.** to understand, **4.** *(*to sa rozumie, že)* it is understood that, *(*samo sebou sa rozumie, že)* it is obvious that

rozumný *príd* **1.** *(správajúci sa podľa rozumu)* judicious, level-headed, sensibile; **2.** *(i podložený múdrou rozvahou)* reasonable, *(podložený múdrou rozvahou)* sound

rozuzlenie *s* **1.** *(vyriešenie: záhady, problému)* unravelling, solution, *(lit: dramatického konfliktu)* denoucment

rozuzliť *dk* **1.** *(rozviazať uzol)* to unknot, to untie; **2.** *(prn: vyriešiť)* to unravel, to solve

rozvádzať *ndk* **1.** to develop; **2.** to distribute; **3.** to break down, **4.** to detail, **5.** to separate

rozvádzať sa *ndk* **1.** to develop; **2.** to become separated; **3.** to be distributed, **4.** to being divorced

rozvaha *ž* **1.** *(rozumné uvažovanie)* reflection, consideration, *(s úmyslom rozhodnúť sa)* deliberation; **2.** *(schopnosť rozumne uvažovať)* judgement; **3.** *(zast účt: súvaha)* balance[-sheet]

rozvážiť *dk* **1.** to consider, to reflect, to weigh, to ponder; **2.** to put in individual parcels, to distribute; **3.** to change one's mind

rozvážny *príd* **1.** *(konajúci s/ vyplývajúci z rozvahy)* reflective, *(konajúci s rozvahou)* prudent, *(rozumný)* judicious, *(i konaný* *s rozvahou)* well-advised; **2.** *(konaný s rozvahou)* measured

rozvedenie *s* **1.** separation; **2.** distribution, brakdown; **3.** development, amplification

rozveseliť *dk* **1.** to cheer up, to gladden, to enliven, to chipper up

rozvetviť sa *dk* **1.** *(rozkonáriť sa)* to ramify, to branch out; **2.** *(rozdeliť sa: rieka, cesta)* to fork, to furcate; **3.** *(rozrásť)* to grow

rozviazať *dk* **1.** *(rozpojením slučky ap uvolniť)* to untie; **2.** *(uvolniť)* to undo; **3.** *(zrušiť: pracovný pomer)* to terminate, *(zmluvu)* to cancel, *(manželstvo)* to dissolve; **4.** *(*rozviazať niekomu jazyk)* to loosen sb's tongue

rozvidnieť sa *dk* **1.** *(svitnúť)* to dawn; **2.** *(prn: v hlave)* to dawn on sb; **3.** *(rozjasniť sa)* to clear up

rozviedka *ž* **1.** *(voj: prieskumná hliadka)* reconnoissance, scouting patrol; **2.** *(špionážna služba)* intelligence service, secret service

rozviesť *dk* **1.** *(odviesť viac vecí/ osôb)* to take; **2.** *(práv: rozsobášiť)* to divorce; **3.** *(podrobne rozpracovať, bližšie osvetliť)* to expand on, **4.** *(odb: prúd, vodu, plyn)* to grid

rozviezť *dk* **1.** *(tovar)* to distribute, to deliver, to haul, *(i koho)* to transport

rozvíjať *ndk* **1.** to develop; **2.** to unfold; **3.** to improve, **4.** to enlarge

rozvinúť *dk* **1.** *(niečo: zvinuté)* to unwind, *(: skrútené, rolované)* to unroll, *(: zložené)* to unfold, *(rozbaliť)* to unwrap; **2.** *(rozviť: lupene, pupene)* to unfurl; **3.** *(uskutočniť: s väčšou silou/ rozsahom)* to expand, **4.** *(rozviesť)* to expand on

rozvinúť sa *dk* **1.** to extend, to expand, to spread out; **2.** to develop; **3.** to deploy

rozvláčny *príd* **1.** *(zbytočne dlhý)* lengthy, *(: podrobný)* diffuse, *(: obšírny)* copious, *(: a dlhý; prejav, referát, štýl)* wordy; **2.** *(zr: lenivý, i hlas)* drawly

rozvod *m* **1.** *(práv: rozsobáš)* divorce; **2.** *(tech: rozvedenie energie, prúdu)* conveyance; **3.** *(tech: zariadenie)* wiring, *(mot)* selector, *(na píle)* set[ting]

rozvodie *s* **1.** watershed, dividing ridge, *(am)* divide

rozvodka *ž* **1.** *(pomôcka na rozdelenie toku prúdu)* distributing box, multiple-wire plug, adapter, adaptor; **2.** *(tech)* saw set

rozvodňa *ž* switch room, control panel, control room, distributing board

rozvodniť sa *dk* **1.** *(o rieke: zvýšiť svoju hladinu)* to swell, *(vystúpiť z brehov)* to burst its banks, *(a rozliať do šírky)* to flood

rozvoj *m* **1.** development, progress, expansion, [up]growth

rozvojový *príd* **1.** developmental

rozvoz *m* **1.** distribution

rozvrat *m* **1.** *(rozklad jednoty)* disruption, break-up, *(manželstva)* breach; **2.** ruin, *(mravný)* corruption

rozvrátiť *dk* **1.** *(zničiť celistvosť)* to disrupt, to disunite; **2.** *(rozbiť)* to destroy, *(i rodinu)* to wreck, *(mravný)* to corrupt

rozvratník *m* **1.** disruptor, disorganizer; **2.** *(polit)* subversive, revolutionary

rozvratný *príd* **1.** disruptive, *(mravne)* corrupting, corruptive; **2.** *(polit)* subversive

rozvrh *m* **1.** *(časový)* timetable, schedule; **2.** *(plán)* plan

rozvrhnúť *dk* **1.** *(premyslieť a určiť postup)* to arrange, to plan; **2.** *(rozdeliť medzi viacerých)* to distribute; **3.** *(rozdeliť na časti)* to divide

rôsol *m* **1.** jelly, gelatin, gel

rozzúriť *dk* **1.** to enrage, to infuriate, to madden, to outrage

rôznofarebný *príd* **1.** multicoloured, varicoloured, variegated, motley

rôznorodý *príd* **1.** *(heterogénny: i ľudí)* heterogenous, *(pej)* motley; **2.** *(rozmanitý)* varied, disparate, miscellaneous

rôznosť *ž* **1.** diversity, difference, variety, inequality

rôzny *príd* **1.** *(rozličný, rozmanitý)* various, diverse, assorted; **2.** *(podstatne iný, odlišný)* different

rub *m* **1.** *(opačná strana: látky, mince, bankovky)* reverse [side], *(mince)* tail, *(tkanín)* wrong side; **2.** *(zadná strana: listu, šeku, múru)* back; **3.** *(prn: rub mince)* the other side of the medal

rúbať *ndk* **1.** *(stromy)* to fell, *(drevo)* to chop; **2.** *(i sekať sečnou zbraňou)* to hack; **3.** *(dobývať)* to extract

rubeľ *m* **1.** r[o]uble

rubeola *ž* **1.** German measles, rubella, *(rar)* rubeola, *(arch)* roseola, rose-rash

rubín *m* **1.** *(min)* ruby, carbuncle, *(hodiniek)* jewel; **2.** *(bás: červeň: úst)* ruby

rubopis *m* **1.** endorsement

rubrika *ž* **1.** *(v novinách ap)* column, section, *(spoločenská)* gossip column; **2.** rubric

rúcať *ndk* **1.** *(búrať)* to demolish, *(dom)* to pull down, *(váľať)* to level; **2.** *(ničiť)* to destroy

ručenie *s* **1.** guarantee, security, bail, liability

ručička *ž* **1.** *(zdrob)* [little] hand; **2.** *(na hodinách)* hand, *(na prístroji)* pointer, *(na buzole/ tachometri, i inf)* needle, *(tech)* index hand/ arm/ mark

ručiť *ndk* **1.** *(dávať záruku)* to guarantee, *(za akosť)* to warrant, *(za čo/ koho)* to vouch for st/ sb; **2.** *(byť ručiteľom)* to stand [guarantor/ surety] for; **3.** *(brať na seba zodpovednosť)* to be liable for

ručiteľ *m* **1.** *(kto ručí, i práv, fin: šeku)* guarantor, *(kto ručí)* warranter, *(fin)* surety, *(za úhradu zmenky)* backer; **2.** *(práv)* warrantor

rúčka *ž* **1.** *(zdrob)* [little] hand; **2.** *(držadlo: noža, kufra)* handle, *(nástroja)* helve, grip; **3.** *(zr: ručička)* needle

ručne *prísl* **1.** manually, by hand

ručník *m* **1.** *(šatka na hlavu)* head scarf, babushka, *(na plecia)* shawl; **2.** *(vreckovka)* handkerchief

ručný *príd* **1.** manual, hand[-], hand-operated, hand-made

ruda *ž* **1.** ore, *(obohatená)* head, *(obohatená, upravená)* concentrate, *(drobná)* fine

rúhať sa *ndk* **1.** to blaspheme, to curse, to swear

ruch *m* **1.** *(čulý pohyb)* animation, *(rýchly)* rush, *(a hlasný)* hustle; **2.** *(aktivita)* activity, *(cestovný)* tourism/ travel movement/ tourist business

rúcho *s* **1.** *(obradné)* vestment, [ceremonial/ official] robe[s]; **2.** *(oblečenie vôbec)* raiment

ruja *ž* **1.** *(obdobie párenia, ob jeleňa)* heat, *(ob jeleňa)* rut

ruka *ž* **1.** *(anat, i prn)* hand, *(anat: horná končatina, i prn)* arm; **2.** *(rukopis)* hand[writing]; **3.** *(*ruky hore!)* hands up!, *(sl)* stick 'em up, *(ruky preč!)* hands off!, *(podať/ stisnúť ruku)* to shake sb's hand, *(podať si/ stisnúť si ruky)* to shake hands

rukáv *m* **1.** sleeve, *(košele)* shirtsleeve, *(ochranný)* oversleeve

rukavica *ž* **1.** glove, *(palčiak)* mitt[en], *(hist, prn)* gauntlet

rukojemník *m* **1.** hostage

rukopis *m* **1.** *(písmo, charakteristické črty)* [hand]writing, *(charakterické črty písma určitej osoby)* calligraphy; **2.** *(dielo napísané rukou/ písacím strojom)* manuscript, *(stará pamiatka: na pergamene)* parchment; **3.** *(mal)* brush[-work], **4.** *(prn)* signature

rukovať *ndk* **1.** *(ísť na vojnu)* to enter the armed forces, to be drafted; **2.** *(dobrovoľne)* to join up, to enlist

rukoväť *ž* **1.** *(držadlo: noža)* handle, *(revolvera, nástroja)* [hand-]grip, *(nástroja)* helve, *(meča)* hilt; **2.** *(príručka)* handbook

rumanček *m* **1.** *(bot pravý: Matricaria chamomilla)* wild chamomile, sweet false chamomile

rumenec *m* **1.** *(červeň líc)* glow, *(poet)* rose, blush, *(rar)* erubescence, flush

rúra *ž* **1.** pipe, *(hov: pušky, revolvera)* barrel; **2.** *(anat)* duct; **3.** *(na pečenie)* oven

Rusko *s* **1.** Russia

ruský *príd* **1.** Russian

rušeň *m* **1.** locomotive, [railway] engine,

(postrkový) helper, *(posunovací)* shunter

rušiť *ndk* **1.** *(robiť neplatným, odvolávať)* to cancel, *(sľub, slovo)* to break, *(zákon ap)* to abrogate, *(zastavovať jestvovanie)* to shut down; **2.** *(vyrušovať, porušovať)* to disturb; **3.** *(porušovať, mariť)* to impair, **4.** *(rád)* to black out

rušivý *príd* **1.** interference, *(rád)* noise, spurious, perturbative, disturbing

rušňovodič *m* **1.** engine-driver, locomotive/train driver, locomotiveman, *(am)* engineer

rušný *príd* **1.** *(plný živého pohybu: debata, zábava)* lively, *(debata, hovor)* animated, *(plný ruchu)* bustling, *(mesto, ulica, doba)* busy, *(hlučný)* roaring

rutina *ž* **1.** *(remeselná zručnosť, vycvičenosť)* technique, knowledge of the tricks of the trade, *(vycvičenosť)* drill; **2.** *(pej)* jog-trot; **3.** *(*mať rutinu)* to be an old hand

rúž *m* **1.** lipstick, [lip] rouge

ruža *ž* **1.** *(bot: Rosa, i kvet)* rose; **2.** *(bot šípová: Rosa canina)* dogrose; **3.** *(lek: kožná choroba)* the Rose, **4.** *(*niet ruže bez tŕnia)* no rose without a thorn

ruženec *m* **1.** *(modlitba, rad guliek)* rosary; **2.** *(cirk: rad guliek)* prayer beads, *(s 55 guľkami)* lesser rosary; **3.** *(rad guliek)* worry beads, *(prn)* bead-roll

ružica *ž* **1.** *(ozdoba podoby ruže)* rosace; **2.** *(predmet s rozvetvenými výčnelkami)* rosette, *(karfiolu)* head, *(met: veterná)* wind-rose

ružový *príd* **1.** *(k ruža, i prn)* rose, *(o farbe, i prn)* rose-coloured; **2.** *(o farbe)* pink; **3.** *(prn)* florid

ryba *ž* **1.** fish, *(malá)* minnow, *(mladá)* fingerling, *(morská)* sea fish

rybár *m* **1.** fisherman, angler, rodman; **2.** trawler

rybník *m* **1.** fishpond, piscina, *(umelý)* artificial lake, *(násadový)* nursery

rybolov *m* **1.** fishing, trawling, fishery

rýdzi *príd* **1.** *(pravý)* genuine, real, *(i čistý)* pure; **2.** *(kov)* unalloyed; **3.** *(ušľachtilý)* noble

ryha *ž* **1.** *(na doske, i tech: na valci)* groove; **2.** *(anat)* vallecula, *(vráska)* wrinkle, *(i brázda)* furrow; **3.** *(brázda)* [d]rill

rýchlik *m* **1.** express [train], fast train, nonstop train

rýchlo *prísl* quickly, fast, rapidly

rýchlopis *m* **1.** shorthand, speed-writing, stenography, tachygraphy

rýchlosť *ž* **1.** *(vlastnosť, miera)* speed, *(odb)* velocity; **2.** *(vlastnosť)* rapidity; **3.** *(tempo)* tempo, pace, **4.** *(hov tech: mechanizmus)* gear, *(spiatočná)* reverse, **5.** *(prn: s rýchlosťou)* expedition, **6.** *(v plnej rýchlosti)* at full speed

rýchlovka *ž vulg* **1.** quickie

rýchly *príd* **1.** *(pohybujúci sa, robiaci, uskutočňovaný)* fast, quick, swift, rapid; **2.** *(rýchlo sa pohybujúci)* speedy, *(veľmi)* flying; **3.** *(okamžite uskutočňovaný)* prompt, **4.** *(ponáhľajúci sa, náhly)* hurried

rýľ *m* **1.** spade

rým *m* **1.** rhyme, *(i obkročný)* rime, *(obkročný)* tailed rhyme, *(očný)* eye rhyme, *(koncový)* end-rhyme

rýmovať sa *ndk* **1.** *(o veršoch)* to rhyme

rýpadlo *s* **1.** excavator, digger, digging machine, *(plávajúce)* dredger

rypák *m* **1.** *(svinský, i prn pej)* snout, *(psí)* muzzle; **2.** *(prn pej: o ľudskej tvári)* mug, *(pchať rypák)* to poke o's nose

rys *m* **1.** *(charakteristická vlastnosť, črta)* feature, trait, *(charakerická vlastnosť)* attribute; **2.** ob mn: **rysy**. *(črta tváre)* lineament; **3.** *(výkres)* [technical] drawing, **4.** *(zool: Lynx lynx)* lynx, **5.** *(zast: 1000 hárkov papiera)* 2 reams

rysovať *ndk* **1.** to draw, *(na obrobkoch)* to lay out, to mark out; **2.** *(prn)* to plan

ryť *ndk* **1.** *(o zvieratách: prerývať rypákom)* to root [around/ about], *(svine)* to snout; **2.** *(kypriť pôdu)* to loosen; **3.** *(robiť ryhu)* to groove, *(známky ap)* to [en]grave

rytec *m* **1.** engraver, carver, graver, burinist

rytier *m* **1.** *(hist)* knight, *(potulný)* knight-errant; **2.** *(titul: v UK)* Knight, *(pred priezviskom)* Sir

rytina *ž* **1.** *(obraz vyrytý na doske)* intaglio; **2.** *(odtlačok dosky)* engraving, *(fotografická)* [photo]gravure, print

rytmus *m* **1.** *(i lit, hud, prn)* rhythm, cadence, *(hud, prn)* tempo, *(i verša)* lilt

ryža *ž* **1.** *(bot siata: Oryza sativa)* rice, *(nelúpaná)* paddy, brown rice

ryžovať *ndk* **1.** to pan off/out, *(am)* to sluice out

ryžový *príd* **1.** rice, paddy

röntgen *m* **1.** X-ray apparatus, X-ray machine

S

s 1. *(vyj: spojenie, styk)* with: **zostaňte so mnou** *stay with me*, **ísť s priateľom** *to go with o s/ a friend,* **obedovať s kým** *to have dinner with sb,* **bojovať s kým** *to fight with sb,* **s istotou** *with certainty,* **s dovolením** *with your leave/ permission*; *by:* **s povolením** *by your leave*; about: **čo s týmto?** *what about this?*, **čo je s ním** *what's with him?/ what about him?*, **s ňouniečo je** *something is the matter with her*; **porovnať jedno s druhým** *to compare st with st else*; of: **s tým už prestaň** *no more of that*; *(: súčasť)* and: **šunka s vajcom** *ham and eggs,* **chlieb s maslom** *bread and butter*; *(: spojenie)* together with, along with: **poď so mnou** *come along with me*; *(: vlastnosť)* with: **muž s tmavými vlasmi** *a man with dark hair*; *(: obsah)* with: **obálka s peniazmi** *an envelope with money*, of: **fľaša s vínom** *bottle of wine*;; **totožný s** *identical to*; **ísť so zubami k lekárovi** *to see a dentist about o's teeth*; *(: súčasnosť)* with

sa *I. zám* **1.** oneself, oneselves: **umyť sa** *to wash oneself/ oneselves*; *(často neprek)*: **dotýkať sa** *to touch*, **mýliť sa** *to be wrong*, **milovať sa** *to make love* **2.** *(ozn vzájomnosť medzi dvomi)* each other: *(: medzi viacerými)* one onother: **rešpektovať sa** *to respect each other/ one onother*; **3.** *(ozn: prospech)* one s: **zariadiť si byt** to furnish o s flat, *(: často neprek)* **nájsť si dievča** *to find a girlfriend*; **4.** *(: privlastňovanie: svoj)* one s: **roztrhol si košeľu** he *tore up his shirt*; **II.** *samostatná morféma* **5.** *(je súčasťou: zvrat pasíva)* to be: ***porušenie sa trestá** *trespassers will be prosecuted*; **6.** *(: neos pasíva)* we/ they etc: **pracovalo sa do noci** *we/ they worked late into the night*; **7.** *(vyj: zmenu stavu)* to get, to become: **ochladiť sa** *to get/ to become cold*; III. časť **8.** *(zdôr povzbudzovanie: neprek)*

sad *m* **1.** *(záhrada)* orchard; **2.** ob mn : **sady**. *(park: mestský)* Gardens, Park

sada *ž* **1.** set; **2.** composition, kit, *(inf)* package

sadiť *ndk* **1.** to plant

sako *s* **1.** jacket

sála *ž* **1.** hall

saláma *ž* **1.** salami, italian sausage

salón *m* **1.** *(väčšia miestnosť)* lounge, *(i kozmetický)* parlour; **2.** *(kozmetický, kadernícky; v min: literárny)* salon; **3.** *(výstava: umeleckých diel)* exhibition

sám *m* **1.** *(jediný)* alone, by oneself, on o's own; **2.** *(osamelý)* all by oneself; **3.** *(bez pomoci)* single-handed, **4.** *(zdôrazňuje osobu/ vec: ba aj)* one oneself, **5.** *(zdôrazňuje dôležitosť osoby)* in person, **6.** *(sám osebe)* in oneself/ itself

samec *m* **1.** male, he[-]; **2.** *(zool)* cock, buck

samica *ž* **1.** female, she[-]; **2.** *(zool)* hen, cow

samohláska *ž* **1.** *(lingv, fon)* vowel

samochvála *ž* **1.** self-praise, self-applause

samoobsluha *ž* **1.** self-service

samostatný *príd* **1.** independent; **2.** separate, individual

samota *ž* **1.** solitude, loneliness; **2.** remote place; **3.** *(dom)* isolated house/ farm

samouk *m* **1.** autodidact

samozrejme *prísl* **1.** of course, obviously, naturally

sanitka *ž* **1.** ambulance
sardinka *ž* **1.** *(zool: Sardina pilchardus)* sardine, [young] pilchard
sarkastický *príd* **1.** sarcastic
scéna *ž* **1.** *(časť dejstva, i prn: udalosť, výstup)* scene, *(javisko, i divadlo)* stage; **2.** *(divadlo)* theatre; **3.** *(prn)* arena
scenár *m* **1.** *(rozpracovanie námetu)* scripting; **2.** *(text: filmový, televízny, i divadelný)* scenario, *(filmový)* screenplay, script
scenéria *ž* **1.** scenery, setting
scvrknúť sa *dk* **1.** *(lístie, jablko i pleť)* to shrivel, to shrink; **2.** to dwindle
sčítanie *s* **1.** addition; **2.** count
sčítať *dk* **1.** to add; **2.** to count, to reckon; **3.** to take the census of
sebaistota *ž* **1.** self-assurance, self-confidence
sebavedomý *príd* **1.** self-confident, self-opiniated; **2.** conceited
sebestačnosť *ž* **1.** self-sufficiency, self-support; **2.** autarchy
sebestačný *príd* **1.** self-supporting, self-sufficient
sedadlo *s* **1.** *(stoličky auta, i miesto v divadle atď)* seat
sedem *m živ* **1.** seven
sedemdesiat *m živ* **1.** seventy
sedemdesiatka *ž* **1.** seventy; **2.** *(niečo označené)* [ ] number 70; **3.** *(70 rokov)* 70th birthday, **4.** *(rýchlosť)* 70 Km/ h
sedemdesiaty *čísl* **1.** seventieth, 70th
sedemnásť *m živ* **1.** seventeen
sedemnástka *ž* **1.** seventeen; **2.** *(niečo označené)* [ ] number 17
sedemnásty *čísl* **1.** seventeenth; 17th
sedieť *ndk* **1.** *(i o vtákoch, i na vajciach)* to sit; **2.** *(ako model)* to sit for; **3.** *(o vtákoch ap)* to perch, **4.** *(tráviť čas)* to dwell, **5.** *(byť vhodný/ priliehavý, i o šatách)* to fit, **6.** *(byť)* to serve time, **7.** *(prn: na kom)* to bully
sedliak *m* **1.** *(roľník)* peasant; **2.** *(dedinčan)* rustic; **3.** *(nadávka)* boor; **4.** *(hov: šach)* pawn
sekať *ndk* **1.** to cut, *(i seker[k]ou: mäso, drevo, kapustu)* to chop; **2.** *(fabrikovať)* to knock off; **3.** *(biť)* to strike
sekera *ž* **1.** axe, *(am)* ax, *(menšia)* hatchet, tomahawk
sekunda *ž* **1.** *(časová jednodka, i geom)* second; **2.** *(prn: malá chvíľa)* minute
semafor *m* **1.** *(žel)* semaphore
semeno *s* **1.** *(bot, i prn)* seed; **2.** *(zool)* spawn; **3.** *(biol)* sperm, **4.** *(prn)* germ
sen *m* **1.** *(i prn)* dream, *(zlý)* nightmare; **2.** *(spánok)* sleep; **3.** *(prn: želanie)* wish, **4.** *(*ako sen: neuveriteľné, krásne)* like a dream, *(*to by mi ani vo sne neprišlo na um)* I would never dream of
senzačný *príd* **1.** sensational; **2.** *(prn: výborný)* fabulous, fantastic, *(ob am)* terrific
september *m* **1.** September
séria *ž* **1.** series
seriál *m* **1.** serial, strip
servis *m* **1.** *(áut, i súbor náčinia: obedový, čajový)* service, *(tech: služba)* servicing, *(dielňa: autoservis)* garage; **2.** *(súprava)* set
servítka *ž* **1.** napkin, serviette
sesternica *ž* **1.** cousin
sestra *ž* **1.** *(i v oslovení)* sister; **2.** *(zdravotná)* [qualified/ trained]nurse; **3.** *(mníška)* Sister, nun
sever *m* **1.** north
severný *príd* **1.** north; **2.** northern
sezóna *ž* **1.** season
sfarbenie *s* **1.** colouring; **2.** timbre, tone
sfarbiť *dk* **1.** to shade, to color
sfilmovať *dk* **1.** to film
sformovať *dk* **1.** to form, to model
sformulovať *dk* **1.** to formulate
schádzať sa *ndk* **1.** *(stretávať sa, zhromažďovať sa)* to meet, *(zhromažďovať sa)* to assemble, to gather, to congregate, to associate with; **2.** *(zr: spájať sa)* to inersect
schéma *ž* **1.** design, diagram, layout, *(i prn)* scheme
schladiť *dk* **1.** *(i prn)* to cool, to chill, to refrigerate; **2.** *(prn: pohľadom)* o freeze
schladiť sa *dk* **1.** to cool off, to become

chilled, *(i počasie)* to become cool/ cold
schnúť *ndk* **1.** *(strácať vlhkosť)* to dry [up], to become dry; **2.** *(stracáť silu)* to weaken, *(chradnúť)* to ail
schod *m* **1.** step, stair; **2.** ob mn: **schody** stairs
schodisko *s* **1.** stairway, staircase
schopnosť *ž* **1.** ability, capacity, qualification, fitness
schovať *dk* **1.** *(položiť)* to put away; **2.** *(skryť)* to hide, to conceal; **3.** *(ponechať)* to save
schovať sa *dk* **1.** to hide; **2.** to take cover
schôdza *ž* **1.** *(stretnutie, zasadenie)* meeting; **2.** *(zasadenie)* session; **3.** *(dohovorenie stretnutia)* engagement, *(milencov ap)* date
schránka *ž* **1.** *(puzdro)* case, *(na šperky)* casket, *(na listy)* letter box, *(na ulici)* pillar/ mail/ post box
schudnúť *dk* **1.** to thin down, to become thinner, to lose weight, *(veľmi)* to become skinny
siať *ndk* **1.** *(dávať semená do pôdy: obilniny)* to sow
sídlisko *s* **1.** *(komplex budov)* housing estate, *(niekoľko komplexov budov)* residential area/ suburb/ district; **2.** *(i archeol)* settlement, *(miesto, sídlo)* residence
sídliť *ndk* **1.** to reside, to have one's residence, to dwell, to inhabit
sídlo *s* **1.** *(miesto, krajina kde sa býva)* residence, *(fml: vlády ap)* seat, *(firmy)* home office; **2.** settlement; **3.** *(zast: hlavné mesto)* capitol city
siedmy *čísl rad* **1.** seventh, 7th
sieň *ž* **1.** hall, room
sieť *ž* **1.** *(na chytanie rýb, i pletivo, i špo, prn)* net; **2.** *(súhrn zariadenia, i geom, inf, tech)* network, *(i inf)* grid; **3.** *(pletivo, i mat)* lattice
signál *m* **1.** signal
sila *ž* **1.** strength, power, force, vigor
silný *príd* **1.** *(mocný, pevný, prudký, veľký, tuhý, i prn)* strong, *(mocný)* vigorous, *(s veľkou autoritou)* powerful; **2.** *(fajčiar)* heavy; **3.** ob 2 st: **silnejší**. *(euf: tučný)* well-covered
sirota *ž* **1.** orphan
sirup *m* **1.** syrup, treacle
situácia *ž* **1.** situation
sivý *príd* **1.** gray, grey
skákať *ndk* **1.** *(i šport, i prn: srdce)* to jump, *(na jednej nohy)* to hop; **2.** *(napádať)* attack; **3.** *(*skákať niekomu do reči)* to interrupt
skala *ž* **1.** *(kameň)* rock; **2.** *(v mori)* reef
skamarátiť sa *dk* **1.** to make friends with, to become pal/ chummy with
skaza *ž* **1.** destruction, perdition, ruin
skepsa *ž* **1.** *(filoz)* skepticism, skepsis; **2.** *(pochybovanie)* doubt, disbelief
skica *ž* **1.** *(náčrt)* sketch, outline, rough draft, design
skif *m* **1.** *(šport: ob pre jedného veslára)* skiff
sklad *m* **1.** *(skladisko)* warehouse, storehouse, depot; **2.** *(zásoby)* stock, stockpile; **3.** *(ling)* syntagm, **4.** *(záhyb)* fold
skladací *príd* **1.** folding, collapsible
skladačka *ž* **1.** folding machine, folder
skladaný *príd* **1.** folded, *(sukňa)* pleated, *(tech)* assembled, *(dom)* prefab
skladba *ž* **1.** *(štruktúra)* structure; **2.** *(hud, lit)* composition; **3.** *(lingv)* syntax, **4.** *(tech)* pattern, *(petr)* fabric
skládka *ž* **1.** *(na šatách)* fold, pleat; **2.** *(skladanie)* unloading; **3.** *(zložený materiál, i miesto)* dump, **4.** *(miesto uloženia materiálu)* dumping ground, depot, *(drev)* log dump, banking, landing
skladník *m* **1.** warehouseman, warehouser, storesman, chief stevedore, stocker
skladovanie *s* **1.** storage, warehousing, holding, inventory
skladovať *ndk* **1.** to store, to warehouse, to stock
skladový *príd* **1.** warehousing, stock, warehouse, inventory
sklamanie *s* **1.** disappointment, disillusion, chagrin, regret
sklamaný *príd* **1.** disappointed, disillusioned, sick

sklamať *dk* **1.** *(spôsobiť rozčarovanie)* to disappoint, to let down; **2.** *(nesplniť očakávanie)* to belie, to disappoint, *(dôveru)* to deceive; **3.** *(zlyhať)* to fail

sklár *m* **1.** glass-blower, glass-maker

skláreň *ž* **1.** glass work[s], glass factory, glass plant

sklárstvo *s* **1.** glass industry, glass making, glasswork, vitrics

sklenár *m* **1.** glazier, glass cutter

sklenený **1.** vitreous, glass

skleník *m* **1.** greenhouse, glasshouse, conservatory, glass-house, *(vykurovaný)* hothouse

skleníkový *príd* **1.** hothouse, greenhouse

skleróza *ž* **1.** sclerosis

sklo *s* **1.** *(materiál)* glass; **2.** *(sklené nádoby)* glassware; **3.** *(s optickými účinkami)* lens, eye-piece, *(podložné)* slide, **4.** *(na aute ap: predné)* windscreen, *(am)* windshield, *(na dverách, zadné)* window, *(odrazové)* cat's eye

sklon *m* **1.** inclination, slope, declivity, gradient, *(strechy)* slant; **2.** *(geol: vrstiev)* trend; **3.** *(let, lod)* trim, **4.** *(dispozícia)* tendency, predisposition

skloniť *dk* **1.** to bend, to incline, to bow, to tilt

skloňovanie *s* **1.** declension, inflection

skloňovať *ndk* **1.** to decline, to inflect

sklopiť *dk* **1.** *(obrátiť dolu)* to take down, to tilt, *(strechu auta)* to fold back; **2.** *(skloniť)* to lower

sklovina *ž* **1.** *(sklár)* metal, molten glass, *(z použitého skla)* cullet; **2.** *(anat: zubná)* enamel

sklovitý *príd* **1.** glassy, glass, *(i prn)* vitreous, *(min, geol, petr)* hyaline

skľúčený *príd* **1.** depressed, dejected, low-spirited, gloomy, downcast

skoba *ž* **1.** staple, spike, *(šport)* piton, cramp iron, *(tech)* claps, holdfast

skočiť *dk* **1.** *(do diaľky, do výšky, hodiť sa)* to jump, *(smerom nahor)* to leap, *(smerom nadol)* to plunge, *(vhrnúť sa)* to spring; **2.** *(preskočiť)* to skip; **3.** *(zaútočiť)* to attack, **4.** *(hov: pre čo)* to go get, **5.** *(hodiť sa)* to throw os, **6.** *(inf)* to quit

skok *m* **1.** *(i šport, inf)* jump, leap, *(o žrdi)* vault, hop, *(do vody)* dive, plunge; **2.** *(lit, filoz)* saltus; **3.** *(vet)* mounting, **4.** *(tech)* hooter, *(geol: zemských vrstiev)* fault

skokan *m* **1.** *(šport)* jumper, leaper, springer, vaulter, hopper, diver; **2.** *(zool zelený: Rana esculenta)* edible frog

skokanský *príd* **1.** jumping, *(mostík)* diving

skokotiť *dk vulg* **1.** *(pokaziť)* to ball st up, to fuck st up, to screw st up

skončiť *dk* **1.** *(doviesť do konca)* to finish, to end; **2.** *(skoncovať)* to liquidate, to terminate; **3.** *(dostať sa do niečoho)* to end up

skonfiškovať *dk* **1.** *(vyvlastniť)* to confiscate, to seize; **2.** *(zhabať; vyradiť z používania)* to impound

skóre *s neskl* **1.** score

skoro **I.** ***prísl*** **1.** *(onedlho)* soon; **2.** *(zavčasu)* early; **3.** *(rýchlo)* quickly; **II.** ***časť*** **4.** *(takmer)* almost, nearly

skorocel *m* **1.** *(bot: Plantago)* [common] plantain, *(bot väčší: Coronopus)* ribwort [plantain], greater/ rose plantain, *(bot kopijovitý: Plantago major)* buckhorn

skorý *príd* **1.** *(včasný, raný)* early, *(raný)* forward; **2.** *(rýchly)* quick, speedy

skôr **I.** ***prísl*** **1.** *(včaššie)* earlier, sooner; **2.** *(predtým)* before, previously, formerly; **3.** *(ľahšie)* easier, better; **II.** ***časť*** **4.** rather

skrachovať *dk* **1.** to go bankrupt, to fail, to go busted, to phut

skrášliť *dk* **1.** to beautify, to embellish

skrat *m* **1.** *(ele)* short [circuit], *(am)* burnout, *(tech)* fault, *(tech)* arcing, *(tech)* leakage

skrátený *príd* **1.** shortened, *(slovo)* abbreviated, *(vydanie)* abridged, short-form, simplified, *(o čase)* short, *(tech)* stub, *(ele)* fractional

skrátiť *dk* **1.** to shorten, to abbreviate, *(text)* to abridge, *(o rozsahu)* to reduce, *(šaty)* to take in/ up, to curtail

skratka *ž* **1.** *(skrátenina)* abbreviation,

short; **2.** *(hov: skrátená cesta)* short cut, cut-off, byway

skrčiť sa *dk* **1.** *(schúliť sa)* to duck, to double up, to cringe, to couch; **2.** *(pokrčiť sa)* to crease, to pucker

skrehnúť *dk* **1.** *(stuhnúť)* to become stiff, to become numb, to stiffen; **2.** *(odb)* to embrittle; **3.** *(preziabnuť)* to freeze

skresliť *dk* **1.** to distort, to garble, to misrepresent, to skew

skriňa *ž* **1.** *(kus nábytku)* cabinet, *(na potraviny)* cupboard, *(na bielizeň)* chest of drawers, *(na šaty)* wardrobe; **2.** *(tech)* box

skrinka *ž* **1.** case, box, *(na spisy)* cabinet, *(v šatni)* locker, *(hracia)* musical box, *(na náradie)* tool-chest, *(tech)* housing; **2.** *(kazeta)* casket, jewel case

skromnosť *ž* **1.** *(nenáročnosť)* modesty; **2.** *(jednoduchosť)* simplicity; **3.** *(zdržanlivosť)* reservedness, **4.** *(utiahnutosť)* aloofness, **5.** *(malé množstvo)* smallness, smallness, **6.** *(nedostačujúce množstvo)* scantiness

skromný *príd* **1.** *(nenáročný)* modest, humble; **2.** *(jednoduchý)* simple, homely, frugal; **3.** *(nenápadný)* quiet, demure, **4.** *(malý)* poor, low, **5.** *(nedostačujúci)* poor

skrotiť *dk* **1.** *(i prn)* to tame, to domesticate; **2.** *(upokojiť)* to calm; **3.** *(mierniť, i prn)* to subdue

skrutínium *s* **1.** scrutiny, vote count, *(druhé)* re-count, count, canvass

skrutka *ž* **1.** screw, *(do muriva)* split bill, *(maticová)* nut bolt, stud bolt

skrutkovač *m* **1.** screwdriver, *(tech)* turnscrew

skrutkovať *ndk* **1.** *(zaťahovať skrutku)* to screw, to bolt, to turn; **2.** *(uvoľňovať skrutku)* to unscrew, to loosen, to screw off

skrýša *ž* **1.** *(úkryt)* hiding-place, hideout, cover, *(i pred dažďom)* shelter, *(am: pri poľovačke)* blind, *(voj)* ambush, *(na ukrývanie predmetov, zbraní)* cache, *(podzemná)* hole

skryť sa *dk* **1.** to hide, to shelter, to be veiled/ hidden, to burrow, to skulk

skúmať *ndk* **1.** *(študovať)* to study; **2.** *(prešetrovať)* to investigate, to examine, to explore, to survey, to review; **3.** *(overovať)* to verify, *(účty)* to check, to audit

skúmavka *ž* **1.** test tube, reagent tube, tube

skúmavý *príd* **1.** searching, scrutinizing, inquiring

skupenstvo *s* **1.** state [of matter]

skupina *ž* **1.** group, team, gang, party, pool, crew, *(jednotka)* unit, squad, set

skúpy *príd* **1.** stingy, niggardly, close-fisted, greedy, miserly, parsimonious, mean

skurvený *príd vulg* **1.** *(pokazený)* screwed-up, fucked-up; **2.** *(zlý)* fucking

skúsený *príd* **1.** experienced, skilled, practised, expert

skúsiť *dk* **1.** *(pokúsiť sa)* to try, to attempt; **2.** *(zažiť)* to experience, to undergo, to suffer; **3.** *(vyskúšať)* to test, to try out

skúšačka *ž* **1.** *(prístroj)* tester, *(ele)* tension indicator, test lamp; **2.** *(skúšajúca)* examiner

skúšať *ndk* **1.** *(pokúšať sa)* to try; **2.** *(škol: priebežne)* to call [on]; **3.** *(škol: na skúške)* to examine, **4.** *(šaty)* to try on, **5.** *(nacvičovať)* to rehearse, **6.** *(v rôznych významoch)* to test

skúška *ž* **1.** *(preverovanie)* test, trial, experiment, try, *(i škol)* exam[ination], *(nacvičovanie)* rehearsal, *(krajč)* try-on, *(utrpenie)* experience, suffering

skúšobný *príd* **1.** *(i inf)* test, testing, examining, experimental, trial

skúter *m* **1.** *(mot, lod)* scooter, *(mot)* motor-scooter

skutočnosť *ž* **1.** reality, actuality, truth, matter of fact

skutočný *príd* **1.** *(i inf)* real, actual, effective, concrete, genuine, true, factual

skutok *m* **1.** *(čin)* deed, act, fact, action, *(mimoriadny)* exploit, feat

skvalitniť *dk* **1.** to improve

skvelý *príd* **1.** splendid, gorgeous, superb, stunning, *(obed ap)* scrumptious, brilliant, *(vynikajúci)* excellent

skvost *m* **1.** *(i prn)* gem, jewel

slabika *ž* **1.** syllable, *(inf)* byte

slabina *ž* **1.** *(anat: miesto medzi stehnom a bruchom)* groin, *(miesto medzi rebrami a stehnom: dtd ob pl, i zool)* loin[s], *(zool)* side; **2.** *(slabá stránka)* weak point, weakness, *(nedostatok)* imperfection

slaboch *m* **1.** milksop, mollycoddle; **2.** *(fyzický)* weakling, weed

slabosť *ž* **1.** *(telesná skleslosť, povahové chyby)* weakness; **2.** *(úbytok síl)* debility; **3.** *(slabá stránka)* weak point, *(chyba, nedostatok)* imperfection

slabý *príd* **1.** *(fyzicky, i mat, fyz, ele, prn)* weak, *(ako chorý)* sickly, *(ako opitý)* groggy; **2.** *(zrak, sluch, pamäť, zdravie)* poor; **3.** *(zvuk, svetlo, hlas, i prn: nádej)* faint, **4.** *(prn)* slight

sláčik *m* **1.** bow, fiddlestick, fiddle-bow

slad *m* **1.** malt, *(odb)* amyalase

sladidlo *s* **1.** sweetener, sweetening agent

sladiť *ndk* **1.** to sweeten, to put sugar in

sladkosť *ž* **1.** *(vlastnosť)* sweetness, *(i pej)* sugariness, *(sladká chuť, i prn)* sweet taste; **2.** ob mn: **sladkosti** sweets

sladkovodný *príd* **1.** fresh-water, limnetic

sladký *príd* **1.** *(i príjemný, milý)* sweet, *(i pej)* sugary; **2.** *(voda)* fresh; **3.** *(sladké drievko)* liquorice

sladovňa *ž* **1.** malting, malthouse

sladovníctvo *s* **1.** malting industry, production of malt

slalom *m* **1.** slalom, *(obrovský)* giant slalom

slama *ž* **1.** *(pšeničná, jačmenná, ražná)* straw; **2.** *(na klobúky)* leghorn; **3.** *(*mlátiť prázdnu slamu)* to talk nonsense

slamenák *m* **1.** straw hat, *(jemný)* leghorn hat, *(pevný a široký)* boater, straw hive

slamený *príd* **1.** straw, made of straw, *(klobúk)* leghorn; **2.** *(slamený vdovec/ vdova)* grass-widow/ widower

slamka *ž* **1.** straw, *(na pitie)* [drinking] straw; **2.** *(*kto sa topí, aj slamky sa chytá)* a drowning man will catch at a straw

slanina *ž* **1.** bacon, *(anglická)* streaky bacon

slaný *príd* **1.** *(majúci chuť ako soľ, obsahujúci soľ)* salty, *(i morský: voda)* salt, *(obsahujúci soľ, podobný soli, i chem)* saline, *(majúci chuť ako soľ)* saltly, briny

slasť *ž* **1.** delight, intense pleasure, *(víťazstva)* joy, *(*slasti života)* the pleasures

slastný *príd* **1.** delightful, sweet, *(blažený)* blissful, *(rozkošný)* pleasurable

slatina *ž* **1.** *(močaristé miesto)* bog, swamp, *(: v nižších zamokrených polohách)* marsh; **2.** *(rašelinová pôda)* muskeg

sláva *ž* **1.** *(vrcholné uznanie, nádhera)* glory; **2.** *(vynikajúca povesť)* fame; **3.** *(nádhera)* magnificence, **4.** *(hrdosť)* pride, **5.** *(oslava)* celebration

slávik *m* **1.** *(zool: Luscinia megarhynchos)* nightingale

sláviť *ndk* **1.** *(robiť oslavu: meniny, robiť slávnym)* to celebrate; **2.** *(pripomínať si slávnosťou: výročie)* to commermorate, *(zvyky, sviatočný deň)* to observe; **3.** *(robiť slávnym)* to extol, to honour

slávnosť *ž* **1.** *(verejná/ súkromná oslava)* celebration; **2.** ob mn: **slávnosti** festivities, *(verejná, ob mn)* festival; **2.** *(slávnostný akt)* ceremony

slávnostný *príd* **1.** *(súvisiaci so slávnosťou)* ceremonial, *(i uniforma)* formal, *(obed, koncert)* gala; **2.** *(dôstojný: akt, hlas)* solemn; **3.** *(nálada)* festal

slávny *príd* **1.** *(známy)* famous, renowned, illustrious, *(tešiaci sa sláve)* glorious; **2.** *(znamenitý, dôležitý)* memorable; **3.** *(v záp)* nothing much

slečna *ž* **1.** *(slobodná žena)* young lady; **2.** *(dtd, joc: dievča)* miss; **3.** *(oslovenie, titul)* Miss

sleď *m* **1.** *(zool: Clupea harengus)* herring

sled *m* **1.** *(súvislé poradie: operácií)* sequence, succession, *(mat)* series; **2.** *(voj: bojový)* wave; **3.** *(stopa)* trace

sledovať *ndk* **1.** *(ísť za, i očami; pozorovať, skúmať)* to follow, *(ísť za niekým)* to shadow, *(ísť v stopách)* to trail; **2.** *(pozorovať, i ako divák)* to watch; **3.** *(kniž: cieľ)* to pursue

slepec *m* **1.** blind, blind man/ person

slepecký *príd* **1.** blind man's, *(ústav)* blind, *(písmo)* braille, *(pes)* guide-dog

slepota *ž* **1.** blindness; **2.** *(prn)* short-sigthtedness

slepý *m/príd* **1.** *(nevidiaci, i prn: nerozvážny, náhodný)* blind, *(nevidiaci)* sightless; **2.** *(oslepený)* blinded; **3.** *(nepravý: náboj)* blank, **4.** *(slepá ulica: značka)* cul-de-sac, *(slepá ulička: bezvýchodisková situácia)* blind alley

slezina *ž* **1.** *(anat)* spleen, milt

sliediť *ndk* **1.** *(snažiť sa nájsť: po kom/ čom)* to search for sb/ st, to seek [after/ for], *(stopovať: za kým)* to pursue; **2.** *(o zvieratách)* to prowl

sliepka *ž* **1.** *(druh hydiny)* chicken, *(samica)* hen; **2.** *(samica vtákov/ rýb)* hen[-]

slimák *m* **1.** *(zool: Helix pomatia)* snail, slug; **2.** *(anat: časť ucha)* cochlea; **3.** *(*ísť ako slimák)* to go at a snail's pace

slina *ž* **1.** saliva, *(i vypľutá)* spit[tle], *(vytekajúca)* slobber; **2.** *(tečú mi sliny)* my mouth waters

sliniť *ndk* **1.** *(vylučovať nadmerné množstvo slín)* to salivate; **2.** *(vlhčiť slinami)* to slaver, *(cigaretu, prst ap)* to wet [with saliva]

slinný *príd* **1.** *(anat: žľazy)* salivary

slivka *ž* **1.** *(bot domáca: Prunus domestica)* plum tree; **2.** *(plod)* plum, *(sušená)* prune

slivovica *ž* **1.** plum brandy, *(z Rumunska, Srbska ap)* slivovitz

sliz *m* **1.** *(výlučok sliznice)* mucilage, *(i bot)* mucus; **2.** *(tech)* gelatin, smear, glair, gum, slime

slizký *príd* **1.** *(vlhký od slizu)* mucous, *(potiahnutý slizom, i prn)* mucose; **2.** *(šmykľavý od slizu)* clammy, *(i prn: klzký)* viscid

sliznica *ž* **1.** *(anat: blana)* mucosa, mucous membrane

slíž *m* **1.** ob mn: **slíže**. *(rezance)* [very thin] vermicelli; **2.** *(zool: Nemachilus barbatus)* loach

slnečnica *ž* **1.** *(bot ročná: Helianthus annuus)* [common] sunflower, *(bot: Helianthus)* helianthus, *(bot hľuznatá: Helianthus atuberosus)* Jerusalem artichoke

slnečnicový *príd* **1.** *(semeno, olej)* sunflower

slnečník *m* **1.** *(dámsky dáždnik)* parasol; **2.** *(na pláž)* beach umbrella, *(záhradný)* sunshade

slnečný *príd* **1.** *(týkajúci sa/ vychádzajúci zo slnka)* solar, *(i súvisiaci s pôsobením slnka: úpal)* sun[-]; **2.** *(plný slnka)* sunny, *(i jasný: deň, počasie)* sunshiny

slniť sa *ndk* **1.** *(vystavovať sa pôsobeniu slnečných lúčov)* to lie in the sun, *(s radosťou)* to bask in the sun, *(opaľovať sa)* to sunbathe, to sun os, *(zhnednúť)* to catch the sun

slnko *s* **1.** *(nebeské teleso)* sun; **2.** *(slnečný svit)* the sun, sunshine; **3.** *(pod slnkom)* under the sun

slnovrat *m* **1.** *(astron)* solstice, *(letný)* midsummer

sloboda *ž* **1.** *(nezávislosť)* freedom, liberty; **2.** *(opak: manželstvo)* bachelorhood; **3.** *(na slobode)* at liberty

slobodáreň *ž* **1.** *(dom s bytmi pre slobodných)* single men's quaters, *(v podniku)* dormitory for singles; **2.** *(garsoniéra)* bedsitter, studio flat

slobodník *m* **1.** *(UK)* lance-corporal [LC-pl], *(USA)* private first class [PFC]; **2.** *(hist: za feudalizmu)* freeman

slobodný *príd* **1.** *(majúci voľnosť konania, voľný, nezávislý)* free, *(neobmedzovaný)* unrestrained, *(nezávislý)* independent; **2.** *(nie viazaný manželstvom)* unmarried; **3.** *(prepustený na slobodu, voľný)* at liberty, **4.** *(*slobodný ako vták)* as free as a bird

slobodomurár *m* **1.** freemason

slobodomurárstvo *s* **1.** freemasonry, freemasonism

sloh *m* **1.** style, *(spôsob organizácie)* structure, *(celkový ráz)* texture; **2.** *(školský predmet)* composition

sloha *ž* **1.** *(strofa)* strophe, verse, *(ob 4-12 veršov)* stanza

sloj *m* **1.** *(tenká vrstva nerastu, i ban)* layer, *(ban)* lodge, ply, bank

slon *m* **1.** *(zool indický: Elephas maximus)* elephant; **2.** *(*ako slon v porceláne)* like a bull in a chinashop, *(*robiť z komára somára)* to make mountain out of a molehill

slonovina *ž* **1.** ivory

Slovák *m* **1.** Slovak, inhabitant of Slovacko

Slovan *m* **1.** Slav

slovanský *príd* **1.** Slav, Slavic, Slavonian, *(i jazyk)* Slavonic

slovenčina *ž* **1.** Slovak, the Slovak language

Slovensko *s* **1.** Slovakia

slovenský *príd* **1.** Slovak, Slovakian

slovesný *príd* **1.** *(týkajúci sa: literatúry)* literary; **2.** *(: slovesa)* verbal

sloveso *s* **1.** verb, *(ne/ prechodné)* in/ transitive verb, *(ne/ dokonavé)* im/ perfective verb, *(pomocné)* auxiliary verb

slovinčina *ž* **1.** Slovene, Slovenian, the Slovene language, *(rar)* Slovenish

Slovinec *m* **1.** Slovene, Slovenian, *(rar)* Slovenish

Slovinsko *s* **1.** Slovenia

slovinský *príd* **1.** Slovene, Slovenian, *(rar)* Slovenish

slovný *príd* **1.** *(týkajúci sa slova/ slov)* verbal, word; **2.** *(vyjadrený slovami)* oral; **3.** *(slovná zásoba)* vocabulary

slovo *s* **1.** *(jazyková jednotka, i hovor, sľub)* word, ob mn: **slová**. *(reč, hovor)* words, *(biblia)* The Word; **2.** *(verejný prejav)* the floor, *(sľub)* promise; **3.** *(čestné slovo)* [o's] word of honour

slovosled *m* **1.** *(gram)* word order

sľub *m* **1.** promise, word, pledge, *(slávnostný: manželský, vernosti, i náb)* vow

sľúbiť *dk* **1.** to promise, to pledge, *(slávnostne)* to vow

sľubný *príd* **1.** *(nádejný, i perspektívny)* promising, *(nádejný)* hopeful, rosy, *(perspektívny)* up-and-coming

slučka *ž* **1.** *(oko na konci povrazu, i ele, inf)* loop, slipknot, *(lana)* eye, *(str: lanová)* bight

sľuda *ž* **1.** *(min)* mica, *(arch)* specular stone

sluha *m* **1.** *(služobník)* [man] servant, *(fml)* menial, *(i hotelový)* valet, *(dôstojnícky)* orderly

sluch *m* **1.** hearing, *(fml)* audition; **2.** *(schopnosť rozlišovať tóny)* ear, *(na sluchu)* by ear

slucha *ž* **1.** ob mn: **sluchy**. *(spánky)* temples

slúchadlo *s* **1.** *(telefónne)* receiver, *(náhlavné)* headphone, earphone, *(v min)* eartrumpet

slušať *ndk* **1.** *(pristať, byť vhodný)* to suit, to become sb; **2.** *(byť vhodný)* to be proper

slušať sa *ndk* **1.** *(patriť sa)* to be proper [for], *(fml, iba neos)* to befit, *(dtd fml, iba neos)* to beho[o]ve

slušnosť *ž* **1.** *(súhrn pravidiel správania)* good manners, proper conduct, *(zdvorilosť)* grace; **2.** *(i vlasnosť)* decency; **3.** *(mať [v sebe] toľko slušnosti)* to have the decency [to]

slušný *príd* **1.** *(spoločensky vyhovujúci: spôsob)* proper, *(fml a/ i zdvorilý: správanie, reč)* decorous, *(vtip)* clean, *(i zdvorilý: fml)* mannerly, *(zdvorilý, v záp: čestný)* nice; **2.** *(i prijateľný, vyhovujúci: bývanie)* decent; **3.** *(dosť veľký: suma, plat)* respectable

služba *ž* **1.** *(zamestnanie, i sluhu; pomoc, i cirk)* service, *(aktívna)* active service, *(výkon povolania, povinne konaná)* duty; **2.** *(verejnoprospešná činnosť/ inštitúcia)* Service; **3.** *(voj: základná vojenská)* military service, **4.** ob mn: **služby** services, **5.** *(*pri výkone služby)* in the line of duty, *(štátna)* Civil Service, *(*vám k službám)* at your service

slúžiť *ndk* **1.** *(ako sluha, v úrade, obsluho-*

vať, i voj) to serve; **2.** *(obsluhovať: ako čašník)* to wait on; **3.** *(byť používaný, mať funkciu: ako)* to serve [for/ as st], *(prospievať)* to be beneficial to health, **4.** *(cirk: omšu)* to celebrate, **5.** *(*obsluhuje vás niekto?: v obchode)* are you being served?

slúžka *ž* **1.** *(v min)* [maid-]servant, servant girl, [house]maid; **2.** [domestic] helper

služobne *prísl* **1.** *(úradne)* on [official] business, officially, servicewise; **2.** through channels; **3.** *(v pracovnom zaradení: starší)* senior

služobný *príd* **1.** *(vzťahujúci sa na službu: lietadlo)* business, official, *(byt, predpisy, i tech: vozidlo, hovor)* service; **2.** *(slúžiaci za mzdu: dievča)* servant

slza *ž* **1.** tear, teardrop; **2.** *(prn: kvapka, malé množstvo)* drop, *(br ifm)* spot

slziť *ndk* **1.** *(plakať: hlasno)* to cry, *(ticho)* to weep; **2.** *(vypúšťať tekutinu)* to exude; **3.** *(o očiach: napĺňať sa slzami)* to become full of tears

slzný *príd* **1.** *(žľaza)* lachrymal

slzotvorný *príd* **1.** lac[h]rymatory, *(plyn, bomba)* tear[-], lac[h]rymogenic

smalt *m* **1.** enamel

smaltovaný *príd* **1.** enameled, enamel

smaragd *m* **1.** *(min)* emerald

smäd *m* **1.** *(i prn)* thirst; **2.** *(prn)* hunger

smädiť *ndk* **1.** to be thirsty

smädný *príd* **1.** thirsty

smeč *m* **1.** *(tenis)* smash

smečovať *n/dk* **1.** *(tenis)* to smash

smelosť *ž* **1.** boldness, courage, fearlessness, audacity; **2.** *(prn)* face

smelý *príd* **1.** *(odvážny)* bold, audacious, *(nebojazlivý)* fearless, *(nehľadiaci na nebezpečenstvo)* daring, *(príliš)* daredevil

smena *ž* **1.** *(pracovný čas, skupina ľudí)* shift, *(pracovný čas)* spell; **2.** *(skupina ľudí)* relay, *(vojaci, policajti)* relief

smer *m* **1.** *(myslená čiara pohybu: vetra; zameranie)* direction; **2.** *(zameranie)* tendency, *(i ekonomický, politický, literárny)* trend[s], *(i školy)* orientation; **3.** *(lit: súhrn názorov)* current, **4.** *(smerom)* in the direction of

smernica *ž* **1.** *(pokyn)* directive, guideline, *(ob pl)* directions, guiding principle

smerovať *ndk* **1.** *(pohybovať sa istým smerom)* to direct; **2.** *(vyvíjať, usilovať sa)* to tend; **3.** *(byť zacielený)* to be aimed, **4.** *(mieriť: v rozhovore)* to drive at, **5.** *(byť obrátený)* to face

smerovka *ž* **1.** *(aut)* indicator light, *(am)* turn signal, *(ifm)* winker; **2.** *(let: kormidlo)* rudder

smetiar *m* **1.** *(br)* dustman, *(am)* garbage man, *(fml)* refuse collector

smetisko *s* **1.** dump, rubbish heap/ dump, *(am)* trash heap, *(mestské)* council rubbish dump

smiať sa *ndk* **1.** *(prejavovať veselosť)* to laugh, *(ticho)* to chuckle, *(hlasno)* to guffaw; **2.** *(vysmievať sa: komu/ čomu)* to laugh at sb/ st, to mock sb

smiech *m* **1.** laughter, *(tichý)* chuckle, *(hlasný)* guffaw; **2.** *(výsmech)* mockery, derision

smiešny *príd* **1.** *(vzbudujúci smiech, malý, nenáležitý)* ridiculous, *(vzbudujúci smiech a absurdný)* ludicrous, *(vzbudujúci smiech, komický)* funny; **2.** *(veľmi malý)* laughable

smieť **1.** *(v otáz: smiem?)* can, *(fml)* may; **2.** *(v záp vyj nevhodnosť: nesmie/ me)* he/ we can't afford to, he/ we shouldn't; **3.** *(vyj zákaz)* to be allowed, *(*nesmieš)* you may not, *(*tu sa nesmie [])* [ ] is not allowed here, *(*tu sa nesmie fajčiť)* no smoking

smilník *m* **1.** *(fml: kto sa oddáva nezákonnému sexu)* fornicator; **2.** *(pohlavne neviazaný človek)* lecher, *(ifm)* rip, *(sl)* goat

smilstvo *s* **1.** *(fml: nezákonné pohlavné stýkanie)* fornication; **2.** *(pohlavná neviazanosť)* lechery, debauchery, lewdness

smoking *m* **1.** dinner-jacket, *(am)* tuxedo

smola *ž* **1.** *(prirodzená/ upravená živica)* resin, *(čiernouholná, obuvnícka)* pitch; **2.** *(hov/ ifm: nešťastie)* jinx, bad luck

smotana *ž* **1.** *(sladká)* cream, *(na šľaha-*

nie) whipping cream, *(šľahaná)* whipped cream

smotánka *ž* **1.** *(prn: spoločnosti)* the cream, élite; **2.** *(smotana)* cream

smrad *m* **1.** stink, stench, smell, reek

smradľavý *príd* **1.** stinking, [il/ foul-]smelling, smelly, stinky, fetid, foul

smrdieť *ndk* **1.** to stink, to smell, to reek, *(hov)* to pong

smrečina *ž* **1.** *(les)* spruce wood, *(porast)* fir-grove; **2.** fir twigs

smrek *m* **1.** *(bot: Picea abies)* [common] spruce, Norway spruce, *(bot sibírsky: Picea obovatá)* Siberian spruce

smrkať *ndk* **1.** *(čistiť si nos)* to blow one's nose; **2.** *(nosom vťahovať vzduch, i pri plači)* to sniffle, *(hlasno)* to snuffle; **3.** *(plakať)* to snivel

smršť *ž* **1.** *(veterná)* whirlwind, *(víchrica)* tornado, cyclone, *(piesočná)* sandstorm

smrť *ž* **1.** death, passing away, *(fml, leg)* decease, *(fml, joc)* demise

smrteľný *príd* **1.** *(i smrtiaci: rana, hriech; veľký strach)* mortal; **2.** *(súvisiaci so smrťou)* death, *(bledosť)* deathly; **3.** *(i smrtiaci: rana, jed, účinok, prn: hriech)* deadly

smrtiaci *príd* **1.** *(rana)* mortal, *(jed, zbraň, účinok)* deadly, *(zbraň, dávka)* lethal, *(nehoda, úder)* fatal

smútiť *ndk* **1.** *(i bezpr: byť smutný/ zarmútený)* to be sad/ gloomy [about st]; **2.** *(za čím/ kým)* to grieve [at/ over st/ sb], *(za čím)* to regret; **3.** *(za svojím domovom)* to be homesick

smutný *príd* **1.** *(postihnutý smútkom, vzbudujúci smútok)* sad, *(zachmúrený)* gloomy, *(deprimovaný)* depressed, *(i pohľad)* sorrowful; **2.** *(spôsobujúci smútok: udalosť)* tragic

smútočný *príd* **1.** mourning, black, mournful, funereal

smútok *m* **1.** *(žiaľ)* grief, sorrow, *(hlboký)* heart-break; **2.** *(čas po smrti blízkeho, i oblek, páska)* mourning

snaha *ž* **1.** *(úsilie)* effort, exertion, pull, *(fml)* endeavor

snár *m* **1.** dreambook, book of dreams

snažiť sa *ndk* **1.** *(s neur: usilovať sa)* to try, *(veľmi)* to try o's best/ hardest/ utmost, *(i: o čo)* to struggle for st/ to, *(fml)* to endeavor to

sneh *m* **1.** snow; **2.** *(kuch)* beaten/ whisked/ stiff egg-white

snehovka *ž* **1.** snowshoe

snehuliak *m* **1.** snowman

snem *m* **1.** assembly, council, *(parlament)* parliament, congress

snemovňa *ž* **1.** Parliament, *(v UK)* House, Chamber; **2.** *(dolná snemovňa)* The House of Commons, *(horná snemovňa)* The House of Lords

snežienka *ž* **1.** *(bot jarná: Galanthus nivalis)* [common] snowdrop

snežiť *ndk* **1.** to snow

snímateľný *príd* **1.** removable, detachable, *(motor)* outboard

snímka *ž* **1.** *(fot)* photograph, snap[shot]; **2.** *(zvuková)* tape-recording, *(filmová)* film

snívať *ndk* **1.** *(i prn)* to dream [of/ about st]; **2.** *(kniž: spať)* to sleep

snivý *príd* **1.** dreamy, moony, visionary, airy

snob *m* **1.** snob, highbrow, snoot, la-di-da

snobský *príd* **1.** snobbish, *(ifm pej)* snooty, sniffy

snop *m* **1.** sheaf, bundle, bunch

snúbenec *m* **1.** fiancé, *(rhet, dtd)* betrothed

snúbenica *ž* **1.** fianceé, *(rhet, dtd)* betrothed

snubný *príd* **1.** engagement

sob *m* **1.** *(zool: Rangifer tarandus)* reindeer, *(am)* caribou

sobáš *m* **1.** *(svadobný obrad)* wedding, marriage, *(fml, rhet)* nuptials

soboľ *m* **1.** *(zool: Martes zibellina)* sable; **2.** *(kožušina)* Russian sable

sobota *ž* **1.** Saturday

socialistický *príd* **1.** socialist

sociálny *príd* **1.** social

sociológia *ž* **1.** sociology, social science

sóda *ž* **1.** *(uhličitan sodný)* soda; **2.** *(biely* *prášok: bikarbona)* sodium bicarbonate; **3.** *(sódovka)* soda [water], seltzer [water]

sodík *m* **1.** *(chem)* sodium

socha *ž* **1.** statue, sculpture

sochár *m* **1.** sculptor, statuary

sochárstvo *s* **1.** sculpture, statuary, plastic art, chisel

sója *ž* **1.** *(bot fazuľová: Glycine max)* soya; **2.** *(plod)* soy[a bean], *(am)* soybean

sojka *ž* **1.** *(zool: Garrukus glandarius)* jay, jay-bird

sójový *príd* **1.** soya

sok *m* **1.** *(protivník, i politický)* adversary, opponent, *(i obchodný)* competitor, *(rival, i v láske)* rival

sokel *m* **1.** *(podstavec sochy)* pedestal, *(nízky)* socle; **2.** *(stenový výčnelok)* skirting board, *(am)* mop board; **3.** *(spodná časť stavby)* basement

sokol *m* **1.** *(zool sťahovavý: Falco peregrinus)* peregrine [falcon]

soľ *ž* **1.** salt, *(kamenná)* halite, salt rock; **2.** *(*byť soľou zeme)* to be the salt of the earth

solidarita *ž* **1.** solidarity

soliť *ndk* **1.** to salt, to put salt on/ in, to add salt to

solivar *m* **1.** saltern, salt-works, salt plant

soľnička *ž* **1.** salt-cellar, *(am)* salt-shaker

sólo *s* **1.** *(skladba, spev, hra, tanec)* solo

solventný *príd* **1.** *(schopný platiť, i chem, tech)* solvent; **2.** *(schopný platiť, i chem)* solid, able to pay

somár *m* **1.** *(zool domáci: Equus asinus)* donkey, *(i prn)* ass; **2.** *(prn pej)* jackass, fool

sonáta *ž* **1.** *(hud)* sonata

sonda *ž* **1.** *(lek, tech, i prn)* probe; **2.** *(tech)* stock rod, *(met: balónová)* sounding balloon; **3.** *(prn)* feeler

sondáž *ž* **1.** *(tech)* probing, sounding, *(geol)* prospecting, *(ban)* drilling; **2.** *(prieskum)* survey

sondovať *ndk* **1.** *(pomocou sondy)* to probe, to sound, *(i prn)* to fathom, to explore

sonet *m* **1.** *(lit)* sonnet, quatorzain

sopečný *príd* **1.** volcanic, eruptive, scoria, *(sklo)* natural

sopeľ *m* **1.** *(ifm: nosný hlien)* snot; **2.** *(visiaci výrastok)* wattle

sopka *ž* **1.** volcano

sopľavý *príd* **1.** *(nos, vreckovka)* snotty; **2.** *(neskúsený)* wet behind the ears

soprán *m* **1.** *(hud)* soprano

sorta *ž* **1.** *(odroda rastliny)* variety; **2.** *(typ)* sort, type, kind

sortiment *m* **1.** assortment, selected variety, collection, mixture

sotiť *dk* **1.** to shove, *(i posunúť)* to push; **2.** *(hodiť)* to throw

sotva **I.** ***časť*** **1.** *(ledva, len-len)* hardly, scarcely, barely; **2.** *(ťažko, asi nie)* not likely; **II.** ***spoj*** **3.** *(uvádza časovú vetu: len čo)* as soon as, just, no sooner than

sova *ž* **1.** *(zool: Strigidae)* owl, *(zool: Strix aluco)* tawný/brown owl, *(zool: Tyto alba)* barn owl, screech owl

spací *príd* **1.** *(vrece, vozeň)* sleeping[-], *(vozeň)* wagon-lit

spád *m* **1.** *(padanie, klesanie, i vody)* fall; **2.** *(sklon, i chem, fyz: tlakový)* gradient, *(rieky, cesty, strechy)* slope; **3.** *(prn: priebeh)* course, **4.** mn: **spády**. *(fígle)* tricks

spadnúť *dk* **1.** *(i o daždi, snehu ap)* to fall [down], *(strecha ap)* to fall in, *(: z)* to fall off; **2.** *(klesnúť: hlava)* to drop; **3.** *(zmiznúť: strach, únava)* to fall away

spáchať *dk* **1.** *(niečo zlé)* to commit, to perpetrate; **2.** *(vytvoriť)* to make [up], to produce

spachtoš *m* **1.** *(kto rád spí)* sleepyhead; **2.** *(kto veľa spí)* late riser, *(arch)* lie-abed, slugabed

spájka *ž* **1.** solder, soldering metal, *(mäkká)* soft tommy, *(tvrdá)* spelter

spájkovačka *ž* **1.** *(tech)* solderer, soldering gun/ hammer

spájkovať *ndk* **1.** to solder

spáliť *dk* **1.** *(zničiť ohňom/ teplom, nechať zhorieť)* to burn; **2.** *(pálením spotrebovať)* to burn up; **3.** *(popáliť)* to singe, **4.** *(prepáliť: motor, poistky atď)* to burn out, **5.**

*(*spáliť si prsty)* to burn o's finger

spálňa *ž* **1.** bedroom, *(fml)* bedchamber

spaľovací *príd* **1.** *(motor)* combustion, *(komora)* incinerating, burning

spaľovňa *ž* **1.** *(odpadkov)* [refuse] incinerating plant, incineration house, reduction works, refuse destructing plant

spamätať sa *dk* **1.** *(prísť k sebe: zo šoku/ prekvapenia)* to collect os, *(finančne)* to recuperate; **2.** *(prn: uvedomiť si situáciu)* to come to one's senses; **3.** *(nadobudnúť nové sily)* to gather strength, *(*spamätaj sa!)* wake up!

spánok *m* **1.** sleep, sopor, *(krátky)* nap; **2.** *(anat)* temple

spara *ž* **1.** *(dusivá horúčava)* stifling heat, sultry heat, sweltering heat, sultriness

sparný *príd* **1.** sultry, stifling, broiling, sweltering

sparťanský *príd* **1.** Spartan; **2.** *(prn: prísny)* spartan

spása *ž* **1.** *(i náb)* salvation

spasiť *dk* **1.** *(i náb)* to save, to deliver, *(zachrániť)* to rescue; **2.** *(zabiť)* to kill

spasiteľ *m* **1.** saviour, Messiah, **Spasiteľ**. *(náb)* the/ Our Saviour, the Redeemer, the Messiah

spať *ndk* **1.** to sleep, to be asleep, *(ľahko)* to slumber; **2.** *(*je čas ísť spať)* it's time to go to sleep/ bed, *(*dobre spi[te]!)* have a good sleep!

spavosť *ž* **1.** sleepiness, somnolence

spavý *príd* **1.** *(lek: choroba)* sleeping; **2.** *(kto rád spáva)* sleepy

späť *prísl* **1.** *(nazad, i do minulosti)* back, backwards, back[-]; **2.** *(*spaľovať mosty späť)* to bur o's bridges/ boats

spätný *príd* **1.** back[-], backward[-], *(adresa, i kyb, inf, ele: vedenie)* return, *(účinok)* retroactive

spečatiť *dk* **1.** *(prn)* to seal

spektrum *s* **1.** *(fyz)* spectrum

spermia *ž* **1.** sperm, semen, *(bunka)* sperm cell

spestriť *dk* **1.** *(farebne)* to variegate, *(oživiť)* to enliven, *(obohatiť)* to enrich

spev *m* **1.** *(spievanie, i prednes piesní)* singing, *(lit, i prn: vtákov)* song; **2.** *(lit: báseň)* poem, *(časť skladby)* canto

spevák *m* **1.** singer, vocalist, *(zborový)* chorister, *(hist)* minstrel

spevavý *príd* **1.** *(podobný spevu)* melodius; **2.** *(kto rád spieva)* fond of singing, *(kto vie dobre spievať, i vták)* songster; **3.** *(zool: vták)* songbird

spevník *m* **1.** songbook; **2.** *(cirk)* hymn book, hymnal, psalter

spevniť *dk* **1.** to strenghten, to make stronger, *(tech)* to reinforce, to harden

spiatočnícky *príd* **1.** reactionary, retrograde, retrogressive

spiatočný *príd* **1.** *(týkajúci sa smeru späť)* back[-], *(rýchlosť)* backward, *(lístok, let)* return, *(platnosť)* retroactive

spica *ž* **1.** spoke, radius, arm

spievať *ndk* **1.** *(i profesionálne, i lit, prn)* to sing, *(o vtákoch, i prn)* to warble, *(pospevovať, i prn)* to hum, *(cirk)* to chant

spínač *m* **1.** switch, contact maker, circuit closer, *(inf)* trigger

spínadlo *s* **1.** *(na odeve)* clasp, fastener, fibula, *(na spínanie listín)* clip

spinka *ž* **1.** *(do vlasov)* clasp, *(na spisy)* clip, *(tex)* safety pin, pastern

spis *m* **1.** *(úradný)* file, *(i práv)* dossier; **2.** ob mn: **spisy**. *(literárne dielo)* work, paper

spisovateľ *m* **1.** writer, author, man of letters, penman, *(hist)* scribe

spisovný *príd* **1.** *(ustálený tvar jazyka)* standard, *(angličtina)* standard English, King's/ Queen's English; **2.** *(nie hovorový: výraz)* formal; **3.** *(zast: literárny)* literary

spľasnúť *dk* **1.** *(zmenšiť svoj objem: balónik, pneumatika)* to deflate, *(náhle, naraz: bublina)* to burst; **2.** *(nadšenie)* to slack off, *(hnev)* to subside

splatiť *dk* **1.** *(vyrovnať dlh)* to pay st back, *(v splátkach)* to pay by instalments, *(i prn)* to repay st to sb; **2.** *(prn)* to pay sb back [for st]

splátka *ž* **1.** instalment, part payment, payment on account; **2.** *(predaj na splát-*

ky) hire-purchase [system]
splatnosť *ž* **1.** maturity, due date, expiration
splatný *príd* **1.** payable, mature, due
splav *m* **1.** *(zariadenie na vodných tokoch, i prúd vody)* sluice, *(na zvýšenie hladiny)* lock, *(hrádza)* weir; **2.** *(prúd vody)* stream; **3.** *(dopravovanie: dreva)* floating
splavný *príd* **1.** navigable, passable
spln *m* **1.** full moon
splniť *dk* **1.** *(uskutočniť: plán, úlohu)* to fulfill, to carry out, *(povinnosti)* to discharge, *(sľub)* to keep; **2.** *(vyhovieť: očakávanie)* to come up to
splnomocnenec *m* **1.** plenipotentiary, deputy, *(zástupca)* proxy, representative
splnomocnenie *s* **1.** authorization, plenary powers, delegation of powers, *(práv)* power of attorney
splnomocniť *dk* **1.** to empower, to delegate, to entitle, to enable, to authorize
spočiatku *prísl* **1.** at first, at the beginning, initially, at the outset, *(pôvodne)* originally
spočítať *dk* **1.** *(mat: zistiť súčet)* to add [x to y/ x and y], to do a sum; **2.** *(zistiť počet: peniaze atď)* to count; **3.** *(*jeho dni sú spočítané)* his days are numbered
spodina *ž* **1.** *(spodná vrstva)* bottom, *(poľn)* subsoil; **2.** *(prn)* rabble, riff-raff
spodky *m* **1.** [under]pants, *(am)* shorts, *(krátke)* briefs, *(dlhé)* long johns; **2.** underwear
spodnička *ž* **1.** *(spodná sukňa)* underskirt, waist slip, *(i kombiné)* petticoat, *(čipková: ifm)* frillies
spodný *príd* **1.** bottom, lower, under[-], basal
spodok *m* **1.** *(spodná časť, dno)* bottom, *(spodná časť)* lower part; **2.** *(usadenina/ hustý zvyšok)* dregs, *(vína)* lees
spoj *m* **1.** *(tech)* joint, *(i dopravný)* connection; **2.** *(dopravná linka)* transportation line; **3.** ob mn: **spoje**. *(súhrnne)* communications
spojenec *m* **1.** ally; **2** mn: **spojenci**. *(hist)* the Allies, the Allied Forces
spojenecký *príd* **1.** allied, alliance
spojenectvo *s* **1.** alliance
spojenie *s* **1.** *(i dopravné, telefónne)* connection; **2.** *(tech)* coupling; **3.** *(kontakt)* contact, **4.** *(styk, komunikácia)* communication, *(dopravné, telefónne)* line, **5.** *(lingv: slovné)* phrase, *(ustálené)* cliché, **6.** *(pohlavné)* intercourse
spojiť *dk* **1.** *(dať dovedna, zblížiť)* to join, *(i umožniť kontakt)* to link, *(i telefonicky)* to connect, *(tech)* to couple; **2.** *(telefonicky)* to put through; **3.** *(zblížiť)* to unite
spojiť sa *dk* **1.** *(zlúčiť sa)* to join; **2.** *(splynúť)* to merge; **3.** *(uzavrieť spojenectvo)* to ally, **4.** *(nadviazať kontakt)* to contact, **5.** *(odb: kozmické lode)* to dock
spojivka *ž* **1.** *(anat)* conjunctiva
spojka *ž* **1.** *(tech)* coupling, *(str, aut)* clutch; **2.** *(gram)* conjunction; **3.** *(osoba)* liaison [agent]
spojler *m* **1.** *(let)* spoiler, interceptor
spojnica *ž* **1.** *(geom)* connecting line; **2.** *(tech)* tie rod, coupling rod, *(rušňa)* side rod
spojovník *m* **1.** *(lingv)* hyphen
spokojnosť *ž* **1.** content, contentment, satisfaction
spokojný *príd* **1.** *(prejavujúci uspokojenie)* content with st, happy with st; **2.** *(bez vzrušenia, pokojný)* peaceful, *(vyrovnaný, pokojný)* easygoing
spoľahlivosť *ž* **1.** reliability, dependability
spoľahlivý *príd* **1.** reliable, dependable, *(priateľ)* loyal; **2.** *(bezpečný)* safe
spoliehať sa *ndk* **1.** to rely on, to depend on, to count on
spolkový *príd* **1.** federal, federative
spoločensko-ekonomický *príd* **1.** socio-economic
spoločenský *príd* **1.** *(sociálny: trieda)* social; **2.** *(družný)* sociable, gregarious, outgoing
spoločenstvo *s* **1.** community, *(zväzok)* association, *(spoločnosť)* society, *(Britské)* Commonwealth

spoločník *m* **1.** *(obch)* partner, associate, companion, *(pri zločine)* accomplice
spoločnosť *ž* **1.** *(súhrn ľudí, i vyššie vrstvy, i vedecká)* society, *(súhrn ľudí s rovnakými záujmami/ atď)* association, *(: s rovnakým povolaním)* corporation; **2.** *(prítomnosť, skupina ľudí, i obchodná)* company; **3.** *(obchodné združenie)* [commercial] company, *(s ručením obmedzeným: s. r. o.)* limited [liability] company [Ltd]
spoločný *príd* **1.** common, *(kúpanie)* mixed, *(prehlásenie, vlastníctvo)* joint[-]; **2.** *(priateľ)* mutual
spolok *m* **1.** club, association, society; **2.** *(spojenecký zväzok)* alliance
spolu *prísl* **1.** together, jointly, in common
spolubývajúci *m* **1.** room-mate, fellow occupant
spolucestujúci *m* **1.** fellow traveller, fellow passenger
spoluhláska *ž* **1.** *(lingv)* consonant
spoluhráč *m* **1.** team-mate, fellow player, *(vo dvojici)* partner
spolumajiteľ *m* **1.** co-owner, joint owner, joint proprietor
spolupáchateľ *m* **1.** accomplice, *(práv)* accessory
spolupatričnosť *ž* **1.** togetherness, solidarity, companionship, cohesiveness
spolupráca *ž* **1.** co[-]operation, collaboration, liaison, *(koordinovaná)* team work, team-play
spolupracovať *ndk* **1.** to cooperate, to collaborate, to work together, to team up
spolupracovník *m* **1.** colleague, fellow worker, *(lit, vedecký)* collaborator, *(lit, novin)* contributor
spoluúčasť *ž* **1.** participation, *(na zločine)* complicity, fellowship in crime
spoluúčastník *m* **1.** participant, party, associate, *(práv: trestného činu)* accomplice
spoluvinník *m* **1.** accomplice, accessory
spolužiak *m* **1.** classmate, schoolmate, schoolfellow, fellow student
spomaliť *dk* **1.** *(kroky, auto, vývin)* to slow [st] down/ up, *(rýchlosť)* to reduce, to slacken, *(film)* to slow motion
spomenúť *dk* **1.** *(zmieniť sa v reči)* to remember, to mention, to refer to, to say
spomienka *ž* **1.** memory, recollection, reminiscence; **2.** *(zast)* memento
spona *ž* **1.** fastener, *(na opasku, topánkach)* buckle, *(na viazanku)* tie pin; **2.** *(tech)* gaff spike; **3.** *(lingv)* copula
spontánny *príd* **1.** spontaneous
spopolniť *dk* **1.** *(spálením zmeniť na popol, [am] pochovať spálením)* to incinerate, *(spálením zmeniť na popol)* to cinder, to burn to ashes; **2.** *(pochovať spálením)* to cremate
spor *m* **1.** *(nezhoda)* argument, disagreement, dissension; **2.** *(hádka)* quarrel
sporák *m* **1.** *(plynový/ elekrický)* cooker, *(plynový)* gas-cooker, *(v min)* [kitchen/cooking-]range
sporiť *ndk* **1.** to save, to economize, to spare, to be thifty
sporiteľňa *ž* **1.** savings bank
sporivý *príd* **1.** thrifty, sparing, parsimonious, frugal
sporný *príd* **1.** *(kt je príčinou/ predmetom sporu)* controversial, *(fml)* contentious; **2.** *(nezistený)* problematic, *(pochybný)* debatable
spotiť sa *dk* **1.** to sweat, to perspire, *(veľmi)* to drip with sweat, to be covered with perspiration
spotreba *ž* **1.** consumption, demand
spotrebič *m* **1.** equipment, apparatus, [domestic] appliance
spotrebiteľ *m* **1.** consumer, user
spotrebiteľský *príd* **1.** consumer's, user's
spotrebný *príd* **1.** *(týkajúci sa spotreby, konzumný: tovar, úver)* consumer, *(daň)* consumption, sumptuary, customer, *(družstvo)* co-op
spotrebovať *dk* **1.** to use up, to consume, to spend, *(zásoby)* to go through
spoveď *ž* **1.** confession, *(arch)* shrift
spovedať *ndk* **1.** to confess sb, to hear sb's confession, to hear sb's sins

spovedať sa *ndk* **1.** to confess, to make one's confession, to tell o's sins

spovednica *ž* **1.** *(cirk)* confessional

spovedník *m* **1.** *(cirk)* confessor

spoznať *dk* **1.** *(rozpoznať)* to recognize; **2.** *(zoznámiť sa)* to meet, to become acquainted with; **3.** *(uvedomiť si)* to realize

spozorovať *dk* **1.** *(zrakom zistiť)* to notice, to see, to observe, *(fml)* to perceive

spôsob *m* **1.** way, *(štýl, i šport: voľný)* style; **2.** *(gram: slovesný)* mood; **3.** ob mn: **spôsoby**. *(správanie)* manners

spôsobilosť *ž* **1.** *(schopnosť)* capability, *(nadobudnutá učením)* qualification, competence, *(vhodnosť)* fitness

spôsobilý *príd* **1.** *(schopný)* capable, *(majúci kvalifikáciu)* qualified, competent, *(vhodný)* fit

spôsobiť *dk* **1.** *(zapríčiniť)* to cause, *(stať sa príčinou)* to be the cause of, to bring about, to engender

spracovať *dk* **1.** *(i inf)* to process; **2.** *(používať ako surovinu: železo, i pôdu)* to work, *(i chem)* to treat; **3.** *(prn: stvárniť)* to work up, **4.** *(ovplyvniť)* to brain-wash

spráchnivieť *dk* **1.** to moulder, to decay to dust, to rot away; **2.** *(prn)* to crumble

správa *ž* **1.** *(riadenie, administratíva, i inštitúcia)* administration, management; **2.** *(orgán)* administrative officers, *(miestna)* [city] council; **3.** *(novina)* [piece of] news, [piece of]information, *(písomná o vykonanej činnosti)* report, **4.** len mn: **správy**. *(tv, roz)* the news

sprava *prísl.* **1.** from the right; **2.** podst ž*(zast: rybárska)* fishing gear

správanie *s* **1.** conduct, behaviour, bearing, demeanour

správať sa *ndk* **1.** to behave, to conduct os; **2.** *(riadiť sa)* to be directed by

správca *m* **1.** administrator, manager, director, curator, superintendant

spraviť *dk* **1.** *(vykonať, zachovať sa)* to do, *(urobiť, vyrobiť, zhotoviť, i jedlo, nápoj)* to make; **2.** *(usporiadať)* to organize; **3.** *(vypracovať)* to work up, **4.** *(zložiť: skúšku)* to pass

správny *príd* **1.** *(zodpovedajúci skutočnosti)* right, correct, *(presný)* exact; **2.** *(náležitý)* appropriate, *(vhodný)* proper

spravodajca *m* **1.** reporter, *(zahraničný)* correspondent, *(parlamentný)* rapporteur

spravodajský *príd* **1.** news, information, press; **2.** intellicence

spravodajstvo *s* **1.** *(tv, roz)* news service, reportage; **2.** press service, news agency; **3.** *(špionáž)* intelligence service

spravodlivosť *ž* **1.** justice, fairness, equity, rectitude

spravodlivý *príd* **1.** just, fair, righteous, rightful

sprenevera *ž* **1.** malversation, embezzlement, misappropriation

spreneveriť *dk* **1.** to embezzle, to misappropriate, to defraud, to peculate

spresniť *dk* **1.** to specify, to make more precise, to state precisely, to put st more exactly

sprevádzať *ndk* **1.** *(robiť sprievod, súčasne prebiehať, hud)* to accompany; **2.** *(robiť sprievod)* to escort, to guide, to attend

sprcha *ž* **1.** *(zariadenie, kúpeľ, prúd vody, množstvo, dážď)* shower, *(zariadenie, kúpeľ)* shower-bath, *(zariadenie)* shower-unit; **2.** ob mn: **sprchy** *(miestnosť, izba)* shower-room; **3.** *(prn: studená, ľadová)* damper, **4.** *(dážď)* drizzle, **5.** *(dať si sprchu)* to have/to take a shower

spŕchnuť *dk* **1.** *(slabo popršať)* to drizzle, to rain a little, to spot, *(ifm)* to spit

spriateliť sa *dk* **1.** to make friends, to fraternize, *(ifm)* to pal up, to cotton up

spriaznený *príd* **1.** related, allied, *(jazyk)* cognate [with], *(duša)* kindred

sprievod *m* **1.** *(pohybujúci sa zástup ľudí)* procession; **2.** *(suita)* retinue; **3.** *(osoba)* guide, courier, **4.** *(hud)* accompaniment

sprievodca *m* **1.** *(kto niekoho sprevádza)* escort; **2.** *(vo vlaku ap)* ticket collector; **3.** *(turistov: múzea ap)* cicerone, **4.** *(i kniha)* guide

sprievodka *ž* **1.** *(pošt, žel)* shipping label, shipping ticket, *(am)* waybill, tag

sprievodný *príd* **1.** *(vyskytujúci sa súčasne s niečím)* concomitant, *(geom: trojsten)* moving, *(nerast, i kt sprevádza)* accompanying; **2.** *(kt sprevádza: lietadlo)* escort; **3.** accompaniment

sprisahanec *m* **1.** conspirator, plotter

sprisahanie *s* **1.** conspiracy, plot, frame-up

sprostredkovaný *príd* **1.** *(kt sa deje/ podáva prostredníctvom)* mediate, *(nepriamy)* indirect

sprostredkovať *n/dk* **1.** *(urobiť prostredníka)* to mediate, *(umožniť spojenie)* to arrange, *(umožniť)* to bring about, *(obstarať)* to procure

sprostredkovateľ *m* **1.** *(i obchodný, mierový)* intermediary, *(obchodný, i burzový)* broker, *(obchodný)* middleman, *(burzový)* stockbroker, *(mierový)* intercessor

sprostý *príd* **1.** *(nerozumný)* stupid, *(i nadávka: hus)* silly, *(br ifm)* barmy; **2.** *(hov: obyčajný, i nadávka)* bloody; **3.** *(odporný)* dirty

spúšť *ž* **1.** trigger, *(fot)* shutter release [button], *(ele)* tripper; **2.** *(kniž: pohroma)* disaster, *(zničenie)* havoc

spútať *dk* **1.** *(dať do pút: ruky, nohy)* to shackle, *(nohy, i prn)* to fetter; **2.** *(spájať)* to bind; **3.** *(prn: skrotiť, ovládnuť)* to curb

Srb *m* **1.** Serb

srbčina *ž* **1.** Serbian, Serb, the Serbian language

srbský *príd* **1.** Serbian, Serb

srdce *s* **1.** *(anat, i stred, i prn, i tech: unášacie)* heart; **2.** *(prn: časť tela v oblasti srdca)* breast; **3.** *(prn)* tender-heart[edness], **4.** *(oslovenie)* sweetheart, **5.** *(kart)* hearts, **6.** *(zvona)* clapper, **7.** *(*zlaté srdce)* a heart of gold, *(*z celého srdca)* with all o's heart

srdcový *príd* **1.** heart, cardiac

srdečný *príd* **1.** *(správajúci sa láskavo, priateľský, prívetivý)* hearty, *(správajúci sa láskavo, priateľský)* warm-hearted; **2.** *(úprimný)* open-hearted, *(myslený úprimný)* heartfelt; **3.** *(prívetivý)* cordial

srieň *m* **1.** *(met)* [hoar-]frost, rime; **2.** *(na vode)* floating ice; **3.** *(prn: šedivosť)* hoar

sŕkať *ndk* **1.** *(chlípať)* to slurp [down st]; **2.** *(vydávať sŕkavý zvuk)* to sp[l]utter; **3.** *(cŕkať)* to spatter

sŕňa *s* **1.** *(mláďa srny)* fawn

srňacina *ž* **1.** roe meat

srnec *m* **1.** *(zool: Capreolus capreolus)* roebuck, roe [deer]

sršať *ndk* **1.** *(prudko vyletovať: ob o iskrách)* to fly; **2.** *(vyžarovať: oči)* to gleam [with st]; **3.** *(horieť: hnevom, nenávisťou)* to burn [with st], . *(zr: prudko striekať)* to spurt

sršeň *m* **1.** *(zool: Vespa crabro)* hornet; **2.** *(prn: popudlivý človek)* hothead

srvátka *ž* **1.** *(mlieka, syra)* whey; **2.** *(neodb: krvná)* serum

stabilita *ž* **1.** stability, stableness, steadiness, constancy

stabilizovať *n/dk* **1.** to stabilize, to ballast, to set, to freeze, to peg

stabilný *príd* **1.** stable, firm, fixed, stationary

stacionárny *príd* **1.** *(chem, mat, inf, fyz: stav, i astron: dráha)* stationary, time-constant, *(družica)* fixed, *(proces, i mat: podgrupa)* stable

stačiť *n/dk* **1.** *(byť dosť)* to be enough; **2.** *(byť schopný)* to be up to; **3.** *(stihnúť)* to manage, **4.** iba dok *(udržovať s niekým krok)* to keep up with, **5. stačí.** *(vo funkcii mod slova: len povedať)* suffice [it] to say, **6.** *(*stačí!)* [that's] enough!, *(*stačí?)* is that enough?, *(*tak to by stačilo)* that'll do

stádo *s* **1.** *(dobytka)* herd, drove, *(oviec, i prn: detí)* flock; **2.** *(prn)* bunch

stagnácia *ž* **1.** *(i v ekonomike)* stagnation, depression, slackness, *(i prn)* dullness

stagnovať *ndk* **1.** to stagnate, *(burza)* to be dull, *(trh)* to be sluggish, to be at a standstill

sťahovací *príd* **1.** *(voz)* removal, moving

sťahovať *ndk* **1.** *(dopravovať na iné miesto)* to remove, to take off, to pull off

sťahovať sa *ndk* **1.** *(presídľovať sa)* to move, *(národy, i o vtákoch)* to migrate; **2.** *(zmenšovať sa, i o orgánoch, svaloch, ústach atď)* to contract; **3.** *(zužovať sa)* to tighten, **4.** *(zhromaždovať sa)* to collect

sťahovavý *príd* **1.** *(i vták)* migratory, migrant, *(život)* nomadic

stajňa *ž* **1.** *(konská)* stable, *(kravská)* [cow]shed, *(maštaľ)* stall; **2.** *(prn pej)* pigsty

stály *príd* **1.** *(trvalý: bydlisko, zamestnanie, zásoba, armáda)* permanent, *(stabilný: počasie, i chem, fyz, eko: trh)* stable; **2.** *(nemeniaci sa, stabilný, pevný, i eko: trh, dopyt)* steady, *(pevný: i fyz: svetlo, eko: kapitál, náklady, príjem)* fixed, *(nemeniaci sa)* stationary, *(dozor, cena, chyba; i neustály)* constant; **3.** *(neustály, neprestajný)* incessant, **4.** *(pravidelný: host, zákazník)* regular

stan *m* **1.** tent, *(turistický)* ridge tent, *(indiánsky)* tepee; **2.** *(voj)* quarters

stanica *ž* **1.** *(železničná, i policajná, požiarná, rádiová atď)* station, *(železničná/ autobusová, i budova)* railway/ bus/ coach station; **2.** *(telefônna)* [telephone] exchange; **3.** *(benzínová čerpacia)* filling station

staniol *m* **1.** tinfoil, tin leaf

stanný *príd* **1.** *(stanné právo)* martial law

stánok *m* **1.** *(i novinový)* kiosk, *(novinový)* news-stand; **2.** *(predajný, na trhu)* stand, [-]stall

stanovisko *s* **1.** *(postoj k niečomu, náhľad)* viewpoint, standpoint, *(i k niekomu)* attitude; **2.** *(z tohto stanoviska)* from this point of view

stanovište *s* **1.** location, post, *(taxíkov)* stand, rank, *(kontrolné, pozorovateľské)* checkpoint

stanoviť *dk* **1.** *(zistiť, určiť: váhu, výšku)* to determine, *(určiť: cenu, dátum, termín)* to fix, *(hranice, kurz, plán)* to set, to define

stanovy *ž pomn.* **1.** *(súhrn pravidiel organizácie)* statutes

starať sa *ndk* **1.** *(snažiť sa, mať na starosti: o)* to look after sb/ st; **2.** *(ošetrovať: i chorého)* to tend; **3.** *(i bezpr: starostiť sa)* to worry, **4.** *(zaobstarávať sa)* to take care of, **5.** *(zaujímať sa)* to care, **6.** *(starieť sa)* to meddle in

starnúť *ndk* **1.** *(ostarievať)* to grow old, to senesce; **2.** *(i tech: betón, oceľ)* to age; **3.** *(opotrebúvať sa)* to wear [out]

staroba *ž* **1.** old age, senility, senescence, *(prn)* hoar

starobinec *m* **1.** old people's home, oldfolks home, rest home

starobylý *príd* **1.** ancient, antique, age-old

staromódny *príd* **1.** old-fashioned, outmoded, antiquated, *(ifm der)* stuffy

starosť *ž* **1.** *(trápenie)* worry, *(problémy)* trouble[s]; **2.** *(starostlivosť)* care; **3.** *(*mať niečo na starosti: starať sa)* to take kare of, *(*nerob si starosti!)* don't [you] worry!

starosta *m* **1.** mayor, *(menšieho mesta,obce)* town mayor

starostlivosť *ž* **1.** *(starosť)* care, concern, attendance, *(i lekárska)* attention, *(lekárska)* treatment

starostlivý *príd* **1.** *(starajúci sa)* caring, *(ohľaduplný)* considerate; **2.** *(prejavujúci starosť, obavy)* anxious, *(ustarostený)* worried; **3.** *(pozorný, bedlivý)* watchful, **4.** *(zast: plný starostí)* tormented

starovek *m* **1.** antiquity, ancient times, ancient era

starožitnosť *ž* **1.** antique; **2.** mn: **starožitnosti** *(obchod)* antique shop

starý I. ***príd*** **1.** *(nie mladý/ čerstvý/ nový, bývalý)* old, *(nie mladý)* aged, *(pristarý)* elder; **2.** *(nie čerstvý: maslo, chlieb,)* stale, *(neplatný)* expired; **3.** *(nemoderný)* old-fashioned, *(zastaraný)* obsolete, **4.** *(nie nový, opotrebovaný)* used, *(i auto, knihy)* second-hand, *(otrepaný: vtip)* corny, **5.** *(predošlý, bývalý)* previous, **6.** *(starobylý)* old-time, **7.** *(dávny)* long-established, **8.** *(skúsený)* experienced; **II.** ***podst*** m **10.** *(oslovenie priateľa)* old boy; **11.** *(šéf)* the boss

stáť *ndk* **1.** *(i v rade; i nachádzať sa, nehý-*

bať sa, trvať) to stand; **2.** *(nachádzať sa, zaujímať isté postavenie)* to be; **3.** *(nehýbať sa)* to be stationary, **4.** *(nefungovať: stroj ap)* to be idle, **5.** *(trvať, nástojiť)* to persist, **6.** *(ob v záp: mať záujem, želať si)* to care [about], **7.** *(hov: o odeve)* to sit, **8.** *(mať peňažnú cenu)* to cost

stať sa *dk* **1.** *(nadobudnúť isté/ nové vlastnosti)* to become, to grow; **2.** *(uskutočniť sa)* to take place; **3.** *(prihodiť sa)* to occur, to happen, **4.** *(*nech sa stane čo sa stane)* come what may

státisíce *m mn. čísl. zákl.* **1.** hundreds of thousands; **2.** *(prn)* millions, thousands

statív *m* **1.** *(i geod, fot)* tripod, *(geod)* trestle, *(fot)* [camera] stand, *(kinokamery)* dolly

statkár *m* **1.** estate owner, landed proprietor, *(dedinský)* [country] squire, *(feudálny)* franklin

statočnosť *ž* **1.** *(poctivosť)* integrity, *(čestnosť)* honesty; **2.** *(odvaha)* courage, bravery

statočný *príd* **1.** *(čestný)* honest, honorable, *(charakterný)* upright; **2.** *(odvážny)* courageous

statok *m* **1.** *(hrom: úžitkové domáce zvieratá)* livestock, *(hrom: hovädzí dobytok)* cattle; **2.** *(veľkostatok)* landed estate; **3.** *(hist)* latifundium, **4.** *(zast: prostriedky)* goods

stav *m* **1.** *(súhrn vlastností/ okolností, i fyz, chem, inf, tech)* state, *(i inf)* condition; **2.** *(manželský, i spoločenský, i inf)* status; **3.** *(hist: trieda)* class, **4.** *(počet, množstvo: i armády)* strenght, **5.** *(šport)* score, **6.** *(v stave)* in condition, *(*v druhom stave)* pregnant, **7.** *(zast: povolanie)* profession

stavať *ndk* **1.** *(budovať)* to build [up], *(fml)* to erect; **2.** *(dávať stáť)* to pile; **3.** *(dávať niekam, i hov: dávať variť)* to put, **4.** *(prn: brať za základ)* to base

stavba *ž* **1.** *(stavebná činnosť, postavený objekt)* building, *(i štruktúra)* construction; **2.** *(objekt, budova)* edifice; **3.** *(štruktúra: i tela, i fyz, chem, lit)* structure, **4.** *(tela)* build

stavbár *m* **1.** *(stavebný robotník)* construction worker, carpenter

stavebnica *ž* **1.** *(destká hračka)* toy blocks, construction set, builders, *(kovová)* Meccano

stavebnicový *príd* **1.** building

stavebníctvo *s* **1.** building industry, construction industry, housebuilding, building trade

stavec *m* **1.** *(anat)* vertebra; **2.** *(neodb: kĺb)* joint

stavenisko *s* **1.** building site, construction site

staviť *dk* **1.** *(na)* to bet, to stake, to place a bet, *(dtd, fml)* to wager

staviť sa *dk* **1.** *(o čo, i bezpr)* to bet, *(dtd, fml)* to wager; **2.** *(hov: zastaviť sa)* to drop in/round at, to stop at

staviteľ *m* **1.** *(architekt)* architekt; **2.** *(podnikateľ)* [building] contractor; **3.** *(zr: robotník)* construction worker

stávka *ž* **1.** *(dohovor, i vklad do hry)* bet; **2.** *(vklad do hry)* stake[s], *(dtd, fml)* wager

sťažnosť *ž* **1.** complaint, grievance

steblo *s* **1.** *(byľ rastlín)* stalk, stem, *(obilia)* straw, *(i fazule, trávy ap)* ha[u]lm

steh *m* **1.** stitch, *(lek)* suture, tack weld

stehlík *m* **1.** *(zool: Carduelis carduelis)* goldfinch, *(zool: Carduelis cannabina)* linnet, lintwhite, *(dial)* redcap

stehno *s* **1.** *(anat)* thigh, *(rar)* femur; **2.** *(kuch)* leg

stehovať *ndk* **1.** to stitch, to baste, to sew

stena *ž* **1.** wall, *(španielska)* paravent; **2.** *(nádoby)* side

stenografia *ž* **1.** shorthand, stenography

stenografovať *ndk* **1.** to shorthand, to stenograph, to transcribe/to write in shorthand, to take down in shorthand

step *ž/m* **1.** *(ob na Sibíri/ v Európe)* steppe, *(v USA)* prairie; **2.** *(tanec)* tap[-dance], tap-dancing

stereoskop *m* **1.** *(fyz)* stereoscope, *(zrkadlový)* reflecting stereoscope

stereotyp *m* **1.** *(polyg)* stereotype [plate]; **2.** *(psych, prn)* stereotype

sterilizovať *n/dk* **1.** to sterilize

sterilný *príd* **1.** *(dezinfikovaný: vata, mlieko)* sterilized, *(lek: nástroje)* aseptic; **2.** *(i biol: neplodný)* sterile, *(pôda, rastliny)* barren

stiahnuť *dk* **1.** *(ťahaním dostať nadol, posunúť si)* to pull down; **2.** *(ťahom premiestniť)* to pull off; **3.** *(ťahom zmenšiť obvod)* to tighten, **4.** *(vyzliecť)* to take off, **5.** *(odrať)* to skin, **6.** *(omotať, utiahnuť)* to bind, **7.** *(odvolať, vziať naspäť: návrh, bankovky, vojsko)* to withdraw, **8.** *(odpočítať)* to deduct; **9.** *(z určitej polohy: ruku)* to pull back; **10.** *(preliať: víno)* to decant

stierač *m* **1.** *(aut: br)* [windscreen] wiper, *(am)* windshield wiper; **2.** *(polyg)* blade

stiesnený *príd* **1.** *(priestorovo)* restricted; **2.** *(finančne)* tight; **3.** *(skľúčený)* distressed, *(smutný)* gloomy, **4.** *(*v stiesnených pomeroch)* in dire straits

stíhačka *ž* **1.** fighter [plane], pursuit plane, figther-interceptor

stíhať *ndk* **1.** *(naháňať)* to pursue; **2.** *(prenasledovať: o nešťastí ap)* to persecute; **3.** *(úradne zakročiť)* to prosecute, *(trestať)* to punish

stihnúť *dk* **1.** *(mať čas)* to have time for; **2.** *(prísť načas)* to come in time for; **3.** *(zachytiť: vlak ap)* to catch, **4.** *(byť schopný urobiť)* to manage, **5.** *(postihnúť: ob pass)* to strike, **6.** *(*ešte to stihneš)* you can make it

stimul *m* **1.** stimulus, incentive; **2.** impulse

stimulovať *n/dk* **1.** to stimulate, *(motivovať)* to motivate

stisk *m* **1.** *(pri podaní ruky)* handshake, *(jemný)* squeeze; **2.** *(nával ľudí)* throng, *(tlačenica)* crush

stisnúť *dk* **1.** *(ruku niekomu)* to shake sb's hand; **2.** *(v pästi)* to clasp; **3.** *(v náručí)* to hug, **4.** *(zatnúť: päsť, zuby, čeľuste)* to clench, **5.** *(stlačiť)* to press, **6.** *(ušetriť)* to save, **7.** *(*stislo mi hrdlo)* I had a lump in my throat, *(*stislo mi srdce)* my heart was wrung

stlačiť *dk* **1.** *(tlakom zmenšiť objem: vzduch, plyn)* to compress; **2.** *(tlakom dostať do nižšej polohy: tlačidlo)* to press [down]; **3.** *(stisnúť)* to clasp, **4.** *(zmenšiť: ceny)* to bring down

stĺp *m* **1.** *(drevená/ kovová žrď: i telegrafný)* pole, [-]post, *(elektrického vedenia)* pylon; **2.** *(archit, i prn)* column

stĺpec *m* **1.** *(stĺp, kolónka, i v novinách ap)* column

sto *čísl* **1.** one/ a hundred; **2.** mn: **stá**. *(veľké množstvo)* hundreds, thousands; **3.** *(*mať sto chutí)* to be dying to

stodola *ž* **1.** *(budova)* barn, *(podkrovie)* hayloft, linhay, Dutch barn

stoh *m* **1.** stack, rick, *(sena)* hay-rick, ruck, rickle

stojací *príd* **1.** *(zaujímajúci polohu v stoji, i polyg: sadzba)* standing, *(položený vzpriamene)* upright, *(lampa)* standard, *(golier)* stand-up

stojan *m* **1.** *(na klobúky, noty, bicykle atď)* stand, *(na fajky, gramoplatne, pušky atď)* rack, *(statív)* tripod, *(maliarsky)* easel, *(na stroje)* support

stojatý *príd* **1.** *(položený do zvislej polohy: i kotol, stroj)* vertical, *(golier)* stand-up; **2.** *(nehybný: voda)* stagnant, *(vlna)* stationary

stojka *ž* **1.** *(stav: stojatá podpera)* strut, *(krátka, i ban)* puncheon; **2.** *(voj)* watch; **3.** *(tel: na rukách)* handstand, *(: na hlave)* head-stand

stoka *ž* **1.** *(zakrytý odpadový kanál)* sewer, *(i prn)* cloaca; **2.** *(otvorený kanál)* culvert

stokrát *čísl* **1.** hundred times, hundredfold

stolár *m* **1.** *(remeselník zhotovujúci nábytok)* cabinet-maker; **2.** *(drevené časti domu: dvere, okná ap)* joiner, carpenter

stolica *ž* **1.** *(lavica na sedenie, i miesto vykonávania úradu)* seat; **2.** *(tech)* bench; **3.** *(lek: vylučovanie látok)* movement, *(výkaly)* stools, **4.** *(Svätá)* the Holy See, **5.** *(zast: katedra)* department, **6.** *(zast: inštancia)* instance

stolička *ž* **1.** *(s operadlom)* chair, *(bez operadla)* stool, *(hojdacia)* rocking-chair; **2.** *(zub)* molar

stolovanie *s* **1.** dining, banqueting, feasting

stolovať *ndk* **1.** to dine, *(slávnostne)* to banquet, to feast

stonať *dk* **1.** to groan, to moan

stonožka *ž* **1.** *(zool ucholaková: Lithobius forficatus)* centipede, thousandlegs, *(rar)* millepede

stopa *ž* **1.** *(dĺžková miera, i veršová)* foot; **2.** *(známka po niečom: i zvuková na páske)* track, *(zostatok)* trace, *(i po krvi)* trail; **3.** *(chodidla)* footprint

stopár *m* **1.** *(hov: kto stopuje)* hitch-hiker; **2.** *(pátrač)* pathfinder, tracker; **3.** *(pes)* sleuth-hound

stopka *ž* **1.** *(bot: rastliny, listu, kvetu, ovocia)* stalk, *(listu)* petiole, *(rastliny, i kalíška)* stem; **2.** *(tech: vrtáka)* shank

stopky *ž pomn* **1.** stopwatch, time-interval recorder

stopovať *ndk* **1.** *(ísť/ sliediť za niekým)* to track, *(sledovať)* to follow, *(pátrať)* to search; **2.** *(o psoch)* to scent a trail; **3.** *(čas)* to stop, **4.** *(hov: auto)* to hitchhike

stornovať *n/dk* **1.** to cancel, to annul

storočie *s* **1.** century

stotina *ž* **1.** hundredth [part], centesimal [part], one hundredth

stotisíc *čísl* **1.** hundred thousand

stotožniť sa *dk* **1.** *(mať rovnaký názor)* to see eye to eye with sb, to be of the same opinion; **2.** *(div: s postavou)* to identify [os] with o's; **3.** *(prejaviť súhlas)* to agree with sb

stôl *m* **1.** *(i biliardový)* table, *(i inf)* desk, *(pracovný)* [work]bench, *(roz ap: režijný)* console, *(tech)* rack

stožiar *m* **1.** *(vysoký stĺp: pristávací)* tower, *(elekrický)* pylon, *(pouličný)* lamp-post, *(telegr)* pole

strach *m* **1.** fear, alarm, *(ifm)* cold feet, *(sl)* funk, *(lek)* [-]phobia

strachovať sa *ndk* **1.** to fear for, to worry about; **2.** to be afraid of, to be frightened

straka *ž* **1.** *(zool: Pica pica)* magpie

strakatý *príd* **1.** spotted, motley, variegated, pied, dappled, skewbald

stráň *ž* **1.** *(svah)* slope, *(kopca)* hillside, *(hory)* mountain side

strana *ž* **1.** *(bok, plocha predmetu, stránka, i mat, geom)* side; **2.** *(v knihe, zošite ap)* page; **3.** *(smer)* direction, **4.** *(politická, i zmluvná)* party, **5.** *(*to bolo [ ] z tvojej strany)* it was [ ] of you, **6.** *(zast: vlastnosť)* aspect

straníckosť *ž* **1.** *(triedne nazeranie)* partyness, party-spirit, *(i neobjektívnosť)* partisanship; **2.** *(neobjektívnosť)* bias

strániť sa *ndk* **1.** *(vyhýbať sa)* to keep away from sb/st, to shun, *(nechcieť sa stretnúť)* to steer clear of, *(spoločnosti)* to keep/to hold [os] aloof

stránka *ž* **1.** *(knihy, novín)* page; **2.** *(hľadisko)* point of view; **3.** *(aspekt)* side, feature

strapatý *príd* **1.** disheveled, unkempt, tousled, shaggy

strapec *m* **1.** *(bot: hrozna, ríbezlí ap)* bunch; **2.** *(zväzok nití)* tassel; **3.** *(chumáč: vlasov, srsti ap)* tuft, **4.** *(zdrap)* shred

strašidelný *príd* **1.** *(vzbudujúci strach)* frightful, *(vzbudujúci hrôzu)* fearful, *(hrozný)* awful, *(morbidny)* macabre

strašidlo *s* **1.** *(mátoha)* ghost, *(i prízrak)* spectre; **2.** *(v poli)* scarecrow; **3.** *(prn)* bugbear, ogre

strašiť *ndk* **1.** *(desiť, ľakať)* to scare; **2.** *(mátať)* to haunt; **3.** *(vyhrážať)* to threaten, **4.** *(hov: stáť niekde ako zabudnutý)* to rot

strašný *príd* **1.** *(pôsobiaci strach, ohromný, hrozný, zlý)* awful, *(pôsobiaci strach)* frightful, *(i zlý)* ghastly; **2.** *(hrozný)* dreadful, horrible, atrocious

strata *ž* **1.** *(peňazí, úbytok, škoda, i smrť niekoho)* loss, *(škoda)* damage; **2.** *(smrť niekoho)* bereavement; **3.** mn: **straty**. *(voj)* losses, *(ľudí)* casualties

stratégia *ž* **1.** strategy, policy, generalship

strategický *príd* **1.** strategic, strategical, key

stratený *príd* **1.** lost, gone, irrecoverable, hopeless

stratiť *dk* **1.** to lose

stratiť sa *dk* **1.** to lose o's way, *(i zmiznúť)* to get lost; **2.** *(zmiznúť)* to disappear, to vanish, *(ifm)* to make os scarce

stratosféra *ž* **1.** stratosphere

strava *ž* **1.** *(jedlo)* food; **2.** *(prijímanie jedla, stravovanie)* alimentation, meals; **3.** *(byt a stravu)* bed and board

stráviť *dk* **1.** *(potravu, urážku)* to digest; **2.** *(pohltiť)* to consume, *(zničiť: o ohni)* to devour; **3.** *(čas)* to spend, to pass

stráviteľný *príd* **1.** digestible

stravník *m* **1.** *(u niekoho)* boarder, *(i v hoteli)* guest, *(v jedálňach)* diner

stravovanie *s* **1.** *(jedenie)* alimentation; **2.** *(strava: u niekoho)* board[ing], *(: spoločne, i voj)* mess; **3.** *(podávanie stravy)* catering

stravovať sa *ndk* **1.** *(chodiť na stravu)* to have o's meals, to take o's meals, *(u niekoho)* to board, *(spoločne)* to mess

stráž *ž* **1.** guard, sentry, watch, *(hliadka)* patrol

strážca *m* **1.** *(kto niekoho/ niečo ochraňuje)* guard, *(kto niekoho/ niečo stráži)* watch, *(poručník, i anjel)* guardian, *(kto niečo stráži)* watchman; **2.** *(prn)* watchdog

strážiť *ndk* **1.** to guard, to stand guard, to watch, to patrol

strážnica *ž* **1.** *(strážny dom)* guardhouse, *(pri bráne)* gatehouse; **2.** *(miestnosť)* guard room; **3.** *(zast: obecná)* watch tower

strčiť *dk* **1.** *(sunutím vložiť)* to put st in[to] st; **2.** *(podať: nasilu/ nedbanlivo)* to stick; **3.** *(prudkým nárazom postrčiť)* to shove, **4.** *(prstom, palicou, i prn: nos)* to poke, **5.** *(vynaložiť)* to put in, **6.** *(dostať niekoho niekam)* to put sb in

stred *m* **1.** *(stredný bod/ miesto, prostredná časť)* middle; **2.** *(stredný bod: geom, fyz, i prn: mesta)* centre; **3.** *(prostredná časť)* mid[-], **4.** *(prn)* hub, navel

streda *ž* **1.** Wednesday

stredisko *s* **1.** *(centrum, ústredňa, stanovište, i nákupné)* centre; **2.** *(miesto dočasného pobytu/ sústredenia)* base; **3.** *(zariadenie: i výpočtové)* department, **4.** *(turistické)* resort

stredný *príd* **1.** *(centrálny)* central, center[-]; **2.** *(i prostredný, priemerný)* middle[-], intermediate, *(priemerný)* mean; **3.** *(škol)* secondary

stredobod *m* **1.** *(najdôležitejšie miesto)* central point, focal point; **2.** *(i osoba: pozornosti)* cynosure, *(činnosti)* pivot

stredomorský *príd* **1.** Mediterranean

stredovek *m* **1.** the Middle Ages

stredoveký *príd* **1.** medieval, middle-age

stredozemný *príd* **1.** Mediterranean

stredozemský *príd* **1.** *(týkajúci sa vnútrozemia)* continental, midland; **2.** *(more)* Mediterranean

streh *m* **1.** *(bdelosť, napätá pozornosť)* lookout, watch[ful state]; **2.** *(v strehu)* on the alert/the lookout, on qui vive

strecha *ž* **1.** *(vrchný kryt budovy, i prn: auta)* roof; **2.** *(vrchný kryt niečoho: auta, kočíka atd)* top, hood; **3.** *(okraj klobúka)* brim

strela *ž* **1.** *(náboj, i špo)* shot, *(náboj)* bullet, projectile, *(riadená)* missile

streľba *ž* **1.** fire, firing, shooting, *(z dela)* gunfire, *(výstrely)* shots

strelec *m* **1.** *(kto strieľa)* shooter, *(kto vie strieľať)* sharpshooter; **2.** *(poľovník)* huntsman; **3.** *(šach)* bishop, **4.** *(astron, astrol)* Sagittarius

streliť *dk* **1.** *(i šport)* to shoot, *(zo zbrane)* to fire, *(šport)* to score, *(ifm)* to sell below price

strelivo *s hromad.* **1.** ammunition, explosives, munitions

strelnica *ž* **1.** firing range, rifle-range; **2.** shooting gallery

strhnúť *dk* **1.** *(prudko dať dole)* to pull off; **2.** *(zničiť)* to pull down; **3.** *(stiahnuť so sebou)* to snatch off, **4.** *(prn: uchvátiť)* to take by storm, **5.** *(získať)* to draw, **6.** *(podnietiť)* to rouse, **7.** *(zobudiť)* to wake up, **8.** *(zraziť)* to deduct; **10.** *(*strhnúť za sebou všetky mosty)* to burn o's bridges/boats

strieborný *príd* **1.** silver, made of silver, argental, *(i prn: hlas, vlasy)* silvery, argentine

striebro *s* **1.** silver, *(her, poet)* argent; **2.** *(výrobky zo striebra)* silverware, pewter; **3.** *(šport)* silver medal

striedať *ndk* **1.** *(nahrádzať: šaty, zamestnanie, i voj: stráže)* to change; **2.** *(nastupovať na miesto iného: v službe)* to relieve; **3.** *(pravidelne zamieňať, i poľn)* to alternate, *(i poľn)* to rotate

striedať sa *ndk* **1.** *(nastupovať na miesto iného, vymieňať sa)* to take turns, *(pravidelne)* to rotate; **2.** *(striedavo sa vyskytovať)* to alternate

striedka *ž* **1.** *(chleba)* crumb, soft part [of bread], inner part [of bread]

striedmy *príd* **1.** *(zdržanlivý: človek, život)* abstemious, *(majúci zmysel pre mieru)* moderate, *(ob v jedle: život)* frugal, *(prn: s výrazmi)* temperate

striehnuť *ndk* **1.** *(bedlivo/ starostlivo chrániť)* to watch [over]; **2.** *(vyčkávať so zlým úmyslom)* to lie in wait for; **3.** *(pátrať)* to search, *(sledovať)* to follow

striekačka *ž* **1.** *(prístroj na striekanie)* sprayer, spray gun; **2.** *(injekčná)* syringe, *(ifin)* hypo

striekať *ndk* **1.** *(prudko vytekať: o vode, krvi ap)* to gush; **2.** *(v tenkom prúde vystrekovať)* to squirt, *(po kvapkách)* to sprinkle; **3.** *(polievať striekacím zariadením)* to spray

striga *ž* **1.** witch, hag, common scold

strih *m* **1.** *(činnosť: oviec, i tech, str)* shearing, *(filmu)* [film-]editing; **2.** *(jedno strihnutie, i spôsob ušitia)* cut; **3.** *(spôsob ušitia)* design, *(i úprava vlasov)* style, **4.** *(krajč: vzor odevu)* pattern, **5.** *(titulok vo filme)* film editor

strihať *ndk* **1.** *(rozdeľovať nožnicami, i vlasy, trávnika, i krajč)* to cut, *(rozdeľovať nožnicami)* to clip; **2.** *(krajč)* to tailor; **3.** *(skracovať: si nechty)* to cut o's, **4.** *(orezávať: stromy ap)* to prune

strmý *príd* **1.** steep, precipitous, arduous, *(skala)* precipitate, acclivitous

strnisko *s* **1.** *(pokosené pole)* stubble field; **2.** *(neholené chlpy)* stubble

strohý *príd* **1.** *(prísny)* strict, *(i pohľad)* stern; **2.** *(odmeraný)* restrained; **3.** *(stručný)* brief, **4.** *(jednoduchý)* plain, *(triezvy)* sober

stroj *m* **1.** *(i šijací)* [-]machine, *(i parný)* [-]engine, machinery, mill, instrument; **2.** *(písací)* typewriter

strojáreň *ž* **1.** *(továreň)* machine factory, machinery plant; **2.** *(budova)* engine house; **3.** *(miestnosť)* engineering shop

strojárstvo *s* **1.** *(priemysel)* machine industry, machinery construction, engineering industry; **2.** *(fakulta)* mechanical engineering

strojníctvo *s* **1.** *(teória strojov)* mechanics, mechanical engineering, *(všeobecná)* general engineering

strom *m* **1.** *(bot, i inf, prn)* tree; **2.** *(*pre stromy nevidieť les)* not to see the wood for the trees, *(*jablko nepadá ďaleko od stromu)* like father,like son

stromoradie *s* **1.** line of trees, avenue of trees, *(mestské)* parkway, walk

strop *m* **1.** ceiling

stroskotanec *m* **1.** *(kto skroskotal)* shipwrecked person/sailor, *(: a ostal opustený niekde)* castaway; **2.** *(prn: nezdar)* failure, lame duck

stroskotať *dk* **1.** *(o lodi, ľuďoch)* to [suffer] shipwreck, *(o lodi)* to be wrecked; **2.** *(prn)* to fail, *(firma)* to go bankrupt, *(plán)* to fall through

strpieť *dk* **1.** *(zniesť, dovoliť)* to tolerate; **2.** *(i vydržať fyzicky, i v záp: vystáť)* to bear; **3.** *(ob v záp: vystáť)* to stand, to endure

stŕpnuť *dk* **1.** *(zmeravieť: nohy, ruky)* to go to sleep; **2.** *(i zuby)* to go/to become numb; **3.** *(od strachu)* to stiffen, to freeze

strpnutie *s* **1.** numbness, pins and needles, stiffening
stručný *príd* **1.** brief, short, concise, compendious
strúhadlo *s* **1.** grater; **2.** *(na ceruzky)* pencil sharpener
strúhanka *ž* **1.** *(pečivo)* breadcrumbs; **2.** *(cesto)* grated dough
strúhať *ndk* **1.** to grate, *(ceruzku)* to sharpen, *(vyrezávať)* to cut, to engrave
struk *m* **1.** *(plod i puzdro)* legume, *(puzdro)* seed-vessel, pod; **2.** *(cecok)* teat
strukovina *ž* **1.** ob mn: **strukoviny** *(rastliny)* pulse, legumes, leguminous plants; **2.** *(plod)* legume
struna *ž* **1.** string, catling, wire, sinew, cord, spring, satgut
stružlina *ž* **1.** shaving, chip, whittling
strýko *m* **1.** uncle
studený *príd* **1.** *(i prn)* cold, frigid, chilly, *(veľmi)* frosty, wintry
studňa *ž* **1.** well
studnica *ž* **1.** *(studňa)* well; **2.** *(prameň)* spring, *(i prn)* fount
stuha *ž* **1.** ribbon, *(na klobúku)* band, *(do vlasov)* bandeau, braid, fillet
stuhnúť *dk* **1.** to stiffen, to grow stiff, *(znecitlivieť)* to get numb, *(cement)* to set, to solidify
stuchlina *ž* **1.** *(zápach)* musty smell, fusty smell
stuchnúť *dk* **1.** *(skaziť sa: vlhkosťou)* to become musty; **2.** *(: nedostatkom vzduchu)* to become fusty, to become stale; **3.** *(potuchnúť)* to become mouldy
stuchnutý *príd* **1.** *(skazený od: vlhkosti)* musty; **2.** *(: nedostatku vzduchu)* fusty, stale; **3.** *(plesnivý)* mouldy
stúpadlo *s* **1.** *(plošinka)* footboard, step board, footrest; **2.** *(priečka)* step; **3.** *(nožné tlačidlo)* foot pedal
stúpať *ndk* **1.** *(šliapať)* to tread, *(klásť nohu na niečo: i po nohách)* to step; **2.** *(vystupovať)* to climb [up st]; **3.** *(dvíhať sa, zvyšovať sa)* to rise, **4.** *(prn: do hlavy)* to go to sb's head
stupeň *m* **1.** degree, grade, level, extent; **2.** *(obdobie)* stage; **3.** *(schod)* step, *(rebríka)* rung
stúpenec *m* **1.** follower, adherent, disciple, supporter
stúpiť *dk* **1.** *(položiť nohu na niečo, spraviť krok)* to step [on], to tread; **2.** *(položiť nohu)* to set foot on; **3.** *(vstúpiť)* to step in
stupnica *ž* **1.** scale, range, gamut, diagram, gauge, graduation
stupňovanie *s* **1.** *(postupné zväčšovanie)* intensification; **2.** *(gram)* comparing, *(tvorenie druhého stupňa)* formation od the comparative, *(: tretieho stupňa)* formation od the superlative
stupňovať *ndk* **1.** to intensify, to heighten, to escalate; **2.** *(gram)* to compare
stužovadlo *s* **1.** stiffener, toughener, hardening agent, reinforcing agent
stvárniť *dk* **1.** *(dať určitú podobu)* to give form to, to put into form, *(: i umeleckú)* to mould, *(umeleckú)* to [re-]create
stvoriteľ *m* **1.** creator, maker
stý *čísl rad.* **1.** *(k sto)* hundredth; **2.** *(prn: nespočítateľný)* umpteenth
styk *m* **1.** contact, touch, liaison, connection, relations
stýkať sa *ndk* **1.** *(byť v styku s niekým)* to be in contact with, *(v spoločnosti)* to mix with, *(stretávať sa, i spájať sa)* to meet; **2.** *(dotýkať sa)* to be contiguous, *(spájať sa)* to join
súbeh *m* **1.** *(súťaž, konkurz)* competition, *(o miesto ap)* competititive examination, *(o dodávku ap)* call for tenders
súbežný *príd* **1.** *(paralelný)* parallel; **2.** *(súčasný)* contemporary
subjektívny *príd* **1.** subjective, personal, arbitrary
súboj *m* **1.** duel, tenzon
súbor *m* **1.** set; **2.** *(umelecký)* group, ensemble; **3.** *(inf)* file
subtropický *príd* **1.** subtropical, semitropical
subvencia *ž* **1.** subsidy, grant, supply, assistnce, aid, subvention
subvencovať *n/dk* **1.** to subsidize

súcit *m* **1.** *(poľutovanie)* compassion, pity, *(citová účasť)* sympathy

súčasník *m* **1.** contemporary, coeval

súčasnosť *ž* **1.** *(prítomnosť)* present; **2.** *(súčasná doba)* the present times; **3.** contemporaneity, simultaneity

súčasný *príd* **1.** *(terajší, dnešný, časove paralelný)* contemporary, *(terajší)* present, *(dnešný)* to-day's, present-day; **2.** *(časove paralelný)* simultaneous

súčasť *ž* **1.** part, component, constituent, element; **2.** *(súčiastka)* piece

súčet *m* **1.** total, sum total, count

súčiastka *ž* **1.** part, component, component part, ingredient, item; **2.** *(náhradná)* spare [part]

súčin *m* **1.** *(mat)* product

súd *m* **1.** *(orgán)* court, tribunal; **2.** *(súdne konanie)* trial; **3.** *(súdna budova)* lawcourt, **4.** *(rozsudok)* sentence, **5.** *(kniž: úsudok)* judgment, **6.** *(posledný)* Last Judgement

sud *m* **1.** cask, barrel, *(menší)* keg, *(veľký)* vat

sudca *m* **1.** judge, magistrate, justice; **2.** *(hov špo)* referee

súdiť *ndk* **1.** *(vykonávať súd: koho)* to try sb [for st], *(i byť sudcom, kritizovať, predpokladať, mať mienku)* to judge; **2.** *(urovnávať spor)* to arbitrate; **3.** *(robiť závery)* to conclude, *(*súdiac podľa...)* judging from/to judge by..., **4.** *(kniž: mať mienku)* to think, *(*čo súdite o... ?)* what is your judgement of...?, **5.** *(iba v tp: *je súdené)* it is doomed

súdnictvo *s* **1.** *(súdna sústava)* judicature, judicial system, *(justícia)* [administration of] justice, *(sudcovia)* the judiciary

súdny *príd* **1.** judicial, legal, law, court, forensic

súdržnosť *ž* **1.** solidarity, togetherness, fellowship, corporate feeling

súhlas *m* **1.** agreement, consent, permission, approval, consensus

súhlasiť *ndk* **1.** to agree, to assent; **2.** *(zodpovedať)* to correspond, to coincide with

súhra *ž* **1.** *(zladenosť, harmónia, súhlad, porozumenie)* harmony, *(zladenosť)* coordination, *(vzájomná)* interaction, *(kolektívna)* collective acting, *(jednotnosť)* action in unison; **2.** *(porozumenie)* concord

súhrn *m* **1.** *(zhrnutie jednotlivostí)* totality, complex, the aggregate; **2.** *(súčet)* sum total; **3.** compendium

súhvezdie *s* **1.** constellation

sucho I. ***príd*** **1.** *(nedostatok vlhkosti)* dryness; **2.** *(suchota)* drought; **3.** *(suché miesto)* dry place, **4.** *(pevnina)* dry land, **II.** ***prísl*** dryly, in a dry manner; **III.** ***vet prísl*** **6.** *(je sucho)* dry

suchomilný *príd* **1.** xerophylous, xerophyle, xerophylic, xerophytic

suchopárny *príd* **1.** *(nudný)* boring, tedious, *(nezaujímavý)* dull, *(jednotvárny)* monotonous; **2.** *(zr: suchý)* dry; **3.** *(suchomilný)* xerophilous

suchozemský *príd* **1.** *(vzťahujúci sa: na suchú zem)* dryland, terrestial, land[-], *(: na pevninu)* continental

suchý *príd* **1.** *(i víno, i prn)* dry, *(pôda, i prn)* arid, *(bez dažďa)* rainless; **2.** *(kostnatý)* skinny; **3.** *(prn: nudný)* boring

suita *ž* **1.** suite, retinue, train

suka *ž* **1.** bitch

sukňa *ž* **1.** skirt, *(škótska)* kilt, *(hov)* run

súkromie *s* **1.** privacy, private life, intimity, intimacy

súkromník *m* **1.** *(podnikateľ)* businessman, entrepreneur; **2.** *(kto žije: z vlastného kapitálu)* man of means, *(: z vlastného majetku)* rentier

súkromný *príd* **1.** private, personal, privately owned, civil

súlad *m* **1.** *(súhra)* harmony, accord, consonance; **2.** *(zhoda)* conformity, correspondence, concordance

sultán *m* **1.** sultan

sultanát *m* **1.** sultanate

súmernosť *ž* **1.** symmetry, shapeliness, proportionateness

súmerný *príd* **1.** symmetrical, proportionated, shapely, balanced

súmrak *m* **1.** twilight, dusk, nightfall, vesper
súostrovie *s* **1.** archipelago, group of islands
sup *m* **1.** *(zool belohlavý: Gyps fulvus)* grifon-vulture, *(zool: Buteo buteo)* buzzard, *(zool: Accipitridae)* vulture
súper *m* **1.** rival, opponent, adversary, *(konkurent)* competitor
súperiť *ndk* **1.** to vie, to compete, to contend
supermoderný *príd* **1.** ultramodern
súprava *ž* **1.** *(kávová, čajová)* service, *(ifm: čajová)* tea-things, *(i bielizne, toaletná)* set, *(sedacia)* suite; **2.** outfit, [-]kit
súradnica *ž* **1.** *(mat)* coordinate, axis, *(x)* abscissa, *(y)* ordinate
súriť *ndk* **1.** *(urgovať)* to urge, to press; **2.** *(ponáhľať sa)* to rush, to be in a hurry
súrny *príd* **1.** urgent, pressing; **2.** *(prípad)* emergency, expedite
súrodenec *m* **1.** brother or sister, close relative, *(ob genet)* sibling
surovina *ž* **1.** raw material
surový *príd* **1.** *(bavlna, koža; nevarený: mäso, vajce ap)* raw, *(nafta, guma, ruda, cukor, i prn)* crude; **2.** *(prn: hrubý)* rude, *(v správaní)* gross, rough; **3.** *(počasie)* foul
sused *m* **1.** neighbour
susediť *ndk* **1.** *(byť v blízkosti)* to neighbour, to be adjacent, to adjoin; **2.** *(byť susedom)* to live next-door
susedný *príd* **1.** neighbouring, adjacent, adjoining, next
susedstvo *s* **1.** neighbourhood, vicinity, contiguity
súslednosť *ž* **1.** sequence
súsošie *s* **1.** *(niekoľko sôch tvoriacich celok)* sculptural group, *(skupina sôch)* group of statues, group of figures, statuary
sústava *ž* **1.** system, set-up, framing, *(i telesná)* structure, *(telesná)* constitution
sústrasť *ž* **1.** sympathy, condolence, sympathies
sústredenie *s* **1.** *(koncentrácia, sústredenosť)* concentration, *(koncentrácia)* concentrating, *(síl, i ozbrojených)* rallying; **2.** *(absorption)* absorption
sústrediť *dk* **1.** *(zhromažďovať)* to concentrate, to mass, to focus, to centralize, to rally
sústrediť sa *dk* **1.** *(zhromaždiť sa)* to concentrate, to converge; **2.** *(obrátiť pozornosť: na)* to concentrate on st; **3.** *(venovať sa)* to dedicate os [to st]
sústruh *m* **1.** lathe, scroll lathe, *(rýchlobežný)* speed lathe, *(hodinársky)* turnbench
sústružník *m* **1.** lathe operator, *(dreva)* turner
súš *ž* **1.** *(zem: op more)* [dry] land, firm ground, terra firma, mainland
sušienka *ž* **1.** ob mn: **sušienky** *(sušené ovocie)* dried fruit; **2.** *(keks)* biscuit, *(am)* cookie, *(krehká)* cracknel
sušiť *ndk* **1.** *(i si vlasy)* to dry; **2.** *(zbaviť vlhkosti)* to dehydrate, *(odb)* to exsiccate; **3.** *(utierať: si slzy ap)* to wipe
súťaž *ž* **1.** *(súťaženie, súbeh, konkurz, i šport)* competition, *(i krásy)* contest; **2.** *(šport: v behu)* race, *(i šachová)* tournament; **3.** *(súperenie)* rivalry
suterén *m* **1.** basement, cellar, understairs, semi-basement, *(archeol)* souterrain
sútok *m* **1.** confluence, junction
súvaha *ž* **1.** balance sheet, asset and liability statement, audit, trial balance
suverenita *ž* **1.** sovereignty, *(nezávislosť)* independence; **2.** *(prn pej: povýšenosť)* pride
suverénny *príd* **1.** sovereign; **2.** *(sebavedomý)* self-assured, *(sebaistý)* [self-]confident, overbearing; **3.** *(absolútny)* absolute
súvetie *s* **1.** period, compound/complete sentence
súvisieť *ndk* **1.** to be connected with, to be related to, to bear upon, to hang together
súvislosť *ž* **1.** *(súvis)* connection, nexus, conjuction, [inter]relation; **2.** *(jednoliatosť)* continuity; **3.** *(v súvislosti s)* in connection with

súvislý *príd* **1.** coherent, continuous, connected, related

sužovať *ndk* **1.** *(spôsobiť starosti, bolesť: i choroba)* to afflict with/by, *(spôsobiť starosti)* to trouble, *(spôsobiť trápenie: i myšlienky)* to torment; **2.** *(myšlienky, pochybnosti ap)* to haunt; **3.** *(znepokojovať)* to harass

svadba *ž* **1.** wedding, marriage, *(fml)* nuptials, *(ifm)* splice; **2.** *(svadobná hostina)* wedding party

svadobný *príd* **1.** *(dar, šaty, hostina)* wedding[-], *(kytica)* bridal, *(fml: obrad)* nuptial, *(cesta)* honeymoon

svah *m* **1.** slope, declivity, incline, *(sklon)* gradient

sval *m* **1.** muscle

svalnatý *príd* **1.** *(telo, rameno ap)* muscular; **2.** *(i muž)* brawny, *(muž)* sinewy, *(ifm)* beefy; **2.** *(prn: mohutný)* huge

svalový *príd* **1.** muscular, muscle, my[o][-]

svätec *m* **1.** Saint, *(skr)* St

svätodušný *príd* **1.** Whit, Whitsuntide, Pentecostal, Pinkster, *(am)* Pinxter

svätojánsky *príd* **1.** midsummer, St.John's, *(deň)* Midsummer['s] Day; **2.** *(muška: zool Lampyris nocticula)* glow-worm

svätokrádež *ž* **1.** sacrilege

svätožiara *ž* **1.** halo, aureole, glory, nimbus

svätuškársky *príd* **1.** sanctimonious, pietistic, *(arch)* snuffling

svätý *príd* **1.** *(náb: vlastnosť Bohu, cirk: posvätný)* holy; **2.** *(svätec: Peter)* Saint, *(skr)* St; **3.** *(prn: bezúhonný)* saint, **4.** *(prn: posvätený, nedoknuteľný)* sacrosanct, *(vzácny: komu)* sacred, *(Duch svätý)* the Holy Spirit

svätyňa *ž* **1.** *(posvätná budova, i sanktuár)* sanctuary; **2.** *(i prn: miesto niečomu vyhradené)* temple; **3.** *(sanktuár)* chancel, **4.** *(šport)* goal

svedčať *ndk* **1.** *(pristať: šaty ap)* to become; **2.** *(i hodiť sa)* to suit; **3.** *(prospievať)* to agree [with sb], **4.** *(neos: patriť sa)* to be proper

svedčiť *ndk* **1.** *(byť dôkazom)* to testify, *(i vypovedať)* to witness; **2.** *(vypovedať)* to give evidence, to bear witness to

svedecký *príd* **1.** witness, evidential, testatory; **2.** *(výpoveď)* testimony

svedectvo *s* **1.** *(práv: výpoveď svedka)* testimony, *(ob písomné)* deposition, *(osvedčenie o určitých skutočnostiach)* witness; **2.** *(kniž: dôkaz, doklad)* proof

svedok *m* **1.** witness; **2.** *(minulosti)* monument, relic

svedomie *s* **1.** conscience, *(prn)* soul

svedomitý *príd* **1.** *(konajúci podľa svedomia, poriadny, dôkladný)* conscientious, *(konajúci podľa svedomia)* scrupulous, *(starostlivý)* painstaking; **2.** *(dôkladný)* thorough

svet *m* **1.** *(vesmír, Zem so všetkým, ľudia, cudzina, oblasť)* the world, *(Zem)* earth; **2.** *(vesmír)* the universe; **3.** *(okruh ľudí: vysoký)* monde, *(divadelný atď)* [-]dom, *(hudobný)* Tin Pan Alley

svetadiel *m* **1.** continent

sveták *m* **1.** *(človek voľných mravov)* rake, rip; **2.** *(kto sa vyzná vo svete)* man of the world; **3.** *(svetobežník)* globe-trotter

svetelný *príd* **1.** light, lighting, optical, luminous

sveter *m* **1.** sweater, pullover, jumper, cardigan

svetlo *s* **1.** *(energia, i lampa)* light; **2.** *(osvetlenie)* lighting; **3.** *(lampa)* lamp, **4.** *(hov. elektrina)* electricity, **5.** mn: **svetlá**. *(na križovatke)* the [traffic] lights, **6.** *(za svetla)* in the daylight

svetlý *príd* **1.** *(farba, pivo)* light, *(i bledý)* pale, *(jasný)* bright; **2.** *(vlasy)* fair, blond; **3.** *(rozumný)* lucid

svetobežník *m* **1.** globe-trotter

svetobôľ *m* **1.** *(životný pesimizmus)* Weltschmerz; **2.** *(stav depresie: dtd)* spleen, melancholy

svetonázor *m* **1.** *(svetonáhľad)* world-view, Weltanschauung, philosophy of life, *(ideológia)* ideology

svetový *príd* **1.** world[-], world's; **2.** *(celo-*

svetový) world-wide, universal; **3.** *(svetoznámý)* world-famous, **4.** *(strany)* cardinal

svetoznámy *príd* **1.** world-famous, world-renowned, world-known

svetský *príd* **1.** worldly, mundane, profane, secular, temporal; **2.** *(laický)* lay

sviatok *m* **1.** holiday, red-letter day; **2.** *(slávnostný deň)* feastday; **3.** *(prn: významná udalosť)* treat

svieca *ž* **1.** candle, taper

sviečka *ž* **1.** candle; **2.** *(v motore)* spark plug, sparking plug, ignition plug

sviečková *ž* **1.** *(pravá hovädzia: časť mäsa, i kuch: pečienka)* fillet [steak]; **2.** *(časť mäsa)* undercut of sirloin, *(am)* tenderloin; **3.** *(nepravá)* sirloin

svietidlo *s* **1.** *(zdroj umelého svetla)* luminary, *(elektrické osvetľovacie teleso)* luminaire, lighting unit, *(lampa)* lamp

svietiplyn *m* **1.** *(plyn používaný na svietenie)* illuminating gas, lighting gas, *(: i na varenie a kúrenie)* town gas, *(hov: plyn)* gas

svietiť *ndk* **1.** *(žiariť, vydávať svetlo)* to shine; **2.** *(vydávať svetlo, i sviečka)* to burn; **3.** *(osvetľovať)* to light, to illuminate

svietnik *m* **1.** candlestick, *(viacramenný)* candelabra, *(i nástenný)* sconce

svieži *príd* **1.** *(nedávno urobený, čerstvý: chlieb, sily, vzduch)* fresh; **2.** *(plný sily: krok, príjemne chladný: vetrík)* brisk, *(čulý)* sprightly; **3.** *(jasný, výrazný)* bright, *(výrazný)* vivid

sviňa *ž* **1.** *(i nadávka)* pig, *(zool: Sus domestica)* sow, porker; **2.** *(fml, arch, i nadávka)* swine

svinský *príd* **1.** pig[-], hog[-], *(bravčový)* pork[-]; **2.** *(prn: reči, počasie)* foul

svišťať *ndk* **1.** *(strely, guľky, šípy ap)* to whizz, *(i vietor)* to whistle, *(bič, šable)* to swish

svit *m* **1.** *(jas, žiara)* shine; **2.** *(záblesk v očiach)* gleam, glint; **3.** *(svitanie)* dawn

svitať *ndk* **1.** to dawn; **2.** *(prn: v hlave)* to dawn on sb, to begin to see light

svižný *príd* **1.** *(chôdza, tempo)* brisk, lively, *(človek)* agile, nimble

svoj *m/ž/s* **1.** one's, one's own

svojpomoc *ž* **1.** *(bez cudzej pomoci)* selfhelp; **2.** *(pomoc jedného druhému)* mutual support, co-operation; **3.** *(svojpomocou)* with o's own means

svojprávny *príd* **1.** *(schopný samostatne existovať)* autonomous, *(oprávnený samostatne existovať)* in one's own right, *(samostatný)* legally independent, *(práv: osoba)* non-certifiable

svojský *príd* **1.** *(svojrázny)* one's own, *(osobitný)* personal, *(originálny)* original; **2.** *(hov: domáci, milý, blízky)* familiar

svojvôľa *ž* **1.** *(bezohľadné uplatňovanie vlastnej vôle)* self-will, *(náladové uplatňovanie vlastnej vôle)* caprice, *(rozmarnosť)* capriciousness, *(vrtošivosť)* whim[sicality

svokor *m* **1.** father-in-law

svokra *ž* **1.** mother-in-law

svorný *príd* **1.** *(jednotný v zmýšľaní a v konaní: rodina)* united, harmonious, *(zomknutý: národ, kolektív)* close-knit; **2.** *(jednotný: potlesk, súhlas)* unaminous

svrab *m* **1.** scabies, *(ob zool)* mange; **2.** *(*byť v svrabe)* to be in dire straits, *(: v nepríjemnej situácii)* to be in the soup

svrbieť *ndk* **1.** to itch, to tickle; **2.** *(svrbí ma jazyk/ niečo na jazyku)* I'm itching to tell you

svrček *m* **1.** *(zool domáci: Acheta domestica)* [house-]cricket, [long-horned] grasshopper; **2.** *(prn žart: o deťoch)* tiny tot; **3.** *(bol si ešte svrček)* you were knee-high to a grasshopper

syčať *ndk* **1.** *(sipieť: had, para, i prn: od zlosti)* to hiss, *(tuk pri smažení)* to sizz[le], *(voda, oheň)* to fizzle, *(ohňostroj)* to whizz, to swish

syfilis *m* **1.** *(lek)* syphilis, lues [venerea]

sychravý *príd* **1.** *(počasie)* damp and chilly, bleak, foul, *(mokrý)* juicy

sykavka *ž* **1.** *(fon)* sibilant

sýkorka *ž* **1.** *(zool veľký: Parus major)* great tit[mouse]

symbióza *ž* **1.** symbiosis
symbol *m* **1.** *(abstraktný pojem, znak, i chem)* symbol, sign, token; **2.** *(i výsostný znak)* emblem
sympatický *príd* **1.** *(príjemný)* pleasing, *(atraktívny)* attractive, congenial, *(tal: budiaci sympatie)* simpatico
syn *m* **1.** *(vlastný, i prn)* son, *(nevlastný)* stepson, boy; **2.** *(*aký otec, taký syn)* like father,like son, *(*sukin/ psí!)* son of a bitch! [SOB]
synonymum *s* **1.** *(ling)* synonym
synovec *m* **1.** nephew
syntax *ž* **1.** syntax
syntéza *ž* **1.** synthesis
sypať *ndk* **1.** *(nechať padať, i prn)* to pour, to spread, *(soľ [ap] do polievky)* to sprinkle; **2.** *(prn: štedro rozdávať/ vyslovovať: dary)* to shower with, *(z rukáva)* to reel off; **3.** *(o obilí, i prn: byť výnosný)* to yield
sypať sa *ndk* **1.** *(padať husto)* to pour [down], *(dážď)* to fall thick and fast; **2.** *(nasledovať za sebou)* to pour in, *(veľa sa diať)* to shower [down] on sb/ st; **3.** *(prn o ľuďoch: ísť húfom z)* to spill out of, **4.** *(*hov: syp sa z... !)* get out of...!
sýpka *ž* **1.** *(budova: obilná)* [corn-]crib, granary, *(ob na seno)* barn, *(rar)* garner
sypký *príd* **1.** *(sypúci sa)* powdery, *(kyprý)* crumbly, *(materiál, i geol: hornina)* loose, *(látka)* non-cohesive
syr *m* **1.** cheese, *(plesňový)* blue cheese, *(ementálsky)* emmenthal; **2.** *(byť ako červík v syre)* to be as snug as a bug in a rug
systém *m* **1.** system
systematický *príd* **1.** systematic, methodical
sýty *príd* **1.** *(najedený)* full [up]; **2.** *(výživný: jedlo)* filling, *(obed ap)* substantial, *(ovplývajúci hojnosťou)* plentiful; **3.** *(výrazne sa prejavujúci: farba)* saturated, *(i vôňa)* intense, **4.** *(*byť sýty niečoho)* to be fed up with
šabľa *ž* **1.** *(jazdecká, i športová)* sabre, back-sword, *(turecká)* scimitar; **2.** *(zool: Lepidopus caudatus)* scabbard fish
šablóna *ž* **1.** *(pomôcka, i tech, inf)* template, *(str)* master plate, *(stav: na rímsy)* mould, *(na písmo/ maľbu, i tex)* stencil, *(polyg)* former; **2.** *(prn pej: schéma)* cliché, stereotype
šach *m* **1.** *(hra)* chess; **2.** *(šachovnica s figúrkami)* chess set, *(ohrozenie kráľa)* check; **3.** *(*držať niekoho v šachu)* to hold/ to keep sb in check, **4.** *(titul)* Shah
šachista *m* **1.** chess player
šachovnica *ž* **1.** chessboard
šachta *ž* **1.** *(ban, hut, i stav: výťahová)* shaft, *(jama, i hut)* pit, *(výťahová)* well, *(lod)* casing, trunkway
šakal *m* **1.** *(zool: Canis aureus)* jackal, *(zool: Canis mesomelas)* saddleback jackal; **2.** *(prn: dravý človek)* vulture
šalát *m* **1.** *(bot záhradný: Lactuca sativa)* lettuce; **2.** *(jedlo)* salad, *(miešaný)* mixed salad
šalieť *ndk* **1.** *(byť duševne chorý)* to be insane/ crazy; **2.** *(hov: blázniť sa)* to act crazy; **3.** *(prn: túžiť za niekým)* to be crazy for, *(byť zamilovaný do niekoho)* to be madly in love with
šálka *ž* **1.** *(nádoba)* cup, *(čajová, kávová)* teacup; **2.** *(obsah)* cupful
šalvia *ž* **1.** *(bot lekárska: Salvia officinalis)* [common] sage, *(bot lúčna: Salvia pratensis)* meadow sage, *(bot: Salvia)* salvia
šampanské *s* **1.** *(francúzske, i šumivé víno)* champagne, *(talianske)* spumante, *(šumivé víno)* sparkling wine, *(ifm)* bubbly
šampión *m* **1.** *(šport)* champion, *(svetový)* world champion
šampionát *m* **1.** *(prvenstvo, i súťaž)* championship, *(tenisový, šachový)* tournament
šampón *m* **1.** shampoo
šanca *ž* **1.** *(možnosť, príležitosť, pravdepodobnosť)* chance, *(príležitosť)* opportunity
šansón *m* **1.** *(francúzska pieseň)* chanson[ette]
šarkan *m* **1.** *(drak)* dragon; **2.** *(hračka)* kite; **3.** *(púšťať šarkana)* to fly a kite
šarlach *m* **1.** *(neodb)* scarlet fever, *(lek)* scarlatina

šarlatán *m* **1.** *(klamár)* charlatan, *(podvodník)* fraud; **2.** *(i v min: mastičkár)* quack; **3.** *(pej: zlý lekár)* medicaster

šašo *m* **1.** *(hist: dvorný blázon)* jester, *(i prn)* buffoon, *(klaun)* clown

šatiť *ndk* **1.** to clothe, to dress

šatka *ž* **1.** scarf, kerchief, muffler; **2.** *(zr: vreckovka)* handkerchief

šatňa *ž* **1.** *(v divadle/ kine/ reštaurácii ap)* cloakroom, *(am)* checkroom, *(herecká, na štadióne)* dressing room

šatstvo *s* **1.** clothes, *(fml)* garments

šaty *ž pomn* **1.** *(odev, oblečenie)* clothes, *(pracovné)* working clothes, *(jednodielne ženské oblečenie)* dress, *(svadobné)* wedding dress

šedivieť *ndk* **1.** *(nadobúdať šedivú farbu)* to become grey, to [grow] gray; **2.** *(ob o vlasoch: šedivieť)* to grizzle

šedivý *príd* **1.** *(majúci striebristo šedú farbu, i vlasy)* grizzled, *(majúci šedú farbu, i vlasy, i prn)* grey; **2.** *(kt má šedivé vlasy)* gray-haired; **3.** *(prn: nevýrazný, jednotvárny)* drab, **4.** *(*márnosť šedivá!: v zlosti)* bloody hell!

šedý *príd* **1.** *(sivý, i prn)* grey, gray; **2.** *(kniž: šedivý)* grizzly; **3.** *(prn: nevýrazný)* drab, **4.** *(šedá eminencia)* grey eminence

šéf *m* **1.** *(ifm: vedúci/ majiteľ podniku ap)* boss, *(br ifm)* governor, *(oslovenie)* guv[nor]

šéfredaktor *m* **1.** editor-in-chief, chief editor, general editor

šek *m* **1.** cheque, *(am)* check, *(na majiteľa/ doručiteľa)* bearer cheque/ cheque to bearer, *(vystaviť)* to make out a cheque; **2.** *(hov: poštová poukážka)* postal order

šelest *m* **1.** *(lístia, papiera ap)* rustle, rustling, *(vetra)* sough; **2.** *(lek: na srdci)* heart murmur

šelma *ž* **1.** wild/ savage beast; **2.** *(prn: beštia)* beast; **3.** *(prn: prefíkanec)* fox, *(: šibal)* rascal

šepkár *m* **1.** prompter, whisperer

šepkať *ndk* **1.** to whisper, to speak in a whisper, to breathe, to coo; **2.** *(napovedať)* to prompt

šepot *m* **1.** *(i prn)* whisper, whispering, breath, murmur, mutter

šerif *m* **1.** *(v UK/ USA)* sheriff

šerm *m* **1.** *(šport)* fencing

šermovať *ndk* **1.** to fence; **2.** *(expr: mávať)* to wave, *(rukami)* to gesticulate, to swing, to brandish

šesť *m živ* **1.** six

šesťdesiatina *ž čísl* **1.** sixtieth [part], one/ a sixtieth

šesťdesiaty *čísl rad* **1.** sixtieth, 60th; **2.** *(roky)* the sixties

šestina *ž čísl* **1.** sixth [part], one/ a sixth

šestka *ž* **1.** *(číslica)* six, 6; **2.** [ ] number 6

šestnásť *m živ* **1.** sixteen

šestnástina *ž* **1.** sixteenth [part], one/ a sixteenth

šestnásty *príd* **1.** sixteenth; 16th

šetriť *ndk* **1.** *(rozumne hospodáriť, sporiť, chrániť)* to save; **2.** *(sporiť, i bezpr: peniaze)* to set by; **3.** *(príliš: na čom)* to skimp, **4.** *(v záp)* to spare, **5.** *(chrániť, ochraňovať)* to preserve, **6.** *(admin sl, zast: prešetrovať)* to examine

šetrný *príd* **1.** *(sporivý)* thrifty, sparing; **2.** *(majúci porozumenie)* considerate, *(ohľaduplný)* regardful, *(taktný)* tactful

šialenec *m* **1.** lunatic, madman, maniac

šialený *príd* **1.** *(duševne chorý)* insane; **2.** *(i prn: nerozvážny, riskantný, abnormálny)* mad, *(i nápad)* crazy; **3.** *(prn: chorobne intenzívny)* frenzied, wild, *(bolesť hlavy)* splitting

šibal *m* **1.** *(ob o deťoch: huncút)* scamp, scallywag, [little] monkey; **2.** *(zast: prefíkaný človek)* rogue, *(starý)* old fox

šibať *ndk* **1.** *(udierať ohybným predmetom, i prn: dážď)* to lash; **2.** *(rásť)* to grow; **3.** *(uháňať)* to flit by, **4.** *(neos: strácať rozum)* to go crazy, *(*čo ti šibe?)* have you gone out of your mind?

šibenica *ž* **1.** gallows, gibbet

šibeničný *príd* **1.** *(týkajúci sa šibenice)* gallows; **2.** *(prn: termín)* very short, *(humor)* grim, Gelgenhumour

šidlo *s* **1.** *(obuvnícke)* awl, *(oblúkovité)* hook awl; **2.** *(zool: Odonata)* dragonfly; **3.** *(*byť ako šidlo)* to have ants in o's pants

šiesty *čísl rad* **1.** sixth, 6th

šichta *ž* **1.** *(pracovná zmena)* shift, turn; **2.** *(hov: drina)* slog

šija *ž* **1.** *(časť krku)* nape, *(horná časť pliec, i prn)* neck; **2.** *(geog)* isthmus, *(Panamská)* the Isthmus of Panama

šijací *príd* **1.** sewing

šík *m* **1.** *(voj: usporiadaný rad)* martial order, formation, *(zomknutý)* closed ranks, *(bojový)* combat order

šikmý *príd* **1.** *(čiara, hranol, lúč)* oblique; **2.** *(odklonený: dážď, i oči)* slanting; **3.** *(odklonený od zvislého smeru: i veža)* leaning, **4.** *(odklonený od vodorovného smeru: strecha)* sloping

šikovný *príd* **1.** clever, skilful, *(zručný)* deft, skilled, *(bystrý: žiak)* bright; **2.** *(dobrý, pekný)* fine

šimpanz *m* **1.** *(zool: Pan troglodytes)* chimpanzee, *(zool: Pan paniscus)* pygmy chimpanzee

šípka *ž* **1.** arrow, *(hrot šípu)* arrow-head, *(prn: skok)* [flying] dive; **2.** ob mn: **šípky**. *(bot: plod šípovej ruže)* hip[s]; **3.** *(hov: šípový ker)* brier

šíriť *ndk* **1.** *(robiť širokým)* to widen; **2.** *(vydávať zo seba)* to emanate; **3.** *(prenášať, rozširovať, i prn: klebety)* to spread, **4.** *(prn: poznatky, kultúru, nové myšlienky)* to disseminate

šíriť sa *ndk* **1.** *(stávať sa širokým)* to widen, to broaden [out]; **2.** *(narastať, stávať sa známym, vznikať)* to spread; **3.** *(hov: obšírne rozprávať)* to expand on

šírka *ž* **1.** *(rozmer)* width; **2.** *(prn: rozsah)* range, *(záujmov)* scope; **3.** *(rozsiahlosť)* extensiveness, **4.** *(geog: zemepisná)* latitude

široko *prísl* **1.** *(naširoko)* widely, [-]wide, broadly, *(obšírne)* copiously; **2.** *(širokoďaleko)* far and wide

široký *príd* **1.** *(majúci veľkú šírku, i istú: pri meraní)* wide, *(i majúci veľký pojmový obsah)* broad, *(šíry: more, rovina)* open, *(priestranný)* large, *(podrobný)* detailed

šíry *príd* **1.** *(rozpriestierajúci sa)* vast, *(pole, more, rovina)* open; **2.** *(na celom šírom svete)* world-wide, all over the world, *(pod šírym nebom)* in the open

šiška *ž* **1.** *(kuch)* doughnut, fritter, *(v Nemecku)* krapfen; **2.** *(bot)* cone

šiť *ndk* **1.** to sew, *(ranu)* to sew up, to stitch; **2.** *(vykonávať krajčírsku prácu)* to make dresses/ suits

šitie *s* **1.** *(činnosť, i rozošitý odev)* sewing, *(činnosť)* needlework; **2.** *(šijacie potreby)* sewings, sewing things

škála *ž* **1.** *(stupnica, i tabuľka so stupnicou, i hud)* scale, *(inf: farebná)* colour list; **2.** *(prn: možností)* range, the [whole] gamut

škandál *m* **1.** scandal, *(verejný)* affair; **2.** *(*to je škandál!)* it's a shame

škaredý *príd* **1.** *(nie pekný)* ugly; **2.** *(zlý, hrozný: sen)* bad, *(počasie, slovo)* foul, *(hrozný)* awful; **3.** *(*škaredá streda)* ash Wednesday

škatuľa *ž* **1.** *(kartónová, plechová, drevená)* box, *(kartónová)* carton, *(konzervová, plechová)* tin, can; **2.** *(o žene: stará)* old bag; **3.** *(slg: ľahká)* tart; **4.** *(slg vulg: ž pohl orgán)* cunt, pussy;

šklbať *ndk* **1.** *(vytrhávať perie z tela hydiny)* to pluck st; **2.** *(vytrhavát: papier, látku, si vlasy)* to tear; **3.** *(mykať, trhavo poťahovať: za šaty)* to pluck at st, **4.** *(neos: bolestivo trhať)* to twitch, **5.** *(prn: okrádať zákazníkov)* to fleece

škoda I. ***podst*** ž **1.** *(hmotná, morálna, na zdraví)* damage, *(hmotná, živelná: fin, poist)* loss; **2.** *(neprospech)* disadvantage; **II.** ***vetná prísl*** **3.** *(vyj poľutovanie)* pity, *(škoda, že)* [it's a great] pity that, *(to je škoda!)* what a pity!, **4.** *(s neur: vyj zbytočnosť nejakej činnosti)* it's useless to, *(času/ reči)* it's a waste of time/ breath

škodca *m* **1.** *(škodlivý živočích najmä hmyz)* pest; **2.** *(prn: i rodiny)* wrecker, *(pol: záškodník)* saboteur

škodiť *ndk* **1.** *(spôsobiť škodu: čomu)* to damage st, *(i komu)* to cause harm to st/

sb, *(komu)* to [do] sb harm, *(byť na škodu, i bezpr)* to be bad/ harmful [for sb/ st]; **2.** *(*nezaškodilo by...)* it wouldn't be a bad idea to..., *(* i dobrého veľa škodí)* you can have too much of a good thing, *(*kto neskoro chodí, sám sebe škodí)* first come,first served

škodlivý *príd* **1.** *(spôsobujúci škodu: žiarenie, výpary)* harmful, *(zdraviu)* unhealthy, *(majúci zhubný účinok: látky)* noxious, ruinous

škodoradostný *príd* **1.** *(majúci/ vyj radosť z nešťastia iného)* gloating, *(človek)* feeling delight at sb's bad luck, *(smiech)* expressing delight at sb's bad luck

škola *ž* **1.** *(inštitúcia, budova, vyučovanie, smer)* school, *(vysoká)* university; **2.** *(vyučovacie hodiny, vyučovacia činnosť)* classes; **3.** *(hov. štúdium, vzdelávanie)* education, **4.** *(budova)* schoolhouse, **5.** *(hud: učebnica)* method, *(*škola života)* the [hard] school of life, **6.** *(*byť po škole)* to be in detention

školácky I. ***príd*** **1.** school[boyish]; **2.** *(prn: prístup, správanie)* puerile, immature, *(chyba)* howler; **II.** ***prísl*** **2.** *(neobratne)* clumsily

školenie *s* **1.** *(vzdelávanie)* education, instruction; **2.** *(školské)* schooling; **3.** *(kurz)* course

školený *príd* **1.** *(vyučený, i hlas)* trained, skilled, *(vzdelaný, i prn)* educated

školiť *ndk* **1.** *(vzdelávať)* to educate, *(odborne)* to instruct, *(pracujúcich)* to train, *(vyučovať, i hov: poúčať)* to teach

školné *s* **1.** school fees, tuition

školník *m* **1.** janitor, schoolkeeper, [school] caretaker

školopovinný *príd* **1.** *(vek)* school, *(dieťa)* schoolchild, school-age

školský *príd* **1.** *(súvisiaci so školou: vek, rok, lekár)* school; **2.** *(: ako inštitúcia: zákon)* education; **3.** *(jasný: príklad)* simple

školstvo *s* **1.** *(školský systém, správa škôl)* school, *(školský systém)* school/ educational system; **2.** *(správa škôl: Ministerstvo, minister)* Education

škorica *ž* **1.** cinnamon

škorpión *m* **1.** *(zool: Scorpiones)* scorpion; **2.** *(astron)* Scorpius, Scorpion, *(i asrol)* Scorpio

škótčina *ž* **1.** Scots, the Scottish language; **2.** *(hist: gaelčina)* Scottish

škótsky *príd* **1.** Scottish, *(i whisky)* Scotch, Scots

škovránok *m* **1.** *(zool poľný: Alauda arvensis)* skylark, . *(zool: Alauda)* lark

škôlka *ž* **1.** nursery school, kindergarten, infant school; **2.** *(les, záhr)* nursery

škrabať *ndk* **1.** *(driapať, i škrabkať: si hlavu, v hrdle)* to scratch; **2.** *(odstraňovať povrchovú vrstvu: zemiaky)* to scrape; **3.** *(odškrabovať)* to rub st off, **4.** *(škaredo písať)* to scrawl, **5.** *(nasilu brať)* to snatch

škrabot *m* **1.** scrape, scraping sound

škrečať *ndk* **1.** *(vták, sojka, žaba, i prn)* to croak, to caw, *(čajka, i prn)* to screech, *(i prn: amplión)* to squawk; **2.** *(prn)* to shrill

škrečok *m* **1.** *(zool: Cricetus cricetus)* hamster; **2.** *(prn: lakomec)* skinflint

škriatok *m* **1.** *(malý tvor, kt vystrája huncútstva)* elf, *(lesný)* gnome, *(i o dieťati)* imp; **2.** *(prn pej: malý človek)* midget; **3.** *(o dieťati)* scamp

škriepiť sa *ndk* **1.** *(prieť sa)* to argue with st [about/ over st], *(o maličkostiach)* to bicker; **2.** *(vadiť sa)* to quarrel, *(o maličkostiach)* to squabble

škrípať *ndk* **1.** *(kovový predmet: brzdy, koleso)* to screech, *(piesok, sneh)* to crackle, *(zubami)* to gnash [o's]; **2.** *(i prn: nedariť sa, viaznuť)* to jar

škrob *m* **1.** starch; **2.** *(prn hov: lakomec)* skinflint

škrobený *príd* **1.** starched; **2.** *(i prn hov: odmeraný)* stiff, *(ifm: formálny)* stuffy, *(fml)* prim [and proper

škrt *m* **1.** *(pera, zápalky)* stroke; **2.** *(v texte)* deletion, *(cenzúrny ap)* cut

škrtať *ndk* **1.** *(robiť čiaru cez slová)* to cross st out/ through, *(v rukopise)* to delete *(cenzurovať)* to cut; **2.** *(pritískať)* to strike

škrtiť *ndk* **1.** *(usmrcovať zovretím hrdla, i dym, kašeľ)* to choke, *(i prn: potláčať)* to throttle, *(i o odeve: zvierat, i prn)* to strangle, *(byť tesný: o rukáve ap)* to pinch; **2.** *(zr: šetriť)* to skimp

škrupina *ž* **1.** *(obal, i prn, i tech)* shell, *(bot, zool)* integument, *(vajca)* eggshell, *(prn: ľadová)* cat-ice

škrupuľa *ž* **1.** scruple, *(ob pl)* qualm[s]

škúliť *ndk* **1.** *(mať očnú chybu, i nenápadne hľadieť)* to squint; **2.** *(nenápadne hľadieť)* to peep [at]; **3.** *(hov: zazerať)* to stare

škvrna *ž* **1.** *(i prn)* stain, *(i časť odlišujúca sa farebne, i slnečná)* spot, *(i prn: chyba)* blemish, smear; **2.** patch

šláger *m* **1.** *(obľúbená pesnička, i niečo módne)* hit, *(obľúbená pesnička)* popular song; **2.** *(obľúbená novinka)* success, *(: v divadle ap)* blockbuster

šľahač *m* **1.** *(ručný)* whisk, *(na sneh)* egg beater, *(smotany)* whipper; **2.** *(elektrický)* electric whisk, *(smotany)* creaming machine

šľahačka *ž* **1.** *(ušľahaná)* whipped cream, *(smotana na šľahanie)* [whipping] cream

šľahať *ndk* **1.** *(udierať, i prn: dážď, vietor)* to lash, *(bičom, i kuch: smotanu)* to whip; **2.** *(švihať: chvostom)* to wag; **3.** *(hádzať: kamene)* to throw, **4.** *(kuch: sneh, vajce)* to beat [up]

šľachta *ž* **1.** *(vysoká, i prn)* [the] aristocracy, the nobility, *(nižšia vidiecka)* landed gentry

šľachtic *m* **1.** aristocrat, nobleman, noble, *(v UK)* lord

šľachtiť *ndk* **1.** *(odb: ovce ap)* to crossbreed, *(stromy, ruže)* to graft; **2.** *(opravovať)* to trim; **3.** *(prn: človeka)* to ennoble

šľak *m* **1.** *(hov: mŕtvica)* stroke; **2.** *(hov: diabol)* the devil; **3.** *(*nech ma šľak trafí, keď/ ak...)* I'll be hanged/ damned if...

šľapaj *ž* **1.** *(odtlačok chodidla)* footprint, footmark, *(prn)* footstep; **2.** *(chodidlo)* foot

šliapať *ndk* **1.** *(kráčať po niečom, i na prsty)* to tread on st/ sb's; **2.** *(na pedále, i ísť na bicykli)* to pedal; **3.** *(hov. ísť peši)* to walk, **4.** *(prn: ničiť)* to trample

šmelina *ž* **1.** *(čierny obchod)* black market; **2.** *(tovar)* black-market goods; **3.** *(činnosť)* black marketeering

šmyk *m* **1.** skid[ding]; **2.** *(tech, mech)* shearing, *(polyg)* slur; **3.** *(les: vodný)* flume

šmýkať sa *ndk* **1.** *(neúmyselne)* to skid, to slip; **2.** *(úmyselne)* to slide; **3.** *(neos)* it is/ was slippery

šnúra *ž* **1.** *(priadza, i ele, anat: pupočná)* cord, *(perál ap)* string; **2.** *(ele)* wire; **3.** *(anat, lek: pupočná)* navel string

šnurovať *ndk* **1.** *(topánky ap)* to lace o's [ ] up, to tie [o's], to do up o's

šofér *m* **1.** driver, *(z povolania)* chauffeur

šok *m* **1.** shock

šomrať *ndk* **1.** *(prejavovať nespokojnosť s)* to grumble [at sb/ st], *(ifm: na čo)* to grouse [about]; **2.** *(nerozumiteľne hovoriť)* to mumble, to mutter

šopa *ž* **1.** *(stavisko na úschovu náčinia)* tool-shed; **2.** *(podstrešie)* hayloft

šošovica *ž* **1.** *(plod, i znamienko)* lentil, *(bot kuchynská: Lens culinaris)* lentils, *(jedlo)* lentil soup; **2.** *(znamienko)* lentigo

šošovka *ž* **1.** lens, glass, eye-piece, *(kontaktná)* contact lenses

šovinizmus *m* **1.** chauvinism

špagát *m* **1.** string, packthread, cord, twine

špagety *ž mn* **1.** *(kuch)* spaghetti

špajza *ž* **1.** pantry, larder

španielčina *ž* **1.** Spanish, the Spanish language

španielsky **I.** ***príd*** **1.** *(i chrípka, mucha)* Spanish, *(stena)* screen, *(*španielska dedina)* double Dutch; **II.** ***prísl*** **2.** in Spanish, *(hovoriť)* Spanish

špáradlo *s* **1.** toothpick

špargľa *ž* **1.** *(bot: Asparagus oficinalis)* asparagus, *(ifm)* sparrow grass

špecialita *ž* **1.** *(vybrané jedlá ap)* speciali-

ty, *(am)* specialty; **2.** *(črta)* peculiarity
špeciálny *príd* **1.** *(i mapa, patológia)* special, *(osobitný)* particular, custom[-made/ built], *(voj: mapa)* medium-scale
špecifický *príd* **1.** *(i hmotnosť)* specific, specifical, *(tech)* unit
špehovať *ndk* **1.** to spy
špenát *m* **1.** *(bot siaty: Spinacia oleracea)* spinach
špendlík *m* **1.** pin, *(zatvárací)* safety-pin; **2.** *(*špendlík v kope sena)* a needle in a haystack
šperk *m* **1.** jewel, gem, [precious] stone, trinket
špiceľ *m* **1.** *(br)* nark, grass, police informer, stoolpigeon, *(nasadený)* plant
špička *ž* **1.** *(koniec: ihly, noža, špendlíka)* point, *(jazyka, nosa, ukazovateľa)* tip; **2.** *(na cigarety)* cigarette holder; **3.** *(najvyšší bod: i ele: prúdu)* peak, *(dopravná)* rush hour, **4.** ob mn: **špičky**. *(osobnosti)* the VIPs, *(spoločnosti)* the elite, **5.** mn *(chodidla)* toe[s], *(*chodiť po špičkách)* to walk on tiptoe, *(*stať si na špičky)* to stand on tiptoe, **6.** *(*mať špičku)* to be tipsy
špina *ž* **1.** *(i prn)* filth, dirt; **2.** *(nečestnosť)* dishonesty; **3.** *(nadávka: nečestný človek)* rat
špinavec *m* **1.** pig; **2.** *(nadávka)* swine, bastard, rat
špiniť *ndk* **1.** to soil, to [make] dirty; **2.** *(i prn: meno)* to stain; **3.** *(vypúšťať výkaly)* to foul
špión *m* **1.** spy
špionáž *ž* **1.** espionage, intelligence
špirála *ž* **1.** *(geom, tech, let)* spiral, *(geom)* helix, *(tech)* worm, ring
špiritizmus *m* **1.** spiritism, spiritualism
šplhať sa *ndk* **1.** *(striedavým posúvaním rúk a nôh, i prn)* to climb, *(namáhavo)* to clamber, *(i po stenách)* to scramble, *(držaním [povraz, rúru ap] medzi nohami)* to shin
špongia *ž* **1.** sponge, eraser, rubber
šponovky *ž pomn* **1.** *(tesné nohavice)* skin-tight trousers
šport *m* **1.** *(i prn)* sport
športovať *ndk* **1.** to practise a sport, to sport
športovec *m* **1.** sportsman, sports lover
športový *príd* **1.** *(klub, auto, šaty)* sports; **2.** *(pekný)* athletic; **3.** *(čestný)* sportsmanlike, **4.** *(letectvo, letec)* amateur
štadión *m* **1.** stadium
štádium *s* **1.** stage, *(fáza)* phase
štafeta *ž* **1.** *(šport: preteky)* relay [race], *(družstvo)* relay team; **2.** *(štafetový kolík)* baton; **3.** *(posol)* relay messenger
štandard *m* **1.** standard
štart *m* **1.** *(štartovanie: auta, motora, i šport, inf)* start, *(účasť)* participation, *(miesto)* starting-point, *(lietadla)* take-off
štartér *m* **1.** *(človek, i spúšťač)* starter
štartovací *príd* **1.** *(šport: blok)* starting: **2.** *(let)* taxing
štartovať *n/dk* **1.** *(šport, i o motore)* to start; **2.** *(o lietadle)* to take off
šťastie **I.** ***podst*** **1.** *(blaho)* happiness, *(blaženosť)* bliss; **2.** *(priaznivá zhoda okolností)* [good] luck, fortune; **3.** *(*veľa šťastia!: pri rozchode)* good luck!; **II.** ***vetná prísl*** **4.** *(*šťastie, že)* luckily, happily
šťastný *príd* **1.** *(prežívajúci šťastie, priaznivý)* happy, *(prežívajúci šťastie: manželia)* blessed, *(majúci šťastie: výherca, i priaznivý)* fortunate; **2.** *(priaznivý: deň, náhoda)* lucky, *(zásahom vyššej sily)* providential; **3.** *(šťastnú cestu!)* have a good trip!, *(*narodiť sa pod šťastnou hviezdou)* to be born under a lucky star
štát *m* **1.** *(organizácia, i krajina)* state; **2.** *(krajina)* country, nation
štatistický *príd* **1.** statistic[al]
štatistik *m* **1.** statistitcian
štatistika *ž* **1.** statistics
štátnik *m* **1.** statesman
štátny *príd* **1.** state, *(národný)* national, *(úradník)* civil, *(verejný)* public
štatút *m* **1.** statute, regulations
šťava *ž* **1.** *(bot, biol, i ovocná, hroznová, z mäsa)* juice, *(biol: tráviace/ žalúdočné)* digestive/ gastric juices; **2.** *(*dusiť sa vo vlastnej šťave)* to stew in o's own juice

šťavnatý *príd* **1.** *(i prn: vtip)* juicy, succulent; **2.** *(prn: sýty)* mellow; **3.** *(hov prn: hrubý)* rude

štebotať *ndk* **1.** *(vydávať spevavé zvuky: lastovička)* to warble, *(vydávať krátke zvuky: vrabec, i prn)* to chatter, *(i prn ifm: o ženách)* to twitter; **2.** *(prn: veľa hovoriť)* to prattle

štedrý *príd* **1.** *(kto rád dáva, i hojný)* generous; **2.** *(kto rád dáva)* prodigal, *(v daroch, i dary)* munificent, *(i výdatný)* lavish [in/ with]; ·**3.** *(hojný, výdatný)* bountiful, *(nadmerný: dary)* princely, **4.** *(Štedrý deň)* Christmas eve

štekať *ndk* **1.** *(i prn: človek, guľomet atď)* to bark, *(psík)* to yap, *(poľovnícky pes, i prn)* to bay; **2.** *(prn pej: kričať)* to snarl

štekliť *ndk* **1.** *(i prn)* to tickle

šteňa *s* **1.** *(i prn pej)* pup[py], *(malý psík)* doggie; **2.** *(neskúsený človek)* greenhorn

štep *m* **1.** *(záhr: štepenec)* young [fruit] tree; **2.** *(výhonok)* scion; **3.** *(krajč)* backstitch, quilt

štepiť *ndk* **1.** *(záhr)* to graft; **2.** *(hov: očkovať)* to vaccinate, to inoculate

štetec *m* **1.** [paint]brush

štetka *ž* **1.** *(na natieranie)* [whitewash] brush, *(na maľovanie)* paintbrush, *(na holenie)* shaving-brush; **2.** *(pej: ľahká žena)* tart

štica *ž* **1.** forelock

štiepať *ndk* **1.** to split, *(drevo)* to rip, to skive; **2.** **[!]** *(neos)* to have a splitting pain

štiepiť *ndk* **1.** *(fyz: atómy)* to split, to break, to fission

štíhly *príd* **1.** *(tenký najmä v páse)* slim, *(postava)* slender; **2.** *(tenký a vysoký/ dlhý)* lanky, *(der: nohy, stromy)* spindly

štípať *ndk* **1.** *(prstami: dieťa na líce)* to pinch; **2.** *(hmyz, dym, i bolieť)* to sting, *(komáre, i mráz)* to bite; **3.** *(o korení)* to taste sharp

štipendista *m* **1.** grant-aided student, grantee, scolarship student, award winner

štipendium *s* **1.** *(podpora na štúdium)* [student] grant, scholarship, studentship, award

štipka *ž* **1.** *(spojenie prstov, množstvo medzi prsty)* pinch; **2.** *(prn: malé množstvo)* bit, whit, grain

štipľavý *príd* **1.** *(kt štípe, pichá: hmyz, dym, i prn: bolesť)* stinging; **2.** *(kt spôsobuje ostrý pocit: mráz, vietor)* biting, *(paprika ap)* piquant; **3.** *(i pichľavý, uštipačný: poznámka)* pungent, *(uštipačný: poznámka)* poignant

štít *m* **1.** *(obranná zbraň, i archit)* shield; **2.** *(erb)* coat of arms; **3.** *(vývesná tabuľa)* shop sign, **4.** *(archit: časť strechy)* gable

štítny *príd* **1.** *(anat)* thyroid

štítok *m* **1.** *(lístok: cenový, i inf)* tag, *(etiketa)* label; **2.** *(doštička)* plate, *(tech: dierny)* [punch] card; **3.** *(na čiapke)* peak

štopkať *ndk* **1.** to darn, to mend

štrajk *m* **1.** strike, walk-out; **2.** *(vyhlásiť štrajk)* to call a strike

štrajkokaz *m* **1.** strikebreaker, *(ifm)* blackleg, *(sl)* scab

štrajkovať *ndk* **1.** to strike

štrbavý *príd* **1.** *(človek)* toothless; **2.** *(i píla ap)* broken-toothed, dented; **3.** *(nôž, meč ap)* notchy

štrbina *ž* **1.** *(úzky otvor)* crack, *(i anat)* opening; **2.** *(trhlina)* cleft; **3.** *(vylomený kus)* notch, **4.** *(medzera, nedostatok)* gap

štrk **I.** ***podst*** m **1.** *(hrubozrný)* gravel, *(drobnozrný)* grit; **2.** *(bás: štrkot)* clank; **II.** ***cit*** **3.** *(pri náraze kovových predmetov)* clang

štrnásť *m živ* **1.** fourteen

štrnástina *ž* **1.** fourteenth [part], one fourteenth, one 14th

štrnástka *ž* **1.** fourteen, [ ] no. 14

štrnásty *čísl rad* **1.** fourteenth, the 14th

štrngať *ndk* **1.** *(vydávať/ spôsobovať kovový/ sklený zvuk)* to clink, to tinkle, to chink, *(vydávať/ spôsobovať kovový zvuk)* to clang

štrngnúť si *dk* **1.** *(udrieť o seba pohárikmi)* to clink glasses

štruktúra *ž* **1.** structure, frame, constitution, conformation

študent *m* **1.** *(strednej/ vysokej školy)* student, *(na strednej škole)* senior pupil, *(postgraduálny)* postgraduate, *(vysokoškolský)* undergraduate

štúdio *s* **1.** *(roz, tv, film)* studio

štúdium *s* **1.** *(študovanie, i učenie sa, bádanie)* study, *(bádanie)* research; **2.** *(študovanie ob na vysokej škole)* studies, *(br: odboru)* reading

študovať *ndk* **1.** *(navštevovať školu, i univerzitu atď)* to study at; **2.** *(venovať sa istému odboru: filozofiu)* to study st, *(br)* to read st/ for a degree; **3.** *(skúmať)* to do research on/ in, **4.** *(cvičiť)* to rehearse

študovňa *ž* **1.** *(v knižnici)* reference room, reading room; **2.** *(súkromná)* study, library

šťuka *ž* **1.** *(zool: Esox lucius)* pike

štvanica *ž* **1.** *(lov, i prn: pohon)* chase, hunt; **2.** *(prn: prenasledovanie ľudí)* persecution; **3.** *(pobúrenie)* instigation

štvať *ndk* **1.** to hunt, to chase; **2.** *(podpichovať)* to instigate, *(i hnevať)* to inflame

štvavý *príd* **1.** *(štvúci)* seditious, instigating, inflammatory, provocative

štvorec *m* **1.** square, check

štvorka *ž* **1.** four, foursome

štvorlístok *m* **1.** *(list)* quatrefoil; **2.** *(štvorica ľudí)* foursome

štvoruholník *m* **1.** quadrangle, quadrilateral, square

štvrť *ž* **1.** *(štvrtá časť)* one fourth, *(i hodiny)* a quarter; **2.** *(časť mesta, i astron: Mesiaca)* quarter, *(časť mesta)* district

štvrtina *ž* **1.** the fourth [part], one/ a fourth, one/ a quarter

štvrtok *m* **1.** Thursday

štvrtý *čísl rad* **1.** fourth, 4th, fourthly, four-degree

štýl *m* **1.** *(i archit, lit, šport)* style; **2.** manner, fashion

štylistika *ž* **1.** *(lingv)* stylistics

štylizácia *ž* **1.** *(úprava štýlu)* stylization; **2.** *(zostavenie textu)* wording

štýlový *príd* **1.** *(týkajúci sa štýlu)* style, *(štylistický)* stylistic; **2.** *(vypracovaný podľa štýlu)* stylish

štyri *m živ* **1.** four

štyridsať *m živ* **1.** forty

štyridsiatina *ž* **1.** the fortieth [part], one fortieth, one 40th

štyridsiaty *čísl rad* **1.** fortieth, 40th

šúchať *ndk* **1.** *(trieť: si oči, ruky)* to rub; **2.** *(robiť šuchot: nohami)* to shuffle; **3.** *(silným trením kefou ap čistiť: dlážku)* to rub st up, *(dlážku)* to scrub

šuchot *m* **1.** *(lístia, sena, slamy, šiat)* rustle, *(šiat)* swish, *(nôh)* shuffle, buzz, whisper

šuchotať *ndk* **1.** *(lístie, hodváb)* to rustle, *(hodváb)* to swish, *(dážď)* to patter, *(nohami)* to shuffle

šum *m* **1.** *(lístia)* rustling, *(hlasov, rieky)* babble, *(rieky, mora)* ripple, *(rieky)* murmur; **2.** *(hluk)* din; **3.** *(fyz, aku, tech)* noise

šumieť *ndk* **1.** *(lístie, stromy)* to rustle, *(potok, fontána, víno)* to bubble, *(potok ap)* to babble, *(v hlave)* to buzz; **2.** *(zaznievať ruchom: ulica)* to bustle

šumivý *príd* **1.** *(vydávajúci šum, šumiaci)* bubbling; **2.** *(peniaci sa: nápoj)* bubbly, effervescent, *(víno)* sparkling

šunka *ž* **1.** ham, *(varená)* cured ham, *(údená)* gammon

šúpať *ndk* **1.** *(jablko, slivky, zemiaky)* to peel, *(jablko)* to pare, *(banán)* to skin; **2.** *(lúpať: kôru)* to strip

šupina *ž* **1.** ob mn: **šupiny**. *(rýb)* scale, squama; **2.** *(lupiny)* danddruff, ichthyosis

šuškať *ndk* **1.** to whisper, to murmur

šušlať *ndk* **1.** *(zle vyslovovať s)* to lisp; **2.** *(nejasne hovoriť)* to mumble; **3.** *(šušťať)* to mutter

šušťať *ndk* **1.** *(lístie, papier, látka)* to rustle, *(hováb)* to swish, *(vietor)* to whisper, *(dážď)* to patter

šváb *m* **1.** *(zool: Blatta orientalis)* [cock]roach, blackbeetle

švagor *m* **1.** brother-in-law

švagriná *ž* **1.** sister-in-law

švédčina *ž* **1.** Swedish, the Swedish language

švédsky *príd* **1.** Swedish

švih *m* **1.** *(rýchly/ prudký pohyb: biča, prúta)* swish, whisk, lash[ing]; **2.** *(prn: sviežosť)* chic

švihadlo *s* **1.** skipping rope, jump rope

švihák *m* **1.** *(nápadne elegantný muž: dtd)* dandy, fop, popinjay, beau

švihať *ndk* **1.** *(prudko šľahnúť: bičom, prútom, lasom)* to swish, *(i chvostom)* to whisk, to lash; **2.** *(biť prútom ap)* to lash

švík *m* **1.** *(krajč, i tech)* seam, stitch, join, welt, *(lek)* suture; **2.** *(lingv)* juncture

švitoriť *ndk* **1.** to chirp, to twitter, *(i prn)* to warble

T

ta *prísl* **1.** there, *(arch)* thither; **2.** *(sem a ta)* here and there, hither and thiter, hither and yon

tabak *m* **1.** *(bot: virgínsky)* tobacco [plant], *(bot: sedliacky)* [green/ wild] tobacco; **2.** *(fajčivo)* tobacco, *(hrubý, silný)* shag

tabletka *ž* **1.** pill, tablet, lozenge

tábor *m* **1.** *(vše)* camp, *(dočasný, i voj)* encampment, *(pod holým nebom)* bivouac; **2.** *(polit: skupina štátov al. ľudí)* bloc; **3.** *(star: ľudové zhromaždenie)* mass-meeting

táborák *m* **1.** camp fire

táboriť *ndk* **1.** to camp [out], *(bez stanov)* to bivouac

tabuľa *ž* **1.** board, *(mramorová ap)* slab, *(školská)* blackboard, *(na oznamy)* billboard, *(obločná)* [window-]pane

tabuľka *ž* **1.** *(doštička ob s nápisom)* tablet, plate; **2.** *(diagram)* chart, scheme, *(i šport)* table; **3.** *(tablička)* bar

tackať sa *ndk* **1.** *(ísť neistým krokom)* to falter, *(i v opitosti)* to stagger, to reel; **2.** *(prn: kývať sa z boka na bok)* to sway

tácňa *ž* **1.** *(i misa)* salver, *(podnos)* tray, *(servírovacia)* server

tade *prísl* **1.** that way

tadeto *prísl* **1.** *(touto cestou, týmto smerom)* this way

ťah *m* **1.** *(ťahanie)* pull, *(energický)* tug; **2.** *(súvislý pohyb: ceruzkou)* stroke, *(na šachovnici)* move, *(pri fačejní)* puff, *(pri žrebovaní)* draw; **3.** *(krok)* step, act, **4.** *(pece, komína)* draught, *(v kachliach, peci)* flue, **5.** ob mn: **črty** trait, feature, **6.** *(hromadný pohyb rýb)* run, *(vtákov)* flight, **7.** *(voj)* march, **8.** *(šport: loptou)* kick, shot, throw

ťahák *m* **1.** drag, hook, puller, pony drag, traces

ťahať *ndk* **1.** *(napínať smerom k sebe)* to pull; **2.** *(vábiť)* to attract; **3.** *(posúvať za sebou)* to drag, **4.** *(predlžovať)* to stretch, **5.** *(vyťahovať, mať ťah)* to draw, **6.** *(vyberať)* to pick, **7.** *(šach)* to move, **8.** *(napínať zrak)* to strain; 10. *(viať)* to blow; **11.** *(drieť)* to slog; **12.** *(vyťahovať: z fľaše)* to drink

ťahať sa *ndk* **1.** *(preťahovať sa navzájom)* to pull [each other/ one another]; **2.** *(vliecť sa)* to trail, to hang behind, to drag [on/ os]; **3.** *(rozprestierať sa)* to stretch, *(o vôni ap)* to expand, **4.** *(o rastlinách: popínať sa)* to ramble, **5.** *(namáhať sa)* to lug, **6.** *(mať spor)* to argue

ťahavý *príd* **1.** *(pomalý)* slow, sluggish, *(reč)* drawling, *(hudba)* droning, *(i rozvláčny)* dragging, *(rozvláčny)* wordy, *(o rastlinách)* rambling, *(tech)* ductile

tajiť *ndk* **1.** to conceal, to hide from, to dissimulate, to cover up; **2.** *(zadržiavať, obsahovať)* to hold, *(dych)* to bate, to keep; **3.** *(obsahovať)* to cover, to embody

tajiť sa *ndk* **1.** *(zamlčať niečo)* to hide, to conceal, *(v zap)* to make no secret; **2.** *(skrývať sa)* to be hidden; **3.** *(o dychu)* to be bated

tajnosť *ž* **1.** *(stav niečoho skrývaného)* secrecy, concealment, occultness; **2.** *(niečo skrývané)* secret, mystery; **2.** *(dôvernosť)* intimacy

tajný *príd* **1.** *(utajený)* secret, hidden, *(ifm)* hush-hush, *(skrytý)* cryptic, undercover, *(nedovolený)* stealthy, *(nelegálny)* clandestine, *(nevyslovený)* tacit, *(súkromný)* private

tajomník *m* **1.** secretary, confidential clerk

tajomný *príd* **1.** mysterious, mystery, cryptic, arcane

tajomstvo *s* **1.** secret; **2.** *(záhada)* mystery, enigma, arcanum; **3.** *(stav niečoho skrývaného)* secrecy

tak I. ***prísl*** **1.** *(ukazuje na spôsob deja: takto)* like this/ that, *(takým spôsobom)* in such a way, in this/ that way, *(fml)* thus; **2.** *(poukazuje na veľkú mieru deja)* so much, *(s prid)* so; **3.** *(zdôrazňuje obsah predchádzajúcej veci)* then, as well; **II.** ***spoj*** **4.** *(priraďovacia dôsledková)* then, *(a tak)* [and] so, therefore, that's why, **5.** *(v spojovacích výrazoch: aj/ i/ ani tak)* anyway, anyhow, *(tak... ako)* both ... and, *(podraď: tak ako: vyjadruje prirovnanie)* the same as, **6.** *(uvádza počet príkladov)* such as; **III.** ***časť*** **7.** *(no, teda, nuž)* so, well, **8.** *(pridáva dôraz)* just like that; **9.** *(vyjadruje približnosť: asi)* roundabout; **10.** i **taák/ táák** *(vyjadruje súhlas: áno)* right, *(počudovanie)* well, **IV.** ***cit*** **11.** quack

takmer *časť* **1.** almost, nearly, practically, **takmer nič** *little or nothing,*

takt *m* **1.** *(rytmus)* time, rhythm, *(hud: rytmická jednotka)* bar, *(tech)* period, *(motoru)* stroke; **2.** *(ohľaduplné správanie)* tact

taktický *príd* **1.** tactical, *(prezieravý)* politic[al], tactic

taktný *príd* **1.** tactful, delicate, discreet, kid-gloved

takto I. ***prísl*** **1.** *(takýmto spôsobom)* [in] this/ that way, like this/ that, *(fml)* thus; **2.** *(tak veľmi)* so much; **3.** *(v spojení s podst. vyjadrujúcim čas)* at this time, in the future, **4.** *(pred dvojbodkou)* as follows, **II.** ***časť*** **5.** *(hov: vcelku)* after all, all in all, **6.** *(napríklad, povedzme)* let's say

taktovka *ž* **1.** baton, wand, stick; **2.** *(*pod taktovkou niekoho)* conducted by

taký *zám ukaz* **1.** *(poukazuje na vlastnosť, kvalitu)* such [a], like this/ that; **2.** *(ako... tak)* like...like, *(aký... taký)* such...as, *(taký... že/ aby)* so...that, *(s podst)* so much...as; **3.** *(vyjadruje citový vzťah)* like this, *(s príd)* so, *(s podst)* such [a], **4.** *(vyjadruje neurčitý údaj)* more or less, some, roundabout

takýto *zám ukaz* **1.** such, like this, such as this, this kind of; **2.** *(hov: približne)* some, sort of, kind of

takzvaný *príd* **1.** so-called

takže *spoj* **1.** so that, so as, likewise, and so

talár *m* **1.** *(úradné rúcho)* robe[s], *(sudcov, vysokoškolských hodnostárov atď)* gown, *(vysokoškolských hodnostárov)* academicals; **2.** *(hist)* talar

talent *m* **1.** *(nadanie)* talent, gift, endowment, flair, faculty; **2.** *(hov: nadaný človek)* genius

talentovaný *príd* **1.** talented, gifted

Talian *m* **1.** Italian

taliančina *ž* **1.** Italian, the Italian language

Taliansko *s* **1.** Italy

taliansky *príd* **1.** Italian

talizman *m* **1.** talisman, mascot, good-luck charm

talmud *m* **1.** Talmud

tam *zám* **1.** there, at/ in that place, abroad

tamojší *príd* **1.** *(nachádzajúci sa/ týkajúci sa)* of that place; **2.** *(stade pochádzajúci)* from there, from that place; **3.** *(miestny)* local

tampón *m* **1.** *(i hygienický)* tampon, plug, pledge, *(lek)* swab

tamtá *zám* **1.** that one, the [ ] over there, yonder

tamten *zám* **1.** that one, the [ ] over there, that one there

tamto I. ***zám prísl*** **1.** *(hov: tam)* there, **II.** ***zám ukaz*** that

tancovať *ndk* **1.** to dance, *(verejne)* to perform; **2.** *(prn)* to rush, *(zast)* to tread

tanečník *m* **1.** *(z povolania/ záľuby)* dancer, *(z povolania)* danseur, *(v balete)* ballet-dancer; **2.** *(partner na zábave)* dancing partner

tanečný *príd* **1.** *(hudba, kapela, sála, orchester, parket)* dance, *(večierok, majster, lokál, topánky, umenie)* dancing, *(ifm)* danceable, *(fml, lit)* Terpsichorean

tanier *m* **1.** *(nádoba na podávanie pokrmov, i jedlo)* plate, dish, *(jedlo)* plateful; **2.** *(predmet podobný tanieru)* disc, *(lietajúci)* [flying] saucer, *(gramofónu)* turntable

tanierik *m* **1.** *(malý tanier)* small plate; **2.** *(pod šálku)* saucer, *(pod pohár)* coaster; **3.** *(malá kruhovitá časť niečoho)* cup

tank *m* **1.** *(bojové vozidlo, nádrž)* tank, *(nemecký)* panzer; **2.** *(nádrž)* reservoir, bath

tankovať *ndk* **1.** to fill up, *(am)* to gas up, to refuel, to tank, to fuel

tantiéma *ž* **1.** *(podiel na zisku členom správnych rád)* director's royalty, share [in profits], bonus; **2.** *(podiel autora na výnose)* royalty, percentage, *(div, hud)* residual

tápať *ndk* **1.** *(habkať)* to grope, *(po)* to feel [for/ about], *(neisto sa pohybovať)* to fudge along, to fumble about, *(i blúdiť)* to blunder about/ arount; **2.** *(byť bezradný, neistý)* to be perplexed, to vacillate

tapeta *ž* **1.** wallpaper, tapis, paper hangings tapestry, wall covering

tara *ž* **1.** *(hmotnosť obalu tovaru al. vozidla)* tare; **2.** *(obal tovaru)* packing

táraj *m* **1.** *(kto veľa hovorí)* prattler, *(zbytočne)* tattler, *(nerozumne)* twaddler, *(ifm: a zbytočne)* gasbag

táranina *ž* **1.** *(prázdne reči)* prattle, *(zbytočné, nezmyselné)* tattle, *(nerozumné)* twaddle, *(hlúpe)* nonsense, *(klebety)* gossiping

tárať *ndk* **1.** to prattle, to prate, to talk, to jabber, to say nonsense

ťarbavý *príd* **1.** clumsy, heavy, bearish, ungainly, stick-in-the-mud, cumbersome, uncouth, pokey, gawky

ťarcha *ž* **1.** *(veľká hmotnosť)* weight; **2.** *(ťažkosť)* heaviness, gravity, *(bremeno)* burden, load, *(starosti)* trouble; **3.** *(fin)* debit, *(dlh)* debt

tarifa *ž* **1.** tariff, rate, *(dopr)* fare, price

tarok *m* **1.** ob mn: **taroky**. *(druh kárát, i hra)* tarot; **2.** *(hra)* taroc[k], tarocco

taška *ž* **1.** bag, *(kabelka)* handbag, *(žiacka)* satchel, *(hov: aktovka)* briefcase, *(cestovná)* grip[bag], *(objemná)* holdall, *(igelitová, papierová)* carrier [bag]; **2.** *(puzdro na peniaze a doklady)* wallet; **3.** *(kuch)* turnover

táto *zám* **1.** this

ťava *ž* **1.** camel; **2.** *(pej: nadávka žene)* cow

taviť *ndk* **1.** *(kovy)* to melt, *(rudu)* to smelt, *(hut)* to reverberate

taxík *m* **1.** taxi, taxi-cab, *(am)* cab

taxikár *m* **1.** taxi driver, *(am)* cab driver, *(ifm)* cabbie, cabby, cabman, hackie

ťažba *ž* **1.** extraction, *(ban)* exploitation, *(les)* felling; **2.** *(vyťažené množstvo)* output, production, *(les)* cut

ťažisko *s* **1.** *(fyz)* centre of gravity, centre of inertia, *(mat)* centroid; **2.** *(podstata, hlavný zmysel)* centre, core, gist, focus

ťažiť *ndk* **1.** *(dobývať rudu, naftu ap.)* to extract, to work, *(rudu)* to mine, *(i koristiť)* to exploit; **2.** *(mať zisk)* to profit by, to benefit by, to take advantage from, *(z vojny)* to profiteer; **3.** *(zaťažovať)* to burden, **4.** *(doliehať)* to oppress

ťaživý *príd* **1.** *(ťažiaci)* oppressive, *(i pol: systém)* onerous, burdensome, *(nepriaznivo pôsobiaci)* grievous

ťažkať si *ndk* **1.** to complain [about/of st], to grumble [about st], *(bezpr)* to bemoan

ťažkopádny *príd* **1.** *(neobratný, nešikovný)* clumsy, maladroit, slow, uncouth; **2.** *(ťažký, nepružný)* unwieldy; **3.** *(kostrbatý)* rough, **4.** *(ťažký, masívny)* ponderous

ťažkosť *ž* **1.** *(ťarcha)* heaviness, weight, *(obťažnosť)* difficulty, hardness, *(masívnosť)* massiveness, *(nepríjemnosť)* troublesomeness; **2.** ob mn: **ťažkosti**. *(problém)* trouble, *(zdravotná)* ailment

ťažký *príd* **1.** *(i o jedle, odeve, i chem, hut,*

šport, voj) heavy, *(majúci veľkú hmotnosť, i prn)* weghty, *(ťaživý)* burdensome, *(masívny)* solid, massive, *(obťažný)* troublesome, *(vážny)* serious, *(hriech)* mortal, *(namáhavý)* hard, *(prácny)* laborious, *(neľahký)* difficult, *(veľký, významný)* big, *(nepríjemný: vzduch)* stuffy, *(sny, časy, podmienky, zápach)* bad, *(myšlienky)* gloomy

teda I. *časť* **1.** so, then, thus, now, **II.** *spoj* **2.** *(to jest)* namely, that is; **3.** *(preto)* therefore, accordingly

tehelňa *ž* **1.** *(továreň)* brickworks, brick factory, brickmaking plant; **2.** brick field

tehla *ž* **1.** *(stav)* brick, *(nepálená)* grizzle, *(kosouhlá)* sqint, *(neúplná)* jack, *(krátka)* bat; **2.** *(predmet v tvare tehly)* block, *(syra)* cake

technický *príd* **1.** technical, technic, technological, engineering, mechanical

technik *m* **1.** technician, technicist, *(zubný)* dental mechanic; **2.** engineer; **3.** specialist, **4.** *(študent)* student at a technical universtity

technika *ž* **1.** *(technológia, jeden z odborov)* technology; **2.** *(postup, spôsob vykonávania)* technique; **3.** *(súhrn postupov na dosiahnutie cieľa)* know-how, **4.** *(odborná znalosť)* expertise, *(odborná zručnosť)* craftsmanship, *(hud)* execution, **5.** *(súhrn strojov)* machinery, *(inf)* hardware, **6.** *(hov: vysoká škola technická)* tchnical college/ university

technológia *ž* **1.** *(odbor, i postup)* technology; **2.** *(výrobný postup)* technique, technics, method

technologický *príd* **1.** technological, technologic, technic

tekutina *ž* **1.** liquid, fluid, liquor, *(lek)* serosity, humour

tekutý *príd* **1.** liquid, fluid, *(sklo, kov)* molten, *(lek)* runny

tekvica *ž* **1.** *(bot obyčajná: Cucurbita pepo)* vegetable marrow, *(bot obrovská: Cucurbita maxima)* winter squash; **2.** *(plod i rastlina)* pumpkin; **3.** *(pej: o hlave)* gourd

teľa *s* **1.** calf, dunce; **2.** *(pej: o hlúpom človeku)* pumpkin, *(hlupák)* bull-calf, ninny

teľacina *ž* **1.** veal

telefón *m* **1.** *(zariadenie, i prístroj)* telephone; **2.** *(prístroj)* phone, *(ifm)* blower, *(am)* horn; **3.** *(slúchadlo)* handset, receiver, **4.** *(hov: telefonát)* [telephone] call, telephone, **5.** *(hov: telefónne číslo)* telephone number

telefonát *m* **1.** *(hovor)* [telephone] call; **2.** *(správa)* telephone message

telefonista *m* **1.** [telephone] operator, [switchboard] operator, telephonist, *(dievča)* telephone girl

telefónny *príd* **1.** telephone, telephonic, phone, call

telefonovať *ndk* **1.** to [tele]phone, to call, to ring sb up, to communicate by telephone

telegraf *m* **1.** *(zariadenie na podávanie správ)* telegraph, wire, *(ifm)* ticker; **2.** *(hov: miestnosť, budova)* telegraph office

telegrafovať *ndk* **1.** to telegraph, to [send a] wire, to send a telegram, *(do zámoria)* to cable

telegram *m* **1.** telegram, wire, cable, radio-message

telekomunikácia *ž* **1.** telecommunication

teleskop *m* **1.** telescope, *(zrkadlový)* reflecting telescope, *(rádiový)* X-ray telescope

telesný *príd* **1.** *(týkajúci sa tela)* corporal, *(odb)* somatic, *(i fyzický)* bodily; **2.** *(fyzický: opak: duševný)* physical, corporeal, material, *(práca)* manual; **3.** *(zmyselný)* sensual, **4.** *(pohlavný)* sexual

teleso *s* **1.** *(fyz, mat, astron, lek, biol, tech, inf, prn)* body, *(geom)* solid; **2.** *(prn: organizovaný celok)* ensemble, *(voj)* force; **3.** *(technické zariadenie)* fixture, fitting[s], **4.** *(tech: súčasť mechanizmu)* casing, housing

televízia *ž* **1.** television, TV, *(ifm)* the tube, the telly

televízny *príd* **1.** television, TV, *(film, kurz, obrazovka, prenos)* tele[-], small-screen; **2.** *(divák)* televiewer

televízor *m* **1.** televisor, TV set, *(br ifm)* telly, the [goggle-]box

telo *s* **1.** *(organizmus, i trup)* body, figure, frame, *(anat)* corpus, *(biol)* soma, *(mŕtve)* corpse; **2.** *(trup)* torso, trunk; **3.** *(v protiklade k duchu)* flesh, **4.** *(tech: hlavná časť niečoho)* core

telocvičňa *ž* **1.** gymnasium, gym

telocvik *m* **1.** *(telesné cvičenie)* gymnastics, physical training, gym; **2.** *(škol: predmet)* Physical Education [PE]

telovýchova *ž* **1.** *(telesné cvičenia)* physical training, physical excercise

téma *ž* **1.** *(myšlienka)* theme, subject, *(rozhovoru)* topic, *(základná myšlienka)* subject-matter. *(hud, lit)* motif, *(hud)* point, *(škol)* essay

tematika *ž* **1.** subject matter, theme, general subject

temeno *s* **1.** *(vrch hlavy)* crown, scalp, *(anat)* skullcap; **2.** *(vrchol niečoho)* top, *(vrchu)* hill-top

temer *časť* **1.** almost, nearly, practically, [-]ish

temný *príd* **1.** *(tmavý, i o farbe)* dark, dim, *(i záhadný)* obscure, *(i chmúrny)* murky; **3.** *(chmúrny)* somber, **4.** *(zlovestný)* sinister, **5.** *(zlý)* evil, **6.** *(podlý)* perfidious, **7.** *(o zvuku)* heavy, **8.** *(o farbe - s tmavým odtieňom)* dusky

temperament *m* **1.** *(povaha)* temperament, personality, [natural] disposition; **3.** *(hov: živosť)* vivacity, ebulliency, fire, passion, [hot-]blood

temperamentný *príd* **1.** *(živý)* vivacious, *(i kôň)* spirited; **2.** *(vášnivý, i prejav, kôň)* fiery, hot[-blooded]; **3.** *(i rytmický)* lively, *(veľmi)* wild, **4.** *(uskutočňovaný s temperamentom)* vigorous

tempo *s* **1.** *(stupeň rýchlosti deja)* pace, speed/ rate of movement, *(i hud, šach)* time, *(chôdze)* gait; **2.** *(rýchly pohyb, rýchlosť)* speed, *(povzbudzovanie)* chop-chop; **3.** *(rytmický pohyb)* rhythm, *(pri plávaní)* stroke, *(lit)* movement, *(hud)* tempo

ten *zám* **1.** *(ukazuje na vzdialenejšiu osobu/ vec)* that, *(mn)* those; **2.** *(ukazuje na prítomnú osobu/ vec/ čas)* this; **3.** *(odkazuje na osobu/ vec už známu)* the, **4.** *(zdôrazňuje 3 st, dodáva expresívnosť)* the, **5.** *(synonymné so zám: on/ ona/ ono)* he/ she/ it, **6.** *(má význ zám: taký)* such [a], the same, **7.** *(ten, kto)* who, he who, *(každý)* whoever, **8.** *(toho, koho)* whom; **9.** iba to this, it; **10.** *(to, čo)* what; **11.** *(pri vymenúvaní: to... to)* one, once, now; **12.** *(súčasťou spájacích výrazov: aby/ že)* the fact; **13.** *(to a to)* such-and-such; **14.** *(ten/ tá/ to istý)* the same; **15.** *(pravé ten/ tá/ to)* that/ this very, the very, just that/ this

tendencia *ž* **1.** *(smer i sklon)* tendency, *(smer)* trend, bearing, current, turn, slant; **2.** *(sklon)* habit, vein; **3.** *(úsilie uplatňovať isté myšlienky)* drift

tendenčný *príd* **1.** *(majúci určitú tendenciu: umenie, román, básnik)* tendency, *(román)* tendenzroman; **2.** *(der: vyhovujúci istým záujmom)* tendentious, *(jednostranný)* partial

tenis *m* **1.** tennis, lawn tennis

tenista *m* **1.** tennis player

tenký *príd* **1.** *(majúci malú hrúbku)* thin, fine, *(veľmi)* flimsy, *(štíhly)* slim, *(chudý)* lean, skinny, *(hov: biedny)* meagre, *(anat: črevo)* small, *(o zvuku: vysoko znejúci)* sharp, *(slabo)* faint, *(o vrstve)* shallow

tento *zám* **1.** *(ukazuje na osobu/ vec v blízkosti)* this, *(mn)* these, this one; **2.** *(nasledovný)* the following; **3.** *(ukazuje na práve skončený čas)* last, *(túto noc)* last night, to-nigth, **4.** *(ukazuje na najbližší deň)* next, *(tento piatok)* next Friday, **5.** *(hov: vyjadruje rozpaky ap.)* er, well

tentoraz *prísl* **1.** this time

teológ *m* **1.** theologian

teológia *ž* **1.** theology, divinity, teleologism, irenics

teologický *príd* **1.** theological, theologic, theologian, divinity

teoretický *príd* **1.** theoretical, theoretic, ideal, potential, abstract, academic, pure

teoretik *m* **1.** theoretician, theorist, theorizer, ideologue

teória *ž* **1.** theory, doctrine, speculation, speculativeness

teozofia *ž* **1.** theosophy

tep *m* **1.** *(krvi)* pulse, beating, *(srdca)* [heart-]throb, [heart-]beat, *(odb)* sphygmus; **2.** *(sled impulzov)* pulsation

tepelný *príd* **1.** thermic, *(energia, jednotka)* heat, *(prírodne)* thermal, thermo[-], caloric

tepláky *m pomn* **1.** *(tepláková súprava)* tracksuit; **2.** *(druh športových nohavíc)* flannels

tepláreň *ž* **1.** *(na vykurovanie, pre priemysel)* heat[ing] plant, thermal plant, boiler plant

teplo I. ***podst*** s **1.** *(opak: chlad)* warmth; **2.** *(teplé miesto)* warm place; **3.** *(odb)* heat, **II.** ***prísl*** **4.**·*(i prn)* warmly, **III.** ***vetná prísl*** **5.** warm

teplomer *m* **1.** thermometer, *(na prístroji)* temperature gauge

teplota *ž* **1.** *(miera teplého stavu, i horúčka)* temperature; **2.** *(horúčka)* fever; **3.** *(prn)* warmth, tenderness

teplý *príd* **1.** *(i držiaci teplo, o farbách, met, prn)* warm; **2.** *(o jedle, i tech)* hot; **3.** *(prn: srdečný)* genial, **4.** *(prn: útulný)* snug, cozy, **5.** *(hov: homosexuál)* faggot, queen, queer

tepna *ž* **1.** *(i dop)* artery; **2.** *(dopravný spoj)* highway, thoroughfare, main road

terajší *príd* **1.** present, present-day, current

terasa *ž* **1.** *(stupeň terénu)* terrace, *(geol)* shelf, *(pri dome)* patio; **2.** *(upravená plochá strecha: hotelová)* roof garden, *(domu)* sunroof, *(am)* sundeck

teraz *prísl* **1.** *(prísl: v tejto chvíli)* now, at this time, in this moment; **2.** *(v súčasnosti)* nowadays, at present, presently; **3.** *(o malú chvíľu)* in a minute, any minute, **4.** *(pred chvíľou)* just now, **5.** *(povel: *pripraviť sa, pozor, teraz!)* ready,steady,go!

terč *m* **1.** *(cieľ pri streľbe)* target, *(i prn)* mark, *(prn)* butt, *(prn)* cock-shot, *(kotúč)* disc, *(tech)* disk

terén *m* **1.** terrain, ground, country, ground space, surface; **2.** *(priestor výskumu mimo pracoviska)* field

termín *m* **1.** *(časové vymedzenie, i lingv: pomenovanie pojmu)* term, *(odborný)* technical term; **2.** *(časové vymedzenie pre splnenie niečoho)* time limit, *(konečný)* expiration date, [target/ closing]date

terminál *m* **1.** *(zariadenie i inf, objekt pre cestujúcich)* terminal, *(zariadenie)* terminal unit; **2.** *(objekt)* station, *(na letisku)* departure/arrival building

terminológia *ž* **1.** terminology

terminologický *príd* **1.** terminological

termofor *m* **1.** *(gumený zohrievač)* hot-water bottle, hot-water bag, electric pad

termonukleárny *príd* **1.** thermonuclear

termoska *ž* **1.** thermos, thermos bottle, vacuum bottle, vacuum flask

termostat *m* **1.** thermostat

terno *s* **1.** *(v min v lotérii)* tern; **2.** *(výhra, i: [to je] terno!)* bingo, *(šťastie vôbec)* good luck; **3.** *(*urobiť terno)* to hit the jackpot

terorizmus *m* **1.** terrorism

terorizovať *ndk* **1.** *(uplatňovať teror)* to terrorize, to browbeat, to bully, *(am sl)* to mau-mau

tesár *m* **1.** *(opracúvajúci drevo: na stav konštrukcie ap)* carpenter, *(: sekerou)* hewer, timberman, *(: na lodenicu)* shipwright

tesnenie *s* **1.** seal, *(ploché)* gasket, *(krúžok)* washer, impervious membrane

tesný *príd* **1.** *(priliehavý, sťahujúci)* tight, *(odev)* tight-fitting, *(vodotesný)* leakless; **2.** *(málo priestranný)* pok[e]y; **3.** *(úzky)* narrow, near, **4.** *(veľmi blízky)* close, **5.** *(pevný, tuhý)* firm, **6.** *(s malým rozdielom)* narrow, *(víťazstvo)* neck-and-neck

test *m* **1.** test

testament *m* **1.** *(závet)* testament

testovať *ndk* **1.** *(skúšať)* to test; **2.** *(robiť závet)* to will, to bequeathe

tešiť *ndk* **1.** *(spôsobovať niekomu radosť)* to make sb happy, to give sb pleasure, to delight, to gratify, [!] to enjoy; **2.** *(utešo-*

vať) to comfort, to console, to cheer sb up; **3.** *(zdvorilostná formula: *teší ma)* pleased/ glad/ nice to meet you

tešiť sa *ndk* **1.** *(mať radosť)* to be glad/ pleased/ happy/ deligthed, to relish, to take pleasure/ delight in; **2.** *(s radosťou čakať)* to look forward to; **3.** *(mať, používať niečo)* to enjoy

teta *ž* **1.** *(príbuzná)* aunt; **2.** *(oslovenie cudzej ženy, najmä deťmi)* aunt[ie]

text *m* **1.** text, *(pod obrázkom)* caption, *(piesne)* lyrics; **2.** *(typ písma)* type; **3.** *(hud: notový záznam)* score

textil *m* **1.** *(výrobok z vláken)* fabric, cloth; **2.** *(textilné výrobky)* textiles, soft goods, drapery; **3.** *(hov: textilný obchod)* draper's

textilný *príd* **1.** textile

téza *ž* **1.** *(i filoz, log, mat, metr)* thesis, *(tvrdenie)* proposition, tenet, statement, *(výklad princípov)* principles, *(prn)* position

tiaž *ž* **1.** *(fyz: zemská)* gravity, gravitational force; **2.** *(kniž: ťarcha)* weight, burden

tiecť *ndk* **1.** *(nepretržite prúdiť)* to flow, to run, to stream, to pour [out/ down], *(pomaly)* to trickle, *(prudko)* to gush; **2.** *(o nádobách ap.)* to leak; **3.** *(slzy)* to roll down

tieň *m* **1.** *(obraz, i prn: náznak, negatívna stránka)* shadow, *(astron: Zeme, Mesiaca)* umbra; **2.** *(zatienené miesto, i zafarbenie)* shade, *(lit: pod stromom)* umbrage; **3.** *(zafarbenie, sfarbenie, tieňovanie)* shading, **4.** v záp *(náznak, stopa)* trace, touch

tienidlo *s* **1.** shade, blind, screen, *(lampy)* lampshade

tienistý *príd* **1.** *(poskytujúci tieň, i zatienený)* shadowy; **2.** *(zatienený)* shaded, shady; **3.** *(záporný)* negative, *(nepríjemný)* gloomy

tieniť *ndk* **1.** to shade, to screen, to dim, to shield

tieňovať *ndk* **1.** *(obraz, mapu)* to shade, to batch, *(písmo)* to write with pressure of hand

tieňový *príd* **1.** *(i pol: kabinet, špo: box)* shadow[-]

tieseň *ž* **1.** *(núdza, nedostatok)* scarcity, shortage, tightness; **2.** *(ťažkosti, nepríjemná situácia)* trouble, *(byť v)* to be in a predicament, to be in a tight spot, to be in [dire] straits, to be in a jam, to feel the squeeze/ the pinch; **3.** *(skľúčujúci pocit)* oppression, unrest, distress

tiež *čast* **1.** *(po podst)* too, as well, likewise, *(pred podst)* also

tiger *m* **1.** *(zool: Felis tigris)* tiger

tichý *príd* **1.** *(nehlasný)* quiet, smooth, soft; **2.** *(pokojný)* peaceful, restful, still; **3.** *(mĺkvy)* silent, **4.** *(nerušený zvukmi)* noiseless, **5.** *(opak: rušný)* calm, **6.** *(opak: búrlivý)* pacific, **7.** *(s miernou povahou)* tranquil, **8.** *(skrytý, tajný)* sneaking; **9.** *(mlčanlivý)* tacit, unspoken, unvoiced; **10.** *(nenápadný, prostý)* simple, low-key, plain

tikať *ndk* **1.** to tick, to be ticking

tisíc *čísl* **1.** *(číslo, i počet)* [one/ a] thousand; **2.** *(počet)* chiliad; **3.** *(veľké množstvo)* thousand, a thousand and one, **4.** *(inf)* kilo

tisícina *ž* **1.** *(niečo veľmi malé, nepatrné)* thousandth

tisícročie *s* **1.** *(obdobie trvajúce tisíc rokov)* 1000 years; **2.** *(i tisíce výročie)* millennium

tisnúť *ndk* **1.** *(posunovať, tlačiť)* to push; **2.** *(nútiť)* to force, to urge; **3.** *(pritískať)* to press, **4.** *(tuho držať, stískať)* to clasp, to grip, to squeeze

tisnúť sa *ndk* **1.** *(pretláčať sa niekam)* to force one's way, to press forward, to push; **2.** *(vyrastať)* to grow; **3.** *(tiesniť sa na malom priestore)* to throng, to cram, **4.** *(pritískať sa)* to press, **5.** *(hov: tlačiť sa)* to jam

tíšina *ž* **1.** *(tichosť)* quiet, calm, quietness; **2.** *(tiché miesto)* quiet/ secluded place, *(nám)* smooth; **3.** *(prn kniž: nečinnosť/ lit)* lull, backwater

tíšiť *ndk* **1.** *(upokojovať)* to calm [down],

to soothe, to quieten [down]; **2.** *(zmierňovať)* to relieve, *(hnev, zlobu, hlad, zvedavosť)* to appease, to soften, *(bolesť)* to palliate, *(smäd)* to slake

títo *zám* **1.** these

titul *m* **1.** *(hodnosť, i šport, nadpis knihy, dôvod)* title, *(hodnosť)* dignity, *(prn: označenie)* attribute, *(ekon)* style; **2.** *(nadpis stránky, záhlavie)* head, *(i článku)* headline, **3.** *(dôvod, odôvodnenie)* rigtht

titulný *príd* **1.** title, *(strana)* front

titulok *m* **1.** *(názov článku)* headline, title; **2.** (hov: text pod obrázkom, i film) caption; **3.** *(film)* subtitle, *(film, tel: záverečný).* programu ap) credit [title]

tkáč *m* **1.** weaver, maker

tkanina *ž* **1.** fabric, textile, cloth, *(jemná)* tissue

tkanivo *s* **1.** *(biol)* [cellular] tissue; **2.** *(vlákna tkaniny)* fibre, weaving material, *(štruktúra tkaniny)* texture, woof, *(prn: pavučiny)* web; **3.** *(zastar: tkanina, i prn)* [woven] fabric

tkať *ndk* **1.** *(zhotovovať tkaninu)* to weave, to tissue, to woof; **2.** *(prn)* to spin, to web

tlač *ž* **1.** *(reprodukčná technika)* print[ing]; **2.** *(tlačiarenská činnosť, i text)* print, *(chyba tlače)* misprint, *(v tlači)* in print; **3.** *(polyg)* impression, *(reliéfna)* embossing, *(zdvojená)* slur, *(z výšky)* letterpress, *(text: šablónová)* stencilling, *(druh písmen)* type, **4.** ob mn: **tlače** edition, **5.** *(noviny a časopisy)* the press, **6.** *(zast: látka s potlačeným vzorom)* [cotton-]print

tlačený *príd* **1.** *(zhotovený tlačou, i ele)* printed, *(i inf)* print; **2.** *(potlačený)* pressed, compression

tlačiareň *ž* **1.** *(polygrafický závod)* printing house, printing office, *(veľká)* print[ing] works, printing plant, *(menšia)* printing shop, *(kyb, inf)* printer

tlačiť *ndk* **1.** *(tlakom pôsobiť na niečo, i naliehať)* to press; **2.** *(tlakom posúvať, i naliehať)* to push; **3.** *(hov: naliehať)* to urge, **4.** *(omínať)* to pinch, **5.** *(hov: lisovať)* to squeeze, *(ovocie)* to squash, **6.** *(rozmnožovať tlač, i text)* to print, **7.** *(ukladať tlačením)* to cram, **8.** *(prn: trápiť, súžiť)* to oppress

tlačivo *s* **1.** *(formulár)* [printed] form, blank; **2.** *(nadpis na zásielke)* printed matter

tlačový *príd* **1.** *(týkajúci sa novinárov, ich činnosti)* press, news; **2.** *(týkajúci sa organizácie tlače)* print, printer, printed, printing, presswork, *(chyba)* misprint

tlak *m* **1.** *(fyz, met, biol, lek, i prn)* pressure, *(fyz: pary, i lek)* tension; **2.** *(prn)* oppression

tlakomer *m* **1.** *(manometer)* manometer, pressure gauge/ indicator, air gauge; **2.** *(barometer)* barometer; **3.** *(lek)* sphygmanometer

tĺcť *ndk* **1.** *(prudko/ silno udierať: na dvere/ stôl, i srdce)* to pound, *(i na klinec)* to knock; **2.** *(biť koho, i o srdci)* to beat, *(o srdci)* to throb; **3.** *(roztĺkať)* to crush, **4.** *(rozbíjať)* to smash

tlieskať *ndk* **1.** *(i o deťoch)* to clap [one's hands], *(v divadle ap, i prn)* to applaud; **2.** *(udierať)* to bang, to slam, to slap; **3.** *(plieskať: ob o vode)* to slap, *(o vode)* to plash

tlieť *ndk* **1.** *(slabo, bez plameňa horieť)* to smoulder, to glow; **2.** *(rozkladať sa: o org látkach)* to decay, to rot, *(biol)* to decompose, *(s pachom)* to putrefy

tlmič *m* **1.** *(tech)* damper, *(chvenia, kmitov)* oscillation damper, *(nárazov)* buffer, *(aut: výfuku)* silencer, *(am)* muffler, *(aut: perovania)* shock-absorber, *(akustický)* baffle[r]; **2.** *(hud: sordíno)* mute

tlmiť *ndk* **1.** *(zvuk, hlas, svetlo, city, farbu)* to subdue, *(zvuk)* to muffle, *(i svetlo)* to soften [down], *(hud)* to mute, *(hlas)* to lower, *(i farbu)* to tone down, *(svetlo)* to dim, *(aut)* to dip, *(fyz: kmity)* to damp, *(tech: nárazy)* to absorb, *(plač, smiech)* to repress, *(city, pocity. plač, smiech)* to mitigate

tlmočiť *ndk* **1.** *(ústne prekladať)* to interpret, to act as an interpreter; **2.** i dok *(odovzdať pozdrav ap)* to convey, to give; **3.** *(vyjadrovať)* to express, to voice

tlmočník *m* **1.** interpreter; **2.** *(hlásateľ)* spokesman, *(prostredník)* representative

tlstý *príd* **1.** *(tučný)* stout, fat, corpulent, overweight

tma *ž/prísl* **1.** darkness, dark, obscurity; **2.** *(prn: neistota, záhadnosť)* dark

tmavý *príd* **1.** *(vše)* dark; **2.** *(kt má nedostatok svetla)* dim, *(i prn)* gloomy, *(veľmi)* pitch-dark; **3.** *(kt má tmavší odtieň)* brown, *(o farbách)* deep; **4.** *(prn: temný, neradostný)* sad

to *zám* **1. ten**, he, she, it, this, these

toaleta *ž* **1.** *(dámske šaty)* toilet[te]; **2.** *(úprava zovňajšku)* toilet, **3.** *(toaletný stolík)* toilet [table], **4.** *(miestnosť ob so záchodom)* toilet [room], *(verejná)* [public] conveniences, *(euf)* powder[ing] room

točiť *ndk* **1.** *(krútiť, otáčať, zhotovovať na točovke)* to turn; **2.** *(otáčať)* to revolve; **3.** *(víriť)* to twirl, **4.** *(hov: natáčať)* to wind, *(vlasy)* to curl, **5.** *(skrúcať)* to roll up, **6.** *(hov: nakrúcať film)* to shoot, **7.** *(čapovať: pivo, víno)* to tap, **8.** *(zhotovovať na hrnčiarskom kruhu)* to shape; **9.** *(prn: s kým)* to push around

točiť sa *ndk* **1.** *(krútiť sa, zatáčať sa)* to turn, to revolve, to rotate, *(ako špirála)* to coil, *(rýchlo, pri tanci, i o hlave)* to spin; **2.** *(okolo)* to hover around, *(: žien)* to dance attention on

tok *m* **1.** *(prúdenie vody, prúd, i fyz, ele, inf)* flow, *(prúdenie, i fyz, ele)* flux, *(inf)* path, *(hubice)* jet, *(rieky)* drift, *(plynulý)* roll; **2.** *(rieka, úsek rieky)* river, **3.** *(kniž: postup, priebeh)* lapse, *(času)* efflux[ion], **4.** *(poľov: doba párenia)* pairing season

toľko I. *zám* **1.** *(množstvo: tak veľa/ veľmi)* so much/ so many, s dôrazom na 'that' *(ifm: veľké množstvo)* that much/ that many; **2.** *(ukazuje na dĺžku času: tak dlho)* so long, *(rokov)* so many; **3.** *(v dvojiciach: toľko... koľko/ čo/ že)* as much/ many... as, *(v zap)* not so much/ many... as, *(veľké množstvo)* not as much/ many... as, **4.** *(koľko-toľko)* something, *(len toľko)* just/ only this, *(práve toľko... aby)* just enough...to, *(hov: raz toľko)* twice as much/ many[...as], **II.** *spoj* **5.** *(v spojeniach: len toľko čo/ že)* as soon as, **III.** *časť* **6.** *(len toľko, že)* almost, very nearly

tón *m* **1.** *(i hud, v telefóne, odtieň hlasu/ farby)* tone, *(oznamovací)* dialling tone, *(obsadzovací)* engaged tone, *(vyzváňací)* ringing tone, *(zvuk)* sound, *(hud, aku)* note; **2.** *(odtieň hlasu)* ring; **3.** *(odtieň farby)* hue, **4.** *(kniž: ráz umeleckého diela ap)* vein, *(dobrý)* good breeding, *(arch)* bonton

tona *ž* **1.** ton

topánka *ž* **1.** shoe, *(lyžiarska ap)* ski boot

topiť sa *ndk* **1.** to drown, to go down, to sink; **2.** *(taviť sa)* to melt, to thaw

topoľ *m* **1.** *(bot: Populus)* poplar, *(bot osikový: Populus tremula)* [quaking] aspen, trembling poplar, *(bot biely: Populus alba)* abele

torta *ž* **1.** [fancy] cake, gateau, *(piškótová)* sponge cake, trifle

totiž(to) I. *časť* **1.** *(uvádza vysvetlenie)* namely; **2.** *(uvádza doplnenie)* [more] precisely, **II.** *spoj* **3.** *(má vysvetľujúci význam)* as

toto *zám* **1.** this

totožnosť *ž* **1.** identity

totožný *príd* **1.** identical, coincident, same, duplicate

tovar *m* **1.** goods, [-]ware, *(na predaj)* merchandise, *(v sklade)* stock[-in-trade], *(zásielka)* consignment

továreň *ž* **1.** factory, [industrial] plant, works, mill

trafika *ž* **1.** tobacconist's, tobacco shop/ store, *(ifm)* smoke shop

trafiť *dk* **1.** *(zasiahnuť)* to reach, to hit, to strike, *(cieľ)* to hit the mark/ target; **2.** *(nájsť cestu)* to find one's way [to]; **3.** *(naraziť, natrafiť)* to find, to come across, to chance upon

traja *čísl* **1.** three [people]

transformátor *m* **1.** transformer, transdu-

cer, compensator
transformovať *n/dk* **1.** to transform
transfúzia *ž* **1.** transfusion
transplantácia *ž* **1.** transplant, transplantation, *(kože, i bot)* graft[ing]
tranzistor *m* **1.** transistor
tranzit *m* **1.** transit
trápenie *s* **1.** *(útrapy)* torment, misery, tribulation; **2.** *(starosti)* trouble, sorrow, worry, grief, bother
trápiť *ndk* **1.** to afflict, *(znepokojovať)* to pester, *(mučiť, i prn)* to torture
trápiť sa *ndk* **1.** *(trpieť)* to suffer; **2.** *(znepokojovať sa)* to fret, to worry; **3.** *(vynakladať námahu: s kým/ čím)* to struggle, *(ťažko pracovať)* to drudge
trápny *príd* **1.** *(spôsobujúci rozpaky: ticho)* embarrassing, *(i spôsobujúci nepríjemnosť)* uncomfortable, *(otázka)* perplexing; **2.** *(spôsobujúci nepríjemnosť: pocit)* uneasy, *(nepríjenný)* unpleasant; **2.** *(spôsobujúci trápenie)* worrisome
trasľavý *príd* **1.** trembling, tremulous, quaking, shaking
trať *ž* **1.** *(dráha upravená na koľajovú dopravu)* track, *(žel)* [railway/ railroad] line; **2.** *(dopravná linka)* line, route, *(i šport)* course; **3.** *(šport)* distance, run, **4.** *(tech: valcovacia)* train of rolls
tráva *ž* **1.** *(porast, i steblovitá rastlina)* grass; **2.** *(súvislý porast)* herbage, green, *(slúžiaca ako krmivo)* green meat/ food, *(poet)* herb
tráviť *ndk* **1.** *(potravu)* to digest; **2.** *(čas)* to spend, to pass, *(zaoberať sa)* to be occupied by, to while away
trávnik *m* **1.** lawn, greensward, green, grass-plot; **2.** *(ihrisko)* field
trčať *ndk* **1.** *(vyčnievať von)* to stick out, to jut; **2.** *(čnieť do výšky)* to rise [up to]; **3.** *(zdržiavať sa)* to linger, to tarry, *(čakať)* to wait, to hang around, **4.** *(ostať, uviaznuť)* to get stuck
treba *prísl* **1.** it is necessary, it is needed; **2.** *(bolo treba)* we/you/ atď should, it should be necessary; **3.** *(ako treba)* as it is needed/ required, *(*tak ti treba!)* serves you right!
tréner *m* **1.** *(futbalový)* coach, trainer, manager
treska *ž* **1.** codfish
trest *m* **1.** punishment, time, sentence, penalty
trestanec *m* **1.** prisoner, convict, lag, *(ifm)* jailbird, gaol-bird
trestať *ndk* **1.** to punish, to chastise
trestný *príd* **1.** punishable, penal, criminal, punitive, penalty
tretí *čísl* **1.** third, two and a half, thirdly, cube, dative
tretina *ž čísl* **1.** third [part], one third
trh *m* **1.** fair, bazaar, market
trhák *m* **1.** *(o filme/ knihe)* block-buster, *(i o pesničke)* smash hit, *(o knihe)* best-seller; **2.** *(zub)* canine tooth
trhať *ndk* **1.** to tear, to rip, to blst, to jerk, to bite, to split
trhať sa *ndk* **1.** *(prudko sa mykať)* to jerk; **2.** *(roztrhať sa)* to tear, *(prudko)* to snap, *(o oblakoch, hmle: rozptyľovať sa)* to disperse
trhlina *ž* **1.** crack, cleft, rift, gap
trhovisko *s* **1.** market-place, market square; **2.** mart, emporium
tri *m živ* **1.** three
triasť *ndk* **1.** to shake, to vibrate, to joggle, to shiver
triasť sa *ndk* **1.** to shake, to tremble, to shiver, to dodder, to shimmer, to flicker
tribunál *m* **1.** tribunal
tričko *s* **1.** T-shirt, jersey, singlet, vest, undershirt
tridsať *m živ* **1.** thirty
tridsatina *ž čísl* **1.** thirtieth [part], one thirtieth
tridsiatka *ž* **1.** [ ] number 30
tridsiaty *čísl* **1.** thirtieth; 30th
trieda *ž* **1.** year, form, grade, class, street
triediť *ndk* **1.** to classify, to grade, to class, *(zaraďovať)* to sort out, to assort
triedny *príd* **1.** class
trieska *ž* **1.** splinter
trieť *ndk* **1.** to rub, to grate, to daub, to smear, to chafe, to rub against

triezvy *príd* **1.** sober

trik *m* **1.** *(podvodný kúsok, zručný kúsok)* trick, *(podvodný kúsok)* chicanery, *(založený na klamstve)* dodge, *(i založený na klamstve)* guile, *(chytrácky kúsok)* wile; **2.** *(zručný kúsok)* sleight of hand, juggle, stunt; **3.** *(vo filme, divadle)* special effect

trinásť *m živ* **1.** thirteen

trinástina *ž* **1.** thirteenth

trinástka *ž* **1.** *(hov: niečo označené číslom 13)* [ ] thirteen

trinásty *čísl* **1.** thirteenth

tŕň *m* **1.** prickle, tenterhooks, mandrel, thorn

trnka *ž* **1.** *(bot: Prunus spinosa)* sloe

trofej *ž* **1.** trophy

trocha *ž/prísl/čísl* **1.** a little

trojica *ž* trinity, three, triplet

trojka *ž* **1.** three

trojkolka *ž* **1.** tricycle, three-wheeler

trojskok *m* **1.** triple jump, hop-skip-and-jump

trojštvrťový *príd* **1.** three-quarter, *(takt)* triple, trois-temps, pea jacket

trojuholník *m* **1.** triangle

trolejbus *m* **1.** trolleybus

trón *m* **1.** throne

troska *ž* **1.** slag, cinders, scoria, scum

trpaslík *m* **1.** dwarf, pigmy

trpezlivosť *ž* **1.** patience, perseverance

trpezlivý *príd* **1.** patient, enduring, suffering, uncomplaining, *(zhovievavý)* tolerant

trpieť *ndk* **1.** to suffer, to be in pain, to tolerate, to bear, to suffer from, to be afflicted with

trpký *príd* **1.** tart, bitter, acrid, harsh, dry, wry

trstina *ž* **1.** reed, cane, reeds

trt *m vulg* **1.** *(hlupák)* asshole; **2.** *(súlož)* screw, fuck

trtkať *n/dk vulg* **1.** *(súložiť)* to screw, to fuck, to bang

trtko *m vulg* **1.** *(hlupák)* asshole

trúba *ž* **1.** tube, pipe, horn, bugle, oven, dunce

trúbiť *ndk* **1.** to blow, to mpet, to blow one's horn, to sound, to din

trúbka *ž* **1.** *(hud nástroj)* trumpet, *(hračka)* toy trumpet; **2.** *(: na signalizáciu: poľná, poštárska)* horn, *(hist)* bugle

truhla *ž* **1.** box, chest, bin, coffin

trup *m* **1.** hull, trunk, body, torso, fuselage

trus *m* **1.** faeces, excrement, *(zvierací)* droppings, *(hnoj)* dung

trvalý *príd* **1.** permanent, definitive, unlimited, lasting

trvanlivý *príd* **1.** durable

trvať *ndk* **1.** to persist, to last, to endure, to exist, to insist, to stand on

tržba *ž* **1.** *(v obchode)* takings, cash sales, *(z koncertu ap)* proceeds, *(v štadióne)* gate[-money]

tržnica *ž* **1.** *(budova)* market-house, *(i miesto)* mart

tu *prísl* here, in this connection

tuba *ž* **1.** tube

tuberkulóza *ž* **1.** tuberculosis, consumption

tucet *m* **1.** dozen

tučniak *m* **1.** *(zool: Aptenodites)* penguin; **2.** *(tučný človek)* fatso

tučnieť *ndk* **1.** to grow fat

tučný *príd* **1.** fat, fatty, bold

tuha *ž* **1.** graphite

tuhnúť *ndk* **1.** to harden, to grow hard, to solidify, to grow stiff/ rigid, to set, to freeze

tuhý *príd* **1.** stiff, rigid, tough, hard, solid, rock-ribbed

tuk *m* **1.** fat, oil, shortening; **2.** *(tech)* grease

túlať sa *ndk* **1.** to gad, to saunter, to rove, to roam, to wander

tuleň *m* **1.** *(zool: Phoca vitulina)* seal, sea-dog, sea calf, sea leopard

tulipán *m* **1.** *(bot: Tulipa gemeriana)* tulip

túliť sa *ndk* **1.** to snuggle

tunel *m* **1.** tunnel

tuniak *m* **1.** *(zool: Thynnus)* tunny, tuna[-fish], germon

tupiť *ndk* **1.** *(robiť tupým)* to [make] blunt; **2.** *(hanobiť: koho)* to slander,

(urážať) to abuse, *(znevažovať)* to disparage
tupý *príd* **1.** dull, blunt, stupid
túra *ž* **1.** tour, round, ride
turbína *ž* **1.** turbine
Turecko *s* **1.** Turkey
turecký *príd* **1.** Turkish, Ottoman
turečtina *ž* **1.** Turkish, the Turkish language
turista *m* **1.** tourist, holliday-maker, traveller, visitor
turnaj *m* **1.** tournament, tourney, tilt, joust
tušenie *s* **1.** *(neurčitá predstava, predtucha)* presentiment, *(ifm)* hunch, *(neurčitý pocit)* feeling, *(zlé)* premonition, *(poňatie)* notion
tušiť *ndk* **1.** to suspect, to anticipate, to have premonition of, to have a hunch
tuzemský *príd* **1.** home, inland, national, domestic
túžba *ž* **1.** yearning, desire, greed
túžiť *ndk* **1.** to yearn, to long for, to desire, to dream
tvár *ž* form, shape, style, order, formation
tvar *m* **1.** fashion, pattern, figure, design
tváriť sa *ndk* **1.** *(dávať tvári určitý vzhľad)* to put on a [ ] look/ expression, to assume a [ ] expression; **2.** *(predstierať)* to pretend, to feign, to simulate
tvaroh *m* **1.** cottage cheese, curd cheese, unpressed curds, junket, *(nemecký)* quark
tvaroslovie *s* **1.** morphology, accidence
tvoj *m/ž/s* thine, thy, yours, your
tvor *m* **1.** creature, being, entity, critter, crittur, thing
tvorba *ž* **1.** formation, production, creation, creative work, work, opus
tvorca *m* **1.** creator, author
tvoriť *ndk* **1.** to create, to form
tvorivý *príd* **1.** creative
tvrdiť *ndk* **1.** to assert, to affirm, to state, to declare
tvrdnúť *ndk* **1.** to grow into a solid, to grow hard
tvrdohlavý *príd* **1.** obstinate, stubborn, pig-headed, obdurate, pertinacious
tvrdý *príd* **1.** hard, spelter, note, cruel, sound
tyč *ž* **1.** rod, pole, bar, wand, stick
tyčinka *ž* **1.** stamen, bacillus, stick
týčiť sa *ndk* **1.** to tower, to soar, to reach up to a great height, to rise up majestically, *(k nebu)* to rise up to the sky
týfus *m* **1.** typhus, *(brušný)* typhoid [fever], hospital fever, camp-fever, jail-fever
tykadlo *s* **1.** *(zool)* antenna; **2.** *(prn)* antennae
týkať sa *ndk* **1.** to concern, to concern, to apply to, to relate to, to pertain to, to regard
typ *m* **1.** type, type, queer character, fellow, individual, model
typický *príd* **1.** typical for
tyran *m* **1.** tyrant
tyrania *ž* **1.** tyranny
tyranizovať *ndk* **1.** *(despoticky vládnuť)* to tyrannize, to oppress, to overlord, to hector, to domineer; **2.** *(prn: trápiť, terorizovať)* to bully
tyranský *príd* **1.** tyrannical
týždeň *m* week
týždenník *m* weekly
týždenný *príd* weekly

U

ubezpečiť *dk* **1.** to assure
ubezpečiť sa *dk* **1.** to make sure [of st/that], to assure os [that], to make certain
ublížiť *dk* **1.** to injure, to hurt; **2.** to offend, to hurt oneself, to hurt one another
úbočie *s* **1.** *(stráň)* hillside, mountainside, flank, *(svah)* slope, escarpment, acclivity
úbohý *príd* **1.** poor, wretched, pitiable, miserable
úbor *m* **1.** dress, frock, gown, costume, toilette, attire; **2.** inflorescence
úbožiak *m* **1.** *(chudobný človek)* pauper;

2. *(trpiaci človek)* wretch, poor devil, *(br ifm)* poor bugger

ubrať *dk* **1.** to take, to pick; **2.** to take away

ubudnúť *dk* **1.** *(zmenšiť sa: čo do počtu/ množstva/ rozsahu)* to diminish, *(: do počtu/ rozsahu)* to decrease, *(: do počtu)* to grow less, *(: do množstva, intenzity: i nadšenie, mesiac)* to wane

úbytok *m* **1.** *(zmenšenie sa)* decrease, diminution, *(prudký, i tech, ele: napätie)* drop, *(pomalý)* decline; **2.** *(vzniknutý rozdiel)* shortage

ubytovať *dk* **1.** to lodge, to house, to accomodate, to billet, to quarter

ucelený *príd* **1.** *(tvoriaci celok)* integrated, integral; **2.** *(celostný: pohľad, dielo)* comprehensive, *(predstava)* global; **3.** self-contained

úcta *ž* **1.** respect, regard, esteem

uctiť (si) *dk* **1.** *(prejaviť úctu)* to honour, *(mať vo vážnosti)* to esteem; **2.** *(pohostiť koho čím)* to treat sb to, *(hostí)* to entertain

úctyhodný *príd* **1.** worthy of [great] respect, *(fml)* estimable, *(slušný, i veľký)* respectable; **2.** *(veľký, čo do počtu/ rozsahu/ rozmerov)* considerable, *(rhet: do rozsahu)* goodly

účasť *ž* **1.** participation on, turnout, attendance at; **2.** complicity; **3.** interest, sympathy, fellowship

účastina *ž* **1.** share, *(hrom)* stock

účastinár *m* **1.** shareholder, stockholder

účastinný *príd* **1.** share, stock, capital, *(spoločnosť)* joint-stock

účastník *m* **1.** participant, partaker, *(súťaže)* competitor, contestant

učebňa *ž* **1.** classroom, schoolroom

účel *m* **1.** purpose, aim, end, goal

účelný *príd* **1.** *(fml: majúci nejaký účel)* purposive, *(fml: majúci vhodný účel)* purposeful; **2.** *(slúžiaci nejakému účelu)* expedient, instrumental

účelový *príd* **1.** *(určený na istý účel)* purpose-made, specialized, *(i ekon: úver)* specific; **2.** *(gram: spojka, veta, atď)* final

učeň *m* **1.** apprentice, trainee, tiro, novice

učenie *s* **1.** study, instruction, apprenticeship, *(kyb)* learning

účes *m* **1.** hairstyle, haircut, *(fml)* coiffure, *(ifm)* hairdo

účet *m* **1.** account; **2.** bill

účinkovať *ndk* **1.** to act, to operate, to function, to have effect, to perform, to partake; **2.** to influence, to wield power over

účinkujúci *m* **1.** performer

účinný *príd* **1.** effective, efficient, effectual, efficacious

účinok *m* **1.** effect, action, *(pôsobenia)* impact, *(vplyv)* influence, *(výsledok)* result

účtovať *ndk* **1.** to bill, to invoice, to charge, to debit

účtovníctvo *s* **1.** *(vedenie účtov)* bookkeeping, *(i náuka)* accounting, *(jednoduché)* single-entry bookkeeping, *(podvojné)* double-entry bookkeeping

účtovník *m* **1.** accountant, bookkeeper

úd *m* **1.** member, limb

údaj *m* **1.** declaration, allegation; **2.** entry, information, indication, representation; **3.** data, facts

údajne *časť* **1.** allegedly, reputedly, supposedly, reportedly

údajný *príd* **1.** alleged, putative, reputed, supposed

udalosť *ž* **1.** event, fact, *(nešťastná)* accident

udať *dk* **1.** to give, to furnish, to include, to declare, to report, to state; **2.** to list; **3.** to denounce

udatný *príd* **1.** brave, valiant, valorous, heroic, courageous, gallant

udavač *m* **1.** denouncer, *(tajne)* informer, informant, *(ifm)* nark

údel *m* **1.** lot, fate, part; **2.** grant, bestowal

udeliť *dk* **1.** to give, to grant, to accord, to award, to confer, to bestow

údenáč *m* **1.** smoked fish, *(sleď)* kipper

údenina *ž* **1.** smoked meat, smoked sausage

úder *m* **1.** blow; **2.** thrust; **3.** slsh, **4.** punch, **5.** sudden/ surprise attack, **6.** shock

udica *ž* **1.** fishing rod, angling rod, fishhook, fishing tackle

údiť *ndk* **1.** to smoke, to cure

údiv *m* **1.** astonishment, amazement, wonder, bewilderment

udiviť *dk* **1.** to amaze, to astonish, to astound, to bewilder

udobriť *dk* **1.** to appease, to reconcile, to conciliate, to placate

údolie *s* **1.** valley

udomácniť *dk* **1.** to domesticate

udomácniť sa *dk* **1.** to become domesticated, to make one's home at, to make oneself at home

udrieť *dk* **1.** to strike, to hit

udrieť sa *dk* **1.** *(mimovoľne naraziť na niečo)* to strike against, to bump into, *(ublížiť si pri náraze)* to get hurt; **2.** *(buchnúť sa, udrieť sa)* to hit os

udržať *dk* **1.** to maintain, to hold, to keep, to preserve

udržať sa *dk* **1.** to maintain oneself; **2.** to hold one's ground; **3.** to keep

údržba *ž* **1.** maintenance, upkeep, servicing, repairs

uhladený *príd* **1.** *(hladký, i prn)* smooth; **2.** *(úslužne sa správajúci)* refined, *(zdvorilý)* polite, *(prehnane, i der)* slick; **3.** *(pekný vzhľadom)* fine

úhľadný *príd* **1.** *(majúci pekný vzhľad)* shapely, comely, *(i domček)* pretty, *(i písmo)* neat, *(ifm)* natty

úhlavný *príd* **1.** *(nepriateľ)* mortal, *(zapríSahaný)* sworn, *(zarytý: odporca)* staunch

uhlie *s* **1.** coal, charcoal, lignite, carbon

uhlík *m* **1.** *(chem)* carbon, coal, crayon

uhlomer *m* **1.** *(geom)* protractor, goniometer

uhlopriečka *ž* **1.** *(geom)* diagonal

uhnúť *dk* **1.** to avoid, to dodge; **2.** to move

uhnúť sa *dk* **1.** *(uvoľniť cestu)* to give way, to step aside; **2.** *(vyhnúť sa ob napadnutiu)* to dodge, *(prudko)* to swerve, *(útočníkovi)* to avoid

uhol *m* **1.** angle; **2.** corner

uhorka *ž* **1.** *(bot: Cucumis sativus)* cucumber, *(malý)* gherkin

úhrada *ž* **1.** coverage, defrayal, reimbursement, compensation, remittance

úhrn *m* **1.** sum, total [sum], grand total, the aggregate

uchádzač *m* **1.** applicant, contestant, candidate, aspirant

ucho *s* **1.** ear; **2.** handle

uchýliť sa *dk* **1.** to deviate; **2.** to retire; **3.** to resort to

úchylka *ž* **1.** deviation, deflection, departure, tolerance, aberration, heresy, defect

úchylnosť *ž* **1.** abnormality, perversion, perverseness, perversity, unnaturalness

ujať sa *dk* **1.** to take over; **2.** to take someone's part; **3.** to become established, **4.** to take hold

ujma *ž* **1.** datriment, damage, disadvantage, nuisance

ujsť *dk* **1.** to flee; **2.** to run away; **3.** to escape the attention of, **4.** to suffice, **5.** to be condoned

ukázať *dk* **1.** to show; **2.** to point to/ out; **3.** to indicate

ukázať sa *dk* **1.** *(objaviť sa)* to show up, to appear; **2.** *(vyjsť najavo)* to emerge; **3.** *(prejaviť sa)* to show, **4.** *(predviesť sa)* to come forward

ukazovák *m* **1.** forefinger, index finger

ukážka *ž* **1.** demonstration, exhibition; **2.** sample, specimen

úklon *m* **1.** *(sklonenie hlavy/ hornej polovice tela)* bow; **2.** *(tel: pohyb drieku dopredu/ na boky)* bend; **3.** *(ban)* dip, slope

úkon *m* **1.** act, function, *(práv)* transaction, *(pracovný)* operation

ukradomky *prísl* **1.** furtively, secretly, stealthily

ukrátiť *dk* **1.** to shorten; **2.** to short-change; **3.** to deprive, to rob of

ukrižovať *dk* **1.** to crucify

ukrutný *príd* **1.** cruel; **2.** tyrannical, brutal, atrocious; **3.** awful, big
ukryť *dk* **1.** to hide, to conceal, to keep secret, to hush up
úkryt *m* **1.** *(miesto, kde sa možno ukryť: i pred dažďom)* shelter, *(i voj)* cover; **2.** *(miesto, kde sa možno schovať)* hideaway, *(i voj)* hide-out, *(ob voj)* dugout
úľ *m* **1.** beehive, bee-skep
uľahčiť *dk* **1.** to lighten, to ease, to faciliate; **2.** to relieve, to alleviate
uliať sa *dk* **1.** *(hov pej/ der: vyhnúť sa povinnostiam)* to shirk, *(práci)* to avoid doing work; **2.** *(škol: z prednášky/ hodiny)* to skip; **3.** *(zo školy)* to play truant
ulica *ž* **1.** street, the mob, street mobs
ulička *ž* **1.** street, lane, alley
uličník *m* **1.** naughty boy, scallywag, scamp, rogue
ulita *ž* **1.** shell, *(veľká)* conch, conker, sherd, testa
úlomok *m* **1.** fragment, chip
úlovok *m* **1.** *(pot: rýb)* take, bag, catch, spoils
uložiť *dk* **1.** to place; **2.** to lodge; **3.** to lay, **4.** to embed, **5.** to lay to rest, **6.** to lay to sleep, **7.** to file, **8.** to deposit; **9.** to store; **10.** to assign; **11.** to enjoin
ultrazvuk *m* **1.** *(fyz)* ultrasound, supersound; **2.** *(lek)* ultrasound scan
umelec *m* **1.** artist; **2.** artiste
umelecký *príd* **1.** artistic, art
umelý *príd* **1.** artificial, synthetic
umenie *s* **1.** art; **2.** ability
úmerný *príd* **1.** adequate for commensurate with, proprotional to; **3.** shapely
umiernený *príd* **1.** moderate, mild, continent, temperate
umiestiť *ndk* **1.** to place, to put, to locate; **2.** *(dať niekomu nejaké miesto)* to house
umiestniť *dk* **1.** *(inf, eko)* to locate, *(eko)* to place, *(eko)* to put, *(vložiť)* to insert
umlčať *dk* **1.** to silence, to smother
umocniť *dk* **1.** to raise to higher power, to involve
umožniť *dk* **1.** to make [st] possible, to permit compliance with, to allow, to enable
úmrtie *s* **1.** death, passing away, decease, *(fml, leg)* demise
úmrtnosť *ž* **1.** mortality, death rate, infant mortality, fatality, drp-out rate
umŕtviť *dk* **1.** *(zbaviť citlivosti: časť tela)* to anesthetize, *(ďasno, zub)* to numb; **2.** *(prn: potlačiť)* to suppress, *(urobiť nehybným, i špo)* to stop
umučiť *dk* **1.** to torture
úmysel *m* **1.** intention, purpose, aim, *(práv)* intent
úmyselný *príd* **1.** intentional, deliberate, wilful, *(práv)* premeditated
umyť *dk* **1.** to wash
umývadlo *s* **1.** wash basin; **2.** sink
umyváreň *ž* **1.** washroom, toilet, lavatory, rinsing room; **2.** *(autoumyváreň)* carwash
unáhlený *príd* **1.** hasty, hurried, rash, reckless
únava *ž* **1.** fatigue, weariness
unaviť *dk* **1.** to tire, to make sb tired, to weary, to fatigue, *(vyčerpať)* to exhaust, to wear out
unaviť sa *dk* **1.** to get/to become tired, to get /to become weary, to tire os, to exhaust os
únavný *príd* **1.** tiring, tiresome, wearisome, *(veľmi)* fatiguing, tedious
uniesť *dk* **1.** to carry, to bear, to manage, to be able to carry, to carry off, to abduct; **2.** to fill with rapture
uniforma *ž* **1.** uniform
únik *m* **1.** escape; **2.** leak, loss; **3.** fading
univerzita *ž* **1.** university, college, university college, *(ifm)* varsity, campus
únos *m* **1.** kidnap[ing], abduction, *(lietadla)* hijack[ing], elopement, rape, Gretna Green marriage
únosný *príd* **1.** *(majúci schopnosť uniesť, i pôda)* bearing, *(tech)* [capable of] carrying; **2.** *(vhodný: požiadavky)* acceptable, *(náklady)* sustainable
upadnúť *dk* **1.** to fall, to sink, to drop, to decline, to lapse
úpadok *m* **1.** fall; **2.** wane; **3.** degenera-

tion, **4.** decadence, **5.** bankruptcy
úpal *m* **1.** heat; **2.** sunstroke
úpätie *s* **1.** *(najspodnejšia časť hory/ kopca)* foot, bottom, *(geol)* piedmont, *(kopec)* foothill
upevniť *dk* **1.** to strenghthen; **2.** to tighten; **3.** to consolidate, **4.** to confirm
upír *m* **1.** vampire
úpis *m* **1.** *(listina obsahujúci písomný záväzok)* obligation, *(akomodačný, zaručený atď)* note; **2.** *(prav, fin: dlžobný)* promissory note, certificate of debt
uplakaný *príd* **1.** in tears, tearful, tear-stained
uplatniť *dk* **1.** to apply; **2.** to bring to bear; **3.** to enforce, to assert
úplný *príd* **1.** total, complete, entire; **2.** absolute
upokojiť *dk* **1.** *(br)* to quieten sb [down], *(am)* to quiet sb [down], to calm sb [down], to pacify
upokojiť sa *dk* **1.** to calm down, to get calm, to become calm, *(ifm)* to simmer down
upomienka *ž* **1.** reminder; **2.** souvenir
upozorniť *dk* **1.** to call attantion to, to alert to, to bring to one's attention, to call one's attention to, to inform, to warn
upratať *dk* **1.** to remove, to clear; **2.** to clean up, to pack away, to eat up
upratovačka *ž* **1.** cleaner, cleaning woman, cleaning lady, *(br dtd)* charwoman
úprava *ž* **1.** instructions; **2.** form; **3.** setup, **4.** adjustment, **5.** face lifting, **6.** score arrangement/ adaptation, **7.** make-up, **8.** make-ready; **10.** design
upraviť *dk* **1.** to adjust; **2.** to regulate; **3.** to dress, **4.** to prepare, **5.** to arrange, **6.** to direct, **7.** to remodel, **8.** to amend
uprieť *dk* **1.** *(sústredene zamerať: oči, zrak, pozornosť ap)* to fix [st on sb/st], *(ob pass: oči)* to rivet on sb/st, *(i bezpr)* to stare; **2.** *(poprieť)* to deny
úprimný *príd* **1.** sincere, frank, open-hearted, free-spoken, open
uprostred *prísl* **1.** in the middle of, amidst, among; **2.** during; **3.** in the middle
úrad *m* **1.** office; **2.** board; **3.** authorities
úradník *m* **1.** *(štátny)* civil servant, [-]officer, *(i miestny)* clerk; **2.** *(admisistratívny zamestnanec)* white-collar worker, clerical worker
úradný *príd* **1.** official
urán *m* **1.** uranium
urastený *príd* **1.** *(o človeku: majúci vysokú postavu)* well-grown, *(o žene)* well[-]formed; **2.** *(: majúci súmernú postavu)* well-proportioned; **3.** *(o strome, postave: vysoký)* tall
úraz *m* **1.** [body] injury, *(pracovný)* industrial accident, [work]injury, *(práv)* bodily harm; **2.** *(zr: poranené miesto)* lesion
uraziť *dk* **1.** to offend, to insult; **2.** to injure; **3.** to cover, to travel, to make
uraziť sa *dk* **1.** to take offense, to feel offended, to feel upset, *(fml, joc)* to take umbrage
urážlivý *príd* **1.** offensive; **2.** insulting; **3.** libelous
určenie *s* **1.** destination; **2.** determination; **3.** designation, **4.** stipulation, **5.** establishment
určiť *dk* **1.** to establish; **2.** to fix; **3.** to state, **4.** to detail, **5.** to designate, **6.** to destine, **7.** to prescribe
určitý *príd* **1.** definite; **2.** certain; **3.** finite
urna *ž* **1.** an urn, ballot box
úroda *ž* **1.** harvest, crop, *(prenes)* shower, *(výnos)* yield
úrodný *príd* **1.** fertile
urodzený *príd* **1.** honorable, titled, noble, high-born
úrok *m* **1.** interest
úroveň *ž* **1.** level, plane, surface, standard
urovnať *dk* **1.** to balance, to level, to equalize, to even, to straighten
urýchliť *dk* **1.** to speed up, to accelerate, to hasten, to hurry up
úryvok *m* **1.** fragment
usadenina *ž* **1.** deposit, sediment[ation], silt, *(kávy)* grounds, *(v sude vína)* fur
usadlík *m* **1.** inhabitant, resident, dweller,

livier

úsečný *príd* **1.** terse, brief, laconic; **2.** choppy

úsek *m* **1.** sector, stretch, segment, distance

úschova *ž* **1.** *(uloženie)* deposit, storage; **2.** *(opatera)* custody, keeping

úsilie *s* **1.** effort, labour, struggle, *(fml)* endeavor

usilovný *príd* **1.** diligent, industrious, assiduous

úskočný *príd* **1.** *(používajúci klamstvo)* deceitful, *(používajúci úskoky)* wily, *(používajúci lesť)* guileful, *(prešibaný)* crafty

úskok *m* **1.** *(podvod)* trick, guile, deceit, *(pl)* wiles, *(ifm)* dodge

uskutočniť *dk* **1.** to realize, to bring about, to put into life, *(fml)* to effect

uskutočniť sa *dk* **1.** to come true, to be realized

uskutočniteľný *príd* **1.** realizable, feasible, practicable, workable

usmerniť *dk* **1.** to coordinate; **2.** to bring into line; **3.** to rectify, to straighten

úsmev *m* **1.** smile, *(neúprimný)* simper, *(sebavedomý)* smirk

usmievať sa *ndk* **1.** to smile, *(neúprimne)* to simper

uspať *dk* **1.** *(priviesť do spánku: dieťa)* to put sb to sleep, *(nudným rozprávaním)* to send sb to sleep. *(dieťa spevom)* to lull a baby [to sleep], *(pacienta)* to narcotize

uspávanka *ž* **1.** lullaby, cradlesong

úspech *m* **1.** success, distinction, full marks; **2.** *(*veľa úspechov)* good luck!

úspešný *príd* **1.** successful, prosperous, flourishing, thriving

uspokojiť *dk* **1.** to satisfy; **2.** to calm

uspokojiť sa *dk* **1.** to be satisfied contented with, to be contented with, to content oneself with

úspora *ž* **1.** *(niečo získané: šetrením)* saving, *(: znížením)* reduction, *(: ekonomickým využívaním)* economy; **2.** len mn: **úspory** *(ušetrené peniaze)* savings

usporiadať *dk* **1.** to organize, to arrange, to put in order, to settle

úsporný *príd* **1.** economical, thrifty; **2.** labor-saving, time-saving

ústa *s pomn* **1.** mouth, osculum, jaw

ustáliť *dk* **1.** to establish, to fix, to set, to determine; **2.** to steady; **3.** to consolidate, **4.** to standardize

ustanoviť *dk* **1.** to appoint, to make, to assign; **2.** to determine; **3.** to fix, **4.** to decree, **5.** to settle, **6.** to stipulate, **7.** to set up

ustať *dk* **1.** to get tired

ústav *m* **1.** institute, establishment, institution

ústava *ž* **1.** constitution

ustavičný *príd* **1.** incessant, perpetual, ceaseless, continuous

ústavný *príd* **1.** *(patriaci ústavu)* institutional; **2.** *(uskutočňujúci sa v ústave: liečba)* hospital; **3.** *(týkajúci sa/ súvisiaci s ústavou: slobody)* constitutional, *(lat)* constitutionalis

ústavodárny *príd* **1.** constituent, constitutive

ústie *s* **1.** mouth, opening, orificee; **2.** muzzle; **3.** river mouth

ústiť *ndk* **1.** to flow into, to run into, to open, to discharge

ústranie *s* **1.** seclusion, solicitude

ústredňa *ž* **1.** central office; **2.** telephone exchange, central; **3.** switchboard, **4.** switchboard operator

ústredný *príd* **1.** central

ustrica *ž* **1.** oyster

ústrižok *m* **1.** cutting, clipping; **2.** slip; **3.** coupon

ústup *m* **1.** withdrawal, retreat; **2.** concession

ustúpiť *dk* **1.** to yield, to give in; **2.** to comply; **3.** to give ground, **4.** to recede, **5.** to retreat from

ústupok *m* **1.** *(čiastočné vyhovenie)* concession [to sb/st], set-off, *(popustenie zo zásad)* exception

úsudok *m* **1.** judgement, conclusion, discernment, *(deduktívny)* inference

usvedčiť *dk* **1.** *(dokázať vinu z)* to prove sb guilty of, *(z trestného činu)* to find sb

guilty
úsvit *m* **1.** daybreak, dawn, twilight, cockcrow
úškrn *m* **1.** *(úsmev)* grin, *(posmešný)* sneer, *(pohŕdavý)* smirk, *(sprostý)* simper
uškrnúť sa *dk* **1.** *(usmievať sa)* to grin, *(posmešne)* to sneer, *(pohŕdavo)* to smirk, *(sprosto)* to simper
ušľachtilý *príd* **1.** noble, refined; **2.** improved
uštipačný *príd* **1.** biting, nipping, waspish, caustic
utečenec *m* **1.** *(kto utiekol z polit/ voj príčin)* refugee, *(z koncentračného tábora)* fugitive, *(z väzenia)* escaper, *(ubehlík)* defector
útecha *ž* **1.** *(i špo: pohár)* consolation, comfort, solace, relief
útek *m* **1.** escape, flight; **2.** rout
uterák *m* **1.** towel, *(kuchynský)* tea cloth
útes *m* **1.** cliff, reef
utiahnuť *dk* **1.** to pull; **2.** to be able to pull; **3.** to manage, *(pulling)* to master, **4.** to dertact, **5.** to skimp, **6.** to deny, 7 *(screw, belt)* to tighten, **8.** to contract
utiahnuť sa *dk* **1.** to retire, to withdraw; **2.** to contract, to pucker; **3.** to draw back from, **4.** to retreat to
utiecť *dk* **1.** *(behom sa vzdialiť, odísť: z domu)* to run away [from], *(i opustiť nebezpečné miesto)* to flee [from]; **2.** *(tajne odísť: i z väzenia, i prn)* to escape; **3.** *(opustiť, ujsť)* to get away [from], *(od niekoho)* to walk out on sb, **4.** *(prn: vyhnúť sa)* to shun, *(uplynúť v čase)* to fly
utiereň *ž* **1.** *(kat)* Christmas midnight Mass, *(anglik)* Christmas midnight service
utierka *ž* **1.** *(kuchynská, na utieranie riadu)* tea towel, *(br)* tea cloth, *(am)* dishtowel; **2.** *(kuchynské: papierové)* kitchen roll
utkvieť *dk* **1.** to linger, to stick, to sink, to be fixed on
utláčať *ndk* **1.** *(stláčať)* to compress, *(hliny, i ban)* to tamp; **2.** *(prn: uskutočňovať útlak)* to oppress, to yoke
útly *príd* **1.** tender
útočisko *s* **1.** *(miesto, osoba, vec)* refuge; **2.** *(miesto)* retreat, harbour; **3.** *(osoba/ vec: posledné)* resort
útočiť *ndk* **1.** to attack, to charge, to assail
útočný *príd* **1.** aggressive, offensive
útok *m* **1.** woof, weft; **2.** attack, assault; **3.** offense
utorok *m* **1.** Tuesday, Shrove Tusday, Mardi Gras
utrpenie *s* **1.** suffering, passion
utrpieť *dk* **1.** to suffer, to sustain
utŕžiť *dk* **1.** to realize, to earn; **2.** to take in, to gross; **3.** to get
útulný *príd* **1.** *(o obydlí ap: milý na obývanie)* cosy, *(i miestnosti ap)* snug, *(domácky)* homelike; **2.** *(kniž: príjemný)* pleasant
útulok *m* **1.** shelter, refuge
útvar *m* **1.** formation, unit, outfit, force
uvádzač *m* **1.** *(v kine/ divadle ap)* usher, *(dievča)* usherette
úvaha *ž* **1.** study, discussion, treatise; **2.** thesis; **3.** consideration, **4.** thoughts
úväzok *m* **1.** *(rozsah povinnosti)* hours of duty, professional obligations, *(polovičný úväzok)* half-time/part-time job; **2.** *(plný úväzok)* full-time; **3.** *(zast: predmet, ktorým sa uväzuje)* tie
uvedomelý *príd* **1.** conscious, aim-conscious, aware, enlightened
úver *m* **1.** credit, *(bankový)* bank-credit, financing; **2.** *(*na úver)* on credit, *(br ifm)* on tick
uverejniť *dk* **1.** to publish, to make public
uviaznuť *dk* **1.** to get stuck, *(loď)* to founder, *(kosť v hrdle)* to lodge; **2.** *(ustať)* to cease
úvod *m* **1.** introduction, churching
úvodník *m* **1.** leader, leading article, *(krátky)* leaderette, editorial
úvodzovky *ž pomn* **1.** quotation marks, quotes
uvoľniť *dk* **1.** to free, to release, to liberate, to disengage; **2.** to unfix; **3.** to relax, **4.** to empty, **5.** to cede

uvoľniť sa *dk* **1.** *(oslobodiť sa)* to get loose/ free; **2.** *(povoliť: lano, skrutka)* to loosen, *(šnúrka, opasok ap)* to undo, *(pružina, i prn)* to unwind; **3.** *(prn: zbaviť sa napätosti, nájsť si čas)* to relax, **4.** *(zmierniť sa: napätie)* to ease off, **5.** *(uprázdniť sa)* to become vacant

uzákoniť *dk* **1.** to enact [into law], to codify

uzáver *m* **1.** close, conclusion; **2.** shutter, lock

uzávierka *ž* **1.** cap, cover plate, casing; **2.** seal; **3.** closing device, **4.** dead line, **5.** firing-pin stop, **6.** shutter, **7.** lock, **8.** contract

uzavrieť *dk* **1.** to close, to shut; **2.** to enclose; **3.** to block [off], **4.** to resolve, **5.** to conclude [an agreement], **6.** to include

uzda *ž* **1.** *(opraty a zubadlo)* bridle; **2.** *(prn)* restraint; **3.** *(*popustiť niekomu/ niečomu uzdu)* to give full/free reins to sb/st

uzdraviť *dk* **1.** to heal, to cure, to restore to health, to make whole

uzdraviť sa *dk* **1.** to recover, to get well, to return to health, *(br ifm)* to pull round

územie *s* **1.** territory, area; **2.** zone

uzemniť *dk* **1.** *(ele)* to [put to] earth, to earth-wire, *(am)* to ground; **2.** *(hov/ ifm: odpoveďou)* to floor

úzkoprsý *príd* **1.** narrow-chested; **2.** narrow-minded

úzkosť *ž* **1.** *(stav strachu z neznámeho, tieseň)* anxiety, apprehension, trepidation, anguish; **2.** narrowness

úzkostlivý *príd* **1.** anxious, fearful

úzky *príd* **1.** narrow; **2.** tight; **3.** close, **4.** condensed

uznanlivý *príd* **1.** appreciative; **2.** indulgent, considerate, thoughtful

uznať *dk* **1.** to recognize; **2.** to admit, to acknowledge, to own; **3.** to deem, **4.** to realize, **5.** to appreciate, **6.** to make allowance for, **7.** to give one his/ her due

uznesenie *s* **1.** *(rozhodnutie: výboru, rady ap)* resolution; **2.** *(súdu)* ruling; **3.** *(výnos)* decree, **4.** *(prijať uznesenie)* to pass/to carry/ to adopt a resolution

uzniesť sa *dk* **1.** *(rozhodnúť)* to resolve, *(dohodnúť sa)* to agree on, *(rada ap)* to pass/to carry/ to adopt a resolution, *(vláda)* to decree

uzol *m* **1.** knot; **2.** budle; **3.** node, **4.** stopper, **5.** hub

už *prísl* **1.** already, at once, long ago, as early as

úžas *m* **1.** *(veľké prekvapenie)* astonishment, amazement, *(veľký údiv)* wonderment, *(ohromenie)* consternation, shock

úžasný *príd* **1.** tremendous, shocking, terrific, astounding

úžina *ž* **1.** strait, narrow, channel

užiť *dk* **1.** to employ, to use; **2.** to apply; **3.** to experience, **4.** to consume, **5.** to partake, **6.** to avail oneself of

užitočný *príd* **1.** useful, profitable, helpful, handy

úžitok *m* **1.** use, utility; **2.** benefit, gain

V

v *predl* **1.** *(vyj miesto, oblasť, zreteľ, prostriedok)* in: **je v izbe** *he is in his room*; inside: **v izbe** *inside the room*; in: **lietať vo vzduchu** *to fly in the air*; into: **v diaľke** *in/into the distance*; at: **v hoteli** *at the hotel*, **v srdci** *at heart*; **2.** *(: vymedzený časový úsek)* during: **vo dne/ v noci** during the day/ the night, **v prvej svetovej vojne** *during World War One*; in: **v lete/ januári atď** *in Summer/ January etc*; throughout: **v lete** *throughout the Summer* **3.** *(: časový bod)* at: **v tej chvíli/ tom čase** *at that moment/ time*, **v mojom veku** *at my age*, **v súčasnej dobe** *at present*; *(deň)* on: **v deň svadby** on the wedding day; **v sobotu/ nedeľu atď** *on Saturday/ Sunday etc*; **4.** *(stav)* in: **v pokoji/ nebezpečenstve/ dobrom stave/ poriadku** *in peace/ danger/ good condition/ order*; on, **v službe/ pla-**

meňoch on duty/ fire, **v správnom smere** *on course*; under: **v oprave/ zbrani** under repair/ arms, **v podozrení** *under a cloud*; ***byť v druhom/ inom stave** *to be with child*; ***byť v kaši/ ťažkej situácii** *to be in the soup/ to be up a tree*; at: **byť v najlepšej forme** *to be at one s best*, **v podstate/ jadre** *at bottom*; **5.** *(vyj výsledok)* into; **6.** *(ako sučasť predl výrazov)*: **v porovnaní** *as compared with*, **v rámci** *within the ambit of*, **v hodnote** to the value of, **v žiadnom prípad** *on no /not on any account*; **v časovej tiesni** pressed for time; **v prospech** in the aid of,; **v zastúpení** *by proxy*, **v prípade požiaru** *in case of fire*

vadiť sa *ndk* **1.** *(prudko si vymieňať názory)* to argue, *(hádať sa)* to quarrel, to wrangle, *(pre každú maličkosť)* to squabble

vagón *m* **1.** wagon, freight car, truck, van

váha *ž* **1.** weight; **2.** balance, scale; **3.** weighing machine, **4.** weighbridge, gravity, **5.** stress, 6 *(tel)* lever, **6.** prestige, **7.** doubletree

váhať *ndk* **1.** to hesitate, á to boggle, to waver, *(otáľať)* to linger, *(hov)* to shilly-shally, *(ifm)* to shilly-shally

vajce *s* **1.** egg, ovum

váľať sa *ndk* **1.** to roll, to tumble about, to wallow, to lie about, to idle about, to loaf around; **2.** *(hov: s kým)* to make love

valec *m* **1.** cylinder, roller, barrel

valiť sa *ndk* **1.** to stream, to roll, to rush, to pour; **2.** to trudge; **3.** to fall

vaľkať *ndk* **1.** *(váľaním posúvať: sudy)* to roll; **2.** *(uhládzať váľkom: cesto)* to roll out

valuta *ž* **1.** [foreign] currency, exchange

vaňa *ž* **1.** [bath]tub, vat, *(tank)* tank, trough, hip-bath

vankúš *m* **1.** *(ozdobný, i tech)* cushion, *(poduška)* pillow, *(detská perinka, zavinovačka)* tissue, *(na labách zvierat)* pad

vánok *m* **1.** *(náznak, závan)* breeze, air, breath, *(fml, lit)* zephyr

vápnik *m* **1.** calcium, *(skr)* Ca

vápno *s* **1.** lime, *(chlórové: na bielenie)* bleach, *(na maľovanie)* whitewash; **2.** *(hov: vápnik)* calcium

var *m* **1.** boil, *(i prn)* ebullition; **2.** *(prn: intenzívna činnosť)* heat, steam

vari *část* **1.** *(vyj neistotu, i v pripúšťacej vete)* maybe, possibly, *(i v opytovacích vetách)* perhaps, *(v opytovacích vetách)* could it be...

variť *ndk* **1.** *(pripravovať jedlo, i bezpr)* to cook, *(čo)* to make, *(v pare)* to steam, *(vo vode, uvádzáť do varu: mlieko)* to boil; **2.** *(spracúvať varom: pivo)* to brew; **3.** *(zamýšľať)* to cook up

varovať *ndk* **1.** *(upozornovať na nebezpečenstvo)* to caution, to warn; **2.** *(strážiť, dozerať)* to guard; **3.** *(opatrovať, pestovať)* to tend

váš I. ***zám*** **1.** *(adj)* your, *(pron)* yours, *(Váš oddaný: v závere listu)* Yours faithfully; **2.** *(po vášom)* your way, **II.** ***podst m*** **3.** your husband

vášeň *ž* **1.** *(prudký cit, láska, záľuba)* passion, ardour; **2.** *(náruživá láska k niekomu)* flame, infatuation; **3.** *(silná záľuba)* craze

vášnivý *príd* **1.** *(prudkej povahy, prejavujúci cit, oddaný)* passionate, *(prudkej povahy)* wild; **2.** *(prejavujúci silný cit, oddaný)* fervent, *(prejavujúci: silný cit)* passional, *(ľúbostná vášeň)* amorous; **3.** *(náruživý, veľmi oddaný niečomu)* ardent

vata *ž* **1.** cottonwool, *(krajčírska)* wadding, *(cukrová)* candy-floss, *(sklená)* glass wool, *(prn: výplň)* filler, *(textu ap)* padding

vatra *ž* **1.** open-air fire, bonfire, balefire, *(ako signál)* beacon

vavrín *m* **1.** *(bot: Laurus nobilis)* bay[-tree], [bay-]laurel; **2.** *(vavrínový veniec)* laurel

váza *ž* **1.** *(ozdobná nádoba, i na kvety)* vase, *(čínska)* potiche, *(kvetinová)* flower pot, *(široká)* bowl

väčšina *ž* **1.** majority, the greater part, the greatest part, [the] most, *(nadpolo-*

vičná) absolute majority

vädnúť *ndk* **1.** *(o rastlinách, i prn)* to wilt, to wither; **2.** *(prn)* to thin, to fade

väzba *ž* **1.** *(viazanie, i chem, fyz, ele, inf)* bond, *(ele, fyz: priama, odporová)* coupling; **2.** *(obal knihy)* binding; **3.** *(gram: konštrukcia)* construction, *(reakcia)* government, **4.** *(obmedzenie slobody)* detention, *(vyšetrovacia)* custody, **5.** *(spojitosť, súvislosť, i inf)* connection

väzeň *m* **1.** *(i politický)* prisoner, captive, convict, jail-bird, *(odsúdený na dlhý trest)* longtimer

väzenie *s* **1.** *(žalár)* prison, jail[house], *(am)* penitentiary, *(voj)* detention barracks, *(sl)* cooler; **2.** *(trest odňatia slobody)* imprisonement, *(domáca)* house arrest

vážiť *ndk* **1.** *(zisťovať váhu, mať istú váhu, zvažovať)* to weigh, *(mať istú váhu: v boxe)* to weigh in; **3.** *(posudzovať, zvažovať)* to estimate, *(slová, činy)* to measure, **4.** *(poťažkávať)* to weigh in hand, **5.** *(čerpať vodu)* to draw

vážiť si *ndk* **1.** *(mať v úcte)* to [have] respect, to [hold in high] esteem, to regard higly; **2.** *(ceniť si)* to appreciate, *(i inf)* to value

väzivo *s* **1.** *(anat)* connective tissue, binding material/ agent/ means, *(tukové)* fatty tissue, *(tuhé)* ligament

väznica *ž* **1.** prison, jailhouse, gaol, *(am)* penitentiary

vážny *príd* **1.** *(nie veselý, závažný, seriózny, vážený)* serious, *(nie veselý, i nebezpečný)* grave, *(kt má dôstojný výzor)* dignified, *(kt má prísny výzor)* stern; **2.** *(prejavujúci ozajstný záujem)* earnest; **3.** *(závažný)* weighty, *(dôležitý)* important, **4.** *(hodnotný, významný)* valuable, **5.** *(vzbudzujúci obavy, nebezpečný)* dangerous

väzy *pomn* **1.** nape [of neck], back of the neck, scruff

vcelku I. ***prísl*** **1.** *(vo všeobecnosti)* generally, by and large, *(i celkove)* on the whole; **2.** *(celkove)* as a whole; **3.** *(dovedna)* [al]together, [all] in all, **II.** ***časť*** **4.** *(ináč)* after all, otherwise

včas *prísl* **1.** *(načas, presne)* on time, *(v určenom čase)* on/ in due time, *(práve)* at the right time, *(nie neskoro)* in time, *(práve)* just in time; **2.** *(zavčasu, skoro)* early

včela *ž* **1.** *(zool: Apis)* bee, *(zool medonosná: Apis mellifera)* honeybee, hive bee, *(robotnica)* worker bee

včelár *m* **1.** bee-keeper, bee-master, bee man, apiarist

včera *prísl* **1.** *(i prn)* yesterday, *(večer)* last night, yesterday evening

vďačný *príd* **1.** *(pociťujúci vďaku)* thankful, grateful; **2.** *(prinášajúci priaznivý výsledok)* paying, worthwhile

vďaka I. ***podst*** ž **1.** *(vďačnosť)* gratitude, gratefulness; **2.** *(*zdvorilostná formula: !)* thanks!, *(*vďaka Bohu)* thanks Goodness!; **II.** ***predl*** **3.** thanks to, due to

vdova *ž* **1.** widow, *(dedička)* dowager, *(žart: slamená)* grass widow

vdovec *m* **1.** widower, *(žart: slamený)* grass widower

vdýchnuť *dk* **1.** *(nabrať vzduch do pľúc)* to inhale, to breath in, to inspire; **2.** *(vdychom vtiahnuť do seba)* to sniff

vec *ž* **1.** *(konkrétny predmet, jav, fakt, záležitosť)* thing, *(predmet)* object, *(veci, tovar)* goods, *(veci)* stuff, *(osobné)* personal belongings, *(práv: hnuteľné)* chattels; **2.** *(práca, činnosť, dielo)* work; **3.** *(záležitosť)* matter, *(i obchodná, finančná)* business, *(otázka)* question, **4.** *(*to je moja/ nie je tvoja vec)* [that's] none of your business, *(ideme na vec)* let's get down to it, *(isť k veci)* to get to the point, *(vec života a smrti)* a matter of life and death, *(to je hotová vec)* it's done/ settled

vecný *príd* **1.** *(vzťahujúci sa na konkrétne veci)* concrete, *(hmotný: škody, účet)* material, *(reálny: účet)* real; **2.** *(týkajúci sa obsahovej stránky)* factual, *(obsahový: katalóg)* subject, *(k veci)* pertinent; **3.** *(triezvy, objektívny)* objective, **4.** *(lotéria)* raffle

večer **1.** *(časť dňa)* evening, *(pred sviat-*

kom) eve, [-]night, *(dobrý večer!)* good evening!; **2.** *(večerná udalosť)* social [evening], **II.** ***prísl*** **3.** *(vo večernom čase)* in the evening, *(dnes večer)* tonight, *(včera večer)* last night

večera *ž* **1.** *(ob okolo 6 hod, i slávnostná, i obed)* dinner, *(ľahká, neskoro večer)* supper, *(slávnostná)* dinner-party, *(cirk: posledná)* Last Supper

večerať *ndk* **1.** to have dinner, to be at dinner, *(fml)* to dine, *(neskoro)* to have supper, *(v reštaurácii)* to dine out

večerník *m* **1.** evening [news]paper, evening paper, evening journal

večierok *m* **1.** *(menšia večerná slávnosť)* [evening] party, social [evening], *(ifm)* do, *(fml)* soirée; **2.** *(zábava)* entertainment

večný *príd* **1.** *(stále jestvujúci/ sa opakujúci)* eternal, *(časovo neobmedzený)* everlasting, *(i stále sa opakujúci: sťažnosti, i dávny)* perennial; **2.** *(ustavičný, stály)* incessant, *(i stále sa opakujúci)* perpetual, *(majúci trvalé istú vlastnosť: figliar)* incorrigible; **3.** *(dávny, starý)* time-old, **4.** *(večný sen)* the last sleep

veď **I.** ***spoj*** **1.** *(však)* indeed, as a matter of fact, **II.** ***časť*** **2.** *(zdôrazňuje platnosť výpovede)* why, well; **3.** *(vyj pobádanie: veďže, veď už)* come on,, well then, **4.** *(vyj/ zosilňuje súhlas: veď áno/ hej/ tak!)* just so!, *(veď práve!)* that's right!

veda *ž* **1.** *(sústava poznatkov, i jednotlivý odbor)* science, *(prírodné)* natural sciences, *(jednotlivý odbor)* [-]logy; **2.** *(Slovenská akadémia vied)* Slovak Academy of Sciences

vedec *m* **1.** scientist, man of science, [-]ist, scholar

vedecký *príd* **1.** scientific, science, scholarly, academic

vedenie *s* **1.** *(riadenie, i skupina ľudí)* management, *(riadenie: podniku, štátu, hospodárstva)* administration, guid[anc]e; **2.** *(skupina ľudí, ktorí niečo spravujú)* directorate; **3.** *(vedúce postavenie, i šport)* leadership, *(šport, i náskok)* lead, **4.** *(fyz)* conduction, *(tech: zariadenie)* main, **5.** *(vedomosti)* learning

vedieť *ndk* **1.** *(mať vedomosť: čo)* to know st, *(o čom)* to have knowledge of; **2.** *(mať schopnosť: čítať, chodiť)* to be able to, can/ could, *(dokázať)* to know how to, *(ovládať)* to have a good command of, *(cudzí jazyk)* to speak; **3.** *(vedieť si poradiť/ si rady)* to manage, *(čo ja viem!)* I haven't a clue!, *(vie čo chce)* I knows his own mind, *(vieš/ viete: vo význame časť)* you know,, *(vieš/ viete?)* you know that!, *(nieviem čo/ kam atď)* I don't know what/ where ...

vedľa **I.** ***predl*** **1.** *(vyjadruje miestnu blízkosť)* beside, next to, *(blízko)* close to; **2.** *(vyjadruje smerovanie popri niečom)* along[side of], by the side of, **II.** ***prísl*** **3.** *(v tesnej blízkosti)* next, on so's side, *(seba)* side by side, *(v dome)* next door, **4.** *(bokom, mimo)* out, off, *(trafiť)* wide of the mark, **5.** *(byť vedľa: mýliť sa)* to be wrong

vedľajší *príd* **1.** *(susedný: izba)* adjacent, *(kancelária, dom)* next-door; **2.** *(nie hlavný: účinok, dohoda)* collateral, *(náklady, efekt, i fon: prízvuk)* secondary, *(gram: veta)* subordinate; **3.** *(bezvýznamný, nepodstatný)* unimportant, irrelevant

vedomie *s* **1.** *(stav, schopnosť vnímať, uvedomovanie si)* consciousness, *(stav, schopnosť vnímať okolie)* senses; **2.** *(uvedomovanie si)* awareness, sense, *(vedomosť o niečom)* knowledge; **3.** *(bez vedomia niekoho)* without sb's knowledge

vedomosť *ž* **1.** mn: **vedomosti** **1.** *(znalosti)* knowledge, erudition, information, learning; **2.** *(zast: vedomie)* consciousness

vedomý *príd* **1.** *(konaný s plným vedomím)* conscious, *(úmyselný: lož)* deliberate, *(čin)* wilful, intentional; **2.** *(byť si vedomý)* to be aware of

vedro *s* **1.** *(nádoba)* bucket, pail, *(na uhlie)* scuttle; **2.** *(obsah tejto nádoby)* pailful

vedúci **I.** ***príd*** **1.** *(kt vedie)* leading, managing, *(hlavný)* principal, head, key[-], *(i špo: miesto, hráč)* top, **II.** ***podst*** m **2.** leader, *(obchodu, podniku)* manager, *(podniku)* managing director

vejár *m* **1.** fan

vek *m* **1.** *(dlhý časový úsek, obdobie, i života)* age; **2.** *(obdobie niečím typické)* era, **3.** *(ľudský život)* life[time], **4.** *(staroba)* old age

veľa I. ***čísl*** **1.** a lot of, a great deal of, a great number of, *(s podst mn)* many, **II.** ***prísl*** **2.** *(mnoho)* a lot; **3.** *(*čo je veľa, to je veľa)* enough is enough

velenie *s* **1.** *(vedenie vojska)* command, *(najvyššie)* high/ supreme command; **2.** *(veliteľstvo: hlavné)* headquarters [HQ]

veličenstvo *s* **1.** *(oslovenie, i titul)* Majesty, *(oslovenie: Vaše)* Your Majesty, Sire

veličina *ž* **1.** *(kvantitatívne vyjadrený jav, pojem)* quantity, *(mat, inf)* value, *(stála)* constant, *(premenná)* variable; **2.** *(osobnosť)* personality, VIP

velikán *m* **1.** *(obor, i prn: človek, predmet)* giant, *(obor)* colossus; **2.** *(prn: človek, ob pl)* great, *(predmet: ifm)* whopper

veliť *ndk* **1.** *(byť veliteľom)* to [be in] command, to be in charge; **2.** *(vydávať rozkazy)* to give orders; **3.** *(kázať)* to require

veľkoobchod *m* **1.** *(činnosť, obchodovanie)* wholesale, wholesale trade/ business; **2.** *(podnik)* wholesale store/ establishment/ house

veľkosť *ž* **1.** *(priestorový/ plošný rozmer, intenzita)* bigness, *(priestorový rozmer, objem, číslo odevu)* size, *(priestorový rozmer)* dimensions, *(plošný rozmer: pozemku)* area, *(astron: hviezdna, i fyz, ele: sily)* magnitude, *(výška)* height; **2.** *(objem, kapacita)* largeness; **3.** *(množstvo, miera)* amount, **4.** *(intenzita: sily, citu)* intensity, **5.** *(i prn: význam, dôležitosť)* greatness

veľkovýroba *ž* **1.** large-scale production, mass production

veľký *príd* **1.** *(značných rozmerov, početný, i prn)* big, *(značných rozmerov, i prn)* great, *(značných rozmerov, početný)* large, *(značných rozmerov)* large-size, *(vysoký, i prn)* tall, *(i vysokej ceny: plat, cena)* high; **2.** *(početný)* numerous; **3.** *(prn: významný)* important, *(i značný)* formidable, *(silný: bolesť)* sharp, *(dlhotrvajúci)* long, **4.** i podst m*(hov: dospelý)* grown-up, **5.** *(vo veľkom)* on a large scale, wholesale, in bulk, *(veľké zviera)* VIP

veľmi *prísl* **1.** *(pri: príd 1 st)* very, *(i dosť)* quite, *(ifm)* jolly, so, *(pred)* ever so, *(sl)* spanking, *(v zap: oslabuje jednoznačnosť výpovede)* not so, *(veľmi dobrý)* very/ quite good, *(: ifm)* jolly good, *(: sl)* spanking nice, *(je veľmi dobrý)* he's ever so nice; **2.** *(pri: sloveso, trpné príčastie)* [very] much, *(v zap)* not ... [very] much, *(i pri príd: príliš)* extremely, *(ifm)* awfully, *(veľmi kritizovaný)* much criticized, *(*veľmi ma teší: pri predstavovaní)* [I'm] so glad to meet you, *(*veľmi ľutujem)* I'm so/ awfully sorry

veľmoc *ž* **1.** great/ big power, world-power

veľryba *ž* **1.** *(zool: Cetacea)* whale, cetacean, *(zool: Physeter macrocephalus)* sperm whale, cachalot

veľtrh *m* **1.** fair, *(svetový)* Expo

veľvyslanec *m* **1.** ambassador

veľvyslanectvo *s* **1.** *(úrad i budova)* embassy

venček *m* **1.** *(zdrob)* wreath; **2.** *(pečivo)* dough-nut, ring; **3.** *(večierok)* ball

veniec *m* **1.** *(smútočný, i vavrínový, i prn)* wreath, *(i na hlavu)* garland, *(vavrínový)* laurel; **2.** *(prn: niečo tvarom podobné vencu)* ring, *(lit)* sequence; **3.** *(tech)* cordon, *(ozubený)* rim

venovať *n/dk* **1.** *(darovať)* to donate; **2.** *(pripísať na znak úcty)* to dedicate; **3.** *(obetovať)* to devote, to consecrate

ventil *m* **1.** *(tech)* valve, *(poistný/ bezpečnostný, i prn)* safety valve; **2.** *(hov: uvoľnenie napätia)* vent, outlet

verejnosť *ž* **1.** *(občania)* the public; **2.** *(čitateľská/ spotrebiteľská atď)* public, *(na verejnosti)* in public, *(s vylúčením verejnosti)* behind closed doors; **3.** *(mien-*

ka: pod tlakom verejnosti) the public opinion

verejný *príd* **1.** *(týkajúci sa spoločnosti, otvorený)* public, *(týkajúci sa spoločnosti)* general, common; **2.** *(otvorený, i tajomstvo)* open, accessible to the public; **3.** *(v min: dom)* disorderly house

veriaci I. ***príd*** **1.** believing, *(cirk)* churchgoing, **II.** ***podst*** m **2.** believer, *(hrom)* the faithful, the flock

veriť *ndk* **1.** *(byť veriacim: bezpr)* to believe; **2.** *(byť presvedčený: o existencii, dôverovať)* to believe in sb/ st; **3.** *(: o pravdovravnosti/ pravdivosti)* to believe sb/ st, **4.** *(dôverovať niekomu/ niečomu)* to trust sb/ st, *(i dúfať)* to confide in

veriteľ *m* **1.** creditor, *(hypotečný)* mortgagee, *(záložný)* pawnee, *(zmenkový)* bill holder

verný *príd* **1.** loyal, *(priateľ, manžel, i presný: kópia)* faithful, *(oddaný)* devoted, *(dôveryhodný)* trustworthy, *(priateľ, i presný)* true; **2.** *(presný)* accurate, *(preklad, kópia)* close, *(preklad)* literal

verš *m* **1.** *(i biblický)* verse, line; **2.** *(hov: sloha)* stanza, *(i dtd: básne)* verses; **3.** mn **verše**. *(básne)* verse, **4.** *(vo verši)* in verse

veselohra *ž* **1.** comedy, *(hudobná)* musical [comedy], vaudeville

veselý *príd* **1.** *(naplnený: radosťou)* cheerful, merry, *(s chuťou žartovať)* hilarious, *(i radostne pôsobiaci)* joyful, *(fml)* joyous; **2.** *(radostne pôsobiaci)* humorous, *(farba)* bright; **3.** *(*veselé Vianoce!)* Merry/ Happy Christmas!

veslo *s* **1.** oar, *(krátke, ob pl)* sculls, *(voľné: pádlo)* paddle, *(zadné: v gondole ap)* scull

veslovať *ndk* **1.** to oar, to row, *(pádlom)* to paddle; **2.** *(venovať sa veslárstvu)* to boat

vesmír *m* **1.** space, universe, cosmos, outer space

vesmírny *príd* **1.** cosmic, space, outerspace

vesta *ž* **1.** *(súčasť pánskeho obleku)* waistcoat; **2.** *(pletená s rukávmi)* cardigan, *(dámska)* shell, *(plávacia, nafukovacia)* life-jacket

vešať *ndk* **1.** *(zavesiť, popravovať, i hlavu)* to hang, *(sa)* to hang os; **2.** *(hlavu)* to bend

veštiť *ndk* **1.** *(prorokovať)* to prophesy; **2.** *(predvídať)* to foretell, to predict, *(predpovedať osud)* to tell fortunes; **3.** *(byť predzvesťou, príznakom)* to portend

veta *ž* **1.** *(gram: i zložená)* sentence, *(jednoduchá)* clause, *(hud)* movement, *(mat)* theorem, *(inf)* period

veterinár *m* **1.** veterinary surgeon, *(ifm)* vet, horse-doctor

vetrať *ndk* **1.** *(vymieňať vzduch: byt, i prevetrávať: šaty)* to air, *(vymieňať vzduch izbu, byt i ban)* to ventilate, to decay; **2.** *(geol)* to weather

vetriť *ndk* **1.** *(o zvieratách)* to sniff, to smell, to scent; **2.** *(o ľuďoch: nebezpečenstvo)* to smell a rat

vetrovka *ž* **1.** *(krátky kabát s kapucňou)* anorak, *(br)* windcheater, *(am)* windbreaker, *(s kožušinou)* parka

vetva *ž* **1.** *(vyrastujúca z kmeňa, i prn, inf, ele)* branch, *(fml: konár)* bough, *(veľká)* limb, *(malá, vyrastujúca z konára)* twig; **2.** *(časť rozvetvujúceho sa celku, rameno)* ramification

veverica *ž* **1.** *(zool: Sciurus vugaris)* squirrel, sciurine

veža *ž* **1.** *(i hud, inf)* tower, *(hradná)* bastion, *(malá, i voj, nám, let: otočná)* turret, *(kostolná)* belfry, *(šach)* castle; **2.** *(stavba v podobe veže)* skyscraper, *(kontrolná v letisku)* control tower, *(naftová)* oil rig

vhod I. ***prísl*** **1.** *(prísť, povedať)* at the right time, at the right moment, *(povedať)* to the point, **II.** ***vetná prísl*** **2.** *(byť)* convenient, suitable

vhodný *príd* **1.** *(tak, ako: sa patrí)* proper, *(: sa hodí)* appropriate, *(: je súci)* fit, *(vyhovujúci)* convenient, *(primeraný: kvalitou, množstvom)* adequate, *(príhodný: šaty, knihy, prirovnanie)* suitable, *(v príhodnej chvíli)* well-timed

vchod *m* **1.** *(miesto, i vstup)* entrance, *(miesto, kadiaľ sa vchádza)* way in, *(brána, i inf)* gate; **2.** *(vstup)* entry; **3.** *(vchod zakázaný)* no entry

Vianoce *pomn* **1.** Christmas, *(ifm)* Xmas, *(doba)* Yule[tide]; **2.** *(veselé Vianoce)* Merry/ Happy Christmas/ Xmas

vianočný *príd* **1.** Christmas, Yule; **2.** *(vianočný darček)* Christmas present

viať *ndk* **1.** *(o vetre ap.)* to blow, *(o zástave: povievať)* to flutter, to wave; **3.** *(čistiť obilie)* to winnow

viazanka *ž* **1.** *(kravata)* tie, *(dtd, am)* necktie, *(hotová)* jemina, *(široká stužka)* cravat

viazať *ndk* **1.** *(robiť: uzol, priväzovať, i prn)* to tie [a knot in st/ st to st], *(: uzol na niečo, z niečoho balík)* to tie [up][o's]/ st into st; **2.** *(priväzovať, pripútavať, i polyg: knihy)* to bind; **3.** *(spájať do celku)* to knit up/ together, **4.** *(priväzovať)* to fasten [st to st], **5.** *(prn: obmedzovať v konaní)* to tie down, *(fin: úver, kapitál)* to freeze, **6.** *(odb, chem: dusík ap)* to fix

viaznuť *ndk* **1.** *(nemôcť sa hýbať: auto/ koleso v blate)* to get stuck, *(ob pass: koleso, i prn: diskusia)* to get bogged down; **2.** *(zaostávať, stagnovať: trh, odbyt)* to stagnate, *(spomaľovať sa)* to slacken, *(ochabovať)* to drop [off]; **3.** *(o dlhoch ap: ob pass)* to encumber

vid *m* **1.** *(gram: slovesný)* verbal aspect/ form, *(dokonavý/ nedokonavý)* perfective/ imperfective [aspect]; **2.** *(kniž: podoba/ fml)* aspect, appearance; **3.** *(*niet po ňom ani vidu, ani slýchu)* he vanished into thin air

vidiek *m* **1.** *(kraj mimo mesta)* [the] countryside, the country, rural area, *(admin)* province

vidieť *ndk* **1.** *(i pozerať, stretávať, zažiť, všímať si)* to see, *(mať zrak: dobre/ zle)* to have good/ poor [eye]sight/ eyes; **2.** *(vnímať zrakom, nebyť slepý, všímať si)* to be able to see, *(vnímať zrakom)* to perceive; **3.** *(predstavovať si)* to visualize, **4.** *(vidím, že...)* vidím) I can see that, *(som rád, že ťa vidím)* I' so glad to see you, *(nemôcť/ nechcieť vidieť)* not to stand the sight of

vidina *ž* **1.** *(predstava)* vision, *(výplod fantázie)* chimera, *(ilúzia, i zmyslový klam)* illusion; **2.** *(prelud, fantóm)* phantom

vidlička *ž* **1.** fork, *(na porcovanie mäsa)* carving-fork

vidno I. ***podst*** s **1.** *(denné svetlo)* daylight, **II.** ***vetná prísl*** **2.** *(jasno)* bright; **3.** *(*[je] vidieť)* [it is] visible, **4.** *(*je zjavné)* it is obvious, it is evident, *(ako vidno,)* as you can see, it's plain to see that

viecha *ž* **1.** *(zväzok slamy)* wisp; **2.** *(zväzok nad vchodom vinárne)* bush, inn/ tavern sign; **3.** *(vináreň)* [country] tavern

viera *ž* **1.** *(presvedčenie, i náb)* faith, belief, *(dôvera)* trust; **2.** *(konfesia)* confession; **3.** *(zast: úver)* credit

vierovyznanie *s* **1.** *(konfesia)* confession, *(náboženské vyznanie)* profession [of faith], *(náboženská príslušnosť)* religion, *(viera, i prn)* faith

viesť *ndk* **1.** *(riadiť: držaním/ sprevádzaním, byť v čele)* to lead, *(usmerňovať pohyb niekoho/ niečoho, i prn)* to guide; **2.** *(: sprevádzaním)* to escort; **3.** *(: podnik, byť vedúcim/ na čele)* to run, *(obchod, i záznamy, účty, účtovníctvo)* to keep, *(: dopravný prostriedok)* to drive, *(i špo: byť na prvom mieste)* to [be in the] lead, **4.** *(smerovať, ukazovať smer)* to lead down/ up to, *(mať za následok)* to lead [up] to, **5.** *(byť vodidlom)* to drive, *(byť vodivým)* to conduct, **6.** *(dopravovať vodu/ plyn potrubím)* to pipe, *(umiestňovať: kábel, potrubie ap)* to lay, **7.** *(mat: priamku, tech: čiaru)* to draw, **8.** *(ako súčasť spojení: vojnu)* to wage

vietor *m* **1.** *(met, i prn)* wind, *(slabý)* breeze, *(silný)* gale; **2.** *(ban)* air; **3** mn: **vetry** *(črevné plyny)* gas, *(*kto seje vietor, žne búrku)* sow the wind and reap the whirlwind, *(*vziať niekomu vietor z plachát)* to take the wind out of sb's sails

víchor *m* **1.** *(silný vietor [34-47 míle], i prn)* gale, strong/ high wind, *(prudký s*

dažďom)) squall, *(vírivý)* whirlwind
víchrica *ž* **1.** *(prudký vietor spôsobujúci škody)* windstorm, *(vírivý)* whirlwind, *(v tropickom pásme)* hurricane, *(snehová)* snowstorm, *(prn: vojnová)* storm
vila *ž* **1.** villa, *(jednoposchodová)* bungalow
víla *ž* **1.** *(v rozprávkach)* fairy; **2.** *(mytol: morská, lesná, vodná)* nymph, *(vodná)* naiad, undine
vina *ž* **1.** *(i práv)* guilt; **2.** *(zodpovednosť)* blame, responsibility; **3.** *(priestupok)* fault, *(cirk: hriech)* sin
vináreň *ž* **1.** inn, pub[lic-house], wine bar, *(v min)* tavern
viniť *ndk* **1.** to blame, to accuse, to inculpate, *(práv)* to charge
vinník *m* **1.** culprit, guilty person, offender, *(z priestupku)* transgressor
víno *s* **1.** wine, *(biele/ červené)* white/ red wine, *(lacné)* vino, *(muškátové)* muscat[el], *(šumivé)* sparkler
vinohrad *m* **1.** vineyard
vinúť sa *ndk* **1.** to corkscrew; **1.** *(nežne sa pritúlať)* to snuggle up to/ against, to cuddle up to/ against; **2.** *(ovíjať sa, popínať sa)* to wind ọs around; **3.** *(hadiť sa: chodník, cesta)* to wind, *(rieka)* to meander
viola *ž* **1.** *(hud: i viola gamba)* viola, *(gamba)* viola da gamba
violista *m* **1.** viola player
violončelista *m* **1.** cellist, cello player, violoncellist, violoncello
violončelo *s* **1.** cello, violoncello, *(malé)* violoncello piccolo
vír *m* **1.** *(krútňava: vo vode)* whirlpool; **2.** *(i: vo vzduchu, i prn)* vortex, *(: vo vzduchu)* whirlwind; **3.** *(rýchly pohyb/ sled)* whirl
visieť *ndk* **1.** *(byť zavesený/ pripevnený/ obesený)* to hang [on/ from]; **2.** *(o častiach tela/ odeve/ vlasoch: ovísať)* to hang down, *(šaty)* to hang loose, *(ovísať pod ťarchou: konár)* to bend down; **3.** *(vznášať sa)* to overhang, *(i prn: hroziť)* to hang above/ over, *(veľmi ľúbiť)* to be hung up [on/ about sb], **4.** *(visieť na vlásku/ nitke)* to hang by a hair/ thread
višňa *ž* **1.** *(bot: Prunus cerasus, i plod)* sour cherry, morello [cherry]
vitamín *m* **1.** vitamin
vítaný *príd* **1.** *(kt rád vidíme, vhodný)* welcome, *(vhodný, želaný)* desired; **2.** *(buď[te] vítaný!)* welcome!
vítať *ndk* **1.** *(pozdravovať prichádzajúceho, prijímať)* to welcome; **2.** *(prijímať nejakým spôsobom)* to greet sb with/ +ing, *(schvaľovať)* to accept; **3.** *(*[pekne] vítam!/ vítame vás!)* welcome!
víťaz *m* **1.** *(vo vojne, súťaži: fml)* victor, *(vo vojne)* conqueror; **2.** *(súťaže, zápolenia)* winner, *(šport, i zviera)* champion
víťaziť *ndk* **1.** *(dosahovať víťazstvo: v boji/ voľbách)* to win st, *(nad kým/ čím: nadobúdať prevahu)* to triumph over sb/ st; **2.** *(premáhať, odolávať: nad strachom)* to overcome [o's], *(i chorobou)* to get over
víťazný *príd* **1.** *(ktorý zvíťazil)* victorious, *(: mužstvo, i ktorým sa víťazí: gól, kôš)* winning, *(i oslavujúci víťazstvo: krik)* triumphant; **2.** *(pripomínajúci víťazstvo: oblúk, pochod)* triumphal
víťazstvo *s* **1.** *(získavanie prevahy v boji/ súťaži atď)* victory, *(veľké)* triumph; **2.** *(šport)* win; **3.** *(prn)* laurel
vízum *s* **1.** *(povolenie, i pečiatka)* visa, *(vstupné)* entry visa, *(tranzitné)* transit visa
vklad *m* **1.** *(uložená suma)* deposit, *(terminovaný)* [fixed-]term/ time deposit, *(neterminovaný)* demand deposit/ deposit at sight/ call, *(finančný/ majetkový podiel)* share; **2.** *(podiel vložený do hazardnej hry)* stakes
vkus *m* **1.** taste, *(dobrý)* good taste; **2.** *(štýl)* style, likings
vkusný *príd* **1.** tasteful, chic, stylish, in good taste
vláčny *príd* **1.** *(mäkký, tvárny)* pliant, *(tvárny)* ductile; **2.** *(pružný)* flexible; **3.** *(plavný)* nimble
vláda *ž* **1.** *(najvyšší orgán štátnej moci)* the Government, *(v UK)* the Cabinet, *(v USA)* Administration; **2.** *(spravovanie*

štátu) government, *(štátna/ politická moc, i prn)* power, *(vládnutie, panovanie)* rule; **3.** *(prn)* dominion

vládca *m* **1.** *(feudálny panovník v UK, i prn)* Lord, *(monarcha)* monarch; **2.** *(kto má moc nad niekým, niečím)* ruler, dominator

vládnuť *ndk* **1.** *(byť panovníkom)* to rule, *(kráľ, i prn: vyskytovať sa: ticho)* to reign; **2.** *(mať politickú moc)* to govern; **3.** *(byť pánom)* to dominate, *(prevládať)* to prevail, **4.** *(ovládať)* to [be] master

vlajka *ž* **1.** *(i štátna)* flag, *(voj)* ensign, *(slávnostná, kráľovská)* standard, *(lodná)* pennant, *(britská)* The Union Jack

vlak *m* **1.** train, *(expresný)* express, intercity; **2.** *(meškať vlak)* to miss the train

vlákno *s* **1.** *(materiál na výrobu priadze, i anat)* fibre, *(konopné, ľanové)* harl[e]; **2.** *(nitkovitý predmet: žeraviace)* filament, *(opt)* wire

vlámať sa *dk* **1.** to break in/ into, to burgle, to burgl[ariz]e, to housebreak

vlani *prísl* **1.** last year, *(poet)* yesteryear

vlas *m* **1.** ob mn: **vlasy**. *(na hlave človeka)* hair, *(bot)* down; **2.** jedn *(srsť: na kefe)* bristle, *(text)* nap, *(rybársky)* leader

vlásnička *ž* **1.** hairpin, pin

vlasť *ž* **1.** *(rodná zem)* native country/ land, fatherland, mother country; **2.** *(miesto pôvodu)* cradle

vlastenec *m* **1.** patriot, nationalist

vlastiveda *ž* **1.** *(predmet v škole)* Slovak history,geography and literature

vlastizrada *ž* **1.** high treason

vlastne *časť* **1.** *(lepšie povedané)* [or] rather, more precisely; **2.** *(v skutočnosti, v podstate)* actually, really, *(presne)* exactly, *(naozaj)* indeed

vlastníctvo *s* **1.** *(vlastnenie)* ownership; **2.** *(majetok)* property, belongings, possessions

vlastniť *ndk* **1.** to own, to possess, to be the owner of, to be the proprietor of

vlastnoručný *príd* **1.** *(napísaný vlastnou rukou)* autographic[al], in one's own hand, *(podpis)* autographic signature; **2.** *(urobený vlastnými rukami)* made with o's own hands

vlastnosť *ž* **1.** *(podstatný znak veci, i chem, fyz)* property, *(i črta)* attribute, *(podstatný ráz)* peculiarity; **2.** *(základná povahová črta)* quality, *(kladná)* virtue, *(záporná)* vice

vlastný *príd* **1.** *(ktorý je vlastníctvom niekoho: auto)* [one's] own, *(vzťahujúci sa na samu osobu: názor)* personal; **2.** *(patriaci k veci samej: budenie, kmity)* self[-], *(gram: meno, i mat: párovanie, fyz: pohyb)* proper, *(fyz: energia, ele: vodivosť, pole)* intrinsic, *(i vlastnoručný životopis, portrét)* auto[-], **3.** *(pokrvný)* blood, *(sestra, brat)* full, **4.** *(typický, príznačný)* typical, **5.** *(skutočný: príčina)* real, *(i ekon: náklady)* actual, **6.** *(vlastný gól)* own gol, *(na vlastnú päsť: samostatne, bez pomoci)* single-handed

vľavo *prísl* **1.** *(na ľavej strane)* [on the] left, on the left [hand] side; **2.** *(doľava, na ľavú stranu)* [to the] left, *(smerom)* leftward[s]

vlažný *príd* **1.** *(mierne teplý, i prn)* lukewarm, *(i prn)* tepid; **2.** *(vlahý)* moist; **3.** *(prn: ľahostajný)* indifferent

vlečka *ž* **1.** *(na šatách)* train; **2.** *(hov: príves)* trailer; **3.** *(žel: koľaj spájajúca továreň s traťou)* factory railway, delivery track

vlhký *príd* **1.** *(mierne mokrý: bielizeň, miestnosť, vietor)* damp, *(i: vodnými parami: vzduch)* humid, moist; **2.** *(podnebie, počasie)* moisty, *(daždivý: leto)* rainy, *(počasie, i oči)* wet

vlhnúť *ndk* **1.** to moisten, to get/ to become humid, to get/ to become damp, to get/ to become moist

vliecť *ndk* **1.** *(ťahať za sebou)* to drag, to trail, *(s námahou)* to lug; **2.** *(vlečením dopravovať: auto)* to tow, *(loď, čln: remorkérom)* to tug; **3.** *(s námahou niesť)* to carry

vlk *m* **1.** *(zool: Canis lupus, i prn: ukrutný človek)* wolf; **2.** *(o človeku: morský)* sea-dog, *(chamtivý človek)* shark; **3.** *(som* *hladný ako vlk)* I'm famishing/ ravenous

vlna *ž* **1.** *(na vode, i fyz, ele, inf, prn: hnevu)* wave, *(veľká ob morská, i prn)* billow, *(dlhá morská)* roller, *(v teréne)* undulation; **2.** *(náhly výskyt: horúčav)* [-]wave, *(po výbuchu)* shock wave; **3.** *(srsť oviec ap, i tech: sklená)* wool

vlnenie *s* **1.** *(fyz)* oscillation, *(ele, i nám)* ripple; **2.** *(nám)* wave motion, *(malé)* lipper, *(silné, pravidelné)* popple

vlniť sa *ndk* **1.** *(vytvárať vlny: o vodnej hladine)* to ripple, to ruffle; **2.** *(vlnivo sa pohybovať: zástava, obilie)* to wave, *(zástava)* to flutter, *(boky)* to sway, *(byť vlnitý: vlasy)* to curl; **3.** *(chvieť sa)* to tremble

vločka *ž* **1.** flake, *(snehová)* snowflake, *(ovsená)* cornflakes, chip

vložiť *dk* **1.** *(umiestniť do vnútra, i investovať)* to put st in/ into st, *(umiestniť do vnútra)* to insert, *(fml, i inf)* to introduce, *(pevne, hlboko: ob pass)* to embed, *(fotoaparát, i tech, i inf, kyb: program)* to load; **2.** *(uložiť peniaze: na svoj účet/ knižku)* to deposit; **3.** *(vynaložiť: sily, schopnosti)* to exert, **4.** *(*vložiť všetko na jednu kartu)* to put all o's eggs in one basket

vložka *ž* **1.** *(čo sa vkladá do/ medzi: i do textu)* insertion, *(do časopisu ap, i tech)* insert, *(do listu)* enclosure, *(polyg: v knihe, i šatách)* inset, *(výplň, i do zuba)* filling; **2.** *(do topánok)* insole, *(ortopedická)* arch support[er], *(dámska/ hygienická)* sanitary towel/ pad/ [am] napkin, *(krajč)* [inter]lining; **3.** *(tech: do valca, i polyg: formátová)* liner, *(tesniaca)* gasket, *(i mikrofónu)* cartridge, *(telefónna)* capsule

vľúdny *príd* **1.** *(priateľský a príjemný)* affable, amiable, genial, *(milý)* nice, *(láskavý)* regardful, *(priateľský)* amicable, *(prijatie)* warm; **2.** *(útulný)* cosy

vnem *m* **1.** *(zmyslový obraz)* sense perception, *(výsledok vnímania)* percept, sensation, *(prn)* impression

vnímať *ndk* **1.** *(nadobúdať vo vedomí vnemy)* to perceive; **2.** *(chápať)* to understand, *(cítiť)* to feel, to sense

vnímavý *príd* **1.** *(pozorne vnímajúci, ľahko chápajúci)* perceptive, *(pozorne vnímajúci: ľahko chápajúci)* responsive, *(bystrý: oči, dieťa)* sharp; **2.** *(i prístupný dojmom)* understanding; **3.** *(citlivý)* sensitive

vnúča *s* **1.** grandchild, grandbaby, *(vnuk)* grandson, *(vnučka)* granddaughter

vnučka *ž* **1.** granddaughter

vnuk *m* **1.** grandson

vnútornosti *ž mn* **1.** *(anat: vnútorné orgány)* viscera, entrails; **2.** *(ako potrava zo zvierat)* offal, pluck

vnútorný *príd* **1.** *(i lek, mat, geom, ling, eko, inf)* internal, *(izolácia,)* interior; **2.** *(týkajúci sa podstaty niečoho)* inherent, *(viskozita)* intrinsic; **3.** *(vo vnútri štátu ap: trh, politika)* domestic, **4.** *(duševný)* mental

vnútri **I. prísl** **1.** inside, in/ to the inside, *(fml)* within, (doma) indoors, in, **II.** ***predl*** **2.** inside, *(ob am)* inside of

vnútro *s* **1.** *(vnútrajšok)* interior, inside; **2.** *(vnútorné veci štátu)* the Interior; **3.** *(duševný život človeka)* bosom, **4.** *(Ministerstvo vnútra)* the Home Office, *(v USA)* the Ministry of the Interior

vnútrozemie *s* **1.** the interior, inland, upcountry, hinterland

voči *predl* **1.** towards, to

voda *ž* **1.** *(prírodná kvapalina, i roztok)* water, *(chem, lek)* aqua; **2.** *(roztok, prípravok: ústna ap)* wash; **3.** *(mok, tekutina v tele)* serum, **4.** *(vodný tok: prirodzený)* watercourse, stream, *(obsah vodného toku)* waters

vodáreň *ž* **1.** *(vodárenský závod)* waterworks, *(hyd)* water station; **2.** *(vodárenská veža)* water-tower, pumping station

vodca *m* **1.** leader, chief, *(vzbury, bandy)* ringleader; **2.** *(vedúci, sprievodca)* guide; **3.** *(o zvieratách: ovca)* bellwether

vodič *m* **1.** *(motorového/ elektrického vozidla)* driver, *(auta/ trolejbusu, električky)* conductor, *(autobusu)* busman, *(auta)* motorist, *(z povolania)* chauffeur, *(šport)* pacemaker; **2.** *(div: bábok)* marionettist; **3.** *(fyz: tepla, ele: prúdu, i inf)* conductor, *(ele)* wire

vodík *m* **1.** hydrogen, H, *(ťažký)* deuterium, heavy hydrogen, diplogen

vodiť *ndk* **1.** *(viesť)* to lead; **2.** *(sprevádzať)* to take, *(po meste ap)* to show sb round; **3.** *(privádzať)* to bring, **4.** *(fyz, ele)* to conduct, **5.** *(vodiť za nos: klamať)* to lead sb on, *(vodiť na motúzku)* to lead sb by the nose

vodnár *m* **1. Vodnár**. *(astron, astrol)* Aquarius, the Watercarrier; **2.** *(zast: vodník)* merman, *(zool)* sea serpent

vodopád *m* **1.** [water]fall, [-]Falls, *(po skale, i prn)* cascade; **2.** *(prn)* shower

vodorovný *príd* **1.** horizontal, *(i ban, let)* level, even, *(tech: frézovačka)* plain

vodotesný *príd* **1.** *(náter, motor, i ban: výstuž)* waterproof, *(betón, i lod: priestor)* watertight, impermeable, staunch

vodovod *m* **1.** *(zariadenie na rozvádzanie vody)* aqueduct, water pipeline/ conduit, water[-supply] system, water-piping, water-main

vojak *m* **1.** *(príslušník armády)* soldier; **2.** *(: bez hodnosti: v UK)* private, *(v USA)* enlisted man, *(: v námorníctve: USA)* marine, *(i príslušník letectva, námorníctva)* serviceman; **3.** *(: letectva)* airman, **4.** *(hračka)* toy soldier, **5.** *(Neznámy)* The Unknown Soldier

vojenský *príd* **1.** *(služba, polícia)* military; **2.** *(týkajúci sa vojska: tábor, kňaz)* army; **3.** *(týkajúci sa vojny)* war, **4.** *(týkajúci sa boja)* fighting, **5.** *(súd)* court-martial

vojna *ž* **1.** *(ozbrojený boj, i prn: studená, colná)* war, *(určitého druhu: biologická, zákopová)* warfare, *(i prn)* hostilities; **2.** *(hov: vojenská služba)* military service; **3.** *(hov: spory)* conflict

vojsko *s* **1.** *(armáda)* army; **2.** *(vojenské jednotky podľa druhu zbraní)* troops, forces

vojsť *dk* **1.** *(vstúpiť, vniknúť)* to enter, *(vkročiť: i do vody)* to step in/ into; **2.** *(dostať sa o/ na dopravnom prostriedku)* to get to/ into, *(: o dopravnom prostriedku)* to pull in; **3.** *(vniknúť)* to penetrate, **4.** *(vmestiť sa)* to find room, **5.** *(vojsť do dejín)* to go down in history, *(vojdite!: odpoveď na zaklopanie)* come in!

vojvoda *m* **1.** *(príslušník šľachty)* duke; **2.** *(vládca/ vojvodca Slovanov)* voivode

vojvodca *m* **1.** supreme commander, military commander/ leader, military leader, warleader, general, captain

vojvodkyňa *ž* **1.** duchess

vokatív *m* **1.** *(gram)* vocative

volant *m* **1.** [steering-]wheel, wheel

volať *ndk* **1.** *(kričať)* to cry, *(na koho/ za kým)* to call out to sb; **2.** *(pozývať: na obed ap)* to ask sb to, *(žiadať prítomnosť, i nazývať)* to call sb; **3.** *(telefonovať, i bezpr)* to call sb, *(komu)* to ring sb up, **4.** *(dožadovať sa)* to call for, **5.** *(bezp: o zvieratách, i prn: povinnosť ap)* to call, **6.** *(*kto volá?: otázka do telefónu)* who's calling?

voľba *ž* **1.** *(rozhodovanie sa)* choice, *(i inf, kyb)* option; **2.** mn: **voľby**. *(pol: hlasovanie)* election[s], *(parlamentné)* general election

volejbal *m* **1.** volleyball

volič *m* **1.** voter, elector; **2.** *(tech)* selector, *(i inf)* switch

voliť *ndk* **1.** *(vyberať si)* to choose, *(i inf)* to select, *(číslo)* to dial; **2.** *(koho za)* to elect, *(hlasovať: právo)* to vote

voľný *príd* **1.** *(neobsadený, bezplatný, nezávislý, i špo)* free; **2.** *(nevyužitý)* unused; **3.** *(bez prekážok)* clear, **4.** *(nezávislý)* independent, **5.** *(neviazaný)* unrestrained, *(i fyz: elektrón)* unbound, *(mriežka, i ele, i anat: rebro)* floating, *(uvoľnený: skrutka, nie tesný, nepresný)* loose, *(šíry, otvorený: plocha, priestor, more)* open, **6.** *(bezplatný: lístok, vstupenka)* complimentary, **7.** *(pomalý, mierny: pohyb, krok, tempo)* easy, **8.** *(pád/ láska/ verš/ spôsob/ jazda)* free fall/ love/ verse/ style,skating

von I. ***prísl*** **1.** *(z vnútra)* out, outside, *(lit, fml)* without, *(z domova)* outdoors, *(do zahraničia)* abroad, **II.** ***predl*** **2.** out of

voňať *ndk* **1.** *(vydávať vôňu)* to smell; **2.**

(privoňiavať) to sniff, *(tabak)* to snuff; **3.** **[!]** . *(ob v zap: byť príjemný)* to like

voňavka *ž* **1.** perfume, essence, fragrance, scent

vonkajší *príd* **1.** *(kt je vonku/ na povrchu, pôsobí zvonku)* external, *(kt je vonku/ na povrchu: múr, vrstva)* outer, *(i okolitý, i geom: priemer, ekon: úspory)* outside; **2.** *(kt je vonku)* exterior; **3.** *(vyskytujúci sa mimo: domu)* outdoor, *(: štátu)* foreign, *(: nejakého celku)* extraneous, **4.** *(prn)* formal

vopred *prísl* **1.** *(skôr, dopredu)* in advance, beforehand, ahead, pre[-]; **2.** *(popredku, pred niekým)* in/ at/ to the front, ahead; **3.** *(zast: smerom dopredu)* onwards

vosk *m* **1.** wax, *(včelí)* beeswax, *(obuvnícky)* heelball, *(geol, min: zemný)* ozocerite

voš *ž* **1.** *(zool šatová: Pediculus humanus)* louse, *(pl)* lice, bug, *(prn: lenivý človek)* lazybones

votrelec *m* **1.** *(kto sa niekam dostal nasilu)* intruder, *(cudzí)* alien, *(spoločnosti)* gate-crasher; **2.** *(nepriateľské vojsko)* invader

voz *m* **1.** *(nákladné vozidlo ob ťahaný koňmi)* cart, *(i hov: vozeň)* wag[g]on; **2.** *(fúra)* wagonload; **3.** *(hov: automobil)* car, **4.** *(špeciálne vozidlo: poruchový)* breakdown truck/ lorry/ van, **5.** *(astron: Veľký voz)* Ursa [Maior]

vozeň *m* **1.** *(osobný)* [railway] carriage, [-]car, *(spací)* sleeping-car, wagon-lit; **2.** *(nákladný)* wa[g]gon, *(am)* freight car

vozidlo *s* **1.** vehicle, carrier, *(motorové)* [motor-]car

voziť *ndk* **1.** *(dopravovať: v aute)* to drive [sb round], *(: vozidlom)* to wheel, *(v kočíku)* to perambulate; **2.** *(tovar)* to transport

voziť sa *ndk* **1.** *(používať dopr postr: vo vlaku/ i loďke)* to ride in/ on st, *(: v aute)* to drive; **2.** *(chodiť dopravným prostriedkom: do práce)* to travel; **3.** *(kĺzavo sa pohybovať: hore-dolu)* to go up and down

vôbec **I.** *časť (v záp: vonkoncom)* [not/ nothing] at all, absolutely [not], *(ani trochu)* [not] in the least; **2.** *(v klad zdôrazňuje vetný člen: naozaj)* at all, absolutely, anyhow; **3.** *(vyjadruje krajnú mieru: ba aj)* completely, **II.** ***prísl*** **4.** *(všeobecne)* anyhow

vôl *m* **1.** ox, *(ťažný)* draught-ox; **2.** *(prn pej)* ass, *(ifm)* blockhead

vôľa *ž* **1.** *(schopnosť chcieť, úsilie, výsledok)* will; **2.** *(snaha, úsilie o uskutočnenie)* determination; **3.** *(výsledok rozhodovania: posledná)* [last will and] testament, **4.** *(nálada: zlá)* ill will, **5.** *(tech: osová, radiálna)* clearance, **6.** *(*Dobrá vôľa, všetko zdolá)* where there is a will there is a way, *(*to je na tvojej vôli)* it's up to you, *(*ani pri najlepšej vôli)* no way

vôňa *ž* **1.** *(príjemný pach)* scent, *(i kvetov)* perfume, *(i jedál, chleba, levandule)* fragrance, *(typická: kávy)* aroma

vpád *m* **1.** *(vojenské vtrhnutie, i hist)* invasion, *(i hist)* descent, *(náhly)* incursion; **2.** *(náhly, hlasný príchod)* irruption

vplyv *m* **1.** *(pôsobenie)* influence, *(osobný)* pull, *(rozhodujúci)* dominance; **2.** *(spoločenská dôležitosť)* leverage; **3.** *(pod vplyvom alkoholu)* under the influence [of alcohol]

vplývať *ndk* **1.** to influence, to exert/ to have influence on, to manipulate, *(pol)* to lobby, to affect

vplyvný *príd* **1.** influential; **2.** weighty, powerful

vpravo *prísl* **1.** *(doprava)* to the right, right, rightwards; **2.** *(na pravej strane)* on the right [hand side]

vpredu *prísl* **1.** *(v prednej časti niečoho)* in the front, in the foreground, in the van; **2.** *(pred niekým, niečím)* before, ahead

vrabec *m* **1.** *(zool domový: Passerus domesticus)* [house/ common] sparrow, *(zool poľný: Passerus montanus)* tree sparrow, *(samec)* cock-sparrow, *(zool: Passerus)* passerine

vracať *ndk* **1.** *(odovzdávať/ posielať späť, oplácať)* to return, *(odovzdávať späť)* to give back; **2.** *(odmietať, neprijímať)* to reject; **3.** *(oplácať)* to pay back, **4.** *(dáviť)* to vomit

vrah *m* **1.** murderer, *(pol)* assassin, *(profesionálny, i prn: ničiteľ)* killer, *(masový)* slaughterer

vraj *časť* **1.** *(hovoria)* they say, *(hovorí sa)* it is said; **2.** *(údajne)* allegedly, reputedly

vrak *m* **1.** *(trosky lode/ lietadla/ vozidla, i prn)* wreck, *(: lode/ lietadla)* carcass, *(: lode)* shipwreck; **2.** *(o ľuďoch)* weed

vrana *ž* **1.** *(zool: Corvus)* crow, *(zool: Corvus corone)* carrion crow, *(zool: východoeuropský)* hooded crow; **2.** *(biela vrana)* white crow

vráska *ž* **1.** wrinkle, line, *(kolmá na čele)* frown, *(i očná)* crease

vráta *s pomn* **1.** gate[s], gateway; **2.** *(plavebnej komory)* sluice [gate], floodgate

vrátiť *dk* **1.** *(odovzdať/ poslať späť, oplatiť, odmietnuť)* to return, *(odovzdať späť)* to give back, *(majiteľovi)* to restitute, *(peniaze)* to pay back, *(na miesto)* to replace; **2.** *(oplatiť)* to reciprocate

vrátiť sa *dk* **1.** *(i dostať sa do pôvodného stavu)* to return, to come back; **2.** *(dostať sa do pôvodného stavu)* to revert, *(prn: k zlým zvykom/ návykom)* to backslide

vratký *príd* **1.** *(nemajúci pevnú polohu, i fyz: rovnováha)* unstable, unsteady; **2.** *(kývajúci sa z boka na bok)* wobbly; **3.** *(prn: nestály)* incostant, *(neistý)* uncertain

vrátnica *ž* **1.** *(vo verejnej budove)* porter's room; **2.** *(pri bráne)* gatekeepeer's booth, *(v továrni, internáte ap)* porter's lodge; **3.** *(anat)* [hepatic] portal vein

vrátnik *m* **1.** *(vo verejnej budove)* porter, door-keeper; **2.** *(v hoteli)* doorman; **3.** *(anat)* pylorus

vraziť *dk* **1.** *(vbiť, vtĺcť: klinec, kôl, klin ap)* to drive, *(vstrčiť: i ruky do nohavíc)* to stick; **2.** *(prudko udrieť, naraziť: bezpr)* to bump into st; **3.** *(ifm: udrieť)* to strike, **4.** *(vrhnúť)* to burst [into], **5.** *(*vraziť dýku do chrbta)* to stab sb in the back

vražda *ž* **1.** murder, homicide, killing, *(pol)* assassination

vraždiť *ndk* **1.** to murder, to kill, *(pol)* to assassinate, *(masovo)* to massacre

vŕba *ž* **1.** *(bot: Salix)* willow [tree], *(bot smutná: Salix babylonica)* weeping willow, *(bot košikárska: Salix viminalis)* osier, *(bot: Salix fragilis)* withy, *(bot: Salix caprea)* goat willow, *(bot: Salix caprea/ cinerea/ (am)discolor)* pussy willow, *(bot: Salix cinerea)* grey willow

vrčať *ndk* **1.** *(o psoch, i ľuďoch)* to growl, to snarl; **2.** *(o ľuďoch)* to grunt; **3.** *(o strojoch)* to wail

vrece *s* **1.** *(zemiakov)* sack, *(poštové, i na cement/ šatstvo)* bag; **2.** *(množstvo)* sackful, bagful

vrecko *s* **1.** *(zdrob)* [small] bag, *(na tabak)* pouch; **2.** *(časť šiat)* pocket; **3.** *(prn)* purse, **4.** *(*zo svojho vrecka)* out of o's pocket, *(*poznať ako svoje vrecko)* to know st like the back of o's hand], *(*mať plné vrecká [peňazí])* to be loaded [with money], *(*mať niekoho vo vrecku)* to have sb in o's pocket, *(*udrieť sa po vrecku)* to put o's hand in o's pocket

vreckovka *ž* **1.** [pocket-]handkerchief, *(ifm)* hanky

vred *prísl* **1.** *(bolestná zdurenina na koži)* boil, *(forunkel)* carbuncle, *(absces)* abscess; **2.** *(žalúdočný)* ulcer, *(na dvanástorníku)* duodenal ulcer; **3.** *(prn)* plague, . *([ba] kyho vreda!: vyj popieranie)* my foot!, *(ifm)* my ass!

vrh *m* **1.** *(hodenie)* throwing; **2.** *(hod)* throw; **3.** *(mláďatá súčasne vrhnuté)* litter, *(mláďaťa)* drop, **4.** *(vrh guľou)* putting the shot

vrhať *ndk* **1.** *(prudko hádzať, i tieň, i prn; privádzať)* to throw, *(prudko hádzať, privádzať)* to fling; **2.** *(voj: posielať: do boja)* to launch; **3.** *(privádzať)* to plunge, **4.** *(o samiciach niektorých zvierat)* to litter

vrhať sa *ndk* **1.** *(hádzať sa: na zem, na hruď)* to throw os on/ to, *(do mora, i prn)* to plunge [in]to; **2.** *(útočiť)* to throw os at sb/ st; **3.** *(horlivo sa púšťať do niečoho)* to throw os into st

vrch *m* **1.** *(väčšia vyvýšenina, i prn: leta, slávy)* height, *(skalnatý)* tor; **2.** *(vrchol, vrchná časť/ plocha/ súčasť, i prn)* top, *(horný okraj nádoby ap)* brim; **3.** *(svah)* steep

vrchný *príd* **1.** *(ležiaci navrchu, nosený navrchu, i prn)* top, *(horný: i zuby)* upper; **2.** *(odb prn)* supreme, [in-]chief

vrchol *m* **1.** *(najvyšší bod niečoho: hory)* summit, *(i najvyššia časť: stromu, budovy, i prn)* top, *(kopca)* hilltop; **2.** *(najvyššia časť: kopca, i archit: oblúka)* crown; **3.** *(geom: trojuholníka, i inf, prn: kariéry)* apex, **4.** *(prn: najvyšší stupeň)* peak, **5.** *(*to je [už] vrchol!: vyj rozhorčenie)* that's the limit!

vrcholiť *ndk* **1.** to reach the height, to reach a peak, *(fml)* to culminate [in]; **2.** *(i astron)* to reach the zenith

vrcholný *príd* **1.** *(najvyšší)* top, *(schôdza)* summit; **2.** *(i najväčší čo do množstva/ miery)* maximum; **3.** *(najlepší: forma)* tiptop, **4.** *(najvyšší čo do funkcie/ významu: orgán)* supreme

vrieť *ndk* **1.** to boil, *(slabo)* to simmer; **2.** *(prn: kypieť)* to seethe with, to be animated

vrstva *ž* **1.** *(množstvo hmoty na povrchu niečoho)* layer, *(geol: zemská, i prn)* stratum, *(náterová)* coat, *(jemná: ele, fot)* film; **2.** *(prn: spoločenská skupina)* class

vrt *m* **1.** *(otvor, vývrt)* borehole, shot-hole, *(ropný)* oil well, *(plynový, naftový)* spouter

vŕtať *ndk* **1.** *(naftové vrty, studňu, tunel)* to drill, *(valce)* to bore; **2.** *(špárať, pichať)* to poke; **3.** *(prn: o bolesti)* to torment, *(rečami dráždiť, zapárať)* to nag

vŕtať sa *ndk* **1.** *(špárať sa: v nose/ zuboch)* to pick; **2.** *(babrať sa: v)* to monkey with, to tinker; **3.** *(hrabať sa: vo vreckách/ stole)* to rummage

vrtuľa *ž* **1.** propeller, screw, *(let)* aeroprop, *(nosná)* rotor

vstať *dk* **1.** *(postaviť sa na nohy: zo stoličky)* to stand up, *(i z postele)* to get up, *(i z postele, od stola, z hrobu)* to [up]rise; **2.** *(zobudiť sa)* to wake up

vstup *m* **1.** *(vstúpenie niekam, vchod, povolenie)* entrance, *(vstúpenie, i do krajiny/ NATO; povolenie)* entry; **2.** *(povolenie vstúpiť)* admittance; **3.** *(do nejakej organizácie)* admission, **4.** *(*[cudzím/ atď] vstup zakázaný!)* No admmittance, No entry [Keep out]

vstupenka *ž* **1.** admission ticket/ card, entrance ticket/ card, *(predplatná)* season ticket, *(voľná)* free pass

vstúpiť *dk* **1.** *(vojsť, vkročiť, stať sa členom)* to enter, *(vojsť)* to go/ to come in[to]; **2.** *(stať sa členom nejakého kolektívu)* to join; **3.** *(začať nejakú činnosť: do štrajku)* to go on strike, **4.** *(*vstúpte!)* come in!, *(*vstúpiť niekomu do cesty)* to cross sb's way/ road, *(*vstúpiť do hlavy: alkohol, sláva)* to go to sb's head, *(*sláva mu vstúpila do hlavy)* he's grown too big for his boots

všade *prísl* **1.** *(na každom mieste)* everywhere, everyplace, *(kdekoľvek)* anywhere, anyplace, throughout

však **I.** *spoj* **1.** *(vyj odporovací vzťah: ale)* but; **2.** *(vyj vysvetľovací vzťah)* indeed, **II.** *časť* **3.** *(pobáda na súhlas: ..., však?)* eh?, isn't it so?, **5.** *(nadväzuje na istú situáciu)* well, **4.** *(uvádza hlavnú vetu: veď)* indeed

všedný *príd* **1.** *(opak: sviatočný, bežný, obyčajný)* workaday, *(opak: sviatočný: deň, šaty)* working; **2.** *(bežný, obyčajný: život)* ordinary, run-of-the-mill

všeličo *zám* **1.** *(aj dobré, aj zlé)* all sorts of things, *(rozprávať)* this and that; **2.** *(kadečo)* anything

všemohúci *príd* **1.** almighty, omnipotent, all-powerful

všeobecný *príd* **1.** *(týkajúci sa všetkých/ všetkého: i voľby)* general, across-the-board, all[-], *(i bibliografia)* universal; **2.** *(zahŕňajúci všetko)* all-embracing, *(zahŕňajúci podstatné veci)* generic

všestranný *príd* **1.** versatile, all-sided, *(športovec, vzdelanie)* all-round, *(vzdela-*

nie) well-rounded

všetko *s* **1.** all, everything, anything, omni[-]; **2.** *(*všetko najepšie!)* all the best!, *(v replike)* by all means!

všímavý *príd* **1.** heedful; **1.** attentive, watchful, *(bystrý)* perceptive, *(starostlivý)* thoughtful

všimnúť si *dk* **1.** to note, to take note of, to take heed realize

vštepiť *dk* **1.** to ingraft, to implant, to instill, to inculcate

vták *m* **1.** bird; **2.** *(prn: pekný/ dobrý)* old fox, *(hov: penis)* cock; **3.** *(*voľný ako vták)* as free as a bird

vtedy *zám ukaz* **1.** zám prísl *(v tom čase)* then, at that time; **2.** *(v tom prípade)* in the event that, in case

vtip *m* **1.** *(žart)* joke; **2.** *(dômyselnosť)* wit, *(jadro problému)* point

vy *zám* **1.** *(i pri vykaní, i všeob 2. os)* you, *(sami)* yourself; **2.** *(vám: etický datív, neprekladá sa)* -; **3.** *(byť vami)* if I were you, in your place

výbava *ž* **1.** *(nevesty)* trousseau, bottom drawer; **2.** *(výstroj)* outfit, *(na cestu, expedíciu)* equipage

vybaviť *dk* **1.** *(zariadiť)* to arrange, *(postarať sa, odbaviť)* to deal [with], *(vykonať)* to execute, *(rýchlo: i objednávku)* to rush, *(vyriešiť)* to settle; **2.** *(vystrojiť)* to furnish, to get st done

výber *m* **1.** *(možnosť vybrať, materiál, i biol, lit)* selection, *(možnosť vybrať si)* choice; **2.** *(vybraný materiál)* collection, *(lit: z diela)* anthology, *(i obch)* assortment, *(fin: peňazi)* withdrawal

výboj *m* **1.** ob mn: **výboje**. *(ozbrojený výpad)* aggression; **2.** *(dobyté územie)* conquests; **3.** *(prn kniž: úspechy)* success, **4.** *(fyz, ele)* discharge, *(s cieľom získať cudzie územie)* invasion

výbojný *príd* **1.** *(agresívny, útočný, bojovný)* aggressive, *(útočný)* offensive, *(kmene ap)* warlike; **2.** *(bojovný, agresívny)* pugnacious

výbor *m* **1.** *(i odborový, štátnej správy, parlamentu)* committee, *(skupina osôb poverená nejakou úlohou)* Commission, *(administratívny orgán)* council; **2.** *(skupina ľudí riadiacich organizáciu)* board

výborne *prísl* **1.** excellently; **2.** excellent, good for you, well done, bravo, great

výborný *príd* **1.** excellent, gorgeous, grand, *(i jedlo)* exquisite, *(ifm)* swell, *(sl)* far-out

vybrať *dk* **1.** *(zvoliť, vyvoliť si)* to choose, *(spomedzi)* to pick; **2.** *(vytiahnuť)* to take [st out of]; **3.** *(vyžiadať si poplatok/ príspevok)* to collect, si *(z banky)* to [with] draw [from/ out of], si *(na základe nároku: výhru, zálohu ap)* to cash, **4.** *(odstrániť, i inf)* to remove, *(lek: z tela)* to exteriorize, **5.** *(hov: vykradnúť byt)* to burglar

vybrať sa *dk* **1.** *(vychystať sa)* to get ready [for]; **2.** *(vydať sa na cestu)* to set out [for], to be off [to], to make os ready [for]

výbuch *m* **1.** *(uvoľnenie energie, o nábojoch, i prn)* explosion, *(uvoľnenie energie, o nábojoch, i zvuku)* burst, *(uvoľnenie energie, i o nábojoch)* blast; **2.** *(o nábojoch: detonácia)* detonation; **3.** *(prudký prejav, náhly vznik)* outburst, *(vášne, hnevu)* blaze, *(hnevu)* flare-up, **4.** *(geol)* eruption

vybuchnúť *dk* **1.** *(explodovať, i prn)* to explode, to burst, *(o bombe)* to go off, *(o fľaši)* to pop, *(o sopke)* to erupt; **2.** *(prn: náhle vzniknúť)* to blow up; **3.** *(prepuknúť: v plač)* to burst crying/ into tears

výbušnina *ž* **1.** explosive, jelignite

výcvik *m* **1.** *(zdokonaľovanie, i drezúra)* training, *(zdokonaľovanie)* practise, *(i voj)* drill; **2.** *(voj: základný)* basic/ initial training; **3.** *(jazdecký)* horsemanship, *(drezúra: koní)* dressage

výčap *m* **1.** *(čapovanie: piva)* draught, *(: / vína)* beer/ wine retailing; **2.** *(miestnosť, kde sa čapuje: pivo)* tap[room/ -house]; **3.** *(pult na čapovanie)* bar

vyčerpať *dk* **1.** *(odčerpať: z)* to draw st [from], *(pumpou: z)* to pump out [of]; **2.** *(spotrebovať, minúť, i prn)* to exhaust, *(i finančne)* to spend, *(pôdu)* to impoverish; **3.** *(prn: sily, energiu, tému)* to wash up/ out, **4.** *(vysiliť: koho)* to tire out

vyčítať *dk* **1.** *(čítaním zistiť, vybadať)* to read [st in/ from/ out of/ on]; **2.** *(vypozorovať, vybadať)* to figure out; **3.** *(vysloviť výčitky)* to reprimand, *(fml)* to reproach

výčitka *ž* **1.** reprimand, *(fml)* reproach, rebuke; **2.** *(svedomia)* remorse

vydanie *s* **1.** *(uverejnenie tlačou)* publication; **2.** *(spôsob úpravy do tlače: knihy/ novín)* edition, *(novín: mimoriadne)* special [edition], *(knihy: nové)* reprint; **3.** *(odovzdanie)* consignment

vydať *dk* **1.** *(dať zo seba)* to yield, *(zrodiť)* to produce, *(zvuk, vôňu ap)* to emit; **2.** *(odovzdať do rúk, do moci niekoho)* to hand st/ sb over, *(dať za ženu)* to give in marriage [to]; **3.** *(minúť, vynaložiť)* to spend, **4.** *(vrátiť drobné peniaze)* to give the change, **5.** *(zverejniť: knihy ap)* to publish, *(i bankovky, akcie, známky, rozkaz, pas)* to issue, **6.** *(vystaviť: doklady)* to draw out, **7.** *(odovzdávať: tovar)* to deliver, **8.** *(hov: prenajať)* to let

vydať sa *dk* **1.** *(uzavrieť manželstvo: i bezpr)* to get married, *(za)* to marry sb; **2.** *(hov: minúť)* to spend; **3.** *(vypraviť sa)* to set out/ off/ forward/ forth, **4.** *(dať zo seba)* to produce

výdatný *príd* **1.** *(sýty: jedlo)* substantial, hearty, *(hojný, bohatý)* abundant, *(úroda)* rich, *(dážď)* heavy

vydávať sa *ndk* **1.** pozri **vydať sa**

vydavateľ *m* **1.** publisher

vydavateľstvo *s* **1.** publishing house, publishers, publishing company, publishing institution

výdavok *m* **1.** expense, expenditure, disbursement

vydediť *dk* **1.** *(zbaviť dedičstva)* to disinherit, to bar from inheritance; **2.** *(vylúčiť)* to cast out, to repudiate, to reject

vydierať *ndk* **1.** to blackmail, to practise extortion, to racketeer, *(hov)* to bleed, *(výkupným)* to hold to ransom

vydra *ž* **1.** *(zool obyčajná: Lutra lutra)* otter; **2.** *(zool morská: Enhydra lutris)* sea-otter

vydržať *dk* **1.** *(ostať/ zotrvať niekde)* to stay, *(vydrž!: čakaj)* hold on; **2.** *(vytrvať v nejakej činnosti)* to [be able to] go on, *(bez)* to resist, *(udržať na istej úrovni/ v istom stave)* to keep; **3.** *(zniesť)* to endure, *(i tlak ap)* to bear, **4.** *(uchovať sa)* to last, *(zásoby)* to hold out, *(látka, odev, obuv)* to wear, *(potraviny)* to keep, **5.** *(vystačiť)* to be enough, **6.** *(v zap: zdržať sa)* to keep [os] from, **7.** *(vyžiť)* to live, **8.** *(o počasí)* to hold

výherca *m* **1.** winner

výhľad *m* **1.** view, *(fml)* vista, *(i prn)* outlook; **2.** *(prn: nádeje)* prospect[s]

vyhlásenie *s* **1.** *(verejné oznámenie)* proclamation, *(ob zákona)* promulgation; **2.** *(polit: oznámenie; adm: ohlásenie, doklad)* declaration; **3.** *(písomné ohlásenie, doklad: colné)* entry, **4.** *(polit)* manifesto, **5.** *(na potvrdenie: *"vyhlásenie")* „To whom it may concern"

vyhlásiť *dk* **1.** *(verejne oznámiť: výsledky, víťaza)* to announce, *(štrajk)* to call, *(ob zákon)* to promulgate; **2.** *(oficiálne oznámiť: stanné právo, smútok)* to proclaim, *(vojnu, voľby, stanné právo)* to declare; **3.** *(cirk: za svätého)* to canonize

vyhláška *ž* **1.** *(oznam)* public notice; **2.** *(nariadenie: ministerstva, primátora)* ordinance, *(predpisy)* regulation[s], *(výnos)* decree

vyhliadka *ž* **1.** view, vista, *(i prn)* lookout; **2.** *(nádej)* prospect[s]

vyhnanstvo *s* **1.** exile, banishment

vyhnať *dk* **1.** *(prinútiť odísť: i z domu)* to turn sb out; **2.** *(pohnať na určité miesto: statok)* to drive; **3.** *(zvýšiť: ceny)* to kick up, **4.** *(postaviť: múr ap)* to put up, **5.** *(bot: listy, výhonky)* to put out/ forth, **6.** *(prn: zahnať, odstrániť)* to dispel

vyhnúť sa *dk* **1.** to avoid, to shun; **2.** to make way [for], to avoid, to get out of way

výhoda *ž* **1.** *(priaznivejšia okolnosť, prednosť, i špo)* advantage, *(prednosť, i šport, i prn)* start, *(prednosť)* convenience, *(úži-*

tok, i úľava) benefit; **2.** *(úľava)* allowance; **3.** *(šport)* superiority

vyhodiť *dk* **1.** to throw out, to expel, to throw away, to oust, to toss, to toss up, to dismount, to blow up

výhodný *príd* **1.** advantageous, *(priaznivý)* favourable, *(poskytujúci výhody)* beneficial, *(výnosný)* remunerative, *(cena, obchod)* bargain

vyhotoviť *dk* **1.** to execute, to do, to perform, to shape, to fashion, to mold

vyhovieť *dk* **1.** to oblige, to comply for suit, to adequate for suit, to do, to suffice, to accommodate

vyhovoriť sa *dk* **1.** *(nájsť výhovorku)* to make excuses for +ing, to use st as an excuse, to talk o's way out of st; **2.** *(hovorením si uľaviť)* to give vent to st

výhovorka *ž* **1.** excuse, justification, blame, pretext, plea

výhra *ž* **1.** *(víťazstvo: v lotérii/ kartách/ súťaži)* win, *(v športovej súťaži)* victory; **2.** *(cena, predmet)* prize, *(peniaze získané v hre)* winnings

vyhrabať *dk* **1.** *(hrabaním vyhĺbiť/ utvoriť)* to dig; **2.** *(: dostať odniekiaľ/ odstrániť)* to dig out of; **3.** *(prehrabávaním nájsť, i prn)* to root out, **4.** *(prn hov: zistiť)* to dig up, *(staré spory, minulosť)* to rake over/ up

výhrada *ž* **1.** reservation, restriction, qualification, restriction, *(i práv)* proviso, *(práv)* saving clause

vyhradiť *dk* **1.** *(vopred zaistiť zmluvou, stanoviť)* to reserve, *(zaistiť zmluvou)* to contract for; **2.** *(stanoviť na nejaký účel/ rezervovať)* to set aside/ apart; **3.** *(práv: *všetky práva vyhradené)* all rights reserved

výhradný *príd* **1.** exclusive, with reservation, sole, privileged

vyhranený *príd* **1.** *(presne vymedzený, na hranato opracovaný)* clear-cut; **2.** *(presne vymedzený)* well-defined, *(názor)* definite, *(rozdiel)* [well-]marked, *(vykryštalizovaný: mienka)* crystallized

vyhrať *dk* **1.** *(zvíťaziť, získať ako výhru, zarobiť)* to win, *(zvíťaziť)* to prevail, *(súťaž)* to pull off, *(slang)* to beat, *(nad)* to outsmart, *(v lotérii)* to draw, *(stretnutie)* to smother, *(v lotérii)* to hit; **2.** *(získať ako výhru)* to get; **3.** *(zarobiť hraním)* to gain

výhybka *ž* **1.** *(žel)* point-switch, *(br pl)* points, *(am)* switch; **2.** *(preložiť)* to change the points

vyhynúť *dk* **1.** *(postupným zomieraním zaniknúť)* to die off; **2.** *(prestať jestvovať: rodina, druh, tradícia)* to die out, *(druh)* to become extinct; **3.** *(vykapať)* to perish

vychádzka *ž* **1.** walk; **1.** outing, visit, trip

východ *m* **1.** *(miesto, vyjdenie)* exit, *(miesto, z kt sa vychádza)* way out, *(núdzový)* emergency exit; **2.** *(vyjdenie, vychádzanie ľudí)* going out, *(zakázaný)* no exit, *(nebeských telies)* rise; **3.** *(svetová strana, časť územia)* the east, **4. Východ**. *(krajiny)* the East, *(Ďaleký)* the Far East

východisko *s* **1.** point of departure, point of origin, starting point, escape, way out

východný *príd* **1.** *(ležiaci na/ prichádzajúci od východu)* east, *(ležiaci na východe: krajiny)* East; **2.** *(ležiaci/ obrátený na východ, orientálny)* eastern; **3.** *(idúci na východ; vietor: prichádzajúci)* easterly, **4.** *(orientálny)* oriental

výchova *ž* **1.** education, *(dieťaťa)* upbringing, *(školenie)* tuition; **2.** *(školský predmet: telesná)* Physical Education [P.E.], *(náboženská)* Religious Knowledge [R.K.]

vychovať *dk* **1.** to raise; **2.** *(pracovníkov)* to train, to rear, to instruct

vyjadriť *dk* **1.** *(dať najavo, oznámiť)* to express; **2.** *(slovami)* to frame, *(i bezpr)* to put [it], *(fml)* to couch; **3.** *(prejaviť nejakým spôsobom)* to voice; *(city)* to [give] vent to, **4.** *(zobraziť, stvárniť)* to formulate

vyjadriť sa *dk* **1.** *(bezpr)* to express os, to put it; **2.** *(vysloviť svoju mienku)* to express o's opinion, *(o čom/ kom)* to give an opinion on st/ sb

vyjsť *dk* **1.** *(odniekiaľ von, i bezpr)* to go out [of], *(i o dopravnom prodstriedku, i* *tlačou)* to come out, *(pochádzať z nejakého prostredia: rodiny)* to come of, *(mať pôvod)* to come from; **2.** *(vystúpiť hore)* to climb, *(o slnku/ mesiaci: vychádzať)* to come up, *(dostať sa na povrch, i byť vydaný)* to emerge; **3.** *(byť vydaný tlačou)* to be published, **4.** *(o tekutinách/ plyn/ para/ hnis?)* to be discharged, **5.** *(predložiť: s nápadom/ iniciatívou ap)* to come up [with], **6.** *(zniesť sa: s kým)* to get on with, **7.** *(podariť sa, vydariť sa)* to come off, *(ako výsledok: výpočty)* to come out, **8.** *(o sume: komu/ dosiahnuť počet)* to come to

vykať *ndk* **1.** *(koho)* to address a person as „Vy", to use the pronoun „Vy" [to], to address sb in 2nd person plural; **2.** *(prn)* to be in formal terms with

výkaz *m* **1.** *(súpis údajov: výrobný, skladu, i škôl)* report, *(príjmov, finančný, časový, štatistický atď)* statement, *(i pracovný/ v práci, časový)* [-]sheet, *(štatistický)* statistical [return/compilation]

výklad *m* **1.** *(v obchode)* shop window; **2.** *(vysvetlenie)* explanation, *(zákona, snov)* interpretation, *(v slovníku)* definition **3.** *(i prednáška)* reading, *(i rozprávanie)* exposition

výkon *m* **1.** *(človeka, i tech)* performance; **2.** *(tech: pracovný výsledok, i ele, inf, eko)* output, *(ele)* power; **3.** *(uskutočnenie činnosti)* execution, *(úradu)* tenure, *(práv)* enforcement

vykonať *dk* **1.** *(urobiť)* to perform, to do; **2.** *(rozkaz, povinnosti, prácu)* to execute, *(povinnosť)* to discharge; **3.** *(uskutočniť)* to make, *(fml)* to effect, *(práv)* to implement, **4.** *(zaobstarať)* to provide, si *(vybaviť)* to arrange

výkonný *príd* **1.** *(kt má právomoc konať: moc, orgán, výbor)* executive, executory; **2.** *(schopný veľkého výkonu)* efficient, productive, *(motor)* high-power, *(stroj)* high-duty

vykopávka *ž* **1.** excavation, spoil, diggings

vykoreniť *dk* **1.** *(strom ap)* to uproot, *(i prn)* to unroot, *(burinu)* to weed out; **2.** *(prn)* to extirpate

vykoristiť *dk* **1.** to exploit, to work out

výkres *m* **1.** *(i technický)* drawing, *(náčrt)* sketch; **2.** *(technický)* design, layout

výkričník *m* **1.** exclamation mark, mark of exclamation

výkrik *m* **1.** cry, shout, *(prenikavý)* yell, scream

vykŕmiť *dk* **1.** to fatten

vykúpiť *dk* **1.** *(výkupom získať)* to buy; **2.** *(veľkú čiastku)* to buy in; **3.** *(všetko)* to buy up, **4.** *(vyslobodiť pomocou peňazí)* to ransom, *(i prn: vinu)* to redeem

vykupiteľ *m* **1.** redeemer; **2. Vykupiteľ.** *(náb)* the Redeemer, the/ Our Saviour, the Messiah

výkupné *s* **1.** ransom

výkvet *m* **1.** *(elita, i iron)* élite, *(i najlepší žiaci)* the cream, *(rhet: i národy)* the flower; **2.** *(odb)* exudation

výlet *m* **1.** *(zájazd)* excursion, trip, *(krátky)* outing; **2.** *(dlhšia vychádzka)* hike

vyletieť *dk* **1.** to take flight, to fly out of the hive, to fly up, to be dropped, to expelled, to blow up, to rocket

výletník *m* **1.** picnicker; **2.** tripper, excursionist, holiday-maker

vyliať *dk* **1.** *(liatím: odstrániť)* to tip [water down]; **2.** *(rozliať)* to spill; **3.** *(naliať)* to pour, **4.** *(zaliať: ložisko)* to line, **5.** *(prn: preliať)* to shed, **6.** *(vyhodiť)* to throw sb out, **7.** *(*vyliať si zlosť/ hnev na)* to take it out on sb

vyložiť *dk* **1.** *(vyniesť z dopravného prostriedku)* to unload; **2.** *(dať von z dopravného prostriedku)* to put sb off, *(ifm)* to drop; **3.** *(vybrať odniekiaľ)* to take st out of, **4.** *(položiť na vyvýšené miesto)* to put st on/ up, **5.** *(vystaviť tovar)* to lay out, **7.** *(pokryť: kobercami)* to cover, **8.** *(vystlať)* to pad; **10.** *(vyhodiť)* to throw sb out; **11.** *(vysvetliť)* to explain; **12.** *(zoširoka povedať)* to illustrate; **13.** *(vyveštiť)* to predict

vylúčiť *dk* **1.** *(zbaviť členstva: zo strany/ školy/ tela)* to expel; **2.** *(i nepripustiť, i* *verejnosť)* to exclude; **3.** *(študenta z internátu)* to rusticate, **4.** *(šport: zo súťaže)* to disqualify, *(zo zápasu)* to send off, **5.** *(biol)* to secrete, *(chem)* to precipitate, *(chemickým pochodom oddeliť)* to separate, *(mat)* to eliminate, **6.** *(hlasovaním)* to blackball, **7.** *(*to je vylúčené)* it's out of the question

vymedziť *dk* **1.** *(určiť hranice niečoho)* to delimit, to demarcate; **2.** *(určiť rozsah platnosti)* to define, to qualify

výmena *ž* **1.** exchange, replacement, substitution, barter, truck, trade, compensatioon, settlement

vymeniť *dk* **1.** *(zameniť za iný/ taký istý druh: s kým)* to exchange st with sb, *(tovar)* to barter; **2.** *(za taký istý druh: olej, bielizeň)* to change, *(staré za nové: žiarovku, baterku atď)* to replace, **4.** *(vystriedať pri práci, v službe ap.)* to relieve; **3.** *(prevziať za protihodnotu, vykúpiť)* to redeem

vymenovať *dk* **1.** *(uviesť, označiť menom)* to name, to list; **2.** *(ustanoviť)* to nominate, to designate

vymrieť *dk* **1.** *(postupným zomieraním zaniknúť)* to die off; **2.** *(i prn: zvyky ap)* to die out, *(i druh)* to become extinct, *(prn)* to disappear

výmysel *m* **1.** fancy; **1.** fiction, *(nepravda)* invent, *(vynález)* invention

vymyslieť *dk* **1.** to make up, to think up, to conceive, to devise, *(ob am)* to figure out

vynachádzavý *príd* **1.** *(majúci množstvo nápadov)* resourceful, *(vynaliezavý)* inventive

vynájsť *dk* **1.** *(výskumom objaviť)* to invent, to discover; **2.** *(vymyslieť)* to devise, to contrive

vynález *m* **1.** *(objav, i predmet)* invention; **2.** *(predmet)* patent, device

vynechať *dk* **1.** to leave out, to omit

vyniesť *dk* **1.** *(dopraviť: von)* to take st/ sb out; **2.** *(: nahor)* to carry st up[stairs]; **3.** *(formálne/ úradne vyhlásiť)* to pronounce, **4.** *(priniesť zisk: komu)* to bring [sb] in, **5.** *(kart)* to play, **6.** *(hov: prezradiť)* to divulge, **7.** *(prn: urobiť známym)* to bring sb to [ ]

vynikajúci *príd* **1.** exceptional, *(výnimočný)* extraordinary, *(výborný)* excellent, *(kvalita)* superior, superb, *(osobnosť)* prominent

vyniknúť *dk* **1.** *(predčiť niekoho/ niečo)* to excel; **2.** *(byť badateľnejším)* to stand out, *(i vynímať sa v porovananí)* to be prominent

výnimka *ž* **1.** exception

výnos *m* **1.** *(úroda, zisk)* yield, *(úroda)* crop; **2.** *(zisk)* proceeds, *(čistý)* profit

výnosný *príd* **1.** *(poskytujúci výnos)* productive, fruitful, *(vysokoúrodný)* high-yield, *(pôda)* fertile, *(ziskový)* profitable

vypadnúť *dk* **1.** *(padnúť odnekiaľ von: z)* to fall [from], *(z rúk)* to slip out [of]; **2.** *(odlúčiť sa)* to drop out [of], *(byť vyhradený: v kole)* to be eliminated; **3.** *(hov: odísť)* to beat it, *(vypadni!)* get lost/ knotted

vypáliť *dk* **1.** to burn out, to burn, to brand, to bake

výpar *m* ob mn: **výpary**. *(benzínové, kuchynské)* vapour[s], *(škodlivé)* exhalation[s], *(zápach)* reek; **2.** *(odb: vyparovanie)* vaporization

vypínač *m* **1.** [on-off] switch, cut-out switch, circuit breaker, release, switchgear

výpis *m* **1.** abstract, extract, printout, copy; **2.** *(bank: z účtu)* statement of account

vypísať *dk* **1.** *(odpísať, vyplniť: šek, prihlášku)* to write out, *(napísať slovami, rozpísať)* to write in full/ in words; **2.** *(písaním spotrebovať)* to use up; **3.** *(verejne ohlásiť)* to put out, **4.** *(vyčiarknuť zo zoznamu)* to write off

výplata *ž* **1.** *(vyplácanie)* payment; **2.** *(mzda)* wages; **3.** *(bitka)* pay-off, punishment

vyplatiť *dk* **1.** *(čo: mzdu, honorár, účet, dlh)* to pay st; **2.** *(uhradiť, i dlhy)* to pay up; **3.** *(koho: odmeniť za prácu)* to pay sb, **4.** *(zaplatením získať ako vlastníctvo)* to pay st off, **5.** *(vybiť)* to beat

vyplatiť sa *dk* **1.** *(priniesť úžitok)* to pay, to be profitable; **2.** *(oplatiť sa)* to be worth while/ the trouble; **3.** *(z dlžôb)* to to clear o's debts

vypnúť *dk* **1.** *(prerušiť činnosť: vypínačom; prn: prácu)* to switch [st] off, *(: vypínačom/ gombíkom/ kohútikom)* to turn [st] off, *(svetlo, plyn)* to turn [st] out, *(lampu, svetlo, plyn)* to put out; **2.** *(napnúť a vysunúť dopredu: postavu)* to straighten [os] up; **3.** *(napnúť, natiahnuť)* to stretch

výpočet *m* **1.** *(vypočítavanie: i mzdy, daní; i výsledku)* calculation, *(vypočítavanie: i príjmu)* computation; **2.** *(výsledok rátania)* account; **3.** *(predpoklad, odhad)* plan, **4.** *(zoznam, súpis)* enumeration

vypočítavý *príd* **1.** calculating, self-interested, self-seeking, selfish

vypočuť *dk* **1.** *(čo)* to listen [to]; **2.** *(koho: trpezlivo počúvať)* to lend sb o's ear, *(podrobiť výsluchu pred súdom: i svedok)* to examine; **3.** *(vyhovieť: prosbu)* to answer

výpomoc *ž* **1.** *(príležitostná pomoc)* assistance, temporary help; **2.** *(podpora)* subsidy, relief; **3.** *(osoba)* temporary helper

výpoveď *ž* **1.** deposition, testimony, utterance, statement, notice, notice to quit, dismissal notice

vypovedať *dk* **1.** to say, to express, to give out, to utter, to pronounce, to refuse to serve, to aver, to allege

vypracovať *dk* **1.** *(plán, návhr, program)* to elaborate, to work out/ up, to draw up; **2.** *(odb: cesto)* to knead up, *(kožu)* to tan

výprava *ž* **1.** expedition, campaign, excursion, settings, getup

výpravca *m* **1.** *(zamestnanec poverený vypravovaním)* dispatcher clerk, *(žel: vlakov)* train dispatcher, station inspector, assistant stationmaster, *(am)* starter

vyprázdniť *dk* **1.** to empty, *(pohár, cisternu)* to drain, *(vrecká)* to turn out; **2.** *(uvoľniť: byt ap)* to vacate; **3.** *(i lek)* evacuate

výpredaj *m* **1.** *(i nápis)* sale, selling off, *(po sezóne)* seasonal sale; **2.** *(nápis v obchode)* bargains

vypredať *dk* **1.** to sell out, to sell off, to clear

vypuknúť *dk* **1.** *(náhle sa objaviť: požiar, revolúcia)* to break out; **2.** *(prudko prejaviť city)* to burst [out], *(v plač/ smiech)* to burst into tears/ laughter, *(v jasot)* to erupt

vypustiť *dk* **1.** *(prestať držať: z rúk)* to let st go, *(nechať klesnúť)* to [let st] drop; **2.** *(dať voľnosť: i šíp, plyn, balón, z väzenia)* to release, *(nechať uniknúť)* to let out, *(nechať vytiecť: vodu, olej atď)* to drain [off]; **3.** *(vynechať)* to leave out, *(vylúčiť)* to eliminate, **4.** *(vyslať do vesmíru: raketu)* to launch

vyradiť *dk* **1.** *(vylúčiť: z činnosti, i šport)* to eliminate, *(z prevádzky)* to put out of service, to put out of operation, *(knihy, šatstvo)* to discard, *(do šrotu)* to scrap, *(z činnej služby)* to inactivate, *(továreň)* to shut down; **2.** *(šport)* to [beat] out; **3.** *(voj: vymenovať dôstojníkov)* to pass out

výraz *m* **1.** *(vyjadrenie, prejav, vzhľad, i lingv, mat)* expression, *(vyjadrenie)* utterance; **2.** *(vonkajší vzhľad)* look, *(odraz na tvári)* countenance; **3.** *(vyjadrovací prostriedok)* term

vyraziť *dk* **1.** to knock down, to break down, to knock out, to pull out, to debouch, to rush out, to emerge

výrazný *príd* **1.** *(majúci výraz: gesto, tvár, oči)* expressive, *(výstižný)* pregnant; **2.** *(nápadný)* striking, *(gesto, tón)* emphatic; **3.** *(osobitý)* distinct[ive], **4.** *(zreteľný, zjavný)* clear

vyrážka *ž* **1.** rash, eruption, eczema

výrečný *príd* **1.** *(kt plynule hovorí, veľavravný: pohľad)* eloquent, *(veľavravný, významný)* meaning[ful], *(presvedčivý: dôkaz)* convincing; **2.** *(kt rád hovorí, mnohovravný)* voluble

vyrezať *dk* **1.** *(rezaním odstrániť)* to cut

out, *(lek)* to remove; **2.** *(rezaním vytvárať: z čoho)* to carve st out of st, *(do čoho)* to carve on/into st; **3.** *(inf: vyrež a nalep)* cut and paste

výroba *ž* **1.** *(zhotovovanie výrobkov, súhrn výrobkov)* production, *(ručná, remeselnícka)* handicraft[s]; **2.** *(zhotovovanie výrobkov)* manufacturing; **3.** *(súhrn výrobkov za istý čas)* output, **4.** *(filmová)* film-making

výrobca *m* **1.** producer, manufacturer, [-]maker, [-]er, [-]ist, [-]monger, [-]smith

vyrobiť *dk* **1.** *(prácou na stroji zhotoviť)* to manufacture, *(i získať rastlinné produkty)* to produce, *(celkovo)* to turn out; **2.** *(opracovať)* to work, to process, *(vypracovať: cesto)* to knead up; **3.** *(zast: zarobiť)* to earn

výrobný *príd* **1.** *(týkajúci sa výroby: cyklus, prémie)* production, *(postup, kapacita, podnik)* manufacturing, *(ekon: náklady)* operation, *(cena, náklady)* factory; **2.** *(produkujúci, vyrábajúci: kapitál)* productive; **3.** *(používaný na označenie výrobku)* serial

výrobok *m* **1.** product, manufacture, produce, article, make

výročie *s* **1.** anniversary, jubilee, bicentenary

výročný *príd* **1.** anniversary, *(omša)* commemoration; **2.** *(konaný raz do roka)* annual, *(schôdza)* convention

výrok *m* **1.** *(vyjadrenie názoru)* statement; **2.** *(sentencia)* saying; **3.** *(rozhodnutie, i šport)* decision, *(i súdu)* sentence, **4.** *(log)* proposition

výron *m* **1.** *(lek: vytekanie, výtok, i krvi)* extravasation, *(krvný)* haematocele, *(krvi do mozgu)* brain h[a]emorrhage; **2.** *(odb: vody, i prn)* outflow, *(geol: sopečný, i prn)* eruption; **3.** *(prejav, i prn)* outburst

vyrovnať *dk* **1.** *(urovnať do priamky: vedľa seba, i tech)* to align, *(uložiť do radu, usporiadať)* to range [into line], *(i tech: do osi)* to line up, *(vodorovne: lietadlo)* to level off; **2.** *(narovnať: klinec, kravatu, sukňu)* to straighten [up/ out], *(vyhladiť)* to smooth [out], *(odstrániť nerovnosti)* to even [up]; **3.** *(uviesť do rovnováhy: misky váh, i prn)* to equilibrate, *(uviesť do náležitého stavu: i kravatu)* to adjust, **4.** *(prn: napraviť)* to redress, **5.** *(zaplatiť, uhradiť: účet)* to settle

vyrovnať sa *dk* **1.** *(stať sa rovným)* to straighten [out/ up], *(vyhladiť sa)* to flatten out; **2.** *(zarovnať sa)* to line up; **3.** *(dosiahnuť rovnakú úroveň: koho v čom)* to equal, **4.** *(dostať sa do rovnováhy)* to stabilize, **5.** *(zmieriť sa: so skutočnosťou)* to come to terms with, *(s prehrou, osudom)* to resign os, **6.** *(zaplatiť dlh)* to settle o's account

výsada *ž* **1.** *(prednostný nárok, i práv, ekon, hist)* privilege, prerogative, *(výhoda)* benefit; **2.** *(hist)* franchise

výsadkár *m* **1.** paratrooper, *(ifm)* para

vysávač *m* **1.** vacuum cleaner, *(br)* hoover, suction apparatus, sucker, dust collector

výsek *m* **1.** *(sekanie mäsa)* jointing; **2.** *(vyseknutá časť)* cut[-out], *(geom: kruhový)* sector [of a circle]; **3.** *(kniž: vymedzená časť)* section

vysielač *m* **1.** *(vysielacia aparatúra)* transmitter; **2.** *(vysielacia stanica)* broadcasting station, transmitting plant, *(televízna)* television transmitter

výskum *m* **1.** *(skúmanie, bádanie, prieskum)* research, *(skúmanie)* examination, *(teoretický)* study; **2.** *(prieskum: sociologický, štatistický)* inquiry, *(verejnej mienky)* poll

vyskúmať *dk* **1.** to do research on, to study; **2.** *(zistiť)* to find out, to ascertein

výskumník *m* **1.** researcher, research worker, researchist

vyskúšať *dk* **1.** *(podrobiť skúške)* to try out, *(auto, stroj)* to test, *(svoje sily)* to put to proof/ test; **2.** *(primerať: šaty ap)* to try on; **3.** *(zistiť vedomosti: v škole)* to examine

výskyt *m* **1.** *(objavenie sa: vírusov)* appearance, *(cukru v moči, plynu vo vode)* presence; **2.** *(frekvencia: choroby)* occurrence, *(slova)* frequency; **3.** *(nálezisko: zlata)* deposit

vyskytnúť sa *dk* **1.** *(objaviť sa: obláčky)* to appear, *(prekážky)* to emerge, *(prípady ochorenia)* to occur; **2.** *(naskytnúť sa: príležitosť)* to crop up, to present itself

vyslanec *m* **1.** *(posol)* envoy; **2.** *(diplomatický zástupca)* [diplomatic] minister, *(stály)* resident [minister], *(mimoriadny a splnomocnený)* plenipotentiary

vyslanectvo *s* **1.** *(zastupiteľský úrad, budova, funkcia)* legation

vyslať *dk* **1.** *(poslať, i prn)* to send [forth/out], *(deputáciu)* to delegate, *(odoslať)* to despatch; **2.** *(vypustiť zo seba, i fyz)* to emit

výsledok *m* **1.** result, outcome, issue, *(hlasovania)* return, *(prieskumu)* poll

vysloviť *dk* **1.** *(povedať nahlas, i vyhlásiť)* to pronounce, *(rečovými orgánmi vypovedať)* to articulate; **2.** *(vyjadriť slovami)* to express, *(mienku, súhlas, sústrasť)* to give; **3.** *(rozsudok)* to pass

výslovnosť *ž* **1.** pronunciaton, enunciation, utterance, diction, elocution, spelling pronunciation

výslovný *príd* **1.** explicit, express, particular, professed, *(ifm)* flat

výsluch *m* **1.** *(vypočúvanie pri súdnom konaní: svedkov)* examination, *(krížový)* cross-examination; **2.** *(: pri úradnom konaní)* interrogation, questioning; **3.** *(zast: vypočutie)* audience

výsmech *m* **1.** derision, ridicule, sneer, jeer

vysmiať *dk* **1.** to deride, to ridicule, to make fun [of], to jeer, to sneer

vysokoškolák *m* **1.** university student, undergraduate, college student; **2.** *(absolvent)* graduate of a university

vysoký *príd* **1.** *(veľkej výšky, veľký do množstva/ sily)* high, *(veľkej výšky, veľký do sily)* elevated, len 1. stupeň *(s istou výškou)* [-]high; **2.** *(človek, postava)* tall, *(vek)* advanced; **3.** *(veľký čo do množstva/ rozsahu: straty)* big, **4.** *(na hornom stupni: i sociálny)* high-level, *(zvuk, tón, hlas)* high[-pitched], *(škola, vzdelanie)* university, **5.** 2 stupeň: **vyšší**. *(vzdelanie)* higher, *(postava)* taller, *(trieda)* upper; 3 stupeň **najvyšší**. *(súd)* highest, *(rýchlosť, trieda)* top, *(súd)* Supreme

vysťahovalec *m* **1.** emigrant, expatriate, *(politický)* refugee

vysťahovať *dk* **1.** *(z bytu, internátu ap)* to turn sb out of/from st, *(fml)* to eject sb from st, to force sb to leave; **2.** *(deložovať: nájomníka)* to evict

vysťahovať sa *dk* **1.** to move, to change residence, to evacuate; **2.** *(z vlasti)* to emigrate

výstava *ž* **1.** exhibition, [-]show, display, *(veľtrh)* fair

vystaviť *dk* **1.** *(viditeľne umiestniť)* to display, to show; **2.** *(vypísať, vyhotoviť: šek)* to write out, *(šek, faktúru, doklady, dobropis)* to make out, *(zmluvu, potvrdenie)* to draw up; **3.** *(ponechať pôsobeniu: nebezpečenstvu)* to expose

výstavný *príd* **1.** *(slúžiaci na usporiadanie výstav)* exhibition, *(sieň, skriňa)* show; **2.** *(úhľadne vystavaný)* well-designed

výstižný *príd* **1.** *(dobre vystihujúci, vhodný: citát, príklad)* appropriate, *(preklad)* accurate, *(argument)* forceful; **2.** *(priliehavý)* pertinent; **3.** *(príhodný)* well-timed

výstraha *ž* **1.** caution, warning, forewarning

vystrčiť *dk* **1.** *(tlakom dostať von)* to push st/sb out; **2.** *(vyhodiť)* to throw sb/stout; **3.** *(postaviť na nápadné miesto)* to stick st out, **4.** *(vyložiť)* to put st out

výstrel *m* **1.** *(rana zo strelnej zbrane)* shot, *(vypustenie strely)* discharge, *(huk)* report; **2.** *(voj: priestor streľby)* field of fire

výstrih *m* **1.** neck[-line], *(špicatý)* V-neck, *(dekoltáž)* décolletage, *(šaty s dekoltážou, odhalené miesto)* décolleté

vystríhať *ndk* **1.** *(varovať pred)* to warn sb against, to caution sb against/ not to, to advise sb against; **2.** *(povystrihovať)* to cut out

výstroj *m* **1.** *(vybavenie, i tech)* equipment, outfit, *(športovca, turistu)* gear, *(rybár-*

sky) tackle; **2.** *(tech)* fittings, *(lode, lietadla)* rig[ging], **4.** *(zast: výbava pre nevestu)* bottom drawer

výstup *m* **1.** *(chôdza smerom hore, i horolezecký)* ascent, *(astron: slnka)* rise; **2.** *(: z vlaku/ autobusu)* getting off, *(inf: údajov, dát)* output, *(inf: z programu)* exit; **3.** *(vystúpenie pred verejnosťou)* appearance, *(herca)* entrance, **4.** *(div: časť dejstva, i hádka)* scene, **5.** *(hádka)* quarrel

vystúpenie *s* **1.** *(umelecké ap podujatie)* performance, show, appearance, *(prvé)* debut

vystúpiť *dk* **1.** *(na kopec ap)* to ascend, *(nad obzor)* to rise; **2.** *(nasadnúť: na loď, do lietadla)* to embark; **3.** *(vyjsť odniekiaľ: i z auta)* to get out [of], **4.** *(opustiť: zo školy/ práce/ strany)* to drop out [of], **5.** *(: z autobusu/ vlaku/ elekričky)* to get off, *(z lode, lietadla)* to disembark, **6.** *(zdvihnúť sa: rieka)* to overflow, **7.** *(dosiahnuť istú výšku: na)* to rise [to], **8.** *(postaviť sa za, predniesť niečo)* to step forth/ forward, *(predniesť niečo)* to come forward/ up

vystupovanie *s* **1.** *(správanie)* bearing, manners, conduct, behaviour

vysvätiť *dk* **1.** *(kostol)* to consecrate, to hallow, to bless, *(za kňaza)* to ordain

vysvedčenie *s* **1.** *(adm: písomné potvrdenie)* certificate, attestation; **2.** *(škol: polročné)* [school] report, *(zo strednej školy)* General Certificate of Education [GCE]; **3.** *(prn)* references

vysvetliť *dk* **1.** *(urobiť pochopiteľným)* to explain, *(základné pojmy)* to outline, *(fml: detailne)* to expound, *(osvetliť)* to shed light on, *(odôvodniť)* to explicate, *(príčinu)* to account for

vysvetlivka *ž* **1.** *(vysvetľujúca poznámka: ústna/ písomná)* [explanatory] note, explanation, *(písomná, i inf)* annotation, *(v texte)* gloss

vyšetriť *dk* **1.** *(preskúmať, i práv)* to investigate, to inquire into, to look into; **2.** *(lek)* to examine, to check up

vyšívať *ndk* **1.** to embroider, to needle, *(ozdobne)* to brocade, *(zlatom, striebrom)* to fret

výška *ž* **1.** *(predmetu, človeka, nadmorská,)* height, *(nadmorská: miesta, letu, i geom)* altitude **2.** *(človeka)* tallness; **3.** *(veľkosť, miera, stupeň)* extent, *(stupeň)* degree, *(zvuku, tónu)* pitch, *(úroveň: teploty)* level, **4.** *(vzdialenosť od základnej roviny: hore)* rise, *(dolu: nosníka, piesta, sadzby, závitu)* depth, **5.** *(šport: skok do výšky)* high jump, **6.** *(prn: duševná)* nobility, **7.** *(nadmorská)* height above sea level

vyť *ndk* **1.** *(o vlkoch, psoch, i prn)* to howl; **2.** *(o ľuďoch: nariekať)* to groan, to moan

výťah *m* **1.** lift, *(ob am)* elevator; **2.** *(stručný obsah)* précis, *(z knihy, prednášky, článku ap)* abstract, *(práv)* docket; **3.** *(výpisok, i hud)* excerpt, *(z knihy, básne, i hud)* extract

výťažok *m* **1.** *(látka získaná: spracovaním)* extract, *(rastlinný: chem, i alkoholický)* [quint]essence, *(: vylúhovaním)* infusion, *(alkoholický)* tincture; **2.** *(tech: z rudy, kovu, i inf, ekon)* yield; **3.** *(ekon: vyzbieraná suma)* proceeds, *(výnos)* earnings

vytrvalý *príd* **1.** *(neprestávajúci, i činnosť: dážď)* persisting, *(neprestávajúci, neúnavný)* persevering, *(neúnavný)* tireless, *(v práci)* assiduous; **2.** *(konaný s vytrvalosťou, neustály)* constant, *(neustály: dážď, boj)* unrelenting; **3.** *(kt dlho vydrží, nemenný)* steadfast, **4.** *(zast: rastlina)* perennial

výtržnosť *ž* **1.** *(porušenie verejného poriadku)* disturbance, rumpus, *(náhla)* roughhouse, *(hlučná)* bobbery

výtvarný *príd* **1.** *(týkajúci sa: umeleckej činnosti)* creative, *(: maliarskej)* pictorial, *(umenie)* fine, imitative

výtvor *m* **1.** *(produkt)* product, *(i prírody)* produce, *(i umelecký)* production, *(i módny)* creation, *(umelecký, literárny)* composition

vyučovanie *s* **1.** *(vyučovací proces)* instruction, education, *(výuka)* tuition; **2.** *(vy-*

učovacie hodiny) classes, lessons

vyúčtovanie *s* **1.** accounting, accout rendered, settlement, statement of account

využiť *dk* **1.** *(použiť/ zúžitkovať vo svoj prospech)* to utilize, to make use of, *(i príležitosť)* to take advantage of, *(príležitosť)* to snatch; **2.** *(vykoristiť)* to exploit; **3.** *(zneužiť: dôveru)* to abuse [st], *(ľudí)* to use

vývin *m* **1.** *(vývoj)* development, growth; **2.** *(evolúcia, i biol, filoz)* evolution; **3.** *(fyz: tepla)* generation

vyvinúť *dk* **1.** *(spôsobiť vznik: úsilie)* to make, *(i činnosti)* to develop, *(ako výsledok: rýchlosť)* to produce; **2.** *(odb: vytvoriť)* to design; **3.** *(i fyz: teplo)* to generate

vyvinúť sa *dk* **1.** *(vzniknúť)* to grow, *(vyformovať sa)* to form, *(priaznivo/ zle)* to turn out well/ bad; **2.** *(dosiahnuť vyššie vývinové štádium)* to develop, to grow up

vyvlastniť *dk* **1.** *(práv: čo, i koho)* to expropriate [st/ sb from st], *(čo: i ako pokuta)* to confiscate [st], *(koho)* to dispossess [sb of st], to deprive sb [of property]

vývoj *m* **1.** development, growth, evolution, *(i inf)* advancement

vývojka *ž* **1.** *(fot: roztok)* developer, developing bath/ liquid, *(film)* dope, *(sl)* soup

vyvolať *dk* **1.** *(zavolať: koho)* to call, *(k tabuli)* to call sb to the blackboard/ desk, *(privolať zo záhrobia, i vzbudiť)* to evoke; **2.** *(vzbudiť)* to call forth, *(spomienky)* to call up, *(smiech, nenávisť, obavy, vzburu)* to provoke; **3.** *(fot)* to develop, **4.** *(zast: nahlas povedať)* to exclaim

vývoz *m* **1.** *(vyvážanie, export, i tovar)* export, *(vyvážanie)* exporting, exportation; **2.** *(hov: exportný tovar)* exports

vývrtka *ž* **1.** *(na zátky)* corkscrew; **2.** *(let)* corkscrew spin, tailspin, tail dive, *(plochá)* flat spin

vyzerať *ndk* **1.** *(mať istý vzhľad)* to look; **2.** len v 3. os *(zdať sa, javiť sa)* it looks [like], *(na dážď)* it looks like rain; **3.** *(každú chvíľu pozerať niekam)* to keep looking, **4.** *(pozerať v očakávaní)* to watch out for sb/ st

vyzliecť *dk* **1.** *(dať dolu zo seba/ niekomu šaty)* to undress, *(zo seba: kabát ap)* to take off; **2.** *(dať niekomu dolu šaty)* to divest, *(donaha)* to strip sb [naked]

vyzliecť sa *dk* **1.** to undress, to strip, to take off o's clothes, *(fml)* to disrobe

význam *m* **1.** *(myšlienkový obsah)* meaning, *(fml, lingv)* signification, *(lingv: slova)* denotation, *(zmysel)* sense, *(i dôležitosť)* significance; **2.** *(dôležitosť)* importance; **3.** *(to nemá význam)* it doesn't make sense, it's pointless

vyznamenanie *s* **1.** *(pocta)* honour; **2.** *(rad ap)* award, *(i vojenské)* decoration; **3.** *(škol)* distinction, *(na skúške)* cum laude

vyznamenať *dk* **1.** *(udeliť niekomu vyznamenanie)* to decorate; **2.** *(poctiť, odmeniť)* to honour

vyznamenať sa *dk* **1.** to distinguish os, to exceed in st, to rise

významný *príd* **1.** *(majúci veľký význam: osobnosť, umelec)* eminent, prestigious, *(i veľavravný)* significant; **2.** *(význačný, značný)* considerable, *(pamätný: deň, udalosť)* memorable; **3.** *(veľavravný)* meaningful, *(pohľad, úsmev, mlčanie)* eloquent, **4.** *(zast: výrazný)* expressive

výzor *m* **1.** *(vonkajšia podoba)* looks, appearance, aspect, *(fml)* mien; **2.** *(tváre)* countenance, **3.** *(postava)* figure

vyzuť sa *dk* **1.** *(dať si dolu obuv)* to take off o's shoes, *(o obuvi)* to slip out; **2.** *(prn: vymaniť sa)* to divest os of, to get rid of

výzva *ž* **1.** *(verejné vyhlásenie, petícia, i lingv)* appeal; **2.** *(pozvanie)* invitation, *(na súťaž/ súboj)* challenge, *(na súboj)* defiance, *(telefonická)* person-to-person call, *(súdna)* subpoena

vyzvať *dk* **1.** to call upon sb [to do st], to request formally; **2.** *(pozvať)* to invite, *(na súťaž/ súboj)* to challenge

vyzvedač *m* **1.** spy, secret agent

vyzvedačstvo *s* **1.** espionage, spying

výživa *ž* **1.** *(potrava, i prn)* nourishment, nutriment; **2.** *(stravovanie)* nutrition, *(lek)* alimentation

výživné *s* **1.** *(práv: príspevok na výživu)* maintenance, subsistence allowance, *(am)* alimony

výživný *príd* **1.** *(obsahujúci výživné látky)* nourishing, nutritious, nutrient; **2.** *(dôležitý z hľadiska výživy: hodnota)* nutritional

vzácny *príd* **1.** *(majúci veľkú cenu)* valuable; **2.** *(zriedkavý)* rare; **3.** *(významný, význačný)* distinguished, **4.** *(chem: kov)* noble, **5.** *(zast: vážený)* esteemed

vzadu *prísl* **1.** at/ in the back, in the rear, behind, *(na lodi)* astern

vzájomný *príd* **1.** *(i tech, fyz, ele)* mutual, reciprocal, inter[-], *(fyz)* interactive; **2.** *(ekon: zúčtovanie)* clearing

vzbura *ž* **1.** revolt, rebellion, insurrection, [up]rising, *(práv)* sedition

vzbúrenec *m* **1.** rebel, insurgent, insurrectionist. *(voj, nám)* mutineer

vzdať sa *dk* **1.** *(zriecť sa: nároku, práva, dedičstva, trónu)* to renounce, *(funkcie, mandátu)* to resign, *(nároku, práva)* to waive, *(nádeje, zamestnania)* to give up st/ +ing; **2.** *(kapitulovať: bezpr)* to capitulate, *(komu)* to give os up [to], *(priznať prehru: bezpr)* to give up/ in

vzdelanec *m* **1.** *(intelektuál)* intellectual, *(vzdelaný človek)* [highly-]educated person, scholar, erudite

vzdelanie *s* **1.** *(rozvinutie schopností)* education, *(školské)* schooling; **2.** *(výsledok)* culture

vzdelanosť *ž* **1.** culture, learning, erudition, scholarship

vzdelaný *príd* **1.** educated, cultured, cultivated, learned

vzdelať *dk* **1.** *(poskytnúť vzdelanie, i prn: publikum)* to educate, *(školením)* to school

vzdialený *príd* **1.** *(nachádzajúci sa v istej vzdialenosti)* [ ] away [from]; **2.** *(v značnej vzdialenosti)* far-away, *(i časove, i o príbuzných)* distant, *(fml, dtd: krajiny)* far, *(i inf, prn)* remote; **3.** *(časovo)* far-gone, **4.** *(menej blízky)* farther, far

vzdialiť sa *dk* **1.** *(odísť, opustiť)* to leave, *(oddialiť sa)* to move away/off; **2.** *(fml: pobrať sa)* to withdraw, *(do svojej izby, i súd)* to retire; **3.** *(odbočiť: od témy)* to digress

vzduch *m* **1.** air, *(čerstvý)* fresh air, *(ťažký)* fug, *(príroda)* open air, *(lapať, chytať)* breath; **2.** *(vzduch je čistý)* the cost is clear

vzdychať *ndk* **1.** *(vydávať vzdychy)* to sigh; **2.** *(túžiť)* to sigh for sb/ st, *(žialiť)* to groan; **3.** *(hovoriť so vzdychom)* to breathe

vziať *dk* **1.** *(chytiť rukami, zobrať: zo/ preč atď)* to take st [from/ out of/ away]; **2.** *(odviesť násilím, i prn: pozbaviť)* to take st away from; **3.** *(prijať)* to take sb, **4.** *(vyžiadať si)* to ask, **5.** *(pochopiť: niečo vážne/ naľahko/ ako atď)* to take, **6.** *(o dopravných prostriedkoch/ chorobe)* to catch, **7. si** *(obliecť si, obuť si)* to put on, **8.** *(ako súčasť spojení: na vedomie)* to realize

vzkriesenie *s* **1.** resurrection; **2.** *(náb)* the Resurrection

vzkriesiť *dk* **1.** *(priviesť k vedomiu)* to bring sb round, *(i prn)* to revive; **2.** *(náb)* to resurrect; **3.** *(prn)* to restore

vznešený *príd* **1.** *(melódia, literatúra, štýl)* sublime, *(i myšlienky)* lofty, *(velebný)* magnificent; **2.** *(ušľachtilý: úloha, myšlienka)* noble, distinguished

vznik *m* **1.** *(začiatok existencie)* genesis, *(fml)* inception, *(ifm)* beginning, *(prn)* birth

vzniknúť *dk* **1.** *(začať existovať)* to come into being, *(pochybnosť, podozrenie)* to arise, *(novinka)* to come out, *(podnik ap)* to be set up

vzoprieť sa *dk* **1.** *(postaviť sa na odpor)* to oppose st/ sb, *(odoprieť poslušnosť: rozkazu, rodičom)* to disobey st/ sb; **2.** *(zdvíhať sa)* to set os up, *(na nohy)* to rise to o's feet

vzor *m* **1.** *(príklad, kladný/ výrobný typ,*

predloha) model, *(príklad)* example, *(fml, i gramatický)* paradigm, *(kladný typ)* [beau] ideal, *(i výrobný typ)* type; **2.** *(predloha, i inf)* template; **3.** *(ozdobný obrazec, motív: na látke ap)* pattern

vzorec *m* **1.** *(grafické vyjadrenie: mat, chem, inf)* formula; **2.** *(zast: tlačivo)* form; **3.** *(zast: ozdobný obrazec)* pattern, **4.** *(zast: obraz)* picture

vzorka *ž* **1.** *(materiál na ukážku)* sample, specimen; **2.** *(ozdobný obrazec)* pattern; **3.** *(predloha)* model

vzorný *príd* **1.** model, exemplary, pattern; **2.** demonstration

vzostup *m* **1.** *(zvýšenie akosti, zväčšenie počtu, rast)* growth, *(zvýšenie hodnoty, akosti)* enhancement, *(zvýšenie intenzity)* rise, *(i zväčšenie počtu: cien, výroby)* increase, *(byť na vzostupe)* to be on the upturn

vzpierač *m* **1.** weight lifter

vzpriamiť *dk* **1.** to straighten, to set upright, to erect, *(telo)* to straighten os up

vzpriamiť sa *dk* **1.** *(človek)* to stand up, to get up, to rise and stand erect, *(postava)* to straighten up

vzrušiť *dk* **1.** *(vyviesť z pokoja/ rovnováhy)* to stir, *(priviesť do napätia)* to tension, *(príjemne, i sexuálne)* to excite, *(sexuálne)* to arouse

vzťah *m* **1.** *(pomer osoby k inej osobe)* rapport [with/ between], [ ] terms, *(okolnosť, keď niekto je v spojitosti)* tie[s], *(i vecí)* connection, *(pomer)* relation[ship]; **2.** *(postoj)* approach

vzťažný *príd* **1.** *(i gram)* relative; **2.** *(rovina)* index, *(údaje)* reference, *(bod)* fixed

vztýčiť *dk* **1.** *(zodvihnúť: ruku, vytiahnuť hore)* to raise; **2.** *(vytiahnuť nahor: i zástavu)* to run up, *(zástavu)* to hoist, *(voj: bodák)* to fix; **3.** *(postaviť: pamätník)* to erect

vždy *zám* **1.** *(stále, zakaždým)* always, *(stále)* constantly, continually, all the time, *(vždy, keď)* whenever; **2.** *(zakaždým)* every time, *(vždy v)* every, on [ ]s; **3.** *(navždy)* forever, *(ako vždy)* as usual

vžiť sa *dk* **1.** *(privyknúť si)* to get used/ accustomed, *(do situácie)* to put os in sb's place/ shoes, *(do úlohy)* to enter; **2.** *(ujať sa)* to come into use

watt *m* **1.** watt

X, Y

Xantipa *ž* **1.** Xantippe; **2.** *(prn hov)* shrew, vixen, battleaxe

xylofón *m* **1.** xylophone

yard *m* **1.** yard

yperit *m* **1.** mustard gas, *(chem)* yperite, dichlorodiethylsulphide

ypsilon *m* **1.** *(písmeno „y")* y; **2.** *(tech)* wye; **3.** *(grécky názov)* upsilon

Z

z **I.** *podst s nesk* **1.** *(písmeno)* z; *(br)* zed, *(am)* zee, **II.** *predl* **2.** *(vyj: pohyb z vnútra niečoho von)* from, out of: **vybrať šaty zo skrine** *to take the clothes from/ out of the wardrobe*, **vták vyletel z klietky** *the bird flew out of the cage*; **3.** *(: pohyb zhora nadol)* [down] from, **spadnúť zo strechy** *to fali [down] from the roof*; *(: pohyb zdola nahor)* [up] from, *(: smerovanie preč/ z povrchu predmetu)* [away] from, *(: odstránenie niečoho z povrchu)* off, from; *(: miesto z určitej strany)* on: **z pravej strany domu** *on the right side of the house*; **4.** *(: návrat, prerušenie činnosti)* from: **vrátiť sa z práce/ zo školy** *to come back from work/ school*; **prepustiť z práce** *to dismiss from work*; *(: na miestny pôvod)* from: **je z Bratislavy** *he is from Bratislava*; **5.** *(poukazuje na materiál: ob prek s príd)* of: **z dreva** *wooden/ of wood*, **zo zlata** *gold[en]*; **6.** *(: na časti vytvárajúce celok: ob prek s príd)* **obed z troch chodov** *a three-course dinner*; *(: na celok, z kt je oddelená časť)* of: **jeden z nás** *one of us*, **z nedostat-**

ku peňazí *for want of money,* **najlepší zo všetkých** *the best of [them] all*; from: **zrážka zo mzdy** *deduction from sb s wages*; to: **výnimka z pravidla** *the exception to the rule*; in: **jeden zo stá/ stovky** *one in a hundred*; **7.** *(:na príčinu, dôvod)* out of: **zo zvedavosti/ strachu/ hnevu/ pomsty atď** *out of curiosity/ fear/ anger/ revenge etc*; for: **z akej príčiny?** *for what reason?*, **zo žartu/ srandy** *for fun/a lark*; on: **z akého dôvodu?** *on what grounds?*; by: **z príkazu/ rozkazu** *by order*; *(: na zdroj)* from; *(prek s príd)* **daň z príjmu** *income tax*, **8.** *(vyj: spôsob činnosti)* with: **z chuti** *with relish*, **z celého srdca** *with all o's heart*; from: **z čistého srdca** *from the bottom of o's heart*; by: **z videnia** *by sight*; from: **z počutia** *from hearing*; at: **hrať z listu** *to play at sight*; **9.** *(: zreteľ)on:* **z mojej strany** *on my part*; from: **z hľadiska** *from the standpoint of*; **10.** *(: časové východisko)* from: **zo začiatku** *from the beginning*; since: **z jari** *since spring*; *(list)* of: **Váš list z** *your letter of/ dated*; **11.** *(v spojeniach: z... na, z... do/ na)* from...to: **z miesta na miesto** *from place to place*, **z otca na syna** *from father to son*, **z času na čas** *from time to time*, **z ruky** *out of hand*; **12.** *(: predmet)* in: **jednotka z matematiky** *A in maths*; from: **preklad z angličtiny** *translation from English*; **13.** ***zíde z očí, zíde z mysle** *out of sight out of mind*

za *predl* **I. 1.** *(vyj: čas v priebehu)* in: **za našich dní** *in these days*, **za nášho života** in our lifetime, **za vidna** *in daylight*; during, in the course of: **za vojny** *during/in the course of the war*; **za svojho pobytu v Prahe** *during my stay in Prague*; on: **za letných večerov** on/ during summer evenings,; **za žiadnych okolností** *on no account/ not on any account/ under no circumstances*; **za tie roky** *in/ during those years*; under: **za danej situácie** *under the existing situation/ in a given situation*, **za kapitalizmu/komunizmu** *under capitalism/ Communism*, **za vedenia** *under the direction of sb*; **za vlády** *under the rule of...*; under the reign of: **za Petra I.** *under the reign of Peter I*; times, **za Stuartovcov** *in Stuart times*; over; **2.** *(: podmienky, okolnosti)* when: **za mladi** *when young*, **za slobodna** *when single*; while: **za tepla/ čerstva** *while hot/ fresh*; in: **za prítomnosti** *in presence of*; at: **za zvuku** *at the sound of*; **II. 3.** *(: smer na opačnú stranu)* behind: **slnko zašlo za mraky** *the sun hid behind the clouds*; at the back of: **sadnúť si za stôl** *to sit down at (the back of) the table*; beyond: **za rieku** *beyond the river*; *(: miesto dotyku, spôsob)* by: **chytiť/ vziať za ruku** *to take sb by the hand*; at: **ťahať za rukáv** *to tug at the sleeve*; *(: prostriedok) by*; **4.** *(: podmienku)* by, on, at: **za každú cenu** *at any cost*; **5.** (: mieru) for: **pracovať/ zjesť za dvoch** *to work/ to eat for two*, ***kúpiť za mak/ facku** *to buy for a song*; **6.** *(: časový rozsah)* in, within: **za hodinu** *in an hour's time/ within an hour*; **7.** *(: frekvenciu deja: raz za)* once a: **raz za týždeň/ mesiac** *once a week/ month*; every: **raz za týždeň/ mesiac** *every week/month*; *(raz za dva)* every other: **raz za dva týždne** *every other week*; *(prek s neurč členom)* a/an: **50 míľ za hodinu** *at the /a rate of 50 miles an hour*, **šesťkrát za deň** *six times a day*; per: **otáčky za minútu** *revolutions per minute*, **za deň/ hodinu** *per day/ hour*; **8.** *(: príčinu, prospech, účel)* for: **bojovať/ umierať za slobodu/ vlasť** *to fight/ to die for freedom/ for o's country*; **hlasovať za** *to vote for*; in favour of: **hlasovať/ rozhodnúť sa za čo** *to decide in favor of st*; **stáť za kým** *to be at sb s back/ side*; *(: dôvod)* for: **urobiť niečo za peniaze** *to do st for money*; **9.** *(: zastupovanie)* instead of, in place of, in sb's place: **urobiť niečo za niekoho** *to do st instead of sb*; on behalf of: **hovoriť za** *to speak on behalf of*; *(: funkciu)* for: **zvolený za**

prezidenta *elected president/ for the presidency*; **10. *za predpokladu** *assuming that*; ***stáť za námahu** *to be worth it / worth while*; **dostať za odmenu** *to receive as an award*; **slúžiť za vzor** *to serve as an ideal*; ***vziať niekoho za slovo** *to take sb at his word*; *** za poplatok** *to be paid for*, ***za hotové** *[in] cash/ cash down*; **III. 11.** *(: miesto na druhej/ opačnej strane)* behind: **za mrežami** behind bars, **čo je za tým?** *what's behind it?*; outside: **stáť za dverami** *to be standing outside the door*, past: **jedáleň je hneď za výťahom** *the dining room is just past the lift*; back of: **za domom** *behind the house/ back of the house*; at the back of, **dom je za školou** *the house is at the back of the school*; **12.** *(: priestorovú, časovú následnosť)* after: **stránka za stránkou** page after page, **dieťa bežalo za matkou** *the child ran after his mother*, **opakujte za mnou** *repeat after me*; **deň za dňom** *day after day*; **mať za sebou** *to be over st/ o s*; upon: **jedna strata za druhou** *loss upon loss*;

zábava *ž* **1.** *(činnosť, i jednotlivá)* amusement, entertainment, *(činnosť spôsobujúca potešenie)* fun, good/ big time; **2.** *(večierok)* party, *(podujatie: s tancom)* dance; **3.** *(*príjemnú zábavu!)* have a good time

zabaviť *dk* **1.** *(spôsobiť dobrú náladu, rozptýliť: dieťa)* to amuse, *(rozptýliť)* to divert, to entertain; **2.** *(zdržať)* to keep; **3.** *(zast práv: skonfiškovať)* to confiscate

zábavný *príd* **1.** *(určený na/ poskytujúci pobavenie)* entertaining, *(určený na/ poskytujúci pobavenie)* recreational, *(i park)* fun[-]; **2.** *(rozveseľujúci, veselý)* amusing, jolly

zabehnúť *dk* **1.** *(behom sa dostať niekam)* to run [to]; **2.** *(nakrátko zájsť: do)* to pop over [to], *(po)* to go get/ fetch/ buy, *(šport: trať)* to run; **3.** *(o jedle: zaskočiť)* to get stuck, *(motor)* to run in

záber *m* **1.** *(pohyb: krídel)* beating, *(šport: ramena, vesla, i inf)* stroke; **2.** *(priestor: kosou)* swath[e]; **3.** *(tech: zubov)* mesh[ing], *(pneumatiky, spojky)* grip, **4.** *(fot)* [snap]shot, *(filmový)* take, *(tel: archívne/ ilustračné)* archives

zabezpečiť *dk* **1.** *(zaistiť, postarať sa, umožniť)* to provide [for]; **2.** *(zaistiť: komu/ koho; zaručiť: čo)* to ensure, *(zaručiť)* to guarantee; **3.** *(urobiť bezpečným, upevniť)* to [make] secure, *(spevniť)* to fortify

zabíjačka *ž* **1.** [pig-]sticking, *(am)* hog-killing

zabiť *dk* **1.** *(i prn: lásku)* to kill; **2.** *(usmrtiť zvieratá na mäso, i prn)* to butcher; **3.** *(vbiť, zatĺcť: klinec)* to drive, **4.** *(prn: zničiť)* to shatter, **5.** *(premárniť: roky)* to waste, **6.** *(kart slang: tromfom)* to overtrump, **7.** *(zast. hov)* to smash

záblesk *m* **1.** *(náhle zablysnutie, i prn)* flash; **2.** *(krátke objavenie sa svetla)* gleam, *(i prn)* glint, *(i prn: v očiach)* twinkle; **3.** *(náznak: nádeje)* ray

zablúdiť *dk* **1.** *(poblúdiť)* to get lost; **2.** *(zájsť si)* to call upon; **3.** *(o očiach)* to turn on, *(očami)* to bend o's eyes on

zábradlie *s* **1.** *(opora proti pádu: balkóna, mosta, i voj)* parapet, *(drevené, železné)* rail, *(schodišťa)* banister[s]; **2.** *(ozdobné)* balustrade

zábrana *ž* **1.** *(prekážka: proti pohybu)* barrier, *(poľn: proti vetru)* windbreak, *(snehová)* snow fence; **2.** *(psych)* inhibitions

zabrániť *dk* **1.** *(znemožniť preventívnymi zákrokmi)* to prevent st/ sb]from +ing, to inhibit; **2.** *(zamedziť, i city)* to restrain, to interdict; **3.** *(prekaziť)* to obstruct

zabrať *dk* **1.** *(zmocniť sa násilím/ vojensky/ úradne)* to seize, *(pre štát)* to confiscate, *(vojensky obsadiť; zaujať priestor, čas)* to occupy; **2.** *(zaujať priestor/ čas)* to take up; **3.** *(vyžiadať si určitý čas)* to absorb, **4.** *(urobiť záber)* to]take, **5.** *(začať fungovať: o motore)* to start up, **6.** *(vyvolať reakciu)* to catch, **7.** *(podávať výkon)* to get down [to], **8.** *(krajč: zúžiť)* to take in

zabudnúť *dk* **1.** *(nezapamätať si, neurobiť,*

nechať) to forget [about st]; **2.** *(neurobiť, zanedbať)* to neglect; **3.** *(nechtiac nechať)* to leave st [behind], **4.** *(prestať)* to stop

záclona *ž* **1.** curtain, hangings, *(prn)* screen

zacloniť *dk* **1.** *(zakryť pred svetlom)* to screen; **2.** *(svojou rozlohou zakryť)* to cover, *(i prn: utajiť)* to conceal, *(i astron)* to occult; **3.** *(fot)* to diaphragm

začať *dk* **1.** *(s neurč)* to start to/ [+ing], to begin to/ [+ing]; **2.** *(čo: rokovania, rozhovor)* to open, *(fml: rokovania, i práv: konanie)* to initiate; **3.** *(rozhovoriť sa)* to start speaking

začať sa *dk* **1.** to begin, to start, to set in, to take up

začiatočník *m* **1.** beginner, novice, learner, *(v remesle)* apprentice, *(na vysokej škole)* freshman, *(vodič)* learner-driver, *(voj, i prn)* recruit, *(voj)* cadet

začiatočný *príd* **1.** initial, opening, beginning, *(fml)* incipient

začiatok *m* **1.** *(prvá fáza, prvé obdobie, i miesto)* beginning, *(prvá fáza)* start, *(ifm)* kick-off, *(fml)* commencement; **2.** *(miesto, kde sa niečo začína)* head, *(i geod)* origin

zadarmo *prísl* **1.** [-]free, free of charge, gratuitous, gratis

zadĺžiť sa *dk* **1.** to run into debt, to incur debts, to contract debts

zadný *príd* **1.** rear, back, *(koniec, klávesy)* tail, posterior

zadok *m* **1.** *(zadná časť niečoho)* back, the rear; **2.** *(zadná časť tela človeka)* bottom, *(ifm euph)* behind; **3.** *(zadná časť tela zvieraťa)* rump, *(dela, pušky)* breech

zadosťučinenie *s* **1.** *(satisfakcia, i pocit uspokojenia)* satisfaction, *(satisfakcia)* amends

zádrapčivý *príd* **1.** *(kt rád zadrapuje, hádavý)* quarrelsome, *(kt rád podpichuje)* fault-finding

zadržať *dk* **1.** *(zachytiť, podoprieť)* to hold, *(zachytiť padajúceho/ predmet)* to catch hold of; **2.** *(zastaviť)* to stop; **3.** *(premôcť: slzy)* to hold back, **4.** *(zabrániť niekomu odísť)* to keep, *(fml, i zaistiť)* to detain, *(nedoručiť, nezaplatiť)* to withhold

zádumčivý *príd* **1.** *(uzavretý do seba, skľúčený)* broody, *(: so svojimi myšlienkami)* pensive, *(melancholický: človek, i výraz)* melancholy, *(výraz, nálada)* sombre

zadusiť *dk* **1.** *(udusiť: i vankúšom, zahasiť, premôcť)* to smother; **2.** *(neos: nedať dýchať)* to choke; **3.** *(zahasiť: oheň)* to extinguish, **4.** *(i potlačiť: vzburu, pokrok; premôcť: plač)* to stifle

zádušný *príd* **1.** *(cirk: omša)* memorial service, Mass for the soul of. funeral service, *(po mesiac)* month's mind

zafír *m* **1.** sapphire

záhada *ž* **1.** *(niečo tajomné/ ťažko poznateľné)* mystery, *(hádanka)* enigma, riddle, *(zložitý problém)* puzzle

zaháľať *ndk* **1.** *(povaľovať sa)* to idle [about], to loiter, to loaf; **2.** *(o veciach: ležať bez úžitku)* to lay idle

zahasiť *dk* **1.** *(plameň, oheň, cigaretu)* to put out, *(sviečku)* to blow out; **2.** *(svetlo ap.)* to switch off; **3.** *(zmierniť, uhasiť)* to quench

záhon *m* **1.** *(zeleniny)* patch, *(teplý)* hotbed, *(obrubný)* edging; **2.** *(kvetov)* [flower]bed; **3.** *(časť poľa)* ploughed field

zahrabať *dk* **1.** *(zakryť hrabaním, pochovať)* to bury st/ sb; **2.** *(zasypať)* to bury st under, to fill st with/ up; **3.** *(pren. expr.)* to sink, . *(niekoľkokrát hrabnúť)* to

záhuba *ž* **1.** *(zničenie)* ruin, destruction

záhyb *m* **1.** *(sklad, i v látke, pokrčený, i inf, prn)* fold;; **2.** *(ohyb: cesty, rieky)* bend, *(rieky)* meander, *(cesty)* curve; **3.** *(prn)* recess; **4.** ob mn: **záhyby** *(krajč)* pleat

zahynúť *dk* **1.** *(zomrieť)* to perish, to die, to be killed; **2.** *(vymrieť)* to die out; **3.** *(prn: zaniknúť)* to wane

záchod *m* **1.** toilet, *(dtd)* water closet [W.C.], *(dtd, fml)* lavatory, *(br ifm)* loo, *(verejný)* [public] conveniencies

zachovaný *príd* **1.** *(ktorý zostal: tradícia)* preserved; **2.** *(zachovalý: starec. dom)* well-preserved, in good condition

zachovať *dk* **1.** *(zachrániť)* to preserve, *(tradíciu ap)* to keep up, *(i udržať si: zdravie ap)* to conserve; **2.** *(udržať si, nestratiť)* to keep [o's]; **3.** *(dodrdržať: diétu, zákon)* to observe

zachovať sa *dk* **1.** *(pretrvať v čase)* to be preserved, *(pri živote)* to save os; **2.** *(zaujať postoj)* to behave, to conduct os

záchrana *ž* **1.** *(zachránenie pred nebezpečenstvom)* rescue, *(zachovanie: niekoho/ niečoho, i života)* saving, *(niečoho)* preservation; **2.** *(čo pomôže v nebezpečenstve)* lifesaver, *(spása)* salvation; **3.** *(tel: gymnastu)* support

záchranca *m* **1.** *(v nebezpečenstve života)* [life]saver, saviour, *(v nebezpečenstve)* rescuer, *(pred zničením)* preserver

zachrániť *dk* **1.** *(zabrániť smrti)* to save sb, *(niekomu život)* to save sb's life, *(v nebezpečenstve)* to rescue; **2.** *(pred skazou)* to retrieve

záchvat *m* **1.** *(náhly prejav: chorobných príznakov)* access, *(choroby)* onset, *(srdcový, i citov: strachu)* attack, *(epileptický, hysterický, i kašľa, smiechu)* fit; **2.** *(i citov)* burst; **3.** *(prn: vypätie, preháňanie niečoho)* spree

záchvev *m* **1.** *(jemné zachvenie: i prn: i lístia, hlasu)* trembling, vibration, quiver, *(i zeme)* tremor

zachytiť *dk* **1.** *(zadržať, chytiť: loptu, i pohľad, zvuk)* to catch; **2.** *(odvrátiť: úder)* to ward off; **3.** *(zastaviť, znemožniť postup)* to stop, *(drogu, ukradnutý tovar)* to seize, *(depešu, i šport: prihrávku)* to intercept, **4.** *(strhnúť so sebou)* to carry/ to sweep away, **5.** *(prikvačiť)* to overtake, **6.** *(mimovoľne sa dotknúť: nohou)* to stumble [on], **7.** *(zaznamenať: i na magnetofón)* to record

zaistiť *dk* **1.** *(materiálne/ finančne zabezpečiť)* to provide [for], *(zabezpečiť)* to see to; **2.** *(zaručiť)* to guarantee; **3.** *(postarať sa o bezpečnosť, získať si)* to secure, **4.** *(spevniť)* to make secure/ safe/ fast, **5.** *(zatknúť)* to arrest

zajac *m* **1.** *(zool: Lepus)* hare; **2.** *(domáce zviera)* rabbit; **3.** *(prn: neskúsený človek)* greenhorn

zajakať sa *n/dk* **1.** *(trhane hovoriť)* to falter, to hum and haw; **2.** *(mať poruchu reči)* to stutter, to stammer

zajať *dk* **1.** *(vziať do zajatia koho, i zviera)* to take prisoner; **2.** *(i zmocniť sa, spútať: koho, čo)* to capture, to seize; **3.** *(prn: spútať, opantať)* to captivate

zajatec *m* **1.** *(i prn)* prisoner, captive, *(vojnový)* war prisoner, POW

zajatie *s* **1.** *(i vo vojne)* imprisonment, *(i stav zvierat nežijúcich na slobode)* captivity; **2.** *(prn)* grip; **3.** *(vziať do zajatia)* to take prisoner

zájazd *m* **1.** *(výlet)* excursion, outing, *(turistický/ vlastivedný)* sightseeing tour; **2.** *(výprava umeleckého súboru)* tour

zájsť *dk* **1.** *(chôdzou sa dostať)* to go, *(podísť)* to step [to], *(dôjsť)* to reach; **2.** *(stratiť sa z dohľadu: za roh, mrak)* to go beyond, *(bezpr: o nebeských telesách)* to set; **3.** i si *(navštíviť niekoho)* to call on, **4.** *(doľahnúť, zastihnúť)* to overtake, **5.** *(i bezpr: zdochnúť)* to die, **6.** *(zarosiť sa)* to be covered with mist, **7.** *(*pomaly ďalej zájdeš)* slow and steady win the race

zajtra *prísl* **1.** tomorrow

zákal *m* **1.** *(strata čírosti, kal)* turbidity, *(pivný)* fog; **2.** *(lek: v moči)* nebula, *(šedý: šošovky)* cataract, *(rohovky: biely)* leucoma

zákaz *m* **1.** prohibition, *(zákonný)* illegalization, *(súdny)* injunction, *(platobný)* freeze; **2.** *(zákaz fajčiť)* no smoking, *(zákaz skúšok jadrových zbraní)* test ban, *(zákaz lepenia plagátov)* stick/ post no bills

zakázať *dk* **1.** to prohibit, to forbid, *(zákonom)* to illegalize, to ban

zákazník *m* **1.** *(v obchode, reštaurácii ap)* customer, *(fml)* patron, *(stály)* regular; **2.** *(i u advokáta, v banke ap)* client; **3.** *(v hoteli)* guest

zákerný *príd* **1.** treacherous, insidious, deceitful, serpentine

základ *m* **1.** *(spodná vrstva, i prn)* foundation; **2.** *(podstavec, i mat, lingv, i ekon: daňový)* base; **3.** ob mn: **základy**. *(podzemná časť stavby)* foundations, *(prn: základné vedomosti)* the basics, **4.** *(prn: osnova, podstata, i daňový)* basis, *(podstata)* essence, **5.** *(mal)* groundwork, *(lingv)* root, **6.** *(na základe)* on the basis of, *(v základe)* in principle

zakladať sa *dk* **1.** to be based on, to be grounded, to be founded, *(nezakladať sa na pravde)* to be without foundation

zakladateľ *m* **1.** founder, establisher, *(rodu)* progenitor, *(dynastie)* dynast

základňa *ž* **1.** *(spodná časť, podstava, i geom, voj)* base; **2.** *(voj)* station, *(raketová)* range, *(odpaľovacia)* site; **3.** *(turistická, lyžiarska)* resort, **4.** *(základ, východisko)* basis

základný *príd* **1.** *(hlavný, tvoriaci súčasť základu)* fundamental, *(i elementárny, i ekon: plat, kapitál)* basic, *(tvoriaci súčasť základu, podkladový)* foundation; **3.** *(prvotný v hierarchii, i inf)* prime, **4.** *(zásadný, hlboký)* radical, **5.** *(elementárny, všeobecný: am i škola)* elementary, *(škola)* primary, **6.** *(podkladový: farba, náter, i fyz: stav)* ground, **7.** *(ekon: cena, mzda, i inf)* base

zákon *m* **1.** *(i práv, fyz, ekon, lingv)* law, *(práv)* Act [of Parliament/ Congress], *(návrh zákona)* Bill; **2.** *(súhrn pravidiel správania sa)* code; **3.** *(cirk: *Starý/ Nový)* Old/ New Testament, **4.** *(*podľa zákona)* according to the law

zákonitý *príd* **1.** *(uskutočňujúci sa podľa zákona)* conforming to/ in the nature of a law; **2.** *(zákonom oprávnený)* legitimate, *(vlastník)* rightful, *(dedič)* lawful

zákonník *m* **1.** Code, code of laws, *(v UK)* common law

zákonodarca *m* **1.** legislator, lawmaker, lawgiver, enactor

zákonodarný *príd* **1.** legislative, nomothetic

zákop *m* **1.** ob mn: **zákopy**. *(voj)* trench, ditch, earthwork, *(krytý)* sap

zakopať *dk* **1.** *(zakryť zeminou)* to bury; **2.** *(niekoľkokrát kopnúť)* to kick; **3.** *(premárniť)* to waste

zakopnúť *dk* **1.** *(naraziť nohou)* to stumble [on], *(prn ob v záp)* to notice; **2.** *(kopnúť)* to kick

zakoreniť sa *dk* **1.** to enroot, to [take] root, to groove, *(zvyk)* to infix

zakročiť *dk* **1.** *(urobiť opatrenia)* to take steps; **2.** *(vykonať akciu, zasiahnuť)* to take action, *(fml)* to intervene, *(chirurgicky)* to operate, *(v prospech, zastať sa)* to defend sb

zákrok *m* **1.** intervention; **2.** *(lek: chirurgický)* operation, *(hov: potrat)* abortion; **3.** *(šport)* action

zákruta *ž* **1.** bend, curve, turn, *(rieky)* meander

zakryť *dk* **1.** *(prikryť, zastrieť: výhľad)* to cover; **2.** *(zastrieť, zacloniť)* to cloak, *(i astron)* to occult; **3.** *(zamaskovať)* to disguise, **4.** *(utajiť)* to conceal

zákulisie *s* **1.** *(priestor za kulisami)* backstage; **2.** *(prn: pozadie)* background, *(aféry ap)* the story behind [ ]; **3.** *(*v zákulisí)* behind the scenes

zákusok *m* **1.** fancy cake, *(krémový)* cream-cake/ bun/ puff, *(s ovocím/ džemom)* tart

zálesák *m* **1.** *(drevorubač)* [back]woodsman, bushwhacker, *(poľovník)* trapper; **2.** *(tramp)* voyageur

záletník *m* **1.** *(sukničkár)* skirt chaser, womaniser; **2.** *(zast)* wooer

zálety *m* **1.** *(vohľady)* courting, courtship, *(dtd)* wooing; **2.** *(dobrodružstvá)* romance, love affairs

záležať *ndk* **1.** len 3. os *(závisieť)* it depends on, it's up to; **2.** len 3. os *(byť dôležitý pre)* to be important for, **[!]** *(ob v záp)* to care [about]; **3.** *(v spojení: dať si záležať na)* to take [much] care over, **4.** *(*na tom nezáleží)* it doesn't matter

záležitosť *ž* **1.** matter, affair, concern, business

záliv *m* **1.** *(časť mora, jazera hlboko siahajúca)* gulf, *(: nehlboko)* bay, *(malý)* cove, *(plytký)* bight; **2.** *(anat)* sinus; **3.** *(Perzský)* The Persian Gulf

záloha *ž* **1.** *(zásoba, i šport, voj)* reserve; **2.** *(voj)* the reserve; **3.** *(hov: preddavok)* deposit, **4.** *(záloh)* pawn, **5.** *(v rezerve)* in reserve, *(voj)* on the reserve list

zalomenie *s* **1.** *(polyg)* making-up, *(inf: riadu)* word-wrap; **2.** *(tech: hriadeľ)* crank[ing], *(stav)* rabbet

založiť *dk* **1.** *(urobiť základ, spôsobiť vznik)* to found; **2.** *(umiestniť)* to place, *(nasadiť si)* to put on, *(zaradiť)* to file, *(zapratať, zatarasiť)* to block, **6.** *(zahnúť)* to fold, **7.** *(hov: vypomôcť finančne)* to advance

záľuba *ž* **1.** *(silný záujem o niečo)* predilection, fondness, liking; **2.** *(potešenie, radosť)* pleasure, relish

zaľúbený *príd* **1.** in love with, fond of, *(fml)* enamoured of/ with

zaľúbiť sa *dk* **1.** *(i bezpr)* to fall in love [with], *(ifm: do)* to get a crush on; **2.** *(zapáčiť sa)* to take a liking to; **3.** len 3 os [!] *(zachcieť)* to like

zamat *m* **1.** velvet, *(tex: útkový)* velveteen, velour

zamedziť *dk* **1.** *(zabrániť: kríze, nešťastiu)* to prevent, *(havárii)* to avoid; **2.** *(znemožniť)* to inhibit, *(prístup)* to prohibit; **3.** *(prekaziť)* to hamper

zámeno *s* **1.** pronoun

zámer *m* **1.** *(úmysel)* intention, *(fml, práv)* intent, *(cieľ)* purpose, *(plán)* plan

zamerikanizovať *dk* **1.** to americanize

zámerný *príd* **1.** intentional, deliberate, set, wilful; **2.** *(tech: os)* axis/ line of sight

zamestnanec *m* **1.** employee, wage-earner, *(na plný úväzok)* full-timer, *(štátny)* civil servant

zamestnanie *s* **1.** *(pracovný pomer, práca)* employment; **2.** *(práca, miesto)* work, *(miesto)* job; **3.** *(činnosť)* career, *(povolanie)* occupation, **4.** *(bez zamestnania)* jobless

zamestnať *dk* **1.** to employ, to engage, to keep busy, to occupy

zamestnať sa *dk* **1.** *(nájsť si nejakú prácu, zaujať sa)* to find an occupation, *(nájsť si prácu)* to find a job; **2.** *(zaujať sa čím)* to occupy os in doing st/with st

zamestnávateľ *m* **1.** employer, principal, master, *(ifm)* boss

zameškať *dk* **1.** *(bezpr: prísť neskoro)* to come late, *(zmeškať: autobus, príležitosť)* to miss; **2.** *(nechať si ujsť, premárniť)* to waste; **3.** *(vynechať)* to neglect

zametať *ndk* **1.** *(i bezpr: metlou odstraňovať)* to sweep [st away/ up/ off], *(metlou zbavovať smetí)* to sweep [st out]; **2.** *(ťahať niečo za sebou)* to drag; **3.** *(*zametať s niekým)* to wipe the floor with sb

zámienka *ž* **1.** pretext, excuse, come-off, cover guise, stalking-horse

zamietnuť *dk* **1.** to reject, to refuse, *(sťažnosť)* to dismiss, *(hlasovaním)* to vote down, *(práv)* to rule out, *(odmietnuť)* to turn down

zamilovaný *príd* **1.** in love with, *(fml)* enamoured of, *(ifm)* mad about

zamilovať sa *dk* **1.** to fall in love [with]

zámka *ž* **1.** lock, *(visiaca)* padlock, *(bezpečnostná, patentná)* safety/ Yale lock

zamknúť *dk* **1.** *(otočiť kľúčom v zámke)* to lock, *(i bezpr: byt, dom)* to lock up; **2.** *(zavrieť niekde: koho)* to lock sb in, *(čo)* to lock st away

zamlčať *dk* **1.** *(zatajiť: chyby, pravdu)* to conceal, to keep back, *(údaje, informácie)* to withhold, *(neprezradiť)* not to let on [to]

zámočník *m* **1.** locksmith

zámok *m* **1.** *(hist: sídlo šľachticov/ panovníkov)* manor[-house], *(ob opevnený)* castle; **2.** *(väčšia budova)* mansion, *(: kráľovská, umelecky cenná)* palace

zámorie *s* **1.** overseas countries

zamoriť *dk* **1.** *(nakaziť i plynmi: vzduch, vodu)* to pollute, *(chemikáliami, i prn)* to contaminate, *(bacilmi)* to infect

zámorský *príd* **1.** *(obchod, krajina)* overseas, *(loď)* transatlantic, *(i plavba)* transoceanic, *(koža)* colonial

zámožný *príd* **1.** *(človek, rodina)* affluent, well-off, *(človek)* man of property, *(boha-*

tý) moneyed

zamračiť sa *dk* **1.** len 3. os *(nebo/ neos)* to become cloudy, to cloud up/ over; **2.** *(zachmúriť sa)* to become sullen, to gloom

zamraziť *dk* **1.** to freeze, to congeal, to chill

zamrznúť *dk* **1.** *(stuhnúť od mrazu: voda, rieka, prn: úsmev)* to freeze, *(pokryť sa: ľadom)* to ice up, *(: s námrazou na povrchu)* to frost; **2.** *(prn: uviaznuť)* to get stuck/ bogged down

zamyslený *príd* **1.** *(zabratý do myšlienok, vyj zamyslenie)* abstracted, absent-minded; **2.** *(ponorený do myšlienok)* absorbed in thougth, thoughtful

zamyslieť sa *dk* **1.** *(bezpr: ponoriť sa do myšlienok)* to bury os in thought, *(byť zaujatý myšlienkami: o/ nad)* to think about, to mull st over, to reflect

zamýšľať *ndk* **1.** *(mať v úmysle)* to intend, to propose, *(mať v pláne)* to plan, *(chystať sa)* to be going to

zanedbať *dk* **1.** *(prestať sa starať/ dbať)* to neglect, *(prestať sa starať: povinnosti)* to fail [to do]; **2.** *(prestať dbať: i inf)* to ignore, to disregard, to omit, to slight

zanechať *dk* **1.** *(nechať bez opory, opustiť, vzdať sa)* to abandon, *(i odkázať, nechať po sebe)* to leave; **2.** *(odkázať)* to bequeathe; **3.** *(vzdať sa, prestať robiť)* to renounce, to lay aside

zaneprazdnený *príd* **1.** busy, occupied, enganged

zanevrieť *dk* **1.** *(začať pocitovať nenávisť)* to come to hate, *(: nepriateľstvo)* to come to dislike, *(prestať mať rád)* to lose interest [in], *(začať nepriať niekomu)* to bear/ to have a grudge [against]

zaniesť *dk* **1.** *(odniesť)* to take, *(niečo ťažké)* to carry; **2.** *(uniesť prúdom)* to carry away; **3.** *(vniesť)* to bring, **4.** *(zapísať)* to enter, **5.** *(neos: utvoriť nános na niečom)* to silt up

zanietenie *s* **1.** *(zápal)* inflammation, *(horlivosť)* passion, *(nadšenie)* enthusiasm, rapture

zánik *m* **1.** *(i práv, biol)* extinction, *(i práv: práva, platnosti)* expiration, *(ekon: spoločnosti)* dissolution; **2.** *(konec jestvovania: Pompejí)* destruction, *(ríše)* fall

zaniknúť *dk* **1.** *(prestať jestvovať)* to die out, *(ekon: spoločnosť)* to be dissolved, *(i závod, podnik)* to close down, *(i biol)* to become extinct, *(práv)* to expire; **2.** *(i stratiť sa z dohľadu)* to disappear; **3.** *(doznieť, zatíchnuť)* to die away

zanovitý *príd* **1.** *(tvrdohlavý, neústupný)* stubborn, *(tvrdohlavý)* obstinate, *(fml i der)* obdurate, *(fml der: neústupný)* stiffnecked

zaoberať sa *ndk* **1.** *(robiť ako zamestnanie/ povinnosť)* to work as a, *(ako zamestnanec)* to be employed as/ at, *(ako profesionál)* to be a/ in +ing, *(ako obchodník)* to deal in; **2.** *(venovať sa)* to dedicate os, *(všímať si)* to concern os; **3.** *(*čím sa zaoberáte?)* what do you do for a living?

zaobchádzať *ndk* **1.** *(narábať: s niečím/ niekým)* to handle st, to deal with st, *(dobre: sekerou, raketou atď)* to wield; **2.** *(správať sa: s kým)* to treat; **3.** *(*zaobchádzať s niekým v rukavičkách)* to treat sb with kid gloves

zaobisť sa *dk* **1.** to do without, to go without, to make shift, to make do

zaobstarať *dk* **1.** *(získať)* to procure, to fetch, to obtain, to find; **2.** *(postarať sa)* to provide [for]

zaoceánsky *príd* **1.** transoceanic, transatlantic, overseas, ocean-going

zaokrúhliť *dk* **1.** *(číslo: nahor/ nadol)* to round up/ down/ off; **2.** *(zaguľatiť)* to round

zaopatriť *dk* **1.** *(zadovážiť, obstarať)* to procure, *(zdarma)* to find; **2.** *(postarať sa)* to cater for, to provide for, *(opatriť, zásobiť)* to provision, *(vystrojiť)* to equip, *(vybaviť)* to do

zaostať *dk* **1.** to remain behind, to fall back, to lag behind, to tail away/ off

západ *m* **1.** *(mesiaca)* sunset, *(slnka, mesiaca)* setting, going-down; **2.** *(svetová* *strana)* west; **3. Západ.** *(západné krajiny)* the West

zapadnúť *dk* **1.** *(o nebeských telesách)* to set; **2.** *(i zaboriť sa)* to sink, *(pokryť sa vrstvou: snehom, prachom)* to be covered with, *(zmiznúť, stratiť sa)* to disappear; **3.** *(zavrieť sa)* to lock

západný *príd* **1.** western, west; **2.** westerly, westward

západoeurópsky *príd* **1.** West European

zápach *m* **1.** [foul/ offensive] smell, stench, stink, fetor

zapáchať *ndk* **1.** to stink, to smell, to reek

zápal *m* **1.** *(lek)* inflammation, [-]itis, *(pľúc)* pneumonia; **2.** *(nadšenie)* ardour, fire, *(v zápale)* in the heat [of]; **3.** *(tech)* ignition

zapáliť *dk* **1.** *(spôsobiť horenie, rozsvietiť)* to light, *(rozsvietiť, i si cigaretu)* to light up; **2.** *(podpáliť)* to set st on fire; **3.** *(hov: zapnúť)* to switch on, **4.** *(kniž: masy)* to enthuse

zapáliť sa *dk* **1.** to kindle, to catch fire; **2.** *(začervenať sa)* to blush; **3.** *(prn)* to become enthusiastic about

zápalka *ž* **1.** match[stick], *(vosková)* wax match, *(švédska)* safety match; **2.** *(voj)* detonator

zapaľovač *m* **1.** *(vreckový)* [cigarette] lighter; **2.** *(voj)* [detonating] fuse; **3.** *(odb)* igniter, *(chem)* igniting agent

zapamätať si *dk* **1.** *(zachovať si v pamäti)* to keep in mind, not to forget, *(telefónne číslo, text)* to remember; **2.** *(*do smrti/ na celý život si zapamätám)* I'll never forget,as long as I live

zápas *m* **1.** *(zápasenie, boj)* fight, *(býčí)* bullfight; **2.** *(šport: športové stretnutie)* match, *(vo voľnom štýle)* freestyle [wrestling]; **3.** *(prn)* struggle, war

zápasiť *ndk* **1.** *(biť sa, i prn)* to fight; **2.** *(i prn: s čím)* to struggle against, *(bojovať: o čo)* to struggle for; **3.** *(i bezpr: pretekať sa)* to compete

zápästie *s* **1.** *(anat)* wrist, *(odb)* carpus

zápcha *ž* **1.** constipation; **2.** *(zatarasenie)* congestion, blockage, *(pri východe)* bottleneck

zápis *m* **1.** *(zaznamenávanie, i fonetický)* trancription; **2.** *(registrácia: do prvého ročníka)* matriculation, *(do kurzu)* enrolment; **3.** *(stručná poznámka)* note, **4.** *(úradný záznam)* record

zapísať *dk* **1.** to write down, to record, to enter; **2.** to matriculate

zapísať sa *dk* **1.** *(dať sa zaznačiť do nejakého zoznamu)* to register, *(prihlásiť sa: na štúdium, do kurzu ap)* to enrol; **2.** *(zaznačiť niekam svoje meno)* to enter one's name, *(na vrátnici ap)* to sign in/out

zápisné *s* **1.** registration fee, enrolment fee/ money, entrance fee/ money/ duty, admission fee

zápisnica *ž* **1.** *(úradný zápis)* record, report, *(schôdze)* minutes, *(vyhlásenie)* signed statement

zápisník *m* **1.** *(i inf)* notebook, memo pad/ book, block, jotter

záplata *ž* **1.** *(kus látky)* patch, *(i kože)* clout, *(na pneumatiku: gumová)* repair patch, *(drev)* plug

zaplatiť *dk* **1.** *(čo komu, i bezpr)* to pay [st to sb/ sb st], *(v hotovosti)* to pay down, *(dlh)* to pay back, *(i účet)* to settle, *(výdavky)* to reimburse, *(zmenku)* to honour, *(pohárik ap)* to buy [sb a drink]; **2.** *(doplatiť: na čo čím)* to pay for st [with], **(telegram so zaplatenou odpoveďou)* reply-paid telegram, **(to mi zaplatíš!)* you'll be sorry for this

záplava *ž* **1.** *(povodeň, i prn)* inundation, *(i prn, i svetlo)* flood; **2.** *(prn: veľké množstvo)* shower, *(slov, áut)* stream

zaplaviť *dk* **1.** *(zatopiť: rieka, i prn)* to inundate, *(i prn, i svetlo)* to flood, *(dážď, i prn)* to deluge; **2.** *(zaplniť)* to overwhelm, *(ľudia)* to crowd

zápletka *ž* **1.** *(zložitá situácia)* entanglement[s], tangled affair, *(konflikt, kolízia, nedorozumenie)* conflict; **2.** *(lit: zauzlenie deja)* plot, *(div)* intrigue

zapliesť *dk* **1.** *(prepletením niečo spojiť)* to intertwine, *(vlasy)* to plait; **2.** *(zamotať)* to tangle; **3.** *(dostať do nepríjemností)* to entangle

zapliesť sa *dk* **1.** *(zamotať sa, uviaznuť, i prn)* to get caught, *(spliesť sa, prepliesť sa)* to become entwined; **2.** *(stať sa zložitým)* to become complicated, **3.** *(zamiešať sa)* to mix [in], *(zapojiť sa)* to join, **4.** *(spriahnuť sa: s kým)* to get mixed up [with/ in], *(i nadviazať intímny vzťah)* to become involved [with]

zapnúť *dk* **1.** to do, to button; **2.** *(i rádio ap)* to switch on, to turn on

započítať *dk* **1.** to include

zapodievať sa *dk* **1.** *(vykonávať činnosť)* to be engaged in, to busy os with, *(v záp)* to bother with, *(pracovná činnosť: zaoberať sa)* to deal in

zápor *m* **1.** *(opak: klad)* negative aspect/ feature; **2.** *(nesúhlas)* dissent; **3.** *(gram, i inf)* negation, **4.** *(*zvážiť klady a zápory)* to weigh the pros and cons

záporný *príd* **1.** *(i mat, fyz, ele, ekon, gram)* negative, *(mat: korelácia)* antithetical, *(odchýlka)* minus, *(pól, prúd)* polar, *(let)* anhedral

zapríčiniť *dk* **1.** *(zaviniť, spôsobiť)* to cause, to bring about/ on, to originate, to effect

zaprieť *dk* **1.** *(nepriznať: čo; poprieť: koho, otca, matku)* to deny; **2.** *(zatajiť: svoj pôvod)* to conceal; **3.** *(potlačiť, premôcť: sklony, cviky ap)* to overcome, **4.** len **nezaprieť**. *(prejaviť sa: vek)* to show, **5.** *(oprieť)* to lean, **6.** *(napadnúť)* to attack, **7.** *(zatvoriť na zámku)* to lock, *(*nedá sa zaprieť)* there is no denying, it' undeniable, one cannot deny, it cannot be denied

zapustiť *dk* **1.** *(vsadiť: stĺp do zeme)* to sink, *(tech)* to embed; **2.** *(hov: napustiť, impregnovať)* to impregnate; **3.** *(o rastlinách: korene, i prn)* to take root

zaradiť *dk* **1.** *(umiestniť podľa)* to arrange, *(do skupiny)* to assign, *(medzi: do zoznamu, repertoára, programu)* to insert, to include, *(mot: rýchlosť)* to engage; **3.** *(začleniť)* to class[ify], to rank

zaradiť sa *dk* **1.** to be included, to be classed as; **2.** to join, to enter

zaraziť *dk* **1.** *(vtlačiť, vraziť)* to drive in; **2.** *(prerušiť, zastaviť)* to stop, *(prudko)* to block, *(prerušiť)* to interrupt, *(prekaziť: vývoj, vývin)* to stunt; **3.** *(udiviť, zmiasť)* to startle

zaraziť sa *dk* **1.** *(zasmiať sa)* to be startled, *(dostať sa do rozpakov)* to be nonplussed, *(prekvapiť sa)* to be tacken aback; **2.** *(náhle sa zastaviť: v chôdzi)* to check; **3.** *(zaseknúť sa)* to stop

zárez *m* **1.** *(zarezanie)* cut[ing]; **2.** *(stopa po rezaní)* cut, *(ob lek)* incision, *(i záber, ob pílou)* kerf, *(nožom)* notch, *(priehlbina)* indentation; **3.** *(tech: pílou)* saw-cut

zarezať *dk* **1.** *(urobiť rez, zárez: nožom)* to [make a] cut, to notch, *(pílou)* to saw up, *(ob lek)* to incide, si *(porezať)* to cut o's; **2.** *(usmrtiť prerezaním hrdla)* to jugulate

zariadenie *s* **1.** *(vybavenie)* equipment, installation[s], *(dielne)* machinery, *(budovy)* fixtures, *(vybavenie bytu nábytkom ap)* furnishings; **2.** *(miestnosti a vybavenie: hygienické ap)* facilities; **3.** *(prístroj, mechanizmus, i inf)* device, apparatus, *(mechanizmus)* mechanism, **4.** *(spoločenská ustanovizeň)* institution

zariadiť *dk* **1.** *(vybaviť)* to arrange. to have sb do/ st done, to take steps; **2.** *(byt, izbu)* to furnish; **3.** *(vybaviť prístrojmi, inventárom)* to equip, *(dielňu)* to tool, **4.** *(zriadiť)* to establish, to set up

zariadiť sa *dk* **1.** *(prispôsobiť sa niekomu, niečomu)* to gear os [to], *(podľa okolností)* to adapt os [to]; **2.** *(vybaviť si byt nábytkom, zariadením)* to furnish o's; **3.** *(usadiť sa, zvyknúť si)* to establish os

zarmútiť *dk* **1.** to grieve, to sadden, to afflict, to chagrin

zármutok *m* **1.** grief, sorrow, woe, distress

zarobiť *dk* **1.** to earn, to make money, to prepare, to cultivate, to work

zárobok *m* **1.** *(zarobené peniaze)* earnings, *(príjem)* income, *(mzda)* wages, *(peniaze získané obchodom)* makings

zárodok *m* **1.** *(embryo, i prn)* embryo, *(lek: choroboplodný)* germ, *(ľudský)* foetus; **2.** *(kniž: počiatok)* primordium

zároveň *prísl* **1.** *(naraz)* at the same time-simultaneously, *(súčasne)* simultaneously, *(odrazu)* all at once, *(spolu)* together with, along with; **2.** *(zároveň... a)* both...and

zaručiť *dk* **1.** *(dať záruku, zabezpečiť)* to guarantee, *(dať záruku)* to give a guarantee, to vouch for; **2.** *(zabezpečiť)* to ensure; **3.** *(zaistiť, i fin: dlh)* to secure

zaručiť sa *dk* **1.** *(sľúbiť, stať sa ručiteľom, dať záruku)* to guarantee, *(záväzne sľúbiť, stať sa ručiteľom)* to pledge, *(stať sa ručiteľom)* to vouch for sb/ st; **2.** *(dať záruku)* to warrant

záručný *príd* **1.** *(list, banka, lehota)* guarantee, *(lehota)* warranty, *(fin: vklad)* security; **2.** *(list)* warranty, guarantee [certificate]

záruka *ž* **1.** *(ručenie za: kvalita, istota, lehota, list)* guarantee, *(i záručný list)* warranty, *(ručenie)* guaranty; **2.** *(záštita, istota)* assurance, *(fin: dlhu)* security; **3.** *(záručná lehota: v záruke)* under guarantee/ warranty, **4.** *(záručný list)* guarantee [certificate]

zarytý *príd* **1.** *(tvrdohlavo sa pridŕžajúci: fml)* obdurate, *(: svojich zvykov: zberateľ, kartár)* inveterate, *(odporca všetkého nového)* die-hard, *(nezmieriteľný)* irreconcilable; **2.** *(neoblomný)* unyielding; **3.** *(náruživý, zapálený: fanúšik)* staunch

zasa I. ***prísl*** **1.** *(opäť)* again, another time, *(znova)* once more, *(*už/ nezačínaj zasa!)* not again, *(*už si tu zasa?)* back again already?, *(*zasa a zasa)* over and over again; **2.** *(vyj protikladnosť/ vzájomnosť)* again, on the other hand; **3.** *(vyj vystredanie/ vzájomné pôsobenie)* in turn, *(vyj vzájomné pôsobenie)* on o's turn, **II.** ***čast*** **4.** *(vyj protikladnosť: a zasa)* and then/ there again, *(v zap: to zasa nie!)* it's out of the question, no way, **5.** *(zdôr platnosť výrazu: [] a zasa [])* [ ] and [ ] again

zásada *ž* **1.** *(princíp, presvedčenie, pravidlo)* principle, *(princíp)* tenet; **2.** *(pravidlo, norma)* rule; **3.** *(chem)* base, **4.** *(v zásade)* in principle, *(zo zásady)* on principle, *(podľa zásady, v zásade)* on the principle

zasadanie *s* **1.** *(schôdza, porada, zhromaždenie)* meeting, *(parlamentu, súdu)* session, *(súdu)* term, *(verejné/ neverejné)* open/ closed-door session/ assembly

zasadiť *dk* **1.** *(vložiť do zeme: strom, rastlinu, semeno)* to plant [st]; **2.** *(vsadiť, i prn: dej)* to set; **3.** *(hov: úder päsťou)* to land, *(ifm)* to fetch, **4.** *(zr: osadiť vysadiť stromy niekde)* to plant [st with st]

zasadiť sa *dk* **1.** *(vynaložiť úsilie: za)* to engage in st, *(aby)* to endeavour, to do o's best

zasadnúť *dk* **1.** i si *(sadnúť do kresla, i bezpr)* to sit [down] [on]; **2.** *(začať zasadanie)* to meet in session; **3.** *(obsadiť cudzie miesto: stoličku ap)* to take [sb's place], *(usídliť sa: v dome, budove)* to occupy, **4.** si *(hov: na koho)* to pick on sb

zásadný *príd* **1.** *(podstatný, hlavný)* fundamental, essential, *(hlavný)* leading; **2.** *(zásadový)* [high-]principled

zásah *m* **1.** *(zasiahnutie cieľa, i voj, špo: v šerme)* hit; **2.** *(úder: i päsťou)* blow, *(šport: nečistý)* foul; **3.** *(zákrok: i voj, polit, policajný)* intervention, *(i šport: brankára, inf)* action, *(chirurgický)* operation, *(do vnútorných vecí: cudzieho štátu ap)* interference

zase *čast* **1.** pozri **zasa**

zasiahnuť *dk* **1.** *(trafiť)* to hit; **2.** *(i udrieť, postihnúť, zachvátiť)* to strike, *(postihnúť: o chorobe)* to attack; **3.** *(zakročiť)* to intervene, *(zapojiť sa)* to join, *(rušivo)* to interfere [with], **4.** *(mať vplyv/ dosah, i o chorobe)* to affect

zásielka *ž* **1.** *(zasielaný predmet/ tovar)* shipment, *(obch: tovaru)* consignment; **2.** *(odoslaná poštou)* mail, *(balík)* parcel, *(na dobierku)* cash on delivery [COD] parcel; **3.** *(žel: celovagónová)* carload

zaskočiť *dk* **1.** *(skočiť, doskočiť)* to jump, *(hov: odskočiť si, zájsť)* to pop over/ in/

down/ round to, *(o jedle/ sline: dostať sa do hrtana)* to go down the wrong way; **2.** *(zapadnúť na miesto)* to catch; **3.** *(hov: nemilo prekvapiť)* to startle, **4.** *(zastúpiť na krátky čas: za)* to fill in [for]

zaslepenec *m* **1.** *(obalamutený človek)* dupe

zásluha *ž* **1.** *(činnosť hodná uznania)* merit, *(ob pl: zásluhy)* deserts, *(uznanie za činnosť)* credit; **2.** *(jeho zásluha je v tom, že)* he/ it has the merit of, *(*podľa zásluh)* according to o's deserts

zaslúžiť sa *dk* **1.** *(získať svojou činnosťou)* to earn, to reach, *(pričiniť sa)* to contribute to

zaslúžiť si *dk* **1.** to deserve, to be worthy of, *(fml)* to merit

zasnený *príd* **1.** *(oddávajúci sa sneniu)* full of dreams, *(žijúci v snoch)* living in a dream world; **2.** *(i vyjadrujúci zasnenie: oči)* dreamy, dreamful

zasnúbiť sa *dk* **1.** to become engaged [to get married]

zásnuby *ž pomn* **1.** engagement, betrothal, plight

zásoba *ž* **1.** *(uložený tovar, i peniaze)* supply, *(i slovná, i ekon)* stock, *(i potravín, vedomostí)* store, *(rezerva, i ekon)* reserve, *(pre budúcnosť)* stockpile, *(železná)* emergency, *(slovná)* vocabulary, *(i peňazí)* pool

zásobiť *dk* **1.** to supply, to store, to stock, to furnish, to provide, *(potravinami)* to cater

zaspať *dk* **1.** *(začať spať)* to fall asleep, *(nad knihou, v kresle/ kine ap)* to doze off; **2.** *(pre spanie zmeškať: i bezpr)* to oversleep [and miss], *(autobus ap)* to miss [ ] by sleeping; **3.** *(zaniknúť, neuskutočniť sa)* to fall through

zástanca *m* **1.** *(obranca, obhajca, ochranca)* defender, *(obhajca)* advocate, *(ochranca)* champion, [-]ist

zastaraný *príd* **1.** *(neaktuálny, i slovo)* obsolete, *(nemoderný)* antiquated, old-fashioned, *(nečasový)* out-of-date, *(staromódny)* outmoded; **2.** *(lek: o chorobe)* chronic

zastarať *dk* **1.** to become obsolete, to become antiquated

zastať *dk* **1.** *(prestať sa hýbať)* to stop, *(o dopravných prostriedkoch)* to pull up; **2.** *(brániť)* to stand [by sb/ up for sb], **3.** i si *(postaviť sa)* to stand, *(urobiť, zvládnuť)* to carry out, **4.** *(nahradiť, zastúpiť)* to stand in [for]

zástava *ž* **1.** *(i štátna, i inf)* flag, *(voj, nám, i slávnostná, kráľovská)* standard, *(nám: štátna)* ensign, *(nám: trojuholníková, i šport)* pennant; **2.** *(zast: záloh)* pawn

zastaviť *dk* **1.** *(spôsobiť aby sa prestal pohybovať)* to stop, *(i stroj, i voj, prn)* to [bring to a] halt; **2.** *(prerušiť chod mechanizmu: rádio)* to switch off; **3.** *(prerušiť nejakú činnosť: prácu, platbu)* to stop, *(krvácanie, postup nepriateľa)* to check, *(i platenie)* to suspend, *(uzavrieť prístup)* to block, **4.** *(odstaviť: plyn ap)* to cut off

zastaviť sa *dk* **1.** *(prestať sa hýbať)* to stop, *(i prn)* to come to a standstill, *(o dopravných prostriedkoch)* to pull up, *(o hodinách)* to run down, *(o pohľade, myšlienkach)* to linger; **2.** *(pristaviť sa, zájsť)* to stop by/ round

zastávka *ž* **1.** *(miesto)* stop[ping place], *(autobusu)* bus stop, *(železničná)* [halting] station; **2.** *(prestávka)* pause, break; **3.** *(zastavenie sa)* stop, *(i počas túry)* halt

zástera *ž* **1.** apron, *(i šatová, detská)* pinafore

zástrčka *ž* **1.** *(závora: zasúvacia)* [slide] bolt, latch; **2.** *(ele)* plug, *(kolíková)* [two/ three-]point plug

zastreliť *dk* **1.** to shoot [sb dead], to shoot sb down, to gun sb down, to kill by shooting, to death by firing-squad

zastreliť sa *dk* **1.** to shoot os, to commit suicide

zastrieť *dk* **1.** *(rozprestretím zakryť: čo čím)* to cover [st with]; **2.** *(zakryť: výhľad)* to obscure; **3.** *(i prn: zatajiť)* to]conceal, **4.** *(oslabiť zmysel)* to blur, *(urobiť nejasným)* to obfuscate

zástup *m* **1.** *(dav)* throng; **2.** *(húf)* host; **3.** *(rad)* line, *(čakajúcich)* queue, *(pohybujúcich)* column

zástupca *m* **1.** *(funkcia: riaditeľa, vedúceho)* deputy[-], *(prezidenta)* vice[-]; **2.** *(reprezentant: vyslanec)* minister, *(právny, obchodný, i m: štátny)* attorney; **3.** *(firmy, i polit, i typický predstaviteľ)* representative, *(obchodný)* agent, *(typický predstaviteľ)* exponent

zásuvka *ž* **1.** drawer, *(v pokladnici)* till; **2.** *(ele)* socket, *(am)* outlet

zasvätený *príd* **1.** *(informovaný)* knowing, knowledgeable, *(fml)* cognizant; **2.** *(zast: venovaný)* dedicated

zasvätiť *dk* **1.** *(cirk: obradom venovať)* to dedicate; **2.** *(i obetovať, venovať: život)* to devote; **3.** *(dôverne oboznámiť: do tajomstva/ plánov)* to let in [on/ into st], *(podrobne oboznámiť: nováčika)* to initiate

zásyp *m* **1.** *(odb: zasýpanie)* dusting, *(vysokej pece)* filling; **2.** *(púder)* talc[um powder], *(detský)* baby powder

zasypať *dk* **1.** *(vyplniť sypaním)* to fill [st with]; **2.** *(posypať)* to sprinkle [with]; **3.** *(zaviať: snehom)* to snow up, *(zavaliť)* to bury, **4.** *(zahrnúť niečím: listami)* to snow under [with]

zašiť *dk* **1.** *(zošiť, šitím opraviť: rozthrnutú košeľu)* to sew up, *(všiť dovnútra niečoho)* to sew in; **2.** *(lek)* to suture; **3.** *(hov: uväzniť)* to bust

záškodník *m* **1.** *(kto robí rozvratnú činnosť)* firebrand, *(kto robí diverznú činnosť)* subversive, *(sabotér)* saboteur, franc tireur

zaškoliť *dk* **1.** to train

záškrt *m* **1.** *(diftéria)* diphtheria

zaškrtiť *dk* **1.** to strangle, to throttle, to choke sb to death/ the life out of sb, *(sl)* to scrag

zašpiniť *dk* **1.** to soil, to dirty, to foul, to smudge, *(i prn)* to smear

zať *m* **1.** son-in-law

zatajiť *dk* **1.** *(udržať v tajnosti)* to keep st secret, *(informácie)* to hold/ to keep st back [from sb], to withhold; **2.** *(zadržať: plač, slzy, city, hnev)* to hold/ to keep back o's [], *(i dych)* to restrain o's, *(dych)* to bate o's breath

zátarasa *ž* **1.** ob mn: **zátarasy** *(umelá prekážka)* block, barrier, *(barikáda)* barrricade, *(cestná)* roadblock

zatarasiť *dk* **1.** *(utvoriť prekážku)* to obstruct, *(cestu, i inf)* to block [st up], *(cestu: o polícii)* to blockade; **2.** *(zapratať)* to clutter up, to foul up

zaťatý *príd* **1.** *(pevne stisnutý: päsť, zuby)* clenched, *(zuby)* gritted, *(pery)* tightly-set; **2.** *(hlavatý, zanovitý)* dogged; **3.** *(nezmieriteľný: nenávisť)* irreconcilable

záťaž *ž* **1.** load, stress, weight, ballast, plummet

zaťažiť *dk* **1.** *(urobiť ťažším)* to weight, *(i tiažou zabezpečiť)* to weigh st down with st, *(tech)* to ballast; **2.** *(položiť niečo ťažké na)* to load st with st, *(i prn: koho funkciami, povinnosťami)* to burden st/ sb with st; **3.** *(vystaviť veľkej námahe)* to overload, **4.** *(fin: dlhmi, clom)* to charge st with

zatiaľ **I.** *zám prísl* **1.** *(doteraz)* so far, up to now, until now, *(dodnes)* to date; **2.** *(dovtedy)* until then, up to then; **3.** *(nateraz)* for the time being, for the moment, *(*zatiaľ dovidenia)* bye for now [BFN], *(teraz)* at/ for the present, **4.** *(medzitým, za ten čas)* meanwhile, [in the] meantime, **5.** *(ale zatiaľ: ale v skutočnosti)* whereas in fact, **II.** *spoj* **6.** *(zatiaľ čo: kým)* while, **7.** *(odporov: len kým)* whereas

zátišie *s* **1.** *(zákutie, odľahlé miesto)* recess, secluded place; **2.** *(mal: s ovocím, kvetmi)* still life, *(s ovocím)* fruit-piece; 3: *(zast: bufet v kasárni)* canteen

zátka *ž* **1.** stopper, *(am)* plug, *(korková)* cork, *(na sude: korková, gumová ap)* bung

zatknúť *dk* **1.** *(vziať do väzby)* to arrest, *(vziať do vyšetrovacej väzby)* to take sb into [police] custody, *(vziať do policajnej stanice)* to bring in, *(ifm)* to pick up, *(sl)* to bust

zatlačiť *dk* **1.** *(zatisnúť)* to push [in/ down/ back...]; **2.** *(natisnúť, vtisnúť)* to press; **3.** *(stlačiť: gombík)* to depress, **4.** *(prinútiť na ústup)* to push/ to drive back, *(prn: nahradiť)* to supplant, *(potlačiť: spomienky)* to dispel

zatmenie *s* **1.** *(astron)* eclipse, obscuration, darkening, *(úplné/ čiastočné)* total/ partial eclipse

zato **I.** ***zám prísl*** **1.** *(a preto)* for this/ that [reason]; **2.** *(zato + že: preto)* because, *(zato + aby: neprekladá sa)* [in order] to, **II.** ***spoj*** **3.** *([ale] zato, zato však: napriek tomu)* in spite of this, but on the other hand, but at the same time, and then again, yet [still], however, **III.** ***čast*** **4.** *(uvádza aktuálny výraz)* as a matter of fact, *(no veď zato!: vyj uspokojenie)* I thought so

zátoka *ž* **1.** *(malý záliv: morská)* cove, recess, embayment, *(i rieky)* bight; **2.** *(anat)* sinus

zatopiť *dk* **1.** *(zaplaviť)* to flood, to inundate, *(rieka)* to overflow; **2.** *(potopiť)* to drown

zatvoriť *dk* **1.** *(zavrieť, prerušiť činnosť)* to close, *(zavrieť, i tašku)* to shut; **2.** *(ukryť: pred)* to shut away; **3.** *(uzavrieť: niekam)* to shut sb, **4.** *(uväzniť)* to lock up

zátvorka *ž* **1.** bracket, *(okrúhla)* parenthesis, round bracket, *(hranatá)* square bracket

zatykač *m* **1.** warrant of arrest, arrest order, mittimus, *(súdny)* bench-warrant

zátylok *m* **1.** nape, back part of the neck, *(idm)* scruff [of the neck]

zaučiť *dk* **1.** *(učením zacvičiť)* to break in, to give [initial/practical] training, to instruct

zaucho *s* **1.** slap, smack, box [on sb's ear], cuff

zaujatý *príd* **1.** *(veľmi sústredený)* absorbed [in], engrossed [in], intent [in], *(zaneprázdnený)* busy [with]; **2.** *(predpojatý)* prejudiced

záujem *m* **1.** *(sústredená pozornosť, úžitok, záľuba)* interest, *(pozornosť, napätie sústredenie mysle)* attention; **2.** *(úžitok, osoh)* advantage, convenience; **3.** *(*v záujme koho/ čoho)* in the [best] interest of

zaujímať *ndk* **1.** *(vzbudzovať záujem)* to interest, *(týkať sa)* to [be sb's] concern; **2.** *(zaberať, obsadzovať)* to take, *(miesto)* to occupy; **3.** *(postoj: pri fotografovaní, maľovaní)* to assume a pose, *(: k návrhu)* to take a stand, **4.** *(*čo ťa zaujíma?)* what are your interests?

zaujímať sa *ndk* **1.** to show/ to take [an] interest [in], to concern os [with/ in/ about], *(v zap)* to care [about]

zaujímavosť *ž* **1.** interestingness, interest; **2.** *(zaujímavý údaj)* interesting fact/ item, thing of interest; **3.** *(pre zaujímavosť)* just for interest

zaujímavý *príd* **1.** interesting, engaging, absorbing, *(veľmi)* intriguing, *(ifm)* juicy

zavalitý *príd* **1.** square-built, burly, *(ifm)* blocky, *(a nízky)* dumpy

závan *m* **1.** *(slabé prúdenie vzduchu, i prn)* breath, puff, breeze; **2.** *(prn)* whiff

zaváranina *ž* **1.** *(konzervované ovocie, ob v cukre)* compote, fruit [stewed] in syrup, preserved fruit, canned/ bottled fruit

zavárať *ndk* **1.** *(konzervovať v cukre: bezpr)* to make compotes, *(hrušky, marhule atď)* to preserve; **2.** *(variť)* to cook; **3.** *(zahusťovať)* to thicken, **4.** *(čaj, kávu)* to make

závažie *s* **1.** *(predmet určený na váženie/ zaťaženie)* weight, *(: na vyvažovanie)* counterweight, *(: na zaťaženie, i na hodinách)* bob, plumb, *(na udici)* plummet

závažný *príd* **1.** *(dôležitý, významný: osobnosť, dielo)* important, *(rozhodnutie, i vážny: okolnosť)* momentous, *(fml: rozhodnutie, úloha; vážny: argument)* weighty; **2.** *(vážny)* serious; **3.** *(veľmi vážny)* grave

záväzný *príd* **1.** *(uznávaný ako platný: dohoda, ponuka)* binding, tying, *(obch: objednávka)* definite/ firm order; **2.** *(ktorý treba splniť)* compulsory

záväzok *m* **1.** *(práv: z dohody/ zmluvy)* obligation, *(i ekon)* responsibility, *(ekon: peňažné, platobné)* liability, *(i osobný)* commitment; **2.** *(osobný, dobrovoľný, pracovný)* engagement, *(sľub)* pledge

závej *m* **1.** *(naviata vyvýšenina snehu)* snowdrift, wreath [of snow], bank of snow

záver *m* **1.** *(záverečná časť, i špo: zápasu)* end, *(fml: ceremónii)* close; **2.** *(i výsledok uvažovania/ rokovania ap)* conclusion; **3.** *(uzáver)* lock[ing], *(fon, lek)* occlusion, **4.** *(na záver)* in conclusion

záverečný *príd* **1.** *(konečný: slová)* concluding, *(posledný, i skúšky)* final, *(predstavenie)* end-of-season **2.** *(zatváracia: hodina)* closing-time

záves *m* **1.** *(závesný kus látky: na oknách)* curtain; **2.** *(súčiastka na zavesenie: dverový, okenný)* hinge; **3.** *(zavesenie)* suspension, **4.** *(vlečenie)* tow, **5.** *(príves)* trailer

zavesiť *dk* **1.** *(obraz, záclony, si kabát)* to hang [st on], *(bielizeň na balkón)* to hang out, *(na slučku, na plece)* to sling, *(na pánty)* to hinge; **2.** *(hov: zložiť telefón)* to hang up, *(slúchadlo)* to replace; **3.** *(hov: jednu)* to land, *(*ísť v závese za niekým)* to follow hot on the heels of sb

závet *m* **1.** will, testament, last will

zaviazať sa *dk* **1.** *(dať sľub/ záväzok na vykonanie)* to commit os [to], to undertake [to], to engage os, *(písomne)* to contract to do

zaviesť *dk* **1.** *(dostať niekam ako sprievodca/ dozorca)* to take [sb to], *(: ako dozorca)* to lead [sb to], *(: ako spoločník)* to see sb to; **2.** *(byť príčinou príchodu)* to bring, *(*čo ťa sem doviedlo?)* what brings you here?; **3.** *(inštalovať: vodu, plyn, elektrinu ap)* to install, *(do domu elektrinu)* to wire [a house for], **5.** *(uviesť do života: reformy)* to introduce, *(výrobu)* to establish, *(nové metódy/ techniku, letný čas)* to adopt, *(úradne)* to impose, **6.** *(založiť: obchod, dielňu, chov)* to set up

závin *m* **1.** pie, roll, *(ovocný)* strudel; **2.** *(jablkový)* apple pie/ crumble/ turnover/ strudel

zaviniť *dk* **1.** *(byť príčinou: nehodu, smrť)* to cause, to bring about, *(mať vinu na)* to be responsible [for], to be to blame [for], *(chorobu)* to induce

závisieť *ndk* **1.** *(byť odkázaný/ podmienený/ utisnutý)* to depend [on], *(byť odkázaný)* to be dependent [on], *(byť podmienený)* to be contitional [upon], *(od koho)* to lie [on], *(ifm)* to be up [to]

závislý *príd* **1.** dependent [on], conditional [upon], conditioned, *(na okolnostiach)* circumstantial

závisť *ž* **1.** envy, enviousness, jaundice, jealousy

závod *m* **1.** *(výrobno-organizačná jednotka)* [-] plant, *(veľký: kovovýorobný, polygrafický ap)* [-]works, *(menší: drevospracujúci, piliarsky ap)* [-]mill, *(časť podniku, budova: strojárenský)* workshop; **2.** *(pretekanie sa)* competition, *(preteky)* race[s]

závoj *m* **1.** *(kus látky i fot, prn)* veil, *(vdovský)* weeper; **2.** *(slz, v tekutine, i prn)* mist, *(prn: hmly)* shroud; **3.** *(bot: jemná blana huby)* velum partiale

závora *ž* **1.** *(tyč na zabránenie prechodu: hraničná)* barrier, *(mýtna)* toll bar; **2.** *(zasúvacie zariadenie na dverách/ oknách)* [slide/ push] bolt, *(sklápacia, i časť zámky)* latch; **3.** mn **závory** *(žel)* crossing gate

závrat *m* **1.** vertigo, dizziness, giddiness, *(trpieť závratmi)* to suffer from [an attack of] vertigo

zavrhnúť *dk* **1.** *(opovrhnúť: čo; odmietnuť: čo)* to repudiate, *(syna)* to disown, *(priateľa)* to drop; **2.** *(odmietnuť: návrh, plán)* to reject, *(práv: námietku)* to overrule

zázemie *s* **1.** *(základňa, opora)* background; **2.** *(voj: tyl)* rear

záznam *m* **1.** *(zápis, i ekon, inf)* record, *(do zápisníka)* note, *(s účelom pripomenúť)* memo, *(i úradný)* registration, *(účt, i colný)* entry; **2.** *(zachytenie technickými prostriedkami)* recording; **3.** *(inf)* write

zaznamenať *dk* **1.** to record, to note, to mark; **2.** to enter, to quote, to register

záznamník *m* **1.** *(písanka na záznamy)* record book, book of records, inventory form, blotter; **2.** *(telefónny)* answering machine

zaznávať *ndk* **1.** *(podceňovať)* to disparage, to underestimate, *(neuznávať hodnotu)* to fail to appreciate, to ignore

zázračný *príd* **1.** *(robiaci zázraky)* miraculous, *(robiaci divy)* prodigious, *(čarodejný)* magic; **2.** *(neobyčajný)* excellent

zázrak *m* **1.** *(náb)* miracle, *(i náb)* wonder, *(niečo neobyčajné)* prodigy, *(niečo obdivuhodné)* marvel

zazrieť *dk* **1.** *(zbadať, všimnúť si)* to notice, *(na okamih uvidieť)* to spot, *(z ďaleka)* to descry; **2.** *(zboku pozrieť)* to look askance [at]

zažiť *dk* **1.** *(skúsiť, pretrpieť)* to experience, to go through, *(i stráviť istý čas)* to pass, *(byť svedkom)* to see; **2.** *(zast: stráviť)* to digest

zážitok *m* **1.** *(čo človek zažije)* [personal] experience; **2.** *(príhoda)* incident, episode, *(vzrušujúci)* adventure

zbabelec *m* **1.** coward, craven, *(ifm)* chicken, *(am)* yellow[-belly]

zbabelosť *ž* **1.** cowardice, cowardliness, cravenness, *(ifm)* yellow streak

zbabelý *príd* **1.** cowardly, faint-hearted, *(ifm)* gutsless, chicken[-hearted/ livered], *(am)* yellow[-bellied]

zbadať *dk* **1.** to notice, to recognize, to spot, to discern

zbaviť *dk* **1.** *(oslobodiť od niečoho nepríjemného)* to rid sb/ st of, to free sb/ st of, *(bolesti)* to ease sb of pain; **2.** *(odstrániť: čo)* to remove st from st, to dis[-], to de[-]; **3.** *(odňať)* to deprive sb of st, *(úradu)* to relieve sb of his

zbaviť sa *dk* **1.** *(odstrániť)* to get rid of sb/ st, to do away with st, to dispose of st, *(i inf)* to dump, *(vymaniť sa: predsudkov)* to become free of

zbeh *m* **1.** *(dezertér)* deserter, *(i z väzenia)* runaway, fugitive; **2.** *(zast bás: zbehnutie)* confluence

zber *m* **1.** *(zbieranie)* collection, *(inf)* poolling; **2.** *(zbieranie: plodov)* picking, *(úrody)* harvesting

zberať *ndk* **1.** *(zbierať: plody, zeleninu)* to pick; **2.** *(odstraňovať z povrchu: smotanu, penu)* to skim, *(odkladať: zo stola)* to clear the table; **3.** *(robiť záhyby: sukňu)* to gather in

zberateľ *m* **1.** collector, gatherer, gleaner, [-]phile

zberba *ž* **1.** rabble, rif-raff, ragtag, scum

zbierať *ndk* **1.** *(dvíhať zo zeme)* to pick up st/ sb up, *(oberať: maliny, huby)* to pick; **2.** *(odoberať, i do zbierky, i prn: myšlienky)* to collect, *(odoberať: zošity)* to gather together/ up st; **3.** *(získavať)* to hoard, **4.** *(sústreďovať: sily, myšlienky)* to gather o's

zbierka *ž* **1.** *(súbor predmetov, textov, i vyberanie)* collection, *(súbor predmetov, i inf)* set; **2.** *(súbor textov)* library, *(básnická, noviel)* anthology; **3.** *(vyberanie príspevkov)* whip-round

zbiť *dk* **1.** *(stĺcť dokopy: klincami)* to nail together; **2.** *(ubiť)* to thrash, *(ifm)* to wallop, to beat sb black and blue; **3.** *(úderom pozrážať na zem: orechy)* to knock down

zblázniť sa *dk* **1.** *(stať sa bláznom)* to become insane, *(i prn)* t go out of o's mind, to go mad/ crazy; **2.** *(zaľúbiť sa: do)* to get madly in love [with]

zblednúť *dk* **1.** to become pale, to turn pale, *(bás)* to wan

zblízka *prísl* **1.** *(z malej vzdialenosti)* from a short distance, from nearby, *(i voj: strielať)* at close range, *(voj: boj)* hand-to-hand; **2.** *(dôverne)* intimately

zblížiť *dk* **1.** *(spojiť porozumením)* to draw together, to make closer, to bring together; **2.** *(zladiť)* to harmonize

zblížiť sa *dk* **1.** to get on friendly terms with, *(skamarátiť sa)* to make friends with, *(spriateliť sa)* to become close; **2.** *(zast: priblížiť sa)* to come closer

zbohatlík *m* **1.** *(vojnový)* [war] profiteer, *(kto rýchlo zbohatol)* nouveau riche, new rich

zbohatnúť *dk* **1.** to become/ to get rich, to richen, *(rýchlo)* to strike oil

zbohom *cit* **1.** goodbye, farewell, adieu, ta-ta

zbojník *m* **1.** brigand, robber, *(bandita)* bandit; **2.** *(hov: okrádač)* thief; **3.** *(prn: beťár)* perisher

zbor *m* **1.** *(organizovaná skupina: i diplomatický)* body, *(učiteľský/ pedagogický, akademický)* staff, *(diplomatický, i voj)* corps; **2.** *(spevácky/ divadelný/ tanečný súbor)* ensemble; **3.** *(hud: skladba)* chorus

zborník *m* **1.** *(súbor umeleckých/ vedeckých prác)* collection, *(: literárnych prác od viacerých autorov)* miscellanea, *(poézie)* anthology, *(jubilejný ap)* anniversary volume

zborovňa *ž* **1.** *(škol)* staff room

zbožňovať *ndk* **1.** *(robiť z niekoho boha)* to idolize; **2.** *(mať veľmi rád: koho)* to adore, to dote [on], *(koho, čo)* to be mad keen on

zbožný *príd* **1.** *(majúci ráz/ vzťah k náboženstvu, veriaci)* religious, *(oddaný náboženstvu)* devout; **2.** *(hov: obdivný)* adoring; **3.** *(túžobný: želanie)* from the bottom of o's heart

zbraň *ž* **1.** *(i atómová, bakteriologická, i prn)* weapon, *(ob pl)* arm[s], *(hrom: sečná/ bodná/ bočná)* cold steel, *(strelná)* firearm; **2.** *(voj: na poctu zbraň!)* present arms

zbrojárstvo *s* **1.** armaments industry

zbrojenie *s* **1.** armament, arming

zbrojiť *ndk* **1.** *(vyrábať zbrane)* to produce weapons, *(vybavovať zbraňami)* to arm, *(hromadiť zbrane)* to prepare for war, *(prestať)* to disarm

zbytočný *príd* **1.** *(bezdôvodný, nepotrebný)* unnecessary, *(i nepotrebný, daromný)* useless; **2.** *(nepotrebný)* unneeded; **3.** *(bezdôvodný, bezúčelný)* pointless, *(fml pej)* gratuitous, **4.** *(márny)* vain, *(bezvýsledný)* fruitless

zďaleka *prísl* **1.** from afar, from far away, from a distance; **2.** *(v záp: ani zďaleka)* not remotely, *([ani] zďaleka nie: vôbec nie)* not at all, *(zďaleka ne..., ne... ešte zďaleka)* not by a long chalk

zdanenie *s* **1.** taxation, taxing, tax[es], *(podliehajúci)* taxable; **2.** *(na zdanenie)* pre-tax, before tax[es]

zdaniť *dk* **1.** *(zaťažiť daňami)* to tax [st], to put a tax [on], to impose a tax [on], to excise

zdaniteľný *príd* **1.** taxable, subject to taxation, liable to tax/ duty, excisable

zdanlivý *príd* **1.** *(vzbudujúci zdanie)* apparent, *(imaginárny)* imaginary, *(iluzórny)* illusory, *(i inf)* virtual, *(vymyslený)* ficitious; **2.** *(ele: odpor)* impedance

zdať sa *ndk* **1.** *(budiť dojem, i neos: domnievať sa)* to seem to; **2.** *(budiť/ vyvolávať nejaký dojem)* to look, to sound; **3.** [!] *(pripadať)* to find, [!] *(v zap: páčiť sa)* to like

zdĺhavý *príd* **1.** *(dlho trvajúci, rozvláčny)* lengthy, *(dlho trvajúci)* time-consuming, *(dlho sa vlečúci: i cesta)* long-winded; **2.** *(rozvláčny)* prolix, *(podrobný)* detailed

zdokonaliť *dk* **1.** *(urobiť dokonalejším, i inf)* to improve, to better, to refine, *(urobiť dokonalým: plán, techniku)* to [make] perfect

zdola *prísl* **1.** from below, from beneath, from underneath, *(šport)* underarm

zdôrazniť *dk* **1.** *(povedať s dôrazom)* to emphasize, *(i lingv, inf)* to stress, *(lingv, i prn)* to accent; **2.** *(zvýrazniť: podčiarknuť, i prn)* to underline, *(prn)* to accentuate

zdôveriť sa *dk* **1.** *(povedať: komu s)* to confide st to sb, to tell; **2.** *(bezpr)* to open o's heart [to]

zdravie *s* **1.** [good] health, well-being, fitness; **2.** *(na zdravie (koho)!: prípitok)* here's to you, *(na zdravie!)* [here's to] your health, *(keď niekto kýchne)* bless you

zdravotnícky *príd* **1.** medical, health, sanitary, hygienic

zdravotníctvo *s* **1.** *(komplex inštitúcií)* [national] health service, *(Ministerstvo zdravotníctva)* Ministry of Health; **2.**

(starostlivosť o zdravie) health system, sanitation, health craft

zdravotník *m* **1.** *(pracovník v zdravotníctve)* health worker, *(v nemocnici: kvalifikovaný)* paramedical worker, *(nekvalifikovaný)* [medical] orderly, *(inšpektor)* sanitary officer

zdravotný *príd* **1.** *(týkajúci sa zdravia: stav, stredisko)* health, *(dovolenka)* sick, *(osožný zdraviu: prechádzka)* salutary, *(prehliadka)* medical; **3.** *(sestra)* [trained] nurse

zdravý *príd* **1.** *(i svedčiaci o zdraví, osožný zdraviu)* healthy, *(nie chorý)* in good health, *(pred)* well, *(i o rozume)* sound, *(svedčiaci o zdraví)* rubicund, *(o rozume, mysli)* lucid; **2.** *(osožný zdraviu)* wholesome; **3.** *(rozum)* common sense

zdražieť *dk* **1.** *(stúpnuť na cene)* to go up, to rise, *(stať sa drahším)* to become costlier, to become more expensive

zdražiť *dk* **1.** to mark st up, to put up/ to increase the price of, to make st more expensive, to make st costlier

zdrobnenina *ž* **1.** *(gram)* diminutive

zdroj *m* **1.** *(miesto, i vodný, i ekon, odb, inf)* source, *(vodný, i prn)* spring, *(i prn: informácií)* fountain-head; **2.** ob mn: **zdroje** . *(i ekon)* resources, *(ekon)* funds, *(prírodný, energetický)* sources

združenie *s* **1.** *(zoskupenie ľudí, i priemyselníkov)* association, union, *(spoločnosť, i vedecká)* society; **2.** *(fin: viacerých spoločností)* aggregate, *(dočasné)* consortium, *(bánk, i inf)* pool; **3.** *(rodičovské)* Parent-Teacher Association [PTA]

združiť *dk* **1.** to associate, to unite, *(i fin)* to pool, *(fin, i kyb: informácie)* to merge, *(tech)* to compound

zdržanlivý *príd* **1.** *(kt mierni svoje prejavy)* restrained, undemonstrative; **2.** *(odmeraný)* moderate, *(v reči, správaní)* measured, *(strohý: odpoveď, pozdrav)* short; **3.** *(striedmy)* abstinent, *(sexuálne)* continent

zdržať *dk* **1.** *(zabrániť v odchode, spomaliť)* to keep, *(zabrániť v odchode: fml)* to detain; **2.** *(spomaliť)* to delay; **3.** *(potlačiť: slzy)* to hold back, *(i smiech, hnev)* to restrain

zdržať sa *dk* **1.** *(zostať, zotrvať)* to stay, *(do neskorej noci)* to stay up, *(ostať dlhšie: v práci ap)* to stay on; **2.** *(stratiť čas: čím)* to linger [long] over st, **4.** *(oneskoriť sa: človek)* to delay, *(vec)* to be delayed, **5.** *(ovládnuť sa: bezpr)* to control os, **6.** *(nevyjadriť: hlasovania)* to abstain [from voting]

zdvihák *m* **1.** *(prístroj)* lift[ing] jack, *(skrutkový/ hydraulický)* [screw-/ rack and gearjack, *(stroj)* lifting appliance, *(zariadenie v servise)* column/ dolly-type jack

zdvorilý *príd* **1.** polite, well-mannered, mannerly, courteous

zebra *ž* **1.** *(zool horká: Equus zebra)* zebra, *(zool: Equus quagga)* quagga; **2.** *(hov: priechod pre chodcov)* zebra crossing

zeleň *ž* **1.** *(zelená farba, farbivo, rastliny)* green; **2.** *(zelené sfarbenie, rastliny)* verdure, *(zelené sfarbenie)* greenness; **3.** *(bot: zelený porast, rastliny)* greenery, **4.** *(kart)* spade

zelenina *ž* **1.** *(listová/ koreňová)* [green/ root] vegetable[s], *(ifm, i pl)* veg, *(zelenina)* greengrocery, *(listová)* greenstuff[s], *(koreňová)* root crop; **2.** *(ovocie zelenina: obchod)* greengrocer's [shop]

zeleninár *m* **1.** *(predavač)* greengrocer; **2.** *(pestovateľ)* vegetable grower, *(am)* trucker, market gardener

zeleninárstvo *s* **1.** *(pestovanie)* vegetable culture/ growing, *(am)* truck farming; **2.** *(obchod)* greengrocer's [shop], greengrocery

zelený *príd* **1.** *(zelenej farby, nezrelý, neskúsený)* green; **2.** *(nezrelý)* unripe, *(neskúsený)* unfledged; **3.** *(hrášok)* garden pea, *(fazuľka)* French bean, **4.** s podst Green

zeler *m* **1.** *(bot: Apium graveolens)* celery, celeriac, smallage

zem *ž* **1.** *(planéta)* Earth, *(zemeguľa)* the globe; **2.** *(zemina, zemský povrch, pevni-*

na) earth, *(zemina, pôda)* soil; **3.** *(pevnina, pozemok, krajina)* land, **4.** *(zemský povrch, pozemok, i inf)* ground, **5.** *(kniž: krajina)* country

zeman *m* **1.** *(hist: príslušník nižšej šľachty)* esquire, thane, *(feudálny veľkostatkár)* laird, [country] squire

zemeguľa *ž* **1.** the globe terrestrial globe, Eearth; **2.** *(hov: glóbus)* globe

zememerač *m* **1.** [land] surveyor, geodesist

zememeračský *príd* **1.** surveying, surveyor's, geodetic

zememeračstvo *s* **1.** [land-]surveying, geodesy, geodetics

zemepis *m* **1.** geography, *(fyzikálny)* physical geography, physiography, *(jazykový)* dialect geography

zemepisec *m* **1.** geographer

zemepisný *príd* **1.** geographic, geographical

zemetrasenie *s* **1.** earthquake, quake, tremor

zemiak *m* **1.** *(bot: Solanum tuberosum)* potato[-plant], *(hľuza)* potato, *(nový)* new potato; **2.** *(bot sladký: Ipomoea batatas)* batata

zemný *príd* **1.** *(vosk, hrádza, práca, i ele: prúd)* earth, *(plyn)* natural, *(vosk)* mineral, *(i ele)* ground

zemský *príd* **1.** *(k Zem: glóbus, magnetizmus)* terrestrial, *(atmosféra, príťažlivosť)* earth['s]; **2.** *(svetský)* earthly; **3.** *(hist: krajinský)* municipal

zhasiť *dk* **1.** *(oheň, cigaretu, sviečku, lampu, svetlo)* to put out, *(oheň)* to extinguish, *(svetlo, lampu, rádio)* to switch off, *(cigaretu: pritlačením)* to stub out

zhasnúť *dk* **1.** *(prestať horieť: oheň, plameň)* to die down, *(oheň, požiar)* to burn itself out, *(i svetlo, cigareta)* to go out; **2.** *(zhasiť)* to put out; **3.** *(prn)* to die

zhlboka *prísl* **1.** *(dýchať)* deeply

zhoda *ž* **1.** *(zhoda, i gram)* agreement, *(súlad)* consent; **2.** *(harmónia)* harmony; **3.** *(i gram: v rode, čísle a páde)* concord, **4.** *(náhodné zoskupenie)* coincidence, **5.** *(šport: v tenise)* deuce, **6.** *(v zhode s čím/ kým)* in accord/ harmony with, *(so zákonom, príkazmi)* in accordance with

zhodiť *dk* **1.** *(hodiť dolu: z)* to throw st down [from]; **2.** *(sotiť, strčiť)* to push sb/ sb down, *(i neúmyselne zvaliť)* to knock st down; **3.** *(dať preč zo seba: kabát)* to take off, *(i zbaviť sa: mokré čižmy, lístie, kilá)* to shed, *(znevážiť)* to dishonour, **4.** *(hov: zosadiť)* to overthrow

zhodnotiť *dk* **1.** *(oceniť, posúdiť)* to value; **2.** *(posúdiť)* to evaluate, *(referát)* to appraise; **3.** *(ekon: zvýšiť hodnotu meny)* to revalue

zhodnúť sa *dk* **1.** *(i bezpr)* to agree [to st], *(na)* to reach an agreement [on], to fall in with; **2.** *(i nedok: zniesť sa)* to get on [well]

zhodný *príd* **1.** coincident, consonant, corresponding, conforming

zhodovať sa *ndk* **1.** to correspond with, to conform with/ to, to be in harmony with, to agree, to be identical

zhon *m* **1.** *(náhlenie, náhlivé vykonávanie)* rush, *(v zhone)* in haste/ a hurry; **2.** *(ruch, krik)* hurly-burly, *(pracovný)* hustle [and bustle]

zhora *prísl* **1.** *(i prn)* from above, from the top; **2.** *(*dívať sa na niekoho zhora)* to look down on sb

zhorieť *dk* **1.** *(podľahnúť ohňu)* to burn up, *(do tla)* to get/ to become charred; **2.** *(byť zničený ohňom)* to burn down, *(dom ap)* to burn to the ground; **3.** *(hov expr.)* to come a cropper

zhoršiť *dk* **1.** to worsen, to make st worse, to pejorate, to demean, to aggravate, to vitiate, to impair

zhoršiť sa *dk* **1.** to worsen, to get worse, to deteriorate, *(situácia, stav)* to change for the worse

zhovárať sa *ndk* **1.** *(i bezpr: rozprávať sa)* to talk, to chat; **2.** *(hov: komunikovať, i bezpr)* to speak to each other, to be on speaking terms [with]

zhovievavý *príd* **1.** *(málo prísny)* indulgent, clement, lenient, *(fml)* forbearing

zhovorčivý *príd* **1.** talkative, communicative, conversational, conversable, *(ifm)* chatty, *(fml)* voluble

zhrnúť *dk* **1.** *(hrnutím dať na jedno miesto)* to gather st up/ together, *(na kopu)* to heap up; **2.** *(odhrnúť: záclonu)* to draw back, *(zvinúť: koberce)* to roll up, *(zvinuté spustiť dole: rukávy, nohavice)* to roll down; **3.** *(urobiť záver: diskusiu)* to sum up

zhromaždenie *s* **1.** *(schôdza, stretnutie, inštitúcia)* assembly, *(schôdza, stretnutie, inštitúcia)* gathering, *(verejné: politické, protestné)* rally, *(i politické, predvolebné, športové)* meeting; **2.** *(inštitúcia: Národné)* Parliament

zhromaždiť *dk* **1.** *(ľudí, i inf)* to assemble, *(ľudí)* to gather; **2.** *(kapitál, zásoby)* to hoard, to accumulate, *(zásoby)* to stockpile

zhromaždiť sa *dk* **1.** *(o ľuďoch)* to gather, to meet, to get/ to come together, to assemble; **2.** *(o veciach)* to accumulate

zhroziť sa *dk* **1.** *(pocítiť hrôzu)* to be horrfied [by/ at], to recoil in horror from, to shudder, *(naľakať sa)* to be frightened [by]

zhruba *prísl* **1.** *(hrubo, približne)* roughly; **2.** *(približne)* approximately, about, around

zhubný *príd* **1.** *(škodlivý, skazonosný: výsledok, vplyv)* deleterious, detrimental, *(fml)* noxious, *(ničivý: víchor)* destructive; **2.** *(i lek)* pernicious, *(lek)* malignant

zhudobniť *dk* **1.** to musicalize, to music, to set to music, *(ako operu)* to operatize

zima **I.** ***podst*** *ž* **1.** *(časť roka)* winter; **2.** *(nízka teplota)* cold, chill; **3.** *(hov: zimnica)* the shivers, *(zimomriavky)* shivers, **II.** ***vet prísl*** **4.** cold

zimnica *ž* **1.** *(príznak ochorenia, triaška)* the shivers, *(striedanie pocitu zimy a horúčosti)* ague, *(a horúčka)* [malarial] fever, *(lek: žltá)* yellow fever; **2.** *(zimomriavky)* shivers

zimný *príd* **1.** winterly, winter, wintry; **2.** *(štadión)* ice rink

zimomriavky *ž pomn* **1.** *(zapríčinený citovým chladom, hrôzou ap)* shivers [up o's spine], shudders, *(chladom)* chills, *(citovým vzrušením)* frisson

zinok *m* **1.** zinc

zips *m* **1.** zip-fastener, slide fastener, *(ifm)* zip[per]

zisk *m* **1.** *(úžitok, prospech)* benefit; **2.** *(výnos z podnikania)* profit, *(z investícií)* returns, *(i inf)* yield, *(z kapitálu)* gains

získať *dk* **1.** *(nadobudnúť, vyrobiť)* to obtain, *(schopnosti, vedomosti, i fml: majetok)* to acquire, *(i dosiahnuť, mať úžitok)* to gain; **2.** *(dosiahnuť čo: slobodu, povesť; i vyhrať)* to win st, *(usmerniť, nakloniť si: koho)* to win sb over, *(vyhrať)* to carry off; **3.** *(mať úžitok, výhodu)* to benefit from, *(o vlastnosti objektu narásť: na kráse)* to gain in st, *(vyrobiť: šťavu, kov, i chemicky)* to extract, **4.** *(šport: náskok, loptu, prevahu)* to get, *(v súťaži: druhé/ tretie... miesto)* to finish second/ third...

ziskuchtivý *príd* **1.** profit-mad, money-grabbing, mercenary, greedy [for gain/ money]; **2.** interested

zísť *dk* **1.** *(chôdzou sa dostať dolu: do pivnice)* to go down; **2.** *(dostať sa na nižšie miesto: hrdlom)* to get down; **3.** *(vystúpiť: z vlaku ap/ koňa/ postele)* to get off, **4.** *(odchýliť sa: z)* to deviate [from], **5.** *(zmiznúť: škrvna, farba, pozlátka)* to come off/ out, **6.** *(zíde z očí, zíde z mysle)* out of sight,out of mind, **7.** *(vzísť: pšenica ap)* to germinate

zísť sa *dk* **1.** *(stretnúť sa: s)* to meet sb; **2.** *(zhromaždiť sa na schôdzi: výbor)* to meet, to convene, *(na kongrese)* to congress; **3.** **[!]** *(byť potrebný)* to need

zistiť *dk* **1.** *(prísť na niečo, odhaliť)* to find out, *(odhaliť)* to discover, *(skúmaním spoznať ako isté)* to establish, *(fml: fakty, príčiny)* to ascertain, *(fml: presne)* to determine; **2.** *(dozvedieť sa)* to gather

zívať *ndk* **1.** to yawn; **2.** *(prn: otvárať sa do prázdna)* to gape

zjav *m* **1.** *(jav)* phenomenon, *(príznak)*

sign; **2.** *(výzor, zovňajšok)* appearance; **3.** *(postava, osobnosť)* figure, **4.** *(zjavenie, vidina)* apparition

zjavenie *s* **1.** *(nadprirodzená bytosť)* apparition; **2.** *(cirk: Zjavenie Pána)* Epiphany, *(svätého Jána)* Apocalipse, The Revelation [of st John the Divine]

zjavný *príd* **1.** *(jasný, očividný)* evident, manifest, patent, *(badateľný)* noticeable, *(zrejmý)* obvious, *(zreteľný)* marked, *(chyba)* glaring

zjazd *m* **1.** *(strany)* convention; **2.** *(jazda dolu: i lyžiarsky)* downhill run, *(šport: lyžiarsky)* downhill race, *(šikmo)* traverse

zjednodušiť *dk* **1.** to simplify, *(mat: rovnicu)* to reduce, *(inf)* to abbreviate, *(organizáciu, výrobný proces)* to streamline

zjednotiť *dk* **1.** *(sily)* to unite, *(národ)* to unify, to integrate, to consolidate, to lump

zjednotiť sa *dk* **1.** to unite, to become united, *(i názorove)* to associate

zlacnieť *dk* **1.** to become cheaper, to go down, to cheapen

zlacniť *dk* **1.** to cheapen, to make st cheaper, to lower the price of st, to reduce/to abate the price of st

zľahčiť *dk* **1.** *(zmenšiť váhu)* to lighten; **2.** *(urobiť nenej obťažným: úlohu, trápenie)* to ease; **3.** *(urobiť jednoduchším)* to make st easier, **4.** *(ubrať na dôležitosti)* to belittle, **5.** *(potupiť)* to discredit

zľaknúť sa *dk* **1.** *(bezpr)* to get a fright, to get scared, *(čoho/ koho)* to be frightened by; **2.** *(čoho)* to recoil from

zlatník *m* **1.** *(kto spracúva zlato)* goldsmith, *(kto predáva zlato)* jeweller; **2.** *(minca)* gold coin/ piece

zlato *s* **1.** *(drahý kov, farba, zlatá medaila, peniaze)* gold, *(chem)* aurum; **2.** *(výrobky zo zlata)* gold objects/ pieces, *(zlatá niť)* gold thread; **3.** *(milé oslovenie)* darling, sweetheart, **4.** *(kúpať sa v zlate)* to be rolling [in money]

zlatý *príd* **1.** *(vyrobený zo/ obsahujúci zlato: baňa)* gold, *(i zlatej farby, i prn: šťastný)* golden; **2.** *(obsahujúci zlato: ruda)* auriferous, *(zlatom pokrytý)* gold-plated, *(pripomínajúci zlato)* goldish; **3.** *(v osloveniach: môj)* my dear, **4.** *(prn: milý)* sweet, *(dobrý: človek)* nice, **5.** *(zlaté srdce)* heart of gold, *(zlatý klinec)* clou, *(rybka: zool Carassius auratus)* goldfish

zľava I. *podst* **1.** *(cena pri predaji tovaru)* discount, markdown, *(i lístkov)* reduction, *(daňová, nájomná)* [tax/ rent] rebate, **II.** *prísl* **2.** *(z ľavej strany)* from left, from the left hand side

zlepiť *dk* **1.** *(lepením spojiť: lepidlom)* to paste together, *(tech: teplom)* to heat seal, *(fot, film)* to splice; **2.** *(lepením vytvoriť: model)* to put together; **3.** *(narýchlo niečo urobiť: referát)* to cobble together

zlepšiť *dk* **1.** to improve, *(podmienky)* to better, *(výkon)* to uprate, *(fml)* to ameliorate, *(dokument, návrh, zákon)* to amend

zlepšiť sa *dk* **1.** to improve, *(počasie, situácia)* to change for the better, *(počasie, obchod)* to pick up

zlieváreň *ž* **1.** *(dielňa, závod)* forge; **2.** *(závod)* metal/ iron foundry, smelting works

zlo *s* **1.** evil, ill, wickedness

zloba *ž* **1.** *(súhrn zlých vlastností, nežičlivosť)* malice, malevolence; **2.** *(zlosť, hnev, nenávisť)* venom, gall

zločin *m* **1.** crime, felony, *(fml)* villainy, *(i práv)* offence

zločinec *m* **1.** criminal, malefactor, evildoer, *(práv)* offender, *(fml, prn, lit)* villain

zlodej *m* **1.** thief, *(vreckový)* pickpocket, *(domáci)* burglar, *(v obchodoch)* shoplifter, *(koní, dobytka)* rustler, *(práv)* larcenist; **2.** *(podvodník)* crook; **3.** *(chyťte zlodeja!)* stop thief

zlostiť *ndk* **1.** to anger, to irritate, to tease, to make sb angry

zlostný *príd* **1.** *(prchký)* irascible, choleric; **2.** *(nahnevaný, hnevlivý)* angry; **3.** *(hnevlivý)* wrathful, *(fml)* irate

zlozvyk *m* **1.** bad habit, vice, cacoethes

zloženie *s* **1.** *(skladba, i chemické, i ekon: kapitálu)* composition, structure, make-up, *(konštitúcia)* constitution; **2.** *(peňazí)* consignation, *(zálohy, preddavku)* deposition

zloženina *ž* **1.** *(lingv)* compound, composite word

zloženka *ž* **1.** deposit slip, paying-in slip, bank giro credit

zložiť *dk* **1.** *(položiť, dať dolu, i slúchadlo)* to put down, *(slúchadlo)* to hang up; **2.** *(zbaviť nákladu)* to unload; **3.** *(dať dokopy)* to put together, to assemble, **4.** *(poskladať: papier, šaty)* to fold st [up], **5.** *(napísať hudobné/ slovesné dielo)* to compose, **6.** *(skoliť: na zem, i prn)* to knock down, **7.** *(urobiť: skúšku, prísahu)* to take, **8.** *(zaplatiť v hotovosti)* to pay down

zložitý *príd* **1.** *(pozostávajúci z mnohých častí, i fin)* compound, *(pozostávajúci z mnohých častí)* composite, *(i komplikovaný)* complex; **2.** *(komplikovaný: situácia)* complicated, *(i inf)* sophisticated

zložka *ž* **1.** *(jeden z prvkov)* element, *(jeden z členov, i inf, ele, fyz)* component, *(jeden zo súčasti)* [component] part; **2.** *(prn)* feature, *(i inf)* factor, *(odvetvie)* subdivision; **3.** *(lingv)* ligature

zlúčenina *ž* **1.** *(chem)* compound

zlý *príd* **1.** *(nedobrý, nekvalitný, chybný, ťažký)* bad; **2.** *(nedobrý: človek, i vec: jazyk, oko)* evil, wicked, *(dieťa)* naughty, *(vec)* ill, *(i počasie, slovo)* foul; **3.** *(nekvalitný)* inferior, **4.** *(chybný)* wrong, **5.** *(slabý: kvalita, zrak, zdravotný stav ap)* poor, *(veštiaci niečo nepríjemné)* sinister, **6.** *(zlý sen)* nightmare, *(Pozor, zlý pes!)* beware of the dog

zlyhať *dk* **1.** *(prestať fungovať: brzdy, srdce, pamäť)* to fail, *(stroj, mechanizmus, i prn: zdravie)* to break down, *(stroj, zásobovanie, i hlas)* to give out, *(stroj, puška, i prn: byť neúspešný)* to misfire; **2.** *(byť neúspešný: plán, hra)* to fold [up]

zmazať *dk* **1.** *(nápis, záznam)* to erase, *(záznam, inf: poľa, súbor)* to delete, *(spôsobiť, aby niečo prestalo existovať)* to obliterate, *(zotrieť)* to wipe off

zmätený *príd* **1.** confused, muddled [up], perplexed, bemused

zmätok *m* **1.** *(strata pokoja, chaos)* confusion, *(strata pokoja, chaos)* muddle, maze; **2.** *(chaos, neporiadok)* chaos, mess

zmena *ž* **1.** *(premena, i fyz, chem, lingv, inf)* change, variation, *(i inf)* modification, *(úprava)* revision; **2.** *(i vystriedanie, pracovný čas/ kolektív)* shift, *(vystriedanie)* alternation, *(nahradenie)* replacement; **3.** *(pre zmenu)* for a change, *(prostredia/ podnebia)* change of scenery

zmenáreň *ž* **1.** exchange office, bureau de change

zmeniť *dk* **1.** *(premeniť: názor; vy/ rozmeniť: peniaze)* to change, *(premeniť)* to modify, *(hlboko, zásadne)* to transform, *(dať iný vzhľad)* to refashion, *(na iný účel/ použitie)* to convert; **2.** *(vymeniť)* to exchange

zmeniť sa *dk* **1.** to change; **2.** to turn into

zmenka *ž* **1.** *(dlžobný úpis)* bill [of exchange] [B/ E], note, *(príkaz)* draft, *(banková)* bank[er's] bill/ draft, *(á vista)* demand/ sight draft

zmenšenie *s* **1.** reduction, decrease, *(i hud)* diminution, decrement

zmenšenina *ž* **1.** reduction, *(fotografie)* reduced picture

zmenšiť *dk* **1.** to reduce, to make st smaller, to diminish, to decrease, to cut [back/ down]

zmes *ž* **1.** *(zmiešanina, i plynov, výbušná)* mixture, blend, *(i tech: betónová)* mix, *(hud: piesní)* potpourri, *(ovocná)* fruit salad/ cocktail

zmestiť sa *dk* **1.** *(vtesnať sa do nejakého priestoru)* to find room in, to [be able] to get in, to fit in, **[!]** to hold

zmeškať *dk* **1.** *(i bezpr: prísť neskoro)* to come late [for]; **2.** *(oneskoriť sa, nevyužiť: vlak, príležitosť)* to miss, to lose; **3.** *(premárniť)* to waste, to throw away

zmiasť *dk* **1.** *(pomýliť)* to confuse, to muddle sb [up], *(ob pass)* to disconcert, *(a prekvapiť)* to nonplus, *(fml)* to confound; **2.** *(priviesť do rozpakov)* to embarrass

zmieniť sa *dk* **1.** *(letmo spomenúť)* to mention, to make reference to, *(podoktnúť)* to touch, *(fml)* to allude to

zmienka *ž* **1.** mention, reference, allusion, remark

zmieriť *dk* **1.** *(odstrániť spor medzi, ob pass)* to reconcile sb, *(rar)* to reconciliate with; **2.** *(vyrovnať: koho s čím)* to reconciliate sb to; **3.** *(zast: upokojiť, udobriť)* to conciliate

zmieriť sa *dk* **1.** *(i bezpr)* to become reconciled [with], *(s kým)* to reconcile os with; **2.** *(vyrovnať sa: s čím)* to reconcile os to, *(s porážkou, i bezpr)* to resign os to

zmiernenie *s* **1.** mitigation, alleviation, ease, *(disciplíny)* relaxation

zmierniť *dk* **1.** *(urobiť miernym: hnev; zmenšiť: rýchlosť)* to moderate, *(urobiť miernym)* to abate, *(zmenšiť, oslabiť)* to reduce, *(napätie, bolesť)* to ease, *(bolesť)* to alleviate, *(fml: silu, účinok)* to attenuate

zmierovací *príd* **1.** conciliating, conciliation, settlement, *(konanie)* arbitral; **2.** *(práv: sudca)* justice of the peace

zmietať sa *ndk* **1.** *(prudko sa pohybovať z boku na bok: loď)* to be tossed [around], *(strom)* to shake, *(v kŕčoch, i ryba, had)* to writhe, *(v kŕčoch)* to be convulsed [by], *(hnevom)* to be convulsed [with]

zmija *ž* **1.** *(zool: Vipera, i prn)* viper, *(zool: Vipera berus)* adder, *(zool: Vipera aspis)* asp

zmilovanie *s* **1.** *(súcit s trpiacmi)* compassion [for], pity [for/ on sb], *(milosrdenstvo: Božie)* mercy, *(*pre Božie zmilovanie!)* for pity's/ God's sake

zmilovať sa *dk* **1.** *(prejaviť súcit)* to take pity on, to be filled/ to feel compassion [for]; **2.** *(náb)* to have mercy on

zmiznúť *dk* **1.** to disappear, to vanish, to get lost; **2.** *(zmizni!)* get lost, *(br ifm)* buzz off, *(vulg)* bugger off, *(*zmizni mi z očí!)* get out of my sight/ of here, *(*zmiznúť po anglicky)* to take French leave

zmiznutie *s* **1.** disappearance, dissolution

zmluva *ž* **1.** *(i práv)* contract, *(dohoda)* agreement, *(medzinárodná)* Treaty, *(nájomná)* lease; **2.** *(pracovná)* labour contract, *(bibl: archa/ truhla zmluvy)* Ark of Testament/ the Covenant

zmluvný *príd* **1.** contractual, contract, agreed, conventional, conventionary

zmocniť sa *dk* **1.** *(získať silou, i o citoch)* to seize, *(získať silou, i o citoch)* to lay ones hands on a t., *(mesta)* to capture, *(trónu)* to usurp, *(opanovať)* to become master of; **2.** *(o citoch: ovládnuť)* to overcome; **3.** *(kniž: zvládnuť)* to master

zmraziť *dk* **1.** *(ochladiť pod bod mrazu, zastaviť pohyb)* to freeze, *(ochladiť)* to ice, to congeal, *(potraviny: rýchle)* to deepfreeze

zmŕtvychvstanie *s* **1.** resurrection

zmrzlina *ž* **1.** *(z mlieka)* ice-cream, *(br: čokoládová)* choc-ice, *(ovocný pohár)* sundae, *(z ovocnej drene)* ice lolly, *(z džúsu)* sorbet

zmrznúť *dk* **1.** *(i prn)* to freeze, to congeal, to glaciate, to freeze to death

zmysel *m* **1.** *(význam, orgán, účel, dôvod, cit pre)* sense; **2.** *(význam, myšlienkový obsah, cieľ, účel)* meaning; **3.** *(účel)* point, **4.** *(geom: smer)* direction, **5.** *(cit pre niečo)* taste for, **6.** mn: **zmysly** . *(schopnosť vnímať)* conscience, **7.** *(v zmysle)* in accordance with

zmyselný *príd* **1.** *(sexuálne dráždivý: žena, pery)* sensuous, *(žena)* voluptuous, sexy, *(am)* foxy; **2.** *(erotický, súvisiaci s erotikou)* erotic[al]

zmyslový *príd* **1.** *(vnímaný zmyslami)* sensory, *(orgán, bunka)* sense

zmýšľanie *s* **1.** *(súhrn: názorov)* mentality, way of thinking, *(i politické)* opinions, *(: náhľadov)* disposition, *(presvedčenie)* belief

značiť *ndk* **1.** *(zaznačovať, označovať)* to mark [out/ off], to indicate; **2.** *(značkovať: jahňatá, výrobky)* to brand; **3.** *(znamenať, mať hodnotu)* to mean, *(zname-*

nať) to signify, **4.** *(zaznamenávať)* to register

značka *ž* **1.** *(viditeľné znamenie: i pokutového kopu)* mark, *(i mat)* sign, *(cestná/ dopravná)* road sign, *(: slúžiaca na označenie niečoho, i chem)* symbol; **2.** *(označenie: pri meraní, i inf)* notch; **3.** *(označovanie druhu/ výrobcu)* trade[ ]mark, *(továrenská)* make, *(rýdzosti)* hall-mark, *(kvality)* cachet, *(na označenie dobytka)* brand, **4.** *(mot: štátna poznávacia značka)* registration number

značkovať *ndk* **1.** to mark, to sign, *(zárezom)* to score, to tally, *(dobytok)* to brand

značný *príd* **1.** *(veľký: čo sa týka rozmerov, množstva)* considerable, *(: rozmerov)* sizeable, *(: miery)* large, *(: množstva, hodnoty)* substantial, hefty, *(viditeľný)* measurable

znak *m* **1.** *(znamenie, príznak, symbol, predzvesť)* sign, *(charakteristická črta)* trait, *(prn)* hall-mark, *(symbol)* symbol, *(odznak)* badge, *(symptóm)* symptom, *(značka)* mark, *(signál, pokyn, znamenie)* signal; **2.** *(erb)* crest; **3.** *(predzvesť)* omen

znalec *m* **1.** expert, connoisseur, specialist, authority

znalosť *ž* **1.** *(poznanie, vedomosti)* knowledge, *(poznanie)* acquaintance [with]; **2.** *(poznatky, vedomosti)* expertise, *(ovládanie niečoho)* proficiency

znamenať *ndk* **1.** *(mať význam, mať hodnotu)* to mean, *(mať význam)* to spell, *(ako samozrejmosť)* to imply; **2.** *(mať hodnotu, význam)* to count, *(predstavovať)* to represent, *(to znamená, že...)* it means that ...; **3.** *(čo znamená...)* what does it mean...?, *(: t. j.)* that is to say, *(čo to má znamenať?)* what is this supposed to mean?

znamenie *s* **1.** *(signál, príznak, označenie, prejav)* sign, *(signál)* signal; **2.** *(označenie, charakteristický znak)* mark, *(vypálené)* brand; **3.** *(príznak, symptóm)* symptom, **4.** *(svedectvo)* token, **5.** *(predzvesť)* omen, **6.** *(časť zvieratníka)* star-sign, **7.** *(v akom si znamení?)* what is your star-sign?, *(znamenie doby)* a sign of the time

znamienko *s* **1.** *(označenie, znak, i gram, mat, polyg, hud)* mark, *(v zápisníku)* note, *(materské)* birthmark; **2.** *(mat, gram)* sign

známka *ž* **1.** *(prejav, príznak)* sign; **2.** *(poštová, kolková)* stamp; **3.** *(v škole)* mark, **4.** *(ochranná)* trademark

známkovať *ndk* **1.** to stamp, to mark, to grade, to trademark

známosť *ž* **1.** *(široká publicita al. popularita)* notoriety; **2.** *(spoločenský/ osobný vzťah)* acquaintance, *(priateľstvo)* friendship; **3.** *(blízky vzťah medzi mužom a ženou)* relation, **4.** len mn: **známosti** . friends, **5.** *(zast: znalosť)* cognizance

známy *príd* **1.** *(slávny, chýrny)* well-known, famous, noted; **2.** *(poznaný z osobnej skúsenosti)* known, familiar

znárodniť *dk* **1.** to nationalize

znásilniť *dk* **1.** *(pohlavne zneužiť, i prn: krajinu)* to rape, *(pohlavne zneužiť)* to abuse, *(fml, i prn)* to violate; **2.** *(prn)* to force, to outrage

znášanlivý *príd* **1.** tolerant, forebearing, conciliatory, large-hearted, *(o človeku)* livable

znázorniť *dk* **1.** to illustrate, to represent, *(graficky)* to graph, to chart, *(stvárniť)* to depict, *(obrazom)* to effigy

znečistiť *dk* **1.** *(i prn)* to contaminate, to pollute, to debase; **2.** *(zašpiniť)* to dirty, to foul up

znehodnotiť *dk* **1.** *(znížiť hodnotu nejakého materiálu)* to deteriorate; **2.** *(urobiť neplatným)* to cancel, *(kolky, známky ap)* to obliterate; **3.** *(zbaviť morálnej hodnoty)* to debase, **4.** *(fin: menu)* to devalue

znechutený *príd* **1.** disgusted, *(fml)* weary, *(ifm)* sick [and tired], fed up

znelý *príd* **1.** *(hlas)* sonorous, vibrant, resonant, *(i fon)* sonant, *(fon: spoluhláska)* voiced

znemožniť *dk* **1.** *(urobiť nemožným, prekaziť)* to make st impossible, to preclude sb from +ing, *(i inf)* to disable, *(sl)* to bust, *(skompromitovať)* to discredit

znenie *s* **1.** *(vyjadrenie: slovné/ písomné)* expression, *(textu)* form, *(dokumentu)* text, *(filmu ap)* version; **2.** *(bás: zvuk, zvuky)* sounding

znepokojiť *dk* **1.** *(vyvolať nepokoj)* to worry, to make sb anxious, *(urobiť nepokojným, ob pass)* to disquiet, *(vyrušiť z pokoja)* to discompose, *(vyvolať obavu)* to alarm

znesiteľný *príd* **1.** bearable, endurable, reasonable, *(ifm)* decent

znetvoriť *dk* **1.** *(meniť tvar)* to deform, *(i pokriviť: pravdu, skutočnosť, reč)* to distort, *(tvár, i prn)* to deface, *(telo)* to mutilate, *(i prn)* to mangle

zneuctiť *dk* **1.** *(znevážiť, i arch: ženu)* to dishonour, *(meno, niekoho klebetami)* to defame; **2.** *(znesvätiť)* to desecrate; **3.** *(pohlavne zneužiť)* to violate

zneužiť *dk* **1.** *(dôveru, i práv: úradnú moc, ženu)* to abuse, *(použiť na niečo zlé)* to make ill use of, to misuse; **2.** *(zneuctiť)* to violate

zničiť *dk* **1.** *(spôsobiť zánik, zruinovať, zlikvidovať)* to destroy, *(spustošiť, zruinovať)* to ravage, *(úplne)* to raze; **3.** *(odstrániť, zlikvidovať)* to exterminate, **4.** *(vyhubiť, zneškodniť)* to extirpate, **5.** *(poraziť)* to knock out, **6.** *(pokaziť: i šaty ap)* to ruin, **7.** *(telesne/ duševne podlomiť)* to undermine, **8.** *(zmariť: sen, nádeje)* to frustrate

zniesť *dk* **1.** *(nosením zhromaždiť na jedno miesto)* to gather; **2.** *(priniesť zhora dolu)* to carry down; **3.** *(vypustiť vajce)* to lay, **4.** *(fyzicky vydržať, zvládnuť)* to bear, **5.** v zap *(strpieť, vystáť)* to stand

zniesť sa *dk* **1.** *(zvoľna/ pomaly klesnúť, zletieť)* to glide, *(spustiť sa zhora nadol, i prn: noc, tma)* to descend; **2.** *(vyjsť dobre s niekým)* to get along/together with, to get on [well] with

znieť *ndk* **1.** *(zaznievať, vydávať zvuk, pôsobiť nejako)* to sound, *(zaznievať)* to ring out; **2.** *(byť naplnený zvukom)* to resound; **3.** *(hlásať, mať slovnú podobu)* to read, to run, *(mať istú slovnú podobu)* to be worded/ framed, **4.** *(byť napísaný na: list)* to be addressed

znížiť *dk* **1.** *(zmenšiť výšku, i hlas, cenu)* to lower; **2.** *(zmenšiť veľkosť, rozsah, i cenu)* to reduce, to cut down/ back, *(i počet)* to diminish; **3.** *(zmenšiť počet, i inf)* to decrease, **4.** *(ubrať na hodnote, význame)* to cheapen, to belittle, *(človeka)* to debase, **5.** *(zhoršiť)* to worsen

znova *prísl* **1.** *(zase)* again, *(rhet)* anew, *(od začiatku)* afresh, *(ešte raz)* once more, *(znova a znova)* over and over again; **2.** *(+ sloveso)* re[-]

znovuzrodenie *s* **1.** rebirth, renascence, palingenesis, regeneration

zobák *m* **1.** *(zool)* beak; **2.** *(ústa)* mouth, *(zavri zobák!)* shut up; **3.** *(nám)* ram

zobrať *dk* **1.** *(chytiť, prijať, pochopiť, užiť, odobrať)* to take, *(pri ponúkaní: zober[te] si!)* help yourself/ yourselves; **2.** *(vziať so sebou: niečo)* to take st away, (: niekoho) to take sb along; **3.** *(odňať násilím, pozbaviť)* to take st away from, *(pozbaviť)* to deprive [of], **4.** *(vziať z povrchu: smotanu, penu)* to skim, **5.** *(pozberať: úrodu)* to gather [in], *(zhromaždiť, zozbierať)* to gather up/ together, *(sily, energiu, odvahu ap)* to summon up, **6.** *(v opytovacích vetách: zohnať)* to find, **7.** si *(hov: obliecť/ obuť si)* to put on, *(za ženu/ muža)* to marry

zobraziť *dk* **1.** to portray, to illustrate, to depict, to delineate, *(inf)* to display

zobudiť *dk* **1.** *(prebudiť, i prn)* to awake, *(prebudiť, i prn)* to wake sb [up]; **2.** *(podnietiť, vyvolať)* to excite, *(vyvolávať)* to arouse

zoči-voči **I.** ***prísl*** **1.** *(oproti, do očí))* opposite, facing one another, face to face, *(i predl)* vis-a-vis, **II.** ***predl*** **2.** opposite to, face to face with

zodpovedať **I.** ***nedok*** **1.** *(niesť zodpovednosť)* to answer for sb/ st, to be responsible for sb/ st; **2.** *(byť totožný, zhodný s)* to answer to, to correspond to; **3.** *(vyhovovať: záujmom/ vkusu ap niekoho)* to answer sb's [ ], **II.** ***n/ dok*** **4.** *(hodiť sa, byť v súlade)* to be in harmony with, **III.** ***dok*** **5.** *(dať odpoveď)* to answer, **6.** *(objasniť svoje konanie)* to answer to sb for st, to account for st

zodpovedať sa *ndk* **1.** *(skladať účty)* to answer to sb for st, to [give an] account of, *(byť zodpovedný)* to be responsible for, to assume responsability for

zodpovedný *príd* **1.** *(povinný skladať účty, spoľahlivý)* responsible, *(povinný skladať účty)* accountable, *(ručiť za niečo)* liable; **2.** *(spoľahlivý)* trustworthy; **3.** *(závažný)* respectable

zohnať *dk* **1.** *(prinútiť zísť dolu/ preč)* to drive sb off/ away/ out of, *(prinútiť zostúpiť odniekiaľ)* to chase away; **2.** *(dať dohromady)* to round up, to gather; **3.** *(hov: obstarať)* to get, to find, to procure

zohnúť *dk* **1.** *(prehnúť do oblúka, i prn)* to bend, to fold; **2.** *(skloniť)* to incline, *(hlavu)* to bow, *(rýchlo)* to duck

zohriať *dk* **1.** *(ohriať)* to heat st [up], *(am)* to warm st over, *(i prn)* to warm st [up], *(mierne)* to tepefy

zohriať sa *dk* **1.** *(stať sa teplejším)* to heat up, to become warm/ hot, *(i prn)* to warm up; **2.** *(o ľudskom tele)* to warm os

zomrieť *dk* **1.** *(i prn)* to die, to pass away, *(law, fml)* to decease, *(euph)* to depart, *(ifm)* to kick off/ the bucket

zoológ *m* **1.** zoologist, *(deskriptívny)* zoographer

zoológia *ž* **1.** zoology, *(deskriptívna)* zoography

zoologický *príd* **1.** zoological

zora *ž* **1.** *(osvetlenie pred východom slnka, i prn)* aurora, *(úsvit, i prn)* dawn, daybreak, *(ranná)* morning glow, *(večerná)* afterglow

zoradiť *dk* **1.** *(postaviť do radov, i voj)* to array, *(i voj)* to marshall, *(i inf)* to set; **2.** *(usporiadať)* to order, to form

zorný *príd* **1.** *(opt)* visual, vision, view[ing], *(clona)* field

zosilniť *dk* **1.** *(pridať posilu)* to strenghten, to toughen, *(i zintenzívniť)* to [re]inforce; **2.** *(zintenzívniť)* to intesify, *(zvuk)* to amplify, *(zvýšiť)* to augment, *(farby)* to exalt; **3.** *(urobiť hrubším)* to thicken

zosilňovač *m* **1.** *(zvuku)* [sound] amplifier, loudspeaker, *(ele: prúdu, tel: obrazu)* amplifier, *(rád)* amplificator, *(fot)* intensifier

zoslabiť *dk* **1.** *(urobiť slabým, i fyzicky, duševne)* to weaken, *(ubrať síl niekomu)* to debilitate, *(čo: zmenšiť)* to reduce, *(zvuk)* to damp, *(farbu)* to tone down, *(fml: účinok, napätie)* to attenuate

zostava *ž* **1.** *(zostavenie)* combination, *(zoradenie)* arrangement, *(inf: počítača)* configuration; **2.** *(súbor: mužstva)* line-up; **3.** *(voj, let)* formation, *(tel: voľná, povinná)* exercise[s]

zostaviť *dk* **1.** *(vyhotoviť)* to set up, *(utvoriť)* to compose, *(i skupinu, komisiu, vládu)* to form, *(program, inf)* to compile; **2.** *(spojiť časti v celok, i tech, inf)* to assemble, to put together; **3.** *(spísať)* to write out, *(referát)* to draw up

zostrojiť *dk* **1.** *(zostaviť: stroj, i geom: trojuholník ap)* to construct, *(zostaviť)* to build, *(tech: výkres)* to design, *(diagram)* to plot, to project

zostup *m* **1.** *(schádzanie)* descent, *(let)* letdown; **2.** *(pokles, i mravný)* decline, *(úpadok)* fall; **3.** *(šport)* relegation

zosuv *m* **1.** *(geof: pôdy)* slump, landslide, *(ban)* caving, *(geol)* drift

zošit *m* **1.** *(škol: písanka)* copybook, exercise book, *(poznámkový)* notepad; **2.** *(zväzok, menšia publikácia)* fascicle, *(časť diela vychádzajúceho po číslach)* instalment

zošiť *dk* **1.** *(šitím spojiť, i ranu)* to sew up, to stitch [up], *(krajč)* to seam up/ together; **2.** *(ranu)* to suture

zotaviť sa *dk* **1.** *(uzdraviť sa)* to convalesce, to mend, *(fml)*) to recuperate, *(i prn: spamätať sa)* to recover

zotavovňa *ž* **1.** *(zdravotný ústav na zotavovanie)* convalescent home/ hospital, *(pre chronicky chorých)* sanatorium; **2.** *(v min: pionierska)* rest camp, *(odborárska, ROH)* recreation center

zotmieť sa *dk* **1.** to get dark, to become dark

zotrieť *dk* **1.** *(odstrániť z povrchu niečoho)* to wipe st off/ from st, to wipe st off/ away/ up, *(tabuľu)* to rub off, *(si pot z čela)* to mop o's brow, *(si slzy)* to wipe o's eyes; **2.** *(kniž: za-*

hladiť, odstrániť) to wipe out

zotrvačník *m* **1.** *(tech)* flywheel, balance wheel, *(voľný)* gyro[scope]

zotrvačnosť *ž* **1.** *(fyz, i prn)* inertia, vis inertiae; **2.** *(prn)* [force of habit], routine

zovňajšok *m* **1.** *(výzor)* looks, apprearance; **2.** *(vonkajšia strana)* outside, outward

zovrieť *dk* **1.** *(stisnúť, stlačiť: pery)* to press, *(päste, v ruke/ dlani)* to clench, *(v ramenách, nohách)* to hug, *(do náručia, i prn)* to clutch; **2.** *(obomknúť)* to surround; **3.** *(voj, špo: rady)* to serry, **4.** *(začať vrieť)* to reach the boiling point

zovšeobecniť *n/dk* **1.** *(generalizovať: pojmy, i pej)* to generalize, *(i urobiť všeobecne rozšíreným)* to universalize; **2.** *(urobiť všeobecne rozšíreným)* to popularize, to bring into general use; **3.** *(pej)* to make commonplace

zoznam *m* **1.** list, enumeration, *(i škol, voj, nám)* roll, *(telefónny, ulíc, i inf)* directory, *(i skratiek, i inf)* index, *(práv, i inf)* array, *(úradný, i inf)* register, *(inf)* menu

zoznámiť *dk* **1.** *(predstaviť)* to introduce; **2.** *(oboznámiť)* to acquaint. to familiarize with

zoznámiť sa *dk* **1.** *(osobne sa spoznať)* to make sb's acquaintance, to meet, to get to know, *(zbaliť)* to pick up; **2.** *(oboznámiť sa)* to familiarize os with

zrada *ž* **1.** *(vlasti, národa, vojenská)* [high] treason, *(priateľa)* betrayal, *(tajná)* treachery, *(ifm)* double-cross

zradca *m* **1.** traitor, *(rhet)* Iscariot, *(ifm)* double-crosser, rat

zradiť *dk* **1.** *(porušiť vernosť)* to betray, to be false to, to give sb away, *(ifm)* to double-cross; **2.** *(prezradiť, oznámiť)* to give away st

zradný *príd* **1.** *(vierolomný: čin)* treasonable, *(správanie, i človek, i zákerný)* treacherous; **2.** *(prezrádzajúci)* tell-tale; **3.** *(zákerný)* insidious, malicious

zrak *m* **1.** *(jeden z piatich zmyslov)* sight, *(i inf)* vision, eyes[ight]; **2.** *(pohľad, oči)* eye, *(pohľad)* glance

zrakový *príd* **1.** *(orgán, kontrola)* sight, *(klam)* optical, *(nerv)* optic, *(pamäť)* visual

zranenie *s* **1.** injury, wound, lesion, hurt

zraniť *dk* **1.** *(poraniť)* to wound, to injure, *(i prn)* to hurt, *(ľahko)* to bruise, *(prn)* to pique

zraziť *dk* **1.** *(zvaliť, zhodiť, strhnúť: cenu)* to knock sb/ st down, *(zvaliť, strhnúť)* to knock st off, *(zvaliť úderom)* to strike down/ off, *(i na zem, zo schodov)* to throw down, *(auto[m])* to run over/ down; **2.** *(strhnúť: z ceny)* to take off, *(cenu, mzdu)* to slash; **3.** *(priraziť k sebe)* to knock together

zraziť sa *dk* **1.** *(naraziť na seba: s kým/ čím, i bezpr)* to crash, to collide; **2.** *(začať boj)* to clash; **3.** *(utvoriť celok)* to close up, **4.** *(o pare, tekutinách)* to condense, **5.** *(o tkaninách)* to shrink, **6.** *(povadiť sa)* to [have a] quarrel with

zrazu *prísl* **1.** *(naraz)* suddenly, all at once, all of a sudden, *(neočakávane)* unexpectedly

zrážka *ž* **1.** *(náraz)* crash, collision; **2.** *(bitka, boj, i voj)* clash; **3.** *(ekon: odpočítanie, odpočítaná čiastka)* deduction, *(odpočítaná čiastka)* discount, **4.** mn **zrážky** *(met)* precipitation

zrejmý *príd* **1.** *(zjavný)* evident, patent, *(očividný)* visible, *(zreteľný)* discernible, *(jasný)* clear, *(nepochybný)* unmistakable; **2.** *(zr: samozrejmý)* obvious

zrelý *príd* **1.** *(o plodoch rastlín)* ripe, *(i o veciach, i dospelý, i prn)* mature; **2.** *(dospelý)* adult, grown-up, *(prn)* full-fledged

zrenica *ž* **1.** pupil; **2.** *(prn)* eye

zreteľ *m* **1.** *(ohľad)* regard, view; **2.** *(pozornosť, dôraz)* heed

zreteľný *príd* **1.** *(dobre vnímateľný)* distinct, perspicuous, well-marked, clear-cut, *(jasný)* clear

zriadenie *s* **1.** *(usporiadanie spoločnosti, štátu)* system, regime; **2.** *(forma organizácie)* organization, institution

zriadiť *dk* **1.** *(vybudovať)* to construct, *(utvoriť)* to work up; **2.** *(ustanoviť, založiť)* to establish, *(komisiu)* to form, *(založiť)* to found, *(si obchod)* to set up; **3.** *(zast: dať do poriadku)* to put things in order

zriecť sa *dk* **1.** *(práva, pohľadávky, cigarety, i koho)* to renounce, *(úradu, funkcie)* to resign, *(trónu)* to abdicate, *(fajčenia ap)* to quit, *(koho)* to repudiate, *(práva, pohľadávky)* to waive

zriedka *prísl* **1.** seldom, rarely, hardly ever, *(idm)* once in a blue moon, *(vidieť koho zriedka)* to see little of sb

zriedkavý *príd* **1.** rare, infrequent, scarce; **2.** *(mimoriadny: hosť, krásavica)* exceptional

zrkadlo *s* **1.** looking glass, *(i odraz, obraz)* mirror, *(astron, lek, zool, poľov)* speculum, *(polyg: sadzby)* type area

zrnitý *príd* **1.** *(lom, tavidlo, prášok, sneh)* granular, *(hornina)* grained, graniform, *(štruktúra)* grain; **2.** *(drapľavý)* coarse; **3.** *(prn: jadrný)* pithy

zrno *s* **1.** *(hrom: obilie, plod obilia, malé množstvo)* grain; **2.** *(hrom hov: obilie)* cereal; **3.** *(menšie semeno, jadierko: kávové)* bean, *(hrozna)* grape, **4.** *(guľatá čiastočka)* granule, **5.** *(prn: malé množstvo)* particle

zrozumiteľný *príd* **1.** intelligible, comprehensible, understandable, articulate

zrúcanina *ž* **1.** ruin, wreck

zrúcať *dk* **1.** *(zbúrať)* to demolish, *(dom)* to pull down, *(i prn)* to wreck; **2.** *(prn)* to destroy

zručný *príd* **1.** skilful, handy, dexterous, workmanly, adroit

zrušenie *s* **1.** *(urobenie neplatným: zákazky, schôdze)* cancellation, *(fml, práv: i zmluvy, zákona)* revocation, *(fml, práv: i zákona)* abrogation, *(povolenia, i hist: poddanstva)* abolition, *(práv: i zmluvy, zákona)* rescission, *(súdneho výroku, patentu, manželstva)* annulment, *(pol: medzinárodnej dohohy)* denunciation, *(podniku, spoločnosti)* liquidation

zrušiť *dk* **1.** *(urobiť neplatným: schôdzu, objednávku)* to cancel, *(fml, práv: zmluvu i zákona)* to revoke, to abrogate, *(práv: výrok, manželstvo)* to annul, *(práv: zmluvu)* to rescind, *(objednávku)* to countermand, *(trest smrti, i hist: poddanstvo)* to abolish; **2.** *(porušiť: sľub)* to retract; **3.** *(ukončiť činnosť, zastaviť prevádzku)* to dissolve, **4.** *(odstrániť)* to suppress

zrútiť sa *dk* **1.** *(spadnúť na zem/ z výšky)* to fall down/ headlong, *(lietadlo)* to crash down; **2.** *(prepadnúť sa)* to collapse, *(i strop)* to cave in; **3.** *(zvaliť sa)* to tumble down, **4.** *(prn)* to fold up

zrýchliť *dk* **1.** to accelerate, to speed up, to quicken, to rush

zub *m* **1.** *(anat, i hrebeňa, píly, ozubného kolesa)* tooth, *(zool)* fang; **2.** *(hrabieľ, vidiel, vidličky)* prong, *(ozubného kolesa)* cog, *(píly)* jag; **3.** *(*mať plné zuby)* to be sick and tired [of]

zubačka *ž* **1.** rack railway, cogwheel railway, cog[ged] railway; **2.** *(bot cibuľkonosná: Dentaria bulbifera)* coral root bittercress

zubný *príd* **1.** *(lekár, i fon)* dental, tooth[-], *(anat)* dentary, *(kameň)* tartar

zúčastniť sa *dk* **1.** to take part in, to participate in, to engage in, to attend

zúčtovanie *s* **1.** settlement [of accounts], clearing, *(devízové)* exchange clearing, *(vyúčtovanie)* accounting; **2.** *(prn)* reckoning, showdown

zúčtovať *dk* **1.** *(vybaviť účty)* to balance account[s], *(vyúčtovať)* to charge; **2.** *(vyrovnať sa: s kým)* to settle/ to square an/ o's account with, *(skoncovať)* to do away with

zúfalstvo *s* **1.** *(stav beznádejnosti)* despair, hopelessness; **2.** *(zúrivé)* desperation

zúfalý *príd* **1.** *(v stave/ vyj zúfalstvo, beznádejný)* desperate; **2.** *(v stave zúfalstva)* despairing; **3.** *(skľúčený)* brokenhearted, **4.** *(beznádejný: situácia, pokus)* hopeless, **5.** *(strašný, hrozný: počasie, neporiadok)* awful

zúriť *ndk* **1.** *(veľmi sa hnevať, i prn: búrka, choroba)* to rage, *(veľmi sa hnevať)* to be furious/ in a fury, *(dav)* to rampage; **2.** *(o prírodných živloch)* to bluster

zúrivý *príd* **1.** furious, mad; **2.** *(prudký, intenzívny)* tumultuous, *(i o prírodných živloch)* raging; **3.** *(zarytý, vášnivý)* mad keen [on], passionate

zvaliť *dk* **1.** *(zhodiť, zraziť)* to throw sb/ st down; **2.** *(zrúcať, rozvaliť)* to wreck; **3.** *(pripísať vinu)* to lay blame on sb, **4.** *(presunúť)* to shift

zvariť *dk* **1.** *(zohriať na bod varu: vodu)* to [bring to] boil, *(čo s čím)* to concoct; **2.** *(tech: spojiť kovové súčiastky)* to weld together, *(pôsobením tepla)* to heat seal

zväčša *prísl* **1.** mostly, largely, principally, *(zhruba)* generally, in principle

zväčšenina *ž* **1.** enlargement, *(fot)* blow-up

zväčšiť *dk* **1.** *(urobiť niečo väčším)* to enlarge, *(obchod, i inf)* to expand, *(fot)* to blow up; **2.** *(zvýšiť počet, množstvo)* to increase; **3.** *(zosilniť, vystupňovať)* to amplify

zväz *m* **1.** *(republík, odborový)* union, federation, *(združenie, i inf)* association, *(voj: bojový útvar)* unit, *(operačný)* task force; **2.** *(hist: ZSSR)* Soviet Union

zvážiť *dk* **1.** *(odvážiť, posúdiť)* to weigh; **2.** *(rozvážiť, posúdiť)* to evaluate, *(dôkladne)* to ponder; **3.** *(nahnúť, nakloniť)* to weigh down

zväzok *m* **1.** *(zviazané rovnorodé veci)* bundle, *(slamy ap, i geom)* sheaf, *(prútov)* faggot, *(spisov)* file, *(fyz: elektrónov)* beam; **2.** *(diel knihy al. exemplár)* volume; **3.** *(združenie, spoločenstvo)* union, **4.** ob mn: **zväzky** . *(puto, spojivo)* bond, *(manželský)* knot

zvedavý *príd* **1.** *(kt chce všetko vedieť)* curious, *(kt sa o všetko zaujíma)* interested, *(pej)* nosy, *(i oči)* prying **2.** *(očakávajúci)* anxious

zveľadiť *dk* **1.** *(zvýšiť počet, množstvo: výrobu, majetok)* to increase; **2.** *(skvalitniť: vzdelanosť)* to advance, to improve, to enhance

zveličiť *dk* **1.** to exaggerate, to magnify, to overstate

zver I. ***podst hrom*** **1.** *(zverina)* wild beasts/ animals, wildlife, (lovná) game, venison, *(ulovená)* bag, **II.** ***podst*** **2.** *(väčšie dravé zviera, i prn: surový)* beast

zverák *m* **1.** *(tech)* vice, clamp, grip, *(hoblice)* chop, *(stolársky)* holdfast

zveriť *dk* **1.** *(dať do opatery/ na starosť: koho/ čo)* to entrust [ ] to sb/ sb with [ ], *(čo)* to give st [in]to the care of, to leave st with; **2.** *(dať za úlohu)* to entrust sb with a task; **3.** *(kniž: zdôveriť sa)* to confide st to sb

zverolekár *m* **1.** *(fml)* veterinary [surgeon], *(br)* vet, *(am)* veterinarian, horse-doctor

zvesť *ž* **1.** *(kniž: správa)* tidings, *(novina)* news, *(chýr)* rumour; **2.** mn: **zvesti** . *(úradný časopis)* gazette

zvestovanie *s* **1.** *(cirk)* the Annunciation

zvetrať *dk* **1.** *(pôsobením vzduchu stratiť pôvodný tvar)* to weather, *(: a rozpadnúť sa)* to disintegrate; **2.** *(prn: ochabnúť)* to slake, *(ošúchať sa)* to wear out

zviazať *dk* **1.** *(spojiť do zväzku)* to tie up/ together, to bundle up, *(spojiť dva predmety)* to join, *(viazaním spojiť: roztrhnutý povraz)* to splice, *(viazaním upevniť: balík)* to bind up: **2.** *(spútať, poviazať: ruky)* to tie, *(i urobiť väzbu, zjednotiť)* to bind; **3.** *(mať zviazané ruky)* to have o's hands tied

zviera *s* **1.** *(väčší živočích, najmä cicavec)* animal, *(i prn pej)* beast; **2.** *(prn pej: surový človek, netvor)* brute, *(veľké)* bigwig, big shot

zvierací *príd* **1.** *(týkajúci sa zvieraťa)* zoological, *(i pochádzajúci/ získaný zo zvierat)* animal; **2.** *(pripomínajúci zviera, nízky, strašný)* beastly, *(nízky: pud)* base; **3.** *(tech)* clamping

zvieratník *m* **1.** the zodiac

zvládnuť *dk* **1.** *(dokázať urobiť)* to manage, *(ifm)* to bring off, *(situáciu, problém)* to cope with; **2.** *(prekonať)* to overcome, *(nadobnúť prevahu)* to bring sb/ st under control; **3.** *(získať dokonalú znalosť/ zručnosť)* to master

zvlášť I. ***prísl*** **1.** *(mimoriadne, nevšedne)* particularly, exceptionally; **2.** *(samostat-*

ne, oddelene) separately, singly, **II.** *časť* **3.** *(predovšetkým)* primarily, *(hlavne)* chiefly

zvláštny *príd* **1.** *(nevšedný: úsmev)* peculiar, particular; **2.** *(špeciálny: vydanie)* special; **3.** *(oddelený)* separate, **4.** *(veľký, mimoriadny)* extraordinary, **5.** *(svojrázny, svojský)* o's own, **6.** *(čudný, prekvapujúci)* odd, **7.** *(to je zvláštne)* that's odd

zvnútra *prísl* **1.** from within

zvodca *m* **1.** *(kto zvádza)* seducer, *(ifm)* ladykiller, womanizer; **2.** *(kto vábi)* tempter

zvodný *príd* **1.** *(vzbudzujúci ľúbostné túžby)* seductive, *(pôvabný)* charming, *(lákajúci)* alluring, *(vábivý)* tempting, *(príťažlivý)* captivating

zvolanie *s* **1.** *(výkrik)* shout; **2.** *(zvolacia veta)* exclamation, calling, call

zvolať *dk* **1.** *(skríknuť: čo)* to cry, to shout; **2.** *(obrátiť sa, zavolať na niekoho)* to exclaim; **3.** *(pozvať: na schôdzku)* to call, *(: na oslavu)* to invite, **4.** *(zorganizovať stretnutie: členov)* to call together, to convene, *(zasadnutie, i parlamentu)* to convoke

zvon *m* **1.** *(i hud)* bell, ding-dong, *(poplašný)* alarm bell, *(sklenený)* cloche; **2.** *(niečo tvarom podobné zvonu)* cone; **3.** *(krajč: do zvona)* bell-shaped, flared

zvonár *m* **1.** *(cirkevný ap)* bell-ringer; **2.** *(zvonolejár)* bell- founder

zvonec *m* **1.** *(zdrob)* bell; **2.** *(kravský)* cowbell, bellflower

zvoniť *ndk* **1.** *(znieť: zvon, telefón, budík, hlas, uši)* to ring, *(vydávať zvonivý zvuk: zvon)* to chime; **2.** *(štrngať: poháre)* to tinkle, *(i spôsobovať štrngot)* to clink, *(mince, mincami)* to jingle; **3.** *(vyzývať zvonením)* to ring for sb

zvonivý *príd* **1.** ringing

zvonka *prísl* **1.** *(z vonkajšieho priestoru)* outside, from outside; **2.** *(z vonkajšej strany)* from the outside; **3.** *(z okruhu, z prostredia mimo niekoho)* extraneous, from abroad

zvonový *príd* **1.** bellshaped

zvrchu *prísl* **1.** prísl *(smerom zhora dolu, i prn)* from above, *(smerom dolu)* down; **2.** i predl *(z vrchnej strany)* from the surface [of], *(zvonku)* from the outside

zvučať *ndk* **1.** *(znieť)* to sound, *(jasne)* to ring out, *(ozvenou)* to reverberate, *(fml)* to resonate

zvučný *príd* **1.** *(jasne znejúci: hlas)* sonorous, *(fml)* resonant; **2.** *(lahodne znejúci: reč)* melodious; **3.** *(fon: spoluhláska)* voiced

zvuk *m* **1.** *(sluchový vnem, i fyz)* sound, *(tón)* tone, *(na prijímači)* volume; **2.** *(povesť, meno)* reputation, name; **3.** *(za zvukov niečoho)* at the sound of

zvyk *m* **1.** *(návyk, obyčaj)* habit, rut, *(fml: i tradícia)* use; **2.** ob mn **zvyky** *(i tradícia)* custom; **3.** *(sila zvyku)* the force of habit

zvyknúť *dk* **1.** *(koho na čo)* to habituate, to accustom; **2.** *(vyjadruje opakovanosť deja)* to be used to; **3.** si to get used to, to accustom os

zvýrazniť *dk* **1.** to give expression to, to make expressive, to accentuate, *(kurzívou)* to italicize, *(farbu)* to bring up/ out

zvýšiť *dk* **1.** *(vyvýšiť)* to raise, to elevate; **2.** *(zväčšiť)* to enlarge, *(i inf)* to increase; **3.** *(zosilniť)* to intensify, **4.** *(zlepšiť)* to boost, **5.** *(hud: o poltón)* to sharp[en], **6.** *(ostať nazvyš)* to be left

zvyšný *príd* **1.** remaining, spare, residual, odd

zvyšok *m* **1.** *(čo zostalo, i mat)* the remainder, *(i peňazí)* the rest, *(pozostatok: cigarety)* butt, *(chem)* residue, ob mn: **zvyšky** . *(jedál)* leftovers, *(i hradu)* the remains

Ž

žaba *ž* **1.** *(zool žaby: Anura/ salientia)* frog, *(zool volská: Rana catesbiana)* bullfrog; **2.** *(pej: nedospelé dievča)* hussy, *(am)* wren

žalm *m* **1.** psalm

žaloba *ž* **1.** *(sťažnosť, i práv)* complaint, *(obvinenie)* accusation; **2.** *(pred súdom)* [legal] action, *(i o rozvod)* [law]suit, *(o rozvod)* petition

žalobca *m* **1.** plaintiff, complainant, petitioner, *(štátny)* prosecutor

želať *ndk* **1.** to wish, to desire

želať si *ndk* **1.** to wish, to desire, to want, to like; **2.** *(navzájom)* to wish one another/ each other; **3.** *(*želáte si... ?)* would you like...?, do you want...?, *(čo si želáte?)* what will you have?, *(: oslovenie zákazníka)* what can I do for you, Sir/ Madam/ Miss?

železiareň *ž* **1.** ironworks, iron mill, metalworks

železnica *ž* **1.** *(dopravný prostriedok s vozňami)* railway, *(am)* railroad; **2.** *(hov: trať)* railway line; **3.** pomn: **železnice** *(súhrn zariadení)* railways, *(v UK)* British Railways [BR]

železničný *príd* **1.** railway[s], *(am)* railroad, *(ruch)* train[-], *(voz)* rail[-]

železný *príd* **1.** *(vyrobený zo železa, i prn: muž)* iron; **2.** *(obsahujúci železo)* ferrous; **3.** *(archeol: doba, voj: kríž, polit: opona)* Iron, **4.** *(podobný železu, i prn)* iron-like, **5.** *(prn: nervy)* nerves of steel, *(vôľa)* will of iron/ iron will, *(zdravie)* iron constitution, *(zásoba)* emergency reserve

železo *s* **1.** iron, *(surové)* pig [iron], Bessemer iron, *(staré)* scrap [iron]; **2.** pomn: **železá** *(putá)* irons; **3.** *(hov: je ako zo železa)* he has an iron constitution, *(má nervy ako zo železa)* he has nerves of steel

železobetón *m* **1.** ferroconcrete, reinforced concrete

žemľa *ž* **1.** round roll, bagel, beigel

žena *ž* **1.** woman, *(pl)* women, *(fml, i dáma)* lady, *(prn)* petticoat, *(ifm br)* bird, *(sl)* dame, *(pekná)* bimbo; **2.** *(manželka)* wife, *(pl)* wives; **3.** *(ženy: toaleta)* Ladies

ženatý *príd* **1.** married

ženích *m* **1.** *(muž pred svadbou)* [bride] groom; **2.** *(nápadník)* boyfriend, *(snúbenec)* fiancé

ženista *m* **1.** engineer, pontoneer, *(v UK)* Royal engineer, *(v min)* Royal Sapper

ženiť *ndk* **1.** to marry

ženský **I.** ***príd*** **1.** *(týkajúci sa ženy)* woman[-], woman's, *(týkajúci sa žien)* women's, *(i pohlavie, i typický pre ženu)* female; **2.** *(typický pre ženu)* womanly, *(i gram: rod)* feminine; **3.** *(týkajúci sa manželky)* uxorial, *(lek)* gynaecological, **II.** ***podst*** *ž. (i pej: žena)* female, *(am sl)* broad

žeravý *príd* **1.** *(rozpálený do červena)* red-hot, incandescent, *(i ohnivo žiariaci, horúci, intenzívny)* burning; **2.** *(ohnivo žiariaci)* roasting; **3.** *(horúci, rozpálený, i prudký, pálčivý)* hot, *(horúci: vietor, poludnie, vzduch)* torrid, **4.** *(prudký, intenzívny: cit)* intense, **5.** *(pálčivý)* thorny, **6.** *(*byť ako na žeravom uhlí)* to be on tenterhooks

žeriav *m* **1.** *(zool popolavý: Grus grus, i tech)* crane; **2.** *(tech)* derrick, *(žel: pojazdný)* jenny

žezlo *s* **1.** *(odznak panovníckej moci, barla, i prn)* sceptre; **2.** *(znak určitej funkcie)* staff, baton, *(i v Dolnej Snemovni)* mace

žiadať *ndk* **1.** *(predkladať žiadosť: ústne/ písomne)* to apply [for]; **2.** *(požadovať)* to request; **3.** *(pýtať, i o slovo, ruku)* to ask [sb] for st, *(o pomoc, radu ap)* to seek [sb] for st, *(prosiť)* to beg, **4.** i si *(vyžadovať)* to require, to demand

žiadateľ *m* **1.** *(podávateľ žiadosti)* applicant, requester, postulant; **2.** *(uplatňujúci nárok)* claimer, *(pred súdom)* petitioner

žiadosť *ž* **1.** *(písomné požiadanie o niečo)* application, *(pred súdom)* petition; **2.** *(prosba)* request, demand; **3.** *(túžba)* desire, *(telesná)* concupiscence

žiadostivý *príd* **1.** *(silno túžiaci po niečom, vášnivý)* craving, avid, *(pej: i pohľad)* covetous; **2.** *(pej: peňazí)* greedy, *(zmyselný)* concupiscent

žiak *m* **1.** schoolchild, schoolboy, *(starší než 16)* student, *(br: i súkromný)* pupil; **2.** (šport) junior; **3.** *(odchovanec, stúpenec)* disciple

žiaľ **I.** ***podst*** m **1.** (pocit smútku) grief, sorrow, heartbreak, **II.** ***vetná prísl*** **2.** *(*žiaľ...)* [it's a] pity that, **#.** (s neosobnou väzbou: je/ bolo žiaľ) pityful, **III.** ***čast*** **4.** *(žiaľbohu)* unfortunately, *(rhet, fml)* alas

žiara *ž* **1.** *(jas: slnka)* glare, radiance, *(ohňa, i prn)*a) glow, *(polárna)* aurora; **2.** *(prn: v očiach)* glint

žiarliť *ndk* **1.** *(byť žiarlivý)* to be jealous [of]; **2.** *(závidieť)* to envy

žiarlivý *príd* **1.** *(bojaci sa o stratu niekoho/ niečoho)* jealous, possesive, *(i závistlivý)* yellow; **2.** *(závistlivý)* envious

žiarovka *ž* **1.** [light/ electric] bulb, globe, [filament/ incandescence]lamp, *(fot: blesková)* flashbulb

žid *m* **1.** *(náb)* i **Žid** *(príslušník národa)* Jew, *(hist)* Hebrew, *(príslušník národa)* Israeli, *(ifm)* Levite; **2.** *(večný žid)* the Wandering Jew

žihadlo *s* **1.** *(orgán hmyzu, i prn)* sting; **2.** *(prn)* prick, *(satiry)* dart; **3.** *(*je ako žihadlo: čulý, vrtký)* he is a livewire

žila *ž* **1.** *(anat: véna, i geol, i prn)* vein, *(anat: krvná cesta)* blood vessel, *(lek: kŕčová)* varix, *(hov: zlatá)* piles; **2.** *(geol)* lode; **3.** *(ele)* conductor, **4.** *(hov: šľachta)* tendon, **5.** *(korbáč)* lash

žiletka *ž* **1.** safety[-razor] blade

žirafa *ž* **1.** *(zool: Giraffa cameoardalis)* giraffe, camelopard; **2.** *(prn: chudý, vysoký človek)* beanpole; **3. Žirafa** š. *(astron)* The Giraffe

žíro *s* **1.** *(systém)* giro, *(v UK: poštový)* Giro; **2.** *(prevodný príkaz)* giro order, *(zmenky)* endorsement

žírovať *ndk* **1.** *(zmenku, šek)* to endorse, to back; **2.** to giro

žiť *ndk* **1.** *(byť živý, bývať, prežívať)* to live, *(byť živý)* to be alive; **2.** *(bývať, sídliť)* to reside; **3.** *(udržiavať svoju existenciu, žiť s)* to live on/ off st, **4.** *(zacieľovať svoje úsilie, konanie)* to live for, **5.** *(prežívať)* to experience, **6.** *(nezaniknúť, pretrvávať)* to live on

živel *m* **1.** *(prírodná sila, prostredie, zložka, i fil)* element, *(zložka spoločnosti: slovenský, maďarský)* ethnic group, ethnos; **2.** mn: **živly**. *(činitelia záp pôsobiaci)* undesirables

živiť *ndk* **1.** *(kŕmiť, i dobytok)* to feed, *(i prn)* to nourish, *(i rastliny)* to nurture; **2.** *(vyživovať)* to keep, *(rodinu)* to support, *(i inf)* to maintain; **3.** *(udržiavať: nádej)* to cherish, **4.** *(nech ťa Pán Boh živí!)* may the Lord [bless you and] keep you

živiť sa *ndk* **1.** *(prijímať ako potravu)* to feed on, to live on; **2.** *(zaopatrovať si prostriedky na živobytie)* to make o's livelihood, to earn o's living; **3.** *(prn: udržiavať sa)* to nourish os

živiteľ *m* **1.** breadwinner, *(i prn)* supporter, sustainer, *(prn)* nourisher

živnosť *ž* **1.** *(zárobková činnosť)* occupation, *(: remeselná)* craft, *(: obchodná)* trade, *(i podnik)* business; **2.** *(podnik: obchod)* shop, *(remeselná)* workshop, *(profesionálna)* agency; **3.** *(hov: živnostenský list)* licence [to carry on a business], **4.** *(zast: živobytie)* livelihood, **5.** *(zast: potrava, jedlo)* nourishment

živnostenský *príd* **1.** *(list)* trading, manufacturing, import/ export, *(daň)* income; **2.** *(list)* licence to carry on a business, trading/ manufacturing licence/ permit

živnostník *m* **1.** *(kto vlastní živnosť)* self-employed [work]man/ person; **2.** *(obchodník)* tradesman, businessman, *(remeselník)* craftsman

živobytie *s* **1.** *(potreby, zamestnanie, spôsob života)* living, *(hmotné zabezpečenie, životné potreby)* keep, *(ifm, i zamestnanie)* bread and butter; **2.** *(zamestnanie)* livelihood, *(zamestnanie)* means/ source of living; **3.** *(spôsob života, životná úroveň)* life [standard], **4.** *(hov: potraviny)* foodstuffs, *(ifm)* grub

živočích *m* **1.** animal, living being, living thing

život *m* **1.** *(i organizmy, činnosť, spôsob, živobytie)* life, *(jestvovanie, spôsob života)* existence, *(jestvovanie)* being, *(i živobytie, spôsob života)* living; **2.** *(obdobie medzi narodením a smrťou)* life[time]; **3.** *(činnosť, aktivita)* activity, **4.** *(spôsob, ako človek žije)* way of living, **5.** *(hov: živobytie)* [cost of] living, **6.** *(životnosť)* life[-expectancy], *(auta, stroja)* service life, **7.** *(*po celý život)* all o's life, *(*na celý život)* for [all o's] life, *(*dať život niekomu)* to give birth to, *(*položiť/ dať život za)* to lay down o's life for, *(*vziať si život)* to take o's [own] life

životopis *m* **1.** *(biografia)* biography, life, *(vlastný)* autobiografy; **2.** *(admin)* curriculum vitae

živý I. ***príd*** **1.** *(ktorý prejavuje znaky života)* alive, *(žijúci: človek, príroda, i stále trvajúci)* living, *(zviera, ryba, návnada, plot, i tel, ele)* live; **2.** *(pohyblivý, temperamentný, i o farbách)* lively, *(pohyblivý, dynamický, i fin: trh, účet)* active, *(rušný, frekvetnovaný: ulica, námestie)* busy; **3.** *(skutočný, reálny, verný ako v skutočnosti)* real, *(reálny, verný ako v skutočnosti)* realistic, **4.** *(o farbách - jasný, pestrý)* bright, **5.** *(v prísl výrazov: za živa/ na žive)* alive, **6.** *(*živá mŕtvola)* zombie, *(*ani/ niet živej duše)* not a soul, **II.** ***podst m*** **7.** living man

žľaza *ž* **1.** gland, secretor, *(endokrinná)* endocrine, *(príušná)* parotid

žlč *ž* **1.** *(anat: tekutý výlučok pečene)* bile, *(hov anat: žlčník)* gall blader; **2.** *(hov prn: zlosť)* venom, *(prn: trpkosť)* gall, bitterness

žlčník *m* **1.** gall bladder, gall

žltačka *ž* **1.** jaundice, icterus

žltý *príd* **1.** *(i špo: karta)* yellow, *(jantárovo)* amber, *(citrónovo)* lemmon

žmurkať *dk* **1.** *(klipkať, i prn: slabo svietiť)* to blink; **2.** *(dávať znamenie)* to wink; **3.** *(pozerať krátkymi, rýchlymi pohľadmi)* to peep, **4.** *(o svetle: slabo svietiť)* to twinkle

žmýkať *ndk* **1.** *(bielizeň ap: ručne)* to wring st [out], *(vodu, i prn: informácie)* to wring st out of st/ sb; **2.** *(prn: sily, peniaze, informácie)* to squeeze st from/ out of sb, *(trápiť: svedomie)* to prick, *(si rozum)* to rack/ to cudgel o's brain

žobrák *m* **1.** *(kto sa živí žobraním)* beggar; **2.** *(bedár)* pauper, *(mrzák)* cripple; **3.** *(nadávka: naničodník)* good-for-nothing

žralok *m* **1.** shark, sea-dog, *(zool: krídlatý)* angel-fish, *(zool: lišací)* thrasher, *(obrovský)* basking-shark, *(zool: šedý)* six-gilled shark

žrať *ndk* **1.** *(o zvieratách: požívať krm)* to feed [on]; **2.** *(o ľuďoch: jesť)* to guzzle; **3.** *(hrdza ap: rozožierať)* to eat away, *(kyselina)* to eat into, **4.** *(trápiť)* to gnaw [at], *(hnevať)* to fret

žrď *ž* **1.** perch, bar, pole, pike. lance, flagstaff

žreb *m* **1.** lot, draw; **2.** *(v lotérii)* lottery ticket

žrebec *m* **1.** *(nevykastrovaný, plemenný samec koňa)* stallion, entire, stud-horse; **2.** *(nedospelý koň)* colt

žrebovať *ndk* **1.** to draw

žriebä *s* **1.** *(mláďa koňa)* foal, *(samec)* colt, *(samica)* filly

žriedio *s* **1.** *(vodný prameň)* spring, wellhead, *(odb: liečivej vody)* spa; **2.** *(zdroj, pôvod niečoho)* source; **3.** *(ohnisko)* hotbed

žula *ž* **1.** granite, *(písmenková)* runite, graphic granite, *(cornwallská)* moorstone

žumpa *ž* **1.** *(na tekuté odpadky a výkaly)* cesspit, drain-well, *(i ban)* sump, *(na výkaly samočistiaca)* septic tank

žurnál *m* **1.** *(časopis)* magazine, *(odborný)* journal; **2.** *(film)* newsreel; **3.** *(účt)* daybook,

Anglicko-slovenský slovník

A

a [ei] **I.** *člen* **1.** *(ob neprek: a book)* kniha; **2.** nejaký, akýsi, dajaký; **3.** *(ifm)* jeden: **a fifth** *jedna pätina, (neprek: a thousand)* tisíc; **4.** každý; **5.** *(v záp: not a)* žiaden, ani; **6.** *(raz za)* za: **five times a day** *päťkrát za deň*, za: **once a week/ month** *raz za týždeň/ mesiac;* **7.** po: **30 crowns a kilo** *kilo po 30 korún*; **II.** *podst* **8.** *(písmeno)* a: **capital/ upper case a** *veľké a*; **9.** *(hud: nota)* A , *(hud sl)* áčko; **10.** *(škol: jednotka)* výborný; **11.** *(značka, skratka: ampér atď)* A

ABC [ˌeibiˈsi:] *podst* **1.** *(súbor písmen, základné vedomosti)* abeceda; **2. the ABC** základy

to a.ban.don [əˈbændən] **1.** *(koho, čo)* opustiť , zanechať; **2.** *(čoho)* vzdať sa, zriecť sa; **3.** *(špo: zápas)* prerušiť. *Syn*: to desert, to forsake, to quit. *Opoz*: to reclaim

a.ban.don.ment [əˌbændənmənt] *podst jč* **1.** *(miesta, plánu)* opustenie, upustenie; **2.** *(práva)* zrieknutie sa, odrieknutie, *(urobenie neplatným: zákazky, schôdze)* zrušenie; **3.** *(zápasu)* prerušenie; **4.** *(= abandon)* uvoľnenie, odovzdanosť; **5.** nenútene

to a.bate [əˈbeit] **I.** *nepr* **1.** *(búrka, bolesť)* poľaviť, utíšiť sa; **II.** *prech* **2.** zmierniť, *(hluk, znečistenie)* znížiť, zmenšiť, slabnúť. *Syn* ⇨ **to wane**

ab.bey [æbi] *podst* (mn **-eys**) **1.** opátstvo; **2.** chrám pri opátstve

ab.do.men [æbdəmen] *podst* **1.** *(anat)* brucho; **2.** *(zool: hmyzu, raka, pavúka ap)* zadoček

to ab.duct [æbˈdakt] **1.** *(dieťa ap)* uniesť; **2.** *(biol, lek)* abdukovať

ab.er.ra.tion [ˌæbəˈreišn] *podst* **1.** *(astron, i prn)* odchýlka, *(i fyz: svetla)* aberácia, *(fyz)* úchylka, výchylka, *(fyz, astron, biol, anat, zool, bot)* anomália, systematická chyba; **2.** prechodné zlyhanie, vybočenie, výstrelok, poblúznenie

to a.bide [əˈbaid] (mč, mp **abided**) **1.** zniesť, vystáť; **2.** *(by)* zachovávať; **3.** *(arch)* bývať

a.bi.li.ty [əˈbiləti] *podst* (mn **-ies**) **1.** *(telesná, duševná)* schopnosť, *(i stroja)* kapacita; **2.** *(duševná)* inteligencia, *(rozumové)* nadanie, talent

ab.ject [æbžekt] *príd* **1.** *(vyhliadky)* biedny, žalostný, úbohý; **2.** *(človek)* opovrhnutiahodný, pätolizačský, servilný, *(správanie)* hanebný, *(ospravedlnenie)* ponížený

a.blaze [əˈbleiz] *príd* **1.** horiaci, v plameni; **2.** *(prn)* rozžiarený, *(hnevom)* blčiaci

a.ble [eibl] **I.** *mod* slo **1.** *(+ neur)* schopný; **2.** *(práv)* oprávnený; **3.** *(ekon: to pay)* solventný; **4.** *(to be able)* môcť; **II.** *príd* **5.** zdatný, zručný, nadaný. *Syn*: capable, competent, qualified. *Opoz*: inept

ab.nor.mal [æbˈno:ml] *príd* **1.** *(i človek, správanie, duševne)* nenormálny, *(i fyz: disperzia)* abnormálny, úchylný, *(ele: výboj)* anomálny, *(geol: antiklinórium)* prevrátený, *(inf)* výnimočný; **2.** mimoriadny, neobvyklý, netypický, nesprávny, nadmerný, *(ifm: i počasie)* freak, *(i gram)* nepravidelný; **3.** nezdravý, neprirodzený. *Syn* ⇨ **irregular**

ab.nor.mal.i.ty [ˌæbno:ˈmæləti] *podst* (mn **-ies**) **1.** *(telesná: anat, i biol)* anomália, deformita, chyba; **2.** *(i prn: činu)* abnormálnosť, *(i duševná)* nenormálnosť, odchýlka, abnormalita, úchylnosť

a.board [əˈbo:d] *prísl* **1.** *(lodi, lietadla)* na palube; **2.** vo vlaku/ autobuse ap; **3** do autobusu/ vlaku ap

to a.bol.ish [eˈboliš] **1.** *(urobiť neplatným: trest smrti, i hist: poddanstvo)* zrušiť, *(zákon)* odvolať; **2.** *(zlikvidovať)* odstrániť, skoncovať. *Syn*: to annul, to abrogate, to rescind, to revoke, to repeal. *Opoz*: to establish

a.bo.li.tion [ˌæbəˈlišən] *podst jč* **1.** zrušenie, *(i zákona)* odvolanie; **2.** odstránenie, zničenie

ab.o.ri.gi.nal [ˌæbəˈridžənl] (ob **Aboriginal**) **I.** *podst* **1.** domorodé obyvateľstvo, pôvodné obyvateľstvo; **II.** *príd* **2.** domorodý, pôvodný. *Syn* ⇨ **native**

to a.bort [ə'bo:t] **I.** *nepr* **1.** *(lek)* potratiť, mať/ urobiť potrat, abortovať, prerušiť tehotenstvo, vyhnať; **2.** *(byť neúspešný: plán, hra)* zlyhať; **II.** *prech* **3.** *(skončiť, prethrnúť, i inf)* prerušiť, *(predčasne: misiu)* ukončiť, *(urobiť neplatným: schôdzu, i inf)* zrušiť, zabaliť, zmariť

a.bor.tion [ə'bo:šən] *podst* **1.** *(lek)* potrat; **2.** zrušenie; **3.** zakrpatenosť; **4.** neúspech

a.bort.ive [ə'bo:tiv] *príd* **1.** nevydarený, nepodarený; **2.** nezrelý, predčasný; **3.** neúspešný. *Syn* ⇨ **futile**

to a.bound [ə'baund] **1.** *(hojne)* vyskytovať sa, byť v hojnosti, *(čím)* oplývať, hemžiť sa

a.bout [ə'baut] **I.** *predl* **1.** *(ozn predmet deja)* o: **a book about the old castle** *kniha o starom hrade*, **what's it all about?** *o čo tu ide?*, **there is something about her** *s ňou niečo je*, **there's no doubt about that** *o tom niet pochybnosti*, **to go about o's business** *starať sa o svoje*; **2.** *(vyj: príčinu)* o, **to be worried about o's parents** *trápiť sa o rodičov*, s: **to see a dentist about o's teeth** *ísť so zubami k lekárovi*, kvôli, pre; **II.** *prísl* **3.** *(: približnú mieru)* približne, asi, zhruba: **about 100 crowns** *zhruba/ asi/ približne/ okolo 100 Sk*, *(: neurčitú mieru)* nejaký, hádam: **about twenty people** *nejaký/ hádam/ okolo/ asi/ zhruba 20 ľudí*, na: **the snow was about two metres high** *snehu bolo na dva metre*, *(: približný počet: v spojení s čísel výraz)* do: **about 20 pieces** *do 20 kusov*, *(: i časový úsek)* okolo: **about lunch** *okolo obeda*, skoro: **about ready** *skoro hotové*; **4.** *(: rozlič miesta/ smery)* po, dookola, vôkol; **5** *(: neurčitú blízkosť)* neďaleko; **6.** *(to be about to...)* chystať sa

a.bove [ə'bav] **I.** *predl* **1.** *(ozn miesto položené vyššie)* nad: **the fog rose above the ground** *hmla sa zdvihla nad zem*, **the sun rose above the horizon** *slnko vyšlo nad obzor*, **inflation above 10%** *inflácia nad 10 %*, **above zero** *nad nulou*, **to keep one' s head above water** *udržať sa nad vodou*, nad[-]:, **above average** *nadpriemerný*, **above sea level** *nadmorský* **2.** *(: vyššiu cenu/ hodnotu)* nad: **nothing is above her husband/ no one is superior to her husband** *nad jej muža niet*, **it is above me** *to je na mňa veľa/ na to nestačím*; **3.** ponad; **4.** *(pri porovnaní)* viac než; **II.** *prísl* **5.** hore, nahor, vyššie, povyše, navrchu; **6.** odvrchu, zhora, odhora; **7.** *(above all)* nadovšetko, najprv, predovšetkým

a.broad [ə'bro:d] *prísl* **1.** v cudzine, v zahraničí; **2.** do zahraničia; **3.** medzi ľuďmi, do cudziny; **4.** *(arch, rhet)* von, mimo

a.brupt [ə'brapt] *príd* **1.** náhly, neočakávaný; **2.** príkry, strmý, *(zákruta)* ostrý; **3.** prerývaný, nesúvislý; **4.** strohý. *Syn* ⇨ **steep**, **sudden**

ab.sence [æbsəns] *podst* **1.** neprítomnosť, absencia; **2.** *(čoho)* nedostatok; **3.** roztržitosť

ab.sent [æbsənt] *príd* **1.** *(osoba)* neprítomný, chýbajúci; **2.** *(vec)* nedostatočný; **3.** *(prn)* roztržitý

ab.sent.ee [ˌæbsn'ti:] *podst* **1.** *(ob pri hlasovaní)* neprítomná osoba; **2.** absentér

ab.so.lute [æbsəlu:t] *príd* **1.** *(i pol, mat, lingv)* absolútny, úplný, totálny; **2.** *(moc)* neobmedzený, *(pol: monarchia)* absolutistický; **3.** *(chem: alkohol)* čistý

ab.so.lute.ly [æbsəlu:tli] *prísl* **1.** úplne, dokonale, nepochybne, *(br ifm)* skutočne; **2.** *(v replike)* určite

to ab.sorb [əb'so:b] **1.** *(tekutinu)* absorbovať, *(i ekon)* pohltiť; **2.** *(tech)* utlmiť; **3.** *(prn: vedomosti)* osvojiť si; **4.** plne zamestnávať, upútať

ab.sorb.ing [əb'so:biŋ] **I.** *príd* **1.** *(kniha, film)* pútavý, zaujímavý, napínavý, strhujúci; **2.** *(práca)* zaberajúci všetok čas; **3.** *(tech: tekutinu, svetlo, teplo)* absorbujúci, absorpčný, pohlcovací, pohlcujúci, *(vodu)* hygroskopický; **II.** *podst* **4.** *(tech)* absorbovanie, pohltenie

ab.sorp.tion [əb'so:pšn] (**~ in st**) **1.** *(tech: tekutiny, svetla)* pohltenie, *(i fyz, opt, chem)* absorpcia, vstrebá[va]nie, *(vody, vlhkosti)* nasiaknutie; **2.** *(otrasov)* tlmenie; **3.** *(ekon)* zlúčenie, fúzia; **4.** sústredená pozornosť; **II.** *príd* **5.** absorpčný, *(pyrometer)* optický

to ab.stain [əb'stein] (**~ from st**) **1.** *(hlasovania)* zdržať sa; **2.** nepiť alkohol, byť striedmy. *Syn* ⇨ **to refrain**

ab.sten.tion [əb'stenšn] *podst* **1.** *(hlasovania)* zdržanie sa, abstencia; **2.** abstinencia, zdržanlivosť, striedmosť

ab.stin.ence [æbstinəns] *podst jč* (**~ from st**) **1.** abstinencia, zdržanlivosť, striedmosť, triezlivosť, abstinentizmus

ab.stract [æbstrækt] **I.** *podst* **1.** výťah, resumé, konspekt; **2.** abstraktné dielo; **3.** *(obch)* výpis z účtu, súhrn, prehľad; **II.** *príd* **4.** *(i lit, výtv atď)* abstraktný. *Syn* ⇨ **abridgment**

ab.surd [əb'sə:d] *príd* **1.** absurdný, nezmyselný; **2.** smiešny, nemožný. *Syn*: preposterous, foolish, silly, ridiculous, silly. *Opoz*: sensibile, logical

a.bund.ance [ə'bandəns] *podst jč* **1.** hojnosť, nadbytok, požehnanie, *(čoho)* bohatstvo

a.buse [ə'bju:z] *podst* **1.** zneužitie; **2.** zlé zaobchádzanie s kým, zlé nakladanie s kým; **3.** zneužívanie, zneuctenie; **4.** urážka, *(term of~)* nadávka. *Syn* ⇨ **wrong**

a.bus.ive [ə'bju:siv] *príd* **1.** hanlivý, urážlivý, urážajúci, hrubý, nemiestny, *(arch)* nezákonný

a.byss [ə'bis] *podst* (mn **-es**) **1.** priepasť, hlbočina, *(prn)* prepadlisko; **2.** prvotný chaos

ac.a.dem.ic [ˌækə'demik] **I.** *podst* **1.** vysokoškolský učiteľ, univerzitný učiteľ; **II.** *príd* **2.** *(i prn: voľno)* akademický; **3.** vysokoškolský, univerzitný; **4.** vedecký; **5.** *(prn: čisto)* teoretický, špekulatívny

a.cad.e.my [ə'kædəmi] *podst* (mn **-ies**) **1.** akadémia

to ac.cel.er.ate [ək'seləreit] **1.** *(pohyb)* zrýchliť, *(rýchlosť)* zvýšiť, *(prácu)* urýchliť, popohnať

ac.cel.er.a.tor [ək'seləreitə] **I.** *podst* **1.** *(i aut)* akcelerátor, *(fyz)* urýchľovač, urýchľovacia elektróda, zrýchľovač, *(chem)* katalyzátor, *(jfyz)* betatrón; **2.** *(aut)* pedál akcelerátora/ plynu, plyn; **II.** *príd* **3.** akceleračný

ac.cent [æksənt] *podst* **1.** *(gram, fon)* prízvuk, *(i znak, i prn)* akcent, výslovnosť; **2.** *(prn)* dôraz

to ac.cent.u.ate [æk'sentjueit] **1.** prizvukovať, klásť prízvuk, *(polyg)* vyznačiť, *(i polyg)* zdôrazniť; **2.** *(prn)* zvýrazniť, podčiarknuť

to ac.cept [ək'sept] **1.** *(dar)* prijať, *(i kritiku)* akceptovať; **2.** *(s čím)* súhlasiť; **3.** uznať; **4.** priznať, pripustiť. *Syn* ⇨ **to receive**

ac.cept.a.ble [ək'septəbl] *príd* **1.** prijateľný, uspokojivý, *(statočný, opravdivý, schopný, kvalitný)* dobrý; **2.** vítaný

ac.cept.ance [ək'septəns] *podst* **1.** *(i obch)* prijatie, *(s čím)* súhlas; **2.** priaznivý ohlas; **3.** *(obch)* akceptácia

ac.cess [ækses] *podst jč* (mn **-es**) **1.** *(i inf: ku komu, k čomu, kam)* prístup, *(miesto, kade sa prichádza peši)* príchod, *(vstup)* vchod; **2.** *(inf)* výber miesta v pamäti; **3.** *(lek: náhly prejav: chorobných príznakov)* záchvat

ac.cess.i.ble [ək'sesəbl] *príd* (**~ to sb**) **1.** prístupný, dosiahnuteľný; **2.** láskavý, priateľský; **3.** zrozumiteľný

ac.ci.dent [æksidənt] *podst* **1.** nehoda, nešťastie, úraz; **2.** náhoda, náhodná udalosť

ac.ci.dent.al [ˌæksi'dentl] *príd* **1.** náhodný, náhodilý, *(dočasný)* prechodný; **2.** vedľajší. *Syn*: fortuitous, casual, incidental, adventitious

to ac.claim [ə'kleim] (**~ sb/ st**); (**~ as st**) **1.** aklamovať, uznávať, nadšene vítať; **2.** prejavovať súhlas

ac.co.lade [ækəleid] *podst* **1.** *(prn)* chvála, uznanie; **2.** pocta, vyznamenanie, svorka; **3.** *(obrad)* pasovanie za/ na rytiera

to ac.com.mo.date [ə'komədeit] **1.** ubytovať, umiestniť, poskytnúť ubytovanie [komu]; **2.** prispôsobiť; **3.** vypomôcť, poslúžiť; **4.** *(os)* prispôsobiť sa. *Syn* ⇨ **to adapt, to contain**

ac.com.mo.da.tion [əˌkomə'deišən] *podst* **1.** ubytovanie; **2.** miesto; **3.** prispôsobenie sa; **4.** dohoda, kompromis

ac.com.pa.ni.ment [ə'kampənimənt] *podst* **1.** *(hud)* sprievod; **2.** sprievodný jav

to ac.com.pa.ny [ə'kampəni] (mč, mp - ied) **1.** *(koho)* odprevadiť, vyprevadiť; **2.** *(čo k čomu)* priložiť; **3.** *(i hud)* doprevádzať, sprevádzať, *(sprevádzaním)* viesť; **4.** spájať, kombinovať. *Syn*: to attend, to convoy, to escort, to chaperon

ac.com.plice [ə'kamplis] *podst* **1.** spolupáchateľ, spoluvinník

to ac.com.plish [ə'kampliš] **1.** *(čo)* dosiahnuť, uskutočniť, splniť; **2.** *(čo)* vykonať, dokončiť, zdokonaliť, *Syn* ⇨ **to associate**

ac.com.plished [ə'kamplišt] *príd* **1.** *(umelec, tanečník)* vynikajúci, skvelý, dokonalý, vyzretý; **2.** *(človek)* všestranný, všestranne vzdelaný

ac.com.plish.ment [ə'kamplišmənt] *podst* **1.** *(cieľa)* dosiahnutie, dovŕšenie, dokončenie, *(úlohy)* uskutočnenie, *(i povinnosti)* splnenie, vykonanie; **2.** skutok, *(človeka, i tech)* výkon; **3.** *(ob pl)* schopnosti

ac.cord [ə'ko:d] *podst* **1.** zmluva, dohoda, súhlas; **2.** zhoda, *(hud)* akord. *Syn* ⇨ **agree**

ac.count [ə'kaunt] *podst* **1.** účet, faktúra; **2.** *(obch)* konto; **3.** správa, popis, popis

to ac.cred.it [ə'kredit] **1.** akreditovať; **2.** *(komu čo)* pripisovať, prisudzovať; **3.** *(úradne)* schváliť. *Syn* ⇨ **to authorize**

to ac.crue [ə'kru:] (**~ to sb**); (**~ from st**) **1.** narastať, pribúdať

to ac.cu.mu.late [ə'kju:mjuleit] **1.** *(knihy, dôkazy ap)* zhromaždiť; **2.** nahromadiť, usadzovať sa, *(záujem)* narastať, pribúdať

ac.cu.mu.la.tion [əˌkju:mju'leišn] *podst* **1.** hromadenie, nahromadenie, akumulácia, nárast, prírastok

ac.cu.ra.cy [ækjurəsi] *podst jč* **1.** presnosť, precíznosť, *(prekladu)* výstižnosť, správnosť

ac.cu.rate [ækjurət] *príd* **1.** presný, precízny, výstižný, správny. *Syn* ⇨ **correct**

ac.cus.a.tion [ˌækju:'zeišən] *podst* **1.** *(z čoho)* obvinenie, *(obvinenie, i práv)* obžaloba, *(sťažnosť, i práv)* žaloba; **2.** výčitka

to ac.cuse [ə'kju:z] (**~ sb**); (**~ of st**) **1.** obviniť, obžalovať, inkriminovať; **2.** povedať, dávať. *Syn*: to charge, to indict, to arraign, to impeach

ac.cus.tomed [ə'kastəmd] *príd* **1.** obvyklý, zaužívaný. *Syn* ⇨ **usual**

ace [eis] **I.** *podst* **1.** *(v kartách, tenise)* eso, túz, skrytý tromf; **2.** *(na kocke)* jednotka; **3.** *(ifm)* drobnosť; **4.** *(prn)* trieda, *(expert)* kanón; **II.** *príd* **5.** senzačný, bezchybný, vynikajúci

to ache [eik] **1.** bolieť; **2.** túžiť, dychtiť, prahnúť, túžiť

to a.chieve [ə'či:v] **1.** *(čo)* dosiahnuť, docieliť, dokončiť, uskutočniť; **2.** skončiť, vykonať, získať

a.chieve.ment [ə'či:vmənt] *podst* **1.** úspechy, vymoženosti, dobré výsledky, realizácia, úspešné dokončenie, uskutočnenie

ac.id [æsid] **I.** *podst* **1.** *(chem)* kyselina; **2.** *(sl)* LSD; **II.** *príd* **3.** *(chem)* kyslý; **4.** *(prn: poznámka)* sarkastický, uštipačný. *Syn* ⇨ **sour**

to ac.know.ledge [ək'nolidž] **1.** *(chybu)* priznať, uznať, uviesť; **2.** *(pozdrav)* opätovať, *(na pozdrav)* reagovať; **3.** vyjadriť vďačnosť [za čo]; **4.** *(službu, pomoc)* oceniť

ac.know.ledge.ment [ək'nolidžmənt] *podst* (i **acknowledgment**) **1.** uvedenie; **2.** uznanie, ocenenie; **3.** potvrdenie

ac.ne [ækni] *podst jč* **1.** *(lek)* akné

a.cous.tic [ə'ku:stik] *príd* **1.** *(týkajúci sa zvukových vĺn)* akustický, zvukový, *(nerv)* sluchový

to ac.quaint [ə'kweint] (**~ sb/ oneself with st**) **1.** zoznámiť, oboznámiť, spoznať sa. *Syn* ⇨ **to notify**

to ac.quire [ə'kwaiə] **1.** *(znalosti)* získať, *(znalosti)* zhromažďovať, nadobudnúť, *(jazyk)* osvojiť si; **2.** *(auto, dom atď)* zaobstarať si, kúpiť si. *Syn* ⇨ **to get**

ac.qui.si.tion [ˌækwi'zišən] *podst* **1.** získanie, získavanie, *(vedomostí)* osvojenie si; **2.** prírastok, niečo nové, prínos

to ac.quit [ə'kwit] [**-tt-**] **1.** *(práv)* zbaviť viny, *(koho)* oslobodiť; **2.** *(čo)* splniť; **3.**

(čoho) zhostiť sa, splatiť, vodiť sa. *Syn* ⇨ **to absolve, behave**

ac.quit.tal [ə'kwitl] *podst* **1.** *(práv)* zbavenie viny, oslobozujúci rozsudok; **2.** *(povinnosti)* splnenie

a.cre'[eikə] *podst* **1.** aker, *(zastar)* pole, jutro

ac.ri.mo.ni.ous [ˌækri'məunjəs] *príd fml* **1.** *(hádka)* prudký; **2.** *(človek, poznámka)* zaliečavý, uštipačný, jedovatý, hryzavý

ac.ro.nym ['ækrənim] *podst* **1.** *(ling)* akronym

a.cross [ə'kros] **I.** *predl* **1.** *(: smer z jednej strany na druhú)* cez: **to go across the road**; *ísť cez cestu*; **II.** *prísl* **2.** *(na protiľahlej strane)* naproti, *(pri slovesách pohybu)* oproti; **3.** *(smerovanie/ umiestnenie krížom cez)* naprieč, priekom, priečne, krížom; **4.** *(v krížovke)* vodorovne; **5.** *(široký)* wide

a.cry.lic [ə'krilik] *príd* **1.** akrylový

act [ækt] *podst* **1.** skutok, čin; **2.** *(div)* dejstvo; **3.** *(v kabarete, cirkuse)* výstup, číslo; **4.** listina, dokument; **5.** *(pol: schválený parlamentom)* zákon

act.ing [æktiŋ] **I.** *podst* **1.** *(div: umelecký výkon)* hra; **2.** herectvo; **II.** *príd* **3.** zastupujúci, úradujúci; **4.** *(i gram, voj, geol, práv, ele)* činný; **5.** divadelný, herecký

ac.tion [ækšən] *podst* **1.** *(i voj)* akcia, činnosť; **2.** čin; **3.** *(div, lit)* dej; **4.** *(voj)* boj; **5.** *(tech)* chod; **6.** *(chem)* pôsobenie; **7.** *(práv)* žaloba. *Syn* ⇨ **battle**

to ac.tiv.ate [æktiveit] **1.** *(alarm ap)* spustiť, uviesť do činnosti; **2.** *(chem)* aktivovať; **3.** *(fyz)* urobiť rádioaktívnym

ac.tive [æktiv] *príd* **1.** *(i ling)* činný, aktívny; **2.** *(liek)* účinný; **3.** činorodý; **4.** *(záujem, predstava)* živý. *Syn*: vigorous, brisk, strenuous, energetic

ac.tiv.ist [æktivist] *podst* **1.** aktivista, *(i mat, fyziol, psych)* činiteľ

ac.tiv.i.ty [æk'tivəti] *podst* (mn **-ies**) **1.** aktivita, ruch, pohyb; **2.** činnosť, pôsobnosť, pôsobenie, čulosť, čipernosť, pohyblivosť; **3.** zamestnanie

act.or [æktə] *podst* **1.** herec; **2.** činiteľ, dejateľ, aktívny účastník

act.ress [æktris] *podst* (mn **-es**) **1.** herečka

ac.tual [ækčuəl] *príd* **1.** skutočný, konkrétny; **2.** naozajstný, doterajší. *Syn* ⇨ **true**

ac.tual.ly [æktjuəli] *prísl* **1.** v skutočnosti, vlastne; **2.** dokonca, naozaj, skutočne, súčasne, teraz

ac.u.punc.ture ['ækjuˌpaŋkčə] *podst jč* **1.** *(lek)* akupunktúra

a.cute [ə'kju:t] *príd* [**-r, -st**] **1.** *(i mat)* ostrý, akútny, kritický; **2.** *(pozorovateľ, sluch)* bystrý, *(čuch)* jemný; **3.** *(bolesť)* prudký. *Syn*: critical, crucial

ad.a.mant [ædəmənt] *príd* **1.** neoblomný, zatvrdnutý, pevný, *(prn)* oceľový . *Syn* ⇨ **inflexible**

to a.dapt [ə'dæpt] **1.** upraviť, adaptovať, prispôsobiť sa, prepracovať. *Syn*: to adjust, to accommodate, to conform

a.dapt.a.ble [ə'dæptəbl] *príd* **1.** prispôsobivý, adaptabilný, spracovateľný, pružný

ad.apt.a.tion [ˌædæp'teišn] *podst* **1.** *(vše, biol)* adaptácia, prispôsobenie, akomodácia; **2.** *(hry, románu)* prepracovanie, úprava, verzia

ad.dict ['ədikt] *podst* **1.** narkoman, toxikoman; **2.** *(prn)* fanúšik, nadšenec, fanatik

ad.dic.tion [ə'dikšən] *podst* **1.** *(na čom)* závislosť, narkománia, toxikománia, *(k čomu)* sklon; **2.** *(pre čo)* nadšenie

ad.dict.ive [ə'diktiv] *príd* **1.** *(droga ap)* návykový

ad.di.tion [ə'dišən] *podst* **1.** pridanie, sčítanie; **2.** prídavok, dodatok, prírastok, prísada

ad.di.tion.al [ə'dišənl] *príd* **1.** ďalší, dodatočný, prídavný, doplnkový, navyše

ad.di.tive [æditiv] **I.** *podst* **1.** prísada, prídavok, aditív; **II.** *príd* **2.** *(i mat)* prídavný, dodatkový, súčtový, *(i geom, fyz)* doplnkový; **3.** aditívny, aditivovaný

ad.dress [ə'dres] *podst* (mn **-es**) **1.** *(i inf)* adresa; **2.** bydlisko; **3.** príhovor, prejav. *Syn* ⇨ **speech**

a.dept [ædept] *príd* (~ **at/ in st / doing st**) **1.** znalý; **2.** skúsený

ad.e.quate [ædikwət] *príd* (~ **to/ for st**) **1.** adekvátny, primeraný, dostačujúci; **2.** vhodný. *Syn* ⇨ **sufficient**

to ad.here [əďhiə] **1.** *(k čomu)* priliehať, ľnúť, *(čoho)* držať sa, pridržiavať sa, *(fyz)* priľnúť, lepiť sa, lipnúť; **2.** *(čomu)* byť verný/ oddaný, byť oddaný, dodržať, zachovať; **3.** *(lek)* prirásť. *Syn* ⇨ **to stick**

ad.her.ence [əďhiərns] *podst jč* (~ **to st**) **1.** *(zákona, programu)* dodržiavanie, dodržanie; **2.** *(strane ap)* oddanosť, *(zásadám)* vernosť

ad.he.sive [əďhi:siv] *príd* **1.** priľnavý, adhézny, adhezívny, lepivý

ad.ja.cent [əˈdžeisənt] *príd* (~ **to st**) **1.** priľahlý, susedný, *(susedný: izba)* vedľajší, hraničiaci

ad.jec.tive [ædžiktiv] *podst* **1.** prídavné meno, adjektívum

to ad.join [əˈdžoin] **1.** susediť; **2.** byť vedľa [čoho], *(budovy ap)* byť vedľa seba

to ad.journ [əˈdžə:n] **1.** *(schôdzu)* odložiť, odročiť; **2.** urobiť prestávku, pobrať sa, *(inde)* odobrať sa

to ad.just [əˈdžast] **1.** *(oblečenie, vlasy)* upraviť, urovnať; **2.** zoradiť; **2.** *(stroj, brzdy)* nastaviť; **3.** *(rozdiely, konflikt)* odstrániť; **4.** *(poistenie)* vybaviť

ad.just.a.ble [əˈdžastəbl] *príd* **1.** nastaviteľný, zoraditeľný, upraviteľný

ad.just.ment [əˈdžastmənt] *podst* **1.** *(stroja, bŕzd)* nastavenie, regulovanie, *(rozdielov)* urovnanie, *(plánov)* úprava, modifikácia; **2.** prispôsobenie, adaptácia

to ad.mi.ni.ster [əďministə] **1.** *(v krajine)* vládnuť, *(podnik)* viesť, riadiť; **2.** ukladať; **3.** *(úľavu, milodar)* poskytnúť, *(rany)* rozdávať

ad.mi.ni.stra.tion [əd͵miniˈstreišən] *podst* **1.** správa, riadenie; **2.** administratíva; **3.** *(spravodlivosti)* vykonávanie, *(sviatosti)* udelenie, *(lieku)* podávanie, aplikácia

ad.mi.ni.strat.ive [əďministrətiv] *príd* **1.** administratívny, správny, organizačný, politický, hospodársky, *(vzťahujúci sa na službu: lietadlo)* služobný

ad.mi.ni.strat.or [əďministreitə] *podst* **1.** *(i práv)* správca, správny úradník, opatrovník majetku nesvojprávnej osoby, *(správca)* hospodár

ad.mir.a.ble [ædmərəbl] *príd fml* **1.** obdivuhodný, úžasný, znamenitý, vynikajúci, senzačný

ad.mir.al [ædmərəl] *podst* **1.** admirál, *(nám, voj)* veliteľ loďstva

ad.mi.ra.tion [͵ædməˈreišən] *podst jč* (~ **for sb/ st**) **1.** obdiv, predmet obdivu; **2.** pýcha; **3.** počudovanie

to ad.mire [əďmaiə] **1.** *(čo)* obdivovať; **2.** dívať sa so záľubou [na čo], kochať sa pohľadom [na čo]; **3.** chváliť, vychvaľovať, prehovoriť pochvalne [o čom]

ad.mir.er [əďmaiərə] *podst* **1.** ctiteľ, ctiteľka, obdivovateľ, obdivovateľka

ad.mis.sion [əďmišən] *podst* **1.** prístup, vstup; **2.** vstupné; **3.** priznanie, doznanie

to ad.mit [əďmit] [**-tt-**] **1.** vpustiť, vpúšťať, povoliť vstup [komu]; **2.** pojať; **3.** *(na školu, univerzitu)* prijať, priznať, pripustiť

ad.mit.ted.ly [əďmitidli] *prísl* **1.** [je] nesporné[, ze], [je] nepochybné[, že]

ad.o.les.cence [͵ædəˈlesns] *podst jč* **1.** roky dospievania, adolescencia, mládenecký vek, junáctvo, puberta

ad.o.les.cent [͵ædəˈlesnt] **I.** *podst* **1.** mladík, mládenec, mladistvý, *(ifm)* výrastok, *(pej)* pubertiak, dospievajúce dievča, *(pej)* pubertiačka; **II.** *príd* **2.** *(chlapec/ dievča)* dospievajúci, mladistvý, mládenecký, *(pej: správanie)* pubertiacky

to a.dopt [əˈdopt] **1.** *(dieťa)* adoptovať, prijať za vlastnú[vlastného]; **2.** *(zvyk)* osvojiť si; **3.** vybrať si, rozhodnúť sa na, *(k čomu)* hlásiť sa; **4.** *(pol: rozhodnutie)* schváliť, odhlasovať

a.dor.a.ble [əˈdo:rəbl] *príd* **1.** *(dieťa, šteňa)* rozkošný, roztomilý; **2.** *(žena)* očarujúci; **3.** *(šaty)* prekrásny

to a.dore [əˈdo:] **1.** uctievať, *(komu)* klaňať sa, zbožňovať, vrúcne milovať; **2.** *(koho)* obdivovať, byť nadšený [čím]

to a.dorn [əˈdo:n] (~ **st/ sb/ oneself**); (~ **with st**) **1.** zdobiť, ozdobiť, krášliť, okrášliť; **2.** byť ozdobou. *Syn*: to decorate, to ornament, to embellish, to beautify, to bedeck

a.dren.a.lin [əˈdrenəlin] *podst jč* **1.** adrenalín

a.drift [əˈdrift] *príd* **1.** *(loď)* zakotvený; **2.**

unášaný vetrom/ prúdom

ad.ult [ædalt] **I.** *podst* **1.** dospelý muž, dospelá žena, dospelý človek; **II.** *príd* **2.** dospelý, plnoletý, vyrastený; **3.** vyspelý, zrelý. *Syn* ⇨ **ripe**

a.dul.te.ry [əˈdaltəri] *podst jč* **1.** cudzoložstvo

ad.ult.hood [ædalthud] *podst jč* **1.** dospelosť; **2.** vyspelosť

ad.vance [əďva:ns] **I.** *podst* **1.** *(vše, voj: vpred)* postup, posun, posunutie, zvýšenie, povýšenie; **2.** pokus o zblíženie; **3.** pokrok; **4.** preddavok, záloha; **II.** *príd* **5.** *(i voj)* predsunutý,, predvojový, poslaný vopred; **6.** predbežný.

to ad.vance [əďva:ns] **I.** *prech* **1.** posunúť dopredu, postrčiť dopredu, dať dopredu, *(s čím)* popodísť, presunúť dopredu, s kým postúpiť dopredu, preložiť na skôr; **2.** *(čomu)* napomáhať, propagovať, podporovať; **3.** predkladať ako návrh, navrhovať; **4.** komu dať zálohu, požičať; **II.** *nepr* **5.** ísť dopredu, postúpiť dopredu, *(voj)* postupovať dopredu; **6.** robiť pokroky, vyvýjať sa, ísť vpred; **7.** zvyšovať sa, rásť *Syn*: to forward, to further. *Opoz*: to retard, to check, to promote

ad.vanced [əďva:nst] *príd* **1.** pokročilý; **2.** *(krajina, civilizácia)* vyspelý, rozvinutý, moderný, *(myšlienky, umenie)* pokrokový; **3.** *(pre pokročilých)* pokročilý. *Syn* ⇨ **liberal**

ad.vance.ment [əďva:nsmənt] *podst jč* **1.** pokrok, vzostup, rozmach; **2.** *(čoho)* podpora, presadzovanie; **3.** *(v hodnosti)* povýšenie, *(v práci)* postup

ad.van.tage [əďva:ntidž] *podst* **1.** výhoda, prednosť; **2.** prospech, úžitok

ad.van.tag.eous [ˌædvənˈteidžəs] *príd* **1.** výhodný; **2.** priaznivý

ad.ven.ture [əďvenčə] *podst* **1.** dobrodružstvo, dobrodružný zážitok; **2.** *(riskantný)* podnik, *(obch)* špekulácia

ad.ven.tur.er [əďvenčərə] *podst* (ž **adventuress**) **1.** dobrodruh; **2.** *(i pej)* intrigán, špekulant; **3.** hochštapler

ad.ven.tur.ous [əďvenčrəs] *príd* **1.** dobrodružný, vyhľadávajúci dobrodružstvo; **2.** riskantný, nerozvážny; **3.** podnikavý

ad.vers.a.ry [ædvəsəri] *podst* (mn **-ies**) **1.** súper, protivník, sok, *(i špo)* protihráč, odporca, nepriateľ. *Syn* ⇨ **opponent**

ad.verse [ædvə:s] *príd ob attr* **1.** nepriaznivý, pasívny, opačný; **2.** *(reakcia)* nepriateľský, odmietavý; **3.** *(účinok)* škodlivý

ad.vers.i.ty [əďvə:səti] *podst* (mn **-ies**) **1.** protivenstvo; **2.** nepriazeň osudu; **3.** nešťastie, nehoda

to ad.vert.ise [ædvətaiz] **1.** robiť reklamu [čomu], *(čo)* inzerovať; **2.** rozhlásiť, rozhlasovať, ohlásiť, verejne oznámiť, dať na vedomie, *(pej)* stavať na obdiv

ad.vert.is.er [ædvətaizə] *podst* **1.** inzerent

ad.vert.is.ing [ædvətaiziŋ] *podst jč* **1.** inzercia, reklama; **2.** reklamné služby, propagácia, nábor

ad.vice [əďvais] *podst jč* **1.** rada; **2.** *(obch)* správa, oznámenie, avízo, *(lek, práv)* porada

ad.vis.a.ble [əďvaizəbl] *príd ob pred* (**~ to do st**) **1.** odporučiteľný, hodný odporúčania; **2.** rozumný

to ad.vise [əďvaiz] **1.** poradiť, odporučiť komu aby niečo urobil, vystríhať, oznámiť, informovať; **2.** avizovať, doporučiť, *(zastar)* radiť sa. *Syn*: to counsel, to caution, to war, admonish

ad.vis.er [əďvaizə] *podst* (i ob am **advisor**) **1.** poradca, *(poradca)* radca

ad.vis.o.ry [əďvaizəri] *príd* **1.** poradný, konzultatívny, *(služba)* poradenský

ad.vo.cate [ædvəkət] *podst* **1.** zástanca, *(za čo)* bojovník, *(čoho)* obranca; **2.** *(scot)* právny zástupca, advokát

to ad.vo.cate [ædvəkət] **1.** odporúčať, *(za čo)* prihovárať sa; **2.** *(čo)* zastávať, *(o čo)* zasadzovať sa, *(čo)* presadzovať. *Syn* ⇨ **to support**

aer.i.al [eəriəl] (am **antenna**) **I.** *podst* **1.** anténa; **II.** *príd* **2.** vzdušný, letecký; **3.** nadzemný, visutý

aer.o.bics [eəˈrəubiks] *podst* **1.** aerobické cvičenie, aerobik

aer.o.plane [eərəplein] *podst* (i **plane**, am

airplane) **1.** lietadlo
aer.o.sol [eərəsol] *podst* **1.** aerosol, sprej, rozprašovač
aer.o.space [eərəspeis] **I.** *podst* **1.** atmosféra a vonkajší kozmický priestor; **II.** *príd* **2.** letecký a kozmický
aes.thet.ic [i:sθetik] *príd ob attr* (am i **es-**) **1.** estetický; **2.** krásny, vkusný, úhľadný
aes.thet.ics [i:s'etiks] **1.** *(odbor)* estetika
af.fa.ble [æfəbl] *príd* **1.** prívetivý, vľúdny, láskavý. *Syn* ⇨ **amiable**
af.fair [ə'feə] *podst* **1.** záležitosť, vec; **2.** udalosť; **3.** *(mn)* záležitosti; **4.** *(ľúbostná)* aféra, pomer
to af.fect [ə'fekt] **1.** *(na koho/ čo)* pôsobiť, zapôsobiť, ovplyvniť; **2.** zachvátiť, zasiahnuť; **3.** *(citovo)* dojať; **4.** predstierať, pretvarovať sa
af.fect.a.tion [ˌæfek'teišən] *podst* **1.** afektovanosť, strojenosť, pretvárka, *(vonkajší dojem)* efekt. *Syn* ⇨ **pose**, love
af.fec.tion.ate [ə'fekšnət] *príd* **1.** láskavý, nežný, oddaný; **2.** *(úsmev, pohľad)* láskyplný; **3.** *(dieťa)* citovo založený
af.fi.da.vit [ˌæfi'deivit] *podst* **1.** *(práv)* miestoprísažné vyhlásenie
af.fi.li.ate [ə'filieit] *podst* **1.** pridružený člen [osoba organizácia]
to af.fi.li.ate [ə'filieit] **I.** *prech* **1.** pričleniť, pridružiť, pripojiť, prijať, kooptovať; **II.** *nepr* **2.** pripojiť sa, *(s kým)* spolčiť sa
af.fi.li.a.tion [ə'fili'eišn] *podst* **1.** pričlenenie, pridruženie, afiliácia; **2.** určenie otcovstva
af.fi.ni.ty [ə'finəti] *podst* (mn **-ies**) **1.** *(chem, práv)* afinita, zlúčivosť; **2.** príbuzenský vzťah, švagrovstvo; **3.** *(vše)* príbuznosť, podobnosť; **4.** sympatia
to af.firm [ə'fə:m] **1.** vyhlásiť; **2.** potvrdiť, afirmovať, posilniť, presvedčiť, prisahať, tvrdiť. *Syn* ⇨ **to assert**
af.firm.a.tive [ə'fə:mətiv] **I.** *podst* **1.** kladná odpoveď; **II.** *príd* **2.** kladný; **3.** súhlasný, prisvedčujúci; **4.** pozitívny
to af.flict [ə'flikt] (**~ sb/ st**); (**~ with st**) **1.** *(nešťastie, škoda, choroba)* postihnúť, zarmútiť; **2.** trápiť, súžiť; **3.** poškodiť; **4.** navštíviť, *(o duševných stavoch)* chytať sa
af.flic.tion [ə'flikšn] *podst jč fml* **1.** ťažkosť, trampota; **2.** pohroma, nešťastie
af.flu.ent [æfluənt] *príd* **1.** bohatý; **2.** blahobytný
to af.ford [ə'fo:d] **1.** dovoliť si; **2.** *(fml)* poskytovať, môcť, poskytnúť; **3.** dožičiť si
to af.front [ə'frant] **1.** *(koho verejne)* uraziť, potupiť
Af.ghan [æfgæn] **I.** *podst* **1.** Afgánec, Afgánka; **II.** *príd* **2.** afgánsky
a.field [ə'fi:ld] *prísl* **1.** *(veľmi)* ďaleko
a.fore.men.tioned [əˌfo:'menšənd] *príd fml* (i **aforesaid, said**) **1.** zhora/ vyššie uvedený
Af.ri.can [æfrikən] **I.** *podst* **1.** Afričan, Afričanka; **II.** *príd* **2.** africký
aft [a:ft] *prísl* **1.** *(nám, let)* dozadu lode/ lietadla
af.ter [a:ftə] **I.** *predl* **1.** *(vyj : časovú následnosť)* po: **after lunch/ work/ you** *po obede/ práci/ vás*, **work after hours** *pracovať cez čas*; **2.** *(: následnosť)* po[-], za: **repeat after me** *opakujte za mnou*, **page after page** *stránka za stránkou*, **the child ran after his mother** *dieťa bežalo za matkou*, podľa, *(: opakovanie)* čo: **day after day** *deň čo deň*, *(: distribúciu/ postupnosť deja)* po; **3.** *(: väzba)* o: **to look after** *obzrieť/ starať sa o*, na: **to inquire about st/ sb** *pýtať sa na*; **II.** *spoj* **4.** keď; **III.** *prísl* **5.** *(: následnosť v čase)* potom, neskôr, načo, *(soon after)* čoskoro nato; **6.** *(: v priestore)* vzadu; **7.** *(ďalší v poradí)* nasledujúci:
af.ter.math [a:ftəmæθ] *podst ob jč* **1.** dozvuky, následky, dôsledky, následok, dôsledok, plody
af.ter.noon [ˌa:ftə'nu:n] *podst* **1.** popoludnie, odpoludnie
af.ter.wards [a:ftəwədz] *prísl* (am i **afterward**) **1.** potom, neskôr, neskoršie, *(potom)* nato
a.gain [ə'gein] *prísl* **1.** zas[e], zasa, znovu, opäť, ešte raz, *(never again)* nikdy viac, *(all over again)* odznova, nanovo, *(navyše: same/ as much again)* ešte, *(v záp: not again)* už zase; **2.** *(vyj odporovací vzťah)* no; **3.** *(then again)* [ale] na druhej strane,

[a] potom

a.gainst [ə'geinst] **I.** *predl* **1.** *(opačným smerom)* proti: **against the currents** *proti prúdum*; **2.** *(smerom k niečomu)* proti; **3.** *(v rozpore s niečím)* proti, **against her will** *proti jej vôli*, napriek, naprotiveň: **against all obstacles** *naprotiveň všetkým prekážkam*; **4.** ne[-], **against nature** *neprirodzene/ nemorálne*, **against the grain/ one's will** *nechtiac/ nerád/ neochotne*; **5.** *(v porovnaní s niečím, na rozdiel od)* proti, poistenie/ očkovanie proti; **6.** *(: dotyk)* o: **to lean against a wall** *opierať sa o stenu*, na; **7.** *(: väzba pri slovesách: prek individuálne)* pred: **to protect against** *chrániť pred*, **to protest against** *protestovať proti*

age [eidž] *podst* **1.** vek, roky; **2.** staroba; **3.** doba, epocha; **4.** večnosť, dlhý čas

ag.ed [eidžid] *príd* **1.** *(veľmi)* starý, ostarnutý; **2.** *(starý)* historický; **3.** *(dospelý)* zrelý, *(o koňaku)* odležaný

age group [eidžgru:p] *podst* (i **age bracket**) **1.** veková skupina

a.gen.cy [eidžənsi] *podst* (mn **-ies**) **1.** *(i tlačová, špionážna)* agentúra, *(i cestovná)* kancelária; **2.** *(odbočka)* filiálka, zastupiteľstvo, reprezentácia; **3.** pôsobenie, *(centrálneho orgánu)* rezort, *(Intelligence Agency)* informačné služby

a.gen.da [ə'džendə] *podst* (mn **agendas**) **1.** program rokovania/ schôdze/ zasadania, rokovanie, agenda; **2.** *(cirk)* liturgická kniha

a.gent [eidžənt] *podst* **1.** *(i obch)* agent, *(obch)* zástupca; **2.** *(tajný)* konfident, dôverník polície, policajný agent; **3.** *(chem)* činidlo, chemický prostriedok; **4.** *(ling)* činiteľ; **5.** *(lit, div)* pôvodca deja. *Syn*: factor, deputy, proxy

age-old [eidžəuld] *príd ob attr* **1.** *(zvyk ap)* odveký, prastarý

to ag.gra.vate [ægrəveit] **1.** zhoršiť, sťažiť, zostriť, vystupňovať; **2.** *(práv)* priťažiť; **3.** *(ifm)* nahnevať, rozčúliť. *Syn* ⇨ **to intensify**

ag.gre.gate [ægrigət] **I.** *podst* **1.** úhrn, súhrn, celok, celkové množstvo; **2.** zoskupenie, *(minerálov)* zhluk; **3.** *(mat)* množina, súčet; **4.** *(stav)* prísady do betónu; **II.** *príd* **5.** celkový, úhrnný; **6.** nahromadený, nakopený. *Syn* ⇨ **sum**

ag.gres.sion [ə'grešən] *podst jč* **1.** agresia, napadnutie, prepadnutie; **2.** *(psych)* agresívnosť, agresivita, útok

ag.gres.sive [ə'gresiv] *príd* **1.** *(ľudia, národ)* agresívny, výbojný; **2.** *(zbrane)* útočný; **3.** priebojný, podnikavý, dynamický, *(i špo)* dôrazný. *Syn*: militant, assertive, pushing

ag.gres.sor [ə'gresə] *podst* **1.** útočník, agresor

ag.grieved [ə'gri:vd] *príd* (~ **at/ by st**) **1.** dotknutý, urazený

ag.ile [ædžail] *príd* **1.** čulý, vrtký, čiperný. *Syn*: nimble, quick, spry, sprightly. *Opoz*: torpid, sluggish, lethargic

to ag.i.tate [ædžiteit] **1.** popretriasať, pretriasať, *(s čím)* trepať; **2.** znepokojiť, rozčúliť, vyviesť z miery, rozrušiť. *Syn* ⇨ **to disturb**

ag.o.niz.ing [ægənaiziŋ] *príd* **1.** *(bolesť)* mučivý, *(neistota)* trýznivý, *(skúsenosť)* bolestný, bolestivý

ag.o.ny [ægəni] *podst* (mn **-ies**) **1.** utrpenie, muka, neznesiteľná bolesť, žiaľ, bôľ; **2.** agónia, smrteľný zápas. *Syn* ⇨ **distress**

a.grar.i.an [ə'greəriən] *príd ob attr* **1.** poľnohospodársky, roľnícky; **2.** *(pol: strana)* agrárny

to a.gree [ə'gri:] **1.** súhlasiť; **2.** byť toho istého názoru; **3.** *(i ling)* zhodovať sa, byť v súlade; **4.** dohodnúť sa . *Syn*: to conform, harmonize, to accord, correspond, coincide. *Opoz*: to differ, tally

a.gree.a.ble [ə'griəbl] *príd* **1.** *(ku komu)* príjemný, sympatický, milý, *(i hlas)* ľúbezný, *(i chuť)* lahodný; **2.** *(pred: s čím)* upovedomený

a.gree.ment [ə'gri:mənt] *podst* **1.** dohoda, zmluva; **2.** zhoda, súlad; **3.** súhlas, povolenie, schválenie; **4.** kongruencia

ag.ri.cul.tur.al [ˌægri'kalčərəl] *príd* **1.** poľnohospodársky, roľnícky hospodársky, *(poľn)* poľný

ah [a:] **1.** a, á, o, ó, och

a.head [ə'hed] **I.** *predl* **ahead of 1.** *(v priestore)* pred: **ahead of us**; *pred nami*, **three days ahead of the deadline**; *tri dni pred termínom*, *(zried)* napred; **II.** *prísl* **2.** vpred, popred, kupredu, *(v miestnom význame)* popredku, *(pred niekým, niečím)* vpredu, *(smerom dopredu)* napred, *(hov)* napredok, *(skôr)* vopred, dopredu, ďalej, predstih, predčasne

aid [eid] *podst* **1.** pomoc; **2.** pomôcka, podpora, pomocník . *Syn* ⇨ **help**

aide [eid] *podst* **1.** *(am)* poradca, poradkyňa

ail.ing [eiliŋ] *príd* **1.** chorľavý; **2.** *(prn: ekonomika, spoločnosť)* chorľavejúci. *Syn* ⇨ **sick**

ail.ment [eilmənt] *podst* **1.** ľahšia choroba, ochorenie, neduh. *Syn* ⇨ **disease**

aim.less [eimlis] *príd* **1.** bezcieľny, bez cieľa; **2.** *(život)* prázdny

air [eə] *podst* **1.** vzduch; **2.** ovzdušie; **3.** vánok; **4.** *(roz, tv)* éter; **5.** vzhľad, výzor; **6.** *(hud)* melódia, *(hud)* ária, nápev; **7.** voľný priestor. *Syn* ⇨ **melody**

to air [eə] **1.** *(šaty)* sušiť, *(miestnosť)* vetrať; **2.** *(prn)* vysvetliť, verejne vyhlásiť; **3.** *(čím)* chváliť sa

air.base [eəbeis] *podst* **1.** letecká základňa

air.borne [eəbo:n] *príd* **1.** roznášaný vzduchom; **2.** vznášajúci sa vo vzduchu

air-con.di.tion.ing ['eəkənˌdišəniŋ] *podst jč* **1.** klimatizácia

air.craft [eəkra:ft] *podst* (mn **aircraft**) **1.** vzdušný dopravný prostriedok, lietadlo, letún, vzdušná loď, lietadlá

air.field [eəfi:ld] *podst* **1.** *(ob vojenské)* letisko

air force [eəfo:s] *podst* **1.** vojenské letectvo

air.lift [eəlift] *podst* **1.** letecký most, doprava pomocou leteckého mosta

to air.lift ['eəlift] **1.** prepraviť vzdušným mostom

air.line [eəlain] *podst* **1.** aerolínia, letecká dopravná spoločnosť, letecká linka

air.lin.er [eəlainə] *podst* **1.** [linkové] dopravné lietadlo

air.man [eəmən] *podst* (mn **airmen**) **1.** letec

air.port [eəpo:t] *podst* **1.** *(civilné, medzinárodné)* letisko

air raid [eəreid] *podst* **1.** nálet

air.ship [eəšip] *podst* **1.** vzducholoď

air.strip [eəstrip] *podst* (i **landing-field**) **1.** štartovacia a pristávacia dráha

air traf.fic con.trol.ler ['eətræfikˌkən'trəulə] *podst* **1.** letecký dispečer

air.way [eəwei] *podst* (mn **-ays**) **1.** *(let)* letecká trasa; **2.** aerolínia; **3.** *(ban)* vetracia šachta, letecká linka, letecká spoločnosť

air.y [eəri] *príd* {**-ier, -iest**} **1.** *(miestnosť)* vzdušný, *(pobrežie)* veterný; **2.** *(prn: koláč)* ľahký; **3.** *(správanie, názory)* nonšalantný, ležérny; **4.** *(sľub)* jalový, prázdny; **5.** povrchný, jemný; **6.** *(ifm)* namyslený; **7.** svižný, rezký

aisle [ail] *podst* **1.** [bočná/ vedľajšia] loď chrámu; **2.** *(medzi sedadlami)* ulička, *(i v divadle)* kuloár

a.larm [ə'la:m] *podst* **1.** poplach, alarm; **2.** poplašné zariadenie; **3.** budík, budíček; **4.** znepokojenie, úzkosť, strach. *Syn* ⇨ **fear**

to a.larm [ə'la:m] **1.** zalarmovať; **2.** znepokojiť, vydesiť, vystrašiť, vyplašiť. *Syn* ⇨ **to frighten**

a.larm.ing [ə'la:miŋ] *príd* **1.** znepokojujúci, *(správy)* poplašný, hrozivý, zlovestný

a.las [ə'læs] **1.** beda!, bohužiaľ!, ach!

al.be.it [o:l'bi:it] *fml* **1.** aj keď, i keď, akokoľvek

al.bum [ælbəm] *podst* **1.** album; **2.** *(hov)* elpéčko; **3.** *(kniha)* pamätník

al.co.hol [ælkəhol] *podst jč* **1.** lieh, alkohol, destilát

al.co.hol.ic [ˌælkə'holik] **I.** *podst* **1.** alkoholik; **II.** *príd* **2.** alkoholický, liehový

al.co.hol.i.sm [ælkəholizəm] *podst jč* **1.** alkoholizmus, pijanstvo

al.cove [ælkəuv] *podst* **1.** výklenok, prístenok; **2.** *(záhradná)* besiedka, altánok

ale [eil] *podst* **1.** *(anglické)* pivo

a.lert [ə'lə:t] **I.** *podst* **1.** poplach; **2.** *(voj)* pohotovosť; **3.** bdelosť; **II.** *príd* **4.** bdelý, ostražitý; **5.** živý, čulý, čiperný; **6.** bystrý

A lev.el ['eiˌlevl] *podst* (i **advanced level**)

1. maturitná skúška [v UK: z jedného predmetu]

a.li.as [eiliæs] (mn **-es**) **1.** krycie meno, falošné meno. *Syn* ⇨ **pseudonym**

al.i.bi [ælibai] *podst* (mn **alibis**) **1.** alibi; **2.** *(ifm)* výhovorka

a.li.en [eiljən] **I.** *podst* **1.** cudzinec, cudzí štátny príslušník; **2.** mimozemšťan; **3.** cudzí človek; **4.** neočakávaný návštevník, votrelec; **II.** *príd* **5.** cudzí, cudzozemský, zahraničný; **6.** mimozemský; **7.** nepriateľský; **8.** odlišný. *Syn*: foreigner, stranger, immigrant, emigré. *Opoz*: subject, national, citizen

to a.li.en.ate [eiljəneit] (**~ sb**); (**~ from sb/ st**) **1.** *(práv: majetok)* previesť; **2.** odcudziť sa; **3.** odtrhnúť sa; **4.** stratiť sympatie

a.light [ə'lait] *príd* **1.** horiaci, v plameňoch; **2.** osvetlený

to a.light [ə'lait] **1.** zosadnúť, zoskočiť, zliesť, *(z lietadla)* vystúpiť, vystupovať; **2.** *(vták)* zniesť sa, *(lietadlo)* pristáť, pristávať

to a.lign [ə'lain] **1.** postaviť do radu, zoradiť, zrovnať, vyrovnať; **2.** *(tech: riadenie)* nastaviť

a.lign.ment [ə'lainmənt] *podst* **1.** zoradenie, vyrovnanie; **2.** *(tech)* adjustácia, nastavenie riadenia, zoradenosť; **3.** *(pol)* pripojenie sa [k čomu]

a.like [ə'laik] **I.** *príd* **1.** podobný, rovnaký; **II.** *prísl* **2.** rovnako, tak isto, podobne

a.live [ə'laiv] *príd* **1.** živý, naživе; **2.** živý; **3.** čulý, pri plnej sile. *Syn* ⇨ **living**

al.ka.line [ælkəlain] *príd* **1.** *(chem)* zásaditý, alkalický

all [o:l] **I.** zám/ *podst* **1.** všetko: **take it all** *zober všetko*, **that's all** *to je všetko*; **2.** *(all [that])* všetko, všetko čo; **II.** zám/ det **3.** *(s podst jč)* všetok , **all the family** *celá rodina*, **all Europe** *celá Európa*, **all one s spare time** *všetok voľný čas*, **all day (long)** *celý deň*; **4.** *(s podst mn živ)* všetci: **all of us/ we all** *my všetci*, **all the inhabitants** *všetci obyvatelia*, **all four of them** *všetci štyria*, **all of them/ they all** *všetci*, *(s podst mn neživ)* všetky: **all the windows** *všetky okná*, *(all the others)* ostatní; **5.** každý: **at all events** *v každom prípade*; **6.** samý: **she was all kindness/ smiles** *bola samá láskavosť/ úsmev*; **7.** *(not all that: s príd)* nie taký, nie veľmi; **8.** *(in all)* dokopy, vcelku, dovedna, dohromady, *(all at once)* odrazu, hneď, naraz, narýchlo, naposledy, *(first of all)* najprv, *(above all)* predovšetkým, *(at all)* vôbec, *(all right!: v replike)* dobre!, *(not at all)* vôbec nie, *(by all means!: v replike)* nech sa páči!, určite!, isteže!, *(v replike: thank you. - not at all!)* prosím, niet/ nieto zač, *(: that's all right!)* to je v poriadku!, *(by/ from all accounts)* podľa všetkého, *(all the way to)* až [po]; **III.** *príd* **9.** *(all-)* celo[-]; **IV.** *prísl* **10.** úplne:, **all alone/ all by oneself** *úplne sám*; **11.** *(ifm)* veľmi, celý, **he was all excited** *bol veľmi/ celý vzrušený*; **12.** *(all over)* všade, *(all along)* stále, *(i: all the time)* po celý čas, *(all but)* skoro, *(all [a]round)* celkom, *(all of)* vyššie, *(all in)* paušálne, *(all in: unavený)* hotový, zničený

Al.lah [ælə] *podst* **1.** Alah

to al.lay [ə'lei] **1.** *(bolesť, utrpenie)* zmierniť, utíšiť; **2.** *(strach, podozrenie)* zaplašiť; **3.** *(hlad)* ukojiť, *(smäd)* uhasiť

al.le.ga.tion [ˌæli'geišən] *podst* **1.** neopodstatnené tvrdenie, obvinenie, *(práv)* výpoveď

al.leged [ə'ledžd] *príd* **1.** údajný, nepotvrdený, nedokázaný

al.le.giance [ə'li:džəns] *podst fml* (**~ to sb/ st**) **1.** vernosť, lojálnosť, poslušnosť, oddanosť, loajalita. *Syn*: fidelity, loyalty, fealty, homage. *Opoz*: faithlessness, disaffection

al.ler.gic [ə'lə:džik] *príd* **1.** *(reakcia, vyrážka ap)* alergický

al.ler.gy [ælədži] *podst* **1.** alergia, precitlivenosť, zvýšená citlivosť

to al.le.vi.ate [ə'li:vieit] **1.** *(bolesť ap)* zmierniť, zmenšiť, stíšiť, uľahčiť

al.ley [æli] *podst* (mn **-eys**) **1.** ulička, priechod, chodník; **2.** *(na kolky a pod)* dráha

al.li.ance [ə'laiəns] *podst* **1.** spojenecký zväzok, aliancia, spojenectvo, spojenie.

Syn: league, coalition, confederacy, confederation, union

al.lied [ə'laid] *príd* **1.** *(pol)* spojenecký; **2.** spriaznený, spojený

al.li.ga.tor [æligeitə] *podst* **1.** *(zool: Aligator mississipiensis)* aligátor

to al.lo.cate [æləkeit] (**~ st**); (**~ to sb/ st**) **1.** prideliť, určiť, stanoviť; **2.** rozdeliť, vyčleniť, dotovať. *Syn* ⇨ **to allot**

al.lo.ca.tion [ˌælə'keišn] *podst* **1.** pridelenie, rozdelenie; **2.** prídel, kvóta, kontingent

to al.lot [ə'lot] [**-tt-**] (**st** [**to sb/ st**]) **1.** určiť, stanoviť, prideliť; **2.** rozdeliť, rozvrhnúť. *Syn*: to assign, to apportion, to allocate

al.lot.ment [ə'lotmənt] *podst* **1.** pridelenie, prideľovanie; **2.** prídel, diel; **3.** *(ob br)* malá parcela, záhradka

all out [o:laut] **1.** *(úsilie)* krajný; **2.** obrovský, maximálny, mohutný, totálny; **3.** *(podpora)* bezvýhradný, neobmedzený

to al.low [ə'lau] **1.** dovoliť, povoliť; **2.** nechať; **3.** poskytnúť, dať k dispozícii, umožniť; **4.** *(s čím)* počítať; **5.** uznať za správne, potvrdiť

al.low.ance [ə'lauəns] *podst* **1.** finančná podpora, dávka, renta, *(dtd)* apanáž, vreckové; **2.** príplatok; **3.** zľava

al.loy [æloi] *podst* (mn **-oys**) **1.** zliatina, prímes, rýdzosť

all-rounder [ˌo:l'raundə] *podst* **1.** *(špo)* všestranný hráč kriketu

all-time [o:ltaim] **1.** rekordný, najvyšší, absolútny

to al.lude [ə'lu:d] (**~ to sb/ st**) **1.** robiť narážky, narážať, nepriamo poukazovať. *Syn* ⇨ **to refer**

al.lure [ə'ljuə] *podst* **1.** príťažlivosť, čaro

al.lu.sion [ə'lu:žən] *podst* (**~ to sb/ st**) **1.** narážka, zmienka

al.ly [ə'lai] *podst* (mn **-ies**) **1.** spojenec. *Syn* ⇨ **associate**

al.might.y [o:l'maiti] **I.** *podst* **1.** Všemohúci; **II.** *príd* **2.** všemohúci, všemocný; **3.** *(ifm: krik)* pekelný, hurónsky, príšerný

al.mond [a:mənd] *podst* **1.** *(bot: plod)* mandľa; **2.** *(bot almond tree: Amygdalus communis)* mandľovník

al.most [o:lməust] **1.** *prísl* takmer: **he ate almost nothing** *takmer [nič] nejedol*, temer: **almost bare trees** *temer holé stromy*, skoro: **almost always** *skoro vždy*, bezmála:, **almost seven [o' clock]** temer sedem, **he almost fell** *skoro/ bezmála spadol*, prakticky: **almost finished** *prakticky hotové*, div [že] nie:, **he goes there almost every day** *chodí tam div [že] nie každý deň*, *(almost too)* až [príliš]; **2.** *(s záp)* len-len[že] ne[-]: **he almost lost his life** *len-len že nezomrel*; **3.** *(zast)* čajsi

a.loft [ə'loft] *prísl* **1.** *(označuje miesto)* hore, vo vzduchu, nad zemou, vo výške; **2.** *(: smer)* do vzduchu, nahor, dohora

a.lone [ə'ləun] **1.** sám, osamotený, samotný, jediný. *Syn*: alone, solitary, lonely, lone, lonesome. *Opoz*: accompanied

a.long [ə'loŋ] **I.** *predl* **1.** *(vyj: smerovanie po dĺžke/ povrchu)* po: **to walk along the road** *ísť po ceste*; **2.** *(: pohyb vedľa niekoho/ niečoho)* popri, *(: po dĺžke vonku)* pozdĺž, *(: v smere popri niekom/ niečom)* povedľa, vedľa, *(along [with])* so sebou, **come along with me** *poď so mnou*; **3.** *(zr)* mimo, *(zast)* podľa; **II.** *prísl* **4.** *(: pohyb)* ďalej, dopredu; **5.** *(: vzdialenie sa)* preč; **6.** *(v spoločnosti)* spolu; **7.** *(come along!)* poď[te] !

a.long.side [əˌloŋ'said] **I.** *predl* **1.** *(vyj: smerovanie/ polohu vedľa)* pozdĺž: **there are benches alongside the walls** *pozdĺž steny sú lavice*, povedľa, vedľa: **the road runs alongside the stream** *cesta vedie pozdĺž/ [po]vedľa potoka*; **2.** *(: polohu vedľa)* popri, pri, okolo; **3.** *(: spojenosť)* s: **the movie starred Tom Cruise alongside Dustin Hoffman** *vo filme v hlavnej úlohe hral Tom Cruise s Dustinom Hoffmanom*; **4.** *(zast)* podľa; **II.** *prísl* 5. vedľa; **6** *(obďaleč)* bokom

a.loof [ə'lu:f] (**~ from sb/ st**) **I.** *príd* **1.** odmeraný, chladný, rezervovaný, strohý, povznesený, vzdialený; **II.** *prísl (idm: ostať)* bokom, stranou

a.loud [ə'laud] *prísl* **1.** *(hlasno)* nahlas, hlasito, hlasno

al.pha.bet [ælfəbit] *podst* **1.** abeceda, *(prn)* základy

al.pine [ælpain] **I.** *podst* **1.** alpská scenéria/ alpské podnebie, vysokohorská chata; **2.** *(bot alpine currant: Ribes alpinum)* ríbezľa [alpínska]; **II.** *príd* **3.** alpínsky, horolezecký

al.ready [o:ľredi] *prísl* **1.** už, predsa už

al.so [o:lsəu] *prísl* **1.** tiež, taktiež, aj, rovnako; **2.** naviac, okrem toho, okrem

al.tar [o:ltə] *podst* **1.** oltár

to al.ter [o:ltə] **1.** zmeniť, premeniť, pozmeniť, modifikovať, upraviť, *(oblečenie)* prešiť; **2.** *(am, aus)* kastrovať. *Syn* ⇨ **to change**

al.ter.nate [o:ľtə:nət/AM'o:lːə:nət] **I.** *podst* **1.** *(am)* náhradník, náhradníčka, zástupca, zástupkyňa; **II.** *príd* **2.** striedavý, každý druhý; **3.** náhradný, rezervný. *Syn* ⇨ **intermittent**

al.ter.nat.ive.ly [o:ľtə:nətivli] *prísl* **1.** alternatívne, alebo v opačnom prípade, inak

al.though [o:ľðəu] (i am ifm **altho**) **1.** *(uv: prípustkovú vetu)* hoci, aj keď, i keď, **although he was busy, he came all the same**; *hoci nemal čas, predsa len prišiel, (navzdor)* napriek, bár[s]; **2.** *(: odporovaciu vetu)* **although she is not young, she is still pretty**; *bárs nie je mladšia, je ešte stále pekná*, **they said they were married, although I am sure they are not**; *povedali, že sú manželia, ale som istý, že nie sú*

al.ti.tude [æltitju:d] *podst* **1.** nadmorská výška, *(let)* výška letu, 2. výšina. *Syn* ⇨ **height**

al.to.ge.ther [ˌo:ltə'geðə] *prísl* **1.** dohromady, dovedna, *(hov)* dokopy, vcelku; **2.** celkom, úplne; **3.** v podstate

al.u.mi.ni.um [ˌælju'minjəm] *podst* (am **aluminum**, symb **Al**) **1.** alumínium, hliník

a.lum.nus [ə'lamnəs] *podst* (mn **alumni**) **1.** *(am, mn i br)* bývalý žiak str. školy, univerzity, bývalý študent str. školy, univerzity; **2.** absolvent, abiturient

al.ways [o:lwəiz] *prísl* **1.** vždy, zakaždým; **2.** stále, večne

a.mal.gam [ə'mælgəm] *podst* **1.** *(chem)* amalgám; **2.** zmes

to a.mal.gam.ate [ə'mælgəmeit] (~ **sb/ st**); (~ **with sb/ st**) **1.** amalgamovať; **2.** zlúčiť, spojiť, miešať sa, splývať

to a.mass [ə'mæs] **1.** zhromaždiť, nazhromaždiť, nahromadiť sa, nakopiť sa

am.a.teur [æmətə] *podst* **1.** *(i pej)* amatér, neprofesionál, diletant; **2.** nadšenec, milovník, obdivovateľ. *Syn*: dilettante, novice, neophyte, tyro. *Opoz*: professional, expert

to a.maze [ə'meiz] **1.** udiviť, uviesť do úžasu, ohromiť, prekvapiť

a.maze.ment [ə'meizmənt] **1.** prekvapenie, údiv, úžas

a.maz.ing [ə'meiziŋ] *príd ob appr* **1.** prekvapujúci, úžasný, vynikajúci, ohromujúci, udivujúci

am.bas.sa.dor [æm'bæsədə] *podst* **1.** veľvyslanec

am.ber [æmbə] *podst jč* **1.** jantár; **2.** *(br: na semafóre)* žltá

am.bi.ence [æmbiəns] *podst ob jč* (i **ambiance**) **1.** atmosféra, ovzdušie, prostredie

am.bi.gu.i.ty [ˌæmbi'gju(:)əti] *podst* (mn **-ies**) **1.** dvojzmyselnosť, dvojznačnosť, viacznačnosť, nejasnosť; **2.** dvojzmysel

am.bi.gu.ous [æmˌbigjuəs] *príd* **1.** dvojznačný, mnohoznačný, viacznačný, nejednoznačný; **2.** *(žart)* dvojzmyselný; **3.** *(i úsmev)* neurčitý, *(odpoveď)* nejasný, záhadný, *(kniž)* pýtický . *Syn* ⇨ **obscure**

am.bi.tion [æm'bišən] *podst* (~ **to be/ do st**) **1.** ctižiadosť, ctižiadostivosť, ambícia; **2.** túžba, [túžobné] želanie, sen; **3.** snaha, úsilie

am.bi.tious [æm'bišəs] *príd* **1.** *(človek)* ctižiadostivý; **2.** *(plán, projekt)* grandiózny, smelý, snaživý, ambiciózny. *Syn*: aspiring, aspiring, enterprising, emulous

am.bi.va.lent [ˌæmbi'veilənt] *príd* (~ **about sb/ st**) **1.** dvojaký; **2.** nevyhranený

am.bu.lance [æmbjuləns] *podst* **1.** sanitný voz, sanitka, ambulancia; **2.** *(voj)* lazaret

am.bush [æmbuš] *podst jč* **1.** nástraha, pasca, záloha; **2.** *(voj)* oddiel v zálohe; **3.** útok/ napadnutie zo zálohy

to a.mend [ə'mend] **I.** *prech* **1.** pozmeniť, doplniť, opatriť doplnkami, *(text)* vylepšiť, *(chyby)* opraviť, *(správanie)* zlepšiť; **II.** *nepr* **2.** polepšiť sa

a.mend.ment [ə'mendmənt] *podst* **1.** návrh, doplnok, *(práv)* dodatok k ústave/ zákonu, novela

a.me.ni.ty [ə'mi:nəti] *podst* (mn **-ies**) **1.** príjemnosť, pohoda, nádhera, pohodlie, výhodná poloha

A.mer.i.can [ə'merikən] **I.** *podst* **1.** Američan, Američanka; **2.** americká angličtina; **3.** *(bot American lime/ linden:)* lipa [americká]; **II.** *príd* **4.** americký; **5.** indiánsky

a.mi.a.ble [eimjəbl] *príd* **1.** *(ku komu)* prívetivý, vľúdny, láskavý, priateľský, milý, ľúbezný. *Syn*: affable, good-natured, obliging, genial, cordial. *Opoz*: surly, ill-natured

am.ic.a.ble [æmikəbl] *príd* **1.** priateľský, kamarátsky, pokojný, *(práv)* zmierny

a.mid [ə'mid] (i **amidst**) **1.** *(vyj: priestor/ čas v strede)* uprostred, naprostred, doprostred; **2.** *(: výskyt v spoločenstve, distribúciu)* medzi: **amidst friends**; *medzi priateľmi*; **3.** *(: čas v strede)* počas, behom, v

am.mo.ni.a [ə'məunjə] *podst jč* **1.** čpavok, *(chem)* amoniak

am.mu.ni.tion [ˌæmju'nišən] *podst jč* **1.** *(voj)* munícia, strelivo; **2.** *(prn)* argumenty, dôkazy

am.ne.sty [æmnisti] *podst* (mn **-ies**) **1.** amnestia

a.mong [ə'maŋ(st)] (i **amongst**) **1.** *(vyj: miesto uprostred viacerých)* medzi: **a village among trees/ mountains**; *dedinka medzi stromami/ horami*, uprostred; **2.** *(: výskyt v spoločenstve, distribúciu)* medzi: **to live among foreign people**; *žiť medzi cudzími ľuďmi*, **among the last**; *medzi poslednými*, **politicians are always arguing among themselves**; *politici sa stále hádajú medzi sebou*; **3.** *(pomedzi, skrz)* cez, spomedzi; **4.** *(among ourselves)* my; **5.** *(among themselves)* they, vzájomne, spoločne, dokopy

a.mount [ə'maunt] *podst* (~ **of st**) **1.** čiastka, obnos; **2.** množstvo, kvantum, miera, rozsah. *Syn* ⇨ **sum**

am.phet.a.mine [æm'fetəmi(:)n] *podst* **1.** amfetamín

am.phib.i.ous [æm'fibiəs] *príd* **1.** *(bot, zool, voj)* obojživelný

am.ple [æmpl] *príd* **1.** priestorný, rozsiahly, obšírny, rozľahlý; **2.** bohatý, bujný, plný, hojný; **3.** viac než dosť

am.pli.fi.er [æmplifaiə] *podst* (i ifm **amp**) **1.** *(signálu)* zosilňovač

to am.pli.fy [æmplifai] (mč, mp **-fied**) **1.** zosilniť, zosilňovať; **2.** *(tému, príbeh)* rozviesť, *(myšlienku)* vysvetliť podrobnejšie; **3.** *(vedomosti)* rozšíriť, prehĺbiť

to am.pu.tate [æmpjuteit] **1.** amputovať, *(nohu ap)* odňať

to a.muse [ə'mju:z] **I.** *prech* **1.** obveseliť; **2.** zabávať, rozptýliť; **II.** *zvrat* **3.** *(os)* zabávať sa, rozptýliť sa, krátiť si voľnú chvíľu. *Syn*: to amused, to divert, to entertain, to beguile . *Opoz*: to bore

a.muse.ment [ə'mju:zmənt] *podst* **1.** zábava, kratochvíľa, rozptýlenie, pobavenie, veselie; **2.** zábavný program

a.mus.ing [ə'mju:ziŋ] *príd* **1.** *(rozveseľujúci, veselý)* zábavný, *(i príbeh)* smiešny

a.nae.mi.a [ə'ni:mjə] *podst jč* (am **anemia**) **1.** anémia, chudokrvnosť

an.aes.thet.ic [ˌænis'θetik] *podst* (am **anesthetic**) **1.** *(lek)* anestetikum

a.nal [einl] *príd* **1.** *(anat)* ritný, análny

an.a.logue [ænəlog] *podst* (am **analog**) **1.** analogón, náprotivok

a.nal.o.gy [ə'nælədži] *podst* (mn **-ies**) **1.** analógia, podobnosť, obdoba. *Syn* ⇨ **likeness**

to an.a.lyse [ænəlaiz] (am **analyze**) **1.** analyzovať, podrobiť analýze; **2.** preskúmať; **3.** *(ling: vetu)* rozobrať; **4.** *(lek)* urobiť psychoanalýzu

a.nal.y.sis [ə'næləsis] *podst* (mn **analyses**) **1.** analýza, *(i chem, mat, fyz, lit, gram, ekon)* rozbor, *(lek)* psychoanalýza

an.al.yst [ænəlist] *podst* **1.** *(mat)* analytik, *(chem)* laborant, *(lek)* psychoanalytik

an.ar.chic [æ'na:kik] **1.** *(i zle organizova-*

ný:) anarchický

an.ar.chist [ænəkist] *podst* **1.** anarchista, anarchistka

an.ar.chy [ænəki] *podst jč* **1.** anarchia, bezvládie; **2.** *(prn)* chaos

a.nath.e.ma [əˈnæθəmə] *podst* **1.** *(náb)* kliatba, anatéma

a.nat.o.my [əˈnætəmi] *podst* (mn **-ies**) **1.** anatómia; **2.** pitva, pitvanie

an.ces.tor [ænsestə] *podst* **1.** predok, pradedo, *(dávny predok)* praded, *(dávny predok)* praotec; **2.** *(prn)* predchodca

an.ces.tral [ænˈsestrl] *príd* **1.** po predkoch

an.ces.try [ænsestri] *podst ob jč* (mn **-ies**) **1.** pôvod, rod; **2.** predkovia

an.chor [æŋkə] *podst* **1.** *(nám)* kotva; **2.** *(prn)* útočisko, záchrana, spása, opora; **3.** *(am: anchorman)* televízny moderátor

an.chor.age [æŋkəridž] *podst* **1.** kotvisko; **2.** kotevné, prístavný poplatok

an.cho.vy [ænčəvi/ænˈčəuvi] *podst* (mn **-ies**) **1.** sardela

an.cient [einšənt] *príd* **1.** *(i žart)* starý, starodávny, starobylý; **2.** staroveký, antický; **3.** staromódny, *(ifm)* predpotopný. *Syn* ⇨ **old**

to an.ger [æŋgə] **1.** hnevať, rozhnevať, zlostiť, rozčúliť

an.gi.na [ænˈdžainə] *podst jč* **1.** *(lek)* angína pectoris; **2.** srdcová angína, stenokardia

an.gle [æŋgl] *podst* **1.** *(geom)* uhol; **2.** *(prn)* hľadisko, stanovisko, zorný uhol, stránka; **3.** roh, kút

an.gler [æŋglə] *podst* **1.** *(s udicou)* rybár, rybárka

an.gry [æŋgri] *príd* {**-ier, -iest**} **1.** rozhnevaný, *(pohľad)* zlostný, besný; **2.** *(more)* rozbúrený, búrlivý, *(obloha)* zamračený

angst [æŋst] *podst jč* **1.** pocit úzkosti

an.guish [æŋgwiš] *podst jč* **1.** útrapy, trýzeň, muka

an.gu.lar [æŋgjulə] *príd* **1.** hranatý, ostro zrezaný, hrboľatý; **2.** *(človek)* kostnatý, vychudnutý; **3.** *(prn: pohyb)* neohrabaný; **4.** *(tech)* uhlový

an.i.mal [ænimǝl] **I.** *podst* **1.** živočích, zviera, dobytok; **2.** *(prn)* zviera, *(o človeku)* beštia; **3.** *(prn)* bytosť, tvor; **II.** *príd* **4.** zvierací, živočíšny, animálny. *Syn* ⇨ **carnal**

an.i.mat.ed [ænimeitid] *príd* **1.** živý, oživený, vzrušený. *Syn* ⇨ **lively, living**

an.i.ma.tion [ˌæniˈmeišn] *podst jč* **1.** oživenie, živosť, *(mestského života)* ruch; **2.** animácia

an.i.mos.i.ty [ˌæniˈmosəti] *podst* (mn **-ies**) **1.** animozita, nepriateľstvo, nevraživosť, odpor

an.kle [æŋkl] *podst* **1.** *(anat)* členok

to an.nex [əˈneks] (**~ st**); (**~ to st**) **1.** anektovať, zabrať, násilne pripojiť; **2.** *(pričleniť)* pripojiť, pričleniť, pridružiť, pripájať

to an.ni.hi.late [əˈnaiəleit] **1.** *(úplne)* zničiť, rozdrviť, potrieť, rozprášiť, *(populáciu)* vyhladiť, *(človeka)* zdeptať. *Syn* ⇨ **to destroy**

an.ni.ver.sa.ry [ˌæniˈvə:səri] *podst* (mn **-ies**) **1.** výročie, oslava výročia

to an.nounce [əˈnauns] **1.** oznámiť, prehlásiť; **2.** ohlásiť, inzerovať; **3.** vyhlásiť; **4.** veštiť, byť predzvesťou [čoho]. *Syn*: to declare

an.nounce.ment [əˈnaunsmənt] *podst* **1.** oznámenie; **2.** správa, inzerát, hlásenie; **3.** vyhláška; **4.** ohlásenie

to an.noy [əˈnoi] **1.** dráždiť, zlostiť, ísť na nervy, *(ifm)* štvať; **2.** obťažovať. *Syn*: to irk, to bother, to plague, to tease, to vex. *Opoz*: to comfort, to soothe

an.noy.ance [əˈnoiəns] *podst* **1.** mrzutosť, rozmrzenosť, nevôľa; **2.** nepríjemnosť, kríž

an.noy.ing [əˈnoiiŋ] *príd* **1.** mrzutý, protivný

an.nu.al [ænjuəl] **I.** *podst* **1.** *(kniha)* ročenka, almanach, výber z komiksov; **2.** *(bot)* jednoročná rastlina, letnička; **II.** *príd* **3.** *(i príjem, výroba)* ročný, jednoročný; **4.** *(podujatie, návšteva)* každoročný, *(schôdza, záznam)* výročný

an.nu.i.ty [əˈnju(:)iti] *podst* (mn **-ies**) **1.** ročná renta, anuita

a.nom.a.ly [əˈnoməli] *podst* (mn **-ies**) **1.** anomália, odchýlka; **2.** neregulárnosť

a.non.y.mous [əˈnoniməs] *príd* **1.** anonymný, nepodpísaný

an.o.rak [ænəræk] *podst* **1.** bunda, *(ob nepremokavá s kapucňou)* vetrovka

an.o.rex.i.a [ˌænəˈreksiə] *podst jč* **1.** *(lek)* nechutenstvo, strata chuti do jedla

an.oth.er [əˈnaðə] **1.** *(nasledujúci (v čase, v priestore)* ďalší; **2.***(i taký/ nie taký)* druhý; **3.***(nie taký, odlišný)* iný; **4.** *(navyše)* ešte jeden

an.swer [a:nsə] *podst* (~ **to sb/ st**) **1.** odpoveď; **2.** reakcia; **3.** riešenie; **4.** obdoba; **5.** *(práv: pred súdom)* námietka, obhajoba; **6.** *(mat)* výsledok.

to an.swer [a:nsə] **1.** *(komu)* odpovedať; **2.** vyvrátiť; **3.** vyriešiť, nájsť riešenie. *Syn:* to reply, to respond, to retort, to rejojn. *Opoz:* to ask, to enquire, to question

ant [ænt] *podst* **1.** *(zool: Formicoidea)* mravec

an.tag.on.ist [ænˈtægənist] *podst* **1.** protivník, súper; **2.** *(anat)*/ sval pôsobiaci opačne než druhý, antagonista. *Syn* ⇨ **opponent**

to an.tag.o.nize [ænˈtægənaiz] **1.** *(koho)* znepriateliť si, popudiť si; **2.** *(ifm)* rozhádzať si to [s kým]

An.tarc.tic [ænťa:ktik] *príd* **1.** antarktický

an.te [ænti] *podst* **1.** *(v pokri ap)* stávka pred rozdaním kariet

an.ten.na [ænˈtenə] *podst* **1.** *(hmyzu)* tykadlo; **2.** *(tel, roz ob am)* anténa

an.them [ænθəm] *podst* **1.** hymna, hymnus, moteto, chorál, kantáta

an.thol.o.gy [ænˈθolədži] *podst* (mn **-ies**) **1.** antológia; **2.** *(z literárnych diel)* výber, *(básnická, noviel)* zbierka, *(poézie)* zborník

an.thro.pol.o.gy [ˌænθrəˈpolədži] *podst jč* **1.** antropológia

an.ti-Se.mi.tic [ˌantisiˈmitik] *príd* **1.** antisemitský, protižidovský

an.ti-Se.mit.ism [ˌæntiˈsemitizm] *podst jč* **1.** antisemitizmus

an.ti.bi.ot.ic [ˌæntibaiˈotik] **I.** *podst* **1.** antibiotikum; **II.** *príd* **2.** antibiotický

an.ti.bo.dy [ˈæntiˌbodi] *podst* (mn **-ies**) **1.** *(lek)* protilátka

to an.ti.ci.pate [ænˈtisipeit] **1.** očakávať, *(s čím)* počítať; **2.** predvídať, tušiť, šípiť; **3.** predísť, predstihnúť; **4.** urýchliť; **5.** *(v rozprávaní |)* predbiehať

an.ti.ci.pa.tion [ænˌtisiˈpeišn] *podst jč* **1.** očakávanie; **2.** predvídanie, predvídavosť, odhad, anticipácia

an.ti.dote [æntidəut] *podst* (~ **to st**) **1.** protilátka, protijed; **2.** *(prn: na čo)* liek, protiliek

an.ti.pa.thy [ænˈtipəθi] *podst jč* (~ **to/ towards sb/ st**) **1.** antipatia. *Syn* ⇨ **aversion**

an.ti.quat.ed [æntikweitid] *príd ob der* **1.** zastaraný, *(pej)* predpotopný, staromódny, *(pej)* muzeálny

an.tique [ænˈti:k] **I.** *podst* **1.** starožitnosť; **2.** antické umenie; **3.** *(tlač)* antikva; **II.** *príd* **4.** *(i filozofia, literatúra)* antický, staroveký, starodávny, starobylý; **5.** *(nábytok ap)* starožitný; **6.** staromódny, zastaraný. *Syn* ⇨ **old**

an.ti.qui.ty [ænˈtikwəti] *podst* (mn **-ies**) **1.** dávnovek, pravek, starovek, antika; **2.** staroba, starodávnosť

an.ti.so.cial [ˌæntiˈsəušl] *príd* **1.** antisociálny, protispoločenský; **2.** nespoločenský, nedružný, samotársky. *Syn*: unsocial

anx.i.e.ty [æŋˈzaiəti] *podst* **1.** *(i lek)* úzkosť, nepokoj, starosť, znepokojenie; **2.** úzkostlivosť, tieseň, stres. *Syn* ⇨ **care**

anx.ious [æŋkšəs] *príd* **1.** znepokojený, znepokojený, pociťujúci starosť; **2.** úzkostný, znepokojujúci, plný obáv. *Syn* ⇨ **eager**

an.y [eni] **1.** hociktorý, ktorýkoľvek, akýkoľvek, *(any of)* každý; **2.** *(i v otázke)* nejaký; **3.** *(v záp)* žiadny, nijaký; **4.** *(any time)* hocikedy

an.y.bod.y [ˈeniˌbodi/enibədi] (i **anyone**) ktokoľvek, každý; **3.** *(v zap)* nikto

an.y.how [enihau] *prísl ifm* **1.** i **anyway** rovnako, v každom prípade, tak ako tak; **2.** okrem toho, napriek tomu; **4.** *(ifm)* nedbanlivo, ledabolo

an.y.thing [eniθiŋ] **1.** *(v otaz, i po: if, whether, hardly, without)* niečo: **do you know if/ whether anything happened?** *vieš,* *či sa niečo stalo?*, **do you want anything else?** *prajete si ešte niečo?* **2.** *(v záp, i po: never)* nič: **I don't want anything** *nechcem nič*; **3.** čokoľvek, hocičo, všetko, všeličo, kadečo; **4.** *(or anything)* alebo niečo podobne, *(anything but)* určite nie, *(not anything like)* úplne iný ako, určite nie

an.y.where [eniweə] *prísl* (am i **anyplace**) **1.** niekde, niekam; **2.** *(v zápore)* nikde, nikam; **3.** kdekoľvek, kamkoľvek, hocikde, všade

a.part [ə'pa:t] *prísl* **1.** od seba; **2.** oddelene, osve, zvlášť; **3.** stranou; **4.** bokom

a.part.heid [ə'pa:theit] *podst jč* **1.** apartheid

a.part.ment [ə'pa:tmənt] *podst* **1.** *(br)* garsoniéra, izba; **2.** *(am)* byt, podnájom

ap.a.thy [æpəθi] *podst jč* **1.** apatia

ape [eip] *podst* **1.** *(zool: Simiae, Anthtropoidea, i prn)* opica

to ape [eip] **1.** *(pej)* opičiť sa po kom, *(koho)* napodobňovať . *Syn* ⇨ **to imitate**

ap.er.ture ['æpəˌtjuə] *podst* **1.** otvor; **2.** *(veľkosť otvoru optických prístrojov)* apertúra; **3.** *(fot)* svetelnosť

a.phid [eifid] *podst* **1.** *(zool: Aphis)* voška

a.piece [ə'pi:s] *prísl* **1.** *(cena)* za kus, po kuse, po, **20 crowns apiece** *2O korún za kus/ po 20 korún*; **2.** na osobu, každý: **they got 100 crowns a piece** *dostali 100 na osobu/ každý dostal 100 korún*, **they scored one goal apiece**; *každý dal jeden gól*

a.poc.a.lypse [ə'pokəlips] *podst* **1.** apokalypsa; **2.** zjavenie

a.poc.a.lyp.tic [əˌpokə'liptik] *príd* **1.** apokalyptický; **2.** hrozný, desivý, hrôzostrašný

a.pol.o.get.ic [əˌpolə'džetik] *príd* (**~ about st**) **1.** *(pohľad, úsmev)* previnilý, skrúšený, *(hlas, tón)* kajúcny, ospravedlňujúci

to a.pol.o.gize [ə'polədžaiz] (**~ to sb**); (**~ for st**) **1.** ospravedlniť sa, ospravedlňovať sa

a.pol.o.gy [ə'polədži] *podst* (mn **-ies**) **1.** ospravedlnenie, obhajoba; **2.** *(fml)* apológia; **3.** *(prn)* úbohá náhrada, obrana

to ap.pal [ə'po:l] **[-ll]** (am i **appall**]) **1.** konšternovať, šokovať, naplniť hrôzou, vystrašiť, vydesiť, vyľakať

ap.pal.ling [ə'po:liŋ] *príd ifm* **1.** hrozný, strašný, otriasajúci, príšerný, do neba volajúci

ap.pa.ra.tus [ˌæpə'reitəs/AM'ˌæpə'rætəs] *podst* (zr mn **apparatuses**) **1.** aparatúra, zariadenie, vybavenie; **2.** prístroj, *(i admin prn)* aparát

ap.par.el [əˌpærl] *podst jč fml* **1.** odev, šaty, rúcho

ap.par.ent [ə'pærənt] *príd* **1.** zrejmý, evidentný, zjavný; **2.** zdanlivý

ap.peal [ə'pi:l] *podst* **1.** žiadosť; **2.** *(k národu, verejnosti)* výzva, apel; **3.** *(práv)* odvolanie; **4.** *(špo)* reklamácia, protest; **5.** pôvab, čaro, príťažlivosť

to ap.peal [ə'pi:l] **1.** *(na koho/ na čo)* apelovať, obracať sa, *(verejne)* žiadať; **2.** *(hov: menovať niekoho, niečo nejako)* hovoriť, vyzývať, budiť; **3.** *(práv)* odvolať sa, *(podať námietku odvolaním)* napadnúť, *(špo)* podať protest; **4.** priťahovať, páčiť sa. *Syn*: to plead, to petition, to pray, to supplicate

ap.peal.ing [ə'pi:liŋ] *príd* **1.** príťažlivý, pôvabný, milý, príjemný, *(dieťa)* peknučký, roztomilý; **2.** *(pohľad, hlas)* prosebný, úpenlivý

to ap.pear [ə'piə] **1.** objaviť sa, vynoriť sa, *(z mrakov)* vysvitnúť; **2.** ukázať sa, zjaviť sa, byť zrejmé; **3.** zdať sa, javiť sa; **4.** dostaviť sa; **5.** vyskytnúť sa; **6.** *(na predstavení)* vystúpiť, *(v čom)* hrať, spievať, tancovať

ap.pear.ance [ə'piərəns] *podst* **1.** objavenie sa, vynorenie sa, zjavenie sa; **2.** výzor, vzhľad, zovňajšok; **3.** dostavenie sa; **4.** výskyt; **5.** vystúpenie; **6.** *(publikácie)* vydanie, uverejnenie . *Syn*: look, aspect, semblance, guise

to ap.pease [ə'pi:z] **1.** upokojiť, uchlácholiť, učičíkať; **2.** tlmiť, stlmiť, mierniť, zmierniť; **3.** *(hlad)* ukojiť, utíšiť, zahnať, uspokojiť, *(smäd)* uhasiť; **4.** *(pol: ústupky)* uzmieriť, robiť politiku ústupkov. *Syn* ⇨ **to pacify**

ap.pease.ment [ə'pi:zmənt] *podst jč* **1.** upokojenie, zmierenie; **2.** uchlácholenie, ukojenie, *(hladu)* zahnanie, uspokojenie

ap.pel.la.tion [ˌæpəˈleišn] *podst fml* **1.** pomenovanie, názov

ap.pen.dix [əˈpendiks] *podst* **1.** *(lek)* slepé črevo, apendix, červovitý prívesok; **2.** *(v knihe)* dodatok, príloha

ap.pe.tite [æpitait] *podst* **1.** *(na jedlo, do jedla)* chuť; **2.** *(prn)* túžba, nálada, záľuba

to ap.plaud [əˈplo:d] **I.** *prech* **1.** aplaudovať; **2.** *(prn)* schvaľovať, *(čomu)* fandiť; **II.** *nepr* **3.** tlieskať

ap.plause [əˈplo:z] *podst jč* **1.** potlesk, aplauz; **2.** *(prn)* chvála, pochvala, uznanie

ap.ple [æpl] **I.** *podst* **1.** *(plod)* jablko; **2.** *(apple tree)* jabloň; **II.** *príd* **3.** *(závin ap)* jablkový, jablčný; **4.** *(sad)* jabloňový

ap.pli.ance [əˈplaiəns] *podst* **1.** zariadenie, prístroj, stroj, strojček; **2.** hasičská striekačka

ap.pli.cant [æplikənt] *podst* (~ **for st**) **1.** uchádzač, záujemca, kandidát, žiadateľ

ap.pli.ca.tion [ˌæpliˈkeišən] *podst* **1.** *(o čo)* žiadosť, *(na univerzitu ap)* prihláška; **2.** použitie; **3.** použiteľnosť, platnosť; **4.** *(lek)* liečivá náplasť, masť, sústredenie; **5.** *(inf)* aplikácia

to ap.ply [əˈplai] (mč, mp **applied**) **I.** *prech* **1.** aplikovať, použiť, uplatniť; **2.** sústrediť sa, venovať svoju pozornosť; **3.** *(embargo, sankciu)* uvaliť; **II.** *nepr* **4.** týkať sa, vzťahovať sa; **5.** platiť; **6.** žiadať; **7.** uchádzať sa

to ap.point [əˈpoint] **1.** vymenovať, ustanoviť, designovať; **2.** stanoviť, určiť; **3.** *(nábytkom)* vybaviť, *(dom)* zariadiť

ap.point.ee [əpoinˈti:] *podst* **1.** prijatý uchádzač; **2.** menovaný kandidát

ap.point.ment [əˈpointmənt] *podst* **1.** vymenovanie; **2.** funkcia, úrad; **3.** schôdzka, dohoda

ap.prais.al [əˈpreizl] *podst* **1.** ocenenie; **2.** *(situácie, práce ap)* hodnotenie, zhodnotenie, posúdenie, *(ceny)* odhad

to appraise [əˈpreiz] **1.** *(i cenu)* odhadnúť, oceniť, posúdiť, hodnotiť, zhodnotiť

to ap.pre.ci.ate [əˈpri:šieit] **I.** *prech* **1.** *(vysoko)* oceňovať, hodnotiť, *(čo)* vážiť si; **2.** byť vďačný; **3.** uvedomovať si, *(čo)* chápať; **4.** *(z čoho)* tešiť sa, vedieť oceniť, mať zmysel [pre]; **II.** *nepr* **5.** *(fin)* stúpnuť na cene, uznávať. *Syn*: to value, to prize, to treasure, to esteem, to cherish. *Opoz*: to despise, to disdain

ap.pre.ci.a.tion [əˌpri:šiˈeišən] *podst* **1.** ocenenie, uznanie; **2.** vďačnosť; **3.** *(čoho)* uvedomenie si, pochopenie; **4.** *(pre čo)* zmysel, *(pre čo)* porozumenie; **5.** *(priaznivá)* kritika, *(priaznivá)* recenzia; **6.** stúpnutie na cene

ap.pre.ci.at.ive [əˈpri:šjətiv] *príd* **1.** vďačný; **2.** uznanlivý, pochvalný; **3.** *(pohľad)* plný porozumenia; **4.** priaznivý

to ap.pre.hend [ˌæpriˈhend] **1.** zatknúť, zadržať, vziať do väzby, dolapiť, chytiť; **2.** *(dtd)* chápať, pochopiť, *(čomu, ob intuitívne)* porozumieť; **3.** *(fml)* strachovať sa, robiť si starosti, mať neblahé tušenie, mať zlú predtuchu

ap.pre.hen.sion [ˌæpriˈhenšən] *podst* **1.** zadržanie, zatknutie; **2.** strach, starosť, obava; **3.** *(dtd: čomu)* porozumenie, pochopenie; **4.** názor

ap.pre.hen.sive [ˌæpriˈhensiv] *príd* (~ **about/ of st**) **1.** znepokojený, naplnený úzkosťou

ap.pren.tice [əˈprentis] *podst* **1.** učeň, učeník; **2.** *(prn)* začiatočník, nováčik, zelenáč

ap.pren.tice.ship [əˈprentisšip] *podst* **1.** učenie; **2.** učebný čas, učebné roky

ap.proach [əˈprəuč] *podst* (mn **-es**) **1.** približovanie, príchod, príjazd; **2.** *(let)* priblíženie na pristátie; **3.** prístup, metóda

to ap.proach [əˈprəuč] **I.** *prech* **1.** *(k čomu, i prn: komu)* blížiť sa, *(k čomu)* priblížiť sa; **2.** *(komu/ čomu)* blížiť sa; **3.** *(prn: komu/ čomu)* rovnať sa, *(k čomu: problému)* pristúpiť; **4.** *(komu s: požiadavkou, návrhom)* obrátiť sa; **II.** *nepr* **5.** blížiť sa

ap.pro.pri.ate [əˈprəupriət] *príd* (~ **for/ to st**) **1.** patričný, náležitý, adekvátny, vhodný, primeraný, *(odpoveď, pripomienka)* priliehavý, výstižný; **2.** príslušný

ap.prov.al [əˈpru:vəl] *podst jč* **1.** schválenie, súhlas, uznanie, pochvala

to ap.prove [əˈpru:v] **I.** *nepr* **1.** súhlasiť; **II.**

prech **2.** schváliť, potvrdiť, preukázať. *Syn*: to to endorse, to sanction, to certify, to ratify. *Opoz*: to disapprove, to reject

ap.prox.i.mate [ə'proksimət] *príd* **1.** *(i mat: hodnota, derivácia, i fyz, geod)* približný, *(fml)* aproximatívny

a.pri.cot [eiprikot] *podst* **1.** *(plod)* marhuľa; **2.** *(apricot tree: bot Armeniaca)* marhuľa

A.pril [eiprəl] *podst* (sk **Apr**) **1.** apríl

a.pron [eiprən] *podst* **1.** zástera, prikrývka; **2.** *(let)* parkovacia plocha letiska, *(motora)* kryt

apt [æpt] *príd* **1.** vhodný, výstižný, trefný, prípadný; **2.** schopný, nadaný, inteligentný. *Syn* ⇨ **fit**, **quick**, **likely**

ap.ti.tude [æptitju:d] *podst* (~ **for st / doing st**) **1.** nadanie, talent, vlohy, schopnosť, dispozícia; **2.** *(joc ifm)* sklon, tendencia, náchylnosť. *Syn* ⇨ **talent**

a.qua.ri.um [ə'kweəriəm] *podst* (mn **aquariums**, **aquaria**) **1.** akvárium

A.qua.ri.us [ə'kweəriəs] *podst* **1.** *(astron, astrol)* Vodnár

a.quat.ic [ə'kwætik] *príd ob attr* **1.** vodný

A.ra.bi.an [ə'reibjən] *príd* **1.** arabský

ar.bi.ter [a:bitə] *podst* (~ **of st**) **1.** arbiter, rozhodca, *(v športe)* rozhodca. *Syn* ⇨ **judge**

ar.bi.trar.y [a:bitrəri] *príd* **1.** náhodný, *(číslo)* ľubovoľný; **2.** svojvoľný; **3.** absolutistický, despotický, tyranský. *Syn* ⇨ **dictatorial**

ar.bi.tra.tion [ˌa:bi'treišn] *podst* **1.** arbitráž

arc [a:k] *podst* **1.** *(stav, ele, mat)* oblúk

ar.cade [a:'keid] *podst* **1.** *(archit: podlubie)* arkáda; **2.** pasáž

arch [a:č] *podst* (mn **-es**) **1.** *(archit, stav)* oblúk; **2.** *(stav, i anat: chodidla)* klenba, vyklenutie

to arch [a:č] **I.** *prech* **1.** *(do oblúka)* vyklenúť; **II.** *nepr* **2.** *(cez čo)* klenúť sa

ar.cha.ic [a:'keiik] *príd* **1.** *(slová, štýl ap)* zastaraný, archaický, *(prn: auto ap)* predpotopný

ar.che.typ.al [a:kitaipl] *príd* **1.** typický

ar.che.type [a:kitaip] *podst fml* **1.** *(model)* prototyp, archetyp, pravzor; **2.** typický príklad

ar.chi.tect [a:kitekt] *podst* **1.** *(pracovník)* architekt, staviteľ; **2.** *(prn)* strojca

ar.chi.tec.tur.al [ˌa:ki'tekčərəl] *príd* **1.** architektonický, staviteľský

ar.chi.tecture [a:kitekčə] *podst* **1.** architektúra, staviteľstvo, stavebný sloh

ar.chive [a:kaiv] *podst* **1.** archív

ar.dent [a:dənt] *príd* **1.** vášnivý, vrelý; **2.** fanatický, náruživý, horlivý, zanietený. *Syn* ⇨ **passionate**

ar.du.ous [a:djuəs] *príd* **1.** obtiažny, namáhavý, prácny, neľahký, náročný. *Syn* ⇨ **hard**

a.re.a [eəriə] *podst* **1.** plocha, *(i mat)* plošný obsah, plošný výmer, rozloha, *(mat)* dosah; **2.** *(i fot)* územie, oblasť, pásmo, zóna; **3.** priestor, areál; **4.** *(i voj)* pole, sféra; **5.** *(br)* anglický dvorček [znížený priestor okolo budovy na osvetlenie a vetranie suterénu]; **6.** *(tela)* oblasť, miesto

a.re.na [ə'ri:nə] *podst* **1.** *(špo, i prn)* aréna, zápasisko, manéž

to ar.gue [a:gju:] **1.** diskutovať, prerokovávať, *(práv)* obhajovať, polemizovať, hádať sa, hašteriť sa; **2.** argumentovať, tvrdiť, dokazovať. *Syn* ⇨ **to discuss**

ar.gu.ment [a:gjumənt] *podst* **1.** *(i mat)* argument, dôvod; **2.** argumentácia; **3.** debata, diskusia, polemika; **4.** spor, hádka, kontroverzia; **5.** *(lit: dejové zápletky)* zhrnutie. *Syn*: dispute, controversy

a.ri.a [a:riə] *podst* (mn **arias**) **1.** ária

ar.id [ærid] *príd* **1.** vyschnutý, suchý, vyprahnutý, *(i podnebie)* aridný; **2.** *(prn)* suchopárny, nezáživný. *Syn* ⇨ **dry**

A.ries [eəri:z] *podst* **1.** *(astron, astrol)* Baran

to a.rise [ə'raiz] (mč **arose**, mp **arisen**) **1.** objaviť sa, zjaviť sa, vzniknúť; **2.** dôjsť k nedorozumeniu, *(vietor)* zdvihnúť sa, *(búrka)* strhnúť sa; **3.** *(dtd)* vstať

ar.is.toc.ra.cy [ˌæri'stokrəsi] *podst* **1.** aristokracia, šľachta

ar.is.to.crat [æristəkræt/AM'ə'ristəkræt] *podst* **1.** aristokrat, šľachtic

ar.is.to.crat.ic [ˌæristə'krætik] *príd* **1.** aristokratický, šľachtický

a.rith.me.tic(s) [ə'riθmetik] *podst jč* **1.** aritmetika

ark [a:k] *podst* (i **Noah's ark, the ark**) **1.** *(bibl)* archa

arm [a:m] *podst* **1.** *(horná časť ruky)* rameno, *(celá horná končatina)* ruka; **2.** rukáv, *(na stoličke)* operadlo, záliv; **3.** ramienko prenosky

ar.ma.ment [a:məmənt] *podst* **1.** výzbroj, zbrojenie, ozbrojenie; **2.** vyzbrojovanie; **3.** vojenský potenciál [vyzbrojený]

arm.chair [ˌa:m'čeə] **I.** *podst* **1.** kreslo; **II.** *príd* **2.** salónny; **3.** katedrový

arm.our [a:mə] *podst j* (am **armor**) **1.** *(hist)* brnenie, zbroj; **2.** pancier; **3.** *(voj)* pancierovanie; **4.** obrnené vozy, obrnené jednotky

arm.oured [a:məd] *príd* (am **armored**) **1.** obrnený; **2.** pancierový, tankový, armovaný; **3.** *(prn)* s hrošou kožou

arm.our.y [a:məri] *podst* (mn **-ies**) **1.** zbrojnica, arzenál; **2.** *(am: továreň)* zbrojovka

arm.pit [a:mpit] *podst* **1.** podpazušie

arms race [a:mz'reis] *podst ob jč* **1.** preteky v zbrojení

ar.my [a:mi] *podst* (mn **-ies**) **1.** *(i prn)* armáda; **2.** zástup, spústa; **3.** armádny zbor

a.ro.ma [ə'rəumə] *podst* (mn **aromas**) **1.** aróma, vôňa. *Syn* ⇨ **smell**

ar.o.mat.ic [ˌærə'mætik] *príd* **1.** vonný, aromatický, korenný

a.round [ə'raund] **I.** *predl* **1.** okolo: **the children were running around the playground** *deti bežali okolo ihriska*, okolo, *(ozn predmet, po povrch kt prebieha dej)* po: **books lay scattered around the floor** *knihy ležali po celej dlážke*; **2.** *(ob: somewhere/ anywhere around)* neďaleko, v blízkosti; 3 zhruba, približne, okolo, poblíž; **4.** *(: miestnu, číselnu hranicu)* do: **about/ around twenty** *do dvadsať*; **5.** *(: rozlič smermi)* po: **to travel around/ all over Europe** *cestovať po Európe*, *(all around)* dookola, navôkol, koldokola, sem a tam, **books left around on the floor** *knihy rozhádzané sem a tam po dlážke*, **the earth moves around the sun** *zem okolo slnka*, *(around here somewhere)* tu niekde

to a.rouse [ə'rauz] **1.** prebudiť; **2.** vyburcovať, *(sexuálne)* vzrušiť; **3.** *(záujem ap)* vzbudiť, vzbudzovať. *Syn* ⇨ **to incite, stir**

to ar.range [ə'reindž] **I.** *prech* **1.** rozostaviť, rozmiestniť, usporiadať, zoradiť; **2.** zorganizovať, zariadiť, dohodnúť; **3.** urovnať, dať do poriadku; **4.** *(hud)* aranžovať, upraviť; **II.** *nepr* **5.** dohodnúť sa

ar.range.ment [ə'reindžmənt] *podst* **1.** rozostavenie, usporiadanie, *(kvetov)* aranžovanie; **2.** *(mn)* plány, príprava, program; **3.** dohoda; **4.** *(hud)* úprava, aranžmán

ar.ray [ə'rei] *podst* (mn **-ays**) **1.** *(voj: vojsk)* rozvinutie; **2.** zbierka, súprava, výber, súbor; **3.** *(fml: slávnostný)* odev; **4.** *(poet)* háv

ar.rest [ə'rest] *podst* **1.** zatknutie, *(obmedzenie slobody)* väzba; **2.** *(lek: srdca)* zástava

to ar.rest [ə'rest] **1.** zatknúť, vziať do väzby, *(prn)* upútať; **2.** zabrzdiť, spomaliť, zastaviť, zaraziť

ar.riv.al [ə'raivəl] **I.** *podst* **1.** príchod, príjazd, prílet, *(tovaru)* privezenie, dodanie; **II.** *príd* **2.** prichádzajúci

to ar.rive [ə'raiv] **1.** prísť, pricestovať, priletieť, *(tovar, listy, balíky)* dôjsť, *(čas, nová doba ap)* nastať, *(dieťa)* narodiť sa; **2.** dosiahnuť svoj cieľ, presadiť sa

ar.ro.gant [ærəgənt] *príd* **1.** arogantný, povýšený, povýšenecký, nafúknutý. *Syn* ⇨ **proud**

ar.row [ærəu] *podst* **1.** šíp; **2.** šípka

to ar.row [ærəu] **1.** *(šípkou, šípkami)* označiť

arse [a:s] *podst* (am **ass**) **1.** *(vulg: riť, zadok*

arse.nal [a:sənl] *podst* **1.** *(voj i prn)* arzenál, výzbroj

ar.son [a:sn] *podst jč* **1.** podpaľačstvo

art [a:t] *podst* **1.** umenie; **2.** *(škol)* kreslenie; **3.** *(ifm)* kumšt; **4.** úskoky, triky. *Syn*: skill, artifice, craft

art.e.fact [a:tifəkt] *podst* (i **artifact**) **1.** artefakt, ľudský výrobok

ar.te.ry [a:təri] *podst* (mn **-ies**) **1.** *(anat)* tepna, artéria; 2. dopravná tepna, *(am)* médiá

art.ful [a:tfəl] *príd ob attr* **1.** rafinovaný, prešibaný, prefíkaný, šikovný, zručný, vypočítavý, vyumelkovaný

ar.ti.choke [a:tičəuk] *podst* **1.** *(bot French/ globe artichoke: Cynara scolymus)* artičoka; **2.** *(bot Jerusalem artichoke: Helianthus atuberosus)* slnečnica [hľuznatá]

ar.ti.cle [a:tikl] *podst* **1.** predmet, vec, *(obch)* artikel, výrobok, druh tovaru, položka; **2.** *(i práv)* článok, stať; **3.** *(zákona)* paragraf; **4.** *(ling)* člen

ar.ti.cu.late [a:'tikjulət] *príd* **1.** zrozumiteľný, jasný; **2.** zreteľný, jasne artikulovaný; **3.** *(zool)* článkovaný, členitý; **4.** *(tech)* kĺbový

ar.ti.fi.cial [ˌa:ti'fišəl] *príd* **1.** umelý; **2.** líčený; **2.** neprirodzený, strojený, vyumelkovaný, *(úsmev)* vynútený. *Syn*: synthetic, ersatz, counterfeit, spurious. *Opoz*: natural

ar.til.ler.y [a:'tiləri] *podst jč* **1.** *(voj)* delostrelectvo, artiléria

ar.ti.san [ˌa:ti'zæn/AM'a:tizən] *podst fml* **1.** remeselník

art.ist [a:tist] *podst* **1.** *(i prn)* umelec, *(ifm)* kumštár; **2.** maliar; **3.** majster

art.ist.ic [a:'tistik] *príd* **1.** umelecký, estetický, vkusný

as [æz/əz/z] **I.** *spoj* **1.** *(počas)* kým: **I watched her as she combed her hair** *pozeral som na ňu, kým sa učesala*; **2.** *(časový bod)* keď: **as I opened the door** *keď som otvoril dvere*, **as the need arises** *keď bude treba*, *(as soon as)* len toľko čo, ledva čo, iba ... už, hneď ako/ čo; **3.** *(vyj: dôvod)* keďže, pretože: **as there was no other choice, he agreed** *kedže/ pretože nemal inú možnosť, súhlasil*; **4.** *(: spôsob)* ako: **do as I tell you** *urob ako ti poviem*, **as you know, he is married** *ako vieš, je ženatý*, *(zdôrazňuje obsah predchádzajúcej veci)* tak ako: **just as she told me, the shop was closed** *tak ako povedala, obchod bol zatvorený*, *(as + to be/ to do)* ako, tiež, **he is very tall, as are his parents** *je veľmi vysoký, ako jeho rodičia*; **5.** *(napriek)* hoci, aj keď, akokoľvek; **6.** *(as follows)* nasledovne; **II.** *predl* **7.** ako: **he was dressed as a policeman** *bol oblečený ako policajt*, **as a child** *ako dieťa/ keď som bol dieťaťom*, za: **he disguised himself as a policeman** *preobliekol sa za policajta*, **to serve as an ideal** *slúžiť ako/ za vzor*, **to receive as an award** *dostať za odmenu*, **to give sb st as a gift** *dať niekomu niečo do daru*,; **8.** *(as far as)* až [k/ po/ do], **as far as the station** *až po železničnú stanicu*, **he escorted her as far as the garden** *odprevadil ju až do záhrady*, **as far as the town** *až k mestu*; pokiaľ: **as far as I know** *pokiaľ viem; (as long as)*: pokiaľ; *(as to)* podľa: **he is taxed as to his earnings** *platí dane podľa zárobku*, *(as many as)*až: **there came as many as twenty people** *prišlo až dvadsať ľudí*, **as compared with** *v porovnaní s*; **III.** *príd* **9.** *(s príd: as... as, v záp: not so ... as)* taký... aký: **he is as tall as I** *je [taký] vysoký ako ja*; *(s podst jč: as much... as; s podst mn: as many ... as)* toľko ... ako: **he got as much money as I** *dostal toľko peňazí ako ja*; *(as soon as possible)*: čo najskôr

as.bes.tos [æz'bestəs] *podst jč* **1.** azbest

to as.cend [ə'send] **I.** *prech* **1.** vystúpiť, *(slnko)* vyjsť; **II.** *nepr* **2.** vystúpiť, *(hmly ap)* vystupovať, vzlietnuť, stúpať

as.cent [ə'sent] *podst* **1.** *(na horu ap)* výstup

to as.cer.tain [ˌæsə'tein] **1.** zistiť, vyšetriť, *(čoho)* dopátrať sa, *(v čom)* uistiť sa . *Syn* ⇨ **to learn**

ash [æš] *podst* (mn **-es**) **1.** popol; **2.** telesné pozostatky po kremácii; **3.** *(bot: Fraxinus excelsior)* jaseň; **4.** drevo z jaseňa

a.shamed [ə'šeimd] *príd* **1.** zahanbený. *Syn*: humiliated, mortified, chagrined. *Opoz*: proud

a.shore [ə'šo:] *prísl* **1.** na súši, na zemi, na pevnine

ash.tray [æštrei] *podst* (mn **-ays**) **1.** *(fajčiarsky)* popolník, popolníček

A.sian [eišən] **I.** *podst* **1.** Ázijčan, Ázijčanka; **II.** *príd* **2.** ázijský

a.side [ə'said] *prísl* **1.** *(i div)* bokom, nabok, stranou, na stranu

to ask [a:sk] **I.** *prech* **1.** pýtať sa; **2.** žiadať, poprosiť; **3.** pozvať, *(k čomu)* vyzvať, požiadať [o čo]; **II.** *nepr* **4.** spýtať sa. *Syn*: to inquire, to query, to question, to interrogate, to quiz. *Opoz*: to answer, to tell, catechize

a.spar.a.gus [ə'spærəgəs] *podst jč* **1.** *(bot: Asparagus officinalis)* špargľa

as.pect [æspekt] *podst* **1.** aspekt, zreteľ, stránka; **2.** *(fml)* vzhľad, výzor; **3.** výhľad, poloha, vyhliadka; **4.** *(astron)* aspekt; **5.** *(ling)* slovesný vid; **6.** hľadisko. *Syn* ⇨ **appearance, phase**

as.pen [æspən] *podst* **1.** *(bot: Populus tremula/ tremuloides)* osika, *(bot quaking aspen: Populus tremula)* topoľ

as.pi.rin [æsprin] *podst* **1.** aspirín; **2.** tabletka aspirínu

ass [æs] *podst* (mn **-es**) **1.** *(zool: Equus asinus)* osol, (i nadávka) somar; **2.** *(nadávka)* vôl, sprosták, hlupák; **3.** *(nadávka ženy)* krava,

as.sail.ant [ə'seilənt] *podst fml* **1.** útočník, útočníčka

as.sas.sin [ə'sæsin] *podst* **1.** *(zákerný)* vrah, atentátnik

to as.sas.sin.ate [ə'sæsineit] **1.** *(úkladne/ zákerne)* zavraždiť, spáchať atentát [na koho]. *Syn* ⇨ **to kill**

as.sault [ə'so:lt] *podst* **1.** *(voj)* útok, seč.; **2.** *(prn)* nápor, ohrozenie osobnej bezpečnosti, prepad; **3.** *(ženy)* znásilnenie. *Syn* ⇨ **attack**

to as.sault [ə'so:lt] **1.** *(voj: na koho/ čo)* zaútočiť; **2.** *(práv: koho)* prepadnúť, *(koho)* napadnúť, znásilniť [ženu]

to as.sem.ble [ə'sembl] **I.** *prech* **1.** zostaviť, zložiť, montovať, *(fakty, materiál)* zozbierať; **2.** *(ľudí)* zhromaždiť, *(parlament)* zvolať; **II.** *nepr* **3.** zhromaždiť sa, zísť sa

as.sem.bly [ə'sembli] *podst* (mn **-ies**) **1.** zhromaždenie, zraz, zhluk; **2.** *(tech)* montáž; **3.** agregát, mechanizmus

as.sent [ə'sent] *podst jč fml* **1.** súhlas, *(zr: súhlas)* povolenie, schválenie. *Syn* ⇨ **to consent**

to as.sert [ə'sə:t] **1.** tvrdiť, prehlasovať; **2.** uplatňovať, presadzovať, vyhlasovať, postulovať, predierať sa. *Syn*: to declare, to aver, to avouch, to warrant. *Opoz*: to deny, to controvert, affirm

as.sert.ive [ə'sə:tiv] *príd* **1.** rozhodný, energický, priebojný, asertívny. *Syn* ⇨ **aggressive**

to as.sess [ə'ses] **1.** hodnotiť, zvážiť, posúdiť; **2.** odhadnúť, oceniť, *(daň)* vymerať, vyrúbiť

as.sess.ment [ə'sesmənt] *podst* **1.** hodnotenie, ohodnotenie, posúdenie; **2.** odhad, ocenenie

as.ses.sor [ə'sesə] *podst* **1.** likvidátor; **2.** prísediaci sudca

as.set [æset] *podst* **1.** *(ob pl)* aktívum, kladná položka, majetok; **2.** užitočná vec, prínos, pozostalosť, prednosť

as.si.du.ous [ə'sidjuəs] *príd fml* **1.** snaživý, príčinlivý, pilný. *Syn* ⇨ **busy**

to as.sign [ə'sain] **1.** určiť, stanoviť, *(prácu)* zadať, prideliť; **2.** vyčleniť, vyhradiť; **3.** *(práv)* previesť, postúpiť. *Syn* ⇨ **to allot, to ascribe**

as.sign.ment [ə'sainmənt] *podst* **1.** *(i škol)* úloha, zadanie, práca, misia; **2.** pridelenie funkcie; **3.** *(majetku, práv)* prevod. *Syn* ⇨ **task**

to as.si.mi.late [ə'siməleit] **I.** *prech* **1.** *(i fon)* asimilovať, *(jedlo, vedomosti)* vstrebať, stráviť; **2.** pripodobniť; **II.** *nepr* **3.** *(jedlo)* vstrebať sa; **4.** asimilovať sa, odnárodniť sa; **5.** *(fon)* pripodobniť sa

to as.sist [ə'sist] (**~ sb**); (**~ in/ with sť**) **I.** *prech* **1.** pomáhať, pomôcť, asistovať; **II.** *nepr* **2.** *(v kostole)* miništrovať. *Syn* ⇨ **to help**

as.sist.ance [ə'sistəns] *podst jč fml* (**~ for/ with st**) **1.** pomoc, asistencia, podpora, aktívna prítomnosť

as.sist.ant [ə'sistənt] *príd* (sk **asst**) **1.** pomocník, asistent; **2.** zástupca, námestník

as.so.ci.ate [ə'səušiət] **I.** *podst* **1.** spolupracovník, partner, spoločník; **2.** mimoriadny člen, druh, kolega, *(mimoriadny)* profesor; **II.** *príd* **3.** pridružený, pričlenený; **4.** mimoriadny; **5.** vedľajší. *Syn*: colleague, companion, comrade, ally, confederate, accomplice

to as.so.ci.ate [ə'səušiət] **I.** *prech* **1.** spojiť,

spojovať; **2.** združiť, združovať, asociovať
as.so.ci.a.tion [əˌsəusiˈeišən] *podst* **1.** organizácia, asociácia, spolok, združenie, klub, zväz; **2.** združovanie, zoskupovanie; **3.** styk, *(s kým)* priateľstvo, blízky vzťah
as.sort.ed [əˈso:tid] *príd* **1.** zmiešaný, miešaný
as.sort.ment [əˈso:tmənt] *podst* **1.** zmes, sortiment, výber, kolekcia, súprava, zásoba
to as.sume [əˈsju:m] **1.** nazdať sa, predpokladať; **2.** prevziať, ujať sa; **3.** predstierať, pretvarovať sa; **4.** *(dôležitosť)* nadobudnúť. *Syn*: to pretend, to feign, to affect, to simulate
as.sump.tion [əˈsampšən] *podst* **1.** predpoklad, domnienka, dohad; **2.** prevzatie, uchopenie, uchvátenie, uzurpácia
as.sur.ance [əˈšuərəns] *podst* **1.** sebaistota, sebadôvera, sebavedomie; **2.** uistenie, ubezpečenie, záruka; **3.** *(br)* poistenie, *(ob životná)* poistka. *Syn* ⇨ **certainty**, **confidence**
to as.sure [əˈšuə] **1.** uistiť, uisťovať, sľúbiť, ubezpečiť; **2.** zaistiť, zabezpečiť, zaručiť; **3.** *(život)* poistiť
as.sured [əˈšuəd] *príd* **1.** sebaistý, sebavedomý; **2.** *(na život)* poistený, zaistený, nesporný, istý
as.ter.oid [æstəroid] *podst* **1.** *(astron)* asteroid, planétka
asth.ma [æsmə] *podst jč* **1.** astma, záduch, *(záchvatovitá)* dušnosť
to a.ston.ish [əˈstoniš] **1.** udiviť, uviesť do údivu, prekvapiť, naplniť úžasom. *Syn* ⇨ **to surprise**
a.ston.ish.ing [əˈstonišiŋ] *príd* **1.** prekvapujúci, udivujúci, podivuhodný, [až] neuveriteľný
a.ston.ish.ment [əˈstonišmənt] *podst jč* **1.** údiv, podiv, prekvapenie
a.stound.ing [əˈstaundiŋ] *príd* **1.** ohromujúci, zarážajúci, úžasný, neuveriteľný
a.stray [əˈstrei] *prísl* **1.** *(človek)* zblúdilý
a.strin.gent [əˈstrindžnt] *príd* **1.** *(lek)* adstrigentný, styptický; **2.** *(prn: kritika)* ostrý, neľútostný
a.strol.og.er [əˈstrolədžə] *podst* **1.** astrológ
a.strol.o.gy [əˈstrolədži] *podst jč* **1.** astrológia
as.tro.naut [æstrəno:t] *podst* **1.** astronaut, kozmonaut
as.tron.om.er [əˈstronəmə] *podst* **1.** astronóm, hvezdár
as.tro.nom.i.cal [ˌæstrəˈnomikl] *príd* **1.** astronomický, hvezdársky
a.stron.o.my [əˈstronəmi] *podst jč* **1.** astronómia, hvezdárstvo
a.stute [əˈstju:t] *príd* **1.** šikovný, bystrý, vtipný, duchaplný; **2.** rafinovaný. *Syn* ⇨ **shrewd**
a.the.ist [eiθiist] *podst* **1.** ateista, bezverec, *(ifm)* bezbožník. *Syn*: agnostic, deist, freethinker, unbeliever, infidel. *Opoz*: theist
ath.lete [æθli:t] *podst* **1.** atlét, atlétka, športovec, športovkyňa, ľahký atlét
ath.let.ic [æθˈletik] *príd* **1.** ľahkoatletický, športový; **2.** atletický, siľácky, robustný
ath.let.ics [æθˈletiks] *podst jč* **1.** ľahká atletika
at.las [ætləs] *podst* (mn **-es**) **1.** atlas
at.mos.phere [ˈætməˌsfiə] *podst* **1.** atmosféra, ovzdušie; **2.** vzduch; **3.** *(prn)* nálada
at.mos.pher.ic [ˌætməsˈferik] *príd* **1.** atmosferický
at.om [ætəm] *podst* **1.** atóm; **2.** *(pren)* kúsoček, *(pren)* štipka
a.tom.ic [əˈtomik] *príd ob attr* **1.** atómový
a.tro.cious [əˈtrəušəs] *príd* **1.** krutý, ukrutný, brutálny, ohavný, hanebný; **2.** *(prn ifm)* hrozný, príšerný, otriasajúci. *Syn* ⇨ **outrageous**
a.troc.i.ty [əˈtrosəti] *podst* (mn **-ies**) **1.** krutosť, zverstvo, ukrutnosť
to at.tach [əˈtæč] **1.** pripojiť, pripevniť, upevniť, *(viazanku)* uviazať, *(navzájom)* spojiť, prilepiť, prišpendliť; **2.** priložiť . *Syn* ⇨ **to ascribe**, **to tie**
at.tach.ment [əˈtæčmənt] *podst* **1.** pripevnenie, upevnenie, pripojenie; **2.** spoj; **3.** nadstavec, prídavné zariadenie; **4.** náklonnosť, sympatia, oddanosť, vernosť; **5.** *(práv)* zabavenie, exekúcia . *Syn* ⇨ **love**
at.tack [əˈtæk] *podst* **1.** *(i špo: na)* útok,

(i voj) nápor, výpad, *(voj)* prepad; **2.** *(lek)* záchvat

to at.tack [ə'tæk] **I.** *prech* **1.** *(voj: na koho/ čo)* útočiť, *(koho)* prepadnúť, *(na koho)* vrhnúť sa, zaútočiť, *(choroba, hrdza)* zachvacovať, postihnúť; **2.** kritizovať, *(prn: kritikou)* napadnúť; **II.** *nepr* **3.** útočiť. *Syn*: to assail, to assault, to beset, to storm, to bombard. *Opoz*: to defend, to resist

at.tack.er [ə'tækə] *podst* **1.** útočník

at.tain.ment [ə'teinment] *podst* **1.** dosiahnutie, uskutočnenie, realizácia; **2.** *(vedomostí, sily)* získanie, nadobudnutie; **3.** vymoženosti, znalosti

at.tempt [ə'tempt] *podst* **1.** pokus, pokus, o útok

to at.tend [ə'tend] **I.** *prech* **1.** *(školu, kurz)* navštevovať, *(na čo)* chodiť, *(čoho)* zúčastniť sa, byť prítomný [kde]; **2.** ošetrovať, liečiť; **II.** *nepr* **3.** byť prítomný, asistovať. *Syn* ⇨ **to accompany**

at.tend.ance [ə'tendəns] *podst* **1.** prezencia; **2.** účasť, *(do školy)* dochádzka, počet prítomných; **3.** *(starosť)* starostlivosť, obsluhovanie

at.tend.ant [ə'tendənt] **I.** *podst* **1.** *(vše)* obsluha, obsluhujúca osoba; **2.** *(v múzeu ap)* dozorca, *(na parkovisku)* strážnik; **3.** *(v divadle)* uvádzač, uvádzačka, šatniar, šatniarka; **II.** *príd* **4.** sprievodný, sprevádzajúci; **5.** obsluhujúci

at.ten.tion [ə'tenšən] *podst* **1.** *(i voj)* pozor; **2.** pozornosť, starostlivosť; **3.** láskavosť

at.ten.tive [ə'tentiv] *príd* (**~ to sb/ st**) **1.** pozorný, sústredený, ohľaduplný, všímavý, galantný . *Syn* ⇨ **thoughtful**

to at.test [ə'test] **1.** *(pravdu)* overiť; **2.** dosvedčiť, *(o čom)* svedčiť; **3.** legalizovať

at.ti.tude [ætitju:d] *podst* **1.** postoj, pomer, stanovisko, prístup; **2.** *(fml)* držanie tela, póza. *Syn* ⇨ **posture**

at.torn.ey [ə'tə:ni] *podst* (mn **-eys**) **1.** zmocnenec, právny zástupca, splnomocnenec; **2.** *(am)* advokát, obhajca. *Syn* ⇨ **lawyer**

At.torn.ey gen.er.al [əˌtə:ni'dženrl] *podst* **1.** generálny prokurátor

to at.tract [ə'trækt] **1.** *(magnet)* pritiahnuť; **2.** *(prn: záujem)* pútať, *(zákazníkov, turistov)* vábiť, lákať, získať; **3.** páčiť sa. *Syn*: to allure, to charm, to fascinate, to enchant, to captivate . *Opoz*: to repel

at.trac.tion [ə'trækšən] *podst* **1.** *(fyz)* príťažlivá moc, príťažlivá sila, *(i prn)* príťažlivosť; **2.** *(prn)* pôvab, čaro, lákadlo; **3.** *(ling)* atrakcia

at.trac.tive [ə'træktiv] *príd* **1.** *(fyz)* príťažlivý; **2.** *(prn vše)* atraktívny, *(dievča)* pekný, pôvabný, *(dieťa, dedina)* roztomilý, *(človek)* príjemný, sympatický, *(úsmev)* očarujúci, podmanivý, *(ponuka, cena)* lákavý, zaujímavý

at.tri.tion [ə'trišn] *podst jč* **1.** vyhladzovacia vojna; **2.** *(náb)* nedokonalá ľútosť

au.ber.gine [əubəži:n] *podst* (i ob am **egg-plant**) **1.** *(bot: Solanum melogena, i plod)* baklažán, ľuľok [baklažánový]

auc.tion [o:kšən] *podst* **1.** aukcia, dražba, licitácia

to auc.tion [o:kšən] **1.** dražiť, licitovať, predať na dražbe. *Syn* ⇨ **to sell**

auc.tion.eer [ˌo:kšə'niə] *podst* **1.** dražiteľ, dražiteľka

au.da.cious [o:'deišəs] *príd* **1.** smelý, trúfalý, statočný, nebojazlivý, neohrozený; **2.** bezočivý, opovážlivý, nehanblivý. *Syn* ⇨ **brave**

au.di.ble [o:dəbl] *príd* **1.** počuteľný, zreteľný, hlasný, čujný

au.di.ence [o:djəns] *podst* **1.** publikum, obecenstvo, diváci, poslucháči, auditórium, čitatelia; **2.** audiencia, *(fml)* počutie

au.dit [o:dit] *podst* **1.** revízia účtov, kontrola účtov, audit, *(úradné)* overenie účtov

to au.dit [o:dit] **1.** revidovať, kontrolovať, robiť revíziu; **2.** *(am univ)* robiť výsluch, hospitovať

au.di.tion [o:'dišn] *podst* **1.** audícia, konkurz; **2.** konkurzný výstup herca, *(hud)* konkurzná hra hudobníka, konkurzný spev speváka; **3.** predohrávka

au.di.tor [o:ditə] *podst* **1.** revízor, kontrolór, auditor

au.di.tor.i.um [ˌo:di'to:riəm] *podst* (mn **auditoriums, auditoria**) **1.** *(univ)* auditórium, posluch※reň; **2.** *(v divadle, kine)* hľadisko, *(v koncertnej hale)* sála, sieň

to aug.ment [o:gmənt] **I.** *prech* **1.** zvýšiť, rozšíriť; **2.** *(hud: interval etc)* zväčšiť; **II.** *nepr* **3.** zvýšiť sa, rozšíriť sa, narásť. *Syn* ⇨ **to increase**

Au.gust [o:gəst] *podst* (sk **Aug**) **1.** *(mesiac)* august; **2.** August

aunt [a:nt] *podst* **1.** *(príbuzná, i prn)* teta

au.ra [o:rə] *podst* **1.** nimbus, fluidum, *(náb)* aureola, svätožiara; **2.** atmosféra, ovzdušie; **3.** *(lek: stav pred záchvatom epilepsie)* aura

au.ral [o:rl] *príd* **1.** sluchový, ušný

Aus.sie [o:si] **1.** *(ifm)* Austrálčan, Austrálčanka; **2.** Austrália; **3.** austrálska angličtina, austrálčina

au.stere [o'stiə] *príd* **1.** strohý, prísny; **2.** *(spôsob života)* odriekavý, asketický; **3.** prostý, jednoduchý, strohý, prísny, úsporný. *Syn* ⇨ **severe**

Aus.tral.ian [o'streiljən] **I.** *podst* **1.** Austrálčan, Austrálčanka; **2.** *(ling)* austrálska angličtina; **II.** *príd* **3.** austrálsky

au.then.tic [o:'θentik] **1.** autentický, pravý, nefalšovaný; **2.** nepredstieraný; **3.** rýdzi, zaručený; **4.** dôveryhodný, hodnoverný, oprávnený. *Syn*: genuine, bona fide, veritable. *Opoz*: spurious, counterfeit, sham

au.thor [o:θə] *podst* **1.** autor, pisateľ, *(profesionálny)* spisovateľ; **2.** pôvodca, tvorca, iniciátor, zakladateľ; **3.** *(joc)* strojca, páchateľ

au.thor.i.ta.ri.an [o:ˌθori'teəriən] *príd* **1.** autoritársky, panovačný, *(režim, vláda)* autoritatívny

au.thor.i.ta.tive [o:'θoritətiv] *príd* **1.** autoritatívny, autoritársky, rozkazovačný, veliteľský; **2.** spoľahlivý, smerodajný

au.thor.i.ty [o:'θorəti] *podst* (mn **-ies**) **1.** moc, kompetencia, poverenie, právomoc, *(na čo)* kapacita; **2.** autorita, vážnosť; **3.** *(čoho)* znalec, odborník; **4.** spoľahlivý prameň. *Syn* ⇨ **influence**, **power**

to au.thor.ize [o:θəraiz] **1.** splnomocniť, oprávniť, poveriť; **2.** povoliť, schváliť, autorizovať. *Syn*: to commission, to accredit, to license

au.to [o:təu] *podst* (mn **-os**) **1.** auto

au.to.bi.o.graph.ic.al ['o:təˌbaiə'græfikl] *príd* **1.** autobiografický

au.to.bi.og.raph.y [ˌo:təbai'ogrəfi] *podst* (mn **-ies**) **1.** autobiografia, vlastný životopis

au.to.crat.ic [ˌo:tə'krætik] *príd* **1.** autokratický, samovládny

au.to.graph [o:təgra:f] *podst* **1.** autogram; **2.** pôvodný rukopis, originál rukopisu, autograf

to au.to.graph [o:təgra:f] **1.** *(co)* podpísať, dať [komu] autogram do knihy ap

to au.to.mate [ˌo:tə'meit] **1.** automatizovať, zautomatizovať, mechanizovať

au.to.mat.ic [ˌo:tə'mætik] **I.** *podst* **1.** automatická práčka, automatická puška/ pištoľ; **2.** auto [s automatickou prevodovkou]; **3.** automat; **II.** *príd* **4.** *(i prn)* automatický, samočinný; **5.** *(pohyb ap)* mechanický. *Syn* ⇨ **spontaneous**

au.to.mo.bile [o:təməbi:l] *podst* **1.** auto, automobil, motorové vozidlo, voz

au.ton.o.mous [o:'tonəməs] *príd* **1.** autonómny, samosprávny; **2.** *(mat, fyz, str, aut)* nezávislý

au.ton.o.my [o:'tonəmi] *podst jč* **1.** autonómia, samospráva

au.top.sy [o:təpsi] *podst* (mn **-ies**) **1.** pitva

au.tumn [o:təm] *podst* (am **fall**) **1.** jeseň; **2.** *(prn)* doba plnej zrelosti

au.xi.li.a.ry [o:g'ziljəri] **I.** *podst* **1.** pomocná sila, pomocník, pomocný zamestnanec; **II.** *príd* **2.** pomocný, výpomocný; **3.** *(ling)* pomocné sloveso

a.vail [ə'veil] *podst* **1.** úžitok, prospech

to a.vail [ə'veil] (**~ oneself of st**) **I.** *prech* **1.** *(čoho)* využiť, použiť; **II.** *nepr* **2.** *(dtd, fml)* pomôcť, byť niečo platný, osožiť, mať význam

a.vail.a.ble [ə'veiləbl] *príd* **1.** dostupný, prístupný, dosiahnuteľný, *(lístky, tovar)* byť k dostaniu, *(tovaru)* byť na sklade, *(čas, izba, miesto)* voľný; **2.** k dispozícii, po ruke; **3.** *(sl: o ľahkej žene)* byť ústretová, byť povoľná; **4.** *(lístok, ponuka)* platný

av.a.lanche [ævəla:nš] *podst* **1.** lavína

av.ant.garde [ˌævůn'ga:d] *príd* **1.** avantgardný, priekopnícky

to a.venge [ə'vendž] **1.** pomstiť. *Syn*: to revenge

av.e.nue [ævənju:] *podst* **1.** *(v meste)* avenue, bulvár, *(zast)* hlavná trieda; **2.** aleja, stromoradie; **3.** *(prn)* cesta, prístup, možnosť

av.er.age [ævəridž] **I.** *podst* **1.** priemer, priemerná hodnota; **II.** *príd* **2.** priemerný, prostredný, obyčajný. *Syn*: mean, median, norm

to av.er.age [ævəridž] **1.** zistiť priemer [čoho], vyrátať priemer [čoho]; **2.** robiť v priemere, dosahovať v priemere

a.ver.sion [ə'və:šən] *podst* **1.** averzia, *(nechuť)* odpor, *(antipatia)* nechuť; **2.** odvrátenie. *Syn*: antipathy, repugnance, loathing, revulsion, abhorrence. *Opoz*: attraction, affinity

to a.vert [ə'və:t] **1.** *(čo)* odvrátiť; **2.** *(čomu)* zabrániť, *(zabrániť: kríze, nešťastiu)* zamedziť, *(čomu)* predísť. *Syn* ⇨ **to prevent**

a.viar.y [eivjəri] *podst* (mn **-ies**) **1.** voliéra; **2.** hydináreň

av.o.ca.do [ˌævə'ka:dəu] *podst* (mn **-os**, i **avocado pear**) **1.** avokádo

a.void.ance [ə'voidns] *podst jč* **1.** *(čomu)* vyhýbanie sa

to a.wait [ə'weit] **1.** *(na koho/ čo)* čakať, *(koho/ čo)* očakávať, *(komu)* kysnúť. *Syn* ⇨ **to expect**

a.wake [ə'weik] *príd* **1.** prebudený, bdejúci, ostražitý, bdelý, vedomý

to a.wake [ə'weik] (mč **awoke**, mp **awoken**) **1.** prebudiť sa, precitnúť, zobudiť sa, prebrať sa zo spania, vzbudiť, uvedomiť si

to a.wak.en [ə'weikn] **I.** *nepr* **1.** zobudiť sa, prebudiť sa, *(spomienky)* ozvať sa; **II.** *prech* **2.** *(prn: záujem, túžby)* budiť, zobudiť, vyvolať, roznietiť. *Syn* ⇨ **to stir**

a.ward [ə'wo:d] *podst* **1.** *(práv)* výrok, rozhodnutie; **2.** štipendium, odškodné; **3.** *(ceny ap)* udelenie, prepožičanie; **4.** cena, odmena, prémia, vyznamenanie, medaila

a.ware [ə'weə] *príd* **1.** dobre informovaný, majúci prehľad [o čom], vedomý si. *Syn*: conscious, cognizant, sensible

a.wash [ə'woš] *príd* **1.** zaplavený, pod vodou

a.way [ə'wei] *prísl* **1.** ďaleko, od; **2.** preč, stranou; **3.** stále, v jednom kuse

awe [o:] *podst jč* **1.** posvätná hrôza; **2.** [veľký] strach, hlboká úcta, zbožná úcta. *Syn*: reverence, veneration, dread

awe.some [o:səm] *príd* **1.** pôsobivý, úchvatný, veľkolepý; **2.** *(am sl)* fantastický; **3.** vzbudzujúci úctu; **4.** hrozný, desivý

aw.ful [o:ful] prenáramný; **I.** *príd* **1.** *(i nehoda, skúsenosť)* hrozný; **2.** *(ifm)* náramný; **3.** *(ifm)* strašný, otrasný, príšerný, obludný; **4.** *(dtd)* vzbudzujúci posvätnú úctu; **5.** *(pohľad)* úchvatný; **II.** *prísl* **6.** strašne, hrozne, príšerne; **7.** *(ifm)* veľmi

a.while [ə'wail] *prísl* **1.** chvíľočku, [na] chvíľku

awk.ward [o:kwəd] *príd* **1.** nešikovný, ťažkopádny, neohrabaný, nemotorný; **2.** trápny, *(vtip, poznámka)* nemiestny; **3.** obtiažny, *(otázka)* horúci, ošemetný, delikátny, *(situácia)* nepríjemný. *Syn*: clumsy, maladroit, inept. *Opoz*: deft, handy, graceful

axe [æks] *podst* (am i **ax**) **1.** sekera, *(horolezecký, požiarnícky)* čakan

to axe [æks] (i ob am **ax**) **1.** *(z práce)* prepustiť; **2.** oklieštiť, drasticky redukovať, odbúrať, odvolať, stornovať, *(od čoho)* upustiť

ax.is [æksis] *podst* (mn **axes**) **1.** *(mat, geom, fyz, inf, str, astron, polit)* os, *(mat)* súradnica

ax.le [æksl] *podst* **1.** náprava, nosný hriadeľ, oska, *(kolesa)* os

aye [ai] (i **ay**) **1.** *(scot, arch)* áno, ba, no

B

to bab.ble [bæbl] **1.** bľabotať, blúzniť, tárať; **2.** bublať, zurčať

babe [beib] *podst* **1.** *(am sl)* baba, *(čech)* kočka; **2.** *(nemluvňa)* neviniatko; **3.** *(dieťatko)* bábä

ba.by [beibi] *podst* (mn **-ies**) **1.** batoľa, baby, dieťaťko; **2.** *(am sl)* dievča

to ba.by.sit [beibisit] [**-tt-**] (mč, mp **-sat**) **1.** opatrovať dieťa, strážiť cudzie dieťa v čase neprítomnosti rodičov

bach.e.lor [bæčələ] *podst* **1.** slobodný muž [neženatý]; **2.** *(univ)* bakalár

back [bæk] **I.** *podst* **1.** chrbát; **2.** zadná časť, zadná strana, zadok; **3.** *(listu, šeku, múru)* rub, *(stoličky, divánu)* operadlo; **4.** *(ftb)* obranca; **5.** *(at the the back of)*za: **to sit down at the back of the table** *sadnúť si za stôl; (am: back of)* pred: **two centuries back of the oldest English texts**; *dve storočia pred najstaršími anglickými textami,*; **II.** *príd* **6.** zadný, *(protiľahlý, i fyz, ele, tech: účinok)* opačný, *(i geom, fyz)* doplnkový; **7.** *(predošlý: číslo časopisu ap)* starý; **8.** oneskorený; **9** nezaplatený; **10.** *(fon)* zadnopodnebný

to back [bæk] **I.** *prech* **1.** podporiť; **II.** *nepr* **2.** ustúpiť, cúvnuť

back.bone [bækbəun] *podst* **1.** chrbtica, *(zadná/ horná/ opačná strana)* chrbát, *(prn)* opora, základný pilier. *Syn* ⇨ **fortitude**

back.drop [bækdrop] *podst* **1.** *(prn)* pozadie

back.er [bækə] *podst* **1.** *(pol)* stúpenec, prívrženec; **2.** *(fin)* ručiteľ, mecenáš; **3.** stávkujúci. *Syn* ⇨ **sponsor**

back.ground [bækgraund] *podst* **1.** pozadie; **2.** pôvod, prostredie, *(rodinné, kultúrne)* zázemie, minulosť, *(pren)* predpoklady, *(pren)* schopnosti

back.ing [bækiŋ] *podst* **1.** podpora, pomoc; **2.** *(stav)* výstuž; **3.** *(fin)* krytie bankoviek, podporovatelia, stúpenci

back.lash [bæklæš] *podst* **1.** *(tech)* spätný náraz, spätné trhnutie, vôľa, mŕtvy chod; **2.** *(prn)* protireakcia, odveta

back.log [bæklog] *podst ob jč* **1.** *(v práci)* resty, nedorobky

back.side [bæksaid] *podst* **1.** zadok

back.stage [bæksteidž] **I.** *príd* **1.** zákulisný; **II.** *prísl* **2.** v zákulisí

back.up [bækap] *podst* **1.** podpora, zabezpečenie, *(voj)* posila

back.ward [bækwəd] *príd* **1.** späť; **2.** zaostalý, *(duševne)* zaostalý, nerozvinutý, *(vo vývoji)* oneskorený; **3.** *(am)* plachý, ostýchavý

back.wa.ter [bækwo:tə] *podst ob jč* **1.** stojatá voda, *(prn)* hniezdo, diera, zapadákov

back.yard [ˌbæk'ja:d] *podst* **1.** *(br)* zadný dvorček; **2.** *(am)* dvorček a záhrada za domom

ba.con [beikən] *podst jč* **1.** slanina

bac.te.ri.a [bæk'tiəriə] *podst mn* (sing **bacterium**) **1.** baktéria

bad [bæd] *príd* {**worse**, **worst**} **1.** zlý, nedobrý; **2.** *(svetlo)* slabý, *(jedlo)* biedny; **3.** skazený; **4.** zdraviu škodlivý; **5.** silný, *(poranenie)* vážny, ťažký; **6.** chorý; **7.** *(peniaze ap)* falošný. *Syn*: evil, wicked, ill, naughty. *Opoz*: good, moral

badge [bædž] *podst* **1.** odznak, *(prn)* symbol, *(pren)* znak, *(pren)* znamenie

bad.ly [bædli] *prísl* {**worse**, **worst**} **1.** zle; **2.** vážne, ťažko; **3.** veľmi, strašne, hrozne

bad.min.ton [bædmintən] *podst jč* **1.** badminton

baf.fle [bæfl] *podst* **1.** *(tech)* zvuková priehradka; **2.** ozvučenie

to baf.fle [bæfl] **1.** miasť, zmiasť, vyviesť z miery, byť hádankou; **2.** zmariť, prekaziť, zničiť. *Syn* ⇨ **to frustrate**

bag [bæg] *podst* **1.** taška, kabela, vak, vrece, kabelka; **2.** úlovok

to bag [bæg] **1.** navreckovať, navrecovať; **2.** uloviť, *(lietadlo)* zostreliť; **3.** dostať; **4.** zbaliť, odtrhnúť si, *(sl)* štipnúť, šlohnúť

bag.gage [bægidž] *podst jč* **1.** *(ob am)* batožina; **2.** *(voj)* bagáž; **3.** *(pej)* pobehlica; **4.** *(hov: o peknej žene)* kosť, kočka

bail [beil] *podst jč* **1.** kaucia; **2.** prepustenie na kauciu

to bail [beil] **1.** prepustiť na kauciu; **2.** *(za koho)* zaručiť sa; **3.** *(cennú vec)* deponovať, vybrať, vyčerpať, vypumpovať

bai.liff [beilif] *podst* **1.** správca, šafár; **2.** súdny zriadenec [doručujúci predvolánky]; **3.** *(súdny)* doručovateľ; **4.** *(zast)* dráb

bait [beit] *podst jč* **1.** návnada, vnadidlo, *(i prn)* lákadlo, zvod

to bake [beik] I. *prech* **1.** piecť; **2.** *(tehly, ke-*

ramiku) páliť; **3.** zoškvŕknuť; **4.** *(pôdu)* vysušiť **II.** *nepr* **5.** byť v peci/ rúre, piecť sa;
ba.ker [beikə] *podst* **1.** pekár
ba.ker.y [beikəri] *podst* (mn **-ies**) **1.** *(výrobňa chleba, i predajňa)* pekáreň, *(výrobňa chleba, i zamestnanie pekára)* pekárstvo
bak.ing [beikiŋ] *podst* **1.** pečenie; **2.** *(keramiky)* pálenie
bal.ance [bæləns] *podst* **1.** váha, váhy, kyvadlo; **2.** rovnováha, *(prn: vnútorná)* vyrovnanosť; **3.** harmónia, vyváženosť; **5.** *(obch)* bilancia, zostatok, zvyšok. *Syn* ⇨ **remainder, symmetry**
to bal.ance [bæləns] **I.** *prech* **1.** vyrovnať, uviesť do rovnováhy; **2.** balansovať, udržiavať rovnováhu; **II.** *nepr* **3.** byť v rovnováhe, byť vyvážený
bal.co.ny [bælkəni] *podst* (mn **-ies**) **1.** *(archit, div)* balkón, pavlač
bald [bo:ld] *príd* **1.** plešatý, holohlavý, lysý, holý; **2.** jednotvárny, suchý; **3.** *(pneumatika)* ojazdený. *Syn* ⇨ **bare**
bale [beil] *podst* **1.** žoch. *Syn* ⇨ **bundle**
to bale [beil] (**~ st**); (**~ up**) **1.** balíkovať, baliť do vriec
ball [bo:l] *podst* **1.** *(špo)* lopta, *(ifm)* balón, loptička; **2.** guľa; **3.** klbko
bal.lad [bæləd] *podst* **1.** *(populárna pieseň)* balada, sentimentálna pieseň
bal.last [bæləst] *podst jč* **1.** *(nám)* balast, záťaž; **2.** štrk, *(žel)* štet
bal.le.ri.na [ˌbælə'ri:nə] *podst* **1.** balerína
bal.let [bælei] *podst* **1.** balet
ball game [ˌbo:l'geim] *podst* **1.** loptová hra; **2.** *(am)* basebalový zápas; **3.** *(am)* situácia
bal.li.stics [bə'listiks] *podst jč* **1.** balistika
bal.loon [bə'lu:n] *podst* **1.** balón, balónik; **2.** bublina
bal.lot [bælət] *podst* **1.** hlasovací lístok; **2.** *(tajné)* hlasovanie, *(tajné)* voľby, hlasovať o niečom; **3.** počet odovzdaných hlasov
to bal.lot [bælət] (**~ sb**); (**~ about/ on st**) **1.** voliť, dať svoj hlas, hlasovať, žrebovať
ball.room [bo:lrum] *podst* **1.** tanečná sála
balm [ba:m] *podst* **1.** balzam; **2.** *(pren)* útecha; **3.** *(príjemný pach)* vôňa; **4.** *(bot lemon balm: Melissa officinalis)* medovka [lekárska]
bam.boo [bæm'bu:] (mn **-oos**) **I.** *podst* **1.** *(bot: Bambusa)* bambus; **II.** *príd* **2.** bambusový, z bambusu
ban [bæn] *podst* (**~ on st/ sb**) **1.** kliatba, *(úradný)* zákaz; **2.** vypovedanie, *(cirk)* vyobcovanie, exkomunikácia, *(hist)* bán
to ban [bæn] [**-nn-**] **1.** úradne zakázať [čo]; 2 vykázať; **3.** prichytiť. *Syn* ⇨ **to forbid**
ba.nal [bə'na:l/AM'beinl] *príd* **1.** banálny, triviálny, všedný; **2.** *(prn)* prázdny; **3.** samozrejmý. *Syn* ⇨ **insipid**
ba.na.na [bə'na:nə] *podst* (mn **bananas**) **1.** banán
band [bænd] *podst* **1.** páska, pásik, stuha, *(na sude)* obruč, *(na vtáčej nohe)* krúžok; **2.** *(tech: hnací)* remeň; **3.** prúžok, pruh; **4.** *(vlnové)* pásmo. *Syn* ⇨ **troop**
ban.dage [bændidž] *podst* **1.** obväz, ovíjadlo, bandáž
ban.dit [bændit] *podst* **1.** bandita, gangster
bang [bæŋ] *podst* **1.** buchnutie; **2.** rana, úder; **3.** *(am vulg)* mrdačka
to ban.ish [bæniš] **1.** vyhostiť, vypovedať; **2.** rozptýliť, zapudiť, zaplašiť . *Syn*: to exile, to expatriate, to deport, to transport, to ostracize
ban.jo [bændžəu] *podst* (mn **-os**) **1.** bendžo
bank [bæŋk] *podst* **1.** breh; **2.** násyp, svah; **3.** plytčina, piesčina; **4.** *(min)* plášť, vrstva; **5.** *(let)* náklon, naklonenie; **6.** sklon cesty;7. banka. *Syn* ⇨ **shoal, shore**
to bank [bæŋk] **I.** *prech* **1.** *(st up: rieku)* obklopiť násypom, obhŕňať zemou, obohnať hrádzou; **2.** prihrnúť, kopčiť; **II.** *nepr* **3.** *(let)* nakloniť sa; **4.** *(fin, obch: with)* mať účet; **5.** *(prn: on st/sb)* spoľahnúť sa
bank.er [bæŋkə] *podst* **1.** bankár, majiteľ banky, riaditeľ banky, peňažník, držiteľ banku
bank.note [bæŋknəut] *podst* **1.** bankovka
bank.rupt [bæŋkrəpt] **I.** *podst* **1.** bankrotár, úpadca; **II.** *príd* **2.** insolventný, ktorý je v úpadku, bankrotujúci; **3.** *(i prn: politik ap)* skrachovaný, zbankrotovaný, na úpadku

bank.rupt.cy [bæŋkrəptsi] *podst* (mn **-ies**) **1.** bankrot, úpadok, konkurz, neschopnosť platiť

ban.ner [bænə] *podst* **1.** *(i štátna, i inf)* zástava, štandarda; **2.** transparent

ban.quet [bæŋkwit] *podst* **1.** *(hostina)* banket, recepcia, hostina

ban.ter [bæntə] *podst jč* **1.** žartovanie, špásovanie, *(doberanie)* naťahovanie

bap.ti.sm [bæptizm] *podst* **1.** *(náb)* krst

bar [ba:] *podst* **1.** *(kovová, drevená)* tyč, tabuľka čokolády, kocka mydla, zlatý prút; **2.** mreža; **3.** závora, haspra; **4.** pruh farebného svetla; **5.** *(špo)* latka; **6.** *(hud)* takt, taktová čiara; **7.** piesčina; **8.** *(prn)* prekážka; **9.** bar, výčap

to bar [ba:] [**-rr-**] **1.** prehradiť, *(utvoriť prekážku)* zatarasiť; **2.** zatvoriť na závoru. *Syn* ⇨ **hinder**, **shoal**

bar.bar.i.an [ba:'beəriən] *podst* **1.** barbar, divoch. *Syn*: barbaric, barbarous, savage. *Opoz*: civilized

bar.bar.ic [ba:'bærik] *príd* **1.** barbarský, primitívny; **2.** krutý, hrozný, desivý, neľudský. *Syn* ⇨ **barbarian**

bar.be.cue [ba:bikju:] *podst* **1.** ražeň; **2.** mäso na ražni

to bar.be.cue [ba:bikju:] **1.** opekať mäso na ražni

bar.bed [ba:bd] *príd* **1.** vybavený ostňami; **2.** *(poznámka)* hryzavý, uštipačný, zaliečavý

barbed wire [ˌba:bd'waiə] *podst jč* **1.** ostnatý drôt

barb.er [ba:bə] *podst* **1.** holič, pánsky kaderník

bard [ba:d] *podst* **1.** bard

bare [beə] *príd* {**-r, -st**} **1.** nahý, obnažený; **2.** *(stena, strom)* holý, *(štýl)* suchý; **3.** prázdny; **4.** *(koberec)* odretý; **5.** *(väčšina)* tesný. *Syn*: naked, nude, bald, barren. *Opoz*: covered, clothed

to bare [beə] **1.** *(hlavu, hruď)* obnažiť, *(meč)* tasiť; **2.** odkryť, odhaliť, vyceriť, vyjaviť

bare.foot [beəfut] (i **barefooted**) **I.** *príd* **1.** bosý, bosonohý, holonohý, vyzutý; **2.** *(kôň)* nepodkutý; **II.** *prísl* **2.** boso, naboso

bare.ly [beəli] *prísl* **1.** sotva, *(len-len že)* ledva, *(len)* taktak, ťažko; **2.** otvorene, priamo

bar.gain [ba:gin] *podst* (**~ with sb**) **1.** zmluva, obchodná dohoda; **2.** výhodná kúpa, dobrý obchod

to bar.gain [ba:gin] (**~ with sb**) **1.** vyjednávať, jednať sa; **2.** jednať, handrkovať sa

barge [ba:dž] *podst* **1.** nákladný čln, bárka, vlečná pramica, vlečniak

bar.i.tone [bæritəun] *podst* **1.** barytón

bark [ba:k] *podst* **1.** brechot, štekot; **2.** *(bot: stromu)* kôra, *(vlaknitá)* lyko, *(vrstva kôry)* borka, *(dubová)* dubovina; **3.** *(zool spruce bark beetle: Ips typographus)* lykožrút. *Syn* ⇨ **skin**

bar.ley [ba:li] *podst jč* **1.** (bot: Hordeum) jačmeň

bar.man [ba:mən] *podst* (mn **-men**, am i **bartender**) **1.** barman, výčapný

barn [ba:n] *podst* **1.** *(i prn pej)* stodola; **2.** *(am)* stajňa, chliev; **3.** *(am)* vozovňa, depo, remíza; **4.** barak

bar.on [bærn] *podst* **1.** *(lit)* barón; **2.** *(prn)* magnát

ba.roque [bə'rok/bə'rəuk] (ob **the ba.roque**) **I.** *podst* **1.** barok; **II.** *príd* **2.** barokový

to bar.rack [bærək] **1.** pokrikovať, hvízdať, revať

bar.rage [bæra:ž] *podst* **1.** priehrada; **2.** *(voj)* palebná clona; **3.** príval, záplava

bar.rel [bærəl] *podst* **1.** sud; **2.** *(na puške)* hlaveň, *(hov: pušky, revolvera)* rúra

bar.ren [bærən] *príd* **1.** neplodný, sterilný, neúrodný, *(prn)* planý. *Syn* ⇨ **bare, sterile**

bar.ri.cade [ˌbæri'keid] *podst* **1.** barikáda, zátaras, *(prekážka: proti pohybu, i voj)* zábrana

bar.ri.er [bæriə] *podst* **1.** závora, bariéra; **2.** prekážka, zábrana, priehrada. *Syn* ⇨ **obstacle**

bar.ring [ba:riŋ] **I.** *predl* **1.** *(vynímajúc)* okrem, s výnimkou [čoho], pokiaľ nie, až na

bar.rist.er [bæristə] *podst* **1.** advokát [pred vyšším súdom], obhajca, právny zástupca. *Syn* ⇨ **lawyer**

bar.ter [ba:tə] *podst jč* **1.** *(barterový)* obchod; **2.** *(i ekon, tech, lek)* kompenzácia

to bar.ter [ba:tə] **I.** *prech* **1.** vymeniť, vymieňať; **II.** *nepr* **2.** robiť výmenný/ barterový obchod, handlovať, vyhandlovať. *Syn* ⇨ **to sell**

base [beis] **I.** *podst* **1.** *(vše)* základ; **2.** úpätie hôr, podstavec sochy, podklad; **3.** *(prn)* východiskový bod; **4.** základná zložka, základná súčasť; **5.** *(chem)* zásada; **6.** *(mat)* základ, *(geom, voj)* základňa; **7.** *(gram)* kmeň; **8.** *(špo)* štartová čiara, méta; **II.** *príd* **9.** *(i hra)* nečestný, *(človek)* hanebný, sebecký, zbabelý, *(čin ap)* nízky, mrzký; *Syn*: **I.** basis, foundation; **II.** ignoble, abject, sordid, vile, low, degrading. mean. *Opoz*: noble, moral, virtuous

base.ball [beisbo:l] *podst jč* **1.** baseball

base.line [beislain] *podst* **1.** *(špo)* základná čiara

base.ment [beismənt] *podst* **1.** suterén, pivnica, podzemie; **2.** *(spodná časť)* podstavec

bash [bæš] *podst ifm* (mn **-es**) **1.** silná rana, ťažký úder; **2.** *(zábava)* večierok, dobrá zábava

ba.sic [beisik] *príd* **1.** základný, elementárny; **2.** nevyhnutný; **3.** *(chem)* zásaditý, bázický

ba.sic.al.ly [beisikəli] *prísl* **1.** v podstate, na základe; **2.** *(v zásade)* zásada

bas.il [bæzl] *podst jč* **1.** *(bot: Ocimum basilicum)* bazalka

ba.si.li.ca [bə'zilikə] *podst* **1.** bazilika

ba.sin [beisn] *podst* **1.** umývadlo, misa, miska; **2.** *(geol)* panva, povodie, kotlina; **3.** *(prístavná)* zátoka

ba.sis [beisis] *podst* (mn **bases**) **1.** základná zložka, základná ingrediencia; **2.** *(prn)* základ, *(základ, východisko)* základňa; **3.** *(plán)* osnova. *Syn* ⇨ **base**

to bask [ba:sk] (**~ in st**) **1.** slniť sa, vyhrievať sa; **2.** kúpať sa

bas.ket [ba:skit] *podst* **1.** kôš, košík; **2.** *(špo: bkb)* kôš, *(vzducholode)* gondola, *(slg)* darebák

bas.ket.ball [ba:skitbo:l] *podst jč* **1.** basketbal

bass [bæs] (mn **-es**) **I.** *podst* **1.** *(ryba)* ostriež; **2.** basista; **3.** *(hud)* bas; **II.** *príd* **4.** *(hud)* basový

bas.tard [bæstəd/ba:stəd] **I.** *podst* **1.** nemanželské dieťa, bastard, *(pej)* pankhart; **2.** kríženec, hybrid; **3.** *(sl pej)* lotor, naničhodník, sviňa; **II.** *príd* **4.** *(dieťa)* nemanželský; **5.** *(rastlina)* hybridný, *(zviera)* krížený; **6.** *(prn)* nepravý, predstieraný

bas.ti.on [bæstiən] *podst* **1.** bašta, pevnosť, hradba; **2.** *(pren)* opora

bat [bæt] *podst* **1.** *(zool: Chiroptera)* netopier; **2.** zelenkastošedá farba; **3.** *(špo: badmintonová)* raketa, *(v krikete)* pálkár; **4.** rana, úder; **5.** kus tehly, úlomok tehly; **6.** *(sl)* tempo; **7.** *(ifm)* jazyk cudzincov; **8.** *(am ifm)* cundra, *(am)* flám

batch [bæč] *podst* **1.** *(chleba, i inf)* dávka, *(tovaru)* séria, várka, *(i ľudí)* skupina, parta, *(tábora)* turnus

bath [ba:θ] *podst* (mn **baths**) **1.** *(i fot)* kúpeľ; **2.** vaňa

to bath [ba:θ] **I.** *prech* **1.** *(koho)* kúpať; **II.** *nepr* **2.** kúpať sa, *(umyť ponorením: dieťa, koňa)* okúpať

to bathe [beið] **I.** *nepr* **1.** *(br: rekreačne, vo vani)* kúpať sa; **II.** *prech* **2.** *(lek)* omývať

bath.room [ba:θrum] *podst* **1.** kúpeľňa; **2.** *(ob am euf)* záchod, toaleta

bat.on [bætən] *podst* **1.** *(hud)* taktovka; **2.** obušok, pendrek; **3.** *(štafetový)* kolík

bats.man [bætsmən] *podst* (mn **-men**) **1.** *(šport)* pálkar; 2. *(let)* signalizátor

bat.tal.i.on [bə'tæljən] *podst* (sk **Bn**) **1.** *(voj)* prápor, zástava

bat.ter [bætə] *podst jč* **1.** *(šľahané, trené)* cesto, cestíčko; **2.** sklon, šikmosť; **3.** *(sl)* flám

to bat.ter [bætə] (**~ at/ on**); (**~ st**) **1.** tĺcť, mlátiť, biť; 2. zle zaobchádzať [s kým]

bat.ter.y [bætəri] *podst* (mn **-ies**) **1.** *(voj, ele)* batéria; **2.** *(práv)* ublíženie na tele, vztiahnutie ruky, nezákonné použitie násilia; **3.** *(s rovnakými záujmami)* skupina ľudí; **4.** *(hud: nástroje)* bicie

bat.tle [bætl] *podst* **1.** *(voj)* bitka; **2.** *(i prn)* boj, *(prn)* zápas. *Syn*: engagement, campaign, encounter, skirmish, action, com-

bat
bat.tle.field [bætlfi:ld] *podst* (i **battleground**) **1.** bojisko, bojové pole
bat.tle.ship [bætlšip] *podst* **1.** bojová loď
to bawl [bo:l] (~ **st**); (~ **out**) **I.** *nepr* **1.** nariekať, vrieskať; **II.** *prech* **2.** vyrevovať
bay [bei] *podst* (mn **-ays**) **1.** *(geog: časť mora jazera)* záliv, chobot, zátoka; **2.** horská kotlina; **3.** *(archit, stav)* arkier, výklenok, oblúk; **4.** priehrada, hrádza, *(lietadla)* oddiel, *(tech)* krídlo, *(v závode: montážna)* hala; **5.** *(pri ceste)* odpočívadlo; **6.** *(= bay tree,bot: Laurus nobilis)* vavrin; **7.** *(kôň)* hnedák
bay.o.net [beiənit] *podst* **1**. bajonet, bodák
bazaar [bə'za:] *podst* **1.** bazár
to be [bi:] (mč **was**, mp **been**)**I.** *nepr* **1.** byť, existovať, jestvovať; **2.** nachádzať sa, ležať; **3.** *(čoho)* zúčastniť sa; **4.** konať sa; **5.** zdržať sa, zostať; **II.** *spona* **6.** byť, stať sa; **7.** *(o cene)* stáť; **8.** *(komu)* patriť
beach [bi:č] *podst* (mn **-es**) **1.** pláž, *(morský)* breh, piesčina, plytčina. *Syn* ⇨ **shore**
bea.con [bi:kən] *podst* **1.** signálny oheň na kopci, vatra; **2.** signálne svetlo; **3.** rádiový maják, navádzacia stanica
bead [bi:d] *podst* **1.** korálik, guľka; **2.** kvapka, kropaj, perlička; **3.** muška
beak [bi:k] *podst* **1.** zobák; **2.** *(joc)* skoba; **3.** *(der: človeka)* nos; **4.** *(geog)* mys; **5.** *(škol slg)* profák
to beam [bi:m] **I.** *nepr* **1.** *(slnko)* svietiť, žiariť, *(o človeku)* vyžarovať svetlo; **II.** *prech* **2.** *(roz, tv)* vysielať, prenášať; **3.** podoprieť trámom; **4.** navigovať lietadlo; **5.** smerovať žiarenie; **6.** *(prn)* usmievať sa, dávať najavo radosť
bean [bi:n] *podst* **1.** *(bot kidney/ haricot/ butter bean: Phaseolus vulgaris)* fazuľa [obyčajná]; **2.** zrno, zrnko, bôb; **3.** *(prn ifm: hlava)* šiška, makovica
bear [beə] *podst* **1.** *(zool brown/ grizzly bear: Ursus arctos)* medveď [hnedý/ severo americký], *(zool polar bear: Thalarctos maritimus)* medveď [biely/ ľadový/ polárny]; **2.** *(prn)* mrzút, frfloš; **3.** *(fin, bur)* baissista, špekulant na pokles kurzu cenných papierov
to bear [beə] (mč **bore**, mp **borne**) **I.** *prech* **1.** *(fml: držať na rukách/ chrbte a dopravovať)* nosiť, mať, *(i prn)* niesť; **2.** podopierať, vydržať; **3.** *(o rastlinách, i fml: o žene)* rodiť, *(úrodu)* prinášať, *(nosiť plod)* donosiť; **4.** *(v žáp)* znášať, strpieť; **II.** *nepr* **5.** zatáčať, špekulovať na pokles cien akcií, zniesť, zarodiť, rodiť . *Syn*: to suffer, to endure
beard [biəd] *podst* **1.** fúzy, briadka, brada; **2.** *(bot)* osiny
beard.ed [biədid] *príd* **1.** *(o rastlinách)* fúzatý, bradatý, zarastený
bear.er [beərə] *podst* **1.** živ *(batožiny, i zástav)* nosič, nosička; **2.** *(lek)* nositeľ; **3.** *(i fin)* doručovateľ; **4.** *(tech)* podpera, *(odb)* nosník
bear.ing [beəriŋ] *podst* **1.** držanie tela; **2.** chovanie, spôsoby; **3.** vzťah; **4.** *(odb)* lôžko, podklad, opora; **5.** *(let, nám)* poloha. *Syn*: carriage, demeanor, mien, deportment, manner
beast [bi:st] *podst* **1.** zviera; **2.** *(prn)* surovec, beštia; **3.** *(ifm)* naničhodník, pľuha
beat [bi:t] *podst* **1.** úder, tep, tlkot, bubnovanie; **2.** *(hud)* takt; **3.** obchádzka, rajón
to beat [bi:t] (mč **beat**, mp **beaten**) **I.** *prech* **1.** biť, zbiť, *(koberec)* klepať; **2.** *(vajíčka, maslo)* šľahať; **3.** poraziť, prekonať; **II.** *nepr* **4.** *(srdce)* biť, tĺcť, *(dážď)* bubnovať. *Syn*: to pound, to pommel, to trash, to flog, to whip, to maul
beat.er [bi:tə] *podst* **1.** honec, nadháňač; **2.** praker, šľahač
beat.ing [bi:tiŋ] *podst* **1.** bitie, výprask; **2.** *(ifm)* porážka; **3.** *(krvi)* tep
beau.ti.ful [bju:tifəl] *príd* **1.** krásny; **2.** vynikajúci, bezchybný, *(ifm)* výborný, senzačný. *Syn*: lovely, handsome, pretty, comely, fair, good-looking , beauteous, beautiful. *Opoz*: ugly
beau.ty [bju:ti] *podst* (mn **-ies**) **1.** krása; **2.** krásavica, kráska; **3.** nádherný kúsok, nádhera, krásavec
bea.ver [bi:və] *podst* **1.** *(zool: Castor fiber)* bobor; **2.** bobria kožušina, bobria čapica; **3.** *(tvrdý, vysoký)* vlasový klobúk; **4.** *(slg:*

o človeku) bradáč; **5.** *(voj: helmy)* priezor

be.cause [bi'koz/bikəz] **1.** pretože, [preto,] lebo, zato, že

to beck.on [bekən] (~ **to sb [to do st]**) **I.** *nepr* **1.** kývnuť, *(rukou/ hlavou)* pokynúť; **II.** *prech* **2.** *(prn)* lákať, vábiť, volať

to be.come [bi'kam] (mč **became**, mp **become**) **I.** *spona* **1.** *(akým, čím)* stať sa; **II.** *prech* **2.** *(dtd)* slušať; **3.** *(fml)* hodiť sa, patriť sa

bed [bed] *podst* **1.** posteľ; **2.** *(morské)* dno, koryto rieky; **3.** *(uhlia)* ložisko, vrstva, sloj; **4.** *(kvetinový, zeleninový)* záhon, hriadka; **5.** *(cesty)* podklad

bed.ding [bediŋ] *podst* **1.** posteľná bielizeň, lôžkoviny; **2.** podstielka pre kone ap.; **3.** *(i prn)* základ, spodná vrstva

bed.rock [bedrok] *podst jč* **1.** *(geol)* skalné podložie, podkladová hornina; **2.** *(prn: veci)* jadro, koreň, podstata

bed.room [bedrum] *podst* **1.** spálňa

bed.time [bedtaim] *podst jč* **1.** čas na spanie

bee [bi:] *podst* **1.** *(zool: Apis)* včela

beech [bi:č] *podst* (mn **-es**) **1.** buk, bukové drevo

beef [bi:f] *podst* **1.** hovädzina, hovädzie mäso; **2.** *(dtd)* kus kŕmneho hovädzieho dobytka; **3.** *(ifm)* slanina; **4.** svaly, svalstvo; **5.** *(sl)* sťažnosť

beer [biə] *podst* **1.** pivo, chmeľ

beet [bi:t] *podst* **1.** *(bot sugar beet: Beta vulgaris)* repa [cukrová], cvikla

bee.tle [bi:tl] *podst* **1.** *(zool: Coleoptera)* chrobák, *(zool stag beetle: Lucanus cervus)* roháč, *(zool spruce bark beetle: Ips typographus)* lykožrút; **2.** krátkozraký človek, drevená palica, kyj, tĺk; **3.** *(tech)* ubíjačka, ubíjadlo

to be.fall [bi'fo:l] (mč **befell**, mp **befallen**) **1.** stretnúť, postihnúť, prihodiť sa, stať sa

to be.fit [bi'fit] [**-tt-**] **1.** hodiť sa, patriť sa

be.fore [bi'fo:] **I.** *predl* **1.** *(vyj: predchádzanie v čase/ poradí)* pred: **we came before five** *prišli sme pred piatou*, **before the war** *pred vojnou*, **before the conference** *pred konferenciou*, **Before Christ [B.C.]** *pred Kristom/ pred Kristovým narodením*, **they came before us** *prišli pred nami*, **to stand in line before sb** *stáť pred niekým v rade*, do: **to take a walk before lunch** *prechádzať sa do obeda*, **he will not be here before Monday/ he will not come until Monday** *vráti sa až v pondelok*, **only/ not before tomorrow** *až zajtra*, *(before noon/ lunch)* dopoludnia, **as before** *po starom*; **2.** *(: miesto spredu)* pred:, **to stand before the altar** *stáť pred oltárom*, pri, napred; **II.** *spoj* **3.** *(pred istým časom)* skôr [ako/ než]: **before she comes** *skôr než príde*; **4.** dokiaľ, kým; **5.** radšej ... ako, skôr ... ako; **III.** *prísl* **6.** *(pred istým časom)* predtým, najprv, už prv, pokým; **7.** dopredu, vpredu, vpred

be.fore.hand [bi'fo:hænd] *prísl* **1.** vopred, *(skôr)* dopredu, už skôr; **2.** predtým, napred

to beg [beg] [**-gg-**] **1.** žobrať, panáčkovať; **2.** *(o čo)* prosiť, *(o čo)* žiadať. *Syn*: to solicit, to entreat, to beseech, to implore, to importune

to be.gin [bi'gin] [**-nn-**] (mč **began**, mp **begun**) **I.** *prech* **1.** začať, *(rozhovor)* nadviazať; **2.** *(chlieb)* nakrojiť, načať, *(novú fľašu)* otvoriť; 3. začať čítať/ spieva; **4.**, pustiť sa [do čoho]; **5.** *(schôdza)* otvoriť; **6.** *(čo)* založiť; **II.** *nepr* **7.** začať; **8.** započať; **9** *(rieka)* prameniť, *(svet)* vzniknúť. *Syn*: to commence, to start, to initiate, to inaugurate. *Opoz*: to end, to finish, to conclude

be.gin.ner [bi'ginə] *podst* **1.** začiatočník, *(začiatočník)* nováčik

be.gin.ning [bi'giniŋ] *podst* **1.** *(vše)* začiatok; **2.** *(ob pl)* počiatok, pôvod, vznik. *Syn* ⇨ **origin**

be.half [bi'ha:f] *podst* **1.** *(on behalf of/ on sb's behalf; [am] in behalf of)* za:, **to speak on behalf of**; *hovoriť za [koho]*, v mene, *(obch)* v zastúpení; **2.** v prospech [koho], pre [koho], v záujme [koho]

to be.have [bi'heiv] **1.** správať sa; **2.** fungovať. *Syn*: to demean, to deport, to comport, to acquit os, to conduct os

be.hav.iour [bi'heivjə] *podst* (am

behavior) **1.** správanie, vystupovanie; **2.** fungovanie, funkcia, spôsob reakcie; **3.** *(tech: fyzikálne)* vlastnosti

be.ha.viour.al [bi'heivjərl] *podst jč* **1.** týkajúci sa správania

be.hind [bi'haind] **I.** *podst* **1.** *(zadná/ horná/ opačná strana)* chrbát; **2.** *(ifm euf: zadná časť tela človeka)* zadok; **3.** *(šiat)* diel; **II.** *predl* **4.** *(vyj : smer na opačnú stranu)* za: **the sun hid behind the clouds** *slnko zašlo za mraky*; **5.** *(: poloha, i prn)* za: **behind bars/ the house** *za mrežami/ domom*, **behind sb's back** *za chrbtom*, **what's behind it?** *čo je za tým?*, v: **behind the house/ back of the scenes** *v zákulisí*, *(behind oneself)* po sebe; **6.** *(behind time)* oneskorený; **7.** *(behind the times)* neaktuálny, staromódny; **III.** *prísl* **8.** *(na zadnom mieste)* vzadu, *(i prn)* pozadu: **to stay behind** *ostávať pozadu/ vzadu*; **9.** dozadu, *(from behind)* odzadu, *(to be behind schedule)* meškať

to be.hold [bi'həuld] (mč, mp **beheld**) **1.** uzrieť, vidieť, uvidieť, spozorovať, zbadať; **2.** zapáčiť. *Syn* ⇨ **to see**

beige [beiž] **I.** *podst* **1.** béžová farba; **II.** *príd* **2.** béžový

being [bi:iŋ] *podst* **1.** bytie, existencia; **2.** bytosť, tvor; **3.** podstata

belch [belč] *podst* (mn **-es**) **1.** grgnutie; **2.** výbuch, vyšľahnutie

to belch [belč] **I.** *nepr* **1.** grgať, grgnúť; **II.** *prech* **2.** *(dym, popol ap)* chrliť

to be.lie [bi'lai] (pr p **belying**, mp **belied**) **1.** byť v rozpore [s čím], *(čomu)* neodpovedať, *(čo)* zastierať; **2.** sklamať

be.lief [bi'li:f] *podst* **1.** *(i náb)* viera, náboženské presvedčenie, náboženské učenie; **2.** dôvera; domnienka, mienka. *Syn*: faith, trust, confidence, credence. *Opoz*: doubt, incredulity

be.liev.a.ble [bi'li:vəbl] *príd* **1.** uveriteľný, hodnoverný, pravdepodobný

to be.lieve [bi'li:v] **I.** *nepr* **1.** *(náb)* veriť, byť veriacim; **2.** veriť na, podporovať, byť stúpencom [čoho], *(za čo)* byť; **3.** myslieť si, nazdať sa

be.liev.er [bi'li:və] **1.** *(náb)* veriaci

to be.lit.tle [bi'litl] **1.** znevažovať, bagatelizovať; **2.** *(ubrať na hodnote, význame)* znížiť; **3.** podceniť. *Syn* ⇨ **to disparage**

bell [bel] *podst* **1.** zvon, zvonček, zvonec, gong, *(pl)* rolničky; **2.** zvonenie, úder gongu; **3.** *(bot)* kalich

to bell [bel] **1.** opatriť zvončekom, zvoniť, cengať, *(jeleň)* ručať

bel.li.ger.ent [bi'lidžərənt] **I.** *podst* **1.** bojujúca strana; **II.** *príd* **2.** bojachtivý, agresívny, svárlivý, hašterivý; **3.** bojujúci. *Syn*: bellicose, pugnacious, quarrelsome, contentious. *Opoz*: peaceful, friendly

to bel.low [beləu] **1.** bučať; **2.** revať, *(na niekoho)* hulákať

bel.ly [beli] *podst* (mn **-ies**) **1.** *(vše)* brucho, žalúdok; **2.** *(vrchná)* doska, útroby

be.long.ings [bi'loŋiŋz] *podst* **1.** *(hmotný)* majetok, *(majetok)* vlastníctvo; **2.** batožina

be.lov.ed [bi'lavid] **I.** *podst* **1.** drahý, drahá, milenec, milenka, miláčik; **II.** *príd* **2.** milovaný; **3.** drahý, milý

be.low [bi'ləu] **I.** *predl* **1.** pod: **below cost**; *pod cenu*, **below zero/ average**; *pod nulou/ priemerom*, *(nám)* v podpalubí, níže, poniže; **II.** *prísl* **2.** niže, dolu, dole

belt [belt] *podst* **1.** opasok, popruh, bezpečnostný pás, pás na náboje; **2.** *(tech)* hnací remeň, remenica; **3.** pásmo, zóna, oblasť; **4.** *(sl)* šupa

to be.moan [bi'məun] **1.** *(na čo)* nariekať si, oplakávať, žialiť, ľutovať

be.mused [bi'mju:zd] *príd* **1.** zmätený, vyvedený z miery; **2.** *(výraz)* zadumaný

bench [benč/benš] *podst* (mn **-es**) **1.** lavica, lavička; **2.** *(br pol)* rad sedadiel; **3.** stolica; **4.** pracovný stôl, ponk

bend [bend] (mč, mp **bent**) *podst* **1.** obyb, záhyb; **2.** zákruta, koleno, zahnutie; **3.** *(nám)* uzol

to bend [bend] **I.** *prech* **1.** ohnúť, ohýbať, *(hlavu)* skloniť, schýliť, zohnúť, *(koleno)* pokrčiť; **2.** *(zvuk, energiu)* zamerať; **II.** *nepr* **3.** *(vše)* ohnúť sa, ohýbať sa, pokriviť sa; **4.** *(cesta)* zahýbať, zabočovať; **5.** tvoriť; **6.** podrobiť sa. *Syn* ⇨ **to curve**

be.neath [bi'ni:θ] **I.** *predl* **1.** poniže, niže, *(i prn)* pod, za: **to be beneath**

one' s notice; *nestáť za povšimnutie*; **II.** *prísl* **2.** dolu, dole, naspodku

ben.e.fac.tor [benifæktə] *podst* (ž **benefactress**) **1.** dobrodinec, donátor, patrón

ben.e.fi.cial [ˌbeniˈfišəl] *príd* (**~ to st/ sb**) **1.** užitočný, blahodarný, *(vplyv)* priaznivý

ben.e.fi.cia.ry [ˌbeniˈfišəri] *podst* (mn **-ies**) **1.** príjemca, držiteľ brebendy

ben.e.fit [benifit] *podst* **1.** úžitok, prospech; **2.** dávky, prídavok; **3.** benefičné predstavenie, benefícia

be.nev.o.lent [biˈnevələnt] *príd* (**~ to/ towards sb**) **1.** láskavý, vľúdny; **2.** *(vládca)* zhovievavý; **3.** *(inštitúcia, spoločnosť)* dobročinný . *Syn* ⇨ **kind**

be.nign [biˈnain] *príd* **1.** vľúdny, láskavý, zhovievavý; **2.** mierny, priaznivý, blahodarný; **3.** *(lek)* beíigny. *Syn* ⇨ **kind**

bent [bent] (**~ for st/ doing st**) **I.** *podst* **1.** sklon, náklonnosť, náchylnosť, dispozícia; **2.** *(v čom)* záľuba; **3.** nadanie, vlohy, schopnosti; **II.** *príd* **4.** ohnutý, pozohýbaný, krivý, zakrivený; **5.** *(der: homosexuál)* teplý, teplošský, *(sl)* perverzný. *Syn* ⇨ **inclination**

to be.queath [biˈkwi:ð] (**~ st**); (**~ to sb**) **1.** *(práv)* odkázať, zanechať, *(prn)* odovzdať, *(v záveti)* poručiť

to be.rate [biˈreit] **1.** hromžiť, *(na koho)* vyvŕšiť si zlosť, *(komu)* papuľovať, *(koho)* vyhrešiť. *Syn* ⇨ **to scold**

be.reaved [biˈri:vd] *príd fml* **1.** trúchliaci

be.reave.ment [biˈri:vmənt] *podst* **1.** úmrtie v rodine, strata; **2.** smútok, zármutok, žiaľ

ber.et [berei] *podst* **1.** baretka, rádiovka

ber.ry [beri] *podst* (mn **-ies**) **1.** *(bot)* bobuľa, bobuľovitý plod, zrnko; **2.** *(zool)* ikra; **3.** *(br sl)* libra, *(am)* dolár

berth [bə:θ] *podst* **1.** *(nám)* kotvisko, prístavište; **2.** lôžko; **3.** *(tech)* voľný priestor

to be.set [biˈset] (mč, mp **beset**) **1.** obklopiť zo všetkých strán, obsadiť; **2.** sužovať, trápiť, tiesniť, zavaliť, ozdobiť, zatarasiť. *Syn* ⇨ **to attack**

be.side [biˈsaid] **I.** *predl* **1.** *(vyj: miestnu blízkosť)* vedľa, pri: **she was sitting beside me**; *sedela pri mne/ vedľa mňa*, **a town beside the sea**; *mesto pri mori*, blízko, povedľa; **2.** v porovnaní s kým/ čím, popri: **beside him he looks slim**; *popri/ v porovnaní s ním vyzerá chudý*, **it is beside the point/ the mark**; *je to od veci*, **beside oneself**; *bez seba*, podľa; **II.** *prísl* **5.** vedľa, blízko; **6.** mimo

be.sides [biˈsaidz] **I.** *predl* **1.** okrem, popri; **II.** *prísl* okrem toho, ku tomu, vedľa toho, ešte, aj, tiež

to be.siege [biˈsi:dž] **1.** *(voj)* obliehať, *(voj: mesto)* obkľúčiť

best [best] **1.** najlepší, najvýhodnejší, **to do o's best**; *robiť čo najlepšie*

best man [ˌbestˈmæn] *podst* **1.** družba, ženíchov svedok

to be.stow [biˈstəu] (**~ st**); (**~ on sb**) **1.** prepožičať; **2.** *(fml: darovať)* venovať, uštedriť, obdarovať; **3.** udeliť. *Syn* ⇨ **to give**

best.sell.ing [ˌbestˈseliŋ] *príd* **1.** idúci najlepšie na odbyt

bet [bet] *podst* **1.** *(dohovor, i vklad do hry)* stávka, *(podiel vložený do hazardnej hry)* vklad

to be.tray [biˈtrei] **1.** zradiť, prezradiť, prezrádzať, vyzradiť, vyzrádzať. *Syn* ⇨ **to deceive, to reveal**

be.tray.al [biˈtreiəl] *podst* **1.** zrada

bet.ter [betə] **I.** *príd* **1.** lepší, výhodnejší, priliehavejší, vhodnejší; **II.** *prísl* **2.** lepšie, viac; **3.** *(I'd better)* radšej, skôr

to bet.ter [betə] **1.** zlepšiť, prekonať, zdokonaliť sa, zdokonaliť

be.tween [biˈtwi:n] **I.** *predl* **1.** *(vyj: miesto uprostred dvoch/ viacerých)* medzi:, **between the river and the house** *medzi riekou a domom*, **Slovakia lies between Poland, Austria, Hungary and the Czech Republic** *Slovensko sa nachádza medzi Poľskom, Rakúskom, Maďarskom a Českom*, **between words/ among other things** **medzi rečou*, **to read between the lines** **čítať medzi riadkami*, **between the devil and the deep sea** **medzi dvoma ohňami*; **2.** *(: vzájomný vzťah)* medzi: **co-operation between**

Bratislava and Prague *družba medzi Bratislavou a Prahou,* **between them** *medzi sebou,* **friendship/ love between people** *priateľstvo medzi ľuďmi,* **all is over between us** **medzi nami je koniec/ sa všetko skončilo;* **3.** *(: časové hranice)* medzi: **between five and six** *medzi piatou a šiestou,* **between May 5 and 8** *medzi 5. a 8. májom,* **between two wars;** *medzi dvoma vojnami;* **4.** *(: číselné hranice)* medzi: **between 20 and 50 crowns;** *medzi 20 až 50 korunami;* **6.** *(skrz)* cez; **7.** uprostred; **8.** *(between them)* spolu, dohromady

bev.er.age [bevəridž] *podst* **1.** nápoj, *(kniž: nápoj, i lek). (nápoj)* mok

to be.ware [bi'weə] (**~ of sb/ st**) **1.** dať si pozor, vystríhať sa, byť opatrný, vyhýbať sa

be.wil.der.ing [bi'wildəriŋ] *príd* **1.** zarážajúci, ohromujúci, **2.** úžasný

be.wil.der.ment [bi'wildəmənt] *podst jč* **1.** zmätok, úžas

be.yond [bi'jond] **I.** *predl* **1.** *(vyj: smer na opačnú stranu)* za: **beyond the river** *za rieku/ riekou;* **2.** *(vyj: presahovanie istej hranice)* nad: **to live beyond one s income** *žiť nad pomery,* **beyond measure/ power(s)/ (o's) expectations** *nad mieru/ sily/ očakávanie,* ponad, *(: vyňatie z miesta)* mimo, *(: prechod z jednej strany na druhú)* cez, *(popri, vedľa)* okrem; **II.** *prísl* . na druhej strane; **3.** ďalej ako, na druhú stranu

bi.as [baiəs] *podst ob jč* **1.** tendencia, sklon, zameranie.; **2.** predsudok, predpojatosť, zaujatosť. *Syn* ⇨ **prejudice**

bi.ased [baiəst] *príd* (i **biassed**) **1.** predpojatý, zaujatý

bi.ble [baibl] *podst* **1.** biblia

bi.bli.cal [biblikl] *príd* **1.** biblický

bi.bli.og.ra.phy [ˌbibli'ogrəfi] *podst* (mn **-ies**) **1.** bibliografia, použitá literatúra; **2.** *(študijný odbor)* knihoveda, bibliológia

to bick.er [bikə] (**~ with sb**); (**~ over/ about st**) **1.** hašteriť sa, *(potok)* zurčať, *(svetlo)* blikať, mihotať sa

bi.cy.cle [baisikl] *podst* **1.** bicykel

bid [bid] *podst* **1.** ponuka; **2.** pokus, pozvanie, výzva

bid.der [bidə] *podst* **1.** *(na dražbe)* ponúkajúci, prihadzovač, dražiteľ

big [big] *príd* [**-gger, -ggest**] **1.** veľký, vysoký, rozsiahly, široký; **2.** *(výbuch)* silný, *(i hlas)* mohutný, *(i vietor)* prudký; **3.** dôležitý, hlavný; **4.** ambiciózny, ďalekosiahly; **5.** *(ifm)* veľkorysý, ušľachtilý. *Syn* ⇨ **large**

big bu.si.ness [ˌbig'biznis] *podst jč* **1.** veľký biznis

big.ot.ry [bigətri] *podst jč* **1.** bigotnosť, fanatickosť

bike [baik] *podst ifm* **1.** bicykel; **2.** motocykel, *(hov)* motorka

to bike [baik] **1.** chodiť na bicykli; **2.** chodiť na motorke

bi.ki.ni [bi'ki:ni] *podst* **1.** bikiny, bikinky

bi.lat.er.al [bai'lætərəl] *príd* **1.** dvojstranný, bilaterálny, *(i tech, fyz, ele)* vzájomný, *(týkajúci sa oboch strán)* obojstranný

bile [bail] *podst jč* **1.** *(lek)* žlč; **2.** *(prn)* hnev, zlosť

bi.lin.gual [bai'liŋgwl] **I.** *podst* **1.** bilingválna osoba, osoba hovoriaca dvoma jazykmi; **II.** *príd* **2.** dvojjazyčný, bilingválny; **3.** *(i slovník)* prekladový

bill [bil] *podst* **1.** zobák; **2.** *(geol: úzky mys)* úzky výbežok pevniny; **3.** *(obch)* faktúra; **5.** *(div)* program, **6**. *(pol)* návrh zákona

to bill [bil] **1.** cukrovať sa; **2.** *(plagátom, vyhláškou)* oznámiť; **3.** *(tv, roz)* ohlásiť, dať do programu; **4.** účtovať

bill.board [bilbo:d] *podst* **1.** vývesná tabuľa, plagátovacia plocha, nástenka

bil.lion [biljən] *podst* (mn **billion/ billions**) **1.** bilión, *(am)* miliarda

bil.lion.aire [ˌbiljə'neə] *podst* (ž **billionairess**) **1.** miliardár, multimilionár

bim.bo [bimbəu] *podst* (mn **-os, -oes**) **1.** *(hov)* kosť, **2.** (sl) kurva

bin [bin] *podst* **1.** nádoba na smeti, debňa, uhliak, zásobník; **2.** *(na vínové fľaše)* polica, kôš; **3.** *(sl)* blázinec

bi.na.ry [bainəri] *príd* **1.** binárny, dvojkový

bind [baind] *podst* **1.** *(hud)* ligatúra, oblúčik, spoj; **2.** *(geol)* bridlica; **3.** *(bot)* šľahúň, výhonok

to bind [baind] (mč, mp **bound**)**I.** *prech* **1.** zviazať, priviazať, *(knihu)* viazať; **2.** *(človeka)* spútať; **3.** *(ranu, rameno)* obviazať, previazať; **4.** zaviazať; **5.** tmeliť, spájať; **II.** *nepr* **6.** *(cement)* tvrdnúť, *(omáčka)* hustnúť. *Syn* ⇨ **to tie**

bind.er [baində] *podst* **1.** knihár; **2.** *(poľn)* samoviazač; **3.** spojivo, tmel, lepidlo

bind.ing [baindiŋ] **I.** *podst* **1.** väzba knihy; **2.** lem, obruba; **3.** *(na lyžiach)* viazanie; **4.** obruč; **5.** spojenie; **6.** tmel; **7.** *(novinová)* páska; **II.** *príd* **8.** záväzný

binge [bindž] *podst ifm (hov)* **1.** flám, ťah

bin.go [biŋgəu] **I.** *podst* **1.** *(hra)* bingo; **II.** *cit* **2.** terno

bi.noc.u.lars [biˈnokjulə] *podst* **1.** ďalekohľad

bi.o.chem.ist.ry [ˌbaiəˈkemistri] *podst jč* **1.** biochémia

bi.o.graph.er [baiˈogrəfə] *podst* **1.** životopisec

bi.o.graph.i.cal [ˈbaiəˈgræfikl] *príd* **1.** životopisný, biografický

bi.og.ra.phy [baiˈogrəfi] *podst* (mn **-ies**) **1.** *(biografia)* životopis, biografia, charakteristika

bi.o.log.ic.al [ˌbaiəˈlodžikəl] *príd* **1.** biologický

bi.ol.o.gy [baiˈolədži] *podst jč* **1.** biológia

bi.o.tech.nol.o.gy [ˌbaiəutekˈnolədži] *podst jč* (mn **-ies**) **1.** biotechnológia

bi.par.tis.an [ˌbaipa:tiˈzæn] *príd* **1.** týkajúci sa dvoch politických strán ob opozičných, s účasťou dvoch politických strán

birch [bə:č] *podst* (mn **-es**) **1.** breza; **2.** brezové drevo, brezový prút; **3.** brezová metla

bird [bə:d] *podst* **1.** vták; **2.** *(prn)* vtáčik, chlapík; **3.** *(sl)* baba, *(čech)* kočka

bird.ie [bə:di] *podst ifm* **1.** vtáčik, vtáčatko

birth [bə:θ] *podst* **1.** narodenie; **2.** *(lek)* pôrod, *(zool)* vrh; **3.** *(prn)* vznik, založenie; **4.** *(novej éry)* príchod, nástup; **5.** zrodenie, zrod

birth.day [bə:θdei] *podst* (mn **-ays**) **1.** narodeniny, *(hov: narodeniny)* narodenie

birth.place [bə:θpleis] *podst* **1.** rodisko

bis.cuit [biskit] *podst* **1.** *(br)* sušienka, keks; **2.** *(am)* lievanec; **3.** béžová farba

bi.sex.ual [baiˈseksjuəl] *príd* **1.** bisexuálny, dvojpohlavný, obojpohlavný

bit [bit] *podst* **1.** kúsok, črep, *(prn)* kvapka, *(hov)* chlp[ok]; **2.** chvíľa, chvíľ[oč]ka; **3.** *(br hist)* malá minca; **4.** *(tech)* nôž hoblíka; **5.** *(inf)* bit

bitch [bič] *podst* (mn **-es**) **1.** *(i prn dtd)* suka, su[č]ka, *(zast)* fen[k]a; **2.** líška, vlčica; **3.** *(prn: o žene)* potvora, hašterivá žena; **4.** *(dtd/ hov)* fľandra; **5.** *(sl)* otrava

bite [bait] *podst* **1.** pohryzenie; **2.** štipnutie, uštipnutie; **3.** sústo, niečo malé na zjedenie; **4.** *(ryby)* zabranie; **5.** *(o jedle)* pikantnosť; **6.** *(kolies)* záber; **7.** *(postavenie zubov)* skus

to bite [bait] (mč **bit**, mp **bitten**) **I.** *prech* **1.** zahryznúť, *(pes)* pohrýzť, *(hmyz)* štípať, *(had)* uštipnúť; **2.** *(les, korenie ap)* páliť; **3.** *(kyselina)* leptať, rozožierať; **II.** *nepr* **4.** *(pes)* hrýzť; **5.** *(ryba)* brať; **6.** rezať; **7.** *(krajč i kolesá)* zabrať

bit.ter [bitə] *príd* **1.** *(chuť)* horký; **2.** *(zima)* krutý, *(vietor)* mrazivý, *(mráz)* treskúci; **3.** *(človek)* zatrpknutý, zahorknutý; **4.** *(nepriateľ)* úhlavný; **5.** *(skúsenosť)* trpký, nepríjemný, *(kritika)* ostrý

bi.zarre [biˈza:] *príd* **1.** bizarný, výstredný; **2.** zvláštny; **3.** fantastický, **4.** zvláštny. *Syn* ⇨ **fantastic**

black [blæk] **I.** *podst* **1.** čierna farba; **2.** *(bot black walnut: Juglans nigra)* orech [čierny], *(bot black currant: Ribes nigrum)* ríbezľa [čierna], *(bot black mullberry: Morus nigra)* moruša [čierna], *(bot black mustard: Brassica nigra)* horčica [čierna]; **3.** smútočný oblek; **4.** *(zool black rhinoceros: Diceros bicornis)* nosorožec [africký]; **5.** temno, čerň, tma, temnota; **5.** sadza, špina; **6.** *(sl)* volovina; **7.** *(v strede terča)* čierny kruh ; **8.** černoch, černoška; **II.** *príd* **9.** *(farba)* čierny; **10.** černošský; **11.** špinavý; **12.** zlostný, nepriateľský; **13.** nedobrý, zlý; **14.** ponurý, chmúrny

black.ber.ry [blækbəri] *podst* (mn **-ies**) **1.** *(bot: Rubus fruticosus)* černica, ostružina černicová; **2.** *(bot)* ostružiník

black.board [blækbo:d] *podst* (am i **chalkboard**) **1.** *(škol)* tabuľa

black.cur.rant [ˌblæk'karnt] *podst* **1.** *(bot)* čierne ríbezle [plod i ker]

to black.en [blækən] **1.** načierniť, nafarbiť na čierno, začierniť; **2.** *(koho)* očierniť, špiniť, pošpiniť

black.mail [blækmeil] *podst jč* **1.** vydieranie, vydieračstvo

to black.mail [blækmeil] (**~ sb**); (**~ into doing st**) **1.** vydierať

black.out [blækaut] *podst* **1.** *(lek: dočasná)* strata pamäti, *(hov)* okno; **2.** výpadok prúdu, *(počas vojny)* zatemnenie, *(div)* zhasnutie javiskových svetiel

black.smith [blæksmiθ] *podst* (i **smith**) **1.** kováč

blad.der [blædə] *podst* **1.** *(anat)* močový mechúr; **2.** opuch, pľuzgier; **3.** *(ftb)* duša lopty

blade [bleid] *podst* **1.** čepeľ, ostrie; **2.** žiletka, čepieľka; **3.** lopatka, list; **4.** *(bot)* steblo

blame [bleim] *podst* (**~ for st**) **1.** vina, obvinenie, výčitka, pokarhanie, zodpovednosť

to blanch [bla:nč/bla:nš] **I.** *prech* **1.** bieliť; **2.** zvariť; **II.** *nepr* **3.** zblednúť ako stena

bland [blænd] *príd* {**-er, -est**} **1.** mierny, nevzrušivý; **2.** neslaný, nemastný, nijaký

blank [blæŋk] **I.** *podst* **1.** prázdne miesto, medzera; **2.** nedostatky; **3.** nevyhrávajúci žreb; **4.** *(am)* formulár, tlačivo; **5.** *(voj)* slepý patrón; **6.** kocka domina bez bodiek; **7.** *(tech)* predrobok, predlisok; **II.** *príd* **8.** *(i inf)* prázdny, čistý, *(papier)* nepopísaný; **9.** *(tvár)* bezvýrazný, *(výraz)* neprítomný, apatický; **10.** *(okno ap)* slepý; **12.** kategorický, absolútny, totálny

blan.ket [blæŋkit] *podst* **1.** deka, *(vlnená)* prikrývka, pokrývka, povlak, kryt, nános

blare [bleə] *podst* **1.** lomoz, veľký hluk, vreštanie, rev, jačanie, vrieskanie

blas.phe.my [blæsfəmi] *podst* (mn **-ies**) **1.** rúhanie. *Syn*: profanity, swearing, cursing

blast [bla:st] *podst* **1.** závan, poryv, silný prúd vzduchu; **2.** zatrúbenie rohu, zahúkanie sirén, hlahol trúbok; **3.** výbuch; **4.** tlaková vlna. *Syn* ⇨ **wind**

bla.tant [bleitənt] *príd* **1.** očividný, zjavný, hlučný, dotieravý, krikľavý; **2.** *(klamstvo)* nehanblivý, nehanebný. *Syn* ⇨ **vociferous**

blaze [bleiz] *podst* **1.** oheň, požiar; **2.** žiar, lysina. *Syn*: flame, flicker, flare, glow, glare

to blaze [bleiz] **1.** označkovať, opatriť značkami, vzplanúť, *(tech)* žiariť

bla.zer [bleizə] *podst* **1.** sako, blejzer, vetrovka

bleach [bli:č] *podst* (mn **-es**) **1.** bieliaci prostriedok, odfarbovací prostriedok, bielidlo

to bleach [bli:č] **1.** *(chemicky)* bieliť, vybieliť, odfarbiť

bleak [bli:k] **I.** *podst* **1.** *(zool)* belička; **II.** *príd* **2.** *(kopec ap)* holý, pustý; **3.** *(počasie)* sychravý, drsný; **4.** *(budúcnosť)* bezútešný, *(existencia)* neradostný, pochmúrny

to bleed [bli:d] (mč, mp **bled**) **I.** *nepr* **1.** *(lek)* krvácať; **II.** *prech* **2.** *(lek)* púšťať [komu] žilu; **3.** *(tech)* odvzdušniť

bleep [bli:p] *podst* **1.** pípnutie, zapípnutie, pípanie

blem.ish [blemiš] *podst* (mn **-es**) **1.** chyba, kaz, škvrna, škvrnka, fliačik, *(prn)* poškvrna

blend [blend] *podst* **1.** *(i plynov, výbušná)* zmes, zmiešanina

bless.ed [blesid/blest] *príd* **1.** *(náb)* svätý, *(obraz, koláč atď)* posvätný, *(priaznivý, blahodarný)* požehnaný, blahoslavený; **2.** *(ifm)* zatratený

bless.ing [blesiŋ] *podst* **1.** *(náb)* požehnanie; **2.** modlitba pred jedlom; **3.** povolenie, súhlas

blight [blait] *podst* **1.** pleseň, sneť; **2.** *(prn)* kliatba, metla, pohroma; **3.** zanedbaná/spustnutá časť mesta

blind [blaind] **I.** *podst* **1.** roleta; **2.** zámienka; **3.** predstieraný podnik [ob na zastieranie špionážnej činnosti]; **4.** *(br sl)* pitka, flám; **II.** *príd* **5.** *(lek)* slepý; **6.** *(okno)* zamurovaný; **7.** neprehľadný; **8.** *(sl ob am)* sťatý, naliaty

blind.fold [blaindfəuld] **I.** *podst* **1.** páska na oči; **II.** *prísl* **2.** so zaviazanými očami, naslepo

blink [blink] *podst* **1.** žmurknutie; **2.** záblesk, preblesnutie, bliknutie; **3.** okamih

blip [blip] *podst* **1.** *(na obrazovke radaru)* svetelný bod; **2.** *(zvuk)* cvaknutie, pípnutie

bliss [blis] *podst jč* **1.** blaženosť, blaho, rozkoš, *(blaženosť)* šťastie; **2.** ticho, pokoj. *Syn* ⇨ **ecstasy**

bliss.ful [blisfl] *príd* **1.** báječný, *(pocit)* rajský, *(úsmev)* blažený

bli.ster [blistə] *podst* **1.** opuch, bublinka, pľuzgier,; **2.** *(am sl)* ľahká žena

bli.ster.ing [blistriŋ] *príd* **1.** *(slnko)* žeravý, sálajúci; **2.** *(rýchlosť)* vražedný, *(slová)* zaliečavý, sarkastický

blithe [blaið] *príd ob attr* **1.** veselý, bezstarostný, radostný, jarý

blitz [blits] *podst* (mn **-es**) **1.** prudký útok, ťažký nálet

to blitz [blits] **1.** bombardovať, vybombardovať

bliz.zard [blizəd] *podst* **1.** snehová búrka, metelica, fujavica, chumelica

bloat.ed [bləutid] *príd* **1.** nafúknutý, *(tvár)* odutý, vypasený, *(rieka)* vyliaty, opuchnutý, zdurený; **2.** *(človek)* vypasený, tučný, *(pren)* nadutý, *(pren)* nafúkaný; **3.** *(ryba)* údený

blob [blob] *podst* **1.** kvapka, machuľa, škvrna, hrudka

block [blok] *podst* **1.** klát dreva, kváder kameňa, dlažobná kocka; **2.** forma na klobúky; **3.** *(polyg)* štoček; **4.** *(čoho)* skupina, balík; **5.** *(poznámkový)* blok, zápisník; **6.** *(špo: štartovací)* blok; **7.** *(prn: o človeku)* drevo, peň; **8.** *(inf)* blok

to block [blok] **I.** *prech* **1.** blokovať, *(cestu)* zatarasiť, zapchať, *(potrubie)* upchať; **2.** *(špo)* blokovať, *(loptu)* stopnúť

block.ade [blo'keid] *podst* **1.** blokáda

to block.ade [blo'keid] **1.** *(polit, ekon)* blokovať, uzavrieť blokádou; **2.** brániť

block.bust.er [blokbastə] *podst ifm* **1.** *(voj)* bomba veľkého kalibru; **2.** *(prn: film, kniha)* šláger, trhák, bomba

bloke [bləuk] *podst* **1.** chlap, chlapík, chlapec

blood [blad] *podst* **1.** *(fyziol)* krv; **2.** miazga; **3.** *(vznešený)* pôvod; **4.** povaha, temperament, vášeň, nálada

blood.stream [bladstri:m] *podst* **1.** krvný obeh

blood.y [bladi] *príd* **1.** krvavý; **2.** zakrvácaný, zakrvavený, poškvrnený krvou; **3.** krvácajúci; **4.** krvilačný; **5.** totálny, úplný;; **6.** *(ifm)* skurvený, posraný

to blood.y [bladi] **1.** zakrvácať, *(niečo krvou)* poškvrniť, *(prn)* zafarbiť

bloom [blu:m] *podst* **1.** *(kvetiny: ruže ap)* kvet; **2.** oinovatenie, peľ; **3.** rumenec; **4.** buket, aróma, vôňa

to bloom [blu:m] **1.** kvitnúť, *(prn)* prekvitať, prosperovať, vyvíjať, rozžiariť, stratiť lesk

bloom.ing [blu:miŋ] **1.** kvitnúci, prekvitajúci, svieži; **2.** *(prn: spôsobujúci rozčarovanie)* otravný; 3. *(euf = bloody)* poondiatý

blos.som [blosəm] *podst* **1.** kvet, *(hromadne)* kvety, šafránová farba, *(odb)* zaoxidovaná ruda

blot [blot] *podst* **1.** machuľa, škvrna, poškvrna, fľak

blouse [blauz] *podst* **1.** blúza; **2.** *(am voj)* košeľa, kacabajka

blow [bləu] *podst* **1.** rana, úder, *(päsťou, zbraňou)* náraz, *(úder: i päsťou)* zásah; **2.** *(prn)* šok, poryv, pohroma; **4.** zatrúbenie; **5.** *(i tech)* fúkanie, *(slabé prúdenie vzduchu, i prn)* závan; **6.** *(kniž)* rozkvet

to blow [bləu] (mč **blew**, mp **blown**) **1.** fúkať, viať; **2.** ozvať sa, zaznieť; **3.** prasknúť, prepáliť sa, *(žiarovka)* spáliť sa; **4.** *(veľryba)* striekať

blud.geon [bladžən] *podst* **1.** kyjak, obušok

blue [blu:] **I.** *podst* **1.** modrosť, modrá farba; **2.** *(bás)* obloha, modravé diaľky, šíre more; **3.** modráčik; **4.** *(pol dtd)* konzervatívec; **II.** *príd* **5.** modrý, *(svetlo)* modravý; **6.** *(pol)* konzervatívny; **7.** skľúčený, melancholický; **8.** *(reč)* klzký, oplzlý, hrubý, neslušný, *(film)* pornografický

blue.bell [blu:bel] *podst (bot: Campanula)*

zvonček

blue-col.lar [ˌbluːˈkolə] *príd* **1.** robotnícky

blue.print [bluːprint] *podst* **1.** *(tech)* modrotlač, *(polyg)* ozalyd; **2.** *(prn)* plán, projekt

bluff [blaf] **I.** *podst* **1.** bluf, dríst, klam, zavádzanie; **II.** *príd* **2.** príkry, strmý, zrázový; **3.** *(človek)* priamočiary, *(ale dobrosrdečný)* drsný

blun.der [blandə] *podst* **1.** kardinálny omyl, veľ; **2.** premrhať

blunt [blant] *príd* {**-er, -est**} **1.** tupý, neorezaný; **2.** otvorený, priamočiary. *Syn*: bluff, brusque, curt, gruff. *Opoz*: suave, tactful

blur [bləː] *podst* **1.** šmuha, *(rozmazaná)* škvrna; **2.** rozmazaný obraz

to blush [blaš] **1.** červenať sa, začervenať sa, očervenieť; **2.** hanbiť sa

to blus.ter [blastə] (~ **on**); (~ **about st**) **1.** *(more, vietor)* zúriť, burácať, *(prn: človek)* vyvádzať, zlostiť sa; **2.** chvastať sa, naparovať sa

boar [boː] *podst* (mn **boar/ boars**) **1.** *(zool wild boar: Sus scrofa)* kanec, diviak

board [boːd] *podst* **1.** doska, palubovka, *(školská)* tabuľa, šachovnica; **2.** lepenka, kartón; **3.** strava, jedlo; **4.** výbor, komisia; **5.** *(nám, let)* paluba

board.ing-school [boːdiŋskuːl] *podst* **1.** internátna škola

to boast [bəust] **I.** *nepr* **1.** vystatovať sa, chvastať sa, vypínať sa; **II.** *prech* **2.** *(čím)* pýšiť sa

boat [bəut] *podst* **1.** čln, loďka; **2.** loď, parník

to bob [bob] [**-bb-**] ([**st**], [**up and down**]) **1.** pohupovať sa, hojdať sa; **2.** ukloniť sa, strihnúť poklonu, skackať, hojdať, trhať sa; **3.** *(vlasy, konský chvost)* pristrihnúť, chňapnúť, loviť; **4.** jazdiť na boboch

bo.dy [bodi] *podst* (mn **-ies**) **1.** *(anat)* telo; **2.** mŕtvola; **3.** teleso; **4.** inštitúcia, orgán; **5.** súbor, súhrn; **6.** skupina; **7.** trup lietadla/ lode, karoséria auta. *Syn*: corpse, remains, carcass, cadaver

bo.dy.guard [bodigaːd] *podst* **1.** telesná stráž, osobný strážca

bog [bog] *podst* **1.** močarina; **2.** močiar; **3.** *(br sl)* záchod, *(vulg)* hajzeľ; **4.** *(bot bog whortleberry: Vaccinium uliginosum)* čučoriedka [barinná]

bo.gey [bəugi] *podst* (mn **-eys**) **1.** strašiak; **2.** *(scot)* sopeľ, holub

bo.gus [bəugəs] *príd* **1.** falošný, falšovaný, imitovaný . *Syn* ⇨ **false**

bo.hem.i.an [bəˈhiːmjən] **1.** český; **2.** bohémsky

boil [boil] *podst* **1.** var, varenie, bod varu; **2.** vriedok, vred, pľuzgier *(na krku)* vyrážka

to boil [boil] **I.** *prech* **1.** variť, prevariť, uvariť, *(bielizeň)* vyvariť; **II.** *nepr* **2.** vrieť. *Syn*: to seethe, to simmer, to stew

boil.er [boilə] *podst* **1.** *(tech: v ústrednom kúrení)* kotol; **2.** *(na ohrev vody)* bojler; **3.** kurča na varenie

boi.ster.ous [boistərəs] *príd* **1.** *(človek)* hlučný, búrlivo veselý, *(dieťa)* divoký, *(smiech)* neviazaný, *(správanie)* rozpustený; **2.** *(more)* rozbúrený, *(vietor)* prudký, silný. *Syn* ⇨ **vociferous**

bold [bəuld] *príd* {**-er, -est**} **1.** statočný, odvážny, smelý; **2.** trúfalý, bezočivý; **3.** výrazný; **4.** *(polyg)* tučný, polotučný. *Syn* ⇨ **brave**

bolt [bəult] *podst* **1.** zástrčka, závora; **2.** šípka, *(krátky)* šíp; **3.** uzáver; **4.** úder blesku

to bolt [bəult] **I.** *nepr* **1.** zdupkať, *(a utiecť)* splašiť sa; **II.** *prech* **2.** zastrčiť, zatvoriť na závoru; **3.** *(tech)* zoskrutkovať

bomb [bom] *podst* **1.** *(voj)* bomba, *(delostrelecký)* granát; **2.** kopa; **3.** prúd

to bom.bard [bomˈbaːd] (~ **sb/ st**); (~ **with st**) **1.** *(i prn)* bombardovať, ostreľovať; **2.** zasypávať, zahrnovať. *Syn* ⇨ **to attack**

bom.bard.ment [bomˈbaːdmənt] *podst* **1.** bombardovanie, ostreľovanie

bomb.er [bomə] *podst* **1.** bombardovacie lietadlo; **2.** bombový atentátnik

bomb.shell [bomšel] *podst ifm* **1.** *(voj)* strela, granát; **2.** sexbomba

bo.na fi.de [ˌbəunəˈfaidi] **1.** bona fide, dôveryhodný. *Syn* ⇨ **authentic**

bo.nan.za [bəˈnænzə] *podst* **1.** *(neočakávaná)* prosperita; **2.** *(ban)* zlatá baňa; **3.** objavenie bohatého náleziska zlata/ rudy/ nafty

bond [bond] *podst* **1.** puto, *(prn)* zväzok; **2.** zmluva, záväzok; **3.** okovy, putá; **4.** spoj; **5.** *(fin)* dlhopis, *(ob pl)* cenné papiere

bond.age [bondidž] *podst jč* **1.** otroctvo, poddanstvo; **2.** *(hist)* zajatie; **3.** *(hist)* zaviazanosť. *Syn* ⇨ **servitude**

bone [bəun] *podst* **1.** *(anat)* kosť; **2.** telesné pozostatky, kosti, ostatky; **3.** kostica

bon.fire ['bon,faiə] *podst* **1.** *(vatra)* hranica, táborák, *(vatra)* oheň

bon.net [bonit] *podst* **1.** *(hist)* čepiec; **2.** *(aut)* kapota, kryt; **3.** *(škót)* baretka; **4.** *(zdrob: detský, dámsky)* klobúčik

bo.nus [bəunəs] *podst* (mn **-es**) **1.** prémia, príplatok; **2.** *(fin)* bonifikácia, superdividenda, prídavok; **3.** terno. *Syn*: bounty, premium, dividend, bonus

bon.y [bəuni] *príd* **1.** plný kostí; **2.** kostnatý, vychudnutý, kostený

to boo [bu:] **1.** pískať

boog.ie ['bu:gi] *podst jč* (i **boogie-woogie**) **1.** *(druh tanca)* bugy-vugy

book [buk] *podst* **1.** kniha, knižka, zošit; **2.** zošitok, knižôčka, zväzoček; **3.** *(hud)* libreto

book.case [bukkeis] *podst* **1.** knižnica, regále, skriňa na knihy; **2.** polica na knihy

book.let [buklit] *podst* **1.** brožúra, brožúrka; **2.** knižka, knižôčka

book.mak.er [bukmeikə] *podst* (i ifm **bookie**) **1.** bookmaker [príjemca stávok pri dostihoch]

book.sel.ler [bukselə] *podst* **1.** kníhkupec

book.shop [bukšop] *podst* (am i **bookstore**) **1.** kníhkupectvo

boom [bu:m] *podst ob jč* **1.** *(zvýšenie akosti, zväčšenie počtu, rast)* prudký vzostup, *(náhly)* rozkvet, *(prn)* móda, prosperita; **2.** *(ekon)* konjuktúra, *(hospodársky)* rozmach, *(obchodný,i prn)* úspech; **3.** *(o streľbe, úderoch ap)* dunenie, *(pri výbuchu)* buch; **4.** *(nám)* plávajúca priehrada, vratipeň, *(i tech)* rameno, výložník, *(tech)* klada, *(tv)* mikrofónová tyč

boon [bu:n] *podst* **1.** požehnanie, dobrodenie; **2.** výhoda, láskavosť

to boost [bu:st] **1.** zdvihnúť; **2.** oživiť, stimulovať, zosilniť, **3.** robiť reklamu [čomu], propagovať. *Syn* ⇨ **to lift**

boot [bu:t] *podst* **1.** čižma, topánka; **2.** *(br)* batožinový priestor v aute, *(hov)* kufor; **3.** zábava; **4.** *(am)* nováčik

booth [bu:ð] *podst* **1.** predajný stánok, kiosk; **2.** *(búdka)* kabína, *(telefónna)* búdka

boot.leg [bu:tleg] *príd* **1.** alkohol [pálený načierno]

booze [bu:z] *podst jč ifm* **1.** *(sl)* alkohol, chlast, alkoholický nápoj, pijatika

bor.der [bo:də] *podst* **1.** kraj, okraj; **2.** hranica, medza, pomedzie; **3.** obruba, lem, rámček. *Syn*: margin, edge, rim, brim, brink

bor.der.line [bo:dəlain] **I.** *podst* **1.** hranica; **2.** hraničná čiara, rozhranie; **II.** *príd* **3.** pohraničný; **4.** hraničný, pomedzný

to bore [bo:] **1.** vŕtať, prevŕtať, vyvŕtať, raziť, preraziť; **2.** nudiť

bore.dom [bo:dəm] *podst jč* **1.** nuda, unudenosť, otrava

bor.ing [bo:riŋ] *príd* **1.** nudný, fádny, vrtný, otravný

bor.ough [barə] *podst* **1.** *(br)* samosprávne mesto [zastúpené v parlamente]; **2.** *(i am)* mestský samosprávny obvod; **3.** administratívna jednotka Londýna; **4.** *(dedina, i hist)* obec; **5.** obec, výsadné mesto

to bor.row [borəu] (~ **st**); (~ **from sb/ st**) **1.** požičať si, vypožičať si, *(ling: slovo)* prevziať; **2.** *(z iného prameňa)* čerpať

bor.row.er [borəuə] *podst* dlžník

bor.row.ing [borəuiŋ] *podst* **1.** *(ling)* výpožička, prevzaté slovo; **2.** *(kníh z knižnice)* požičanie,

bo.som [buzəm] *podst* **1.** hruď, prsia, poprsie; **2.** *(prn)* lono. *Syn* ⇨ **breast**

boss [bos] *podst ifm* (mn **-es**) **1.** šéf, *(ifm)* boss, zamestnávateľ; **2.** pohlavár, predák

bo.tan.ic.al [bə'tænikl] *príd* **1.** botanický

bot.an.ist [botənist] *podst* **1.** botanik

botch [boč] *príd* (i **botch up**) **1.** fušerská práca, babračka

to botch [boč] (~ **st**); (~ **up**) **1.** sfušovať, zbabrať, zaplátať

both [bəuθ] *príd* **1.** oba, obe, obidva, oboje, obojaký

to both.er [boðə] **I.** *prech* **1.** obťažovať, otravovať, vyrušovať; **II.** *nepr* **2.** robiť si starosti, obťažovať sa. *Syn* ⇨ **to annoy**

bot.tle [botl] *podst* **1.** fľaša, fľaštička; **2.** *(prn)* alkohol; **3.** *(sena)* kôpka

to bot.tle [botl] **1.** plniť do fliaš, stáčať do fliaš, zavárať, *(am: vo fľašiach)* konzervovať

bot.tom [botəm] **I.** *podst* **1.** *(vše)* dno, spodok; **2.** vnútro, jadro, podstata; **3.** úpätie hôr; **4.** *(na šatách)* lem; **5.** *(steny, obrazovky ap)* dolná časť; **6.** druhý koniec ulice; **7.** sedadlo stoličky; **8.** zadok, ritka; **9.** loď; **II.** *príd* **10.** spodný, dolný; **11.** *(br)* najnižší možný; **12.** prvý; **13.** posledný; **14.** najhorší

boul.der [bəuldə] *podst* **1.** balvan, doba

bou.le.vard [bu:lva:] *podst* **1.** bulvár, avenue, *(zast)* trieda

bounce [bauns] *podst* **1.** odraz, odskočenie; **2.** pružnosť; **3.** *(ifm)* elán, vitalita

bounc.er [baunsə] *podst* **1.** vyhadzovač

bounc.ing [baunsiŋ] *príd* (~ **with st**) **1.** *(dieťa)* kypiaci zdravím

bound [baund] **I.** *podst* **1.** hranica, ohraničenie, medza; **2.** chotár; **3.** výskok, odraz, úder, tlkot; **II.** *príd* **4.** *(kniha)* viazaný, vo väzbe; **5.** pripravený, prichystaný, hotový; **6.** určený, namierený. *Syn* ⇨ **limit**

bound.a.ry [baundəri] *podst* (mn **-ies**) **1.** hranica, medza, rozhranie, medzník

boun.ty [baunti] *podst jč* (mn **-ies**) **1.** *(ekon)* štátna subvencia [napr. za vývoz], hojnosť, výnos, dar; **2.** prémie, mimoriadna odmena; **3.** štedrosť, veľkodušnosť. *Syn* ⇨ **bonus**

bou.quet [bu'kei] *podst* **1.** kytica; **2.** buketa, bukréta. *Syn* ⇨ **scent**

bourge.ois [buə:'žwa] (ž **-oise**) **I.** *podst* **1.** meštiak, buržoa; **II.** *príd* **2.** buržoázny, meštiacky

bourge.ois.ie [ˌbuəžwa:'zi:] *podst ob der* **1.** buržoázia

bout [baut] *podst* **1.** záchvat; **2.** zápas; **3.** sezení sedenie; **4.** *(určitý čas)* obdobie

bou.tique [bu(:)'ti:k] *podst* **1.** butik

bow [bəu] *podst* **1.** *(sklonenie hlavy ap)* poklona, úklon; **2.** *(kruhovité zakrivenie, i geom)* oblúk, krivka, *(predmet kruhovitého tvaru)* obruč; **3.** kružidlo; **4.** *(poet = rainbow)* dúha; **5.** *(špo)* luk; **6.** *(hud)* sláčik; **7.** *(spôsob viazania)* mašľa; **8.** motýlik; **9.** *(lode)* predok, čelo

to bow [bəu] **I.** *nepr* **1.** kývnuť hlavou, ukloniť sa, pokloniť sa; **2.** ohýbať sa, ohnúť sa; **3.** *(prn)* skláňať sa; **II.** *prech* **4.** ohnúť, ohýbať

bowel [bauəl] *podst* **1.** *(anat)* črevo

bower [bauə] *podst* **1.** besiedka, altánok

bowl [bəul] *podst* **1.** misa, čaša, kalíšok; **2.** *(geol)* panva, kotlina

to bowl [bəul] **1.** nadhadzovať, hrať bowls; **2.** vyradiť z hry

bowl.er [bəulə] *podst* **1.** nadhadzovač; **2.** *(br)* tvrdý klobúk, pinč

bowl.ing [bəuliŋ] *podst jč* **1.** bowling, americké kolky

box [boks] *podst* **1.** *(kartónová, plechová, drevená)* škatuľa, škatuľka, kazeta, *(hov nespr)* krabica; **2.** *(br ifm)* debna, debnička, pokladnička; **3.** poštový priečinok, *(poštová)* schránka; **4.** *(divadelná)* lóža, *(v reštaurácii)* box, *(vozňa vo vlaku)* oddelenie, *(na voze)* kozol; **5.** búdka, kabína; **6.** *(balený)* darček; **7.** zaucho, *(šport)* úder; **8.** *(inf)* okienko; **9.** *(tech)* skriňa, *(ložiska)* telo; **10.** *(bot)* zimozeleň, bo-leráz

box.er [boksə] *podst* **1.** boxer, pästiar; **2.** *(plemeno psa)* boxer

boy [boi] *podst* (mn **-oys**) **1.** *(i ifm)* chlapec, mladík, mládenec; **2.** syn

to boy.cott [boikət] **1.** bojkotovať

boy.hood [boihud] *podst* **1.** chlapčenstvo; **2.** chlapci

boy.ish [boiiš] *príd* **1.** chlapecký, mladícky, mladistvý

bra [bra:] *podst* **1.** podprsenka

to brace [breis] **1.** podoprieť, vystužiť, zosilniť, pripevniť; **2.** osviežiť, posilniť, dodávať sily

brace.let [breislit] *podst* **1.** náramok, *(ifm: putá)* želiezka

brack.et [brækit] *podst* **1.** konzola, uhlová

podpera, rameno, držiak; **2.** *(polyg)* zátvorka; **3.** *(prn)* skupina

brag [bræg] *podst* **1.** vychvaľovanie, chvastavé reči, chvastanie, chvastúnstvo

braid [breid] *podst* **1.** *(am)* vrkoč; **2.** *(do vlasov)* stuha; **3.** stuha, lemovanie, **4.** *(voj)* šnúra

brain [brein] *podst* **1.** *(anat)* mozog; **2.** *(kuch)* mozoček; **3.** *(prn)* rozum, inteligencia

brain.child [breinčaild] *podst* **1.** vynález; **2.** duchovné dieťa [koho]

to brake [breik] **1.** brzdiť; **2.** *(pomocou brán)* rozbíjať hrudy

bran [bræn] *podst jč* **1.** otruby

branch [bra:nč/bra:nš] *podst* (mn **-es**) **1.** vetva, odbočka, rameno; **2.** odvetvie; **3.** *(obch)* pobočka, filiálka

to branch [bra:nč/bra:nš] **1.** deliť sa, rozdeliť sa, rozbiehať sa, vetviť sa

brand [brænd] *podst* **1.** *(obch)* [obchodná] značka; **2.** logo; **3.** vypálené znamenie; **4.** horúce železo; **5.** druh

to brand [brænd] **1.** opatriť značkou; **2.** vypáliť dobytku značku

to brand.ish [brændiš] **1.** mávať, oháňať sa; **2.** *(meč)* vytasiť, zvŕtať

brand-new [ˌbrænďnju:] *príd* **1.** celkom nový, *(hov)* novučičký

bran.dy [brændi] *podst* (mn **-ies**) **1.** brandy, koňak

brash [bræš] *príd* **1.** drzý, neokrôchaný

brass [bra:s] (mn **-es**) **I.** *podst* **1.** mosadz; **2.** mosadzné predmety, mosadzná tabuľa, pamätná plaketa; **3.** *(sl)* prachy, *(hov)* groše, *(hov)* fuky; **4** bezočivosť, nehanebnosť; **II.** *príd* **5.** mosadzný, plechový

brat [bræt] *podst* **1.** fagan, malý nezbedník; **2.** *(ifm)* decko, chlapčisko; **3.** *(divý človek)* divoch

bra.va.do [brəˈva:dəu] *podst jč* **1.** siláctvo, chvastúnstvo

brave [breiv] *príd* {**-r, -st**} **1.** odvážny, statočný, udatný. *Syn*: courageous, bold, audacious, valiant, intrepid, plucky. *Opoz*: craven, cowardly

brav.er.y [breivəri] *podst jč* **1.** odvaha, statočnosť, hrdinstvo, chrabrosť

brawl [bro:l] *podst* **1.** ruvačka; **2.** zrážka, škriepka

bra.zen [breizn] *príd* **1.** mosadzný; **2.** *(zvuk)* vreskľavý; **3.** *(pej)* nehanblivý, bezočivý, nehanebný

breach [bri:č] *podst* (mn **-es**) **1.** prielom, puklina, medzera; **2.** *(zmluvy)* porušenie, *(pokoja)* rušenie, *(sľubu)* nedodržanie, *(dôvery)* sklamanie; **3.** roztržka; **4.** prerušenie diplomatických vzťahov

to breach [bri:č] **1.** urobiť prielom [do čoho], preraziť, prelomiť, porušiť

bread [bred] *podst jč* **1.** chlieb, pečivo; **2.** *(sl)* prachy; **3.** *(omrvinka)* drobec

bread and butter [ˌbredənďbatə] *podst jč* **1.** chlieb s maslom; **2.** *(ifm)* živobytie

breadth [bredθ] *podst* **1.** šírka, rozloha, rozsah, veľkosť, veľkorysosť, trúfalosť, *(plátna)* kus

break [breik] *podst* **1.** zlom, zlomenina; **2.** trhlina; **3.** prestávka, pauza, prerušenie; **4.** zmena

to break [breik] (mč, **broke,** mp **broken**) **1.** *prech* **1.** *(tanier, okno)* rozbiť, *(paličku,i prn: srdce)* zlomiť, *(nohu, ruku)* zlomiť si, *(skaly, kosti)* lámať, *(raždie)* polámať, *(vrchovec)* ulomiť, *(lano)* pretrhnúť, *(správy)* oznámiť; **2.** *(prn: kód)* dešifrovať, *(obal,i prn: sľub, zákaz)* porušiť, *(zmluvu, sľub)* nedodržať, *(koňa)* skrotiť, *(pád)* zmierniť, *(rekord)* prekonať; **3.** *(ticho, spánok)* prerušiť; **4.** *(koho)* poraziť; **II.** *nepr* **5.** *(váza)* rozbiť sa, *(stoličku)* polámať sa, *(i prn)* zlomiť sa; **6.** *(búrka)* strhnúť sa, rozpútať sa, vyjsť na svetlo; **7.** *(počasie)* zmeniť sa. *Syn*: to smash, to crash, to crush, to shatter, to crack, to split, to fracture, to splinter

break.a.way [breikəwei] (~ **from st**) **I.** *podst* **1.** odštiepenie, odlomenie, odtrhnutie; **2.** *(špo: hráča)* únik, útek, *(am)* predčasný štart; **3.** rozluka, odluka; **II.** *príd* **4.** *(závod ap)* odštepný; **5.** odtrhnutý

break.down [breikdaun] *podst* **1.** *(aut)* porucha, zlyhanie, defekt; **2.** zrútenie; **3.** rozpis

to break.down [breikdaun] **I.** *prech* **1.** *(stenu)* strhnúť, zrútiť, *(dvere)* vyraziť; **2.** zlomiť; **3.** *(fin)* rozpísať; **II.** *nepr* **4.** havarovať, mať poruchu; **5.** zrútiť sa; **6.** *(zdravie)* zlyhať

break.er [breikə] *podst* **1.** veľká penivá príbojová vlna, príboj, skryté úskalie; **2.** *(koní)* krotiteľ

break.fast [brekfəst] *podst* **1.** raňajky

to break.fast [brekfəst] (~ **on st**) **1.** raňajkovať

to break.up [breikap] **I.** *nepr* **1.** *(ľad)* praskať, pukať; **2.** prelomiť sa; **3.** *(oblaky)* roztrhať sa, *(priatelia, dav)* rozísť sa, rozptýliť sa, *(manželstvo)* rozpadnúť sa; **II.** *prech* **4.** rozbiť, *(stroj)* rozobrať, demontovať; **5.** rozohnať, rozptýliť

breast [brest] *podst* **1.** *(fml)* hruď, prsia; **2.** prsník; **3.** *(kuch)* prsíčka, hrudník. *Syn*: bosom, bust

breath [breθ] *podst* **1.** *(lit)* dych, dýchanie; **2.** závan, *(prn)* náznak

to breathe [bri:ð] **I.** *nepr* **1.** dýchať,vdychovať; , nabrať dych, povievať, **2.** *(prn)* žiť; **3.** oddýchnuť si; **II.** *prech* **4.** dýchať, , zadychať; **5.** , viať, vanúť; **6**. *(do hudobného nástroja)* fúkať;**7.** pošepkať, pošepnúť, prezradiť, sršať

breath.ing [bri:ðiŋ] *podst jč* **1.** dýchanie

breath.less [breθlis] *príd* **1.** udychčaný; **2.** *(i prn)* neživý; **3.** bezveterný

breath.tak.ing [breθteikiŋ] *príd* **1.** *(výhľad)* úchvatný

breed [bri:d] *podst* **1.** plemeno, rasa; **2.** *(prn)* typ, druh, odroda

breed.er [bri:də] *podst* **1.** chovateľ, šľachtiteľ, pestovateľ

breeze [bri:z] *podst* **1.** vánok, vetrík, bríza; **2.** *(slg)* zvada, škriepka; **3.** *(slg: ľahká práca)* hračka, popol, škvara. *Syn* ⇨ **wind**

breez.y [bri:zi] *príd* **1.** *(počasie)* svieži; **2.** *(človek)* dobre naladený

to brew [bru:] **I.** *prech* **1.** variť; **2.** uvariť, pripraviť, spariť; **II.** *nepr* **3.** pariť sa; **4.** *(prn)* chystať sa, hroziť

brew.er [bru:ə] *podst* **1.** pivovarník, varič piva

brew.er.y [bruəri] *podst* (mn **-ies**) **1.** pivovar

bribe [braib] *podst* **1.** úplatok, *(úplatok)* bakšiš

to bribe [braib] (~ **sb**); (~ **with st**) **1.** podplatiť, podplácať, *(prn: podplatiť)* podmastiť; **2.** korumpovať

brib.er.y [braibri] *podst jč* **1.** podplácanie, úplatkárstvo, korupcia

brick [brik] *podst* **1.** *(stav)* tehla; **2.** kocka; **3.** stavebnica; **4.** *(slg)* dobrák

brid.al [braidl] *príd* **1.** svadobný, nevestin, mladuchin

bride [braid] *podst* **1.** nevesta, mladucha

brides.maid [braidzmeid] *podst (deva pri svadbe)* družička

bridge [bridž] *podst* **1.** most; **2.** mostík; **3.** kobylka na husliach; **4.** *(lek: zubný)* môstik; **5.** chrbát, lávka, spojenie; **6.** *(kart)* bridž

bri.dle [braidl] *podst* **1.** uzda, *(prn: puto)* reťaz; **2.** *(pren)* obmedzenie; **3.** *(tech)* háčik

brief [bri:f] **I.** *podst* **1.** *(práv br)* výťah zo žaloby, právny prípad; **2.** *(voj)* inštrukcia; **3.** *(pl)* nohavičky; **II.** *príd* **4.** krátky; **5.** stručný. *Syn*: short, abridged. *Opoz*: long, prolonged

brief case [bri:fkeis] *podst* **1.** aktovka, diplomatka

bri.gade [bri'geid] *podst* **1.** *(voj)* brigáda, oddiel; **2.** *(fire brigade)* požiarny zbor; **3.** *(skupina, i šport)* mužstvo

bri.gad.ier [ˌbrigə'diə] *podst* **1.** brigádny generál

bright [brait] *príd* {**-er, -est**} **1.** *(deň, farby)* jasný, *(i farby)* živý, *(slnko)* žiarivý, *(kov)* lesklý; **2.** *(človek)* veselý, dobre naladený, *(úsmev)* rozžiarený; **3.** bystrý, chytrý, *(myšlienka)* skvelý; **4.** *(budúcnosť ap)* sľubný. *Syn*: radiant, shining, brilliant, luminous, lustrous, intelligent. *Opoz*: dull, dim, dark

to bright.en [braitn] (~ **st**); (~ **up**) **I.** *prech* **1.** oživiť, zlepšiť; **2.** vyleštiť; **II.** *nepr* **3.** vyjasniť sa; **4.** rozveseliť sa, dostať lepšiu náladu

brim [brim] *podst* **1.** okraj; **2.** hranica; **3.** prah; **4.** strecha klobúka. *Syn* ⇨ **border**

to bring [briŋ] (mč, mp **brought**) **1.** priniesť, priviesť, priviezť; **2.** *(príjem, zisk)* vyniesť; **3.** spôsobiť, mať za následok. *Syn*: to take, to fetch

to bring in [briŋin] **1.** *(koho)* priviesť, *(čo)* priniesť, priviezť; **2.** *(prn)* zapojiť, zaangažovať do čoho; **3.** vyniesť, zarábať; **4.** *(módu)* zaviesť, *(v parlamente)* predložiť; **5.** *(verdikt)* vysloviť

to bring up [briŋap] **1.** zvýšiť, *(zásoby)* zväčšiť, *(úroveň)* pozdvihnúť; **2.** vychovať; **3.** zaviesť na niečo rozhovor; **4.** nadhodiť niečo

brink [briŋk] *podst* **1.** kraj, okraj, *(prn)* pokraj; **2.** svah. *Syn* ⇨ **border**

brisk [brisk] *príd* {**-er, -est**} **1.** *(človek)* čulý, energický, *(chôdza)* rázny, rezký; **2.** *(vietor)* svieži. *Syn* ⇨ **active**

brist.le [brisl] *podst* **1.** štetina, *(hrom)* štetiny, *(na brade)* strnisko; **2.** *(zvieraťa)* fúz

Brit [brit] *podst* **1.** Brit, *(ifm)* Angličan,Anglán

Brit.ish [britiš] *príd* **1.** britský

Brit.on [britn] *podst* **1.** *(hist)* Brit, Angličan

brit.tle [britl] *príd* **1.** krehký, *(prn)* nedotklivý, lámavý, prenikavý. *Syn* ⇨ **fragile**

broad [bro:d] **I.** *podst* **1.** *(am sl)* kurva, prostitútka; **II.** *príd* **2.** široký; **3.** *(more, polia)* šíry; **4.** jasný, zreteľný, nedvojzmyselný; **5.** približný, všeobecný, obšírny; **6.** *(prízvuk)* silný, výrazný; **7.** *(pohľad)* tolerantný, znášanlivý, liberálny. *Syn*: wide, deep. *Opoz*: narrow

broad.cast [bro:dka:st] *podst* **1.** *(roz/ tv)* vysielanie, relácia, program; **2.** prenos; **3.** rozhlas

broad.cast.er [bro:dka:stə] *podst* **1.** hlásateľ, komentátor, rozhlasový pracovník; **2.** vysielačka, sejací stroj

broad.cast.ing [bro:dka:stiŋ] *podst jč* **1.** *(rozhlasové, televízne)* vysielanie; **2.** *(inštitúcia)* rozhlas

to broad.en [bro:dn] **1.** rozšíriť sa, *(stávať sa širokým)* šíriť sa

broc.coli [brokəli] *podst jč* **1.** *(bot)* brokolica

bro.chure [brəušə] *podst* **1.** brožúra, brožúrka

brok.en [brəukən] *príd* **1.** *(kosť)* zlomený, *(povraz)* pretrhnutý, *(sklo)* rozbitý, *(hodinky)* pokazený; **2.** *(spánok, čiara)* prerušovaný; **3.** *(manželstvo)* rozvrátený, *(zdravie)* podlomený, *(človek, srdce)* zlomený, *(sľub)* porušený; **4.** *(povrch)* nerovný

brok.en-down [ˌbrəukənˈdaun] *príd* **1.** nepojazdný, rozbitý

brok.er [brəukə] *podst* **1.** *(i obchodný, mierový)* sprostredkovateľ, dohadzovač, maklér; **2.** agent

brok.er.age [brəukəridž] *podst jč* **1.** provízia

bronze [bronz] **I.** *podst* **1.** bronz, bronzová farba; **II.** *príd* **2.** bronzový

to bronze [bronz] **1.** bronzovať, pobronzovať; **2.** opáliť sa do bronzova

brood [bru:d] *podst* **1.** *(z jedného hniezda)* mláďatá; **2.** *(joc)* potomstvo, *(der)* háveď, *(z jednej matky)* potomstvo včiel; **3.** *(pren)* rodina, *(pren)* rod, *(joc)* rodina s mnohými deťmi

to brood [bru:d] **1.** *(na vajciach)* sedieť; **2.** *(prn)* chmúrne dumať, uvažovať

brook [bruk] *podst* **1.** potok, riečka, jarok

broom [bru(:)m] *podst* **1.** metla

broth [broθ] *podst jč* **1.** *(z mäsa a zeleniny)* vývar, *(riedka)* polievka

broth.el [broθl] *podst* **1.** bordel, verejný dom, nevestinec

bro.ther [braðə] *podst* **1.** *(i náb)* brat; **2.** *(prn)* kolega, *(v oslovení)* kamarát; **3.** spoločník; **4.** *(prn)* krajan

bro.ther.hood [braðəhud] *podst* **1.** bratstvo

bro.ther-in-law [braðrinlo:] (mn **brothers-in-law**) **1.** švagor

brow [brau] *podst* **1.** obočie; **2.** čelo; **3.** vrchol, príkry svah [pod vrcholom]

brown [braun] **I.** *podst* **1.** hneď, hnedá farba; **II.** *príd* **2.** hnedý, barnavý, *(kt má tmavší odtieň: i chlieb)* tmavý; **3.** *(chlieb)* čierny, *(cukor)* surový; **4.** *(telo)* opálený; **5.** *(tex)* nebielený, *(pap: papier)* neleštený, baliaci

brown.ie [brauni] *podst* **1.** škriatok; **2.** *(ob am)* čokoládový koláčik s orieškami

to browse [brauz] **1.** *(zviera)* pásť sa

brush [braš] *podst* (mn **-es**) **1.** *(na vlasy, šaty)* kefa, *(na zuby)* kefka, *(maliarsky)* štetec, *(natieracia, holiaca)* štetka; **2.** ľahký dotyk; **3.** hádka, výmena názorov, *(voj)* šarvátka; **4.** líščí chvost [ako trofej]; **5.** krovie, porast

to brush [braš] **1.** kefovať, vykefovať, čistiť si, vyčistiť si, zamiesť, zametať; **2.** *(o koho/ čo)* otrieť sa, *(zľahka)* dotknúť sa

brut.al [bru:tl] *príd* **1.** brutálny, surový, krutý; **2.** *(strašný, zverský)* zvierací. *Syn* ⇨ **cruel**

brut.al.i.ty [bru:'tæləti] *podst* (mn **-ies**) **1.** brutálnosť, krutosť

brute [bru:t] *podst* **1.** *(i prn:)* zviera, hovädo, beštia, *(prn)* podliak, surovec

bub.ble [babl] *podst* **1.** bublina, bublinka; **2.** *(prn)* klam, *(prn)* podvod

buck [bak] *podst* (mn **buck/ bucks**) **1.** samec; **2.** *(samec)* jeleň, srnec, kamzík, zajac, sob, cap; **3.** *(am ifm)* dolár; **4.** *(prn)* zodpovednosť

buck.et [bakit] *podst* **1.** vedro, džber, okov, rýpacia nádoba, kanva, putňa

buck.le [bakl] *podst* **1.** pracka, spona, sponka, *(spona)* spínadlo

bud [bad] *podst* **1.** pupenec, púpä; **2.** *(bot: pupeň)* očko

Bud.dhi.sm [budizm] *podst jč* **1.** budhizmus

bud.dy [badi] *podst.ifm* (mn **-ies**) **1.** *(am)* kamarát, *(hov)* kamoš, *(ifm)* druh

to budge [badž] **I.** *nepr ob pass* **1.** hnúť sa, pohnúť sa; **2.** *(prn)* ustúpiť; **II.** *prech* **3.** *(i prn: kým/ čím)* hnúť, *(kým/ čím)* pohnúť

bud.ge.ri.gar [badžəriga:] *podst* **1.** *(zool: Melopsittacus undulatus)* andulka

bud.get [badžit] **I.** *podst* **1.** rozpočet, *(v parlamente)* štátny rozpočet; **II.** *príd* **2.** lacný

bud.get.a.ry [badžitri] *príd* **1.** rozpočtový

buff [baf] **I.** *podst* **1.** hrubá koža [ob hovädzia], *(kože)* leštička; **2.** žltohnedá farba; **3.** odborník, *(hov)* fachman; **4.** *(am)* nadšenec; **II.** *príd* **5.** žltohnedý

buf.fa.lo [bafələu] *podst* (mn **buffalo/ -oes**) **1.** byvol, bizón; **2.** *(voj)* obojživelný tank

buf.fer [bafə] *podst* **1.** *(žel)* nárazník, zarážadlo; **2.** *(pol)* nárazníkový štát, nárazníková zóna; **3.** *(inf)* vyrovnávacia pamäť; **4.** *(chem)* tlmiaci roztok

buf.fet [bafit/bufei] *podst* **1.** *(jedáleň v žel stanici ap)* bufet; **2.** švédsky stôl; **3.** *(am)* kredenc, príborník

bug [bag] *podst* **1.** *(zool: Cimex)* ploštica, *(ifm)* chrobák; **2.** *(ifm)* bacil, vírus, infekčné ochorenie; **3.** odpočúvacie zariadenie, *(hov)* ploštica; **4.** *(inf)* chyba v programe

bug.gy [bagi] *podst* (mn **-ies**) **1.** brička; **2.** skladací [detský] kočík

to build [bild] (mč, mp **built**) **I.** *prech* **1.** stavať, postaviť, zostrojiť; **2.** *(prn)* vybudovať, vytvoriť; **II.** *nepr* **3.** stavať

build.er [bildə] *podst* **1.** stavbár, staviteľ, stavebný robotník; **2.** *(pren)* strojca

build.ing [bildiŋ] *podst* **1.** budova, dom; **2.** stavba, výstavba, budovanie; **3.** stavebníctvo. *Syn*: edifice, structure, pile

build-up [bildap] *podst* (mn **build-ups**) **1.** narastanie, zvyšovanie, koncentrácia; **2.** príprava, výstavba, budovanie, rozvoj rast

bulb [balb] *podst* **1.** *(bot: Allium)* cibuľa; **2.** cibuľka, hlavička, tĺčik; **3.** žiarovka; **4.** guľka na teplomeri

bulge [baldž] *podst* **1.** vypuklina, vydutie, hrča; **2.** prudký prechodný vzostup. *Syn* ⇨ **projection**

to bulge [baldž] (**~ out**); (**~ with st**) **1.** vypúliť sa, vyliezať z jamôk; **2.** jestvovať

bulk [balk] *podst* **1.** množstvo, objem, veľkosť; **2.** masa, mohutná postava; **3.** väčšia časť, *(prevažná)* väčšina. *Syn*: mass, volume

bulk.y [balki] *príd* {**-ier, -iest**} **1.** objemný, masívny, mohutný; **2.** neforemný, neskladný

bull [bul] *podst* **1.** *(zool)* býk; **2.** *(bull's eye)* stred terča; **3.** *(fin, bur)* špekulant na vzostup cenných papierov, haussista; **4.** *(cirk)* bula; **5.** *(vulg = bullshit)* kokotiny, pičoviny, *(hov)* hovädzina

bull.doz.er [buldəuzə] *podst* **1.** buldozér

bul.let [bulit] *podst* **1.** *(náboj, i špo)* strela, guľka, projektil

bul.let.in [bulitin] *podst* **1.** buletin, *(novina,*

i lek) úradná správa; **2.** vestník, samostatný prehľad správ

bull.ish [buliš] *príd* **1.** *(obch: trh)* vzostupný

bul.ly [buli] *podst* (mn **-ies**) **1.** *(šéf)* tyran; **2.** bitkár, dráč, lotor, skrumáž; **3.** hovädzia konzerva; **4.** *(prostitútiek)* pasák

bum [bam] *podst* **1.** zadok, ritka, *(vulg)* riť; **2.** *(am)* vandrák, vagabund, opilec, flám; **3.** pobehaj. *Syn* ⇨ **vagrant**

bump.er [bampə] *podst* **1.** *(na aute)* nárazník; **2.** hojnosť; **3.** plný pohár; **4.** *(ifm vynikajúci jednotlivec)* eso

bun [ban] *podst* **1.** *(kuch)* hrozienkový koláčik, opekanec, *(kuch)* buchta, žemľa, brioška, šiška; **2.** drdol, *(ženský)* chochol; **3.** *(det)* veverička, *(det)* zajačik; **4.** *(vulg)* ženské pohlavie

bunch [banč/banš] *podst* (mn **-es**) **1.** kytica; **1.** *(bot: hrozna, ríbezlí ap)* strapec, trs, zväzok; **2.** *(ifm)* húf, skupina, parta

bun.dle [bandl] *podst* **1.** uzol, ranec, otep, otiepka, balík; **2.** zväzok. *Syn*: bale, parcel, package, pack

bun.ga.low [baŋgələu] *podst* **1.** prízemný dom, *(prízemná)* chata s verandou

bunk [baŋk] *podst* **1.** *(na lodi)* kója, *(vo vlaku)* lôžko; **2.** *(sl)* blbosť, nezmysel

bun.ker [baŋkə] *podst* **1.** zásobník na uhlie; **2.** *(voj)* bunker; **3.** *(špo: golf)* piesková prekážka; **4.** piesková vyvýšenina

bun.ny [bani] *podst* (mn **-ies**) **1.** *(det)* králiček; **2.** zajačik [servírka v nočnom bare]; **3.** *(žart: o dievčati)* žabka

buoy [boi] *podst* (mn **-oys**) **1.** bója, *(plavebná značka)* plavák

buoy.ant [boiənt] *príd* **1.** schopný plávať/udržať sa nad vodou; **2.** *(človek)* húževnatý, optimistický; **3.** *(obchodné ceny)* vzostupný, *(ekonomika)* stabilný, prekvitajúci

bur.den [bə:dn] *podst* **1.** *(lit, prn)* bremeno; **2.** záťaž, príťaž; **3.** *(básne, piesne)* refrén

bu.reau [bjuərəu] *podst* (mn **bureaux, bureaus**) **1.** *(br)* sekretár, písací stôl [s priehradkami]; **2.** *(am)* bielizník; **3.** kancelária; **4.** *(am)* výbor, úrad

bu.reau.cra.cy [bjuə'rokrəsi] *podst* (mn **-ies**) **1.** byrokracia, úradníctvo

bu.reau.crat [bjuərəkræt] *podst* **1.** byrokrat, úradník

bu.reau.crat.ic [ˌbjuərə'krætik] *príd* **1.** byrokratický, úradnícky

to bur.geon [bə:džn] **1.** *(dtd, poet)* pučať, rašiť; **2.** *(prn: priemysel ap)* rýchlo sa rozvíjať

bur.ger [bə:gə] *podst ifm* **1.** fašírka; **2.** hamburger

bur.glar [bə:glə] *podst* **1.** vlamač, zlodej

bur.i.al [beriəl] *podst* **1.** pohreb, pochovanie; **2.** *(archeol)* pohrebište

burl.y [bə:li] *príd* {**-ier, -iest**} **1.** statný, urastený, silný, telnatý

burn [bə:n] *podst* **1.** spálenina, popálenina; **2.** spálené miesto, vypálená diera; **3.** *(raketového motora)* zapálenie

to burn [bə:n] (mč, mp **burnt/ burned**) **I.** *prech* **1.** *(papier)* páliť, spáliť, spaľovať, *(mäso)* pripáliť; **II.** *nepr* **2.** *(uhlie)* horieť; **3.** *(mäso, mlieko)* pripáliť sa, *(svetlo)* svietiť, *(od slnka)* spáliť sa; **4.** *(slnko)* páliť; **5.** sálať, byť rozpálený. *Syn*: to scorch, to singe, to sear, to char

burn.er [bə:nə] *podst* **1.** horák, kahan, spaľovač

burn.ing [bə:niŋ] *príd* **1.** *(dom, sviečka)* horiaci, *(uhlie)* žeravý, *(slnko)* páliaci, *(prn: tvár)* planúci; **2.** *(smäd)* pálčivý, *(otázka)* horúci, *(želanie)* vrúcny; **3.** naliehavý

burst [bə:st] *podst* **1.** výbuch; **2.** trhlina, prasklina; **3.** *(prn)* záchvat, vyšľahnutie, búrka potlesku, šprint; **4.** dávka z automatickej zbrane

to bu.ry [beri] (mč, mp **buried**) **1.** *(i prn)* pochovať; **2.** zakopať, zahrabať; **3.** vraziť. *Syn* ⇨ **to hide**

bus [bas] *podst* (mn **buses**, am i **busses**) **1.** autobus

bu.si.ness [biznis] *podst*) **1.** povolanie, zamestnanie; **2.** obchod, obchodná činnosť; **3.** firma, podnik; **4.** povinnosť; **5.** záležitosť, vec. *Syn*: commerce, trade, industry

bu.si.ness.like [biznislaik] *príd* **1.** praktický, vecný, systematický

bu.si.ness.man [biznismən] *podst* (mn **-men**, ž **businesswoman**) **1.** obchodník, podnikateľ, *(obchodník)* živnostník

bu.si.ness.wo.man ['bizn s'wumən] **1.** obchodníčka

bust [bast] **I.** *podst* **1.** busta; **2.** poprsie, prsia, *(u žien)* miera cez prsia; **3.** filmovanie zblízka; **4.** rana, úder; **5.** *(sl)* flám, večierok; **6.** *(am)* bankrot , *(i pozbavenie funkcie)* degradácia; **7.** *(policajná)* razia; **II.** *príd* **8.** rozbitý, pokazený; **9.** skrachovaný, zruinovaný, na mizine. *Syn* ⇨ **breast**

bu.sy [bizi] *príd* {**-ier, -iest**} **1.** *(veľmi)* zamestnaný, zaneprázdnený; **2.** rušný, *(veľmi)* frekventovaný; **3.** *(ob am)* obsadený; **5.** *(príliš)* horlivý, *(prehnane)* usilovný. *Syn*: industrious, diligent, assiduous, sedulous. *Opoz*: idle, lazy, indolent

but [bat/bət] **I.** *spoj* **1.** *(vyj: odporovací vzťah)* ale, ale zato, však, zato však, avšak, a: **He wanted to do it, but he couldn't**; *chcel to urobiť a nemohol*, no: **he is wise but modest**; *je múdry, no skromný*, **not only ... but also**; *nielen/ nie iba..., no i*, ibaže, **but now**; *až teraz*, **all but one**; *všetci až na jedného*, **I cannot but wait**; *neostáva mi nič než čakať*

butch [buč] *príd ifm* **1.** *(sl)* chlapský

butch.er [bučə] *podst* **1.** mäsiar; **2.** *(prn)* brutálny vrah, hrdlorez

to butch.er [bučə] **1.** *(zvieratá)* porážať; **2.** brutálne vraždiť, masakrovať, mrzačiť, zmasakrovať; **3.** *(prn)* kaziť, znásilňovať

but.ler [batlə] *podst* **1.** majordóm, vrchný lokaj, vrchný sluha, komorník

butt [bat] *podst* **1.** veľký sud, kaďa; **2.** *(čo zostalo:i cigarety)* zvyšok, nedopalok cigarety, ohorok; **3.** *(pušky,i [am]: riť)* zadok; **4.** násada na náčinie, rukoväť, držadlo; **5.** *(prn: osoba)* terč

but.ter [batə] *podst jč* **1.** maslo; **2.** nátierka, pomazánka; **3.** *(pren)* lichotenie; **4.** *(bot butter bean: Phaseolus vulgaris)* fazuľa [obyčajná]

but.ter.fly [batəflai] *podst* (mn **-ies**) **1.** *(zool: Lepidoptera)* motýľ; **2.** *(prn)* nestály, prelietavý človek; **3.** *(špo)* motýlik, márnomyseľník; **4.** *(prn pl)* tréma

but.tock [batək] *podst* **1.** polovica zadku; **2.** bedrá, stehno

but.ton [batn] *podst* **1.** gombík; **2.** tlačidlo; **3.** *(bot: Fungi)* huba

but.tress [batris] *podst* (mn **-es**) **1.** *(archit)* podporný pilier, oporná stena; **2.** *(prn)* opora

buy [bai] *podst* (mn **-uys**) **1.** kúpa, *(kúpená vec)* nákup

buy.er [baiə] *podst* **1.** kupec, kupujúci, zákazník; **2.** *(obch)* nákupca

buzz [baz] *podst* (mn **-es**) **1.** bzučanie, bzukot, šum, hučanie; **2.** *(ifm)* povesť, klebeta; **3.** *(ob am)* vzrušenie

buzz.er [bazə] *podst* **1.** bzučiak

by [bai] **1.** *(vyj blízkosť)* pri: **day by the sea** *deň pri mori*, **to stand by the window** *stáť pri okne*, blízko, neďaleko, vedľa, mimo, *(: so slo pohybu)* k: **come and sit by me** *poď si sadnúť ku mne*, okolo: **she walked by me without saying hallo** *prešla okolo mňa bez pozdravu*, *(: sprievodné okolnosti deja: sviečke)* pri: **by candlelight** *pri sviečke*; **2.** *(: čas v priebehu)* cez: **by day** *cez deň*, **by daylight** *za bieleho dňa*, **by night** *v noci*, *(: termín)* do: **it'll be ready by Monday** *do pondelka to bude hotové*; **3.** *(: pôvodcu, prostriedok, ob s tp)* od: **corroded by lime** *vyžratý od vápna*, **broken by the wind** *polámaný od vetra*, **stung by bees** *poštípaný od včiel*, **a sonata by Beethoven** *sonáta od Beethovena*, **she had two children by her first husband** *s prvým manželom mala dve deti*, *(: prostriedok, spôsob: ob prek so 6 p)* : **to travel by car** *cestovať autom*, pomocou, *(na základe niečoho)* podľa: **by my watch it's four o' clock** *podľa mojich hodiniek sú štyri hodiny*, **he recognized her by her voice** *poznal ju podľa hlasu*, s: **by your leave** *s dovolením*, na: **by request/ order** *na žiadosť/ rozkaz*, *(: spôsob)* od: **by hand** *od ruky*, **by nature** *od prírody*, na: **paid by the day** *platený na deň*, cez: **we went to London by Paris** *išli sme do Londýna cez Paríže*, v: **by proxy** *v zastúpení*, z: **by sight** *z videnia*; **4.** *(: miesto dotyku)* za: **to take sb by the hand** *vziať za ruku*, **to grab sb by the collar** *chytiť niekoho za golier*; **5.** *(: mieru, množstvo)* o: **prices went up by 5%** *ce-*

ny narástli o 5%, **by 10 crowns more** *o 10 korún viac*, **by a third** *o tretinu*, **older by two years** *starší o dva roky*, na: **to sell by the metre** *predávať na metre*; **6.** *(mat: násobenie, meranie plochy)* krát: **3 by 2 equals 6** *3 krát 2 je 6*, **the room measures 3 metres by 4 metres** *izba meria 3 krát 4 m*, *(: delenie: neprek)* : **8 (divided) by 4 equals 2** *8 deleno 2 je 4*; **7.** *(pri zvolaní, zahrešení)* pre: **by Jove/George!** *prepánajána!*

bye [bai] **I.** i **bye-bye** *cit* **1.** ahoj, dovidenia; **II.** i **by-** *príd* **2.** druhotný, vedľajší; **3.** blízky

to by.pass [baipa:s] **1.** vybudovať obchádzkovú komunikáciu, *(mimo)* ísť, *(okľukou)* obísť, *(okľukou)* obchádzať, *(prn: čomu)* vyhnúť sa, *(čomu)* vyhýbať sa

by-prod.uct ['baiˌprodəkt] *podst* **1.** vedľajší produkt; **2.** *(prn)* sprievodný jav

by.stand.er ['baiˌstændə] *podst* **1.** *(nezúčastnený)* divák, pozorovateľ, okolostojaci

C

cab [kæb] *podst* **1.** *(ifm)* taxi, taxík; **2.** drožka; **3.** kabína, búdka

cab.a.ret [kæbərei] *podst* **1.** kabaret

cab.bage [kæbidž] *podst (bot)* kapusta; **2.** *(br ifm)* gypsová hlava, chruňo; **3.** duševná troska; **4.** *(am sl)* prachy

cab.bie [kæbi] *podst ifm* **1.** taxikár; **2.** drožkár, fiakrista

cab.i.net [kæbinit] *podst* **1.** skriňa, skrinka; **2.** *(pol)* vládny kabinet, ministerská rada

ca.ble [keibl] *podst* **1.** *(nám)* lano; **2.** *(ele)* kábel, káblové vedenie; **3.** kábelogram, telegram

cache [kæš] *podst* **1.** tajná skrýša, tajné skladište; **2.** ukrytá zásoba [zbraní potravín]; **3.** *(inf)* rýchla vyrovnávacia pamäť. *Syn* ⇨ **hide**

cad.dy [kædi] *podst* (mn **-ies**) **1.** nosič palíc; **2.** škatuľka na čaj, dóza na čaj

ca.det [kə'det] *podst* **1.** *(voj)* kadet, žiak dôstojníckej školy

cad.re [ka:də] *podst* **1.** *(voj, pol, špo atď)* káder; **2.** náčrt, kostra; **3.** *(voj)* jadro jednotky

caf.é [kæfei] *podst* **1.** *(br)* lacná reštaurácia; **2.** kaviarnička, kaviareň, *(denný)* bar, *(nápis na podniku)* občerstvenie

caf.e.te.ri.a [ˌkæfi'tiəriə] *podst* **1.** bufet, lacná jedáleň [so samoobsluhou], kantína

caf.feine [kæfii:n] *podst jč* **1.** kofeín

cage [keidž] *podst* **1.** klietka; **2.** kabína; **3.** *(ban)* ťažná klietka; **4.** *(žalár, ifm)* väzenie, cela, *(odb)* kostra; **5.** *(tech)* kôš ventilu, *(tech)* skriňa

to ca.jole [kə'džəul] **1.** *(lichotením)* prehovoriť, *(lichotením)* spracovať, *(lichotením)* získať

cake [keik] *podst* **1.** múčnik, zákusok, cukrársky zákusok, *(sladký)* bochník, *(jednotlivý)* koláč, torta; **2.** kôstka

ca.lam.i.ty [kə'læməti] *podst* (mn **-ies**) **1.** prírodná pohroma, kalamita, *(nešťastie, i lit)* katastrofa, nešťastie, automobilová nehoda. *Syn* ⇨ **disaster**

cal.ci.um [kælsiəm] *podst jč* (symb **Ca**) **1.** *(chem)* vápnik, kalcium, *(hov: vápnik)* vápno

to cal.cu.late [kælkjuleit] **I.** *prech* **1.** *(mat)* vypočítať, vykalkulovať; **2.** odhadnúť; **3.** myslieť si, predpokladať, nazdať sa; **II.** *nepr* **4.** *(am ifm, mat)* počítať. *Syn*: to compute, to estimate, to reckon

cal.cu.lat.ed [kælkuleitid] *príd* **1.** zámerný, úmyselný, vedomý, vypočítavý

cal.cu.lat.ing [kælkjuleitiŋ] *príd ob der* **1.** vypočítavý, chladnokrvný

cal.cu.la.tion [ˌkælkju'leišən] *podst* **1.** počítanie, výpočet, prepočet, kalkulácia; **2.** odhad

cal.cu.la.tor [kælkjuleitə] *podst* **1.** kalkulačka; **2.** počtár, kalkulátor; **3.** matematické tabuľky

cal.en.dar [kælində] *podst* **1.** kalendár; **2.** zoznam, *(práv: súdnych prípadov)* súpis, *(trestný)* register; **3.** *(na univerzite)* program prednášok; **4.** *(arch)* model, vzor

calf [ka:f] *podst* (mn **calves**) **1.** teľa, teliatko; **2.** *(odtrhnutá od ľadovca, kryha)* kryha; **3.** *(anat)* lýtko

cal.i.bre [kælibə] *podst* (am **caliber**) **1.** *(tech, prn)* kaliber, ráž; **2.** formát; **3.** *(prn)* hĺbka ducha

call [ko:l] *podst* **1.** *(i inf)* volanie, zavolanie, *(vtákov)* hlas, hlasy, krik; **2.** signál, trúbenie; **3.** *(pred súdom)* predvolanie; **4.** *(k čomu)* výzva; **5.** *(krátka)* návšteva; **6.** vábenie; **7.** *(ob v zap)* potreba, nutnosť; **8.** *(tenis: rozhodcu)* rozhodnutie; **9.** *(fin: obligácie/ pôžičky)* vypovedanie; **10.** *(inf: programu)* vyvolanie

to call [ko:l] **I.** *prech* **1.** volať, vyvolať, hlásiť; **2.** pozvať, zavolať; **3.** ohlásiť; **4.** vymenovať; **5.** nazvať; **6.** *(čomu nejako)* hovoriť, *(čo za čo)* považovať; **7.** *(inf)* volať; **II.** *nepr* **8.** *(i tlf)* volať, zavolať, telefonovať; **9.** *(tv, roz)* vysielať; **10.** *(u koho)* zastaviť sa. *Syn*: to summon, to convoke, to convene, to invite

call.er [ko:lə] *podst* **1.** *(osoba)* telefonujúci; **2.** návštevník. *Syn* ⇨ **visitor**

call.ing [ko:liŋ] *podst* **1.** povolanie, profesia; **2.** poslanie, nutkanie, vnútorný hlas, volanie

calm [ka:m] **I.** *podst* **1.** pokoj, ticho; **II.** *príd* **2.** *(more)* pokojný, *(počasie)* bezveterný; **3.** *(človek)* rozvážny. *Syn*: tranquil, serene, placid, peaceful. *Opoz*: stormy, agitated, excited

to calm [ka:m] **I..** *prech* **1.** upokojiť; **II.** **2.** *nepr* utíšiť sa, zmierniť sa

cal.or.ie [kæləri] *podst* (sk **cal**) **1.** kalória

cam.cord.er [kæmko:də] *podst* **1.** videokamera s videorekordérom

cam.el [kæməl] *podst* **1.** *(zool)* ťava; **2.** farba ťavej srsti; **3.** *(námor)* zariadenie na zdvíhanie potopených lodí

cam.e.o [kæmiəu] *podst* (mn **-os**) **1.** kamea; **2.** medailón

cam.era [kæmərə] *podst* **1.** fotoaparát, , fotografický aparát; 2. *(fot)* fotokomora **3.** *(tv, film)* kamera; **4.** *(stav, i archit)* klenba

cam.era.man [kæmrəmən] *podst* (mn **-men**) **1.** kameraman

cam.o.mile [kæməmail] *podst jč* (i **chamomile**) **1.** *(bot: Chamaemelum nobile)* harmanček, rumanček

cam.ou.flage [kæmufla:ž] *podst* **1.** *(voj, prn)* maskovanie, zamaskovanie, kamufláž, zastieranie

camp [kæmp] **I.** *podst* **1.** tábor, kemp, kemping; **2.** *(špo)* sústredenie; **II.** *príd* **3.** afektovaný, teatrálny, vyumelkovaný, premrštený; **4.** *(sl)* teplošský

cam.paign [kæm'pein] *podst* **1.** *(voj)* vojnová výprava, *(poľné)* ťaženie, operácia; **2.** *(prn)* kampaň, *(hromadná)* akcia. *Syn* ⇨ **battle**

cam.paign.er [kæm'peinə] *podst* **1.** *(voj)* vojak; **2.** *(prn)* agitátor, propagátor; **3.** *(za čo, proti čomu)* bojovník

can [kæn/'kən/'kn] **I.** *podst* **1.** kanister, kanva; **2.** zavárací pohár; **3.** *(ob am)* konzerva, plechovka; **4.** *(am sl)* záchod, *(vulg)* hajzeľ; **5.** *(am sl)* basa, lapák; **6.** *(am sl)* zadok, kufor; **II.** *mod slo.*(záp **cannot**) **7.** byť schopný, **I can do it in three hourd** *som schopný urobiť to za tri hodiny*, môcť, **I cannot guarantee it** *nemôžem to zaručiť*; **8.** *(ob v záp/ otázkach)* smieť, **can I smoke here?** *smiem fajčiť?*; **9.** vedieť, **I can swim/ speak Slovak** *viem plávať/ hovoriť po slovensky*. *Syn*: may

to can [kæn/kən/kn] **1.** konzervovať do plechoviek; **2.** zavárať, zavariť, nakladať, naložiť; **3.** *(am sl)* čapnúť, zašiť

Ca.na.di.an [kæ'neidjən] **I.** *podst* **1.** Kanaďan, Kanaďanka; **II.** *príd* **2.** kanadský

ca.nal [kə'næl] *podst* **1.** *(umelý)* kanál, žľab, prietok, prieplav; **2.** *(anat)* trubica

ca.na.ry [kə'neəri] *podst* (mn **-ies**) **1.** *(orn)* kanár; **2.** *(am sl)* fízeľ, udavač; **3.** *(zlatá minca)* zlatka; **4** *(v bani)* detektor plynu; **5.** *(am sl)* sopranistka

to can.cel [kænsəl] [**-ll-**, am **-l-**] **I.** *prech* **1.** odvolať, *(od čoho)* upustiť, *(let, vlak)* zrušiť, škrtnúť; **2.** vypovedať, anulovať, stornovať, *(od čoho)* odstúpiť, *(noviny)* odhlásiť; **3.** vyškrtnúť, vymazať; **4.** *(hodnotu)* znehodnotiť, *(známku)* opečiatkovať, *(lístok)* preštiknúť; **5.** *(mat)* krátiť, skrátiť

can.cer [kænsə] *podst* **1.** rakovina, karcinóm

can.cer.ous [kænsrəs] *príd* **1.** rakovinový, napadnutý rakovinou, *(i prn)* zhubný; **2.** *(prn)* rozkladný

can.did [kændid] *príd* **1.** úprimný, otvorený, naivný, nezaujatý, nestranný,

can.di.da.cy [kændidəsi] *podst* (mn **-ies**) **1.** kandidatúra

can.di.date [kændidət] *podst* **1.** *(pol: na čo)* kandidát, *(o čo)* uchádzač, *(skúšky)* účastník, *(uchádzač)* čakateľ, *(čakateľ)* ašpirant, ašpirantka

can.dle [kændl] *podst* **1.** sviečka, svieca; **2.** *(voj)* dymovnica

can.dle.stick [kændlstik] *podst* **1.** svietnik

can.dy [kændi] *podst* (mn **-ies**) **1.** kandizovaný cukor; **2.** *(ob am)* čokoládový bonbón, cukrovinka, pralinka, *(pl)* cukríky, cukrovinky

cane [kein] *podst* **1.** *(bot: Saccharum)* trstina; **2.** palička, vychádzková palica; **3.** *(škol v min)* trstenica, metla, prút

can.i.ster [kænistə] *podst* **1.** plechová nádoba, plechovka; **2.** *(kartónová, plechová, drevená)* škatuľa; **3.** *(i na okuliare, husle, cigarety)* puzdro

can.na.bis [kænəbis] *podst jč* (i sl **pot**) **1.** konope; **2.** *(droga)* hašiš, marihuana

can.ni.bal [kænibəl] *podst* **1.** ľudojed, ľudožrút, *(i o zvieratách)* kanibal

can.non [kænən] *podst* **1.** *(voj)* delo, kanón; **2.** *(br: v biliarde)* karambol

can.ny [kæni] *príd* {**-ier, -iest**} **1.** chytrý, prešibaný, šetrný; **2.** opatrný, obozretný

ca.noe [kə'nu:] *podst* **1.** kanoe

can.on [kænən] *podst* **1.** *(náb, hud, lit, art atď)* kánon, kanonik. *Syn* ⇨ **law**

can.o.py [kænəpi] *podst* (mn **-ies**) **1.** *(i archit)* baldachýn, nebesá, prístrešok; **2.** *(let)* sklený kryt; **3.** *(prn)* nebeská klenba

can.teen [kæn'ti:n] *podst* **1.** kantína, stravovňa, *(závodná)* jedáleň; **2.** *(voj)* vojenský obchod, *(jedálenská)* miska, ešus; 3. *(poľná)* fľaša; **4.** kazeta so súpravou príborov

to can.ter [kæntə] **1.** ísť ľahkým cvalom, klusať

can.ton [kænton] *podst* **1.** *(vo Švajčiarsku)* kantón, kraj; **2.** pole

can.vass [kænvəs] *podst* (mn **canvasses**) **1.** agitácia, získavanie hlasov [pred voľbami], *(i reklamná)* kampaň

can.yon [kænjən] *podst* **1.** kaňon

cap [kæp] *podst* **1.** čapica, čepiec, baretka, *(kardinálsky, akademický)* biret, *(pápežská, židovská)* obradná čiapočka; **2.** *(špo prn ob br: reprezentačná)* čiapka, *(reprezentačný)* dres; **3.** viečko, uzáver; **4.** pesar; **5.** klobúčik huby

to cap [kæp] **1.** opatriť čiapočkou/ uzáverom/ viečkom, nasadiť viečko/ uzáver, prikryť, *(do čoho)* zahaliť; **2.** *(zub)* nasadiť na zub korunku; **3.** *(na univerzite)* promovať; **4.** *(čím)* pretromfnúť

ca.pa.bi.li.ty [ˌkeipə'biləti] *podst* (mn **-ies**) **1.** schopnosť; **2.** *(obsah, inf)* objem, *(tech)* maximálna výkonnosť; **3.** moc

ca.pa.ble [keipəbl] *príd* **1.** schopný, povolaný, zdatný, talentovaný. *Syn* ⇨ **able**

ca.pac.i.ty [kə'pæsəti] *podst* (mn **-ies**) **1.** obsah, objem; **2.** *(výrobná)* kapacita; **3.** schopnosť. *Syn* ⇨ **function**

cape [keip] *podst* **1.** pláštenka, pelerína; **2.** mys

ca.per [keipə] *podst* **1.** poskok, poskočenie; **2.** daromnosť, žartík, nezbednosť, *(ifm)* fór; **3.** *(am sl)* zločin, *(ob: lúpežné)* prepadnutie; **4.** *(bot: Capparis)* kapara

ca.pil.la.ry [kə'piləri] *podst* (mn **-ies**) **1.** *(lek)* kapilára, kapilárka, vlásočnica

cap.i.tal [kæpitl] **I.** *podst* **1.** *(archit)* kapitála, hlavica stĺpa; **2.** hlavné mesto; **3.** veľké písmeno; **II.** *príd* **4.** hlavný, prvoradý; **5.** *(omyl)* závažný, kardinálny; **6.** *(písmeno)* veľký, paličkový, tlačený; **7.** *(dtd)* fantastický, senzačný, kapitálny. *Syn* ⇨ **chief**

cap.i.tal.ism [kæpitəlizəm] *podst jč* **1.** kapitalizmus, *(ekon)* kapitál

cap.i.tal.ist [kæpitəlist] *podst* **1.** kapitalista, *(peňažný kapitalista)* finančník, *(pej: boháč)* buržeoa

to cap.i.tal.ize [kæpitlaiz] **1.** *(fin)* kapitalizovať, finančne využiť; **2.** napísať/ natlačiť veľkými písmenami

to ca.pi.tu.late [kə'pitjuleit] (~ **to sb/ st**) **1.** kapitulovať, vzdať sa, *(aj pren)* zložiť zbrane

Cap.ri.corn [kæpriko:n] *podst* **1.** *(astron, astrol)* Kozorožec

to cap.size [kæp'saiz] **I.** *prech* **1.** prevrátiť, prevrhnúť, prekotiť; **II.** *nepr* **2.** prevrhnúť sa, prevrátiť sa, prekotiť sa. *Syn* ⇨ **to upset**

cap.sule [kæpsju:l] *podst* **1.** tobolka; **2.** *(lek)* kapsľa; **3.** *(let)* katapultovacia kabína; **4.** *(fliaš)* uzáver, kapsuľa, klobúčik; **5.** *(chem)* odparovacia miska

cap.tain [kæptin] *podst* **1.** *(voj, nám, špo)* kapitán, veliteľ; **2.** *(am)* hlavný čašník; **3.** predseda triedy

cap.tion [kæpšən] *podst* **1.** nadpis, záhlavie, titul, legenda, *(film)* titulok

to cap.tiv.ate [kæptiveit] **1.** očariť, fascinovať, upútať, uchvátiť. *Syn* ⇨ **to attract**

cap.tive [kæptiv] **I.** *podst* **1.** zajatec, väzeň; **2.** otrok; **3.** *(prn)* obeť; **II.** *príd* **4.** zajatý, zbavený slobody, uväznený, žijúci v klietke, žijúci v zajatí

cap.tiv.i.ty [kæp'tivəti] *podst jč* **1.** *(i vo vojne)* zajatie, podrobenie

cap.tor [kæptə] *podst* **1.** kto berie do zajatia, únosca

car [kæpčə] *podst* **1.** auto, automobil, motorové vozidlo *(sl)* fáro; **2.** *(žel ob am: osobný i nákladný)* vagón; **3.** *(am)* električka; **4.** kabína, gondola, klietka; **5.** *(hist)* dvojkolesový voz

to cap.ture [kæpčə] **1.** zajať, zatknúť, chytiť, *(koho)* chopiť sa, *(čo)* uloviť; **2.** *(prn: cenu, hlasy)* získať; **3.** *(prn: pozornosť)* upútať, *(záujem)* zobudiť; **4.** *(mesto, pevnosť)* dobyť; **5.** *(maliar, básnik)* zachytiť atmosféru; **6.** zhromažďovať, šetriť. *Syn* ⇨ **to catch**

car.a.mel [kærəməl] *podst* **1.** karamel, pálený cukor; **2.** karamelový cukrík, karamelka; **3.** karamelová farba [bledohnedá]

car.at [kærət] *podst* (sk **ct**) **1.** karát

car.a.van [kærəvæn] *podst* **1.** karavána; **2.** maringotka; **3.** *(br: príves)* príves, karaván, chatka, obytné vozidlo

to car.a.van [kærəvæn] **1.** cestovať s obytným prívesom

car.bo.hy.drate [ˌka:bə'haidreit] *podst* **1.** uhľohydrát

car.bon [ka:bən] *podst* **1.** *(chem)* uhlík, *(chem)* karbón, *(papier)* indigo; **3.** čierny diamant

car.cass [ka:kəs] *podst* (mn **-es**) **1.** mŕtvola zvieraťa; **2.** *(v mäsiarstve)* trup zbavený vnútorností, kože a končatín, *(kuch)* hydinová kostra zbavená mäsa; **3.** *(lode, budovy)* kostra, *(tech)* rám; **4.** vrak, trosky

card [ka:d] *podst* **1,** *(tvrdý)* papier, kartička; **2.** legitimácia, preukaz; **3.** pohľadnica, oznámenie; **4.** *(hracia)* karta; **5.** lístok; **6.** *(kompasová)* ružica; **7.** *(ifm dtd)* číslo, beťár; **8.** *(sl: drogy)* dávka; **9.** *(text)* mykadlo, mykací stroj, *(na vlnu)* česačka

card.board [ka:dbo:d] *podst* **1.** lepenka, kartón, tvrdý papier; **2.** *(prn)* neživotný, šablónovitý, papierový

car.di.ac [ka:diæk] *príd* **1.** *(lek)* srdečný, kardiálny

car.di.gan [ka:digən] *podst* **1.** zapínacia pletená vesta [s rukávmi], sveter na zapínanie

car.di.nal [ka:dinl] **I.** *podst* (i **cardinal number**) **1.** *(náb)* kardinál; **2.** *(prn)* ohnivočervená farba; **II.** *príd* **3.** hlavný, zásadný, kardinálny, základný, podstatný; **4.** *(prn)* ohnivočervený

care [keə] *podst* **1.** starosť, trápenie, úzkosť; **2.** starostlivosť, svedomitosť; **3.** opatrnosť. *Syn*: concern, solicitude, worry, anxiety. *Opoz*: unconcern, indifference

ca.reer [kə'riə] *podst* **1.** povolanie, zamestnanie, profesia, kariéra; **2.** životná dráha, životná cesta

care.free [keəfri:] *príd* **1.** bezstarostný

care.ful [keəfəl] *príd* **1.** opatrný, pozorný; **2.** starostlivý, dôkladný . *Syn*: meticulous, scrupulous, circumspect, cautious, prudent, discreet, wary. *Opoz*: careless, negligent, lax

care.less [keəlis] *príd* **1.** neopatrný, nepozorný, ľahkomyseľný; **2.** ledabolý, neuvážený, povrchný, nedbanlivý

ca.ress [kə'res] *podst* (mn **-es**) **1.** pohladenie, poláskanie; **2.** *(prn)* bozk

care.tak.er ['keəˌteikə] *podst* (am **janitor**) **1.** domovník, správca domu, školník, vrátnik

car.go [ka:gəu] *podst* (mn **-oes**, am **-os**) **1.** *(lode, lietadla)* náklad, nákladná stanica

car.i.ca.ture ['kærikəˌtjuə] *podst* **1.** karikatúra. *Syn*: burlesque, parody, travesty, satire, lampoon

car.nage [ka:nidž] *podst jč* **1.** masaker, krvavý kúpeľ, krviprelialie. *Syn* ⇨ **slaughter**

car.na.tion [ka:'neišən] *podst* **1.** *(bot: Dianthus)* klinček, karafiát

car.ni.val [ka:nivəl] *podst* **1.** fašiangy, fašiangový čas; **2.** fašiangové slávnosti, maškarný karneval, maškaráda; **3.** *(am)* lunapark

car.ol [kærəl] *podst* **1.** koleda, chválospev, *(vianočná)* pieseň

carp [ka:p] *podst* **1.** *(zool: Cyprinus)* kapor; **2.** *(malicherná)* výčitka

car.pen.ter [ka:pəntə] *podst* **1.** tesár

car.pet [ka:pit] *podst* **1.** koberec, pokrovec, *(pren)* prikrývka, krycia vrstva

car.riage [kæridž] *podst* **1.** koč; **2.** *(br žel)* vozeň osobného vlaku, vagón; **3.** podvozok; **4.** držanie tela; **5.** *(obch)* dovoz, *(tovaru)* doprava, dopravné, dovozné. *Syn* ⇨ **bearing**

car.riage.way [kæridžwei] *podst* (mn **-ays**) **1.** vozovka, jazdecká dráha

car.ri.er [kæriə] *podst* **1.** doručiteľ, posol; **2.** *(tovaru)* dopravca, prepravca, dovozca; **3.** *(voj)* lietadlová/ materská loď; **4.** *(na bicykel ap)* nosič; **5.** *(vírusu)* nositeľ, bacilonosič, *(choroby)* šíriteľ; **6.** *(chem)* katalyzátor

car.rot [kærət] *podst* **1.** *(bot: Daucus carota)* mrkva, karotka; **2.** *(prn)* návnada

to car.ry [kæri] (mč, mp **carried**) **I.** *prech* **1.** *(i archit)* niesť, zaniesť, vyniesť, uniesť; **2.** viesť, dopraviť, prepravovať, doviesť, priviezť, doručiť, uviesť, mať kapacitu; **3.** unášať, hnať; **4.** nosiť so sebou/ u seba, byť vybavený [čím]; **5.** byť tehotná, *(fml)* nosiť pod srdcom; **6.** podopierať; **7.** privádzať, predávať; **8.** mať na sklade; **9.** dobyť, zmocniť sa, *(cenu)* získať; **10.** uverejniť, vytlačiť, *(roz, tv)* vysielať; **11.** nadobudnúť platnosť; **II.** *nepr* **12.** niesť sa. *Syn*: to bear, to convey, to transport, to transmit

to car.ry a.way **1.** odniesť, odviezť, zniesť, odplaviť, *(i vietor)* strhnúť; **2.** *(prn)* uchvátiť, zapáliť

to car.ry out [kæriaut] **1.** vyniesť von; **2.** realizovať, uskutočniť, *(plán)* splniť, vykonať, *(príkaz)* plniť; **3.** učiniť čomu zadosť, dostáť

cart [ka:t] *podst* **1.** voz, povoz, vozík, bríčka, kára

car.tel [ka:'tel] *podst ob der* **1.** *(obch)* kartel; **2.** *(písomná)* výzva na súboj, *(písomná)* dohoda o výmene zajatcov. *Syn* ⇨ **monopoly**

car.ti.lage [ka:tilidž] *podst* **1.** chrupavka, chrupka, chrumka

car.ton [ka:tən] *podst* **1.** *(kartónová, lepenková)* škatuľa, kartón, lepenka, lepenková škatuľa

car.toon [ka:'tu:n] *podst* **1.** kreslený vtip, karikatúra, seriál, náčrtok; **2.** *(pl: animated cartoons)* animovaný film

car.toon.ist [ka:'tu:nist] *podst* **1.** autor kreslených seriálov, karikaturista

car.tridge [ka:tridž] *podst* **1.** *(voj)* patrón, náboj; **2.** *(do prenosky)* vložka; **3.** náplň, *(s filmom)* kazeta, *(v kazete)* film

to carve [ka:v] deliť; **I.** *prech* **1.** na porcie krájať, rozrezať, rozporcovať; **2.** *(drevo)* vyrezávať, *(kameň)* tesať, otesávať; **II.** *nepr* **3.** *(kuch)* porcovať; **4.** *(ifm)* sochárčiť

carv.er [ka:və] *podst* **1.** rezbár, sochár, kamenár; **2.** nôž na porcovanie mäsa; **3.** *(br)* stolička s operadlami

carv.ing [ka:viŋ] *podst* **1.** rezba, socha, rytina, reliéf; **2.** drevoryt, drevorezba, rezbárstvo

cas.cade [kæ'skeid] *podst* **1.** vodopád; **2.**

príval, dážď, kaskáda

case [keis] *podst* **1.** prípad, eventualita; **2.** súdny prípad, kauza, trestné konanie, súd; **3.** *(ling)* pád; **4.** typ; **5.** kufor, *(ručná)* aktovka; **6.** *(obch)* debna, basa fliaš; **7.** *(prepravná)* skriňa, škatuľa; **8.** puzdro, *(ifm)* futrál; **6.** *(na vankúš)* povlečenie. *Syn* ⇨ **instance**

cash [kæš] *podst jč* **1.** *(i ifm: v hotovosti)* peniaze, hotovosť; **2.** *(v hotovosti)* platenie; 3. **cash on delivery [COD] parcel**; *zásielka na dobierku*

ca.si.no [kə'si:nəu] *podst* (mn **-os**) **1.** kasíno, herňa

cas.se.role [kæsrəul] *podst* **1.** kastról s pokrievkou na dusenie; **2.** dusené mäso so zeleninou

cas.sette [kæ'set] *podst* (i **musicassette**); magnetofónová kazeta

cast [ka:st] *podst* **1.** vrh, hod, vrhnutie, hodenie, rozhodenie; **2.** liacia forma, odliatok; **3.** *(div, film, tv)* obsadenie, účinkujúci; **4.** *(mierne)* škúlenie

to cast [ka:st],(mč, mp **cast**) **I.** *prech* **1.** vrhnúť, hodiť, vyhodiť, rozhodiť, spustiť; **2.** zobliekať, zhodiť, stratiť; **3.** *(kov)* liať, odliať; **4.** *(div, film)* obsadiť, prideliť, rozdeliť; **II.** *nepr* **5.** hodiť udicu. *Syn* ⇨ **to throw**

caste [ka:st] *podst* **1.** kasta, kastovníctvo

to cas.ti.gate [kæstigeit] **1.** *(ostro)* kritizovať, kárať, *(karhať)* hrešiť, pokarhať. *Syn* ⇨ **to punish**

cast.ing [ka:stiŋ] *podst* **1.** *(tech: odliatkov)* odlievanie, odliatok; **2.** *(div, film: úloh)* obsadenie; **3.** hrubá omietka

cast iron [ˌka:sťaiən] *príd jč* **1.** liatinový, železný; **2.** *(prn)* dokonalý, spoľahlivý

cas.tle [ka:sl] *podst* **1.** hrad, zámok; **2.** *(šach)* veža

to cas.trate [kæ'streit] **1.** kastrovať, vykleštiť, vymiškovať

cas.ual [kæžjuəl] *príd* **1.** náhodný, neočakávaný; **2.** *(poznámka, postreh)* letmý, *(bez hlbšieho vzťahu)* promiskuitný; **3.** nonšalantný, nenútený, nedbanlivý, povrchný; **4.** *(odev)* neformálny; **5.** *(práca, pracovník)* príležitostný. *Syn* ⇨ **accidental, random**

cas.ual.ly ['kážjuəli] *prísl* **1.** náhodne; **2.** letmo, mimochodom; **3.** nonšalantne, ležérne, nedbanlivo, povrchne, s ľahkým srdcom; **4.** neformálne, podomácky; **5.** príležitostne

cas.ual.ness [kæžjuəlnis] *podst* **1.** náhodnosť; **2.** letmosť, ležérnosť; **3.** nedbanlivá elegancia; **4.** nedbanlivosť, povrchnosť; **5.** neformálnosť; **6.** nenútenosť

cas.ual.ty [kæžjuəlti] *podst* (mn **-ies**) **1.** *(nehody)* obeť, zranený, mŕtvy; **2.** úraz, pohroma, katastrofa

cat [kæt] *podst* **1.** *(zool: Felis catus)* mačka, **2.** *(prn)* Xantipa, fúria; **3.** *(am ifm)* pásový traktor

cat.a.lyst [kætəlist] *podst* **1.** *(chem)* katalyzátor

cat.a.pult [kætəpalt] *podst* **1.** *(hist voj)* prak, *(hist, let)* katapult

cat.a.ract [kætərækt] *podst* **1.** katarakt, vodopád, perej; **2.** *(lek)* šedý zákal [očnej šošovky], katarakta

ca.tas.tro.phe [kə'tæstrəfi] *podst* **1.** *(nešťastie, i lit)* katastrofa, pohroma, *(pohroma)* spúšť, *(automobilová)* nehoda. *Syn* ⇨ **disaster**

cat.a.stroph.ic [ˌkætə'strofik] *príd* **1.** katastrofálny, tragický, *(i chyba)* osudný

catch [kæč] *podst* **1.** chytenie; **2.** *(ryb)* úlovok, *(sieťou)* záťah, záchytka; **3.** *(tech: so západkou)* uzáver, západka, mäkčeň; **4.** *(prn)* háčik, chyták

to catch [kæč] (mč, mp **caught**) **I.** *prech* **1.** chytiť, uloviť, lapiť, zastihnúť; **2.** *(dažďovú vodu)* nachytať; **3.** zaskočiť, prekvapiť; **4.** *(vlak, autobus ap)* stihnúť, prísť na čas; **5.** *(o čo)* zachytiť sa; **6.** *(čím)* nakaziť sa; **7.** udrieť, zasiahnuť, trafiť; **8.** *(atmosféru)* zachytiť, vystihnúť, vyjadriť; **9.** začuť, *(čomu)* porozumieť; **II.** *nepr* **10.** *(oheň)* rozhorieť sa, vznietiť sa. *Syn*: to capture, to nab, to trap, to snare

catch.er [kæčə] *podst* **1.** *(špo)* chytač, *(bsb)* zadák; **2.** *(tech: prachu)* lapač; **3.** *(prístroj)* lapák

catch.ing [kæčiŋ] *príd* **1.** nákazlivý, chytľavý; 2. príťažlivý, pôsobivý

catch.y [kæči] *príd* {**-ier, -iest**} **1.** neodbytný, vtieravý, chytľavý, pôsobivý, pútavý

cat.e.gor.i.cal [ˌkæti'gorikəl] *príd* **1.** kategorický, rozhodný, bezpodmienečný, výslovný, jasný

cat.e.go.ry [kætigəri] *podst* (mn **-ies**) **1.** *(skupina, trieda, i filoz, mat, gram, špor)* kategória; **2.** *(špo)* trieda, skupina

ca.ter.er [keitərə] *podst* **1.** dodávateľ jedál [na svadby ap]

cat.er.pil.lar [kætəpilə] *podst* **1.** *(zool)* húsenica; **2.** *(tech)* pásové vozidlo

ca.the.dral [kə'θi:drəl] *podst* **1.** katedrála, dóm, *(kresťanský)* chrám

cat.tle [kætl] *podst* **1.** *(hovädzí)* dobytok, hovädo, *(hrom: hovädzí dobytok)* statok

cat.walk [kætwo:k] *podst* **1.** *(v strojovni ap)* mostík; **2.** *(predvádzacie)* pódium, *(na módnej prehliadke)* mólo

Cau.ca.sian [ko:'keizjən] *príd* (i **Caucasoid**) **1.** kaukazský; **2.** *(rasa)* belošský

cau.cus [ko:kəs] *podst* (mn **-es**) **1.** *(am pol: skupina ľudí riadiacich organizáciu, stranícky)* výbor, aktív; **2.** schôdza

caul.dron [ko:ldrən] *podst* (i **caldron**) **1.** *(veľký)* kotol

cau.li.flower ['koliˌflauə] *podst* **1.** *(bot: Brassica oleracea botrytis)* karfiol

cause [ko:z] *podst* **1.** príčina; **2.** dôvod, pohnútka; 3. kauza. *Syn*: reason, motive, antecedent, determinant

cause.way [ko:zwei] *podst* (mn **-ays**) **1.** zvýšená jazdná dráha, diaľnica; **2.** chodník, *(objekt)* cesta; **3.** *(vyvýšenina)* násyp

cau.stic [ko:stik] *príd* **1.** *(chem)* kaustický, žieravý, leptavý; **2.** *(prn: irónia)* hryzavý, sarkastický, *(poznámka)* zaliečavý, *(kritika)* uštipačný, *(jazyk)* jedovatý. *Syn* ⇨ **sarcastic**

cau.tion [ko:šən] *podst* **1.** opatrnosť, obozretnosť, uvážlivosť; **2.** výstraha, pokarhanie

cau.tion.a.ry [ko:šnəri] *príd* **1.** varovný, výstražný; **2.** poučný

cau.tious [ko:šəs] *príd* (**~ about/ of sb/ st**) **1.** opatrný, obozretný, urážlivý, *(opatrný)* pozorný

cav.al.ry [kævəlri] *podst* (mn **-ies**) **1.** *(voj)* jazdectvo, kavaléria, *(voj)* jazda

cave [keiv] *podst* **1.** jaskyňa, sloj, dutina, priehlbeň

cav.ern [kævən] *podst* **1.** jaskyňa, *(i anat)* dutina

cav.ern.ous [kævənəs] *príd* **1.** plný jaskýň; **2.** *(prn: oči)* zapadnutý, *(líca)* vpadnutý, prepadnutý; **3.** *(tma)* hlboký, hrobový

cav.i.ar [kævia:] *podst jč* (i **caviare**) **1.** kaviár

cav.i.ty [kævəti] *podst* (mn **-ies**) **1.** *(i anat)* dutina, kavita, diera, prehĺbenina

to cease [si:s] **1.** prestať, skončiť sa, umĺknuť, stíchnuť, ustať. *Syn* ⇨ **to stop**

cease-fire [ˌsi:s'faiə] *podst* **1.** *(voj)* zastavenie paľby; **2.** pokoj zbraní, *(dočasné)* prímerie

ce.dar [si:də] *podst* **1.** *(bot: Cedrus)* céder

to cede [si:d] (**~ st**); (**~ to sb**) **1.** prepustiť, prenechať, postúpiť, *(komu čo)* odstúpiť, priznať

ceil.ing [si:liŋ] *podst* **1.** strop, horná hranica, limit; **3.** *(let)* dostup

to cel.e.brate [selibreit] **I.** *prech* **1.** oslavovať; **2.** *(náb)* slúžiť, celebrovať; **3.** sláviť, velebiť; **II.** *nepr* **4.** oslavovať. *Syn*: to commemorate, to solemnize, to observe, to keep

cel.e.brat.ed [selibreitid] *príd* (**~ for st**) **1.** slávny, chýrečný, preslávený, chýrny, povestný. *Syn* ⇨ **famous**

cel.e.bra.tion [ˌseli'breišən] *podst* **1.** oslava, slávnosť; **2.** celebrovanie; **3.** velebenie

ce.leb.ri.ty [si'lebrəti] *podst* (mn **-ies**) **1.** veličina, *(zastarávajúci)* celebrita, prominent, známa osobnosť, hviezda; **2.** vychýrenosť, sláva

cel.e.ry [seləri] *podst jč* **1.** *(bot: Apium graveolens)* zeler

ce.les.ti.al [si'lestjəl] *príd* **1.** *(astron)* nebeský; **2.** božský; **3.** astronomický

cell [sel] *podst* **1.** *(kláštorná, väzenská)* cela, kobka; **3.** *(ele)* článok; **4.** *(biol)* bunka; **5.** *(tech)* teleso, *(tech)* skriňa, *(tech)* spaľovacia komora

cel.lar [selə] *podst* **1.** *(na víno)* pivnica, *(pivnica)* podzemie, skriňa na víno; **2.** *(šport)* posledné miesto v tabuľke

cel.lo [čeləu] *podst* (mn **-os**) **1.** violončelo, čelo

cel.lu.lar [seljulə] *príd* **1.** bunečný, bunkový, buničitý; **2.** článkový dopravník/ chladič

Cel.si.us [selsjəs] *príd* (i **centigrade** sk **C**) **1.** Celsiova stupnica

Celt.ic [keltik] *príd* **1.** keltský

ce.ment [si'ment] *podst jč* **1.** *(stav, lek)* cement; **2.** tmel

cem.e.tery [semitri] *podst* (mn **-ies**) **1.** *(mestský)* cintorín

to cen.sor [sensə] **1.** cenzurovať; **2.** vybieliť

cen.sure [senšə] *podst jč* **1.** pokarhanie, hana, výčitka, kritika, nesúhlas

cen.sus [sensəs] *podst* (mn **censuses**) **1.** sčítanie ľudu, súpis, *(obyvateľstva)* popis

cent [sent] *podst* **1.** *(stotina dolára)* cent; **2.** *(prn)* halier, groš, grajciar

cen.te.na.ry [sen'ti:nəri] *podst* (mn **-ies**) **1.** sté výročie, storočné jubileum, storočnica

cen.ten.ni.al [sen'tenjəl] *príd* **1.** opakujúci sa raz za sto rokov, storočný

cen.ti.me.tre ['senti,mi:tə] *podst* (am **centimeter** sk **cm**) **1.** centimeter

cen.tral [sentrəl] *príd* **1.** stredný, vnútorný, stredový; **2.** centrálny, ústredný; **3.** hlavný, vodcovský, zásadný

to cen.tral.ize [sentrəlaiz] **1.** centralizovať, *(zhromažďovať)* sústrediť; **2.** jestvovať; **3.** *(tech)* centrovať

cen.tre [sentə] *podst* (am **center**) **1.** *(i geom, pol: kruhu, mesta)* stred, vnútorná časť, *(mesta)* jadro, stredisko; **2.** náplň, vnútrajšok; **3.** *(špo)* stredný útočník

cen.tre for.ward [,sentə'fo:wəd] *podst* (i **centre**) **1.** *(špo)* stredný útočník

cen.tre.piece [sentəpi:s] *podst* **1.** výzdoba stola stojaca uprostred; **2.** hlavný exponát, stred pozornosti

cen.trist [sentrist] *podst* **1.** *(pol)* centrista, stúpenec politiky stredu, politik stredu

cen.tu.ry [senčəri] *podst* (mn **-ies**) **1.** storočie; **2.** *(ifm: v krikete)* stovka

ce.re.al [siəriəl] *podst* **1.** obilnina; **2.** potraviny z obilnín [ob kukuričné lupienky ap.], vločky

cer.eb.ral [seribrəl] *príd* **1.** *(anat)* mozgový; **2.** *(prn)* intelektuálny; **3.** *(ling)* cerebrálny, kakuminálny, myšlienkovo náročný

cer.e.mo.ni.al [,seri'məunjəl] **I.** *podst* **1.** ceremoniál, obrad; **II.** *príd* **2.** slávnostný, obradný, formálny, ceremoniálny, oslavný

cer.e.mo.ny [seriməni] *podst* (mn **-ies**) **1.** slávnosť, ceremoniál, obrad; **2.** strojenosť, škrobenosť, upätosť. *Syn:* rite, ritual, formality

cer.tain [sə:tn] *príd* **1.** istý, zaručený; **2.** spoľahlivý; **3.** nepochybný, určitý; **4.** dajaký. *Syn* ⇨ **sure**

cer.tain.ly [sə:tnli] *prísl* **1.** iste, určite, rozhodne, nepochybne; **2.** *(v odpovedi)* pravdaže, ale iste, zaiste

cer.tain.ty [sə:tnti] *podst* (mn **-ies**) **1.** *(nepochybná pravda)* istota, istá vec; **2.** samozrejmosť. *Syn:* certitude, assurance, conviction. *Opoz:* doubt, skepticism

cer.ti.fi.cate [sə'tifikət] *podst* **1.** osvedčenie, potvrdenie, doklad, svedectvo, preukaz

to cer.ti.fy [sə:tifai] (mč, mp **-fied**) **1.** potvrdiť, dosvedčiť, skonštatovať. *Syn* ⇨ **to approve**

cer.vi.cal [sə:vikl] *príd* **1.** cervikálny, krčný, šijový; **2.** týkajúci sa deložného krčka

ces.sa.tion [sə'seišən] *podst* **1.** skončenie, zastavenie, prerušenie, opadnutie

chain [čein] *podst* **1.** *(i chem)* reťaz, retiazka; **2.** okovy, putá; **3.** *(typizovaných podnikov)* sieť; **4.** reťazec. *Syn* ⇨ **series**

chair [čeə] *podst* **1.** stolička; **2.** univerzitná stolica, katedra, *(i br)* profesúra

chair.man [čeəmən] *podst* (mn **-men**, ž **chairwoman**) **1.** predseda, starosta, vedúci, konferenciér; **2.** ošetrovateľ tlačiaci vozík invalidnej osoby

chair.man.ship [čeəmənšip] *podst* **1.** predsedníctvo

chalk [čo:k] *podst* **1.** *(min na písanie)* krieda

chal.lenge [čælindž] *podst* **1.** výzva; **2.** náročná úloha, problém; **3.** *(voj)* výzva stráže, volanie stráže, volanie 'kto tam!'; **4.** *(práv: porotcu)* odmietnutie, *(am: na súde)* námietka

chal.leng.ing [čælindžiŋ] *príd* **1.** náročný, kladúci veľké nároky; **2.** podnetný, vyzývavý

cham.ber [čeimbə] *podst* **1.** komnata, spálňa; **2.** *(pol)* komora, snemovňa; **3.** *(tech)* nábojová komora; **4.** *(lek)* srdcová komora

cham.pagne [šæm'pein] *podst jč* **1.** *(francúzske, i šumivé víno)* šampanské

cham.pi.on [čæmpjən] (i ifm **champ**) **I.** *podst* **1.** víťaz, majster, šampión, preborník; **2.** *(za čo)* bojovník, zástanca, *(čoho: teórie, idei ap)* obranca; **II.** *príd* **3.** báječný, fantastický, výborný, najlepší

cham.pi.on.ship [čæmpjənšip] *podst* **1.** *(špo)* majstrovstvo, šampionát; **2.** majstrovský titul, víťazstvo, *(za čo)* boj; **3.** *(čoho)* obhajoba, *(čoho)* podpora

chance [ča:ns] *podst* **1.** *(i šťastná)* náhoda, zhoda okolností, riadenie osudu; **2.** príležitosť; **3.** šanca, nádej, vyhliadka; **4.** riziko. *Syn*: **random**

chan.cel.lor [ča:nsələ] *podst* **1.** *(pol, admin)* kancelár; **2.** *(br: titulárny)* rektor

chan.de.lier [ˌšændə'liə] *podst* **1.** luster, viacramenný svietnik

change [čeindž] *podst* **1.** zmena; **2.** premena, zvrat, zlom; **3.** spestrenie; **4.** výmena, vystriedanie, zámena, prestup; **5.** *(stock exchange)* burza

to change [čeindž] **I.** *prech* **1.** *(vše)* meniť, zmeniť, premeniť, prerobiť, vymeniť, vystriedať, rozmeniť; **II.** *nepr* **2.** zmeniť sa; **3.** prevliecť sa; **4.** presadať, presadnúť. *Syn*: to alter, to vary, to modify, to transform, to convert

change.o.ver ['čeindžˌəuvə] *podst* **1.** zmena, prechod, premena; **2.** *(voj)* striedanie, vystriedanie; **3.** *(špo: v štafete)* odovzdávka, výmena strán

chan.nel [čænl] *podst* **1.** *(geog, roz, ele)* kanál, prieliv, plavebná dráha, *(riečne)* koryto; **2.** *(admin)* spôsob, cesta; **3.** program; **4.** drážka, ryha, *(archit)* žliabok

chant [ča:nt] *podst* **1.** *(náb)* liturgický spev, chorál, monotónny spev, psalmódia, jednohlasné spievanie žalmov; **2.** *(hesiel)* skandovanie, prevolávanie

cha.os [keios] *podst jč* **1.** chaos, zmätok, božie dopustenie, *(ifm)* cirkus, paseka. *Syn* ⇨ **confusion**

cha.ot.ic [kei'otik] *príd* **1.** chaotický, zmätený, bezplánovitý, *(rozháraný, neurovnaný, nesúladný)* neusporiadaný, rozháraný

chap [čæp] *podst* **1.** muž, chlap[ík], chlapec, kamarát; **2.** človek, indivíduum; **3.** *(lek)* prasklina, *(v koži)* puklina; **4.** *(zool, i joc: anat)* čeľusť

chap.el [čæpəl] *podst* **1.** kaplnka; **2.** *(v kaplnke)* bohoslužby; **3.** modlitebňa, kostolík; **4.** pobočka odborovej organizácie typografov; **5.** *(am)* miestna pobočka klubu/ organizácie

chap.lain [čæplin] **1.** kaplán, vojenský kňaz

chap.ter [čæptə] *podst* **1.** kapitola, lekcia; **2.** obdobie, perióda; **3.** *(náb)* kapitula; **4.** *(am)* pobočka študentskej organizácie

char [ča:] *podst* **1.** *(br ifm: charwoman)* upratovačka, posluhovačka

char.ac.ter [käriktə] *podst* **1.** *(i človeka)* charakter, ráz, profil, *(človeka)* povaha, nátura; **2.** povesť; **3.** *(ifm)* indivíduum, typ, existencia; **4.** *(div, lit)* postava, *(i lit)* figúra; **5.** *(polyg, inf)* znak. *Syn* ⇨ **disposition, quality**

char.ac.ter.is.tic [ˌkærəktə'ristik] **I.** *podst* **1.** vlastnosť, *(príznačný)* rys; **II.** *príd* **2.** typický, charakteristický, príznačný, reprezentatívny. *Syn*: individual, distinctive

char.ac.ter.i.za.tion [ˌkærəktərai'zeišn] *podst jč* **1.** charakteristika, charakterizácia

to char.ac.ter.ize [kærəktəraiz] **1.** charakterizovať, opísať; **2.** byť typický [pre], vyznačovať sa

char.coal [ča:kəul] *podst* **1.** drevené uhlie; **2.** *(kresliarsky)* uhoľ, drevouhoľný

charge [ča:dž] *podst* **1.** poplatok, sadzba, taxa; **2.** starostlivosť, starosť, dozor, ochrana, zodpovednosť; **3.** osoba zverená starostlivosťou o niekoho, zverenec; **4.** *(práv)* obvinenie, obžaloba; **5.** útok, seč.; **6.** *(voj)* nálož, *(náboja)* náplň; **7.** *(ele)* náboj; **9.** obraz v erbe. *Syn* ⇨ **to accuse, to command**

to charge [ča:dž] **1.** *(obch)* účtovať, počítať; **2.** *(čie konto)* zaťažiť, debutovať; **3.**

(batériu ap) nabiť, *(fml: pohár)* naplniť; **4.** *(na koho/ čo)* útočiť; **5.** *(práv)* obviniť, *(náhle)* obžalovať

charg.er [čadžə] *podst* **1.** nabíjačka [akumulátorov/ batérií]]; **2.** *(v min)* vojenský kôň

char.i.ot [čæriət] *podst* **1.** *(hist)* dvojkolesový voz [grécky/ rímsky], koč

cha.ri.sma [kə'rizmə] *podst jč* **1.** charizma, osobné čaro, magnetizmus, osobná príťažlivosť

cha.ri.sma.tic [ˌkæriz'mætik] *príd* **1.** s osobným čarom, príťažlivý, charizmatický; **2.** *(náb)* charizmatický, nadaný schopnosťou prorokovať/ liečiť ap

char.it.a.ble [čæritəbl] *príd* **1.** veľkorysý, šľachetný, štedrý; **2.** charitatívny, dobročinný; **3.** naplnený kresťanskou láskou; **4.** láskavý, zhovievavý, majúci porozumenie. *Syn* ⇨ **philanthropic**

char.i.ty [čærəti] *podst* (mn **-ies**) **1.** milosrdenstvo, ľudomilstvo, láska k blížnemu; **2.** vľúdnosť, zhovievavosť; **3.** dobročinnosť, šľachetnosť; **4.** charita, dobročinná organizácia. *Syn* ⇨ **mercy**

charm [ča:m] *podst* **1.** pôvab, šarm, roztomilosť; **2.** zaklínadlo, zariekavacia formula; **3.** talizman, maskot, prívesok na kľúčoch

to charm [ča:m] **1.** očariť; **2.** *(kúzlom)* začarovať, zakliať, zariekať, *(hadov)* zaklínať, krotiť. *Syn* ⇨ **to attract**

charm.ing [ča:miŋ] *príd* ckúzľujúci, pôvabný, rozkošný, roztomilý

chart [ča:t] *podst* **1.** *(nám, let, astron)* mapa; **2.** diagram, graf, schéma, tabuľka

chart.er [ča:tə] *podst* **1.** charta, stanovy, zakladacia listina; **2.** nájom, *(lode, lietadla)* prenájom

chase [čeis] *podst* **1.** honba; **2.** lov, steeplechase, **3.** *(prn)* dopyt/zhon (po potravinách ap)

to chase [čeis] **1.** prenasledovať, naháňať, štvať, loviť, ryť; **2.** *(kov)* tepať, rezať závity

chas.er [čeisə] *podst* **1.** kôň na steeplechase

cha.sm [kæzəm] *podst* **1.** *(i prn)* priepasť, prielom; **2.** *(prn)* priepastný rozdiel; **3.** *(voľný priestor)* medzera

chas.sis [šæsi] *podst* (mn **chassis**) **1.** šasi, *(i aut)* podvozok; **2.** *(sl: postava ženy)* postava; **3.** *(organizmus, i trup)* telo

chat.ter [čætə] *podst jč* **1.** táranie, trkotanie, *(vtákov)* švitorenie; **2.** cvakanie zubov, jachtanie, štekot zbraní; **3.** *(listov, lesov)* šumenie

to chat.ter [čætə] **1.** tárať, rozprávať, mlieť, rapotať, bľabotať, štebotať, švitoriť; **2.** *(zuby)* drkotať, cvakať, *(stromy)* šumieť

chauf.feur [šəufə] *podst* **1.** *(motorového/ elektrického vozidla)* vodič, šofér z povolania

chau.vi.ni.sm [šəuvinizəm] *podst jč* **1.** šovinizmus

cheap [či:p] *príd* {**-er, -est**} **1.** lacný, *(br)* zlacnený; **2.** mizerný, nekvalitný, *(i šaty)* nevkusný; **3.** *(prn)* povrchný, *(poznámka)* sprostý, *(pokus)* úbohý, biedny. *Syn*: inexpensive. *Opoz*: costly, expensive, dear

to cheat [či:t] **I.** *prech* **1.** *(koho)* klamať; **II.** *nepr* **2.** podvádzať, *(ifm)* švindľovať, falošne hrať; **3.** byť neverný; **4.** *(koho na čo)* naviesť; **5.** zabíjať čas

to check [ček] **I.** *prech* **1.** kontrolovať, revidovať, skúmať, *(fakty)* overiť, prekontrolovať, *(mat: výsledky)* prepočítať; **2.** zadržať, zastaviť, *(hnev)* ovládať, krotiť, *(čomu)* ubrániť sa; **3.** dať šach [komu]; **4.** *(am)* dať si [čo] do úschovne/ do šatne; **5.** *(am)* zaškrtnúť, *(hov)* odfajkovať; **II.** *nepr* **6.** presvedčiť sa; **7.** zaraziť sa

check-in [čekin] *podst* **1.** *(na letisku)* odbavenie batožiny, *(na recepcii hotela)* registrácia

check-out [čekaut] *podst* **1.** *(am: v hoteli)* zaplatenie účtu, uvoľnenie izby; **2.** *(v obchode)* pokladnica

check.point [čekpoint] *podst* **1.** kontrolné stanovisko, stanovisko colnej a pasovej kontroly

Ched.dar [čedə] *podst jč* **1.** *(syr)* čedar

cheek [či:k] *podst* **1.** *(anat)* tvár, líce; **2.** *(ifm)* bedrá; **2.** bezočivosť, opovážlivosť, prostorekosť, odvrávanie, nehanebnosť; **3.** bočnica, bočná stena, *(odb)* bok. *Syn* ⇨ **temerity**

cheek-bone [či:kbəun] *podst* **1.** lícna kosť
cheek.y [či:ki] *príd* {**-ier, -iest**} **1.** bezočivý, prostoreký, opovážlivý, dotieravý, *(hov)* papuľnatý, drzý
cheer.ful [čiəfəl] *príd* **1.** *(človek)* veselý, čulý, dobre naladený, úsmevný; **2.** *(správy)* radostný, potešiteľný, povzbudzujúci; **3.** rozjasnený, *(farba, izba)* jasný; **4.** ochotný. *Syn* ⇨ **happy**
cheer.less [čiəlis] *príd* **1.** skleslý, zachmúrený, trudomyseľný, neradostný, neutešený, nudný, ponurý
cheer.y [čiəri] *príd* {**-ier, -iest**} **1.** radostný, veselý, bodrý, spokojný
cheese [či:z] *podst* **1.** syr; **2.** *(prn ifm)* extratrieda, sláva, blahobyt
chef [šef] *podst* **1.** šéf; **2.** šéfkuchár, hlavný kuchár
chem.i.cal [kemikəl] **I.** *podst* **1.** chemikália; **II.** *príd* **2.** chemický
chem.ist [kemist] *podst* **1.** *(br)* drogista; **2.** chemik, lekárnik; **3.** *(chemist's)* lekáreň
chem.ist.ry [kemistri] *podst jč* **1.** chémia; **2.** chemické zloženie, chemické vlastnosti; **3.** vzájomná príťažlivosť, sympatia, zhoda, dohoda
cheque [ček] *podst* (am **check**) **1.** *(fin)* šek
to cher.ish [čeriš] **1.** *(vrúcne)* milovať, *(o koho)* starať sa; **2.** chovať, *(čím)* kojiť sa
cher.ry [čeri] *podst* (mn **-ies**) **1.** *(bot: Cerasus)* čerešňa, *(bot sour cherry: Prunus cerasus, i plod)* višňa; **2.** *(sl)* panenstvo
chess [čes] *podst jč* **1.** *(hra)* šach, šachy
chest [čest] *podst* **1.** *(anat)* hruď, hrudník, prsia, debna, truhlica, skrinka
chest.nut [česnat] *podst* **1.** gaštan, *(bot Chestnut tree: Castanea sativa)* gaštan jedlý; **2.** gaštanová farba; **3.** hnedák; **4.** *(zool: Equus)* kôň domáci; **5.** vtip
chev.ron [ševrn] *podst* **1.** *(voj)* hodnostná stuha v tvare V
chew [ču:] *podst* **1.** žuvanie
to chew [ču:] (**~ at/ on/ through st**) **1.** žuť, prežúvať, žuvať, žviakať, *(pren)* premýšľať, *(pren)* nechať si prejsť hlavou
chic [ši(:)k] *príd* **1.** módny, elegantný, apartný
chick [čik] *podst* **1.** kurča, kuriatko, vtáčie mláďa; **2.** *(sl)* zajačik, jazac, kozľa3. *(am sl)* baba, kočka
chick.en [čikin] **1.** *(lit)* kurča, sliepka; **2.** kuracie mäso, slepačie mäso; **3.** *(ifm)* zbabelec, vyplašený zajac; **4.** dieťa, *(prn)* neskúsený človek, *(am sl: dievča)* baba, žabka, žubrienka; **II.** *príd* **5.** zbabelý, bojazlivý
to chide [čaid] (mč **chided,chid**, mp **chided**) **1.** karhať, hromžiť, papuľovať, odvrávať, plesnivieť; **2.** *(o vetre)* burácať
chief [či:f] **I.** *podst* **1.** náčelník, vodca, pohlavár; **2.** vedúci, nadriadený, prednosta, predák, šéf, predseda strany; **3.** vrch, hlava štítu; **II.** *príd* **4.** hlavný, rozhodujúci, najdôležitejší, najväčší; **5.** úhlavný; **6.** vrchný; **7.** vedúci. *Syn*: principal, main, leading, foremost, capital. *Opoz*: subordinate, subservient
chif.fon [šifon] *podst jč* **1.** šifón
child [čaild] *podst* (mn **children**) **1.** *(i prn)* dieťa, dietko, *(hov)* decko, mláďatko; **2.** *(prn)* potomok, následník
child.birth [čaildbə:θ] *podst jč* **1.** pôrod
child.hood [čaildhud] *podst* **1.** detstvo
child.ish [čaildiš] *príd* **1.** *(der)* detský, detinský, pochabý, infantilný. *Syn* ⇨ **childlike**
child.like [čaildlaik] *príd* **1.** detský; **2.** detsky prostý, detsky nevinný. *Syn*: childish
to chill [čil] **1.** *(nechávať vychladnúť)* chladiť; **2.** *(prn)* ochladiť; **3.** *(lesk)* kaliť; **4.** *(zhotovovať odlievaním)(do kokíl)* liať; **5.** prechladnúť
chil.li [čili] *podst* (mn **chillies**, am **chilies**) **1.** feferónka, štipľavá paprička, čierne korenie, paprika, *(korenie)* čili
chil.ly [čili] *príd* {**-ier, -iest**} **1.** *(počasie)* chladný, čerstvý, sychravý; **2.** *(prn: pohľad ap)* mrazivý, *(privítanie)* chladný
chime [čaim] *podst* **1.** zvonenie, vyzváňanie, odbíjanie; **2.** zvonkohra; **3.** *(prn)* melódia, súlad, súzvuk
chim.ney [čimni] *podst* (mn **-eys**) **1.** komín; **2.** *(lampy)* cylinder
chimp.an.zee [ˌčimpənˈzi:] *podst* **1.** *(zool:*

Pan troglodytes/ paniscus) šimpanz
chin [čin] *podst* **1.** *(časť tváre)* brada
chip [čip] *podst* **1.** úlomok, trieska, hoblina, črepina; **2.** otlčené/ odštiepnuté miesto, odrenina; **3.** žetón, *(hracia)* známka; **4.** *(inf)* mikročip, mikroprocesorová doštička, integrovaný obvod; **5.** vysoký krátky úder, *(ftb)* krátka vysoka prihrávka
chi.sel [čizl] *podst* **1.** dláto, sekáč, rydlo; **2.** sochárstvo; **3.** *(ifm)* nečestnosť
chlo.ride [klo:raid] *podst jč* **1.** chlorid
chlo.rine [klo:ri:n] *podst jč* (symb **Cl**) **1.** chlór
choc.o.late [čokələt] *podst* **1.** čokoláda; **2.** čokoládová farba; **3.** čokoládový cukrík
choice [čois] **I.** *podst* **1.** voľba, rozhodnutie; **2.** alternatíva, možnosť; **3.** vybraná osoba/ vec; **4.** výber; **5.** elita, spoločenská smotánka; **6.** opcia; **7.** kandidát; **II.** *príd* **8.** prvotriedny, výberový, lahôdkový; **9.** vhodne volený, vybraný; **10.** vynikajúci, výborný; **11.** ohľaduplný. *Syn*: option, alternative, preference, selection
choir [kwaiə] *podst* **1.** spevácky zbor, umelecký súbor; **2.** *(archit)* chórus, *(miesto v kostole, i zbor)* chór
to choke [čəuk] **I.** *prech* **1.** *(lit, prn)* dusiť, zadusiť, škrtiť, zaškrtiť, hrdúsiť, zahrdúsiť; **2.** *(cestu, potrubie ap)* upchať, *(komín)* zaniesť, *(plyn ap)* priškrtiť, *(oheň)* uhasiť; **II.** *nepr* **3.** dusiť sa, udusiť sa
chol.e.ra [kolərə] *podst jč* **1.** *(lek)* cholera
cho.les.ter.ol [ko'lestərol] *podst jč* **1.** cholesterol
to choose [ču:z] (mč **chose**, mp **chosen**) **I.** *prech* **1.** vybrať, vyhliadnuť si, vyvoliť si, zvoliť; **2.** rozhodnúť sa, dať prednosť [čomu]; **II.** *nepr* **3.** voliť, vyberať. *Syn*: to select, to pick, to elect, to prefer. *Opoz*: to reject
to chop [čop] **[-pp-]** vt **1.** *(na drobno)* rezať, *(na drobno)* narezať, rozrezať, krájať, nakrájať; **2.** dať; **3.** *(vietor)* zmeniť smer
chord [ko:d] *podst* **1.** akord, súzvuk; **2.** struna, tetiva; **3.** *(anat)* väzivo
chore [čo:] *podst* **1.** *(nepríjemná práca)* fuška. *Syn* ⇨ **task**
cho.re.og.raph.er [ˌkori'ogrəfə] *podst* **1.** choreograf
cho.re.og.ra.phy [ˌkori'ogrəfi] *podst jč* **1.** choreografia
chor.us [ko:rəs] *podst* (mn **-es**) **1.** *(hud: piesne)* refrén; **2.** zbor; **3.** zborový
to christ.en [krisn] **1.** krstiť, pokrstiť, dať meno, nazvať, pomenovať; **2.** *(prn)* po prvý raz použiť
Christ.ian [kriščən] *príd* **1.** kresťanský; **2.** *(ifm)* slušný, *(humánny, ifm)* ľudský, humánny
Christ.i.an.i.ty [ˌkristi'ænəti] *podst jč* **1.** kresťanstvo, kresťanskosť
Christ.mas [krisməs] *podst* (mn **-es**) **1.** Vianoce; **2.** vianočné sviatky
chrome [krəum] *podst jč* **1.** chróm
chrom.i.um [krəumjəm] *podst jč* (symb **Cr**) **1.** chróm
chrom.o.some [krəuməsəum] *podst* **1.** chromozóm
chron.ic [kronik] *príd* **1.** chronický, notorický; **2.** *(br sl)* príšerný, strašný. *Syn*: inveterate, confirmed, hardened
chron.i.cle [kronikl] *podst* **1.** *(i hist, i prn)* kronika, letopis
chron.o.log.ic.al [ˌkronə'lodžikəl] *príd* **1.** chronologický, časové usporiadanie, časovopostupný, kalendárny
chry.san.the.mum [kri'sænθeməm] *podst* (mn **-mums**) **1.** chryzantéma
chuck [čak] *podst* **1.** vykopnutie; **2.** šťuchnutie do brady; **3.** *(ifm)* vyhadzov; **4.** zlatko, zlatíčko, miláčik
to chuck.le [čakl] **1.** chichotať sa, potláčať smiech, zachechtnúť sa; **2.** kotkodákať; **3.** *(voda)* bublať. *Syn* ⇨ **to laugh**
chum [čam] *podst ifm* **1.** kamoš, kamarát, kompán, brat
chunk [čaŋk] *podst* **1.** *(veľký)* kus, skyva, poleno, kusisko
chunk.y [čaŋki] *príd* **[-ier, -iest]** **1.** zavalitý, sporý; **2.** *(sveter ap)* hrubý, ťažký, *(sklo)* pevný
church [čə:č] *podst* (mn **-es**) **1.** kostol; **2.** omša, pobožnosť; **3.** *(the church)* cirkev
church.yard [čə:čja:d] *podst* **1.** *(pri kostole)* cintorín, *(fml)* sväté pole, božie pole
churn [čə:n] *podst* **1.** maselnica, dbanka; **2.**

(br) kanva na mlieko

ci.der [saidə] *podst* (am **hard cider**) jablkové víno [slabé alkoholické o čosi silnejšie ako pivo], jablčný mušt [slabo alkoholický]

ci.gar [si'ga:] *podst* **1.** cigara

ci.ne.ma [sinəmə] *podst* **1.** kino

cin.na.mon [sinəmən] *podst jč* **1.** škorica; **2.** *(bot: Cinnamomum)* škoricovník; **3.** škoricová farba

cir.ca [sə:kə] (sk **c, ca**) **1.** okolo, približne, asi, circa, *(skr)* cca

cir.cle [sə:kl] *podst* **1.** *(i prn)* kruh; **2.** *(geom)* kružnica; **3.** veniec; **4.** *(pod očami)* kruhy; **5.** *(prn)* skupina, okruh. *Syn* ⇨ **coterie**

cir.cuit [sə:kit] *podst* **1.** okružná jazda, obchádzka, okľuka, obeh Zeme, dráha obehu; **2.** *(br)* súdny obvod; **3.** *(ele)* elektrický okruh; **4.** pretekárska dráha. *Syn* ⇨ **circumference**

cir.cu.lar [sə:kjulə] **I.** *podst* **1.** obežník; **II.** *príd* **2.** kruhový, okrúhly; **3.** okružný, obežný. *Syn* ⇨ **round**

to cir.cu.late [sə:kjuleit] **I.** *nepr* **1.** *(krv, voda)* obiehať, prúdiť, kolovať, cirkulovať; **II.** *prech* **2.** šíriť, dať do obehu, pustiť do sveta, rozoslať, dať kolovať

cir.cu.la.tion [ˌsə:kju'leišən] *podst* **1.** obeh, kolobeh, *(chýrov)* rozširovanie; **2.** *(novín ap)* náklad

to cir.cum.cise [sə:kəmsaiz] **1.** obrezať

cir.cum.stance [sə:kəmstəns] *podst* **1.** okolnosť, moment, faktor; **2.** *(finančné)* pomery; **3.** *(i práv, lek, eko)* prípad. *Syn* ⇨ **occurrence**

cir.cus [sə:kəs] *podst* (mn **-es**) **1.** *(i ifm prn)* cirkus; **2.** zmätok, blázninec, zhon; **3.** *(br: kruhové)* námestie

ci.ta.del [sitədl] *podst* **1.** citadela, *(prn)* bašta

ci.ta.tion [sai'teišən] *podst* **1.** citovanie, citát; **2.** *(práv)* predvolanie; **3.** *(voj)* čestné uznanie, pochvala, zmienka

to cite [sait] **1.** *(z)* citovať, uviesť, *(čoho)* dovolávať sa; **2.** *(práv: na súd)* predvolať, obeslať; **3.** *(voj)* zmieniť sa pochvalne [o kom v rozkaze]

ci.ti.zen [sitizn] *podst* **1.** občan, štátny príslušník; **2.** *(mesta)* obyvateľ, mešťan; **3.** *(am)* civilista. *Syn*: subject, national, native . *Opoz*: alien

ci.ty [siti] *podst* (mn **-ies**) **1.** *(veľké)* mesto; **2.** *(v min)* obec; **3.** **City.** banková štvrť [v Londýne]

civ.il [sivl] *príd* **1.** civilný; **2.** občiansky; **3.** zdvorilý, pozorný, ochotný. *Syn*: polite, courteous, chivalrous, gallant. *Opoz*: rude

civ.il.ian [si'viljən] **I.** *podst* **1.** civilista; **2.** *(ifm)* civilista, znalec občianskeho práva; **II.** *príd* **3.** civilný, občiansky

civ.il.i.za.tion [ˌsivilai'zeišən] *podst* **1.** civilizácia, kultúra, scivilizovanie

to civ.il.ize [sivilaiz] **1.** civilizovať; **2.** zušľachtiť, naučiť [koho] správaniu

civ.il ser.vant [ˌsivl'sə:vənt] *podst* **1.** štátny úradník, štátny zamestnanec

civ.il ser.vice [ˌsivl'sə:vis] *podst* **1.** štátna administratíva

to claim [kleim] **I.** *prech* **1.** požadovať, *(čoho)* dovolávať sa, domáhať sa, *(peniaze)* vymáhať; **2.** tvrdiť, vyhlasovať; **II.** *nepr* **3.** uplatňovať nárok [na čo]. *Syn* ⇨ **to demand**

claim.ant [kleimənt] *podst* **1.** žiadateľ, osoba vznášajúca nárok, *(práv)* nárokujúca strana; **2.** reklamant, sťažovateľ; **3.** uchádzač o trón, pretendent

clam [klæm] *podst* **1.** *(zool: morská)* mušľa, slávka

to clam.ber [klæmbə] **1.** *(ťažkopádne, prácne)* šplhať, liezť

clam.or.ous [klæmrəs] *príd* **1.** hlučný; **2.** pokrikujúci; **3.** neprestajný. *Syn* ⇨ **vociferous**

clamp [klæmp] *podst* **1.** *(tech)* zverák, skoba, kramľa; **2.** *(lek)* peán, svorka; **3.** *(aut)* imobilizér, *(hov)* papuča

clan [klæn] *podst* **1.** klan, rod, kmeň; **2.** klika

clan.des.tine [klæn'destin] *príd fml* **1.** tajný, ilegálny, utajovaný, pokútny. *Syn* ⇨ **secret**

clap [klæp] *podst* **1.** potlesk, aplauz; **2.** potľapkanie, poklepanie

clar.et [klærət] *podst* **1.** klaret; **2.** bordó, vínovočervená farba

to clar.i.fy [klærifai] (mč, mp **-fied**) **I.** *prech* **1.** objasniť, osvetliť, vyjasniť; **2.** *(tekutinu)* čistiť, čeriť, číriť; **II.** *nepr* **3.** *(tekutina)* čistiť sa, čeriť sa

clar.i.net [ˌklæri'net] *podst* **1.** klarinet

clar.i.ty [klærəti] *podst jč* **1.** jasnosť, čírosť, priesvitnosť

clash [klæš] *podst* (mn **-es**) **1.** *(zbraní)* zarinčanie, rinčanie, štrngot; **2.** kolízia; **3.** disharmónia, disonancia, nesúlad, nezhoda; **4.** zrážka, *(prn)* stret

clasp [kla:sp] *podst* **1.** spona; **2.** objatie, *(v náručí)* zovretie, *(ruky)* stisk, stisnutie, uchopenie

class [kla:s] *podst* (mn **-es**) **1.** *(spoločenská)* trieda, vrstva; **2.** kategória; **3.** *(škol, žel)* trieda, *(am škol)* ročník; **4.** *(vyučovacia)* hodina, lekcia, *(i univ)* prednáška, seminár; **5.** *(prn)* úroveň, trieda

clas.sic [klæsik] **I.** *podst* **1.** *(autor)* klasik, klasické dielo [literárne, filmové ap.], *(ifm)* klasika; **2.** *(univ)* klasická filológia; **II.** *príd* **3.** klasický, literárny; **4.** znamenitý, vynikajúci, výborný; **5.** *(príklad ap)* typický

clas.sic.al [klæsikəl] *príd ob attr* **1.** antický; **2.** klasický, staroveký

clas.si.fi.ca.tion [ˌklæsifi'keišən] *podst* **1.** klasifikácia, triedenie; **2.** *(skupina, trieda, i filoz, mat, gram, špo)* kategória; **3.** *(plán)* rozvrh

clas.si.fied [klæsifaid] *príd ob attr* **1.** *(informácie, dokument)* tajný, utajený

class.less [kla:slis] *príd* **1.** beztriedny

class.mate [kla:smeit] *podst* **1.** spolužiak, spolužiačka

class.room [kla:srum] *podst* **1.** *(miestnosť)* trieda, učebňa, poslucháreň

clas.sy [kla:si] *príd* **1.** nóbl, šik, elegantný

clat.ter [klætə] *podst* **1.** rinčanie, rachot, klepot, dupot, hrkot

clause [klo:z] *podst* **1.** *(ling)* jednoduchá veta; **2.** *(práv)* klauzula, doložka, dodatok, *(zmluvy)* bod

clau.stro.phob.ic [ˌklo:strə'fəubik] *príd* **1.** *(lek)* klaustrofóbny

claw [klo:] *podst* **1.** *(vtáčí, zvierací)* pazúr, *(račie, krabie ap)* klepeto, *(zvieracia)* laba; **2.** *(tech)* držiak, nos kladiva, čeľusť zveráka

clay [klei] *podst jč* **1.** íl, hlina; **2.** *(prn)* ľudské telo; **3.** *(obraz)* látka; **4.** *(špo)* antuka

clean [kli:n] **I.** *príd* **1.** čistý; **2.** čistotný; **3.** nový; **4.** *(papier)* nepopísaný, nepokreslený; **5.** *(kazeta, disk)* prázdny; **6.** *(vtip)* slušný; **7.** *(lístok)* neprecviknutý, bez preštiknutia; **8.** *(hra, zápas)* fér; **9.** ladne urobený, majúci čisté línie; **10.** elegantný; **11.** hladký; **12.** úplný; **13.** *(sl)* neozbrojený; **14.** *(prn)* bezúhonný, neskazený, šikovný; **II.** *prísl* **15.** úplne, celkom, nadobro

to clean [kli:n] **I.** *prech* **1.** čistiť, kefovať, umyť, utrieť; **2.** *(topánky)* vyleštiť, cediť, vyčistiť; **3.** *(mrkvy)* ostrúhať, oškrabať, *(ryby)* vypitvať; **4.** *(tabuľu)* zmazať, mastiť; **5.** *(izbu)* upratať; **6.** *(tech: rudu)* prať; **II.** *nepr* **7.** čistiť sa. *Syn*: to cleanse. *Opoz*: to soil, to dirty

clean.er [kli:nə] *podst* **1.** upratovač, upratovačka; **2.** čistiaci prostriedok, čistič

clean.li.ness [klenlinis] *podst jč* **1.** čistota; **2.** čistotnosť

to cleanse [klenz] (**~ sb/ st**); (**~ of st**) **1.** *(dôkladne)* vyčistiť, vymyť, vypláchnuť, *(prn)* očistiť. *Syn* ⇨ **to clean**

cleans.er [klenzə] *podst* **1.** čistiaci prostriedok, čistič

clear [kliə] **I.** *príd* **1.** čistý; **2.** číry, priehľadný, priezračný; **3.** *(obloha)* bezmračný; **4.** jasný, zreteľný, zrozumiteľný; **5.** zrejmý, nepochybný, evidentný, jednoznačný; **6.** *(cesta)* voľný, priechodný; **7.** nepodliehajúci zrážkam; **II.** *prísl* **8.** jasne, zreteľne; **9.** celkom, úplne. *Syn*: transparent, translucent, pellucid, evident. *Opoz*: opaque, cloudy, turbid

to clear [kliə] **I.** *prech* **1.** *(inf)* vymazať; **2.** *(poštovú schránku)* vybrať; **3.** *(dlh)* splatiť, vyrovnať, zúčtovať, preplatiť; **II.** *nepr* **4.** *(i clear up: loha)* vyjasniť sa, *(počasie)* vyčasiť sa; **2.** *(dym)* rozptýliť sa; **3.** *(voda)* prečistiť sa

clear.ance [kliərns] *podst* **1.** odpratanie, odstránenie; **2.** *(ftb)* odkop lopty smerujúcej na bránku, *(hokej)* odrazenie puku; **3.** *(tech)* voľný priestor, svetlosť, svetlá výška; **4.** preplatenie, vyrovnanie

to clear off [kliəof] **I.** *prech* **1.** *(dlh)* splatiť, vyrovnať, vyplatiť, vybaviť nevybavenú korešpondenciu; **II.** *nepr* **2.** *(ifm)* zmiznúť; **3.** *(hmla)* rozptýliť sa, zmiznúť

cleav.age [kli:vidž] *podst* **1.** puklina, prasklina, *(prn pol: v strane)* rozkol; **2.** *(ifm)* dekoltáž; **3.** *(biol: buniek)* delenie

cle.ma.tis [klemətis] *podst* **1.** *(bot: Clematis)* plamienok

to clench [klenš/klenč] **1.** zaťať, zovrieť; **2.** *(pevne)* uchopiť, *(klinec)* ohnúť; **3.** pritisnúť, stlačiť

cler.gy.man [klə:džimən] (mn **-men**) **1.** *(náb)* duchovný, kňaz

cler.ic [klerik] **1.** *(náb dtd)* duchovný, kňaz

cler.ic.al [klerikəl] *príd* **1.** *(náb)* kňazský, farársky, *(týkajúci sa duchovenstva)* duchovný, cirkevný; **2.** *(admin)* úradnícky, kancelársky zamestnanec, pisársky

clerk [kla:k/am'klə:k] *podst* **1.** úradník, kancelársky pracovník, sekretár, sekretárka, pisár; **2.** *(am)* predavač; **3.** *(arch)* duchovný

clev.er [klevə] *príd* {**-er, -est**} **1.** bystrý, inteligentný; **2.** *(der)* prešibaný, prefíkaný; **3.** dômyselný, rafinovaný; **4.** zručný, obratný, šikovný . *Syn*: cunning, ingenious, shrewd

cli.ché [kli:šei] *podst* **1.** *(ling)* klišé, otrepaná fráza; **2.** *(v umení)* šablóna. *Syn* ⇨ **platitude**

to click [klik] **I.** *nepr* **1.** cvaknúť, klapnúť, prasknúť, lusknúť, mľasknúť; **2.** padnúť si do nôty; **II.** *prech* **3.** *(inf: myš)* kliknúť

cli.ent [klaiənt] *podst* **1.** klient, *(i u advokáta, v banke ap)* zákazník

cli.ent.ele [ˌkli:oŋ'tel] *podst* **1.** klientela, zákazníctvo; **2.** *(v divadle, reštaurácii)* pravidelní návštevníci

cli.mate [klaimit] *podst* **1.** klíma, podnebie; **2.** podnebné pásmo; **3.** *(prn)* ovzdušie

cli.mat.ic [klai'mætik] *príd* **1.** klimatický, podnebný

cli.max [klaimæks] *podst* **1.** vrchol, kulminačný bod, zlatý klinec [programu]; **2.** vyvrcholenie, orgazmus. *Syn* ⇨ **summit**

to climb [klaim] **I.** *prech* **1.** *(po)* šplhať sa, *(na čo)* vystúpiť, vyškriabať sa, vyliezť, *(z čoho)* zliezť; **II.** *nepr* **2.** šplhať, liezť, vystupovať, zvýšiť sa; **3.** vypracovať sa, *(čo)* dosiahnuť, *(k čomu)* dopracovať sa

climb.ing [klaimiŋ] **I.** *podst* **1.** *(špo)* horolezectvo, alpinizmus; **II.** *príd* **2.** horolezecký; **3.** *(rastlina)* popínavý, pnúci sa

to clinch [klinš/klinč] **I.** *prech* **1.** *(tech)* roztepať, ohnúť; **2.** rozhodnúť, *(súpera rukami)* držať

cli.nic [klinik] *podst* **1.** sanatórium, *(súkromná)* nemocnica, *(súkromná)* klinika; **2.** oddelenie; **3.** klinická prax [pri lôžku chorého]

cli.nic.al [klinikəl] *príd* **1.** *(lek)* klinický, lekársky; **2.** triezvy; **3.** chladný

clip [klip] *podst* **1.** strihanie, zarovnávanie; **2.** *(ifm)* zaucho, *(ifm)* kôstka; **3.** vlna; **4.** šot, klip; **5.** stláčacia spona; **6.** brošňa, príchytka

to clip [klip] **1.** *(nožnicami)* strihať, *(vlasy)* ostrihať, zarovnať; **2.** *(skrátiť)* pristrihnúť, *(drôt)* štípať, odštipnúť; **3.** *(lístok)* preštiknúť

clip.per [klipə] *podst* **1.** *(nám, let)* kliper [rýchla plachetnica/ dopravné lietadlo]

clique [kli:k] *podst* **1.** záujmová skupina. *Syn* ⇨ **coterie**

cloak [kləuk] *podst* **1.** prikrývka, voľný plášť [bez rukávov], pláštenka; **2.** *(prn)* zásterka, rúško, pláštik

clock [klok] *podst* **1.** hodiny; **2.** *(ifm)* tachometer; **3.** *(odb)* takt, *(ifm)* taxameter, štikacie hodiny; **4.** *(sl)* ksicht

clock.work [klokwə:k] *podst jč* **1.** *(v hodinách)* stroj, strojček, mechanizmus

to clog [klog] [**-gg-**] (**st [up] [with st]**) **I.** *prech* **1.** *(čo)* zapchať, *(komín)* zaniesť, *(lek: cievy)* upchať, *(stroj, mechanizmus)* blokovať; **2.** *(zviera)* zaťažiť; **II.** *nepr* **3.** zapchať sa, zaniesť sa, zablokovať si

clone [kləun] *podst* **1.** *(biol, bot)* klonovanie

to clone [kləun] **1.** *(biol, bot)* klonovať, rozmnožovať sa

close [kləus] **I.** *podst* **1..** koniec, sklonok; **2.** nádvorie; **3.** *(scot)* priechod do dvora;

II. *príd* **4.** *(v priestore, čase)* blízky; **5.** *(stehy)* drobný, tesný, *(krovina, spleť)* hustý; **6.** *(črta)* nápadný; **7.** podrobný, *(preklad)* presný. *Syn*: dense, compact, thick, familiar, stingy. *Opoz*: open, dispersed

to close [kləus] **I.** *prech* **1.** *(dvere, obchod, divadlo)* zatvoriť, *(poklop)* zaklopiť, *(závesy)* zatiahnuť, *(dáždnik)* zatvoriť, *(čo)* zrušiť; **2.** zovrieť, zomknúť; **3.** zahradiť; **4.** *(schôdzu, výstavu)* ukončiť, skončiť; **5.** *(ele: obvod)* uzavrieť; **II.** *nepr* **6.** *(okno, oči, obchod, továreň)* zatvoriť sa, *(rana)* zahojiť sa, zrásť; **7.** *(i továrne)* zastaviť prevádzku; **8.** *(rozdiel, medzera)* zmenšovať sa. *Syn*: to end, to conclude, to finish, to complete, to terminate. *Opoz*: to begin, to start, to commence

closed [kləuzd] *príd* **1.** uzavretý, zatvorený, úplný, kompletný

to close down [kləusdaun] **I.** *prech* **1.** *(obchod)* zatvoriť, zrušiť, *(univerzitu)* uzavrieť, *(závod)* zatvoriť, zastaviť prevádzku v čom; **II.** *nepr* **2.** *(obchod)* zatvárať sa, zaniknúť; **3.** končiť vysielanie

close.ness [kləusnis] **1.** blízkosť; **2.** dôvernosť, intimita; **3.** kompaktnosť; **4.** dôkladnosť, podrobnosť, starostlivosť, presnosť; **5.** vyrovnanosť, tesnosť; **6.** striktnosť, prísnosť; **7.** dusnosť, sparnosť, nedýchateľnosť; **8.** rezervovanosť, uzavretosť; **9.** držgrošstvo

clos.et [klozit] **I.** *podst* **1.** komôrka, prístenok; **2.** *(am)* skriňa, šatník, obliekáreň; **II.** *príd* **3.** tajný, skrytý, utajovaný

to close up [kləusap] **I.** *nepr* **1.** hojiť sa, zahojiť sa, zarásť, zraziť sa, zomknúť sa; **2.** *(obchod)* zatvoriť [napr: kvôli poludňajšej prestávke]; **3.** *(ifm)* odmlčať sa, odmietnuť sa vyjadriť; **II.** *prech* **4.** *(obchod)* zatvoriť

clo.sure [kləužə] *podst* **1.** zatváranie, dopravná výluka, dopravný uzáver; **2.** *(pol)* zakončenie rozpravy hlasovaním; **3.** *(uzavieracie)* viečko

clot [klot] *podst* **1.** zrazenina, chuchvalec; **2.** *(br ifm)* hlupák, sprosták, imbecil

cloth [kloθ] *podst* (mn **cloth**) **1.** *(materiál)* látka, tkanina, súkno, plátno; **2.** utierka, obrus

clothes [kləuðz/kləuz] *podst* **1.** šaty, šatstvo, odev, oblečenie, zvršky

cloth.ing [kləuðiŋ] *podst jč* **1.** šaty, šatstvo, oblečenie, vonkajšie znaky

cloud [klaud] *podst* **1.** oblak, mrak, mračno; **2.** mračná, kotúče

to cloud [klaud] **I.** *prech* **1.** *(výhľad)* zakryť, zahaliť, *(vodu)* kaliť, *(oči, zrkadlo)* zahmliť, zarosiť; **2.** *(prn)* zachmúriť, skaliť, *(priateľstvo)* pokaziť, zastrieť, zatemniť; **II.** *nepr* **3.** zahaliť sa, zarosiť sa, orosiť sa; **4.** zachmúriť sa

cloud.y [klaudi] *príd* [**-ier, -iest**] **1.** *(obloha)* zamračený, zatiahnutý; **2.** *(tekutina)* kalný, zakalený; **3.** *(prn: budúcnosť)* neistý

clove [kləuv] *podst* **1.** *(bot clove gilliflower: Dianthus carophyllus)* klinček [záhradný/poľný]; **2.** *(cesnaku)* strúčik

clown [klaun] *podst* **1.** klaun, pajác, šašo, *(ifm)* gašpar, gašparko, *(pej)* sprosták, komik

club [klab] *podst* **1.** klub, spolok, krúžok, *(i špo)* oddiel, jednota; **2.** klubovňa; **3.** kyjak

club.house [klabhous] *podst* **1.** klubovňa

clue [klu:] *podst* **1.** oporný bod, stopa, *(od čoho)* kľúč; **2.** *(ku krížovke)* legenda

clump [klamp] *podst* **1.** skupina, skupinka; **2.** *(trávy)* trs, *(domov ap)* zhluk; **1.** dupot, dupanie; **3.** rana

clum.sy [klamzi] *príd* [**-ier, -iest**] **1.** *(človek)* nemotorný, neohrabaný, ľavý; **2.** *(spôsoby)* neokrôchaný, netaktný, *(poznámka, otázka)* nevhodný, nemiestny, *(reč)* nesúvislý, *(omyl)* školácky; **3.** *(nástroj, náčinie)* nešikovný, neforemný. *Syn* ⇨ **awkward**

clus.ter [klastə] *podst* **1.** *(bobúľ, banánov)* trs, *(hrozna)* strapec, *(vlasov)* chumáč; **2.** *(ľudí, hviezd)* zhluk, *(stromov)* skupina, *(včiel)* roj; 3. súostrovie, hviezdokopa

to clutch [klač] **1.** zvierať, uchopiť, schmatnúť, chňapnúť, stisnúť; 2. zaradiť spojku; 3. vysedieť mladé. *Syn* ⇨ **to take**

clut.ter [klatə] *podst* **1.** spleť rôznych vecí; **2.** zmätok, neporiadok,

coach [kəuč] *podst* (mn **-es**) **1.** koč, dostavník; **2.** autokar, diaľkový autobus; **3.** *(žel br: osobný železničný)* voz, vagón; **4.** *(špo)* tréner, súkromný učiteľ; **5.** osobné vozidlo

coal [kəul] *podst* **1.** uhlie; **2.** uhoľ, *(chem)* uhlík

co.a.li.tion [ˌkəuə'lišən] *podst* **1.** *(pol)* koalícia; **2.** *(polit)* blok. *Syn* ⇨ **alliance**

coarse [ko:s] *príd* {**-r, -st**} **1.** hrubý, hrubozrnný, drsný, drapľavý; **2.** *(jedlo)* obyčajný, lacný; **3.** *(človek)* hrubý, neotesaný, nevzdelaný; **4.** *(spôsoby)* neslušný, *(vtip, reč)* trocha hrubý, *(poznámka)* hrubého zrna, *(správanie)* nekultivovaný, prízemný. *Syn*: gross, indelicate, vulgar, obscene, ribald. *Opoz*: refined

coast [kəust] *podst* **1.** *(mora)* pobrežie, *(rieky)* breh; **2.** *(jazda dolu: i lyžiarsky,na býcikli, saniach)* zjazd. *Syn* ⇨ **shore**

coast.er [kəustə] *podst* **1.** *(nám)* pobrežné plavidlo, loď pobrežnej plavby; **2.** podložka, tácka [pod pohár ap]; **3.** horská dráha; **4.** *(am)* sánky

coast.guard [kəustga:d] *podst* **1.** pobrežná hliadka

coast.line [kəustlain] *podst* **1.** pobrežie; **2.** pobrežná čiara

coat [kəut] *podst* **1.** kabát, plášť, kožuch, sako; **2.** srsť, kožúšok; **3.** vrstva

to coax [kəuks] (**~ sb**); (**~ into/ out of**) **1.** prehovárať, prehovoriť, uhovoriť, balamutiť, obalamutiť. *Syn*: to cajole, to wheedle

cob [kob] *podst* **1.** *(= corn-cob)* kukuričný klas; **2.** *(= corn on the cob)* varená kukurica; **3.** *(br: chleba)* bochník; **4.** lieskový orech; **5.** *(samec)* labuť; **6.** nepálená tehla

co.balt [kəubo:lt] *podst jč* **1.** kobalt

co.caine [kəu'kein] *podst jč* **1.** kokaín, *(sl)* kok, koks

cock [kok] *podst* **1.** kohút, samček; **2.** vtáčí samec; **3.** *(na streche/ puške)* kohútik; **4.** *(sl vulg)* kokot, *(vulg)* kokotina

cock.ney [kokni] *podst* (mn **-eys**) **1.** Londýnčan [z East End]

cock.pit [kokpit] *podst* **1.** *(let)* pilotná kabína, *(nám)* búdka kormidelníka; **2.** sedadlo vodiča pretekárskeho auta; **3.** kohútie zápasisko, *(prn)* bojisko

cock.roach [kokrəuč] *podst* (mn **-es**) **1.** *(zool: Blatta orientalis)* šváb

cock.tail [kokteil] *podst* **1.** *(nápoj)* koktail; **2.** *(am)* mrazená ovocná zmes

cock.y [koki] *príd ifm* {**-ier, -iest**} **1.** *(pej)* domýšľavý, arogantný, suverénny, vypínavý

co.coa [kəukəu] *podst* **1.** kakao; **2.** kakaový prášok

co.co.nut [kəukənat] *podst* **1.** *(bot coconut palm/ tree: Cocos nucifera)* palma [kokosová]; **2.** kokosový orech; **3.** *(sl: hlava)* šiška, makovica

cod [kod] *podst* (mn **cod**) **1.** *(zool: Gadus)* treska; **2.** *(sl)* zábava, psina, nezmysel, hlúposť

code [kəud] *podst* **1.** *(i inf)* kód, šifra; **2.** rád, kódex

to co.erce [kəu'ə:s] (**~ sb**); (**~ into st/ doing st**) **1.** nútiť, prinútiť, donútiť, *(na kom čo)* vyžadovať. *Syn* ⇨ **to force**

co.er.cion [kə'ə:šn] *podst jč* **1.** nútenie, donútenie, nátlak

cof.fee [kofi/am'ko:fi] *podst* **1.** *(i ifm)* káva, *(semená, i nápoj)* káva; **2.** kávová farba

cof.fee-ta.ble [kofiteibl] *podst* **1.** konferenčný stolík

cof.fer [kofə] *podst* **1.** truhla, truhlica; **2.** *(archit: orámované pole stropu)* kazeta, skrinka, finančný fond, finančné prostriedky

cof.fin [kofin] *podst* **1.** rakva, truhla; **2.** papierový kornút; **3.** *(nám)* pokazená loď

cog.nac [konjæk] *podst* **1.** *(francúzsky)* koňak

to co.hab.it [kəu'hæbit] (**~ with sb**) **1.** žiť spolu ako druh a družka, *(žart)* žiť spolu na divoko

co.her.ent [kə'hiərnt] *príd* **1.** súvislý, logický, logicky skĺbený, jasný

co.he.sion [kəu'hi:žən] *podst jč* **1.** súdržnosť, kohézia

co.he.sive [kə'hi:siv] *príd* **1.** súdržný, kohézny

co.hort [kəuho:t] *podst* **1.** *(hist)* kohorta; **2.** *(prn)* skupina ľudí

coil [koil] *podst* **1.** kotúč, zvitok, prstenec, špirála, kľučka, slučka; **2.** *(ele)* cievka

coin [koin] *podst* **1.** minca, peniaz; **2.** kovové platidlo

to co.in.cide [ˌkəuin'said] (**~ with st**) **1.** pripadať na rovnaký čas, prihodiť sa súčasne, konať sa v rovnakom čase, kolidovať; **2.** zhodovať sa, kryť sa. *Syn* ⇨ **to agree**

co.in.cid.ence [kəu'insidəns] *podst* **1.** náhoda, zhoda okolností, súlad; **2.** súčasnosť

coke [kəuk] *podst jč* **1.** *(palivo,i sl: kokaín)* koks; **2.** coca-cola, koka-kola

cold [kəuld] **I.** *podst* **1.** chlad, chladno, zima; **2.** *(lek)* prechladnutie, nádcha; **3.** *(fyz)* bod mrazu; **II.** *príd* **4.** *(počasie, telo)* chladný, studený, *(i dom, izba)* nevykúrený; **5.** ľahostajný, neosobný, vypočítavý, frigidný; **6.** *(ifm)* v bezvedomí/ mdlobách, mŕtvy; **7.** *(poľov: stopa)* starý, vychladnutý; **8.** nevľúdny

to col.lab.o.rate [kə'læbəreit] **1.** *(na úlohe ap)* spolupracovať; **2.** *(pej)* kolaborovať

col.lab.o.ra.tion [kəˌlæbə'reišən] *podst jč* **1.** spolupráca, súčinnosť; **2.** *(pej)* kolaborácia

col.lab.o.rat.or [kə'læbəreitə] *podst* **1.** spolupracovník; **2.** *(pej)* kolaborant

col.lapse [kə'læps] *podst* **1.** spadnutie, zosunutie; **2.** *(lek)* zrútenie sa, nervové zrútenie, cirkulačný kolaps, kolaps pľúc; **3.** zrútenie, stroskotanie, *(civilizácie)* pád, *(manželstva)* krach

to col.lapse [kə'læps] **I.** *nepr* **1.** spadnúť, *(i nervovo)* zrútiť sa; **2.** *(človek)* zvaliť sa, dostať kolaps; **3.** *(prn: plány, nádeje, útok)* stroskotať, *(i vláda)* padnúť; **4.** dať sa sklápať/ zložiť; **II.** *prech* **5.** *(stoličku, stôl)* zložiť, skladať

col.lar [kolə] *podst* **1.** golier; **2.** *(tech)* nákružok, objímka, príruba

to col.late [ko'leit] **1.** porovnávať, overovať, *(i pol)* kolacionovať, *(tlač)* znášať. *Syn* ⇨ **to compare**

col.lat.er.al [ko'lætərəl] **I.** *podst* **1.** *(fin)* záruka; **II.** *príd* **2.** dodatočný, pomocný, sprievodný; **3.** *(v nepriamej línii)* príbuzný; **4.** *(fin: zaistenie)* vedľajší

col.league [koli:g] *podst* **1.** kolega, kolegyňa, spolupracovník, spolupracovníčka. *Syn* ⇨ **associate**

to col.lect [kolekt] **I.** *prech* **1.** vyberať peniaze, konať zbierku [na čo], inkasovať; **2.** *(známky, mince ap)* zbierať, *(dažďovú vodu)* chytať, nazbierať, zhromažďovať, *(smeti)* odvážať; **3.** *(batožinu, balík)* vyzdvihnúť, *(pre čo)* ísť si; **II.** *nepr* **4.** *(ľudia, veci)* zhromaždiť sa, hromadiť sa, kopiť sa; **5.** *(kal, usadenina)* usadzovať sa. *Syn* ⇨ **to gather**

col.lec.tion [kə'lekšən] *podst* **1.** *(známok, mincí ap)* zbieranie, *(peňazí poplatkov)* vyberanie, zbierka, inkasovanie, odvoz smetí, *(batožiny)* vyzdvihnutie; **2.** *(ľudí)* zhluk, skupina; **3.** výber sortimentu, antológia, *(knižný/ múzejný)* fond, *(módna)* kolekcia

col.lec.tive [kə'lektiv] **I.** *podst* **1.** kolektív; **2.** kolektívna múdrosť; **II.** *príd* **3.** kolektívny, spoločný; **4.** *(ling)* hromadný

col.lect.or [kə'lektə] *podst* **1.** vyberač; **2.** zberateľ; **3.** *(tech)* kolektor, zberač, chytač, *(prachu)* lapač

col.lege [kolidž] *podst* **1.** vysoká škola; **2.** akadémia; **3.** *(univerzitná inštitúcia)* kolégium; **4.** *(cyklus prednášok)* prednáška na vysokej škole

to col.lide [kə'laid] (**~ with sb/ st**) **1.** zraziť sa, nabehnúť na seba; **2.** křížiť sa, kolidovať

col.li.er.y [koljəri] *podst* (mn **-ies**) **1.** *(br)* šachta, uhoľná baňa

col.li.sion [kə'ližən] *podst* (**~ with sb/ st**) **1.** zrážka, *(hov)* karambol; **2.** kolízia, stretnutie

col.lu.sion [kə'lu:žən] *podst fml* (**~ with sb**) **1.** *(zmluva)* dohoda, tajné dorozumenie, *(práv)* kolúzia

Co.logne [kə'ləun] *podst jč* **1.** Kolín nad Rýnom

co.lon [kəulən] *podst* **1.** dvojbodka; **2.** *(anat)* hrubé črevo

col.o.nel [kə:nl] *podst* **1.** *(voj)* plukovník

co.lo.ni.al [kə'ləunjəl] **I.** *podst* **1.** obyvateľ koloniálnej krajiny; **II.** *príd* **2.** koloniálny

co.lon.i.al.i.sm [kə'ləunjəlizm] *podst jč* **1.** kolonializmus

col.o.nist [kolənist] **1.** osadník, prisťahovalec, kolonista

to col.o.nize [kolənaiz] **1.** kolonizovať, osídľovať

col.o.ny [koləni] *podst* (mn **-ies**) **1.** *(i vysťa-*

hovalci, i zool, i biol) kolónia, *(zast: kolónia)* osada

co.los.sal [kə'losl] *príd* **1.** gigantický, obrovský, kolosálny, pozoruhodný, veľkolepý. *Syn* ⇨ **enormous**

col.our [kalə] (am **col.or**) *podst* **1.** farba; **2.** farba pleti/ tváre; **3.** zafarbenie, farbitosť, ráz, atmosféra; **4.** *(pl)* zástava, vlajka

to col.our [kalə] (am **col.or**) **I.** *prech* **1.** farbiť, nafarbiť, zafarbiť, *(stenu)* natrieť; **2.** *(prn)* prifarbiť, zafarbiť, skresliť; **II.** *nepr* **3.** vyfarbiť sa, zafarbiť sa

col.oured ['kaləd] (am **col.ored**) **I.** *podst* **1.** *(človek)* farebný; **II.** *príd* **2.** farebný

col.our.ful [kaləfl] *príd* **1.** farbistý, pestrý, mnohofarebný ; **3.** svojrázny, osobitný

col.our.ing [kaləriŋ] *podst* **1.** maľovanie; **2.** farba tváre, pleť; **3.** farbiaci prostriedok, farbivo; **4.** zafarbenie; **5.** skreslenie, skresľovanie, prifarbovanie

col.umn [koləm] *podst* **1.** *(archit)* stĺp, pilier; **2.** *(i žurn)* rubrika; **3.** hliadka; **4.** *(vozidiel)* kolóna, *(i áut)* karavána, prúd

col.umn.ist [koləmnist] *podst* **1.** *(žur)* stĺpkar, fejtonista; **2.** *(v novinách)* komentátor

co.ma [kəumə] *podst* (mn **comas**) **1.** *(lek)* kóma, hlboké bezvedomie

comb [kəum] *podst* **1.** *(i tex)* hrebeň; **2.** *(tex)* česací stroj; **3.** hrebienok; **5.** voština, plást

com.bat [kombæt/ AM 'kəm'bæt] *podst* **1.** boj, zápas

com.bat.ant [kombətnt] *podst* **1.** bojovník, frontový vojak

com.bat.ive [kombətiv] *príd* **1.** bojovný

com.bi.na.tion [ˌkombi'neišən] *podst* **1.** kombinácia, spojenie, spolupráca, rada činiteľov; **2.** zmes; **3.** heslo, číselná kombinácia; **4.** *(dtd)* kombiné; **5.** motocykel so sajdkárom

to com.bine [kəm'bain] **I.** *prech* **1.** spojiť, skombinovať, zmiešať, *(chem, pol)* zlúčiť, *(polia)* zceliť; **II.** *nepr* **2.** spojiť sa, *(chem, pol)* zlúčiť sa, splynúť, fúzovať. *Syn* ⇨ **to join**

com.bus.tion [kəm'basčn] *podst jč* **1.** spaľovanie

to come [kam] (mč **came**, mp **come**) **1.** prísť, ísť, chodiť; **2.** pribehnúť, *(loďou ap)* priplávať, *(list ap)* dôjsť; **3.** stať sa, prihodiť sa; **4.** ujsť; **5.** byť k dostaniu, byť na predaj; **6.** *(ifm)* mať orgazmus

come.back [kambæk] *podst* **1.** *(div)* návrat na scénu, *(i špo)* znovuzískanie titulu, *(pol)* znovunadobudnutie moci; **2.** *(ifm)* replika, rázna odpoveď [ob na kritickú poznámku]; **3.** *(ifm)* náprava, odpomoc

co.med.i.an [kə'mi:djən] *podst* (ž **comedienne**) **1.** *(div: aj estrádny)* komik, herec hrajúci komické úlohy; **2.** *(ob der)* vtipkár, beťár, komediant

come.down [kamdaun] *podst ob jč* **1.** úpadok, strata prestíže, sklamanie, dezilúzia, nezdar, zhoršenie, *(am)* ústup

com.e.dy [komidi] *podst* (mn **-ies**) **1.** *(div)* veselohra, *(i film)* komédia; **2.** *(čoho)* humornosť

to come in [kamin] **1.** vstúpiť, vojsť, ísť ďalej; **2.** prísť, prichádzať, vchádzať, *(loď)* vplávať, *(lietadlo)* priletieť, chodiť, dochádzať; **3.** *(v pretekoch)* umiestniť sa, obsadiť miesto v pretekoch; **4.** *(príliv)* nastať; **5.** ujať sa moci, dostať sa k moci; **6.** prísť do módy; **7.** ohlásiť sa, začať hovoriť; **9.** hrať v čom nejakú úlohu

to come out [kamaut] **1.** *(kniha, slnko, mat: vyjsť bez zvyšku)* vyjsť, *(plavec, loď)* vyplávať, *(had atď)* vyliezť; **2.** *(br)* začať štrajk; **3.** *(dtd: dievča)* debutovať, byť uvedená do spoločnosti; **4.** priznať svoju homosexualitu; **5.** vychádzať, ukázať sa; **6.** dostať sa na trh, objaviť sa v obchodoch; **7.** vypučať, kvitnúť, rozkvitnúť, rašiť, prevaliť sa; **8.** ukazovať sa, prejavovať sa, vyjsť najavo; **9.** stratiť sa, zmiznúť, *(farby)* vyblednúť, *(vlasy)* vypadať, zliezť, *(zub)* vypadnúť; **10..** *(mat)* vyjsť bez zvyšku

com.er [kamə] *podst* **1.** príchodzí; **2.** *(am)* nádejný človek

com.et [komit] *podst* **1.** *(astron)* kométa, vlasatica

com.fort [kamfət] *podst* **1.** komfort, pohodlie; **2.** útecha, posila

com.fort.a.ble [kamfətəbl] *príd* **1.** pohodlný, útulný, príjemný; **2.** *(prn ifm: viac než)* dostačujúci, *(viac než)* postačujúci. *Syn*: cozy, snug, restful. *Opoz*: miserable

com.ic [komik] **I.** *podst* **1.** *(div i estrádny)* komik; **2.** *(pl)* šašo, vtipkár; **3.** smiešny človek; **4.** beťár; **5.** komickosť; **6.** *(pl)* komiks; **II.** *príd* **7.** komický, žartovný, zábavný, smiešny, vtipný. *Syn* ⇨ **funny**

com.ic.al [komikl] *príd* **1.** komický, zábavný, žartovný. *Syn* ⇨ **funny**

com.ing [kamiŋ] **I.** *podst* **1.** príchod; **II.** *príd* **2.** *(generácia)* dorastajúci, *(rok, týždeň)* nadchádzajúci, budúci, blížiaci sa, nastávajúci, prichádzajúci, sľubný

com.mand [kə'ma:nd] *podst* **1.** príkaz, *(voj)* rozkaz; **2.** *(inf, voj)* povel; **3.** *(voj)* velenie, veliteľstvo; **4.** znalosť, ovládanie

to com.mand [kə'ma:nd] **I.** *prech* **1.** prikázať, nariadiť, rozkázať; **2.** *(komu/ čomu)* veliť; **3.** *(čím)* disponovať, mať k dispozícii; **II.** *nepr* **4.** rozkazovať; **5.** *(voj)* veliť. *Syn*: to order, to direct, to instruct, to enjoin, to charge

com.mand.ant [ˌkomən'dænt] *podst* **1.** *(voj)* veliteľ

com.mand.er [kə'ma:ndə] *podst* **1.** veliteľ, vojvodca; **2.** *(nám voj)* kapitán; **3.** *(br)* náčelník

com.mand.ing [kə'ma:ndiŋ] *príd* **1.** *(voj)* veliaci [dôstojník]; **2.** rozhodujúci, dominantný, veliteľský, rozkazovačný

com.mand.o [kə'ma:ndəu] *podst* (mn **-os**) **1.** *(voj, hov zast: veliteľstvo)* prepadové komando, prepadový oddiel

to com.mem.or.ate [kə'memərei t] **1.** pripomínať si, sláviť, oslavovať pamiatku, *(čo)* pripomínať, pripomenúť. *Syn* ⇨ **to celebrate**

to com.mence [kə'mens] **1.** začať, otvoriť, začínať sa; **2.** promovať, stať sa doktorom. *Syn* ⇨ **to begin**

to com.mend [kə'mend] **1.** chváliť, pochváliť, zmieniť sa pochvalne; **2.** poručiť; **3.** zapáčiť sa

com.mend.a.ble [kə'mendəbl] *príd* **1.** chvályhodný, záslužný

com.ment.a.ry [koməntəri] *podst* (mn **-ies**) **1.** komentár , poznámka na okraj; **2.** *(roz, tv)* priama reportáž; **2.** *(i hist, i prn)* kronika; **3.** *(vysvetlenie)* výklad. *Syn* ⇨ **remark**

to com.ment.ate [koménteit] (**~ on st**) **1.** *(roz, tv)* komentovať, robiť priamu reportáž; **2.** pracovať ako reportér

com.ment.at.or [komənteitə] *podst* (**~ on st**) **1.** komentátor, *(špo atď)* reportér; **2.** vykladač, exegéta, autor komentára

com.merce [komə:s] *podst jč* **1.** *(ekon)* obchod, styky . *Syn* ⇨ **business**

com.mer.cial [kə'mə:šəl] **I.** *podst* **1.** *(v rozhlase/ televízii)* reklama, reklamný šot; **II.** *príd* **2.** obchodný, komerčný, obchodnícky

com.mis.sion [kə'mišən] *podst* **1.** komisia, výbor; **2.** *(voj)* povýšenie do dôstojníckej hodnosti; **3.** *(obch: z predaja)* provízia; **4.** objednávka

com.mis.sion.er [kə'mišənə] *podst* **1.** člen komisie, zmocnenec; **2.** policajný prezident; **3.** *(v UK):* splnomocnenc; **4.** policajný komisár [v Londýne]

to com.mit [kə'mit] [**-tt-**] **1.** spáchať, páchať; **2.** zveriť sa, zaviazať sa; **3.** *(súdu)* vydať; **4.** *(chyby)* dopustiť sa; **5.** *(na rokovanie)* predložiť. *Syn*: to entrust, to confide, to consign, to relegate

com.mit.ment [kə'mitmənt] *podst* **1.** záväzok, povinnosť; **2.** *(pre čo)* angažovanosť, *(pre čo)* zaujatosť, *(čomu)* oddanosť

com.mod.i.ty [kə'modəti] *podst* (mn **-ies**) **1.** komodita; **2.** plodina, surovina, tovar, výrobok, produkt

com.mo.dore [komədo:] *podst* **1.** *(nám: hodnosť)* komodor; **2.** starší kapitán obchodného loďstva; **3.** predseda

com.mon [komən] **I.** *podst* **1.** obecný pozemok, *(voľne verejné miesto)* priestranstvo, *(: detské)* ihrisko, *(: trávnaté)* pastvina, pastvisko, *(hist)* občina; **II.** *príd* **2.** *(záujem, majetok)* spoločný, podielový, *(týkajúci sa oboch strán)* obojstranný, *(týkajúci sa spoločnosti, otvorený)* verejný, *(slúžiaci všetkým)* obecný, *(týkajúci sa všetkých/ všetkého: i voľby, i kníh)* všeobecný; **3.** *(prebiehajúci)* bežný, všedný, každodenný, obvyklý, familiar, *(nemajúci vlastnosti, i bot, zool)* obyčajný; **4.** jednoduchý, ordinárny, priemerný, *(nevýznačný: ľud)* drobný, *(vlastný ľudu, pochádzajúci z ľudu)* ľudový; **5.** *(pej)* neotesaný, nevzdelaný, *(spôsoby)* sprostý, vulgárny, hrubý, *(šaty)* nevkusný, druhoradý; 6. *(mat: logaritmus)* dekadický; 7. *(rozum)* zdravý; 8. *(v UK: právo)* nepísaný. *Syn*: general, ordinary, popular, vulgar. *Opoz*: unusual, exceptional

com.mon.er [komənə] *podst* 1. prostý človek, neurodzený človek

com.mon.place [komənpleis] I. *podst* 1. otrelá/ otrepaná fráza; II. *príd* 2. bežný, obyčajný, nezaujímavý, banálny, otrepaný. *Syn* ⇨ **platitude, trite**

com.mon.wealth [komənwelθ] *podst* 1. spoločenstvo národov, štát, republika, federácia

com.mo.tion [kə'məušən] *podst* 1. rozruch, poplach, hluk, hurhaj, lomoz

com.mun.al [komjunl] *príd* 1. *(patriaci obci)* obecný, komunálny; 2. spoločný

com.mune [komju:n] *podst* 1. *(i admin)* komúna; 2. *(dedina vo Francúzsku)* obec; 3. *(s prírodou)* porozumenie

to com.mu.ni.cate [kə'mju:nikeit] I. *prech* 1. *(správy)* oznámiť, *(chorobu, teplo)* prenášať, *(myšlienky, pocity)* vyjadrovať; II. *nepr* 2. byť v spojení; 3. *(miestnosti)* byť spojený dverami; 4. *(náb)* prijímať

com.mu.ni.ca.tion [kə,mju:ni'keišən] *podst* 1. dorozumievanie, *(i choroby)* prenášanie; 2. komunikácia, kontakt; 3. správa, oznámenie, hlásenie; 4. doprava a spoje; 5. *(dverami)* spojenie

com.mu.ni.qué [kə'mju:nikei] *podst* 1. komuniké

com.mun.i.sm [komjunizəm] *podst jč* 1. komunizmus

com.mun.ist [komjunist] I. *podst* 1. komunista; II. *príd* 2. komunistický

com.mu.ni.ty [kə'mju:nəti] *podst* (mn **-ies**) 1. spoločnosť, verejnosť; 2. spoločenstvo, kolónia, obec; 3. zhoda, súlad

com.mu.ni.ty cen.tre [kə'mju:nəti,sentə] *podst* 1. kultúrne stredisko, dom kultúry

to com.mute [kə'mju:t] 1. *(za prácou)* dochádzať; 2. *(na autobus)* mať časový lístok; 3. *(trest)* zmierňovať; 4. meniť, vymeniť, zameniť, zmeniť;

com.pact [kəm'pækt] *príd* 1. kompaktný, hustý, pevný, *(štýl)* koncízny. *Syn* ⇨ **close**

com.pan.ion [kəm'pænjən] *podst* 1. *(na cestách)* sprievodca, spolucestujúci; 2. druh, priateľ, druhý do páru; 3. *(čoho)* náprotivok, pendant; 4. rytier. *Syn* ⇨ **associate**

com.pan.ion.ship [kəm'pænjənšip] *podst jč* 1. *(koho)* spoločnosť, priateľstvo

com.pa.ny [kampəni] *podst* (mn **-ies**) 1. spoločnosť; 2. skupina; 3. súbor, ansámbel; 4. firma, podnik; 5. spoločník, partner; 6. *(voj)* rota

com.par.a.ble [komparəbl] *príd* (~ **to/ with sb/ st**) 1. porovnateľný

com.par.a.tive [kəm'pærətiv] I. *podst* 1. *(ling)* komparatív, druhý stupeň; II. *príd* 2. porovnávací; 3. pomerný, relatívny; 4. *(i ling)* komparatívny

to com.pare [kəm'peə] I. *prech* 1. porovnať, skonfrontovať ; 2. *(ling: adjektíva, adverbia)* stupňovať; II. *nepr* 3. byť porovnateľný. *Syn*: to contrast, to collate

com.par.i.son [kəm'pærisn] *podst* 1. porovnanie, zrovnanie, porovnávanie, prirovnávanie; 2. *(gram)* stupňovanie

com.part.ment [kəm'pa:tmənt] *podst* 1. priečinok, *(žel)* oddelenie, kupé, *(zákona)* odsek

com.pass [kampəs] *podst* (mn **-es**) 1. kompas, buzola; 2. *(prn)* rozsah, dosah, rozpätie

com.pas.sion [kəm'pæšən] *podst jč* 1. súcit, súcitnosť, sústrasť, účasť; 2. zľutovanie. *Syn* ⇨ **pity**

com.pas.sion.ate [kəm'pæšnət] *príd* 1. súcitný, účastný, milosrdný, útrpný. *Syn* ⇨ **tender**

com.pat.i.ble [kəm'pætəbl] *príd* (~ **with sb/ st**) 1. zlučiteľný, *(i inf)* kompatibilný, pripojiteľný

com.pat.ri.ot [kəm'pætriət] *podst* 1. krajan, *(krajan)* rodák

to com.pel [kəm'pel] [**-ll-**] 1. prinútiť, donútiť; 2. *(no pass, prn)* vynútiť si, zobudiť. *Syn* ⇨ **to force**

com.pel.ling [kəm'peliŋ] *príd* 1. pádny, neprekonateľný, neodolateľný, podmanivý

to com.pen.sate [kompenseit] (~ **sb**); (~ **for st**) 1. *(str)* vyrovnať, vyvážiť, kompenzovať; 2. odškodniť, nahradiť. *Syn* ⇨ **to**

pay

com.pen.sa.tion [ˌkompenˈseišən] *podst* (**~ for st**) **1.** odškodnenie, odškodné, úhrada, náhrada, *(vše)* vyrovnanie; **2.** *(psych)* kompenzácia

to com.pete [kəmˈpi:t] (**~ against/ with sb**); (**~ in st**) **1.** *(vše)* súťažiť, súperiť; **2.** *(obch)* konkurovať si; **3.** *(špo)* pretekať

com.pe.tence [kompitəns] *podst jč* **1.** schopnosť, kompetentnosť, kvalifikovanosť,, zručnosť, rutina; **2.** *(práv, ling)* kompetencia, *(prav)* právomoc

com.pe.tent [kompitənt] *príd* **1.** schopný, kvalifikovaný, zdatný; **2.** kompetentný, *(k čomu)* oprávnený. *Syn* ⇨ **able**

com.pe.ti.tion [ˌkompiˈtišn] *podst* **1.** *(vše)* súťaž, súťaženie, súperenie, konkurz, konkurencia; **2.** *(špo)* míting, preteky. *Syn*: rivalry, emulation

com.pet.i.tive [kəmˈpetətiv] *príd* **1.** *(skúška)* súbehový; **2.** *(šport)* závodný; **3.** *(obch)* konkurencieschopný, konkurenčný; **4.** ctižiadostivý

com.pet.i.tor [kəmˈpetitə] *podst* **1.** *(súťaže, pretekov)* účastník, súťažiaci, účastník konkurzu, *(špo)* pretekár; **2.** *(obch)* konkurent

com.pi.la.tion [ˌkompiˈleišn] *podst* **1.** *(i inf)* kompilácia, *(čoho)* spracovanie

to com.pile [kəmˈpail] **1.** zhromaždiť, zobrať, spracovať, zostaviť; **2.** *(inf)* kompilovať

com.pla.cen.cy [kəmˈpleisnsi] *podst ob der* (mn **-ies**) **1.** samoľúbosť, sebauspokojenie

com.pla.cent [kəmˈpleisnt] *príd* (**~ about sb/ st**) **1.** samoľúby, sebauspokojený, uspokojený, spokojný

com.plain [kəmˈplein] *podst* **1.** sťažovať si, ponosovať si, nariekať; **2.** *(bás)* žalovať sa

com.plaint [kəmˈpleint] *podst* **1.** sťažnosť, *(sťažnosť)* reklamácia; **2.** *(nie vážna)* choroba; **3.** *(sťažnosť, i práv)* žaloba

com.ple.ment [komplimənt] *podst* **1.** *(napr. odevu)* doplnok, dodatok; **2.** *(gram)* rozvíjajúci vetný člen; **3.** *(geom)* doplnkový uhol

com.plete [kəmˈpli:t] *príd* **1.** kompletný, úplný, celý; **2.** totálny, absolútny, generálny; **3.** hotový, dokončený. *Syn*: full, total, whole, entire, intact. *Opoz*: partial, defective

to com.plete [kəmˈpli:t] **1.** *(prácu)* dokončiť, dohotoviť, *(budovu)* dostavať, *(štúdium, kurz)* skončiť, absolvovať; **2.** kompletizovať, *(vetu)* doplniť

com.ple.tion [kəmˈpli:šn] *podst* **1.** dokončenie, dorobenie, dohotovenie, dostavanie, skončenie, absolvovanie; **2.** *(trestu)* odpykanie; **3.** podpísanie, uzavretie; **4.** vyplnenie

com.plex [kompleks] **I.** *podst* **1.** *(i psych)* komplex, súbor; **II.** *príd* **2.** komplikovaný, zložitý, *(i situácia)* spletitý; **3.** súhrnný, zložený, spletený. *Syn*: complicated, intricate, involved. *Opoz*: simple

com.plex.ion [kəmˈplekšən] *podst* **1.** pleť, pokožka; **2.** farba pleti; **3.** *(prn)* ráz, tvárnosť; **4.** orientácia

com.plex.i.ty [kəmˈpleksəti] *podst* (mn **-ies**) **1.** zložitosť , komplikovanosť, spletitosť; **2.** súhrnnosť

com.pli.ance [kəmˈplaiəns] *podst jč* **1.** súhlas, zhoda; **2.** dodržiavanie; **3.** *(pej)* poddajnosť, servilnosť

to com.pose [kəmˈpəuz] **1.** *(i hud)* zložiť, skladať, *(báseň)* napísať, komponovať, *(list)* koncipovať, *(menu)* zostaviť; **4.** *(polyg)* sádzať

com.pos.i.tion [ˌkompəˈzišn] *podst* **1.** *(hud, lit)* skladba, kompozícia; **2.** *(hud, škol)* komponovanie, skladanie, napísanie; **3.** spísanie, koncipovanie; **4.** *(škol)* slohová práca; **5.** zloženie; **6.** *(polyg)* sadzba; **7.** *(práv)* narovnanie, dohoda; **8.** plastická/ umelá hmota

com.pre.hen.sion [ˌkompriˈhenšən] *podst* **1.** chápanie, pochopenie; **2.** *(škol.)* cvičenie na porozumenie textu; **3.** *(veľkosť, miera, objem, i mat, inf: pamäte)* rozsah

com.pre.hen.sive [ˌkompriˈhensiv] *príd* **1.** podrobný, obsiahly, rozsiahly, komplexný, vyčerpávajúci, detailný

to com.press [kəmˈpres] (**~ st**); (**~ into st**) **1.** stlačiť, zlisovať, *(tech. inf)* komprimovať; **2.** *(prn)* zostručniť, zhustiť; **II.** *nepr* **3.** stlačiť sa; **4.** stlačiť, dať sa komprimovať

to com.prise [kəmˈpraiz] **1.** obsahovať, zahrnovať, *(z čoho)* skladať sa; **2.** tvoriť. *Syn*

⇨ **to include**

com.pro.mise [komprəmaiz] *podst* **1.** kompromis, *(zmluva)* dohoda, zmier

com.pul.sion [kəm'palšən] *podst* (~ **to do st**) **1.** nátlak, nútenie, prinútenie, *(psych)* nutkanie

com.pul.sive [kəm'palsiv] *príd* **1.** *(psych)* nutkavý, obsesný, obsedantný, chorobný; **2.** *(pohľad, román)* fascinujúci, nesmierne zaujímavý

com.pul.so.ry [kəm'palsəri] *príd* **1.** povinný, obligátny, obligatórny, vynútený

to com.put.er.ize [kəm'pju:təraiz] **1.** komputerizovať, vybaviť počítačmi, automatizovať pomocou počítačov, uložiť do počítača, zavádzať výpočtovú techniku

com.put.ing [kəm'pju:tiŋ] *podst jč* **1.** veda o počítačoch, práca s počítačmi; **2.** *(vypočítavanie: i mzdy, daní; i výsledku)* výpočet

com.rade [komrid] *podst* **1.** *(kamarát)* druh, *(druh i v oslovení)* kamarát, priateľ z vojny; **2.** *(pol)* súdruh, súdružka. *Syn* ⇨ **associate**

con [kon] *podst* **1.** podvod, švindeľ, podfuk

to con [kon] [**-nn-**] **1.** ošudiť, oklamať, šudiť o peniaze, obalamutiť

to con.ceal [kən'si:l] (~ **st/ sb**); (~ **from sb/ st**) **1.** skryť, ukryť, skrývať; **2.** tajiť, zatajiť, utajiť. *Syn* ⇨ **to hide**

to con.cede [kən'si:d] **I.** *prech* **1.** priznať, pripustiť; **2.** postúpiť, prepustiť; **II.** *nepr* **3.** vzdať sa

con.ceit [kən'si:t] *podst* **1.** nafúkanosť; **2.** domýšľavosť, márnomyseľnosť; **3.** *(vtipný)* nápad; **4.** čudáctvo. *Syn* ⇨ **pride**

con.ceiv.a.ble [kə'si:vəbl] *príd* **1.** mysliteľný, predstaviteľný, možný

to con.ceive [kən'si:v] **I.** *prech* **1.** počať dieťa; **2.** *(prn: teóriu, plán)* vymyslieť, splodiť; **3.** predstaviť si, uveriť; **II.** *nepr* **3.** *(žena)* počať, otehotnieť

con.cen.trate [konsəntreit] *podst* **1.** *(chem)* koncentrát; **2.** *(obohatená, upravená)* ruda

to con.cen.trate [konsntreit] **I.** *prech* **1.** *(i voj)* sústrediť, zamerať; **2.** hromadiť, akumulovať, *(i chem)* koncentrovať; **3.** zhustiť; **II.** *nepr* **4.** sústrediť sa; **5.** *(ľudí)* zhromaždiť sa, *(i vtáci)* zlietať sa, hromadiť sa, koncentrovať sa

con.cen.trat.ed [konsəntreitid] *príd* **1.** *(chem)* koncentrovaný, zhustený; **2.** intenzívny

con.cen.tra.tion [ˌkonsən'treišən] *podst* **1.** sústredenosť, sústredená pozornosť; **2.** *(chem)* koncentrácia, zhusťovanie; **3.** zhromaždenie, zoskupenie

con.cen.tra.tion camp [ˌkonsn'treišnkæmp] *podst* **1.** koncentračný tábor

con.cept [konsept] *podst* (~ **of st**) **1.** *(všeobecná predstava)* pojem, *(poňatie)* koncepcia, *(poňatie/ názor)* predstava; **2.** *(látka prejavu)* námet; **3.** chápanie. *Syn* ⇨ **idea**

con.cep.tion [kən'sepšən] *podst* **1.** poňatie, predstava, koncepcia; **2.** počatie. *Syn* ⇨ **idea**

con.cept.ual [kən'septjuəl] *príd* **1.** pojmový, abstraktný

con.cern [kən'sə:n] *podst* **1.** starosť, znepokojenie; **2.** podnik, koncern

con.cert [konsə(:)t] *podst* **1.** *(hud: predstavenie)* koncert; **2.** zhoda, súlad, súhlas, dohoda

con.cert.ed [kən'sə:tid] *príd ob attr* **1.** spoločný, spojený

con.cer.to [kən'čə:təu] *podst* (mn **-os**) **1.** *(skladba)* koncert

con.ces.sion [kən'sešən] *podst* **1.** ústupok; **2.** *(obch)* koncesia; **3.** doznanie; **4.** colná výhoda; **5.** *(i živnosť, i lit)* licencia

con.ci.li.a.tion [kənˌsili'eišn] *podst jč* **1.** zmierenie, *(práv)* zmierčie pojednávanie, arbitráž

con.ci.li.at.o.ry [kən'siliətəri] *príd* **1.** zmierlivý, zmierny

con.cise [kən'sais] *príd* **1.** krátky, stručný, koncízny, lapidárny, skratkovitý, príručný. *Syn*: terse, laconic, succinct, pithy. *Opoz*: redundant

to con.clude [kən'klu:d] **I.** *prech* **1.** zakončiť, skončiť, ukončiť; **II.** *nepr* **2.** uzavrieť, urobiť záver. *Syn* ⇨ **to close, to decide, to infer**

con.clu.sion [kən'klu:žən] *podst* **1.** záver, *(i log)* súd, úsudok, koniec, zakončenie

con.clu.sive [kən'klu:siv] *príd* **1.** presvedčivý, pádny, nezvratný, preukazný; **2.** konečný; **3.** rozhodujúci

to con.coct [kən'kokt] **1.** namiešať, *(narých-*

lo) pripraviť, *(joc)* vykúzliť; **2.** *(prn)* vymyslieť, vykonštruovať, osnovať

con.coc.tion [kən'kokšn] *podst* **1.** zmes, miešanina; **2.** liek so sirupom

con.crete [koŋkri:t] **I.** *podst* **1.** konkrétna vec; **2.** *(hov)* betón; **II.** *príd* **3.** konkrétny, vecný, hmatateľný, presný, pevný; **4.** betón

to con.cur [kən'kə:] [-rr-] (**with sb/ st**) **1.** zhodovať sa; **2.** prebiehať súčasne. *Syn* ⇨ **to consent**

con.cur.rent [kən'karnt] *príd* (~ **with st**) **1.** súčasný, súbežný, prebiehajúci zároveň

to con.demn [kən'dem] **1.** odsúdiť, odsudzovať, zavrhnúť; **2.** určiť na demoláciu

con.dens.a.tion [ˌkonden'seišən] *podst* **1.** kondenzácia, zrážanie, skvapalnenie, zhutnenie; **2.** zhustenie, stlačenie; **3.** *(textu)* zostručnenie

to con.dense [kən'dens] **1.** kondenzovať, zrážať, skoncentrovať; **2.** *(text)* zostručniť, skrátiť, zhustiť. *Syn* ⇨ **to contract**

con.di.tion [kən'dišən] *podst* **1.** podmienka, predpoklad; **2.** stav, kondícia; **3.** okolnosti, pomery; **4.** forma; **5.** *(pl: lek)* ťažkosti . *Syn* ⇨ **state**

con.di.tion.al [kən'dišənl] *príd* **1.** podmienený, podmienečný; **2.** *(ling)* podmieňovací; **3.** kondicionálny

con.di.tion.er [kən'dišnə] *podst* **1.** *(na vlasy)* kondicionér, *(na pranie)* aviväžny prostriedok

con.dol.ence [kən'dəuləns] *podst* **1.** sústrasť, ľútosť, kondolencia. *Syn* ⇨ **pity**

con.dom [kondəm] *podst* **1.** kondóm, prezervatív, ochrana, *(hov)* guma

con.do.mi.ni.um [ˌkondə'miniəm] *podst* (mn **condominiums**) **1.** *(pol)* kondomínium; **2.** *(am)* družstevný dom

to con.done [kən'dəun] **1.** prehliadať, pardonovať, odpustiť, prepáčiť, kompenzovať

con.dor [kondo:] *podst* **1.** *(zool)* kondor

to con.duct [kondakt] **I.** *prech* **1.** *(vojnu, rokovanie)* viesť, *(prieskum)* vykonať; **2.** *(orchester)* riadiť; **3.** vodiť; **II.** *nepr* **4.** *(hud)* dirigovať

con.duct.or [kən'daktə] *podst* **1.** *(hud)* dirigent; **2.** sprievodca; **3.** vodič autobusu; *(am: nákl vlaku)* vlakvedúci; **4.** vodič

con.duit [kondit] *podst* **1.** potrubie, kanál, *(ele)* inštalačná rúrka, vedenie

cone [kəun] *podst* **1.** *(geom, i prn)* kužeľ, kornút; **2.** *(bot)* šuška; **3.** *(tech)* lievik; **4.** zvon

con.fed.er.ate [kən'fedərət] **I.** *podst* **1.** *(pej)* spoluvinník, *(sl)* komplic; **II.** *príd* **2.** konfederovaný, spojený. *Syn* ⇨ **associate**

con.fed.er.a.tion [kənˌfedə'reišən] *podst* **1.** konfederácia, zväz . *Syn* ⇨ **alliance**

to con.fer [kən'fə:] [-rr-] **I.** *prech* **1.** udeliť, prepožičať; **II.** *nepr* **2.** radiť sa, jednať; **3.** konferovať. *Syn* ⇨ **to give**

con.fer.ence [konfərəns] *podst* **1.** konferencia, porada, schôdza, aktív

to con.fess [kən'fes] **I.** *prech* **1.** *(k čomu)* priznať sa; **2.** *(náb: z čoho)* vyspovedať sa, *(koho)* spovedať, *(koho)* vyspovedať; **II.** *nepr* **3.** priznať sa, urobiť doznanie, doznať svoju vinu. *Syn* ⇨ **to acknowledge**

con.fes.sion [kən'fešən] *podst* **1.** priznanie; **2.** *(náb)* spoveď; **3.** konfesia, viera, vierovyznanie

con.fes.sion.al [kən'fešənl] *podst* **1.** spovednica

con.fid.ence [konfidəns] *podst* **1.** dôvera; **2.** sebaistota; **3.** tajnosť, dôvernosť. *Syn*: selfconfidence, assurance, self-possession, aplomb. *Opoz*: diffidence, shyness

con.fid.ent [konfidənt] *príd* **1.** sebaistý, *(pej)* suverénny, dôverčivý, dôverný, istý, smelý, bezočivý. *Syn* ⇨ **sure**

con.fid.ent.ial [ˌkonfi'denšəl] *príd* **1.** tajný, dôverný, dôveryhodný. *Syn* ⇨ **familiar**

con.fi.gu.ra.tion [kənˌfigju'reišən] *podst* **1.** konfigurácia, zostava, zoskupenie, usporiadanie, rozloženie; **2.** obrys. *Syn* ⇨ **form**

to con.fine [kən'fain] **1.** uväzniť, nepustiť von, obmedziť, upevniť

con.fined [kən'faind] *príd* **1.** *(priestor)* stiesnený, obmedzený, úzky

con.fine.ment [kən'fainmənt] *podst* **1.** uväznenie, odňatie slobody; **2.** pôrod, zľahnutie

to con.firm [kən'fə:m] **1.** potvrdiť, kvitovať; **2.** utvrdiť, posilniť. *Syn*: to substantiate, to corroborate, to verify, to authenticate, to validate. *Opoz*: to contradict, to disprove

con.firmed [kən'fə:md] *príd* **1.** *(obch)* potvrdený, zaručený; **2.** nenapraviteľný, zaprisahaný, zaťatý. *Syn* ⇨ **chronic**

to con.fi.scate [konfiskeit] **1.** konfiškovať, skonfiškovať, zabaviť, *(úradne)* odobrať, zabrať, zhabať

con.flict [konflikt] *podst* (**~ between A and B**) **1.** konflikt, spor, rozpor, zrážka, protirečenie

to con.form [kən'fo:m] **1.** prispôsobiť sa, podriadiť sa, *(čomu)* zodpovedať, *(s čím)* zrovnávať sa; **2.** *(cirk)* prijať štátne náboženstvo. *Syn* ⇨ **to adapt, to agree**

con.form.i.ty [kən'fo:məti] *podst jč fml* (mn **-ies**) **1.** zhoda, súhlas; **2.** prispôsobivosť, podobnosť

to con.found [kən'faund] **1.** zmiasť, uviesť do zmätku; **2.** ohromiť; **3.** prekaziť, zhatiť. *Syn* ⇨ **to puzzle**

to con.front [kən'frant] **1.** postaviť sa tvárou v tvár [čomu], *(čomu)* čeliť; **2.** porovnať, skonfrontovať

con.front.a.tion [ˌkonfran'teišən] *podst* **1.** *(porovnanie, i práv)* konfrontácia, konfliktná situácia

to con.fuse [kən'fju:z] **1.** spliesť, zašmodrchať, zamotať, popliesť; **2.** *(hov)* strémovať. *Syn* ⇨ **to puzzle**

con.fused [kən'fju:zd] *príd* **1.** zmätený, popletený, *(i reč)* pomotaný, *(v neporiadku)* neusporiadaný, nečistý; **2.** *(prejavujúci rozpaky/ neistotu)* rozpačitý; **3.** neprehľadný

con.fu.sion [kən'fju:žən] *podst* **1.** zmätok, chaos, motanica, blázinec, kolotoč, božie dopustenie, neporiadok, rozpaky. *Syn*: disorder, disarray, chaos, jumble, muddle. *Opoz*: order, system

con.ge.ni.al [kə'ndži:njəl] *príd* **1.** *(prostredie)* príjemný, *(i človek)* sympatický, milý, vhodný; **2.** *(duchovne, záujmami)* príbuzný

con.ger [koŋgə] *podst* (i **conger eel**) **1.** morský úhor

con.ges.tion [kən'džesčən] *podst jč* **1.** preľudnenosť, nadmerná hustota obyvateľstva, dopravná zápcha; **2.** *(lek)* prekrvenie, nával krvi

con.glom.e.rate [kən'glomərət] **I.** *podst* **1.** *(vše)* zloženina; **2.** *(ekon)* priemyslový konglomerát korporácií; **3.** *(geol)* zlepenec; **II.** *príd* **4.** zmiešaný, zlepený, zhluknutý, zhustený

con.grat.u.la.tion [kənˌgrætju'leišən] *podst* **1.** blahoželanie, gratulácia, želanie, prianie

to con.gre.gate [koŋgrigeit] **1.** *(ľudí, i inf, cirk)* zhromaždiť sa, *(zhromaždiť sa na schôdzi: výbor, i cirk)* zísť sa

con.gre.ga.tion [ˌkoŋgri'geišən] *podst* **1.** *(cirk)* kongregácia, *(za nábož. účelom)* zhromaždenie; **2.** cirkevný zbor, cirkevná obec; **3.** *(bibl)* spoločenstvo Židov; **4.** *(br)* zasadnutie akademického senátu

con.gress [koŋgres] *podst* (mn **-es**) **1.** *(strany)* zjazd, kongres; **2.** *(fml)* pohlavný styk

con.gres.sion.al [kən'grešənl] *príd* **1.** zjazdový, *(ob am)* kongresový

Con.gress.man [koŋgresmən] *podst* (mn **-men**, ž **Congresswoman**) **1.** *(am)* člen Kongresu, poslanec, kongresman

con.i.fer [konifə] *podst* **1.** konifera, ihličnan, ihličnatý strom, ihličnatý krík

con.i.fer.ous [kəu'nifərəs] *príd* **1.** ihličnatý

con.jec.ture [kən'džekčə] *podst fml* **1.** domnienka, *(domnienka)* predpoklad, dohad. *Syn* ⇨ guess

con.junc.tion [kən'džankšn] *podst* **1.** *(gram)* spojka; **2.** spojenie; **3.** *(astrol: zoskupenie planét)* konjunkcia; **4.** súvislosť, *(okolností)* zhoda

to con.jure [kən'džuə] **1.** kúzliť, čarovať, zariekať, zaklínať; **2.** vymyslieť ospravedlnenie

to con.nect [kə'nekt] **I.** *prech* **1.** *(i tel)* spojiť, pripojiť; **2.** *(ele: do siete, prúdu)* zapojiť; **II.** *nepr* **3.** mať kontakt, *(miestnosti)* súvisieť spolu, byť spojený dverami; **4.** *(vlaky, autobusy, lietadlá)* mať spojenie. *Syn* ⇨ **to join**

con.nec.tion [kə'nekšən] *podst* (br i **connexion**) **1.** spojenie, *(ele)* prípojka; **2.** prípoj; **3.** súvislosť, spojitosť; **4.** *(obch)* konexia

con.nois.seur [ˌkonə'sə:] *podst* **1.** znalec, *(ifm)* fajnšmeker. *Syn*: aesthete

con.no.ta.tion [ˌkonəu'teišən] *podst* **1.** *(ling)* konotácia, implikácia, *(vedľajší)* druhotný význam

to con.quer [koŋkə] **I.** *prech* **1.** *(krajinu)* dobyť, podmaniť si, *(nepriateľa)* poraziť, zdolať; **2.** *(prn: ťažkosti)* prekonať, uchvátiť; **II.** *nepr* **3.** zvíťaziť

con.quer.or [koŋkərə] *podst* **1.** dobyvateľ, premožiteľ, *(pren)* podmaniteľ; **2.** *(vo vojne, súťaži: fml)* víťaz

con.quest [koŋkwest] *podst* **1.** *(voj)* výboj, *(i voj, špor)* dobytie, dobývanie, podmanenie. *Syn* ⇨ **victory**

con.science [konšəns] *podst* **1.** svedomie; **2.** vedomie; **3.** *(schopnosť vnímať)* zmysly

con.sci.en.tious [ˌkonšiˈenšəs] *príd* **1.** *(starostlivý)* svedomitý, *(svedomitý)* poctivý

con.scious [konšəs] *príd* **1.** vedomý, *(lek)* pri vedomí ; **2.** úmyselný; **3.** povedomý; **4.** uvedomelý. *Syn* ⇨ **aware**

con.scious.ness [konšəsnis] *podst jč* **1.** *(lek)* vedomie; **2.** uvedomenie, povedomie; **3.** *(zast: vedomie)* vedomosť

con.scrip.tion [kənˈskripšən] *podst jč* **1.** branná povinnosť; **2.** *(voj)* odvod

to con.se.crate [konsikreit] **1.** *(náb)* svätiť, *(čo)* posvätiť, vysvätiť, *(čomu)* zasvätiť sa, venovať sa. *Syn* ⇨ **to devote**

con.sec.u.tive [kənˈsekjutiv] *príd* **1.** idúci za sebou, postupný; **2.** *(gram)* účinkový, konsekutívny

con.sens.us [kənˈsensəs] *podst jč* (**~ on st/ that**) **1.** konsenzus, [názorová] zhoda, súhlas, konsenz

con.sent [kənˈsent] *podst jč* (**~ to st**) **1.** súhlas, zhoda; **2.** povolenie, dovolenie, schválenie

con.se.quence [konsikwəns] *podst* **1.** následok, dôsledok; **2.** závažnosť, dôležitosť. *Syn* ⇨ **effect, importance**

con.se.quent [konsikwənt] *príd fml* (**~ on/ upon st**) **1.** *(ďalší v poradí, logicky)* nasledujúci; **2.** z toho plynúci, z toho vyplývajúci; **3.** *(i filoz)* logický

con.se.quent.ly [konsikwəntli] *prísl* **1** teda, v dôsledku, a preto, a tak

con.serv.a.tion [ˌkonsəˈveišən] *podst jč* **1.** konzervácia, zachovanie; **2.** *(v meste)* pamiatková starostlivosť; **3.** ochrana prírody

con.serv.a.tion.ist [ˌkonsəˈveišnist] *podst* **1.** ochranca prírody; **2.** konzervátor, pamiatkár, reštaurátor

con.serv.a.ti.sm [kənˈsə:vətizm] *podst jč* **1.** konzervatizmus

con.serv.a.tive [kənˈsə:vətiv] **I.** *podst* **1.** konzervatívec; **II.** *príd* **2.** konzervatívny; **3.** opatrný, umiernený, ohľaduplný, ochranný, mierny, šetrný

con.serv.a.to.ry [kənˈsə:vətri] *podst* (mn **-ies**) **1.** skleník, zimná záhrada; **2.** *(am)* konzervatórium

con.serve [kənˈsə:v] *podst* **1.** *(kuch)* zaváranina; **2.** džem, *(s kusami)* lekvár

to con.serve [kənˈsə:v] **1.** udržiavať, *(s čím)* hospodáriť, *(zdravie)* uchovať; **2.** konzervovať, zavárať

to con.si.der [kənˈsidə] **1.** *(o čom)* uvažovať, pouvažovať, popremýšľať; **2.** vziať do úvahy, zvážiť. *Syn*: to study, to contemplate, to weigh, to reflect

con.si.der.a.ble [kənˈsidərəbl] *príd* **1.** značný, *(čiastka)* nemalý, pekný, *(množstvo)* úctyhodný, *(zlepšenie)* zjavný, viditeľný, *(vzrast)* veľký, *(čas)* drahý

con.si.der.ate [kənˈsidərət] *príd* (**~ towards sb**) **1.** ohľaduplný, pozorný, taktný, rozvážny, všímavý. *Syn* ⇨ **thoughtful**

con.si.der.a.tion [kənˌsidəˈreišən] *podst* **1.** zreteľ, okolnosť, moment; **2.** úvaha, uváženie; **3.** ohľaduplnosť

con.si.der.ing [kənˈsideriŋ] **1.** *(k čomu)* vzhľadom, s ohľadom [na čo]

to con.sign [kənˈsain] **1.** zveriť; **2.** *(obch)* expedovať, doručiť, poslať; **3.** *(dopraviť)* dodať, *(osobne, i cenu)* odovzdať. *Syn* ⇨ **to commit**

con.sign.ment [kənˈsainmənt] *podst* **1.** *(obch)* zásielka, *(zásielka, zásobovanie)* dodávka; **2.** komisia, komisionárstvo; **3.** *(odovzdávanie)* odvod

con.sist.en.cy [kənˈsistənsi] *podst* (mn **-ies**) **1.** tuhosť, hustota, konzistencia; **2.** dôslednosť

to con.sole [kənˈsəul] (**~ sb/ oneself**); (**~ with st**) **1.** utešiť, potešiť. *Syn* ⇨ **to comfort**

to con.sol.i.date [kənˈsolideit] **1.** konsolidovať, upevniť, ustáliť, konsolidovať sa, spojiť, pripevniť, zjednotiť, stuhnúť. *Syn* ⇨ **to join**

to con.sort [konso:t] (~ **with sb/ together**) **1.** *(s kým)* stýkať sa, *(pej: s kým)* spolčovať sa, bratríčkovať sa, zhodovať sa

con.sort.i.um [kən'so:tjəm] *podst* (mn **consortiums, consortia**) **1.** konzorcium; **2.** *(fin: dočasné viacerých spoločností)* združenie; **3.** *(združenie)* klub

con.spi.cu.ous [kən'spikuəs] *príd* (~ **for st**) **1.** viditeľný, zreteľný; **2.** nápadný, okatý. *Syn* ⇨ **noticeable**

con.spir.a.cy [kən'spirəsi] *podst* (mn **-ies**) **1.** konšpirácia, komplot, sprisahanie. *Syn* ⇨ **plot**

to con.spire [kən'spaiə] **1.** sprisahať sa, spriahnuť sa, spolupôsobiť, brojiť; **2.** zosnovať, zostrojiť

con.sta.ble [kanstəbl] *podst* **1.** policajt, policajný strážnik; **2.** *(panský)* dráb

con.stant [konstənt] **I.** *podst* **1.** *(mat, fyz)* konštanta, stála veličina; **II.** *príd* **2.** neustály, ustavičný, trvalý; **3.** *(teplota ap)* konštantný, rovnomerný; **4.** *(priateľ, milenec)* verný, stály, pevný. *Syn* ⇨ **continual, faithful**

con.stel.la.tion [ˌkonstə'leišən] *podst* **1.** *(astron)* súhvezdie, *(i prn)* konštelácia; **2.** *(prn)* zoskupenie

con.ster.na.tion [ˌkonstə(:)'neišən] *podst jč* **1.** konšternácia; **2.** ohromenie, zdesenie, hrôza

con.sti.pa.tion [ˌkonsti'peišən] *podst jč* **1.** *(lek)* zápcha

con.sti.tu.en.cy [kən'stitjuənsi] *podst* (mn **-ies**) **1.** *(pol)* volebný obvod, voličstvo určitého obvodu, voliči; **2.** klientela, predplatitelia

con.sti.tu.ent [kən'stitjuənt] **I.** *podst* **1.** súčasť, zložka; **2.** *(gram)* vetný člen; **3.** *(pol)* volič, volička; **II.** *príd* **4.** *(pol)* ústavodarný, volebný; **5.** základný, podstatný. *Syn* ⇨ **element**

to con.sti.tute [konstitju:t] **1.** predstavovať, reprezentovať, byť, tvoriť

con.sti.tu.tion [ˌkonsti'tju:šən] *podst* **1.** konštitúcia; **2.** *(pol)* ústava; **3.** zloženie, štruktúra

con.sti.tu.tion.al [ˌkonsti'tju:šənl] **I.** *podst* **1.** *(ifm: zdravotná)* prechádzka; **II.** *príd* **2.** *(monarchia, reforma)* ústavný, konštitučný; **3.** *(lek)* prirodzený, vrodený

to con.strain [kən'strein] **1.** nútiť; **2.** krotiť, obmedzovať; **3.** uväzniť

con.straint [kən'streint] *podst* **1.** nátlak; **2.** obmedzenie; **3.** stiesnenosť; **4.** rozpaky

to con.strict [kən'strikt] **1.** obmedziť, stiahnuť, zovrieť, stlačiť

to con.struct [kən'strakt] **1.** stavať, budovať, vybudovať, skonštruovať, *(i geom)* zostrojiť, *(gram)* utvoriť, zostaviť. *Syn* ⇨ **to make**

con.struc.tion [kən'strakšən] *podst* **1.** výstavba, budovanie, konštrukcia, montáž; **2.** výklad, interpretácia; **3.** význam, zmysel

con.struct.ive [kən'straktiv] *príd* **1.** tvorivý, konštruktívny; **2.** stavebný, konštrukčný

to con.strue [kən'stru:] (~ **st**); (~ **as st**) **1.** interpretovať, vykladať si, chápať, vysvetľovať, prekladať. *Syn* ⇨ **to explain**

con.sul [konsl] *podst* **1.** konzul

con.sul.ar [konsjulə] *príd* **1.** konzulárny

con.sul.ate [konsjulit] *podst* **1.** konzulát

con.sult.an.cy [kən'saltnsi] *podst* (mn **-ies**) **1.** poradenská služba

con.sult.ant [kən'saltənt] *podst* **1.** *(odborný)* poradca; **2.** špecialista, *(br)* odborný lekár, konzultant

con.sult.a.tion [ˌkonsəl'teišən] *podst* **1.** konzultácia, porada, *(odborníkov)* konferencia, *(do čoho)* nahliadnutie; **2.** poradňa

con.sult.a.tive [kən'saltətiv] *príd* **1.** poradný

con.sum.er [kən'sju:mə] *podst* **1.** spotrebiteľ, konzument , *(v obchode, reštaurácii ap)* zákazník; **2.** *(plynu, elektriny ap.)* odberateľ

con.sum.er goods [kənˌsju:mə'gudz] *podst* **1.** spotrebný tovar

con.sump.tion [kən'sampšən] *podst jč* **1.** spotreba, konzum, odber, odbyt, míňanie; **2.** *(dtd)* suchotiny

con.tact [kontækt] *podst* **1.** styk, *(i tech)* dotyk; **2.** *(kontakt)* spojenie, *(i ele)* kontakt; **3.** *(osoba)* spojka

con.tact lens [kontæktlenz] *podst* (mn **-es**) **1.** kontaktná šošovka

con.ta.gious [kən'teidžəs] *príd* **1.** nákazlivý, prenosný, infekčný, *(o chorobách, i prn)* chytľavý

to con.tain [kən'tein] **1.** obsahovať, zahrnovať, pojať; **2.** *(vzburu, emócie)* potlačiť, *(emócie, vášne)* krotiť, *(city)* tajiť. *Syn*: to hold, to accommodate

con.tain.er [kən'teinə] *podst* **1.** nádoba, debna, obal, nádržka, nádobka; **2.** *(obch)* kontajner, prepravná skriňa

to con.tam.in.ate [kən'tæmineit] **1.** znečistiť, kontaminovať, zamoriť; **2.** infikovať, nakaziť. *Syn*: to taint, to pollute, to defile

to con.tem.plate [kontəmpleit] **I.** *prech* **1.** *(o čom)* premýšľať, *(o čom)* uvažovať; **2.** zamyslene si prezerať, pozorne sa dívať; **3.** zamýšľať; **II.** *nepr* **4.** rozjímať, meditovať, hĺbať. *Syn* ⇨ **to consider**

con.tem.pla.tion [ˌkontəmpleišn] *podst* **1.** premýšľanie, uvažovanie; **2.** pozorovanie; **3.** zámer, úmysel; **4.** meditácia, rozjímanie

con.temp.o.ra.ry [kən'tempərəri] **I.** *podst* **1.** súčasník; **2.** vrstovník, rovesník; **II.** *príd* **3.** súčasný; **4.** dnešný; **5.** *(i umenie)* moderný. *Syn*: contemporaneous, coeval, synchronous, simultaneous

con.tempt [kən'tempt] *podst jč* **1.** pohŕdanie, opovrhovanie, neúcta

to con.tend [kən'tend] **1.** tvrdiť; **2.** prieť sa, polemizovať; **3.** súťažiť, pretekať sa, zápasiť; **4.** *(čím)* boriť sa, dokazovať

con.tend.er [kən'tendə] *podst* **1.** *(špo: súťaže)* účastník, súťažiaci, uchádzač

con.tent [kontənt] **I.** *podst* **1.** obsah, objem, kapacita; **2.** *(geom)* rozsah, plocha; **II.** *príd* **3.** spokojný. *Syn* ⇨ **satisfy**

con.tent.ed [kən'tentid] *príd* **1.** *(bez vzrušenia, pokojný: úsmev, človek)* spokojný

con.ten.tion [kən'tenšən] *podst* **1.** spor, svár; **2.** tvrdenie. *Syn* ⇨ **conflict, discord**

con.ten.tious [kən'tenšəs] *príd fml* **1.** sporný, diskutabilný, svárlivý, hašterivý. *Syn* ⇨ **belligerent**

to con.test [kontest] **I.** *prech* **1.** napadnúť, spochybniť; **2.** *(vo voľbách)* kandidovať; **II.** *nepr* **3.** *(špo)* súťažiť, pretekať sa, zápasiť. *Syn* ⇨ **to conflict**

con.test.ant [kən'testənt] *podst* (~ **for st**) **1.** *(špo)* pretekár, súťažiaci; **2.** *(pol)* kandidát; **3.** *(protivník)* odporca

con.text [kontekst] *podst* **1.** kontext, súvislosť

con.ti.nent [kontinənt] *podst* **1.** kontinent, pevnina, diel sveta, svetadiel

con.ti.nent.al [ˌkonti'nentl] **I.** *podst* **1.** Európan; **2.** *podst* obyvateľ európskej pevniny; **II.** *príd* **3.** kontinentálny, pevninový; **4.** *(br: pre Angličana)* európsky

con.tin.gent [kən'tindžənt] *podst fml* (~ **on/ upon st**) **1.** *(špo)* tím, družstvo, skupina; **2.** *(voj)* kontingent; **3.** kvóta

con.ti.nu.al [kən'tinjuəl] *príd* **1.** neustály, ustavičný, nepretržitý, dlhotrvajúci. *Syn*: continuous, constant, incessant, perpetual, eternal. *Opoz*: intermittent, interrupted

con.ti.nu.a.tion [kənˌtinju'eišən] *podst* **1.** pokračovanie, trvanie, zotrvávanie; **2.** prídavok, prístavba

to con.ti.nue [kən'tinju(:)] **I.** *prech* **1.** *(v čom)* pokračovať; **II.** *nepr* **2.** pokračovať, trvať ďalej, pretrvávať. *Syn*: to last, to endure, to abide, to persist. *Opoz*: to stop, to cease

con.ti.nu.i.ty [ˌkonti'nju(:)əti] *podst* (mn **-ies**) **1.** kontinuita, plynulosť; **2.** súvislosť, spojitosť; **3.** *(film)* scenár

con.ti.nu.ous [kən'tinjuəs] *príd* **1.** nepretržitý, permanentný, neprerušovaný, neprestajný, plynulý, súvislý, pravidelný. *Syn* ⇨ **continual**

con.tour [kontuə] *podst* **1.** obrys, kontúra, profil; **2.** *(na mape)* vrstevnice. *Syn* ⇨ **outline**

con.tra.cep.tion [ˌkontrə'sepšən] *podst jč* **1.** antikoncepcia, ochrana pred otehotnením

con.tra.cep.tive [ˌkontrə'septiv] *podst* **1.** antikoncepčný prostriedok

con.tract [kontrækt] *podst* (~ **with sb**); (~ **for st/ to do**) **1.** zmluva, dohoda, kontrakt, angažmán

to con.tract [kontrækt] **1.** zmršťovať sa, stiahnuť sa, dostať, uhnať si, *(ifm)* chytiť

con.trac.tion [kən'trækšn] *podst* **1.** stiahnutie, zmrštenie, kontrakcia, zmenšenie

con.tract.or [kən'træktə] *podst* **1.** podnikateľ; **2.** staviteľ, *(stavby)* dodávateľ; **3.** *(anat: svalov)* sťahovač; **4.** *(podnikateľ)*

con.tract.ual [kən'træktjuəl] *príd* **1.** zmluvný, zaručený zmluvou

con.tra.dic.tion [ˌkontrəˈdikšən] *podst* **1.** rozpor, protiklad, protirečenie, popretie; **2.** nezrovnalosť

con.tra.dict.o.ry [ˌkontrəˈdiktəri] *príd* **1.** rozporný, protichodný, protikladný, opačný, popierajúci

con.tra.ry [kontrəri] **I.** *podst* **1.** opak, protiklad; **II.** *príd* **2.** protikladný, protichodný, opačný, *(počasie)* nepriaznivý; **3.** *(ifm)* tvrdohlavý, zanovitý. *Syn*: perverse, restive, balky

con.trast [kənˈtra:st] *podst* (~ **to/ with sb/ st**) **1.** kontrast, protiklad, opak, rozdiel, rozpor

to con.trast [kənˈtra:st] **I.** *prech* **1.** *(s čím)* porovnať, *(pohľady)* konfrontovať, *(proti čomu)* postaviť proti sebe, stavať proti sebe; **II.** *nepr* **2.** kontrastovať, byť v protiklade. *Syn* ⇨ **to compare**

to con.tra.vene [ˌkontrəˈvi:n] **1.** *(právo, zákon)* porušiť, prekračovať, byť v rozpore [s čím], dementovať, priečiť sa

con.tri.bu.tion [ˌkontriˈbju:šən] *podst* (~ **to/ towards st**) **1.** príspevok, podiel, podpora, pomoc, prispievanie, *(do vedy)* prínos; **2.** *(voj)* kontribúcia

con.tri.but.or [kənˈtribju(:)tə] *podst* (~ **to st**) **1.** prispievateľ, darca; **2.** *(žur)* spolupracovník

to con.trive [kənˈtraiv] **1.** *(čoho)* docieliť, dokázať, podariť sa; **2.** vymyslieť, vynájsť; **3.** zosnovať, ukuť plány

con.trol [kənˈtrəul] *podst* **1.** kontrola, ovládanie, regulácia; **2.** moc, vplyv; **3.** riadenie, ovládací prvok; **4.** kontrolné zviera/ rastlina; **5.** porovnávacia vzorka

con.trol.ler [kənˈtrəulə] *podst* **1.** kontrolór, vedúci; **2.** *(fin)* revízor, hlavný účtovník; **3.** *(tech: stroja)* regulátor

con.tro.vers.ial [ˌkontrəˈvə:šəl] *príd* **1.** *(kto je príčinou/ predmetom sporu)* sporný, diskutabilný, kontroverzný

con.trov.er.sy [kontrəvə:si] *podst* (mn **-ies**) **1.** spor, hádka, kontroverzia, polemika, diskusia. *Syn* ⇨ **argument**

co.nun.drum [kəˈnandrəm] *podst* **1.** hádanka; **2.** ťažká otázka, hlavolam, *(niečo tajomné/ ťažko poznateľné)* záhada. *Syn* ⇨ **mystery**

to con.vene [kənˈvi:n] **I.** *prech* **1.** zvolať, predvolať; **II.** *nepr* **2.** zísť sa, zhromaždiť sa. *Syn* ⇨ **to call**

con.ven.i.ence [kənˈvi:njəns] *podst* **1.** vhodnosť, vymoženosti, príslušenstvo, zariadenie; **2.** výhoda, úžitok, prospech

con.ven.i.ent [kənˈvi:njənt] *príd* (~ **for sb/ st**) **1.** vhodný, hodiaci sa, vyhovujúci, praktický

con.vent [konvənt] *podst* **1.** ženský kláštor. *Syn* ⇨ **cloister**

con.ven.tion [kənˈvenšən] *podst* **1.** *(i pol)* konvencia, zvyklosť; **2.** dohoda, zmluva; **3.** *(ob am)* kongres, konferencia, zhromaždenie, zjazd

con.ven.tion.al [kənˈvenšənl] *príd* **1.** konvenčný, ustálený, bežný, obyčajný, zmluvný

to con.verge [kənˈvə:dž] **1.** zbiehať sa, zlievať sa, približovať sa, zbližovať sa

con.vers.a.tion [ˌkonvəˈseišən] *podst* (~ **with sb**); (~ **about st**) **1.** *(i cvičenie)* konverzácia, rozhovor, hovor, *(rozhovor)* beseda; **2.** reč

con.vers.a.tion.al [ˌkonvəˈseišənl] *príd* **1.** konverzačný, hovorový; **2.** zhovorčivý, družný

to con.verse [kənˈvə:s] (~ **with sb**); (~ **about st**) **1.** hovoriť, konverzovať, *(koho)* odhovárať, *(s niekým)* hovoriť, rozprávať sa. *Syn* ⇨ **to speak**

con.ver.sion [kənˈvə:šən] *podst* (~ **from st**); (~ **into/ to st**) **1.** *(energie ap)* premena, *(br)* prestavba, adaptácia; **2.** *(náb: na inú vieru)* konverzia, prestúpenie; **3.** zmena, obrat, obrátenie

to con.vert [kənˈvə:t] **1.** *(vše)* premeniť, pretvoriť, zmeniť; **2.** *(stavbu)* adaptovať, prestavať; **3.** *(váhu)* prepočítať; **4.** *(inf)* prevádzať, konvertovať

con.vert.i.ble [kənˈvə:təbl] **I.** *podst* **1.** *(auto)* kabriolet; **II.** *príd* **2.** zmeniteľný; **3.** *(o peniazoch)* zameniteľný, konvertibilný, *(mena)* tvrdý; **4.** *(gauč)* rozkladací

to con.vey [kənˈvei] **1.** dopraviť, prepraviť, rozvážať; **2.** vybaviť, odovzdať, oznámiť, tlmočiť; **3.** *(práv)* previesť. *Syn* ⇨ **to carry**

to con.vict [konvikt] (~ **sb**); (~ **of st**) **1.** *(na* *súde, i prn)* odsúdiť, usvedčiť

con.vic.tion [kən'vikšən] *podst* **1.** presvedčenie, zmýšľanie; **2.** presvedčivosť; **3.** *(práv)* odsúdenie, usvedčenie, trest. *Syn* ⇨ **certainty**, **opinion**

to con.vince [kən'vins] **1.** presvedčiť, *(presvedčiť o niečom)* navravieť, ubezpečiť; **2.** vytrieť

con.vinc.ing [kən'vinsiŋ] *príd* **1.** presvedčivý, *(presvedčivý)* pádny; **2.** *(dôkaz)* výrečný

con.voy [konvoi] *podst* (mn **-oys**) **1.** kolóna, konvoj, transport

con.vul.sion [kən'valšən] *podst* **1.** *(lek)* kŕče, trhanie, záchvat; **2.** nepokoj

to coo [ku:] **1.** *(i prn)* hrkútať, *(čo)* zašepkať; **2.** *(prn)* cukrovať sa

cook [kuk] *podst* **1.** kuchár, kuchárka

to cook [kuk] **1.** variť, uvariť, *(jedlo)* pripraviť; **2.** *(ifm: účty, doklady)* sfalšovať

cook.book [kukbuk] *podst* **1.** *(am)* kuchárska kniha, kuchárka

cook.er [kukə] *podst* **1.** *(br)* sporák, varič, pec; **2.** hrniec, nádoba; **3.** *(ifm)* falšovateľ účtov/ dokladov

cook.er.y [kukəri] *podst jč* **1.** kuchárstvo, kuchárske umenie

cook.ie [kuki] *podst* **1.** *(am)* sušienka, keks, koláčik

cook.ing [kukiŋ] *podst jč* **1.** varenie, *(obedu ap)* príprava; **2.** kuchyňa

cool [ku:l] **I.** *podst* **1.** chlad, chladno, chládok; **II.** *príd* **2.** *(vše)* chladný; **3.** chladnokrvný; **4.** pokojný, rozvážny; **5.** svieži, triezvy; **6.** drzý. *Syn*: composed, collected, unruffled, nonchalant . *Opoz*: excited, agitated

to cool [ku:l] **I.** *prech* **1.** ochladiť, schladiť, dať sa vychladiť; **II.** *nepr* **2.** chladnúť, ochladnúť, ochladzovať sa

cool.er [ku:lə] *podst* **1.** chladiaca nádoba; **2.** *(am ifm)* chladnička; **3.** *(prn)* chládok, basa, árešt

to co.op.e.rate [kəu'opəreit] **1.** spolupracovať; **2.** *(dopomôcť k)* prispieť

co.op.e.rat.ive [kəu'opərətiv] **I.** *podst* **1.** družstvo; **II.** *príd* **2.** družstevný, družstevnícky; **3.** ochotný spolupracovať; **4.** kooperačný, kooperatívny, spolupracujúci

co.or.di.nate [kəu'o:dnət] *podst* **1.** *(mat)* súradnica, koordináta; **2.** súprava

co.or.di.na.tion [kəuˌo:di'neišn] *podst jč* **1.** koordinácia, súhra

cop [kop] *podst ifm* **1.** *(am ifm)* policajt, *(hov)* poliš

co.pi.ous [kəupjəs] *príd* **1.** hojný, bohatý, plodný, výdatný. *Syn* ⇨ **plentiful**

cop.per [kopə] *podst* **1.** meď; **2.** medenák, *(prn)* halier, groš, grajcia;.**3.***(am/hov)* poliš

cop.y [kopi] *podst* (mn **-ies**) **1.** kópia, duplikát, odpis; **2.** exemplár, výtlačok knihy, číslo časopisu; **3.** predloha, vzor, námet. *Syn*: reproduction, facsimile, duplicate, replica

cop.y.right [kopirait] *podst* **1.** autorské právo, copyright

cor.al [korəl] *podst* **1.** koral; **2.** *(bot coral root bittercress: Dentaria bulbifera)* zubačka [cibuľkonosná]

cord [ko:d] *podst* **1.** povraz, lano, špagát, šnúra; **2.** *(tex)* kord, menčester; **3.** *(anat)* väzivo, povrázok

cor.di.al [ko:djəl] **I.** *podst* **1.** likér [s ovocnou príchuťou]; **2.** liek na srdce; **II.** *príd* **3.** srdečný, vrelý, priateľský, vľúdny, úprimný. *Syn* ⇨ **amiable**

cor.don [ko:dn] *podst* **1.** *(policajný)* kordón; **2.** rímsa; **3.** stužka na vyznamenanie; **4.** *(tech)* veniec

core [ko:] *podst* **1.** *(vše)* jadro, jadrovník, semenník; **2.** *(pren)* podstata veci; **3.** *(stred niečoho významného)* srdce; **4.** *(inf)* hlavná pamäť

to core [ko:] **1.** zbaviť ovocie jadier, vybrať semenník al. jadrovník; **2.** prevŕtať, *(ložisko nafty)* navŕtať

cor.i.an.der [ˌkori'ændə] *podst jč* **1.** *(bylina i plod)* koriander

cork [ko:k] *podst* **1.** korok, *(korková)* zátka; **2.** *(prn)* plavák; **3.** *(bot)* lyko

corn [ko:n] *podst* **1.** obilie, zrno, pšenica, *(am)* kukurica; **2.** kurie oko, otlak

cor.ner [ko:nə] *podst* **1.** *(i špo)* roh; **2.** *(špo)* rohový kop; **3.** *(oka, úst)* kútik; **4.** oblasť, časť, končina

cor.ner.stone [ko:nəstəun] *podst* **1.** *(i prn)* základný kameň, *(prn)* uholný kameň

Cor.nish [ko:niš] (mn **-es**) **I.** *podst* **1.** cornwalčina; **2.** obyvatelia Cornwallu; **II.** *príd* **3.** cornwallský

cor.o.na.ry [korənri] *príd* **1.** *(lek)* koronárny

cor.o.na.tion [ˌkorə'neišən] *podst* **1.** korunovácia

cor.o.ner [korənə] *podst* **1.** koroner [úradný ohliadač mŕtvol]

cor.po.ral [ko:pərəl] **I.** *podst* **1.** *(voj)* desiatnik, *(hov)* kaprál; **II.** *príd* **2.** telesný, osobný. *Syn* ⇨ **bodily**

cor.po.rate [ko:pərət] *príd* **1.** spoločný, kolektívny, hromadný; **2.** podnikový; **3.** korporačný, korporatívny

cor.po.ra.tion [ˌko:pə'reišən] *podst* **1.** skr **Corp** *(fin)* [akciová] spoločnosť, *(práv)* právnická osoba; **2.** *(skupina ľudí)* združenie, korporácia; **3.** *(br)* mestská rada, zastupiteľstvo

corps [ko:] *podst* (mn **-es**) **1.** *(voj, pol)* zbor; **2.** korpus; **3.** *(prn: organizovaný celok)* teleso

corpse [ko:ps] *podst* **1.** mŕtvola, mŕtve telo

cor.rect [kə'rekt] *príd* **1.** správny, bezchybný, korektný, presný, regulárny, vhodný, vyhovujúci

cor.rec.tion [kə'rekšən] *podst* **1.** oprava, náprava, korektúra; **2.** pokarhanie, potrestanie

cor.rect.ive [kə'rektiv] **I.** *podst* **1.** korektív, oprava, nápravné opatrenie, opravný prostriedok; **2.** *(lek)* neutralizačný prostriedok; **II.** *príd* **3.** nápravný, opravný; **4.** *(lek)* neutralizujúci

cor.re.la.tion [ˌkorə'leišən] *podst* (~ **with st**) **1.** korelácia , súvzťažnosť, vzájomný vzťah

cor.re.spond.ence [ˌkori'spondəns] *podst* **1.** zhoda, súlad, súhlas; **2.** dopisovanie, korešpondencia, písomný styk

cor.re.spond.ent [ˌkori'spondənt] *podst* **1.** korešpondent, spravodajca, dopisovateľ, **2.** obchodný partner

cor.ri.dor [korido:] *podst* **1.** chodba, *(vo vlaku)* chodbička, *(v autobuse)* ulička, koridor, galéria; **2.** *(pol pl)* kuloáre

to cor.rob.or.ate [kə'robəreit] **1.** potvrdiť, dosvedčiť , podoprieť, posilniť, spevniť. *Syn* ⇨ **to confirm**

cor.ro.sion [kə'rəušən] *podst jč* **1.** korózia, hrdzavenie, rozožieranie, rozklad

cor.ru.gat.ed [korugeitid] *príd* **1.** vlnitý, ryhovaný, zvlnený

cor.rupt [kə'rapt] *príd* **1.** *(morálne)* skazený, nečestný, *(i spoločnosť)* prehnitý; **2.** úplatný, predajný, skorumpovaný; **3.** *(text)* skomolený

cor.rup.tion [kə'rapšən] *podst* **1.** skaza, rozklad, korupcia, úplatkárstvo; **2.** *(inf: dát)* poškodenie

cor.tex [ko:teks] *podst* **1.** *(mozgová, stromová)* kôra, *(bot, i prn)* dreň; **2.** *(prn)* povrchová vrstva

cos [kos] *podst* (mn **-es**) **1.** kosínus

cos.met.ic [koz'metik] **I.** *podst* **1.** kozmetika, kozmetický prípravok, *(pl)* toaletné potreby; **II.** *príd* **2.** kozmetický

cos.mic [kozmik] *príd ob attr* **1.** kozmický, vesmírny, *(pren)* obrovský

cos.mo.pol.i.tan [ˌkozmə'politən] **I.** *podst* **1.** svetoobčan, kozmopolita; **II.** *príd* **2.** kozmopolitný, svetoobčiansky

cos.mos [kozmos] *podst* (ob **the cosmos**) **1.** vesmír, kozmos, *(vesmír)* svet

cost [kost] *podst* **1.** cena, náklady, výdaje, *(práv)* súdne trovy; **2.** *(prn)* cena

co-star [kəusta:] *podst* **1.** *(film)* herec/herečka v titulnej úlohe

cost-ef.fec.tive [ˌkosti'fektiv] *príd* **1.** rentabilný

cost.ly [kostli] *príd* **1.** *(opak: lacný)* drahý, *(drahý)* nákladný. *Syn*: expensive, dear, valuable, invaluable. *Opoz*: cheap

cos.tume [kostju:m] *podst* **1.** *(div)* kostým; **2.** kroj, úbor; **3.** dámsky komplet, *(dámske šaty)* toaleta

co.sy [kəuzi] *príd* **1.** *(izba)* útulný, pohodlný; **2.** *(človek)* opatrný; **4.** príjemný; **5.** *(útulný)* vľúdny

cot [kot] *podst* **1.** *(br)* detská postieľka; **2.** *(am)* poľné lôžko; **3.** košiar; **4.** *(i na okuliare, husle, cigarety)* puzdro

cot.tage [kotidž] *podst* **1.** domček, chalupa, rodinný domček, vilka, letovisko

cot.ton [kotn] *podst* **1.** bavlna, bavlnka, bavlník, bavlnená látka

cot.ton wool [ˌkotn'wul] *podst jč* **1.** vata

couch [kauč] *podst* (mn **-es**) **1.** gauč, pohovka, diván, *(poet)* lôžko; **2.** *(zvierací)* brloh

to cough [kof] **I.** *nepr* **1.** kašlať; **2.** *(sl: priznať sa)* spievať; **II.** *prech* **2.** vykašliavať, zakašlať

could [kud] *mod slo def mč* (záp **could not/ couldn't)** **1.** *(prek s mč)* môcť, byť schopný, zvládnuť, **when I was young I could walk 20 miles** *keď som bol mladý, mohol som/ bol som schopný/ zvládol som preplávať 20 míľ*; **2.** *(prek s prít/ podm)* môcť, **could you lend me 100 crowns?** *môžeš/mohol by si mi požičať 100 korún?*

coun.cil [kaunsl] *podst* **1.** rada, zastupiteľstvo, poradný zbor, konzílium; **2.** *(cirk)* koncil

coun.cil.lor [kaunsələ] *podst* **1.** radný, člen mestskej rady; **2.** *(hist)* prísažný

coun.sel [kaunsəl] *podst* **1.** *(práv)* advokát, právny zástupca, obhajca; **2.** *(fml)* rada; **3.** porada, konzultácia; **4.** zámer, plán . *Syn*: advise, lawyer

coun.sel.ling [kaunsəliŋ] *podst jč* **1.** poradenstvo, poradenská služba

coun.sel.lor [kaunsələ] *podst* **1.** radca, poradca; **2.** *(am)* advokát, právnik

count [kaunt] *podst* **1.** počítanie, sčítanie, súčet; **2.** *(práv)* obvinenie; **3.** *(špo)* skóre, *(v pästiarstve)* odpočítavanie; **4.** gróf [z európskej pevniny]

to count [kaunt] **I.** *prech* **1.** počítať, spočítať; **2.** zahrnúť; **3.** považovať sa; **II.** *nepr* **4.** počítať; **5.** rátať sa, byť dôležitý. *Syn* ⇨ **to rely**

count.down [kauntdaun] *podst* **(to st)** **1.** *(ob pred odpálením rakety)* odpočítavanie

coun.te.nance [kauntənəns] *podst fml* **1.** *(lit)* tvár, výraz tváre, výzor; **2.** duševný pokoj, rovnováha, harmónia; **3.** podpora, pomoc. *Syn* ⇨ **face**

count.er [kauntə] *podst* **1.** *(v obchode)* pult, *(na pošte)* priehradka, okienko; **2.** žetón, hracia známka

to count.er.act [ˌkauntə'rækt] **1.** pôsobiť [proti čomu], konať proti, neutralizovať; **2.** paralizovať, [z]mariť účinok

to coun.ter.at.tack ['kauntrəˌtæk] **1.** uskutočniť protiútok

coun.ter.feit [kauntəfit] **I.** *podst* **1.** falzifikát, imitácia, napodobenina; **2.** falšovanie; **3.** podvodník; **II.** *príd* **4.** falšovaný, falošný, nepravý, napodobený, podvrhnutý; **5.** *(prn)* pokrytecký, neúprimný. *Syn* ⇨ **artificial, false**

coun.ter.part [kauntəpa:t] *podst* **1.** náprotivok, proťajšok, opak; **2.** dvojník

count.ess [kauntis] *podst* (mn **-es**) **1.** grófka

count.less [kauntlis] *príd ob attr* **1.** nespočetný, nesčíselný

coun.try [kantri] *podst* (mn **-ies**) **1.** krajina, štát, vlasť; **2.** územie, oblasť, terén; **3.** vidiek

coun.try.side [kantrisaid] *podst jč* **1.** príroda; **2.** krajina; **3.** vidiek; **4.** vidiecke obyvateľstvo

coun.ty [kaunti] *podst* (mn **-ies**) **1.** *(br)* grófstvo; **2.** *(i am)* okres, kraj, dištrikt

coun.ty coun.cil [ˌkaunti'kaunsl] *podst* **1.** *(br)* grófska rada, krajiský úrad

coup [ku:] *podst* **1.** vynikajúci kúsok; **2.** úder, rana; **3.** *v politickom systéme)* prevrat; **4.** *(pece, komína)* ťah

cou.pé [ku:pei] *podst* **1.** kupé; **2.** kabrio

coup.le [kapl] *podst* **1.** *(dve k sebe patriace osoby, zvieratá)* pár, *(manželia)* manželský pár, *(i tech)* dvojica,; **2.** *(tech)* článok. *Syn* ⇨ **pair**

to coup.le [kapl] **1.** spojovať, spojiť sa, asociovať, združiť; **2.** *(zvieratá)* páriť sa

coup.ling [kapliŋ] *podst* **1.** *(žel)* spriahadlo; **2.** párenie zvierat; **3.** spájanie, spojenie

cou.pon [ku:pon] *podst* **1.** kupón, poukaz, bon, prídelový lístok, tiket na futbal

cour.age [karidž] *podst jč* **1.** odvaha, smelosť, guráž; **2.** *(prn)* srdce

cou.ra.geous [kə'reidžəs] *príd* **1.** *(človek, skutok)* odvážny, udatný, *(odvážny)* smelý. *Syn* ⇨ **brave**

cou.ri.er [kuriə] *podst* **1.** posol, kuriér; **2.** sprievodca, vedúci výpravy

course [ko:s] *podst* **1.** *(lode, lietadla)* kurz, smer; **2.** *(jedlo)* chod; **3.** *(špo: pretekárska)* dráha; **4.** postup, metóda

court [ko:t] *podst* **1.** dvor, nádvorie, dvorana, obytný dom [s trávnatým dvorom]; **2.** súd, riaditeľstvo, riadiaci orgán, vedenie; **3.**

(špo) ihrisko, kurt

to court [ko:t] **I.** *prech* **1.** *(dtd: o koho)* uchádzať sa, *(komu)* dvoriť; **II.** *nepr* **2.** *(dtd)* chodiť

court.e.sy [kə:təsi] *podst* **1.** zdvorilosť, pozornosť, úctivosť, láskavosť

court.i.er [ko:tjə] *podst* **1.** dvoran

court mar.tial [ˌko:ťma:šəl] *podst* **1.** *(voj)* vojenský súd

court.room [ko:trum] *podst* **1.** súdna sieň

court.yard [ko:tja:d] *podst* **1.** *(domu)* dvor, *(hradu)* nádvorie, *(pri dome)* dvorec

cous.in [kazn] *podst* **1.** bratanec, sesternica

cove [kəuv] *podst* **1.** malá zátoka, *(na pobreží)* zátišie, malý záliv; **2.** *(ifm)* chlapík, chlap

cov.e.nant [kavənənt] *podst* **1.** *(práv: formálna)* zmluva, *(zmluva)* dohoda; **2.** *(združenie, spoločenstvo)* zväzok

cov.er [kavə] *podst* **1.** poklop, príklop; **2.** povlak, pokrývka, prikrývka, deka; **3.** *(knihy)* doska; **4.** *(i dopisná)* obálka; **5.** *(voj)* zaistenie; **6.** *(fin)* krytie, úhrada, poistenie

to cov.er [kavə] **I.** *prech* **1.** *(poklopom)* priklopiť, *(dekou)* prikryť, *(plagátmi)* polepiť, *(stranu)* popísať, *(čo)* ukryť; **2.** *(voj)* kryť; **3.** poistiť, uhradiť; **4.** *(žur)* referovať [o čom], priniesť správu/ reportáž; **5.** *(kus cesty)* prejsť, preletieť, preplávať; **6.** *(územie)* zaberať, mať plochu

cov.er.age [kavəridž] *podst jč* **1.** *(žur: o čom)* referovanie, *(o čom/ z čoho)* spravodajstvo; **2.** *(fin)* krytie; **3.** dosah, pôsobenie

cov.er.ing [kavəriŋ] *podst* **1.** krytina, pokrývka, obliečka , príkrov, obloženie

cov.ert [kavət] *príd* **1.** skrytý, zastretý, utajený, *(správanie)* podvedomý. *Syn* ⇨ **secret**

cov.er-up [kavərap] *podst ob jč* **1.** zaretušovanie; **2.** *(aféry ap)* ututlanie

cow [kau] *podst* **1.** krava; **2.** samica slona/ veľryby ap; **3.** *(sl)* mlieko

co.ward [kauəd] *podst* **1.** zbabelec, *(zbabelec)* baba, strachopud, bojko, *(prn hov: zbabelec)* papuča

co.ward.ly [kauədli] *príd* **1.** zbabelý, bojazlivý, babský. *Syn*: craven, pusillanimous, dastardly. *Opoz*: brave

cow.boy [kauboi] *podst* (mn **-oys**) **1.** kovboj, honec, pastier dobytka; **2.** *(ifm)* fušer, babrák

coy [koi] *príd ob der* **1.** *(ob dievča)* hanblivý, nesmelý, ostýchavý, *(o človeku)* tichý, mĺkvy, *(o mieste)* odlúčený

crab [kræb] *podst* **1.** *(zool spider crab: Maja squinado)* krab [pavúkovitý], *(zool horseshoe crab: Limulus polyphemus)* krab, *(zool king crab: Lithodidae)* krab; **2.** *(strom)* plánka; **3. the Crab** *(astrol, astron)* Rak

crack [kræk] *podst* **1.** prasklina, štrbina, trhlina; **2.** *(biča, pušky ap)* prasknutie, *(suchých vetiev)* praskot; **3.** *(droga)* crack

to crack [kræk] **I.** *prech* **1.** *(šálku)* naštiepiť, natĺcť; **2.** *(i ifm: orech)* rozlúsknuť, rozbiť, *(problém)* vyriešiť, *(záhadu)* rozlúštiť; **II.** *nepr* **3.** prasknúť, puknúť; **4.** tresnúť, *(konáre)* praskať. *Syn* ⇨ **to break**

cracked [krækt] *príd* **1.** *(i ifm)* naprasknutý, *(prn: hlas)* chrapčavý; **2.** nalomený, rozpraskaný, *(puknutý)* prasknutý, puknutý, roztrepaný

crack.er [krækə] *podst* **1.** prskavka; **2.** sušienka, keks; **3.** *(ifm: o peknej žene)* kosť, *(o peknom mužovi)* fešák; **4.** *(škol)* lož; **5.** *(am)* chudobný beloch

crack.ers [krækəz] *príd br ifm* **1.** šibnutý, pochabý, ťuknutý

cra.dle [kreidl] *podst* **1.** kolíska; **2.** *(prn)* počiatky; **3.** *(tel)* vidlica; **4.** rám, podstavec

to cra.dle [kreidl] **1.** chovať dieťa, hojdať, kolísať; **2.** *(o zlate)* ryžovať; **3.** položiť slúchadlo

craft [kra:ft] *podst* **1.** *(umelecké)* remeslo, umenie, majstrovstvo; **2.** živnosť, cech; **3.** *(nám)* loď, plavidlo, letún; **4.** ľstivosť, prefíkanosť, úskok, figeľ. *Syn* ⇨ **art**

crafts.man [kra:ftsmən] *podst* **1.** remeselník vyučený v odbore, majster svojho remesla; **2.** umelec; **3.** *(obchodník)* živnostník

crafts.man.ship [kra:ftsmənšip] *podst jč* **1.** zručnosť, majstrovstvo, majstrovská práca; **2.** schopnosť

craft.y [kra:fti] *príd ob der* **1.** *(prefíkaný)* rafinovaný, prešibaný, úskočný, *(úskočný, háklivý)* ošemetný. *Syn* ⇨ **sly**

to cram [kræm] **I.** *prech* **1.** napchať, natlačiť,

vtlačiť; **II.** *nepr* **2.** *(škol ifm)* bifľovať sa, *(učivo)* nadrieť sa

cramp [kræmp] *podst* **1.** kŕč; **2.** skoba, zverák

cramped [kræmpt] *príd* **1.** *(izba, byt)* malý, tesný, úzky; **2.** *(text)* nečitateľný; **3.** *(človek)* úzkoprsý, obmedzený

cran.ber.ry [krænbəri] *podst* (mn **-ies**) **1.** *(bot: Vaccinum)* brusnica, *(bot: Viburnum)* kalina

crane [krein] *podst* **1.** *(zool Grus grus)* žeriav popolavý; **2.** *(i tech)* žeriav

crank [kræŋk] *podst* **1.** *(tech)* kľuka; **2.** rozmar, vrtoch, mánia; **3.** fixná idea; **4.** čudák, excentrik

crap [kræp] **I.** *podst* **1.** hovno; **2.** *(prn)* hlúposť, *(vulg)* pičovina; **3.** *(prn)* ničomné žrádlo; **II.** *príd* **4.** mizerný, úbohý

crash [kræš] *podst* (mn **-es**) **1.** buchnutie, tresknutie, zarinčanie; **2.** zrážka, havária; **3.** *(fin: na burze)* krach, bankrot, zrútenie cien, *(inf)* zrútenie systému

crass [kræs] *príd fml* **1.** hrubý, zadebnený, zadubený, hlúpy; **2.** tvrdý, necitlivý

crate [kreit] *podst* **1.** debna, basa na fľaše; **2.** prútený kôš, noša

cra.ter [kreitə] *podst* **1.** kráter, lievik po bombe, jama po dopade meteoritu, *(geog)* kotlina

to crave [kreiv] **1.** *(čoho)* dožadovať sa, *(čo)* vyprosiť si, *(o milosť)* prosiť, žobroniť; **2.** *(po čom)* túžiť, dychtiť. *Syn* ⇨ **to desire**

crawl [kro:l] *podst* **1.** plazenie, lezenie; **2.** *(špo)* kraul

cray.on [kreiən] *podst* **1.** pastelka, farebná ceruzka; **2.** ceruzkový uhlík

craze [kreiz] *podst* **1.** *(po čom)* posadnutosť; **2.** *(módny)* výstrelok; **3.** *(prn)* horúčka, mánia

cra.zy [kreizi] *príd* **1.** šialený, pomätený; **2.** bláznivý, pochabý; **3.** nadšený, náruživý; **4.** rozpadajúci sa, chatrný

creak [kri:k] *podst* **1.** vŕzganie, škripot, škrípanie, praskanie

to creak [kri:k] **1.** vŕzgať, povrzgávať, škrípať, praskať, zapišťať; **2.** priškripnúť; **3.** škŕkať

cream [kri:m] **I.** *podst* **1.** smotana; **2.** *(kuch, i v kozmetike)* krém; **3.** krémová farba; **4.** *(prn)* výkvet, elita; **II.** *príd* **5.** krémový, smotanový

cream.y [kri:mi] *príd* **1.** smotanový; **2.** *(kuch, i farba)* krémový,**3.***(prn)* hebký

crease [kri:s] *podst* **1.** *(pokrčený)* záhyb, prehyb; **2.** *(hovor: vriedok)* puk; **3.** *(anat)* riasa; **4.** *(pap)* ryha

to cre.ate [kri(:)'eit] I. **1.** *(prech)* tvoriť, *(čo)* zapríčiniť, *(svet)* stvoriť, *(ťažkosti, senzáciu)* spôsobiť; **2.** vymenovať, udeliť titul **3.** robiť divadlo, vystrájať

creation [kri(:)'eišən] *podst* **1.** tvorenie, vytváranie, tvorba, *(sveta)* stvorenie; **2.** kreácia, výtvor; **3.** *(titulu)* udelenie

cre.at.ive [kri(:)'eitiv] *príd* **1.** tvorivý, plodný, produktívny, *(tvorivý)* koncepčný; **2.** *(týkajúci sa umeleckej činnosti)* výtvarný

cre.at.or [kri(:)'eitə] *podst* **1.** tvorca, autor, umelec; **2.** stvoriteľ

creature [kri:čə] *podst* **1.** tvor, stvorenie, bytosť; **2.** *(pren)* netvor; **3.** *(pren: z iných svetov)* prišelec

cre.dence [kri:dəns] *podst jč fml* **1.** viera, dôvera. *Syn* ⇨ **belief**

cred.i.bi.li.ty [ˌkredi'biləti] *podst jč* **1.** dôveryhodnosť, hodnovernosť, vierohodnosť, spoľahlivosť

cred.i.ble [kredəbl] *príd* **1.** vierohodný, hodnoverný. *Syn* ⇨ **plausible**

cred.it [kredit] *podst* **1.** *(fin)* kredit, úver; **2.** česť, zásluha; **3.** dobré meno, dobrá povesť; **4.** viera; **5.** *(škol)* zápočet

cred.it.a.ble [kreditəbl] *príd fml* **1.** chvályhodný, úctyhodný, záslužný

cred.it.or [kreditə] *podst* **1.** veriteľ, účtovná strana

creed [kri:d] *podst* **1.** viera, konfesia; **2.** vyznanie viery; **3.** *(prn)* presvedčenie, učenie

creek [kri:k] *podst* **1.** *(malá)* zátoka, *(am)* potok, riečka; **2.** rovinka v údolí

creep [kri:p] *podst ifm der* **1.** *(sl)* pätolizač, šplhúň, potmehúd, hnusák, *(vulg)* hajzeľ. *Syn:* toady

creep.y [kri:pi] *príd ifm* **1.** strašidelný, príšerný, naháňajúci hrôzu, hrôzostrašný

to cre.mate [kri'meit] **1.** pochovať spálením, spopolniť, spopolňovať

cre.ole [kri:əul] *podst* **1.** *(reč)* kreolčina; **2.** *(človek)* kreol

cres.cent [kresnt] *podst* **1.** polmesiac, kosák mesiaca; **2.** oblúkovitá ulica

crew [kru:] *podst* **1.** obsluha; **2.** osadenstvo, posádka, mužstvo, skupina

crib [krib] *podst* **1.** jasle, kŕmidlo; **2.** betlehem; **3.** *(am)* detská postieľka; **4.** *(škol)* ťahák

cric.ket [krikit] *podst jč* **1.** *(zool: Gryllus)* svrček; **2.** *(šport)* kriket; **3.** *(am)* stolička pod nohy, podnožka

cric.ket.er [krikitə] *podst* **1.** hráč kriketu

crime [kraim] *podst* **1.** zločin, zločinnosť, *(voj)* disciplinárny priestupok, *(pren)* hriech

crim.i.nal [kriminəl] **I.** *podst* **1.** zločinec, recidivista; **II.** *príd* **2.** trestný, zločinecký, zločinný, trestuhodný

crim.i.nol.o.gy [ˌkrimiˈnolədži] *podst jč* **1.** kriminológia

crim.son [krimzn] *jč* **1.** karmínový, purpurový , tmavočervený

to cringe [krindž] **1.** krčiť sa, chúliť sa, zhrbiť sa, stúliť sa; **2.** poklonkovať

crip.ple [kripl] *podst* **1.** mrzák, kalika, lazar; **2.** žobrák, bedár

cri.sis [kraisis] *podst* (mn **crises**) **1.** kríza, kritická situácia; **2.** *(kniž: náhlá zmena)* prelom. *Syn* ⇨ **emergency**

to criss-cross [kriskros] **1.** križovať, prekrižovať, precestovať krížom krážom

cri.te.ri.on [kraiˈtiəriən] *podst* **1.** kritérium, *(kritérium)* meradlo; **2.** *(záväzné pravidlá, zásady)* norma. *Syn* ⇨ **standard**

cri.tic [kritik] *podst* **1.** kritik, posudzovateľ, recenzent; **2.** *(kto číta a posudzuje dielo)* lektor

cri.tic.al [kritikəl] *príd* **1.** kritický; **2.** rozhodujúci, krízový, osudný. *Syn*: faultfinding, captious, cavilling, carping

cri.ti.ci.sm [kritisizəm] *podst* **1.** kritika, posudok, kritickosť

to cri.ti.cize [kritisaiz] **1.** kritizovať, skritizovať, haniť, napadnúť, odsúdiť. *Syn*: to reprehend, to blame, to censure, to condemn, to denounce. *Opoz*: to praise

cri.tique [kriˈti:k] *podst* **1.** *(kritické zhodnotenie)* kritika, recenzia, *(am)* posudok, kritická esej

croc.o.dile [krokədail] *podst* **1.** *(zool: Crocodilus)* krokodíl

cron.y [krəuni] *podst ifm ob der* (mn **-ies**) **1.** kompán, kamarát, priateľ, druh, starý známy

crook [kruk] *podst* **1.** gauner, lotor, podvodník; **2.** zákruta, ohyb, hák; **3.** *(pastierska)* palica, *(biskupská)* berla

to crook [kruk] **1.** ohnúť, ohýbať; **2.** skriviť, nakriviť; **3.** chytiť, chytať

crook.ed [krukid] *príd* **1.** krivý, skrivený, pokrivený; **2.** nepoctivý, nečestný, podvodný

to croon [kru:n] **1.** šepkať nežné slovíčka; **2.** mrmlať si, hmkať si, nôtiť si

crop [krop] *podst* **1.** plodina; **2.** zber, úroda, výnos; **3.** množstvo, kopa; **4.** *(vtáčí)* hrvoľ; **5.** nakrátko ostrihané vlasy; **6.** jazdecký bič

cross [kros] (mn **-es**) **I.** *podst* **1.** kríž, krížik; **2.** kríženec, miešanec; **3.** *(náb)* kresťanstvo; **4.** prekrižovanie; **5.** *(prn)* utrpenie; **6.** *(cez písmeno)* škrt, čiara; **II.** *príd* **7.** rozhnevaný, nahnevaný, mrzutý, protivný; **8.** krížny, priečny, opačný. *Syn* ⇨ **irritable**

to cross [kros] **I.** *prech* **1.** prekrížiť, dať krížom; **2.** prejť krížom [na druhú stranu], *(loďou)* preplávať, *(lietadlom)* preletieť; **3.** križovať; **4.** *(biol)* skrížiť; **II.** *nepr* **5.** krížiť sa, križovať sa

cross-coun.try [ˌkrosˈkantri] *príd ob attr* **1.** *(šport)* cezpoľný, terénny

cross.o.ver [krosəuvə] *podst* **1.** *(z jedného štýlu k druhému)* prechod, presah; **2.** zmiešanie štýlov

to crow [krəu] **1.** *(kohút)* kikiríkať, *(dieťa)* radostne vykrikovať, výskať; **2.** chvastať sa, vystatovať sa. *Syn* ⇨ **to boast**

cru.cial [kru:šəl] *príd* **1.** rozhodujúci, kritický, hlavný, osudový. *Syn* ⇨ **acute**

cru.el [kru:əl] *príd* **1.** krutý, bezcitný, tvrdý, nemilosrdný. *Syn*: brutal, inhuman, pitiless, ruthless. *Opoz*: humane, kind

cru.el.ty [kru:əlti] *podst* (mn **-ies**) **1.** krutosť, bezcitnosť, neľudskosť, surovosť, nemilosrdnosť

cruise [kru:z] *podst* **1.** okružná plavba, zábavná plavba; **2.** *(konštrukcia na lietanie, i voj: strela)* raketa

to cruise [kru:z] **1.** *(loď)* križovať, rekreačne sa plaviť po mori; **2.** ísť/letieť cestovnou rýchlosťou

cruise mis.sile [ˌkru:zˈmisail] *podst* **1.** riadená strela [s plochou dráhou letu]

cruis.er [kru:zə] *podst* **1.** *(voj)* krížnik, vojenská loď; **2.** motorová hliadka

crumb [kram] *podst* **1.** odrobinka, drobček; **2.** striedka; **3.** *(prn)* zrnko, kúštik

to crum.ble [krambl] **I.** *prech* **1** drobiť, rozdrobiť, rozmrviť,**II.** **ne***pr* **2** mrviť sa

to crum.ple [krmapl] **I.** *prech* **1.** pokrčiť, zhúžvať; **II.** *nepr* **2.** krčiť sa, pokrčiť sa

crunch [kranč] *podst* (mn **-es**) **1.** *(zvuk)* chrumkanie, *(o snehu)* vŕzganie, chrúmanie; **2.** chrumky

to crunch [kranč] **1.** chrumkať, chrúpať, škrípať, *(sneh)* vŕzgať

cru.sade [kru:ˈseid] *podst* **1.** *(hist)* krížová/križiacka výprava, krížové ťaženie

cru.sad.er [kru:ˈseidə] *podst* **1.** *(hist)* križiak, krížiacky rytier; **2.** *(prn)* neúnavný bojovník

crush [kraš] *podst* (mn **-es**) **1.** tlačenica, nával, húf, zástup

crust [krast] *podst* **1.** *(chleba)* kôrka, *(am)* pečivo; **2.** škrupinka; **3.** *(ľadový)* príkrov, škrupinka; **4.** *(zool)* pancier

crust.y [krasti] *príd* **1.** chrumkavý, stvrdnutý, kôrovitý; **2.** *(prn ifm)* nevrlý, mrzutý

crutch [krač] *podst* (mn **-es**) **1.** barla; **2.** *(prn)* barlička, opora, podpera

cry [krai] *podst* (mn **-ies**) **1.** výkrik, zvolanie, vyvolávanie hlásnika, predavača ap, *(psíka)* skučanie; **2.** nárek, plač; **3.** heslo

to cry [krai] **1.** kričať, volať, *(o pomoc)* prosiť; **2.** plakať, nariekať, *(o psíkovi)* skučať; **3.** *(na trhu)* vyvolávať, vykrikovať. *Syn*: to weep, to sob, to wail, to keen, to whimper, to moan, to blubber

crypt [kript] *podst* **1.** krypta, hrobka

cryp.tic [kriptik] *príd* **1.** tajomný, záhadný, mystický; **2.** kódovaný, *(člen)* tajný. *Syn* ⇨ **obscure**

cry.stal [kristl] **I.** *podst* **1.** *(min, chem)* kryštál; **2.** krištáľ, krištáľové sklo; **3.** *(am)* hodinkové sklíčko; **II.** *príd* **4.** krištáľový

to cry.stal.lize [kristəlaiz] **1.** kryštalizovať, *(prn)* vykryštalizovať sa; **2.** cibriť, vycibriť

cub [kab] *podst* **1.** mláďa, medvieďa, líštička, vĺča, levíča; **2.** *(prn)* fagan, začiatočník

cube [kju:b] *podst* **1.** *(vše, geom)* kocka; **2.** *(mat)* tretia mocnina, trojmocnina

to cube [kju:b] **1.** *(na kocky)* pokrájať, vydláždiť kockami; **2.** *(mat)* umocniť na tretiu, vypočítať kubický objem, povýšiť na tretiu

cub.ic [kju:bik] *príd* **1.** kubický

cub.ic.le [kju:bikl] *podst* **1.** *(na kúpalisku ap)* kabína, kója; **2.** *(skromná izba)* komora

cu.ckoo [kuku:] *podst* **1.** kukučka; **2.** *(pren)* blbec

cu.cum.ber [kju:kambə] *podst* **1.** *(bot: Cucumis sativus)* uhorka

cud.dle [kadl] *podst* **1.** objatie, poláskanie

cue [kju:] *podst* **1.** *(div)* narážka; **2.** tágo; **3.** rad, zástup, front; **4.** pokyn, náznak

cuff [kaf] *podst* **1.** manžeta, *(am: na nohaviciach)* záložka; **2.** ľahký úder dlaňou, ofinok

cui.sine [kwi(:)ˈzi:n] *podst jč* **1.** *(spôsob prípravy jedál)* kuchyňa

cull [kal] *podst* **1.** výber, paberky; **2.** *(zvierat)* odstrel, zabíjanie

to cull [kal] **1.** trhať kvety; **2.** vykonávať odstrel; **3.** vyberať, preberať, paberkovať

to cul.mi.nate [kalmineit] **1.** vrcholiť, vyvrcholiť, dosiahnuť najvyšší bod, kulminovať

cul.mi.na.tion [ˌkalmiˈneišn] *podst* **1.** vyvrcholenie, kulminačný bod, vrchol, kulminácia

culp.rit [kalprit] *podst* **1.** páchateľ, vinník, obžalovaný

cult [kalt] *podst* **1.** kult, sekta, uctievanie; **2.** mánia, vášeň; **3.** idol

to cul.ti.vate [kaltiveit] **1.** *(vše)* kultivovať, *(polia)* obrábať, obhospodarovať; **2.** *(jazyk, reč)* zošľachťovať, pestovať, *(pamäť, vkus)* cibriť si

cul.ti.vat.ed [kaltiveitid] *príd* **1.** *(vše)* kultivovaný, *(pole)* obrobený, pestovaný; **2.** *(človek)* vzdelaný, vychovaný; **3.** kultúrny, *(reč, vkus)* vycibrený

cul.tur.al [kalčərəl] *príd ob attr* **1.** kultúrny

vzdelanostný, *(súvisiaci s myslením)* duchovný

cul.ture [kalčə] *podst* **1.** *(biol)* kultúra, vzdelanosť, kultivovanosť; **2.** *(plodín)* pestovanie, *(včiel, rýb ap)* chov

cul.tured [kalčəd] *príd* **1.** vzdelaný, kultivovaný, kultúrny, inteligentný, vychovaný, pestovaný

cum.ber.some [kambəsəm] *príd* **1.** neforemný, *(nábytok)* neskladný, *(pohyb ap)* ťažkopádny, ťarbavý, *(postup)* prácny, ťažký. *Syn* ⇨ **heavy**

cun.ning [kaniŋ] **I.** *podst* **1.** chytráctvo, rafinovanosť, prešibanosť, *(arch)* šikovnosť; **II.** *príd* **2.** ľstivý, prefíkaný, prešibaný; **3.** *(am)* pôvabný, rafinovaný, *(arch)* šikovný . *Syn* ⇨ **clever, sly**

cunt [kant] *podst vulg* **1.** *(vulg)* piča, *(slg)* škatuľa, *(hov)* cicina

cup [kap] *podst* **1.** šálka, hrnček, čaša; **2.** *(špo)* pohár ; **3.** *(bot: kvetu)* kalich

cup.board [kabəd] *podst* **1.** skriňa s policami, almara; **2.** kredenc, príborník; **3.** sekretár

cu.rate [kjuərət] *podst* **1.** *(v anglikánskej cirkvi)* kaplán

cu.rat.or [kjuə'reitə] *podst* **1.** *(múzea ap)* správca, *(galérie)* riaditeľ, kustód, *(br)* člen kuratória vysokej školy; **2.** *(práv)* poručník, opatrovník

curb [kə:b] *podst* **1.** uzda; **2.** obrubník, okraj chodníka; **3.** podbradník; **4.** *(prn)* obmedzenie.

to curb [kə:b] **1.** držať na uzde,**2.** obmedziť, udržiavať v prijateľných medziach; **3.** skrotiť, ovládať. *Syn* ⇨ **to restrain**

cure [kjuə] *podst* **1.** liečba, liečenie, kúra; **2.** *(i prn)* liek, liečebný prostriedok, odpomoc. *Syn*: heal, remedy

to cure [kjuə] **1.** *(lit, prn)* liečiť, vyliečiť; **2.** *(mäso)* nakladať do soli, nasoliť, údiť, konzervovať; **3.** *(prn)* odstrániť, napraviť; **4.** *(seno)* sušiť

cur.few [kə:fju:] *podst* **1.** *(počas stanného práva)* zákaz vychádzania, *(hist: signál)* večerné zvonenie; **2.** policajná hodina

cu.ri.os.i.ty [ˌkjuəri'osəti] *podst* (mn **-ies**) **1.** zvedavosť , túžba po poznaní; **2.** kuriozita, rarita, vzácnosť

cu.ri.ous [kjuəriəs] *príd* **1.** zvedavý, poznaniachtivý; **2.** čudný, zvláštny, kuriózny. *Syn*: inquisitive, meddlesome, prying

curl [kə:l] *podst* **1.** kader, prstenec, kučera, špirála, krúžok

cur.ren.cy [karənsi] *podst* (mn **-ies**) **1.** *(fin)* mena, obeživo, platidlo; **2.** rozšírenosť; **3.** použitie, životnosť

cur.rent [karənt] **I.** *podst* **1.** prúd, tok; **2.** ťah; **3.** priebeh, chod; **4.** smerovanie, tendencia, sklon; **II.** *príd* **5.** bežný, rozšírený; **6.** dnešný, súčasný, aktuálny, platný, posledný. *Syn* ⇨ **prevailing, tendency**

cur.rent ac.count ['karəntəˌkaunt] *podst* **1.** bežný účet, kontokorentný účet

cur.ric.u.lum [kə'rikjuləm] *podst* **1.** *(škol)* učebné osnovy, študijný plán, *(ob na vysokej škole)* štúdium

cur.ry [kari] *podst* (mn **-ies**) **1.** *(korenie)* kari, ostro korenené jedlo

curse [kə:s] *podst* **1.** kliatba, prekliatie; **2.** nešťastie, pohroma, *(pren)* zlo

to curse [kə:s] **I.** *prech* **1.** preklínať, kliať; **II.** *nepr* **2.** nadávať, byť nešťastím [pre koho]. *Syn*: to damn, to execrate, to imprecate, to anathematize. *Opoz*: bless

curt [kə:t] *príd* **1.** *(človek)* odmeraný, *(odpoveď)* úsečný, strohý, briskný. *Syn* ⇨ **blunt**

to cur.tail [kə'teil] **1.** obmedziť, skrátiť, zmenšiť, okyptiť. *Syn* ⇨ **to shorten**

cur.tain [kə:tn] *podst* **1.** záclona, záves, clona, *(div)* opona

curve [kə:v] *podst* **1.** oblúk, ohyb, krivka; **2.** zákruta; **3.** *(mat)* diagram. *Syn*: bend, turn

to curve [kə:v] **I.** *prech* **1.** ohnúť, zaobliť, krúžiť; **2.** *(špo)* dať lopte rotáciu; **II.** *nepr* **3.** *(cesta, rieka)* točiť sa, tvoriť oblúk, skriviť sa, opísať krivku, zakriviť sa. *Syn*: to bend, to twist, to turn

cu.shion [kušən] *podst* **1.** vankúš, poduška; **2.** *(v biliarde)* mantinel; **3.** *(pren)* núdzové opatrenie

to cu.shion [kušən] **1.** stlmiť, zmierniť, oslabiť; **2.** vybaviť vankúšom, usadiť sa na vankúš; **3.** *(prn)* hmotne zabezpečiť

cus.tard [kastəd] *podst jč* **1.** vanilkový krém [liaty na múčnik], *(z vajec)* puding

cus.to.di.an [ka'staudjən] *podst* **1.** dozorca, strážca, *(budovy)* správca; **2.** ochranca, poručník, opatrovník
cus.to.dy [kastədi] *podst jč* **1.** starostlivosť, dohľad, ochrana, opatera, poručníctvo
cus.tom [kastəm] *podst* **1.** zvyk, zvyklosť, obyčaj; **2.** klientela, priazeň zákazníkov; **3.** *(pl)* clo, colnica. *Syn* ⇨ **habit**
cus.tom.a.ry [kastəməri] *príd* **1.** bežný, obvyklý, zvyčajný. *Syn* ⇨ **usual**
cus.tom.er [kastəmə] *podst* **1.** zákazník, objednávateľ, *(v reštaurácii)* hosť; **2.** *(ifm)* chlapík
cut [kat] **I.** *podst* **1.** strihanie; **2.** *(mečom)* seknutie; **3.** rezná/ bodná rana; **4.** *(cien ap)* zníženie; **5.** *(v službách ap)* obmedzenie; **6.** *(mäsa)* kúsok, plátok; **7.** strih šiat ; **8.** *(kart)* sňatie; **9.** *(špo: lopty)* rezaná lopta; **II.** *príd* **10.** *(kvety)* rezaný; **11.** *(sklo)* brúsený; **12.** *(cena)* znížený
to cut [kat] (mč, mp **cut**) **I.** *prech* **1.** rezať, krájať, strihať, *(mečom, sekerou)* sekať, *(povraz)* pretrhnúť, *(koláč)* rozkrájať; **2.** *(sklo, diamant)* brúsiť, *(film)* zostrihať; **3.** skrátiť, *(ceny ap)* znížiť; **4.** *(priesečník)* pretínať, *(cestu ap)* krížiť; **5.** *(elektrinu, plyn)* vypnúť, prerušiť dodávku [čoho]; **6.** vynechať; **7.** *(kart)* snímať; **8.** *(špo: loptu)* rezať; **II.** *nepr* **9.** *(nôž ap)* rezať; **10.** *(priesečníky)* pretínať sa, *(cesty)* križovať sa; **11.** *(kart)* snímať
cut.back [katbæk] *podst* **1.** *(ekon, pol)* reštrikcia
cute [kju:t] *príd* **1.** peknučký, roztomilý, *(am)* milý, driečny
cut.le.ry [katləri] *podst jč* **1.** *(jedálenský)* príbor
cut.ting [katiŋ] **I.** *podst* **1.** výstrižok, odrezok; **2.** zárez; **3.** priesek; **II.** *príd* **4.** *(poznámka)* sarkastický, jedovatý, hryzavý. *Syn* ⇨ **incisive**
cy.an.ide [saiənaid] *podst jč* **1.** kyanid
cy.cle [saikl] *podst* **1.** kolo, kolobeh; **2.** cyklus, perióda; **3.** séria, rad
to cy.cle [saikl] **1.** jazdiť na bicykli, bicyklovať sa
cy.clic.al [saiklikəl] *príd* **1.** cyklický, pravidelný
cy.clist [saiklist] *podst* **1.** cyklista
cy.clone [saikləun] *podst* **1.** cyklón
cy.lin.der [silində] *podst* **1.** *(geom i tech)* valec; **2.** bubon; **3.** *(revolvera)* bubienok; **4.** *(nádoba na plyny)* bomba, fľaša
cy.nic [sinik] *podst* **1.** cynik, cynička
cy.nic.al [sinikəl] *príd* **1.** cynický. *Syn*: misanthropic, pessimistic. *Opoz*: optimistic
cy.nic.i.sm [sinisizm] *podst jč* **1.** cynizmus
cy.press [saiprəs] *podst* (mn **-es**) **1.** *(bot: Cupressus)* cyprus
cyst [sist] *podst* **1.** cysta
Czech [ček] (mn **-es**) **I.** *podst* **1.** Čech, Češka; **2.** čeština; **II.** *príd* **3.** český
Czech.o.slo.vak [ˌčekəu'sləuvæk] **I.** *podst* **1.** *(v min)* Čechoslovák, Čechoslovenka; **II.** *príd* **2.** *(v min)* československý

D

dab [dæb] *podst* **1.** troška, štipka, kvapka; **2.** odtlačky prstov; **3.** *(ifm)* znalec, šikovný človek; **4.** ťuknutie, zaklopanie; **5.** trocha
to dab [dæb] **1.** jemne sa dotknúť [čoho]; **2.** jemne pretrieť, naniesť farbu; **3.** zaťukať, poklepať
to dab.ble [dæbl] **1.** máčať, namočiť, navlhčiť, postriekať, *(vo vode)* plačkať sa
dad [dæd] *podst ifm* **1.** tatko, tatinko, tato, oco, ocko, otecko, otec
dad.dy [dædi] *podst* (mn **-ies**) **1.** tatko, tato, ocko, ocko, tatinko
daf.fo.dil [dæfədil] *podst* **1.** *(bot: Narcissus)* narcis; **2.** oranžovožltá farba
daft [da:ft] *príd ifm* **1.** sprostý, blbý, šibnutý, ťuknutý, bláznivý, pochabý
dag.ger [dægə] *podst* **1.** dýka; **2.** *(polyg)* krížik
dah.li.a [deiljə] *podst* **1.** *(bot: Dahlia)* georgína; **2.** modročervená farba
dai.ly [deili] **I.** *podst* **1.** denník; **2.** slúžka, pomocníčka; **3.** denná práca; **II.** *príd* **4.** denný, každodenný
dain.ty [deinti] **I.** *podst* **1.** lahôdka, maškrta, pochúťka ; **II.** *príd* **2.** *(človek)* pôvabný, jemný, chúlostivý; **3.** *(jedlo)* lahodný, vyberaný, chutný, krehký. *Syn*: nice, particu-

lar, fastidious, squeamish

dai.ry [deəri] (mn **-ies**) **I.** *podst* **1.** *(podnik i predajňa)* mliekáreň, *(priemysel)* mliekárstvo; **II.** *príd* **2.** *(obsahujúci mlieko, na mlieko, i zuby)* mliekárenský, mliečny, mliekársky; **3.** *(poľn)* dojací

dai.sy [deizi] *podst* (mn **-ies**) **1.** *(bot common daisy: Bellis perennis)* margaréta, sedmokráska, *(ifm)* margarétka; **2.** *(pren sl)* skvost, klenot

dam [dæm] *podst* **1.** priehrada, hrádza, hať, hradidlo; **2.** umelé jazero, vodná nádrž; **3.** *(zvieracia)* matka, samica

dam.age [dæmidž] *podst* **1.** škoda, poškodenie, ujma; **2.** odškodné, škody

to dam.age [dæmidž] **1.** poškodiť, pokaziť, polámať, poraniť

dam.ag.ing [dæmidžiŋ] *príd* **1.** škodlivý, *(informácie, detaily)* kompromitujúci

dame [deim] *podst* **1.** *(titul)* Dáma [nositeľka rádu Britského Impéria]; **2.** *(i oslovenie)* dáma; **3.** *(am sl)* ženská, dievča, baba

to damn [dæm] **1.** prekliať, zatratiť,**2.** odsúdiť, **3.** odmietnuť. *Syn* ⇨ **to curse**

damn.able [dæmnəbl] *príd dtd ifm* **1.** *(náb)* hodný zatratenia; **2.** *(prn)* zavrhnutiahodný, prekliaty; **3.** mrzký, hrozný, príšerný

damp [dæmp] **I.** *podst* **1.** vlhko, vlhkosť; **2.** skľúčenosť, skleslosť, depresia; **II.** *príd* **3.** vlhký, mokrý, *(počasie)* sychravý; **4.** *(nálada)* skleslý. *Syn* ⇨ **wet**

to damp [dæmp] **1.** navlhčiť, *(bielizeň ap)* zvlhčiť; **2.** *(prn: vášeň)* schladiť; **3.** *(hud)* tlmiť

to damp.en [dæmpn] **1.** navlhčiť, zvlhčiť; **2.** *(prn: nadšenie ap)* schladiť, stlmiť, zmierniť

dam.sel [dæmzəl] *podst* **1.** *(poet, lit, joc, arch)* deva, *(zast, v rozprávke)* panna; **2.** slečna

dance [da:ns] *podst* **1.** tanec; **2.** tanečná zábava, *(hov)* muzika, veselica

to dance [da:ns] **1.** tancovať, skákať, hojdať sa, kolísať sa, hádzať sa

dan.cer [da:nsə] *podst* **1.** *(z povolania/ zo záľuby)* tanečník, tanečnica

danc.ing [da:nsiŋ] **I.** *podst* **1.** tanec, tanečné umenie; **II.** *príd* **2.** tanečný

dan.de.li.on [dændilaiən] *podst* **1.** *(bot: Taraxacum)* púpava

dan.dy [dændi] *podst dtd ob der* (mn **-ies**) **1.** oplan; **2.** švihák, parádnik, frajer

dan.ger [deindžə] *podst* **1.** nebezpečenstvo; **2.** *(želez)* výstražné znamenie, návesť. *Syn*: peril, jeopardy, hazard, risk. *Opoz*: safety, security

dan.ger.ous [deindžrəs] *príd* **1.** nebezpečný, riskantný; **2.** *(choroba)* vážny, ťažký

to dan.gle [dæŋgl] **I.** *nepr* **1.** hojdať sa, knísať sa; **II.** *prech* **2.** *(čím)* hojdať, *(čím)* kývať, klátiť

Dan.ish [deiniš] **I.** *podst* **1.** dánčina; **II.** *príd* **2.** dánsky

dar.ing [deəriŋ] **I.** *podst* **1.** odvaha, smelosť, trúfalosť; **II.** *príd* **2.** smelý, odvážny, trúfalý; **3.** *(kúsok)* husársky, bravúrny

dark [da:k] **I.** *podst* **1.** tma, temnota; **2.** zotmenie, súmrak; **3.** tieň; **II.** *príd* **4.** tmavý, *(i izba)* ponurý, *(noc, les, mrak)* čierny; **5.** tajomný; **6.** *(sila ap)* temný; **7.** nejasný. *Syn*: dim, dusky, murky, gloomy. *Opoz*: light, bright

to dark.en [da:kən] **I.** *prech* **1.** *(okno)* zatemniť, zastrieť; **II.** *nepr* **2.** stmavnúť, *(obloha)* mračiť sa, stmievať sa, *(tvár)* zachmúriť sa, zamračiť sa

dark.room [da:krum] *podst* **1.** *(fot)* tmavá komora

dar.ling [da:liŋ] **I.** *podst* **1.** miláčik, zlatko; **2.** *(prn)* šláger; **II.** *príd* **3.** rozkošný, roztomilý, drahý, milovaný, obľúbený, milý, roztúžený

darn [da:n] *podst* **1.** *(na ponožkách)* zalátané miesto, *(ifm)* zaštopkané miesto

to darn [da:n] **1.** látať, *(ifm)* štopkať. *Syn* ⇨ **to mend**

dart [da:t] *podst* **1.** oštep, *(špo)* šípka, šíp; **2.** *(krajč)* záševok; **3.** rýchly pohyb, prudký výpad; **4.** žihadlo

to dart [da:t] **1.** *(rýchlo)* pohybovať sa, mihať sa, *(ifm)* lietať; **2.** vrhnúť, hodiť

dash [dæš] *podst* (mn **-es**) **1.** *(dopredu)* skok, výpad smerom dopredu; **2.** *(am)* šprint, závod na krátku trať; **3.** pomlčka; **4.** kvapka, trocha, štipka

to dash [dæš] **I.** *prech* **1.** hodiť, vrhnúť; **II.** *nepr* **2.** uháňať, letieť, rútiť sa

dash.board [dæšbo:d] *podst* **1.** prístrojová doska, ovládací panel; **2.** blatník

dash.ing [dæšiŋ] *príd* **1.** elegantný, šviháčky; **2.** temperamentný, rázny; **3.** odvážny, smelý, švárny

da.ta [deitə] *podst* **1.** *(fml)* údaje, informácie, fakty; **2.** *(inf)* dáta

da.ta.base [deitəbeis] *podst* **1.** *(inf)* databáza

date [deit] *podst* **1.** *(bot: plod)* datľa; **2.** *(bot: Palma dactylifera)* datľovník; **3.** *(ifm: niečí)* chlapec, *(niečie)* dievča; **4.** schôdzka, rande; **5.** termín

to date [deit] **1.** datovať, *(vek, čas)* určiť, zastarať, *(ifm)* dohovoriť si;**2.** chodiť [s kým]

daugh.ter [do:tə] *podst* **1.** dcéra, *(hov)* dievka

dawn [do:n] *podst* **1.** svitanie, úsvit, brieždenie, rozbresk

to dawn [do:n] **1.** svitať, rozodnievať sa, brieždiť sa, *(komu, čo)* svitnúť, nastať, začínať

day [dei] *podst* (mn **-ays**) **1.** deň; **2.** svitanie, rozbresk; **3.** víťazstvo

day.dream [deidri:m] *podst* **1.** snenie [s otvorenými očami], rojčenie, fantazírovanie

day.light [deilait] *podst jč* **1.** denné svetlo, biely deň; **2.** vidno

day.time [deitaim] *podst jč* **1.** deň, denný čas

daz.zle [dæzl] *podst jč* **1.** [oslnivý] lesk, trblietanie

to daz.zle [dæzl] **1.** oslniť, oslepiť, omráčiť, ohlušiť, omámiť

daz.zling [dæzliŋ] *príd* **1.** oslnivý, oslepujúci

dea.con [di:kən] *podst* **1.** diakon; **2.** týždňové teliatko; **3.** *(am)* predspev

dead [ded] **I.** *príd* **1.** *(i prn)* mŕtvy, zosnulý, *(i zviera)* uhynutý, *(kvet)* zvädnutý, uschnutý; **2.** necitlivý; **3.** *(telefón)* hluchý; **4.** *(list)* nedoručiteľný; **5.** *(oheň)* vyhasnutý; **6.** *(zápalka)* použitý; **7.** *(batéria)* vybitý; **8.** *(človek)* unavený na smrť; **9.** absolútny, úplný; **10.** *(i ticho)* hrobový, hlboký; **II.** *prísl* **11.** presne, absolútne; **12.** úplne, smrteľne, celkom. *Syn*: deceased, departed, late, defunct, extinct, inanimate. *Opoz*: alive, living

dead.line [dedlain] *podst* **1.** *(konečný)* termín, lehota; **2.** *(žur: novín a časopisov)* uzávierka; **3.** *(am: vo väznici)* neprekročiteľná čiara; **4.** *(prn)* medza

dead.lock [dedlok] *podst* **1.** mŕtvy bod, uviaznutie, zablokovanie; **2.** *(šport)* nerozhodný výsledok

dead.ly [dedli] {**-ier, -iest**) **1.** *(zbraň, jed, účinok)* smrtiaci, *(i rana, i prn: hriech)* smrteľný, *(i lek)* zhubný; **2.** *(vzbudzujúci obavy)* vážny, veľmi nebezpečný, smrteľne vážny; **3.** *(pripomínajúci mŕtvolu)* mŕtvolný, *(ticho)* hrobový; **II.** *prísl* **4.** mŕtvolne; **5.** *(ifm)* strašne, úplne, smrteľne, hrozne. *Syn* ⇨ **fatal**

deaf [def] *príd* **1.** hluchý; **2.** *(prn)* ľahostajný, nevšímavý

to deaf.en [defn] **1.** zbaviť sluchu, *(prn)* ohlušiť; **2.** izolovať od hluku

deal [di:l] *podst* **1.** obchod, transakcia; **2.** dohoda; **3.** *(kart)* rozdávanie; **4.** množstvo

to deal [di:l] (mč,mp **dealt**) **1.** rozdávať, rozdeliť, prideliť, *(ranu)* uštedriť

deal.er [di:lə] *podst* **1.** *(obch)* obchodník, obchodný zástupca, díler,**2.**distribútor drog; **3.** *(kariet)* rozdávač

deal.er.ship [di:ləšip] *podst* **1.** obchodné zastúpenie; **2.** distribúcia

deal.ings ['di:liŋz] *podst* **1.** *(obchodné)* rokovanie, transakcia, obchodovanie

dean [di:n] *podst* **1.** *(univ, cirk)* dekan

dear [diə] **I.** *podst* **1.** miláčik, anjelik; **II.** *príd* **2.** drahý; **3.** milý, milovaný; **4.** úprimný, srdečný. *Syn* ⇨ **costly**

dear.ly [diəli] *prísl* **1.** vrúcne, vrelo, draho, veľmi

death [deθ] *podst* **1.** smrť, skon, úmrtie; **2.** *(prn)* skaza, záhuba

de.ba.cle [dei'ba:kl] *podst* **1.** pohroma; **2.** debakel, neúspech, porážka

de.bat.ab.le [di'beitəbl] *príd* **1.** diskusný, *(nezistený)* sporný, pochybný

de.bate [di'beit] *podst* **1.** debata, diskusia, *(pol)* rozprava, *(fml: organizované stretnutie)* beseda, *(výmena názorov, porada)* rokovanie

to de.bate [di'beit] **1.** debatovať, diskutovať, uvažovať, premýšľať, *(zast)* bojovať. *Syn* ⇨ **to discuss**

to de.bil.i.tate [di'biliteit] **1.** vysiliť, zoslabiť, oslabiť. *Syn* ⇨ **to weaken**

deb.it [debit] *podst* **1.** debet, pasívny zostatok, dlžoba, pasívum

deb.ris [dei'bri:] *podst jč* **1.** trosky, pozostatky, úlomky, rumovisko

debt [det] *podst* **1.** dlh, dlžoba, zadĺženie; **2.** *(prn, bibl)* vina

debt.or [detə] *podst* **1.** dlžník, ľavá strana účtov; **2.** *(prn, bibl)* vinník

de.cay [di'kei] *podst jč* **1.** hnitie, rozklad, tlenie, trúchlenie, úpadok, zánik

to de.cay [di'kei] **1.** *(zelenina)* hniť, *(jedlo, zuby)* kaziť sa, *(mŕtvola)* rozkladať sa, tlieť, *(drevo, listy)* zahnívať, *(budova)* rozpadať sa. *Syn*: to putrefy, to spoil, to moulder, to disintegrate, to decompose, to rot

de.cease [di'si:s] *podst* **1.** *(práv)* skon, úmrtie. *Syn* ⇨ **death**

de.ceit [di'si:t] *podst* **1.** *(zdanie)* klam, podvod, klamstvo

to de.ceive [di'si:v] **I.** *prech* **1.** klamať, oklamať, sklamať, (i manželku) podvádzať; **II.** *zvrat* **2.** oklamať sa. *Syn*: to mislead, to beguile, to delude, to betray

De.cem.ber [di'sembə] *podst* **1.** december

de.cen.cy [di:snsi] *podst* (mn **-ies**) **1.** slušnosť, prístojnosť, ctihodnosť, mravnosť, slušné vystupovanie; **2.** pravidlá slušného správania. *Syn* ⇨ **decorum**

de.cent [di:snt] *príd* **1.** slušný, riadny, poctivý, čestný; **2.** *(ifm: jedlo, víno, mzda)* dosť dobrý; **3.** *(ifm)* milý, láskavý. *Syn* ⇨ **chaste**

de.cep.tion [di'sepšən] *podst* **1.** klam, podvod, podvádzanie, lesť. *Syn*: fraud, subterfuge, trickery, chicanery

de.cep.tive [di'septiv] *príd* **1.** zradný, klamný, klamlivý, ľstivý

to dec.i.mate [desimeit] **1.** decimovať, zdecimovať

to de.ci.pher [di'saifə] **1.** dešifrovať, *(prn žart)* rozlúštiť nečitateľný rukopis

de.ci.sion [di'sižən] *podst* **1.** rozhodnutie, *(práv)* rozsudok, verdikt; **2.** rozhodnosť, uznesenie

de.cis.ive [di'saisiv] *príd* **1.** rozhodujúci, *(odpoveď)* energický, *(človek)* rozhodný, nepopierateľný

deck [dek] *podst* **1.** *(nám)* paluba, *(v autobuse)* poschodie, plošina; **2.** súbor hracích kariet

to deck [dek] **1.** vyparádiť, vyzdobiť, *(ozdobovať)* dekorovať

dec.la.ra.tion [ˌdeklə'reišən] *podst* **1.** deklarácia, prehlásenie, vyhlásenie, vypovedanie, vyznanie lásky

to dec.lare [di'kleə] **1.** prehlásiť, deklarovať, vypovedať, *(vojnu)* vyhlásiť, prihlásiť na preclenie, precliť. *Syn*: to announce, to publish, to proclaim

de.cline [di'klain] *podst* **1.** úpadok, rozpad, rozvrat, pokles cien, zostup, svah, sklon

to de.cline [di'klain] **I.** *nepr* **1.** upadať, zhoršovať sa, *(čoho)* ubúdať, *(ceny ap)* klesať, *(vplyv)* slabnúť, zmenšovať sa, *(nadšenie)* ochabnúť; **2.** odmietnuť; **3.** *(svah, plocha)* zvažovať sa; **4.** *(ling)* skloňovať sa; **II.** *prech* **5.** odriecť; **6.** *(ling)* skloňovať. *Syn*: to refuse, to reject, to repudiate, to spurn. *Opoz*: to accept

to de.com.pose [ˌdi:kəm'pəuz] **I.** *prech* **1.** rozložiť, *(i prn)* rozobrať; **2.** *(prn)* podrobne preskúmať; **II.** *nepr* **3.** rozkladať sa, hniť, . *Syn* ⇨ **to decay**

to dec.o.rate [dekəreit] **I.** *prech* **1.** vyzdobiť, okrášliť, vymaľovať, tapetovať, *(tortu, stromček)* zdobiť; **2.** *(medailou ap)* vyznamenať, dekórovať; **3.** *(izbu)* maľovať. *Syn* ⇨ **to adorn**

dec.o.ra.tion [ˌdekə'reišən] *podst* **1.** dekorácia, okrasa, ozdoba, ornament; **2.** *(bytu)* maľovanie; **3.** vyznamenanie, rád

dec.o.ra.tive [dekərətiv] *príd* **1.** dekoratívny, ozdobný, ornamentálny, okrasný

dec.o.ra.tor [dekəreitə] *podst* **1.** maliar izieb, tapetár, dekoratér

de.coy [di:koi] *podst* (mn **-oys**) **1.** vnadidlo, návnada, lákadlo. *Syn* ⇨ **lure**

de.crease [di'kri:s] *podst jč* **1.** zníženie, pokles, úbytok, zmenšenie

to de.crease [di'kri:s] **I.** *prech* **1.** znížiť, redukovať, obmedziť; **II.** *nepr* **2.** *(ceny)* poklesnúť, znížiť sa, *(sila)* ochabnúť, ubúdať, *(zásoby)* stenčiť sa. *Syn*: to dwindle, to lessen, to decrease, to diminish, to reduce. *Opoz*: to increase

de.cree [di'kri:] *podst* **1.** výnos, dekrét, nariadenie, predpis

to de.cree [di'kri:] **1.** úradne nariadiť, dekrétovať, rozhodnúť, vydať výnos/ dekrét

to ded.i.cate [dedikeit] **1.** venovať, *(komu)* dedikovať, pripísať, *(koho)* zasvätiť, vysvätiť. *Syn* ⇨ **to devote**

ded.i.cat.ed [dedikeitid] *príd* **1.** nadšený, horlivý, obetavý; **2.** venovaný, zasvätený, oddaný, určený; **3.** *(inf)* jednoúčelový

to de.duce [di'dju:s] **1.** odvodiť, odvodzovať, usúdiť, dedukovať. *Syn* ⇨ **to infer**

to de.duct [di'dakt] **1.** odčítať, odpočítať, strhnúť, *(z ceny)* zľaviť

de.duc.tion [di'dakšən] *podst* **1.** odpočítanie, zrážka, zľava; **2.** dedukcia; **3.** záver

deed [di:d] *podst fml* **1.** čin, skutok; **2.** *(práv)* listina, dokument

to deem [di:m] **1.** pokladať, považovať, usudzovať

deep [di:p] **I.** *príd* **1.** *(vše)* hlboký, široký; **2.** *(farba)* sýty, tmavý; **3.** vrelý, vrúcny; **4.** *(spánok)* tvrdý; **5.** dôkladný; **II.** *prísl* **6.** hlboko; **7.** neskoro. *Syn* ⇨ **broad**

deep-seat.ed [ˌdi:p'si:tid] *príd* **1.** *(presvedčenie)* hlboký, pevný, *(predsudok ap)* hlboko zakorenený; **2.** zatvrdnutý

deer [diə] *podst* (mn **deer**) **1.** *(vše)* vysoká zver; **2.**.*(zool: Cervidae)* jeleň, *(zool: Capreolus capreolus)* srnec; **3.** jelenina

de fac.to [dei'fæktəu] **I.** *príd* **1.** fakticky, v skutočnosti, de facto; **II.** *prísl* **2.** fakticky, skutočne

de.fault [di'fo:lt] **I.** *podst* **1.** omeškanie, odloženie platby, neplatenie; **2.** neplnenie; **3.** zanedbanie, nedostatok; **II.** *príd* **4.** štandardný

de.feat [di'fi:t] *podst* **1.** porážka, *(neúspech v hre, i volebná)* prehra, zmarenie

to de.feat [di'fi:t] **1.** poraziť, premôcť, zdolať, zvíťaziť, zmariť; **2.** *(práv)* zrušiť, anulovať. *Syn* ⇨ **to conquer**

de.fect [di:fekt] *podst* **1.** nedostatok, chyba, defekt; **2.** *(lek)* porucha. *Syn*: imperfection, blemish, flaw

to de.fect [di:fekt] **1.** *(pol, voj)* dezertovať, *(voj)* prebehnúť, prestúpiť, odpadnúť, zbehnúť

de.fec.tive [di'fektiv] *príd* **1.** chybný, defektný, *(i tovar)* kazový, nepodarkový, *(pamäť)* zlý; **2.** *(gram)* defektívny

de.fen.ce [di'fens] *podst* **1.** *(i špo)* obrana; **2.** *(práv)* obhajoba; **3.** *(voj)* opevnenie

to de.fend [di'fend] **1.** *(vše)* brániť, *(práv)* obhajovať; **2.** ochrániť, obrániť. *Syn*: to guard, to protect, to shield, to preserve. *Opoz*: to attack

de.fen.dant [di'fendənt] *podst* **1.** *(práv)* obžalovaný, obvinený, obvinená strana

de.fen.der [di'fendə] *podst* **1.** *(i špo)* obranca, obhajca, zadák, zástanca

de.fen.sive [di'fensiv] **I.** *podst* **1.** defenzíva, obrana; **II.** *príd* **2.** obranný, defenzívny

to de.fer [di'fə:] **1.** odložiť, presunúť, zdržať, ustúpiť, pristúpiť, podriadiť sa, podrobiť sa. *Syn* ⇨ **to yield**

def.er.ence [defərəns] *podst jč* **1.** úcta, úctivosť, ohľaduplnosť, poddajnosť, podrobenie sa, rešpekt. *Syn* ⇨ **honour**

de.fi.ance [di'faiəns] *podst jč* **1.** vzdor, spurnosť, výzva, vyzývavosť, odpor, opovrhnutie

de.fi.ant [di'faiənt] *príd* **1.** vzdorný, spurný, vyzývavý, vzdorovitý, bezočivý

de.fi.cien.cy [di'fišənsi] *podst* (mn **-ies**) **1.** nedostatok,, rozdiel, nedokonalosť, chyba, kaz, neúplnosť; **2.** *(fin)* manko, schodok deficit

de.fi.cient [di'fišənt] *príd* **1.** nedostačujúci, nedostatočný, menejcenný, trpiaci nedostatkom

de.fi.cit [defisit] *podst* **1.** *(účt)* deficit, schodok, *(účt)* manko

to de.fine [di'fain] **1.** definovať, vysvetliť, formulovať; **2.** vymedziť, stanoviť, určiť

def.i.nite [definit] *príd* **1.** jasný, presný, jednoznačný; **2.** konkrétny; **3.** istý, určitý, pevný, výslovný. *Syn* ⇨ **explicit**

de.fin.i.tion [ˌdefi'nišən] *podst* **1.** definícia; **2.** *(fot)* ostrosť, *(tv)* rozlíšenie, akosť obrazu; **3.** definovanie

de.fin.i.tive [di'finitiv] *príd* **1.** definitívny, *(odpoveď)* konečný, *(rozhodnutie)* neodvolateľný, autoritatívny, nemeniteľný

to de.flate [di'fleit] **I.** *prech* **1.** vypustiť vzduch; **2.** *(prn: koho)* usadiť, zraziť [komu] hrebienok, trafiť [komu] žilku, podryť, podkopať; **3.** *(fin)* urobiť defláciu meny; **II.** *nepr* **3.** *(fin)* urobiť defláciu. *Syn* ⇨ **to contract**

to de.flect [di'flekt] **1.** odchýliť, vychýliť, odkloniť, odbočiť

to de.form [di'fo:m] **1.** deformovať, zdeformovať, znetvoriť, spotvoriť, skriviť, zošúveriť, zmeniť tvar. *Syn*: to distort, to contort, to warp

to de.fraud [di'fro:d] **1.** ošudiť, podviesť, oklamať, *(fin)* spreneveriť. *Syn* ⇨ **to cheat**

deft [deft] *príd* **1.** šikovný, obratný, svižný, vrtký, bystrý. *Syn* ⇨ **dexterous**

de.funct [di'faŋkt] *príd fml* **1.** zomretý, zosnulý, *(inštitúcia ap)* zaniknutý, *(zákon)* neplatný. *Syn* ⇨ **dead**

to de.fuse [ˌdi:'fju:z] **1.** *(bombu)* zneškodniť

to de.fy [di'fai] **1.** *(komu)* vzdorovať, *(vzdorovať)* čeliť, neposlúchnuť, *(čím)* opovrhovať

de.ge.ne.rate [di'dženərət] **I.** *podst* **1.** mravne skazený človek, zvrátený človek, zvrhlík; **II.** *príd* **2.** zdegenerovaný; **3.** zvrhlý, mravne skazený; **4.** zlvčilý

to de.ge.ne.rate [di'dženərət] **1.** degenerovať, zdegenerovať, zvrhnúť sa, upadať, nevyvíjať sa

de.gra.da.tion [ˌdegrə'deišn] *podst jč* **1.** *(voj, geol, chem)* degradácia, *(voj)* zbavenie hodnosti, zosadenie; **2.** zhoršenie; **3.** odbúravanie; **4.** úpadok; **5.** poníženie, potupa, potupná bieda

to de.grade [di'greid] **I.** *prech* **1.** *(voj)* degradovať, zbaviť hodnosti; **2.** *(prn)* ponížiť, tupiť, potupiť; **II.** *nepr* **3.** *(chem, geol)* degradovať. *Syn*: to abase, to debase, to humble, to humiliate . *Opoz*: to exalt, to dignify

de.gree [di'gri:] *podst* **1.** *(mat, geog, ling)* stupeň; **2.** miera; **3.** *(univ)* akademická hodnosť, titul

to de.hy.drate [ˌdi:'haidreit] **I.** *prech* **1.** dehydrovať, odvodniť, dehydratovať; **II.** *nepr* **2.** dehydrovať, vysýchať, vysušiť, zbaviť vody

de.i.ty [di:iti] *podst* (mn **-ies**) **1.** božstvo; **2.** *(pohanský)* boh, *(pohanská)* bohyňa; **3.** božská podstata

de.lay [di'lei] *podst* (mn **-ays**) **1.** oneskorenie, omeškanie, odloženie, zdržanie

to de.lay [di'lei] **I.** *prech* **1.** zdržať, oddialiť, odložiť; **II.** *nepr* **2.** otáľať, váhať, presunúť, oneskoriť sa, preložiť, zdržať sa. *Syn*: to retard, to slacken, to hinder. *Opoz*: to hasten, to expedite

del.e.gate [deligət] *podst* **1.** delegát, delegátka, splnomocnenec, zástupca, vyslanec

to del.e.gate [deli'geit] **1.** delegovať, vyslať, poveriť, splnomocniť

del.e.ga.tion [ˌdeli'geišən] *podst* **1.** delegovanie, splnomocnenie, poverenie, zmocnenie; **2.** delegácia; **3.** rozdelenie práce

to de.lete [di'li:t] **1.** škrtnúť, vyškrtnúť; **2.** *(inf)* vymazať, *(nápis, záznam)* zmazať. *Syn* ⇨ **to erase**

de.lib.e.rate [di'libərət] *príd* **1.** úmyselný, zámerný, schválny, vedomý; **2.** rozvážny, obozretný, opatrný. *Syn* ⇨ **voluntary**

to de.lib.e.rate [di'libəreit] **1.** *(vymieňať si názory)* radiť sa, *(diskutovať)* rokovať, uvažovať . *Syn* ⇨ **to think**,

de.lib.e.ra.tion [diˌlibə'reišən] *podst* **1.** rozvážnosť, obozretnosť, opatrnosť; **2.** uvažovanie

del.i.ca.cy [delikəsi] *podst* (mn **-ies**) **1.** jemnosť, krehkosť, takt, útlocit; **2.** maškrta, pochúťka, dobrota, lahôdka

del.i.cate [delikət] *príd* **1.** jemný, krehký, chúlostivý; **2.** *(lek)* slabý, chudorľavý, *(starec)* vetchý, *(zdravie)* chatrný; **3.** *(situácia)* ošemetný, háklivý, *(záležitosť)* delikátny. *Syn*: dainty, exquisite. *Opoz*: gross, crude, coarse

de.li.cious [di'lišəs] *príd* **1.** *(jedlo)* veľmi chutný, lahodný, vynikajúci, *(ifm)* skvelý, perfektný

de.light [di'lait] *podst* **1.** potešenie, slasť, pôžitok, nepredstieraná radosť, rozkoš, pôvab

to de.light [di'lait] **I.** *prech.***1** potešiť, urobiť [komu] radosť; **II** .*nepr* **2** radovať sa, nadchýnať sa

de.light.ful [di'laitful] *príd* **1.** *(chuť)* lahodný, *(vôňa)* ľúby, *(počasie, oslava)* perfektný, senzačný, rozkošný, ľúbezný, nádherný,

pôvabný
de.lin.quent [di'liŋkwənt] *príd* **1.** delikventný
de.li.ri.ous [di'liriəs] *príd* **1.** *(lek: v horúčke)* blúznivý; **2.** pomätený
to de.li.ver [di'livə] **I.** *prech* **1.** *(tovar)* doviezť, dodať, *(list, telegram)* doručiť, *(listy)* roznies ť; **2.** *(lek: dieťa)* priviesť na svet; **3.** *(reč)* predniesť, *(rozsudok)* vyniesť; **4.** *(úder)* zasadiť; **II.** *nepr* **5.** dodávať, doručovať; **6.** *(ifm)* dodržať slovo. *Syn* ⇨ **to rescue**
de.li.ve.ry [di'livəri] *podst* (mn **-ies**) **1.** dodávka, dodanie; **2.** doručenie, roznáška; **3.** vynesenie rozsudku; **4.** *(lek)* pôrod; **5.** zasadenie
del.ta [deltə] *podst* **1.** delta, deltovité ústie
de.luge [delju:dž] *podst* **1.** povodeň, potopa; **2.** *(prn)* záplava, príval
to de.luge [delju:dž] **1.** zaplaviť, *(zaplaviť)* zatopiť; **2.** *(prn)* zahrnúť
de.lu.sion [di'lu:žən] *podst* **1.** klam, sebaklam, klamanie, podvádzanie, falošná predstava, ilúzia, blud, prelud, zdanie, halucinácia. *Syn*: illusion, hallucination, mirage
de luxe [də'laks] *príd ob attr* **1.** luxusný, prepychový, komfortný
to delve [delv] **1.** *(náruživo)* pustiť sa, *(ifm: do čoho)* zažrať sa, pohrúžiť sa, ponoriť sa, ryť, *(v taške)* hrabať sa, *(cesta)* prepadať sa
de.mand [di'ma:nd] *podst* **1.** požiadavka, žiadosť, požiadanie, urgencia, upomienka; **2.** *(obch)* dopyt
to de.mand [di'ma:nd] **1.** požadovať, dôrazne žiadať, *(čoho)* domáhať sa, urgovať; **2.** vyžadovať, nárokovať si. *Syn*: to claim, to require, to exact
de.mand.ing [di'ma:ndiŋ] *príd* **1.** *(učiteľ ap)* náročný ; **2.** *(dieťa)* rozmaznaný
de.mean.our [di'mi:nə] *podst jč fml* **1.** správanie sa, vystupovanie; **1.** chovanie
de.men.ted [di'mentid] *príd* **1.** šialený, slabomyseľný, pomätený, *(lek)* dementný
de.men.tia [di'menšiə] *podst jč* **1.** *(lek)* demencia, slabomyseľnosť, pomätenosť. *Syn* ⇨ **insanity**
to de.mil.i.tar.ize [ˌdi:'militəraiz] **1.** demilitarizovať, odzbrojiť
de.mise [di'maiz] *podst* **1.** *(fml)* skon, úmrtie; **2.** *(podnikania ap)* koniec; **3.** demisia, odstúpenie z verejnej funkcie
de.mo [deməu] **I.** *podst* **1.** *(pol)* demonštrácia; **2.** ukážka, predvedenie; **II.** *príd* **3.** demonštračný, ukážkový
to de.mo.bil.ize [di:'məubilaiz] **1.** demobilizovať
de.mo.cra.cy [di'mokrəsi] *podst* (mn **-ies**) **1.** demokracia, ľudovláda; **2.** demokratický štát
dem.o.cra.tic [ˌdemo'krætik] *príd* **1.** demokratický
de.mog.ra.phic [ˌdemə'græfik] *príd* **1.** demografický
to de.mo.lish [di'moliš] **1.** *(budovu)* strhnúť, zrútiť, urobiť demoláciu [čoho]; **2.** *(protivníka)* rozdrviť, *(ifm)* rozniesť na kopytách, *(žart: jedlo)* zlopnúť, schramstnúť; **3.** zlikvidovať, zničiť. *Syn* ⇨ **to destroy**
dem.o.li.tion [ˌdemə'lišn] *podst* **1.** *(budovy)* demolácia , búračka, strhnutie, zbúranie
de.mon [di:mən] *podst* **1.** démon, zloduch, bes, parom , ďas
to de.mon.strate [demənstreit] **I.** *prech* **1.** predviesť; **2.** ukázať; **II.** *nepr* **3.** *(pol)* demonštrovať, manifestovať, prejaviť sa
de.mon.stra.tion [ˌdemən'streišən] *podst* **1.** predvedenie, prejav; **2.** *(pol)* demonštrácia, manifestácia, míting
dem.on.stra.tor [demənstreitə] *podst* **1.** *(pol)* demonštrant , manifestant; **2.** demonštrátor, inštruktor, prednášateľ
to de.mo.ral.ize [di'morəlaiz] **1.** demoralizovať, znemravniť
to de.mote [di:'məut] **1.** degradovať, zosadiť, zhodiť, premiestniť na horšie miesto
den [den] *podst* **1.** *(i prn)* dúpä, brloh, pelech, nora, *(pej: brloh)* hniezdo; **2.** *(súkromná)* pracovňa; **3.** *(tech, chem)* komora
de.ni.al [di'naiəl] *podst* **1.** popretie, dementi; **2.** odmietnutie, vyvrátenie, odopretie; **3.** *(ako autority)* neuznanie
to den.i.grate [denigreit] **1.** ohovárať, očierňovať, špiniť, pošpiniť
den.im [denim] *podst* **1.** džínsovina, riflovina, hrubá bavlnená látka; **2.** džínsy
de.nom.in.a.tion [diˌnomi'neišən] *podst* **1.**

(cirk) konfesia, viera; **2.** pomenovanie, označenie; **3.** *(fin)* menovitá hodnota mince/ bankovky

to de.note [di'nəut] **1.** naznačiť, označiť, *(tech)* vyznačiť; **2.** znamenať, indikovať, ukazovať

to de.nounce [di'nauns] **1.** odsúdiť, kritizovať, pranierovať; **2.** udať, denuncovať

dense [dens] *príd* **1.** *(les, dym, populácia)* hustý; **2.** *(ifm: človek)* tupý, nechápavý, zadebnený. *Syn* ⇨ **close, stupid**

dent [dent] *podst* **1.** jamka, vrúbok, ryha, zárez, *(na aute)* buchnuté miesto, priehlbina

to dent [dent] **I.** *prech* **1.** *(na plechovom ap povrchu)* zanechať jamku/ ryhu; **2.** poškodiť; **II.** *nepr* **3.** *(blatník)* preboriť sa

den.tal [dentl] *príd* **1.** zubný, okostnicový, *(fon)* dentálny, okosticový

den.tist [dentist] *podst* **1.** zubár, zubný lekár, dentista, dentista

de.nun.ci.a.tion [di,nansi'eišən] *podst* **1.** *(verejné)* odsúdenie, pranierovanie; **2.** udanie; **3.** zrušenie, vypovedanie

to de.ny [di'nai] **1.** poprieť, popierať, dementovať; **2.** odmietnuť, odoprieť. *Syn*: to gainsay, to contradict, to impugn

de.o.do.rant [di:'əudərnt] *podst* **1.** dezodorant

to de.part [di'pa:t] **1.** odísť, odcestovať; **2.** odkloniť sa, odbočiť. *Syn* ⇨ **to go**

de.part.ment [di'pa:tmənt] *podst* (mn **department** sk **Dpt**) **1.** oddelenie, *(admin)* referát, sekcia, rezort; **2.** *(univ)* katedra; **3.** ministerstvo

de.part.men.tal [,di:pa:ťmentl] *príd* **1.** rezortný, sekciovy,**2.** katedrový; **3.** ministerský

de.par.ture [di'pa:čə] *podst* **1.** odchod, odjazd, odlet; **2.** odklon, odchýlka, odbočenie

de.pend.ab.le [di'pendəbl] *príd* **1.** spoľahlivý, seriózny. *Syn* ⇨ **reliable**

de.pen.dant [di'pendənt] *podst* **1.** závislý rodinný príslušník,**2.** závislá osoba, vazal

de.pen.dence [di'pendəns] *podst jč* **1.** závislosť, nesamostatnosť; **2.** podriadenosť; **3.** súvislosť, spojitosť

de.pen.den.cy [di'pendənsi] *podst* (mn **-ies**) **1.** *(pol)* država; **2.** *(i vysťahovalci, i zool, i biol)* kolónia; **3.** *(gram: konštrukcia)* väzba, rekcia

de.pen.dent [di'pendənt] *príd* **1.** *(i ling)* závislý, nesamostatný; **2.** poddaný; **3.** *(nie hlavný: účinok, dohoda)* vedľajší

to de.pict [di'pikt] **1.** zobraziť, vykresliť, líčiť, vylíčiť, popísať

to de.plete [di'pli:t] **1.** vyčerpať, zmenšiť, znížiť, vyprázdniť, vysiliť

de.plor.ab.le [di'plo:rəbl] *príd* **1.** poľutovaniahodný, hanebný, žalostný, zarmútený

to de.plore [di'plo:] **1.** neschvaľovať; **2.** *(čo)* ľutovať, *(nad čím)* smútiť, žalostiť, ľutovať

to de.ploy [di'ploi] **1.** *(voj)* dislokovať, *(bojové postavenie)* zaujať, *(do rojnice)* rozvinúť sa; **2.** rozostaviť, rozmiestniť

to de.port [di'po:t] **1.** vyhostiť, deportovať, *(z krajiny)* vypovedať; **2.** správať sa. *Syn* ⇨ **to banish, to behave**

to de.pose [di'pəuz] **I.** *prech* **1.** zosadiť, *(úradu)* zbaviť, *(z trónu)* zvrhnúť, zosadiť, *(trónu)* zbaviť; **II.** *nepr* **2.** *(práv: pod prísahou)* vypovedať, *(na súde)* svedčiť

de.po.sit [di'pozit] *podst* **1.** vklad, čiastka k dobru; **2.** záloha; **3.** *(geol)* ložisko, nálezisko; **4.** nános, usadenina

to de.po.sit [di'pozit] **1.** uložiť, deponovať, dať do úschovy; **2.** zložiť, vyložiť; **3.** naniesť, naplaviť

de.po.si.tion [,depə'zišn] *podst* **1.** *(pol)* zosadenie, zbavenie úradu, zvrhnutie; **2.** *(práv)* výpoveď pod prísahou, svedectvo

de.po.si.tor [di'pozitə] *podst* **1.** vkladateľ, deponent

de.pot [depəu] *podst* **1.** sklad, skladisko; **2.** *(am žel)* železničná stanica, depo, autobusová stanica; **3.** veliteľstvo

to de.pre.ci.ate [di'pri:šieit] **1.** klesať [na cene], znížiť; **2.** znehodnotiť, amortizovať; **3.** podceniť, zľahčiť, bagatelizovať; **4.** znevážiť. *Syn* ⇨ **to disparage**

to de.press [di'pres] **1.** stlačiť, stisnúť; **2.** *(prn: ceny)* stlačiť dole, znížiť; **3.** deprimovať, skľúčiť

de.pressed [di'prest] *príd* **1.** *(človek)* deprimovaný, skľúčený, skleslý, smutný; **2.** *(ekon)* postihnutý hospodárskou krízou, znížený; **3.** *(povrch)* preliačený. *Syn* ⇨ **sad**

de.press.ing [di'presiŋ] *príd* **1.** deprimujúci, pochmúrny, skľučujúci, tiesnivý

de.pres.sion [di'prešən] *podst* **1.** depresia, melancholická skleslosť; **2.** *(ekon)* kríza; **3.** *(geog)* preliačina; **4.** *(met)* tlaková níž, pokles

de.pri.va.tion [ˌdepri'veišn] *podst* **1.** núdza, bieda, nedostatok, [citové] strádanie; **2.** zbavenie sa, *(o čo)* pripravenie, *(čoho)* vyvlastnenie; **3.** strata

de.prived [di'praivd] *príd* **1.** *(oblasť)* chudobný; **2.** *(dieťa)* sociálne handicapovaný

depth [depθ] *podst* **1.** hĺbka, hlbočina, *(polyg)* výška, hrúbka; **2.** *(farieb ap)* sýtosť, intenzita; **3.** úprimnosť, dôkladnosť vedomostí

dep.u.ty [depjuti] *podst* (mn **-ies**) **1.** zástupca, *(pol)* poslanec, námestník, delegát. *Syn* ⇨ **agent**

to de.rail [di'reil] **1.** vykoľajiť

de.ran.ged [di'reindžd] *príd* **1.** choromyseľný, duševne vyšinutý, pomätený

der.by [da:bi] *podst* (mn **-ies**) **1.** konské dostihy; **2.** tradičné stretnutie rivalov; **3.** tvrdý klobúk, tvrdiak

de.re.lict [derilikt] **I.** *podst* **1.** trhan, zanedbanec; **II.** *príd* **2.** opustený, spustnutý, *(budova)* zanedbaný, schátraný; **3.** obnažený. *Syn* ⇨ **remiss**

to de.ride [di'raid] **1.** *(komu/ čomu)* posmievať sa, vysmievať sa, *(koho/ čo)* zosmiešňovať. *Syn* ⇨ **to ridicule**

de.ri.va.tive [di'rivətiv] **I.** *podst* **1.** *(ling)* odvodenina, odvodené slovo; **2.** *(mat)* derivácia; **3.** *(chem)* derivát; **II.** *príd* **4.** odvodený; **5.** *(štýl, dizajn ap)* nepôvodný

to de.rive [di'raiv] **1.** odvodiť; **2.** čerpať, ťažiť; **3.** *(z)* pochádzať. *Syn* ⇨ **to rise**

der.ma.tol.o.gist [ˌdə:mə'tolədžist] *podst* **1.** dermatológ, kožný lekár

to de.scend [di'send] **1.** zostúpiť, klesať, *(kopec, cesta)* zvažovať sa, zísť; **2.** znížiť sa

de.scend.ant [di'sendənt] *podst* **1.** potomok, nasledovník

de.scent [di'sent] *podst* **1.** zostup, *(i lietadla)* klesanie, pokles; **2.** svah, sklon, spád; **3.** útok, prepadnutie, vpád, nájazd; **4.** náhla návšteva; **5.** rod, pokolenie, potomstvo; **6.** pôvod

to de.scribe [di'skraib] **1.** popísať, vylíčiť, charakterizovať, opísať, zobraziť

de.scrip.tion [di'skripšən] *podst* **1.** popis, opis, líčenie; **2.** zobrazenie; **3.** druh

de.scrip.tive [di'skriptiv] *príd* **1.** opisný, názorný, deskriptívny

de.sert [dezet] **I.** *podst* **1.** *(krajina v horúcich pásmach)* púšť, pustatina; **2.** *(zaslúžená, i cena)* odmena; **3.** hodnota;**II.** *príd* **4** . púšťový, púštny. *Syn* ⇨ **waste**

to de.sert [di'zə:t] **I.** *prech* **1.** opustiť, zanechať, zradiť; **II.** *nepr* **2.** dezertovať, zbehnúť, odpadnúť. *Syn* ⇨ **to abandon**

de.sert.er [di'zə:tə] *podst* **1.** *(voj)* dezertér, zbeh

to de.serve [di'zə:v] **1.** zaslúžiť si, *(o čo)* zaslúžiť sa

de.serv.ing [di'zə:viŋ] *príd fml* **1.** *(čin)* záslužný

de.sign [di'zain] *podst* **1.** vzor; **2.** plán, projekt, priemyselný návrh, kresba, konštrukcia stroja; **3.** *(umelecký)* dizajn; **4.** úmysel, zámer

to de.sign [di'zain] **1.** plánovať, projektovať, navrhnúť, konštruovať; **2.** určiť. *Syn* ⇨ **to intend, to plan**

de.sig.nate [dezigneit] *príd* **1.** dezignovaný, nastávajúci , budúci, určený

to de.sig.nate [dezigneit] **1.** označiť, pomenovať; **2.** ustanoviť, vymenovať, určiť; **3.** znamenať

de.sign.er [di'zainə] *podst* **1.** návrhár, konštruktér, projektant, navrhovateľ

de.sir.ab.le [di'zaiərəbl] *príd* **1.** žiadúci, vhodný, potrebný; **2.** príťažlivý, príjemný

de.sire [di'zaiə] *podst* **1.** túžba, želanie, žiadosť, žiadostivosť, prosba

desk [desk] *podst* **1.** písací stôl, stolík, katedra; **2.** *(školská)* lavica; **3.** *(žur)* oddelenie

des.o.late [desələt] *príd* **1.** *(miesto)* pustý, spustlý, opustený; **2.** *(život, existencia)* bezútešný

de.spair [di'speə] *podst jč* **1.** zúfalstvo, beznádejnosť , beznádej; **2.** dôvod k zúfalstvu

to de.spair [di'speə] **1.** zúfať si, stratiť nádej

de.spe.rate [despərət] *príd* **1.** zúfalý *(i si-*

tuácia) beznádejný, bezvýchodiskový; **2.** zúfalý, zúrivý. *Syn* ⇨ **hopeless**

de.spe.ra.tion [ˌdespəˈreišn] *podst jč* **1.** zúfalstvo, beznádej

de.spite [diˈspait] **1.** napriek, nehľadiac na, cez, *(despite that)* naproti tomu, *(čomu)* navzdory, *(despite the fact)* hoci

des.sert [diˈzə:t] *podst* **1.** *(ovocie, zákusky)* dezert, múčnik, zákusok

to des.ta.bil.ize [ˌdi:ˈstæbilaiz] **1.** destabilizovať, narušiť, porušiť

des.tin.a.tion [ˌdestiˈneišən] *podst* **1.** cieľ cesty, destinácia, cieľová stanica vlaku, miesto určenia, predurčenie

des.tined [destind] *príd fml* **1.** určený, predurčený, vopred stanovený, smerujúci

des.ti.ny [destini] *podst* (mn **-ies**) **1.** osud, údel, osudovosť, predurčenosť. *Syn* ⇨ **fate**

des.ti.tute [destitju:t] *príd* **1.** núdzny, biedny, trpiaci nedostatkom, zbavený. *Syn* ⇨ **poor**

to de.stroy [diˈstroi] **1.** *(i prn)* zničiť, *(mesto)* rozboriť, *(zviera)* utratiť; **2.** *(prn: život)* zničiť, *(manželstvo, priateľstvo)* rozbiť, *(nádeje)* zmariť. *Syn*: to demolish, to raze, to annihilate

de.stroy.er [diˈstroiə] *podst* **1.** torpédoborec

de.struc.tion [diˈstrakšən] *podst jč* **1.** zničenie, skaza, deštrukcia, záhuba, kazenie; **2.** ničenie. *Syn* ⇨ **ruin**

de.struc.tive [diˈstraktiv] *príd* **1.** ničivý, rozkladný, deštruktívny, zhubný, rozkladajúci

to de.tach [diˈtæč] **1.** *(vše)* oddeliť, odviazať, odpojiť, odlepiť, odopnúť; **2.** *(voj)* odveliť, vyčleniť

de.tached [diˈtæčt] *príd* **1.** oddelený, samostatný, stojaci osamote; **2.** objektívny, nestranný, nezaujatý; **3.** ľahostajný, indiferentný; **4.** abstraktný. *Syn* ⇨ **indifferent**

de.tach.ment [diˈtæčmənt] *podst* **1.** *(voj)* detašovaný oddiel; **2.** *(prn)* odstup, indiferentnosť, objektívnosť

de.tail [di:teil] *podst* **1.** detail, maličkosť, podrobnosť, jednotlivý údaj; **2.** *(voj)* špeciálna jednotka, jednotka poverená zvláštnou úlohou. *Syn* ⇨ **item**

to de.tail [di:teil] **1.** *(obšírne)* opísať, podrobne vymenovať; **2.** *(voj)* odveliť, určiť do služby, *(obšírne)* vyličiť

de.tailed [di:teild] *príd* **1.** podrobný, obšírny, detailný

to de.tain [diˈtein] **1.** zdržať; **2.** *(práv)* zadržať, zaistiť, *(vo väzbe)* držať

de.tai.nee [ˌdi:teiˈni:] **I.** *podst* **1.** zadržaná osoba, väzeň vo vyšetrovacej väzbe; **II.** *príd* **2.** zadržaný, väznený

to de.tect [diˈtekt] **1.** objaviť, zistiť, odkryť, odhaliť

de.tec.tion [diˈtekšən] *podst jč* **1.** zistenie, odhalenie, vypátranie, objavenie

de.tec.tor [diˈtektə] *podst* **1.** detektor, prístroj na zisťovanie

de.ten.tion [diˈtenšən] *podst jč* **1.** väzba, trest, uväznenie, *(práv)* detencia, uväznenie, zadržanie; **2.** *(trest)* po škole

de.ter.gent [diˈtə:džənt] *podst* **1.** saponát, čistiaci prostriedok, prací prostriedok

to de.te.ri.o.rate [diˈtiəriəreit] **1.** horšiť sa, zhoršiť sa, upadať, pohoršiť sa, poľaviť, kaziť sa, chátrať

de.ter.min.a.tion [diˌtə:miˈneišən] *podst jč* **1.** rozhodnosť, odhodlanosť, rezolútnosť, určenie, stanovenie, rozhodnutie, predsavzatie; **2.** smer, tendencia

to de.ter.mine [diˈtə:min] **1.** rozhodnúť sa; **2.** *(dátum ap)* stanoviť, určiť; **3.** zistiť, ustanoviť; **4.** určovať, determinovať, byť rozhodujúci [pre čo]. *Syn* ⇨ **to decide, to learn**

de.ter.mined [diˈtə:mind] *príd* **1.** rozhodný, rezolútny, odhodlaný, rozhodnutý

de.ter.rent [diˈterənt] **I.** *podst* **1.** odstrašujúci prostriedok; **II.** *príd* **2.** odstrašujúci

to de.test [diˈtest] **1.** nenávidieť, znenávidieť; **2.** hnusiť sa, protiviť sa; **3.** neznášať. *Syn* ⇨ **to hate**

to det.o.nate [detəneit] **I.** *prech* **1.** priviesť k výbuchu; **II.** *nepr* **2.** vybuchnúť, detonovať, explodovať

de.tour [di:tuə] *podst* **1.** okľuka, odbočka, zachádzka , *(aut)* obchádzka

de.trac.tor [diˈtræktə] *podst* **1.** ohovárač

det.ri.ment [detrimənt] *podst* **1.** ujma, *(neprospech)* škoda

det.ri.men.tal [ˌdetriˈmentl] *príd* **1.** škodlivý, zhubný. *Syn* ⇨ **pernicious**

to de.val.ue [ˌdi:ˈvælju:] **1.** *(fin)* devalvovať,

urobiť devalváciu; **2.** *(prn)* znehodnotiť, uskutočniť devalváciu, znížiť hodnotu

to dev.as.tate [devəsteit] **1.** pustošiť, spustošiť, zničiť, rozdrviť; **2.** *(prn)* zdrviť, zdevastovať, zahubiť. *Syn* ⇨ **to ravage**

dev.as.tat.ing [devəsteitiŋ] *príd* **1.** zničujúci, pustošivý, katastrofálny, *(správy, kritika)* zdrvujúci

to de.vel.op [di'veləp] **I.** *prech* **1.** *(talent)* rozvinúť, *(myšlienku, tézu)* rozviesť, *(projekt, plán)* vypracovať, *(územie)* zveľadiť, *(miesto)* zastavať; **2.** *(kašeľ, vyrážku)* dostať; **3.** *(fot: film)* vyvolať; **II.** *nepr* **4.** rozvinúť sa, *(telo)* vyvíjať sa, silnieť, *(systém)* zdokonaľovať sa, *(diskusia)* rozvíriť sa; **5.** objaviť sa, *(z čoho)* tvoriť sa, *(energia)* vznikať

de.vel.op.er [di'veləpə] *podst* **1.** *(fot: roztok)* vývojka, vývojový projektant

de.vel.op.ment [di'veləpmənt] *podst* **1.** rozvoj, vývoj, *(i ekonómie)* rozmach, *(tela)* vývin, zástavba; **2.** *(fot)* vyvolanie

de.vel.op.men.tal [diˌveləp'mentl] *príd* **1.** vývojový

de.vi.ant [di:viənt] **I.** *podst* **1.** deviant; **II.** *príd* **2.** úchylný, abnormálny, deviantný

de.vi.a.tion [ˌdi:vi'eišən] *podst* **1.** odchýlka, úchylka, deviácia, odklon

de.vice [di'vais] *podst* **1.** zariadenie, nástroj, prístroj , agregát; **2.** úmysel, plán; **3.** prostriedok; **4.** trik; **5.** *(umelecký)* nápad, vynález, vynachádzavosť; **6.** volebné heslo; **7.** znak, znamenie

dev.il [devl] *podst* **1.** *(bibl)* satan; **2.** diabol, čert, lucifer, démon, zloduch

de.vi.ous [di:vjəs] *príd* **1.** krivoľaký, kľukatý; **2.** pochybný, *(človek)* prešibaný, prefíkaný

to de.vise [di'vaiz] **1.** vymyslieť, navrhnúť, vypracovať, skonštruovať, zosnovať, zostaviť, vynájsť

dev.o.lu.tion [ˌdi:və'lu:šn] *podst jč* **1.** *(pol)* decentralizácia, prenesenie právomoci

to de.vote [di'vəut] **1.** *(čomu)* venovať sa, zasvätiť, obetovať, oddať sa. *Syn*: to dedicate, to consecrate, to hallow

de.vot.ed [di'vəutid] *príd* **1.** oddaný, lojálny, obetavý, verný, zasvätený

dev.o.tee [ˌdevəu'ti:] *podst* **1.** *(pre čo)* nadšenec, stúpenec, prívrženec; **2.** obdivovateľ, fanúšik; **3.** zasvätenec

de.vo.tion [di'vəušən] *podst* **1.** oddanosť, vernosť; **2.** nadšenie, starostlivosť; **3.** zbožnosť; **4.** *(ob pl)* modlitby

to de.vour [di'vauə] **1.** *(i vulg: zviera)* zožrať, pohltiť, *(človek)* zhltnúť, *(i prn: knihu)* zhltnúť

de.vout [di'vaut] *príd* **1.** zbožný, nábožný; **2.** verný, oddaný, vrúcny, úprimný. *Syn*: pious, religious, sanctimonious. *Opoz*: impious

di.a.bp.tes [ˌdaiə'bi:ti:z] *podst jč* **1.** *(lek)* cukrovka

di.a.be.tic [ˌdaiə'betik] *príd* **1.** diabetický, chorý na cukrovku

to di.ag.nose [daiəgnəuz] **1.** *(lek)* diagnostikovať, rozpoznať, stanoviť diagnózu, zistiť zdravotný stav, *(biol)* popísať druh

di.ag.no.sis [ˌdaiəg'nəusis] *podst* (mn **diagnoses**) **1.** diagnóza, nález; **2.** *(biol)* popis druhu, klasifikácia druhu

di.ag.nos.tic [ˌdaiəg'nostik] **I.** *podst* **1.** charakteristický znak, diagnostika; **II.** *príd* **2.** diagnostický

di.ag.o.nal [dai'ægənl] **I.** *podst* **1.** diagonála, uhlopriečka; **II.** *príd* **2.** diagonálny, priečny

di.a.gram [daiəgræm] *podst* **1.** diagram, graf, schéma, nákres

di.al [daiəl] *podst* **1.** *(tel)* číselník, kotúč telefónu, *(na hodinách)* ciferník, *(na meradle)* stupnica, škála

di.a.lect [daiəlekt] *podst* **1.** dialekt, nárečie . *Syn*: vernacular, cant, jargon, argot, lingo

di.a.logue [daiəlog] *podst* **1.** dialóg, rozhovor

di.a.me.ter [dai'æmitə] *podst* **1.** priemer

dia.mond [daiəmənd] *podst* **1.** diamant; **2.** kosoštvorec; **3.** *(pren)* káro, károvaná látka

dia.per [daiəpə] *podst* **1.** *(am)* plienka; **2.** kosoštvorcový vzor

di.aph.ragm [daiəfræm] *podst* **1.** *(anat)* bránica, diafragma, *(lek)* pesar; **2.** *(fot)* clona; **3.** *(tech)* membrána

di.ar.rhoe.a [ˌdaiə'riə] *podst jč* **1.** hnačka

dia.ry [daiəri] *podst* (mn **-ies**) **1.** *(zápisník, i odb)* denník , diár, *(i inf)* zápisník, vreckový kalendár; **2.** *(odb)* kniha

dick [dik] *podst* **1.** *(vulg)* kokot; **2.** *(dtd am*

ifm) snorič, fízeľ; **3.** chytrák, premúdrelec
dic.tate [dikteit] *podst ob mn* **1.** *(polit)* diktát, príkaz, vnútené rozhodnutie
to dic.tate [dikteit] **I.** *prech* **1.** diktovať, nadiktovať; **II.** *nepr* **2.** diktovať, rozkázať, predpísať
dic.ta.tor [dik'teitə] *podst* **1.** diktátor
dic.ta.to.ri.al [ˌdiktə'to:riəl] *príd* **1.** diktátorský. *Syn*: arbitrary, dogmatic, doctrinaire
dic.ta.tor.ship [dik'teitəšip] *podst* **1.** diktatúra
dic.tion.a.ry [dikšənəri] *podst* (mn **-ies**) **1.** slovník
die [dai] *podst* (mn **dice**) **1.** kocka; **2.** hra v kocky; **3.** *(tech)* matica, razidlo; **4.** *(i polyg)* forma
to die [dai] **I.** *nepr* **1.** *(prestať žiť)* zomrieť, umrieť, skonať, uhynúť, zdochnúť, *(rastlina)* zájsť, uschnúť. *Syn*: to decease, to expire, to pass away, to perish
di.et [daiət] *podst* **1.** *(prijímanie jedla, i diétna strava)* strava, výživa; **2.** diéta
di.e.tary [daiətri] *príd ob attr* **1.** diétny
to dif.fer [difə] **1.** odlišovať sa, líšiť sa; **2.** nezhodovať sa, rozchodiť sa, *(s kým)* nesúhlasiť
dif.fer.ence [difrəns] *podst* **1.** rozdiel; **2.** nezhoda, nesúhlas, rozpor, schodok; **3.***(fin)* manko
dif.fer.ent [difrənt] *príd* **1.** rôzny, rozdielny, odlišný, iný, rozličný. *Syn*: diverse, divergent, distinct, dissimilar, disparate, various. *Opoz*: alike, similar
dif.fer.en.tial [ˌdifə'renšl] **I.** *podst* **1.** *(mat, aut)* diferenciál; **II.** *príd* **2.** diferenčný
to dif.fer.en.ti.ate [ˌdifə'renšieit] **1.** odlíšiť, rozlíšiť , rozoznať, líšiť sa, diferencovať sa. *Syn* ⇨ **to distinguish**
dif.fi.cult [difikəlt] *príd* **1.** ťažký, neľahký; **2.** nepríjemný, neschodný, *(dieťa)* problematický. *Syn* ⇨ **hard**
dif.fi.cult.y [difikəlti] *podst* (mn **-ies**) **1.** ťažkosť, prekážka, problém; **2.** komplikovanosť. *Syn*: hardship, rigor, vicissitude
dif.fi.dent [difidənt] *príd* **1.** nedôverčivý; **2.** nesmelý, ostýchavý, zakríknutý, rozpačitý, rezervovaný, skromný. *Syn* ⇨ **shy**
dif.fuse [di'fju:z] *príd* **1.** *(lúče)* rozptýlený; **2.** *(prn: štýl)* rozvláčny. *Syn* ⇨ **wordy**
dig [dig] *podst* **1.** *(ifm)* špička; **2.** *(archeol)* vykopávka; **3.** štuchnutie, džugnutie
di.gest [daidžest] *podst* **1.** výber, prehľad; **2.** *(z knihy)* výťah, konspekt. *Syn* ⇨ **abridgment**
to di.gest [daidžest] **1.** *(jedlo)* stráviť, *(i prn: informácie)* tráviť, *(i knihu, nadávku)* zhltnúť; **2.** roztriediť, klasifikovať
di.gest.ion [di'džesčən] *podst* **1.** trávenie, zažívanie; **2.** *(prn)* asimilácia myšlienok
di.gest.ive [di'džestiv] *príd ob attr* **1.** zažívací, podporujúci trávenie
dig.ger [digə] *podst* **1.** baník, kopáč; **2.** rýpadlo, bager; **3.** *(sl)* Austrálčan, *(ob o vojakoch)* Novozélanďan
dig.it [didžit] *podst* **1.** číslica, cifra; **2.** jednociferné číslo; **3.** prst
dig.i.tal [didžitl] *príd* **1.** *(i lek)* digitálny, číslicový; **2.** *(anat, ifm)* prstový
dig.ni.fied [dignifaid] *príd* **1.** dôstojný, vznešený, ctihodný; **2.** vážny
dig.ni.ta.ry [dignitəri] *podst fml* (mn **-ies**) **1.** hodnostár
dig.ni.ty [dignəti] *podst* (mn **-ies**) **1.** dôstojnosť, vznešenosť, titul, hodnosť. *Syn* ⇨ **decorum**
di.lap.i.dat.ed [di'læpideitid] *príd* **1.** *(chudobný, biedny, i dom)* chatrný, *(v zlom stave)* ošarpaný, v dezolátnom stave, *(dom)* spustnutý
to di.late [dai'leit] **I.** *nepr* **1.** *(zrenička)* rozšíriť sa, zväčšiť sa; **II.** *prech* **2.** roztiahnuť sa, dilatovať; **3.** *(on st)* rozpísať sa. *Syn* ⇨ **to expand**
di.lem.ma [di'lemə] *podst* **1.** dilema, rozpaky. *Syn* ⇨ **predicament**
dil.i.gent [dilidžənt] *príd* **1.** pilný, pracovitý, príčinlivý, snaživý, usilovný, horlivý. *Syn* ⇨ **busy**
dill [dil] *podst jč* **1.** kôpor; **2.** *(hov)* trúba, kubo
di.lute [dai'lju:t] *príd* **1.** zriedený, rozriedený, oslabený
dim [dim] *príd* **1.** *(svetlo)* matný, pritlmený, *(oči)* kalný; **2.** *(tvar)* nejasný, *(pamäť)* hmlistý, vágny; **3.** *(ifm: človek)* prostoduchý. *Syn* ⇨ **dark**

dime [daim] *podst* **1.** *(am)* desaťcentovka; **2.** *(ifm)* šesták

di.men.sion [di'menšən] *podst* **1.** *(geom, mat)* rozmer, dimenzia, *(geom)* kóta; **2.** *(priestrannosť)* rozloha, *(veľkosť, objem)* rozsah; **3.** *(rozmery, i prn)* miera

to di.min.ish [di'miniš] **I.** *prech* **1.** zmenšiť, zoslabiť, *(rýchlosť, cenu)* znížiť; **II.** *nepr* **2.** slabnúť, zmenšiť sa, *(ceny)* klesať, stenčiť sa, *(čo)* ubúdať. *Syn* ⇨ **to decrease**

di.min.u.tive [di'minjutiv] **I.** *podst* **1.** *(gram)* zdrobnenina; **II.** *príd* **2.** maličký, drobný, veľmi malý, malinký. *Syn* ⇨ **small**

din [din] *podst* **1.** lomoz, hrmot, vrava, hurhaj, krik. *Syn* ⇨ **noise**

to dine [dain] **I.** *nepr* **1..** obedovať, naobedovať sa, večerať, navečerať sa; **II.** *prech* **2..** pohostiť

din.er [dainə] *podst* **1.** stravník, stolovník, *(v reštaurácii)* hosť; **2.** *(am)* reštaurácia pri ceste, bufet; **3.** *(žel)* jedálenský vagón

din.ghy [diŋgi] *podst* (mn **-ies**) **1.** malý čln, člnok, loďka

din.ner [dinə] *podst* **1.** večera, hlavné jedlo dňa, *(fml)* obed, hostina, slávnostná večera

din.ner par.ty ['dinə͵pa:ti] *podst* **1.** slávnostná večera, večierok [s hlavným jedlom]

di.no.saur [dainəso:] *podst* **1.** dinosaurus

di.o.cese [daiəsis] *podst* **1.** diecéza

dip [dip] *podst* **1.** svah, spád, sklon; **2.** *(prudký)* pokles ; **3.** *(ifm)* krátky kúpeľ v mori ap.; **4.** kopček

di.plo.ma [di'pləumə] *podst* **1.** diplom; **2.** štátny dokument, charta

di.plo.ma.cy [di'pləuməsi] *podst jč* **1.** diplomacia. *Syn* ⇨ **tact**

di.plo.mat [dipləmæt] *podst* **1.** diplomat, diplomatka

di.plo.mat.ic [͵diplə'mætik] *príd* **1.** *(i prn)* diplomatický

dire [daiə] *príd fml* **1.** hrozný, strašný, neblahý, katastrofálny; **2.** naliehavý, povážlivý, príšerný

di.rect [di'rekt] **I.** *príd* **1.** *(vlak, let ap)* priamy; **2.** bezprostredný; **3.** otvorený, priamočiary, úprimný; **4.** pravý; **5.** zreteľný, jasný; **II.** *prísl* **6.** priamo, bezprostredne

to di.rect [di'rekt] **1.** riadiť, režírovať, *(komu)* adresovať, zamerať, nasmerovať. *Syn* ⇨ **to command, to conduct**

di.rec.tion [di'rekšən] *podst* **1.** smer, adresa, direkcia; **2.** riadenie, vedenie

di.rec.tive [di'rektiv] *podst* **1.** direktíva, smernica, pokyn, príkaz, predpis

di.rect.ly [di'rektli] *prísl* **1.** priamo, rovno; **2.** otvorene, bez obalu; **3.** okamžite, ihneď, bezprostredne

di.rec.tor [di'rektə] *podst* **1.** riaditeľ, intendant, člen správnej rady; **2.** *(film)* režisér; **3.** duchovný poradca, spovedník; **4.** *(voj)* delostrelecký zameriavač

di.rec.tor gen.er.al [di͵rektə'dženərəl] *podst* **1.** generálny riaditeľ

di.rec.tory [di'rektəri] *príd* **1.** *(i inf)* adresár, zoznam, katalóg, *(am)* orientačná tabuľa; **2.** riaditeľstvo

dirt [də:t] *podst jč* **1.** špina, blato, trus, exkrement; **2.** *(prn)* klebety; **3.** urážka, oplzlosť

dirt.y [də:ti] *príd* **1.** špinavý, umazaný, *(rana, poranenie)* znečistený, infikovaný, *(motor)* zanesený špinou/ nečistotou; **2.** *(ifm)* zlý; **3.** *(vtip)* oplzlý, sprostý; **4.** *(počasie)* škaredý, hnusný. *Syn*: soiled, grimy, filthy, foul. *Opoz*: clean

to dirt.y [də:ti] **1.** umazať, poškvrniť, zašpiniť, znečistiť, pošpiniť; **2.** ohovoriť, oklebetiť

dis.a.bil.i.ty [͵disə'biləti] *podst* (mn **-ies**) **1.** invalidita, neschopnosť, nespôsobilosť, handicap; **2.** nevýhoda

dis.ad.van.tage [͵disəd'va:ntidž] *podst* **1.** nevýhoda, neprospech; **2.** strata, škoda, ujma

dis.af.fect.ed [͵disə'fektid] *príd* **1.** nespokojný, nelojálny, odcudzený

to dis.a.gree [͵disə'gri:] **1.** nesúhlasiť, nezhodovať sa; **2.** *(hov: byť priliehavý)* nesedieť

dis.a.gree.ment [͵disə'gri:mənt] *podst* **1.** nesúhlas, rozpor; **2.** spor, kontroverzia, nezhoda

to dis.al.low [͵disə'lau] **1.** neuznať, zamietnuť, vetovať; **2.** nedovoliť, nepripustiť

to dis.ap.pear [͵disə'piə] **1.** miznúť, zmiznúť, stratiť sa; **2.** *(zvieratá)* vyhynúť, *(obavy ap)* rozplynúť sa. *Syn* ⇨ **to vanish**

dis.ap.pear.ance [ˌdisəˈpiərns] *podst* **1.** zmiznutie; **2.** zníženie

to dis.ap.point [ˌdisəˈpoint] **1.** *(človek)* sklamať, rozčarovať; **2.** *(nádeje)* sklamať, zmariť

dis.ap.point.ment [ˌdisəˈpointmənt] *podst* **1.** sklamanie, rozčarovanie

to dis.ap.prove [ˌdisəˈpru:v] **1.** nesúhlasiť, byť proti, odsúdiť, zamietnuť

to dis.arm [disˈa:m] **1.** *(mínu, bombu)* zneškodniť; **2.** *(zastaviť zbrojenie)* odzbrojiť

dis.ar.ma.ment [disˈa:məmənt] *podst jč* **1.** odzbrojenie

dis.ar.ray [ˌdisəˈrei] *podst jč* **1.** zmätok, neporiadok

dis.as.ter [diˈza:stə] *podst* **1.** katastrofa, nešťastie, pohroma, spúšť; **2.** kalamita; **3.** *(automobilová, železničná, letecká)* nehoda; **4.** *(prn)* fiasko. *Syn*: calamity, catastrophe, cataclysm

dis.a.strous [diˈza:strəs] *príd* **1.** katastrofálny, nešťastný, *(rozhodujúci, dôležitý, i tragický)* osudný

to dis.band [disˈbænd] **I.** *prech* **1.** *(organizované)* rozpustiť, rozptýliť, rozpŕchnuť sa; **2.** rozbehnúť sa; II *nepr* **3.** *(ľudia, i mraky)* rozptýliť sa, *(organizovaná skupina, i mraky)* rozísť sa, rozchádzať sa

dis.be.lief [ˌdisbiˈli:f] *podst jč* **1.** neviera, nedôvera, pochybovačnosť. *Syn* ⇨ **unbelief**

disc [disk] *podst* **1.** *(vše)* kotúč; **2.** gramofónová platňa, disk; **3.** *(anat)* platnička

to dis.cern [diˈsə:n] **1.** vedieť rozoznať, rozpoznať, rozlíšiť, odlíšiť, spoznať, uvedomiť si rozdiel. *Syn*: to perceive, to distinguish, to observe, to notice

dis.cern.ib.le [diˈsə:nəbl] *príd* **1.** rozoznateľný

dis.cern.ing [diˈsə:niŋ] *príd* **1.** kritický; **2.** náročný; **3.** inteligentný

dis.charge [disˈča:dž] *podst* **1.** prepustenie, **2.** odvolanie obžaloby; **3.** *(lek)* hnis, výtok; **4.** *(ele)* výboj, únik; **5.** vykládka; **6.** náplň

dis.ci.ple [diˈsaipl] *podst* **1.** *(náb)* učeník, prívrženec, nasledovateľ, žiak, nasledovník, pokračovateľ; **2.** *(bibl)* apoštol. *Syn* ⇨ **follower**

dis.ci.pli.na.ry [disiplinəri] *príd* **1.** disciplinárny, kárny, vedný

dis.ci.pline [disiplin] *podst* **1.** *(i lit: odbor)* disciplína; **2.** vedný odbor, náuka; **3.** *(cvičenie, zručnosť)* cvik

to dis.close [disˈkləuz] **1.** odhaliť, oznámiť, dať do známosti, prezradiť, zverejniť. *Syn* ⇨ **to reveal**

dis.clo.sure [disˈkləužə] *podst* **1.** odhalenie, prezradenie, odkrytie, objavenie

dis.com.fort [disˈkamfət] *podst* **1.** nepohodlie, ťažkosť, trampoty, mierna bolesť; **2.** nepokoj, rozpaky

to dis.con.nect [ˌdiskəˈnekt] **1.** odpojiť, prerušiť dodávku [čoho], *(vagóny)* rozpojiť, oddeliť sa

dis.con.tent [ˌdiskənˈtent] *podst* **1.** nespokojnosť

to dis.con.tin.ue [ˌdiskənˈtinju(:)] **I.** *prech* **1.** *(vše)* prerušiť, zastaviť, vypovedať, zrušiť; **II.** *nepr* **2.** prestať. *Syn* ⇨ **to stop**

dis.cord [disko:d] *podst fml* **1.** nesvár, spor; **2.** *(hud)* disharmónia, nesúlad, disonancia . *Syn*: strife, contention, dissension. *Opoz*: harmony, agreement

dis.count [diskaunt] *podst* **1.** *(cena pri predaji tovaru)* zľava, skonto, eskont; **2.** *(obch: zľava na cene: stálym odberateľom)* rabat

to dis.cou.rage [diˈskaridž] **1.** vziať [komu] odvahu, brať [komu] odvahu; **2.** odradiť, zrádzať, zastrašiť

dis.cov.er.y [diˈskavəri] *podst* (mn **-ies**) **1.** objav, *(i Ameriky)* objavenie, *(i archeol)* nález, nájdenie; **2.** *(zistenie niečoho)* odhalenie

dis.cred.it [disˈkredit] *podst jč* **1.** strata dôvery, nehodnovernosť, diskreditácia, zlá povesť

to dis.cred.it [disˈkredit] **1.** diskreditovať, znevážiť, pripraviť o dobrú povesť, *(ženu)* skompromitovať; **2.** ohovoriť

dis.creet [diˈskri:t] *príd* **1.** *(človek)* diskrétny, zdržanlivý; **2.** taktný, opatrný; **3.** rozvážny. *Syn* ⇨ **careful**

dis.crep.an.cy [diˈskrepnsi] *podst* (mn **-ies**) **1.** nesúlad, rozpor, nezrovnalosť, *(fml)* diskrepancia; **2.** nesúhlas

dis.cre.tion [diˈskrešən] *podst jč* **1.** diskrétnosť, takt, rozvaha

to dis.crim.i.nate [di'skrimineit] **1.** rozlišovať, odlišovať, diferencovať, diskriminovať. *Syn* ⇨ **to distinguish**

dis.crim.i.na.tion [di,skrimi'neišən] *podst* **1.** rozlíšenie; **2.** rozdielne zaobchádzanie; **3.** diskriminácia

dis.cus [di'skas] *podst* (mn **-es**) **1.** *(šport)* disk

to dis.cuss [di'skas] **1.** diskutovať, *(o čom)* jednať, *(čo)* prediskutovať, ventilovať, rozoberať, rokovať; **2.** *(ifm)* vyžívať sa. *Syn*: to argue, to debate, to dispute

dis.cus.sion [di'skašən] *podst* **1.** diskusia, debata, rokovanie, rozhovor

dis.dain [dis'dein] *podst jč* **1.** opovrhnutie, pohŕdanie , prezieravosť

dis.ease [dis'i:z] *podst* **1.** choroba, ochorenie. *Syn*: affection, malady, ailment

dis.eased [di'zi:zd] *príd* **1.** *(bunka, tkanivo)* chorobný, *(rastlina)* napadnutý, *(orgán)* chorý

to dis.fig.ure [dis'figə] **1.** deformovať, znetvoriť, zohyzdiť, zmrzačiť, poznačiť

dis.grace [dis'greis] *podst* **1.** hanba, škandál, blamáž, potupa. *Syn*: dishonour, shame, infamy, ignominy, odium, scandal. *Opoz*: honour, respect, esteem

dis.grace.ful [dis'greisful] *príd* **1.** hanebný, škandálny, potupný

dis.grun.tled [dis'grantld] *príd* **1.** rozladený; **2.** zle naložený; **3.** nespokojný

dis.guise [dis'gaiz] *podst* **1.** prestrojenie, preoblečenie, maska, *(voj)* maskovanie, *(prn)* pláštik, pretvárka

to dis.guise [dis'gaiz] **1.** maskovať, zamaskovať, zastierať; **2.** meniť, *(hlas)* zmeniť

dis.gust [dis'gast] *podst jč* **1.** hnus, odpor, nechuť

to dis.gust [dis'gast] **1.** znechutiť, zhnusiť, otráviť, vyvolávať odpor

dis.gust.ing [dis'gastiŋ] *príd* **1.** odporný, hnusný, škaredý, ošklivý, *(budiaci hnus/ odpor)* ohavný

dish [diš] *podst* (mn **-es**) **1.** misa; **2.** pokrm, *(jednotlivo podávané)* jedlo, chod; **3.** *(ifm: o mužovi)* fešák, *(o žene)* kus, kosť

dis.hon.est [dis'onist] *príd* **1.** nepoctivý, nečestný, nekalý, *(podvodnícky)* falošný; **2.** *(prn: nestatočný)* nečistý. *Syn*: deceitful, lying, untruthful. *Opoz*: honest

dis.hon.es.ty [dis'onisti] *podst jč* **1.** nepoctivosť, nečestnosť, klamstvo

dish.wash.er ['diš,wošə] *podst* **1.** *(stroj)* umývačka riadu

to dis.il.lu.sion [,disi'lu:žən] **1.** rozčarovať, zbaviť ilúzií, sklamať

dis.il.lu.sion.ment [,disi'lu:žənmənt] *podst jč* **1.** rozčarovanie, vytriezvenie, dezilúzia

to dis.in.te.grate [,dis'intigreit] **1.** rozpadnúť sa, vetrať, *(i kameň)* zvetrať, *(spoločnosť)* rozložiť sa. *Syn* ⇨ **to decay**

dis.like [dis'laik] *podst* **1.** averzia, neláska, antipatia, nechuť, odpor

to dis.like [dis'laik] **1.** nemať rád, mať nerád, nemať v láske, neznášať, pociťovať odpor

to dis.lo.cate [disləkeit] **1.** vykĺbiť, vytknúť; **2.** *(prn: dopravu, ekonomiku)* narušiť, uviesť do zmätku, *(na iné miesto)* presunúť; **3.** premiestniť

dis.lo.ca.tion [,dislə'keišn] *podst* **1.** vykĺbenie, vytknutie; **2.** *(prn: vedenia ap)* narušenie

to dis.lodge [dis'lodž] **1.** uvoľniť, vytlačiť; **2.** *(i voj)* vypudiť, *(voj)* preložiť posádku

dis.mal [dizməl] *príd* **1.** *(myšlienky)* pochmúrny, neveselý, *(správy)* neradostný, *(počasie)* škaredý; **2.** *(ifm: vystúpenie)* mizerný, úbohý

to dis.man.tle [dis'mæntl] **1.** demontovať, rozobrať, rozmontovať; **2.** *(prn)* odstrániť, odbúrať. *Syn* ⇨ **to strip**

dis.may [dis'mei] *podst jč* **1.** ohromenie, zdesenie, konšternácia

to dis.may [dis'mei] **1.** zdesiť, ohromiť, konšternovať, naľakať, vystrašiť; **2.** naplniť. *Syn*: to appall, to horrify, to daunt

to dis.mem.ber [dis'membə] **1.** *(zviera)* rozštvrtiť, *(prn: krajinu)* rozdrobiť, rozkúskovať, *(trhaním rozdeliť na viac kusov)* roztrhať; **2.** rozčleňovať, deliť, rozoberať; **3.** rozmontovať

to dis.miss [dis'mis] **1.** *(schôdzu)* skončiť, rozpustiť; **2.** *(z práce)* prepustiť, zbaviť funkcie/ úradu; **3.** odbyť; **4.** *(práv)* zamietnuť; **5.** *(špo)* vyradiť. *Syn* ⇨ **to eject**

dis.mis.sal [dis'misəl] *podst* **1.** *(z práce)* prepustenie, rozpustenie, výpoveď; **2.** *(i práv)* zamietnutie

dis.miss.ive [dis'misiv] *príd* **1.** pohŕdavý; **2.** prezieravý

dis.o.bed.i.ence [ˌdisə'bi:djəns] *podst jč* **1.** neposlušnosť; **2.** neuposlúchnutie; **3.** protiveň

dis.or.der [dis'o:də] *podst* **1.** neporiadok, zmätok; **2.** nepokoje; **3.** *(mentálna)* porucha. *Syn* ⇨ **confusion**

to dis.or.der [dis'o:də] **1.** spôsobiť neporiadok, uviesť do neporiadku, *(nahádzať jedno cez druhé)* poprehádzať, rozhádzať; **2.** *(porušiť, pokaziť: i väzbu)* rozrušiť, narušiť

dis.patch [di'spæč] *podst* (mn **-es**) **1.** *(tovaru)* expedícia, odoslanie; **2.** depeša, správa; **3.** rýchlosť, pohotovosť

to dis.pel [di'spel] **1.** *(obavy)* rozptýliť, *(strach, starosti)* zaplašiť, rozohnať, zahnať; **2.** *(chýry, povesti)* vyvrátiť. *Syn* ⇨ **to scatter**

to dis.pense [di'spens] **1.** rozdeliť, rozdať; **2.** zaobísť sa, vzdať sa, zriecť sa; **3.** oslobodiť; **4.** *(spravodlivosť)* vykonávať. *Syn* ⇨ **to distribute**

dis.pens.er [di'spensə] *podst* **1.** schránka, *(na cigarety ap)* automat; **2.** lekárnik; **3.** vykonávateľ

to dis.perse [di'spə:s] **I.** *prech* **1.** *(mraky, zástup)* rozohnať, *(armádu)* rozprášiť, *(svetlo)* rozptýliť; **II.** *nepr* **2.** *(dav)* rozísť sa, rozptýliť sa, rozpŕchnuť sa, rozplynúť sa. *Syn* ⇨ **to scatter**

to dis.place [dis'pleis] **1.** premiestniť, presunúť, odsunúť; **2.** *(nám: vodu)* vytlačiť; **3.** vyhnať, vysídliť. *Syn* ⇨ **to replace**

dis.place.ment [dis'pleismənt] *podst* **1.** *(geol)* dislokácia, presun, odsun, premiestnenie; **2.** vysídlenie; **3.** *(čoho)* odstránenie; **4.** *(koho)* zosadenie; **5.** *(nám)* výtlak; **6.** náhrada

dis.play [di'splei] *podst* (mn **-ays**) **1.** výstavka, prehliadka, exhibícia; **2.** *(inf)* zobrazenie, výklad, displej

to dis.play [di'splei] **1.** vystaviť, vystavovať, vyložiť; **2.** *(inf)* zobraziť, ukázať, prejaviť. *Syn* ⇨ **to show**

dis.plea.sure [dis'pležə] *podst jč* **1.** nepríjemnosť, nespokojnosť, nevôľa, nechuť, neľúbosť, nemilosť, nasrdenosť. *Syn* ⇨ **offence**

dis.pos.ab.le [di'spəuzəbl] **I.** *podst* **1.** jednorazový predmet, nevratná fľaša, nevratný obal, na jedno použitie; **II.** *príd* **2.** jednorazový, nevratný, raz použiteľný

dis.pos.al [di'spəuzəl] *podst* **1.** odstránenie, zbavenie sa, odrážka, *(smetí)* odvoz; **2.** rozmiestnenie, rozostavenie; **3.** naladenie; **4.** predaj, postúpenie; **5.** použitie

dis.po.si.tion [ˌdispə'zišən] *podst ob jč* **1.** povaha, temperament, letora; **2.** inklinácia, dispozícia, tendencia, sklon. *Syn*: temperament, temper, character, personality

dis.pro.por.tion.ate [ˌdisprə'po:šnət] *príd* **1.** neúmerný, neprimeraný, nepomerný, disproporčný, neproporčný

to dis.prove [ˌdis'pru:v] **1.** *(tvrdenie ap)* vyvrátiť. *Syn*: to refute, to confute, to controvert, to rebut

dis.pute [di'spju:t] *podst* **1.** polemika, kontroverzia; **2.** spor, rozopra

to dis.pute [di'spju:t] **I.** *nepr* **1.** hádať sa, debatovať ; **II.** *prech* **2.** brať do pochybnosti, polemizovať, škriepiť sa, popierať, pochybovať, oponovať, bojovať, zápasiť. *Syn* ⇨ **to argument, to discuss**

to dis.qual.i.fy [dis'kwolifai] **1.** *(špo)* diskvalifikovať, *(šport: zo súťaže)* vylúčiť, *(i činnosti)* vyradiť; **2.** odobrať vodičský preukaz

dis.qui.et [dis'kwaiət] *podst jč* **1.** nepokoj, rozruch, znepokojenie

to dis.qui.et [dis'kwaiət] **1.** *(vyvolať nepokoj)* znepokojiť , narušiť

dis.re.gard [ˌdisri'ga:d] *podst jč* **1.** prehliadanie, nevšímavosť, ignorovanie; **2.** nedbalosť, ľahostajnosť; **3.** pohŕdanie, podceňovanie; **4.** bezohľadnosť

dis.re.pute [ˌdisri'pju:t] *podst jč* **1.** zlá povesť; **2.** hanba

to dis.rupt [dis'rapt] **1.** narušiť, prerušiť, roztrhať, rozvrátiť, rozložiť, rozpadnúť sa

dis.rup.tion [dis'rapšn] *podst* **1.** narušenie, prerušenie, pretrhnutie; **2.** trhlina; **3.** rozpad, rozklad; **4.** rozvrat , rozkol

dis.rup.tive [dis'raptiv] *príd* **1.** rušivý, rozkladný

dis.sa.tis.fac.tion ['dis,sætis'fækšən] *podst jč* **1.** nespokojnosť, neukojenosť

dis.sa.tis.fied [,dis'sætisfaid] *príd* **1.** nespokojný

to dis.sect [di'sekt] **1.** preparovať, pitvať, rozpitvať, rozrezať, rozkrájať, rozložiť, analyzovať, rozanalyzovať

to dis.sem.i.nate [di'semineit] **1.** *(prn: poznatky, kultúru, nové poznatky)* šíriť, *(rozložiť, rozniesť, rozchýriť)* rozšíriť, roztrúsiť, propagovať; **2.** popularizovať

dis.sent [di'sent] *podst jč* **1.** nesúhlas, nezhoda, rozpor, disent

dis.ser.ta.tion [,disə(:)'teišn] *podst* **1.** *(univ)* diplomová práca, *(ob am)* dizertácia

dis.si.dent [disidənt] **I.** *podst* **1.** *(pol)* disident; **II.** *príd* **2.** nekonformný, disidentský

dis.so.lu.tion [,disə'lu:šən] *podst jč* **1.** rozpustenie; **2.** rozlúčenie, zrušenie, rozpad

to dis.solve [di'zolv] **I.** *prech* **1.** rozpustiť, zrušiť; **II.** *nepr* **2.** rozpustiť sa, rozplynúť sa, rozpadať sa, roztavovať sa, rozpúšťať sa, rušiť sa, zmiznúť, miznúť, zanikať. *Syn* ⇨ **to adjourn, to melt**

dis.tance [distəns] *podst* **1.** vzdialenosť; **2.** diaľka, *(fml)* ďalej, odstup

dis.tant [distənt] *príd* **1.** vzdialený, ďaleký; **2.** odmeraný, rezervovaný. *Syn* ⇨ **far**

dis.taste [,dis'teist] *podst jč* **1.** *(antipatia)* nechuť

dis.taste.ful [dis'teistful] *príd* **1.** nechutný, odporný

to dis.til [di'stil] **1.** destilovať, páliť, prekvapkať, kvapkať, urobiť výťah, zhustiť, zhutniť

dis.till.ery [di'stiləri] *podst* (mn **-ies**) **1.** liehovar, pálenica

dis.tinct [di'stiŋkt] *príd* **1.** odlišný, rozdielny; **2.** jasný, zreteľný, výrazný. *Syn* ⇨ **different**

dis.tinc.tion [di'stiŋkšən] *podst* **1.** rozdiel; **2.** vychýrenosť, sláva, vyznamenanie

dis.tinc.tive [di'stiŋktiv] *príd* **1.** osobitný, rázovitý, výrazný, typický, individuálny. *Syn* ⇨ **characteristic**

to dis.tin.guish [di'stiŋgwiš] **I.** *prech* **1.** rozlíšiť; **2.** odlíšiť, odlišovať; **3.** uvidieť, rozpoznať; **II.** *nepr* **4.** rozlišovať. *Syn*: to discriminate, to differentiate, ⇨ aj **to discern**

dis.tin.guished [di'stiŋgwišt] *príd* **1.** distingvovaný, skvelý, *(prn: popredný)* predný, *(význačný)* vzácny, chýrny. *Syn* ⇨ **famous**

to dis.tort [di'sto:t] **I.** *prech* **1.** *(materiál)* deformovať , *(tvár)* pokriviť; **2.** *(ifm: pravdu)* prekrútiť, *(fakty)* skresliť, *(text)* skomoliť; **II.** *nepr* **3.** *(štruktúru)* deformovať sa, *(tvár)* pokriviť sa . *Syn* ⇨ **to deform**

dis.tor.tion [di'sto:šn] *podst* **1.** *(textu)* skomolenie; **2.** *(pravdy, faktov)* skreslenie, prekrútenie; **3.** skrútenie, skrivenie, pokrivenie, deformácia

to dis.tract [di'strækt] **1.** odvrátiť iným smerom, odvádzať pozornosť, rozptyľovať, odpútať

dis.trac.tion [di'strækšən] *podst* **1.** zábava, *(kratochvíľa)* rozptýlenie; **2.** odvedenie pozornosti, nepozornosť; **3.** *(od práce)* zdržiavanie; **4.** *(duševná choroba)* bláznovstvo

dis.traught [di'stro:t] *príd* **1.** rozrušený, plný úzkostí

dis.tress [di'stres] *podst jč* **1.** ťažkosť, núdza, *(finančná)* tieseň; **2.** utrpenie, útrapy, zármutok. *Syn*: suffering, agony, anguish

to dis.tress [di'stres] **1.** *(koho)* rozrušiť, vyviesť [koho] z rovnováhy, spôsobiť [komu] bolesť, zarmútiť, tiesniť, unaviť, vyčerpať

to dis.tri.bute [di'stribju:t] **1.** *(medzi niekoľkých)* podeliť, rozdeliť, porozdávať, distribuovať; **2.** *(poštu, noviny, propagačný materiál)* rozniesť, *(poštou)* rozoslať; **3.** *(rozvhrnúť)* rozpočítať. *Syn*: to dispense, to divide, to dole

dis.tri.bu.tion [,distri'bju:šən] *podst* **1.** distribúcia; **2.** *(pošty, novín)* expedícia; **3.** rozdelenie, delimitácia; **4.** *(i mat)* delenie, kolportáž

dis.tri.but.or [di'stribjutə] *podst* **1.** *(obch)* distribútor, veľkoobchodník; **2.** *(aut)* rozdeľovač, rozvádzač

dis.trict [distrikt] *podst* **1.** okres, okrsok, oblasť, mestská štvrť, obvod

dis.trust [di'strast] *podst jč* **1.** nedôvera, podozrenie

dis.tur.bance [di'stə:bəns] *podst* **1.** rušenie, *(prn: mätenie, znepokojovanie)* mútenie, rozrušenie; **2.** *(porušenie verejného poriad-*

ku) výtržnosť, poburovanie, rozruch
dis.turbed [di'stə:bd] *príd* **1.** nepokojný, pobúrený, *(i rovnováha, vzorka)* porušený
dis.used [ˌdis'ju:zd] *príd* **1.** *(železnica ap)* mimo prevádzky; **2.** *(budova)* prázdny
ditch [dič] *podst* (mn **-es**) **1.** príkop, stoka, kanál, priekopa
dith.er [diðə] *podst* **1.** váhanie
to dive [daiv] **1.** skočiť do vody [hlavou], ponoriť sa, potopiť sa; **2.** *(ceny)* prudko klesnúť, spadnúť
div.er [daivə] *podst* **1.** potápač; **2.** *(špo)* skokan do vody; **3.** *(zool)* potápka
to di.verge [dai'və:dž] **1.** rozbiehať sa; **2.** rozviesť sa, odlíšiť sa, odchýliť sa, vychýliť sa, odbočiť. *Syn* ⇨ **to deviate**
di.verse [dai'və:s] *príd dtd,fml* **1.** rôzny, rozmanitý, rôznorodý, iný. *Syn* ⇨ **different**
to di.ver.si.fy [dai'və:sifai] **1.** diverzifikovať, spestriť, oživiť; **2.** rozložiť investičné riziko; **3.** striedať plodiny; **4.** rozšíriť svoju činnosť; **5.** odlíšiť sa
di.ver.sion [dai'və:šən] *podst* **1.** obchádzka, odbočka; **2.** zábava, kratochvíľa
di.ver.si.ty [dai'və:səti] *podst jč* (mn **-ies**) **1.** rôznosť , rôznorodosť, rozmanitosť, pestrosť
to di.vert [dai'və:t] **1.** odkloniť; **2.** *(prn)* odvrátiť, odviesť, zviesť inde; **3.** pobaviť sa, rozptýliť sa. *Syn* ⇨ **to amuse**
di.vide [di'vaid] *podst* **1.** *(prn)* predel, rozdiel, priepasť; **2.** *(am)* rozvodie, hranica
to di.vide [di'vaid] **I.** *prech* **1.** *(vše)* rozdeliť, rozpoliť; **2.** *(mat)* deliť; **II.** *nepr* **3.** deliť sa, rozdeľovať sa. *Syn* ⇨ **to distribute**, **to separate**
di.vi.dend [dividend] *podst* **1.** *(fin)* dividenda; **2.** *(mat)* delenec. *Syn* ⇨ **bonus**
di.vine [di'vain] *príd* **1.** *(vše, ifm)* božský, anjelský; **2.** úchvatný, nádherný . *Syn* ⇨ **holy**
to di.vine [di'vain] **1.** veštiť, hádať, *(prútikom vodu)* nájsť, prorokovať, vytušiť
div.ing [daiviŋ] **I.** *podst* **1.** *(špo)* skoky do vody; **II.** *príd* **2.** potápačský
di.vi.sion [di'vižən] *podst* **1.** *(i mat)* delenie; **2.** sekcia, odbor; **3.** *(voj, ftb)* divízia; **4.** nejednotnosť. *Syn* ⇨ **part**
di.vis.ive [di'vaisiv] *príd* **1.** spejúci k nejednotnosti; **2.** rozvratný, rozbíjačský
di.vorce [di'vo:s] *podst* **1.** *(práv)* rozvod; **2.** odlúčenie, rozlúčenie
to di.vorce [di'vo:s] **I.** *prech* **1.** *(práv)* rozviesť, rozsobášiť; **2.** odlúčiť, *(prn: od seba)* oddeliť; **II.** *nepr* **2.** rozviesť sa
to di.vulge [dai'valdž] **1.** prezradiť, vyzradiť. *Syn* ⇨ **to reveal**
diz.zy [dizi] *príd* **1.** trpiaci závratom, závratný
to do [du:] (mč **did**, mp **done**) **I.** *prech* **1.** *(pripravovať, vyrábať, tvoriť)* [u]robiť, *(povinnosť)* konať, *(zotrvať istý čas)* stráviť, cestovať; **2.** *(hru)* predviesť, zahrať, naštudovať, *(film)* nakrútiť; **3.** *(+ the/ o's + podst prek so slo: izbu)* upratať, *(zuby)* vyčistiť, *(nechty)* ostrihať, *(vlasy)* učesať; **4.** *(jedlo)* [na]variť, *(mäso)* [u]piecť, *(*well done)* prepečené; **5.** *(univ: predmet)* študovať; **6.** *(krížovku)* lúštiť; **7.** *(ifm: mesto)* navštíviť, prezrieť si; **8.** *(ifm obchod: tovar)* držať, *(v obchode: zákazník)* obslúžiť; **9.** *(ifm: koho)* švindľovať, *(čo)* skončiť; **II.** *nepr* **10.** *(konať, pracovať)* [u]robiť, **what do you do?** *čo robíš ?*; **what are you doing tonight/ this evening?** *čo robíš večer?*; **what will you do?** *čo urobíš ?*; **there's nothing we can do!** *nedá sa nič robiť!*; **what are you doing here?** *čo tu robíš ?*, **11.** *(k čomu)* hodiť sa, vyhovovať, stačiť, **that'll do!** *to stačí!*; **12.** *(+ well, bad, how)* dariť sa, mať sa, **how are you doing?** *ako sa máš/ ti darí?*; **how do you do?** **teší ma!*; **III.** *pomocné slo* **13.** *(v záp/ otázkach)* ., **do you want?** *chceš?*; **he didn't come** *neprišiel*; **14.** *(zdôrazňuje: často neprek)* no, **do come in!** *(no) poď ďalej!*; **16.** *(ako dovetok)* nie, však, **you want, don't you?** *chceš, však/ nie?*;
dock [dok] *podst* **1.** *(nám)* dok; **2.** šťaveľ
to dock [dok] **I.** *nepr* **1.** zájsť do doku, spojiť sa v kozmickom priestore; **II.** *prech* **2.** spojiť v kozmickom priestore, dopraviť loď; **3.** pristrihnúť, obmedziť, znížiť; **4.** kupírovať, skrátiť, krátiť
dock.land [doklænd] *podst* **1.** prístavná štvrť, prístavisko
doc.tor [doktə] *podst* **1.** *(lek)* lekár; **2.** *(ifm)*

doktor, šaman; **3.** *(do nápojov)* prípravok

to doc.tor [doktə] **1.** kastrovať; **2.** falšovať, *(do čoho)* zasahovať, pančovať

doc.tor.ate [doktrit] *podst* **1.** doktorát, doktorská hodnosť

doc.trine [doktrin] *podst* **1.** doktrína, učenie, náuka, dogma. *Syn*: dogma, tenet, precept

doc.u.ment [dokjumənt] *podst* **1.** dokument, listina, doklad, preukaz

to doc.u.ment [dokjumənt] **1.** dokumentovať, *(listinami)* doložiť, *(zdôvodňovať)* podkladať; **2.** *(podať dôkaz)* dokázať, preukázať

doc.u.men.ta.ry [ˌdokju'mentəri] **I.** *podst* **1.** dokumentárny film, dokumentárny program; **II.** *príd* **2.** dokumentárny; **3.** preukázaný

doc.u.men.ta.tion [ˌdokjumen'teišn] *podst jč* **1.** dokumenty, dokumentácia, dokladový materiál

dodge [dodž] *podst ifm* **1.** vyhnutie; **2.** *(i šport)* kľučka; **3.** *(i podvodný)* trik, *(daňový)* únik, *(prn)* finta; **4.** *(br)* úskok

to dodge [dodž] **I.** *prech* **1.** *(čomu)* vyhnúť sa, vyhnúť sa plateniu [čoho]; **II.** *nepr* **2.** uhnúť sa, uskočiť, kľučkovať

dodg.er [dodžə] *podst* **1.** podfukár, *(daňový)* podvodník; **2.** ulievač; **3.** prefíkanec, *(o prefíkanom človeku)* lišiak

dodg.y [dodži] *príd* **1.** ošemetný, prekérny, riskantný; **2.** *(človek)* prešibaný; **3.** *(plán)* pochybný

dog [dog] *podst* **1.** *(zool domáci: Canis)* pes; **2.** samec vlka/ lišky; **3.** *(dtd ifm)* chlapík, naničhodník; **4.** *(tech)* čeľusť, svorka, *(trámová)* skoba; **5.** *(sl pej)* ohava; **6.** *(am)* brak

dog.ged [dogid] *príd ob attr* **1.** *(o ľuďoch)* húževnatý, tvrdohlavý, zaťatý, hlavatý, zanovitý. *Syn* ⇨ **stubborn**

dog.ma [dogmə] *podst* **1.** dogma. *Syn* ⇨ **doctrine**

dog.mat.ic [dog'mætik] *príd* **1.** dogmatický

dol.drums [doldrəmz] *podst* **1.** *(geol)* rovníkové pásmo tíšin; **2.** *(lek, ekon, geol)* depresia; **3.** *(prn)* skľúčenosť, nečinnosť

dole [dəul] *podst* **1.** *(v nezamestnanosti)* podpora; **2.** *(prn)* almužna, zármutok, žiaľ

doll [dol] *podst* **1.** *(i prn)* bábika, bábka; **2.** parádnica; **3.** pekná žena

dol.lar [dolə] *podst* **1.** dolár

dol.ly [doli] **I.** *podst* **1.** bábika; **II.** *príd* **2.** pôvabný, atraktívny; **3.** ľahko spracovateľný, hlúpy

dol.phin [dolfin] *podst* **1.** *(zool obyčajný: Delphinus)* delfín

do.main [də'mein] *podst* **1.** sféra, oblasť; **2.** panstvo , okruh pôsobnosti, odbor

dome [dəum] *podst* **1.** kupola, klenba; **2.** dóm; **3.** lebka, parojem; **4.** kapota

do.mes.tic [də'mestik] *príd* **1.** domáci; **2.** tuzemský, vnútorný, interný, vnútroštátny, vnútropolitický

dom.in.ant [dominənt] *príd* **1.** dominantný, prevládajúci, najvplyvnejší, rozhodujúci. *Syn*: predominant, paramount, pre-eminent, preponderant

to dom.i.nate [domineit] **1.** *(potlačiť, premôcť city)* ovládnuť, *(byť pánom)* vládnuť, *(i prn)* panovať

dom.i.na.tion [ˌdomi'neišən] *podst jč* **1.** nadvláda, panstvo, panovanie

do.min.ion [də'minjən] *podst* **1.** *(prn)* vláda, nadvláda , *(i prn)* panstvo; **2.** *(hist: koloniálne panstvo)* domínium, *(zast)* državа. *Syn* ⇨ **power**

dom.i.no [dominəu] *podst* **1.** *(hra)* domino, dominová kocka; **2.** *(maska)* domino

don [don] *podst* **1.** *(univ)* univerzitný učiteľ, rektor; **2.** španielsky titul, veľký pán

to do.nate [dəu'neit] **1.** darovať, podarovať, venovať darom, *(do daru)* dať, oferovať; **2.** zapožičať. *Syn* ⇨ **to give**

do.na.tion [dəu'neišən] *podst* **1.** dar, darovanie, venovanie, rozdávanie, milodar. *Syn* ⇨ **present**

don.key [doŋki] *podst* (mn **-eys**) **1.** *(zool domáci: Equus asinus)* osol, somár

do.nor [dəunə] *podst* **1.** darca, donor

doom [du:m] *podst jč* **1.** neblahý osud; **2.** súdny deň; **3.** záhuba; **4.** trestný rozsudok. *Syn* ⇨ **fate**

door [do:] *podst* **1.** dvere, vráta, *(vchod do domu)* brána; **2.** *(prn)* prah

door.bell [do:bel] *podst* **1.** zvonček pri dverách

door.step [do:step] *podst* **1.** schod predo dvermi; **2.** *(ifm)* hrubý krajec chleba

door.way [do:wei] *podst* (mn **-ays**) **1.** vchod, dvere, *(cez dvere)* priechod, brána, vstup, prístup

dope [dəup] *podst* **1.** *(ifm)* droga; **2.** *(ifm)* blbec, sprosták, truľo

to dope [dəup] **1.** dopovať, nadrogovať sa, omámiť drogou

dor.mant [do:mənt] *príd* **1.** latentný, driemajúci, nevyužitý; **2.** nečinný; **3.** *(bot)* spiaci, ospalý. *Syn* ⇨ **latent**

dor.mi.to.ry [do:mitri] *podst* (mn **-ies**) **1.** ubytovňa, ubikácia, spoločná spálňa, spoločná izba, nocľareň, slobodáreň; **2.** *(am)* [študentský] internát

do.sage [dəusidž] *podst ob jč* **1.** dávkovanie; **2.** dávka

dose [dəus] *podst* **1.** dávka, dóza; **2.** záchvat; **3.** *(ifm)* kvapavka

to dose [dəus] **1.** *(lek)* dávkovať

dos.si.er [dosiei] *podst* **1.** fascikel spisov, zbierka dokumentov, kádrový materiál

dot [dot] *podst* **1.** bodka, špunt, škvŕňa, drobec, štipka

doub.le [dabl] **I.** *podst* **1.** dvojnásobok; **2.** dvojník; **3.** *(špo: v tenise)* dvojhra; **4.** zrýchlený krok; **5.** *(rieky)* zákruta; **II.** *príd* **6.** dvojitý, dva razy taký, dvojnásobný; **7.** neúprimný; **8.** dvojzmyselný

to doub.le [dabl] **I.** *prech* **1.** zdvojiť, zdvojnásobiť, *(papier ap)* preložiť; **II.** *nepr* **2.** zdvojnásobiť sa

doub.ly [dabli] *prísl* **1.** dvojnásobne, dvojite, dupľom

doubt [daut] *podst* **1.** pochybnosť, neistota, skepsa . *Syn* ⇨ **uncertainty**

to doubt [daut] **1.** pochybovať, mať pochybnosti, byť na pochybách, nedôverovať

doubt.ful [dautful] *príd* **1.** nerozhodný, váhavý; **2.** pochybný, neistý, neurčitý; **3.** nepravdepodobný. *Syn*: dubious, questionable, problematical. *Opoz*: certain, sure

doubt.less [dautlis] *prísl* **1.** nepochybne, nesporne, určite

dough [dəu] *podst jč* **1.** *(kuch)* cesto; **2.** *(hmota)* masa; **3.** *(sl: peniaze)* prachy

dough.nut [dəunat] *podst* **1.** *(kuch)* šiška, pampúch

dour [duə] *príd* **1.** zamračený, *(vážny)* prísny, *(odmeraný)* strohý

to dous.e [daus] **1.** uhasiť, zhasnúť, *(oheň)* zaliať; **2.** namočiť

dove [dəuv] *podst* **1.** holub, holubica, holúbok, hrdlička; **2.** miláčik

down [daun] **I.** *podst* **1.** páperové perie, drobné perie, páperie, prach; **2.** *(ob pl: v púšti)* duna; **3.** *(ifm: down on sb)* antipatia [pre]; **II** *predl* **4.** *(vyj smer/ polohu zhora nadol)* dolu: dole, **down the river** *dolu riekou*; *(ozn predmet, po povrch, kt prebieha dej)* po: **down the road** *po ceste*;; **III.** *príd* **5.** smutný, deprimovaný; **6.** *(smer)* klesajúci, poľahnutý; **7.** *(zariadenie)* nečinný, *(platba)* zálohový, *(vlak)* z mesta, *(paplón ap)* páperový; **IV.** *prísl* **8.** niže, dolu, dole, nadol, *(up and down)* hore-dolu, *(upside down)* hore nohami/ dolu hlavou, *(down with)* dolu s, *(down to: časove, priestorove)* až po; **9.** preč; **10.** *(cash down)* za hotové, zhoršujúci sa; **11.** *(v krížovke)* zvisle; **12.** *(povel pre psa: down!)* ľahni!

down.fall [daunfo:l] *podst* **1.** *(ríše ap)* pád, zánik, zrútenie, skaza

down.hill [ˌdaun'hil] **I.** *podst* **1.** svah kopca, *(jazda dolu: i lyžiarsky)* zjazd; **II.** *príd* **2.** klesajúci, zvažujúci sa, zostupný, *(ekon)* neúspešný, *(šport: dráhá)* zjazdový; **3.** *(ifm)* ľahký; **III.** *prísl* **4.** z kopca, *(na miesto položené nižšie na kopci)* dolu, nadol

down.right [daunrait] *príd* **1.** vyložený, vyslovený, číry, úplný, *(odmietnutie)* kategorický; **2.** priamy, zvislý

down.stream [ˌdaun'stri:m] *prísl* **1.** po prúde rieky

down-to-earth [ˌdauntu'ə:θ] *príd* **1.** triezvy, prozaický, praktický

downtown [ˌdaun'taun] **I.** *podst* **1.** centrum, stred mesta, obchodná časť mesta; **II.** *prísl* **2.** v centre; **3.** do centra mesta

down.ward [daunwəd] *príd ob attr* **1.** zostupný, klesavý

down.wards [daunwədz] **1.** smerom dolu, z kopca

to doze [dəuz] **1.** driemať, podriemkavať, kľuckať; **2.** práchnivieť

drab [dræb] *príd* **1.** šedý, šedivý, fádny, jednotvárny, monotónny

dra.co.ni.an [dreiˈkəunjən] *príd fml* **1.** drakonický

draft [dra:ft] *podst* **1.** *(listu ap)* koncept, *(zákona)* návrh; **2.** *(fin)* zmenka, platenie pomocou zmenky; **3.** *(am voj)* odvod

to draft [dra:ft] **1.** nakresliť, načrtnúť, narysovať; **2.** *(premyslieť a určiť postup)* rozvrhnúť, *(zostavovať)* koncipovať, projektovať; **3.** *(am voj)* povolať, zverbovať, *(zast hov: za vojaka)* odobrať

to drag [dræg] **I.** *prech* **1.** tiahnuť, ťahať, vliecť; **2.** *(vláčnou sieťou)* prehľadávať; **II.** *nepr* **3.** vliecť sa, tiahnuť sa. *Syn* ⇨ **to pull**

drag.on [drægən] *podst* **1.** *(zool flying dragon:)* drak [lietajúci]; **2.** *(prn)* dračica; **3.** *(drak)* šarkan

drag.oon [drəˈgu:n] *podst* **1.** *(voj hist)* dragún, jazdec

drain [drein] *podst* **1.** odpad, odpadový kanál; **2.** *(prn)* záťaž, bremeno

to drain [drein] **I.** *prech* **1.** *(pôdu)* vysušiť, odvodniť, *(nádrž, rybník)* vypustiť, *(kuch)* scediť; **2.** *(pohár)* vypiť; **3.** *(paru)* vyčerpať; **4.** *(výletníkmi ap)* pľundrovať krajinu; **II.** *nepr* **5.** *(riad, zelenina)* odkvapkať

drain.age [dreinidž] *podst jč* **1.** kanalizácia, *(zariadenie/ miesto)* odtok, *(odtokové zariadenie)* odpad, *(sústava kanálov)* drenáž, *(vyčerpanie)* odčerpanie; **2.** odvodňovanie; **3.** odpadová voda; **4.** *(lek)* drén

dra.ma [dra:mə] *podst* **1.** činohra, divadelná hra, *(prn, lit)* dráma

dra.mat.ic [drəˈmætik] *príd* **1.** dramatický, *(prn)* teatrálny, divadelný, herecký

dra.mat.ist [dræmətist] *podst* **1.** dramatik

to dra.ma.tize [dræmətaiz] **1.** dramatizovať, zdramatizovať, upraviť pre televíziu; **2.** hrať; **3.** predvádzať sa, správať sa teatrálne

drap.er [dreipə] *podst* **1.** *(br dtd)* obchodník s textilom, súkenník, plátenkár; **2.** *(obchod)* textil

dras.tic [dræstik] *príd* **1.** drastický, radikálny, *(silný, veľký)* krutý

draught [dra:ft] **I.** *podst* **1.** prievan; **2.** ťah, ťahanie; **3.** dúšok; **4.** *(nám)* ponor, výtlak; **5.** výlov; **6.** *(pivo ap)* čapované; **II.** *príd* **7.** čapovaný, od čapu

draw [dro:] *podst* **1.** ťah, rozlosovanie; **2.** *(špo)* nerozhodný výsledok, remíza; **3.** atrakcia, *(sl)* šláger, hit

to draw [dro:](mč **drew**, mp **drawn**) **I.** *prech* **1.** ťahať, *(závesy)* roztiahnuť, zatiahnuť, *(meč)* tasiť, *(čo)* obnažiť; **2.** *(pivo, víno)* čapovať, *(vodu)* čerpať, *(vaňu)* napustiť; **3.** *(peniaze)* vybrať si, *(poplatok)* inkasovať, *(penziu)* poberať; **4.** priťahovať, *(záujem)* vyvolať, *(pozornosť)* budiť; **5.** zlosovať; **II.** *nepr* **6.** *(komín)* ťahať; **7.** *(špo)* remizovať; **8.** kresliť, rysovať. *Syn* ⇨ **to pull**

draw.back [dro:bæk] *podst* **1.** nedostatok, tienistá stránka, zápor, mínus, slabina

draw.er [dro:ə] *podst* **1.** *(i ifm)* zásuvka, šuplík; **2.** *(šeku)* vystavovateľ; **3.** návrhár, kreslič

draw.ing [dro:iŋ] *podst* **1.** kreslenie, *(tech)* rysovanie; **2.** kresba, nákres, obraz, *(tech)* výkres

draw.ing board [dro:iŋbo:d] *podst* **1.** rysovacia tabuľa

draw.ing room [dro:iŋrum] *podst fml* **1.** obývacia izba; **2.** prijímacia izba; **3.** *(v hoteli ap)* salón

to drawl [dro:l] **1.** lenivo hovoriť/ vyslovovať, prevaľovať slová v ústach; **2.** hovoriť s afektovanou pomalosťou, afektovať

dread [dred] *podst* **1.** strach, hrôza, zdesenie, des . *Syn* ⇨ **awe**, **fear**

dread.ful [dredful] *príd* **1.** strašný, strašlivý; **2.** *(ifm)* hrozný, príšerný

dream [dri:m] *podst* **1.** sen; **2.** snenie, túžba, želanie; **3.** *(ifm)* poklad,**4.** *(niečoho fantastického)* fantázia

to dream [dri:m] (mč,mp **dreamt/ dreamed**)**1.** *(i prn)* snívať, mať sen; **2.** byť duchom neprítomný, rojčiť, *(po čom)* túžiť

dream.er [dri:mə] *podst* **1.** rojko, romantik, fantasta, blúznivec

dream.y [dri:mi] *príd* **1.** zasnený, snivý

drear.y [driəri] *príd* **1.** bezútešný, neveselý, pochmúrny, fádny

to dredge [dredž] **1.** *(vodným bagrom)* bagrovať; **2.** *(kuch)* posypať, pocukrovať, *(pod*

vodou) [z]bagrovať
to drench [drenč] **1.** premočiť, zmáčať, namočiť, *(ovce)* vykúpať. *Syn* ⇨ **to soak**
dress [dres] *podst* (mn **-es**) **1.** *(ob z jedného dielu)* šaty, *(večerné šaty)* toaleta, *(wedding)* svadobné šaty; **2.** oblečenie, oblek, *(zast)* habit
to dress [dres] **I.** *prech* **1.** strojiť, obliecť, šatiť; **2.** *(ranu)* obviazať, *(vlasy)* upraviť, *(výklad)* aranžovať, *(materiál)* apretovať; **II.** *nepr* **3.** obliecť sa
dres.sage [dresa:ž] *podst jč* **1.** dresáž, drezúra, *(drezúra koní)* výcvik
dress.er [dresə] *podst* **1.** kredenc, *(am)* toaletný stolík; **2.** hoblík, brús
dress.ing [dresiŋ] *podst* **1.** obliekanie, vystrojenie; **2.** *(lek)* ošetrenie rany; **3.** *(kuch)* nálev, zálievka, *(am)* plnka; **4.** *(poľn)* hnojivo; **5.** apretúra
dress.ing-gown [dresiŋgaun] *podst* **1.** župan
dress.ing room [dresiŋrum] *podst* **1.** šatňa, obliekáreň
dress.ing table ['dresiŋ'teibl] *podst* **1.** toaletný stolík
drib.ble [dribl] *podst* **1.** pár kvapiek, pramienok vody; **2.** *(prn)* troška, trocha; **3.** maličkosť; **4.** *(špo)* dribling, driblovanie
to drib.ble [dribl] **I.** *nepr* **1.** slintať, kvapkať, odkvapkávať; **II.** *prech* **2.** špliechať
drift [drift] *podst* **1.** *(vetra, vzduchu ap)* prúdenie, prúd; **2.** *(lietadla, lode)* odchýlka, vybočenie; **3.** závej, *(pieskový)* presyp, *(ľadová)* drť, *(lístia)* hromada; **4.** *(geol)* nános; **5.** *(celková)* tendencia, zámer, zmysel. *Syn* ⇨ **tendency**, wash
to drift [drift] **I.** *nepr* **1.** byť unášaný/ hnaný prúdom; **2.** tvoriť záveje; **II.** *prech* **3.** unášať; **4.** naviať
drill [dril] *podst* **1.** vrták, zubná vŕtačka; **2.** vrtáčik; **3.** cvičenie, *(voj)* výcvik, *(ifm)* dril. *Syn* ⇨ **practice**
to drill [dril] **I.** *prech* **1.** *(kov, drevo)* vŕtať; **2.** *(vojaci)* cvičiť, drilovať, *(obratnosť, zručnosť)* nacvičovať; **II.** *nepr* **3.** *(dieru)* vŕtať; **4.** *(voj)* byť na cvičisku
drink [driŋk] *podst* **1.** nápoj; **2.** pitie; **3.** alkohol; **4.** nadmierne požívanie alkoholu
drink.er [driŋkə] *podst* **1.** pijan, alkoholik; **2.** nádoba s vodou, napájadlo
drink.ing wa.ter ['driŋkiŋˌwo:tə] *podst jč* **1.** pitná voda
drip [drip] *podst* **1.** kvapka; **2.** kvapkanie; **3.** *(lek)* infúzia; **4.** *(ifm)* chruňo, papuča
to drip [drip] **I.** *prech* **1.** špliechať; **2.** *(kávu)* prekvapkať; **II.** *nepr* **3.** kvapkať, odkvapkávať, crčať, odkvapkať, *(pot)* tiecť, mokvať, prekypovať, fŕkať, zurčať, zurkotať
drive [draiv] *podst* **1.** jazda; **2.** sexuálny pud; **3.** elán, činorodosť; **4.** kampaň, akcia; **5.** pohon; **6.** *(aut)* riadenie; **7.** *(špo)* úder do lopty; **8.** vozovka
to drive [draiv] (mč **drove**, mp **driven**) **I.** *prech* **1.** *(vozidlo)* riadiť; **2.** *(zviera, ľudí)* hnať, *(vetrom)* unášať, *(loptičku)* odpáliť, *(tunel)* vyhĺbiť; **3.** naháňať sa, drieť; **II.** *nepr* **4.** ísť autom, jazdiť
driv.er [draivə] *podst* **1.** *(motorového/ elektrického vozidla)* vodič, automobilista, šofér; **2.** *(ele, inf)* budič
driv.ing [draiviŋ] *príd* **1.** *(remeň, mechanizmus)* hnací
driv.ing licence ['draiviŋˌlaisns] *podst* **1.** vodičské oprávnenie, vodičský preukaz, *(hov)* vodičák
driz.zle [drizl] *podst jč* **1.** mrholenie, drobný dážď
to driz.zle [drizl] **1.** mrholiť, poprchať, kvapkať, napršať v drobných kvapkách
drone [drəun] *podst* **1.** bzučanie, bzukot, hukot; **2.** trúd, *(prn br)* zaháľač, parazit
to drone [drəun] **1.** *(o včelách ap)* bzučať; **2.** *(o monotónnom zvuku)* hučať, zunieť; **3.** monotónne hovoriť/ spievať
to droop [dru:p] **1.** klesnúť; **2.** visieť
drop [drop] *podst* **1.** *(tekutiny)* kvapka, *(teardrop)* slza; **2.** *(prn)* trocha, *(alkoholu ap)* hlt; **3.** pád, *(z lietadla ap)* zhodenie; **4.** *(teploty, cien)* pokles; **5.** *(sklon)* spád, výškový rozdiel; **6.** náušnica s príveskom; **7.** cukrík
to drop [drop] **I.** *nepr* **1.** odkvapnúť, spadnúť, *(div: opona)* padať; **2.** umierať; **3.** *(teplota, ceny)* klesať, *(vietor)* utíšiť sa, poľaviť; **II.** *prech* **4.** pustiť, *(bombu)* zhodiť, *(i div: oponu)* spustiť, *(do čoho)* vhodiť, *(koho z auta)* vysadiť; **5.** *(koho)* opustiť; **6.** vynechať

drop.let [droplit] *podst* **1.** kvapka, kvapôčka

drop-out [dropaut] *podst* **1.** študent, ktorý zanechal štúdium, zbehnutý študent; **2.** stroskotanec, odpadlík

drop.pings [dropiŋz] **1.** trus, bobky

drought [draut] *podst* **1.** sucho, obdobie sucha, suchota,**2.** nedostatok,**3.** smäd

to drown [draun] **I.** *prech* **1.** utopiť, prehlušiť, prekryť , prekričať, zapadnúť; **II.** *nepr* **2.** utopiť sa; **3.** uťať

drow.sy [drauzi] *príd* [**-ier, -iest**] **1.** ospanlivý, mátožný, rozospatý, ospalý, kľuckajúci, driemajúci, uspávací, otupený, letargický. *Syn* ⇨ **sleepy**

drug [drag] *podst* **1.** liek, liečivo; **2.** *(liečivo, narkotikum)* droga; **3.** jed; **4.** nepredajný tovar, ležiak

to drug [drag] [**-gg**] **1.** omámiť drogou, uspať, otráviť, umŕtviť, znecitlivieť; **2.** užívať drogy, drogovať, fetovať

drug.store [dragsto:] *podst* **1.** *(am)* lekáreň s drogériou [s bufetom, papiernictvom ap]

drum [draml] *podst* **1.** *(hud, voj)* bubon; **2.** barel, plechový sud; **4.** *(anat)* bubienok

to drum [draml] [**-mm-**] **1.** bubnovať, *(i prn)* udierať na bubon; **2.** *(čím)* klopať

drum.mer [dramə] *podst* **1.** *(hud, voj)* bubeník; **2.** *(am dtd)* cestár, agent

drunk [draŋk] **I.** *podst* **1.** pijan, opilec, alkoholik, *(ifm)* ožran; **II.** *príd* **2.** opitý. *Syn*: drunken, drunk, intoxicated, inebriated, tipsy, tight, blind, blotto. *Opoz*: sober

drunk.en [draŋkən] *príd* **1.** opitý. *Syn* ⇨ **drunk**

dry [drai] *príd* [**drier, driest**] **1.** suchý, hryzavý, trpký, nezáživný, suchopárny. *Syn*: arid. *Opoz*: wet, moist

to dry [drai] **I.** *prech* **1.** sušiť, osušiť, utrieť, utierať; **II.** *nepr* **2.** schnúť, sušiť sa

du.al [dju(:)əl] *príd* **1.** dvojitý, dvojaký, dualistický, dvoje

to dub [dab] **1.** *(film)* dabovať, prehovárať; **2.** dať [komu] prezývku, prezývať, *(komu ako)* hovoriť

dub.i.ous [dju:bjəs] *príd* **1.** neistý, neurčitý, problematický, pochybovačný; **2.** *(pej)* pochybný, podozrivý. *Syn* ⇨ **doubtful**

duch.ess [dačis] *podst* (mn **-es**) **1.** vojvodkyňa

duch.y [dači] *podst* (mn **-ies**) **1.** vojvodstvo

duck [dak] *podst* **1.** *(zool: Anas, i samica)* kačica, kačka; **2.** kačacina; **3.** *(br ifm: oslovenie)* holubička, zlatko; **4.** *(v krikete)* nulové skóre; **5.** náhly predklon/ potopenie

duct [dakt] *podst* **1.** potrubie, kanál, trúbka; **2.** *(anat)* kanálik, trubica

dud [dad] **I.** *podst* **1.** prázdny človek, *(kto nesplnil očakávanie)* nula, daromník, stroskotanec; **2.** nevybuchnutý náboj; **3.** hábу; **4.** fešák; **5.** strašidlo, mátoha; **II.** *príd* **6.** falošný; **7.** *(šek)* nekrytý; **8.** *(strela)* nevybuchnutý; **9.** *(batéria)* vypálený

dude [dju:d] *podst* **1.** mešťiak, mešťiačka; **2.** turista z mesta; **3.** elegán; **4.** *(sl)* chlapík, typ, ksicht

due [dju:] *príd* **1.** dlžný; **2.** povinný, spoľahlivý; **3.** patričný; **4.** očakávaný

du.el [dju(:)əl] *podst* **1.** súboj, duel

to du.el [dju(:)əl] **1.** biť sa v súboji, stretnúť sa v súboji

du.et [dju:'et] *podst* **1.** dueto, duo, dvojspev

duff [daf] *príd br ifm* **1.** súci k ničomu

dull [dal] *príd* **1.** nevýrazný, matný, *(počasie)* pochmúrny, *(obloha)* zamračený; **2.** *(čepeľ, zvuk, ostrie)* tupý; **3.** *(práca)* monotónny, jednotvárny, *(človek)* bezduchý, nechápavý, hlúpy, *(nálada)* sklesnutý, *(pasáž)* nezáživný, *(obdobie)* mŕtvy, stagnujúci. *Syn*: blunt, dull, obtuse, stupid. *Opoz*: sharp, keen

to dull [dal] **1.** *(svetlo, farbu)* tlmiť, stlmiť, *(i farbu)* zakaliť; **2.** zbaviť ostria, *(bolesť)* zmierniť; **3.** *(city)* otupiť, *(pamäť)* oslabiť

dul.ly ['dali] *prísl* **1.** skleslo, bez záujmu; **2.** nudne, fádne; **3.** tupo, otupene; **4.** matne, bez lesku

du.ly [dju:li] *prísl fml* **1.** patrične, náležite, [po]riadne; **2.** presne; **3.** včas, načas

dumb [dam] *príd* **1.** nemý; **2.** *(prn ob am ifm)* obmedzený, prihlúply, sprostý; **3.** pantomíma. *Syn* ⇨ **voiceless**

dum.my [dami] *podst* (mn **-ies**) **1.** krajčírska figurína; **2.** maketa, atrapa; **3.** *(br)* cumlík; **4.** *(am ifm)* blbec, hlupák, obmedzenec; **5.** *(div)* štatista

dump [damp] *podst* **1.** skládka odpadkov, *(voj)* prechodné skladište; **2.** *(ifm)* diera, zapadákov

to dump [damp] **1.** vysypať, vyklopiť; **2.** *(obch)* predávať za dumpingové ceny; **3.** *(inf)* vypísať z pamäte

dune [dju:n] *podst*(i **sand dune**) **1.** duna

dung [daŋ] *podst jč* **1.** trus, *(dobytčí)* lajno; **2.** hnoj; **3.** *(prn)* hnus

du.o [dju(:)əu] *podst* **1.** duo, dvojica

dupe [dju:p] *podst* **1.** naivne dôverčivý človek, hlupák, ľahkoverný človek, obeť podvodu; **2.** *(filmu)* pirátska kópia

dup.li.cate [dju:plikət] **I.** *podst* **1.** kópia, duplikát, druhopis, presná kópia; **2.** náhradný dielec; **II.** *príd* **3.** duplikátny. *Syn* ⇨ **copy**

to dup.li.cate [dju:plikət] **1.** kopírovať, robiť kópie, rozmnožovať, duplikovať, zdvojiť, zdvojnásobiť, vyhotoviť dvojmo; **2.** robiť znovu zbytočne

dur.ab.le [djuərəbl] *príd* **1.** odolný, stály, trvanlivý, pevný, súci, nemenný

dur.a.tion [djuə'reišən] *podst jč* **1.** trvanie, *(časová)* dĺžka, čas, *(nespr)* doba

dur.ing [djuəriŋ] **1.** počas: **during the war there was poverty** *počas vojny bola núdza*; behom: **during Summer** *behom leta*; v priebehu: **during World War One** *v prvej svetovej vojne*; **during the day/ the night** *vo dne/ v noci*; pri:, **during lunch** *pri obede*; cez: **during lunch/ noon** *cez obed*; za: **during summer evenings** *za letných večerov*; **during the war** *za vojny*; **during my stay in Prague** *za svojho pobytu v Prahe*; medzi: **during the meal** *medzi jedlom*; **during the year** *medzi rokom*;

dusk [dask] *podst jč* **1.** súmrak, *(podvečerné)* šero, prítmie, podvečer, mrkanie

dust [dast] *podst jč* **1.** prach, prášok, poprašok, kúdol prachu; **2.** troška, štipka; **3.** peľ, zlatý prach; **4.** smeti, odpadky; **5.** chaos; **6.** senzácia; **7.** žltočervená farba; **8.** múka; **9.** groše, fuky

to dust [dast] **I.** *prech* **1.** utrieť prach z, *(hov: kožuch)* vyprášiť; **2.** *(i kuch: s čím)* poprášiť, posypať, práškovať; **II.** *nepr/ zvrat* **2.** oprášiť sa

dust.bin [dastbin] *podst*(i am **garbage can/ trash-can**) **1.** smetiak, smetník, smetný kôš, nadoba na smeti

dust.y [dasti] *príd* **1.** zaprášený, prašný, pokrytý prachom; **2.** *(farba)* matný, popolavý

Dutch [dač] **I.** *podst* **1.** holandčina; **II.** *príd* **2.** holandský

Dutch.man [dačmən] *podst* **1.** Holanďan

du.ti.ful [dju:tiful] *príd fml* **1.** *(dieťa)* poslušný, *(manželka)* oddaný, verný, *(zamestnanec)* svedomitý, spoľahlivý

du.ty [dju:ti] *podst* (mn **-ies**) **1.** povinnosť, *(výkon povolania, povinne konaná)* služba, *(činnosť, i inf)* prevádzka, úväzok; **2.** *(i colný)* poplatok, clo. *Syn*: obligation, responsibility, ⇨ aj **function**

du.ty-free [ˌdju:ti'fri:] **I.** *príd* **1.** oslobodený od cla, bezcolný; **II.** *prísl* **2.** bez cla

du.vet [du:vei] *podst* **1.** prešívaná prikrývka

dwarf [dwo:f] *podst* **1.** trpaslík, piadimužík, *(pej)* skrčok. *Syn*: midget, Pygmy, pygmy

to dwell [dwel] (mč, mp **dwelt**) *fml, arch* **1.** *(fml)* bývať; **2.** pobývať; **3.** zdržať sa, oneskoriť sa; **4.** rozhovoriť sa, *(tón, slabiku)* predĺžiť

dwell.er [dwelə] *podst* **1.** *(mesta, krajiny)* obyvateľ

dwell.ing [dweliŋ] *podst fml* **1.** *(kniž)* obydlie, príbytok

to dwin.dle [dwindl] **1.** zmenšiť, zmenšovať sa, scvrknúť sa, tenčiť sa, stenčiť sa, rozplynúť sa. *Syn* ⇨ **to decrease**

dye [dai] *podst* **1.** farba, farbivo

to dye [dai] **1.** farbiť, *(i vlasy)* prefarbiť, zafarbiť

dy.ing [diiŋ] *príd* **1.** umierajúci, posledný, hynúci, blížiaci sa ku koncu, *(posteľ)* smrteľný

dyn.am.ic [dai'næmik] *príd* **1.** dynamický, aktívny, energický, rázny

dyn.am.i.sm [dainəmizm] *podst jč* **1.** dynamizmus

dyn.a.mite [dainəmait] *podst jč* **1.** *(lit)* bomba, trhák

to dyn.a.mite [dainəmait] **1.** *(skalu)* trhať dynamitom, *(most)* vyhodiť do vzduchu dynamitom

dyn.a.mo [dainəməu] *podst* **1.** dynamo

dyn.a.sty [dinəsti] *podst* (mn **-ies**) **1.** dynastia

E

each [i:č] **1.** zám/ *príd* **1.** *(jednotlivo)* každý; **2.** *(vyj distributívnosť)* po: **they gave us 10 crowns each** *zaplatili nám po 10 korún*; **3.** *(each other)* sa

eag.er [i:gə] *príd* **1.** netrpezlivý, nedočkavý; **2.** horlivý, dychtivý, chtivý. *Syn*: avid, keen, anxious

ear [iə] *podst* **1.** *(i anat)* ucho; **2.** sluch; **3.** klas

earl [ə:l] *podst* **1.** *(anglický)* gróf

ear.ly [ə:li] *príd* **1.** raný

to ear.mark [iəma:k] **1.** vyčleniť, určiť, vyhradiť; **2.** označkovať

to earn [ə:n] **1.** zarobiť, zarábať; **2.** brať, dostávať; **3.** niesť; **4.** zaslúžiť si

earn.est [ə:nist] **I.** *príd* **1.** vážny, opravdivý, seriózny; **2.** úprimný; **3.** vrúcny; **II.** *prísl* **4.** vážne, opravdivo, seriózne. *Syn* ⇨ **serious**, **pledge**

ear.ring [iəri:č] *podst* **1.** náušnica

earth [ə:θ] *podst* **1.** Zem, zem, pôda, zemina; **2.** nora, dúpä; **3.** *(ele)* uzemnenie. *Syn*: universe, world

to earth [ə:θ] *(ob pass)* **1.** *(ele)* uzemniť, spojiť so zemou; **2.** zasadiť, zahrabať; **3.** zahnať do pelecha

earth.ly [ə:θli] *príd* **1.** pozemský, zemský, svetský, *(i prn: radosti, starosti)* pozemský; **2.** *(prn: patriaci človeku)* ľudský. *Syn*: terrestrial

earth.quake [ə:θkweik] *podst* **1.** zemetrasenie, *(zeme)* otras; **2.** katastrofa

ease [i:z] *podst jč* **1.** jednoduchosť, ľahkosť; **2.** nenútenosť, *(voj)* pohov

to ease [i:z] **1.** uvoľniť, utíšiť, zmierniť, *(i prn)* poľaviť; **2.** povoliť, popustiť

east [i:st] *podst jč* **1.** východ

East.er [i:stə] *podst* **1.** Veľká noc

east.ern [i:stən] *príd* **1.** východný, orientálny; **2.** *(bot Eastern pasque-flower: Pulsatilla slavica)* poniklec [slovanský/ slovenský]

eas.y [i:zi] **I.** *príd* **1.** ľahký, jednoduchý; **2.** bezstarostný, pokojný, pozvoľný, postupný, *(správanie)* nenútený, *(človek)* poddajný; **II.** *prísl* **3.** ľahko, pomaly. *Syn*: facile, effortless, smooth, simple. *Opoz*: hard, difficult

to eat [i:t] **1.** jesť, žrať, zjesť, stráviť, zožrať, pohltiť, rozožierať, zničiť, *(do)* pohrúžiť sa, *(cez)* prehrýzť sa

to ebb [eb] **1.** ustupovať, *(čoho)* ubúdať, odtekať, klesať

e.bul.li.ent [i'baljənt] *príd* **1.** temperamentný, energický, kypiaci, *(pri vare)* prekypujúci

ec.cen.tric [ik'sentrik] **I.** *podst* **1.** čudák, čudný patrón, výstredný človek; **II.** *príd* **2.** čudácky, výstredný; **3.** prepiatý; **4.** *(geom)* excentrický

ec.cen.tri.ci.ty [ˌeksən'trisəti] *podst* **1.** výstrednosť, čudáctvo, excentricita. *Syn* ⇨ **idiosyncrasy**

ec.cle.si.as.ti.cal [iˌkli:zi'æstikl] *príd ob attr* **1.** cirkevný, duchovný

ech.e.lon [ešəlon] *podst* **1.** *(hodnosť)* stupeň; **2.** *(voj)* sled, kolóna; **3.** formácia, organizovaná skupina; **4.** mriežka

ech.o [ekəu] *podst* **1.** ozvena, *(prn)* ohlas, odozva, *(i inf)* echo

to ech.o [ekəu] **I.** *prech* **1.** *(zvuk)* odrážať, bezmyšlienkovito opakovať; **II.** *nepr* **2.** ozývať sa

ec.lec.tic [e'klektik] *príd fml* **1.** eklektický

e.clipse [i'klips] *podst* **1.** *(slnka, mesiaca)* zatmenie

to e.clipse [i'klips] *(ob pass)* **1.** *(lit)* spôsobiť zatmenie, zatmiť sa; **2.** *(prn: koho)* zatieniť, prekonať

e.co.log.i.cal [ˌi:kə'lodžikəl] *príd* **1.** ekologický

e.col.o.gist [i:'kolədžist] *podst* **1.** ekológ, ekologička, ochranca životného prostredia

e.col.og.y [i:'kolədži] *podst* **1.** ekológia; **2.** životné prostredie

e.co.no.mic [ˌi:kə'nomik] *príd* **1.** ekonomický, hospodársky, národohospodársky, zárobkový, obchodný, výnosný

e.co.nom.i.cal [ˌi:kə'nomikl] *príd* **1.** ekonomický; **2.** hospodárny, úsporný, *(človek)* šetrný, sporivý

e.co.no.mics [ˌi:kə'nomiks] *podst jč* **1.** hospodárske vedy, ekonómia; **2.** ekonomická stránka,**3.** národné hospodárstvo

e.con.o.mist [i(:)'konəmist] *podst* **1.** ekonóm, [národný] hospodár, národohospodár

e.co.no.my [i(:)'konəmi] *podst* (mn **-ies**) **1.** ekonomika; **2.** hospodárnosť, úspornosť, šetrnosť; **3.** hospodárstvo, ekonómia

ec.sta.sy [ekstəsi] *podst* (mn **-ies**) **1.** extáza, vytrženie. *Syn*: rapture, transport

ec.sta.tic [ik'stætik] *príd* **1.** extatický, vyvolávajúci extázu

ec.zema [eksimə] *podst jč* **1.** ekzém, lišaj

edge [edž] *podst* **1.** okraj, kraj, ostrie, hrana, oriezka, lem, pokraj. *Syn* ⇨ **border**

edgy [edži] *príd ifm* **1.** nervózny, prchký, podráždený; **2.** ostrý, hranatý

ed.i.ble [edibl] *príd* **1.** jedlý, pokrmový, požívateľný; **2.** *(zool edible frog: Rana esculenta)* skokan [zelený]

e.dict [i:dikt] *podst* **1.** *(hist)* edikt, dekrét, *(vo Francúzsku)* patent; **2.** výnos, nariadenie

ed.i.fice [edifis] *podst fml,jčoc* **1.** budova, stavba, objekt; **2.** veľkolepá stavba. *Syn* ⇨ **building**

to ed.it [edit] **1.** redigovať, zostrihať, urobiť strih; **2.** *(inf)* upravovať

ed.i.tion [i'dišən] *podst* **1.** edícia, redakcia, *(knihy)* vydanie, strih, *(filmu)* zostrih

ed.i.tor [editə] *podst* **1.** vydavateľ, editor; **2.** redaktor, program na úpravu textu

ed.i.tor.i.al [ˌedi'to:riəl] **I.** *podst* **1.** úvodník, úvodný článok; **II.** *príd* **2.** vydavateľský, redakčný, redaktorský, textový; **3.** úvodníkový

to e.du.cate [edju:keit] **1.** vychovávať, poskytovať vzdelanie, vzdelať, vyškoliť. *Syn* ⇨ **to teach**

ed.u.cat.ed [edju(:)keitid] *príd* **1.** vzdelaný, školený, *(prn)* inteligentný

ed.u.ca.tion [ˌedju(:)'keišən] *podst* **1.** výchova, vzdelanie ; **2.** školstvo; **3.** *(univ)* pedagogika

ed.u.ca.tion.al [ˌedju(:)'keišənl] *príd* **1.** pedagogický, výchovný, vzdelávací, náučný, školský, didaktický, poučný

ed.u.ca.tor [edjukeitə] *podst* **1.** *(am)* pedagóg, učiteľ; **2.** vychovávateľ

eel [i:l] *podst* **1.** úhor; **2.** octové kvasinky

ee.rie [iəri] *príd* **1.** tajuplný, prízračný, tajomný, záhadný, bojazlivý. *Syn* ⇨ **weird**

ef.fect [i'fekt] *podst* **1.** účinok, efekt; **2.** dojem; **3.** zmysel. *Syn*: consequence, result, issue, outcome, *Opoz*: cause

to ef.fect [i'fekt] **1.** uskutočniť, vykonať, zapríčiniť, previesť*Syn*:⇨ **to perform**.

ef.fec.tive [i'fektiv] *príd* **1.** účinný, efektívny; **2.** skutočný, faktický; **3.** efektný, pôsobivý. *Syn*: efficacious, effectual, efficient. *Opoz*: futile

ef.fi.cien.cy [i'fišənsi] *podst jč* **1.** účinnosť, výkonnosť, pracovný výkon, efektívnosť, produktívnosť

ef.fi.cient [i'fišənt] *príd* **1.** zdatný, výkonný, efektívny , účinný, pôsobivý, zdatný. *Syn* ⇨ **effective**

ef.fort [efət] *podst* **1.** úsilie, pričinenie, snaha; **2.** pokus. *Syn*: exertion, endeavor, pains. *Opoz*: ease

ef.fort.less [efətlis] *príd* **1.** ľahký, jednoduchý; **2.** nenútený; **3.** nenamáhavý. *Syn* ⇨ **easy**

e.gal.i.ta.ri.an [iˌgæli'teəriən] **I.** *podst* **1.** egalitár, rovnostár; **II.** *príd* **2.** rovnostársky

egg [eg] *podst* **1.** vajce, vajíčko

e.go [egəu] *podst* **1.** *(psych)* ego; **2.** *(ifm)* sebavedomie

eight [eit] *podst* **1.** osem; **2.** osma, osmička

eight.een [ˌei'ti:n] *podst* **1.** osemnásť; **2.** osemnástka

eight.eenth [ˌei'ti:nθ] **I.** *podst* **1.** osemnástina; **II.** *príd* **2.** osemnásty

eigh.ti.eth [eitiiθ] **I.** *podst* **1.** osemdesiatina; **II.** *príd* **2.** osemdesiaty

eight.y [eiti] *čísl/podst* (mn **-ies**) **1.** osemdesiat; **2.** osemdesiatka

ei.ther [aiðə] *príd* **1.** jeden alebo druhý; **2.** oba, oboje; 3 hociktorý, ktorýkoľvek; **4.** *(v záp)* žiadny

to e.jac.u.late [i'džækjuleit] **1.** *(fyziol)* ejakulovať, vystreknúť; **2.** zvolať, vykríknuť

to e.ject [i(:)'džekt] **I.** *prech* **1.** vykázať, vyhodiť, vysťahovať; **II.** *nepr* **2.** *(let)* katapultovať sa; **3.** chrliť. *Syn*: to expel, to evict, to dismiss, to oust

e.lab.or.ate [i'læbərət] *príd* **1.** podrobný, podrobne rozpracovaný, vybrúsený, komplikovaný, dôkladný

to e.lab.or.ate [i'læbərət] **I.** *prech* **1.** rozpracovať, precizovať; **II.** *nepr* **2.** podať bližšie vysvetlenie, povedať o niečo viac

to e.lapse [i'læps] **1.** uplynúť, ubehnúť, minúť sa, vypršať

e.las.tic [i'læstik] **I.** *podst* **1.** *(bielizňová)* guma; **2.** *(am: krúžok)* gumička; **3.** pružná látka; **II.** *príd* **4.** pružný, elastický;,**5** prispôsobivý. *Syn*: resilient, flexible, supple. *Opoz*: rigid, stiff

e.las.ti.ci.ty [ˌelæs'tisəti] *podst* (mn **-ies**) **1.** elastickosť, pružnosť

e.lat.ed [i'leitid] *príd* **1.** v povznesenej nálade, v slávnostnej nálade, oduševnený, naradostený

el.bow [elbəu] *podst* **1.** lakeť; **2.** koleno; **3.** ohyb, zákrut, zhyb; **4.** operadlo

eld.er [eldə] **I.** *podst* **1.** *(bot: Sambucus)* baza; **2.** starec; **II.** *príd* **3.** starší

el.der.ly [eldəli] *príd* **1.** starší, postarší

eld.est [eldist] *príd* **1.** najstarší, prvorodený

to e.lect [i'lekt] **1.** voliť, zvoliť; **2.** *(fml)* vybrať si, vyvoliť [si]

e.lec.tion [i'lekšən] *podst* **1.** voľby, voľba, zvolenie, vyvolenie

e.lec.tor [i'lektə] *podst* **1.** volič, volička, voliteľ

e.lec.tor.al [i'lektərəl] *príd* **1.** volebný, voličský

e.lec.tor.ate [i'lektərit] *podst* **1.** voliči, voličstvo

e.lec.tric [i'lektrik] *príd* **1.** *(prúd, kábel, strojček, gitara atď)* elektrický; **2.** nabitý elektrinou; **3.** *(prn)* elektrizujúci

e.lec.tri.cal [i'lektrikəl] *príd* **1.** elektrický, elektrotechnický

e.lec.tri.cian [ˌilek'trišən] *podst* **1.** elektrikár, elektrotechnik, elektroinštalatér, elektromontér, elektromechanik

e.lec.tri.ci.ty [ˌilek'trisəti] *podst* (mn **-ies**) **1.** elektrina , elektrická energia, *(hov)* svetlo, elektrika; **2.** elektrotechnika

to e.lec.tri.fy [i'lektrifai] **1.** elektrifikovať; **2.** uchvátiť, nadchnúť; **3.** zapáliť; **4.** *(prn)* elektrizovať, zelektrizovať

e.lec.trode [i'lektrəud] *podst* **1.** elektróda

e.lec.tro.mag.net.ic [iˌlektrəumæg'netik] *príd* **1.** elektromagnetický

e.lec.tron [i'lektron] *podst* **1.** elektrón

e.lec.tron.ic [ˌilek'tronik] *príd* **1.** elektronický, elektrónový, *(hov)* elektrický

e.lec.tron.ics [ˌilek'troniks] *podst jč* **1.** elektronika

el.e.gant [eligənt] *príd* **1.** elegantný, vkusný, vyberaný, pôvabný, atraktívny, príjemný, chutný

el.e.ment [elimənt] *podst* **1.** *(i chem)* prvok, súčasť, zložka, člen; **2.** *(prn)* zrnko, *(vedy, umenia a pod.)* základy, podstata, pralátka; **3.** živel. *Syn*: component, constituent, ingredient, factor

el.e.men.tal [ˌeli'mentl] *príd fml* **1.** *(fml)* živelný; **2.** základný, elementárny, podstatný

el.e.men.tary [ˌeli'mentəri] *príd* **1.** základný, začiatočnícky, elementárny; **2.** jednoduchý

el.e.men.tary school [ˌelimentri'sku:l] *podst* **1.** *(br)* základná škola

el.e.phant [elifənt] *podst* **1.** *(zool: Elephas maximus)* slon

to el.e.vate [eliveit] **1.** vyzdvihnúť, zvýšiť; **2.** *(prn)* povýšiť, *(mravne)* povzniesť. *Syn* ⇨ **to lift**

el.e.vat.or [eliveitə] *podst*(am = **lift**) **1.** výťah; **2.** elevátor

e.le.ven [i'levn] *čísl/podst* **1.** jedenásť; **2.** jedenástka

e.le.venth [i'levnθ] **I.** *podst* **1.** jedenástina; **II.** *príd* **2.** jedenásty

to e.lic.it [i'lisit] **1.** vylákať, vytiahnuť; **2.** získať. *Syn* ⇨ **to extract**

el.i.gib.le [elidžəbl] *príd* **1.** vhodný, spôsobilý, prichádzajúci do úvahy, oprávnený, primeraný, súci, voliteľný, majúci nárok

to e.lim.i.nate [i'limineit] **1.** odstrániť, vytlačiť, vyradiť, vypustiť, *(z organizmu)* vylúčiť; **2.** zbaviť sa, nevšímať si. *Syn* ⇨ **to exclude**

elm [elm] *podst* **1.** *(bot: Ulmus)* brest

el.o.quent [eləkwənt] *príd fml* **1.** výrečný

else [els] **I.** *spoj* **[or] else 1.** *(má vysvetľovací význam)* ináč, inak[šie], lebo; **II.** *prísl* . *(naviac)* ešte, *(nie taký, odlišný)* iný, *(someone/ somebody else)* ešte niekto, niekto iný, *(something else)* ešte niečo, niečo iné, *(nothing else)* nič viac, *(somewhere else)* inde, *(kniž)* inam, *(what else)* čo iné, *(who else)* kto ešte, *(how else)* ako inak, *(little/ much else)* viac

else.where [ˌelsˈweə] *prísl* **1.** niekde inde, inam

to e.lude [iˈlu:d] **1.** *(komu)* uniknúť, *(čomu)* vyhnúť sa, *(komu)* utiecť, *(prn: nevšimnúť si)* obísť. *Syn* ⇨ **to escape**

e.lu.sive [iˈlu:siv] *príd* **1.** *(človek)* nezastihnuteľný, ťažko zastihnuteľný, *(zločinec)* nepolapiteľný, *(spomienky)* prchavý

to e.man.ate [eməneit] **I.** *nepr* **1.** *(fml: from st/ sb)* vyjsť, *(z čoho)* sálať, *(kniž: mať pôvod/ základ v niečom)* prameniť, prúdiť; **II.** *prech* **1.** *(fml: from st/ sb)* vyžiarovať. *Syn* ⇨ **to rise**

to e.man.ci.pate [iˈmænsipeit] **1.** emancipovať, oslobodiť, *(od)* vymaniť sa. *Syn* ⇨ **to free**

em.bar.go [emˈba:gəu] *podst* **1.** embargo, obchodná blokáda; **2.** zákaz vstupu lodí cudzieho štátu do prístavu, uverejnenia správy pred stanoveným termínom

to em.bark [imˈba:k] **I.** *nepr* **1.** nalodiť sa, nastúpiť na loď, *(let)* nastúpiť do lietadla; **II.** *prech* **2.** nalodiť, naložiť tovar na loď

to em.bar.rass [imˈbærəs] **1.** uviesť, priviesť do rozpakov; **2.** mať finančné ťažkosti. *Syn*: to abash, to discomfit, to disconcert, to rattle, to faze. *Opoz*: to compose, to assure

em.bar.rass.ing [imˈbærəsiŋ] *príd* **1.** trápne ticho, nepríjemný

em.bar.rass.ment [imˈbærəsmənt] *podst* **1.** *(z bezradnosti, z hanblivosti)* rozpaky, rozpačitosť; **2.** *(strata pokoja, chaos)* zmätok

em.bas.sy [embəsi] *podst* (mn **-ies**) **1.** veľvyslanectvo; **2.** posolstvo, misia, poslanie

to em.bed [imˈbed] **1.** *(tech)* zapustiť, zakotviť, *(prn)* vryť sa, vtlačiť sa, vložiť, vnoriť, vtisnúť, usadiť sa

to em.bel.lish [imˈbeliš] **1.** ozdobiť, prikrášliť, lakovať na ružovo, skrášliť, nadsadiť. *Syn* ⇨ **to adorn**

em.bez.zle.ment [imˈbezlmənt] *podst* **1.** defraudácia, sprenevera

em.blem [embləm] *podst* **1.** emblém, *(i výstostný znak)* symbol, *(erb)* znak; **2.** odznak

em.bo.di.ment [imˈbodimənt] *podst* **1.** zosobnenie, stelesnenie

to em.bod.y [imˈbodi] **1.** stelesniť, vyjadriť; **2.** mať, zahrnovať

em.brace [imˈbreis] *podst* **1.** objatie

to em.brace [imˈbreis] **I.** *prech* **1.** *(koho)* objať, *(ku komu)* privinúť sa; **2.** zahrnúť; **3.** *(čo)* využiť, *(teóriu)* prijať, osvojiť si; **II.** *nepr* **4.** objať sa. *Syn* ⇨ **to include**

to em.broid.er [imˈbroidə] **1.** vyšívať, *(prn)* vyšperkovať, prizdobiť, *(rozprávanie)* prikrášľovať

em.broid.er.y [imˈbroidəri] *podst* (mn **-ies**) **1.** výšivka; **2.** prikrášlenie, ozdoba, príkrasa

em.bry.o [embriəu] *podst* **1.** embryo, *(i prn)* zárodok, plod

em.er.ald [emərəld] **I.** *podst* **1.** smaragd; **2.** smaragdovo zelená farba; **II.** *príd* **3.** smaragdový

to e.merge [iˈmə:dž] **1.** objaviť sa, vynoriť sa; **2.** vyjsť najavo

e.mer.gence [iˈmə:džəns] *podst* **1.** vznik, objavenie sa; **2.** *(postupný)* vývin

e.mer.gen.cy [iˈmə:džənsi] *podst* (mn **-ies**) **1.** mimoriadna okolnosť, núdzová situácia, naliehavý prípad, naliehavá potreba. *Syn*: exigency, contingency, crisis, strait, straits

em.i.grant [emigrnt] *podst* **1.** vysťahovalec, emigrant; **2.** *(zool)* migrujúci druh

to em.i.grate [emigreit] **1.** emigrovať, vysťahovať sa do zahraničia. *Syn* ⇨ **to migrate**

em.i.nence [eminəns] *podst* **1.** vychýrenosť; **2.** Eminencia

em.i.nent.ly [eminəntli] *prísl* **1.** neobyčajne

e.mir.ate [eˈmiərət] *podst* **1.** emirát

e.mis.sion [iˈmišən] *podst fml* **1.** vyžarovanie, *(i lek)* exhalácia; **2.** emisia, *(bankoviek, zmenky)* vydanie; **3.** vysielanie

to e.mit [iˈmit] **1.** *(zvuk)* vydať, *(svetlo)* žariť, *(paru)* vypustiť, *(signál)* vyslať; **2.** dať do obehu peniaze

e.mo.tion [iˈməušən] *podst* **1.** cit, emócia; **2.** dojatie, rozcítenie, rozrušenie, rozochvenie, *(kniž)* pohnutie. *Syn* ⇨ **feeling**

e.mo.tion.al [iˈməušənl] *príd* **1.** citový, citovo založený; **2.** pohnutý, dojemný

e.mo.tive [iˈməutiv] *príd* **1.** emotívny, *(slovo*

ap) emocionálne zafarbený, citovo sfarbený

em.path.y [empəθi] *podst* **1.** empatia, schopnosť vcítiť sa do duševného stavu druhého

em.per.or [empərə] *podst* **1.** cisár, imperátor

em.phas.is [emfəsis] *podst* (mn **emphases**) **1.** dôraz, zdôraznenie; **2.** *(ling)* prízvuk; **3.** *(i prn)* ťažisko

to em.phas.ize [emfəsaiz] **1.** zdôrazniť, zdôrazňovať, vyzdvihnúť, podčiarknuť

em.phat.ic [im'fætik] *príd* **1.** dôrazný, dôsledný, výrazný, silný, energický, jasný

em.pire [empaiə] *podst* **1.** ríša, cisárstvo; **2.** impérium

em.pi.ri.cal [em'pirikl] *príd* **1.** empirický; **2.** založený na skúsenostiach, pokusný; **3.** šarlatánsky

to em.ploy [im'ploi] **1.** zamestnať, dať [komu] prácu; **2.** užiť, použiť. *Syn* ⇨ **to use**

em.ploy.ee [ˌemploi'i:] **1.** zamestnanec

em.ploy.er [im'ploiə] *podst* **1.** zamestnávateľ, chlebodarca

em.ploy.ment [im'ploimənt] *podst* **1.** zamestnanie, práca, služba, povolanie

em.press [empris] *podst* (mn **-es**) **1.** cisárovná

emp.ti.ness [emptinis] *podst* **1.** prázdnota, bezobsažnosť; **2.** osamelosť; **3.** *(slov, slubu)* platnosť

emp.ty [empti] *príd* **1.** prázdny, neobsadený, neobývaný, bezduchý, planý. *Syn*: vacant, void, vacuous, vain. *Opoz*: full

to emp.ty [empti] **I.** *prech* **1.** vyprázdniť, vyliať, vypiť; **II.** *nepr* **2.** ústiť, vlievať sa

emp.ty-hand.ed [ˌempti'hændid] *príd* **1.** s prázdnymi rukami

to em.u.late [emjuleit] **1.** emulovať, pretekať, súťažiť, súperiť, napodobniť; **2.** *(komu)* vyrovnať sa

e.mul.sion [i'malšn] *podst* **1.** emulzia

to en.act [i'nækt] **1.** uzákoniť, *(admin)* nariadiť, ustanoviť; **2.** hrať, zohrať, *(herecký)* stvárniť

en.a.mel [i'næməl] *podst* **1.** email, glazúra, smalt; **2.** *(anat)* zubná sklovina; **3.** *(na nehty)* lak

to en.case [in'keis] **1.** obaliť, pokryť, *(do obalu)* vložiť ; **2.** dať do sadry

to en.chant [in'ča:nt] **1.** očariť, okúzliť; **2.** začarovať, učarovať. *Syn* ⇨ **to attract**

en.chant.ing [in'ča:ntiŋ] *príd* **1.** očarujúci, čarodejný, čarovný, kúzelný; **2.** pôvabný

to en.cir.cle [in'sə:kl] **1.** obkľúčiť, obkolesiť, obklopiť, ohraničiť; **2.** obopínať

en.clave [enkleiv] *podst* **1.** enkláva

to en.close [in'kləuz] **1.** *(čím)* obohnať, oplotiť; **2.** priložiť, pribaliť

en.clo.sure [in'kləužə] *podst* **1.** ohrada; **2.** príloha; **3.** oplotenie

to en.code [en'kəud] **1.** kódovať, zakódovať, zašifrovať

to en.com.pass [in'kampəs] **1.** zahrnúť, obklopiť, *(obstúpiť, obkolesiť)* obkľúčiť; **2.** *(prn)* zahŕňať

en.core [aŋ'ko:] **I.** *podst* **1.** *(hud)* prídavok; **2.** *(div)* opakovanie; **II.** *cit* **2.** opakovať!, pridať!

to en.count.er [in'kauntə] **1.** *(s kým)* stretnúť sa; **2.** naraziť na, naďabiť. *Syn* ⇨ **to battle**

to en.cou.rage [in'karidž] **1.** povzbudiť, dodať odvahu, posmeliť, nabádať, pobádať, podnietiť; **2.** podporovať, pomôcť

en.cou.rage.ment [in'karidžmənt] *podst* **1.** povzbudenie, posmelenie; **2.** podpora

en.cou.rag.ing [in'karidžiŋ] *príd* **1.** povzbudzujúci, posmeľujúci, podporujúci

end [end] *podst* **1.** koniec, *(ceruzky, nosa ap)* špička, *(i mesta)* časť, *(i tel)* strana, *(stola ap)* okraj; **2.** zvyšok; **3.** záver; **4.** hranica, medza; **5.** zánik, zničenie; **6.** účel, zámer, cieľ. *Syn* ⇨ **close**

to end [end] **I.** *prech* **1.** končiť, zakončiť, ukončiť, skončiť; **II.** *nepr* **2.** končiť, zakončiť

to en.dan.ger [in'deindžə] **1.** ohroziť

en.dear.ing [in'diəriŋ] *príd* **1.** milý, príjemný, roztomilý

en.dea.vour [in'devə] *podst fml* **1.** úsilie, snaha, námaha

to en.dea.vour [in'devə] *fml* **1.** snažiť sa, pousilovať sa, pričiniť sa

en.de.mic [en'demik] **I.** *podst* **1.** endémia; **II.** *príd* **2.** endemický. *Syn* ⇨ **native**

end.ing [endiŋ] *podst* **1.** koniec, záver; **2.** *(gram, šach)* koncovka

hý, neprestajný, neobmedzený, nedozerný

to en.dorse [in'do:s] **1.** *(s čím)* súhlasiť, *(čo)* schvaľovať, parafovať; **2.** *(bank)* indosovať, žírovať; **3.** *(kupón)* predierkovať. *Syn* ⇨ **to approve**

en.dorse.ment [in'do:smənt] *podst* **1.** schválenie; **2.** *(bank: šeku, zmenky)* indosovanie, *(rukopisom, indosamentom)* prevod, *(zmenky)* žíro

to en.dow [in'dau] **1.** *(čím)* dotovať, *(finančne)* fundovať; **2.** *(ob pass)* obdariť, *(pass)* byť nadaný

en.dow.ment [in'daumənt] *podst* **1.** fond, dotácia, venovanie; **2.** nadanie, vloha, talent

en.dur.ance [in'djuərəns] *podst* **1.** vytrvalosť, znesiteľnosť, trpezlivosť, *(bolesti)* znášanie, *(pevnosť)* odolnosť

to en.dure [in'djuə] **1.** pretrpieť, vydržať, zakúsiť; **2.** *(ob zap)* zniesť, znášať; **3.** pretrvať. *Syn* ⇨ **to bear, to continue**

en.e.my [enəmi] *podst* (mn **-ies**) **1.** nepriateľ, odporca, protivník. *Syn* ⇨ **opponent**

en.er.ge.tic [ˌenə'džetik] *príd* **1.** energický, činorodý, priebojný, rezolútny, vitálny. *Syn* ⇨ **active**

en.er.gy [enədži] *podst* (mn **-ies**) **1.** *(fyz)* energia, vitalita, priebojnosť, *(rozhodnosť)* dôraz, ráznosť. *Syn* ⇨ **strength**

to en.force [in'fo:s] **1.** presadiť, presadiť platnosť [čoho], uplatniť, vynútiť, posilniť

en.force.ment [in'fo:smənt] *podst* **1.** presadenie, presadzovanie, uplatnenie, vynútenie

to en.gage [in'geidž] **1.** najať, zaistiť, angažovať; **2.** *(na koho)* zaútočiť; **3.** zapnúť

en.gaged [in'geidžd] *príd* **1.** zasnúbený; **2.** obsadený; **3.** zamestnaný; **4.** zaneprázdnený, zaujatý, zadaný

en.gage.ment [in'geidždmənt] *podst* **1.** zasnúbenie; **2.** schôdzka, stretnutie, dohoda, ujednanie; **3.** pracovné zaneprázdnenie; **4.** *(voj fml)* bitka, boj. *Syn* ⇨ **battle**

en.gag.ing [in'geidžiŋ] *príd* **1.** podmanivý, milý, príjemný, sympatický

to en.gend.er [in'džendə] **1.** plodiť, byť príčinou [čoho], splodiť, vyliahnuť sa, rodiť sa, pripravovať sa

en.gine [endžin] *podst* **1.** *(i auta)* motor; **2.** *(žel)* lokomotíva, rušeň

en.gin.eer [ˌendži'niə] *podst* **1.** technik; **2.** opravár; **3.** *(am)* strojvodca

to en.gin.eer [ˌendži'niə] **1.** zosnovať, pripraviť, skonštruovať, stavať, strojiť, kuť; **2.** vykonať, uskutočniť, prevádzkovať

en.gin.eer.ing [ˌendži'niəriŋ] *podst* **1.** inžinierstvo, technika; **2.** *(i univ: mechanichal)* strojárstvo

Eng.lish [iŋgliš] (mn **-es**) **I.** *podst* **1.** angličtina; **II.** *príd* **2.** anglický

Eng.lish.man [iŋglišmən] *podst* **1.** Angličan

Eng.lish.wo.man ['iŋglišˌwumən] *podst* **1.** Angličanka

to en.grave [in'greiv] **1.** ryť, vyryť, *(prn)* vštiepiť, vryť, vyrezať, vygravírovať, vtlačiť

to engulf [in'galf] **1.** zachvátiť, pohltiť, zhltnúť, zavaliť

to en.hance [in'ha:ns] **1.** zlepšiť, skrášliť, obohatiť, zvýšiť, zväčšiť, vystupňovať, rozvinúť, dostať na vyšší stupeň; **2.** zveličiť, prehnať. *Syn* ⇨ **to intensify**

en.ig.mat.ic [ˌenig'mætik] *príd* **1.** záhadný, tajomný; **2.** nevyspytateľný. *Syn* ⇨ **obscure**

to en.joy [in'džoi] **I.** *prech* **1.** *(mať rád)* obľúbiť si, vychutnať, *(čo)* milovať; **II. os** *zvrat* **3.** [za]baviť sa; **2.** *(mať: slobodu, práva)* užívať

en.joy.ab.le [in'džoiəbl] *príd* **1.** spôsobujúci radosť/ pôžitok, radostný, *(jedlo, i prn)* chutný, príjemný. *Syn* ⇨ **pleasant**

en.joy.ment [in'džoimənt] *podst* **1.** pôžitok, potešenie, zážitok, radostná spokojnosť, užívanie. *Syn* ⇨ **pleasure**

to en.large [in'la:dž] **1.** zväčšiť, rozšíriť, rozhojniť, rozmnožiť, obohatiť. *Syn* ⇨ **to increase**

en.large.ment [in'la:džmənt] *podst* **1.** zväčšenie, rozšírenie, *(fotografie)* zväčšenina

to en.light.en [in'laitin] **1.** *(urobiť pochopiteľným)* vysvetliť, informovať, *(poet)* osvetliť, poučiť, *(kniž)* osvietiť

en.light.en.ment [in'laitnmənt] *podst fml* **1.** poučenie, objasnenie, osveta, osvietenie, osvietenstvo

to en.list [in'list] **I.** *prech* **1.** získať, vyhľadať, odviesť; **II.** *nepr* **2.** dať sa na vojnu, nastúpiť dobrovoľne vojenskú službu

to en.liv.en [in'laivn] **1.** rozveseliť, oživiť, osviežiť, prebudiť k životu

e.nor.mous [i'no:məs] *príd* **1.** ohromný, obrovský, *(ifm)* velikánsky, nesmierny, kolosálny. *Syn*: immense, huge, gigantic, colossal, mammoth, tremendous

e.nough [i'naf] **I.** *podst* **1.** dostatok, dostatočnosť; **II.** *prísl* **2.** dosť. *Syn* ⇨ **sufficient**

to en.rich [in'rič] **1.** obohatiť, zošľachtiť, oplodniť, rozhojniť, zveľadiť, *(pôdu)* zúrodniť, *(chuť)* zlepšiť; **2.** vyzdobiť, skrášliť

to en.rol/en.roll [in'rəul] **I.** *prech* **1.** robiť zápis, prijímať, prijať; **II.** *nepr* **2.** zapísať sa, prihlásiť sa

en.semb.le [a:n'sa:mbl] *podst* **1.** *(hud, div)* súbor, *(div)* činohra, *(spevácky/ divadelný/ tanečný súbor)* zbor, *(fml)* teleso, skupina; **2.** súprava, komplet; **3.** celok

to en.shrine [in'šrain] **1.** uchovávať ako sviatosť, úzkostlivo dbať [na čo], chovať ako posvätnú vec, starostlivo uschovať

en.sign [ensain] *podst* **1.** lodná vlajka, *(nám: štátna)* zástava; **2.** *(am voj = Acting Sub-Lieutenant)* podporučík

to en.sue [in'sju:] **1.** nasledovať, nastať, *(po niečom)* vznikať, *(ako dôsledok)* vyplynúť. *Syn* ⇨ **to follow**

to en.sure [in'šuə] **1.** zaistiť, garantovať, zabezpečiť, zaručiť

to en.tail [in'teil] **1.** niesť so sebou, byť spojený [s čím]; **2.** vyžiadať [si]; **3.** *(prn)* znamenať

to en.tan.gle [in'tæŋgl] **1.** zamotať, zapliesť; **2.** skomplikovať

to enter [entə] **I.** *prech* **1.** vstúpiť, vojsť, *(loď)* vplávať; **2.** *(kam)* prihlásiť sa; **3.** *(inf)* zavádzať, *(i účt)* zapisovať; **II.** *nepr* **4.** vstúpiť

en.ter.prise [entəpraiz] *podst* **1.** podnik, firma, závod; **2.** iniciatíva, podnikavosť

en.ter.pris.ing [entəpraiziŋ] *príd* **1.** podnikavý, energický, priebojný, iniciatívny, smelý, odvážny. *Syn* ⇨ **ambitious**

to en.ter.tain [ˌentə'tein] **I.** *prech* **1.** zabávať, obveseľovať; **2.** vziať do úvahy; **3.**chovať, robiť si; **II.** *nepr* **4.** hostiť, mať hostí. *Syn* ⇨ **to amuse**

en.ter.tain.er [ˌentə'teinə] *podst* **1.** estrádny umelec, kabaretný umelec; **2.** hostiteľ; **3.** konferenciér; **4.** zábavný človek

en.ter.tain.ment [ˌentə'teinmənt] *podst* **1.** zábava, pohostenie, večierok; **2.** estráda; **3.** zábavný podnik

to en.thral [in'θro:l] **1.** fascinovať, uchvátiť

to en.thuse [in'θju:z] **1.** básniť, rozplývať sa, nadchýnať sa

en.thus.i.a.sm [in'θju:ziæzəm] *podst* **1.** nadšenie, elán, zápal, entuziazmus. *Syn* ⇨ **passion**

en.thus.i.ast [in'θju:ziæst] *podst* **1.** nadšenec, entuziast, fanúšik. *Syn* ⇨ **zealot**

en.thus.i.as.tic [inˌθju:zi'æstik] *príd* **1.** nadšený, zanietený, náruživý, nadchnutý, entuziastický

to en.tice [in'tais] **1.** zlákať, nalákať, navnadiť, zvábiť, vábiť, uviesť do pokušenia. *Syn* ⇨ **to lure**

en.tic.ing [in'taisiŋ] *príd* **1.** vábny, lákavý

en.tire [in'taiə] *príd* **1.** celý, celostný, *(tvoriaci celok)* celistvý; **2.** nepoškodený . *Syn* ⇨ **complete**

en.tire.ly [in'taiəli] *prísl* **1.** celkom, úplne, *(úplne)* dočista, *(len v spojení s: otvoriť)* dokorán

en.ti.re.ty [in'taiəti] *podst* (mn **-ies**) **1.** celistvosť, celosť, kompletnosť; **2.** *(spoločenstvo)* celok, *(zhrnutie jednotlivostí)* súhrn, úplnosť

to en.tit.le [in'taitl] **1.** nazvať, pomenovať, nadpísať, dať právo, oprávniť

en.ti.ty [entəti] *podst* (mn **-ies**) **1.** *(fil)* entita, bytosť, *(i práv, gram)* osoba, *(pej: osoba)* existencia

en.tour.age [ˌontu'ra:ž] *podst* **1.** sprievod, družina

en.trance [entrəns] *podst* **1.** *(miesto, vstup i nápis)* vchod, vjazd; **2.** *(činnosť)* vstup, *(začatie nejakej činnosti)* nastúpenie, *(i herca)* vystúpenie, *(príchod)* prístup, *(i nápis v autobuse ap)* nástup

to en.trance [entrns] **1.** uchvátiť, nadchnúť, očariť

en.trant [entrənt] *podst* **1.** účastník, súťažiaci, pretekár ; **2.** kandidát; **3.** začiatočník

en.tre.pre.neur [ˌontrəprə'nə:] *podst* **1.** podnikateľ, sprostredkovateľ, agent, impresário

en.tre.pre.neur.i.al [ˌontrəprə'nə:riəl] *príd* **1.** podnikavý

en.try [entri] *podst* (mn **-ies**) **1.** vstup, príchod, vjazd; **2.** *(kam)* prístup; **3.** záznam, položka; **4.** heslo

to en.ve.lop [in'veləp] **1.** zahaliť, zabaliť, zakryť; **2.** zaútočiť na krídle; **3.** vložiť list do obálky

en.vel.ope [enveləup] *podst* **1.** *(listová)* obálka, obal; **2.** telesná schránka; **3.** zábal; **4.** povlak; **5.** úkryt

en.vi.ous [enviəs] *príd* **1.** závistlivý, nežičlivý, neprajný, žiarlivý

en.vir.on.ment [in'vaiərənmənt] *podst* **1.** prostredie, okolie; **2. the environment** životné prostredie

en.vir.on.men.tal [inˌvaiərən'mentəl] *príd* **1.** týkajúci sa prostredia; **2.** *(ekol)* týkajúci sa životného prostredia, ekologický

en.vir.on.men.talist [inˌvaiərən'mentəlist] *podst* **1.** ochranca životného prostredia, environmentalista, ekológ

to en.vi.sage [in'vizidž] **1.** predstaviť si, *(s istotou očakávať)* predpokladať; **2.** *(s čím)* počítať, uvažovať

en.voy [envoi] *podst* (mn **-oys**) **1.** posol, poverenec, vyslanec

en.vy [envi] *podst* . závisť

to en.vy [envi] **1.** závidieť, žiarliť. *Syn*: to begrudge, to covet

en.zyme [enzaim] *podst* **1.** enzým, ferment

ep.ic [epik] **I.** *podst* **1.** epos, epická hrdinská báseň; **2.** veľkofilm, epopeja; **II.** *príd* **3.** epický; **4.** *(prn)* grandiózny, impozantný

ep.i.de.mic [ˌepi'demik] **I.** *podst* **1.** epidémia; **II.** *príd* **2.** epidemický

ep.i.lep.sy [epilepsi] *podst* **1.** epilepsia, padúcnica

ep.is.ode [episəud] *podst* **1.** epizóda, príhoda, prípad; **2.** pokračovanie, časť. *Syn* ⇨ **occurrence**

e.pi.to.me [i'pitəmi] *podst* **1.** stelesnenie, prototyp, typický predstaviteľ; **2.** *(vzor)* model, maketa. *Syn* ⇨ **abridgement**

to e.pi.tom.ize [i'pitəmaiz] **1.** stelesňovať, predstavovať, symbolizovať; **2.** urobiť stručný výťah, zostručniť

e.poch [i:pok] *podst* (mn **epochs**) **1.** epocha, čas, *(historické)* obdobie, éra. *Syn* ⇨ **period**

e.qual [i:kwəl] *príd* **1.** rovnaký, jednaký, *(majúci rovnakú hodnotu)* rovnocenný, seberovný. *Syn* ⇨ **same**

e.qual.i.ty [i(:)'kwoləti] *podst* **1.** rovnosť, rovnoprávnosť, rovnakosť

to e.qual.ize [i:kwəlaiz] **I.** *prech* **1.** (mzdy) vyrovnať, [po]staviť na roveň, zrovnoprávniť; **II.** *nepr* **2.** *(špo: skóre)* vyrovnať

e.qua.tion [i'kweižən] *podst* **1.** *(mat)* rovnica; **2.** *(prn)* porovnávanie

e.qua.tor [i'kweitə] *podst* **1.** rovník, ekvátor

e.ques.tri.an [i'kwestriən] **I.** *podst* **1.** *(na koni)* jazdec ; **II.** *príd* **2.** jazdecký

e.qui.lib.ri.um [ˌi:kwi'libriəm] *podst* **1.** *(i prn)* rovnováha ; **2.** *(prn)* vyrovnanosť, nestrannosť

to e.quip [i'kwip] **1.** vybaviť, zariadiť, vyzbrojiť, dotovať . *Syn* ⇨ **to furnish**

e.quip.ment [i'kwipmənt] *podst* **1.** vybavenie, zariadenie; **2.** zariaďovanie, vybavovanie

e.qui.tab.le [ekwitəbl] *príd fml* **1.** spravodlivý, slušný, *(o počasí)* ustálený, vyrovnaný

e.qui.ty [ekwəti] *podst* **1.** spravodlivosť, nestrannosť, slušnosť; **2.** (mn **-ies**) *(fin)* akcia

e.qui.va.lent [i'kwivələnt] **I.** *podst* **1.** ekvivalent; **2.** rovnaké množstvo; **3.** protihodnota; **II.** *príd* **4.** ekvivalentný; **5.** rovnocenný; **6.** majúci rovnaký význam. *Syn* ⇨ **same**

e.rec.tion [i'rekšən] *podst* **1.** *(budovy)* postavenie, vybudovanie; **2.** *(stroja)* montáž, inštalácia; **3.** erekcia

to e.rode [i'rəud] **1.** erodovať, rozožierať, leptať, *(horninu)* rozrušiť, *(pôdu)* vymieľať; **2.** *(i prn)* hlodať

e.ro.sion [i'rəužn] *podst* **1.** erózia, *(pôdy ap)* vymieľanie; **2.** narušenie, rozhlodanie, rozleptanie

e.ro.tic [i'rotik] *príd* **1.** erotický, zmyselný, milostný

to err [ə:] **1.** chybiť, urobiť chybu/ chyby, *(bezpr)* mýliť sa, blúdiť

er.rand [erənd] *podst* **1.** pochôdzka, posielka, vybavovanie

er.ra.tic [i'rætik] *príd* **1.** nestály, kolísavý,

náladový, vrtošivý, nevyrovnaný

er.ror [erə] *podst* **1.** chyba, omyl, blud, klam, odchýlka; **2.** *(prn)* priestupok, hriech; **3.** *(in error)* omylom . *Syn*: mistake, blunder, slip, faux pas, boner

erst.while [ə:stwail] *príd* **1.** niekdajší, bývalý, minulý

to e.rupt [i'rapt] **1.** *(sopka)* vybuchnúť; **2.** *(prn: k čomu)* dôjsť; **3.** soptiť; **4.** *(čím)* vysypať sa; **5.** *(zuby)* prerezávať sa

to es.ca.late [eskəleit] **I.** *prech* **1.** zostriť, stupňovať, vystupňovať, eskalovať; **II.** *nepr* **2.** zostrovať sa, stupňovať sa; **3.** letieť nahor

es.cape [i'skeip] *podst* **1.** útek, *(plynu)* unikanie, *(jfyz)* emisia; **2.** *(i prn)* únik

to es.cape [i'skeip] **1.** utiecť, *(o tekutine)* vytekať, *(o plyne)* unikať, *(o látke)* prchať. *Syn*: to avoid, to evade, to elude

to es.chew [is'ču:] **1.** *(čoho)* vystríhať sa, *(čomu)* vyhýbať sa, vyvarovať sa

es.cort [esko:t] *podst* **1.** sprievod, ochrana, eskorta, dopravná loď; **2.** gavalier

to es.cort [esko:t] **1.** *(voj)* eskortovať; **2.** odprevadiť, robiť [komu] gavaliera, sprevádzať. *Syn* ⇨ **to accompany**

Es.ki.mo [eskiməu] *podst* **1.** Eskimák, Eskimáčka; **2.** eskimáčtina

e.so.te.ric [ˌesəu'terik] **I.** *podst* **1.** ezoterika; **II.** *príd* **2.** ezoterický; **3.** tajuplný, tajomný, zvláštny, neobyčajný; **4.** ťažko zrozumiteľný, prístupný, zrozumiteľný iba zasvätencom; **5.** tajný, skrytý

es.pe.cial.ly [i'spešəli] *prísl* **1.** obzvlášť, najmä, zvláštne, predovšetkým, hlavne, špeciálne, obzvlášť

es.pi.on.age [ˌespiə'na:ž] *podst* **1.** špionáž, vyzvedačstvo

to es.pouse [i'spauz] **1.** podporovať, zastávať; **2.** *(k čomu)* pridať sa

es.say [esei] *podst* (mn **-ays**) **1.** *(lit)* esej, *(krátky)* fejtón; **2.** *(škol)* slohové cvičenie, kompozícia; **3.** referát; **4.** *(univ)* pojednanie

es.sence [esns] *podst* **1.** podstata, jadro; **2.** esencia, *(destilát)* výťažok

es.sen.tial [i'senšl] *príd* **1.** hlavný, základný, podstatný; **2.** nevyhnutný, nutný. *Syn*: indispensable, requisite, necessary

es.sen.tial.ly [i'senšli] *prísl* **1.** v podstate

to es.tab.lish [i'stæbliš] **1.** založiť, zriadiť, ustanoviť, nadviazať, nastoliť; **2.** dokázať, preukázať; **3.** zaistiť

es.tab.lished [i'stæblišt] *príd* **1.** *(poriadok)* zavedený, platný, *(i zvyk)* vžitý, *(vláda)* pri moci, *(človek)* etablovaný, *(fakt)* dokázaný, uznávaný

es.tab.lish.ment [i'stæblišmənt] *podst* **1.** založenie, ustanovenie, nastolenie; **2.** dokázanie, preukázanie; **3.** zistenie; **4.** firma, podnik; **5.** inštitúcia, ústav

es.tate [i'steit] *podst* **1.** statok, hospodárstvo, gazdovstvo, vlastníctvo, imanie

es.tate agent [i'steitˌeidžənt] *podst* **1.** realitný agent

es.teem [i'sti:m] *podst* **1.** hlboká úcta, vážnosť

to es.teem [i'sti:m] **1.** *(koho/ čoho)* vážiť si, mať úctu, ctiť si, považovať za. *Syn* ⇨ **to appreciate, to regard**

es.ti.mate [estimit] *podst* **1.** odhad, ocenenie; **2.** predbežná cenová ponuka, odhad ceny, [predbežná] kalkulácia

to es.ti.mate [estimit] **1.** odhadnúť, oceniť, zhodnotiť, urobiť predbežnú kalkuláciu. *Syn*: to appraise, to evaluate, to rate, ⇨ aj **to calculate**

es.tu.a.ry [estjuəri] *podst* (mn **-ies**) **1.** *(rieky)* ústie

et cet.er.a [it'setrə] **1.** *(skr)* atď, a tak ďalej

to etch [eč] **1.** leptať, vyleptať; **2.** *(robiť ryhu)* ryť, vyryť; **3.** *(napúšťať moridlom)* moriť

e.ter.nal [i(:)'tə:nl] *príd* **1.** *(i ifm)* večný, nekonečný, trvalý, stály, neustály. *Syn* ⇨ **continual**

e.ter.ni.ty [i(:)'tə:nəti] *podst fml* **1.** večnosť

eth.nic [eθnik] *príd* **1.** etnický, národnostný

e.thos [i:θos] *podst fml* **1.** étos, mravný základ

et.i.quette [ˌeti'ket] *podst* **1.** etiketa. *Syn* ⇨ **decorum**

eu.cal.yp.tus [ˌju:kə'liptəs] *podst* (mn **-uses/ eucalypti**) **1.** *(bot)* eukalyptus, blahovičník

eu.phem.i.sm [ju:fimizm] *podst* **1.** eufemizmus

eu.pho.ri.a [ju:'fo:riə] *podst* **1.** eufória, duševná pohoda, povznesená nálada

eu.phor.ic [ju:'forik] *príd* **1.** euforický

Eu.rope [juərəp] *podst* **1.** Európa

Eu.ro.pe.an [ˌjuərə'pi(:)ən] *príd* **1.** európsky; **2.** *(bot European touch-me-not: Impatiens nolitangere)* netýkavka [nedotklivá]

eu.than.a.si.a [ˌju:θə'neizjə] *podst* **1.** eutanázia

to e.vac.u.ate [i'vækjueit] **1.** evakuovať, presídliť, odsunúť, vysťahovať; **2.** *(lek)* vyprázdniť, vyprázdňovať

e.vac.u.ee [iˌvækju(:)'i:] *podst* **1.** evakuovaná osoba, odsunutá osoba, evakuant

to e.vade [i'veid] **1.** *(čomu)* vyhnúť sa, *(čomu)* uniknúť, obísť, unikať, *(zákon)* obchádzať, prekaziť, zmiasť. *Syn* ⇨ **to escape**

to e.val.u.ate [i'væljueit] **1.** oceniť, zhodnotiť, ohodnotiť, posúdiť. *Syn* ⇨ **to estimate**

e.van.gel.i.cal [ˌi:væn'dželikl] *príd* **1.** evanjelický

to e.vap.or.ate [i'væpəreit] **I.** *nepr* **1.** vypariť sa, odpariť sa, vyprchať; **II.** *prech* **2.** nechať odpariť

e.va.sion [i'veižən] *podst* **1.** únik, útek; **2.** výhovorka , vytáčka

e.vas.ive [i'veisiv] *príd* **1.** vyhýbavý, **2.** vytekajúci, unikajúci; **3.** neurčitý; **4.** hmlistý

eve [i:v] *podst* **1.** *(sviatku, i prn)* predvečer

ev.en [i:vən] **I.** *podst* **1.** *(poet = evening)* večer; **II.** *príd* **2.** *(cesta)* rovný, plochý, vodorovný; **3.** *(povrch)* hladký; **4.** *(pulz, výroba)* rovnomerný, *(dýchanie)* pravidelný; **5.** *(črta, rys)* súmerný; **6.** *(množstvo, rozdiely)* rovnaký; **7.** *(špo: skóre)* nerozhodný; **8.** *(povaha)* vyrovnaný, pokojný; **9.** *(mat: číslo)* párny, *(suma)* zaokrúhlený; **III.** *prísl* **10.** dokonca, *(s komparatívom)* ešte: **even better/ prittier** *ešte lepší/ krajší*; a čo aj, až **it was warm / even hot** *bolo teplo, až horúco*; **we'll go there even in the dark** *pôjdeme tam, čo aj po tme*; . *Syn* ⇨ **level, steady**

eve.ning [i:vniŋ] *podst* **1.** večer, večierok

e.vent [i'vent] *podst* **1.** udalosť, príhoda; **2.** *(ifm)* prípad; **3.** *(špo)* disciplína, súťaž

e.ven.tual [i'venčuəl] *príd* **1.** konečný, výsledný;**2.** možný

e.ven.tu.al.i.ty [iˌvenču'æləti] *podst fml* (mn - **ies**) **1.** eventualita, možnosť

e.ven.tu.al.ly [i'venčuəli] *prísl* **1.** nakoniec, napokon, konečne, koniec-koncov

ev.er [evə] *prísl* **1.** niekedy, nikdy, vôbec

ev.er.green [evəgri:n] **I.** *podst* **1.** *(bot)* vždyzelený strom, vždyzelená rastlina, zimozeleň; **2.** *(hud)* evergrín; **II.** *príd* **3.** večne zelený; **4.** svieži; **5.** stále populárny, evergrínový

ev.ery [evri] *príd* **1.** každý: **every night** *každý večer*, , vždy v; **2.** raz za: **every week/ month** *raz za týždeň/ mesiac*; *(every other)* raz za dva, každý druhý, **every other week** *raz za dva týždne/ každý druhý týždeň*; *(every now and then)* z času na čas, občas

ev.ery.bod.y [evribodi] **1.** *(človek)* každý

ev.ery.day [evridei] *príd* **1.** každodenný, všedný, prozaický, tuctový

ev.ery.thing [evriθiŋ] *zám* **1.** všetko

ev.ery.where [evriweə] *prísl* **1.** všade

to e.vict [i(:)'vikt] **1.** vysťahovať [súdne] z bytu/ domu, vypovedať, deložovať. *Syn* ⇨ **to eject**

e.vic.tion [i(:)'vikšn] *podst* **1.** súdna výpoveď z bytu ap, odňatie držby/ bytu ap, deložovanie

ev.i.dence [evidəns] *podst* **1.** dôkaz, dôkazy; **2.** známka, stopa, náznak; **3.** svedectvo . *Syn* ⇨ **proof**

ev.i.dent [evidənt] *príd* **1.** zrejmý, zjavný, očividný, evidentný. *Syn*: apparent, evident, manifest, obvious, palpable, clear, plain

ev.i.dent.ly [evidəntli] *prísl* **1.** zrejme, zjavne, očividne, samozrejme

e.vil [i:vl] **I.** *podst* **1.** zlo, skazenosť, hriech, nešťastie; **II.** *príd* **2.** zlý, skazený, hriešny. *Syn* ⇨ **bad**

to e.voke [i'vəuk] **1.** vyvolať spomienky [na čo], vybaviť, evokovať, budiť spomienky [na čo], *(obdiv, i záujem)* vzbudiť. *Syn* ⇨ **to extract**

e.vol.u.tion [ˌi:və'lu:šən] *podst* **1.** vývoj, evolúcia, *(i biol, filoz)* vývin

e.vol.u.tion.a.ry [ˌi:və'lu:šnəri] *príd* **1.** evolučný, vývojový

to e.volve [i'volv] **I.** *prech* **1.** vypracovať, rozvinúť; **II.** *nepr* **2.** vyvinúť sa, rozvinúť sa, rozvíjať sa, vyvíjať sa; **3.** *(farby)* melírovať

to ex.a.cer.bate [ek'sæsə(:)beit] **1.** zhoršiť, sťažiť; **2.** jatriť; **3.** obnoviť bolesť, dráždiť

ex.act [ig'zækt] *príd* **1.** presný, exaktný; **2.** bezchybný, správny. *Syn* ⇨ **correct, explicit**

to ex.act [ig'zækt] **1.** vyžadovať, vynucovať si, *(peniaze)* vymáhať

ex.act.ly [ig'zæktli] *prísl* **1.** presne, znova; **2.** presne tak; **3.** celkom tak, úplne

to ex.ag.ger.ate [ig'zædžəreit] **1.** zveličovať, preháňať, nadsadzovať

to ex.alt [ig'zo:lt] **1.** *(fml)* velebiť, oslavovať, vynášať, pozdvihnúť, zdôrazniť, *(do neba)* vychvaľovať

ex.alt.ed [ig'zo:ltid] *príd* **1.** *(úrad)* vysoký, exaltovaný, *(melódia, literatúra, štýl)* vznešený

ex.am [ig'zæm] *podst ifm* **1.** *(škol)* skúška

ex.am.i.na.tion [ig,zæmi'neišən] *podst* **1.** preskúmanie, prehliadka, kontrola, revízia; **2.** *(škol)* skúška

to ex.am.ine [ig'zæmin] **1.** *(vše)* preskúmať, vyšetriť, *(mŕtvolu)* ohliadať, *(pasy, doklady)* kontrolovať; **2.** revidovať; **3.** *(škol, univ)* skúšať, preskúšať. *Syn* ⇨ **to scrutinize**

ex.am.i.ner [ig'zæminə] *podst* **1.** examinátor, skúšajúci

ex.am.ple [ig'za:mpl] *podst* **1.** príklad, vzor, výstraha, varovanie. *Syn* ⇨ **instance, model**

to ex.as.per.ate [ig'zæspəreit] **1.** podráždiť, nahnevať, vyprovokovať, doháňať [koho] do zúfalstva; **2.** rozčúliť . *Syn* ⇨ **to irritate**

to ex.ca.vate [ekskəveit] **1.** vykopať, vyhĺbiť, vybágrovať; **2.** *(archeol)* vykopať

to ex.ceed [ik'si:d] **1.** prekročiť, presiahnuť, prevýšiť, prekonať

ex.cel.lence [eksələns] *podst* **1.** znamenitosť., dokonalosť

ex.cel.lent [eksələnt] *príd* **1.** znamenitý, vynikajúci, skvelý, výborný

ex.cep.tion [ik'sepšən] *podst* **1.** výnimka, námietka, výhrada

ex.cep.tion.al [ik'sepšənl] *príd* **1.** výnimočný, neobyčajný, mimoriadny, nevšedný, *(veľký, mimoriadny)* zvláštny, *(jedinečný)* ojedinelý

ex.cerpt [eksə:pt] *podst* **1.** výňatok, *(výpisok, i hud)* výťah, výpisok, citát

ex.cess [ik'ses] (mn **-es**) **I.** *podst* **1.** nadmiera, nadmernosť, nadmerné množstvo, nadbytok, hojnosť; **II.** *príd* **2.** nadmerný, nadbytočný

ex.ces.sive [ik'sesiv] *príd* **1.** nadmerný, prehnaný, prílišný, nestriedmy, nemierny, prepiaty, neprimeraný. *Syn*: exorbitant, extravagant, immoderate, inordinate

ex.change [iks'čeindž] *podst* **1.** výmena; **2.** *(tlf)* ústredňa, *(telefónna)* stanica; **3.** burza

to ex.change [iks'čeindž] **1.** vymeniť, zameniť, byť preložený, *(si)* popremieňať

to ex.cite [ik'sait] **1.** rozrušiť, rozčúliť; **2.** *(fyziol)* dráždiť, podráždiť, vzrušiť. *Syn* ⇨ **to provoke**

ex.cite.ment [ik'saitmənt] *podst* **1.** vzrušenie, vzruch, rozruch, rozčúlenie, rozochvený

ex.cit.ing [ik'saitiŋ] *príd* **1.** vzrušujúci, napínavý

to ex.claim [ik'skleim] **1.** zvolať, skríknuť, vykríknuť, zhíknuť

to ex.clude [ik'sklu:d] **1.** vylúčiť, vynechať, znemožniť, nepripustiť. *Syn*: to debar, to disbar, to eliminate, to suspend. *Opoz*: to admit, to include

ex.clu.sion [ik'sklu:žən] *podst* **1.** vylúčenie; **2.** *(zamietnutie)* odmietnutie, odopretie vstupu

ex.clu.sive [ik'sku:siv] *príd* **1.** exkluzívny, výhradný, výlučný, jediný, uzavretý, *(klub)* neprístupný, nezahrňujúci, úzko zameraný, prvotriedny

ex.clu.sive.ly [ik'sklu:sivli] *prísl* **1.** výhradne, výlučne, exkluzívne, *(jedine)* len

to ex.crete [ik'skri:t] **1.** *(biol)* vylúčiť, *(o rastlinách, živočíchoch)* vyprázdniť

ex.cru.ci.at.ing [ik'skru:šieitiŋ] *príd* **1.** neznesiteľný, hrozný, príšerný, extrémny

ex.cur.sion [ik'skə:šən] *podst* **1.** výlet, zájazd, exkurzia, *(voľná chôdza)* prechádzka

ex.cuse [ik'skju:z] *podst* **1.** ospravedlnenie; **2.** výhovorka, zámienka; **3.** prepáčenie

to ex.e.cute [eksikju:t] **1.** popraviť; **2.** uskutočniť, previesť, vykonať; **3.** *(hud)* predniesť . *Syn* ⇨ **to kill, to perform**

ex.e.cu.tive [ig'zekjutiv] **I.** *podst* **1.** vedúci pracovník; **2.** predstavenstvo, štátna správa, výkonná moc; **II.** *príd* **3.** výkonný; **4.** vedúci, súkromný, podnikový, luxusný; **5.** exekutívny

ex.e.cut.or [ig'zekjutə] *podst* **1.** *(práv: poslednej vôle)* vykonávateľ, exekútor

ex.em.plar.y [ig'zempləri] *príd* **1.** vzorný, príkladný, ukážkový, exemplárny

to ex.em.pli.fy [ig'zemplifai] **1.** ilustrovať, doložiť príkladmi, exemplifikovať; **2.** byť príkladom [čoho], *(príklad)* uviesť, overiť opis

ex.empt [ig'zempt] *príd* **1.** oslobodený, *(čoho)* zbavený, nepodliehajúci

ex.er.cise [eksəsaiz] *podst* **1.** *(škol, špo)* cvičenie; **2.** *(práv)* výkon; **3.** *(fyzický)* pohyb, cvik; **4.** uplatňovanie, používanie . *Syn* ⇨ **practice**

to ex.er.cise [eksəsaiz] **I.** *prech* **1.** uplatňovať; **2.** precvičiť ; **3.** previesť; **II.** *nepr* **4.** cvičiť, trénovať sa; **5.** vplývať; **6.** vykonávať; **7.** znepokojovať; **8.** užívať; **9.** zúčastniť sa duchovných cvičení

to ex.ert [ig'zə:t] **1.** uplatniť, použiť, vynaložiť, vynakladať , činiť, *(nátlak)* vykonávať

to ex.hale [eks'heil] **1.** vydýchnuť, vypúšťať, vyparovať sa, *(hnev)* uvoľniť

to ex.haust [ig'zo:st] **1.** unaviť, vyčerpať; **2.** spotrebovať; **3.** plundrovať, vyplundrovať, vyprázdniť

ex.haus.tion [ig'zo:sčən] *podst* **1.** vyčerpanosť, vyčerpanie , únava

ex.haus.tive [ig'zo:stiv] *príd* **1.** vyčerpávajúci, podrobný, kompletný, *(podrobný)* dôkladný, *(dôkladný)* dôsledný

ex.hi.bit [ig'zibit] *podst* **1.** exponát; **2.** *(listina)* doklad, *(práv)* dôkaz; **3.** výstava, *(vystavený)* predmet

to ex.hi.bit [ig'zibit] **1.** *(na výstave)* vystaviť, exponovať; **2.** *(dať najavo)* prejaviť, ukázať, predviesť. *Syn* ⇨ **to proof**, to show

ex.hi.bi.tion [ˌeksi'bišən] *podst* **1.** *(art)* výstava, expozícia, prehliadka; **2.** ukážka; **3.** prejav

ex.hi.bit.or [ig'zibitə] *podst* **1.** vystavovateľ

ex.hil.a.rat.ing [ig'zilәreitiŋ] *príd* **1.** *(pocit)* povznášajúci, *(správy)* radostný, *(rozhovor)* živý; **2.** fascinujúci; **3.** *(vzduch, prechádzka)* osviežujúci

to ex.hort [ig'zo:t] **1.** nabádať, povzbudzovať, naliehať, vyzývať. *Syn* ⇨ **to urge**

ex.ile [eksail] *podst* **1.** exil, vyhnanstvo; **2.** exulant, vyhnanec

to ex.ile [eksail] **1.** vyhostiť, poslať [koho] do exilu, vypovedať, vyobcovať . *Syn* ⇨ **to banish**

to ex.ist [ig'zist] **1.** existovať, byť, jestvovať; **2.** žiť, prežiť

ex.is.tence [ig'zistəns] *podst* **1.** existencia; **2.** súcno, bytie; **3.** spôsob života. život

ex.it [eksit] *podst* **1.** odchod, východ; **2.** smrť; **3.** *(inf)* ukončenie procesu

ex.o.dus [eksədəs] *podst* **1.** exodus, hromadný odchod, hromadný útek

ex.o.tic [ig'zotik] *príd* **1.** exotický, cudzokrajný, cudzí, zvláštny

to ex.pand [ik'spænd] **I.** *prech* **1.** rozšíriť, zväčšiť, rozviesť, rozmnožiť; **II.** *nepr* **2.** roztiahnuť sa, rozpínať sa. *Syn*: to swell, to distend, to inflate, to dilate. *Opoz*: to contract

ex.pan.sion [ik'spænšən] *podst* **1.** rozšírenie, rozvoj, rozmach, rozťahovanie, expanzia

ex.pan.sive [ik'spænsiv] *príd* **1.** *(fyz)* expanzívny, rozpínavý; **2.** *(prn)* zhovorčivý, priateľský, veľkorysý

ex.pa.tri.ate [eks'pætrieit] **I.** *podst* **1.** vysťahovalec, emigrant; **II.** *príd* **2.** žijúci v cudzine

to ex.pect [ik'spekt] **1.** očakávať; **2.** čakať, nazdať sa; **3.** vyžadovať; **4.** dúfať, úfať sa, *(s istotou očakávať)* predpokladať, domnievať sa. *Syn*: to anticipate, to hope, to await

ex.pec.tant [ik'spektənt] *príd* **1.** očakávajúci, čakajúci, netrpezlivý; **2.** budúci, nastávajúci

ex.pec.ta.tion [ˌekspek'teišən] *podst* **1.** očakávanie, nádej, pravdepodobnosť, vyhliadky

ex.pe.di.ent [ik'spi:djənt] *príd* **1.** výhodný, vhodný, účelný, vypočítavý. *Syn* ⇨ **resource**

to ex.pe.dite [ekspidait] **1.** urýchliť, odoslať,

popohnať
ex.pe.di.tion [ˌekspiˈdišən] *podst* **1.** expedícia, výprava, *(voj)* vojnová výprava; **2.** rýchlosť. *Syn* ⇨ **haste, trip**
to ex.pel [ikˈspel] **1.** vylúčiť, vypovedať, vykázať, vyhostiť; **2.** vytlačiť, vyháňať. *Syn* ⇨ **to eject**
to ex.pend [ikˈspend] **1.** vydať, utratiť, vynaložiť, *(peniaze)* minúť, *(energiu)* spotrebovať, namáhať sa, vyčerpať
ex.pen.di.ture [ikˈspendičə] *podst* **1.** výdaje, náklady, výlohy, vynaloženie, výdavky, útraty, trovy
ex.pense [ikˈspens] *podst* **1.** výdaj; **2.** výdavky, náklady
ex.pen.sive [ikˈspensiv] *príd* **1.** nákladný, drahý. *Syn* ⇨ **costly**
ex.pe.ri.ence [ikˈspiəriəns] *podst* **1.** skúsenosť, prax; **2.** zážitok
to ex.pe.ri.ence [ikˈspiəriəns] **1.** zakúsiť, poznať, pocítiť; **2.** mať
ex.pe.ri.enced [ikˈspiəriənst] *príd* **1.** skúsený, rutinovaný
ex.per.i.ment [ikˈsperimənt] *podst* **1.** pokus, experiment; **2.** skúška. *Syn* ⇨ **trial**
to ex.per.i.ment [ikˈsperimənt] **1.** experimentovať, robiť pokusy
ex.per.i.men.tal [ekˌsperiˈmentl] *príd* **1.** pokusný, experimentálny, *(i inf)* skúšobný
ex.pert [ekspə:t] **I.** *podst* **1.** odborník, expert, špecialista, znalec; **II.** *príd* **2.** odborný, skúsený, expertný
ex.per.tise [ˌekspə:ˈti:z] *podst* **1.** odborná znalosť, vedomosť, zbehlosť, odbornosť
to ex.pire [ikˈspaiə] **1.** končiť, vypršať, prepadnúť, stratiť platnosť; **2.** *(fml)* vydýchnuť naposledy, zomrieť. *Syn* ⇨ **to die**
to ex.plain [ikˈsplein] **1.** vysvetliť, vyložiť, objasniť, ozrejmiť; **2.** *(vysvetliť konanie)* ospravedlniť. *Syn*: to expound, to explicate, to interpret, to construe
ex.plan.a.tion [ˌeksplәˈneišən] *podst* **1.** vysvetlenie, objasnenie, poučenie
ex.plan.a.to.ry [ikˈsplænətəri] *príd* **1.** vysvetľujúci, výkladový, explikatívny, vysvetľovací
ex.pli.cit [eksplisit] *príd* **1.** jednoznačný, jasný, explicitný, výslovný, úprimný, priamy. *Syn*: express, explicit, definite, specific. *Opoz*: vague, ambiguous
to ex.plode [ikˈspləud] **I.** *nepr* **1.** vybuchnúť, explodovať; **II.** *prech* **2.** priviesť k výbuchu, *(nálož ap)* odpáliť, *(prn)* vyvrátiť, podrobiť zdrvujúcej kritike, strhať
ex.ploit [eksploit] *podst* **1.** hrdinský čin, *(mimoriadny)* skutok; **2.** *(človeka, i tech)* výkon, bravúrny kúsok
to ex.ploit [eksploit] **1.** vykorisťovať, využiť, *(lesy ap)* exploatovať, vyťažiť, ťažiť, dolovať
to ex.plore [ikˈsplo:] **1.** skúmať, preskúmať, prebádať, posúdiť, spytovať
ex.plor.er [ikˈsplo:rə] *podst* **1.** bádateľ, výskumník, objaviteľ, cestovateľ
ex.plo.sion [ikˈspləužən] *podst* **1.** *(i prn)* výbuch, explózia; **2.** *(prn)* prudký vzrast
ex.plos.ive [ikˈspləusiv] **I.** *podst* **1.** výbušnina, trhavina ; **II.** *príd* **2.** výbušný, trhavý, explozívny, napätý, vybuchujúci, explodujúci
ex.po.nent [ekˈspəunənt] *podst* **1.** zástanca, stúpenec, propagátor; **2.** *(mat)* exponent, mocniteľ
ex.port [ikˈspo:t] **I.** *podst* **1.** export, vývoz; **2.** *(ob pl)* vývozný artikel; **3.** celkový vývoz; **II.** *príd* **4.** exportný, vývozný
to ex.port [ikˈspo:t] **1.** vyviezť, exportovať
to ex.pose [ikˈspəuz] **1.** vystaviť, demaskovať, odhaliť, pranierovať; **2.** odkryť, obnažiť; **3.** *(fot)* exponovať, osvietiť. *Syn* ⇨ **to show**
ex.posed [ikˈspəuzd] *príd* **1.** nechránený, vystavený účinkom poveternosti; **2.** neizolovaný, obnažený
ex.pos.i.tion [ˌekspəˈzišən] *podst fml* **1.** *(lit, hud)* expozícia, výstava, *(i rozprávanie)* výklad, komentár, *(podávanie správy)* opis
ex.po.sure [ikˈspəužə] *podst* **1.** vystavenie, vystavovanie; **2.** odhalenie; **3.** *(fot)* expozícia, *(fot)* osvit
to ex.pound [ikˈspaund] **1.** *(teóriu)* vyložiť, vysvetliť, vykladať, urobiť expozíciu [čoho]. *Syn* ⇨ **to explain**
ex.press [ikˈspres] (mn **-es**) **I.** *podst* **1.** rýchlik; **2.** expres, rýchlodoprava; **3.** rýchle doručenie; **4.** rýchly posol; **II.** *príd* **5.** expresný, rýchly, priamy; **6.** výslovný, zreteľný, určitý; **7.** *(úplne)* rovnaký, presný; **8.** mi-

moriadny

to ex.press [ik'spres] **1.** vyjadriť, vysloviť; **2.** posielať rýchlodopravou; **3.** vyšťaviť; **4.** *(symbolmi)* označiť. *Syn* ⇨ **to be explicit**, to utter

ex.pres.sion [ik'sprešən] *podst* **1.** vyjadrenie; **2.** výraz; **3.** výzor, mimika

ex.pres.sive [ik'spresiv] *príd* **1.** *(majúci výraz: gesto, tvár, oči)* výrazný, vyjadrujúci; **2.** výrečný, významný, expresívny

ex.pul.sion [ik'spalšən] *podst* **1.** vyhostenie, vylúčenie, vyhnanie

ex.qui.site [ekskwizit] *príd* **1.** vynikajúci, znamenitý; **2.** veľký, intenzívny; **3.** ostrý. *Syn* ⇨ **delicate**

to ex.tend [ik'stend] **I.** *prech* **1.** *(čiaru, ulicu, čas ap)* predĺžiť, *(šek)* prolongovať, *(schôdzu)* pretiahnuť; **2.** roztiahnuť; **3.** *(vedomosti)* rozšíriť si; **4.** vzdať vďaku, *(pomoc)* poskytnúť; **II.** *nepr* **5.** *(krajina, záhrada, pole ap)* siahať, ťahať sa, *(most)* klenúť sa. *Syn*: to lengthen , to extend, to elongate, to prolong, to protract

ex.ten.sion [ik'stenšən] *podst* **1.** *(dĺžky, času)* predĺženie, natiahnutie, *(i v priestore)* rozšírenie; **2.** nadstavec, prístavba, nadstavba; **3.** *(tel)* linka, *(telefónna)* klapka; **4.** rozsah, rozpätie

ex.ten.sive [ik'stensiv] *príd* **1.** značný, rozsiahly, bohatý, ďalekosiahly, extenzívny, značný

ex.tent [ik'stent] *podst* **1.** rozmer, rozsah, rozloha, šírka, objem; **2.** miera

ex.te.ri.or [ek'stiəriə] **I.** *podst* **1.** vonkajšok, fasáda; **2.** *(i film)* exteriér; **II.** *príd* **3.** vonkajší, exteriérový; **4.** vidiecky, výzorový, povrchný

to ex.ter.mi.nate [ik'stə:mineit] **1.** vyhladiť, vyhubiť, zničiť, vykoreniť. *Syn*: to extirpate, to eradicate

ex.ter.nal [ek'stə:nl] *príd* **1.** vonkajší, povrchový, vonkajší; **2.** zahraničný; **3.** externý

ex.tinct [ik'stiŋkt] *príd* **1.** vyhynutý, vyhasnutý; **2.** zrušený; **3.** neplatný. *Syn* ⇨ **dead**

ex.tinc.tion [ik'stiŋkšən] *podst* **1.** vyhynutie, vyhasnutie, *(i práv, biol)* zánik

to ex.tin.guish [ik'stiŋgwiš] **1.** zahasiť, uhasiť, vyhasnúť

to ex.tol [ik'stəul] **1.** vychvaľovať, ospevovať, velebiť, chváliť, vynášať

ex.tor.tion [ik'sto:šən] *podst* **1.** vydieranie, vydieračstvo

ex.tra [ekstrə] **I.** *podst* **1.** zvláštny, mimoriadny; **2.** dodatočný; **3.** lepší; **4.** väčší; **II.** *prísl* **5.** zvlášť, obzvlášť, výnimočne; **6.** nadmieru, naviac

ex.tract [ik'strækt] *podst* **1.** pasáž, ukážka, úryvok; **2.** *(kuch)* koncentrát, výťažok, esencia

to ex.tra.dite [ekstrədait] **1.** *(stíhanú osobu)* vydať

ex.trav.a.gance [ik'strævəgəns] *podst* **1.** márnotratnosť, rozhadzovačnosť; **2.** výstrednosť, extravagancia

ex.trav.a.gant [ik'strævəgənt] *príd* **1.** márnivý, rozhadzovačný, márnotratný; **2.** výstredný; **3.** premrštený. *Syn* ⇨ **excessive, profuse**

ex.trav.a.gan.za [ekˌstrævə'gænzə] *podst* **1.** *(div)* burleska , revue

ex.treme [ik'stri:m] **I.** *podst* **1.** extrém, krajnosť; **2.** opak, protiklad; **II.** *príd* **3.** opačný, protiľahlý; **4.** najvzdialenejší; **5.** krajný; **6.** mimoriadny, neobyčajný; **7.** krutý, prísny; **8.** vrcholný; **9.** nesmierny, prepiaty, premrštený

ex.treme.ly [ik'stri:mli] *prísl* **1.** neobyčajne, nesmierne, vrcholne, mimoriadne, krajne, náramne

ex.trem.i.sm [ik'stri:mizm] *podst* **1.** extrémizmus, výstrednosť

ex.trem.ist [ik'stri:mist] **I.** *podst* **1.** extrémista, radikál; **II.** *príd* **2.** extrémistický, radikálny

ex.tro.vert [ekstrəuvə:t] **I.** *podst* **1.** extrovert; **II.** *príd* **2.** extrovertný

ex.u.ber.ance [ig'zju:bərəns] *podst* **1.** neviazanosť, bujnosť, hojnosť, prehnanosť, bujnenie

ex.u.ber.ant [ig'zju:bərənt] *príd* **1.** neviazaný, prekypujúci ; **2.** bujný, *(nespútaný)* divý, bujarý; **3.** nesmierny

to ex.ude [ig'zju:d] **1.** vylučovať, *(prn)* vyžarovať, *(čím)* kypieť; **2.** šíriť; **3.** potiť sa

eye [ai] *podst* **1.** oko; **2.** zrak, pohľad, pozornosť; **3.** hľadisko, názor; **4.** zreteľ; **5.** *(ihly)* ucho, uško; **6.** *(zemiaka)* očko

to eye [ai] **1.** pozorovať, hľadieť, *(hov: uprene hľadieť)* fixírovať, obzerať
eye.ball [aibo:l] *podst* **1.** *(očná)* buľva
eye.brow [aibrau] *podst* **1.** obočie, obrvy
eye-catch.ing [aikæčiŋ] *príd* **1.** nápadný, pútavý, do očí bijúci
eye.lash [ailæš] *podst* (mn **-es**) **1.** očná mihalnica, ob mn: riasy
eye.lid [ailid] *podst* **1.** očné viečko, brva
eye.sight [aisait] *podst* **1.** zrak, oči, dohľad
eye.wit.ness [ˌaiˈwitnis] *podst* (mn **-es**) **1.** očitý svedok

F

fab [fæb] **I.** *podst* **1.** vynikajúci človek, vynikajúca vec; **II.** *príd* **2.** fantastický, ohromný
fa.ble [feibl] *podst* **1.** bájka, mýtus, *(prn)* povedačka, výmysel
fab.ric [fæbrik] *podst* **1.** látka, tkanina; **2.** *(archit)* kostra, štruktúra
to fab.ri.cate [fæbrikeit] **1.** vymyslieť, vymyslieť si, konštruovať, vykonštruovať; **2.** falšovať . *Syn* ⇨ **to lie, to make**
fab.u.lous [fæbjuləs] *príd* **1.** bájny, mýtický; **2.** rozprávkový; **3.** *(i ifm)* báječný, fantastický, ohromný, skvelý. *Syn* ⇨ **fictitious**
face [feis] *podst* **1.** *(anat)* tvár; **2.** výraz, výzor, *(ifm)* vizáž; **3.** reputácia, prestíž; **4.** bezočivosť, opovážlivosť; **5.** priečelie domu, líce mince, ciferník hodiniek, *(geol: skalná)* stena. *Syn*: countenance, visage, physiognomy
face.less [feislis] **1.** anonymný, bezmenný; **2.** bez tváre
fac.et [fæsit] *podst* **1.** aspekt, stránka; **2.** *(obrúsená plôška drahokamu)* fazeta. *Syn* ⇨ **phase**
face value [ˌfeisˈvælju:] *podst* **1.** nominálna hodnota; **2.** normálny význam
fa.cial [feišəl] *príd* **1.** lícny, obličajový, tvárový, povrchový
to fac.il.i.tate [fəˈsiliteit] **1.** uľahčiť, umožniť, zvýhodniť
fac.i.li.ty [fəˈsiləti] *podst* (mn **-ies**) **1.** jednoduchosť, ľahkosť, možnosť, zručnosť, schopnosť; **2.** *(ob pl)* zariadenie, technické vybavenie
fact [fækt] **1.** fakt, pravda; **2.** skutočnosť
fact-find.ing [ˈfæktˌfaindiŋ] *príd* **1.** informačný; **2.** prieskumný
fac.tion [fækšən] *podst* **1.** *(pol)* skupina, frakcia; **2.** zvada, spor
fac.tor [fæktə] *podst* **1.** faktor, činiteľ, moment; **2.** *(mat)* deliteľ; **3.** *(obch)* agent, komisionár. *Syn* ⇨ **agent, element**
fac.tory [fæktəri] *podst* (mn **-ies**) **1.** továreň, podnik, *(ifm)* fabrika, závod
fac.tu.al [fækčuəl] *príd* **1.** vecný, založený na faktoch; **2.** skutočný, konkrétny, presný; **3.** skutkový
fac.ul.ty [fækəlti] *podst* (mn **-ies**) **1.** schopnosť; **2.** talent, nadanie, vlohy; **3.** *(univ)* fakulta. *Syn* ⇨ **talent**
fad [fæd] *podst* **1.** módny výstrelok, *(prechodná)* móda ; **2.** koníček, záľuba
to fade [fædi] **I.** *nepr* **1.** zvädnúť; **2.** stratiť farbu; **3.** zoslabnúť, zhasínať, slabnúť; **II.** *prech* **4.** nechať vyblednúť. *Syn* ⇨ **to vanish**
fae.ces [fi:si:z] *fml* (am **feces**) **1.** výkaly, fekálie
fag [fæg] *podst* **1.** *(staršieho žiaka)* poskok; **2.** *(ifm)* drina; **3.** *(br ifm sl)* cigareta; **4.** *(ob am sl)* teploš
to fail [feil] **1.** sklamať, zlyhať, *(ifm)* zhoriеť, *(na skúške)* prepadnúť, *(plán)* stroskotať, *(svetlo)* slabnúť; **2.** *(liečba)* neúčinkovať; **3.** *(pokus)* nevydariť sa
fail.ing [feiliŋ] **I.** *podst* **1.** slabina, nedostatok; **2.** chyba, *(hov nespr)* vada; **II.** *príd* **3.** klesajúci, upadajúci; **4.** hynúci. *Syn* ⇨ **fault**
faint [feint] **I.** *podst* **1.** mdloba, bezvedomie; **II.** *príd* **2.** slabý, chabý; **3.** nevýrazný, nejasný, matný; **4.** mizivý
to faint [feint] **1.** omdlieť, odpadnúť, stratiť vedomie, upadnúť do mdlôb
fair [feə] **I.** *podst* **1.** trh, veľtrh, jarmok, lunapark; **II.** *príd* **2.** spravodlivý; **3.** čestný, poctivý, bezúhonný; **4.** slušný, zdvorilý; **5.** celkom dobrý, uspokojivý, *(počasie, podmienky)* priaznivý; **6.** *(ifm)* značný; **7.** krásny, pekný; **8.** svetlovlasý, plavý, *(farba pleti)* svetlý. *Syn*: just, impartial, unbiased,

dispassionate, objective, beautiful. *Opoz*: prejudiced, biased

fair.ground [feəgraund] *podst* **1.** trhovisko, výstavisko; **2.** lunapark

fair.ly [feəli] *prísl* **1.** poctivo, spravodlivo, čestne; **2.** dosť; **3.** *(ifm)* doslova, celkom, zreteľne

fair.way [feweil] *podst* (mn **-ays**) **1.** *(nám)* plavebná dráha; **2.** *(špo)* golfová dráha; **3.** trávnatá plocha; **4.** voľná cesta

fair.y [feəri] *podst* (mn **-ies**) **1.** *(v rozprávkach)* víla, lesná žienka; **2.** *(sl)* teploš

faith [feiθ] *podst* **1.** dôvera; **2.** *(presvedčenie, i náb)* viera; **3.** konfesia, vierovyznanie. *Syn* ⇨ **belief**

faith.ful [feiθful] *príd* **1.** verný, lojálny; **2.** presný; **3.** spoľahlivý. *Syn*: loyal, constant, stanch, staunch, resolute. *Opoz*: faithless

faith.ful.ly [feiθfuli] *prísl* **1.** verne; **2.** presne

to fake [feik] **1.** falšovať; **2.** predstierať, *(ifm)* filmovať, vymýšľať si. *Syn* ⇨ **to falsify**

fall [fo:l] *podst* **1.** *(i polit)* pád; **2.** zrážky; **3.** pokles, zníženie, klesanie; **4.** svah, sklon

to fall [fo:l] (mč **fell,** mp **fallen**) **1.** spadnúť; **2.** *(stavba)* zrútiť sa, zosypať sa; **3.** *(vlasy)* splývať; **4.** *(ceny ap)* poklesnúť, znížiť sa; **5.** *(hladina)* klesať; **6.** *(vietor)* utíšiť sa

fall.out [fo:laut] *podst jč* **1.** vedľajší produkt, dôsledok; **2.** rádioaktívny dopad

false [fo:ls] *príd* **1.** falošný, *(i zuby)* umelý, *(výpoveď, svedectvo)* krivý; **2.** *(úsudok)* nesprávny, *(zatknutie)* neoprávnený, nezákonný; **3.** *(poplach)* planý; **4.** *(pohyb, krok)* chybný; **5.** *(nádeje)* klamný. *Syn*: sham, counterfeit, bogus, fake, faithless. *Opoz*: genuine, real

to fal.si.fy [fo:lsifai] **1.** falšovať; **2.** prekrútiť; **3.** vyvrátiť, dokázať nesprávnosť [čoho]

to fal.ter [fo:ltə] **1.** ísť neisto, ísť váhavo, váhať, kolísať, *(v reči)* zajakávať sa, *(komu)* preskakovať, slabnúť. *Syn* ⇨ **to hesitate**

fame [feim] *podst* **1.** vychýrenosť, vynikajúca povesť, *(prn)* sláva, fáma

famed [feimd] *príd* **1.** slávny, preslávený, chýrečný, povestný

fa.mil.i.ar.i.ty [fəˌmiliˈærəti] *podst* (mn **-ies**) **1.** *(pej)* familiárnosť; **2.** srdečný vzťah; **3.** nenútenosť; **4.** dôvernosť, intímnosť, intímny pomer; **5.** oboznámenosť; **6.** dobrá znalosť

fam.i.ly [fæməli] *podst jč* **1.** *(lit)* rodina, príbuzní, príbuzenstvo; **2.** deti; **3.** *(bot, zool, ling)* čeľaď

fam.i.ly plann.ing [ˌfæmliˈplæniŋ] *podst jč* **1.** plánované rodičovstvo

fam.ine [fæmin] *podst* **1.** *(všeobecný nedostatok potravín)* hlad, hladomor; **2.** *(veľký nedostatok životných potrieb)* núdza

fa.mous [feiməs] *príd* **1.** slávny, povestný, chýrečný, známy, renomovaný, legendárny. *Syn*: renowned, celebrated, noted, notorious, distinguished, eminent, illustrious. *Opoz*: obscure, unknown

fan [fæn] *podst* **1.** vejár, *(ele)* ventilátor, vetrák; **2.** *(pre čo)* nadšenec, fanúšik

to fan [fæn] [**-nn-**] **1.** oviať, ovanúť, ofúknuť, rozduť, ventilovať; **2.** *(prn)* roznietiť, *(kniž)* vznietiť

fa.na.tic [fəˈnætik] *podst* **1.** fanatik, blázon. *Syn* ⇨ **zealot**

fa.na.ti.cal [fəˈnætikl] *príd* **1.** fanatický, náruživý, horlivý

fan.ci.er [fænsiə] *podst* **1.** *(zvierat)* milovník

fan.ci.ful [fænsiful] *príd* **1.** blúznivý, vrtošivý; **2.** bizarný; **3.** obrazotvorný. *Syn* ⇨ **imaginary**

fan.cy [fænsi] **I.** *podst* **1.** fantázia; **2.** vrtoch; **3.** chuť; **II.** *príd* **4.** prepychový, luxusný; **5.** ozdobný; **6.** pestrý; **7.** módny; **8.** *(v prívlastku)* fantastický, výborný; **9.** *(o zvieratách)* pestovaný; **10.** *(cena)* prehnaný; **11.** vymyslený

to fan.cy [fænsi] **1.** predstaviť si, namýšľať si o sebe; **2.** nazdávať sa; **3.** *(br ifm)* mať chuť [na čo]

fan.fare [fænfeə] *podst* **1.** fanfára, tuš

fang [fæŋ] *podst* **1.** *(vlka)* tesák, *(psa, hada)* zub. *Syn* ⇨ **tooth**

to fan.tas.ize [fæntəsaiz] **1.** blúzniť, *(ifm)* fantazírovať

fan.tas.tic [fænˈtæstik] *príd* **1.** *(ifm prn)* nádherný, senzačný, *(i obrovský)* fantastický; **2.** *(ifm/ hov)* ohromný ; **3.** i **fantastical** bizarný, neskutočný. *Syn*: bizarre, grotesque, ⇨ aj **imaginary**

fan.tas.y [fæntəsi] *podst* (mn **-ies**) **1.** fantázia, predstavivosť, výmysel, snenie, rojčenie

far [fa:] **I.** *príd* **1.** ďaleký: **the Far East** *Ďaleký Východ*; vzdialený, *(i šport)* diaľkový; **2.** *(pol)* extrémny; **II.** *prísl* **3.** *(by far)* oveľa; **4.** *(mierne)* ďaleko, *(so far)* zatiaľ, *(as far as)* až [po/ do], *(as far as I know)* pokiaľ viem, **as far as I know, they haven't yet arrived** *čo ja viem, ešte neprišli*; **as far as I am concerned** *čo sa mňa týka*; **as far as quality is concerned** *čo do kvality*; *(far and wide)* široko-ďaleko. *Syn*: distant, remote, removed. *Opoz*: near, close

far.a.way [fa:rəwei] *príd* **1.** ďaleký, vzdialený; **2.** minulý ; **3.** *(pohľad, výraz)* neprítomný, zadumaný, zasnený

farce [fa:s] *podst* **1.** *(hra i prn)* fraška; **2.** nezmysel

fare [feə] *podst* **1.** cestovné; **2.** pasažier, zákazník; **3.** *(fml)* strava. *Syn* ⇨ **food**

to fare [feə] **1.** *(arch)* viesť sa, cestovať, *(bás, kniž)* ísť; **2.** **[!]** *(fml)* dariť sa, *(žiť istým spôsobom)* mať sa

fare.well [ˌfeə'wel] **I.** *podst* **1.** rozlúčka, rozlúčenie, odoberanie sa, rozchod, odobierka

farm [fa:m] *podst* **1.** *(v UK, USA)* farma, statok, hospodárstvo; **2.** *(na SK, v min: ČS)* gazdovstvo, *(veľké)* majer, dvor

to farm [fa:m] **I.** *prech* **1.** obrábať; **II.** *nepr* **2.** hospodáriť, *(ifm)* gazdovať, farmárčiť, chovať, pestovať

farm.er [fa:mə] *podst* **1.** *(na SK)* roľník, gazda, poľnohospodár, *(v UK, USA)* farmár

farm.house [fa:mhaus] *podst* **1.** hospodárska stavba, poľnohospodárska usadlosť, statok

farm.land [fa:mlænd] **1.** poľnohospodárska pôda

far off [ˌfa:'rof] *príd* **1.** ďaleký, vzdialený; **2.** *(čas)* dávny

far-reach.ing [ˌfa:'ri:čiŋ] *príd* **1.** *(ďaleko siahajúci)* ďalekosiahly, rozsiahly, nedozerný, nedohľadný

fart [fa:t] *podst* **1.** *(vulg)* prd

to fart [fa:t] **1.** *(vulg)* prdnúť, prdieť

to fas.ci.nate [fæsineit] **1.** fascinovať, očariť, okúzliť, uchvátiť, oslniť. *Syn* ⇨ **to attract**

fas.ci.nat.ing [fæsineitiŋ] *príd* **1.** fascinujúci, úchvatný, oslnivý, vzrušujúci

fas.ci.na.tion [ˌfæsi'neišn] *podst* **1.** čaro; **2.** príťažlivosť

fas.ci.sm [fæšizəm] *podst jč* **1.** fašizmus

fas.cist [fæšist] **I.** *podst* **1.** fašista; **II.** *príd* **2.** fašistický

fash.ion [fæšən] *podst* **1.** *(spôsob obliekania, štýl úpravy, panujúci vkus, obľúbenosť)* móda, *(štýl)* vkus, *(spôsob ušitia)* strih, fazóna, *(zvyk, návyk)* obyčaj; **2.** spôsob. *Syn*: style, fashion, mode, vogue, fad, rage, craze

to fash.ion [fæšən] (**~ A from/ out of B); (B into A)** **1.** vytvoriť, utvoriť, vymodelovať, stvoriť, opracovať, upravovať, modifikovať

fash.ion.ab.le [fæšnəbl] *príd* **1.** módny, moderný; **2.** exkluzívny; **3.** elegantný

fast [fa:st] **I.** *podst* **1.** pôst; **II..** *príd* **2.** rýchly; **3.** hlboký; **4.** umožňujúci rýchlu jazdu; **5.** silný; **6.** stály; **III.** *prísl* **7.** rýchle; **8.** silne; **9.** blízko. *Syn*: rapid, fast, swift, fleet, quick, speedy, hasty. *Opoz*: slow

to fas.ten [fa:sn] **I.** *prech* **1.** pripevniť, priviazať, *(balík)* previazať; **2.** *(zámok)* uzamknúť; **3.** *(šaty, opasok)* zapnúť; **II.** *nepr* **4.** *(šaty)* zapínať sa, *(okno)* zatvárať sa

fas.ti.di.ous [fə'stidiəs] *príd* **1.** prieberčivý, vyberavý, *(majúci veľké nároky, i ťažký)* náročný . *Syn* ⇨ **dainty**

fat [fæt] **{-tter, -ttest}** **I.** *podst* **1.** tuk, masť, mastnota; **2.** tučnota; **II.** *príd* **3.** tučný, tlstý, korpulentný; **4.** hrubý; **5.** hojný, plodný, bohatý

fa.tal [feitl] *príd* (**~ to sb/ st**) **1.** smrteľný; **2.** osudný, osudový, fatálny, rozhodujúci. *Syn*: deadly, mortal, lethal

fat.al.i.ty [fə'tæləti] *podst* (mn **-ies**) **1.** osudovosť, neodvratnosť; **2.** poznačenie; **3.** smrteľný úraz, úmrtie; **4.** obeť smrteľného úrazu, mŕtvy človek

fate [feit] *podst jč* **1.** osud, údel, skaza, záhuba. *Syn*: destiny, portion, lot, doom

fat.ed [feitid] *príd/prísl* **1.** odsúdený, *(určený osudom, vyplývajúci z osudu)* osudový, osudom predurčený; **2.** prekliaty

fate.ful [feitful] *príd* **1.** osudný; **2.** neblahý, zlovestný; **3.** kritický

fa.ther [fa:ðə] *podst* **1.** *(i prn: zakladateľ, i cirk)* otec; **2.** *(fml ob pl)* predkovia; **3.** *(prn)* zakladateľ; **4.** *(kňaz ob rehoľný)* páter, *(oslovenie kňaza)* duchovný

to fa.ther [fa:ðə] **1.** splodiť, stáť sa otcom, *(i prn)* plodiť ; **2.** *(prn)* vytvoriť

fa.ther-in-law [fa:ðərinlo:] *podst* **1.** svokor

fa.ther.land [fa:ðəlænd] *podst* **1.** otčina, vlasť, rodná zem

fath.om [fæðəm] *podst* **1.** *(nám: miera)* siaha

fa.tigue [fə'ti:g] *podst jč fml* **1.** únava, ustatosť, vyčerpanosť; **2.** pl: **fatigues** *(am)* pracovný odev

fat.ty [fæti] **I.** *podst* **1.** tlstáčik, bucko; **II.** *príd* **2.** mastný, tučný, tukový

fault [fo:lt] *podst* **1.** chyba, nedostatok, *(i tech)* porucha, defekt; **2.** vina; **3.** *(tenis)* chybné podanie; **4.** *(geol)* zlom. *Syn*: failing, weakness, foible, vice. *Opoz*: virtue

to fault [fo:lt] **1.** nájsť nedostatky, odhaliť slabiny [čoho], kritizovať; **2.** *(geol)* dislokovať

fault.less [fo:ltlis] *príd* **1.** bezchybný, dokonalý, perfektný

faul.ty [fo:lti] *príd* **1.** *(tech)* defektný, chybný, kazový; **2.** *(práca)* zlý, nedokonalý; **3.** nesprávny, mylný

fau.na [fo:nə] *podst* **1.** fauna, zverina, zvieratstvo

fa.vour [feivə] *podst* (am **favor**) **1.** priazeň, náklonnosť; **2.** láskavosť, služba; **3.** stužka, odznak, stuha

to fa.vour [feivə] (am **favor**) **1.** podporiť, byť naklonený, *(žičiť)* priať, preferovať, dať prednosť [čomu]

fa.vour.ab.le [feivərəbl] *príd* (am **favor-**) **1.** priaznivý, výhodný, žičlivý, vhodný, vyhovujúci, úspešný

fa.vour.ite [feivrit] (am **favor-**) **I.** *podst* **1.** obľúbenec, miláčik, favorit; **II.** *príd* **2.** obľúbený, najobľúbenejší, zamilovaný

fawn [fo:n] **I.** *podst* **1.** *(zool)* jelenča, sŕňa; **2.** žltohnedá farba; **II.** *príd* **3.** plavý, žltohnedý

fax [fæks] *podst jč* **1.** fax, telefax; **2.** faxová správa

to fax [fæks] (**st through**); (**to sb**) **1.** faxovať, posielať faxom, poslať fax

fa.ćade [fə'sa:d] *podst* **1.** fasáda, priečelie; **2.** *(i prn)* pozlátko

fe.ar [fiə] *podst jč* **1.** bázeň, strach, obava. *Syn*: dread, fright, alarm, dismay, terror, panic

to fe.ar [fiə] **I.** *prech* **1.** báť sa, *(čoho)* obávať sa; **II.** *nepr* **2.** strachovať sa

fe.ar.ful [fiəful] *príd* (**of st/ of doing st**); (**that...**) **1.** hrozný , strašný, otriasajúci; **2.** *(ifm)* príšerný. *Syn* ⇨ **afraid**

fe.ar.less [fiəlis] *príd* **1.** nebojácny, nebojazlivý, odvážny, smelý; **2.** neohrozený

fe.ar.some [fiəsəm] **1.** hrozný, desivý, hrôzostrašný

fea.si.ble [fi:zəbl] *príd* **1.** realizovateľný, uskutočniteľný; **2.** možný, pravdepodobný. *Syn* ⇨ **possible**

feast [fi:st] *podst* **1.** hostina, hody, banket, sviatok

to feast [fi:st] (**~ on/ off st**) **I.** *nepr* **1.** hodovať; **II.** *prech* **2.** hostiť, pohostiť; **3.** ukájať sa

feat [fi:t] **1.** odvážny čin, majstrovský kúsok, výkon, veľký čin

feath.er [feðə] *podst* **1.** pero, pierko, perie, operenie , brko; **2.** odev, šat, rúcho; **3.** chumáč vlasov; **4.** maličkosť; **5.** nálada

feath.er.weight [feðəweit] **1.** *(v boxe ap)* mušia váha

fea.ture [fi:čə] *podst* **1.** obličaj, vizáž, črty tváre; **2.** rys, vlastnosť, stránka, aspekt; **3.** *(žur)* hlavný článok časopisu

Feb.ru.ar.y [februəri] *podst* (mn **-ies**) **1.** február

fed.er.al [fedərəl] *príd* **1.** federálny, spolkový

fed.er.a.tion [ˌfedə'reišən] *podst* **1.** federácia, zväz, združenie, spolok

fee [fi:] *podst ob mn* **1.** poplatok, vstupné, taxa, honorár, *(za prácu)* odmena, *(peňažná odmena)* provízia. *Syn* ⇨ **wage**

fee.ble [fi:bl] *príd* **1.** slabý, chabý, úbohý, chatrný. *Syn* ⇨ **weak**

feed [fi:d] *podst* **1.** *(pre zvieratá)* krmivo, pastva, pastvisko, *(i pre bábätká)* jedlo, kojenie; **2.** *(tech)* prívod, podávanie, prísun

to feed [fi:d] (mč, mp **fed**) **I.** *prech* **1.** kŕmiť,

kŕmiť z pŕs, dať zvieraťu žrať; **2.** *(koho)* živiť; **3.** *(tech)* plniť; **4.** *(materiál)* privádzať, podávať; **II.** *nepr* **5.** *(zvieratá)* žrať, *(bábätko)* dostávať jesť
feed.back [fi:dbæk] *podst jč* **1.** *(inf, ele)* spätná väzba
feed.er [fi:də] *podst* **1.** jedák, *(inf)* podávač; **2.** *(poľn)* automatické kŕmidlo, kŕmiace/napájacie zariadenie, prítok, prípoj
feel [fi:l] *podst* **1.** omak, dotyk, hmat; **2.** atmosféra, ovzdušie
to feel [fi:l] (mč, mp **felt**) **1.** *(na)* siahnuť, ohmatať, omaciavať, nahmatať, *(na čo)* siahať; **2.** cítiť, pociťovať; **3.** nazdať sa, tušiť
feel.ing [fi:liŋ] (**~ of st**) **I.** *podst* **1.** hmat; **2.** cit, vnímavosť; **3.** pocit, predtucha, tušenie; **4.** sympatia; **5.** porozumenie; **6.** názor; **II.** *príd* **7.** citlivý; **8.** súcitný, cítiaci, cituplný. *Syn*: emotion, passion, sentiment
to feign [fein] **1.** predstierať, fingovať, simulovať, hrať. *Syn* ⇨ **to assume**
fell [fel] *podst* **1.** kamenistý vrch, vresovisko, rúbanisko
to fell [fel] **1.** rúbať, porúbať, postínať, skoliť
fel.low [feləu] *podst ifm* **1.** spoločník, druh; **2.** *(ob am)* postgraduálny štipendista, stážista; **3.** *(br)* riadny člen; **4.** *(ifm)* chlapec, chlap; **5.** *(expr)* patrón
fel.low.ship [feləušip] *podst* **1.** kamarátstvo, priateľstvo, bratstvo; **2.** spoločenstvo, asociácia, zväz; **3.** členstvo; **4.** *(univ)* postgraduálne štipendium
fel.on.y [feləni] *podst* (mn **-ies**) **1.** *(práv)* ťažký zločin [napr. vražda, podpaľačstvo, lúpežné prepadnutie]
fe.male [fi:meil] **I.** *podst* **1.** *(ob pej)* žena; **2.** *(vulg)* ženská; **3.** *(zool)* samica; **II.** *príd* **4.** ženský; **5.** samičí; **6.** slabší, bledší, svetlejší. *Syn*: feminine, womanly, womanish, effeminate, ladylike. *Opoz*: male, masculine, manly, mannish
fem.i.nine [feminin] **I.** *podst* **1.** *(gram)* ženský rod, femininum; **2.** ženstvo, ženskosť; **II.** *príd* **3.** *(i gram)* ženský. *Syn* ⇨ **female**
fem.in.in.i.ty [ˌfemi'ninəti] *podst* **1.** ženstvo , ženskosť
fem.in.i.sm [feminizm] *podst* **1.** feminizmus
fem.in.ist [feminist] **I.** *podst* **1.** feministka; **II.** *príd* **2.** feministický
fen [fen] *podst* **1.** močarina, močiar, barina, slatina
fence [fens] *podst* **1.** plot, ohrada, oplotenie; **2.** prekážka; **3.** *(sl)* prechovávač ukradnutého tovaru
to fence [fens] **1.** oplotiť; **2.** obchodovať s ukradnutým tovarom; **3.** *(prn)* vytáčať sa
fenc.ing [fensiŋ] *podst* **1.** oplotenie; **2.** materiál na stavbu plota; **3.** *(špo)* šerm, šermovanie
fend.er [fendə] *podst* **1.** plechová ohrádka pri krbe; **2.** *(am aut)* blatník
fen.nel [fenl] *podst* **1.** *(bot: Foeniculum vulgare, i korenie)* fenikel
fer.ment [fə:ment] *podst* **1.** kvas, kvasenie, fermentácia, kvasný proces; **2.** *(prn)* nepokoj
fern [fə:n] *podst* **1.** *(bot male fern: Dryopteris filix-mas)* papraď
fe.ro.cious [fə'rəušəs] *príd* **1.** dravý, krvilačný, zlý, zúrivý, ostrý, prudký
fe.ro.ci.ty [fə'rosəti] *podst* (mn **-ies**) **1.** zúrivosť, dravosť, prudkosť, divokosť; **2.** hrôza, strašidelnosť
fer.ret [ferit] *podst* **1.** *(zool)* fretka; **2.** sliedič, detektív, špiceľ
fer.ry [feri] *podst* (mn **-ies**) **1.** plť, trajekt, prievoz, kompa; **2.** *(medzi dvoma mestami)* pravidelná linka
to fer.ry [feri] (mč, mp **ferried**) **1.** previezť, prevážať, voziť, rozvážať, prevážať na kompe; **2.** dopraviť po vlastnej osi
fer.tile [fə:tail] *príd* **1.** plodný, úrodný, fertilný, *(pôda)* výnosný, *(kraj, i plodný)* požehnaný; **2.** vynachádzavý. *Syn*: fecund, fruitful, prolific. *Opoz*: sterile, barren
to fer.til.ize [fə:tilaiz] **1.** *(biol)* oplodniť; **2.** hnojiť, pohnojiť, zúrodniť
fer.ti.liz.er [fə:tilaizə] *podst* (i **-iser**) **1.** umelé hnojivo ; **2.** oplodňovateľ
fer.vent [fə:vənt] *príd* **1.** vášnivý, zanietený, náruživý, vrelý, vrúcny, plamenný . *Syn* ⇨ **passionate**
to fes.ter [festə] **1.** *(lek)* hnisať, podberať sa, rozkladať sa, kvasiť, *(rozkladať sa: o org látkach)* tlieť
fes.ti.val [festəvəl] *podst* **1.** *(ob náb)* sviatok,

sviatky, slávnosť, slávnosti; **2.** festival
fes.tive [festiv] *príd* **1.** slávnostný, sviatočný; **2.** veselý, radostný, rozjarený
fes.ti.vi.ty [fe'stivəti] *podst* (mn **-ies**) **1.** zábava, veselý, radovánky; **2.** slávnosť, veselica
fes.toon [fe'stu:n] *podst* **1.** girlanda, ovenčenie, ozdobná reťaz, výzdoba
to fes.toon [fe'stu:n] **1.** *(girlandami)* vyzdobiť, ozdobiť, ovenčiť
to fetch [feč] **I.** *prech* **1.** zájsť po, skočiť po, zabehnúť po, vyzdvihnúť, *(i človeka)* priviesť, priviezť; **2.** *(obch)* vyniesť. *Syn* ⇨ **to bring**
féte [feit] *podst* **1.** slávnosť
fe.tish [fetiš] *podst* (mn **-es**) **1.** fetiš, modla
feud [fju:d] *podst* **1.** spor, svár, zvada, hádka
to feud [fju:d] **1.** vadiť sa, hádať sa, sváriť sa; **2.** žiť v nepriateľstve
feud.al [fju:dl] *príd* **1.** feudálny, lénny
fe.ver [fi:və] *podst* **1.** *(lek, prn)* horúčka, teplota, páľa; **2.** vzrušenie
fe.verish [fi:vəriš] *príd* **1.** *(i lek)* horúčkovitý, horúčkový, zimničný, zimnicový; **2.** nepokojný
few [fju:] **I.** *príd/ zám* **1.** málo; **2.** niekoľko, pár
fi.an.cé [fi'1ŋseil] *podst* **1.** snúbenec, ženích
fi.as.co [fi'æskəu] *podst* **1.** fiasko, úplný neúspech
fi.bre [faibə] *podst jč* **1.** vlákno, vláknina; **2.** *(vlákna tkaniny)* tkanivo; **3.** *(prn)* povaha, charakter
fick.le [fikl] *príd* **1.** nestály, vrtošivý, prelietavý; **2.** aprílový. *Syn* ⇨ **inconstant**
fic.tion [fikšən] *podst jč* **1.** *(lit)* beletria; **2.** fikcia, výmysel, výplod fantázie
fic.tion.al [fikšnl] *príd* **1.** *(literatúra)* beletristický, románový; **2.** *(príbeh)* neskutočný, vymyslený
fic.ti..tious [fik'tišəs] *príd* **1.** fiktívny, pomyselný. *Syn*: fabulous, legendary, mythical, apocryphal. *Opoz*: real, true, factual
fid.dle [fidl] *podst* **1.** *(ifm)* husle, *(ifm)* škripky; **2.** *(sl)* švindeľ, podvod, podfuk
to fid.dle [fidl] **1.** *prech* zafidlikať; **II.** *nepr* **2.** *(hud)* fidlikať, hrať na husliach; **3.** babrať sa; **4.** klamať
fid.dler [fidlə] *podst* **1.** *(hud ifm)* huslista; **2.** muzikant; **3.** *(pej)* hudec; **4.** podfukár, podvodník
fi.del.i.ty [fi'deləti] *podst* **1.** vernosť; **2.** presnosť; **3.** poctivosť. *Syn* ⇨ **allegiance**
field [fi:ld] *podst* **1.** *(i poľn, voj)* pole, *(poľn)* roľa, lúka, *(voj)* bojisko; **2.** panva; **3.** *(špo)* ihrisko, hracia plocha; **4.** odbor, špecializácia; **5.** *(špo)* pretekárske pole, účastníci súťaže/ pretekov
to field [fi:ld] **I.** *prech* **1.** *(špo, bsb)* chytiť a vrátiť; **2.** postaviť; **II.** *nepr* **3.** *(špo, bsb)* hrať v poli, pod[áv]ať loptu
field.er [fi:ldə] *podst* **1.** *(špo, bsb)* hráč v poli
fierce [fiəs] *príd* [**-r, -st**] **1.** *(zviera, pohľad)* zúrivý; **2.** *(človek)* prudký; **3.** krutý; **4.** *(argument)* búrlivý, *(boj, zápas)* urputný, *(súperenie, konkurencia)* ostrý, dravý; **5.** *(teplo, zima)* neznesiteľný
fi.er.y [faiəri] *príd* **1.** horkokrvný, prchký, temperamentný, prudký; **2.** ohnivý, ohnivo červený
fif.teen [ˌfifti:n] *čísl/podst* **1.** pätnásť; **2.** pätnástka
fif.teenth [ˌfifti:nθ] **I.** *podst* **1.** pätnástina; **II.** *príd* **2.** *(v rade)* pätnásty
fifth [fifθ] **I.** *podst* **1.** pätina; **2.** *(hud)* kvinta; **II.** *príd* **3.** *(v rade)* piaty
fif.ti.eth [fiftiiθ] **I.** *podst* **1.** päťdesiatina; **II.** *príd* **2.** *(v rade)* päťdesiaty
fif.ty [fifti] *čísl/podst* (mn **-ies**) **1.** päťdesiat; **2.** päťdesiatka
fig [fig] *podst* **1.** *(bot: plod)* figa; **2.** *(bot fig tree: Ficus carica)* figovník [obyčajný]; **3.** bagateľ; **4.** odev, háv; **5.** stav, *(telesná)* forma; **6.** dlhý nos
fight [fait] *podst* **1.** ruvačka, bitka; **2.** *(box)* pästiarsky zápas; **3.** *(voj, prn)* boj; **4.** hádka, spor; **5.** bojovnosť
to fight [fait] (mč, mp **fought**) **1.** biť sa, ruvať sa, *(špo: v čom)* stretnúť sa; **2.** *(voj)* viesť, zviesť; **3.** hádať sa. *Syn* ⇨ **to conflict**
fight.er [faitə] *podst* **1.** bojovník, *(box)* boxer, bitkár, pästiar; **2.** *(lietadlo)* stíhačka, *(letec)* stíhač
fig.ur.a.tive [figjurətiv] *príd* **1.** *(ling)* prenesený, obrazný, ozdobný, figuratívny
fig.ure [figə] *podst* **1.** číslica, cifra; **2.** čiastka, suma; **3.** obrázok, ilustrácia, *(geom)* obra-

zec, *(art)* obraz, socha; **4.** figúra, línia; **5.** osobnosť; **6.** *(i lit)* postava. *Syn* ⇨ **form**

fig.ure.head [figəhed] *podst* **1.** *(prn)* bábka, panák; **2.** nastrčená figúra, *(prn pej: o človeku)* figúrka

file [fail] *podst* **1.** pilník; **2.** rad; **3.** mapa; **4.** *(inf)* súbor

to file [fail] (**~ st away**) **1.** pilovať, opilovať; **2.** zaradiť do evidencie

fil.i.bus.ter [filibastə] *podst* **1.** *(pol)* obštrukčník, obštrukčníčka; **2.** *(pol)* obštrukcia, obštrukčná reč

to fil.i.bus.ter [filibastə] **1.** *(pol)* robiť obštrukciu

to fill [fil] (**~ st/ with st/, st/ for st/**) **I.** *prech* **1.** plniť, naliať, napustiť, *(čo do čoho)* nasypať; **2.** zatmeliť, zasadrovať; **3.** *(miesto, zamestnanie)* obsadiť; **4.** *(čas)* vyplniť; **5.** *(náklad)* naložiť; **6.** *(zub)* plombovať; **7.** *(i kuch)* naplniť; **II.** *nepr* **8.** naplniť sa, zaplniť sa

fil.ler [filə] *podst* **1.** lievik; **2.** *(stav)* tmel, výplň, náplň, vypchávka; **3.** plniaci stroj

fil.let [filit] *podst* **1.** *(kuch)* sviečkovica, biftek; **2.** *(i rybie)* filé; **3.** *(koňa)* slabiny; **4.** stuha

fill.ing [filiŋ] **I.** *podst* **1.** plnka, náplň, výplň; **2.** *(zubná)* plomba; **3.** plnenie, vyplňovanie, piliny; **II.** *príd* **4.** sýty

to fill up I. *prech* **1.** naplniť, doliať, *(batériu)* doplniť; **2.** zahrnúť, zahádzať, zasypať, *(stranu)* zaplniť, *(tvar)* vyplniť; **II.** *nepr* **3.** zaplniť sa ľuďmi

film [film] *podst* **1.** *(film, fot)* film; **2.** vrstva, vrstvička; **3.** blana, clona

to film [film] **I.** *prech* **1.** filmovať, nafilmovať, sfilmovať; **II.** *nepr* **2.** filmovať, natáčať

film-mak.er ['film,meikə] *podst* **1.** filmár

filth [filθ] *podst* **1.** odporná špina; **2.** sprostosť, oplzlosť, sviniareň, prasačina

fil.thy [filθi] *príd* **1.** odporne špinavý, nečistý; **2.** oplzlý, obscénny, sprostý; **3.** *(ifm)* hnusný, ohyzdný

fin [fin] *podst* **1.** plutva; **2.** *(let)* smerový stabilizátor; **3.** kormidlo

fi.nal [fainl] **I.** *podst* **1.** *(špo)* finále; **II.** *príd* **2.** posledný; **3.** konečný, záverečný, koncový; **4.** definitívny, neodvolateľný, rozhodujúci, účelový

fi.na.le [fi'na:li] *podst* **1.** *(i hud)* finále, záver, záverečné číslo, vrchol, vyvrcholenie

fin.al.ist [fainlist] *podst* **1.** finalista, účastník finále

to fi.nal.ize [fainəlaiz] **1.** doviesť do konca, dať konečnú podobu, dokončiť; **2.** uzavrieť, finalizovať

fi.nal.ly [fainəli] *prísl* **1.** konečne; **2.** nakoniec; **3.** s konečnou platnosťou, definitívne

fi.nance [fainæns] *podst jč* (**~ for st**) **1.** financie

to fi.nance [fainæns] **1.** financovať, predávať na úver, poskytovať peňažné prostriedky, získavať peňažné prostriedky

fi.nan.cial [fai'nænšəl] *príd* **1.** finančný, peňažný, peňažitý, bohatý. *Syn*: fiscal, monetary, pecuniary

fi.nan.ci.er [fai'nænsjə] *podst* **1.** finančník, peňažník, daňový odborník

finch [finč] *podst* (mn **-es**) **1.** *(zool)* pinka

find [faind] *podst* **1.** *(cenný)* nález, objav, zistenie; **2.** *(stopy psom)* zaňuchanie

to find [faind] (mč, mp **found**) **1.** nájsť; **2.** skončiť; **3.** vypátrať, objaviť, nahmatať; **4.** zohnať; **5.** zistiť; **6.** *(za čo)* považovať, *(komu)* zdať sa, ocitnúť sa

find.er [faində] *podst* **1.** nálezca; **2.** *(fot)* hľadáčik

find.ing [faindiŋ] *podst* **1.** *(poroty)* nález, zistenie, závery, výsledky; **2.** dobrozdanie; **3.** rozhodnutie

fine [fain] **I.** *podst* **1.** pokuta; **2.** odstupné; **II.** *príd* **3.** *(človek)* vynikajúci, skvelý; **4.** *(pohľad)* pekný, krásny, *(postava)* urastený; **5.** *(víno)* výborný; **6.** *(hodváb ap)* jemný; **7.** *(i dážď)* drobný; **8.** tenký; **9.** *(zlato ap)* rýdzi

to fine [fain] (**~ sb for st/ doing st**) **I.** *prech* **1.** potrestať pokutou, pokutovať **2** .čeriť, čistiť; **II.** *nepr* **3.** čeriť sa, čistiť sa, *(o tekutine a pod.)* vyčistiť sa, zjemniť

fin.ger [fiŋgə] *podst* **1.** *(anat)* prst, *(rukavice)* palec; **2.** *(sl)* špiceľ, fízel

to fin.ger [fiŋgə] **1.** ohmatať, dotýkať sa; **2.** *(sl: koho)* udať; **3.** *(cvičiť na hudobnom nástroji)* hrať

fin.ger.nail [fiŋgəneil] *podst* **1.** *(na ruke)* necht

fin.ger.print [fiŋgəprint] *podst* **1.** odtlačok prsta

fin.ger.tip [fiŋgətip] *podst* **1.** konček prsta

fin.ish [finiš] *podst ob jč* **1.** koniec, zakončenie, dohotovenie, dokončenie, záver; **2.** dokonalosť, perfektnosť; **3.** konečná úprava, apretúra, náter

to fin.ish [finiš] **I.** *prech* **1.** dokončiť, ukončiť; **2.** dojesť, dočítať, dostavať, absolvovať; **II.** *nepr* **3.** skončiť. *Syn* ⇨ **to close**

fin.ished [finišt] *príd ifm* (**~ with sb/ st**) **1.** hotový, dokončený; **2.** *(ifm pred)* vyčerpaný, vyradený; **3.** dokonalý, perfektný

to fin.ish off **I.** *prech* **1.** dokončiť, dohotoviť, *(obraz)* domaľovať; **2.** *(jedlo)* dojesť, *(pitie)* dopiť; **3.** *(zabiť)* doraziť; **4.** vybaviť; **5.** *(dať komu)* zabrať; **II.** *nepr* **6.** skončiť

fi.nite [fainait] *príd* **1.** konečný; ohraničený; **2.** *(gram)* určitý

fire [faiə] *podst jč* **1.** oheň; **2.** kozub; **3.** požiar; **4.** *(voj)* paľba, streľba; **5.** *(prn)* nadšenie

to fire [faiə] (**st** at sb/ st) **I.** *prech* **1.** *(z čoho)* vystreliť ; **2.** *(z práce)* vyhodiť, dať [komu] padáka; **3.** kúriť, prikladať na oheň; **4.** *(keramiku)* vypaľovať; **II.** *nepr* **5.** *(zo zbrane)* vystreliť, strieľať, páliť; **6.** *(aut: motor)* naskočiť

fire.arm [faiəra:m] *podst* **1.** strelná zbraň

fire.man [faiəmən] *podst* **1.** hasič, *(dtd)* požiarnik, požiarny technik; **2.** kurič

fire.place [faiəpleis] *podst* **1.** kozub; **2.** vyhňa

fire.wood [faiəwud] *podst* **1.** palivové drevo, kurivo, drevo na kúrenie

fire.work [faiəwə:k] *podst* **1.** ohňostroj, bengál; **2.** *(v pyrotechnike)* raketa

firm [fə:m] **I.** *podst* **1.** firma, podnik, závod; **2.** obchodný dom; **II.** *príd* **3.** *(povrch, svaly)* pevný; **4.** *(hlas)* energický, rázny, *(odpoveď)* rezolútny; **5.** skalopevný, rozhodný; **6.** *(opatrenie)* prísny, *(varovanie)* dôrazný, *(vedomosti)* dôkladný, solídny, silný. *Syn*: hard, solid, stiff

first [fə:st] **I.** *príd* **1.** prvý; **II.** *prísl* **2.** ako prvý; **3.** najprv, ponajprv; **4.** skôr, najskôr; **5.** radšej, najradšej; **6.** po prvý raz; **7.** predovšetkým

first class [ˌfə:sťkla:s] *podst jč* **1.** *(žel)* prvá trieda, oddiel prvej triedy, **2.** vynikajúci študent, premiant

first hand [ˌfə:sťhænd] *príd* **1.** z prvej ruky, priamy; **2.** z vlastnej skúsenosti

first-rate [ˌfə:sťreit] *príd* **1.** prvotriedny, vynikajúci, *(prn: popredný)* predný, skvelý, najlepšej akosti

fis.cal [fiskəl] *príd* **1.** fiskálny, finančný. *Syn* ⇨ **financial**

fish [fiš] *podst* (mn **fish, fishes**) **1.** *(zool)* ryba; **2.** *(kuch)* rybacie mäso, ryby; **3.** *(zool scabbard fish: Lepidopus caudatus)* šabľa

to fish [fiš] (**~ for st**) **1.** chytať ryby, rybárčiť; **2.** loviť

fish.er.y [fišəri] *podst* (mn **-ies**) **1.** rybolov, rybárčenie; **2.** *(rýb)* lovisko

fish.ing [fišiŋ] *podst jč* **1.** rybolov, lov rýb, rybačka, rybárstvo

fist [fist] *podst* **1.** päsť; **2.** písmo, značka

fit [fit] **I.** *podst* **1.** *(lek)* záchvat, mdloba, nával; **2.** výbuch, rozmar, vrtoch; **3.** strih, fazóna; **4.** nastavenie; **II.** *príd* **5.** zdravý, fit, vo forme, v dobrej kondícii; **6.** schopný, spôsobilý; **7.** vhodný, súci, primeraný. *Syn*: suitable

to fit [fit] [**-tt-**] (mč,mp **fitted**, am i **fit**) **1.** padnúť, sedieť; **2.** nainštalovať, primontovať, namontovať; **3.** *(čomu)* zodpovedať; **4.** umiestniť

to fit in **I.** *prech* **1.** umiestniť, vmestiť, vtlačiť; **2.** nájsť čas na čo/ koho, nájsť si čas na čo/ koho, vtesnať do časového plánu; **3.** zasadiť, zamontovať; **II.** *nepr* **4.** vojsť sa; **5.** *(plán, nápad)* hodiť sa; **6.** zodpovedať skutočnosti

fit.ted [fitid] *príd* **1.** vstavaný; **2.** prispôsobený

fit.ting [fitiŋ] **I.** *podst* **1.** skúška; **2.** *(tech)* armatúra, zariadenie, výstroj, vybavenie, montáž, úprava; **II.** *príd* **3.** vhodný, trefný, súci; **4.** prípadný; **5.** prispôsobivý. *Syn* ⇨ **fit**

five [faiv] **1.** päť, päťka, pätorka

fiv.er [faivə] *podst* **1.** *(br)* päťlibrovka, *(am)* päťdolárovka; **2.** *(sl)* päťka

fix [fiks] *podst ifm* **1.** *(ifm)* brečka, šlamastika; **2.** *(sl)* pichnutie, injekcia, *(drogy)* dóza.

Syn ⇨ **predicament**

to fix [fiks] **1.** upevniť, pripevniť, nasadiť, pripichnúť, zasadrovať; **2.** určiť, dohodnúť, *(pevne)* stanoviť; **3.** zariadiť, zorganizovať; **4.** opraviť; **5.** falšovať, zašvindľovať, manipulovať; **6.** *(ob am: občerstvenie)* pripraviť, urobiť; **7.** *(vlasy)* upraviť; **8.** *(fot)* fixovať, ustáliť

fixed [fikst] *príd* **1.** *(cena)* pevný, paušálny, *(kapitál)* fixný, *(pohľad)* uprený, strnulý, *(pozornosť)* sústredený, *(chem)* viazaný; **2.** *(ifm)* sfalšovaný, zmanipulovaný

fix.ture [fiksčə] *podst* **1.** armatúra, *(pripevnené)* vybavenie; **2.** *(špo)* udalosť, zápas

fizz [fiz] *podst* (mn **-es**) **1.** šumenie, syčanie, *(ifm)* sifón, sódovka, sekt

to fizz [fiz] **1.** šumieť, syčať

flag [flæg] *podst* **1.** vlajka, *(i voj)* zástava, zástavka; **2.** *(inf)* príznak prepínača

to flag [flæg] [**-gg-**] **1.** ozdobiť vlajkami; **2.** ochabnúť, slabnúť; **3.** vädnúť; **4.** *(kamennými dlaždicami)* vydláždiť

fla.grant [fleigrənt] *príd* **1.** krikľavý, flagrantný, do neba volajúci, *(zjavný)* zrejmý, hlasný. *Syn*: glaring, gross, rank, ⇨ aj **outrageous**

flag.ship [flægšip] *podst* **1.** admirálska loď, vlajková loď

flail [fleil] *podst* **1.** cep

to flail [fleil] **1.** mlátiť cepom, cepovať

flair [fleə] *podst* **1.** elegancia, švih, *(ifm)* šmrnc, nadanie, čuch, cit, tušenie, intuícia

flak [flæk] *podst* **1.** protilietadlové delostrelectvo, protilietadlová paľba; **2.** ostrá kritika

flake [fleik] *podst* **1.** vločka; **2.** úlomok, šupina, šupinka

flame [fleim] *podst* **1.** *(lit)* plameň, oheň; **2.** *(prn)* prudký cit, *(hov: predmet lásky)* láska, *(náruživá láska k niekomu)* vášeň, zápal. *Syn* ⇨ **blaze**

flam.ing [fleimiŋ] *príd* **1.** planúci, blčiaci, ohnivočervený, *(i prn)* ohnivý, potvorský

flank [flæŋk] *podst* **1.** bok, *(zool)* slabina; **2.** *(voj)* strana, krídlo, úbočie

flan.nel [flænl] *podst* **1.** *(text)* flanel; **2.** *(na umývanie)* plátok, flanelová látka, flanelová bielizeň

flap [flæp] *podst* **1.** mávanie, tlčenie; **2.** patka, klopa, záložka, klapka; **3.** rozruch, panikárenie

to flap [flæp] [**-pp-**] **I.** *prech* **1.** mávať, trepotať, *(čím)* tĺcť, *(čím)* šľahať; **II.** *nepr* **2.** mávať krídlami, plieskať; **3.** plašiť sa, panikárčiť.

flare [fleə] *podst* **1.** vzplanutie, záblesk; **2.** svetelný signál, osvetľovacia raketa, svetlica

to flare [fleə] **1.** plápolať, mihotať sa, zasvitnúť, rozsvietiť sa, blčať; **2.** rozšíriť sa do zvonu. *Syn* ⇨ **to blaze**

flash [flæš] (mn **-es**) **I.** *podst* **1.** záblesk, zablysnutie; **2.** *(fot)* blesk; **3.** blčiaci plameň, vzbĺknutie; **4.** *(tech)* baterka; **5.** blesková správa; **6.** *(okamžitý)* nápad; **II.** *príd* **7.** okázalý; **8.** nápadný, krikľavý; **9.** *(jedlo)* fajnový , bujarý

to flash [flæš] **1.** zablesknúť sa; **2.** rýchlo ukázať, zatrblietať sa, blikať. *Syn*: to glance, to gleam, to sparkle, to glitter, to glisten, to shimmer

flash.back [flæšbæk] *podst* **1.** spätný záber, retrospektívny záber, *(lit)* retrospektíva

flash.light [flæšlait] *podst* **1.** *(fot)* blesk; **2.** *(am)* baterka, elektrická lampa, *(majáka a pod.)* signalizačné svetlo

flash.y [flæši] *príd* **1.** krikľavý, *(parádny)* blýskavý, trblietavý, žiariaci, nápadný, okázalý, frajerský. *Syn* ⇨ **gaudy**

flat [flæt] **I.** *príd* **1.** rovný, plochý, hladký, *(tanier)* plytký; **2.** *(krajina)* rovinatý; **3.** *(pivo)* zvetraný; **4.** *(batéria)* vybitý; **5.** *(pneumatika)* spľasnutý; **6.** *(prn)* fádny, jednotvárny, nudný; **7.** absolútny, úplný; **8.** *(poplatok)* paušálny; **9.** *(hud: zvuk)* nízky, tón znížený o poltón, falošný; **10.** úplne jasný; **II.** *prísl* **11.** plocho, hladko; **12.** absolútne, úplne; **13.** jasne, priamo. *Syn* ⇨ **insipid**, level

to flat.ten [flætn] **I.** *prech* **1.** sploštiť, zrovnať, uhladiť, vyrovnať; **2.** rozdrviť, zdrviť, skrúšiť, zničiť; **II.** *nepr* **3.** sploštiť sa, vyrovnať sa

to flat.ter [flætə] **1.** lichotiť, podlizovať sa, pochlebovať; **2.** potešiť, zalichotiť

flat.ter.ing [flætərə] *príd* **1.** *(slová)* lichotiaci, pochlebovačný

to flaunt [flo:nt] **1.** predvádzať, vystavovať na obdiv, *(s čím)* vyťahovať sa, vystatovať sa; **2.** hrdo viať [zástava]. *Syn* ⇨ **to show**

fla.vour [fleivə] *podst jč* (am **flavor**) **1.** chuť, príchuť, aróma, *(prn)* atmosféra, prídych

to fla.vour [fleivə] (st **with st**) **1.** ochutiť, prichucovať, okoreniť, dodávať príchuť

flaw [flo:] *podst* **1.** chyba, nedostatok,, chyba, defekt, *(hov nespr)* vada; **2.** trhlina, škára. *Syn* ⇨ **defect**

flea [fli:] *podst* **1.** *(obyčajná)* blcha

fleck [flek] *podst* **1.** škvrna, škvrnka, zrniečko, sadza, fľak, peha, zrnko

fledg.ling [fledžliŋ] *podst* **1.** *(zool)* vtáča, vtáčatko; **2.** nováčik, zelenáč, mladý zajac

to flee [fli:] (~ **from sb/ st**) **I.** *nepr* **1.** utiecť, uniknúť, zutekať; **II.** *prech* **2.** *(odkiaľ)* utiecť, *(čomu)* vyhýbať sa

fleece [fli:s] *podst* **1.** ovčia vlna, rúno; **2.** štica, kúdeľ, chumáč; **3.** *(oblaky)* baránky

fleet [flit] **I.** *podst* **1.** *(nám)* loďstvo, flotila; **2.** *(súbor vozidiel)* park, autopark, *(skupina vozidiel)* kolóna; **3.** rameno rieky, zátoka; **4.** *(áut a pod.)* záplava; **II.** *príd* **5.** rýchly

fleet.ing [fli:tiŋ] *príd* **1.** prchavý, *(i tech, šport)* letmý, pominuteľný. *Syn* ⇨ **transient**

flesh [fleš] *podst jč* **1.** *(živé)* mäso, *(plodu)* dužina, dreň, telo, telnatosť, zmyselnosť

flex [fleks] *podst* **1.** šnúra, kábel

to flex [fleks] **I.** *perech.***1.** *(rameno, koleno)* ohnúť, pokrčiť, *(sval)* napnúť; **II.** *nepr* **2.** ohnúť sa

flex.i.ble [fleksəbl] *príd* **1.** pružný, ohybný, elastický; **2.** flexibilný; **3.** prispôsobivý. *Syn* ⇨ **elastic**

flick [flik] *podst ob jč* **1.** cvrknutie, *(ľahké)* šľahnutie, trhnutie

to flick [flik] (~ **A with B, B at A**) **1.** šľahnúť, *(ľahko)* švihnúť, šibať; **2.** frčkovať, dať frčku; **3.** zapnúť

flick.er [flikə] *podst* **1.** kmitanie, trepotanie, plápolanie, blikanie, blikot, mihotanie, trepot, záblesk, iskrička

flight [flait] *podst jč* **1.** let; **2.** dráha; **3.** letka, kŕdeľ; **4.** útek, [pre]let. *Syn* ⇨ **group**

to flinch [flinč] **1.** ustúpiť, cúvnuť; **2.** šklbnúť sebou, strhávať sa. *Syn* ⇨ **to recoil**

fling [fliŋ] *podst ifm* **1.** hod[enie], vrh[anie]; **2.** poznámka, narážka; **3.** kopnutie, prudký pohyb

to fling [fliŋ] (mč, mp **flung**) **1.** hodiť, vrhnúť, *(čím)* praštiť, plesnúť, šmariť; **2.** šíriť vôňu/ svetlo, *(zvuk)* vydávať; **3.** *(o koňovi)* vyhadzovať. *Syn* ⇨ **to throw**

flip [flip] **I.** *podst* **1.** cvrknutie, plesknutie, lusknutie, švihnutie; **2.** frčka; **II.** *príd* **3.** prostoreký, neúctivý

to flip [flip] [**-pp-**] **1.** *(sl)* vypeniť; **2.** frčkovať, dať frčky; **3.** *(prstami)* lusknúť; **4.** *(koho)* švihnúť

flirt [flə:t] *podst* **1.** koketa, flirtujúci muž, sukničkár, kurizant

to flirt [flə:t] **1.** flirtovať, koketovať, kurizovať, *(s myšlienkou)* pohrávať sa, mávať vejárom. *Syn* ⇨ **to trifle**

flit [flit] *podst* **1.** presťahovanie

float [fləut] *podst* **1.** *(tech)* plavák, *(ryb)* poplavok,; **2.** alegorický voz; **3.** drobná hotovosť

to float [fləut] **I.** *prech* **1.** spustiť na vodu, plaviť; **2.** *(obch)* založiť, vypísať, previesť na pohyblivý kurz; **II.** *nepr* **3.** *(vše)* vznášať sa, plávať na povrchu vody; **4.** mať pohyblivý kurz

flock [flok] *podst* **1.** stádo, *(oviec, kôz, detí)* črieda, kŕdeľ; **2.** zástup, *(veľké množstvo)* dav, *(hov: ľudí)* hŕba; **3.** *(v rodine)* deti; **4.** *(náb)* stádo ovečiek, *(cirk: veriaci)* ovečky. *Syn* ⇨ **group**

to flog [flog] **1.** bičovať, šľahať, biť, zbiť, rezať, zrezať; **2.** *(br sl: predať)* streliť. *Syn* ⇨ **to beat**

flood [flad] *podst* **1.** *(lit)* povodeň, záplava, potopa, príval vody; **2.** *(prn: ľudí, svetla)* prúd; **3.** *(bás)* riava, rieka, more

to flood [flad] **1.** zaplaviť, zatopiť, zaliať, *(tekutinou)* zahltiť

flood.light [fladlait] *podst* **1.** reflektor

to flood.light [fladlait] (mč, mp **flood.lighted/ flood.lit**)**1.** osvetliť reflektormi

floor [flo] *podst ob jč* **1.** dlážka; **2.** dno; **3.** poschodie, etáž

to floor [flo] **1.** položiť dlážku, opatriť dlážkou; **2.** zraziť k zemi, vyviesť z konceptu, uzemniť

floor.board [flo:bo:d] *podst* **1.** parketa, palu

bovka

floor.ing [flo:riŋ] *podst* **1.** podlahovina, dláždková krytina , dlážka

flop [flop] *podst ob jč* **1.** fiasko, prepadák, čľapot, neúspech

to flop [flop] [**-pp-**] *(do kresla ap)* klesnúť, plesnúť, plesknúť, *(s plesknutím)* spadnúť; **2.** *(ifm)* prepadnúť

flop.py [flopi] *príd* **1.** podčajný, ohybný, visiaci, uvoľnený

flo.ra [flo:rə] *podst* **1.** flóra, kvetenstvo, rastlinstvo, vegetácia

flo.ral [flo:rəl] *príd* **1.** kvetinový; **2.** s kvetinovým vzorom

flo.ta.tion [fləu'teišn] *podst* **1.** *(obch: spoločnosti)* založenie

to flound.er [flaundə] **1.** trepať sa; **2.** *(prn)* zadŕhať, hovoriť nesúvislo, byť nerozhodný

flour [flauə] *podst jč* **1.** múka; **2.** prášok, *(zdrob)* múčka

to flour [flauə] **1.** pomúčiť, *(kuch)* zaprášiť múkou, *(múkou)* posypať, *(snehom)* poprášiť; **2.** zomlieť, rozdrobiť

flour.ish [flariš] *podst ob jč* **1.** široké gesto; **2.** kučierka, ozdoba, trúbkcvá fanfára, tuš

to flour.ish [flariš] **I.** *nepr* **1.** prekvitať, prosperovať; **II.** *prech* **2.** *(s čím)* mávať, *(s čím)* oháňať sa. *Syn* ⇨ **to succeed**

to flout [flaut] **1.** *(čomu)* vysmievať sa, *(čo)* bagatelizovať; **2.** pohŕdať, *(čím)* opovrhnúť; **3.** uraziť. *Syn* ⇨ **to scoff**

flow [fləu] *podst ob jč* **1.** prúd, tok, prúdenie, obeh, príliv, príval

to flow [fləu] **1.** *(tekutina)* tiecť; **2.** *(doprava)* prúdiť, pohybovať sa plynule; **3.** *(čas)* plynúť; **4.** *(vlasy, šaty)* splývať, voľne padať. *Syn* ⇨ **to rise**

flow.er [flauə] *podst* **1.** kvet, kvetina, kytička, **2.** rozkvet, , kvitnutie, čas kvetu; **2.** ozdoba, okrasa

to flow.er [flauə] **1.** kvitnúť; **2.** prekvitať; **3.** rozkvitnúť, *(dosiahnuť zrelosť)* dospieť

to fluc.tu.ate [flakčueit] **1.** kolísať, váhať, byť na váhach, byť nerozhodný. *Syn* ⇨ **to swing**

flu.ent [flu:ənt] *príd* **1.** hladký, uhladený, vybrúsený , obratný, plynulý, pohotový, ladný

fluff [flaf] *podst* **1.** páper, páperové perie, *(páperie)* prach; **2.** chĺpok; **3.** *(surová koža)* kožušina, plsť

to fluff [flaf] **1.** našuchoriť, *(perinu)* natriasť, našuchrať, *(vlasy)* čechrať; **2.** *(div)* zbabrať, *(zle úlohu)* zahrať

fluf.fy [flafi] *príd* **1.** našuchorený, mäkkučký, našuchraný, páperovitý; **2.** *(kuch)* kyprý

flu.id [flu:id] **I.** *podst* **1.** tekutina, kvapalina, fluidum; **II.** *príd* **2.** tekutý, kvapalný; **3.** *(situácia)* neistý, premenlivý, nestály; **4.** *(pohyb)* plynulý, ľahký, graciózny. *Syn* ⇨ **liquid**

fluke [flu:k] *podst* **1.** šťastná náhoda, *(ifm)* kľučka; **2.** motolica

fluor.es.cent [fluə'resnt] *príd* **1.** fluorescenčný, svetielkujúci

fluor.ide [fluəraid] *podst* **1.** fluorid

flur.ry [flari] *podst* (mn **-ies**) **1.** prudký závan vetra, metelica; **2.** rozruch, rozčúlenie, nervozita

flush [flaš] **1.** rumenec, začervenanie sa; **2.** nával, *(náhly)* príval, prúd; **3.** rast, rozkvet; **4.** hojnosť; **5.** sviežosť, sila; **6.** plnosť; **II.** *príd* **7.** rumencový; **8.** hojný, bohatý, oplývajúci; **9.** rovný, zarovnaný

to flush [flaš] **I.** *prech* **1.** prepláchnuť, spláchnuť; **II.** *nepr* **2.** začervenať sa, očervenieť; **3.** splachovať

flute [flu:t] *podst* **1.** flauta

flut.ter [flatə] *podst* **1.** trepotanie; **2.** rozrušenie, rozčúlenie, nervozita

to flut.ter [flatə] **I.** *nepr* **1.** chvieť sa, trepotať sa, viať; **2.** rozbúšiť sa; **II.** *prech* **3.** *(čím)* trepotať. *Syn* ⇨ **to fly**

flux [flaks] *podst* **1.** prúd, prúdenie; **2.** premenlivosť; **3.** *(hut)* tavidlo, taviaca prísada

fly [flai] *podst* (mn **-ies**) **1.** mucha; **2.** *(ryb)* muška

to fly [flai] (mč **flew** mp **flown**) **I.** *prech* **1.** *(pilot)* pilotovať, riadiť; **2.** *(letecky)* dopraviť, prepraviť; **II.** *nepr* **3.** *(vták, lietadlo)* letieť; **4.** letieť lietadlom; **5.** *(vlajka)* byť vyvesený, viať; **6.** utekať, míňať, *(ako voda)* plynúť; **7.** sršať. *Syn*: to flit, to hover, to soar, to flutter

fly.ing [flaiiŋ] **I.** *podst* **1.** lietanie; **2.** letectvo, aviatika; **3.** *(zool flying dragon: Draco)* drak [lietajúci]; **II.** *príd* **3.** letiaci; **4.** rýchly

foal [fəul] *podst* **1.** *(zool)* žriebä, žriebätko
to foal [fəul] **1.** žrebiť sa, vrhnúť žriebä, ožrebiť sa
fo.cal [fəukəl] *príd* **1.** *(fyz, geom)* ohniskový, fokálny
fo.cal point [fəuklpoint] *podst* **1.** *(fyz)* ohnisko, *(prn)* ťažisko, centrum, oporný bod
fo.cus [fəkəs] *podst ob jč* (mn **focuses/ foci**) **1.** *(fyz, opt)* ohnisko, *(lek)* ložisko; **2.** *(prn)* ťažisko, *(prn)* stred, stredobod
to fo.cus [fəkəs] **[-s-/ -ss-] (st on sb/ st)** zaostriť; **2.** *(prn)* zamerať, sústrediť, zbiehať sa
fod.der [fodə] *podst* **1.** *(suché)* krmivo, *(pre dobytok)* potrava, obrok, futro
foe [fəu] *podst* **1.** nepriateľ, protivník . *Syn* ⇨ **opponent**
foe.tus [fi:təs] *podst* (mn **-es**) **1.** *(anat)* plod, *(ľudský)* zárodok
fog [fog] *podst* **1.** hustá hmla; **2.** *(fot)* závoj, zahmlenie; **3.** *(prn)* neistota. *Syn* ⇨ **mist**
fog.gy [fogi] *príd* **1.** hmlistý, zahmlený, nejasný
foil [foil] *podst jč* **1.** fólia; **2.** *(prn)* kontrast, pozadie
to foil [foil] **1.** prekaziť, zmariť, zhatiť; **2.** pokryť fóliou, **3.** zničiť, **4.** prekabátiť, *(zo stopy)* zviesť. *Syn* ⇨ **to frustrate**
fold [fəuld] *podst* **1.** *(šiat)* záhyb; **2.** úžľabina; **3.** *(pre ovce)* ohrada; **4.** *(prn cirk)* lono, *(ovečky)* veriaci; **5.** riasa; **6.** *(geol)* zvlnenie
to fold [fəuld] **(~ st up, st back, down, over, etc) I.** *prech* **1.** *(papier)* zložiť, preložiť; **2.** *(ramená)* skrížiť, *(ruky)* zopnúť; **3.** *(knihu)* obaliť; **II.** *nepr* **4.** byť skladací/ rozkladací, sklapnúť
fold.er [fəuldə] *podst* **1.** *(admin)* sloha, obal na spisy skladačka,, *(na spisy)* mapa, *(skladačka)* prospekt *(falcovač)* skladač, **2.** brožúra, leták
fol.i.age [fəuliidž] *podst* **1.** *(bot)* lístie, olistenie
folk [fəuk] *príd* **1.** ľudový
folk.lore [fəuklo:] *podst* **1.** folklór
to fol.low [foləu] **I.** *prech* **1.** nasledovať; **2.** sledovať; **3.** ísť po čom; **4.** *(čím)* riadiť sa, *(čo)* dodržiavať, poslúchnuť; **5.** *(profesiu)* vykonávať; **6.** *(čomu)* rozumieť; **7.** *(na koho/ čo)* dívať sa, *(o koho/ čo)* zaujímať sa, *(čomu)* fandiť; **8.** *(koho)* sprevádzať; **II.** *nepr* **9.** nasledovať. *Syn*: to ensue, to succeed, to result. *Opoz*: to precede
fol.low.er [foləuə] *podst* **1.** nasledovník, stúpenec, prívrženec, vyznávač. *Syn*: supporter, adherent, disciple, partisan
fol.low.ing [foləuiŋ] **I.** *podst* **1.** stúpenec, prívrženec, nasledovník; **2.** nasledovanie; **II.** *príd* **3.** nasledujúci
fol.low-up [foləuap] *podst* **1.** ďalšie skúmanie, pokračovanie
fol.ly [foli] *podst* (mn **-ies**) **1.** pochabosť, *(čin i choroba)* bláznovstvo, samopašnosť, nerozum
fond [fond] *príd* **{-er, -est}** **1.** túžobný, nežný, maznavý; **2.** pochabý
food [fu:d] *podst jč* **1.** jedlo, potrava, požívatina; **2.** strava, obživa, jedenie; **3.** potravinársky, potraviny; **4.** kuchyňa. *Syn*: fare, victuals, provisions, ration, rations
food poison.ing ['fu:dˌpoizniŋ] *podst* **1.** otrava z potravín
food.stuff [fu:dstaf] *podst* **1.** potraviny; **2.** požívatiny
fool [fu:l] **I.** *podst* **1.** hlupák, blázon, osol, trúba,**2.** šašo, pajác; **II.** *príd* **3.** *(am)* sprostý, obmedzený, slabomyseľný
fool.ish [fu:liš] *príd* **1.** hlúpy, sprostý; **2.** pochabý, nerozumný. *Syn* ⇨ **absurd**
foot [fut] *podst* **1.** *(časť pod členkom)* noha, chodidlo, odtlačok nohy, *(zvieracia)* laba; **2.** *(hory)* úpätie, *(sochy)* podstavec, spodok schodiska, spodná časť, *(ponožiek, pančúch)* šľapa; **3.** *(bás: vo verši)* stopa; **4.** *(br voj)* pechota
foot.age [fu:tidž] *podst jč* **1.** *(v stopách)* dĺžka; **2.** metráž; **3.** dĺžka filmu; **4.** *(ifm: finančná)* úhrada
foot.ball [futbo:l] *podst* **1.** futbalová lopta; **2.** (am **soccer**) futbal
foot.ball.er [futbo:lə] *podst* **1.** futbalista
foot.hill [futhil] *podst* **1.** *(geog)* podhorie, predhorie, *(hôr)* výbežok
foot.hold [futhəuld] *podst* **1.** *(pre nohu)* opora, oporný bod, pevné miesto
foot.ing [futiŋ] *podst* **1.** *(pre nohu)* opora, základ, stav; **2.** postavenie, pozícia
foot.note [futnəut] *podst* **1.** poznámka pod

čiarou, poznámka na okraj, dodatok, komentár

foot.path [futpa:θ] *podst* **1.** chodník, cestička, chodníček, *(pre peších)* cesta

foot.print [futprint] *podst* **1.** šľapaj, stopa chodidla, odtlačok nohy

foot.step [futstep] *podst* **1.** krok; **2.** stopa, šľapaj, stupaj

foot.wear [futweə] *podst* **1.** obuv, topánky, črievičky; **2.** obutie

for [fo:] **I.** *predl* **1.** *(vyj: cieľ, účel, prospech, zreteľ, príčinu)* pre: **for gentlemen/ for men** *pre pánov*; **a present for you** *darček pre teba*; **to play for love** *hrať len tak o česť*; proti, *(: i dôvod)* za: **to do st for money** *urobiť niečo za peniaze*; **to fight/ to die for freedom/ for o's country** *bojovať/ umierať za slobodu/ vlasť*; **to work/ to eat for two** *pracovať/ zjesť za dvoch*; **to vote for** *hlasovať za*; **to buy a book for 100 crowns** *kúpiť knihu za 100 korún*;, *(: účel, zreteľ)* do: **a ticket for the theatre** *lístok do divadla*; *(: dôvod, príčinu)* z: **for what reason?** *z akej príčiny?*; **for fun/ a lark** *zo žartu/ srandy*; **for want of money** *z nedostatku peňazí*; od: **for the fear of** *od strachu*; *(: cieľ po slo pohybu)* po: **to send for the doctor** *poslať po lekára*; do: **he left for Prague** *odišiel do Prahy*; na: **to go for lunch/ for a walk** *ísť na obed/ na prechádzku*; **2.** *(vyj mieru v priestore/ čase)* na: **for miles there was nothing to be seen** *na míle nebolo nič vidno*; **to come for a short time** *prísť na chvíľu*; **for life** *na celý život*; **to go away for a while** *na chvíľu odísť*; **for ever** *navždy/ naveky*; **she is tall for her age** *je vysoká na svoj vek*; *(: trvanie deja: v záp neprek)* po: **for centuries** *po stáročia*; **I'll do it for/ by/ until tomorrow** *urobím to do zajtra*; **I haven't been there for three years** *už tri roky som tam nebol*; **3.** *(v čísl výrazoch: for the [ ] time)* po [ ] raz, **for the third time** *po tretí raz*; *(for good)* natrvalo, *(for example)* napríklad; **4.** *(for life)* doživotne, *(for a short time)* nakrátko, *(what for?)* na čo?; **II.** *spoj* **5.** pretože, lebo

for.age [foridž] *podst* **1.** krmivo

for.ay [forei] *podst* (mn **-ays**) **1.** *(ob lúpežný)* nájazd, *(i hist)* vpád; **2.** pokus

force [fo:s] *podst jč* **1.** *(fyzická, i prn: pracovná, ozbrojená, vôle)* sila, *(i prn)* moc; **2.** násilie; **3.** *(argumentu)* presvedčivosť; **4.** *(práv: zákona)* platnosť, účinnosť; **5.** činiteľ, faktor, *(am)* armáda, vojsko

to force [fo:s] **1.** *(koho)* prinútiť, donútiť, pohnať; **2.** *(tlačením dostať cez: i vzduch)* pretlačiť; **3.** *(vyraziť)* vylomiť. *Syn*: to compel, to coerce, to constrain

force.ful [fo:sful] *príd* **1.** *(človek)* energický, silný, efektný, *(silný)* mocný, *(argument)* presvedčivý, *(štýl)* pôsobivý, *(kázeň)* ostrý; **2.** *(spôsobený násilím)* násilný

for.ci.ble [fo:səbl] *príd* **1.** *(deportácia)* nútený, násilný; **2.** naliehavý; **3.** *(prn: štýl)* pôsobivý, presvedčivý

ford [fo:d] *podst* **1.** brod

to ford [fo:d] **1.** prebrodiť, brodiť

fore.arm [fo:ra:m] *podst* **1.** *(anat)* predlaktie

fore.cast [fo:ka:st] *podst* **1.** predpoveď, prognóza, pranostika, *(i inf)* odhad

to fore.cast [fo:ka:st] (mč, mp **forecast/ forecasted**) **1.** predpovedať, predvídať, odhadnúť. *Syn* ⇨ **to foretell**

fore.fing.er ['fo:,fiŋgə] *podst* **1.** ukazovák, ukazováčik

fore.ground [fo:graund] *podst* **1.** popredie

fore.head [fo:rid] *podst* (**i brow**) **1.** *(anat)* čelo

for.eign [forin] *príd* **1.** cudzí; **2.** zahraničný, cudzozemský, cudzorodý, cudzokrajný. *Syn* ⇨ **extrinsic**

for.eigner [forinə] *podst* **1.** cudzinec, cudzozemec

fore.man [fo:mən] *podst* **1.** *(vedúci pracovnej skupiny)* predák, dielovedúci, *(vedúci dielne)* majster; **2.** *(práv)* hlavný porotca

fore.most [fo:məust] *príd* **1.** *(umiestnený vpredu, i voj, i prn)* predný, *(stojaci na čele, popredný)* čelný, prvý, hlavný. *Syn* ⇨ **chief**

fo.ren.sic [fə'rensik] *príd* **1.** forézny, súdny

fore.run.ner ['fo:,ranə] *podst* **1.** predchodca, *(čoho)* predzvesť, *(čoho)* posol; **2.** *(špo)* predjazdec. *Syn*: precursor, herald, harbinger

to fore.see [fo:'si:] (mč **foresaw** mč **foreseen**) **1.** predvídať

fore.see.ab.le [fo:'si:əbl] *príd* **1.** predvídateľný

fore.sight [fo:sait] *podst* **1.** predvídavosť, prezieravosť

for.est [forist] *podst* **1.** les, hora

to fore.stall [foristəl] **1.** predstihnúť, predísť, *(čomu)* zabrániť, *(nebezpečenstvu)* predísť. *Syn* ⇨ **to prevent**

for.es.try [foristri] *podst* (mn **-ies**) **1.** lesné hospodárstvo, lesníctvo; **2.** lesný revír, zalesnená krajina

for.ev.er [fə'revə] *prísl* (i **for ever**) **1.** naveky, navždy; **2.** natrvalo; **3.** stále, večne, *(ifm)* bez prerušenia

for.feit [fo:fit] *podst* **1.** *(peňažná)* pokuta, prepadnutý preddavok; **2.** *(vyvlastnenie)* konfiškácia; **3.** strata

forge [fo:dž] *podst* **1.** *(dielňa, závod)* zlievareň, kováčňa, kováčska dielňa, *(hist)* hámor; **2.** *(ohnisko)* vyhňa

to forge [fo:dž] **1.** kuť, vykovať; **2.** *(prn: priateľstvo)* upevniť, utvrdiť, *(spojenectvo)* vytvoriť; **3.** *(ifm)* falšovať

for.ger.y [fo:džəri] *podst* (mn **-ies**) **1.** falšovanie; **2.** falzifikát, podvrh

for.give.ness [fə'givnis] *podst* **1.** zhovievavosť, zmierlivosť, odpustenie, prepáčenie

fork [fo:k] *podst* **1.** vidlička; **2.** *(poľn)* vidly, vidlica; **3.** *(prn: konár)* rázsocha, vetva, *(i miesto)* rázštep, rozkrok, rázcestie

to fork [fo:k] **I.** *nepr* **1.** vetviť sa, *(vidlicovito)* rozdeľovať sa, rozbiehať sa; **II.** *prech* **2.** nakladať vidlami

for.lorn [fə'lo:n] *príd* **1.** opustený, dezolátny; **2.** zúfalý , beznádejný

form [fo:m] *podst* **1.** forma, tvar, silueta, postava; **2.** podoba, druh; **3.** formalita; **4.** formulár, tlačivo; **5.** kondícia; **6.** *(br)* trieda, postupný ročník; **7.** *(br sl)* trestný register. *Syn*: figure, outline, shape, configuration, ⇨ aj **make**

to form [fo:m] **I.** *prech* **1.** tvoriť, formovať, utvárať; **2.** vyvinúť, rozvinúť; **3.** utvoriť, ustanoviť, zostaviť; **II.** *nepr* **4.** utvoriť sa, vzniknúť, rozvíjať sa, zhromaždiť sa

for.mal [fo:məl] *príd fml* **1.** formálny, oficiálny; **2.** slávnostný, spoločenský, konečný

for.mal.i.ty [fo:'mæləti] *podst* (mn **-ies**) **1.** *(ob pl: i zbytočná obradnosť, i formalizmus)* formalita; **2.** *(pren hov)* formalizmus, formálnosť; **3.** *(úradná)* procedúra. *Syn* ⇨ **ceremony**

for.mat [fo:mæt] *podst* **1.** formát, *(knihy)* úprava, zloženie, štruktúra, povaha, ráz

to for.mat [fo:mæt] [**-tt-**] **1.** *(inf)* formátovať, dať formát; **2.** usporiadať

for.ma.tion [fo:'meišən] *podst jč* **1.** tvorenie, utváranie, formovanie, vznik; **2.** formácia, útvar

for.ma.tive [fo:mətiv] **I.** *podst* **1.** *(ling)* formant; **II.** *príd* **2.** výchovný, formatívny; **3.** *(ling)* tvaroslovný, slovotvorný; **4.** tvorivý, tvárny

form.er [fo:mə] *príd* **1.** niekdajší, predošlý, bývalý; **2.** *(z dvoch menovaných)* prvý, predošlý . *Syn* ⇨ **previous**

form.er.ly [fo:məli] *prísl* **1.** skôr, prv, kedysi

for.mi.dab.le [fo:midəbl] *príd* **1.** hrozný, hrozivý, strašný; **2.** *(súper)* mocný, *(problém)* enormný, impozantný, ohromný, úžasný

for.mu.la [fo:mjulə] *podst* (mn **formulas/ formulae**) **1.** formula, vzorec, predpis, recept

to for.mu.late [fo:mjuleit] **1.** formulovať, vytvoriť, vypracovať; **2.** vyjadriť, vysloviť

for.mu.la.tion [ˌfo:mju'leišn] *podst* **1.** formulovanie, vypracovanie; **2.** formulácia, vyjadrenie

to for.sake [fə'seik] (mč **for.sook**, mp **for.saken**)**1.** opustiť, *(koho)* zanechať; **2.** vzdať sa, *(viery ap)* zriecť sa. *Syn* ⇨ **to abandon**

fort [fo:t] *podst* **1.** *(voj)* pevnosť, pevnôstka, tvrdza, bašta

forth.com.ing [ˌfo:θ'kamiŋ] *príd* **1.** blížiaci sa, nadchádzajúci, nastávajúci; **2.** *(k dispozícii)* dispozícia; **3.** *(pomôcť)* ochotný

forth.right [fo:θrait] *príd* **1.** priamy, otvorený, úprimný, *(energický)* rozhodný

for.ti.eth [fo:tiiθ] **I.** *podst* **1.** štyridsatina; **II.** *príd* **2.** štyridsiaty

to for.ti.fy [fo:tifai] **1.** *(voj)* opevniť, obohnať opevnením; **2.** spevniť, posilniť, armovať, obohatiť

fort.night [fo:tnait] *podst ob jč* **1.** štrnásť dní, dva týždne

for.tress [fo:tris] *podst* (mn **-es**) **1.** pevnosť, *(opevnené sídlo)* hrad, *(kniž)* tvrdza

for.tu.nate [fo:ænət] *príd* **1.** šťastný, priaznivý. *Syn* ⇨ **lucky**

for.tu.nate.ly [fo:ænətli] *prísl* **1.** našťastie, šťastnou náhodou, vďakabohu, šťastlivo

for.tune [fo:æən] *podst jč* **1.** majetok, bohatstvo, imanie , veľké peniaze

fort.y [fo:ti] *čísl/podst* (mn **-ies**) **1.** štyridsať; **2.** štyridsiatka

fo.rum [fo:rəm] *podst* **1.** fórum, tribunál, súd

for.ward [fo:wed] **I.** *podst* **1.** útočník; **II.** *príd* **2.** predný, čelný, vedúci; **2.** *(plánovanie)* perspektívny; **3.** *(cena)* dopredu stanovený; **4.** *(i rastlina)* skorý, raný; **5.** *(dieťa)* predčasne vyspelý; **6.** *(pohľad)* pokrokový, radikálny; **7.** bezočivý, trúfalý; **8.** ochotný, horlivý; **III.** *prísl* **9.** vpred, dopredu

to for.ward [fo:wed] (**~ st [to sb]**) **1.** poslať; **2.** odoslať; **3.** presadzovať, urýchliť. *Syn* ⇨ **to dvance**

fos.sil [fosl] *podst* skamenenina, fosília

to fost.er [fostə] **1.** vziať si; **2.** povzbudzovať, podporovať, *(čomu)* napomáhať, rozvíjať; **3.** chovať

foul [faul] *príd ifm* **1.** odporný, hnusne špinavý, *(vzduch)* smradľavý, *(počasie)* psí, mizerný; **2.** *(čin)* ohavný; **3.** *(reč)* hrubý. *Syn* ⇨ **dirty**

to foul [faul] **I.** *prech* **1.** zašpiniť, *(vzduch, vodu)* znečistiť, kontaminovať; **2.** zablokovať, zatarasiť; **II.** *nepr* **3.** *(zbraň ap)* zaseknúť sa, *(pumpa)* upchať sa; **4.** *(povraz)* zamotať sa

to found [faund] **1.** založiť, zriadiť, dať postaviť, vybudovať; **2.** *(tech)* zlievať; **3.** odliať

foun.da.tion [faun'deišən] *podst jč* **1.** založenie, zriadenie; **2.** nadácia; **3.** zdôvodnenie, podklad. *Syn* ⇨ **base**

found.er [faundə] *podst* **1.** zakladateľ, fundátor; **2.** kovolejár, kovolejec, hutník, zlievač, *(skl)* tavič

to found.er [faundə] (**~ on st**) **1.** zrútiť sa, stroskotať, skončiť nezdarom; **2.** ísť ku dnu, potopiť sa; **3.** potknúť sa

foun.tain [fauntin] *podst* **1.** fontána, fontánka, vodomet; **2.** *(prn)* prameň, žriedlo, pôvod, *(kniž)* studnica

four [fo:] *podst* **1.** štyri; **2.** štvorka; **3.** *(voj)* štvorstup

four.teen [ˌfo:'ti:n] *čísl/podst* **1.** štrnásť; **2.** štrnástka

four.teenth [ˌfo:'ti:nθ] **I.** *podst* **1.** štrnástina; **II.** *príd* **2.** štrnásty

fourth [fo:θ] **I.** *podst* **1.** štvrtina; **2.** *(hud)* kvarta; **3.** *(aut: rýchlosť)* štvorka; **4.** štvrť; **II.** *príd* **5.** štvrtý

fowl [faul] *podst* **1.** hydina, sliepka, kohút, kurča; **2.** *(kuch)* hydinové mäso

fox [foks] *podst* **1.** *(zool: Vulpes vulpes, kožušina, i prn)* líška, *(zool arctic fox: Alopex lagopus)* polárna [líška]; **2.** *(prn ifm, ob pej)* lišiak, *(am)* štramanda

to fox [foks] **1.** zmiasť, vyviesť z konceptu; **2.** oklamať, prekabátiť

foy.er [foiei] *podst* **1.** *(div, film)* foyer, vestibul, vstupná hala, spoločenská miestnosť

frac.tion [frækšən] *podst* **1.** úlomok; **2.** *(chem)* frakcia; **3.** *(mat)* zlomok; **4.** *(i jfyz, gram)* častica. *Syn* ⇨ **part**

frac.tion.al [frækšənl] *príd* **1.** *(mat)* zlomkový; **2.** nepatrný, minimálny, zanedbateľný

frac.ture [frækæə] *podst* **1.** *(lek)* zlomenina, fraktúra; **2.** zlom, prasklina

to frac.ture [frækæə] **I.** *prech* **1.** zlomiť, zlomiť si; **II.** *nepr* **2.** zlomiť sa. *Syn* ⇨ **to break**

frag.ile [frædžail] *príd* **1.** *(i prn)* krehký, prchavý; **2.** slabý, *(o pleti)* priesvitný. *Syn*: frangible, brittle, crisp , friable. *Opoz*: tough, sturdy

frag.ment [frægmənt] *podst* **1.** fragment, črep, úlomok, črepina; **2.** *(hud, lit)* torzo, zlomok. *Syn* ⇨ **part**

to frag.ment [frægmənt] **1.** roztrieštiť sa, rozdeliť sa, rozpadnúť sa, roztrhnúť

fra.grance [freigrəns] *podst* **1.** *(i jedál, chleba, levandule)* vôňa, pach, aróma

fra.grant [freigrənt] *príd* **1.** voňavý, vonný, voniaci, aromatický

frail [freil] *príd* **1.** *(fyzicky)* slabý, slabý ako vechťík, slabučký; **2.** krehký, chatrný. *Syn* ⇨ **weak**

frame [freim] *podst* **1.** konštrukcia, kostra; **2.** rám, rámček; **3.** obrúčky, obruba; **4.** postava, telo

to frame [freim] **1.** rámovať, zarámovať, *(do rámu)* zasadiť, dať do rámu; **2.** formulovať,

rámu) zasadiť, dať do rámu; **2.** formulovať, vypracovať, zostaviť

frame.work [freimwə:k] *podst* **1.** rámec; **2.** *(odb)* kostra, skelet, *(plán)* osnova, *(spoločnosti)* štruktúra, konštrukcia

franc [fræŋk] *podst* **1.** *(fin: mena)* frank

fran.chise [frænæaiz] *podst jč* **1.** *(pol)* volebné/ hlasovacie právo; **2.** *(obch)* licencia, koncesia; **3.** *(hist)* výsada, privilégium

to fran.chise [frænæaiz] **1.** dať [komu] volebné právo; **2.** udeliť [komu] licenciu, udeliť [komu] koncesiu

frank [fræŋk] *príd* {**-er, -est**} **1.** úprimný, priamy, otvorený. *Syn*: candid, open, outspoken

to frank [fræŋk] **1.** frankovať, ofrankovať, opatriť známkou

frank.ly [fræŋkli] *prísl* **1.** úprimne, otvorene, priamo

fran.tic [fræntik] *príd* **1.** vzrušený, zúrivý, prudký, *(kniž)* frenetický; **2.** kŕčovitý, zúfalý

fra.ter.ni.ty [frə'tə:nəti] *podst* (mn **-ies**) **1.** *(bratský vzťah)* bratstvo, družnosť; **2.** asociácia, *(organizácií)* spojenie, *(am univ)* študentská organizácia, *(hov)* cech

fraud [fro:d] *podst* **1.** podvod, *(ifm)* švindeľ, humbug; **2.** podvodník. *Syn* ⇨ **deception**

fraud.u.lent [fro:djulənt] *príd* **1.** podvodný, nečestný, bezcharakterný, *(podvodnícky)* falošný, neúprimný

fray [frei] *podst* (mn **-ays**) **1.** bitka, spor, zrážka, bitva

to fray [frei] **1.** *(materiál)* strapkať sa, ošúchať sa, obnosiť sa, obdrať sa

freak [fri:k] *podst ifm* **1.** *(ifm pej)* čudák, excentrik; **2.** fanúšik; **3.** rozmar, vrtoch

free [fri:] {**freer, freest**} **I.** *príd* **1.** slobodný, voľný; **2.** oslobodený, *(čoho)* zbavený; **3.** nezávislý; **4.** bezplatný; **5.** dobrovoľný, ochotný; **6.** smelý; **7.** nezaujatý; **8.** samotný; **9.** márnotratný; **10.** štedrý; **11.** spontánny; **II.** *prísl* **12.** voľne; **13.** zadarmo, bezplatne

to free [fri:] (mč, mp **freed**) **1.** *(i územie, mesto)* oslobodiť, vyslobodiť, pustiť na slobodu, prepustiť; **2.** uvoľniť, *(odb)* odblokovať *Syn*: to release, to liberate, to emancipate, to discharge. *Opoz*: to restrain, to hind, to confine

free.dom [fri:dəm] *podst jč* **1.** sloboda, voľnosť, nezávislosť; **2.** oslobodenie; **3.** privilégium, výsada; **4.** otvorenosť, neviazanosť; **5.** ľahkosť, hravosť. *Syn*: liberty, license. *Opoz*: repression, constraint

to free lance [fri:la:ns] **1.** pracovať na voľnej nohe, mať slobodné povolanie

free.ly [fri:li] *prísl* **1.** slobodne, voľne

free.style [fri:stail] *podst* **1.** voľný štýl

free.way [fri:wei] *podst* (mn **-ays**) **1.** *(am)* expresná diaľnica

freeze [fri:z] *podst* **1.** mráz, obdobie mrazov, mrznutie, zamrznutie, mrazenie

freez.er [fri:zə] *podst* **1.** mraznička, mraziaca skriňa, mraziaci box

freez.ing [fri:ziŋ] *príd* **1.** mrazivý, ľadový, okolo nuly

freight [freit] *podst jč* **1.** *(nákladná)* doprava; **2.** náklad; **3.** dopravné, dovozné

freight.er [freitə] *podst* **1.** *(nám)* nákladná loď

French [frenæ] **I.** *podst* **1.** francúzština; **II.** *príd* **2.** francúzsky

French.man [frenæmən] *podst* **1.** Francúz

French.wo.man ['frenæˌwumən] *podst* **1.** Francúzka

fren.zied [frenzid] *príd* **1.** šialený, frenetický, búrlivý, horúčkovitý

fren.zy [frenzi] *podst* (mn **-ies**) **1.** šalenie, besnenie, zhon. *Syn* ⇨ **mania**

fre.quen.cy [fri:kwənsi] *podst jč* **1.** *(i fyz)* frekvencia, frekvencia výskytu; **2.** kmitočet, hojnosť

fre.quent [fri:kwənt] *príd* **1.** častý, početný, bežný, obvyklý

to fre.quent [fri:kwənt] **1.** *(pravidelne)* navštevovať, často niekam chodiť, dochádzať

fres.co [freskəu] *podst* **1.** freska, fresková technika

fresh [freš] *príd ob attr* **1.** *(potravina)* čerstvý, mäkký; **2.** posledný, najnovší, *(nápad, myšlienka)* nový, neošúchaný, *(bielizeň)* čistý, vypraný; **3.** zdravý, chladný; **4.** *(voda)* sladký; **5.** *(farby)* jasný; **6.** *(ob am)* bezočivý, trúfalý. *Syn* ⇨ **new**

fresh.ly [frešli] *prísl* **1.** čerstvo

fresh.man [frešmən] *podst* **1.** *(am univ ifm)*

študent prvého ročníka; **2.** novopečený človek

fresh.wa.ter [ˈfreš͵wo:tə] *príd* **1.** sladkovodný; **2.** vnútrozemský; **3.** vidiecky, provinciálny

fret [fret] *podst* **1.** *(hud: na hmatníku)* pražec; **2.** hnev, zlosť; **3.** korózia

to fret [fret] **1.** trápiť sa, zlostiť sa, zožierať sa, robiť si starosti; **2.** drieť, hrdlačiť; **3.** zdrsniť, leptať; **4.** ozdobiť

fri.ar [fraiə] *podst* **1.** rehoľník, mních

fric.tion [frikšən] *podst* **1.** trenie, disharmónia, napätie; **2.** trenica, konflikt, *(nesúlad)* nezhoda, rozpor

Fri.day [fraidi] *podst* (mn **-ays**) **1.** piatok

fridge [fridž] *podst ifm* **1.** *(hov, ifm)* chladnička

friend [frend] *podst* **1.** priateľ, priateľka, známy, známa, kamarát, kamarátka

friend.ly [frendli] *príd* {**-ier, -iest**} **1.** kamarátsky, prívetivý, láskavý; **2.** spriatelený, spojenecký

friend.ship [frendšip] *podst jč* **1.** priateľstvo, kamarátstvo, priateľský postoj; **2.** priateľskosť

frig.ate [frigit] *podst* **1.** fregata

fright [frait] *podst* **1.** strach; **2.** zdesenie, úďes, hrôza; **3.** strašidlo, maškara

to fright.en [fraitn] **1.** poľakať, postrašiť, podesiť, vyplašiť. *Syn*: to scare, to frighten, to terrify, to terrorize

fright.ful [fraitful] *príd* **1.** hrozný, strašný, desivý, príšerný; **2.** obludný, náramne veľký

frill [fril] *podst* **1.** volán, žabó; **2.** *(pl)* ozdoby, príkrasy

fringe [frindž] *podst* **1.** ofina, ofinka; **2.** *(text)* strapce, strapenie; **3.** okraj, periféria

to fringe [frindž] (**st with st**) **1.** *(krajč)* opatriť strapcami, *(prn: utvoriť lem/ obrubu niečoho)* olemovať, obrúbiť

friv.o.lous [frivələs] *príd* **1.** ľahkovážny, ľahkomyseľný, povrchný; **2.** triviálny

frock [frok] *podst* **1.** šaty, kutňa; **2.** *(zdrob: detská)* košieľka, šatôčky; **3.** *(pracovný, ochranný)* plášť

frog [frog] *podst* **1.** *(zool žaby: Anura/ Salientia)* žaba; **2.** *(zool edible frog: Rana esculenta)* skokan [zelený]; **3.** *(pej)* Francúz; **4.** šnúrové zapínanie

fro.lic [frolik] *podst* **1.** šantenie, špás, daromnosť, veselosť; **2.** huncútstvo

to fro.lic [frolik] **1.** dovádzať, šantiť, poskakovať, skackať. *Syn* ⇨ **to play**

from [from] **1.** *predl (vyj: východisko priestorové, smerovania, i vzdialenosť)* od: **a letter from a friend** *list od priateľa*; **20 km from Trenčín** *20 km od Trenčína*; **the train from Bratislava** *vlak od Bratislavy*; *(from ... to)* od... do/ po/ : až, **from number 8 to 15** *čísla 8 až 15*; **from chapter 1 to 10** *od prvej po desiatu kapitolu*; **from the Danube to the Tatras** *od Dunaja po Tatry*; **from head to foot** *od hlavy po päty*; **2.** *(: miestny pôvod)* od, z: **he is from Bratislava** *je z Bratislavy*; **he is from Trenčín** *pochádza od Trenčína*; **3.** *(: priestorové východisko, pohyb, dej z vnútra)* z: **to fall** (down) **from the roof** *spadnúť zo strechy*; **to take the clothes from/ out of the wardrobe** *vybrať šaty zo skrine*; **to come back from work/ school** *vrátiť sa z práce/ zo školy*; **from place to place** *z miesta na miesto*; **from the bottom of o's heart** *z čistého srdca*; **from hearing** *z počutia*; **deduction from the wages** *zrážka zo mzdy*; **from the standpoint of** *z hľadiska*; **to dismiss from work** *prepustiť z práce*; **4.** *(: časové východisko deja)* od: **from the first moment** *od prvej chvíle*; **from a child** *od detstva*; *(from ... to)* od ... do/ till, **from morning to/ till night** *od rána do večera*; (nine) **to five** *od deviatej do piatej*; **from the beginning to the end** *od začiatku do konca*; z: **from the beginning** *zo začiatku*; **from time to time** *z času na čas*;; **5.** *(: pôvod/ pôvodcu)* po: **to inherit from o's parents** *zdediť po rodičov*; **to inherit from o's father** *zdediť po otcovi*; *(from ... to)* z... na:, **from father to son** *z otca na syna*; *(: pôvod)* podľa; **6.** *(: príčinu/ dôvod/ spôsob deja, prostriedok)* od, **from tiredness** *od únavy*; *(: príčinu)* pre, *(: na zdroj, predmet, materiál)* z: **translation from English** *preklad z angličtiny*; **steel is made from iron** *oceľ je spracovaná zo železa*; **7.** *(: účel/ cieľ, ochrana)* proti

front [frant] **I.** *podst* **1.** predok, predná strana, popredie; **2.** priečelie; **3.** *(pol, voj, meteo)* front, bojisko; **4.** breh; **5.** odvaha, smelosť; **6.** nehanebnosť, bezočivosť; **II.** *príd* **7.** *(i fon)* predný; **8.** *(i strana)* titulný, prvý

fron.tal [frantl] *príd* **1.** frontálny, čelný, *(i voj)* predný

fron.ti.er [frantjə] *podst* **1.** hranica, pohraničie; **2.** pomedzie

frost [frost] *podst* **1.** mráz, inovať, srieň, osuheľ; **2.** chlad, *(nízka teplota)* zima; **3.** neúspech

to frost [frost] **1.** namrznúť, pokryť inovaťou; **2.** spáliť mrazom, poraniť; **3.** pocukrovať, *(ob am)* zdobiť cukrovou polevou; **4.** *(tech)* matovať, glazúrovať

fros.ty [frosti] *príd* **1.** mrazivý, pokrytý inovaťou, zamrznutý, ľadový, chladný

froth [froθ] *podst* **1.** *(na pive ap)* pena; **2.** kecy, hlúposti, tresky- plesky

to froth [froθ] **1.** peniť, speniť sa; **2.** ušľahať

to frown [fraun] (**~ at sb/ st**) **1.** mračiť sa, zamračiť sa, chmúriť sa, zamračiť sa, zachmúriť sa. *Syn*: to scowl, to glower. *Opoz*: to smile

froz.en [frəuzn] *príd* **1.** zmrznutý, *(byť poškodený mrazom)* omrznutý, *(veľmi studený)* ľadový; **2.** mrazený

fru.gal [fru:gəl] *príd* **1.** šetrný, skromný, prostý, jednoduchý. *Syn* ⇨ **thrifty**

fruit [fru:t] *podst* **1.** *(lit)* ovocie; **2.** *(bot, i prn)* plod; **3.** *(bot kiwi fruit: Actinidia chiniensis)* kivi; **4.** výnos, zisk, výsledok

to fruit [fru:t] **1.** *(ovocie)* rodiť, plodiť, dávať ovocie

fruit.ful [fru:tful] *príd* **1.** plodný, výnosný, produktívny, úrodný, *(kniž)* požehnaný; **2.** úspešný, prospešný, výhodný, *(pre úrodu)* priaznivý. *Syn* ⇨ **fertile**

fru.i.tion [fru:'išən] *podst* **1.** radosť, pôžitok; **2.** uskutočnenie, realizovanie, *(plánu)* realizácia

fruit.less [fru:tlis] *príd* **1.** neplodný; **2.** márny, bezvýsledný, planý, jalový. *Syn* ⇨ **futile**

fruit.y [fru:ti] *príd* **1.** majúci chuť ovocia, voňajúci po ovocí, kt chutí po ovocí; **2.** pikantný, lascívny; **3.** sýty, zvučný

to fru.strate [fra'streit] **1.** frustrovať, znechutiť, otráviť; **2.** mariť, zmariť. *Syn*: to thwart, to foil, to baffle, to balk

fry [frai] *podst* (mn **-ies**) **1.** *(rybí)* drobizg, mláďa rýb/ žiab/ včiel ap; **2.** *(deti)* drobizg

to fry [frai] (mč, mp **fried**) **I.** *prech* **1.** smažiť, opražiť; **II.** *nepr* **2.** smažiť sa; **3.** *(am sl)* zomrieť na elektrickom kresle

fuchs.ia [fju:šə] *podst* **1.** *(bot)* fuksia; **2.** fuksiovočervená farba

to fuck [fak] **1.** *(vulg)* jebať, pichať, trtkať, kefovať

fuck.ing [fakiŋ] *príd* **1.** *(vulg)* zasratý, poondiaty

fudge [fadž] *podst* **1.** *(kuch)* fondán; **2.** nezmysel, hlúposť

to fudge [fadž] **1.** podvodne manipulovať, podvádzať; **2.** vymyslieť si ospravedlnenie, vycucať si odpoveď z prsta; **3.** *(fakty)* prekrúcať; **4.** *(čomu)* vyhnúť sa, zahrať niečo do autu

fu.el [fju:əl] *podst* **1.** kurivo, palivo, pohonná látka, benzín

to fu.el [fju:əl] [**-ll-**, am **-l-**] **I.** *prech* **1.** zásobiť palivom, *(auto ap)* natankovať, nabrať benzín do auta; **2.** *(prn)* stimulovať; **II.** *nepr* **3.** tankovať, naberať benzín

fug.i.tive [fju:džitiv] **I.** *podst* **1.** utečenec, zbeh; **2.** utekajúci; **3.** byť na úteku; **II.** *príd* **4.** zbežný, povrchný; **5.** dočasný, *(prn)* prchavý

to ful.fil [fuľfil] [**-ll-**] (i **fulfill**) **1.** *(sen, plán, sľub)* splniť, vyplniť, uskutočniť, *(kniž, bibl)* naplniť čas, realizovať, *(rozkaz, povinnosti, prácu)* vykonať; **2.** *(podmienkam)* zodpovedať, završiť

ful.fil.ment [fuľfilmənt] *podst* **1.** *(povinností, sľubov)* plnenie, splnenie, vyplnenie, naplnenie; **2.** ukončenie, dokončenie

full [ful] *príd* [**-er, -est**] **1.** plný; **2.** *(informácia ap)* podrobný; **3.** *(zoznam)* úplný, kompletný, *(člen)* riadny; **4.** bucľatý; **5.** *(odev)* voľný, široký. *Syn* ⇨ **complete**

full-blown [ˌfuľbləun] *príd* **1.** rozkvitnutý, *(bot: o kvetoch)* plný; **2.** *(i prn)* v plnom kvete; **3.** plne kvalifikovaný, plne rozpracovaný

full-length [ˌfuľleŋθ] *príd* **1.** *(film)* celovečerný; **2.** *(šaty)* dlhý; **3.** *(portrét)* v životnej veľkosti, *(zrkadlo)* ukazujúci celú postavu

full-page [fulpeidž] *príd* **1.** *(žur)* celostránkový

full-scale [ˌfulˈskeil] *príd* **1.** *(model)* v skutočnej veľkosti, *(vojna)* totálny, *(prehliadka)* dôkladný, starostlivý

full-time [ˌfulˈtaim] *príd* **1.** riadny, denný, celodenný, na plný úväzok

full.y-fledged [ˌfuliˈfledžd] *príd* **1.** plne kvalifikovaný

to fum.ble [fambl] **I.** *nepr* **1.** *(v tme)* hmatať, *(hľadať ohmatávaním)* macať; **II.** *prech* **2.** *(špo: loptu)* pustiť, zle chytiť, *(prihrávku)* skaziť, *(šancu)* prepásť, *(čo)* zbabrať

to fume [fju:m] **I.** *nepr* **1.** byť rozzúrený/ rozčúlený, *(búrlivo prejavovať)* soptiť; **II.** *prech* **2.** *(odb: dymom)* namoriť, vypustiť dym

fun [fan] **I.** *podst* **1.** zábava, žartovanie, *(ifm)* švanda, psina; **2.** *(sexuálne)* vzrušenie; **II.** *príd* **3.** *(am)* smiešny, zábavný; **4.** vrchovatý, hojný, výdatný; **5.** zaplnený, obsadený; **6.** nasýtený; **7.** *(vek)* zrelý; **8.** celistvý, úplný, dokonalý

func.tion [faŋkšən] *podst* **1.** *(inf, mat)* funkcia, poslanie; **2.** slávnosť, recepcia. *Syn*: office, duty, capacity

to func.tion [faŋkšən] **1.** fungovať, pracovať, byť činný/ v chode; **2.** *(funkciu)* vykonávať

func.tion.al [faŋkšənl] *príd* **1.** funkčný; **2.** účelný, praktický; **3.** *(stroj)* prevádzkyschopný, fungujúci, činný

fund [fand] *podst* **1.** *(fin)* fond; **2.** rezerva, zásoba

to fund [fand] **1.** *(ob nadáciu, ústav)* financovať, dotovať; **2.** investovať; **3.** *(dlhopis)* konvertovať, *(pôžičku)* premeniť na dlhšiu dobu

fun.da.men.tal [ˌfandəˈmentl] *príd* **1.** základný, fundamentálny, principiálny; **2.** podstatný, zásadný; **3.** elementárny, základný

fun.da.men.tal.i.sm [fandəmentəlizəm] *podst jč* **1.** fundamentalizmus; **2.** zastávanie

fu.ner.al [fju:nərəl] *podst* **1.** *(i ifm prn)* pohreb, smútočný sprievod

funk [faŋk] *podst* **1.** panický strach; **2.** *(pej)* baba, strachopud, *(vulg)* sraľo

funk.y [faŋki] *príd* **1.** *(hud am)* funkový, bluesový; **2.** *(am)* senzačný; **3.** módny, moderný

fun.nel [fanl] *podst* **1.** lievik; **2.** *(lode, lokomotívy)* komín ; **3.** *(geol)* kanál; **4.** *(tech)* klobúk

to fun.nel [fanl] **1.** nalievať lievikom, liať; **2.** *(prn: energiu, pozornosť)* usmerňovať; **3.** rozprášiť, rozptýliť

fun.ny [fani] *príd* [**-ier, -iest**] **1.** zábavný, veselý, smiešny, komický; **2.** zvláštny, čudný; **3.** *(ifm)* nekalý; **4.** čudácky . *Syn*: laughable, amusing, droll, comic, comical, farcical, ⇨ aj **absurd**

fur [fə:] *podst jč* **1.** srsť, kožuch; **2.** kožušina; **3.** kotlový kameň; **4.** *(lek)* povlak

fur.i.ous [fjuəriəs] *príd* **1.** zúrivý, besný, rozzúrený; **2.** urputný, šialený

fur.long [fə:loŋ] *podst* **1.** 1/ 8 míle; 201 metrov

fur.nace [fə:nis] *podst* **1.** pec; **2.** *(tech)* komora, *(odb)* kúrenisko; **3.** kotol

to fur.nish [fə:niš] **1.** vybaviť, *(nábytkom)* zariadiť; **2.** dodať, poskytnúť. *Syn*: to equip, to outfit, to appoint, to arm

fur.nish.ings [fə:nišiŋz] *podst* **1.** zariadenie, *(bytu/ domu)* vybavenie

fur.ni.ture [fə:niæə] *podst jč* **1.** nábytok, *(bytu, domu)* zariadenie

fu.ro.re [fju:əˈro:ri] *podst* **1.** *(všeobecné vzrušenie)* rozruch; **2.** senzácia

fur.row [farəu] *podst* **1.** *(poľn)* brázda; **2.** ryha, drážka, žliabok, hlboká vráska

to fur.row [farəu] **1.** *(poľn)* orať, brázdiť; **2.** žliabkovať, vrásniť

fur.ry [fə:ri] *príd* **1.** chlpatý, huňatý, srstnatý; **2.** plyšový, hebký, mäkučký, pokrytý usadeninou

fur.ther [fə:ðə] **I.** *zám* **1.** tamten, onen; **II.** *príd* **2.** ďalší, vzdialenejší; **3.** *(podrobnejší)* bližší; **4.** dodatočný; **III.** *prísl* **5.** *(v priestore/ čase)* ďalej, naďalej; **6.** okrem toho, ešte

to fur.ther [fə:ðə] **1.** podporovať, napomôcť, presadzovať, zveľadiť, povzniesť. *Syn* ⇨ **to advance**

fur.thest [fə:ðist] *prísl* **1.** najďalej

fur.tive [fə:tiv] *príd* **1.** tajný, tajnostkársky, kradmý, postranný, nenápadný, potmehúdsky. *Syn* ⇨ **secret**

fur.y [fuəri] *podst jč* **1.** zlosť, zúrivosť; **2.** záchvat zlosti/ zúrivosti; **3.** fúria. *Syn* ⇨ **anger**

fuse [fju:z] *podst* **1.** *(ele)* poistka; **2.** rozbuška, zápalná šnúra

to fuse [fju:z] **I.** *prech* **1.** *(i prn)* spojiť tavením; **II.** *prech* **2.** zliať; **3.** zlúčiť, fúzovať. *Syn* ⇨ **to mix**

fu.se.lage [fju:zila:ž] *podst* **1.** *(let)* trup lietadla

fu.sion [fju:žən] *podst* **1.** tavenie, roztavenie, tavba; **2.** fúzia, splynutie, spojenie

fuss [fas] *podst jč* **1.** nervozita, rozruch, zbytočná panika, ceremónia, ciráty; **2.** lomoz, hrmot

to fuss [fas] (**~ about**) **I.** *nepr* **1.** *(zbytočne)* rozčuľovať sa, *(ifm)* vzrušovať sa; **2.** robiť drahoty; **II.** *prech* **3.** *(ifm)* znepokojovať, rozčuľovať

fus.sy [fasi] *príd* malicherný, úzkostlivý, vyberavý, maškrtný

fu.tile [fju:tail] *príd* **1.** nezmyselný, zbytočný, márny, bezvýsledný; **2.** frivolný, ľahkomyselný. *Syn*: vain, fruitless, abortive, useless. *Opoz*: effective, fruitful, effectual

fu.ture [fju:æə] *podst* **1.** budúcnosť; **2.** *(ling)* futúrum, *(gram)* budúci čas; **3.** obzor

fu.tur.is.tic [ˌfju:æəˈristik] *príd* **1.** futuristický

fuz.zy [fazi] *príd* **1.** brčkavý, kučeravý; **2.** nejasný, rozmazaný, neostrý

G

Gael.ic [geilik] **I.** *podst* **1.** gaelčina; **II.** *príd* **2.** gaelský

gag [gæg] *podst* rozvierač úst; **2.** *(div, film)* gag, žart, vtip

to gag [gæg] [**-gg-**] **1.** *(div, film)* robiť gagy, robiť vtipy, vtipkovať; **2.** *(ústa)* zapchať; **3.** improvizovať

gain [gein] *podst jč* **1.** zisk, výťažok, výnos; **2.** prírastok, zvýšenie

to gain [gein] **I.** *prech* **1.** získať, vyhrať, vybojovať; **2.** *(čoho)* dosiahnuť; **II.** *nepr* **3.** predchádzať. *Syn* ⇨ **to get, to reach**

gait [geit] *podst* **1.** *(spôsob chodenia)* chôdza, krok, *(chôdza: človeka, i koňa)* chod

gal [gæl] *podst dtd ifm* **1.** deva, dievča

ga.la [ga:lə] **1.** slávnosť, oslava; **2.** podnik

gal.ax.y [gæləksi] *podst* (mn **-ies**) **1.** *(astron)* galaxia

gale [geil] *podst* **1.** víchrica, *(na mori)* búrka; **2.** *(bás)* vetrík, vánok; **3.** záchvat smiechu. *Syn* ⇨ **wind**

gall [go:l] *podst jč ifm* **1.** *(fyziol)* žlč; **2.** *(prn)* horkosť, zatrpknutosť; **3.** *(ifm)* nesúdnosť, nehanebnosť, trúfalosť; **4.** otlačenie. *Syn* ⇨ **temerity**

to gall [go:l] **1.** drieť, odierať, tlačiť; **2.** *(prn)* štvať, rozčuľovať, dopaľovať

gal.lant [gælənt] *príd* **1.** statočný, udatný; **2.** *(vzhľad)* majestátny, *(pohľad)* skvelý, nádherný; **3.** galantný, zdvorilý, rytiersky, pozorný. *Syn* ⇨ **civil**

gal.ler.y [gæləri] *podst* (mn **-ies**) **1.** *(cirk)* chórus; **2.** galéria; **3.** *(ban)* štóla, tunel, *(podzemná)* chodba

gal.ley [gæli] *podst* (mn **-eys**) **1.** *(nám)* galeja; **2.** *(nám, let)* lodná kuchyňa, kuchynka v lietadle; **3.** *(tlač)* člnok

Gal.lic [gælik] *príd* **1.** francúzsky, galský

gal.lon [gælən] *podst* (sk **gal**) **1.** *(UK 4,54603 l, USA 3,78543 l)* galón

gal.lop [gæləp] *podst* **1.** galop, *(rýchly)* cval

to gal.lop [gæləp] **1.** cválať, bežať cvalom; **2.** *(koňa)* poháňať; **3.** rapotať, *(rýchlo)* predniesť reč; **4.** *(lek: choroba)* rýchle postupovať

ga.lore [gəˈlo:] *prísl* **1.** hojnosť, habadej, dostatočnosť , dosť

to gal.van.ize [gælvənaiz] (i **-ise**) **1.** galvanizovať, elektrolyticky pokovovať, pozinkovať; **2.** *(prn)* povzbudiť, podnietiť, nadchnúť

gam.ble [gæmbl] *podst ob jč* **1.** hazard, hazardovanie; **2.** hazardná hra; **3.** *(prn)* riziko, hazardný podnik

to gam.ble [gæmbl] (**~ st on st**) **1.** hrať o peniaze, hazardne sádzať; **2.** riskovať, hazardovať

gam.bler [gæmblə] *podst* **1.** hazardný hráč, kartár, gambler, hazardér

game [geim] **I.** *podst* **1.** *(vše)* hra; **2.** zápas, stretnutie; **3.** partia; **4.** lovná zver, *(kuch)* zverina, divočina; **II.** *príd* **5.** odvážny, smelý; **6.** *(o zveri)* lovný; **7.** *(dtd: noha)* chromý

gam.ing [geimiŋ] *podst jč* **1.** hazard; **2.** tulák, uličník

gam.ma [gæmə] *podst* **1.** gama

gang [gæŋ] *podst* **1.** gang, tlupa, banda, skupina, parta, čata

gang.ster [gæŋstə] *podst* **1.** gangster, bandita

gap [gæp] *podst* (~ **in/ between st**) **1.** diera, otvor, škára, trhlina, *(voj: frontu, opevnenia)* prielom, *(geol)* priesmyk, úžľabina; **2.** časová medzera, pauza; **3.** *(vo vzdelaní, v pamäti ap)* medzera

to gape [geip] (~ **at sb/ st**) **1.** vyvaľovať oči, pozerať s otvorenými ústami; **2.** otvárať sa, čnieť. *Syn* ⇨ **to look**

gar.age [gæra:ž] *podst* **1.** *(aut)* garáž; **2.** *(br)* autodielňa, autoopravovňa; **3.** benzínová stanica

gar.bage [ga:bidž] *podst jč* **1.** *(am)* odpadky, hlúposť; **2.** *(prn)* blbosť; **3.** *(inf)* bezvýznamné dáta

gar.den [ga:dn] *podst* **1.** záhrada, verejný park, záhon

to gar.den [ga:dn] **1.** záhradníčiť, pracovať v záhrade, záhradkárčiť

gar.ish [geəriš] *príd* **1.** krikľavý, nápadný, výstredný, nevkusný, oslňujúci, oslepujúci. *Syn* ⇨ **gaudy**

gar.land [ga:lənd] *podst* **1.** girlanda, veniec; **2.** *(smútočný, i vavrínový)* veniec, palma víťazstva; **3.** diadém, koruna

to gar.land [ga:lənd] (~ **sb with st**) **1.** ozdobiť girlandami, ovenčiť, korunovať

gar.lic [ga:lik] *podst jč* **1.** *(bot: Allium)* cesnak

gar.ment [ga:mənt] *podst fml* **1.** časť odevu, rúcho; **2.** *(prn bás)* háv; **3.** *(na nohy)* prikrývka

to gar.ner [ga:nə] (~ **st from st**) **1.** zbierať, *(informácie)* zhromažďovať, *(vedomosti)* získavať; **2.** *(zásoby)* uskladniť, uschovať, uložiť

gar.nish [ga:niš] *podst* (mn **-es**) **1.** *(kuch)* obloha, *(jedla na tanieri)* obloženie; **2.** ozdoba, okrasa

gar.ri.son [gærisn] *podst* **1.** *(voj)* posádka, tábor, pevnosť

to gar.ri.son [gærisn] **1.** opatriť posádkou, umiestniť posádku; **2.** *(voj)* prideliť, určiť k posádke

gas [gæs] *podst* (mn **-es**) **1.** plyn, rajský plyn; **2.** *(voj)* bojový plyn; **3.** *(am)* benzín; **4.** *(ifm dtd)* táranie, trkotanie

to gas [gæs] [**-ss-**] **1.** [na]plniť plynom, zaplynovať, plynofikovať; **2.** chvastať sa, trkotať; **3.** otráviť plynom; **4.** *(ifm pej)* tárať

gash [gæš] *podst* (~ **st in/ on st**) **1.** rana, trhlina, puklina, prielom

to gash [gæš] (~ **st on/ with st**) **1.** rozseknúť, rozrezať, zaťať; **2.** rozbrázdiť

gas.o.line [gæsəli:n] *podst jč* (i **gasolene**) **1.** gazolín; **2.** *(am)* benzín

gasp [ga:sp] *podst* **1.** prudký/ ťažký dych, *(po dychu)* lapanie

to gasp [ga:sp] (~ **at st, for st**) **1.** ťažko dýchať, ťažko oddychovať, funieť, supieť; **2.** zajachtať sa, stratiť dych

ga.stric [gæstrik] *príd* **1.** gastrický, žalúdočný

gate [geit] *podst* **1.** brána, bránka, vrátka, východ; **2.** priepust, vráta vzdúvadla; **3.** *(i špo)* vchod; **4.** návštevnosť, počet divákov, príjem na vstupnom

gate.way [geitwei] *podst* (mn **-ays**) **1.** vstupná brána; **2.** prejazd, priechod, prístup; **3.** dopravné centrum; **4.** ústredňa, prepojenie na dátovú sieť

to gath.er [gæðə] (~ **round sb/ st**) **1.** *(ovocie)* oberať, trhať, *(huby, skúsenosti ap)* zbierať, *(i drevo na oheň)* nanosiť, *(prn: informácie)* zhromažďovať; **2.** *(rýchlosť)* nabrať; **3.** usúdiť, prísť k záveru; **4.** *(krajč)* naberať, riasiť; **II.** *nepr* **5.** *(ľudia, dav)* zhromaždiť sa, *(náhle)* zbehnúť sa; **6.** *(veci)* hromadiť sa, nakopiť sa, *(mraky)* sťahovať sa, *(búrka, dážď)* chystať sa; **7.** *(lek: vred)* zrieť, *(rana)* hnisať. *Syn*: to assemble, to muster, ⇨ aj **to infer**

gath.er.ing [gæðəriŋ] *podst* **1.** zhromaždenie, skupina, skupinka, hlúčik

gaud.y [go:di] *príd* [**-ier, -iest**] **1.** krikľavý, pestrý, vtieravý, nápadný. *Syn*: tawdry, garish, flashy, showy. *Opoz*: subdued, quiet

gauge [geidž] *podst* **1.** *(štandardná)* miera; **2.** meradlo, mierka, merač, indikátor; **3.** *(o zbrani)* kaliber, *(hlavne)* ráž, *(guľky)* priemer, *(drôtu)* hrúbka, *(žel: koľajníc)* rozchod; **4.** *(prn)* kritérium; **5.** rozsah, kapacita, objem. *Syn* ⇨ **standard**

to gauge [geidž] **1.** *(tech)* merať, zmerať, odmerať, odhadnúť; **2.** *(prn)* posúdiť, zvážiť

gaunt [go:nt] *príd* **1.** vychudnutý, vychradnutý, vyziabnutý, človek kosť a koža, prepadnutý, pustý, bezútešný. *Syn* ⇨ **lean**

gaunt.let [go:ntlit] *podst* **1.** *(hist)* železná rukavica; **2.** ochranné/ pracovné rukavice

gay [gei] **I.** *podst* **1.** homosexuál, *(hov)* teploš, buzerant, lesba, lesbička; **II.** *príd* **2.** homosexuálny, *(ifm)* teplý, lesbický ; **3.** *(dtd)* veselý, jasný, živý, pestrý; **4.** bezstarostný. *Syn* ⇨ **lively**

gaze [geiz] *podst* **1.** uprený pohľad

to gaze [geiz] **1.** *(uprene)* hľadieť, *(i neprítomne)* pozerať, zízať. *Syn* ⇨ **to look**

ga.zette [gə'zet] *podst* **1.** vestník; **2.** *(hist)* noviny; **3.** list

gear [giə] *podst jč* **1.** výbava, výstroj, náčinie; **2.** úbor, *(ifm)* habit, handry, veci; **3.** *(tech)* ozubené koleso, súkolie; **4.** *(mot atď)* rýchlosť, *(motora)* chod; **5.** mechanizmus, prístroj, zariadenie

gear.box [giəboks] *podst* **1.** *(aut)* rýchlostná skriňa

gee [dži:] *cit* (i **gee whiz**) **1.** *(am)* ježišmaria, **2.** fíha, ha

geez.er [gi:zə] *podst* **1.** *(ob starší)* chlapík; **2.** čudný patrón

gel [džel] *podst* **1.** gel

to gel [džel] (i **jell -ll-**) **1.** rôsolovatieť, tuhnúť; **2.** *(prn)* nadobúdať pevnú podobu/ pevný obrys, gelovatieť

geld.ing [geldiŋ] *podst* **1.** valach

gem [džem] *podst* **1.** drahý kameň, drahokam; **2.** *(i prn)* klenot, perla

Gem.in.i [džemini:] *podst jč* **1.** *(astron, astrol)* Blíženci, *(arch pár)* dvojica

gen.der [džendə] *podst* **1.** *(ling)* rod; **2.** *(fml)* pohlavie

gene [dži:n] *podst* **1.** *(biol)* gén

gen.er.al [dženərəl] **I.** *podst* **1.** *(voj)* generál, veliteľ, vojvodca, taktik; **II.** *príd* **2.** všeobecný; **3.** *(štrajk)* generálny; **4.** celkový, globálny, rámcový, hrubý; **5.** základný, hlavný; **6.** úplný; **7.** všestranný; **8.** podstatný, úhrnný; **9.** vedúci. *Syn* ⇨ **common, universal**

gen.er.al election [ˌdženərəli'lekšən] *podst* **1.** všeobecné voľby

gen.er.al.iz.a.tion [ˌdženrəlai'zeišn] *podst* (i **-isation**) **1.** generalizácia, zovšeobecnenie; **2.** generalizovanie

to gen.er.al.ize [dženərəlaiz] (i **-ise**) **1.** generalizovať, zovšeobecňovať, zovšeobecniť, abstrahovať

gen.er.al.ly [dženərəli] *prísl* **1.** obecne, všeobecne, približne, zhruba; **2.** zvyčajne, obyčajne, pravidelne

to gen.er.ate [dženəreit] **1.** vyrábať, vyrobiť, vytvárať, vytvoriť; **2.** *(ling)* generovať; **3.** *(prn)* plodiť, byť príčinou [čoho]

gen.er.a.tion [ˌdženə'reišən] *podst* **1.** *(ele)* výroba, *(prn)* vznik; **2.** generácia, pokolenie, rod

ge.ne.ric [dži'nerik] *príd* **1.** rodový, druhový; **2.** všeobecný. *Syn* ⇨ **universal**

gen.er.o.si.ty [ˌdženə'rosəti] *podst jč* (**~ to/ towards sb**) **1.** štedrosť, veľkorysosť, veľkodušnosť, šľachetnosť; **2.** hojnosť

gen.er.ous [dženərəs] *príd* **1.** štedrý, gavaliersky; **2.** bohatý; **3.** veľkorysý, veľkodušný, šľachetný, ušľachtilý

ge.net.ic engineering [dži'netikˌendži'niəriŋ] *podst* **1.** génové inžinierstvo

ge.net.ics [dži'netiks] *podst jč* **1.** genetika, veda o dedičnosti

ge.ni.al [dži'naiəl] *príd* **1.** vľúdny, bodrý, žoviálny, rozšafný, mierny

ge.ni.tal [dženitl] *príd fml,med* **1.** pohlavný, rozmnožovací, rodidlový

ge.ni.us [dži:njəs] *podst* (mn **-es**) **1.** genialita; **2.** génius, velikán, veľduch; **3.** duch. *Syn* ⇨ **talent**

ge.no.cide [dženəusaid] *podst jč* **1.** genocída, vyhladzovanie

gen.re [žaŋrə] *podst* **1.** žáner, literárny druh

gent [džent] *podst* **1.** pán

gen.teel [ˌdžen'ti:l] *príd* **1.** *(pej)* afektovaný, prepiaty, *(ifm)* nóbl, uhladený; **2.** elegantný, noblesný

gen.tle [džentl] *príd* **1.** *(človek)* jemný, mierny, pokojný, trpezlivý, *(kôň, fig satira)* krotký, *(srdce)* mäkký, nežný, *(sklon)* pozvoľný; **2.** urodzený. *Syn* ⇨ **soft**

gen.tle.man [džentlmən] *podst* (mn **-men**) **1.** gavalier , gentleman, džentlmen; **2.** pán, muž

gen.try [džentri] *podst* **1.** nižšia šľachta, džentry

gen.u.ine [dženjuin] *príd* **1.** skutočný, pravý, autentický, originálny, *(radosť, ľútosť)* nepredstieraný, nefalšovaný. *Syn* ⇨ **authentic**

ge.o.graph.i.cal [ˌdžiəˈgræfikə] *príd* **1.** zemepisný, geografický

ge.og.raph.y [džiˈogrəfi] *podst jč* **1.** zemepis, geografia; **2.** priestor, riešenie;**3.** *(čoho)* plán

ge.o.log.i.cal [džiəˈlodžikl] *príd* **1.** geologický

ge.ol.o.gy [džiˈolədži] *podst jč* **1.** geológia

ge.o.me.tric [džiəˈmetrik] *príd* (i **geometrical**) **1.** geometrický; **2.** symetrický, pravidelný, hranatý

ge.om.e.try [džiˈomitri] *podst jč* **1.** geometria; **2.** konfigurácia, zostava; **3.** pravidelnosť, symetria

Geor.gian [džo:džjən] *príd* **1.** georgiánsky; **2.** gruzínsky

ge.ran.i.um [džiˈreinjəm] *podst* **1.** *(bot: Pelargonium)* muškát, pelargónia

ger.i.at.ric [ˌdžeriˈætrik] *príd* **1.** geriatrický, spojený so starnutím

germ [džə:m] *podst* **1.** *(biol)* zárodok; **2.** *(bot: Brassica oleracea sabauda)* kel, klíček; **3.** *(lek)* baktéria, bacil

Ger.man [džə:mən] **I.** *podst* **1.** Nemec, Nemka; **2.** nemčina; **II.** *príd* **3.** nemecký

to ger.mi.nate [džə:mineit] **I.** *nepr* **1.** vzkličiť, vypučať, vzísť, vznikať; **II.** *prech* **3.** nakličiť, nechať vykličiť

ges.ture [džesæə] *podst* **1.** gesto, posunok, pohyb tela; **2.** skutok, čin

to ges.ture [džesæə] **1.** gestikulovať

to get [get] [**-tt-**] (mč, mp **got**) **I.** *prech* **1.** *(darček ap)* dostať, *(roz, tv)* chytiť, *(peniaze)* zarábať; **2.** získať, zadovážiť si, vymôcť, kúpiť si, *(noviny)* odoberať, *(čo)* priniesť, *(po čo)* zájsť, *(čo)* pripraviť, nachystať, dozvedieť sa, dosiahnuť; **3.** *(ifm: čomu)* porozumieť; **4.** *(ifm)* zasiahnuť, poraniť; **5.** dopraviť, poslať; **6.** otravovať, liezť krkom; **II.** *nepr* **7.** prísť, *(kam)* dostať sa; **8.** musieť . *Syn*: to obtain, to procure, to secure, to acquire, to gain. *Opoz*: to lose, to forgo

get a.way [getəwei] *podst* (mn **-ays**) **1.** *(zločinca)* útek, únik

to get in I. *nepr* **1.** vojsť, *(do auta, vlaku)* nasadnúť, nastúpiť; **2.** *(autobus, vlak)* prísť, *(i vlak)* vojsť na hlavnú stanicu; **3.** byť prijatý, *(pol)* byť zvolený; **II.** *prech* **4.** zožať

to get out [getaut] **I.** *prech* **1.** vytiahnuť, odstrániť; **2.** vydať; **3.** *(peniaze)* vybrať, vyberať si; **II.** *nepr* **4.** ísť von; **5.** chodiť von

get-up [getap] *podst ifm* **1.** šaty, oblečenie, habit, *(sl)* handry

to get up [getap] **I.** *nepr* **1.** *(i z postele)* vstať, pozdvihnúť sa; **2.** *(vietor)* zdvihnúť sa, zdvihnúť sa, schyľovať sa k čomu; **II.** *prech* **3.** nabrať síl

gha.stly [ga:stli] *príd ob attr* {**-ier, -iest**} **1.** *(nehoda)* hrozný, strašný, *(i zločin)* ohavný, *(skúsenosť)* otrasný, *(omyl)* katastrofálny, príšerný; **2.** mŕtvolne bledý, sinavý, mŕtvolný. *Syn*: grim, grisly, gruesome, macabre

ghet.to [getəu] *podst* (~ **mn -os/ -oes**) **1.** gheto, židovská štvrť

ghost [gəust] *podst* **1.** duch, prízrak, prelud, zjavenie; **2.** literárny nádenník [píšuci anonymne za druhých]

ghost.ly [gəustli] *príd* {**-ier, -iest**} **1.** prízračný, strašidelný; **2.** *(náb)* duchovný; **3.** *(lit)* anonymný

gi.ant [džaiənt] (ž **giantess**) **I.** *podst* **1.** obor, velikán; **2.** veľduch; **II.** *príd* **3.** obrovský, obrí, gigantický, mamutí

gid.dy [gidi] *príd ob pred* {**-ier -iest**} **1.** *(rýchlosť, výška ap)* závratný; **2.** ľahkomyseľný, pochabý

gift [gift] *podst* **1.** dar, darček; **2.** nadanie, talent, vlohy. *Syn* ⇨ **present, talent**

gift.ed [giftid] *príd* **1.** schopný, nadaný, talentovaný; **2.** obdarený

gig [gig] *podst ifm* **1.** gig, brička, *(dvojkolesový koč)* kabriolet; **2.** vystúpenie, angažmán

gi.gan.tic [džaiˈgæntik] *príd* **1.** gigantický, obrovský, kolosálny. *Syn* ⇨ **enormous**

gig.gle [gigl] *podst* **1.** chichotanie, chichot, **2.** vtip, **3.** *(detí, dievčat)* kŕdeľ

to gig.gle [gigl] (~ **at sb/ st**) **1.** chichotať sa, hihúňať sa, pochechtávať sa, vtipkovať. *Syn* ⇨ **to laugh**

to gild [gild] **1.** pozlátiť; **2.** robiť dôležitým, pripisovať význam; **3.** okrášliť, ozdobiť, pozlátiť

gilt [gilt] **I.** *podst* **1.** zlátenie; **II.** *príd* **2.** pozlátený

gim.mick [gimik] *podst* **1.** trik, manéver na upútanie pozornosti; **2.** nápad, vynález; **3.**

hračka, *(ifm)* sračička

gin [džin] *podst* **1.** džin, borovička; **2.** pasca, klepec, žeriav

gin.ger [džindžə] **I.** *podst* **1.** *(bot pravý: Zingiber officinale)* ďumbier, zázvorovník; *(kuch)* zázvor; **2.** *(pej)* hrdzáň; **3.** *(prn)* zápal, nadšenie, verva, elán, oduševnenie; **4.** povzbudenie; **5.** dráždidlo; **II.** *príd* **6.** zázvorový; **7.** ryšavý, rusý

gin.ger.ly [džindžəli] *prísl* **1.** obozretne, veľmi opatrne, nesmelo, štítivo

gin.ger.ly [džindžəri] *príd* **1.** *(nesmierne)* opatrný

girl [gə:l] *podst* **1.** *(i ifm)* dievča; **2.** dcéra; **3.** priateľka, *(ifm)* milá; **4.** pracovníčka, úradníčka, robotníčka, predavačka, slúžka

girl.friend [gə:lfrend] *podst* **1.** priateľka, dievča, milá, *(hov)* frajerka

give [giv] *podst* **1.** poddajnosť, pružnosť; **2.** *(tech)* vôľa, medzera

to give [giv] (mč **gave,** mp **given**)**I.** *prech* **1.** dať, darovať, *(škol)* dať za úlohu, *(koho čím)* poveriť, *(čo)* servírovať, *(fml)* venovať, obetovať, *(poplatok)* zaplatiť; **2.** *(informáciu ap)* poskytnúť, *(i podrobnosti)* vymenovať, *(názor)* vyjadriť, *(vek)* uviesť; **3.** *(koncert, hru)* konať, *(party, recepciu)* usporiadať; **4.** *(ovocie)* rodiť, *(mlieko)* dojiť; **II.** *nepr* **5.** dávať; **6.** *(odev)* roztiahnuť sa, *(mráz)* poľavovať, ustupovať, *(človek)* poddať sa. *Syn*: to grant, to present, to donate, to bestow, to confer

giv.en [given] *príd* **1.** daný, jestvujúci, určitý; **2.** určený, stanovený, uvedený

gla.ci.al [gleišəl] *príd* **1.** *(geol)* glaciálny, ľadový; **2.** ľadovo studený, mrazivý

glac.i.er [glæsjə] *podst* **1.** *(geol)* ľadovec

glad [glæd] *príd* [**-dder, -ddest**] **1.** *(pred)* rád, potešený; **2.** *(kniž)* radostný, dobrý. *Syn* ⇨ **happy**

glam.or.ous [glæmərəs] *príd* **1.** *(žena)* očarujúci, oslnivo krásny, *(oblečenie)* elegantný, *(kariéra)* fascinujúci, *(zamestnanie)* prestížny, skvelý, *(príležitosť)* okázalý

glam.our [glæmə] *podst* (am i **glamor**) **1.** príťažlivosť, lesk, romantické čaro; **2.** oslnivá krása

glance [gla:ns] *podst* (**~ at sb/ st**) **1.** *(letmý)* pohľad, zrak; **2.** záblesk; **3.** rýchly pohyb

to glance [gla:ns] **1.** *(letmo/ rýchle)* pozrieť sa, *(letmo)* dotknúť sa, mihnúť sa; **2.** *(o svetle)* blýskať sa. *Syn* ⇨ **to flash**

gland [glænd] *podst* **1.** *(anat)* žľaza

glare [gleə] *podst jč* **1.** *(prudké, oslnivé)* svetlo, žiara; **2.** zlostný/ zúrivý pohľad, gánenie, zazeranie

to glare [gleə] **1.** prudko žiariť, *(aut)* oslepovať, oslňovať; **2.** dívať sa nazlostene. *Syn* ⇨ **to blaze**, to look

glar.ing [gleəriŋ] *príd* **1.** oslepujúci, oslnivý, prudký, nápadný, krikľavý; **2.** evidentný, zjavný. *Syn* ⇨ **flagrant**

glass [gla:s] *podst jč* (mn **-es**) **1.** sklo; **2.** pohár; **3.** barometer

glas.sy [gla:si] *príd* **1.** sklovitý, sklený, podobný sklu, ako sklo; **2.** lesklý, hladký, klzký; **3.** bezvýrazný; **4.** apatický

glaze [gleiz] *podst* **1.** glazúra, poleva, apretúra, apretácia, hladenie

to glaze [gleiz] **I.** *prech* **1.** *(okná)* zaskliť; **2.** *(keramiku)* glazúrovať, *(pečivo)* poliať cukrovou polevou, potrieť bielkom, *(ovocie)* kandizovať, *(šunku)* zaliať aspikom, *(odev)* apretovať; **II.** *nepr* **3.** *(oči, zrak)* pohasnúť, skaliť sa, stratiť lesk

glazed [gleizd] *príd* **1.** *(oči)* pohasnutý, vyhasnutý, *(pohľad)* sklený; **2.** *(tech)* sklovitý, *(papier)* hladený, *(keramika)* polievaný, glazovaný

gleam [gli:m] *podst ob jč* **1.** *(svetla)* záblesk, blikot; **2.** *(kovu, vodnej hladiny)* lesk, *(lúčov)* odlesk

to gleam [gli:m] **1.** zablysnúť sa, preblesknúť, *(kov)* lesknúť sa, blyšťať sa, *(drahokam)* trblietať sa, *(oči)* žiariť, iskriť. *Syn* ⇨ **to flash**

to glean [gli:n] (**~ st from sb/ st**) **1.** paberkovať, *(zo zeme, i prn)* pozbierať, nazbierať; **2.** *(prn)* zhromažďovať, pozháňať, zbierať

glee [gli:] *podst jč* (**~ at st**) **1.** radosť, veselosť, jasot; **2.** *(viachlasný)* spev. *Syn* ⇨ **mirth**

glee.ful [gli:ful] *príd* **1.** rozradostený, veselý, v radostnej nálade,**2.** škodoradostný

glide [glaid] *podst* **1.** kĺzanie; **2.** kĺzačka; **3.** plachtenie; **4.** *(let)* kĺzavý let

to glide [glaid] **1.** kĺzať, *(po parkete)* vznášať sa, *(i let)* plachtiť, letieť kĺzavým letom. *Syn* ⇨ **to slide**

glid.er [glaidə] *podst* **1.** klzák, vetroň, bezmotorové lietadlo

glim.mer [glimə] *podst* **1.** slabé svetlo, kmitavé svetlo, blikavé svetlo, trepotavé svetlo

glimpse [glimps] *podst ob jč* **1.** letmý/ zbežný pohľad ; **2.** záblesk, svit

to glimpse [glimps] **1.** zazrieť, *(letmo)* uzrieť, uvidieť, zbadať

glint [glint] *podst* **1.** záblesk, zablysnutie, odlesk, lesk

to glint [glint] **1.** lesknúť sa, zalesknúť sa, *(ob odrazeným svetlom)* trblietať sa, *(ob odrazeným svetlom)* zatrblietať sa

to glis.ten [glisn] (**~ with st**) **1.** trblietať sa, ligotať sa, lesknúť sa, jagať sa, iskriť sa. *Syn* ⇨ **to flash**

glit.ter [glitə] *podst* (**~ with st**) **1.** ligot, ligotanie, lesk, iskrenie, blýskanie, prepych, nádhera

to glit.ter [glitə] (**~ with st**) **1.** trblietať sa, blýskať sa, iskriť, blyšťať sa. *Syn* ⇨ **to flash**

glit.ter.ing [glitəriŋ] *príd* **1.** trblietavý, žiarivý, blýskavý , blyšťavý

glob.al [gləubl] *príd* **1.** celosvetový, globálny, svetový; **2.** komplexný, súhrnný

globe [gləub] *podst* **1.** guľa, glóbus; **2.** guľovité tienidlo, guľovité akvárium,**3.** *(anat)* očná guľa

gloom [glu:m] *podst jč* **1.** šero; **2.** trudnomyseľnosť, pochmúrna nálada, stiesnenosť, skleslosť, ponurosť

gloom.y [glu:mi] *príd* {**-ier, -iest**} **1.** temný, tmavý, ponurý, *(obloha, tvár)* zamračený, *(počasie, deň)* pochmúrny; **2.** *(človek)* smutný, zachmúrený, *(myšlienky)* chmúrny, deprimujúci, bezútešný, *(nálada)* stiesnený

to glo.ri.fy [glo:rifai] (mč, mp **glorified**) **1.** velebiť, glorifikovať; **2.** *(pej)* dodávať vznešenosť/ lesk, romantizovať

glo.ry [glo:ri] *podst jč* **1.** *(vrcholné uznanie, nádhera)* sláva; **2.** *(Boha)* velebenie; **3.** *(prn)* krása, nádhera, veľkoleposť; **4.** *(čoho)* pýcha

gloss [glos] *podst jč* (mn **-es**) **1.** glosa, vysvetlivka, komentár, medziriadkový preklad; **2.** *(i prn)* lesk, pozlátka

to gloss [glos] **1.** glosovať, komentovať, opatriť poznámkami, urobiť medziriadkový preklad

glos.sy [glosi] *príd* {**-ier, -iest**} **1.** lesklý, leštený, hladký; **2.** klamlivý

glove [glav] *podst* **1.** rukavica

glow [gləu] *podst* **1.** *(ohňa, i prn)* žiara, *(i prn)* žiar; **2.** *(červeň líc)* rumenec; **3.** *(prn: pocit horúčosti)* horúčava, **4.** *(prn: nadšenia)* plameň, *(prn: ťažká situácia)*. *(žiara)* oheň

to glow [gləu] **1.** sálať, svietiť, červeno žiariť, horieť, planúť. *Syn* ⇨ **to blaze**

glow.ing [gləuiŋ] *príd ob attr* **1.** *(kov)* žeravý, rozžeravený, *(i iskry)* ohnivý, *(líca)* planúci, *(oči)* rozžiarený, žiariaci; **2.** vrelý, vášnivý; **3.** *(prn)* nadšený; **4.** *(cena)* prehnaný, premrštený

glu.cose [glu:kəus] *podst jč* **1.** glukóza, hroznový cukor

glue [glu:] *podst* **1.** lepidlo, glej, *(odb)* tmel, maz

glum [glam] *príd ifm* **1.** zachmúrený, zamračený, skleslý, skľúčený, stiesnený. *Syn* ⇨ **sullen**

to glut [glat] *ob pass* [**-tt-**] (**~ st/ sb with st**) **1.** *(i trh)* presýtiť, nasýtiť, zaplaviť. *Syn* ⇨ **to satiate**

gnome [nəum] *podst* **1.** škriatok, gnóm, trpaslík, piadimužík; **2.** gnóma, sentencia, aforizmus, prípoveď

go [gəu] *príd* **1.** pripravený, v pohotovosti

to go [gəu] (mč **went**, mp **gone**) **I.** *nepr* **1.** *(vše, det)* ísť, chodiť, jazdiť, cestovať, *(det: lietadlom)* letieť; **2.** *(i det)* odísť; **3.** stratiť sa, zmiznúť; **4.** začať; **5.** fungovať; **6.** pokračovať; **7.** *(stroj, zips ap)* pokaziť sa, *(žiarovka ap)* prasknúť, *(batéria, poistka)* vypáliť sa, *(brzdy)* zlyhať; **8.** vojsť sa; **9.** predávať sa; **10.** patriť. *Syn*: to depart, to leave, to quit, to withdraw, to retire. *Opoz*: to come, to arrive

goad [gəud] *podst* **1.** bodec na poháňanie statku; **2.** *(prn)* popud, *(kniž)* osteň, ostroha

go-a.head [gəuəhed] *príd* **1.** iniciatívny, energický, rezký, progresívny

goal [gəul] *podst* **1.** *(špo)* bránka, gól; **2.** cieľ, méta. *Syn* ⇨ **intention**

goal.keep.er ['gəul,ki:pə] *podst* (i ifm **goalie**) **1.** brankár

goat [gəut] *podst* **1.** *(zool: Capra)* koza, cap;

2. *(bot goat willow: Salix caprea)* vŕba; 3. *(joc)* záletník, sukničkár

to gob.ble [gobl] (~ **st [up/ down]**) **I.** *nepr* 1. *(moriak)* hudrovať, *(človek)* hltavo/ hlučne jesť; **II.** *prech* 2. *(jedlo)* hltať, zhltnúť; 3. *(tech: pap)* mlieť

god [god] *podst* 1. boh; 2. **God** *(náb)* Boh; 3. *(prn)* modla

god.dess [godis] *podst* (mn **-es**) 1. bohyňa

god.fath.er ['god,fa:ðə] *podst* 1. krstný otec, kmotor

to go down [gəudaun] 1. ísť dole, zostúpiť, spadnúť, zvaliť sa, *(lietadlo)* zostupovať, pristávať, *(slnko)* skláňať sa, zapadať, *(loď)* potápať sa, potopiť sa, ísť ku dnu; 2. opadnúť, *(ceny, hodnota)* klesať, byť na ústupe, *(svetlá)* zhasínať; 3. *(pneumatika)* spľasnúť; 4. absolvovať univerzitu, odísť z univerzity, odísť na prázdniny

to gog.gle [gogl] (~ **at sb/ st**) 1. gúľať očami, vyvaľovať oči, zízať

to go in for 1. prihlásiť sa k čomu, zúčastniť sa čoho; 2. pestovať čo, zaoberať sa čím, *(kariéru)* vybrať si; 3. vyžívať sa v čom; 4. súhlasiť s čím

go.ing [gəuiŋ] **I.** *podst* 1. odchod, odjazd, odcestovanie; 2. chôdza; 3. chod; 4. postup, napredovanie; 5. rýchlosť; **II.** *príd* 6. bežný; 7. súčasný, terajší, plynúci

gold [gəuld] *podst* 1. zlato; 2. zlatá farba; 3. bohatstvo, mamona; 4. *(špo)* zlatá medaila

gold.en [gəuldən] *príd* 1. *(i zo zlata, i farba)* zlatý, pozlátený; 2. *(bot golden flax: Linium)* ľan [žltý]; 3. jasno žltý; 4. jedinečný; 5. *(zool golden eagle: Aquilla chrysaetus)* orol [skalný]

gold.en age [,gəuldn'eidž] *podst* 1. zlatý vek, najlepší vek; 2. zlaté časy

gold.fish [gəuldfiš] *podst* 1. *(zool: Carasius auratus)* karas, zlatá rybka

golf [golf] *podst* 1. *(špo)* golf

golf club [golfklab] *podst* 1. golfová palica; 2. golfový klub

golf course [golfko:s] *podst* 1. golfové ihrisko

golf.er [golfə] *podst* 1. *(špo)* hráč golfu; 2. pletená vesta

gong [goŋ] *podst* 1. gong; 2. *(sl)* metál

good [gud] **I.** *podst* 1. dobro; 2. úžitok, prospech, blaho; 3. výhoda; 4. zisk; **II.** *príd* 5. *(vše)* dobrý; 6. chutný; 7. vhodný, správny, riadny; 8. slušný, láskavý, vľúdny; 9. príjemný; 10. *(správy)* radostný; 11. *(fin: šek)* krytý, *(peniaze)* pravý; 12. *(zdravie)* pevný; 13. *(zem)* úrodný; 14. neskazený, poživateľný; 15. *(hudba, literatúra)* vážny; 16. *(postava)* pekný; 17. *(vtip)* zábavný, najlepší, dôkladný, poriadny

good.bye [,guďbai] *podst* 1. zbohom, do videnia

good-look.ing [,guďlukiŋ] *príd* 1. pekný, driečny, krásny, rúči

good-na.tured [,guďneiæəd] *príd* 1. dobrácky, dobromyseľný, dobrotivý, *(milý)* láskavý, *(prívetivý)* srdečný

goods [gudz] *podst pl* 1. tovar, ťažký náklad; 2. hnuteľný majetok; 3. schopnosti, talent

good.will [,guďwil] *podst* 1. dobrá vôľa; 2. *(obch)* reputácia, dobré meno, *(firmy)* renomé

good.y [gudi] *podst* (mn **-ies**) 1. dobrota, maškrta, príjemnosť; 2. dobrák, dobráčisko, kladný hrdina, *(sl)* klaďas; 3. *(ifm)* príma

to go on 1. ísť na scénu, nastúpiť na ihrisko; 2. *(svetlá)* rozsvietiť sa, zapnúť sa, ísť ďalej; 3. pokračovať; 4. *(čas)* plynúť

goose [gu:s] *podst* (mn **geese**) 1. *(zool: Anser domesticus)* hus [domáca] 2. husacie mäso, husacina; 3. *(prn: krajčírska)* žehlička

to go out [gu:aut] 1. *(opustiť)* vyjsť von, ísť von, ísť preč, odísť, chodiť medzi ľudí, do spoločnosti; 2. *(svetlo)* zhasnúť, *(oheň)* vyhasnúť; 3. omdlieť, upadnúť do bezvedomia; 4. vyjsť z módy; 5. *(špo: byť vyradený)* byť, vypadnúť; 6. byť vysielané, byť oznámené, že; 7. *(rok)* končiť; 8. vysťahovať sa kam, odísť do

to go o.ver **I.** *nepr* 1. *(križovať)* prejsť, *(loďou)* preplávať, *(lietadlom)* preletieť; 2. dopadnúť; 3. byť prijatý dobre/ zle ap; **II.** *prech* 4. prekontrolovať, zopakovať si; 5. hovoriť o čom, pohovoriť si o čom, prediskutovať čo

gore [go:] *podst* 1. *(preliata)* krv; 2. *(am)* druh pôdy; 3. *(krajč)* klin

to gore [go] 1. nabrať na rohy, prebodnúť parohami, napichnúť na rohy, preklať rohom

gorge [go:dž] *podst* **1.** rokľa, roklina, strž; **2.** hrdlo; **3.** *(zjedené)* jedlo

gor.geous [go:džəs] *príd* **1.** *(ifm)* senzačný, fantastický, nádherný; **2.** *(ifm)* krásny, pekný; **3.** farbistý, hýriaci farbami. *Syn* ⇨ **splendid**

go.ril.la [gə'rilə] *podst* **1.** *(zool: Gorilla)* gorila

gosh [goš] *cit* **1.** jezišmaria, **2.** fíha!, ajhľa!

gos.pel [gospəl] *podst* **1.** *(prn)* svätá pravda; **2.** evanjelium; **3.** zásada, princíp; **4.** *(hud)* gospel

gos.sip [gosip] *podst* **1.** klebety, ohováračky, trkotanie; **2.** klebetník, klebetnica

to gos.sip [gosip] (**~ with sb [about st]**) **1.** klebetiť, ohovárať, trkotať, rozprávať si

Goth.ic [goθik] **I.** *podst* **1.** gotika; **2.** gótčina; **II.** *príd* **3.** gotický; **4.** gótsky

to go through **I.** *nepr* **1.** byť schválený, byť prijatý, byť uzavretý, uskutočniť sa; **II.** *prech* **2.** prechádzať čím, preberať sa čím, preskúmať, prekontrolovať, zopakovať si, skúšať, preskúšať, prejsť si; **3.** prehľadať; **4.** vytrpieť, vytrpieť si, prestáť, skúsiť; **5.** utratiť

gouge [gaudž] *podst* **1.** *(duté)* dláto, žliabkové dláto, žliabkovač

gour.met [guəmei] *podst* **1.** labužník, gurmán, znalec dobrého jedla; **2.** maškrtník. *Syn* ⇨ **epicure**

to gov.ern [gavən] **1.** *(komu/ čomu)* vládnuť, spravovať, riadiť; **2.** ovládať; **3.** určovať. *Syn*: to rule, to administer

gov.ern.ess [gavənis] *podst* (mn **-es**) **1.** guvernantka, vychovávateľka, guvernérka

gov.ern.ment [gavənmənt] *podst* **1.** riadenie, vedenie; **2.** režim, rád; **3.** *(gram)* rekcia, väzba; **4.** vláda

gov.ern.men.tal [ˌgavən'mentl] *príd* **1.** vládny

gov.er.nor [gavənə] *podst* **1.** guvernér, miestodržiteľ; **2.** vládca, panovník; **3.** riaditeľ, správca, člen správnej rady; **4.** *(ifm)* šéf; **5.** *(tech)* regulátor

gown [gaun] *podst* **1.** večerné šaty, toaleta, róba; **2.** župan; **3.** *(práv, univ)* talár

grace [greis] *podst* **1.** ladnosť, elegancia, gracióznosť, *(fml)* grácia; **2.** priazeň, láskavosť; **3.** *(pred jedlom, po jedle)* modlitba; **4.** *(titul šľachtica)* milosť; **5.** *(platby ap)* odklad

to grace [greis] **1.** poctiť, vyznamenať; **2.** okrášliť, zdobiť, byť ozdobou; **3.** pocítiť

grace.ful [greisful] *príd* **1.** pôvabný, jemný, šarmantný , ladný, graciózny, elegantný

gra.cious [greišəs] *príd* **1.** vľúdny, láskavý, veľkorysý, elegantný, kultivovaný, jemný; **2.** zdvorilý

grade [greid] *podst* **1.** úroveň, *(tovaru)* kvalita, akostná trieda, sorta; **2.** *(voj)* hodnosť, služobné/ pracovné zaradenie, platová trieda; **3.** *(am škol)* známka, ročník; **4.** rovina

to grade [greid] **1.** *(ob am škol)* klasifikovať, známkovať, oznámkovať; **2.** triediť, roztriediť

grad.i.ent [greidjənt] *podst* **1.** sklon, *(i smerom nadol)* spád, *(i smerom nahor)* stúpanie, svah; **2.** *(meteo)* gradient

grad.u.al [grædžuəl] *príd* **1.** pozvoľný, nenáhlivý, postupný, tiahly

grad.u.ate [grædžuət] *podst* **1.** *(univ)* absolvent vysokej školy, magister, magistra, inžinier[ka]; **2.** *(am)* absolvent[ka] strednej školy, *(zast)* abiturient; **3.** *(fyz, chem)* odmerka

to grad.u.ate [grædžuət] **I.** *nepr* **1.** *(univ: vysokú školu)* absolvovať, *(vysokoškolské štúdium)* dokončiť; **II.** *prech* **2.** *(am)* promovať, udeliť, *(škol)* poskytnúť

grad.u.a.tion [ˌgrædju'eišən] *podst* **1.** *(univ)* absolvovanie vysokej školy, promócia, dosiahnutie hodnosti/ diplomu [na univerzite]; **2.** *(stupnice)* dielik, stupeň, kaliber

graft [gra:ft] *podst* **1.** *(záhr)* štep, *(lek)* transplantát, transplantácia; **2.** korupcia, úplatkárstvo; **3.** *(br)* drina

to graft [gra:ft] (**~ st onto st**); (**~ st in/ on**) **1.** *(lek)* transplantovať; **2.** štepiť; **3.** podplácať, prijímať úplatky

grain [grein] *podst* **1.** *(hrom)* zrno, obilie; **2.** *(kávové, pšeničné ap)* zrnko; **3.** *(prn)* štipka; **4.** *(dreva ap)* žilkovanie, *(fotografie)* zrnitosť, *(kože)* lícová strana; **5.** grán [staršia jednotka váhy = 0 06 g]

gram [græm] *podst* (i **gramme**) **1.** gram; **2.** *(bot)* bôb; **3.** *(skr)* gramatika, telegram, gramofón

gram.mar [græmə] *podst* **1.** gramatika, učebnica gramatiky

gram.mar school [græməsku:l] *podst* **1.** *(br)* gymnázium, stredná škola; **2.** *(am)* druhý stupeň základnej školy

grand [grænd] *príd* **1.** veľkolepý, grandiózny, impozantný, *(reštaurácia)* luxusný; **2.** *(ob pej)* vznešený, panský, *(človek)* povýšený; **3.** *(ifm)* senzačný, znamenitý, skvelý. *Syn*: magnificent, imposing, stately, majestic, stately, august, grandiose

grand.child [grænčaild] *podst* (mn **-children**) **1.** vnúča

grand.daught.er ['græn,do:tə] *podst* **1.** vnučka

gran.deur [grændžə] *podst* **1.** vznešenosť, veľkoleposť, grandióznosť, majestátnosť

grand.fath.er [,grænďfa:ðə] *podst* **1.** starý otec, dedko; **2.** predchodca, predok, ded

gran.di.ose [grændiəus] *príd* **1.** grandiózny, veľkolepý, monumentálny, pompézny. *Syn* ⇨ **grand**

grand.ma [grænma:] *podst* **1.** babka, babička, stará mama, babenka

grand.moth.er ['græn,maðə] *podst* **1.** stará mama, babička; **2.** *(prn)* predchodkyňa

grand.par.ent ['græn,peərnt] *podst* **1.** starý rodič, dedko, babka

grand.son [grænsan] *podst* **1.** vnuk

grand.stand [grændstænd] *podst* **1.** *(špo: hlavná)* tribúna

gran.ite [grænit] *podst* **1.** žula, granit

gran.ny [græni] *podst* (mn **-ies**) **1.** babka, babička; **2.** *(i v rozprávkach)* starenka

grant [gra:nt] *podst* (~ **to do st/ towards st**) **1.** *(škol: štátne)* štipendium, grant, subvencia, dotácia

to grant [gra:nt] **1.** poskytnúť, udeliť, *(čomu)* vyhovieť, prisúdiť; **2.** priznať, pripustiť. *Syn* ⇨ **to give**

grape [greip] *podst* **1.** zrnko hrozna, *(bás, kniž)* vínna réva; **2.** tmavočervená farba

grape.fruit [greipfru:t] *podst* **1.** grapefruit, *(hov)* grep

grape.vine [greipvain] *podst* **1.** vinič hroznorodý

graph [gra:f] *podst* **1.** *(mat, tech)* graf, diagram, grafikon, krivka

graph.ic [græfik] *príd* **1.** grafický, výtvarný, kresliarsky, diagramový; **2.** názorný. *Syn*: pictorial, vivid, picturesque

graph.ite [græfait] *podst* **1.** grafit, tuha

grasp [gra:sp] *podst* **1.** uchopenie, stisk, zovretie; **2.** dosah, hmat

to grasp [gra:sp] **1.** uchopiť, chytiť, popadnúť; **2.** pochopiť, pochytiť, *(čomu)* rozumieť, *(čomu)* porozumieť. *Syn* ⇨ **to take**

grass [gra:s] *podst* **1.** tráva; **2.** trávnik, pasienok, seno,**3** *(hov: marihuana)* marianka; **4.** *(br sl)* donášač, konfident

gras.sy [gra:si] *príd* {**-ier, -iest**} **1.** trávnatý

grate [greit] *podst* **1.** rošt; **2.** mreža, *(stav)* mriežka, *(krytie z lát)* latovanie; **3.** kozub

to grate [greit] **I.** *prech* **1.** *(kuch)* strúhať, škrabať; **2.** *(čím)* škrípať; **II.** *nepr* **3.** škrípať, zaškrípať, vŕzgať

grate.ful [greitful] *príd* (~ **to sb [for st]**); (~ **to do st**) **1.** vďačný, povďačný; **2.** *(dtd: vec)* príjemný

to grat.i.fy [grætifai] (mč, mp **-fied**) **1.** potešiť, obšťastniť, urobiť [komu] radosť; **2.** uspokojiť

gra.ti.tude [grætitju:d] *podst* (~ **to sb [for st]**) **1.** vďačnosť, vďaka, povďak

gra.tu.i.tous [grə'tju:itəs] *príd* **1.** zbytočný; **2.** bezdôvodný, svojvoľný

grave [greiv] **I.** *podst* **1.** hrob; **2.** *(prn)* smrť; **3.** tupý prízvuk; **II.** *príd* **4.** *(situácia)* vážny, *(omyl)* závažný, veľký, *(choroba)* nebezpečný, *(správa)* znepokojujúci, *(zločin)* ťažký; **5.** zachmúrený; **6.** seriózny, dôstojný; **7.** *(o farbách)* tmavý, *(o tóne)* hlboký, slávnostný, prostý. *Syn* ⇨ **serious**

grav.el [grævəl] *podst* **1.** štrk; **2.** *(lek)* močové kamienky

grave.yard [greivja:d] *podst* **1.** *(ob pri kostole)* cintorín

grav.i.ta.tion.al [,grævi'teišənl] *príd* **1.** *(fyz)* gravitačný

grav.i.ty [grævəti] *podst* **1.** *(fyz)* gravitácia; **2.** vážnosť, opravdivosť, slávnostnosť

gra.vy [greivi] *podst* (mn **-ies**) **1.** *(kuch)* omáčka, *(z pečene)* šťava; **2.** *(am ifm)* ľahko zarobené peniaze

graze [greiz] *podst* **1.** odrenina, škrabnutie; **2.** paša, pasienok

to graze [greiz] **I.** *prech* **1.** pásť; **2.** spásť; **3.**

odrieť, zodrať si; **4.** škrabnúť; **II.** *nepr* **5.** pásť sa

grease [gri:s] *podst* **1.** *(kuch)* tuk, sadlo, omastok; **2.** *(polotuhé)* mazadlo, *(ob am)* pomáda

to grease [gri:s] **1.** *(tech)* mastiť, *(kuch)* vymastiť, *(i kuch)* namazať, natrieť; **2.** podplatiť, podmastiť

grea.sy [gri:zi] *príd* {**-ier, -iest**} **1.** mastný, umastený; **2.** klzký, šmykľavý; **3.** *(o vlne)* nečistý

great [greit] **I.** *podst* **1.** velikán, ; **2.** *(zool great titmouse: Parus major)* sýkorka [veľká], *(bot great burdock: Arctium lappa/ majus)* lopúch [väčší]; **3.** veľká osobnosť; **II.** *príd* **4.** veľký, skutočný, nesmierny; **5.** *(skúsenosť)* nezabudnuteľný; **6.** *(záujem)* eminentný; **7.** *(čitateľ)* náruživý, *(fanúšik)* nadšený; **8.** slávny, *(i politik ap)* vplyvný, vysokopostavený; **9.** *(ifm)* fantastický, ohromný, senzačný, skvelý, skvostný, dôležitý. *Syn* ⇨ **large**

Great Brit.ain [ˌgreit'britn] *podst* (sk **GB** i **Britain**) **1.** Veľká Británia

great.ly [greitli] *prísl* **1.** veľmi, nesmierne, značne, vysoko

greed [gri:d] *podst* **1.** nestriedmosť, nenásytnosť, *(ifm vulg)* rozožranosť, žravosť; **2.** chamtivosť, hrabivosť, pažravosť

greed.y [gri:di] *príd* (**-ier, -iest**); (**~ for st**) **1.** pažravý, nenásytný, *(ifm)* rozožraný, žravý; **2.** *(i dtd)* chamtivý, hrabivý, lačný po peniazoch. *Syn*: avaricious, grasping, acquisitive, covetous

Greek [gri:k] **I.** *podst* **1.** Grék, Grékyňa; **2.** gréčtina; **II.** *príd* **3.** grécky

green [gri:n] **I.** *podst* **1.** zeleň, vegetácia; **2.** trávnik, pažiť; **3.** *(zool green woodpecker: Picus viridis)* ďateľ; **4.** zelená plocha; **II.** *príd* **5.** zelený, nezrelý, surový; **6.** *(ifm: ešte)* neskúsený, naivný; **7.** čulý, rezký, svieži

green.er.y [gri:nəri] *podst* **1.** *(bot: zelený porast, rastliny)* zeleň; **2.** zelené lístie

green.house [gri:nhaus] *podst* **1.** *(zahradný)* skleník, parenisko

to greet [gri:t] **1.** zdraviť, pozdraviť, vítať, uvítať, privítať

greet.ing [gri:tiŋ] *podst* **1.** pozdrav, pozdravenie, privítanie, uvítanie, prívet

gre.nade [gri'neid] *podst* **1.** *(voj)* granát

grey [grei] (i ob am **gray**) **I.** *podst* **1.** sivá farba, šeď; **2.** *(bot grey willow: Salix cinerea)* vŕba; **3.** sivý kôň, sivák; **4.** sivosť, šedivosť; **II.** *príd* **5.** šedý, sivý; **6.** *(život, deň ap)* pochmúrny, neutešený, *(pocit)* stiesňujúci; **7.** *(človek)* bielovlasý, zrelý, nevýrazný

to grey [grei] (i ob am **gray**) **1.** *(i vlasy)* ošedivieť, osivieť; **2.** zafarbiť, namaľovať na sivo

grey.hound [greihaund] *podst* **1.** *(zool)* chrt

grid [grid] *podst* **1.** mreža, mriežka; **2.** súradnicová sieť, sieť koordinátov; **3.** *(am ftb)* futbalové ihrisko; **4.** *(kuch)* rošt na pečenie

grief [gri:f] *podst* **1.** smútok, zármutok, bôľ, ľútosť, žiaľ, bolesť. *Syn* ⇨ **sorrow**

griev.ance [gri:vəns] *podst* (**~ against sb**) **1.** sťažnosť, krivda, rozhorčenie, zlosť. *Syn* ⇨ **injustice**

to grieve [gri:v] **1.** trápiť, rmútiť

griev.ous [gri:vəs] *príd* **1.** *(strata, správy)* bolestný, *(zločin, omyl)* ťažký, *(vina)* závažný, *(bolesť)* prudký, trýznivý, mučivý, *(pocit)* tiesnivý

grill [gril] *podst* **1.** *(kuch)* gril, ražeň, grilované mäso; **2.** mreža, mriežka, zamrežovaná priehradka

to grill [gril] **I.** *prech* **1.** *(kuch)* grilovať, *(na grile/ ražni)* opekať; **II.** *nepr* **2.** grilovať sa, *(kuch: zo všetkých strán)* opekať sa; **3.** *(prn: otázkami)* moriť

grim [grim] *príd* {**-mmer, -mmest**} **1.** *(tvár, výraz)* zlostný, zamračený; **2.** *(správy)* hrozný, *(vyhliadka)* pochmúrny, *(čas)* zlý; **3.** *(humor)* šibeničný, čierny; **4.** *(rozhodnutie)* neochvejný; **5.** neúprosný, tvrdohlavý, zaťatý, *(zima)* tuhý; **6.** *(miesto)* bezútešný. *Syn* ⇨ **ghastly**

grim.ace [gri'meis] *podst* **1.** grimasa, úškľabok

to grim.ace [gri'meis] (**~ at sb/ st**) **1.** robiť grimasy, škeriť sa, vyškierať sa, uškierať sa, škľabiť sa

grin [grin] *podst* **1.** široký úsmev, ironický úsmev, úškľabok, úsmešok

to grin [grin] [**-nn-**] (**~ at sb ~ with st**) **1.** smiať sa, usmievať sa, zubiť sa, škeriť sa, zaškeriť sa, uškľabiť sa. *Syn* ⇨ **to smile**

grind [graind] *podst* **1.** mletie, drtenie; **2.** brúsenie; **3.** škrípanie; **4.** drina; **5.** ťahúň, šprt

to grind [graind] (mč, mp **ground**) **I.** *prech* **1.** *(kávu, korenie)* mlieť, zomlieť, *(na malé kúsky)* drviť, *(mak)* roztĺcť; **2.** *(nôž)* brúsiť, *(špicu)* zabrúsiť; **3.** *(čím)* krútiť; **II.** *nepr* **4.** *(mlyn)* mlieť; **5.** *(kolesá, zuby)* škrípať; **6.** bifľovať, nabifľovať sa, nadrviť sa, drieť, nadrieť sa. *Syn* ⇨ **to work**

grind.er [graində] *podst* **1.** *(na kávu)* mlynček, drvič; **2.** brúsiaci nástroj, brúska; **3.** brúsič; **4.** *(zub)* stolička

grip [grip] *podst* **1.** uchopenie, zovretie, stisk, stisnutie; **2.** chvat, záchyt; **3.** záber; **4.** rukoväť, držadlo; **5.** sponka do vlasov; **6.** *(am)* kabela, vak

gripe [graip] *podst* **1.** *(lek)* bolesti brucha, črevná zápcha; **2.** zovretie, stisk; **3.** *(ifm)* brblanie, reptanie, šomranie

to gripe [graip] **1.** mať zápchu; **2.** brblať, šomrať, skuhrať, hundrať, reptať; **3.** zovrieť, uchopiť

gris.ly [grizli] *príd* {**-ier, -iest**} **1.** príšerný, hrozný, hrozivý. *Syn* ⇨ **ghastly**

grit [grit] *podst* **1.** *(hrubý)* piesok, štrk, kamenná drvina, smietka; **2.** odvaha, výdrž, energia, odhodlanosť. *Syn* ⇨ **fortitude**

to grit [grit] [**-tt-**] **1.** posypať štrkom/ pieskom ap; **2.** zavŕzgať, zaškrípať

grit.ty [griti] *príd* {**-ier, -iest**} **1.** pieskovitý, štrkovitý, *(štruktúra)* hrubozrnný; **2.** gurážny, odhodlaný, podnikavý

groan [grəun] *podst* **1.** zastenanie; **2.** vrznutie, vŕzganie; **3.** reptanie, šomranie

to groan [grəun] **1.** stenať, zastonať; **2.** vŕzgať; **3.** *(i ifm)* nariekať, reptať, skuhrať

groc.er [grəusə] *podst* **1.** obchodník s potravinami, potravinár

groc.er.y [grəusəri] *podst* (mn **-ies**) **1.** *(i obchod)* potraviny, potravinársky tovar

groin [groin] *podst* **1.** *(anat)* slabina, oblasť ohanbja; **2.** *(archit)* rebro klenby

groom [gru:m] *podst* **1.** čeľadník, *(v min)* koniar, paholok; **2.** ženích

to groom [gru:m] **1.** česať koňa, čistiť, ošetrovať kone; **2.** *(prn)* pripravovať

groove [gru:v] *podst* **1.** drážka, ryha; **2.** zvyk, obyčaj

groov.y [gru:vi] *príd* **1.** báječný, senzačný, príma, super; **2.** zabehaný, šablónovitý

to grope [grəup] **1.** tápať, hmatať, šmátrať, macať

gross [grəus] (mn **-es**) **I.** *podst* **1.** *(12 tuctov; 144 kusov)* veľtucet; **2.** celkový kapitál; **3.** celok; **II.** *príd* **4.** *(človek)* hrubý, nevychovaný, neotesaný, *(v správaní)* primitívny; **5.** *(vtip)* oplzlý; **6.** *(chyba)* veľký; **7.** *(nespravodlivosť)* do neba volajúci, do očí bijúci, flagrantný. *Syn* ⇨ **coarse, flagrant**

gro.tesque [grəu'tesk] **I.** *podst* **1.** groteska; **II.** *príd* **2.** groteskný, komický; **3.** čudácky. *Syn* ⇨ **fantastic**

ground [graund] *podst* **1.** pozemok, územie, plocha, terén; **2.** pôda, ornica; **3.** pozadie; **4.** *(am ele)* uzemnenie, povrch

to ground [graund] **I.** *prech* **1.** nabehnúť loďou na dno; **2.** *(am ele)* uzemniť; **II.** *nepr* **3.** uviaznuť na plytčine, stroskotať

ground floor [ˌgraund'flo:] *podst* **1.** prízemie

ground.ing [graundiŋ] *podst* (**~ in st**) **1.** vyučovanie, základná príprava; **2.** základy; **3.** *(ele)* uzemnenie; **4.** uviaznutie na plytčine

ground.work [graundwə:k] *podst* (**~ for st**) **1.** základ, *(farba: obrazu ap)* podklad; **2.** podstata

group [gru:p] *podst* **1.** skupina, kolektív; **2.** hudobná skupina; **3.** zoskupenie, *(polit)* frakcia. *Syn*: herd, flock, drove, pack, swarm, school, bevy, covey, flight

group therapy [ˌgru:p'θerəpi] *podst* **1.** skupinová terapia

grouse [graus] *podst* **1.** *(zool: Tetraonidae)* hlucháň, *(zool: Lyrurus)* tetrov; **2.** sťažnosť, náreky

to grouse [graus] (**~ about sb/ st**) **1.** vrčať, mrmlať, brblať, reptať

grove [grəuv] *podst* **1.** hájik, lesík

to grow [grəu] (mč **grew** mp **grown**) **I.** *nepr* **1.** rásť, vyrásť; **2.** *(čomu)* dariť sa; **3.** *(kde)* vyskytovať sa; **II.** *prech* **4.** pestovať

grow.er [grəuə] *podst* **1.** pestovateľ, chovateľ, šľachtiteľ

growl [graul] *podst* **1.** zavrčanie, zabručanie; **2.** rachot, hrmot, hluk

to growl [graul] **1.** vrčať; **2.** mrmlať, bručať, hundrať, šomrať; **3.** hrmieť, dunieť, rachotiť

grown [grəun] *príd* **1.** dospelý; **2.** *(obilie)* zrelý; **3.** *(čím)* zarastený

grown-up [grəunap] *príd* **1.** *(človek)* dospelý

growth [grəuθ] *podst* **1.** rast, vzrast, nárast, vzostup, rozvoj; **2.** porast, prírastok; **3.** *(lek)* nádor

grub [grab] *podst* **1.** pandrava, larva; **2.** *(sl)* jedlo, bašta, žranica

grub.by [grabi] *príd* {**-ier, -iest**} **1.** špinavý, zašpinený, ufúľaný, nečistý, neumytý; **2.** neporiadny

grudge [gradž] *podst* (~ **against sb**) **1.** nevraživosť, zášť, zloba, nenávisť

grudg.ing [gradžiŋ] *príd* **1.** zdráhavý

gru.ell.ing [gruəliŋ] *príd* (am **grueling**) **1.** namáhavý, vysiľujúci, úmorný, zničujúci, vražedný

grue.some [gru:səm] *príd* **1.** strašný, hrôzostrašný, hrozný, príšerný, strašlivý. *Syn* ⇨ **ghastly**

grum.ble [grambl] *podst* **1.** reptanie, frflanie, hundranie; **2.** dunenie, rachotenie

grum.py [grampi] *príd* {**-ier, -iest**} **1.** nevrlý, šomravý, nespokojný, podráždený; **2.** harkavý, hašterivý

grunt [grant] *podst* **1.** zachrochtanie, zabručanie, zastenanie, hýknutie

to grunt [grant] **1.** chrochtať, zachrochtať, zabručať, stenať, zastonať, hýkať

gua.ran.tee [ˌgærən'ti:] *podst* **1.** záruka, záručný list; **2.** garant, ručiteľ; **3.** zástava, kaucia

to gua.ran.tee [ˌgærən'ti:] **1.** zaručiť, zabezpečiť, garantovať, dať záruku

guard [ga:d] *podst* **1.** *(voj)* hliadka; **2.** *(br žel)* sprievodca; **3.** stráž, dozorca; **4.** *(špo)* obranný postoj; **5.** chránič

to guard [ga:d] **1.** strážiť, chrániť, brániť, hájiť; **2.** *(koho)* opatrovať, *(na koho)* dozerať. *Syn* ⇨ **to defend**

guard.i.an [ga:djən] *podst* **1.** ochranca; **2.** *(práv)* poručník, poručníčka, strážca, dozorca, *(práv)* opatrovník

guards.man [ga:dzmən] *podst* (mn **-men**) **1.** *(voj)* gardista

guer.il.la [gə'rilə] *podst* (i **guerilla**) **1.** partizán

guess [ges] *podst* (~ **at st**); (~ **that...**) **1.** dohad, domnienka, predpoklad, odhad, *(ifm)* tip

to guess [ges] **I.** *prech* **1.** hádať, dovtípiť sa, odhadovať, tipovať; **2.** *(am)* nazdať sa, predpokladať; **II.** *nepr* **3.** hádať, domýšľať sa. *Syn*: to conjecture, to surmise

guest [gest] *podst* **1.** hosť, návštevník; **2.** hosťujúci umelec. *Syn* ⇨ **visitor**

guid.ance [gaidəns] *podst* **1.** vedenie, konanie; **2.** dozor, dohľad

guide [gaid] *podst* **1.** vedúci, sprievodca, radca; **2.** *(prn)* vodidlo, oporný bod

to guide [gaid] **1.** viesť, vodiť, riadiť, *(i tech, voj)* navádzať; **2.** usmerňovať. *Syn*: to lead, to steer, to pilot. *Opoz*: to follow

guide.line [gaidlain] *podst* **1.** *(pokyn)* smernica, vodidlo, ryska

guild [gild] *podst* **1.** *(hist)* cech; **2.** združenie, spoločenstvo, asociácia

guilt [gilt] *podst* **1.** *(i práv)* vina; **2.** výčitky svedomia, pocit viny

guilt.y [gilti] *príd* {**-ier, -iest**} **1.** vinný, previnilý; **2.** *(svedomie)* zlý

Guin.ea [gini] *podst* **1.** *(geog)* Guinea

guin.ea pig [ginipig] *podst* **1.** *(zool)* morča, *(prenes)* pokusný králik, **2.** *(hovor)* evakuovaná osoba

guise [gaiz] *podst* **1.** podoba, prezlečenie, preoblečenie, *(prn)* rúško, maska, pláštik. *Syn* ⇨ **appearance**

guit.ar [gi'ta:] *podst* **1.** gitara, **2.** *(sl)* sladké drevo

guit.ar.ist [gi'ta:rist] *podst* **1.** *(hud)* gitarista

gulf [galf] *podst* **1.** *(lit)* záliv, zátoka; **2.** *(prn)* rozdiel, golf, úžľabina, vír

gul.li.ble [galəbl] *príd* **1.** ľahkoverný, dôverčivý, naivný

gul.ly [gali] *podst* (mn **-ies**) **1.** úžľabina; **2.** odpadový kanál, stoka, odtok, odpad

gulp [galp] *podst* **1.** *(množstvo jedla/ tekutiny, kt sa prehltne naraz)* hlt, *(tekutiny)* glg, *(nápoja vypité bez prerušenia)* dúšok; **2** prehltanie

to gulp [galp] **1.** prehltnúť; **2.** preglgnúť, prežrieť

gum [gam] *podst* **1.** *(anat)* ďasno; **2.** živica, guma, gumovina, lepidlo; **3.** *(= chewing* *gum)* žuvačka; **4.** *(bonbónové)* želé; **5.** *(bot gum tree: Eucalyptus)* eukalyptus, gumovník; **6.** *(text: látky)* apretácia

to gum [gam] **[-mm-]** (**~ A to/ onto B ~ st [down]**) **1.** natrieť lepidlom, *(odb)* pogumovať, zlepiť

gun [gan] *podst* **1.** strelná zbraň, revolver, pištoľ, *(ifm)* búchačka, puška; **2.** *(ifm)* delo, kanón; **3.** lovec, nimród

gun.fire ['gan,faiə] *podst* **1.** strela z dela

gun.man [ganmən] *podst* (i **-men**) **1.** pištoľník, ozbrojený gangster

gun.ner [ganə] *podst* **1.** *(br voj)* delostrelec; **2.** veliteľ batérie

gun.shot [ganšot] *podst* **1.** výstrel, strelná rana, výstrel z dela, dostrel

gur.gle [gə:gl] *podst* **1.** bublanie, klokot, klokotanie, zurčanie; **2.** kecanie

to gur.gle [gə:gl] **1.** bublať, klokotať, zurčať, bľabotať, zurčať si

gu.ru [guru:] *podst* **1.** guru; **2.** duchovný otec, duchovný učiteľ, duchovný majster

gush [gaš] *podst* (mn **-es**) **1.** prúd, príval, vytrysknutie, záplava, výbuch, výlev

to gush [gaš] **1.** striekať, chrliť; **2.** *(prn)* prekypieť

gust [gast] *podst* **1.** poryv, *(silný)* závan, nápor; **2.** *(prn: emócií)* príval, *(citové)* vzplanutie, záchvat horúčky, salva smiechu, výbuch hnevu. *Syn* ⇨ **wind**

gut [gat] *podst* **1.** črevo; **2.** brucho, *(pej)* pupok; **3.** struna z čreva

to gut [gat] **[-tt-]** **1.** vypitvať, *(zviera, najmä rybu)* očistiť; **2.** zničiť, spustošiť

gut.ter [gatə] *podst* **1.** kanál, stoka, struha, odkvap, odkvapová rúra

to gut.ter [gatə] **1.** žliabkovať; **2.** rinúť sa; **3.** stekať, kanúť, blikať

guy [gai] *podst* (mn **-uys**) **1.** *(am)* chlapík, chlap, chlapec; **2.** prídržné lano

gym [džim] *podst* **1.** telocvičňa; **2.** telocvik, gymnastika

gym.na.si.um [džim'neizjəm] *podst* (mn **gymnasiums/ gymnasia**) **1.** telocvičňa; **2.** gymnázium

gym.nas.tics [džim'næstiks] *príd* **1.** gymnastika, telocvik

gyn.ae.col.o.gy [,gaini'kolədži] *podst* (mn **-ies**) **1.** *(lek)* gynekológia, ženské lekárstvo

gyp.sy [džipsi] (i **gipsy, Gypsy**) **I.** *podst* **1.** cigán, cigánka, Róm, Rómka; **2.** cigánčina; **II.** *príd* **3.** cigánsky, rómsky

H

ha [ha:] *cit* **1.** *(vyj prekvapenie)* a, cha, *(: silné citové vzrušenie)* ha, haha

hab.it [hæbit] *podst* **1.** zvyk, obyčaj, návyk; **2.** *(rehoľný)* habit. *Syn*: practice, custom, usage, wont

hab.it.at [hæbitæt] *podst* **1.** *(bot, zool)* habitat, areál, *(zvierat)* domov; **3.** miesto výskytu, lokalita, nálezisko

hab.it.u.al [hə'bitjuəl] *príd* **1.** obvyklý, bežný; **2.** neustály, stále sa opakujúci; **3.** notorický. *Syn* ⇨ **usual**

hack [hæk] *podst* **1.** seknutie, zásek; **2.** kopnutie; **3.** suchý kašeľ; **4.** motyka, čakan; **5.** nájomný/ jazdecký kôň; **6.** *(sl)* žurnalista; **7.** *(am ifm)* taxík, mrcina; **2.** *(pej)* škrabák

to hack [hæk] **1.** sekať, rozťať, rozsekávať; **2.** *(ftb)* kopnúť, odkašliavať; **3.** *(inf)* votrieť sa; **4.** jazdiť krokom na koni; **5.** *(am ifm)* voziť sa taxíkom

hack.er [hækə] *podst* **1.** počítačový pirát

had.dock [hædək] *podst* **1.** treska škvrnitá

haem.o.glo.bin [,hi:mə'gləubin] *podst* **1.** *(biol)* hemoglobín

haem.o.phil.i.ac [,hi:məu'filiæk] *podst* **1.** *(lek)* hemofilik

haem.or.rhage [hemərridž] *podst* **1.** *(lek)* krvácanie

to hag.gle [hægl] (**~ with sb [about/ over st]**) **1.** handrkovať sa, jednať sa, *(o cene)* dohadovať sa

hail [heil] *podst* **1.** *(met)* krúpy, ľadovec, krupobitie; **2.** zvolanie, pozdrav

to hail [heil] **1.** *(ľadovec)* padať; **2.** *(zast)* zavolať, *(taxík)* znamením privolať; **3.** pozdraviť, privítať

hair [heə] *podst* **1.** *(hrom)* vlasy, chlpy; **2.** ochlpenie; **3.** *(samostatný)* vlas, chlp; **4.** srsť, *(prasačie)* štetiny; **5.** *(na pohovke, mat-*

raci) vlásie; **6.** drobnosť, maličkosť
hair.cut [heəkat] *podst* **1.** *(vlasov)* ostrihanie, zástrih, strih
hair.dress.er ['heəˌdresə] *podst* **1.** holič, kaderník, kaderníčka
hair.style [heəstail] *podst* **1.** účes, úprava vlasov
hair.y [heəri] *príd* **{-ier, -iest}** **1.** vlasatý, chlpatý; **2.** *(ifm)* nebezpečný, strašný, strašlivý, hrozný
half [ha:f] (mn **halves**) **I.** *podst* **1.** pol, *(i špo)* polovica, polovička; **2.** *(špo)* polčas; **3.** polovičný lístok; **4.** polpinta; **5.** časť, podiel; **6.** polrok, semester; **7.** záložník; **II.** *prísl* **8.** spolovice, čiastočne; **9.** takmer, skoro; **10.** *(hov)* značne, veľmi
half-brother ['ha:fˌbraðə] *podst* **1.** nevlastný brat
half-heart.ed [ˌha:fha:tid] *príd* **1.** nerozhodný, váhavý; **2.** vlažný, nezaujatý, polovičatý
half-time [ˌha:ftaim] *podst* **1.** *(špo: prestávka)* polčas
half.way [ha:fwei] **I.** *príd* **1.** stredný; **2.** polovičatý, čiastočný; **3.** kompromisný; **I.** *prísl* **4.** uprostred, v polovici; **5.** v polovici cesty,
hall [ho:l] *podst* **1.** predsieň, chodba, *(na stanici)* vestibul; **2.** dvorana hala, sieň; **3.** panské sídlo; **4.** jedáleň v anglických internátoch; **5.** verejná budova
hall.mark [ho:lma:k] *podst* **1.** punc; **2.** ciacha; **3.** *(prn)* charakteristický znak, známka; **4.** pečeň
to hall.mark [ho:lma:k] **1.** ciachovať, puncovať, značiť
Hal.lo.ween [ˌhæləu'i:n] *podst* **1.** predvečer sviatku Všetkých svätých
hal.luc.in.a.tion [həˌlu:si'neišn] *podst* **1.** halucinácia, prelud, prízrak, mámenie zmyslov. *Syn* ⇨ **delusion**
hall.way [ho:lwei] *podst* (mn **-ays**) **1.** chodba, vstupná hala
ha.lo [heiləu] *podst* (mn **-oes**/ **-os i aureole**) **1.** *(astron: okolo slnka, mesiaca)* kruh; **2.** svätožiara, aureola, gloriola, nimbus
halt [ho:lt] *podst* **1.** zastavenie, pauza; **2.** *(voj, br žel)* zastávka
to halt [ho:lt] **I.** *prech* **1.** zastaviť, zadržiavať, odďaľovať; **II.** *nepr* **2.** zastaviť sa
to halve [ha:v] **1.** *(lámaním)* rozpoliť, rozdeliť, *(na polovicu)* znížiť; **2.** *(čas)* skrátiť
ham [hæm] *podst* **1.** *(kuch)* šunka; **2.** rádioamatér; **3.** *(hist)* mesto, ves, dedina
to ham [hæm] **[-mm-]** (**~ it/ st up**) **1.** *(div: melodramaticky)* hrať, prehrávať
ham.burg.er [hæmbə:gə] *podst* **1.** hamburger [: vyprážaná fašírka z hovädzieho/ kuracieho mäsa v žemli], tatársky biftek
ham.let [hæmlit] *podst* **1.** dedinka, osada, samota
ham.mer [hæmə] *podst* **1.** kladivo, klepáč; **2.** *(i hud: na klavíri)* kladivko; **3.** *(na zbrani)* kohútik
to ham.mer [hæmə] **I.** *nepr* **1.** *(kladivom)* búšiť, *(kladivom)* tĺcť; **II.** *prech* **2.** zatĺkať; **3.** *(ifm)* poraziť na hlavu, rozniesť na kopytách, vyklepnúť, dať [komu] výprask
ham.per [hæmpə] *podst* **1.** kôš, darčekový kôš s jedlom, ap, noša
to ham.per [hæmpə] **1.** sťažovať, brzdiť, hatiť; **2.** vytĺcť; **3.** *(koho)* otravovať, *(komu)* prekážať. *Syn*: to fetter, to shackle, to manacle
ham.str.ing [hæmstriŋ] *podst* **1.** *(anat)* podkolenná šľacha, *(zool)* Achillová šľacha
to ham.str.ing [hæmstriŋ] (mč, mp **hamstrung**) **1.** ochromiť preťatím podkolenných šliach u ľudí/ Achillovej šľachy u zvierat; **2.** *(prn)* ochromiť; paralyzovať; **3.** zmrzačiť, dokaličiť
hand [hænd] *podst* **1.** ruka, *(zdrob)* rúčka; **2.** strana; **3.** *(hodiniek, ciferníka)* ručička, ukazovateľ; **4.** pracovná sila, manuálny pracovník, *(nám)* člen posádky; **5.** *(kart)* list, hra; **6.** rukopis; **7.** potlesk, aplauz; **8.** *(miera asi 10 cm)* päsť; **9.** schopnosť, zručnosť, šikovnosť
to hand [hænd] (**~ st [to sb]**) **1.** dať, podať, odkázať; **2.** *(podaním ruky)* pomôcť, podoprieť
hand.bag [hændbæg] *podst* **1.** kabelka; **2.** príručný vak
hand.book [hændbuk] *podst* **1.** cestovný sprievodca; **2.** *(škol)* príručka, učebnica, rukoväť, kompendium
to hand.cuff [hændkaf] (**~ sb/ oneself [to st/ sb]**) **1.** nasadiť [komu] putá, dať [ko-

mu] putá, *(ruky)* spútať

hand.ful [hændful] *podst* **1.** *(plná)* hrsť, hŕstka; **2.** mrzutosť, oštara

hand grenade ['hændgrə,neid] *podst* **1.** ručný granát

hand.gun [hændgan] *podst* **1.** revolver, pištoľ

hand.i.cap [hændikæp] *podst* **1.** *(i špo)* handicap; **2.** nevýhoda, *(prn)* prekážka, znevýhodnenie

to hand.i.cap [hændikæp] [**-pp-**] **1.** *(i špo)* handicapovať; **2.** *(pretekára)* zaťažiť; **3.** *(brániť)* prekážať

hand.i.capped [hændikæpt] *príd* **1.** *(duševne, telesne)* postihnutý

hand.ker.chief [hæŋkəæif] *podst* (mn **handkerchiefs/ handkerchieves**) **1.** vreckovka; **2.** ozdobná šatka na krk

hand.le [hændl] *podst* **1.** kľučka, rukoväť, rúčka, držadlo, *(metly, sekery)* násada, *(i sekery)* porisko, *(džbána, košíka)* ucho, *(šálky)* uško, páka, *(pumpy)* rameno; **2.** *(sl)* predikát, titul, *(šľachtický)* prídomok; **3.** *(prn)* zámienka, podnet. *Syn*: manipulate, wield, ply

to hand.le [hændl] **1.** *(čoho)* dotýkať sa, *(s čím)* manipulovať, narábať; **2.** zaobchádzať, *(s kým ako)* jednať, nakladať, *(problém)* riešiť, *(čím)* zaoberať sa, *(s čím)* vyrovnať sa, poradiť si, *(čo)* zvládnuť; **3.** *(auto)* ovládať, riadiť; **4.** *(s čím)* obchodovať, predávať, mať na sklade

hand.ler [hændlə] *podst* **1.** manipulátor, manipulant; **2.** obsluhovač, sekundant; **3.** psovod

hand.made [hændmeid] *príd* **1.** ručne zhotovený

hand.out [hændaut] *podst* **1.** almužna, vecné dary pre chudobných; **2.** letáčik, prospekt; **3.** *(univ, škol)* sylabus, podklad na prednášku; **4.** dopredu pripravené vyhlásenie pre tlač

hand.shake [hændšeik] *podst* **1.** stisnutie ruky, podanie ruky

hand.some [hænsəm] *príd* **1.** *(muž)* krásny, rúči, driečny; **2.** *(žena)* urastená, majúca peknú figúru; **3.** *(stavba, nábytok)* pekný; **4.** štedrý, *(i odmena)* kráľovský; **5.** *(zisk, šťastie)* značný, *(plat)* tučný. *Syn* ⇨ **beautiful**

hand.writ.ing ['hænd,raitiŋ] *podst* **1.** rukopis

hand.writ.ten [,hænd'ritn] *príd* **1.** rukopisný

hand.y [hændi] *príd* {**-ier, -iest**} **1.** užitočný, praktický, príhodný, *(do ruky)* šikovný; **2.** zručný; **3.** po ruke. *Syn* ⇨ **dexterous**

hang [hæŋ] *podst* **1.** *(látky, šiat)* splývavosť, zriasenie, spôsob, ako šaty sedia; **2.** spád

to hang [hæŋ] (mč, mp **hung, hanged**) **I.** *prech* **1.** *(obraz, závesy, dvere)* zavesiť, *(zástavku z okna)* vyvesiť; **2.** *(tapetu)* nalepiť; **3.** *(kuch)* nechať odležať; **II.** *nepr* **4.** *(byť pozastavený, odročený)* visieť; **5.** *(odev, vlasy)* splývať, padať; **6.** byť obesený

han.gar [hæŋə] *podst* **1.** *(let)* hangár; **2.** úkryt

hang.er [hæŋə] *podst* (i **clothes-hanger, coathanger**) **1.** *(na šaty)* ramienko, vešiak

hang.ov.er ['hæŋ,əuvə] *podst* **1.** *(z opitosti)* opica; **2.** *(z minulosti)* pozostatok, dedičstvo; **3.** prežitok

hang-up [hæŋap] *podst* **1.** *(ifm)* komplex; **2.** problém

hap.haz.ard [,hæp'hæzəd] *príd* **1.** náhodný, námatkový, pozbieraný bez ladu a skladu. *Syn* ⇨ **random**

hap.less [hæplis] *príd* nešťastný, zronený, zúfalý

to hap.pen [hæpən] **1.** stať sa, diať sa, prihodiť sa, udiať sa. *Syn*: to chance, to happen, to occur, to transpire

hap.pen.ing [hæpniŋ] *podst* **1.** udalosť, príbeh, príhoda; **2.** podujatie

hap.pi.ly [hæpili] *prísl* **1.** šťastne, spokojne, blažene, veselo; **2.** vďakabohu, našťastie; **3.** vhodne, priliehavo

hap.py [hæpi] *príd* {**-ier, -iest**} **1.** šťastný, veselý, spokojný; **2.** *(pred)* rád; **3.** *(slovo)* vhodný, vhodne volený, priliehavý. *Syn*: glad, cheerful, joyful, joyous, ⇨ aj **lucky**. *Opoz*: sad

to har.ass [hærəs] **1.** obťažovať, šikanovať, perzekuovať, prenasledovať

har.ass.ment [hærəsmənt] *podst* **1.** obťažovanie, prenasledovanie, šikanovanie, trápenie, súženie

har.bour [ha:bə] *podst* (am **harbor**) **1.** prístav; **2.** *(prn)* útočisko, prístrešie, útulok

to har.bour [ha:bə] (am **harbor**) **1.** *(zločinec)* prechovávať, skrývať, ukrývať pred políciou; **2.** *(podozrenie, nádej ap)* mať, *(závisť, odpor)* chovať

hard [ha:d] **1.** *(látka, materiál)* tvrdý, pevný, nepoddajný; **2.** ťažký, neľahký, zložitý; **3.** *(zima)* tuhý, *(mráz)* silný, treskúci; **4.** *(boj)* krutý; **5.** *(človek)* prísny, náročný, neoblomný, neľútostný; **6.** *(svetlo, farba)* ostrý; **7.** návykový; **8.** *(fakty)* holý; **9.** nepalatalizovaný, usilovný, drsný, svalnatý; **II.** *prísl* **10.** ťažko; **11.** *(pršať, mrznúť)* silno; **12.** *(pracovať)* usilovne, pilno. *Syn*: difficult, arduous, laborious, ⇨ aj **firm**. *Opoz*: easy, simple

hard.back [ha:dbæk] **I.** *podst* **1.** viazaná kniha, viazané vydanie; **II.** *príd* **2.** viazaný

hard-boil.ed [ˌha:ďboild] *príd* **1.** natvrdo varený, natvrdo uvarený; **2.** *(prn)* nesentimentálny, cynický, bezcitný

hard core [ˌha:ďko:] **I.** *podst* **1.** zdravé jadro; **2.** tvrdý oriešok; **3.** večný študent; **II.** *príd* **4.** *(fanúšik)* presvedčený, skalný, zarytý; **5.** konzervatívny; **6.** pornografický

to hard.en [ha:dn] **I.** *prech* **1.** *(oceľ)* kaliť , *(telo)* otužiť, *(ceny)* spevniť, *(človeka)* urobiť bezcitným, zatrvrdzovať; **II.** *nepr* **2.** *(látka)* stuhnúť, stvrdnúť, *(ceny)* spevniť sa, *(citovo)* znecitlivieť; **3.** zatvrdiť sa

hard-liner [ha:dlainə] *podst* **1.** *(pol)* stúpenec tvrdej línie, konzervatívec; **2.** *(prn)* jastrab

hard.ly [ha:dli] *prísl* **1.** sotva, ledva, len tak tak, skoro ... nie; **2.** ťažko

hard-press.ed [ˌha:ďprest] *príd* (**~ to do st**) **1.** *(prácou)* preťažený, *(o človeku)* prepracovaný

hard.ware [ha:dweə] *podst* **1.** železiarsky tovar, železiarstvo; **2.** *(inf)* technické vybavenie počítača, technické príslušenstvo počítača; **3.** *(voj)* výzbroj, vojnový materiál

hard.y [ha:di] *príd* [**-ier, -iest**] **1.** odvážny, robustný, otužilý; **2.** *(rastlina)* mrazuvzdorný

hare [heə] *podst* **1.** *(zool: Lepus)* zajac; **2.** *(prn)* komická postava; **3.** *(sl)* bláznivý nápad, *(do diskusie)* neseriózny námet

to harm [ha:m] **1.** škodiť, poškodiť, spôsobiť ujmu/ zlo, ublížiť, poraniť

harm.ful [ha:mful] *príd* (**~ to sb/ st**) **1.** škodlivý, ničivý; **2.** zhubný

harm.less [ha:mlis] *príd* **1.** neškodný; **2.** nevinný

har.mon.ic [ha:ˈmonik] *príd* **1.** harmonický, súzvučný

har.mon.i.ous [ha:ˈməunjəs] *príd* **1.** harmonický, ladný, rovnomerný; **2.** melodický

to har.mon.ize [ha:mənaiz] (i **-ise**) **1.** zladiť, dať do súladu; **2.** harmonizovať, ladiť, byť v súlade. *Syn* ⇨ **to agree**

har.mon.y [ha:məni] *podst* **1.** harmónia, súlad, zhoda, súzvuk. *Syn* ⇨ **symmetry**

to har.ness [ha:nis] **1.** nasadiť koňovi postroj, ustrojiť, pripriahnuť, *(voz)* zapriahnuť; **2.** *(prn)* spútať, skrotiť, exploatovať

harp [ha:p] *podst* **1.** harfa

har.row.ing [hærəuiŋ] *príd* **1.** *(film, zážitok)* hrozný, otrasný; **2.** mučiaci, trýzniaci

to har.ry [hæri] (mč, mp **harried**) **1.** obťažovať, *(na koho)* dotierať, *(na koho)* dorážať, domŕzať; **2.** *(zast)* robiť nájazdy, plundrovať, pustošiť

harsh [ha:š] *príd* [**-er, -est**] **1.** *(podnebie, skutočnosť)* drsný, *(výhľad, scenéria)* nevľúdny, *(svetlo, hlas)* ostrý, *(zvuk)* škripavý, prenikavý, neľúbozvučný, *(kritika)* tvrdý, *(zima)* ukrutný; **2.** *(človek)* prísny, nemilosrdný, krutý, *(slová)* príkry, *(zaobchádzanie)* nešetrný. *Syn* ⇨ **rough**

har.vest [ha:vist] *podst* **1.** zber, žatva, úroda; **2.** *(prn)* výsledok

hash [hæš] *podst* (mn **-es**) **1.** *(kuch)* hašé, sekané mäso; **2.** *(prn)* zmätok, chaos, miešanina; **3.** fušerská práca, fidlikárčenie; **4.** hašiš; **5.** odvar, guláš; **6.** *(ifm)* haš

has.sle [hæsl] *podst* **1.** mrzutosť, potiaž, nepríjemnosť, otrava; **2.** dohadovanie, reči, odvrávanie; **3.** škriepka , hádka, spor

haste [heist] *podst* **1.** náhlenie, chvat, zhon, rýchlosť. *Syn*: hurry, speed, expedition, dispatch. *Opoz*: slowness, delay

to has.ten [heisn] **I.** *nepr* **1.** ponáhľať sa, náhliť sa; **II.** *prech* **2.** urýchliť, chvátať, súriť, poháňať

hast.y [ˈheisti] *príd* **1.** uponáhľaný, unáhlený, chvatný, zbežný; **2.** bezhlavý; **3.** vznetlivý, popudlivý . *Syn* ⇨ **fast**

hat [hæt] *podst* **1.** klobúk

hatch.et [hæ æit] *podst* **1.** sekerka

to hate [heit] **1.** nenávidieť; **2.** nemať rád, neznášať, mať odpor [k čomu]. *Syn*: to detest, to despise, to abhor, to loathe. *Opoz*: to love, to like

hat.red [heitrid] *podst* (~ **for/ of sb/ st**) **1.** nenávisť, odpor

to haul [ho:l] **I.** *prech* **1.** ťahať, vláčiť, voziť; **2.** dopraviť, dopravovať, prepravovať; **II.** *nepr* **3.** ťahať. *Syn* ⇨ **to pull**

to haunt [ho:nt] **1.** *(kde)* strašiť, mátať; **2.** často navštevovať; **3.** *(kde)* vyskytovať sa, objavovať sa, prenasledovať, vracať sa

to have I. (mč, mp **had**) (i : **have got**) *prech* **1.** *(vlastniť, i prn)* mať, **he 's got/** (am) **he has a beautiful house** *má pekný dom*; **he has [a lot of] courage** *má odvahu*; **I have two sisters** *mám dve sestry*;, **I have the impression that** *mám zaký pocit, že*; **2.** *(v záp/ otázkach: + to do)* mať, **we didn't have much time** *nemali sme veľa času*; **do you have any money?** *máš peniaze?*; **3.** *(ob v mč)* dostať, **I had a letter from my sister** *dostal som list od sestry*; **4.** *(jedlo, nápoj)* dať si, **what will you have?** *daj si niečo/ čo si dáš?*;, **I'll have a cup of coffee** *dám si kávu*; *(to have + a + podst: prek individuálne ob so slo)* : **to have a walk** *ísť na prechádzku*; **to have a cigarette/ smoke/ fag** *zapáliť si*; **have a cigarette!** *chceš cigaretu/ fajčiť?*; **to have lunch/ dinner** *obedovať/ večerať/ najesť sa*; *(v otáz: can I have.. . ?)* vziať si, požičať si, zobrať si; **5.** *(to have + podst + mp: zariadiť)* dať [si], **to have o's watch repaired** *dať opraviť hodinky*; **6.** *(koho)* mať, *(ifm)* švindľovať; **II.** i **have got** ifm **gotta** *mod slo* **6.** musieť, **I have** (got) **to go/** (ifm) **gotta go** *musím ísť*; *(v záp)* musieť, **you don't have to take off your shoes** *nemusíš sa vyzuť*; mať, **I have to work hard** *mám sa veľa učiť*; **III.** *pomocné slo* **7.** : **I have been there** *bol som tam*; **they said they had come by car** *povedali, že prišli autom*; **if I had known it before I should have come** *keby som vedel skôr, bol by som prišiel*;

ha.ven [heivn] *podst* **1.** prístav; **2.** *(prn)* útulok, azyl, útočisko

hav.oc [hævək] *podst* **1.** spúšť, božie dopustenie, pohroma, *(ifm)* paseka, *(ifm)* hotový blázinec, cirkus na kolieskach. *Syn* ⇨ **ruin**

hawk [ho:k] *podst* **1.** *(zool: Accipiter)* jastrab; **2.** *(zool hawk moth: Sphinx pinastri)* lišaj [borový]; **3.** *(prn: o človeku)* dravec, sokol

hawk.er [ho:kə] *podst* **1.** sokoliar; **2.** *(podomový)* obchodník, *(pouličný)* predavač

haw.thorn [ho:θo:n] *podst* **1.** *(bot: Cratragus)* hloh

hay [hei] *podst* **1.** seno; **2.** *(prn)* plody, úžitok; **3.** *(sl)* pelech; **4.** *(am)* drobnosť, bagateľ

hay fev.er ['hei,fi:və] *podst* **1.** senná nádcha

haz.ard [hæzəd] *podst* (~ **to sb/ st**) **1.** nebezpečie, riziko; **2.** prekážka; **3.** hazardná hra. *Syn* ⇨ **danger**

haz.ard.ous [hæzədəs] *príd* **1.** riskantný, nebezpečný, rizikový; **2.** *(hra)* hazardný

haze [heiz] *podst* **1.** hmlový opar, *(riedka)* hmla; **2.** obláčik dymu; **3.** *(strata pokoja)* zmätok, chaos. *Syn* ⇨ **mist**

haz.el [heizl] **I.** *podst* **1.** *(bot)* liesková oriešká, *(bot: Corylus avellana)* lieska [obyčajná], **2.** lieskový krík, lieštie; **3.** orechová farba; **II.** *príd* **4.** orieškovo hnedý, orieškový

haz.y [heizi] *príd* [**-ier, -iest**] **1.** hmlistý, zahmlený, zahalený v hmle; **2.** *(prn)* nejasný, vágny, neurčitý

he [hi:] **1.** on; **2.** *(he who)* ten, kto

head [hed] *podst* **1.** *(anat)* hlava; **2.** rozum, mozog, inteligencia; **3.** *(mince)* líce; **4.** *(noža, sekery)* čepeľ, *(kopije)* špička, *(kopije)* hrot, *(strany v knihe)* záhlavie, *(stromu)* koruna, vrcholec, *(kapusty)* hlávka, *(na pive)* čapica, *(rieky)* prameň; **5.** hlava rodiny/ štátu, šéf podniku, vedúci delegácie i univ, riaditeľ školy; **6.** kategória, skupina; **7.** *(fyz: vody, pary)* tlak

to head [hed] **I.** *prech* **1.** byť prvý, byť na prvom mieste v zozname, byť v čele čoho, byť šéfom/ riaditeľom/ vedúcim/ prednostom čoho, byť vodcom čoho, stáť na čele, byť vedúcim, byť v čele čoho; **2.** nadpísať, dať čomu titul, pomenovať, uviesť v záhlaví, opatriť hlavičkou; **3.** *(fot)* zahrať loptu hlavou; **II.** *nepr* **4.** *(kam)* [kam], smerovať, mať namierené kam, mať kurz kam

head.ache [hedeik] *podst* **1.** bolenie hlavy
head.er [hedə] *podst* **1.** *(fot)* hlavička; **2.** záhlavie; **3.** návestie
head.ing [hediŋ] *podst* **1.** nadpis, záhlavie, titul, názov, hlavička, heslo, nápis
head.line [hedlain] *podst* **1.** *(v novinách ap)* titulok, nadpis, záhlavie, nápis
head.long [hedloŋ] *prísl* **1.** bez rozmyslu, splašene, opreteky, bezhlavo
head.mast.er [ˌhedˈma:stə] *podst* **1.** *(škol)* riaditeľ
head.mi.stress [ˌhedˈmistris] *podst* (mn **-es**) **1.** riaditeľka školy
head-on [ˌhedˈon] *príd* **1.** čelný, frontálny
head.quart.ers [ˌhedˈkwo:təz] *podst* (sk **HQ**) **1.** ústredie, centrála, hlavné sídlo, riaditeľstvo, *(voj)* veliteľstvo, hlavný štáb, hlavný stan
head.y [hedi] *príd* {**-ier, -iest**} **1.** *(víno)* silný, ťažký, opojný
to heal [hi:l] **I.** *nepr* **1.** hojiť sa; **II.** *prech* **2.** *(zast)* vyliečiť; **3.** *(prn: rozdiely)* preklenúť, prekonať. *Syn* ⇨ **to cure**
heal.er [hi:lə] *podst* **1.** liečiteľ, hojiteľ
health [helθ] *podst* **1.** zdravie; **2.** zdravotný stav; **3.** *(na zdravie)* prípitok
heal.thy [helθi] *príd* {**-ier, -iest**} **1.** zdravý. *Syn*: sound , hale, robust, well. *Opoz*: ill, diseased, infirm, frail
heap [hi:p] *podst* **1.** hromada, halda, kopa, hŕba
to hear [hiə] (mč, mp **heard**) **1.** počuť; **2.** *(na polícii)* vyšetrovať, vypočúvať; **3.** *(o čom)* dozvedieť sa, dopočuť sa; **4.** dostať správu/ list; **II.** *nepr* **5.** počuť
heart [ha:t] *podst* **1.** *(anat, kart)* srdce; **2.** vnútro; **3.** dreň; **4.** jadro, podstata
heart.ache [ha:teik] *podst* **1.** žiaľ, ľútosť, zármutok
heart.beat [ha:tbi:t] *podst* **1.** *(lek)* tlkot srdca, tep; **2.** *(prn)* pohnutie, vzrušenie
to hear.ten [ha:tn] **1.** povzbudiť; **3.** posmeliť, vzpružiť, posilniť, dodať [komu] odvahu
heart.felt [ha:tfelt] *príd* **1.** úprimný, vrelý, vrúci, srdečný. *Syn* ⇨ **sincere**
hearth [ha:θ] *podst* **1.** ohnisko, vyhňa, kozub; **2.** *(prn)* domov, rodina
heart.y [ha:ti] *príd* {**-ier, -iest**} **1.** srdečný, vrelý, priateľský; **2.** *(i pej)* bodrý, žoviálny, *(chuť)* veľký, silný, *(jedlo)* výdatný. *Syn* ⇨ **sincere**
heat [hi:t] *podst* **1.** *(i fyz)* teplo; **2.** *(prn)* vášeň, žiara; **3.** *(špo)* rozbeh, *(na automobilových pretekoch ap)* rozjazd, rozplavanie; **4.** *(zool: samíc)* behanie
to heat [hi:t] (~ **st [up]**) **I.** *prech* **1.** hriať, ohriať, zahriať, *(dom, izbu)* vykurovať; **II.** *nepr* **2.** ohriať sa, zahriať sa, *(izba ap)* vyhriať sa, vykúriť sa
heat.ed [hi:tid] *príd* **1.** vykurovaný; **2.** *(rozhovor)* vzrušený, živý, prudký, vášnivý, vznetlivý, výbušný
heat.er [hi:tə] *podst* **1.** pec; **2.** ohrievač, vykurovacie teleso, varič
heath.er [heðə] *podst* **1.** *(bot: Calluna)* vres
heat.ing [hi:tiŋ] *podst* **1.** kúrenie; **2.** ohrievanie
to heat up **I.** *prech* **1.** zahriať, vykúriť, roznietiť; **II.** *nepr* **2.** ohriať sa, zahriať sa, vyhriať sa, priostriť sa
to heave [hi:v] (mč, mp **heaved/ heave in sight**) **I.** *prech* **1.** zdvihnúť; **2.** hodiť; **II.** *nepr* **3.** ťahať, vliecť; **4.** *(hruď)* nadúvať sa, *(vlny)* vzdúvať sa; **5.** zvracať, vlniť sa, vrhnúť
heav.en [hevn] *podst* **1.** *(lit)* nebo, nebesá; **2.** obloha
heav.en.ly [hevnli] *prísl* **1.** nebeský; **2.** *(prn)* rajský, božský, vynikajúci
heav.y [hevi] *príd* {**-ier, -iest**} **1.** *(vše)* ťažký, *(materiál)* hrubý, *(krok, štýl)* ťažkopádny, ťarbavý; **2.** *(dážď, hmla, premávka)* hustý, *(i premávka)* rušný, *(spánok)* hlboký, *(more)* rozbúrený, búrlivý; **3.** *(trest)* tvrdý, prísny; **4.** *(vôňa)* omamný, opojný; **5.** smutný, skľučujúci, zamračený; **6.** nudný, otravný. *Syn*: weighty, ponderous, massive, cumbersome. *Opoz*: light
heav.y-du.ty [ˌheviˈdju:ti] *príd* **1.** určený pre ťažkú prevádzku/ veľké zaťaženie, určený pre extrémne podmienky, *(i odev)* pevný, trvanlivý
heav.y-hand.ed [ˌheviˈhændid] *príd* **1.** ťažkopádny, nemotorný; **2.** autoritatívny, tyranský
heav.y.weight [heviweit] *podst* **1.** *(v boxe)*

ťažká váha, boxer ťažkej váhy; **2.** *(prn)* veľké zviera

He.brew [hi:bru:] **I.** *podst* **1.** Hebrej, Hebrejka; **2.** Izraelita, Žid; **3.** hebrejčina; **II.** *príd* **4.** hebrejský, židovský, izraelský

to heck.le [hekl] **1.** rušiť, provokovať rečníka výkrikmi/ poznámkami/ otázkami ap.. *Syn* ⇨ **to bait**

hec.tare [hekta:] *podst* **1.** hektár

hec.tic [hektik] *príd* **1.** horúčkovitý, rušný, hektický

hedge [hedž] *podst* **1.** živý plot; **2.** *(oplotenie)* ohrada, prekážka; **3.** *(prn)* krytie

hedge.hog [hedžhog] *podst* **1.** *(zoo: Erinaceus europaeus)* jež; **2.** *(prn)* neznášanlivec; **3.** *(am)* ježovec

hedge.row [hedžrəu] *podst* **1.** živý plot

to heed [hi:d] **1.** všimnúť si; **2.** *(čoho)* dbať, byť pozorný; **3.** *(čím)* riadiť sa

heel [hi:l] *podst* **1.** *(na nohe, ponožke)* päta, *(na topánke)* podpätok, *(prsta)* bruško; **2.** *(dial, scot)* pätka bochníka; **3.** *(sl)* ničomník, lump

heft.y [hefti] *príd* **1.** *(muž)* robustný, statný, mohutný; **2.** *(úder)* silný; **3.** *(kufor)* ťažký; **4.** hrdinský, odvážny

height [hait] *podst* **1.** výška, výšina, návršie; **2.** *(prn: slávy, moci)* vrchol, dokonalosť, špička. *Syn*: altitude, elevation, stature

to height.en [haitn] **I.** *prech* **1.** zvýšiť, zintenzívniť, stupňovať; **II.** *nepr* **2.** zvýšiť sa, zvyšovať sa, stupňovať sa, narastať, rásť. *Syn* ⇨ **to intensify**

heir [eə] *podst* (**~ to st**) **1.** dedič, následník

hel.i.cop.ter [helikoptə] *podst* **1.** helikoptéra, vrtuľník

he.li.um [hi:ljəm] *podst* **1.** *(chem)* hélium

hell [hel] *podst* **1.** peklo; **2.** *(prn)* strašný život

hel.lo [he'ləu] *cit* (i **hallo, hullo** mn **-os**) **1.** ahoj, servus; **2.** *(tel)* haló; **3.** pozrime sa, no nie, nazdar, no toto

helm [helm] *podst* **1.** *(nám)* kormidlo

hel.met [helmit] *podst* **1.** helma, ochranná prilba, ochranná kukla

to help [help] **1.** *(komu)* pomôcť; **2.** prispieť; **3.** *(jedlo)* podávať. *Syn*: to aid, to assist, to succor. *Opoz*: to hinder

help.er [helpə] *podst* **1.** pomocník, pomocníčka, pomáhač, pomocný pracovník

help.ful [helpful] *príd* (**~ to sb**) **1.** ochotný, nápomocný, úslužný, kolegiálny; **2.** užitočný, osožný

help.less [helplis] *príd* **1.** bezmocný, bezradný, bezbranný

hem [hem] *podst* **1.** *(krajč)* lem[ovanie], obruba

hem.i.sphere [hemisfiə] *podst* **1.** *(i geog)* pologuľa; **2.** *(anat: mozgová)* hemisféra; **3.** oblasť

hemp [hemp] *podst* **1.** *(bot: Cannabis sativa)* konope [siata]; **2.** *(bot Indian hemp)* marihuana, hašiš

hen [hen] *podst* **1.** *(zool)* sliepka, kura, *(vtákov)* samička

hence [hens] *prísl* **1.** odteraz, od tejto chvíle, o: **two years hence** *o dva roky*; **2.** preto, teda, z toho dôvodu; **3.** *(arch: vyj vzdialenie sa)* preč, odtiaľto

hence.forth [hensfo:θ] *prísl* (i **henceforward**) **1.** odteraz, od tohto času; **2.** nabudúce, naďalej

hep.a.ti.tis [ˌhepə'taitis] *podst* **1.** *(lek)* zápal pečene, hepatitída

her [hə:] *zám* **1.** ju; **2.** jej; **3.** ňou; **4.** ona

her.ald [herəld] *podst* **1.** *(hist)* herold, hlásateľ, zvestovateľ; **2.** *(prn)* predzvesť, posol, prvá lastovička. *Syn* ⇨ **forerunner**

herb [hə:b] *podst* **1.** bylina, *(zdrob)* bylinka, zelina, liečivá rastlina

her.ba.ceous [hə:'beišəs] *príd* **1.** *(bot)* bylinný, bylinkový, listnatý, listový

herb.al [hə:bəl] **I.** *podst* **1.** herbár; **II.** *príd* **2.** bylinný, bylinkový

her.bi.cide [hə:bisaid] *podst* **1.** herbicíd

herd [hə:d] *podst* **1.** *(i prn)* stádo; **2.** *(prn: ľudí)* húf, dav, banda. *Syn* ⇨ **group**

here [hiə] *prísl* **1.** tu, tuto, *(right here)* presne tu, *(from here)* stadeto, stadiaľto, odtade; **2.** sem, *(here and there)* sem a ta, kde-tu, *(here you are!)* tu máš, *(vyj záp)* no, na, no dobre/ tak, *(look here!: vyj prekvapenie, údiv)* pozri sa!, **here, you see** *no tak vidíš*;

he.red.i.ta.ry [hi'rediteri] *príd* **1.** *(i biol)* dedičný; **2.** vrodený, zdedený. *Syn* ⇨ **innate**

her.e.sy [herisi] *podst* (mn **-ies**) **1.** bludárstvo, kacírstvo, heréza, blud

her.it.age [heritidž] *podst* **1.** *(dtd fml)* dedičstvo, pozostalosť; **2.** odkaz, posolstvo. *Syn*: inheritance, patrimony, birthright

her.met.ic [hə:'metik] **I.** *podst* **1.** hermetik; **2.** alchymista; **II.** *príd* **3.** hermetický, vzduchotesne uzavretý, nepriepustný; **4.** mystický, tajomný; **5.** neprístupný

her.mit [hə:mit] *podst* **1.** pustovník, eremita

her.n.ia [hə:niə] *podst* **1.** *(lek)* prietrž, hernia

he.ro [hiərəu] *podst* (mn **-oes**) **1.** hrdina, bohatie; **2** románový hrdina, hlavná postava románu

he.ro.ic [hi'rəuik] *príd* **1.** hrdinský; **2.** *(povesť ap)* heroický, bohatiersky **3.** mohutný, nesmierny

her.o.in [herəuin] *podst* **1.** heroín

her.o.ine [herəuin] *podst* **1.** hrdinka, *(zast)* bohatierka; **2.** *(i div)* heroína

her.o.i.sm [herəuizm] *podst* **1.** hrdinstvo, heroizmus

her.pes [hə:pi:z] *podst* **1.** *(lek)* herpes, opar

her.ring [heriŋ] *podst* **1.** *(zool: Clupea harengus)* sleď, **2** údený sleď; **3.** *(prn: red herring)* falošná stopa

hers [hə:z] *zám* **1.** jej

her.self [hə:'self] *zám* **1.** *(zvratne)* sa, si; **2.** seba, sebe; **3.** *(she herself)* ona sama, dokonca, aj

hes.i.tant [hezitənt] *príd* **1.** váhavý, zdráhavý, nerozhodný, *(rečník)* zajakavý

to hes.i.tate [heziteit] **1.** váhať, byť nerozhodný, otáľať, *(v rozprávaní)* zajakávať sa, zadŕhať; **2.** rozpakovať sa, zdráhať sa, spätkovať. *Syn*: to waver, to vacillate, to falter

hes.i.ta.tion [ˌhezi'teišən] *podst* **1.** váhanie, nerozhodnosť, otáľanie, zdráhanie

het.er.o.sex.u.al [ˌhetrəu'seksjuəl] **I.** *podst* **1.** heterosexuál; **II.** *príd* **2.** heterosexuálny

hey [hei] (i **hi**) **1.** *(zvolanie)* hej!, *(i upozornenie, poukázanie)* hľa!, *(upozornenie)* haló!

hey.day [heidei] *podst* (mn **-ays**) **1.** *(čoho)* vrchol, zenit, rozkvet

hi [hai] **1.** *(am)* ahoj!, čao, *(hov zast)* servus!

hic.cup [hikap] *podst* (i **hiccough**) **1.** čkanie, čkavka; **2.** *(ifm)* ťažkosť

to hide [haid] (mč **hid** mp **hidden**) **I.** *prech* **1.** schovať, skryť, zakopať; **2.** tajiť, zatajiť, *(city, rozpaky)* skrývať, *(nervozitu)* maskovať; **II.** *nepr* **3.** schovať sa. *Syn*: to conceal, to hide, to secrete, to cache, to bury. *Opoz*: to reveal, to expose

hid.e.ous [hidiəs] *príd* **1.** ošklivý, ohyzdný, šeredný; **2.** *(zločin ap)* hrozný, obludný, strašný, ohavný

hid.ing [haidiŋ] *podst* **1.** *(to be/ to remay in hiding)* schovať sa; **2.** výprask, bitka

hid.ing pla.ce [haidiŋpleis] *podst* **1.** skrýša, úkryt

hier.ar.chy [haiəra:ki] *podst* (mn **-ies**) **1.** hierarchia

hi-fi [ˌhai'fai] *príd* **1.** hi-fi

high [hai] **I.** *príd* **1.** *(i hud)* vysoký; **2.** vysoko postavený; **3.** *(výška, nádeje)* veľký; **4.** *(vietor)* silný, prudký; **5.** *(myšlienka)* vznešený, šľachetný; **6.** *(jedlo)* skazený, odležaný; **7.** *(človek)* opitý, naliaty, v narkotickom opojení; **8.** dôležitý, hlavný, horný; **II.** *prísl* **9.** vysoko; **10.** draho. *Syn*: tall, high, lofty, towering. *Opoz*: low, short

high-class [ˌhai'kla:s] **I.** *podst* **1.** vysoká kvalita, vysoká trieda; **II.** *príd* **2.** prvotriedny, luxusný

high-fly.ing [ˌhai'flaiiŋ] *príd* **1.** ambiciózny, úspešný

to high.light [hailait] **1.** zdôrazniť, vyzdvihnúť, *(na čo)* upozorniť; **2.** vyznačiť, označiť, *(inf: svetelne)* zvýrazniť

high.ly [haili] *prísl* **1.** vysoko, nesmierne, veľmi, značne

high-pitch.ed [ˌhai'piæt] *príd* **1.** *(hlas)* vysoký, *(zvuk)* ostrý, prenikavý; **3.** strmý, príkry

high-pow.ered [ˌhai'pauəd] *príd* **1.** *(stroj, auto)* vysokovýkonný, silný; **2.** *(človek)* energický, dynamický

high-rank.ing [ˌhai'ræŋkiŋ] *príd* **1.** *(človek)* vysoko postavený, s vysokou hodnosťou

high street [haistri:t] *podst* **1.** hlavná ulica, korzo, *(zast)* (hlavná) trieda

high-up [haiap] *podst* **1.** *(prn: o človeku)* veľké zviera

high.way [haiwei] *podst* (mn **-ays**) **1.** *(am)* diaľnica, autostráda

to hi.jack [haidžæk] **1.** *(lietadlo ap)* uniesť, prepadnúť

hi.jack.er [haidžækə] *podst* **1.** *(ob lietadla)* únosca

hike [haik] *podst* **1.** túra

hi.la.ri.ous [hi'leəriəs] *príd* **1.** podarený, [strašne] smiešny, nesmierne komický; **2.** rozjarený, rozpustený

hill [hil] *podst* **1.** kopec, vrch, pahorok, hora; **2.** svah

hill.side [hilsaid] *podst* **1.** stráň, úbočie, grúň

hil.ly [hili] *príd* **1.** kopcovitý, hornatý, pahorkatý, pahorkovitý

him [him] *zám* **1.** ho; **2.** *(ifm)* on

hind [haind] **I.** *podst* **1.** *(zool)* laň, jelenica; **2.** vidiečan ; **3.** šafár; **II.** *príd* **4.** *(u párnych vecí)* zadný

to hin.der [hində] (**~ sb/ st [from st/ doing st]**) **1.** sťažovať, zdržiavať, brzdiť, spomaliť, spomaľovať. *Syn*: to obstruct, to block, to impede, to bar, ⇨ aj **to delay**. *Opoz*: to advance, to further

Hin.du [ˌhin'du:] **I.** *podst* **1.** Hind, Hindka; Ind; **2.** Hinduista; **II.** *príd* **3.** hindský

hinge [hindž] *podst* **1.** záves, *(ifm nár)* pánt; **2.** *(prn)* kľúčový bod; **3.** nálepka

hint [hint] *podst* **1.** náznak, *(slovná)* narážka, poznámka; **2.** odporučenie, tip, rada. *Syn:* suggestion

hin.ter.land [hintəlænd] *podst* **1.** vnútrozemie; **2.** vidiek, provincia

hip [hip] **I.** *podst* **1.** *(anat)* bok, bedro; **2.** *(bot)* šípka; **II.** *príd* **3.** módny

hip.pie [hipi] *podst* **1.** *(am)* hippies, hipík

hire [haiə] *podst* **1.** prenájom, nájom, prenajímanie, požičiavanie; **2.** najímanie, nábor; **3.** požičovné, poplatok za nájom; **4.** mzda.

to hire [haiə] **1.** najať, vziať do služby; **2.** najať si, prenajať si, vypožičať, vypožičať si, zaistiť. *Syn*:to let, to hire, to lease, to rent, to charter

his [hiz] *zám* **1.** jeho; **2.** svoj

His.pan.ic [hi'spænik] **I.** *podst* **1.** Hispánec, *(am)* španielskoamerický obyvateľ USA; **II.** *príd* **2.** hispánsky, španielsky

to hiss [his] (**~ at sb/ st**) **1.** syčať, sipieť, *(mačka)* prskať, *(vlak)* pískať

hist.o.ri.an [hi'sto:riən] *podst* **1.** historik, historička, dejepisec

hist.o.ric [hi'storik] *príd* **1.** historický, dejinný, epochálny

hist.o.ri.cal [hi'storikəl] *príd* **1.** zaznamenaný v histórii, historický, skutočný

hist.o.ry [histəri] *podst* (mn **-ies**) **1.** *(i univ)* história, dejiny, dejepis, minulosť, priebeh, vývoj; **2.** *(historický)* príbeh

hit [hit] *podst* **1.** úder, rana, zásah; **2.** narážka; **3.** hit, šláger; **4.** *(am sl)* vražda

to hit [hit] (mč, mp **hit**) **I.** *prech* **1.** udrieť, dať ranu, *(ifm expr)* praštiť, buchnúť, zasiahnuť, *(do čoho)* trafiť sa; **2.** *(čoho)* dosiahnuť, dobre vystihnúť, *(ifm)* trafiť, vyspievať; **3.** postihnúť; **4.** prísť na; **5.** *(am sl)* zavraždiť, odstrániť, tĺcť, biť. *Syn* ⇨ **to strike**

hitch [hiæ] *podst* (mn **-es**) **1.** háčik, ťažkosť, zaseknutie ; **2.** *(náhle)* šklbnutie, trhnutie; **3.** uzol; **4.** *(ifm)* stop

hith.er.to [ˌhiðə'tu:] *prísl* **1.** [až] dosiaľ, až doteraz, zatiaľ

hive [haiv] *podst* **1.** úľ; **2.** roj včiel; **3.** *(hromad)* včelstvo

hoard [ho:d] *podst* **1.** zásoba

hoarse [ho:s] *príd* **1.** *(hlas ap)* chrapľavý, sipľavý, chrapčavý, zachrípnutý

hoax [həuks] *podst* **1.** búda, podfuk, kanadský žartík ; **2.** *(žur)* novinárska kačica; **3.** falošný poplach.

hob [hob] *podst* **1.** *(na kozube)* ohrievacia polica; **2.** platňa sporáka; **3.** *(tech)* fréza; **4.** škriatok

to hob.ble [hobl] **1.** krivkať, krívať, pokrivkávať, spútať nohy; **2.** brániť v pohybe; **3.** *(byť v kaši)* byť v nepríjemnej situácii

hob.by [hobi] *podst* (mn **-ies**) **1.** koní(če)k, záľuba, hobby, *(hov)* pasia; **2.** *(zool: Falco)* sokol

hock.ey [hoki] *podst* **1.** *(br)* pozemný hokej; **2.** *(am)* ľadový hokej

hoe [həu] *podst* **1.** motyka

hog [hog] *podst* **1.** *(br)* kŕmny brav, *(am)* prasa; **2.** chrapúň, chamtivec, sebec

to hoist [hoist] **1.** *(ob na lane)* zdvihnúť, vytiahnuť. *Syn* ⇨ **to lift**

hold [həuld] *podst* **1.** držanie, uchopenie; **2.** *(špo)* chvat, záchyt; **3.** vplyv; **4.** *(nám, let)* skladovací priestor, batožinový priestor

to hold [həuld] (mč, mp **held**) **I.** *prech* **1.** držať; **2.** *(stĺp ap)* niesť, podopierať; **3.** obsahovať, *(hala, auto)* pojať; **4.** *(voj)* ubrániť, obrániť; **5.** mať funkciu pozíciu, byť držiteľom [čoho], *(v spoločnosti)* vlastniť; **6.** *(pozornosť, záujem)* udržiavať, upútať [čiu] pozornosť, *(koho)* zaujať; **7.** *(schôdzu, konferenciu)* konať, usporiadať; **8.** nazdať sa, tvrdiť; **II.** *nepr* **9.** *(lano, lak, lepidlo)* držať; **10.** platiť; **11.** pokračovať, trvať ďalej. *Syn* ⇨ **to contain, to have**

to hold back [həuldbæk] **I.** *prech* **1.** *(prn: slzy, smiech)* zadržať, brániť sa čomu, *(cit)* potlačiť, potlačovať; **2.** obmedzovať, zdržiavať; **3.** zatajiť, skrývať, nechať si pre seba; **II.** *nepr* **4.** váhať, držať sa

hold.ing [həuldiŋ] *podst* **1.** držanie, konanie; **2.** *(v držbe)* pozemok, usadlosť, statok; **3.** *(fin)* podiel, majetková účasť

hole [həul] *podst* **1.** *(vše)* diera, jama, kaz, *(na ceste)* výmoľ, *(na sieti)* očko, otvor; **2.** nora, dúpä, *(fig pej: mesto, dedina)* zapadákov, *(byt, izba)* pelech; **3.** *(prn: nepríjemná situácia)* šlamastika, *(ifm)* pekná kaša. *Syn*: hollow, cavity, excavation

hol.i.day [holədi] *podst* (mn **-ays**) **1.** sviatok, sviatočný deň, úľava, uvoľnenie, prázdniny, voľno

to hol.ler [holə] **1.** *(am)* revať, hulákať, vrieskať

hol.low [holəu] **I.** *podst* **1.** dutina, prehĺbenina; **2.** diera, jama, výmoľ; **3.** *(geog)* úžľabina, roklina; **II.** *príd* **4.** dutý, temný; **5.** *(líca, oči)* vpadnutý, *(tvár)* prepadnutý; **6.** *(strom)* bútľavý; **7.** *(sľub)* planý; **8.** *(víťazstvo)* klamný; **9.** *(smiech)* neprirodzený; **10.** *(slová)* frázovitý, *(frázy)* prázdny. *Syn* ⇨ **hole, vain**

hol.ly [holi] *podst* **1.** *(bot: Ilex aquifolium)* cesmína

hol.o.caust [holəko:st] *podst* **1.** božie dopustenie, genocída, masové vyhladzovanie, holocaust

ho.ly [həuli] *príd* **1.** *(náb)* svätý, posvätný. *Syn*: sacred, censecrated, hallowed, divine. *Opoz*: profane, unholy

hom.age [homidž] *podst* **1.** pocta, hold, uctenie, česť. *Syn* ⇨ **allegiance, honour**

home [həum] **1.** domov, domácnosť; **2.** domovina, *(fml)* otčina, vlasť, rodisko; **3.** ústav, útulok; **4.** *(rastlín, zvierat)* habitat, miesto výskytu; **II.** *prísl* **5.** doma

home-grown [ˌhəum'grəun] *príd* **1.** *(zelenina ap)* z vlastnej záhrady, podomácky pestovaný; **2.** domáci, tuzemský

home.land [həumlænd] *podst* **1.** vlasť, domovina, materská krajina

home.ly [həumli] *príd* **1.** *(br)* domácky, príjemný, útulný, prostý, jednoduchý; **2.** *(am)* tuctový, ordinárny, *(tvár, človek)* nevzhľadný

home.made [ˌheum'meid] *príd* **1.** domáci, urobený po domácky, *(chlieb)* doma upečený, doma urobený

home.sick [həumsik] *príd* **1.** smútiaci za domovom; **2.** *(nostalgicky)* túžiaci

home.stead [həumsted] *podst* **1.** usadlosť, statok, gazdovstvo, hospodárstvo

home.work [həumwə:k] *podst* **1.** domáca úloha, domáce cvičenie, domáca práca

hom.i.cide [homisaid] *podst* **1.** zabitie; **2.** vrah, vražedník

ho.mo.gen.eous [ˌhomə'dži:njəs] *príd* **1.** homogénny, rovnorodý

ho.mo.sex.u.al [ˌhəuməu'seksjuəl] **I.** *podst* **1.** homosexuál, *(hov)* teploš; **II.** *príd* **2.** homosexuálny, *(hov)* teplý

to hone [həun] **1.** *(britvu ap)* [na]brúsiť, [na]ostriť; **2.** vybrusovať, zdokonaľovať

hon.est [onist] *príd* **1.** čestný, charakterný, poctivý; **2.** úprimný, otvorený; **3.** *(zast)* počestný. *Syn* ⇨ **upright**

hon.est.ly [onistli] *podst* **1.** čestne, poctivo, statočne, úprimne

hon.est.y [onisti] *podst jč* **1.** poctivosť, čestnosť, statočnosť; **2.** úprimnosť, otvorenosť. *Syn*: honor, integrity, probity, veracity. *Opoz*: dishonesty, deceitfulness

hon.ey [hani] *podst* (mn **-eys**) **1.** med; **2.** medová farba; **3.** miláčik, zlat[íč]ko

hon.ey.moon [hanimu:n] *podst* **1.** medové týždne, svadobná cesta

hon.o.ra.ry [onərəri] *príd* **1.** *(člen)* čestný, *(konzul)* honorárny; **2.** bezplatný

hon.our [onə] *podst* **1.** pocta; **2.** česť; **3.** dobré meno; **4.** vyznamenanie, rád

hon.our.ab.le [onərəbl] *príd* **1.** vážený, ctihodný, počestný , vznešený

hood [hud] *podst* **1.** kapucňa, čepiec, kukla, *(i mníšska)* kutňa, *(pre zlodeja)* maska; **2.** *(br: na aute, kočíku)* sklápacia strecha; **3.**

(am aut) kapota, kryt motora

hood.ed [hudid] *príd* **1.** zakuklený, *(lupič)* maskovaný; **2.** *(zool hooded crow)* vrana [východoeurópska]; **3.** s kapucňou

hoof [hu:f] *podst* **1.** kopyto; **2.** *(prn žart)* laba, *(hov)* hnát, *(hov, exp)* paprča

hook [huk] *podst* **1.** *(vše)* háčik, *(hov)* kvačka; **2.** vidlica telefónu; **3.** *(športový úder: v boxe)* hák; **4.** *(strmý)* záhyb

hook.er [hukə] *podst* **1.** mlynár; **2.** *(ob am sl)* šľapka, štetka; **3.** veľký pohárik

hool.i.gan [hu:ligən] *podst* **1.** *(pej)* chuligán, krikľúň , *(hov)* uličník, výtržník

hool.i.gan.i.sm [hu:ligənizm] *podst* **1.** chuligánstvo

hoot [hu:t] *podst* **1.** húkanie, trúbenie; **2.** stonanie; **3.** *(vetra)* kvílenie, hučanie; **4.** *(vlaku)* pískanie

hoo.ver [hu:və] *podst* **1.** *(prachu)* vysávač

hop [hop] *podst* **1.** poskok, *(na jednej nohe)* skok; **2.** *(ifm)* tancovačka; **3.** *(ifm)* krátky let; **4.** *(bot)* chmeľ

hope [həup] *podst* **1.** nádej, viera, dúfanie

to hope [həup] (~ **for st**) **1.** dúfať. *Syn* ⇨ **to expect**

hope.ful [həupful] *príd* **1.** nádejný, sľubný, perspektívny, priaznivý

hope.less [həuplis] *príd* **1.** beznádejný, zúfalý, márny, totálny; **2.** nenapraviteľný, strašný. *Syn*: despondent, despairing, desperate. *Opoz*: hopeful, optimistic

hop.per [hopə] *podst* **1.** *(tech)* násypník; **2.** *(zool)* skákavý hmyz; **3.** tanečník

horde [ho:d] *podst* **1.** horda; **2.** *(prn)* húf, dav, zástup; **3.** kŕdeľ, stádo, roj. *Syn* ⇨ **crowd**

hor.i.zon.tal [ˌhoriˈzontl] *príd* **1.** horizontálny, vodorovný

hor.mo.nal [ho:ˈməunl] *príd* **1.** hormonálny

horn [ho:n] *podst* **1.** *(zool, i trúba, i prn)* roh, paroh, *(slimačie)* tykadlo; **2.** lesný roh, trúbka; **3.** rohovina; **4.** *(aut)* klaksón, húkačka; **5.** rožok mesiaca

horn.y [ho:ni] *príd* **1.** *(ruka)* mozoľnatý, *(pokožka)* zrohovatený, stvrdnutý; **2.** *(sl: človek)* nadržaný, rozpálený

ho.ro.scope [horəskəup] *podst* **1.** horoskop

hor.ren.dous [hoˈrendəs] *príd* **1.** *(zločin)* hanebný, ohavný, príšerný; **2.** *(i ceny)* strašný, hrozný

hor.ri.ble [horəbl] *príd* **1.** hrozný, strašný, *(chuť)* odporný, *(počasie)* hnusný, príšerný

hor.rid [horid] *príd* **1.** hrozný, ohavný; **2.** *(ifm)* ošklivý, protivný

hor.ri.fic [hoˌrifik] *príd* **1.** *(i zločin)* hrozný, *(i nehoda)* strašný

to hor.ri.fy [horifai] (mč, mp **-fied**) **1.** naplniť hrôzou, zdesiť, šokovať. *Syn* ⇨ **to dismay**

hor.ri.fy.ing [horifaiiŋ] *príd* **1.** *(zážitok atď)* hrozný, desivý

hor.ror [horə] *podst* **1.** hrôza, zdesenie; **2.** pľuha, ohava, naničhodník, nezbedník, *(dieťa)* potvorka malá

horse [ho:s] *podst* **1.** *(zool domáci: Equus caballus)* kôň; **2.** *(tech)* stojan, podstavec; **3.** *(telocvičné náradie, i stav)* kôň, koza

horse.man [ho:smən] *podst* (mn **-men** ž **horsewoman** mn **-women**) **1.** jazdec

horse-race [ho:sreisə] *podst* **1.** konské dostihy

horse.shoe [ho:sšu:] *podst* **1.** podkova

hor.ti.cul.ture [ho:tikalæə] *podst* **1.** *(obor)* záhradníctvo

hose [həuz] *podst* **1.** (i **hose-pipe**) *(na vodu)* hadica; **2.** *(obch)* pančuchy, ponožky; **3.** *(hist: krátke priliehavé)* nohavice

to hose [həuz] (~ **st/ sb [down]**) **1.** postriekať hadicou, poliať; **2.** umyť hadicou

hos.pice [hospis] *podst* **1.** nemocnica pre nevyliečiteľných pacientov; **2.** útulok

hos.pit.ab.le [hospitəbl] *príd* **1.** *(človek)* pohostinný, *(podnebie)* priaznivý, vľúdny

hos.pi.tal [hospitl] *podst* **1.** nemocnica, dobročinná nadácia; **2.** opravovňa

hos.pi.tal.i.ty [ˌhospiˈtæləti] *podst* **1.** pohostinnosť, pohostinstvo

host [həust] *podst* (~ **of sb/ st**) **1.** hostiteľ, pán domu; **2.** *(tv, div: programu)* konferenciér; **3.** *(biol: parazit)* hostiteľ; **4.** spústa, veľký počet. *Syn* ⇨ **crowd**

to host [həust] **1.** *(tv, div)* uvádzať, konferovať; **2.** pohostiť, prijať ako hosťa

hos.tage [hostidž] *podst* **1.** rukojemník; **2.** záruka. *Syn* ⇨ **pledge**

hos.tel [hostl] *podst* **1.** nocľaháreň, ubytovňa, študentský domov

hos.tess [həustis] *podst* (mn **-es**) **1.** hostiteľ-

ka, pani domu; **2.** *(tv, div)* konferenciérka, moderátorka; **3.** spoločnica, *(der)* bardáma
hos.tile [hostail] *príd* **1.** nepriateľský; **2.** *(krajina)* nehostinný; **3.** nevľúdny, nežičlivý, neprajný
hos.til.i.ty [ho'stiləti] *podst* (mn **-ies**) **1.** nepriateľstvo; **2.** nehostinnosť. *Syn* ⇨ **enmity**
hot [hot] *príd* {**-tter, -ttest**} **1.** *(jedlo, nápoj)* horúci, teplý; **2.** *(kuch)* ostrý, štipľavý, *(korenie)* páliaci; **3.** kradnutý; **4.** *(ifyz)* rádioaktívny; **5.** *(ifm)* senzačný, úžasný; **6.** *(tovar)* idúci rýchlo na odbyt; **7.** *(človek)* vášnivý, prudký
ho.tel [həu'tel] *podst* **1.** hotel
ho.tel.i.er [həu'teljei] *podst* **1.** hoteliér, majiteľ hotela
hound [haund] *podst* **1.** poľovný pes. *Syn* ⇨ **to bait**
hour [auə] *podst* **1.** hodina; **2.** čas, obdobie
hour.ly [auəli] **I.** *príd* **1.** *(mzda)* hodinový; **II.** *prísl* **2.** raz za hodinu; **3.** *(dtd, prn)* každú chvíľu, za hodinu, každú hodinu, *(prn)* stále
house [haus] *podst* (mn **houses**) **1.** dom, obytné stavanie, *(hov)* barak, chalúpka, *(zdrob)* domček, **2.** obyvatelia domu, domácnosť
to house [haus] **1.** ubytovať, poskytnúť [komu] ubytovanie; **2.** *(čo)* uložiť, umiestniť, uskladniť
house.hold [haushəuld] *podst* **1.** *(rodina)* domácnosť, dom, členovia domácnosti
house.keep.er ['hausˌki:pə] *podst* **2.** *(za mzdu)* gazdiná
house.keep.ing ['hausˌki:piŋ] **1.** *(v domácnosti)* hospodárenie, vedenie domácnosti
house-to-house [ˌhaustə'haus] *príd* **1.** *(pátranie, zbierka ap)* robený od domu k domu
house.wife [hauswaif] *podst* (mn **-wives**) **1.** žena v domácnosti; **2.** hospodárka
housework [hauswə:k] *podst* **1.** práca v domácnosti
hous.ing [hauziŋ] *podst* **1.** *(s bytmi)* hospodárenie, poskytnutie bytov, ubytovanie, bytová výstavba; **2.** *(tech)* kryt, plášť, puzdro
hous.ing as.so.ci.a.tion ['hauziŋəsəusiˌeišn] *podst* **1.** bytové družstvo
hous.ing es.tate ['hauziŋiˌsteit] *podst* **1.** sídlisko
to hov.er [hovə] **1.** vznášať sa, poletovať; **2.** váhať, krúžiť, kolísať; **3.** postávať. *Syn* ⇨ **to fly**
how [hau] **1.** ako
how.ev.er [hau'evə] *prísl* **1.** ale, avšak, však, jednako len, akokoľvek
howl [haul] *podst* **1.** *(psa, vlka)* zavýjanie, skučanie, *(opíc)* vrešťanie, *(človeka)* rev, *(opilcov)* hulákanie, hurhaj, *(dieťaťa)* krik, vreskot, *(vetra)* kvílenie, hukot
to howl [haul] **1.** *(pes, vlk)* vyť, skučať, *(opice)* vrešťať, *(ľudia)* revať, *(dieťa)* nariekať, *(opilci, partia)* hulákať, vrieskať, *(vietor)* kvíliť
hub [hab] *podst* **1.** čap kolesa, hlava, náboj; **2.** *(prn)* centrum, stred
hud.dle [hadl] *podst* **1.** zhluk, zmätok; **2.** *(veľké množstvo)* dav, *(hromadenie)* masa
to hud.dle [hadl] **1.** *(k sebe)* chúliť sa, túliť sa; **2.** zhromažďovať sa v zmätku; **3.** *(šaty)* nahádzať na seba
hue [hju:] *podst* **1.** *(farby)* odtieň, vzhľad, zafarbenie, *(zastar)* pleť; **2.** krik, pokrik, výzva. *Syn* ⇨ **colour**
huff [haf] *podst* **1.** *(prudký prejav)* výbuch; **2.** zlosť, zlá nálada; **3.** rozmrzenosť
hug [hag] *podst* **1.** objatie, privinutie; **2.** *(šport)* zápasnícky hmat
to hug [hag] [**-gg-**] **1.** objať, vziať [koho] do náručia; **2.** uchovávať v srdci, *(na čom)* lipnúť, *(čoho)* držať sa
huge [hju:dž] *príd* **1.** ohromný, obrovský, hrmotný, *(úspech)* kolosálny, grandiózny, *(omyl)* kapitálny, enormný. *Syn* ⇨ **enormous**
huh [ha] *cit* **1.** hm; **2.** čo
hulk [halk] *podst* **1.** *(nám: vyradenej lode)* vrak, opustená loď; **2.** *(človek)* hromotĺk, medveď, hebedo
hull [hal] *podst* **1.** *(lode, lietadla)* trup; **2.** *(bot)* struk, *(bot: plodu, semena)* obal, *(z ovocia)* šupka, kalich
to hull [hal] **1.** *(hrach)* vylupovať, *(ovocie)* [o]lúpať, zbavovať stopiek
hum [ham] *podst* **1.** bzučanie, šum, vrčanie, hučanie, hukot; **2.** *(sl)* zápach, puch, smrad
to hum [ham] [**-mm-**] **1.** bzučať, vrčať, hučať; **2.** *(sl)* zaváňať, zapáchať, smrdieť

hu.man [hju:mən] *príd* **1.** ľudský, *(týkajúci sa človeka)* humánny, *(expr)* človečí

hu.man being [ˌhju:mən'bi:iŋ] *podst* **1.** človek

hu.mane [hju:'mein] *príd* **1.** humánny, ľudský; **2.** láskavý, prívetivý, milosrdný; **3.** humanitný, spoločenský

hu.man.i.sm [hju:mənizm] *podst* **1.** humanizmus

hu.man.i.ta.ri.an [hju:ˌmæni'teəriən] **I.** *podst* **1.** ľudomil, filantrop; **2.** *(náb)* racionalista; **II.** *príd* **3.** humanitný, humanitárny, dobročinný; **4.** filantropický, ľudomilný; **5.** ľudský; **6.** milosrdný. *Syn* ⇨ **philanthropic**

hu.man.i.ty [hju:'mænəti] *podst* **1.** ľudstvo, ľudia; **2.** humánnosť, ľudskosť, ľudomilnosť, humanita; **3.** ľudská prirodzenosť

hum.ble [hambl] *príd* {**-r, -st**} **1.** ponížený, pokorný, skrúšený; **2.** skromný, nenáročný. *Syn*: lowly, meek, modest, *Opoz*: proud, conceited

hu.mid [hju:mid] *príd* **1.** *(vzduch, podnebie)* vlhký, mokrý. *Syn* ⇨ **wet**

hu.mid.i.ty [hju:'midəti] *podst* (mn **-ies**) **1.** vlhko, vlhkosť, humidita, mokrosť

to hu.mil.i.ate [hju:'milieit] **1.** pokoriť, ponížiť, potupiť, pohaniť, uraziť. *Syn* ⇨ **to degrade**

hu.mil.i.ty [hju:'miləti] *podst* **1.** pokora, skromnosť, poníženosť

hu.mor.ous [hju:mərəs] *príd* **1.** zábavný, vtipný, *(situácia)* komický, *(človek)* veselý, *(spisovateľ)* humoristický. *Syn* ⇨ **witty**

hu.mour [hju:mə] *podst* (am **humor**) **1.** *(i zast lek)* humor; **2.** rozpoloženie, nálada; **3.** *(lek)* mok tkanivový, mokvanie

hump [hamp] *podst* **1.** hrb; **2.** hrboľ, hrbolček, vyvýšenina, pahorok; **3.** *(ifm)* depresia

to hump [hamp] **1.** [z]hrbiť sa; **2.** *(vulg: ženu)* pretiahnuť, rozdať si to [s kým]

hunch [hanæ] *podst* (mn **-es**) **1.** *(dtd)* hrb; **2.** *(am)* tušenie, podozrenie, predtucha, zdanie

hun.dred [handrəd] *podst* (mn **hundred/ hundreds**) **1.** sto; **2.** stovka

hun.dredth [handrədθ] **I.** *podst* **1.** stotina; **II.** *príd* **2.** stý

hun.ger [haŋgə] *podst* **1.** hlad; **2.** *(prn)* túžba, žiadostivosť, želanie

hun.gry [haŋgri] *príd* {**-ier, -iest**} **1.** hladný, lačný; **2.** *(prn)* žiadostivý, chtivý, dychtivý, túžiaci. *Syn*: ravenous, famished, starved. *Opoz*: sated, satiated

hunk [haŋk] *podst* **1.** veľký kus, *(ifm)* kusisko, veľká skyva; **2.** *(ifm)* väzba, kus chlapa, chlap ako hora

hunt [hant] *podst* **1.** lov, hon, poľovačka; **2.** *(prn: po kom)* pátranie, *(na koho)* štvanica; **3.** *(po čom)* dopyt, *(po čom)* zhon

to hunt [hant] **1.** loviť, poľovať; **2.** *(zločinca)* stíhať, chytať; **3.** *(po kom)* pátrať, hľadať, *(po čom)* zháňať sa

hunt.er [hantə] *podst* **1.** lovec, poľovník, nimród; **2.** *(poľovnícky)* pes, poľovný kôň

hunt.ing [hantiŋ] *podst* **1.** *(šport)* poľovníctvo; **2.** lov, poľovačka, *(priebeh)* hon

hunts.man [hantsmən] *podst* (mn **-men**) **1.** lovec, poľovník

hurd.le [hə:dl] *podst* **1.** *(atl, prn)* prekážka; **2.** košina, ohrada; **3.** *(prn)* ťažkosť

to hurd.le [hə:dl] (**~ [over] st**) **1.** preskočiť; **2.** ohradiť košinou; **3.** *(prn)* zdolať prekážky

hurd.ler [hə:dlə] *podst* **1.** *(špo)* prekážkár, prekážkárka

to hurl [hə:l] **1.** *(čím)* tresnúť, vrhnúť, hodiť; **2.** rútiť sa; **3.** *(vo voze)* natriasať sa

hur.ri.cane [harikən] *podst* **1.** hurikán, uragán, víchrica

hur.ried [harid] *príd* **1.** chvatný, zbežný, letmý, rýchly, unáhlený

hur.ry [hari] *podst* chvat, náhlivosť, časová tieseň

to hur.ry [hari] (mč, mp **hurried**) **I.** *nepr* **1.** ponáhľať sa, poponáhľať sa; **II.** *prech* **2.** *(prácu ap)* urýchliť, hnať. *Syn* ⇨ **to haste**

hurt [hə:t] **I.** *podst* **1.** *(i duševná)* bolesť; **2.** zranenie, poranenie; **3.** ublíženie; **4.** škoda; **II.** *príd* **5.** poranený, zranený

to hurt [hə:t] (mč, mp **hurt**) **I.** *prech* **1.** zraniť; **2.** *(zrak)* pokaziť, poškodiť; **I.** *nepr* **3.** *(rana)* bolieť, *(oči)* páliť, *(topánky)* tlačiť, drieť. *Syn* ⇨ **to injure**

to hurt.le [hə:tl] **I.** *nepr* **1.** rútiť sa, hnať sa; **II.** *prech* **2.** vrhnúť, hodiť

hus.band [hazbənd] *podst* **1.** manžel, muž;

2. *(arch)* hospodár

to hus.band [hazbənd] **1.** *(s čím)* hospodáriť, šetriť, gazdovať, obrábať pôdu; **2.** dobre sa vydať

hush [haš] *podst* **1.** ticho, tíšina, mlčanie; **2.** utajovanie, tajnostkárstvo

to hush [haš] **I.** *prech* **1.** upokojiť, utíšiť, umlčať, uchlácholiť, stlmiť, zahnať; **II.** *nepr* **2.** mlčať, byť ticho

husk.y [haski] **I.** *podst* **1.** husky, eskymácky pes; **2.** *(am)* silák, *(hov)* väzba; **II.** *príd* **3.** *(hlas)* chrapľavý, zachrípnutý, *(dych)* zastretý; **4.** *(ifm)* statný, robustný; **5.** šupinatý, drsný, vypitý, urobený

hus.tle [hasl] *podst* **1.** tlačenica; **2.** ruch, zhon

hut [hat] *podst* **1.** chata, chyža, búda, chatrč

hy.brid [haibrid] **I.** *podst* **1.** hybrid, kríženec; **2.** *(pej)* bastard; **3.** *(ling)* hybridné slovo; **II.** *príd* **4.** hybridný

hy.draul.ic [hai'dro:lik] *príd* **1.** hydraulický, vodný

hy.draul.ics [hai'dro:liks] *podst* **1.** hydraulika

hy.dro.car.bon [ˌhaidrəu'ka:bən] *podst* **1.** *(chem)* uhľovodík

hy.dro.gen [haidrədžən] *podst* (symb **H**) **1.** *(chem)* vodík

hy.giene [haidži:n] *podst* **1.** hygiena; **2.** čistota; **3.** zdravoveda

hymn [him] *podst* **1.** *(kostolná, cirkevná)* pieseň, *(kniž)* hymnus, chválospev

hype [haip] *podst* **1.** bombastická reklama

hy.per.ten.sion [ˌhaipə'tenšn] *podst* **1.** *(lek)* vysoký krvný tlak, hypertenzia

hyp.nos.is [hip'nəusis] *podst* **1.** *(lek)* hypnóza, hypnotický spánok

hyp.no.tic [hip'notik] *príd* **1.** hypnotický

hyp.o.cri.sy [hi'pokrəsi] *podst* **1.** pokrytectvo, pretvárka

hyp.oth.es.is [hai'poθisis] *podst* (mn **hypotheses**) **1.** hypotéza, predpoklad, domnienka. *Syn* ⇨ **theory**

hyp.o.thet.i.cal [ˌhaipəu'θetikl] *príd* **1.** hypotetický, predpokladaný

hys.ter.ec.to.my [ˌhistə'rektəmi] *podst* (mn **-ies**) **1.** hysterektómia

hys.te.r.ia [hi'stiəriə] *podst* **1.** hystéria. *Syn* ⇨ **mania**

hys.te.ri.cal [hi'sterikl] *príd* **1.** hysterický; **2.** prehnaný

I

I [ai] (i **i**) **I.** *zám* **1.** ja; **II.** *podst* **2.** *(rím číslica 1)* I

ib.id [ibid] *prísl* **1.** tamtiež

to ice [ais] **1.** *(ľadom)* chladiť, schladiť, vychladiť; **2.** zmraziť; **3.** *(br)* poliať cukrovou polevou, ochladiť

ice age [aiseidž] *príd* **1.** doba ľadová

ice.berg [aisbə:g] *podst* **1.** ľadovec, veľký uvoľnený kus ľadu

ice-cream [ˌais'kri:m] *príd* (i ob am **ice-cream**) **1.** *(mliečna)* zmrzlina

ice hockey ['aisˌhoki] *príd* **1.** ľadový hokej

ic.ing [aisiŋ] *podst* (am **frosting**) **1.** cukrová poleva, glazúra; **2.** *(let)* námraza; **3.** *(hokej)* zakázané uvoľnenie

ic.ing sug.ar ['aisiŋˌšugə] *príd* **1.** práškový cukor

i.con [aikon] *podst* **1.** ikona, svätý obraz; **2.** idol; **3.** *(inf)* piktogram

ic.y [aisi] *príd* {**-ier, -iest**} **1.** ľadový, mrazivý; **2.** zľadovatený; **3.** studený, chladný

i.de.a [ai'diə] *podst* **1.** myšlienka, idea, pojem, predstava, názor; **2.** nápad; **3.** poňatie; **4.** tušenie, predtucha, podozrenie. *Syn*: concept, conception, thought, notion, impression

i.de.al [ai'diəl] **I.** *podst* **1.** ideál, vzor, predstava dokonalosti; **II.** *príd* **2.** ideálny, dokonalý, vzorný, vynikajúci, súci, vhodný

i.de.al.i.sm [ai'diəlizm] *podst* **1.** idealizmus; **2.** rojčenie; **3.** nadšenie

i.de.al.is.tic [aiˌdiəlistik] *príd* **1.** idealistický

to i.de.al.ize [ai'diəlaiz] (i **-ise**) **1.** [z]idealizovať, *(i skutočnosť)* prikrášliť

i.den.ti.fi.ca.tion [aiˌdentifi'keišən] *podst* **1.** identifikácia, určenie, zisťovanie; **2.** *(prn)* preukaz

to i.den.ti.fy [ai'dentifai] (mč, mp **-fied**) **1.** identifikovať, *(totožnosť)* zistiť, poznať, určiť

i.den.ti.ty [ai'dentəti] *podst* (mn **-ies**) **1.** identita; **2.** totožnosť, identickosť, zhodnosť; **3.** *(mat)* rovnosť

i.den.ti.ty card [ai'dentətika:d] *podst* **1.** občiansky preukaz, preukaz totožnosti, legitimácia

id.e.o.lo.gi.cal [ˌaidiə'lodžikəl] *príd* **1.** ideologický

id.e.ol.og.y [ˌaidi'olədži] *podst* (mn **-ies**) **1.** ideológia; **2.** fantazírovanie; **3.** nepraktické názory

id.i.om [idiəm] *podst* **1.** idióm, ustálené spojenie, fráza; **2.** jazyk, nárečie; **3.** spôsob vyjadrovania, štýl; **4.** jazyková zvláštnosť

id.i.o.syn.crat.ic [ˌidiəsiŋ'krætik] *príd* **1.** *(štýl)* svojrázny, rázovitý, *(i správanie)* excentrický, výstredný, idiosynkratický

id.i.ot [idiət] *podst* **1.** idiot, sprosták, hlupák

i.dle ['aidl] *príd* **1.** nečinný; **2.** nezamestnaný, lenivý, povaľačský; **3.** prázdny, planý . *Syn* ⇨ **inactive**, ⇨ aj **vain**

to i.dle [aidl] **1.** *(stroj)* ísť na prázdno, leňošiť; **2.** *(človek)* zaháľať, postávať, zabíjať čas *Syn* ⇨ **to loiter**

i.dol [aidl] *podst* **1.** idol, modla, zbožňovaná osoba

id.yl.lic [ai'dilik] *príd* **1.** idylický; **2.** šťastný, pokojný

if [if] **I.** *spoj* **1.** *(uv: podmienkovú vetu)* keby, ak, **if you don't study you will fail** *ak sa nebudeš učiť, prepadneš*; *(hov)* až, **stay, if you want** *ak chceš, zostaň*; nech; **2.** *(: podmetovú s význ podmienky)* keď, **it will be better if he goes away** *bude lepšie, keď odíde*; **if you disturb me; I'll send you away** *keď ma budeš vyrušovať, pôjdeš preč*; **3.** *(even if)* i keď, čo i, nech aj, hoci; **5.** *(: nepriama otázka)* či, či; **6.** kedykoľvek; **7.** *(if only)* len aby, čo ...hneď, bár[s], if you/ etc only would, **if only he would come back home!** *len aby prišiel domov!*; **8.** *(if [not] so)* po prípade, *(v najlepšom prípade)* prípad, *(if I were you)* byť vami, *(if need be)* ak treba, *(if you allow me)* s odpustením

to ig.nite [ig'nait] **I.** *prech* **1.** zapáliť, podpáliť; **II.** *nepr* **2.** vznietiť sa, roznietiť sa, *(o ohni)* chytiť

ig.ni.tion [ig'nišn] *podst* **1.** zapálenie, vznietenie, vzplanutie, *(aut)* zapaľovanie

ig.no.rance [ignərəns] *podst* (**~ of st**) **1.** nevzdelanosť, nevedomosť; **2.** neznalosť, neinformovanosť, obmedzenosť

ig.no.rant [ignərənt] *príd* **1.** nevzdelaný, ignorantský; **2.** neotesaný, nevychovaný. *Syn*: illiterate, unlettered, educated, untutored, unlearned. *Opoz*: educated, erudite, learned

to ig.nore [ig'no:] **1.** ignorovať, nebrať do úvahy, nepozdraviť, *(ku komu)* nepriznávať sa, *(koho/ čo)* zanedbávať, *(na čo)* nedbať; **2.** prejsť bez povšimnutia, nebrať do úvahy. *Syn* ⇨ **to neglect**

il.le.gal [i'li:gəl] *príd* **1.** ilegálny, protizákonný, protiprávny; **2.** *(šach: ťah)* nedovolený; **3.** *(inf)* neprístupný; **4.** *(obchod)* pokútny, zakázaný

ill-fat.ed [ˌil'feitid] *príd* **1.** nešťastný, osudný, *(kniž)* neblahý

il.li.cit [i'lisit] *príd* **1.** nedovolený, zakázaný, neoprávnený, *(i obchod)* pokútny, čierny

il.lit.er.ate [i'litərit] **I.** *podst* **1.** analfabet, negramotný človek; **II.** *príd* **2.** negramotný, nevzdelaný; **3.** *(list)* hmýriaci sa chybami, ignorantský. *Syn* ⇨ **ignorant**

ill.ness [ilnis] *podst* (mn **-es**) **1.** choroba

il.log.i.cal [i'lodžikəl] *príd* **1.** nelogický, nerozumný

to il.lum.in.ate [i'lju:mineit] **1.** osvetliť, slávnostne osvetliť; **2.** objasniť; **3.** iluminovať

il.lum.in.a.tion [iˌlju:mi'neišən] *podst* **1.** *(i prn)* osvetlenie, iluminácia

il.lu.sion [i'lu:žən] *podst* **1.** ilúzia, zdanie, zmyslový klam, vidina. *Syn* ⇨ **delusion**

to il.lu.strate [iləstreit] **1.** ilustrovať; **2.** objasniť, osvetliť, vysvetliť, *(zoširoka povedať)* vyložiť

il.lu.stri.ous [i'lastriəs] *príd* **1.** známy, *(hov)* chýrečný, slávny. *Syn* ⇨ **famous**

im.age [imidž] *podst* **1.** obraz, zobrazenie, znázornenie, socha; **2.** podoba, podobnosť; **3.** predstava; **4.** imidž, reputácia; **5.** *(lit)* básnický obraz, metafora; **6.** odraz, odzrkadlenie

im.ag.e.ry [imidžəri] *podst* (mn **-ies**) **1.** *(lit)* obraznosť, metaforickosť; **2.** obrazy, sochy, rezby; **3.** symboly, vízie, metafory

im.ag.in.ab.le [i'mædžinəbl] *príd* **1.** predstaviteľný, pomysliteľný; **2.** možný, prichádzajúci do úvahy

im.ag.in.a.ry [iˈmædžinri] *príd* **1.** pomyselný, imaginárny, domnelý, neskutočný, fiktívny. *Syn*: fanciful, visionary, fantastic. *Opoz*: real, actual

im.ag.in.a.tion [iˈmædžiˈneišən] *podst* **1.** imaginácia, fantázia, obrazotvornosť, predstavivosť

im.ag.in.a.tive [iˈmædžinətiv] *príd* **1.** majúci bohatú obrazotvornosť, nápaditý, podnetný, originálny, predstavivý, obrazotvorný

to im.ag.ine [iˈmædžin] **1.** predstaviť si; **2.** vymýšľať si

im.bal.ance [ˌimˈbæləns] *podst* **1.** nerovnováha, nevyváženosť, nevyrovnanosť, nepomer; **2.** pasívna bilancia

to im.i.tate [imiteit] **1.** napodobniť, imitovať, kopírovať. *Syn*: to copy, to mimic, to mock, to ape

im.it.a.tion [ˌimiˈteišn] **I.** *podst* **1.** imitácia, napodobenina ; **2.** napodobňovanie; **II.** *príd* **3.** napodobnený, nepravý

im.mac.u.late [iˈmækjulət] *príd* **1.** *(šaty)* bezchybný, *(správanie)* bezúhonný, vzorný, *(krása)* dokonalý; **2.** bez chyby, *(rukopis)* bez nejmenšej chybičky; **3.** čistý, nepoškvrnený

im.ma.te.ri.al [ˌiməˈtiəriəl] *príd* **1.** *(fil)* nehmotný; **2.** nedôležitý, nepodstatný, vedľajší, irelevantný

im.ma.ture [ˌiməˈtjuə] *príd* **1.** *(i biol)* nezrelý, detinský, školácky; **2.** *(biol)* nezrelý, nedozretý, nedospelý

im.me.di.ate [iˈmi:djət] *príd* **1.** okamžitý; **2.** naliehavý, bezodkladný, bezprostredný, akútny, *(bezprostredne)* hroziaci; **3.** najbližší, priamy

im.me.di.ate.ly [iˈmi:djətli] *prísl* **1.** okamžite, hneď, ihneď, obratom pošty; **2.** priamo, bezprostredne

im.mense [iˈmens] *príd* **1.** obrovský, nesmierny, ohromný, nedozerný, priepastný, enormný. *Syn* ⇨ **enormous**

im.men.sely [iˈmensli] *prísl* **1.** nesmierne, ohromne, neobyčajne

to im.merse [iˈmə:s] **1.** ponoriť, pohrúžiť, *(ponoriť do tekutiny)* namočiť

im.mi.grant [imigrənt] *príd* **1.** imigrant, prisťahovalec. *Syn* ⇨ **alien**

im.mi.gra.tion [ˌimiˈgreišən] *podst* **1.** imigrácia, prisťahovalectvo

im.mi.nent [iminənt] *príd* **1.** akútny, bezprostredný, nastávajúci, hroziaci, blízky, blížiaci sa

im.mo.bile [iˈməubail] *príd* **1.** nemobilný, nepohyblivý; **2.** nehybný, stojaci nehybne; **3.** nemenný

im.mor.al [iˈmorl] *príd* **1.** nemorálny, nemravný

im.mor.tal [iˈmo:tl] **I.** *podst* **1.** nesmrteľný človek, nesmrteľník; **II.** *príd* **2.** nesmrteľný; **3.** večný, nehynúci; **4.** *(prn)* nezabudnuteľný

to im.mun.ize [imju:naiz] **1.** *(lek)* imunizovať

to im.pair [imˈpeə] **1.** oslabiť, zoslabiť, zhoršiť, znížiť; **2.** poškodiť, kaziť. *Syn* ⇨ **to injure**

to im.part [imˈpa:t] **1.** oznámiť; **2.** odovzdať; **3.** dať, dodať

im.par.tial [imˈpa:šəl] *príd* **1.** nezaujatý, objektívny, nestranný, nepredpojatý. *Syn* ⇨ **fair**

im.passe [æmˈpa:s] *príd* **1.** bezvýchodisková situácia, slepá ulička, mŕtvy bod

im.pas.sioned [imˈpæšənd] *príd* **1.** plamenný, vášnivý, úpenlivý. *Syn* ⇨ **passionate**

im.pas.sive [imˈpæsiv] *príd* **1.** ľahostajný, flegmatický, nevšímavý. *Syn*: apathetic, stoic, stolid, phlegmatic

im.pa.tient [imˈpeišənt] *príd* **1.** netrpezlivý, nedočkavý, neznášajúci

to im.peach [imˈpi:æ] **1.** obžalovať zo zneužitia úradnej moci, obviniť; **2.** brať do pochybnosti, spochybniť. *Syn* ⇨ **to accuse**

im.peach.ment [imˈpi:æmənt] *podst* **1.** obžaloba zo zneužitia právomoci, obvinenie; **2.** spochybnenie dôveryhodnosti, pochybnosť

im.pec.ca.ble [imˈpekəbl] *príd* **1.** dokonalý, bezchybný, bezúhonný

to im.pede [imˈpi:d] **1.** *(čomu)* brániť, *(co)* zdržiavať, *(čomu)* prekážať; **2.** sťažovať, brzdiť, byť brzdou [čoho], spomaľovať, zdržiavať. *Syn* ⇨ **to delay, to hinder**

im.ped.i.ment [imˈpedimənt] *podst* **1.** prekážka, *(práv: zákonná)* prekážka, *(rečová)* chyba; **2.** *(voj)* batožina. *Syn* ⇨ **obstacle**

im.pen.e.tra.ble [imˈpenitrəbl] *príd* **1.** nepreniknuteľný, nedobytný, nevyspytateľný, nezrozumiteľný

im.pe.ra.tive [im'perətiv] **I.** *podst* **1.** *(ling)* rozkazovací spôsob, imperatív; **2.** rozkaz, príkaz; **3.** požiadavka; **II.** *príd* **4.** nevyhnutný, nutný; **5.** autoritatívny, kategorický, veliteľský; **6.** *(ling)* rozkazovací

im.per.fect [im'pə:fikt] **I.** *podst* **1.** *(ling)* imperfektum; **II.** *príd* **2.** *(vše)* nedokonalý; **3.** chybný, defektný; **4.** *(ling)* imperfektný, neúplný

im.per.fec.tion [ˌimpə'fekšən] *podst* **1.** nedokonalosť, neúplnosť, nedokonalosť, nedostatok, defekt, chyba. *Syn* ⇨ **defect**

im.pe.ri.al [im'piəriəl] *príd* **1.** cisársky, ríšsky, imperiálny; **2.** majestátny, vznešený; **3.** britský, panovnícky

im.pe.ri.al.i.sm [im'piəriəlizm] *podst* **1.** imperializmus; **2.** cisárstvo, impérium

im.perialist [im'piəriəlist] *príd* **1.** imperialistický

im.per.son.al [im'pə:snl] *podst* **1.** neosobný, nezúčastnený, objektívny, prírodný

im.pe.tus [impitəs] *podst* (~ **to st/ to do st**) **1.** *(fyz, prn)* impulz, hybná sila; **2.** popud, podnet

im.plac.ab.le [im'plækəbl] *príd* **1.** nezmieriteľný, neúprosný. *Syn* ⇨ **inflexible**

im.plant [im'pla:nt] *podst* **1.** *(lek)* implantát

to im.ple.ment [implimənt] **1.** uskutočniť, realizovať, splniť, zaviesť

im.pli.ca.tion [ˌimpli'keišən] *podst* **1.** *(skrytý)* zmysel, narážka, náznak, dopad; **2.** zapletenie

im.pli.cit [im'plisit] *príd* **1.** implicitný, predpokladaný, *(dohoda)* tichý, *(div)* nevyslovený, nepriamy; **2.** absolútny, úplný; **3.** *(viera)* slepý; **4.** *(poslušnosť)* bezpodmienečný, bezvýhradný

to im.ply [im'plai] (mč, mp **implied**) **1.** naznačiť; **2.** znamenať, zahrnúť, obsahovať. *Syn* ⇨ **to suggest**

im.port [impo:t] *podst* **1.** *(obch)* dovoz; **2.** *(fml)* význam, zmysel, dôležitosť

im.por.tance [im'po:təns] *podst* (~ **to/ for sb/ st**) **1.** dôležitosť, závažnosť, význam, hodnota. *Syn*: consequence, moment, weight, significance

im.por.tant [im'po:tənt] *príd* **1.** dôležitý, závažný, vplyvný, významný

im.por.tant.ly [im'po:tntli] *prísl* **1.** dôležito

im.por.ta.tion [ˌimpo:'teišən] *podst* **1.** dovoz, import

im.port.er [im'po:tə] *podst* **1.** dovozca, importér

im.pos.ing [im'pəuziŋ] *príd* **1.** pôsobivý, impozantný, veľkolepý, grandiózny, reprezentatívny, úctyhodný, statný. *Syn* ⇨ **grand**

im.pos.si.ble [im'posəbl] *príd* **1.** nemožný; **2.** neznesiteľný , beznádejný, neprijateľný, neuskutočniteľný; **3.** smiešny

im.po.tence [impətns] *podst* **1.** slabosť, nemohúcnosť; **2.** *(sexuálna)* impotencia, neplodnosť, neschopnosť pohlavného styku

to im.pov.er.ish [im'povəriš] **1.** ožobračiť, zbedačiť, ochudobniť, vyčerpať, zbičovať

im.prac.ti.cal [im'præktikl] *príd* **1.** nepraktický, *(plán)* neuskutočniteľný; **2.** nerozumný

im.pres.sion [im'prešən] *podst* **1.** dojem; **2.** pocit; **3.** *(prsta, pečiatky)* odtlačok, *(nohy)* stopa, šľapaj; **4.** pretlač, nový odtlačok; **5.** *(knižný)* náklad; **6.** imitácia. *Syn* ⇨ **idea**

im.pres.sion.ist [im'prešnist] *príd* **1.** *(art)* impresionistický

im.pres.sive [im'presiv] *príd* **1.** pôsobivý, pozoruhodný, impozantný, strhujúci

im.print [im'print] *podst* **1.** odtlačok, stopa; **2.** *(polyg: vydavateľské údaje na začiatku knihy)* tiráž, impressum, *(na konci knihy)* kolofón

to im.pris.on [im'prizn] (~ **sb [in st]**) **1.** uväzniť, zatvoriť, posadiť do väzenia

im.pris.on.ment [im'priznmənt] *podst* **1.** uväznenie, odňatie slobody, *(trest)* väzenie

im.prob.ab.le [im'probəbl] *príd* **1.** nepravdepodobný, neuveriteľný; **2.** svojrázny

im.promp.tu [im'promptju:] *príd* **1.** *(prednes)* improvizovaný; **2.** *(návšteva)* neohlásený. *Syn*: extemporaneous, extempore, extemporary, improvised

im.prop.er [im'propə] *príd* **1.** nesprávny, nevhodný, špatný; **2.** neprístojný, neslušný; **3.** nečestný, podvodný . *Syn*: uneemly, unbecoming, indecorous, indelicate, indecent. *Opoz*: proper, decorous

to im.prove [im'pru:v] **I.** *prech* **1.** lepšiť, *(život-*

nú úroveň, poplatky) zvýšiť, *(náladu, morálku)* zdvihnúť, *(vedomosti)* upevniť, *(ornú pôdu)* meliorovať, zošľachtiť, *(zdravie)* utužiť, *(služby)* skvalitniť; **II.** *nepr* **2.** zlepšiť sa, *(nálada, morálka)* zdvihnúť sa, *(vedomosti)* upevniť sa, *(zdravie)* utužiť sa, *(služby)* skvalitniť sa, *(dieťa)* polepšiť sa. *Syn*: to better, to ameliorate. *Opoz*: to worsen, to impair

im.prove.ment [im'pru:vmənt] *podst* **1.** zlepšenie, zdokonalenie, zvýšenie, utvrdenie, náprava, pokrok, prírastok

to im.pro.vise [imprəvaiz] **1.** improvizovať

im.pul.sive [im'palsiv] *príd* **1.** impulzívny, spontánny; **2.** podnetný, podporný. *Syn* ⇨ **spontaneous**

im.pun.i.ty [im'pju:nəti] *podst* **1.** beztrestnosť, indemnita. *Syn* ⇨ **exemption**

in [in] **1.** *(vyj miesto, oblasť, zreteľ, prostriedok, stav)* v, **he is in his room** *je v izbe*; **to fly in the air** *lietať vo vzduchu*; **to be in the soup/ to be up a tree** *byť v kaši/ ťažkej situácii*; **in/ into the distance** *v diaľke*; **to put o's fingers in the door** *pchať prsty medzi dvere*; **in peace/ danger/ good condition/ order** *v pokoji/ nebezpečenstve/ dobrom stave/ poriadku*; **2.** *(: miesto)* na: **in store** *na sklade*; **in Slovakia** *na Slovensku*; **in the street/ sun/ world** *na ulici/ slnku/ svete*;, **he is lame in his right leg** *kríva na pravú nohu*; **3.** *(smer dovnútra)* do: **to put st in o's pocket** *dať/ položiť niečo do vrecka*; **4.** *(vyj: čas v priebehu, časový rozsah)* za, **in these days** *za našich dní*; **in our lifetime** *za nášho života*; **in/ during those years** *za tie roky*;, **in daylight** *za vidna*; **in summer/ January etc** *v lete/ januári atď*; **in an hour's time/ within an hour** *za hodinu*; **5.** *(za)* behom; **6.** *(vyj časový úsek, po kt nastáva dej)* o: **7.** *(: i časový úsek)* na, **in Spring/ Autumn etc** *na jar/ jeseň atď*; po, pre, podľa, **in my opinion** *podľa môjho názoru*; **in perspective** *podľa perspektívy*; **in the act/ red-handed** *pri čine*;, **in a car accident** *pri autonehode*; *(: stav, služobnú spojitosť)* pri, **in good health** *pri dobrom zdraví*; **in the armed forces/ in the army** *pri vojsku*; *(: stav)* v, **in order** *v poriadku*; **in case** *pre prípad*; **in the aid of** *v prospech*; **in peace** *pri pokoj*; **in the presence of** *za prítomnosti*; **in case of fire** *v prípade požiaru*; **in maths** *jednotka z matematiky*;

in.a.bil.i.ty [ˌinə'biləti] *podst* **1.** neschopnosť

in.ac.ces.si.ble [ˌinæk'sesəbl] *príd* (**~ to sb**) **1.** nedostupný, neprístupný, *(nepriechodný)* nepreniknuteľný

in.ac.cu.rate [in'ækjurət] *príd* **1.** nepresný, nesprávny, chybný, neadekvátny

in.ac.tion [in'ækšn] *podst* **1.** nečinnosť, záhaľka; **2.** oddych, odpočívanie

in.ac.tive [in'æktiv] *príd* **1.** nečinný; **2.** záhaľčivý, lenivý; **3.** *(stroj)* stojací, mimo prevádzky; **4.** *(chem)* interný; **5.** *(fin: kapitál)* ležiaci ladom, neaktívny. *Syn*: idle, inert, passive. *Opoz*: active, lively, dynamic

in.ade.qua.cy [in'ædikwəsi] *podst* (mn **-ies**) **1.** nedostatok , chyba; **2.** nedostatočnosť, neprimeranosť; **3.** neschopnosť; **4.** duševná zaostalosť, zanedbanosť

in.ad.e.quate [in'ædikwət] *podst* **1.** nedostatočný; **2.** nevhodný; **3.** neschopný, impotentný, *(spoločensky)* neprispôsobivý, neadaptabilný; **4.** *(predstavenie, výsledok)* biedny, chabý

in.ad.ver.tent [ˌinəd'və:tənt] *príd* **1.** mimovoľný, neúmyselný

in.ap.pro.pri.ate [ˌinə'prəupriət] *príd* (**~ to/ for sb/ st**) **1.** nevhodný, nemiestny, nehodiaci sa, neprimeraný, pochybený

in.au.gur.al [i'no:gjurəl] **I.** *podst* **1.** inauguračná prednáška, nástupná reč; **2.** inaugurácia; **II.** *príd* **3.** nástupný; **4.** otvárací

to in.au.gur.ate [i'no:gjureit] **1.** *(slávnostne)* uviesť do úradu, inaugurovať, inštalovať, *(kráľa, biskupa)* intronizovať, *(výstavu)* otvoriť, *(pamiatku)* odhaliť; **2.** zaviesť, začať. *Syn* ⇨ **to begin**

in.ca.pa.ble [in'keipəbl] *podst* **1.** neschopný, nesúci; **2.** *(práv)* nespôsobilý, nesvojprávny

to in.car.cer.ate [in'ka:sərit] (**~ sb [in st]**) **1.** uväzniť, dať do väzenia, *(ifm)* zatvoriť

in.car.na.tion [ˌinka:'neišn] *podst* **1.** stelesnenie, zosobnenie; **2.** Kristovo vtelenie

in.cen.di.ar.y [in'sendjəri] *podst* (mn **-ies**) **1.** zápalná bomba; **2.** podpaľač, štváč, palič, poburovateľ

in.cense [in'sens] *podst* **1.** kadidlo, vonná tyčinka

in.cen.tive [in'sentiv] *podst* (**~ to do st**) **1.** stimul, vzpruha, podnet; **2.** zvláštna odmena. *Syn* ⇨ **motive**

in.cep.tion [in'sepšən] *podst* **1.** počiatok, začiatok, otvorenie, založenie. *Syn* ⇨ **origin**

in.ces.sant [in'sesnt] *príd* **1.** neustály, nepretržitý, ustavičný. *Syn* ⇨ **continual**

in.cest [insest] *podst* **1.** incest, krvismilstvo

in.ci.dence [insidns] *podst* **1.** výskyt, rozsah; **2.** *(opt)* dopad; **3.** náraz

in.ci.dent [insidənt] *podst* **1.** udalosť, príhoda; **2.** nehoda, incident; **3.** pôsobenie. *Syn* ⇨ **occurrence**

in.ci.den.tal [ˌinsi'dentl] *podst* **1.** náhodný, prednesený mimochodom, vedľajší, sprievodný. *Syn* ⇨ **accidental**

in.ci.den.tal.ly [ˌinsi'dentəli] **1.** mimochodom, náhodou

to in.cin.er.ate [in'sinəreit] **1.** spáliť, pochovať spopolnením, spopolniť

in.cin.er.a.tion [inˌsinə'reišn] *podst* **1.** spálenie, spopolnenie; **2.** pohreb kremáciou

in.cin.er.a.tor [in'sinəreitə] *podst* **1.** spaľovňa; **2.** spaľovacia pec

in.ci.sive [in'saisiv] *príd* **1.** prenikavý, bystrý, chytrý, ostrý, britký, trefný, úsečný. *Syn*: trenchant, cutting, biting

to in.cite [in'sait] **1.** podnietiť, pobúriť; **2.** *(do činnosti)* burcovať; **1.** *(podnecovať)* buntošiť. poštvať. *Syn*: to instigate, to arouse, to foment. *Opoz*: to restrain, to inhibit

in.cite.ment [in'saitmənt] *podst* **1.** podnecovanie, poburovanie, *(ifm)* hecovanie, dráždenie; **2.** popud, podnet, impulz

in.clined [in'klaind] *príd* **1.** naklonený, nachýlený, *(oblúk, plocha)* šikmý

to in.clude [in'klu:d] **1.** zahrnúť, zaradiť, pojať, započítať, zakalkulovať, zaplánovať.. *Syn*: to comprise, to comprehend, to embrace, to involve. *Opoz*: to exclude

in.clu.sion [in'klu:žn] *podst* **1.** zahrnutie, zaradenie, započítanie

in.co.her.ent [ˌinkəu'hiərənt] *príd* **1.** nesúvislý, nesúdržný, hovoriaci nesúvislo

in.come [inkəm] *podst* **1.** príjem, zárobok, renta, dôchodok

in.come tax [inkəmtæks] *podst* **1.** daň z príjmu

in.com.ing ['inˌkamiŋ] *príd* **1.** prichádzajúci, pristávajúci, dochádzajúci, nový, novo zvolený

in.com.pat.i.ble [ˌinkəm'pætəbl] *príd* **1.** nezlučiteľný, neporovnateľný, *(ob inf)* inkompatibilný

in.com.pe.tence [inˌkompitns] *podst* **1.** neschopnosť, nekompetentnosť, nekvalifikovanosť, nepríslušnosť, neoprávnenosť

in.com.pe.tent [in'kompitənt] *príd* **1.** neschopný, nekvalifikovaný, zlý, nevyhovujúci; **2.** *(práv)* neprípustný, nespôsobilý, neoprávnený, nekompetentný

in.com.plete [ˌinkəm'pli:t] *príd* **1.** nedokončený, neukončený, nehotový; **2.** kusý, neúplný, necelý

in.com.pre.hens.i.ble [inˌkompri'hensəbl] *príd* **1.** nezrozumiteľný, nepochopiteľný

in.con.ceiv.a.ble [ˌinkən'si:vəbl] *príd* **1.** nemysliteľný, nepredstaviteľný

in.con.clus.ive [ˌinkən'klu:siv] *príd* **1.** bezvýsledný, nepresvedčivý, nepreukázateľný

in.con.gru.ous [in'koŋgruəs] *príd* **1.** nevhodný, nemiestny, absurdný; **2.** *(k sebe)* nehodiaci sa, neladiaci, rozporný, neporovnávajúci sa

in.con.sis.ten.cy [ˌinkən'sistənsi] *podst* (mn - **ies**) **1.** nedôslednosť, protikladnosť, nezrovnalosť, nevyrovnanosť

in.con.sis.tent [ˌinkən'sistənt] *príd* **1.** nedôsledný, nezhodný, rozporný, premenlivý, protikladný

to in.con.ven.i.ence [ˌinkən'vi:njəns] **1.** obťažovať, inkomodovať

in.con.ven.i.ent [ˌinkən'vi:njənt] *príd* **1.** nepohodlný, nevýhodný, nepraktický, nevhodný, rušivý

to in.cor.por.ate [in'ko:pərət] **1.** zahrnúť, zaradiť, spracovať, pridružiť, včleniť, integrovať; **2.** zlúčiť sa, spojiť sa, pripojiť sa; **3.** *(práv,fin)* legálne ustanoviť, zapísať do registra akciových spoločností

in.cor.rect [ˌinkə'rekt] *príd* **1.** chybný, nesprávny, nepresný; **2.** nekorektný, nepatričný, neslušný, nevhodný

in.crease [in'kri:s] *podst* (~ **in st**) **1.** zvýšenie, rast, zostrenie, zintenzívnenie, rozmnoženie, zrýchlenie, *(kapitálu, na váhe)* prírastok, *(produkcie, cien)* vzostup; **2.** prídavok, príplatok

to in.crease ['iŋkri:s] **I.** *nepr* **1.** zvýšiť sa, vzrásť, zosilniť, mohutnieť, zostriť sa, zintenzívniť, narásť, prirásť, prehĺbiť sa, rozšíriť sa; **II.** *prech* **2.** zvýšiť, rozmnožiť, prehĺbiť, obohatiť, rozšíriť, zosilniť, zostriť, zrýchliť. *Syn*: to enlarge, to augment, to multiply. *Opoz*: decrease, to diminish, to lessen

in.creas.ing.ly [in'kri:siŋli] *prísl* **1.** stále viac a viac, čoraz častejšie

in.cred.i.ble [in'kredəbl] *príd* **1.** neuveriteľný; **2.** fantastický

to in.crim.in.ate [in'krimineit] **1.** obviniť, inkriminovať

in.cum.bent [in'kambənt] **I.** *podst* **1.** *(určitého úradu)* držiteľ, nájomník; **II.** *príd* **2.** úradujúci; **3.** súčasný; **4.** spočívajúci, ležiaci, povinný

to in.cur [in'kə:] **[-rr-]** **1.** *(čomu)* vystavovať sa; **2.** utrpieť, urobiť, *(komu)* vzniknúť

in.cur.a.ble [in'kjuərəbl] **I.** *podst* **1.** nevyliečiteľný človek; **II.** *príd* **2.** nevyliečiteľný, nenapraviteľný; **3.** *(prn: optimista ap)* nezdolný

in.cur.sion [in'kə:šən] *podst* (~ **into st**) **1.** vpád, vtrhnutie, invázia, nájazd

in.debt.ed [in'detid] *príd* (~ **to sb [for st]**) **1.** zadlžený; **2.** *(prn)* závan, vďačný

in.de.cent [in'di:snt] *príd* **1.** neslušný, neprístojný, nemravný; **2.** nevhodný, nemiestny. *Syn* ⇨ **improper**

in.de.ci.sion [ˌindi'sižən] *podst* **1.** nerozhodnosť, váhavosť , kolísavosť, neistota

in.de.ci.sive [ˌindi'saisiv] *príd* **1.** nerozhodný, váhavý; **2.** nepresvedčivý

in.deed [in'di:d] *prísl* **1.** veru; **2.** vskutku; **3.** vlastne, ba čo viac, dokonca; **4.** naozaj, skutočne

in.def.i.nite.ly [in'definətli] *prísl* **1.** neurčito, na neurčito, na neurčitý čas

in.dem.ni.ty [in'demnəti] *podst* (mn **-ies**) **1.** odškodnenie, náhrada škody, reparácia

in.de.pend.ence [ˌindi'pendəns] *podst* (~ **from sb/ st**) **1.** nezávislosť, suverenita, zvrchovanosť, samostatnosť

in.de.pend.ent [ˌindi'pendənt] *prísl* **1.** *(i pol)* nezávislý, svojbytný, autonómny, samostatný; **2.** rôzny, od seba nezávislý

in.dex ['indeks] *podst* **1.** register, zoznam zakázaných kníh; **2.** katalóg; **3.** *(ekon, mat)* index, ukazovateľ; **4.** *(prn)* príznak, znamenie, známka

In.di.an [indjən] *podst* **1.** Ind; Indka; Indián; Indiánka

to in.di.cate [indikeit] **I.** *prech* **1.** označiť; **2.** *(o čom)* svedčiť, prezrádzať, naznačovať; **3.** *(rýchlomer ap)* ukazovať; **4.** naznačiť, dať najavo; **5.** *(lek)* indikovať; **II.** *nepr* **6.** *(aut)* zapnúť ukazovateľ smeru, *(hov)* smerovku

in.di.ca.tion [ˌindi'keišən] *podst* **1.** indikácia, náznak, predzvesť, *(o čom)* svedectvo

in.dic.a.tive [in'dikətiv] *podst* **1.** *(ling)* oznamovací spôsob, indikatív

in.di.cat.or [indikeitə] *podst* **1.** ukazovateľ, **2.** *(aut)* ukazovateľ smeru, *(hov)* smerovka, **3.** *(chem, ekon)* indikátor

in.dict.ment [in'daitmənt] *podst* **1.** *(práv)* obvinenie, žaloba, obžaloba

in.dif.fer.ence [in'difrns] *podst* **1.** ľahostajnosť, apatia, nezáujem, nevšímavosť; **2.** prostrednosť, nestrannosť, neutrálnosť

in.dif.fer.ent [in'difrənt] *príd* **1.** ľahostajný, nevšímavý; **2.** *(pej)* biedny, chabý, podpriemerný . *Syn*: unconcerned, incurious, detached, disinterested

in.di.gen.ous [in'didžinəs] *príd* (~ **to st**) **1.** domorodý, pôvodný, *(rastlina, zviera)* majúci domov [kde], indigénny, *(geol)* autochtónny. *Syn* ⇨ **native**

in.di.ges.tion [ˌindi'džesæən] *podst* **1.** [zažívacie] ťažkosti, zažívacia porucha

in.dig.nant [in'dignənt] *príd* (~ **at/ over/ about st**) **1.** rozhorčený, pobúrený, pohoršený, indingnovaný

in.dig.na.tion [ˌindig'neišən] *podst* (~ **against sb**); (~ **at/ over/ about st**) **1.** rozhorčenie, pobúrenie, nevôľa, nepríjemnosť. *Syn* ⇨ **anger**

in.dig.ni.ty [in'dignəti] *podst* (mn **-ies**) **1.** poníženie, potupa, pokorenie

in.di.go [indigəu] *príd* **1.** indigový

in.di.rect [ˌindi'rekt] *príd* **1.** nepriamy, režijný;

2. vedľajší, sekundárny
in.dis.crim.i.nate [ˌindiˈskriminət] *príd* **1.** nevyberavý, nekritický, paušálny, nerozvážny
in.dis.pens.a.ble [ˌindiˈspensəbl] *príd* **1.** nevyhnutný, potrebný, nutný, *(i mat)* fundamentálny, nepostrádateľný. *Syn* ⇨ **essential**
in.dis.pu.ta.ble [ˌindiˈspju:təbl] *príd* **1.** nepopierateľný, nesporný, skutočný
in.dis.tin.guish.a.ble [ˌindiˈstiŋgwišəbl] *príd* **1.** nerozoznateľný
in.di.vid.u.al [ˌindiˈvidjuəl] **I.** *príd* **1** . jednotlivý, individuálny; **2.** osobný, vlastný; **3.** osobitný, svojrázny, svojský; . **II.** *podst* **4.** *(ifm)* indivíduum, jednotlivec, osoba. *Syn* ⇨ **characteristic**
in.di.vid.u.al.i.sm [ˌindiˈvidjuəlizm] *podst* **1.** individualizmus
in.doors [ˌinˈdo:z] *prísl* **1.** vo vnútri, doma, v dome
to in.duce [inˈdju:s] **1.** navádzať, presvedčiť; **2.** privodiť, navodiť, *(lek)* vyvolať. *Syn* ⇨ **to persuade**
in.duce.ment [inˈdju:smənt] *podst* (**~ to do st**) **1.** presvedčovanie, prehováranie; **2.** motív, stimul; **3.** úplatok. *Syn* ⇨ **motive**
to in.dulge [inˈdaldž] **I.** *prech* **1.** hýčkať, rozmaznávať, kaziť, *(čomu)* hovieť; **2.** *(fml)* dovoliť [komu] pokračovať; **II.** *nepr* **3.** rád si prihnúť. *Syn*: to humor, to pamper, to spoil, to baby. *Opoz*: to discipline, to restrain
in.dul.gence [inˈdaldžəns] *podst* **1.** pôžitkárstvo, bezuzdnosť; **2.** zhovievavosť; **3.** pôžitok, slabosť, neresť; **4.** *(náb)* odpustky
in.dul.gent [inˈdalžənt] *príd* **1.** zhovievavý, mierny, povoľný, benevolentný; **2.** *(milý)* láskavý, chápavý
in.du.stri.al [inˈdastriəl] *príd* **1.** priemyselný, továrenský, pracovný, závodný, industriálny
in.dus.tri.al ac.tion [inˌdastriəlˈækšn] *podst* **1.** štrajková akcia
in.du.stri.al.ist [inˈdastriəlist] *príd* **1.** priemyselník, podnikateľ
to in.du.stri.al.ize [inˈdastriəlaiz] (i **-ise**) **I.** *prech* **1.** industrializovať, zindustrializovať, spriemyselniť; **II.** *nepr* **2.** industrializovať sa, zindustrializovať sa
in.dus.try [indəstri] *podst* (mn **-ies**) **1.** priemysel, priemyselné odvetvie; **2.** usilovnosť, pracovitosť, príčinlivosť. *Syn* ⇨ **business**
in.ef.fec.tive [ˌiniˈfektiv] *príd* **1.** *(droga, metóda)* neúčinný, *(štrajk, pokus)* neúspešný, bezvýsledný; **2.** *(človek)* neschopný, nespôsobilý
in.ef.fi.cient [ˌiniˈfišənt] *príd* **1.** neefektívny, nehospodárny, nevýkonný, málo výkonný, nešikovný, pomalý
in.ept [iˈnept] *príd* (**~ at st/ doing st**) **1.** *(poznámka, vtip)* nehorázny, hlúpy, *(správanie)* neobratný, neohrabaný; **2.** *(človek)* nešikovný, nemotorný, nechápavý. *Syn* ⇨ **awkward**
in.e.qual.i.ty [ˌini:ˈkwoləti] *podst* (mn **-ies**) **1.** nerovnosť, nerovnakosť, nerovnoprávnosť; **2.** rozdiel
in.ert [iˈnə:t] *podst* **1.** nehybný, nečinný, inertný, *(prn)* nevšímavý. *Syn* ⇨ **inactive**
in.er.tia [iˈnə:šjə] *podst* **1.** nevšímavosť, *(fyz)* zotrvačnosť
in.es.ca.pa.ble [ˌiniˈskeipəbl] *príd* **1.** nevyhnutný, neodvratný, osudový; **2.** nepopierateľný, jednoznačný
in.ev.it.a.bil.i.ty [inˌevitəˈbiləti] *podst* (mn **-ies**) **1.** nevyhnutnosť, nutnosť
in.ev.it.a.ble [inˈevitəbl] *príd* **1.** nevyhnutný, nutný, neodvratný
in.ex.or.a.ble [inˈeksərəbl] *príd* **1.** neúprosný, nezadržateľný
in.ex.pen.sive [ˌinikˈspensiv] *príd* **1.** lacný, cenovo výhodný. *Syn* ⇨ **cheap**
in.ex.pe.ri.enced [ˌinikˈspiəriənst] *príd* **1.** neskúsený
in.ex.pli.ca.ble [ˌinikˈsplikəbl] *príd* **1.** nevysvetliteľný, záhadný
in.fa.mous [infəməs] *príd* **1.** nechvalne známy, *(smutne)* chýrny, hanebný, nízky, škandálny, pustý, vykričaný. *Syn* ⇨ **vicious**
in.fanc.y [infənsi] *podst* (mn **-ies**) **1.** rané detstvo; **2.** *(br práv)* maloletosť, *(do 18 rokov)* neplnoletosť
to in.fect [inˈfekt] (**~ sb/ st [with st]**) **1.** *(i prn)* nakaziť, infikovať, znečistiť, zamoriť, kontaminovať
in.fec.tion [inˈfekšən] *podst* **1.** *(v rane)* infek-

cia, *(vody)* kontaminácia, znečistenie, zamorenie; **2.** *(i prn, inf)* nákaza

in.fec.tious [in'fekšəs] *príd* **1.** infekčný, prenosný, *(prn)* nákazlivý, *(o chorobách)* chytľavý

in.fer.ence [infərəns] *podst* **1.** uzáver, vývod, *(logický)* dôsledok

in.fe.ri.or [in'fiəriə] **I.** *podst* **1.** osoba nižšieho stavu, podriadený; **II.** *príd* **2.** nižšie postavený; **3.** menejcenný, podradný, podružný; **4.** zlý, horšej kvality, menej akostný

in.fer.no [in'fə:nəu] *podst* **1.** *(náb)* inferno, infernum; **2.** peklo

in.fer.tile [in'fə:tail] *príd* **1.** *(pár)* neplodný, *(i zviera)* jalový, *(i pôda)* neúrodný

in.fi.del.i.ty [ˌinfi'deləti] *podst* **1.** nevernosť, nevera, cudzoložstvo

to in.fil.trate [infiltreit] **1.** infiltrovať, *(do čoho)* preniknúť, vnikať; **2.** presiaknuť, vsakovať

in.fin.ite [infinit] *príd* **1.** nekonečný, ohromný, neohraničený, nesmierny, neskonalý

in.fin.i.ty [in'finəti] *podst* **1.** nekonečnosť; **2.** *(mat, fyz)* nekonečno; **3.** nekonečné množstvo, neobmedzené množstvo

in.fir.ma.ry [in'fə:məri] *podst* (mn **-ies**) **1.** chorľavosť, neduživosť, slabosť; **2.** *(podniková)* nemocnica, *(voj)* lazaret

to in.flame [in'fleim] **I.** *prech* **1.** rozpáliť, rozvášniť, roznietiť, vyvolať; **II.** *nepr* **2.** zapáliť sa, rozohniť sa; **3.** rozvášniť sa, vzrušiť sa; **4.** *(rana)* zanietiť sa, zjatriť sa

in.flam.ma.tion [ˌinflə'meišən] *podst* **1.** *(i lek)* zápal, zanietenie

in.flam.ma.to.ry [in'flæmətəri] *príd* **1.** paličský, poburujúci; **2.** *(lek)* zápalový

in.flat.a.ble [in'fleitəbl] *príd* **1.** nafukovací

to in.flate [in'fleit] **I.** *prech* **1.** *(pumpou)* nahustiť, napumpovať, *(ústami)* nafúknuť, fúkať; **2.** *(ceny)* vyhnať nahor; **3.** zaplaviť obeživom; **II.** *nepr* **5.** *(pneumatiky)* nahustiť sa, *(plúca)* naplniť sa vzduchom. *Syn* ⇨ **to expand**

in.fla.tion [in'fleišən] *podst* **1.** *(ekon)* inflácia; **2.** hustenie, nahustenie, pumpovanie, napumpovanie, nafúknutie, nafukovanie, nadutosť

in.fla.tion.a.ry [in'fleišnəri] *príd* **1.** *(ekon)* inflačný

in.flex.i.ble [in'fleksəbl] *príd* **1.** *(i lit)* nepružný, neohybný, nepoddajný; **2.** *(prn: človek)* neoblomný, neústupný, *(vôľa)* nezlomný. *Syn*: adamant, implacable, obdurate, ⇨ aj **stiff**. *Opoz*: flexible, yielding, compliant

to in.flict [in'flikt] **1.** zasadiť, uvaliť, uložiť, spôsobiť

in.flow [infləu] *podst* **1.** vtok, prítok, prívod, *(prn)* príliv

in.flu.ence [influəns] *podst* **1.** vplyv, pôsobenie. *Syn*: authority, prestige, weight, ⇨ aj **effect**

to in.flu.ence [influəns] **1.** ovplyvniť, *(na čo)* vplývať, mať vplyv, pôsobiť

in.flu.en.tial [ˌinflu'enšəl] *príd* (**~ in st/ doing st**) **1.** vplyvný, rozhodujúci

in.flux [inflaks] *podst* (**~ into...**) **1.** nával, príval, náhly príliv, záplava

to in.form [in'fo:m] **1.** informovať, oznámiť, udať. *Syn* ⇨ **to notify**

in.for.mal [in'fo:ml] *príd* **1.** neformálny, nenútený; **2.** neoficiálny, priateľský; **3.** hovorový

in.for.mant [in'fo:mənt] *podst* **1.** *(sociol, ling: pri výskume)* informátor, spravodajca

in.for.ma.tion [ˌinfo:'meišən] *podst* (i ifm **info ~ on/ about sb/ st**) **1.** informovanie; **2.** informácia; **3.** znalosť, znalosti; **4.** oznam, správa, údaj. *Syn*: konwledge, learning, erudition, wisdom. *Opoz*: ignorance

in.for.ma.tive [in'fo:mətiv] *príd* **1.** informatívny, *(kniha ap)* poučný, **2** zhovorčivý

in.formed [in'fo:md] *príd* **1.** informovaný

in.form.er [in'fo:mə] *podst* **1.** *(vše)* informátor; **2.** udavač, konfident, donášač, *(sl)* špiceľ, fízel, detektív

in.frared [ˌinfrə'red] *príd* **1.** infračervený

in.fra.struc.ture ['infrəˌstrakææ] *podst* **1.** infraštruktúra

in.fre.quent [in'fri:kwənt] *príd* **1.** zriedkavý, vzácny, nie častý. *Syn* ⇨ **rare**

to in.fringe [in'frindž] **1.** *(zákon)* prestúpiť, presahovať, *(dohodu, právo)* porušiť, nedodržať; **2.** previniť sa [proti čomu]; **3.** zasahovať neprávom

in.fringe.ment [in'frindžmənt] *podst* **1.** *(zákona)* porušenie, *(práva)* obmedzovanie

to in.fu.ri.ate [in'fjuərieit] **1.** rozzúriť, rozbesniť, rozčúliť, dopáliť

in.fu.sion [in'fju:žən] *podst* **1.** *(prn)* dodanie, *(prn)* vlievanie, príliv; **2.** *(kuch)* odvar, nálev; **3.** *(lek)* infúzia

in.gen.i.ous [in'dži:njəs] *príd* **1.** vynachádzavý, šikovný, dômyselný, dôvtipný. *Syn* ⇨ **clever**

in.grained [ˌin'greind] *príd* **1.** *(zvyk, predsudok)* hlboko zakorenený, *(viera)* pevný, neotrasiteľný; **2.** *(špina)* zažraný; **3.** nenapraviteľný

in.gre.di.ent [in'gri:djənt] *podst* (~ **for/ of st**) **1.** *(kuch)* zložka, prísada, prímes, *(i lek)* ingrediencia. *Syn* ⇨ **element**

to in.hab.it [in'hæbit] **1.** obývať, *(kde)* bývať, *(kde)* žiť, *(kde)* nachádzať sa

in.hab.i.tant [in'hæbitənt] *podst* **1.** obyvateľ, občan

to in.hale [in'heil] **I.** *prech* **1.** *(lek)* inhalovať, vdýchnuť, *(expr)* logať; **II.** *nepr* **2.** vdychovať dym z cigarety, *(ifm)* šlukovať, nadýchnuť sa

in.her.ent [in'hiərənt] *príd* (~ **in sb/ st**) **1.** inherentný, *(čomu)* vlastný, *(k čomu)* patriaci, *(s čím)* spojený

to in.her.it [in'herit] (~ **st [from sb]**) **1.** dediť, zdediť

in.her.it.ance [in'heritəns] *podst* **1.** dedičstvo, pozostalosť, odkaz. *Syn* ⇨ **heritage**

to in.hi.bit [in'hibit] **1.** *(slobodu)* obmedzovať, *(emócie)* potlačiť, *(túžby)* držať na uzde, *(výrobu)* brzdiť, utlmiť; **2.** zabrániť, zadržať, zamedziť, zmariť. *Syn* ⇨ **to restrain**

in.hi.bi.ted [in'hibitid] *príd* **1.** nesmelý, plachý

in.hi.bi.tion [ˌinhi'bišən] *podst* **1.** *(psych)* inhibícia, zábrana, *(kniž)* ostych

in.hum.an [in'hju:mən] *príd* **1.** neľudský, krutý, ukrutný, chladný, ľahostajný. *Syn* ⇨ **cruel**

in.i.tial [i'nišəl] **I.** *podst* **1.** iniciála, monogram; **2.** parafa; **3.** začiatočné písmeno; **II.** *príd* **4.** začiatočný, počiatočný, východzí; **5.** úvodný

to in.i.tial [i'nišəl] [**-ll-**, am ob **-l-**] **1.** parafovať, signovať iniciálami, vidovať

in.i.tial.ly [i'nišəli] *prísl* **1.** spočiatku, na počiatku, sprvu

to in.i.ti.ate [i'nišieit] **1.** otvoriť, vyvolať, vyprovokovať, iniciovať; **2.** slávnostne prijať. *Syn* ⇨ **to begin**

in.i.ti.a.tion [iˌniši'eišn] *podst* **1.** otvorenie, vyvolanie, vyprovokovanie; **2.** uvedenie, zacvičenie; **3.** slávnostné prijatie, iniciácia; **4.** zasvätenie

in.i.ti.a.tive [i'nišiətiv] *podst* **1.** iniciatíva, pričinenie

to in.ject [in'džekt] **1.** vstreknúť, dať [komu] injekciu, pichnúť [komu] injekciu; **2.** *(prn)* investovať

in.jec.tion [in'džekšən] *podst* **1.** *(lek)* injekcia; **2.** *(prn)* investícia, vstreknutie

to in.jure [indžə] **1.** *(lit)* zraniť, poraniť, ublížiť; **2.** *(prn: zdravie, ekonomiku)* poškodiť; **3.** uraziť. *Syn*: to harm, to damage, to hurt, to impair, to spoil

in.jured [indžəd] *príd* **1.** *(lit)* zranený, poranený; **2.** *(city, duša)* zranený; **2.** *(o ľuďoch)* poškodený

in.ju.ry [indžəri] *podst* (mn **-ies**) **1.** zranenie, poranenie, úraz; **2.** krivda, ublíženie. *Syn* ⇨ **injustice**

in.jus.tice [in'džastis] *podst* **1.** nespravodlivosť, krivda, bezprávie. *Syn*: injury, wrong, grievance. *Opoz*: justice

ink [iŋk] *podst* **1.** atrament, pečiatková farba; **2.** *(farba)* sépia

in.land [in'lend] **I.** *príd* **1.** vnútrozemský, tuzemský, domáci, vnútorný; **II.** *prísl* **2.** vo vnútrozemí, do vnútrozemia

in.let [inlet] *podst* **1.** malá zátoka, *(mora)* chobot, morská úžina; **2.** *(tech)* prívod

in.mate [inmeit] *podst* **1.** *(domova)* obyvateľ, *(ústavu)* chovanec, väzeň

inn [in] *podst* **1.** *(br: zájazdový)* hostinec, malý hotel [na vidieku], krčma, vináreň, viecha

in.nate [ˌi'neit] *príd* **1.** vrodený, vlastný, prirodzený. *Syn*: inborn, inborn, inbred, congenital, hereditary

in.ner [inə] *príd* **1.** *(i prn)* vnútorný, tajný; **2.** najhlbší, skrytý

in.no.cent [inəsnt] **I.** *podst* **1.** nevinný/ naivný človek, neviniatko, *(prn)* hlupáčik, naivka; **II.** *príd* **2.** nevinný; **3.** neskazený; **4.** naivný; **5.** neškodný

in.noc.u.ous [i'nokjuəs] *príd* **1.** neškodný, nevinný, *(prn)* krotký

in.no.va.tion [ˌinəuˈveišən] *podst* (**~ in st**) **1.** novátorstvo, zavádzanie inovácií; **2.** novinka, novota, inovácia, inovovanie

in.no.vat.or [inəuveitə] *podst* **1.** novátor, priekopník

in.nu.en.do [ˌinju:ˈendəu] *podst* (mn **-os/ -oes**) **1.** narážka, *(neurčité vyjadrenie)* náznak, ohováranie, *(ifm)* špička

in.nu.mer.a.ble [iˈnju:mərəbl] *príd* **1.** nespočetný

in.or.di.nate [iˈno:dinət] *príd* **1.** nadmerný, prílišný, prehnaný, bezuzdný. *Syn* ⇨ **excessive**

in.put [input] *podst* **1.** investícia; **2.** *(inf)* vstup, vstupné dáta, vstupné údaje

in.quest [inkwest] *podst* (**~ on/ into st**) **1.** súdne vyšetrovanie [príčin smrti], *(prn)* podrobný rozbor, podrobná analýza [príčin neúspechu ap.]; **2.** *(hist)* inkvizícia. *Syn* ⇨ **investigation**

in.quir.y [inˈkwaiəri] *podst* (mn **-ies**) **1.** vyšetrovanie, šetrenie; **2.** otázka, dopyt

in.qui.si.tive [inˈkwizitiv] *príd* **1.** zvedavý, všetečný, skúmavý. *Syn* ⇨ **curious**

in.san.i.ty [inˈsænəti] *podst* (mn **-ies**) **1.** duševná choroba, choromyseľnosť, nepríčetnosť; **2.** *(i prn)* šialenstvo, nezmyselnosť. *Syn*: lunacy, dementia, psychosis . *Opoz*: sanity

in.sa.tia.ble [inˈseišjəbl] *príd* **1.** nenásytný, neukojiteľný, neprekonateľný, *(hov pej: o človeku)* nenažraný

in.scrip.tion [inˈskripšən] *podst* **1.** nápis; **2.** venovanie, dedikácia, nadpis, titul, záhlavie

in.sect [insekt] *podst* **1.** *(i prn)* hmyz

in.sec.ti.cide [inˈsektisaid] *podst* **1.** prostriedok proti hmyzu, insekticíd

in.se.cure [ˌinsiˈkjuə] *príd* **1.** nepevný, vratký, nedôveryhodný; **2.** neistý, nemajúci dosť sebadôvery

in.sen.si.tive [inˈsensətiv] *príd* (**~ to st**) **1.** netaktný, nemajúci cit, necitlivý, nevnímavý, ľahostajný

in.sep.ar.a.ble [inˈseprəbl] *príd* **1.** neoddeliteľný, nerozlučne spojený, nerozlučný; **2.** nedeliteľný; **3.** *(ling: predpona)* neodlučiteľný

in.sert [inˈsə:t] *podst* **1.** príloha, vsuvka, klin, inzerát, vložka

to in.sert [inˈsə:t] (**~ st [in/ into/ between st]**) **1.** *(kľúč ap)* zastrčiť, vsunúť, *(mincu)* vhodiť, *(skrutku, závit)* zavŕtať, *(krajč)* vsadiť, dať do novín ap, *(inf: text)* vložiť, založiť. *Syn* ⇨ **to introduce**

in.shore [ˌinˈšo:] **I.** *príd* **1.** pobrežný, smerujúci k pobrežiu; **II.** *prísl* **2.** pri pobreží, v blízkosti pobrežia, smerom k pobrežiu

in.side [inˈsaid] **I.** *podst* **1.** *(*the inside*)* vnútrajšok, vnútro, vnútorná strana; **2.** *(cesty)* krajnica; **3.** *(ifm:* insides*)* žalúdok, črevo, vnútornosti; **4.** *(prn)* jadro, podstata, lono; **5.** zasvätenec; **II.** *predl* **6.** v, **inside the room** *v izbe*; pred; **III.** *príd* **7.** *(i lek, mat, geom, ling, eko, inf, tech, ele)* vnútorný, *(i lek)* interný; **8.** *(blízky, tajný)* dôverný, spoľahlivý; **IV.** *prísl* **9.** vnútri; **10.** *(i šport, i vo vlasti)* doma

in.sid.er [inˈsaidə] *podst* **1.** zasvätenec, kto má prístup k dôverným informáciám

in.sid.i.ous [inˈsidiəs] *príd* **1.** zákerný, úkladný, zradný

in.sig.ni.fi.cant [ˌinsigˈnifikənt] *príd* **1.** nepatrný, zanedbateľný, bezvýznamný, nezávažný, nedôležitý, vedľajší

in.sis.tent [inˈsistənt] *príd* **1.** neústupný, neodbytný, dobiedzavý, naliehavý

in.sol.ven.cy [inˈsolvnsi] *podst* (mn **-ies**) **1.** *(obch)* insolvencia, insolventnosť, platobná neschopnosť

in.sol.vent [inˈsolvnt] *príd* **1.** *(obch)* insolventný, neschopný platiť; **2.** dlžník

in.som.ni.a [inˈsomniə] *podst* **1.** nespavosť, insomnia, porucha spánku

to in.spect [inˈspekt] **1.** prezrieť, pozrieť sa skúmavo [na čo]; **2.** kontrolovať, prehliadať, ohliadať, robiť inšpekciu; **3.** *(voj)* urobiť prehliadku [čoho]. *Syn* ⇨ **to scrutinize**

in.spec.tion [inˈspekšn] *podst* **1.** prehliadnutie, *(do čoho)* nahliadnutie; **2.** kontrola, *(tech)* skúška; **3.** *(voj, lek, colná)* prehliadka, *(i školská)* inšpekcia, *(v triede)* hospitácia, revízia, obhliadka

in.spec.tor [inˈspektə] *podst* **1.** *(škol)* inšpektor; **2.** dopravný revízor, kontrolór, dozorca

in.spec.tor.ate [inˈspektrit] *podst* **1.** inšpekčný úrad, inšpektorát

in.spi.ra.tion [ˌinspəˈreišən] *podst* **1.** inšpirácia, vnuknutie, vdýchnutie

in.spi.ra.tion.al [ˌinspəˈreišənl] *príd* **1.** inšpiračný

to in.spire [inˈspaiə] **1.** inšpirovať; **2.** budiť, *(v kom čo)* vzbudzovať; **3.** vdýchnuť

in.spir.ing [inˈspaiəriŋ] *príd* **1.** *(myšlienka)* podnetný, *(rečník)* sugestívny, *(prednes)* fascinujúci

in.sta.bil.i.ty [ˌinstəˈbiləti] *podst* **1.** nestabilnosť, vratkosť, labilnosť, nestálosť, neustálenosť, vrtkavosť

to in.stall [inˈsto:l] (am i **instal**) **1.** inštalovať, nainštalovať, montovať, zamontovať, zaviesť

in.stal.la.tion [ˌinstəˈleišən] *podst* **1.** inštalácia, montáž, zavedenie; **2.** slávnostné uvedenie do úradu; **3.** *(inf)* inštalačný program; **4.** *(voj)* vojenský objekt, zariadenie

ins.tal.ment [inˈsto:lmənt] *podst* (am ob **installment**) **1.** splátka; **2.** zošit, pokračovanie, časť

in.stance [instəns] *podst* (**~ of st**) **1.** príklad, prípad, žiadosť, výzva. *Syn*: case, example, illustration

in.stant [instənt] **I.** *podst* **1.** okamih, moment, chvíľa; **II.** *príd* **2.** okamžitý; **3.** *(kuch)* rozpustný, instantný; **4.** naliehavý, súrny, bežný

in.stan.tan.e.ous [ˌinstənˈteinjəs] *príd* **1.** okamžitý, bleskový

in.stead [inˈsted] *prísl* **1.** na miesto [koho], **to do st instead of sb** *urobiť niečo za niekoho*;

to in.sti.gate [instigeit] **1.** iniciovať, podnietiť, *(k čomu)* pobúriť; **2.** rozoštvať; **1.** rozhuckať. *Syn* ⇨ **to incite**

to in.stil [inˈstil] **1.** *(vedomosti)* vštepiť, vštepovať, *(guráž)* dodať, dodávať

in.stinct [instiŋkt] *podst* (**~ for st/ doing st**); (**~ to do st**) **1.** inštinkt, pud

in.stinc.tive [inˈstiŋktiv] *príd* (i **instinctual**) **1.** inštinktívny, pudový. *Syn* ⇨ **spontaneous**

in.sti.tute [institju:t] *podst* **1.** inštitút, ústav, **2.** poriadok, predpis

to in.sti.tute [institju:t] **1.** vytvoriť, založiť, otvoriť; **2.** *(náb)* vymenovať, ustanoviť

in.sti.tu.tion [ˌinstiˈtju:šən] *podst* **1.** *(pravidiel, reforiem)* vytvorenie; **2.** *(náb)* ustanovenie do cirkevného úradu; **3.** zariadenie, ústav, *(euf)* psychiatrická liečebňa, *(ifm)* blázinec; **5.** inštitúcia

in.sti.tu.tion.al [ˌinstiˈtju:šənl] *príd* **1.** inštitucionálny, ústavný, inštitučný

to in.sti.tu.tion.al.ize [ˌinstiˈtju:šnəlaiz] **1.** inštitucionalizovať; **2.** dať [koho] do ústavu, do starobinca ap

to in.struct [inˈstrakt] **1.** vyučovať, inštruovať, informovať, školiť. *Syn* ⇨ **to teach, to command**

in.struc.tion [inˈstrakšən] *podst* **1.** učenie, vyučovanie; **2.** *(i inf)* inštrukcia, príkaz, pokyn, dispozícia, poučenie; **3.** nariadenie, predpis

in.struc.tive [inˈstraktiv] *príd* **1.** inštruktívny, poučný, zaujímavý

in.struc.tor [inˈstraktə] *podst* **1.** učiteľ, *(ob špo, voj)* inštruktor, cvičiteľ, *(am univ)* asistent, lektor

in.stru.ment [instrumənt] *podst* **1.** *(hud, lek, tech)* nástroj, *(hov)* inštrument; **2.** prístroj. *Syn* ⇨ **implement**

in.stru.men.tal [ˌinstruˈmentl] *príd* **1.** *(hud, ling)* inštrumentálny, inštrumentálový, *(hud)* nástrojový; **2.** nápomocný

in.stru.men.ta.tion [ˌinstrumenˈteišn] *podst* **1.** inštrumentácia, orchestrácia; **2.** *(tech)* vybavenie nástrojmi, prístrojové vybavenie

in.suf.fi.cient [ˌinsəˈfišənt] *príd* (**~ for st/ to do st**) **1.** nedostačujúcí, nedostatočný, nevyhovujúci

in.su.lar [insjulə] *príd* **1.** ostrovný, inzulárny; **2.** *(pej)* úzkoprsý, obmedzený

to in.su.late [insjuleit] **1.** izolovať; **2.** chrániť, šetriť

in.su.la.tion [ˌinsjuˈleišn] *podst* **1.** izolácia, izolačný materiál, izolačná hmota; **2.** odlúčenie, osamotenie

in.sult [insalt] *podst* (**~ to sb/ st**) **1.** urážka, *(fra)* hana. *Syn* ⇨ **offend**

to in.sult [insalt] **1.** uraziť, urážať, tupiť, potupiť

in.sult.ing [inˈsaltiŋ] *príd* **1.** urážlivý, hanlivý, potupný

in.sur.ance [inˈšuərəns] *podst* **1.** poistenie,

poistka, poistné

to in.sure [in'šuə] **1.** poistiť, *(am)* zabezpečiť, *(am)* zaručiť

in.sur.er [in'šuərə] *podst* **1.** poisťovateľ

in.sur.rec.tion [ˌinsə'rekšən] *podst* **1.** povstanie. *Syn* ⇨ **rebellion**

in.tact [in'tækt] *príd* **1.** nepoškodený, neporušený, nedotknutý, bez úhony. *Syn* ⇨ **complete**

in.take [inteik] *podst* **1.** prívod, prívodná/ sacia rúrka, prítokový kanál, nasávací ventil, odobraté množstvo, odber; **2.** *(študentov, pracovníkov)* prijímanie, *(vojakov, pracovníkov)* nábor, počet prijatých

in.tan.gible [in'tændžəbl] *príd* **1.** nehmatateľný, nehmotný, neurčitý, nedefinovateľný

in.te.gral [intigrəl] *príd* **1.** nedeliteľný, integrálny; **2.** ucelený, celistvý

to in.te.grate [intigrit] **I.** *prech* **1.** integrovať, zjednotiť, spojiť; **II.** *nepr* **2.** začleniť sa, zaradiť sa

in.te.grit.y [in'tegrəti] *podst* **1.** integrita, bezúhonnosť, *(povahy)* rýdzosť; **2.** celistvosť, neporušenosť. *Syn* ⇨ **honesty**

in.tel.lect [intəlekt] *podst* **1.** intelekt, inteligencia; **2.** mozog, rozum, um, rozumová schopnosť

in.tel.lec.tu.al [ˌintə'lekæuəl] **I.** *podst* **1.** inteligent, intelektuál, vzdelanec; **II.** *príd* **2.** intelektuálny, rozumový; **3.** duchovný, duševný, myšlienkový, racionálny, súdny. *Syn* ⇨ **intelligent**

in.tel.li.gence [in'telidžəns] *podst* **1.** inteligencia, chápavosť, rozum; **2.** správa, správy, súdnosť, informácia, spravodajstvo

in.tel.li.gent [in'telidžənt] *príd* **1.** inteligentný, chytrý, oduševnený, vzdelaný, rozumný, uvážený. *Syn*: clever, alert, bright, smart, brilliant, intellectual. *Opoz*: stupid, dull

in.tel.li.gent.si.a [inˌteli'džentsiə] *podst* **1.** *(spoločenská vrstva)* inteligencia

to in.tend [in'tend] **1.** chcieť, hodlať, mať v úmysle, *(na)* pomýšľať. *Syn*: to mean, to design, to propose, to purpose

in.tend.ed [in'tendid] *príd* **1.** úmyselný; **2.** plánovaný, zamýšľaný; **3.** budúci

in.tense [in'tens] *príd* **1.** *(pocit)* intenzívny, prudký, silný, *(teplota)* vysoký, *(svetlo)* ostrý; **2.** *(človek)* prehnane vážny, *(výraz)* napätý

to in.ten.si.fy [in'tensifai] (mč, mp **-fied**) **I.** *prech* **1.** zintenzívniť, zvýšiť, *(konflikt)* priostriť, *(tlak, napätie)* stupňovať, *(úsilie)* zdvojnásobiť; **II.** *nepr* **2.** zintenzívniť sa, zintenzívnieť, zvýšiť sa, *(tlak, napätie)* stupňovať sa, *(protiklady)* zostriť sa. *Syn*: to aggravate, to heighten, to enhance. *Opoz*: to diminish, to mitigate

in.ten.sive [in'tensiv] *príd* **1.** intenzívny, usilovný; **2.** *(ling)* zosilňovací

in.tent [in'tent] **I.** *podst* **1.** *(práv)* úmysel, zámer; **2.** význam, zmysel; **II.** *príd* **3.** sústredený, *(pohľad)* prenikavý, skúmavý; **4.** odhodlaný, pozorný, oddaný. *Syn* ⇨ **intention**

in.ten.tion [in'tenšən] *podst* (~ **to do st/ of doing st/ that...**) **1.** úmysel, zámer, plán, cieľ, *(kniž)* intencia; **2.** predsavzatie. *Syn*: intent, purpose, aim, goal, end, object, objective

in.ten.tion.al [in'tenšənl] *príd* **1.** úmyselný, zámerný, schválny. *Syn* ⇨ **voluntary**

to in.ter [in'tə:] [**-rr-**] **1.** pochovať

to in.ter.act [intərækt] **1.** vzájomne sa ovplyvniť, vzájomne na seba pôsobiť

in.ter.ac.tive [ˌintər'æktiv] *príd* **1.** interakčný, interaktívny, *(i inf)* dialógový, konverzačný

to in.ter.cept [ˌintə'sept] **1.** zachytiť, zadržať, odraziť; **2.** odrezať [komu] cestu; **3.** odpočúvať

in.ter.change [ˌintə'æeindž] *podst* **1.** výmena; **2.** mimoúrovňová križovatka

to in.ter.change [ˌintə'æeindž] **1.** vzájomne vymeniť, *(medzi sebou)* vymeniť si, prehodiť

in.ter.chan.ge.a.ble [ˌintə'æeindžəbl] *príd* **1.** vzájomne vymeniteľný, zameniteľný

in.ter.course [intəko:s] *podst* (~ **with sb**); (~ **between sb and sb**) **1.** vzťah, *(spoločenský)* styk, *(pohlavné)* spojenie; **2.** pohlavný styk, súlož, obcovanie

in.ter.est [intrist] *podst* **1.** *(i pozornosť)* záujem; **2.** zaujímavosť; **3.** koníček; **4.** *(obch)* kapitálová účasť, podiel; **5.** *(fin)* úrok; **6.** úžitok, výhoda, prospech

in.ter.est.ing [intristiŋ] *príd* **1.** zaujímavý,

podnetný, pútavý, *(hov)* interesantný

in.ter.face [intəfeis] *podst* **1.** styčná plocha, styčné body, styk; **2.** prepojenie, prepojovací článok; **4.** *(inf)* rozhranie

to in.ter.face [intəfeis] **1.** *(inf)* prepojiť

in.ter.fer.ence [ˌintəˈfiərəns] *podst* **1.** *(do čoho)* zasahovanie, zásah; **2.** prekážanie, narušenie; **3.** *(roz)* rušenie; **4.** *(ling)* interferencia

in.ter.im [intərim] **I.** *podst* **1.** medziobdobie, medzivládie, interval; **II.** *príd* **2.** dočasný, provizórny, predbežný

in.te.ri.or [inˈtiəriə] *príd* **1.** vnútrajšok, vnútro; **2.** interiér

in.te.ri.or de.sign.er [inˌtiəriəˈdizainə] *podst* **1.** bytový architekt

to in.ter.lock [ˌintəˈlok] (**~ st [with st]**) **I.** *prech* **1.** prepliesť, prepletať; **II.** *nepr* **2.** prepliesť sa, *(tech)* zapadať do seba, byť v zábere

in.ter.lude [intəlu:d] *podst* **1.** obdobie, medziobdobie, interval; **2.** *(div, kin)* prestávka, *(div)* medzihra, intermezzo, *(hud)* hudobná vložka; **3.** *(prn: v živote)* malá epizóda

in.ter.me.di.a.ry [ˌintəˈmi:djəri] (**~ between sb and sb**) **I.** *podst* **1.** prostredník, sprostredkovateľ; **II.** *príd* **2.** sprostredkovateľský, sprostredkujúci; **3.** prostredný, stredný; **4.** prechodný

in.ter.me.di.ate [ˌintəˈmi:djət] *príd* (**~ between A and B**) **1.** *(odb)* intermediálny, prostredný; **2.** prechodný, dočasný; **3.** mierne pokročilý

in.ter.min.a.ble [inˈtə:minəbl] *príd* **1.** nekonečný, nemajúci konca, zdĺhavý

in.ter.mit.tent [ˌintəˈmitənt] *príd* **1.** občasný, *(svetlo, zvuk ap)* prerušovaný, prerývaný, nesúvislý. *Syn*: recurrent, periodic, alternate. *Opoz*: continued, continuous

in.tern [intə:n] *podst* **1.** *(am lek)* začínajúci lekár [na povinnej praxi v nemocnici], sekundárny lekár, ordinár; **2.** internovaná osoba

to in.tern [intə:n] (**~ sb [in st]**) **1.** internovať, väzniť

in.ter.nal [inˈtə:nl] *príd* **1.** *(vše, pol)* vnútorný; **2.** vnútroštátny, tuzemský, domáci; **3.** interný, vnútropodnikový

in.ter.na.tion.al [ˌintəˈnæšənl] **I.** *podst* **1.** *(špo)* internacionál; **2.** medzinárodný zápas; **II.** *príd* **3.** medzinárodný, medzištátny, svetový, internacionálny

in.ter.per.son.al [ˌintəˈpə:snl] *príd* **1.** *(styky)* medziľudský

to in.ter.pret [inˈtə:prit] **I.** *prech* **1.** interpretovať, vysvetľovať, chápať, pojať, vyhodnotiť, predniesť; **II.** *nepr* **2.** tlmočiť, robiť tlmočníka. *Syn* ⇨ **to explain**

in.ter.pre.ta.tion [inˌtə:priˈteišən] *podst* **1.** interpretácia, vysvetlenie, chápanie, poňatie, prednes; **2.** tlmočenie, pretlmočenie

in.ter.pret.er [inˈtə:pritə] *podst* **1.** vykladač, vykladačka, *(div, hud)* interpret, interpretka; **2.** tlmočník, tlmočníčka

to in.ter.ro.gate [inˈterəugeit] **1.** vypočúvať, *(koho)* spytovať sa. *Syn* ⇨ **to ask**

in.ter.ro.ga.tion [inˌterəuˈgeišən] *podst* **1.** výsluch, vypočúvanie, *(inf)* opytovanie

to in.ter.rupt [ˌintəˈrapt] **I.** *prech* **1.** *(vše)* prerušiť, prerušovať; **2.** *(čomu)* prekážať; **II.** *nepr* **3.** skákať do reči, vyrušovať

in.ter.sec.tion [ˌintəˈsekšən] *podst* **1.** križovatka, dopravný uzol

in.ter.state [ˌintəˈsteit] *príd* **1.** *(am)* existujúci medzi štátmi federácie

to in.ter.twine [ˌintəˈtwain] (**~ st [with st]**) **I.** *prech* **1.** prepliesť, *(prepletením niečo spojiť)* zapliesť; **II.** *nepr* **2.** prepletať sa

in.ter.val [intəvəl] *podst* **1.** *(i mat, hud)* interval; **2.** *(časová)* medzera, odstup, medziobdobie; **2.** *(br div, film)* pauza, prestávka

to in.ter.vene [ˌintəˈvi:n] **1.** zasiahnuť, intervenovať; **2.** ubehnúť, uplynúť; **3.** stať sa, nastať, prihodiť sa. *Syn* ⇨ **to interpose**

in.ter.ven.tion [ˌintəˈvenšən] *podst* (**~ in st**) **1.** intervencia, zásah, zákrok, zakročenie, sprostredkovanie

in.ter.ven.tion.ist [ˌintəˈvenšnist] *podst* **1.** intervent, zástanca intervenčnej politiky

in.ter.view [intəvju:] *podst* (**~ with sb**) **1.** pohovor; **2.** *(žur, tv)* interview, rozhovor

to in.ter.view [intəvju:] **I.** *prech* **1.** robiť prijímacie pohovory; **2.** *(koho)* interviewovať, robiť interview; **II.** *nepr* **3.** robiť pohovory

in.ter.view.ee [ˌintəvju:ˈi:] *podst* **1.** *(na zamestnanie)* kandidát; **2.** *(žur, tv)* interviewovaná osoba, osoba poskytujúca interview

in.ter.view.er [intəvju:ə] *podst* **1.** redaktor, novinár kladúci otázky; **2.** *(pre zamestnanie)* osoba robiaca pohovor

to in.ter.weave [ˌintəˈwi:v] (mč **-wove** mp **woven**); (~ **st [with st]**) **1.** pretkať, prepliesť, *(prepletením niečo spojiť)* zapliesť

in.tes.ti.nal [inˈtestinl] *príd* **1.** črevný; **2.** vnútorný, skrytý

in.tes.tine [inˈtestin] *podst* **1.** črevo

in.ti.ma.cy [intiməsi] *podst* (mn **-ies**) **1.** dôvernosť, intimita; **2.** *(euf)* intímny styk, priateľstvo, znalosť, intímnosť

in.ti.mate [intimət] **I.** *podst* **1.** *(blízky)* priateľ; **2.** znalec; **II.** *príd* **3.** dôverný, blízky, intímny, vrelý; **4.** súkromný; **5.** *(znalosti)* detailný, dôkladný, dokonalý, hlboký. *Syn* ⇨ **familiar**

to in.ti.mate [intimət] (~ **st [to sb]**) **1.** naznačiť, dať na vedomie. *Syn* ⇨ **to suggest**

to in.ti.mi.date [inˈtimideit] (~ **sb [into st/ doing st]**) **1.** zastrašiť, zastrašovať, vyľakať, donútiť, prinútiť

into [intu] *predl* **1.** *(vyj: smerovanie dovnútra, i prn)* do, **put it into the fridge** *daj to do chladničky*; **door into the yard** *dvere do dvora*; **to work far into the night** *pracovať neskoro do noci*; dovnútra, *(into the middle)* doprostred, *(: výskyt v spoločenstve, distribúciu)* medzi, *(: smerovanie na opačnú stranu)* proti, **to drive into the sun** *jazdiť proti slnku*; **2.** *(: výsledok, účinok deja)* do, **to come into force** *vstúpiť do platnosti*; **to translate into English** *preložiť do angličtiny*;, **to put into production** *dať do výroby*; na: **to break into groups** *rozpadnúť sa na skupiny*;, *(: zmenu)* na: **love turned into hate** *láska prechádzala do nenávisti*; v: **snow turns into rain** *sneženie prechádza v dážď*;

in.tol.er.ance [inˈtolərns] *podst* **1.** *(vše)* neznášanlivosť, intolerancia; **2.** *(lek)* citlivosť, alergia

in.trac.ta.ble [inˈtræktəbl] *príd* **1.** neústupný, nepoddajný, neriešiteľný, bezvýchodiskový. *Syn* ⇨ **unruly**

in.tra.ve.nous [ˌintrəˈvi:nəs] *príd* **1.** *(lek)* vnútrožilový, intravenózny

in.trep.id [inˈtrepid] *príd* **1.** srdnatý, smelý, odvážny, nebojazlivý, neohrozený

in.tri.cate [intrikət] *príd* **1.** zložitý, komplikovaný, zamotaný. *Syn* ⇨ **complex**

in.trigue [inˈtri:g] *podst* **1.** pletky, nástrahy, intrigy, machinácia; **2.** sprisahanie

to in.trigue [inˈtri:g] **I.** *prech* **1.** intrigovať, pletkáriť, *(fml)* kuť nástrahy, strojiť úklady; **II.** *prech* **2.** zaujímať, fascinovať. *Syn* ⇨ **to plot**

in.trigu.ing [inˈtri:giŋ] *príd* **1.** zvláštny, neobvyklý, fascinujúci, pútavý, interesantný, úchvatný, netušený

in.trin.sic [inˈtrinsik] *príd* (~ **to st**) **1.** *(čomu)* vlastný, *(i inf)* skutočný, vnútorný, prirodzený, vrodený

to in.tro.duce [ˌintrəˈdju:s] **1.** *(koho komu)* predstaviť; **2.** ohlásiť; **3.** podať, predložiť; **4.** *(do módy, novú metódu)* uviesť, *(do predaja)* zaviesť; **5.** *(fml)* vsunúť, vložiť. *Syn*: to insert, to insinuate, to interpolate, to interpose, to interject. *Opoz*: to withdraw, to remove

in.tro.duc.tion [ˌintrəˈdakšən] *podst* **1.** *(koho)* predstavenie; **2.** ohlásenie; **3.** podanie, predloženie; **4.** *(do predaja)* zavedenie; **5.** *(fml)* zasunutie, vloženie; **6.** *(v knihe)* úvod, predhovor, *(hud)* introdukcia. *Syn*: preface, foreword, preamble, prologue. *Opoz*: conclusion, epilogue

in.tro.duc.to.ry [ˌintrəˈdaktəri] *príd* **1.** úvodný, prípravný, predbežný

to in.trude [inˈtru:d] **1.** vyrušovať, rušiť, obťažovať; **2.** miešať sa, zamiešať sa. *Syn*: to obtrude, to interlope, to butt in, to into, ⇨ aj **to trespass**

in.trud.er [inˈtru:də] *podst* **1.** votrelec, dotieravec

in.tru.sion [inˈtru:žən] *podst* (~ **on/ upon/ into st**) **1.** obťažovanie, rušenie; **2.** vnucovanie; **3.** *(geol)* intrúzia

in.tru.sive [inˈtru:siv] *príd* **1.** dobiedzavý, dotieravý, neodbytný, rušivý; **2.** *(geol)* intruzívny

in.tu.i.tion [ˌintju:ˈišn] *podst* **1.** intuícia, intuitívne poznanie, podvedomé tušenie

in.tu.i.tive [inˈtju:itiv] *príd* **1.** intuitívny

to in.un.date [inandeit] **1.** zaplaviť

in.vad.er [inˈveidə] *podst* **1.** útočník, votrelec, uchvatiteľ, okupant

in.val.id [invəli:d] **I.** *podst* **1.** invalid, telesne postihnutý človek; **2.** neplatný doklad; **II.** *príd* **3.** invalidný, chorý, postihnutý; **4.** *(práv)* neplatný, neúčinný; **5.** slabý, vratký, nezávažný

in.val.u.a.ble [in'væljuəbl] *príd* (~ **to/ for sb/ st**) **1.** neoceniteľný, nedoceniteľný, vzácny, neohodnotiteľný . *Syn* ⇨ **costly**

in.va.ri.a.bly [in'veəriəbli] *prísl* **1.** stále, vždy, konštantne

in.va.sion [in'veižən] *podst* **1.** *(voj)* invázia, vpád, rušenie, narušenie

to in.vent [in'vent] **1.** vynájsť, vymyslieť

in.ven.tion [in'venšən] *podst* **1.** vynález; **2.** vynachádzavosť, invencia; **3.** výmysel

in.ven.tive [in'ventiv] *príd* **1.** vynaliezavý, tvorivý; **2.** dômyselný, dôvtipný

in.ven.tor [in'ventə] *podst* **1.** vynálezca; **2.** výmyselník

in.ven.tor.y [invəntri] *podst* (mn **-ies**) **1.** inventár, zoznam, súpis, katalóg. *Syn* ⇨ **list**

to in.vert [in'və:t] **1.** obrátiť, prevrátiť, zmeniť, invertovať. *Syn* ⇨ **to reverse**

to in.vest [in'vest] **I.** *prech* **1.** investovať, *(peniaze)* vložiť; **2.** vynaložiť; **3.** udeliť, dať; **4.** (voj dtd) obľahnúť, obkľúčiť; **II.** *nepr* **5.** *(fin)* investovať

to in.ves.ti.gate [in'vestigeit] **1.** vyšetriť, skúmať, preskúmať, študovať, preštudovať

in.ves.ti.ga.tive [in'vestigeitiv] *príd* **1.** *(novinár)* investigatívny, bádavý; **2.** *(myseľ)* hĺbavý

in.ves.ti.gat.or [in'vestigeitə] *podst* **1.** vyšetrovateľ, detektív, bádateľ, výskumník

in.vest.ment [in'vestmənt] *podst* **1.** investícia, vklad; **2.** vynaloženie; **3.** investitúra; **4.** *(voj dtd)* obkľúčenie

in.ves.tor [in'vestə] *podst* **1.** investor, *(eko)* akcionár, stávkar

in.vin.ci.ble [in'vinsəbl] *príd* **1.** nepremožiteľný, neprekonateľný, neporaziteľný, nezdolateľný

in.vis.i.ble [in'vizəbl] *príd* **1.** neviditeľný, neprístupný, nedostupný, *(prn: o obchode)* čierny

in.vi.ta.tion [ˌinvi'teišən] *podst* **1.** pozvanie; **2.** pozvánka

in.vite [in'vait] *podst* **1.** pozvanie

to in.vite [in'vait] **1.** pozvať; **2.** vyzvať; **3.** *(o)* žiadať, *(k čomu)* pobádať. *Syn* ⇨ **to call**

in.vit.ing [in'vaitiŋ] *príd* **1.** zvodný, lákavý, vábny, príťažlivý, pôvabný

in.voice [invois] *podst* (~ **for st**) **1.** faktúra, účet; **2.** zásielka

to in.voice [invois] (~ **sb [for st]**); (~ **st [to sb]**) **1.** fakturovať, účtovať

to in.voke [in'vəuk] **1.** *(na)* odvolať sa, *(čoho)* dovolávať sa; **2.** vzývať, zaklínať, zariekavať

in.vol.un.tar.y [in'voləntəri] *príd* **1.** nedobrovoľný, nútený, neúmyselný, mimovoľný. *Syn* ⇨ **spontaneous**

to in.volve [in'volv] **1.** vyžadovať, predpokladať, byť spojený [s čím]; **2.** týkať sa. *Syn* ⇨ **to include**

in.volved [in'volvd] *príd* **1.** komplikovaný, zložitý, zamotaný, rozvláčny, stočený, zvinutý, postihnutý. *Syn* ⇨ **complex**

in.volve.ment [in'volvmənt] *podst* **1.** účasť, zaangažovanosť; **2.** zložitosť, komplikovanosť, rozvláčnosť; **3.** pomer

in.ward [inwəd] *príd* **1.** vnútorný, najskrytejší, najvnútornejší, smerujúci dovnútra

in.wards [inwəd] *prísl* **1.** dovnútra, dnu, do svojho vnútra

i.o.dine [aiədi:n] *podst* **1.** jód

i.on [aiən] *podst* **1.** ión

i.ris [aiəris] *podst* (mn **irises**) **1.** *(anat)* dúhovka; **2.** *(bot: Iris)* kosatec, iris, *(obraz)* dúha

I.rish [aiəriš] **I.** *podst* **1.** Íri; **2.** írčina, írsky jazyk; **II.** *príd* **3.** írsky

I.rish.man [aiərišmən] *podst* (mn **-men** ž **Irishwoman** mn **-women**) **1.** Ír

I.rish.wom.an ['aiərišˌwumən] *podst* **1.** Írka

i.ron [aiən] *podst* **1.** železo; **2.** žehlička; **3.** železná palica

to i.ron [aiən] **I.** *prech* **1.** žehliť, nažehliť; **II.** *nepr* **2.** žehliť

i.ron.ic [ai'ronik] *príd* (i **ironical**) **1.** ironický, kúsavý, zžieravý, paradoxný

i.rony [aiərəni] *podst* (mn **-ies**) **1.** irónia, výsmech, paradox. *Syn* ⇨ **wit**

to ir.ra.di.ate [i'reidieit] **1.** *(i prn)* vyžarovať; **2.** *(fml, lek, fyz)* ožiariť, osvetliť; **3.** ožarovať, konzervovať ožiarením

ir.ra.tion.al [i'ræšənl] **I.** *podst* **1.** iracionálne číslo; **II.** *príd* **2.** neracionálny, iracionálny; **3.** nelogický, neschopný logicky myslieť; **4.** pochabý, nerozumný; **5.** absurdný, nezmyselný. *Syn*: unreasonable. *Opoz*: rational, reasonable

ir.reg.u.lar [i'regjulə] *príd* (**~ in st**) **1.** *(i ling)* nepravidelný, nerovnomerný, nerovný; **2.** protizákonný, neregulárny; **3.** nevhodný, výstredný. *Syn*: abnormal, anomalous, unnatural. *Opoz*: regular, normal, natural

ir.reg.u.lar.i.ty [ˌiregju'lærəti] *podst* **1.** *(i ling)* nepravidelnosť, nerovnòmernosť, výstrednosť; **2.** neregulárnosť, protizákonnosť; **3.** *(fin)* machinácia; **4.** nevhodnosť; **5.** odchýlka

ir.rel.e.vant [i'reləvənt] *príd* (**~ to st**) **1.** nezávažný, nepodstatný, irelevantný, bezvýznamný, vedľajší

ir.rep.a.ra.ble [i'repərəbl] *príd* **1.** nenapraviteľný, neodčiniteľný

ir.re.spon.si.ble [ˌiri'sponsəbl] *príd* **1.** nezodpovedný, nespoľahlivý

ir.rev.er.ent [i'revərənt] *príd* **1.** neúctivý

ir.re.vers.i.ble [ˌiri'və:səbl] *príd* **1.** nezvratný, neodvratný, *(rozhodnutie)* neodvolateľný, nezrušiteľný, nevyhnutný; **2.** *(chem)* ireverzibilný; **3.** *(lek)* nevyliečiteľný

ir.rev.o.ca.ble [i'revəkəbl] *príd* **1.** neodvolateľný, nezameniteľný, nezrušiteľný

to ir.ri.gate [irigeit] **1.** zavlažiť, zavlažovať; **2.** *(lek)* prepláchnuť, vypláchnuť

ir.ri.ta.ble [iritəbl] *príd* **1.** nedotklivý, popudlivý, vznetlivý; **2.** podráždený, zlostný. *Syn*: irascible, choleric, splenetic, touchy, cranky, cross

ir.ri.tant [iritənt] **I.** *podst* **1.** dráždidlo, *(lek)* dráždivý liek; **II.** *príd* **2.** dráždivý; **3.** *(práv)* anulujúci

to ir.ri.tate [iriteit] **1.** *(i lek)* dráždiť, popudzovať, iritovať, zlostiť, ísť na nervy. *Syn*: to provoke, to exasperate, to peeve

ir.ri.tat.ing [iriteitiŋ] *príd* **1.** nepríjemný, popudzujúci, otravný, idúci na nervy; **2.** *(lek)* dráždivý

Is.lam [izla:m] *podst* **1.** islam; **2.** moslim; **3.** moslimské krajiny

Is.lamic [iz'læmik] *príd* **1.** islamský, moslimský

is.land [ailənd] *podst* **1.** ostrov, *(nástupný)* ostrovček

is.land.er [ailəndə] *podst* **1.** ostrovan

isle [ail] *podst* (sk **I; Is**) **1.** *(kniž)* ostrov

to i.so.late [aisəleit] **1.** *(i lek)* izolovať, *(i inf)* oddeliť, separovať, vymedziť, stanoviť

i.so.lat.ed [aisəleitid] *príd* **1.** izolovaný; **2.** osamotený, oddelený, odlúčený

i.so.la.tion [ˌaisə'leišən] *podst* (**~ from sb/st**) **1.** izolácia, separácia, vymedzenie, stanovenie, izolovanosť, osamotenosť, odlúčenosť, ústranie. *Syn* ⇨ **solitude**

i.so.tope [aisəutəup] *podst* **1.** izotop

is.sue [išju:] *podst* **1.** otázka, problém, záležitosť; **2.** *(časopisu)* číslo; **3.** emisia; **4.** vydanie; **5.** výdaj; **6.** unikanie, únik, *(lek)* výtok; **7.** výsledok; **8.** *(práv)* potomstvo, potomok. *Syn* ⇨ **effect**, rise

to is.sue [išju:] **I.** *prech* **1.** *(noviny, knihu, známku)* vydať, *(i knihu)* publikovať, *(bankovky, mince)* dať do obehu, *(pas, doklad)* vystaviť, uverejniť; **II.** *nepr* **2.** vytekať, *(i krv)* rinúť sa, *(plyn)* unikať, *(dym)* vychádzať, *(zápach)* šíriť sa, *(ľudia)* hrnúť sa

it [it] *zám* **1.** ono; **2.** to, toto; **3.** on, ona; **4.** ten, tá

itch [iæ] *podst* (mn **-es**) **1.** svrbenie; **2.** *(prn: túžba)* chuť, chúťka, *(hov)* zálusk

to itch [iæ] **1.** svrbieť

i.tem [aitəm] *podst* **1.** predmet, vec, kus, položka; **2.** bod, číslo; **3.** správa. *Syn*: detail, particular

i.tin.er.ar.y [ai'tinərəri] *podst* (mn **-ies**) **1.** plán cesty, trasa, itinerár, *(cesty)* program

its [its] *zám* **1.** jeho, jej; **2.** svoj

it.self [it'self] *zvrat zámeno* **1.** sa; **2.** sám, samotný

i.vor.y [aivəri] *podst* (mn **-ies**) **1.** slonovina, slonová kosť, farba slonovej kosti

i.vy [aivi] *podst* **1.**(*bot)* brečtan

J

jab [džæb] *podst* **1.** náhla rana, šťuchnutie, rypnutie, pichnutie, bodnutie, *(box)* krátky priamy úder; **2.** *(lek ifm)* injekcia, očkovanie

to jab [džæb] [**-bb-**] (**~ at sb/ st**) šťuchnúť, rypnúť, bodnúť, pichnúť

jack [džæk] *podst* **1.** *(tech)* zdvíhadlo, zdvihák, hever, *(i aut)* autohever; **2.** *(kart)* chlapec, spodok; **3.** malá guľa slúžiaca ako cieľ; **4.** *(nám)* štátna vlajka [na lodi]

jack.et [džækit] *podst* **1.** sako, krátky kabát, kostýmový kabátik, *(dtd)* žaket; **2.** knižný prebal; **3.** *(paradajky ap)* šupka; **4.** *(tech)* plášť

jack.pot [džækpot] *podst* **1.** *(kart)* bank, hlavná výhra; **2.** poklad, zlatá baňa

jade [džeid] *podst* **1.** *(min)* nefrit, *(o koni)* mrcha; **2.** fúria

jad.ed [džeidid] *príd* **1.** unavený, malátny, otupený; **2.** prepracovaný; **3.** nevšímavý; **4.** blazeovaný; **5.** presýtený

jag.ged [džægid] *príd* **1.** rozorvaný, rozoklaný, členitý, nerovný, zubatý, rozstrakaný. *Syn* ⇨ **rough**

jail [džeil] *podst* (brit i **gaol**) **1.** väzenie, väznica, *(ifm)* kriminál, žalár, trestnica

to jail [džeil] (brit i **gaol**); (**~ sb [for sb]**) **1.** uväzniť, vsadiť do väzenia, *(hov zast)* áreštovať

jam [džæm] *podst* **1.** džem, zaváranina, marmeláda, lekvár; **2.** tlačenica; **3.** upchanie

to jam [džæm] [**-mm-**] **I.** *prech* **1.** vopchať, napchať; **2.** *(roz)* rušiť; **II.** *nepr* **3.** zaseknúť sa; **4.** *(hud)* hrať džez, improvizovať, *(ifm)* džezovať

jangle [džæŋgl] *podst* **1.** cenganie, rinčanie, hrkotanie , lomoz, hluk

to jangle [džæŋgl] **I.** *prech* **1.** *(mincami, kľúčmi)* cengať, *(reťazami)* rinčať, hrkotať; **II.** *nepr* **2.** *(mince, kľúče)* cengať, *(zvony)* zvoniť

January [džænjuəri] *podst* (mn **-ies**) **1.** január

jar [dža:] *podst* **1.** pohár, banka, hlinená nádobka, džbánik, zaváračka; **2.** *(br ifm)* pivo, pivko; **3.** zaškrípanie; **4.** šklbnutie

to jar [dža:] [**-rr-**] **I.** *prech* **1.** škrípať, vŕzgať; **2.** ostro kontrastovať, *(farby, oblečenie)* biť sa, nehodiť sa k sebe; **II.** *prech* **3.** *(i prn: čím)* otriasť, *(do čoho)* udrieť sa, *(koho)* šokovať

jar.gon [dža:gən] *podst* **1.** žargón, odborný slang. *Syn* ⇨ **dialect**

jas.mine [džæsmin] *podst* **1.** *(bot: Jasminum)* jasmín

jaun.ty [džo:nti] *príd* **1.** veselý, radostný, bujarý, bodrý, bezstarostný, ľahkomyseľný; **2.** čulý, svižný

jave.lin [džævlin] *podst* **1.** *(špo)* oštep, kopija

jaw [džo:] *podst* **1.** *(anat)* čeľusť; **2.** *(ifm)* trkotanie; **3.** *(ifm prn)* kázeň

jay [džei] *podst* (mn **-ays**) **1.** *(zool)* sojka obyčajná, **2.** *(prn)* táradlo

jazz [džæz] *podst* (mn **-es**) **1.** *(hud)* džez, jazz; **2.** tanec; **3.** *(am sl pej)* chvastanie

to jazz [džæz] **1.** *(dtd)* hrať džez, *(pri džezovej hudbe)* tancovať

jaz.zy [džæzi] *príd* **1.** *(hudba)* džezový, jazzový; **2.** *(oblečenie)* nápadný, výstredný; **3.** *(farba)* krikľavý

jeal.ous [dželəs] *príd* **1.** *(bojaci sa o stratu niekoho/ niečoho)* žiarlivý; **2.** závistlivý, nežičlivý, neprajný

jeep [dži:p] *podst* **1.** *(aut)* džíp

jeer [džiə] *podst* **1.** posmešok, úsmešok, posmešná poznámka, úškľabok, posmech

to jeo.par.dize [džepədaiz] (i **-ise**) **1.** ohroziť, riskovať

jeo.par.dy [džepədi] *podst* (mn **-ies**) **1.** nebezpečie, ohrozenie. *Syn* ⇨ **danger**

jerk [džə:k] *podst* **1.** trhnutie, šklbnutie; **2.** cuknutie; **3.** *(ob am sl)* hlupák, vôl

to jerk [džə:k] **I.** *prech* **1.** trhnúť, myknúť, *(čím)* šklbnúť, *(i šport)* hodiť; **II.** *nepr* **2.** trhnúť sebou

jerk.y [džə:ki] *príd* **1.** trhavý, šklbavý, nárazový, hegavý; **2.** *(reč)* koktavý, nesúvislý; **3.** sprostý, hlúpy

jer.sey [džə:zi] *podst* (mn **-eys**) **1.** *(časť odevu)* pulóver, sveter, svetrík, trikot; **2.** *(látka)* džersej; **3.** *(špo)* dres, tričko

jest [džest] *podst* **1.** žart, vtip. *Syn* ⇨ **joke**

Jes.u.it [džezjuit] **I.** *podst* **1.** jezuita; **II.** *príd* **2.** jezuitský

Je.sus [dži:zəs] *podst* **1.** Ježiš

jet [džet] *podst* **1.** prúd; **2.** tryska, hubica; **3.** *(min)* čierny jantár, gagát

to jet [džet] [**-tt-**] **1.** *(tryskovým lietadlom)* dopraviť, lietať nadzvukovymi lietadlami

to jet.ti.son [džetisn] **1.** *(nám: cez palubu, do*

mora) hodiť, *(let)* vyhodiť, zhodiť; **2.** *(prn: od čoho)* upustiť, zahodiť

jet.ty [džeti] *podst* (mn **-ies**) **1.** *(nám)* mólo, hať

Jew [džu:] *podst* **1.** Žid, Židovka

jew.el [džu:əl] *podst* **1.** drahokam, klenot, šperk; **2.** kameň; **3.** *(prn)* perla, skvost

jew.el.ler.y [džu:əlri] *podst* (mn **-ies**) **1.** šperky, klenotnícky tovar

Jew.ish [džu:iš] *príd* **1.** židovský

jig [džig] *podst* **1.** *(írsky tanec)* džig; **2.** giga; **3.** *(tech)* vodiaca šablóna

to jig [džig] **1.** tancovať džig; **2.** krepčiť

jig.saw [džigso:] *podst* **1.** *(tech)* vykružovacia pílka, dyhová pílka

ji.had [džiˈha:d] *podst* **1.** *(svätá vojna)* džihád; **2.** križiacke ťaženie

jin.gle [džiŋgl] **1.** cenganie, zvonenie, rinčanie, rýmovačka

jit.ter.y [džitəri] *príd* **1.** nervózny, strémovaný; **2.** vyľakaný

job [džob] *podst* **1.** zamestnanie, povolanie; **2.** povinnosť, funkcia; **3.** *(ifm)* lúpež; **4.** *(o krásnom dievčati)* kosť; **5.** *(inf)* práca, *(i povinnosť)* úloha, zadanie. *Syn* ⇨ **position, task**

job.less [džoblis] *príd* **1.** nezamestnaný

jock.ey [džoki] *podst* (mn **-eys**) **1.** džokej

to jock.ey [džoki] **1.** intrigáčiť, manévrovať; **2.** oklamať, okabátiť

jog [džog] *podst* **1.** voľný klus, *(špo: rekreačný)* beh; **2.** šťuchnutie, štulec

to jog [džog] **[-gg-] I.** *nepr* **1.** *(špo)* rekreačne behať; **2.** *(voľne)* klusať; **II.** *prech* **3.** *(do koho)* strčiť, *(do koho)* štuchnúť

join [džoin] *podst* **1.** spoj, *(tech)* zvar, *(krajč)* šev, švík

to join [džoin] **1.** spojiť, zjednotiť; **2.** pripojiť; **3.** *(do čoho)* vstúpiť . *Syn*: to combine, to connect, to link, to associate, to consolidate. *Opoz*: to separate, to part

joint [džoint] **I.** *podst* **1.** *(anat, tech)* kĺb; **2.** *(tech)* spoj, zvar, záves, zhyb; **3.** *(br kuch)* pečienka, roštenka; **4.** *(sl)* podnik, diera; **5.** *(sl)* marihuanová cigareta; **II.** *príd* **6.** spoločný; **7.** spojený

to joint [džoint] **1.** *(br kuch)* rozporcovať, rozkrájať; **2.** spojiť, zvariť

joke [džəuk] *podst* **1.** vtip, žart, anekdota; **2.** žart, veselý kúsok, švanda. *Syn*: jest, quip, sally, witticism, wisecrack

jok.er [džəukə] *podst* **1.** vtipkár, beťár šibal; **2.** *(ifm der)* indivíduum, chlapík; **3.** *(kart)* žolík

jol.ly [džoli] **I.** *príd* **1.** veselý, radostný, zábavný; **2.** príjemný, milý; **3.** rozjarený, podnapitý; **4.** pekný; **II.** *prísl* **5.** veľmi, náramne, ohromne; **6.** poriadne

jolt [džəult] *podst* **1.** trhnutie, hegnutie, drgnutie, šklbnutie, myknutie

to jolt [džəult] **I.** *nepr* **1.** natriasať sa; **II.** *prech* **2.** otriasť, natriasať, zatriasť, trhať; **3.** *(prn)* vyburcovať

to jos.tle [džosl] **1.** strkať sa, tlačiť sa, štuchať

jot [džot] *podst* **1.** *(prn: malé množstvo)* štipka, kúsok, trocha, chlp, *(ani trocha)* zblo

jour.nal [džə:nl] *podst* **1.** časopis, periodikum, noviny; **2.** *(osobný)* denník, zápisník, diár; **3.** *(nám)* lodný denník; **4.** *(práv)* protokol; **5.** *(tech: ložiska)* čap

jour.nal.i.sm [džə:nəlizəm] *podst* **1.** žurnalistika, publicistika, novinárstvo

jour.nal.ist [džə:nəlist] *podst* **1.** novinár, žurnalista, publicista

jour.nal.is.tic [ˌdžə:nəˈlistik] *príd* **1.** novinársky, žurnalistický, publicistický

jour.ney [džə:ni] *podst* (mn **-eys**) **1.** cesta, jazda, zájazd; **2.** vzdialenosť

joy [džoi] *podst* (mn **-oys**) **1.** radosť, šťastie, potešenie; **2.** *(bot traveller's joy: Clematis vitalba)* plamienok [plotný]. *Syn* ⇨ **pleasure**

joy.ful [džoiful] *príd* **1.** radostný, šťastný, veselý. *Syn* ⇨ **happy**

joy.ous [džoiəs] *príd* **1.** radostný, veselý. *Syn* ⇨ **happy**

ju.bilant [džu:bilənt] *príd* **1.** radostný, jasavý, *(človek)* rozradostený, radosťou bez seba, radujúci sa, plesajúci, *(tvár)* žiariaci radosťou, blažený; **2.** triumfujúci, víťazoslávny

ju.bil.ee [džu:bili:] *podst* **1.** jubileum, okrúhle výročie; **2.** *(jubilejná)* oslava, slávnosť

Ju.da.i.sm [džu:deiizm] *podst* **1.** judaizmus

judge [džadž] *podst* **1.** *(práv)* sudca, člen poroty, porotca; **2.** *(špo: o cenách, pri súťaži)* rozhodca, referee, umpire; **3.** znalec, odborník, kto sa vyzná [v čom]. *Syn*: arbiter,

to judge [džadž] **I.** *prech* **1.** *(práv: obžalovaného)* súdiť, *(vyniesť rozsudok)* rozsúdiť; 2 posúdiť, hodnotiť, pokladať, odhadnúť, kvalifikovať; **II.** *nepr* **3.** *(v súdnom procese)* byť sudcom, súdiť. *Syn*: ⇨ **infer**

judge.ment [džadžmənt] *podst* (i ob in legal use **judgment**) **1.** *(práv)* rozsudok, *(súdny)* nález, rozhodnutie; **2.** mienka, úsudok, názor, odhad; **3.** súdnosť

ju.di.cial [džu:ˈdišəl] *príd* **1.** *(práv)* justičný, súdny; **2.** nestranný, nezaujatý, kritický

ju.di.ci.a.ry [džu:ˈdišiəri] *podst* (mn **-ies**) **1.** justícia, súdnictvo; **2.** zbor sudcov

ju.di.cious [džu:ˈdišəs] *príd* **1.** rozumný, rozvážny, bystrý. *Syn* ⇨ **wise**

ju.do [džu:dəu] *podst* **1.** džudo, judo

jug [džag] *podst* (am **pitcher**) **1.** džbán, krčah, *(plná/ celá)* kanvica; **2.** *(br sl)* basa, žalár, lapák, árešt, kriminál

juice [džu:s] *podst* **1.** *(bot, biol, i ovocná, hroznová, z mäsa)* šťava, džús; **2.** *(i ifm)* elektrina, *(neutr)* elektrický prúd; **3.** *(neutr)* benzín, pohonná látka

jui.cy [džu:si] *príd* {**-ier, -iest**} **1.** šťavnatý; **2.** *(ifm)* výnosný, lukratívny; **3.** *(ifm)* pikantný

Ju.ly [džu:ˈlai] *podst* (mn **-ies**) **1.** júl

jum.ble [džambl] *podst* **1.** zmätok, neporiadok, spleť, blázinec; **2.** rôznorodá zmes, odložené veci; **3.** partiový tovar

to jum.ble [džambl] (~ **st [up]**) **1.** *(prn)* popliesť, pomotať, *(star, hov)* zašmodrchať

jum.bo [džambəu] **I.** *podst* **1.** *(ifm)* slon; **II.** *príd* **2.** *(ifm)* obrovský, obrovitý, mamutí, obrí

jump [džamp] *podst* **1.** skok, zoskok padákom; **2.** prekážka; **3.** náhly vzrast [čoho], náhly vzostup [čoho]

to jump [džamp] **I.** *nepr* **1.** skočiť, poskakovať, *(z lietadla)* zoskočiť; **2.** *(písací stroj)* vynechávať písmenká; **3.** *(ceny, teplota)* vyletieť nahor, vyskočiť; **4.** šklbnúť sa, trhnúť sa; **II.** *prech* **5.** *(kanál, plot)* preskočiť

jump.ed-up [džamptap] *príd* **1.** *(šéf ap)* namyslený, veľmi dôležitý, nafúkaný

jump.er [džampə] *podst* **1.** *(br)* sveter, pulóver, tričko; **2.**(am) šatová sukňa; **3.** *(človek, zviera)* skokan

junc.tion [džaŋkšən] *podst* **1.** križovatka, *(riek)* sútok; **2.** *(ele)* napojenie, zapojenie, spojenie

June [džu:n] *podst* (sk **Jun**) **1.** jún

jung.le [džaŋgl] *podst* **1.** *(i prn)* džungľa; **2.** *(tropický)* prales; **3.** húština

jun.i.or [džu:njə] **I.** *podst* **1.** podriadený, nižšie postavený pracovník, nižší dôstojník; **2.** *(am škol)* žiak základnej/ nižšej strednej školy, študent predposledného ročníka strednej/ vysokej školy; **II.** *príd* **3.** *(am: označenie syna v rodine)* mladší; **4.** *(pracovník)* podriadený, nižší, pomocný; **5.** *(špo)* juniorský

jun.i.per [džu:nipə] *podst* **1.** *(bot: Juniperus communis)* jalovec, borievka, *(ker)* borievčie

junk [džaŋk] *podst* **1.** haraburdie, odpadky, staré železo, staré lanovie; **2.** *(ifm)* lacný tovar, brak; **3.** *(sl: ob heroín)* droga; **4.** peň, klát; **5.** *(čínska loďka)* džunka

junk.ie [džaŋki] *podst* **1.** *(sl)* feťák, narkoman

jun.ta [džantə] *podst* **1.** *(voj, pol)* vojenská junta, chunta

ju.ris.dic.tion [ˌdžuərisˈdikšən] *podst* **1.** jurisdikcia, *(súdna/ úradná)* právomoc, kompetencia. *Syn* ⇨ **power**

ju.ror [džuərə] *podst* **1.** porotca, člen poroty

ju.ry [džuəri] *podst* (mn **-ies**) **1.** porota, jury

just [džast] **I.** *príd* **1.** spravodlivý; **2.** *(kritika, žaloba)* oprávnený, opodstatnený; **3.** *(odmena)* zaslúžený; **4.** pravdivý, presný, správny; **5.** *(vhodný, i mat)* pravý, príslušný; **II.** *prísl* **6.** *(zdôr nasledujúce slovo)* práve, presne, **that's just what I wanted** *to je práve/ presne to, čo so chcel*; **He put it just before the door** *položil to práve pred dvere*; *(v klad zdôr vetný člen)* naozaj, vôbec, *(i platnosť výpovede/ vetný člen)* predsa, *(just so!)* veď áno/ hej/ tak!, *(vyj hodnotiaci postoj: s podst)* len, **you are just a hero** (iron)! *si ty len hrdina!*; *(s príd, slo)* jednoducho, proste, **she is just beautiful!** *je jednoducho krásna!*; *(s podst: just for)* len tak pre, *(so slo)* len tak; **7.** *(just as... as)* rovnako... ako/ s, **he is just as tall as his sister** *je rovnako vysoký ako jeho sestra*; **8.** *([only]*

just) sotva, len-len, ledva, **he only just caught the train** *len-len/ sotva/ ledva stihol vlak;*; **9.** *(vyj súčasnosť, časovú bízkosť: just now/ then)* práve teraz/ vtedy/ v tei[to] chvíli, **I'm just beginning to write** *práve teraz začínam písať*; *(s mč)* pred chvíľ[k]ou, **I've just seen him/** (am) **I just saw him** *pred chvíľou som ho videl*; **10.** *(just in case)* pre prípad. *Syn* ⇨ **fair, upright**

jus.tice [džastis] *podst* **1.** *(práv)* spravodlivosť, právo; **2.** oprávnenosť; **3.** *(am)* sudca

jus.ti.fi.a.ble [džastifaiəbl] *príd* **1.** ospravedlniteľný, odôvodniteľný; **2.** oprávnený

jus.ti.fi.ca.tion [ˌdžastifi'keišən] *podst* **1.** ospravedlnenie; **2.** *(polyg)* justovanie, *(inf)* zarovnanie

to jus.ti.fy [džastifai] (mč, mp **-fied**) **1.** zdôvodniť, odôvodniť, ospravedlniť; **2.** ospravedlňovať, ospravedlňovať sa, byť dôvodom [način]; **3.** *(polyg)* justovať, *(inf)* zarovnať

to jut [džat] [-tt-] (~ **out [into, over, etc st]**) **1.** vyčnievať, prečnievať, vybiehať, trčať

ju.ve.nile [džu:vənail] **I.** *podst* **1.** maloletá osoba; **II.** *príd* **2.** mladistvý, maloletý; **3.** mladý, mladícky; **4.**. *(pej)* infantilný, detinský; **5.** pre deti, pre mladých. *Syn* ⇨ **young**

jux.ta.po.si.tion [ˌdžakstəpə'zišn] *podst* **1.** juxtapozícia, kladenie vedľa seba, položenie vedľa seba; **2.** porovnanie

K

kan.ga.roo [ˌkæŋgə'ru:] *podst* (mn **-oos**) **1.** klokan, kengura

ka.ra.te [kə'ra:ti] *podst* **1.** *(špo)* karate

kar.ma [ka:mə] *podst* **1.** *(fil)* karma; **2.** osud

keel [ki:l] *podst* **1.** *(nám)* kýl; **2.** *(bás)* loď

keen [ki:n] *príd* **1.** *(nôž, roh)* ostrý, *(zápach)* prudký , prenikavý, *(svetlo)* oslňujúci, *(pocit)* intenzívny, *(zrak, oči)* bystrý, *(sluch)* jemný, *(br: ceny)* konkurenčný; **2.** *(športovec, hráč)* nadšený, horlivý, náruživý, vášnivý, dychtivý. *Syn* ⇨ **eager, sharp**

keep [ki:p] *podst* **1.** živobytie, strava, výživa, obživa; **2.** hlavná obranná veža

to keep [ki:p] (mč, mp **kept**) **1.** nechať si, schovať si; **2.** vlastniť, *(kde)* mať; **3.** uložiť, uschovať, uskladniť, mať na sklade, predávať; **4.** zdržať; **5.** *(kuchára, sluhu)* držať si, zamestnávať; **6.** *(o koho/ čo)* starať sa, *(i rodinu)* živiť, *(na koho)* dozerať, chovať; **7.** *(tajomstvo)* uchovať, udržať; **8.** *(sľub, slovo)* dodržať, splniť, *(zvyky, tradície)* zachovávať; **9.** *(voj)* brániť, hájiť; **10.** oslavovať, sláviť; **11.** *(am)* ísť ďalej [za čím]. *Syn*: to retain, to withhold, to reserve, ⇨ aj **to celebrate**. *Opoz*: to relinquish, to release

to keep back *prech* **1.** zadržať, potlačiť; **2.** tajiť, utajiť, zatajiť, nechať si pre seba; **3.** zadržať, strhnúť

keep.er [ki:pə] *podst* **1.** kustód, kurátor, správca, ošetrovateľ; **2.** *(ifm)* brankár, *(špo)* strážca bránky

to keep in I. *prech* **1.** nedovoliť komu ísť spať, potrestať koho domácim väzením, *(škol)* nechať koho po škole; **2.** udržiavať, zatiahnuť; **II.** *nepr* **3.** udržať sa; **4.** zostať doma, neísť von

to keep off I. *nepr* **1.** nepribližovať sa, držať sa pomimo; **II.** *prech* **2.** nedovoliť vojsť, *(psa)* nevpustiť; **3.** vyhýbať sa čomu, vystríhať sa čoho; **4.** mať, mať dole

to keep on I. *nepr* **1.** pokračovať ďalej, trvať; **2.** ísť stále rovno; **II.** *prech* **3.** nechať si na sebe, nesnímať; **4.** zamestnávať ďalej

to keep up I. *nepr* **1.** pokračovať, trvať, neustávať, pokračovať, udržiavať sa i naďalej; **2.** udržať sa; **3.** držať krok, nezostať pozadu, stačiť čomu; **II.** *prech* **4.** niesť, podopierať; **5.** udržiavať, neprerušiť, pokračovať v čom, zachovávať, dodržiavať; **6.** brániť komu ísť spať, nenechať koho spať; **7.** udržiavať v dobrom stave, starať sa o, udržovať si

ken.nel [kenl] *podst* **1.** psia búda; **2.** chatrč, brloh

kerb [kə:b] *podst* (ob am **curb**) **1.** obrubník chodníka, okraj chodníka

ker.nel [kə:nl] *podst* **1.** *(i prn)* jadro, zrno; **2.** podstata

ker.o.sene [kerəsi:n] *podst* (i **kerosine**) **1.** *(ob am)* petrolej

ket.tle [ketl] *podst* **1.** čajník, *(na varenie vody)* kotol, kanvica, hrniec

key [ki:] **I.** *podst* **1.** *(i prn, škol)* kľúč; **2.** klin;

3. *(klavíra, písacieho stroja)* kláves, *(dychového nástroja)* klapka; 4. *(ele)* prepínač; 5. *(hud)* tónina, stupnica; 6. *(k obrázku)* legenda; 7. strategický bod, kľúčové postavenie; 8. *(reči/ myslenia)* štýl; II. *príd* 9. kľúčový, podstatný, dôležitý

to key [ki:] (~ **st [in]**) 1. prispôsobiť, prišpendliť, zaklinovať, pripevniť; 2. *(hud: nástroj)* naladiť

key.board [ki:bo:d] *podst* 1. klávesnica, klaviatúra

key.note [ki:nəut] *podst* 1. *(hud)* základná nota, základný tón tóniny, tónika; 2. *(prn)* hlavná myšlienka, ústredný motív, kľúčový význam; 3. princíp

kha.ki [ka:ki] *príd* 1. *(farba)* kaki

kick [kik] *podst* 1. kopnutie, kopanec; 2. sila odporu, *(zo zbrane)* spätný náraz; 3. *(ftb atď)* kop, strela; 4. *(ifm)* vzrušenie, zábava

to kick [kik] I. *nepr* 1. kopať, rozdávať kopance; 2. trhnúť späť; II. *prech* 3. kopnúť, dať kopanec

kick.back [kikbæk] *podst* 1. spätný ráz; 2. *(ifm)* provízia, bakšiš, úplatok

kick.off [kikof] *podst* 1. *(fot)* začiatok zápasu výkopom

kid [kid] *podst* 1. *(zool)* kozľa; 2. *(koža)* kozinka; 3. *(prn ifm ob am)* dieťa, decko, dievčatko, chlapček

to kid.nap [kidnæp] 1. *(osobu násilím)* uniesť, odvliecť

kid.ney [kidni] *podst* (mn **-eys**) 1. *(anat)* oblička; 2. *(bot kidney bean: Phaseolus vulgaris)* fazuľa [obyčajná]; 3. povaha; 4. temperament

kill [kil] *podst* 1. zabitie, odstrel; 2. *(poľov)* úlovok, ulovená zver, korisť

to kill [kil] 1. *(zviera, človeka)* zabiť, *(nákaza, epidémia)* skosiť, *(vrah)* zavraždiť, *(dtd expr)* zamordovať, ubiť, utĺcť, *(koho)* zastreliť, *(zviera)* odstreliť, *(dobytok)* poraziť; 2. *(burinu)* vyhubiť; 3. *(prn: šťastie)* zničiť, skaziť, *(nádeje)* zmariť; 4. *(pol)* odmietnuť. *Syn*: to slay, to murder, to assassinate, to execute, to dispatch

kill.er [kilə] *podst* 1. vrah, zabijak

kill.ing [kiliŋ] I. *podst* 1. zabitie, zabíjanie, usmrtenie, vražda; II. *prísl* 2. smrteľný; 3. vyčerpávajúci, ubíjajúci, úmorný; 4. *(dtd)* na popukanie

kiln [kiln] *podst* 1. *(vypaľovacia, sušiaca)* pec, sušiareň, vápenka, vápennícka pec

kil.o.gramme [kiləugræm] *podst* 1. kilogram

ki.lo.met.er ['kiləu,mi:tə] *podst* 1. kilometer

ki.lo.me.tre ['kiləu,mi:tə] *podst* (am **-meter**) 1. kilometer

kin [kin] *podst* 1. členovia rodiny a príbuzní, rodina, príbuzenstvo

kind [kaind] I. *podst* 1. druh, sorta, typ; 2. akosť, trieda; 3. skupina, kategória; 4. povaha, charakter; 5. vlastnosť; 6. rod; II. *príd* 7. láskavý, milý, prívetivý. *Syn*: kindly, benign, benevolent, ⇨ aj **type**. *Opoz*: unkind, unfeeling, cruel

kin.der.gar.ten ['kində,ga:tn] *podst* 1. materská škola, škôlka

kind.ly [kaindli] I. *príd* 1. láskavý, dobrosrdečný, bodrý, vľúdny, milý, priateľský; 2. mierny; II. *prísl* 3. vľúdne, láskavo. *Syn* ⇨ **kind**

kind.ness [kaindnins] *podst* (mn **-es**) 1. láskavosť, dobrota, vľúdnosť, prívetivosť

king [kiŋ] *podst* 1. kráľ, vládca; 2. *(zool king crab: Lithodidae)* krab

king.dom [kiŋdəm] *podst* 1. kráľovstvo; 2. živočíšna/ rastlinná/ nerastná oblasť, ríša

king.fish.er [kiŋfišə] *podst* 1. *(zool)* rybárik

ki.osk [ki:osk] *podst* 1. kiosk, stánok; 2. *(br dtd)* telefónna búdka; 3. hudobný pavilón

kiss [kis] *podst* (mn **-es**) 1. bozk, *(hov)* pusa, pyštek, božtek

to kiss [kis] I. *prech* 1. pobozkať; II. *nepr* 2. bozkávať sa, *(prn)* oblizovať sa

kit [kit] *podst* 1. náradie, náčinie; 2. *(špo)* úbor, výbava, výstroj

kit.chen [kiæin] *podst* 1. *(miestnosť")* kuchyňa

kite [kait] *podst* 1. papierový šarkan, *(detská hračka)* drak

kitsch [kiæ] (mn **-es**) I. *podst* 1. gýč, nevkus; II. *príd* 2. gýčovitý, nevkusný

kit.ten [kitn] *podst* 1. mača, mačička, mačiatko

ki.wi [ki:wi:] *podst* 1. *(zool: Apteryx)* kivi; 2. *(bot kiwi fruit: Actinidia chiniensis)* kivi

knack [næk] *podst* 1. zručnosť, šikovnosť, obratnosť, *(hov)* fortieľ; 2. *(zručný kúsok)* trik. *Syn* ⇨ **talent**

to knead [ni:d] **1.** hniesť, prepracovať, prepracovávať, vypracovať; **2.** masírovať

knee [ni:] *podst* **1.** *(anat)* koleno, **2.** kľaknutie

to knee [ni:] **1.** kopnúť [koho] kolenom,**2.** vyšúchať kolená [na nohaviciach]

to kneel [ni:l] (mč, mp **knelt**/ ob am **kneeled**) **1.** kľačať, kľaknúť si

knick.ers [nikəz] *podst* **1.** *(trocha dtd: dámske)* nohavičky

knife [naif] *podst* (mn **knives**) **1.** nôž; **2.** čepeľ; **3.** *(tech)* rezák

to knife [naif] **1.** bodnúť [koho] nožom, pichnúť, zraniť [koho] nožom; **2.** porezať

knight [nait] *podst* **1.** *(hist)* rytier, gavalier, **2.** *(šach)* jazdec, *(hovor.)* kôň

knight.hood [naithud] *podst* **1.** rytierstvo; **2.** rytiersky titul

to knit [nit] [**-tt-**] (mč, mp **knitted**) **I.** *prech* **1.** pliesť, upliesť, paličkovať, uháčkovať; **2.** stmeliť; **II.** *nepr* **3.** pliesť

knit.ting [nitiŋ] *podst* **1.** pletenie, háčkovanie

knob [nob] *podst* **1.** *(prn)* gombík, guľová kľučka; **2.** kúsoček; **3.** hrča, hrbolec; **4.** *(br vulg: penis)* vták

knock [nok] *podst* **1.** *(i aut)* klepanie, zaklopanie, ťukanie; **2.** rana, úder; **3.** *(prn)* nezdar, kritika

to knock [nok] **I.** *prech* **1.** udrieť, biť, tĺcť; **2.** *(kritikou)* zhadzovať, skritizovať, *(prn: film ap)* rozvláčiť; **3.** *(br vulg: ženu)* pretiahnuť, *(s kým)* pomilovať sa; **II.** *nepr* **4.** *(i stroj, motor)* klepať. *Syn* ⇨ **to strike**

to knock down [nokdaun] **1.** zhodiť, zvaliť, skoliť, zraziť, prejsť, strhnúť; **2.** zjednať, dosiahnuť zníženie, ísť dole, znížiť

knot [not] *podst* **1.** *(i nám)* uzol, slučka; **2.** chumáč, guča, gundža; **3.** *(prn: problém)* háčik; **4.** *(v dreve)* hrča; **5.** *(ifm)* námorná míľa; **6.** hlúčik, skupinka, zhluk, húf

to knot [not] [**-tt-**] **1.** urobiť uzol [na čom], *(co)* zauzliť, zaviazať na uzol; **2.** zamotať

to know [nəu] (mč **knew** mp **known**) **I.** *prech* **1.** *(mať vedomosti)* vedieť, *(v čom)* vyznať sa, *(čo)* dokázať; **2.** poznať, rozoznať; **II.** *nepr* **3.** vedieť

know-all [nəuo:l] **I.** *podst* **1.** premúdrelec, vševedko, rozumbrada; **II.** *príd* **2.** vševedúci

know-how [nəuhau] *podst* **1.** znalosti, informovanosť, know-how

know.ing.ly [nəuiŋli] *prísl* **1.** chápavo, úmyselne, vedome

know.ledge [nolidž] *podst* **1.** vedomie, povedomie; **2.** znalosť, znalosti, vedomosti. *Syn* ⇨ **information**

know.ledge.a.ble [nolidžəbl] *príd* (**~ about st**) **1.** informovaný, oboznámený, zasvätený, erudovaný; **2.** chytrý, inteligentný, bystrý

knuck.le [nakl] *podst* **1.** *(anat)* zhyb prsta, *(kĺb na prste)* hánka; **2.** *(kuch)* koleno, kolienko

Ko.ran [ko'ra:n] *podst* **1.** korán

krem.lin [kremlin] *podst* (**the Kremlin**) **1.** Kremeľ; **2.** *(prn)* ruská vláda

ku.dos [kju:dos] *podst* **1.** prestíž, česť, sláva

L

lab [læb] *podst ifm* **1.** laboratórium, *(hov)*laborka

la.bel [leibl] *podst* **1.** ceduľka, etiketa, štítok, menovka, visačka; **2.** *(prn)* označenie, *(i pej)* nálepka

to la.bel [leibl] [**-ll-**, am **-l-**] **1.** opatriť nálepkou/ vinetou/ visačkou/ menovkou, *(i prn)* označiť, opatriť nápisom; **2.** charakterizovať, dať [komu] nálepku

la.bor.a.tory [lə'borətəri] *podst* (mn **-ies**) **1.** laboratórium

la.bo.ri.ous [lə'bo:riəs] *príd* **1.** namáhavý, prácny; **2.** *(prn)* ťažkopádny, skrutkovaný, vyumelkovaný. *Syn* ⇨ **hard**

la.bour [leibə] *podst* (am **labor**) **1.** *(namáhavá)* práca, robota; **2.** *(lek)* pôrodné bolesti; **3.** drina, námaha, úsilie; **4.** robotníci, pracovné sily

to la.bour [leibə] (am **labor**) **I.** *prech* **1.** rozvádzať, rozmazávať, hovoriť [o čom] rozvláčne; **II.** *nepr* **2.** ťažko pracovať, drieť; **3.** pohybovať sa, namáhavo ísť [do kopca ap.]

la.bour force [leibəfo:s] *podst* **1.** pracovná sila

lab.y.rinth [læbərinθ] *podst* **1.** bludisko, labyrint

lace [leis] *podst* **1.** čipka, stuha; **2.** šnúra,

šnúrka. prámik

to lace [leis] **1.** šnurovať sa, byť šnurovací, stiahnuť sa

lack [læk] *podst* **1.** nedostatok, núdza, potreba

to lack [læk] **1.** chýbať, byť bez [čoho], nemať niečo, postrádať. *Syn*: to want, to need, to require. *Opoz*: to have, to possess

lack.lus.tre [læklastə] *príd* **1.** matný, bez lesku, *(oči)* pohasnutý; **2.** nevýrazný, mdlý, fádny; **3.** nezáživný , nemastný - neslaný

lac.quer [lækə] *podst* **1.** lak, politúra, glazúra

to lac.quer [lækə] **1.** lakovať, nalakovať, natrieť lakom

la.cy [leisi] *príd* **1.** čipkový, čipkovitý

lad [læd] *podst* **1.** chlapec; **2.** mladík; **3.** *(ifm)* kamarát

lad.der [lædə] *podst* **1.** *(lit)* rebrík; **2.** spustené oko, očko na pančuche

to lad.der [lædə] **1.** pustiť očko; **2.** postaviť rebrík, vyliezť po rebríku

lad.en [leidn] *príd* (**~ with st**) **1.** naložený, zaťažený

la.dy [leidi] *podst* (mn **-ies**) **1.** pani, dáma, mladá pani, slečna, dievča; **2.** šľachtičná, *(Lady)* lady. *Syn* ⇨ **woman**

lag [læg] *podst* (i **time-lag**) **1.** oneskorenie, zaostávanie , zmeškanie; **2.** trestanec, *(i politický)* väzeň

la.ger [la:gə] *podst* **1.** *(druh svetlého piva)* ležiak, **2.** pohár ležiaka

la.goon [lə'gu:n] *podst* **1.** lagúna, jazierko s morskou vodou

laid-back [ˌleid'bæk] *príd* **1.** pokojný, uvoľnený, nevzrušený; **2.** ľahtikársky

laird [leəd] *podst* **1.** *(škót)* statkár, zeman

lais.sez-faire [ˌleisei'feə] *podst* **1.** nenútenosť, ležérnosť; **2.** *(pol)* politika nezasahovania štátu do obchodu

la.i.ty [leiəti] *podst* **1.** *(i náb)* laik, neodborník

lake [leik] *podst* **1.** jazero, jazierko

lamb [læm] *podst* **1.** *(zool)* jahňa, *(i prn)* baránok, *(zdrob)* jahniatko; **2.** *(kuch)* jahňacie mäso, jahňacina

lame [leim] *príd* **1.** chromý; **2.** *(prn)* chabý, nepresvedčivý, slabý

la.ment [lə'ment] *podst* **1.** žaloba, nariekanie, bedákanie, horekovanie; **2.** elégia, žalospev

to la.ment [lə'ment] **1.** *(nad čím)* bedákať, *(na čo)* nariekať; **2.** *(na čo)* sťažovať si, *(nad čím)* lamentovať, *(nad čím)* plakať

lamp [læmp] *podst* **1.** *(vše)* lampa, svetlo, svietidlo, reflektor

lance [la:ns] *podst* **1.** kopija

to lance [la:ns] **2.** *(lek: skalpelom)* prerezať, rozrezať

land [lænd] *podst* **1.** zem, pevnina, súš; **2.** *(na obrábanie)* pôda, *(vlastníctvo)* pozemok, vlastníctvo pôdy; **3.** oblasť ; **4.** *(kniž)* krajina, kraj, štát

to land [lænd] **I.** *nepr* **1.** *(lietadlo, vesmírna loď)* pristáť, zniesť sa, dosadnúť; **2.** *(cestujúci)* vylodiť sa, vyjsť na pevninu; **3.** *(skokan, lopta)* dopadnúť; **II.** *prech* **4.** *(nám, let: cestujúci)* vysadiť, *(vojaci)* vylodiť, *(náklad)* vyložiť; **5.** nechať vyjsť; **6.** *(ifm)* zohnať si, uloviť

land.ing [lændiŋ] *podst* **1.** *(nám)* vylodenie, vyloženie; **2.** pristátie; **3.** doskok; **4.** odpočívadlo

land.la.dy ['lændˌleidi] *podst* (mn **-ies**) **1.** pani domáca; **2.** hostinská, krčmárka

land.mark [lændma:k] *podst* **1.** *(geog)* orientačný bod; **2.** míľnik; **3.** *(i prn)* medzník, rozhranie

land.own.er ['lændˌəunə] *podst* **1.** majiteľ pozemkov, statkár

land.scape [lænskeip] *podst* **1.** krajina; **2.** krajinka

to land.scape [lænskeip] **1.** upraviť záhradným architektom, upraviť ako park

lane [lein] *podst* **1.** cestička, chodník; **2.** ulička, ulica; **3.** trasa, dráha

lan.guage [læŋgwidž] *podst* **1.** jazyk, reč

lan.guid [læŋgwid] *príd* **1.** malátny, mdlý, nečinný, nevýrazný; **2.** pomalý, ťarbavý; **3.** nezaujímavý, nudný, fádny

to lan.guish [læŋgwiš] **1.** chradnúť, vädnúť, *(prn)* upadať, degenerovať

lan.tern [læntən] *podst* **1.** *(i archit)* lampáš, lampa

lap [læp] *podst* **1.** klin, lono; **2.** *(špo)* kolo

to lap [læp] **[-pp-]** **I.** *prech* **1.** *(o celé kolo)* predbehnúť, *(o celé kolo)* predísť; **II.** *nepr* **2.** *(kolo)* prejsť, *(kolo)* prebehnúť

la.pel [lə'pel] *podst* **1.** chlopňa kabáta

lapse [læps] *podst* **1.** časový úsek, časový interval, *(v rozhovore)* prestávka, pauza; **2.** *(pamäti)* zlyhanie, *(povinnosti)* zanedbanie; **3.** chybička, omyl, *(morálny)* priestupok, poklesok, úpadok; **4.** premlčanie, prepadnutie, *(práva)* zaniknutie

to lapse [læps] **1.** *(čas)* uplynúť, ubehnúť; **2.** prehrešiť sa, urobiť chybu, zlyhať; **3.** *(pas)* prepadnúť, *(poistka, práva)* zaniknúť, byť premlčaný

large [la:dž] *príd* {**-r, -st**} **1.** veľký, *(postavou)* mohutný, *(euf)* tlstý, *(expr: šek)* tučný, *(jedlo)* výdatný, *(plat, penzia)* vysoký, *(listina)* dlhý; **2.** *(moc)* rozsiahly, *(záujem)* široký, *(možnosti)* ďalekosiahly, neobmedzený; **3.** *(dtd)* slobodomyseľný, *(dtd)* veľkorysý, veľkodušný. *Syn*: great, large, big. *Opoz*: small, little

lar.ge.ly [la:džli] *prísl* **1.** značne, do značnej miery, väčším dielom, predovšetkým, prevažne, väčšinou

large-scale [la:džskeil] *príd* **1.** veľký, rozľahlý, veľkorozmerový

lark [la:k] *podst* **1.** *(zool)* škovránok, žart; **2.** zábava, psina

lar.va [la:və] *podst* **1.** larva

las.er [leizə] *podst* **1.** laser

lash [læš] *podst* (mn **-es**) **1.** brva, riasa; **2.** bič, remienok biča; **3.** šľahnutie, rana/ úder bičom; **4.** *(prn)* ostrie; **5.** bičovanie, šľahanie

to lash [læš] **1.** šľahať, bičovať, *(bičom)* šľahať; **2.** *(do okien)* bubnovať, *(do okien)* šľahať; **3.** *(prn)* tepať, pranierovať

lass [læs] *podst* (i **lassie**) **1.** dievčina, dievča, žaba; **2.** milá

last [la:st] (**the last**) **I.** *podst* **1.** niečo posledné, niekto posledný, posledný mohykán, niečo maličké; **2.** koniec; **3.** vytrvalosť, výdrž; **4.** životná sila; **5.** obuvnícke kopyto; **II.** *príd* **6.** posledný; **7.** minulý . *Syn*: final, terminal, ultimate. *Opoz*: first

to last [la:st] **1.** trvať, pokračovať; **2.** vydržať, vystačiť; **3.** *(prn)* prežiť. *Syn* ⇨ **to continue**

last.ly [la:stli] *prísl* **1.** nakoniec, napokon, konečne

to latch [lææ] **I.** *prech* **1.** zatvoriť na závoru; **II.** *nepr* **2.** zatvárať sa na závoru

late [leit] *príd* {**-r, -st**} **1.** oneskorený; **2.** neskorý; **3.** bývalý; **4.** nedávny. *Syn* ⇨ **dead, tardy**

late.ly [leitli] *prísl* **1.** nedávno, v poslednom čase, *(hov)* onehdy

lat.er.al [lætərəl] *príd* **1.** bočný, postranný, laterálny; **2.** vedľajší

lathe [leið] *podst* **1.** *(tech)* sústruh, hrnčiarsky kruh

Lat.in [lætin] *podst* **1.** latinčina

Lat.in A.mer.i.can [ˌlætinə'merikən] *podst* **1.** Latinoameričan

lat.i.tude [lætitju:d] *podst* **1.** *(geog)* zemepisná šírka; **2.** *(prn)* voľnosť, sloboda, priestor

lat.ter [lætə] *príd* **1.** neskorší, druhý

to laud [lo:d] **1.** *(fml, kniž)* chváliť, vychvaľovať, velebiť

laugh [la:f] *podst* **1.** smiech, rehot

to laugh [la:f] **1.** smiať sa, zasmiať sa. *Syn*: to chuckle, to giggle, to titter, to snicker, to guffaw

laugh.a.ble [la:fəbl] *príd* **1.** smiešny, absurdný, smiešne malý, smiešne nízky. *Syn* ⇨ **funny**

laugh.ter [la:ftə] *podst* **1.** chechot, smiech

launch [lo:næ] *podst* (mn **-es**) **1.** *(lode na vodu)* spustenie, vypustenie; **2.** *(na lodi)* motorový čln

to launch [lo:næ] **1.** *(loď na vodu)* spustiť; **2.** *(raketu)* odpáliť, vypustiť, odštartovať; **3.** *(kampaň, útok)* začať, *(reformu)* zaviesť, *(spoločnosť)* založiť, *(hru)* uviesť na scénu, uviesť na trh

to laun.der [lo:ndə] **1.** prať a žehliť; **2.** *(prn: peniaze)* prať

laun.dry [lo:ndri] *podst* (mn **-ies**) **1.** práčovňa; **2.** *(špinavá/ vypratá)* bielizeň

laur.el [lorəl] *podst* **1.** *(bot: Laurus nobilis)* vavrín, *(bot spurge laurel: Daphne laureola)* lykovec [vavrínový], **2.** vavrínový veniec

la.va [la:və] **I.** *podst* **1.** láva; **II.** *príd* **2.** lávový, sopečný

lav.a.tory [lævətəri] *podst* (mn **-ies**) **1.** *(verejný)* záchod, toaleta, *(hov)* klozet; **2.** umyváreň

lav.end.er [lævəndə] **I.** *podst* **1.** *(bot: Levandula)* levanduľa, *(bot spike levander: Levan-*

dula spica) levanduľa [klasnatá]; **2.** levanduľová modrosť, levanduľová farba; **II.** *príd* **3.** levanduľový

law [lo:] *podst* **1.** zákon; **2.** právo; **3.** *(špo)* pravidlo; **4.** zákon, zákonnosť. *Syn*: regulation, statute, ordinance, canon, ⇨ aj **theory**

law-a.bid.ing ['lo:əˌbaidiŋ] *príd* **1.** dbajúci na zákon, umiernený

law.ful [lo:ful] *príd* **1.** *(práv)* legálny, legitímny, zákonný, právoplatný. *Syn* ⇨ **legal**

law.less [lo:lis] *príd* **1.** nemajúci zákony, nerešpektujúci zákon, nedbajúci na zákon

law.mak.er ['lo:ˌmeikə] *podst* **1.** zákonodarca, člen zákonodarného zboru

lawn [lo:n] *podst* **1.** anglický trávnik; **2.** *(text)* batist; **3.** linón

law.suit [lo:sju:t] *podst* (i **suit**) **1.** súdne konanie, súdny proces, súd

law.yer [lo:jə] *podst* **1.** advokát, právnik, právny zástupca, *(am)* notár. *Syn*: counselor, barrister, solicitor

lax.a.tive [læksətiv] **I.** *podst* **1.** *(lek)* preháňadlo, laxatívum; **II.** *príd* **2.** *(lek)* preháňací, prečisťujúci

lay [lei] **1.** *(lit, hud zast)* balada, *(lyrická)* báseň, spev vtákov; **2.** *(slg)* zameranie, smer; **3.** pole pôsobnosti, odbor; **4.** poloha; **II.** *príd* **5.** laický, neodborný; **6.** svetský, necirkevný

to lay [lei] (mč, mp **laid**) **I.** *prech* **1.** klásť, položiť; **2.** *(obrus, prikrývku)* prestrieť; **3.** pripraviť kurivo na oheň, *(pascu)* nastrojiť; **4.** *(farbu)* naniesť; **5.** *(plán, schému)* vymyslieť, *(čo komu)* predložiť; **6.** *(dane)* uvaliť, *(bremeno, povinnosť)* uložiť; **7.** *(stávku)* vsadiť; **8.** *(strach)* zaplašiť, *(pochybnosti)* rozptýliť, *(reči)* vyvrátiť, *(ducha)* zariekať, upokojovať, zmierňovať, tlmiť, stlmiť; **9.** *(vulg: ženu)* pretiahnuť; **II.** *nepr* **10.** znášať vajcia

to lay down [leidaun] **1.** položiť, odložiť; **2.** zložiť funkciu, rezignovať na funkciu; **3.** stanoviť, určiť, diktovať, formulovať, zakotviť

lay.er [leiə] *podst* **1.** vrstva, *(i geol)* ložisko, náter, nános; **2.** nosnica

to lay.er [leiə] **1.** vrstviť, navrstviť, rozvrstviť

lay.man [leimən] *podst* (mn **-men**) **1.** *(i náb)* laik; **2.** neodborník

lay off [leiof] *podst* **1.** vysadenie z práce, prepustenie z práce, uvoľnenie z práce; **2.** nezamestnanosť; **3.** odpočinok, oddych; **4.** mŕtva sezóna

to lay out [leiaut] **1.** vyložiť, pripraviť na pohreb; **2.** uspôsobiť, plánovito zariadiť, plánovito upraviť, rozvrhnúť; **3.** utratiť, vydať, vyklopiť; **4.** *(box)* knokautovať, poslať koho na zem

la.zy [leizi] *príd* {**-ier, -iest**} **1.** lenivý, záhaľčivý, malátny, ochabnutý

lead [led] *podst* **1.** olovo; **2.** tuha, grafit; **3.** *(nám)* olovnica, *(na udici)* olovko; **4.** *(polyg)* preložka, preklad, medziriadková medzera; **5.** pokyn, návod; **6.** príklad, vzor; **7.** *(na vodenie psov)* remienok, *(na vodenie psov)* šnúra; **8.** *(div)* hlavná rola; **9.** *(ele)* prívod; **10.** stopa

to lead [li:d] (mč, mp **led**) **I.** *prech* **1.** pokryť olovom; **2.** zaťažiť olovom; **3.** viesť, riadiť, *(am)* dirigovať; **4.** zaviesť; **5.** *(modlitby)* predriekavať, *(piesne)* predspevovať; **6.** *(kart)* vyniesť; **II.** *nepr* **7.** *(i špo)* viesť, *(špo)* bežať prvý/ na čele. *Syn* ⇨ **to guide**

lead.er [li:də] *podst* **1.** *(pol)* líder, čelný predstaviteľ [líder], vodca, *(iron)* pohlavár; **2.** *(v skupine)* veďúci, *(v obchodnej spoločnosti)* predák, *(štrajku, pochodu)* organizátor; **3.** *(hud br)* koncertný majster, *(am)* dirigent; **4.** *(v novinách)* úvodník; **5.** *(špo)* vedúci pretekár, vedúci kôň

lead.er.ship [li:dəšip] *podst* **1.** vedenie, vodcovstvo; **2.** iniciatívnosť, podnetnosť, vodcovské kvality

lead-in [li:din] *podst* **1.** *(roz tv)* uveďenie, úvodná poznámka

lead.ing [li:diŋ] *príd* **1.** prvý, vedúci; **2.** najdôležitejší, popredný, významný, čelný. *Syn* ⇨ **chief**

lead.ing article [ˌli:diŋ'a:tikl] *podst* **1.** úvodník

leaf [li:f] *podst* (mn **leaves**) **1.** *(stromu, papiera)* list, *(stromu, kra)* lístie, okvetný lístok; **2.** *(v knihe)* stránka; **3.** vyťahovacia/ sklápacia doska [na stole], výsuvný nadstavec, krídlo dverí; **4.** *(kovová)* fólia

leaf.let [li:flit] *podst* **1.** *(ob pol)* leták; **2.** brožúra, prospekt ; **3.** návod, informačný leták; **4.** *(bás)* lístok

to leaf.let [li:flit] **1.** *(letáky, prospekty)* roznášať, rozdávať letáky/ prospekty, doručovať

leaf.y [li:fi] *príd* **1.** listnatý; **2.** *(rastlina)* zelený

league [li:g] *podst* **1.** *(i špo)* liga, zväz, spoločnosť; **2.** trieda, kategória. *Syn* ⇨ **alliance**

leak [li:k] *podst* **1.** štrbina, otvor, trhlina, netesnosť; **2.** únik, unikanie, uchádzanie, diera

to leak [li:k] **I.** *prech* **1.** *(informáciu)* prezradiť; **II.** *nepr* **2.** kvapkať, tiecť, *(kohútik)* byť netesný, *(loď)* prepúšťať vodu, presakovať, naberať vodu; **3.** *(tekutina)* unikať

lean [li:n] **I.** *podst* **1.** sklon, naklonenie; **II.** *príd* **2.** *(mäso)* nemastný, *(saláma)* diétny; **3.** *(človek)* štíhly, vychudnutý; **4.** *(prn: výsledok, úroda)* skromný, biedny, chatrný; **5.** *(tech: zmes)* chudobný. *Syn*: spare, lanky, skinny, scrawny, gaunt, ⇨ aj **thin**. *Opoz*: fleshy, fat, stout

to lean [li:n] (mč, mp **leant**/ **leaned**) **1.** nakláňať sa, skláňať sa, mať sklon; **2.** oprieť sa

leap [li:p] *podst* **1.** skok, výskok, preskok

to leap [li:p] (mč, mp **leapt**/ **leaped**) **I.** *nepr* **1.** skočiť, skákať, vyskočiť; **II.** *prech* **2.** preskočiť

to learn [lə:n] (mč, mp **learnt**/ **learned**) **I.** *prech* **1.** učiť sa, študovať, *(vedomosti)* osvojiť si; **2.** dozvedieť sa, dopočuť sa, dočítať sa; **II.** *nepr* **3.** byť informovaný. *Syn*: to ascertain, to determine, to discover, to unearth

learn.ed [lə:nid] *príd* **1.** učený, vedecký, odborný

learn.er [lə:nə] *podst* **1.** začiatočník; **2.** študent, študujúci, žiak

learn.ing [lə:niŋ] *podst* **1.** znalosti, vedomosti; **2.** štúdium. *Syn* ⇨ **information**

lease [li:s] *podst* **1.** [pre]nájom, *(zast)* árenda, *(nájomná, paktová)* zmluva. *Syn* ⇨ **hire**

least [li:st] *príd* **1.** najmenší

leath.er [leðə] *podst* **1.** koža; **2.** remeň; **3.** *(slg: futbalová)* lopta

leave [li:v] *podst* **1.** dovolenie, povolenie; **2.** dovolenka

to leave [li:v] (mč, mp **left**) **I.** *prech* **1.** nechať, ponechať; **2.** *(v záveti)* odkázať; **3.** zanechať po sebe; **4.** zabudnúť; **5.** zveriť, prenechať; **II.** *nepr* **6.** odísť, odcestovať, *(lietadlo, osoba)* odletieť, *(loď)* odplávať. *Syn* ⇨ **to go**

lec.ture [lekæə] *podst* **1.** *(i univ)* prednáška, hodina, lekcia; **2.** *(prn)* kázeň; **3.** pokarhanie. *Syn* ⇨ **speech**

to lec.ture [lekæə] **I.** *nepr* **1.** prednášať; **II.** *prech* **2.** karhať, kárať, napomínať, poučovať

lec.tur.er [lekæərəl] *podst* **1.** prednášajúci, lektor, *(br univ)* vysokoškolský učiteľ, odborný asistent

ledge [ledž] *podst* **1.** lišta, polica, rímsa, parapet; **2.** výbežok skaly, výbežok, skalný previs, útes; **3.** rudná žila

lee [li:] *podst* **1.** úkryt, závetrie; **2.** *(nám)* záveterná strana

leech [li:æ] *podst* (mn **-es**) **1.** *(zool medicinal leech: Hirudo medicinalis)* pijavica [lekárska]; **2.** *(prn)* vydierač, úžerník. *Syn* ⇨ **parasite**

leek [li:k] *podst* **1.** *(bot: Allium porrum)* pór, pórik

leer [liə] *podst* **1.** *(škodoradostný, potmehúdsky, lascívny, žiadostivý)* pohľad, úškľabok, úškrn

to leer [liə] (~ **at sb/ st**) **1.** škeriť sa, potmehúdsky sa dívať, *(chlípne)* dívať sa

left [left] **I.** *príd* **1.** *(i pol)* ľavý; **II.** *prísl* **2.** doľava, vľavo, naľavo. *Syn* ⇨ **liberal**

left-hand [lefthænd] *príd* **1.** ľavý, urobený ľavou rukou

left.ist [leftist] **I.** *podst* **1.** ľavičiak, ľavičiar; **II.** *príd* **2.** ľavičiarsky

left.ov.er [ˌleftəuvə] **I.** *podst* **1.** pozostatok, prežitok, zvyšky; **II.** *príd* **2.** zvyšný, zvyškový

left wing [ˌleftwiŋ] *príd* **1.** *(pol)* ľavý, ľavicový

left-wing.er [ˌleftwiŋə] *podst* **1.** *(pol)* ľavičiar; **2.** *(špo)* ľavé krídlo

leg [leg] *podst* **1.** *(celá končatina)* noha, laba, *(i poľov)* behák, *(o mäse)* stehno; **2.** *(nábytku)* noha, *(trojuholníka)* rameno; **3.** nohavica, pančuchy; **4.** *(cesty)* úsek, *(i špo)* etapa

leg.a.cy [legəsi] *podst* (mn **-ies**) **1.** *(práv, prn)* dedičstvo, *(i prn)* odkaz

le.gal [li:gəl] *príd* **1.** legálny, zákonný, povolený zákonom, legitimný, právny, súdny, právnický. *Syn*: lawful, legitimate, licit. *Opoz*: illegal, unlawful

le.gal.i.ty [li:'gæləti] *podst* **1.** legálnosť, legitímnosť, právna platnosť; **2.** legalita, zákonnosť, zákonitosť

to le.gal.ize [li:gəlaiz] **1.** legalizovať, uzákoniť; **2.** súdne overiť, úradne overiť, úradne potvrdiť

leg.end [ledžənd] *podst* **1.** legenda, povesť; **2.** nápis, epitaf

leg.en.da.ry [ledžəndəri] *príd* **1.** legendárny, povestný, chýrny. *Syn* ⇨ **fictitious**

leg.gings [legiŋz] *podst* **1.** gamaše, *(ifm)* legíny

le.gion [li:džən] *podst* **1.** *(voj)* légia; **2.** *(prn)* veľké množstvo, hojnosť, hromada

to leg.is.late [ledžisleit] **1.** vydávať zákony, uskutočňovať zákonodarnú činnosť

leg.is.la.tion [ˌledžis'leišən] *podst* **1.** *(práv)* legislatíva, zákonodarstvo

leg.is.la.tive [ledžislətiv] *príd* **1.** zákonodarný, legislatívny

leg.is.lat.or [ledžisleitə] *podst* **1.** zákonodarca, člen zákonodarného zboru

leg.is.la.ture [ledžisleiæə] *podst* **1.** zákonodarný zbor; **2.** *(moc, orgán)* legislatíva

le.git.i.mate [li'džitimət] *príd* **1.** legálny, zákonný, právny ; **2.** *(dieťa)* legitímny, *(i práv)* manželský; **3.** odôvodnený, opodstatnený, oprávnený. *Syn* ⇨ **legal**

to le.git.i.mize [li'džitimaiz] **1.** legitimovať, *(dieťa)* vyhlásiť za legitímne

leis.ure.ly [ležəli] **I.** *príd* **1.** pokojný, nenútený, neuponáhľaný; **II.** *prísl* **2.** pokojne, nenútene

lem.on [lemən] **I.** *podst* **1.** citrón, *(bot: Citrus limon)* citrónovník [pravý]; **2.** *(bot lemon balm: Melissa officinalis)* medovka [lekárska]; **3.** citrónová farba; **4.** trúba, hlupák, ťulpas; **5.** *(am)* nepodarok; **II.** *príd* **6.** citrónový, citrónovožltý

lem.on.ade [ˌlemə'neid] *podst* **1.** *(citrónová)* limonáda, citronáda

lend.er [lendə] *podst* **1.** požičiavateľ, kto si požičiava peniaze

length [leŋθ] *podst* **1.** *(i špo)* dĺžka, *(i filmu)* metráž, vzdialenosť; **2.** trvanie; **3.** dielec, *(tapety)* pruh, pás, *(bielizne)* štočok

to length.en [leŋθən] **I.** *prech* **1.** predĺžiť, nastaviť; **II.** *nepr* **2.** dĺžiť sa, predlžovať sa. *Syn* ⇨ **to extend**

length.y [leŋθi] *príd* {**-ier, -iest**} **1.** vleklý, zdĺhavý, rozvláčny, obšírny, nudný

len.i.ent [li:njənt] *príd* **1.** zhovievavý, mierny, mäkký

lens [lenz] *podst* (mn **-es**) **1.** *(anat: očná)* šošovka; **2.** objektív, sklo

len.til [lentil] *podst* **1.** *(bot: Lens culinaris)* šošovica

Le.o [li:əu] *podst* (mn **-os**) **1.** *(astron, astrol: súhvezdie)* lev

leop.ard [lepəd] *podst* **1.** leopard

les.bi.an [lezbiən] **I.** *podst* **1.** lesbička, lesbičanka; **II.** *príd* **2.** lesbický

le.sion [li:žən] *podst* poškodenie, *(telesná)* porucha, zranenie, úraz

less [les] (~ **than...**) **I.** *predl* **1.** *(pri odčítaní)* bez, *(mat)* mínus: **a monthly salary of $ 500, less tax** *mesačný plat 500 dolárov, mínus daň*; bez, **topless** *hore bez*; **II.** *zám* **2.** *(2 st od „little")* menej: **I received much less money than the others** (did) *dostal som oveľa menej peňazí ako ostatní*; menej, **It takes less than an hour to get to Trnava** *cesta do Trnavy trvá menej ako hodinu*; **3.** *(less of a + podst)* menší: **III.** *prísl* **4.** menej: **less beautiful** *menej pekná*; *(no less than)* najmenej: **we wasted no less than 3 hours** *premárnili sme najmenej tri hodiny*; **It is less of a problem than I'd expected** *to je menší problém ako som predpokladal*;

to les.sen [lesn] **I.** *prech* **1.** zmenšiť, znížiť; **II.** *nepr* **2.** zmenšiť sa, znížiť sa. *Syn* ⇨ **to decrease**

les.ser [lesə] *príd* **1.** menší; **2.** menej dôležitý, menej významný, druhotný

les.son [lesn] *podst* **1.** *(škol)* vyučovacia hodina, lekcia; **2.** *(prn)* poučenie pre budúcnosť, ponaučenie; **3.** *(náb)* čítanie z Písma pri bohoslužbe

lest [lest] **I.** *spoj* **1.** *(arch, lit)* aby nie, aby ne[-], **he is afraid lest he should fall** *bojí sa,* *aby nespadol*; **2.** *(pri vyjadrení obavy)* že:

let [let] *podst* **1.** *(tenis)* nová lopta pri podávaní, prekážka; **2.** nájom, prenájom

to let [let] [**-tt-**] (mč, mp **let**) **1.** prenajať; **2.** pustiť, nechať; **3.** dovoliť. *Syn*: to allow, to permit, to suffer, ⇨ aj **to hire**

le.thal [li:θəl] *príd* **1.** smrteľný, smrtiaci, *(lek)* letálny. *Syn* ⇨ **fatal**

leth.ar.gic [le'θa:džik] *príd* **1.** *(lek)* letargický, chorobne spavý, malátny, otupený; **2.** nevšímavý; **3.** *(atmosféra)* uspávajúci

leth.ar.gy [leθədži] *podst* (mn **-ies**) **1.** *(lek)* letargia, chorobná spavosť; **2.** *(prn)* malátnosť, nevšímavosť, otupenosť. *Syn*: languor, lassitude, stupor, torpor

to let out [letaut] **1.** prepustiť, oslobodiť, *(mačku, dieťa)* pustiť von, vypustiť von, nechať ísť von; **2.** *(vodu, vzduch)* vypustiť; **3.** povoliť, popustiť; **4.** *(br)* prenajať

let.ter [letə] *podst* **1.** písmeno, litera; **2.** list; **3.** zásielka

leu.k(a)e.mi.a [lju:'ki:miə] *podst* **1.** *(lek)* leukémia

lev.el [levl] **I.** *podst* **1.** *(výšky)* úroveň, *(rieky)* hladina; **2.** rovina; **3.** podlažie, poschodie; **4.** miera, výška, percento; **5.** vodováha, libela; **II.** *príd* **6.** na rovnakej úrovni/ v rovnakej výške; **7.** rovný, plochý; **8.** vodorovný, horizontálny; **9.** *(lyžica)* vrchovatý; **10.** *(preteky)* vyrovnaný; **11.** pokojný, odmeraný; **12.** *(teplota)* stabilný. *Syn*: flat, plane, even, smooth

to lev.el [levl] [**-ll-**, am **-l-**] **1.** zrovnať, planírovať, rovnať, urovnať

le.ver.age [li:vəridž] *podst* **1.** *(str)* sila páky, činnosť páky, *(prn)* vplyv

to lev.i.tate [leviteit] **I.** *prech* **1.** nechať [koho] levitovať; **II.** *nepr* **2.** levitovať, vznášať sa

lev.y [levi] *podst* (mn **-ies**) **1.** *(z čoho)* vyberanie; **2.** daň, clo

to lev.y [levi] (mč, mp **levied**); (**~ st [on sb]**) **1.** *(dane, poplatky)* vybrať; **2.** uložiť; **3.** zabrať, zhabať; **4.** *(vziať za vojaka)* odviesť

li.a.bil.i.ty [ˌlaiə'biləti] *podst* **1.** *(i práv)* zodpovednosť, ručenie; **2.** príťaž; **3.** náchylnosť **4.**(mn **-liabilities**) *(fin, ekon)* pasíva, súhrn dlžôb

li.a.ble [laiəbl] *príd* **1.** *(práv)* zodpovedný; **2.** vystavený nebezpečenstvu/ pokute, *(i clu)* podliehajúci; **3.** náchylný; **4.** pravdepodobný, možný. *Syn* ⇨ **likely**

li.ais.on [li'eizən] *podst* **1.** *(i voj)* spojenie, spolupráca; **2.** *(človek)* spojka; **3.** milostná aféra, intímne spojenie, styk

li.bel [laibl] *podst* **1.** utŕhanie na cti, nactiutŕhanie, hanopis; **2.** *(pred súdom)* žaloba; **3.** ohováranie; **4.** urážka

to li.bel [laibl] [**-ll-**, am **-l-**] **1.** *(v tlači ap)* ohovoriť, utŕhať [komu] na cti, očierniť, pošpiniť, obviniť

lib.er.al [libərəl] **I.** *podst* **1.** *(pol)* liberál; **2.** tolerantný človek; **II.** *príd* **3.** *(i pol)* liberálny, znášanlivý, slobodomyseľný, osvietený; **4.** *(výchova)* humanitný; **5.** veľkorysý, veľkodušný, štedrý; **6.** *(humanitná pomoc)* výdatný, bohatý; **7.** *(preklad)* voľný; **8.** všeobecný. *Syn*: progressive, liberal, advanced, radical, left

lib.er.al.i.sm [librlizm] *podst* **1.** liberalizmus

to lib.er.al.ize [libərəlaiz] (i **-ise**) **1.** liberalizovať, uvoľniť

to lib.er.ate [libəreit] (**~ sb/ st [from st]**) **1.** *(pustiť na slobodu, i územie, mesto)* oslobodiť, [pre]pustiť, zrovnoprávniť; **2.** *(fin, i chem)* uvoľniť, vymôcť. *Syn* ⇨ **to free**

lib.ert.y [libəti] *podst* (mn **-ies**) **1.** sloboda, voľnosť. *Syn* ⇨ **freedom**

Li.bra [laibrə] *podst* **1.** *(astrol astron)* váhy

li.bra.ri.an [lai'breəriən] *podst* **1.** knihovník, *(zast)* bibliotekár

li.bra.ry [laibrəri] *podst* (mn **-ies**) **1.** knižnica, *(kniž)* bibliotéka; **2.** fonotéka; **3.** edícia; **4.** *(súbor textov)* zbierka; **5.** *(súkromná)* pracovňa, študovňa

li.cence [laisəns] *podst* (i **license**) **1.** povolenie, osvedčenie, licencia, koncesia; **2.** sloboda, voľnosť, zvôľa

to li.cense [laisəns] **1.** udeliť licenciu

li.chen [laikən] *podst* **1.** *(bot: Lichenes)* lišajník, *(bot fruticose lichen: Usnica barbata)* lišajník [bradatý]

lick [lik] *podst* **1.** liznutie, olíznutie

to lick [lik] **1.** lízať, olizovať, oliznúť, olízať, vylízať

lid [lid] *podst* **1.** veko, viečko, pokrievka, pokrievočka, **2.** očné viečko

lie [lai] *podst* **1.** lož; **2.** poloha

to lie [lai] (mč, **lay** mp **lain**,pr **lying**) **1.** luhať; **2.** ležať; **3.** byť; **II.** (mč, mp **lied** pr **lying**) **4.** klamať. *Syn*: to prevaricate, to equivocate, to fabricate, to fib

lie-down [laidaun] *podst* **1.** šlofík, krátky odpočinok

lieu.ten.ant [leftenənt] *podst* **1.** *(voj)* poručík, *(br)* nadporučík; **2.** zástupca, námestník

life [laif] *podst* (mn **lives**) **1.** život, spôsob života; **2.** živosť, vitalita; **3.** životopis, biografia; **4.** životnosť; **5.** *(art)* skutočnosť

life.boat [laifbəut] *podst* **1.** záchranný čln

life.line [laiflain] *podst* **1.** *(nám)* záchranné lano, *(prn)* pupočná šnúra; **2.** čiara života

life.long [laifloŋ] *príd* **1.** celoživotný

life.time [laiftaim] *podst* **1.** celý život; **2.** *(prn ifm)* večnosť

lift [lift] *podst* **1.** zdvihnutie, vyzdvihnutie; **2.** *(br)* výťah; **3.** *(v aute)* zvezenie; **4.** *(prn)* povzbudenie, dodanie odvahy; **5.** *(let)* nosná sila, *(tech)* zdvih

to lift [lift] **I.** *prech* **1.** rušiť, zrušiť, odvolať; **2.** *(zemiaky)* vyorať, vykopať; **3.** *(ifm)* šlohnúť, plagiarizovať; **II.** *nepr* **4.** *(hmla)* zdvihnúť sa, rozplynúť sa, *(zlá nálada)* rozptýliť sa. *Syn*: to raise, to lift, to elevate, to hoist, to boost, ⇨ aj **to steal**. *Opoz*: to lower

lift-off [liftof] *podst* **1.** štart

lig.a.ment [ligəmənt] *podst* **1.** *(anat)* väz, väzivo; **2.** povrazec; **3.** zväzok

light [lait] **I.** *podst* **1.** *(vše)* svetlo, jas; **2.** lampa, svietidlo; **3.** objasnenie, osvetlenie; **4.** *(archit)* okno, okienko; **5.** človek neobyčajne bystrého umu, génius; **6.** vlohy, schopnosti; **7.** hľadisko, stanovisko, postoj, pohľad; **8.** živosť, známosť; **II.** *príd* **9.** *(vše)* ľahký; **10.** svetlý; **11.** *(i šaty)* vzdušný, blond; **12.** *(materiál)* jemný, *(sneh, cesto)* kyprý; **13.** *(ifm: vrecko)* prázdny; **14.** *(trest, bolesť)* mierny; **15.** *(sadzba)* nízky; **16.** nenáročný, zábavný; **17.** *(alkoholický nápoj)* slabý, málo alkoholický

to light [lait] (mč, mp **lit/ lighted**) **I.** *prech* **1.** osvetliť; **2.** zapáliť; **II.** *nepr* **3.** chytiť, vznietiť sa

to light.en [laitn] **I.** *prech* **1.** osvetliť, osvietiť, zafarbiť na bledší odtieň, zjasniť; **II.** *nepr* **2.** zosvetlieť., stať sa bledším; **3.** *(i prn)* znížiť. *Syn* ⇨ **to relieve**

light.er [laitə] *podst* **1.** *(nám)* prekladací čln, prekladacia bárka

light-heart.ed [ˌlaitˈha:tid] *príd* **1.** bezstarostný, rozmarný, žartovný, veselý, zábavný

light.ing [laitiŋ] *podst* **1.** osvetlenie, svetlo

light.weight [laitweit] **I.** *podst* **1.** *(špo: v boxe)* ľahká váha; **II.** *príd* **2.** ľahký; **3.** *(špo: v boxe)* ľahkej váhy; **4.** *(prn: človek)* povrchný, slabý

like [laik] **I.** *predl* **1.** ako: **he's like his father** *je ako jeho otec*; **you are behaving like a child** *správaš sa ako dieťa*; **playwrights like Shakespeare** *dramatici ako Shakespeare*; **II.** *spoj* **2.** *(ifm)* ako, **like I said** *ako som povedal*; **no one speaks English like she** *nikto nehovorí po anglickýyako ona*; [tak] ako: **it didn't turn out like I intented** *nedopadlo to [tak], ako som chcel*; *(am)* ako keby, akoby: **he acts like he owns the place** *správa sa akoby/ ako keby bol majiteľ*; **III.** *podst* **3.** *(the like)* niečo také: niečo podobné, **did you ever see the like [of that]?** *videl si niekedy niečo také*; *(and the like)* a podobne, a tak ďalej, *(mn: the likes)* záľuby, **my likes and dislikes** *čo mám a čo nemám rád*; **IV.** *príd* **4** *(i [-]like)* podobný: **they're very like** *sú veľmi podobné*; rovnaký, *(in like manner)* podobne: **she responded in like manner** *reagovala podobne*; *(something like)* asi, viac menej, okolo: **something like 100 crowns** *okolo sto korún*; *(like that)* takto, aký, taký, ***like father, like son** *aký otec, taký syn*;

to like [laik] **1.** mať rád, *(komu)* páčiť sa, byť sympatický [komu], *(komu)* chutnať; **2.** chcieť, priať si

like.a.ble [laikəbl] *príd* **1.** milý, príjemný, sympatický

like.ly [laikli] **I.** *príd* **1.** pravdepodobný; **2.** *(ifm)* vhodný ; **3.** hodnoverný, uveriteľný; **4.** prijateľný, primeraný ; **5.** spôsobilý; **6.** sľubný; **II.** *prísl* **7.** pravdepodobne; **8.** zaiste, akiste. *Syn*: liable, apt, likely, prone, probable. *Opoz*: unlikely, indisposed

like-mind.ed [ˌlaikˈmaindid] *prísl* **1.** rovnako

zmýšľajúci

to lik.en [laikən] **1.** prirovnať, porovnať

like.ness [laiknis] *podst* (mn **-es**) **1.** podoba; **2.** portrét, obraz. *Syn*: similarity, resemblance, analogy. *Opoz*: unlikeness, difference

like.wise [laikwaiz] *prísl* **1.** tiež, rovnako, takisto; **2.** podobne

lik.ing [laikiŋ] *podst* **1.** sympatia, náklonnosť; **2.** *(chcenie)* chuť, *(silný záujem o niečo)* záľuba

li.lac [lailək] **I.** *podst* **1.** *(bot: Syringa)* orgován, *(ifm)* baza; **2.** orgovánová farba; **II.** *príd* **3.** *(farba)* orgovánový, fialový, lilavý

li.ly [lili] *podst* (mn **-ies**) **1.** *(bot: Lilium)* ľalia, *(bot orange lily: Lilium bulbiferum)* ľalia [cibuľkonosná]; **2.** *(bot white water lily: Nymphea alba)* lekno [biele]; **3.** *(bot Lent lily: Narcissus pseudonarcissus)* [žltý] narcis

limb [lim] *podst* **1.** *(anat)* končatina, úd; **2.** *(veľká)* vetva, haluz; **3.** *(dieťa)* nezbedník

lim.bo [limbəu] *podst* **1.** *(náb)* predpeklie, *(náb)* limbus

lime [laim] *podst* (i **quicklime**) **1.** *(bot lime tree: Tilia grandifolia)* lipa [veľkolistá]; **2.** *(geol)* vápno; **3.** vtáčí lep

to lime [laim] **1.** hnojiť vápnom, povápniť

lime.light [laimlait] *podst* (ob **the limelight**) **1.** javiskové osvetlenie, svetlo reflektora; **2.** publicita, *(prn)* reklama

lim.er.ick [limrik] *podst* **1.** päťriadková rýmovačka; **2.** satirický verš

lim.it [limit] *podst* **1.** hranica, *(dolný/ horný)* limit, medza , obmedzenie. *Syn*: to bound, to restrict, to circumscribe, to confine. *Opoz*: to widen, to expand

to lim.it [limit] (~ **oneself/ sb/ st [to st]**) **1.** obmedziť, ohraničiť, *(kniž)* limitovať

lim.i.ta.tion [ˌlimiˈteišən] *podst* **1.** obmedzenie; **2.** nedostatok, chyba

lim.it.ed [limitid] *príd* **1.** obmedzený, ohraničený

lim.it.ed ed.i.tion [ˌlimitidiˈdišn] *podst* **1.** číslované vydanie

lim.it.less [limitlis] *príd* **1.** neobmedzený; **2.** bezmedzný

li.mou.sine [limu:zi:n] *podst* **1.** limuzína

limp [limp] **I.** *podst* **1.** krívanie, krívavosť; **II.** *príd* **2.** malátny, mátožný, vlažný; **3.** ovisnutý, ochabnutý, chabý; **4.** zvädnutý; **5.** *(kniha)* viazaný v mäkkých doskách

to limp [limp] **1.** krívať, napádať na nohu, byť chromý, *(prn)* pokrivkávať; **2.** *(loď)* plávať s ťažkosťami

lin.den [lindən] *podst* **1.** *(bot: Tilia cordata)* lipa [malolistá]

line [lain] *podst* **1.** čiara, *(na tvári)* vráska; **2.** hranica, medza; **3.** šnúra, povraz; **4.** rada, zástup, *(am)* front, reťaz kopcov; **5.** príbuzenská línia; **6.** *(ele)* vedenie; **7.** *(telefónna, dopravná)* linka, *(žel)* trať, koľaj; **8.** riadok, verš; **9.** *(i voj)* línia; **10.** kurz, metóda, taktika; **11.** *(prn)* odvetvie, odbor, osud, údel

to line [lain] **1.** nalinkovať; **2.** podšiť, opatriť podšívkou, vyložiť, vatovať, vyvatovať; **3.** lemovať

lin.e.ar [liniə] *príd* **1.** lineárny, priamy, *(i prn)* priamočiary ; **2.** čiarkovitý

lin.en [linin] *podst* **1.** ľanová tkanina, plátno; **2.** posteľná/ stolná/ spodná bielizeň

lin.er [lainə] *podst* **1.** *(nám)* parník; **2.** dopravné lietadlo [lietajúce na pravidelnej linke]; **3.** podšívkovina; **4.** ceruzka na očné linky; **6.** *(tech)* vložka

lines.man [lainzmən] *podst* (mn **-men**) **1.** *(špo)* čiarový rozhodca; **2.** *(žel)* traťmajster, prehliadač; **3.** *(tel, ele)* opravár vedenia

line-up [lainap] *podst* **1.** predvádzačka; **2.** *(špo)* zostava, *(div)* obsadenie; **3.** *(am)* rad, front

to ling.er [liŋgə] **1.** šuchtať sa, váhať, otáľať; **2.** udržiavať sa. *Syn* ⇨ **to stay**

ling.er.ie [l1ŋžəri:] *podst* **1.** dámska spodná bielizeň; **2.** luxusná bielizeň

lin.guist [liŋgwist] *podst* **1.** lingvista, jazykovedec; **2.** znalec jazykov, polyglot

lin.guis.tics [liŋgwistiks] *príd* **1.** jazykoveda, lingvistika

lin.ing [lainiŋ] *podst* **1.** *(text)* podšívka, podšívkovina; **2.** vyloženie; **3.** *(tech)* obklad, obloženie, výmurovka, tesnenie piesta; **4.** *(anat)* výstieľka

link [liŋk] *podst* **1.** článok, *(prn)* prostredník;

2. spojenie; 3. vzťah, súvislosť
to link [liŋk] (~ **A to/ with B**); (~ **A and B together**) 1. spojiť, združiť. *Syn* ⇨ **to join**
link.age [liŋkidž] *podst* 1. spojenie, pripojenie, väzba; 2. súvislosť, záprah
li.on [laiən] *podst* (ž **lioness**) 1. *(zool: púšťny)* lev
lip [lip] *podst* 1. *(anat)* pera, pysk; 2. božtek; 3. *(prn)* bezočivosť
lip.stick [lipstick] *podst* 1. rúž, tyčinka na pery
li.queur [li'kjuə] *podst* 1. likér, sladká pálenka, likér
to liq.uid.ate [likwideit] 1. likvidovať, zlikvidovať, zrušiť, zničiť, *(s čím)* skoncovať, *(čoho)* zbaviť sa, *(čo)* odstrániť; 2. *(eko: spoločnosti ap)* vykonať likvidáciu, *(fondy)* urobiť likvidným; 3. *(dlh)* zaplatiť, vyrovnať
liq.uid.a.tor [likwideitə] *podst* 1. *(fin)* likvidátor
liq.uid.i.ty [li,kwidəti] *podst* (mn **-ies**) 1. *(fin)* likvidita
li.quor [likə] *podst* 1. alkohol; 2. *(am)* liehoviny, liehové nápoje; 3. *(kuch)* šťava z mäsa/ zeleniny ap.
list [list] *podst* 1. zoznam, súpis, listina; 2. *(nám)* náklon. *Syn*: catalogue, inventory, register, roll
to list [list] 1. spísať, vymenovať, vypočítať, urobiť súpis [čoho], zapísať do zoznamu; 2. *(nám)* nakláňať sa
list.ing [listiŋ] *podst* vymenovanie, zoznam, súpis, zápis do zoznamu
list.less [listlis] *príd* 1. ľahostajný, nevšímavý, apatický
lit.a.ny [litəni] *podst* (mn **-ies**) 1. litánie, pobožnosti
lit.er.a.cy [litərəsi] *podst* 1. gramotnosť
lit.er.al [litərəl] *príd* 1. doslovný, presný; 2. suchopárny, jednotvárny, nezaujímavý
lit.er.al.ly [litərəli] *prísl* 1. doslova, presne, verne
lit.er.ar.y [litərəri] *príd* 1. literárny, spisovný
lit.er.ate [litərət] *príd* 1. *(lit)* gramotný; 2. vzdelaný, kultivovaný
lit.er.a.ture [litərəæə] *podst* 1. literatúra; 2. odborná literatúra; 3. informačný materiál, propagačná literatúra
lit.i.ga.tion [,liti'geišn] *podst* 1. *(práv)* súdny spor, spor, rozopra; 2. sporenie sa, súdenie sa
li.tre [li:tə] *podst* (am **liter**) 1. liter
lit.ter [litə] *podst* 1. odpadky, smeti; 2. *(zool: mláďat)* vrh; 3. *(poľn)* podstielka, stelivo; 4. *(hist)* nosidlá
to lit.ter [litə] 1. *(zool)* vrhnúť mláďatá, mať mladé; 2. porozhadzovať; 3. *(koňovi)* podstlať, *(v chlieve)* ustlať
lit.tle [litl] I. *zám* 1. *(the little)* málo, *(a little)* trochu; II. *príd* 2. malý, neveľký; 3. *(expr)* maličký, drobný; 4. nízky; 5. krátky; 6. malicherný, úbohý, **little or nothing** *takmer nič*; III. *prísl* 6. málo. *Syn* ⇨ **small**
lit.to.ral [litərəl] I. *podst* 1. pobrežie, prímorie; II. *príd* 2. pobrežný, prímorský
live [laiv] I. *príd* 1. živý, žijúci; 2. *(prn)* aktuálny, *(i otázka)* pálčivý; 3. *(drôt)* nabitý, pod prúdom, *(strela)* ostrý, *(bomba)* nevybuchnutý, *(uhlie, pahreba)* žeravý; II. *prísl* 4. *(tv, roz)* priamym prenosom
to live [laiv] I. *prech* 1. užívať si život; II. *nepr* 2. žiť, byť nažive, dožiť sa, pretrvať; 3. bývať, *(kde)* prebývať
live.ly [laivli] *príd* {**-ier, -iest**} 1. *(človek)* živý, temperamentný, veselý, energický, čulý, svieži; 2. *(predstava, fantázia)* bujný, *(myseľ)* bystrý; 3. *(rozhovor)* rušný, *(dialóg)* svižný, *(zábava)* bujarý. *Syn*: animated, vivacious, sprightly, gay. *Opoz*: dull
liv.er [livə] *podst* 1. *(anat, kuch)* pečeň
liv.er.y [livəri] *podst* (mn **-ies**) 1. livrej; 2. *(prn i bás)* oblečenie
live.stock [laivstok] *podst* 1. živý inventár, dobytok, *(hrom: úžitkové domáce zvieratá)* statok
liv.ing [liviŋ] I. *podst* 1. obživa, živobytie; 2. existencia; 3. *(náb)* obročie, prebenda, beneficium; II. *príd* 4. živý, žijúci; 5. *(priestor)* životný, obytný; 6. súčasný; 7. silný, mocný; 8. účinný, pôsobivý; 9. presný, veľmi podobný . *Syn*: alive, living, animate, animated, vital
liz.ard [lizəd] *podst* 1.*(zool)* jašterica, jašter
lo [ləu] *cit* 1. hľa!

load [ləud] *podst* **1.** *(i lit)* bremeno, náklad, náplň; **2.** nosnosť, maximálne zaťaženie, kapacita; **3.** *(ele)* napätie, výkon

to load [ləud] **I.** *prech* **1.** naložiť; **2.** nabiť; **3.** *(inf)* zavádzať, vkladať; **II.** *nepr* **4.** nakladať

load.ed [ləudid] *príd* **1.** naložený, *(zbraň)* nabitý, *(fotoaparát)* so založeným filmom; **2.** *(sl)* zazobaný, prachatý, *(am sl)* namazaný, nafetovaný; **3.** *(kocky)* sfalšovaný

loaf [ləuf] *podst* (mn **loaves**) **1.** bochník, peceň; **2.** *(ifm)* gebuľa, tekvica, makovica

loan [ləun] *podst* **1.** *(fin)* pôžička, výpožička

to loathe [ləuð] **1.** *(co)* oškliviť si, *(čoho)* štítiť sa, mať odpor [k čomu]. *Syn* ⇨ **to hate**

loath.ing [ləuðiŋ] *podst* (~ **for sb/ st**) **1.** averzia, odpor, hnus, nechuť. *Syn* ⇨ **aversion**

lob [lob] *podst* **1.** *(špo)* lob

lob.by [lobi] *podst* (mn **-ies**) **1.** predsieň, *(v hoteli)* vestibul, *(v divadle)* foyer; **2.** *(pol)* kuloáry; **3.** *(pol)* nátlaková skupina; **4.** volebná miestnosť, lobby

to lob.by [lobi] (mč, mp **lobbied**); (~ **sb [for st]**) **1.** *(i zasiahnuť do vecí iného štátu)* intervenovať; **2.** agitovať

lob.by.ist [lobiist] *podst* **1.** *(pol)* lobbista

lobe [ləub] *podst* **1.** *(anat: ušný)* lalôčik; **2.** lalok

lob.ster [lobstə] *podst* **1.** *(zool: Homarus)* homár, *(zool: Homarus vulgaris)* rak morský, *(zool spiny/ rock lobster: Palinurus)* langusta [obyčajná]

lo.cal [ləukəl] **I.** *podst* **1.** miestny obyvateľ, domorodec; **2.** *(br)* miestny hostinec/ krčma; **3.** *(hov: vlak)* osobák; **II.** *príd* **4.** miestny, tunajší, domorodý, obecný; **5.** *(anestézia, infekcia)* lokálny; **6.** *(vlak)* osobný

lo.cal.i.ty [ləu'kæləti] *podst* (mn **-ies**) **1.** miesto, umiestnenie, *(let)* poloha, miesto výskytu, lokalita; **2.** oblasť

to lo.cal.ize [ləukəlaiz] **1.** lokalizovať, určiť polohu, umiestniť, obmedziť na určité miesta; **2.** zamerať pozornosť, koncentrovať sa

to lo.cate [ləu'keit] **1.** umiestniť; **2.** lokalizovať, nájsť, určiť miesto [čoho], zistiť

lo.ca.tion [ləu'keišən] *podst* **1.** miesto; **2.** umiestnenie, lokácia; **3.** lokalizácia, určenie polohy

loch [lok] *podst* (mn **lochs**) **1.** *(škót)* jazero; **2.** morské rameno, morská zátoka; **3.** chobot

lock [lok] *podst* **1.** *(dverí zásuvky, i visací)* zámok; **2.** plavebná komora; **3.** zarážka, *(na zbrani)* uzáver; **4.** chumáč vlny/ bavlny/ vlasov, kader, vlasy; **5.** *(kniž)* kučera, lokňa, *(vlasov)* prameň

to lock [lok] **I.** *prech* **1.** zamknúť, uzamknúť, aretovať, blokovať, zablokovať, zatvárať na kľúč; **II.** *nepr* **2.** zamykať sa, blokovať sa

lock.er [lokə] *podst* **1.** úschovná skrinka

locust [ləukəst] *podst* **1.** *(zool: Locusta)* kobylka, *(zool: Locusta, Psophus)* saranča, *(zool: Oedipodium)* koník [sťahovavý]; **2.** pažravec; **3.** svätojánsky chlieb

lodge [lodž] *podst* **1.** vrátnica; **2.** dúpä, nora; **3.** vigvam

lodger [lodžə] *podst* **1.** nájomník, podnájomník, **2.** nocľažník

lodg.ing [lodžiŋ] *podst* **1.** nocľah, *(v nájme)* byt

loft.y [lofti] *príd* {**-ier, -iest**} **1.** velebný, *(prn)* povznášajúci, ušľachtilý, vznešený; **2.** pyšný, povýšenecký, nafúkaný, nadutý; **3.** *(próza, štýl)* vzletný. *Syn* ⇨ **high**

log [log] *podst* **1.** poleno, klada; **2.** *(nám: meradlo rýchlosti)* log, plavbomer, **3.** *(=logbook)* lodný denník, *(let)* palubný denník

logic [lodžik] *podst* **1.** logika, logickosť

log.i.cal [lodžikəl] *príd* **1.** logický; **2.** rozumný; **3.** dôsledný

lo.go [logəu] *podst* (mn **-os**) **1.** logo, firemný znak

lone [ləun] *príd* **1.** sám, osamelý; **2.** neobývaný. *Syn* ⇨ **alone**

lone.li.ness [ləunlinis] *podst* **1.** samota, osamelosť, osamotenosť

lone.ly [ləunli] *príd* **1.** opustený, sám; **2.** osamelý, odrezaný od sveta. *Syn* ⇨ **alone**

lon.er [ləunə] *podst* **1.** samotár

long [loŋ] **I.** *príd* **1.** *(priestorove, časove)* dlhý: **a long film/ list** *dlhý film/ zoznam*; **the sleeves are too long** *rukávy sú príliš dlhé*; *(vzdialenosť)* veľký, *(práca, rozprávanie)* zdĺhavý, rozvláčny, *(výlet)* ďaleký, *(pohár)* vysoký, *(tvár)* pretiahnutý, podlhovastý, *(ekon: zmenka)* dlhodobý, *(i špo: podanie)* príliš dlhý, *(i šport)* diaľkový, *(šport)* ďaleký, **we must help him as long as he is at school** *kým študuje, treba mu pomáhať*; *(odb)* celkový; **II.** *prísl* **2.** dlho, *(na väčšiu dĺžku)* nadlho, *(before long)* onedlho, *(all day/ etc long)* celý deň/ etc, *(long ago)* dávno, dlhé roky, *(vo vetách želacích ap: long live!)* nech žije!

long.ing [loŋiŋ] **I.** *podst* **1.** túžba, silné želanie, prianie; **2.** roztúženie, nostalgia; **II.** *príd* **3.** veľmi túžiaci, túžobný, bažiaci, dychtivý

long-range [ˌloŋ'reindž] *príd* **1.** ďalekonosný, diaľkový; **2.** dlhodobý

long-stand.ing [ˌloŋ'stændiŋ] *príd* **1.** dlhodobý, dlhoročný, dlhotrvajúci

long-suf.fer.ing [ˌloŋsafriŋ] *príd* **1.** nesmierne trpezlivý

long-term [loŋtə:m] *príd* **1.** dlhodobý, dlhoročný

long-time [loŋtaim] *príd* **1.** dlhoročný

loo [lu:] *podst* **1.** klozet, záchod; **2.** toaleta

look [luk] *podst* **1.** pohľad, podoba; **2.** vzhľad; **3.** módna línia

to look [luk] **1.** dívať sa, pozerať sa, pozrieť sa; **2.** vypadať, tváriť sa; **3.** hľadať; **4.** chystať sa. *Syn*: to gaze, to stare, to gape, to glare, to peek, to peer, to appear

to look for **1.** hľadať, pátrať

look.out [lukaut] *podst* **1.** strážny, strážnik, *(osoba)* hliadka

loon.y [lu:ni] **I.** *podst* **1.** blázon, hlupák; **II.** *príd* **2.** bláznivý, pochabý

loop [lu:p] *podst* **1.** *(inf: na povraze, lane)* slučka, oko, *(žel)* vedľajšia trať, *(rieky, cesty)* záhyb; **2.** vnútromaternicové teliesko; **3.** *(ele)* uzavretý okruh; **4.** cyklus; **5.** *(let)* loping, premet

loop.hole [lu:phəul] *podst* **1.** *(voj)* strieľňa; **2.** *(prn)* otvorené zadné dvierka/vrátka

loose [lu:s] *príd* {**-r, -st**} **1.** voľný, *(rúčka)* uvoľnený, *(i zub)* kývajúci sa, *(skrutka)* neutiahnutý, *(lano)* neuviazaný, neupevnený, *(klinec)* nepribitý, *(pes)* odviazaný, *(vlasy)* rozpustený; **2.** *(oblečenie)* veľký; **3.** *(potraviny)* nebalený; **4.** nepresný, približný; **5.** *(pôda)* kyprý

to loose [lu:s] **I.** *prech* **1.** pustiť na slobodu; **2.** odviazať, rozpustiť; **3.** uvoľniť, povoliť

to loos.en [lu:sn] **I.** *prech* **1.** *(povraz, skrutku)* uvoľniť, *(uzol)* rozviazať, *(pôdu)* skypriť; **2.** *(prn: pravidlá, zákazy)* zmierniť, liberalizovať; **II.** *nepr* **3.** uvoľniť sa, povoliť sa, rozviazať sa

loose.ness [lu:snis] *podst* **1.** voľnosť, uvoľnenie, uvoľnenosť; **2.** dostatočná voľnosť, *(ifm)* plantavosť; **3.** kyprosť; **4.** vágnosť, nepresnosť

loot [lu:t] *podst* **1.** korisť, lup, *(ifm dtd)* prachy. *Syn* ⇨ **spoil**

to loot [lu:t] **1.** drancovať, lúpiť, rabovať, koristiť, plieniť

lord [lo:d] *podst* **1.** pán, vládca; **2.** lord; **3.** šľachtic

lore [lo:] *podst* **1.** *(ľudová)* tradícia, podanie

lor.ry [lori] *podst* (mn **-ies**) **1.** *(br)* nákladné auto, kamión, *(hov)* nákladniak

to lose [lu:z] (mč, mp **lost**) **1.** *(vše)* stratiť, *(o)* prísť, *(koho)* striasť sa, zbaviť sa, *(na koho/ čo)* zabudnúť; **2.** *(komu)* zomrieť; **3.** prehrať; **4.** zmeškať, nechať si ujsť

los.er [lu:zə] *podst* **1.** *(špo)* porazený; **2.** *(prn)* stroskotanec, skrachovaná existencia, neúspešný človek

loss [los] *podst* (mn **-es**) **1.** strata, úbytok; **2.** *(špo)* prehra; **3.** škoda, ujma

lost [lost] *príd* **1.** stratený, beznádejný, zaniknutý, vyhynutý, premárnený

lot [lot] *podst* (i **a lot, lots**) **1.** položka; **2.** skupina, turnus, masa ľudí; **3.** súprava, kolekcia; **4.** množstvo, hromada, kopa; **5.** zásielka, balík akcií na predaj; **6.** parcela, pozemok; **7.** osud, údel. *Syn* ⇨ **fate**

lo.tion [ləušən] *podst* **1.** *(kozmetická)* voda, vodička

lot.ter.y [lotəri] *podst* (mn **-ies**) **1.** lotéria, *(prn)* náhoda

loud [laud] *príd* {**-er, -est**} **1.** hlasný, hlučný, *(potlesk)* búrlivý; **2.** *(farba)* krikľavý, vtieravý

loud.speak.er [ˌlauďspi:kə] *podst* (i **speaker**) **1.** tlampač , amplión, reproduktor, *(ifm)* reprobedňa

lounge [laundž] *podst* **1.** hala; **2.** klubovňa; **3.** *(br)* obývacia izba; **4.** povaľovanie

louse [lauzə] *podst* **1.** *(zool: Pediculus humanus)* voš šatová, voška; **2.** ničomník, lump, *(o človeku)* nula

lous.y [lauzi] **{-ier, -iest}** **1.** mizerný, mrchavý, psí; **2.** zavšivavený

lov.a.ble [lavəbl] *príd* **1.** milý, sympatický, roztomilý, *(expr)* božský

love [lav] *podst* **1.** láska; **2.** *(oslovenie)* miláčik, zlato, *(i osoba)* milá, milý; **3.** báječná osoba, roztomilé dieťa; **4.** *(tenis)* nula. *Syn*: affection, love, attachment, infatuation

love.ly [lavli] *príd* **{-ier, -iest}** **1.** pôvabný, rozkošný, krásny, roztomilý, sympatický; **2.** milý, skvelý, fajn. *Syn* ⇨ **beautiful**

lov.er [lavə] *podst* **1.** milenec, milý; **2.** milovník, ctiteľ, vyznávač, fanúšik

lov.ing [laviŋ] *príd* **1.** milujúci, láskyplný, nežný, láskavý

low [ləu] **I.** *podst* **1.** *(met)* tlaková níž; **2.** najnižší bod, najnižšia úroveň; **3.** *(kravy)* bučanie; **II.** *príd* **4.** nízky; **5.** lacný; **6.** *(pulz)* slabý, *(viditeľnosť, inteligencia)* obmedzený; **7.** *(tón)* hlboký; **8.** *(kvalita)* zlý, mizerný; **9.** *(biol. organizmus)* primitívny, nižší; **10.** *(správanie)* hrubý, neokrôchaný; **11.** *(hlas)* tichý. *Syn* ⇨ **base**

low.er [ləuə] *príd* **1.** nižší, hlbší; **2.** dolný, spodný

low-key [ˌləuˈki:] *príd* **1.** *(človek)* pokojný, rezervovaný; **2.** *(prístup)* diskrétny; **3.** neformálny, bez ceremónií

low.ly [ləuli] *príd* **{-ier, -iest}** **1.** skromný, prostý, nenáročný; **2.** pokorný; **3.** *(patriaci do spodnej spoloč vrstvy)* nízky. *Syn* ⇨ **humble**

loy.al [loiəl] *príd* (**~ to sb/ st**) **1.** lojálny, verný, oddaný, kolegiálny. *Syn* ⇨ **faithful**

loy.al.ist [loiəlist] *podst* **1.** lojálny občan, *(hist)* lojalista

loy.al.ty [loiəlti] *podst* **1.** lojalita, oddanosť, vernosť. *Syn* ⇨ **allegiance**

L-plate [elpleit] *podst* **1.** *(aut)* tabuľka s nápisom 'L' [na autách riadených kandidátmi autoškoly]

lu.bricant [lu:brikənt] *podst* **1.** mazadlo, mazivo

to lu.bri.cate [lu:brikeit] **1.** mastiť, namazať, premazať, olejovať, naolejovať

lu.cid [lu:sid] *príd* **1.** jasný, zrozumiteľný, priezračný; **2.** príčetný

luck [lak] *podst* **1.** šťastie

luck.y [laki] *príd* **1.** šťastný, majúci šťastie, priaznivý. *Syn*: fortunate, providential, happy. *Opoz*: unlucky, disastrous

lu.cra.tive [lu:krətiv] *príd* **1.** ziskový; **@.** rentabilný, výnosný, lukratívny

lu.di.crous [lju:dikrəs] *príd* **1.** absurdný, nezmyselný, smiešny. *Syn* ⇨ **absurd**

lug.gage [lagidž] *podst* **1.** batožina, kufre

luke.warm [lu:kwo:m] *príd* **1.** vlažný, letný, povrchný, biedny

lull [lal] *podst* **1.** *(vetra ap)* utíšenie, prestávka, odmlčanie, pauza

lum.ber [lambə] *podst* **1.** *(ob am)* rezivo, stavebné drevo; **2.** *(ob br)* haraburdie, cárachy

lu.min.a.ry [lju:minəri] **I.** *podst* **1.** vynikajúca/ významná osobnosť, velikán, veľduch, *(vo vede, umení)* koryfej; **2.** *(fml)* svetelné nebeské teleso [napr. Slnko, Mesiac]; **II.** *príd* **3.** svetelný

lu.mi.nous [lju:minəs] *príd* **1.** *(lit)* svietivý, svietiaci, žiariaci; **2.** *(prn)* priezračný. *Syn* ⇨ **bright**

lump [lamp] *podst* **1.** *(zeme)* hruda, *(cukru)* kocka, *(uhlia)* kus, *(v omáčke ap)* hrudka, zrazenina; **2.** hrča, opuchlina, nádor; **3.** *(prn ifm)* trdlo, drevo, nemotorný človek

lump.y [lampi] *príd* **1.** hrudkovitý, chuchvalcovitý, hrudovitý, beztvarý, tlstý

lu.nar [lu:nə] *príd* **1.** *(astron)* mesačný, lunárny

lu.na.tic [lu:nətik] **I.** *podst* **1.** blázon, šialenec, pomätenec; **II.** *príd* **2.** šialený, bláznivý, pochabý

lunch [lanæ] *podst* (mn **-es**) **1.** ľahký obed, poludňajšie jedlo; **2.** desiata

lunch.eon [lanæən] *podst* **1.** obed, poludňajšie jedlo

lunch.eon meat [lanænmi:t] **1.** lančmít

lung [laŋ] *podst* **1.** *(jedny)* pľúca, pľúcny lalok

to lunge [landž] **1.** *(šerm)* urobiť výpad; **2.** zhodiť zo sedla

to lurch [lə:æ] **1.** trhnúť sa, zapotácať sa; **2.** potácať sa, *(loď)* kymácať sa, nakláňať sa;

3. pohybovať sa trhavo
to lure [luə] **1.** lákať, vábiť, mámiť, bastviť; **2.** zviesť
lu.rid [ljuərid] *príd* **1.** krikľavý, nápadný, krvavočervený; **2.** *(prn)* bombastický, explicitný, plný nechutných podrobností
to lurk [lə:k] **1.** číhať; **2.** uniknúť pozornosti. *Syn*: to skulk, to sneak, to slink, to prowl
lus.cious [lašəs] *príd* **1.** lahodný, šťavnatý, sýtý, *(k nakusnutiu)* nahryznúť, s bujným poprsím
lush [laš] (mn **-es**) **I.** *podst* **1.** ožran; **II.** *príd* **2.** *(porast)* bujný, *(tráva)* šťavnatý, svieži, *(lúka)* sýto zelený; **3.** luxusný, prepychový . *Syn* ⇨ **profuse**
lust [last] *podst* **1.** zmyselnosť; **2.** chtivosť, žiadostivosť
lux.u.ri.ance [lagˈzjuəriəns] *podst* **1.** bujnosť, bohatosť, hojnosť, kvetnatosť; **2.** luxus
lux.u.ri.ant [lagˈzjuəriənt] *príd* **1.** bujný, hustý, hojný, kvetnatý, prebujnený; **2.** luxusný. *Syn* ⇨ **profuse**
lux.u.ri.ous [lagˈzjuəriəs] *príd* **1.** luxusný, opulentný, prepychový, rozkošnícky, pôžitkársky. *Syn* ⇨ **sensuous**
lux.u.ry [lakšəri] *podst* (mn **-ies**) **1.** luxus, komfort; **2.** prepych, pôžitok
ly.ric [lirik] **I.** *podst* **1.** *(lyrická)* báseň, lyrika; **2.** text piesne; **II.** *príd* **3.** lyrický; **4.** textový
ly.ri.cal [lirikəl] *príd* **1.** lyrický; **2.** nadšený, horujúci

M

ma [ma] *podst* **1.** mamička, matička, mať, mama
ma.ca.bre [məˈka:brə] *príd* **1.** príšerný, hrozný, hrôzostrašný, čierny. *Syn* ⇨ **ghastly**
ma.chine [məˈši:n] *podst* **1.** *(i prn, pol)* stroj, prístroj, zariadenie, automat; **2.** auto, bicykel, lokomotíva, *(i ifm)* mašina; **3.** mašinéria, aparát politickej strany
ma.chine gun [məˈši:ngan] *podst* **1.** guľomet
ma.chin.er.y [məˈši:nəri] *podst* (mn **-ies**) **1.** stroje, strojné zariadenie, strojové vybavenie, strojový park, mechanizmus; **2.** *(prn)* mašinéria
ma.chine tool [məˈši:ntu:l] *podst* **1.** obrábací stroj
ma.chin.ist [məˈši:nist] *podst* **1.** obsluha stroja, *(krajč: na stroji)* šička; **2.** strojný zámočník, strojník
mach.o [ma:čəu] *príd* **1.** chlapský, furiantský
mack.er.el [mækrl] *podst* **1.** *(zool: Scomber)* makrela; **2.** pasák
mad [mæd] *príd* **1.** šialený, duševne chorý, *(i ifm)* bláznivý; **2.** *(ifm)* šibnutý, pochabý; **3.** najedovaný, rozčúlený; **4.** *(pes)* besný
mad.am [mædəm] *podst* **1.** pani, slečna, *(hist)* milostivá pani; **2.** madame, majiteľka verejného domu, *(sl)* bordelmama
to mad.den [mædn] **1.** dohnať k šialenstvu, rozčúliť, rozčuľovať, pobúriť, dopáliť
made-up [meidap] *príd* **1.** nalíčený, namaľovaný; **2.** vymyslený, falošný
mad.ly [mædli] *prísl* **1.** šialene, bláznivo, pomätene
madman [mædmən] *podst* **1.** blázon, šialenec
ma.don.na [məˈdonə] *podst* **1.** *(náb)* Madona, Panna Mária; **2.** *(obraz, socha)* madona; **3.** *(bot madonna lily: Lilium candidum)* ľalia [biela]
maestro [ma:ˈestrəu] *podst* **1.** *(hud)* maestro, majster
ma.fi.a [mæfiə] *podst* **1.** mafia
mag.a.zine [ˌmægəˈzi:n] *podst* **1.** *(obrázkový)* časopis, žurnál, magazín; **2.** zásobník; **3.** *(voj)* sklad, skladište; **4.** *(fot)* kazeta
maggot [mægət] *podst* **1.** červ, larva; **1.** pandrava
mag.ic [mædžik] **I.** *podst* **1.** čaro, kúzlo, mágia, kúzelníctvo, eskamotérstvo; **2.** čarodejná moc, čarovný účinok; **II.** *príd* **3.** *(lit)* kúzelný, magický, divotvorný; **4.** *(sl)* báječný, senzačný, fantastický. *Syn*: sorcery, witchcraft, wizardry
mag.i.cal [mædžikəl] *príd* **1.** magický, čarovný
magician [məˈdžišən] *podst* **1.** čarodejník, mág, černokňažník; **2.** kúzelník, iluzionista
mag.i.strate [mædžistreit] *podst* **1.** zmiero-

vací sudca, úradník so súdnou právomocou, sudca prvej inštancie
mag.nate [mægneit] *podst* **1.** magnát, kráľ, veľmož
mag.ne.si.um [mæg'ni:zjəm] *podst* **1.** *(chem)* magnézium , horčík
mag.net [mægnit] *podst* **1.** magnet
mag.net.ic [mæg'netik] *príd* **1.** *(i prn)* magnetický, **2.** príťažlivý, neodolateľný, charizmatický
mag.ni.fi.cent [mæg'nifisnt] *príd* **1.** veľkolepý, grandiózny, nádherný, vznešený, božský, *(pokrm)* báječný, vynikajúci. *Syn* ⇨ **grand**
to mag.ni.fy [mægnifai] **1.** *(opt)* zväčšiť, zväčšovať, zosilniť; **2.** zveličovať; **3.** *(náb)* velebiť
mag.ni.tude [mægnitju:d] *podst* **1.** rozsah, miera, dôležitosť, závažnosť; **2.** *(astron)* magnitúda
mag.no.li.a [mæg'nəuljə] **I.** *podst* **1.** magnólia; **2.** svetloružová farba; **II.** *príd* **3.** magnóliový; **4.** svetloružový
mag.pie [mægpai] *podst* **1.** *(zool: Pica pica)* straka; **2.** predposledný kruh terča
ma.hog.an.y [mə'hogəni] *podst* **1.** mahagón, mahagónový strom; **2.** mahagónová farba
maid [meid] *podst* **1.** slúžka, chyžná; **2.** *(zast)* panna, slečna
maid.en [meidn] **I.** *podst* **1.** mladé dievča, deva, slečna; **2.** panna, poctivé dievča ; **3.** kôň, ktorý ešte nevyhral; **II.** *príd* **4.** dievčenský; **5.** nedotknutý, nepoužitý, panenský
mail [meil] *podst* **1.** pošta; **2.** brnenie, pancier
mail.box [meilboks] *podst* **1.** *(am)* schránka na listy, poštová schránka
to maim [meim] **1.** zmrzačiť, dokaličiť, zohaviť. *Syn*: to cripple, to mutilate, to mangle, to disable
main [mein] **I.** *podst* **1.** hlavný prívod [vody plynu elektriny]; **2.** sila; **II.** *príd* **3.** *(vše)* hlavný, *(i myšlienka)* ústredný; **4.** *(i faktor)* rozhodujúci, kardinálny. *Syn* ⇨ **chief**
main.land [meinlənd] *podst* **1.** pevnina
main.stay [meinstei] *podst* (mn **-ays**) **1.** *(nám)* hlavné lano; **2.** *(prn)* opora, uholný kameň
main.stream [meinstri:m] *podst* **1.** hlavný prúd, hlavná tendencia
to main.tain [mein'tein] **1.** udržiavať, zachovávať, *(názor)* zastávať, *(mier, slobodu)* hájiť, *(smer)* držať; **2.** *(o cesty, budovy)* starať sa, robiť údržbu [čoho] ; **3.** živiť, vydržiavať; **4.** tvrdiť, vyhlasovať. *Syn* ⇨ **to support**
main.ten.ance [meintənəns] *podst* **1.** udržiavanie, dodržiavanie, zachovávanie; **2.** údržba, *(o čo)* starostlivosť; **3.** vydržiavanie; **4.** *(práv)* alimenty, výživné
maize [meiz] *podst* **1.** kukurica
maj.es.tic [mə'džestik] *príd* **1.** majestátny, impozantný, grandiózny, veľkolepý, vznešený. *Syn* ⇨ **grand**
maj.es.ty [mædžəsti] *podst* (mn **-ies**) **1.** majestát, majestátnosť, vznešenosť, velebnosť
ma.jor [meidžə] **I.** *podst* **1.** *(voj)* major; **2.** *(am: hlavný študijný odbor)* špecializácia; **II.** *príd* **3.** hlavný, podstatný; **4.** dôležitý; **5.** *(básnik, spisovateľ)* popredný, *(osobnosť)* čelný, *(význačný, značný)* významný; **6.** *(problém, projekt)* závažný, *(poranenie)* vážny; **7.** *(hud)* durový, dur; **8.** *(i o jedle, odeve, i chem, hut, šport, voj)* ťažký
ma.jor.gen.er.al [ˌmeidžə'dženərəl] *podst* **1.** generálmajor
ma.jo.ri.ty [mə'džorəti] *podst* (mn **-ies**) **1.** väčšina; **2.** *(práv)* plnoletosť
to make [meik] (mč, mp **make**) **1.** *(vše)* robiť, stvoriť, vyrobiť, pripraviť, *(budovu)* postaviť, *(šaty)* šiť, *(jedlo)* uvariť, *(koláč)* upiecť, *(list)* napísať, *(oheň)* rozrobiť, *(uzol)* uviazať, *(kontrakt)* uzavrieť, *(dokument)* vyhotoviť, *(film)* nakrútiť; **2.** *(čoho)* dopustiť sa, *(expr: plány)* kuť, *(čo)* podniknúť, *(diagnózu)* stanoviť, *(pokrok)* zaznamenať; **3.** *(kontakt)* nadviazať; **4.** *(peniaze)* zarobiť, *(čo)* dosiahnuť, *(meno)* urobiť si; **5.** *(čo)* zvoliť, vymenovať; **6.** odhadnúť; **7.** *(komu čo)* ujsť. *Syn*: to form, to shape, to fashion, to construct, to manufacture, to fabricate
mak.er [meikə] *podst* **1.** výrobca, autor
make.shift [meikšift] **I.** *podst* **1.** provizórium, dočasné riešenie; **II.** *príd* **2.** núdzový, pro-

vizórny, dočasný. *Syn* ⇨ **resource**

make-up [meikap] *podst* **1.** makeup, líčidlo, šminka, *(i div)* maska; **2.** *(tímu, vlády)* zloženie; **3.** charakter, povaha

mak.ing [meikiŋ] *podst* **1.** stvorenie, výroba, zhotovenie, príprava, nakrútenie

ma.la.r.ia [mə'leəriə] *podst* **1.** *(lek)* malária, bahenná zimnica

male [meil] **I.** *podst* **1.** *(zool)* **1.** muž, samec, **2.** *(bot male fern: Dryopteris filix-mas)* papraď; **II.** *príd* **3.** *(zool, bot)* samčí, mužský; **4.** *(tech: zastrčiteľný)* vnútorný, vonkajší. *Syn*: masculine, manly, manish

mal.ev.o.lent [mə'levələnt] *príd* **1.** zlomyseľný, zlovoľný, zlý, nežičlivý, neprajný, škodoradostný

to mal.func.tion [mæl'faŋkšn] **1.** zle fungovať; **2.** zlyhať

mal.ice [mælis] *podst* **1.** zlomyseľnosť, zlá vôľa, škodoradosť, zlovoľnosť. *Syn*: ill will, malevolence, spite, rancour, malignity, grudge

ma.l.i.cious [mə'lišəs] *príd* **1.** zlomyseľný, škodoradostný , zaliečavý, potmehúdsky; **2.** *(práv)* svojvoľný, zlovoľný, úmyselný

to ma.lign [mə'lain] **1.** ohovárať, osočovať, očierňovať, utŕhať na cti [komu]

ma.lig.nant [mə'lignənt] *príd* **1.** zlovoľný, škodoradostný, zlý, neblahý; **2.** *(i lek)* zhubný, malígny. *Syn* ⇨ **sinister**

mal.nu.tri.tion [ˌmælnju:'trišən] *podst* **1.** podvýživa, nedostatočná výživa

mal.prac.tice [ˌmæl'præktis] *podst* **1.** zanedbanie povinnej starostlivosti, trestná nedbanlivosť, zneužitie úradnej právomoci, malverzácia, sprenevera

mam.mal [mæml] *podst* **1.** cicavec

mam.moth [mæməθ] **I.** *podst* **1.** mamut, *(prn)* obor, gigant; **II.** *príd* **2.** *(i prn)* mamutí, gigantický, obrovský. *Syn* ⇨ **enormous**

man [mæn] *podst* **1.** muž, chlap; **2.** manžel; **3.** chlapec, milý, snúbenec, nastávajúci; **4.** človek, ľudstvo; **5.** *(mn)* ľudia; **6.** osoba; **7.** sluha, *(v priemysle)* robotník, *(v podniku)* zamestnanec, úradník, opravár, vojak, hráč , člen mužstva/ družstva; **8.** *(šach)* figúrka, kameň

to man.age [mænidž] **I.** *prech* **1.** riadiť, viesť, spravovať; **2.** ovládať, zvládnuť; **3.** *(povinnosť)* zastať si, *(na)* stačiť, *(čo)* zdolať, vedieť používať; **II.** *nepr* **4.** poradiť si, pomôcť si. *Syn* ⇨ **to conduct**

man.age.a.ble [mænidžəbl] *príd* **1.** zvládnuteľný, poslušný

man.age.ment [mænidžmənt] *podst* **1.** riadenie, manažment, *(pozemkov, majetku)* správa, spravovanie; **2.** *(spoločnosti)* vedenie, riaditeľstvo; **3.** obratnosť, chytrosť

man.ag.er [mænidžə] *podst* **1.** *(podniku, hotela a pod.)* riaditeľ, správca, vedúci, šéf; **2.** manažér, tréner; **3.** organizátor

man.a.ge.ri.al [ˌmænə'džiəriəl] *príd* **1.** manažérsky, riaditeľský

man.ag.ing di.rec.tor [ˌmænidžiŋdi'rektə] *podst* **1.** generálny riaditeľ

man.da.rin [mændərin] **I.** *podst* **1.** *(bot mandarin orange: Citrus reticulata, i plod)* mandarínka; **2.** *(hist, i prn pej)* mandarín; **3.** *(ling)* mandarínska čínština; **4.** bonz; **5.** *(prn)* pedant, byrokrat; **II.** *príd* **6.** mandarínsky; **7.** *(prn)* reakčný, *(štyl)* vybrúsený

man.date [mændeit] *podst* **1.** mandát, poverenie; **2.** *(i platobný)* príkaz

man.da.to.ry [mændətri] *príd* **1.** povinný, obligatórny

mane [mein] *podst* **1.** hriva, *(prn)* chumáč vlasov

to man.gle [mæŋgl] **1.** *(bielizeň)* mangľovať; **2.** dokaličiť, zmrzačiť, *(poraniť)* roztrhať, *(ťažko)* poškodiť, zohaviť , *(tlakom ap drobiť, i prn)* drviť, potĺcť; **3.** *(prn: zmeniť zmysel)* prekrútiť, pokaziť. *Syn* ⇨ **to maim**

man.go [mæŋgəu] *podst* **1.** *(bot: plod)* mango; **2.***(mango tree)* mangovník

man.hood [mænhud] *podst* **1.** dospelosť, mužný vek; **2.** mužskosť, mužnosť; **3.** muži, mužské obyvateľstvo

ma.ni.a [meinjə] *podst* **1.** *(psych)* mánia, *(lek)* obsesia; **2.** vášnivá záľuba; **3.** náruživosť, posadnutosť, vášeň. *Syn*: delirium, frenzy, hysteria, mania

ma.ni.ac [meiniæk] *podst* **1.** *(psych)* maniak, človek postihnutý mániou; **2.** šialenec; **3.** *(prn)* fanúšik, nadšenec

man.ic [mænik] *príd* **1.** maniakálny, maniacky; **2.** vášnivý, náruživý

to man.i.cure [mænikjuə] **1.** manikúrovať
man.i.fest [mænifest] **I.** *podst* **1.** *(nám)* manifest; **2.** zoznam nákladu, *(let)* zoznam tovaru a cestujúcich; **II.** *príd* **3.** zrejmý, očividný, evidentný. *Syn* ⇨ **evident**
man.i.fes.ta.tion [ˌmænifeˈsteišən] *podst* **1.** prejav, prejavenie; **2.** manifestácia
man.i.fest.o [ˌmæniˈfestəu] *podst* (mn **-os**) **1.** *(pol)* manifest, vyhlásenie, proklamácia, deklarácia
to ma.ni.pu.late [məˈnipjuleit] **1.** obsluhovať, *(s čím)* zaobchádzať, manévrovať; **2.** *(i prn: koho/ čo)* manipulovať, ovládať; **3.** *(čo)* skresľovať, falšovať; **4.** *(lek: zlomeninu)* napraviť. *Syn* ⇨ **to handle**
ma.ni.pu.la.tion [məˌnipjuˈleišn] *podst* **1.** *(stroja)* obsluha ; **2.** *(prn)* manipulácia, manipulovanie, falšovanie, *(volebná)* machinácia; **3.** *(lek)* napravenie, zrovnanie, vkĺbenie
ma.ni.pu.la.tive [məˈnipjulətiv] *príd* **1.** manipulatívny
man.kind [mænˈkaind] *podst* **1.** ľudstvo, ľudské pokolenie, ľudský rod; **2.** muži
man.ly [mænli] *príd* {**-ier, -iest**} **1.** mužný, chlapský; **2.** odvážny, statočný. *Syn* ⇨ **male**
man.ner [mænə] *podst* **1.** spôsob; **2.** jednanie, správanie, vystupovanie; **3.** štýl, maniéra. *Syn* ⇨ **bearing**, method
man.nered [mænəd] *príd* **1.** afektovaný, strojený, vyumelkovaný
to ma.noeu.vre [məˈnu:və] (am **maneuver**) **I.** *prech* **1.** *(s čím)* manévrovať, riadiť, zaviesť, vmanévrovať; **II.** *nepr* **2.** manévrovať, *(voj)* robiť cvičenie
man.or [mænə] *podst* **1.** panstvo, veľkostatok, statok
man.pow.er [ˈmænˌpauə] *podst* **1.** pracovná sila; **2.** stav zamestnancov podniku, *(voj)* početný stav vojska
man.sion [mænšən] *podst* **1.** veľký dom, panské sídlo, vidiecky zámoček, kaštieľ
man.slaught.er [ˈmænˌslo:tə] *podst* **1.** *(práv: neúmyselné)* zabitie, *(neúmyselná)* vražda
man.tle [mæntl] *podst* **1.** plášť bez rukávov, pelerína; **2.** žiarová pančuška; **3.** *(zool: u mäkkýšov)* plášť
ma.nu.al [mænjuəl] **I.** *podst* **1.** príručka; **2.** rukoväť; **3.** kompendium; **4.** *(hud)* manuál; **II.** *príd* **5.** manuálny; **6.** fyzický, telesný
man.u.fac.ture [ˌmænjuˈfækæə] *podst* **1.** výroba, vyrábanie, zhotovenie, spracovanie; **2.** výrobok
to man.u.fac.ture [ˌmænjuˈfækæə] **1.** *(vše)* vyrobiť, vyrábať, zhotoviť, ušiť, spracovať; **2.** *(ob pej)* vymyslieť si, skonštruovať. *Syn* ⇨ **to make**
ma.nure [məˈnjuə] *podst* **1.** hnoj, hnojivo
man.u.script [mænjuskript] *podst* (sk **MS**) **1.** rukopis, prvopis, *(kniž)* manuskript
ma.ny [meni] **I.** *podst* **1.** väčšina; **2.** veľké množstvo ľudí; **II.** *príd* **3.** mnohí; **III.** *prísl* **4.** mnoho. *Syn*: numerous, many, manifold, multifarious, innumerable. *Opoz*: few
map [mæp] *podst* **1.** mapa, *(topografický, kótový ap)* plán, plánik
ma.ple [meipl] *podst* **1.** *(bot plane maple: Acer platanoides)* javor [mliečný]
to mar [ma:] **1.** kaziť, skaziť, zmariť, narušiť, narušovať
mar.a.thon [mærəθən] *podst* **1.** maratón, maratónsky beh
marb.le [ma:bl] **I.** *podst* **1.** mramor; **2.** *(na hranie)* guľka; **II.** *príd* **3.** mramorový
March [ma:æ] *podst* (sk **Mar**) **1.** marec
march [ma:æ] *podst* **1.** *(voj, hud)* pochod, chôdza, túra; **2.** demonštrácia, manifestácia; **3.** *(pochodová)* skladba
to march [ma:æ] **1.** pochodovať, *(ifm)* mašírovať; **2.** demonštrovať; **3.** ísť, kráčať
mare [meə] *podst* **1.** *(zool)* kobyla
mar.ga.rine [ˌma:džəˈri:n] *podst* **1.** margarín
mar.gin [ma:džin] *podst* **1.** kraj, okraj, marginália; **2.** *(prn)* voľnosť, rezerva, manévrovací priestor, vôľa. *Syn* ⇨ **border**
mar.gin.al [ma:džinəl] *príd* **1.** nepatrný, minimálny, bezvýznamný, vedľajší; **2.** *(obch)* marginálny
ma.ri.gold [mærigəuld] *podst* **1.** *(bot: Calendula officinalis)* aksamietnica, nechtík
ma.ri.jua.na [ˌmæriˈhwa:nə] *podst* (i **marihuana**) **1.** marihuana, *(sl)* mariška
ma.ri.nade [ˌmæriˈneid] *podst* **1.** *(kuch)* marináda

to ma.ri.nate [ˌmæri'neit] **1.** *(kuch)* marinovať

ma.rine [mə'ri:n] **I.** *podst* **1.** loďstvo; **2.** vojak námornej pechoty; **II.** *príd* **3.** *(ryba, rastlina ap)* morský; **4.** námorný, námornícky

ma.rin.er [mærinə] *podst* **1.** námorník

mari.tal [mæritl] *príd* **1.** manželský, patriaci manželovi/ manželom

ma.ri.time [mæritaim] *príd* **1.** námorný, prímorský

mark [ma:k] *podst* **1.** škvrna, šmuha, odtlačok, šľapaj, stopa po kolesách, *(po kolesách)* koľaj, škrabnutie, jazva, modrina; **2.** telesné znamenie, materské znamienko, *(škvrna na konskej hlave ap)* lysina, *(prn: vlastnosť, črta)* rys; **3.** značka, symbol, odznak, *(na stupnici)* ryska, dielik, čiarka; **4.** *(škol)* školská známka; **5.** *(špo)* štartovacia čiara; **6.** *(mena)* marka. *Syn* ⇨ **sign**

to mark [ma:k] **I.** *prech* **1.** zašpiniť, zamazať, pokvackať, poškrabať, zjazviť, zanechať jazvu; **2.** značiť, označiť, značkovať, označkovať, ciachovať, ociachovať, *(cestu)* vyznačiť, opatriť značkami; **4.** *(škol)* opraviť, známkovať, oznámkovať, klasifikovať; **6.** *(fot atď)* obsadzovať, strážiť

marked [ma:kt] *príd* **1.** výrazný, nápadný, zreteľný, zrejmý, citeľný, *(prízvuk)* silný; **2.** *(človek)* poznačený; **3.** *(ling)* príznakový

mark.er [ma:kə] *podst* **1.** vlajka, stĺpik, kolík; **2.** záložka do knihy; **3.** značkovací fix; **4.** *(škol)* examinátor; **5.** *(špo)* zapisovač bodov; **6.** *(ling)* príznak, rozlišujúci znak, ukazovateľ

mar.ket [ma:kit] *podst* **1.** *(vše)* trh, jarmok; **2.** tržnica; **3.** *(ekon)* obchod

to mar.ket [ma:kit] (**~ st [to sb]**) **I.** *prech* **1.** predávať, uviesť výrobok na trh, vrhnúť výrobok na trh; **II.** *nepr* **2.** *(am)* nakupovať

mar.ket.a.ble [ma:kitəbl] *príd* **1.** predajný, speňažiteľný, obchodovateľný

mar.ket.ing [ma:kitiŋ] *podst* **1.** marketing

mar.ket.place [ma:kitpleis] *podst* **1.** trhovisko, tržnica

mar.ket re.search [ˌma:kitri'sə:æ] *podst* (mn **-es**) **1.** prieskum trhu

mark.ing [ma:kiŋ] *podst* **1.** značka, označenie, *(na lietadle)* výsostný znak; **2.** *(zool)* zafarbenie, škvrny; **3.** oprava; **4.** klasifikácia; **5.** *(špo)* obsadzovanie protihráča

marks.man [ma:ksmən] *podst* (mn **-men**) **1.** elitný strelec, ostrostrelec

mar.ma.lade [ma:məleid] *podst* **1.** džem z cistrusového ovocia; **2.** citrusová zaváranina

ma.roon [mə'ru:n] **I.** *podst* **1.** hnedočervená farba; **II.** *príd* **2.** hnedočervený

to ma.roon [mə'ru:n] **1.** *(lit)* vysadiť na neobývanom ostrove; **2.** leňošiť, zaháľať

mar.quis [ma:kwis] *podst* (i **marquess**) **1.** *(šľachtic)* markíz

mar.ried [mærid] *príd* **1.** ženatý, vydatá, manželský

marsh [ma:š] *podst* (mn **-es**) **1.** močarina, močiar, barina

mar.shal [ma:šəl] *podst* **1.** *(voj)* maršal; **2.** usporiadateľ, súdny zriadenec; **3.** *(am)* šerif

mar.tial [ma:šəl] *príd* **1.** vojnový, vojenský, bojový. *Syn*: warlike, military. *Opoz*: peacelike, pacifist

mar.tial law [ˌma:šľlo:] *podst* **1.** stanné právo

mar.tyr [ma:tə] *podst* **1.** mučeník, trpiteľ

mar.vel [ma:vəl] **1.** čudo, zázrak; **2.** výborný človek

mar.vel.lous [ma:vələs] *príd* **1.** úžasný, báječný, nádherný, pozoruhodný

Marx.i.sm [ma:ksizəm] *podst* **1.** marxizmus

Marx.ist [ma:ksist] *podst* **1.** marxista

mas.ca.ra [mæˌska:rə] *podst* **1.** maskara

mas.cot [mæskət] *podst* **1.** maskot, talizman

mas.cu.line [mæskjulin] **I.** *podst* **1.** *(ling)* mužský rod, maskulínum; **II.** *príd* **2.** *(i ling)* mužský; **3.** mužný, chlapský, vyzerajúci ako chlap. *Syn* ⇨ **male**

mas.cu.lin.i.ty [ˌmæskju'linəti] *podst* (mn **-ies**) **1.** mužstvo, mužnosť

mash [mæš] *podst* (mn **-es**) **1.** zemiaková kaša, zemiakové pyré; **2.** *(odb)* rmut, *(medziprodukt pri výr piva)* mladina

to mash [mæš] **1.** rozmliaždiť, rozdrviť

mask [ma:sk] *podst* **1.** *(lit, prn, inf)* maska, škraboška; **2.** *(šerm)* kukla; **3.** pretvárka

to mask [ma:sk] **1.** maskovať, nasadiť masku; **2.** *(city, pravdu)* skrývať, zastierať, *(úmysly, zámery)* tajiť, utajiť

mas.o.chi.sm [mæsəukizm] *podst* **1.** masochizmus

ma.son [meisn] *podst* **1.** *(pracujúcí s kameňom)* murár, kamenár, slobodomurár

masq.uer.ade [ˌmæskə'reid] *podst* **1.** maškarný bál; **2.** maškaráda, divadielko, komédia, fraška

mass [mæs] *podst* (mn **-es**) **1.** *(fyz)* hmota, hmotnosť; **2.** masa, dav, zástup, hromada, množstvo, *(kvetov)* more, záplava, *(myšlienok)* spleť; **3.** väčšina. *Syn* ⇨ **bulk**

mas.sa.cre [mæsəkə] *podst* **1.** masakra, krvipreliatie, hromadné vraždenie. *Syn* ⇨ **slaughter**

to mas.sa.cre [mæsəkə] **1.** masakrovať, povraždiť, hromadne vraždiť, pobiť, postrieľať

mas.sage [mæsa:ž] *podst* **1.** masáž, masírovanie

to mas.sage [mæsa:ž] **1.** masírovať, namasírovať; **2.** *(prn)* falšovať, manipulovať

mas.sive [mæsiv] *príd* **1.** masívny, obrovský, mohutný, impozantný, *(porcia, dávka)* výdatný, poriadny, *(vzrast cien)* podstatný, výrazný, *(väčšina)* drvivý. *Syn* ⇨ **heavy**

mast [ma:st] *podst* **1.** *(nám)* sťažeň, vlajkový stožiar/ žrď; **2.** *(tv, roz)* vysielacia veža; **3.** *(krmivo)* žaluď, bukvica

mas.ter [ma:stə] *podst* **1.** *(psa, sluhu, situácie)* pán; **2.** vlastník, majiteľ; **3.** *(na lodi)* kapitán; **4.** *(hudobník, maliar)* majster; **5.** znalec; **6.** *(dtd)* učiteľ, *(na strednej škole)* profesor; **7.** *(univ)* magister; **8.** *(dtd fml: oslovenie)* mladý pán; **9.** *(univ)* rektor

to mas.ter [ma:stə] **1.** ovládnuť, potlačiť, prekonať; **2.** osvojiť si, zvládnuť

mas.ter.mind [ma:stəmaind] *podst* **1.** *(o človeku)* geniálny mozog, kapacita; **2.** riadiaca osobnosť, šéf, hlava; **3.** organizátor, osnovateľ; **4.** inšpirátor

to mas.ter.mind [ma:stəmaind] **1.** zorganizovať; **2.** *(i spoločnosť)* viesť, riadiť

mas.ter.piece [ma:stəpi:s] *podst* (i **masterwork**) **1.** majstrovské dielo, majstrovský kus

mas.ter.y [ma:stəri] *podst* (mn **-ies**) **1.** *(dokonalá, suverénna)* znalosť, majstrovstvo, *(v čom)* dokonalosť; **2.** ovládanie, prevaha

to mas.tur.bate [mæstəbeit] **1.** masturbovať, onanovať **2.** *(hov)* [vy]honiť [sa]

mat [mæt] *podst* **1.** koberček, rohož, rohožka; **2.** *(pod riad)* podložka; **3.** prestieranie; **4.** dečka; **5.** *(pivná)* tácka; **6.** *(špo)* žinenka; **7.** *(vlasov)* spleť

match [mææ] *podst* (mn **-es**) **1.** zápalka, *(tech)* zápalnica; **2.** *(špo)* zápas, športové stretnutie; **3.** *(zhoda: farieb, i gram, inf)* zhoda; **4.** *(pri ženbe)* partia

to match [mææ] **I.** *prech* **1.** *(k čomu)* hodiť sa; **II.** *nepr* **2.** hodiť sa k sebe, dobre ladiť, ísť dobre k sebe, ísť do páru

mate [meit] *podst* **1.** *(druh i v oslovení)* kamarát; **2.** *(v práci ap)* kolega; **3.** *(pomocník)* asistent; **4.** *(nám: first ~)* zástupca kapitána, kormidelník; **5.** *(zool)* partner; **6.** *(šach)* mat, *(joc)* manžel

ma.te.ri.al [mə'tiəriəl] **I.** *podst* **1.** hmota; **2.** *(text)* látka; **3.** materiál; **4.** dokumentácia; **5.** pramene; **6.** potreby, náčinie; **II.** *príd* **7.** materiálny, hmotný; **8.** *(práv)* relevantný, závažný, zásadný. *Syn*: physical, corporeal, sensible. *Opoz*: spiritual, mental, psychical

ma.te.ri.al.i.sm [mə'tiəriəlizm] *podst* **1.** materializmus

to ma.te.ri.al.ize [mə'tiəriəlaiz] (i **-ise**) **1.** uskutočniť sa, realizovať sa, splniť sa, konkretizovať sa; **2.** *(z čista jasna)* objaviť sa

ma.ter.nal [mə'tə:nl] *príd* **1.** materský; **2.** *(z matkinej strany)* materinský

ma.ter.ni.ty [mə'tə:nəti] *podst* (mn **-ies**) **1.** materstvo, materskosť

ma.the.ma.ti.cal [ˌmæθi'mætikəl] *príd* **1.** matematický

math.e.ma.ti.cian [ˌmæθimə'tišn] *podst* **1.** matematik, matematička

math.e.mat.ics [ˌmæθi'mætiks] *podst jč* (i br ifm **maths** am **math**) **1.** matematika; **2.** počtový postup

ma.trix [meitriks] *podst* (mn **matrices/ matrixes**) **1.** *(tech)* matrica, raznica; **2.** *(mat)* matica, ložisko; **3.** *(anat)* maternica, medzibunková hmota

ma.tron [meitrən] *podst* **1.** *(v min)* vrchná sestra; **2.** hospodárka, hospodárska správkyňa; **3.** matróna; **4.** *(am: väzenská)* dozorkyňa

mat.ter [mætə] *podst* **1.** *(fyz)* hmota, *(i fyz)* látka; **2.** *(lek)* hnis; **3.** záležitosť, vec, problém, téma, námet

to mat.ter [mætə] (**~ to sb**) **1.** byť dôležitý, mať význam, znamenať; **2.** hnisať

mat.ter-of-fact [ˌmætərəvˈfækt] *príd* **1.** vecný, *(prn: nudný)* suchý, triezvy; **2.** obyčajný, všedný

mat.tress [mætris] *podst* (mn **-es**) **1.** matrac, žinenka

ma.ture [məˈtjuə] *príd* **1.** dospelý, vyspelý; **2.** zrelý, uležaný, vyzretý; **3.** *(fin)* splatný. *Syn* ⇨ **ripe**

to ma.ture [məˈtjuə] **I.** *nepr* **1.** dospieť, dospievať, dozrieť; **2.** vyzrieť, uležať sa; **3.** *(fin)* stať sa splatným; **II.** *prech* **4.** nechať uležať, nechať vyzrieť

ma.tur.i.ty [məˈtjuərəti] *podst* (mn **-ies**) **1.** dospelosť, zrelosť; **2.** *(fin)* splatnosť

to maul [mo:l] **1.** zle zmlátiť; **2.** *(prn: kritikou)* rozniesť

mauve [məuv] **I.** *podst* **1.** svetlofialová farba, slezová farba; **II.** *príd* **2.** fialkastý, slezový

mav.er.ick [mævrik] **I.** *podst* **1.** *(am)* neoznačený kus dobytka, mladý býk; **2.** nonkonformista, *(pol)* nekonformný politik; **3.** svojrázny človek; **II.** *príd* **4.** neskrotný; **5.** svojrázny

max.im [mæksim] *podst* **1.** maxima, aforizmus; **2.** mravná zásada; **3.** ponaučenie. *Syn* ⇨ **saying**

max.i.mum [mæksiməm] (mn **maxima** sk **max**) **I.** *podst* **1.** maximum; **II.** *príd* **2.** maximálny, špičkový

May [mei] *podst* (mn **-ays**) **1.** máj

may.day [meidei] *podst* **1.** Prvý máj, Sviatok práce; **2.** *(hist)* sviatok svätenia jari

may.be [meibi:] **1.** možno, azda, hádam, prípadne, snáď

may.hem [meihem] *podst* **1.** zmätok, chaos; **2.** *(práv dtd, am)* zmrzačenie; **3.** chuligánstvo

ma.yon.naise [ˌmeiəˈneiz] *podst* **1.** majonéza

mayor [meə] *podst* **1.** starosta ; **2.** primátor

maze [meiz] *podst* **1.** bludisko, *(i prn)* labyrint, spleť

me [mi:] *zám* **1.** ma, mi, mňa, mnou; **2.** *(ifm namiesto: I)* ja

mead.ow [medəu] *podst* **1.** lúka, pažiť, čistina

mea.gre [mi:gə] *príd* (am **meager**) **1.** biedny, skromný, núdzny; **2.** chudý, vychudnutý, vyziabnutý; **3.** nevýdatný, slabý, chatrný

meal [mi:l] *podst* **1.** *(hrubo mletá)* múka, *(scot)* ovsená múka; **2.** múčka; **3.** jedlo, šrot, pokrm

mean [mi:n] *príd* (**-er, -est**) **1.** lakomý, skúpy, sebecký; **2.** škaredý, sprostý; **3.** *(ob am)* zlý, podlý; **4.** biedny, úbohý, nízky; **5.** *(ifm)* ohromný, senzačný; **6.** stredný, priemerný, slabý. *Syn* ⇨ **average**, **base**

to mean [mi:n] (mč, mp **meant**) **1.** znamenať, mať význam, byť dôležitý; **2.** mieniť, mať na mysli, myslieť [čo] vážne; **3.** zamýšľať . *Syn* ⇨ **to intend**

to me.an.der [mi:ˈændə] **1.** vinúť sa, kľukatiť sa, tvoriť zákruty; **2.** túlať sa, potulovať sa, *(ifm)* blúdiť, *(prn)* odbiehať od témy

mean.ing [mi:niŋ] **I.** *podst* **1.** význam; **2.** zmysel; **II.** *príd* **3.** *(pohľad, úsmev)* významný, výrečný. *Syn*: sense, import, purport, signification, significance

mean.ing.ful [mi:niŋful] *príd* **1.** *(ling)* majúci význam, významový, výrečný, mnohoznačný; **2.** zmysluplný, hlboký

mean.ing.less [mi:niŋlis] *príd* **1.** nemajúci význam, bezvýznamný; **2.** bezobsažný, prázdny, jalový; **3.** ničotný; **4.** nezmyselný, bezdôvodný

mean.ness [mi:nnis] *podst* **1.** lakomstvo, skúposť; **2.** sprostosť; **3.** podlosť; **4.** úbohosť, bieda

means [mi:nz] **I.** *podst pl* **1.** *(nástroj, pomôcka na uskutočnenie)* prostriedok, spôsob, cesta, chodníčky, prostredníctvo; **II.** *podst* mn **2.** financie, finančné prostriedky; **3.** majetok, peniaze; **4.** *(hojnosť)* bohatstvo

mean.time [ˌmi:nˈtaim] *prísl ifm* **1.** medzitým, zatiaľ

mean.while [ˌmi:nˈwail] *prísl* **1.** medzitým, zatiaľ

meas.les [mi:zlz] *podst jč* **1.** osýpky, červienka, rubeola

meas.ur.a.ble [mežərəbl] *príd* **1.** merateľný, zmerateľný; **2.** znateľný, zjavný

meas.ure [mežə] *podst* **1.** miera; **2.** množstvo, dávka; **3.** meradlo, odmerka; **4.** opatrenie, krok; **5.** *(hud)* takt

to meas.ure [mežə] **I.** *prech* **1.** zmerať; **2.** odhadnúť, posúdiť; **II.** *nepr* **3.** merať

meas.ure.ment [mežəmant] *podst* **1.** meranie; **2.** rozmer

meat [mi:t] *podst* **1.** mäso; **2.** *(zast)* jedlo; **3.** *(prn)* jadro, obsah, podstata

Mec.ca [mekə] *podst* **1.** Mekka

me.cha.nic [mi'kænik] *podst* **1.** mechanik, montér

me.chan.i.cal [mi'kænikəl] *príd* **1.** mechanický; **2.** *(o človeku)* strojný, bezmyšlienkovitý

to me.chan.ize [mekənaiz] (i **-ise**) **1.** mechanizovať, zmechanizovať

med.al [medl] *podst* **1.** medaila, rád

me.dal.list [medlist] *podst* **1.** *(špo)* nositeľ medaily, držiteľ medaily, medailista

to me.di.ate [mi:diət] **I.** *nepr* **1.** sprostredkovávať; **II.** *prech* **2.** vyjednať, *(čoho)* dosiahnuť, byť sprostredkovateľom. *Syn* ⇨ **to interpose**

med.ic [medik] *podst ifm* **1.** *(ifm)* doktor; **2.** *(univ: študent)* medik

med.i.cal [medikəl] **I.** *podst* **1.** lekárska prehliadka; **2.** *(ifm: študent)* medik; **II.** *príd* **3.** lekársky, zdravotný, zdravotnícky, sanitný

med.i.ca.tion [ˌmedi'keišən] *podst* **1.** liečenie, liečebná kúra, liek, medikament, liečivo

med.ic.in.al [me'disinl] *príd* **1.** liečivý, liečebný, hojivý ; **2.** lekársky

med.ic.ine [medsin] *podst* **1.** lekárska veda, lekárstvo, medecína; **2.** liek, liečivo

med.i.ev.al [ˌmedi'i:vəl] *príd* (i **mediaeval**) **1.** stredoveký, medievalny

me.di.o.cre [ˌmi:di'əukə] *príd* **1.** tuctový, podpriemerný, obmedzený, biedny

me.di.o.cri.ty [ˌmi:di'okrəti] *podst* (mn **-ies**) **1.** tuctovosť , prostrednosť, priemernosť, podpriemernosť; **2.** tuctový človek, nijaký lúmen

med.i.um [mi:djəm] (mn **media**) **I.** *podst* **1.** prostriedok, spôsob, prostredníctvo; **2.** prostredie; **3.** médium; **4.** stred; **II.** *príd* **5.** stredný, prostredný, priemerný, mierny

med.ley [medli] *podst* (mn **-eys**) **1.** zmes, miešanina, spleť; **2.** *(i hud, lit)* zmes

meek [mi:k] *príd* {**-er, -est**} **1.** poddajný, pokorný; **2.** mierny, *(žart)* krotký; **3.** trpezlivý; **4.** *(pej)* ustrašený . *Syn* ⇨ **humble**

meet [mi:t] *podst* **1.** *(špo am)* stretnutie, *(ľahkoatletický ap)* míting, memoriál; **2.** *(ob br)* stretnutie poľovníkov pred poľovačkou

to meet [mi:t] (mč, mp **met**) **I.** *prech* **1.** stretnúť, *(s kým)* stretnúť sa, *(na koho)* naraziť; **2.** ísť [komu] oproti, mať spojenie [na čo]; **3.** *(koho)* uvítať; **4.** *(s kým)* zoznámiť sa; **5.** *(cesta)* napojovať sa, *(rieka)* vlievať sa; **6.** *(komu/ čomu)* čeliť; **7.** *(očakávanie, želanie)* splniť, *(záväzok)* dodržať, *(komu/ čomu)* vyhovieť, *(čo)* uspokojiť, *(poplatky)* uhradiť, zaplatiť; **II.** *nepr* **8.** stretnúť sa, dať si spolu zraz; **9.** *(cesty)* spojiť sa, *(rieky)* zlievať sa

meet.ing [mi:tiŋ] *podst* **1.** *(i špo)* stretnutie, schôdzka; **2.** schôdza; **3.** míting, memoriál; **4.** sútok

meet.ing-pla.ce [mi:tiŋpleis] *podst* **1.** zoradisko, zhromaždisko

mel.an.chol.y [melənkəli] **I.** *podst* **1.** melanchólia, zádumčivosť, depresia; **II.** *príd* **2.** zádumčivý, melancholický. *Syn* ⇨ **sad**

mel.low [meləu] {**-er, -est**} **I.** *podst* **1.** *(ovocie)* zrelý, dozretý, sladký, šťavnatý, aromatický; **2.** *(víno)* lahodný; **3.** *(farba)* mäkký, teplý; **4.** *(zvuk, hlas)* príjemný, lahodiaci sluchu, *(hudobný nástroj)* zvučný, melodický; **5.** *(človek)* vážny, pokojný, skúsený, usadnutý vekom, vyrovnaný, zmúdrelý, *(am)* uvoľnený; **6.** *(opilec)* podnapitý, líznutý, mierne pod parou, v povznesenej nálade, majúci špičku. *Syn* ⇨ **ripe**

me.lod.ic [mi'lodik] *príd* **1.** melodický

me.lo.di.ous [mi'ləudjəs] *príd* **1.** melodický, ľubozvučný, lahodiaci sluchu, príjemný na počutie

mel.o.dra.ma ['meləuˌdra:mə] *podst* **1.** melodráma

mel.o.dra.mat.ic [ˌmeləudrə'mætik] *príd* **1.** melodramatický

mel.o.dy [melədi] *podst* (mn **-ies**) **1.** melódia, nápev, *(lit)* popevok. *Syn*: air, tune

mel.on [melən] **I.** *podst (bot honeydew/ musk melon: Cucumis melo)* **1.** [žltý/ cukrový] melón, *(bot cantaloup melon)* kantalup; **2.** *(bot watermelon: Ciruluus lanatus)* dyňa, [vodový/ červený] melón, arbus; **II.** *príd* **3.** melónový,

to melt [melt] **I.** *prech* **1.** *(sneh, maslo, cukor)* rozpustiť, *(kov)* roztaviť; **II.** *nepr* **2.** *(sneh)* topiť sa, rozplynúť sa, *(i maslo, cukor)* rozpustiť sa, *(kov)* taviť sa; **3.** *(i prn: človek)* zmäknúť, rozcitlivieť. *Syn*: to dissolve, to liquefy, to thaw. *Opoz*: to solidify, to freeze

mem.ber [membə] *podst* **1.** *(i mat, log)* člen, príslušník; **2.** *(archit)* prvok, článok

mem.ber.ship [membəšip] *podst* **1.** členstvo, príslušnosť; **2.** počet členov

mem.brane [membrein] *podst* **1.** membrána

me.men.to [mi'mentəu] *podst* (mn **-oes/ -os**) **1.** pamiatka, suvenír, spomienka

mem.oir [memwa:] *podst* **1.** napísaná správa, zápis, protokol; **2.** stručný životopis

mem.o.ra.ble [memərəbl] *príd* **1.** nezabudnuteľný, pamätihodný, pamätný

mem.o.ran.dum [ˌmemə'rændəm] *podst* (mn **memoranda**) **1.** *(admin)* obežník, poznámka; **2.** *(práv)* rozklad, podanie; **3.** *(pol)* memorandum

mem.or.i.al [mi'mo:riəl] (**~ to sb/ st**) **I.** *podst* **1.** pamätník, pomník; **2.** petícia; **3.** kronika; **II.** *prísl* **4.** pamätný

mem.o.ry [meməri] *podst* (mn **-ies**) **1.** *(i inf)* pamäť; **2.** spomienka, pamiatka. *Syn*: remembrance, recollection, reminiscence. *Opoz*: forgetfulness, oblivion

men.ace [menəs] *podst* **1.** hrozba, vyhrážka; **2.** *(ifm)* otrava. *Syn* ⇨ **threat**

men.ac.ing [menəsiŋ] *príd* **1.** výhražný, hrozivý

mend [mend] *podst* **1.** oprava; **2.** záplata

to mend [mend] **I.** *prech* **1.** opraviť; **2.** zašiť, zalátať, látať; **II.** *nepr* **3.** zotaviť sa, uzdraviť sa, *(ifm)* pozbierať sa; **4.** *(počasie)* zlepšiť sa. *Syn*: to repair, to patch, to darn

men.in.gi.tis [ˌmenin'džaitis] *podst* (mn **meningites**) **1.** meningitída, zápal mozgových blán

men.o.pause [menəupo:z] *podst* **1.** *(lek)* menopauza, prechod, klimaktérium

men.stru.al [menstruəl] *príd* **1.** menštruačný

to men.stru.ate [menstrueit] **1.** menštruovať, mať menštruáciu

men.tal [mentl] *príd* **1.** duševný, mentálny; **2.** psychický; **3.** *(ifm pej)* šialený

men.tal.i.ty [men'tæləti] *podst* (mn **-ies**) **1.** mentalita, zmýšľanie

men.tion [menšən] *podst* **1.** zmienka

to men.tion [menšən] (**~ st/ sb [as st]**); (**~ st/ sb [to sb]**) **1.** zmieniť sa, pripomínať, podotknúť, spomenúť, uviesť

men.tor [mento:] *podst* **1.** učiteľ, múdry radca neskúsenej osoby

me.nu [menju:] *podst* **1.** jedálny lístok; **2.** *(i inf)* menu

mer.can.tile [mə:kəntail] *príd* **1.** obchodný, zaoberajúci sa obchodom; **2.** kupčiaci, *(prn pej: zištný)* obchodnícky

mer.cen.ar.y [mə:sinəri] **I.** *podst* **1.** *(i pej)* žoldnier, najatý vojak; **II.** *príd* **2.** zištný, hrabivý, chtivý peňazí, ziskuchtivý, koristnícky; **3.** žoldniersky, najatý; **4.** predajný

mer.chan.dise [mə:æəndaiz] *podst* **1.** tovar

mer.chant [mə:æənt] *podst* **1.** *(škót, am)* obchodník, maloobchodník

mer.ci.less [mə:silis] *príd* **1.** nemilosrdný, neľútostný, bezohľadný, krutý

Mer.cu.ry [mə:kjuri] *podst* **1.** *(myt, astron)* Merkúr

mer.cy [mə:si] *podst* (mn **-ies**) **1.** súcit, zhovievavosť, milosrdenstvo, zľutovanie, *(práv)* milosť; **2.** šťastie. *Syn*: clemency, lenity, charity. *Opoz*: severity, cruelty

mere [miə] {**merest**} **I.** *podst* **1.** *(plytký)* rybník, *(zast, bás)* jazero; **II.** *príd* **2.** púhy, holý, číry

mere.ly [miəli] **1.** iba, len, jedine

to merge [mə:dž] **I.** *nepr* **1.** spojiť sa, splynúť, *(i podniky)* zlúčiť sa, združiť sa, *(zástupy, prúdy)* zliať sa; **II.** *prech* **2.** zlúčiť, spojiť, *(i podniky)* združiť. *Syn* ⇨ **to mix**

merg.er [mə:džə] *podst* **1.** *(obch)* fúzia, zlúčenie, splynutie

me.ringue [mə'ræŋ] *podst* **1.** snehová pena; **2.** *(kuch)* snehový cukrový zákusok, pusinka

mer.it [merit] *podst* **1.**zásluha, klad, prednosť cena, hodnota, význam,

mer.maid [mə:meid] *podst* **1.** *(myt)* morská panna, siréna

mesh [meš] *podst* (mn **-es**) **1.** oko, očko, veľkosť oka; **2.** *(drôtené)* pletivo; **3.** *(str)* záber

to mesh [meš] (**~ st [with st/ together]**) **1.** *(prn)* byť v súlade

to mes.mer.ize [mezməraiz] (i **-ise**) **1.** hypnotizovať, *(prn)* fascinovať, očariť

mess [mes] *podst* (mn **-es**) **1.** neporiadok, *(ifm)* bengál, kucapaca, *(vulg)* bordel, *(ifm)* svinčík, chlievik, svinstvo, hovienko, kôpka; **2.** malér; **3.** *(voj)* jedáleň, menáž

to mess [mes] **1.** zašpiniť, zababrať

to mess about I. *nepr* **1.** povaľovať sa, flákať sa; **2.** robiť hlúposti, blázniť; **3.** porábať; **II.** *prech* **4.** hrať sa s čím, hrabať sa v čom, vodiť koho za nos, šikanovať

mes.sage [mesidž] *podst* (**~ from sb**); (**to sb**) **1.** správa, oznámenie, odkaz, posolstvo; **2.** poučenie, hlavná myšlienka, hlavná téma

mes.seng.er [mesindžə] *podst* **1.** posol, kuriér, spojka

Mes.si.ah [mi'saiə] *podst* **1.** *(bibl)* Mesiáš; Vykupiteľ, Spasiteľ, Kristus

mess.y [mesi] *príd* **1.** neporiadny, zapratаný, špinavý, ufúľaný, chaotický, ledabolý, lajdácky

met.a.bol.ic [ˌmetə'bolik] *príd* **1.** *(biol)* metabolický

met.a.bol.i.sm [me'tæbəlizm] *podst* **1.** *(biol)* metabolizmus, látková výmena

met.al [metl] *podst* **1.** kov; **2.** *(br)* štrk; **3.** *(zr)* koľaje

met.al.lic [mi'tælik] *príd* **1.** kovový, *(i zvuk)* plechový

met.a.phor [metəfə] *podst* **1.** metafora

met.a.phor.i.cal [ˌmetə'forikl] *príd* **1.** metaforický

met.a.phys.i.cal [ˌmetə'fizikl] *príd* **1.** metafyzický

met.e.or [mi:tjə] *podst* **1.** meteor, lietavica

met.e.or.ite [mi:tjərait] *podst* **1.** *(železný, kamenný)* meteorit

met.er [mi:tə] *podst* **1.** merač, *(tech: prístroj)* meradlo, *(ifm: počítač)* hodiny

me.thane [mi:θein] *podst* (i **marsh gas**) **1.** metán

meth.od.i.cal [mə'θodikəl] *príd* **1.** metodický, systematický, sústavný, pravidelný. *Syn* ⇨ **orderly**

meth.o.dol.o.gy [ˌmeθə'dolədži] *podst* (mn **-ies**) **1.** metodika, metodológia

me.ti.cu.lous [mi'tikjuləs] *príd* (**~ about st / doing st**) **1.** úzkostlivo starostlivý, puntičkársky, precízny, pedantský, dôkladný, presný. *Syn* ⇨ **careful**

met.re [mi:tə] *podst* (am **meter**) **1.** meter; **2.** *(bás)* metrum, miera verša

met.ric [metrik] *príd* **1.** metrický

Metro [metrəu] *podst ob jč* (mn **-os**) **1.** *(podzemná železnica)* metro

metropolis [mi'tropəlis] *podst* (mn **-ises/ metropoli**) **1.** metropola, hlavné mesto

metropolitan [ˌmetrə'politən] *príd* **1.** metropolitný, veľkomestský, centrálny, *(náb)* arcibiskupský

mews [mju:z] *podst* **1.** byt adaptovaný z bývalých stajní; **2.** *(mn)* stajne

mi.cro-or.gan.i.sm [ˌmaikrəu'o:gənizm] *podst* **1.** mikroorganizmus

mi.cro.phone [maikrəfəun] *podst* **1.** mikrofón

mi.cro.pro.ces.sor [ˌmaikrəu'prəusesə] *podst* **1.** mikroprocesor

mi.cro.scope [maikrəskəup] *podst* **1.** mikroskop, drobnohľad

microscopic [ˌmaikrə'skopik] *príd* **1.** mikroskopický, drobnohľadný

microwave [maikrəuweiv] *podst* (i **microwave 'oven**) **1.** mikrovlna [rúra]

mid.day [middei] *podst* (mn **-ays**) **1.** poludnie, stred dňa

mid.dle [midl] **I.** *podst* **1.** *(na postave)* pás; **II.** *príd* **2.** stredný, prostredný; **III.** *prísl* **3.** uprostred, v strede. *Syn:* center, midst

Mid.dle East [ˌmidľi:st] *podst* **1.** Blízky Východ

mid.dle age [ˌmidľeidž] *podst* **1.** stredný vek

mid.dle-aged [ˌmidľeidžd] *príd* **1.** v strednom veku

mid.dle class [ˌmidľkla:s] **I.** *podst* (mn **-es**) **II.** *príd* **2.** týkajúci sa strednej triedy, *(v min pej)* buržoázny, *(pej)* meštiacky

mid.dle.man [midlmæn] *podst* (mn **-men**) **1.** prostredník, sprostredkovateľ, *(obch)* priekupník

mid.night [midnait] *podst* **1.** polnoc; **2.** *(prn)* neprehľadná tma

midst [midst] *podst* **1.** stred, prostriedok. *Syn* ⇨ **middle**

mid.sum.mer ['mid,sumə] *podst* **1.** *(astron)* letný slnovrat, stred leta

mid.way [,mid'wei] *prísl* **1.** na pol cesty, uprostred

mid.week [midwi:k] *príd* **1.** uprostred týždňa

mid.wife [midwaif] *podst* (mn **midwives**) **1.** pôrodná baba, pôrodná asistentka

might [mait] *podst* **1.** moc, sila; **II** *mod slo* **2** ⇨ **may**

might.y [maiti] **I.** *príd* **1.** mocný, silný, mohutný; **2.** impozantný, monumentálny, ohromný; **II.** *prísl* **3.** veľmi; **4.** *(ifm am)* strašne, *(hov)* ohromne

mi.graine [mi:grein] *podst* **1.** migréna

mi.grant [maigrənt] **I.** *podst* **1.** sťahovavý vták; **2.** sezónny robotník, gastarbaiter, pendler; **3.** *(aus)* imigrant, prisťahovalec; **II.** *príd* **4.** *(zviera, vták)* sťahovavý, *(i kmeň)* kočovný

to mi.grate [mai'greit] **1.** sťahovať sa, putovať, migrovať, kočovať; **2.** presťahovať sa, presídliť sa. *Syn*: to emigrate, to immigrate

mike [maik] *podst ifm* **1.** *(ifm)* mikrofón; **2.** záhaľčivosť

mild [maild] **I.** *podst* **1.** pivo, cigareta ; **II.** *príd* **2.** *(človek, spôsoby)* mierny, prívetivý, vľúdny, *(i vietor)* príjemný; **2.** *(noc, večer)* vlahý; **3.** *(svetlo)* tlmený; **4.** *(kritika)* zhovievavý; **5.** *(chuť, cigara)* jemný, *(i syr)* lahodný; **6.** *(korenie)* nie veľmi ostrý; **7.** krotký . *Syn* ⇨ **soft**

mile [mail] *podst* **1.** *(i špo: 1; 6 km)* míľa

mile.age [mailidž] *podst* **1.** *(aut)* vzdialenosť v míľach, *(na tachometri)* odjazdené míle, počet najazdených míľ/ kilometrov; **2.** *(aut)* spotreba benzínu; **3.** cestovné útraty

mile.stone [mailstəun] *podst* **1.** *(prn)* medzník; **2.** míľnik; **3.** *(pri cestách)* kilometrovník

mi.lieu [mi:ljə:] *podst* (mn **milieux/ milieus**) **1.** prostredie, milieu

mil.it.ant [militənt] **I.** *podst* **1.** radikál, stranícky aktivista; **II.** *príd* **2.** bojovný, militantný, útočný. *Syn* ⇨ **aggressive**

mil.it.ar.y [militəri] **I.** *podst* **1.** branná moc, armáda, vojsko; **II.** *príd* **2.** vojenský. *Syn* ⇨ **martial**

mi.li.tia [mi'lišə] *podst* **1.** milícia, domobrana

mi.li.tia.man [mi'lišəmən] *podst* **1.** milicionár, milicionárka

milk [milk] *podst* **1.** mlieko; **2.** *(kokosové)* mliečie

to milk [milk] **1.** dojiť; **2.** odobrať vretenici jed; **3.** *(prn)* odierať, vysávať [z koho] peniaze

milk.y [milki] *príd* {**-ier, -iest**} **1.** mliečny; **2.** mliečne biely, biely ako mlieko; **3.** *(káva, čaj)* s mliekom, *(i káva)* biely

mill [mil] *podst* **1.** mlyn; **2.** mlynček; **3.** továreň

to mill [mil] **1.** mlieť; **2.** frézovať; **3.** vrúbkovať

mil.len.ni.um [mi'leniəm] *podst* (mn **millennia/ millenniums**) **1.** tisícročie, milénium; **2.** tisíce výročie; **3.** zlatý vek

mil.ler [milə] *podst* **1.** mlynár

mil.let [milit] *podst* **1.** *(bot: Panicum miliaceum)* proso, pšeno

mil.li.gram [miligræm] *podst* **1.** miligram

mil.li.met.re ['mili,mi:tə] *podst* (am **millimeter**) **1.** milimeter

mil.li.on [miljən] **1.** milión, **2.** *(prn)(nespočetné)* davy, *(ľudí)* masy

mil.li.on.aire [,miljə'neə] *podst* **1.** milionár

mim.ic [mimik] *podst* **1.** imitátor, napodobňovateľ, mimik

to mim.ic [mimik] **1.** napodobňovať, predvádzať, imitovať, karikaturovať, parodovať. *Syn* ⇨ **to mitate**

mince [mins] *podst* **1.** *(br: sekané, mleté)* mäso, fašírka

mind [maind] *podst* **1.** myseľ, duch; **2.** intelekt, rozum, mozog, hlava; **3.** pamäť; **4.** názor

to mind [maind] **1.** strážiť, *(na koho)* dozerať, *(o)* starať sa, *(na)* dovidieť; **2.** *(na)* dbať, brať do úvahy

mind.er [maində] *podst* **1.** opatrovateľka detí; **2.** dozorca, strážca, *(sl)* gorila; **3.** *(stroja)* obsluha

mind.less [maindlis] *príd* **1.** *(pej)* nezmyselný; **2.** tupý; **3.** únavný, nudný, duchamorný

mine [main] **1.** *podst* **1.** *(i prn)* baňa, *(miesto dobývania)* pole, jama, šachta, *(kameňolom)* lom; **2.** *(i vodný, i ekon, odb, inf)* zdroj, *(prn)* prameň, studnica; **3.** *(voj)* mína; **II.** *zám* **4.** môj; **III.** *príd* **5.** mínový; **6.** banský

to mine [main] **I.** *prech* **1.** dobývať, ťažiť; **2.** *(voj)* podmínovať; **3.** zamínovať, vyhodiť do povetria; **II.** *nepr* **4.** dolovať

min.er [mainə] *podst* **1.** haviar; **2.** baník; **3.** *(voj)* zákopník

min.er.al [minərəl] **I.** *podst* **1.** minerál, nerast, ruda; **2.** minerálka, *(br)* limonáda; **II.** *príd* **3.** minerálny, nerastný, horninový; **4.** *(prn: o nápoji)* nealkoholický

min.er.al wa.ter ['minrl,wo:tə] *podst* **1.** minerálka, minerálna voda; **2.** *(br)* limonáda, nealkoholický nápoj

to ming.le [miŋgl] **I.** *prech* **1.** miešať, premiesiť, pomiešať; **II.** *nepr* **2.** miešať sa, zmiešať sa, pomiešať sa, *(zvuky, farby)* prelínať sa. *Syn* ⇨ **to mix**

min.ia.ture [minjaææə] **I.** *podst* **1.** miniatúra, *(i art)* drobnokresba, drobnomaľba; **II.** *príd* **2.** miniatúrny, drobný, nepatrný. *Syn* ⇨ **small**

min.i.bus [minibas] *podst* (mn **-es**) **1.** mikrobus

min.i.mal [miniməl] *príd* **1.** minimálny

to min.i.mize [minimaiz] (i **-ise**) **1.** minimalizovať, znížiť na minimum, redukovať na minimum; **2.** bagatelizovať, *(prn)* podceňovať

min.i.mum [miniməm] *príd* **1.** minimálny, *(možný, prijateľný ap)* najnižší

min.ing [mainiŋ] *podst* **1.** dolovanie, dobývanie, ťažba , *(ťažobný)* priemysel; **2.** *(voj)* kladenie mín, zamínovanie

min.is.ter [ministə] *podst* **1.** *(pol)* minister, ministerka; **2.** *(náb)* pastor, *(protestantský)* duchovný

min.i.ste.ri.al [,mini'stiəriəl] *príd* **1.** *(pol)* ministerský, vládny, vyslanecký, pastorský

min.i.stry [ministri] *podst* (mn **-ies**) **1.** *(pol)* ministerstvo, vláda, kabinet, kňazský úrad, *(kňaza, ministra)* služba

mink [miŋk] *podst* **1.** *(zool: Mustela)* norka

mi.nor [mainə] **I.** *podst* **1.** *(am univ: vedľajší/ malý)* predmet; **2.** františkán; **3.** minorita; **II.** *príd* **4.** menší, drobný, malý, nepatrný; **5.** maloletý, neplnoletý; **6.** *(br škol sl)* mladší; **7.** nedôležitý, *(rozdiel)* bezvýznamný, *(strata)* zanedbateľný; **8.** *(cesta)* vedľajší, *(zložka, dielec)* sekundárny, *(človek)* druhoradý, menej významný; **9.** *(i log)* nižší; **10.** *(priestupok, zranenie)* ľahký; **11.** *(hud)* mólový

mi.no.ri.ty [mai'norəti] *podst* (mn **-ies**) **1.** menšina, minorita; **2.** *(práv)* neplnoletosť, maloletosť

min.strel [minstrəl] *podst* *(stredoveký)* spevák, *(stredoveký)* básnik

mint [mint] **I.** *podst* **1.** *(fin)* mincovňa; **2.** veľké množstvo; **3.** *(prn)* prameň, zdroj; **II.** *príd* **4.** celkom nový, nepoužitý; **5.** *(známka)* neopečiatkovaný

to mint [mint] **1.** *(mince)* raziť; **2.** *(prn)* tvoriť

mi.nus [mainəs] **I.** *predl* **1.** *(mat)* mínus, *(i mat)* bez: **10 minus 2 equals 8** *desať mínus/ bez dvoch je osem*; **2.** *(ozn zapornú veličinu)* mínus: **minus two degrees** (centigrade) *mínus dva stupne*; pod nulou: **minus two degrees** (centigrade) *dva stupne pod nulou*; **3.** *(ifm)* bez, **he returned from the front minus one leg** *vrátil sa z frontu bez jednej nohy*; **II.** *podst* s **4.** *(znak: minus sign)* mínus; **5.** *(prn: nedostatok)* nevýhoda; **III.** *príd* **6.** *(i mat, fyz, ele, eko)* záporný, negatívny, mínusový, *(adm)* odčítací

min.ute ['minit/(príd)mai'nju:t] **I.** *podst* **1.** *(i geom, geog)* minúta; **2.** chvíľa, chvíľka, minútka; **3.** *(ob pl)* protokol, zápis; **I.** *príd* **4.** maličký, malinký, nepatrný, sotva postihnuteľný; **5.** úzkostlivo starostlivý, minuciózny, bezvýznamný. *Syn* ⇨ **small**

to min.ute [mai'nju:t] **1.** obstarať zápis, urobiť zápis, dať do zápisu, zaprotokolovať

mir.a.cle [mirəkl] *podst* **1.** *(náb, i ifm prn)* zázrak; **2.** čudo

mi.rac.u.lous [mi'rækjuləs] *príd* **1.** zázračný, nadprirodzený

mir.ror [mirə] *podst* **1.** zrkadlo; **2.** *(prn)* odraz, obraz

to mir.ror [mirə] (**~ st [in st]**) **1.** odrážať,

[od]zrkadliť

mir.ror im.age ['mirə,imidž] *podst* **1.** zrkadlový obraz

to mis.cal.cu.late [,mis'kælkjuleit] **I.** *nepr* **1.** urobiť počtovú chybu, *(prn)* prepočítať sa; **II.** *prech* **2.** zle zrátať, zle odhadnúť

mis.car.riage [,mis'kæridž] *podst* **1.** *(lek: samovoľný)* potrat

mis.cel.la.ny [mi'seləni] *podst* **1.** pestrá zmes, literárna zmes; **2.** literárne rozmanitosti; **3.** *(lit)* výber, antológia

mis.chief [misæif] *podst* **1.** neplecha, uličníctvo, ničomnosť; **2.** nezbedník, ničomník; **3.** zlomyseľnosť

mis.chiev.ous [misæivəs] *príd* **1.** nezbedný, rozpustený, uličnícky, zlostiaci; **2.** zlomyseľný, zlovoľný, zlý

mis.con.cep.tion [,miskən'sepšn] *podst* **1.** nepochopenie, mylné pochopenie; **2.** mylná predstava, nesprávny dojem; **3.** nesprávny názor

mis.con.duct [,mis'kondakt] *podst fml* **1.** zlé správanie, delikt, služobné previnenie, nevera; **2.** zlý manažment

mis.e.ra.ble [mizərəbl] *príd* **1.** *(človek)* smutný, skľúčený, deprimovaný, *(život)* bezútešný, strastiplný, mizerný; **2.** nepríjemný, *(počasie)* uplakaný, pod psa; **3.** *(ulice, obydlie)* chudobný, *(jedlo)* slabý; **4.** *(mzda, penzia)* biedny

mis.er.y [mizəri] *podst* (mn **-ies**) **1.** smútok, skľúčenosť; **2.** bieda, núdza, mizéria; **3.** trápenie, utrpenie; **4.** *(ifm: človek)* hundroš, mrzút

mis.fit [misfit] *podst* **1.** človek, kt je na nesprávnom poste, nespratník, *(hov)* čudák, *(social misfit)* asociál; **2.** zle sediace šaty

mis.for.tune [,mis'fo:æən] *podst* **1.** smola; **2.** nešťastie, nešťastná náhoda, pohroma, rana. *Syn* ⇨ **affliction**

mis.giv.ing [,mis'giviŋ] *podst* (~ **about st / doing st**) **1.** *(pl)* pochyby, pochybnosti, obavy; **2.** podozrenie, nedôvera

mis.guid.ed [,mis'gaidid] *príd* **1.** nevhodný; **2.** pochabý, bláznovský; **3.** nemiestny

mis.hap [mishæp] *podst* **1.** *(drobná)* nehoda, *(menšie)* nešťastie, nepríjemnosť, *(hov)* menší malér

to mis.judge [,mis'džadž] **1.** zle odhadnúť, *(v úsudku)* mýliť sa; **2.** urobiť si [o kom] nesprávnu mienku, nedoceniť

to mis.lead [,mis'li:d] (mč, mp **misled**); (~ **sb [about st]**) **1.** mýliť, zmýliť, pomýliť, spliesť; **2.** zaviesť, oklamať, uviesť do omylu, *(prn)* priviesť na nesprávnu cestu, viesť nesprávnym smerom. *Syn* ⇨ **to deceive**

mis.man.age.ment [,mis'mænidžmənt] *podst* **1.** zlý manažment, zlé riadenie

to mis.place [,mis'pleis] **1.** zle zaradiť, dať na nesprávne miesto; **2.** niekde založiť, niekde dať, niekde nechať

miss [mis] *podst* (mn **-es**) **1.** *(i ifm: oslovenie)* slečna, *(škol: učiteľka)* pani, *(ifm i milá)* dievča; **2.** kráľovná krásy, miss, *(ifm)* misska; **3.** rana vedľa, chybná rana; **4.** *(prn)* neúspech, zlyhanie

to miss [mis] **I.** *prech* **1.** netrafiť, *(špo: loptu)* nechytiť, *(i ftb)* streliť vedľa, *(autobus, vlak)* zmeškať, nestihnúť, *(príležitosť)* premeškať, nechať si ujsť; **2.** prehliadnuť, minúť, prepočuť; **3.** *(triedu, ročník)* zameškať, vynechať, mať absenciu, *(na čo)* nedostaviť sa; **4.** preskočiť; **5.** *(čomu)* vyhnúť sa; **II.** *nepr* **6.** netrafiť sa, minúť sa, *(i ftb)* streliť vedľa; **7.** *(motor)* vynechávať

mis.sile [misail] *podst* **1.** *(konštrukcia na lietanie, i voj: strela)* raketa; **2.** *(voj)* riadená strela; **3.** *(kopija)* vrhacia zbraň

mis.sion [mišən] *podst* **1.** úloha, *(životné)* poslanie, poverenie, *(voj)* rozkaz; **2.** *(i náb)* misia

mis.sion.ary [mišnəri] **I.** *podst* **1.** misionár, misionárka, posol; **II.** *príd* **2.** misijný, misionársky

mist [mist] *podst* **1.** hmla, hmlový opar; **2.** zrazená para, zahmlenie; **3.** *(prn: slz)* závoj. *Syn*: fog, mist, smog

mis.take [mi'steik] *podst* **1.** chyba, omyl, prechmat, *(ifm)* nezmysel

to mis.take [mi'steik] (mč **mistook,** mp **mistaken**) **1.** zle pochopiť, zle si vysvetliť, zle si vysvetľovať; **2.** zmýliť si

mis.tak.en [mi'steikən] *príd* **1.** mylný, pomýlený, chybný, pochybený, nemiestny, klamný

mis.ter [mistə] *podst* (skr **Mr**) **1.** iba **Mr**

(v spojení s priezviskami) pán; **2.** *(ifm, sl, det: oslovenie)* páne

mis.tress [mistris] *podst* (mn **-es**, ifm **missus**, skr**Mrs**) **1.** *(v min: vo veľkom dome, zamesnávateľka)* pani, *(zdrob)* panička, *(v min: majiteľka dielne)* majstrová; **2.** milenka; **3.** iba **Mrs** *(v spojení s priezviskami)* pani; **4.** *(prn)* vládkyňa

mis.trust [ˌmisˈtrast] *podst* **1.** nedôvera, podozieravosť

to mis.trust [ˌmisˈtrast] **1.** *(komu/ čomu)* nedôverovať, pochybovať, upodozrievať

mist.y [misti] *príd* {**-ier, -iest**} **1.** *(deň, počasie)* hmlistý , *(okno, pohľad)* zahmlený, *(spomienky)* nejasný

to mis.un.der.stand [ˌmisəndəˈstænd] (mč.mp **mis.un.der.stood**) **I.** *prech* **1.** *(čomu)* neporozumieť, zle rozumieť [čomu], *(zle si vysvetliť)* vysvetliť si, prepočuť; **II.** *nepr* **2.** zle, nesprávne pochopiť, nerozumieť, prepočuť sa

mis.un.der.stand.ing [ˌmisandəˈstændiŋ] *podst* **1.** nepochopenie, nedorozumenie; **2.** nezhoda

mis.use [ˌmisˈju:z] *podst* **1.** zneužitie, sprenevera, defraudácia; **2.** nesprávne zaobchádzanie [s čím], nesprávne používanie

to mis.use [ˌmisˈju:z] **1.** zneužiť, spreneveriť; **2.** nesprávne zaobchádzať [s čím], nesprávne používať

mite [mait] *podst* **1.** *(zool: Acanus)* roztoč; **2.** *(malá vec)* maličkosť, drobnosť; **3.** *(minca, i prn)* halier

to mit.i.gate [mitigeit] **1.** mierniť, zmierniť, znížiť, poľahčiť, *(zvuk,hlas,svetlo,city,farbu)(city, pocity. plač, smiech)* tlmiť, *(bolesť, hnev)* utíšiť

mix [miks] *podst* **1.** zmes, miešanina; **2.** miešanie, zamiešanie

to mix [miks] **1.** zmiešať; **2.** namiešať, rozmiešať, *(koktail)* pripraviť; **3.** *(hud, film)* mixovať. *Syn*: to mingle, to blend, to merge, to coalesce, to fuse

mixed [mikst] *príd* **1.** miešaný, *(text)* melírovaný, krížený; **2.** zmiešaný, koedukačný; **3.** rôznorodý

mix.er [miksə] *podst* **1.** *(vše)* miešač, miešačka, *(i kuch)* mixér; **2.** nealkoholický nápoj [na primiešanie do koktailov]; **3.** *(roz)* technik; **4.** *(sl)* výtržník

mix.ture [miksææ] *podst* **1.** zmes, zmiešanina, *(pej)* miešanina, *(lek)* mixtúra, cesto

to mix up [miksap] **1.** zmiešať, namiešať; **2.** miasť, zmiasť , pliesť, popliesť, pliesť si, poprehádzať, pomiešať

moan [məun] *podst* **1.** zastenanie, zaúpenie, vzlykanie, stonanie, horekovanie; **2.** sťažnosť. *Syn* ⇨ **cry**

to moan [məun] **1.** stonať, nariekať, bedákať; **2.** sťažovať si, skuhrať, reptať, nadávať

moat [məut] *podst* **1.** vodná priekopa, hradná priekopa

mob [mob] *podst* **1.** *(neusporiadaný)* dav; **2.** *(zlodejská)* banda, gang, tlupa, parta. *Syn* ⇨ **crowd**

to mob [mob] **1.** obliehať; **2.** napadnúť, prepadnúť, *(na)* vrhať sa

mo.bile [məubail] *príd* **1.** mobilný, pohyblivý, motorizovaný, pojazdný; **2.** čulý, výrazný, premenlivý

mock [mok] *príd* **1.** simulovaný, *(náboj)* slepý; **2.** predstieraný, hraný; **3.** nepravý, falošný, klamný, zdanlivý

to mock [mok] (**~ at sb/ st**) **1.** zosmiešňovať, *(komu/ čomu)* posmievať sa; **2.** *(po kom)* opičiť sa, parodovať; **3.** prekaziť, zmariť, *(čomu)* vzdorovať . *Syn* ⇨ **to imitate, to ridicule**

mock.er.y [mokəri] *podst* (mn **-ies**) **1.** posmech, výsmech; **2.** paškvil, fraška

mode [məud] *podst* **1.** spôsob, *(hud)* modus, forma; **2.** *(ling)* slovesný spôsob; **3.** *(inf)* režim, spôsob; **4.** *(zast)* móda. *Syn* ⇨ **fashion, method**

mod.el [modl] **I.** *podst* **1.** model, maketa; **2.** typ; **3.** vzor, predloha; **4.** manekýnka, modelka; **II.** *príd* **5.** vzorový; **6.** vzorný. *Syn*: example, pattern, paradigm, archetype, standard

to mod.el [modl] **I.** *prech* **1.** vymodelovať, urobiť model; **2.** *(model)* predvádzať; **II.** *nepr* **3.** pracovať akomanekýnka, byť manekýnkou, byť [foto]modelkou

mod.er.ate [modərət] **I.** *podst* **1.** osoba s umiernenými názormi; **II.** *príd* **2.** *(vše)* mierny, striedmy, pozvoľný; **3.** rozvážny, *(i pol)* umiernený; **4.** priemerný, prostredný, neveľký. *Syn*: temperate, moderate. *Opoz*: excessive, extreme

to mod.er.ate [modərət] **I.** *prech* **1.** mierniť, zmierniť, byť moderátorom [čoho]; **II.** *nepr* **2.** zmierniť sa, zoslabnúť; **3.** *(i roz, tv)* moderovať

mod.er.a.tion [ˌmodəˈreišən] *podst* **1.** miernosť, umiernenosť, striedmosť, zdržanlivosť; **2.** zmierenie

mod.ern [modən] **I.** *podst* **1.** stúpenec moderny/ moderných smerov; **II.** *príd* **2.** moderný, módny; **3.** *(i história)* novoveký, *(i svet, časy ap)* súčasný. *Syn* ⇨ **new**

mod.ern.i.sm [modənizm] *podst* **1.** modernizmus

mod.ern.ist [modənist] *podst* **1.** modernista

to mod.ern.ize [modənaiz] (i **-ise**) **1.** modernizovať, modernizovať sa, zmodernizovať, zmodernizovať sa

mod.est [modist] *príd* **1.** skromný; **2.** *(dom)* prostý, menší, *(požiadavka)* nenáročný, *(zlepšenie)* mierny; **3.** rezervovaný, zdržanlivý, *(ob o ženách)* cudný. *Syn* ⇨ **chaste**, humble, ⇨ aj **shy**

mod.est.y [modisti] *podst* **1.** skromnosť; **2.** prostota, umiernenosť, nenáročnosť; **3.** cudnosť, rezervovanosť, zdržanlivosť

to mod.i.fy [modifai] (mč, mp **-fied**) **1.** modifikovať, upraviť, obmeniť, pozmeniť, adaptovať; **2.** *(ling)* bližšie určiť, bližšie kvalifikovať. *Syn* ⇨ **to change**

to mod.u.late [modjuleit] **1.** *(hud, tech)* modulovať; **2.** prispôsobovať, striedať

mod.ule [modjul] *podst* **1.** modul

mo.gul [məugal] *podst* **1.** magnát, barón

moist [moist] *príd* **1.** vlhký, *(pokiaľ)* mokrý, zahmlený, zvlhnutý. *Syn* ⇨ **wet**

mois.ture [moisæə] *podst* **1.** vlhkosť, vlhko, vlaha, zrazená para

to mois.tur.ize [moisæəraiz] **1.** zvlhčiť, navlhčiť, dodať vlahu, dodať vlhkosť

mois.tur.iz.er [moisæəraizə] *podst* (i **-iser**) **1.** *(v kozmetike)* hydratačný krém, hydratačná voda

mole [məul] *podst* **1.** *(am)* pigmentová škvrna, materské znamienko; **2.** *(zool: Talpa europaea)* krt; **3.** *(agent)* špión

mol.e.cul.ar [məuˈlekjulə] *príd* **1.** molekulárny

mol.e.cule [molikju:l] *podst* **1.** molekula

to mo.lest [məuˈlest] **1.** obťažovať, trápiť; **2.** napadnúť

molt.en [məultən] *príd* **1.** roztavený, tekutý, odliaty

mom [mom] *podst* **1.** *(am ifm)* mamička, mama

mo.ment [məumənt] *podst* **1.** *(i fyz)* moment, *(vhodná)* chvíľa, okamih, *(zdrob)* chvíľka, chvíľočka; **2.** *(fml)* význam . *Syn* ⇨ **importance**

mo.men.tary [məuməntəri] *príd* **1.** *(krátky, krátkotrvajúci)* krátkodobý, chvíľkový, *(i tech, šport)* letmý, *(i fot)* momentný, momentálny, momentánny, *(dočasný)* prechodný. *Syn* ⇨ **transient**

mo.men.tous [məuˈmentəs] *príd* **1.** nesmierne dôležitý, závažný, rozhodujúci, veľkého dosahu, historický, pamätný

mo.men.tum [məuˈmentəm] *podst* **1.** *(fyz)* kinetická energia, hybnosť, zotrvačnosť, *(i prn)* hybná sila; **2.** *(prn)* spád

mon.arch [monək] *podst* (mn **-s**) **1.** monarcha, vládca, panovník, *(kniž)* mocnár

mon.ar.chy [monəki] *podst* (mn **-ies**) **1.** monarchia, mocnárstvo

mon.as.ter.y [monəstəri] *podst* (mn **-ies**) **1.** *(mužský)* kláštor. *Syn* ⇨ **cloister**

Mon.day [mandi] *podst* (mn **-ays**) **1.** pondelok

mon.e.tary [manitəri] *príd* **1.** *(fin)* monetárny, menový, peňažný. *Syn* ⇨ **financial**

mon.ey [mani] *podst* (mn **moneys/ monies**) **1.** peniaze, *(hov, žart)* financie; **2.** *(fin)* kapitál

monk [maŋk] *podst* **1.** mních, rehoľník

monk.ey [maŋki] *podst* (mn **-eys**) **1.** *(zool: Cebidae, Cercopithecide atď, i prn)* opica; **2.** *(sl: 500 libier,500 dolárov)* päťstovka; **3.** *(ifm prn)* šibal

mon.o.logue [monəlog] *podst* (am i **monolog**) **1.** monológ, samovrava

to mon.op.o.lize [məˈnopəlaiz] (i **-ise**) **1.** *(lit)* monopolizovať, získať monopol; **2.** *(prn: osobu)* okupovať, zabrať [koho] len pre seba; **3.** *(pozornosť)* strhnúť na seba

mon.op.o.ly [mə'nopəli] *podst* (mn **-ies**) **1.** monopol, *(koho)* výsada. *Syn* ⇨ trust, cartel, syndicate, corner

mon.o.to.nous [mə'notənəs] *príd* **1.** monotónny, jednotvárny

mon.soon [mon'su:n] **I.** *podst* **1.** *(met)* monzún; **II.** *príd* **2.** monzúnový

mon.ster [monstə] **I.** *podst* **1.** *(lit)* obluda, príšera, ozruta, kreatúra, monštrum; **2.** netvor, beštia; **II.** *príd* **3.** obrovitý, kolosálny

mon.strous [monstrəs] *príd* **1.** obrovitý, gigantický, kolosálny; **2.** obludný, škandálny. *Syn* ⇨ **outrageous**

month [manθ] *podst* **1.** *(kalendárny)* mesiac

month.ly [manθli] **I.** *podst* **1.** mesačník; **II.** *príd* **2.** mesačný

mon.u.ment [monjumənt] *podst* **1.** pomník, pamätník, *(staviteľská)* pamiatka, *(minulosti)* svedok

mon.u.men.tal [ˌmonju'mentl] *príd* **1.** pamätný; **2.** monumentálny, veľkolepý, *(ifm)* úžasný; **3.** *(prn ifm)* kolosálny

mood [mu:d] *podst* **1.** nálada, duševný stav, rozpoloženie; **2.** atmosféra; **3.** zlá nálada, nevrlosť; **4.** *(gram: slovesný)* spôsob, modus. *Syn*: humour, temper, vein

moody [mu:di] *príd* **1.** náladový, vrtošivý; **2.** rozladený, nevrlý, mrzutý

moon [mu:n] *podst* **1.** *(astron)* Mesiac, *(bás)* luna

to moon [mu:n] (**~ about/ around**) **1.** snívať, byť zasnený; **2.** *(sl)* ukázať holý zadok

moon.light [mu:nlait] *podst* **1.** mesačný svit

to moon.light [mu:nlait] (mč, mp **-lighted**) **1.** *(ifm)* fuškárčiť, chodiť na fušky

moor [muə] *podst* **1.** *(ob pl)* vresovisko; **2.** *(dial)* slatina

Moor [muə] *podst* **1.** Maur

to moor [muə] (**~ st [to st]**) **I.** *prech* **1.** uviazať, upevniť; **II.** *nepr* **2.** uviazať loď, vyviazať loď

mooring [muəriŋ] *podst* **1.** *(miesto)* kotvisko, úväzisko; **2.** *(úkon)* vyviazanie, uviazanie

moorland [muəlænd] *podst* **1.** vresovisko; **2.** *(dial)* slatina

moose [mu:s] *podst* **1.** *(zool: Alces alces)* los severoamerický

to moot [mu:t] *fml* **1.** *(ob pass: problém, otázka)* nadhodiť

mop [mop] *podst* **1.** mop, stierač dlážky na palici, kefa na riad

to mop [mop] **1.** utrieť, vytrieť, stierať

mor.al [morəl] **I.** *podst* **1.** mravné ponaučenie, zásada; **II.** *príd* **2.** morálny, mravný. *Syn*: ethical, virtuous, righteous. *Opoz*: immoral

mor.ale [mə'ra:l] *podst* **1.** *(voj: svedomitosť v dodržiavaní povinností)* morálka; **2.** *(celkový citovo pôsobiaci ráz)* nálada

mor.al.i.ty [mə'ræləti] *podst* (mn **-ies**) **1.** morálnosť, morálka, mravy; **2.** etika, mravouka; **3.** *(div)* moralita, stredoveká mravoučná dráma

mor.bid [mo:bid] *príd* **1.** morbidný, cintorínový; **2.** *(i lek)* chorobný, patologický

more [mo:] (**~ st [than...]**) **1.** viac, väčší počet, ešte

more.ov.er [mo:'rəuvə] **1.** naviac, okrem toho, a potom, ba čo viac

mor.i.bund [moriband] *príd fml* **1.** umierajúci, na prahu smrti, vymierajúci, odsúdený na zánik, *(prn)* odsúdený na neúspech

morn.ing [mo:niŋ] *podst* **1.** ráno, dopoludnie; **2.** ranné zore, dopoludňajší

mor.phine [mo:fi:n] *podst* **1.** morfium, morfín

mor.tal [mo:tl] **I.** *podst* **1.** smrteľník; **2.** pozemšťan; **II.** *príd* **3.** smrteľný; **4.** hrozný. *Syn* ⇨ **fatal**

mor.tar [mo:tə] *podst* **1.** mažiar, malta, *(voj)* mínomet

mort.gage [mo:gidž] *podst* **1.** hypotéka, záloha

to mort.gage [mo:gidž] (**~ st [to sb]**) **1.** zaťažiť hypotékou

mo.sa.ic [məu'zeiik] *podst* **1.** mozaika

Mos.lem [mozlem] **I.** *podst* **1.** mohamedán, mohamedánka, moslim, moslimka; **II.** *príd* **2.** mohamedánsky, moslimský

mosque [mosk] *podst* **1.** mešita

mos.qui.to [mə'ski:təu] *podst* **1.** komár, moskyt

moss [mos] *podst* (mn **-es**) **1.** *(bot)* mach, plavúň, lišajník, rašelinisko

most [məust] **I.** *zám* **1.** *(vj: najväčší počet)* najviac: **he made** (the) **most mistakes**

on urobil najviac chýb; **2.** najväčšia časť: **I ate the most** *ja som jedol najväčšiu časť*; väčšina: **most people** *väčšina ľudí*;, **they were not many, three at most** *nebolo ich veľa, ak traja*; **II.** *prísl* **3.** *(tvorí 3 st dvoj/ mnohoslabičného príd/ prísl)* naj: **the most beautiful girl** *najkrajšie dievča*; **4.** *(vyj: najväčšiu mieru: [the] most)* najviac: **she helped me most** *ona ma pomáhala najviac*; **5.** *([a] most)* veľmi: **it was most kind of you to** *bolo veľmi milé od teba*; **6.** *(am ifm: = almost)* skoro; **7.** *(most certainly)* určite, *(most likely)* pravdepodobne

most.ly [məustli] *prísl* **1.** hlavne, predovšetkým, ponajviac, väčšinou, zväčša, obyčajne, normálne

mo.tel [məu'tel] *podst* **1.** motel

moth [moθ] *podst* **1.** *(zool: Lepidoptera)* nočný motýľ, *(zool: Noctua, Amathes)* nočná mora, *(zool: Sphinx pinastri)* lišaj [borový]; **2.** *(zool clothes-moth: Timea, Tineola)* šatová moľ; **3.** *(bot moth bean: Phaseolus aconitifolius)* fazuľa

moth.er [maðə] *podst* **1.** *(i prn, i náb)* matka, mať, mater

moth.er.hood [maðəhud] *podst* **1.** materstvo, materské city

moth.er-in-law [maðrinlo:] *podst* (mn **mothers-in-law**) **1.** svokra

moth.er.land [maðəlænd] *podst* **1.** vlasť

mo.tif [məu'tif] *podst* **1.** *(hud, art)* motív

mo.tion [məušən] *podst* **1.** pohyb; **2.** gesto, pokyn, kývnutie; **3.** návrh

mo.tion pic.ture [məˌšn'pikæə] *podst* **1.** *(dtd)* film

to mo.ti.vate [məutiveit] **1.** *(dávať popud)* motivovať, stimulovať; **2.** *(podložiť dôvodmi)* odôvodniť

mo.ti.va.tion [ˌməuti'veišən] *podst* **1.** motivácia

mo.tive [məutiv] (**~ for st**) **I.** *podst* **1.** motív, pohnútka, podnet, dôvod; **II.** *príd* **2.** hybný, hnací. *Syn*: incentive, inducement, spur, ⇨ aj **cause**

mot.ley [motli] **I.** *podst* zmes; **II.** *príd* **2.** rôznorodý; **3.** pestrý, rôznofarebný, strakatý

mo.tor [məutə] *podst* **1.** *(ob elektrický)* motor; **2.** *(br dtd)* auto, automobil; **3.** motorický sval, pohybový sval

mo.tor.bike [məutəbaik] *podst br ifm* **1.** motorka, motocykel, moped

mo.tor car [məutəka:] *podst br fml* **1.** *(br fml)* automobil, auto, motorové vozidlo, *(hov)* voz

mo.tor.cy.cle ['məutəˌsaikl] *podst br fml* (i **motor bike**) **1.** motocykel, motorka

mo.tor.ing [məutəriŋ] *podst* **1.** automobilizmus, motorizmus

mo.tor.ist [məutərist] *podst* **1.** automobilista, motorista, vodič

mo.tor.way [məutəwei] *podst* (mn **-ays**) **1.** diaľnica

mot.to [motəu] *podst* (mn **-os**) **1.** motto, veršík; **2.** heslo; **3.** devíza. *Syn* ⇨ **saying**

mould [məuld] *podst* (am **mold**) **1.** pleseň, plesnivina, *(polyg)* matrica, *(stav)* debnenie, *(v tvare formy)* rôsol

to mould [məuld] **1.** formovať, listovať, tvarovať, liať

mould.ing [məuldiŋ] *podst* (am **molding**) **1.** modelovanie, formovanie, *(hut)* odlievanie; **2.** vymodelovaný predmet, *(hut)* odliatok; **3.** *(archit)* rímsa, ozdobná lišta

mound [maund] *podst* **1.** pahorok, kopček, návršie, val; **2.** *(prn)* hromada

mount [maunt] *podst* **1.** *(bás)* hora, vrch; **2.** podstavec, rám ; **3.** jazdecké zviera

to mount [maunt] **I.** *prech* **1.** *(na čo)* nasadnúť, vysadnúť, *(na trón ap)* usadnúť; **2.** namontovať, pripevniť, *(čo do čoho)* zapustiť, *(mapu)* podlepiť, *(obraz)* zarámovať, *(známku)* nalepiť, *(do čoho: drahokam)* zasadiť; **3.** *(kampaň, výstavu)* organizovať, usporiadať; **II.** *nepr* **4.** nasadnúť; **5.** *(tlak ap)* zvýšiť sa, vzrásť, stupňovať sa

moun.tain [mauntin] *podst* **1.** *(i prn)* hora, vrch, kopec; **2.** *(veľký počet)* množstvo

moun.tain.ous [mauntinəs] *príd* **1.** hornatý, *(prn)* obrovský, ohromný

mourn.er [mo:nə] *podst* **1.** pozostalý, smútočný hosť

mourn.ing [mo:niŋ] *podst* **1.** smútok, smútočný šat/ šaty, čas smútku

mouse [maus] *podst* (mn **mice**) **1.** *(zool: Mus, i inf)* myš; **2.** *(prn)* bojko, strachopud

mousse [mu:s] *podst* **1.** *(kuch)* šľahaná pena; **2.** penové tužidlo na vlasy

mous.tache [mə'sta:š] *podst* (am **mustache**) **1.** fúzy

mouth [mauθ] *podst* (mn **mouths**) **1.** ústa, *(expr)* pusa, *(i hov, vulg)* papuľa, tlama; **2.** *(fľaše)* hrdlo, *(rieky, jamy)* ústie, *(jaskyne ap)* vstupný otvor

to mouth [mauθ] **1.** artikulovať iba perami; **2.** *(der: bombasticky)* deklamovať

mouth.ful [mauθful] *podst* **1.** sústo, dúšok; **2.** jazykolam

mouth.piece [mauθpi:s] *podst* **1.** *(časť predmetu/ nástroja, i fajky)* náustok, *(hud)* nátrubok, náustník, *(telefónneho aparátu)* mikrofón, mušľa, náustok

move [mu:v] *podst* **1.** pohyb; **2.** *(i šach)* ťah; **3.** *(prn)* krok, opatrenie; **4.** sťahovanie, zmena miesta, preloženie

to move [mu:v] **I.** *prech* **1.** *(čím)* pohnúť, *(čím)* hýbať, *(čo)* presunúť, preniesť, odviezť, *(prekážku)* odstrániť; **2.** presťahovať, *(spoločnosť, pracovníkov)* preložiť, *(oddiel, jednotku)* preveliť; **3.** *(šach)* ťahať; **4.** *(fml)* navrhnúť; **II.** *nepr* **5.** *(vše)* pohnúť sa, posúvať sa, premiestniť sa; **6.** presťahovať sa; **7.** niečo podniknúť; **8.** *(šach)* byť na ťahu. *Syn*: to remove, to shift, to transfer, ⇨ aj **to affect**

to move along I. *prech* **1.** posunúť ďalej, *(s bicyklom)* popodísť s čím, odísť ďalej, aby postúpili; **II.** *nepr* **2.** posunúť sa, poposadnúť si, postúpiť, *(autá)* popodísť

move.ment [mu:vmənt] *podst* **1.** pohyb, *(voj)* presun; **2.** tendencia, trend; **3.** *(pol)* hnutie, *(i umelecký)* smer; **4.** *(tovaru)* preprava; **5.** *(hud)* veta; **6.** *(tech)* súkolie, hodinový strojček

mov.er [mu:və] *podst* **1.** navrhovateľ; **2.** *(am)* špeditér, *(odb)* sťahovák; **3.** *(mat, fyziol, psych)* činiteľ

mov.ie [mu:vi] *podst ob am* **1.** *(am:dielo, i pás)* film; **2. the movies** kino

mov.ing [mu:viŋ] *príd* **1.** pohyblivý, hybný, hnací, v pohybe; **2.** dojemný. *Syn*: poignant, affecting, touching, pathetic

to mow [məu] (mč **mowed**, mp **mown**) **1.** žať, kosiť, sekať

mow.er [məuə] *podst* **1.** sekáč, žnec, žací stroj, sekačka

Mrs [misiz] **1.** *(iba v spojení s prízviskami)* pani

much [maæ] **1.** veľa, mnoho, hodne

muck [mak] *podst* 1 hnoj; **2.** *(br prn)* špina, svinstvo; **3.** *(br)* blato, bahno; **4.** *(psie)* hovienko, močovka; **5.** bordel, chlievik; **6.** brak

mu.cus [mju:kəs] *podst jč* **1.** hlien, sliz

mud [mad] *podst* **1.** blato, brečka, bahno

mud.dle [madl] *podst* **1.** zmätok, neporiadok, chaos

mud.dy [madi] *príd* [**-ier, -iest**] **1.** *(odev, dlážka)* zablatený, *(pôda)* rozbahnený, *(cesta)* blatistý, pokrytý brečkou, *(voda, víno)* zakalený, mútny; **2.** *(pleť)* popolavý, špinavobiely; **3.** *(myšlienky)* zmätený; **4.** konfúzny; **5.** *(štýl)* nejasný

to mud.dy [madi] (mč, mp **muddied**) **1.** zamazať blatom, zašpiniť, špiniť

muf.fin [mafin] *podst* **1.** *(kuch)* malá dolka [ktorá sa podáva teplá s maslom], predavač doliek

to muf.fle [mafl] **1.** *(zvuk)* tlmiť, dusiť, *(hluk)* zmierniť, stíšiť, *(hlas)* pritlmiť, priškrtiť; **2.** obaliť, zabaliť sa, zahaliť sa, obviazať sa

muf.fler [maflə] *podst* **1.** teplý šál; **2.** *(am aut)* tlmič výfuku, *(voj)* tlmič zbrane

mug [mag] *podst* **1.** *(ifm)* hrnček, veľká šálka, *(pivový)* pohár, džbánik s rovnými stenami, holba; **2.** *(sl pej, žart)* ksicht, vizáž; **3.** *(ifm)* hlupáčik, neviniatko; **4.** chruňo, ťulpas

mulch [malæ] *podst* (mn **-es**) **1.** *(záhr)* slama, rašelina na mulčovanie

to mulch [malæ] **1.** mulčovať, obkladať pazderím

mule [mju:l] *podst* **1.** *(zool: Mulus)* mula; **2.** mulica, *(prn)* tvrdohlavec; **3.** *(s otvorenou pätou)* papuča

to mull [mal](~ **st over**) **1.** rozmýšľať

mul.let [malit] *podst* (mn **mullet**) *(ryba)* parma

mul.ti.lat.er.al [ˌmaltiˈlætərəl] *príd* **1.** mnohostranný, *(pol)* multilaterálny

mul.ti.med.i.a [ˌmaltiˈmi:djə] *podst* **1.** *(inf)* multimédiá

mul.ti.na.tion.al [ˌmaltiˈnu:šənl] **I.** *podst* **1.**

nadnárodná spoločnosť; **II.** *príd* **2.** mnohonárodnostný; **3.** národnostný; **4.** *(spoločnosť)* nadnárodný

mul.ti.ple [maltipl] **I.** *podst* **1.** *(mat)* násobok; **2.** viacnásobok; **II.** *príd* **3.** mnohonásobný, niekoľkonásobný, viacnásobný; **4.** zložený

mul.ti.ple scle.ro.sis [ˌmaltiplsklə'rəusis] *podst* (sk **MS**) **1.** skleróza multiplex

to mul.ti.ply [maltiplai] (mč, mp **-lied**) **I.** *prech* **1.** *(mat)* násobiť, znásobiť; **2.** *(zvieratá)* rozmnožovať, *(problémy)* zmnohonásobiť; **II.** *nepr* **3.** *(mat)* násobiť, *nepr* **4.** *(zvieratá)* rozmnožiť sa, rozplemeniť sa. *Syn* ⇨ **to increase**

mul.ti.tude [maltitju:d] *podst fml* **1.** *(fml)* veľké množstvo; **2. the multidude** *(i der: ľudí)* masa, dav, nával. *Syn* ⇨ **crowd**

mum [mam] *podst ifm* (am ob **mom**) **1.** mama, mamička

to mum.ble [mambl] **~ about st**) (**~ st [to sb]** **1.** mrmlať, mumlať, huhňať, hovoriť na pol úst/*(hov)* huby; **2.** cmúľať, žuvať, chrumkať. *Syn* ⇨ **to murmur**

mum.my [mami] *podst* (mn **-ies**) **1.** múmia; **2.** mamička, mama

to munch [manæ] (**~ on st**) **1.** (pre)žuť; **2.** *(spôsobovať zvuk pri hryzení)* chrúmať; **1.** chrúpať

mun.dane [mandein] *príd* **1.** svetský, pozemský; **2.** *(pej)* obyčajný, všedný, triviálny

mu.ni.ci.pal [mju(:)'nisipəl] *príd* **1.** mestský, obecný, komunálny

mu.ni.ci.pal.i.ty [mju(:)ˌnisi'pæləti] *podst* (mn **-ies**) **1.** obec so samosprávou, mesto so samosprávou, oblasť so samosprávou; **2.** magistrát, obecný úrad, mestský úrad, municipalita

mu.ni.tions [mju(:)'nišns] *podst pl* **1.** munícia, strelivo, vojnový materiál, výzbroj

mu.ral [mjuərəl] **I.** *podst* **1.** nástenná maľba; **II.** *príd* **2.** nástenný

mur.der [mə:də] *podst* **1.** vražda, smrť z nedbalosti

to mur.der [mə:də] **1.** *(úmyselne)* vraždiť, zavraždiť, zmasakrovať, *(prn)* zabiť, *(ifm)* poraziť na hlavu; **2.** *(prn: jazyk)* hanobiť, komoliť, przniť; **3.** ničiť, kaziť. *Syn* ⇨ **to kill**

mur.der.er [mə:dərə] *podst* **1.** vrah

murk.y [mə:ki] *príd* {**-ier, -iest**} **1.** *(noc)* temný, tmavý, *(obloha)* chmúrny, *(počasie)* pochmúrny, zachmúrený, *(voda)* zakalený, *(okno)* špinavý, zadymený; **2.** *(prn: obchod, minulosť)* pochybný, hanebný. *Syn* ⇨ **dark**

mur.mur [mə:mə] *podst* **1.** bublanie, šum, šelestenie, šelest. *Syn*: mutter, mumble

to mur.mur [mə:mə] **1.** mrmlať, zamumlať; **2.** mrmlať si pod fúzy, reptať

mus.cle [masl] *podst* **1.** *(anat)* sval; **2.** *(ifm)* moc, vplyv; **3.** *(zool: Mytilus edulis)* mušľa

mus.cu.lar [maskjulə] *príd* **1.** svalový; **2.** i **muscly** svalnatý

muse [mju:z] *podst* **1.** *(myt)* Múza, *(inšpirácia)* múza , duma, rozjímanie

mu.se.um [mju(:)'ziəm] *podst* **1.** múzeum

mush.room [mašrum] *podst* **1.** *(bot: Fungi)* huba, /jedlý(hríb, dubák

to mush.room [mašrum] **1.** rásť ako huby po daždi, bujnieť; **2.** *(ifyz)* stúpať v podobe hríba

mu.sic [mju:zik] *podst* **1.** hudba, *(ifm)* muzika; **2.** noty, hudobniny

mu.si.cal [mju:zikəl] (i **musical comedy**) **I.** *podst* **1.** muzikál, *(ifm)* hudobná komédia; **II.** *príd* **2.** hudobný, *(hodiny ap)* hrací; **3.** muzikálny, majúci hudobný sluch, hudobne nadaný; **4.** melodický, ľúbozvučný

mu.sic hall [mju:zikho:l] *podst* **1.** hudobná sieň; **2.** varieté, kabaret

mu.si.cian [mju(:)'zišən] *podst* **1.** hudobník, muzikant, hráč, hudec; **2.** skladateľ

mus.ket [maskit] *podst* **1.** *(voj hist)* mušketa

Mus.lim [muzlim] (i **Moslem**) **I.** *podst* **1.** mohamedán, mohamedánka, moslim, moslimka; **II.** *príd* **2.** mohamedánsky, moslimský

mus.sel [masl] *podst* **1.** *(zool: Mytilus edulis)* mušľa

must [mast] **I.** *podst* **1.** *(ifm)* nevyhnutnosť; **2.** pleseň, potuchlina; **3.** *(hroznový)* mušt, burčiak, mať; **II.** *mod slo* **4.** *(mať povinnosť)* musieť, **you must study** *musíš sa učiť*; **5.** *(vyj pravdepodobnosť/ predpoklad)* musieť, **she must have been beautiful sometime** *musela byť kedysi krásna*;

mus.tard [mastəd] *podst* **1.** *(bot: Sinapis, i kuch)* horčica, *(bot black mustard: Brassica nigra)* horčica [čierna]

mus.ter [mastə] *podst* **1.** *(voj, nám: zoradenie sa do nejakého útvaru)* nastúpenie, nástup; **2.** prehliadka

to mus.ter [mastə] **I.** *prech* **1.** zhromaždiť, nechať nastúpiť, zohnať dokopy, pozbierať; **II.** *nepr* **2.** zhromaždiť sa, zísť sa, nastúpiť. *Syn* ⇨ **to gather**

to mu.tate [mju:'teit] **1.** meniť, meniť sa, mutovať

mute [mju:t] **I.** *podst* **1.** *(hud)* tlmidlo; **2.** *(dtd)* nemý človek; **II.** *príd* **3.** nemý; **4.** tichý. *Syn* ⇨ **voiceless**

to mute [mju:t] **1.** *(i farbu)* tlmiť, *(i zvuk)* dusiť, *(hud)* stlmiť

to mu.ti.late [mju:tileit] **1.** mrzačiť, zmrzačiť, zohyzdiť, znetvoriť, *(prn)* skomoliť. *Syn* ⇨ **to maim**

mu.ti.ny [mju:tini] *podst* (mn **-ies**) **1.** *(na lodi)* vzbura. *Syn* ⇨ **rebellion**

mut.ter [matə] *podst ob jč* **1.** bručanie, mumlanie, *(i prn)* šepot

mu.tu.al [mju:æuəl] *príd* **1.** vzájomný, obapolný, obojstranný; **2.** spoločný. *Syn*: reciprocal, common

muz.zle [mazl] *podst* **1.** ňufák, tlama; **2.** náhubok, *(na papuľu)* košík; **3.** *(zbrane)* ústie

to muz.zle [mazl] **1.** dať psovi náhubok; **2.** *(prn)* zapchať [komu] ústa, *(koho)* umlčať

my [mai] *zám* **1.** môj, moja, moje, svoj, svoja, svoje

my.self [mai'self] *zvrat zám* **1.** ja; **2.** ja sám, osobne; **3.** *(zvratne)* sa, si ; **4.** seba

mys.te.ri.ous [mi'stiəriəs] *príd* **1.** mystický, tajomný, tajuplný, záhadný. *Syn*: inscrutable, mystical

mys.te.ry [mistəri] *podst* (mn **-ies**) **1.** záhada, tajomstvo, *(prn)* hádanka, rébus. *Syn*: enigma, riddle, puzzle, conundrum

mys.tic [mistik] **I.** *podst* **1.** mystik; **II.** *príd* **2.** mystický

mys.ti.cal [mistika:l] *príd* **1.** mystický. *Syn* ⇨ **mysterious**

mys.ti.ci.sm [mistisizm] *podst* **1.** mysticizmus

to mys.ti.fy [mistifai] (mč, mp **-fied**) **1.** miasť, zmiasť, zaraziť, pliesť, spliesť, uviesť do rozpakov; **2.** mystifikovať

mys.tique [mi'sti:k] *podst* **1.** mystika, tajomnosť, záhadnosť, tajuplnosť

myth [miθ] *podst* **1.** mýtus, *(prn)* výmysel, nepravda

myth.i.cal [miθikəl] *príd* (i **mythic**) **1.** mýtický, domnelý. *Syn* ⇨ **fictitious**

N

to nab [næb] [**-bb-**] **1.** *(zločinca)* chytiť, pristihnúť, nachytať, čapnúť, zbaliť; **2.** šlohnúť. *Syn* ⇨ **to catch**

na.dir [neidiə] *podst* **1.** *(astron)* nadir, podnožník; **2.** *(prn)* najnižší bod

to nag [næg] [**-gg-**] **1.** *(do koho)* rýpať, špárať, *(koho)* sekírovať, otravovať, domŕzať; **2.** *(problémy, pochybnosti)* trápiť, sužovať

nail [neil] *podst* **1.** necht, pazúr; **2.** *(tech)* klinec

na.ked [neikid] *príd* **1.** *(človek)* nahý ; **2.** *(strom, stena ap)* holý, obnažený, *(svetlo)* nechránený; **3.** púhy, číry, *(sila)* brutálny. *Syn* ⇨ **bare**

name [neim] *podst* **1.** meno, názov, pomenovanie, označenie; **2.** dobrá povesť, prestíž, renomé; **3.** osobnosť

to name [neim] **1.** pomenovať, nazvať, dať komu/ čomu meno, uviesť menom; **2.** stanoviť, určiť; **3.** zmieniť sa o kom/ čom

name.ly [neimli] **1.** to jest, a to, totiž[to], takto, a síce, lebo, a, teda

nan.ny [næni] *podst* (mn **-ies**) **1.** pestúnka, *(k malým deťom)* vychovávateľka

nap [næp] *podst* **1.** zdriemnutie; **2.** *(text: súkna)* vlas

nap.kin [næpkin] *podst* **1.** obrúsok, servítka; **2.** *(br fml)* plienka

nar.cotic [na:'kotik] *príd* **1.** narkotický, omamný, opojný

to nar.rate [nə'reit] **1.** rozprávať, líčiť, popisovať, opísať. *Syn* ⇨ **to tell**

nar.ra.tive [nærətiv] **I.** *podst* **1.** príbeh, poviedka, povesť, rozprávanie; **2.** opis; **II.** *príd*

3. výpravný, epický. *Syn* ⇨ **story**

nar.row [nærəu] *príd* {**-er, -est**} **1.** *(i ling)* úzky; **2.** *(rozhľad, priestor)* obmedzený, stiesnený; **3.** bigotný, úzkoprsý; **4.** *(väčšina, víťazstvo ap)* tesný

nar.row.ly [nærəuli] *prísl* **1.** len tak tak, *(prn)* o vlások, tesne; **2.** podrobne, veľmi dôkladne; **3.** úzkostlivo; **4.** príliš úzko

nas.al [neizl] *príd* **1.** nosný; **2.** *(hlas)* nosový, nazálny, zastretý

nas.ty [na:sti] *príd* {**-ier, -iest**} **1.** nepríjemný, odporný, *(počasie)* škaredý; **2.** zlý, hrubý, zlomyseľný; **3.** *(zranenie, choroba)* vážny, závažný, nebezpečný

na.tion [neišən] *podst* **1.** národ, krajina, štát, *(bás)* rod

na.tion.al [næšənl] **I.** *podst* **1.** štátny príslušník, *(krajiny)* občan; **II.** *príd* **2.** národný, *(kroj)* ľudový, *(sviatok, hymna ap)* štátny, celoštátny, republikový. *Syn* ⇨ **citizen**

na.tion.al.i.sm [næšnəlizəm] *podst* **1.** nacionalizmus, vlastenectvo, *(pej)* národovectvo

na.tion.al.ist [næšnəlist] **I.** *podst* **1.** nacionalista, nacionalistka, národovec; **II.** *príd* **2.** nacionalistický, národovecký

na.tion.al.i.ty [ˌnæšəˈnæləti] *podst* (mn **-ies**) **1.** štátna príslušnosť, *(štátne)* občianstvo; **2.** národnosť

to na.tion.al.ize [næšnəlaiz] (i **-ise**) **1.** znárodniť, zoštátniť; **2.** dať [komu] občianstvo

na.tion.wide [ˌneišənˈwaid] **I.** *príd* **1.** celoštátny; **II.** *prísl* **2.** celoštátne, po celom štáte

na.tive [neitiv] **I.** *podst* **1.** rodák, obyvateľ krajiny, *(pej)* domorodec; **II.** *príd* **2.** *(mesto, dedina)* rodný; **3.** *(nadanie)* vrodený; **4.** domorodý, domáci, tuzemský; **5.** *(kroj)* ľudový, národný; **6.** *(kov)* prírodný, *(zlato)* rýdzi. *Syn*: indigenous, aboriginal, endemic, ⇨ aj **citizen**. *Opoz*: alien, foreign

na.tur.al [næærəl] **I.** *podst* **1.** osoba s prirodzeným talentom; **2.** *(hud)* odrážka; **II.** *príd* **3.** prírodný; **4.** normálny; **5.** prirodzený, nestrojený, nenútený, bezprostredný; **6.** vrodený; **7.** pôvodný, pravý. *Syn* ⇨ **normal**

na.tur.al.ist [næærəlist] *podst* **1.** prírodovedec, prírodopisec ; **2.** naturalista

na.tur.al.ly [næærəli] *prísl* **1.** od prírody; **2.** samozrejme, pochopiteľne; **3.** prirodzene, nenútene, bezprostredne; **4.** normálne

na.ture [neiææə] *podst* **1.** *(vše)* príroda; **2.** povaha, charakter; **3.** druh, typ. *Syn* ⇨ **type**

naught.y [no:ti] *príd* {**-ier, -iest**} **1.** darebnícky, nezbedný, uličnícky, zlostiaci, neposlušný, nevychovaný; **2.** *(vtip, príbeh)* pikantný, rozpustený, neviazaný; **3.** *(spodná bielizeň)* sexy. *Syn* ⇨ **bad**

nau.se.a [no:sjə] *podst* dvíhanie žalúdka, nauzea; **2.** znechutenie, nechuť, odpor, hnus

nau.ti.cal [no:tikəl] *príd* **1.** námorný, morský, námornícky, plavebný

na.val [neivəl] *príd* **1.** *(voj)* námorný, lodný

na.vel [neivəl] *podst* **1.** *(anat)* pupok; **2.** *(prn)* stred

to nav.i.gate [nævigeit] **I.** *prech* **1.** *(po čom)* plaviť sa; **2.** riadiť, pilotovať; **II.** *nepr* **3.** *(nám)* plaviť sa

nav.i.ga.tion [ˌnæviˈgeišən] *podst* **1.** navigácia; **2.** plavba, *(vodná)* doprava, *(let)* let; **3.** *(tech, inf)(let)* riadenie, *(odb)* navádzanie

nav.i.gat.or [nævigeitə] *podst* **1.** *(nám)* navigátor; **2.** moreplavec

na.vy [neivi] *podst* (mn **-ies**) **2.** námorné loďstvo

Na.zi.sm [ˈna:tsizm] *podst* **1.** nacizmus

near [niə] **I.** *predl* **1.** *(vyj: miesto blízko)* pri: **the houses near the road** *domy pri ceste*; **near the door** *pri dverách*; *(: malú vzdialenosť)* blízko: **I live near the hotel** *bývam blízko hotela*; pred: **near Paris** *pred Parížom*; popri, [po]vedľa, neďaleko; **2.** *(: časovú bezprostrednosť pred)* blízko: **to be near o's death** *byť blízko smrti*; **II.** *príd* **3.** blízky, neďaleký; **4.** krátky, tesný ; **5.** priamy; **6.** dôverný; **7.** lakomý, skúpy; **II.** *prísl* **8.** blízko, neďaleko; **9.** temer, takmer

near.by [niəbai] **I.** *príd* blízky, neďaleký, vedľajší, susedný; **II.** *prísl* **2.** blízko, okolo, naokolo, obďaleč, vedľa

near.ly [niəli] *prísl* **1.** skoro, temer, takmer, temer, div že

neat [ni:t] *príd* **1.** *(izba)* uprataný, čistý, *(písmo)* úhľadný, *(záhrada ap)* udržiavaný; **2.** *(človek)* poriadny, čistotný, upravený; **3.**

(oblečenie) vkusný, elegantný, *(postava)* pekný, pohľadný; **4.** *(trik)* šikovný; **5.** *(alkohol)* neriedený, nemiešaný; **6.** *(am ifm)* senzačný, príma; **7.** stručný, jasný. *Syn*: tidy, trim, neat. *Opoz*: slovenly, sloppy

neat.ness [ni:tnis] *podst* **1.** čistota, čistotnosť, úhľadnosť; **2.** poriadkumilovnosť; **3.** vkus, elegantnosť; **4.** šikovnosť

ne.ces.sa.ri.ly [ˌnesəˈserili] *prísl* **1.** nutne, nevyhnutne

ne.ces.sa.ry [nesəsəri] *príd* **1.** nutný, povinný, *(množstvo, úprava)* príslušný, potrebný, *(kvalifikácia)* zodpovedajúci, vyhovujúci. *Syn* ⇨ **essential**

to ne.ces.si.tate [niˈsesiteit] **1.** vyžadovať, naliehať; **2.** vyžadovať si, vynútiť si

neck [nek] *podst* **1.** *(anat)* krk; **2.** golier, výstrih; **3.** *(fľaše)* hrdlo, *(huslí, zuba)* krčok; **4.** *(pevninová)* šija, úžina

neck.lace [neklis] *podst* **1.** náhrdelník, korálky, granátky

nec.tar [nektə] *podst* **1.** nektár; **2.** nektárový nápoj

need [ni:d] *podst* **1.** nutnosť, nevyhnutnosť, potreba; **2.** núdza, tieseň. *Syn*: necessity, exigency, requisite

need.le [ni:dl] *podst* **1.** *(krajč, lek)* ihla; **2.** ukazovateľ, *(na prístroji)* ručička, *(na kompase)* strelka, *(na váhach)* jazýček; **3.** *(pletacia)* ihlica, *(stromu)* ihličie, ostrý útes, končiar, obelisk

need.less [ni:dlis] *príd* **1.** zbytočný, nevhodný

need.y [ni:di] *príd* {**-ier, -iest**} **1.** chudobný, núdzny, biedny

to ne.gate [niˈgeit] **1.** odvolať, zrušiť, anulovať, priviesť [čo] navnivoč, *(účinky)* neutralizovať; **2.** poprieť, negovať, *(ling)* dať do záporu. *Syn* ⇨ **to nullify**

neg.a.tive [negətiv] **I.** *podst* **1.** *(ling)* zápor, negácia; **2.** záporná odpoveď; **3.** *(fot)* negatív; **4.** *(ele)* záporný pól; **II.** *príd* **5.** negatívny, *(i ele)* záporný; **6.** odmietavý, zamietavý; **7.** nepriaznivý; **8.** nulový

ne.glect [niˈglekt] *podst* **1.** nedbanlivosť, zanedbanie, zanedbávanie, nerešpektovanie, opomenutie

to ne.glect [niˈglekt] **1.** zanedbávať, nestarať sa o, *(čím)* neriadiť sa, nebrať do úvahy, nerešpektovať, prehádzať, neliečiť. *Syn*: to omit, to overlook, to disregard, to ignore , to slight, to forget

neg.li.gence [neglidžəns] *podst* **1.** nedbanlivosť, nedbalosť, zanedbanosť, ledabolosť, neopatrnosť; **2.** nepozornosť

neg.li.gent [neglidžənt] *príd* **1.** nedbanlivý, nesvedomitý, neporiadny, nepozorný, ležérny. *Syn* ⇨ **remiss**

neg.li.gi.ble [neglidžəbl] *príd* **1.** nepatrný, zanedbateľný , pominuteľný

ne.go.ti.a.ble [niˈgəušjəbl] *príd* **1.** predajný; **2.** *(fin)* prevoditeľný; **3.** predplatiteľný; **4.** *(cesta)* zjazdný, schodný, priechodný, *(rieka)* splavný; **5.** *(ťažkosti ap)* prekonateľný

to ne.go.ti.ate [niˈgəušieit] **I.** *prech* **1.** prerokúvať, vyjednávať, ujednať, zjednať, dohovoriť; **2.** *(prekážky)* prekonať, zdolať; **II.** *nepr* **3.** jednať

ne.go.ti.a.tion [niˌgəušiˈeišən] *podst* **1.** *(oficiálne rozhovory, i obchodné)* rokovanie, vyjednávanie; **2.** *(fin, ekon)* obchod, *(hov)* jednačka, jednanie; **3.** *(fin: zmenky)* prevod

ne.go.ti.at.or [niˈgəušieitə] *podst* **1.** vyjednávač, vyjednávateľ, *(i obchodný, mierový)* sprostredkovateľ

neigh.bour [neibə] *podst* (am **neighbor**) **1.** sused, susedka, susedná krajina; **2.** *(náb)* blížny

neigh.bour.hood (am **-bor**) [neibəhud] *podst* (am **-borhood**) **1.** susedstvo, štvrť, blízke okolie

neigh.bour.ing [neibəriŋ] *príd* (am **neighboring**) **1.** vedľajší, susedný, okolitý

nei.ther [naiðə] **I.** *spoj* **1.** ani, *(neither... nor)* ani... ani; **II.** *podst* **2.** žiaden, ani jeden; III *príd* **3.** žiadny z dvoch, nijaký

ne.o.clas.si.cal [ˌniəˈklæsikə] *príd* **1.** novoklasický, novoklasicistický, neoklasický, neoklasicistický

ne.on [ni:ən] *podst* **1.** *(chem)* neón

neph.ew [nevju] *podst* **1.** synovec

nerve [nə:v] *podst* **1.** *(anat)* nerv; **2.** *(jed)* odvaha; **3.** bezočivosť, opovážlivosť. *Syn* ⇨ **temerity**

nerv.ous [nə:vəs] *príd* **1.** *(anat)* nervový; **2.** nervózny, strémovaný, napätý, rozochvený, ustrašený, vystrašený, vynervovaný

nest [nest] *podst* **1.** *(vtáčie)* hniezdo; **2.** *(zvierací)* brloh, pelech; **3.** *(prn)* obydlie, *(úkryt)* skrýša, *(tech)* dlaba, *(skupina osôb)* garnitúra

to nest.le [nesl] **1.** skrývať sa, schúliť sa, byť dobre schovaný; **2.** *(nežne k sebe pritisnúť)* privinúť

net [net] **I.** *podst* **1.** *(i špo, komp)* sieť; **2.** *(na vlasy, i taška)* sieťka; **3.** *(text)* sieťovina; **4.** pletivo; **5.** pasca, klepec, osídlo; **6.** pavučina; **7.** *(obch: čistá cena)* netto; **II.** *príd* **8.** *(váha, príjem ap)* čistý

net.tle [netl] *podst* **1.** *(bot stinging nettle: Urtica dioica)* žihľava, pŕhľava

net.work [netwə:k] *podst* **1.** *(rozvodná, dopravná, i geom, tech, inf)* sieť, vedenie, *(ele)* obvod, *(skl)* mriežka, *(výrobok zhotovený prepletaním)* pletivo

neu.ral [njuərl] *príd* **1.** *(anat)* nervový

neu.ro.log.i.cal [ˌnjuərəˈlodžikl] *príd* **1.** *(lek)* neurologický

neu.ros.is [njuəˈrəusis] *podst* (mn **neuroses**) **1.** *(lek)* neuróza

neu.ro.tic [njuəˈrotik] *príd* **1.** neurotický

neu.tral [nju:trəl] **I.** *podst* **1.** *(aut)* neutrál; **II.** *príd* **2.** neutrálny, *(i pol)* nestranný, nezaujatý

to neu.tral.ize [nju:trəlaiz] (i **-ise**) **1.** *(chem)* neutralizovať; **2.** *(voj)* zneškodniť; **3.** *(pol)* vyhlásiť neutrálnym

neu.tron [njutrən] **I.** *podst* **1.** neutrón; **II.** *príd* **2.** neutrónový

nev.er [nevə] *prísl* **1.** nikdy; **2.** *(never in my life)* v živote

nev.er.the.less [ˌnevəðəˈles] a predsa, jednako len, napriek tomu, naproti tomu, však

new [nju:] *príd* {**-er, -est**} **1.** *(vše)* nový, nepoužitý, *(tričko, stôl, obrus ap)* čistý; **2.** moderný, najnovší, posledný; **3.** *(víno)* mladý. *Syn*: fresh, novel, modern, modernistic, original. *Opoz*: old

new.com.er [ˈnju:ˌkamə] *podst* **1.** novo prichádzajúci, nováčik

new.ly [nju:li] *prísl* **1.** *(práve)* čerstvo; **2.** *(zase)* znova , novo, nanovo

news [nju:z] *podst jč* **1.** správa, **the news** *(roz, tv)* správy; **2.** *(kniž, novina)* zvesť, novina, novinka, novosť, chýr

news.ag.ent [ˈnju:zˌeidžnt] *podst* **1.** predavač novín a časopisov

news.cast [nju:zka:st] *podst* **1.** *(tv, roz)* správy, spravodajstvo

news.let.ter [ˈnju:zˌletə] *podst* **1.** *(časopis)* spravodaj, obežník, informačný leták, bulletin

news.pap.er [ˈnju:sˌpeipə] *podst* **1.** *(i ako inštitúcia)* noviny

news.reel [nju:zri:l] *podst* **1.** filmový týždenník, žurnál

news.room [nju:zru:m] *podst* **1.** spravodajská redakcia

next [nekst] **I.** *príd* **1.** nasledujúci, budúci; **2.** vedľajší; **3.** ďalší; **II.** *prísl* **4.** potom, nato; **5.** nabudúce; **6.** zasa; **7.** po druhé

next door [ˌneksťdo:] **I.** *príd* **1.** susedný, vedľajší; **II.** *prísl* **2.** *(v dome ap)* vedľa; **3.** *(i prn)* v susedstve

nib.ble [nibl] *podst* **1.** oťukávanie, odhrýzanie, uberanie

nice [nais] *príd* {**-r, -st**} **1.** príjemný, milý, sympatický, láskavý, slušný, *(ifm)* fajn, *(i počasie)* pekný, *(i podnebie)* priaznivý, mierny, *(spôsoby)* uhladený; **2.** krásny, pôvabný, rozkošný; **3.** *(rozdiel)* jemný; **4.** *(o jedle)* chutný. *Syn* ⇨ **dainty**

nice.ly [ˈnaisli] *prísl* **1.** pekne, príjemne, milo, zdvorilo; **2.** *(ifm)* dobre, fajn; **3.** presne, jemne

niche [niæ] *podst* **1.** *(pre sochu)* výklenok, nika

nick [nik] *podst* **1.** vrúbok, vrub, zárez, otlčené miesto, porezanie; **2. the nick** *(br ifm/hov:)* basa

nick.el [nikl] *podst* **1.** *(chem)* nikel; **2.** *(am)* päťcent, *(hov)* niklák

nick.name [nikneim] *podst* **1.** prezývka, zdrobnenina

nic.o.tine [nikəti:n] *podst* **1.** nikotín

niece [ni:s] *podst* **1.** neter

nig.ger [nigə] *podst* **1.** *(vulg)* neger, černoch

night [nait] *podst* **1.** noc, večer; **2.** *(div)* večerné predstavenie; **3.** *(menšia večerná slávnosť)* večierok

night.club [naitklab] *podst* **1.** *(nočný)* bar,

nočný klub
night.ly [naitli] **I.** *príd* **1.** nočný, večerný; **2.** každonočný, každovečerný; **II.** *prísl* **3.** každú noc, každý večer; **4.** noc čo noc, večer čo večer
night.mare [naitmeə] *podst* **1.** *(i prn)* nočná mora, zlý sen; **2.** *(prn)* hrôza
night-time [naittaim] *podst* **1.** noc, nočný čas
nil [nil] *podst* **1.** *(špo)* nula; **2.** nič
nim.ble [nimbl] *príd* {**-r, -st**} **1.** *(človek)* vrtký, svižný, rýchly, hybký, čulý, ako ortuť/ šidlo; **2.** zručný, *(prsty)* šikovný; **3.** *(um)* bystrý, chápavý. *Syn* ⇨ **agile**
nine [nain] *čísl* **1.** deväť; **2.** deviatka
nine.teen [ˌnain'ti:n] *čísl* **1.** devätnásť; **2.** devätnástka
nine.teenth [ˌnain'ti:nθ] **I.** *podst* **1.** devätnástina; **II.** *príd* **2.** devätnásty
nine.ti.eth [naintiiθ] *príd* **1.** deväťdesiaty; **2.** deväťdesatina
nine.ty [nainti] *čísl* (mn **-ies**) **1.** deväťdesiat; **2.** deväťdesiatka
ninth [nainθ] **I.** *podst* **1.** devätina; **II.** *príd* **2.** deviaty
nip [nip] *podst* **1.** štipnutie, pohryzenie; **2.** kvapka, pohárik, štamperlík; **3.** *(kuch)* pikantná chuť
nip.ple [nipl] *podst* **1.** *(anat)* prsná bradavka; **2.** *(am)* cumlík, *(fľaškový)* cumeľ, *(pri kojení)* klobúčik; **3.** *(tech)* hlavica, hrdlo
ni.trate [naitreit] *podst* **1.** *(chem)* dusičňan, nitrát
ni.tro.gen [naitrədžən] *podst* **1.** *(chem)* dusík
no [nəu] **I.** *podst* **1.** nie; **2.** *(ob mn: the noes)* hlasy/ hlasujúci proti; **II.** *skr* **2.** *(= number)* č.; **III.** *príd* **3.** žiadny, nijaký; **4.** *(so slo to be/ to have neprek)* : **I have no money** *nemám peniaze*; **I am no fool** *nie som blbec*; **5.** *(s podst vyj zákaz)* ne[-]: **no parking** *neparkovať*; zákaz: **no entry** *zákaz vjazdu [dopravná značka]*; **stick no bills** *[prísny] zákaz lepenia plagátov/ propagačných materiálov*; je zákazaný: **No entry. Keep off** *[nepovolaným] vstup zákazaný*; **6.** *(there's no...)* nemožno...; **7.** bez:, **no trump**(s) *bez tromfov*; **8.** *(no wonder)* nečudo, *(no doubt)* nepochybne, bezpochyby, *(no way!)* ani nápad!, *(by no means)* vôbec nie, *(on no accounts)* v žiadnom prípade; **IV.** *prísl* **9.** *(s príd 2 st)* o nič, *(no longer)* už nie, *(no more)* už nie, *(: so slo)* už viac ne[-], *(: s bud)* nikdy viac, *(: s podst)* už dosť, *(no sooner... than)* len čo...; **10.** *(ako samostatná odpoveď)* nie[že], za žiadnu cenu
no.bil.i.ty [nəu'biləti] *podst* (mn **-ies**) **1.** šľachta, aristokracia; **2.** ušľachtilosť, urodzenosť; **3.** *(prn: význam)* veľkosť, *(duševná)* výška, vznešenosť, noblesa
no.ble [nəubl] **I.** *podst* **1.** *(hist)* šľachtic, aristokrat; **II.** *príd* **2.** urodzený, vznešený, šľachtický; **3.** *(myseľ, city, ideály)* ušľachtilý, *(i človek)* šľachetný, *(gesto)* veľkorysý; **4.** *(čin, boj)* hrdinský; **5.** *(stavba)* impozantný, veľkolepý, skvelý
no.bod.y [nəubədi] *podst* (mn **-ies**) **1.** nula, piate koleso na voze; **2.** nikto
noc.tur.nal [nok'tə:nl] *príd* **1.** nočný
to nod [nod] [**-dd-**] **1.** kývnuť, prikývnuť, *(hlavou)* kývať, pokývnuť, *(kývnutím hlavy)* pozdraviť; **2.** *(kvety)* kývať sa, *(o stromoch)* knísať sa, *(vo vetre)* kolísať sa, pohupovať sa; **3.** podriemkavať, klčkať
node [nəud] *podst* **1.** *(i astron, ele, mat)* uzol, *(anat, i bot)* uzlina, *(bot: uzlina v dreve)* hrča, *(bot: rastliny)* kolienko, *(geom)* priesečník, *(geom: trojuholníka, i inf, prn: kariéry)* vrchol
noise [noiz] *podst* **1.** *(vše)* hluk; **2.** vrava, krik, hurhaj; **3.** *(roz, tv)* rušenie, šum. *Syn*: din, uproar, clamor, hubbub, racket. *Opoz*: quiet
nois.y [noizi] *príd* {**-ier, -iest**} **1.** hlučný, *(smiech, dav ap)* hlasný, *(i deti)* ukričaný, *(i stroj)* lomoziaci, *(hudba)* rezký; **2.** *(prn: o farbe)* krikľavý, ostrý
no.mad [nəumæd] *podst* **1.** kočovník, nomád, *(kniž)* pútnik, *(prn)* Beduín, tulák
no.mad.ic [nəu'mædik] *príd* **1.** nomádsky; **2.** kočovný, kočovnícky. *Syn* ⇨ **itinerant**
nom.in.al [nominl] *príd* **1.** nominálny, menovitý; **2.** symbolický, zanedbateľný, formálny
to nom.in.ate [nomineit] **1.** nominovať, navrhnúť, kandidovať; **2.** vymenovať, postaviť; **3.** stanoviť, určiť
nom.in.ee [ˌnomi'ni:] *podst* **1.** kandidát; **2.**

dezignovaná osoba
non-a.ligned [ˌnonəˈlaind] *príd* **1.** *(pol)* neangažovaný v politických blokoch, nezúčastnený v politických blokoch; **2.** neutrálny
non.cha.lant [nonšələnt] *príd* **1.** nonšalantný, nenútený, nedbanlivý, ledabolý. *Syn* ⇨ **cool**
none [nan] *zám* **1.** nikto, nič, žiadny
non-ex.ist.ent [ˌnonigˈzistnt] *príd* **1.** neexistujúci, nejestvujúci
non.sense [ˌnəuˈnonsns] *príd* **1.** praktický, triezvy, vecný
non-pay.ment [ˌnonˈpeimənt] *podst fml* **1.** neplatenie, nezaplatenie
non-pro.li.fer.a.tion [ˌnonprəuˌlifəˈreišn] *podst* **1.** nešírenie
non.sense [nonsəns] *podst* **1.** nezmyselnosť, hlúposť, absurdnosť; **2.** pochabé správanie
non-smok.er [ˌnonˈsməukə] *podst* **1.** nefajčiar; **2.** *(žel)* nefajčiarske oddelenie, nefajčiarsky vozeň
non-stick [ˌnonˈstik] *príd* **1.** *(panvica)* teflónový
non-stop [ˌnonˈstop] **I.** *príd* **1.** priamy, nepretržitý, nonstop, idúci bez zastávky; **II.** *prísl* **2.** stále, nepretržite, nonstop, *(ifm)* v jednom ťahu, bez prerušenia
nood.le [nu:dl] *podst* **1.** *(kuch ob pl)* rezanec; **2.** *(prn dtd)* hlupák, trúba; **3.** *(ifm)* tekvica, gebuľa
noon [nu:n] *podst* **1.** poludnie, obed
no one *podst* **1.** nikto
noose [nu:s] *podst* **1.** slučka, oko, pasca, *(prn)* puto
nope [nəup] *ifm* **1.** nie!, no toto!
nor [no:] **1.** ani
Nordic [no:dik] **I.** *podst* **1.** Severan; **II.** *príd* **2.** *(rasa, črta)* nordický, škandinávsky, severský
norm [no:m] *podst* **1.** norma, pravidlo, štandard. *Syn* ⇨ **average**
normal [no:məl] **I.** *podst* **1.** normál; **2.** *(geom)* normála; **II.** *príd* **3.** normálny, prirodzený, obvyklý, bežný; **4.** *(fyz)* priemerný; **5.** *(geom)* kolmý; **6.** pravidelný. *Syn*: regular, typical, natural, usual, average. *Opoz*: abnormal, unusual
nor.mal.i.ty [no:ˈmæləti] *podst* **1.** normálnosť, normálny stav, štandard
to nor.mal.ize [no:mlaiz] (i **-ise**) **1.** normalizovať, štandardizovať
nor.mal.ly [ˈno:mli] *prísl* **1.** normálne, obyčajne
Norm.an [no:mən] *príd* **1.** *(hist, geog)* normanský
nor.ma.tive [no:mətiv] *príd* **1.** normatívny
north [no:θ] **I.** *podst* **1.** sever, severná časť štátu; **II.** *príd* **2.** severný, obrátený na sever
north-east [ˌno:θˈi:st] *podst* **1.** severovýchod
north-east.ern [ˌno:θˈi:stən] **I.** *príd* **1.** severovýchodný; **II.** *prísl* **2.** na severovýchode
north.ern [no:ðən] *príd* **1.** severný; **2.** severský
north.west [ˌno:θˈwest] *prísl* **1.** severozápadne
north.wes.tern [ˌno:θˈwestən] *príd* **1.** severozápadný
nose [nəuz] *podst* **1.** *(anat)* nos, *(zvierací)* ňufák, rypák; **2.** čuch; **3.** *(o víne)* buket, aróma, vôňa; **4.** *(auta, lietadla)* predok, *(lode)* prova, *(rúry)* ústie
nos.tal.gia [ˌnosˈtældžiə] *podst* **1.** nostalgia, bolestná túžba, smútok, clivota
nos.tal.gic [ˌnosˈtældžik] *príd* **1.** nostalgický, túžiaci, rozľútostený, sladkobôľny, bolestný, smutný, clivý
no.stril [nostril] *podst* **1.** *(anat ob mn)* nozdra, nosná dierka
not [not] *prísl* **1.** nie: **not at all** *vôbec nie*; **not that** *nie že*; **surely not** *ešteže čo*; **absolutely not** *ale/ veru nie*; **perhaps not** *možno nie*; **why not?** *prečo/ čoby nie?*; **not yet** *ešte nie*;, **not he** *on nie*; **not even** *ani*; **not on your life!** *ani nápad*; **not a** *ani*; **certainly not/ not at all** *no kdeže*; **not in the least** *ale kde[že]*; **2.** *(nielen/ nie iba... no i)* no; **3.** ne[-]: **not once** *neraz*; **not numerous** *nepočetný*; **not far** *neďaleko*; **not to be sold** *nepredajný*; nie veľmi, ani zďaleka, ani zďaleka, zďaleka; **4.** *(v spoj s príd menami)* málo, *(nízky počet)* málo, práve, veľmi, najviac, not veľmi, obďaleč
not.a.ble [nəutəbl] **I.** *podst* **1.** významná osobnosť, hodnostár, honorácia; **II.** *príd* **2.**

význačný, významný; **3.** vynikajúci, znamenitý; **4.** pozoruhodný, pamätihodný; **5.** značný, citeľný

not.a.bly [nəutəbli] *prísl* **1.** najmä, obzvlášť, zvlášť, nápadne, zreteľne

notch [noæ] *podst* (mn **-es**) **1.** *(stopa po rezaní nožom)* zárez, vrúb(ok), zúbok, *(vylomený kus)* štrbina; **2.** *(označenie: pri meraní, i inf)* značka; **3.** *(am: priechod pohorím)* priesmyk

note [nəut] *podst* **1.** poznámka; **2.** krátky list, nóta; **3.** bankovka; **4.** *(hud)* nota, klávesnica; **5.** tón

note.book [nəutbuk] *podst* **1.** zápisník, notes; **2.** *(inf)* notebook, ľahký prenosný počítač

noth.ing [naθiŋ] *podst* **1.** nič; **2.** *(niekto/ niečo bezvýznamný)* nula

no.tice [nəutis] *podst* **1.** *(verejná)* vyhláška, oznámenie, správa, upozornenie; **2.** výstraha, ceduľa, nápis; **3.** výpoveď; **4.** povšimnutie; **5.** krátka recenzia, anotácia. *Syn* ⇨ **discern**

no.tice.a.ble [nəutisəbl] *príd* (~ **in st**) **1.** zjavný, znateľný, pozorovateľný, viditeľný, zrejmý, očividný, markantný. *Syn*: remarkable, prominent, outstanding, conspicuous, striking

no.ti.fi.ca.tion [ˌnəutifiˈkeišn] *podst* **1.** oznámenie, ohlásenie, upovedomenie, avízo

no.tion [nəušən] *podst* **1.** myšlienka, nápad, koncept, poňatie, koncepcia, predstava, názor, mienka, dojem; **2.** chuť, nutkanie. *Syn* ⇨ **idea**

no.tion.al [nəušənl] *príd* **1.** predpokladaný, hypotetický; **2.** nominálny, symbolický; **3.** imaginárny, špekulatívny; **4.** *(ling)* plnovýznamový; **5.** *(am)* vysnívaný, neskutočný

no.to.ri.e.ty [ˌnəutəˈraiəti] *podst* (mn **-ies**) **1.** notorickosť; **2.** všeobecná známosť; **3.** neblahá/ smutná vychýrenosť

no.to.ri.ous [nəuˈto:riəs] *príd* (~ **for/ as st**) **1.** notorický , známy niečím negatívnym. *Syn* ⇨ **famous**

not.with.stand.ing [ˌnotwiθˈstændiŋ] **I.** *predl* **1.** napriek, *(čomu)* navzdor[y]; **II.** *spoj* **2.** napriek tomu, že, i keď, hoci: **he didn't come, notwithstanding that he could** *neprišiel hoci/ napriek tomu, že/ i keď mohol*; ale zato, zato však; **III.** *prísl* **3.** napriek tomu

nought [no:t] *podst* **1.** *(i mat)* nula; **2.** *(fml, i bás)* nič

noun [naun] *podst* **1.** *(gram)* substantívum, podstatné meno

to nour.ish [nariš] **1.** *(lit)* živiť, vyživovať, dodávať výživu [čomu]; **2.** *(prn)* chovať

nour.ish.ment [narišmənt] *podst* **1.** výživa, obživa, jedlo, §*(i prn)* potrava

nov.el [novəl] **I.** *podst* **1.** román; **II.** *príd* **2.** originálny, pôvodný, neošúchaný; **3.** neobvyklý, zvláštny; **4.** nový, neznámy. *Syn* ⇨ **new**

nov.el.ist [novəlist] *podst* **1.** románopisec, prozaik

nov.el.ty [novəlti] *podst* (mn **-ies**) **1.** novosť, originalita, pôvodnosť; **2.** novinka, nóvum; **3.** *(ifm)* drobnôstka, hračka

No.vem.ber [nəuˈvembə] *podst* (sk **Nov**) **1.** november

nov.ice [novis] *podst* **1.** *(cirk)* novic; **2.** *(prn: začiatočník)* nováčik, adept, začiatočník. *Syn* ⇨ **amateur**

now [nau] *prísl* **1.** teraz, práve, hneď, už; **2.** v dnešnej dobe

now.a.days [nauədeiz] *prísl* **1.** *(v terajších časoch)* dnes, *(nespr)* v súčasnej dobe, teraz

no.where [nəuweə] *prísl* **1.** nikde; **2.** nikam

noz.zle [nozl] *podst* **1.** dýza, hubica, hrdlo, *(tech sl)* tryska

nu.ance [nju:ˈ1ns] *podst* **1.** odtieň, nuansa, jemný rozdiel

nu.cle.ar [nju:kliə] *príd* **1.** nukleárny, jadrový, atómový

nu.cle.us [nju:kliəs] *podst* (mn **-uses/ nuclei**) **1.** *(i biol, fyz, astron, i prn)* jadro, *(zdrob)* jadierko, *(biol)* nukleus; **2.** *(bot, i prn: podstata)* zárodok, centrum, základ, podstata

nude [nju:d] **I.** *podst* **1.** *(art)* akt ; **2.** nahota; **II.** *príd* **3.** nahý, obnažený, holý. *Syn* ⇨ **bare**

nudge [nadž] *podst* **1.** štuchnutie, drgnutie, ďugnutie

nu.di.ty [nju:diti] *podst* (mn **-ies**) **1.** nahota

nuis.ance [nju:sns] *podst* **1.** otrava, dotieravec, pľuha, mrzutosť

numb [nam] *príd* **1.** strnulý, stuhnutý, skrehnutý; **2.** *(prn)* stuhnutý; **2.** *(prn)* zarazený

num.ber [nambə] *podst* **1.** *(mat, i hud, div)* číslo, *(ako znak)* číslica; **2.** počet, množstvo, kvantum; **3.** výtlačok; **4.** *(hud, div)* kúsok, pieseň, tanec; **5.** *(odev, auto)* model; **6.** *(gram)* číslovka

num.ber plate [nambəpleit] *podst* (i am **licence plate, license plate**) **1.** poznávacia značka, tabuľka s poznávacou značkou, *(skr)* ŠPZ

nu.mer.i.cal [nju:'merikəl] *príd* **1.** *(mat)* numerický, číselný, počtársky

nu.mer.ous [nju:mərəs] *príd* **1.** početný; **2.** veľký. *Syn* ⇨ **many**

nun [nan] *podst* 1 mníška, rehoľníčka, sestra

nurse [nə:s] *podst* **1.** ošetrovateľka, sestra; **2.** pestúnka, guvernantka, opatrovníčka detí

to nurse [nə:s] **I.** *prech* **1.** *(lek)* ošetrovať, opatrovať, liečiť; **2.** dojčiť, kŕmiť z pŕs, chovať v náručí, pestovať si, robiť si, *(čím)* kojiť sa; **II.** *nepr* **3.** byť ošetrovateľkou, pracovať ako ošetrovateľka; **4.** piť z pŕs

nur.ser.y [nə:sri] *podst* (mn **-ies**) **1.** detská izba, *(záhradnícka)* škôlka, inkubátor, *(ryby)* sádka

nurs.ing [nə:siŋ] *podst* **1.** ošetrovateľstvo; **2.** ošetrovanie chorých, starostlivosť o chorých; **3.** kojenie

nurs.ing home [ˌnə:siŋ'həum] *podst* **1.** sanatórium [ob pre starých ľudí]; **2.** penzión

nur.ture [nə:æə] *podst* **1.** *(o koho)* starostlivosť, opatrovníctvo; **2.** výchova; **3.** podpora

nut [nat] *podst* **1.** orech, oriešok; **2.** gebuľa, kotrba; **3.** *(tech)* matka, *(skrutková)* matica

nut.meg [natmeg] *podst* **1.***(bot: Pelargonium)* muškát, *(korenie)* muškátový oriešok

nu.tri.ent [nju:triənt] **I.** *podst* **1.** výživná látka, živina; **II.** *príd* **2.** výživný

nu.tri.tion [nju:'trišən] *podst* **1.** výživa, stravovanie, potrava, strava

nu.tri.tious [nju:'trišəs] *príd* **1.** výživný, *(odb)* nutričný

nut.ty [nati] *príd* {**-ier, -iest**} **1.** orieškový, orechový; **2.** *(ifm)* pochabý, padlý na hlavu

ny.lon [nailən] *podst* **1.** *(text)* nylon, *(chem)* polyamidový

O

oak [əuk] *podst* **1.** *(bot durmast oak: Quercus robur/ petraea)* dub [zimný], *(bot: English oak: Quercus robur)* dub [letný]; **2.** dubové drevo

oar [o:] *podst* **1.** veslo; **2.** *(špo)* veslár, veslárka

o.a.sis [əu'eisis] *podst* (mn **oases**) **1.** *(lit, prn)* oáza

oath [əuθ] *podst* (mn **oaths**) **1.** prísaha, sľub; **2.** kliatba , zakliatie, kliatie, hrešenie; **3.** nadávka, hrubé slovo; **4.** klebeta

o.be.di.ent [ə'bi:djənt] *príd* (**~ to sb/ st**) **1.** poslušný, oddaný. *Syn*: docile, tractable, compliant, amenable. *Opoz*: disobedient, refractory

o.bese [əu'bi:s] *príd* **1.** obézny, tučný, tlstý, telnatý

to o.bey [ə'bei] **1.** počúvať, poslúchnuť, uposlúchnuť, *(čím)* riadiť sa

o.bit.u.ar.y [ə'bitjuəri] *podst* (mn **-ies**) **1.** nekrológ, parte, úmrtné oznamenie

ob.ject [obdžikt] *podst* **1.** *(i ling)* predmet, vec, *(i fil)* objekt; **2.** cieľ, účel; **3.** *(br ifm)* hastroš, strašidlo. *Syn*: intention

ob.jec.tion [əb'džekšən] *podst* **1.** námietka, námietky; **2.** nesúhlas. *Syn*: protest, remonstration, expostulation. *Opoz*: agreement, consent

ob.jec.tive [əb'džektiv] **I.** *podst* **1.** *(i voj)* cieľ, úloha, objekt; **2.** terč; **3.** *(fyz, opt)* objektív; **II.** *príd* **4.** objektívny, nezaujatý, nestranný; **5.** *(ling)* predmetový, skutočný; **6.** cieľový. *Syn* ⇨ **fair**, **intention**

ob.li.ga.tion [ˌobli'geišən] *podst* **1.** povinnosť, zaviazanosť; **2.** *(práv: z dohody/ zmluvy)* záväzok, obligácia; 3. dlhopis; **4.** *(zmluva)(záväzná)* dohoda. *Syn* ⇨ **duty**

o.blique [ə'bli:k] **I.** *podst* **1.** šikmá čiara, zlomková čiara, lomeno; **II.** *príd* **2.** *(i mat)* šikmý; **3.** *(prn, gram)* nepriamy, skrytý, pohľad úkosom; **4.** *(geom)* nepravý; **5.** krivý

to o.blit.e.rate [ə'blitəreit] **1.** *(odtlačky prstov ap)* odstrániť, zotrieť, *(stopy)* zahladiť, *(z pamäti)* vymazať, vygumovať, *(známku)* opečiatkovať; **2.** zničiť, *(mesto)* zrovnať so zemou. *Syn* ⇨ **to erase**

o.bliv.ion [ə'bliviən] *podst* **1.** zabudnutie; **2.** bezvedomie

ob.nox.ious [əb'nokšəs] *príd* **1.** odporný, nechutný, hnusný, *(i človek)* protivný, neznesiteľný, *(správanie)* nehorázny, neprístojný, strašný, odpudzujúci. *Syn* ⇨ **hateful**

ob.scene [əb'si:n] *príd* **1.** obscénny, neslušný, *(vtip ap)* oplzlý, *(ifm)* sprostý, *(postoj, gesto)* necudný, *(ceny, požiadavky)* nehanebný, nehorázny. *Syn* ⇨ **coarse**

ob.scen.i.ty [əb'senəti] *podst* **1.** obscénnosť, oplzlosť, necudnosť; **2.** oplzlé/ neslušné slovo

ob.scure [əb'skjuə] *príd* **1.** nejasný, málo zrozumiteľný; **2.** *(autor ap)* bezvýznamný, neznámy, *(miesto, zamestnanie)* nedôležitý, *(dedina)* zapadnutý; **3.** *(pamäť)* hmlistý; **4.** temný, tmavý. *Syn*: vague, enigmatic, cryptic, ambiguous, equivocal. *Opoz*: clear, distinct, obvious

ob.scur.i.ty [əb'skjuərəti] *podst* (mn **-ies**) **1.** nejasnosť, hmlistosť, zmätenosť, nezrozumiteľnosť; **2.** obskúrnosť; **3.** neznámy pôvod, nízky pôvod; **4.** temnota, tma, zatemnenie

ob.ser.vance [əb'zə:vns] *podst* **1.** *(zvykov)* zachovávanie, dodržiavanie; **2.** *(fml: i cirk)* observancia

ob.ser.va.tion [ˌobzə'veišən] *podst* **1.** pozorovanie, dozor; **2.** poznámka, pripomienka. *Syn* ⇨ **remark**

ob.ser.va.to.ry [əb'zə:vətri] *podst* (mn **-ies**) **1.** *(astron)* hvezdáreň, observatórium, *(met)* meteorologická stanica

to ob.serve [əb'zə:v] **I.** *prech* **1.** pozorovať, spozorovať, *(čo)* všimnúť si, *(o polícii)* sledovať; **2.** *(čo)* poznamenať, *(o čom)* zmieniť sa, podotknúť; **3.** *(tradície, predpisy)* dodržiavať, *(na čo)* dbať, *(čo)* rešpektovať, *(náb: sviatky)* svätiť, sláviť; **II.** *nepr* **4.** prihliadať, *(škol: na hodine)* hospitovať; **5.** konštatovať. *Syn* ⇨ **to celebrate**, **to discern**

ob.serv.er [əb'zə:və] *podst* **1.** *(i pol)* pozorovateľ, prísediaci, prihliadajúci, *(voj: veža)* hláska

ob.so.lete [obsəli:t] *príd* **1.** zastaraný, nemoderný, prekonaný. *Syn* ⇨ **old**

ob.sta.cle [obstəkl] *podst* **1.** prekážka; **2.** *(prn)* ťažkosť, problém, hať, zábrana

ob.sti.nate [obstənət] *príd* **1.** svojhlavý, zanovitý, tvrdošijný, tvrdohlavý, úporný. *Syn* ⇨ **stubborn**

to ob.struct [əb'strakt] **1.** blokovať, zablokovať, zahatiť, zatarasiť, upchať; **2.** *(čomu)* brániť, prekážať, zacláňať, *(čo)* brzdiť, mariť. *Syn* ⇨ **to hinder**

ob.struc.tion [əb'strakšn] *podst* **1.** zablokovanie, zatarasenie, prekážka, zátaras, *(cesty)* upchatie; **2.** *(v čom)* bránenie; **3.** prekazenie, zmarenie; **4.** *(pol)* obštrukcia, marenie; **5.** *(špo)* blokovanie. *Syn* ⇨ **obstacle**

to ob.tain [əb'tein] **I.** *prech* **1.** *(fml)* dostať, získať, zadovážiť si, kúpiť, *(čo)* dosiahnuť, zohnať; **II.** *nepr* **2.** *(fml)* existovať, byť v platnosti, *(zvyky)* udržovať sa. *Syn* ⇨ **to get**

ob.vi.ous [obviəs] *príd* **1.** zrejmý, zjavný, evidentný, samozrejmý. *Syn* ⇨ **evident**

oc.ca.sion [ə'keižən] *podst* **1.** príležitosť, možnosť; **2.** *(fml)* dôvod

to oc.ca.sion [ə'keižən] *fml* **1.** spôsobiť, vyvolať, zapríčiniť, *(zast)* zavdať príčinu

oc.ca.sion.al [ə'keižənl] *príd* **1.** príležitostný, občasný, nepravidelný

oc.cult [o'kalt] **I.** *podst* **1.** okultizmus, okultné náuky ; **2.** tajomno; **II.** *príd* **3.** okultný, magický; **4.** tajný, skrytý, utajený, ťažko prístupný

oc.cu.pan.cy [okjupənsi] *podst* (mn **-ies**) **1.** *(majetok)* držba; **2.** *(domu, bytu)* obývanie, prebývanie; **3.** *(územia)* okupovanie

oc.cu.pa.tion [ˌokju'peišən] *podst* **1.** zamestnanie, povolanie, zárobková činnosť; **2.** zábava, držanie; **3.** *(voj)* okupácia, obsadenie

oc.cu.pa.tion.al [ˌokju:'peišnl] *príd* **1.** okupačný; **2.** profesionálny

oc.cu.pi.er [okjupaiə] *podst* **1.** *(územia)* okupant; **2.** *(pozemku)* držiteľ, *(bytu, domu)* nájomník; **3.** obyvateľ, bývajúca osoba

to oc.cu.py [okjupai] (mč, mp **-pied**) **1.** obývať, *(v čom)* bývať; **2.** obsadiť, *(územie)* zabrať, *(územie)* zaberať; **3.** zamestnávať

to oc.cur [əˈkə:] [**-rr-**] **1.** udať sa, odohrať sa, prihodiť sa, *(k čomu)* dôjsť; **2.** existovať, *(kde)* vyskytovať sa, *(kde)* nachádzať sa. *Syn* ⇨ **to happen**

o.cean [əušən] *podst* **1.** oceán, *(prn)* more

Oc.to.ber [okˈtəubə] *podst* (sk **Oct**) **1.** október

odd [od] *príd* [**-er, -est**] **1.** čudný, zvláštny, neobvyklý, *(i človek)* čudácky, *(i zvyk)* kuriózny, *(i myšlienka)* originálny, bizarný; **2.** náhodný, príležitostný; **3.** *(číslo)* nepárny; **4.** *(ponožky, rukavice)* nepárny, nie do páru; **5.** nadbytočný, nadpočetný, zvyšujúci. *Syn* ⇨ **strange**

odd.i.ty [odəti] *podst* (mn **-ies**) **1.** zvláštnosť, čudáctvo, excentrickosť; **2.** čudák, čudný patrón, kuriozita

odds [odz] *podst* **1.** pravdepodobnosť, šance; **3.** *(úľava slabším pretekárom/ hráčom)* handicap; **4.** *(prn)* výhľady, vyhliadka, nádeje; **5.** **odds and ends** *(čo zostalo, i mat)* zvyšok

o.dour [əudə] *podst* (am **odor**) **1.** *(vše)* pach; **2.** zápach , smrad; **3.** vôňa

od.ys.sey [odisi] *podst* (mn **-eys**) **1.** *(myt, prn)* odysea

of [ov] **1.** *(vyj vlastníctvo, časť niečoho, pôvod, predmet, dátum: prek s 2p)*: **the house of my father** *dom môjho otca*; **the sister of Ľuba** *Ľubina sestra*; **the works of Hviezdoslav** *Hviezdoslavovo dielo*; **bough of a tree** *konár stromu*; **a bottle of wine** *fľaša vína*; **a map of Slovakia** *mapa Slovenska*;, **2 kilos of potatoes** *2 kilá zemiakov*; **the sixth of February** *6. februára*; **2.** *(: vlastnosť: prek s príd)* : **a man of property/ of means** *bohatý muž*; **a dictionary of English** *anglický slovník*; **a boy of six** *šesťročný chlapec*; **3.** *(: na celok, z kt je oddelená časť)* z, **the best of** (them) **all** *najlepší zo všetkých*; **one of us** *jeden z nás*; *(: príslušnosť)* od; **4.** *(: príčinu, popud, pôvod)* na, **to die of a heart attack;** *zomrieť na infarkt*;, od, **to die of hunger;** *umrieť od hladu*; **5.** *(v spojení: na východ/ juh ap)* od, **East of Eden** *na východ od raja*; **south of;** *južne od*; **6.** *(poukazuje na materiál)* z, **of wood** *z dreva*; **a bottle of wine;** *fľaša s vínom*; **7.** *(list)* z, **your letter of/ dated** *Váš list z*; **the Battle of Waterloo** *bitka pri Waterloo*; **no more of that;** *s tým už prestaň*; **it's kind of you;** *to je od teba pekné*; po, **widow of a soldier;** *vdova po vojakovi*; **out of sight out of mind** *zíde z očí, zíde z mysle*;

off. [of] **I.** *predl* **1.** *(vyj : odstránenie niečoho z povrchu)* z: **to strip the cork off a tree** *olúpať kôru zo stromu*; **2.** *(: smerovanie preč)* od: **get off/ away from window!** *odíď od okna!*; preč: **hands off!** *ruky preč!*; **keep off the grass!** *nestúpajte na trávu!*; **3.** : *(vzdialenosť)* od, **we were only 300 metres off the summit** *boli sme len 300 m. od vrcholu*; z, obďaleč, stranou od, bokom, **he lives off Broadway** *býva neďaleko/ obďaleč Broadway*; *(od ulica, štvrta)* neďaleko; **II.** *príd* **4.** *(osoba)* nesvoj; **5.** *(čas, deň ap)* voľný; **6.** *(ifm: správanie, reč)* nevhodný; **7.** *(br: jedlo)* zkazený; **8.** vzdialený, *(= offside: časť vozu)* právy; **III.** *prísl* **9.** *(byť [far] off: v priestore/ čase)* vzdialený; **10.** *(to be off: osoba)* odísť, mať voľno, *(: zariadenie)* byť vypnutý, *(: dohoda, podujatie)* byť zrušený; **11.** *(5% off)* zľava [-]5%

of.fence [əˈfens] *podst* (am **offense**) **1.** *(práv)* delikt, trestný čin, priestupok; **2.** *(jed)* urážka; **3.** *(voj)* útok

to of.fend [əˈfend] **1.** *(ob pass)* uraziť. *Syn*: to affront, to insult, to outrage

of.fen.sive [əˈfensiv] **I.** *podst* **1.** ofenzíva, útok; **II.** *príd* **2.** urážlivý, hrubý, neprístojný; **3.** *(voj)* útočný; **4.** nepríjemný, protivný, odporný

to of.fer [ofə] **I.** *prech* **1.** ponúknuť, *(i odmenu)* vypísať; **2.** navrhnúť; **3.** *(pohľad, tieň)* poskytnúť; **II.** *nepr* **4.** vyskytnúť sa, objaviť sa. *Syn*: to proffer, to tender, to present, to offer

of.fer.ing [oferiŋ] *podst* **1.** ponuka, ponúkanie; **2.** dar; **3.** *(náb)* obeť

of.fice [ofis] *podst* **1.** kancelária; **2.** *(br)* ministerstvo; **3.** úrad, funkcia; **4.** *(náb)* bohoslužby . *Syn* ⇨ **function, position**

of.fic.er [ofisə] *podst* **1.** *(voj)* dôstojník; **2.** *(admin: vysoký)* úradník, úradná osoba, referent, funkcionár

of.fi.cial [ə'fišl] **I.** *podst* **1.** vyšší úradník, úradná osoba, verejný činiteľ, funkcionár, referent; **II.** *príd* **2.** oficiálny, úradný, služobný, formálny

off.shoot [ofšu:t] *podst* **1.** *(bot)* výhonok, odnož, šľahúň; **2.** *(prn)* ratolesť, potomok, *(organizácie)* odbočka, pobočka ; **3.** vedľajšia aplikácia, vedľajší produkt

off.shore [ˌofšo:] *príd* **1.** v pobrežných vodách, neďaleko pobrežia; **2.** pevninový, od pobrežia; **3.** v zahraničí

off.side [ˌofsaid] *podst* (i **off**) **1.** *(špo)* ofsajd, postavenie mimo hry

off.spring [ofspriŋ] *podst* **1.** *(fml, žart)* ratolesť, potomok; **2.** *(mn)* potomstvo; **3.** *(prn)* dopad, následok

oil [oil] *podst* **1.** *(olivový ap, i tech, i ob mn mal: farba)* olej; **2.** *(mal: obraz)* olejomaľba; **3.** ropa; **4.** *(farm)* masť, krém

to oil [oil] **1.** olejovať. naolejovať, mastiť olejom, namazať olejom

oil.field [oilfi:ld] *podst* **1.** naftové pole

oil slick [oilslik] *podst* **1.** ropná škvrna

oil tank.er ['oilˌtæŋke] *podst* **1.** cisternová loď [na prepravu nafty], ropný tanker

oil well [oilwel] *podst* **1.** ropný vrt

oil.y [oili] *príd* {**-ier, -iest**} **1.** olejnatý, zamastený, mastný; **2.** *(prn)* úlisný, prehnane zdvorilý

oint.ment [ointment] *podst* **1.** *(lek)* masť, mastenie; **2.** *(farm)* krém

o.kay [ˌəu'kei] **I.** *podst* **1.** schválenie, súhlas; **II.** *prísl* **2.** fajn, príma, dobre, v poriadku, platí

to o.kay [ˌəu'kei] **1.** schváliť, súhlasiť

old [əuld] *príd* {**-er, -est**} **1.** starý; **2.** *(oblečenie)* obnosený, staromódny, *(chlieb)* oschnutý, tvrdý; **3.** niekdajší, dávny; **4.** dlhodobý; **5.** skúsený, ostrieľaný. *Syn*: ancient, antique, antiquated, archaic, obsolete. *Opoz*: new, modern

old age [ˌəuld'eidž] *podst* **1.** staroba, tretí vek

old-fash.ioned [ˌəuld'fæšənd] *príd* **1.** zastaraný, nemoderný, staromódny, starý

old-time [əuldtaim] *príd* **1.** starobylý, starodávny, starý, *(kniž)* staroslávny

ol.ive [oliv] **I.** *podst* **1.** *(plod)* oliva; **2.** *(bot olive tree: Olea europaea)* olivovník, oliva [európska]; **2.** olivové drevo; **II.** *príd* **3.** *(olej, i o farbe)* olivový

Ol.ym.pic [əu'limpik] *príd* **1.** olympijský

om.buds.man [ombudzmæn] *podst* (mn - **men**) **1.** ombudsman, ochranca ľudských práv

ome.lette [omlit] *podst* (i **omelet**) **1.** omeleta

o.men [əumen] *podst* (~ **of st**) **1.** *(osudné)* znamenie, predzvesť, znak

om.i.nous [ominəs] *príd* **1.** zlovestný, znepokojujúci, neveštiaci nič dobré, hrozivý. *Syn*: portentous, fateful, foreboding

o.mis.sion [ə'mišən] *podst* **1.** vynechanie, vypustenie, opomenutie;

to o.mit [ə'mit] [**-tt-**] **1.** vynechať, vypustiť, prehliadnuť, opomenúť. *Syn* ⇨ **to neglect**

on [on] **I.** *predl* **1.** *(vyj: smerovanie/ miesto, i prn)* na: **on page 10** *na strane 10*;, **on the right hand** (side) *na pravej strane*;, **on the corner** *na rohu ulice*; **the book is on the table** *kniha je na stole*; **on your marks!** *na miesta!*; **to sit down on a chair** *sadnúť si na stoličku*; **to put the coat on the hanger** *zavesiť kabát na vešiak*; **on television/ the train** *v televízii/ vo vlaku*; **on course** *v správnom smere*; **do you have/ have you got any money on you?** *máš pri sebe peniaze?*; *(on me/ you)* na/ pri sebe: *(: miesto z určitej strany)* z: **on my part** *z mojej strany*; **on the right side of the house** *z pravej strany domu*; *(: smerovanie vyššie)* nad: **to heat st up on the flames/ fire** *zohrievať nad plameňom*; **to bend on/ over the sleeping child** *skloniť sa nad spiace dieťa*; do; **2.** *(: spôsob deja)* na: **on the run** *na úteku*; **to win on points** *vyhrať na body*; **to buy on tick/ credit** *kúpiť na dlh*; **on approval** *na skúšku/ ukážku*; **to go on bicycle** *ísť na bicykli*; **on no / not on any account** *za žiadnych okolností*; **on duty** *v službe/ plameňoch*; **to go on strike** *vstúpiť do štrajku*; *(on tiptoe)* po spičkách;

3. *(: účel, stav)* na, **on/ up for sale** *na predaj*; **on holidays** *na dovolenku*; *(: dôvod)* pre: **he didn't come on the grounds of an illness** *neprišiel pre chorobu*; z: **on what grounds?** *z akého dôvodu?*; **4.** *(: časový bod)* pri: **on parting/ meeting/ hearing/ looking etc** *pri lúčení/ stretnutí/ počutí/ pohľade atď*; **on arrival** *pri príchode*; **on the occasion** *pri príležitosti*; **on reaching home** *keď som prišiel domov*; *(: deň, [am] často neprek)* v: **on Saturday/** (am) **Saturday** *v sobotu*; **on New year's day** *na Nový rok*; *(: časový úsek)* počas, *(: opakovanie deja: prek s mn)* po: **to work on Sundays** *robiť po nedeliach*; **5.** *(: predmet)* o: **book on Slovakia/ flowers** *kniha o Slovensku/ kvetoch*; **Macbeth is on** *na programe je Macbeth*; **what's on ?** *čo je na programe [v kine]*;

once [wans] **1.** raz, *(once more)* ešte raz; **2.** *(v minulosti)* kedysi, niekedy, voľakedy, *(pred istým časom)(kedysi)* predtým

one [wan] *príd* **1.** jeden, jedna, jedno; **2.** jediný; **3.** rovnaký, ten istý; **4.** *(one's)* svoj

one-man [ˌwan'mæn] **1.** jednomiestny, pre jednu osobu

one-off [ˌwan'of] **I.** *podst* **1.** výnimka; **2.** niečo neopakovateľné; **II.** *príd* **3.** *(br ifm)* jednorazový; **4.** výnimočný

on.er.ous [onərəs] *príd fml* **1.** obťažný, ťaživý, *(vyžadujúci veľa úsilia)* namáhavý. *Syn*: burdensome, oppressive, exacting

one.self [ˌwan'self] *zám* **1.** seba, sebe; **2.** sa, si

one-sid.ed [ˌwan'saidid] *príd* **1.** jednostranný, nerovný, zaujatý, predpojatý

one-time [ˌwan'taim] *príd* **1.** niekdajší, bývalý, onehdajší

one-way [ˌwan'wei] *príd* **1.** jednosmerný, jednoduchý, len tam [nie spiatočný]

on.go.ing ['onˌgəuiŋ] *príd* **1.** pokračujúci, súčasný, práve prebiehajúci, aktuálny

on.ion [anjən] *podst* **1.** *(bot: Allium cepa)* cibuľa; **2.** *(bot Welsh onion: Allium fistulosum)* pór, cibuľa [zimná]

on.look.er ['onˌlukə] *podst* **1.** divák, prihliadajúci, *(pej)* postávač, sliedič, zvedavec

on.ly [əunli] **I.** *spoj* **1.** *(vyj odporovací vzťah)* len[že]: iba[že], iba čo, **he wanted to help, only he didn't know how** *chcel pomôcť, lenže/ ibaže nevedel ako*; **2.** *(zdôrazňuje želanie: if only)* len aby/ keby len: **if only it would stop raining/ it wouldn't rain!** *len aby nepršalo!*; **II.** *príd* **3.** jediný, jedinečný, *(hov)* čistý; **III.** *prísl* **4.** len: **only 100 crowns** *len 100 korún*; iba, **it was only ten o' clock** *bolo iba desať hodín*; jedine: **only hope kept him alive** *jedine nádej ho držala pri živote*; **only dad** *až otec*; **she is only a child** *je ešte mladá*; **5.** až, **they will come only on Monday** *prídu až v pondelok*; **6.** *(not only ... but also)* nielen ... ale aj/ i, *(v záp: not only... but not even)* nielen ... ale ani; **7.** *(only just)* práve: **they have only just arrived** *práve prišli*;, len-len: **he only just caught the train** *len-len stihol vlak*; **8.** *(only too)* veľmi: **I'm only too glad to help** *veľmi rád vám pomôžem*; naozaj: **I'm only too aware that** *naozaj si uvedomujem, že*;

on.set [onset] *podst* **1.** útok, prepuknutie, príchod, začiatok, *(choroby)* záchvat

on.slaught [onslo:t] *podst* (**~ against/ on sb/ st**) **1.** prudký útok, prudký nápor

o.nus [əunəs] *podst fml* (ob **the onus**) **1.** povinnosť, zodpovednosť, bremeno, tiaž

on.ward [onwed] *príd* **1.** smerujúci dopredu, postupujúci, napredujúci

to ooze [u:z] **1.** *(pomalý)* tiecť, crčať, prýštiť, *(kniž)* rinúť sa; **2.** *(vypúšťať po kvapkách)* roniť; **3.** moknúť, vlhnúť

o.paque [əu'peik] *príd* **1.** *(lit)* nepriehľadný, nepriezračný, nepriesvitný; **2.** nejasný, nezrozumiteľný

o.pen [əupn] *príd* **1.** *(kniha, obchod, fľaša, otázka, i priestor)* otvorený, *(oceán)* šíry; **2.** *(práca, cesta)* voľný; **3.** nezapnutý, rozopnutý, nezabalený; **4.** *(náručie)* rozpriahnutý, *(nohy)* roztiahnutý, *(kvet)* rozkvitnutý; **5.** bez strechy, so stiahnutou strechou, bez paluby; **6.** odštupľovaný, odkrytý, nezakrytý; **7.** nechránený, neizolovaný; **8.** *(i cesta)* široký; **9.** neobsadený; **10.** zjavný; **11.** neskrývaný, úprimný; **12.** *(súťaž)* verejný, prístupný verejnosti; **13.** riedky; **14.** prelamovaný. *Syn* ⇨ **frank**

to o.pen [əupn] **I.** *prech* **1.** otvoriť, rozovrieť, roztrhnúť, rozlepiť, odzátkovať, načať; **2.** rozopnúť, rozhaliť; **3.** sprístupniť; **4.** začať, otvoriť, uviesť do prevádzky; **5.** zriadiť; **II.** *nepr* **6.** otvoriť sa, rozovrieť sa, rozlepiť sa; **7.** otvárať; **8.** začínať, mať premiéru, prísť do kín

o.pen-end.ed [ˌəupnˈendid] *príd* **1.** nelimitovaný, časovo neohraničený, neobmedzený, nevymedzený, neurčitý

o.pe.ner [əupənə] *podst* **1.** otvárač

o.pen.ing [əupniŋ] **I.** *podst* **1.** *(rokovania, hry)* otvorenie, začiatok; **2.** otvor, štrbina, medzera, diera; **3.** rúbanisko; **4.** premiéra, vernisáž, uvedenie do prevádzky; **5.** *(pracovná)* príležitosť, šanca, voľné miesto; **II.** *príd* **6.** počiatočný, úvodný, vhodný čas

o.pen-mind.ed [ˌəupnˈmaindid] *príd* **1.** nezaujatý, bez predsudkov, nepredpojatý, liberálny

op.e.ra [opərə] *podst* **1.** opera

op.e.ra house [oprəhaus] *podst* **1.** *(budova)* opera, operné divadlo

to op.e.rate [opəreit] **I.** *nepr* **1.** *(stroj)* bežať, byť v činnosti; **2.** *(systém)* fungovať, *(liek)* účinkovať, pôsobiť ; **3.** *(lek, i voj)* operovať; **II.** *prech* **4.** *(stroj, zariadenie)* obsluhovať, *(s čím)* zaobchádzať; **5.** *(podnik)* riadiť, viesť, spravovať, *(zákon)* aplikovať

op.e.ra.tic [ˌopəˈrætik] *príd* **1.** *(spevák)* operný

op.e.ra.tion [ˌopəˈreišən] *podst* **1.** činnosť, chod, prevádzka, *(lieku, drog)* účinok, pôsobenie, *(zákona)* platnosť; **2.** *(stroja, zariadenia)* obsluha; **3.** *(podniku)* riadenie; **4.** akcia; **5.** *(inf, voj, lek, mat)* operácia; **6.** podnik, spoločnosť, úkon

op.e.ra.tion.al [ˌopəˈreišənl] *príd fml* **1.** prevádzkyschopný , pojazdný, v prevádzke; **2.** *(voj)* akcieschopný, bojaschopný; **3.** prevádzkový

op.e.ra.tive [opərətiv] **I.** *podst* **1.** robotník; **2.** *(am)* tajný agent; **II.** *príd* **3.** platný, v platnosti; **4.** operatívny, *(lek)* operačný; **5.** pôsobivý; **6.** praktický; **7.** účinný

op.e.rat.or [opəreitə] *podst* **1.** technik, operatér; **2.** *(tel)* telefonista, spojovateľ, ústredňa, centrála; **3.** podnik, podnikateľ

o.pin.i.on [əˈpinjən] *podst* **1.** názor, mienka, náhľad; **2.** posudok, dobrozdanie. *Syn*: belief, view, conviction, sentiment, persuasion

o.pi.um [əupjəm] *podst* **1.** ópium

op.pon.ent [əˈpəunənt] *podst* **1.** protivník, súper, *(i špo)* protihráč, oponent, odporca, odporkyňa. *Syn*: antagonist, adversary, enemy, foe, enemy. *Opoz*: ally, confederate

op.por.tun.i.ty [ˌopəˈtju:nəti] *podst* (mn **-ies**) **1.** príležitosť; **2.** šanca, možnosť

to op.pose [əˈpəuz] **1.** stavať sa do protikladu, priečiť sa, *(kniž)* brojiť, oponovať, odporovať. *Syn*: to resist, to withstand. *Opoz*: to submit, to succumb, to comply

op.po.site [opəzit] **I.** *podst* **1.** protiklad; **2.** opak; **II.** *príd* **3.** opačný; **4.** protikladný, protichodný; **5.** náprotivný, protiľahlý, vedľajší; **6.** odlišný, iný, korešpondujúci. *Syn*: contrary, reverse, antonymous. *Opoz*: same, identical, like

op.po.si.tion [opəzišən] *podst* **1.** odpor; **2.** protiklad, opozícia

op.pres.sion [əˈprešən] *podst* **1.** útlak, tyrania; **2.** *(prn)* tieseň, tiaž, tlak, skľúčenosť, stiesnenosť

op.pres.sive [əˈpresiv] *príd* **1.** represívny, utláčateľský, tyranský, ťaživý. *Syn* ⇨ **onerous**

op.tic [optik] **I.** *podst* **1.** *(br: v krčme)* dávkovač; **II.** *príd* **2.** *(anat, i jav, sklo, klam)* optický, *(nerv)* zrakový, očný, očný

op.ti.cal [optikəl] *príd* **1.** *(i jav, sklo, klam)* optický, *(klam)* zrakový

op.ti.mi.sm [optimizəm] *podst* **1.** optimizmus

op.ti.mist [optimist] *podst* **1.** optimista, optimistka

op.ti.mis.tic [ˌoptiˈmistik] *príd* (**~ about st**) **1.** optimistický

op.ti.mum [optiməm] (i **optimal**) **I.** *podst* **1.** optimum; **II.** *príd* **2.** optimálny

op.tion [opšən] *podst* **1.** možnosť výberu, alternatíva; **2.** *(škol, univ)* predmet; **3.** *(obch, fin)* predkupné právo, opcia, prednostné právo na kúpu. *Syn* ⇨ **choice**

op.tion.al [opšənl] *príd* **1.** voliteľný, výberový, fakultatívny, nepovinný

op.u.lent [opjulənt] *príd* **1.** bohatý, zámožný, nádherný , okázalý, skvostný, bujný. *Syn* ⇨ **rich**

or [o:] **1.** *spoj* **1.** *(vyj vylučovací vzťah)* alebo: **do you want tea or coffee?** *chceš čaj alebo kávu?*; **2.** či: **do you want tea or coffee?** *bude sa páčiť čaj či káva?*; **are you coming or not?** *prídeš či nie?*; **sooner or later** *skôr či neskôr*; **3.** *(má vysvetľovací význam)* inak[šie], ináč, **she must have the operation or she will die** *musia ju operovať, inakšie zomrie*; **they need him or they wouldn't have called him** *potrebujú ho, inak by ho nevolali*; **4.** *(uvádza variantný/ opravný výraz)* respektíve: **I'm coming tomorrow or the day after tomorrow** *prídem zajtra, respektíve pozajtra*; *(: variantný výraz)* prípadne, poprípade, *(: opačný výraz)* možno: **he was shy. Or should I say coward?** *bol hanblivý, možno zbabelec*; **5.** *(either ... or)* buď... alebo, **today or tomorrow** *dnes alebo zajtra*; *(whether ... or)* či... či/ alebo, *(or not)* či/ aleb nie; **6.** *(v záp)* ani: **she can't sing or dance** *nevie tancovať ani spievať*; **7.** *(vyj približnosť)* či: **two or three times** *dva krát či tri*; až: **he drank five or six bottles of beer** *vypil päť až šesť fliaš piva*; *(or so)* asi, okolo:, približne, **twenty people or so** *asi/ okolo/ približne dvadsať ľudí*; **8.** *(or rather)* lepšie povedané, *(or something)* alebo niečo podobne

o.ral [o:rəl] **I.** *podst* **1.** ústna skúška, *(gram: ústna hláska)* orála; **II.** *príd* **2.** ústny, orálny. *Syn*: verbal, oral

or.ange [orindž] **I.** *podst* **1.** *(plod)* pomaranč; **2.** *(bot orange tree: Citrus aurantium)* pomarančový [citrónovník], *(bot orange tree: Citrus sinensis)* pomarančovník; **3.** *(bot mandarin orange: Citrus reticulata, i plod)* mandarínka; **4.** *(bot orange lily: Lilium bulbiferum)* ľalia [cibuľkonosná]; **5.** oranžová farba; **II.** *príd* **6.** oranžový, pomarančový

or.bit [o:bit] *podst* **1.** *(astron)* obežná dráha, obeh, oblet; **2.** *(prn)* okruh, sféra vplyvu; **3.** *(anat)* orbita, očnica

to or.bit [o:bit] *prech/nepr (čo/ okolo čoho)* obiehať, *(po obežnej dráhe)* lietať

or.bi.tal [o:bitl] *príd* **1.** orbitálny, obežný; **2.** očnicový

or.chard [o:æəd] *podst* **1.** ovocný sad, ovocná záhrada

or.che.stra [o:kistrə] *podst* **1.** *(hud)* orchester, kapela, hudba; **2.** *(prn: organizovaný celok)* teleso

or.che.stral [o:'kestrl] *príd* **1.** orchestrálny

to or.che.strate [o:kistreit] **1.** *(hud)* orchestrovať, inštrumentovať; **2.** *(prn)* zorganizovať, zaranžovať; **3.** snovať, kuť

to or.dain [o:'dein] **1.** *(náb)* vysvätiť; **2.** určiť, stanoviť; **3.** nariadiť

or.deal [o:'di:l] *podst* **1.** utrpenie, tvrdá skúška, muka, kalvária, martýrium

or.der [o:də] *podst* **1.** poradie, poriadok, sled, postupnosť; **2.** disciplína; **3.** rozkaz, *(i voj)* povel; **4.** *(i obch)* objednávka, zákazka; **5.** systém, zriadenie; **6.** trieda; **7.** *(i náb)* rád, vyznamenanie. *Syn:* command

to or.der [o:də] **I.** *prech* **1.** rozkázať, nariadiť, prikázať, *(lekár)* predpísať; **2.** *(tovar, taxík ap)* objednať; **3.** *(spoločnosť)* organizovať, dať si do poriadku, usporiadať; **II.** *nepr* **4.** *(v reštaurácii)* objednať si. *Syn* ⇨ **to command**

or.der.ly [o:dəli] **I.** *podst* **1.** *(voj)* dôstojnícky sluha, príkazník, *(kniž)* ordonanc(ia); **2.** *(pomocný zdrav. pracovník)* sanitár, zdravotník; **II.** *príd* **3.** *(izba)* uprataný, v poriadku; **4.** organizovaný, systematický, metodický; **5.** *(človek)* riadny, poriadny, upravený, poriadkumilovný, *(život)* usporiadaný, *(spoločnosť, skupina)* disciplinovaný , pokojný; **6.** *(tvar i zvuky)* ladný. *Syn*: methodical, systematic. *Opoz*: disorderly, haphazard, chaotic

or.din.ance [o:dinəns] *podst fml* **1.** výnos, dekrét, vyhláška, *(úradný rozkaz)(miestne, ministerské)* nariadenie. *Syn* ⇨ **law**

or.din.a.ry [o:dnri] *príd* **1.** bežný, všedný; **2.** obyčajný, priemerný, tuctový. *Syn* ⇨ **common**

or.din.a.tion [ˌo:dì'neišən] *podst* **1.** *(cirk)* ordinácia

ord.nance [o:dnəns] *podst* **1.** *(voj)* delostrelectvo; **2.** munícia; **3.** technické vojsko

ore [o:] *podst* **1.** ruda

or.gan [o:gən] *podst* **1.** *(anat)* orgán; **2.** *(euf)* pohlavný úd; **3.** *(hud)* organ; **4.** *(prn)* prostriedok

or.gan.ic [o:'gænik] *príd* **1.** *(chem, biol)* organický

or.gan.i.sm [o:gənizəm] *podst* **1.** organizmus

or.gan.iz.a.tion [ˌo:gənai'zeišən] *podst* (i **-isation**) **1.** organizovanie; **2.** usporiadanie; **3.** organizácia

to or.gan.ize [o:gənaiz] (i **-ise**) **I.** *prech* **1.** organizovať , zriadiť, ustanoviť, *(život)* plánovať si, *(čas, prácu ap)* rozvrhnúť si; **2.** zariadiť, *(party, stretnutie)* usporiadať, *(do skupín)* rozdeliť; **3.** odborovo organizovať; **II.** *nepr* **4.** *(pol)* združovať sa do odborovej organizácie

or.gan.ized [o:gənaizd] *príd* (i **-ised**) **1.** organizovaný , syndikalizovaný, systematický, metodický

or.gan.iz.er [o:gənaizə] *podst* (i **-iser**) **1.** organizátor, usporiadateľ

or.ga.sm [o:gæzm] *podst* **1.** orgazmus, vrcholné pohlavné vzrušenie

or.gy [o:dži] *podst* (mn **-ies**) **1.** orgie

o.ri.en.tal [ˌo:ri'entl] **I.** *podst* **1.** orientálec, orientálka; **II.** *príd* **2.** orientálny, orientalistický, východný

o.ri.en.ta.tion [ˌo:rien'teišən] *podst* **1.** *(i určenie polohy, smeru, i prn)* orientácia, *(zameranie)(i školy)* smer, orientovanosť

or.i.gin [oridžin] *podst* **1.** pôvod; **2.** vznik, počiatok, prameň. *Syn*: source, beginning, inception, root

or.ig.in.al [ə'ridžənl] **I.** *podst* **1.** originál; **2.** *(ifm)* čudák, svojrázny/ výstredný človek; **II.** *príd* **3.** prvotný, počiatočný, prapôvodný; **4.** *(maľba)* pôvodný, *(dokument)* pravý, autentický, *(nápad)* originálny, tvorivý; **5.** *(výskum, pátranie)* samostatný; **6.** rázovitý, svojrázny, osobitý. *Syn* ⇨ **new**

or.ig.in.al.ly [ə'ridžənəli] *prísl* **1.** pôvodne ; **2.** originálne, tvorivým spôsobom, novo, osobitne

to or.ig.in.ate [ə'ridžineit] **I.** *prech* **1.** vytvoriť, vynájsť, uviesť do života; **II.** *nepr* **2.** vzniknúť. *Syn* ⇨ **to rise**

or.na.ment [o:nəmənt] *podst* **1.** ornament, ozdoba, okrasa , okrasný predmet. *Syn* ⇨ **adorn**

to or.na.ment [o:nəmənt] (**~ st [with st]**) **1.** zdobiť, ozdobiť, krášliť, okrášliť, vyzdobiť

or.na.men.tal [ˌo:nə'mentl] *príd* **1.** okrasný, ozdobný, dekoračný, dekoratívny

or.nate [o:neit] *príd* **1.** bohato zdobený, okázalý, kvetnatý, iluminovaný

or.phan [o:fn] *podst* **1.** sirota

to or.phan [o:fn] **1.** urobiť sirotou, osirotiť

or.phan.age [o:fənidž] *podst* **1.** sirotinec, osirotenosť, *(kniž)* siroba

or.tho.dox [o:θədoks] *príd* **1.** ortodoxný, pravoverný

or.tho.dox.y [o:θədoksi] *podst* (mn **-ies**) **1.** ortodoxia, ortodoxnosť, pravovernosť

to os.cil.late [osileit] **1.** *(fyz, ele, prn)* oscilovať, kmitať, kývať sa; **2.** kolísať. *Syn* ⇨ **to swing**

os.ten.si.ble [o'stensəbl] *príd* **1.** domnelý, zdanlivý, predstieraný

os.ten.ta.tious [ˌosten'teišəs] *príd* **1.** okázalý, honosný, nápadný, demonštratívny, ostentatívny

os.trich [ostrič] *podst* (mn **-es**) **1.** *(zool: Struthio camelus)* pštros (dvojprstý)

oth.er [aðə] **1.** ďalší; **2.** iný; **3.** ten druhý, náprotivný; **4.** ostatný

oth.er.wise [aðəwaiz] **1.** inak(šie); **2.** inokedy; **3.** vcelku; **4.** po prípade; **5.** v opačnom prípade; **6.** iným spôsobom

ot.ter [otə] *podst* **1.** *(zool: Lutra lutra)* vydra; **2.** vydria kožušina

ounce [auns] *podst* **1.** *(28, 35 g)* uncia

our [auə] **1.** náš, *(fem, neutr)* naša, naši, naše

ours [auəz] **1.** náš

to oust [aust] (**~ sb [from st/ as st]**) **1.** vyhnať, *(z miesta)* vytlačiť, *(ifm: koho)* vyliať, *(koho)* zbaviť sa, vysťahovať, zbaviť držby domu/ bytu, *(z držby)* vypudiť. *Syn* ⇨ **to eject**

out [aut] **I.** *predl* **out of 1.** *(vyj pohyb z vnútra, i prn)* z: **the bird flew out of the cage** *vták vyletel z klietky*; **to drink out of the can** *vypiť z plechovky*; **to go out of the house** *vyjsť z domu*; **out of hand** *z ruky/ mimo dosahu*; **out of sight, out of mind** *zí-*

de z očí, zíde z mysle; **2.** *(vyj vyňatie z miesta, deja, stavu)* mimo: **out of the way** *z ruky*; **out of town/ water** *mimo mesta/ vody*; **out of order** *mimo prevádzky*; bez: **out of o's mind** *bez rozumu*; **out of work** *bez práce*; **3.** *(vyj príčinu/ dôvod/ spôsob deja)* z, **out of curiosity/ fear/ anger/ revenge etc** *zo zvedavosti/ strachu/ hnevu/ pomsty atď*; od: **out of anger** *od zlosti*; na: **out of spite** *na protiveň/ potvoru*; **4.** ne[-], **out of fashion** *nemoderný*; **out of focus** *neostrý*; vy[-], **out of the question** *vylúčený*; **burnt out** *vypálený*; **pumped/ shagged out** *vyčerpaný*; roz[-], **out of stock** *rozobratý*; **out of humour/** (hud) **tune** *rozladený*; nad[-], **out of proportion** *nadmerný*; pre[-], **thought out** *premyslený*; mimo[-], **out of wedlock** *mimomanželský*; *(out of doors)* vonku; **5.** *(out of sort)* nesvoj, *(out of date/ use/ season)* zastaraný, *(out of my sight!)* preč!; **II.** *podst* **6.** *(šport)* aut; **III.** *príd* **7.** *(out[-])* vonkajší; **IV.** *prísl* **8.** *(vyj smer z vnútra)* von: **he opened the door and ran out** *otvoril dvere a vybehol von*; vonku: **the children are playing out** *deti sa hrajú vonku*; **9.** ďaleko; **10.** *(bokom, mimo)* vedľa; **11.** preč; **12.** *(is out: osoba, slnko)* je vonku, je preč, odišiel, *(robotník)* je v štrajku, *(kniha ap)* je v predaji, vyšiel, *(v knižnici)* je vypožičaný, *(pravda)* je na svetle/ na povrchu, *(kvet)* rozkvitnutý, *(odev)* [vyšiel] z módy, *(lopta)* je v aute, *(way out)* východ, *(: z vlaku/ autobusu)* výstup, *(prn: východisko)* záchrana, *(inside out)* naopak, naruby

out.break [autbreik] *podst* **1.** vypuknutie, prepuknutie, výbuch

out.burst [autbə:st] *podst* **1.** výbuch, výlev, nával, výron, *(geol)* erupcia, *(geol, ban)* východ, poryv

out.cast [autka:st] **I.** *podst* **1.** vyvrheľ, pária; **2.** vydedenec, vyhnanec; **II.** *príd* **3.** proskribovaný, zavrhnutý, prehlásený za štvanca

out.come [autkam] *podst* **1.** výsledok, dôsledok, efekt. *Syn* ⇨ **effect**

out.cry [autkrai] *podst* (mn **-ies**) **1.** pobúrenie, búrlivý protest, výbuch, výkrik

out.dat.ed [ˌauťdeitid] *príd* **1.** zastaraný, prekonaný; **2.** nemoderný, staromódny, vyjdený z módy

to out.do [ˌauťdu:] (3. oso pr **-does** mč **-did** mp **-done** **1.** predčiť, prekonať, predbehnúť, pretromfnúť. *Syn* ⇨ **to excel**

out.door [autdo:] *príd* **1.** vidiecky, otvorený; **2.** *(o odeve)* vychádzkový; **3.** exteriérový

out.er [autə] *príd* **1.** vonkajší, okrajový; **2.** vidiecky

out.er space [ˌautə'speis] *podst* **1.** kozmos, vesmír; **2.** kozmický priestor, medziplanetárny priestor

out.fit [autfit] *podst* **1.** náradie, výzbroj, vybavenie; **2.** *(oblečenia)* súprava, šaty, *(sl)* háby, *(športový)* úbor, dres, *(i voj)* výstroj, uniforma; **3.** *(ifm)* skupina, banda. *Syn* ⇨ **to furnish**

out.flow [autfləu] *podst* (**~ from st**) **1.** odtok, výtok, odtekanie, výpust; **2.** odliv, únik

out.go.ing ['autˌgəuiŋ] *príd* **1.** odchádzajúci, odplávajúci, odovzdávajúci úrad; **2.** spoločenský, ľahko nadväzujúci styky, extrovertný

to out.grow [ˌauťgrəu] (mč **outgrew** mp **outgrown**) **1.** *(zo šiat/ zlozvykov)* vyrásť, *(čoho)* zbaviť sa, *(čo)* nechať, prestať sa zaujímať [o čo]

out.ing [autiŋ] *podst* **1.** *(kolektívny)* výlet, vychádzka, zájazd, *(voľná chôdza)(i výlet)* prechádzka

out.land.ish [ˌauťlændiš] *príd* **1.** *(pej)* bizarný, exotický, zarážajúci, výstredný, extravagantný. *Syn* ⇨ **strange**

out.law [autlo:] *podst* **1.** štvanec, človek mimo zákona

out.lay [autlei] *podst* (mn **-ays**) **1.** útraty, výdaje, náklady, výdavky

out.let [autlet] *podst* (**~ for st**) **1.** odtok, prepad, dymovod, *(rieky)* výpust; **2.** *(obch)* odbytisko, *(firemná)* predajňa; **3.** *(i prn: emócií)* ventil, *(prn)* východisko

out.line [autlain] *podst* **1.** silueta, obrys, kontúra, *(tváre)* profil; **2.** náčrtok, skica, nárys; **3.** zhrnutie, prehľad, synopsa, stručný náčrt. *Syn*: contour, profile, silhouette, ⇨ aj form

to out.line [autlain] **1.** načrtnúť, nakresliť v obrysoch; **2.** zhrnúť, koncipovať

to out.live [ˌauťliv] **1.** prežiť, prečkať. *Syn*: to outlast, to survive, to outlive

out.look [autluk] *podst* **1.** vyhliadka, výhľad; **2.** názor, náhľad, poňatie, predstava; **3.** perspektíva, *(met)* predpoveď

out.ly.ing [ˈautˌlaiiŋ] *príd* **1.** odľahlý, osamelý, vzdialený, periférny

to out.num.ber [ˌauťnambə] **1.** prevyšovať počtom, mať početnú prevahu

out.post [autpəust] *podst* **1.** *(voj prn)* predsunutá hliadka, výbežok v cudzom mori

out.put [autput] *podst* **1.** celková produkcia, výroba, objem výroby; **2.** výkon; **3.** tvorba, dielo; **4.** *(inf)* výstup

out.rage [autreidž] *podst* **1.** potupa, pohana, urážka, škandál; **2.** zverstvo, hanebný čin, zneuctenie; **3.** rozhorčenie, pobúrenie, nevôľa. *Syn* ⇨ **offence**

to out.rage [autreidž] **1.** rozhorčiť, pobúriť, uraziť, pošliapať

out.rag.eous [ˌauťreidžəs] *príd* **1.** nehanebný, neslýchaný , *(lož)* hanebný, *(ceny)* nekresťanský, *(správanie, spôsoby)* škandalózny, nemravný, *(počasie)* neznesiteľný, príšerný; **2.** *(oblečenie)* výstredný. *Syn*: flagrant, monstrous, atrocious, heinous

out.right [autrait] **I.** *príd* **1.** absolútny, vyložený, notorický, kategorický, úplný; **2.** jednoznačný, nepochybný; **II.** *prísl* **3.** otvorene; **4.** jednoznačne, nepopierateľne; **5.** hneď, okamžite; **6.** priamo, rovno; **7.** úplne; **8.** *(predaj, kúpa)* v hotovosti

out.set [autset] *podst* (**~ at/ from the [very] outset [of st]**) **1.** začiatok, počiatok

out.side [ˌauťsaid] (ob **the outside**) **I.** *podst* **the outside 1.** vonkajšok, zovňajšok, vonkajšia časť/ strana; **2.** povrch, kraj; **3.** *(prn)* výzor, zjav, zdanie; **4.** *(šport)* krídlo; **5.** *(film)* exteriér; **II.** *predl (am)***outside of 6.** *(vonku)* pred: **outside the cinema** *pred kinom*; **outside the cinema** *pred kinom*; **to wait outside the door** *čakať pred dverami*; **he is standing outside the door** *stojí za dverami*; **7.** *(vyj vyňatie z miesta/ času)* mimo: **outside working hours** *mimo pracovného času*; **the biggest park outside the USA** *najväčší park mimo USA*; okrem; **8.** *(blízko)* pri: **outside Bratislava** *pri Bratislave*; **III.** *príd* **9.** *(i geom)* vonkajší, externý, vedľajší; **10.** *(kt je na kraji)* krajný; **11.** *(stránka)* viditeľný; **12.** vzdialený; **13.** 3 neorganizovaný; **IV.** *prísl* **14.** vonku: **please, wait outside** *prosím, čakajte vonku*; **15.** von: **go outside and see if it is raining** *choď von a pozri či prší*;

out.sid.er [ˌauťsaidə] *podst* **1.** cudzia osoba, *(špo)* outsider, pretekár bez šancí

out.spok.en [ˌauťspəukən] *príd* (**~ in st**) **1.** otvorený, priamočiary. *Syn* ⇨ **frank**

out.stand.ing [ˌauťstændiŋ] *príd* **1.** vynikajúci, *(krása)* mimoriadny, neobyčajný, *(vedec)* význačný, známy; **2.** *(črta, vlastnosť)* nápadný; **3.** nezaplatený, nevyrovnaný, *(účet)* nevybavený, *(problém)* nevyriešený, *(práca)* nedokončený, nedorobený. *Syn* ⇨ **noticeable**

to out.strip [ˌauťstrip] [**-pp-**] **1.** *(i prn)* predstihnúť, predbehnúť, odbehnúť; **2.** *(ifin)* pretromfnúť

out.ward [autwed] *príd* (i ob am **outward**) **I.** *podst* **1.** *(výzor)* zovňajšok, výzor; **II.** *prid* **2.** vonkajší; **3.** *(rubový, i idúci oproti)* opačný; **4.** *(fyzický: opak: duševný)* telesný

out.wardly [autwədli] *prísl* **1.** navonok, zdanlivo

out.wards [autwədz] **1.** smerom von; **2.** vonku, zvonka

to out.weigh [ˌauťwei] **1.** *(nad čím)* prevážiť

o.va.ri.an [əuˈveəriən] *príd* **1.** *(anat)* vaječníkový, ovariálny

o.va.ry [əuvəri] *podst* (mn **-ies**) **1.** *(anat)* vaječník; **2.** *(bot)* semeník

o.va.tion [əuˈveišən] *podst* **1.** ovácia, *(búrlivý, neutíchajúci)* potlesk

ov.en [avn] *podst* **1.** *(kuch)* rúra na pečenie; **2.** vypaľovacia pec; **3.** pec na sušenie

o.ver [əuvə] **I.** *predl* **1.** *(vyj : miesto položené vyššie)* nad: **to fly over the heights** *vyletieť nad vrchy*; **to hang the lamp on the bed** *zavesiť lampu nad posteľ*; **a/ the lamp is hanging over the bed** *lampa visí nad posteľou*; *(ponad niečo)* cez: **bridge over the river** *most cez rieku*; **over the moun-**

tain *cez horu*; **over my dead body!** *len cez moju mŕtvolu!*; *(po povrchu)* po: [ ] **fingers run over the keyboard** *prsty behajú po klávesoch*; **all over the floor** *po dlážke*; *(overhead)* nad nami; **2.** *(: mieru, presahovanie istej hranice)* nad: **temperature over 30° C** *teplota nad 30° C*; viac ako/než: **over a year ago** *pred viac ako rokom*; **3.** *(: predmet)* o, *(ozn dotyk s predmetom)* o; **4.** *(: čas v priebehu, časový úsek)* počas, **he stayed with us over Sunday** *zostal u nás cez nedeľu*; **over Christmas** *cez Vianoce*; *(to be over st)* mať za sebou, *(over and over)* znova a znova, *(v rozpore s niečím)* proti, **over a glass of wine** *pri pohári vína*; na druhej strane, na, za

o.ver.all [əuvəro:l] **I.** *podst* **1.** kombinéza, overal; **2.** pracovný plášť, blúza, *(am)* montérky; **II.** *príd* **3.** celkový, globálny, *(inf)* súhrnný

o.ver.board [əuvəbo:d] *prísl* **1.** *(nám)* cez palubu, **to throw overboard** *hodiť cez palubu*;

to o.ver.charge [ˌəuvəˈæa:dž] **1.** rátať [komu] viac, účtovať [komu] príliš vysokú cenu; **2.** prebiť, *(ele)* veľmi nabiť, preťažiť

o.ver.coat [əuvəkəut] *podst* **1.** zvrchník, *(dlhý)* plášť, kabát; **2.** *(natieranie)* náter

to o.ver.come [ˌəuvəˈkam] (mč **overcame,** mp **overcame**) **I.** *prech* **1.** *(nad kým)* zvíťaziť, *(koho)* premôcť, prekonať, *(čoho)* zbaviť sa, *(koho/ čo)* zdolať; **2.** oslabiť, vyčerpať; **3.** *(čomu)* odolať, nepodľahnúť, *(cez čo)* preniesť sa; **II.** *nepr* **4.** *(fml)* zvíťaziť. *Syn* ⇨ **to conquer**

o.ver.crowd.ed [ˌəuvəˈkraudid] *príd* **1.** *(autobus)* prepchatý, napchatý, *(budova)* preplnený, *(krajina)* preľudnený, *(ulica)* hmýriaci sa ľuďmi, *(priestor)* stiesnený

to o.ver.do [ˌəuvəˈdu:] (mč **overdid** mp **overdone**) **1.** prehnať, preháňať to [s čím], zveličovať; **2.** *(peniaze)* prerobiť, prečerpať; **3.** prepnúť sa, presiliť sa; **4.** *(kuch)* príliš prepiecť, prevariť

o.ver.dose [ˌəuvəˈdəuz] *podst* **1.** veľmi silná/nadmerná dávka [lieku drogy]

o.ver.draft [əuvədra:ft] *podst* **1.** *(na účte)* prečerpanie, debetné saldo; **2.** krátkodobý úver, dočasný úver

o.ver.due [ˌəuvəˈdju:] *príd* **1.** oneskorený, *(načas)* nezaplatený, dávno splatný. *Syn* ⇨ **tardy**

to o.ver.eat [ˌəuvərˈi:t] (mč **overate,** mp **overeaten**) **1.** prejesť sa, presýtiť sa, ohltať sa, *(hov)* prežrať sa

to o.ver.es.tim.ate [ˌəuvərˈestimeit] **1.** odhadnúť príliš vysoko, nadhodnotiť, preceniť

to o.ver.flow [ˌəuvəˈfləu] **1.** pretiecť, preliať sa, rozliať sa, vyliať sa, *(následkom varu)* kypieť, *(o rieke: zvýšiť svoju hladinu)* rozvodniť sa, zatopiť, zaplaviť; **2.** *(prn: čím)* prekypovať

to o.ver.hang [ˌəuvəˈhæŋ] (mč, mp **overhung**) **I.** *prech* **1.** *(nad čím)* vyčnievať, *(nad čím)* visieť; **II.** *nepr* **2.** vyčnievať

to o.ver.haul [ˌəuvəˈho:l] **1.** *(stroj)* dôkladne prezrieť, opraviť, urobiť generálnu opravu [čoho], *(systém)* revidovať, prepracovať; **2.** predbehnúť, predísť, dohoniť

o.ver.head [əuvəhed] **I.** *podst* **1.** (br **o.ver.heads)** *(ekon)* réžia, **2.** nadchod, stropnica, nadcestie; **II.** *príd* **3.** nadzemný, visutý, **4.** povrchový, horný, stropný, vzdušný, závesný, *(tech: vedenie)* vonkajší, podstropný, **5.** *(ekon)* režijný, *(diagram, údaje)* prevádzkový, *(i geom, fyz)* doplnkový; **III.** *prísl* **6.** hore, nad seba:, **the stars overhead** *hviezdy nad nami*

to o.ver.hear [ˌəuvəˈhiə] (mč, mp **overheard**) **1.** začuť, náhodou si vypočuť; **2.** načúvať

o.ver.land [ˌəuvəˈlænd] **I.** *príd* **1.** vedúci po suchu, suchozemský, kontinentálny, nadzemný, *(doprava, mína, jednotky)* pozemný; **II.** *prísl* **2.** po pozemnej komunikácii

to o.ver.lay [ˌəuvəˈlei] (mč, mp **overlaid; ~ st [with st]**) **1.** *(čím)* pokryť, potiahnuť, vyložiť, *(steny)* obložiť

to o.ver.load [ˌəuvəˈləud] **1.** *(i ele, ekon)* preťažiť, nadmerne zaťažiť, nadmerne naložiť

to o.ver.look [ˌəuvəˈluk] **1.** mať vyhliadku [na], *(kam)* viesť; **2.** prehliadnuť, *(čoho)* nepovšimnúť si; **3.** privrieť [nad čím] oko, zažmúriť [nad čím] oko, mávnuť [nad čím] rukou; **4.** *(na koho/ čo)* dozerať. *Syn* ⇨ **to neglect**

o.ver.ly [əuvəli] *prísl* 1. *(am)* príliš, priveľa, prílišne, veľmi, tuho

o.ver.night [ˌəuvəˈnait] I. *príd* 1. náhly, okamžitý; II. *prísl* 2. cez noc; 3. na jednu noc; 4. *(prn)* zo dňa na deň

to o.ver.pow.er [ˌəuvəˈpauə] 1. *(silou prekonať, poraziť)* premôcť, prekonať; 2. *(nad kým)* zvíťaziť

o.ver.pow.er.ing [ˌəuvəˈpauəriŋ] *príd* 1. úmorný, dusivý, prenikavý; 2. neodolateľný

to o.ver.ride [ˌəuvəˈraid] (mč **overrode** mp **overridden**) 1. *(čoho)* nedbať; 2. anulovať, nepripustiť; 3. *(nad čím)* prevažovať; 4. schvátiť, *(koňa)* uhnať

o.ver.rid.ing [ˌəuvəˈraidiŋ] *príd* 1. *(zásada)* prvoradý, hlavný, *(záujem)* prevažujúci, *(potreba)* naliehavý

to o.ver.rule [ˌəuvəˈru:l] 1. zrušiť, zbaviť platnosti, zamietnuť, nepripustiť

to o.ver.run [ˌəuvəˈran] (mč **overran** mp **overrun**) I. *prech* 1. *(územie)* obsadiť, okupovať; 2. vtrhnúť do krajiny, vpadnúť; 3. *(čas)* prekročiť; 4. *(pobrežie)* zaplaviť, zamoriť; II. *nepr* 5. *(stretnutie, prednáška)* pretiahnuť sa, predĺžiť sa

o.ver.seas [ˌəuvəˈsi:z] I. *príd* 1. zámorský ; 2. zahraničný; II. *prísl* 3. v zámorí; 4. v cudzine; 5. *(pre Britov)* na európskom kontinente

to o.ver.see [ˌəuvəˈsi:] (mč **oversaw** mp **overseen**) 1. *(na)* dozerať, pozorovať

to o.ver.shad.ow [ˌəuvəˈšædəu] 1. zatieniť, *(kniž)* zahaliť

o.ver.sight [əuvəsait] *podst* 1. prehliadnutie, nedopatrenie; 2. *(starosť o niekoho)* dohľad; 3. *(úradný dozor)* inšpekcia

to o.ver.state [ˌəuvəˈsteit] 1. preháňať, zveličovať, nadsadzovať

o.vert [əuvə:t] *príd* 1. otvorený, neskrývaný, netajený, zjavný

to o.ver.take [ˌəuvəˈteik] (mč **overtook** mp **overtaken**) 1. predbehnúť, predbiehať, *(aut)* predísť, *(prn)* predstihnúť

to o.ver.throw [ˌəuvəˈθrəu] (mč **overthrew** mp **overthrown**) 1. zvrhnúť, vyvrátiť; 2. povaliť, *(zbaviť postavenia, moci)* odstrániť. *Syn* ⇨ **to conquer**

o.ver.time [əuvətaim] *podst* 1. práca cez čas, nadčas; 2. *(am špo)* nastavený čas; 3. cez čas

o.ver.tone [əuvətəun] *podst* 1. *(hud)* vrchný tón, harmonický tón; 2. *(prn)* podtón, podtext, nádych, náznak; 3. asociácia; 4. vedľajší význam

o.ver.ture [əuvətjuə] *podst* 1. *(hud)* predohra, overtúra; 2. *(prn ob pl)* podnet, návrh

o.ver.view [ˌəuvəˈvju:] *podst* 1. súhrnný prehľad, prehľadná správa

o.ver.weight [əuvəweit] *príd* 1. nadmerne ťažký, nad prípustnú váhu, majúci nadváhu, obézny, tlstý

to o.ver.whelm [ˌəuvəˈwelm] 1. *(lit)* zaplaviť, zatopiť; 2. rozdrviť, presvedčivo poraziť

o.ver.whelm.ing [ˌəuvəˈwelmiŋ] *príd* 1. zdrvujúci, drvivý, prevažný, valný., neprekonateľný, nesmierny

o.ver.work [əuvəwə:k] *podst* 1. prepracovanie, prepracovanosť, preťaženie

to owe [əu] I. *prech* 1. dlhovať; 2. byť dlžný [komu]; II. *nepr* 3. dlhovať, mať dlh, dlžobu

ow.ing [əuiŋ] I. *predl* **owing to** 1. pre, **owing to an illness he didn't come** *necestoval pre chorobu*; II. *príd* 2. *(suma, peniaze)* nezaplatený, nevyrovnaný; 3. dlžný

owl [aul] *podst* 1. *(zool: Strigidae)* sova; 2. *(prn)* mudrc, mudrlant; 3. *(obraz)* nočný vták

own [əun] *príd* 1. vlastný, sám, svoj, zvláštny, charakteristický

to own [əun] 1. vlastniť, mať; 2. priznať. *Syn* ⇨ **to acknowledge, to have**

own.er [əunə] *podst* 1. vlastník, majiteľ, gazda; 2. držiteľ

own.er.ship [əunəšip] *podst* 1. (osobné) vlastníctvo; 2. držba

ox [oks] *podst* (mn **oxen**) 1. vôl; 2. *(dtd ob pl)* hovädzí dobytok, kus hovädzieho dobytka

ox.ide [oksaid] *podst* 1. *(chem)* oxid, kysličník

to ox.i.dize [oksidaiz] (i **-ise**) 1. *(chem)* okysličovať; 2. oxidovať; 3. okysličiť sa; 4. zhrdzavieť

ox.y.gen [oksidžən] *podst* (symb **O**) 1.

(chem) kyslík

oy.ster [oistə] *podst* **1.** ustrica

o.zone [əuzəun] *podst* **1.** ozón; **2.** *(prn)* čerstvý morský/ horský vzduch

P

pace [peis] *podst* **1.** *(človeka)* krok, *(chod)* beh, *(spôsob chodenia)* chôdza, *(koňa)* chod; **2.** *(stupeň rýchlosti deja)* tempo, rýchlosť

to pace [peisi] **1.** kráčať, *(po čom)* prechádzať, chodiť sem a tam; **2.** udávať tempo, premerať

Pa.ci.fic [pə'sifik] *príd* **1.** Tichý oceán, Pacifický oceán , Pacifik

to pac.i.fy [pæsifai] (mč, mp **-fied**) **1.** chlácholiť, uchlácholiť, učičíkať, upokojiť; **2.** *(obyč. násilne)* pacifikovať. *Syn*: to appease, to mollify, to placate, to propitiate, to conciliate. *Opoz*: to anger, to enrage

pack [pæk] *podst* **1.** *(vše)* bremeno, noša, *(voj)* batoh, *(dtd)* tornistra, *(na zvierati)* náklad; **2.** *(pracieho prášku ap)* škatuľa, *(am: cigariet)* balíček, škatuľka; **3.** sada kariet, *(sl)* pakeľ; **4.** *(vlkov, psov)* svorka, *(oviec)* črieda, *(vtákov)* kŕdeľ, operačná skupina; **5.** *(pej)* banda, zberba; **6.** *(špo)* roj; **7.** *(lek)* zábal, obklad. *Syn* ⇨ **bundle, group**

to pack [pæk] **I.** *prech* **1.** zabaliť; **2.** zbaliť; **3.** natlačiť, napchať; **4.** ubíjať, udusiť; **5.** obsadiť vlastnými ľuďmi; **6.** *(am sl)* nosiť, mať; **II.** *nepr* **7.** baliť; **8.** vojsť sa

pack.age [pækidž] *podst* **1.** balík, zásielka; **2.** *(am)* balíček; **3.** *(obch)* súbor . *Syn* ⇨ **bundle**

pack.ag.ing [pækidžiŋ] *podst* **1.** obal, obalový materiál; **2.** balenie

pack.er [pækə] *podst* **1.** balič, balička, baliaci stroj

pack.et [pækit] *podst* **1.** balíček, zásielka; **2.** škatuľka, sáčik; **3.** *(br ifm)* balík peňazí, fúra peňazí

pack.ing [pækiŋ] *podst* **1.** *(činnosť)* balenie; **2.** *(materiál)* obal; **3.** *(tech)* tesnenie

pact [pækt] *podst* **1.** pakt, *(i práv)* zmluva, dohoda

pad [pæd] *podst* **1.** vypchávka, *(špo: na nohy)* chránič; **2.** pečiatkovací vankúšik, písacia podložka; **3.** tampón; **4.** *(na písanie)* blok; **5.** odpaľovacia rampa; **6.** *(zool: na zvieracej labe)* bruško; **7.** *(sl, ifm: byt, izba)* kvartieľ

pad.dle [pædl] *podst* **1.** pádlo, lopatka, lopatkové koleso; **2.** brodenie; **3.** *(am)* pálka

to pad.dle [pædl] **I.** *prech* **1.** poháňať; **2.** *(am ifm)* dať dieťaťu výprask; **II.** *nepr* **3.** pádlovať; **4.** brodiť sa, čvachtať sa

pad.dock [pædək] *podst* **1.** *(pre kone)* výbeh

pad.dy [pædi] *podst* **1.** *(bot: Oryza sativa)* nevylúpaná/ rastúca ryža

pa.gan [peigən] **I.** *podst* **1.** pohan, pohanka, neznaboh , neznabožka; **II.** *príd* **2.** pohanský. *Syn*: heathen, pagan, gentile, Gentile

page [peidž] *podst* (i **page-boy**) **1.** *(v knihe)* strana; **2.** poslíček, liftboy, pikolík; **3.** *(hist)* páža, panoš, mládenec

to page [peidž] **1.** *(polyg)* paginovať, číslovať stránky , stránkovať

page.ant [pædžənt] *podst* **1.** živý obraz; **2.** *(vystúpenie)* slávnosť, predstavenie

pain [pein] *podst* **1.** bolesť; **2.** žiaľ, zármutok, *(fml)* bôľ; **3.** *(ifm)* otrava

pained [peind] *príd* **1.** bolestný, skormútený; **2.** urazený, *(citovo)* dotknutý; **3.** nespokojný

pain.ful [peinful] *príd* **1.** bolestivý, ťažký; **2.** nepríjemný, bolestný, trpký; **3.** úbohý, mizerný, trápny

pain.ful.ly [peinfuli] *prísl* **1.** veľmi, hrozne; **2.** s námahou, s ťažkosťami

pain.kil.ler [peinkilə] *podst* **1.** liek proti bolestiam, utišujúci prostriedok, analgetikum

pain.less [peinlis] *príd* **1.** bezbolestný, nebolestivý; **2.** *(prn: rozhodnutie)* ľahký

pains.tak.ing ['peinz,teikiŋ] *príd* **1.** dôkladný, starostlivý, starostlivo vykonaný, úzkostlivo presný, úzkostlivý, svedomitý

to paint [peint] **I.** *prech* **1.** *(izbu)* vymaľovať, *(stenu, nábytok)* natrieť, *(obraz)* namaľovať; **2.** *(lek: hrdlo)* vytrieť; **3.** *(prn)* popísať, vylíčiť, *(slovami)* vykresliť; **II.** *nepr* **4.** maľovať

paint.er [peintə] *podst* **1.** *(art.)* maliar, natierač; **2.** *(nám)* väzák, *(uväzovacie, kotvové)* lano

paint.ing [peintiŋ] *podst* **1.** maľovanie, natieranie; **2.** obraz, maľba

pair [peə] *podst* **1.** pár; **2.** dvojica, párik; **3.** dva. *Syn*: couple, brace, yoke, span

to pair [peə] **I.** *prech* **1.** dávať do párov, *(ľudí)* párovať; **II.** *nepr* **2.** páriť sa

pal [pæl] *podst* **1.** *(ifm)* kamoš, kamarát

pal.ace [pælis] *podst* **1.** *(i kráľovský)* palác; **2.** výstavná vila

pal.at.a.ble [pælətəbl] *príd* **1.** *(jedlo)* chutný, *(i nápoj)* lahodný; **2.** *(prn)* príjemný, *(nápad)* prijateľný

pal.ate [pælit] *podst* **1.** *(anat: úst)* podnebie; **2.** *(prn: zmysel)* chuť

pale [peil] **I.** *podst* **1.** *(v plote)* kôl; **2.** *(z kolov)* plot, ohrada; **3.** *(prn: slušnosti)* hranica; **II.** *príd* **4.** bledý, svetlý, nevýrazný. *Syn*: pallid, wan, ashen, livid. *Opoz*: ruddy, rosy

pal.ette [pælit] *podst* **1.** *(art)* maliarska paleta

pall [po:l] *podst* **1.** pohrebný príkrov, pokrývka na truhlu; **2.** *(prn)* clona; **3.** *(am)* truhla s mŕtvym

palm [pa:m] *podst* (i **palm tree**) **1.** *(bot coconut palm: Cocos nucifera)* palma [kokosová], *(bot: Areca)* areka; **2.** palmový list; **3.** dlaň; **4.** *(prn)* víťazstvo

to palm [pa:m] **1.** *(dlaňou)* dotknúť sa; **2.** *(v dlani)* schovať; **3.** *(prn)* podplatiť, podmastiť

pal.pa.ble [pælpəbl] *príd* **1.** hmatateľný, zjavný, zrejmý , očividný. *Syn* ⇨ **evident**, perceptible

pal.try [po:ltri] *príd* **1.** úbohý, biedny, chudý, mizerný, zanedbateľný. *Syn* ⇨ **petty**

to pam.per [pæmpə] **1.** maznať, rozmaznávať, *(ob pej)* hýčkať; **2.** prepchať. *Syn* ⇨ **to indulge**

pam.phlet [pæmflit] *podst* **1.** brožúra; **2.** *(pol)* pamflet, hanopis, leták

to pan [pæn] **[-nn-]** **1.** *(zlatý piesok)* ryžovať; **2.** *(ob am)* strhať, prudko skritizovať; **3.** *prech* nabiehať kamerou; **4.** *nepr* panorámovať

pan.a.ce.a [ˌpænəˈsiə] *podst* (**~ for st**) **1.** všeliek, panacea

pa.nache [pəˈnæš] *podst* **1.** *(prn)* švih, *(ifm)* šmrnc, elegancia

pan.cake [pænkeik] *podst* **1.** palacinka, lievanec

pan.cre.as [pæŋkriəs] *podst* (mn **-es**) **1.** *(anat)* brušná slinivka, pankreas

pan.da [pændə] *podst* **1.** *(zool: Ailurus fulgens)* panda

pan.el [pænl] *podst* **1.** *(i tv, roz)* panel, tabuľa, *(i dverí)* výplň, obkladová doska, *(krajč)* vsadený diel; **2.** *(art)* maľba na dreve, *(podlhovastý)* obraz; **3.** *(aut)* diel, dielec; **4.** *(práv)* porota, zoznam porotcov, skupina odborníkov

to pan.el [pænl] **1.** obložiť, obkladať, panelovať, kazetovať

pan.ell.ing [pænliŋ] *príd* (am **paneling**) **1.** *(steny, izby)* obložený, táflovaný, dláždený, *(strop)* kazetový

pang [pæŋ] *podst* (**~ of st**) **1.** zvieravá/ šklbavá bolesť, prudká bolesť, bodnutie; **2.** výčitky svedomia

pan.ic [pænik] *podst* **1.** panika, chaos; **2.** poplach. *Syn* ⇨ **fear**

to pan.ic [pænik] **[-ck-]** **I.** *nepr* **1.** stratiť hlavu, stratiť rozvahu, spanikáriť; **II.** *prech* **2.** pobláznit', vyvolať [u koho] paniku, zbaviť [koho] rozvahy

pan.o.ram.a [ˌpænəˈra:mə] *podst* **1.** panoráma, celkový pohľad, dioráma, prehľad

pan.o.ram.ic [ˌpænəˈræmik] *príd* **1.** panoramatický; **2.** *(prn)* celkový, všeobecný

to pant [pænt] **1.** ťažko oddychovať, lapať po dychu, funieť, supieť

pan.the.on [pænθi:ən] *podst* **1.** panteón

pan.ther [pænθə] *podst* **1.** *(zool: Panthera)* panter, leopard, *(am)* puma

pan.to.mime [pæntəmaim] *podst* **1.** *(br)* vianočná revue pre deti; **2.** pantomíma, nemohra; **3.** *(prn)* komédia

pants [pænts] *podst pl* **1.** *(br)* slipy, *(aj dlhé)* spodky; **2.** *(dámske)* nohavičky; **3.** *(pl am)* nohavice

pap.a [pəˈpa:] *podst* **1.** *(det)* oc[k]o, tata, tatko, papa

pa.pal [peipl] *príd* **1.** pápežský

pa.per [peipə] *podst* **1.** papier; **2.** noviny; **3.** dokument, doklad; **4.** *(univ)* písomná skúška, kompozícia; **5.** *(vedecký)* článok, spis, elaborát, referát, prednáška; **6.** tapeta

pa.per.back [peipəbæk] *príd* **1.** brožovaná kniha

pa.per.boy [peipəboi] *podst* **1.** *(novín)* doručovateľ, doručovateľka, kolportér; **2.** *(predavač)* kamelot, kamelotka, pouličný predavač novín, pouličná predavačka novín

pa.per.work [peipəwə:k] *podst* **1.** administratíva, úradovanie, agenda, *(pej)* papierovanie; **2.** písomnosť

par [pa:] *podst* **1.** roveň; **2.** normál, priemer, pár

par.a.ble [pærəbl] *podst* **1.** *(bibl)* podobenstvo, poučné prirovnanie, parabola

par.a.chute [pærəšu:t] *podst* **1.** padák

to par.a.chute [pærəšu:t] **I.** *nepr* **1.** *(kto)* zoskočiť padákom; **II.** *prech* **2.** *(koho)* zhodiť padákom, vysadiť padákom, výsadok koho

pa.rade [pə'reid] *podst* **1.** *(i voj)* prehliadka, sprievod, paráda, *(pol)* demonštrácia; **2.** korzo, *(nábrežná)* promenáda; **3.** apel, nástup; **4.** vystavovanie na obdiv

par.a.digm [pærədaim] *podst* **1.** *(gram, i kniž: prn)* paradigma; **2.** *(prn)* vzor. *Syn* ⇨ **model**

par.a.dise [pærədais] *podst* **1.** *(bibl)* raj, nebesá, nebo; **2.** blaženosť

par.a.dox [pærədoks] *podst* **1.** paradox, protirečenie, zdanlivý nezmysel

par.a.dox.i.cal [ˌpærə'doksikl] *príd* **1.** paradoxný

par.a.gon [pærəgən] *podst* **1.** žiarivý vzor, model, ideál

par.a.graph [pærəgra:f] *podst* **1.** odsek, *(i práv)* paragraf; **2.** noticka, krátky stĺpik

par.al.lel [pærəlel] **I.** *podst* **1.** obdoba, podobnosť, analógia; **II.** *príd* **2.** rovnobežný, súbežný, *(inf)* paralelný; **3.** obdobný, analogický, súčasný, zhodný

to par.al.lel [pærəlel] **I.** *nepr* **1.** byť rovnobežný [s čím]; **2.** *(čomu)* vyrovnať sa; **II.** *prech* **3.** porovnávať

to par.a.lyse [pærəlaiz] (am **paralyze**) **1.** *(lek, prn)* paralyzovať, ochromiť

par.al.y.sis [pə'rælisis] *podst* (mn **paralyses**) **1.** *(lek)* paralýza, obrna; **2.** ochrnutie, bezvládnosť; **3.** *(prn: priemyslu, ekonomiky)* ochromenie

pa.ra.me.ter [pə'ræmitə] *podst* **1.** *(lek)* parameter; **2.** *(prn)* charakteristika, aspekt

par.a.mi.li.ta.ry [ˌpærə'militri] *príd* **1.** polovojenský, paramilitaristický

par.a.mount [pærəmaunt] *príd* **1.** zvrchovaný; **2.** prvoradý , najdôležitejší, *(kniž)* eminentný. *Syn* ⇨ **dominant**

par.a.noi.a [ˌpærə'noiə] *podst* **1.** *(lek)* paranoja, *(ifm prn)* nadmerná podozrievavosť

par.a.noid [pærənoid] *príd* (i **paranoiac**) **1.** paranoický , paranoídny

par.a.pher.na.li.a [ˌpærəfə'neiljə] *podst* **1.** všetko možné/čo k tomu patrí, výstroj, výbava, náčinie

par.a.site [pærəsait] *podst* **1.** *(bot, zool)* parazit, cudzopasník; **2.** *(prn)* príživník. *Syn*: sycophant, toady, hanger-on, leech, sponge

par.a.troo.per [pærətru:pə] *podst* **1.** *(voj)* parašutista, výsadkár

par.cel [pa:sl] *podst* **1.** malý balík, balíček, *(odoslaná poštou)(balík)* zásielka; **2.** parcela. *Syn* ⇨ **bundle**

par.don [pa:dn] *podst* **1.** prepáčenie, ospravedlnenie, odpustenie; **2.** *(práv)* milosť, omilostenie; **3.** *(v kat cirkvi)* odpustky

to pare [peə] **1.** lúpať, olúpať, čistiť, očistiť; **2.** strihať, ostrihať

pa.rent [peərənt] *podst* **1.** *(lit)* rodič, otec, matka; **2.** *(prn)* zdroj, predchodca, prapôvodca

pa.rent.age [peərəntidž] *podst* **1.** rodinný pôvod, *(pôvod)* rodina

pa.ren.tal [pə'rentl] *príd* **1.** rodičovský, otcovský, rodný; **2.** *(biol)* parentálny

pa.rent.hood [peərnthud] *podst* **1.** rodičovstvo, materstvo, otcovstvo

par.ish [pæriš] *podst* (mn **-es**) **1.** *(cirk)* farnosť, fara; **2.** cirkevná obec

Pa.ri.sian [pə'rizjən] **I.** *podst* **1.** Parížan, Parížanka; **II.** *príd* **2.** parížsky

par.i.ty [pærəti] *podst* (mn **-ies**) **1.** rovnosť; **2.** *(i fin)* parita; **3.** podobnosť

park [pa:k] *podst* **1.** park, *(fml)* sady; **2.** pozemok so zeleňou; **3.** *(ob am špo)* ihrisko

park.ing [pa:kiŋ] *podst* **1.** parkovanie; **2.** parkovisko

park.land [pa:klænd] *podst* **1.** *(okolo zámočku)* park, pozemok so zeleňou

par.lia.ment [pa:ləmənt] *podst* **1.** parlament, snemovňa, snem

par.lia.men.ta.ri.an [ˌpa:ləmen'teəriən] *podst* **1.** parlamentár

par.lour [pa:lə] *podst* (am **parlor**) **1.** salón, prijímacia izba; **2.** izba pre hostí

pa.ro.chi.al [pə'rəukjəl] *príd* **1.** *(náb fml)* farský; **2.** *(prn)* úzkoprsý, obmedzený, provinciálny

par.o.dy [pærədi] *podst* (mn **-ies**) **1.** paródia. *Syn* ⇨ **caricature**

pa.role [pə'rəul] *podst* **1.** *(práv)* podmienečné prepustenie, prepustenie na čestné slovo, sľub; **2.** *(voj)* heslo

par.rot [pærət] *podst* **1.** *(zool: Psittaciformes, i prn o človeku)* papagáj; **2.** *(prn: o človeku)* opica

to par.rot [pærət] **1.** *(slová)* papagájovať

par.sley [pa:sli] *podst* (mn **-eys**) **1.** *(bot: Petroselinum crispus)* petržlen (kuchynský)

par.son [pa:sn] *podst* **1.** *(anglikánsky kňaz na čele farnosti, i kňaz vôbec)* farár; **2.** *(kňaz)* pastor, duchovný; **3.** *(hov)* kazateľ

part [pa:t] *podst* **1.** časť, diel, úryvok, dedičský podiel, rubrika, kapitola, kus, partia, miesto, orgán; **2.** oblasť, kraj, končina; **3.** dielec, súčiastka; **4.** pokračovanie románu, epizóda zo seriálu; **5.** *(div)* rola, úloha; **6.** účasť, povinnosť; **7.**. *(hud, i ifm)* part, hlas; **8.** strana. *Syn*: portion, piece, division, section, segment, fraction, fargment, . *Opoz*: whole

to part [pa:t] **I.** *prech* **1.** rozdeliť, rozovrieť, roztiahnuť, rozrážať; **II.** *nepr* **2.** rozovrieť sa, rozostúpiť sa; **3.** rozlúčiť sa.*Syn*:⇨ **to eparate**

par.tial [pa:šəl] *príd* **1.** čiastočný, čiastkový, neúplný, *(kniž)* parciálny; **3.** *(der)* predpojatý, zaujatý

par.ti.ci.pant [pa:'tisipənt] *podst* **1.** účastník, účastníčka, frekventant, frekventantka, kurzista, kurzistka

par.ti.cle [pa:tikl] *podst* **1.** *(i fyz, gram)* častica, partikula, čiastočka, *(pren: malé množstvo)* zrno

par.ti.cu.lar [pə'tikjulə] **I.** *podst* **1.** podrobnosť; **2.** údaj; **3.** jednotlivosť; **II.** *príd* **4.** zvláštny, obzvlášť, mimoriadny; **5.** chúlostivý, úzkostlivý; **6.** prieberčivý, vyberavý; **7.** jednotlivý; **8.** podrobný, enormný. *Syn* ⇨ **dainty**, ⇨ **single**, ⇨ **special**

part.ing [pa:tiŋ] *podst* **1.** obchod; **2.** rozlúčka, rozlúčenie, rozchod, lúčenie, *(hov: lučenie)* odobierka; **3.** *(br: vo vlasoch)* pútec, cestička, chodníček; **4.** *(i chem, mat, fyz, lit, gram, ekon)* rozbor

par.ti.san [ˌpa:ti'zæn] **I.** *podst* **1.** oddaný prívrženec, *(pol. strany/ hnutia ap)* stúpenec; **2.** *(voj: vo východnej Európe)* partizán, partizánka; **II.** *príd* **3.** stranícky; **4.** zaujatý, predpojatý; **5.** *(voj)* partizánsky. *Syn* ⇨ **follower**

par.ti.tion [pa:'tišən] *podst* **1.** *(krajiny)* [roz]delenie; **2.** *(oddelená časť priestoru)* oddelenie, *(časť väčšieho celku)* oddiel, prehradenie, delimitácia, *(tech)* mriežka, *(rozkladanie)* rozbor; **3.** *(prehrádzajúca stena: v izbe ap)* priečka, priehradka

to par.ti.tion [pa:'tišən] **1.** *(krajinu)* rozdeliť; **2.** *(miestnosť)* prehradiť; **3.** *(čo od čoho)* deliť

part.ly [pa:tli] *prísl* **1.** čiastočne, sčasti

part.ner [pa:tnə] *podst* **1.** manžel, druh, spoločník, spoluhráč, kolega, spolupracovník; **2.** *(obch)* partner, podielnik

part.ner.ship [pa:tnəšip] *podst* **1.** partnerstvo, spolupráca; **2.** *(obch: obchodné)* združenie, spoločnosť, spoločenstvo

part-time [ˌpa:t'taim] *príd* **1.** vedľajší, na skrátený úväzok; **2.** externý, diaľkový

par.ty [pa:ti] *podst* (mn **-ies**) **1.** večierok, malá slávnosť, oslava; **2.** *(pol, práv)* strana; **3.** skupina, parta, výprava

pass [pa:s] *podst* (mn **-es**) **1.** preukážka, *(voj)* priepustka, *(div)* voľný lístok; **2.** *(horský)* priesmyk; **3.** *(škol, univ)* zloženie skúšky bez vyznamenania; **4.** *(špo)* kolmá prihrávka [lopty], nahrávka, *(šerm)* predkrok, výpad; **5.** kúzelnícky hmat, uspávajúci pohyb; **6.** prelet

to pass [pa:s] **I.** *prech* **1.** *(okolo koho/ čoho)* ísť, prejsť, míňať, *(rieka)* tiecť, *(cesta)* viesť, *(človeka)* stretnúť; **2.** predísť, predbehnúť, *(hranicu)* prekročiť; **3.** *(špo)* prihrať, nahrať; **4.** *(škol, univ)* zložiť, absolvovať, *(v čom)* obstáť; **5.** schváliť, prijať, odhlasovať; **6.** rozširovať , dať do obehu; **7.** *(čas)* tráviť; **8.** *(práv: rozsudok)* vyniesť, *(ortieľ)* vyriecť; **9.** *(fyziol)* vylučovať; **II.** *nepr* **10.** *(okolo)* ísť, prechádzať, pochodovať, *(loď)* preplávať, *(lietadlo)* preletieť, byť obstojný; **11.** *(čas, prázdniny ap)* plynúť; **12.** ísť ďalej, *(vietor, zlosť)* utíšiť sa, udiať sa, bežať; **13.** *(kart)* pauzovať; **14.** ujsť; **15.** *(fml)* stať sa, utekať; **16.** pominúť, *(život)* skončiť, popodísť, odohrať sa; **17.** *(na)* zmeniť sa

pas.sage [pæsidž] *podst* **1.** priechod, prejazd, prechádzanie, plavba; **2.** lodný lístok; **3.** právo priechodu/ prejazdu; **4.** *(pol)* schválenie; **5.** chodba; **6.** *(v knihe, v hudbe)* pasáž, vsuvka; **7.** *(tech)* kanál, potrubie, *(anat)* kanálik; **8.** chod, priebeh, *(času)* tok

pas.sage.way [ˌpæsidž'wei] *podst* (mn **-ays**) **1.** priechod

to pass by I. *nepr* **1.** ísť okolo, prejsť okolo, mínať; **II.** *prech* **2.** ignorovať, prejsť bez povšimnutia; **3.** rozplynúť sa pod rukami

pas.seng.er [pæsindžə] *podst* **1.** cestujúci, pasažier; **2.** *(br pej)* prívažok; **3.** mŕtva duša

pass.er-by [ˌpa:sə'bai] (mn **passers-by**) **1.** okoloidúci, mimoidúci, chodec, chodkyňa

pass.ing [pa:siŋ] **I.** *podst* **1.** beh, ubiehanie; **2.** strata; **3.** *(euf)* skon, odchod; **II.** *príd* **4.** prechádzajúci, plynúci; **5.** prelietavý; **6.** chvíľkový, prechodný, dočasný; **7.** zbežný, letmý, náhodný

pas.sion [pæšən] *podst* **1.** vášeň, *(láskou)* vzplanutie, *(telesná)* žiadostivosť; **2.** náruživosť, nadšenie, zanietenie; **3.** žiar, pátos; **4.** záchvat hnevu, afekt. *Syn*: fervour, ardor, enthusiasm, zeal, ⇨ aj **feeling**

pas.sion.ate [pæšənit] *príd* **1.** vášnivý, *(i láska)* vrelý, *(reč)* plamenný, patetický, precítený; **2.** temperamentný, horkokrvný, *(športovec)* zanietený, náruživý; **3.** vznetlivý, prchký. *Syn*: impassioned, ardent, fervent, fervid

pas.sive [pæsiv] **I.** *podst* **1.** *(gram)* pasívum, trpný rod; **II.** *príd* **2.** *(gram)* pasívny, trpný; **3.** nečinný; **4.** poddajný. *Syn* ⇨ **inactive**

pass.port [pa:spo:t] *podst* **1.** cestovný pas; **2.** *(prn)* kľúč

past [pa:st] **I.** *podst* **1.** minulosť; **2.** *(gram)* minulý čas; **II.** *príd* **3.** niekdajší, predchádzajúci, bývalý, predošlý, uplynulý, dávny

pas.ta [pa:stə] *podst* **1.** cestoviny, *(hov: múčne jedlo)* cesto

paste [peist] *podst* **1.** kaša, pasta; **2.** lepidlo; **3.** *(kuch)* cesto; **4.** štras

pas.tel [pæstl] **I.** *podst* **1.** *(i obraz)* pastel; **2.** pastelová farba; **II.** *príd* **3.** pastelový

pas.tiche [pæ'sti:š] *podst* **1.** napodobenina, koláž

pas.time [pa:staim] *podst* **1.** koní(če)k, hobby, záľuba, *(činnosť, i jednotlivá)* zábava, kratochvíľa, rozptýlenie

pas.tor [pa:stə] *podst* **1.** *(náb)* pastor, duchovný pastier, kňaz

pas.to.ral [pa:strl] **I.** *podst* **1.** *(lit, hud, div)* pastorála; **2.** *(cirk)* pastiersky (list); **II.** *príd* **3.** *(i lit, hud, cirk)* pastorálny, *(i cirk, lit)* pastiersky; **4.** *(cirk)* pastorský, biskupský; **5.** pastvinový, pasienkový; **6.** idylický. *Syn* ⇨ **rural**

pa.stry [peistri] *podst* (mn **-ies**) **1.** cesto; **2.** koláč, múčnik

pas.ture [pa:sæə] *podst* **1.** pastvina, pastvisko, pasienok; **2.** pastva, paša

to pat [pæt] [**-tt-**] **1.** poklepať, potľapkať, pohladiť; **2.** osušiť

patch [pææ] *podst* (mn **-es**) **1.** záplata; **2.** *(na oko)* páska; **3.** náplasť; **4.** *(voj)* hodnostné označenie, náplecník; **5.** malá parcela, záhon; **6.** znamienko krásy, peha; **7.** škvrna; **8.** *(zool)* muška; **9.** *(ifm)* obdobie; **10.** *(br ifm)* rajón, revír.

patch.work [pææwə:k] *podst* **1.** ručná práca robená zošívaním pestrých kúskov látky; **2.** pestrá látka; **3.** zlátanina; **4.** fušerstvo

patch.y [pææi] *príd* **1.** miestny; **2.** nerovnomerný, rôzny, nevyrovnaný, kusý, medzerovitý

pa.té [peit] *podst* **1.** paštéta

pa.tent [peitənt] **I.** *podst* **1.** patent, vynález, licencia, výsada; **II.** *príd* **2.** patentovaný; **3.** očividný, zrejmý

to pa.tent [peitənt] **1.** dostať patent, *(ochrá-*

niť patentom) patentovať

pa.ter.nal [pə'tə:nl] *príd* **1.** *(týkajúci sa otca, i patriaci otcovi: láska)* otcovský; **2.** *(stará mama/ starý otec)* kt je z otcovej strany

path [pa:θ] *podst* (mn **paths**) **1.** chodníček, chodník, cestička; **2.** *(pretekárska)* dráha; **3.** *(prn)* cesta

pa.thet.ic [pə'θetik] *príd* **1.** žalostný, poľutovaniahodný, vzbudzujúci súcit; **2.** *(ifm)* úbohý, nemožný. *Syn* ⇨ **moving**

path.o.log.i.cal [ˌpæθə'lodžikl] *príd* **1.** patologický, chorobný

pa.thol.og.ist [pə'θolədžist] *podst* **1.** patológ, patologička

pa.thol.o.gy [pə'θolədži] *podst* (mn **-ies**) **1.** patológia

pa.thos [peiθos] *podst jč* **1.** pátos, patetickosť, oduševnenie; **2.** dojatie, zármutok, žiaľ. *Syn*: bathos, poignancy

pa.tience [peišəns] *podst* **1.** trpezlivosť; **2.** *(br: kartová hra)* pasians. *Syn*: endurance, fortitude, forbearance, stoicism. *Opoz*: impatience

pa.tient [peišənt] **I.** *podst* **1.** pacient, chorý človek; **II.** *príd* **2.** trpezlivý

pa.tri.arch [peitria:k] *podst* (mn **-es**) **1.** *(i náb)* patriarcha, praotec, kmeť

pa.tri.ar.chy [peitria:ki] *podst* (mn **-ies**) **1.** patriarchát

pa.tri.ot [peitriət] *podst* **1.** patriot, patriotka, vlastenec, vlastenka

pa.tri.ot.ic [ˌpætri'otik] *príd* **1.** vlastenecký, patriotický, národovecký, *(zast)* roduverný

pa.tri.ot.ism [pætriətizm] *podst* **1.** vlastenectvo, patriotizmus

pa.trol [pə'trəul] *podst* **1.** hliadka, stráž, *(dtd)* patrola, obchádzka

pa.tron [peitrən] *podst* (ž **patroness**) **1.** mecenáš, sponzor, priaznivec; **2.** patrón, ochranca; **3.** stály zákazník, stály návštevník. *Syn* ⇨ **sponsor**

pa.tron.age [pætrənidž] *podst* **1.** patronát, záštita, podpora , sponzorovanie, *(pej)* protekcia; **2.** *(obch)* klientela, *(pravidelní)* návštevníci; **3.** *(dtd)* povýšenecké správanie

to pa.tron.ize [pætrənaiz] (i **-ise**) **1.** často chodiť [do kina ap], pravidelne navštevovať [čo]; **2.** byť stálym zákazníkom, pravidelne nakupovať kde; **3.** chrániť; **4.** podporovať, žičiť; **5.** preukazovať priazeň; **6.** správať sa, chovať sa

pa.tron.iz.ing [pætrənaiziŋ] *príd* **1.** *(človek, spôsoby ap)* povýšený; **2.** blahosklonný

pat.ter [pætə] *podst* **1.** cupot, cupitanie, čľapotanie, čľapot, bubnovanie; **2.** rozprávanie, reči; **3.** žargón

pat.tern [pætən] *podst* **1.** vzor, vzorka, *(dtd ifm)* mustra; **2.** šablóna, *(krajč)* strih, strihová predloha, vzor na pletenie; **3.** ukážka; **4.** systém, konfigurácia, schéma. *Syn* ⇨ **model**

pause [po:z] *podst* **1.** prestávka, pauza, odmlčanie, odmlka, *(v reči)* pomlka; **2.** *(hud)* koruna, fermáta

to pave [peiv] (**~ st [with st]**) **1.** vydláždiť, *(i prn)* dláždiť

pave.ment [peivmənt] *podst* **1.** *(br)* chodník, dlažba; **2.** *(am)* vozovka, jazdná dráha

pa.vil.ion [pə'viljən] *podst* **1.** *(nemocnice, výstavy, i letohrádok)* pavilón, veľký stan; **2.** *(besiedka v záhrade)(šľachtický v parku ap)* letohrádok; **3.** *(br špo)* klubový dom

paw [po:] *podst* **1.** *(zool)* zvieracia noha, laba, tlapa, tlapka; **2.** *(ifm žart, pej)* laba, packa

to pawn [po:n] **1.** dať ako zálohu

pay [pei] *podst* (mn **-ays**) **1.** mzda, plat, *(voj)* služné, *(sl)* žold. *Syn:* wage[s], salary

to pay [pei] (mč, mp **paid**) **I.** *prech* **1.** platiť, *(koho)* vyplatiť, *(účet ap)* vyrovnať, *(obch)* preplatiť, priplatiť, *(dlh)* splatiť; **2.** *(prn: komu)* vyplatiť sa; **II.** *nepr* **3.** platiť; **4.** *(ifm)* vyplácať sa, vynášať, rentovať sa. *Syn*: to compensate, to remunerate, to reimburse, to indemnify, to repay, to recompense

pay.a.ble [peiəbl] *príd* **1.** splatný, čerpateľný, *(zmenka)* pasívny; **2.***(ban)* dobývateľný

pay.ment [peimənt] *podst* (**~ for st**) **1.** platenie, preplatenie, platba, výplata, *(i dlhu)* vyrovnanie; **2.** poplatok, odmena, honorár

pay.off [peiof] *podst ifm* **1.** *(dlhu)* splácanie, vyplácanie, zaplatenie; **2.** *(ifm)* úplatok, podplatenie; **3.** odmena, odplata; **4.** výnos, výťažok; **5.** *(ifm)* rozuzlenie, pointa

pay.roll [peirəul] *podst* **1.** výplatná listina

pea [pi:] *podst* **1.** *(bot: Pisum sativum)* hrach (siaty), hrášok

peace [pi:s] *podst* **1.** mier, mierová zmluva, obdobie mieru; **2.** pokoj

peace.ful [pi:sful] *príd* **1.** pokojný, útulný; **2.** mierumilovný, mierový. *Syn* ⇨ **calm**

peace.keep.ing [ˈpi:sˌki:piŋ] *podst* **1.** dodržiavanie mieru [ob vojskami OSN]

pea.cock [pi:kok] *podst* **1.** *(zool: Pavo cristatus, i prn)* páv; **2.** *(nadutý človek)* moriak, ropucha

peak [pi:k] *podst* **1.** štítok, *(ifm)* šilt; **2.** *(i prn)* vrchol, vrcholec, temeno, horský štít. *Syn* ⇨ **summit**

pea.nut [pi:nat] *podst* **1.** *(bot Arachis hypoagea)* oriešok [búrsky], arašid, podzemnica

pear [peə] *podst* **1.** *(plod)* hruška; **2.** *(bot pear tree: Pirus communis)* hruška [obyčajná]

pearl [pə:l] *podst* **1.** *(i prn)* perla, *(tlač)* perlička, kropaj; **2.** perleť

peas.ant [pezənt] *podst* **1.** vidiečan, roľník, sedliak; **2.** *(pej)* chrapúň, neotesanec

peas.ant.ry [pezəntri] *podst* **1.** roľníci, roľníctvo; **2.** sedliactvo, vidiečania

peat [pi:t] *podst* **1.** rašelina, *(petr)* diatomit

peb.ble [pebl] *podst* **1.** kremeň, obliak; **2.** krištáľ, rýdzi kremeň, krištáľové sklo

peck [pek] *podst* **1.** ďobnutie, zobnutie; **2.** *(ifm)* pusa, božtek

pe.cu.li.ar [pikju:ljə] *príd* **1.** zvláštny, divný, čudný, bizarný; **2.** osobitný, svojrázny . *Syn* ⇨ **strange**

pe.cu.li.ar.i.ty [piˌkju:liˈærəti] *podst* **1.** zvláštnosť, výstrednosť; **2.** osobitnosť, svojráznosť, svojbytnosť; **3.** charakteristický rys, typická vlastnosť

ped.al [pedl] *podst* **1.** *(tech, hud)* pedál, *(tech)* podnož, nožná páka, šliapadlo

to ped.dle [pedl] (~ **st [to sb]**) **1.** predávať po domoch, podomovo obchodovať [s čím]; **2.** pokútne obchodovať [s čím]; **3.** *(prn)* rozširovať, propagovať; **II.** *nepr* **4.** robiť podomový obchod

pe.des.tal [pedistl] *podst* **1.** päta, postament, podstavec, sokel; **2.** *(i prn)* piedestál

pe.des.tri.an [piˈdestriən] **I.** *podst* **1.** chodec, peší; **II.** *príd* **2.** pre chodcov, pre peších; **3.** *(prn)* prízemný, šedivý, prozaický, *(hrubý)* obyčajný; **4.** *(prn)* nudný, nezaujímavý, suchopárny

ped.i.gree [pedigri:] **I.** *podst* **1.** rodokmeň; **2.** pôvod; **3.** *(gram: slova)* etymológia; **II.** *príd* **4.** čistokrvný, *(rasa)* čistý, s rodokmeňom

to pee [pi:] (mč, mp **peed**) **1.** čikať, močiť

to peel [pi:l] **I.** *prech* **1.** olúpať, čistiť, očistiť, škrabať, oškrabať; **II.** *nepr* **2.** lúpať sa, odlepiť sa, odlupnúť sa, mrviť sa, oddrobiť sa, opadať; **3.** *(am ifm)* zobliekať sa. *Syn* ⇨ **to skin**

to peep [pi:p] **1.** pípnuť, pípať, trúbiť, zatrúbiť, húkať, zahúkať; **2.** dívať sa [cez otvor]

peer [piə] *podst* aristokrat, šľachtic, pair; **2.** jedinec rovnakého postavenia atď.

peer.age [piəridž] *podst* **1.** *(stav)* šľachta, aristokracia; **2.** šľachtická hodnosť, šľachtický titul

peg [peg] *podst* **1.** *(i tech)* kolík, klin, drevený klin, vešiak; **2.** *(v sude)* čap, *(drevená)* zátka; **3.** *(horolezecká)* skoba; **4.** štipec; **5.** zámienka, výhovorka

pel.let [pelit] *podst* **1.** guľka; **2.** brok; **3.** pilulka, tabletka

pelt [pelt] *podst* **1.** *(s vlnou)* koža, *(surová koža)* kožušina, *(ovčí)* kožuch, *(nevypracovaná koža: jahňacia)* kožka. *Syn* ⇨ **skin**

pel.vic [pelvik] *príd* **1.** panvový

pel.vis [pelvis] *podst* (mn **-ises/ pelves**) **1.** *(anat)* panva

pen [pen] *podst* **1.** pero; **2.** *(malá)* ohrada, košiar, *(nepriestrelný)* kryt

pe.nal [pi:nl] *príd* **1.** trestný, trestanecký; **2.** ťaživý

to pe.nal.ize [pi:nəlaiz] (i **-ise**) **1.** potrestať; **2.** poškodiť, poškodzovať, *(špo, prn)* znevýhodniť; **3.** učiniť trestným

pen.al.ty [penlti] *podst* (mn **-ies**) **1.** *(práv)* trest, pokuta; **2.** penále; **3.** *(prn)* cena, daň

pen.chant [pa:ŋša:n] *podst* **1.** náklonnosť, sklon, záľuba, slabosť

pen.cil [pensl] *podst* **1.** ceruzka; **2.** úzky lúč svetla

pend.ing [pendiŋ] **I.** *predl* **1.** až do, **pending new elections** *do nových volieb*; *(počas)* cez, cez; **II.** *príd* **2.** nerozhodný, nevyriešеný, neskončený

pen.dul.um [pendjuləm] *podst* **1.** kyvadlo, *(prn)* váhavec

to pen.e.trate [penitreit] **1.** *(čo/ čím)* preniknúť, *(do čoho)* vniknúť, zavŕtať sa, *(voj: opevnenie)* prelomiť, preraziť; **2.** infiltrovať, *(pach)* prelínať, prenikať; **3.** *(prn: úmysel, zámer)* prehliadnuť, *(záhadu)* pochopiť, *(myšlienky)* uhádnuť

pen.e.trat.ing [penitreitiŋ] *príd* **1.** *(zvuk, i zrak)* prenikavý, *(majúci bystrý zrak)* bystrozraký; **2.** bystrý

pen.e.tra.tion [ˌpeniˈtreišn] *podst* **1.** preniknutie, *(do čoho)* vniknutie, prelomenie; **2.** infiltrácia; **3.** prelínanie; **4.** prehliadnutie; **5.** *(čoho)* pochopenie

pen.guin [peŋwin] *podst* **1.** *(zool: Aptenodites)* tučniak

pe.nin.sula [piˈninsjulə] *podst* **1.** polostrov

pe.nis [pi:nis] *podst* (mn **-ises/ penes**) **1.** *(anat)* penis, pohlavný úd

pen.ni.less [penilis] *prísl* **1.** bez groša, s prázdnym vreckom, *(ako kostolná myš)* chudobný, *(ifm)* s holým zadkom

pen.ny [peni] *podst* (mn **pennies** brit **pence**) **1.** penca, *(neskl)* penny; **2.** *(am ifm)* cent; **3.** *(prn)* groš, grajciar, korunka

pent.a.gon [pentəgən] *podst* **1.** *(geom)* päťuholník

pe.nul.ti.mate [piˈnaltimit] **I.** *podst* **1.** *(ling)* predposledná slabika; **II.** *príd* **2.** predposledný

peo.ple [pi:pl] *podst* **1.** *(vše)* ľudia; **2.** národ; **3.** *(ifm)* rodičia, rodina

pep [pep] *podst* **1.** elán, verva, energia, rezkosť

pep.per [pepə] *podst* **1.** *(bot:: Capsicum)* paprika (ročná); **2.** čierne korenie; **3.** paprikový struk

pep.per.mint [pepəmint] *podst* **1.** *(bot: Mentha piperita)* mäta pieporná; **2.** *(mätový)* cukrík, *(hov)* mentolka

per [pə:] *predl* **1.** na: **per head/ per capita** *na hlavu/ osobu*; za, **revolutions per minute** *otáčky za minútu*; **per day/ hour** *za deň/ hodinu*; **per annum** *za rok*; **2.** *(as per)* podľa: **as per instructions** *podľa pokynu/ príkazu*; **3.** *(per cent)* percento, **20 per cent** *20 percent*;

to per.ceive [pəˈsi:v] **1.** vnímať, rozoznať; **2.** *(čoho)* všimnúť si. *Syn* ⇨ **to discern**

per.cent.age [pəˈsentidž] *podst* **1.** percento, časť; **2.** podiel v percentách, percentuálny podiel

per.cep.ti.ble [pəˈseptəbl] *príd* **1.** vnímateľný, pozorovateľný, viditeľný, citeľný, zjavný, značný, podstatný. *Syn*: sensible, palpable, tangible, appreciable. *Opoz*: imperceptible

per.cep.tion [pəˈsepšən] *podst* **1.** *(psych)* vnímanie; **2.** chápanie, *(na čo)* názor; **3.** prezieravosť, postreh

per.cep.tive [pəˈseptiv] *príd* **1.** zmyslový; **2.** vnímavý, citlivý; **3.** bystrý, s dobrým postrehom; **4.** prezieravý; **5.** prenikavý

to perch [pə:æ] (**~ on st**) **1.** *(vták)* sedieť na bidle, *(na bidielko, vetvičku)* zosadnúť; **2.** *(človek)* tróniť, sedieť na vyvýšenom mieste

per.cus.sion [pəˈkašən] *podst* **1.** *(hud)* bicie nástroje, skupina bicích nástrojov, *(i voj)* perkusia; **2.** *(lek)* poklep, vyšetrovanie poklepaním

per.en.ni.al [pəˈrenjəl] **I.** *podst* **1.** *(bot)* **1.** trvalka, perena; **2.** *(bot perennial flax: Perennis annus)* ľan [trváci]; **II.** *príd* **3.** *(rastlina)* vždy zelený, celoročný, viacročný; **4.** dlhodobý; **5.** trvalý, večný, stály; **6.** stále sa vracajúci, stále sa opakujúci

per.fect [pə:fikt] *príd* **1.** dokonalý, bezchybný, *(manželka, poriadok ap)* vzorný, *(správanie, práca)* ukážkový, *(darček)* vhodný; **2.** úplný, totálny, absolútny; **3.** *(i gram)* perfektný; **4.** *(hud)* čistý

per.fec.tion [pəˈfekšən] *podst* **1.** dokonalosť, *(dokonalosti)* vrchol

per.fec.tion.ist [pəˈfekšnist] *podst* **1.** perfekcionista, punktičkár

to per.form [pəˈfo:m] **I.** *prech* **1.** *(prácu, službu)* vykonať, *(povinnosť, funkciu)* splniť, robiť zázraky; **2.** hrať, predstavovať, predniesť, spievať, *(omšu)* celebrovať; **II.** *nepr* **3.** hrať, tancovať, spievať; **4.** fungovať, bežať, *(i stroj)* pracovať. *Syn*: to execute, to accomplish, to achieve, to effect, to fulfill

per.for.mance [pə'fo:məns] *podst* **1.** *(div)* produkcia, inscenácia, hra, interpretácia, *(i hud)* vystúpenie, repríza, *(hud)* prednes, predstavenie; **2.** *(športový, umelecký)* výkon, *(stroja ap)* výkonnosť; **3.** *(ifm)* divadielko, cirkus, ceremónia, okolky

per.form.er [pə'fo:mə] *podst* **1.** výkonný umelec, interprét, účinkujúci, *(div)* predstaviteľ

per.fume [pə:fju:m] *podst* **1.** vôňa; **2.** parfum, voňavka. *Syn* ⇨ **scent**

to per.fume [pə:fju:m] **1.** navoňať, parfumovať, naparfumovať, postriekať voňavkou, napúšťať voňavkou. *Syn:* to scent

per.haps [pə'hæps] *prísl* **1.** možno, snáď, azda, eventuálne

per.il [peril] *podst* **1.** nebezpečie; **2.** riziko. *Syn* ⇨ **danger**

per.il.ous [periləs] *príd* **1.** nebezpečný, riskantný

pe.ri.me.ter [pə'rimi:tə] *podst* **1.** *(geom)* obvod; **2.** hranica. *Syn* ⇨ **circumference**

pe.ri.od [piəriəd] *podst* **1.** obdobie, čas, lehota; **2.** *(hist)* epocha, éra, vek; **3.** *(geol, chem, mat, gram, hud)* perióda; **4.** etapa, fáza; **5.** *(škol: vyučovacia)* hodina; **6.** *(špo: v hokeji)* tretina, *(fyz)* čas kmitu/ obehu planéty; **7.** súvetie, *(ob am)* bodka; **8.** menštruácia . *Syn*: epoch, era, age, eon, aeon

pe.ri.od.ic [ˌpiəri'odik] *príd* (i **periodical**) **1.** *(vše)* periodický, *(i výpis)* pravidelný, *(pravidelne)* opakujúci sa, obdobný, cyklický. *Syn* ⇨ **intermittent**

pe.ri.od.i.cal [ˌpiəri'odikəl] *podst* **1.** periodikum, *(periodický)* časopis, magazín

per.i.pher.al [pə'rifərl] *príd* **1.** periférny, obvodový; **2.** okrajový, nepodstatný

per.i.phe.ry [pə'rifəri] *podst* (mn **-ies**) **1.** periféria, okraj, *(okrajová časť, i kruhu)* obvod; **2.** *(inf)* periférne zariadenie. *Syn* ⇨ **circumference**

to per.ish [periš] **I.** *nepr* **1.** umrieť, zahynúť, *(kultúra, národ)* zaniknúť, *(zviera)* uhynúť; **2.** *(materiál)* opotrebovať sa, odrieť sa, stratiť pevnosť, *(jedlo)* skaziť sa; **II.** *prech* **3.** *(materiál)* zničiť, poškodiť. *Syn* ⇨ **to die**

perk [pə:k] *podst* **1.** výhoda, pôžitok

perm [pə:m] *podst* (i **permanent wave** am **permanent**) **1.** *(br ifm)* trvalá ondulácia, *(ifm)* trvalá

per.man.ent [pə:mənənt] *príd* **1.** stály, trvalý, trvanlivý, *(pol)* permanentný, *(pozícia)* stabilný, *(vyriešenie)* definitívny, *(sťažnosti)* neustály, ustavičný

to per.me.ate [pə:mieit] **1.** *(kde)* rozšíriť sa, preniknúť, vniknúť, *(čím)* presiaknuť

per.mis.si.ble [pə'misəbl] *príd* **1.** prípustný, dovolený

per.mis.sion [pə'mišən] *podst* (~ **to do st**) **1.** *(úradný úkon, listina: i stabevné)* povolenie, dovolenie, *(inf)* oprávnenie; **2.** súhlas

per.mit [pə'mit] *podst* **1.** *(pobytu,pracovné,colné,vývozné)* povolenie, priepustka, *(i živnosť)* licencia, *(obchodná)* živnosť; **2.** *(doklad)* doložka, *(povolávací)* lístok, preukaz, legitimácia

to per.mit [pə'mit] **1.** dovoliť, povoliť, autorizovať, dať na čo súhlas, tolerovať, pripustiť; **2.** umožniť. *Syn* ⇨ **to let**

per.ni.cious [pə'nišəs] *príd* **1.** zhubný, škodlivý, zlomyseľný; **2.***(zlý)* neblahý. *Syn*: baneful, noxious, deleterious, detrimental. *Opoz*: harmless, innocuous

to per.pe.trate [pə:pitreit] **1.** spáchať, *(čoho)* dopustiť sa; **2.** *(joc: chybu)* mať na svedomí

per.pet.u.al [pə'petjuəl] **I.** *podst* **1.** *(bot)* trvalka, perena; **II.** *príd* **2.** trvalý, stály, večný; **3.** ustavičný, opakujuci sa. *Syn* ⇨ **continual**

to per.pet.u.ate [pə'petjueit] **1.** udržiavať, zachovávať, uchovať v živej pamäti, udržať

per.plexed [pə'plekst] *príd* **1.** zmätený, bezradný, *(prejavujúci rozpaky/neistotu)(a v pomykove)* rozpačitý

to per.se.cute [pə:sikju:t] **1.** prenasledovať, perzekuovať, šikanovať; **2.** obťažovať, *(do koho)* dorážať, *(do koho)* dotierať. *Syn* ⇨ **to wrong**

per.se.cu.tion [ˌpə:si'kju:šən] *podst* **1.** perzekúcia, prenasledovanie, *(prn)* štvanica, *(hov)* preháňačka

to per.se.vere [ˌpə:si'viə] (~ **at/ in/ with st**); (~ **with sb**) **1.** vytrvať, vydržať

Per.sian [pə:šən] **I.** *podst* **1.** Peržan, Peržanka; **2.** *(ling)* perzština; **II.** *príd* **3.** perzský

to per.sist [pə'sist] **1.** vytrvať, pokračovať, *(v čom)* zotrvať; **2.** nepoľavovať, neprestávať, trvať. *Syn* ⇨ **to continue**

per.sis.tence [pə'sistəns] *podst* **1.** vytrvalosť, úpornosť, trvanie, neústupnosť. *Syn* ⇨ **perseverance**

per.sis.tent [pə'sistənt] *príd* **1.** húževnatý, vytrvalý, zarytý, tvrdošijný, neodbytný; **2.** *(kašeľ, choroba)* nepoľavujúci, *(hmla)* neustupujúci, *(dážď)* neustály, *(sťažnosti)* ustavičný; **3.** *(bot: listy)* neopadávajúci

per.son [pə:sn] *podst* (mn **persons**) **1.** človek, *(mn)* ľudia ; **2.** *(práv, gram)* osoba, *(i psych)* osobnosť, *(svojím zjavom)* postava, *(iron)* persóna, *(prn)* duša

per.son.a [pə:'səunə] *podst* (i **personae**) **1.** *(psych)* osobnosť

per.son.al [pə:snl] *príd* **1.** súkromný, *(i gram)* osobný, vlastný, najvnútornejší, *(priateľ)* dôverný, blízky, intímny; **2.** individuálny, partikulárny ; **3.** vlastnoručný; **4.** *(poznámka)* urážlivý

per.son.al.i.ty [ˌpə:sə'næləti] *podst* (mn **-ies**) **1.** *(psych, i prn)* osobnosť, *(kniž)* personalita, temperament; **2.** *(prn: významná osobnosť)* veličina, zjav, *(tv, film, špo)* hviezda, *(génius)* duch. *Syn* ⇨ **disposition**

to per.son.al.ize [pə:snəlaiz] (i **-ise**) **1.** individualizovať, zosobňovať

to per.son.i.fy [pə:'sonifai] (mč, mp **-fied**) **1.** stelesniť, zosobniť, *(i lit)* personifikovať

per.son.nel [ˌpə:sə'nel] *podst* **1.** personál, zamestnanci, osadenstvo; **2.** *(personálne)* oddelenie; **3.** *(voj)* vojsko, mužstvo

to per.suade [pə'sweid] **1.** presvedčiť, prehovoriť. *Syn*: to induce, to prevail on

per.sua.sion [pə'sweižən] *podst* **1.** presvedčovanie; **2.** *(náb)* vyznanie, náboženstvo, *(pol)* zmýšľanie, presvedčenie. *Syn* ⇨ **opinion**

per.suas.ive [pə'sweisiv] *príd* **1.** presvedčivý, výrečný, sugestívny

per.tin.ent [pə:tinənt] *príd* **1.** relevantný, vecný, prípadný, *(vhodný)* priliehavý, *(príslušný)* náležitý. *Syn* ⇨ **relevant**

to per.vade [pə:'veid] **1.** *(kde)* rozšíriť sa, *(kam)* preniknúť, impregnovať, napustiť, prestúpiť, naplniť

per.vas.ive [pə:'veisiv] *príd* **1.** všadeprítomný; **2.** prenikavý

per.verse [pə'və:s] *príd fml* **1.** umienený, zaťatý; **2.** zvrátený, neprirodzený. *Syn* ⇨ **contrary**

per.ver.sion [pə'və:šən] *podst* **1.** prekrútenie, prekrucovanie; **2.** úchylnosť, zvrhlosť, zvrátenosť

per.vert [pə'və:t] *podst* **1.** zvrhlík, sexuálne úchylný človek

pes.sim.i.sm [pesimizm] *podst* **1.** pesimizmus

pes.sim.ist [pesimist] *podst* **1.** pesimista

pes.sim.is.tic [ˌpesi'mistik] *príd* (~ **about st**) **1.** pesimistický. *Syn* ⇨ **cynical**

pest [pest] *podst ifm* **1.** *(zool)* škodca, škodcovia, škodlivý hmyz; **2.** otrava, pľuha

to pest.er [pestə] (~ **sb [for st]**) **1.** obťažovať, *(na koho)* dotierať

pes.ti.cide [pestisaid] *podst* **1.** pesticíd, ničiaci prostriedok

pet [pet] *podst* **1.** domáce zvieratko, izbové zvieratko, maznáčik, zvieratko [chované v byte pre potešenie]; **2.** *(ob pej)* miláčik

to pet [pet] [**-tt-**] **1.** hýčkať, rozmaznávať; **2.** hladiť, *(s kým)* maznať sa, láskať, maznať sa spolu. *Syn* ⇨ **to caress**

pet.al [petl] *podst* **1.** *(bot)* lupeň, *(bot)* lupienok, korunný plátok kvetu

pe.tite [pə'ti:t] *príd* **1.** *(žena, dievča)* drobný, útly, pôvabný. *Syn* ⇨ **small**

pe.ti.tion [pi'tišən] *podst* (~ **to sb**) **1.** petícia, *(naliehavá)* prosba, požiadavka; **2.** *(práv)* žiadosť. *Syn* ⇨ **appeal**

pet.ro.chem.i.cal [ˌpetrəu'kemikl] *podst* **1.** petrochemický výrobok

pet.rol [petrəl] *podst* (am **gasoline, gas**) **1.** benzín

pet.rol.e.um [pi'trəuljəm] *podst* **1.** nafta, ropa

pet.ty [peti] *príd* {**-ier, -iest**} **1.** triviálny, banálny, nedôležitý, drobný, malicherný; **2.** zaliečavý. *Syn*: trivial, triffing, paltry, picayune. *Opoz*: important, significant

pew [pju:] *podst* **1.** kostolná lavica; **2.** *(ifm)* miesto na sedenie

pew.ter [pju:tə] *podst* **1.** zliatina z cínu a olova

phan.tom [fæntəm] **I.** *podst* **1.** fantóm, vidina, prízrak, prelud, zdanie; **II.** *príd* **2.** strašidelný; **3.** neviditeľný, iluzórny, vymyslený; **4.** bábkový

phar.ma.ceu.ti.cal [ˌfa:məˈsju:tikəl] *príd* **1.** farmaceutický, lekárnický

phar.ma.cist [fa:məsist] *podst* **1.** lekárnik, lekárnička, magister, magistra

phar.ma.cy [fa:məsi] *podst* (mn **-ies**) **1.** *(odbor)* farmácia; **2.** *(obchod)* lekáreň, pharmácia, *(ľud)* apateka

phase [feiz] *podst* **1.** *(vše)* fáza, obdobie, štádium, etapa , úsek, stupeň. *Syn*: aspect, facet, angle

pheas.ant [feznt] *podst* **1.** *(zool)* bažant

phe.nom.en.al [fəˈnominəl] *príd* **1.** fenomenálny, neobyčajný, úžasný, neuveriteľný

phe.nom.e.non [fəˈnominən] *podst* (mn **phenomena**) **1.** jav, úkaz; **2.** *(i človek)* fenomén

phil.har.mon.ic [ˌfilha:ˈmonik] **I.** *podst* **1.** filharmónia; **II.** *príd* **2.** filharmonický

phil.os.o.pher [fiˈlosəfə] *podst* **1.** filozof, *(prn)* mudrlant

phil.o.soph.i.cal [ˌfiləˈsofikəl] *príd* **1.** filozofický, múdry; **2.** pokojný

phil.os.o.phy [fiˈlosəfi] *podst* **1.** filozofia, múdrosť života; **2.** filozofický pokoj

pho.bi.a [fəubjə] *podst* **1.** fóbia, chorobný strach; **2.** bojazlivosť; **3.** *(prn)* averzia

phone [fəun] *podst* **1.** telefón; **2.** *(ling)* hláska

to phone [fəun] **I.** *prech/ nepr* **1.** [za]telefonovať, [za]volať; **II.** *prech* **2.** *(komu: zavolať)* brnknúť

pho.ney [fəuni] *príd* (**ier, -iest**) (i **phony**) **1.** falošný, falšovaný, sfalšovaný, nepravý; **2.** predstieraný

phos.phate [fosfeit] *podst* **1.** *(chem)* fosforečnan, fosfát

phos.phor.us [fosfrəs] *podst* **1.** fosfor

pho.to [fəutəu] *podst* (mn **-os**) **1.** *(ifm)* fotka, fotografia, snímka

pho.to.graph [fəutəgra:f] *podst* (i ifm **photo**) **1.** fotografia, snímka, *(ifm)* fotka

pho.tog.raph.er [fəˈtogrəfə] *podst* **1.** fotografista, fotografistka

pho.to.graph.ic [ˌfəutəˈgræfik] *príd* **1.** fotografický

pho.tog.raph.y [fəˈtogrəfi] *podst* (mn **-ies**) **1.** fotografovanie, *(umenie)* fotografia

pho.ton [fəutn] *podst* **1.** *(fyz)* fotón

phrase [freiz] *podst* **1.** výraz, príslovie, spojenie, obrat; **2.** *(i hud)* fráza

phys.i.cal [fizikəl] **I.** *podst* **1.** *(ifm)* zdravotná prehliadka; **II.** *príd* **2.** fyzický, materiálny, hmotný; **3.** telesný; **4.** *(fyz, chem)* fyzikálny. *Syn* ⇨ **bodily, material**

phys.i.cian [fiˈzišən] *podst* **1.** lekár, *(hov)* doktor

phys.i.cist [fizisist] *podst* **1.** fyzik, *(materialista)* prírodovedec

phys.i.ol.o.gy [ˌfiziˈolədži] *podst* **1.** fyziológia

phys.i.o.ther.a.pist [ˌfiziəuˈθerəpist] *podst* (i ifm **physio**) **1.** fyzikálny terapeut

phys.ique [fiˈzi:k] *podst* **1.** stavba tela, postava, figúra, *(telesná sústava)* konštrukcia, *(telesná)* konštitúcia, vzrast

pi.a.nist [pjænist] *podst* **1.** pianista, klavírista, hráč na klavíri

pi.an.o [pja:nəu] *podst* (mn **-os**) **1.** piano, klavír

pi.az.za [piˈætsə] *podst* **1.** námestie, trhovisko; **2.** *(am)* veranda, *(pri byte)* terasa

pick [pik] *podst* (i **pickaxe**) **1.** čakan, špičiak, zubné špáradlo; **2.** výber

to pick [pik] **I.** *prech* **1.** vybrať, vyberať si, zvoliť, zvoliť si; **2.** trhať, česať, upratovať; **3.** vypáčiť, vylomiť, otvoriť násilím, otvoriť šperhákom; **4.** zobať; **5.** *(na čo)* [na čo], trhať. *Syn* ⇨ **to choose**

pick.er [pikə] *podst* **1.** *(ovocia)* oberák, *(i vlny)* zberač , *(i kvetov)* oberač; **2.** *(stroj)* čistička

to pick.et [pikit] **I.** *prech* **1.** rozostaviť štrajkové hliadky pred čím, *(pred čím)* hliadkovať, *(pred čím)* demonštrovať

pick.ing [pikiŋ] *podst* **1.** zvyšky, česanie, *(húb)* zbieranie, *(jahôd)* zber; **3.** úroda; **4.** zisk, výťažok; **5.** korisť, lup

pick.le [pikl] *podst* **1.** *(ob am)* uhorka; **2.** slaný/ sladkokyslý nálev, marináda, *(na kožu, drevo)* moridlo; **3.** *(ifm)* kaša, šlamastika, galiba; **4.** galgan, nezbedník. *Syn* ⇨ **predicament**

pick.led [pikld] *príd ifm* **1.** *(zelenina)* nakladaný, *(uhorky)* kyslý, *(haring)* marinovaný; **2.** *(ifm)* opitý, naložený v alkohole, nacenganý, *(vulg)* ožratý

to pick out **1.** vybrať, vybrať si, zvoliť, zvoliť si; **2.** zazrieť, uzrieť; **3.** zdôrazniť, dať niekomu vyniknúť; **4.** vyklopkať na klavíri, improvizovať

pick-up [pikap] *podst* **1.** *(na gramofóne)* prenoska; **2.** *(ifm pej)* náhodná známosť, *(vulg)* dievča/ chlap do postele; **3.** zlepšenie, oživenie, zotavenie; **4.** akcelerácia, rozbiehanie

to pick up [pikap] **I.** *prech* **1.** pozbierať, zobrať zo zeme, zdvihnúť, vziať do ruky, vyzdvihnúť, nabrať, zbierať, priberať, ďobnúť; **2.** vziať koho za ruku; **3.** zastaviť sa po koho, prísť po koho, vziať koho, zviesť koho;, **4.** *(hov: dievča)* zbaliť; **5.** zachrániť; **6.** dostať, kúpiť, zohnať, prísť na čo, zarobiť, získať, vyhrať, osvojiť si, **7.** odpozorovať, naučiť sa, **8.** nakaziť sa čím, **9.** uhnať si, začuť, *(signál, správu)* zachytiť, nájsť, **10.** *(rýchlosť)* zvýšiť; **II.** *nepr* **11.** pookriať, zobrať sa; **12.** zlepšiť sa, ožiť, *(firma)* postaviť sa na nohy, *(peniaze)* zdvihnúť sa

pic.nic [piknik] *podst* **1.** piknik, výlet

pic.to.ri.al [pik'to:riəl] **I.** *podst* **1.** obrázkový časopis; **2.** známka s reprodukciou slávneho obrazu; **II.** *príd* **3.** obrázkový, ilustrovaný, názorný, živý; **4.** maliarsky; **5.** malebný . *Syn* ⇨ **graphic**

pic.ture [pikæə] *podst* **1.** *(vše)* obraz, obrázok, maľba, portrét, kresba, nákres, ilustrácia, fotografia; **2.** film; **3.** predstava

pic.tur.esque [ˌpikæə'resk] *príd* **1.** malebný, *(kniž)* pitoreskný, *(o rečových prejavoch)* kvetnatý, farbistý. *Syn* ⇨ **graphic**

pie [pai] *podst* **1.** múčnik/pečivo s plnkou; **2.** *(ovocný)* koláč s plnkou, *(hov)* štrúdľa; **4.***(prn)* výnos

piece [pi:s] *podst* **1.** kus, diel, parcela, pozemok; **2.** črep, *(čoho)* časť, súčasť; **3.** exemplár; **4.** dielo, *(i hud)* skladba, *(i art)* obraz, maľba, socha, hra; **5.** minca, peniaz; **6.** figúrka, *(v hre dáma)* kameň. *Syn* ⇨ **part**

piece.meal [pi:smi:l] **I.** *príd* **1.** nesystematický, nesústavný, fragmentárny, nesúvislý; **II.** *prísl* **2.** kus po kuse, po kúskoch, postupne; **3.** *(hovoriť)* nesúvisle

pier [piə] *podst* **1.** mólo, prístavište; **2.** pilier

to pierce [piəs] **1.** preraziť, preniknúť, prevŕtať, prerezať, prebodnúť, prepichnúť

pierc.ing [piəsiŋ] *príd* **1.** prenikavý, pichľavý, bodavý, uprený, rezavý

pig [pig] *podst* **1.** *(zool)* brav; **2.** *(i prn pej)* prasa; **2.** nenažranec, pažravec, chamtivec; **3.** *(am sl pej)* policajt, fízel

pi.geon [pidžin] *podst* **1.** *(zool: Columba livia)* holub; **2.** tanier

pig.ment [pigmənt] *podst* **1.** pigment, kožné farbivo

pike [paik] *podst* **1.** *(hist)* pika, kopija; **2.** šťuka

pile [pail] *podst* **1.** *(i prn ifm)* hromada, halda, *(i dreva)* hranica, *(i kníh)* stoh, *(papiera, tanierov)* štôs; **2.** fúra, spústa; **3.** pohrebná hranica; **4.** *(ele)* článok, suchá batéria, atómový reaktor; **5.** *(ifm)* veľký dom. *Syn* ⇨ **building**

pil.grim [pilgrim] *podst* **1.** pútnik, pútnička

pil.grim.age [pilgrimidž] *podst* **1.** púť, putovanie

pill [pil] *podst* **1.** pilulka, tabletka, dražé

to pil.lage [pilidž] **I.** *prech* **1.** plieniť, vyplieniť, drancovať, vydrancovať, rabovať

pil.lar [pilə] *podst* **1.** *(archit, i prn)* stĺp, stĺpec, *(i ban)* pilier; **2.** *(ban)* ohradník; **3.** *(prn)* bašta, opora

pil.low [piləu] *podst* **1.** poduška, (pod)hlavnica, vankúš

pil.low.case [piləukeis] *podst* **1.** obliečka na vankúš

pi.lot [pailət] *podst* **1.** *(let)* pilot, pilotka, letec, letkyňa; **2.** *(nám)* lodivod; **3.** *(am žel)* ochranný rám lokomotívy. *Syn* ⇨ **guide**

pimp [pimp] *podst* **1.** pasák, *(kniž)* dohadzovač, nadháňač

pin [pin] *podst* **1.** špendlík, ihlica, spona, vlásenka; **2.** *(tech)* čap, kolík; **3.** *(na strunových nástrojoch)* kolíček; **4.** *(ele)* pól; **5.** *(lek)* svorka; **6.** kužeľka; **7.** *(am)* brošňa

to pinch [pinæ] **I.** *prech* **1.** *(i hov br)* šlohnúť, potiahnuť, uchmatnúť; **2.** *(ifm: zatknúť)* zbaliť, čapnúť; **II.** *nepr* **3.** *(topánky)* tlačiť, *(rukáv)* škrtiť, ťahať; **4.** sužovať, moriť, trápiť. *Syn* ⇨ **to steal**

pine [pain] *podst* **1.** *(bot Pine tree: Pinus)* borovica, sosna, bôr, *(stredomorská)* pínia

pine.ap.ple [ˈpainˌæpl] *podst* **1.** *(bot: Ananas)* ananás

to ping [piŋ] **1.** štrngnúť, hvízdať, zahvízdať; **2.** *(am)* klepať

pink [piŋk] **I.** *podst* **1.** ružová farba; **2.** *(bot clove pink: Dianthus carophyllus)* klinček [záhradný], karafiát; **3.** *(formy, elegancie, zdravia)* vrchol; **4.** rumeň; **II.** *príd* **5.** *(farba)* ružový, cukrový, bledočervený, prímorský; **6.** *(ifm pol)* ľavičiarsky

pin.na.cle [pinəkl] *podst* **1.** *(archit: stavby)* vrchol, ozdobná vežička, vrcholec. *Syn* ⇨ **summit**

pi.o.neer [ˌpaiəˈniə] *podst* **1.** *(i prn)* pionier; **2.** priekopník, novátor; **3.** *(voj)* ženista, sapér

pi.ous [paiəs] *príd* **1.** zbožný, pobožný, nábožný, *(pej)* pobožnostkársky. *Syn* ⇨ **devout**

pip [pip] *podst* (am i **seed**) **1.** jadro, jadierko, zrnko, kôstočka; **2.** bodka, očko; **3.** *(na radarovej obrazovke)* svetelný bod, odrazený signál; **4.** *(br voj)* hviezdička; **5.** frčka, kôstka

pipe [paip] *podst* **1.** rúra, potrubie, vedenie; **2.** fajka; **3.** píšťala; **4.** cieva; **5.** vínny sud

to pipe [paip] **I.** *prech* **1.** viesť potrubím, rozvádzať potrubím, viesť ropovodom, vysielať; **2.** zahrať niečo na píšťale/ gajdách, zaspievať tenkým hláskom, povedať niečo pisklavo; **3.** *(kuch)* poliať cukrovou polevou; **4.** *(krajč)* olemovať, ozdobiť lemovkou; **II.** *nepr* **5.** *(hud)* hrať na píšťalke; **6.** hrať na gajdách

pip.er [paipə] *podst* **1.** hráč na píšťale; **2.** gajdoš

pip.ing [paipiŋ] *podst* **1.** potrubie, rúrkový rozvod; **2.** *(krajč)* lemovka, paspulka, obruba; **3.** *(kuch: na torte)* ozdoby urobené trubičkou na zdobenie, poleva; **4.** *(hud)* hra na píšťale/ gajdách, pískanie

pi.rate [paiərit] *podst* **1.** *(nám)* pirát, námorný lupič, pirát, pirátska loď; **2.** zlodej

to pi.rate [paiərit] **1.** plagizovať

to piss [pis] *vulg* **1.** *(hrub: močiť)* šťať, *(hov, det)* cikať; **2.** *(piss off!)* choď do riti!, pojeb sa!

pissed [pist] *príd* **1.** *(br vulg sl)* ožratý, nachmelený, opitý

pis.tol [pistl] *podst* **1.** pištoľ, revolver

pis.ton [pistən] *podst* **1.** *(tech)* piest

pit [pit] *podst* **1.** *(i aut)* jama; **2.** šachta, baňa; **3.** *(div)* prízemie; **4.** kameňolom; **5.** aréna; **6.** pasca; **7.** jamka, jazva; **8.** box; **9.** parket, kruhový parket burzy; **10.** *(špo)* doskočisko; **11.** *(br sl)* pelech; **12.** *(am)* kôstka

pitch [piæ] *podst* (mn **-es**) **1.** *(živica: čiernouholná, obuvnícka)* smola, *(min)* bitúmen; **2.** *(ob br)* ihrisko, *(šport)* časť ihriska medzi bránkami; **3.** *(hud, i v telefóne, i odtieň hlasu/ farby)* tón; **4.** *(zvuku, tónu, i doletu)* výška, *(priestorová, i inf)* dĺžka, *(strechy)* spád, *(i prn)* sklon; **5.** *(prn: najvyšší stupeň)* vrchol, vrcholná forma; **6.** hod, vrh, *(lod)* hojdanie, *(bsb)* nadhod

to pitch [piæ] **I.** *prech* **1.** hodiť čím, hádzať čím, vrhnúť; **2.** stavať, postaviť, rozbiť; **3.** udať; **4.** *(prn)* stanoviť, nasadiť, určiť; **II.** *nepr* **5.** spadnúť, zvaliť sa, zrúbať sa; **6.** kymácať sa; **7.** odraziť sa; **8.** *(bsb)* robiť nadhadzovača, nadhadzovať. *Syn* ⇨ **to throw**

pitch.er [piæə] *podst* **1.** džbán, krčah; **2.** *(bsb)* nahadzovač

pi.ti.ful [pitiful] *príd* **1.** poľutovaniahodný, úbohý, zúbožený, priveľmi biedny; **2.** súcitný, dojímavý. *Syn*: pitiable, piteous

pi.ty [piti] **I.** *podst* **1.** súcit, ľútosť; **2.** zľutovanie, milosrdenstvo; **II.** *vet prísl* **3.***(vyj poľutovanie)* škoda!, smola!. *Syn*: compassion, commiseration, sympathy, condolence

pi.vot [pivət] *podst* **1.** *(tech)* otočný čap, *(prn)* pilier, opora; **2.** *(špo)* pivot

pi.vo.tal [pivətl] *príd* **1.** základný, *(prvoradý)* hlavný, *(prn: významný)* kľúčový, rozhodujúci, *(ústredný)* centrálny; **2.** čapový

piz.za [pi:tsə] *podst* **1.** pizza

plac.ard [plæka:d] *podst* **1.** plagát; **2.** transparent; **3.** *(postriedok)* reklama; **4.** *(hov: oznam)* ceduľa

to pla.cate [pləˈkeit] **1.** upokojiť, učičíkať, uchlácholiť, udobriť; **2.** uzmieriť si [konkurenta výkupným]; **3.** zabezpečiť si politickú podporu. *Syn* ⇨ **to pacify**

place [pleis] *podst* **1.** *(vše)* miesto, priestor; **2.** krajina, mesto, dedina; **3.** reštaurácia, hotel, krčma, dom, byt, *(škol)* lavica; **4.** zamestnanie; **5.** umiestnenie; **6.** hodnosť, postavenie

pla.ce.bo [plə'si:bəu] *podst* (mn **-os**) **1.** *(lek)* placebo, liek bez účinku

place.ment [pleismənt] *podst* **1.** umiestnenie

plac.id [plæsid] *príd* **1.** *(mierny)* pokojný, kľudný, *(pokojný, zmierený)* mierny, vyrovnaný, *(s miernou povahou)* tichý, *(pokojný)* nerušený. *Syn* ⇨ **calm**

plague [pleig] *podst* **1.** *(choroba)* mor; **2.** *(prn)* pohroma , pliaga, *(niečo zlé)* pľuhavstvo; **3.** *(ifm)* otrava, nákaza

to plague [pleig] otravovať. *Syn* ⇨ **to annoy**

plaice [pleis] *podst* **1.** *(zool: Pleuronectus platessa)* kambala

plaid [plæd] *podst* **1.** pléd; **2.** tartan, tartanový vzor

plain [plein] **I.** *podst* **1.** rovina, plošina, pláň, *(náhorná)* planina, *(geol, kniž)* niva; **II.** *príd* **2.** jasný, očividný, zrejmý; **3.** *(očko)* hladký, *(látka)* bez vzoru, jednofarebný; **5.** obyčajný, *(i život)* skromný, *(jedlo)* jednoduchý, prostý, domácky, domáci, strohý; **6.** (fakty) holý, *(i pravda)* čistý, nahý; **7.** *(nezmysel)* úplný; **8.** nepekný, ošklivý, zrozumiteľný; **9.** úprimný, otvorený; **10.** rovný, plochý, rovinatý; **11.** *(nenápadný)* tichý; **12.** *(hov: oblek)* civil. *Syn* ⇨ **evident**

plain.tiff [pleintif] *podst* (i **complainant**) **1.** žalobca, žalobkyňa, žalujúca strana

plain.tive [pleintiv] *príd* **1.** nariekavý, vzlykajúci, clivý, tklivý, smutný

to plait [plæt] **1.** *(z prútia ap, i vrkoč)* pliesť, vypliesť, upliesť; **2.** *(krajč: sukňu)* plisovať, *(tex)* plstiť

plan [plæn] *podst* **1.** plán, projekt, *(pol)* program; **2.** zámer; **3.** náčrt, nárys; **4.** osnova, koncept. *Syn*: design, project, scheme

to plan [plæn] **I.** *prech* **1.** organizovať, *(čas)* plánovať, rozplánovať, rozpracovať, pripravovať; **2.** projektovať; **3.** koncipovať, vypracovať osnovu čoho, vypracúvať osnovu čoho; **II.** *nepr* **4.** plánovať si, rozplánovať si; **5.** chystať sa, pomýšľať na, mať v úmysle

plane [plein] *podst* **1.** hoblík; **2.** *(geom, fyz, ele, opt, inf)* rovina, hladina; **3.** lietadlo, *(lietadla)* krídlo; **4.** *(bot plane tree: Platanus)* platan. *Syn* ⇨ **level**

plan.et [plænit] *podst* **1.** *(astron)* planéta, obežnica; **2.** *(satelit)* satelit

plan.et.a.ry [plænitri] *príd* **1.** planetárny, obežnicový; **2.** svetský, pozemský

plank [plæŋk] *podst* **1.** *(z dreva)* doska, *(na dlážke)* lata, *(na plot)* latka, *(hov)* fošňa; **2.** *(námor)* mostík

plant [pla:nt] *podst* **1.** rastlina; **2.** *(br: nasadený)* špiceľ; **3.** dôkaz; **4.** továreň, závod, prevádzkáreň

to plant [pla:nt] **I.** *prech* **1.** sadiť, vsadiť, zasadiť, *(čím)* osadiť, *(čím)* osiať; **2.** *(prn)* klásť, nastrojiť, *(kde)* skryť, nasadiť, *(komu)* vraziť

plan.ta.tion [plæn'teišən] *podst* **1.** plantáž, veľké pole; **2.** sad; **3.** *(hist)* kolónia, osada

plant.er [pla:ntə] *podst* **1.** pestovateľ, plantážnik; **2.** sádzací, sadiaci stroj, sejací stroj; **3.** ozdobný kvetník

plaque [pla:k] *podst* **1.** plaketa, *(pamätná)* doska; **2.** *(lek)* povlak

plas.ma [plæzmə] (i **plasm**) **I.** *podst* **1.** plazma; **II.** *príd* **2.** plazmový

plas.ter [pla:stə] *podst* **1.** *(stav)* omietka, *(hov)* vakovka; **2.** *(obväz na prilepenie)* náplasť

plas.tic [plæstik] **I.** *podst* **1.** plast, plastická hmota; **2.** *(ifm)* plastická karta, kreditná karta; **II.** *príd* **3.** plastický, z umelej hmoty, igelitový; **4.** tvárny, poddajný; **5.** *(ifm)* ľahko ovplyvniteľný. *Syn* ⇨ **pliable**

plate [pleit] *podst* **1.** tanier, podnos; **2.** striebro, strieborný príbor/ riad; **3.** kovová doska, plech, *(sklená)* tabuľa, kovová doštička; **4.** menovka, tabuľka so štátnou poznávacou značkou; **5.** *(polyg, fot)* doska, celostranová ilustrácia; **6.** zubná protéza; **7.** pohár, pohárový beh; **8.** *(bsb)* domáca méta

plat.eau [plætəu] *podst* (mn **plateaux/ plateaus**) **1.** plató; **2.** *(geog)* náhorná plošina, náhorná rovina; **3.** vyrovnaná hladina, vyrovnaná úroveň; **4.** tácka; **5.** plaketa

plat.form [plætfo:m] *podst* **1.** pódium, tribúna, *(škol)* stupienok; **2.** *(žel)* nástupisko, rampa, nákladisko; **3.** *(pol)* platforma, program

plat.i.num [plætinəm] *podst* **1.** platina

pla.toon [plə'tu:n] *podst* **1.** *(voj)* čata; **2.** salva salva

plat.ter [plætə] *podst* **1.** *(i tech)* veľká misa, podnos; **2.** *(ifm am: gramofónová)* doska

plaus.i.ble [plo:zəbl] *príd* **1.** prijateľný, pravdepodobný, celkom dobre možný, *(človek)* hodnoverný, *(spôsoby, argument)* presvedčivý, *(klamár)* dobrý, *(klamstvo)* hodnoverne znejúci. *Syn*: credible, genuine, actual. *Opoz*: specious

play [plei] *podst* **1.** *(div)* hra, divadelný kus, dráma; **2.** *(i špo)* hra, zábava; **3.** kratochvíľa, hra; **4.** vlnenie; **5.** *(tech)* vôľa

to play [plei] **I.** *prech* **1.** *(div, hud)* hrať, interpretovať; **2.** *(hud: tón)* zahrať; **3.** *(kazety)* prehrávať, púšťať si; **4.** *(karty, šachy ap)* hrať; **5.** *(zápas)* zohrať, *(čoho)* zúčastniť sa, hrať proti [komu], mať za súpera [koho], *(šach: s čím)* ťahať, *(kartu)* vyniesť; **6.** robiť ako manažér tréner ap; **7.** *(svetlo, prúd vody)* zamieriť; **II.** *nepr* **8.** *(div)* hrať, byť hercom/ herečkou, *(film, hra)* hrať sa; **9.** *(i hud. nástroj)* znieť, byť počuť; **10.** *(deti)* hrať sa, zabávať sa; **11.** *(špo)* zahrať, streliť; **12.** špekulovať; **13.** byť v činnosti, fungovať, *(svetlo)* mihať sa, *(slnko, mesiac na hladine vody)* zrkadliť sa. *Syn*: to sport, to frolic, to romp, to gambol

play.er [pleiə] *podst* **1.** *(špo, hud)* hráč, hráčka; **2.** *(zast)* herec, herečka

play.ful [pleiful] *príd* žartovný, hravý, šantivý, šibalský, šelmovský, figliarsky

play.ground [pleigraund] *podst* **1.** detské ihrisko, *(škol)* školský dvor, *(prn)* populárne rekreačné miesto [najmä pre boháčov]

play.group [pleigru:p] *podst* (i **playschool**) **1.** škôlka [krúžok pre deti v predškolskom veku organizovaný ob jednou z ich matiek]

play.house [pleihaus] *podst* (mn **-houses**) **1.** divadlo; **2.** domček pre bábiky/deti na hranie

play.ing field [pleiiŋfi:ld] *podst* **1.** školské ihrisko

play-off [pleiof] *podst* **1.** *(špo)* play-off, rozhodujúce stretnutie, šampionát

play.wright [pleirait] *podst* **1.** dramatik, autor divadelnej hry

plea [pli:] *podst* **1.** prosba, výzva; **2.** odôvodnenie, zdôvodenie, zámienka, výhovorka; **3.** *(práv)* žalobná odpoveď, odpoveď na žalobu

pleas.ant [pleznt] *príd* [**-er, -est**] **1.** príjemný, milý, sympatický, radostný, potešiteľný. *Syn*: pleasing, agreeable, enjoyable, gratifying. *Opoz*: unpleasant, disagreeable

pleas.ing [pli:ziŋ] *príd* (**~ to sb/ st**) **1.** príjemný, milý, sympatický, potešujúci. *Syn* ⇨ **pleasant**

pleas.ur.a.ble [pležərəbl] *príd* **1.** príjemný, *(pôsobiaci, prejavujúci radosť)* radostný

pleas.ure [pležə] *podst* **1.** radosť, potešenie, pôžitok; **2.** zábava. *Syn*: delight, joy, enjoyment. *Opoz*: displeasure, sorrow, vexation

pleat [pli:t] *podst* **1.** *(i ifm)* záhyb, *(krajč)* plisé, *(na šatách)* náber, skládka

pleb.i.scite [plebisit] *podst* **1.** plebiscit, ľudové hlasovanie

pledge [pledž] *podst* **1.** sľub, záväzok; **2.** prejav, dôkaz; **3.** *(v záložni)* založená vec, zástava, záruka; **4.** prípitok. *Syn*: earnest, token, pawn, hostage

plen.ti.ful [plentiful] *príd* **1.** hojný, početný, bohatý; **2.** *(vlasy)* hustý; **3.** *(zem, rok)* úrodný. *Syn*: abundant, copious, profuse, ample. *Opoz*: scarce, scant

plen.ty [plenti] **I.** *podst* **1.** hojnosť, nadbytok; **II.** *príd* **2.** *(am)* hojný

pleth.o.ra [pleθərə] *podst* **1.** nadmiera, nadbytok, prebytok

plight [plait] *podst* **1.** mrzutosť, galiba, *(nepriaznivý)* stav, vážna situácia, núdza. *Syn* ⇨ **predicament**

to plod [plod] [**-dd-**] (**~ along/ on**) **1.** plahočiť sa, trmácať sa, vliecť sa

plot [plot] *podst* **1.** konšpirácia, komplot, spiknutie; **2.** *(lit)* fabula, dej, *(div)* zápletka; **3.** *(am archit)* plán, pôdorys; **4.** parcela, kúsok pôdy. *Syn*: intrigue, machination, conspiracy, cabal

plough [plau] *podst* (am **plow**) **1.** pluh; **2.**

(*astron*) Veľký voz

to plough [plau] **I.** *prech* **1.** orať, poorať, zorať, vyorať ; **2.** (*fin*) investovať; **3.** (*br univ ifm*) vyhodiť zo skúšky, nechať prepadnúť

plov.er [plavə] *podst* **1.** (*zool*) kulík

ploy [ploi] *podst* (mn **-oys**) **1.** fígeľ, finta, trik

to pluck [plak] **1.** utrhnúť, trhať; **2.** šklbať, ošklbať, vyšklbať; **3.** vytrhať, vytrhávať

plug [plag] *podst* **1.** zátka, čap, tesnenie, (*bavlnený*) chumáčik, tampón; **2.** (*ele*) zástrčka, (*ifm*) zásuvka, (*aut*) sviečka; **3.** (*tabakový*) žuvanec, lisovaný tabak; **4.** (*ifm tv, roz*) reklama; **5.** (*am sl*) rana, šupa

to plug [plag] **I.** *prech* **1.** zazátkovať, upchať, zapchať, utesniť, zatmeliť; **2.** (*ifm*) zaplombovať; **3.** (*ele*) zapojiť; **4.** (*ifm*) robiť reklamu čomu, vychvaľovať; **5.** (*am sl*) odbachnúť, prevŕtať

plum [plam] **I.** *podst* **1.** (*ovocie, strom*) **1.** (*plod*) slivka, belica, hrozienko; **2.** (*bot plum tree: Prunus domestica*) slivka [domáca]; **3.** červenofialová farba; **4.** (*prn ifm*) perlička, (*prn ifm: dobré zamestnanie*) koryto, sinekúra; **5.** (*čoho*) vrchol; **II.** *príd* **6.** slivkovomodrý

plum.age [plu:midž] *podst* **1.** perie, operenie

to plumb [plam] **1.** merať hĺbku olovnicou, zmerať hĺbku olovnicou, sondovať; **2.** (*prn*) usilovať sa dostať na kĺb [čomu]

plumb.er [plamə] *podst* **1.** inštalatér; **2.** klampiar; **3.** *príd* klampiarsky

plumb.ing [plamiŋ] *podst* **1.** inštalatérske práce; **2.** (*tech*) inštalácia, inštalatérstvo; **3.** domová kanalizácia, vodovodné/ plynové vedenie

plume [plu:m] *podst* **1.** (*i ozdoba*) vtáčie pero, (*hov*) pierko, chochol, (*na klobúk*) kosier

to plum.met [plamit] **1.** (*vták, lietadlo*) letieť strmhlav; **2.** (*prudko*) klesnúť, poklesnúť; **3.** (*prn: ceny, morálka*) zrútiť sa

plump [plamp] **I.** *podst* **1.** rana, buchnutie, žuchnutie ; **II.** *príd* **2.** bacuľatý, zavalitý, kyprý, plnoštíhly, (*euf*) tučný; **3.** (*zviera*) vykŕmený

plun.der [plandə] *podst* **1.** drancovanie, plienenie; **2.** korisť, lúpež

plunge [plandž] *podst* **1.** (*i šport, inf*) skok do vody; **2.** prudký pokles; **3.** prudký výpad; **4.** ponorenie

to plunge [plandž] **I.** *prech* **1.** ponoriť, vrhať; **II.** *nepr* **2.** zrútiť sa, skočiť do vody, vyraziť vpred, (*vták, lietadlo*) letieť strmhlav, (*cesta*) mať prudký spád, prudko sa zvažovať; **3.** (*do čoho*) pustiť sa

plung.er [plandžə] *podst* **1.** gumová prísavka; **2.** (*tech*) plunžerový piest, plunžer; **3.** (*slg*) špekulant

plu.ral [pluərəl] **I.** *podst* **1.** (*gram*) plurál, množné číslo; **II.** *príd* **2.** (*gram*) plurálový, množný

plu.ral.i.sm [pluərəlizm] *podst* **1.** pluralizmus

plu.ral.ist [pluərəlist] *podst* (i **pluralistic**) **1.** pluralista

plus [plas] **I.** *podst* **1.** (*mat: znak, i prn*) plus; **2.** (*prn: priaznivejšia okolnosť, prednosť, i špo*) výhoda, klad, prednosť; **II.** *spoj* **3.** (*mat: pri pripočítaní*) plus: **100 cowns plus 10 crowns for postage and packing** *100 korún plus 10 korún poštovné a balné*; a; **III.** *príd* **4.** (*fyz, mat*) plus, **plus 20 degrees** *plus 20 supňov*; **5.** pozitívny, kladný, nadbytočný; **6.** viac ako/ než, vyše, **11 plus** *vyše/ viac ako 11*;

plush [plaš] (mn **-es**) **I.** *podst* **1.** (*text*) plyš; **II.** *príd* **2.** plyšový; **3.** (*ifm*) prepychový, luxusný

plu.to.ni.um [plu:'təunjəm] *podst* (symb **Pn**) **1.** (*chem*) plutónium

to ply [plai] (mč, mp **plied**) **1.** (*fml: s čím*) zaobchádzať; **2.** robiť, vykonávať; **3.** pravidelne jazdiť [po čom], obstarávať. *Syn* ⇨ **to handle**

ply.wood [plaiwud] *podst* **1.** preglejka

pneu.mo.ni.a [nju:'məunjə] *podst* **1.** (*lek*) zápal pľúc, pneumónia

to poach [pəuæ] **1.** (*kuch: vajcia*) variť v skle bez škrupiny, (*rybu*) dusiť, pariť

pock.et [pokit] *podst* **1.** (*na odeve*) vrecko; **2.** otvor, diera, priečinok; **3.** ohnisko; **4.** peňaženka

pocket money ['pokit mani] *podst* **1.** vreckové

pod [pod] *podst* **1.** (*bot*) struk

po.di.um [pəudiəm] *podst* **1.** pódium, stupienok

po.em [pəuim] *podst* **1.** báseň, poéma, *(lit: báseň)* spev

po.et [pəuit] *podst* (ž **poetess**) **1.** básnik, *(kniž)* poet, pevec. *Syn*: rhymer, rhymester, versifier, poet, poetaster

po.et.ic [pəu'etik] *príd* **1.** básnický, poetický, *(slovo)* vzletný

po.et.ry [pəuitri] *podst* (mn **-ies**) **1.** *(lit)* poézia, básnictvo; **2.** *(básne)* verš

poi.gnant [poinənt] *príd* **1.** *(krása)* úchvatný, *(vtip)* sarkastický, *(i pripomienka)* priliehavý, *(hlad)* mučivý, trýznivý, *(bolesť)* pálčivý, *(smútok, žiaľ)* hlboký, *(spomienka, úsmev)* bolestný, *(výjav)* dojemný. *Syn* ⇨ **moving**

point [point] *podst* **1.** hrot, špička, cíp; **2.** bodka, *(i špo)* bod; **3.** stupeň; **4.** miesto; **5.** chvíľa, štádium, fáza; **6.** téma, otázka; **7.** cieľ, zmysel, účel, *(ifm)* cena; **8.** *(pl žel)* výhybky; **9.** *(br ele)* zásuvka; **10.** *(pl: baletové)* špičky; **11.** mys, výbežok

to point [point] **I.** *prech* **1.** namieriť, zamieriť, zamerať, otočiť, nariadiť, zmeniť smer čoho; **2.** orezať, zašpicatiť, urobiť špičku na čom; **3.** *(ling)* opatriť interpunkčnými znamienkami

point-blank [ˌpoinťblæŋk] **I.** *príd* **1.** kategorický; **2.** rozhodnutý; **3.** otvorený, priamy; **II.** *prísl* **4.** kategoricky; **5.** z bezprostrednej blízkosti

point.ed [pointid] *príd* **1.** ostrý, špicatý; **2.** *(archit)* lomený, gotický; **3.** *(poznámka)* zaliečavý, pichľavý, *(neprítomnosť, odchod)* demonštratívny, ostentatívny; **4.** *(vtip)* britký

point.er [pointə] *podst* **1.** ukazovadlo; **2.** *(na ciferníku, stupnici)* ukazovateľ, ručička, *(na váhach)* jazýček; **3.** *(prn)* rada, tip; **4.** príznak, náznak; **5.** poľovnícky pes

point.less [pointlis] *príd* **1.** zbytočný, bezúčelný, prázdny, svojvoľný

poi.son [poizn] *podst* **1.** jed, otrava; **2.** *(prn)* mor

to poi.son [poizn] **1.** *(lit)* tráviť, otráviť, *(ekol)* zamoriť, kontaminovať; **2.** *(prn)* kaziť, skaziť, narušiť, skaliť

poi.son.ous [poiznəs] *príd* **1.** *(rastlina, huba, had)* jedovatý, *(i huba)* prašivý, *(plyn)* otravný, *(droga)* toxický; **2.** *(prn: ideológia)* škodlivý, zhubný, *(pripomienka, kompliment)* zaliečavý

to poke [pəuk] **1.** *(do koho)* strčiť, štuchnúť, *(do čoho)* rypnúť, *(oheň)* prehrabnúť; **2.** *(br vulg: milovať sa)* pichať, šústať

po.ker [pəukə] *podst* **1.** kutáč; **2.** *(kart)* poker

po.lar [pəulə] *príd* **1.** *(geog)* polárny; **2.** *(zool polar bear: Thalarctos maritimus)* ľadový/ polárny medveď; **3.** protichodný, diametrálne odlišný, opačný

to po.lar.ize [pəuləraiz] (i **-ise**) **1.** polarizovať

Pole [pəul] *podst* **1.** Poliak, Poľka

pole [pəul] *podst* **1.** stĺp, stožiar, žrď, *(meračská, podperná)* tyč, *(lyžiarska)* palica, *(v plote)* kôl, podporný kolík; **2.** *(stará miera)* 5 1/ 2 yardu; **3.** *(geol)* pól

po.lem.ic [po'lemik] *podst* **1.** polemika

po.lice [pə'li:s] *podst* (ob **the police**) **1.** polícia; **2.** policajti, *(v min)* milícia

po.lice.man [pə'li:smən] *podst* (mn **-men**) **1.** policajt, člen policajného zboru; **2.** strážnik, *(v min)* milicionár

po.lice of.fi.cer [pəˌli:s'ofisə] *podst* **1.** policajt, strážnik

po.lice.wo.man [pə'li:sˌwumən] *podst* **1.** policajtka, členka policajného zboru

pol.i.cy [polisi] *podst* (mn **-ies**) **1.** *(pol)* politika; **2.** koncepcia, stratégia, orientácia; **3.** poistka

po.li.o [pəuliəu] *podst* **1.** dieťa postihnuté obrnou

pol.ish [pəuliš] *podst* (mn **-es**) **1.** leštiaca pasta, politúra, vosk na parkety, krém na topánky, leštidlo, lak na nechty; **2.** leštenie, pastovanie, voskovanie, lakovanie; **3.** *(i prn)* lesk, *(ifm)* elegancia, uhladenosť, spoločenský švih

Pol.ish [pəuliš] **I.** *podst* **1.** poľština; **II.** *príd* **2.** poľský

to pol.ish [pəuliš] **I.** *prech* **1.** *(topánky, nechty)* leštiť, pastovať, napastovať, cediť, lakovať, nalakovať, prepracovať, vycibriť, vypiľovať, zjemniť, dodať čomu kultivovanosť. *Syn*: to burnish, to buff, to shine

pol.ished [pólišt] *príd* **1.** *(topánky)* vyleštený, *(kameň)* vyhladený; **2.** *(prn)* obrúsený, vybrúsený, vycibrený; **3.** *(správanie)* kultivovaný
po.lite [pə'lait] *príd* {**-er, -est**} **1.** zdvorilý, úctivý, zdvorilostný; **2.** dobrý, vyberaný
po.li.ti.cal [pə'litikəl] *príd* **1.** politický, štátny, národný, verejný
to po.li.ti.cize [po'litisaiz] (i **-ise**) **1.** politizovať
pol.i.tics [politiks] *podst* **1.** politika; **2.** *(škol, univ)* politická veda, intrigárčenie, manévrovanie; **3.** politické názory
pol.ka [polkə] *podst* **1.** *(hud)* polka
poll [pəul] *podst* **1.** *(pol)* voľby, hlasovanie; **2.** voličská účasť, sčítanie hlasov pri voľbách, volebná miestnosť; **3.** anketa, prieskum verejnej mienky; **4.** zoznam voličov/ daňových poplatníkov
pol.len [polin] *podst* **1.** *(bot)* peľ
poll.ing [pəuliŋ] *podst* **1.** hlasovanie; **2.** voľby
poll.ster [pəulstə] *podst* **1.** osoba robiaca prieskum verejnej mienky
poll tax [pəultæks] *podst* **1.** daň z hlavy
pol.lut.ant [pə'lu:tənt] *podst* **1.** polutant, látka znečisťujúca životné prostredie
to pol.lute [pə'lu:t] (**~ st [with st]**) **1.** znečistiť, zašpiniť ; **2.** znesvätiť, poškvrniť; **3.** nakaziť. *Syn* ⇨ **to contaminate**
pol.lu.tion [pə'lu:šən] *podst* **1.** znečistenie životného prostredia, zašpinenie, exhalácia; **2.** mimovoľná ejakulácia
po.lo [pəuləu] *podst* **1.** *(špo)* pólo na koňoch
pol.y.mer [polimə] *podst* **1.** polymér
pol.y.tech.nic [ˌpoli'teknik] *podst/príd* (i ifm **poly**) **1.** *(br)* polytechnika; **2.** *(hov: vysoká škola technická)* technika
pol.y.thene [poliθi:n] *podst* (am **polyethylene**) **1.** polyetylén; **2.** polyetylénová fólia, igelit
pomp [pomp] *podst* **1.** okázalosť, pompa, nádhera
pom.pous [pompəs] *príd* **1.** nafúkaný, strojený, nadutý, bombastický
pond [pond] *podst* **1.** rybník, vodná nádrž, vodná nádržka, záhradný bazén
to pon.der [pondə] (**~ on/ over st**) **1.** *(o čom)* hĺbať, *(o čom)* uvažovať, *(o čom)* premýšľať, zvažovať, posudzovať. *Syn*: to meditate, to muse, to ruminate
pon.der.ous [pondərəs] *príd* **1.** nemotorný, neohrabaný, neumelý, ťažkopádny. *Syn* ⇨ **heavy**
po.ny [pəuni] *podst* (mn **-ies**) **1.** *(zool: Pullanus)* poník , pony
poo.dle [pu:dl] *podst* **1.** *(zool)* pudel, pudlík
pool [pu:l] *podst* **1.** mláka, kaluž; **2.** rybník, jazierko, *(v rieke)* tôňa, *(ropné)* ložisko; **3.** plavecký bazén, plaváreň; **4.** krvná banka; **5.** spoločný fond, spoločný vklad, *(kart)* bank; **6.** skupina odborníkov; **7.** združenie podnikov; **8.** *(am)* biliard
poor [puə] *príd* {**-er, -est**} **1.** chudobný, nemajetný; **2.** *(úroda, výkon)* zlý, slabý, *(plat)* mizerný, biedny, nedostatočný, nevyhovujúci; **3.** úbohý; **4.** smiešny. *Syn*: impoverished, destitute, impecunious, indigent. *Opoz*: rich, wealthy
pop [pop] *podst* **1.** *(am)* tata, tatko; **2.** strýc; **3.** šumivý nápoj, sekt sekt; **4.** *(pri výstrele)* bum, *(pri páde)* buch, *(zvuk pri prasknutí/ puknutí niečoho)* puk
to pop [pop] **I.** *nepr* **1.** buchnúť, prasknúť, puknúť, *(komu v čom)* zaľahnúť; **II.** *prech* **2.** nechať prasknúť, prepichnúť s prasknutím, vytiahnuť s buchnutím; **3.** strčiť
pop.corn [popko:n] *podst* **1.** pukance
pop.lar [poplə] *podst* **1.** *(bot: Populus)* topoľ, topoľové drevo
pop.py [popi] *podst* (mn **-ies**) **1.** *(bot: Papaver)* mak; **2.** farba červených makov; **3.** ópium
pop.u.lar [popjulə] *príd* **1.** obľúbený, populárny, známy, módny, *(reštaurácia, rekreačné stredisko)* vyhľadávaný, veľmi navštevovaný; **2.** ľahký; **3.** *(pohľad, dojem)* bežný, *(hnutie)* ľudový. *Syn* ⇨ **common**
to pop.u.lar.ize [popjuləraiz] (i **-ise**) **1.** propagovať, popularizovať
to pop.u.late [popjuleit] **1.** obývať, osídliť, zaľudniť, kolonizovať
pop.u.la.tion [ˌpopju'leišən] *podst* **1.** obyvateľstvo, populácia; **2.** ľudnatosť; **3.** osídlenie
pop.u.list [popjulist] *podst* **1.** populista

pop.u.lous [popjuləs] *príd* **1.** husto obývaný, husto zaľudnený, ľudnatý

por.ce.lain [po:slin] *podst* **1.** *(hmota, i výrobky)* porcelán

porch [po:æ] *podst* (mn **-es**) **1.** *(br)* krytý vchod, portál; **2.** *(am)* veranda; **3.** podstienka, priedomie

pore [po:] *podst* **1.** *(anat)* pór, potnica

pork [po:k] *podst* **1.** *(potrava, i (am) dužina) (bravčové)* bravčové mäso, bravčovina

porn [po:n] *podst* **1.** porno

por.no.graph.ic [ˌpo:nə'græfik] *príd* **1.** pornografický

por.nog.ra.phy [po:'nogrəfi] *podst* (mn **-ies**) **1.** pornografia

por.ous [po:rəs] *príd* **1.** pórovitý, porózny, *(schopný prepúšťať vzduch)* priedušný; **2.** presiaknuteľný

por.ridge [poridž] *podst* (am i **oatmeal**) **1.** *(kuch)* ovsená kaša, vločková kaša; **2.** *(prn ifm)* väzenie, basa

port [po:t] *podst* **1.** prístav, prístavné mesto; **2.** *(nám, let)* kruhové okno na lodi/ lietadle; **3.** *(nám)* nákladná brána; **4.** *(tech)* otvor; **5.** *(voj)* strieľňa

por.ta.ble [po:təbl] **I.** *podst* **1.** [kufríkový] písací stroj, prenosný televízor, prenosný počítač; **II.** *príd* **2.** prenosný, kufríkový; **3.** prevoditeľný; **4.** *(inf)* prenositeľný

port.er [po:tə] *podst* **1.** nosič, skladač tovaru, vykladač tovaru; **2.** *(br)* vrátnik, pedel; **3.** *(am)* zriadenec lôžkového vagóna; **4.** *(tmavé anglické pivo)* porter

port.fo.li.o [po:t'fəuljəu] *podst* (mn **-os**) **1.** obal na spisy ap; **2.** *(pol)* ministerská funkcia/ úrad; **3.** kolekcia obrazov/ fotografií ap; **4.** *(fin: súbor cenných papierov ap)* portfolio

por.tion [po:šən] *podst* **1.** časť, útržok, diel; **2.** porcia; **3.** *(fml)* veno; **4.** údel, osud. *Syn* ⇨ **fate**, part

port.rait [po:trit] *podst* **1.** portrét, *(maľovaná)* podobizeň, *(i prn)* obraz; **2.** popis, opis; **3.** *(lit: literárny portrét)* medailón

to por.tray [po:'trei] (**~ sb/ st [as sb/ st]**) **1.** vyličiť, popísať, vykresliť; **2.** stelesniť, zahrať rolu [koho]; **3.** zobraziť, nakresliť portrét[koho]

por.tray.al [po:'treiəl] *podst* **1.** *(art)* portrét, zobrazenie; **2.** popis, charakteristika; **3.** *(div)* interpretácia

to pose [pəuz] **I.** *nepr* **1.** *(art, fot)* sedieť ako model, stáť ako model, zaujať postoj [pri fotografovaní], *(i ifm)* pózovať; **II.** *prech* **2.** *(otázku)* nadhodiť, formulovať; **3.** *(hrozbu, problém)* predstavovať. *Syn*: to affect,

pose [pəuz] póza ,poloha. *Syn*: ⇨**posture**

posh [poš] *príd ifm* {**-er, -est**} **1.** *(hotel ap)* luxusný, *(i oblečenie)* šik; **2.** snobský

po.si.tion [pə'zišən] *podst* **1.** miesto, pozícia, poloha, *(vojakov, stráže)* rozmiestnenie, *(voj, šach)* postavenie; **2.** držanie tela, postoj; **3.** situácia; **4.** úrad, funkcia; **5.** stanovisko, názor; **6.** priehradka, okienko. *Syn*: situation, office, post, job

pos.i.tive [pozətiv] **I.** *podst* **1.** *(ling)* pozitív; **2.** *(ele)* kladná svorka; **II.** *príd* **3.** *(mat, fot, fyz)* kladný, *(i ling)* pozitívny; **4.** súhlasný; **5.** *(znamenie)* priaznivý, *(kritika, návrh)* konštruktívny; **6.** *(čím)* istý; **7.** jednoznačný, presný, nedvojzmyselný, nezvratný; **8.** *(akcia, zákrok)* energický; **9.** *(skúsenosť, pocit)* príjemný; **10.** úplný, absolútny, presvedčený, praktický. *Syn* ⇨ **sure**

pos.i.tive.ly [pozətivli] **I.** *príd* **1.** *(ele)* pozitívne nabitý ; **II.** *prísl* **2.** kladne, pozitívne; **3.** jednoznačne, nedvojzmyselne; **4.** konštruktívne; **5.** absolútne, úplne , vyložene

pos.se [posi] *podst* **1.** *(hist: na pomoc šerifovi)* čata dobrovoľníkov, oddiel dobrovoľníkov; **2.** *(prn)* skupina

to pos.sess [pə'zes] **1.** vlastniť, *(držať, obsahovať)* mať, *(čím)* vládnuť, ovládnuť, zmocniť sa, držať; **2.** *(o čertovi: ovládnuť, i o citoch)* posadnúť; **3.** *(o duševných dejoch)* lomcovať. *Syn* ⇨ **to have**

pos.ses.sion [pə'zešən] *podst* **1.** vlastníctvo; **2.** *(práv)* držba, držanie; **3.** posadnutosť

pos.ses.sive [pə'zesiv] **I.** *podst* **1.** *(ling)* posesivum, privlastňovací pád, privlastňovacie zámeno; **II.** *príd* **2.** *(ling)* privlastňovací; **3.** vlastnícky, majetkový, majetnícky; **4.** panovačný; **5.** žiarlivý

pos.si.bi.li.ty [ˌposə'biləti] *podst* (mn **-ies**) **1.** *(možný prípad, príležitosť)* možnosť, eventualita

pos.si.ble [posəbl] **I.** *podst* **1.** možná alternatíva; **2.** *(možný)* kandidát; **II.** *príd* **3.** možný; **4.** prijateľný, vhodný; **5.** prípadný, eventuálny; **6.** dosiahnuteľný, uskutočniteľný, rozumný. *Syn*: practicable, feasible, ⇨ aj **probable**

pos.si.bly [posəbli] *prísl* **1.** snáď, možno, eventuálne, náhodou

post [pəust] *podst* **1.** tyč, tyčka, kôl, stojan, stĺp, stĺpik, práca; **2.** *(voj)* stanovište; **3.** obchodné stredisko. *Syn* ⇨ **position**

to post [pəust] **1.** umiestniť, postaviť; **2.** preložiť, prideliť služobne, *(kam)* odveliť

post.age [pəustidž] *podst* **1.** poštovné, porto, *(ob mn: známky)* cenina

post.al [pəustəl] *príd* **1.** poštový, *(poštová)* poukážka, *(úradný doklad: i cestovný)* lístok

post.card [pəustka:d] *podst* korešpondenčný lístok, *(s fotografiou krajiny)* pohľadnica, *(hov: korešpondenčný lístok)* karta

po.ster [pəustə] *podst* **1.** plagát, poster, lepič plagátov; **2.** *(oznam)* ceduľa

pos.ter.i.ty [po'sterəti] *podst* (mn **-ies**) **1.** budúce pokolenie, potomok, *(členovia ďalších generácií)* potomstvo

post.grad.u.ate [ˌpəusťgrædjuit] *príd* (am **graduate**) **1.** postgraduálny

post.hu.mous [postjuməs] **1.** *(kt sa koná po smrti: vydanie)* posmrtný, záhrobný

post.man [pəustmən] *podst* (am **mailman**) **1.** poštár, poštový doručovateľ

post-mor.tem ['pəustˌmo:tem] *podst* (**~ on sb/ st**) **1.** *(lek)* pitva, rozbor, analýza po smrti, *(lek)* obdukcia

post of.fice ['pəustˌofis] *podst* **1.** pošta, poštový úrad

to post.pone [ˌpəusťpəun] (**~ st [to/ until th]**) **1.** odložiť, posunúť. *Syn* ⇨ **to adjourn**

post.pone.ment [ˌpəusťpəunmənt] *podst* **1.** odloženie, odročenie, presunutie

to pos.tu.late [postjulit] **1.** postulovať, stanoviť ako postulát; **2.** požiadať, *(pýtať, i o slovo, ruku)* žiadať; **3.** *(s istotou očakávať)* predpokladať. *Syn* ⇨ **to presume**

pos.ture [posæə] *podst* **1.** držanie tela, postoj, *(pej, prn)* póza; **2.** *(prn)* prístup. *Syn*: attitude, pose, stance

post.war [ˌpəusťwo:] *príd* **1.** povojnový

pot [pot] *podst* **1.** hrniec; **2.** kanvica, téglik, hrnček, plechovka, kvetináč, nočník; **3.** *(sl: marihuana)* mariška, tráva; **4.** *(ifm am kart)* bank; **5.** *(i hov špo)* pohár; **6.** *(ifm)* bachor

po.tas.si.um [pə'tæsjəm] *podst* **1.** draslík

po.ta.to [pə'teitəu] *podst* (mn **-oes**) **1.** *(bot: Ipomoea batatas, kuch)* zemiak

po.tent [pəutənt] *príd* **1.** *(liek)* účinný, *(zbraň)* mocný, *(nápoj)* silný, opojný, *(vplyv)* veľký, *(argument)* pádny, presvedčivý; **2.** potentný

po.ten.tial [pə'tenšəl] **I.** *podst* **1.** *(i fyz, ele atď)* potenciál, sila; **2.** možnosť; **II.** *príd* **3.** potenciálny; **4.** možný; **5.** utajený, skrytý. *Syn* ⇨ **latent**

po.tion [pəušən] *podst* glg, log

pot.ter [potə] *podst* **1.** hrnčiar

pot.ter.y [potəri] *podst* (mn **-ies**) **1.** hrnčiarstvo, keramika; **2.** hrnčiarsky tovar; **3.** hrnčiarska dielňa

pouch [pauæ] *podst* (mn **-es**) **1.** *(i poštový)* vak, taštička, *(hist)* mešec, nábojnica, *(ifm: na tabak)* vrecko; **2.** *(zool)* vak

to pounce [pauns] (**~ on/ upon sb/ st**) **1.** skočiť, vrhnúť sa dolu; **2.** chytiť; **3.** *(do kovu: vzor)* tepať; **4.** zlietnuť, *(na korisť: prudko)* zletieť

pound [paund] *podst* **1.** *(váhová jednotka)* libra, *(váhová i peňažná jednotka)* funt; **2.** libra 0, 454 kg; **3.** ohrada pre dobytok; **4.** hluk, lomoz; **5.** ťažký úder, náraz

to pound [paund] **I.** *prech* **1.** drviť, rozdrviť, roztĺkať, šrotovať, utĺcť, roztrieť; **2.** *(do čoho)* tĺcť, udusiť, udupať, naklepať; **3.** bombardovať, ostreľovať; **II.** *nepr* **4.** tĺcť, mlátiť; **5.** búchať, *(o čo)* trieštiť sa, *(do čoho)* tĺcť; **6.** dupať. *Syn* ⇨ **to beat**

to pour [po:] **I.** *prech* **1.** liať, naliať, preliať, zlievať, *(piesok, cukor)* sypať, presypať; **2.** naservírovať, *(pivo ap)* načapovať; **3.** *(peniaze do čoho)* vraziť; **II.** *nepr* **4.** tiecť prúdom, prúdiť, liať sa, rinúť sa, stekať v jarčekoch, *(piesok, cukor)* sypať sa, *(svetlo cez okno)* vlievať sa; **5.** *(ifm)* cediť

to pout [paut] **I.** *prech* **1.** *(ústa, pery)* špúliť, *(ústa, pery)* našpúliť; **2.** trucovať, trucovito špúliť ústa; **II.** *prech* **3.** špúliť

pov.er.ty [povəti] *podst* **1.** bieda, núdza, *(prázdnota)* holota; **2.** *(i prn)* chudoba. *Syn*: destitution, want, indigence, penury. *Opoz*: wealth, affluence, plenty

pow.der [paudə] *podst* **1.** *(vše)* prášok, *(i voj)* prach, múčka; **2.** púder

pow.dered [paudəd] *príd* **1.** *(mlieko)* sušený, *(am: cukor)* práškový, múčkový

power [pauə] *podst* **1.** *(fyzická, motora)* sila, *(búrky)* prudkosť; **2.** výkon, rýchlosť; **3.** zväčšovacia schopnosť, rozlišovacia mohutnosť; **4.** energia, elektrický prúd; **5.** presvedčivosť, pôsobivosť; **6.** vplyv, moc; **7.** právomoc , kompetencia; **8.** autorita, štát; **9.** *(mat)* mocnina . *Syn*: authority, jurisdiction, sway, control, command, ⇨ aj **strength**

power.ful [pauəful] *príd* **1.** silný, statný, výkonný, účinný; **2.** *(človek)* vplyvný; **3.** *(prn: hudba, obraz)* pôsobivý, *(reč)* plamenný, sugestívny, *(argument)* presvedčivý

power.house [pauəhaus] *podst* (mn **-houses**) **1.** elektráreň; **2.** *(prn)* laboratórium, liaheň nových myšlienok; **3.** *(prn)* dynamo, hybná sila; **4.** dynamická osobnosť

power.less [pauəlis] *príd* **1.** nemohúci, bezmocný

prac.ti.cal [præktikəl] **I.** *podst* **1.** praktikum, praktické cvičenie, praktická skúška; **II.** *príd* **2.** praktický, účelný; **3.** rozumný; **4.** funkčný, skutočný; **5.** schopný; **6.** možný, uskutočniteľný. *Syn*: practicable. *Opoz*: impractical, impracticable

prac.ti.cal.i.ty [ˌprækti'kæləti] *podst* (mn **-ies**) **1.** praktickosť, funkčnosť, účelnosť; **2.** uskutočniteľnosť; **3.** rozumnosť

prac.ti.cal.ly [præktikli] **1.** prakticky; **2.** temer, *(lepšie povedané)* vlastne, *(rýchlo)* skoro

prac.tice [præktis] *podst* **1.** prax; **2.** výkon profesie, klientela, súkromná ordinácia, advokátska kancelária; **3.** cvičenie, nacvičovanie, opakovanie, skúsenosť; **4.** *(i špo)* tréning, *(hud)* skúška; **5.** zvyk, obyčaj; **6.** praktika, osvedčený spôsob

to prac.tise [præktis] **I.** *prech* **1.** cvičiť, precvičovať, *(div)* skúšať; **2.** uplatňovať v praxi, uskutočňovať v praxi; **3.** vyznávať, riadiť sa podľa čoho; **II.** *nepr* **4.** *(vše)* cvičiť, nacvičovať; **5.** robiť prax, vykonávať advokáciu

prag.mat.ic [præg'mætik] *príd* **1.** pragmatický

prag.ma.ti.sm [prægmətizm] *podst* **1.** pragmatizmus

to praise [preiz] **1.** [po]chváliť, vychvaľovať; **2.** *(náb)* velebiť, blahoslaviť, blahorečiť. *Syn*: to laud, to acclaim, to extol, to eulogize

pram [pra:m] *podst* (i **perambulator** am **buggy**) **1.** kočík

prank [præŋk] *podst* **1.** recesia, lotrovina, vtákovina, kanadský žartík

prawn [pro:n] *podst* **1.** *(zool)* garnát, kreveta

to pray [prei] **I.** *nepr* **1.** *(náb)* **1.** [po]modliť sa; **II.** *prech* **2.** *(zast fml, náb)* orodovať u Boha, *(zdvorilo, úctivo žiadať)* prosiť, *(pýtať, i o slovo, ruku)* žiadať. *Syn* ⇨ **to appeal**

pray.er [preiə] *podst* **1.** *(náb)* modlitba, pobožnosť; **2.** úpenlivá prosba, žiadosť

to preach [pri:æ] **1.** *(náb)* kázať, hlásať, mať kázeň, zvestovať

preach.er [pri:æə] *podst* **1.** kazateľ, kazateľka, *(prn)* hlásateľ, mentor; **2.** *(am)* pastor, duchovný

pre.ca.ri.ous [pri'keəriəs] *príd* **1.** neistý, prekérny; **2.** nebezpečný, riskantný, *(na povážénie)* povážlivý

pre.cau.tion [pri'ko:šən] *podst* (~ **against st**) **1.** preventívne opatrenie, ochrana, opatrnosť, obozretnosť

to pre.cede [pri:'si:d] **1.** *(čomu)* predchádzať, ísť pred, byť v poradí/ hodnosťou pred kým, byť dôležitejší ako

prec.e.dence [pri:'si:dəns] *podst* (~ **over sb/ st**) **1.** väčšia dôležitosť, priorita; **2.** precendencia, spoločenská prednosť

prec.e.dent [pri'si:dənt] *podst* **1.** precedens, predošlý/ obdobný prípad; **2.** *(vzor)* model

pre.cious [prešəs] *príd* **1.** cenný, drahý, drahocenný; **2.** vzácny; **3.** *(pej: človek)* afektovaný, *(štýl, jazyk)* strojený, vyumelkovaný

pre.ci.pi.tate [pri'sipitit] **I.** *podst* **1.** *(chem)* zrazenina, usadenina, precipitát; **II.** *príd* **2.**

(rozhodnutie, rozchod) unáhlený, chvatný, neuvážený, nepremyslený; **3.** *(svah)* strmý, príkry

pre.ci.pi.tous [pri'sipitəs] *príd* **1.** strmý, zrázový, príkry; **2.** unáhlený, chvatný. *Syn* ⇨ **steep**

pre.cise [pri'sais] *príd* **1.** presný, presne stanovený; **2.** precízny, úzkostlivo starostlivý, *(pej)* puntičkársky. *Syn* ⇨ **correct, explicitt**

pre.cise.ly [pri'saisli] *prísl* **1.** presne, exaktne, precízne; **2.** práve!; **3.** presne tak!, správne!

pre.ci.sion [pri'sižən] *podst* **1.** *(bezchybnosť)* presnosť, exaktnosť, precíznosť

to pre.clude [pri'klu:d] (**~ st**); (**~ sb from doing st**) **1.** *(čomu)* predísť, *(čomu)* zabrániť, vylúčiť, predchádzať, zabraňovať, vylučovať. *Syn* ⇨ **to prevent**

pre.co.cious [pri'kəušəs] *príd* **1.** predčasne vyspelý, predčasne vyvinutý; **2.** *(pej)* premúdry; **3.** *(úzavery, pôrod, smrť)* predčasný; **4.** *(o dieťati)* zrelý

pre.con.cep.tion [ˌpri:kən'sepšən] *podst* **1.** *(predpojatý)* názor, predsudok

pre.con.di.tion [ˌpri:kən'dišn] *podst* **1.** nevyhnutná podmienka; **2.** predpoklad

pre.cur.sor [pri:'kə:sə] *podst* (**~ of/ to st**) **1.** predchodca. *Syn* ⇨ **forerunner**

pred.at.or [predətə] *podst* **1.** *(zviera, vták)* dravec, predátor; **2.** *(človek)* chamtivec, hrabivec

pred.at.o.ry [predətəri] *príd* **1.** dravý, *(prn)* lúpežný, koristnícky

pre.de.ces.sor [pri:disesə] *podst* **1.** predchodca, predchodkyňa, predok, predchádzajúca kniha [rovnakého autora ap.], predchádzajúci koncert

pre.di.ca.ment [pri'dikəmənt] *podst* **1.** dilema, ťažkosť, tieseň, trampoty. *Syn*: dilemma, quandary, plight, fix , pickle

to pre.dict [pri'dikt] **1.** predpovedať, prorokovať, veštiť, *(vyveštiť)* vyložiť. *Syn* ⇨ **to prophesy**

pre.dic.ta.ble [pri'diktəbl] *príd* **1.** predvídateľný, očakávateľný, priehľadný

pre.dic.tion [pri'dikšən] *podst* **1.** predpoveď, *(predpoveď budúcnosti)* proroctvo, veštba

pre.dom.i.nant [pri'dominənt] *príd* **1.** dominantný, vládnuci; **2.** prevažný, prevládajúci, prevažujúci, dominujúci. *Syn* ⇨ **dominant**

to pre.dom.i.nate [pri'domineit] **1.** dominovať, prevládať, panovať, byť vo väčšine/ v prevahe, prevažovať

to pre-empt [pri:'empt] **1.** *(čomu)* predísť, zabrániť; **2.** anticipovať; **3.** *(práv)* získať predkupným právom

pref.ace [prefis] *podst* **1.** *(ob autora)* predhovor, predslov, úvod, úvodné slová. *Syn* ⇨ **introduction**

pre.fect [pri:fekt] *podst* **1.** *(admin)* prefekt, **2.** *(br škol)* dozorca nad študentmi

to pre.fer [pri'fə:] [**-rr-**] (**~ st [to st]**) **1.** dávať prednosť [čomu], uprednostniť, preferovať, mať radšej, dať si radšej; **2.** *(petíciu)* podať, predložiť. *Syn* ⇨ **to choose**

pref.er.a.ble [prefərəbl] *príd* **1.** výhodnejší, lepší, vhodnejší

pref.er.ence [prefərəns] *podst* **1.** *(nárok na poprednejšie miesto, i miesto)* prednosť, *(kniž)* preferencia, priorita; **2.** *(možnosť vybrať, materiál, i biol, lit)* výber; **3.** *(silný záujem o niečo)* záľuba; **4.** *(rozhodovanie sa)* voľba. *Syn* ⇨ **choice**

pref.er.en.tial [ˌprefə'renšəl] *príd* **1.** prednostný, výhodnejší, preferenčný, prioritný

preg.nan.cy [pregnənsi] *podst* (mn **-ies**) **1.** tehotenstvo , *(lek)* gravidita; **2.** *(zool)* brezivosť, telnatosť

preg.nant [pregnənt] *príd* **1.** tehotná, v druhom stave, *(lek)* gravidná; **2.** *(zool)* breziva; **3.** výrečný, ťaživý

to pre.heat [pri:'hi:t] (**~ st [to st]**) **1.** nahriať, predhriať

pre.his.tor.ic [ˌpri:his'torik] *príd* **1.** predhistorický; **2.** prehistorický, praveký; **3.** *(prn)* predpotopný

to prej.u.dice [predžudis] **1.** nepriaznivo ovplyvniť; **2.** ohroziť, poškodiť; **3.** oslabiť

pre.li.mi.na.ry [pri'liminəri] **I.** *podst* **1.** predbežné opatrenie; **2.** *(špo)* predzápas, vylučovací beh, vylučovacia súťaž atď.; **II.** *príd* **3.** predbežný; **4.** vstupný, úvodný, prípravný; **5.** *(špo)* vylučovací

prel.ude [prelju:d] *podst* **1.** *(hud, i prn)* predohra, *(hud)* prelúdium, intráda; **2.** *(prn)* úvod

pre.ma.ture [ˌpremə'tjuə] *príd* **1.** predčasný, nedonosený, predčasne narodený; **2.** *(pej)* unáhlený, neuvážený

prem.i.er [premjə] **I.** *podst* **1.** *(pol)* premiér, ministerský predseda; **II.** *príd* **2.** popredný; **3.** prvoradý

prem.i.ére [premjeə] *podst* **1.** premiéra, premiérové predstavenie

prem.ise [premis] *podst* **1.** *(domnienka)* predpoklad, *(ob log)* premisa. *Syn* ⇨ **to presume**

pre.mi.um [pri:mjəm] *podst* **1.** poistné, poistná prémia; **2.** prídavok, príplatok, ážio. *Syn* ⇨ **bonus, reward**

prem.o.ni.tion [ˌpri:mə'nišən] *podst* **1.** zlá predtucha, neblahé tušenie; **2.** výstraha

pre.oc.cu.pa.tion [pri:ˌokju'peišən] *podst* **1.** zaujatie, posadnutosť; **2.** roztržitosť, zadumanosť

pre.oc.cup.ied [pri:'okjupaid] *príd* **1.** zamyslený, zadumaný; **2.** roztržitý, ustarostený

prep [prep] *podst* **1.** *(br)* domáca úloha, domáce štúdium, *(škol: i domáca)* príprava; **2.** *(i tech, voj)* príprava

prep.a.ra.tion [ˌprepə'reišən] *podst* **1.** príprava; **2.** *(chem)* preparát, prípravok, *(i lek)* liek; **3.** *(fml škol)* domáca úloha

pre.par.a.to.ry [pri'pærətəri] *príd* **1.** prípravný, predbežný; **2.** *(am)* súkromná stredná škola, súkromné gymnázium

to pre.pare [pri'peə] **1.** pripraviť, *(i jedlo)* variť, chystať, prichystať; **2.** *(posteľ)* ustlať; **3.** *(dáta)* spracovať

pre.pos.ter.ous [pri'postərəs] *príd* **1.** absurdný, nezmyselný, šialený, groteskný, smiešny, komický. *Syn* ⇨ **absurd**

pre.req.ui.site [pri:'rekwizit] **I.** *podst* **1.** nevyhnutný predpoklad, predbežná podmienka; **II.** *príd* **2.** žiadúci, nevyhnutný, bezpodmienečný

pre.rog.a.tive [pri'rogətiv] *podst* **1.** výsada, prednosť, prednostné právo, privilégium, prerogatíva

Pres.by.te.ri.an [ˌprezbi'tiəriən] *podst* **1.** presbyterián

to pre.scribe [pri'skraib] (**~ st [for sb/ st]**) **1.** predpísať, ordinovať, naordinovať, *(prn)* doporučiť; **2.** nariadiť, stanoviť

pre.scrip.tion [pri'skripšən] *podst* **1.** *(lek)* lekársky predpis, *(lekára)* príkaz; **2.** *(predpísanie liekov)* ordinácia; **3.** liek; **4.** *(prn ifm)* recept, pokiny

pres.ence [prezns] *podst* **1.** prítomnosť, účasť, prezencia ; **2.** vystupovanie, vonkajšok, osobné čaro

pres.ent [preznt] **I.** *podst* **1.** súčasnosť, dnešok; **2.** *(ling)* prítomný čas, prézent; **II.** *príd* **3.** *(i gram)* prítomný; **4.** terajší, súčasný, momentálny. *Syn*: gift, donation, gratuity,

to pres.ent [preznt] **1.** dať do daru, venovať, darovať, *(cenu, medailu)* udeliť; **2.** *(formálne)* predstaviť; **3.** *(roz, tv)* uviesť; **4.** prezentovať, *(teóriu)* vyložiť, vysvetliť , *(názor, pohľad)* vysloviť; **5.** *(pas, doklad)* predložiť; **6.** *(problémy)* spôsobovať. *Syn*: ⇨ **to give**, ⇨ **to offer**

pres.en.ta.tion [ˌprezən'teišən] *podst* **1.** *(daru)* odovzdanie, *(ceny, medaile)* udelenie, darček; **2.** predstavenie; **3.** *(roz, tv)* uvedenie, moderovanie; **4.** *(hry)* inscenácia, *(filmu, programu)* produkcia, podanie; **5.** *(obch)* vystavovanie, propagácia, uvedenie na trh, prehliadka modelov; **6.** vysvetlenie teórie, *(pasu, dokladu)* predloženie; **7.** *(lek: poloha)* prezentácia

pre.sent.er [pri'zentə] *podst* **1.** *(roz, tv)* hlásateľ, hlásateľka, moderátor, moderátorka; **2.** prekladateľ, prekladateľka; **3.** doručiteľ

pres.er.va.tion [ˌprezə:'veišn] *podst* **1.** *(tradícií ap)* udržiavanie, dodržiavanie, zachovanie, *(o krásu)* starostlivosť; **2.** *(jedla)* konzervovanie, konzervácia, zaváranie; **3.** *(lek)* preparácia

pre.ser.va.tive [pri'zə:vətiv] **I.** *podst* **1.** konzervačný prostriedok, ochranný prípravok, konzervačná prísada; **2.** prezervatív; **II.** *príd* **3.** *(kuch)* konzervačný; **4.** ochranný

pre.serve [pri'zə:v] *podst* **1.** *(lesný, rybolovný ap)* revír, zvernica; **2.** *(ovocná)* konzerva, *(fml)* lekvár; **3.** zaváranina

to pre.serve [pri'zə:v] **1.** udržiavať v dobrom stave, chrániť si, starať sa o, dodržiavať, zachovávať, zachovať si, udržať; **2.** konzervovať, zavárať, sterilizovať, nakladať, preparovať; **3.** chrániť. *Syn* ⇨ **to defend**

to pre.side [pri'zaid] (~ **at/ over st**) **1.** predsedať, *(byť na čele)* viesť, byť predsedom [čoho], *(riadiť)* dirigovať; **2.** účinkovať

pres.i.den.cy [prezidənsi] *podst* (mn **-ies**) **1.** prezidentský úrad, prezidentstvo, *(riadenie, i skupina ľudí)* vedenie; **2.** *(úrad, funkcia)* predsedníctvo

pres.i.dent [prezidənt] *podst* **1.** prezident; **2.** generálny riaditeľ, *(am univ)* rektor; **3.** *(hist: správca územia)* guvernér

pres.i.den.tial [ˌprezi'denšəl] *príd* **1.** prezidentský, *(týkajúci sa predsedu)* predsednícky

press [pres] *podst* (mn **-es**) **1.** *(tech)* lis, napínací rám, napinák; **2.** tlačenica; **3.** *(špo)* vzopretie ťahom; **4.** *(br dtd)* veľká skriňa v stene; **5.** tlač, novinári

to press [pres] **I.** *prech* **1.** stlačiť, stisnúť, zošliapnuť, tlačiť, vytlačiť; **2.** žehliť, vyžehliť; **3.** *(prn: na koho)* naliehať, *(koho k čomu)* ponúkať, *(na koho)* dotierať, *(na koho)* dorážať, tiesniť; **4.** *(špo)* vzoprieť ťahom; **II.** *nepr* **5.** stlačiť. *Syn* ⇨ **to urge**

press.ing [presiŋ] **I.** *podst* **1.** lisovanie; **II.** *príd* **2.** *(tech)* lisovací; **3.** neodkladný, naliehavý, neodbytný; **4.** súrny, akútny; **5.** *(otázka)* pálčivý, dôrazný

pres.sure [prešə] *podst* **1.** *(vše, fyz, met, prn)* tlak; **2.** nátlak; **3.** záťaž, tiaž, stres

pres.tige [pres'ti:ž] **I.** *podst* **1.** prestíž, dobré meno, renomé; **2.** vplyv; **3.** význam; **II.** *príd* **4.** prestížny; **5.** *(auto, miesto)* reprezentačný; **6.** významný. *Syn* ⇨ **influence**

pres.tig.ious [pres'ti:džiəs] *príd* **1.** prestížny, reprezentatívny, *(majúci veľký význam: osobnosť, umelec)* významný

pre.sum.a.bly [pri'zju:məbli] *prísl* **1.** pravdepodobne, podľa všetkého, azda, asi

to pre.sume [pri'zju:m] **1.** *(s istotou očakávať)* predpokladať, nazdať sa; **2.** dovoliť si, odvážiť sa, osmeliť sa. *Syn*: to presuppose, to assume, to postulate, to premise

pre.sump.tion [pri'zampšən] *podst* **1.** predpoklad, domnienka, hypotéza, *(práv)* prezumpcia; **2.** trúfalosť, arogancia

pre.tence [pri'tens] *podst* (am **pretense**) **1.** predstieranie, fingovanie, maškaráda; **2.** zámienka; **3.** pretenzia, póza

to pre.tend [pri'tend] **I.** *prech* **1.** predstierať, fingovať, *(akoby)* robiť, *(akoby)* tváriť sa; **2.** tvrdiť; **II.** *nepr* **3.** predstierať; **II.** *nepr* **3.** pretvarovať sa. *Syn* ⇨ **to assume**

pre.tend.er [pri'tendə] *podst* (~ **to st**) **1.** pretendent, *(o trón)* uchádzač; **2.** podvodník

pre.ten.sion [pri'tenšən] *podst* **1.** pretenzia, *(neoprávnený)* nárok; **2.** okázalosť, honosnosť

pre.ten.ti.ous [pri'tenšəs] *príd* **1.** domýšľavý, arogantný, afektovaný, vyumelkovaný, nadutý, okázalý, honosný

pre.text [pri:tekst] *podst* (~ **for st / doing st**) **1.** zámienka, výhovorka

pret.ty [priti] **I.** *príd* **1.** pekný, krásny, *(zdrob)* peknučký, *(ifm iron)* pekný; **2.** *(pej)* sladučký; **3.** dokonalý; **4.** *(ifm)* značný, slušný; **II.** *prísl* **5.** dosť, celkom, pekne. *Syn* ⇨ **beautiful**

to pre.vail [pri'veil] **1.** zvíťaziť, triumfovať; **2.** prevládať, prevažovať, panovať, vládnuť

pre.vail.ing [pri'veiliŋ] *príd* **1.** *(i názor)* prevládajúci, rozšírený; **2.** *(móda)* dnešný, súčasný, terajší; **3.** vtedajší. *Syn*: current, prevalent, prevailing, rife

prev.a.lent [prevələnt] *príd* (~ **among/ in st / sb**) **1.** prevládajúci, prevažujúci, veľmi rozšírený, *(názor)* vládnuci, *(móda)* obľúbený; **2.** obvyklý; **3.** dnešný, terajší; **4.** vtedajší. *Syn* ⇨ **prevailing**

to pre.vent [pri'vent] (~ **sb/ st [from doing st]**) **1.** *(čomu)* zabrániť, *(čomu)* zamedziť, *(čomu)* vyhnúť sa, *(čomu)* predísť. *Syn*: to forestall, to preclude, to obviate, to avert. *Opoz*: to permit, to allow

pre.ven.tive [pri'ventiv] **I.** *podst* **1.** preventívne opatrenie, *(lek)* preventívny prostriedok; **II.** *príd* **2.** preventívny, ochranný, *(i lek)* profylaktický

pre.view [pri:'vju:] *podst* **1.** predpremiéra, vernisáž, predvádzačka, *(filmová, televízna)* reklama, ukážka, upútavka

pre.vi.ous [pri:vjəs] *príd* **1.** predošlý, predchádzajúci; **2.** niekdajší; **3.** *(ifm)* unáhlený, trúfalý. *Syn*: prior, preceding, antecedent, foregoing, former. *Opoz*: following

pre.war [pri:'wo:] *príd* **1.** predvojnový

prey [prei] *podst* (mn **-eys**) **1.** korisť, *(prn)* obeť

price [prais] *podst* **1.** *(comm, prn)* cena; **2.** *(hodnota tovaru, cena)* hodnota; **3.** odmena

to prick [prik] **1.** pichnúť, prepichnúť, *(kožu)* nabodnúť; **2.** *(ostrým predmetom)* pobodať, bodnúť; **3.** *(o svedomí)* hrýzť; **4.** cválať, uháňať

pride [praid] *podst* **1.** hrdosť, sebavedomie; **2.** *(i pej)* pýcha; **3.** *(pej)* nafúkanosť, namyslenosť, spupnosť; **4.** svorka, kŕdeľ; **5.** *(bot London pride: Dianthus barbatus)* klinček [bradatý]. *Syn*: conceit, vanity, vainglory, self-esteem. *Opoz*: humility

priest [pri:st] **1.** *(katolícky)* kňaz, páter, duchovný

pries.tess [pri:'stes] *podst* (mn **-es**) **1.** kňažka, *(žena)* duchovná

pri.ma.cy [praiməsi] *podst* **1.** prvoradosť, prvenstvo, primát; **2.** *(cirk)* primátstvo

pri.ma.ry [praiməri] *príd* **1.** hlavný, prvoradý, primárny; **2.** *(i vzdelanie, produkt ap)* základný, elementárny, *(ekon: cena, náklady)* prvotný; **3.** *(geol)* prvohorný, pôvodný

pri.mate [praimət] *podst* **1.** *(zool)* primát; **2.** *(cirk)* prímas, arcibiskup

prime [praim] **I.** *podst* **1.** *(mat)* prvočíslo; **2.** začiatok, úsvit, doba najväčšieho rozkvetu; **3.** plnosť; **II.** *príd* **4.** hlavný, základný, najdôležitejší; **5.** prvotriedny

pri.mi.tive [primitiv] **I.** *podst* **1.** primitív, primitívka, primitívny človek; **2.** primitivista, primitivistka, naivista; **3.** *(mat)* primitívna funkcia; **II.** *príd* **4.** prvotný, pôvodný, prvobytný; **5.** primitívny, naivný

prim.rose [primrəuz] **I.** *podst* **1.** *(bot: Primula vulgaris)* prvosienka; **2.** svetložltá farba; **II.** *príd* **3.** svetložltý, bledožltý; **4.** kvetnatý

prince [prins] *podst* **1.** *(lit, prn)* princ, kráľovič, knieža, vladár, panovník; **2.** magnát

prin.cess [prin'ses] *podst* (mn **-es**) **1.** princezná, kňažná

prin.ci.pal [prinsəpəl] **I.** *podst* **1.** rektor, *(am škol)* riaditeľ; **2.** *(práv)* mandant, klient; **3.** *(div)* hlavná rola, hlavná osoba; **4.** *(v súboji)* duelant; **5.** *(fin)* základný kapitál bez úrokov; **II.** *príd* **6.** *(i div, ling)* hlavný; **7.** prvoradý; **8.** *(hud)* prvý; **9.** vedúci; **10.** *(omyl)* kardinálny; **11.** *(práv: svedok)* korunný. *Syn* ⇨ **chief**

prin.ci.ple [prinsəpl] *podst* **1.** princíp, zásada, pravidlo, *(fyz)* základný zákon, veta; **2.** zásada

print [print] *podst* **1.** tlač, písmo, druh písma; **2.** *(grafický)* list, rytina; **3.** *(fot)* kópia, *(z negatívu)* obrázok; **4.** potlačená tkanina, imprimé; **5.** *(prstu)* odtlačok, *(kolesa, človeka)* stopa, šľapaj

to print [print] **I.** *prech* **1.** *(knihu, vzor)* tlačiť, vytlačiť, *(príbeh, článok)* publikovať, zverejniť, *(i knihu)* vydať; **2.** *(text)* potlačiť, vzorkovať; **3.** *(fot)* urobiť fotografiu z negatívu, kopírovať; **4.** robiť stopy [čoho], nechať stopy [čoho]; **II.** *nepr* **5.** *(tlačiareň, počítač)* tlačiť; **6.** písať tlačeným písmom

pri.or [praiə] **I.** *podst* **1.** predstavený kláštora; **II.** *predl* **prior to 2.** pred: **prior to the holiday** *pred sviatkom*; **II.** *príd* **3.** predchádzajúci; **4.** dôležitejší. *Syn* ⇨ **previous**

pri.or.i.ty [prai'orəti] *podst* (mn **-ies**) **1.** *(nárok na poprednejšie miesto, i miesto)* prednosť, priorita, prvenstvo; **2.** stanné právo; **3.** *(inf)* záujem

pri.son [prizn] *podst* **1.** *(žalár)* väzenie, väznica, *(ifm)* kriminál

pri.son.er [priznə] *podst* **1.** *(i politický)* väzeň, väzenkyňa; **2.** *(voj, i prn)* zajatec; **3.** trestanec

pris.tine [pristain] *príd* **1.** dokonalý, neskazený, bezchybný, bez poškvrny, pôvodný, rýdzi

pri.va.cy [praivəsi] *podst* **1.** súkromie, samota; **2.** *(intímnosť)* dôvernosť

pri.vate [praivit] **1.** *(voj: radový)* vojak; **2.** dobrovoľník; **3.** *(anat)* prirodzenie, ohanbie, genitálie; **II.** *príd* **4.** súkromný; **5.** osobný, privátny; **6.** dôverný, uzavretý, tajný; **7.** s vylúčením verejnosti; **8.** *(miesto)* tichý, intímny; **9.** *(človek)* rezervovaný

pri.vi.lege [privilidž] *podst* **1.** privilégium, výsada, výsadné právo; **2.** *(jed)* vyznamenanie, česť, pocta

pri.vi.leged [privilidžd] *príd* **1.** *(i ekon: obligácia; inf: program)* privilegovaný

pri.vy [privi] *podst* (mn **-ies**) **1.** *(dtd)* záchod, toaleta

prize [praiz] I. *podst* 1. cena; 2. odmena; 3. výhra; 4. vojnová korisť; II. *príd* 5. výstavný, ukážkový; 6. vyznamenaný cenou, poctený cenou; 7. *(ifm iron)* úplný; 8. vzácny, drahocenný. *Syn* ⇨ **spoil**

pro [prəu] I. *podst* 1. *(i špo)* profesionál; 2. prostitútka; 3. *(priaznivejšia okolnosť, prednosť, i špo)* výhoda, klad, plus, **pros and cons** *výhody a nevýhody*; II. *predl* 2. pre

prob.a.bil.i.ty [ˌprobəˈbiləti] *podst* (mn **-ies**) 1. pravdepodobnosť; 2. možnosť, vyhliadka, nádej

prob.a.ble [probəbl] *príd* 1. pravdepodobný, *(pokles)* predpokladaný. *Syn*: possible, likely. *Opoz*: improbable, unlikely

prob.a.bly [probəbli] *prísl* 1. pravdepodobne, asi, azda, možno, najskôr

pro.ba.tion [prəˈbeišən] *podst* 1. *(práv)* podmienečné prepustenie; 2. skúšobná doba; 3. *(náb)* noviciát; 4. *(mat)* dôkaz; 5. *(preverovanie)* skúška

to probe [prəub] I. *prech* 1. *(lek, tech)* sondovať, vyšetrovať sondou, robiť prieskum [čoho]; II. *nepr* 2. skúmať sondou, robiť prieskum

prob.lem [probləm] *podst* 1. *(i mat)* problém, otázka, ťažkosť; 2. úloha, zadanie, *(šach)* štúdia

prob.lem.a.tic [ˌprobləˈmætik] *príd* (i **problematical**) 1. problematický

pro.ce.dure [prəˈsi:džə] *podst* 1. *(i spôsob konania)* postup, procedúra, *(právne, parlamentné)* konanie

to pro.ceed [prəˈsi:d] 1. pokračovať; 2. prebiehať, odohrávať sa, uberať sa; 3. *(k čomu)* pristúpiť, *(k čomu)* prikročiť, *(k čomu)* prejsť; 4. postupovať

pro.ceed.ing [prəˈsi:diŋ] *podst* 1. postup, opatrenie; 2. schôdza, jednanie, debata, diskusia; 3. oslava; 4. protokol, zápis, zborník, akty; 5. *(práv)* riadenie

pro.cess [prəuses] *podst* (mn **-es**) 1. proces, priebeh; 2. postup, metóda, *(v priemysle)* technológia; 3. *(práv)* spor, súdne konanie, *(súdna)* obsielka, predvolanie; 4. *(bot zool)* výrastok

to pro.claim [prəˈkleim] 1. vyhlásiť, prehlásiť, proklamovať; 2. prezrádzať, dosvedčovať. *Syn* ⇨ **to declare**

pro.cla.ma.tion [ˌprokləˈmeišən] *podst* 1. vyhlásenie; 2. prehlásenie, proklamácia, výzva

to procure [prəˈkjuə] I. *prech* 1. opatriť; 2. obstarať, dohodiť; II. *nepr* 3. robiť kupliara/ pasáka . *Syn* ⇨ **to get**

pro.cure.ment [prəˈkjuəmənt] *podst* 1. nadobudnutie, získanie, kúpa; 2. kupliarstvo

prod [prod] *podst* 1. štuchnutie, rypnutie; 2. *(prn)* pobádanie, popud; 3. palica s bodcom

prod.i.gy [prodidži] (mn **-ies**) 1. čudo, *(niečo neobyčajné, i náb)* zázrak

pro.duce [prodju:s] *podst* 1. *(poľn)* poľná plodina, poľnohospodárske výrobky, *(poľn)* produkt

to pro.duce [prodju:s] I. *prech* 1. vyrobiť, zhotoviť, produkovať, vyprodukovať, napísať, natočiť, namaľovať, vytvoriť, uvariť, pripraviť; 2. plodiť, dávať; 3. *(biol)* mať; 4. režírovať, inscenovať, byť producentom čoho; 5. spôsobiť, vyvolať, vyvíjať, *(čím)* preukázať sa, predviesť, preukázať; 6. *(mat)* predĺžiť, pretiahnuť; II. *nepr* 7. rodiť, niesť ovocie, niesť úrodu, byť v prevádzke

pro.duc.er [prəˈdju:sə] *podst* 1. *(vše)* producent, výrobca, pestovateľ; 2. *(div)* režisér, *(tv, roz)* produkčný

prod.uct [ˈprodakt] *podst* 1. výrobok, *(i chem)* produkt; 2. *(i poľn)* plodina, plod, ovocie; 3. výsledok; 4. *(mat)* súčin

pro.duc.tion [prəˈdakšən] *podst* 1. *(ručná)* výroba, *(ropy, uhlia)* ťažba; 2. *(film, tv)* produkcia, *(div)* réžia, inscenácia, *(hry a pod.)* uvedenie; 3. tvorba, dielo, výtvor; 4. *(dôkazu, dokladu)* predloženie; 5. *(geom)* predĺženie čiary

pro.duc.tive [prəˈdaktiv] *príd* 1. *(vše, ling)* produktívny, úrodný, výnosný, rentabilný

prod.uc.ti.vi.ty [ˌprodakˈtivəti] *podst* (mn **-ies**) 1. produktivita, výkonnosť; 2. úrodnosť, výnosnosť

to pro.fess [prəˈfes] 1. *(k čomu)* hlásiť sa, *(na univerzite)* prednášať, predstierať; 2. tvrdiť

pro.fes.sion [prəˈfešən] *podst* 1. povolanie, profesia, zamestnanie; 2. vyznanie

pro.fes.sion.al [prəˈfešənl] **I.** *podst* **1.** profesionál, odborník; **II.** *príd* **2.** profesionálny, z povolania; **3.** kvalifikovaný, odborný; **4.** *(tajomstvo)* úradný, *(povinnosť)* služobný, najatý

pro.fes.sion.al.i.sm [prəˈfešnəlizm] *podst* **1.** *(špo)* profesionalizmus; **2.** profesionálnosť, profesionalita

pro.fes.sor [prəˈfesə] *podst* (sk **Prof**) **1.** *(br univ: len univerzitný)* profesor; **2.** vyznávač určitého náboženstva; **3.** *(hov: dobrý odborník, učiteľ)* majster

to prof.fer [profə] (**~ st [to sb]**) **1.** ponúknuť, podať, dať; **2.** vysloviť, vyjadriť, urobiť. *Syn* ⇨ **to offer**

pro.file [prəufail] *podst* **1.** *(i tech)* profil, pohľad z boku, obrys, silueta; **2.** portrét, medailón; **3.** rez. *Syn* ⇨ **outline**

prof.it [profit] *podst* **1.** *(obch)* zisk, výnos, *(ifm)* profit; **2.** *(prn)* prospech, úžitok

prof.it.a.ble [profitəbl] *príd* **1.** *(obch)* rentabilný, výnosný, lukratívny, dobre platený; **2.** užitočný, prospešný

prof.it mar.gin [ˈprofitˌma:džin] *podst* **1.** *(eko)* ziskové rozpätie

pro.found [prəˈfaund] *príd* **1.** hlboký, dôkladný, myšlienkovo bohatý, opravdivý, úplný, ďalekosiahly

pro.fu.sion [prəˈfju:žn] *podst* (**~ of st**) **1.** hojnosť, nepreberné množstvo, veľké kvantum

pro.ges.te.rone [prəuˈdžestərəun] *podst* **1.** progesterón

prog.no.sis [progˈnəusis] *podst* (mn **prognoses**) **1.** *(i lek)* prognóza, predpoveď

pro.gram [prəugræm] *podst* **1.** *(inf)* program, plán, rozvrh; **2.** učebné osnovy

pro.gramme [prəugræm] *podst* (am **program**) **1.** *(rozvrh práce, sled čísel, i polit, div)* program, relácia; **2.** plán; **3.** *(škol: učebná)* osnova, **programme [of study]** *učebná látka*; rozvrh; **4.** *(úmysel)* zámer

pro.gram.mer [prəugræmə] *podst* **1.** programátor; **2.** programovacie zariadenie

pro.gress [prəugres] *podst* **1.** pohyb dopredu, postup; **2.** pokrok, rozvoj, vývoj, priebeh

to pro.gress [prəugres] **I.** *nepr* **1.** postupovať; **II.** *prech* **2.** *(s čím)* pokračovať, postúpiť, ísť dopredu, vyvíjať sa, robiť pokroky, zotavovať sa, meniť sa k lepšiemu

pro.gres.sion [prəuˈgrešən] *podst* **1.** postup, pokrok, vývoj, rozvoj; **2.** *(mat)* postupnosť, *(aritmetický)* rad; **3.** *(hud)* progresia, sekvencia

pro.gres.sive [prəuˈgresiv] **I.** *podst* **1.** *(pol)* pokrokár, pokrokárka; **2.** *(ling)* priebehový čas; **II.** *príd* **3.** pokrokový, *(i pol)* pokrokársky; **4.** *(ling)* priebehový, *(i ling)* progresívny; **5.** vzostupný, moderný, postupný. *Syn* ⇨ **liberal**

pro.hi.bi.tion [ˌprəuiˈbišən] *podst* **1.** zákaz, prohibícia

pro.hi.bi.tive [prəˈhibitiv] *príd* **1.** prohibitívny, prohibičný; **2.** závratný, premrštený

proj.ect [prodžekt] *podst* **1.** akcia; **2.** *(škol)* samostatná práca, referát, štúdia; **3.** projekt. *Syn* ⇨ **plan**

to proj.ect [prəˈdžekt] **I.** *prech* **1.** zamýšľať, plánovať , mať v úmysle; **2.** odhadnúť, premietnuť do budúcnosti , extrapolovať, približne určiť; **3.** vrhnúť, hádzať, metať, vystreliť, odpáliť, učiniť počuteľným, spôsobiť, aby doliehal ďaleko; **4.** prezentovať, profilovať, robiť premet; **II.** *nepr* **5.** vyčnievať, vybiehať

pro.jec.tion [prəˈdžekšən] *podst* **1.** *(film, geom)* premietanie, projekcia; **2.** výčnelok, výbežok, vyčnievanie; **3.** vrhanie, metanie; **4.** odhad, predpoveď. *Syn*: protrusion, protuberance, bulge

pro.jec.tor [prəˈdžektə] *podst* **1.** *(film)* premietací prístroj, projektor, premietačka; **2.** *(geom: premietací)* lúč

pro.lif.ic [prəuˈlifik] *príd* **1.** *(rýchlo)* množiaci sa, plodný, požehnaný. *Syn* ⇨ **fertile**

pro.logue [prəulog] *podst* (am i **prolog**) **1.** *(lit)* prológ; **2.** *(prn)* predohra, začiatok. *Syn* ⇨ **introduction**

to pro.long [prəuˈloŋ] **1.** *(časové i priestorové)* predĺžiť, pretiahnuť, *(ťahom predĺžiť: i časovo)* naťahovať; **2.** *(fin)* prolongovať. *Syn* ⇨ **to extend**

pro.longed [prəuˈloŋd] *príd* **1.** dlhotrvajúci, *(časove, priestorove, i fon, hud, tech)* dlhý

prom.i.nence [prominəns] *podst* **1.** nápadnosť, dôležitosť, významnosť, vychýrenosť, sláva

prom.i.nent [prominənt] *príd* **1.** vyčnievajúci, vystupujúci, nápadný, výrazný; **2.** do očí bijúci, *(rozdiel)* markantný, *(pozícia)* dobre viditeľný; **3.** *(osobnosť)* popredný, prominentný, chýrečný. *Syn* ⇨ **noticeable**

pro.mis.cu.ous [prə'miskjuəs] *príd* **1.** promiskuitný, nestály, prelietavý, striedajúci často partnerov [v pohlavnom styku], *(ifm)* ľahká žena; **2.** nevyberavý; **3.** *(dtd fml)* premiešaný, nejednotný

to prom.ise [promis] **1.** sľúbiť, sľubovať, prisľúbiť, nasľubovať; **2.** uisťovať; **3.** *(na čo: nádej)* vzbudzovať

to pro.mote [prə'məut] **1.** povýšiť; **2.** presadzovať, podporovať, *(záujmy)* hájiť; **3.** *(obch)* robiť [čomu] reklamu, *(co)* propagovať. *Syn* ⇨ **to advance**

pro.mot.er [prə'məutə] *podst* **1.** propagátor, podporovateľ, zástanca; **2.** organizátor, iniciátor, zakladateľ; **3.** sponzor

pro.mo.tion [prə'məušən] *podst* **1.** povýšenie; **2.** *(i špo)* postup; **3.** presadzovanie; **4.** propagácia, reklama

pro.mo.tion.al [prə'məušnl] *príd* **1.** propagačný, reklamný

prompt [prompt] *príd* **1.** rýchly, promptný, pohotový, okamžitý; **2.** presný. *Syn* ⇨ **quick**

to prom.ul.gate [promlgeit] **1.** propagovať, rozširovať; **2.** uverejniť, vyhlásiť, promulgovať

to pro.nounce [prə'nauns] **1.** *(ling)* vysloviť, vyriecť, vyslovovať; **2.** prehlásiť, *(svoje meno, i)* povedať, *(formálne/ úradne vyhlásiť)* vyniesť

pro.nounced [prə'naunst] *príd* **1.** zreteľný, markantný, vyhranený, výrazný

pro.nounce.ment [prə'naunsmənt] *podst* (**~ on st**) **1.** vyhlásenie, *(práv: rozsudku)* vynesenie

pro.nun.ci.a.tion [prə͵nansi'eišn] *podst* **1.** výslovnosť

proof [pru:f] *podst* **1.** *(i log)* dôkaz; **2.** *(mat)* skúška správnosti; **3.** *(polyg)* obťah, korektúra. *Syn*: evidence, testimony, exhibit

to proof.read [pru:fri:d] (mč, mp **-read**) **1.** čítať korektúru [čoho]

to prop [prop] [**-pp-**] **1.** *(priložiť k niečomu pevnému)* oprieť, *(dať oporu, i prn)* podopierať, *(podoprieť)* podstaviť

prop.a.gan.da [͵propə'gændə] *podst* **1.** propaganda, agitácia, propagácia, *(odporúčanie na kúpu)* reklama

to prop.a.gate [propəgeit] **I.** *prech* **1.** *(zvieratá, rastliny)* množiť; **2.** *(správy, vedomosti)* šíriť, propagovať; **3.** reprodukovať, prenášať; **II.** *nepr* **4.** *(zvieratá, rastliny)* množiť sa; **5.** *(správy, oheň ap)* šíriť sa

to pro.pel [prə'pel] **1.** hnať, poháňať, strkať, tlačiť. *Syn* ⇨ **to push**

pro.pel.ler [prə'pelə] *podst* **1.** *(let)* vrtuľa; **2.** *(nám)* lodná skrutka

pro.pen.si.ty [prə'pensəti] *podst* (mn **-ies**) **1.** sklon, náklonnosť, tendencia, náchylnosť. *Syn* ⇨ **inclination**

prop.er [propə] *príd* **1.** *(nástroj)* vhodný, *(i oblečenie)* primeraný, *(i čas)* príhodný, *(dom, práca)* poriadny, *(pomenovanie, hláskovanie)* správny, *(pozornosť, odmena)* patričný; **2.** skutočný, pravý; **3.** vlastný; **4.** *(ifm)* vyložený, ako sa patrí. *Syn* ⇨ **fit**

prop.er.ly [propəli] *prísl* **1.** vhodne, náležite, primerane, riadne; **2.** slušne; **3.** ako sa patrí, poriadne

prop.er.ty [propəti] *podst* (mn **-ies**) **1.** vlastnosť, povaha; **2.** vlastníctvo, majetok; **3.** nehnuteľnosť, pozemok; **4.** *(pl div)* rekvizity. *Syn* ⇨ **quality**

proph.e.cy [profisi] *podst* (mn **-ies**) **1.** veštba, *(predpoveď budúcnosti)* proroctvo

proph.et [profit] *podst* **1.** veštec, prorok, *(zvestovateľ, šíriteľ)* hlásateľ

pro.phet.ic [prə'fetik] *príd* **1.** veštecký, prorocký

pro.po.nent [prə'pəunənt] *podst* (**~ of st**) **1.** zástanca, prívrženec, stúpenec

pro.por.tion [prə'po:šən] *podst* **1.** podiel, časť, percento; **2.** *(i mat)* pomer, proporcia. *Syn* ⇨ **symmetry**

pro.por.tion.al [prə'po:šənl] *príd* (**~ to st**) **1.** úmerný. *Syn* ⇨ **proportionate**

pro.por.tion.ate [prə'po:šnit] *príd* (**~ to st**) **1.** primeraný, úmerný. *Syn*: proportional, commensurable, commensurate. *Opoz*: dis-

pro.pos.al [prə'pəuzəl] *podst* **1.** *(plán predkladaný na schválenie)* návrh, námet, ponuka na sobáš, ponúknutie; **2.** *(podanie návrhu)* prezentácia . *Syn*: proposition

to pro.pose [prə'pəuz] **1.** navrhnúť; **2.** predložiť, predkladať, *(s čím)* vystúpiť. *Syn* ⇨ **to intend**

prop.o.si.tion [ˌpropə'zišən] *podst* **1.** návrh, ponuka, nemravný návrh; **2.** *(log)* logický výrok, *(mat)* poučka, veta; **3.** *(ifm)* záležitosť, vec. *Syn* ⇨ **proposal**

pro.pri.e.tor [prə'praiətə] *podst* (ž **proprietress**) **1.** majiteľ, vlastník

pro.pul.sion [prə'palšən] *podst* **1.** *(raketový)* pohon, náhon, hnacia sila; **2.** podnet; **3.** *(biol, psychol, ele, inf)* impulz

pro.sa.ic [prəu'zeiik] *príd* **1.** prozaický, všedný, obyčajný, prízemný, *(život)* monotónny

prose [prəuz] *podst* **1.** *(lit)* próza; **2.** *(br škol, univ)* preklad do cudzieho jazyka, všednosť

to pros.e.cute [prosikju:t] **1.** *(práv)* trestne stíhať; **2.** *(fml)* viesť, konať, prevádzať, pestovať

pros.e.cu.tion [ˌprosi'kju:šən] *podst* **1.** trestné stíhanie; **2.** vedenie, prevádzanie, výkon, konanie, pestovanie

pros.e.cut.or [prosikju:tə] *podst* **1.** *(práv)* žalobca, prokurátor

pros.pect [prospekt] *podst* **1.** perspektíva, vyhliadka; **2.** nádej, možnosť; **3.** nádejný kandidát, nádejný výrobok; **4.** *(dtd bás)* výhľad. *Syn*: view

pro.spec.tive [prə'spektiv] *príd* **1.** budúci; **2.** možný, eventuálny, potenciálny; **3.** plánovaný, očakávaný

pro.spec.tus [prə'spektəs] *podst* (mn **-es**) **1.** brožúrka, leták, prospekt

to pros.per [prospə] **1.** prosperovať, prospievať, prekvitať, kvitnúť. *Syn* ⇨ **to succeed**

pros.per.i.ty [pro'sperəti] *podst* **1.** blahobyt, prosperita; **2.** rozkvet, konjuktúra

pros.per.ous [prospərəs] *príd* **1.** prosperujúci, prekvitajúci; **2.** blahobytný; **3.** *(vyhovujúci: čas, vietor, podmienky)* priaznivý

pros.ti.tute [prostitju:t] *podst* **1.** prostitútka, neviestka

pros.ti.tu.tion [ˌprosti'tju:šn] *podst* **1.** prostitúcia; **2.** *(prn: tlače atď)* predajnosť

pro.tag.on.ist [prəu'tægənist] *podst* **1.** *(div, film)* protagonista, hlavný hrdina; **2.** prívrženec, stúpenec

to pro.tect [prə'tekt] **1.** chrániť, ochraňovať; **2.** brániť, hájiť, podporovať; **3.** *(inf)* zabezpečiť. *Syn* ⇨ **to defend**

pro.tec.tion [prə'tekšən] *podst* **1.** *(starostlivosť, chránenie, i prn, i tech)* ochrana, *(odb)* ochranárstvo; **2.** *(i šach, voj, šport)* obrana; **3.** *(ochranné zariadenie)* kryt; **4.** protekcia

pro.tec.tion.i.sm [prə'tekšənizm] *podst* **1.** *(ekon)* protekcionizmus, ochranárstvo

pro.tec.tion.ist [prə'tekšənist] *príd* **1.** *(ekon)* protekcionistický, ochranársky

pro.tec.tive [prə'tektiv] **I.** *podst* **1.** *(am)* kondóm, prezervatív; **II.** *príd* **2.** ochranný, *(ekon)* ochranársky; **3.** starostlivý

pro.tec.tor [prə'tektə] *podst* **1.** ochranca, patrón; **2.** chránič; **3.** istič; **4.** protektor

pro.tein [prəuti:n] *podst* **1.** proteín, bielkovina

pro.test [prəutest] *podst* **1.** *(vše)* protest, reklamácia; **2.** *(práv)* námietka, *(obch, i práv, eko)* zmenkový protest

to pro.test [prəutest] **I.** *nepr* **1.** protestovať, ohradzovať sa; **II.** *prech* **2.** *(am: proti čomu)* protestovať, *(proti čomu)* demonštrovať. *Syn* ⇨ **to object**

Prot.e.stant [protistənt] **I.** *podst* **1.** protestant, evanjelik; **II.** *príd* **2.** protestantský, evanjelický

pro.test.er [prə'testə] *podst* **1.** protestujúci, demonštrant

pro.to.col [prəutəkol] *podst* **1.** *(vše, dipl, inf)* protokol

pro.ton [prəuton] *podst* **1.** *(fyz)* protón

pro.to.type [prəutətaip] *podst* **1.** prototyp, *(vzor auta ap)* model; **2.** *(príklad, kladný/výrobný typ, predloha, prvý, skúšobný)* vzor; **3.** *(polyg)* predloha

pro.tract.ed [prə'træktid] *príd* **1.** zdĺhavý, dlhotrvajúci, vleklý

to pro.trude [prə'tru:d] (~ **from st**) **I.** *nepr* **1.** vyčnievať, *(skala)* prečnievať, *(uši)* odstávať, *(oči)* byť vypúlený; **II.** *prech* **2.** vysunúť, vystrčiť

proud [praud] *príd* {**-er, -est**} **1.** hrdý; **2.** *(i pej)* pyšný, namyslený, povýšený, arogantný; **3.** majestátny. *Syn*: arrogant, haughty, insolent, overbearing, supercilious, disdainful. *Opoz*: humble

to prove [pru:v] (mč **proved**, mp **proved** am **proven**) **I.** *prech* **1.** dokázať; **2.** vyskúšať, podrobiť [čo] skúške; **3.** *(práv)* úradne overiť; **4.** *(kuch)* nechať vykysnúť; **II.** *nepr* **5.** *(akým)* ukázať sa; **6.** *(kuch)* kysnúť

pro.ver.bi.al [prə'və:bjəl] *príd* **1.** príslovečný, *(slávny, chýrny, i prn)* príslovečne známy, povestný

to pro.vide [prə'vaid] **1.** poskytnúť, dať k dispozícii, *(o)* postarať sa, zaistiť, *(elektrinu)* dodávať, *(čo čím)* vybaviť; **2.** *(vládu, zákony ap)* ustanoviť

pro.vid.ed [prə'vaidid] (i **provided that, providing**) **1.** pod podmienkou, že, iba ak; **2.** pokiaľ

prov.i.dence [providəns] *podst* **1.** prozreteľnosť, osud, prezieravosť

prov.ince [provins] *podst* **1.** *(i náb)* provincia, oblasť, *(náb)* arcibiskupstvo; **2.** *(prn)* odbor, rezort, kompetencia

pro.vin.cial [prə'vinšəl] **I.** *podst* **1.** *(pej)* vidiečan; **2.** *(náb)* predstavený rehoľnej provincie, *(i náb)* provinciál; **II.** *príd* **3.** provinciálny, provinčný, vidiecky; **4.** malomestský, obmedzený

pro.vi.sion [prə'vižən] *podst* **1.** poskytnutie, dodanie, *(čoho)* obstarávanie; **2.** zásoba, potraviny; **3.** opatrenie, ustanovenie, predpis, podmienka. *Syn* ⇨ **food**

pro.vi.sion.al [prə'vižənl] **I.** *podst* **1.** člen Dočasného krídla Írskej republikánskej armády; **II.** *príd* **2.** provizórny, dočasný; **3.** prechodný. *Syn* ⇨ **temporary**

prov.o.ca.tion [ˌprovə'keišn] *podst* **1.** provokácia

pro.voc.a.tive [prə'vokətiv] *príd* **1.** provokatívny, provokačný, vyzývavý, *(spôsobujúci dráždenie aj pren)* dráždivý

to pro.voke [prə'vəuk] **1.** provokovať, dráždiť, *(ifm)* hecovať, *(psa, protivníka)* rozdráždiť; **2.** *(hnev, úsmev ap)* vyvolať, *(ľútosť)* prebudiť. *Syn*: to excite, to stimulate, to pique, ⇨ aj **to irritate**

prow.ess [prauis] *podst* (mn **-es**) **1.** zručnosť, obratnosť, šikovnosť, *(špo)* zdatnosť

prox.i.mi.ty [prok'siməti] *podst* (mn **-ies**) **1.** blízkosť

prox.y [proksi] *podst* (mn **-ies**) **1.** *(práv)* zmocnenie, plná moc; **2.** zmocnenec, splnomocnenec. *Syn* ⇨ **agent**

pru.dence [pru:dns] *podst* **1.** prezieravosť, rozvaha, rozvážnosť, uvážlivosť, opatrnosť, obozretnosť; **2.** múdrosť, premyslenosť

pru.dent [pru:dənt] *príd* **1.** *(človek)* prezieravý, rozvážny, opatrný; **2.** hospodárny, šetrný; **3.** *(rozhodnutie, voľba)* múdry, premyslený. *Syn* ⇨ **careful, wise**

prune [pru:n] *podst* **1.** *(plod)* sušená slivka

to prune [pru:n] (~ **st [from/ off st]**) **1.** *(živý plot)* pristrihovať, zarovnať, poprestrihovať, *(strom)* orezať, poprerezávať; **2.** znížiť, redukovať, *(text)* zoškrtať, skrátiť

to pry [prai] (mč, mp **pried**) **1.** sliediť, snoriť, byť zvedavý, pátrať; **2.** *(pákou)* vylomiť, páčiť

psy.che.del.ic [ˌsaiki'delik] *príd* **1.** psychedelický

psy.chi.a.try [sai'kaiətri] *podst* **1.** psychiatria

psy.chic [saikik] **I.** *podst* **1.** jasnovidec; **2.** médium; **II.** *príd* **3.** nadprirodzený, parapsychologický

psy.cho [saikəu] *podst* (mn **-os**) **1.** *(am ifm)* šialenec, blázon, psychopat

psy.cho.an.a.lyst [ˌsaikəu'ænəlist] *podst* **1.** psychoanalytik, psychoanalytička

psy.cho.log.i.cal [ˌsaikə'lodžikəl] *príd* **1.** psychologický

psy.chol.o.gist [sai'kolədžist] *podst* **1.** psychológ, psychologička

psy.chol.o.gy [sai'kolədži] *podst* **1.** psychológia

psy.cho.sis [sai'kəusis] *podst* (mn **psychoses**) **1.** psychóza. *Syn* ⇨ **insanity**

psy.cho.ther.a.py [ˌsaikəu'θerəpi] *podst* (mn **-ies**) **1.** psychoterapia

psy.chot.ic [sai'kotik] **I.** *podst* **1.** psychotik, psychotička; **II.** *príd* **2.** psychotický

pub [pab] *podst* (i fml **public house**) **1.** krčma, krčmička, lokál, *(pej)* putika; **2.** hostinec

pu.ber.ty [pju:bəti] *podst* **1.** puberta, pohlavné dospievanie

pub.lic [pablik] *príd* **1.** *(vše)* verejný, štátny, vládny; **2.** občiansky

pub.li.ca.tion [ˌpabliˈkeišən] *podst* **1.** publikácia, uverejnenie, vydanie, odtlačenie, uverejnené dielo

to pub.li.cize [pablisaiz] (i **-ise**) **1.** propagovať, *(tech)* zverejniť, robiť [čomu] publicitu/ reklamu, *(zastar: zverejňovať)* publikovať

to pub.lish [pabliš] **I.** *prech* **1.** uverejniť, vydať; **2.** zverejniť; **II.** *nepr* **3.** publikovať, mať publikačnú činnosť. *Syn* ⇨ **to declare**

pub.lish.er [pablišə] *podst* **1.** nakladateľ, vydavateľ, editor , *(novín ap)* administrátor

pub.lish.ing [pablišiŋ] *podst* **1.** nakladateľská práca, *(vydanie diela)* edícia, *(len jedno uverejnenie)* publikácia, nakladateľský

pud.ding [pudiŋ] *podst* **1.** *(kuch)* puding, nákyp; **2.** dezert, zákusok; **3.** *(ifm)* tlstučký, neohrabanec

pud.dle [padl] *podst* **1.** mláka, kaluž, barina, *(euf)* mláčka; **2.** *(geol)* íl

puff [paf] *podst* **1.** závan, fúknutie, dýchnutie, *(dymu)* obláčik, *(cigarety)* ťah, bafnutie; **2.** dych, dýchanie; **3.** *(kuch)* pečivo z odpaľovaného/ páleného cesta, nákyp; **4.** *(nafúknutá)* reklama

to puff [paf] **I.** *prech* **1.** *(fajku)* bafkať, *(dym)* vyfúknuť; **2.** *(krajč: rukávy)* nabrať; **II.** *nepr* **3.** *(človek)* fúkať, dychčať, odfukovať, *(komín)* kadiť, dymiť; **4.** *(nadmieru)* vychvaľovať

pull [pul] *podst* (**~ at/ on st**) **1.** *(tech: stroja)* trakcia, pohon; **2.** záťah; **3.** *(i prn)* príťažlivosť, pôvab; **4.** *(prn)* vplyv, protekcia; **5.** glg, dúšok; **6.** *(z cigarety, fajky)* šluk, bafnutie; **7.** rúčka, gombík, šnúra; **8.** vychádzka na člne; **9.** *(typ)* obťah, korektúra; **10.** úsilie, námaha

to pull [pul] **I.** *prech* **1.** ťahať, vliecť, stiahnuť, zatiahnuť; **2.** *(zátku, zbraň)* vytiahnuť, *(i zub)* vytrhnúť, *(pivo)* čapovať, natočiť, *(kuch: kura ap)* vypitvať; **3.** *(sval)* natiahnuť; **4.** *(s čím)* veslovať; **5.** *(koho)* priťahovať; **6.** *(ifm)* dokázať, úspešne zvládnuť; **II.** *nepr* **7.** tiahnuť. *Syn*: to draw, to drag, to tug, to haul, to tow. *Opoz*: to push, to shove

to pull down I. *prech* **1.** stiahnuť dolu; **2.** zbúrať, zrútiť, strhnúť; **3.** oslabiť, podlomiť čie zdravie, vziať komu silu, *(prn)* deprimovať, skrušiť, zraziť komu hrebienok; **4.** *(am ifm)* zarobiť; **II.** *nepr* **5.** dať sa sťahovať, byť sťahovateľný

to pull out [pulaut] **I.** *prech* **1.** vytiahnuť, vytrhnúť, vybrať; **2.** natiahnuť; **3.** stiahnuť, odveliť, odvolať; **II.** *nepr* **4.** stiahnuť sa, ustúpiť, odtiahnuť; **5.** *(auto)* vybočiť, vyjsť do rýchlejšieho pruhu, odísť; **6.** *(vlak)* vyjsť zo stanice

pulp [palp] *podst* **1.** kaša; **2.** *(plodu)* dužina, *(bot, i zubu)* dreň, papierovina; **3.** mäso

to pulp [palp] **1.** rozdrviť; **2.** vylupovať; **3.** *(na kašu)* zmäknúť

pul.pit [pulpit] *podst* **1.** kazateľnica, kazateľstvo

pul.sar [palsa:] *podst* **1.** *(astron)* pulzár

to pul.sate [palˈseit] **1.** biť, búšiť, tĺcť, pulzovať, vibrovať

pulse [pals] *podst* **1.** pulz, tep; **2.** rytmus; **3.** *(fyz)* impulz; **4.** *(bot, kuch)* strukovina

to pulse [pals] **1.** pulzovať, vibrovať, vysielať; **2.** tepať; **3.** modulovať

pump [pamp] *podst* **1.** *(tech)* pumpa, čerpadlo; **2.** teniska , plátenka, *(am)* lodička

to pump [pamp] **I.** *prech* **1.** *(vzduch, olej, vodu)* pumpovať; **2.** *(žalúdok)* vypláchnuť, *(ifm)* vypumpovať ; **3.** *(pedál)* opakovane zošliapnuť, energicky [čím] potriasť; **4.** investovať; **II.** *nepr* **5.** *(človek, stroj)* pumpovať, *(srdce)* silne tĺcť; **6.** *(krv zo žily)* striekať

pump.kin [pampkin] *podst* **1.** *(bot: Cucurbita pepo)* tekvica

pun [pan] *podst* (**~ on st**) **1.** slovná hračka, kalambúr

to pun [pan] **1.** robiť slovné hračky

punch [panæ] *podst* (mn **-es**) **1.** rana päsťou; **2.** priebojnosť, elán, nadšenie, *(žel)* kompostér, *(na kov)* prerážačka, *(na pečiatkovanie)* razník

to punch [panæ] (**~ sb [in/ on st]**) **1.** *(pä-*

sťou) udrieť, *(pästou)* praštiť, *(pästou)* tĺcť; 2. preštiknúť, perforovať. *Syn* ⇨ **to strike**

punc.tual [paŋktjuəl] *príd* 1. presný, dochvíľny, včasný

to punc.tu.ate [paŋktjueit] I. *prech* 1. *(lit)* urobiť [v čom] interpunkciu, vyznačiť [v čom] interpunkciu, opatriť interpunkciou; II. *nepr* 2. klásť interpunkčné znamienka

punc.ture [paŋkæə] *podst* 1. [pre]pichnutie, prerazenie; 2. vpich; 3..defekt

to punc.ture [paŋkæə] I. *prech* 1. *(vše)* prepichnúť, perforovať, pichnúť; 2. raniť, *(čoho)* dotknúť sa; II. *nepr* 3. prasknúť

pun.dit [pandit] *podst* 1. *(ifm)* znalec, expert, autorita; 2. *(náb: hinduistický utečenec)* pandit

pun.gent [pandžənt] *príd* 1. ostrý, pikantný, prenikavý ; 2. zožieravý, zaliečavý, štipľavý. *Syn*: piquant, racy, spicy. *Opoz*: bland, insipid

to pun.ish [paniš] 1. trestať, potrestať, *(fml)* strestať; 2. preťažovať, *(ifm)* dať [komu] zabrať, nešetriť. *Syn*: to discipline, to correct, to chastise, to castigate, to chasten

pun.ish.ment [panišmənt] *podst* 1. potrestanie; 2. trest; 3. *(bitka)* výplata

punk [paŋk] I. *podst* 1. pank, punk, panker, *(ifm)* pankáč; 2. *(am)* chuligán, pľuhavec, lotor; 3. *(am)* prázdnota; 4. *(slg)* brak; II. *príd* 5. pankový, pankáčsky

punt [pant] *podst* 1. plť, čln s plochým dnom [poháňaný odpichováním palicou]

to punt [pant] I. *nepr* 1. odstrkávať plť palicou; II. *prech* 2. odpichovať palicou; 3. *(fot)* hrať z voleja, zahrať z voleja

punt.er [pantə] *podst* 1. stávkár, hazardný hráč; 2. priemerný zákazník podliehajúci primitívnym reklamám

pup [pap] *podst* 1. šteňa, psíček; 2. mláďa; 3. *(prn)* holobriadok, zelenáč

pu.pil [pju:pl] *podst* 1. *(škol)* žiak, školák, študent, stredoškolák, gymnazista; 2. žiak, odchovanec, nasledovník; 3. *(anat)* zrenica, zornica. *Syn*: student, scholar

pup.pet [papit] *podst* 1. *(i prn pol)* bábka; 2. nastrčená figúra; 3. *(napodobenina, i prn)* figúra

pup.py [papi] *podst* (mn **-ies**) 1. šteňa, psíček; 2. *(pej dtd)* zelenáč, holobriadok

pur.chase [pə:æəs] *podst* 1. kúpa, nákup; 2. uchopenie, zachytenie

to pur.chase [pə:æəs] (~ **st [from sb/ with st]**) 1. kúpiť, zakúpiť, obstarať, *(prn)* získavať; 2. vymieňať; 3. *(kotvu)* zdvíhať

pur.chas.er [pə:æəsə] *podst* 1. *(kupujúci)* kupec, nákupca, *(v obchode, reštaurácii ap)* zákazník, kupujúci; 2. *(plynu, elektriny ap.)* odberateľ

pure [pjuə] *príd* [**-r, -st**] 1. *(vzduch, voda)* čistý, *(alkohol, vlna ap)* stopercentný, *(i hodváb)* pravý, *(i zlato)* rýdzi; 2. teoretický; 3. nevinný, *(dtd: dievča)* poctivý; 4. neskalený, číry, svätý, *(nezmysel)* vyložený, *(dohad:subšt)* púhy, *(šialenstvo)* hotový. *Syn* ⇨ **chaste**

pure.ly [pjuəli] *prísl* 1. čisto, celkom

to purge [pə:dž] 1. *(pol)* očistiť, urobiť čistku [čoho], eliminovať; 2. zmyť; 3. *(lek)* prečistiť, vyčistiť preháňadlom

to pu.ri.fy [pjuərifai] 1. čistiť, *(zbaviť nečistoty i zuby, topánky, prn)* očistiť, prečistiť; 2. *(i chem)* čeriť; 3. *(izbu)* vyvetrať; 4. *(prn)* brúsiť; 5. rafinovať

pu.rist [pjuərist] *podst* 1. purista

pur.ple [pə:pl] I. *podst* 1. červenofialová farba, purpur; II. *príd* 2. červenofialový, purpurový; 3. *(reč)* kvetnatý

to pur.port [pə:pət] 1. tvrdiť, *(za čo)* vydávať sa; 2. *(znamenať, mať hodnotu)* značiť; 3. mať zmysel. *Syn:* to mean

pur.pose [pə:pəs] *podst* 1. účel, cieľ, zámer; 2. rozhodnosť

pur.pose.built [pə:pəsbilt] *príd* 1. postavený pre špeciálny účel, účelový

pur.pose.ful [pə:pəsful] *príd* 1. cieľavedomý, rezolútny, rozhodný, rázny

purse [pə:s] *podst* 1. peňaženka, portmontka, *(na peniaze)* vrecko; 2. *(am)* kabelka; 3. *(prn)* financia, finančné možnosti; 4. *(špo)* peňažná cena

to pur.sue [pə'sju:] 1. naháňať, *(i zlodeja)* stíhať, *(za čím)* naháňať sa, *(cieľ)* sledovať; 2. *(prn: o čo)* usilovať sa, *(čomu)* venovať sa, *(v čom)* pokračovať

pur.suit [pə'sjút] *podst* 1. *(kriminálnikov)* prenasledovanie, stíhanie; **2.** *(prn)* usilovanie o čo, honba za čím, *(znalostí)* získavanie; **3.** pokračovanie v čom; **4.** *(profesie)* vykonávanie; **5.** zábava; **6.** *(špo)* závod

push [puš] *podst* (mn **-es**) **1.** strčenie; **2.** *(gombíka)* stlačenie; **3.** *(ifm)* povzbudenie, *(i ifm)* posotenie; **4.** elán, energia

to push [puš] **I.** *prech* **1.** tlačiť; **2.** *(gombík)* stisnúť, *(na)* zatlačiť; **3.** *(názory, kandidátov)* presadzovať, propagovať; **4.** pokútne predávať; **5.** *(hlas)* prepínať; **II.** *nepr* **6.** *(vozík)* tlačiť. *Syn*: to shove, to thrust, to propel. *Opoz*: to pull, to draw

to push down I. *prech* **1.** zosunúť, prevrhnúť, zhodiť na zem, zvrhnúť; **2.** stisnúť, zošliapnuť; **3.** znížiť, zraziť; **II.** *nepr* **4.** tlačiť dolu

push.er [pušə] *podst* **1.** pokútny predavač drog

push-up [pušap] *podst* **1.** *(am)* vzpor ležmo

to put [put] ([**-tt-**] (mč, mp **put**) **1.** *(kam)* dať, položiť, postaviť, vložiť, zavesiť, naliať, nasypať, nalepiť; **2.** *(daň ap)* uvaliť; **3.** povedať, vyjadriť, *(návrh)* predložiť; **4.** *(peniaze)* investovať, *(čas, energiu ap)* venovať

to put on [puton] **1.** obliecť si, dať si na seba, obliecť sa do čoho, obuť si, nastrčiť, nastrčiť si, navliecť si, uviazať si, vziať si, opásať sa čím, prišiť, pripnúť, pripnúť si, *(hud)* natiahnuť, naniesť, pristaviť, naservírovať; **3.** zapnúť, pustiť; **4.** inscenovať, uviesť, poriadať, dávať; **5.** zvýšiť; **6.** vyvíjať; **7.** uvaliť

putt [pat] *podst* **1.** úder smerom na jamku, doklepnutie do jamky, priklepnutie do jamky

to putt [pat] **1.** hrať smerom na jamku, *(golf)* zahrať

put.ter [putə] *podst* **1.** palica na hru v jamkovišti

to put up [puťap] **I.** *prech* **1.** zdvihnúť, vztýčiť, napnúť, rozovrieť; **2.** vyvesiť, vylepiť, zavesiť; **3.** postaviť, zmontovať; **4.** vystreliť, uviesť na obežnú dráhu; **5.** zvýšiť; **6.** navrhnúť, kandidovať koho

puz.zle [pazl] *podst* **1.** hádanka, rébus, skladanka, skladačka, skladacia hra, hlavolam; **2.** *(prn)* záhada

to puz.zle [pazl] **1.** miasť, pliesť; **2.** byť; **3.** uvádzať; **4.** hĺbať. *Syn*: to perplex, to confuse, to found, to bewilder, to nonplus, to dum[b]found

py.ra.mid [pirəmid] *podst* **1.** pyramída, *(geom)* ihlan

py.thon [paiθən] *podst* **1.** *(zool: Pythonidae)* pytón; **2.** **Phython** *(mytol)* drak; **3.** *(prn)* veštec, posadnutý človek

Q

quad.ru.ple [kwodrupl] **I.** *podst* **1.** štvornásobok; **2.** štvorica; **II.** *príd* **3.** štvornásobný; **4.** *(o takte)* štvordobý; **5.** *(o zmluve, dohode)* štvorstranný

to quad.ru.ple [kwodrupl] **I.** *prech* **1.** štvornásobiť, násobiť štyrmi; **II.** *nepr* **2.** štvornásobiť sa, štvornásobne sa zväčšiť

quag.mire [kwægmaiə] *podst* **1.** *(lit)* močarina, močiar; **2.** *(prn)* bahno, šlamastika, kaša

to quail [kweil] (**~ at/ before sb/ st**) **1.** chvieť sa, triasť sa; **2.** cúvnuť. *Syn* ⇨ **to recoil**

quaint [kweint] *príd* **1.** malebný, idylický, originálny, starodávny; **2.** čudný, bizarný, výstredný, komický. *Syn* ⇨ **strange**

quake [kweik] *podst* **1.** zemetrasenie

to quake [kweik] **1.** chvieť sa, *(tech)* zachvieť sa, otriasať sa; **2.** triasť sa. *Syn* ⇨ **to shake**

Quak.er [kweikə] *podst* **1.** *(náb)* kvaker, kvakerka, príslušník Society of Friends

qua.li.fi.ca.tion [ˌkwolifiˈkeišən] *podst* **1.** *(i špo)* kvalifikácia, vysvedčenie, diplom; **2.** skončenie štúdia, získanie kvalifikácie/ diplomu; **3.** podmienka, predpoklad; **4.** výhrada

qua.li.fied [kwolifaid] *príd* **1.** kvalifikovaný, diplomovaný, aprobovaný; **2.** spôsobilý, kompetentný, splnomocnený, oprávnený; **3.** podmienený. *Syn* ⇨ **able**

qua.li.fi.er [kwolifaiə] *podst* **1.** *(špo)* športovec, ktorý sa kvalifikoval, vylučovací zápas;

2. *(ling)* bližšie určujúci výraz [napr. prívlastok]; 3. prívlastok

to qua.li.fy [kwolifai] (mč, mp **-fied**) I. *prech* 1. kvalifikovať, oprávniť; 2. modifikovať, bližšie vysvetliť; 3. *(ling)* bližšie určiť; II. *nepr* 4. *(i špo)* kvalifikovať sa; 5. byť spôsobilý, spĺňať podmienky [na čo]

qua.li.ta.tive [kwolitətiv] *príd* 1. kvalitatívny, *(eko)* akostný, hodnotný

qua.li.ty [kwoliti] *podst* (mn **-ies**) 1. kvalita, akosť; 2. vlastnosť; 3. cena, hodnota; 4. *(zast, žart)* urodzenosť, prestíž, spoločenské postavenie. *Syn*: property, character, attribute, trait

qualm [kwo:m] *podst* 1. pochyba, škrupuľa; 2. *(dtd)* nevoľnosť; 3. *(citov)* záchvat; 4. *(slabosť)* mdloba. *Syn*: scruple, compunction, misgiving

to quan.ti.fy [kwontifai] (mč, mp **-fied**) 1. vyčísliť, stanoviť množstvo

quan.ti.ta.tive [kwontitətiv] *príd* 1. kvantitatívny

quan.ti.ty [kwontəti] *podst* (mn **-ies**) 1. množstvo, počet, kvantum; 2. *(fil, log)* kvantita; 3. *(mat)* veličina; 4. *(ling)* dĺžka

qua.ran.tine [kworənti:n] *podst* 1. karanténa

to qua.ran.tine [kwornti:n] 1. dať do karantény

quark [kwa:k] *podst* 1. *(jfyz)* kvark

quar.rel [kworəl] *podst* 1. hádka, spor, rozopra, roztržka; 2. námietka. *Syn*: wrangle, altercation, squabble. *Opoz*: agreement, harmony

to quar.rel [kworəl] [**-ll-** am **-l-**] 1. vadiť sa, *(viesť spor o čo)* hádať sa, *(s kým i bezpred)* priečiť sa, dohadovať sa, hašteriť sa, *(vzájomne sa zlostiť)* dožierať sa

quar.ry [kwori] *podst* (mn **-ies**) 1. *(min)* lom; 2. *(prn)* pokladnica; 3. *(poľov)* korisť; 4. *(prn)* obeť

to quar.ry [kwori] (mč, mp **quarried**) 1. dobývať, dolovať , ťažiť, *(dobývať zo zeme)* kopať, lámať; 2. *(nádobou)* čerpať, *(správy, i prn)* čerpať

quar.ter [kwo:tə] I. *podst* 1. štvrť, *(i kuch)* štvrtina; 2. *(štvrtina libry)* 113 g; 3. štvrťhodina; 4. *(i škol)* štvrťrok, kvartál, *(univ)* pol semestra, *(admin)* kvartál; 5. *(am, kan)* štvrťdolár, *(am)* 25 centov, tábor; 6. *(her)* pole; 7. *(nám)* stanovište, postavenie; 8. *(voj)* kasárne; 9. okres, obvod; 10. *(mn)* byt, ubytovanie; 11. svetová strana, miesto; II. *príd* 12. štvrtinový

to quar.ter [kwo:tə] 1. *(na štyri časti, diely)* rozdeliť, *(hist)* rozštvrtiť; 2. deliť štyrmi; 3. *(vojsko)* ubytovať

quar.ter.fi.nal [ˈkwo:təˌfainl] *podst* 1. *(špo)* štvrťfinálový zápas, štvrťfinále

quar.ter.ly [kwo:təli] I. *príd* 1. štvrťročný, kvartálny; II. *prísl* 2. štvrťročne, kvartálne

quar.tet [kwo:ˈtet] *podst* 1. *(hud: skladba)* kvartet, *(súbor)* kvarteto

qua.sar [kweisə] *podst* 1. *(astron)* kvazar

to quash [kwo:š] 1. *(práv)* zrušiť, prehlásiť za neplatné; 2. *(ifm: vzburu a pod.)* potlačiť, udusiť, odmietnuť

qua.ver [kweivə] *podst* 1. *(br hud)* osmina; 2. trasľavý hlas, trasľavý zvuk, *(hud)* trilok, tremolo

to qua.ver [kweivə] 1. chvieť sa, triasť sa; 2. hovoriť trasľavým hlasom, *(hud)* trilkovať

quay [ki:] *podst* (mn **-ays**) 1. *(nám)* prístavná hrádza, nábrežie; 2. prístavište

queen [kwi:n] *podst* 1. kráľovná; 2. *(kart, šach)* dáma; 3. *(sl)* teploš, buzerant

queer [kwiə] I. *podst* 1. teploš, buzerant, buzík, homoš; II. *príd* 2. *(ifm: homosexuál)* teplý; 3. čudný, zvláštny; 4. podozrivý, pochybný, podivný; 5. *(ifm)* šibnutý, strelený, ťuknutý. *Syn* ⇨ **strange**

to quell [kwel] 1. potlačiť, udusiť; 2. krotiť, skrotiť, prekonať, zaplašiť

que.ry [kwiəri] *podst* (mn **-ies**) 1. *(i inf)* otázka, dopyt; 2. *(polyg: znak)* otáznik. *Syn* ⇨ **question**

to que.ry [kwiəri] (mč, mp **queried**) 1. *(klásť otázku, i inf)* pýtať sa, opýtať sa, spýtať sa; 2. pozastaviť, zapochybovať, *(o čom)* pochybovať

quest [kwest] *podst* 1. pátranie, hľadanie, *(vedecké/ odborné preskúmanie, geol)* prieskum; 2. *(inf)* otázka

ques.tion [kwesæən] *podst* 1. *(i ling)* otázka; 2. problém, záležitosť, vec; 3. pochyba

to ques.tion [kwesæən] 1. *(koho)* dotazovať sa, *(koho)* spytovať sa, spovedať, *(škol)* skúšať, vyšetrovať, vypočúvať; **2.** spochybniť, *(o čom)* pochybovať. *Syn* ⇨ **to ask**

ques.tion.er [kwesæənə] *podst* **1.** *(vše)* spytujúci sa, konferenciér, konferenciérka, vyšetrovateľ

ques.tion.naire [ˌkwestiəˈneə] *podst* **1.** *(tlačivo)* anketa, dotazník

queue [kju:] *podst* **1.** *(ľudí)* rad, *(hov)* front; **2.** vrkoč

quick [kwik] **I.** *podst* **1.** živé mäso, špik, *(prn)* citlivé miesto; **II.** *príd* **2.** rýchly, *(i odpoveď)* okamžitý; **3.** *(bozk)* letmý, *(pohľad)* zbežný; **4.** *(reč)* krátky; **5.** živý, bystrý, chápavý, prchký, čulý. *Syn*: prompt, ready, apt, ⇨ aj **agile**, ⇨ aj **fast**. *Opoz*: slow

to quick.en [kwikən] **I.** *prech* **1.** zrýchliť; **2.** *(prn)* podnietiť; **II.** *nepr* **3.** zrýchliť sa; **4.** *(prn fml)* vzrastať; **5.** pohnúť sa, hýbať sa

quid [kwid] *podst* **1.** *(sl)* libra, zlatka; **2.** žuvanec tabaku, bago.

qui.et [kwaiət] {**-er, -est**} **I.** *podst* **1.** ticho, pokoj, nečinnosť; **II.** *príd* **2.** *(hlas, kroky)* tichý, *(auto)* nehlučný; **3.** *(more)* pokojný; **4.** diskrétny, nevtieravý, decentný; **5.** *(nenávisť)* skrytý; **6.** mierny, krotký; **7.** nehybný; **8.** nevzrušený, skromný. *Syn* ⇨ **still**

qui.et.ly [ˈkwaiətli] *prísl* **1.** ticho, potichu; **2.** diskrétne, nenápadne; **3.** mierne, pokojne; **4.** tajne, skryte

quilt [kwilt] *podst* **1.** *(ozdoba na prikrytie postele)* prešívaná prikrývka, *(páperová)* perina, *(i prikrývka plnená vatou, vlnou ap)* paplón; **2.** *(krajč)* štep

quin.tes.sen.tial [ˌkwintəˈsenšl] *príd* **1.** typický

quip [kwip] *podst* **1.** bonmot, *(slovný)* šľah, ironická poznámka, *(slovný vtip)* fór, *(žart)* vtip. *Syn* ⇨ **joke**

to quip [kwip] [**-pp-**] **1.** vtipkovať, posmeškovať, žartovať, šľahnúť, uťahovať si, posmievať sa; **2.** *(slovne)* šľahať

quirk [kwə:k] *podst* **1.** výstrednosť, manier; **2.** *(i ústna, vtipná)* poznámka, *(žart)* vtip; **3.** *(prn)* finta; **4.** *(v písme)* ozdoba; **5.** duchaplnosť

to quit [kwit] [**-tt-**] (mč, mp **quit**) **I.** *prech* **1.** *(odkiaľ)* odísť, *(čo)* opustiť; **2.** *(čo)* nechať, *(čoho)* vzdať sa; **3.** *(ifm ob am: s čím)* prestať; **II.** *nepr* **4.** dať výpoveď, podať demisiu; **5.** *(inf)* prerušiť program. *Syn* ⇨ **to abandon, to stop**

quite [kwait] *prísl* **1.** dosť, celkom; **2.** úplne; **3.** presne

qui.ver [kwivə] *podst* **1.** trepotanie, záchvev; **2.** tulec, puzdro

to qui.ver [kwivə] **1.** chvieť sa, triasť sa; **2.** trepotať sa, plápolať, mihotať sa. *Syn* ⇨ **to shake**

to quiz [kwiz] [**-zz-**] (~ **sb [about sb/ st]**) **1.** *(koho)* spytovať sa, vypočúvať; **2.** *(am škol)* skúšať

quo.ta [kwəutə] *podst* **1.** norma, penzum, podiel, prídel, kvóta

quo.ta.tion [kwəuˈteišən] *podst* **1.** citát, citácia; **2.** kótovanie; **3.** *(obch: ceny a podmienok)* ponuka

to quote [kwəut] **I.** *prech* **1.** citovať; **2.** uviesť, udať; **3.** zaznamenať cenu/ kurz; **II.** *nepr* **4.** citovať

R

rab.bi [ræbai] *podst* (mn **rabbis**) **1.** *(jud)* rabín, rabbi; **2.** *(časť košele)* náprsenka

rab.bit [ræbit] *podst* **1.** *(zool domáci: Oryctolagus cuniculus)* králik; **2.** králičia kožušina, králičie mäso

ra.bies [reibi:z] *podst jč* **1.** *(vet)* besnota

race [reis] *podst* **1.** závod, preteky, *(života)* beh; **2.** silný prúd, prúdenie; **3.** *(zast)* dráha; **4.** rasa, plemeno; **5.** *(biol, zool)* druh, *(i biol)* odroda; **6.** *(fml)* rod; **7.** *(prn)* kasta

to race [reis] **I.** *prech* **1.** prihlásiť koňa na dostihy; **2.** *(motor)* túrovať; **II.** *nepr* **3.** pretekať, bežať o preteky, zúčastniť sa bežeckého/ cyklistického preteku; **4.** rýchlo bežať; **5.** *(pulz)* búšiť, *(motor)* pretáčať sa

race.course [reisko:s] *podst* (am **racetrack**) **1.** *(br)* dostihová dráha, turf

race.horse [reisho:s] *podst* **1.** dostihový kôň

ra.cer [reisə] *podst* **1.** pretekár, bežec; **2.** *(dostihový)* kôň; **3.** *(pretekársky)* bicykel, motocykel, automobil, čln

ra.cial [reišəl] *príd* **1.** rasový, národnostný

ra.ci.sm [reisizəm] *podst* (i **racialism**) **1.** rasizmus

ra.cist [reisist] *podst* **1.** rasista

rack [ræk] *podst* **1.** regál, *(i na batožinu)* polica, stojan, podstavec, vešiak, sieť na batožinu, *(na aute)* záhradka; **2.** *(tech)* ozubnica

to rack [ræk] (i **wrack**) **1.** stáčať, pretáčať; **2.** *(hist)* naťahovať na škripec; **3.** trápiť, trýzniť, sužovať. *Syn* ⇨ **to torment**

rack.et [rækit] *podst* (i **racquet**) **1.** *(špo)* raketa; **2.** hluk. *Syn* ⇨ **noise**

rack.et.eer.ing [ˌrækiˈtiəriŋ] *podst* **1.** vydieranie, vydieračstvo; **2.** čachre, machinácia

ra.dar [reida:] *podst* **1.** radar, rádiolokátor

ra.di.al [reidjəl] (i **radial tyre**) **I.** *podst* **1.** *(aut)* radiálna pneumatika; **II.** *príd* **2.** radiálny, polomerový, lúčovitý

ra.di.ant [reidjənt] *príd* **1.** jasný, žiarivý, oslnivý; **2.** *(fyz)* sálavý, žiarivý. *Syn* ⇨ **bright**

to ra.di.ate [reidiit] **I.** *prech* **1.** *(fyz)* vyžarovať, sálať; **II.** *nepr* **2.** žiariť, *(lúčovito)* rozbiehať sa

ra.di.a.tion [ˌreidiˈeišən] *podst* **1.** *(jfyz)* radiácia, *(lek)* ožarovanie; **2.** *(i fyz)* žiarenie, vyžarovanie

ra.di.a.tor [reidieitə] *podst* **1.** radiátor, výhrevné teleso; **2.** *(aut)* chladič

rad.i.cal [rædikəl] **I.** *podst* **1.** *(pol, chem)* radikál; **2.** *(ling)* kmeň; **3.** *(mat)* odmocnina; **II.** *príd* **4.** radikálny, drastický, podstatný, základný, zásadný, úplný; **5.** extrémny; **6.** dôkladný; **7.** *(mat)* odmocninový. *Syn* ⇨ **liberal**

ra.di.o [reidiəu] *podst* (mn **-os**) **1.** rádio, rádioprijímač, *(rozhlasový)* prijímač, *(komplex zariadení/ prístrojov, i ifm)* rozhlas, rádiogram, bezdrôtová telegrafia

ra.di.us [reidjəs] *podst* (mn **-dii**) **1.** rádius, polomer

raf.fle [ræfl] *podst* **1.** *(vecná)* tombola

raft [ra:ft] *podst* **1.** plť; **2.** *(špo)* raft; **3.** *(stav: nosníkový)* rošt; **4.** prievoz, kompa

raft.er [ra:ftə] *podst* **1.** *(stav)* trám, krokva; **2.** pltník

rag [ræg] *podst* **1.** handra; **2.** zdrap; **3.** *(ifm pej)* plátok; **4.** kanadský žart[ík]; **5.** *(univ)* majáles

to rag [ræg] [**-gg-**] **1.** podpichovať, *(z koho)* uťahovať si, posmievať sa; **3.** hrešiť, karhať; **4.** robiť bengál, vystrájať

rage [reidž] *podst* **1.** zlosť, zúrivosť; **2.** *(prn)* besnenie, burácanie. *Syn* ⇨ **anger**, **fashion**

to rage [reidž] **1.** zúriť, vystrájať, zlostiť sa, vyvádzať ako pomätený; **2.** búriť, burácať, besnieť

ragg.ed [rægid] *príd* **1.** *(odev)* roztrhaný, obnosený, *(človek)* otrhaný, neupravený, *(účes)* strapatý; **2.** nerovný, nepravidelný, *(pobrežie)* členitý; **3.** *(povrch)* drsný, hrboľatý; **4.** *(prn)* nevyrovnaný, *(práca)* nedotiahnutý

raid [reid] *podst* (~ **on st**) **1.** *(voj)* prepad, vpád, nájazd; **2.** *(policajná)* razia, záťah; **3.** lúpežné prepadnutie, vylúpenie

to raid [reid] **1.** *(voj: do čoho)* vpadnúť, *(na čo)* zaútočiť; **2.** urobiť raziu; **3.** prepadnúť, vylúpiť; **4.** *(prn žart)* vyplieniť, vybrať

raid.er [reidə] *podst* **1.** *(voj)* útočník, člen prepadového oddielu, prepadová loď, prepadové lietadlo; **2.** lupič, gangster; **3.** *(fin: burzový špekulant)* špekulant

rail [reil] *podst* **1.** *(v plote)* tyčka, *(na schodoch, moste ap)* zábradlie, *(na balkóne)* balustráda, *(tyčový)* vešiak, tyč na závesy, konzola; **2.** koľajnica; **3.** železnica; **4.** *(zool: Rallus)* chriašteľ

to rail [reil] **1.** poslať po železnici, dopraviť, prepraviť; **2.** oplotiť, ohradzovať, *(mrežou, zábradlím, plotom)* ohradiť

rail.ing [reiliŋ] *podst* **1.** zábradlie, plot, *(oplotenie)* ohrada; **2.** posmech

rail.road [reilrəud] *podst* (br **railway**) **1.** *(am: dopravný prostriedok s vozňami)* železnica, *(druh dopravy, i am)* dráha

to rail.road [reilrəud] **1.** *(am)* poslať po železnici, *(dopravovať)* zanášať, dopraviť po železnici; **2.** *(pol)* presadiť

rail.way [reilwei] *podst* (am **railroad**) **1.** *(dopravný prostriedok s vozňami, i br)* železnica, *(druh dopravy)* dráha

rain [rein] *podst* **1.** *(lit, i prn)* dážď; **2.** mračno; **3.** krupobitie; **4.** príval

to rain [rein] **1.** pršať, namoknúť, *(neos)* moknúť, *(neos)* napršať; **2.** *(slza)* tiecť, padať; **3.** *(zahrnúť niečím: listami)* zasypať; **4.** zasielať

rain.bow [reinbəu] *podst* **1.** dúha; **2.** *(zool rainbow trout: Salmo iridens)* pstruh [dúhový]

rain.coat [reinkəut] *podst* **1.** plášť do dažďa, nepremokavý plášť, pršiplášť, *(zvrchník, nepremokavý)* kabát

rain.fall [reinfo:l] *podst* **1.** množstvo dažďových kvapiek, dažďové zrážky; **2.**, lejak; **3.** *(i prn)* dážď

rain.y [reini] *príd* {**-ier, -iest**} **1.** *(deň. obdobie)* daždivý , *(i počasie)* mokrý; **2.**, *(prn)* plačlivý

raise [reiz] *podst* **1.** *(ob am)* zvýšenie platu

to raise [reiz] **1.** zdvihnúť, *(rebrík)* pristaviť, *(zbraň k ramenu)* priložiť, *(závesy, roletu)* vytiahnuť, *(kotvu)* zdvihnúť, *(zástavu)* vztýčiť, *(prach)* zvíriť; **2.** *(strop, cestu, životnú úroveň, dane)* zvýšiť; **3.** *(dom, sochu)* postaviť; **4.** povýšiť; **5.** *(do armády)* naverbovať, zhromaždiť; **6.** zaopatriť, *(podporu)* získať; **7.** *(ťažkosti, problémy)* spôsobiť, *(otázku)* vzniesť, vziať [čo] na pretras, *(pochybnosti, podozrenie)* vzbudiť, *(smiech)* vyvolať, byť odmenený [čím]; **8.** *(deti)* vychovať, *(zvieratá)* chovať, *(rastliny)* pestovať; **9.** *(blokádu)* zdvihnúť, *(obliehanie, embargo)* zrušiť; **10.** *(ifm: kontakt)* nadviazať, *(s kým)* spojiť sa; **11.** *(kart: stávku)* zvýšiť. *Syn* ⇨ **to lift**

rai.sin [reizn] *podst* **1.** *(sušené)* hrozienko; **2.** tmavofialová farba

rake [reik] *podst* **1.** hrable; **2.** kutáč, zhýralec, *(z vyšších vrstiev)* samopašník

to rake [reik] **I.** *prech* **1.** hrabať, zhrabať, zhrabovať, uhrabať; **2.** *(pohľadom)* preletnuť, *(z boku)* ostreľovať; **II.** *nepr* **3.** prehrabávať

ral.ly [ræli] *podst* (mn **-ies**) **1.** zhromaždenie, zjazd, *(pol)* míting, demonštrácia, *(mot)* rely; **2.** *(tenis)* výmena lôpt od podania do získania bodu; **3.** spamätanie sa, zotavenie sa

to ral.ly [ræli] (mč, mp **rallied**) **I.** *prech* **1.** zhromaždiť; **II.** *nepr* **2.** okriať, zotaviť sa, postaviť sa na nohy, zotaviť sa; **3.** zhromaždiť sa. *Syn* ⇨ **to stir**

ram [ræm] *podst* **1.** *(zool)* baran; **2.** *(tech)* baranidlo, buchar, piest, plunžer

to ram [ræm] [**-mm-**] **1.** *(do čoho)* vraziť, *(do čoho)* naraziť; **2.** zatĺkať, zarážať

Ram.a.dan [ˌræmə'da:n] *podst* **1.** ramadán

ram.ble [ræmbl] *podst* **1.** túra, peší výlet, prechádzka, potulka

to ram.ble [ræmbl] **1.** trampovať, vandrovať; **2.** prechádzať sa, potulovať sa; **3.** *(prn)* blúzniť, hovoriť nesúvisle; **4.** *(záhr: rastlina)* popínať sa, voľne rásť. *Syn* ⇨ **to roam**

ram.bler [ræmblə] *podst* **1.** tramp, peší turista; **2.** táraj; **3.** *(záhr)* popínavá ruža

ram.bling [ræmbliŋ] **I.** *podst* **1.** vandrovanie v prírode, potulky; **II.** *príd* **2.** túlavý, potulný; **3.** *(bot: o rastline)* popínavý; **4.** *(o reči)* nesúvislý, neusporiadaný

ram.i.fi.ca.tion [ˌræmifi'keišn] *podst* **1.** *(lit, anat)* vetvenie, rozvetvenie, ramifikácia; **2.** *(prn)* dôsledok

ramp [ræmp] *podst* **1.** šikmá plošina, rampa; **2.** *(let)* schodíky k lietadlu; **3.** *(am)* príchod na diaľnicu

ram.pant [ræmpənt] *príd* **1.** rozbujnený, *(o byrokracii)* prebujnený; **2.** vzpriamený, vztýčený

ram.shack.le ['ræmˌšækl] *príd* **1.** spustnutý, polorozpadnutý, *(vozidlo)* rozheganý, *(dom)* ošarpaný, na spadnutie

ranch [ra:næ] *podst* (mn **-es**) **1.** *(am)* ranč, farma

ranch.er [ra:næə] *podst* **1.** *(am)* rančer, zamestnanec na ranči, majiteľ/ správca ranču

ran.dom [rændəm] *príd* **1.** náhodný, námatkový, nesústavný, *(i gra)* nepravidelný; **2.** *(podľa vôle)* ľubovoľný; **3.** *(tech: regulátor, prístup)* priamy. *Syn*: haphazard, casual, desultory, chance. *Opoz*: deliberate

ran.dy [rændi] *príd* {**-ier, -iest**} **1.** zmyselný; **2.** chlipný; **3.** *(neutr)* pohlavne vzrušený, rozrajcovaný; **4.** *(br ifm)* nadržaný

range [reindž] *podst* **1.** pásmo hôr, rad; **2.** výber, sortiment, *(emócií, záujmov)* škála; **3.** *(hlasu, teploty)* rozsah, rozpätie, *(vše)* dosah, dohľad, dostrel, dolet; **4.** *(biol)* habitat; **5.** *(am)* pastvisko. *Syn*: reach, scope, compass, gamut

to range [reindž] **1.** *(vojsko)* zoradiť; **2.** *(kde/ po čom)* potulovať sa; **3.** zamerať; **4.** *(am)* vyhnať na pastvu, *(nechať sa pásť)* pásť sa

rang.er [reindžə] *podst* **1.** lesník, revírnik; **2.** *(am)* príslušník jazdeckej vojenskej hliadky; **3.** *(am)* prepadový oddiel

rank [ræŋk] **I.** *podst* **1.** hodnosť, šarža, služobné/ spoločenské postavenie, stav, *(spoločenská)* spoločenská vrstva; **2.** *(voj)* rad, línia, *(vojakov)* šík; **3.** *(hud)* rad píšťal na organe; **4.** sled, poradie; **5.** *(taxíkov)* stanovisko; **II.** *príd* **6.** bujný; **7.** smradľavý, silno zapáchajúci; **8.** vulgárny; **9.** úplný, totálny, *(nespravodlivosť)* do neba volajúci. *Syn* ⇨ **flagrant**, **stinking**

rank.ing [ræŋkiŋ] *podst* **1.** klasifikácia, triedenie

ran.som [rænsəm] *podst* **1.** výkupné; **2.** *(prn)* celý majetok

to ran.som [rænsəm] **1.** zaplatiť [za koho] výkupné, *(vyslobodiť pomocou peňazí)* vykúpiť. *Syn* ⇨ **to rescue**

to rant [rænt] **1.** revať ako pominutý, burcovať; **2.** *(mať prejav)* rečniť, *(náb: hlásať)* kázať, hovoriť; **3.** vyťahovať sa, chvastať sa

rap [ræp] *podst* **1.** rana, úder, zaklopanie; **2.** vina; **3.** *(hud)* rap

to rap [ræp] **I.** *prech* **1.** *(na)* **1.** klepať, zaklepať, *(rýchlo)* klopkať, *(zľahka)* klepnúť, pobúchať, *(tĺcť)* búchať; **II.** *nepr* **2.** *(am ifm)* mrozprávať, tárať; **3.** papkať

rape [reip] *podst* **1.** znásilnenie; **2.** *(zast)* únos; **3.** *(bot: Brassica rapa)* repka olejnatá; **4.** *(ifm)* šupky z hrozna

to rape [reip] **1.** *(pohlavne zneužiť, i prn: krajinu)* znásilniť; **2.** uniesť; **3.** premrhať

rap.id [ræpid] *príd* **1.** rýchly, búrlivý, rapídny, prudký, príkry, zrázový. *Syn* ⇨ **fast**

ra.pist [reipist] *podst* **1.** násilník, páchateľ znásilnenia

rap.port [ræ'po:] *podst* (~ **with sb/ between A and B**) **1.** blízky vzťah, vzájomné porozumenie, stotožnenie

rap.proche.ment [ˌræprošʼma:n] *podst* (~ **with sb/ between A and B**) **1.** zblíženie, obnovenie priateľských stykov [medzi štátmi]

rare [reə] *príd* **1.** zriedkavý, vzácny, unikátny, *(ifm)* mimoriadny, nevšedný, zvláštny; **2.** *(biftek)* krvavý, *(am: o strave)* nedopečený;; **3.** *(ifm)* výborný, znamenitý; **4.** zriedený. *Syn*: infrequent, uncommon, unusual, scarce. *Opoz*: frequent, common, abundant

rare.ly [reəli] *prísl* **1.** zriedka, málokedy, ojedinele

ra.ri.ty [reərəti] *podst* (mn **-ies**) **1.** kuriozita, rarita, vzácnosť

rash [ræš] (mn **-es**) **I.** *podst* **1.** *(lek)* vyrážka; **2.** *(čoho)* vlna; **3.** séria; **II.** *príd* **4.** unáhlený, splašený, neuvážený, *(čin)* nerozvážny, neprozreteľný

rasp [ra:sp] *podst* **1.** rašpľa; **2.** vŕzganie, škrípanie, škripot, *(hlasu)* chrapľavosť, drsnosť

to rasp [ra:sp] **1.** *(tech)* rašpľovať; **2.** povedať chrapľavým hlasom; **3.** škrípať; **4.** *(obyč, neos)* driapať

rasp.ber.ry [ra:zbəri] *podst* (mn **-ies**) **1.** *(plod)* malina; **2.** *(bot: Rubus idaeus)* malina

rat [ræt] *podst* **1.** *(zool čierny: Rattus rattus, i prn)* potkan, *(zool tmavý)* krysa; **2.** *(pej)* naničhodník, sviňa, hajzeľ; **3.** *(am)* udavač, fízel

rate [reit] *podst* **1.** pomer, miera, výskyt; **2.** dávka, množstvo; **3.** *(fin)* sadzba, tarifa; **4.** cena, taxa; **5.** rýchlosť, tempo

to rate [reit] **1.** hodnotiť, ohodnotiť, *(úlohu, žiak)* oznámkovať, kvalifikovať, klasifikovať; **2.** *(sl: koho/ čo)* uznávať; **3.** *(určiť hodnotu)* oceniť, *(určovať cenu)* ceniť. *Syn* ⇨ **to estimate**

ra.ther [ra:ðə] **1.** trochu, viac-menej; **2** dosť; **3.** skôr, radšej

to rat.i.fy [rætifai] (mč, mp **-fied**) **1.** ratifikovať; **2.** *(schváliť)* potvrdiť. *Syn* ⇨ **to approve**

ra.ting [reitiŋ] *podst* **1.** hodnotenie, ohodnotenie, posúdenie, ocenenie; **2.** *(tv, roz)* popularita; **3.** *(nám voj)* námorník; **4.** karhanie

ra.ti.o [reišiəu] *podst* (mn **-os**) **1.** *(veličín)* pomer, *(mat: proporcia)* pomer, *(ekon: pomer)* miera; **2.** relácia; **3.** koeficient; **4.** *(číselné* *označenie)* číslo

ra.tion [ræšən] *podst* **1.** *(potravinová)* dávka, *(pridelené množstvo)* prídel, *(ifm)* porcia; **2.** *(potravín)* zásoba

to ra.tion [ræšən] (**~ sb/ st [to st]**) **1.** prideľovať po dávkach, dávať po dávkach, dať na lístky, dávať na lístky

ra.tion.al [ræšənl] *príd* **1.** racionálny, rozumový, *(správajúci sa podľa rozumu)* rozumný, *(i filoz)* logický. *Syn*: reasonable, sensible. *Opoz*: irrational, absurd

rat.ion.ale [ˌræšəˈna:l] *podst* (**~ behind/ for/ of st**) **1.** odôvodnenie; **2.** logika

to ra.tion.al.ize [ræšnəlaiz] (i **-ise**) **1.** racionalizovať, zracionalizovať, zhospodárniť; **2.** jednať; **3.** hľadať; **4.** vykrúcať sa

rat.tle [rætl] *podst* **1.** hrkotanie, rinčanie, hrmot, klepkanie, drnčanie, vibrácia, *(strojov)* rachot, hluk; **2.** hrkálka, rapotačka

to rat.tle [rætl] **I.** *nepr* **1.** *(stroj)* rachotiť, hrkotať, drnčať, *(reťaze)* rinčať, *(motor)* klepať, *(samopal)* rapčať; **II.** *prech* **2.** *(čím)* hrkotať, lomcovať; **3.** vydesiť, vystrašiť. *Syn* ⇨ **to embarrass**

rau.cous [ro:kəs] *príd* **1.** chripľavý, chrapľavý; **2.** hlučný, hrmotný

raunch.y [ro:næi] *príd* **1.** *(hlas)* zmyselný, *(príbeh)* pikantný; **2.** *(am)* chlipný, samopašný

to rav.age [rævidž] **1.** pustošiť, devastovať, drancovať, vydrancovať, plieniť, vyplieniť

rave [reiv] *podst* **1.** nadšená kritika, *(kritika)* chválospev; **2.** móda; **3.** *(br)* večierok

to rave [reiv] **1.** blúzniť, byť v delíriu, *(ifm)* básniť, fantazírovať; **2.** *(ifm)* flámovať, hýriť

ra.ven [reivn] *podst* **1.** krkavec, *(zool: Corvus corax)* havran

ra.vine [rəˈvi:n] *podst* **1.** strž, rokľa, úžľabina

raw [ro:] *príd* **1.** *(zelenina, mäso)* surový; **2.** *(tehla)* nepálený, *(alkohol)* čistý; **3.** *(dáta)* prvotný, nespracovaný; **4.** *(prn: človek)* neskúsený; **5.** *(rana)* otvorený, nezahojený, *(pokožka)* odretý, *(nervy)* citlivý; **6.** *(počasie, podnebie)* drsný, nevľúdny; **7.** neslušný, vulgárny

ray [rei] *podst* (mn **-ays**) **1.** *(i prn)* lúč, záblesk; **2.** *(bot pith ray:)* lúč [dreňový]; **3.** *(zool: Batiformes)* rajnok

raz.or [reizə] *podst* **1.** britva, žiletka, holiaci strojček

reach [ri:æ] *podst* **1.** dosah, obzor, okruh; **2.** horizont

to reach [ri:æ] **I.** *prech* **1.** prísť, pribehnúť, *(loďou)* priplávať, *(lietadlom)* priletieť, *(kam)* doraziť, byť doručený, *(čo)* dosiahnuť; **2.** *(na čo)* dostať; **3.** *(s kým)* spojiť sa; **4.** *(am práv)* podmastiť; **II.** *nepr* **5.** *(až k čomu)* siahať, dosahovať, *(les, región ap)* rozkladať sa. *Syn*: to gain, to achieve, to attain, to accomplish

to re.act [ri:ˈækt] **1.** reagovať, účinkovať, pôsobiť odpor; **2.** *(na javisku)* zahrať znova

re.ac.tion [ri:ˈækšən] *podst* **1.** *(chem, fyz, lek, pol)* reakcia, protipôsobenie; **2.** ozvena, ohlas

re.ac.tion.a.ry [ri:ˈækšnəri] **I.** *podst* **1.** spiatočník, spiatočníčka, reakcionár, reakcionárka; **II.** *príd* **2.** *(pej)* reakčný, reakcionársky, spiatočnícky

read [ri:d] *podst* **1.** *(dej, i inf)* čítanie

to read [ri:d] (mč, mp **read** [red]) **I.** *prech* **1.** čítať, prečítať, recitovať, snímať; **2.** ukazovať; **3.** znieť

read.a.ble [ri:dəbl] *príd* **1.** čitateľný, *(na čítanie)* zaujímavý, *(na čítanie)* vhodný

read.er [ri:də] *podst* **1.** čitateľ, referent; **2.** *(inf)* snímač, čítačka; **3.** čítanka, antológia; **4.** *(br univ)* docent; **5.** *(polyg)* tlačiarenský korektor

read.er.ship [ri:dəšip] *podst* **1.** čitatelia; **2.** *(br univ)* docentúra

read.i.ly [redili] *prísl* **1.** pohotovo, bystro, bez váhania, ochotne; **2.** ľahko

read.ing [ri:diŋ] *podst* **1.** *(vše)* čítanie, prednes, recitačný večer; **2.** *(na prístroji)* údaj, hodnota; **3.** interpretácia, výklad, hodnotenie; **4.** verzia, textový variant; **5.** *(pol)* čítanie návrhu zákona

read.y [redi] *príd* {**-ier, -iest**} **1.** pripravený, hotový, uvarený; **2.** ochotný; **3.** pohotový, rýchly; **4.** pohotovo. *Syn* ⇨ **quick**

to read.y [redi] (mč, mp **-died**) **1.** pripraviť, prichystať

read.y-made [ˌrediˈmeid] *príd* **1.** *(o šatách)* konfekčný, hotový; **2.** *(i jedlo)* dopredu pripravený

to re.af.firm [ˌri:əˈfə:m] **1.** znovu potvrdiť, znovu zdôrazniť, znovu ubezpečiť, znovu uistiť

real [reiˈa:l] **I.** *podst* **1.** *(fil)* skutočnosť, realita, reál; **II.** *príd* **2.** skutočný, reálny; **3.** *(hodváb, perly)* pravý; **4.** naozajstný, *(odpočinok, prázdniny)* poriadny, *(nešťastie)* vyložený. *Syn* ⇨ **true**

real es.tate [ˌriəlisˈteit] *podst* **1.** nehnuteľnosť, realita

re.al.ist [riəlist] *podst* **1.** realista

re.al.is.tic [riəˈlistik] *príd* **1.** realistický, praktický, triezvy, adekvátny, reálny

re.al.i.ty [riˈæləti] *podst* (mn **-ies**) **1.** skutočnosť, realita, opravdivosť

to re.al.ize [riəlaiz] (i **-ise**) **1.** uvedomiť si, pochopiť; **2.** uskutočniť; **3.** *(i fin)* realizovať

real.ly [riəli] *prísl* **1.** skutočne, naozaj, vážne, v skutočnosti; **2.** vlastne

realm [relm] *podst* **1.** kráľovstvo, ríša; **2.** *(prn)* sféra, oblasť, odbor

ream [ri:m] *podst* **1.**smotana, **2.** pena

to reap [ri:p] **I.** *prech* **1.** *(poľn)* kosiť, žať; **2.** *(i prn)* upratovať, zožať; **II.** *nepr* **3.** žať

to re.ap.pear [ˌri:əˈpiə] **1.** znova sa objaviť, znova sa ukázať

rear [riə] **1.** zadná časť, *(ifm: tela)* zadok; **2.** *(ifm)* záchod; **3.** *(budovy)* zadný trakt; **4.** *(voj)* tylo; **II.** *príd* **5.** zadný; **6.** *(voj)* tylový

to rear [riə] **1.** chovať, pestovať, vychovať, vychovávať. *Syn* ⇨ **to lift**

to rear.range [ˌri:əˈreindž] **1.** preskupiť, preradiť, predstaviť, zariadiť inakšie; **2.** zmeniť čas konania [čoho], preložiť

rea.son [ri:zn] *podst* **1.** dôvod, príčina, pohnútka; **2.** rozum. *Syn* ⇨ **cause**

to rea.son [ri:zn] **1.** usudzovať, logicky uvažovať, *(zamýšľať, domnievať sa)* myslieť, dedukovať; **2.** tvrdiť, dôvodiť, argumentovať; **3.** prehovoriť

rea.son.a.ble [ri:znəbl] *príd* **1.** rozumný; **2.** mierny, dostupný; **3.** primeraný, obstojný. *Syn* ⇨ **rational**

rea.soned [ri:znd] *príd* **1.** logický, premyslený, odôvodnený

rea.son.ing [ri:zniŋ] *podst* **1.** uvažovanie, *(proces)* myslenie, usudzovanie, úvaha

to reassess [ˌri:əˈses] **1.** prehodnotiť

re.as.sur.ance [ˌri:əˈšuərns] *podst* **1.** opätovné uistenie, útecha, upokojenie, vzpruha

to re.as.sure [ˌri:əˈšuə] (**~ sb [about st]**) **1.** uspokojiť, ubezpečiť, opätovne uistiť; **2.** zbaviť strachu/ pochybností

re.as.sur.ing [ˌri:əˈšuəriŋ] *príd* **1.** chlácholivý, upokojujúci

re.bate [riˈbəit] *podst* **1.** rabat; **2.** zľava, diskont, zníženie cien, *(i daňová)* zrážka; **3.** *(obch)* bonifikácia

reb.el [rebl] *podst* **1.** povstalec, rebel, vzbúrenec, burič

to reb.el [rebl] **1.** búriť sa, vzbúriť sa, povstať, *(komu/ čomu)* vzoprieť sa

re.bel.li.on [riˈbeljən] *podst* **1.** povstanie, vzbura, *(hist)* rebélia. *Syn*: revolution, insurrection, revolt, mutiny, uprising

re.bel.li.ous [riˈbeljəs] *príd* **1.** buričský, rebelantský, odbojný, spurný, vzdorovitý

re.birth [ri:ˈbə:θ] *podst (kniž)* znovuzrodenie, obrodenie, *(prn)* obnova; **2.** prerod; **3.** *(prn)* renesancia

re.born [ri:ˈbc:n] *príd* **1.** znovuzrodený, obrodený; **2.** prerodený

re.bound [ri:ˈbaund] *podst* **1.** *(lopty ap)* odraz, odrazenie; **2.** *(i fyz, chem, fyziol, psychol, polit)* reakcia, obrat

to re.bound [ri:ˈbaund] **1.** odskočiť, odraziť sa; **2.** znovu stúpať, ísť nahor

to re.build [ri:ˈbild] (mč, mp **rebuilt**) **1.** prestavať, znovu vystavať, adaptovať, rekonštruovať; **2.** obnoviť

re.buke [riˈbju:k] *podst* **1.** pokarhanie, výčitka

to re.buke [riˈbju:k] (**~ sb [for st / doing st]**) **1.** pokarhať, uložiť [komu] pokarhanie

re.call [riˈko:l] *podst* **1.** *(voj)* signál k návratu, odvolanie, stiahnutie chybného tovaru, *(v knižnici)* upomienka na vrátenie; **2.** pamäť, vybavovacia schopnosť; **3.** *(inf)* znovuvyvolanie

to re.call [riˈko:l] **1.** *(na)* spomenúť si, *(čo)* vybaviť si; **2.** *(koho)* vyzvať, odvolať, *(v knižnici)* upomínať na vrátenie, *(voj)* povolať späť, *(chybný tovar)* stiahnuť; **3.** *(inf)* znovu vyvolať. *Syn* ⇨ **to remember**

re.cap.ture [ri:ˈkæpæə] *podst* **1.** opätovné

dolapenie, znovudobytie; 2. *(prn)* zachytenie, evokácia

to re.cap.ture [ri:'kæpæə] **1.** znovu chytiť, znovu dolapiť, znovu dobyť; **2.** *(prn)* zachytiť, evokovať, oživiť

to re.cede [ri'si:d] **1.** vzdialiť sa, *(o vode)* opadať, *(o cene)* poklesnúť; **2.** *(prn)* miznúť, rozplynúť sa, strácať sa

re.ceipt [ri'si:t] *podst* **1.** príjem, obdržanie; **2.** potvrdenie, potvrdenka, kvitancia

to re.ceive [ri'si:v] **I.** *prech* **1.** *(list)* dostať, *(plat, penziu)* poberať; **2.** utrpieť porážku; **3.** *(peniaze/ hosťa)* prijať; **4.** *(vysielanie)* zachytiť; **II.** *nepr* **5.** prijímať návštevy; **6.** *(tenis)* byť na príjme; **7.** *(práv: kradnutý tovar)* prechovávať. *Syn*: to accept, to admit, to take. *Opoz*: to give

re.ceiv.er [ri'si:və] *podst* **1.** príjemca, *(kradnutého tovaru)* prechovávač; **2.** slúchadlo; **3.** *(rozhlasový)* prijímač; **4.** *(tenis: servisu)* príjemca, hráč na príjme

re.cent [ri:snt] *príd* **1.** nedávny, čerstvý, aktuálny, najnovší

re.cent.ly [ri:sntli] *prísl* **1.** nedávno, prednedávnom, naposledy, minule

re.cep.tion [ri'sepšən] *podst* **1.** privítanie, uvítanie, slávnostné prijatie [hostí]; **2.** recepcia, banket; **3.** *(tv, roz)* príjem

re.cep.tion.ist [ri'sepšənist] *podst* **1.** recepčný

re.cep.tive [ri'septiv] *príd* **1.** vnímavý, receptívny, chápavý, dôvtipný

re.cess [ri'ses] *podst* (mn **-es**) **1.** *(pol, práv)* parlamentné/ súdne prázdniny; **2.** *(am práv, škol)* prestávka v jednaní, odročenie jednania; **3.** výklenok; **4.** zákutie, zátišie, skrýša

to re.cess [ri'ses] **I.** *prech* **1.** odložiť, odročiť; **II.** *nepr* **2.** odložiť zasadanie, urobiť prestávku v jednaní

re.ces.sion [ri'sešən] *podst* **1.** *(ekon)* recesia, pokles, odchod, ústup, cúvnutie, *(am obch)* úpadok; **2.** výklenok, záhyb

re.charge [ri:'æa:dž] *podst* **1.** opätovné nadobudnutie; **2.** opätovné dobitie

to re.charge [ri:'æa:dž] **I.** *prech* **1.** *(batériu)* znovu nabiť, dobiť; **II.** *nepr* **2.** nabiť sa, dobiť sa

re.ci.pe [resipi] *podst* **1.** *(kuch)* recept, *(kuchársky)* predpis, návod; **2.** tajomstvo

re.ci.pro.cal [ri'siprəkəl] *príd* **1.** *(i ling, mat)* recipročný, *(i tech, fyz, ele)* vzájomný, *(týkajúci sa oboch strán)* obojstranný; **2.** odvetný; **3.** *(mat: hodnota)* prevrátený, ekvivalentný. *Syn* ⇨ **mutual**

to re.ci.pro.cate [ri'siprəkeit] **I.** *prech* **1.** opätovať; **II.** *nepr* **2.** *(za/ čím)* **2.** revanšovať sa, odvďačiť sa, *(pomstiť sa)* odplatiť, *(dať odmenu)* odmeniť sa

re.ci.tal [ri'saitl] *podst* **1.** *(hud)* recitál; **2.** podrobný opis, opisovanie; **4.** *(literárneho/ hudobného diela)* prednes, deklamácia

to re.cite [ri'sait] **I.** *prech* **1.** *(spamäti)* prednášať, deklamovať; **2.** líčiť, vypočítavať, vypočítať; **II.** *nepr* **3.** recitovať

reck.less [reklis] *príd* (~ **of st**) **1.** ľahkomyseľný, unáhlený, bezhlavý, bezmyšlienkovitý, opovážlivý

to reck.on [rekən] **I.** *prech* **1.** počítať, vypočítať, spočítať; **2.** pouvažovať; **3.** *(am)* myslieť si, odhadnúť, predpokladať; **II.** *nepr* **4.** počítať. *Syn* ⇨ **to calculate**, to rely

reck.on.ing [rekniŋ] *podst* **1.** *(predpoklad)* výpočet, odhad; **2.** *(trest)* odplata; **3.** rátanie, počítanie; **4.** účtovanie, *(prn)* zúčtovanie; **5.** účet

to re.claim [ri'kleim] **1.** *(pôdu)* zúrodniť, kultivovať, *(močiar, jazero)* vysušiť, *(púšť)* zavlažiť; **2.** dostať späť, získať späť, *(batožinu)* vyzdvihnúť si; **3.** *(človeka)* napraviť; **4.** recyklovať. *Syn* ⇨ **to recover**

to re.cline [ri'klain] **I.** *prech* **1.** *(čím)* oprieť sa, sklopiť; **II.** *nepr* **2.** ležať, byť natiahnutý, uložiť sa, byť sklápací

re.cog.ni.tion [ˌrekəg'nišən] *podst* **1.** uznanie; **2.** *(získanie vedomostí, i filoz, psychol)* poznanie, rozpoznanie; **3.** *(široká publicita al. popularita)* známosť; **4.** *(voj)* prieskum; **5.** *(dej)* čítanie; **6.** *(uvedomovanie si)* vedomie

re.cog.niz.a.ble [rekəgnaizəbl] *príd* **1.** poznateľný, rozoznateľný, znateľný

to re.cog.nize [rekəgnaiz] (i **-ise**) **1.** poznať, rozpoznať; **2.** *(vše, pol)* uznať, nostrifikovať; **3.** byť si vedomý [čoho], priznať

re.coil [ri'koil] *podst* **1.** spätný náraz, sklz

to re.coil [ri'koil] **1.** *(voj)* mať sklz, mať spätný náraz; **2.** myknúť sa, cúvnuť. *Syn*: to shrink, to flinch, to wince, to quail

re.col.lec.tion [ˌrekə'lekšən] *podst* **1.** spomienka, spomínanie. *Syn* ⇨ **memory**

to re.com.mend [ˌrekə'mend] **1.** *(i s neurč, i navrhnúť)* odporučiť; **2.** poradiť, *(odporúčať)* radiť, navrhnúť; **3.** *(do opatery)* zveriť sa; **4.** rozkazovať

re.com.men.da.tion [ˌrekəmen'deišən] *podst* **1.** odporučenie, odporúčanie, rada; **2.** *(pren)* vysvedčenie; **3.** dobrá vlastnosť

to re.con.cile [rekənsail] **1.** zmieriť, uzmieriť, urovnať; **2.** uviesť do súladu

re.con.ci.li.a.tion [ˌrekənsili'eišən] *podst* **1.** zmierenie, zmier, urovnanie, uvedenie do súladu

re.con.nais.sance [ri'konisəns] *podst* **1.** *(voj)* prieskum, rekognoskácia; **2.** pátračka, výzvedy

to re.con.si.der [ˌri:kən'sidə] **I.** *prech* **1.** znovu preskúmať, znovu posúdiť, znovu zvážiť, revidovať; **II.** *nepr* **2.** zmeniť názor, rozmyslieť si to

to re.con.sti.tute [ri:'konstitju:t] **1.** znovu vytvoriť, reorganizovať; **2.** *(jedlo)* pripraviť z prášku, *(sušené mlieko)* rozpustiť vo vode

to re.con.struct [ˌri:kən'strakt] **1.** *(budovu, most)* prestavať, rekonštruovať, *(mesto)* prebudovať; **2.** *(ekonomiku)* obnoviť; **3.** *(zločin)* zrekonštruovať

re.con.struc.tion [ˌri:kən'strakšən] *podst* **1.** prestavba, prebudovanie, rekonštrukcia, obnova

re.cord [ri'ko:d] *podst* **1.** záznam, protokol, listina, doklad; **2.** úspechy; **3.** *(hud)* gramofónová platňa, nahrávka; **4.** *(vše, špo)* rekord; **5.** *(inf)* záznam; **6.** *(z minulosti)* pamiatka

to re.cord [ri'ko:d] **I.** *prech* **1.** zapísať, zaznamenať, robiť zápis [z čoho], zaprotokolovať, popísať, vyličiť; **2.** *(teplomer ap)* registrovať, namerať, ukazovať; **3.** *(kazetu, disketu)* nahrať; **II.** *nepr* **4.** *(videokazetu ap)* nahrávať

re.cord-break.ing ['reko:dˌbreikiŋ] *príd* **1.** rekordný

re.cord.er [ri'ko:də] *podst* **1.** *(tech)* zapisovač, registračný prístroj; **2.** zobcová flauta; **3.** zapisovateľ

re.cord.ing [ri'ko:diŋ] **I.** *podst* **1.** nahrávka, *(zvukový)* záznam; **II.** *príd* **2.** *(hud atď)* nahrávací; **3.** zapisovací ; **4.** *(páska)* magnetofónový

re.count [ri:'kaunt] *podst* **1.** *(pol: hlasov)* prerátanie, *(hlasov)* prepočítanie

to re.count [ri'kaunt] (**~ st [to sb]**) **1.** *(dej)* líčiť, rozprávať. *Syn* ⇨ **to tell**

to re-count [ri:'kaunt] **1.** prepočítať hlasy po voľbách, *(znova)* sčítať, spočítať znovu

to re.coup [ri'ku:p] **1.** získať späť. *Syn* ⇨ **to recover**

re.course [ri'ko:s] *podst* **1.** útočisko, odvolanie; **2.** *(o pomoc)* výzva; **3.** *(obch)* rekurz; **4.** *(zmenkový)* postih

to re.cov.er [ri'kavə] **I.** *prech* **1.** dostať späť, znovu nadobudnúť, *(voj)* dobyť späť; **II.** *nepr* **2.** *(po nehode)* zotaviť sa, *(po chorobe)* uzdraviť sa, *(z neúspechu)* spamätať sa, vzchopiť sa. *Syn*: to regain, to retrieve, to recoup, to reclaim

re.cov.er.y [ri'kavəri] *podst* (mn **-ies**) **1.** znovunadobudnutie, znovuzískanie, *(voj)* znovudobytie; **2.** zotavenie, uzdravenie

to re.cre.a.tion [rekrieit] **1.** znovu vytvoriť; **2.** osviežiť sa; **3.** zabaviť sa, potešiť, pobaviť; **4.** rekreovať; **5.** občerstviť; **6.** vzpružiť

re.cre.a.tion.al [ˌrekri'eišnl] *príd* **1.** rekreačný

to re.cri.mi.na.te [ri'krimineit] **1.** vzniesť protiobvinenie, rekriminovať

re.cri.mi.na.tion [riˌkrimi'neišən] *podst* **1.** obviňovanie, zvaľovanie viny, rekriminácia

re.cruit [ri'kru:t] *podst* **1.** *(voj)* branec, regrút, bažant, nový člen, nováčik

to re.cruit [ri'kru:t] **1.** *(voj: branca)* odviesť, *(branca)* odvádzať, *(hist)* verbovať, naverbovať, *(pracovníkov)* získať, *(pracovníkov)* získavať, uskutočňovať nábor

re.cruit.ment [ri'kru:tmənt] *podst* **1.** odvod, nábor

rec.tang.le [rek'tæŋgl] *podst* **1.** *(geom)* obdĺžnik, pravouholník

rec.tan.gu.lar [rek'tæŋgjulə] *príd* **1.** *(geom)* obdĺžnikový , pravouhlý

to rec.ti.fy [rektifai] (mč, mp **-fied**) **1.** korigovať, opraviť, napraviť; **2.** *(tech)* rektifikovať, *(ele)* usmerniť

rec.tor [rektə] *podst* **1.** *(náb: A)* pastor; **2.** *(ob br škol)* riaditeľ, *(škót univ)* volený rektor [bez výkonnej právomoci]; **3.** rektor európskej univerzity

to re.cu.pe.rate [riˈkju:pəreit] **1.** zotaviť sa, okriať, pookriať, vyliečiť sa

to re.cur [riˈkə:] **[-rr-]** **1.** *(znovu)* opakovať sa, vracať sa, vynoriť sa, vyskytnúť sa. *Syn* ⇨ **to return**

re.cur.rence [riˈkarəns] *podst* **1.** opakovanie, opakovanie sa, opätovný výskyt, recidíva

re.cur.rent [riˈkarənt] *príd* **1.** opakovaný, znova sa vyskytujúci; **2.** *(lek: horúčka ap)* návratný. *Syn* ⇨ **intermittent**

to re.cycle [ri:ˈsaikl] **1.** recyklovať

red.dish [rediš] *príd* **1.** červenkavý, červenkastý, *(vlasy)* ryšavý

to re.deem [riˈdi:m] **1.** vyplatiť zo záložne; **2.** *(dlh)* splatiť, *(účet)* honorovať; **3.** *(sľub)* splniť, dodržať; **4.** *(chybu)* odčiniť, *(nedostatky)* vyvážiť; **5.** *(poukaz, šek)* dať si preplatiť; **6.** *(reputáciu)* zachrániť, *(stratu)* vynahradiť si; **7.** *(náb)* spasiť; **8.** *(hist: zajatcov)* vykupovať. *Syn* ⇨ **to rescue**

re.demp.tion [riˈdempšn] *podst* **1.** vyplatenie zo záložne; **2.** splatenie, umorenie; **3.** splnenie, dodržanie; **4.** odčinenie; **5.** speňaženie, inkasovanie; **6.** spasenie; **7.** vykupovanie

red-hot [redhot] *príd* **1.** rozpálený, rozžeravený, *(i uhlie, kov)* žeravý; **2.** *(správy)* čerstvý, najnovší, *(tip)* úplne spoľahlivý; **3.** nadšený; **4.** vášnivý; **5.** senzačný, pikantný

to re.di.rect [ˌri:diˈrekt] **1.** preadresovať, poslať na inú adresu; **2.** presmerovať; **3.** *(prn)* preorientovať

to re.di.stri.bute [ˌri:disˈtribju(:)t] **1.** znovu rozdeliť, prerozdeliť

to re.dress [riˈdres] **1.** *(krivdu, i fml)* napraviť, odčiniť, *(vyrovnať, zaplatiť škodu)* nahradiť; **2.** preobliecť sa; **3.** *(ranu)* previazať. *Syn* ⇨ **reparation**

to re.duce [riˈdju:s] **I.** *prech* **1.** zmenšiť, zredukovať, *(mier ap)* znížiť, *(dĺžku, vzdialenosť)* skrátiť, *(i rýchlosť)* spomaliť, *(autoritu)* oslabiť; **2.** zraziť, *(z čoho)* ubrať, *(tovar)* zlacniť, *(ceny)* znížiť cenu [čoho], *(zásoby)* zmenšiť, obmedziť; **3.** *(kuch: omáčku)* zahustiť; **4.** *(mat: zlomky)* rozložiť; **5.** *(chem)* odkysličiť; **6.** *(voj)* degradovať; **7.** *(lek: zlomeninu)* narovnať, *(vykĺbeninu)* napraviť. *Syn* ⇨ **to decrease**

re.duc.tion [riˈdakšən] *podst* **1.** zmenšenie, *(mat, chem)* redukcia; **2.** zníženie cien, zľava; **3.** *(kuch)* zahustenie; **4.** *(mat)* skrátenie, rozloženie; **5.** *(chem)* odkysličenie; **6.** degradácia; **7.** *(lek)* repozícia

re.dun.dan.cy [riˈdandənsi] *podst* (mn **-ies**) nadpočetnosť , nezamestnanosť; **2.** redundantnosť, redundancia, nadbytočnosť

re.dun.dant [riˈdandənt] *príd* **1.** nadbytočný, *(zásoby, nepotrebný; br: prepustený)* prebytočný, *(nepotrebný)* zbytočný, redundantný, nepotrebný; **2.** *(ob br)* nadpočetný. *Syn* ⇨ **wordy**

reed [ri:d] *podst* **1.** *(bot: Phragmites, Arundo)* tŕstie, šašina, *(bot reed grass: Glyceria maxima)* steblovka [vodná]; **2.** *(hud: fúkacích nástrojov)* jazýček; **3.** plátok

reef [ri:f] *podst* **1.** útes, skalisko, rif; **2.** *(nám)* kasací pás; **3.** *(min)* zlatonosná žila. *Syn* ⇨ **shoal**

reek [ri:k] *podst* **1.** zápach, smrad, puch; **2.** *(prn: čoho)* závan

reel [ri:l] *podst* (i ob am **spool**) **1.** cievka, *(ifm)* kotúč, navijak

to reelect [ˌri:iˈlekt] (**~ sb [to sb]**) **1.** znovu zvoliť

to re.fer [riˈfə:] **[-rr-]** **1.** odovzdať, postúpiť; **2.** pričítať, *(prn)* pripísať; **2.** prisúdiť; **3.** *(univ)* vrátiť na prepísanie; **4.** *(v reči)* dotknúť sa; **5.** *(prn)* dovolať sa; **6.** *(mať na mysli)* mieniť; **7.** vzťahovať sa. *Syn*: to allude

ref.er.ence [refrəns] *podst* **1.** *(bibliografický)* odkaz, odvolanie, poznámka, súradnica, koordináta; **2.** kompetencia

ref.e.ren.dum [ˌrefəˈrendəm] *podst* (mn **referendums/ referenda**) **1.** referendum, verejné hlasovanie

re.fill [ri:ˈfil] *podst* **1.** nová náplň, náhradná tuha; **2.** *(do pera/ bloku ap)* vložka

to re.fill [ri:ˈfil] **1.** *(znova)* naplniť, *(pridaním)* doplniť, doliať; **2.** tankovať

to re.fine [riˈfain] **1.** rafinovať, šľachtiť, vyšľachtiť; **2.** zjemniť, kultivovať, cibriť; **3.** vylepšiť, zdokonaliť

re.fined [riˈfaind] *príd* **1.** rafinovaný, zušľachtený; **2.** uhladený, vyberaný, kultivovaný

re.fine.ment [riˈfainmənt] *podst* **1.** *(oleja, cukru)* rafinácia, *(kovu)* zušľachťovanie; **2.** *(človeka)* uhladenosť, jemnosť, *(spôsobov, reči)* vyberanosť, *(i štýlu)* vycibrenosť; **3.** zdokonalenie, vylepšenie

re.fit [riːˈfit] *podst* **1.** *(odstránenie chýb, i úloh, i budovy ap)* oprava, *(lode)* znovuvystrojenie

to re.fit [riːˈfit] **[-tt-]** **1.** znovu vystrojiť, znovu vybaviť; **2.** *(odstrániť poškodenie, i loď)* opraviť; **3.** znovu zásobiť; **4.** *(znova zaviesť)* obnoviť

to re.flect [riˈflekt] **I.** *prech* **1.** *(i prn)* odrážať, zrkadliť; **2.** *(prn)* vyjadrovať, *(o čom)* svedčiť; **II.** *nepr* **3.** uvažovať, hĺbať. *Syn* ⇨ **to consider**, to think

re.flec.tion [riˈflekšən] *podst* (br i **reflexion**) **1.** odraz, odlesk; **2.** *(prn)* ohlas; **3.** úvaha

re.flec.tive [riˈflektiv] *príd* **1.** odrážajúci, zrkadliaci, odrazový; **2.** premýšľavý, rozjímavý, reflexívny, *(ifm)* dumavý. *Syn* ⇨ **pensive**

re.flex [riːfleks] **I.** *podst* **1.** *(vše, fyziol)* reflex; **2.** odraz, odblesk, obraz svetla [v zrkadle]; **3.** *(prn)* výsledok; **II.** *príd* **4.** reflexívny; **5.** *(fyziol)* mimovoľný

re.form [riːˈfoːm] *podst* **1.** reforma, náprava, zlepšenie, *(odstránenie chýb, i úloh)* oprava

to re.form [riːˈfoːm] **I.** *prech* **1.** reformovať, zlepšiť; **II.** *nepr* **2.** zlepšiť sa, polepšiť sa

re.for.ma.tion [ˌrefəˈmeišən] *podst* **1.** reforma; **2.** náprava, polepšenie; **3.** *(náb)* Reformácia

re.form.er [riˈfoːmə] *podst* **1.** *(pol)* reformátor, reformátorka

re.for.mist [riˈfoːmist] *podst* **1.** reformista, reformistka

re.frain [riˈfrein] *podst* **1.** *(hud)* refrén

to re.fresh [riˈfreš] **1.** osviežiť, občerstviť, vzpružiť, dodať [komu] nových síl. *Syn* ⇨ **to renew**

re.fresh.ing [riˈfrešiŋ] *príd* **1.** osviežujúci, občerstvujúci, chladivý, posilňujúci, dodávajúci nových síl, odpočinkový; **2.** originálny, príjemný

re.fresh.ment [riˈfrešmənt] *podst* **1.** *(jedlo v menšom množstve, i prn)* občerstvenie, niečo malé na jedenie, *(skromné)* pohostenie; **2.** *(nové uskutočnenie)* obnova; **3.** osvieženie, *(nápoje, pokrm)* posilnenie

to re.fri.ge.rate [riˈfridžəreit] **1.** chladiť, ochladiť, zmraziť

re.fri.ge.ra.tion [riˌfridžəˈreišn] *podst* **1.** chladenie, ochladenie, schladenie

to re.fu.el [riːˈfjuəl] **1.** *(benzín ap)* tankovať, *(benzín ap)* natankovať

re.fuge [refjuːdž] *podst* **1.** útulok, prístrešie, horský útulok; **2.** *(prn)* útočisko; **3.** nástupný ostrovček. *Syn* ⇨ **shelter**

re.fug.ee [ˌrefju(ː)ˈdžiː] *podst* **1.** *(pol)* emigrant, utečenec

re.fund [riːˈfand] *podst* **1.** náhrada, *(odškodnenie)* nahradenie, vrátenie peňazí, refundácia, splatenie

to re.fund [riːˈfand] (**~ st [to sb]**) **1.** *(vyplatenú sumu)* nahradiť, uhradiť, refundovať, vrátiť

to re.fur.bish [riːˈfəːbiš] **1.** modernizovať, renovovať

re.fus.al [riˈfjuːzəl] *podst* **1.** *(vše)* odmietnutie, odopretie; **2.** zamietnutie; **3.** odopretie skoku

re.fuse [riˈfjuːz] *podst* **1.** *(smeti)* odpadky, smeti; **2.** *(neupotrebiteľné zvyšky pri výrobe, i prn)* odpad; **3.** *(nehodnotná vec)* brak

to re.fuse [riˈfjuːz] **I.** *prech* **1.** *(pozvanie, dar)* odmietnuť, *(čomu)* nevyhovieť; **2.** *(žiadosť)* zamietnuť, *(víza)* neudeliť; **II.** *nepr* **3.** odmietnuť; **4.** *(kôň)* odoprieť skočiť. *Syn* ⇨ **to decline**

to re.fute [riˈfjuːt] **1.** *(tvrdenie, podozrenie)* vyvrátiť, dokázať omyl. *Syn* ⇨ **to disprove**

re.gal [riːgl] *príd* **1.** kráľovský, vznešený, okázalý

re.gard [riˈgaːd] *podst* **1.** *(rešpektovanie)* ohľad, zreteľ; **2.** *(fml: uprený)* pohľad; **3.** *(prn: ohodnotenie)* ocenenie; **4.** *(postava)* výzor; **5.** poklona; **6.** úcta, pozornosť; **7.** vzťah

to re.gard [riˈgaːd] **1.** považovať, klasifikovať; 2. *(fml: na)* dívať sa, pozorovať. *Syn*: to respect, to esteem, to admire

re.gard.ing [ri'ga:diŋ] 1. *(čoho)* ohľadne, s ohľadom [na], vzhľadom, čo sa týka [čoho], kvôli

re.gard.less [ri'ga:dlis] *prísl* 1. napriek, rovnako, *(všetkému)* navzdory

re.gat.ta [ri'gætə] *podst* 1. *(nám)* regata

re.gen.e.rate [ri'dženəreit] *príd* 1. obnovený, regenerovaný , oživený

to re.gen.e.rate [ri'dženəreit] I. *prech* 1. regenerovať, obrodiť, obnoviť, *(záujem)* znovu zobudiť, oživiť; II. *nepr* 2. regenerovať sa

reg.i.men [redžimən] *podst* 1. *(lek)* životospráva, diéta; 2. *(i lek)* režim

reg.i.ment [redžimənt] *podst* 1. *(voj)* pluk, *(dtd)* regiment; 2. *(polit, lek, tech, rar)* režim; 3. *(veľký počet)* množstvo; 4. *(húf)* zástup

to reg.i.ment [redžimənt] 1. reglementovať, zošnurovať; 2. *(služobne zadeliť, i k pluku)* prideliť; 3. *(rovnať)* zorganizovať; 4. *(prn)* usmerniť

reg.i.men.tal [ˌredži'mentl] I. *podst* 1. *(voj)* uniforma, rovnošata, plukovnícka uniforma; II. *príd* 2. *(voj)* plukovný; 3. miestny, územný

re.gion [ri:džən] *podst* 1. *(geog, admin)* kraj, oblasť, územie; 2. *(anat)* partia; 3. *(prn)* sféra

re.gion.al [ri:džənl] *príd* 1. regionálny, *(admin)* krajský, oblastný

reg.i.ster [redžistə] *podst* 1. kniha záznamov/ hostí, protokol, zoznam, matrika, úradný záznam; 2. registračný prístroj, počítadlo, merač; 3. *(hud)* register, *(ling)* rovina, *(polyg)* sútlač. *Syn* ⇨ **list**

to reg.i.ster [redžistə] I. *prech* 1. registrovať, evidovať, zaprotokolovať, *(narodenie, smrť)* ohlásiť, *(fakty, cenu)* zahrnúť, *(dieťa na školu, obchodnú značku)* prihlásiť, *(študent)* zapísať sa; 2. ukazovať, vyjadrovať; 3. *(list)* poslať doporučene, *(batožinu)* podať; 4. uvedomiť si, zaregistrovať; II. *nepr* 5. *(ako člen)* zapísať sa, *(na polícii, v hoteli)* prihlásiť sa

reg.i.strar [ˌredži'stra:] *podst* 1. *(br admin)* matrikár, úradník ktorý vedie záznamy; 2. *(univ)* kvestor; 3. *(br lek)* odborný lekár, primár

reg.i.stra.tion [ˌredžis'treišən] *podst* 1. registrácia, zaevidovanie, ohlásenie, podchytenie, zápis; 2. *(na pošte)* podanie

reg.i.stry [redžistri] *podst* (mn **-ies**) 1. registratúra, spisovňa

to re.gress [ri:gres] (~ **to st**) 1. *(biol, psych: do pôvodného stavu)* vracať sa; 2. *(prn)* klesať, upadať

re.gret [ri'gret] *podst* 1. ľútosť, poľutovanie, zármutok, žiaľ; 2. ospravedlnenie. *Syn* ⇨ **penitence**

to re.gret [ri'gret] [**-tt-**] 1. ľutovať, *(fml)* želieť, *(oľutovať)* oželieť, obanovať; 2. smútiť, žialiť

re.gret.ta.ble [ri'gretəbl] *príd* 1. poľutovaniahodný, nešťastný

to re.group [ri:'gru:p] (~ **st [for st]**) 1. preskupiť, preskupiť sa

reg.u.lar [regjulə] I. *podst* 1. stály hosť; 2. vojak z povolania, aktívny dôstojník; II. *príd* 3. *(i ling)* pravidelný, *(i dych, pulz ap)* rovnomerný; 4. obvyklý, normálny; 5. *(i zamestnanie)* stály, *(člen, študent)* riadny, *(úradník)* aktívny; 6. systematický; 7. *(ifm ob iron: hrdina)* pravý, skutočný, *(darebák)* vyložený, úplný, hotový; 8. rehoľný; 9. *(ifm am)* sympatický, *(ifm)* príma, fajn, správny, odborný . *Syn* ⇨ **normal**, **steady**

reg.u.lar.i.ty [ˌregju'lærəti] *podst* (mn **-ies**) 1. pravidelnosť, odmeranosť

to reg.u.late [regjuleit] 1. regulovať, upraviť; 2. riadiť, prispôsobiť, usporiadať si

reg.u.la.tion [ˌregju'leišən] I. *podst* 1. regulácia, riadenie , usmernenie; 2. predpis, smernica, ustanovenie, pravidlo; 3. úprava; II. *príd* 4. predpisový, predpísaný; 5. *(uniforma, odev)* služobný. *Syn* ⇨ **law**

reg.u.lat.or [regjuleitə] *podst* 1. regulátor, vodidlo, pravidlo

to re.ha.bi.li.tate [ˌri:ə'biliteit] 1. *(i pol)* rehabilitovať, znovu zaradiť [do života spoločnosti], znovu zapojiť [do života spoločnosti]; 2. reinštalovať; 3. modernizovať, renovovať

re.hear.sal [ri'hə:səl] *podst* 1. *(div, hud)* skúška; 2. vymenúvanie; 3. *(div)* čítanie

to re.hearse [ri'hə:s] 1. *(hru ap)* skúšať,

(i škol: triedu, i div, tel) opakovať, nacvičovať, cvičiť; **2.** reprodukovať; **3.** *(div: pripraviť na predvedenie)* naštudovať

reign [rein] *podst* **1.** *(spravovanie štátu, i kráľa)* vláda, panovanie, kraľovanie

to reign [rein] **1.** vládnuť, *(i prn)* panovať, *(o kráľovi, i prn)* kraľovať, mať vplyv/ moc; **2.** prevládať

to re.im.burse [ˌri:imˈbə:s] (**~ st [to sb]**) **1.** odškodniť, *(výdaje)* uhradiť, nahradiť, refundovať . *Syn* ⇨ **to pay**

re.im.burse.ment [ˌri:imˈbə:smənt] *podst* **1.** náhrada, refundácia, odškodnenie

rein [rein] *podst* **1.** oprata, opraty

re.in.car.na.tion [ˌri:inka:ˈneišn] *podst* **1.** reinkarnácia, prevtelenie

to re.in.force [ˌri:inˈfo:s] **1.** spevniť, zosilniť, vystužiť; **2.** armovať, posilniť

reinforced concrete [ˌri:inˌfo:sťkonkri:t] *podst* **1.** armovaný betón, železobetón

re.in.force.ment [ˌri:inˈfo:smənt] *podst* **1.** spevnenie, zosilnenie, posilnenie; **2.** výstuž, armatúra

to re.in.state [ˌri:inˈsteit] (**~ sb/ st [in/ as st]**) **1.** znovu dosadiť [do úradu], znovu prijať, vrátiť [komu] miesto, znovunastoliť

re.in.state.ment [ˌri:inˈsteitmənt] *podst* **1.** opätovné dosadenie do úradu

re.is.sue [ˌri:ˈisju:] *podst* **1.** *(knihy)* nové nezmenené vydanie, dotlač, *(bankoviek, známok)* nová emisia

to re.is.sue [ˌri:ˈisju:] (**~ st [as st]**) **1.** znovu publikovať, znovu vydať, *(nezmenené vydanie)* reeditovať, vydať novú emisiu

to re.i.te.rate [ri:ˈitəreit] **1.** *(i škol: triedu, i čin, i div, tel)* opakovať, zopakovať, znovu zdôrazniť; **2.** opätovať. *Syn* ⇨ **to repeat**

re.ject [riˈdžekt] *podst* **1.** *(obch)* nepodarok, nekvalitný tovar, chybný výrobok; **2.** *(voj)* muž neschopný vojenskej služby

to re.ject [riˈdžekt] **1.** odmietnuť, zamietnuť, odbyť, zavrhnúť. *Syn* ⇨ **to decline**

to re.joice [riˈdžois] (**~ at/ in/ over st**) **1.** radovať sa, tešiť sa, plesať

to re.join [riˈdžoin] **1.** *(znovu)* pripojiť sa, *(kam/ ku komu)* vrátiť sa; **2.** znovu spojiť; **3.** *(nahnevane)* odpovedať, *(kniž)* odvetiť. *Syn* ⇨ **to answer**

to re.juv.e.nate [riˈdžu:vineit] **1.** omladiť, *(prn)* osviežiť, oživiť; **2.** omladnúť, vymladnúť

to re.kin.dle [ri:ˈkindl] **I.** *prech* **1.** znovu rozdúchať; **2.** *(prn)* znovu roznietiť, znovu oživiť, znovu vyhrabať; **II.** *nepr* **3.** znovu vzplanúť

re.lapse [riˈlæps] *podst* **1.** *(lek, i prn)* recidíva, návrat choroby; **2.** opätovné spáchanie zločinu

to re.lapse [riˈlæps] (**~ into st/ doing st**) **1.** *(lek)* znovu ochorieť; **2.** *(prn)* recidivovať, spáchať znovu zločin; **3.** *(zdravotný stav)* znovu sa zhoršiť

to re.late [riˈleit] **I.** *prech* **1.** uviesť do súvislosti/ vzťahu, uvádzať; **2.** rozprávať, opisovať; **II.** *nepr* **3.** mať vzťah. byť vo vzťahu. *Syn* ⇨ **to tell**

re.lat.ed [riˈleitid] *príd* (**~ to st/ sb**) **1.** *(blízky: pokrvne)* príbuzný, spriaznený; **2.** spojený; **3.** *(o príbuzenskom vzťahu)* ďaleká rodina. *Syn*: kindred, cognate, allied, affiliate

re.la.tion [riˈleišən] *podst* **1.** vzťah; **2.** spojitosť, súvislosť, príbuzný; **3.** rozprávanie

re.la.tion.ship [riˈleišənšip] *podst* **1.** príbuzenstvo, príbuznosť, vzťah; **2.** *(pomer osoby i k inej osobe)* vzťah, pomer; **3.** *(príbuzenský zväzok)* rodina; **4.** relácia

rel.a.tive [relətiv] **I.** *podst* **1.** *(človek)* príbuzný; **2.** *(ling: vzťažná, relatívna)* veta; **II.** *príd* **3.** *(i hud)* relatívny, podmienený; **4.** pomerný, vyrovnaný; **5.** *(ling)* vzťažný, súvzťažný; **6.** príbuzný; **7.** vzájomný, týkajúci sa

rel.a.ti.vi.ty [ˌreləˈtivəti] *podst* **1.** relativita

to re.lax [riˈlæks] **I.** *prech* **1.** *(svaly)* uvoľniť; **2.** *(lek)* pôsobiť preháňajúco na črevá; **3.** upokojiť; **4.** povoliť, *(v aktivite)* poľaviť; **II.** *nepr* **5.** uvoľniť sa, relaxovať, rekreovať sa

re.lax.a.tion [ˌri:lækˈseišən] *podst* **1.** uvoľnenie, odpočinok, oddych, relaxácia, rekreácia; **2.** zmierenie

re.lay [ri:lei] *podst* (mn **-ays**) **1.** čata, *(hist)* čerstvý záprah [koní]; **2.** *(tech)* relé; **3.** prenos, relácia

to re.lay [ri:lei] (mč, mp **-yed**); (**~ st**

[from...]) **1.** prepriahnuť; **2.** *(na smeny)* pracovať; **3.** *(roz, tv)* preniesť; **4.** *(dať ako sprostredkovateľ odkaz)* odovzdať; **5.** bežať štafetu, *(štafetu)* prebrať

re.lease [ri'li:s] *podst* **1.** prepustenie na slobodu, oslobodenie, vypustenie zvierat; **2.** *(bômb)* zhodenie, uvoľnenie bŕzd; **3.** uvedenie do kín, *(správ)* zverejnenie; **4.** uvolňovacia páka, spúšť fotoaparátu; **5.** *(práv: nárokov na majetok)* zrieknutie sa, *(majetku)* prevod, *(am)* cenzúrne povolenie

to re.lease [ri'li:s] **1.** prepustiť na slobodu, vypustiť zviera, sprostiť záväzkov; **2.** *(zovretie)* uvoľniť, *(bomby)* zhadzovať; **3.** povoliť, *(zbraň)* odistiť, *(kohútik pušky)* stlačiť; **4.** uviesť do kín, *(knihu, kazetu)* vydať, *(správy, informácie)* zverejniť; **5.** *(práv)* vzdať sa nároku. *Syn* ⇨ **to free**

to rel.e.gate [religeit] **1.** *(i zbaviť funkcie)* degradovať, *(na iného)* odkázať; **2.** *(poslať do vyhnanstva)* vypovedať; **3.** *(do úzadia, i prn)* odtisnúť. *Syn* ⇨ **to commit**

to re.lent [ri'lent] **1.** *(človek)* povoliť, dať sa obmäkčiť, ustúpiť; **2.** zmierniť sa; **3.** *(z čoho)* ubúdať. *Syn* ⇨ **to yield**

re.lent.less [ri'lentlis] *príd* **1.** neoblomný, neľútostný, urputný, vytrvalý, neprestajný, nepretržitý, neustály

rel.e.vance [relivəns] *podst* **1.** relevantnosť, dôležitosť, význam

rel.e.vant [relivənt] *príd* (**~ to st/ sb**) **1.** relevantný, dôležitý, aktuálny; **2.** príslušný. *Syn*: germane, pertinent, apposite, applicable, apropos. *Opoz*: inappropriate, extraneous

re.li.a.ble [ri'laiəbl] *príd* **1.** spoľahlivý, dôveryhodný, hodnoverný, seriózny. *Syn*: dependable, trustworthy, trusty

re.li.ance [ri'laiəns] *podst* (**~ on/ upon st / sb**) **1.** dôvera; **2.** závislosť

re.li.ant [ri'laiənt] *príd* (**~ on/ upon st/ sb**) **1.** závislý, dôverujúci, spoliehajúci

rel.ic [relik] *podst* **1.** *(náb)* relikvia; **2.** prežitok, pozostatok; **3.** *(ifm prn pej)* stará vykopávka, stará rachotina

re.lief [ri'li:f] *podst* **1.** *(art, geog)* reliéf, plastickosť; **2.** zmiernenie; **3.** *(am)* sociálne dávky; **4.** *(mesta)* oslobodenie

to re.lieve [ri'li:v] **1.** zmierniť, *(bolesť)* utíšiť, spestriť, rozptýliť; **2.** vystriedať, vymeniť; **3.** oslobodiť. *Syn*: to alleviate, to lighten, to assuage, to mitigate, to allay, ⇨ aj **to comfort**

re.li.gion [ri'lidžən] *podst* **1.** náboženstvo, *(konfesia)* viera, *(náboženská príslušnosť)* vierovyznanie, kláštorný život

re.li.gious [ri'lidžəs] (mn **religious**) **I.** *podst* **1.** rehoľník, rehoľníčka; **II.** *príd* **2.** náboženský, cirkevný, rádový; **3.** pobožný, zbožný, nábožný; **4.** *(prn)* úzkostlivý, úzkostlivo starostlivý; **5.** svedomitý, presný. *Syn* ⇨ **devout**

to re.lin.quish [ri'liŋkwiš] (**~ st [to sb]**) **1.** *(čoho)* vzdať sa, zriecť sa, zbaviť sa, *(od čoho)* upustiť. *Syn*: to abandon, to waive, to forgo, ⇨ aj **to surrender**. *Opoz*: to keep, to retain

rel.ish [reliš] *podst* (mn **-es**) **1.** pôžitok, rozkoš, slasť; **2.** chuťovka, pikantný predkrm, omáčka

to rel.ish [reliš] **1.** *(čo)* vychutnať, *(i prn)* pochutnať si; **2.** chutiť; **3.** *(i bezpredm)* radovať sa, tešiť sa, *(čím)* kochať sa

to relive [ri:'liv] **1.** znovu prežiť

to re.lo.cate [ˌri:ləu'keit] **1.**(**~ sb/ st [from...] [to...]**) presťahovať, presídliť, *(i inf)* premiestniť

re.luc.tant [ri'laktənt] *príd* (**~ to do st**) **1.** neochotný, zdráhavý; **2.** *(prn)* nepoddajný; **3.** *(vzpurný)* priečny. *Syn*: disinclined, hesitant, averse. *Opoz*: inclined, disposed, eager

to re.main [ri'mein] **1.** ostať, zvyšovať; **2.** zostať, zostávať, zotrvať, zotrvávať. *Syn* ⇨ **to stay**

re.main.der [ri'meində] *podst* **1.** *(vše, mat)* zvyšok; **2.** *(obch)* zvyšky, nepredaný tovar, remitenda, nepredané výtlačky, ležiaky. *Syn*: residue, residuum, remnant, balance, remainder

to re.main.der [ri'meində] **1.** *(obch)* dať do výpredaja, predávať so zľavou

re.make [ri:'meik] *podst* **1.** nová verzia staršieho filmu, remake

to re.make [ri:'meik] (mč, mp **remade**) **1.**

(podstatne urobiť) prerobiť, znovu urobiť, *(znova zaviesť)* obnoviť, *(i prn)* pretvoriť, prepracovať, prestavať

re.mand [ri'ma:nd] *podst* **1.** *(práv)* odročenie, odloženie, vyšetrovacia väzba

to re.mand [ri'ma:nd] **1.** *(práv: konanie)* odročiť

re.mark [ri'ma:k] *podst* **1.** poznámka, pripomienka; **2.** povšimnutie, pozornosť. *Syn*: observation, comment, commentary

to re.mark [ri'ma:k] (**~ on/ upon st/ sb**) **1.** poznamenať, podotknúť, prehodiť; **2.** *(dtd fml)* všimnúť si, všímať si

re.mark.a.ble [ri'ma:kəbl] *príd* (**~ for st**) **1.** pozoruhodný , obdivuhodný, nevšedný, neobyčajný, *(veľký)* zvláštny, *(nie pravidelný)* mimoriadny, výnimočný . *Syn* ⇨ **noticeable**

to rem.ar.ry [ri:'mæri] (mč, mp **-ried**) **I.** *nepr* **1.** znovu sa oženiť, znovu sa vydať; **II.** *prech* **2.** znovu oženiť, znovu vydať

re.me.di.al [ri'mi:djəl] *príd* **1.** nápravný; **2.** *(br škol: vzdelanie)* doplňovací; **3.** *(lek)* liečivý, kuratívny

rem.e.dy [remidi] *podst* (mn **-ies**) **1.** *(lek)* liek, prostriedok, *(i prn)* opatrenie; **2.** *(práv)* odvolanie, rekurz. *Syn* ⇨ **cure**

to rem.e.dy [remidi] (mč, mp **-died**) **1.** liečiť, vyliečiť; **2.** *(prn)* napraviť, zlepšiť

to re.mem.ber [ri'membə] **1.** *(na čo)* spomenúť si, pamätať si, poznať, poznávať; **2.** pripomínať si, sláviť pamiatku. *Syn*: to recall, to recollect, to remind, to reminisce. *Opoz*: to forget

re.mem.brance [ri'membrəns] *podst* **1.** spomienka, upomienka; **2.** suvenír, upomienkový predmet, pamiatka. *Syn* ⇨ **memory**

re.mind.er [ri'maində] *podst* **1.** *(zr: pripomenutie)* pripomienka, pripomenutie, spomienka; **2.** upomienka

to rem.i.nisce [ˌremi'nis] (**~ about st / sb**) **1.** nostalgicky spomínať, oddávať sa spomienkam. *Syn* ⇨ **to remember**

re.mi.nis.cence [ˌremi'nisns] *podst* **1.** spomienka, reminiscencia. *Syn* ⇨ **memory**

re.mi.nis.cent [ˌremi'nisnt] *príd* **1.** nostalgický, *(čo)* pripomínajúci

re.mis.sion [ri'mišən] *podst* **1.** *(náb)* odpustenie; **2.** *(práv)* prepáčenie; **3.** *(lek)* poľavenie, ústup, remisia, dočasná úľava

re.mit [ri'mit] *podst* **1.** kompetencia, právomoc

to re.mit [ri'mit] [**-tt-**] **I.** *prech* **1.** prepáčiť, odpustiť, *(od čoho)* oslobodiť; **2.** *(dane ap)* znížiť; **3.** *(peniaze)* poukázať, poslať; **4.** *(práv)* postúpiť späť nižšej inštancii; **5.** odkladať, odložiť, odročiť; **II.** *nepr* **6.** zmenšiť sa, *(bolesť)* poľaviť

re.mit.tance [ri'mitəns] *podst* **1.** *(peňazí)* poukázanie, prevod, poslanie; **2.** odoslaná peňažná čiastka, platba

rem.nant [remnənt] *podst* **1.** zvyšok, *(ob pl)* zvyšky, výstrižky, odstrižky, trosky; **2.** *(prn)* pozostatky, prežitky. *Syn* ⇨ **remainder**

re.morse [ri'mo:s] *podst* (**~ for st / doing st**) **1.** výčitky svedomia. *Syn* ⇨ **penitence**

re.mote [ri'məut] *príd* **1.** vzdialený, odľahlý, izolovaný, *(pej: dedina)* zapadnutý; **2.** malý, nepatrný; **3.** neprístupný, uzavretý; **4.** *(ovládanie)* diaľkový. *Syn* ⇨ **far**

re.mote control [riˌməutkən'trəul] *podst* **1.** *(lietadla)* diaľkové riadenie; **2.** *(tv, roz)* diaľkové ovládanie

re.mov.al [ri'mu:vəl] *podst* **1.** odstránenie, vyprázdnenie; **2.** vyzlečenie, vyzutie; **3.** *(lek)* vyoperovanie, amputácia; **4.** vyškrtnutie, vyčistenie, *(tech)* odmontovanie; **5.** zosadenie, zvrhnutie; **6.** zažehnanie, zrušenie, odpracovanie; **7.** presťahovanie

re.move [ri'mu:v] *podst* **1.** stupeň príbuznosti, vzdialenosť, odstup, postup, ďalší chod, pokolenie, koleno

to re.move [ri'mu:v] (**~ st/ sb [from st]**)**I.** *prech* **1.** odstrániť, odpratať, odhrnúť, *(skrine)* vyprázdniť, *(obraz zo steny)* zložiť, sňať, *(šupiny z ryby)* zoškrabať; **2.** zobliecť, vyzuť; **3.** vybrať; **4.** *(lek)* vyoperovať, amputovať; **5.** *(z textu)* vyškrtnúť, *(tech)* odmontovať; **6.** *(strach)* zažehnať, *(embargo)* zrušiť; **II.** *nepr* **7.** presťahovať sa. *Syn* ⇨ **to move**

to rename [ri:'neim] **1.** premenovať, prekrstiť

to rend.er [rendə] **1.** *(fml: pomoc)* poskytnúť, *(i službu)* preukázať, *(rozsudok)* vyniesť, *(poctu)* vzdať; **2.** *(obch)* predložiť, **3.** zaspievať, zahrať; **4.** preložiť, pretlmočiť; **5.** *(slaninu)* škvariť; **6.** *(stav)* omietnuť

ren.der.ing [rendəriŋ] *podst* **1.** *(art, bás)* interpretácia, *(i ob div)* vyjadrenie; **2.** preklad, prevod; **3.** *(stav)* omietka

ren.dez.vous [rondivu:] *podst* (mn **rendezvous**) **1.** schôdzka, *(ifm)* rande; **2.** miesto stretnutia

to ren.dez.vous [rondivu:] **1.** zísť sa, stretnúť sa, *(i voj)* dať si zraz

ren.di.tion [ren'dišn] *podst* **1.** interpretácia, *(i ob div)* uskutočnenie; **2.** preklad, prevod

ren.e.gade [renigeid] **I.** *podst* **1.** odpadlík, odpadlíčka, renegát, renegátka, odrodilec, zradca; **II.** *príd* **2.** renegátsky, odpadlícky, odrodilecký

to re.nege [ri'ni:g] (**~ on st**) **1.** *(od čoho)* odstúpiť,**2.** *(kart)* nepriznať farbu

to re.new [ri'nju:] **1.** obnoviť; **2.** predĺžiť, prolongovať; **3.** vymeniť, doplniť. *Syn*: to renovate, to restore, to refresh, to rejuvenate

re.new.a.ble [ri'nju(:)əbl] *príd* **1.** obnoviteľný, prolongovateľný

re.new.al [ri'nju(:)əl] *podst* **1.** obnova, obnovenie; **2.** prolongácia; **3.** výmena, doplnenie, znovunadviazanie.

to re.nounce [ri'nauns] **I.** *prech* **1.** *(fml: čoho)* zriecť sa, *(čoho)* vzdať sa; **2.** zaprieť, zapierať, *(čoho)* zriecť sa; **II.** *nepr* **3.** *(kart)* renoncovať, nepriznať farbu. *Syn* ⇨ **to abdicate**

to ren.o.vate [renəuvəit] **1.** renovovať, opraviť, modernizovať, reštaurovať. *Syn* ⇨ **to renew**

re.nowned [ri'naund] *príd* (**~ as/ for st**) **1.** *(známy)* slávny, preslávený, chýrny, renomovaný

rent [rent] *podst* **1.** nájomné

to rent [rent] **1.** *(dom, izbu)* vziať do prenájmu, najať si, prenajať si, požadovať nájomné, vypožičať, požičať si *Syn* ⇨ **to hire**

rent.al [rentl] *podst* **1.** nájomné, nájom, požičovné; **2.** výnos z nájomného

to re.o.pen [ri:'əupən] **I.** *prech* **1.** znovu otvoriť, *(práv)* obnoviť, rozvíriť; **II.** *nepr* **2.** znovu otvoriť, *(znovu)* otvoriť sa

to re.or.gan.ize [ri:'o:gənaiz] (i **-ise**) **I.** *prech* **1.** reorganizovať, preorganizovať; **II.** *nepr* **2.** reorganizovať sa

rep [rep] *podst* **1.** *(text)* rips

to rep [rep] **1.** pracovať ako obchodný zástupca

re.pair [ri'peə] *podst* **1.** oprava

to re.pair [ri'peə] **1.** opraviť, spraviť, zašiť; **2.** napraviť, odčiniť; **3.** *(kam)* odobrať sa. *Syn* ⇨ **to mend**

re.par.a.tion [ˌrepə'reišən] *podst* **1.** náprava, odčinenie, reparácia; **2.** kompenzácia. *Syn*: restitution, redress, indemnification

re.pat.ri.ate [ri:'pætrieit] *podst* **1.** repatriant, repatriantka

to re.pat.ri.ate [ri:'pætrieit] (**~ sb [to st]**) **1.** repatriovať, vrátiť sa do vlasti

to re.pay [ri:'pei] (mč, mp **repaid**)**1.** splniť, umoriť, vrátiť, hradiť, uhradiť ; **2.** *(prn)* oplatiť. *Syn* ⇨ **to pay**

re.pay.ment [ri:'peimənt] *podst* **1.** splatenie, preplatenie, vyrovnanie, umorenie, uhradenie, splátka; **2.** oplatenie

re.peal [ri'pi:l] *podst* **1.** odvolanie, zrušenie, anulovanie

to re.peal [ri'pi:l] **1.** zrušiť, odvolať, vypovedať. *Syn* ⇨ **to abolish**

re.peat [ri'pi:t] *podst* **1.** *(vše)* opakovanie; **2.** *(tv, roz, hud)* repríza, opakovaný program, repetícia, repetičné znamienko

to re.peat [ri'pi:t] **I.** *prech* **1.** *(tv, roz, škol, univ)* opakovať; **2.** urobiť znovu, zopakovať, zaspievať znovu, zahrať znovu; **3.** reprízovať; **II.** *nepr* **4.** *(znovu hovoriť)* opakovať, opakovať sa. *Syn*: to iterate, to reiterate, to recapitulate

re.peat.ed [ri'pi:tid] *príd* **1.** opakovaný, opätovný

re.peat.ed.ly [ri'pi:tədli] *prísl* **1.** opakovane, opätovne, znova a znova

to re.pel [ri'pel] **I.** *prech* **1.** *(útočníka)* odraziť, zahnať, *(čomu)* čeliť, *(koho)* odbyť, odohnať; **2.** odpudzovať, znechucovať; **II.** *nepr* **3.** *(ele, fyz)* odpudzovať sa

re.pel.lent [ri'pelənt] *príd* **1.** odpuzujúci, odpudivý

re.per.cus.sion [ˌri:pə'kašən] *podst* **1.** dopad, odozva, následok; **2.** ozvena

re.per.toire [repətwa:] *podst* (i fml **repertory**) **1.** repertoár

re.per.to.ry [repətəri] *podst* (mn **-ies**) **1.** repertoárové divadlo; **2.** repertoár

to re.place [ri'pleis] **1.** vrátiť na svoje miesto; **2.** nahradiť, vystriedať, vymeniť. *Syn*: to displace, to supersede, to supplant

re.place.ment [ri'pleismənt] *podst* **1.** vrátenie na miesto, zavesenie; **2.** nahradenie, vystriedanie, výmena; **3.** náhrada, náhradník

re.play [ri:'plei] *podst* (mn **-ays**) **1.** *(špo)* opakovaný zápas ; **2.** opakované premietanie zo záznamu

to re.play [ri:'plei] **1.** hrať znovu; **2.** opakovať znovu zo záznamu

to re.plen.ish [ri'pleniš] **1.** doplniť, *(pohár)* doliať

rep.li.ca [replikə] *podst* **1.** kópia, reprodukcia, replika. *Syn* ⇨ **copy**

re.ply [ri'plai] *podst* (mn **-ies**) **1.** odpoveď; **2.** *(práv)* replika

to re.ply [ri'plai] (mč, mp **replied**) **I.** *prech* **1.** *(na čo)* odpovedať, *(na čo)* odvetiť. *Syn* ⇨ **to answer**

re.port [ri'po:t] *podst* **1.** hlásenie, referát, vyhlásenie, raport, *(lek)* buletin; **2.** reportáž, správa; **3.** *(fml)* povesť; **4.** *(zo zbrane ap)* rana, zvuk výstrelu

to re.port [ri'po:t] **I.** *prech* **1.** oznámiť, ohlásiť, *(o čom)* referovať; **2.** reportovať; **3.** *(o čom)* písať; **4.** oznámiť, nahlásiť, *(i na políciu)* udať; **II.** *nepr* **5.** referovať, prinášať reportáž/ správu; **6.** hlásiť sa. *Syn* ⇨ **to tell**

re.port.ed.ly [ri'po:tidli] *prísl* **1.** údajne, vraj

re.port.er [ri'po:tə] *podst* **1.** reportér, spravodajca, dopisovateľ; **2.** *(práv)* zapisovateľ

re.pos.i.to.ry [ri'pozitəri] *podst* (mn **-ies**) **1.** sklad, skladište; **2.** *(prn)* studnica, dôverník

to re.pos.sess [ˌri:pə'zes] **1.** znovu prevziať do vlastníctva; **2.** odňať neplatičom vlastníctvo nehnuteľnosti kúpenej na hypotéku

re.pos.ses.sion [ˌri:pə'zešn] *podst* **1.** opätovné prevzatie do vlastníctva; **2.** odňatie vlastníctva neplatičom splátok

to rep.re.sent [ˌrepri'zent] **1.** predstavovať, zobrazovať, symbolizovať; **2.** reprezentovať, zastupovať; **3.** *(div)* zahrať, interpretovať

rep.re.sent.a.tion [ˌreprizen'teišən] *podst* **1.** zobrazenie, obraz, *(čoho)* príklad, symbolizácia; **2.** *(pol)* reprezentácia, zastúpenie

rep.re.sent.a.tive [ˌrepri'zentətiv] (~ **of sb/ st**) **I.** *podst* **1.** zástupca, predstaviteľ, reprezentant; **2.** *(am)* poslanec snemovne reprezentantov; **II.** *príd* **3.** reprezentatívny, typický, charakteristický; **4.** *(pol)* zastupiteľský, parlamentný, *(am)* volený

to re.press [ri'pres] **1.** potlačiť, utláčať; **2.** potlačovať, premáhať

re.pres.sion [ri'prešən] *podst* **1.** útlak, *(psych)* represia

re.pres.sive [ri'presiv] *príd* **1.** represívny

re.prieve [ri'pri:v] *podst* **1.** *(práv)* omilostenie, milosť, odklad výkonu trestu ob smrti; **2.** *(prn)* oddych, úľava

to re.prieve [ri'pri:v] **1.** *(práv)* omilostiť, udeliť [komu] milosť, pardonovať, odložiť výkon trestu; **2.** ušetriť, dočasne ponechať v prevádzke

rep.ri.mand [reprima:nd] *podst* **1.** pokarhanie, napomenutie

to rep.ri.mand [reprima:nd] (~ **sb [for st]**) **1.** karať, pokarhať, napomenúť, dať [komu] pokarhanie

re.print [ri:'print] *podst* **1.** dotlač, pretlač, nové/ nezmenené vydanie

to re.print [ri:'print] **1.** znovu vytlačiť, dotlačiť

re.pri.sal [ri'praizəl] *podst* **1.** odveta, odplata, represálie, odvetné opatrenie

re.proach [ri'prəuæ] *podst* (mn **-es**) **1.** výčitka; **2.** hanba, potupa

to re.proach [ri'prəuæ] **1.** vyčítať, zazlievať

to re.pro.duce [ˌri:prə'dju:s] **I.** *prech* **1.** reprodukovať, kopírovať, rozmnožiť tlačou, opakovať; **II.** *nepr* **2.** *(biol)* rozmnožovať sa

re.pro.duc.tion [ˌri:prə'dakšən] *podst* **1.** *(biol)* rozmnožovanie, množenie; **2.** reprodukcia, reprodukovanie; **3.** kópia, napodobenina, odtlačok. *Syn* ⇨ **copy**

re.produc.tive [ˌri:prə'daktiv] *príd* **1.** *(orgán, proces)* rozmnožovací

rep.tile [reptail] *podst* **1.** *(zool: Reptilia)* plaz, *(prn)* pätolízač, pochlebovač

re.pub.lic [ri'pablik] *podst* **1.** republika

re.pub.li.can [ri'pablikən] **I.** *podst* **1.** republi-

kán; **II.** *príd* **2.** republikánsky
to re.pu.di.ate [ri'pju:dieit] **1.** *(koho)* zriecť sa, zavrhnúť, *(ku komu)* nepriznávať sa, *(od čoho)* odstúpiť, *(zaplatiť)* odmietnuť, *(ifm)* vypovedať. *Syn* ⇨ **to decline**
re.pu.ta.ble [repjutəbl] *príd* **1.** seriózny, čestný, vážený, majúci dobrú povesť, spoľahlivý
re.pu.ta.tion [ˌrepju'teišən] *podst* (~ **for st/ doing st**) **1.** dobrá povesť, dobré meno, prestíž, *(ifm)* reputácia
re.put.ed [ri'pju:tid] *príd* (~ **to be st/ to have done st**) **1.** údajný, povestný, domnelý
re.quest [ri'kwest] *podst* (~ **for st/ that...**) **1.** požiadavka, žiadosť, prosba, želanie; **2.** *(roz)* skladba na želanie
to re.quest [ri'kwest] (~ **st [from/ of sb]**) **1.** žiadať, požiadať, prosiť, poprosiť
re.qui.em [rekwiəm] *podst* **1.** *(i hud)* rekviem; **2.** *(náb)* zádušná omša
to re.quire [ri'kwaiə] **1.** vyžadovať, potrebovať, chcieť; **2.** požadovať; **3.** *(fml)* žiadať si, priať si. *Syn* ⇨ **to demand, to lack**
re.quire.ment [ri'kwaiəmənt] *podst* **1.** potreba; **2.** požiadavka, nárok, podmienka
req.ui.site [rekwizit] (~ **for/ of st**) **I.** *podst* **1.** potreba; **2.** požiadavka; **II.** *príd* **3.** potrebný, nutný, nevyhnutný; **4.** požadovaný; **5.** zodpovedajúci. *Syn* ⇨ **need, essential**
re.run [ri:'ran] *podst* **1.** *(film, div)* repríza, opakované vysielanie
to re.scind [ri'sind] **1.** zrušiť, anulovať, odvolať, vypovedať. *Syn* ⇨ **to abolish**
res.cue [reskju:] *podst* **1.** záchrana, oslobodenie, vyslobodenie, pomoc
to res.cue [reskju:] (~ **sb/ st [from st/ sb]**) **1.** zachrániť, oslobodiť, vyslobodiť. *Syn*: to deliver, to redeem, to ransom, to save
re.search [ri'sə:æ] *podst* (i br **researches**) (~ **into st**) **1.** výskum, bádanie, vedecká práca. *Syn* ⇨ **investigation**
to re.search [ri'sə:æ] (~ **into/ on st**); (~ **on sb**) **I.** *nepr* **1.** robiť výskum, bádať, skúmať, študovať; **II.** *prech* **2.** skúmať
re.sem.blance [ri'zembləns] *podst* (~ **to sb/ st**); (~ **between A and B**) **1.** podoba, podobnosť. *Syn* ⇨ **likeness**
to re.sem.ble [ri'zembl] (~ **sb/ st [in st]**) **1.** *(komu)* podobať sa, *(na koho)* ponášať sa
to re.sent [ri'zent] **1.** brať [čo] v zlom, neznášať, *(na čo)* zlostiť sa
re.sent.ful [ri'zentful] *príd* **1.** zatrpknutý, plný nenávisti
re.sent.ment [ri'zentmənt] *podst* **1.** zatrpknutosť, nenávisť, zlá krv. *Syn* ⇨ **offense**
res.er.va.tion [ˌrezə'veišən] *podst* **1.** rezervácia, *(letenky, ubytovania ap)* objednávka; **2.** výhrada; **3.** *(am)* prírodná rezervácia
re.serve [ri'zə:v] *podst* **1.** rezerva, zásoba; **2.** výhrada; **3.** zdržanlivosť, uzavretosť, odmeranosť; **4.** rezervácia; **5.** *(voj)* záloha, vojak v zálohe
to re.serve [ri'zə:v] (~ **st [for sb/ st]**) **1.** rezervovať, zahovoriť, objednať; **2.** ponechať si. *Syn* ⇨ **to keep**
re.served [ri'zə:vd] *príd* **1.** rezervovaný, zdržanlivý, uzavretý do seba, odmeraný; **2.** zahovorený, zadaný. *Syn* ⇨ **silent**
re.ser.vist [ri'zə:vist] *podst* **1.** vojak v zálohe, záložník, *(dtd)* rezervista
res.er.voir [rezəvwa:] *podst* **1.** rezervoár, priehradné jazero, priehrada, priehradná nádrž; **2.** *(prn)* zásobáreň, *(talentov, vedomostí)* pokladnica
re.set [ri:'set] *podst* **1.** *(inf)* vynulovanie, znovunastavenie
to re.set [ri:'set] **[-tt-]** (mč, mp **reset**) **1.** *(hodinky)* znovu nastaviť; **2.** *(polyg: text)* znovu vysádzať, popresádzať
to re.set.tle [ri:'setl] **1.** *(utečencov)* presídliť; **2.** *(územie)* znova osídliť
re.shuf.fle [ri:'šafl] *podst* **1.** *(kart)* nové zamiešanie, premena, preskupenie, presun
to re.side [ri'zaid] (~ **in/ at...**) **1.** bývať, prebývať, sídliť, mať sídlo [kde]; **2.** *(prn)* spočívať, tkvieť
res.i.dence [rezidəns] *podst* **1.** dom, rezidencia, sídlo; **2.** pobyt
res.i.dent [rezidənt] **I.** *podst* **1.** miestny občan, usadlík; **2.** hotelový hosť; **II.** *príd* **3.** *(obyvateľ)* miestny; **4.** sídliaci, bývajúci, usadnutý; **5.** domáci; **6.** *(hosť)* stály; **7.** vrodený
res.i.den.tial [ˌrezi'denšəl] *príd* **1.** obytný, rezidenčný, internátny
re.si.dual [ri'zidjuəl] *príd* **1.** zvyškový, zvyšný,

nadbytočný, *(odb)* reziduálny

res.i.due [rezidju:] *podst* **1.** *(vše, mat, chem)* zvyšok, pozostatok; **2.** usadenina; **3.** *(chem)* rezíduum. *Syn* ⇨ **remainder**

to re.sign [ri'zain] (**~ from st**) **I.** *nepr* **1.** rezignovať, odstúpiť, podať demisiu, *(úradu)* vzdať sa, zložiť úrad; **2.** *(šach)* vzdať sa. *Syn* ⇨ **to abdicate, to surrender**

re.signed [ri'zaind] *príd* (**~ to st/ doing st**) **1.** rezignovaný

re.si.li.ent [ri'ziliənt] *príd* **1.** pružný, elastický, odolný, pevný; **2.** *(prn)* energický, húževnatý. *Syn* ⇨ **elastic**

res.in [rezin] *podst* **1.** živica, surový kaučuk, smola

to re.sist [ri'zist] **1.** *(čomu)* odolať, odporovať, vzdorovať, *(čomu)* nepodľahnúť. *Syn* ⇨ **to oppose**

re.sis.tance [ri'zistəns] *podst* **1.** *(i fyz)* odpor; **2.** *(proti čomu)* odolnosť

re.sis.tant [ri'zistənt] *príd* (**~ to st**) **1.** *(lek, biol)* odolný, imúnny, pevný; **2.** *(čomu)* vzdorujúci, *(čomu)* odporujúci

res.o.lute [rezəlu:t] *príd* (**~ in st**) **1.** rezolútny, energický, rozhodný, rázny. *Syn* ⇨ **faithful**

res.o.lu.tion [ˌrezə'lu:šən] *podst* **1.** rozhodnosť, ráznosť, odhodlanosť; **2.** rezolúcia, uznesenie; **3.** predsavzatie, rozhodnutie; **4.** riešenie, vyriešenie; **5.** *(chem)* rozloženie; **5.** *(lek: opuchliny)* splasnutie

re.solve [ri'zolv] *podst* **1.** rozhodnosť; **2.** rozhodnutie, odhodlanie, predsavzatie; **3.** uznesenie, *(charakteru)* pevnosť

to re.solve [ri'zolv] **I.** *prech* **1.** vyriešiť, rozptýliť; **2.** rozhodnúť sa, predsavziať si; **3.** rozložiť, *(fyz)* rozštiepiť; **4.** *(lek)* rozohnať; **5.** *(hud)* rozviesť. *Syn* ⇨ **to decide**

res.o.nance [rezənəns] *podst* **1.** rezonancia

res.o.nant [rezənənt] *príd* **1.** *(hlas)* zvučný, *(hluk)* hlasný, hlaholivý; **2.** *(fyz)* rezonančný

to res.o.nate [rezəneit] (**~ with st**) **1.** zaznievať, znieť, zvučať

re.sort [ri:zo:t] *podst* **1.** letovisko; **2.** východisko

re.sound.ing [ri'zaundiŋ] *príd* **1.** *(hlas)* hlasný, *(potlesk)* búrlivý; **2.** *(prn: úspech)* oborovský, *(neúspech)* monumentálny

re.source [ri'so:s] *podst* **1.** zdroje, suroviny, prostriedok; **2.** schopnosť; **3.** východisko. *Syn*: resort, expedient, makeshift, stopgap

re.source.ful [ri'so:sful] *príd* **1.** vynaliezavý; **2.** duchaprítomný, pohotový, vediaci si poradiť

re.spect [ri'spekt] *podst* **1.** úcta, rešpekt; **2.** ohľad, ohľaduplnosť; **3.** zreteľ, hľadisko, stránka

to re.spect [ri'spekt] **1.** rešpektovať, dodržiavať. *Syn* ⇨ **to regard**

re.spec.ta.ble [ri'spektəbl] *príd* **1.** vážený, úctyhodný, *(človek)* poriadny, čestný, slušný, seriózny, *(ob žena)* počestný; **2.** celkom dobrý, vhodný

re.spect.ful [ri'spektful] *príd* (**~ to/ towards sb**); (**~ of st**) **1.** úctivý

re.spec.tive [ri'spektiv] *príd* **1.** príslušný, patričný, zodpovedajúci, individuálny, vlastný

re.spec.tive.ly [ri'spektivli] *prísl* **1.** *(vyj poradie: neprek)* v uvedenom poradí, **my sons, John and Peter, are twelve and sixteen respectively** *moji synovia Jano a Peter majú dvanásť a šestnásť rokov*;

res.pi.ra.tory [ri'spaiərətəri] *príd* **1.** dýchací, respiračný

res.pite [respait] *podst* **1.** oddych; **2.** odklad

re.spon.dent [ri'spondənt] *podst* **1.** *(práv)* odporca, žalovaný; **2.** respondent, opýtaný

re.sponse [ri'spons] *podst* (**~ to sb/ st**) **1.** odpoveď; **2.** reakcia, ohlas; **3.** responzórium

re.spon.si.bi.li.ty [riˌsponsə'biləti] *podst* (mn **-ies**) **1.** zodpovednosť; **2.** povinnosť, záväzok. *Syn* ⇨ **duty**

re.spon.si.ble [ri'sponsəbl] *príd* **1.** zodpovedný; **2.** seriózny. *Syn*: answerable, accountable

re.spon.sive [ri'sponsiv] *príd* (**~ to sb/ st**) **1.** citlivý, vnímavý, prístupný, živo reagujúci

rest [rest] *podst* (**~ from st**) **1.** odpočinok, prestávka, oddych; **2.** pokoj; **3.** podpera, *(na telefóne)* vidlica; **4.** *(hud)* pomlka, *(i hud)* pauza; **5.** zvyšok, zostatok; **6.** nocľaháreň, útulok

to rest [rest] **I.** *nepr* **1.** odpočinúť si, odpočivať; **2.** oprieť, opierať sa; **II.** *prech* **3.** nechať odpočinúť

to re.state [ri:'steit] **1.** zopakovať, znovu potvrdiť; **2.** preformulovať, vyjadriť inak

res.tau.rant [restəro:ŋ] *podst* **1.** reštaurácia

res.tau.ra.teur [ˌresto(:)rə'tə:] *podst* **1.** reštaurátér

rest.less [restlis] *príd* **1.** nepokojný, neposedný, rozrušený

Res.to.ra.tion [ˌrestə'reišən] *podst* **1.** vrátenie, navrátenie; **2.** reštaurovanie, *(napr. monarchie)* reštaurácia, renovovanie, renovácia, rekultivácia; **3.** *(hist: Stuartovcov v r. 1660)* reštaurácia

to re.store [ri'sto:] **1.** vrátiť, obnoviť, *(monarchiu)* reštaurovať, znovu dosadiť [vládcu], znovu zaviesť; **2.** uzdraviť. *Syn* ⇨ **to renew**

to re.strain [ri'strein] (**~ oneself/ sb/ st [from st/ doing st]**) **1.** *(i prn)* krotiť, premôcť; **2.** *(prn)* tlmiť, potlačovať. *Syn*: to curb, to check, to bridle, to inhibit

re.strained [ri'streind] *príd* **1.** rezervovaný, zdržanlivý, potlačený, zmierlivý, umiernený

re.straint [ri'streint] *podst* **1.** obmedzenie, reštrikcia; **2.** sebaovládanie, umiernenosť, rezervovanosť, zdržanlivosť

to re.strict [ri'strikt] (**~ oneself/ sb/ st [to st/ doing st]**) **1.** obmedziť, ohraničiť . *Syn* ⇨ **to limit**

re.strict.ed [ri'striktid] *príd* **1.** obmedzený; **2.** tajný, dôverný, len pre služobnú potrebu

re.stric.tion [ri'strikšən] *podst* **1.** obmedzenie, prekážka

re.stric.tive [ri'striktiv] *príd* **1.** reštriktívny, obmedzujúci

re.sult [ri'zalt] *podst* **1.** následok, dôsledok; **2.** prospech; **3.** dobrý výsledok, úspech

re.sul.tant [ri'zaltənt] **I.** *podst* **1.** *(mat)* rezultant, *(fyz)* rezultanta, *(fyz, i prn)* výslednica; **II.** *príd* **2.** výsledný, z toho vyplývajúci

to re.sume [ri'zju:m] **1.** znovu začať, obnoviť, *(v čom)* pokračovať

to re.sur.face [ri:'sə:fis] **I.** *prech* **1.** dať nový povrch, opraviť povrch; **II.** *nepr* **2.** *(znova)* vynoriť, objaviť

re.sur.gence [ri'sə:džəns] *podst* **1.** znovuoživenie, obroda, obnova

to res.ur.rect [ˌrezə'rekt] **1.** *(i prn)* vzkriesiť, oživiť, obnoviť, *(žart)* vyhrabať z hrobu

Res.ur.rec.tion [ˌrezə'rekšn] *podst* **1.** vzkriesenie, *(i náb)* zmŕtvychvstanie; **2.** obnovenie

to re.sus.ci.tate [ri'sasiteit] **1.** *(lek)* resuscitovať, oživiť, vzkriesiť k životu

re.tail [ri:teil] *podst* **1.** *(obch)* maloobchod, predaj v drobnom; **2.** v drobnom, v malom

to re.tail [ri:teil] **1.** *(obch)* predávať v malom; **2.** *(prn)* roznášať, šíriť

re.tail.er [ri:teilə] *podst* **1.** maloobchodník, obchodník v drobnom, predajca v drobnom, detailista

to re.tain [ri'tein] **1.** udržať, *(vodu)* nepre-púšťať, *(moč)* zadržať, *(peniaze)* ponechať si, *(dôstojnosť)* uchovať si, vyhradiť si právo [čoho]; **2.** pamätať si, zapamätať si, najať; **3.** *(práv)* angažovať zaplatením honoráru. *Syn* ⇨ **to keep**

re.tain.er [ri'teinə] *podst* **1.** *(práv)* peňažná záloha advokátovi; **2.** *(zast)* sluha, *(hist)* poddaný

re.take [ri:'teik] *podst* **1.** znovunadobudnutie, opätovné nadobudnutie; **2.** *(film)* opakovaný záber, opakovanie záberu; **3.** *(skúšky)* opakovanie

to re.take [ri:'teik] (mč **retook** mp **retaken**) **1.** nadobudnúť späť, znovu nadobudnúť; **2.** *(film)* vziať ešte raz, *(záber)* opakovať; **3.** *(skúšku)* znovu opakovať

re.tard.ed [ri'ta:did] *príd* **1.** oneskorený; **2.** duševne zaostalý, retardovaný

re.ten.tion [ri'tenšən] *podst* **1.** udržanie, zachovanie, uchovanie; **2.** retencia, schopnosť zapamätať si [niečo], schopnosť udržať [niečo] v pamäti

ret.i.cent [retisnt] *príd* (**~ about st**) **1.** rezervovaný, zdržanlivý, nezhovorčivý. *Syn* ⇨ **silent**

to re.tire [ri'taiə] **I.** *nepr* **1.** ísť do dôchodku, odísť do dôchodku, ísť na odpočinok; **2.** ustúpiť; **3.** *(dtd, žart)* ísť spať; **II.** *prech* **4.** penzionovať, dať do dôchodku. *Syn* ⇨ **to go**

re.tired [ri'taiəd] *príd* **1.** v dôchodku, v penzii, na odpočinku

re.tire.ment [ri'taiəmənt] *podst* **1.** odchod do penzie; **2.** starobný dôchodok, penzia, výslužba

re.tort [ri'to:t] *podst* **1.** odseknutie, pohotová odpoveď; **2.** *(chem)* retorta

to re.tort [ri'to:t] **1.** odseknúť, pohotovo odpovedať. *Syn* ⇨ **to answer**

to re.trace [ri'treis] **1.** *(znovu)* vybaviť si, zrekapitulovať , zrekonštruovať

to re.tract [ri'trækt] **I.** *prech* **1.** zatiahnuť, vtiahnuť; **2.** odvolať, vziať späť, *(od čoho)* ustúpiť; **II.** *nepr* **3.** zatiahnuť sa

re.treat [ri'tri:t] *podst* **1.** *(voj)* ústup; **2.** útulok, úkryt. *Syn* ⇨ **shelter**

to re.treat [ri'tri:t] **1.** ustúpiť, cúvať

ret.ri.bu.tion [ˌretri'bju:šən] *podst fml* **1.** odplata, trest

re.triev.al [ri'tri:vl] *podst fml* **1.** opätovné nadobudnutie, znovuzískanie; **2.** *(chyby)* náprava; **3.** *(inf: dát)* vyhľadávanie

to re.trieve [ri'tri:v] **1.** získať späť, znovu nadobudnúť, zachrániť, *(stratu)* nahradiť; **2.** *(chybu)* napraviť, *(situáciu)* zachrániť; **3.** *(inf)* vyhľadať; **4.** *(poľov: o psovi)* aportovať . *Syn* ⇨ **to recover**

ret.ro [retrəu] *príd* **1.** *(film atď)* retro, naspäť, nazad

ret.ro.spec.tive [ˌretrəu'spektiv] **I.** *podst* **1.** *(art: súborná výstava)* retrospektíva; **II.** *príd* **2.** retrospektívny, hľadiaci späť; **3.** patriaci do minulosti

re.turn [ri'tə:n] *podst* **1.** návrat; **2.** vrátenie; **3.** *(fin)* výnos, výťažok; **4.** odmena; **5.** *(špo: tenis)* vrátenie podania; **6.** zvolenie; **7.** odplata, odveta

to re.turn [ri'tə:n] **I.** *nepr* **1.** *(späť)* vrátiť sa, priplávať, priletieť; **2.** znovu sa objaviť; **II.** *prech* **3.** *(späť)* vrátiť, priniesť; **4.** *(späť)* dať, položiť, postaviť; **5.** splatiť, revanšovať sa za, *(pozdravy, city)* opätovať; **6.** *(špo, ftb)* odraziť, odkopnúť; **7.** odvetiť; **8.** *(fin: zisk)* vyniesť, prinášať. *Syn*: to revert, to recur

re.un.ion [ri:'ju:njən] *podst* **1.** *(opätovné)* stretnutie, zjazd, zraz

to re.un.ite [ˌri:ju'nait] **I.** *prech* **1.** *(koho)* dať dokopy , priviesť dokopy, zmieriť; **II.** *nepr* **2.** *(znovu)* stretnúť sa, zísť sa, *(krajiny)* zjednotiť sa

to re.vamp [ri:'væmp] **1.** prerobiť; **2.** *(prn)* oprášiť, *(dom)* vylepšiť, renovovať

to re.veal [ri'vi:l] **1.** odhaliť, prezradiť, vyzradiť; **2.** ukázať , vyjaviť. *Syn*: to disclose, to divulge, to tell, to betray. *Opoz*: to conceal, to hide

rev.el [revl] *podst* **1.** hýrenie, radovánky

to rev.el [revl] **1.** *(hlučne)* zabávať sa, hýriť, vyhadzovať si z kopýtka

rev.e.la.tion [ˌrevə'leišən] *podst* **1.** odhalenie; **2.** *(prn)* objav; **3.** *(náb)* zjavenie

re.venge [ri'vendž] *podst* **1.** pomsta, *(i špo)* odveta; **2.** *(špo)* odvetné stretnutie

to re.venge [ri'vendž] **1.** pomstiť, pomstiť sa, odplatiť sa. *Syn* ⇨ **to avenge**

to re.ver.be.rate [ri'və:bəreit] **I.** *nepr* **1.** rozliehať sa, ozývať sa, odrážať sa; **2.** *(prn)* šíriť sa; **II.** *prech* **3.** *(zvuk/ svetlo)* odrážať

to re.vere [ri'viə] **1.** uctievať, ctiť, uctiť si, vážiť si, mať v hlbokej úcte . *Syn*: to reverence, to venerate, to worship, to adore

rev.e.rence [revrns] *podst* (~ **for sb/ st**) **1.** hlboká/ posvätná/ zbožná úcta. *Syn* ⇨ **awe, honour**

re.ver.sal [ri'və:sl] *podst* **1.** *(dramatický)* zvrat, zmena; **2.** obrátenie, prevrátenie, výmena úloh; **3.** nezdar, *(lek)* obrat k horšiemu, recidíva; **4.** *(práv: rozsudku)* zrušenie

re.verse [ri'və:s] **I.** *podst* **1.** opak; **2.** rub, reverz; **3.** *(aut)* spiatočná rýchlosť, spätný chod; **4.** *(lek)* obrat k horšiemu, recidíva, opätovné ochorenie; **II.** *príd* **5.** opačný, protichodný; **6.** spätný, spiatočný; **7.** *(poradie ap)* obrátený, retrográdny. *Syn*: invert, transpose, ⇨ aj **opposite**

to re.verse [ri'və:s] **I.** *prech* **1.** *(situáciu)* zvrátiť, *(názor ap)* radikálne zmeniť, prevrátiť, obrátiť naopak; **2.** anulovať, *(i práv)* zrušiť; **3.** *(tech)* obrátiť chod motora/ stroja; **II.** *nepr* **4.** *(aut)* cúvať

to re.vert [ri'və:t] **1.** *(k čomu)* vrátiť sa, *(k čomu)* navrátiť sa, *(pej)* znovu upadnúť [do nepriaznivého stavu]; **2.** *(práv)* prejsť späť; **3.** opäť pripadnúť. *Syn* ⇨ **to return**

re.view [ri'vju:] *podst* **1.** recenzia, kritika, posudok; **2.** *(magazín)* revue; **3.** bilancia, spätný pohľad; **4.** *(práv: rozsudku)* preskúmanie, *(ekon: platieb, cien)* revízia; **5.** *(voj)*

prehliadka
to re.view [ri'vju:] **1.** recenzovať, posúdiť, *(o čom)* referovať, napísať kritiku [čoho]; **2.** podať bilanciu [čoho]; **3.** znovu preskúmať, revidovať; **4.** *(am škol, univ)* opakovať
re.view.er [ri'vju:ə] *podst* **1.** recenzent, *(literárny)* kritik
to re.vise [ri'vaiz] **I.** *prech* **1.** revidovať, *(postoj)* zmeniť; **2.** *(text)* korigovať, *(dáta)* prepracovať, vykonať revíziu; **II.** *nepr* **3.** *(br škol)* opakovať, pripravovať sa na skúšku
re.vi.sion [ri'vižən] *podst* **1.** *(učiva)* opakovanie; **2.** revízia, zmena; **3.** prepracovanie, prepracované vydanie
to re.vi.tal.ize [ri:'vaitəlaiz] (i **-ise**) **1.** znovu oživiť
re.viv.al [ri'vaivəl] *podst* **1.** oživenie, znovuoživenie, znovuobjavenie, *(k čomu)* návrat; **2.** nová inscenácia; **3.** nadobudnutie vedomia
to re.vive [ri'vaiv] **I.** *prech* **1.** priviesť k vedomiu, vzkriesiť, *(lek)* resuscitovať; **2.** *(nádej, záujem ap)* oživiť, *(spomienky)* vzbudiť, vyvolávať, *(priateľstvo)* obnoviť; **3.** znovu inscenovať; **II.** *nepr* **4.** prísť k vedomiu, precitnúť, zotaviť sa; **5.** *(i ekonomika)* spamätať sa
to re.voke [ri'vəuk] **I.** *prech* **1.** zrušiť, anulovať, zrušiť, stornovať, odvolať, odobrať; **II.** *nepr* **2.** *(kart)* renoncovať, nepriznať farbu. *Syn* ⇨ **to abolish**
re.volt [ri'vəult] *podst* **1.** povstanie, vzbura, revolta . *Syn* ⇨ **rebellion**
to re.volt [ri'vəult] **1.** vzbúriť sa, revoltovať, povstať
re.volt.ing [ri'vəultiŋ] *príd* **1.** hnusný, odpudivý, nechutný, odporný; **2.** *(ifm)* hanebný, hrozný, strašný
rev.o.lu.tion [ˌrevə'lu:šən] *podst* **1.** *(pol, prn)* revolúcia, prevrat; **2.** *(aut, tech)* otáčka, obrátka; **3.** *(astron)* obeh. *Syn* ⇨ **rebellion**
rev.o.lu.tion.a.ry [ˌrevə'lu:šnəri] **I.** *podst* **1.** revolucionár, revolucionárka; **II.** *príd* **2.** revolučný, prevratný
to rev.o.lut.ion.ize [ˌrevə'lu:šnaiz] (i **-ise**) **1.** revolucionizovať
to re.volve [ri'volv] **I.** *prech* **1.** *(čím)* otáčať; **II.** *nepr* **2.** otáčať sa, točiť sa, obiehať. *Syn* ⇨ **to turn**
re.volv.er [ri'volvə] *podst* **1.** revolver
re.vue [ri'vju:] *podst* **1.** *(div)* revue, kabaret
re.vul.sion [ri'valšən] *podst* (**~ against/ at/ over/ from st**) **1.** odpor, hnus; **2.** náhla zmena, zvrat. *Syn* ⇨ **aversion**
re.ward [ri'wo:d] *podst* **1.** odmena; **2.** prednosť. *Syn*: prize, award, premium
re.ward.ing [ri'wo:diŋ] *príd* **1.** uspokojivý, uspokojujúci, *(práca, téma)* vďačný; **2.** lukratívny, prinášajúci zisk, vyplácajúci sa
re.write [ri:'rait] *podst* **1.** prepis, nová verzia
to re.write [ri:'rait] (mč **rewrote** mp **rewritten**) **1.** prepísať, preštylizovať, prepracovať
rhet.or.ic [retərik] *podst* **1.** *(lit)* rétorika, rečníctvo; **2.** *(prn)* plané reči, žonglovanie so slovami, slovná ekvilibristika
rhe.tor.i.cal [ri'torikl] *príd* **1.** rečnícky, rétorický; **2.** *(prn pej: štýl, prednes)* nadutý, frázovitý, kvetnatý
rhi.no [rainəu] *podst* (mn **-os**) **1.** *(zool: Rhinoceros):* nosorožec; **2.** *(slg)* fuky, groše; **3.** *(am voj slg)* vyloďovací pontón
rho.do.den.dron [ˌrəudə'dendrən] *podst* **1.** *(bot)* rododendron; **1.** *(bot: Rhododendron)* rododendron
rhyme [raim] *podst* **1.** rým; **2.** báseň
to rhyme [raim] **1.** rýmovať; **2.** rýmovať sa
rhy.thm [riðəm] *podst* **1.** rytmus, tempo
rhyth.mic [riðmik] *príd* **1.** rytmický
rib [rib] *podst* **1.** *(anat, kuch)* rebro; **2.** *(kuch)* rebierko; **3.** *(bot: listu)* žilka; **4.** drôt, *(text)* vrúbok
to rib [rib] **1.** podpichovať, doberať si, *(z koho)* uťahovať si
rib.bon [ribən] *podst* **1.** stuha, stužka, *(ifm)* mašľa, pentľa, páska; **2.** *(prn)* úzky prúžok
rich [riæ] *príd* **1.** *(i prn: život)* bohatý; **2.** nádherný, skvostný, *(nábytok)* prepychový, *(dar)* cenný, veľkolepý; **3.** *(vegetácia)* bujný, požehnaný; **4.** úrodný; **5.** sýty, plný; **6.** zvučný, bohatý na udalosti, plný; **7.** *(jedlo)* ťažký; **8.** *(br ifm)* zábavný. *Syn*: wealthy, affluent, opulent, well-to-do. *Opoz*: poor
rich.ly [riæli] *prísl* **1.** bohato, štedro; **2.** nádherne, prepychovo

to rid [rid] **[-dd-]** (mč, mp **rid**) **1.** zbaviť; **2.** *(to get rid of)* zbaviť sa

rid.dle [ridl] *podst* **1.** hádanka; **2.** záhada, **3.** rešeto. *Syn* ⇨ **mystery**

to rid.dle [ridl] **(~ sb/ st [with st])** **1.** prederaviť, predierkovať

ride [raid] *podst* **1.** jazda, vychádzka, výlet; **2.** *(am)* zvezenie stopom; **3.** *(am: kolotoč ap)* atrakcia; **4.** jazdecká/ lesná cesta, chodníček pre kone

to ride [raid] (mč **rode** mp **ridden**) **I.** *prech* **1.** ísť na koni/ motocykli/ bicykli, jazdiť, viezť sa, cestovať; **2.** *(čím)* prejsť, obísť; **3.** *(am)* zviesť, *(koho kam)* vziať; **II.** *nepr* **4.** plávať, kĺzať, vznášať sa; **5.** *(na čom)* závisieť. *Syn* ⇨ **to bait**

ri.der [raidə] *podst* **1.** jazdec, cyklista, motocyklista; **2.** dodatok, príloha, pripomienka; **3.** *(mat)* test

ridge [ridž] *podst* **1.** *(hory/ strechy)* hrebeň, rozvodie, chrbát

to ridge [ridž] **1.** zvraštiť, tvoriť hrebene [na čom], *(poľn)* orať do hrebeňov

ri.di.cule [ridikju:l] *podst* **1.** posmech, výsmech. *Syn*: to deride, to mock, to taunt

to ri.di.cule [ridikju:l] **1.** zosmiešniť, robiť si posmech [z koho/ čoho], *(komu/ čomu)* posmievať sa

ri.di.cu.lous [rïdikjuləs] *príd* **1.** smiešny, groteskný; **2.** absurdný, nezmyselný. *Syn* ⇨ **absurd**

rife [raif] *príd* **1.** rozšírený, bežný, častý, početný, prevládajúci. *Syn* ⇨ **prevailing**

rift [rift] *podst* **1.** trhlina, prasklina; **2.** *(prn)* roztržka, rozchod, *(pol)* rozkol, rozštiepenie, spor, nezhoda

rig [rig] *podst* **1.** *(nám)* takeláž, laná, oplachtenie; **2.** *(vše)* výbava, zariadenie, *(lode/ lietadla)* výstroj; **3.** naftová/ vrtná veža; **4.** parádne oblečenie, *(ifm)* háby; **5.** habit; **6.** *(am)* ťahač s návesom; **7.** manéver, trik, úskok

to rig [rig] **[-gg-]** **(~ st [with st])** **1.** *(nám: loď)* vystrojiť; **2.** *(nečestne využívať, zneužívať)* manipulovať, zmanipulovať

rig.ging [rigiŋ] *podst* **1.** *(lode)* vybavenie, *(lode)* výstroj, takeláž, *(nám)* laná atď

right [rait] **I.** *podst* **1.** pravá strana, dobro; **2.** právo, nárok, *(mn obch)* práva; **3.** *(špo: v boxe)* úder pravou rukou; **II.** *príd* **4.** pravý; **5.** správny, presný; **6.** vhodný, súci; **7.** zdravý; **8.** *(mat)* pravouhlý, rovný

to right [rait] **I.** *prech* **1.** vyrovnať, narovnať; **2.** napraviť; **II.** *nepr* **3.** spraviť sa, *nepr* **4.** vyriešiť sa

right.eous [raitšəs] *príd* **1.** spravodlivý, počestný; **2.** *(pej)* samoľúby, domýšľavý. *Syn* ⇨ **moral**

right.ful [raitful] *príd* **1.** *(vlastník)* právoplatný, legitímny, oprávnený, *(trest)* spravodlivý; **2.** zákonný, legálny

right-hand [raithænd] *príd* **1.** pravý; **2.** *(odbočenie)* do prava

right handed [ˌraiťhændid] *príd* **1.** *(človek)* pravák; **2.** *(úder)* pravou rukou; **3.** pre pravú ruku; **4.** *(odb)* pravotočivý

right-wing [ˌraiťwiŋ] *príd* **1.** *(pol)* pravicový, pravicovo orientovaný, *(pej)* pravičiarsky

right-winger [ˌraiťwiŋə] *podst* **1.** *(pol)* pravičiar; **2.** *(špo)* pravé krídlo

ri.gid [ridžid] *príd* **1.** tuhý, pevný, neohybný, nepoddajný; **2.** *(človek)* nepružný, strohý, neoblomný, nekompromisný, *(disciplína)* prísny, *(vláda ap)* neprispôsobivý. *Syn* ⇨ **stiff**, strict

ri.gor.ous [rigərəs] *príd* **1.** rigorózny, prísny, tvrdý, drsný; **2.** dôsledný, precízny. *Syn* ⇨ **strict**

ri.gour [rigə] *podst* (am **rigor**) **1.** prísnosť, tvrdosť, drsnosť; **2.** dôslednosť, precíznosť

rim [rim] *podst* **1.** *(šálky, jazera)* okraj, obruba, lem; **2.** *(okuliarov)* rám

rind [raind] *podst* **1.** koža, kôrka, šupka, kôra. *Syn* ⇨ **skin**

ring [riŋ] **1.** prsteň, *(vše)* kruh; **2.** *(i plávacie)* koleso, *(na servítky ap)* krúžok, *(kovová)* obruč; **3.** *(elektrická)* platňa, *(plynový)* horák; **4.** *(boxerský)* ring, *(v cirkuse)* manéž, aréna; **5.** gang, banda; **6.** zazvonenie, cvengot, zatelefonovanie; **7.** zvonenie

to ring [riŋ] (mč, mp **-ed**) **1.** obklopiť, zakrúžkovať; **2.** krúžkovať, okrúžkovať, *(i zvony)* hlaholiť; **3.** *(br tel)* zatelefonovať, *(zbrane)* rinčať, *(čo)* rozoznieť

rink [riŋk] *podst* **1.** klzisko, dráha pre kolieskové korčule

rinse [rins] *podst* **1.** vyplachovanie, preplachovanie, opláchnutie, máchanie, vypláchanie; **2.** preliv

to rinse [rins] **1.** máchať, vypláchať, opláchnuť, vypláchnuť

ri.ot [raiət] *podst* **1.** *(pol)* búrka, nepokoje, výtržnosť, zoskupovanie davu

to ri.ot [raiət] **1.** *(pol)* búriť sa, robiť výtržnosti, hýriť

rip [rip] *podst* **1.** trhlina

to rip [rip] [**-pp-**] **I.** *prech* **1.** *(prudko)* roztrhnúť, rozorvať; **II.** *nepr* **2.** roztrhnúť sa; **3.** *(ifm)* uháňať. *Syn* ⇨ **to tear**

ripe [raip] *príd* **1.** zrelý, dozretý, plný; **2.** uležaný; **3.** požehnaný, vysoký. *Syn*: mature, mellow, adult. *Opoz*: unripe, immature

to ri.pen [raipn] **I.** *prech* **1.** nechať vyzrieť, nechať dozrieť; **II.** *nepr* **2.** dozrieť, vyzrieť

rip-off [ripof] *podst* **1.** zlodejčina, vydridušstvo

rip.ple [ripl] *podst* **1.** vlnka, vlnenie; **2.** zurčanie, bublanie, *(o vlnách)* špliechanie, hučanie, *(ifm: vravy)* šum

to rip.ple [ripl] **I.** *prech* **1.** čeriť, rozčeriť, rozvíriť, zvlniť, *(svaly)* rozohrať; **II.** *nepr* **2.** vlniť sa; **3.** zurčať, bublať, *(vlny)* špliechať, hučať, *(vrava)* šumieť. *Syn* ⇨ **to wave**

rise [raiz] *podst* **1.** pahorok, kopček, vyvýšenina, svah; **2.** stúpanie, *(závesov)* zdvihnutie, *(slnka)* východ, *(slávy ap)* vzostup, *(krajiny, spoločnosti ap)* rozvoj, rozmach; **3.** *(vše)* zvýšenie, *(populačný)* prírastok, *(platov)* rast, *(životnej úrovne)* zlepšenie; **4.** *(rieky)* prameň

to rise [raiz] (mč **rose** mp **risen**) **1.** vstať, *(na nohy)* postaviť sa, *(zo zeme)* zdvihnúť sa; **2.** *(slnko)* vyjsť, *(balón, lietadlo)* stúpať, *(výťah)* ísť nahor, *(rieka)* stúpnuť, rozvodniť sa, *(hladina)* zvýšiť sa, *(vietor)* zdvihnúť sa, strhnúť sa, *(cesto)* kysnúť, *(plavec)* vynoriť sa, *(teplota, tlak)* zvyšovať sa, *(hodnota)* narastať; **3.** týčiť sa, vyčnievať; **4.** *(rieka)* pramenit; **5.** *(fml)* rozísť sa, *(zasadanie)* skončiť. *Syn*: to arise, to stem, to spring, to originate, to derive, to flow, to issue, to emanate

risk [risk] *podst* **1.** *(vše)* riziko, nebezpečie; **2.** poistné riziko. *Syn* ⇨ **danger**

to risk [risk] **1.** riskovať; **2.** trúfať si

risk.y [riski] *príd* **1.** riskantný, povážlivý, hazardný, nebezpečný, dobrodružný

rite [rait] *podst* **1.** obrad, *(kniž)* rítus. *Syn* ⇨ **ceremony**

ri.tual [ritjuəl] **I.** *podst* **1.** rituál, obrad; **II.** *príd* **2.** rituálny, obradný, ceremoniálny. *Syn* ⇨ **ceremony**

ri.val [raivəl] *podst* **1.** rival, *(i v láske)* sok, *(špo)* súper, protivník, *(obch)* konkurent

ri.val.ry [raivəlri] *podst* (mn **-ies**) **1.** rivalita, súperenie, *(obch)* konkurencia . *Syn* ⇨ **competition**

ri.ver [rivə] *podst* **1.** rieka, vodný tok, veľtok; **2.** *(prn)* tok

ri.ver.side [rivəsaid] *podst* **1.** breh rieky; **2.** miesto pozdĺž rieky

ri.vet [rivit] *podst* **1.** *(tech)* nit, skoba, klinec

to ri.vet [rivit] **1.** nitovať, znitovať; **2.** *(prn)* fascinovať, *(pohľad/ pozornosť)* uprieť

roach [rəuæ] *podst* (mn **-es**) **1.** *(zool: Rutilus rutilus)* plotica, *(zool: Chalcaburnus)* belica; **2.** (=**cockroach**) *(zool: Blatta orientalis)* šváb; **3.** *(subšt)* špak

road [rəud] *podst* **1.** diaľnica, cesta; **2.** *(v názve ulice)* trieda; **3.** *(am)* železnica, dráha

road.block [rəudblok] *podst* **1.** *(cesty)* zátaras

road.show [rəudšəu] *podst* **1.** kočovné divadlo

road.side [rəudsaid] *podst* **1.** okraj cesty

roam [rəum] *podst* **1.** potulka, prechádzka bez cieľa

to roam [rəum] **1.** *(čím)* túlať sa, *(po čom)* potulovať sa; **2.** *(po čom)* cestovať, jazdiť. *Syn*: to ramble, to rove, to range, to stray, to meander

roar [ro:] *podst* **1.** rev; **2.** silný krik, *(davu, bitky, zápasu)* hurhaj, lomoz, *(davu, zástupu)* vrava; **3.** *(stroja, motora)* vrčanie, rachot, *(i premávky)* hukot, hrmot; **4.** *(mora, vetra)* burácanie, hučanie

to roar [ro:] **I.** *nepr* **1.** revať; **2.** vrieskať, *(dav ľudí)* hulákať; **3.** vrčať, rachotiť; **4.** *(more, vietor)* burácať, hučať; **II.** *prech* **5.** revať, jačať; **6.** *(stroj)* priviesť do vysokých obrátok, *(ifm)* túrovať

roar.ing [ro:riŋ] *príd* **1.** revúci, vrieskajúci, lomoziaci, *(stroj)* vrčiaci, *(more, vietor)* burácajúci, hučiaci; **2.** *(prn: úspech)* obrovský, fantastický; **3.** *(obchod)* čulý, znamenitý

roast [rəust] **I.** *podst* **1.** *(kuch)* pečené mäso, pečienka; **2.** *(am: s opekaním mäsa)* piknik; **3.** pečenie; **II.** *príd* **4.** pečený, opekaný, smažený

to roast [rəust] **I.** *prech* **1.** piecť, opekať, pražiť; **II.** *nepr* **2.** *(mäso)* piecť sa, *(človek)* veľmi sa potiť, opekať sa na slnku

to rob [rob] **[-bb-]** (**~ sb/ st [of st]**) **1.** olúpiť, okradnúť, vylúpiť, vykradnúť, vykrádať; **2.** *(komu čo)* vziať

rob.ber [robə] *podst* **1.** lupič, zlodej

rob.be.ry [robəri] *podst* (mn **-ies**) **1.** lúpež, krádež. *Syn* ⇨ **theft**

robe [rəub] *podst* **1.** habit, háv, obradné rúcho, *(práv, univ)* talár; **2.** *(am)* župan

to robe [rəub] (**~ sb/ oneself [in st]**) **I.** *prech* **1.** *(fml ob pass)* obliecť do taláru; **II.** *nepr* **2.** obliecť sa do taláru

ro.bot [rəubot] *podst* **1.** robot; **2.** automat

ro.bust [rəu'bast] *príd* **1.** *(človek)* robustný, statný, mohutný, *(postava)* robustný, *(konštrukcia, stavba)* dôkladný, *(stroj)* silný, *(zdravie)* pevný, železný, *(humor)* hrubý, *(odpor)* prudký. *Syn* ⇨ **healthy**

rock [rok] *podst* **1.** skala, skalisko, *(geol)* hornina; **2.** balvan, útes, *(am)* kameň; **3.** *(zool rock lobster: Palinurus elephas)* langusta; **4.** *(bot rock tripe: Umbilicaria)* lišajník; **5.** kandis; **6.** *(sl)* diamant; **7.** hojdanie, kolísanie; **8.** *(hud)* rock, rocková hudba

to rock [rok] **I.** *prech* **1.** hojdať, kolísať; **2.** *(čím)* otriasť, kymácať, *(čo)* rozhojdať; **II.** *nepr* **3.** hojdať sa; **4.** *(násilne)* otriasť sa, *(loď)* kymácať sa, kolísať sa

rock bot.tom [ˌrok'botəm] **I.** *podst* **1.** najnižší bod; **II.** *príd* **2.** najnižší možný

rock.er [rokə] *podst* **1.** oblúk; **2.** *(am)* hojdacie kreslo; **3.** rocker, rockový spevák, rockový hudobník, obdivovateľ rocku

rock.et [rokit] *podst* **1.** *(let, astro, nám, voj)* raketa; **2.** raketová strela; **3.** *(br ifm)* vyhrešenie

to rock.et [rokit] **1.** vyletieť nahor, prudko stúpnuť

rock gar.den ['rokˌga:dn] *podst* **1.** skalka; **2.** alpínka

rock.y [roki] *príd* {**-ier, -iest**} **1.** skalnatý, kamenitý

rod [rod] *podst* **1.** *(i tech: kovová)* tyč, *(z dreva)* prút, palica, trstenica; **2.** tiahlo; **3.** *(am sl: zbraň)* búchačka; **4.** *(vulg: penis)* vták

ro.dent [rəudənt] **I.** *podst* **1.** hlodavec; **II.** *príd* **2.** hlodavý

ro.de.o [rəu'deiəu] *podst* **1.** rodeo, zháňanie dobytka, preteky v zručnosti na koňoch/motocykloch

rog.er [rodžə] **1.** *(sl rád)* rozumiem, potvrdzujem príjem

to rog.er [rodžə] **1.** *(vulg)* pomilovať sa [s kým]

rogue [rəug] *podst* **1.** *(pej)* ničomník, lotor, podvodník, podliak; **2.** *(žart)* beťár, šibal, figliar, *(dieťa)* uličník; **3.** *(zool)* samotár; **4.** *(bot)* burina

role [rəul] *podst* (i **rôle**) **1.** rola, herecká úloha

roll [rəul] *podst* **1.** kotúč, zvitok, zväzok, *(tukový)* záhyb; **2.** zoznam; **3.** *(mora)* vzdúvanie, zdvíhanie a klesanie, *(lode)* hojdanie, priečne kymácanie, *(bokmi)* krútenie; **4.** *(hromu)* burácanie, dunenie, vírenie bubnov; **5.** rožok

to roll [rəul] **I.** *nepr* **1.** *(lopta, guľôčka)* kotúľať sa, *(človek, zviera)* váľať sa, *(slzy)* rinúť sa; **2.** *(loď)* kymácať sa, kolísať sa, *(človek)* pohupovať sa pri chôdzi, *(v bokoch)* hojdať sa; **3.** *(bubny)* víriť, *(hrom)* burácať, *(delá)* dunieť, *(hudba, hlas, ozvena)* ozývať sa; **II.** *prech* **4.** *(lopta)* kotúľať, *(i sudy)* váľať, *(cigarety)* krútiť si, ušúľať si, *(vlnu)* motať; **5.** *(cesto)* vyváľať, *(kov)* valcovať, uváľať. *Syn* ⇨ **to list**

rol.ler [rəulə] *podst* **1.** valček, *(techn, poľn)* cestný valec, *(text)* kalander; **2.** nátačka na vlasy; **3.** valivá vlna. *Syn* ⇨ **wave**

rol.ler-coast.er ['rəuləˌkəustə] *podst* **1.** horská dráha

roll.ing [rəuliŋ] *príd* **1.** kymácajúci sa, kolísavý, vzdúvajúci sa, rozbúrený; **2.** *(mierne)* zvlnený, vlnitý; **3.** pohyblivý, postupný

to roll up [rəulap] **I.** *prech* **1.** stočiť, zrolovať, navinúť, ohrnúť, vyhrnúť, vyhrnúť si; **II.** *nepr* **2.** stočiť sa do klbka; **3.** *(ifm)* prevaliť sa, prihrnúť sa

Ro.man [rəumən] **I.** *podst* **1.** *(hist)* Riman, Rimanka; **II.** *príd* **2.** rímsky

Ro.man Catholic [ˌrəumən'kæθəlik] **I.** *podst* **1.** katolík, katolíčka; **II.** *príd* **2.** rímskokatolícky

ro.mance [rə'mæns] **I.** *podst* **1.** romantika, čaro, kúzlo; **2.** románik, milostné dobrodružstvo; **3.** *(lit)* milostný/ dobrodružný/ historický román, stredoveká poviedka, *(pej)* limonáda; **4.** *(hud)* romanca; **5.** *(prn)* výmysly; **6.** zveličovanie, nadsádzka; **II.** *príd* **7.** romantický; **8.** *(román)* dobrodružný; **9.** *(jazyk)* románsky

to ro.mance [rə'mæns] **1.** fantazírovať, vymýšľať si príbehy; **2.** zveličiť

ro.man.tic [rəu'mæntik] **I.** *podst* **1.** *(art, hud, lit, prn)* romantik; **2.** rojko; **II.** *príd* **3.** *(lit)* romantický; **4.** *(dobrodružstvo ap)* ľúbostný; **5.** *(román)* dobrodružný. *Syn* ⇨ **sentimental**

ro.man.ti.ci.sm [rəu'mæntisizəm] *podst* **1.** romantizmus; **2.** romantika

romp [romp] *podst* **1.** šantenie, vystrájanie; **2.** fraška; **3.** hladké víťazstvo. *Syn* ⇨ **to play**

to romp [romp] **1.** vyvádzať, šantiť, poskakovať

roof [ru:f] *podst* (mn **roofs**) **1.** strecha, strop, klenba

to roof [ru:f] **1.** pokryť strechou, urobiť/ opraviť strechu, zastrešiť

roof.top [ru:ftop] *podst* **1.** strecha

rook.ie [ruki] *podst ifm* **1.** zelenáč, nováčik, ucho, *(voj)* bažant

room [ru:m] *podst* **1.** izba, miestnosť, sieň, kancelária; **2.** miesto, priestor; **3.** *(prn)* príležitosť, možnosť; **4.** dôvod, príčina

roost [ru:st] *podst* **1.** bidlo, pánt, žrďka, hambálok, *(prn)* posteľ

to roost [ru:st] **1.** usadiť sa na bidle, nocovať na bidle

root [ru:t] *podst* **1.** *(bot, lingv, mat, tech, i anat: zuba, vlasu)* koreň, *(bot)* sadenica, *(bot coral root bittercress: Dentaria bulbifera)* zubačka [cibuľkonosná]; **2.** *(vlasový)* korienok; **3.** prameň, pôvod, počiatok; **4.** *(prn)* príčina; **5.** *(ling: slova)* základ; **6.** *(mat)* odmocnina; **7.** *(náb)* potomok. *Syn* ⇨ **origin**

to root [ru:t] **I.** *nepr* **1.** pustiť korene, zapustiť korene, ujať sa; **II.** *prech* **2.** zasadiť

rope [rəup] *podst* **1.** povraz, *(nám)* lano, *(nám)* ľanovie; **2.** zväzok, pletenec

to rope [rəup] **1.** zaviazať, previazať; **2.** chytať do lasa

rose [rəuz] *podst* **1.** *(bot: Rosa, i kvet)* ruža, *(bot Holland rose: Rosa centifolia)* ruža [stolistá], *(bot rose balsam: Impatiens balsamina)* netýkavka [balzamína]; **2.** ružová farba; **3.** ružica; **4.** *(archit)* rozeta

rose.ma.ry [rəuzməri] *podst* **1.** *(bot lekársky: Rosmarinus officinalis)* rozmarín

ro.sette [rəu'zet] *podst* **1.** ružica, *(i archit)* rozeta

ros.y [rəuzi] *príd* {**-ier, -iest**} **1.** ružový, červený ako ruža; **2.** *(prn: budúcnosť atď)* nádejný, skvelý. *Syn*: rubicund , ruddy, florid

rot [rot] *podst* **1.** hniloba, práchnivenie, zubný kaz; **2.** *(prn)* prehnitosť, mravná skazenosť; **3.** *(ifm)* nezmysel, hlúposť

to rot [rot] [**-tt-**] **I.** *nepr* **1.** hniť, rozkladať sa, práchnivieť, *(zub)* kaziť sa; **II.** *prech* **2.** nechať zhniť, nechať spráchnivieť, nechať skaziť. *Syn* ⇨ **to decay**

ro.ta.ry [rəutəri] *príd* **1.** otáčavý, rotačný

to ro.tate [rəuteit] **I.** *prech* **1.** otáčať, točiť; **2.** *(poľn)* striedať; **II.** *nepr* **3.** otáčať sa, točiť sa, rotovať; **4.** striedať sa. *Syn* ⇨ **to turn**

ro.ta.tion [rəu'teišən] *podst* **1.** otáčanie, rotácia; **2.** otáčka, obrátka

rot.or [rəutə] *podst* **1.** *(tech)* rotor

rot.ten [rotn] *príd* **1.** *(ovocie, zelenina)* zhnitý, *(vajce, zub)* skazený, spráchnivený; **2.** *(prn)* prehnitý, korumpovaný; **3.** hanebný, podlý, ničomný; **4.** *(prn)* úpadkový, bezcenný

ro.tund [rəu'tand] *príd* **1.** *(predmet)* guľatý, okrúhly, oblý; **2.** *(človek)* guľatučký, bucľatý; **3.** *(štýl)* bombastický; **4.** pompézny, nadutý

rou.ble [ru:bl] *podst* (i **ruble**) **1.** rubeľ

rouge [ru:dž] *podst* **1.** rúž

rough [raf] **I.** *príd* **1.** *(povrch, cesta)* nerovný, hrboľatý, *(terén)* zvlnený, zvrásnený; **2.** *(uterák)* drsný, drapľavý; **3.** *(zem)* rozpukaný; **4.** *(more)* búrlivý, *(počasie)* nepriaznivý, sychravý, *(vietor)* surový; **5.** chrapľavý, *(chuť, víno)* trpký; **6.** neotesaný, hulvátsky, sprostý, vulgárny, nezdvorilý; **7.** približný, zbežný, všeobecný, nešetrný; **II.** *prísl* **8.** tvrdo, surovo, hrubo, zurvalo; **9.** hulvátsky, sprosto. *Syn*: harsh, uneven, rugged, jagged. *Opoz*: smooth

round [raund] **I.** *podst* **1.** kruh, *(chleba)* krajíček, *(uhorky ap)* koliesko, plátok, *(syra)* bochník; **2.** rad, séria; **3.** *(šport, i rokovania, volieb ap)* kolo; **4.** *(jednotlivý pohyb do kruhu)* obeh, obrátka, *(tech)* otáčka; **5.** obchôdzka, pochôdzka; **6.** *(z guľometu ap, i prn: potlesku)* salva, výstrel; **7.** *(kart)* partia; **8.** *(hud)* kánon; **II.** *predl* **9.** *(vyj smerovanie/ polohu dookola)* okolo, **the earth moves round the sun** *zem sa krúti okolo Slnka*; vôkol, **there are/ were mountains all round the village** *vôkol dediny samé vrchy*; *(: i rozlič smermi)* po: **to look round the room** *pozerať po izbe*; **to travel round Europe** *cestovať po Európe*; *(: na druhú stranu)* za, **round the corner** *za rohom*; **10.** *(i round about: približnosť)* okolo, **round 6 o'clock** *okolo šesť hodín*; **round ten degrees** *okolo desať stupňov*; **11.** *(vyj predmet)* o, **to write a book round a subject** *nepísať knihu o téme*; **III.** *príd* **12.** *(majúci tvar kruhu, i stôl)* okruhlý, sférický, guľatý, globular, annular, zaoblený; **13.** bucľatý, *(postava, i ling, i mat: číslo)* zaokrúhlený; **14.** *(suma)* rovný; **15.** *(cesta, i ekon, tech, ele, anat)* okružný, *(am: lístok)* spiatočný; **16.** hebký, *(jasno znejúci: i hlas)* zvučný, lahodný; **17.** úplný, značný, hodný; **18.** *(geom: uhol 360)* plný; **19.** *(dtd)* jednoznačný, jasný; **IV.** *prísl* **20.** *(zo/ do všetkých strán)* okolo, naokolo, vôkol, **there were mountains all round** *[na]okolo/ vôkol boli samé hory*; dookola; **21.** *(na opačnú stranu: neprek)* : **to turn round** *otočiť sa*; **it's the other way round** *to je [práve] naopak*; **22.** *(i round about: vyj približnosť)* v okolí, **the villages round about** *dediny v okolí*; . *Syn*: spherical

to round [raund] **1.** zaokrúhliť, zaguľatiť, *(ling)* vyslovovať zaokrúhlene; **2.** *(za čo)* zatočiť, obísť, *(nám)* oboplávať

round.a.bout [raundəbaut] *podst* **1.** *(br)* kolotoč; **2.** okľuka; **3.** *(aut)* križovatka s kruhovým objazdom

round.ed [raundid] *príd* **1.** guľatý, oblý, zaoblený, bucľatý; **2.** *(číslo)* zaokrúhlený; **3.** *(štýl)* vyzretý, vyvážený

round up [raundap] *podst* **1.** *(dobytka)* zohnanie, *(ľudí)* zhromaždenie, *(zločincov)* hromadné zatýkanie, policajný záťah, razia; **2.** zohnané stádo dobytka; **3.** *(správ)* súhrn

to rouse [rauz] **I.** *prech* **1.** zobudiť, vyburcovať, vytrhnúť zo sna, vyrušiť; **2.** *(nádej, lásku)* prebudiť, *(i záujem)* podnietiť, *(podozrenie, nenávisť)* vyvolať, *(city)* roznietiť; **3.** rozčúliť; **II.** *nepr* **4.** *(fml)* prebudiť sa

rout [raut] *podst* **1.** *(voj)* porazenie na hlavu, *(špo)* debakel

to rout [raut] **1.** *(voj)* poraziť na hlavu, rozprášiť, rozdrviť; **2.** obrátiť na útek. *Syn* ⇨ **to conquer**

route [ru:t] *podst* **1.** *(predpísaná)* cesta, dráha, trasa, *(let)* letecká linka; **2.** *(voj)* rozkaz k presunu; **3.** *(am)* donáška; **4.** *(lek)* spôsob podania lieku, aplikácia

to route [ru:t] **1.** určiť trasu [čomu], poslať trasou

rou.tine [ru:'ti:n] **I.** *podst* **1.** štandardný postup, bežná/ normálna prax, bežný režim, pravidelná činnosť; **2.** *(pej)* rutina; **3.** figúra, *(div)* číslo, vystúpenie; **4.** šablóna; **5.** zotrvačnosť; **II.** *príd* **6.** rutinný, pravidelný, bežný, každodenný; **7.** mechanický, stereotypný, šablónovitý

row [rəu] *podst* **1.** rad; **2.** vychádzka na člne, veslovanie, člnkovanie, výlet na člnku

to row [rəu] **I.** *nepr* **1.** *(na čom)* veslovať; **II.** *prech* **2.** prepraviť na veslici, veslovať na čom

row.dy [raudi] **I.** *podst* **1.** výtržník, bitkár, zurvalec, uličník, rowdy; **II.** *príd* **2.** výtržnícky, zurvalý, bitkársky; **3.** hlučný, lomoziaci

roy.al [roiəl] *príd* **1.** *(lit)* kráľovský, panovnícky; **2.** *(ifm)* skvelý, báječný, vynikajúci

roy.al.ist [roiəlist] *podst* **1.** royalista

roy.al.ty [roiəlti] *podst* (mn **-ies**) **1.** kráľovská rodina, členovia kráľovskej rodiny; **2.**

kráľovská dôstojnosť, kráľovská hodnosť, honorár

rub [rab] *podst* **1.** trenie, masírovanie, šúchanie, masáž

to rub [rab] [**-bb-**] **1.** leštiť, šmirgľovať, vydrhnúť, *(tabuľu ap)* utrieť; **2.** trieť, masírovať; **3.** *(masť, olej)* vtierať; **4.** *(opätky ap)* odierať

rub.ber [rabə] *podst* **1.** guma, kaučuk; **2.** *(br: na gumovanie)* guma; **3.** *(am ifm)* ochrana; **4.** *(am)* galoša

rub.ber stamp [ˌrabəˈstæmp] *podst* **1.** pečiatka

to rub.ber-stamp [ˌrabəˈstæmp] **1.** pečiatkovať, opečiatkovať, dať pečiatku

rub.bish [rabiš] *podst* **1.** odpadky, smeti, rumovisko; **2.** brak; **3.** *(ifm)* volovina, blbosť, nezmysel; **4.** bezcennosť

rub.ble [rabl] *podst* **2.** sutiny, trosky, rumovisko

ru.by [ru:bi] **I.** *podst* **1.** rubín; **2.** rubínová farba; **3.** *(na tvári, na nose)* červeň; **II.** *príd* **4.** rubínový, z rubínov; **5.** *(farba)* rubínovo červený

ruck [rak] *podst* **1.** mlyn, *(špo)* peletón; **2.** *(pej)* plebs, dav; **3.** záhyb

ruck.sack [raksæk] *podst* **1.** ruksak, plecniak, batoh

rud.der [radə] *podst* **1.** *(let, nám)* kormidlo, *(žart)* chvost

rud.dy [radi] *príd* **1.** *(človek)* červenolíci, *(zdravím)* prekypujúci, *(tvár)* s rumencom, *(obloha, lesk)* načervenalý; **2.** *(dtd br sl)* prekliaty, zatratený, pľuhavý. *Syn* ⇨ **rosy**

rude [ru:d] *príd* [**-r, -st**] **1.** nezdvorilý, neslušný, nevychovaný, drzý, hulvátsky, neotesaný; **2.** *(príbeh, vtip)* sprostý, oplzlý; **3.** prudký, neočakávaný; **4.** rudimentárny, ele-mentárny, *(životný štýl)* prostý, necivilizovaný, primitívny. *Syn*: ill-mannered, impolite, discourteous, uncivil. *Opoz*: polite, civil

ru.di.men.ta.ry [ˌru:diˈmentəri] *príd* **1.** rudimentárny, základný, elementárny

rue [ru:] *podst* **1.** *(bot: Ruta)* ruta; **2.** ľútosť, poľutovanie, *(zast)* žiaľ

to rue [ru:] **1.** *(kniž)* želieť, [o]ľutovať, *(hov)* obanovať

rue.ful [ru:ful] *príd* **1.** skrúšený, smutný, žalostný, poľutovaniahodný

ruf.fle [rafl] *podst* **1.** volán; **2.** vlnka

to ruf.fle [rafl] **1.** *(vlasy)* strapatiť, rozstrapatiť, *(chlpy)* naježiť, *(perie)* našuchoriť, *(oblečenie)* zhúžvať, pokrčiť, *(krajč)* naberať látku; **2.** *(hladinu)* čeriť, rozčeriť, zvlniť; **3.** znepokojiť, vyviesť z miery/ konceptu, *(koho)* dotknúť sa; **4.** správať sa vyzývavo

rug [rag] *podst* **1.** menší koberec, behúň, koberček, predložka; **2.** *(br)* vlnená pokrývka, huňa

rug.ged [ragid] *príd* **1.** drsný, divoký, *(terén)* skalnatý, hrboľatý; **2.** *(tvár)* výrazný, *(črta)* hrubý, *(výzor)* chlapský; **3.** *(človek)* silný, robustný; **4.** tvrdohlavý; **5.** spoľahlivý. *Syn* ⇨ **rough**

ru.in [ruin] *podst* **1.** *(budovy)* ruina, zrúcanina, rozvalina, troska; **2.** skaza, úpadok, krach. *Syn*: destruction, havoc, dilapidation

to ru.in [ruin] **1.** *(stavbu)* pustošiť, rúcať, *(auto, hračku ap)* zničiť, pokaziť, znivočiť, *(zdravie)* ničiť si, podkopať si, zruinovať si

rule [ru:l] *podst* **1.** pravidlo, *(práv: súdne)* rozhodnutie, *(i admin)* predpis, smernica, ustanovenie; **2.** zvyklosť; **3.** vláda, panstvo; **4.** meradlo, pravítko. *Syn* ⇨ **govern**, law

to rule [ru:l] **I.** *prech* **1.** vládnuť, *(komu, kde)* panovať; **2.** *(city, emócie)* ovládať, krotiť; **3.** *(práv, admin)* rozhodnúť, nariadiť, stanoviť; **4.** nakresliť, narysovať, nalinkovať; **II.** *nepr* **5.** vládnuť; **6.** prevládať

ru.ler [ru:lə] *podst* **1.** vládca, vládkyňa, panovník, panovníčka, vladár, vladárka; **2.** lineár

ru.ling [ru:liŋ] **I.** *podst* **1.** *(práv: úradné)* rozhodnutie, súdne nariadenie, výnos; **2.** vláda; **II.** *príd* **3.** *(strana, trieda, monarchia)* vládnuci, *(rodina)* panovnícky, vodca; **4.** prevládajúci; **5.** súčasný, terajší

rum [ram] **I.** *podst* **1.** rum; **2.** kokteil; **II.** *príd* **3.** čudácky, bizarný, zvláštny

rum.ble [rambl] *podst* **1.** hrmenie, burácanie, dunenie, hrkotanie, rachotenie, praskanie; **2.** *(am sl)* ruvačka, výtržnosť; **3.** zadné sedadlo [v aute]

to rum.ble [rambl] **I.** *nepr* **1.** burácať, dunieť, hrkotať, praskať, *(voda)* hučať, *(v žalúdku)* škvŕkať; **2.** *(ifm am)* biť sa, ruvať sa; **II.** *prech* **3.** *(ifm: koho)* prekuknúť

ru.mour [ru:mə] *podst* (am **rumor**) **1.** fáma, povesť, reči

rump [ramp] *podst* **1.** zadok, kostrč, *(ifm)* biskup, *(žart)* zadok, zadná časť; **2.** zvyšky, trosky

run [ran] *podst* **1.** beh, poklus; **2.** chod; **3.** útek; **4.** vychádzka; **5.** cesta, jazda, let; **6.** trasa, dráha; **7.** *(pre zvieratá)* ohrada, výbeh; **8.** veľký dopyt, nákupná horúčka; **9.** tendencia, trend; **10.** *(kart)* postupka, sekvencia; **11.** *(špo, bsb)* prebeh; **12.** *(na pančuche)* očko; **13.** ťah lososov; **14.** séria výrobkov; **15.** *(hud)* pasáž

to run 1 [ran] **[-nn-]** (mč **ran**, mp **run**) **I.** *nepr* **1.** bežať, *(ifm expr)* uháňať, upaľovať; **2.** *(kam/ pre čo)* skočiť, zabehnúť; **3.** pretekať; **4.** *(cesta, tunel)* viesť, *(rieka)* tiecť, *(pohorie)* rozprestierať sa, *(časovo)* trvať; **5.** *(správy)* šíriť sa; **6.** *(text, tóny)* znieť; **7.** vytekať, *(krv, slzy ap)* rinúť sa, *(oči)* slziť; **8.** *(farby)* púšťať, *(atrament)* rozpíjať sa; **9.** *(dopravný prostriedok)* jazdiť; **10.** *(stroj)* fungovať; **11.** *(pol)* kandidovať; **II.** *prech* **12.** *(vzdialenosť, trať)* ubehnúť; **13.** vybrať za kandidáta, prihlásiť na preteky; **14.** pašovať, obchodovať [s čím] ilegálne; **15.** spravovať, *(noviny ap)* vydávať, vytlačiť, organizovať; **19.** *(inf)* používať software, zavádzať program; **18.** *(článok, príbeh)* publikovať, *(oslavu)* usporiadať; **16.** *(auto)* riadiť; **17.** priniesť

run.a.way [ranəwei] **I.** *podst* **1.** utečenec, utečenka, tulák, tuláčka; **II.** *príd* **2.** utekajúci, na úteku, ujdený; **3.** túlavý; **4.** *(kôň)* splašený; **5.** *(auto, vlak ap)* neovládateľný; **6.** *(úspech)* úžasný

run.down [randaun] *podst* **1.** *(ifm)* súhrnná správa; **2.** reštrikcia, znižovanie počtu pracovníkov

to run down [randaun] **I.** *nepr* **1.** *(lit)* zbehnúť; **2.** vybiť sa, zastaviť sa; **II.** *prech* **3.** *(aut)* zraziť, prejsť; **4.** uštvať , dopadnúť, dostihnúť, objaviť; **5.** znižovať, redukovať; **6.** očierňovať, zhadzovať

rune [ru:n] *podst* **1.** runa, magický znak

rung [raŋ] *podst* **1.** *(rebríka)* stupienok, priečka, stupeň

run-in [ranin] *podst* **1.** spor, *(kniž)* rozopra

run.ner [ranə] *podst* **1.** *(špo)* bežec, pretekár v behu, pretekársky kôň; **2.** poslíček; **3.** pašerák; **4.** vodiaca lišta; **5.** *(bot)* výhonok, odnož; **6.** *(koberec)* behúň; **7.** mlynský kameň

run.ner-up [ˌranərˈap] *podst* (mn **runners-up ~ to sb**) **1.** druhý, kto sa umiestnil na druhom mieste

run.ning [raniŋ] **1.** *(špo)* beh, chod; **2.** behanie; **3.** pohyb; **4.** vedenie, riadenie; **5.** pašovanie, pašeráctvo, pochybný obchod; **II.** *príd* **6.** bežiaci; **7.** *(voda)* tečúci, kvapkajúci, *(oči)* slziaci; **8.** *(lek)* hnisajúci; **9.** priebežný, súčasný; **10.** za sebou

run.ny [rani] *príd* **1.** *(med)* tekutý, tečúci, *(džem, omáčka)* riedky, *(omeleta)* polotekutý; **2.** *(oči)* slziaci

to run out [ranaut] **I.** *nepr* **1.** vybehnúť, odtiecť, vytiecť; **2.** dôjsť, vyčerpať sa; **3.** vypršať, skončiť; **II.** *prech* **4.** odvinúť; **5.** *(špo)* vyradiť z hry

run-up [ranap] *podst* **1.** *(špo)* rozbeh

run.way [ranwei] *podst* (mn **-ays**) **1.** *(let)* ranvej, *(pristávacia)* dráha; **2.** *(am)* výbeh

ru.pee [ru:ˈpi:] *podst* **1.** *(fin)* rupia

rup.ture [rapææ] *podst* **1.** pretrhnutie, roztrhnutie, prasknutie, *(pol)* pretrhanie; **2.** *(lek)* prietrž, hernia, pruh

to rup.ture [rapææ] **1.** pretrhnúť; **2.** prasknúť

ru.ral [ruərəl] *príd* **1.** dedinský, vidiecky . *Syn*: rustic, pastoral, bucolic. *Opoz*: urban

ruse [ru:z] *podst* **1.** lesť, finta, úskok. *Syn* ⇨ **trick**

rush [raš] *podst* (mn **-es**) **1.** tŕstie, šašina; **2.** náhlenie, chvat, *(ifm)* frmol; **3.** *(dopravná, pracovná ap)* špička; **4.** príval; **5.** útok

to rush [raš] **I.** *nepr* **1.** ponáhľať sa, hnať sa, *(auto)* uháňať, rútiť sa; **2.** *(dav, zástup)* hrnúť sa; **II.** *prech* **3.** *(s čím)* ponáhľať sa; **4.** popoháňať, *(ifm)* naháňať; **5.** *(voj: na koho/ čo)* zaútočiť

Rus.sian [rašən] **I.** *podst* **1.** Rus, Ruska; **2.** ruština; **II.** *príd* **3.** ruský

rust [rast] *podst* **1.** *(i bot)* hrdza; **2.** hrdzavá farba; **3.** *(bot)* hrdza; **3.** *(bot)* sneť

to rust [rast] **I.** *prech* **1.** spôsobiť hrdzavenie [čoho]; **II.** *nepr* **2.** *(lit)* hrdzavieť, korodovať; **3.** *(prn: talent)* zakrpatieť

rus.tic [rastik] **I.** *podst* **1.** vidiečan, vidiečanka, sedliak, sedliačka, *(hov pej)* dedinský tĺk; **II.** *príd* **2.** sedliacky, vidiecky, roľnícky; **3.** rustikálny; **4.** drsný, neotesaný . *Syn* ⇨ **rural**

rus.tle [rasl] *podst* **1.** šuchotanie, šuchot, šelestenie, šelest, šramot, šramotenie

to rus.tle [rasl] **I.** *nepr* **1.** šušťať, šuchotať, šumieť, *(listy)* šelestiť; **II.** *prech* **2.** *(čím)* šušťať; **3.** *(ob am)* kradnúť dobytok/ kone; **4.** *(am)* usilovať sa

rust.y [rasti] *príd* {**-ier, -iest**} **1.** *(kov)* hrdzavý, hrdzavejúci

rut [rat] *podst* (i **the rut**) **1.** *(zool)* ruja

to rut [rat] **1.** ručať, byť v ruji; **2.** vyjazdiť, ojazdiť

ruth.less [ru:θlis] *príd* **1.** bezohľadný, bezcitný, krutý; **2.** nemilosrdný

rye [rai] *podst* **1.** *(bot: Secala cereale)* raž; **2.** *(am ifm)* ražná whisky

S

sab.o.tage [sæbəta:ž] *podst* **1.** sabotáž, diverzia

to sab.o.tage [sæbəta:θ] **1.** *(lit, prn)* sabotovať

sab.o.teur [sæbətə:] *podst* **1.** sabotér, sabotérka, záškodník, záškodníčka

sa.bre [seibə] *podst* (am **saber**) **1.** šabľa

sac [sæk] *podst* **1.** *(bot, zool)* vak, vačok, mechúrik

sack [sæk] *podst* **1.** *(i obsah)* vrece, sáčik; **2.** drancovanie, rabovanie; **3. the sack** *(ifm: zo zamestnania)* výpoveď, *(hov)* padák

to sack [sæk] **1.** plniť [čo] do vriec, vrecovať; **2.** drancovať; **3.** *(ifm: zo zamestnania)* vyhodiť, prepustiť z práce. *Syn* ⇨ **to ravage**

sack.ing [sækiŋ] *podst* **1.** *(materiál)* vrecovina; **2.** prepustenie z práce, drancovanie

sa.cred [seikrid] *príd* **1.** posvätný, *(hudba)* duchovný, kostolný; **2.** svätý; **3.** nedotknuteľný; **4.** *(zool sacred ibis: Theskiornis aethiopical)* posvätný ibis. *Syn* ⇨ **holy**

sac.ri.fice [sækrifais] *podst* **1.** *(náb, prn)* obeť, *(v prospech iného)* obetovanie; **2.** *(prn)* strata, *(Bohu)* obeta

to sac.ri.fice [sækrifais] **1.** *(náb, prn)* obetovať, priniesť za obeť; **2.** *(čoho)* vzdať sa

sad [sæd] *príd* {**-dder, -ddest**} **1.** smutný, zarmútený; **2.** *(správy)* zarmucujúci, skľučujúci; **3.** pochmúrny, clivý, *(myšlienky)* temný, *(strata)* krutý, *(farba)* tmavý; **4.** *(situácia)* poľutovaniahodný . *Syn*: sorrowful, melancholy, dejected, depressed, ful. *Opoz*: happy, cheerful

to sad.den [sædn] **1.** zarmútiť, skormútiť, rozosmutniť

sad.dle [sædl] *podst* **1.** *(i geog)* sedlo; **2.** *(kuch)* chrbát, *(ovce)* chrbtovina; **3.** podložka, podpera, klenba; **4.** zubný môstik

to sad.dle [sædl] **1.** *(koňa a pod.)* osedlať; **2.** naložiť, zaťažiť

sa.dis.tic [sə'distik] *príd* **1.** sadistický

sa.fa.ri [sə'fa:ri] *podst* **1.** *(ob v Afrike)* lovecká výprava, safari; **2.** *(prn)* dobrodružstvo

safe [seif] **I.** *podst* **1.** trezor, nedobytná pokladnica, sejf, bezpečnostná skriňa, pokladňa; **2.** *(na potraviny)* komora, špajza; **3.** *(am)* prezervatív; **II.** *príd* **4.** bezpečný, bezrizikový; **5.** spoľahlivý, dôkladný; **6.** v bezpečí; **7.** *(safe and sound)* živý a zdravý. *Syn*: secure, safe. *Opoz*: dangerous, precarious, unsure

safe.guard [seifga:d] *podst* (~ **against sb/ st**) **1.** ochrana, záštita, bezpečnostné opatrenie, záruka, poistka; **2.** klauzula; **3.** sprievodný list

to safe.guard [seifga:d] **1.** zabezpečiť, ochrániť; **2.** zaistiť, zaručiť

safe.ly ['seifli] *prísl* **1.** *(uzavretý)* bezpečne, *(skrytý)* dobre; **2.** *(jazdiť)* opatrne, bez rizika; **3.** pokojne, hladko; **4.** bez problémov; **5.** s istotou

safe.ty [seifti] *podst* (mn **-ies**) **1.** bezpečie, bezpečnosť; **2.** istota, zabezpečenie, *(prístroja)* spoľahlivosť; **3.** poistka strelnej zbrane; **4.** *(šport)* obranná akcia

saf.fron [sæfrən] **I.** *podst* **1.** *(bot, kuch)* šafrán, *(bot: záhradný)* krókus; **2.** šafránové korenie; **3.** šafránová žltá; **II.** *príd* **4.** šafránový, krókusový; **5.** *(i farba)* šafranovožltý

sag [sæg] *podst* **1.** priehyb, prievis, prehnutie; **2.** *(cien/ dopytu)* pokles, klesanie, *(prúdu)* podpätie

to sag [sæg] **[-gg-] 1.** prehnúť sa, ohnúť sa, zvesiť sa, visieť nadol; **2.** zrútiť sa; **3.** poklesnúť, znížiť sa; **4.** ovisnúť, *(i rozhovor)* ochabnúť

sa.ga [sa:gə] *podst* **1.** *(lit)* sága, báj, legenda

sage [seidž] **I.** *podst* **1.** mudrc, *(iron)* mudrlant; **2.** *(bot common sage: Salvia officinalis)* šalvia [lekárska], *(bot meadow sage: Salvia pratensis)* šalvia [lúčna]; **3.** šedozelená farba; **II.** *príd* **4.** múdry, *(iron)* mudrlantský; **5.** *(bot)* šalviový . *Syn* ⇨ **wise**

Sag.it.ta.ri.us [ˌsædžiˈteəriəs] *podst* **1.** *(astron, astrol)* Strelec

sail [seil] *podst* **1.** lodná plachta; **2.** *(veterného mlyna)* lopatka; **3.** *(krátka)* plavba, vychádzka na lodi, výlet loďou; **4.** plachetnica, *(pl)* plavidlo, krídlo, *(veterného mlyna)* peruť

to sail [seil] **I.** *nepr* **1.** *(osoba)* plaviť sa, ísť loďou, *(loď, čln, i prn)* plávať; **2.** *(špo)* plachtiť; **3.** vyplávať, odplávať; **4.** *(prn)* letieť; **II.** *prech* **5.** pilotovať

sail.ing [seiliŋ] *podst* **1.** plavba, moreplavba, *(špo)* plachtenie; **2.** odplávanie, vyplávanie

sail.or [seilə] *podst* **1.** námorník, lodník

saint [seint] *podst* **1.** svätý, *(kanonizovaný)* svätec, svätica; **2.** dobrák, dobráčisko

sake [seik] *podst* (i **saki**) **1.** *(alkoholický nápoj)* saké; **2.** príčina

sal.ad [sæləd] *podst* **1.** šalát

sal.a.ry [sæləri] *podst* (mn **-ies**) **1.** *(obyč. mesačný)* plat, mzda; **2.** gáža, *(dtd)* slúžne. *Syn* ⇨ **wage**

sale [seil] *podst* **1.** predaj, tržba; **2.** *(pl: sales)* odbyt; **3.** výpredaj, *(nápis v obchode: sale!)* akcia!

sales.man [seilzmən] *podst* (mn **-men**) **1.** *(kvalifikovaný)* predavač; **2.** obchodný cestujúci/zástupca, agent

sa.li.ent [seiljənt] *príd* **1.** charakteristický, významný, význačný; **2.** vypuklý, vybiehajúci, vyčnievajúci; **3.** hlavný, najdôležitejší

sa.li.va [səˈlaivə] *podst* **1.** sliny, slina

sal.ly [sæli] *podst* (mn **-ies**) **1.** *(voj)* náhly výpad; **2.** duchaplná poznámka; **3.** *(na budove)* výstupok. *Syn* ⇨ **joke**

sal.mon [sæmən] *podst* **1.** *(zool: Oncorhyncus nerka)* losos [obyčajný], *(zool sockeye salmon: Oncorhynchus tschavytscha)* losos [strieborný], *(zool salmon trout: Salmo trutta fario)* pstruh [potočný]

sal.on [sælon] *podst* **1.** *(prijímacia miestnosť, i obchod)* salón

sa.loon [səˈlu:n] *podst* **1.** spoločenská hala, salón; **2.** lokál, miestnosť ; **3.** klubovňa, výčap, *(am)* krčma; **4.**, *(automobil)* sedan

salt [so:lt] **1.** *(kuch, chem)* soľ; **2.** *(lek)* aromatická soľ; **3.** *(ifm)* starý morský vlk; **4.** *(prn)* korenie; **5.** soľnička; **II.** *príd* **6.** slaný, *(jedlo)* solený, *(potravina)* nasolený; **7.** soľný; **8.** pálivý, *(i vtip)* štipľavý; **9.** *(účet)* mastný; **10.** námorný

to salt [so:lt] **1.** [o]soliť, nasoliť

salt.y [so:lti] *príd* {**-ier, -iest**} **1.** slaný, solený; **2.** pikantný; **3.** ostrieľaný, skúsený

sa.lute [səˈlu:t] *podst* **1.** *(voj)* vojenský pozdrav, salutovanie, salva, vzdanie pocty

to sa.lute [səˈlu:t] **1.** *(koho)* zdraviť, pozdraviť; **2.** *(voj)* vypáliť salvu [na počesť koho], *(komu)* salutovať

sal.vage [sælvidž] *podst* **1.** záchrana, zachránenie, *(starého papiera/ železa)* zber; **2.** zachránená loď, zachránený náklad, nazbieraný starý papier, nazbieraný starý šrot; **3.** výnos z predaja zachráneného tovaru

to sal.vage [sælvidž] (~ **from [from st]**) **1.** zachrániť; **2.** nahradiť, obnoviť

sal.va.tion [sælˈveišən] *podst* **1.** *(náb)* spása; **2.** *(prn)* záchrana, spasenie, vykúpenie

sal.vo [sælvəu] *podst* (mn **-os/ -oes**) **1.** *(hromadný výstrel)* salva; **2.** *(prn)* výbuch smiechu

same [seim] **I.** *príd* **1.** rovnaký, zhodný, ten istý, tá istá, to isté, *(mn)* tí istí, tie isté; **2.** jednotvárny; **II.** *prísl* **3.** rovnako, tak isto; **4.** spolu, zároveň; **5.** jednotvárne. *Syn*:

selfsame, very, identical, equal, equivalent. *Opoz*: different

sam.ple [sa:mpl] *podst* **1.** *(obch, sociol)* ukážková vzorka, príklad, ukážka; **2.** *(lek)* výter, odber

to sam.ple [sa:mpl] **1.** ochutnať, vyskúšať akosť vzoriek, okúsiť; **2.** vzorkovať

sam.pler [sa:mplə] *podst* **1.** ochutnávač; **2.** vzorkovnica; **3.** , degustátor, vzorkár, vzorkovač; **4.** vzorka výšivky

sanc.tion [sæŋkšən] *podst* **1.** schválenie; **2.** súhlas, potvrdenie, sankcionovanie, povolenie; **3.** *(pol, ekon)* sankcia; **4.** trest, protiopatrenie, odveta . *Syn* ⇨ **to approve**

to sanc.tion [sæŋkšən] **1.** schváliť, povoliť, potvrdiť, súhlasiť, sankcionovať; **2.** znášať, trpieť

sanct.u.a.ry [sæŋktjuəri] *podst* (mn **-ies**) **1.** svätyňa, svätostánok; **2.** útočisko, útulok, azyl, prírodná rezervácia. *Syn* ⇨ **shelter**

sand [sænd] *podst* **1.** *(vše)* piesok, plytčina; **2.** *(am ifm)* guráž, odvaha; **3.** *(am)* cieľavedomosť

san.dal [sændl] *podst* **1.** sandál, topánka

sand.stone [sændstəun] *podst* **1.** pieskovec

sand.wich [sænwidž] *podst* (mn **-es**) **1.** sendvič

sand.y [sændi] *príd* [**-ier, -iest**] **1.** piesčitý, piesočnatý, pieskový; **2.** hrdzavý, naryšavený

sane [sein] *príd* **1.** *(psych)* duševne zdravý, *(ifm)* normálny, *(psych, práv)* príčetný; **2.** *(prn)* rozumný

san.guine [sæŋgwin] *príd* (**~ about st**) **1.** *(prn)* optimistický; **2.** purpurový, krvavočervený; **3.** *(človek)* červenolíci; **4.** *(prn)* veselý, *(prn)* plný nádeje

san.i.ta.ry [sænitəri] *príd* **1.** hygienický; **2.** zdravotnícky, zdravotný, sanitný, sanitárny, zdravý, zdraviu prospešný

san.i.ta.tion [ˌsæniˈteišən] *podst* **1.** hygienické zariadenie; **2.** kanalizácia; **3.** asanácia

san.i.ty [sænəti] *podst* **1.** duševné zdravie, *(ifm)* normálnosť, *(práv)* príčetnosť; **2.** rozumnosť; **3.** pokoj, harmónia

San.ta Claus [ˌsæntəˈklo:z] *podst* **1.** Svätý Mikuláš, Santa Claus, Ježiško, *(v min)* dedo Mráz

sap [sæp] *podst* **1.** *(bot)* miazga; **2.** sila, šťava, *(prn)* energia, vitalita, sviežosť; **3.** *(voj)* zákop, *(autority)* podkopávanie, *(brit)* drina, *(am)* obušok; **4.** *(voj)* podkop

to sap [sæp] [**-pp-**] **1.** *(voj)* podkopať, podkopávať zákopy, podomlieť; **2.** *(prn)* podrývať, *(zdravie)* podlomiť

sar.ca.sm [sa:kæzm] *podst* **1.** sarkazmus, zaliečavosť, štipľavá poznámka

sar.cas.tic [sa:ˈkæstik] *príd* **1.** sarkastický, uštipačný, zaliečavý. *Syn*: satirical, ironical, sardonic, caustic

sar.dine [sa:ˈdi:n] *podst* **1.** *(zool: Sardina pilchardus)* sardinka

sar.don.ic [sa:ˈdonik] *príd* **1.** sardonický, zatrpknutý, *(výraz)* potmehúdsky. *Syn* ⇨ **sarcastic**

sa.ri [sa:ri(:)] *podst* **1.** sárí

Sa.tan [seitn] *podst* **1.** satan, satanáš, diabol, lucifer

sa.tan.ic [səˈtænik] *príd* **1.** satanský, diabolský

sat.el.lite [sætəlait] *podst* **1.** *(astron, tele, pol)* satelit, družica, *(i tele, astron)* umelá družica, sputnik; **2.** *(pol)* satelitný štát

sat.in [sætin] **I.** *podst* **1.** *(text)* satén, atlas; **II.** *príd* **2.** *(text)* saténový, atlasový; **3.** *(pokožka)* hodvábny, zamatový

sat.ire [sætaiə] *podst* **1.** satira. *Syn* ⇨ **caricature, wit**

sa.ti.ri.cal [səˈtirikl] *príd* (i **satiric**) **1.** satirický. *Syn* ⇨ **sarcastic**

sat.is.fac.tion [ˌsætisˈfækšən] *podst* **1.** ukojenie, uspokojenie, vyrovnanie; **2.** spokojnosť; **3.** zadosťučinenie, satisfakcia, odškodnenie, odčinenie

sat.is.fac.to.ry [ˌsætisˈfæktəri] *príd* **1.** vyhovujúci, uspokojivý, dostatočný, prijateľný, pádny, závažný, postačujúci, vyhovujúci

to sat.is.fy [sætisfai] (mč, mp **-fied**) **1.** uspokojiť; **2.** uistiť, ubezpečiť; **3.** splniť; **4.** vyhovieť, ukojiť, uhasiť, splatiť, vyrovnať, vybaviť; **5.** presvedčiť. *Syn*: to content

sat.is.fy.ing [sætisfaiiŋ] *príd* **1.** uspokojujúci, uspokojivý; **2.** výdatný

to sat.u.rate [sæææreit] **1.** namočiť; **2.** napustiť, nasiaknuť, premočiť; **3.** *(i chem, ekon)* nasýtiť; **4.** zaopatriť, naplniť, *(plne)* uspokojiť; **5.** *(chem)* sýtiť; **6.** saturovať. *Syn* ⇨ **to soak**

sat.u.ra.tion [ˌsææəˈreišn] *podst* **1.** saturácia, nasýtenie

Sat.ur.day [sætədi] *podst* (mn **-ays**) **1.** sobota

sauce [so:s] *podst* **1.** *(kuch)* omáčka; **2.** *(ifm)* bezočivosť, odvrávanie, *(hov)* drzosť

sauce.pan [so:spən] *podst* **1.** panvica; **2.** kastról, rajnica

sau.cer [so:sə] *podst* **1.** *(pod šálku)* tanierik

sau.na [saunə] *podst* **1.** sauna

saun.ter [so:ntə] *podst* **1.** prechádzka

to saun.ter [so:ntə] **1.** šuchtať sa; **2.** prechádzať sa, šmatlať sa, vliecť sa, túlať sa, tárať sa, ponevierať sa, potulovať sa; **3.** ísť [čo] noha nohu minie

sau.sage [sosidž] *podst* **1.** údenáč, nožička párku, klobása, saláma, jaternica, špekáčik, párok

sau.té [səutei] **I.** *podst* **1.** *(jedlo)* minútka; **II.** *príd* **2.** smažený, osmažený

to sau.té [səutei] **1.** rýchlo opiecť, rýchlo opražiť

sav.age [sævidž] **I.** *podst* **1.** divoch, barbar, surovec, zúrivec, grobian; **II.** *príd* **2.** *(zviera)* divý, *(i boj)* krvilačný, krutý; **3.** *(prn)* nemilosrdný, *(i opatrenie)* drastický; **4.** *(i kmeň)* primitívny, barbarský, nasrdený. *Syn* ⇨ **barbarian**

to sav.age [sævidž] **1.** napadnúť, *(na koho)* vrhnúť sa; **2.** roztrhať, pohrýzť; **3.** strhať; **4.** vyhrešiť; **5.** pošliapať

sa.van.nah [səˈvænə] *podst* (i **savanna**) **1.** savana

save [seiv] **I.** *podst* **1.** *(sport)* zabránenie, chytenie lopty, vykrytie brány; **II.** *predl* **2. save for**: *(vynímajúc)* okrem

to save [seiv] **I.** *prech* **1.** zachrániť; **2.** *(náb)* spasiť; **3.** dať stranou, odložiť, *(peniaze)* sporiť, šetriť [si], nechať si, *(na neskôr)* schovať; **4.** chrániť si; **5.** *(komu čo)* ušetriť; **6.** *(ftb: gólu)* zabrániť; **7.** *(inf)* uložiť do pamäti; **II.** *nepr* **8.** *(ftb)* odvrátiť gól. *Syn* ⇨ **to rescue**

save.r [seivə] *podst* **1.** zberateľ; **2.** hospodár; **3.** úsporné zariadenie

sa.ving [seiviŋ] *podst* **1.** sporenie, úspora; **2.** *(pl)* úspory

sa.vi.our [seivjə] *podst* (am **savior**) **1.** záchranca, osloboditeľ

sa.vour [seivə] *podst* **1.** aróma; **2.** prísada, pikantnosť , chuť, príchuť; **3.** *(prn)* čaro, príťažlivosť, pôvab; **4.** náznak, nádych, *(čoho)* tieň

to sa.vour [seivə] **1.** *(na čom)* pochutnávať si, pochutnať si, ochutnať, *(prn)* mať príchuť [čoho]; **2.** *(i prn)* vychutnať, *(čím)* kochať sa

sa.vou.ry [seivəri] (am **savory**) **I.** *podst* **1.** chuťovka , jednohubka, *(pikantný)* predkrm, zákusok; **II.** *príd* **2.** *(kuch)* slaný, pikantný, ostrý; **3.** chutný, lahodný; **4.** *(prn)* príjemný, lákavý, zvodný; **5.** *(prn)* slušný, primeraný, vhodný

saw [so:] *podst* **1.** píla, pílka; **2.** príslovie, porekadlo. *Syn* ⇨ **saying**

to saw [so:] (mč **sawed** mp **sawn** am **sawed**) **I.** *prech* **1.** *(poleno)* rezať, porezať; **II.** *nepr* **2.** *(človek)* rezať

Sax.on [sæksn] **I.** *podst* **1.** Sas, Saska, *(hist)* Anglosas, Anglosaska; **2.** *(ling)* saština; **II.** *príd* **3.** saský, *(hist)* anglosaský

sax.o.phone [sæksəfəun] *podst* **1.** saxofón

sax.o.phon.ist [sækˈsofənist] *podst* **1.** saxofonista, saxofonistka

say [sei] *podst* (mn **-ays**) **1.** *(v čom)* slovo, právo [do čoho] hovoriť

to say [sei] (3. oso. pr **says,** mč, mp **said**) **1.** povedať, hovoriť, vravieť; **2.** vysloviť; **3.** tvrdiť; **4.** *(noviny, v novinách)* písať; **5.** myslieť si, predpokladať; **6.** znamenať; **7.** sľúbiť

say.ing [seiiŋ] *podst* **1.** príslovie, porekadlo , úslovie; **2.** fráza. *Syn*: saw, maxim, adage, proverb, motto, aphorism, epigram

say-so [seisəu] *podst* **1.** tvrdenie, doporučenie; **2.** schválenie, povolenie, súhlas, priklepnutie

scaf.fold.ing [skæfldiŋ] *podst* **1.** materiál na lešenie

scale [skeil] *podst* **1.** šupina, šupinka, vločka, zubný/ kotolný kameň, povlak; **2.** škála, rebríček; **3.** meradlo, merací systém, *(napr. desiatková)* sústava; **4.** rozsah

to scale [skeil] **1.** oškrabať, zbaviť šupín; **2.** vážiť; **3.** *(po rebríku)* vyšplhať sa; **4.** zliezť
scal.lop [skoləp] *podst* **1.** *(zool: Pectinidae)* mušľa, hrebenatka; **2.** *(kuch)* lastúra; **3.** *(text)* krúžkovanie, zúbkovanie
scalp [skælp] *podst* **1.** *(anat)* koža na hlave pokrytá vlasmi; **2.** *(v min: indiánska trofej)* skalp; **3.** *(prn pol)* trofej
to scalp [skælp] **1.** skalpovať; **2.** *(am sl)* predávať na čiernom trhu s veľkým ziskom
scam [skæm] *podst* **1.** *(am sl)* podfuk
scan [skæn] *podst* **1.** *(lek)* tomografické snímkovanie; **2.** ultrazvukové vyšetrenie; **3.** *(ifm)* ultrazvuk
to scan [skæn] **[-nn-] I.** *prech* **1.** rýchlo preletieť; **2.** preskúmať, skúmať, *(skúmavo)* prehliadnuť si; **3.** prehľadávať; **4.** *(inf)* snímať, prehliadať, skenovať; **5.** *(text letmo)* prezrieť. *Syn* ⇨ **to scrutinize**
scan.dal [skændl] *podst* **1.** škandál, aféra; **2.** *(verejná)* hanba; **3.** klebety, škandalizovanie, ohováračky. *Syn* ⇨ **disgrace**
scan.dal.ous [skændələs] *príd* **1.** škandálny; **2.** pohoršlivý, budiaci pohoršenie, poburujúci; **3.** ohováračský; **4.** ohováračný, hanebný
Scan.di.na.vi.an [ˌskændi'neivjən] **I.** *podst* **1.** Škandinávec, Škandinávka; **II.** *príd* **2.** škandinávsky
scan.ner [skænə] *podst* **1.** *(tech)* snímač, snímacie zariadenie, skener, scanner; **2.** *(lek)* tomograf
scant [skænt] *príd* **1.** malý, nepatrný, pramalý, skromný. *Syn* ⇨ **meagre**
scape.goat [skeipgəut] *podst* (i ob am **fall guy**) **1.** obetný baránok
scar [ska:] *podst* **1.** *(vše)* jazva, jazva po popálenine, popálenina, škrabanec; **2.** *(prn)* škvrna, poškvrna; **3.** skalisko, útes; **4.** chyba
to scar [ska:] **[-rr-] I.** *prech* **1.** zjazviť; **2.** *(prn)* poznamenať; **3.** poškrabať, popáliť, poškodiť; **II.** *nepr* **4.** zanechať jazvu/ škrabanec; **5.** zrásť sa
scarce [skeəs] *príd* **[-r, -st] 1.** vzácny, riedky, nedostatkový, úzkoprofilový, nedostačujúci. *Syn* ⇨ **rare**
scarce.ly [skeəsli] *prísl* **1.** sotva, asi nie, určite nie, sťaženie, len tak tak
scare [skeə] *podst* **1.** úľak; **1.** vydesenie, hrôza, ľaknutie; **2.** poplach, alarm, panika, hystéria, *(na vtáctvo)* strašiak
to scare [skeə] **1.** poľakať, postrašiť, vydesiť, podesiť, nahnať [komu] hrôzu, vyľakať, vystrašiť. *Syn* ⇨ **to frighten**
scarf [ska:f] *podst* **1.** šál, šatka
scar.let [ska:lit] **I.** *podst* **1.** šarlát; **2.** šarlátová farba; **3.** *(náb)* kardinálsky purpur
sca.ry [skeəri] *príd* **[-ier, -iest] 1.** strašidelný, naháňajúci hrôzu, *(i film)* hrôzostrašný, *(zážitok)* hrozný; **2.** bojazlivý, ľakavý
scath.ing [skeiðiŋ] *príd* (**~ about sb/ st**) **1.** *(poznámka)* hryzavý, zaliečavý, uštipačný, *(kritika)* britký, zožieravý, zdrvujúci, zničujúci
to scat.ter [skætə] **I.** *prech* **1.** rozhádzať, pohodiť, *(semená)* rozosiať; **2.** *(zástup)* rozohnať, rozprášiť na všetky strany, *(mraky)* roztrhať; **II.** *nepr* **3.** rozptýliť sa, rozísť sa, *(vtáctvo)* rozpŕchnuť sa. *Syn*: to disperse, to dissipate, to dispel, ⇨ aj **to sprinkle**. *Opoz*: to assemble, to gather, to collect
to scav.enge [skævindž] **1.** *(zvieratá, vtáky)* hľadať si potravu
scen.ar.i.o [si'na:riəu] *podst* (mn **-os**) **1.** *(div, film)* scenár, *(kniž/ fml, i prn)* scenéria, *(operné)* libreto
scene [si:n] *podst* **1.** *(div, film, i prn)* scéna, javisko, *(div)* kulisy; **2.** *(div, film)* obraz; **3.** výstup; **4.** *(prn)* dejisko, miesto; **5.** scenéria, pohľad. *Syn* ⇨ **view**
scen.e.ry [si:nəri] *podst* (mn **-ies**) **1.** krajina, scenéria, pohľad, príroda; **2.** *(div)* dekorácia, kulisy
scen.ic [si:nik] *príd* **1.** *(div)* scénický; **2.** *(krajina)* malebný
scent [sent] *podst* **1.** pach; **2.** voňavka, zápach, vôňa, aróma, parfum; **3.** *(poľov)* stopa; **4.** čuch; **5.** zdanie, náznak, tušenie. *Syn*: perfume, fragrance, bouquet, redolence. *Opoz*: stench, stink
to scent [sent] **1.** vetriť, predvídať, zavetriť, vypátrať čuchom; **2.** tušiť, vytušiť, vysliediť, *(i ifm)* vyňuchať; **3.** parfumovať, naparfumovať, voňavkovať, navoňavkovať; **4.** napáchnuť, páchnuť. *Syn*:: ⇨ **to smell**.

scep.tic [skeptik] *podst* (am **skeptic**) **1.** skeptik, pochybovač

scep.ti.cal [skeptikəl] *príd* (am **skep-** ~ **of/ about st**) **1.** skeptický, pochybovačný, nedôverčivý

scep.ti.ci.sm [skeptisizm] *podst* (am **skep-**) **1.** skepsa

sched.ule [šedju:l/AM'skedju:l] *podst* **1.** program, rozvrh, časový plán, rozpis práce; **2.** *(am)* cestovný/ letový poriadok; **3.** zoznam, ceduľa, inventár, tabuľka, formulár, termín

to sched.ule [šedju:l/AM'skedju:l] (~ **st [for st]**) **1.** stanoviť termín [čoho], dať si na program; **2.** rozplánovať, naplánovať, rozplánovať si, naprogramovať

scheme [ski:m] *podst* **1.** plán; **2.** zobrazenie, nákres, projekt, návrh, schéma; **3.** intriga, komplot; **4** *(admin)* systém, sústava, prehľad, zoznam; **5.** trik, ťah. *Syn* ⇨ **plan**

to scheme [ski:m] **1.** intrigáriť, pletkáriť, strojiť úklady, čachrovať

schi.zo.phre.nia [ˌskitsəu'fri:njə] *podst* **1.** schizofrénia

schi.zo.phren.ic [ˌskitsəu'frenik] **I.** *podst* **1.** schizofrenik, schizofrenička, trpiaci schizofréniou

schol.ar [skolə] *podst* **1.** učenec, vedec, bádateľ, odborník; **2.** *(ifm)* štipendista, školák, *(kto vie čítať a písať)* vzdelanec. *Syn* ⇨ **pupil**

schol.ar.ly [skoləli] *príd* **1.** učený; **2.** vedecký, odborný, erudovaný; **3.** zasvätený; **4.** teoretický; **5.** akademický

schol.ar.ship [skolešip] *podst* **1.** učenosť, vzdelanosť, vedecká erudovanosť; **2.** štipendium, stáž, nadácia; **3.** bádanie, výskum, veda

school [sku:l] *podst* **1.** *(vše, art, lit, fil)* škola, vyučovanie; **2.** *(univ)* katedra, inštitút, fakulta, *(ob am)* univerzita; **3.** kŕdeľ, *(rýb)* húf, *(rýb)* húf. *Syn* ⇨ **group**

to school [sku:l] (~ **sb/ oneself/ st [in st]**) **1.** *(koho čomu)* učiť, vzdelávať, trénovať, *(koho čomu)* naučiť, školiť, vyškoliť, poskytnúť [komu] výcvik [v čom], cvičiť, drezúrovať. *Syn* ⇨ **to teaxh**

school.child [sku:læaild] *podst* (mn **schoolchildren**) **1.** školák, školáčka

school.girl [sku:lgə:l] *podst* **1.** školáčka

school.ing [sku:liŋ] *podst* **1.** školské vzdelanie, štúdium, školenie; **2.** výcvik koňa, drezúra

school.mas.ter ['sku:lˌma:stə] *podst* **1.** *(dtd)* učiteľ; **2.** profesor

school.teach.er ['sku:lˌti:æə] *podst* **1.** učiteľ, učiteľka; **2.** profesor, profesorka

sci.ence [saiəns] *podst* **1.** veda; **2.** náuka; **3.** umenie, um, *(špo)* zručnosť; **4.** vedný odbor; **5.** znalosť, odborná zdatnosť

sci.ence fic.tion [ˌsaiəns'fikšn] *podst* **1.** sci-fi, vedeckofantastická literatúra

sci.en.ti.fic [ˌsaiən'tifik] *príd* **1.** vedecký, exaktný, racionálny, prírodovedný

sci.en.tist [saiəntist] *podst* **1.** vedec, bádateľ

sci fi [saifai] *príd* **1.** sci-fi, vedecko-fantastický

scle.ro.sis [ˌskliə'rəusis] *podst* (mn **scleroses**) **1.** skleróza

scoff [skof] *podst* **1.** posmešok, výsmech, posmech, zaliečavosť, úškrn; **2.** žrádlo, žranica; **3.** bašta

to scoff [skof] (~ **at sb/ st**) **1.** vysmievať sa, robiť si posmech/ strieľať si z niekoho; **2.** ohŕňať nad kým nos

scold [skəuld] *podst* **1.** xantipa, fúria, harkavá/ hašterivá žena. *Syn*: to upbraid, to berate, to revile, to vituperate

to scold [skəuld] (~ **sb [for st / doing st]**) **I.** *prech* **1.** *(komu)* nadávať, vynadať, *(koho)* karhať, vykarhať; **II.** *nepr* **2.** *(komu)* papuľovať, *(ifm)* odvrávať

scone [skon] *podst* **1.** buchtička, lievanček

scoop [sku:p] *podst* **1.** lopatka, naberačka, porcovacia lyžica [na zmrzlinu]; **2.** *(zmrzliny)* porcia, kopček; **3.** *(žur)* exkluzívna reportáž; **4.** *(fin: hov)* terno, *(slg)* veľký zisk

to scoop [sku:p] **1.** *(lit)* naberať, načrieť, nabrať; **2.** *(fin)* zhrabnúť; **3.** *(žur)* vyfúknuť [komu čo] pred nosom, predbehnúť

scope [skəup] *podst* **1.** rozsah, šírka; **2.** chápavosť, vnímavosť; **3.** možnosti; **4.** *(ifm: skr)* mikroskop, periskop, teleskop. *Syn* ⇨ **range**

scorch [sko:æ] *podst* (mn **-es**) **1.** popálené miesto, škvrna po opálení, prepálené miesto

to scorch [sko:æ] **I.** *prech* **1.** ľahko spáliť, opáliť; **2.** *(mäso, kura)* pripáliť; **3.** zoškvariť; **4.** *(ifm prn: v novinách)* rozvláčiť; **II.** *nepr* **5.** schnúť; **6.** *(ifm aut)* ísť na plné obrátky. *Syn* ⇨ **to burn**

scorch.ing [sko:æiŋ] *príd* **1.** *(teplo, slnko)* pálivý; **2.** *(kritika)* zdrvujúci; **3.** *(rýchlosť)* fantastický

score [sko:] *podst* **1.** *(špo)* skóre, výsledok; **2.** *(na skúškach)* známka; **3.** *(hud)* noty, partitúra; **4.** *(dtd)* účet; **5.** ryha, *(na tele)* škrabanec; **6.** dôvod, príčina

to score [sko:] **I.** *prech* **1.** *(bod)* získať, *(čo)* dosiahnuť, *(ftb: gól)* zaznamenať, streliť; **2.** *(hud)* inštrumentovať; **3.** poškrabať, urobiť [na čom] ryhu/ zárez, zbrázdiť; **II.** *nepr* **4.** získať bod, *(fot)* streliť gól

scor.er [sko:rə] *podst* **1.** *(špo)* zapisovateľ výsledkov, *(fot)* strelec gólu

scorn [sko:n] *podst* (**~ for st / sb**) **1.** opovrhnutie, pohŕdanie, dešpekt. *Syn* ⇨ **to despise**

to scorn [sko:n] **1.** pohŕdať, opovrhnúť, *(čo)* pokladať pod svoju dôstojnosť, *(kým)* opovrhovať, jednať [s kým] povýšenecky; **2.** *(čo)* odmietnuť, *(čím)* pohrdnúť

scorn.ful [sko:nful] *príd* **1.** opovržlivý, pohŕdavý, prezieravý

Scor.pi.o [sko:piəu] *podst* **1.** *(astrol, astron)* Škorpión

Scot [skot] *podst* **1.** Škót, Škótka

Scotch [skoæ] **I.** *podst* **1.** *(škótska)* whisky, škótska whisky; **II.** *príd* **2.** škótsky

to scotch [skoæ] **1.** *(hurhaj)* umlčať, zaraziť, zastaviť, *(plán ap)* zmariť, *(vzburu)* potlačiť

Scots.man [skostsmən] *podst* **1.** Škót

Scots.wo.man [ˈskotsˌwumən] *podst* **1.** Škótka

Scot.tish [skotiš] **I.** *podst* **1.** škótska angličtina, škótčina; **II.** *príd* **2.** škótsky

to scour [skauə] (**~ st [for sb/ st]**) **1.** drhnúť; **2.** vyprať, vypláchnuť, čistiť, odstrániť, cediť; **3.** *(voda)* podomlieť, vymlieť; **4.** bežať, sliediť, *(dôkladne)* prehľadať, prebehnúť

scourge [skə:dž] *podst* **1.** *(hist)* korbáč; **2.** *(prn)* mor, pohroma; **3.** postrach

to scourge [skə:dž] **1.** bičovať; **2.** *(prn)* tepať

scout [skaut] *podst* **1.** skaut, skautka; **2.** *(voj)* prieskumník, špeh, pátrač, rozviedčik, zved, hliadkový/ strážny čln, prieskum; **3.** lovec talentov; **4.** rozviedka; **5.** *(zool)* alka malá

to scout [skaut] **1.** *(voj)* robiť prieskum, vyzvedať, pátrať, sliediť, číhať, špehovať; **2.** *(v športe a pod.)* hľadať nové talenty; **3.** *(podráždene)* odmietnuť, zosmiešniť

to scowl [skaul] (**~ at sb/ st**) **1.** mračiť sa, zamračiť sa, zachmúriť sa, nazlostiť sa. *Syn* ⇨ **to frown**

scram.ble [skræmbl] *podst* **1.** šplhanie; **2.** zhon, ťahanica , *(ifm)* frmol; **3.** *(špo)* motokros

scrap [skræp] *podst* (**~ with sb**) **1.** kúsok, útržok, ústrižok, zvyšok, úryvok, fragment; **2.** *(kov/ sklo na recykláciu)* odpad, *(iron)* šrot

to scrap [skræp] [**-pp-**] **1.** vyradiť, dať do šrotu, *(od čoho)* upustiť, hádať sa

scrape [skreip] *podst* **1.** rozpaky, ťažkosti, *(ifm)* malér, oštara; **2.** odrenina, zoškrabnutie, škrabanec; **3.** škrípanie, zaškrípanie, vŕzganie; **4.** bitka

to scrape [skreip] **1.** *(zeleninu/ špinu)* škrabať, oškrabať, zoškrabať; **2.** ľahko odrieť, poškrabať, *(o)* zavadiť, odrieť sa, oškrieť sa, *(o)* drhnúť, *(o)* stiahnuť., *(o)* drieť sa; **3.** škrípať, vŕzgať

scratch [skrææ] (mn **-es**) **I.** *podst* **1.** škrabanec, škrabnutie, seknutie pazúrom; **2.** ryha; **3.** škrabanie, škripot, škrípanie, šelest; **4.** čarbanica, čmáranica; **5.** *(šport)* štartovná čiara; **II.** *príd* **6.** improvizovaný; **7.** narýchlo pozháňaný

to scratch [skrææ] **I.** *prech* **1.** podriapať; **2.** škrabnúť; **3.** štípať, hrýzť; **4.** *(špo)* skrečovať; **II.** *nepr* **5.** *(na tele)* škriabať sa; **6.** škrabať, driapať; **7.** *(špo)* odvolať svoju účasť, nenastúpiť

scrawl [skro:l] *podst* **1.** škrabanina, machľanina, čmáranina, haky-baky

to scrawl [skro:l] **I.** *prech* **1.** načmárať, naškrabať; **II.** *nepr* **2.** čarbať, škrabať

scream [skri:m] *podst* **1.** výkrik, škrek, zavrešťanie, zajačanie, škripot, jačanie, škrekot, vresk

to scream [skri:m] **I.** *nepr* **1.** kričať, revať, vrieskať, škriekať; **2.** *(brzdy)* škrípať; **II.** *prech* **3.** *(nadávky, rozkazy)* vykrikovať, vyrevovať. *Syn*: to shriek, to scream, to screech

screech [skri:æ] *podst* (mn **-es**) **1.** vrešťanie, krik, *(vtákov)* škrek, *(sovy)* húkanie, *(bŕzd ap)* škrípanie, škripot

to screech [skri:æ] **I.** *prech* **1.** zavrešťať, zajačať, zarevať, zaškriekať; **II.** *nepr* **2.** vrešťať, jačať, *(pneumatiky, brzdy)* škrípať, zaškrípať. *Syn* ⇨ **to scream**

screen [skri:n] *podst* **1.** deliaca stena, priehradka, priečka, záves; **2.** *(v kine)* plátno, *(tv, inf)* obrazovka; **3.** *(prn)* záclona, záštita, ochrana, maska; **4.** sito, riečica

to screen [skri:n] **I.** *prech* **1.** *(v kine, televízii)* uvádzať, *(v kine)* premietať; **2.** chrániť, schovávať; **3.** *(zamestnancov)* preverovať, kádrovať; **4.** *(batožinu)* presvietiť, *(cestujúcich)* kontrolovať, *(lek)* röntgenovať; **5.** preosievať

screen.play [skri:nplei] *podst* (mn **-ays**) **1.** *(film)* scenár

screen.writ.er ['skri:n,raitə] *podst* **1.** *(film)* scenárista

screw [skru:] *podst* **1.** *(tech)* skrutka; **2.** *(nám)* lodná skrutka, *(let)* vrtuľa; **3.** *(br sl)* bachar; **4.** *(sl vulg)* číslo

to screw [skru:] **I.** *prech* **1.** *(tech)* skrutkovať; **2.** stlačiť, pritlačiť, priskrutkovať, pritiahnuť; **3.** pokrčiť; **4.** *(vulg:)* jebať,, trtkať; **II.** *nepr* **5.** dať sa odskrutkovať; **6.** *(v ruke)* žmoliť; **7.** *(hovor)* vydierať

scrib.ble [skribl] *podst* **1.** čmáranina, škrabanica, haky-baky

to scrib.ble [skribl] **I.** *prech* **1.** načmárať, naškriabať; **II.** *nepr* **2.** čarbať, škriabať

script [skript] *podst* **1.** rukopis, rukopisné písmo; **2.** *(polyg)* skript, písané písmo; **3.** *(škol, univ)* písomná práca; **4.** *(film, tv, roz)* scenár, *(div)* text hry

to script [skript] **1.** *(film, tv, roz)* napísať text/scenár [čoho], zdramatizovať

scroll [skrəul] *podst* **1.** *(pergamenu)* zvitok; **2.** *(inf: obrazu)* pretáčanie

to scroll [skrəul] **1.** *(inf)* pretáčať

scrub [skrab] *podst* **1.** krovie, krpáň, zákrpok, podrast, húština, krovina; **2.** družstvo

to scrub [skrab] [**-bb-**] **I.** *prech* **1.** vydrhnúť, *(kefou)* vyčistiť, *(am: pred operáciou)* umyť si ruky; **2.** *(ifm)* anulovať, zrušiť, vymazať; **II.** *nepr* **3.** drhnúť; **4.** *(od plánu)* odstúpiť; **5.** *(lekár pred operáciou)* umyť si ruky

scruf.fy [skrafi] *príd* {**-ier, -iest**} **1.** ošumelý, ošúchaný, špinavý, neupravený

scrum [skram] *podst* **1.** *(špo)* mlyn; **2.** *(prn)* ťahanica, trma-vrma, skrumáž

scru.pu.lous [skru:pjuləs] *príd* **1.** svedomitý, zásadový, škrupulózny, úzkostlivo starostlivý, punktičkársky, pedantný, úzkostlivý, punktičkársky presný, principiálny. *Syn* ⇨ **careful**, upright

to scru.tin.ize [skru:tinaiz] (i **-ise**) **1.** starostlivo skúmať, starostlivo preskúmať, prehliadať, kontrolovať, prekontrolovať. *Syn* ⇨ **to inspect, to examine**, ⇨ aj **to scan**

scru.tin.y [skru:tini] *podst* (mn **-ies**) **1.** starostlivé skúmanie, starostlivé preskúmanie, starostlivá prehliadka, dôkladná kontrola; **2.** *(pol)* skrutínium, prerátanie/sčítanie [hlasov pri voľbách]; **3.** skúmavý pohľad

scuf.fle [skafl] *podst* (~ **with sb**) **1.** potýčka, šarvátka, ruvačka, výtržnosť

to scuf.fle [skafl] (~ **with sb**) **1.** ruvať sa, biť sa, mlátiť sa

sculpt.or [skalptə] *podst* **1.** sochár

sculp.ture [skalpææ] *podst* **1.** sochárstvo, rezbárstvo; **2.** socha, skulptúra, plastika; **2.** rytina

to sculp.ture [skalpææ] **I.** *nepr* **1.** robiť sochárstvo, *(ifm)* sochárčiť; **II.** *prech* **2.** tesať, modelovať, vyrezávať, ryť, vymodelovať

scum [skam] *podst* **1.** *(pri vare tekutiny)* pena, kal, šliam, *(pej)* spodina, nános špiny, špina; **2.** šupák, vyvrheľ, zberba, čvarga

scup.per [skapə] *podst* **1.** *(nám)* palubný odtok, rína, odkvapová rúra

to scup.per [skapə] **1.** *(zámerne)* potopiť vlastnú loď; **2.** *(br ifm)* zhatiť, pochovať; **3.** prepadnúť posádku lode

scur.ry [skari] *podst* (mn **-ies**) **1.** chvat, náhlenie; **2.** cupitanie, cupot

to scur.ry [skari] (mč, mp **scurried**) **1.** prášiť, hnať sa, *(ifm)* mastiť; **2.** cupotať, uháňať, cupitať, dupkať

scut.tle [skatl] *podst* **1.** cupitanie, cupot; **2.** *(nádoba na uhlie)* uhliak; **3.** útek; **4.** *(v boku lode)* okienko, otvor so záklopkou

to scut.tle [skatl] **1.** cupotať, pobehovať; **2.** *(úmyselne)* potopiť loď

sea [si:] *podst* **1.** more, oceán; **2.** vlna, vlnobitie, morský príval; **3.** *(čoho)* spústa; **4.** *(bibl: v chráme)* umývadlo

sea.food [ˌsi:ˈfu:d] *podst* **1.** morské potraviny, morské ryby, drobné jedlé kôrovce a mäkkýše

sea.gull [si:gal] *podst* **1.** *(zool: Larus)* čajka

seal [si:l] *podst* **1.** *(zool: Phoca vitulina)* tuleň, tulenia koža; **2.** pečať, pečiatka, razidlo; **3.** tesný uzáver, tesnenie, izolácia; **4.** *(prn)* súhlas, schválenie

to seal [si:l] **I.** *prech* **1.** *(voskom)* zapečatiť, *(listinu)* opatriť pečaťou, *(práv: dvere)* úradne zapečatiť; **2.** uzavrieť, *(obálku)* zalepiť; **3.** *(okno ap)* utesniť; **4.** *(prn)* rozhodnúť

seam [si:m] *podst* **1.** šev; švík, vráska, *(tech)* zvarový šev, škára, štrbina, sutúra, jazva; **2.** *(geol)* žila, ložisko, sloj

to seam [si:m] **1.** zošiť, urobiť šev [na čom]; **2.** *(tech)* zvariť

sea.man [si:mən] *podst* (mn **-men**) **1.** námorník

seam.less [si:mlis] *príd* **1.** *(pančucha ap)* bezošvý

search [sə:æ] *podst* (mn **-es**) **1.** hľadanie, pátranie; **2.** prehliadka; **3.** *(inf)* vyhľadávanie

to search [sə:æ] **I.** *prech* **1.** prehľadať, *(v čom)* hľadať, prehrabať, *(v čom)* pátrať; **2.** *(úradne)* prehliadať; **3.** *(inf)* vyhľadávať; **II.** *nepr* **4.** hľadať

sea.son [si:zn] *podst* **1.** ročné obdobie; **2.** *(špo)* sezóna, vhodná doba, etapa

to sea.son [si:zn] **1.** *(kuch)* ochutiť, okoreniť; **2.** nechať vyschnúť, nechať uležať; **3.** mierniť; **4.** aklimatizovať sa, prispôsobiť sa, vyzrieť, spríjemniť, zmierniť, otužiť sa; **5.** *(víno a pod.)* nechať dozrieť

sea.son.al [si:zənl] *príd* **1.** sezónny

sea.son.ing [si:zniŋ] *podst* **1.** korenie, prísada, vyzretie, korenenie, zretie

seat [si:t] *podst* **1.** stolička, lavička, *(na koni)* sedlo; **2.** *(stoličky, na bicykli i tech)* sedadlo, *(stoličky)* sedacia plocha, *(nohavíc)* zadok, *(ifm)* zadná časť; **3.** miesto na sedenie; **4.** *(pol)* poslanecké kreslo; **5.** stredisko, *(pol)* sídlo; **6.** *(lek, i prn)* ohnisko

to seat [si:t] **I.** *prech* **1.** posadiť, umiestniť, usadiť; **2.** *(tech)* uložiť; **II.** *nepr* **3.** *(na zadku)* vysedieť sa, *(na zadku)* vypúliť sa; **4.** opraviť sedadlo; **5.** zaujímať, zaistiť sedadlá

seat.ing [si:tiŋ] *podst* **1.** miesta na sedenie, kapacita, zasadací poriadok, rozsadenie, sedadlá

sea.weed [si:wi:d] *podst* **1.** *(bot: Algae)* morská riasa, chaluha

to se.cede [siˈsi:d] (~ **from st**) **1.** *(pol)* odtrhnúť sa, odlúčiť sa, *(od čoho)* odštiepiť sa, vystúpiť, odpadnúť, odísť z

se.ces.sion [siˈsešən] *podst* (~ **from st**) **1.** *(pol)* odtrhnutie, odlúčenie, odlúčenie sa, odštiepenie, odštiepenie sa; **2.** *(z čoho)* vystúpenie; **3.** secesia

se.clud.ed [siˈklu:did] *príd* **1.** odlúčený, odľahlý, žijúci v ústraní, izolovaný

sec.ond [sekənd] **I.** *podst* **1.** *(aut)* druhá rýchlosť, dvojka; **2.** *(hud)* sekunda; **3.** *(špo: v boxe)* sekundant; **4.** moment, chvíľka, okamih; **5.** nepodarky, brak; **II.** *príd* **6.** druhý, ďalší, ešte jeden; **7.** druhoradý, podradný

to sec.ond [sekənd] (~ **sb [from st] [to st]**) **1.** podporiť, sekundovať, preradiť, preložiť

sec.on.da.ry [sekəndəri] *príd* **1.** podružný, druhotný, sekundárny, vedľajší, okrajový, podradný, odvodený

sec.ond best [sekndbest] *príd* **1.** druhý najlepší; **2.** *(riešenie)* núdzový

sec.ond class [sekəndkla:s] *príd* **1.** *(vo vlaku)* druhá trieda, *(br)* znížené poštovné, *(am)* tlačovina, tlačivo; **2.** druhá kategória, druhá kvalita

sec.ond-rate [ˌsekndˈreit] *príd* **1.** druhoradý, podradný, *(literatúra)* brakový

se.cre.cy [si:krisi] *podst* (mn **-ies**) **1.** tajomstvo, utajenosť, tajnosť, mlčanlivosť, diskrétnosť, utajenie

se.cret [si:krit] **I.** *podst* **1.** *(vše)* tajomstvo, tajnosť; **2.** *(k rozlúšteniu)* kľúč; **3.** záhada; **II.** *príd* **4.** tajný, skrytý, utajený. *Syn*: covert, clandestine, stealthy, furtive, surreptitious, underhand. *Opoz*: open, obvious

sec.re.tar.i.al [ˌsekrəˈteəriəl] *príd* **1.** tajomnícky, sekretársky

sec.re.tar.y [sekrətri] *podst* (mn **-ies**) **1.** *(admin)* sekretár, sekretárka, tajomník, tajomníčka, konateľ, konateľka

sec.re.tar.y-general [ˈsekrətriˌdžənərəl] *podst* **1.** generálny tajomník

to se.crete [siˈkri:t] **1.** *(anat, lek)* vylučovať; **2.** ukryť, skryť, zatajiť, uschovať. *Syn* ⇨ **to hide**

se.cre.tion [siˈkri:šən] *podst* **1.** *(biol, lek)* vylučovanie, sekrécia; **2.** *(biol)* sekrét; **3.** ukrytie

se.cre.tive [si:krətiv] *príd* **1.** tajnostkársky, mlčanlivý. *Syn* ⇨ **silent**

sect [sekt] *podst* **1.** sekta, frakcia

sec.tar.i.an [sekˈteəriən] **I.** *podst* **1.** sektár, sektárka; **II.** *príd* **2.** sekretársky

sec.tion [sekšən] *podst* **1.** časť; **2.** územie, *(krajiny)* oblasť, *(mesta)* štvrť, *(cesty)* úsek; **3.** oddelenie, útvar, sektor, *(v akadémii)* kabinet; **4.** *(lek, i hud)* sekcia, *(hud, i spoločenská)* nástrojová skupina; **5.** rubrika, kapitola, *(práv)* paragraf; **6.** rez, profil, prierez. *Syn* ⇨ **part**

to sec.tion [sekšən] **1.** rozdeliť na časti/ diely

sec.tor [sektə] *podst* **1.** sektor, úsek; **2.** *(geom: kruhový)* výsek, odvetvie

sec.u.lar [sekjulə] *príd* **1.** svetský, sekulárny, laický, necirkevný; **2.** prastarý; **3.** voľnomyšlienkársky

se.cure [siˈkjuə] *príd* **1.** bezpečný; **2.** pevný, *(dvere, okno)* dobre zatvorený; **3.** *(pozícia, zamestnanie)* istý, *(budúcnosť)* zaistený, zabezpečený; **4.** vyrovnaný, pokojný, bez obáv. *Syn* ⇨ safe

to se.cure [siˈkjuə] **1.** upevniť, priviazať, *(dvere)* pevne zatvoriť, zamknúť; **2.** *(budúcnosť)* zaistiť, zabezpečiť; **3.** získať, zadovážiť si, *(čo)* docieliť. *Syn* ⇨ **to get**

se.cur.i.ty [siˈkjuərəti] *podst* (mn **-ies**) **1.** bezpečnosť , bezpečnostné opatrenie; **2.** istota, garancia; **3.** *(fin)* záruka, kaucia, ručiteľ; **4.** *(inf)* zabezpečenie

se.dan [siˈdæn] *podst* **1.** *(am aut)* limuzína, sedan; **2.** *(hist)* nosidlá

se.date [siˈdeit] *príd* **1.** pokojný, usadlý, vážny, rozvážny, pozvoľný, vyrovnaný. *Syn* ⇨ **serious**

sed.a.tive [sedətiv] *podst* **1.** sedatívum, upokojujúci prostriedok

sedge [sedž] *podst* **1.** ostrica, šašina

sed.i.ment [sedimənt] *podst* **1.** *(vše)* usadenina, kal, *(v rieke)* nánosy, nadplaveniny; **2.** *(chem: v roztoku)* zrazenina, sediment

to se.duce [siˈdju:s] **1.** *(ženu)* zviesť; **2.** *(prn)* priťahovať, lákať, vábiť, zlákať, nahovoriť, oklamať, obalamutiť, *(prn: záujem)* vzbudiť, vyčariť. *Syn* ⇨ **to lure**

se.duc.tive [siˈdaktiv] *príd* **1.** zvodný, vábivý, príťažlivý ; **2.** *(ponuka)* lákavý

see [si:] *podst* **1.** *(náb)* biskupstvo, biskupská stolica, *(cirkevné)* sídlo, *(odbor)* diecéza

to see [si:] (mč **saw** mp **seen**) **I.** *prech* **1.** vidieť, uvidieť, byť svedkom [čoho]; **2.** chápať, *(čomu)* rozumieť, uvedomovať si, predstaviť si; **3.** zažiť; **4.** navštíviť, *(s kým)* stretnúť sa; **5.** *(koho)* odprevadiť; **6.** *(stávku/ návštevu)* prijať. *Syn*: to behold, to espy, to descry, to view

seed [si:d] *podst* **1.** *(bot, i prn)* semeno, zrno, osivo, *(v ovocí)* jadierko; **2.** *(bibl)* potomstvo, spermia; **3.** *(zool)* samčie semeno; **4.** *(tenis)* nasadený hráč

to seed [si:d] **I.** *prech* **1.** *(pole, záhradu)* osiať, zasiať semená; **2.** zbierať semená; **3.** *(ovocie)* vykôstkovať, vysemeniť sa, zbaviť zrniečok/ jadierok; **4.** *(prn)* dozrieť; **5.** *(tenis)* nasadiť hráča; **II.** *nepr* **6.** zakladať na semeno; **7.** utvoriť semená, zrieť

seed.ling [si:dliŋ] *podst* **1.** *(strom vyrastený zo semena)* semenáč, *(zdrob)* semenáčik, *(odb)* sadenica, *(zdrob)* sadenička

seed.y [si:di] *príd* [**-ier, -iest**] **1.** ošumelý, zanedbaný, *(i šaty)* otrhaný, *(i človek)* spustnutý, *(bar, štvrť)* pochybný, *(budova)* schátraný; **2.** *(dtd)* zdochnutý, nachmelený; **3.** *(ovocie)* plný jadierok

to seek [si:k] (mč, mp **sought**) **1.** hľadať; **1.** zháňať sa , vyhľadávať, *(o čo)* uchádzať sa; **2.** *(o čo)* žiadať, prosiť, vyžiadať si, požadovať; **3.** snažiť sa, *(o čo)* usilovať sa

seek.er [si:kə] *podst* **1.** *(astron)* hľadač, *(lek)* sonda, *(voj)* navádzacie zariadenie [riadených striel]

to seem [si:m] (**~ [to sb] [to be] st**); (**~ like st**) **1.** zdať sa, pripadať, javiť sa že, vyzerať že

to seethe [si:ð] **1.** variť, byť vo vare, peniť; **2.** *(prn)* besnieť, zúriť. *Syn* ⇨ **to boil**

seg.ment [segmənt] *podst* **1.** *(i tech)* segment, úsek, diel, dielik, časť, článok; **2.** *(geom)* výsek, *(geom)(časť priamky)* úsečka; **3.** *(tech)* lamela, sektor, odvetvie; **4.** *(zool: článok, segment)* obrúčka. *Syn* ⇨ **part**

to seg.ment [segmənt] **I.** *prech* **1.** rozčleniť, rozdeliť na časti/ úseky; **II.** *nepr* **2.** deliť sa, rozdeliť sa, členiť sa, množiť sa delením

seg.re.ga.tion [ˌsegriˈgeišn] *podst* **1.** segregácia

seis.mic [saizmik] *príd* **1.** seizmický

to seize [si:z] **1.** chytiť, uchopiť, lapiť; **2.** *(zločinca)* zadržať, zatknúť, *(rukojemníkov)* uniesť; **3.** skonfiškovať, zabaviť . *Syn* ⇨ **to take**

sei.zure [si:žə] *podst* **1.** chytenie, *(príležitosti)* využitie; **2.** *(sily)* uchvátenie; **3.** *(zločinca)* zadržanie, zatknutie, *(rukojemníkov)* unesenie; **4.** zabavenie, konfiškácia; **5.** *(stroja)* zablokovanie; **6.** *(lek)* záchvat

sel.dom [seldəm] *prísl* **1.** zriedka, zriedkakedy, málokedy

se.lect [siˈlekt] *príd* **1.** exkluzívny, vybraný, vyberavý, uzavretý, vyvolený, vyberaný; **2.** prvotriedny, kvalitný, výberový, lahôdkový. *Syn:* chosen

to se.lect [siˈlekt] (**~ sb/ st [as st]**) **1.** vybrať, voliť, voliť si, zvoliť, zvoliť si, stavať, postaviť. *Syn* ⇨ **to choose**

se.lec.tion [siˈlekšən] *podst* **1.** *(i špo)* výber, vyberanie, vybrané mužstvo, vybrané družstvo, reprezentačné mužstvo; **2.** sortiment, paleta, voľba, selekcia, ponuka. *Syn* ⇨ **choice**

se.lec.tive [siˈlektiv] *príd* **1.** výberový, *(obch)* selektívny, selekčný, konaný podľa potreby

self [self] *podst* (mn **selves**) **1. the self** *(fml, psych)* ego, ja; **2.** seba; **3. self-** *(control)* seba(-), *(service)* samo(-)

self-con.fid.ence [ˈselfˌkonfidns] *podst* **1.** sebadôvera, sebavedomie

self-con.tained [ˌselfkənˈteind] *príd* **1.** samostatný, nezávislý; **2.** so samostatným príslušenstvom, so samostatným vchodom; **3.** rezervovaný

self-con.trol [ˌselfkənˈtrəul] *podst* **1.** sebaovládanie

self-de.fen.ce [ˌselfdiˈfens] *podst* (i **-defense**) **1.** sebaobrana

self-de.ter.min.a.tion [ˈselfdiˌtə:miˈneišən] *podst* **1.** *(pol)* sebaurčenie, slobodná vôľa

self-em.ployed [ˌselfimˈploid] *príd* **1.** samostatný; **2.** samostatne zárobkovo činný

self-es.teem [ˌselfisˈti:m] *podst* **1.** sebaúcta; **2.** samoľúbosť

self-ev.i.dent [ˌselfˈevidənt] *príd* **1.** zrejmý, zjavný, evidentný, je nad slnko jasnejší

self-gov.ern.ing [ˌselfˈgavəniŋ] *príd* **1.** samosprávny, autonómny

self-gov.ern.ment [ˌselfˈgavnmənt] *podst* **1.** *(pol)* samospráva, autonómia

self-help [ˌselfˈhelp] *podst* **1.** svojpomoc

self-im.posed [ˌselfimˌpəuzd] *príd* **1.** dobrovoľný, dobrovoľne prijatý

self-in.ter.est [ˌselfˈintrist] *podst* **1.** vlastný záujem, egoizmus

self.ish [selfiš] *príd* **1.** sebecký, egoistický

self.less [selflis] *príd* **1.** nezištný, obetavý, altruistický

self-pi.ty [ˌselfˈpiti] *podst* **1.** sebaľútosť

self-re.spect [ˌselfriˈspekt] *podst* **1.** sebaúcta

self-styled [ˌselfˈstaild] *príd* **1.** *(vodca)* samozvaný; **2.** *(odborník)* takzvaný

self-suf.fi.cien.cy [ˌselfsəˈfišnsi] *podst* (mn **-ies**) **1.** sebestačnosť

self-suf.fi.cient [ˌselfsəˈfišnt] *príd* (**~ in st**) **1.** sebestačný

to sell [sel] (mč, mp **sold**) **I.** *prech* **1.** predať; **2.** predávať, mať na predaj, viesť obchod; **3.** *(prn)* zradiť, zapredať; **II.** *nepr* **4.** predávať, predávať sa. *Syn*: to barter, to trade, to auction, to vend. *Opoz*: to buy

sel.ler [selə] *podst* **1.** predávajúci, predavač, predavačka, obchodník, obchodníčka, šláger

sell-out [selaut] *podst* **1.** kasový trhák, vypredané predstavenie, vypredaný koncert; **2.** *(obch: predajný)* šláger; **3.** zrada, politický výpredaj

sem.blance [sembləns] *podst* (~ **of st**) **1.** zdanie, vonkajšia podoba, výzor, podobnosť. *Syn* ⇨ **appearance**

se.men [si:mən] *podst* **1.** sperma, semeno

sem.i.con.duc.tor [ˌsemikən'daktə] *podst* **1.** *(ele)* polovodič

sem.i.nar [semina:] *podst* **1.** *(univ)* seminár, cvičenie; **3.** *(am)* porada

Se.mi.tic [si'mitik] *podst* **1.** semitský

Sen.ate [senit] *podst* **1.** *(pol)* senát; **2.** *(univ)* akademický senát

sen.a.tor [senətə] *podst* **1.** senátor, senátorka

to send [send] (mč, mp **sent**) **1.** poslať. vyslať, zoslať, zaslať, odoslať, rozoslať, *(roz, tel)* vysielať; **2.** *(dtd sl)* strhnúť, spôsobiť, *(droga)* privádzať do extázy, hodiť; **3.** *(kozm: raketu)* vystreliť; **4.** *(šport)* kopnúť, odpáliť

send.er [sendə] *podst* **1.** odosielateľ, odosielateľka

sen.ile [si:nail] *príd* **1.** senilný, *(psychicky)* opotrebovaný vekom

sen.i.or [si:njə] *príd* **1.** starší, vyšší, nadriadený, služobne starší, *(voj)* majúci vyššiu hodnosť, seniorský, *(postavením, funkciou)* dôležitejší

sen.sa.tion [sen'seišən] *podst* **1.** *(v ruke/ v nohe a pod.)* cit, pociťovanie, dojem; **2.** pocit; **3.** *(prn)* senzácia, pohnutie, vzruch, *(prn)* rozruch, zdanie, vzrušenie

sen.sa.tion.al [sen'seišənl] *príd* **1.** senzačný, úžasný, báječný

sense [sens] *podst* **1.** zmysel, orgán; **2.** cit, pocit; **3.** *(vše)* význam. *Syn* ⇨ **meaning**

to sense [sens] **1.** cítiť; pocitivať; **2.** *(zmyslami)* vnímať a poznávať; **3.** *(neurčite)* chápať, uvedomovať si, vytušiť, vycítiť, pobadať, *(ifm)* vetriť, zbadať, **4.** predvídať, tušiť, mať predtuchu [čoho]; **5.** *(prístroj)* zistiť, objaviť; **6.** *(inf)* snímať, testovať

sense.less [senslis] *príd* **1.** nezmyselný, bezvedomý, neciteľný, absurdný, zbytočný, je v bezvedomí

sen.si.bi.li.ty [ˌsensi'biləti] *podst* **1.** citlivosť, *(pl)* jemnocit, precitlivenosť, citovosť, zraniteľnosť, vnímavosť, senzibilita

sen.si.ble [sensəbl] *príd* **1.** rozumný, chytrý, inteligentný , uvážlivý, zmyslový, súdny, *(zmyslami)* vnímateľný, dobrý; **2.** účelný, *(prn)* značný, praktický, *(čoho)* vedomý; **3.** *(fml zr)* znateľný, pôsobiaci na zmysly, citlivý. *Syn* ⇨ **aware**, **material**, **perceptible**, **rational**

sen.si.tive [sensitiv] *príd* **1.** citlivý; **2.** nedotklivý, jemnocitný, útlocitný; **3.** delikátny, chúlostivý; **4.** dôverný, jemný, vnímavý, dráždivý, tajný

sen.si.ti.vi.ty [ˌsensi'tivti] *podst* **1.** citlivosť; **2.** nedotklivosť; **3.** delikátnosť, chúlostivosť, dôvernosť

sen.sor [sensə] *podst* **1.** senzor, snímač

sen.so.ry [sensəri] *príd* **1.** *(nerv)* senzorický

sen.su.al [sensjuəl] *príd* **1.** *(erotický)* zmyselný, *(prehnane)* telesný, zmyslový, senzuálny. *Syn* ⇨ **carnal**, **sensuous**

sen.su.ous [sensjuəs] *príd* **1.** zmyselný, zmyslový; **2.** senzuálny, telesný, pôsobiaci na zmysly, erotický. *Syn*: sensual, voluptuous, luxurious, epicurean

sen.tence [sentəns] *podst* **1.** *(ling)* veta; **2.** *(práv)* rozsudok, odsúdenie, trest, príslovie, porekadlo, citát, sentencia, *(zastar)* úsudok, mienka, názor, tvrdenie, ortieľ

to sen.tence [sentəns] **1.** *(práv)* odsúdiť, vyniesť rozsudok

sen.ti.ment [sentimənt] *podst* **1.** cit, citovosť, citový vzťah, cítenie, precitlivenosť; **2.** sentimentálnosť, city; **3.** postoj, zmýšľanie, sentimentalita, pochopenie, porozumenie, mienka, názor, myšlienka, idea. *Syn* ⇨ **feeling**, **opinion**

sen.ti.men.tal [ˌsenti'mentl] *príd* **1.** sentimentálny, plačlivý, rozcitlivený, uplakaný, citový, romantický, dojímavý . *Syn*: romantic, mawkish, maudlin, gushy

sen.try [sentri] *podst* (mn **-ies**) **1.** *(voj)* stráž, hliadka, strážnik

sep.a.rate [seprit] *príd* **1.** *(časť)* oddelený,

(kategória, názor) odlišný; **2.** individuálny, samostatný, zvláštny, separátny

to sep.a.rate [seprit] **I.** *prech* **1.** rozdeliť, deliť sa, roztrhnúť od seba; **2.** oddeliť; **3.** *(kuch)* odstreďovať, zbierať; **II.** *nepr* **4.** rozdeliť sa, rozlúčiť sa, odlúčiť sa, rozísť sa, rozviesť sa; **5.** oddeliť sa; **6.** *(z armády, podniku, školy)* prepustiť. *Syn*: to divide, to part, to sever, to sunder. *Opoz*: to unite, to combine

sep.a.ra.tion [ˌsepəˈreišən] *podst* **1.** oddelenie, rozdelenie, separácia; **2.** odluka, rozluka, odlúčenosť, rozchod, odlúčenie

sep.a.rat.ist [sepərətist] *podst* **1.** separatista

se.quel [si:kwl] *podst* (**~ to st**) **1.** následok; **2.** pokračovanie

se.quence [si:kwəns] *podst* **1.** rad, poradie, sled; **2.** séria, sekvencia, *(kart)* postupka, *(mat)* postupnosť, *(gram)* súslednosť. *Syn* ⇨ **series**

ser.e.nade [ˌseriˈneid] *podst* **1.** serenáda; **2.** stretávka

se.rene [siˈri:n] *príd* **1.** pokojný, rozvážny; **2.** *(obloha)* jasný. *Syn* ⇨ **calm**

serge [sə:dž] *podst* **1.** *(text)* serž, keper

se.ri.al [siəriəl] **I.** *podst* **1.** *(tv, roz)* seriál, *(v časopise)* román na pokračovanie; **2.** periodikum; **II.** *príd* **3.** *(tv, roz)* seriálový, *(román)* na pokračovanie; **4.** sériový, radový, poradový; **5.** pravidelný; **6.** periodický, edičný

se.ries [siəri:z] *podst* (mn **series**) **1.** rad, sada, séria, edícia, knižnica; **2.** cyklus; **3.** *(tv, roz)* seriál. *Syn*: sequence, succession, chain

se.ri.ous [siəriəs] *príd* **1.** *(osoba)* vážny, úprimný, *(i publikácia)* seriózny; **2.** *(vec)* závažný, *(situácia)* ťažký; **3.** pravý, skutočný. *Syn*: grave, solemm, sedate, earnest , sober. *Opoz*: frivolous, flippant

se.ri.ous.ness [siəriəsnis] *podst* **1.** vážnosť, opravdivosť, serióznosť, závažnosť; **2.** rozsah, dosah

ser.mon [sə:mən] *podst* **1.** *(náb, pej)* kázeň, kázanie, *(cirk)* homília. *Syn* ⇨ **speech**

ser.pent [sə:pənt] *podst* **1.** *(zool: Ophidia, i prn)* had; **2.** svetlozelená farba

se.rum [siərəm] *podst* (mn **sera/ serums**) **1.** sérum

ser.vant [sə:vənt] *podst* **1.** sluha, služobník

serve [sə:v] *podst* **1.** *(tenis atď)* servis, podanie, serv

to serve [sə:v] **I.** *prech* **1.** *(komu/ čomu)* slúžiť; **2.** *(v obchode/ reštaurácii)* obsluhovať, *(jedlo)* priniesť; **3.** *(čím)* zásobovať; **4.** *(špo)* podať; **5.** *(samicu)* vyskakovať na; **II.** *nepr* **6.** robiť sluhu/ slúžku; **7.** *(ako)* slúžiť; **8.** *(na stôl)* servírovať; **9.** *(náb)* slúžiť omšu

serv.er [sə:və] *podst* **1.** *(špo)* podávajúci hráč; **2.** *(náb)* miništrant; **3.** servírovacia vidlička; **4.** podnos, tácňa

ser.vice [sə:vis] *podst* **1.** služba; **2.** *(v obchode/ reštaurácii)* obsluha; **3.** *(náb)* bohoslužba; **4.** údržba; **5.** *(kuch)* servis, *(i špo)* súprava; **6.** *(špo)* podanie; **7.** prospech, osoh; **8.** *(práv)* doručenie predvolania

to ser.vice [sə:vis] **1.** prehliadnuť, urobiť všeobecnú údržbu; **2.** pokryť, poskytnúť servis, starať sa o údržbu, zásobovať náhradnými dielcami, poskytovať distribučný servis tovaru, poskytovať informačný servis; **3.** *(ekon)* uhradiť úroky, *(ekon)* splatiť úroky; **4.** vyskakovať na samicu

ser.vice.man [sə:vismæn] *podst* (mn **-men**) **1.** *(voj)* vojak, príslušník armády, vojenská osoba; **2.** *(am)* opravár

ses.a.me [sesəmi] *podst* **1.** *(bot: Sesamum)* sezam; **2.** *(pren)* kľúč

ses.sion [sešən] *podst* **1.** schôdza, zasadnutie, konferencia, *(práv, pol)* zasadanie; **2.** sedenie; **3.** *(univ/ škol)* akademický rok, školský rok, *(ob am)* semester

set [set] **I.** *podst* **1.** súprava, sada, séria, kolekcia, *(jedálenský)* servis, *(nábytku)* garnitúra; **2.** sústava strojov; **3.** *(mat)* množina; **4.** *(tenis atď)* set; **5.** *(div)* kulisy, scéna; **6.** ondulácia; **7.** *(záhr)* sadenica, cibuľka, priesada; **8.** *(tela)* držanie; **9.** *(cementu)* tvrdnutie; **10.** *(roz, tv)* aparát, prístroj; **11.** zameranie, tendencia; **12.** dlaždica; **13.** *(bás: slnka)* západ; **II.** *príd* **14.** pevne stanovený, predpísaný, *(škol, univ)* povinný, pevný; **15.** určený; **16.** strnulý, nehybný, *(úsmev)* ustrnutý; **17.** nemenný, vyhranený, *(pevne)* umiestnený, zámerný; **18.** vopred pripravený; **19.** *(am)* neoblomný

to set 1 [set] [**-tt-**] (mč, mp **set**) **I.** *prech* **1.** umiestniť, postaviť, položiť, *(o čo)* oprieť; **2.** *(mechanizmus)* zostaviť, *(hodiny, budíček)* nastaviť, *(výbuch)* načasovať; **3.** *(stôl)* prestrieť; **4.** *(pascu)* nastrojiť; **5.** *(ceny)* stanoviť; **6.** zadať, predpísať; **7.** naondulovať si; **8.** *(polyg)* sádzať; **9.** *(rastlinu)* zasadiť; **II.** *nepr* **10.** *(slnko)* zapadnúť; **11.** *(želé, puding)* stuhnúť, *(cement)* stvrdnúť; **12.** *(kosť)* zrásť

set.tee [se'ti:] *podst* **1.** diván, gauč, *(s operadlom)* pohovka

set.ting [setiŋ] *podst* **1.** pozadie, prostredie, *(div)* výprava, dekorácia, kulisy; **2.** *(drahokamu)* zasadenie; **3.** prestieranie; **4.** *(hud)* úprava, *(filmová)* hudba; **5.** *(želé)* tuhnutie, *(cementu)* tvrdnutie

set.tle [setl] *podst* **1.** drevená lavica s úložným priestorom

to set.tle [setl] **I.** *prech* **1.** usadiť, uložiť; **2.** urovnať, vyriešiť; **3.** *(na čom)* dohodnúť sa; **4.** *(dlh)* vyrovnať, splatiť; **5.** kolonizovať, osídliť; **6.** upokojiť; **II.** *nepr* **7.** usídliť sa; **8.** *(človek)* upokojiť sa, *(počasie)* vyjasniť sa, *(vietor)* utíšiť sa; **9.** usadiť sa; **10.** *(úsmev na tvári)* rozhostiť sa. *Syn* ⇨ **to decide**

set.tled [setld] *príd* **1.** *(počasie)* ustálený, nemenný, *(bydlisko)* trvalý; **2.** *(osoba)* riadny, sporiadaný, *(postup)* zavedený; **3.** *(účet)* zaplatený; **4.** obývaný, kolonizovaný

set.tle.ment [setlmənt] *podst* **1.** *(problému)* vyriešenie , *(konfliktu)* urovnanie; **2.** dohoda; **3.** *(dlhu)* úhrada, vyúčtovanie, zaplatenie; **4.** *(práv)* darovanie, veno; **5.** osídlenie, kolonizácia, usadlosť, osada, sídlisko, sociálne stredisko

set.tler [setlə] *podst* **1.** kolonista, kolonistka, osadník , osadníčka, osídlenec, osídlenkyňa, plantážnik, *(v kolóniách)* farmár, zmierovateľ; **2.** *(slg: v diskusii)* rozhodujúci úder

sev.en [sevn] *čísl* **1.** sedem; **2.** sedmička, *(kart)* sedma, sedmoro

sev.en.teen [ˌsevn'ti:n] *čísl* **1.** sedemnásť; **2.** sedemnástka

sev.en.teenth [ˌsevn'ti:nθ] **I.** *podst* **1.** sedemnástina; **II.** *príd* **2.** sedemnásty

sev.en.ti.eth [sevntiiθ] **I.** *podst* **1.** sedemdesiatina; **II.** *príd* **2.** sedemdesiaty

sev.en.ty [sevnti] *čísl* **1.** sedemdesiat; **2.** sedemdesiatka

to sev.er [sevə] **1.** preťať, prerezať, preseknúť, useknúť, odlúčiť sa, odseknúť, *(o stykoch)* skončiť sa, rozdvojiť, oddeliť; **2.** *(prn)* prerušiť, pretrhnúť, potrhať, rozštiepiť, *(práv)* postupovať oddelene, rozlišovať. *Syn* ⇨ **to separate**

sev.er.al [sevrəl] *zám/príd* **1.** niekoľko, viacero, niekoľkí, viacerí, viac, zopár

se.vere [si'viə] *príd* **1.** *(človek, i trest)* prísny, *(i pravidlá)* striktný; **2.** *(kritika)* ostrý, tvrdý, *(počasie)* drsný, *(zima)* tuhý, krutý, veľký, *(bolesť)* prudký, silný, *(choroba)* ťažký, vážny, *(test)* zaťažkávací, *(štýl)* strohý; **3.** *(i oblečenie)* upätý. *Syn*: stern, austere. *Opoz*: mild, lax, indulgent

to sew [səu] (mč **sewed** mp **sewn/ sewed**) **1.** šiť

sew.age [sju(:)idž] *podst* **1.** odpadová voda, (kanálové) splašky

sex [seks] *podst* **1.** pohlavie; **2.** pohlavný styk, súlož, sex; **3.** penis, pošva; **4.** sexuálnosť

to sex [seks] **1.** určiť pohlavie [čoho], určovať pohlavie [čoho]; **2.** sexovať, súložiť, milovať sa

sex.i.sm [seksizm] *podst* **1.** sexizmus

sex.ist [seksit] zástanca nadradenosti mužov

sex.u.al [seksjuəl] *príd* **1.** sexuálny, pohlavný, erotický , zmyselný

shab.by [šæbi] *príd* [**-ier, -iest**] **1.** *(oblečenie)* obnosený, ošumelý, ošúchaný, roztrhaný, *(kožuch)* vypĺznutý; **2.** *(dom, vybavenie)* biedny; **3.** *(človek)* otrhaný, zanedbaný, *(ifm)* šupácky; **4.** *(zaobchádzanie)* podlý

shack [šæk] *podst* **1.** chatrč, búda, *(zast)* chyža

shack.le [šækl] *podst* **1.** putá, okovy

to shack.le [šækl] **1.** spútať, nasadiť [komu] putá. *Syn* ⇨ **to hamper**

shade [šeid] *podst* **1.** tieň; **2.** odtieň, tón, významová nuansa; **3.** tienidlo na lampu, tôňa, zátišie, *(am)* roleta, clona, *(pl)* súmrak, štítok čiapky, *(am)* žalúzia; **4.** *(bás)* útočište, *(bás)* útulok, *(prn)* chládok; **5.**

duch, podsvetie, rozdiel. *Syn* ⇨ **colour**

to shade [šeid] **I.** *prech* **1.** tieniť, tieniť si, zatieniť, zatieniť si, zatemniť; **2.** *(art)* tieňovať, zacloniť, vytieňovať, cloniť, šrafovať, *(pred svetlom)* chrániť, vyšrafovať; **II.** *nepr* **3.** splývať

shad.ow [šædəu] *podst* **1.** tieň, tôňa; **2.** *(ifm)* špeh, fízel; **3.** *(pl)* polotma, prítmie, šero; **4.** duch, prízrak; **5.** náznak, ochrana, záštita; **6.** *(pod okom)* kruh; **7.** *(mysle)* zatemnenie

to shad.ow [šædəu] **1.** tieniť, zatieniť, vrhať tieň [na]; **2.** stopovať, sledovať, pokryť tieňom; **3.** naznačiť

shad.y [šeidi] *príd* {**-ier, -iest**} **1.** *(miesto)* tienistý, v tieni, zatienený; **2.** *(človek, obchody atď)* pochybný, podozrivý

shaft [ša:ft] *podst* **1.** *(i sekery, kladiva)* rukoväť, porisko, držadlo; **2.** oje, ojnica; **3.** *(tech)* hriadeľ; **4.** šachta; **5.** *(prn: svetla)* lúč; **6.** šíp, *(prn)* šľah, posmešok

shag [šæg] *podst* **1.** [hrubý/ silný] tabak, *(v Rusku)* machorka

to shag [šæg] **1.** súložiť [s kým]

Shah [ša:] *podst* **1.** *(panovník)* šach

to shake [šeik] (mč **shook**, mp **shaken**) **I.** *prech* **1.** *(kým)* triasť, vytriasť, *(fľašu lieku)* popretriasať, premiešať, *(čím/ kým)* zalomcovať, *(budovou)* otriasť, zmietať, *(čím)* mykať, šokovať, *(ruky)* podať si; **II.** *nepr* **2.** triasť sa, chvieť sa. *Syn*: to tremble, to quake, to quiver, to shiver, to shudder, to wobble

shak.i.ness [šeikinis] *podst* **1.** vratkosť, rozviklanosť, *(hlasu)* rozochvenosť, trasľavosť; **2.** chatrnosť, chabosť, hmlistosť, úbohosť

shak.y [šeiki] *príd* **1.** *(nábytok)* rozheganý, vratký, *(ruka)* trasľavý, chvejúci sa, *(písmo)* roztrasený, *(hlas)* rozochvený; **2.** *(zdravie)* chatrný, *(spomienky)* hmlistý, *(budúcnosť)* neistý, *(teória)* nepodložený, stojaci na vode

shale [šeil] *podst* **1.** *(geol)* ílovitá bridlica

shall [šæl](záp **shall not/ shan't**; mč **should**) *mod slo* **1.** *(fml: je súčasťou tvaru budúceho času 1 os jč/ mč)* budem/budeš atď, **I shall study all week** *budem sa učiť celý týždeň*; *(s dok neprek)* : **I shall do it tomorrow** *urobím to zajtra*; **2.** *(fml: vyj príkaz: prek s dok)* musiš/ atď, **you shall lock the gate every evening** *bránu musíš zamknúť každý večer*; **3.** *(v opyt vetách: ob: shall I ?)* môžem, mám, **shall I open the window?** *môžem otvoriť okno?*; **where shall I put those bottles?** *kde mám dať tie fľaše?*; *(shall we.. . ?: prek s dok)* ., **shall we go?** *ideme?*;

shal.lot [šə'lot] *podst* **1.** *(bot: Allium ascalonicum)* šalotka

shal.low [šæləu] *príd* {**-er, -est**} **1.** plytký; **2.** povrchný, jalový, bezcenný, nehlboký, všedný, slabý, *(prenos)* krátkozraký. *Syn* ⇨ **superficial**

sham [šæm] **I.** *podst* **1.** pretvárka, predstieranie, simulovanie, klamstvo, klam; **2.** pokrytectvo, faloš; **3.** fraška, podvod, podfuk; **4.** imitácia, napodobenina; **5.** šarlatán, podvodník, simulant, pokrytec; **II.** *príd* **6.** predstieraný, hraný, fingovaný; **7.** nepravý, klamný, falošný. *Syn* ⇨ **false**

to sham [šæm] [**-mm-**] **I.** *prech* **1.** predstierať, fingovať, simulovať; **II.** *nepr* **2.** predstierať, tváriť sa, hrať komédiu, *(čím)* robiť sa, robiť akože

to sham.ble [šæmbl] **1.** šuchtať sa, motať sa, vliecť sa

shame [šeim] *podst* **1.** stud, ostych, zahanbenie, rozpaky; **2.** hanba, potupa, pohanenie, hanblivosť, *(prn)* nešťastie, smola, ostýchavosť; **3.** škoda, nepríjemnosť. *Syn* ⇨ **disgrace**

to shame [šeim] **1.** urobiť [komu] hanbu, *(koho)* potupiť; **2.** *(koho)* zahanbiť, *(koho)* zatieniť, *(koho)* zosmiešniť, *(do)* nútiť

sham.poo [šæm'pu:] *podst* **1.** šampón na vlasy; **2.** umývanie vlasov/ hlavy šampónom; **3.** šampónovanie

to sham.poo [šæm'pu:] (mč, mp **-pooed,** pr **-shampooing**) **I.** *prech* **1.** umyť si vlasy; **II.** *nepr* **2.** umyť [komu] vlasy

shank [šæŋk] *podst* **1.** *(anat)* kolenná kosť, mäso z nohy; **2.** *(prn: pohára)* stopka, *(noža)* ostrie, *(lyžice)* držadlo, *(hud)* náustok

shan.ty [šænti] *podst* (mn **-ies**) **1.** chatrč, búda, kôlňa, chyža, chalúpka; **2.** *(námor)* pieseň, popevok

shape [šeip] *podst* **1.** tvar, *(i špo, prn)* forma; **2.** silueta, nejasne sa črtajúca postava; **3.** *(špo, ifm)* kondícia, *(ifm: vecí)* stav; **4.** *(prn: spoločenské)* usporiadanie; **5.** klobučnícka forma. *Syn*: form, condition

to shape [šeip] **1.** opracovávať, stvárniť sa, skoncipovať, modelovať, črtať sa; **2.** *(prn)* formovať, sformovať sa, utvárať, vypracovať plán, tvarovať sa, vyvíjať sa, usmerňovať, *(čo)* predstaviť si, ovplyvňovať, prispôsobiť sa; **3.** *(mraky)* sťahovať sa. *Syn* ⇨ **to form, to make**

share [šeə] *podst* **1.** podiel, diel; **2.** *(fin)* účastina, *(obchodná)* účasť, kvóta, akcie, príspevok do spoločnej pokladnice; **3.** *(tech)* lemeš. *Syn*: part, portion

shark [ša:k] *podst* **1.** *(zool tiger shark: Gleocerdo cuvieri/ stegostoma tigrinus)* žralok, *(zool blue shark: Prionace glauca)* žralok [modrý], *(zool hammer-head shark: Sphyrna zygaena)* žralok [kladivohlavý]; **2.** *(prn)* podvodník, podfukár, lump, špekulant, *(am)* úžerník

sharp [ša:p] **I.** *podst* **1.** *(hud)* krížik; **II.** *príd* **2.** ostrý, špicatý; **3.** jasný, zreteľný; **4.** prudký, náhly; **5.** prenikavý, *(hlad)* ukrutný; **6.** *(kuch)* kyslý, horký; **7.** štipľavý, *(odpoveď)* príkry, *(povaha)* prchký, výbušný; **8.** *(sluch)* jemný, *(myseľ)* bystrý, duchaplný, *(dieťa)* chápavý; **9.** rýchly, rezký; **10.** *(pej)* prefíkaný, prešibaný; **11.** *(hud)* veľmi vysoký falošný. *Syn*: keen, sharp, acute. *Opoz*: dull

to sharp.en [ša:pn] (~ **st [up]**) **I.** *prech* **1.** brúsiť, nabrúsiť, ostriť, naostriť, obtiahnuť na brúsku, ostrúhať; **2.** *(prn: chuť)* povzbudiť, *(zrak)* bystriť, *(um)* cibriť, *(bolesť)* rozjatriť, *(požiadavky)* zvýšiť; **3.** *(hud)* zvýšiť o poltón, spievať vysoko, hrať vysoko; **4.** *(obrys, rozdiel)* zvýrazniť; **II.** *nepr* **5.** *(bolesť)* rozjatriť sa, *(hlas)* stať sa strohým, stvrdnúť

sharp.ly ['ša:pli] *prísl* **1.** ostro, *(obrat)* prudko; **2.** výrazne; **3.** *(zmena, pád ap)* náhle; **4.** *(hovoriť)* stroho; **5.** *(počúvať)* pozorne

to shat.ter [šætə] **I.** *prech* **1.** rozbiť na kúsky, roztrieštiť; **2.** *(prn)* zmariť, podryť, podkopať; **3.** vyčerpať, uštvať, skrúšiť; **II.** *nepr* **4.** roztrieštiť sa. *Syn* ⇨ **to break**

to shave [šeiv] **I.** *prech* **1.** holiť, oholiť, vyholiť; **2.** hobľovať, ohobľovať; **3.** zľahka zavadiť [o čo], *(zľahka)* dotknúť sa; **II.** *nepr* **4.** holiť sa, oholiť sa; **5.** orezať, okradnúť, oklamať

shav.er [šeivə] *podst* (i **electric razor**) **1.** elektrický holiaci strojček; **2.** *(dtd ifm)* výrastok, poleno; **3.** holič, *(ifm: o mladíkovi)* holobriadok, lump, zlodej, vydriduch

she [ši:] *zám* **1.** ona; **2.** *(čln)* on, *(auto)* ono; **3.** **she-** *(zviera)* samica, samička

to shear [šiə] (mč **sheared** mp **shorn/ sheared**) **I.** *prech* **1.** *(koho/ čo)* strihať, ostrihať; **II.** *nepr* **2.** strihať sa

sheath [ši:θ] *podst* (mn **sheaths**) **1.** *(na meč)* pošva, *(na nástroj)* puzdro; **2.** *(ifm)* kondóm, ochrana, prezervatív

shed [šed] *podst* **1.** kôlňa, šopa, búda, prístrešok, garáž, stajňa, vozovňa, hala, koliba, chliev, salaš, hangár; **2.** remíza

to shed [šed] [**-dd-**] (mč, mp **shed**) **1.** *(lístie/ parohy)* zhodiť, strácať, zvliecť, zhodiť zo seba; **2.** roniť, prelievať, preliať, *(teplo)* šíriť, *(slzy)* vyroniť, vyslať, *(svetlo na čo)* vrhnúť, *(postupne)* zbaviť sa

sheen [ši:n] *podst* **1.** lesk, žiara; **2.** lesklá tkanina

sheep [ši:p] *podst* (mn **sheep**)**1.** *(zool domáca: Ovis aries)* ovca; **2.** *(prn)* baránok, bojko; **3.** *(cirk)* ovečka

sheep.ish [ši:piš] *príd* **1.** *(kt je v rozpakoch)* rozpačitý, *(: lebo má pocit viny)* zahanbený; **2.** *(nepríjemne prekvapený/zmätený)* zarazený

sheer [šiə] **I.** *príd* **1.** číry, rýdzi, čistý; **2.** absolútny, úplný, vyložený, priesvitný; **3.** veľmi jemný, tenký, pavučinkový; **4.** príkry, zrázový, kolmý, rázny, strmý; **II.** *prísl* **5.** príkro, kolmo, strmo; **6.** úplne . *Syn* ⇨ **steep**

to sheer [šiə] **1.** *(nám)* vybočiť z dráhy, odbočiť, *(od kurzu)* odkloniť sa, vyhnúť sa, zanechať koho, *(hovor)* zutekať

sheet [ši:t] *podst* **1.** plachta; **2.** hárok, formulár, list; **3.** *(ifm)* plátok; **4.** tabuľa, doska; **5.** vodná/ snehová plocha, clona; **6.** *(posteľné)* prestieradlo; **7.** *(čoho)* kus; **8.** *(plachetové)* lano; **9.** noviny

shelf [šelf] *podst* (mn **shelves**) **1.** polička, polica, regál; **2.** *(geol)* skalná rímsa, previs, šelf; **3.** priehradka, plytčina, piesčina

shell [šel] *podst* **1.** *(vaječná, orechová)* škrupinka, *(slimačia)* ulita, *(mušle)* lastúra, *(bot)* struk; **2.** *(domu)* kostra, hrubá stavba, *(lode)* trup, *(auta)* karoséria; **3.** *(voj)* granát, *(ob am)* patrón

to shell [šel] **1.** lúpať, lúpať sa, lúštiť, lúskať; **2.** *(voj: delostrelecky)* odstreľovať, *(granátmi)* ostreľovať

shell.fish [šelfiš] *podst* **1.** *(zool)* mäkkýš; **2.** kôrovec; **3.** mušľa

shel.ter [šeltə] *podst* **1.** úkryt, útočisko, prístrešie, skrýša, ochrana, *(voj)* kryt, bunker; **2.** útulok. *Syn*: refuge, retreat, asylum, sanctuary

to shel.ter [šeltə] **I.** *prech* **1.** chrániť, uchrániť, skrývať, ukrývať; **II.** *nepr* **2.** ukryť sa, schovať sa

to shelve [šelv] **1.** dať na policu, zaradiť; **2.** *(prn)* uložiť [čo] ad acta; **3.** opatriť policami/ regálmi; **4.** skláňať sa, zvažovať sa, *(riešenie)* odložiť, *(prn)* prepustiť, položiť na policu, vyrobiť police

shep.herd [šepəd] *podst* (ž **shepherdess**) **1.** pastier oviec, bača, ovčiar; **2.** *(náb)* pastier

to shep.herd [šepəd] **1.** *(ovce)* pásť, *(na ovce)* dozerať , *(prn)* viesť, *(o koho)* starať sa, robiť manažéra, *(koho)* starať sa o duchovné potreby

sher.iff [šerif] *podst* **1.** šerif; **2.** *(škót)* zmierčí sudca

sher.ry [šeri] *podst* (mn **-ies**) **1.** sherry

shield [ši:ld] *podst* **1.** erb, *(voj, zool)* štít, pancier, *(tech)* kryt, ochranný štít; **2.** *(prn)* záštita, ochrana, znak, clona, *(kábla)* plášť.

to shield [ši:ld] **1.** chrániť, ochrániť, *(čo)* zakryť si, ochraňovať, *(pred)* skryť, *(pred)* brániť*Syn* ⇨ **to defend**

shift [šift] *podst* **1.** *(miesta, polohy)* zmena, posunutie, zámena, presun, premiestnenie, posun; **2.** smena, *(ifm)* šichta, služba; **3.** úzke rovné šaty, kombiné; **4.** trik, lesť, náhrada, pomôcka, *(z núdze)* prostriedok, *(z núdze)* východisko

to shift [šift] **I.** *prech* **1.** posunúť, *(čím, časť tela)* pohnúť, premiestniť, preniesť, *(s čím)* cúvnuť, sňať, *(prn: pozornosť)* obrátiť, *(div)* meniť; **2.** *(obch: čoho)* zbaviť sa, odstrániť; **II.** *nepr* **3.** pohnúť sa; **4.** *(o vetre: smer)* zmeniť smer, obrátiť sa; **5.** *(am aut)* zaradovať; **6.** *(ifm)* uháňať, letieť. *Syn* ⇨ **to move**

shill.ing [šiliŋ] *podst* **1.** *(br v min: dvadsatina libry)* šiling

shim.mer [šimə] *podst* **1.** lesk, jagot, blikanie, ligot, kmitanie, trblietanie, mihotanie

to shim.mer [šimə] **1.** lesknúť sa, trblietať sa, blikať, ligotať sa, mihotať sa, jagať sa, kmitať. *Syn* ⇨ **to flash**

shin [šin] *podst* **1.** *(anat)* holenná kosť; **2.** koľajnicová spojka

shine [šain] *podst* **1.** lesk, *(slg)* hluk, svit, jagot, jasné počasie, vyleštenie topánok; **2.** *(am)* vtip

shin.gle [šiŋgl] *podst* **1.** *(hrom)* okruhliaky, kamenistá pláž; **2.** šindeľ, *(am ifm)* firemná tabuľka; **3.** chlapčenský účes u žien, *(účes)* mikádo; **4.** herpes

to shin.gle [šiŋgl] **1.** pokryť/obíjať šindľom; **2.** *(vlasy)* ostrihať nakrátko

ship [šip] *podst* **1.** loď, vzducholoď, koráb, plavidlo; **2.** *(am ifm)* lietadlo; **3.** *(prn)* štát

to ship [šip] **I.** *prech* **1.** *(loďou/ letecky/ po súši)* expedovať, *(am i vlakom, autom)* zasielať loďou, slúžiť na lodi, odoslať, plaviť sa, dopraviť, prepraviť; **2.** nalodiť, *(na loď)* naložiť; **II.** *nepr* **3.** nastúpiť na loď, nalodiť sa

ship.build.ing [ˈšipˌbildiŋ] *podst* **1.** stavba lodí, lodiarstvo

ship.ping [šipiŋ] *podst* **1.** námorná plavba, obchodné lode, loďstvo; **2.** nalodenie, naloďovanie, lodná doprava, zásielka, náklad, nakladanie

ship.yard [šipja:d] *podst* **1.** *(továreň)* lodenica

shire [šaiə] *podst* **1.** *(anglické)* grófstvo; **2.** *(admin)* okres, kraj

shirt [šə:t] *podst* **1.** *(pánska)* košeľa, *(špo)* trikot, *(fot atď)* dres

shit [šit] *podst* **I.** *podst* **1.** hovno; **2.** sranie; **3.**

i **shit-man** sviniar, hajzeľ, lump; **4.** i am **mbullshit** pičoviny, kokotiny; **II.** *cit* **5.** *(hrub)* do riti!, kurva!, sakra!

to shit [šit] **I.** *nepr* (mč, mp **shitted/ shat**) **1.** *(hrub)* srať; **2.** *(prn)* tárať, *(subšt)* kecať; **II.** *zvrat* **2.** *(hrub, i prn: od strachu)* posrať sa

shi.ver [šivə] *podst* **1.** zachvenie, záchvev, mrazenie, odštiepok

to shi.ver [šivə] **1.** triasť sa, chvieť sa; **2.** roztrieštiť, roztrieštiť sa. *Syn* ⇨ **to shake**

shoal [šəul] *podst* **1.** kŕdeľ, *(rýb)* húf, roj; **2.** plytčina. *Syn*: bank, reef, bar

shock [šok] *podst* **1.** náraz, otras; **2.** šok, rana, úľak, zľaknutie, zdesenie. *Syn*: to startle, to paralyze, to stun

to shock [šok] **I.** *prech* **1.** *(kým)* otriasť, rozhorčiť, podesiť; **2.** pohoršiť; **II.** *nepr* **3.** šokovať

shock.ing [šokiŋ] *príd* **1.** otriasajúci, šokujúci, strašný; **2.** hrozný, príšerný, hanebný, škandálny; **3.** krikľavý

shoe [šu:] *podst* **1.** topánka, obuv, črievička; **2.** podkova; **3.** *(saní)* kovanie; **4.** *(prn)* miesto, postavenie, funkcia; **5.** *(stĺpa)* pätka, *(pneumatiky)* plášť, *(pod koleso)* zarážka, brzdové čeľuste

to shoe [šu:] **1.** *(koňa)* podkuť; **2.** *(palicu)* okovať; **3.** *(človeka)* zaobuť

shoot [šu:t] *podst* **1.** *(bot)* výhonok, klíčok, odnož; **2.** *(poľov)* hon, revír, poľovačka; **3.** *(film)* nakrúcanie; **4.** šmýkačka, perej

to shoot [šu:t] (mč, mp **shot**) **I.** *prech* **1.** *(voj: na koho/ čo)* streliť, *(zo zbrane)* vystreliť, *(raketu)* odpáliť; **2.** *(koho)* postreliť, zastreliť, popraviť zastrelením, *(špo)* streliť na bránku; **3.** *(film)* nakrútiť, urobiť fotografiu; **4.** *(am sl: drogu)* pichnúť si; **II.** *nepr* **5.** *(zbraňou)* streliť; **6.** *(zver)* loviť; **7.** *(film)* filmovať, *(fot)* fotiť; **8.** *(bot)* pučať, rašiť

shoot.er [šu:tə] *podst* **1.** *(hov: zbraň)* búchačka

shoot-out [šu:taut] *podst* **1.** prestrelka

shop [šop] *podst* **1.** *(vše)* obchod, predajňa, krámik, obchodík, butik, *(br)* obchodný dom; **2.** dielňa, filiálka, ateliér, štúdio, pracovisko, kancelária; **3.** odbor; **4.** remeslo, herecké zamestnanie

to shop [šop] (am i **store**) **1.** *(v obchode)* nakupovať, ísť nakupovať [do obchodu], *(v obchode)* predávať, *(prenes: koho)* udať, *(am: na opravu)* poslať do dielne

shop assistant ['šopə͵sistənt] *podst* **1.** *(br)* predavač, predavačka

shop.keep.er ['šop͵ki:pə] *podst* (am i **storekeeper**) **1.** obchodník, obchodníčka, majiteľ obchodu, majiteľka obchodu

shore [šo:] *podst* **1.** pobrežie, breh, pláž; **2.** *(prn)* súš, prímorie; **3.** podpera, opora. *Syn*: coast, beach, strand, bank

short [šo:t] **1.** *(ifm film)* krátky film, *(film)* žurnál; **2.** štamperlík, panák; **3.** *(ifm ele)* skrat, krátke spojenie, *(ifm)* kratúch; **4.** *(gram)* krátka slabika; **5.** šortky; **6.** otruby; **II.** *príd* **7.** *(i ling)* krátky, *(referát, článok)* stručný; **8.** *(postava)* malý, drobný; **9.** *(odpoveď)* úsečný, príkry; **10.** *(kuch)* krehký, lámavý, drobivý; **11.** nedostatočný; **12.** krátkodobý. *Syn* ⇨ **brief**

to short [šo:t] **1.** *(ele)* skratovať, nakrátko spojiť

short.age [šo:tidž] *podst* **1.** nedostatok, úbytok, schodok , manko

short.com.ing ['šo:t͵kamiŋ] *podst* **1.** nedostatok, chyba

to short.en [šo:tn] **I.** *prech* **1.** skrátiť, zostručniť, zoškrtať ; **II.** *nepr* **2.** krátiť sa, *(cenu)* znížiť, *(cesto)* skypriť, *(stromy)* orezať. *Syn*: to curtail, to abridge, to abbreviate. *Opoz*: to lengthen, to extend, to expand

short.fall [šo:tfo:l] *podst* (**~ in st**) **1.** *(obch)* manko, schodok, deficit

short.hand [šo:thænd] *podst* **1.** tesnopis, stenografia, rýchlopis

shortlist [͵šo:t'list] *podst* **1.** užší výber

short.ly [šo:tli] *prísl* **1.** skoro, hneď, zanedlho, zakrátko, čoskoro, čochvíľa, náhle, prudko, ostro, úsečne, odmerane, stručne

short-range [šo:treindž] *príd* **1.** *(strela ap)* krátkeho doletu, *(zbraň)* určená pre boj zblízka; **2.** *(plán)* krátkodobý

short-term [šo:ttə:m] *príd* **1.** krátkodobý

shot [šot] *podst* **1.** výstrel, rana; **2.** *(špo)* strela, *(bkb)* hod na kôš, *(v hre)* zásah; **3.** guľa, vrh guľou; **4.** *(pl)* broky; **5.** *(fot)* fotografia, *(film, tv)* záber; **6.** *(ifm)* panák; **7.** *(prn)* narážka, odhad

should [šud](záp **should not/ shouldn't**) **I.** *časť* **1.** (je súčasťou tvaru podm spôsobu 1 os) by, **I should be glad if** *bol by som rád, keby*; **II.** *mod slo* **2.** *(vyj pravdepodobnosť)* mať, **he should come/ be back in a minute** *má prísť o chvíľu*; **3.** *(potrebnosť, povinnosť)* mať, **what should I do** *čo mám robiť?*; **you should go home** *mal by si ísť domov*; **4.** *(zákaz: v záp)* musieť, **you shouldn't have waited so long** *nemal by si čakať tak dlho*;

shoul.der [šəuldə] *podst* **1.** *(anat)* rameno; **2.** *(kuch)* plece, pliecko, ramienko; **3.** chrbát, hrebeň; **4.** banket, krajnica

to shoul.der [šəuldə] **1.** dať si na plece; **2.** odstrčiť plecom; **3.** *(prn: zodpovednosti)* vziať si na seba

shout [šaut] *podst* **1.** výkrik, zvolanie, rev, zavolanie, zvriesknutie; **2.** *(ob aus, nz ifm)* runda

to shout [šaut] **1.** kričať, vykrikovať, lomoziť, hulákať, zvolať, *(am: krikom)* povzbudzovať, *(koho)* napájať

shov.el [šavl] *podst* **1.** lopata; **2.** lopatové rýpadlo

to shov.el [šavl] **1.** *(lopatou)* hádzať, naberať, odhadzovať, pracovať s lopatou

show [šəu] *podst* **1.** prejav, predvedenie, festival; **2.** predstavenie, súťaž, program, súťažná výstava, výstava , prehliadka, ukážka, *(vonkajší)* efekt, predstieranie; **3.** divadlo, estráda, cirkus; **4.** *(filmu)* premietanie; **5.** sprievod; **6.** *(ifm)* podnik, vec, sláva, nádhera, demonštrácia, skupina, oddiel, *(voj)* akcia, *(výskytu)* stopa, záležitosť, obchod, šanca, *(vonkajší)* dojem, atrakcia, karneval, revue, letka; **3.** *(ifm)* možnosť, príležitosť

to show [šəu] (mč **showed** mp **shown**) **I.** *prech* **1.** ukázať, *(lístky, pas)* predložiť, *(čím)* preukázať sa, odhaliť, *(zvieratá: zuby)* vyceriť, *(na výstave: obrazy, kvety)* vystavovať, *(modely)* predvádzať, demonštrovať; **2.** hrať, premietať, *(tv)* vysielať; **3.** ukazovať, *(o čom)* svedčiť, prejavovať; **4.** *(fin: zisk, stratu)* vykazovať; **II.** *nepr* **5.** byť videný; **6.** byť zjavný; **7.** ukázať sa, dostaviť sa; **8.** umiestniť sa. *Syn*: to display, to exhibit, to expose, to flaunt

show.case [šəukeis] *podst* **1.** vitrína, *(prn)* výkladná skriňa

show.down [šəudaun] *podst* **1.** konfrontácia, rozhodujúce meranie síl, rozhodujúce zmeranie síl

sho.wer [šauə] *podst* **1.** prehánka, spŕška, krátky lejak, *(prn: otázok, nadávok)* príval, *(meteoritov ap)* dážď; **2.** *(br pej)* banda gaunerov; **3.** *(prn)* hojnosť, záplava

to sho.wer [šauə] **I.** *prech* **1.** sprchovať; **II.** *nepr* **2.** sprchovať sa, dať si sprchu; **3.** hrnúť sa, *(prn)* zahrnúť, spŕchnuť, pršať, padať dážď, *(slzy)* tiecť, pokropiť, ostriekať; **4.** zasypať, nakopiť sa

show jump.ing [šəu͵džampiŋ] *podst* **1.** parkúrové skákanie

show.y [šəui] *príd* **1.** *(oblečenie)* nápadný, *(človek)* fintivý, teatrálny; **2.** strojený; **3.** efektný; **4.** *(oslava)* pompézny. *Syn* ⇨ **gaudy**

shrap.nel [šræpnl] *podst* **1.** *(voj)* šrapnel, črepiny granátu

shred [šred] *podst* **1.** zdrap, franforec, útržok, úlomok, odstrižok, prúžok, štipka, byľka, stopa; **2.** náznak

to shred [šred] **[-dd-]** **1.** trhať na kúsky, rozrezať, strihať; **2.** krájať, strúhať

shrewd [šru:d] *príd* **[-er, -est]** **1.** *(vše)* chytrý, rafinovaný, prešibaný, šikovný, prezieravý, múdry, obratný, presný, dôvtipný, bystrý, *(o vetre)* ostrý, inteligentný, prefíkaný; **2.** opodstatnený, oprávnený. *Syn*: sagacious, perspicacious, astute, ⇨ aj **clever**

shriek [šri:k] *podst* **1.** výkrik, zajačanie, vypísknutie , zavrešťanie, zapišťanie, zaškrípanie, zavytie, vreskot

to shriek [šri:k] **1.** kričať, jačať, vrieskať, zavrieskať, škriekať, *(brzdy)* zaškrípať, *(rušeň)* zapískať, *(siréna)* zavýjať, *(vietor)* skuvíňať. *Syn* ⇨ **to scream**

shrill [šril] *príd* **1.** ostrý, rezavý, prenikavý, ujačaný, *(farba)* nápadný, tvrdošijný, neodbytný, nezlomný

shrine [šrain] *podst* **1.** hrob svätca, hrobka, relikviár; **2.** svätyňa, sväté miesto, svätostánok, oltár, *(s ostatkami svätých)* skrinka

shrink [šriŋk] *podst* **1.** *(pej sl)* psychiater, psychoanalytik; **2.** *(látky)* zrazenie

to shrink [šriŋk] (mč **shrank/ shrunk** mp **shrunk**) **I.** *nepr* **1.** *(odev)* zraziť sa, *(o látke)* zbehnúť sa; **2.** scvrknúť sa, *(drevo)* zoschnúť, *(prn: ceny)* znižovať sa, *(čoho)* ubúdať; **II.** *prech* **3.** spôsobiť zrazenie, *(tex)* vyzrážať. *Syn* ⇨ **to contract**, **to recoil**

to shri.vel [šrivl] [**-ll-**], am **-l-**] (~ **up**) **I.** *nepr* **1.** *(ovocie, zelenina)* scvrknúť sa, zosychať, zoschnúť sa, *(kvet)* zvädnúť, *(pokožka)* strácať sviežosť, pokryť sa vráskami, zvraštiť sa, zvráskavieť; **II.** *prech* **2.** *(horúčava)* vysušiť, spôsobiť zvädnutie, tvoriť vrásky, zbaviť sviežosti. *Syn* ⇨ **to wither**

shroud [šraud] *podst* **1.** rubáš; **2.** *(prn)* závoj, rúško, ochranný plášť, clona; **3.** ochrana, záštita; **4.** *(snehová)* pokrývka; **5.** *(stromu)* vetva; **6.** *(námor: sťažňové)* laná

to shroud [šraud] (~ **st in st**) **1.** zahaliť, *(čím)* obostrieť, pokryť, zacloniť

shrub [šrab] *podst* **1.** ker, *(hrom)* krovie, krovina

shrug [šrag] *podst* **1.** *(plecami)* pokrčenie, myknutie; **2.** dámsky kabátik, *(na jeden gombík)* sveter

to shrug [šrag] [**-gg-**] **1.** *(plecami)* pokrčiť

shud.der [šadə] *podst* **1.** mrazenie, triaška; **2.** trhnutie, otras, zachvenie

to shud.der [šadə] **1.** triasť sa, zachvieť sa hrôzou, otriasť sa, *(od zimy)* zatriasť sa, chvieť sa; **2.** vibrovať. *Syn* ⇨ **to shake**

shuf.fle [šafl] *podst* **1.** šuchtavá chôdza; **2.** *(kart)* zamiešanie, premiešanie; **3.** výmena; **4.** podfuk, nečestnosť, lesť, šuchtanie, vykrúcanie sa

to shuf.fle [šafl] **I.** *prech* **1.** miešať, zamiešať, premiešať; **II.** *nepr* **2.** vliecť sa, šuchtať sa; **3.** *(kart)* miešať karty; **4.** vyhovárať sa

shun [šan] **1.** *(=attention) (voj)* pozor!

to shun [šan] **1.** *(komu/ čomu)* vyhýbať sa, bočiť, brániť sa, strániť sa

shunt [šant] *podst* **1.** *(žel)* posunovanie, posun; **2.** *(ele)* bočník; **3.** *(br sl: autohavária)* búračka

to shunt [šant] **1.** *(žel: vlak)* posunovať, presunúť; **2.** odsunúť; **3.** preložiť pracovníka [na podradnejšie miesto]; **4.** *(ele)* prepnúť

shut [šat] *príd* **1.** zatvorený

to shut [šat] [**-tt-**] (mč, mp **shut**) **I.** *prech* **1.** zatvoriť, zaklapnúť, zašuchnúť; **II.** *nepr* **2.** zatvoriť sa; **3.** zatvárať, uzavrieť, privrieť, privrznúť, zamknúť, uväzniť, *(cestu)* zatarasiť, *(z)* vylúčiť, zvariť

shut.down [šatdaun] *podst* **1.** *(továrne)* zastavenie prevádzky, *(obchodu)* zatvorenie, *(tv)* koniec vysielania

shut.ter [šatə] *podst* **1.** okenica, obločnica, klapka; **2.** *(fot)* závierka, debnenie

shut.tle [šatl] *podst* **1.** tkáčsky člnok; **2.** *(am)* doprava; **3.** *(kozm)* raketoplán

to shut.tle [šatl] (~ **[sb] between A and B**) **1.** chodiť, jazdiť, lietať sem a tam; **2.** pendlovať, *(prn)* kolísať

shy [šai] **I.** *podst* **1.** hod, vrh; **2.** pokus; **3.** plašenie; **II.** *príd* **4.** nesmelý, ostýchavý, hanblivý; **5.** plachý, bojazlivý; **6.** skrytý, uzavretý, podozrievavý; **7.** ťažko rastúci. *Syn*: bashful, diffident, modest, demure. *Opoz*: bold, confident

to shy [šai] **1.** naľakať sa, splašiť sa, vzoprieť sa, strhnúť sa; **2.** váhať, hodiť, vrhnúť, zľaknúť sa

sib.ling [sibliŋ] *podst* **1.** súrodenec, brat, sestra

sick [sik] **I.** *podst* **1.** *(br ifm)* zvratky; **2.** *(pl: ľudia)* chorí; **II.** *príd* **3.** chorý, chorľavý, *(ifm)* maród; **4.** nevkusný, nechutný, *(ifm)* morbidný; **5.** *(ifm)* znechutený, rozčarovaný, horúčkovitý. *Syn*: sick, ill, ailing, indisposed. *Opoz*: well, healthy

to sick [sik] **1.** vracať, dáviť, zvrátiť, *(hov)* grckať

to sick.en [sikn] **1.** dvíhať žalúdok [komu]; **2.** zhnusiť, znechutiť, protiviť sa, mať dosť [čoho]

sick.en.ing [sikniŋ] *príd* **1.** *(zápach ap)* vyvolávajúci zvracanie; **2.** *(prn)* odporný, nechutný, *(pohľad)* otrasný; **3.** *(ifm)* protivný

sick.le [sikl] *podst* **1.** *(poľn)* kosák; **2.** *(prn)* polmesiac, srp; **3.** *(bot sickle medick: Medicago falcata)* lucerna [kosákovitá]

sick.ly [sikli] *príd* **1.** *(človek)* neduživý, chorľavý, *(bledosť)* chorobný; **2.** bledý, nevýrazný; **3.** nechutný, sladkastý, sentimentálny

sick.ness [siknis] *podst* (mn **-es**) **1.** choroba; **2.** nevoľnosť, dvíhanie žalúdka, nútenie na vracanie, dávenie, *(lek)* nauzea, ochorenie, nezdravosť, menzes

side [said] **I.** *podst* **1.** *(bočná)* strana, stena; **2.** *(horské)* úbočie, svah; **3.** *(cesty, bazéna)* kraj, *(rieky)* breh; **4.** *(zvieraťa: ako mäso)* polovica, časť; **5.** stránka, aspekt; **6.** *(špo)* mužstvo, družstvo; **7.** *(tv br dtd)* kanál; **II.** *príd* **8.** bočný, *(okno, stena)* postranný, vedľajší; **9.** podružný, okrajový, prídavkový

side.line [saidlain] *podst* **1.** *(špo)* postranná čiara; **2.** vedľajšie zamestnanie; **3.** vedľajší produkt

side.step [saidstep] *podst* **1.** krok bokom, úkrok; **2.** *(špo)* kľučka, obídenie hráča

side.walk [saidwo:k] *podst* **1.** *(am)* chodník

side.ways [saidweiz] **I.** *príd* **1.** bočný; **II.** *prísl* **2.** stranou, bokom, na bok; **3.** bočne, koso, úkosom

siege [si:dž] *podst* **1.** *(voj)* obliehanie, obkľúčenie, obľahnutie

sieve [siv] *podst* **1.** sito, sitko, rešeto, riečica, prehadzovačka, *(človek)* táraj

to sift [sift] **1.** preosiať, oddeliť, vytriediť, presievať, osievať, prehádzať sitom, nasypať, preskúmať, presýpať sa

to sigh [sai] **1.** vzdychnúť, vzdychnúť si, vzdychať, hučať, zahučať; **2.** túžiť, *(vietor)* kvíliť, rmútiť, smútiť

sight [sait] *podst* **1.** zrak; **2.** dohľad; **3.** pohľad; **4.** hľadisko, stanovisko; **5.** zacielenie, *(na puške)* muška; **6.** *(ifm)* kopa, hŕba

sight.ed [saitid] *príd* **1.** *(človek)* vidiaci, vidomý

sight.ing [saitiŋ] *podst* **1.** zbadanie, spozorovanie

sight.see.ing ['sait,si:iŋ] *podst* **1.** prezeranie pozoruhodností/ pamiatok

sign [sain] *podst* **1.** symbol, *(ling)* znak, *(mat)* znamienko; **2.** *(rukou ap)* znamenie, posunok; **3.** nápis, tabuľa, ceduľa, vývesný štít; **4.** *(lek, vše)* príznak, dôkaz, znamenie, stopa; **5.** *(voj)* heslo. *Syn*: mark, token, symptom, indication

to sign [sain] **I.** *prech* **1.** podpísať, signovať; **2.** zmluvne prijať, angažovať; **3.** opatriť nápismi/ tabuľami; **II.** *nepr* **4.** podpísať sa

sig.nal [signl] **I.** *podst* **1.** *(tv, žel, tel)* signál, znamenie, pokyn; **2.** *(ob žel)* návesť, *(žel)* návestidlo, semafor; **3.** správa; **4.** *(tel)* tón; **5.** podnet, popud; **6.** telegram, telefonát; **7.** spojenie, styk; **8.** *(voj)* spojovacie vojsko; **II.** *príd* **9.** signalizačný, výstražný, rozlišovací; **10.** skvelý, vynikajúci; **11.** pozoruhodný,význačný, výnimočný, obzvláštny, úplný

sig.na.to.ry [signətəri] **I.** *podst* **1.** signatár, podpisujúca strana; **II.** *príd* **2.** signatárny

sig.ni.fi.cance [sig'nifikəns] *podst* **1.** význam, zmysel, dôležitosť, významnosť, hodnota, dosah. *Syn* ⇨ **importance, meaning**

sig.ni.fi.cant [sig'nifikənt] *príd* **1.** značný, dôležitý, významný, závažný, podstatný

to sig.ni.fy [signifai] (mč, mp **-fied**) **1.** znamenať; **2.** naznačiť, ukázať

Sikh [si:k] *podst* **1.** Sikh

si.lence [sailəns] *podst* **1.** ticho, pokoj; **2.** mlčanie, mlčanlivosť; **3.** pauza, odmlčanie, odmlka; **4.** *(tech)* nehlučnosť; **5.** tichý chod; **6.** pauza; **7.** smrť

si.lent [sailənt] *príd* **1.** tichý, nehlučný; **2.** mlčanlivý, málovravný; **3.** *(i ling)* nevyslovený, nemý. *Syn*: taciturn, reserved, reticent, secretive, ⇨ aj **still**. *Opoz*: talkative, voluble

sil.hou.ette [,silu(:)'et] *podst* **1.** silueta. *Syn* ⇨ **outline**

si.li.con [silikən] *podst* **1.** kremík

si.li.cone [silikəun] *podst* **1.** silikón

silk [silk] *podst* **1.** hodváb, hodvábne vlákno, *(pl)* hodvábne šaty/ tovar; **2.** *(br práv)* súdny radca

silk.en [silkn] *príd* **1.** *(prn: vlasy, i zast)* hodvábny, ako hodváb, *(hlas)* zamatový; **2.** lahodný, *(pej)* úlisný, medový

silk.y [silki] *príd* {**-ier, -iest**} **1.** hodvábny, jemný, ľahký, ako hodváb; **2.** zamatový, lesklý, lahodný, mäkký, uhladený, *(pej)* úlisný; **3.** sladký, lichotivý

sill [sil] *podst* **1.** parapet, prah, stúpadlo, stúpačka

sil.ly [sili] **I.** *podst* **1.** hlupáčik, blázonko, teľa; **II.** *príd* **2.** hlúpy, sprostý; **3.** komický, smiešny, zábavný, *(ifm)* absurdný; **4.** nerozumný, pochabý, nezmyselný. *Syn*: stupid, fatuous, asinine, ⇨ aj **absurd**. *Opoz*: wise, intelligent

silt [silt] *podst* **1.** bahno, naplavenina, múľ, kal, nános. *Syn* ⇨ **wash**

sil.ver [silvə] **I.** *podst* **1.** striebro; **2.** strieborné mince; **3.** strieborný riad, strieborný príbor; **II.** *príd* **4.** strieborný

sil.ver.y [silvəri] *príd* **1.** strieborný, striebristý, postriebrený, *(strieborne)* lesknúci sa; **2.** jasný, *(hlas)* zvonivý

si.mi.lar [similə] *príd* (~ **to sb/ st**); (~ **in st**) **1.** *(vše)* podobný, obdobný, skoro rovnaký; **2.** *(hud)* paralelný

si.mi.lar.ly [siməli] *prísl* **1.** podobne, obdobne, analogicky, rovnako, takisto

to sim.mer [simə] **I.** *prech* **1.** mierne variť; **II.** *nepr* **2.** variť sa na miernom ohni, klokotať; **3.** *(prn: takmer)* vzbĺknuť hnevom . *Syn* ⇨ **to boil**

sim.ple [simpl] *príd* {**-r, -st**} **1.** *(i ling)* jednoduchý, ľahký; **2.** prostý, obyčajný; **3.** prostoduchý, hlúpučký; **4.** prirodzený, priamy. *Syn* ⇨ **easy**

sim.pli.ci.ty [sim'plisəti] *podst* (mn **-ies**) **1.** jednoduchosť, nekomplikovanosť; **2.** prostota, hlúposť, obyčajnosť; **3.** prostoduchosť, obmedzenosť, úprimnosť, naivita, hlúposť

to sim.pli.fy [simplifai] (mč, mp **-fied**) **1.** zjednodušiť; **2.** vulgarizovať

sim.plis.tic [sim'plistik] *príd* **1.** simplicitný, prehnane zjednodušujúci, simplifikujúci; **2.** vulgarizujúci

sim.ply [simpli] *prísl* **1.** jednoducho, skromne, skrátka, proste; **2.** iba, jedine, len tak, len

to si.mu.late [simjuleit] **1.** simulovať, predstierať; **2.** imitovať, napodobniť; **3.** modelovať. *Syn* ⇨ **to assume**

si.mu.la.tion [ˌsimju'leišn] *podst* **1.** predstieranie, napodobňovanie, miméza, mimikra; **2.** *(tech, inf)* simulácia

si.mul.tan.e.ous [ˌsiməl'teinjəs] *príd* (~ **with st**) **1.** súčasný, simultánny, súčasne prebiehajúci. *Syn* ⇨ **contemporary**

sin [sain] *podst* **1.** *(náb, prn)* hriech, *(i prn)* priestupok, poklesok, hriešik, prehrešenie, hriešnosť

since [sins] **I.** *predl* **1.** *(ozn časové východisko deja: ob samostatné)* od: **since then** *odvtedy/ od tohto času*; **since when?** *odkedy?*; **since childhood** *od detstva*; z: **since spring** *z jari*; keď; **II.** *spoj* **2.** *(uv časovú vetu)* odvtedy, čo: **since he came back** *odvtedy, čo sa vrátil*; [už...,]čo: **it's a year since he died** *už je rok, čo zomrel*; **three years passed, since when I last saw him** *tri roky minuli, čo som ho videl naposledy*; **3.** *(: príčinnú vetu)* keďže: **since I had not your address I couln't send you a postcard** *keďže som nemal tvoju adresu, nemohol som ti poslať pohľadnicu*; pretože; **III.** *prísl* **4.** odvtedy; **5.** *(long since)* už dávno

sin.cere [sin'siə] *príd* {**-r, -st**} **1.** *(človek)* úprimný, otvorený; **2.** pravý, rýdzi, nefalšovaný, *(nápoj)* neriedený, čistý. *Syn*: unaffected, unfeigned, heartfelt, hearty. *Opoz*: false

sin.cere.ly [sin'siəli] *prísl* **1.** úprimne

to sing [siŋ] (mč **sang** mp **sung**) **1.** spievať, spievať si, byť spevákom, ospievať; **2.** bublať, svišťať, *(vietor)* skučať, *(komu v ušiach)* hučať; **3.** *(am sl: priznať sa)* spievať, hovoriť

sing.er [siŋə] *podst* **1.** spevák, speváčka; **2.** *(zool)* spevavý vták, spevavec; **3.** *(bás)* pevec, pevkyňa

sing.ing [siŋiŋ] *podst* **1.** spievanie, spev; **2.** syčanie, bublanie, hučanie, svišťanie

sin.gle [siŋgl] **I.** *podst* **1.** *(žel)* [jednosmerný] cestovný lístok; **2.** *(hud: gramofónová platňa)* singel; **3.** *(špo)* dvojhra, loď pre jedného veslára; **4.** samostatná izba/ byt, rodinný domček; **5.** jednotlivec; **II.** *príd* **6.** jediný, jednotlivý, samostatný, osamelý, len jeden, osamotený, jednotný; **7.** jednoduchý; **8.** slobodný, nevydatá, neženatý; **9.** nezávislý, oddelený, vlastný, prostý, nezaujatý; **10.** *(cestovný lístok)* jednosmerný, osobný; **11.** úprimný, otvorený; **12.** *(bibl)* poctivý. *Syn*: sole, unique, solitary, individual, particular

sin.gle-hand.ed [ˌsiŋgl'hændid] **I.** *podst* **1.** jednoruký, jednoručný; **2.** jednotlivý, sólový; **3.** sám, bez cudzej pomoci; **II.** *príd* **4.**

samostatne, bez cudzej pomoci, sólovo

sin.gle-mind.ed [ˌsiŋgľmaindid] *príd* 1. vytrvalý, húževnatý, cieľavedomý, sústredený, oddaný len [čomu], majúci len jeden cieľ

sin.gu.lar [siŋgjulə] I. *podst* 1. *(ling)* singulár, jednotné číslo; 2. jednotlivec; II. *príd* 3. *(ling)* singulárový, jednotný, v singulári, v jednotnom čísle; 4. výnimočný, jedinečný, jednotlivý, mimoriadny, zvláštny, ojedinelý, neobvyklý, výstredný; 5. vynikajúci, neobyčajný, odlišný, čudný

si.ni.ster [sinistə] *príd* 1. zlovestný, zlomyseľný, zradný, hrozivý, zlý, pochmúrny; 2. ľavý, v ľavej polovici štítu. *Syn*: baleful, malign

to sink [siŋk]]mč **sank** , mp **sunk**)I. *prech* 1. potopiť, *(do seba)* hodiť, *(do seba)* vliať, preniesť sa cez, premôcť, *(v čom)* utopiť, zničiť, zmariť, prekaziť, znemožniť, *(komu čo)* skrížiť, zmariť; 2. hĺbiť, vyhĺbiť, vŕtať, kopať, vykopať; 3. *(do čoho)* vraziť, zatĺcť do zeme, vsadiť, zapustiť; 4. *(špo)* zahrať do jamky, zahrať do vrecka; 5. sklopiť, tíšiť; II. *nepr* 6. potopiť sa, ponoriť sa, klesnúť ku dnu, utopiť sa, zapadnúť; 7. zosadať, zosadnúť, prepadať sa, znížiť sa, poklesnúť, prudko sa zvažovať

si.nus [sainəs] *podst* (mn **sinuses**) 1. *(anat: čelná)* dutina; 2. *(anat, geom)* sínus; 3. záhyb; 4. záliv

to sip [sip] [-pp-] (~ [at] [st]) 1. piť malými dúškami, upíjať, popíjať, sŕkať, jesť lyžicou

to si.phon [saifn] 1. čerpať násoskou, *(víno)* stáčať, vypumpovať, *(lek: žalúdok)* vyprázdniť

to sire [saiə] 1. plodiť, splodiť

si.ren [saiərin] *podst* 1. *(prístroj)* siréna; 2. *(myt)* siréna; 3. zvodnica

sis.ter [sistə] *podst* 1. sestra; 2. *(cirk)* rehoľná sestra, rehoľníčka; 3. staničná sestra, *(hlavná)* ošetrovateľka, *(prn)* sesterská loď

sis.ter-in-law [sistrinlo:] *podst* 1. švagriná

to sit [sit] [-tt-] (mč, mp **sat**) I. *prech* 1. *(kam)* posadiť, ponúknuť [komu] miesto [kde]; II. *nepr* 2. sadnúť si; 3. sedieť na vajciach, *(kde: byť umiestnený)* ležať, *(kde: hodiny, skriňa, auto)* stáť; 4. *(inštitúcia)* zasadať; 5. *(ifm: deti)* strážiť dieťa/ deti [obyč. za peňažnú odmenu], opatrovať; 6. pristať, slušať; 7. *(starosti)* tlačiť

sit.com [sitkom] *podst* 1. situačná komédia, *(ifm)* situačka

sit-down [sitdaun] *podst* 1. krátka prestávka

site [sait] *podst* 1. priestor, plocha, miesto; 2. *(archeol)* nálezisko; 3. pozemok, stavebná parcela, stavenisko; 4. poloha, umiestnenie; 5. dejisko

sit-in [sitin] *podst* 1. demonštrácia po sediačky, okupačný štrajk, protestné zhromaždenie

sit.ter [sitə] *podst* 1. *(art)* model, modelka; 2. *(detí)* opatrovník, opatrovníčka, strážca, strážkyňa; 3. *(špo sl)* vyložená šanca

sit.ting-room [sitiŋru:m] *podst* 1. obývacia izba

to skate [skeit] 1. korčuľovať; 2. *(to roller-skate)* jazdiť na kolieskových korčuliach

sketch [skeæ] *podst* 1. náčrt, náčrtok, štúdia; 2. krátke resumé; 3. *(div)* skeč, *(lit)* fejtón

to ski [ski:] (mč, mp **ski'd/ skied,** pr **skiing**) 1. lyžovať sa, jazdiť na lyžiach

skill [skil] *podst* 1. schopnosť, zručnosť, šikovnosť, umenie; 2. zbehlosť; 3. znalosť, odbornosť; 4. talent . *Syn* ⇨ **art**

skilled [skild] *príd* 1. *(pracovník)* kvalifikovaný, vyučený, odborne školený; 2. skúsený; 3. zručný, *(múdry)* šikovný, obratný

skin [skin] *podst* 1. *(človeka, zo zvieraťa)* koža, pokožka, pleť; 2. kožušina; 3. *(ovocia, párku)* šupka, kôra; 4. *(ele)* izolácia; 5. skín, skinhead; 6. *(br sl)* cigaretový papier. *Syn*: hide, pelt, rind, peel, bark

to skip [skip] [-pp-] I. *nepr* 1. *(vše)* poskakovať, hopkať, skákať cez švihadlo; II. *prech* 2. *(riadok, článok)* vynechať, *(pri čítaní)* preskakovať; 3. *(am ifm: z mesta/ krajiny)* zdupkať, stratiť sa; 4. *(strela)* odskočiť. *Syn*: to bound, to hop, to ricochet

skip.per [skipə] *podst* 1. *(obchodnej lode)* kapitán, lodiar, plavčík, skokan

skir.mish [skə:miš] *podst* (mn **-es**) 1. *(voj)* potýčka, škriepka, šarvátka; 2. *(prn)* hádka, spor, svár. *Syn* ⇨ **battle**

skirt [skə:t] *podst* 1. sukňa; 2. *(br sl)* kosť, *(sl)* ženská, baba; 3. okraj, okolie, hranica

skull [skal] *podst* **1.** *(anat)* lebka; **2.** *(ifm)* palica; **3.** *(prn)* smrtka

sky [skai] *podst* (mn **-ies**) **1.** nebo, obloha, blankyt; **2.** *(pl)* podnebie, klíma, počasie; **3.** *(bás)* oblak

sky.line [skailain] *podst* **1.** horizont, *(kopcov, mesta)* silueta, panoráma

sky.scrap.er ['skaiˌskreipə] *podst* **1.** mrakodrap

slab [slæb] *podst* **1.** doska, fošňa, tabuľa, kovový plát, dlaždica, rezivo, panel, *(silnejší)* krajec chleba

slack [slæk] *príd* {**-er, -est**} **1.** *(lano atď)* voľný, povolený, nenapnutý, uvoľnený; **2.** *(nádcha)* slabý; **3.** nedbanlivý, lenivý, ochabnutý, laxný; **4.** *(obchod)* chabý, stagnujúci . *Syn* ⇨ **remiss**

to slack.en [slækən] **I.** *prech* **1.** povoliť, popustiť; **2.** *(rýchlosť)* zmierniť, spomaliť sa; **II.** *nepr* **3.** uvoľniť sa, ochabnúť, slabnúť, viaznuť, stíšiť sa, poľaviť. *Syn* ⇨ **to delay**

slag [slæg] *podst* **1.** hlušina, struska, škvára; **2.** *(sl)* cundra, kal, láva

slal.om [sla:ləm] *podst* **1.** *(špo)* slalom

to slam [slæm] [**-mm-**] **I.** *prech* **1.** zabuchnúť, pribuchnúť, zaplesnúť; **2.** *(sl: čo komu)* naložiť, rozniesť [koho] na kopytách; **II.** *nepr* **3.** zabuchnúť sa, pribuchnúť sa, *(hovor)* tresknúť, šmariť, obohrať v kartách

slan.der [sla:ndə] *podst* **1.** *(vše, práv)* ohovorenie, urážka na cti, klebeta, nactiutŕhanie

slang [slæŋ] *podst* **1.** slang, žargón, argot

to slant [sla:nt] **I.** *prech* **1.** *(vše)* zošikmiť, *(prn)* tendenčne/ predpojato podávať; **II.** *nepr* **2.** zvažovať sa, mať sklon, skláňať sa, ísť uhlopriečne/ šikmo, priťahovať, *(am)* zamerať, *(na, pre)* orientovať, neinformovať objektívne, *(správu)* skresliť

slap [slæp] *podst* **1.** plesnutie, rana dlaňou; **2.** špliechanie, žblnkanie, plieskanie; **3.** zaucho, facka, urážka, odmietnutie; **4.** pohroma. *Syn* ⇨ **to strike**

slash [slæš] *podst* **1.** *(nožom)* porezanie, seknutie; **2.** *(nožom)* rez, rezná rana, sek, sečná rana; **3.** *(v dreve)* zárez, vrub, zásek; **4.** *(krajč)* rázporok; **5.** radikálne zníženie; **6.** *(polyg)* zlomková čiara

to slash [slæš] **1.** porezať, rozrezať, *(mečom ap)* seknúť, rozseknúť, *(húštinu)* prerúbať; **2.** *(bičom)* šľahnúť, bičovať; **3.** *(prn: ceny, hmotnosť ap)* prudko znížiť; **4.** ostro kritizovať [koho/ čo]; **5.** *(dážď)* šľahať

slate [sleit] **I.** *podst* **1.** bridlica, *(stav)* bridlicová škridľa , *(škol dtd)* bridlicová tabuľka; **2.** *(am pol)* kandidátka; **3.** šedomodrá farba; **4.** *(film)* tabuľka na klapke; **5.** *(am: kandidátov)* predbežný zoznam; **II.** *príd* **6.** bridlicový; **7.** *(farba)* šedomodrý

slaugh.ter [slo:tə] *podst* **1.** jatočná porážka, zabíjačka, *(i prn)* jatky; **2.** vyvražďovanie, vraždenie, masaker, hromadné vybíjanie. *Syn*: massacre, butchery, carnage, pogrom

slave [sleiv] *podst* **1.** otrok, otrokyňa, zotročený človek; **2.** *(i prn)* človek závislý [na čom], *(prn)* naničhodník, televízny vykrývač

sla.ve.ry [sleivəri] *podst* **1.** otroctvo, otrokárstvo; **2.** otročina, hrdlačina, drina, *(prn)* poroba. *Syn* ⇨ **servitude**

to slay [slei] (mč **slew** mp **slain**) **1.** *(fml, am)* zabiť. *Syn* ⇨ **to kill**

sleaz.y [sli:zi] *príd* {**-ier, -iest**} **1.** *(človek)* špinavý, biedny; **2.** *(bar)* pochybný

sledge [sledž] *podst* **1.** sane, sánky; **2.** *(tech)* kováčsky mlat, perlík

sleep [sli:p] *podst* **1.** *(vše)* spánok, spanie, ospalosť, *(bás)* večný spánok, pokoj; **2.** *(prenes: v ruke a pod.)* necitlivosť

sleep.er [sli:pə] *podst* **1.** spáč, spáčka, spachtoš; **2.** lôžkový vlak, spací, lôžkový vozeň; **3.** *(br žel)* pražec

sleep.less [sli:plis] *príd* **1.** *(noc)* bezsenný; **2.** *(prn)* bdelý

sleep.y [sli:pi] *príd* {**-ier, -iest**} **1.** *(človek)* ospanlivý, rozospatý; **2.** *(mesto)* driemajúci. *Syn*: drowsy, somnolent, slumberous

sleeve [sli:v] *podst* **1.** rukáv; **2.** *(tech)* objímka, manžeta, puzdro, trubica; **3.** obal gramoplatne; **4.** úzky prieliv, úžina; **5.** *(na gramofónovú platňu)* prebal

slen.der [slendə] *príd* [**-er, -est**] **1.** *(človek)* štíhly, *(i pás)* útly, úzky; **2.** *(plat, zdroje)* skromný, nepatrný, *(nádej)* mizivý, pramalý; **3.** chudý, slabý, *(väčšina)* tesný, *(ospravedlnenie)* chabý. *Syn* ⇨ **thin**

slice [slais] *podst* **1.** *(salámy, citróna)* koliesko, *(chleba)* krajec, *(tenký)* krajíček, *(koláča)* kúsok, rez, *(mäsa)* plátok, rezeň; **2.** *(prn)* časť, diel, podiel; **3.** *(kuch)* servírovací nôž, *(na zákusky)* lopatka; **4.** *(špo)* faloš; **5.** krájadlo

slick [slik] **I.** *podst* **1.** naftová/ olejová/ ropná škvrna na vode; **2.** *(am)* obľúbený časopis tlačený na kriedovom papieri; **3.** lesklý povrch; **4.** *(am ifm)* podvodník; **II.** *príd* **5.** *(am)* klzký, šmykľavý, hladký, lesklý; **6.** *(ifm ob pej)* úlisný, pochlebnícky, rafinovaný; **7.** uhladený, ulízaný, hladko učesaný; **8.** *(ifm)* šikovný, schopný, zručný; **9.** profesionálny, skvelý, povrchný

slide [slaid] *podst* **1.** kĺzanie, sklz, šmyk; **2.** *(pre deti)* kĺzačka, *(na ľade)* šmykľavka; **3.** zosuv pôdy; **4.** *(cien)* pokles; **5.** *(fot)* diapozitív; **6.** preparát; **7.** *(br: na vlasy)* sponka do vlasov; **8.** *(hud)* sponka

to slide [slaid] (mč, mp **slid**) **I.** *prech* **1.** posunúť; **II.** *nepr* **2.** kĺzať, skĺznuť, ukĺznuť, skĺznuť sa, kĺzať sa, šmýkať sa; **3.** klesať, klesnúť; **4.** upadať; **5.** vkradnúť sa, zasunúť, *(nepozorovane, tajne)* vojsť, vyjsť, vkĺznuť, vykĺznuť; **6.** *(úroveň)* upadnúť. *Syn*: to slip, to glide, to skid

slight [slait] **I.** *podst* **1.** urážka, pohana, znevážение; **2.** nešetrnosť, nešetrné správanie; **3.** pohŕdanie, podceňovanie; **4.** ignorancia, neúcta; **II.** *príd* **5.** malý, drobný; **6.** nepatrný, zanedbateľný; **7.** *(bolesť)* mierny, *(možnosť)* určitý; **8.** útly, štíhly, subtílny.

to slight [slait] **1.** uraziť, *(ifm)* zhodiť, prehliadať, ignorovať, pohaniť, podceniť, znevážiť, pohŕdať, brať na ľahkú váhu. *Syn* ⇨ **to neglect**

slim [slim] *príd* {**-mmer, -mmest**} **1.** *(človek, postava)* štíhly, *(i pás)* útly, úzky; **2.** skromný, nepatrný, slabý; **3.** prešibaný, prefíkaný, bezohľadný . *Syn* ⇨ **thin**

to sling [sliŋ] (mč, mp **slung**) **1.** *(ifm)* vrhnúť, vrhať, metať

slip [slip] *podst* **1.** ukĺznutie, skĺznutie; **2.** chyba, nedopatrenie, lapsus, menší omyl; **3.** lístok, útržok, potvrdenka, účtenka; **4.** *(pôdy)* zosuv, zosúvanie; **5.** *(pre vankúš)* povlak; **6.** kombiné, spodnička; **7.** *(záhr)* rezeň

to slip [slip] [**-pp-**] **I.** *prech* **1.** zasunúť, vsunúť; **II.** *nepr* **2.** pokĺznuť sa, šmyknúť sa, skĺznuť, vyvliecť sa, ujsť, uniknúť, prešmykovať sa; **3.** znižovať sa, zhoršovať sa, ochabovať; **4.** pomýliť sa, urobiť chybu. *Syn*, to slide

slip.per [slipə] *podst* **1.** domáca papuča, pantofľa, papuča; **2.** ľahká dámska topánka, lodička

slip.pe.ry [slipəri] *príd* **1.** klzký, šmykľavý, slizký, hladký; **2.** *(prn ifm)* úlisný, úskočný, prefíkaný, mazaný, nespoľahlivý

slit [slit] *podst* **1.** štrbina, zárez, zástrih, otvor, škára; **2.** rázporok; **3.** *(vulg)* ženské prirodzenie

to slit [slit] [**-tt-**] (mč, mp **slit**) **1.** rozrezať

to sli.ther [sliðə] **1.** kĺzať, skĺznuť, pomknúť sa, plaziť sa

sli.ver [slivə] *podst* **1.** trieska, odštiepok, drobnička, zvyšok, črep, črepina, úlomok; **2.** tenký plátok, plátoček, kúsoček

slo.gan [sləugən] *podst* **1.** heslo, slogan

to slop [slop] [**-pp-**] **I.** *nepr* **1.** vystreknúť, striekať, preliať, špliechať, pretiecť, pretekať, rozliať sa, preliať sa, prekypovať; **II.** *prech* **2.** vyliať, rozliať; **3.** *(prenes)* ponevierať sa, tlieskať do rytmu, postriekať, zašpiniť

slope [sləup] *podst* **1.** sklon, naklonený, spád, zošikmenie; **2.** svah, úbočie, zráz; **3.** zjazdovka, lyžiarsky svah

slop.py [slopi] *príd* **1.** neupravený, zanedbaný, nepresný; **2.** *(práca)* lajdácky, ledabolý; **3.** sentimentálny, *(kniha, film)* limonádový. *Syn* ⇨ **slovenly**

slot [slot] *podst* **1.** štrbina, škára, otvor na mince, drážka, žliabok, úzka medzera; **2.** okienko, ryha, automat, stopa vysokej zveri, *(komp)* úsek disku, blok pamäte

to slouch [slauæ] **1.** *(na diván ap)* rozvaliť sa; **2.** *(pri chôdze)* hrbiť sa; 3 povaľovať sa, zaháľať, leňošiť

slow [sləu] **I.** *príd* **1.** pomalý, pozvoľný, mierny; **2.** nezaujímavý, nudný; **3.** rozvláčny, zdĺhavý; **4.** stagnujúci; **5.** *(aut)* nevhodný na rýchlu jazdu; **6.** ťarbavý; **II.** *prísl* **7.** pomaly. *Syn* ⇨ **stupid**

slow.ness [sləunis] *podst* **1.** pomalosť; **2.** nechápavosť, ťažkopádnosť; **3.** stagnácia

sludge [sladž] *podst* **1.** bahno, blato, *(prn)* čľapkanica, brečka, kal, usadenina, nečistota; **2.** splašky, odpadová voda; **3.** *(lek)* krvná zrazenina

slug.gish [slagiš] *príd* **1.** lenivý, pomalý, *(krok)* ťažkopádny, *(povaha)* flegmatický; **2.** nevýrazný, stagnujúci, pomaly sa rozbiehajúci, pomaly tečúci

slum [slam] *podst* **1.** brloh, dúpä, diera, biedne obydlie, pelech; **2.** štvrť chudobných, periféria

to slump [slamp] **1.** *(ceny)* prudko klesnúť, náhle sa znížiť; **2.** *(slg)* prepadnúť sa, spadnúť, zrútiť sa

slur [slə:] *podst* **1.** škvrna, hanba, pohana, potupa, nadávka, ohovorenie; **2.** *(hud)* ligatúra, legato, spojovacie znamienko, väzba; **3.** čmáranica; **4.** výčitka

sly [slai] *príd* **1.** prešibaný, chytrácky, potmehúdsky, prefíkaný, ľstivý, neúprimný, úskočný, tajnostkársky, *(austral)* pašovaný. *Syn*: cunning, crafty, tricky, foxy, wily

to smack [smæk] **1.** plesnúť, plesknúť, capnúť, mľaskať; **2.** dať zaucho/ facku, dať mľaskavý bozk, udrieť, šľahnúť bičom; **3.** *(čím)* chutnať

small [smo:l] *príd* **1.** malý, drobný, tenký, *(skoro)* nijaký, *(voj)* ručný, útly, skromný, *(jedlo)* ľahký; **2.** nedôležitý; **3.** *(prn)* malicherný; **4.** *(rozsahom)* obmedzený . *Syn*: little, diminutive, minute, tiny, miniature, petite. *Opoz*: large, big, great

small-scale [smo:lskeil] *príd* **1.** *(mapa)* v malom meradle, *(model)* zmenšený; **2.** *(vojna)* lokálny

smart [sma:t] **I.** *podst* **1.** pálenie, štípanie; **2.** *(pálčivá)* bolesť, *(duševné)* utrpenie, muka, trýznenie; **II.** *príd* **3.** elegantný, luxusný; **4.** módny, upravený; **5.** bystrý, *(pej)* prešibaný, rafinovaný; **6.** *(odpoveď)* britký, vtipný, bezočivý, *(krok, tempo)* ostrý; **7.** *(práca)* rýchly

smart.ly ['sma:tli] *prísl* **1.** *(oblečený)* elegantne, decentne; **2.** múdro, *(pej)* prefíkane, prešibane; **3.** rýchle, bleskurýchle, okamžite

smash [smæš] *podst* **1.** buchnutie, tresk, tresknutie; **2.** autonehoda, búračka, zrážka; **3.** *(prudká)* pohroma, *(špo)* smeč; **4.** krach

to smash [smæš] **I.** *prech* **1.** rozbiť, roztrieštiť, *(okno)* vymlátiť, vytĺcť; **2.** *(auto)* nabúrať; **3.** *(špo: rekord)* zlomiť; **4.** *(opozíciu)* zlikvidovať, *(demonštráciu)* rozohnať; **II.** *nepr* **5.** rozbiť sa, roztrieštiť sa. *Syn* ⇨ **to reak**

smash.ing [smæšiŋ] *príd* **1.** senzačný, fantastický, *(br ifm)* nádherný, *(slg)* ohromný, skvelý, príma; **2.** zdrvujúci, burácajúci

to smear [smiə] **I.** *prech* **1.** roztrieť, natrieť, naolejovať; **2.** umazať, zašpiniť, poškvrniť, pokvackať; **II.** *nepr* **3.** roztekať sa, rozmazávať sa, *(čím)* zamazať, rozmazať, rozotrieť, ohovoriť, očierniť

smell [smel] *podst* **1.** čuch; **2.** pach, vôňa, zápach, smrad, aróma

to smell [smel] (mč, mp **smelli/ smelled**)**I.** *prech* **1.** cítiť, ucítiť, vetriť, zvetriť, tušiť, predvídať, zapáchať. *Syn*: to scent, to odor, to aroma

smel.ly [smeli] *príd* {**-ier, -iest**} **1.** páchnúci, zapáchajúci, smradľavý

to smile [smail] **1.** smiať sa, usmiať sa, vyjadriť úsmevom, pozerať s úsmevom; **2.** *(prn)* žičiť, priať. *Syn*: to grin, to simper, to smirk. *Opoz*: to frown

to smirk [smə:k] **1.** *(samoľúbo)* škeriť sa, *(škodoradostne)* uškrnúť sa, škľabiť sa. *Syn* ⇨ **to smile**

smog [smog] *podst* **1.** *(met)* smog, hmla s dymom, *(prn)* dymová clona. *Syn* ⇨ **mist**

smoke [sməuk] *podst* **1.** *(lit)* dym, čmud; **2.** *(ifm dtd)* cigareta, *(pl ifm)* fajčivo, fajčenie; **3.** *(br sl: hašiš)* hašiš; **4.** *(prn)* opar, závoj, clona

to smoke [sməuk] **I.** *nepr* **1.** fajčiť; **2.** čadiť, kadiť, vyfajčiť; **3.** *(kuch)* údiť, vyúdiť

smok.y [sməuki] *príd* {**-ier, -iest**} **1.** *(komín, lampa)* dymiaci, čadiaci; **2.** *(izba)* zadymený, začadený; **3.** *(mäso, slanina)* údený; **4.** *(sklo)* dymový

smooth [smu:ð] *príd* {**-er, -est**} **1.** *(povrch)* hladký, *(vlasy)* rovný, *(na dotyk)* hebký, jemný, *(vzhľad)* uhladený, *(tvár)* hladko vyholený, *(more)* pokojný; **2.** pravidelný, plynulý, bezproblémový; **3.** *(kuch)* vláčny, lahodný; **4.** *(pej)* úlisný, lichotiaci. *Syn* ⇨

easy

smooth.ness [smu:ðnis] *podst* **1.** hladkosť, hebkosť, *(cesty)* rovný povrch; **2.** pravidelnosť; **3.** plynulosť; **4.** vláčnosť, *(vína)* jemnosť, lahodnosť; **5.** lichotivosť

to smo.ther [smaðə] **1.** udusiť, zahrdúsiť; **2.** *(oheň)* zadusiť, *(zvuk)* utlmiť, *(smiech, zívnutie)* potlačiť, ututlať, skryť; **3.** pokryť

to smoul.der [smәuldə] (am **smolder**) **1.** tlieť, slabo/ bez plameňa horieť

smudge [smadž] *podst* **1.** *(rozmazaná)* škvrna, šmuha, machuľa, fľak, mazanica; **2.** *(am: na zahnanie komárov)* dusivý dym

to smudge [smadž] **I.** *prech* **1.** zamazať, umazať, rozmazať, pokvackať, zababrať; **2.** *(prn: koho)* pohaniť, osočiť; **3.** *(hmyz)* vydymiť; **II.** *nepr* **4.** rozmazávať sa, rozpíjať sa, pošpiniť

smug [smag] *príd* **1.** samoľúby, domýšľavý, úzkoprsý; **2.** upravený, čistý; **3.** unavený životom

to smug.gle [smagl] **1.** pašovať; **2.** *(sl)* orezať ceruzku na oboch koncoch

smug.gler [smaglə] *podst* **1.** pašerák, podvodník; **2.** *(slg)* ceruzka ostrúhaná na oboch koncoch

snack [snæk] *podst* **1.** občerstvenie, desiata, niečo malé na jedenie, snack

snag [snæg] *podst* **1.** *(zložitý)* problém, ťažkosť; **2.** mäkčeň; **3.** *(v odeve)* trhlina, vytiahnutá niť; **4.** výčnelok, *(v rieke)* peň, *(zuba)* pahýľ, vyčnievajúca vetva

snail [sneil] *podst* **1.** *(zool: Helix pomatia)* slimák; **2.** *(prn)* pomalý človek

snake [sneik] *podst* **1.** *(zool: Ophidia)* had; **2.** *(prn)* pokrytec

to snap [snæp] **[-pp-] I.** *prech* **1.** *(prstami)* lusknúť; **2.** *(konár)* ulomiť; **3.** *(fot)* fotiť, urobiť fotku [koho/ čoho]; **II.** *nepr* **4.** prasknúť, zlomiť sa s praskotom, prevrhnúť sa, potrhať sa; **5.** praskať; **6.** *(prn)* ostro povedať, *(ifm)* šteknúť; **7.** chňapnúť, chmatnúť

snap.py [snæpi] *príd* **[-ier, -iest] 1.** ostrý, svižný, živý; **2.** výstižný, trefný; **3.** elegantný; **4.** popudlivý, nevrlý; **5.** *(oheň)* praskajúci, energický, prostoreký, podráždený

snap.shot [snæpšot] *podst* **1.** *(hov fot)* momentka

snare [sneə] *podst* **1.** pasca, klepec, oko, osídlo; **2.** *(prn)* nástraha. *Syn* ⇨ **to catch**, to trap

to snarl [sna:l] **1.** *(pes)* vrčať, *(medveď)* zamručať, *(človek)* zahundrať; **2.** *(prn)* zabrnčať, zapliesť, zauzliť, zamotať, zamotať sa

snatch [snææ] *podst* **1.** chytnutie, schmatnutie; **2.** *(br ifm)* krádež, únos; **3.** *(ob pl: rozhovoru)* útržky, zlomky; **4.** *(poézie)* úryvky, fragmenty; **5.** *(špo)* trh; **6.** *(am sl)* ženské prirodzenie

to snatch [snææ] **1.** chmatnúť, lapať; **2.** *(ifm)* šlohnúť , odniesť si. *Syn* ⇨ **to take**

sneak.ers [sni:kəz] *podst* **1.** tenisky

to sneer [sni:ə] (**~ at ab/ st**) **1.** zlomyseľne/ uštipačne sa smiať. *Syn* ⇨ **to scoff**

to sneeze [sni:z] **1.** kýchnuť; **2.** *(prn: na koho/ čo)* vykašľať sa

to sniff [snif] **I.** *nepr* **1.** čuchať, vetriť; **2.** popoťahovať nosom, ohrnúť nosom; **II.** *prech* **3.** *(k čomu)* privoňať, *(pes)* oňuchať; **4.** vdýchnuť, *(tabak, kokaín, heroín)* šnupať; **5.** fučať, funieť; **6.** *(prn)* tušiť

to snig.ger [snigə] (**~ at sb/ st**) **1.** hihúňať sa, chichotať sa, chichúňať sa pod fúzy

to snip [snip] **[-pp-]** (**~ [at] (st**) **1.** strihať, ostrihať, odstrihnúť

snip.er [snaipə] *podst* **1.** *(skrytý)* ostreľovač, záškodník

snip.pet [snipit] *podst* (**~ of st**) **1.** ústrižok, výstrižok, odrezok, štipec, štipka

snob [snob] *podst* **1.** snob

snob.be.ry [snobəri] *podst* (mn **-ies**) **1.** snobizmus, snobstvo

snook.er [snu:kə] *podst* **1.** biliard

to snore [sno:] **1.** chrápať, *(žart)* píliť drevo

to snort [sno:t] **I.** *nepr* **1.** *(kôň)* fŕkať, *(človek)* sipieť, fufňať, *(prasa)* chrochtať; **2.** fúkať, fučať; **3.** frflať; **II.** *prech* **4.** *(kokaín)* šnupať, odfukovať

snow [snəu] *podst* **1.** sneh, sneženie, chumelica, *(obr)* zima, *(bás)* snehy, *(pl)* snehová pokrývka, *(pl bás)* striebro; **3.** *(sl)* koks, *(ifm)* kokaín

snow.ball [snəubo:l] *podst* **1.** snehová guľa

snow-white [snəu'wait] *príd* **1.** snehobiely, biely ako sneh, belostný

to snub [snab] [**-bb-**] **1.** *(koho)* odbiť, poslať [koho] k vode, dať [komu] košom, odmietnuť; **2.** zísť, zotrieť, usadiť; **3.** *(ifm)* ignorovať, *(koho)* nevšímať si, zabrzdiť , okríknuť, napomenúť

snuff [snaf] *podst* **1.** šnupavý tabak

snug [snag] *príd* [**-gg-**] **1.** pohodlný, *(izba)* útulný, *(posteľ)* vyhriaty, teplučký. *Syn* ⇨ **comfortable**

so [səu] **I.** *spoj* **1.** *(uv dôsledkovú vetu)* [a] preto: **I missed the bus, so I didn't come** *zmeškal som autobus, a preto som neprišiel*; teda: **we have few visitors, so everyone is welcome** *chodí sem málo návštevníkov, teda každý je vítaný*; a: **his girlfriend left him, so he is awfully unhappy** *nechala ho frajerka a je z neho kopa nešťastia*; i: **he was detained, so he was late** *zdržali ho i prišiel neskoro*; nuž: **they gave, so he took** *dávali, nuž bral*; *(i and so, so that)* [a] tak, takže, **I have some spare time,** (and) **so I read** *mám trochu času, tak čítam*;, **nothing was heard of him for many years, so** (that) **we thought he was dead** *neozval sa dlhé roky, a tak sme si mysleli, že už zomrel*; **2.** *(nadväzuje na situáciu, ob uv opyt vetu)* tak, **so you are Peter** *tak ty si Peter?*, **so you see** *no tak vidíš*; no, a: **so, where are you from?** *a skadeže si?*; **3.** *(i so that/ so as to: účelovú)* aby: **He switched off the radio, so that he might** (be'able'to) **concentrate** *vypol rádio, aby sa mohol sústrediť.*; *(not so +príd ... as)* aby, **I am am not so cowardly as to run** *nie som zbabelec, aby som utekal*; **I am am not so stupid as to believe that** *nie som hlupák, aby som tomu veril*; *(so +príd ... as)* a, **he was so kind as to take me home** *bol taký láskavý a odviezol ma domov*; *(so much that)* až: **the boy ran so much that he caught a cold** *chlapec tak dlho behal, až prechladol*; nech:, **go out so the children may play** *choďte von, nech sa deti hrajú*; **II.** *prísl* **4.** *(s príd, prísl)* taký: **she is so beautiful** *je taká pekná*; *(ever so)* veľmi: **he is ever so kind** *je veľmi milý*; *(so much, so long: s podst jč, slo)* toľko: **he has so much money** *má toľko peňazí*; **I waited so long** *toľko som čakal*; **she talked so much** *toľko hovorila*; *(so many: s podst jč)* toľko, **he has so many friends** *má toľko priateľov*; **5.** *(vo zvol vetách)* čo, **I have written so many articles!** *čo som sa napísal článkov!*; **he/ she has so many clothes in the wardrobe!** *čo šiat má v skrini!*; **it rained so much!** *takto napršalo!*; **6.** *(so ... as)* taký... aký, *(not so ... as)* nie taký... aký; **III.** *prísl* **6.** *(samostatne)* áno: **perhaps so** *snáď áno*; **I think/ suppose/ hope etc so** *myslím/ predpokladám/ dúfam atď. že áno*; *(v záp)* nie, **I don't think etc so** *myslím/ atď. že áno*; **7.** tak: **that simply isn't so!** *to jednoducho nie je takto/ pravda!*; **is that/ it so?** *je to tak?/ fakt?*; **do you think so?** *tak si myslíš?*; *(so am/ have/ do/ did I etc)* aj, tiež, **he went away and so did she** *odišiel, [a] aj ona/ ona tiež*; **he is rich and so am I** *on je bohatý, [a] aj ja/ ja tiež*; *(so I am/ have/ do/ did etc)* no!:, **you were at the pub. - so I was** *bol si v krčme. - no!*; **8.** *(so far)* zatiaľ, *(just so!)* presne tak!, *(just so)* len tak, *(so long)* dovidenia, *(and so on/ forth)* a tak ďalej, *(so called)* takzvaný, *(you don't say so!)* nehovor[te]!, *(so long)* dovidenia, *(or so)* približne, *(so be it!: vyj rezignovanosť)* nech [je]!, ale nech!, čo už!

to soak [səuk] **1.** máčať, premočiť, vsiaknuť, cicať, *(ifm)* chlastať; **2.** *(ifm: vykorisťovať)* zdierať; **II.** *nepr* **3.** máčať sa, byť namočený. *Syn*: to saturate, to drench, to impregnate

so-and-so [səuəndsəu] *podst* **1.** ten a ten

soap [səup] *podst* **1.** mydlo; **3.** *(am sl)* prachy; **2.** = **soap opera** seriál

soap op.e.ra [ˌsəup'oprə] *podst* (i ifm **soap**) **1.** televízny/ rozhlasový seriál

to soar [so:] **1.** vznášať sa, kĺzať, plachtiť; **2.** *(prn)* týčiť sa do výšky, vypínať sa, závratne stúpnuť, vyletieť nahor, vzlietnuť, stúpať, *(o cenách)* zvýšiť sa, niesť sa, *(v myšlienkach)* lietať, utekať, trieliť. *Syn* ⇨ **to fly**

to sob [sob] [**-bb-**] **1.** vzlykať, fikať. *Syn* ⇨ **to cry**

so.ber [səubə] *príd* **1.** triezvy; **2.** mierny, vážny, usadlý, pokojný, rozvážny, rozumný, *(fakt)* holý; **3.** *(oblečenie)* prostý, jednoduchý, *(farba)* decentný. *Syn* ⇨ **serious**

so.bri.e.ty [səu'braiəti] *podst* **1.** triezvosť, striedmosť; **2.** vážnosť, vecnosť; **3.** usadlosť; **4.** rozvážnosť, rozumnosť; **5.** *(oblečenia)* jednoduchosť, prostota; **6.** decentnosť

so-called [səu'ko:ld] *príd* **1.** *(i iron)* takzvaný

soc.cer [sokə] *podst* **1.** *(am)* futbal

so.cia.ble [səušəbl] **I.** *podst* **1.** *(am)* večierok; **2.** pohovka; **II.** *príd* **3.** spoločenský, družný, priateľský

so.cial [səušəl] **I.** *podst* **1.** spoločenský večierok; **II.** *príd* **2.** sociálny, spoločenský; **3.** priateľský, družný

so.cial.i.sm [səušəlizəm] *podst* **1.** socializmus

so.cial.ist [səušəlist] **I.** *podst* **1.** socialista; **II.** *príd* **2.** socialistický

to so.cial.ize [səušəlaiz] (i **-ise**) **I.** *nepr* **1.** chodiť do spoločnosti, nadväzovať priateľstvá, *(priateľsky, spoločensky)* stýkať sa; **II.** *prech* **2.** *(pol)* zospoločenštiť, socializovať, zoštátniť, znárodniť

so.ci.e.ty [sə'saiəti] *podst* (mn **-ies**) **1.** *(vyššia)* spoločnosť; **2.** klub, združenie, spolok, spoločenstvo, kolektív, tovarišstvo

so.ci.ol.o.gy [ˌsəusi'olədži] *podst* (mn **-ies**) **1.** sociológia

sock [sok] *podst* **1.** ponožka, podkolienka, vložka do topánok; **2.** *(slg)* rana, *(päsťou)* šupa

sock.et [sokit] *podst* **1.** *(ele)* objímka, zásuvka; **2.** *(i anat: očná)* jamka, zubné lôžko; **3.** zárez, výrez, drážka, vyhĺbenina, diera, otvor, hrdlo trubice

sod [sod] *podst* **1.** trávnik, pažiť; **2.** *(sl)* hajzeľ, vôl

so.da [səudə] *podst* **1.** *(chem)* sóda, uhličitan sodný

sod.den [sodn] *príd* **1.** nasiaknutý vodou, mokrý, premočený, navlhnutý; **2.** rozvarený, kašovitý, cestovitý; **3.** *(prn: od alkoholu)* otupený; **4.** neprepečený, napuchnutý; **5.** škaredý

so.di.um [səudjəm] *podst* **1.** *(chem)* sodík

so.fa [səufə] *podst* **1.** pohovka, diván, gauč

soft [soft] *príd* {**-er, -est**} **1.** *(vše)* mäkký, *(maslo, čokoláda)* zmäknutý, *(ovocie)* kašovitý, *(i pôda)* kyprý, *(i mäso)* jemný, *(i syr)* tavený, *(svaly)* ochabnutý, *(nerast)* kujný; **2.** *(pokožka)* hebký, *(i vlasy)* hodvábny, *(povrch)* hladký; **3.** mierny, *(i svetlo)* tlmený, *(hlas, hudba)* tichý; **4.** slabý, ústupčivý, málo energický, príliš mäkký, nerozhodný, zhovievavý, *(ifm)* ťuknutý, zoženštený; **5.** *(ifm: život)* pohodlný; **6.** nealkoholický, slabošský; **7.** pozvoľný; **8.** *(inf)* podmienený. *Syn*: bland, mild, gentle. *Opoz*: harsh, rough

to sof.ten [sofn] **I.** *prech* **1.** *(vše)* zmäkčiť, zjemniť, stlmiť, *(i hlas)* stíšiť, *(osobu)* obmäkčiť, *(bolesť)* zmierniť; **II.** *nepr* **2.** zmäknúť, zjemnieť, obmäkčiť sa, *(bolesť, hnev)* zmierniť sa, *(vietor)* zoslabnúť

soft.ness [softnis] *podst* **1.** *(vše)* mäkkosť, kyprosť, jemnosť, *(svalov)* ochabnutosť; **2.** kujnosť; **3.** hebkosť, hladkosť; **4.** miernosť, mäkkosť; **5.** slabosť, *(človeka)* poddajnosť, ústupčivosť, zhovievavosť, zmäkčilosť; **6.** hlúposť; **7.** pohodlnosť, ulievareň, ležiareň, pozvoľnosť, nekonvertibilita

soft.ware [softweə] *podst* **1.** *(inf)* software, programové/ funkčné vybavenie počítača, nemateriálna zložka podnikania; **2.** *(kozm)* pohonné látky

sog.gy [sogi] *príd* {**-ier, -iest**} **1.** mokrý, rozmočený, premočený, kašovitý, bažinatý

soil [soil] *podst* **1.** zem, pôda, prsť, ornica, hruda, zemina; **2.** *(prn fml)* krajina, územie; **3.** špina, škvrna, odpad, hnus, splašky

sol.ace [soləs] *podst* **1.** útecha, potecha, potešenie, vzpruha. *Syn* ⇨ **comfort**

so.lar [səulə] *príd* **1.** slnečný, *(astron)* solárny

sol.dier [səuldžə] *podst* **1.** *(voj)* vojak, príslušník armády

sole [səul] **I.** *podst* **1.** *(ryba)* morský jazyk; **2.** chodidlo; **3.** podošva, podrážka; **4.** spodok; **5.** *(prn)* základy; **II.** *príd* **6.** jediný; **7.** výhradný, výlučný, univerzálny; **8.** neženatý, nevydatá. *Syn* ⇨ **single**

sole.ly [səulli] *prísl* **1.** jedine, iba, len, len; **2.** plne, celkom, výhradne, výhradne

sol.emn [soləm] *príd* **1.** slávnostný, obradný, dôstojný, *(pej)* okázalý, pompézny; **2.** *(pohľad)* vážny; **3.** miestoprísažný, *(sľub)* záväzný, seriózny, slávny, velebný, rozvážny, pokojný, *(cirk: sviatok)* pravidelný. *Syn* ⇨

serious

to so.li.cit [sə'lisit] **I.** *prech* **1.** získavať, *(čoho)* dožadovať sa, *(nástojčivo)* prosiť, uchádzať sa o; **II.** *nepr* **2.** ponúkať sexuálne služby, *(o prostitútke)* vábiť, obťažovať, požadovať, vnucovať sa. *Syn* ⇨ **to beg**

so.li.ci.tor [sə'lisitə] *podst* **1.** právny zástupca a obhajca [pri nižších súdoch], poradca, žiadateľ, poisťovací agent, obchodný cestujúci; **2.** *(am)* právny zástupca magistrátneho súdu. *Syn* ⇨ **lawyer**

sol.id [solid] **I.** *podst* **1.** *(geom)* teleso; **2.** *(chem)* pevná/ tuhá látka, sušina, granulky; **3.** plné murivo; **II.** *príd* **4.** *(nie kvapalný alebo plynný)* pevný, tvrdý, masívny; **5.** plný; **6.** jednotlivý; **7.** nepretržitý, súvislý; **8.** hutný; **9.** celistvý, jednoliaty, hustý; **10.** spoľahlivý, solídny; **11.** *(pol)* jednomyseľný; **12.** *(mat)* celý, kubický, trojrozmerný, dobrý, dôkladný, silný. *Syn* ⇨ **firm**

sol.i.dar.i.ty [ˌsoli'dærəti] *podst* (mn **-ies**) **1.** solidarita, vzájomnosť, svornosť, súdržnosť, pospolitosť, družnosť. *Syn* ⇨ **unity**

so.li.di.ty [sə'lidəti] *podst* **1.** pevnosť, tuhosť, masívnosť; **2.** *(pneumatiky)* plnosť; **3.** *(farby)* jednoliatosť; **4.** nepretržitosť; **5.** hustota, kompaktnosť, celistvosť; **6.** solídnosť, spoľahlivosť; **7.** jednomyseľnosť

sol.i.ta.ry [solitəri] *príd* **1.** *(človek, život)* osamelý, samotársky; **2.** jediný; **3.** *(miesto)* odľahlý, izolovaný, *(i dedina)* zapadnutý, vzdialený od sveta; **4.** prázdny, opustený, pustý. *Syn* ⇨ **alone**, single

sol.i.tude [solitju:d] *podst* **1.** osamelosť, *(miesta)* odľahlosť, izolovanosť, *(i dediny)* zapadnutosť. *Syn*: isolation, seclusion

so.lo [səuləu] (mn **solos**) **I.** *podst* **1.** *(hud)* sólo; **2.** *(let)* samostatný let; **II.** *príd* **3.** *(hud)* sólový; **4.** *(i prn)* samostatný

so.lo.ist [səuləuist] *podst* **1.** *(hud)* sólista, sólistka, sólový hráč; **2.** *(let)* letec letiaci samostatne

sol.stice [solstis] *podst* **1.** slnovrat, *(prn)* vrchol, bod obratu

sol.u.ble [soljubl] *príd* **1.** *(látka)* rozpustný; **2.** *(problém)* riešiteľný, rozlúštiteľný, vysvetliteľný

so.lu.tion [sə'lu:šən] *podst* (~ **to st**) **1.** riešenie, vyriešenie, vylúštenie; **2.** *(chem)* roztok, rozpúšťanie, rozpustenie; **3.** *(lek)* oddelenie dvoch častí od seba

to solve [solv] **1.** vyriešiť, vylúštiť, objasniť, riešiť, rozlúštiť

sol.vent [solvənt] **I.** *podst* **1.** *(chem)* rozpúšťadlo; **2.** rušivý činiteľ; **3.** riešenie, východisko; **II.** *príd* **4.** *(fin)* solventný, schopný platenia; **5.** rozpustný, rozpúšťací; **6.** objasňujúci; **7.** *(prn)* negatívny

som.bre [sombə] *príd* (am **somber**) **1.** *(miesto)* temný, *(farba)* tmavý; **2.** *(nálada)* skľúčený, zachmúrený, *(myšlienky)* ponurý

some.bo.dy [sambədi] **1.** niekto, ktosi

some.day [samdei] (i **someday**) **1.** *(v budúcnosti)* niekedy, raz

some.place [sampleis] **1.** *(am)* niekde, niekam

some.thing [samθiŋ] **1.** *(vše)* niečo, voľačo, dačo

some.time [samtaim] (i **some time**) **I.** *príd* **1.** bývalý, niekdajší; **2.** *(am)* príležitostný; **II.** *prísl* **3.** niekedy, niektorý/ podaktorý deň, raz, voľakedy

some.times [samtaimz] *prísl* **1.** niekedy, občas, zavše, z času na čas

some.what [samwot] **1.** trocha, tak trochu

some.where [samweə] *prísl* (am i **someplace**) **1.** niekde, niekam, voľakde, kdesi

son [san] *podst* **1.** syn; **2.** *(prn)* chlapec, zať, *(pl)* potomkovia

so.na.ta [sə'na:tə] *podst* **1.** *(hud)* sonáta

song [soŋ] *podst* **1.** *(vše)* pieseň, pesnička, šláger, báseň; **2.** spev, klokot, tlkot, spievanie, *(prenes: stroja)* hukot

song.writ.er ['soŋˌraitə] *podst* **1.** pesničkár [skladateľ/ autor textov]

son.ic [sonik] *príd* **1.** zvukový, akustický

son.net [sonit] *podst* **1.** *(lit)* sonet, znelka

soon [su:n] {**-er, -est**} **I.** *prísl* **1.** skoro, čoskoro, čochvíľa, zavčasu; **1.** čosi-kamsi, zanedlho, zakrátko, ihneď, okamžite, *(fml)* hneď, rýchlo, chytro; **2.** *(as soon ... as)* len čo, hneď ako, akonáhle, **as soon as I come, we'll get down to work** *len čo prídem, dáme sa do roboty*;

soot [sut] *podst* **1.** sadza, uhoľný prach

to soothe [su:ð] **1.** upokojiť, učičíkať, utíšiť,

uchlácholiť, utešiť, stíšiť, zmierniť. *Syn* ⇨ **to comfort**

so.phis.ti.cat.ed [səˈfistikeitid] *príd* **1.** kultivovaný, elegantný, vkusný, svetácky, *(vkus)* vyberaný, dobre informovaný; **2.** *(art)* náročný, rafinovaný, sofistikovaný; **3.** zložitý, komplikovaný

so.phis.ti.ca.tion [səˌfistiˈkeišn] *podst* **1.** kultivovanosť, kultúrnosť; **2.** uhladenosť, elegancia, dobrý vkus; **3.** znalosť sveta, dobrá informovanosť; **4.** vyberanosť, náročnosť; **5.** rafinovanosť, zložitosť; **6.** sofistikovanosť

so.pran.o [səˈpra:nəu] *podst* (mn **-os**) **1.** soprán, sopránový hlas; **2.** sopranista, sopranistka

sor.did [so:did] *príd* **1.** špinavý, biedny, úbohý, núdzny; **2.** *(prn)* hanebný, nízky, podlý; **3.** *(o farbách)* nečistý, sprostý, zanedbaný. *Syn* ⇨ **base**

sore [so:] **I.** *podst* **1.** *(lek)* boľavé miesto, boľačka, rana, zranenie; **2.** mrzutosť, bolestivá spomienka; **II.** *príd* **3.** bolestivý, zaparený, boľavý; **4.** otlačený, odretý; **5.** zapálený, hnisavý; **6.** *(ifm ob am)* najedovaný, mrzutý

sore.ly [so:li] *prísl* **1.** naliehavo; **2.** bolestne, kruto, ťažko, zle

sor.row [sorəu] *podst* (~ **at/ for/ over st**) **1.** zármutok, žiaľ. *Syn*: grief, sadness, woe . *Opoz*: joy, happiness

sort [so:t] *podst* **1.** druh, typ, sorta, značka, trieda, forma, veľkosť; **2.** *(ifm)* človek, chlapisko. *Syn* ⇨ **type**

sor.tie [so:ti(:)] *podst* **1.** *(voj: z obkľúčeného miesta)* výpad, *(voj let)* bojový/ operačný let; **2.** krátky výlet

souf.flé [su:flei] *príd* **1.** *(kuch)* suflé, bublanina

soul [səul] *podst* **1.** *(náb)* duša; **2.** duch, duševno, hybná sila, zosobnenie; **3.** *(hud)* soul, náladová hudba; **4.** základ, podstata, jadro; **5.** *(hovor)* náladovosť

soul.ful [səulful] *príd* **1.** oduševnený, dojemný, vrúci, citový

sound [saund] {**-er, -est**} **I.** *podst* **1.** *(fyz, tv, roz)* zvuk; **2.** hlahol, vyzváňanie; **3.** vrava; **4.** hučanie, burácanie, šumenie, šelest; **5.** *(ling)* hláska; **6.** *(tv, roz)* hlasitosť, hlas; **II.** *príd* **7.** pevný, solídny; **8.** zdravý; **9.** bezpečný, dôkladný; **10.** spoľahlivý, seriózny; **11.** *(tvrdenie)* podložený, presvedčivý, rozumný, *(postup)* osvedčený; **12.** poriadny; **13.** *(spánok)* hlboký, tvrdý. *Syn* ⇨ **valid.** *Syn*: noise, healthy, tone, sonance, sound. *Opoz*: silence

to sound [saund] **I.** *prech* **1.** zatrúbiť na; **2.** vysloviť; **3.** *(lek)* preklepať, vyšetriť poklepom; **II.** *nepr* **4.** znieť, zaznieť, ozvať sa

sound.ly [saundli] *prísl* **1.** dôkladne, solídne; **2.** presvedčivo; **3.** múdro, rozumne; **4.** *(spať)* tvrdo; **5.** na hlavu

sound.track [saundtræk] *podst* **1.** zvuková stopa, zvukový záznam, zvukový pás, hudba z filmu

soup [su:p] *podst* **1.** polievka, *(prn)* zmes, kaša; **2.** *(let)* hmla; **3.** *(slg: na pobreží)* morská pena

sour [sauə] *príd* **1.** *(chuť)* kyslý, trpký; **2.** *(mlieko)* zrazený, skysnutý; **3.** *(človek)* nevrlý, nevľúdny, *(úsmev)* nakyslý, zachmúrený; **4.** *(bot sour cherry: Prunus cerasus, i plod)* višňa. *Syn*: acid, acidulous, tart. *Opoz*: sweet

source [so:s] *podst* **1.** prameň, žriedlo; **2.** zdroj, pôvod; **3.** informačný zdroj; **4.** príčina, *(infekcie)* ohnisko; **5.** doklad, dokument. *Syn* ⇨ **origin**

south [sauθ] **I.** *príd* **1.** južný; **II.** *prísl* **2.** smerom na juh, južne, južným smerom

south.east [sauθi:st] **I.** *príd* **1.** juhovýchodný; **II.** *prísl* **2.** na juhovýchod, juhovýchodne

south.ern [saðən] *príd* **1.** južný, smerujúci/ obrátený na juh

south.ern.er [saðənə] *podst* **1.** obyvateľ juhu; **2.** *(v USA)* južan

sou.ve.nir [su:vəniə] *podst* **1.** pamiatka, spomienka, upomienkový predmet, suvenír

sove.reign [sovrin] **I.** *podst* **1.** panovník, vládca, monarcha; **2.** suverén; **II.** *príd* **3.** *(pol)* suverénny, zvrchovaný, absolútny, najvyšší, neobmedzený; **4.** úplný; **5.** vynikajúci, znamenitý, účinný; **6.** hlavný

to sow [səu] (mč **sowed** mp **sown/ sowed**) **1.** siať, zasiať, rozosievať; **2.** osiať, zasiať; **3.** *(prn voj)* klásť

spa [spa:] *podst* **1.** kúpele, kúpeľné mesto; **2.** liečivý prameň, žriedlo

space [speis] *podst* **1.** miesto, *(i fyz, kozm)* priestor; **2.** medzera, vzdialenosť, *(i časový)* odstup, prázdny priestor, prázdna plo*chadzi riadkami)* preklad; **3.** časový úsek; **4.** (i **outer space**) vesmír, kosmos

space.craft [speiskra:ft] *podst* **1.** kozmická loď; **2.** kozmická stanica

space shuttle ['speis,šatl] *podst* **1.** raketoplán

space station [,speis'steišn] *podst* **1.** kozmická/ orbitálna stanica

spa.cious [speišəs] *príd* **1.** priestorný, priestranný, skladný, rozľahlý, veľký

spade [speid] *podst* **1.** rýľ; **2.** *(kart)* piky; **3.** *(pej)* neger

spa.ghet.ti [spə'geti] *podst* **1.** *(kuch)* špagety

span [spæn] *podst* **1.** rozpätie, *(mostový)* oblúk; **2.** rozsah ; **3.** obdobie, časový interval; **4.** záprah; **5.** *(zast: dĺžka)* piaď. *Syn* ⇨ **pair**

Span.ish [spæniš] **I.** *podst* **1.** španielčina; **II.** *príd* **2.** španielsky

span.ner [spænə] *podst* (i ob am **wrench**) **1.** kľúč na matice

spar [spa:] *podst* **1.** *(nám)* sťažeň, stožiar, rahno; **2.** *(let: krídla)* pozdĺžnik; **3.** závora, bidlo; **4.** hádka, kohútí zápas, pästiarsky súboj, slovná potýčka; **5.** *(min)* živec

spare [speə] **I.** *podst* **1.** náhradný diel, súčiastka; **2.** rezervné koleso, rezerva; **II.** *príd* **3.** prebytočný, zvyšný, k dispozícii, voľný; **4.** náhradný, rezervný; **5.** *(izba)* hosťovský, pre hostí; **6.** chudý, vyziabnutý, skromný

spar.ing [speəriŋ] *príd* **1.** šetrný, sporivý, hospodárny, striedmy; **2.** opatrný, zdržanlivý. *Syn* ⇨ **thrifty**

spark [spa:k] *podst* **1.** iskra, *(ele)* výboj; **2.** štipka, *(prn)* náznak; **3.** švihák

spark.le [spa:kl] *podst* **1.** iskrenie, lesk, žiara, iskra, záblesk, trblet

to spark.le [spa:kl] zalesknúť sa, blýskať sa, planúť, vzplanúť, žiariť, zažiariť, zaiskriť, perliť. *Syn* ⇨ **to flash**

spark.ling [spa:kliŋ] *príd* **1.** *(drahokam)* trblietajúci sa, *(svetlá)* žiariaci, *(oči, pohľad)* iskrivý, žiarivý; **2.** *(človek)* sršiaci vtipom, brilantný; **3.** *(víno)* šumivý

spar.row [spærəu] *podst* **1.** *(zool tree sparrow: Passerus montanus)* vrabec [poľný]

sparse [spa:s] *príd* {**-r, -st**} **1.** riedky, preriednutý, rozptýlený, skromný, roztrúsený. *Syn* ⇨ **meager**

spa.sm [spæzəm] *podst* **1.** *(lek)* kŕč, spazma, záchvat [kašľa/ bolesti/ smiechu ap]

spate [speit] *podst* **1.** spústa, príval, séria, rad; **2.** *(br)* záplava, povodeň, prietrž mračien

spawn [spo:n] *podst* **1.** poter, ikry; **2.** podhubie, mycélium

to speak [spi:k] (mč **spoke** mp **spoken**) **I.** *prech* **1.** povedať, vysloviť; **II.** *nepr* **2.** hovoriť; **3.** prehovoriť, mať prejav/ reč, rečniť; **4.** *(fml)* ozvať sa, zaznieť. *Syn*: to talk, to speak, to converse, to discourse

speak.er [spi:kə] *podst* **1.** *(vše)* hovorca, rečník, referent, prednášajúci; **2.** *(ling, pol)* hovorca; **3.** *(br)* predseda Dolnej snemovne; **4.** *(tech)* amplión, reproduktor

spear [spiə] *podst* **1.** oštep, kopija, harpúna; **2.** hlavička; **3.** *(bot)* výhonok

spe.cial [spešəl] **I.** *podst* **1.** zvláštne vydanie, zvláštny/ mimoriadny program, *(tv, roz)* mimoriadne vysielanie; **2.** pomocný strážnik; **3.** zvláštnosť; **4.** *(lietadlo)* špeciál, zvláštny vlak; **5.** *(div)* stabilný reflektor; **II.** *príd* **6.** špeciálny; **7.** účelový, špecializovaný, odborný; **8.** zvláštny, mimoriadny, výnimočný, extra, jedinečný, neobyčajný; **9.** *(priateľ)* dôverný, podrobný. *Syn*: especial, specific, particular. *Opoz*: general

spec.ial.ist [spešəlist] **I.** *podst* **1.** odborník, odborníčka, špecialista, špecialistka, znalec, znalkyňa; **2.** odborný lekár; **II.** *príd* **3.** odborný, špeciálny

spec.i.al.i.ty [,speši'æləti] *podst* (mn **-ies**) **1.** zvláštnosť, špecialita; **2.** odbor, špecializácia

to spe.cial.ize [spešəlaiz] (i **-ise**) **1.** špecializovať sa, presne vymedziť, sústrediť sa, ísť do podrobností; **2.** *(biol)* prispôsobiť sa

spe.cies [spi:ši:z] *podst* (mn **species**) **1.** *(biol)* rod, druh, odroda, trieda, pojem; **2.** *(prn hov, žart)* typ

spe.ci.fic [spi'sifik] **I.** *podst* **1.** *(lek)* špecifikum, špeciálny liek; **II.** *príd* **2.** určitý, konkrétny; **3.** presný, jasný, výslovný; **4.** *(biol, chem, fyz)* špecifický; **5.** *(biol)* druhový, zvláštny, charakteristický. *Syn* ⇨ **explicit**, special

spec.i.fi.ca.tion [ˌspesifi'keišn] *podst* **1.** špecifikácia, upresnenie; **2.** presný opis

to spec.i.fy [spesifai] (mč, mp **-fied**) **1.** špecifikovať, bližšie vymedziť, spresniť, presne stanoviť, podrobne popísať, konkretizovať, vymenovať

spec.i.men [spesimin] *podst* **1.** vzor, vzorka, ukážka; **2.** exemplár, príklad; **3.** *(ifm ob pej)* indivíduum, *(hov)* čudák

speck [spek] *podst* **1.** smietka, čierna bodka; **2.** škvrnka, škvrna; **3.** kúsok; **4.** fliačik, byľka, štipka

spec.tat.or [spek'teitə] *podst* **1.** divák

spec.tre [spektə] *podst* (am **specter**) **1.** prízrak, strašidlo, duch, zjavenie

spec.trum [spektrəm] *podst* (mn **spectra**) **1.** *(fyz, chem: farebné)* spektrum; **2.** *(prn)* škála, paleta, stupnica, rozpätie, rozsah; **3.** *(ifm)* dúha

to spec.u.late [spekjuleit] **1.** hĺbať, rozjímať, dumať, premýšľať, mudrovať; **2.** *(obch, fin)* špekulovať. *Syn* ⇨ **to think**

spec.u.lat.or [spekjuleitə] *podst* **1.** špekulant, špekulantka

speech [spi:æ] *podst* (mn **-es**) **1.** *(ling)* jazyk, reč, spôsob reči, artikulácia, nárečie; **2.** prejav, príhovor; **3.** *(div)* monológ. *Syn*: address, oration, lecture, talk, sermon

speed [spi:d] *podst* **1.** rýchlosť, tempo; **2.** *(fot)* citlivosť, expozícia, svetelnosť; **3.** *(sl)* amfetamín. *Syn* ⇨ **haste**

to speed [spi:d] (mč, mp **sped/ speeded**) **I.** *nepr* **1.** ísť rýchlo, mihať sa, svišťať, utekať, uháňať, *(ifm)* upaľovať; **2.** *(aut)* prekročiť povolenú rýchlosť; **II.** *prech* **3.** urýchliť

speed limit ['spi:dˌlimit] *podst* **1.** najvyššia dovolená rýchlosť

speed.y [spi:di] *príd* {**-ier, -iest**} **1.** rýchly, promptný, skorý. *Syn* ⇨ **fast**

to spell [spel] (mč, mp **spelt**) **I.** *prech* **1.** *(pravopisne)* písať, *(pravopisne)* napísať, utvoriť slovo; **2.** *(prn)* predstavovať, znamenať; **II.** *nepr* **3.** hláskovať, mať za následok; **4.** *(am)* vystriedať; **5.** okúzliť, očariť, začarovať

spell.ing [speliŋ] *podst* **1.** pravopis, ortografia, hláskovanie, spôsob písania

to spend [spend] (mč, mp **spent**) **1.** *(peniaze)* utratiť, minúť, vyčerpať, vydať; **2.** *(čas komu/ čomu)* venovať, *(čas)* stráviť

sperm [spə:m] *podst* **1.** *(biol)* spermia, sperma, semeno; **2.** *(zool sperm whale: Physeter macrocephalus)* veľryba

to spew [spju:] **1.** zvracať, vrhnúť; **2.** chrliť sa, prýštiť, striekať, valiť sa, dusiť sa, *(továreň)* vypúšťať do ovzdušia

sphere [sfiə] *podst* **1.** *(i geom)* guľa; **2.** *(astron)* nebeská klenba; **3.** *(prn)* oblasť, sféra, okruh, odbor

spice [spais] *podst* **1.** *(kuch)* korenie; **2.** *(prn)* pikantná príchuť, pikantnosť, *(ifm)* šťava, šmrnc

spic.y [spaisi] *príd* {**-ier, -iest**} **1.** ostrý, silne korenený; **2.** pikantný, šťavnatý, korenitý. *Syn* ⇨ **pungent**

spi.der [spaidə] *podst* **1.** *(zool: Arachnidae, i prn)* pavúk; **2.** *(zool spider crab: Maja squinado)* krab [pavúkovitý]; **3.** *(prn: človek)* zvodca; **4.** trojnožka/ stojan [na ďalekohľad a pod.]

spike [spaik] *podst* **1.** špica, hrot, *(v topánkach)* klinec, *(na kaktuse ap)* osteň, *(na papier)* bodec, skoba; **2.** *(bot spike levander: Levandula spica)* levanduľa [klasnatá]; **3.** vrchol; **4.** *(bot)* stvol, *(kukurice)* klas; **5.** *(špo)* smeč

spik.y [spaiki] *príd* **1.** *(plot, zábradlie)* špicatý, vybavený hrotmi, *(ježko)* ostnatý, *(vlasy)* ježatý; **2.** *(br ifm)* mrzutý, nevrlý, neprívetivý

to spill [spil] (mč, mp **spilt**) **I.** *prech* **1.** rozliať, *(ifm)* vyčľapkať, *(krv)* preliať, *(cukor, múku)* rozsypať; **2.** *(kôň jazdca)* zhodiť, *(náklad)* stratiť, vytrúsiť; **II.** *nepr* **3.** vyliať sa, vysypať sa

to spin [spin] [**-nn-**] (mč **spun**/ *(arch)* **span** mp **spun**) **I.** *prech* **1.** rýchlo krútiť [čím], *(čo)* rozkrútiť, *(čím)* otočiť, *(čím)* víriť; **2.** *(príbeh, historku)* spriadať, tkať; **3.** *(mincou)* hodiť si; **4.** žmýkať, odstrediť; **II.** *nepr*

5. *(rýchlo)* točiť sa, krútiť sa, rotovať, robiť piruetu, *(kolesá)* pretáčať sa, *(lietadlo)* prevracať sa, rútiť sa vývrtkou k zemi, *(auto)* otočiť sa proti smeru jazdy. *Syn* ⇨ **to turn**

spi.nach [spinidž] *podst* **1.** *(bot siaty: Spinacia oleracea)* špenát; **2.** *(slg)* hlúpôstky, drobné vecičky

spin.al [spainl] *príd* **1.** *(anat)* chrbticový, chrbtový, miechový

spin.dle [spindl] *podst* **1.** *(text, tech)* vreteno, praslica, ihlica, tŕň; **2.** *(tech)* os, hriadeľ

spine [spain] *podst* **1.** *(anat)* chrbtica, chrbtová kosť; **2.** osteň, tŕň, ihlica; **3.** *(prn: knihy)* chrbát, *(horský)* hrebeň; **4.** *(bot: Cirsium)* pichliač

spin.ner [spinə] *podst* **1.** *(text)* pradiar, priadka, spriadací stroj; **2.** *(špo)* nahadzovač ktorý dáva loptičku falšom, loptička hodená s falšou; **3.** odstredivka, žmýkačka

spin-off [spinof] *podst* **1.** vedľajší produkt

spi.ral [spairəl] **I.** *podst* **1.** špirála, závit, *(ele)* vlákno žiarovky; **2.** *(ekon)* cenová špirála; **3.** *(astron)* špirálna galaxia; **II.** *príd* **4.** špirálovitý, špirálový, špirálny, točitý, závitový

spire [spaiə] *podst* **1.** štíhly hrot veže, špicatá veža, ihla, vrchol, hrot, závit, špirála, ihlan; **2.** *(trávy)* steblo; **3.** jazyk plameňa; **4.** tenký stĺp

spi.rit [spirit] *podst* **1.** *(i náb)* duša, duch; **2.** prízrak, strašidlo; **3.** odvaha, elán, energia; **4.** prístup; **5.** podstata, zmysel; **6.** *(ob pl)* liehoviny; **7.** *(chem)* lieh

spi.rit.ed [spiritid] *príd* **1.** temperamentný, statočný, odvážny, duchaplný, energický, gurážny

spi.rit.ual [spiritjuəl] **I.** *podst* **1.** *(hud)* spirituál; **2.** *(pl)* duchovná oblasť, duchovno; **II.** *príd* **3.** spirituálny, duchovný, zduchovnený, duševný; **4.** náboženský, cirkevný, kňazský; **5.** bystrý, chytrý; **6.** posvätný, božský, znovuzrodený; **7.** špiritistický; **8.** *(ezot)* éterický

spit [spit] *podst* **1.** pľuvnutie; **2.** pľuvanec, sliny, chrcheľ, *(zool: na ústach)* pena; **3.** ražeň, ostroh, výbežok, vreteno; **4.** spŕška, prehánka; **5.** *(geog)* kosa; **6.** *(ifm prn)* verná podoba

splash [splæš] *podst* **1.** žblnknutie, šplechnutie, cvaknutie, šplieehanec; **2.** škvrna; **3.** *(whisky)* kvapka, slza; **4.** hlt, *(sódy)* trochu, trocha

to splash [splæš] **I.** *prech* **1.** šplieehať, striekať, rozstrekovať; **2.** *(prn)* vytlačiť palcovými titulkami; **II.** *nepr* **3.** striekať, šplieehať sa, *(tvár s)* ošplieehať si, postriekať

to splat.ter [splætə] **I.** *prech* **1.** postriekať, pofŕkať, zablatiť; **II.** *nepr* **2.** *(dážď)* striekať, bubnovať

spleen [spli:n] *podst* **1.** *(anat)* slezina; **2.** *(prn)* podráždenosť, mrzutosť, zlosť; **3.** *(br dtd)* trudnomyseľnosť, nevľúdnosť

splen.did [splendid] *príd* **1.** nádherný, veľkolepý, honosný; **2.** úžasný, ohromný, príma, skvelý, znamenitý, vynikajúci, prepychový, *(minerál)* žiarivý, trblietavý. *Syn*: gorgeous, glorious, sublime, superb

splen.dour [splendə] *podst* (am **splendor**) **1.** nádhera, veľkolepoť, vznešenosť, honosnosť; **2.** *(jas slnka)* žiara

splint.er [splintə] *podst* **1.** črepina, trieska, odštep, úlomok; **2.** maličkosť, detail

to split [split] [**-tt-**] (mč, mp **split**) **I.** *prech* **1.** štiepať, rozštiepiť, roztrhnúť; **2.** rozdeliť, spôsobiť rozkol [čoho], *(o čo)* podeliť sa, *(o čo)* deliť sa; **II.** *nepr* **3.** puknúť, roztrhnúť sa, rozštepiť sa. *Syn* ⇨ **to break**

to spoil [spoil] (mč, mp **spoilt/ spoiled**) **I.** *prech* **1.** kaziť, skaziť, pokaziť, kaliť, skaliť, narušiť, rušiť, hyzdiť, hýčkať, rozmaznať; **2.** urobiť neplatným; **II.** *nepr* **3.** kaziť sa, podliehať skaze. *Syn*: spoils

spokes.man [spəuksmən] *podst* (mn **-men** ž **spokeswoman** mn **-women**) **1.** hovorca, predstaviteľ, zástupca, tlačový tlmočník, zástanca, *(prn)* advokát

sponge [spandž] *podst* **1.** *(zool: porifera, i špongia)* morská huba; **2.** mycia huba; **3.** *(lek)* tampón; **4.** *(prenes)* príživník; **5.** *(kuch)* šľahaná ovocná pena, ovocný sneh. *Syn* ⇨ **parasite**

to spon.sor [sponsə] **1.** podporovať finančne, mať patronát nad [čím], mať záštitu, financovať, sponzorovať; **2.** *(fin)* byť ručiteľom/ garantom [čoho]; **3.** byť krstným otcom/ krstnou matkou [koho]; **4.** *(za čo)* ručiť

spon.sor.ship [sponsəšip] *podst* **1.** podpora, patronát, záštita, financovanie, sponzorovanie, ručiteľstvo [za koho/ čo], sponzorstvo

spon.ta.ne.i.ty [ˌspontəˈni:əti] *podst* **1.** spontánnosť, nenútenosť

spon.ta.ne.ous [sponˈteinjəs] *príd* **1.** spontánny, nenútený, samovoľný, impulzívny, živelný, *(biol)* inštinktívny, *(vinič)* divoký, nepestovaný, samorodý. *Syn*: impulsive, instinctive, involuntary, automatic. *Opoz*: deliberate, voluntary

spook [spu:k] *podst* **1.** duch, mátoha, strašidlo; **2.** *(am)* tajný, špión, fízel

spook.y [spu:ki] *príd* **1.** strašidelný, zlovestný, naháňajúci hrôzu

spool [spu:l] *podst* **1.** *(fot)* cievka, *(krajč)* špuľka, kotúč, navijak, *(ele)* kostra cievky

spoon [spu:n] *podst* **1.** lyžica, lyžička; **2.** palica so širokou hlavicou; **3.** *(slg)* zamilovaný blázonko, návnada

spoon.ful [spu:nful] *podst* **1.** plná lyžica [čoho]

spo.rad.ic [spəˈrædik] *príd* **1.** sporadický, ojedinelý, občasný, príležitostný

spore [spo:] *podst* **1.** *(biol)* výtrus, spóra

sport [spo:t] *podst* **1.** šport, *(pl)* atletické preteky; **2.** *(fml)* lov, rybárčenie; **3.** hra, zábava, rozptýlenie, žart; **4.** čestný človek. *Syn* ⇨ **play**

sport.ing [spo:tiŋ] *príd* **1.** športový, lovecký; **2.** správny, príma, férový, slušný

sport.y [spo:ti] *príd* **1.** *(človek, oblečenie)* športový; **2.** fešácky, elegantný, vystrojený

spot [spot] *podst* **1.** škvrna, bodka; **2.** *(lek: materské)* znamienko, uhor; **3.** *(ifm)* fľak, machuľa; **4.** miesto, lokalita, kútik, nepríjemná situácia, kríž; **5.** *(tv, roz)* číslo, krátka správa, reklamné vysielanie; **6.** zamestnanie; **7.** *(biliard)* guľa s bodkou; **8.** *(div ifm)* bodový reflektor

to spot [spot] **I.** *prech* **1.** spozorovať, zazrieť, uzrieť, postrehnúť, nájsť, objaviť; **2.** zašpiniť, urobiť na čom škvrnu, pokvackať, urobiť; **3.** postaviť guľu na určitú bodku

spot.light [spotlait] *podst* **1.** svetlo, osvetlenie, *(div, aut)* reflektor, *(aut)* svetlomet; **2.** *(prn)* stredobod záujmu/ pozornosti [verejnosti]

spot.ted [spotid] *príd* **1.** bodkovaný, pehatý; **2.** strakatý, škvrnitý, *(vták)* jarabý; **3.** zašpinený, pokrytý škvrnami, *(ifm)* fľakatý

spot.ter [spotə] *podst* **1.** pozorovateľ; **2.** *(ifm am)* tajný; **3.** revízor [pracujúci pre spoločnosť]

spouse [spauz] *podst* **1.** manžel, manželka, snúbenec , snúbenica

to spout [spaut] **I.** *prech* **1.** *(voda, láva)* striekať, chrliť; **2.** *(ifm pej)* deklamovať, sypať zo seba, tárať; **II.** *nepr* **3.** striekať, chrliť sa, valiť sa

spray [sprei] *podst* (mn **-ays**) **1.** kytička; **2.** vetvička, konárik, ratolesť, halúzka; **3.** brošňa, ozdobná spona v tvare kvetinky; **4.** postrek, postrekovač, *(voj: črepín)* rozptyl; **5.** jemná vodná hmla, jemný dážď; **6.** spŕška, mrholenie, *(čoho)* kvapôčky; **7.** rozprašovač

to spray [sprei] **I.** *prech* **1.** striekať, postriekať, zavlažiť kropením, zaliať, pokropiť, nastriekať, rozprášiť, rozstreknúť; **II.** *nepr* **2.** striekať, vystrekovať

spread [spred] *podst* **1.** *(krídel)* rozpätie, šírka, *(krajiny)* rozloha, *(cien)* rozsah; **2.** *(tovaru)* výber, škála, *(záujmov)* spektrum; **3.** *(správ)* šírenie, rozširovanie, propagácia; **4.** prikrývka; **5.** *(ifm)* hody, *(stôl plný dobrôt)* hostina; **6.** *(kuch)* nátierka; **7.** *(žur, polyg)* dvojstránka; **8.** *(am ifm)* ranč

to spread [spred] (mč, mp **spread**)**I.** *prech* **1.** rozopnúť, roztiahnuť, *(koberec)* natiahnuť, rozprestrieť, *(ramená)* rozovrieť, rozpriahnuť; **2.** namazať, naniesť; **3.** rozložiť, prestrieť; **4.** rozvrhnúť, rozhádzať, rozhrabať; **5.** šíriť, hlásať, *(zápach)* vydávať; **II.** *nepr* **6.** preťahovať sa, zväčšiť sa, rozšíriť sa, šíriť sa, rozrastať sa; **7.** *(maslo)* rozotierať sa

sprig [sprig] *podst* **1.** ratolesť, vetvička, konárik s lístím, halúzka, výhonok, *(prn: v tvare vetvičky)* ozdoba, *(prn)* potomok, malá ukážka

spring [spriŋ] *podst* **1.** jar, *(bás)* vesna; **2.** zdroj, prameň, *(pl)* pôvod; **3.** pohnútka, motív; **4.** skok, pružina, struna; **5.** škára, trhlina, pero; **6.** pružnosť

to spring [spriŋ] (mč **sprang**,mp **sprung**) **I.**

nepr **1.** skočiť; **2.** objaviť sa; **II.** *prech* **3.** sklapnúť, *(voj)* odpáliť, priviesť k výbuchu, nechať zaklapnúť; **4.** skriviť, zvlniť, zdeformovať; **5.** *(sl)* dostať z väzenia. *Syn* ⇨ **to rise**

to sprin.kle [spriŋkl] **I.** *prech* **1.** zaliať, pokropiť, postriekať; **II.** *nepr* **2.** mrholiť, posypať, striekať, sypať, nasypať, pokvapkať, postriekať, nastriekať, posypať, poprášiť, *(prenes)* roztrúsiť, rozhádzať; **3.** *(cirk)* pokrstiť. *Syn*: to scatter, to strew

sprint [sprint] *podst* **1.** šprint, beh na krátku vzdialenosť

sprint.er [sprintə] *podst* **1.** šprintér, bežec na krátke vzdialenosti

to sprout [spraut] **I.** *nepr* **1.** *(bobuľa, semeno)* klíčiť, *(tráva, listy)* rašiť, *(i púčik)* pučať; **II.** *prech* **2.** *(listy, výhonky)* vyhnať, *(semená)* nechať klíčiť; **3.** *(prn ifm: bradu)* nechať si narásť

spruce [spru:s] **I.** *podst* **1.** *(bot: Spicea abies)* smrek, *(bot Siberian spruce: Picea obovata)* smrek [sibírsky]; **2.** smrekové drevo; **3.** *(prn)* ihličnatý strom; **4.** *(zool spruce bark beetle: Ips typographus)* lykožrút; **II.** *príd* **5.** elegantný, upravený, čistučký ako zo škatuľky, vyparádený, vyštafírovaný

to spur [spə:] **1.** popohnať koňa ostrohami, dávať koňovi ostrohy; **2.** *(prn)* ponúkať, nabádať, podnecovať, poháňať

spu.ri.ous [spjuəriəs] *príd* **1.** predstieraný, hraný, pokrytecký, podvrhnutý, falošný, nepravý; **2.** nepodložený, neopodstatnený. *Syn* ⇨ **artificial**

to spurn [spə:n] **1.** *(kým/ čím)* opovrhovať, zavrhnúť, odbyť, dať [komu] košom. *Syn* ⇨ **to decline**

to spurt [spə:t] **1.** vystreknúť, striekať, vytrysknúť, vyraziť ; **2.** utekať, uháňať; **3.** *(špo)* špurtovať, finišovať

spy [spai] *podst* (mn **-ies**) **1.** špión, vyzvedač, tajný agent, špeh, konfident, *(ifm pej)* fízeľ, špiceľ

to squab.ble [skwobl] (~ **with sb [about/ over st]**) **1.** vadiť sa, handrkovať sa, hádať sa, škriepiť sa. *Syn* ⇨ **to quarrel**

squad [skwod] *podst* **1.** *(voj)* družstvo, skupina, rota, čata; **2.** *(špo)* mužstvo; **3.** oddiel

squad.ron [skwodrən] *podst* **1.** *(voj)* eskadróna; **2.** *(let)* letka, *(let, nám)* eskadra

squa.lid [skwolid] *príd* **1.** špinavý, zanedbaný, biedny, núdzny; **2.** *(prn)* nízky, podlý, nechutný

squal.or [skwolə] *podst* **1.** špina; **2.** chudoba, ponižujúca bieda

square [skweə] **I.** *podst* **1.** *(vše, geom)* štvorec, štvoruholník; **2.** dlaždica, *(šachovnicové)* pole, *(na papieri)* štvorček, *(sklená)* tabuľka; **3.** námestie; **4.** *(am)* blok domov; **5.** *(voj hist)* štvorhranný šík; **6.** *(mat)* kvadrát, dvojmocnina, uholník; **7.** príložník, rysovací trojuholník; **8.** *(dtd pej sl)* staromódny človek; **II.** *príd* **9.** *(i mat)* štvorcový, štvorhranný, pravouhlý, hranatý; **10.** *(jedlo)* poriadny, výdatný; **11.** *(ifm)* poctivý; **12.** *(ifm)* úprimný, otvorený; **13.** *(dtd sl)* staromódny

to square [skweə] **I.** *prech* **1.** upraviť do štvorca, dať čomu štvorcový tvar, zrovnať do pravého uhla; **2.** *(mat)* umocňovať na druhú, povyšovať na druhú; **3.** vyrovnať; **4.** *(ifm)* podmastiť; **II.** *nepr* **5.** súhlasiť, zhodovať sa

to squash [skwoš] **1.** gniaviť, rozmliaždiť, rozdrviť, zlisovať; **2.** *(prn ifm)* usadiť, zaraziť, odmietnuť; **3.** *(ifm)* potlačiť názory [koho], *(koho)* umlčať

to squat [skwot] [**-tt-**] **1.** drepieť, sedieť na bobku; **2.** bezprávne niekde bývať

squat.ter [skwotə] *podst* **1.** kto neoprávnene obsadí budovu; **2.** kto sedí v podrepe/ čupí; **3.** *(am)* samozvaný osadník, austrálsky chovateľ oviec

squeak [skwi:k] *podst* **1.** *(myši)* pišťanie, písknutie, vypísknutie, *(i malých zvierat)* kvíknutie, zakvíknutie, zakvičanie, vykvíknutie, zapišťanie, zajačanie, *(dverí)* zavŕzganie, *(kriedy)* zaškrípanie

to squeak [skwi:k] **1.** vŕzgať, *(zvieratko)* kvíknuť, zapišťať, vypísknuť; **2.** *(sl)* vybľabotať, prezradiť

to squeal [skwi:l] **1.** kvičať, zaskučať, škrípať; **2.** *(sl)* vybľabotať, prezradiť; **3.** udať, zakňučať, zaškrípať

squeeze [skwi:z] *podst* **1.** stisnutie, zovretie, stisnutie, *(ruky)* stisk; **2.** vrelé objatie, pritisnutie k sebe; **3.** *(v autobuse)* tlačenica, nával; **4.** *(malé množstvo)* trocha

to squeeze [skwi:z] **1.** *(vše)* stisnúť, stlačiť, vytlačiť, *(ovocie)* lisovať, *(bielizeň)* žmýkať; **2.** pretisnúť sa, pritisnúť, priškripnúť, spôsobiť finančnú tieseň, privinúť, objať, zmestiť sa, vojsť, tesne prejsť, *(peniaze)* vymámiť

squid [skwid] *podst* (mn **squid/ squids**) **1.** *(zool: Loligo; Illex)* kalamár; **2.** *(inf zool: Sepia)* sépia

to squint [skwint] **1.** *(lek)* škúliť; **2.** žmúriť oči, prižmúriť sa, poškuľovať na

to squirm [skwə:m] **1.** krútiť sa, zvíjať sa, trepať sa, mrviť sa, ošívať sa, prepadnúť sa od hanby, byť dotknutý

squir.rel [skwirəl] *podst* **1.** *(zool: Sciurus vugaris)* veverica, veverička; **2.** *(prn: o človeku)* straka

to squirt [skwə:t] **1.** *(čím)* striekať, postriekať, vystreknúť, vstreknúť

to stab [stæb] **[-bb-]** **1.** bodnúť, pichnúť; **2.** vpichnúť, zapichnúť; **3.** *(prn)* padnúť do oka, trápiť

to sta.bi.lize [steibilaiz] (i **-ise**) **I.** *prech* **1.** stabilizovať, konsolidovať, upevniť; **II.** *nepr* **2.** stabilizovať sa, konsolidovať sa, upevniť sa, ustáliť, vyrovnať

sta.ble [steibl] **I.** *podst* **1.** koniareň; **2.** *(i prn aut ifm)* stajňa; **II.** *príd* **3.** *(i chem, fyz)* stabilný, stály, trvalý, pevný; **4.** *(človek)* vyrovnaný, stálej povahy

stack [stæk] *podst* **1.** hromada, kopa, *(i slamy)* stoh, *(i papiera)* štôs, *(dreva)* hranica, *(voj: zbraní)* pyramída; **2.** *(vysoký)* komín; **3.** *(ifm)* spústa

sta.di.um [steidjəm] *podst* (mn **stadiums/ - stadia**) **1.** štadión, bežecká dráha

staff [sta:f] *podst* **1.** zamestnanci, personál, učiteľský zbor; **2.** *(voj)* štáb; **3.** palica, *(biskupská)* barla, žrď, opora; **4.** *(hud)* notová osnova

stag [stæg] *podst* **1.** *(zool: Cervus)* jeleň; **2.** *(zool stag beetle: Lucanus cervus)* roháč; **3.** *(zool: = bull-stag)* vykastrovaný býk, *(= ram-stag)* vykastrovaný baran; **4.** kohút; **5.** *(ifm: = stag night/ party)* pánska jazda; **6.** burzový špekulant

stage [steidž] *podst* **1.** pódium; **2.** *(div)* javisko, scéna, dejisko; **3.** štádium, etapa, *(historické)* obdobie, epocha; **4.** úsek; **5.** *(zast ifm)* dostavník; **6.** zastávka, stanica

to stage [steidž] **1.** inscenovať, uviesť na scénu; **2.** organizovať, poriadať, usporiadať; **3.** zaranžovať, nainscenovať, zinscenovať

to stag.ger [stægə] **1.** potácať sa, tackať sa, klátiť sa, motať sa; **2.** ohromiť, zmiasť; **3.** rovnomerne rozvrhnúť, triasť sa, chvieť sa, zakolísať, zaváhať, stratiť istotu, prekvapiť, vydesiť, *(šachovnicovo)* rozmiestniť, časovo nekolidovať . *Syn*: to reel, to totter

stag.nant [stægnənt] *príd* **1.** stojatý, nehybný, zahnívajúci, zatuchnutý, *(prn)* stagnujúci, ustrnutý vo vývine, zaostávajúci, hnilobný, hnijúci

to stag.nate [stæg'neit] **1.** stagnovať, ustrnúť, prestať tiecť/ prúdiť, zastaviť sa; **2.** *(prn)* zahnívať, nepokračovať vo vývoji, uviaznuť, začať hniť, zahnívať

stain [stein] *podst* **1.** *(vše)* škvrna, *(ifm)* fľak, mapa; **2.** moridlo; **3.** zafarbenie, farbivo, farba, kaz, chyba, znečistenie, hanba

stained glass [ˌsteind'gla:s] *podst* (mn **-es**) **1.** farebné sklo; **2.** chrámové sklo

stair [steə] *podst* **1.** schod, schodok; **2.** *(pl)* schody, schodisko; **3.** prístavný mostík

stair.case [steəkeis] *podst* (i **stairway**) **1.** schodisko, schody

stair.way [steəwei] *podst* (mn **-ays**) **1.** *(am)* schodisko, schody

stale [steil] *príd* **1.** starý, skôrnatený, *(syr)* vysušený, plesnivý, *(pivo)* vypáchnutý, zvetraný, *(vzduch)* vydýchaný, zatuchnutý; **2.** *(vtip)* otrepaný, *(krása)* uvädnutý; **3.** opotrebovaný

stale.mate [steilmeit] *podst* **1.** *(šach)* pat; **2.** *(prn)* slepá ulička, mŕtvy bod

stalk [sto:k] *podst* **1.** *(bot)* byľ, *(rastliny, listu, kvetu, ovocia)* stopka, stonka, steblo, stopka vínového pohára, nôžka, klas; **2.** pyšná chôdza

stall [sto:l] *podst* **1.** *(na trhu)* stánok, krámik, búda, kiosk, box, *(zast)* stajňa; **2.** *(br div)* parter; **3.** prízemie; **4.** kreslá, *(v kostole)* lavica

to stall [sto:l] **I.** *prech* **1.** ustajniť, chovať v stajni; **2.** odďaľovať, odkladať; **3.** preťažiť, nechať zhasnúť; **II.** *nepr* **4.** zhasnúť, *(ifm)* zdochnúť, stratiť rýchlosť; **5.** hrať na čas; **6.** *(ifm)* vykrúcať sa, uhýbať

stal.li.on [stæljən] *podst* **1.** plemenný žrebec, plemenník

stal.wart [sto:lwət] **I.** *podst* **1.** *(pol)* oddaný stúpenec; **2.** silný človek, silák, lomidrevo; **II.** *príd* **3.** statný, silný, robustný; **4.** oddaný, verný, *(ifm: fanúšik)* skalný, *(veriaci)* neochvejný, odvážny, odhodlaný, spoľahlivý. *Syn* ⇨ **strong**

stam.i.na [stæminə] *podst* **1.** odolnosť, výdrž, vitalita, životná sila, prasila

to stam.mer [stæmə] **1.** koktať, zadŕhať, zajakávať sa, jachtať

stamp [stæmp] *podst* **1.** poštová známka; **2.** pečiatka, pečať, kolok; **3.** kaliber; **4.** dupot; **5.** druh, povaha; **6.** drvič

to stamp [stæmp] **I.** *prech* **1.** známkovať, oznámkovať, frankovať, ofrankovať, prilepiť na čo známku; **2.** pečiatkovať, opečiatkovať, opatriť pečiatkou, vyraziť; **II.** *nepr* **3.** dupať, chodiť hlučne/ s dupotom, ísť hlučne/ s dupotom

stamp duty [ˈstæmpˌdju:ti] *podst* **1.** kolkovné

stamp.ede [stæmˈpi:d] *podst* **1.** panický/ zbesilý útek, veľký nával, masová panika; **2.** *(am pol)* masová podpora kandidáta; **3.** *(am)* jazdecké preteky

stance [stæns] *podst* **1.** *(špo)* postroj, pozícia, postavenie; **2.** postoj, prístup, pomer, vzťah. *Syn* ⇨ **posture**

stand [stænd] (mč, mp **stood**) *podst* **1.** stánok, *(i novinový)* kiosk,·búda; **2.** *(pre lampu, klobúk ap)* stojan, *(pre časopisy)* regál, polička, *(hud)* pult; **3.** tribúna, pódium; **4..** *(am)* svedecká lavica

to stand [stænd] **I.** *nepr* **1.** stáť; **2.** vstať, postaviť sa; **3.** byť umiestnený [kde], nachádzať sa; **4.** merať, *(teplomer)* ukazovať, vystúpiť [na]; **5.** *(am ifm)* platiť rundu; **II.** *prech* **6.** postaviť; **7.** vydržať, znášať, *(s čím)* vyrovnať sa, *(čomu)* odolať; **8.** tolerovať. *Syn* ⇨ **to bear**

stand.ard [stændəd] **I.** *podst* **1.** norma, meradlo; **2.** úroveň, štandard; **3.** etalón; **4.** vlajka, zástava; **II.** *príd* **5.** normálny, bežný, typický, priemerný, štandardný; **6.** základný, klasický; **7.** *(ling)* spisovný. *Syn*: criterion, gauge, yardstick, ⇨ aj **model**

stan.za [stænzə] *podst* (mn **stanzas**) **1.** strofa, sloha, oktáva, *(slg)* týždeň

sta.ple [steipl] **I.** *podst* **1.** drôtená spinka, drôtik do zošívačky, vlákno, skoba v tvare U, *(v tvare U)* skobka, svorka; **2.** hlavný tovar, základná potravina, hlavný produkt, základná surovina, štandardná akosť; **3.** hlavná myšlienka; **II.** *príd* **4.** základný, hlavný; **5.** najdôležitejší, bežný, zvyčajný

star [sta:] **I.** *podst* **1.** *(astron)* hviezda, *(zdrob)* hviezdička; **2.** osud, *(pl: v časopise)* horoskop; **3.** *(herec)* filmová hviezda; **4.** *(zool)* hviezdica; **II.** *príd* **5.** hlavný, najväčší; **6.** prvotriedny, vynikajúci; **7.** hviezdicovitý, hviezdovitý

starch [sta:æ] *podst* (mn **-es**) **1.** škrob; **2.** *(prn)* škrobenosť, namyslenosť

star.dom [sta:dəm] *podst* **1.** sláva

to stare [steə] **1.** pozerať do prázdna, zízať do prázdna, *(ifm)* civieť do prázdna, uprene hľadieť. *Syn* ⇨ **to look**

stark [sta:k] *príd* {**-er, -est**} **1.** holý, nehostinný, nevľúdny, drsný, prísny, prostý, zreteľný, *(svetlo)* prudký, oslňujúci; **2.** úplný, priamočiary, *(slová)* príkry, jednoduchý, čiry, trpký

start [sta:t] *podst* **1.** začiatok, počiatok, otvorenie, *(špo)* štart; **2.** *(v pretekoch)* náskok; **3.** výhoda

to start [sta:t] **I.** *prech* **1.** *(s čím)* začať, otvoriť, nakrojiť, *(sud piva)* naraziť; **2.** *(novú knihu)* začať čítať, začať písať; **3.** vyprovokovať, *(vojnu)* rozpútať, vyvolať; **4.** *(oheň)* založiť, *(reč)* nadviazať, dať vznik [čomu], naštartovať, *(inštitúciu)* založiť, *(špo)* odštartovať; **II.** *nepr* **5.** začať, *(výstava)* byť zahájený, *(rieka)* pramenť; **4.** chytiť, naskočiť; **5.** vydať sa na cestu. *Syn* ⇨ **to begin**

start.er [sta:tə] *podst* **1.** *(špo)* štartujúci pretekár, štartujúci kôň; **2.** *(špo, aut)* štartér, *(aut)* spúšťač; **3.** *(kuch)* predjedlo, prvý chod; **4.** pôvodca, iniciátor

to start.le [sta:tl] **I.** *prech* **1.** postrašiť, poľakať, podesiť, vyplašiť; **2.** ohromiť, prekvapiť; **II.** *nepr* **3.** poľakať sa. *Syn* ⇨ **to shock**

start.ling [sta:tliŋ] *príd* **1.** prekvapujúci, úžasný, neuveriteľný, senzačný, krikľavý; **2.** alarmujúci

star.va.tion [sta:'veišən] *podst* **1.** hladovanie, vyhladovanie, morenie hladom, hladovka; **2.** *(prn)* túžba

to starve [sta:v] **I.** *nepr* **1.** hladovať, trpieť od hladu; **2.** *(prn)* dychtiť, túžiť; **II.** *prech* **3.** nechať hladovať, vyhladovať, moriť od hladu; **4.** umoriť od hladu, nechať umrieť od hladu, *(prenes)* trpieť nedostatkom, žiť v núdzi, postrádať, chýbať; **5.** *(lek)* liečiť pomocou hladovky; **6.** *(brit)* zamrznúť; **7.** *(auto kvôli nedostatku paliva)* zastaviť; **8.** *(odstránením horľavých látok)* hasiť. *Syn* ⇨ **to hungry**

to stash [stæš] (~ **st [away]**) **1.** skryť, schovať, uliať sa, *(i peniaze)* schovať do matraca

state [steit] **I.** *podst* **1.** *(i hist, psych)* stav, *(chem, fyz)* skupenstvo; **2.** protokol; **3.** *(pol)* štát, vláda; **4.** hodnosť, *(spoločenské)* postavenie; **5.** *(prn)* nádhera, paráda, ceremónia; **II.** *príd* **6.** štátny, politický, reprezentačný, verejný, úradný, oficiálny; **7.** slávnostný . *Syn*: condition, situation, status

to state [steit] **1.** vysloviť, prehlásiť, formulovať, postaviť , uviesť, udať, stanoviť, určiť, upresniť, precizovať, podať, predniesť, predložiť

state.hood [steithud] *podst* **1.** štátnosť, štátna suverenita, samostatnosť, štatút štátu

state.ly [steitli] *príd* **1.** vznešený, mohutný, impozantný, veľkolepý, dôstojný, majestátny, vážny, veľkolepý. *Syn* ⇨ **grand**

state.ly home ['steitli,həum] *podst* **1.** vidiecky zámoček

state.ment [steitmənt] *podst* **1.** formulácia, postavenie, uvedenie, upresnenie, predloženie; **2.** vyhlásenie, tvrdenie, výpoveď, *(práv)* prejav, *(finančná)* správa, výkaz

state-of-the-art [,steitəvδi:'a:t] *príd* **1.** najnovší, najlepší

states.man [steitsmən] *podst* (mn **-men** ž **stateswoman** mn **-women**) **1.** štátnik, politik, politička, štátny činiteľ, štátna činiteľka

stat.ic [stætik] **I.** *podst* **1.** *(roz tv)* rušivé zvuky, šumy; **2.** *(pl)* statika, *(fyz, ele)* statická elektrina; **II.** *príd* **3.** *(fyz, ele)* statický, atmosferický; **4.** stály, nemenný, ustálený, stabilný, pevný, nehybný, pokojný

sta.tion [steišən] *podst* **1.** *(roz, tv)* stanica, vysielač; **2.** *(voj)* stanovište, *(voj, nám)* základňa; **3.** *(aus: ovčia)* farma; **4.** železničná/ autobusová stanica; **5.** *(dtd)* spoločenské postavenie, hodnosť; **6.** poštový úrad, úradovňa, pôsobisko; **7.** posádka

sta.tion.a.ry [steišnəri] *príd* **1.** stojaci, nepojazdný, nepohyblivý, stabilný, fixný, stály, pevný, nehybný, nemenný, neprenosný

sta.tion.e.ry [steišnəri] *podst* (mn **-ies**) **1.** papiernický tovar, písacie potreby, papiernictvo

sta.tis.tic [stə'tistik] *podst* **1.** štatistický údaj, štatistická položka

sta.tis.ti.cal [stə'tistikəl] *príd* **1.** štatistický

stat.is.ti.cian [,stætí'stišn] *podst* **1.** štatistik, štatistička

stat.ue [stætju:] *podst* **1.** socha, pomník

stat.ure [stææə] *podst* **1.** vzrast, postava, výška človeka; **2.** *(prn)* formát, význam človeka, morálna veľkosť . *Syn* ⇨ **height**

sta.tus [steitəs] *podst* (mn **-es**) **1.** spoločenské postavenie, pozícia, prestíž, stav, štatút, rola, funkcia, uznanie, *(práv)* status. *Syn* ⇨ **state**

stat.ute [stætjut] *podst* **1.** *(práv)* štatút, *(i bibl)* zákon; **2.** *(admin)* predpis, stanovy, *(pl)* nariadenie, smernice, ustanovenia. *Syn* ⇨ **law**

stat.u.to.ry [stætjutəri] *príd* **1.** zákonný, štatutárny, prísažný, miestoprísažný, vládny, úradný, zákonom stanovený, uvedený v zákone, podľa zákona

staunch [sto:næ] *príd* **1.** spoľahlivý, neochvejný, verný, zásadový, oddaný, zásadný, pevný, silný, tvrdý, hermetický

stave [steiv] *podst* **1.** dužina, bočná lata, palica, palička, prút, priečka rebríka, dúha suda; **2.** *(hud)* notová osnova; **3.** strofa, *(kniž)* veršík; **4.** melódia

to stay [stei] **I.** *nepr* **1.** zostať; **2.** pobudnúť, byť na návšteve, *(v hoteli)* bývať; **II.** *prech* **3.** vydržať; **4.** *(dtd: hnev)* potlačiť, *(hlad)* zahnať; **5.** *(práv)* odložiť. *Syn*: to remain, to wait, to abide, to tarry, to linger. *Opoz*: to go, to leave, to depart

stay-at-home [steiəthəum] *podst* **1.** pecivál, domased, domácky človek

stead.fast [stedfəst] *príd* (~ **in st / to st**) **1.** cieľavedomý, vytrvalý, *(veriaci)* neotrasiteľný, nezviklateľný, *(prívrženec)* oddaný, lojálny, verný, *(pohľad)* uprený, nepohnutý

stead.i.ly ['stedili] *prísl* **1.** *(ísť, kráčať)* istým krokom; **2.** *(pozerať)* uprene; **3.** konštantne, stále; **4.** *(dýchať)* pravidelne; **5.** *(pracovať)* nepretržite, ustavične; **6.** postupne

stead.y [stedi] **I.** *podst* **1.** vážna známosť, *(nieči)* chlapec, *(niečie)* dievča, nápadník, nápadníčka; **2.** opora; **II.** *príd* **3.** *(ruka)* istý, pevný, *(budova)* stabilný; **4.** neustály, nepretržitý, stály; **5.** solídny, vyrovnaný. *Syn*: even, uniform, regular. *Opoz*: changeable, jerky

steak [steik] *podst* **1.** roštenka, biftek

to steal [sti:l] (mč **stole** mp **stolen**) **I.** *prech* **1.** kradnúť, ukradnúť, odcudziť, ulúpiť, vymámiť; privlastniť si, prisvojiť si, *(bez dovolenia)* vziať, prepašovať, *(zákazníkov)* prebrať, **II.** *nepr* **2.**prikradnúť sa, *(z)* vykradnúť sa, *(z)* vytratiť sa, *(potajomky)* navštíviť. *Syn*: to pilfer, to filch, to purloin, to lift, to swipe, to pinch, vymámiť

stealth [stelθ] *podst* **1.** lesť, tajnostkárstvo, tajné konanie, *(zast)* kradnutie

steam [sti:m] *podst* **1.** *(i tech, žel)* vodná para, zrazená para, výpar, opar, hmla; **2.** *(ifm)* energia, sila; **3.** chuť , plavba parníkom, parná trakcia

to steam [sti:m] **1.** *(vše)* pariť, dusiť, napariť, variť nad parou; **II.** *nepr* **2.** *(z čoho)* dymiť, pariť sa, vyparovať sa; **3.** supieť, vyrábať paru, spracovať parou, *(prenes)* zahmliť sa, zarosiť sa, *(vlak s parnou trakciou)* uháňať plnou parou, *(parník)* plávať plnou parou

steam.er [sti:mə] *podst* **1.** *(nám)* parník; **2.** *(kuch)* tlakový hrniec, *(ifm)* parák; **3.** parný generátor, parný stroj

steam.y [sti:mi] *príd* **1.** *(miestnosť)* plný pary, *(okno, zrkadlo)* zahmlený, orosený; **2.** *(ifm: film)* nabitý erotikou, veľmi erotický, *(scénka)* žeravý

steel [sti:l] *podst* **1.** oceľ; **2.** ocieľka; **3.** oceliarsky priemysel; **4.** *(bás)* meč; **5.** *(prn)* zbraň, koľaj, trať, tvrdosť, sila, vytrvalosť

steel.y [sti:li] *príd* **1.** *(odhodlanie, sila)* nezlomný; **2.** z ocele, oceľový, zo železa, *(i prn: nervy)* železný; **3.** *(prn: pohľad, výraz)* ľadový; **4.** oceľovošedý

steep [sti:p] *príd* {**-er, -est**} **1.** strmý, príkry, zrázový; **2.** *(ceny)* premrštený, *(ifm)* mastný; **3.** *(ifm)* prehnaný. *Syn*: abrupt, precipitous, sheer

to steep [sti:p] **1.** máčať, *(i kuch)* namočiť, nakladať, poliať, lúhovať, macerovať; **2.** *(prudko)* zvažovať sa, stať sa príkrym, zaplaviť. *Syn* ⇨ **to soak**

stee.ple.chase [sti:plæeis] *podst* **1.** steeplechase, prekážkové dostihy, *(atl)* beh na 3 000 metrov prekážok, terénny beh

to steer [stiə] **I.** *prech* **1.** *(auto ap)* riadiť, kormidlovať, riadiť kormidlom; **2.** *(loď, auto)* viesť, zaviesť; **II.** *nepr* **3.** *(vodič)* riadiť, šoférovať, *(kam)* smerovať. *Syn* ⇨ **to guide**

steer.ing [stiəriŋ] *príd* **1.** *(aut)* riadenie; **2.** *(nám)* kormidlovanie

stem [stem] *podst* **1.** *(rastliny)* stonka, byľ, *(stromu)* kmeň, *(ovocia, pohára)* stopka, steblo; **3.** *(hud: noty)* nôžka, *(noty)* nožička; **4.** *(nám: lode)* prova. *Syn* ⇨ **to rise**

to stem [stem] [**-mm-**] **1.** zastaviť hrádzou, zastaviť krvácanie/ postup [čoho] a pod., upchať, utesniť, odvrátiť; **2.** odstrániť stonky, odstonkovať; **3.** raziť si cestu; **4.** *(am: z)* pochádzať, *(z)* prameniť

stench [stenæ] *podst* (mn **-es**) **1.** puch, odporný zápach, smrad

sten.cil [stensl] *podst* **1.** šablóna, rozmnožovacia blana, patrón, patróna

step [step] *podst* **1.** krok, stopa, kus, kúsok; **2.** *(prn)* opatrenie; **3.** chôdza; **4.** schod, schodok

step.fa.ther ['step,fa:ðə] *podst* **1.** nevlastný otec, otčim

ster.e.o [stiəriəu] *podst* **1.** stereo; **2.** stereofónna aparatúra/ veža, stereofónne zariadenie/ nahrávka/ reprodukcia; **3.** *(fot)* stereoskopická fotografia

ster.e.o.type [stiəriətaip] *podst* **1.** *(polyg, i prn)* stereotyp; **2.** šablónovité zobrazenie; **3.** šablóna, konvencia

ster.ile [sterail] *príd* **1.** neplodný, sterilný, neúrodný, jalový, *(prn)* planý, bezobsažný, nezáživný, nudný. *Syn*: infertile, barren, unfruitful, impotent. *Opoz*: fertile

to ster.il.ize [sterəlaiz] (i **-ise**) **1.** sterilizovať

ster.ling [stə:liŋ] **I.** *podst* **1.** šterling, libra šterlingov; **II.** *príd* **2.** vynikajúci, prvotriedny; **3.** rýdzi, pravý, vyrobený z čistého striebra, *(prn)* čistý; **4.** *(britská mena)* šterlingový

stern [stə:n] **I.** *podst* **1.** *(nám)* zadok lode, kormidlo; **2.** *(ifm)* zadná časť, chvost; **II.** *príd* **3.** prísny, nevľúdny, strohý, pevný, neoblomný; **4.** *(tvár)* odpudzujúci, *(krajina)* nehostinný, *(varovanie)* vážny, *(časy)* ťažký. *Syn* ⇨ **severe**

stew [stju:] *podst* **1.** *(kuch)* dusené mäso so zeleninou, ragú; **2.** *(ifm)* nepokoj, zmätok

stew.ard [stjuəd] *podst* **1.** steward, čašník na lodi/ v lietadle; **2.** hospodár, správca majetku; **3.** usporiadateľ, organizátor, *(odborársky)* dôverník

stick [stik] *podst* **1.** kus dreva, *(i vychádzková)* palica, poleno, prút, tyčka, stĺpik, *(na bubon)* palička, *(hud)* taktovka; **2.** stonka, kozmetický rúž; **3.** *(let)* páka ručného riadenia; **4.** *(ifm: o osobe)* typ; **5.** *(ifm)* kritika

to stick [stik] (mč, mp **stuck**) **I.** *prech* **1.** *(vidlami, špendlíkom)* pichnúť, *(prstom, palicou ap)* ďobať, *(nožom)* bodnúť, *(ihly)* vpichnúť; **2.** *(známku atď)* prilepiť, nalepiť; **3.** pripnúť; **4.** *(ifm ob v záp: koho, čoho)* znášať; **II.** *nepr* **5.** prilepiť sa, zdržať sa, držať; **6.** zablokovať sa, zachytiť sa, zaseknúť sa; **7.** *(nemôcť sa hýbať: auto/ koleso v blate, slová v hrdle)* viaznuť. *Syn*: to adhere, to cohere, to cling, to cleave. *Opoz*: to part, to detach, to separate

stick.er [stikə] *podst* **1.** nálepka, štítok, lepič plagátov; **2.** *(ifm)* húževnatý/ vytrvalý človek, vytrvalec; **3.** osteň, tŕň

stick.y [stiki] *príd* {**-ier, -iest**} **1.** lepkavý, vlhký, spotený, mazľavý, čerstvý; **2.** *(ifm)* dusný, sparný, ťažký; **3.** *(ifm prn: o situácii)* chúlostivý, nepríjemný

stiff [stif] **I.** *podst* **1.** mŕtvola; **2.** *(am)* vagabund, opilec, *(slg)* otravný človek; **3.** *(slg)* ťahák; **II.** *príd* **4.** *(i kuch)* tuhý, naškrobený; **5.** strnulý; **6.** *(správanie)* škrobený, upätý, toporný; **7.** húževnatý, ostrý, silný; **8.** náročný, ťažký; **9.** prísny; **10.** *(am ifm)* ožratý . *Syn*: rigid, inflexible, inelastic, ⇨ aj **firm**. *Opoz*: limp, pliant

to stiff.en [stifn] (**~ st [up] [with st]**) **I.** *prech* **1.** škrobiť, naškrobiť, vystužiť, spevniť; **2.** *(boj)* zostriť; **3.** *(morálku)* posilniť, zvýšiť; **II.** *nepr* **4.** *(človek, telo)* stuhnúť, *(zimou)* skrehnúť; **5.** *(morálka)* zvýšiť sa

to sti.fle [staifl] **I.** *prech* **1.** udusiť; **2.** *(prn: kritiku, slobodu)* potlačiť, umlčať, stlmiť, *(hluk)* prehlušiť, *(zívnutie)* premôcť; **II.** *nepr* **3.** udusiť sa

sti.fling [staifliŋ] *príd* **1.** *(dym, horúčava)* dusivý, *(vzduch)* dusný, ťaživý, nedýchateľný

stig.ma [stigmə] *podst* **1.** *(i náb)* stigma; **2.** znamenie hanby; **3.** *(bot)* blizna

still [stil] **I.** *podst* **1.** fotografia; **2.** snímka z filmu; **3.** *(still photography)* statické fotografovanie, *(slg)* mŕtvolka; **4.** *(poet ob: still of night)* ticho, pokoj; **5.** destilovací prístroj, liehovar; **II.** *spoj* **6.** *(vyj odporovací vzťah)* [a] predsa, no; **III.** *príd* **7.** nehybný, statický; **8.** *(voda)* kľudný, tichý, pokojný, *(deň)* bezveterný; **9.** *(človek)* mlčanlivý; **10.** *(nápoj)* bezbublinkový, *(víno)* nešumivý, neperlivý; **III.** *prísl* **11.** *(vyj trvanie deja)* ešte, stále, dosiaľ; **12.** *(zdôr komparatív)* ešte. *Syn*: quiet, noiseless, hushed . *Opoz*: noisy, stirring

sti.mul.ant [stimjulənt] **I.** *podst* **1.** povzbudzujúci prostriedok, stimulant; **2.** alkoholický nápoj; **II.** *príd* **3.** povzbudzujúci, osviežujúci, vzpružujúci, stimulačný

to sti.mu.late [stimjuleit] **1.** *(vše)* stimulovať, povzbudiť, podnietiť, dráždiť, oživiť, vzpružiť. *Syn* ⇨ **to animate, to provoke**

sti.mu.lus [stimjuləs] *podst* (mn **stimuli ~ to/ for st**) **1.** podnet, pobádanie, popud, stimul, impulz

sting [stiŋ] *podst* **1.** *(osie)* žihadlo; **2.** pŕhľava; **3.** štipnutie , bodnutie, štípanec; **4.** pupeň, pupienok, osteň; **5.** popálenie, pálenie, *(vetra)* bodanie, *(dymu)* štípanie; **6.** *(prn)* osteň, ostrie; **7.** *(sl)* podvod

to sting [stiŋ] (mč, mp **stung**) **I.** *prech* **1.** *(včela, osa)* štipnúť, bodnúť, uštipnúť; **2.** *(žihľava)* popáliť, *(dážď)* šľahať; **3.** *(koho)* dotknúť sa, ogabať, pustiť komu žilou ; **II.** *nepr* **4.** *(hmyz)* štípať, bodať, *(žihľava)* páliť; **5.** bolieť

to stink [stiŋk] (mč **stank**/ **stunk** mp **stunk**) **1.** smrdieť, odporne páchnuť; **2.** *(ifm prn)* byť na nič

stint [stint] *podst* **1.** úloha, *(uložená)* práca, služba, penzum; **2.** *(fml)* obmedzenie, medza, hranica

to sti.pu.late [stipjuleit] **1.** vymôcť si, vyžadovať, vyhradiť si; **2.** špecifikovať, stanoviť, dohovoriť si, presadiť, dosiahnuť

to stir [stə:] [**-rr-**] **I.** *prech* **1.** miešať, premiešať; **2.** *(čím)* hýbať, *(listy)* zviriť, *(čím)* trepotať, *(vodu)* rozčeriť; **3.** *(prn: city)* prebudiť, vyburcovať; **II.** *nepr* **4.** hýbať sa, trepotať sa; **5.** *(fml)* prebudiť sa. *Syn*: to stir up, to arouse, to rouse, to awaken, to waken, to rally

stir.ring [stə:riŋ] **I.** *podst* **1.** hnutie, pohyb; **2.** miešanie; **II.** *príd* **3.** strhujúci, vzrušujúci, plamenný, dojemný, pútavý, pohnutý, rušný

to stitch [stiæ] **I.** *prech* **1.** zošiť, zašiť, prišiť, našiť, vyšiť, zastehovať, preštepovať; **II.** *nepr* **2.** šiť

stock [stok] **I.** *podst* **1.** zásoba, *(obch)* sklad, zásoba tovaru, výber; **2.** *(fin)* základný akciový kapitál; **3.** živý inventár, stav dobytka; **4.** *(kuch)* mäsový vývar; **5.** *(bot)* letná fialka; **6.** pôvod, rasa, plemeno; **7.** *(ling)* jazyková skupina; **II.** *príd* **8.** normálny, bežný, sériový, otrepaný, klasický, typický; **9.** je stále na sklade, stále; **10.** *(div)* repertoárový

stock.brok.er ['stok,brəukə] *podst* (i **broker**) **1.** burzový maklér

stock exchange ['stokiks,æeindž] (i **the Bourse**) *podst* **1.** burza [cenných papierov]

stock.hold.er ['stok,həuldə] *podst* **1.** akcionár, držiteľ akcií

stock.ist [stokist] *podst* **1.** veľkoobchodník; **2.** dodávateľská firma určitého tovaru

to stock.pile [stokpail] **1.** hromadiť, nahromadiť, ukladať, uložiť

stock.y [stoki] *príd* **1.** zavalitý, sporý, robustný, územčistý

to stoke [stəuk] **1.** udržiavať, *(do čoho)* prikladať, rozkúriť, prikúriť; **2.** *(prn)* podnecovať, vyvolávať

sto.mach [stamək] *podst* (mn **-s**) **1.** *(anat, zool)* žalúdok; **2.** brucho, pupok, bachor; **3.** chuť do jedla, chúťka, apetít; **4.** žiadosť

stone [stəun] **I.** *podst* **1.** *(i lek)* kameň; **2.** náhrobný kameň, náhrobok, *(archeol)* stéla; **3.** kôstka; **4.** *(lek: žlčníkový/ obličkový)* kamienok; **5.** *(br: miera 14 libier = 6; 35 kg)* kameň; **6.** drahokam; **II.** *príd* **7.** kamenný, z kameňa

ston.y [stəuni] *príd* {**-ier, -iest**} **1.** *(cesta, pláž)* kamenistý; **2.** *(pohlad atď)* kamenný, ľadový

stool [stu:l] *podst* **1.** stolička bez operadla, sedadielko, sedačka, podnožka; **2.** *(ob lek)* stolica; **3.** *(prn)* lákadlo, nástraha, vnadidlo, taburetka, biskupský stolec, podstavec, základ, veľká strana, *(z pňa stromu)* výhonok, *(prenes)* provokatér

to stoop [stu:p] **I.** *prech* **1.** skloniť, zohnúť; **II.** *nepr* **2.** zohnúť sa; **3.** hrbiť sa, mať guľatý chrbát, chodiť nahrbene; **4.** vrhnúť sa na korisť strmhlavým letom; **5.** pokoriť sa, ponížiť sa, *(k)* znížiť sa; **6.** zneužiť. *Syn*: to condescend, to deign

stop [stop] *podst* **1.** *(autobusová, na ceste)* zastávka, stanica, *(pre loď)* prístav, *(pre lietadlo)* miesto pristátia; **2.** zastavenie, prerušenie jazdy; **3.** prestávka, *(v práci)* pauza, *(let)* medzipristátie; **4.** *(ling)* bodka, *(fon)* spoluhláska; **5.** *(hud)* register; **6.** *(tech)* zarážka; **7.** *(fot)* clona

to stop [stop] [**-pp-**] **I.** *prech* **1.** zastaviť, *(pri stopovaní)* stopnúť, *(stroj, mechanizmus)* vypnúť, *(útok)* odraziť, *(zlodeja)* chytiť, *(boj)* prerušiť, *(aktivitu, krvácanie)* zastaviť, *(čomu)* brániť; **2.** *(čomu)* zabrániť, zakázať; **3.** *(s čím)* prestať; **4.** zaraziť, zrušiť; **5.** upchať, utesniť, zazátkovať, *(zub)* zaplombovať; **6.** *(hud)* stisnúť; **II.** *nepr* **7.** *(človek, hodiny)* zastaviť sa, zostať stáť; **8.** skončiť, dohrať, končiť sa; **9.** zostať, zdržať sa. *Syn*: to cease, to quit, to cease, to discontinue, to desist. *Opoz*: to begin, to start, to commence

stop.page [stopidž] *podst* **1.** *(hry, práce)* prerušenie, *(štrajku)* zastavenie; **2.** *(potrubia* *ap)* upchatie; **3.** *(lek)* obštrukcia

stor.age [sto:ridž] *podst* **1.** skladovanie, hromadenie, úschovné, uskladnenie, skladište, úschova, skladné, akumulácia; **2.** *(inf)* pamäť

store [sto:] *podst* **1.** zásoba, rezervy, *(múdrosti, vedomostí)* studnica; **2.** skladisko; **3.** veľký obchod, *(am)* predajňa, jednotkový obchod

to store [sto:] **1.** uskladniť, uložiť do skladu, skladovať, ukladať, *(inf)* uložiť do pamäte; **2.** utvoriť si zásoby čoho; **3.** pojať, mať obsah

store.house [sto:haus] *podst* (mn **-houses**) **1.** sklad; **2.** *(prn)* studnica, pokladnica

sto.rey [sto:ri] *podst* (mn **-eys**) **1.** podlažie, etáž, poschodie

storm [sto:m] *podst* **1.** *(met: i snehová)* búrka, metelica, víchrica, smršť; **2.** *(prn)* búrka protestov, rozruch, útok, nápor. *Syn:* tempest, attack

storm.y [sto:mi] *príd* {**-ier, -iest**} **1.** búrlivý, rozbúrený; **2.** *(prn)* rušný, vznetlivý, prudký, vášnivý, búrkový

sto.ry [sto:ri] *podst* (mn **-ies**) **1.** príbeh, história, *(opis)* podanie; **2.** rozprávanie, *(i lit)* poviedka, rozprávka , apokryf, povesť, zábavná historka; **3.** *(žur)* článok, reportáž; **4.** fabula, zápletka, *(filmový)* scenár; **5.** *(ifm)* výmysel. *Syn*: narrative, tale, anecdote

sto.ry.tel.ler [ˈsto:riˌtelə] *podst* **1.** *(lit)* rozprávač; **2.** *(ifm euf)* luhár, luhárka

stout [staut] *príd* {**-er, -est**} **1.** zavalitý, tučný, korpulentný, tlstý, plnej postavy; **2.** pevný, dôkladný, solídny; **3.** udatný, statočný, mužný, rozhodný. *Syn* ⇨ **strong**

stove [stəuv] *podst* **1.** kachle, pec, piecka; **2.** sporák; **3.** sušiareň; **4.** *(br)* skleník

to stow [stəu] (**~ st [away] [in st]**) **1.** *(loď, náklad)* naložiť, nakladať

to strad.dle [strædl] **1.** *(nad čím)* stáť rozkročmo, sedieť obkročmo [na čom], chodiť obkročmo; **2.** *(nad čím)* klenúť sa, viesť cez; **3.** váhať, byť nerozhodný; **4.** nevyjadriť sa; **5.** *(hovor)* sedieť na dvoch stoličkách

straight [streit] **I.** *podst* **1.** *(špo: cieľová)* rovinka; **2.** *(ifm)* homosexuál; **3.** *(kart)* postupka; **4.** priamosť, priamy smer, rovnosť, priamka; **5.** *(na dostihoch)* prvé miesto; **6.** *(am)* holá pravda; **7.** *(am)* neriedený nápoj; **II.** *príd* **8.** rovný, *(vlasy)* hladký, *(i mat)* priamy; **9.** vzpriamený; **10.** úprimný, čestný, kategorický; **11.** jasný, jednoznačný; **12.** v poriadku; **13.** idúci za sebou; **14.** *(whisky, brandy)* čistý; **15.** nekonvenčná hra nie muzikál ap., klasická hra nie muzikál ap.; **16.** *(sl)* konvenčný, nezávislý na alkohole

to straight.en [streitn] (**~ st [up/ out]**) **I.** *prech* **1.** narovnať, vyrovnať, *(aut: riadenie)* zostaviť, *(cestu)* napriamiť, *(kučeravé vlasy)* narovnať; **2.** *(kravatu, klobúk)* upraviť si, *(obraz)* narovnať; **3.** *(stôl)* odpratať; **4.** *(záležitosti)* dať do poriadku, zorganizovať; **II.** *nepr* **5.** *(vlasy)* narovnať sa, *(človek)* vzpriamiť sa, *(cesta)* viesť rovno

straight.for.ward [ˌstreitˈfo:wəd] *príd* **1.** priamočiary, pravdivý, bez príkras; **2.** jednoduchý, ľahký, nekomplikovaný, zrozumiteľný; **3.** čestný, priamy, úprimný, jasný, samozrejmý, bezvýhradný

strain [strein] *podst* **1.** *(str)* zaťaženie, *(materiálu)* namáhanie, napätie; **2.** *(prn)* vypätie, prepracovanie, vyčerpanie; **3.** *(lek: svalov)* natiahnutie, presilenie; **4.** zvuk, nápev; **5.** sklon, nábeh, dispozícia; **6.** *(zvierat)* plemeno, rasa, *(vírusu)* kmeň, *(rastlinný)* druh; **7.** štýl

strained [streind] *príd* **1.** neprirodzený, nútený, *(nervy)* napätý; **2.** presilený, vymknutý, vytknutý; **3.** *(tekutina)* precedený, zliaty

strait [streit] *podst* **1.** *(geog ob mn)* morská úžina, prieliv; **2.** *(pl prn)* tieseň, úzkosť, ťažkosti. *Syn* ⇨ **emergency**

strand [strænd] *podst* **1.** pobrežie, pláž, breh; **2.** vlákno, šnúrka, šnúra perál, niť; **3.** cudzina; **4.** dejová línia. *Syn* ⇨ **shore**

strange [streindž] *príd* **1.** neznámy, cudzí; **2.** zvláštny , divný, čudný, neobvyklý, kuriózny, nezvyčajný, neobyčajný, prekvapujúci, zdržanlivý, neskúsený, *(čoho)* neznalý, *(na)* nezvyknutý. *Syn*: peculiar, odd, quaint, outlandish. *Opoz*: familiar, ordinary

strange.ly [streindžli] *prísl* **1.** čudne, neobvykle

strang.er [streindžə] *podst* **1.** neznámy človek, neznámy muž, neznáma žena, cudzí hosť, cudzinec; **2.** nováčik, nezasvätený človek, laik; **3.** *(práv)* nezúčastnený. *Syn* ⇨ **alien**

to stran.gle [strængl] **1.** uškrtiť, zaškrtiť, zahrdúsiť, zadláviť; **2.** *(prn)* potlačiť, udusiť v zárodku, utlmiť, obmedziť

stran.gle.hold [strænglhəuld] *podst* **1.** škrtiace zovretie

strap [stræp] *podst* **1.** remeň, popruh, *(na bielizeň)* ramienko, remienok, držiak, držadlo, záchytný remeň; **2.** pásik, pás, náplasť, leukoplast, papierová páska; **3.** *(závesu)* lano

stra.te.gic [strəˈti:džik] *príd* (i **strategical**) **1.** strategický, oporný, strategicky dôležitý

strat.e.gist [strætidžist] *podst* **1.** stratég

strat.e.gy [strætidži] *podst* (mn **-ies**) **1.** stratégia, taktika

strat.o.sphere [ˈstrætəuˌsfiə] *podst* **1.** stratosféra

stra.tum [stra:təm] *podst* (mn **strata**) **1.** *(geol, sociol)* vrstva

straw [stro:] *podst* **1.** steblo slamy, *(hrom)* slama; **2.** *(na pitie)* slamka, brčko; **3.** slamený klobúk; **4.** *(prn)* maličkosť, drobnosť

straw.ber.ry [stro:bəri] *podst* (mn **-ies**) **1.** *(bot: Fragaria vesca, i plod)* jahoda, *(rastlina)* jahodovník; **2.** jahodová farba

to stray [strei] **1.** zatúlať sa, zablúdiť, stratiť sa; **2.** odbiehať od témy, odchýliť sa od témy, odbočiť; **3.** blúdiť, *(mravne)* zblúdiť, *(od)* oddeliť sa, zviesť z cesty, *(bezcieľne)* tárať sa. *Syn* ⇨ **to roam**

streak [stri:k] *podst* (~ **of st**) **1.** pruh, čiara, pás, *(štetcom)* šmuha, *(vody)* pramienok, *(tuku)* vrstva, *(svetla)* lúč, *(blesku)* zablesnutie, *(minerálu)* žila; **2.** *(k čomu)* sklon, *(k čomu)* náchylnosť

stream [stri:m] *podst* **1.** potok, bystrina, riečka; **2.** prúd, príval, *(svetla, vody)* záplava, krupobitie; **3.** *(br škol)* prospechová skupina [trieda zostavená zo žiakov s približne rovnakým prospechom]; **4.** tendencia, smerovanie

to stream [stri:m] **I.** *prech* **1.** *(br škol)* rozdeliť do tried podľa prospechu; **II.** *nepr* **2.** tiecť prúdom, plynúť, rinúť sa, slziť, hrnúť sa; **3.** *(vo vetre)* vlať

to stream.line [stri:mlain] **1.** dať [čomu] aerodynamický tvar; **2.** *(prn: systém, metódy)* racionalizovať

stream.lined [stri:mlaind] *príd* **1.** *(tvar)* aerodynamický; **2.** *(prn: organizácia, výroba)* racionalizovaný, *(priemysel)* reštrukturovaný

street [stri:t] *podst* **1.** ulica, vozovka, *(zast)* cesta, *(prn: úsilie)* smer, trend, prepustenie

strength [streŋθ] *podst* **1.** *(fyzická)* sila; **2.** pevné zdravie; **3.** pevnosť, *(dôkazov)* presvedčivosť; **4.** *(pol, voj)* moc; **5.** koncentrácia, stupeň; **6.** silná stránka, klad; **7.** *(materiálu)* odolnosť; **8.** stabilita; **9.** početný stav; **9.** osadenstvo, stav zamestnancov podniku, *(voj)* stav vojska

to strength.en [streŋθn] **I.** *prech* **1.** *(telo, svaly)* posilňovať, utužiť, *(zrak)* zlepšiť, *(hlas)* zosilniť; **2.** *(štruktúru, materiál)* spevniť; **3.** *(priateľstvo, vedomosti)* upevniť; **4.** *(obchod)* stabilizovať, *(ekonomiku)* ozdraviť; **II.** *nepr* **5.** zosilniť

stren.u.ous [strenjuəs] *príd* **1.** energický, horlivý, *(útok)* prudký; **2.** namáhavý, vyčerpávajúci, náročný. *Syn* ⇨ **active**

stress [stres] *podst* **1.** *(tech)* napätie, namáhanie; **2.** *(lek)* stres, nervové vypätie, záťaž organizmu; **3.** dôraz, zdôraznenie, *(ling)* prízvuk, prízvukovanie, kladenie prízvuku

to stress [stres] **1.** zdôrazniť, vyzdvihnúť, klásť dôraz [na čo], prízvukovať, klásť prízvuk [na]; **2.** *(tech)* namáhať; **3.** *(gram, hud)* akcentovať; **4.** podčiarknuť

to stretch [streæ] **I.** *prech* **1.** natiahnuť, rozostrieť, rozpínať; **2.** predĺžiť, rozšíriť, *(nové topánky)* rozchodiť, *(pulóver)* vyťahať; **3.** *(s čím)* šetriť, plne využiť; **4.** *(tvrdenie, pravdu)* prekrúcať, *(autoritu)* zneužívať; **II.** *nepr* **5.** roztiahnuť sa, predĺžiť sa, rozšíriť sa, rozchodiť sa; **6.** *(načiahnuť)* natiahnuť sa; **7.** *(les, krajina)* rozprestierať sa

stretch.er [streæə] *podst* **1.** *(lek)* nosidlá; **2.** napinák, napínač, napínadlo, na topánky, *(vo veslárskom člne)* nožné operadlo, *(art)* napínací rám; **3.** prehnané tvrdenie, nepravda, lož

strict [strikt] *príd* {**-er, -est**} **1.** prísny, strohý, striktný, hlboko veriaci, pevný; **2.** presný, absolútny. *Syn*: rigid, rigorous, stringent. *Opoz*: lax, flexible

strict.ly [striktli] *prísl* **1.** prísne, stroho, rigorózne, doslova, striktne, absolútne, úplne

stri.dent [straidnt] *príd* **1.** *(zvuk, hlas)* ostrý, prenikavý, *(o farbe)* krikľavý; **2.** svárlivý, nehanebný, *(protest)* hlasný, hlučný. *Syn* ⇨ **vociferous**

strife [straif] *podst* **1.** rozbroj, svár, konflikt, spor, hádka, zápas, boj; **2.** *(zast)* snaha, námaha. *Syn* ⇨ **discord**

strike [straik] *podst* **1.** štrajk; **2.** *(vše)* útok; **3.** *(ropy, zlata ap)* nález; **4.** úder, rana; **5.** *(bsb: dobrý nadhod)* nadhod ; **6.** *(ryb: ryby)* zabranie

to strike [straik] (mč **struck**, mp **struck/ striken**) **I.** *prech* **1.** udrieť, buchnúť, zasiahnuť, trafiť, kuť; **2.** nabehnúť na, naraziť na; **3.** zahrať; **4.** naraziť na, nájsť, objaviť; **5.** raziť; **6.** strhnúť, zaútočiť; **7.** štrajkovať, byť v štrajku; **8.** *(ryb)* brať. *Syn*: to hit, to punch, to slap, to smite, to knock

strik.er [straikə] *podst* **1.** štrajkujúci; **2.** *(ifm fot)* útočník, odbíjač; **3.** harpúna; **4.** *(na zbrani)* zápalka

strik.ing [straikiŋ] *príd* **1.** nápadný, výrazný, markantný, pozoruhodný, prekvapujúci, do očí bijúci; **2.** bicí; **3.** štrajkujúci; **4.** neobyčajný, okúzľujúci. *Syn* ⇨ **noticeable**

string [striŋ] *podst* **1.** povrázok, motúz, šnúrka, niť; **2.** *(na hudobnom nástroji)* struna; **3.** *(cibule, cesnaku)* pletenec, *(ostrovov)* reťaz; **4.** séria, príval; **5.** *(bot)* vlákno, žilka

strin.gent [strindžənt] *príd* **1.** prísny, striktný, rigorózny . *Syn* ⇨ **strict**

string.er [striŋə] *podst* **1.** príležitostný dopisovateľ

strip [strip] *podst* **1.** úzky pás, prúžok, pás, pásik, plátok; **2.** *(let)* dráha; **3.** *(br špo)* dres; **4.** striptíz; **5.** *(v novinách)* obrázkový seriál; **6.** lišta, latka, *(voj)* pás nábojov, *(am: na okraji mesta)* sieť obchodov, *(poštových známok)* séria; **7.** *(šport)* pretekárska dráha, trasa

stripe [straip] *podst* **1.** *(vše)* pruh, prúžok, páska; **2.** *(voj)* výložka, lampas, hodnosť, náplecník; **3.** výprask

strip.per [stripə] *podst* **1.** striptérka; **2.** odstraňovač náterov

to strive [straiv] (mč **strove/ strived**, mp **strive**)**1.** snažiť sa, usilovať sa, zápasiť, boriť sa, namáhať sa. *Syn* ⇨ **to try**

to stroke [strəuk] **1.** hladiť, *(jedným smerom)* pohladiť, *(dieťa, psa)* pohladkať, *(kravu)* podojiť, *(kláves písacieho stroja)* stisnúť, *(hodiny)* odbiť

to stroll [strəul] **1.** *(voľne)* prechádzať sa, promenádovať sa, potulovať sa, túlať sa

strong [stroŋ] *príd* {**-er, -est**} **1.** silný, pevný, trvanlivý; **2.** statný, zdravý; **3.** mohutný, prudký, *(argument)* pádny, *(dôvod)* závažný, *(cit, láska)* hlboký, *(množstvo, miera)* prísny, *(protest)* rozhodný, energický, *(podoba)* nápadný; **4.** vyhranený, zanietený, horlivý, *(svetlo)* ostrý, *(fin)* stabilný, *(roztok)* koncentrovaný; **5.** *(syr)* páchnuci, spoľahlivý. *Syn*: stout, sturdy, tough, stalwart. *Opoz*: weak

strong.hold [stroŋhəuld] *podst* **1.** pevnosť, tvrdza, *(i prn)* bašta, *(prn)* opora

strong.ly [stroŋli] *prísl* **1.** pevne, silno; **2.** prudko, *(bojovať)* urputne; **3.** *(protestovať)* rozhodne; **4.** energicky, nadšene, zanietene; **5.** dôrazne, *(zápach)* ostro; **6.** solídne

struc.tur.al [strakæərəl] *príd* **1.** *(ling, psych, ekon)* štruktúrny, štrukturálny; **2.** *(stav)* stavebný, konštrukčný

struc.ture [strakæə] *podst* **1.** štruktúra, usporiadanie, skladba, *(ling)* stavba; **2.** *(stav)* konštrukcia, stavba, budova; **3.** *(biol)* organizmus, zloženie, členitosť, konštrukcia. *Syn* ⇨ **building**

to strug.gle [stragl] **1.** bojovať, biť sa, zápasiť, brániť sa; **2.** snažiť sa, usilovať sa, prebíjať sa, pretĺkať sa, prebiť sa, vzpierať sa, namáhať sa. *Syn* ⇨ **to conflict**, to try

to strum [stram] [**-mm-**] (**~ [on] (st) I.** *prech* **1.** brnkať [na], vybrnkať; **II.** *nepr* **2.** brnkať

to strut [strat] [**-tt-**] **1.** *(pyšne)* vykračovať si, niesť sa

stub [stab] *podst* **1.** peň, pahýľ, koreň zuba, *(cigaretový)* ohorok, nedopalok; **2.** juxta, kontrolný ústrižok

stub.born [stabən] *príd* **1.** vzdorovitý, tvrdohlavý, neústupný; **2.** húževnatý, neoblomný, zanovitý; **3.** *(vlasy, materiál)* nepoddajný. *Syn*: obstinate, dogged, pertinacious. *Opoz*: compliant, tractable, pliant

stuck [stak] *príd* **1.** vzpriečený, zaseknutý

stud [stad] *podst* **1.** ozdobný klinec, cvok, cvoček; **2.** manžetová gombička; **3.** žrebčinec, stajňa, chov; **4.** chuligán; **5.** *(tretry)* klinec, *(do pneumatiky)* hrot, pahýľ, *(v dreve)* hrča, výčnelok, *(tech)* čap; **6.** chovná črieda koní; **7.** žrebec, *(ifm prn)* samec

stu.dent [stju:dənt] *podst* **1.** študent, študentka, poslucháč, vysokoškolák, *(i am)* žiak; **2.** bádateľ, učenec, *(prn)* vedec. *Syn* ⇨ **pupil**

stud.ied [stadid] *príd* **1.** afektovaný, strojený, hraný, predstieraný; **2.** zámerný, úmyselný

stu.di.o [stju:diəu] *podst* (mn **-os**) **1.** ateliér, štúdio, *(pl)* filmové ateliéry, *(div)* skúšobná sála

stu.di.ous [ˈstjúdiəs] *príd* **1.** snaživý, pilný, horlivý; **2.** premýšľavý; **3.** vedychtivý, študijný; **4.** starostlivo vykonaný, solídny, starostlivý

stud.y [stadi] *podst* **1.** štúdium, študovanie, **2.**. *(škol)* učenie; **3.** pozorovanie, skúmanie; **4.** štúdia, analýza; **5.** kniha, článok; **6.** skica, náčrt, *(hud)* etuda; **7.** *(div)* nacvičovanie, skúšanie; **8.** pracovňa, študovňa

to stud.y [stadi] **I.** *prech* **1.** *(ob univ)* študovať, *(div)* nacvičovať, skúšať; **2.** pozorovať, zaoberať sa čím, skúmať; **II.** *nepr* **3.** *(ob univ)* študovať. *Syn* ⇨ **to consider**

stuff [staf] *podst* **1.** *(nepomenovaná látka)* vec, látka, tkanina, tekutina; **2.** *(ifm pej)* hlúposť; **3.** náradie; **4.** *(prn)* materiál; **5.** špecialita; **6.** *(sl)* drogy; **7.** kradnutý tovar

to stuff [staf] **1.** napchať, upchať, utesniť, zapchať; **2.** *(kuch)* napĺňať

stuff.ing [stafiŋ] *podst* **1.** vypchávka, čalúnenie, výplň, tesnenie; **2.** *(kuch)* plnka

stuf.fy [stafi] *príd* [**-ier, -iest**] **1.** *(miestnosť)* nevetraný, zle vetraný, *(vzduch)* vydýchaný; **2.** *(ifm pej: človek)* afektovaný, strojený, upätý, úzkoprsý, staromódny, zo starej školy, prudérny; **3.** *(nos)* upchatý; **4.** *(kniha ap)* nudný, fádny

to stum.ble [stambl] **1.** potknúť sa, potkýnať sa, zakopnúť, *(na čo)* natrafiť; **2.** zakoktať sa, zajachtávať sa, prerieknuť sa

stump [stamp] *podst* **1.** peň, pahýľ, *(sviečky, cigarety)* ohorok, zvyšok; **2.** *(špo)* tyčka, *(bránky)* žrď; **3.** *(am pol)* rečnícke pódium

to stun [stan] [**-nn-**] **1.** omráčiť, ohúriť, ohromiť, ohlušiť; **2.** konšternovať, zmiasť, popliesť. *Syn* ⇨ **to shock**

stun.ning [staniŋ] *príd* **1.** omračujúci, ohromujúci, *(krása)* oslňujúci, oslnivý, *(žena)* fantastický, skvelý, skvostný, veľkolepý, úžasný, šokujúci

stunt [stant] *podst* **1.** vynikajúci výkon, husársky kúsok, *(let)* akrobatický kúsok, nebezpečný kúsok; **2.** trik; **3.** bránenie v raste, retardácia, zákrpok, kaskadérstvo, šláger, hit

stu.pid [stju:pid] *príd* **1.** hlúpy, sprostý, pochabý; **2.** otupený, omámený; **3.** tupý, nechápavý, necitlivý. *Syn*: dull, dense, slow, retarded, ⇨ aj **silly**. *Opoz*: intelligent, bright

stur.dy [stə:di] *príd* [**-ier, -iest**] **1.** *(človek)* robustný, zdatný, *(nábytok)* súci, solídny, dôkladný, *(materiál)* pevný; **2.** *(protest)* dôrazný, energický, *(odpor)* tvrdošijný. *Syn* ⇨ **strong**

stut.ter [statə] *podst* **1.** zajakávanie, koktavosť

to stut.ter [statə] **1.** koktať, zadŕhať, zajakávať sa, jachtať

style [stail] *podst* **1.** *(archit, art, hud, lit, špo atď)* štýl, sloh, *(špo)* technika, *(i špo)* spôsob; **2.** elegancia, vkus; **3.** móda, strih; **4.** model; **5.** titulovanie, *(v spoločnosti)* vystupovanie; **6.** rydlo. *Syn* ⇨ **fashion**

styl.ing [stailiŋ] *podst* **1.** *(auta)* design, *(šiat)* model, *(i vlasov)* strih

styl.ish [stailiš] *príd* **1.** elegantný, vkusný, módny, moderný, štýlový

styl.is.tic [staiˈlistik] *príd* **1.** štylistický

sub.com.mit.tee [ˈsabkəˌmiti] *podst* **1.** podvýbor

sub.con.scious [sabˈkonšəs] **I.** *podst* **1.** *(psych)* podvedomie; **II.** *príd* **2.** *(psych)* podvedomý, mimovoľný

to sub.due [səbˈdju:] **1.** *(krajinu, ľudí)* podrobiť si, *(vzbúrencov, i zvieratá)* skrotiť, *(vzburu)* potlačiť; **2.** držať na uzde, *(strach)* zahnať; **3.** *(hlas, svetlo)* pritlmiť, *(bolesť)* tíšiť, mierniť . *Syn* ⇨ **to conquer**

sub.dued [səb'dju:d] *príd* **1.** tichý, zarazený, zachmúrený, *(nálada)* pochmúrny; **2.** *(hlas, svetlo)* tlmený, *(farby)* triezvy

sub.ject [sabdžikt] **I.** *podst* **1.** *(pol)* štátny príslušník, občan, *(kráľa)* poddaný; **2.** téma, predmet, námet; **3.** odbor, disciplína, špecializácia; **4.** *(gram)* podmet, subjekt; **II.** *príd* **5.** ujarmený, zotročený, neslobodný, podliehajúci, závislý, podriadený, vystavený; **6.** *(na čo)* viazaný, prístupný; **7.** *(k čomu)* náchylný. *Syn*: theme, topic, text

sub.jec.tive [səb'džektiv] *príd* **1.** subjektívny

sub.lime [sə'blaim] *príd* **1.** veľkolepý, úchvatný, ušľachtilý, vznešený, *(ifm)* fantastický; **2.** *(ifm)* úplný, vrcholný, dôstojný, dokonalý, mimoriadny, *(básn)* pyšný . *Syn* ⇨ **splendid**

sub.ma.rine [ˌsabmə'ri:n] **I.** *podst* **1.** *(nám)* ponorka; **II.** *príd* **2.** *(život, kábel)* podmorský

to sub.merge [səb'mə:dž] **I.** *prech* **1.** ponoriť; **2.** *(vodou)* zaplaviť; **II.** *nepr* **3.** ponoriť sa, potopiť sa

sub.mis.sion [səb'mišn] *podst* (**~ to sb/ st**) **1.** podrobenie sa, kapitulácia; **2.** poslušnosť, pokora; **3.** podanie, predloženie, odovzdanie

to sub.mit [səb'mit] **I.** *prech* **1.** predložiť, podať; **II.** *nepr* **2.** podrobiť sa, podriadiť sa, *(fml)* skloniť hlavu [pred kým], *(voj)* vzdať sa, pokoriť sa; **3.** *(návrh komu)* predložiť. *Syn* ⇨ **to surrender**

sub.or.di.nate [sə'bo:dinit] **I.** *podst* **1.** podriadený človek, niečo vedľajšie/ podradné; **II.** *príd* **2.** podriadený; **3.** sekundárny, *(i gram)* vedľajší

sub.poe.na [səb'pi:nə] *podst* **1.** *(práv)* súdne predvolanie

to sub.scribe [səb'skraib] **1.** *(peniaze)* upísať, prispieť

sub.scrib.er [səb'skraibə] *podst* **1.** *(časopisu, novín)* predplatiteľ, odberateľ; **2.** abonent; **3.** *(tel)* účastník

sub.scrip.tion ['sabˌskripšən] *podst* **1.** predplatné, abonmán; **2.** členské príspevky, *(fin)* úpis, *(peňažný)* príspevok; **3.** *(fin)* subskripcia; **4.** *(s čím)* súhlas, *(k čomu)* prihlásenie sa; **5.** *(svedecký)* podpis; **6.** zbierka; **7.** *(telefónny)* poplatok

sub.se.quent [sabsikwənt] *príd* **1.** nasledujúci, následný, ďalší, neskorší

sub.ser.vi.ent [səb'sə:vjənt] *príd* **1.** servilný, podlízavý, pätolizačský, ponížený, slúžiaci, služobnícky, prospešný. *Syn* ⇨ **servile**

to sub.side [səb'said] **1.** *(zem)* sadať si, *(voda)* opadnúť, vracať sa do svojho koryta, *(hladina)* klesať; **2.** *(búrka, vietor)* utíchnuť, upokojiť sa, *(horúčka)* klesnúť; **3.** *(nános)* usadiť sa. *Syn* ⇨ **to wane**

sub.si.di.a.ry [səb'sidjəri] **I.** *podst* **1.** dcérska spoločnosť, filiálka; **II.** *príd* **2.** dcérsky, pobočný; **3.** vedľajší, druhoradý, pridružený, priradený, pomocný

to sub.si.dize [sabsidaiz] (i **-ise**) **1.** subvencovať, dotovať, *(finančne)* podporovať, prispievať, podporovať, vydržiavať, podplácať

sub.si.dy [sabsidi] *podst* (mn **-ies**) **1.** subvencia, dotácia, podpora, príspevok, pôžička

sub.sis.tence [səb'sistəns] *podst* **1.** živobytie, obživa, výživa, zdroj živobytia; **2.** jestvovanie, existencia; **3.** *(filozof)* bytosť; **4.** podstata, bytie, existenčné minimum

sub.stance [sabstəns] *podst* **1.** látka, hmota, materiál, substancia; **2.** *(požiadavky, reklamácie)* opodstatnenie; **3.** *(knihy)* obsah; **4.** *(náb, prn)* podstata; **5.** váha, závažnosť

sub.stan.tial [səb'stænšəl] *príd* **1.** *(jedlo)* výdatný, *(potravina)* výživný, *(nábytok, stavba)* pevný; **2.** značný, podstatný, výrazný; **3.** zámožný, majetný, prosperujúci; **4.** skutočný; **5.** *(fyloz)* hmotný

to sub.stan.ti.ate [səb'stænšieit] **1.** opodstatniť, dokázať, zdôvodniť, doložiť, preukázať; **2.** uskutočniť, stelesniť; **3.** posilniť. *Syn* ⇨ **to confirm**

sub.stan.tive [sabstəntiv] **I.** *podst* **1.** *(gram)* substantívum, podstatné meno; **II.** *príd* **2.** dôležitý; **3.** značný, podstatný; **4.** závažný, existenčný, bytostný; **5.** samostatný

to sub.sti.tute [sabstitju:t] **1.** nahradiť, zastúpiť, suplovať, dosadiť, použiť

sub.ter.ra.ne.an [ˌsabtə'reinjən] *príd* **1.** podzemný, jaskynný, skrytý, tajný

sub.tle [satl] *príd* {**-r, -st**} **1.** *(tlak, parfum)* jemný, nepatrný, sotva znateľný, subtílny; **2.** bystrý; **3.** dômyselný, rafinovaný, *(odpoveď)* duchaplný, *(narážka)* skrytý

sub.tle.ty [satlti] *podst* (mn **-ies**) **1.** jemnosť, subtílnosť, zastretosť; **2.** bystrosť; **3.** dômyselnosť, rafinovanosť, duchaplnosť, finesa

to sub.tract [səb'trækt] (**~ st [from st]**) **1.** *(mat)* odčítať

sub.urb [sabə:b] *podst* **1.** predmestie, *(pl)* okraj, okrajová časť [čoho]

sub.ur.ban [sə'bə:bən] *príd* **1.** predmestský, prímestský; **2.** *(pej)* malomeštiacky, konvenčný

sub.ver.sion [səb'və:šn] *podst* **1.** podvracanie, subverzia

sub.ver.sive [səb'və:siv] **I.** *podst* **1.** rozvracač, podvratný živel; **II.** *príd* **2.** *(pol)* podvratný, rozvratný, rozbíjačský, subverzný

to sub.vert [sab'və:t] **1.** podvracať, rozvrátiť, podkopať, zničiť; **2.** korumpovať, *(vládu)* zvrhnúť

sub.way [sabwei] *podst* (mn **-ays**) **1.** *(br)* podchod pre chodca; **2.** *(am)* metro

to suc.ceed [sək'si:d] **1.** mať úspech, dosiahnuť úspech, vydariť sa, podariť sa; **2.** nasledovať, byť nástupcom, nastúpiť. *Syn*: to prosper, to flourish, to thrive, ⇨ aj **to follow** . *Opoz*: to fail

suc.cess [sək'ses] *podst* (mn **-es**) **1.** úspech, zdar, úspešný človek

suc.cess.ful [sək'sesful] *príd* **1.** úspešný, zdarný, podarený, vydarený, korunovaný úspechom, šťastný

suc.ces.sion [sək'sešən] *podst* **1.** rad, sled, séria, poradie; **2.** *(na trón)* nástup, *(čoho)* prevzatie, *(do čoho)* nastúpenie, následníctvo, nástupníctvo, následnosť, nasledovanie, postupnosť. *Syn* ⇨ **series**

suc.ces.sive [sək'sesiv] *príd* **1.** postupný, následný, za sebou idúci, ďalší

suc.ces.sor [sək'sesə] *podst* **1.** následník, následníčka, nástupca, nástupkyňa, dedič, dedička

suc.cinct [sək'siŋkt] *príd* **1.** stručný, lapidárny, pregnantný. *Syn* ⇨ **concise**

suc.cu.lent [sakjulənt] **I.** *podst* **1.** *(bot)* sukulent; **II.** *príd* **2.** šťavnatý, chutný; **3.** *(bot)* dužinatý, sukulentný; **4.** *(prn)* výrazný

to suc.cumb [sə'kam] (**~ to st**) **1.** podľahnúť. *Syn* ⇨ **to yield**

such [saæ] *príd* **1.** taký, takýto, podobný, tento; **2.** *(ifm)* ten a ten, krásny, veľký

to suck [sak] **I.** *prech* **1.** *(z prs, slamkou)* sať, cicať, *(cukrík)* cumlať; **II.** *nepr* **2.** *(nápoj)* sať; **3.** *(am sl)* byť odporný

suck.er [sakə] *podst* **1.** *(hmyzu)* ciciak, *(pijavice, chobotnice)* prísavka; **2.** *(bot)* odnož, koreňový výmladok; **3.** *(am)* lízanka; **4.** *(ifm)* trúba, truľo; **5.** *(am ifm)* hlupáčik; **6.** dojča, ciciak

sud.den [sadn] *príd* **1.** náhly, neočakávaný, nepredvídaný, prudký . *Syn*: precipitate, abrupt, impetuous. *Opoz*: deliberate

suede [sweid] *podst* **1.** semiš, velúr

to suf.fer [safə] **I.** *prech* **1.** *(čím)* trpieť, mať bolesti, *(stratu, nešťastie)* zakúsiť, utrpieť stratu/ prehru; **2.** znášať; **3.** *(fml)* dovoliť; **II.** *nepr* **4.** *(bolesť, nepohodlie)* trpieť. *Syn* ⇨ **to bear, to let**

suf.fer.ing [safəriŋ] **I.** *podst* **1.** utrpenie, trápenie, súženie, muka, útrapy, bolesť; **II.** *príd* **2.** trpiaci. *Syn* ⇨ **distress**

to suf.fice [sə'fais] (**~ for st / sb**) **1.** *(fml)* stačiť, postačiť, byť dostačujúci

suf.fi.cien.cy [sə'fišnsi] *podst* (mn **-ies**) **1.** dostatok, dostatočné množstvo

suf.fi.cient [sə'fišənt] *príd* (**~ for st/ sb**); (**~ to do st**) **1.** *(vše)* dostačujúci, dostatočný, *(kus)* poriadny; **2.** *(i fil)* postačujúci. *Syn*: enough, adequate . *Opoz*: deficient, inadequate

to suf.fo.cate [safəkeit] **I.** *nepr* **1.** udusiť sa, zadusiť sa; **2.** dusiť sa; **II.** *prech* **3.** udusiť, zadusiť

su.gar [šugə] *podst* **1.** cukor; **3.** *(bot sugar beet: Beta vulgaris)* repa [cukrová]; **2.** kocka cukru; **4.** *(prn)* lichotenie; **5.** *(slg)* groše, fuky; **6.** *(ifm ob am)* zlatko

to sug.gest [sə'džest] **1.** navrhnúť, odporúčať; **2.** naznačiť, *(čomu)* nasvedčovať, prezrádzať, svedčiť [o čom]; **3.** *(vyvolávať spomienky)* pripomínať. *Syn*: to imply, to hint, to intimate, to insinuate

sug.ges.tion [sə'džesæən] *podst* **1.** návrh, odporúčanie, rada; **2.** implikácia, naznačenie; **3.** štipka, náznak; **4.** *(psych)* sugescia

sug.ges.tive [sə'džestiv] *príd* **1.** *(psych)* sugestívny; **2.** pripomínajúci, podnetný; **3.** dvojzmyselný, šteklivý, provokatívny

su.i.cid.al [sjui'saidl] *príd* **1.** samovražedný

su.i.cide [sjuisaid] *podst* **1.** *(lit)* samovražda; **2.** samovrah, samovrahyňa

suit [sju:t] *podst* **1.** *(pánsky)* oblek, šaty, *(dámsky)* kostým, súprava bielizne; **2.** *(práv)* žaloba, spor, trestné pojednávanie; **3.** *(kart)* farba; **4.** *(zast, fml)* úpenlivá prosba

suite [swi:t] *podst* **1.** súprava, zariadenie, garnitúra; **2.** *(hud)* suita; **3.** družina, sprievod, suita; **4.** *(v hoteli)* apartmán; **5.** rad

suit.or [sju:tə] *podst* **1.** *(dtd)* nápadník, pytač, ctiteľ, uchádzač; **2.** *(práv)* žalobca, žalobkyňa; **3.** *(zast)* dvoran, žiadateľ

sul.len [salən] *príd* **1.** mrzutý, nevrlý, rozmrzený; **2.** *(i prn)* zachmúrený, zamračený, tvrdohlavý, nazlostený, ťažkopádny, uzavretý, zatrpknutý, temný, melancholický; **3.** *(mraky)* olovený, ako olovo. *Syn*: glum, morose, surly, sulky. *Opoz*: genial, amiable, good-natured

sul.phate [salfeit] *podst* (am **sulfate**) **1.** *(chem)* síran, sulfát

sul.phur [salfə] *podst* (am **sulfur**) **1.** *(chem)* síra

sul.tan [saltn] *podst* **1.** sultán

sum [sam] *podst* **1.** obnos, suma, súčet, súhrn, zhrnutie, *(mat)* úloha, obsah, príklad, počty, resumé. *Syn*: amount, aggregate, total

to sum.mar.ize [saməraiz] (i **-ise**) **1.** zhrnúť, zrekapitulovať

sum.ma.ry [saməri] **I.** *podst* **1.** zhrnutie, resumé, súhrn, prehľad; **II.** *príd* **2.** *(práv)* skrátený, stručný, súhrnný, sumárny, prehľadný; **3.** okamžitý, na hodinu. *Syn* ⇨ **abridgement**

sum.mer [samə] **I.** *podst* **1.** leto; **2.** *(pl)* roky; **II.** *príd* **3.** letný

sum.mer.time [samətaim] *podst* **1.** *(obdobie)* leto

sum.ming-up [ˌsamiŋ'ap] *podst* **1.** *(vše)* zhrnutie, rekapitulácia; **2.** *(práv)* záverečná reč sudcu

sum.mit [samit] *podst* **1.** *(i prn)* vrchol, vrcholec, končiar, temeno, *(prn)* vyvrcholenie; **2.** *(pol)* konferencia na najvyššej úrovni, samit. *Syn*: peak, climax, acme, apex, pinnacle, zenith

to sum.mon [samən] **1.** zavolať, privolať, pozvať si; **2.** *(míting, stretnutie)* zvolať; **3.** *(práv)* povolať na súd, predvolať. *Syn* ⇨ **to call**

sum.mons [samənz] *podst* (mn **summonses**) **1.** *(práv)* predvolávka, predvolanie na súd; **2.** zavolanie, predvolanie, nariadenie dostaviť sa

sump.tu.ous [samptjuəs] *príd* **1.** prepychový, nádherný, slávnostný, okázalý, nákladný, luxusný

sun [san] *podst* **1.** slnko, slniečko; **2.** slnečný svit/ žiara, slnečné teplo/ lúče, miesto na slnku, výslnie; **3.** *(bás)* rok, leto

sun.dry [sandri] **I.** *podst* **1.** rôzne, rozličný tovar, rôzne výdaje; **II.** *príd* **2.** rozličný, rozmanitý, všelijaký, rôzny

sun.flow.er ['sanˌflauə] *podst* **1.** *(bot common sunflower: Helianthus annuus)* slnečnica [ročná]

sun.glas.ses ['sanˌgla:siz] *podst* **1.** slnečné okuliare, okuliare proti slnku

sunk.en [saŋkən] *príd* **1.** *(loď)* potopený, vpadnutý, zapadnutý, zapustený, vychudnutý

sun.light [sanlait] *podst* **1.** slnečné svetlo, slnečný svit, *(prn)* slnko

sun.ny [sani] *príd* {**-ier, -iest**} **1.** slnečný; **2.** optimistický, príjemný, milý, *(úsmev)* radostný, šťastný, *(prn)* jasný, žiarivý, zlatý, usmievavý

sun.rise [sanraiz] *podst* **1.** východ slnka, svitanie

sun.set [sanset] *podst* **1.** západ slnka, súmrak, stmievanie, podvečer, večerné zore; **2.** *(prn)* večer, jeseň

sun.shine [sanšain] *podst* **1.** slnečný svit, slnečné svetlo, slnko, slnečno, výslnie; **2.** *(prn)* šťastie, jas

su.per [sju:pə] **I.** *podst* **1.** policajný komisár; **2.** *(film, div ifm)* štatista; **3.** najlepšia/ nadbytočná vec, príma; **II.** *príd* **4.** báječný, fantastický, senzačný, fajn, ohromný, skvelý, ohurujúci

su.perb [sju(:)'pə:b] *príd* **1.** nádherný, skvostný, znamenitý, bezchybný, príma, veľkolepý, skvelý; **2.** *(zool)* krásne sfarbený. *Syn* ⇨ **splendid**

su.per.fi.cial [ˌsju:pə'fišəl] *príd* **1.** povrchný, vonkajší, povrchový, *(prn)* povrchný, plytký; **2.** *(miera)* plošný. *Syn*: shallow, cursory. *Opoz*: deep, profound, deliberate

su.per.flu.ous [sju(:)'pə:fluəs] *príd* **1.** nadbytočný, prebytočný, zbytočný, nepotrebný, hojný

to su.per.im.pose [ˌsju:pərim'pəuz] **1.** prekryť, *(polyg)* pretlačiť pritisnutím, superponovať, položiť, navrstviť

su.pe.ri.or [sju:'piəriə] *príd* **1.** nadriadený, vedúci; **2.** *(hodnosťou)* vyšší; **3.** *(náb)* predstavený, predstavená; **4.** *(končatina)* horný; **5.** povýšenecký, pyšný, namyslený; **6.** *(pej)* povýšený, nadradený; **7.** *(tovar)* výberový, prvotriedny, kvalitnejší, lepší, *(kvalita)* vynikajúci

su.per.la.tive [sju:'pə:lətiv] *príd* **1.** vynikajúci, nedosiahnuteľný; **2.** vrcholný; **3.** *(gram)* superlatívny

su.per.mar.ket ['sju:pəˌma:kit] *podst* **1.** supermarket, veľká samoobsluha

su.per.na.tur.al [ˌsju:pə'næærəl] **I.** *podst* **1.** nadprirodzenosť; **II.** *príd* **2.** nadprirodzený, mimosvetský, mimoriadny

su.per.po.wer ['sju:pəˌpauə] *podst* **1.** *(pol)* superveľmoc

to su.per.sede [ˌsju:pə'si:d] **1.** vystriedať, vymeniť, zameniť, nahradiť, nastúpiť na čie miesto, vytlačiť, prekonať; **2.** zosadiť, odstrániť; **3.** zatlačiť, *(čo)* rozmyslieť si; **4.** *(práv)* zastaviť konanie. *Syn* ⇨ **to replace**

su.per.son.ic [ˌsju:pə'sonik] *príd* **1.** *(fyz, let)* nadzvukový, *(fyz)* ultrazvukový, *(škol slg)* fantastický, senzačný

su.per.star [sju:pəsta:] *podst* **1.** superhviezda, superstar

su.per.sti.tion [ˌsju:pə'stišən] *podst* **1.** povera, *(zast)* modloslužobníctvo

su.per.sti.tious [ˌsju:pə'stišəs] *príd* **1.** poverčivý

to su.per.vise [sju:pəvaiz] **I.** *prech* **1.** dozerať [na koho/ čo], *(deti)* strážiť; **2.** riadiť, spravovať; **II.** *nepr* **3.** dávať pozor, mať dozor, kontrolovať

su.per.vi.sion [ˌsju:pə'vižən] *podst* **1.** dozor, kontrola, *(nad kým)* dohľad, riadenie, *(i škol)* inšpekcia, vrchný dozor

su.per.vis.or [sju:pəvaizə] *podst* **1.** dozorca, kontrolór, *(nad pracovníkmi)* dohliadač, inšpektor, *(br univ)* školiteľ, *(v úrade)* vedúci, *(pedagogický)* konzultant, *(am)* starosta

su.per.vis.o.ry [sju:pəvaizri] *príd* **1.** dozorca

sup.per [sapə] *podst* **1.** večera, slávnostná večera, hlavné jedlo dňa, banket, recepcia

to sup.plant [sə'pla:nt] **1.** nahradiť, vymeniť, vytlačiť, vyštvať, *(prn)* vyhodiť zo sedla, vytisnúť, vypichnúť, vystrnadiť. *Syn* ⇨ **to replace**

sup.ple [sapl] *príd* **1.** pružný, ohybný, poddajný, vláčny, povoľný; **2.** bystrý; **3.** *(prn)* servilný, pätolízačský; **4.** elastický, hladký, čulý, čiperný, ústupčivý. *Syn* ⇨ **elastic**

to sup.ple.ment [saplimənt] (**~ st [with st]**) **1.** doplniť, dodať, pridať

sup.ple.men.ta.ry [ˌsapli'mentri] *príd* (**~ to st**) **1.** doplnkový, dodatkový, dodatočný; **2.** *(geom: uhol)* výplnkový

to sup.ply [splai] (mč, mp **supplied**) **1.** *(čím)* zásobovať, dodať, dodávať, *(o čo)* postarať sa, poskytnúť; **2.** uspokojiť, nahradiť, vynahradiť, zaobstarať, doplniť, zastúpiť

sup.port [sə'po:t] *podst* **1.** *(tech)* podpera, *(stav)* nosník, pilier, podstavec, stojan; **2.** *(prn)* opora, *(i fin)* podpora; **3.** obživa; **4.** *(hudba, spev)* sprievod, sprievodný hlas, *(div)* herec hrajúci vedľajšiu úlohu

to sup.port [sə'po:t] **1.** *(stav, tech)* podopierať, niesť; **2.** *(kampaň, stranu)* podporovať, byť solidárny [s kým/ čím], sympatizovať [s kým/ čím], *(myšlienku, opatrenie, návrh)* presadzovať, odporúčať, *(teóriu, dôkaz)* potvrdiť; **3.** *(peniazmi)* vydržiavať, *(deti)* živiť; **4.** *(špo: čomu)* fandiť; **5.** *(zlé správanie)* zniesť. *Syn*: to uphold, to sustain, to maintain, to advocate, to back, to back up

sup.port.er [sə'po:tə] *podst* **1.** *(pol)* stúpenec, prívrženec, podporovateľ, mecenáš;

2. *(špo)* fanúšik; 3. nosič, opora; 4. *(tech)* koleno, *(nám)* konzola. *Syn* ⇨ **follower**

to sup.pose [sə'pəuz] 1. predpokladať, domnievať sa; 2. myslieť si že, predpokladať že, dúfať že; 3. pripustiť, vyžadovať

sup.posed [sə'pəuzd] *príd* 1. predpokladaný, zdanlivý, údajný, domnelý, pravdepodobný, hypotetický, teoretický

to sup.press [sə'pres] 1. *(povstanie, vzburu)* potlačiť, zadržať; 2. *(informácie)* utajiť, zatajiť, *(i pravdu)* ututlať, zamlčať, *(noviny)* zakázať, *(odstavec)* vypustiť, vyškrtnúť; 3. *(city)* premôcť, *(čomu)* brániť sa

su.prem.a.cy [sju'preməsi] *podst* (mn **-ies**) 1. nadvláda, supremácia

su.preme [sju:'pri:m] *príd* 1. zvrchovaný, najvyšší, hlavný, vrchný, vrcholný; 2. krajný, kritický; 3. rozhodný, rozhodujúci

sur.charge [sə:æa:dž] *podst* (~ **on st**) 1. prirážka, príplatok, doplatné, doplatok, predraženie; 2. preťaženie, preplnenie, precenenie; 3. pokuta

sure [šuə] I. *príd* 1. istý, bezpečný, pevný; 2. neklamný, spoľahlivý, zaručený, dôveryhodný; 3. skúsený, neomylný, opodstatnený, solídny; 4. *(smrť)* nevyhnutný, *(zastar)* chránený; II. *prísl* 5. *(am)* naozaj, určite, iste, ako sa patrí; 6. veru, teda; 7. poriadne; 8. akože. *Syn*: certain, confident, positive. *Opoz*: doubtful

sure.ly [šuəli] *prísl* 1. iste, istotne, bezpochyby, nepochybne; 2. *(ob am)* zaiste, rád; 3. predsa

surf [sə:f] *podst* 1. spenené vlny, penivý morský príboj, vlnobitie, morská pena; 2. *(špo i prn)* surfing, surfovanie

sur.face [sə:fis] I. *podst* 1. povrch, hladina, *(mot)* povrch vozovky, *(i geom)* vonkajšia strana, plocha; 2. poťah, plášť, obloženie; 3. pracovná plocha; 4. *(prn)* vonkajšok, vonkajší vzhľad; II. *príd* 5. *(i ling)* povrchový, *(geom)* plošný, *(lek, i prn)* povrchný; 6. pozemný, námorný; 7. *(prn)* zdanlivý, predstieraný

to sur.face [sə:fis] I. *prech* 1. opatriť kobercom; II. *nepr* 2. vynoriť sa, vyplávať na povrch; 3. vyjsť na povrch, vyjsť na svetlo, prejaviť sa; 4. *(prn)* znovu sa objaviť

surf.ing [sə:fiŋ] *podst* 1. *(jazda na vlnách morského príboja)* surfing

surge [sə:dž] *podst* (~ **of/ in st**) 1. *(mora, vĺn)* vzdúvanie, *(nadšenia)* vlna, *(prudké)* vlnobitie, *(prn)* poryv, *(vody)* príval; 2. *(fin: cien)* prudký vzostup; 3. *(špo)* šprint

sur.geon [sə:džən] *podst* 1. chirurg, chirurgička, *(vojenský)* lekár, *(zast)* felčiar

sur.ge.ry [sə:džəri] *podst* (mn **-ies**) 1. *(lek)* chirurgia, chirurgický zákrok; 2. *(br)* ordinácia

sur.gi.cal [sə:džikəl] *príd* 1. operačný, chirurgický, ortopedický, obväzový, vyžadujúci chirurgický zákrok

to sur.mount [sə:'maunt] 1. zdolať prekážku, prekonať, premôcť; 2. prevyšovať, týčiť sa [nad]; 3. pokrývať, korunovať, zdobiť; 4. *(na horu)* vyšplhať sa

sur.name [sə:neim] *podst* 1. priezvisko, rodné meno

sur.plus [sə:pləs] (mn **-es**) I. *podst* 1. nadbytok, prebytok, zvyšok; 2. *(obch)* zisk, *(am)* kapitálová rezerva, kapitálový fond spoločnosti; II. *príd* 3. prebytočný, nadbytočný, rezervný

sur.prise [sə'praiz] I. *podst* 1. prekvapenie, úžas, údiv; 2. *(voj)* prepadnutie; II. *príd* 3. prekvapujúci, neočakávaný, neohlásený; 4. *(útok)* náhly

sur.pris.ing [sə'praiziŋ] *príd* 1. prekvapivý, prekvapujúci

sur.real [sə'ri:l] *príd* 1. bizarný, fantastický, neskutočný

sur.real.ist [sə'riəlist] *príd* 1. *(art)* surrealistický

sur.rend.er [sə'rendə] *podst* 1. *(voj)* kapitulácia; 2. *(zbraní)* vydanie, odovzdanie, *(ekon)* cesia; 3. odkúpenie ; 4. *(čomu: radosti)* oddanie sa, *(do zúfalstva)* prepadnutie

to sur.rend.er [sə'rendə] I. *nepr* 1. vzdať sa, kapitulovať; 2. *(prn: čomu)* oddať sa, *(čomu)* prepadnúť; II. *prech* 3. vydať, odovzdať, odkúpiť. *Syn*: to relinquish, to yield, to submit, to resign

sur.rep.ti.tious [ˌsarəp'tišəs] *príd* 1. kradmý, letmý, tajný, skrytý, pokútny

sur.ro.gate [sarəgit] *podst* (~ **for st/ sb**) 1.

náhrada, náhradník, surogát; **2.** *(náb)* svätiaci/ pomocný biskup, zástupca; **3.** *(am)* civilný sudca

to sur.round [sə'raund] **1.** obklopiť, obohnať, obstúpiť, *(voj)* obkľúčiť; **2.** žiť v okolí, krútiť sa okolo

sur.round.ings [sə'raundiŋz] *podst* **1.** okolie; **2.** *(rodinné, životné)* prostredie, životné podmienky

sur.veil.lance [sə:'veiləns] *podst* **1.** *(policajný)* dohľad, dozor

sur.vey [sə:wei] *podst* (mn **-eys**) **1.** zememeračský prieskum, vymeriavanie, mapovanie, *(topografický)* plán; **2.** znalecký posudok; **3.** prehľad, prehliadka, prieskum, *(i sociol)* anketa, súhrn, náčrt, *(znalecká)* obhliadka, dozor, inventúra, inšpekcia, odhad

to sur.vey [sə:'vei] **1.** posúdiť, urobiť znalecký posudok čoho, vymerať; **2.** skúmať, preskúmať, študovať, robiť prieskum čoho; **3.** pozorovať, prehliadať

sur.vey.or [sə(:)'veiə] *podst* **1.** zememerač, geometer, topograf, prieskumník, *(úradný)* odhadca, inšpektor

sur.vi.val [sə'vaivəl] *podst* **1.** prežitie; **2.** pozostatok, zvyšok, prežitok

to sur.vive [sə'vaiv] **1.** prežiť, zostať na žive, *(zvyky)* udržať sa; **II.** *prech* **2.** *(chorobu)* prestáť, *(z čoho)* vyviaznuť, *(zimu)* prečkať; **3.** *(koho)* prežiť. *Syn* ⇨ **to outlive**

sur.viv.or [sə'vaivə] **1.** človek, ktorý prežil; **2.** *(práv)* pozostalý

sus.cep.ti.bi.li.ty [səˌseptə'biləti] *podst* (mn **-ies**) **1.** sklon, náchylnosť; **2.** prístupnosť, ovplyvniteľnosť; **3.** citovosť

sus.cep.ti.ble [sə'septəbl] *príd* **1.** *(k čomu)* náchylný, chúlostivý, *(čomu)* vystavený; **2.** *(čomu)* prístupný; **3.** citový, citovo založený, citlivý, vnímavý

to su.spect [sə'spekt] **1.** podozrievať, mať pochybnosti o čom, pochybovať, nedôverovať; **2.** tušiť, šípiť, obávať sa že, mať podozrenie že

to su.spend [sə'spend] **1.** prerušiť, dočasne zastaviť, *(práv: vypočúvanie)* odložiť; **2.** suspendovať, dočasne vylúčiť, zbaviť [koho] dočasne úradu, zastaviť [komu] činnosť; **3.** zavesiť, visieť. *Syn* ⇨ **to adjourn**, **to exclude**

su.spense [sə'spens] *podst* **1.** napätie, *(lit, film)* dejové napätie, napínavosť; **2.** očakávanie, neistota, pochybnosť; **3.** obavy; **4.** odklad, odročenie

su.spen.sion [sə'spenšən] *podst* **1.** zavesenie, vznášanie sa; **2.** prerušenie, odloženie, odročenie; **3.** suspendovanie, dočasné vylúčenie, *(špo)* zastavenie činnosti, *(sl)* dištanc; **4.** *(chem)* suspenzia; **5.** *(aut)* perovanie

su.spic.ion [sə'spišən] *podst* **1.** *(z viny)* podozrenie, tušenie; **2.** nedôvera; **3.** stopa, štipka, náznak; **4.** nádych, príchuť

su.spic.i.ous [sə'spišəs] *príd* **1.** podozieravý, nedôverčivý; **2.** podozrivý

to sus.tain [sə'stein] **1.** niesť, držať, podopierať; **2.** udržať naživе, *(rodinu)* vydržiavať, živiť, dávať [komu] silu, byť [komu] útechou; **3.** vydržať, nepoľaviť [v čom]; **4.** *(hud)* udržať tón; **5.** *(teóriu)* potvrdiť, doložiť, *(s čím)* súhlasiť, *(čo)* uznať; **6.** *(stratu, neprávosť)* utrpieť. *Syn* ⇨ **to support**

sus.tain.a.ble [sə'steinəbl] *príd* **1.** *(ekol: rast, rozvoj)* trvajúci, udržateľný; **2.** *(poplatky)* únosný

to swal.low ['swaləv] **I.** *prech* **1.** prehltnúť, *(ifm)* zhltnúť, premôcť, potlačiť

swamp [swomp] *podst* **1.** močarina, močiar, močarisko

swan [swon] *podst* **1.** *(zool: Cygnus)* labuť; **2.** *(prn)* pevec, básnik

swas.ti.ka [swostikə] *podst* **1.** hákový kríž, svastika

swathe [sweið] *podst* **1.** *(poľn)* pokosený riadok, záber kosy; **2.** *(široký)* pruh, pás

to sway [swei] **I.** *nepr* **1.** kývať sa, hojdať sa, kymácať sa, kolísať sa v bokoch, potácať sa; **II.** *prech* **2.** *(prn)* ovplyvniť, *(koho)* prehovoriť, zapôsobiť [na koho/ čo]. *Syn* ⇨ **to affect**

to swear [sweə] (mč **swore** mp **sworn**) **I.** *prech* **1.** *(vše)* prisahať, odprisahať, zaprisahávať sa; **II.** *nepr* **2.** prisahať, zložiť prísahu; **3.** kliať, hromžit, nadávať

sweat [swet] *podst* **1.** pot; **2.** potenie, spotenie, *(lek)* vypotenie sa; **3.** orosenie; **4.** námaha, hrdlačenie, lopota, drina, drhnutie; 5. vlhnutie

sweat.er [swetə] *podst* **1.** sveter, pulóver; **2.** vykorisťovateľ, zdierač; **3.** *(ifm)* drina, prostriedok na vypotenie sa

sweat.shirt [ˌsweťšæt] *podst* **1.** bavlnená bunda, tričko s dlhým rukávom, mikina

sweat.y [sweti] *príd* **1.** *(človek)* spotený, *(oblečenie)* prepotený, *(ruka)* vlhký; **2.** *(deň)* sparný, horúci

Swede [swi:d] *podst* **1.** Švéd, Švédka

to sweep [swi:p] (mč, mp **swemč**) **I.** *prech* **1.** *(izbu, dlážku)* zametať, *(sneh)* odmiesť, *(komín)* vymiesť; **2.** *(les)* prečesávať, *(mínové pole)* odmínovávať, preletieť [čo] očami; **II.** *nepr* **3.** *(metlou)* zametať; **4.** *(majestátne)* niesť sa

sweep.ing [swi:piŋ] *príd* **1.** široký, panoramatický; **2.** *(prn)* prenikavý, presvedčivý, drastický, radikálny, ďalekosiahly, paušálny, všeobecný, splývajúci, rýchly

sweet [swi:t] **I.** *podst* **1.** *(br)* **1.** cukrík, maškrta, múčnik, *(pl)* sladkosti, cukrovinky; **3.** príjemnosť; **4.** miláčik; **5.** radosti/ plody života; **II.** *príd* **6.** sladký, *(i víno)* dezertný; **7.** *(mlieko)* čerstvý, *(vzduch, dych)* svieži, *(vôňa)* príjemný; **8.** medový, melodický; **9.** milý, láskavý, sympatický, *(dieťa)* rozkošný, milučký

to sweet.en [swi:tn] **1.** osladiť, zosladnúť; **2.** *(prn)* chlácholiť, upokojiť, zmieriť; **3.** dať úplatok, podmastiť; **4.** osviežiť; **5.** spríjemniť; **6.** *(pôdu)* povápniť, *(chem)* neutralizovať

sweet.en.er [swi:tnə] *podst* **1.** *(lit)* sladidlo; **2.** *(ifm)* bakšiš, diškrécia, úplatok

sweet.heart [swi:tha:t] *podst* **1.** milý, milá, *(niečí)* chlapec, *(niečie)* dievča, milenec, milenka, miláčik, srdiečko

to swell [swel] (mč **swelled** mp **swollen/ swelled**) **I.** *prech* **1.** *(čísla)* zvýšiť, *(drevo)* nechať napučať, spôsobiť napučanie; **II.** *nepr* **2.** *(strukoviny)* napučať, *(časť tela)* napuchnúť, *(balón)* nafúknuť sa; **3.** *(populácia, dlhy)* narastať, zväčšiť sa; **4.** vzduť sa, nadúvať sa; **5.** *(zvuk, zdravie)* silnieť, mohutnieť. *Syn* ⇨ **to expand**

swell.ing [sweliŋ] *podst* **1.** *(lek)* opuchlina, opuchnutie, opuch, zdurenina, zdurenie, vyvýšenina

to swerve [swə:v] **I.** *prech* **1.** *(auto)* stočiť, dať [čomu] falš; **II.** *nepr* **2.** prudko uhnúť, prudko sa vyhnúť, *(lietadlo, loď)* prudko vybočiť z dráhy/ kurzu, dostať falš; **3.** *(prn: od čoho)* odchýliť sa, *(z čoho)* zísť. *Syn* ⇨ **to deviate**

swift [swift] **I.** *podst* **1.** *(zool: Apus apus)* dážďovník; **2.** *(zool: Sceloporus undulatus)* jašterica; **3.** bystrý prúd, bystrina; **II.** *príd* **4.** rýchly, bleskový, bleskurýchly, okamžitý; **5.** vrtký; **6.** *(reakcia, odpoveď)* promptný, okamžitý, pohotový, prudký; **7.** *(rieka)* bystrý, *(smrť)* náhly, *(prevod peňazí)* bezprostredný, šikovný; **8.** *(dievča)* povoľná. *Syn* ⇨ **fast**

to swim [swim] [-mm-] (mč **swam** mp **swum**) **I.** *prech* **1.** plávať; **2.** uplávať, preplávať; **3.** plaviť; **II.** *nepr* **4.** plávať, *(na vode)* vznášať sa, preplaviť, točiť sa, motať sa, *(v bohatstve)* topiť sa

swim.mer [swimə] *podst* **1.** plavec, plavkyňa; **2.** *(zool)* potápka, plavák

to swin.dle [swindl] (**~ sb/ st [out of st]**) **1.** ošudiť, podviesť. *Syn* ⇨ **to cheat**

swine [swain] *podst* **1.** *(lit)* prasa, *(prn pej)* sviňa, dobytok; **2.** paholok, *(chlap)* naničhodník, špinavec, beštia

swing [swiŋ] *podst* **1.** hojdanie, kývanie, krútenie, kolísanie; **2.** výkyv; **3.** rozkmit, *(špo)* švih; **4.** hojdačka; **5.** zmena, obrat, posun; **6.** swing, *(swingová)* hudba

to swing [swiŋ] (mč, mp **swung**) **I.** *nepr* **1.** hojdať sa, rozhojdať sa, knísať sa, kývať sa; **2.** visieť; **3.** zahnúť, zatočiť; **4.** *(o hudbe)* mať švih; **II.** *prech* **5.** *(čím)* hojdať, pohybovať [čím] sem a tam; **6.** *(názor)* ovplyvniť. *Syn*: to sway, to oscillate, to vibrate, to fluctuate, to undulate

to swipe [swaip] **1.** praštiť, udrieť, *(do čoho)* kopnúť, *(čo)* napáliť; **2.** *(ifm)* šlohnúť, potiahnuť, ukradnúť, odpáliť; **3.** vypiť na ex

to swirl [swə:l] **I.** *prech* **1.** víriť, zvíriť, rozvíriť; **II.** *nepr* **2.** víriť sa, tvoriť víry; **3.** kúdoliť sa; **4.** krúžiť

to swish [swiš] **I.** *nepr* **1.** špliechať, šumieť, šelestiť, fičať; **II.** *prech* **2.** *(čím)* švihnúť,

(čím) zašušťať
Swiss [swis] (mn **-es**) **I.** *podst* **1.** Švajčiar, Švajčiarka; **II.** *príd* **2.** švajčiarsky
switch [swiæ] *podst* (mn **-es**) **1.** *(ele)* vypínač, *(tech)* spínač, prepínač, *(na rádiu, televízii)* gombík; **2.** *(žel am, kan)* výhybka; **3.** trstenica, prút, jazdecký bičík; **4.** falošný vrkoč; **5.** výmena, zmena, *(na čo/ k čomu)* prechod, zvrat
switch.board [swiæbo:d] *podst* **1.** *(tel)* centrála; **2.** *(ele)* rozvodná doska, rozvádzač, prepojovač
to swi.vel [swivl] [-ll-, am -l-] **1.** *(čím)* otočiť, otáčať sa
sword [so:d] *podst* **1.** meč, šabľa, kord
syll.a.ble [siləbl] *podst* **1.** *(ling)* slabika
syl.la.bus [siləbəs] *podst* (mn **syllabuses/ syllabi**) **1.** *(škol, univ)* študijný program, učebné osnovy; **2.** *(fml)* sylabus
sym.bol [simbəl] *podst* **1.** symbol, znak, značka
sym.bol.i.sm [simbəlizm] *podst* **1.** symbolika, *(art, lit)* symbolizmus
sym.met.ri.cal [si'metrikl] *príd* (i **symmetric**) **1.** symetrický, súmerný
sym.met.ry [simitri] *podst* (mn **-ies**) **1.** symetria, súmernosť. *Syn*: proportion, harmony, balance
sym.pa.thet.ic [ˌsimpə'θetik] *príd* **1.** súcitný, majúci súcit [s kým], chápajúci, uznanlivý, majúci porozumenie, majúci pochopenie; **2.** príjemný, prívetivý, milý; **3.** primeraný; **4.** súhlasný. *Syn* ⇨ **tender**
sym.pa.thy [simpəθi] *podst* (mn **-ies**) **1.** súcit, ľútosť, účasť, sústrasť, pochopenie; **2.** *(pl)* sympatie; **3.** náchylnosť, sklon. *Syn* ⇨ **pity**
sym.pho.ny [simfəni] *podst* (mn **-ies**) **1.** symfónia, súzvuk, harmónia, symfonický orchester
sym.po.si.um [sim'pəuziəm] *podst* (mn **symposia**) **1.** sympózium, sympózion
symp.tom [simptəm] *podst* **1.** symptóm, príznak, *(čoho)* známka. *Syn* ⇨ **sign**
symp.to.mat.ic [ˌsimptə'mætik] *príd* (**~ of st**) **1.** symptomatický, príznačný
sy.na.gogue [sinəgog] *podst* **1.** synagóga
to syn.chro.nize [siŋkrənaiz] (i **-ise**) **I.** *prech* **1.** synchronizovať, nastaviť na rovnaký čas; **II.** *nepr* **2.** byť synchronizovaný
syn.di.cate [sindikit] *podst* **1.** konzorcium, združenie, syndikát, spolok, odborový podnik, tlačová agentúra. *Syn* ⇨ **monopoly**
syn.drome [sindrəum] *podst* **1.** *(lek)* syndróm, súhrn príznakov
sy.non.y.mous [si'noniməs] *príd* **1.** synonymický, *(i slovo)* synonymný
syn.the.sis [sinθisis] *podst* (mn **syntheses**) **1.** syntéza
sy.ringe [sirindž] *podst* **1.** *(lek: injekčná)* striekačka
sy.rup [sirəp] *podst* **1.** sirup
sys.tem [sistim] *podst* **1.** *(i ekon, práv, fil)* systém; **2.** *(pol)* spoločenský poriadok, spoločenský systém; **3.** *(i anat)* sústava, *(lek)* ústrojenstvo, organizmus; **4.** *(tech)* sieť. *Syn* ⇨ **method**
sys.tem.a.tic [ˌsisti'mætik] *príd* **1.** metodický, plánovitý, systematický, sústavný, neustály, opakujúci sa, taxonomický, nomenklatúrny. *Syn* ⇨ **orderly**

T

tab [tæb] *podst* **1.** *(na odeve)* pútko, *(voj)* výložka, kovové vystuženie, menovka, etiketa; **2.** *(let)* vyvažovacia klapka; **3.** *(am ifm)* účet; **4.** *(ifm)* tabulátor
ta.ble [teibl] *podst* **1.** stôl, spoločnosť pri stole; **2.** *(i špo)* tabuľka; **3.** *(geog)* náhorná plošina, rovina; **4.** zoznam, diagram; **5.** pamätná doska [s nápisom]
tab.leau [tæbləu] *podst* (mn **tableaux**) **1.** *(art)* obraz, scéna, výjav
ta.ble.cloth [teiblkloθ] *podst* **1.** obrus, prestieranie
tab.let [tæblit] *podst* **1.** tabletka, prášok, pilulka; **2.** pamätná tabuľa; **3.** tabuľka, kôstka; **4.** *(hist)* písacia tabuľka; **5.** *(am)* poznámkový blok
tab.loid [tæbloid] *podst* **1.** *(žur)* bulvárny plátok, noviny malého formátu, tabloid; **2.** súhrn, prehľad
ta.boo [tə'bu:] *podst* (mn **taboos ~ aga-**

inst/ on st) **1.** tabu

tac.it [tæsit] *príd* **1.** nevyslovený, tichý, mlčky sa rozumejúci

tack [tæk] *podst* **1.** malý klinec, klinček; **2.** *(am)* pripináčik; **3.** *(br)* dlhý steh, stehovanie; **4.** *(nám)* kurz, smer plavby, *(prn)* taktika, jedlo, strava; **5.** politická línia; **6.** námorný suchár

to tack.le [tækl] **1.** *(špo)* zastaviť, zložiť, *(komu)* brániť sa, *(do koho)* pustiť sa, *(na koho)* vrhnúť sa; **2.** *(s čím)* vyrovnať sa, porátať sa, *(s čím)* pobiť sa; **3.** dolapiť, chytiť; **4.** *(do práce a pod.)* pustiť sa, preštudovať; **5.** *(šport)* brániť útočníkovi v hre

tack.y [tæki] *príd* **1.** lepkavý, *(i maľba)* nezaschnutý

tact [tækt] *podst* **1.** takt, taktnosť, diskrétnosť, jemnosť, jemnocit, citlivosť, vkus, vkusnosť, hmat. *Syn*: poise, diplomacy, savoir-faire

tact.ful [tæktful] *príd* **1.** taktný, diskrétny, jemný, ohľaduplný, jemnocitný, citlivý, vnímavý

tac.tic [tæktik] *podst* **1.** *(voj, špo)* taktika, postup

tac.ti.cal [tæktikəl] *príd* **1.** *(voj, prn)* taktický, šikovný

tag [tæg] *podst* **1.** etiketa, štítok, visačka, *(vojenská, psia)* známka, *(na odeve)* pútko; **2.** okrídlená fráza, príslovie, citát; **3.** naháňačka

tail [teil] *podst* **1.** chvost, *(ifm dtd)* zadná časť, zadok; **2.** chvostová časť, *(procesie, vlaku)* koniec, *(trička)* cíp, *(ifm)* frak, *(hud)* zástavka; **3.** *(ifm)* špeh

tail.or [teilə] *podst* **1.** krajčír

tail.or-made [teiləmeid] *príd* **1.** šitý na mieru

to taint [teint] (**~ of st**) **1.** spôsobiť skazenie [jedla]; **2.** *(povesť)* pošpiniť, poškvrniť, zhanobiť. *Syn* ⇨ **to contaminate**

to take [teik] (mč **took** mp **taken**) **I.** *prech* **1.** uchopiť, vziať; **2.** chodiť [na]; **3.** zaujať; **4.** vziať preč, ukradnúť; **5.** niesť, viezť; **6.** viesť; **7.** *(čím)* letieť, ísť [čím/ po čom]; **8.** mať kapacitu; **9.** *(prekážku)* preskočiť, prekonať; **10.** *(teplotu)* merať; **11.** *(noviny)* odoberať, kupovať si; **12.** *(mesto)* dobyť, *(armádu)* zajať, vyhrať; **13.** *(škol: skúšku)* zložiť, študovať; **14.** zniesť, strpieť, *(podnebie, castu)* vydržať; **15.** jesť, vziať si, dať si, piť, *(liek)* užívať; **16.** prijať; **17.** *(drogy)* zabrať; **II.** *nepr* **18.** zabrať; **19.** *(farba)* chytiť, uchytiť sa, mať účinok, reagovať [na]; **20.** *(fotofrafiu)* urobiť, *(film)* nakrútiť, *(náb: omšu)* slúžiť; **21.** vyžadovať; **22.** trvať; **23.** *(rastlina)* ujať sa. *Syn*: to seize, to grasp, to clutch, to grab, to snatch, ⇨ aj **to bring**, **to receive**

tak.er [teikə] *podst* **1.** záujemca, kupec, zákazník, príjemca, stávkar, vyberač daní a pod.

tale [teil] *podst* **1.** príbeh, historka, *(lit)* poviedka, povesť; **2.** klebeta; **3.** počet, množstvo. *Syn* ⇨ **story**

tal.ent [tælənt] *podst* **1.** talent, nadanie, dispozícia, vloha, schopnosť; **2.** talentovaný človek; **3.** *(br ifm)* krásavica, kočka; **4.** sklon; **5.** *(bibl)* hrivna . *Syn*: gift, aptitude, faculty, knack, genius

tal.ent.ed [tæləntid] *príd* **1.** talentovaný, nadaný, majúci vlohy

talk [to:k] *podst* **1.** hovor, konverzácia, rozhovor, diskusia, debata, beseda, výmena názorov; **2.** rozprávanie, táranie; **3.** *(špekulácie)* dohady; **4.** prednáška

to talk [to:k] **I.** *nepr* **1.** hovoriť, tárať; **2.** konverzovať, zabávať sa, debatovať; **3.** klebetiť; **4.** vypovedať; **II.** *prech* **5.** *(slovensky, anglicky ap)* hovoriť; **6.** hovoriť o čom, diskutovať o čom, zabávať na čom. *Syn* ⇨ **to speak**

talk.ie [to:ki] *podst* **1.** *(zast)* zvukový film

tall [to:l] *príd* {**-er, -est**} **1.** *(o človeku)* vysoký, veľký, štíhly; **2.** *(ifm)* neuveriteľný, nepravdepodobný, prehnaný, afektovaný. *Syn* ⇨ **high**

tal.ly [tæli] *podst* (mn **-ies**) **1.** *(o počítanom)* záznam, celkový počet, *(am špo)* skóre; **2.** ústrižok, nálepka; **3.** zárez, vrub; **4.** tabuľka s menom, kontrolný duplikát. *Syn* ⇨ **to agree**

tame [teim] *príd* {**-r, -st**} **1.** *(zviera)* skrotený, domáci , krotký; **2.** *(prn: človek)* poddajný, mierny, nesmelý, *(štýl)* fádny, bezvýrazný, *(koniec knihy, filmu)* banálny; **3.** *(ifm)* nudný, pasívny, pokorný, jednotvárny

tan [tæn] **I.** *podst* **1.** opálenie, bronz; **2.** bledohnedá farba; **3.** trieslo, dubnica; **4.** kôra zbavená triesloviny; **5.** *(mat)* tangens; **II.** *príd* **6.** svetlohnedý, žltohnedý; **7.** trieslový

tan.dem [tændəm] *podst* **1.** tandem, tandemový bicykel, záprah koní za sebou

tan.gi.ble [tændžəbl] *príd fml* **1.** hmatateľný, jasný, zrejmý, očividný, konkrétny. *Syn* ⇨ **perceptible**

tan.gle [tæŋgl] *podst* **1.** spleť; **2.** *(fin)* zmätok, chaos, blázinec; **3.** *(ifm)* hádka, spor

tan.go [tæŋgəu] *podst* **1.** tango

tank [tæŋk] *podst* **1.** nádrž, nádržka, cisterna, vodojem, kaďa, *(fot)* vývojnica; **2.** obsah nádrže; **3.** *(voj)* tank; **4.** *(am sl)* basa

tank.er [tæŋkə] *podst* **1.** *(aut)* cisterna, *(nám)* cisternová loď, tanker, *(let)* tankovacie lietadlo; **2.** *(voj)* tankista

tan.ning ['taniŋ] *podst* **1.** činenie; **2.** zarábanie; **3.** garbiarstvo; **4.** *(na slnku)* opaľovanie, opálenie; **5.** *(ifm)* výprask

to tan.ta.lize [tæntəlaiz] (i **-ise**) **1.** podpichovať, provokovať, dráždiť, napínať; **2.** mučiť, týrať

tap [tæp] *podst* **1.** zaklopanie, plesnutie; **2.** *(am voj)* večierka; **3.** čap, vodovodný kohútik, pivnica, výčap, *(zo suda)* nápoj; **4.** kohút, ventil; **5.** potľapkanie

tape [teip] *podst* **1.** *(telegrafná, lepiaca, dierovacia)* páska, *(text)* tkanica, stuha, *(lek)* leukoplast; **2.** magnetofónová páska, kazeta, videokazeta; **3.** *(špo)* cieľová páska; **4.** stužka, šnúra, mašľa, visačka

to tap.er [teipə] **I.** *prech* **1.** zúžiť do špice, zašpicatiť, zahrotiť, zošikmiť, skosiť; **II.** *nepr* **2.** zúžiť sa, stenčiť sa

tape recorder ['teipri,ko:də] *podst* **1.** magnetofón

tap.e.stry [tæpistri] *podst* (mn **-ies**) **1.** gobelín, tapiséria

tar [ta:] *podst* **1.** decht, asfalt, kolomaž, smola, námorník

tar.get [ta:git] *podst* **1.** *(i prn)* terč, *(i voj)* cieľ; **2.** *(prn)* plán, norma, úloha, smerové číslo; **3.** *(želez)* návesť

tar.iff [tærif] *podst* **1.** cenník, sadzobník; **2.** sadzba, cena, tarifa, poplatok, clo

tar.mac [ta:mæk] *podst* **1.** makadam s dechtom; **2.** *(br let)* rozjazdová dráha

to tar.nish [ta:niš] **I.** *prech* **1.** zbaviť lesku, zahmliť, zakaliť sa; **2.** *(prn)* poškvrniť, pošpiniť, potupiť; **II.** *nepr* **3.** stratiť lesk

Tarot [tærəu] *podst* **1.** *(kart hra)* taroty

tart [ta:t] **I.** *podst* **1.** *(kuch)* ovocný koláč;**2.** *(br ifm)* fľandra **II.** *príd* **2.** kyslý, trpký, ostrý, štipľavý, suchý; **3.** *(prn: poznámka)* zaliečavý, hryzavý; **4.** prudký. *Syn* ⇨ **sour**

tar.tan [ta:tən] *podst* **1.** *(text)* tartan, škótska vlnená kockovaná látka, pléd

task [ta:sk] *podst* **1.** úloha, zadanie, práca, robota, povinnosť, dielo, bremeno, zmena, problém, množstvo práce. *Syn*: chore, stint, assignment, job

task force ['ta:sk,fo:s] *podst* **1.** komando

taste [teist] *podst* **1.** chuť, príchuť; **2.** trocha, štipka; **3.** zaľúbenie, záľuba, sklon, náklonnosť; **4.** vkus; **5.** takt, slušné správanie

to taste [teist] **I.** *prech* **1.** cítiť chuť čoho, poznať chuť čoho, okúsiť, *(čoho)* upiť, ochutnávať, *(ifm)* koštovať, jesť, mať chuť

taste.ful [teistful] *príd* **1.** vkusný, chutný, taktný

tast.er [teistə] *podst* **1.** ochutnávač, koštér, vzorka, vydavateľský lektor, pipeta

tast.y [teisti] *príd* **1.** chutný, vkusný, slušný; **2.** *(prn)* pikantný

to taunt [to:nt] (~ **sb [with st]**) **1.** podpichovať, *(z koho)* uťahovať si, doberať si, *(komu)* posmievať sa, *(komu čo)* vyčítať

Tau.rus [to:rəs] *podst* **1.** *(astron, astrol)* Býk, súhvezdie Býka

taut [to:t] *príd* **1.** *(pevne)* napätý, napnutý, natiahnutý, vypnutý, *(ifm)* našponovaný; **2.** *(o lodi)* schopný prevádzky. *Syn* ⇨ **tight**

tav.ern [tævən] *podst* **1.** taverna, krčma, krčmička, hostinec

tax [tæks] *podst* **1.** *(fin, obch)* daň, poplatok, dávka; **2.** *(prn)* záťaž, bremeno, vyťaženie, ťarcha, preťaženie; **3.** skúška; **4.** taxa, clo

tax.a.ble [tæksəbl] *príd* **1.** zdaniteľný

tax.a.tion [tæk'seišən] *podst* **1.** dane, daňový systém, príjem z daní, odhad; **2.** zdanenie

tax-free [,tæks'fri:] *príd* **1.** nepodliehajúci daniam

tax.i [tæksi] *podst* (i **taxi-cab, cab**) **1.** taxi, taxík

tax.pay.er ['tæks,peiə] *podst* **1.** daňový poplatník

tax return ['tæksri,tə:n] *podst* **1.** daňové priznanie

tea [ti:] *podst* **1.** čajovník čínsky; **2.** čaj; **3.** desiata, olovrant; **4.** večierok

teach.er [ti:æə] *podst* **1.** učiteľ, učiteľka, profesor, profesorka, inštruktor, inštruktorka

teach.ing [ti:æiŋ] *podst* **1.** vyučovanie, výučba, učiteľské povolanie; **2.** *(pl)* učenie, náuka, doktrína

team [ti:m] *podst* **1.** *(vše)* skupina, kolektív, parta, *(ftb, hokej atď)* mužstvo, *(špo, atl)* družstvo, čata; **2.** *(koní, volov, psov a pod.)* záprah; **3.** kŕdeľ, svorka

team-mate [ti:mmeit] *podst* **1.** *(špo)* spoluhráč, člen toho istého družstva/ mužstva, *(mot)* spolujazdec; **2.** spolupracovník, kolega, partner

tea.pot [ti:pot] *podst* **1.** čajník

tear [tiə] *podst* **1.** slza, kvapka, *(pl)* plač, zármutok; **2.** diera, trhlina, trhanie; **3.** útek, beh, slzička, náhlenie sa; **4.** roztrhnutie

to tear [teə] (mč **tore** mp **torn**) **I.** *prech* **1.** trhať, roztrhnúť, natrhnúť, ruvať; **2.** vyrvať, vytrhnúť; **3.** *(prn: city)* drásať, rozpoltiť, rozorvať; **II.** *nepr* **4.** roztrhnúť sa; **5.** hnať sa, rútiť sa, trieliť. *Syn*: to rip, to rend

tear.ful [tiəful] *príd* **1.** smutný, slzavý, uslzený, uplakaný, sentimentálny; **2.** slziaci, topiaci sa v slzách, plačlivý, *(prenes)* smutný, tragický

teas.er [ti:zə] *podst* **1.** beťár, beťárka, šibal, šibalka; **2.** vtipkár; **3.** *(ifm)* chyták, hlavolam; **4.** *(tv ob am)* reklamná ukážka filmu

tea.spoon [ti:spu:n] *podst* **1.** čajová/ kávová lyžička

tech.ni.cal [teknikəl] *príd ob attr* **1.** *(vše, tech)* technický; **2.** odborný, špeciálny, remeselný; **3.** *(práv)* formálny; **4.** *(obch)* nestabilný, špekulatívny

tech.ni.cal.i.ty [,tekni'kæləti] *podst* (mn **-ies**) **1.** technický/ odborný charakter; **2.** formálny detail, formalita

tech.ni.cal.ly [teknikli] *prísl* **1.** *(tech)* technicky, z technického hľadiska; **2.** teoreticky, principiálne, z formálneho hľadiska, prísne vzaté

tech.ni.cian [tek'nišən] *podst* **1.** odborník, technik, špecialista

tech.nique [tek'ni:k] *podst* **1.** metóda, spôsob, pracovný postup, technológia; **2.** zručnosť, technika, technická stránka

tech.no.crat [teknəukræt] *podst* **1.** technokrat

tech.no.log.i.cal [,teknə'lodžikəl] *príd* **1.** technický, technologický

tech.nol.o.gy [tek'nolədži] *podst* (mn **-ies**) **1.** technika, technológia, odborná terminológia, nomenklatúra

ted.dy bear [tedibeə] *podst* **1.** *(hračka)* medvedík, macko

te.di.ous [ti:djəs] *príd* **1.** nudný, nezáživný, jednotvárny, fádny, únavný, namáhavý, zdĺhavý

to teem [ti:m] (~ **with st/ [down]**) **1.** *(čím)* hmýriť sa, hemžiť sa, byť plný [čoho], oplývať, prekypovať; **2.** liať, vylievať; **3.** rodiť, byť plodný, byť tehotná

teen.age [ti:neidž] *príd ifm* **1.** dospievajúci, mladistvý

teen.ag.er [ti:neidžə] *podst ifm* **1.** dospievajúci mládenec, dospievajúce dievča [od 13 do 19 rokov], *(ifm)* výrastok, dospievajúca mládež

to tee.ter [ti:tə] **1.** *(neisto sa pohybovať)* motať sa, potácať sa; **2.** *(am: na hojdačke)* hojdať sa

tel.e.com.mu.ni.ca.tions ['telikə,mjuni'keišən] *podst ifm* (i **telecoms**) **1.** telekomunikácia, komunikačná technika

tel.e.gram [teligræm] *podst* (i br **telemessage**) **1.** telegram

tel.e.graph [teligra:f] *podst* **1.** telegraf

tel.e.phone [telifəun] *podst* (i **phone**) **1.** *(vše)* telefón

to tel.e.phone [telifəun] **I.** *prech* **1.** *(komu/ kam)* telefonovať, *(komu/ kam)* zavolať,

tel.e.scope [teliskəup] *podst* **1.** teleskop, ďalekohľad

to tel.e.scope [teliskəup] **I.** *prech* **1.** zložiť, zasunúť; **2.** *(prn)* zhustiť, komprimovať, podať v zhustenej podobe; **II.** *nepr* **3.** dať sa skladať, byť skladací, byť výsuvný, *(do seba)* zaraziť sa, *(do seba)* zasunúť sa, *(do seba)* vkliniť sa; **4.** *(prn)* dať sa zhustiť, dať sa komprimovať

to tel.e.vise [telivaiz] **1.** prenášať televíziou, vysielať v televízii, ukazovať v televízii, snímať televíznou kamerou, vidieť v televízii

tel.e.vi.sion ['teli,vižən] *podst* (i **telly** sk **TV**) **1.** televízia ; **2.** *(ifm)* televízor; **3.** televízny program

tel.ex [teleks] *podst* **1.** ďalekopis, telex

to tell [tel] (mč, mp **told**) **1.** povedať, oznámiť; **2.** *(príbeh, vtip)* rozprávať; **3.** tvrdiť; **4.** spoznať, uhádnuť; **5.** rozoznať, rozlíšiť; **6.** prikázať; **7.** uistiť; **8.** počítať; **9.** predpovedať; **II.** *nepr* **10.** vedieť, poznať. *Syn*: to relate, to recount, to narrate, to report, ⇨ aj **to reveal**

tel.ler [telə] *podst* **1.** *(bankový)* pokladník; **2.** rozprávač, rozprávačka; **3.** *(pol)* skrutátor, skrutátorka, sčítač hlasov v snemovni, signalizátor

tell.ing [teliŋ] **I.** *podst* **1.** rozprávanie; **2.** prezradenie; **3.** počítanie; **II.** *príd* **4.** výrečný; **5.** účinný, pôsobivý, efektívny, citeľný. *Syn* ⇨ **valid**

tem.per [tempə] *podst* **1.** temperament, povaha, charakter; **2.** nálada; **3.** *(hut: ocele)* tvrdosť, pružnosť, *(malty)* konzistencia, *(materiálu)* súdržnosť; **4.** *(ifm)* podráždenosť, prchkosť

tem.per.a.ment [temprəment] *podst* **1.** temperament, povaha, letora, nátura. *Syn* ⇨ **disposition**

tem.per.ate [tempərət] *príd* **1.** mierny, umiernený, striedmy, zdržanlivý, skromný, pokojný. *Syn* ⇨ **moderate**

tem.per.a.ture [tempriæə] *podst* **1.** *(met, lek)* teplota, *(lek)* horúčka; **2.** stupeň, miera, úroveň, intenzita; **3.** *(zast)* povaha

tem.ple [templ] *podst* **1.** *(archit)* chrám, svätyňa; **2.** *(anat)* slucha, spánok

tem.po [tempəu] *podst* (mn **-os**) **1.** *(hud, prn)* tempo

tem.po.ral [tempərəl] *príd* **1.** *(vše, ling)* časový; **2.** dočasný, pominuteľný, prechodný, *(i ling, anat)* temporálny; **3.** *(náb)* svetský, pozemský, laický; **4.** *(anat)* spánkový, sluchový

tem.po.ra.ry [tempərəri] *príd* **1.** dočasný, prechodný, výpomocný, provizórny, núdzový, svetský. *Syn*: provisional, ad interim, acting. *Opoz*: permanent

to tempt [tempt] (~ **sb [into st/ doing st]**) **1.** lákať, vábiť, zvábiť, prehovárať, presviedčať, zvádzať, nahovárať, uvádzať do pokušenia; **2.** *(náb)* pokúšať, navádzať; **3.** *(básn)* vyzvať na súboj. *Syn* ⇨ **to lure**

temp.ta.tion [temp'teišən] *podst* **1.** vábenie, zvádzanie, nahováranie, prehováranie, zvod, vábidlo, pokušenie; **2.** *(bibl)* skúška

tempt.ing [temptiŋ] *príd* **1.** lákavý, zvodný, vábny, dráždivý, budiaci chuť

ten [ten] *čísl/podst* **1.** desať; **2.** desiatka

te.na.cious [tI'neišəs] *príd* **1.** húževnatý, tvrdošijný, kŕčovitý, zaťatý, urputný, pevný; **2.** spoľahlivý, dlhodobý; **3.** lepkavý; **4.** súdržný, priľnavý, neústupný

te.nac.i.ty [tI'næsəti] *podst* (mn **-ies**) **1.** húževnatosť, tvrdošijnosť, zaťatosť, urputnosť; **2.** spoľahlivosť. *Syn* ⇨ **perseverance**

ten.an.cy [tenənsi] *podst* (mn **-ies**) **1.** nájom, *(nájomná)* držba, prenájom

ten.ant [tenənt] *podst* **1.** nájomník, obyvateľ, *(ifm)* partaj, nájomca, majiteľ, držiteľ

to tend [tend] **1.** mať tendenciu/ sklon/ náchylnosť/ dispozíciu, *(k čomu)* kloniť sa, *(k čomu)* prikláňať sa, *(k čomu)* tiahnuť, smerovať, mieriť; **2.** dozerať, dohliadať; **3.** *(koho)* ošetrovať, *(koho)* obsluhovať, *(k)* viesť, *(nad čím)* bdieť, *(koho)* starať sa o, slúžiť, *(koho)* sprevádzať ako člen sprievodu; **4.** *(mat)* konvergovať; **5.** opatrovať, starať sa [o], *(k)* viesť

ten.den.cy [tendənsi] *podst* (mn **-ies**) **1.** tendencia, zameranie, smer, sklon, náchylnosť; **2.** trend, príklon; **3.** *(v strane)* opozičná frakcia. *Syn*: trend, current, drift, tenor

ten.der [tendə] **I.** *podst* **1.** ošetrovateľ, ošetrovateľka, pestúnka; **2.** dozorca, strážca; **3.** čašník; **4.** *(am)* mechanik; **5.** konkurz, konkurzná ponuka, oferta, tender, splátka; **6.** zákonité platidlo; **7.** dôkaz; **8.** *(želez: na uhlie a vodu)* zásobník; **II.** *príd* **9.** láskyplný, nežný, *(láska)* vrúcny, *(spomienky)* sladký, príjemný; **10.** citlivý, chúlostivý; **11.** mäkký, krehký; **12.** *(bás)* mladučký . *Syn*: compassionate, sympathetic, warm, warmhearted

ten.don [tendən] *podst* **1.** *(anat)* šľacha

ten.et [tenet] *podst* **1.** poučka, *(hlavná)* zásada, podstata, princíp; **2.** *(náb)* článok viery, doktrína

ten.nis [tenis] *podst jč* (i **lawn tennis**) **1.** *(špo)* tenis

ten.or [tenə] *podst* (**the ~ of st**) **1.** *(hud)* tenor, tenorista; **2.** hlavná/ základná myšlienka, zmysel, smer; **3.** beh života; **4.** *(práv)* doslovné znenie, ráz, obsah, priebeh, *(práv)* doslovný opis, kópia. *Syn* ⇨ **tendency**

tense [tens] **I.** *podst* **1.** *(ling)* čas; **II.** *príd* **2.** *(i ling, prn)* napätý, napnutý, natiahnutý; **3.** nervózny, *(úsmev)* kŕčovitý, dusný. *Syn* ⇨ **tight**

ten.sion [tenšən] *podst* **1.** *(ele, psych)* napätie; **2.** napnutosť, naťahovanie, napínanie, napnutie; **3.** *(lek)* tlak

tent [tent] *podst* **1.** stan, šapitó, vigvam, *(prn)* obydlie; **2.** *(lek)* tampón; **3.** červené omšové víno

ten.ta.cle [tentəkl] *podst* **1.** *(zool)* chápadlo, tykadlo, *(bot)* úponka

ten.ta.tive [tentətiv] *príd* **1.** provizórny, predbežný, nezáväzný, orientačný, experimentálny, pokusný, skúšobný; **2.** váhavý, nesmelý, neistý

ten.u.ous [tenjuəs] *príd* **1.** *(vlákno, hlas)* tenký, *(vzduch)* riedky, *(chem)* prchavý; **2.** *(prn: rozdiel, súvislosť)* nejasný, *(argument, dôkaz)* slabý, chabý, nepresvedčivý; **3.** *(situácia)* neistý. *Syn* ⇨ **thin**

ten.ure [tenjuə] *podst* **1.** prenájom, držba, vlastníctvo; **2.** výkon úradu, funkčné obdobie; **3.** *(univ)* definitíva

tep.id [tepid] *príd* **1.** *(lit, prn)* vlažný, mierny, *(prn)* chladný, rezervovaný, zdržanlivý

term [tə:m] *podst* **1.** čas, obdobie, lehota, termín; **2.** polrok, štvrťrok, *(univerzitný)* semester; **3.** *(slovo)* výraz, odborný termín; **4.** člen

ter.mi.nal [tə:minl] **I.** *podst* **1.** *(žel)* konečná stanica, konečná zastávka; **2.** *(inf)* terminál; **3.** koniec, zakončenie, *(elektr)* koncovka, koncové zariadenie; **4.** hranica, medza; **5.** pól; **6.** vývod; **7.** vrcholec bleskozvodu; **8.** *(gram)* prípona; **II.** *príd* **9.** koncový, záverečný, konečný; **10.** hraničný, medzný; **11.** semestrálny, kvartálny, terminálny; **12.** *(lek)* nevyliečiteľný, *(prn ifm)* smrteľný. *Syn* ⇨ **last**

to ter.mi.nate [tə:mineit] **I.** *prech* **1.** končiť, skončiť, uzavrieť, vypovedať, prerušiť, *(časovo)* obmedziť; **II.** *nepr* **2.** končiť, končiť sa, zaniknúť. *Syn* ⇨ **to close**

ter.mi.nol.o.gy [ˌtə:miˈnolədži] *podst* (mn **-ies**) **1.** terminológia, názvoslovie

ter.race [terəs] *podst* **1.** terasa, balkón, plochá strecha; **2.** radové domčeky [na jednej strane ulice]; **3.** ulica na svahu; **4.** zelený pruh uprostred cesty

ter.ra.cot.ta [ˌterəˈkotə] *podst* **1.** terakota

ter.rain [terein] *podst* **1.** terén, *(prn)* pôda, *(i prn)* pole, sféra

ter.re.stri.al [tiˈrestriəl] **I.** *podst* **1.** pozemšťan, obyvateľ Zeme, smrteľník; **II.** *príd* **2.** pevninový, kontinentálny, žijúci na pevnine, suchozemský, rastúci na pevnine; **3.** zemský, svetský, pozemský; **4.** prozaický; **5.** *(odbor)* terestrický. *Syn* ⇨ **earthly**

ter.ri.ble [terəbl] *príd* **1.** hrozný, strašný, šialený, náramný, príšerný, hrôzostrašný; **2.** mizerný; **3.** nepríjemný

ter.ri.er [teriə] **1.** *(zool)* teriér, hraboš

ter.ri.fic [təˈrifik] *príd fml* **1.** *(i myšlienka)* úžasný, senzačný, fantastický; **2.** *(množstvo, radosť)* ohromný, *(teplo)* príšerný, hrozný, *(rýchlosť)* šialený, *(boj, zápas)* urputný

to ter.ri.fy [terifai] (mč, mp **-fied**) **1.** vyľakať, vydesiť, podesiť, strašiť, nastrašiť, plašiť, *(čím)* šokovať . *Syn* ⇨ **to frighten**

ter.ri.fy.ing [terifaiiŋ] *príd* **1.** hrozný, desivý, hrôzostrašný , strašný, príšerný

ter.ri.tor.i.al [ˌteriˈto:riəl] *príd* **1.** územný, miestny, pozemkový, teritoriálny, *(br)* domobranecký

ter.ri.tory [teritəri] *podst* (mn **-ies**) **1.** teritórium, územie, oblasť, kraj, *(prn)* revír

ter.ror [terə] *podst* **1.** hrôza, teror, hrôzovláda, des, zdesenie, veľký/ panický strach; **2.** *(ifm)* postrach, beťár, čertov kvietok; **3.** útlak, násilie, utrpenie. *Syn* ⇨ **fear**

ter.ror.ism [terərizəm] *podst* **1.** terorizmus,

hrôzovláda, násilie
ter.ror.ist [terərist] *podst* **1.** terorista, teroristka, násilník
to ter.ror.ize [terəraiz] **1.** terorizovať, sterorizovať, zastrašiť. *Syn* ⇨ **to frighten**
terse [tə:s] *príd* **1.** hustný, jadrný, lapidárny, lakonický, úsečný, veľmi stručný, výstižný . *Syn* ⇨ **concise**
test [test] *podst* **1.** *(škol: ústna, písomná)* skúška, *(písomný)* test, *(ifm)* písomka. *Syn* ⇨ **trial**
to test [test] **I.** *prech* **1.** skúšať, preskúšať, testovať; **2.** *(lek)* prehliadnuť, urobiť analýzu; **3.** prekontrolovať; **II.** *nepr* **4.** skúšať
tes.ti.cle [testikl] *podst* **1.** *(pl anat)* varlata
tes.ti.mo.ni.al [ˌtestiˈməunjəl] *podst* **1.** *(písomné)* odporúčanie, svedectvo, posudok, referencia; **2.** darček na pamiatku; **3.** potvrdenie, osvedčenie, dôkaz, doklad, zvláštna odmena, úcta a vďaka, ďakovný list, odporúčanie
tes.ti.mo.ny [testiməni] *podst* (mn **-ies**) **1.** *(práv)* svedecká výpoveď, vyhlásenie; **2.** svedectvo, dôkaz, doklad; **3.** *(bibl)* desatoro. *Syn* ⇨ **proof**
text [tekst] *podst* **1.** text, znenie, téma, predmet; **2.** pasáž; **3.** *(čoho)* originál; **4.** *(hud)* partitúra; **5.** *(nábož)* biblický text. *Syn* ⇨ **subject**
text.book [tekstbuk] *podst* **1.** učebnica, cvičebnica, *(i univ)* skriptá
tex.tile [tekstail] *podst* **1.** tkanina, textília, textil, textilné vlákno
tex.ture [teksæə] *podst* **1.** *(i geol)* textúra, štruktúra, zrnitosť; **2.** osnova, stavba písma; **3.** *(biol)* tkanivo; **4.** usporiadanie, zloženie
than [θæn] **1.** *(pri komparatíve)* ako: **more beautiful than Jane** *krajšia ako Jana*; než: **better than him** *lepší než on*; od: **she was older than him/ he** *bola staršia od neho*; nad: **dearer than gold** *drahší nad zlato*;
thank.ful [θæŋkful] *príd* **1.** vďačný, povďačný, ďakovný
thanks.giv.ing [ˈθæŋksˌgiviŋ] *podst* **1.** vďakyvzdanie
that [ðæt] (mn **those**) **.1** ten, tá, to; **2.** to, to; **3.** *(s príd = so)* taký
to thaw [θo:] **I.** *nepr* **1.** topiť sa, rozpúšťať sa; **2.** rozmraziť sa, zohriať sa; **3.** *(prn pol)* oteplovať sa, uvoľňovať sa, rozcitlivieť, roztopiť, uvoľniť sa; **II.** *prech* **4.** spôsobiť topenie, rozmraziť. *Syn* ⇨ **to melt**
the [ðə] **1.** ten, tá, to, *(mn)* tí, tie
the.a.tre [θiətə] *podst* (am **theater**) **1.** *(div)* divadlo, scéna, dejisko; **2.** sála, poslucháreň, javisko, prednášková miestnosť, kino; **3.** operačná sála; **4.** dramatická literatúra, dráma
the.at.ri.cal [θiˈætrikəl] *príd* **1.** *(div)* divadelný, herecký; **2.** *(prn)* melodramatický, afektovaný, strojený, teatrálny
theft [θeft] *podst* **1.** krádež, odcudzenie, zlodejstvo. *Syn*: larceny, robbery, burglary
their [ðeə] *zám/príd* **1.** ich, svoje
theirs [ðeəz] *zám* **1.** ich, svoje
them [ðem] *zám* **1.** ich, nich, im
theme [θi:m] *podst* **1.** téma, námet, predmet, tematika; **2.** *(i am škol)* kompozícia, školská úloha; **3.** *(gram)* kmeň; **4.** základný tón; **5.** hlavná myšlienka. *Syn* ⇨ **subject**
them.selves [ðəmˈselvz] *zvrat zám* **1.** sa, seba, si, sebe; **2.** sami, samotní
then [ðen] **I.** *prísl* **1.** vtedy; **2.** odvtedy; **3.** potom; **4.** ďalej; **5.** teda
the.o.lo.gian [θiəˈləudžjən] *podst* **1.** *(kresťanský)* teológ, teologička, bohoslovec
the.ol.o.gy [θiˈolədži] *podst* (mn **-ies**) **1.** teológia, bohoslovie
the.or.et.i.cal [θiəˈretikəl] *príd* **1.** teoretický, hypotetický, špekulatívny
the.or.ist [θiərist] *podst* **1.** teoretik, teoretička; **2.** *(prn iron)* nepraktický človek
to the.or.ize [θiəraiz] **1.** teoretizovať, vytvárať teórie
the.ory [θiəri] *podst* (mn **-ies**) **1.** teória, domnienka, dohad, nápad, hypotéza; **2.** názor. *Syn*: hypothesis, law
ther.a.peu.tic [ˌθerəˈpju:tik] *príd* **1.** terapeutický, liečebný
ther.a.pist [θerəpist] *podst* **1.** terapeut, terapeutka
ther.a.py [θerəpi] *podst* (mn **-ies**) **1.** terapia, liečba, uzdravovanie, psychoterapia
there [ðeə] *prísl* **1.** tam, tamto, hentam, hľa,

aha

there.aft.er [ˌðeərˈa:ftə] *prísl fml* **1.** potom, nato, odvtedy, podľa toho

there.by [ˌðeəˈbai] *prísl fml* **1.** tým, týmto, čím, tak

there.fore [ˈðeəfo:] *prísl* **1.** preto, z toho dôvodu, a teda, a tak, *(: a preto)* a

there.in [ˌðeərˈin] *prísl fml,law* **1.** vovnútri, tam, v ňom/ v nej/ v nich, v tom ohľade

ther.mal [θə:məl] **I.** *podst* **1.** *(met)* vzostupný prúd teplého vzduchu; **II.** *príd* **2.** tepelný, teplotný; **3.** termálny, horúci, prírodne teplý, teplý

ther.mo.me.ter [θəˈmomitə] *podst* **1.** teplomer

the.sis [θi:sis] *podst* (mn **theses**) **1.** téza; **2.** *(univ)* dizertácia, diplomová práca

they [ðei] **1.** oni, ony; **2.** tí

thick [θik] *príd* [**-er, -est**] **1.** *(kniha, čiara, noha)* hrubý; **2.** *(hmla, sneh, porast)* hustý, *(vlasy)* bujný, *(les)* hlboký, *(vzduch)* ťažký, *(hlas)* zastretý; **3.** *(ifm)* obmedzený, zadebnený. *Syn* ⇨ **close**

to thick.en [θikən] **I.** *prech* **1.** zahustiť, zapražiť; **II.** *nepr* **2.** hustnúť, zhustnúť, tuhnúť; **3.** *(prn)* ďalej sa komplikovať; **4.** stlstnúť

thick.et [θikit] *podst* **1.** húština, mladina, krovie, kroviská, spleť

thick.ness [θiknis] *podst* **1.** hrúbka, sila, zosilnenie, hrubá časť, hrubá vrstva; **2.** hustota; **3.** *(vzduchu)* nedýchateľnosť, výraznosť, *(hlasu)* zastretosť; **4.** *(ifm)* obmedzenosť; **5.** tuposť; **6.** zadebnenosť

thief [θi:f] *podst* (mn **thieves**) **1.** zlodej, zlodejka, dohorievajúca sviečka

thigh [θai] *podst* **1.** *(anat, zool)* stehno

thin [θin] **I.** *podst* **1.** tenký, jemný, *(odev)* ľahký, *(pery)* úzky; **2.** riedky; **3.** *(človek)* chudý; **4.** malý, nevšímavý; **5.** *(zvuk)* vysoký; **6.** *(prn)* chabý, obsahovo chudobný; **II.** *prísl* **7.** tenko, na jemné plátky, tenkou vrstvou. *Syn*: slender, slim, slight, tenuous. *Opoz*: thick, substantial

thing [θiŋ] *podst* **1.** predmet, vec, ono; **2.** nápoj, tekutina; **3.** tvor, stvorenie, príšera; **4.** okolnosti, situácia

to think [θiŋk] (mč, mp **thought**) **1.** myslieť, premýšľať, uvažovať, nazdať sa, domnievať sa, pokladať za; **2.** predstaviť si; **3.** očakávať, pomyslieť na; **4.** *(čo)* prísť na, *(čo)* navrhnúť, *(čo)* vymyslieť, nazdávať sa. *Syn*: to reason, to cogitate, to speculate, to deliberate

think.er [θiŋkə] *podst* **1.** mysliteľ, mysliteľka, filozof , mysliaci tvor

think.ing [θiŋkiŋ] **I.** *podst* **1.** uvažovanie, premýšľanie, myslenie; **2.** názor, úsudok, súd; **3.** *(pl)* myšlienky, úvahy; **II.** *príd* **4.** uvážlivý, rozumný, inteligentný, logický; **5.** premýšľajúci, uvažujúci

thinness [θinnis] *podst* **1.** slabosť, tenkosť, jemnosť, ľahkosť; **2.** *(hlasov)* riedkosť; **3.** chudosť; **4.** úbohosť; **5.** nepresvedčivosť

third [θə:d] **I.** *podst* **1.** tretina; **2.** *(hud)* tercia; **II.** *príd* **3.** tretí

thirst [θə:st] *podst* **1.** *(lit, i prn)* smäd; **2.** *(prn)* túžba

thirst.y [θə:sti] *príd* **1.** smädný; **2.** *(o pôde)* suchý, vyschnutý, vysušený; **3.** *(prn)* túžiaci, dychtivý

thir.teen [ˌθə:ˈti:n] *čísl/podst* **1.** trinásť; **2.** trinástka

thir.teenth [ˌθə:ˈti:nθ] **I.** *podst* **1.** trinástina; **II.** *príd* **2.** trinásty

thir.ti.eth [θə:tiiθ] **I.** *podst* **1.** tridsatina; **II.** *príd* **2.** tridsiaty

thir.ty [θə:ti] **I.** *čísl/ podst* **1.** tridsať; **2.** tridsiatka; **II.** *príd* **3.** tridsiaty

this [ðis] (mn **these**) **I.** *zám* **1.** *(s podst: ukazuje na osubu/ vec v blízkosti)* tento, táto, toto, **this boy** *tento*; **this lamp** *táto lampa*; **this apple** *toto jablko*; **2.** *(this one)* tento tu; **3.** *(samostatne: odkazuje na osobu/ vec)* toto, to, **this is a nice coat!** *to je pekný kabát!*; **this is difficult case!** *toto je ťažký prípad!*; **4.** *(like this)* takto; **II.** *prísl* **5.** *(s príd = so)* tak, **this much** *tak veľa/ toľko*;

thorn [θo:n] *podst* **1.** tŕň, osteň, pichliač; **2.** *(bot)* tŕnie

thorn.y [θo:ni] *príd* **1.** ostnatý, tŕnistý, pichľavý; **2.** *(prn: problém)* pálčivý, ťažký, bolestný, chúlostivý

thor.ough [θarə] *príd* **1.** dôkladný, detailný, solídny, dokonalý; **2.** starostlivý, svedomitý, poriadny; **3.** úplný , vyložený, naprostý, vyslovený

thor.ough.bred [θarəbred] **I.** *podst* **1.** čistokrvný pes; **2.** plnokrvník, plnokrvný kôň; **3.** *(prn)* kultivovaný človek; **II.** *príd* **4.** *(o koňovi)* čistokrvný, plnokrvný, šľachtený; **5.** *(prn)* ušľachtilý, vznešený

thou [ðau] **1.** *(zast, bibl)* ty

though [ðəu] (i **tho'**) **1.** aj keď, i keď, hoci, napriek, ale, avšak, lež, no, predsa, však; **2.** *(zast: uvádza odporovacie vety)* pokým

thought [θo:t] *podst* **1.** myšlienka, úvaha, spôsob myslenia; **2.** myslenie, názory; **3.** premýšľanie, myšlienkový pochod; **4.** úmysel; **5.** ohľad . *Syn* ⇨ **idea**

thought.ful [θo:tful] *príd* **1.** ohľaduplný, láskavý, pozorný ; **2.** hĺbavý, zamyslený; **3.** dobre premyslený, uvážený . *Syn*: considerate, attentive. *Opoz*: thoughtless

thou.sand [θauznd] *čísl* **1.** tisíc

to thrash [θræš] **1.** zbiť, zmlátiť, zrezať, *(komu)* natĺcť; **2.** *(špo: komu)* naložiť, rozniesť [koho] na kopytách; **3.** *(čím)* šermovať; **4.** *(poľn)* mlátiť, *(obilie)* vymlátiť. *Syn* ⇨ **to beat**

thrash.ing [θræšiŋ] *podst* **1.** výprask, bitka; **2.** *(špo ifm)* nakladačka; **3.** mlátenie, výmlat

thread [θred] *podst* **1.** *(text)* niť, priadza, vlákno, pás, lúč; **2.** *(prn)* niť života; **3.** *(tech)* závit

threat [θret] *podst* **1.** hrozba, vyhrážka, výstraha, vyhrážanie, výstražné znamenie

to threat.en [θretn] **I.** *prech* **1.** *(komu)* vyhrážať sa, *(komu)* hroziť; **2.** ohrozovať; **3.** vystríhať, signalizovať; **II.** *nepr* **4.** *(k čomu)* schyľovať sa. *Syn*: to menace

threat.en.ing [θretniŋ] *príd* **1.** výhražný, naháňajúci hrôzu, hrozivý

three [θri:] *čísl* **1.** tri; **2.** trojka, trojica, tri

three-dimensional [ˌθri:diˈmenšənl] *príd* **1.** trojrozmerný, trojdimenzionálny, plastický, priestorový, stereoskopický, stereofónny, realistický

three-quar.ter [ˌθri:ˈkwo:tə] *príd* **1.** trojštvrťový

thrift [θrift] *podst* **1.** šetrnosť, sporivosť, hospodárnosť, gazdovlivosť, úspory, lakomstvo

thrill [θril] *podst* **1.** rozochvenie, chvenie, záchvev, vzrušenie, pohnutie; **2.** potešenie, pôžitok, rozkoš, napätie, nadšenie, napínavosť, senzačnosť

thril.ler [θrilə] *podst* **1.** napínavý príbeh, thriller

thrill.ing [θriliŋ] *príd* **1.** vzrušujúci, strhujúci, pútavý , napínavý, senzačný, *(zast)* prenikavý

to thrive [θraiv] (**~ on st**) **1.** prospievať, mať sa k svetu, prosperovať, prekvitať, dariť sa, zbohatnúť, bujne rásť; **2.** mať úspech. *Syn* ⇨ **to succeed**

throat [θrəut] *podst* **1.** *(lit)* hrdlo, krk, hrtan, hltan, hlas; **2.** *(geogr)* úžina; **3.** *(bot)* kalich

to throb [θrob] [**-bb-**] (**~ with st**) **1.** *(srdce)* tĺcť, tepať , búšiť, *(krv)* pulzovať; **2.** *(stroj)* hučať, dunieť

throne [θrəun] *podst* **1.** trón, kráľovská moc, *(náb)* stolec, *(prn)* moc, vláda, vládca

throng [θroŋ] *podst* **1.** dav, húf, tlačenica, zástup, nával, dav. *Syn* ⇨ **crowd**

to throt.tle [θrotl] **1.** uškrtiť, zaškrtiť; **2.** *(prn)* udusiť; **3.** potlačiť, stlmiť

through [θru:] **I.** *predl* **1.** *(vyj: prenikanie priestorom/ predmetom, ob prek s)* cez, **through the door** *cez dvere*; na, **to drive through a red light** *prejsť na červenú*; *(zast)* skrz, **the light passed through the clouds** *svetlo prešlo skrz oblaky*; **2.** *(: čas v priebehu)* počas, **through the war** *počas vojny*; celý, **through the night** *cez/ celú noc*; cez; **3.** *(: časovú/ číselnú hranicu)* do, **Monday through Friday** *od pondelka do piatka*; *(am ifm i:* thru*)* až, **page 11 through 18** *strany 11 až 18*; **4.** *(: dôvod)* z, **through no fault of mine** *nie z mojej viny*; pre, kvôli; **5.** *(: prostredníctvo, prostredníka, často prek s 6 p)* cez, **through a good friend** *cez dobrého priateľa*; **through diplomatic channels** *diplomatickou cestou*; po, **he sent the parcel through his brother** *poslal balík po bratovi*; *(hov)* od, **he informed me through his son** *od syna mi odkázal*; **II.** *príd* **6.** *(hriadeľ, trať, konosament)* priebežný; **7.** *(bez prestupovania, prepájania: vlak)* priamy; **III.** *prísl* **8.** *(bez prestupovania)* priamo; **9.** neprestajne; **10.** do konca; **11.** *(i: through and through)* úplne, celkom; **12.** *(I am through with)* skončil som s; **13.** *(to put through)* prepojiť, *(to get through)* dovolať sa

through.out [θru'aut] **I.** *predl* **1.** cez, **throughout the holidays** *cez prázdniny;,* [po] celý, **throughout the day** *[po] celý deň;,* vonkoncom; **II.** *prísl* **2.** *(na každom mieste)* všade, celý dom bol namaľovaný na bielo; **3.** úplne, v každom ohľade, skrz-naskrz; **4.** stále, po celý čas

to throw [θrəu] (mč **threw** mp **thrown**) **I.** *prech* **1.** *(vše: čím)* hodiť, *(čím)* vrhnúť; **2.** zraziť na zem, položiť na lopatky, *(o hadovi)* zvliecť kožu, vyhodiť zo sedla; **3.** *(prn)* viesť, *(komu čo)* poslať; **4.** spínať, zapnúť; **5.** *(špo)* zahodiť, úmyselne prehrať; **6.** *(na hrnčiarskom kruhu)* vytáčať; **7.** *(hodváb)* priasť; **8.** *(vet: mláďatá)* vrhnúť; **II.** *nepr* **9.** hádzať; **10.** *(prn)* osvetliť, *(čo)* objasniť. *Syn*: to cast, to toss, to hurl, to fling, to pitch

thrush [θraš] *podst* (mn **-es**) **1.** *(zool wood thrush: Hylocichla mustelina)* drozd [severoamerický], *(zool song trush: Turdus philomelos)* drozd [červenkavý]; **2.** *(lek)* opar; **3.** *(lek)* múčnivka, mykóza

to thrust [θraš] (mč, mp **thrust**) **I.** *prech* **1.** strčiť, vstrčiť, vraziť, napchať; **II.** *nepr* **2.** tlačiť, strkať, bodnúť, pichnúť, *(šerm)* urobiť výpad, sotiť, *(od)* odstrčiť prudko, zabodnúť, *(do)* zapichnúť, seknúť, vyhodiť, dotierať, vniknúť, *(korienky)* vyhnať, postaviť, vztýčiť. *Syn* ⇨ **to push**

thud [θad] *podst* **1.** tupý úder, tlmený zvuk, žuchnutie, buchnutie, dunenie, dupot

thug [θag] *podst* **1.** bitkár, násilník, ostrý chlapec, hrdlorez, lupič, vrah, gangster

thumb [θam] *podst* **1.** *(na ruke)* palec

to thump [θamp] **1.** búšiť, búchať, mlátiť, tĺcť; **2.** dupať

thump.ing [θampiŋ] *príd* **1.** ohromný, úžasný, nehorázny, náramný, kolosálny

thun.der [θandə] *podst* **1.** *(met)* hrom; **2.** *(prn)* hrmenie, búrka, burácanie, dunenie; **3.** *(pl)* hromženie, preklínanie

thun.der.ous [θandərəs] *príd* **1.** hromový, hrmotný, búrlivý , frenetický, búrkový, burácajúci, ohlušujúci, zlovestný

thun.der.storm [θandəsto:m] *podst* **1.** búrka

Thurs.day [θə:zdi] *podst* (mn **-ays**) **1.** štvrtok

thus [ðas] *príd fml* **1.** tak, takto; **2.** a tak, teda, preto, takýmto spôsobom, čiže, a tým

to thwart [θwo:t] (**~ sb [in st]**) **1.** zmariť, prekaziť, zhatiť, *(plány)* skrížiť, *(čomu)* zabrániť, spriečiť sa

thyme [taim] *podst* **1.** *(bot garden thyme: Thymus vulgaris)* tymian; **2.** *(bot)* materina dúška, materina

thy.roid [θairoid] (i **thyroid gland**) **I.** *podst* **1.** *(anat)* štítna žľaza; **II.** *príd* **2.** *(anat)* štítny

tick [tik] *podst br ifm* **1.** *(o hodinách)* tikot; **2.** *(ifm br)* okamih, chvíľka; **3.** odškrtávacia značka, háčik; **4.** *(zool: Argasidae; Ixodidae)* kliešť, roztoč; **5.** *(ifm)* úver, účet, dielik

tick.et [tikit] *podst* **1.** *(cestovný)* lístok, letenka, lodný lístok; **2.** *(div atď)* vstupenka; **3.** potvrdenka, žreb; **4.** etiketa, cenovka; **5.** *(aut)* lístok s pokutou za dopravný priestupok; **6.** *(am pol)* kandidátna listina jednej strany, *(pol)* program strany; **7.** *(voj slg)* priepustka; **8.** oznam

to tick.le [tikl] **1.** štekliť, poštekliť; **2.** *(am)* pobaviť, rozveseliť, potešiť, ulahodiť, uspokojiť; **II.** *nepr* **3.** štekliť, *(odev)* škriabať, svrbieť

ti.dal [taidl] *príd* **1.** prílivový, odlivový, slapový

ti.dal wave [ˌtaidl'weiv] *podst* **1.** prílivová vlna, slapová vlna

tide [taid] *podst* **1.** *(lit)* príliv a odliv, *(morské)* slapy, vzdúvanie mora; **2.** *(prn)* vlna, silný nápor, prúd, beh; **3.** vrchol prílivu/ odlivu; **4.** *(zastar)* ročné obdobie

ti.dy [taidi] **I.** *podst* **1.** skrinka na drobné predmety, košíček, škatuľa; **2.** *(na stoličkách)* poťah; **II.** *príd* **3.** uprataný, čistý; **4.** upravený, čistotný, úhľadný, usporiadaný; **5.** *(ifm)* značný, riadny, slušný. *Syn* ⇨ **neat**

tie [tai] *podst* **1.** kravata, viazanka; **2.** šnúra, povrázok, tkanička, *(z kože)* remienok, drôt; **3.** *(archit, stav)* väzník; **4.** *(hud)* ligatúra; **5.** záťaž, bremeno; **6.** *(špo)* remíza, nerozhodný výsledok, nerozhodné stretnutie, zápas

to tie [tai] (mč, mp **tied,** pr **tying**) **I.** *prech* **1.** previazať, zaviazať, spútať, upútať; **2.** viazať, priviazať, uviazať si; **3.** *(prn)* spojovať; **4.** *(hud)* spojiť ligatúrou; **II.** *nepr* **5.** zaväzovať sa; **6.** *(špo)* remizovať; **7.** *(pol)* mať rovnaký počet hlasov. *Syn*: to bind, to tie, to bind, to fasten, to attach. *Opoz*: to separate, to part

ti.er [taiə] *podst* **1.** stupeň, rad, poradie; **2.** úroveň, vrstva; **3.** stuha, pás; **4.** balič, viazač

ti.ger [taigə] *podst* **1.** *(zool: Felis tigris)* tiger, puma americká; **2.** *(ifm)* silný súper/ odporca, odvážny človek, protihráč, bitkár, krikľúň, šelma

tight [tait] **I.** *príd* **1.** tesný, úzky, pevný, priliehavý, dobre utesnený, nepriepustný; **2.** napätý; **3.** obmedzený; **4.** prísny, tvrdý; **5.** *(ifm)* skúpy, lakomý; **6.** *(ifm)* namazaný, podnapitý; **7.** vzácny, parádny; **II.** *prísl* **8.** pevne, tesne. *Syn*: taut, tense. *Opoz*: loose, slack, lax

to tight.en [taitn] (~ **st [up]**) **I.** *prech* **1.** vypnúť, napnúť; **2.** pritiahnuť, dotiahnuť, stiahnuť; **3.** sprísniť; **II.** *nepr* **4.** napnúť sa, natiahnuť sa, utiahnuť sa

tight.ness [taitnis] *podst* **1.** tesnosť, priliehavosť, utesnenosť, nadmerné; **2.** napätosť; **3.** obmedzený priestor, nedostatok miesta; **4.** prísnosť, tvrdosť; **5.** *(ifm)* lakomosť, skúposť; **6.** *(ifm)* podnapitosť, opitosť

tight.rope [taitrəup] *podst* **1.** visuté lano

tile [tail] *podst* **1.** škridla; **2.** dlaždica, dlaždička, obkladačka, kachlička, tvárnica, *(drenážna)* rúrka; **3.** *(ifm: klobúk)* cylinder

till [til] **I.** *predl* **1.** do, **till/ until morning/ five** *do rána/ piatej*; až do, **till further notice** *až do bližšieho oznámenia/ do ďalšieho príkazu*; **II.** *spoj* **2.** kým ne[-], **we'll stay here till/ until they come** *budeme tu dotiaľ, kým neprídu*; **I'll keep on knocking until someone opens the door** *budem klopať, kým neotvoria*; **wait till/ until she comes home** *počkaj [ju], až príde domov*;

to tilt [tilt] **I.** *prech* **1.** nakloniť, nahnúť, sklopiť; **II.** *nepr* **2.** nakloniť sa, skláňať sa; **3.** prevrátiť sa; **4.** *(na koho)* vrhnúť sa, zaútočiť

tim.ber [timbə] *podst* **1.** *(stavebné, úžitkové)* drevo, guľatina, rezivo; **2.** vysoký les; **3.** klada, trám, nosník; **4.** *(am)* kaliber, kvalita, materiál; **5.** *(pl)* stromy

time [taim] *podst* **1.** *(vše)* čas, chvíľa, trvanie, lehota , obdobie, epocha; **2.** *(mat)* krát; **3.** *(hud)* takt, rytmus; **4.** *(pl)* časy, udalosti

time.less [taimlis] *príd fml,rhet* **1.** večný, nekonečný; **2.** nadčasový

time.ta.ble ['taim,teibl] *podst* **1.** cestovný poriadok; **2.** *(časový)* rozvrh, harmonogram, *(škol)* rozvrh hodín

ti.mid [timid] *príd* **1.** bojazlivý, ostýchavý, plachý, nesmelý, opatrný. *Syn* ⇨ **afraid**

ti.ming [taimiŋ] *podst* **1.** voľba vhodného okamihu/ dátumu, načasovanie; **2.** *(div)* prednes, rytmizácia prednesu, *(hud)* zmysel pre rytmus; **3.** *(špo)* meranie času stopkami

tin [tin] *podst* **1.** cín; **2.** *(ob br)* konzerva, plechovka; **3.** forma na pečenie, plech na pečenie, biely plech, oceľový plech; **4.** prachy, groše

tinge [tindž] *podst* **1.** odtieň, sfarbenie, nábeh; **2.** *(prn)* nádych, príchuť, prímes

to tin.gle [tiŋgl] (~ **with st**) **1.** *(lit)* svrbieť, rezať, páliť, brnieť, hučať, znieť, zvoniť v ušiach; **2.** *(prn: čím)* chvieť sa; **3.** byť vzrušený/ pohnutý/ nervózny

tint [tint] *podst* **1.** *(farebný)* odtieň, nádych, tón, *(jemné)* sfarbenie; **2.** preliv na vlasy; **3.** stopa, zdanie, tieň. *Syn* ⇨ **colour**

ti.ny [taini] *príd* {**-ier, -iest**} **1.** maličký, drobný, drobnučký, malinký, nepatrný

tip [tip] *podst* **1.** špica, konček, hrot, cíp; **2.** kovový hrot, kovanie; **3.** náraz, úder; **4.** varovanie; **5.** *(ľahký)* dotyk; **6.** smetisko; **7.** prepitné; **8.** *(dobrá)* rada, obslužné; **9.** tip, *(sl)* echo

to tip.toe [tiptəu] **1.** ísť po prstoch, chodiť po prstoch

to tire [taiə] **I.** *prech* **1.** unaviť; **2.** nudiť, unudiť, ísť na nervy, mať dosť [čoho]; **3.** nasadiť obruč/ pneumatiku; **II.** *nepr* **4.** unaviť sa, vyčerpať sa; **5.** *(zast)* obliecť sa; **6.** urobiť si účes; **7.** zunovať čo; **8.** *(o)* stratiť záujem

tired [taiəd] *príd* **1.** unavený, ukonaný, ustatý, vyčerpaný, unudený, znechutený, otrávený, *(čím)* presýtený, obutý. *Syn*: weary, wearied, exhausted, fatigued, fagged

tis.sue [tišu:] *podst* **1.** *(anat, bot, text)* tkanivo, pletivo, *(text)* tkanina, *(prn)* pradivo, spleť, sieť; **2.** papierová vreckovka; **3.** zlatý brokát

tit [tit] *podst* **1.** *(orn)* sýkorka; **2.** fagan, frkan, fafrnok, škvŕňa; **3.** *(sl ob pl:prsník)* koza, cecok; **4.** *(sl)* bradavka

ti.ta.ni.um [tai'teinjəm] *podst* (symb **Ti**) **1.** *(chem)* titan

to ti.til.late [titileit] **1.** príjemne dráždiť, vzrušovať, budiť, pošteklit'

ti.tle [taitl] *podst* **1.** titulok, názov, nadpis, *(i špo)* titul; **2.** hodnosť; **3.** *(práv)* zákonný nárok, právny titul, vlastnícke právo

to [tu:] **1.** *(vyj: smerovanie, i prn)* do, **to send to school** *posielať do školy*; **to go to the office/ to school** *ísť do práce/ školy*; **the train to Prague** *vlak do Prahy*; **to take sb to town** *odprevadiť niekoho do mesta*; na: **to the South/ West etc** *na juh/ východ atď*; **the road to Berlín** *cesta na Berlín*; **to go to a concert** *ísť na koncert*; : **come to me** *poď ku mne*; **to go to one's parents** *ísť k rodičom*; **the way to an agreement** *cesta k dohode*; **to go to the sea**(side)/ **the doctor**(')**s** *ísť k moru/ lekáre*; *(pri určovanie hodín)* na: **it's a quarter to nine** *je štvrť na deväť*; **it's ten** (minutes) **to three** *za desať tri*; **2.** *(: priestorovú/ časovú/ číselnú hranicu)* [až] po: **to take sb to school** *odprevadiť po školu*; (up/down) **to o's knees** *až po kolená*; **to last to the end of the war** *trvať po koniec vojny*; **from 1 to 10** *od 1 po 10*; [až] na: **down to the bottom** *až na dno*; **speed rose to 100 km/ h** *rýchlosť stúpla na sto kilometrov*; k; **3.** *(: mieru presnosti)* na, **to the second** *na sekundu*; *(: i stupeň činnosti)* do, **up to now** *do dnešného dňa*; **to drink to the last drop** *vypiť do poslednej kvapky*; **to a maximum/ certain degree/ to the fullest measure** *do najvyššej/ istej miery*; *(from... to)* od... do/ k/ až po, **from beginning to end** *od začiatku do konca*; **from the Danube to the Tatras** *od Dunaja k Tatrám*; **from June to September** *od júna do septembra*; **from Bratislava to Prague** *od Bratislavy do/ až po Prahy*; **4.** *(: cieľ)* do: **to take sb to dance** *brať niekoho do tanca*; na: **to his wonder** *na jeho údiv*; **to ask sb to dinner/ lunch** *pozvať niekoho na obed*; **here s to you!** *na vaše zdravie!*; **to your health!** *na zdravie!*;; **5.** *(: príslušnosť: ob prek s 2 p)* od, **the key to the car** *kľúč od auta*; **secretary to the** (managing) **director** *sekretárka riaditeľa*; **6.** *(s nepriamym predmetom prek s 3 p)* : **I gave the book to her** *dal som jej knihu*; **7.** *(: zreteľ)* k, voči: **he was kind to me** *bol milý voči/ ku mne*; *(as to)* čo do, **as to size** *čo do veľkosti*; **8.** *(i according to: i zákona, paragrafu, počasia)* podľa, **to my knowledge** *podľa mojich vedomostí*; **9.** *(owing to: príčinu)* pre; **10.** *(pri porovnaní s 2 st)* ako, **superior/ inferior to** *lepší/ horší ako*; **goods to the value of a hundred pounds** *tovar v hodnote*; **to postpone to next/ the following week** *odložiť na nasledujúci týždeň*; **to get down to work** *pustiť sa/ dať sa do práce*; **room to let** *izba na prenajatie*; **something to eat** *niečo pod zuby*; **the exception to he rule** *výnimka z pravidla*; **identical to** *totožný s*; *(s neurč často neprek)* : **it's hard to believe** *je ťažko tomu veriť*; **something to read** *niečo na čítanie*; **he's learning to write** *učí sa písať*; **II.** *spoj* **11.** *(s neurč: uv vetu účelovú)* aby, **he wrote them to come** *napísal im, aby prišli.*;, **allow me to remind you** *dovoľte, aby som...*;, *(pri slo pohybu neprek)* : **he came to visit me** *prišiel ma navštíviť*; **I came to help you** *prišiel som ti/ vám pomôcť*; **12.** *(: predmetovú s význ želania)* aby: **he asked her to travel with him** *žiadal ju, aby cestovala s ním.*; nech: **tel him to accompany them** *povedz mu, nech ich odprevadí*; **13.** *(: doplnkovú po záp)* aby, **I haven't yet heard him to beg** *ešte som nepočul, aby prosil*; **14.** *(: prívlastkovú)* aby, **he proposed to start/ starting the negotiations** *navrhol, aby sa začalo rokovať*; **15.** keď: to

think that ... *keď si pomyslíte, že ...*; **16.** *(: dôsledkovú)* a, **I reached the station to discover that my train had already left** *došiel som na stanicu a dozvedel som sa, že vlak už odišiel*;

toad [təud] *podst* **1.** *(zool: Bufo bufo)* ropucha, mlok, žaba, jašterica; **2.** *(prn)* odporný človek, hnusoba, chudák; **3.** vykoľajenie vlaku

toast [təust] *podst* **1.** *(kuch)* hrianka, toast, opečený chlieb; **2.** prípitok, zdravica, oslávenec, slávnostná udalosť

to.bac.co [tə'bækəu] *podst* (mn **-os**) **1.** tabak; **2.** *(prn)* fajčenie, nikotín, tabaková farba

to.day [tə'dei] *podst* **1.** dnes; **2.** dnešok, dnešný deň, dnešný/ súčasný čas, súčasnosť, prítomnosť

tod.dler [todlə] *podst* **1.** batoľa, batoliatko, drobec, baby

to-do [tə'du:] *podst* **1.** zmätok, chaos, pozdvihnutie, hurhaj, zhon, bengál

toe [təu] *podst* **1.** *(anat: na nohe)* prst; **2.** špička, pysk topánky; **3.** pazúr; **4.** úpätie hory; **5.** zbiehavosť kolies [auta]; **6.** päta klenby; **7.** *(bot)* hľuza

to.geth.er [tə'geðə] **I.** *predl* **together with 1.** [spolu] s, **I received a parcel together with the bill** *dostal som balík spolu s poukážkou*; **II.** *príd* **2.** *(am ifn)* sebavedomý, vyrovnaný, sústredený; **III.** *prísl* **3.** spolu, spoločne, vedno; **4.** dohromady, dovedna, pohromade, *(hov)* dokopy; **5.** navzájom; **6.** súčasne, zároveň; **7.** neprestajne, za sebou

toi.let [toilit] *podst* **1.** toaleta, záchod, kúpeľňa, umyváreň; **2.** úprava zovňajšku; **3.** úbor, oblečenie; **4.** toaletný stolík

to.ken [təukən] **I.** *podst* **1.** znamenie, príznak, symbol, dôkaz, prejav; **2.** poukážka; **3.** *(tel)* telefónna známka; **4.** pamiatka, suvenír; **5.** žetón, ústrižok, záruka; **II.** *príd* **6.** zdanlivý, znamenajúci, symbolický; **7.** *(štrajk)* varovný. *Syn* ⇨ **pledge, sign**

tol.e.ra.ble [tolərəbl] *príd* **1.** znesiteľný, prijateľný; **2.** *(prn)* prípustný, obstojný, slušný, priemerný, dostatočný, slušný, pomerne zdravý

tol.e.rance [tolərəns] *podst* **1.** tolerantnosť, znášanlivosť, trpezlivosť, zhovievavosť; **2.** odolnosť; **3.** *(mat, tech)* tolerancia, prípustná odchýlka; **4.** tolerantný postoj; **5.** vytrvalosť

tol.e.rant [tolerənt] *príd* **1.** tolerantný, znášanlivý, *(ku komu)* zhovievavý, ohľaduplný, trpezlivý, vytrvalý; **2.** *(lek)* odolný; **3.** schopný znášať

to tol.e.rate [toləreit] **1.** vydržať, zniesť; **2.** trpieť, strpieť, dovoliť, pripustiť, tolerovať; **3.** *(lek)* dobre znášať, odolný [proti], zmieriť sa; **4.** *(na)* zvyknúť si; **5.** *(bot: rastlina)* schopný rásť v tieni. *Syn* ⇨ **to bear**

to toll [təul] **I.** *prech* **1.** *(čím)* zvoniť; **II.** *nepr* **2.** zvoniť, vyzváňať, oznamovať zvonením, platiť/ vyberať mýto/ poplatok/ clo, *(komu)* zvoniť do hrobu, *(hodiny)* odbiť

to.ma.to [tə'ma:təu] *podst* (mn **-oes**) **1.** *(bot: Solanum lycopersicum, i plod)* paradajka, rajčina

tomb [tu:m] *podst* **1.** hrob, hrobka, náhrobok, *(prn)* smrť

tomb.stone [tu:mstəun] *podst* **1.** náhrobok, náhrobný kameň

tome [təum] *podst fml,jčoc* **1.** hrubá/ objemná kniha, ťažký zväzok, bachant, *(prn)* biblia

to.mor.row [tə'morəu] **I.** *podst* **1.** zajtrajší deň, *(i prn)* zajrajšok, *(prn)* blízka budúcnosť; **II.** *prísl* **2.** zajtra; **3.** *(prn)* v budúcnosti

tone [təun] *podst* **1.** zvučnosť, zvuk, zafarbenie hlasu; **2.** *(hud, ling, i prn)* tón, *(am)* nota; **3.** *(prn)* spôsob rozprávania; **4.** ráz; **5.** farebný odtieň; **6.** *(lek: svalstva)* tonus, napätie. *Syn* ⇨ **sound**

ton.er [təunə] *podst* **1.** tónovač; **2.** *(tech)* toner

tongue [taŋ] *podst* **1.** *(anat, kuch, prn)* jazyk; **2.** *(prn)* reč, nárečie; **3.** srdce zvona, úzky pruh [zeme], jazýček váh/ dychového nástroja

ton.ic [tonik] **I.** *podst* **1.** *(lek)* tonikum, posilňujúci liek; **2.** *(nápoj)* tonik; **3.** *(hud)* tónika, základný tón tóniny; **4.** *(gram)* prízvučná slabika; **II.** *príd* **5.** *(lek)* posilňujúci, osviežujúci, povzbudzujúci, tonizujúci; **6.** *(svalový)* tónický; **7.** *(ling: slabika)* prízvučný

to.night [tə'nait] **I.** *podst* **1.** dnešný večer, dnešná noc; **I.** *podst* **1.** dnes večer; **2.** dnes v noci

tonne [ton] *podst* **1.** tona [1000 kg]

too [tu:] *prísl* **1.** tiež, takisto, rovnako; **2.** *(a k tomu)* ešte; **3.** príliš, veľmi

tool [tu:l] *podst* **1.** *(i inf)* nástroj; **2.** pomôcka, prostriedok; **3.** *(pej)* bábka; **4.** *(vulg)* inštrument, *(neutr)* penis. *Syn* ⇨ **implement**

to toot [tu:t] **1.** *(aut)* zahúkanie, *(i hud)* zatrúbenie

tooth [tu:θ] *podst* **1.** *(anat)* zub; **2.** zúbok hrebeňa/ pílky/ hrablí, hrebienok, donucovací prostriedok, drsnosť povrchu; **3.** ničivý zub; **4.** chuťová záľuba. *Syn*: tusk, fang

tooth.brush [tu:θbraš] *podst* (mn **-es**) **1.** kefka na zuby

tooth.paste [tu:θpeist] *podst* **1.** zubná pasta

top [top] **I.** *podst* **1.** horná časť, vršok, vrchol, špička, *(hlavy)* temeno, *(stromu)* koruna, *(strechy)* hrebeň, *(postele)* hlava, *(mrkvy)* vňať; **2.** povrch, hladina; **3.** paluba; **4.** pracovná plocha; **5.** horná časť tela; **6.** pyžamový kabátik; **7.** viečko, veko; **8.** strecha; **9.** *(ifm)* začiatok; **10.** *(aut)* najvyššia rýchlosť; **II.** *príd* **11.** najvyšší, navrchnejší; **12.** horný; **13.** hlavný, popredný, špičkový, *(i špo)* vrcholný; **14.** prvotriedny; **15.** maximálny

to top [top] **I.** *prech* **1.** *(ob pass)* pokryť, dať čomu špičku ; **2.** zrezať, odrezať vňať z čoho, byť v čele čoho, byť na prvom mieste čoho; **3.** *(ifm)* odstrániť, odpraviť

top.ic [topik] *podst* **1.** téma, námet, predmet rozhovoru, *(zast)* pravidlo. *Syn* ⇨ **subject**

top.i.cal [topikəl] *príd* **1.** aktuálny, miestny, lokálny, miestneho významu

to top.ple [topl] **I.** *nepr* **1.** spadnúť, zrúbať sa, prekotiť sa; **II.** *prech* **2.** prevrhnúť, *(i prn)* zvrhnúť; **3.** rozkývať sa, kymácať sa, hojdať sa

torch [to:æ] *podst* (mn **-es**) **1.** pochodeň, fakľa; **2.** *(ob am)* letovacia lampa, horák; **3.** podpaľač

tor.ment [to:ment] *podst* **1.** trýzeň, muky, útrapy, mučenie, trápenie, súženie, mučiteľ, trýzniteľ; **2.** divoká búrka; **3.** zvieracia rukavica. *Syn*: torture, rack, ⇨ aj **bait**. *Opoz*: comfort

tor.na.do [to:'neidəu] *podst* (mn **-oes**) **1.** tornádo, smršť; **2.** *(prn: potlesku)* búrka, *(o človeku)* uragán

tor.pe.do [to:'pi:dəu] *podst* (mn **-oes**) **1.** *(voj)* torpédo

tor.rent [torənt] *podst* **1.** dravý prúd, dravá rieka, riava, bystrina; **2.** gejzír, vodopád, záplava, príval, záplava, prudký lejak, výlev, prúd lávy; **3.** *(prn: bolesti)* záchvat, výbuch smútku

tor.so [to:səu] *podst* (mn **-os**) **1.** *(art)* torzo, zlomok, fragment; **2.** trup

tor.toise [to:təs] *podst* **1.** *(zool: Testidinidae)* korytnačka

tor.tu.ous [to:tjuəs] *príd* **1.** kľukatý, krivý, krivoľaký; **2.** *(prn)* zamotaný, rozvláčny, postranný, strojený, vyumelkovaný, nezrozumiteľný, haditý, komplikovaný , neúprimný, nečestný

to tor.ture [to:æə] **1.** *(lit)* mučiť; **2.** *(prn)* trýzniť, trápiť, sužovať; **3.** *(prn)* znásilňovať, skriviť, prekrútiť

To.ry [to:ri] *podst* (mn **-ies**) **1.** *(br pol)* konzervatívec, *(ob hist)* tory, toryovec

to toss [tos] **I.** *prech* **1.** *(čím)* hodiť, *(čím)* vrhnúť; **2.** obrátiť vyhodením do povetria; **3.** *(čím)* pohodiť; **4.** *(čím)* lomcovať, *(čím)* hádzať, *(čím)* kymácať; **II.** *nepr* **5.** žrebovať mincou, *(ifm)* hodiť si korunu, *(jazdca)* zhodiť, vyhodiť, *(palacinku)* prehodiť, potriasť sa, rozbúriť, *(hlavou)* myknúť, kolísať sa, *(na lôžku)* hádzať sa. *Syn* ⇨ **to throw**

tot [tot] *podst* **1.** krpec, štupeľ, fafrnok; **2.** hlt, *(ifm)* dúšok, panák; **3.** *(mat)* súčet

to.tal [təutl] **I.** *podst* **1.** celkový počet, celkový obnos, celková čiastka, celková suma, úhrn, súčet, celok; **II.** *príd* **2.** celkový, celý, úhrnný; **3.** globálny, totálny, úplný, holý. *Syn* ⇨ **complete**, sum

to.tal.i.ta.ri.an [ˌtəutælı'təriən] *príd* **1.** totalitný

to tot.ter [totə] **1.** *(človek)* motať sa, tackať sa, sotva pliesť nohami, *(bábätko)* batoliť sa; **2.** *(veža)* kymácať sa, kývať sa; **3.** *(prn: režim)* byť nepevný/ vratký, byť na pokraji pádu. *Syn* ⇨ **to stagger**

to touch [taæ] **I.** *prech* **1.** *(vše)(čoho)* dotknúť sa, *(na čo)* siahnuť, *(hud: do čoho)* udrieť; **2.** *(koho)* týkať sa; **3.** dojať; **4.** *(komu/ čomu)* vyrovnať sa; **II.** *nepr* **5.** dotknúť sa; **6.** susediť, byť vedľa seba, *(s čím)* hraničiť. *Syn* ⇨ **to affect**

touch.ing [taæiŋ] *príd* **1.** dojemný, dojímavý. *Syn* ⇨ **moving**

tough [taf] **I.** *podst* **1.** násilník, rabiát, zurvalec, drsný chlapík, uličník, chuligán; **II.** *príd* **2.** zdatný, silný, húževnatý, vytrvalý, odolný; **3.** tuhý, pevný; **4.** *(o človeku)* tvrdý, necitlivý; **5.** *(zákon)* prísny, *(kritika)* ostrý; **6.** *(ifm)* ťažký, zložitý; **7.** divoký. *Syn* ⇨ **strong**

to tough.en [tafn] **I.** *prech* **1.** *(oceľ, sklo)* tvrdiť, kaliť, *(stenu)* spevniť, *(človeka)* otužiť, urobiť odolným; **2.** *(zákony ap)* sprísniť; **II.** *nepr* **3.** *(oceľ, sklo)* vytvrdiť sa, *(mäso)* stvrdnúť, stať sa tuhým

tour [tuə] *podst* **1.** *(okružná)* cesta, jazda, výlet, exkurzia, vychádzka, *(mesta)* prehliadka; **2.** *(hud, div)* turné, zájazd

to tour [tuə] **1.** precestovať, prejsť, obísť, cestovať po čom; **2.** *(múzeum)* prehliadnuť si, urobiť prehliadku čoho; **3.** *(div)* podniknúť turné po čom

tour.i.sm [tuərizəm] *podst* **1.** turistický/ cestovný ruch, turistika, cestovanie

tour.ist [tuərist] *podst* **1.** turista, výletník

tour.na.ment [tuənəmənt] *podst* **1.** *(špo)* turnaj, preteky , stretnutie, zápas

to tout [taut] **1.** kšeftovať so vstupenkami načierno; **2.** robiť hlučnú reklamu [čomu]

to tow [təu] **1.** tiahnuť, vliecť, mať vo vleku . *Syn* ⇨ **to pull**

to.wards [tə'wo:dz] (i **toward**) **1.** *(vyj: smer)* k, **to rise up towards the clouds** *dvíhať sa k oblakom*; **to walk towards the river** *ísť k rieke*; smerom k, **to look towards the window** *pozerať sa [smerom] k oknu*; na, **to travel towards the south** *cestovať na juh*; **2.** *(: zreteľ)* k, voči, **people are friendly towards tourists** *ľudia sú milí voči/ k turistom*; **3.** *(: približovanie sa v čase)* k, **towards evening** *k večeru*; **4.** *(: účel)* pre

to.wel [tauəl] *podst* **1.** ručník, uterák, utierka

to.wer [təuə] *podst* **1.** veža, pevnosť, bašta, hrad, citadela; **2.** svätyňa

to.wer block [tauəblok] *podst* **1.** výšková budova

to.wer.ing [taueriŋ] *príd* **1.** *(lit)* nebotyčný, impozantný; **2.** *(prn)* nesmierny, obrovský, vznešený; **3.** čnejúci, týčiaci sa, vysočizný. *Syn* ⇨ **high**

town [taun] *podst* **1.** *(lit)* mesto; **2.** *(brit)* Londýn

town hall [ˌtaun'ho:l] *podst* **1.** radnica

town.ship [taunšip] *podst* **1.** samosprávna obec; **2.** černošské predmestie; **3.** *(am)* mestský okrsok; **4.** vznikajúce mesto

tox.ic [toksik] *príd* **1.** toxický, jedovatý, otravný

toy [toil] *podst* (mn **-oys**) **1.** hračka, *(čoho)* malý model, rozmar, *(prn)* koníček, záľuba, zábavka, milenka. *Syn* ⇨ **trifle**

to trace [treis] **I.** *prech* **1.** vypátrať, *(príčinu)* určiť; **2.** sledovať, ísť po stope [koho]; **3.** nakresliť, načrtnúť , okopírovať; **II.** *nepr* **4.** siahať späť do minulosti

track [træk] *podst ob mn* **1.** *(i hud, inf)* stopa, vyjazdená koľaj, *(za čím)* brázda; **2.** kurz; **3.** cesta, chodníček; **4.** *(žel)* koľaje; **5.** *(am žel)* nástupište; **6.** *(i špo)* dráha; **7.** *(na kolesách tanku)* pás; **8.** *(hud, inf)* kus, skladba; **9.** *(aut)* rozchod kolies; **10.** *(am škol)* prospechová skupina. *Syn* ⇨ **trace**

tract [trækt] *podst* **1.** *(rozsiahla)* plocha, oblasť, krajina, planina, pláň; **2.** *(anat)* trakt; **3.** priebeh, časový úsek; **4.** pojednanie, *(teologický)* traktát

trac.tion [trækšən] *podst* **1.** *(tech)* trakcia, ťah, ťaženie, pohon, záprah

trac.tor [træktə] *podst* **1.** traktor, ťahač, ťažné vozidlo

trade [treid] *podst* **1.** obchod, obchodovanie, kšeftovanie, korupcia; **2.** odvetvie, branža; **3.** zamestnanie, živnosť, remeslo; **4.** výmena, transakcia. *Syn* ⇨ **business**, sell

tra.di.tion [trə'dišən] *podst* **1.** tradícia, tradovanie, zvyklosť, zvyk, obyčaj

tra.di.tion.al [trə'dišənl] *príd* **1.** tradičný, tradovaný, starý, odveký, umelecký, ľudový, národný, obvyklý, obyčajový

tra.di.tion.al.ist [trə'dišnəlist] *podst* **1.** tradicionalista, tradicionalistka

traf.fic [træfik] *podst* **1.** doprava, premávka, cestná premávka, dopravný/ pouličný ruch, frekvencia; **2.** *(obch)* obchod, *(pej)* pokútny obchod, kšeftovanie, čachrovanie

trag.e.dy [trædžidi] *podst* (mn **-ies**) **1.** tragédia, tragická stránka, pohroma, katastrofa, *(i div)* trúchlohra

trag.ic [trædžik] *príd* **1.** tragický, smutný, hrozný, žalostný

trail [treil] *podst* **1.** stopa, *(kométy)* chvost, *(dymu)* chumáč; **2.** cesta, chodníček, cestička

to trail [treil] **I.** *prech* **1.** sledovať, ísť v závese za čím, ísť po stope čoho, stopovať, vliecť za sebou; **II.** *nepr* **2.** vliecť sa po zemi/ za kým; **3.** vinúť sa, plaziť sa; **4.** šuchtať sa, túlať sa, tiahnuť sa; **3.** zaostávať za kým, byť vzadu za kým

trail.er [treilə] *podst* **1.** *(aut)* vlečný voz, *(ifm)* vlečniak; **2.** *(am)* karaván, príves; **3.** *(bot)* plazivá/ popínavá rastlina; **4.** *(film)* filmová reklama/ ukážka z nového filmu

train [trein] *podst* **1.** *(žel)* vlak, vlak podzemnej dráhy; **2.** kolóna, *(voj)* konvoj, procesia; **3.** sled, séria; **4.** družina, sprievod; **5.** *(šiat)* vlečka

to train [trein] **I.** *prech* **1.** vychovávať, vzdelávať, učiť, školiť, zacvičiť, zapracovať, vytrénovať, vydrezírovať; **2.** *(fotoaparát, zbraň)* zamerať, namieriť; **II.** *nepr* **3.** *(špo)* trénovať, cvičiť; **4.** získať kvalifikáciu. *Syn* ⇨ **to teach**

trained [treind] *príd* **1.** vyučený, cvičený, vycvičený, školený, skúsený

train.ee [treiˈni:] *podst* **1.** učeň, učnica, praktikant, praktikantka, účastník kurzu, účastníčka kurzu, frekventant kurzu, frekventantka kurzu

train.er [treinə] *podst* **1.** *(špo)* tréner, trénerka, inštruktor, inštruktorka, *(zvierat)* cvičiteľ, cvičiteľka; **2.** *(let)* školný/ cvičný letúň, cvičná pilotná kabína, trenažér; **3.** športové topánky

train.ing [treiniŋ] *podst* **1.** *(vše)* výcvik, školenie, inštruktáž, zácvik, cvičenie, príprava; **2.** drezúra; **3.** *(špo)* tréning

trait [treit] *podst* **1.** vlastnosť, povahová črta, rys, známka, zvláštnosť, charakteristika. *Syn* ⇨ **quality**

trait.or [treitə] *podst* (**~ to sb/ st**) **1.** zradca, vlastizradca

tra.jec.to.ry [trædžiktəri] *podst* (mn **-ies**) **1.** dráha, *(odb)* trajektória

tram [træm] *podst* (i **tramcar** am **streetcar, trolley**) **1.** električka, mestská železnica, banský vozík, kabína lanovky, koľajnica mestskej železnice

tramp [træmp] *podst* **1.** *(dtd)* tulák, vandrák, tramp, povaľač; **2.** ťažké kroky, dupot; **3.** dlhá chôdza, túra; **4.** *(ifm am)* cundra, pobehlica

to tram.ple [træmpl] **1.** dupať, šliapať, dláviť; **2.** *(prn)* ignorovať, ničiť, tyranizovať

trance [tra:ns] *podst* **1.** *(lit, prn)* tranz, vytrženie, extáza, hypnotický stav; **2.** *(lek)* bezvedomie; **3.** polospánok, polobdenie, omámenie

tran.quil [træŋkwil] *príd* **1.** pokojný, usadlý, tichý, mlčanlivý. *Syn* ⇨ **calm**

tran.quil.i.zer [træŋkwilaizə] *podst* **1.** upokojujúci prostriedok, sedatívum

trans.ac.tion [trænˈzækšən] *podst* **1.** *(bank)* úkon, *(inf, i obchodná)* transakcia, vybavovanie; **2.** protokol, *(pl)* záznamy, práce, referáty, zápisnice

trans.at.lan.tic [ˌtrænzətˈlæntik] *príd* **1.** zámorský, zaoceánsky, *(pol)* transatlantický

to trans.cend [trænˈsend] **1.** presahovať, prekročiť, prevyšovať, vynikať [nad koho/ čo], *(fil, náb)* transcendovať, predstihnúť. *Syn* ⇨ **to excel**

to tran.scribe [trænˈskraib] **1.** *(fon)* transkribovať, prepísať; **2.** opísať, prepísať; **3.** zapísať, urobiť zápis, zaprotokolovať

tran.script [trænskript] *podst* **1.** kópia, opis; **2.** protokol; **3.** *(am)* prepis indexu, výpis z indexu, duplikát

tran.scrip.tion [trænˈskripšn] *podst* **1.** *(fon)* transkripcia, opis, kópia, zápis, záznam, protokol

trans.fer [trænsfə:] *podst* **1.** preloženie, premiestenie, prevezenie, presťahovanie, odovzdani; **2.** odstúpenie, postúpeni; **3.**cesia, **4.** prevedenie, poukázanie; **5.** pretlač; **8.** preložená osoba

to trans.fer [trænsˈfə:] **I.** *prech* **1.** preniesť, preložiť, previezť, presťahovať, *(inf)* presúvať; **2.** *(vlastníctvo, majetok)* odovzdať, odstúpiť, *(na koho)* prepísať, *(na koho)* previesť peniaze; **3.** *(tel)* prepnúť; **4.** *(vzor, obrázok)* pretlačiť; **II.** *nepr* **5.** byť preložený, prestúpiť; **6.** *(cestujúci)* prestupovať; **7.** *(univ)* prejsť, zmeniť odbor. *Syn* ⇨ **to move**

to trans.form [træns'fo:m] (~ **st/ sb [from st] [into st]**) **1.** zmeniť, zmeniť sa, premeniť, premeniť sa, pretvoriť, pretvoriť sa; **2.** *(ele, gram)* transformovať. *Syn*: to transmute, to convert, to metamorphose, to transfigure, ⇨ aj **to change**

trans.fu.sion [træns'fju:žn] (i **blood transfusion**) **1.** *(lek: krvi)* transfúzia

tran.si.ent [trænziənt] **I.** *podst* **1.** *(am)* prechodný hosť [v hoteli], sezónny robotník; **II.** *príd* **2.** pominuteľný, chvíľkový, prchavý; **3.** prechodný, dočasný, nestály. *Syn*: transitory, ephemeral, momentary, evanescent, fleeting. *Opoz*: lasting, permanent

tran.sis.tor [træn'sistə] *podst* **1.** *(ele)* tranzistor; **2.** tranzistorové rádio, *(ifm)* tranzistorák

tran.sit [trænsit] *podst* **1.** tranzit, prechod, prejazd, preprava, prevoz, cesta, trasa, trať, priechod; **2.** prechod planéty pred slnečným kotúčom

tran.si.tion [træn'zišən] *podst* (~ **from st [to st]**) **1.** prechod, prechodné štádium/ obdobie/ fáza, zmena, premena, *(hud)* transpozícia

tran.si.tion.al [træn'zišənl] *príd* **1.** prechodný

to trans.late [træns'leit] **I.** *prech* **1.** *(ling)* preložiť; **2.** previesť; **3.** *(bibl)* vziať na nebesá; **4.** vysvetliť si, interpretovať; **II.** *nepr* **5.** *(človek)* prekladať, *(slovo, veta)* prekladať sa

trans.la.tion [træns'leišən] *podst* **1.** preklad, prekladanie, prekladateľstvo; **2.** *(náb)* translácia, preloženie biskupa [do inej diecézy], *(bibl)* nanebovzatie. *Syn*: version, paraphrase, transliteration

trans.lat.or [træns'leitə] *podst* **1.** prekladateľ, prekladateľka; **2.** *(brit)* príštipkár

trans.lu.cent [trænz'lu:snt] *príd* **1.** priesvitný. *Syn* ⇨ **clear**

trans.mis.sion [trænz'mišən] *podst* **1.** odovzdávanie správ, šírenie myšlienok, prenášanie informácií; **2.** *(tv, roz)* vysielanie; **3.** *(biol)* prenášanie, dedičnosť; **4.** *(aut)* hnacie ústrojenstvo, prevod; **5.** *(fyz)* transmisia

to trans.mit [trænz'mit] [**-tt-**] **1.** *(odkaz)* vybaviť, odovzdať, doručiť, *(novinu)* oznámiť; **2.** *(zvuk)* prenášať; **3.** *(tv, roz)* vysielať. *Syn* ⇨ **to carry**

trans.mit.ter [trænz'mitə] *podst* **1.** vysielač, vysielačka, mikrofón, prenášač

trans.par.en.cy [træns'peərənsil] *podst* (mn - **ies**) **1.** priehľadnosť, priesvitnosť; **2.** *(na premietanie)* transparent, *(fot)* diapozitív, priesvitná predloha

trans.par.ent [træns'peərənt] *príd* **1.** *(lit)* priehľadný, priezračný; **2.** *(prn)* zrejmý, očividný, jasný, čistý, zjavný, zreteľný. *Syn* ⇨ **clear**

to trans.pire [træn'spaiə] **1.** vyjsť najavo, vysvitnúť; **2.** *(ifm)* stať sa, udiať sa; **3.** potiť sa, *(biol)* vyparovať vodu povrchom, *(ifm)* vypotiť sa, rozchýriť sa, prihodiť sa. *Syn* ⇨ **to happen**

trans.plant [træns'pla:nt] *podst* **1.** transplantácia, transplantát, transplantovaný orgán, transplantované tkanivo

trans.port [træn'spo:t] *podst* **1.** doprava, preprava, transport; **2.** dopravný prostriedok; **3.** *(voj)* dopravná loď, dopravné lietadlo; **4.** *(prn lit)* nával; **5.** posun; **6.** vytrženie

trans.por.ta.tion [ˌtrænspo:'teišən] *podst* **1.** *(am)* doprava, preprava, transport; **2.** *(hist)* deportácia; **3.** dopravné, prepravné

trans.ves.tite [trænz'vestait] *podst* **1.** transvestita, transvestitka

trap [træp] *podst* **1.** pasca, osídlo, nástraha; **2.** *(br)* brička; **3.** sifón; **4.** dvere, *(div)* prepadlisko; **5.** *(sl)* papuľa, klepačka. *Syn*: pitfall, snare, trap, ⇨ aj **catch**

trap.pings [træpiŋz] *podst* **1.** *(pej)* charakteristické znaky, vonkajšie príznaky, vymoženosti; **2.** *(konský)* postroj; **3.** slávnostná uniforma; **4.** ozdoba, výzdoba

trash [træš] *podst* **1.** nepotrebná vec, brak; **2.** *(ifm)* hlúposť, volovina; **3.** *(pej ifm)* bagáž, spodina; **4.** *(am)* odpadky, smeti

trau.ma [tro:mə] *podst* (mn **traumas**) **1.** *(psych)* trauma, duševný otras; **2.** rana, poranenie, úraz

trau.ma.tic [tro:'mætik] *príd* **1.** traumatický

to trau.ma.tize [tro:mətaiz] **1.** spôsobiť [komu] traumu, traumatizovať

to trav.el [trævl] [**-ll-**, am **-l-**] **I.** *nepr* **1.** cestovať, byť na cestách; **2.** pohybovať sa, *(dopravným prostriedkom)* ísť, *(i lietadlom)* letieť, *(svetlo, zvuk, správy)* šíriť sa; **II.** *prech* **3.** *(kus cesty)* ujsť; **4.** chodiť [po čom]

trav.el.ler [trævlə] *podst* **1.** *(vše)* cestujúci, turista, cestovateľ, pútnik, vandrovník, obchodný cestujúci, agent; **2.** *(tech)* behúň

to trav.erse [trævəs] **I.** *prech* **1.** *(fml)* prejsť, prekročiť, preplávať, preletieť, pretínať, *(čím)* pretekať; **2.** pretraverzovať; **II.** *nepr* **3.** traverzovať

to trawl [tro:l] **1.** chytať ryby do vlečnej siete, *(am)* chytať ryby udicovým lanom, vliecť/ ťahať sieť na dne mora

tray [trei] *podst* (mn **-ays**) **1.** podnos, tácka, misa; **2.** košíček na poštu

treach.er.ous [treæərəs] *príd* **1.** zradný, falošný, klamný, vierolomný, nespoľahlivý; **2.** nebezpečný. *Syn* ⇨ **faithless**

treach.e.ry [treæəri] *podst* (mn **-ies**) **1.** zradnosť, zradcovstvo, zrada, sprenevera, podvod, úskok, lesť, *(prn)* pasca

to tread [tred] (mč **trod** mp **trodden/ trod**) **I.** *prech* **1.** vyšliapať, ísť [po čom]; **II.** *nepr* **2.** ísť, pohybovať sa, našľapovať

tread.mill [tredmil] *podst* **1.** *(v min)* šliapací mlyn, gepeľ, bicykel; **2.** *(prn)* jednotvárna práca

trea.son [tri:zn] *podst* (i **high treason**) **1.** zrada, vierolomnosť . *Syn* ⇨ **sedition**

treas.ure [trežə] *podst* **1.** *(lit)* poklad, bohatstvo, drahocennosť; **2.** klenot, vzácnosť, peniaze, množstvo , pokladnica, klenotnica, *(hovor)* miláčik. *Syn* ⇨ **to appreciate**

treas.ur.er [trežərə] *podst* **1.** pokladník, hospodár; **2.** vedúci finančného oddelenia

treas.u.ry [trežəri] *podst* (mn **-ies**) **1.** pokladnica, trezor; **2.** *(prn)* zdroj

to treat [tri:t] **1.** zaobchádzať [s kým], rokovať [s kým], *(ku komu)* chovať sa; **2.** *(s čím)* zachádzať; **3.** *(lek)* liečiť, ošetriť; **4.** *(tech, chem)* upravovať, *(drevo)* moriť, impregnovať; **5.** *(čím)* zaoberať sa, pojednávať [o čom]; **6.** pohostiť, *(za koho)* zaplatiť

trea.tise [tri:tiz] *podst* (**~ on st**) **1.** pojednanie, vedecký spis, monografia, rozprava, traktát

treat.ment [tri:tmənt] *podst* **1.** *(s kým)* zaobchádzanie, *(s kým)* jednanie; **2.** *(lek)* liečenie, ošetrovanie; **3.** *(tech, chem atď)* úprava, impregnácia, morenie; **4.** spracovanie, interpretácia, *(k čomu)* prístup

trea.ty [tri:ti] *podst* (mn **-ies**) **1.** zmluva, dohoda, dohovor, pakt

to treb.le [trebl] **1.** strojnásobiť, strojnásobiť sa, prehovoriť/ zaspievať fistulovým hlasom

tree [tri:] *podst* **1.** *(bot, i inf, prn)* strom, *(bot lime tree:-Tilia grandifolia)* lipa [veľkolistá], *(bot pear tree: Pirus communis)* hruška [obyčajná], *(bot almond tree: Amygdalus communis)* mandľa [obyčajná], *(bot olive tree: Olea europaea)* oliva [európska], *(bot pistachio tree: Pistacia vera)* pistácia [pravá], *(bot plum tree: Prunus domestica)* slivka [domáca], *(bot medlar tree: Mespilus germanica)* mišpuľa [nemecká], *(bot walnut tree: Juglans regia)* orech [kráľovský], *(bot loquat tree: Eriobotrya japonica)* mišpuľa [japonská], *(bot orange tree:)* pomarančový [citrónovník], *(bot)* stromkovitý ker; **2.** *(zast náb)* kríž; **3.** *(obuvnícke)* kopyto, nosná konštrukcia; **4.** rodokmeň, pôvod; **5.** *(mat: rozvetvený)* diagram; **6.** *(zool tree sparrow: Passerus montanus)* vrabec [poľný]

to trem.ble [trembl] **1.** triasť sa, chvieť sa, otriasať sa; **2.** báť sa, obávať sa, strachovať, tŕpnuť; **3.** visieť, *(vlajka)* trepotať sa, viať. *Syn* ⇨ **to shake**

tre.men.dous [tri'mendəs] *príd* **1.** obrovský, ohromný, nesmierny, kolosálny, hrozný; **2.** *(ifm)* senzačný, náramný, báječný, úžasný, strašný, strašidelný, besný. *Syn* ⇨ **enormous**

trem.or [tremə] *podst* **1.** otras, záchvev, chvenie, *(lek)* triaška, tremor

trench [trenæ] *podst* (mn **-es**) **1.** príkop, priekopa, priehlbina, výkop, brázda, rigol, jarok, jama, *(voj)* zákop

trend [trend] *podst* **1.** tendencia, smer vývoja, sklon; **2.** móda, trend; **3.** priebeh, chod, tok, prúd; **4.** rys, znak

to tres.pass [trespəs] **1.** vstúpiť neoprávnene na cudzí pozemok, *(práva)* porušiť, *(zákon)* prekročiť, urobiť priestupok, *(bez povolenia)* prestúpiť. *Syn*: to encroach, to infringe, to intrude, to invade

tri.ad [traiəd] *podst* **1.** *(hud)* trojzvuk; **2.** *(chem)* trojmocný prvok

trial [traiəl] *podst* **1.** *(práv)* súdny proces, súdne konanie; **2.** súdne rokovanie; **3.** skúška, pokus, test; **4.** ťažká skúška, trápenie, pohroma. *Syn*: experiment, test, ⇨ aj **affliction**

tri.an.gle [traiæŋgl] *podst* **1.** *(geom)* trojuholník, trojhran; **2.** *(hud)* triangel

tri.an.gu.lar [traiˈæŋgjulə] *príd* **1.** *(geom)* trojuholníkový, trojstranný, trojuhlový, trojhranný, trojrohý

trib.al [traibəl] *príd* **1.** kmeňový, *(bot, zool)* rodový, čeľaďový, *(prn)* klanový

tribe [traib] *podst* **1.** *(hist: ľudský)* kmeň, rod, klan, *(bot, zool)* podčeľaď; **2.** *(prn pej)* chasa, banda, kasta, parta

tri.bun.al [traiˈbju:nl] *podst* **1.** súd, súdny dvor, tribunál, súdna stolica

tri.bute [tribju:t] *podst* **1.** *(hist)* daň, tribút; **2.** hold, úcta, pocta, poklona. *Syn*: encomium, eulogy, panegyric

trick [trik] *podst* **1.** lesť, úskok, trik; **2.** figliarstvo, *(ifm)* fór; **3.** šikovnosť, kumšt; **4.** zvláštny zvyk, zlozvyk; **5.** *(am)* zákazník. *Syn*: ruse, stratagem, maneuver, artifice, wile

to tri.ckle [trikl] **I.** *nepr* **1.** kvapkať, tiecť tenkým pramienkom; **II.** *prech* **2.** nalievať po kvapkách/ tenkým pramienkom, vytekať; **3.** roniť slzy; **4.** *(slg)* postupne prichádzať

trick.y [triki] *príd* **1.** obťažný, ťažký; **2.** chúlostivý, ošemetný, *(problém)* delikátny; **3.** prešibaný, *(plán, otázka)* rafinovaný; **4.** nespoľahlivý. *Syn* ⇨ **sly**

tried [traid] *príd* **1.** vyskúšaný, spoľahlivý, osvedčený, preverený, overený; **2.** tažko skúšaný

trig.ger [trigə] *podst* **1.** spúšť, spúšťač, kohútik pušky, spúšťacia páka

tril.li.on [triljən] *podst* **1.** *(br)* trilión; **2.** *(am)* bilión

tril.o.gy [trilədži] *podst* (mn **-ies**) **1.** trilógia

trim [trim] **I.** *podst* **1.** stav; **2.** strihanie, *(i vlasov)* zostrih, *(stromov)* zrezanie; **3.** *(na odeve)* lem, obruba; **4.** vonkajšia úprava, vnútorné vybavenie; **5.** *(let, nám)* vyváženie; **II.** *príd* **6.** *(vzhľad)* upravený, dbajúci o svoj zovňajšok, *(záhrada)* starostlivo udržiavaný, *(brada, vlasy)* pristrihnutý, *(konáre)* zrezaný, *(dom)* uprataný; **7.** *(postava)* urastený, štíhly, *(pás)* útly; **8.** vo forme, fit

trim.ming [trimiŋ] *podst* **1.** *(na šatách)* ozdoby, ozdobné lemovanie, prámik; **2.***(pl tech)* odrezky

tri.o [triəu] *podst fml* (mn **-os**) **1.** *(hud)* trio, terceto; **2.** trojica

trip [trip] *podst* **1.** cesta, jazda; **2.** výlet, zájazd, exkurzia; **3.** *(sl: drogové)* opojenie

tri.ple [tripl] **I.** *podst* **1.** trojnásobok, trojica; **II.** *príd* **2.** trojitý, trojnásobný, trojstranný, trojčlenný

tri.pod [traipod] *podst* **1.** trojnožka, *(fot)* statív, stojan

tri.umph [traiəmf] *podst* **1.** triumf, víťazstvo, triumfálny úspech, radosť, jasot, nadšenie . *Syn* ⇨ **victory**

tri.um.phant [traiˈamfənt] *príd* **1.** jasavý, víťazoslávny, triumfujúci, jasajúci, víťazný, úspešný, plesajúci

tri.vi.a [triviə] *podst ob der* **1.** triviálnosti, ničotnosti, maličkosti

tri.vi.al [triviəl] *príd* **1.** triviálny, nedôležitý, bezvýznamný, zanedbateľný, všedný, bezcenný; **2.** plytký, povrchný . *Syn* ⇨ **petty**

trol.ley [troli] *podst* (mn **-eys**) **1.** vozík v samoobsluhe/ na batožinu, akumulátorový vozík; **2.** servírovací stolík; **3.** *(ele)* kladka zberača električky a pod.; **4.** *(želez)* drezina

troop [tru:p] *podst* **1.** *(voj)* eskadróna, *(delostrelecká)* batéria; **2.** húf, kŕdeľ, *(pej)* horda; **3.** *(voj)* vojsko, *(pl)* vojská, jednotky. *Syn*: troupe, company, band

troop.er [tru:pə] *podst* **1.** jazdecký vojak,

(dtd) kavalerista, jazdec, tankista, jazdný policajt, jazdecký kôň, výsadkár

tro.phy [trəufi] *podst* (mn **-ies**) **1.** *(poľov, voj)* trofej, korisť; **2.** pamiatka, *(i špo)* cena

trop.i.cal [tropikəl] *príd* **1.** tropický; **2.** *(kniž)* obrazný; **3.** *(prn)* vrelý, vrúcny, vášnivý

to trot [trot] [**-tt-**] **I.** *nepr* **1.** *(i ifm)* bežať klusom, cválať, klusať, ísť klusom; **2.** *(ifm)* cupotať, ťapkať; **II.** *prech* **2.** ísť na koni klusom, poduriť koňa do klusu

troub.le [trabl] *podst* **1.** ťažkosti, problémy, *(ifm)* trable, trápenie; **2.** konflikt; **3.** *(tech)* porucha; **4.** trápenie, súženie; **5.** námaha, ťarcha

to troub.le [trabl] **I.** *prech* **1.** obťažovať, vyrušovať, rušiť; **2.** znepokojovať; **3.** zlostiť

troub.le.some [trablsəm] *príd* **1.** nepríjemný, otravný, dobiedzavý; **2.** obťažný, namáhavý, zložitý, ťažký

trough [trof] *podst* **1.** koryto, žľab, odkvap; **2.** údolie, preliačina, depresia, baňa; **3.** *(ekon)* dno hospodárskej aktivity

troupe [tru:p] *podst* **1.** *(div)* divadelná spoločnosť, herecký súbor. *Syn* ⇨ **troop**

trout [traut] *podst* **1.** *(zool salmon trout: Salmo trutta fario)* pstruh [potočný], *(zool rainbow trout: Salmo iridens)* pstruh [dúhový]; **2.** *(prn)* škaredá žena

truce [tru:s] *podst* **1.** *(voj i prn)* prímerie, pokoj zbraní, oddych, pauza, prestávka, úľava

truck [trak] *podst* **1.** *(br žel)* nákladný vagón; **2.** *(ob am)* nákladné auto, nákladiak, kamión, dodávkové auto; **3.** kára, akumulátorový vozík, banský vozík

truck.er [trakə] *podst* **1.** *(am)* vodič nákladného auta, autodopravca; **2.** zeleninár

to trudge [tradž] **1.** namáhavo ísť, *(ťažko)* vliecť sa, vláčiť sa, brodiť sa, plahočiť sa, teperiť sa; **2.** *(čím)* cápať

true [tru:] **I.** *príd* **1.** pravdivý, úprimný; **2.** presný; **3.** zodpovedajúci originálu, pravý; **4.** rovný; **5.** *(hud)* čistý, dobre naladený; **6.** *(geog)* smerujúci k zemepisnému severu; **II.** *prísl* **7.** presne; **8.** pravdivo. *Syn*: actual, real, true

truf.fle [trafl] *podst* **1.** *(bot: hríb)* hľuzovka

tru.ly [tru:li] *prísl* **1.** naozaj, skutočne, úprimne, verne, pravdivo, správne, oddane

trump [tramp] *podst* (i **trump card**) **1.** tromf; **2.** *(ifm dtd)* príma chlapec, príma dievča; **3.** *(kart)* tromf; **4.** *(ifm)* dobráčisko; **5.** *(kniž)* trúba, zatrúbenie

trum.pet [trampit] *podst* **1.** *(hud)* trúbka; **2.** poľnica, trubica, zvuk trúby, slonie trúbenie; **3.** *(prn)* hlásna trúba

to trun.dle [trandl] **I.** *prech* **1.** s námahou tlačiť, s námahou ťahať; **II.** *nepr* **2.** ťažkopádne sa pohybovať; **3.** *(s čím)* ťahať sa, kotúľať sa

trunk [traŋk] *podst* **1.** kmeň, peň; **2.** *(zool)* trup, driek, *(sloní)* chobot; **3.** lodný kufor; **4.** hlavná cesta, magistrála; **5.** koryto, podstavec

trust [trast] *podst* **1.** dôvera, viera, správa majetku; **2.** trust. *Syn* ⇨ **belief, monopoly**

to trust [trast] **1.** *(fml)* dúfať, predpokladať; **2.** veriť, dôverovať, *(čo)* zveriť, zveriť do opatery, *(koho, čím)* poveriť, dúfať, dovoliť, spoliehať sa; **3.** *(komu čo)* dať na úver. *Syn* ⇨ **to rely**

trus.tee [tra'sti:] *podst* **1.** správca majetku, opatrovník, kurátor, poručník, poverenec

trust.wor.thy ['trast,wə:ði] *príd* **1.** dôveryhodný, vierohodný, seriózny, hodnoverný, spoľahlivý. *Syn* ⇨ **reliable**

truth [tru:θ] *podst* (mn **truths**) **1.** pravda, pravdivosť, úprimnosť, skutočnosť, vernosť. *Syn*: veracity, verity, verisimilitude. *Opoz*: falseness, falsity

truth.ful [truθul] *príd* **1.** pravdovravný, pravdivý, verný, presný, vecný

to try [trai] (mč, mp **tried**) **I.** *prech* **1.** skúsiť, snažiť sa; **2.** vyskúšať, pokúsiť sa otvoriť, skúsiť zavolať; **3.** chutnať; **3.** *(víno, pivo)* ochutnať; **4.** *(oči)* namáhať; **5.** *(práv)* súdiť, prerokúvať na súde; **II.** *nepr* **6.** skúšať, pokúšať sa. *Syn*: to attempt, to endeavor, to essay, to strive, to struggle

T-shirt [ti:šə:t] *podst* **1.** tričko [s krátkymi rukávmi]

tub [tab] *podst* **1.** okov, putňa, vaňa, vedro, *(ifm)* téglik; **2.** *(i pej ifm)* koryto; **3.** *(ifm)* kúpeľ

tube [tju:b] *podst* **1.** trúbka, hadica; **2.** tuba; **3.** *(anat)* trubica; **4.** *(am)* obrazovka, elektrónka; **5.** *(brit)* metro

tu.ber [tju:bə] *podst* **1.** *(bot)* hľuza; **2.** *(lek)* hrboľ, nádor, *(ifm)* hrčka; **3.** vyvýšenina; **4.** zemiaky

tu.ber.cul.o.sis [tju,bə:kju'ləusis] *podst* (mn **tubercoloses,** skr **TB**) **1.** *(lek)* tuberkulóza

tub.ing [tju:biŋ] *podst* **1.** trúbka, rúra, hadica, potrubie

tub.u.lar [tju:bjulə] *príd* **1.** trúbkový, trubicovitý, rúrkovitý, hadicovitý

to tuck [tak] **1.** zastrčiť, zahrnúť; **2.** strčiť, zasunúť; **3.** *(krajč)* urobiť [na čom] záhyby, nabrať, zriasiť, *(látku)* zhrnúť, *(rukávy)* vyhrnúť, vykasať, priviazať, napchať

Tues.day [tju:zdi] *podst* (mn **-ays**) **1.** utorok

to tug [tag] **[-gg-]** **1.** vliecť, tiahnuť, ťahať, mykať, šklbať. *Syn* ⇨ **to pull**

tu.i.tion [tju:išən] *podst* **1.** *(individuálne)* vyučovanie, učenie, výučba, študijná konzultácia

tu.lip [tju:lip] *podst* **1.** *(bot: Tulipa gemeriana)* tulipán; **2.** *(prn)* vzácny človek

to tum.ble [tambl] **I.** *nepr* **1.** zvaliť sa, potknúť sa; **2.** prudko klesnúť; **3.** hnať sa; **4.** *(tel)* robiť premety; **II.** *prech* **5.** zhodiť, zvaliť

tum.my [tami] *podst ifm* (mn **-ies**) **1.** brucho, žalúdok,*(det)* bruško

tu.mour [tju:mə] *podst* (am **tumor**) **1.** *(lek)* nádor, tumor

tu.mul.tu.ous [tju:'maltjuəs] *príd* **1.** hlučný, lomozný, *(potlesk)* búrlivý, frenetický

tune [tju:n] *podst* **1.** melódia, nápev, popevok; **2.** *(prn)* zhoda, súlad, harmónia; **3.** pieseň, intonácia; **4.** presné nastavenie. *Syn* ⇨ **melody**

tu.nic [tju:nik] *podst* **1.** blúza, dlhá blúzka, tunika, *(voj)* blúza uniformy; **2.** *(bot)* suknica; **3.** *(biol)* blana

tun.nel [tanl] *podst* **1.** tunel, podjazd, *(ban)* chodba, štôlňa, *(voj)* podkop, podzemná chodba; **2.** nálevka

tur.bul.ence [tə:bjuləns] *podst* **1.** *(vzduchu)* turbulencia, *(mora)* rozbúrenosť; **2.** *(davov)* vrenie, nepokoj; **3.** *(rán)* zjatrenie

tur.bul.ent [tə:bjulənt] *príd* **1.** *(more)* rozbúrený, *(vzduch)* turbulentný; **2.** *(prn)* hlučný, *(časy)* nepokojný, pohnutý, *(život)* búrlivý

turf [tə:f] *podst* (mn **turfs/ turves**) **1.** trávnik, mačina; **2.** *(ír)* rašelina; **3.** *(am)* rajón; **4.** dostihy, dostihová dráha

tur.key [tə:ki] *podst* (mn **-eys**) **1.** *(zool)* moriak, *(i kuch)* morka; **2.** *(kuch)* morčacie mäso; **3.** *(am ifm)* fiasko; **4.** *(am ifm)* sprosták, neúspech, *(prenes)* zbabelec

Tur.kish [tə:kiš] *príd* **1.** turecký

tur.moil [tə:moil] *podst* **1.** zmätok, rozruch, hurhaj, nepokoj, pobúrenie

turn [tə:n] *podst* **1.** otočenie, otáčka; **2.** zatočenie, oblúk, zákruta; **3.** zmena, zvrat; **4.** rada, poradie; **5.** sklon, dispozícia, talent, vloha; **6.** *(lek ifm)* záchvat; **7.** *(br div)* umelecké číslo, výstup; **8.** vychádzka; **9.** účel, potreba; **10.** *(hud)* [melodická ozdoba]

to turn [tə:n] **I.** *prech* **1.** *(čím)* točiť, *(čím)* otočiť, *(čím)* krútiť; **2.** obrátiť na druhý bok, preorať; **3.** nakrútiť; **4.** vysústružiť; **5.** *(prn)* sformulovať; **II.** *nepr* **6.** točiť sa, otočiť sa. *Syn*: to rotate, to revolve, to gyrate, to spin, to whirl, ⇨ aj **to curve**

to turn away **I.** *prech* **1.** odvrátiť; **2.** poslať preč, *(od domu)* odohnať, nedovoliť komu vstup; **3.** odmietnuť, odvrhnúť; **4.** odradiť; **II.** *nepr* **5.** odvrátiť sa

to turn back **I.** *prech* **1.** vrátiť, poslať späť, *(voj)* dať komu čelom vzad; **2.** točiť späť, otočiť späť; **3.** vyhrnúť, vykasať, ohnúť; **II.** *nepr* **4.** ohliadnuť sa; **5.** vrátiť sa späť; **6.** listovať dozadu, vrátiť sa dozadu

to turn down [tə:ndaun] **I.** *prech* **1.** stlmiť, stíšiť, zoslabiť , znížiť; **2.** odhrnúť, ohrnúť, ohnúť, preložiť; **3.** zamietnuť, odmietnuť, dať komu košom

to turn in **I.** *prech* **1.** odovzdať; **2.** zahnúť, prehnúť; **3.** ohlásiť, mať; **II.** *nepr* **4.** *(ifm)* zaľahnúť

turn.ing [tə:niŋ] *podst* **1.** odbočka; **2.** *(br)* ohyb, zákruta; **3.** *(tech)* sústruženie, sústruhovanie; **4.** roh ulice; **5.** križovatka, rázcestie, zabočenie

tur.nip [tə:nip] *podst* **1.** *(bot: Brassica rapa)* repa; **2.** *(prn ifm)* cibuľa; **3.** trúba

turn.o.ver ['tə:n,əuvə] *podst* **1.** obrat; **2.** fluktuácia, časté striedanie, zmena, premena, prevrhnutie, prevrátenie, pohyb, zisk, odbyt; **3.** *(s plnkou)* koláč, závin

tur.quoise [tə:kwa:z] *podst* **1.** tyrkys

tur.ret [tarit] *podst* **1.** *(archit)* vežička, rohová veža, tanková veža, *(otočná)* strelecká veža
tur.tle [tə:tl] *podst* **1.** *(zool: Cheloniidae)* korytnačka
to tus.sle [tasl] **1.** ruvať sa, potýkať sa, biť sa
tu.tor [tju:tə] *podst* **1.** súkromný učiteľ; **2.** *(br univ)* tútor, konzultant; **3.** *(práv)* poručník, tútor
tu.tor.i.al [tju:to:riəl] **1.** *(univ)* seminár, konzultácia, cvičenie
to twang [twæŋ] **I.** *prech* **1.** *(na čo)* brnkať; **2.** fufnať, huhňať; **II.** *nepr* **3.** vibrovať, brnknúť, chvieť sa
twelfth [twelfθ] **I.** *podst* **1.** dvanástina; **2.** *(hud)* duodecima; **II.** *príd* **3.** dvanásty
twen.ty [twenti] *čísl/podst* (mn **-ies**) **1.** dvadsať; **2.** dvadsiatka
twice [twais] *prísl* **1.** dvakrát, dva razy
twig [twig] *podst* **1.** vetvička, ratolesť, konárik, halúzka, prútik, žilka, virguľa
twi.light [twailait] *podst* **1.** svitanie, úsvit, súmrak; **2.** pološero, polotma, stmievanie, šero, prítmie
twin [twin] **I.** *podst* **1.** *(lit)* dvojča; **2.** *(prn: čoho)* náprotivok, dvojník, blíženec; **II.** *príd* **3.** z dvojčiat; **4.** dvojitý, zdvojený, združený; **5.** *(prn)* obdobný
to twin.kle [twiŋkl] **1.** trblietať sa, lesknúť sa, jagať sa, blyšťať sa, iskriť, blikotať, žiariť, blýskať sa, žmurkať, blinkať, mihotať sa, kmitať
to twirl [twə:l] **I.** *prech* **1.** roztočiť; **II.** *nepr* **2.** krúžiť, točiť sa, vrtieť sa, otáčať sa, robiť piruety, víriť sa, otočiť sa
twist [twist] *podst* **1.** *(vše)* krútenie, točenie, *(i tech)* torzia, skrut; **2.** zákruta, serpentína, ohyb, zákruta, zátočina, kľučka, zauzlenie; **3.** *(prn)* neočakávaný zvrat, neočakávaný obrat; **4.** pradeno, zvitok, praclík, pletienka, pletená žemľa; **5.** twist; **6.** *(špo)* faloš; **7.** úchylka
to twist [twist] **I.** *prech* **1.** točiť, krútiť; **2.** pozohýbať, skriviť; **3.** *(prn: slová, významy)* prekrútiť; **4.** *(špo)* dať lopte falš; **II.** *nepr* **5.** otáčať sa, krútiť sa, vinúť sa, stúpať v špirále; **6.** tancovať twist. *Syn* ⇨ **to curve**
to twitch [twiæ] **I.** *prech* **1.** *(čím)* šklbnúť, myknúť, *(čím)* trhnúť; **II.** *nepr* **2.** chvieť sa, krútiť sa, šklbať sa, *(ušami)* strihať, vytrhnúť
two [tu:] *podst* **1.** *(čísl.)* dva; **2.** dvojka; **3.** dvojica, pár; **4.** dvaja, dve
two-way [ˌtu:ˈwei] *príd* **1.** *(ulica, premávka)* obojsmerný; **2.** *(zmluva)* bilaterálny; **3.** prijímací a vysielací
ty.coon [taiˈku:n] *podst ifm* **1.** magnát
type [taip] *podst* **1.** *(biol)* typ, druh, sorta, značka, model; **2.** *(ifm)* existencia, písmo. *Syn*: kind, sort, nature
to type [taip] **1.** *(lek)* určiť skupinu [čoho]; **2.** zistiť druh/ skupinu [čoho], zaradiť, zatriediť, klasifikovať; **3.** písať na písacom stroji, predstavovať typ; **4.** *(tlač)* urobiť sadzbu, napísať [čo] na stroji
type.writ.er [ˈtaipˌraitə] *podst* **1.** písací stroj
ty.phoon [taiˈfu:n] *podst* **1.** tajfún
ty.pi.cal [tipikəl] *príd* (~ **of sb/ st**) **1.** typický, príznačný, špecifický, charakteristický, reprezentatívny, svojský, osobitý, symbolický; **2.** *(biol)* druhový. *Syn* ⇨ **normal**
to ty.pi.fy [tipifai] (mč, mp **-fied**) **1.** byť typický [pre]; **2.** stelesňovať, zosobňovať, symbolizovať; **3.** typizovať, znázorniť, stelesniť, predstavovať
ty.ran.ny [tirəni] *podst* (mn **-ies**) **1.** tyrania, tyranizovanie, krutovláda, diktatúra, krutosť, násilie, tyranstvo
ty.rant [taiərənt] *podst* **1.** *(i prn)* tyran, krutovládca, samovládca, despota, utláčateľ, diktátor
tyre [taiə] *podst* (am **tire**) **1.** pneumatika, obruč kolesa; **2.** odev, šaty, hávy

U

u.biq.ui.tous [ju:ˈbikwitəs] *príd* **1.** všadeprítomný, všade sa vyskytujúci. *Syn* ⇨ **omnipresent**
ug.ly [agli] *príd* {**-ier, -iest**} **1.** ošklivý, nepekný, škaredý , ohyzdný; **2.** nepríjemný, nebezpečný, podlý, *(zločin)* ohavný
ul.cer [alsə] *podst* **1.** *(lek)* vred
ul.ti.mate [altimət] *príd* **1.** konečný, definitívny, neprekonateľný; **2.** základný, funda-

mentálny; **3.** *(ifm)* vrcholný, maximálny; **4.** najvzdialenejší, posledný, podstatný, hlavný, prapôvodný, prvotný, počiatočný, primárny. *Syn* ⇨ **last**

ul.ti.mat.um [ˌaltiˈmeitəm] *podst* (mn **ultimatums**) **1.** ultimátum

ul.tra.vi.o.let [ˌaltrəˈvaiəlit] *príd* **1.** ultrafialový

um.brel.la [amˈbrelə] *podst* **1.** *(lit)* dáždnik, slnečník; **2.** *(prn)* ochrana, záštita

um.pire [ampaiə] *podst* **1.** rozhodca, sudca. *Syn* ⇨ **judge**

un.af.fect.ed [ˌanəˈfektid] *príd* **1.** neafektovaný, prostý, *(i správanie)* bezprostredný, nestrojený; **2.** neovplyvniteľný, nezmenený. *Syn* ⇨ **sincere**

un.am.big.u.ous [ˌanəmˈbigjuəs] **1.** jednoznačný, nedvojzmyselný

u.nan.i.mous [ju:ˈnænimǝs] *príd* **1.** jednohlasný, jednomyseľný, zhodný, súhlasný

un.an.nounced [ˌanəˈnaunst] *príd* **1.** neohlásený

un.an.swered [anˈa:nsəd] *príd* **1.** nezodpovedný, nevypočutý, nevyvrátený, neopätovaný; **2.** nevybavený; **3.** bezbranný, nezdolateľný, odolný

un.armed [anˈa:md] *príd* **1.** neozbrojený, nevyzbrojený, odzbrojený; **2.** neprístupný, nedobytný

un.a.shamed [ˌanəˈšeimd] *príd* **1.** *(klamstvo atď)* nehanebný; **2.** nepredstieraný, neskrývaný

un.at.trac.tive [ˌanəˈtræktiv] **1.** nepekný, nezaujímavý, nelákavý, nevábny

un.auth.o.rized [anˈo:θəraizd] *príd* (i **-ised**) **1.** nepovolený , nedovolený, neoprávnený, nekompetentný, neautorizovaný

un.avail.a.ble [ˌanəˈveiləbl] **1.** *(v obchodoch)* kt nie je dostať, *(tovar)* vypredaný; **2.** nepohotovosť; **3.** *(uzavretý, neprístupný,i inf)* nedostupný, *(nedosiahnuteľný)* neprístupný, viazaný; **4.** *(nepotrebný)* zbytočný, neplatný, bezvýsledný

un.a.void.a.ble [ˌanəˈvoidəbl] *príd* **1.** nevyhnutný, nevyhnuteľný, neodvratný

un.bal.anced [anˈbælənst] *príd* **1.** nevyvážený; **2.** *(psych)* duševne vyšinutý, pomätený; **3.** tendenčný, jednostranný; **4.** *(ekon)* deficitný, nevyrovnaný

un.bear.a.ble [anˈbeərəbl] *príd* **1.** neznesiteľný

un.beat.en [anˈbi:tn] *príd* **1.** neporazený, neprekonaný; **2.** nevychodený, nevyšliapaný; **3.** *(prenes)* nepreskúmaný

un.be.liev.a.ble [ˌanbiˈli:vəbl] *príd* **1.** neuveriteľný

un.born [anˈbo:n] *príd* **1.** *(ešte)* nenarodený, nejestvujúci, budúci

un.bro.ken [anˈbrəukən] *príd* **1.** nerozbitý, nepoškodený; **2.** neporušený, nezlomený; **3.** *(kôň)* neskrotený; **4.** *(spánok)* nerušený, *(rad)* súvislý; **5.** *(rekord)* neprekonaný; **6.** *(hlas)* pred mutáciou, chlapecký

un.can.ny [anˈkæni] *príd* **1.** tajomný, zlovestný; **2.** čudný , kuriózny, podivný, tajuplný, neprirodzený, záhadný, príšerný. *Syn* ⇨ **weird**

un.cer.tain [anˈsə:tn] *príd* **1.** neistý; **2.** neznámy; **3.** premenlivý, nestály; **4.** váhavý, pochybujúci, neurčitý , nezaručený, kolísavý, nepevný, nespoľahlivý

un.cer.tain.ty [anˈsə:tnti] *podst* (mn **-ies**) **1.** neistota, neurčitosť, pochybnosť, nestálosť, premenlivosť; **2.** kolísavosť, nespoľahlivosť. *Syn*: doubt, dubiety, dubiosity, skepticism. *Opoz*: conviction, assurance, certitude

un.chal.lenged [anˈææelindžd] *príd* **1.** *(práv)* ponechaný bez námietok/ protestu; **2.** neprekonaný, nevyzvaný

un.chang.ed [anˈæeindžd] *príd* **1.** nezmenený, nevymenený

un.checked [anˈæekt] *príd* **1.** nekontrolovaný, bez prekážok; **2.** neoverený

un.cle [aŋkl] *podst* **1.** strýc, strýčko, ujo, ujec; **2.** *(slg)* úžerník, zdierač

un.clear [anˈkliə] *príd* **1.** nejasný, zmätený; **2.** nezreteľný, nezrozumiteľný, hmlistý

un.com.fort.a.ble [anˈkamfətəbl] *príd* **1.** nepohodlný; **2.** nepríjemný, trápny

uncommon [anˈkomən] *príd* **1.** neobvyklý, málo bežný, vzácny; **2.** *(fml)* výnimočný, mimoriadny, nezvyčajný, zvláštny, nevšedný, pozoruhodný. *Syn* ⇨ **rare**

un.com.pro.mis.ing [anˈkomprəmaiziŋ] *príd* **1.** nekompromisný, neústupný; **2.** stopercentný, absolútny

un.con.di.tion.al [ˌankənˈdišənl] *príd* **1.** bezpodmienečný, bezvýhradný, úplný, absolútny

un.con.scious [an'konšəs] **I.** *podst* **1.** *(psych)* podvedomie; **II.** *príd* **2.** *(lek)* v bezvedomí; **3.** neúmyselný, neuvedomujúci si; **4.** nevedomý, mimovoľný, náhodný

un.con.sti.tu.tion.al [ˌankonsti'tju:šənl] *príd* **1.** neústavný, protiústavný, v rozpore s ústavou

un.con.trol.la.ble [ˌankən'trəuləbl] *príd* **1.** *(vše)* neovládateľný, nekontrolovateľný, neodolateľný, nezadržateľný; **2.** neskrotný, neskrotiteľný

un.con.ven.tion.al [ˌankən'venšənl] *príd* **1.** nekonvenčný, netradičný, neobvyklý, nezvyčajný, nespútaný

un.con.vinc.ed [ˌankən'vinst] *príd* (~ **of st / that...**) **1.** nepresvedčený, skeptický

un.con.vinc.ing [ˌankən'vinsiŋ] *príd* **1.** nepresvedčivý

to un.cov.er [an'kavə] **1.** *(lit)* odkryť, sňať veko/ kryt [z čoho], odklopiť veko/ kryt [z čoho]; **2.** odhaliť, obnažiť, objaviť, vyniesť

un.de.cid.ed [ˌandi'saidid] *príd* **1.** neistý, nerozhodnutý, váhajúci, *(i špo)* nerozhodný

undemocratic ['anˌdemə'krætik] *príd* **1.** nedemokratický

un.de.ni.a.ble [ˌandi'naiəbl] *príd* **1.** nepopierateľný; **2.** skvelý, neodškriepiteľný, nepochybný, nesporný, istý, výborný, znamenitý

un.der [andə] **I.** *predl* **1.** *(ozn smer, polohu nižšie prn)* pod, **under the table** *pod stolom*; **under an assumed name** *pod cudzím menom*; **under the pretext** *pod zámienkou*; **under constraint** *pod nátlakom*; **under lock and key** *pod zámkom*; **under the price** *pod cenou*; **under the impression of st** *pod dojmom čoho*;, **under o. 's very eyes** *pred vlastnými očami*;, **under the moon/ in the moonlight** *pri mesiačiku*; **under cloud** *v podozrení*; **under such conditions** *za takých podmienok*; **under the existing situation/ in a given situation** *za danej situácie*; **under the conditions of the agreement** *podľa podmienok v dohode*; **under repair/ arms** *v oprave/ zbrani*; **2.** *(ozn podriadenosť, blízkosť, nedostatok)* pod: za: **under capitalism/ communism** *za kapitalizmu/ komunizmu*; **under the direction of sb** *za vedenia*; **under the rule of..** . *za vlády*; **under the reign of Peter I** *za Petra I.* .; **3.** *(vyj časový bod: deň)* v, v; **4.** *(: zariadenie do nejakej skupiny)* medzi, **iron is listed under metals** *železo patrí medzi kovy*; **children under ten years of age** *mladšie deti než desaťročné*; pri; **II.** *prísl* **5.** dolu, dole, nižše

un.der.cov.er ['andəˌkavə] *príd* **1.** *(práca)* tajný, pokútny

un.der.cur.rent ['andəˌkarənt] *podst* (~ **of st**) **1.** spodný prúd, *(prn)* skrytá tendencia/ smer; **2.** spodný tón, podtón

to un.der.cut [ˌandə'kat] **[-tt-]** (mč, mp **undercut**) **1.** *(obch)* predávať za nižšiu cenu než iní; **2.** *(špo: loptu)* luftovať

un.der.de.vel.oped [ˌandədi'veləpt] *príd* **1.** *(krajina)* nedostatočne rozvinutý, zaostalý; **2.** *(svaly atď)* málo/ nedostatočne vyvinutý; **3.** *(fot: film)* nedostatočne vyvolaný

un.der.dog [andədog] *podst* **1.** vydedenec, štvanec, vyhnanec; **2.** *(príd)* prehrávajúci, kto nemá šancu vyhrať, prenasledovaný človek

to un.der.es.ti.mate [ˌandər'estimeit] **1.** podceniť, nedoceniť, podhodnotiť, nízko odhadnúť

to un.der.go [ˌandə'gəu] (mč **underwent** mp **undergone**) **1.** zakúsiť, zažiť, byť vystavený [čomu], *(čím)* prejsť; **2.** *(skúšku)* podstúpiť, *(čomu)* podrobiť sa, konať, vykonať, urobiť; **3.** prekonať

un.der.ground [ˌandə'graund] **I.** *príd* **1.** podzemný, hlbinný, banský, zemný; **2.** ilegálny; **3.** avantgardný; **4.** skrytý, tajný; **II.** *prísl* **5.** *(lit)* pod zemou, v podzemí, pod zem, do podzemia

un.der.growth [andəgrəuθ] *podst* (am **underbrush**) **1.** *(v lese)* podrast, húština, mladina

to un.der.lie [ˌandə'lai] (mč **underlay** mp **underlain**) **1.** *(pod čím)* byť, *(pod čím)* nachádzať sa, *(pod čím)* ležať; **2.** byť základom/ podkladom, tvoriť základ

to un.der.line [ˌandə'lain] (i **underscore**) **1.** podčiarknuť, *(i prn)* zdôrazniť, vyzdvihnúť položiť dôraz [na čo], zvýrazniť, podšiť

un.der.ly.ing [ˌandəˈlaiiŋ] *príd* **1.** spodný, *(geol)* podložný; **2.** skrytý, vlastný, základný

to un.der.mine [ˌandəˈmain] **1.** *(lit)* podkopať; **2.** *(voj)* podmínovať; **3.** *(prn)* podlomiť, podryť. *Syn* ⇨ **to weaken**

un.der.neath [ˌandəˈni:θ] **I.** *podst* **1.** spodná strana, spodná časť; **II.** *predl* **2.** *(čo/ čím)* pod, popod; **III.** *prísl* **3.** *(na miesto položené nižšie)* dolu, dole, spodok, zdola, dospodu

to un.der.pin [ˌandəˈpin] [-nn-] **1.** *(lit, prn)* podoprieť, *(i prn)* posilniť

to un.der.rate [ˌandəˈreit] **1.** podceniť, podceňovať , nedoceniť

to un.der.score [ˌandəˈsko:] **1.** podčiarknuť, zvýrazniť; **2.** upozorniť

to un.der.stand [ˌandəˈstænd] (mč, mp **understood**) **I.** *prech* **1.** *(čomu)* rozumieť, *(čomu)* porozumieť; **2.** chápať; **3.** mať [pre koho] pochopenie; **II.** *nepr* **4.** rozumieť; **5.** mať pochopenie. *Syn*: to comprehend, to appreciate

un.der.stand.a.ble [ˌandəˈstændəbl] *príd* **1.** zrozumiteľný, pochopiteľný

un.der.stand.ing [ˌandəˈstændiŋ] **I.** *podst* **1.** chápanie, chápavosť, ponímanie; **2.** porozumenie, pochopenie; **3.** inteligencia, znalosť, znalosti; **4.** dohoda, zhoda, dorozumenie; **5.** význam; **II.** *príd* **6.** chápavý, majúci pochopenie, ohľaduplný; **7.** rozumný, múdry, nadaný, inteligentný, majúci plné pochopenie

un.der.state.ment [ˌandəˈsteitmənt] *podst* **1.** úmyselné zmiernenie výroku, zdržanlivé vyjadrenie; **2.** nedocenenie, zľahčenie

to un.der.take [ˌandəˈteik] (mč **undertook** mp **undertaken**) **1.** *(čoho)* ujať sa, pustiť sa [do čoho], podniknúť, prevziať, vziať [na seba]; **2.** sľúbiť, zaviazať sa, zaručiť sa

un.der.tak.er [ˌandəˈteikə] *podst* (am i **mortician**) **1.** zriadenec pohrebného ústavu, majiteľ pohrebného ústavu, *(ifm pej)* funebrák; **2.** podnikateľ, ručiteľ

un.der.tak.ing [ˌandəˈteikiŋ] *podst* **1.** úloha, dielo, práca, projekt; **2.** sľub, záväzok, záruka; **3.** pohrebná služba, pohrebný ústav, podnik, podnikanie, podujatie, odbavovanie pohrebov, pochovávanie

to un.der.va.lue [ˌandəˈvælju:] **1.** podhodnotiť, nízko ohodnotiť, nízko oceniť, nedoceniť, podceniť

un.der.wa.ter [ˌandəˈwo:tə] *príd* **1.** pod vodou; **2.** *(prúd)* spodný

un.der.wear [andəweə] *podst* (i **underclothes** fml **underclothing**) **1.** spodná/ osobná bielizeň

un.der.world [andəwə:ld] *podst* **1.** kriminálne podsvetie, *(prn)* peklo, *(bás)* protinožci

to un.der.write [andərait] (mč **underwrote** mp **underwritten**) **1.** *(fin)* poskytnúť finančnú záruku; **2.** upísať riziko [v čom], poistiť; **3.** upísať emisiu cenných papierov; **4.** podpísať sa; **5.** uzavrieť poistenie/ poistku

un.de.sir.a.ble [ˌandiˈzaiərəbl] **I.** *podst* **1.** nežiadúca osoba; **II.** *príd* **2.** nežiadúci, nežeľateľný, nevhodný

undisclosed [ˌandisˈkləuzd] *príd* **1.** utajený, neudaný, neuvedený

undisputed [ˌandiˈspju:tid] *príd* **1.** nepochybný, nepopierateľný, istý, *(i práv)* nesporný

to un.do [anˈdu:] (mč **undid** mp **undone**) **1.** rozviazať, *(obálku)* rozlepiť, *(gombík, zips)* rozopnúť, *(šev)* rozpárať; **2.** obrátiť navnivoč, zničiť, zmariť; **3.** napraviť; **4.** *(inf)* odvolať

un.doubt.ed [anˈdautid] *príd* **1.** nepochybný, nesporný, nepopierateľný, jasný, istý

to un.dress [ˌanˈdres] **1.** zvliecť, vyzliecť, vyzliecť sa, zobliecť, odstrojiť sa; **2.** *(prn)* odhaliť, odkryť

un.dressed [anˈdrest] *príd* **1.** neoblečený, zvlečený, nahý, 2. neupravený, neošetrený; **3.** neochutený nálevom, bez nálevu

un.due [anˈdju:] *príd fml* **1.** nadmerný, prílišný, prehnaný; **2.** nevhodný, nemiestny, neprípustný, nepatričný, nenáležitý, nesmierny

to un.du.late [andjuleit] **1.** vlniť sa, zvlniť sa, vinúť sa; **2.** byť zvlnený/ vŕškovitý/ pahorkatý. *Syn* ⇨ **to swing**

un.du.ly [anˈdju:li] *prísl fml* **1.** nadmerne, prílišne, prehnane, príliš nevhodne, chybne, nenáležite

to un.earth [anˈə:θ] (**~ st [from st]**) **1.** *(archeol)* vykopať, vyhrabať, exhumovať; **2.**

(prn) objaviť, prísť [na], odhaliť, vyhnať z brloha, vyniesť na svetlo. *Syn* ⇨ **to learn**

un.eas.y [an'i:zi] *príd* **1.** úzkostlivý, stiesnený, znepokojený, neposedný; **2.** nepríjemný, nepohodlný; **3.** neistý

un.em.ployed [ˌanim'ploid] *príd* **1.** nezamestnaný; **2.** nevyužívaný, neupotrebený, stojaci, voľný, *(fin)* mŕtvy, neinvestovaný, nezaujatý, nepoužitý, nevyužitý

un.em.ploy.ment [ˌanim'ploimənt] *podst* **1.** nezamestnanosť

un.e.qual [an'i:kwəl] *príd* **1.** nerovnaký, nerovný, nerovnocenný, rozličný, nepostačujúci

un.e.qui.vo.cal [ˌani'kwivəkəl] *príd fml* **1.** jednoznačný, nevyhýbavý, nedvojzmyselný, jasný, zrejmý, nesporný

un.e.ven [an'i:vən] *príd* **1.** *(povrch)* nerovný, hrboľatý, *(rytmus, pulz)* nepravidelný, *(sfarbenie, hrúbka)* nerovnomerný, *(hlas)* neistý; **2.** *(mat)* nepárny. *Syn* ⇨ **rough**

un.ex.pect.ed [ˌanik'spektid] *príd* **1.** neočakávaný, nečakaný, nepredvídaný, náhly

unexplained [ˌanik'spleind] *príd* **1.** nevysvetlený, neobjasnený, nevyjasnený

un.fail.ing [an'feiliŋ] *príd* **1.** neochvejný, verný, nevyčerpateľný, istý, bezpečný, anjelský, božský, svätý, konštantný, neustály, neprestajný

un.fair [an'feə] *príd* **1.** nespravodlivý, nesprávny, neúmerný, neúmerne veľký, nekalý, špinavý, neférový, nepoctivý, nečistý, nestatočný, neobjektívny, neslušný, nepekný

un.faith.ful [an'feiθful] *príd* (**~ to sb/ st**) **1.** *(manžel, manželka)* neverný, *(i priateľ)* nelojálny; **2.** *(kópia, opis)* nepresný

unfashionable [an'fæšnəbl] *príd* **1.** nemoderný, kt nie je v móde

un.fa.vour.a.ble [an'feivərəbl] *príd* (am **unfavorable**) **1.** nepriaznivý, nevýhodný, pasívny

un.fin.ished [an'finišt] *príd* **1.** nedokončený, nevybavený ; **2.** *(tech)* neobrobený, hrubý, *(i text)* neupravený

un.fit [an'fit] *príd* **1.** *(i špo)* nespôsobilý, neschopný, nevyhovujúci; **2.** nevhodný, nezjazdný

to un.fold [an'fəuld] **I.** *prech* **1.** rozložiť, otvoriť, prestrieť, rozopnúť, roztiahnuť; **2.** *(prn: plány)* vyložiť, *(tajomstvo)* odhaliť; **II.** *nepr* **3.** rozovrieť sa; **4.** *(prn: pravda, tajomstvo)* vyjsť najavo, *(dej)* rozvinúť sa, *(príbeh)* odvíjať sa, *(pred kým: o krajine, scenérii)* rozprestierať sa

un.for.get.ta.ble [ˌanfə'getəbl] *príd* **1.** nezabudnuteľný

un.for.tun.ate [an'fo:ænət] *príd* **1.** nešťastný, úbohý, poľutovaniahodný, smoliarsky; **2.** neblahý, neborácky, nepodarený, nevhodný

un.for.tun.ate.ly [an'fo:ænətli] **1.** bohužiaľ, nanešťastie

un.found.ed [an'faundid] *príd* **1.** neodôvodnený, neopodstatnený, nepodložený, nepravdivý

un.friend.ly [an'frendli] *príd* (**~ to/ towards sb**) **1.** nepriateľský, zlomyseľný; **2.** nevľúdny, neprívetivý, nepohostinný, nehostinný, nežičlivý, nepriaznivý, neprajný

unfulfilled [ˌanful'fild] *príd* **1.** *(sľub, sen)* nesplnený; **2.** *(človek)* frustrovaný

to un.furl [an'fə:l] **I.** *prech* **1.** rozvinúť; **II.** *nepr* **2.** rozvinúť sa

un.hap.py [an'hæpi] *príd* {**-ier, -iest**} **1.** smutný, *(čím)* zarmútený, nešťastný, skľúčený; **2.** *(fml)* nespokojný, znepokojený; **3.** *(fml: stav)* poľutovaniahodný; **4.** nevhodný, nemiestny

u.ni.for.mi.ty [ˌju:ni'fo:məti] *podst* **1.** jednotnosť; **2.** konštantnosť; **3.** identickosť; **4.** *(pej)* jednotvárnosť, uniformita; **5.** jednoznačnosť

u.ni.on [ju:njən] *podst* **1.** spojenie, spájanie; **3.** *(pol)* zväz, federácia, združenie, únia; **5.** *(fml)* manželský zväzok; **6.** harmónia, zhoda, súlad; **7.** *(tech)* spojka. *Syn* ⇨ **alliance**, unity

u.nit [ju:nit] *podst* **1.** jednotka, celok; **2.** skupina, útvar, oddelenie, odbor, stredisko; **3.** sektorový dielec, časť, diel, agregát, zariadenie, jednotka

un.kind [an'kaind] *príd* **1.** neláskavý, nevľúdny, zlomyseľný, zaliečavý, urážlivý; **2.** drsný, tvrdý, krutý

un.less [ən'les] **1.** ak nie, keď nie, pokiaľ nie, **you'll fail your exams unless you work**

harder *ak/ keď/ pokiaľ sa nebudeš viac usilovať, prepadneš*; iba ak [by], ak len, **don't leave, unless you want to take chances** *necestuj, ak len nechceš riskovať*;

to un.load [an'ləud] **I.** *prech* **1.** vyložiť, zložiť, vybrať; **2.** *(čoho)* zbaviť sa, *(fin)* hodiť na trh, predať vo veľkom množstve; **II.** *nepr* **3.** vykladať, vykladať sa

un.luck.y [an'laki] *príd* **1.** nešťastný, nešťastlivý; **2.** neúspešný; **3.** nevhodný, nedobrý; **4.** smolný, čierny, zlovestný, neblahý, osudný

unoccupied [an'okjupaid] *príd* **1.** nemajúci nič na práci; **2.** neobývaný, prázdny

un.set.tled [an'setld] *príd* znepokojený, nervózny, nestabilný, premenlivý, skazený; **2.** nevybavený; **3.** nezaplatený, nevyrovnaný; **4.** neobývaný

un.sta.ble [an'steibl] *príd* **1.** nestabilný, nepevný, premenlivý, vrtkavý, kolísavý, nevyrovnaný. *Syn* ⇨ **inconstant**

un.suit.a.ble [an'sju:təbl] *príd* **1.** nevhodný, neslušný, neprístojný, neokrôchaný, nemiestny, nevkusný, neprimeraný

un.til [an'til] **I.** *predl* **1.** až, (up) **until the war** *až do vojny*; **up until the war** *až po vojnu*; **until recall** *až do odvolania*; *(until now)* doteraz, doposiaľ; **II.** *spoj* **2.** *(ob v začiatku vety)* kým ne[-], až

un.time.ly [an'taimli] *príd/prísl* **1.** predčasný, pred časom; **2.** nemiestny, nevhodný

un.told [ˌan'təuld] *príd* **1.** nikdy nehovorený; **2.** obrovský, nevýslovný

un.touched [an'taæt] *príd* **1.** nedotknutý; **2.** bez úrazu, so zdravou kožou, živý a zdravý, nepoškodený; **3.** neprekonaný, nemajúci

un.used [an'ju:zd] *príd* **1.** nový, nepoužitý, kt nie je v prevádzke

un.wield.y [an'wi:ldi] *príd* **1.** nešikovný, neohrabaný, nemotorný, neskladný; **2.** nepraktický, ťažkopádny, ťarbavý

un.will.ing [an'wiliŋ] *príd* (~ **to do st**) **1.** neochotný, nedobrovoľný

to un.wind [an'waind] (mč, mp **unwound**) **I.** *prech* **1.** odvinúť, odmotať; **II.** *nepr* **2.** odvinúť sa, odmotať sa; **3.** *(prn)* rozvíjať sa; **4.** plynúť, odvíjať sa; **5.** *(prn ifm)* uvoľniť sa, odpočinúť si, *(ifm)* vypnúť

un.wise [an'waiz] *príd* **1.** nemúdry, hlúpy, nerozumný, nerozvážny, pochabý

un.wit.ting [an'witiŋ] *príd fml* **1.** mimovoľný, náhodný

un.work.a.ble [an'wə:kəbl] *príd* **1.** *(plán)* nerealizovateľný, nevykonateľný, nepraktický

un.wor.thy [an'wə:ði] *príd* **1.** nehodný, nedôstojný, hanebný, bezcenný

un.writ.ten [an'ritn] *príd* **1.** nepísaný, nenapísaný, nezapísaný, ústny

up [ap] **I.** *predl* **1.** *(smerom do výšky)* nahor, dohora, **to walk up the hill** *kráčať nahor*; **2.** hore, **to walk up the hill** *ísť hore kopcom*; **3.** *(up to)* až po, **up to o's knee** *až po kolená*; **4.** *(poloha hore)* na, **a cottage up the hill** *chalupa na kopci*; **5.** *(i: further up)* ďalej; **II.** *cit* **6.** *(naznačuje skok, povzbudzuje do skoku)* hop; **III.** *príd* **7.** *(človek)* veselý; **8.** *(výťah, úder)* idúci hore; **9.** *(vlak)* idúci do mesta; **IV.** *prísl* **10.** hore, nahor, dohora, navrch, dovrchu; **11.** *(div: na miesto vzadu)* dozadu; **12.** *(up to now)* zatiaľ, doteraz, *(up to then/ that time)* dovtedy, dotiaľ; **13.** *(up with!)* nech žije, *(shut up!)* drž hubu!, *(it's up to you)* zaleží/ je na tebe, *(pull up your socks!)* do toho!, pridaj!, *(ifm: hard up)* nahromadený, *(vulg: up yours!)* pojeb sa!

to up [ap] **1.** zvýšiť; **2.** povýšiť; **3.** vyskočiť

up.bring.ing ['apˌbriŋiŋ] *podst ob jč* **1.** *(rodinná)* výchova

to up.date [ap'deit] **1.** aktualizovať, informovať o najnovších udalostiach, poučiť o najnovších udalostiach; **2.** modernizovať

to up.grade [ˌap'greid] (~ **sb/ st [to sb/ st]**) **1.** povýšiť; **2.** vylepšiť, *(inf)* modernizovať, vyrobiť/ dodať vylepšenú verziu programu, zvýšiť stupeň

up.heav.al [ap'hi:vəl] *podst* **1.** *(geol)* výzdvih, posunutie; **2.** vrenie, otras, rozvrat, *(prn)* rozjatrenie; **3.** prevrat, hnutie, vzopnutie, zdvihnutie, rozruch

up.hill [aphil] **I.** *príd* **1.** stúpajúci, stúpavý, vzostupný, vedúci do kopca; **2.** *(prn: vyžadujúci veľa úsilia)* namáhavý, ťažký, neľahký; **II.** *prísl* **3.** dokopca, dovrchu; **4.** nahor, hore

to up.hold [ap'həuld] (mč, mp **upheld**) **1.**

obhájiť, presadiť; **2.** *(práv)* potvrdiť, schváliť, odobriť; **3.** podopierať, povzbudzovať. *Syn* ⇨ **to support**

up.per [apə] **I.** *podst* **1.** *(sl)* dráždivý prostriedok; **2.** *(topánky)* zvršok, *(pl)* gamaše; **II.** *príd* **3.** horný, vrchný, *(fml)* hornejší; **4.** *(v hodnosti)* vyšší

up.right [ap'rait] **I.** *podst* **1.** stĺp, podpera, pilier; **2.** *(špo)* stojan na skok do výšky, *(ftb)* bránková žrď; **II.** *príd* **3.** vzpriamený, vztýčený; **4.** zvislý, kolmý; **5.** rovný; **6.** *(prn)* priamy; **7.** čestný, poctivý, zásadový, statočný, bezúhonný. *Syn*: honest, just, honorable, scrupulous. *Opoz*: dishonest, unjust

up.ris.ing ['apˌraiziŋ] *podst* **1.** povstanie, vzbura, revolta; **2.** vstávanie z postele. *Syn* ⇨ **rebellion**

up.roar [apro:] *podst* **1.** vrava, hurhaj, lomoz, hluk, krik, zmätok, vzrušenie, nepokoj, pobúrenie. *Syn* ⇨ **noise**

to up.root [ap'ru:t] **1.** vytrhnúť s koreňmi, *(prn)* vykoreniť, vyrúbať, vykynožiť, premiestniť, odsunúť; **2.** odísť z domu, vyhnať z domu

up.set [ap'set] **I.** *podst* **1.** *(v čom)* zvrat, *(čoho)* narušenie, nepríjemné prekvapenie, neočakávaná prehra, nezdar, čkrt cez rozpočet; **2.** duševný zmätok, rozháranosť, duševná bolesť; **II.** *príd* **3.** urazený, dotknutý; **4.** znepokojený; **5.** rozmrzený, smutný

to up.set [ap'set] (mč, mp **up.set**) **I.** *prech* **1.** prevrátiť, prevrhnúť, prekotiť, rozliať; **2.** prekaziť, zmariť, zhatiť, zvrátiť, porušiť; **3.** zarmútiť, rozosmutniť, rozhnevať, nahnevať, uraziť, *(koho)* dotknúť sa, *(kým)* otriasť, znepokojiť; **II.** *nepr* **4.** prevrátiť sa, prevrhnúť sa, prekotiť sa. *Syn*: to overturn, to capsize

up.stage ['ap'steidž] **1.** v pozadí, do pozadia; **2.** *(div)* vzadu na javisku

up.stairs [apsteəz] *prísl* **1.** hore; **2.** na poschodí, na prvé poschodie; **3.** na hornom poschodí, na prvom poschodí

up.start [apsta:t] *podst* **1.** *(pej)* zbohatlík, povýšenec, nafúkanec, kariérista

up.stream [ap'stri:m] **1.** proti prúdu

up.surge [apsə:dž] *podst* **1.** vlna, výbuch, nárast, vzrast, eskalácia, oživenie, náhle zvýšenie, náhly vzostup, rozvoj, rozmach

up.turn [ap'tə:n] *podst* (~ **in st**) **1.** konjuktúra, rozmach, vzostup

up.ward [apwəd] *príd* **1.** vzostupný, stúpajúci, stúpavý, obrátený nahor

u.ra.ni.um [ju'reinjəm] *podst* (symb **U**) **1.** *(chem)* urán

ur.ban [ə:bən] *príd* **1.** mestský, *(život)* veľkomestský

to urge [ə:dž] **1.** nabádať, *(na koho)* naliehať, naliehavo požadovať [aby]; **2.** odporúčať, trvať [na čom]; **3.** presviedčať, nástojiť, pripomínať. *Syn*: to exhort, to press, to importune

ur.gent [ə:džnt] *príd* **1.** neodkladný, nevyhnutný, akútny , pálčivý, spešný, pilný; **2.** dôsledný

u.ri.na.ry [juərinəri] *príd* **1.** močový

u.rine [juərin] *podst* **1.** moč, urín

urn [ə:n] *podst* **1.** urna, popolnica, *(prn)* hrob; **2.** kotlík, kanvica, kávovar, samovar

us [as] *zám* **1.** nás, nám, nami; **2.**(*ifm)* my

us.a.ble [ju:zəbl] *príd* **1.** použiteľný, upotrebiteľný

u.sage [ju:zidž] *podst* **1.** použitie, zaobchádzanie s čím, manipulácia s čím; **2.** obyčaj, zvyk, zvyklosť, *(obch)* obvyklá prax; **3.** *(ling)* jazykový úzus, jazyková zvyklosť. *Syn* ⇨ **habit**

use [ju:s] *podst* **1.** použitie, upotrebenie, uplatnenie, aplikácia, *(voj)* nasadenie, používanie, branie; **2.** spôsob použitia; **3.** využitie; **4.** užitočnosť, účel; **5.** právo používať; **6.** zvyk, zvyklosť, úzus

to use [ju:s] (mč, mp **used**) **1.** použiť, *(i teóriu)* aplikovať, *(metódu, skúsenosť)* uplatniť, *(voj)* nasadiť, *(drogy)* brať; **2.** spotrebovať, vypiť, zjesť; **3.** *(čo)* využiť; **4.** *(človeka)* vykorisťovať, zneužívať. *Syn*: to employ, to utilize

use.ful [ju:sful] *príd* **1.** *(vše)* užitočný, praktický, šikovný; **2.** *(ifm)* dobrý, talentovaný, výkonný, slušný

use.less [ju:slis] *príd* **1.** neužitočný, nepotrebný, bezcenný; **2.** zbytočný, márny, neúčinný; **3.** nepoužiteľný; **4.** *(ifm)* neschopný, nesúci. *Syn* ⇨ **futile**

us.er [ju:zə] *podst* **1.** užívateľ, používateľ, spotrebiteľ

to ush.er [ašə] **1.** uvádzať, uviesť, voviesť, *(čo)* oznámiť, predchádzať

u.sual [ju:žuəl] *príd/prísl* **1.** obvyklý, zvyčajný, obyčajný, *(ifm)* obligátny, normálny, bežný, bežne. *Syn*: customary, habitual, wonted, accustomed, ⇨ aj **normal**. *Opoz*: extraordinary, unusual

to u.surp [ju:'zə:p] **1.** prisvojiť si, privlastniť si, uzurpovať, uchvátiť, *(čoho)* zmocniť sa

u.ten.sil [ju:'tensl] *podst* **1.** nástroj, náčinie, náradie, nádoba, riad, potreby. *Syn* ⇨ **implement**

u.ter.us [ju:tərəs] *podst* (mn **uteri/ uteruses**) **1.** *(anat)* maternica, uterus

u.ti.li.tar.i.an [ˌju:tili'teəriən] **I.** *podst* **1.** *(fil)* utilitarista , prospechár; **II.** *príd* **2.** utilitársky, utilitárny, *(fil)* utilitaristický, prospechársky, úžitkový; **3.** *(oblečenie ap)* praktický

u.ti.li.ty [ju:'tiləti] **I.** *podst* **1.** užitočnosť, prospešnosť , úžitkovosť, funkčnosť, využiteľnosť; **2.** úžitok; **3.** služba; **II.** *príd* **4.** spotrebný, úžitkový, prospešný; **5.** univerzálny, druhoradý, bežný

tc u.ti.lize [ju:tilaiz] (i **-ise**) **1.** využiť, zužitkovať, upotrebiť, použiť, využiť, spracovať. *Syn* ⇨ **to use**

ut.most [atməust] **I.** *podst* **1.** maximum, najvyššia miera, krajnosť, vrchol, hranica; **II.** *príd* **2.** maximálny, krajný, vrcholový; **3.** najvzdialenejší, vrcholný, najväčší; **4.** nesmierny

u.to.pi.a [ju:'təupjə] *podst* **1.** utópia

ut.ter [atə] *príd* **1.** úplný, totálny, dokonalý, korunovaný, pustý, číry, vyložený, nehorázny, nekonečný, hlboký, neprekonateľný, bytostný, nenapraviteľný

to ut.ter [atə] **1.** vysloviť, vyriecť, povedať, vyjadriť, prejaviť, vyraziť; **2.** *(fml)* dať do obehu, rozširovať, vzdychnúť si, zastonať, dať najavo, prehovoriť. *Syn*: to express, to voice, to broach, to enunciate

V

va.can.cy [veikənsi] *podst* (mn **-ies**) **1.** prázdnota, prázdno, bezvýraznosť, roztržitosť, tuposť; **2.** voľné miesto, neobsadené miesto, vákuum, *(v hoteli)* voľná izba, nezastavaná plocha, preluka, medzera, duševná prázdnota; **3.** bezmyšlienkovitosť, nečinnosť, záhaľka, ľahostajnosť, nevšímavosť

va.cant [veikənt] *príd* **1.** voľný, neobsadený, neobývaný, neprenajatý; **2.** prázdny, roztržitý; **3.** nečinný, záhaľčivý, ľahostajný, nevšímavý; **4.** zamyslený, neprítomný, tupý, nezaplnený, bezmyšlienkovitý. *Syn* ⇨ **empty**

to va.cate [və'keit] **1.** *(miesto, miestnosť)* uvoľniť, vyprázdniť, *(z čoho)* vysťahovať sa; **2.** vzdať sa, zrieknuť sa; **3.** *(voj)* evakuovať; **4.** *(práv)* zrušiť, odvolať

va.ca.tion [və'keišən] *podst* **1.** *(br univ)* prázdniny, *(práv)* súdne prázdniny; **2.** *(am)* dovolenka; **3.** voľno, prázdno, uvoľnenie, vyprázdnenie; **4.** *(z úradu)* odchod

to vac.cin.ate [væksineit] (**~ sb/ st [against st]**) **1.** *(lek)* očkovať, zaštepiť, vakcínovať

vac.cine [væksi:n] *podst* **1.** *(lek)* vakcína, očkovacia látka

vac.uum [vækjuəm] *podst* (mn **vacuums**) **1.** *(fyz)* vzduchoprázdno, vákuum; **2.** *(prn)* prázdno, prázdnota, prázdne miesto. medzera

va.gi.na [və'džainə] *podst* (mn **vaginas**) **1.** *(anat)* pošva, vagína

vague [veig] *príd* {**-r, -st**} **1.** vágny, nejasný, *(pamäť)* hmlistý, *(formulácia)* nepresný, *(fotografia)* neostrý, *(zvuk, zápach)* slabý, *(podoba)* vzdialený. *Syn* ⇨ **obscure**

vain [vein] *príd* {**-er, -est**} **1.** márnomyseľný, domýšľavý; **2.** márny, zbytočný; **3.** planý, neparny. *Syn*: idle, empty, hollow, otiose, ⇨ aj **futile**

vale [veil] *podst* **1.** *(bás)* údolie, dolina

val.i.ant [væljənt] *príd* **1.** chrabrý, udatný, statočný, odvážny. *Syn* ⇨ **brave**

val.id [vælid] *príd* **1.** platný; **2.** odôvodnený, závažný, pádny, prijateľný, oprávnený, správny, relevantný; **3.** *(práv)* právoplatný, presvedčivý, *(zdravie)* pevný, prijateľný, rozumný; **4.** silný, mocný. *Syn*: sound, cogent, convincing, telling. *Opoz*: fallacious

to val.i.date [vælideit] **1.** potvrdiť, schváliť; **2.** urobiť platným, validovať, legalizovať, nostrifikovať, ratifikovať, overiť si. *Syn* ⇨ **to confirm**

Val.i.um [veiliəm] *podst* **1.** *(lek: sedatívum)* válium

val.ley [væli] *podst* (mn **-eys**) **1.** údolie, dolina, sedlo; **2.** *(ifm)* konvalinka

val.u.a.ble [væljuəbl] **I.** *podst* **1.** cenné predmety, cenné veci, cennosti, šperky; **II.** *príd* **2.** cenný, hodnotný, drahocenný, vzácny; **3.** užitočný; **4.** oceniteľný, zhodnotiteľný. *Syn* ⇨ **costly**

val.u.a.tion [ˌvælju'eišən] *podst* **1.** ocenenie, oceňovanie, ohodnotenie; **2.** odhadná cena, hodnota, odhad

val.ue [vælju:] *podst* **1.** hodnota, význam, užitočnosť; **2.** cena; **3.** *(hud)* dĺžka, *(art: farby)* valér, *(fon: zvuku)* kvalita . *Syn* ⇨ **appreciate**, worth

valve [vælv] *podst* **1.** *(anat)* chlopňa; **2.** *(bot)* viečko, záklopka; **3.** *(hud)* klapka; **4.** *(tech)* ventil, uzavierací kohút; **5.** *(roád tv)* elektrónka, *(ifm)* lampa, výbojka

vam.pire [væmpaiə] *podst* **1.** upír, vampír, *(prn)* vydriduch, vydierač; **2.** *(div)* prepadlisko

van [væn] *podst* (**the van**) **1.** dodávkové auto, sťahovacie auto, *(krytý)* železničný vagón, dodávka, uzavreté nákladné auto; **2.** *(br žel)* zavretý nákladný vagón; **3.** *(ifm)* obytný príves, maringotka; **4.** predvoj, avantgarda, vedúca skupina; **5.** zelený anton

van.dal [vændl] *podst* **1.** vandal, vandalka

van.guard [vænga:d] *podst* (**the vanguard**) **1.** *(voj)* predvoj, *(i prn)* avantgarda, čelo

va.nil.la [və'nilə] *podst* **1.** *(bot: Vanilla fragrans, i kuch)* vanilka

to van.ish [væniš] **1.** zmiznúť, vymiznúť, stratiť sa, pominúť, rozplynúť sa, vyprchať, zaniknúť, vymrieť, vyblednúť. *Syn*: to disappear, to fade. *Opoz*: to appear, to emerge

va.pour [veipə] *podst* (am **vapor**) **1.** para, výpary, riedka hmla, aerosol; **2.** *(prn)* ilúzia, vidina; **3.** *(pl)* depresia, hystéria; **4.** plynný stav; **5.** výmysel

va.ri.a.ble [veəriəbl] **I.** *podst* **1.** *(mat, inf)* premenná, nestála veličina; **II.** *príd* **2.** *(vše)* premenlivý, variabilný, *(mat, inf, astron)* premenný, *(mat, inf)* nestály, kolísavý; **3.** nerovnakej kvality; **4.** regulovateľný

va.ri.ant [veəriənt] **I.** *podst* **1.** variant, obmena; **II.** *príd* **2.** variantný, premenlivý; **3.** rôzny; **4.** odlišný, iný, inakší; **5.** rozličný, rozmanitý, odchylný, alternatívny

va.ri.a.tion [ˌveəri'eišən] *podst* **1.** zmena, premena, modifikácia; **2.** variant, variantná podoba; **3.** *(i hud)* variácia; **4.** výchylka, odchýlka, vychýlenie, kolísanie, výkyv, striedanie, rôznosť

va.ried [veərid] *príd* **1.** rôzny, rozmanitý, pohnutý, pestrý, mnohostranný, rozličný, premenlivý

va.ri.e.gat.ed [veərigeitid] *príd* **1.** pestrý, rozmanitý, rôznofarebný, pestrofarebný, *(i bot)* strakatý

va.ri.e.ty [və'raiəti] *podst* (mn **-ies**) **1.** rôznosť, rozličnosť, pestrosť; **2.** *(tovaru)* výber; **3.** *(biol, bot)* druh, odroda; **4.** *(mat)* varieta; **5.** *(br tv, div)* estráda, zábavný program

va.ri.ous [veəriəs] *príd* **1.** rôzny, rozličný, rôznorodý, rozmanitý; **2.** mnohý, viacerý, pestrý, rôznofarebný, jednotlivý, početný. *Syn* ⇨ **different**

var.nish [va:niš] *podst* (mn **-es**) **1.** *(lit)* lak, fermež, glazúra, poleva, politúra; **2.** *(prn)* lakovanie, pozlátka, náter, *(vonkajší)* lesk, zdanie, dojem; **3.** zrýchlený vlak

to va.ry [veəri] (mč, mp **varied**) **I.** *nepr* **1.** líšiť sa, rôzniť sa; **2.** kolísať; **II.** *prech* **3.** meniť, obmieňať, spestrovať, zmeniť sa, odchyľovať sa, striedať sa, rozchádzať sa. *Syn* ⇨ **to change**

vase [veiz] *podst* **1.** váza

vast [va:st] *príd* **1.** ohromný, obrovský, *(i plocha)* rozľahlý, nekonečný, *(i rozdiel)* priepastný, *(väčšina)* prevažný, *(majetok)* nesmierny, *(ifm)* ťažký

vault [vo:lt] *podst* **1.** *(archit, anat)* klenba; **2.** sklep, sklepenie; **3.** krypta, hrobka; **4.** trezor; **5.** *(špo)* skok, preskok

to veer [viə] **1.** meniť smer, točiť sa v smere hodinových ručičiek, otáčať sa, meniť kurz, zatáčať, skrútiť sa; **2.** *(prn)* meniť sa,

zmeniť názor. *Syn* ⇨ **to deviate**
veg.e.ta.ble [vedžitəbl] *podst* **1.** *(kuch, záhr)* zelenina, *(bot vegetable marrow: Cucurbita pepo)* tekvica [obyčajná]; **2.** *(bot)* rastlinstvo
veg.e.tar.i.an [ˌvedžiˈteəriən] **I.** *podst* **1.** vegetarián, vegetariánka; **II.** *príd* **2.** vegetariánsky
veg.e.ta.tion [ˌvedžiˈteišn] *podst* **1.** vegetácia, rastlinstvo
ve.he.ment [vi:imənt] *príd* **1.** prudký, vášnivý, ohnivý, vehementný, strhujúci, zápalistý, zúrivý, silný, horlivý, dôrazný
ve.hi.cle [vi:ikl] *podst* **1.** *(aut)* vozidlo, auto, dopravný prostriedok; **2.** *(chem)* vehikulum; **3.** *(prn)* nositeľ, prostredník, šíriteľ; **4.** *(lek)* prísada
veil [veil] *podst* **1.** závoj, závojček, clona; **2.** *(prn)* rúško, maska, pláštik, zásterka, zachrípnutie; **3.** *(fot)* závoj; **4.** *(cirk)* vélum
vein [vein] *podst* **1.** *(anat)* žila, *(ban)* žila, sloj; **2.** *(bot, zool)* žilka, *(bot)* nerv; **3.** nálada. *Syn* ⇨ **mood**
ve.loc.i.ty [viˈlosəti] *podst* (mn **-ies**) **1.** *(o pohybe)* rýchlosť, *(o udalostiach)* spád, *(o zvuku)* frekvencia
vel.vet [velvit] *podst* **1.** *(text)* zamat, aksamiet; **2.** *(sl)* profit; **3.** *(prn)* zisk
ven.det.ta [venˈdetə] *podst* **1.** krvná pomsta, vendeta
ve.neer [viˈniə] *podst* **1.** dýha, preglejka; **2.** *(prn)* pozlátko, náter, platina; **3.** *(prn)* zdanie; **4.** *(steny)* obklad
ven.e.ra.ble [venərəbl] *príd fml* **1.** ctihodný, úctyhodný, posvätný, starobylý
to ven.e.rate [venəreit] **1.** uctievať, ctiť si, vážiť si, klaňať sa. *Syn* ⇨ **to revere**
venge.ance [vendžəns] *podst* **1.** pomsta, odveta
ven.om [venəm] *podst* **1.** *(biologický,i prn)* jed, **2.** *(prn)* jedovatosť, zlomyseľnosť, nenávisť
vent [vent] *podst* **1.** otvor, vetrací otvor, dymovod, sopečný komín; **2.** *(zool)* análny otvor, kloaka; **3.** *(krajč)* rázporok
to ven.ti.late [ventileit] **1.** vetrať, ventilovať; **2.** okysličiť; **3.** *(prn)* predniesť, vysloviť, pretriasať, predložiť na diskusiu
to ven.ture [venæə] **1.** trúfnuť si, odvážiť sa, dovoliť si, vysloviť; **2.** *(čo)* skúsiť, špekulovať; **3.** *(na)* hazardovať, riskovať
ven.ue [venju:] *podst* **1.** miesto konania; **2.** *(práv)* miesto súdneho pojednávania, miesto činu, príslušný súd; **3.** rande
verb [və:b] *podst* **1.** *(ling)* sloveso
ver.bal [və:bəl] *príd* **1.** ústny, verbálny; **2.** slovný, rečový, jazykový; **3.** doslovný; **4.** *(ling)* slovesný, textový, *(pejor)* slovičkársky. *Syn* ⇨ **oral**
ver.dict [və:dikt] *podst* **1.** *(práv)* výrok, rozsudok, verdikt; **2.** *(prn)* konečný názor, vyjadrenie, záver, rozhodnutie, vótum; **3.** *(ifm)* mienka, úsudok
to ver.i.fy [verifai] (mč, mp **-fied**) **1.** overiť, preveriť, skontrolovať; **2.** potvrdiť; **3.** preukázať správnosť [čoho], verifikovať. *Syn* ⇨ **to confirm**
ver.i.ta.ble [veritəbl] *príd* **1.** opravdivý, hotový, ozajstný, pravý, skutočný. *Syn* ⇨ **authentic**
ver.sa.tile [və:sətail] *príd* **1.** mnohostranný, všestranný, prispôsobivý, všestranne nadaný, univerzálny; **2.** premenlivý; **3.** *(odb)* otočný, otáčavý
verse [və:s] *podst* **1.** sloha, strofa; **2.** verše, poézia; **3.** verš
ver.sion [və:šən] *podst* **1.** verzia, podanie, výklad; **2.** mutácia, vydanie, redakcia; **3.** model, typ; **4.** preklad , pozmenená podoba, znenie, variant, *(vlastný)* opis, *(textu)* spracovanie. *Syn* ⇨ **translation**
ver.sus [və:səs] (sk **v, vs**) **1.** *(i šport)* kontra, *(kniž)* verzus, proti [komu], v porovnaní [s kým/ čím]
ver.te.bra [və:tibrə] *podst* (mn **vertebrae**) **1.** stavec, chrbtová kosť, **2.** *(pl)* chrbtica
ver.ti.cal [və:tikəl] **I.** *podst* **1.** vertikála, kolmica, zvislá čiara; **II.** *príd* **2.** kolmý, zvislý, *(i obch, ekon)* vertikálny; **3.** zrázový, príkry, vrcholový. *Syn*: perpendicular, plumb. *Opoz*: horizontal
verve [və:v] *podst* **1.** elán, energia, zápal, verva, nadšenie, *(umelecký)* vzlet
ve.ry [veri] **I.** *príd* **1.** *(prn)* samotný; **2.** číry, *(fakt)* naprostý, vyslovený; **3.** pravý, skutočný, ozajstný; **II.** *prísl* **4.** veľmi, moc, veľa; **5.** úplne, absolútne; **6.** práve; **7.** na-

prosto. *Syn* ⇨ **same**

ves.sel [vesl] *podst fml* **1.** *(nám)* plavidlo, loď; **2.** *(fml)* nádoba, riad; **3.** *(anat, bot)* cieva; **4.** lietadlo; **5.** *(anat)* cieva; **6.** obdarená osoba

vest [vest] *podst* (am **undershirt**) **1.** *(br)* nátelník, tielko, tričko, košieľka; **2.** *(am)* vesta, vestička; **3.** *(cirk)* rúcho

ves.tige [vestidž] *podst* **1.** *(po čom)* stopa, zvyšok, *(civilizácie, moci)* pozostatky; **2.** štipka, nepatrné množstvo; **3.** *(anat, zool)* rudiment, zakrpatený orgán; **4.** znak, dôkaz. *Syn* ⇨ **trace**

vet.e.ri.na.ry [vetərinəri] *príd* **1.** veterinárny, veterinársky, zverolekársky

to ve.to [vi:təu] **1.** vetovať, zadržať, zastaviť, zakázať, zatrhnúť, zamietnuť, pripomienkovať

vi.a [vaiə] *predl* **1.** cez, **to fly to London via Amsterdam** *letieť do Londýna cez Amsterdam*; *(zast)* skrz; **2.** prostredníctvom

vi.a.ble [vaiəbl] *príd* **1.** životaschopný, schopný rastu, rentabilný

vi.brant [vaibrnt] **I.** *podst* **1.** *(ling)* vibranta, kmitavá spoluhláska, znelá hláska; **II.** *príd* **2.** chvejúci sa, trasúci sa, vzrušený; **3.** *(prn)* živý, energický, plný života; **4.** prekypujúci, *(čím)* pulzujúci; **5.** *(hlas)* zvučný, sýty

vi.bra.tion [vaiˈbreišn] *podst* **1.** kmitanie, vibrovanie, drnčanie; **2.** rezonovanie, rezonancia, oscilácia; **4.** *(prn ifm)* atmosféra, nálada

vi.car [vikə] *podst* **1.** *(v anglikánskej cirkvi)* farár, vikár, *(v rímskokatolíckej cirkvi)* zástupca

vice [vais] *podst* **1.** neresť, nemravnosť, skazenosť, nepravosť; **2.** *(prn)* slabina, slabá stránka; **3.** *(tech)* zverák; **4.** *(ifm)* zástupca; **5.** zlozvyk; **6.** neschopnosť, nedostatok. *Syn* ⇨ **fault**

vice ver.sa [ˌvaisiˈvə:sə] **1.** naopak, obrátene, vice versa

vi.ci.ni.ty [viˈsinəti] *podst* (mn **-ies**) **1.** okolie, priľahlé oblasti, susedstvo, blízkosť, blízka príbuznosť

vi.cious [višəs] *príd* **1.** krutý, brutálny, prudký; **2.** zlý, hryzavý; **3.** zlomyseľný, zaliečavý, uštipačný. *Syn*: villainous, vicious, iniquitous, nefarious, infamous. *Opoz*: virtuous, righteous

vic.tim [viktim] *podst* **1.** *(i prn)* obeť, *(prn)* terč; **2.** *(ifm)* podvedený/ oklamaný človek

to vic.tim.ize [viktimaiz] (i **-ise**) **1.** prenasledovať, diskriminovať, šikanovať; **2.** podviesť, oklamať

vic.tor [viktə] *podst fml* **1.** víťaz, víťazka, dobyvateľ

Vic.tor.i.an [viˈto:riən] *príd* **1.** viktoriánsky

vic.tory [viktəri] *podst* (mn **-ies**) **1.** víťazstvo, triumf, *(i špo)* výhra. *Syn*: conquest, triumph. *Opoz*: defeat

vi.de.o [vidiəu] *podst* (mn **-os**) **1.** video, *(fml)* videorekordér, videonahrávka, *(ifm)* videokazeta; **2.** *(am)* televízia; **3.** obrazový záznam, obrazová nahrávka

to vie [vai] **1.** súperiť, súťažiť, bojovať, pretekať sa, predháňať sa

view [vju:] *podst* **1.** pohľad, zorné pole, obzor; **2.** výhľad, rozhľad, *(čoho)* panoráma; **3.** *(fotografický)* záber; **4.** názor; **5.** úmysel, účel. *Syn*: prospect, scene, vista, ⇨ aj **opinion**

to view [vju:] **I.** *prech* **1.** vidieť; **2.** prehliadať si; **3.** *(ako)* chápať, nazerať na čo ako, *(ako)* posudzovať, *(ako)* ponímať, *(ako)* vykladať si; **II.** *nepr* **4.** dívať sa na televíziu

vi.gil [vidžil] *podst* **1.** nočná stráž, nočné bdenie pri chorom; **2.** *(náb)* vigília, nočná pobožnosť; **3.** *(pol)* tichá demonštrácia

vi.gil.ant [vidžilənt] *príd fml* **1.** bdejúci, ostražitý, bdelý, bedlivý. *Syn* ⇨ **watchful**

vi.gil.an.te [ˌvidžiˈlænti] *podst* **1.** člen skupiny občianskej sebaobrany

vi.gor.ous [vigərəs] *príd* **1.** statný, silný, vitálny, energický, prudký, vášnivý, ohnivý. *Syn* ⇨ **active**

vi.gour [vigə] *podst* **1.** vitalita, verva, energickosť, energia, dôraznosť, vášnivosť, prudkosť, sviežosť, *(telesná, energetická)* sila

Vi.king [vaikiŋ] *podst* **1.** *(hist)* Viking

vile [vail] *príd* {**-r, -st**} **1.** hanebný, ohavný; **2.** odporný, hnusný, oplzlý; **3.** *(ifm)* otrasný, mizerný. *Syn* ⇨ **base**

vil.la [vilə] *podst* **1.** vila, veľký rodinný dom,

letné sídlo, víkendový domček

vil.lage [vilidž] *podst* **1.** dedina, obec, *(dial)* dedinka; **2.** dedinčania, obyvatelia dediny

vil.lain [vilən] *podst* **1.** lump, ničomník, gauner, podliak, zlosyn; **2.** *(ifm)* beťár

to vin.di.cate [vindikeit] **1.** preukázať správnosť [čoho]; **2.** ospravedlniť [čiu] nevinu, rehabilitovať, dokázať nevinu , zbaviť viny. *Syn* ⇨ **to absolve**

vin.dic.tive [vin'diktiv] *príd* **1.** pomstivý, pomstychtivý, nevraživý, varovný. *Syn*: vengeful, revengeful, spiteful

vine [vain] *podst* **1.** vinič hroznový, vinič; **2.** popínavá rastlina, plazivá rastlina

vi.ne.gar [vinigə] *podst* **1.** ocot; **2.** *(prn: tváre)* kyslý výraz

vine.yard [vinjəd] *podst* **1.** vinica, vinohrad

vin.tage [vintidž] **I.** *podst* **1.** *(o víne)* ročník, *(o aute)* rok výroby; **2.** vinobranie, oberačky, úroda vína; **II.** *príd* **3.** prastarý, starodávny; **4.** klasický; **5.** špičkový

vi.nyl [vainil] *podst* **1.** *(chem)* vinyl

vi.ol.a [vi'əulə] *podst* **1.** *(hud)* viola; **2.** *(bot: Viola)* fialka

to vi.o.late [vaiəleit] **1.** porušiť, prestúpiť, prekročiť, nedodržať, rušiť, porušovať, narušiť; **2.** *(fml)* znásilniť

vi.o.lent [vaiələnt] *príd* **1.** brutálny, násilnícky, *(čin, smrť)* násilný; **2.** *(vietor, búrka)* prudký, *(bolesť)* ostrý, *(ifm)* prchký, vášnivý, intenzívny, príkry

vi.o.let [vaiəlit] *podst* **1.** *(bot: Viola odorata)* fialka [voňavá]; **2.** fialová farba

vi.o.lin [vaiəlin] *podst* **1.** husle; **2.** *(chem)* violín

vir.gin [və:džin] **I.** *podst* **1.** panna, panic; **2.** *(obraz)* madona; **II.** *príd* **3.** panenský, nepoškvrnený, nedotknutý, čistý; **4.** cudný; **5.** pôvodný, prírodný, rýdzi

vir.ile [virail] *príd* **1.** mužný, mužský, silný, plodný. *Syn* ⇨ **male**

vir.tu.al [və:æuəl] *príd* **1.** *(inf)* virtuálny; **2.** skutočný, možný, myslený, hypotetický, neoficiálny

vir.tue [və:tju:] *podst* **1.** cnosť; **2.** počestnosť, ženská cnosť; **3.** prednosť, dobrá vlastnosť, pôsobivosť, bezúhonnosť, slušnosť, statočnosť, chrabrosť, mužnosť, cudnosť, prednosť, účinok, výhoda, právna moc

vir.tu.o.so [ˌvə:tju'əuzəu] *podst* (mn **virtuosos/ virtuosi**) **1.** *(hud)* virtuóz, virtuózka; **2.** znalec/ milovník umenia. *Syn* ⇨ **aesthete**

vir.tu.ous [və:æuəs] *príd* **1.** cnostný, počestný, bezúhonný , mravný, poctivý, chvályhodný, pôsobivý, virtuózny, oprávnený, spravodlivý, kúzelný, magický, *(o žene)* cudná, poctivá. *Syn* ⇨ **chaste**, moral

vir.u.lent [virulənt] *príd* **1.** *(lek)* prudký, virulentný, prudko nákazlivý; **2.** *(prn)* jedovatý, smrteľný, ostrý, *(prenes)* zlý, zlomyseľný, zlostný, hryzúci

vi.rus [vaiərəs] *podst* (mn **viruses**) **1.** *(lek, inf)* vírus, *(prn)* nákaza

visa [vi:zə] *podst* **1.** vízum

vis.count [vaikaunt] *podst* **1.** *(šľachtický titul)* vikomt

vi.si.bi.li.ty [ˌvizi'biləti] *podst* (mn **-ies**) **1.** viditeľnosť, *(i met)* dohľadnosť

vi.si.ble [vizəbl] *príd* (**~ to sb/ st**) **1.** *(vše)* viditeľný; **2.** zjavný, zrejmý, očividný, prítomný

vi.sion [vižən] *podst* **1.** schopnosť vidieť, zrak; **2.** prezieravosť; **3.** vízia, predstava; **4.** ilúzia, fantázia; **5.** zjavenie, prelud

vi.sion.a.ry [vižnəri] **I.** *podst* **1.** vizionár, jasnovidec, prorok, *(pej)* fantasta, rojko, blúznivec; **II.** *príd* **2.** vizionársky, jasnozrivý; **3.** predvídavý, prezieravý; **4.** *(pej)* nereálny, neuskutočniteľný; **5.** imaginárny. *Syn* ⇨ **imaginary**

to vi.sit [vizit] **I.** *prech* **1.** skontrolovať, urobiť inšpekciu [kde]; **2.** ísť si prezrieť, ísť sa pozrieť [na]; **3.** *(zast, bibl)* postihnúť; **II.** *nepr* **4.** byť na návšteve

vi.sit.or [vizitə] *podst* (**~ to sb/ st [from sb/ st]**) **1.** *(vše)* návštevník, hosť, turista, dozorca, inšpektor, kontrolór; **2.** *(odb zool)* sťahovavý vták. *Syn*: visitant, guest, caller

vi.sta [vistə] *podst fml* **1.** výhľad, pohľad, rozhľad, *(prn)* perspektíva. *Syn* ⇨ **view**

vi.sual [vižuəl] *príd* **1.** zrakový, optický, viditeľný, vizuálny, zorný, názorný; **2.** *(let)* urobený bez navigačných prostriedkov; **3.** očný

vi.tal [vaitl] *príd* **1.** *(biol)* životne dôležitý, nevyhnutný pre život; **2.** absolútne nutný; **3.** rozhodujúci; **4.** vitálny, energický, temperamentný. *Syn* ⇨ **living**

vi.tal.i.ty [vai'tæləti] *podst* (mn **-ies**) **1.** vitalita, vitálnosť, dynamika, životaschopnosť; **2.** odolnosť, trvanlivosť, životnosť; **3.** *(prn)* živosť, sviežosť; **4.** životná sila

vi.ta.min [vitəmin] *podst* **1.** vitamín

vi.vid [vivid] *príd* **1.** *(svetlo)* jasný, *(i farba)* živý, *(oblečenie)* nápadný; **2.** *(cit)* intenzívny, (i predstava) bujný; **3.** *(obraz, opis)* plastický, realistický. *Syn* ⇨ **graphic**

vi.vid.ly ['vividli] *prísl* **1.** jasne, živo, farbisto, nápadne; **2.** intenzívne, silno, plasticky

vo.cab.u.la.ry [vəu'kæbjuləri] *podst* (mn **-ies**) **1.** slovná zásoba, slovný zoznam, *(škol)* slovníček

vo.cal [vəukəl] *príd* **1.** *(anat)* hlasový; **2.** ústny; **3.** *(hud)* vokálny; **4.** hlasný, výrečný, hlučný; **5.** *(ling)* vokalický, znelý

vo.ca.tion [vəu'keišən] *podst* **1.** *(náb atď)* poslanie, určenie, *(prn)* povolanie, zamestnanie; **2.** nadanie, vlohy, schopnosť, súcosť; **3.** náklonnosť; **4.** povolanosť, vyvolenosť; **5.** predpoklad

vogue [vəug] *podst* (**~ for st**) **1.** móda, obľuba, popularita. *Syn* ⇨ **fashion**

voice [vois] *podst* **1.** *(i hud)* hlas; **2.** názor, mienka; **3.** *(ling)* rod; **4.** *(fon)* znelosť . *Syn* ⇨ **utter**

void [void] **I.** *podst* **1.** prázdno, prázdnota; **2.** *(fyz)* vákuum , vzduchoprázdny priestor; **3.** medzera; **4.** neobývaná budova; **II.** *príd* **5.** prázdny; **6.** neobsadený; **7.** *(práv)* neplatný; **8.** daromný, neužitočný. *Syn* ⇨ **empty**, nullify

vol.a.tile [volətail] **I.** *podst* **1.** *(chem)* prchavá látka; **II.** *príd* **2.** *(chem)* prchavý, unikajúci; **3.** *(prn: človek)* nestály, prelietavý, vrtkavý; **4.** *(situácia)* nestabilný, kolísavý

vol.ca.no [voľkeinəu] *podst* (mn **-es**) **1.** sopka, vulkán

volt [vəult] *podst* **1.** *(ele)* volt

vol.ume [voljum] *podst* **1.** zväzok; **2.** *(fyz)* objem, kapacita; **3.** rozsah; **4.** *(roz, tv)* hlasitosť. *Syn* ⇨ **bulk**

vol.un.ta.ry [voləntəri] *príd* **1.** dobrovoľný, nepovinný, nezáväzný; **2.** neplatený. *Syn*: intentional, deliberate, willful

vol.un.teer [ˌvolən'tiə] *podst* **1.** *(vše, voj)* dobrovoľník

vor.tex [vo:teks] *podst* (mn **vortexes/ vortices**) **1.** vír, krútňava

vote [vəut] *podst* **1.** hlas; **2.** hlasovanie; **3.** volebné právo, hlasovací lístok; **4.** *(prn)* hlasy, voliči; **5.** prejav, výraz

to vote [vəut] **I.** *prech* **1.** voliť, hlasovať za koho, dať svoj hlas komu; **2.** zvoliť, vymenovať; **3.** schváliť; **4.** *(ifm)* označiť; **5.** *(ifm)* navrhovať

vouch.er [vaučə] *podst* **1.** poukaz, poukážka, kupón; **2.** *(práv)* platobný doklad, potvrdenka, dlžobný úpis; **3.** ručiteľ

vo.wel [vauəl] **I.** *podst* **1.** samohláska, vokál; **II.** *príd* **2.** samohláskový, vokalický

voy.age [voiidž] *podst* **1.** námorná cesta, dlhá plavba, dlhý let. *Syn* ⇨ **trip**

vul.gar [valgə] *príd* **1.** vulgárny, hrubý; **2.** nekultivovaný, ordinárny. *Syn* ⇨ **coarse**, common

vul.ne.ra.ble [valnərəbl] *príd* (**~ to st/ sb**) **1.** zraniteľný, nechránený, *(i prn)* citlivý; **2.** *(voj)* exponovaný

vul.ture [valčə] *podst* **1.** *(zool: Accipitridae)* sup, kondor; **2.** *(prn)* dravec, pažravec

W

wack.y [wæki] *príd* [**-ier, -iest**] **1.** pochabý, vrecom udretý, trhnutý, šibnutý

wad [wod] *podst* **1.** chuchvalec, chumáč, vecheť, žuvanec, upchávka; **2.** zväzok

to wade [weid] **I.** *prech* **1.** *(rieku)* prebrodiť; **II.** *nepr* **2.** brodiť sa

to waft [wa:ft] **I.** *prech* **1.** niesť, unášať, nadnášať; **II.** *nepr* **2.** zavanúť; **3.** priviať; **4.** *(pomocou vlajky)* signalizovať

to wag [wæg] [**-gg-**] **I.** *prech* **1.** *(čím)* vrtieť; **II.** *nepr* **2.** vrtieť sa, zavŕtať sa, zakrútiť sa, batoliť sa; **3.** ulievať sa; **4.** *(jazykom)* mlieť

wag.on [wægən] *podst* (i **waggon**) **1.** voz, povoz; **2.** *(br žel)* otvorený nákladný vagón; **3.** *(br)* ľahké nákladné auto; **4.** *(am)* vozík, *(dtd)* detský kočík; **5.** *(am)* policajný voz na dopravu zatknutých, *(zast)* zelený anton

to wail [weil] **1.** nariekať, bedákať, lkať, kričať; **2.** kvíliť, zavýjať, skučať. *Syn* ⇨ **to cry**

to wait [weit] **1.** čakať, počkať, vyčkávať, nechať [koho] čakať; **2.** *(pri stole)* obsluhovať. *Syn* ⇨ **to stay**

to waive [weiv] **1.** *(práv: čoho)* vzdať sa, odstúpiť, *(od čoho)* upustiť, *(čoho)* zriecť sa, nebrať do úvahy, odbyť, odmietnuť. *Syn* ⇨ **to relinquish**

walk [wo:k] *podst* **1.** prechádzka, vychádzka, túra; **2.** chôdza; **3.** krok; **4.** *(špo)* preteky v chôdzi; **5.** chodníček, chodník, značkovaná cesta, cestička

to walk [wo:k] **I.** *prech* **1.** *(kus cesty)* ujsť; **2.** vziať na prechádzku, *(koňa)* viesť, nechať chodiť; **II.** *nepr* **3.** ísť, kráčať; **4.** prechádzať sa; **5.** ísť pešo

wall [wo:l] *podst* **1.** stena, múr, ohrada, múrik, hradba, hradby; **2.** *(i ban)* bok chodby

wal.nut [wo:lnat] *podst* **1.** *(bot walnut tree: Juglans regia)* orech [kráľovský], *(bot black walnut: Juglans nigra)* orech [čierny], *(bot white walnut: Juglans cinerea)* orech [popolavý]; **2.** orechové drevo

waltz [wo:ls] *podst* (mn **-es**) **1.** valčík

wan [won] *príd* **1.** bledý, nevýrazný, bezfarebný, chabý, slabý, unavený . *Syn* ⇨ **pale**

to wan.der [wondə] **I.** *prech* **1.** potulovať sa [po čom], blúdiť, vandrovať; **II.** *nepr* **2.** prechádzať sa; **3.** zatúlať sa; **4.** *(cesta, rieka)* kľukatiť sa

wanderer [wondərə] *podst* **1.** pútnik, pútnička, tulák, tuláčka, cestovateľ, cestovateľka, nomád, kočovník

to wane [wein] **1.** ubúdať, zmenšovať sa, blednúť, upadať, slabnúť, miznúť. *Syn*: to abate, to ebb, to subside. *Opoz*: to wax, to increase, to revive

to want [wont] **1.** chcieť, priať si; **2.** túžiť [po kom], *(ifm)* mať zálusk [na koho]; **3.** *(ifm)* potrebovať; **4.** *(fml)* chýbať. *Syn* ⇨ **to desire, to lack**

want.ing [wontiŋ] **I.** *príd* **1.** *(wanting in)* nedostačujúci, **wanting mutual trust friendship is impossible** *priateľstvo je nemožné bez vzájomnej dôvery*;

wan.ton [wontən] **I.** *podst* **1.** samopašnica, nehanebnica, nemravnica, pobehlica, nerestnica; **II.** *príd* **2.** svojvoľný; **3.** samopašný, nemravný; **4.** zámerný, úmyselný; **5.** *(kniž)* vrtkavý; **6.** *(dtd)* zhýralý, zmyselný; **7.** trestuhodný

war [wo:] *podst* **1.** *(lit)* vojna, *(pl)* front, *(prn)* boj

ward [wo:d] *podst* **1.** *(v nemocnici)* oddelenie, sála, nemocničná izba; **2.** väzenská cela; **3.** *(práv)* poručenec, zverenec; **4.** *(pol)* volebný obvod, *(admin)* mestská štvrť

war.den [wo:dn] *podst* **1.** správca, správkyňa, dozorca, kastelán, rektor

ward.robe [wɔ:drəub] *podst* **1.** skriňa, šatník; **2.** šatstvo, *(i div)* garderóba; **3.** *(div)* kostýmy

ware [weə] *podst* **1.** výrobky, predmety, tovar

ware.house [weəhaus] *podst* **1.** skladisko, sklad, veľkoobchod, obchodný dom

war.fare [wo:feə] *podst* **1.** vojna, bojovanie, vojnový stav, vedenie vojny

warm [wo:m] **I.** *podst* **1.** teplo; **2.** zohriatie sa; **II.** *príd* **3.** teplý; **4.** srdečný, priateľský, vrelý, láskavý, hrejivý; **5.** nadšený; **6.** *(poľov)* čerstvý. *Syn* ⇨ **tender**

to warn [wo:n] **1.** varovať, vystríhať, upozorniť, napomínať; **2.** *(od)* odstrašiť . *Syn* ⇨ **to advise**

to warp [wo:p] **I.** *prech* **1.** zvlniť, poprehýbať, zmraštiť; **2.** *(prn)* pokriviť, narušiť, nalomiť; **II.** *nepr* **3.** poprehýbať sa, zvlniť sa

war.ri.or [woriə] *podst fml* **1.** bojovník

wart [wo:t] *podst* **1.** bradavica; **2.** *(nám)* kadet; **3.** *(na strome a pod)* hrča, jazva

wa.ry [weəri] *príd* {**-ier, -iest**} **1.** opatrný, obozretný, prezieravý, podozieravý, nedôverčivý, šetrný, ostražitý. *Syn* ⇨ **careful**

wash [woš] *podst* **1.** bielizeň; **2.** špliechanie, príval; **3.** spätný prúd, vrtuľový prúd; **4.** *(lek)* voda, vodička; **5.** *(riedky)* náter; **6.** pomyje, splašky

to wash [woš] **I.** *prech* **1.** *(vše)* umývať, opláchnuť, zmyť, prepláchnuť, vyprať, preprať, oprať; **2.** *(kanál, jamku)* vymlieť; **3.** *(izbu)* vybieliť; **4.** *(tech)* prepierať, premývať; **II.** *nepr* **5.** myť sa, opláchnuť sa. *Syn*:

drift, alluvium, silt

wash.er [wošə] *podst* **1.** *(žena, nástroj)* práčka, umývačka riadu; **2.** *(tech)* podložka, tesnenie

wasp [wosp] *podst* **1.** *(zool: Vespula)* osa

wast.age [weistidž] *podst* **1.** *(čím)* plytvanie, *(čím)* mrhanie, *(čoho)* rozhadzovanie, zbytočné utrácanie čoho, plytvaním, úbytok, únik, straty unikaním

to waste [weist] **I.** *prech* **1.** plytvať čím, mrhať čím, premrhať, vyhadzovať, zbytočne utrácať, mariť, strácať, márniť, zahodiť, nechať si ujsť; **2.** spustošiť; **3.** spôsobiť atrofiu čoho, spôsobiť chradnutie; **4.** *(am sl)* zlikvidovať, odpratať, odpraviť; **II.** *nepr* **5.** chradnúť, slabnúť

watch [woæ] *podst* (mn **-es**) **1.** hodinky; **2.** *(nám)* hliadka, stráž, zmena; **3.** ostražitosť, bedlivosť, *(zast)* bdenie; **4.** stráženie, varta, pozornosť; **5.** dohľad, dozor

to watch [woč] **I.** *prech* **1.** *(na čo)* dívať sa, pozorovať; **2.** sledovať; **3.** dávať pozor [na čo]; **4.** strážiť; **II.** *nepr* **5.** dívať sa, prihliadať; **6.** bdieť pri lôžku chorého

wa.ter [wo:tə] *podst* **1.** *(vše)* voda; **2.** vody, vodstvo, vodný tok, rozsiahla vodná plocha; **3.** *(euf)* moč; **4.** čírosť

to wa.ter [wo:tə] **I.** *prech* **1.** kropiť, pokropiť, striekať, polievať, postriekať, zavlažiť, zaliať, napojiť; **2.** pančovať, krstiť, zriediť vodou; **II.** *nepr* **3.** slziť

wa.ter.y [wo:təri] *príd* **1.** slabý, riedky, vodnatý; **2.** slziaci, uslzený; **3.** vodový

watt [wot] *podst* (sk **W**) **1.** *(ele)* watt

wave.length [weivleŋθ] *podst* **1.** *(roz)* vlnová dĺžka

to wa.ver [weivə] **1.** váhať, byť nerozhodný, otáľať, *(nadšenie)* ochabovať, slabnúť; **2.** *(oheň, svetlo)* plápolať, *(teplota)* meniť sa, *(hlas)* chvieť sa. *Syn* ⇨ **to hesitate**

wax [wæks] *podst* **1.** vosk, nárast, záchvat hnevu, zúrivosť

way [wei] *príd* **1.** cesta; **2.** trasa; **3.** smer; **4.** metóda, spôsob; **5.** hľadisko; **6.** zvyk, návyk. *Syn* ⇨ **method**

we [wi:] **1.** my

weak [wi:k] *príd* **1.** slabý, neduživý, chatrný, chorý; **2.** nepevný, rozheganý; **3.** nerozhodný, *(charakter)* slabošský, biedny, *(protest, argument)* nepresvedčivý; **4.** nevýrazný, riedky; **5.** *(ling)* pravidelný, neprízvučný. *Syn*: feeble, frail, infirm, decrepit. *Opoz*: strong, sturdy, robust

to weak.en [wi:kən] **I.** *prech* **1.** *(vše)* oslabiť, vysiliť, *(zdravie, autoritu)* podkopať, *(zovretie)* uvoľniť, *(roztok)* zriediť, *(odpor)* nalomiť; **II.** *nepr* **2.** oslabiť sa, zoslabnúť, *(vplyv)* zmenšiť, *(zdravie)* zhoršovať sa, ochabnúť. *Syn*: to debilitate, to enervate, to undermine, to sap. *Opoz*: to strengthen, to energize

wealth [welθ] *podst* **1.** bohatstvo, nadbytok, majetok; **2.** *(prn)* hojnosť, nepreberné množstvo, záplava

weal.thy [welθi] *príd* **1.** bohatý, zámožný, majetný. *Syn* ⇨ **rich**

to wean [wi:n] (**~ sb/ st [off st] [on to st]**) **1.** odstaviť, prestať dojčiť; **2.** *(čomu)* odvyknúť

weap.on [wepən] *podst* **1.** *(lit, prn)* zbraň, prostriedok na dosiahnutie [čoho]

wear [weə] *podst* **1.** oblečenie, šaty, šatstvo, odev, používanie

to wear [weə] (mč **wore** mp **worn**) **I.** *prech* **1.** *(oblečenie)* nosiť, mať na sebe; **2.** obliecť si, vziať si na seba; **3.** *(šaty)* obnosiť, *(koberec)* prešliapať; **4.** *(ifm: ospravedlnenie)* zhltnúť; **5.** *(ifm: správanie)* tolerovať; **II.** *nepr* **6.** opotrebovať sa

wea.ry [wiəri] *príd* **1.** unavený, malátny, ustatý, ukonaný, vyčerpaný; **2.** nudný, otravný, únavný, unavujúci, vyčerpávajúci, namáhavý, presýtený. *Syn* ⇨ **tired**

weath.er [weðə] *podst* **1.** počasie, povetrie, poveternosť, *(roz, tv)* predpoveď počasia

to weave [wi:v] (mč **wove/ weaved** mp **woven**) **I.** *prech* **1.** *(text)* tkať, pliesť; **2.** *(prn: príbeh)* vymyslieť si, spriadať, *(intrigy)* kuť; **II.** *nepr* **3.** *(text)* tkať; **4.** *(cesta)* vinúť sa, kľukatiť sa

web [web] *podst* **1.** plávacia blana; **2.** tkanivo, tkanina; **3.** *(prn)* pavučina, pradivo, osídlo; **4.** *(novinového papiera)* bal

to wed [wed] (mč, mp **wedded/ wed**) **1.** *(zast)* vziať si za ženu, oženiť sa, vziať si za muža, *(za koho)* vydať sa; **2.** oddať, vydať, oženiť; **3.** *(prn ob pass)* spojiť, snúbiť

mierny rozkaz, prosbu) môcť, **will you open the door, please?** *môžeš/ mohol by si otvoriť okno?*, prosím ťa/ Vás, **will you open the door, please?** *prosím ťa, otvor dvere!*; **IV.** *slo* **9.** *(fml)* chcieť; **10.** *(ako dedičstvo)* zanechať, odkázať, porúčiť. *Syn*: volition

will.ing [wiliŋ] *príd* **1.** ochotný, dobrovoľný, pripravený; **2.** poslušný, povoľný; **3.** snaživý

wil.low [wiləu] *podst* **1.** *(bot weeping willow: Salix babylonica)* vŕba [smutná]; **2.** vŕbové drevo; **3.** vŕbové prútie; **4.** vrbina; **5.** kriketová pálka [z vŕbového dreva]

to wilt [wilt] **1.** *(o kvetoch)* vädnúť, zvädnúť, uschnúť; **2.** *(o človeku)* ochabnúť, umoriť sa, unaviť sa, ustať

wi.ly [waili] *príd* [**-ier, -iest**] **1.** ľstivý, úskočný, prefíkaný , rafinovaný. *Syn* ⇨ **sly**

to win [win] [**-nn-**] (mč, mp **won**) **I.** *prech* **1.** zvíťaziť [v čom], *(čo)* vyhrať, vybojovať; **2.** *(prn)* získať, dobyť; **3.** *(ban)* ťažiť, dolovať, dobývať; **4.** *(fml: na čo)* dostať sa; **II.** *nepr* **5.** vyhrať, zvíťaziť, pozdávať sa, nakloniť si, prehovoriť, prebiť sa, dosiahnuť vrchol

to wince [wins] (**~ at st**) **1.** zaškľabiť sa od bolesti, trhnúť sa od bolesti, šklbnúť sa od bolesti, myknúť sa, zvýjať sa. *Syn* ⇨ **to recoil**

winch [winæ] *podst* (mn **-es**) **1.** *(tech)* rumpál, navijak , hriadeľ, bubnové zdvíhadlo

wind [wind(1-4)/waind(5)] *podst* **1.** *(met)* vietor; **2.** *(ifm)* táranie, plané reči, kecy; **3.** dych; **4.** *(lek)* vetry, nadúvanie, plynatosť; **5.** zákruta, ohyb. *Syn*: breeze, gale, gust, blast, zephyr

to wind [waind] (mč, mp **wound**) **I.** *nepr* **1.** *(cesta, rieka)* vinúť sa, hadiť sa, krútiť sa, kľukatiť sa; **II.** *prech* **2.** *(niť, drôt ap)* [na/ za]vinúť, *(tex: na pradená)* namotávať; **3.** *(kľučku)* otočiť; **4.** *(pružinu: hodiny, hračku)* natiahnuť; **III. to wind** [wind](mč, mp **–ed**); **5.** *(dieťa)* nechať odgrgnúť, vyňuchať

wind.fall [windfo:l] *podst* **1.** *(ovocie)* padavka; **2.** *(prn)* terno, neočakávané peniaze, nečakaný úspech

wind.mill [winmil] *podst* **1.** veterný mlyn; **2.** *(hračka)* veterník

win.dow [windəu] *podst* **1.** okno, oblok; **2.** výkladná skriňa, výklad; **3.** priehradka, okienko; **4.** medzera, voľná chvíľa; **5.** *(okenná)* tabuľa

wind.screen [windskri:n] *podst* (am **windshield**) **1.** *(aut)* predné ochranné sklo

wind.surf.er [ˈwindˌsə:fə] *podst* **1.** surfár, surfárka, windsurfár, windsurfárka, surfer, surferka, windsurfer , windsurferka, surfista, windsurfista, surfistka, windsurfistka

wind.y [windi] *príd* **1.** veterný, vetristý; **2.** *(pej)* veľavravný, rozvláčny, bombastický; **3.** *(br)* vyľakaný, splašený, táravý

wine [wain] *podst* **1.** víno; **2.** vínna spoločnosť, vínna čaša; **2.** vínovočervená farba; **2.** *(zast)* opitosť

wing [wiŋ] *podst* **1.** krídlo, trakt, *(bás)* peruť; **2.** ucho, *(aut)* blatník; **3.** pilotný odznak; **4.** *(ftb, pol)* krídlo, *(ftb)* krídlový útočník

winged [wiŋd] *príd* **1.** okrídlený, krídlatý

wing.er [wiŋə] *podst* **1.** *(fot)* krídelný útočník, krídlo

win.ning [winiŋ] **I.** *podst* **1.** *(v stávke)* výhra; **2.** zisk; **3.** dobyté územie; **II.** *príd* **4.** víťazný, vyhrávajúci; **5.** *(špo)* rozhodujúci; **6.** príjemný, milý, podmanivý, čarovný, *(úsmev)* pôvabný, pútavý

win.ter [wintə] **1.** zima; **2.** *(bás)* rok života; **3.** *(bot winter squash: Cucurbita maxima)* tekvica [obrovská]

to wipe [waip] **1.** utrieť, osušiť, očistiť, vytrieť; **2.** *(z pásky, diskety)* zmazať; **3.** *(prn)* úplne [koho] poraziť/ položiť na lopatky

wire [waiə] *podst* **1.** drôt, vedenie, telegraf; **2.** *(ifm ob am)* telegram; **3.** *(am)* cieľový drôt; **4.** *(prn)* čulá osoba

wire.less [waiəlis] *podst* **1.** rozhlas, rádio

wis.dom [wizdəm] *podst* **1.** múdrosť, um, rozvážnosť , uvážlivosť, rozum, vedomosti, učenosť. *Syn* ⇨ **information**

wise [waiz] **I.** *podst* **1.** spôsob; **II.** *príd* **2.** múdry, vzdelaný, učený, odborný; **3.** rozumný, rozvážny, prezieravý; **4.** bezočivý; **5.** *(ifm)* prešibaný, prešpekulovaný, chytrý. *Syn*: sage, sapient, judicious, prudent. *Opoz*: foolish, stupid

wish [wiš] *podst* (mn **-es**) **1.** želanie, prianie,

wed.ding [wediŋ] *podst* **1.** svadba, sobáš, svadobný obrad. *Syn* ⇨ **marriage**

to wedge [wedž] **1.** podložiť, založiť klinom, zakolíkovať, podložiť klinom, zakliniť; **2.** začleniť; **3.** *(hlinu)* miesiť

Wed.nes.day [wenzdi] *podst* (mn **-ays**) **1.** streda

wee [wi:] *príd* **1.** *(škót)* maličký, nepatrný, drobnučký

weed [wi:d] *podst* **1.** burina; **2.** *(bot Angola weed: Lichen ruber Rocella)* lišajník [farbiarsky]; **3.** *(sl: marihuana)* tráva, mariánka; **4.** *(ifm pej)* nedôchodča, *(nespr)* plevel

week [wi:k] *podst* **1.** týždeň, pracovný týždeň

to weep [wi:p] (mč, mp **wept**) **I.** *nepr* **1.** plakať, rumádzgať, nariekať, slziť, roniť slzy; **2.** potiť sa, vlhnúť, orosovať sa, mokvať; **II.** *prech* **3.** roniť. *Syn* ⇨ **to cry**

to weigh [wei] **1.** vážiť, zvážiť; **2.** *(prn)* zvažovať, skúmať; **II.** *nepr* **3.** vážiť. *Syn* ⇨ **to consider**

weight [weit] *podst* **1.** váha, hmotnosť, *(špo, box)* váhová kategória; **2.** záťaž, bremeno, náklad; **3.** sila, prudkosť; **4.** závažie, ťažidlo; **5.** *(prn)* dôležitosť, závažnosť. *Syn* ⇨ **importance**, influence

weir [wiə] *podst* **1.** riečna hať, rybia zábrana, hrádza, stav

weird [wiəd] *príd* {**-er, -est**} **1.** tajuplný, záhadný; **2.** *(ifm)* čudný, zvláštny, bizarný, výstredný. *Syn*: eerie, uncanny, unearthly

to wel.come [welkəm] **1.** *(vše)* privítať; **2.** *(prn)* uvítať, byť potešený [čím], byť rád [čomu]

wel.fare [welfeə] *podst* **1.** blaho, spokojnosť, prospech, prosperita, záujem; **2.** *(am)* sociálne zabezpečenie

well [wel] **I.** *podst* **1.** studňa, studnička, prameň, žriedlo; **2.** *(ban, hut, i stav: výťahová)* šachta; **3.** *(br práv)* priestor pred sudcom; **II.** *cit* **4.** *(i very well: vyj súhlas)* dobre, hej, v poriadku, dohodnuté; **5.** *(i well, well: počudovanie)* ale, ale, taak, *(: obdiv, rozhorčenie)* hoj[oj], *(: spokojnosť)* oj, *(: priaznivé hodnotenie/ spokojnosť)* no, *(: pobádanie)* veď[že], nože, *(: náhle rozhodnutie)* ech, *(hov: rozpaky hovoriaceho)* toto, čo ja viem, *(i well, well: nesúhlas, prekvapenie, iróniu)* oho, *(i oh, well: rezignáciu)* čo už, *(well I never!: prekvapenie, rozhorčenie)* no/ ale toto, to teda nie; **6.** *(zdôr obsah predchádzajúcej veci)* tak, *(nadväzuje na istú situáciu)* však, teda, *(: i vyj pobádanie)* nuž, *(uv počet príkladov)* tak; **7.** *(uv: vetu, výpoveď, otázku)* no, **well, let's go** *no poďme*; **do you want? - well; I don't know** *chceš? no, čo ja viem*; **well, what's the matter with you?** *no čo je s vami?*, *(: výpoveď)* no dobre/ tak, **why didn't you come? - well. . .** *prečo si neprišiel? - no [dobre/ tak]. ..*; *(: otázku)* a, **well, where are you from?** *a skadeže si?*, **III.** *príd* **8.** *(2 st:* better*; 3 st:* best*)* zdravý; **9.** *([just] as well : po would)* slušne, **it would be** (just) **as well to phone and say that we might be late** *bolo by slušné zavolať a povedať, že asi meškame*; **IV.** *prísl* **10.** *(2 st:* better*; 3 st:* best*)* dobre; **11.** dôkladne, poriadne, celkom, úplne, v poriadku; **12.** veľa, hodne; **13.** *(i as well: po may/ might často neprek)* pokojne, **you might well go to bed** *mohol by si [pokojne] ísť spať*; radšej; **14.** *(as well: po podst)* tiež; **15.** *(as well as)* zároveň, a. *Syn* ⇨ **health**

well-mean.ing [welˈmi:niŋ] *príd* **1.** mysliaci to dobre

well-to-do [ˌweltəˈdu:] *príd* **1.** zámožný, majetný, bohatý

west [west] **I.** *podst* **1.** západ; **2.** západný vietor; **II.** *príd* **3.** západný

west.ern [westən] *príd* (i **Western**) **1.** západný, westernový

west.ward [westwəd] *prísl* **1.** smerom na západ, k západu

wet [wet] {**-tter, -ttest**} **I.** *podst* **1.** vlhko, vlhkosť, mokro, dážď; **2.** *(am)* odporca prohibície; **3.** *(br ifm)* slaboch , hlupák; **II.** *príd* **4.** vlhký, mokrý, zmáčaný, nasiaknutý vodou, zmoknutý; **5.** *(maľba)* čerstvý; **6.** *(počasie)* daždivý, uplakaný; **7.** *(am)* povoľujúci predaj alkoholu; **8.** *(br ifm)* slabošský; **9.** *(br pol pej)* umiernený. *Syn*: damp, dank, moist, humid. *Opoz*: dry

whale [weil] *podst* **1.** *(zool: Cetacea)* veľryba

wharf [wo:f] *podst* (mn **wharfs/ wharves**) **1.** *(nákladné)* prístavište, prístavná hrádza, mólo, prístavisko

what [wot] **I.** *zám* **1.** *(vyj: otázku)* čo, **what do you intend to do?** *čo mieniš robiť?*; **what's new?** *čo nového?*; **what did you say?** *čo si povedal?*; **what is so funny?** *čo sa smeješ?*,, **what's the matter with you/** (arch) **what ails you?** *čo ťa trápi/ čo je ti?*; **what for?** *na čo?*; **what is it all** (frázy) **about?** *o čo vlastne ide?*; **you know what?** *vieš čo?*; **what is he/ she like?** *ako vyzerá?*; **what is your name?** *ako sa voláš?*; **2.** koľko, **what time is it/ what is the time?** *koľko je hodín*; **what is your weight?** *koľko vážiš*; **3.** *(uv predmetovú/ podmetovú vetu)* čo, **do what you want** *rob si, čo chceš*; **he/ she knows what he/ she wants** *vie, čo chce*; **5.** *(what? : ako odpoveď na volanie)* áno!, **John! - what?** *Jano! - áno!/ čo?*; **III.** *príd* **6.** aký, ktorý; **7.** *(what kind of...)* aký, čo je to za...; **IV.** *prísl* **8.** *(what [a]... : vo zvol vetách prek individuálne)* taký, aký, to je...

what.ev.er [wotˈevə] **1.** čokoľvek, hocičo; **2.** všetko; **3.** *(v opyt vyj údiv)* čo [vlastne], **whatever happened to ...** *čo sa [vlastne] stalo [s tým...]*;

wheat [wi:t] *podst* **1.** *(bot bread wheat: Triticum aestivum)* pšenica

wheel [wi:l] *podst* **1.** koleso, koliesko; **2.** volant, *(nám)* kormidlo

wheel.chair [wi:lčeə] *podst* **1.** invalidný vozík, kreslo na kolieskach

to wheeze [wi:z] **I.** *prech* **1.** povedať sipľavým hlasom; **II.** *nepr* **2.** sipieť, chrčať, funieť

when [wen] **I.** *spoj* **1.** *(uv vetu: časovú)* keď, **when it comes to that** *keď na to príde*; **when it came to the crunch** *keď prišlo na lámanie chleba*; **2.** až, **when we come back we'll finish it** *až sa vrátime, dokončíme to*; **3.** za, **when young** *za mladi*; **when single** *za slobodna*; **4.** *(+ing)* pri, **when reading...** *pri čítaní*; **5.** *(i whenever)* kedykoľvek, **when he is at home he relaxes** *keď[kedykoľvek] je doma, odpočíva*; vždy keď; **6.** akonáhle; **7.** *(: nepravú časovú)* keď, **she said she was single, when I knew she was married** *povedala, že je slobodná, keď ja som vedel, že je vydatá*; **8.** *(: i príčinnú)* keďže; **II.** *zám* **9.** kedy, *(since when)* odvtedy; **III.** *prísl* **10.** *(v opyt vetách)* kedy, *(until when)* dokedy, *(since when)* odkedy; **11.** *(: prípustkovú)* napriek tomu, že

where [weə] **1.** kde, kam

where.a.bouts [weərəbauts] *prísl* **1.** kde, kdeže, kam, kamže; **2.** miesto pobytu

where.as [weəˈræz] **1.** *spoj (uv odporovaciu vetu)* zatiaľ čo, len kým, **we work hard, while/ whereas you take it easy** *my sa usilujeme, zatiaľ čo vy odpočívate*; **2.** *(uv nepravú časovú vetu: zatiaľ čo)* kým, keď, keďže; **3.** *(ob práv: na začiatku dohôd a zmlúv)* vzhľadom k tomu, že

where.by [weəˈbai] **1.** čím; **2.** podľa ktorého/ ktorých, **the signs whereby he shall be known** *znaky, podľa ktorých sa pozná*;

where.u.pon [ˌweərəˈpon] **1.** a potom, a nato, a preto, načo, po čom, potom, pre čo, a hneď

wher.ev.er [weəˈrevə] **1.** kdekoľvek, hocikde; **2.** kamkoľvek, hocikam; **3.** všade kde, všade kam

wheth.er [weðə] *časť* **1.** či, ak

which [wiæ] **I.** *zám* **1.** *(opyt)* ktorý; **2.** *(: vzťažnú)* ktorý; **3.** *(which of you...)* kto, *(hov)* čo, **the house [that/ which is] by the river** *dom, ktorý/ čo stojí pri rieke*; **4.** *(: podmetovú)* čo, **he didn't fulfill his task, which surprised us** *nesplnil úlohu, čo nás prekvapilo*; **II.** *príd* **5.** *(jeden z... ?)* ktorý; **6.** *(which way)* kade

which.ev.er [wiæˈevə] **1.** ten, ktorý/ čo, ktorýkoľvek, hociktorý, ktokoľvek, čokoľvek, hocičo

whiff [wif] *podst* (~ **of st**) **1.** závan, *(z cigarety)* bafnutie, *(pary)* závoj, *(i dymu)* obláčik; **2.** pach; **3.** *(ifm euf)* puch, smrad; **4.** náznak, závan; **5.** *(ifm)* cigaretka, krátka cigara

while [wail] **I.** *podst* **1.** chvíľa, chvíľ[oč]ka, okamih, sekund[ičk]a; **2.** krátky čas, *(nespr)* doba; **II.** *spoj* **3.** *(uv časovú vetu)* kým, pokým, **while we are young** *kým sme mladí*; dosiaľ, behom; **4.** *(nepravú časovú vetu)* zatiaľ čo, **while you were sleeping**

zatiaľ čo si spal; kým, **some guests were asleep, while/ whereas the others..** . *niektorí hostia už spali, kým druhí...*; keď; **5.** *(so slovesným podst: čítani atď)* pri, **while working/ eating/ reading** *pri práci/ jedle/ čítaní*; medzi, **while studying** *medzi učením*; *(s príd)* za, **while hot/ fresh** *za tepla/ čerstva atď*;

whim [wim] *podst* **1.** vrtoch, rozmar, chúťka. *Syn* ⇨ **caprice**

to whim.per [wimpə] **1.** skučať, mraučať, mrnčať, skuhrať, fňukať, nariekať, skučať, kvičať, gaudžať, fidlikať. *Syn* ⇨ **to cry**

whim.si.cal [wimzikəl] *príd* **1.** vrtošivý, rozmarný, náladový; **2.** zvláštny, divný, čudný, žartovný, výstredný, bizarný

to whine [wain] **1.** bedákať, nariekať, lamentovať, *(dieťa)* mrnčať, *(pes)* skučať, *(siréna)* jačať, *(strela)* hvízdať, *(motor)* vrčať

to whinge [windž] (pr p **whingeing/ whinging**) **1.** nariekať, fňukať, lamentovať, šomrať

whip [wip] *podst* **1.** bič, jazdecký bičík; **2.** *(br pol)* sekretár parlamentnej politickej strany dozerajúci na dodržiavanie stranickej disciplíny]; **3.** *(br pol)* zvolávací lístok, výzva na účasť na zasadaní; **4.** *(kuch)* krém, pena

to whirl [wə:l] **I.** *prech* **1.** víriť, víriť sa, točiť sa, víriť hlavou; **II.** *nepr* **2.** víriť, rozvíriť, zvírovať, rozvírovať. *Syn* ⇨ **to turn**

whirl.pool [wə:lpu:l] *podst* **1.** *(vodný)* vír, krútňava; **2.** *(prn)* virvar, chaos

whirl.wind [wə:lwind] *podst* **1.** tornádo, cyklón, víchrica , orkán, vzdušný vír; **2.** *(básn)* búrka

to whisk [wisk] **1.** *(kuch)* ušľahať, ušľahať sneh [z čoho], rozhabarkovať; **2.** šľahnúť, švihnúť; **II.** *nepr* **3.** rýchlo sa pohybovať

whisk.er [wiskə] *podst* **1.** mačacie fúzy; **2.** bokombrady

whis.ky [wiski] *podst* (am, ir **-whiskey**) **1.** whisky; **2.** dvojkolesový kočík

whi.sper [wispə] *podst* **1.** šepkanie, šepot; **2.** *(bás)* šelestenie, šelest, ševelenie, šumenie, zurčanie, bublanie

to whi.sper [wispə] **1.** šepkať, hovoriť šeptom, šuškať si; **2.** *(bás)* šelestiť, ševeliť, šumieť, zurčať, bublať

whi.stle [wisl] *podst* **1.** píšťalka, píšťala; **2.** písknutie, zapísknutie, hvizd, zahvízdnutie, syčanie, sykot

to whi.stle [wisl] **I.** *prech* **1.** *(melódiu, nápev)* pískať , hvízdať; **II.** *nepr* **2.** *(človek)* pískať, zahvízdať; **3.** svišťať, fičať

white [wait] **I.** *podst* **1.** biela farba, bieloba; **2.** *(bot white clover: Trifolium trepens)* ďatelina [plazivá], *(bot white mullberry: Morus alba)* moruša [biela], *(bot white lupin: Lupinus albus)* lupina [biela], *(bot white walnut: Juglans cinerea)* orech [popolavý]; **3.** beloch, beloška; **4.** *(vo vajíčku)* bielko; **II.** *príd* **5.** biely; **6.** svetlý, bledý, priesvitný, priehľadný, priezračný

white.wash [waitwoš] *podst* (mn **-es**) **1.** vápenné mlieko; **2.** *(prn)* ututlanie, zabielenie, zatušovanie; **3.** *(na bielenie)* vápno, bielidlo, líčidlo, čistiaci prostriedok

to whit.tle [witl] (~ **A [from B]**); (~ **B [into A]**) **1.** orezávať, hobľovať, stružlikať, ostrúhať, zastrúhať

to whizz [wiz] (i **whiz**) **1.** fičať, zafičať, svišťať, hvízdať, bzučať; **2.** hnať sa, trieliť, upaľovať; **3.** *(am)* cikať

who [hu:] *zám* **1.** *(opyt)* kto, koho, komu, ktorý

whole [həul] **I.** *podst* **1.** celok; **II.** *príd* **2.** celý, neporušený; **3.** *(kuch)* plnotučný, neodstredený, celozrnný; **4.** vlastný. *Syn* ⇨ **complete**

whole.heart.ed [ˌhəulˈha:tid] *príd* **1.** bezvýhradný, úplný

whole.meal [həulmi:l] *podst* **1.** *(chlieb, múka)* celozrnný

whole.sale [həulseil] **I.** *podst* **1.** veľkoobchod, obchod vo veľkom; **II.** *príd* **2.** veľkoobchodný; **3.** príd, *(prn)* hromadný, masový, totálny, vo veľkom

whole.sal.er [ˈhəulˌseilə] *podst* **1.** veľkoobchodník, obchodník vo veľkom

whole.some [həulsəm] *príd* **1.** zdravý, zdraviu prospešný, hojivý; **2.** užitočný, prospešný, blahodarný

whol.ly [həuli] *prísl* **1.** plne, úplne, celkom, bezvýhradne; **2.** výhradne, výlučne

whore [ho:] *podst* **1.** pobehlica, kurva

whose [hu:z] **1.** čí

why [wai] **I.** *cit* **1.** *(dtd, am: vyj prekvapenie)* no, i, no kdeže, veď, čože, tak; **II.** *prísl* **2.** prečo, nato, načo, z akého dôvodu, čo, **why don't you look after** (your/the) **children?** *čo nedozeráš na deti?*; **3.** *(why not?)* čoby [len] nie

wi.cked [wikid] *príd* {**-er, -est**} **1.** zlý, podlý, nemorálny, bezbožný, *(srdce)* krutý, *(plán)* diabolský, *(zámer)* nekalý; **2.** zlomyseľný, škodoradostný, šibalský, uličnícky; **3.** *(zbraň)* strašný, *(výsmech)* zlomyseľný, *(jazyk)* nactiutŕhačský, *(vietor, počasie, mráz)* hrozný; **4.** *(ifm)* hriešny, nehanebný; **5.** *(sl)* fantastický. *Syn* ⇨ **bad**

wi.cker [wikə] *podst* **1.** *(vŕbové)* prútie, prútie na pletenie

wi.cket [wikit] *podst* **1.** *(vo vrátach)* dvierka, *(v plote ap)* bránka, vrátka; **2.** *(am)* prepážka, *(pokladnice)* okienko, turniket; **3.** *(špo: v krikete)* bránka, priestor medzi bránkami

wide [waid] **I.** *príd* **1.** *(rieka, cesta)* široký, *(priestor)* veľký, *(povrch)* rozľahlý, *(svet, moria)* širý; **2.** ďaleký, vzdialený; **3.** voľný, liberálny, nepredpojatý; **II.** *prísl* **4.** široko, doširoka, dokorán; **5.** mimo; **6.** úplne. *Syn* ⇨ **broad**

wide-eyed [waidaid] *príd* **1.** s očami doširoka otvorenými, *(ifm)* s očami navrch hlavy

to wid.en [waidn] **I.** *prech* **1.** rozšíriť, zväčšiť; **II.** *nepr* **2.** rozšíriť sa, šíriť sa

wide-ranging [waid,reindžiŋ] **1.** rozsiahly, ďalekosiahly

wide.spread [waidspred] *príd* **1.** roztiahnutý, rozpriahnutý, plne roztvorený; **2.** rozsiahly, veľmi rozšírený, všeobecný

wi.dow [widəu] *podst* **1.** vdova

wi.dowed [widəud] *príd* **1.** ovdovený, ovdovená

width [widθ] *podst* **1.** šírka, rozšírenosť, rozsiahlosť; **2.** všestrannosť; **3.** slobodomyseľnosť

to wield [wi:ld] **1.** *(čo)* držať, *(čím)* mávať, oháňať sa; **2.** vykonávať, *(čím)* narábať, *(čo)* používať; **3.** ovládať, vládnuť, *(prn)* mať moc. *Syn* ⇨ **to handle**

wife [waif] *podst* (mn **wives**) **1.** manželka, *(zastar)* žena

wig [wig] *podst* **1.** parochňa

to wig.gle [wigl] **I.** *prech* **1.** *(čím)* krútiť, zakrútiť, strihať ušami, *(zub)* kývať; **II.** *nepr* **2.** vrtieť sa, *(zub)* kývať sa, *(had)* krútiť sa, *(cesta)* kľukatiť sa, kľukato sa vinúť; **3.** veslovať s jedným veslom

wild [waild] *príd* {**-er, -est**} **1.** *(bot: kvet)* poľný, divý; **2.** *(bot wild chamomile: Matricaria chamomilla)* rumanček [pravý], *(bot wild oat: Avena fatua)* ovos [hluchý]; **3.** primitívny, barbarský, *(kvety)* rastúci vo voľnej prírode, *(ovocný strom)* planý, *(med)* lesný; **4.** nehostinný, pustý , *(záhrada)* spustnutý; **5.** *(počasie, noc)* búrlivý, *(more)* rozbúrený, *(správanie)* pochabý, *(ifm)* odviazaný, *(dieťa)* neposlušný, pustený z reťaze, *(zábava)* bujarý, *(vášeň)* bezuzdný, *(smiech)* neviazaný, *(predstava)* blúznivý; **6.** *(ifm)* zúrivý, besný; **7.** frenetický, *(plán, myšlienka)* nerozumný, nezmyselný, *(požiadavka)* prehnaný; **8.** *(predpoklad, odhad)* náhodný, *(strela)* zblúdilý; **9.** *(ifm)* fantastický, báječný; **10.** *(zool wild boar: Sus scrofa)* diviak

wil.der.ness [wildənis] *podst* (mn **-es**) **1.** divočina, pustatina, *(prn)* púšť, divoké zákutie v záhrade; **2.** množstvo. *Syn* ⇨ **waste**

wild.life [waildlaif] *podst* **1.** divá zver, zver a rastlinstvo, fauna a flóra, život zvierat/ rastlín vo voľnej prírode

wil.ful [wilful] *príd* (am i **willful**) **1.** svojvoľný, svojhlavý, umienený, zlostiaci, vzdorovitý, priečny; **2.** *(práv)* úmyselný, zámerný, úkladný, vedomý

will [wil](skr **'ll**, záp **will not/ won't**) **I.** *podst* **1.** vôľa, chcenie, odhodlanie; **2.** želanie, úmysel; **3.** posledná vôľa, závet, testament, pevné rozhodnutie; **4.** nadšenie, pocit, cit; **II.** *časť* **5.** *(je súčasťou tvaru budúceho času: s nedok)* budem/ budeš/ bude atď, (ifm) **I will/** (fml) **I shall study** *budem sa učiť*; **he will study** *bude sa učiť*; *(s dok neprek)* : **I'll do it** *urobím to*; **6.** *(vyj pravdepodobnosť)* ., **they will be home by now/ this time** *teraz už budú doma*; **7.** *(ako dovetok)* [no] nie?, **we'll do it, won't we?** *urobíme to, však/ (no) nie?*; však, **it won't hurt, will it?** *nebude to bolieť, však?*; **III.** *mod slo* **8.** *(vyj*

prosba, túžba, vinš
to wish [wiš] **I.** *prech* **1.** priať si, chcieť; **2.** priať; **II.** *nepr* **3.** *(niečo)* priať si. *Syn* ⇨ **to desire**
wisp [wisp] *podst* (~ **of st**) **1.** vecheť, vechtík, chumáč, chumáčik, špirála, obláčik, chochol; **2.** zväzok, viazanica; **3.** *(vlasov)* prameň; **4.** *(sena)* otiepka; **5.** hrsť; **6.** pradeno; **7.** *(dymu)* kúdol; **8.** *(svetla)* prúžok
wist.ful [wistful] *príd* **1.** clivý, tklivý, rozľútostený, túžobný, roztúžený, nostalgický, zamyslený, vážny, hĺbavý, melancholický
wit [wit] *podst* **1.** vtipnosť, duchaplnosť, dôvtipnosť, inteligencia; **2.** vtip; **3.** vtipný človek;. *Syn*: humor, irony, satire, repartee
witch [wič] *podst* (mn **-es**) **1.** čarodejnica, bosorka,**2.** *(pej)* ježibaba, striga, škrata, **3.** *(prn)* čarovná žena
witch.craft [wiækra:ft] *podst* **1.** čarodejníctvo, mágia, kúzelníctvo. *Syn* ⇨ **magic**
with [wiθ] **1.** *predl (vyj: spojenie, kvalitu, spôsob, obsah)* s, spolu s, **to have dinner with sb** *obedovať s kým*; **stay with me** *zostaňte so mnou*; **Mr Brown with his wife** *pán Brown s manželkou*; **man with dark hair** *muž s tmavými vlasmi*; **what's with him?** *čo je s ním*; **to fight with sb** *bojovať s kým*; **with the proviso that** *s tým, že*; **with your leave / permission** *s dovolením*; **to be with child** (arch) *byť v druhom/ inom stave*; **to compare st with st else** *porovnať jedno s druhým*; **with certainty** *s istotou*; **parents with children** *rodičia s deťmi*; *(vyj: spôsob činnosti: z chuti/ celej sily)* z, **with all o's heart** *z celého srdca*; **2.** *(: prítomnosť u príbuzného, služobnú spojitosť)* u, *(: i služobnú spojitosť)* pri, **to be with sb** *byť pri niekom*; **to help sb with** *pomahať niekomu pri*; **to live with o's parents** *bývať pri rodičoch*; **with the best will in the world** *pri najlepšej vôli*; **someone must stay with the children** *niekto musí ostať pri deťoch*; *(v spojení s: pracovať, robiť ap)* okolo; **3.** *(: príčinu)* od, **dirty with mud/ ink** *zašpinený od blata/ atramentu*; **wet with rain** *mokrý od dažďa*;, **it rests with you to decide** *závisí od vás, ako sa rozhodnete*; na, **to go down with flu** *ochorieť na chrípku*; **4.** *(: podmienku, súdržnosť)* pri, **with good management** *pri správnom vedení*;, *(: prostriedok nejakej činnosti)* na, **with o's own eyes/ ears** *na vlastné oči/ uši*; od, *(nástroj/ spôsob/ prostriedok)* o, *(pomocou niečoho)* podľa; **5.** *(: priame smerovanie)* po, **to go with the stream/ wind** *ísť po prúde/ vetra*; **6.** napriek, navzdory; **7.** *(kniž: množstvo)* o, *(: čas)* počas
to with.draw [wiðdro:] (mč **withdrew** mp **withdrawn**) **I.** *prech* **1.** dať preč, *(z vrecka)* vytiahnuť, vziať späť, *(obch)* zrušiť, *(od čoho)* ustúpiť, *(mince, bankovky)* stiahnuť z obehu; **2.** *(vojsko)* stiahnuť; **3.** *(peniaze)* vybrať, vyinkasovať; **II.** *nepr* **4.** vzdialiť sa, stiahnuť sa, odvolať svoju kandidatúru, *(špo: od čoho)* odstúpiť. *Syn* ⇨ **to go**
with.draw.al [wiðdro:əl] *podst* **1.** odvolanie, *(obch)* zrušenie, *(od čoho)* ustúpenie, *(od čoho)* upustenie; **2.** stiahnutie; **3.** vyzdvihnutie, výber
with.drawn [wiðdro:n] *príd* **1.** *(človek)* uzavretý do seba, samotársky, *(i správanie)* rezervovaný
to wi.ther [wiðə] **I.** *prech* **1.** spôsobiť zvädnutie, vysušiť , vysiliť, spôsobiť chradnutie; **II.** *nepr* **2.** zvädnúť, uschnúť, chradnúť; **3.** *(prn)* odkvitnúť. *Syn*: to shrivel, to wizen
to with.hold [wiðhəuld] (mč, mp **withheld**); (~ **st [from sb/ st]**) **1.** zadržať, nevyplatiť, zamlčať, zatajiť, zadržať, odoprieť, odmietnuť. *Syn* ⇨ **to keep**
with.in [wiðin] *predl* **1.** vovnútri; **2.** *(prn)* v, **within the ambit** *v rámci*; na, **within firing range** *na dostrel*; **within hearing** *na dosluch*; v rozpätí; **3.** *(vyj vymedzený časový úsek)* v; **4** *(počas)* cez, behom, *(: časový úsek)* o, za, do, **within 4 months** *do štyroch mesiacov*; **He'll get married within a year** *do roka sa ožení*;
with.out [wiðaut] **I.** *predl* **1.** bez, **without money** *bez peňazí*; **without sleeves** *bez rukávov*; mimo, **he left without saying a word** *odišiel bez slova*; **without knocking** *bez klopania*; **II.** *spoj* **2.** bez toho aby/ žeby, **he went away without as much as saying good-bye** *odišiel bez toho, aby pozdravil*;

to with.stand [wið'stænd] (mč, mp **with.stood**) **1.** vydržať, zniesť, *(čomu)* odolať, čeliť, *(čomu)* ubrániť sa; **2.** *(bás)* odporovať. *Syn* ⇨ **to oppose**

wit.ness [witnis] *podst* (mn **-es**) **1.** *(vše, práv)* svedok; **2.** svedectvo, výpoveď, dôkaz

wit.ty [witi] *príd* **1.** vtipný, zábavný, duchaplný. *Syn*: humorous, facetious, jocular, jocose. *Opoz*: serious, solemn, sober

wi.zard [wizəd] *podst* **1.** čarodejník, kúzelník, šaman; **2.** *(ifm prn)* génius, *(na čo)* kanón, *(na čo)* kadet, *(v čom)* suverén

to wob.ble [wobl] (~ **st [about/ around]**) **I.** *prech* **1.** *(čím)* kývať; **II.** *nepr* **2.** *(stôl, zub)* kývať sa, *(chodec)* klátiť sa, pohybovať sa neisto, *(opilec)* tackať sa, *(cyklista)* kymácať sa, *(ručička kompasu)* kmitať, *(želatína)* triasť sa; **3.** *(prn)* váhať, byť nerozhodný. *Syn* ⇨ **to shake**

wob.bly [wobli] *príd* **1.** vratký, rozheganý, chvejúci sa, trasľavý, roztrasený, rôsolovitý; **2.** nestály, kolísavý, nepevný, nestály

woe [wəu] *podst* **1.** *(fml)* žiaľ, smútok, žalosť, zármutok, strasť; **2.** *(joc)* nešťastie, pohroma. *Syn* ⇨ **sorrow**

woe.ful [wəuful] *príd fml* **1.** smutný, zarmútený, trúchlivý; **2.** poľutovaniahodný, tristný, otrasný

wolf [wulf] *podst* (mn **wolves**) **1.** *(zool: Canis lupus, i prn: ukrutný človek)* vlk; **2.** *(ifm)* zvodca; **3.** *(prn)* žráč, žrút; **4.** *(sl)* samec

wo.man [wumən] *podst* (mn **women**) **1.** *(vše)* žena; **2.** pomocnica v domácnosti, pani k deťom; **3.** *(ifm)* manželka, žena, milenka; **4.** ženská. *Syn*: female, woman, lady

womb [wu:m] *podst* **1.** *(anat)* maternica, matkino lono, *(ifm)* matka

won.der.ful [wandəful] *príd* **1.** báječný, úžasný, ohromný , senzačný, skvelý, vynikajúci, podivuhodný, pozoruhodný

won.der.land [wandəlænd] *príd* **1.** krajina zázrakov

won.drous [wandrəs] *príd* **1.** skvelý, úžasný, podivuhodný, obdivuhodný

to woo [wu:] (mč, mp **wooed**) **1.** *(komu)* dvoriť; **2.** lákať, vábiť, *(koho na čo)* presviedčať; **3.** *(o čo)* usilovať sa, *(za čím)* ísť; **4.** *(koho)* nahovárať si

wood [wud] *podst* **1.** drevo; **2.** menší les, hora, lesík, háj; **3.** sud, súdok

wood.ed [wudid] *príd* **1.** zalesnený, lesnatý

wood.en [wudn] *príd* **1.** drevený; **2.** *(prn)* strnulý, tvrdý, nepružný, neohrabaný, neobratný, nešikovný

wood.land [wudlənd] *podst* **1.** lesnatá/ zalesnená oblasť, lesy

wood.work [wudwək] *podst* **1.** stolárstvo; **2.** drevené vybavenie domu; **3.** *(ifm fot)* bránkové žrde

wool [wul] *podst* **1.** *(text)* vlna, vlnená látka, vlnené oblečenie; **2.** *(žart)* brčky

wool.len [wulən] *príd* (am **woolen**) **1.** vlnený, vlnársky

wool.ly [wuli] **I.** *podst* **1.** pulóver; **II.** *príd* **2.** vlnený, ako z vaty; **3.** *(prn)* nejasný, nezreteľný, nepresný, konfúzny

word [wə:d] *podst* **1.** *(vše, ling, náb)* slovo, *(vše, ling)* výraz; **2.** text; **3.** správa; **4.** hádka; **5.** tvrdenie; **6.** príkaz; **7.** kľúčové slovo

word.ing [wə:diŋ] *podst* **1.** štylizácia, znenie, formulácia

work [wə:k] *podst* **1.** práca, činnosť, **2** *(v škole)* vyučovanie, štúdium, **3.**výskum, výskumná práca, **4.** úloha, **5.** zadanie, **6.** zamestnanie, **7.** *(art)* dielo, výsledok, tvorba, spisy; **8.** skutok; **9.** účinok; **10.** závod, továreň, priemyslový podnik, *(poľný)* opevnenie, hnacie ústrojenstvo, súkolie, *(hodinový)* stroj, komplet všetko

to work [wə:k] **I.** *prech* **1.** *(stroj)* obsluhovať, *(brzdy)* zošliapnuť; **2.** *(míny ap)* exploatovať, ťažiť v čom; **3.** *(hlinu, cesto)* hniesť, *(drevo)* opracovať, *(kov)* obrábať, *(zlato)* tepať; **4.** *(svalstvo)* precvičiť; **II.** *nepr* **5.** *(vše)* pracovať, byť zamestnaný kde; **6.** fungovať, *(hodiny)* ísť, *(prn)* klapať, *(liek)* pôsobiť, mať účinok; **7.** *(kvasnice)* kvasiť

work.a.ble [wə'kəbl] *príd* **1.** exploatovateľný, schopný ťažby, rentabilný, výnosný; **2.** obrábateľný, opracovateľný, spracovateľný, tvárny; **3.** uskutočniteľný, možný

work.a.hol.ic [ˌwə:kə'holik] *podst* **1.** fanatik na prácu, neúmorný ťahúň

work.er [wə:kə] *podst* **1.** *(vše)* pracovník, pracovníčka, robotník, robotníčka, úradník, administratívny pracovník; **2.** robotnícka trieda

work.force [wə:kfo:s] *podst* 1. pracovné sily, zamestnanci, robotníctvo, osadenstvo podniku

work.ing [wə:kiŋ] I. *podst* 1. práca; 2. činnosť, prevádzka; 3. exploatácia; 4. mechanizmus, fungovanie; 5. porub; 6. banské dielo, baňa; II. *príd* 7. pracujúci, zamestnaný; 8. prevádzkový; 9. provizórny; 10. praktický; 11. *(pol)* viac ako nadpolovičný

work.ing-party ['wə:kiŋ,pa:ti] *podst* 1. pracovná skupina; 2. pracovná čata; 3. vyšetrovacia komisia

work.load [wə:kləud] *podst* 1. pracovné zaťaženie, pracovný úväzok

work.man [wə:kmən] (mn **-men**) 1. robotník, remeselník , *(i pej)* odborník

work.out [wə:kaut] *podst* 1. tréning, rozcvičenie

work.shop [wə:kšop] *podst* 1. dielňa, výrobňa, prevádzkáreň; 2. kurz, sústredenie, seminár; 3. tvorivá dielňa

world [wə:ld] *podst* 1. svet, zem, vesmír, ľudstvo, spoločnosť, život; 2. *(prn)* oblasť, ríša, sféra. *Syn* ⇨ **earth**

world-class [wə:ldkla:s] *príd* 1. svetový, svetovej úrovne

world-famous ['wə:ld,feiməs] *príd* 1. svetoznámy, svetovo chýrečný

world.ly [wə:ldli] *príd* 1. svetský, pozemský, svetácky, pôžitkársky. *Syn* ⇨ **earthly**

world.wide [,wə:ld'waid] I. *príd* 1. celosvetový, rozšírený po celom svete; II. *prísl* 2. celosvetovo, v celosvetovom meradle; 3. do celého sveta

worm [wə:m] *podst* 1. *(zool)* červ, *(zool red worm: Lombricus rubellus)* dážďovka, *(lek)* hlísty; 2. *(prn ifm)* úbožiak, úbožiačka; 3. *(tech: prevodu)* šnek; 4. *(inf)* parazitný program; 5. vírus

worn-out [,wo:n'aut] *príd* 1. *(topánky)* úplne prešľapaný, *(odev)* veľmi obnosený; 2. *(prn: fráza)* otrepaný; 3. *(človek)* uťahaný, uštvaný, ako vyžmýkaný citrón

wor.ried [warid] *príd* (~ **about sb/ st**); (~ **that...**) 1. znepokojený, nepokojný, ustaraný, ustarostený

wor.ry [wari] *podst* 1. úzkosť, starosti, znepokojenie, nepokoj, obavy, problém

to wor.ry [wari] (mč, mp **worried**) I. *prech* 1. trápiť, znepokojovať; 2. obťažovať, zdržiavať; 3. *(o psovi)* dorážať [na], *(kosť)* ohlodávať; II. *nepr* 4. znepokojovať sa, robiť si starosti. *Syn* ⇨ **to care**

wor.ry.ing [wariiŋ] *príd* 1. znepokojujúci, budiaci obavy

worse [wə:s] I. *príd* 1. *(vše)* horší; II. *prísl* 2. horšie

to wors.en [wə:sn] I. *prech* 1. zhoršiť, II. *nepr* 2. zhoršiť sa, pokaziť sa

to wor.ship [wə:šip] [**-pp-**, am **-p-**] I. *prech* 1. zbožňovať, uctievať, *(komu)* koriť sa, *(komu)* klaňať sa; II. *nepr* 2. *(náb)* slúžiť svätú omšu

worst [wə:st] I. *príd* 1. najhorší; II. *prísl* 2. najhoršie

worth [wə:θ] *podst* 1. hodnota, cena, zásluha. *Syn*: value, worth

worth.less [wə:θlis] *príd* 1. bezcenný, nehodný, ničomný, zlý, nanič, zbytočný

wor.thy [wə:ði] I. *podst* 1. hodnostár, významná osobnosť; 2. dôstojnosť, ctihodnosť; II. *príd* 3. úctyhodný, vážený, *(fml)* ctihodný, dôstojný, chvályhodný; 4. dobrý, výborný, schopný, spôsobilý

would [wud](záp **would not/ wouldn't**) I. *časť* 1. *(je súčasťou tvaru pod spôsobu)* by, **He would come if he could** *prišiel by, keby mohol*; II. *mod slo* 2. *(vyj mierny príkaz, prozbu)* môcť, **would you open the door** (for'me), **please?** *mohol by si otvoriť dvere?*; prosím ťa/ Vás, **would you open the door** (for'me), **please?** *otvor dvere, prosím ťa!*;

wound [wu:nd] *podst* 1. rana, poranenie, zranenie, *(prn)* urážka

to wow [wau] (~ **sb [with st]**) 1. ohromiť, priviesť do vytrženia

to wran.gle [ræŋgl] (~ **with sb [about/ over st]**) 1. hádať sa, škriepiť sa, vadiť sa, prieť sa, hašteriť sa, mať rozpor . *Syn* ⇨ **to quarrel**

to wrap [ræp] [**-pp-**] 1. zabaliť, obaliť, omotať, ovinúť , obtočiť, pokryť sa, zahaliť, zakryť, ponoriť

wrap.ping [ræpiŋ] *podst* 1. obal, baliaci materiál

wrath [roθ] *podst* **1.** hnev, rozhorčenie, zlosť, zloba, pomsta. *Syn* ⇨ **anger**

to wreak [ri:k] (**~ st [on sb]**) **1.** *(čo)* spôsobiť, vyjadriť, prejaviť; **2.** uspokojiť, ukojiť; **3.** vyliať si zlosť

wreath [ri:θ] *podst* (mn **wreaths**) **1.** veniec, kotúč, špirála , kruh, koleso, *(dymu, hmly)* kúdol

wreck [rek] *podst* **1.** *(nám)* stroskotanie, havária; **2.** vrak lode, trosky lode, havarované auto/ lietadlo, zrúcanina; **3.** *(ifm)* troska

to wreck [rek] **1.** spôsobiť stroskotanie, zničiť pri havárii, *(i budovu)* zdemolovať, *(ifm)* roztrieskať; **2.** *(prn: život, kariéru)* zruinovať, *(i zdravie)* podlomiť, *(manželstvo)* rozvrátiť, *(nádeje, plány)* zhatiť, zmariť

wreck.age [rekidž] *podst* **1.** vrak, trosky; **2.** *(prn)* zahatanie, zmarenie, zrútenie

wren [ren] *podst* **1.** *(zool)* oriešok; **2.** *(o dievčati)* pipka

to wrench [renæ] **1.** *(lit)* trhnúť, šklbnúť, vytrhnúť; **2.** *(prn: význam)* prekrútiť

to wres.tle [resl] (**~ with sb**) **1.** *(špo)* zápasiť, pasovať sa, bojovať; **2.** boriť sa, porátať sa

wres.tler [reslə] *podst* **1.** *(špo)* zápasník

wres.tling [resliŋ] *podst* **1.** *(špo)* zápas

wretch.ed [reæid] *príd* **1.** úbohý, biedny, bezútešný; **2.** nešťastný, deprimovaný; **3.** *(počasie, jedlo)* príšerný, hrozný; **4.** *(ifm euf)* zatratený

to wrig.gle [rigl] **I.** *prech* **1.** *(čím)* vrtieť, *(čím)* krútiť; **II.** *nepr* **2.** vrtieť sa, krútiť sa, zvíjať sa, hádzať sa

to wring [riŋ] (mč, mp **wrung**) **1.** vynútiť, vydierať; **2.** stlačiť, stisnúť, zovrieť; **3.** *(prn)* trápiť, trýzniť

wrin.kle [riŋkl] *podst* **1.** vráska, záhyb; **2.** *(ifm dtd)* úskok, lesť, tip, pokyn, *(ob am)* nápad

wrist [rist] *podst* **1.** *(anat)* zápästie

writ [rit] *podst* (**~ for st**) **1.** *(práv)* súdny/ úradný príkaz, súdna obsielka, výnos, **2.** *(zast)* listina, dokument

to write [rait] (mč **wrote** mp **written**) **I.** *prech* **1.** *(vše)* písať, napísať, *(i šek)* vystaviť, *(poznámku)* poznamenať si, *(záveť)* spísať; **2.** zložiť, skomponovať; **3.** *(zmluvu)* uzavrieť; **4.** *(inf)* zaznamenávať, *(do pamäti)* zapisovať; **II.** *nepr* **5.** *(vše)* písať; **6.** byť spisovateľom

write-off ['rait,of] *podst* **1.** *(fin: dlhu)* odpis

writ.er [raitə] *podst* **1.** spisovateľ, autor, básnik, prozaik, textár, pisateľ; **2.** poisťovateľ; **3.** *(škót)* notár, advokát

writ.ing [raitiŋ] *podst* **1.** písmo; **2.** *(škol)* písanie; **3.** literatúra

writ.ten [ritn] *príd* **1.** písomný, *(ling)* písaný, spisovný

wrong [roŋ] **I.** *podst* **1.** zlo; **2.** *(fml)* krivda, bezprávie, príkorie; **II.** *príd* **3.** nesprávny, chybný; **4.** nepravý, *(hud)* falošný; **5.** nevhodný; **6.** nespravodlivý. *Syn:* oppress, persecute, aggrieve, abuse, ⇨ aj **injustice**

wrong.do.ing ['roŋ,du(:)iŋ] *podst* **1.** páchanie zla, previnenie, krivda, delikt, hriech, zločin

wrong.ful [roŋful] *príd* **1.** neoprávnený, nezákonný, protiprávny, nesprávny

wry [rai] *príd* **1.** ironický, zaliečavý, nahorknutý, zatrpknutý, suchý; **2.** kyslý; **3.** skrivený, skrútený, prekrútený, krivý

Y

yacht [jot] *podst* **1.** jachta, luxusná loď

yacht.ing [jotiŋ] *podst* **1.** jachting, jachtárstvo, plavba na plachetniciach, plachtenie

yachts.man [jotsmən] *podst* (mn **-men**) **1.** jachtár

Yank.ee [jæŋki] *podst* (i **Yank**) **1.** *(am)* obyvateľ Nového Anglicka, Yankee, *(hist: v občianskej vojne)* severan; **2.** *(br hov, pej)* Amerikán, Amerikánka

yard [ja:d] *podst* **1.** yard [= 0 914 m], meter; **2.** *(nám)* rahno, lodenica; **3.** dvor, nádvorie, ohrada, dvorček; **4.** *(am: zeleninová)* záhrada; **5.** sklad; **6.** *(stav)* stavenisko

yard.stick [ja:dstik] *podst* (**~ of st**) **1.** *(tyčový)* meter; **2.** *(prn)* meradlo, štandard, príklad, model

yarn [ja:n] *podst* **1.** *(text)* priadza, niť, pradivo; **2.** historka, povedačka, poľovnícka latina

to yawn [jo:n] **I.** *nepr* **1.** zívať, zívnuť; **2.**

čnieť; **3.** *(o kvete)* rozovrieť sa, roztvoriť sa; **II.** *prech* **4.** povedať so zívnutím

ye [ji:] **1.** *(básn, zast, bibl, joc)* vy, vás, vám

yeah [jeə] *prísl ifm* **1.** hej, áno

year [jiə] *podst* **1.** rok; **2.** *(škol, univ)* ročník; **3.** *(pl)* staroba, pokročilý vek

to yell [jel] **I.** *prech* **1.** vykríknuť, vykrikovať; **II.** *nepr* **2.** kričať, revať, hulákať, vrešťať, jačať

yel.low [jeləu] *príd* **1.** žltý; **2.** *(prn ifm)* zbabelý, bojazlivý; **3.** úbohý, biedny; **4.** bezcharakterný; **5.** žiarlivý, závistlivý, závistný, podozrievavý; **6.** bulvárny, senzačný

yen [jen] *podst* **1.** *(japonská mena)* jen; **2.** (**~ for st/ to do st**) *(slg: ochota)* chuť, apetít; **4.** túžba, silná zaľuba; **3.** *(am)* koníček

yes [jes] (mn **-es/ -ses**)(i **yeah, yep**) **I.** *prísl* **1.** *(i v telefóne)* áno, *(hov)* hej, no, veru; **2.** *(voj: yes Sir!)* rozkaz!; **3.** *(v telefóne)* prosím, počúvam, haló, *(pri klopaní)* ďalej; **4.** ba; **II.** *podst* **5.** áno, *(prn)* súhlas, kladná odpoveď

yes.ter.day [jestədi] **I.** podst **1.** včerajšok, včerajší deň; **II.** *prísl* **2.** včera; **3.** nedávno

yet [jet] **I.** *spoj* **1.** *(vyj odporovací vzťah)* predsa, však, a/ no pritom, napriek tomu, *(: mierny odporovací vzťah)* no, **he is wise yet modest** *je múdry, no skromný*; **II.** *prísl* **2.** *(v otáz/ záp)* ešte, už, zatiaľ, doposiaľ, **she hasn't come yet** *ešte/ zatiaľ neprišla*; **3.** dovtedy

yew [ju:] *podst* (i **yew-tree**) **1.** *(bot yew tree: Taxus baccata)* tis; **2.** *(yew wood)* tisové drevo

to yield [ji:ld] **I.** *prech* **1.** *(úrodu)* dávať, *(ovocný strom)* rodiť; **2.** *(fin: podiely, peniaze)* vyniesť; **3.** *(informácie)* poskytnúť; **II.** *nepr* **4.** *(zem, strom)* rodiť; **5.** *(čomu)* ustúpiť, vzdať sa; **6.** povoliť; **7.** *(am aut)* dať prednosť. *Syn*: to capitulate, to succumb, to relent, to defer, ⇨ aj **to surrender**. *Opoz*: to resist

yolk [jəuk] *podst* **1.** žĺtok z vajíčka

you [ju:] *zám* **1.** ty, ťa, *(to you)* teba, ti, tebe, *(with you)* tebou; **2.** *(vykanie)* vy, vás, *(to you)* vám, *(with you)* vami

young [jaŋ] **I.** *podst* **1.** *(zvieratá)* mláďatá; **2.** *(ľudia)* mládež, mlaď, omladina; **II.** *príd* **3.** mladý; **4.** mladistvý, mladícky; **5.** *(dieťa, brat ap)* malý; **6.** *(mesiac)* nový. *Syn*: youthful, juvenile, puerile, adolescent. *Opoz*: old, mature

your [jo:] *príd* **1.** tvoj, váš, **2.** svoj

Z

to zap [zæp] [-pp-] **I.** *prech* **1.** praštiť, uvaliť [komu] jednu, omráčiť, zraziť k zemi; **2.** zničiť, spustošiť, odbachnúť, zniesť zo sveta, eliminovať; **3.** rýchlo poslať, rýchlo zaviezť; **4.** *(inf)* vymazať; **II.** *nepr* **5.** *(tv)* prepnúť kanál

zeal [zi:l] *podst fml* (**~ for/ in st**) **1.** nadšenie, zanietenie, horlivosť, zápal, snaha, úsilie, hlboký záujem. *Syn* ⇨ **passion**

zeb.ra [zi:brə] *podst* (mn **zebra/ zebras**) **1.** *(zool: Equus zebra)* zebra

Zen [zen] *podst* **1.** zen

ze.ro [ziərəu] **1.** *(mat, met)* nula; **2.** *(prn)* najnižší bod, nič, ničota

zest [zest] *podst* **1.** nadšenie, elán, gusto, bujarosť; **2.** *(ifm)* šmrnc; **3.** citrónová/ pomarančová kôra [ako príchuť]

zinc [ziŋk] *podst* (symb **Zn**) **1.** *(chem)* zinok, zinkovomodrá farba

zip [zip] *podst* **1.** zips; **2.** svišťanie, fičanie, svist; **3.** *(ifm)* vitalita, verva, elán, iskra

zo.di.ac [zəudiæk] *podst* **1.** *(astrol)* zverokruh, zvieratník, zodiak, znamenie zvieratníka

zone [zəun] *podst* **1.** *(geog, met)* pásmo, oblasť; **2.** zóna, sféra, sektor, územie; **3.** okrsok, okres, obvod, rajón

zoo [zu:] *podst* (mn **zoos**) **1.** zoo, zoologická záhrada, zverinec; **2.** *(prn)* mravenisko, bludisko

zo.ol.o.gy [zəu'olədži] *podst* **1.** zoológia, živočíchopis, fauna

to zoom [zu:m] **I.** *nepr* **1.** hučať, bzučať; **2.** *(ifm)* rútiť sa, svišťať, uháňať; **II.** *prech* **3.** kolmo stúpať

Zu.lu [zu:lu:] *príd* **1.** zulský

BIBLIOGRAFIA

I. 1) *The New Shorter Oxford English Dictionary*
OUP. 1993

2) *Advanced Learner 's Dictionary*
OUP. 1995

3) *International Dictionary of English*
CUP. 1995

4) *Collins Cobuild English Dictionary*
HarperCollins. 1995

5) *Webster's New World Collegiate Dictionary*
WPC. 1991

6) *Index of Garden Plants*
Macmillan. 1994

7) *Oxford Dictionary of Synonyms*
OUP. 1995

II. 1) *Slovník slovenského jazyka*
SAV. 1959 - 1968

2) *Krátky slovník slovenského jazyka*
VEDA. 1997